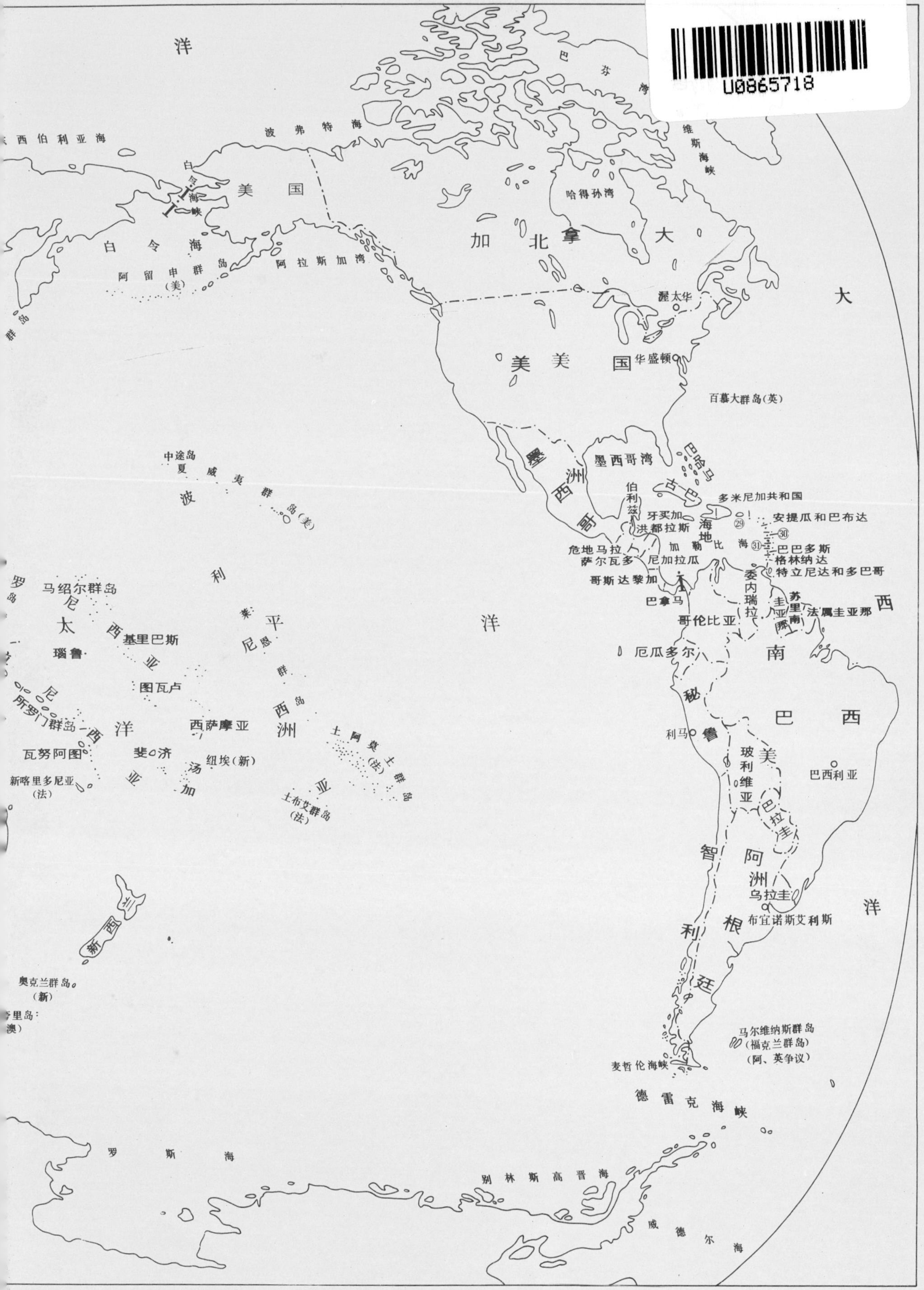

洋
西伯利亚海
波弗特海
巴芬湾
戴维斯海峡
白令海峡
美国
哈得孙湾
白令海
阿拉斯加湾
阿留申群岛
(美)
加拿大
北
渥太华
大
美洲
美国
华盛顿
百慕大群岛(英)
中途岛
夏威夷群岛(美)
波
墨西哥湾
巴哈马
墨西哥
古巴
伯利兹
多米尼加共和国
海地
牙买加
安提瓜和巴布达
洪都拉斯
加勒比海
巴巴多斯
危地马拉
萨尔瓦多
尼加拉瓜
格林纳达
特立尼达和多巴哥
哥斯达黎加
巴拿马
委内瑞拉
圭亚那
苏里南
法属圭亚那
西
罗
马绍尔群岛
利
平
洋
哥伦比亚
太
尼
西
亚
基里巴斯
莱恩群岛
瑙鲁
厄瓜多尔
南
图瓦卢
秘鲁
巴西
所罗门群岛
西萨摩亚
西洲
土阿莫土群岛(法)
利马
洋
瓦努阿图
斐济
汤加
纽埃(新)
玻利维亚
美
巴西利亚
新喀里多尼亚(法)
亚
土布艾群岛(法)
巴拉圭
智利
阿根廷
洲
乌拉圭
洋
布宜诺斯艾利斯
新西兰
奥克兰群岛(新)
马尔维纳斯群岛(福克兰群岛)(阿、英争议)
麦哲伦海峡
德雷克海峡
罗斯海
别林斯高晋海
威德尔海

世界军事年鉴2006
WORLD MILITARY YEARBOOK

军事科学院《世界军事年鉴》编辑部

解放军出版社

图书在版编目（CIP）数据

世界军事年鉴. 2006/军事科学院世界军事研究部编.
北京：解放军出版社，2006
ISBN 7-5065-5325-2

Ⅰ.世… Ⅱ.军… Ⅲ.军事-世界-2006-年鉴
Ⅳ.E1-54

中国版本图书馆 CIP 数据核字（2006）第 144569 号

版式设计　杜超英
封面设计　张禹宾

世界军事年鉴

2006

军事科学院《世界军事年鉴》编辑部

解放军出版社出版发行
（北京地安门西大街 40 号）
（邮政编码 100035）
新华书店经销
北京一二零一印刷厂印刷

787×1092 毫米　1/16　46 印张　5 插页　1493 千字
2006 年 12 月第 1 版　2006 年 12 月（北京）第 1 次印刷
ISBN 7-5065-5325-2/E·2251
定　价：155 元

《世界军事年鉴》编审委员会

《世界军事年鉴》编辑部

《世界军事年鉴2006》主要撰稿人名单

（以姓氏笔划为序）

于　庭	万　丁	万　方	万　伟	马红晨	王　晗	王卫东	王凤才
王世华	王京国	王明志	王通信	王福玲	王殿强	王静洁	木　工
方　宁	方　琳	方涵江	孔宪文	石　慧	史君健	丛　彦	乐凯华
西　山	毕京三	任　文	任　平	任　志	任　杰	任　荣	全寿文
刘　琳	刘世刚	刘明华	刘映国	刘效兰	刘温国	闫晓萍	米　洋
孙小叶	孙燕侠	严维义	来　斌	李　杰	李　瑛	李　锐	李水生
李先喜	李鸣捷	李根信	李博文	李强洲	杨　茜	杨全民	杨学青
肖石忠	肖建军	吴　玉	吴　刚	吴　炯	吴　鹏	吴　磊	吴志豪
吴良全	吴晋君	吴新安	吴德斌	何在涛	何重德	邱　实	邱剑敏
谷　兴	君　士	张　冬	张　宁	张　南	张　溯	张玉龙	张世斌
张建设	张洲军	张家丽	张凌霞	张景恩	陈有荣	陈建民	陈燕雯
武建伟	林海霞	苑松玮	果　立	金鑫鑫	郑　伟	房一丁	孟　丽
胡　静	荒　林	赵　静	赵彦华	赵富春	赵瑞丰	临　平	钟学良
姜　薇	姜文华	姜永伟	姜桂颖	洪锦珠	姚红霞	桐　生	耿　直
耿文正	袁右军	夏　娟	夏礼伯	原　颖	柴训天	晓　军	徐　敏
徐亚磊	郭　牧	郭庆保	高　峰	高　霞	高代伟	高展丰	高清文
继　先	黄　丽	黄亚霞	黄学爵	黄姗姗	麻光武	盖文俊	清　风
梁　洁	续　晨	隋　源	韩长生	韩生民	彭训厚	董长军	鄂　新
曾　凡	湘　溪	温流畅	谢　钢	靳　柯	蔡香敏	谭汝坤	熊万奎
滕建群	潘新毛	薛　丰	薛　军	薛武学	魏守正		

2005年中国军事新闻剪影

①

①3月13日，第十届全国人大第三次会议选举胡锦涛为中华人民共和国中央军事委员会主席。

②3月14日，第十届全国人大第三次会议决定补充任命徐才厚为中华人民共和国中央军事委员会副主席，陈炳德、乔清晨、张定发、靖志远为中华人民共和国中央军事委员会委员。

③为反对“台独”势力分裂国家，促进祖国和平统一，3月4日第十届全国人大第三次会议通过《反分裂国家法》。与会代表对此报以热烈掌声。

④10月11日，中国神舟六号载人飞船在酒泉卫星发射中心成功发射。

⑤10月17日，航天员费俊龙、聂海胜搭乘飞船在太空飞行115小时33分钟后，顺利返回地面。

⑥9月15日在联合国首脑会议上，中国国家主席胡锦涛发表重要讲话，全面阐述中国新安全观。

⑦10月18日至20日，美国国防部长拉姆斯菲尔德首次对中国进行访问。

②

⑥

③

⑦

④

⑤

①8月中下旬，中俄举行“和平使命-2005”联合军事演习。8月18日，解放军总参谋长梁光烈（右）与俄军总参谋长巴卢耶夫斯基握手并共同宣布演习开始。

②参演的中国最新式舰艇和中俄舰载直升机。

③在海上封锁作战演练阶段，导弹驱逐舰发射电子干扰弹，防御敌方反舰导弹攻击。

④新型海上警戒机与水面舰艇、潜艇协同反潜。

⑤在两栖登陆作战演练阶段，水陆两栖坦克携载陆战队员登上滩头。

⑥在强制隔离作战演练阶段，采取电子对抗措施抵御敌方制导武器的攻击。

⑦为强化突击态势，大型运输机向敌后空投伞兵及战车等装备。

⑧特种部队搭乘直升机实施机降，配合坦克部队进行纵深突击。

⑨9月27日，来自24个国家的军事观察员在北京军区合同战术基地观摩了“北剑-2005”军事演习。

⑩11 月24日，在巴基斯坦访问的中国海军舰艇编队与巴海军首次在阿拉伯海举行非传统安全领域演习。

①

②

③

④

⑤

⑥

⑦

⑧

⑨

⑩

世界军事新闻剪影

①9月3日，纪念中国人民抗日战争暨世界反法西斯战争胜利60周年大会在人民大会堂举行。会前，党和国家领导人同首都各界群众向人民英雄纪念碑敬献花篮。

②9月3日，胡锦涛总书记在人民大会堂为抗战老战士代表颁发中国人民抗日战争胜利60周年纪念章。

③9月3日，中共中央、国务院、中央军委向抗战老战士及抗日将领或其遗属颁发的“中国人民抗日战争胜利60周年纪念章”。

④5月9日，俄罗斯为庆祝二战胜利60周年举行盛大阅兵式。

⑤8月15日，朝鲜党政军民在平壤隆重举行纪念祖国解放60周年活动。

⑥8月14日，韩国在汉城举行纪念光复60周年活动。

⑦9月2日，美国在珍珠港举行太平洋战争胜利60周年纪念活动。

⑧7月10日，英国在伦敦举行反法西斯战争胜利60周年纪念活动。

⑨4月24日，法国在巴黎举行反法西斯战争胜利60周年纪念活动。

⑩9月1日，波兰在格但斯克举行反法西斯战争胜利60周年纪念活动。

②

③

①

④

⑤

⑥

⑩

⑦

⑧

⑨

① 9月13日，出席联合国首脑会议的胡锦涛主席在纽约会见美国总统布什，就大国关系以及地区安全等问题普遍交换了看法。

②7月5日，上海合作组织第五次峰会在阿斯塔纳举行，与会各国元首签署了《关于批准〈上海合作组织成员国合作打击恐怖主义、分裂主义和极端主义构想〉的决议》等重要文件。

③9月19日，参加朝核问题会谈的六方代表发表《共同声明》，为最终解决朝鲜半岛核问题确立了框架。

④7月14日，中国外交部发言人对日本政府批准其民间企业在东海中日争议海域进行试开采的挑衅行为，表示严重关切。

⑤11月22日，日本自民党正式推出新宪法草案，拟将自卫队升格为自卫军，加速其军事大国的步伐。此举引起国际社会和日本各界人士的普遍担忧。

⑥日本右翼势力否定其军国主义战争罪行的行径，引起亚洲各国人民的严重关注。图为韩国二战者家属举行反日示威游行。

⑦2月8日，在埃及沙姆沙伊赫举行的巴勒斯坦、以色列、埃及、约旦四国领导人峰会上，巴以双方就停止长达4年多的暴力冲突达成协议。

⑧1月份当选为巴勒斯坦民族权力机构主席的阿巴斯为结束暴力冲突所作的努力，遭到坚持对以开展武装斗争的哈马斯组织的抵制。

⑨5月2日至27日，在纽约联合国总部召开的第七届《不扩散核武器条约》审议大会，未能就形成最后文件达成共识。

①

②

③

④

⑤

⑥

⑦

⑧

⑨

①

②

①2月14日，黎巴嫩前总理哈里里遇刺身亡，引发黎国内大规模反对叙利亚的示威游行。

②在美国等西方大国的压力下，叙利亚军队被迫从黎巴嫩撤回国内。

③8月8日，伊朗恢复在伊斯法罕的铀转化活动，使伊朗核问题再现危机。

④9月24日，国际原子能机构理事会通过的决议认定，伊朗多次不履行《不扩散核武器条约》规定的义务，遭到伊朗的拒绝，从而使危机再度升级。

⑤8月，内贾德总统上台后，在伊朗核问题上采取了与西方大国针锋相对、坚不退让的强硬政策，宣称绝不畏惧美国等西方国家的军事威胁。

⑥2月1日，为应对尼泊尔反政府武装的频繁攻击，国王贾南德拉宣布解散政府，全国进入紧急状态。

⑦从4月7日起，尼泊尔反政府武装在全国各地发起进攻。

⑧9月，尼反政府武装宣布停火，并同七党联盟达成共识，宣布联合对抗国王统治，要求在国际社会监督下建立一个民主政府。

⑨9月26日至10月1日，俄罗斯战略火箭军举行大规模模拟核战争演习，再次向世界展示其强大的军事打击力量。

⑩11月17日，印度和俄罗斯签署金额高达200亿美元的军事技术合作协议。图为俄印联合研制的“布拉莫斯”反舰导弹。

③

④

⑤

⑥

⑦

⑧

⑨

⑩

①3月，美国国防部在其公布的国防战略中，提出比以往更具进攻性、针对性的战略指导原则。图为美军拟用于“先发制人”的B-61核炸弹。

②年内，又有多个国家从伊拉克撤军或部分撤军。12月27日，乌克兰撤回本国驻伊最后一批876名官兵。

③7月19日，美国国防部公布《2005年中国军力报告》，显露出其反共反华的冷战思维的一面。

④欧盟坚持独立防务的政策。图为年内其组建的首批快速反应战斗分队举行阅兵式。

⑤4月，挪威和平特使索尔海姆访问斯里兰卡，促使斯政府与泰米尔猛虎组织在海啸灾区联合建立救灾机制。

⑥6月，委内瑞拉总统查韦斯（左）访问古巴期间，重申其与古巴的亲密关系以及反对美国干涉内政的强硬立场。

⑦4月，为响应查韦斯总统提出的保卫祖国、抵御外来侵略的号召，大批志愿者来到首都加拉加斯郊外军事基地参加军事训练。

⑧6月中旬，索马里过渡政府迁回国内后，加快实施国内和解计划，使历经14年战乱的国家安全形势出现好转。

⑨4月17日至28日，美国和蒙古两国在乌兰巴托以西地区举行“可汗探索”联合军事演习，预示着美、蒙军事合作进入实质性阶段。

①年内，塔利班经过重组后实力得到增强，在阿富汗各地多次向政府军和外国军队发动攻击。图为塔利班在喀布尔制造的一起爆炸事件。

② 美军亵渎可兰经的事件曝光后，一批阿富汗学生于5月走上喀布尔街头，焚烧美国国旗，表示抗议。

③7月7日至21日，英国伦敦地铁和公共汽车站连续遭到多次炸弹袭击，造成大量人员伤亡。

④11月9日发生在约旦首都安曼的自杀式炸弹袭击，造成包括2名中国公民在内的57名无辜人员死亡。

⑤年内，一系列恐怖袭击事件发生在以穆斯林居民为主的泰国南部四府。4月3日，宋卡府合艾市机场、一家超市和酒店同时发生爆炸，造成数十人伤亡。

⑥年内，大量走私武器流入利比里亚，导致该地区暴力冲突升级。

⑦10月1日，印尼旅游胜地巴厘岛再次遭受连环恐怖爆炸袭击，造成重大人员伤亡。

⑧1月18日，8名来自福建的中国公民在伊拉克遭绑架。经中国驻伊使馆积极营救，8名中国公民于1月22日获释。

⑨7月24日，在俄罗斯哈萨维尤尔特镇附近发生一起火车爆炸事件。图为警察在现场进行勘查。

⑩哥伦比亚反政府武装大肆进行的毒品交易，使其诸多领导人成为哥伦比亚和许多国家政府关注和通缉的对象。

①

②

③

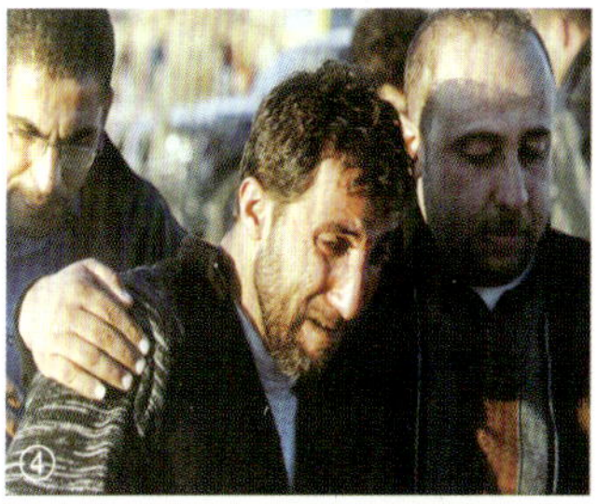
④

⑤

⑥

⑦

⑧

⑨

⑩

伊拉克仍动乱不已

①4-5月，伊拉克议会选举库尔德人塔拉巴尼为新总统，并批准成立以什叶派人士贾法里为总理的新政府。10月，全民公决通过国家新宪法。

②驻伊美英军在伊拉克议会选举和全民公决期间加强戒备，防止武装分子袭击。

③从10月19日起，伊拉克特别法庭开始开庭审判萨达姆等前政府政要。

④年内，伊拉克反美武装灵活采取多种方式频繁袭击驻伊美军，使美军面临极大困难。

⑤伊拉克反美武装不断加强路边炸弹等袭击方式，使美军在伊阵亡人数至12月中旬已达2100多人。

⑥为阻止美国主导下的伊拉克重建进程，反美武装多次对各地输油管线进行破坏。

⑦驻伊美军多次展开清剿行动，企图平息反美武装的抵抗。

⑧尽管驻伊美军引进了先进的机器人探雷装置，但仍未能减少路边炸弹造成的严重伤亡。

⑨驻伊美军加快组建和训练伊拉克政府军的步伐，力图使其在国内治安中逐步发挥主要作用。

⑩驻伊美军凯西将军在新闻发布会上，对2006年将部分美军撤出伊拉克表示乐观。

①

②

③

④

⑤

⑥

⑦

⑧

⑨

⑩

编辑说明

（一）《世界军事年鉴》是一部逐年编纂出版、以记述每年度内世界各国军事新情况、新进展为主要内容的信息密集型学术性、资料性工具书。其任务是，以毛泽东思想、邓小平理论、“三个代表”重要思想和科学发展观为指导，面向现代化、面向世界、面向未来，较全面、较系统地介绍年度内世界各国的军事基本情况和动态。主要服务对象是军队各级机关、军事科研单位、院校和部队的官兵，同时也顾及对世界军事发展变化感兴趣的军外广大读者。

（二）本卷《年鉴》设 9 个栏目：军事要事；各国军事概况；军事理论研究；军事技术；军事建设；国际条约；世界军事大事记；特辑；彩色图片。

（三）本卷《年鉴》所收资料的时限是：一般从 2005 年 1 月至 12 月；少数截至 2006 年上半年；某些专题资料和某些首次设立的类（项、条）目，为了给读者以较系统、较全面的信息，收载了 2005 年以前的少量背景资料。

（四）“各国军事概况”栏共收入了 170 多个有军队或军事组织的国家和地区。各个国家和地区分洲排列，次序是亚洲、非洲、欧洲、美洲、大洋洲；洲内各个国家和地区一般按其名称的汉语拼音字母顺序排列。本栏选用的资料和数据，主要是作者对该国情况进行研究的成果，有些引自各国官方公布的 2005 年度的材料，其中主要参考了下述资料：中国《世界知识年鉴 2005/2006》，英国伦敦国际战略研究所《军事力量对比 2005~2006》，美国《不列颠年鉴 2006》等。

（五）本卷《年鉴》所用资料来源不尽相同，一些专业术语也因国家不同而异，某些译名亦不尽统一，在编辑过程中虽注意订正和统一，但前后不一致之处尚未能完全避免。为便于读者进行对比研究，有个别条目特地收录了不同来源的资料。为增强条目内容的可信度，并便于读者进一步检索查考，编纂者尽量注明资料来源；“综述”条目的“主要资料来源”附在文后，而信息条目的资料出处则见于文内。

（六）本卷《年鉴》在编辑过程中，曾得到总参谋部、总政治部、总后勤部、总装备部有关单位和各军区、各军兵种、军事院校以及地方有关科研单位的支持和帮助；全书完稿后还约请汪庆荣研究员、谢蒲研究员、钟学良副研究员、高洪山副研究员、王胜铎副研究员等专家学者审阅了本书。在此谨表谢意。

（七）本《年鉴》涉及各国军事的方方面面：由于我们掌握的资料有限，编纂水平有限，缺点、疏漏和失误难免存在，欢迎广大读者批评指正。

军事科学院世界军事研究部
《世界军事年鉴》编辑部
2006 年 9 月

①军事科学院科研指导部刘伟伟副部长（左二）和军队建设研究部胡光正副部长（左四）等编委和有关单位领导出席座谈会。

②军队专家代表、海军学术所李杰研究员在会上发言。

③军队专家代表、总参三部高洪山研究员在会上发言。

④军队专家代表、第二炮兵任杰处长在会上发言。

⑤《年鉴》主编王湘江出席座谈会。

⑥参与《年鉴》创办并一直负责编审工作的解放军出版社谢钢副编审出席座谈会。

⑦1990年，《年鉴》工作会议在军事科学院举行。图为与会人员合影。

⑧1991年，《年鉴》编委会召开工作会议。《年鉴》编委会主任、军事科学院蒋顺学院长（左二）主持会议，糜振玉副院长（左三）等出席会议。

⑨为确保编辑质量，《年鉴》编辑部坚持专家撰稿和专家评审等制度。图为《年鉴》2006年卷专家评审会会场。

⑩为纪念《年鉴》创刊20周年，制作的录有20年来各卷《年鉴》的纪念光盘和纪念品。

纪念《世界军事年鉴》创办20周年

①2006年9月28日，纪念《世界军事年鉴》创办20周年座谈会在军科举行。图为会场正面。

②《年鉴》编审委员会主任、军事科学院葛东升副院长出席会议并作主旨讲话。

③《年鉴》编委会老领导、军事科学院原副院长糜振玉对《年鉴》工作提出殷切希望。

④《年鉴》编审委员会常务副主任、军事科学院世界军事研究部副部长罗援总结了20年来《年鉴》编纂工作的经验。

⑤参与《年鉴》创办工作的原外国军事研究部部长王振西回顾《年鉴》的创办和发展历程。

⑥《年鉴》编委、世界军事研究部肖裕声副部长主持座谈会。

⑦解放军出版社郑晖副总编介绍20年来《年鉴》出版发行方面的情况。

⑧军队专家代表、空军指挥学院王明志教授在会上发言。

⑨地方专家代表、裁军与军控协会滕建群副秘书长在会上发言。

《世界军事年鉴2006》目录

军　事　要　事

非洲军事要事

欧洲军事要事

美洲和大洋洲军事要事

各国军事概况

亚洲国家军事概况

非洲国家军事概况

欧洲国家军事概况

美洲和大洋洲国家军事概况

军事理论研究

军事思想和军事论著研究

战争和战略问题研究

局部战争研究

作战问题研究

军事历史研究

其他军事学科问题研究

简　讯

军 事 技 术

轻 武 器

装甲兵武器装备

炮兵武器装备

工程兵技术装备

海军武器装备

航空武器装备

战略导弹

弹道导弹防御武器系统

军用航天技术

核 武 器

核、生、化装备

指挥控制通信计算机和情报系统

电子战装备

后　勤　装　备

其他军事技术问题

军　事　建　设

建军计划与措施

军队体制编制

军事训练

军 事 后 勤

军事法制

其他军事建设问题

国 际 条 约

2004 年世界军事大事记

特　　辑

专题综述

军控与裁军

中外军事交往

2005~2006 年
部分新上任军界要人简介

其 他 信 息

附　　表

世界军事形势综述

世界非传统安全威胁评述 大约1000年前，中国的思想家张载就将有志之士的社会良知概括成“为天地立心”，“为万世开太平”，这充分反映了先贤们所特有的崇高理想与深沉的使命感。进入21世纪，和平、发展、合作已成为时代潮流，但人类和平与发展的事业也面临着严峻挑战。霸权主义、局部战争等传统安全威胁仍影响着世界的和平与稳定，而“9·11”恐怖事件、非典疫情及印度洋海啸灾难等都表明，非传统安全威胁正日益凸显，并与传统安全威胁相互交织，威胁着人类的生存与发展。如何应对这些来自非传统安全领域的威胁和挑战，已成为各国共同关注的重大课题。

一、非传统安全威胁的涵义

关于非传统安全威胁的内涵和外延，有着各种不同的解释，目前还没有一个统一公认的看法，但各种不同的解释、看法也存在许多共性。近年来，中国领导人多次在各种场合谈到“非传统安全威胁”，明确提出“传统安全威胁和非传统安全威胁的因素相互交织”是当前人类社会面临的挑战之一。中国已经与东盟、上海合作组织成员国等就开展非传统安全领域的合作进行了许多有益的探讨和尝试，并于2002年5月在东盟地区论坛上提交了《关于加强非传统安全领域合作的中方立场文件》。

这里主要依据中国政府发表的文件，并参考学术界有关研究成果，就“非传统安全威胁”的含义试作一个仅供研究的解释，即非传统安全威胁是相对于军事、政治和外交等传统安全威胁而言的，指除此以外的其他对主权国家及人类生存与发展构成威胁的因素，主要包括恐怖主义、贩毒走私、严重传染性疾病、海盗活动、非法移民、环境安全、经济金融安全和信息安全等方面。

二、非传统安全威胁对世界和平与稳定提出新挑战

非传统安全威胁对世界和平与稳定的危害不可低估。“9·11”恐怖事件夺走了近3000人的生命，超过了美国在珍珠港事件中的阵亡人数。据不完全统计，仅2004年全球发生的较大规模的恐怖事件就导致2900余人死亡、8200余人受伤；现在全球死于艾滋病的人每年高达250万至350万；1974年至2003年的30年里，全球发生的重大自然灾害造成至少200万人死亡、1.8亿人流离失所，而2004年12月印度洋大海啸导致近30万人丧生，给有关国家造成的经济损失更是难以估量，仅斯里兰卡一国就达到13亿至15亿美元，占其经济总量的6.5%。

由此可见，尽管许多非传统安全威胁看上去不像世界大战那样硝烟弥漫，但其危害程度有时并不亚于一场战争，已经构成对世界发展和人类生存的严重威胁。与传统安全威胁相比，非传统安全威胁的分布范围和危害方式具有一系列鲜明特点，因此有的外国学者称之为“新威胁”。概括起来，非传统安全威胁主要具有以下特点：

（一）非传统安全威胁超越了传统安全以各国疆界为主的地理空间，具有突出的跨国性。首先，许多非传统安全威胁本身就属于“全球性问题”。如地球臭氧层的破坏、生物多样性的丧失、严重传染性疾病的传播等，都不是针对某个国家或某个国家集团的安全威胁，而是关系到全人类的整体利益。其次，许多非传统安全威胁具有明显的扩散效应。如在东亚、拉美先后爆发过的金融危机，始于一个国家，而最终波及整个地区，而且随着其不断扩散，其危害性也逐渐积聚、递增，以致酿成更大危机。再次，许多非传统安全威胁的行为主体呈“网络化”分散于各国。如以“基地”为核心的国际恐怖组织就分散在全球60多个国家，其结构呈网络状，彼此并无隶属关系，但联系紧密、行动灵活。非传统安全威胁的跨国性使各国面临的挑战有别于传统安全的威胁。

（二）非传统安全威胁超越了传统安全主要限于军事领域的样式，具有明显的多样性。传统安全的核心是军事安全，主要表现为战争及与之相关的军事活动和政治、外交斗争。非传统安全威胁远远超出了军事

领域的范畴。首先，大部分非传统安全威胁属于非军事领域，如能源危机、资源短缺、金融危机、非法洗钱等主要与经济领域相关，有组织犯罪、贩运毒品、传染性疾病等主要与公共安全领域相关，环境污染、自然灾害等主要与自然领域相关，这些都不是传统安全所关注的领域。其次，某些非传统安全威胁虽具有暴力性特征，但也不属于单纯的军事问题。如恐怖主义、海盗活动、武装走私等虽然也属于暴力行为，并可能需要采取军事手段应对，但它们与传统安全意义上的战争、武装冲突仍有很大不同，而且单凭军事手段也不能从根本上加以解决。由于非传统安全威胁是多样性的，因此仅靠单一手段难以根治。

（三）非传统安全威胁超越了传统安全威胁由矛盾积聚到冲突爆发的渐进方式，具有强烈的突发性。传统安全威胁从萌芽、酝酿、激化到导致武装冲突，往往会经过一个矛盾不断积聚、性质逐渐演变的渐进过程，往往会表现出许多征兆，人们可据此而采取相应的防范措施。然而，许多非传统安全威胁却经常会以突如其来的形式迅速爆发。首先，不少非传统安全威胁缺少明显的征兆。有关资料显示，1990年以来全球有100多起影响较大的恐怖事件，都是在人们毫无防范的情况下发生的。从20世纪80年代出现的艾滋病，到近年来的疯牛病、口蹄疫、非典、禽流感等，当人们意识到其严重性时，已经造成很大危害。其次，人类对某些问题的认识水平还有局限。如地震、海啸、飓风等自然灾害，其发生前并非全无征兆，但由于人类在探索自然方面还有许多未解之谜，而全球经济、科技发展的不平衡，也导致许多发展中国家缺乏对灾害的早期预警能力。此外，金融危机、传染性疾病等非传统安全威胁并非源于某个确定的行为主体，其威胁的形成过程也带有很大的随机性，使防范的难度明显增大。

（四）非传统安全威胁与传统安全威胁相伴而生，具有明显的互动性。当前，非传统安全威胁与传统安全威胁相互交织、相互影响，并在一定条件下可能相互转化。首先，许多非传统安全问题是传统安全问题直接引发的后果。如战争造成的难民问题、环境破坏与污染问题等。其次，一些传统安全问题可能演变为非传统安全问题。如恐怖主义的形成，就与霸权主义所引发的抗争心态，领土、主权问题导致的冲突和动荡，民族、宗教矛盾形成的历史积怨等传统安全问题有着密切关联。再次，一些非传统安全问题也可能诱发传统安全领域的矛盾和冲突。如恐怖组织谋求获取核、生、化等高技术手段，就会涉及到大规模杀伤性武器扩散问题。非传统安全威胁与传统安全威胁的互动性，使看似相对孤立的事物常表现出“牵一发而动全身”的效应，不能简单地对待和处理。

三、非传统安全威胁有其复杂深刻的历史背

非传统安全威胁早已有之，并非一个全新的问题。但是，非传统安全威胁成为各国普遍关注的严重问题，却是近年来的事情。除了由于冷战格局瓦解，世界大战爆发的危险降低，人们开始更多关注早先被冷战掩盖住的一些问题之外，近年来连续发生的“9·11”事件等重大恐怖袭击，东亚、拉美金融危机，非典疫情传播，乃至印度洋大海啸等，都进一步引起各国对非传统安全威胁的高度重视。

如何看待和审视非传统安全威胁的成因，可以有不同的视角。几千年来，中国的古圣先贤在关注国计民生、天下大势问题时，提出了许多充满东方智慧的人文思想，成功解决了许多复杂重大的问题，对我们至今仍有重要的启迪。中国古代哲学思想的一贯传统就是推崇“和”，认为只有这样，才能实现世间太平、“天下大同”。当某种现象成为社会的毒瘤，对人类社会构成威胁时，中国古人会将此归结为某个方面的失衡，主张将恢复事物间应有的“和”作为化解危机之道，“和也者，天下之达道也”。

非传统安全威胁之所以由潜在、局部的问题，演变成全球性的现实威胁，有其复杂深刻的历史背景和成因，表现为以下四个方面：

（一）国际政治秩序长期不公正，引发更多矛盾和危机。中国古人主张“协和万邦”、“万国咸宁”，强调“己所不欲，勿施于人”。国家之间应平等相待、和睦共处。《联合国宪章》和国际法准则也要求，国家不论大小、强弱、贫富，都一律平等。但历史上形成的国际旧秩序，长期存在严重的不公正问题，成为诱发恐怖主义等非传统安全威胁的重要原因。近代以来，帝国主义、殖民主义对发展中国家的压迫和剥削，至今仍遗留下很多历史问题，造成一些地区的热点纷争，导致冲突和动荡，为恐怖主义滋生提供了温床；当前，仍有国家在国际事务中推行霸权主义，在反恐斗争中奉行双重标准，从一己私利出发，严重忽略其他国家和民族的利益，从而引发一些弱势群体采取极端手段进行抗争。国际秩序的严重不公，就可能结出像恐怖主义这样的恶果。

（二）世界经济发展长期的不平衡，造成更多不安全因素。中国先贤历来认为贫富差距悬殊是导致矛盾和冲突的重要根源。中国古代著名政治思想家孟子讲

过："大贫则忧，忧则犯禁"。经济全球化在为加强国际合作、促进共同发展带来前所未有的机遇的同时，也进一步加剧了南北差距，一些发展中国家面临被进一步边缘化的危险。西方学者贡德·弗兰克在其名著《白银资本》中曾指出，1800年时，西欧的人均收人水平为260美元，美国为213美元，发展中国家当时平均水平约200美元左右，印度为160至200美元，中国为228美元，各国人均收人水平差距不大。但200多年后的今天，美国人年均收人已超过4万美元，而最不发达国家只有300多美元，不到美国的1%。据有关统计，国家间的贫富差距在过去40年间增加了一倍，全球不发达国家从1971年的25个增加到目前的49个。世界经济发展失衡导致部分国家的极端贫穷和落后，催生了相关国家部分民众的绝望心理和铤而走险的心态，为恐怖主义的滋生和蔓延提供了土壤，也促使一些发展中国家内部矛盾不断加剧，削弱了其应对危机，抵御自然灾害、严重传染性疾病和跨国犯罪等威胁的能力，导致难民和非法移民数量的急剧增加。

（三）人类发展与自然环境长期失谐，导致更多环境安全问题。中国早在4000多年前就开始重视环境安全问题。领导治水的大禹曾下令百姓在春季不得伐树，夏季不得捕鱼，其目的就是保护生态平衡。但美欧等西方国家的工业革命，走的就是一条"先建设、后治理"的发展道路，以牺牲环境为代价。近年来，广大发展中国家也面临着类似问题。这种发展模式导致人类面临日益严重的环境安全问题。研究表明，近半个世纪以来，自然灾害的发生频率明显提高，强度明显增加。20世纪60年代时，全球每年发生自然灾害100次左右，现在则达到每年500次以上，提高了4倍。人与自然关系的失谐，已经威胁到人类整体的安全。

（四）国家间联系的迅速发展与国际危机防范机制建设不相匹配，使各种非传统安全威胁难以得到及时遏制。20世纪中后期以来，经济全球化加速发展，生产要素流动和产业转移加快，各国相互依存日益加深，全球经济已经成为一个有机互动的整体。这为各国经济发展带来了许多有利条件，但也导致经济和金融风险时起时伏，跨国犯罪日益猖獗，传染性疾病传播范围和速度明显增大。尽管国际社会为消除这些负面影响，进行了不少努力，但目前看，尚未形成完整、系统的国际防范机制。一旦在某个国家、地区发生危机，国际社会成员就会"一损俱损"，出现"多米诺"式效应，影响到更大范围，而且导致类似的危机反复发生。例如，过去20多年里，世界各国发生过100多次金融波动、震荡和危机，其中不少次都波及全球，但至今仍未能真正建立起一个防范金融危机的国际机制，致使金融安全问题依然比较突出。

四、非传统安全威胁是各国共同面临的世界性课题

中国古代思想家讲过，"知者，行之始，行者，知之成"。今天来研究非传统安全威胁的特点和成因，目的是为了共同探求有效的应对之策。尽管国际社会在反恐、卫生防疫、防灾减灾、打击跨国犯罪等领域已经取得了很大成果，但非传统安全威胁成因复杂，不可能在一朝一夕就被消除，而且有的还可能呈现上升势头，威胁世界的和平与发展。如何应对这些挑战，切实维护世界和平、促进共同发展，为各国人民营造一个稳定和谐的家园，仍然是必须认真思考和切实解决的重大课题。

（一）更新安全观念。历史和现实反复证明，武力不能缔造和平，强权不能确保安全。只有树立全新的安全观念，才能应对日益增多的非传统安全威胁。近年来，中国倡导的以"互信、互利、平等、协作"为核心的新安全观，不仅适用于应对传统安全威胁，也完全适用于应对非传统安全威胁。

旧安全观把安全几乎等同于军事安全；而新安全观主张安全是包括政治安全、经济安全、军事安全、文化安全、信息安全、生态安全等在内的综合安全。应对非传统安全威胁，是一个系统工程，单凭武力无法从根本上解决问题。

旧安全观以牺牲他国的安全利益来谋求自身的"绝对安全"，突出少数大国或大国集团的利益，把安全看成是一场"零和游戏"，你赢我输、你得我失；而新安全观主张互相尊重对方的安全利益，在实现自身安全利益的同时，为对方安全创造条件，实现共同安全，追求"双赢"和"多赢"。

旧安全观认为"非我族类，其心必异"，采取强化和扩大军事同盟的做法，排斥异己，到处树敌；而新安全观主张通过各种多边安全机制、多边安全论坛、双边安全磋商，以及非官方安全对话等渠道，以对话增进互信，以协商化解矛盾，以合作谋求安全。

旧安全观以牺牲自然环境为代价；而新安全观则主张树立和落实科学发展观，实现全面、协调、可持续发展，通过科学发展求安全。

总之，只有树立综合安全、共同安全、合作安全等新的安全观念，才能妥善应对各种非传统安全威胁。

（二）加强安全合作。面对各种非传统安全威胁，单个国家的行动往往难以奏效，国际合作才是必要和有效的手段。近年来，国际社会在加强多边安全对话

与合作、共同应对非传统安全领域的挑战方面取得不少成果。如：上海合作组织于 2004 年 1 月正式启动地区反恐机构；中国与东盟先后签署了关于非传统安全领域合作的《联合宣言》和《谅解备忘录》；中日韩与东盟于 2004 年 1 月同意建立打击跨国犯罪的合作机制等。今后，国际社会应继续加强不同领域、不同层级的多边对话与合作，并进一步加强在金融风险防范、卫生防疫、防灾减灾方面的机制建设，建立起更为完善的早期预警机制和危机管理机制，最大程度地减少各类灾难所造成的危害和损失。

（三）提倡标本兼治。消除非传统安全威胁，既要着眼于当前，又要标本兼治。只有建立公正合理的国际政治经济新秩序，彻底消除贫困和落后，才能最终铲除以恐怖主义为代表的非传统安全威胁滋生繁衍的土壤。这里最重要的一点，是要积极推进发展中国家的发展。发达国家应该更多地关注和考虑广大贫穷国家的需求，尤其要下气力帮助发展中国家加快发展步伐，尽快缩小日益拉大的南北发展差距，让世界经济的发展成果惠及各国人民。在实现可持续发展过程中，应把解决贫困问题和保护环境有机结合起来，提高各国特别是发展中国家防范和抵御各类经济风险和自然灾害的能力。

（四）兼顾两种威胁。不能因为强调非传统安全威胁，就忽视传统安全威胁。应该看到，对许多国家而言，尽管非传统安全威胁明显上升，但传统安全威胁仍是当前所面临的主要威胁。这是因为霸权主义和冷战思维依然存在，由领土、主权、民族、宗教等矛盾引发的局部战争和武装冲突仍时起时伏。因此，应从实际出发正确认识和把握传统安全威胁与非传统安全威胁相互交织的关系。

整整 60 年前，在那场正义对邪恶、光明对黑暗、进步对倒退的世界反法西斯战争中，各国人民同仇敌忾、相互支援、并肩战斗，拯救了人类文明，赢得了世界和平。今天，传统安全威胁并没有从国际舞台上消失，同时非传统安全威胁已成为又一个世界性课题，考验着人们的智慧、勇气和决心。

（熊光楷）

2005 年世界军事形势评述　2005 年，世界军事形势继续保持总体缓和、稳定态势，各国间合作交流加强，共识增多，但霸权主义、恐怖主义仍在严重危及世界和平，国际军事领域的斗争仍十分激烈，世界军事形势不容乐观。

一、美军事扩张势头依然强劲，其他各大战略力量采取不同措施进行抵制

布什政府进入第二任期后，为摆脱国际困境，谋求改善与其他战略力量的关系，在重大国际问题上尽力做出和缓姿态，寻求更多国际合作，但称霸全球的战略目标并未改变，军事扩张势头依然强劲。其主要做法：一是打着反恐和“拓展民主”的旗号加强对中东、中亚等战略要地的控制。布什政府不顾国际社会的强烈呼吁，继续我行我素，坚决拒绝从伊拉克、阿富汗、中亚等地撤军，并采取措施做长期驻扎的准备。继续在伊拉克、阿富汗等地滥施武力，频繁开展“清剿”行动，严厉镇压反美武装，造成大量无辜平民伤亡。据美官方统计，截止 2005 年 10 月，伊拉克战争以来伊平民累计死亡人数已达 3 万多，平均每月达 1000 至 2000 人，美军死亡人数也已超过 2000，受伤人数超过 1.5 万。以“拓展民主、铲除暴政”为名，加速推进“大中东民主计划”和独联体等地区的“颜色革命”，企图将所有中东国家和独联体中小国家都改造成“美式民主”国家，纳入美战略体系。二是深化进攻性军事战略，加速全球军事部署调整，强力遏制潜在战略对手。随着反恐战争取得阶段性胜利和伊拉克问题压力的逐步减轻，美逐步加强了对潜在战略对手的防范与遏制力度。美新出台的《国防战略》等战略文件明确将地区性军事强国的“传统安全威胁”视为对美国的最大潜在威胁，宣称中俄印等大国对美全球霸权构成真正挑战。报告提出，美国必须采取预防性措施应对威胁，确保美国在战略关键地区强行进入和在全球自由行动的能力，在所有军事行动中取得决定性胜利。为达此目标，美在欧亚大陆的东西两翼加速推进军事部署调整，加紧挤压中俄战略空间，进一步强化地缘战略优势。在东面，大力加强在亚太地区的军事实力，极力加强与日本、澳大利亚等国的战略同盟关系，将未来“全球战略联盟”的新盟友“锁定在亚洲”。在西面，加速推进在东欧驻军的进程，竭力巩固在中东、中亚和外高加索地区的军事存在，将战略前哨深深扎根在中、俄边境。

对于美国的军事扩张和霸权主义，其他各大战略力量采取不同措施进行抵制。俄罗斯对美的战略挤压进行了针锋相对的斗争。坚持同已发生“颜色革命”的国家继续发展“战略伙伴关系”，尽量保持其军事利益和影响，同时积极帮助尚未发生“颜色革命”的国家采取应对措施，防止“颜色革命”继续蔓延，千方百计保住俄的军事存在。针对美军在中亚地区的军事存在，俄决定同中亚国家组建一支强大的联合部队，同此前建立的俄-白（白俄罗斯）联合部队、俄-亚（亚美尼亚）联合部队一起，在俄西南边境地区形成一个弧形

安全防御地带。欧盟在军事上的离美倾向继续呈发展之势。德、法等欧盟大国领导人明确表示，北约已经不再是跨大西洋伙伴讨论和协调策略的首要场所，欧美在北约内关系应该是平等关系而不是主从关系，确定跨大西洋关系必须考虑到欧洲大陆已经发生的变化。同时，欧盟继续加强独立防务建设，不断提高在军事上与美分庭抗礼的能力。中国与俄罗斯、欧盟等战略力量间军事交流与合作增强，战略互动增多，对美军事扩张政策形成牵制。

二、世界新军事变革加速推进，国际军事竞争日趋激化

世界新军事变革在美国的带动和影响下继续加速向前推进。以美国为首的世界主要军事大国加紧推动军事理论创新和军队转型，加大军事投入，着力发展以太空武器、精确制导武器和新型核武器为代表的高精尖信息化武器装备，努力提高战略威慑和远程作战能力，全力抢占军事战略制高点。国际军事领域的竞争日趋激烈。美国为适应进攻性军事战略的需要，继续大幅增加军费投入，全力打造与其全球战略目标相适应的武备体系。军费预算由2005财年的4175亿美元增至2006财年的4450亿美元，增幅达5.21%。武备体系重点发展导弹防御系统、太空武器、海空军装备和实用性核武器。美海军提出在未来5至10年内发展包括高速巡航导弹、水下机器人和海上监视无人机在内的5大尖端武备系统；空军提出加紧研制新型空射巡航导弹和“激光战机”，大幅度提高空战武器的打击精度、飞行速度和射程。俄罗斯军费预算由2005年的180亿美元猛增至2006年的238.6亿美元，增幅达33%。俄总统普京明确表示，俄大幅增加军费预算目的在于加速武器装备现代化建设。俄军装备建设的重点是研发新型核武器、新型远程巡航导弹，改进图-160、图-95MS和图-M-22M3战略轰炸机及白杨-M导弹，打造与建立“全球部队”战略计划相适应的武备体系。同时，针对美声称要部署太空武器，俄国防部长伊万诺夫警告将采取报复措施。日本为适应其加速推进“外向型”军事战略的需要，将2006年军费预算增至440亿美元，重点用于建造大型水面舰只、更换先进战机和发展导弹防御系统。日本于2006年3月首次与美联合进行导弹拦截试验。日还计划斥巨资研发29项高技术军事装备，包括信息通信技术、无人驾驶飞机技术、制导技术、航天电子技术、纳米技术、机器人技术和生物技术，涵盖陆海空天电各个领域。印度国防预算由2005财年的168亿美元增至2006财年的197亿美元，增幅达17.3%。印国防部长穆克杰称，印增加军费是为加速军队现代化建设进程，印三军都需要进行大规模的现代化改装。陆军要采购各种现代化火炮系统，改进现役坦克和步兵战车；海军要采购第3艘航母并自行研制1艘航母，采购6艘法制“天蝎”级潜艇；空军要装备最好的现代化战机。印还计划开发射程达9000至12000公里的洲际弹道导弹，拟于2008年试射，2015年正式装备部队。国际军事领域竞争激烈的主要原因在于美国在防扩散问题上奉行双重标准，肆意践踏国际军控与裁军机制，企图保持绝对军事优势。

三、国际热点地区形势总体趋缓，但和解进程艰难曲折

在国际社会的共同努力下，主要热点地区形势大多趋向缓和，进入政治解决轨道，但政治解决进程艰难而曲折，矛盾症结难以根本消除。个别地区形势仍比较严峻。朝核问题六方会谈经中国和有关各方的艰苦努力取得重要阶段性成果。第四轮六方会谈经过长时间的艰苦谈判终于发表了会谈机制建立以来的第一个共同声明，朝美双方在声明中都做出了理性的承诺。朝方承诺放弃一切核武器及现有核计划，早日重返《不扩散核武器条约》和接受国际原子能机构监督。美方确认其在朝鲜半岛没有核武器，且无意以核武器或常规武器攻击或入侵朝鲜。朝美双方还承诺将采取步骤实现关系正常化。各方对朝方要求拥有和平利用核能的权利表示尊重，并同意在适当的时候讨论向朝提供轻水反应堆。但朝美间的互信问题及朝弃核与补偿条件及先后顺序问题还没有根本解决。朝坚持美必须先提供轻水反应堆才能弃核，美则断然拒绝做出让步。印巴关系继续缓和，对话合作进一步加强。印度总理辛格与巴基斯坦总统穆沙拉夫4月借“板球外交”发表联合声明宣布，印巴“和平进程不可逆转”，双方将以“真诚而有目的的方式”就克什米尔问题展开磋商。双方已通过在克什米尔地区开通公交线等措施为和谈创造气氛。印巴在核领域的互信也在加强，双方已就建立副外长级核安全热线和相互通知弹道导弹试验问题达成协议。但印巴在战略互信和克什米尔问题上矛盾根深蒂固，短期内难以取得突破性进展。中东局势缓中有紧，复杂多变。巴以和平进程取得历史性突破，为落实“路线图”计划创造了有利条件。巴以首脑经过多方努力终于达成停火协议，缓解了持续多年的激烈武装冲突。以方主动全部撤出加沙犹太人定居点，为巴以和谈奠定了基础。但巴以双方在约旦河西岸定居点、东耶路撒冷归属和难民回归等问题上立场仍严重对立，加之双方受各自内部因素的掣肘，和平进程

还可能出现反复。伊朗核问题在欧盟和国际社会的支持下继续维持在政治解决框架内，但伊与欧盟之间的谈判异常艰难，不时出现反复，未能取得明显进展，特别是伊强硬派上台后更增添了谈判的复杂性。因美国尚未做好非政治解决手段的准备，伊朗核问题谈判还会继续进行下去，但鉴于双方分歧严重，立场相去甚远，伊坚持拥有和平利用核能权利，美欧主张无条件全面弃核，谈判在短期内取得突破的可能性不大。伊拉克局势依然严峻，虽政治重建取得一定进展，但安全形势未见好转。伊反美武装继续频繁发动暴力袭击，驻伊美军不断加大对反美武装的清剿力度，造成大量人员伤亡和经济财产损失。伊拉克局势动荡的症结在于驻伊美军的存在，国际社会强烈要求美尽快制定从伊撤军的时间表，但美一意孤行，坚决拒绝。只要美军不走，伊拉克局势必将长期陷于混乱状态。国际热点问题虽总体趋于缓和，但受内外多种因素的制约，短期内彻底解决的可能性均不大。同时受霸权主义和强权政治及种族、宗教等矛盾的影响，中亚、非洲、拉美等地区的热点问题还有可能呈升温之势，甚至激发新的热点。

四、国际恐怖活动继续泛滥，反恐斗争形势依然严峻

尽管国际社会和有关国家采取了一系列措施不断加大反恐力度，但国际恐怖活动并未得到根本遏制，恐怖活动和恐怖势力在许多地区还在呈蔓延和发展之势，成为危及国际安全的重要因素。国际恐怖活动泛滥主要表现在：一是大规模恶性恐怖案件频繁发生。伦敦系列恐怖爆炸案造成50多人死亡，700多人受伤。埃及沙姆沙伊赫连环爆炸案造成88人死亡，200多人受伤。伊拉克一场恐怖虚惊就造成上千人踩踏死亡。孟加拉国8月17日发生的全国性连环爆炸案更是举世震惊，半小时之内在全国范围接连发生459起爆炸，创造了世界恐怖之最。爆炸覆盖了孟全国64个县中的63个，且爆炸大多发生在要害机构和使馆区附近。二是恐怖袭击的目标仍主要针对美国及其支持者和防范薄弱的公众场所。在伊拉克频繁发生的恐怖袭击无疑全是针对驻伊美国及其支持的伊新政权。伦敦系列恐怖爆炸案明显是为了“惩罚”英国积极参与美国发动的伊拉克战争。约旦亚喀巴港袭击美舰案则是企图达到一箭双雕的目的。8月19日，停泊在约旦亚喀巴港的美国军舰“阿什兰”和“基尔萨奇”号及其附近目标，遭到与“基地”组织有联系的伊斯兰武装组织“阿卜杜拉·阿扎姆旅”火箭弹袭击，迫使美舰迅速离港待命。袭击者此举既为直接打击美国，也为间接打击支持美国的约旦，因为袭击者认定伊拉克战争后约旦与美国走得太近，成了为驻伊美军运送给养和为伊新政权培训警察的基地。伦敦系列恐怖爆炸案、埃及沙姆沙伊赫连环爆炸案和印尼巴厘岛恐怖爆炸案等恶性恐怖案件均发生在人口密集且缺少防范的公众场所。三是以“基地”组织为核心的国际恐怖势力仍在继续壮大力量。据美国安全部门统计，“基地”组织经过4年多的发展，其成员已由“9·11”事件时的7500人增加到7.5万人。同时，“基地”组织还在继续加强与其他国际恐怖组织的融合，以图建立全球性的恐怖网络。随着实力的壮大，“基地”组织正在继续策划更大规模和更大范围的恐怖活动，决心与美国对抗到底。此外，值得注意的是，针对中国的恐怖活动还在继续。除在伊拉克的中国劳工遭绑架外，境内外“三股势力”也在伺机策划新的恐怖暴力活动。

（张　宁）

2005年全球局部战争和武装冲突综述

2005年，全球范围内局部战争和地区性武装冲突依然保持较高数量。部分国家和地区局势继续动荡起伏，冲突连绵不断，呈现“大战不打，小战不已”的局面。但也有一部分传统热点出现明显的降温势头，或步入政治解决的良性轨道。全年，全球共发生局部战争和武装冲突39起，比2004年全年增加3起，其中新发生15起，与2004年新发生数持平。

一、主要特点

（一）局部战争和武装冲突影响有限，但数量仍居高不下。从总体上看，2005年没有爆发如2003年伊拉克战争那样大规模的局部战争，全球局部战争和武装冲突均局限于一定的地域范围内，强度和规模有限，所造成的影响也相对有限。但2005年武装冲突和局部战争的总数和新发生数量仍处于冷战结束后的较高水平，冲突地域范围涵盖世界各大洲，反映出冷战结束后世界上各种新旧矛盾不断暴露并相互交织的局面仍然没有得到根本改善。从冲突地域上看，非洲、中东和南亚仍是冲突数量最多、安全形势最不稳定的地区，其中非洲11起，较2004年（10起）增加1起；中东10起，较2004年(8起)增加2起；南亚9起，较2004年(7起）增加2起。前苏东地区冲突数量有所回落，由2004年的5起减少至3起。2005年新增的武装冲突主要集中在非洲(8起)，多是较短暂的边界冲突。

（二）部分传统热点有所降温，步入政治解决的良性轨道。在全球冲突总体数量仍居高不下的同时，一些冲突持续时间较长的传统热点出现明显的降温势头，其中相当一部分已步入政治解决的良性轨道，表明和

平与稳定正成为各传统热点地区形势发展的主流。苏丹政府和南部反政府武装签署全面和平协议，标志着持续21年之久的苏丹南部内战正式结束；印尼政府和亚齐分离主义组织正式签署和平协议，持续近30年的亚齐武装冲突基本结束；持续近60年的印巴军事对峙在2005年也明显降温。其他一些传统热点如巴以冲突等也出现比较明显的缓和迹象，冲突强度大为降低。

（三）美反恐战争形成的新热点和辐射效应仍将持续。2001年阿富汗战争和2003年伊拉克战争后，围绕美反恐战争出现了一批新的热点。2005年，中东10起冲突中的5起（驻伊拉克美军与当地反美武装冲突，沙特、也门、叙利亚国内冲突及沙特安全部队与伊拉克武装人员武装冲突），南亚9起冲突中的3起（美军在阿富汗境内与塔利班及“基地”组织的冲突、阿富汗国内冲突、巴基斯坦军队与阿富汗武装派别冲突）均与美反恐战争直接或间接相关。2005年，美军在伊拉克境内与反美武装的冲突、在阿富汗境内与塔利班及“基地”组织的冲突，以及巴基斯坦军队在其境内围剿恐怖组织的战斗等，均曾在不同程度上呈现出升级势头。与美反恐战争相对应，具有“基地”等恐怖组织背景的冲突也在向其他地区扩散，如毛里塔尼亚边界武装冲突。这预示着美反恐战争形成的新热点仍将持续相当一段时间，其造成的辐射效应也可能进一步扩散。

二、具体情况（加“▲”号者为新发生冲突）：

驻伊美军与当地反美武装冲突。年内，驻伊美军和伊安全部队对伊境内的反美武装进行了多次大规模军事清剿，但伊安全形势并未出现根本好转，各类恐怖和暴力袭击活动更加频繁。据统计，2005年伊境内发生的各类袭击事件日均达60余起，共有5736名伊拉克人在各类袭击事件中丧生。2005年驻伊美军的死亡人数为841人。2005年10月25日，美军自伊战爆发以来的阵亡人数突破2000人大关，被美媒体称为“悲剧的里程碑”。自伊战爆发至2005年12月20日，美军在伊死亡人数已达2158人。

巴以冲突。2005年2月，巴民族权力机构主席阿巴斯与以总理沙龙举行了4年多来的首次首脑会晤，并就停火问题达成协议。8月，沙龙政府实施单边“脱离计划”，从以占领长达38年之久的加沙地带撤军，为巴以问题的解决注入了新的因素。但巴勒斯坦内部的哈马斯、阿克萨烈士旅等派别继续与以色列军队发生冲突，针对以目标的袭击事件时有发生。以方也恢复了“定点清除”政策，并对巴控区实施报复性军事打击。

巴勒斯坦内部武装冲突。2005年2月巴以双方就停火问题达成协议后，巴勒斯坦安全部队和巴民族解放运动（法塔赫）武装人员在加沙地带与执意袭击以色列目标的巴勒斯坦伊斯兰抵抗运动（哈马斯）武装人员多次发生流血冲突，造成多人伤亡。

黎巴嫩—以色列武装冲突。年内，以色列军队与黎巴嫩真主党游击队在以黎边界地区的武装冲突仍时有发生。真主党游击队继续对萨巴阿农场以军阵地和以境内其他目标发动袭击。以军除对黎境内目标以炮击和空袭进行报复外，还经常出动飞机深入黎境内进行侦察和骚扰活动。

沙特国内武装冲突。年内，沙特安全部队加强对沙特“基地”组织恐怖分子的清剿力度，在行动中击毙和抓获多名“基地”组织沙特分支重要头目。

阿尔及利亚国内武装冲突。年内，阿尔及利亚军方加强了对国内极端恐怖组织的打击力度，但恐怖袭击事件在阿国内部分地区仍有发生。

也门国内武装冲突。年内，也门军方与北部反政府激进武装组织及境内“基地”组织成员的冲突仍时有发生。

土耳其国内武装冲突。年内，土耳其政府军与库尔德工人党武装的冲突持续不断。库尔德工人党武装加强了对土耳其境内目标的袭击。从2005年初到10月为止，至少200名土耳其士兵在战斗中丧生。

叙利亚军队与恐怖分子武装冲突▲。2005年下半年，叙利亚安全部门加强了打击恐怖犯罪的力度，在首都大马士革郊外及中部哈马省击毙数名武装分子，并抓获数十名涉嫌在叙境内从事恐怖活动的外国武装分子。

沙特安全部队与伊拉克武装人员武装冲突▲。8月29日夜，沙特安全部队在东部朱拜勒地区与4名潜入沙特的伊拉克武装人员发生交火，打伤其中1人，逮捕另3人。

苏丹内战。苏丹政府和南部反政府武装于2004年12月31日签署了永久性停火协议和全面和平协议，持续21年之久的苏丹南部内战结束。7月，双方组成民族团结政府。年内，苏丹政府与西部达尔富尔地区的反政府武装的和平谈判未取得进展。达尔富尔地区武装冲突事件仍不断发生。

科特迪瓦国内武装冲突。科特迪瓦国内冲突各方于4月签署了和平协议，但在随后的政治谈判中未能消除分歧，解除武装进程和总统选举未能如期进行。反对派武装继续控制科北部地区，与政府军形成南北对峙局面。

乌干达国内武装冲突。年内，乌政府军与以苏丹南部为基地的反政府武装“圣灵抵抗军”未能达成停火协议，双方冲突继续进行。

联合国特派团部队与刚果（金）部族武装冲突▲。1月24日，为遏制刚果（金）东北部伊土里地区部族仇杀恶化的局面，联合国刚果（金）特派团发动代号“拳击”的行动，对参与暴力活动的部族武装进行打击。2月25日，当地部族民兵对联合国维和部队发动报复性袭击，杀害9名孟加拉国维和士兵。此后，联合国维和部队在刚果（金）东北部地区开展了解除当地民兵武装的大规模军事行动，迫使8000多名部族民兵解除武装。

几内亚-科特迪瓦边界武装冲突▲。4月7日和7月12日，几内亚政府军在几内亚-科特迪瓦边界地区两次与科前反政府武装、现“新生力量派”人员发生武装冲突。

毛里塔尼亚边界武装冲突▲。6月4日，毛里塔尼亚军队在与阿尔及利亚和马里交界处的一个军事基地遭到袭击，造成15名军人死亡，17人受伤。在阿尔及利亚活动的一个“基地”组织分支“萨拉菲宣教和战斗组织”事后发表声明对该事件负责。

尼日利亚与喀麦隆军队在巴卡西半岛武装冲突▲。6月17日，尼日利亚和喀麦隆两国士兵在两国存在归属争议的巴卡西半岛交火，造成喀方1人死亡。

毛里塔尼亚军事政变▲。8月3日，毛里塔尼亚原国家安全局局长埃利·乌尔德·穆罕默德·瓦尔趁总统塔亚出国参加沙特阿拉伯前国王法赫德的葬礼之机发动军事政变，经过短暂交火控制了首都努瓦克肖特。瓦尔宣布成立“民主与公正军事委员会”，自任军事委员会主席，取代了已执政21年的塔亚政权。瓦尔在与各政党领袖会谈中宣布，将在1年内举行有关修宪的全民公决，之后立即举行大选，在军事委员会宣布的两年权力过渡期内完成选举程序。

乍得-苏丹边境地区武装冲突▲。9月26日，乍得政府军在该国东部瓦达伊地区与来自邻国苏丹的一伙不明身份的武装分子发生交火，造成46人死亡，多人受伤。

非盟维和部队与苏丹反政府武装冲突▲。10月8日，非盟派驻苏丹西部达尔富尔地区的维和部队遭反政府武装伏击，3名尼日利亚士兵死亡。10月9日，非盟维和部队18名成员遭达尔富尔地区反政府武装绑架。

乍得国内武装冲突▲。11月14日，一伙不明身份的武装分子突袭位于乍得首都恩贾梅纳以南的一个军事训练中心和在首都的一处兵营。政府军在战斗中打死4名武装分子，俘获10余人。

巴基斯坦军队与阿富汗武装派别冲突。年内，巴基斯坦边防部队与阿富汗武装派别在巴阿边境多次发生武装冲突。巴军在冲突中击毙和抓获多名阿武装分子。

尼泊尔国内武装冲突。年内，尼泊尔内战仍持续不断。2月1日，尼泊尔国王贾南德拉宣布解散政府，由国王亲政3年，并在全国实行紧急状态。尼反政府武装随即对全国交通实行封锁，并与政府军多次交火。4月，政府军与反政府武装进行多次激烈战斗，重创反政府武装。自9月份开始，尼反政府武装宣布单方面停火3个月。

阿富汗国内武装冲突。2005年入春后，塔利班残余势力策动加强了对阿政府军和外国驻军的袭击，使阿安全状况持续恶化。阿富汗政府军和警察部队曾与塔利班残余势力多次爆发激烈战斗。年内，阿富汗死于战乱的人数超过1500人。评论认为本年是阿富汗战争结束以来，塔利班残余势力最为活跃的一年。

印控克什米尔武装冲突。年内，印控克什米尔地区印军与反印武装分子的冲突仍持续不断，造成多人伤亡。

美军在阿富汗的反恐作战。年内，驻阿美军为保障9月份阿富汗议会选举，与阿富汗政府军相互配合，加强了对塔利班残余势力和“基地”组织武装分子的清剿，双方多次爆发激烈战斗。仅2005年上半年美军在阿富汗的阵亡人数即达到54人，超过2004年全年的死亡人数。驻阿美军认为，塔利班残余势力的力量与2004年相比“已经明显削弱”，主要活动范围已缩小到阿富汗与巴基斯坦交界地区。随着冬季到来，武装分子的行动会逐渐减少，直到下一年积雪融化。

斯里兰卡国内武装冲突。斯里兰卡政府与泰米尔伊拉姆猛虎解放组织于2002年签署停火协议后，双方大规模武装冲突暂时平息，但小规模的摩擦仍时有发生。2005年8月12日，斯外长卡迪尔加马尔遭到暗杀，使双方关系再度紧张，摩擦一度趋于激化。

印度国内武装冲突。年内，印度安全部队与国内多个地区的反政府武装分子发生冲突，造成多人伤亡。

巴基斯坦军队与俾路支武装分子冲突▲。1月11日，巴基斯坦安全部队与一伙武装人员在西南部俾路支省发生激烈交火，造成2名士兵和1名平民死亡。3月17日，驻守俾路支省的巴准军事部队遭到当地部落武装袭击，8名士兵死亡，部落武装方面有23人丧生、数十人受伤。

印度-孟加拉国边界武装冲突▲。4月16日，印孟两国边防部队人员在邻近孟加拉国东南部的阿考拉地区发生武装冲突，造成印方1名高级军官死亡。

菲律宾国内武装冲突。年内，菲律宾政府军与反政府武装“新人民军”、“摩洛伊斯兰解放阵线”（摩解）以及阿布沙耶夫武装组织多次发生武装冲突。

印尼亚齐武装冲突。2005年上半年，印尼军队和亚齐分离主义组织“自由亚齐运动”之间的冲突仍继续进行。自1月起，印尼政府开始与“自由亚齐运动”举行和谈。8月15日，双方在芬兰首都赫尔辛基正式签署和平协议，结束了亚齐地区近30年的武装冲突。

缅甸国内武装冲突。9月中旬，缅甸东北部地方民族武装克钦新民主军发生“兵变”事件。克钦新民主军总司令丁英和“兵变”领导人泽龙分别掌控的部队发生交火。9月27日，丁英部基本控制泽龙部驻守的板瓦地区，并将泽龙部缴械，“兵变”宣告平息。

乌兹别克斯坦安集延骚乱▲。5月12日，位于乌兹别克斯坦东部的安集延地区发生武装骚乱，一群武装分子袭击安集延地区的部分警察岗哨和军队驻地，夺取武器，冲击监狱。随后，骚乱者攻占州政府大楼，要求政府释放所有正在服刑的极端组织“阿克罗米亚”的成员。13日，数千人走上安集延街头，举行“要求现政权下台”的大规模示威抗议活动。乌政府军和警察部队13日对占据安集延州政府大楼的武装分子发动攻击，并对在市中心广场进行示威的抗议者采取了驱赶措施。15日，乌政府宣布已完全控制安集延州地区局势，该地区形势趋于稳定。乌内务部长称，在安集延大规模骚乱期间，共有108名平民和32名护法人员丧生。

哥伦比亚国内武装冲突。年内，哥伦比亚政府军与各派反政府武装之间的武装冲突仍继续进行。

秘鲁民族主义武装兵变▲。1月1日，由秘退役陆军少校安塔乌罗·乌马拉领导的“卡塞雷斯家族运动”约150名武装分子攻占了秘鲁首都利马东南约560公里的安达瓦伊拉市警察局，将10名警察劫为人质，胁迫总统托莱多辞职。3日，乌马拉与政府代表在当地市政府谈判时被逮捕。4日，武装分子向政府军缴械投降，事件平息。

海地武装分子袭击联合国维和部队▲。3月20日，联合国驻海地维和部队在太子港及其附近地区两次遭到当地武装分子的袭击，造成2名维和士兵死亡。3月31日，联合国维和军警开始对盘踞在首都太子港太阳城的非法武装展开搜捕和缴械行动，遭到非法武装抵抗，造成至少1人死亡、6人受伤。

俄罗斯车臣武装冲突。年内，俄罗斯军队和安全部队继续在俄车臣境内遂行反恐作战，多次与车臣非法武装发生冲突。3月8日，俄军击毙车臣非法武装头目马斯哈多夫。5月17日，俄军击毙曾参与策划2002年10月莫斯科人质事件和2004年9月别斯兰人质事件的车臣非法武装二号头目道多夫。10月13日，俄南部地区卡巴尔达-巴尔卡尔共和国首府纳尔奇克市遭150余名车臣非法武装分子袭击，俄安全部队经激烈交火，毙、俘武装分子近百人。据车臣内务部透露，自2005年初以来，车臣军警共挫败65起恐怖袭击事件，击毙113名非法武装分子，逮捕247人。当地非法武装头目中已有16人被击毙，10人被捕。俄联邦车臣共和国总统阿尔哈诺夫称，车臣的严峻局势“已经得到控制”。

格鲁吉亚南奥塞梯武装冲突。年内，格鲁吉亚政府军与南奥塞梯地方武装继续对峙。9月20日，南奥塞梯首府茨欣瓦利遭到3枚迫击炮弹袭击，造成7人受伤，该地区局势再度出现紧张。南奥塞梯方面指责炮击是格军所为，但格方予以否认。

附表：冷战后武装冲突统计表

冲突 / 年份	总 数	新发生数
1990年	28	3
1991年	29	5
1992年	30	9
1993年	34	16
1994年	38	13
1995年	46	9
1996年	30	6
1997年	38	8
1998年	38	14
1999年	40	9
2000年	45	21
2001年	46	14
2002年	35	10
2003年	35	11
2004年	36	15
2005年	39	15

（张 湖）

亚洲军事要事

中国隆重纪念中国人民抗日战争暨世界反法西斯战争胜利60周年　2005年，中共中央和全国人民以多种形式隆重纪念中国人民抗日战争暨世界反法西斯战争胜利60周年。

5月7日，中共中央发出通知，对中国人民抗日战争暨世界反法西斯战争胜利60周年纪念活动做出安排部署。其中，重要纪念活动包括：中共中央、全国人大常委会、国务院、全国政协、中央军委将举行纪念中国人民抗日战争暨世界反法西斯战争胜利60周年大会；将对参加过抗日战争的老战士和爱国将领进行慰问；将展映、展播一批纪念中国人民抗日战争暨世界反法西斯战争胜利60周年的影视文艺作品和出版物；发行中国人民抗日战争暨世界反法西斯战争胜利60周年纪念邮票和纪念币等。

通知提出，各省、自治区、直辖市可根据本地实际情况组织开展群众性纪念活动。抗日战争时期发生重大历史事件的省、自治区、直辖市，可在历史事件发生纪念日前后，采取多种形式，组织纪念活动。各级各类反映抗日战争的纪念场馆、烈士陵园、陈列展览和历史遗址，要在相关纪念日向全社会免费开放。通知要求，纪念活动既要隆重热烈又要务实节俭，讲求实效。

5月9日，中共中央总书记、国家主席、中央军委主席胡锦涛赴莫斯科参加俄罗斯举行的纪念伟大卫国战争胜利60周年盛大庆典。

8月14日，中共中央总书记、国家主席、中央军委主席胡锦涛参观了《伟大胜利——纪念中国人民抗日战争暨世界反法西斯战争胜利60周年大型主题展览》。

8月26日，中共中央政治局第二十四次集体学习安排的内容是世界反法西斯战争的回顾与思考。军事科学院战争理论和战略研究部研究员江英、军事科学院世界军事研究部研究员罗援就这个问题进行了讲解，并谈了他们的有关看法和建议。中共中央政治局各位同志认真听取了他们的讲解，并就有关问题进行了讨论。胡锦涛在主持学习时发表了重要讲话。

8月27日，中央军委在北京隆重举行纪念抗日战争胜利60周年驻京部队老战士座谈会。中共中央总书记、国家主席、中央军委主席胡锦涛在座谈会上发表了重要讲话，并代表党中央、国务院和中央军委，向与会的老同志，向全国参加过抗日战争的老战士、老民兵、老英雄，致以崇高的敬意和诚挚的慰问。向在抗日战争中为国捐躯的烈士们以及无辜死难者，表示深切的哀悼。会议开始前，胡锦涛等军委领导亲切会见了参加会议的抗日战争时期著名英雄模范和英雄部队代表、老民兵英模和驻京部队优秀基层干部代表，并合影留念。

9月3日上午，党和国家领导人胡锦涛、吴邦国、温家宝、贾庆林、曾庆红、黄菊、吴官正、李长春、罗干等，与首都各界代表1万多人来到天安门广场，参加向人民英雄纪念碑敬献花篮仪式。在奏国歌和鸣放象征抗日战争胜利60周年的60响礼炮过后，中共中央，全国人大常委会，国务院，全国政协，中央军委，抗战老战士，各民主党派、全国工商联和无党派人士，各人民团体，首都各界群众分别敬献的9个花篮，被庄重地摆放在人民英雄纪念碑前。花篮的缎带上写着“在中国人民抗日战争中英勇牺牲的烈士们永垂不朽”。花篮寄托了人们对先烈的缅怀和敬仰之情。

9月3日上午10时，纪念中国人民抗日战争暨世界反法西斯战争胜利60周年大会在人民大会堂隆重举行。会上，中共中央总书记、国家主席、中央军委主席胡锦涛发表重要讲话。他首先代表中共中央、全国人大常委会、国务院、全国政协、中央军委，向全国参加抗日战争的老战士、爱国人士和抗日将领，向中国人民抗日战争胜利建立了卓著功勋的海内外中华儿女，致以崇高的敬意；向支援和帮助过中国人民抗日战争的外国政府和国际友人，表示衷心的感谢。

胡锦涛在讲话中指出，发生在20世纪三四十年代的中国人民抗日战争和世界反法西斯战争，是世界爱好和平与正义的国家和人民同人类文明的凶残敌人进行的一场殊死搏斗。中国人民抗日战争是世界反法西斯战争的重要组成部分，是世界反法西斯战争的东方主战场。日本军国主义的野蛮侵略，使中国陷入了前所未有的民族灾难。在面临亡国灭种威胁的危难关头，不愿做奴隶的中国人民毅然奋起，英勇抵抗。在中国共产党倡导建立的抗日民族统一战线的旗帜下，以国共合作为基础，中国人民同凶恶的日本侵略者进行了气壮山河的斗争。在波澜壮阔的全民族抗战中，全体中华儿女万众一心、众志成城，各党派、各民族、各阶级、各阶层、各团体同仇敌忾，共赴国难。经过艰苦卓绝的长期抗战，中国人民终于在世界反法西斯战争走向胜利的进程中彻底打败了日本侵略者。中国人民抗日战争和世界反法西斯战争以中国人民和世界各国人民的彻底胜利载入了史册。

胡锦涛说，中国人民抗日战争，是近代以来中国反抗外敌人侵第一次取得完全胜利的民族解放战争。中国人民抗日战争和世界反法西斯战争的胜利，是20世纪人类历史上的重大事件，对于中华民族发展和世界文明进步都具有重大而深远的意义。中国人民抗日战争的胜利，彻底打败了日本侵略者，捍卫了中国的国家主权和领土完整，使中华民族避免了遭受殖民奴役的厄运；促进了中华民族的觉醒，为中国共产党带领中国人民实现彻底的民族独立和人民解放奠定了重要基础；促进了中华民族的大团结，弘扬了中华民族的伟大精神；对世界各国人民夺取反法西斯战争的胜利、维护世界和平的伟大事业产生了巨大影响。

胡锦涛强调，我们隆重纪念中国人民抗日战争和世界反法西斯战争的伟大胜利，就是要牢记历史、不忘记过去、珍爱和平、开创未来，更好地推进全面建设小康社会、实现中华民族伟大复兴的光辉事业、更好地促进人类和平与发展的崇高事业。

会上，第二炮兵原司令员李水清代表抗战老战士，全国人大常委会副委员长、民革中央主席何鲁丽代表各民主党派中央、全国工商联和无党派人士，共青团中央书记处第一书记周强代表各人民团体先后发言。吴邦国、温家宝、贾庆林、曾庆红、黄菊、吴官正、李长春、罗干等中央领导同志，以及民主党派和无党派人士代表，海内外爱国人士、抗日将领或其遗属代表，为中国人民抗日战争胜利做出贡献的国际友人或其遗属代表，各国驻华使节，首都各界代表共约6000人参加了大会。

在纪念大会召开前，胡锦涛等党和国家领导人在人民大会堂湖南厅，向抗战老战士、爱国人士和抗日将领代表颁发了中国人民抗日战争胜利60周年纪念章，表彰他们为中国人民抗日战争胜利建立的卓越功绩。

在此前后，全国各地分别举行了多场座谈会和学术讨论会，纪念中国人民抗日战争暨世界反法西斯战争胜利60周年。解放军出版社、军事科学出版社、国防大学出版社、长征出版社等军队出版社推出128种图书，着力表现中国共产党在全民族团结抗战中发挥的中流砥柱作用，反映在中国共产党倡导的抗日民族统一战线旗帜下的全民族抗战的辉煌历史。9月18日，北京、长春、南京、济南、上海、重庆等地还举行多种形式的活动，纪念“九一八”事变74周年。12月13日，江苏省暨南京市各界、国内外和平友好人士3000人在南京举行集会，悼念南京大屠杀30万同胞遇难68周年。

胡锦涛当选中华人民共和国中央军事委员会主席 在2005年3月13日举行的十届全国人大三次会议第四次全体会议上，胡锦涛当选为中华人民共和国中央军事委员会主席。十届全国人大三次会议主席团第二次会议提出中华人民共和国中央军事委员会主席人选名单后，各代表团认真进行了酝酿协商。代表们一致认为，党的十六大以来，以胡锦涛同志为总书记的党中央，高举邓小平理论和“三个代表”重要思想伟大旗帜，团结带领全国各族人民，在全面推进社会主义物质文明、政治文明、精神文明建设与和谐社会建设的进程中，取得了令人鼓舞的重大成就。胡锦涛任中华人民共和国中央军事委员会主席，有利于坚持党对军队绝对领导的根本原则和制度，有利于加强军队的革命化、现代化、正规化建设。10时30分，当大会根据计票结果宣布胡锦涛当选为中华人民共和国中央军事委员会主席时，全场响起长时间的热烈掌声。随后，十届全国人大第三次会议主席团发布第一号公告，宣布十届全国人大第三次会议于2005年3月13日选举胡锦涛为中华人民共和国中央军事委员会主席。此前，在3月8日召开的十届全国人大三次会议第二次全体会议上，会议经过表决，通过了十届全国人大三次会议关于接受江泽民辞去中华人民共和国中央军事委员会主席职务的请求的决定。

在3月14日召开的十届全国人大第三次会议闭幕会上，根据中华人民共和国中央军事委员会主席胡锦涛的提名，会议分别表决通过了关于决定补充任命中华人民共和国中央军事委员会组成人员名单，决定任命：徐才厚为中华人民共和国中央军事委员会副主席；陈炳德、乔清晨、张定发、靖志远为中华人民共和国中央军事委员会委员。随后，十届全国人大第三次会议主席团发布第三号公告，宣布增补后的中华人民共和国中央军事委员会组成人员如下：

主　席：胡锦涛
副主席：郭伯雄　曹刚川　徐才厚
委　员：梁光烈　李继耐　廖锡龙　陈炳德
　　　　乔清晨　张定发　靖志远

中国人民解放军如期完成裁减员额20万任务 截至2005年12月31日，中国人民解放军圆满完成军队体制编制调整改革方案确定的任务，如期裁减员额20万。根据中共中央批准的《2005年前军队体制编制调整改革总体方案》，中国人民解放军体制编制调整改革工作从2003年展开。3年间，全军共裁减编制员额 20 万，使总员额下降为 230 万；全军团以上机关部门和直属单位调整精简任务已经结束；作战部队体制编制调整全部到位；领导指挥体制改革稳步推进；以战区为基础的联勤保障体制改革试点进展顺利；院校、训练机构调整改革已经落实；精简干部按计划顺利分流安置；有关配套政策制度相继出台，改革的既定目标如期实现。

经过这次体制编制调整改革，陆军部队占全军总员额的比例已下降至历史最低点；海军、空军和第二炮兵占全军总员额比例，作战部队占全军总员额比例均明显上升；海军撤销了航空兵机关，基地改编为保障基地；空军撤销了军（基地）机关，实行区域性指挥；第二炮兵撤销、合并部分建制单位，优化了作战部队编成。

这次体制编制调整改革有减有增：减少了领导机关层次、机构和人员，机关直属单位，非作战部队，办学效益不高的院校，保障摊子，农副业生产机构，物资机构以及文体单位；撤销了所有非编单位、机构；增编了联合作战指挥机构、高技术部队。

这次体制编制调整改革，精简干部是重点。几十种管理岗位和专业技术岗位，原来由干部担任，改为士官履职；部分文职干部改为文职人员。全军精简干部 17 万，优化了官兵比例结构。为此，军队推出了新的制度支持改革。从 2006 年开始，将施行文职人员和非现役公勤人员制度，改革了中国军队力量构成和用人制度。

“打破条块分割，甩掉坛坛罐罐”，是这次体制编制调整改革的又一特点。调整改革按照三军一体化联合作战的要求，实行以战区为基础的三军大联勤一体化保障。2004 年 7 月 1 日，济南战区“大联勤”改革试点启动，接收了海军、空军、二炮的保障实体，撤销了重复设置的机构，从而使保障摊子大幅度收缩，同时，也保障了战区三军部队全部经费均足额及时到位。

这次体制编制调整改革，给军队建设带来了喜人的变化：压缩了军队规模，优化了编成结构，充实了作战力量，精干了领导机关，收缩了保障摊子，推进了制度改革。中国军队朝着规模适度、结构合理、机构精干、指挥灵便，战斗力强的目标迈进，从结构上提升了信息化作战能力。

（木　工）

十届全国人大第三次会议通过《反分裂国家法》 2005 年 3 月 14 日，中华人民共和国第十届全国人民代表大会第三次会议经过表决，以高票通过了《反分裂国家法》。随后，中华人民共和国主席胡锦涛签署第三十四号主席令，公布了《反分裂国家法》。《反分裂国家法》全文如下：

第一条　为了反对和遏制“台独”分裂势力分裂国家，促进祖国和平统一，维护台湾海峡地区和平稳定，维护国家主权和领土完整，维护中华民族的根本利益，根据宪法，制定本法。

第二条　世界上只有一个中国，大陆和台湾同属一个中国，中国的主权和领土完整不容分割。维护国家主权和领土完整是包括台湾同胞在内的全中国人民的共同义务。

台湾是中国的一部分。国家绝不允许“台独”分裂势力以任何名义、任何方式把台湾从中国分裂出去。

第三条　台湾问题是中国内战的遗留问题。

解决台湾问题，实现祖国统一，是中国的内部事务，不受任何外国势力的干涉。

第四条　完成统一祖国的大业是包括台湾同胞在内的全中国人民的神圣职责。

第五条　坚持一个中国原则，是实现祖国和平统一的基础。

以和平方式实现祖国统一，最符合台湾海峡两岸同胞的根本利益。国家以最大的诚意，尽最大的努力，实现和平统一。

国家和平统一后，台湾可以实行不同于大陆的制度，高度自治。

第六条　国家采取下列措施，维护台湾海峡地区和平稳定，发展两岸关系：

（一）鼓励和推动两岸人员往来，增进了解，增强互信；

（二）鼓励和推动两岸经济交流与合作，直接通邮通航通商，密切两岸经济关系，互利互惠；

（三）鼓励和推动两岸教育、科技、文化、卫生、体育交流，共同弘扬中华文化的优秀传统；

（四）鼓励和推动两岸共同打击犯罪；

（五）鼓励和推动有利于维护台湾海峡地区和平稳定、发展两岸关系的其他活动。

国家依法保护台湾同胞的权利和利益。

第七条　国家主张通过台湾海峡两岸平等的协商和谈判，实现和平统一。协商和谈判可以有步骤、分阶段进行，方式可以灵活多样。

台湾海峡两岸可以就下列事项进行协商和谈判：

（一）正式结束两岸敌对状态；

（二）发展两岸关系的规划；

（三）和平统一的步骤和安排；

（四）台湾当局的政治地位；

（五）台湾地区在国际上与其地位相适应的活动空间；

(六)与实现和平统一有关的其他任何问题。

第八条 “台独”分裂势力以任何名义、任何方式造成台湾从中国分裂出去的事实，或者发生将会导致台湾从中国分裂出去的重大事变，或者和平统一的可能性完全丧失，国家得采取非和平方式及其他必要措施，捍卫国家主权和领土完整。

依照前款规定采取非和平方式及其他必要措施，由国务院、中央军事委员会决定和组织实施，并及时向全国人民代表大会常务委员会报告。

第九条 依照本法规定采取非和平方式及其他必要措施并组织实施时，国家尽最大可能保护台湾平民和在台湾的外国人的生命财产安全和其他正当权益，减少损失；同时，国家依法保护台湾同胞在中国其他地区的权利和利益。

第十条 本法自公布之日起施行。

胡锦涛出席联合国首脑会议并发表重要讲话 2005年9月15日，在联合国成立60周年首脑会议上，中国国家主席胡锦涛发表题为《努力建设持久和平、共同繁荣的和谐世界》的重要讲话，全面阐述了中国对当前国际形势及重大国际问题的看法和立场，对加强联合国作用、推动联合国改革、促进国际发展合作等问题提出了具体主张，其中着重就建设一个持久和平、共同繁荣的和谐世界发表了以下几点意见：

第一，我们要树立互信、互利、平等、协作的新安全观，建立公平、有效的集体安全机制。我们应该鼓励和支持以和平方式解决国际争端或冲突；应该加强合作，坚决打击恐怖主义。联合国作为集体安全机制的核心，其作用只能加强，不能削弱。

第二，联合国应该采取切实措施，落实千年发展目标，特别是要大力推动发展中国家加快发展，使21世纪真正成为“人人享有发展的世纪”。我们应该积极推动建立健全开放、公平、非歧视的多边贸易体制，进一步完善国际金融体制；应该加强全球能源对话和合作，共同维护能源安全和能源市场稳定；应该积极促进和保障人权，使人人享有平等追求全面发展的机会和权利。发达国家应该为实现全球普遍、协调、均衡发展承担更多责任。

第三，我们应该尊重各国自主选择社会制度和发展道路的权利，推动各国根据本国国情实现振兴和发展；应该以平等开放的精神，维护文明的多样性，加强不同文明的对话和交流，协力构建各种文明兼容并蓄的和谐世界。

第四，我们应该通过合理、必要的改革，维护联合国权威，提高联合国效率，增强联合国应对新威胁新挑战的能力。联合国改革是全方位、多领域的。改革应该重点推动联合国加大在发展领域的投入。安理会改革要优先增加发展中国家特别是非洲国家的代表性，让更多国家特别是中小国家有更多机会参与安理会决策。

胡锦涛重申，中国将坚定不移地高举和平、发展、合作的旗帜，走和平发展道路。中国将始终不渝地把自身的发展与人类共同进步联系在一起。中国的发展不会妨碍任何人，也不会威胁任何人，只会有利于世界的和平稳定、共同繁荣。

胡锦涛最后强调，在人类漫长的发展史上，各国人民的命运从未像今天这样紧密相连、休戚与共。共同的目标把我们联结在一起，共同的挑战需要我们团结在一起。让我们携手合作，共同为建设一个持久和平、共同繁荣的和谐世界而努力!

在此前一天的9月14日，胡锦涛在联合国成立60周年安理会首脑会议上，发表了题为《维护安理会权威 加强集体安全机制》的重要讲话。胡锦涛在发言中指出，联合国安理会在解决事关世界和平与安全的重大全球和地区问题上具有不可替代的作用，我们应该保证安理会履行联合国宪章赋予的职责。胡锦涛还就加强集体安全机制提出以下看法：

第一，坚持多边主义，维护安理会权威。只有加强多边合作，特别是加强联合国作用、维护安理会权威，才能有效应对日益增多的全球性威胁和挑战，真正实现普遍安全。在涉及世界和平与安全的重大问题上，应该由安理会根据实际情况作出判断，依照联合国宪章采取集体行动。

第二，有效应对威胁，提高安理会效率。安理会既要具备迅速反应能力，也要注意标本兼治，制定从预防到恢复和平、从维和到冲突结束后重建的全面战略。中方支持安理会在应对恐怖主义等非传统安全问题方面发挥重要作用。

恐怖主义对世界的和平与安全构成严重威胁。国际社会应该根据联合国宪章的宗旨和原则，携手努力，加强合作，有效打击一切形式的恐怖主义。

第三，重视非洲关切，加大安理会投人。

胡锦涛表示，中国愿同广大会员国一道，促进人类和平与发展的崇高事业。

上海合作组织第五次峰会在阿斯塔纳举行 2005年7月5日，上海合作组织第五次元首会晤在哈萨克斯坦首都阿斯塔纳举行，六个成员国元首就深化地区安全合作、经济合作等协调立场，作出具体部署，并就重大国际及地区问题交换了意见。六国元首签署了《上海合作组织成员国元首宣言》、《关于批准<上

海合作组织成员国合作打击恐怖主义、分裂主义和极端主义构想>的决议》等重要文件，决定给予巴基斯坦、伊朗、印度观察员地位，决定继续采取一系列加强团结、合作反恐、发展经济的具体步骤。中国国家主席胡锦涛出席峰会并发表了题为《加强团结合作、促进稳定发展》的重要讲话。

胡锦涛指出，当前，上海合作组织的发展进入了一个重要时期。新形势、新任务、新挑战，迫切需要各成员国不断增进互信、加强团结、深化合作，妥善应对国际和地区形势复杂变化带来的挑战。当前，应该着重做好以下工作。

第一，全力加强安全合作。没有稳定，一切发展都无从谈起。“三股势力”对各成员国和整个地区构成严重的现实威胁。要坚持不懈地推动落实有关打击“三股势力”的文件和协议，开展有效的情报交流，加紧落实“三股势力”的文件和协议，开展有效的情报交流，加紧研究建立突发事件应急机制。

第二，扎实推动经济合作尽快取得实际成果。

第三，深入开展人文合作。

胡锦涛表示，上海合作组织是实现我们各方利益的重要途径。中方将一如既往地同各方一道努力，求团结、促合作、谋发展，使上海合作组织给各成员国人民带来更多福祉，在维护世界和平、促进共同发展中发挥更大作用。

峰会东道国哈萨克斯坦总统纳扎尔巴耶夫和吉尔吉斯斯坦代总统巴基耶夫、俄罗斯总统普京、塔吉克斯坦总统拉赫莫诺夫、乌兹别克斯坦总统拉赫莫诺夫也在会上发表讲话。

六国元首一致同意下届峰会明年在中国举行。

作为观察员国出席峰会的蒙古总统恩赫巴亚尔、巴基斯坦总理阿齐兹、伊朗副总统阿雷夫和印度外交部长辛格、上海合作组织秘书长张德广也在大范围会谈中发言。

根据宣言，元首们支持中亚国家为维护本国和整个地区和平、安全、稳定所作的努力，赞成本组织在促进中亚稳定和经济发展方面积极发挥作用。元首们认为，成员国应共同努力，有效应对国际和地区安全和稳定面临的新挑战。

神舟六号载人飞船发射成功　2005年10月12日，中国自主研制的神舟六号载人飞船，在酒泉卫星发射中心成功发射。神舟六号载人飞船的飞行，是中国第二次进行载人航天飞行，也是中国第一次将两名航天员同时送上太空。

10月12日上午8时，胡锦涛等领导同志来到北京航天飞行控制中心。胡锦涛等领导同志首先听取了有关神舟六号载人飞船发射准备工作的汇报，观看了介绍飞行任务的资料片，并详细了解飞船发射的最后准备情况。随后，胡锦涛等领导同志走进第一指挥大厅就座，通过中心控制系统观看神舟六号载人飞船发射实况。与此同时，温家宝等领导同志也在酒泉卫星发射中心的试验指挥楼平台上，现场观看发射。12日清晨，温家宝等领导同志还出席了航天员出征仪式，为承担此次飞行任务的航天员费俊龙、聂海胜壮行。

9时整，随着点火的口令声。长征二号F型运载火箭在震天的轰鸣中腾空而起，承载着神舟六号载人飞船和航天员费俊龙、聂海胜飞向太空。9时39分，载人航天工程总指挥陈炳德宣布：“神舟六号载人飞船发射取得圆满成功。”顿时，北京航天飞行控制中心和酒泉卫星发射中心的指挥控制大厅内一片欢腾，掌声雷动。

胡锦涛等领导同志同现场的指挥人员亲切握手，热烈祝贺发射成功。在酒泉卫星发射中心，温家宝发表了热情洋溢的讲话。他首先代表党中央、国务院、中央军委，代表胡锦涛总书记，向参加这一次载人航天飞行任务的全体科技工作者、干部职工和解放军指战员表示热烈祝贺和亲切慰问。

这次发射的神舟载人飞船，包括推进舱、返回舱、轨道舱三个部分，由中国航天科技集团公司所属的中国空间技术研究院和上海航天技术研究院为主研制。发射飞船的长征二号F型运载火箭，由中国航天科技集团公司所属的中国运载火箭技术研究院为主研制。飞船上进行空间科学和技术实验的载人航天应用系统，由中国科学院、信息产业部等部门所属的有关单位研制。飞船在轨运行期间，在北京航天飞行控制中心统一调度和指挥下，中国西安卫星测控中心国内外有关测控站和远洋航天测量船队，对飞船进行持续跟踪、测量与控制，通过航天员生理遥测参数和回传图像及话音通信，了解航天员的身体和生活、工作状态。载人航天应用系统将在飞船上进行空间科学和技术实验。

10月15日下午4时28分，中共中央总书记、国家主席、中央军委主席胡锦涛再次来到北京航天飞行控制中心，同正在太空飞行的神舟六号载人飞船上的航天员费俊龙、聂海胜进行实时通话。胡锦涛代表党中央、国务院、中央军委和全国各族人民，向两位航天员表示热烈的祝贺和诚挚的问候，关切询问他们在太空中的身体状况和工作情况，殷切勉励他们圆满完成任务。

10月17日凌晨4时33分，航天员费俊龙、聂海胜乘坐神舟六号载人飞船返回舱，在内蒙古主着陆场成功着陆，并以良好的状况自主出舱。中国的空间飞行试验获得圆满成功。

同日，中共中央、国务院、中央军委对神舟六号载人航天飞行成功表示热烈祝贺。

在5天的太空飞行中，航天员费俊龙、聂海胜始终与地面保持密切联系，根据地面指令和计划安排，圆满地完成了预定的空间实验活动。

3时43分。当神舟六号载人飞船飞临南大西洋海域上空时，在那里待命的“远望”三号远洋测量船向其发出返回指令。3时4分，返回舱与轨道舱分离，飞船制动发动机点火，进入返回轨道。

4时10分，飞船返回舱开始穿越大气层。4时33分，飞船成功降落在位于内蒙古中部的主着陆场。担负飞船回收任务的总装某基地着陆场站和总参陆军航空兵某部搜救人员及时发现目标，迅速赶往着陆地点，协助航天员安全出舱。6时45分，费俊龙、聂海胜结束医监医保程序，分别乘运输直升机飞往附近的机场。7时51分，他们登上专机返回北京。

在5天5夜、约325万公里的太空飞行中，两名航天员成功进行了穿越轨道舱与返回舱、工效学评价、医学试验、轨道舱飞船设备操作等一系列空间科学实验，各自睡了5次觉，吃了15顿饭，还进行了天地通话。

据中国航天员科研训练中心选拔训练分系统主任设计师吴斌介绍，航天员费俊龙、聂海胜在飞船舱内的所有操作没有出现一次失误，飞行操作近乎完美。他们在太空的优秀表现，表明中国航天员选拔和训练是科学有效的，同时也表明中国自己培养的航天员，完全能够执行好载人航天飞行任务。

11月26日，中共中央、国务院和中央军委在人民大会堂举行庆祝大会，隆重庆祝神舟六号载人航天飞行圆满成功。中共中央总书记、国家主席、中央军委主席胡锦涛发表重要讲话。他强调，在全面建设小康社会、加快推进社会主义现代化的征程上，我们一定要在全社会大力弘扬载人航天精神，增强全民族的自信心和自豪感，凝聚全民族的智慧和力量，紧紧抓住发展机遇，积极应对各种挑战，战胜前进道路上的艰难险阻，不断开创中国特色社会主义事业的新局面。

大会由吴邦国主持。会上，中共中央政治局常委、国务院总理温家宝宣读了《中共中央、国务院、中央军委关于授予费俊龙、聂海胜同志“英雄航天员”荣誉称号并颁发“航天功勋奖章”的决定》。胡锦涛为费俊龙、聂海胜颁发了“航天功勋奖章”和“英雄航天员荣誉称号、航天功勋奖章证书”。

贾庆林、曾庆红、黄菊、吴官正、李长春、罗干等中央领导同志和首都各界代表3000多人出席了庆祝大会。

中俄军队举行“和平使命-2005”联合军事演习　2005年8月18日至8月25日，中国人民解放军和俄罗斯联邦武装力量联合军事演习“和平使命—2005”，在俄罗斯符拉迪沃斯托克，中国青岛、山东半岛东南海域、胶南琅琊台和潍北地区举行。

这次联合军事演习是根据2004年7月6日签署的《中华人民共和国国防部和俄罗斯联邦国防部关于举行联合军事演习的备忘录》，举行的中俄两军历史上首次联合军事演习。这次演习的目的旨在提高两军有效应对新挑战和新威胁的作战能力，不针对任何第三国。此次演习分3个阶段进行：8月18日至19日，进行战略磋商，定下行动决心；8月20日至22日，进行兵力投送与展开，组织协同；8月23日至25日，实施交战。中俄两军部队在联合军事演习中将共同完成沙盘推演，陆、海、空实兵联合作战，海上封锁、两栖登陆和强制隔离作战等演练课目。

中国人民解放军和俄罗斯联邦武装力量近万人（其中中方兵力7000余人）参加此次演习。演习跨越两国陆、海、空域，参演军兵种齐全，演练课目较多。演习期间，上海合作组织成员国国防部长应邀观摩演习第三阶段活动，并出席演习结束仪式。上海合作组织成员国将派出多名观察员，全程观摩演习。中俄双方还互邀对方参加过二战的老战士代表观摩演习活动。

演习第一阶段

8月18日，总参谋长梁光烈上将与俄罗斯联邦武装力量总参谋长巴卢耶夫斯基大将，在俄罗斯滨海城市符拉迪沃斯托克举行“和平使命-2005”中俄联合军事演习战略磋商。副总参谋长、中俄联合军事演习导演部中方总导演葛振峰上将，俄罗斯国防部作战组组长陆军副总司令、中俄联合军事演习导演部俄方总导演莫尔坚斯科伊上将分别向两军总参谋长报告了中俄联合军事演习的准备情况。随后双方总参谋长在位于符拉迪沃斯托克的俄罗斯太平洋舰队共同宣布，“和平使命-2005”中俄联合军事演习正式开始。双方总导演向参演部队下达演练课目，提出演练要求。导演部双方参谋长向参演部队介绍战略战役初始态势、宣布作战时间。战役指挥部依据导演部意图，展开第一阶段演练。总参谋长助理、中俄联合军事演习导演部中方参谋长章沁生少将，济南军区司令员、中俄联合军事演习联合战役指挥部指挥员范长龙中将，济南军区政治委员、中俄联合军事演习联合战役指挥部指挥员刘冬冬上将，俄罗斯太平洋舰队司令费奥多罗夫海军上将，参加了战略磋商。

演习第二阶段

8 月 20 日，中俄联合军事演习第二阶段——战役筹划阶段在中国青岛开始。导演部中方总导演葛振峰上将下达了中俄联合军事演习第二阶段演练的课题和目的、任务。导演部中方参谋长章沁生少将介绍了第二阶段的战略战役态势，组织完成了战役开进，宣布了作战时间。之后，导演部通过指挥系统向联合战役指挥部下发导调文书，联合战役指挥部根据导演部下达的各种指令，中俄两军通过协调，达成共同的战役企图，为形成联合战役决心提供依据。

据章沁生介绍，参加实兵演练的中方陆、海、空参演部队，从 6 月下旬开始进入演习场地，至 7 月中旬已全部集结完毕，并展开了单方演练。从 8 月 9 日开始，俄罗斯参加实兵演练的部队陆续抵达中国山东半岛及其附近海域。其中包括俄罗斯空降兵第 76 师、海军陆战队第 55 师和空军航空兵、太平洋舰队部分官兵，以及伊尔-76 运输机、伊尔-78 空中加油机、A-50 空中预警机、图-95MS 战略轰炸机、图-22M3 战略轰炸机、苏-24M2 前线轰炸机、苏-27SM 歼击机、“沙波什尼科夫海军元帅”号大型反潜舰、“激烈”号驱逐舰以及大型登陆舰、救生拖船、后勤支援舰艇和伞兵战车等装备。

第二阶段的演习重点演练形成战役企图、定下战役决心和组织协同动作。

演习第三阶段

参加中俄联合军事演习的双方海空军部队，经过数天高强度的实兵对抗，8 月 23 日上午在山东半岛东南海域进行海上封锁作战演习。

11 时许，首先演练夺取和保持局部海区制空权。中方多批先进战机飞临作战海区，以空中待战和截击行动，对海上联合机动编队实施空中掩护。随即，联合部队空军后续梯队临空，“敌”我双方围绕夺取局部海区制空权展开激战，中方发射空对空导弹，拦截来袭“敌”机，有效控制作战海区的制空权。

与此同时，海上联合机动编队针对来袭的“敌”潜艇，实施海空立体反潜作战。舰载反潜直升机持续实施对潜搜索，并发射反潜鱼雷实施对潜攻击。水面舰艇编队在直升机引导下，编队发射火箭深水炸弹，一举将来袭潜艇“击沉”。

11 时 20 分许，在中俄预警机和巡逻机的引导下，首先由潜艇发射导弹对“敌”水面舰艇编队实施隐蔽攻击。继而，中方战机临空，连续发射空舰导弹对“敌”实施突击，俄方驱逐舰发射“马斯基特”导弹对“敌”舰进行精确打击，中方水面舰艇编队利用巡逻机数据链传输的目标信息，连续发射数枚导弹，对“敌”实施超视距远程毁灭性打击。

在海上连续突击的同时，联合机动编队运用预警系统及时发现“敌”空中来袭兵力兵器，组织编队舰空导弹和速射火炮，对来袭飞机、导弹进行拦截。同时发射红外干扰弹、光电干扰弹、箔条干扰弹.对不同制导方式的来袭导弹实施软抗击，削弱了“敌”空中反击能力，赢得了海上封锁作战的主动权。

8 月 23 日下午，参加中俄联合军事演习海上封锁作战演练的两国海空军部队，在山东半岛东南海域隆重举行海上分列式。由中方参演的导弹驱逐舰、护卫舰、扫雷舰、潜艇和俄方参演的大型反潜舰、导弹驱逐舰组成的海上舰艇编队，与中俄双方参演的舰载直升机、警戒机、轰炸机、歼击机等组成的空中飞行梯队一起，依次通过海上观摩舰，接受中国人民解放军总参谋长梁光烈上将和俄罗斯陆军副总司令莫尔坚斯科伊上将的检阅。

24 日上午，参加联合军事演习的中俄两军部队在山东琅琊台地区举行了两栖登陆作战演习。通过 8 月 23 日海上封锁作战等一系列联合交战行动，已夺取制空权和作战海域制海权的中俄联合部队，决定投入登陆作战集团，实施两栖登陆作战。

8 月 24 日上午 11 时许，中俄联合部队接连出动多批次战机连续对“敌”前沿和纵深要点实施火力突击，掩护海上作战群展开。随后，扫雷舰不断引爆密布海上的水雷，破浪前行；中俄两军共同编成的登陆舰队依次跟进；在两翼担负掩护任务的驱逐舰不断用舰炮火力轰击“敌”岸滩和前沿阵地。通过多个波次的空中火力突击和海上火力准备，联合部队摧毁“敌”大部分前沿阵地和纵深重要目标，瘫痪“敌”防御体系，削弱“敌”防御能力，为立体登陆创造了条件。此时，第 1 登陆输送队抵达泛水线，登陆舰打开舱门，放下吊桥，中俄两国海军陆战队开始换乘和泛水编波，数十辆两栖装甲战车在火力支援下向海滩疾冲。在敌我双方登陆与反登陆、冲击与反冲击激战的时候，3 架伊尔-76 运输机临空，在“敌”防御右翼侧后，空降了一个加强连。同一时刻，在“敌”防御左翼侧后，一支特种作战分队搭乘 3 批 18 架运输直升机，采取着陆、悬停等方式迅速占领有利地形，向“敌”纵深要点发起猛烈攻击。

11 时 32 分，“敌”对中俄联合登陆部队实施火力拦阻。联合部队水陆坦克发射消光弹，掩护登陆兵编波。破障分队分乘 18 艘冲锋舟，发射火箭爆破器，破除滩头障碍。与此同时，数批战机临空，对岸滩障碍实施空中火力清障。喷火分队对“敌”岸滩残存火力点实施喷火、拔点；水陆坦克对岸滩目标实施破坏射击。

11 时 40 分，在 12 架武装直升机的掩护下第一波登陆兵顺利抢滩上陆，夺占“敌”滩头阵地。

11时52分，联合部队3艘登陆舰抵滩，搭载装甲步兵营的32辆步战车涉水上陆，作为二梯队遂行夺占巩固登陆场行动。

“敌”依托纵深要点，以火力打击、兵力抗击，阻止联合部队向纵深发展进攻。为加快战斗进程，联合部队综合运用火力摧毁、火力遮断和火力掩护等手段，对“敌”实施持续猛烈的火力突击。联合部队各攻击分队对据守纵深要点之“敌”发起多路、多方向攻击。

12时10分，两栖登陆作战演习结束。

8月25日上午，中俄联合军事演习最后一个实兵行动课目——强制隔离作战演习，在济南军区潍北靶场举行。

上午11时，从俄罗斯本土起飞的两架“图-95MS”战略轰炸机，经四个半小时长途奔袭，准时飞临演习地区上空，强制隔离作战演习在战机的巨大呼啸声中拉开序幕。此时，A-50预警机升空，建立空中预警指挥：航空兵突击群，完成远程奔袭编队的空中加油；空降作战群、机降作战群完成了登机装载：快速机动群完成攻击部署。

11时07分，从俄罗斯本土起飞的4架俄“图-22M3”远程轰炸机飞临演习空域，向“敌”机场发起连续突击。紧接着，中俄双方航空兵突击群连续出动各型作战飞机9批18架，对“敌”纵深重兵集团、指挥所、防御工事实施猛烈的空中火力突击。

11时17分，联合部队炮兵群开始对“敌”实施炮火袭击，刹那间，饱和的火力覆盖了“敌”前沿防御阵地和纵深目标，一个个目标在炮火中被摧毁。与此同时，中方炮兵向“敌”阵地发射宣传弹，配合军事打击，实施心理攻势，动摇“敌”抵抗意志。遭联合部队火力打击后，“敌”开始调整兵力部署，扼守机场和纵深要点。

11时26分，运载中俄双方空降兵的10架伊尔-76运输机在同一空域编队。随后中俄双方各4架伊尔-76运输机投下24辆伞兵战斗车。紧接着，中俄双方各86名伞兵从800米高空飘然而下。空降兵着陆后，短时间内即完成收拢并做好向预定目标发起攻击的准备。随即，夺控机场，封控“敌”空中通道。

为加快作战进程，联合部队又在右翼实施机降作战。11时53分，运输直升机在空中火力掩护下，飞临机降场，机降兵或从悬停的直升机上飞快滑下，或在直升机着陆后迅速离机，迅速向预定目标发起进攻。

联合部队的空降、机降作战，切断了“敌”空中和海上通道。“敌”退守纵深残存要点，继续固守抗击。联合部队投入快速机动群，在火力掩护下，交替前出、快速展开。在工兵的配合下，迅速将“敌”前沿前障碍物撕开多条口子，为后续部队进攻打开通路。

12时15分，数十辆装甲战车越过对峙战线，快速向“敌”纵深直插，分割围歼残“敌”……由于中俄联合部队密切协同，成功地建立了陆上隔离区，失去退路的“敌”军虽负隅顽抗，但溃势已成，败局已定。

历时8天的“和平使命-2005”中俄联合军事演习8月25日下午在山东潍北地区结束。中共中央政治局委员、中央军委副主席、国务委员兼国防部长曹刚川上将和俄罗斯联邦国防部长伊万诺夫观摩指导了第三阶段演习后，出席闭幕式并分别致词，对中俄联合军事演习的圆满成功表示热烈的祝贺。闭幕式后，曹刚川和伊万诺夫在演兵场检阅了两军陆海空军参演部队，并分别向中、俄两军有功人员颁奖。

（任　荣）

国务院新闻办发表《中国的和平发展道路》白皮书　2005年12月22日，中华人民共和国国务院新闻办公室发表《中国的和平发展道路》白皮书。白皮书分五部分和一个结束语，全面阐述了中国的和平发展观。摘要如下：

一、和平发展是中国现代化建设的必由之路

实现和平发展，是中国人民的真诚愿望和不懈追求。自上个世纪70年代末实行改革开放以来，中国成功地走上了一条与本国国情和时代特征相适应的和平发展道路。通过这条道路，中国人民正努力把自己的国家建设成富强、民主、文明、和谐的现代化国家，并以自身的发展不断对人类进步事业作出新的更大的贡献。

回顾历史，立足现实，展望未来，中国将坚定不移地走和平发展道路，努力实现和平的发展、开放的发展、合作的发展、和谐的发展。

——争取和平的国际环境发展自己，又以自身的发展促进世界和平；

——依靠自身力量和改革创新实现发展，同时坚持实行对外开放；

——顺应经济全球化发展趋势，努力实现与各国的互利共赢和共同发展；

——坚持和平、发展、合作，与各国共同致力于建设持久和平与共同繁荣的和谐世界。

和平、开放、合作、和谐、共赢是我们的主张、我们的理念、我们的原则、我们的追求。走和平发展道路，就是要把中国国内发展与对外开放统一起来，把中国的发展与世界的发展联系起来，把中国人民的根本利益与世界人民的共同利益结合起来。中国对内坚持和谐发展，对外坚持和平发展，这两个方面是密切联系、有机统一的整体，都有利于建设一个持久和平、共同繁荣的和谐世界。

中国的和平发展道路是人类追求文明进步的一条全新道路，是中国现代化建设的必由之路，是中国政府和中国人民的郑重选择和庄严承诺。

——中国坚定不移地走和平发展道路，是基于中国国情的必然选择。1840 年鸦片战争以后的 100 多年里，中国受尽了列强的欺辱。消除战争，实现和平，建设独立富强、民生幸福的国家，是近代以来中国人民孜孜以求的奋斗目标。今天的中国虽然取得了巨大的发展成就，但人口多，底子薄，发展不平衡，仍然是世界上最大的发展中国家。推动经济社会发展，不断改善人民生活始终是中国的中心任务。坚持走和平发展道路，是中国实现国家富强、人民幸福的必由之路。中国人民最需要、最珍爱和平的国际环境，愿尽自己所能，为推动各国共同发展作出积极贡献。

——中国坚定不移地走和平发展道路，是基于中国历史文化传统的必然选择。中华民族历来就是热爱和平的民族。中华文化是一种和平的文化。渴望和平、追求和谐，始终是中国人民的精神特征。600 年前，中国明代著名航海家郑和率领当时世界上最强大的船队“七下西洋”，远涉亚非 30 多个国家和地区，带去的是茶叶、瓷器、丝绸、工艺，没有侵占别国一寸土地，带给世界的是和平与文明，充分反映了古代中国与有关国家和人民加强交流的诚意。立足当代，中国的发展不仅造福 13 亿中国人民，也给世界各国带来了巨大的市场和发展机遇。中国的发展有利于世界和平力量的增长。

——中国坚定不移地走和平发展道路，是基于当今世界发展潮流的必然选择。求和平、促发展、谋合作是世界各国人民的共同心愿，也是不可阻挡的历史潮流，特别是世界多极化和经济全球化趋势的深入发展，给世界和平与发展带来了新的机遇，争取较长时期的和平国际环境是可以实现的。同时，中国也清楚地看到，世界上仍存在诸多不稳定不确定的因素，人类还面临许多严峻挑战，但机遇大于挑战，只要世界各国共同努力，就能够逐步实现建设一个持久和平、共同繁荣的和谐世界的目标。长期以来，中国坚持奉行独立自主的和平外交政策，宗旨就是维护世界和平、促进共同发展。早在 1974 年中国重返联合国的时候，邓小平就向全世界宣布，中国永远不称霸。改革开放以来，中国根据国际形势的变化趋势，坚持和平与发展是时代主题这一重大战略判断，多次公开阐明：中国过去不称霸，现在不称霸，将来强大了也不称霸。中国的发展不会对任何人构成威胁，只会给世界带来更多的发展机遇和更加广阔的市场。事实表明，中国经济的发展，正在成为亚太地区和世界经济增长的重要推动力量。维护世界和平，促进共同发展，已成为中国的国家意志。

当前，中国人民正在为实现全面建设小康社会的目标而奋斗。前不久，中共十六届五中全会提出了 2006 年至 2010 年中国经济社会发展的主要任务，其中经济发展的主要目标是：在优化结构、提高效益和降低消耗的基础上，实现 2010 年人均国内生产总值比 2000 年翻一番；资源利用效率显著提高，2010 年单位国内生产总值能源消耗比 2005 年降低 20%左右。为了实现这个目标，中国将坚持以人为本、全面协调可持续的科学发展观，推动经济建设、政治建设、文化建设、社会建设全面发展。在主要依靠自身力量发展的同时，中国坚持对外开放，广泛开展国际经济技术合作，与世界各国共同分享人类文明成果；尊重和照顾他国的利益，与各国共同解决合作中出现的分歧和问题，努力实现互利共赢和共同发展；信守国际义务和承诺，积极参与国际体系和国际事务，努力发挥建设性促进作用；在和平共处五项原则的基础上与各国平等相待，积极发展与各国的友好关系。

二、以自身的发展促进世界的和平与发展

和平是发展之基，发展是和平之本。多年来，中国政府和中国人民为争取和平的国际环境进行了不懈努力，十分珍惜世界上爱好和平与追求进步的国家和人民共同奋斗得来的和平国际环境，坚持聚精会神搞建设，一心一意谋发展，并通过自身的发展，不断为世界的和平与发展增添积极因素，促进人类文明进步事业的发展。

中国的发展需要和平的国际环境。1978 年以来，中国努力争取在和平的国际环境中发展自己，国内生产总值从 3624 亿元（按当年人民币对美元年平均汇率直接折算约为 2153 亿美元）增加到 2004 年的 159878 亿元（按当年人民币对美元年平均汇率直接折算约为 19317 亿美元），按可比价格计算平均每年的增长速度超过 9%；人均国民生产总值从不足 300 美元增加到 1400 多美元。中国的政治文明建设取得新进展，国家的民主制度不断健全，公民的自由和权利依法得到维护和保障，人民依法行使民主选举、民主决策、民主管理、民主监督等权利。中国已初步形成以宪法为核心的法律体系，依法治国基本方略得到贯彻落实。中国的教育、科技、文化、卫生、体育等事业发展迅速，人民日益增长的精神文化需要不断得到满足。中国的和谐社会建设得到加强，国家努力维护和实现社会公平与正义，增强全社会

创造活力，加强社会建设和管理，保持社会稳定，实现人与自然和谐相处。

中国发展是世界发展的一个重要组成部分，中国以自己的发展促进了世界的和平，为人类社会的发展进步作出了贡献。

中国为维护世界和平、促进国际合作作出了贡献。中国在和平共处五项原则的基础上同世界各国发展友好合作关系，促进了国家间的和平共处与平等相待。中国坚持与邻为善、以邻为伴、睦邻友好的方针，与周边国家和亚洲其他国家的友好合作关系不断发展，共同利益不断扩大。中国与主要大国建立了不同形式的合作关系，对话、交流、合作不断加强。中国不断加强与广大发展中国家的合作，在南南合作框架下，努力实现优势互补、共同发展。中国积极参与处理国际和地区热点问题，既承担着广泛的国际义务，也发挥着负责任的建设性作用。

三、依靠自身力量和改革创新实现发展（略）

四、实现与各国的互利共赢和共同发展（略）

五、建设持久和平与共同繁荣的和谐世界

人类只有地球一个家园。建设一个持久和平、共同繁荣的和谐世界，是世界各国人民的共同心愿，是中国走和平发展道路的崇高目标。

中国认为，和谐世界应该是民主的世界，和睦的世界，公正的世界，包容的世界。

——坚持民主平等，实现协调合作。各国应在《联合国宪章》及和平共处五项原则的基础上，通过对话、交流与合作，促进国际关系民主化。各国内部的事情应由各国人民自己决定，世界上的事情应由各国平等协商解决，发展中国家在国际事务中理应享有平等参与权与决策权。各国应互相尊重，平等相待，不将自己的意志强加于人，不将自身的安全与发展建立在牺牲他国利益基础之上。国际社会应反对单边主义，提倡和推进多边主义，更好地发挥联合国及其安理会在国际事务中的积极作用。在处理国际关系时，应坚持从各国人民的共同利益出发，努力扩大利益的交汇点，在沟通中增强了解，在了解中加强合作，在合作中实现共赢。

——坚持和睦互信，实现共同安全。各国应该携起手来，共同应对全球安全威胁。摒弃冷战思维，建立以互信、互利、平等、协作为核心的新安全观，通过公平、有效的集体安全机制，共同防止冲突和战争，通过合作尽可能消除或降低恐怖主义活动、金融风险、自然灾害等非传统安全问题的威胁，维护世界和平、安全与稳定。应坚持以和平方式，通过平等协商和谈判解决国际争端或冲突，共同反对侵略别国主权的行径，反对干涉别国内政，反对任意使用武力或以武力相威胁。应加强国际反恐合作，坚持标本兼治，重在消除根源，坚决打击恐怖主义。应按照公正、合理、全面、均衡的原则，实现有效裁军和军备控制，防止大规模杀伤性武器扩散，积极推进国际核裁军进程，维护全球战略稳定。

——坚持公正互利，实现共同发展。经济全球化应坚持以公正为基础，实现平衡有序发展，使各国特别是广大发展中国家普遍受益，而不是南北差距更加扩大。应推动经济全球化朝着有利于共同繁荣的方向发展，发达国家应为实现全球普遍、协调、均衡发展承担更多责任，发展中国家要充分利用自身优势推动发展。应积极推进贸易和投资自由化、便利化，消除各种贸易壁垒，进一步开放市场，放开技术出口限制，建立一个公开、公正、合理、透明、开放、非歧视的国际多边贸易体制，为世界经济有序发展构建良好的贸易环境。应进一步完善国际金融体系，为世界经济增长营造稳定高效的金融环境。应加强全球能源对话和合作，共同维护能源安全和能源市场稳定。应积极促进和保障人权，使人人享有平等追求全面发展的机会和权利。应创新发展模式，促进人与自然和谐发展，走可持续发展之路。

——坚持包容开放，实现文明对话。文明多样性是人类社会的基本特征，也是人类文明进步的重要动力。各国应尊重彼此自主选择社会制度和发展道路的权利，相互借鉴，取长补短，使各国根据本国国情实现振兴和发展。应加强不同文明的对话和交流，努力消除相互的疑虑和隔阂，在求同存异中共同发展，使人类更加和睦，让世界更加丰富多彩。应维护文明的多样性和发展模式的多样化，协力构建各种文明兼容并蓄的和谐世界。

多年来，中国坚持和平、发展、合作的政策主张，坚持独立自主的和平外交政策，本着民主、和睦、公正、包容的精神，发挥建设性作用，努力同各国一道实践建立和谐世界的崇高目标。

中国积极推动国际政治经济秩序向公正合理的方向发展，促进国际关系民主化。中国遵守《联合国宪章》的宗旨和原则，重视联合国作为国际多边机制的核心在国际事务中的重要作用，积极推动通过多边合作解决地区冲突和发展问题，并积极支持联合国在国际事务中发挥更大的作用。支持联合国改革，坚决维护联合国的长远利益和广大会员的共同利益。中国已加入包括国际原子能机构在内的130多个政府间国际组织，加入了《不扩散核武器条约》等267个国际多边条约，在反恐、军

控、防扩散、维和、经贸、发展、人权、司法和环境等方面积极参与国际合作。

中国以实际行动推动与周边地区建立睦邻互信，促进地区安全合作。中国本着公认的国际法准则及平等协商、互谅互让的精神，妥善解决与邻国的边境问题，化解争端，促进稳定。经过与各国的共同努力，截至目前，中国已与12个陆地邻国签订了边界条约，解决了历史遗留的边界问题。中国与印度、不丹的边界问题正在朝积极方向发展。中国积极推进地区安全对话与合作，在“东盟与中国”、“东盟与中日韩”、上海合作组织、亚太经济合作组织、东盟地区论坛、亚洲合作对话等地区机制中，发挥积极和建设性作用。中国加入《东南亚友好合作条约》，为中国与东盟国家的和平友好注入了新活力。

中国为处理国际和地区一些热点问题发挥了建设性作用，促进世界共同安全。在朝鲜半岛核问题上，中国坚持不懈地积极斡旋，先后促成并主办三方（中国、朝鲜、美国）会谈和六方（中国、朝鲜、美国、韩国、俄罗斯、日本）会谈，推动各方发表共同声明，缓和了半岛紧张局势，为维护东北亚的和平与稳定发挥着建设性作用。在中东问题上，中国鼓励有关各方根据联合国有关决议和“土地换和平”原则恢复和谈，重启和平进程。在伊拉克问题上，中国积极倡导在联合国框架内谋求政治解决，并为伊拉克问题的妥善解决做了大量工作。在伊朗核问题上，中国以多种方式劝和促谈，寻求在国际原子能机构框架内妥善和平解决伊朗核问题。中国不断扩大参与联合国维和行动，共向14项联合国维和行动派出军事人员、警察和民事官员3000多人次。

中国尽最大努力援助其他发展中国家，促进各国共同发展。多年来中国力所能及地提供无私援助，帮助发展中国家不断增强自主发展的能力。截至目前，中国共向110多个国家和区域组织提供了援助，援助项目达2000多个。中国已减免了44个发展中国家总计198笔价值约166亿元人民币对华债务。2005年5月，中国国际扶贫中心在北京正式成立。2005年9月，在联合国成立60周年首脑会议发展筹资高级别会议上，中国国家主席宣布了中国加强对其他发展中国家援助的新举措：给予所有同中国建交的39个最不发达国家部分商品零关税待遇，优惠范围将包括这些国家的多数对华出口商品；进一步扩大对重债穷国和最不发达国家的援助规模，并通过双边渠道，在今后两年内免除或以其他处理方式消除所有同中国有外交关系的重债穷国2004年底前对华到期未还的全部无息和低息政府贷款；在今后三年内向发展中国家提供100亿美元优惠贷款及优惠出口买方信贷，用以帮助发展中国家加强基础设施建设，推动双方企业开展合资合作；在今后三年内增加对发展中国家特别是非洲国家的相关援助，为其提供包括防疟特效药在内的药物，帮助他们建立和改善医疗设施、培训医疗人员；在今后三年内为发展中国家培训培养3万名各类人才，帮助有关国家加快人才培养。

中国不断加强与各种文明之间的交流与对话，促进不同文明相互包容。开放、包容、兼收并蓄，是中华文明的重要特点。在经济全球化趋势深入发展的今天，中国更加意识到不同文明之间交流与对话的重要意义，既积极走向世界，让世界了解中国，也努力吸收、借鉴其他文明的有益成果。近年来，中国与有关国家合作举办的各种形式的“文化周”、“文化行”、“文化节”、“文化年”等活动，促进了中国人民与有关国家人民之间的交流与了解，为不同文明之间的平等对话开辟了新的形式。

结束语

中国是当今世界上最大的发展中国家。13亿中国人民走和平发展道路，无疑为人类和平与发展的崇高事业增添了极其重要的积极因素。

中国政府和中国人民清醒地知道，中国还是一个发展中国家，在发展道路上仍然面临着许多困难和问题，中国的现代化建设还有很长的路要走。走和平发展道路符合中国人民的根本利益，也符合人类社会发展进步的客观要求。中国今天要走和平发展道路，将来强大了也要走和平发展道路。中国政府和中国人民走和平发展道路的决心是坚定不移的。

中国政府和中国人民还清楚地看到，当今世界和平与发展这两大问题仍没有得到根本解决。由种种原因导致的局部战争和冲突依然存在，地区热点问题错综复杂。传统安全威胁和非传统安全威胁的因素相互交织。南北差距进一步扩大，一些国家人民的基本生存得不到保障。人类建设一个持久和平、共同繁荣的和谐世界还任重道远，需要各国人民长期不懈的共同努力。

新的世纪展现了光明前景，人类社会正以从未有过的速度发展前进。中国已明确本世纪头20年的奋斗目标，这就是全面建设惠及十几亿人口的更高水平的小康社会，使经济更加发展、民主更加健全、科教更加进步、文化更加繁荣、社会更加和谐、人民生活更加殷实。到那时，中国必将对人类和平与发展的崇高事业作出更大的贡献。

国务院新闻办发表《中国的军控、裁军与防扩散努力》白皮书 2005年9月1日，中华人民共和国国务院新闻办公室发表《中国的军控、裁军与防扩散努力》白皮书。全文如下：

前 言

2005年是中国人民抗日战争暨世界反法西斯战争胜利60周年。法西斯主义和军国主义发动的侵略战争，给世界带来了巨大灾难，人类文明惨遭空前浩劫。世界人民用鲜血和生命赢得了胜利与和平。

2005年也是世界上最具普遍性、代表性和权威性的政府间国际组织-联合国成立60周年。联合国的成立，体现了各国人民建立一个和平、平等、合作、繁荣新世界的美好理想。60年来，联合国为缓解冲突、推动裁军、维护和平、促进发展进行了不懈努力，发挥了重要作用。

中华民族爱好和平，崇尚“以和为贵”、“协和万邦”。在近代史上，中国曾饱受外来侵略和压迫之苦，深知和平的珍贵。当前，中国人民正沿着和平发展的道路，聚精会神搞建设，一心一意谋发展。中国的发展需要一个持久稳定的和平国际环境，中国的发展必将促进世界的和平与进步。中国将高举和平、发展、合作的旗帜，继续致力于推动国际军控、裁军与防扩散进程，永远不称霸，永远做维护世界和平、促进共同发展的坚定力量。

为全面阐述中国政府在军控、裁军与防扩散领域的政策与主张，系统介绍中国参与国际军控、裁军与防扩散事务的情况，现发表《中国的军控、裁军与防扩散努力》白皮书。

一、国际安全和军控形势

当今世界，和平、发展、合作已成为时代潮流。世界多极化和经济全球化趋势深入发展，科技进步日新月异，各国、各地区之间的交流与合作不断加强，在安全上的相互依存日益加深。维护和平、制约战争的因素在增长，世界的和平与发展面临难得的机遇。加强合作，共同应对全球性挑战，成为国际社会的共识。

但是，天下并不太平。传统安全问题依然存在，局部战争和暴力冲突时有发生，热点问题此起彼伏。恐怖主义、大规模杀伤性武器扩散、跨国犯罪、传染性疾病等非传统安全威胁不断上升。传统与非传统威胁相互交织，国际安全面临严峻挑战。

国际军控、裁军与防扩散与国际安全密切相关。在当前国际安全领域威胁日益多元化、不稳定和不可预测因素增加的情况下，军控、裁军与防扩散的内涵不断拓展，重要性日益增强。机遇与挑战并存、希望与隐忧同在。

一方面，国际军控、裁军与防扩散体系作为全球安全秩序的有机组成部分，为维护世界和平与稳定依然发挥着重要作用。自上世纪90年代以来，军控、裁军与防扩散又取得了新的积极成果，在禁止化学武器、禁止核试验等领域相继达成了一系列重要条约。国际社会在防止大规模杀伤性武器扩散问题上的共识不断加强。联合国安理会一致通过关于防扩散的第1540号决议。通过对话、合作解决扩散问题的政治外交努力继续推进。加强防扩散机制的倡议相继出台。各国安全对话加强，区域安全合作扩大。上述积极进展增进了各国之间的互信，推动了安全形势的缓和，维护了国际战略稳定。

另一方面，多边军控与裁军仍然任重道远。核裁军步履维艰，建立在首先使用核武器基础之上的核威慑战略尚未被摒弃，降低核武器使用门槛、研发新型核武器的动向堪忧。外空武器化和外空军备竞赛的危险加大。国际军控条约的普遍性仍有不足，抛弃重要军控条约的消极事态时有发生。多边军控和裁军机制面临困难。作为全球唯一的多边裁军谈判机构，日内瓦裁军谈判会议多年未能开展实质性工作。国际防扩散进程面临挑战。地区核问题解决前景仍不明朗，恐怖组织和其他非国家实体获取大规模杀伤性武器的风险加大。

当前，国际军控、裁军与防扩散进程正处在关键的十字路口。抓住新机遇，应对新挑战，巩固和不断加强现有国际军控、裁军和防扩散体系，是维护国际和平、安全与稳定的必然要求，也是人心所向。国际社会普遍主张维护多边主义，推进国际军控和裁军进程，不断完善国际防扩散机制，加强国际合作，应对安全挑战。

为推进国际军控、裁军和防扩散事业公正、合理、全面、健康的发展，国际社会应遵守《联合国宪章》的宗旨和原则以及其他公认的国际关系准则，树立以互信、互利、平等、协作为核心的新安全观，通过对话增进相互信任，通过合作促进共同安全；确保各国平等参与国际军控、裁军与防扩散事务的权利，坚持在各国安全不受减损的基础上推进国际军控、裁军和防扩散进程；坚持在国际法框架内，通过政治和外交手段处理防扩散问题；维护并进一步加强和完善现有国际军控、裁军与防扩散法律体系；确保各国和平利用科学技术的正当权益；充分发挥联合国等多边机构的作用。

二、基本政策主张

中国奉行独立自主的和平外交政策，坚持走和平发展的道路，努力把维护本国利益与促进各国共同利益相结合，积极在国际事务中发挥建设性作用。

在军控、裁军与防扩散领域，中国实践以互信、互利、平等、协作为核心的新安全观，致力于营造良好的国际和地区安全环境，维护世界和平，促进共同发展。

在处理国际军控、裁军与防扩散事务时，中国政府坚持把是否有利于捍卫国家主权和安全，是否有利于维护全球战略稳定，是否有利于增进各国的普遍安全和互信，作为决策的依据。

全面禁止和彻底销毁大规模杀伤性武器

彻底销毁核武器、实现无核武器世界，是国际社会的共同夙愿，也是中国的目标。

冷战的结束和新的安全形势为大幅度削减进而全面禁止和彻底销毁核武器提供了可能。推动核裁军进程，对于降低核扩散危险，改善国际安全环境，促进世界和平与发展都具有重要意义。

为进一步推进核裁军进程，中国主张核武器国家采取以下措施：

–应尽早就全面禁止和彻底销毁核武器缔结国际法律文书。

–核裁军应遵循公正合理、逐步削减、向下平衡的原则，两个拥有最大核武库的国家对核裁军负有特殊和优先的责任，应认真履行已达成的削减核武器条约，并遵循可核查、不可逆的原则进一步削减核武库，为最终走向全面、彻底核裁军创造条件。

–在实现全面禁止和彻底销毁核武器的目标之前，核武器国家应承诺不首先使用核武器，并承诺无条件不对无核武器国家和无核武器区使用或威胁使用核武器。

–核武器国家应放弃以首先使用核武器为基础的核威慑政策，降低核武器在国家安全中的作用。

–核裁军措施，包括各种中间措施，均应以“维护全球战略平衡与稳定”和“各国安全不受减损”为指针。

–日内瓦裁军谈判会议应尽快就工作计划达成一致，以早日开始"禁止生产用于核武器或其他核爆炸装置裂变材料条约"谈判，并成立核裁军、无核武器国家安全保证等特设委员会，就这些问题开展实质性工作。

中国主张全面禁止和彻底销毁生物武器和化学武器，坚决反对此类武器的扩散。

在当前生物恐怖威胁和生物安全问题日趋突出的背景下，在《禁止生物武器公约》框架内继续探讨和制定加强公约有效性的措施具有重要现实意义。中国主张，国际社会在以下方面采取行动：

–鼓励更多国家加入《禁止生物武器公约》，敦促所有缔约国全面、切实履行公约义务。

–保持并推进旨在加强《禁止生物武器公约》有效性的多边进程，通过充分协商，研讨、制定相关具体措施。

–鼓励更多国家向联合国提交《禁止生物武器公约》建立信任措施宣布资料。

《禁止化学武器公约》是第一个全面禁止和彻底销毁一整类大规模杀伤性武器并有严格核查机制的国际法律文书，为多边军控和防扩散努力树立了成功的典范。为确保公约的全面实施，中国主张：

–化学武器拥有国应加大工作力度，严格按公约要求尽早完成销毁其化学武器，接受禁止化学武器组织的有效监督。

–进一步改进和完善核查措施，公平、合理分配视察资源，提高视察的有效性和效费比。

–不断加强《禁止化学武器公约》的普遍性。

–有关国家应履行公约义务和有关承诺，早日启动遗弃在华化学武器的实质性销毁进程，以便尽早干净、彻底地销毁这些化学武器。

防止大规模杀伤性武器及其运载工具的扩散

大规模杀伤性武器及其运载工具的扩散，不利于世界的和平与稳定，也不利于中国的安全。中国坚决反对大规模杀伤性武器及其运载工具的扩散。中国认为，大规模杀伤性武器的扩散有其复杂的根源，防扩散必须标本兼治，综合治理。

–应致力于建设一个合作、互信的全球安全环境，谋求国际关系的普遍改善，实现各国的普遍安全。这既是消除扩散威胁的根本途径，也是顺利推进防扩散进程的前提。

–应努力通过政治外交手段解决扩散问题。防扩散手段应有利于维护和促进国际安全，应通过对话而不是对抗、合作而不是施压寻求问题的妥善解决。

–应充分发挥联合国等国际组织的核心作用，在各国平等、普遍参与、民主决策的基础上，在现行国际法框架内加强和完善现有防扩散机制。

–应平衡处理防扩散与和平利用之间的关系。应保障各国和平利用的正当权利，也要杜绝任何国家以和平利用为借口从事扩散活动。

导弹防御问题

中国从维护全球战略平衡与稳定、维护地区和平与安全的角度看待和处理导弹防御问题。中国理解有关国家对弹道导弹及其技术扩散的安全关切，主张以政治和外交手段解决这一问题。研制、发展、部署导弹防御系统不是解决问题的有效办法。中国不希望导弹防御系统对全球战略稳定产生消极影响，给国际和地区和平与安全带来新的不稳定因素，影响大国之间的信任，损害其他国家正当的安全利益。中国更不愿意看到一些国家在导弹防御领域的合作造成新的弹道导弹技术扩散。中国主张，有关国家应增加导弹防御计划透明度，以利于增信释疑。

台湾问题涉及中国的核心利益，中国反对任何国家以任何方式在导弹防御方面向中国台湾地区提供帮助或保护。

防止外空武器化和外空军备竞赛

外层空间是全人类的共同财富。当前，外空武器化的危险与日俱增。将武器引入外空，将导致外空军备竞赛，使之成为军事对抗的新领域。这一前景不符合世界各国的利益。

中国一贯主张和平利用外空。现有关于外空的国际法律文书不足以有效防止外空武器化和外空军备竞赛。国际社会应采取有效的预防措施，谈判达成相关国际法律文书，禁止在外空部署武器、对外空物体使用或威胁使用武力，确保外空完全用于和平目的。

解决军控领域的人道主义关切

中国致力于妥善解决军控领域的人道主义问题，主张在解决人道主义关切的同时，充分考虑主权国家合理的军事安全需要以及各国的经济和技术承受力。《特定常规武器公约》兼顾人道主义关切和正当军事需要。各国应切实履行公约，同时根据形势发展需要对其不断充实、完善。

严厉打击轻、小武器领域的非法活动对于维护地区和平、稳定与发展，打击恐怖主义和贩毒、走私等跨国有组织犯罪，具有重大意义。中国主张从国家、地区和国际层面加强努力，寻求全面的解决办法。

三、参与和推进国际军控与裁军进程

中国一贯重视并支持国际军控与裁军努力。早在新中国诞生之初，反对军备竞赛、争取实现裁军就已成为中国外交政策的重要组成部分。中国相继加入并切实履行了有关国际军控条约，积极参加国际军控和裁军领域的各项重大活动，积极参与联合国和有关国际机构关于裁军问题的审议和谈判，提出许多合情合理、切实可行的主张，努力推进国际军控与裁军进程。

核裁军问题

作为核武器国家，中国从不回避自己在核裁军方面应尽的责任和义务。

中国一贯主张全面禁止和彻底销毁核武器。在1964年第一次核试验后，中国政府即发表声明，向世界各国政府郑重建议：召开世界各国首脑会议，讨论全面禁止和彻底销毁核武器问题。

中国在核武器的规模和发展方面始终采取极为克制的态度。中国是核武器国家中核试验次数最少的。中国过去没有、今后也不会参加核军备竞赛。中国从未在外国领土上部署核武器。上世纪90年代，中国关闭了青海核武器研制基地。

中国发展核武器从来就是为了防御目的。自拥有核武器的第一天起，中国政府就郑重声明：在任何时候和任何情况下都不首先使用核武器。无论是在冷战时期面临核威胁和核讹诈的时候，还是在冷战后国际安全环境发生巨大变化的情况下，中国始终恪守这一承诺。中国的这一政策今后也不会改变。

中国积极推动核武器国家就互不首先使用核武器缔结多边条约。1994年1月，中国正式向其他四个核武器国家提出"互不首先使用核武器条约"草案，并积极谋求达成互不首先使用核武器和互不以核武器瞄准对方的安排。1994年9月，中俄宣布互不首先使用核武器和互不将战略核武器瞄准对方。1998年6月，中美宣布互不以核武器瞄准对方。2000年5月，中国、法国、俄罗斯、英国、美国五个核武器国家发表联合声明，宣布他们的核武器没有瞄准任何国家。

从拥有核武器的第一天起，中国就承诺无条件不对无核武器国家和无核武器区使用或威胁使用核武器。1995年4月，中国政府发表声明，重申无条件向所有无核武器国家提供消极安全保证，并承诺向这些国家提供积极安全保证。2000年，中国与其他核武器国家发表联合声明，重申1995年在联合国安理会第984号决议中作出的安全保证承诺。中国呼吁其他核武器国家，无条件向所有无核武器国家提供消极和积极安全保证，并就此尽早谈判缔结国际法律文书。

中国尊重和支持有关国家和地区根据本地区的实际情况，在自行协商、自愿协议的基础上建立无核武器区或无大规模杀伤性武器区的努力。中国认为，核武器国家应尊重无核武器区的地位并承担相应的义务。从这一立场出发，中国政府签署并批准了《拉丁美洲和加勒比禁止核武器条约》第二附加议定书、《南太平洋无核区条约》第二、第三议定书及《非洲无核武器区条约》第一、第二议定书。中国支持东盟国家和中亚五国建立无核武器区的努力，愿在有关各方就案文达成一致后尽早签署议定书。中国支持建立中东无核武器和其他大规模杀伤性武器区的努力，希望这一目标早日实现。中国尊重和欢迎蒙古的无核武器地位。中国支持实现朝鲜半岛无核化。

中国已加入《南极条约》、《关于各国探索和利用包括月球和其他天体在内外层空间活动的原则条约》及《禁止在海床洋底及其底土安置核武器和其他大规模杀伤性武器条约》，承担了有关条约义务。

中国坚定支持《全面禁止核试验条约》，为推动达成条约作出了重要贡献，是首批签署条约的国家之一。中国政府宣布从 1996 年 7 月起暂停核试验，并一直恪守这一承诺。中国支持《全面禁止核试验条约》早日生效，希望所有国家尽快签批条约，呼吁核武器国家及其他有关国家在条约生效前继续维持暂停试。中国正在为批准条约积极履行国内的法律程序，成立了负责履约筹备工作的国家机构，并积极参加了条约筹委会的工作和历届促进条约生效大会。

中国支持日内瓦裁军谈判会议在达成全面、平衡的工作计划的基础上，早日开始谈判“禁止生产用于核武器或其他核爆炸装置裂变材料条约”。

生物武器和化学武器问题

中国在历史上曾深受外国生物武器和化学武器的伤害。日本遗弃在华化学武器至今仍对中国人民生命财产和生态环境安全构成重大而现实的威胁。

中国支持国际社会禁止生物武器和化学武器的努力，积极参与有关条约或议定书的谈判，以实际行动推进国际社会禁止与销毁生物武器和化学武器进程。

中国于 1984 年加入《禁止生物武器公约》，一贯支持并积极参与旨在加强公约有效性的多边努力。中国积极参加公约审议大会，提交了关于遵约情况的报告。从 1988 年起，中国一直按照公约审议会议的决定，每年向联合国提交《禁止生物武器公约》建立信任措施宣布资料。中国还积极参与了《禁止生物武器公约》议定书的谈判以及缔约国年会和专家组会议。

中国积极参与了《禁止化学武器公约》的谈判，并力主将禁止使用化学武器和妥善处理遗弃化学武器问题纳入公约范畴，最终促成公约成为一个真正全面禁止化学武器的国际法律文书。

作为公约原始缔约国，中国为有效履行《禁止化学武器公约》及增进其普遍性作出了积极贡献。中国建立并不断完善国内履约法律体系和国家履约措施，加强国家履约机构能力建设。根据《禁止化学武器公约》的规定和本国国情，中国建立了中央和地方两级履约机构，形成了覆盖全国、管理有效的履约体系。在部分化学工业发达地区，还建立了市、县级履约机构。中国根据公约规定，按时、完整地提交了初始宣布和各类年度宣布。截至 2005 年 6 月底，中国接受了禁止化学武器组织 95 次现场核查，核查结果均表明中国严格履行了公约义务。

中国政府不断推动《禁止化学武器公约》在香港特别行政区和澳门特别行政区的实施。2004 年，香港特区完成了有关履约立法，特区政府通过中央政府提交了宣布，履约工作已经启动。澳门特区相关的履约筹备工作，包括履约立法正在有序进行。中国政府重视《禁止化学武器公约》在中国台湾地区的实施问题，将继续努力在一个中国前提下寻求妥善解决这一问题的办法。

1999 年，中日两国政府签署了《关于销毁中国境内日本遗弃化学武器的备忘录》。目前，处理日本遗弃在华化学武器工作已由研究论证阶段转入建设实施阶段，中日双方已就销毁技术、销毁设施选址等达成一致，专项环境标准已基本制定完成，日本遗弃在华化学武器挖掘回收与销毁设施建设的前期准备工作正按计划进行。

中国积极参与禁止化学武器组织的各项活动，与该组织联合在华举办了三次地区履约会议和两次视察员培训班。中国还致力于促进各缔约国在化学领域的经济、技术发展及用于和平目的的化工贸易及其他国际合作。

防止外空军备竞赛问题

中国积极推动国际社会重视并处理防止外空军备竞赛和防止外空武器化问题，主张日内瓦裁军谈判会议设立防止外空军备竞赛问题特委会，谈判相关国际法律文书。作为第一步，裁谈会应尽早就防止外空军备竞赛问题开展实质性工作。

2000 年，中国向裁谈会提交了题为“中国关于裁谈会处理防止外空军备竞赛问题的立场和建议”的工作文件，指出防止外空军备竞赛应成为裁谈会最优先议题之一，建议重建特委会，谈判缔结一项有关国际法律文书。

2002 年 6 月，中国、俄罗斯、白俄罗斯、印度尼西亚、叙利亚、越南、津巴布韦联合向裁谈会提交了关于“防止在外空部署武器、对外空物体使用或威胁使用武力国际法律文书要点”的工作文件，就未来国际法律文书的主要内容提出了具体建议，得到了许多国家的支持。

2004 年 8 月，中国与俄罗斯在裁谈会联合散发了关于“现有国际法律文书与防止外空武器化”和“防止外空军备竞赛的核查问题”两份专题文件。

2005 年 3 月，中国、俄罗斯、联合国裁军问题研究所、加拿大西蒙斯基金会在日内瓦联合举办了“确保外空安全：防止外空军备竞赛”国际研讨会，会议取得圆满成功。

2005年6月，中国与俄罗斯在裁谈会联合散发了关于“防止外空武器化法律文书的定义问题”专题文件。

导弹问题

中国支持联合国等多边机构在处理导弹及其相关问题进程中发挥重要作用，推动在导弹防扩散方面建立一项为国际社会普遍接受的公正、非歧视性的多边机制。联合国导弹问题政府专家组是联合国框架内第一个专门处理导弹问题的机制，中国以建设性态度参加了专家组工作。

中国赞同“防止弹道导弹扩散海牙行为准则”的防扩散宗旨，积极参加了草案的讨论。中国虽未加入该准则，但一直与包括准则成员国在内的各方保持沟通，共同致力于防止弹道导弹扩散。

常规武器问题

中国认真履行《特定常规武器公约》的义务，致力于加强公约有效性和普遍性。中国历来重视地雷、特别是杀伤人员地雷的不当使用对平民造成的伤害，赞成对地雷的使用进行适当、合理的限制，以防止地雷滥杀滥伤平民。

自加入经修订的《地雷议定书》以来，中国严格履行议定书各项规定，积极开展履约宣传和教育，根据议定书要求制定了一系列新的军用标准，对不符合议定书规定的老、旧地雷进行了全面普查，并分批分期改造或销毁，迄今已销毁了数十万枚老、旧地雷。自1996年宣布暂停出口不符合经修订的《地雷议定书》规定的杀伤人员地雷以来，中国一直恪守承诺。上世纪90年代，中国在边境地区进行了两次大规模扫雷行动，基本消除了境内雷患。

中国理解和同情其他国家面临的雷患问题，积极致力于国际扫雷援助与合作。从1998年至今，中国通过捐款、援助扫雷装备、扫雷技术培训等方式，积极参与近10个亚、非国家的扫雷工作。2004年，中方与“国际禁雷运动”澳大利亚分会在昆明联合举办了“人道主义扫雷技术与合作国际研讨会”。

中国虽未加入《渥太华禁雷公约》，但认同其人道主义宗旨和目标，不断加强与公约缔约国之间的沟通与交流。

中国重视反车辆地雷问题，认为反车辆地雷与杀伤人员地雷造成的人道主义关切程度不同，处理方式也应有所区别；应充分考虑各国国情和实际承受能力，通过多种途径解决反车辆地雷问题。

中国以建设性态度参与了《战争遗留爆炸物议定书》的谈判缔结，支持议定书早日生效，目前正积极准备批准该议定书。

中国支持打击轻、小武器非法贸易的多边努力，积极参与联合国的有关工作。中国为《枪支议定书》的谈判缔结发挥了建设性作用，并于2002年12月签署《枪支议定书》。中国支持并积极参与了联合国“识别和追查非法轻、小武器国际文书”的谈判，认真落实联合国轻、小武器《行动纲领》，及时向联合国提交国家报告。2005年4月，中国与联合国、日本、瑞士在北京联合举办了轻、小武器问题国际研讨会。

四、致力于国家和区域裁军

中国坚定不移地奉行防御性的国防政策。在确保国家安全利益的前提下，中国始终将军队的数量和规模控制在维护国家安全需要最低限度内，多次主动采取单方面的裁军行动。

中国高度重视亚太地区的安全、稳定与发展，坚持“与邻为善、以邻为伴”的方针和“睦邻、安邻、富邻”的政策，努力探索建立信任措施的有效途径，积极参加地区安全机制建设，致力于建立一个对话而非对抗的亚太安全框架。

大幅裁减军队员额

中国于1985年决定裁减军队员额100万。到1987年，中国人民解放军的总员额由423.8万减到323.5万。之后，又作了进一步裁减。至1990年，全军总员额减到319.9万，共裁减103.9万。

1990年以后，中国军队进行了一系列调整，军队规模进一步缩小。1997年，中国决定在三年内再次裁减军队员额50万，使中国军队规模降至250万的水平。2003年，中国决定在两年内再裁减军队员额20万，使军队总规模降至230万。

在较短时间内，中国单方面裁军行动的范围之广、裁减幅度之大为国际军控与裁军史所少见，充分体现了中国政府和人民对军控与裁军事业的坚定信念和爱和平、求发展的真诚愿望。

维持较低水平国防费

中国一贯注重控制国防费规模，按照国防建设与经济建设协调发展的方针合理安排国防费。改革开放以来，为集中力量进行经济建设，中国政府严格控制国防支出。1979年至2004年，中国国防费占同期国家财政支出的比例总体呈下降趋势，1979年为17.37%，2004年为7.76%，2004年与1979年相比，下降近 10 个百分点。

图表 1:1979–2004 年中国国防费占同期国家财政支出的比例

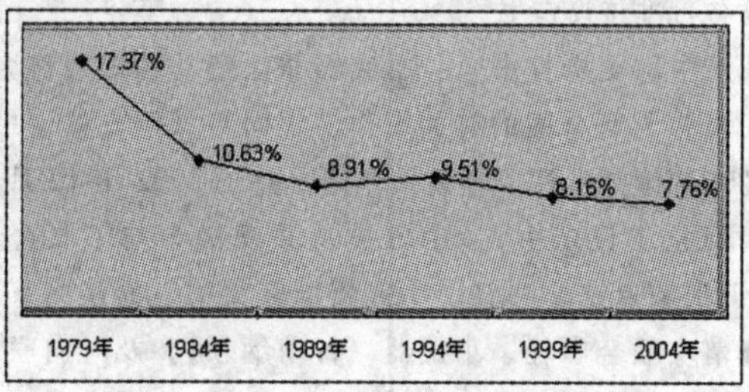

中国国防支出的总体水平在世界上相对较低。中国国防支出的低水平，不仅反映在国防费的绝对值上，也反映在国防费占国内生产总值（GDP）和国家财政支出的比重上。2004 年，中国的国防费为 2199.86 亿元人民币，占当年国内生产总值和国家财政支出的比重分别为 1.61%和 7.76%。2004 年中国的国防费仅相当于美国的 5.77%、英国的 41.03%、法国的 75.65%、日本的 63.97%。2005 年，中国的年度国防费预算为 2477.56 亿元人民币。

图表 2：2003 年、2004 年部分国家国防费比较（金额单位：亿美元）

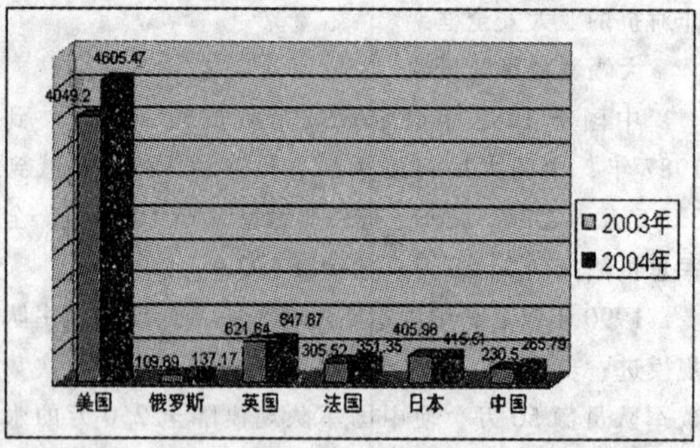

注：图内数据来源于上述国家公布的国防报告、财政报告或其他政府文告。2003 年、2004 年平均汇率分别为 1 美元折合 8.2770 元人民币和 8.2768 元人民币。

图表 3：2004 年度部分国家国防费占国内生产总值（GDP）和财政支出的比例（%）

国　家	美国	俄罗斯	英国	法国	日本	中国
占GDP	4.02	2.69	3.5	2.01	0.98	1.61
占财政支出	20.09	15.49	8.33	11.14	5.97	7.76

近年来，中国在国家经济发展和财政收入增长的基础上，适度增加了国防费，但增长幅度较小。上世纪 90 年代以来的绝大多数年份，中国国防费的增长率低于国家财政支出的增长率。中国增加的国防费主要用于：1.提高军队人员工资福利待遇，保证军队人员生活水平随着社会经济发展同步提高；2.完善军人社会保险制度，包括建立军人伤亡保险、退役医疗保险、军人住房补贴、随军配偶基本生活保障和社会保险补贴等制度；3.保障军队体制编制调整改革，对最近裁减的 20 万军队员额进行妥善的退役安置；4.加大军队人才建设投入，完善人才激励机制，确保军队人才战略工程的实施；5.适度增加部分装备建设经费，提高军队在现代技术特别是高技术条件下的防卫作战能力。

图表 4：1995–2004 年中国国防费增长率与国家财政支出增长率（%）

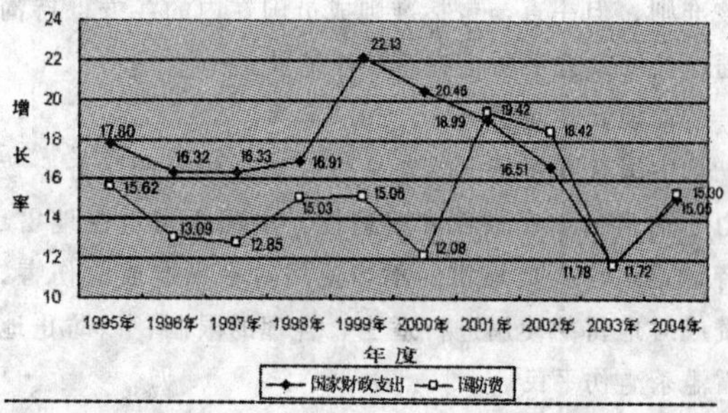

中国政府对国防费始终坚持严格控制、严格管理、严格监督的原则，建立了完善的管理体制和法规制度。中国政府依据《中华人民共和国国防法》，保障国防事务的必要经费，将国防费全部纳入国家财政预算安排，并按《中华人民共和国预算法》实施管理。中国的国防预算由全国人民代表大会审查批准，是公开、透明的。

区域裁军和建立信任措施

中国高度重视并积极推动区域裁军和建立信任措施合作，与有关邻国达成了一系列协定和共识，为改善地区安全环境、促进共同发展作出了贡献。这些协定反映了中国倡导的新安全观，体现了一些对亚太安全对话与合作具有普遍意义的原则和精神，包括：相互同等安全；以对话合作谋求安全；平等协商、互利合作；不针对第三国；不威胁或损害他国的安全与稳定；坚持防御性国防政策；军事领域友好交往等。

1994 年 7 月，中国与俄罗斯签署《关于预防危险军事活动的协定》。1996 年 4 月，中国与哈萨克斯坦、吉尔吉斯斯坦、俄罗斯、塔吉克斯坦签署《关于在边境地区加强军事领域信任的协定》。1997 年 4 月，中国与上述国家签署了《关于在边境地区相互裁减军事力量的协定》。上述协定开启了"上海五国"的合作进程，为上海合作组织的成立和发展奠定了坚实基础。上海合作组织成立四年多来，已建立起较完善的机构体系和法律基础，顺利启动安全、经济等领域的合作，正发展成为促进地区安全、稳定和发展的重要机制。

1993年9月，中国与印度签署了《关于在中印边境实际控制线地区保持和平与安宁的协定》。1996年11月，两国签署了《关于在中印边境实际控制线地区军事领域建立信任措施的协定》。2005年4月，中印两国签署《关于在中印边境实际控制线地区军事领域建立信任措施的实施办法的议定书》，就1996年建立信任措施协定有关条款的具体实施办法达成协议。上述协定的签署和落实，为维护中、印边境的和平安宁，促进两国友好关系发展，推动边界问题的和平解决发挥了重要积极作用。

2002年11月，中国与东盟签署《南海各方行为宣言》，显示了各方维护南海稳定、开展南海合作的共同意愿。各方承诺以和平方式解决领土和管辖权争议；不采取使争议复杂化、扩大化的行动；通过国防官员对话、自愿通报联合军事演习等促进相互信任；积极开展海洋环保、海洋科研、航行和交通安全、搜救、打击跨国犯罪等领域合作。2004年12月，中国与东盟举行了落实《南海各方行为宣言》后续行动高官会，会议就启动南海合作达成了重要共识，并决定成立落实《南海各方行为宣言》后续行动联合工作组。2005年8月，联合工作组在菲律宾举行了首次会议。

中国高度重视东盟地区论坛的作用，支持其开展建立信任措施，每年主动提交《年度安全展望报告》。自1997年起，中国共承办了两次东盟地区论坛建立信任措施会间会，以及中国安全政策培训班、军事后勤保障研讨会、加强非传统安全领域合作研讨会等八个建立信任措施项目。中国支持东盟地区论坛逐步扩大国防官员参与，于2003年论坛第十届外长会议上提出召开安全政策会议的倡议，并于2004年11月在北京召开了首次"东盟地区论坛安全政策会议"。

五、积极参加国际防扩散努力

防止大规模杀伤性武器及其运载工具扩散是国际社会面临的共同任务。中国坚决反对大规模杀伤性武器及其运载工具的扩散，积极参与国际防扩散进程。中国已参加了防扩散领域的所有国际条约和相关国际组织，并与其他国家和有关多国出口控制机制积极开展交流与合作。中国积极参与国际社会解决有关防扩散问题的外交努力，推动通过对话与合作，以和平方式解决相关问题。

履行防扩散国际义务

自1992年加入《不扩散核武器条约》以来，中国忠实履行条约各项义务，致力于维护和加强条约的普遍性、有效性和权威性，努力促进条约防止核武器扩散、推进核裁军进程、促进和平利用核能三大目标。

1984年，中国加入国际原子能机构。1988年，中国与该机构签订了《中华人民共和国和国际原子能机构关于在中国实施保障的协定》，自愿将部分民用核设施置于机构的保障监督之下。1998年，中国与国际原子能机构签署了保障监督协定的附加议定书。2002年初，中国正式完成该议定书生效的国内法律程序，成为第一个完成该程序的核武器国家。

1991年11月，中国政府宣布，在连续的基础上向国际原子能机构通报中国向无核武器国家出口或从无核武器国家进口大于1有效公斤核材料的情况。1993年7月，中国正式承诺，在自愿基础上向国际原子能机构通报所有核材料的进出口、核设备及相关非核材料的出口情况。1996年5月，中国承诺不向无核武器国家未接受国际原子能机构保障监督的核设施提供帮助，包括不对其进行核出口，不与其进行人员与技术的交流与合作。目前，中国已将进口国接受国际原子能机构全面保障监督作为核出口条件。

中国高度重视《禁止化学武器公约》在防止化学武器扩散方面发挥的重要作用。中国颁布了一系列法规，制定了配套的管制清单，形成了一整套对公约附表化学品的生产、经营、使用及进出口活动的有效管理机制。中国与其他缔约国在附表化学品进出口领域保持沟通，及时核实澄清进出口数据，严格执行公约关于向非缔约国转让附表化学品的规定。

中国严格履行《禁止生物武器公约》义务，颁布了一系列法规，对生物两用品及相关设备和技术出口实行严格管制。

发展与多国出口控制机制的关系

中国重视多国出口控制机制在防扩散领域发挥的重要作用，积极与这些机制开展对话与交流，学习和借鉴其有益经验和做法。

1997年10月，中国加入"桑戈委员会"。2004年6月，中国加入"核供应国集团"，严格按其准则和清单实施出口管制。

2004年2月和5月，中国与"导弹及其技术控制制度”分别在巴黎和北京举行了两轮对话会，就导弹领域的出口控制制度、控制清单、执法情况及中国加入问题进行了交流和磋商。2004 年 9 月，中国正式申请加入“导弹及其技术控制制度”。

中国还与“澳大利亚集团”保持接触和交流。双方分别于 2004 年 3 月和 2005 年 3 月举行了两轮磋商，就生物和化学领域防扩散形势、《禁止化学武器公约》和《禁止生物武器公约》履约情况、“澳大利亚集团”运作情况、中国防扩散政策和出口管制措施等交换看法。

2004 年 4 月和 2005 年 5 月，中国同“瓦森纳安排”在维也纳举行了两轮对话会，就常规武器及相关双用途物项和技术的出口管制原则、清单及“最佳操作规范”等问题深入交换意见，双方同意将此对话机制化。

开展防扩散交流与合作

中国重视并积极开展双边防扩散交流与合作，借鉴其他国家在防扩散领域的有益经验和做法。中国与澳大利亚、法国、德国、日本、韩国、巴基斯坦、俄罗斯、英国、美国以及欧盟等保持着磋商与交流。2004 年 12 月，中国与欧盟签署《中华人民共和国与欧洲联盟关于防扩散和军备控制问题的联合声明》，双方相互确认对方为裁军和防扩散领域的重要战略伙伴，并确定了优先合作领域。中国还严格按照防扩散政策和出口管制法规，通过情报交流和执法合作，与有关国家联合打击扩散活动。

中国支持有关地区组织和机制在防扩散方面发挥作用，以建设性态度参加了有关交流与对话，探讨在地区层面解决扩散问题的有效途径。中国参加了东盟地区论坛加强防扩散的努力。中国将与美国、新加坡于 2006 年共同承办东盟地区论坛防扩散研讨会。中国愿与各方继续保持沟通与协调，共同推动地区防扩散进程。

推动联合国发挥重要作用

作为联合国安理会常任理事国，中国支持联合国在防扩散领域发挥重要作用，促进国际共识，深化国际合作。

1992 年初，联合国安理会发表主席声明，把大规模杀伤性武器的扩散定为对国际和平与安全的威胁。中国在声明起草过程中发挥了建设性作用。

2004 年 4 月，联合国安理会一致通过第 1540 号决议。该决议是安理会通过的第一个专门的防扩散决议，有利于在现有国际法基础上推动和加强国际合作，妥善解决非国家行为者获取和贩运大规模杀伤性武器及其运载工具和相关材料的问题。中国积极参加了决议磋商，提出了许多建设性建议，为通过该决议作出了重要贡献。2004 年 10 月，中国根据决议要求提交了执行决议情况的国家报告，从立法、执法及国际合作等方面详细介绍了中国 ā 政府为防止和打击非国家行为者的扩散活动所采取的措施。

六、加强防扩散出口管制

有效的出口管制是实现防扩散目标的重要手段。作为一个具有一定工业和科技能力的国家，中国在这一领域采取了极为负责任的政策和举措。经过多年努力，中国的防扩散出口管制完成了从行政管理向法制化管理的转变，相关出口管制做法已与国际通行做法基本一致。

防扩散出口管制法规体系

自上世纪 90 年代中期以来，中国逐步建立起涵盖核、生物、化学、导弹等相关敏感物项和技术及所有军品的完备的出口管制法规体系。在核领域，中国政府颁布了《中华人民共和国核出口管制条例》、《中华人民共和国核两用品及相关技术出口管制条例》。在生化领域，中国政府颁布了《中华人民共和国生物两用品及相关设备和技术出口管制条例》、《中华人民共和国监控化学品管理条例》及《实施细则》、《各类监控化学品名录》、《有关化学品及相关设备和技术出口管制办法》。在导弹领域，中国政府颁布了《中华人民共和国导弹及相关物项和技术出口管制条例》。在军品出口领域，中国政府颁布了《中华人民共和国军品出口管理条例》。

中国的出口管制法规广泛采取国际通行的许可证管理制度、最终用户和最终用途证明制度、清单控制方法、全面控制原则等。为降低扩散风险，相关法规还规定，核出口、监控化学品及军品出口只能由政府指定的少数贸易公司专营。所有法规均对违法出口行为规定了具体的处罚措施。

上述法规的管制范围与国际通行做法基本保持一致。例如：核领域清单已与“桑戈委员会”、“核供应国集团”的清单完全一致，并将根据“桑戈委员会”及“核供应国集团”清单的变化不断进行相应调整；生化领域清单与“澳大利亚集团”的清单基本一致；导弹领域清单与“导弹及其技术控制制度”的附件基本一致。在出口管制实践中，中国政府的出口管制主管部门还可依法对上述清单外物项和技术的出口实施临时管制。

此外，《中华人民共和国对外贸易法》、《中华人民共和国海关法》、《中华人民共和国刑法》、《中华人民共和国行政处罚法》、《中华人民共和国货物进出口管理条例》、《中华人民共和国技术进出口管理条例》等，也为中国的防扩散出口管制提供了法律依据。

防扩散出口管制机构

中国的防扩散出口管制涉及诸多政府部门。目前，各部门之间已形成了明确的分工和协调机制。

中国的核出口由国防科工委会同其他相关政府部门进行管理。军品出口，其中包括导弹和直接用于导弹的生产设施和关键设备的出口由国防科工委和国防部有关部门会同其他相关政府部门进行管理。

核两用品、生物两用品、有关化学品，以及用于民用目的的导弹相关两用物项和技术的出口，由商务部会同其他相关政府部门进行管理。其中，核两用品、导弹相关两用物项和技术的出口，由商务部会同国防科工委进行审查；与动植物相关的生物两用品和技术的出口，由商务部根据需要会同农业部进行审查；与人相关的生物两用品和技术的出口，由商务部根据需要会同卫生部进行审查；生物两用品的相关设备和技术，以及有关化学品的相关设备和技术的出口，由商务部根据需要会同国家发展和改革委员会进行审查；监控化学品出口由国家发展和改革委员会会同商务部进行审查。

涉及外交政策的敏感物项及相关设备和技术的出口，由上述主管部门会同外交部进行审查。对国家安全、社会公众利益有重大影响的出口项目，主管部门还将会同其他部门报国务院、中央军事委员会批准。

海关总署负责上述物项和技术的出口监管工作，并参与相关违法出口案件的调查处理。海关有权对出口经营者出口的货物是否属敏感物项和技术提出质疑，并要求出口经营者按规定向政府主管部门申办出口许可或不属出口管制范围的相关证明。

严格执行防扩散出口管制法规

中国政府高度重视执法，采取了一系列有效措施，确保出口管制法规的贯彻落实。

2002 年 11 月，商务部制定《敏感物项和技术出口经营登记管理办法》。2003 年 12 月，商务部与海关总署联合制定《敏感物项和技术出口许可证暂行管理办法》。上述办法规范了敏感物项和技术的出口经营及许可证的申请、审批、发放、使用和验核工作。2004 年 1 月，商务部和海关总署启动敏感物项和技术出口计算机管理系统，实现了许可证的审批、发证机关与海关监管部门的联网，大幅提高了对敏感物项和技术出口的监督管理能力。

商务部和海关总署依据核、生物、化学和导弹领域的出口管制清单编制了包括 658 项物项和技术的《敏感物项和技术出口许可证管理目录》，其中 34%已确定海关编码。中国海关还将高科技设备广泛运用在通关监管的各个环节，极大地提高了现场海关的执法能力和检查效率。

有关出口管制主管部门聘请核、生物、化学、导弹领域的专家，建立了“国家出口管制专家支持体系”，以帮助政府主管部门在出口审批过程中对相关物项作出准确、科学的判断。

在防扩散出口管制工作中，中国政府坚持执法必严、违法必究。对于涉嫌违法出口敏感物项和技术的个案，政府主管部门均进行认真调查，并依法处理。自 2002 年底以来，中国政府共查处了违法出口敏感物项和技术的各类案件数十起。主管部门已将涉案企业列入“关注名单”，防止其再次从事此类活动。

2004 年 5 月，中国政府建立了跨部门防扩散出口管制应急协调机制，详细规定了相关出口管制部门在处理紧急防扩散出口管制案件时的职责、分工及处理程序，为迅速、有效处理此类案件提供了机制保障。

加强出口管制法规宣传和企业教育

中国政府重视对出口管制执法人员，尤其是基层执法人员的教育和培训，以提高其依法实施出口管制的政策水平和能力。有关出口管制法规颁布后，商务部对地方各级商务主管官员进行了全面的政策法规培训。在违法出口案件的多发地区，商务部还不定期举办出口管制政策法规和执法专项培训。2004 年 5 月，海关总署联合有关防扩散出口管制机构对全国海关现场官员进行敏感物项和技术出口的政策法规培训。

中国政府采取各种措施对企业宣传和普及防扩散法规，提高其知法守法和自律意识。主要措施包括：在政府主管部门网站上全面公布出口管制法规；通过定期举办防扩散政策法规培训班、讲座、发放宣传册等形式向出口企业宣传出口管制政策、法规及出口审批程序，要求企业认真执行，依法经营；设立热线电话，及时为企业答疑解惑；对违法出口企业进行查处并予公布。

中国政府鼓励并指导企业结合自身实际情况，建立健全内部防扩散出口管制机制，落实防扩散工作责任制。一些企业成立了防扩散出口管制办公室，负责宣传国家相关政策法规，制定本企业具体落实措施，监督本企业的科研、生产、经营活动，确保企业遵守国家法规；实行问责制，由企业法人对本企业防扩散工作负责，企业相关部门的管理者和员工签订责任书，履行防扩散义务。中国政府还鼓励企业对外开展出口管制经验交流。

防扩散出口管制是一项长期工作。中国政府将继续不断完善防扩散出口管制法规，加强出口管制执法能力建设，建立健全内部机制，加强法规宣传和对企业的教育培训，为国际防扩散努力作出应有的贡献。

附　录

附录 1：中国参加的军控、裁军和防扩散条约

核领域：

《拉丁美洲和加勒比禁止核武器条约》第二附加议定书(1973 年 8 月签署,1974 年 6 月交存批准书)

《南太平洋无核区条约》第二、第三附加议定书(1987 年 2 月签署，1988 年 10 月交存批准书)

《中华人民共和国和国际原子能机构关于在中国实施保障的协定》(1988 年 9 月签署，1989 年 9 月生效)

《核材料实物保护公约》(1989 年 2 月加入)

《禁止在海床洋底及其底土安置核武器和其他大规模杀伤性武器条约》(1991 年 2 月加入)

《不扩散核武器条约》(1992 年 3 月加入)

《核安全公约》(1994 年签署,1996 年 4 月批准)

《非洲无核武器区条约》第一、第二议定书(1996 年 4 月签署，1997 年 10 月交存批准书)

《全面禁止核试验条约》(1996 年 9 月签署)

《中华人民共和国和国际原子能机构关于在中国实施保障的协定的附加议定书》(1998 年 12 月签署，2002 年 3 月生效)

化学领域：

《关于禁止发展、生产、储存和使用化学武器及销毁此种武器的公约》(1993 年 1 月签署，1997 年 4 月交存批准书)

生物领域：

《禁止在战争中使用窒息性、毒性或其他气体和细菌作战方法的议定书》

《禁止细菌（生物）及毒素武器的发展、生产及储存以及销毁这类武器的公约》(1984 年 11 月加入)

常规领域：

《禁止或限制使用某些可被认为具有过分伤害力或滥杀滥伤作用的常规武器公约》及其所附第一、第二、第三号议定书(1981 年 9 月签署，1982 年 4 月交存批准书，2003 年 6 月批准公约第一条修正案，同年 8 月交存批准书)

《禁止或限制使用某些可被认为具有过分伤害力或滥杀滥伤作用的常规武器公约》所附的《禁止或限制使用地雷、诱杀装置和其他装置的修正议定书》(修订的第二号议定书)(1998 年 11 月交存批准书)

《禁止或限制使用某些可被认为具有过分伤害力或滥杀滥伤作用的常规武器公约》所附的《关于激光致盲武器的议定书》(第四号议定书)(1998 年 11 月交存批准书)

《联合国打击跨国有组织犯罪公约》所附的《关于打击非法制造和贩运枪支及其零部件和弹药的补充议定书》(2002 年 12 月签署)

其他：

《南极条约》(1983 年 6 月加入)

《关于各国探索和利用包括月球和其他天体在内外层空间活动的原则条约》(1983 年 12 月加入)

《关于登记射入外层空间物体的公约》(1988 年 12 月加入)

《禁止为军事或任何其他敌对目的使用改变环境的技术的公约》(2005 年 6 月加入)

附录 2：中国防扩散出口管制法规

核领域：

《中华人民共和国核出口管制条例》(1997 年 9 月颁布,2001 年 6 月修订)

《中华人民共和国核两用品及相关技术出口管制条例》(1998 年 6 月颁布)

《核产品转运及过境运输审批管理办法（试行)》(2000 年 1 月颁布)

生物领域：

《中华人民共和国生物两用品及相关设备和技术出口管制条例》(2002 年 10 月颁布)

化学领域：

《中华人民共和国监控化学品管理条例》(1995 年 12 月颁布)

《各类监控化学品名录》(1996 年 5 月颁布，1998 年 6 月进行补充)

《<中华人民共和国监控化学品管理条例>实施细则》(1997 年 3 月颁布)

《列入第三类监控化学品的新增品种清单》(1998 年 6 月颁布)

《有关化学品及相关设备和技术出口管制办法》(2002 年 10 月颁布)

导弹领域：

《中华人民共和国导弹及相关物项和技术出口管制条例》(2002 年 8 月颁布)

军品出口领域：

《中华人民共和国军品出口管理条例》（1997年10月颁布、2002年10月修订、2002年11月颁布《军品出口管理清单》）

敏感物项：

《敏感物项和技术出口经营登记管理办法》（2002年11月颁布）

《敏感物项和技术出口许可证暂行管理办法》（2003年12月颁布）

《敏感物项和技术出口许可证管理目录》（2003年12月颁布）

其他相关法规：

《中华人民共和国对外贸易法》（1994年5月颁布，2004年4月修订）

《中华人民共和国行政处罚法》(1996年3月颁布）

《中华人民共和国海关法》(1987年1月颁布，2000年7月修订）

《中华人民共和国刑法》修正案（2001年12月颁布）

《中华人民共和国技术进出口管理条例》(2001年12月颁布）

《中华人民共和国货物进出口管理条例》(2001年12月颁布）

附录3：中国与有关国家达成的裁军和建立信任措施协定

《关于在中印边境实际控制线地区保持和平与安宁的协定》（1993年9月签署）

《中俄关于预防危险军事活动的协定》（1994年7月签署）

《中华人民共和国主席和俄罗斯联邦总统关于互不首先使用核武器和互不将战略核武器瞄准对方的联合声明》（1994年9月签署）

《中华人民共和国和哈萨克斯坦共和国、吉尔吉斯共和国、俄罗斯联邦、塔吉克斯坦共和国关于在边境地区加强军事领域信任的协定》（1996年4月签署）

《关于在中印边境实际控制线地区军事领域建立信任措施的协定》（1996年11月签署）

《中华人民共和国和哈萨克斯坦共和国、吉尔吉斯共和国、俄罗斯联邦、塔吉克斯坦共和国关于在边境地区相互裁减军事力量的协定》（1997年4月签署）

《中美两国国防部关于建立加强海上军事安全磋商机制的协定》（1998年1月签署）

《南海各方行为宣言》（2002年11月签署）

《关于在中印边境实际控制线地区军事领域建立信任措施的实施办法的议定书》（2005年4月签署）

中国政府发布关于联合国改革问题的立场文件 2005年6月7日，中国政府发布《中国关于联合国改革问题的立场文件》，摘要如下：

进入新世纪以来，国际形势发生深刻和复杂的变化。和平与发展仍是时代主题，但不确定、不稳定因素有所增加。实现人类社会的持久和平与普遍发展既有难得的机遇，也面临严峻的挑战。

在全球化深入发展、各国依存不断密切的情况下，全球性威胁和挑战呈现多元化的特点，更加相互关联。对这些威胁都应予以高度重视，不能厚此薄彼。各国应共同努力，通过沟通加深理解，通过对话增强信任，通过交流推动合作，以集体行动应对威胁和挑战，特别是努力消除其产生的根源。

联合国在国际事务中的作用不可或缺。作为最具普遍性、代表性和权威性的政府间国际组织，联合国是实践多边主义的最佳场所，是集体应对各种威胁和挑战的有效平台，应该继续成为维护和平的使者，推动发展的先驱。通过改革加强联合国作用，符合全人类的共同利益。

中国欢迎“威胁、挑战与变革”高级别名人小组报告、联合国千年发展项目报告以及秘书长综合报告。这些报告就振兴和改革联合国提出了不少有益、可行的思路和建议。中国愿与各方一道，推动联合国改革取得积极成果，推动将于今年9月举行的首脑会议取得成功。

中国认为，联合国改革应遵循以下原则：

改革应有利于推动多边主义，提高联合国的权威和效率，以及应对新威胁和挑战的能力。

改革应维护《联合国宪章》的宗旨和原则，特别是主权平等、不干涉内政、和平解决争端、加强国际合作等。

改革是全方位、多领域的，在安全和发展两方面均应有所建树，特别是扭转联合国工作“重安全、轻发展”的趋势，加大在发展领域的投入，推动落实千年发展目标。

改革应最大限度地满足所有会员国、尤其是广大发展中国家的要求和关切。应发扬民主，充分协商，努力寻求最广泛一致。

改革应先易后难、循序渐进，有助于维护和增进联合国会员国的团结。对达成一致的建议，可尽快作出决定，付诸实施；对尚存分歧的重大问题，要采取谨慎态度，继续磋商，争取广泛一致，不人为设定时限或强行推动作出决定。

一、发展问题

发展是各国人民的共同诉求，是集体安全机制和人类文明进步的基础。贫困、疾病、环境恶化同样对国际社会构成严重挑战。要重视发展中国家的需要，实现全球协调、平衡和普遍的发展。

二、安全问题

我们赞成秘书长关于采取集体行动应对各种安全威胁和挑战的主张，这同中方倡导建立“互信、互利、平等、协作”新安全观的目标是一致的。建立一个有效力、效率和公平的集体安全机制，关键是坚持多边主义，推动实现国际关系民主化和法治化，坚持《联合国宪章》的宗旨和原则，加强联合国的权威与能力，维护安理会作为集体安全体系核心的地位。

（一）战争与冲突

国家间冲突应按照《联合国宪章》和国际法，通过平等协商、和平谈判加以解决。

国内冲突情况复杂，是否危及国际和平与安全，应具体问题具体分析。解决国内冲突应主要靠当事国人民努力。外部支持应以《联合国宪章》为基础，以国际法为准绳，采取谨慎和负责态度，综合应用政治、外交等手段，鼓励和帮助冲突方通过协商和谈判解决问题。

（二）反恐

中国主张并支持打击一切形式的恐怖主义。国际反恐努力要充分发挥联合国的主导与协调作用，注意标本兼治，应避免政治化，不能采取双重标准。

中国支持尽快制定全球综合反恐战略，赞同以秘书长提出的五个支柱为基础加以发展。

中国支持进一步完善现有反恐条约体系和法律框架。各国应考虑尽快签署和批准现有的国际反恐公约，并本着合作和建设性态度，尽快就《关于国际恐怖主义的全面公约》草案达成一致。

中国希望在恐怖主义定义问题上形成共识。有关定义可适当参照现有国际公约及安理会决议的相关规定。

会员国及民间组织在参与反恐合作过程中必须遵守《联合国宪章》和相关国际法准则。

对反恐过程中的侵犯人权行为，应充分利用人权会现有机制、公约机构和国际人道主义法监督机制加以解决，目前没有必要设立新机制。

中国支持加强安理会反恐委员会职能，扩大执行局权限，特别是帮助发展中国家加强反恐能力建设，并为此设立能力建设信托基金。

中国认为，有必要任命一名联合国反恐事务协调员。

（三）裁军与防扩散

中国一贯主张全面禁止和彻底销毁大规模杀伤性武器，反对此类武器及其运载工具任何形式的扩散。中国一直积极推进国际核裁军进程。

核武器国家应缔结互不首先使用核武器的条约。核武器国家还应无条件地承诺不对无核武器国家或无核武器区使用或威胁使用核武器，并就此达成有约束力的国际法律文书。

国际社会应采取切实有效步骤，维护和加强《不扩散核武器条约》条约的普遍性和权威性。条约缔约国应本着建设性态度，平衡对待条约三大目标。

中国支持《全面禁止核试验条约》，希望条约尽早生效。中国将继续暂停核武器试验，并争取早日批准条约。

中国支持在日内瓦裁军谈判会议达成一项平衡的工作计划基础上，尽快启动“禁止为核武器或其他核爆炸装置生产裂变材料条约”的谈判。

中国支持国际原子能机构（IAEA）根据《规约》宗旨，在防止核武器扩散及促进各国和平利用核能方面发挥重要作用。当前形势下，有必要通过国际合作与协商，探讨如何进一步增强核不扩散机制，包括采取适当措施进一步加强国际原子能机构保障监督有效性等重要问题。强调 IAEA 附加议定书的重要性，希望其普遍性得到加强。

中国支持并积极参与旨在加强《生物和毒素武器公约》有效性的多边努力，对就《公约》核查议定书立即恢复谈判持积极态度。中国支持公约缔约国谈判制定一项新的生物安全议定书，对危险生物制剂分类，并为此类制剂出口订立有约束力的国际标准。

中国支持加强《生物和毒素武器公约》与《禁止化学武器公约》的普遍性。

《生物和毒素武器公约》的协商、合作与调查机制是处理指称使用生物武器的主要手段，缔约国应予遵行。秘书长机制有其特定的历史背景和适用范围。如多数国家同意，可通过多边谈判全面重新审议。

鼓励所有缔约国按照《生物和毒素武器公约》相关审议大会的要求，提交建立信任措施的有关资料。

拥有化学武器的国家应加速销毁全部现有化武储存、老化武和遗弃在别国领土上的化武。禁化武组织核查机制运转大体正常，缔约国还可通过澄清、协商、合作等机制处理、解决违约关切。如发生严重违约情况，缔约国大会或执理会可提请联合国大会和安理会注意该问题。

中国反对大规模杀伤性武器及其运载工具的扩散，支持加强现有国际防扩散机制，主张在国际法框架内通过政治和外交手段解决扩散问题。任何防扩散措施都应有助于增进国际和地区的和平、安全和稳定。与许多国家一样，我们不赞成“防扩散安全倡议”在国际法范畴外采取拦截措施。

防止外空武器化和外空军备竞赛有助于维护全球战略稳定，促进军控与裁军进程。国际社会应高度重视，采取积极有效的措施防患于未然。日内瓦裁谈会应尽快设立特设委员会，谈判缔结相关国际法律文书，或以此为目标开展工作，弥补现有外空法律机制的漏洞，切实防止外空武器化和外空军备竞赛。

《特定常规武器公约》在解决战争引起的人道主义关切方面发挥了重要作用。中国一直积极参与和公约相关的各项工作。中国希望《战争遗留爆炸物议定书》尽早生效并得到切实履行。中国将继续支持并参与《特定常规武器公约》政府专家组工作，希望有关工作取得进展。

中国支持国际社会打击小武器非法贸易的努力，支持谈判达成有关“识别和追查非法小武器”的国际文书。小武器非法贸易涉及裁军、安全、发展和人道主义等多方面因素，应寻求全面妥善的解决办法。各国应承担首要责任，加强相互协调与合作，联合国应继续发挥主导作用。

（四）有组织犯罪

中国支持加强国际和地区合作，打击跨国有组织犯罪。发达国家应在提供资源方面承担更多义务。

中国希望打击跨国有组织犯罪和腐败等方面的国际公约能得到有效实施。

联合国毒品和犯罪问题办公室应努力协助各国履行公约。

在确保联合国现有国际公约有效实施的前提下，中国对在联合国框架内谈判制定新的必要的国际公约不持异议。中国对谈判制定一项关于洗钱问题的全面国际公约持开放态度。

（五）预防与调停

中国支持联合国建立“预防文化”，加大对预防冲突和调停的投入，特别是完善预警、实地调查团等机制和措施。

会员国既要充分发挥安理会在此方面的主导作用，也要支持秘书长根据授权履行斡旋和调解职能。

（六）制裁

中国一贯主张谨慎使用制裁，必须以用尽和平解决的所有手段为前提。一旦安理会决定实施制裁，各国均有义务严格执行。

中国支持改进联合国制裁机制，设立严格标准，加强针对性，设定明确时限，并尽可能减少制裁引发人道主义危机和对第三国的影响。各制裁委员会应定期评估制裁造成的人道主义影响。

国际社会应帮助发展中国家加强执行制裁的能力。

（七）使用武力

和平解决国际争端与在国际关系中不使用武力是《宪章》的重要原则和国际法基本准则。中国一贯主张通过和平方式解决国际争端，反对在国际关系中使用武力或以武力相威胁。

我们赞成既不修改《宪章》第 51 条，也不重新解释第 51 条。

《宪章》对使用武力已有明确规定，除因遭受武力攻击而进行自卫外，使用武力必须得到安理会授权。对是否构成“紧迫威胁”，应由安理会根据《宪章》第七章并视具体情况判定，慎重处理。

导致发生危机的原因和各类危机的情况不尽相同。就使用武力形成一个“放之四海皆准”的规则和标准不现实，也容易引起较大争议。是否使用武力，应由安理会视冲突实际情况逐案处理。

安理会是联合国唯一可决定使用武力的机构。区域办法或区域组织采取强制性行动，必须事先得到安理会授权。

（八）维和

联合国维和行动应遵循《联合国宪章》以及实践证明行之有效的各项基本原则，包括中立、当事方同意以及非自卫不得使用武力等。

中方支持加强联合国维和行动能力，欢迎秘书长关于建立战略储备、成立维和民警待命安排的建议。希望秘书处根据联大维和特别委员会的要求，对建议的诸多方面予以细化和澄清。建立新机制需要进行谨慎、周密的研究，确保其可行性、有效性，整合资源，量力而行，并充分发挥现有机制的潜力。

联合国维和资源有限，应合理有效使用。联合国可根据具体情况，对非洲区域组织开展的维和行动提供必要支持。

中国支持加强联合国与区域组织的合作，以加强协调，发挥各自优势。区域组织开展的维和行动，须符合《联合国宪章》的宗旨和原则。

（九）建设和平

中国支持设立建设和平委员会。委员会的职责应主要是协助制订从冲突过渡到冲突后重建的计划，协调国际社会努力。中国赞同秘书长关于该委员会不具有预警和监测职能、并主要发挥咨询作用的看法。

委员会主要向安理会负责，有助于保证其效率和效力。中国也支持经社理事会充分参与委员会的工作。

秘书处设立建设和平支助厅应本着精干和有效原则。

三、法治、人权与民主

（一）“保护的责任”

各国负有保护本国公民的首要责任。一国内乱往往起因复杂，对判定一国政府是否有能力和意愿保护其国民应慎重，不应动辄加以干预。

在出现大规模人道危机时，缓和和制止危机是国际社会的正当关切。有关行动须严格遵守《宪章》的有关规定，尊重有关当事国及其所在地区组织的意见，在联合国框架下由安理会根据具体情况判断和处置，尽可能使用和平方式。在涉及强制性行动时，更应慎重行事，逐案处理。

（二）国际刑事法院

中国支持建立一个独立、公正、有效和具有普遍性的国际刑事法院，以惩治最严重的国际罪行。

由于《国际刑事法院罗马规约》尚存的一些不足可能影响法院公正、有效地行使职能，因此中国尚未参加，但仍希望法院能以其实际工作赢得非缔约国的信心，赢得国际社会普遍接受。

对是否将有关局势提交国际刑事法院，安理会应谨慎行事。

（三）国际法院

中国支持加强国际法院作用，改进法院的工作方法，提高法院的效率。各国自由选择和平解决争端方式的权利应得到尊重。

（四）人权

中国赞同并支持改革联合国人权机构。改革的关键是扭转将人权问题政治化的现状，不搞双重标准，减少和避免对抗，促进合作，将更多资源用于人权技术合作项目，加强各国人权能力建设。

应同等重视经济、社会、文化权利和公民、政治权利两类人权，纠正只偏重一类人权的现象。

四、加强联合国

联合国大会

大会是联合国民主决策的重要机构。中国支持通过改革，提高大会的工作效率，并加强其决策能力。

中国赞成就振兴大会通过一揽子方案,对各方提出的具体建议持开放态度。

中国支持适当精减大会议程，优化议事日程，每年根据各方，特别是发展中国家关心的问题，讨论一些重大和实质性问题。那些没有必要的议题可逐年、平衡地删除。

中国重视民间社会在国际事务中发挥的建设性作用，愿与各方就建立大会与民间社会的互动机制问题继续展开深入讨论。民间社会参与联合国活动不应影响联合国的政府间国际组织性质，不应影响联合国的工作秩序和效率。

安理会

安理会改革是多方面的，既包括扩大问题，也包括提高工作效率、改进工作方法等重要问题。安理会改革应遵循以下原则：

提高安理会的权威和效率，增强其应对全球性威胁和挑战的能力。

优先增加发展中国家代表性。发展中国家已占联合国会员国总数的2/3以上，但在安理会的代表性严重不足。这个状况必须纠正。

应让更多国家，特别是中小国家有更多的机会轮流进入安理会，参与其决策。

坚持地域平衡原则，并兼顾不同文化和文明的代表性。

涉及各地区的改革方案应首先在有关地区组内达成一致。中方认为,一些国家倡导的地区轮任原则值得重视和考虑。

坚持协商一致,这是《宪章》的重要精神，目的是兼顾各方，特别是中小国家利益，只有经过协商一致做出的决定才能赢得最广泛的信任和支持。中方反对人为设时限，反对强行表决尚有重大分歧的方案。

军参团

中国对取消军参团的建议有严重保留。认为改革不是简单地取消，应通过协商，赋予军参团在维和及安全等方面新的职能。

国务院、中央军委公布施行《中国人民解放军文职人员条例》 中华人民共和国国务院总理温家宝、中央军事委员会主席胡锦涛2005年6月23日签署第438号令，公布施行《中国人民解放军文职人员条例》。《条例》规定在全军实行文职人员制度，这是对我军力量构成和用人制度的重大调整改革，是推进军队现代化建设的重大战略举措。《条例》强调了我军用人的政治标准和军事工作对人才的特殊要求，贯穿了军队服务保障人员逐步实行社会化的思想，突出了市场经济条件下依法用人的基本精神，体现了比照军地同类岗位人员设计政策的原则，适应了国家人事制度改革的发展要求。其主要内容是面向市场招聘文职人员，根据岗位确定文职人员职责，依据合同对文职人员进行管理，参照事业单位同类岗位人员确定文职人员待遇，通过国家法定方式解决聘用双方争议，从而形成开放灵活的进出机制、竞争择优的使用机制、按岗定酬的分配机制、军地衔接的保障机制。《条例》共9章55条，对文职人员的性质地位等基本问题、聘用工作的主要环节以及文职人员制度与军地相关政策的衔接等作了规定。《条例》全文如下：

第一章 总 则

第一条 为了利用社会人才资源为军队建设服务，规范文职人员的聘用和管理，建设高素质的文职人员队伍，适应军队革命化、现代化、正规化建设的需要，制定本条例。

第二条 本条例所称文职人员，是指按照规定的编制聘用到军队工作，履行现役军官（文职干部）同类岗位相应职责的非现役人员。

第三条 文职人员实行聘用制度，享有本条例规定的权利，履行本条例规定的义务。

第四条 文职人员的聘用和管理，应当贯彻尊重劳动、尊重知识、尊重人才、尊重创造的方针，坚持任人唯贤、德才兼备、公平择优的原则。

第五条 中国人民解放军总政治部主管全军的文职人员工作；团级以上单位的政治机关负责本单位的文职人员工作。

第二章 权利和义务

第六条 文职人员享有下列权利：

（一）参加政治生活，获得政治荣誉和精神、物质奖励；

（二）取得工作报酬，享受相应的福利待遇和社会保障；

（三）获得履行岗位职责必需的工作条件；

（四）非因规定事由、未经规定程序不被解除聘用合同或者惩处；

（五）按照规定的条件和程序与聘用单位解除聘用合同；

（六）按照规定申请人事争议处理。

第七条 文职人员应当履行下列义务：

（一）忠于祖国，忠于中国共产党，努力为军队建设服务；

（二）遵守宪法、法律、法规和军队的有关规章制度；

（三）服从命令，听从指挥，遵守纪律，保守秘密；

（四）履行聘用合同，根据军队需要参加作战、军事演习、军事训练和处置突发事件；

（五）团结协作，勤奋敬业，恪守职业道德；

（六）学习和掌握履行岗位职责所需要的科学文化和专业知识，提高实际工作能力。

第三章 聘用范围和岗位设置

第八条 军级以上机关和驻边远艰苦地区以外的非作战部队（以下统称聘用单位）的教学、科研、工程、卫生、文体、图书、档案等专业技术岗位以及部分管理事务和服务保障等非专业技术岗位，可以聘用文职人员。

文职人员按照聘用的岗位，分为专业技术文职人员和非专业技术文职人员。

第九条 全军文职人员的编制员额，由中央军事委员会确定。聘用单位文职人员的编制及其调整，由军队组织编制主管机关按照组织编制管理权限确定。

第十条 文职人员的岗位等级设置：

（一）专业技术岗位等级分为：初级专业技术岗位、中级专业技术岗位和高级专业技术岗位；

（二）非专业技术岗位等级由低到高分为：六级职员岗位、五级职员岗位、四级职员岗位、三级职员岗位和二级职员岗位。

非专业技术岗位各等级，分别与国家规定的事业单位同类岗位人员的相应职务等级相对应。

第十一条 文职人员岗位的名称、数量和等级，按照规定的编制执行。

第四章 聘用条件

第十二条 文职人员应当具备下列基本条件：

（一）符合征集公民服现役的政治条件；

（二）符合聘用岗位的职责要求和相应的资格条件；

（三）具有大学本科以上学历，但是，对从事护理、艺术、体育等专业技术岗位工作的，学历要求可以适当放宽；

（四）身体健康。

文职人员岗位的资格条件，参照同类岗位现役军官（文职干部）的专业技术资格或者任职资格条件执行。

文职人员的身体条件，参照应征公民体格检查标准执行。

第十三条 文职人员首次聘用的最高年龄分别为：

（一）聘用到初级专业技术岗位或者六级职员、五级职员岗位的，35岁；

（二）聘用到中级专业技术岗位或者四级职员、三级职员岗位的，40岁；

（三）聘用到高级专业技术岗位或者二级职员岗位的，45岁。

第十四条 文职人员的最高工作年龄分别为：

（一）初级专业技术岗位或者六级职员、五级职员岗位的，40岁；

（二）中级专业技术岗位或者四级职员、三级职员岗位的，45岁；

（三）高级专业技术岗位或者二级职员岗位的，男60岁，女55岁；其中在高级专业技术岗位工作的，因工作需要，经军区级单位批准，可以适当延长最高工作年龄。

第五章 聘用关系的建立

第十五条　文职人员岗位出现缺额时，除涉密岗位以外，应当实行公开招聘。

第十六条　聘用单位应当成立由聘用单位的政治机关负责人、有关部门工作人员和专家组成的文职人员招聘工作委员会，负责组织应聘人员的审查、考核和评审等工作。

第十七条　招聘文职人员按照下列程序进行：

（一）公布招聘岗位、岗位资格条件和待遇；

（二）依照本条例规定的条件对应聘人员进行初审；

（三）对初审合格的，进行专业理论、技能和相关科学文化知识的考试、考查，对拟聘用到高级专业技术岗位或者二级职员岗位的，还应当组织答辩和评审；

（四）对考试、考查或者答辩、评审合格的，进行政治条件审查和体检；

（五）择优提出初选人员名单；

（六）依照本条例第十八条的规定审批；

（七）与被批准的应聘人员订立聘用合同。

第十八条　聘用文职人员按照下列权限审批：

（一）聘用到初级专业技术岗位和六级职员、五级职员岗位的，由团级单位审批；

（二）聘用到中级专业技术岗位和四级职员岗位的，由师级单位审批；

（三）聘用到高级专业技术岗位和三级职员岗位的，由军级单位审批；其中聘用到高级专业技术岗位且合同期限需要订立至本级岗位最高工作年龄的，由军区级单位审批；

（四）聘用到二级职员岗位的，由军区级单位审批。

第十九条　聘用合同包括下列内容：

（一）合同期限；

（二）岗位名称和等级；

（三）岗位职责；

（四）岗位纪律；

（五）岗位工作条件；

（六）工资福利待遇和社会保障；

（七）变更、顺延、续订、终止和解除合同的条件；

（八）违反合同的责任；

（九）双方认为需要约定的其他事项。

聘用合同应当采取书面形式。聘用合同一式三份，分别由文职人员、聘用单位和批准单位保存。

第二十条　聘用合同的期限分别为：

（一）初级、中级专业技术岗位或者六级职员、五级职员、四级职员和三级职员岗位的，1年至3年；

（二）高级专业技术岗位和二级职员岗位的，1年至4年。

从普通高等学校应届毕业生中聘用的文职人员的合同期限，有见习期的6年，没有见习期的5年。

首次聘用为文职人员的，应当有1个月至6个月的试用期。试用期计入聘用合同期限；有见习期的，试用期计入见习期。

第二十一条　聘用合同期满，凡岗位需要、考核合格且文职人员年龄距本级岗位最高工作年龄尚余1年以上，本人提出申请的，聘用单位可以与其续订聘用合同。

第二十二条 在高级专业技术岗位或者二级职员岗位工作的文职人员，被同一单位连续聘用满10年，且男满50岁、女满45岁，本人提出申请，考核合格的，聘用单位应当与其续订期限至本级岗位最高工作年龄的合同。

第二十三条　文职人员与聘用单位主要负责人有夫妻关系、直系血亲关系、三代以内旁系血亲关系以及近姻亲关系的，不得聘用到财务、物资管理等岗位，也不得聘用到有直接上下级领导关系的岗位。

招聘工作委员会成员从事招聘工作，遇有与自己有前款规定的亲属关系的人员时，应当回避。

第六章 教育和管理

第二十四条　聘用单位应当根据军队政治工作的有关规定和文职人员的特点，对文职人员进行思想政治教育，做好经常性思想工作，提高文职人员的思想政治素质。

第二十五条　聘用单位应当根据文职人员的岗位职责和工作需要，对文职人员进行岗前培训、在职培训和军事训练。

军队有关业务主管部门应当按照专业对口、训用一致、按需施教、讲求实效的原则，组织文职人员的专业培训。

第二十六条　聘用单位应当依据聘用合同和军队有关规定，对文职人员的德、能、勤、绩、廉、体进行全面考核，重点考核文职人员履行岗位职责的情况。考核分为平时考核和年度考核，平时考核作为年度考核的基础。年度考核结果分为优秀、称职、基本称职、不称职四个等次。考核结果作为文职人员调整工资待遇、奖惩和续聘、解聘的主要依据。

第二十七条　聘用单位和上级机关对作出突出贡献的文职人员，应当给予奖励；对违反军队纪律的文职人员，应当给予批评教育，并视情节轻重给予纪律处分。文职人员的奖励和处分办法，由中国人民解放军总参谋部、总政治部、总后勤部规定。

第二十八条　文职人员的专业技术资格考试、评审，按照国家和军队的有关规定执行。文职人员在军队聘用期间取得的专业技术资格，在聘用合同终止或者解除后仍然有效。

第二十九条　文职人员科技、教学等成果的申报、评审，以及优秀人才的选拔、表彰，参照国家和军队关于现役军官和文职干部的有关规定执行。

第三十条　文职人员参加作战、军事演习、军事训练和处置突发事件时，应当着制式服装，佩带符号标志。具体办法由中国人民解放军总参谋部、总后勤部规定。

第三十一条　聘用单位应当根据军队的有关规定和文职人员的岗位要求，做好文职人员的日常管理工作，严格落实各项规章制度，保持良好的工作、生活秩序。

第三十二条　军队各级机关应当按照职责分工，加强对文职人员聘用和管理等工作的监督检查。对聘用单位违反本条例规定聘用文职人员或者侵害文职人员权益的，应当给予通报批评，责令改正。

第三十三条　聘用单位可以委托所在地的县级以上人民政府人事部门所属的人才中介服务机构代理文职人员的人事行政关系及档案管理等有关事宜。

第三十四条　聘用单位与文职人员因履行聘用合同发生争议的，双方可以协商解决；不愿意协商或者协商不成的，当事人可以向聘用单位的上一级单位申请调解。不愿意调解或者调解不成的，当事人可以向聘用单位所在地的人事争议仲裁机构申请仲裁；对仲裁裁决不服的，当事人可以依法向人民法院提起诉讼。

第七章　工资福利待遇和社会保障

第三十五条　文职人员的工资水平应当根据聘用岗位、工作任务和实际贡献，参照事业单位同类岗位人员的工资水平确定，并根据社会经济发展水平，按照国家和军队的有关规定适时调整。对紧缺专业人员和优秀人才，工资适当从优。

第三十六条　文职人员的住房实行社会化、货币化保障。住房公积金、住房补贴、房租补贴，按照聘用单位所在地人民政府规定的标准执行。住房补贴、房租补贴随工资发放。文职人员购买当地经济适用住房的，按照军队人员住房社会化的有关规定办理。

聘用单位可以根据本单位条件，在聘用期间向住房确有困难的文职人员出租集体宿舍或者个人宿舍。

第三十七条　文职人员的工作用车、休假、探亲办法和差旅费标准，由中国人民解放军总参谋部、总政治部、总后勤部、总装备部规定。

第三十八条　户口不在聘用单位所在地的文职人员落户及其配偶子女随迁，按照国家和聘用单位所在地人民政府的有关规定执行。

第三十九条　聘用单位及其文职人员应当依法参加社会保险，缴纳社会保险费。

聘用单位可以根据国家有关规定，为文职人员建立补充保险。

聘用单位及其文职人员参加社会保险的具体办法，由中国人民解放军总后勤部会同国务院劳动保障部门和财政部门、人事部门规定。

第四十条　文职人员参加作战、军事演习、军事训练和处置突发事件期间的生活待遇和医疗保障，按照国家和军队的有关规定执行。文职人员因执行上述任务和军事勤务伤亡的抚恤，参照《军人抚恤优待条例》的有关规定办理。

第四十一条　文职人员在军队单位聘用的时间，计入其工作年限（工龄）。

第八章　聘用关系的终止和解除

第四十二条　文职人员聘用合同终止的，聘用单位应当报有审批权限的机关备案；解除文职人员聘用合同的，应当按照聘用文职人员的审批权限审批。

第四十三条　有下列情形之一的，聘用合同即行终止：

（一）合同期满且不再续聘的；

（二）文职人员达到本级岗位最高工作年龄的；

（三）双方约定的合同终止条件出现的。聘用合同期限已满，文职人员参加作战、军事演习、军事训练和处置突发事件尚未结束的，聘用合同期限顺延至任务结束。

第四十四条　聘用单位与文职人员双方协商一致，可以解除聘用合同；其中聘用单位提出解除聘用合同的，聘用单位应当依照国家和军队的有关规定，对被解聘人员给予经济补偿。

第四十五条　文职人员有下列情形之一的，聘用单位可以解除聘用合同，不给予经济补偿：

（一）试用期内被证明不符合聘用岗位要求的；

（二）严重违反军队纪律或者聘用单位规章制度的；

（三）工作失职，对聘用单位利益造成重大损害的；

（四）被依法追究刑事责任或者劳动教养的。

第四十六条　有下列情形之一的，聘用单位可以解除聘用合同，并提前30日以书面形式通知文职人员：

（一）文职人员年度考核不称职的；

（二）文职人员患病或者非因工负伤，规定的医疗期满后不能坚持正常工作的；

（三）聘用单位移防或者被缩编、撤销，致使聘用合同无法履行的。

依照前款第（二）项、第（三）项规定解除聘用合同的，聘用单位应当依照国家和军队的有关规定，对被解聘人员给予经济补偿。

第四十七条　文职人员有下列情形之一的，聘用单位不得依照本条例第四十六条的规定解除聘用合同：

（一）在文职人员岗位工作期间患职业病的；

（二）因工负伤，治疗终结后经劳动能力鉴定机构鉴定为一级至四级伤残的；

（三）患病或者负伤，在规定的医疗期内的；

（四）女性文职人员在孕期、产期、哺乳期内的；

（五）法律、行政法规规定的其他情形。

第四十八条　有下列情形之一的，文职人员可以解除聘用合同：

（一）在试用期内的；

（二）依法服现役的；

（三）聘用单位未按照聘用合同约定支付工作报酬或者提供工作条件的。

第四十九条　除本条例第四十八条规定的情形外，文职人员提出解除聘用合同未能与聘用单位协商一致的，应当继续履行聘用合同；6个月后再次提出解除聘用合同仍未与聘用单位协商一致的，文职人员可以解除聘用合同。从普通高等学校应届毕业生中聘用的文职人员，合同期限未满的，不得依照前款规定解除聘用合同。

第五十条　文职人员参加作战、军事演习、军事训练和处置突发事件期间，不得单方面解除聘用合同。

第五十一条　涉密岗位文职人员终止或者解除聘用合同后的流动，执行国家和军队有关涉密人员管理的规定。

第五十二条　文职人员终止或者解除聘用合同后，与原聘用单位的关系即行终止，原聘用单位应当按照国家有关规定及时办理人事行政、档案和社会保险等关系的转移手续。

第五十三条　文职人员符合国家规定的事业单位同类岗位人员退休条件的，办理退休手续，退休后的管理服务和生活保障，按照国家有关规定纳入社会保障体系。具体办法由中国人民解放军总政治部、总后勤部会同国务院人事部门、财政部门和劳动保障部门规定。

第九章　附　则

第五十四条　中国人民武装警察部队文职人员，适用本条例。

第五十五条　本条例自2005年8月1日起施行。

总政下发《关于认真贯彻胡主席从严治官重要指示，进一步加强高中级干部教育管理的意见》　为认真落实胡主席关于从严治军、从严治官的重要指示，适应新形势新使命的要求，总政治部于2005年9月下旬下发《关于认真贯彻胡主席从严治官重要指示，进一步加强高中级干部教育管理的意见》，要求全军和武警部队各级党委和政治机关把加强高中级干部教育管理摆到更加突出的位置，切实抓好落实。

《意见》指出，加强军队高中级干部队伍建设，是党中央、中央军委始终高度关注的一个重大问题。胡主席对加强高中级干部教育管理极为重视，做出了一系列重要指示。各级要把思想认识统一到胡主席的指示精神上来，充分认清加强高中级干部教育管理是部队思想政治建设的重要课题，是贯彻从严治军方针的紧迫任务，必须作为部队建设的“关键工程”、对领导干部的“关爱工程”、凝聚军心士气的“满意工程”，进一步抓紧抓实抓出成效。

《意见》强调，各级要在全面加强高中级干部队伍建设、不断取得进步的形势下，大力纠治高中级干部中存在的突出问题。针对官兵反映强烈、严重损害高中级干部形象和部队建设的突出问题，采取专项教育和专项治理相结合的办法，进行集中整治。认真纠正选人用人上的不正之风，严肃纠治报喜藏忧、弄虚作假的不良风气，坚决制止奢侈浪费行为，着力解决插手部队敏感事务问题，认真清理违规住房。要重点管住管好各级主官。坚持党管干部的原则，强化党组织管理和行政管理功能，加强党委内部的监督，切实抓好经常性管理。要严肃查处高中级干部中的违纪违法案件和问题。各级要以对党和军队事业高度负责的态度，勇于坚持原则，敢于揭露问题，决不允许有案不查、瞒案不报、拖案不结，坚持法纪面前人人平等，切实维护党纪国法的严肃性。

总政下发《关于深入开展保持共产党员先进性教育活动的意见》 2005年1月，总政治部下发《关于深入开展保持共产党员先进性教育活动的意见》，要求全军各级党委和政治机关以高度的政治责任感和使命感，把这一关系军队建设全局的大事抓紧抓好，切实抓出成效。

《意见》说，在全党开展先进性教育活动，是以胡锦涛同志为总书记的党中央根据我们党治国理政面临的新形势新要求，为确保党始终走在时代前列，更好地肩负起历史使命而做出的重大决策，是用“三个代表”重要思想武装全党，提高党的执政能力、巩固党的执政基础、完成党的执政使命，推进中国特色社会主义伟大事业和党的建设新的伟大工程的重要举措。贯彻中央部署要求，结合军队实际，在全军深入开展保持共产党员先进性教育活动，对于进一步把全军的思想统一到党中央、中央军委和胡主席的重大决策上来，更好地适应新形势和我军肩负历史使命的要求，加强军队党组织能力建设，提高部队战斗力，抓紧做好军事斗争准备，具有十分重要的意义。

《意见》指出，这次教育活动要以邓小平理论和“三个代表”重要思想为指导，深入贯彻党的十六届四中全会和军委扩大会议精神，着眼履行新世纪新阶段我军的历史使命，围绕做好军事斗争准备和推进中国特色军事变革，以“实践‘三个代表’重要思想，提高素质能力，争当打赢先锋”为主题，引导党员明确职责义务，加强党性锻炼，强化战斗精神，立足本职岗位强素质、作表率，把先进性要求落实到做好军事斗争准备和推进部队建设与改革的各项工作之中，增强党员队伍和党组织的创造力、凝聚力、战斗力，为建设信息化军队、打赢信息化战争提供坚强的政治保证和组织保证。教育中要着力解决党员队伍中存在的突出问题，努力达到：坚定政治信念，增强党性观念和宗旨意识，模范实践“三个代表”重要思想，坚决听从党中央、中央军委和胡主席指挥；增强责任感、使命感，提高打赢本领，自觉立足本职岗位谋打赢、练精兵，提高建设信息化军队、完成信息化条件下作战任务的能力；强化组织功能，健全组织生活，发展党内民主，有效落实党管党员、党管干部的制度和措施，各级党组织的原则性战斗性明显增强，整体建设水平有新的提高；促进工作落实，大力弘扬求真务实的精神和作风，充分发挥党员先锋模范作用，推动军事斗争准备和部队工作任务的完成。

《意见》要求，这次教育活动采取集中学习教育与经常性学习实践相结合的方法。要重视思想理论武装，切实抓好专题学习教育，着眼打牢党员保持先进性的思想基础，把思想理论武装贯穿于教育活动的始终。要突出党内教育特点，注重发挥党组织生活的作用，坚持党管党员、党管干部的原则，严格按照党内生活的要求来进行。要贴近中心任务和本职工作.扎实开展主题实践活动，特别是要围绕做好军事斗争准备开展实践活动，引导党员以临战的姿态、实战的标准和只争朝夕的精神，真抓实干、真练实备，切实做好各项准备工作。要把抓好教育活动与强化组织功能结合起来，促进基层党组织建设整体提高。

《意见》强调，要加强对教育活动的组织领导。各级要把教育活动作为今年政治工作和党的建设的重要任务，加强分类指导，增强教育活动的针对性和有效性。党员领导干部要带头参加学习教育，带头查找问题，带头开展批评与自我批评，带头为党员上党课。基层单位开展教育活动时，团以上领导干部要深入下去，具体帮助指导。要充分发挥典型的示范引导作用，大力宣传典型事迹，为先进性教育活动营造良好的舆论氛围。

总政颁发《中国人民解放军监察工作规定》 经中央军委批准，总政治部于2005年8月颁发《中国人民解放军监察工作规定》。这是我军第一部规范监察工作的军事法规。

《监察工作规定》共5章32条。针对军队监察工作的特点规律，围绕发挥监察工作在依法从严治军和加强部队正规化建设中的作用，《监察工作规定》明确了开展监察工作的目的、任务和领导体制，规范了监察主体和对象。规定军队纪律检查（组织）部门对军队单位和现役军官、文职干部，以及从事管理工作的士官、文职人员实施监察。总政治部是全军监察工作的领导机关，团级以上单位政治机关是本级监察工作的领导机关。总政治部纪律检查部是全军监察工作的主管部门，团级以上单位政治机关纪律检查（组织）部门是本级监察工作的主管部门。《监察工作规定》赋予了纪律检查（组织）部门具体的监察职责。同时，还明确了实施监察的程序和被监察单位、人员和纪律检查干部应承担的纪律和法律责任。《监察工作规定》全文如下：

第一章　总　则

第一条　为了规范和加强中国人民解放军监察工作，维护军队纪律，保证军令畅通，促进勤政廉政，根据《中国人民解放军政治工作条例》，制定本规定。

第二条　军队纪律检查（组织）部门依照本规定对军队单位和现役军官、文职干部，以及从事管理工作的士官、文职人员实施监察。

第三条　总政治部是全军监察工作的领导机关。团级以上单位政治机关是本级监察工作的领导机关。

总政治部纪律检查部是全军监察工作的主管部门。团级以上单位政治机关纪律检查（组织）部门是本级监察工作的主管部门。

在履行监察职能时，总政治部纪律检查部可以使用中国人民解放军监察部名称，总参谋部、总后勤部、总装备部和各军区、军兵种政治部纪律检查部以及总政治部直属工作部组织纪检局可以使用本级监察部（局）名称。

第四条　纪律检查（组织）部门依法行使监察职权，任何单位或者个人不得拒绝、阻碍，不得打击报复纪律检查干部。

第五条　纪律检查干部必须熟悉监察业务，遵纪守法，忠于职守，清正廉洁，保守秘密。依法执行职务时，应当出示表明身份的有效证件。

第六条　纪律检查干部办理的监察事项与本人或者其近亲属有利害关系的，应当回避。

第七条　纪律检查（组织）部门对所属的纪律检查干部履行职责和遵纪守法情况进行监督。

第二章　职责权限

第八条　总政治部纪律检查部经总政治部报中央军委批准，负责对军区级单位、军区级领导干部实施监察。

团级以上单位纪律检查（组织）部门经本级政治机关报本单位军政首长批准，或者根据上级纪律检查（组织）部门的要求，负责对本级机关及其工作人员、下一级单位、直（附）属单位及其领导干部实施监察。

团级单位纪律检查（组织）部门还负责对本规定第二条规定范围内的其他监察对象实施监察。

第九条　上级纪律检查（组织）部门可以办理下一级纪律检查（组织）部门管辖范围内的监察事项；必要时也可以办理所辖各级纪律检查（组织）部门管辖范围内的监察事项。

第十条　团级以上单位纪律检查（组织）部门，在本级政治机关的领导和上级纪律检查（组织）部门的指导下，履行下列监察职责：

（一）检查被监察的单位在遵守和执行法律、法规、规章以及上级决定、命令、指示中的问题；

（二）受理对被监察的单位和人员违犯军队纪律行为的检举、控告；

（三）调查被监察的单位和人员违犯军队纪律的行为；

（四）受理被监察的人员不服纪律处分或者其他行政处理的申诉；

（五）军事法规、军事规章规定的其他监察职责。

第十一条　纪律检查（组织）部门在履行本规定第十条第（一）项规定的监察职责时，可以采取下列措施：

（一）派出纪律检查干部列席被监察单位与监察事项有关的会议；

（二）要求被监察单位全面、如实地提供与监察事项有关的文件、资料、财务账目及其他有关材料，并对有关材料进行查阅或者复制；

（三）要求被监察单位就监察事项涉及的问题作出解释和说明；

（四）责令被监察单位停止违反法律、法规、规章和违犯军队纪律的行为。

第十二条　纪律检查（组织）部门履行本规定第十条第（三）项规定的职责时，可以采取下列措施：

（一）暂予扣留、封存可以证明违犯军队纪律行为的文件、资料、财务账目及其他有关材料；

（二）责令有违犯军队纪律嫌疑的单位和人员在调查期间不得毁损、变卖、转移与案件有关的财物；

（三）要求有严重违犯军队纪律嫌疑的人员在指定的时间、地点就调查事项涉及的问题作出解释和说明，但是不得对其实行拘禁或者变相拘禁；

（四）按照规定程序向有关主管机关提出暂停有严重违犯军队纪律嫌疑的人员执行职务的建议。

纪律检查（组织）部门采取前款规定的措施，应当出具监察通知书；对第（一）项、第（二）项规定涉及的材料、财物，应当开列清单，并由各方当事人核对、签字；对暂予扣留、封存的材料，应当妥善保管，不得用于其他目的。

第十三条　在调查贪污、贿赂、挪用公款等违犯军队纪律的行为时，有权使用监察部（局）名称的纪律检查部门可以按照国家有关规定查询有违犯军队纪律嫌疑的单位和人员在银行或者其他金融机构的存款、有价证券；必要时，可以提请有关法院采取保全措施，依法冻结有违犯军队纪律嫌疑的单位和人员在银行或者其他金融机构的存款和有价证券。

其他纪律检查（组织）部门需要向银行或者其他金融机构查询或者提请法院采取保全措施的，可以通过前款规定的上级纪律检查部门办理。

第十四条 纪律检查（组织）部门采取本规定第十一条、第十二条、第十三条规定的措施，采取措施的条件消失后，应当及时解除措施。

第十五条 纪律检查（组织）部门在办理违犯军队纪律案件中，可以提请军务、干部、保卫、财务、审计等部门予以协助；被提请协助的部门，应当积极配合。

第十六条 纪律检查（组织）部门经检查、调查，认定有下列情形之一的，应当提出监察建议：

（一）拒不执行或者违反法律、法规、规章以及上级决定、命令、指示，应当予以纠正的；

（二）本级机关所属部门和下级单位作出的决定、命令、指示等违反法律、法规、规章，应当予以纠正或者撤销的；

（三）给国家、军队利益和个人合法权益造成损害，需要采取消除影响、恢复名誉、赔礼道歉、给予补偿等补救措施的；

（四）违犯军队纪律，依照《中国人民解放军纪律条令》应当给予纪律处分的；

（五）违犯军队纪律取得财物，依法应当没收、追缴或者责令退赔的；

（六）其他需要提出监察建议的。

第十七条 纪律检查（组织）部门可以向监察事项涉及的单位和个人查询与监察事项有关的情况和资料。

第三章 监察程序

第十八条 纪律检查（组织）部门按照下列程序进行检查：

（一）对需要检查的事项，经本级政治机关报本单位军政首长批准后，或者根据上级纪律检查（组织）部门的要求，予以立项；对军区级单位、军区级领导干部需要检查事项的立项，须经总政治部报中央军委批准；

（二）制定检查方案并组织实施；

（三）向本级政治机关或者上级纪律检查（组织）部门提出检查情况报告；

（四）根据检查结果，提出监察建议。

对上级纪律检查（组织）部门要求检查的事项，应当经本级政治机关报告本单位军政首长后实施。

第十九条 纪律检查（组织）部门按照下列程序进行调查：

（一）对需要调查的事项进行初步核实，认为有违犯军队纪律的事实，需要追究纪律责任的，按照规定的权限和程序报批后办理立案手续；

（二）组织实施调查，收集有关证据；

（三）对有证据证明违犯军队纪律，需要给予纪律处分的，依照《中国人民解放军纪律条令》的有关规定，移送有关机关处理；

（四）根据调查结果，提出监察建议。

第二十条 纪律检查（组织）部门对调查事项的立案和根据检查、调查结果提出的监察建议，须经本级政治机关报本单位党委批准。对军区级单位、军区级领导干部调查事项的立案和根据检查、调查结果提出的监察建议，须经总政治部报中央军委批准。

第二十一条 纪律检查（组织）部门提出的监察建议经批准后，应当以书面形式送达被检查、调查的单位和人员。

第二十二条 被检查、调查的单位和人员应当自收到监察建议之日起30日内，将落实监察建议的情况通报纪律检查（组织）部门。

对监察建议有异议的，可以自收到监察建议之日起30日内，向送达监察建议的纪律检查（组织）部门提出，纪律检查（组织）部门应当在收到异议之日起30日内回复；对回复仍有异议的，由送达监察建议的纪律检查（组织）部门提请政治机关报本级党委或者上一级政治机关裁决。

第二十三条 纪律检查（组织）部门对于立案调查的案件，经调查认定不存在违犯军队纪律事实的，或者不需要追究纪律责任的，应当予以撤销，并告知被调查的单位及其上级部门或者被调查的人员及其所在单位。

第二十四条 纪律检查（组织）部门在检查、调查中应当听取被监察单位和人员的陈述和申辩。

第二十五条 纪律检查（组织）部门受理不服纪律处分或者其他行政处理的申诉事项，依照《中国人民解放军纪律条令》的有关规定办理。

第二十六条 纪律检查（组织）部门办理监察事项，发现不属于纪律检查（组织）部门职责范围的，应当移送有权处理的机关或者单位处理；涉嫌犯罪的，应当移送军事司法机关处理。

第四章 奖 惩

第二十七条 对检举、控告严重违法违纪行为的有功人员，政治机关应当依照《中国人民解放军纪律条令》的有关规定，给予奖励。

第二十八条　被监察的单位和人员违反本规定，有下列行为之一的，由主管机关或者上级纪律检查（组织）部门责令改正，对单位给予通报批评；对负有直接责任的主管人员和其他直接责任人员，依照《中国人民解放军纪律条令》的有关规定，给予处分；构成犯罪的，依法追究刑事责任：

（一）隐瞒事实真相、出具伪证或者隐匿、转移、篡改、毁灭证据的；

（二）故意拖延或者拒绝提供与监察事项有关的文件、资料、财务账目及其他有关材料的；

（三）在调查期间毁损、变卖、转移涉嫌财物的；

（四）拒绝就纪律检查（组织）部门所提问题作出解释和说明的；

（五）对申诉人、控告人、检举人或者纪律检查干部进行报复陷害的；

（六）其他违反本规定、情节严重的行为。

第二十九条　纪律检查干部滥用职权、徇私舞弊、玩忽职守、泄露秘密的，依照《中国人民解放军纪律条令》的有关规定，给予处分；构成犯罪的，依法追究刑事责任。

纪律检查（组织）部门和纪律检查干部违法行使监察职权，侵犯军队单位和人员的合法权益，造成损害的，应当依法赔偿。

第五章　附　则

第三十条　本规定所称纪律检查（组织）部门，是指军队各级纪律检查部、局、处，以及依据军队有关规定，负有监察职能的组织部门。

本规定所称军区级单位，是指各军区、海军、空军、第二炮兵和军事科学院、国防大学、国防科学技术大学。

第三十一条　中国人民武装警察部队的监察工作，参照本规定执行。

第三十二条　本规定自2005年10月1日起施行。

美国国防部长拉姆斯菲尔德首次访华

应中央军委副主席、国务委员兼国防部长曹刚川邀请，美国国防部长唐纳德·拉姆斯菲尔德于2005年10月18日至20日首次到中国进行访问。

10月19日，中国国家主席、中央军委主席胡锦涛在人民大会堂会见了拉姆斯菲尔德。

胡锦涛说，当前，中美关系总体发展良好。两国领导人保持了密切的联系与沟通，双方在经贸、反恐、防扩散、联合国改革等重要领域进行了富有成效的协调与合作。不久前，我与布什总统在纽约会晤时，就全面推进21世纪中美建设性合作关系达成重要共识，对推动中美关系全面深入发展具有重要意义。

胡锦涛指出，中美两国都是世界上具有重要影响的国家，在维护世界和平稳定，促进共同发展方面都肩负着重要责任，拥有广泛的共同利益。中国政府高度重视发展中美关系，愿与美方一道，在中美三个联合公报的基础上，坚持双方共同确立的发展中美关系的大目标，进一步落实两国领导人达成的重要共识，增进交流与互信，扩大共识与合作，以建设性态度处理两国关系中的敏感问题，为中美关系健康稳定发展构筑更加牢固的基础。

胡锦涛希望中美两国防务部门共同努力，推动两军关系不断取得新进展。

拉姆斯菲尔德感谢胡锦涛主席的会见。他表示，两国深化交往、在重大国际问题上加强互利合作非常重要。

10月19日，中央军委副主席郭伯雄，中央军委副主席、国务委员兼国防部长曹刚川分别与拉姆斯菲尔德进行会谈。中美军方领导人一致认为两军应求同存异，通过院校教育、人员往来、军舰互访等形式的交流与合作，推动两军关系稳步向前发展。中美双方都表达了积极发展两国友好合作关系的愿望。中国军方领导人向拉姆斯菲尔德深入阐述了两国两军关系的重要性，介绍了中方在台湾问题上的原则立场、中国的防御性国防政策以及在维护世界和平、反恐等问题上的立场。拉姆斯菲尔德也在多个场合表示愿看到一个和平、繁荣的中国，希望中国在国际事务中发挥负责任的大国作用。并且认为，中国军队发展、改善武器装备、进行现代化建设是正常的，对中国军力发展表示理解。

此外，拉姆斯菲尔德还参观了二炮和军事科学院。二炮司令员靖志远向他介绍了有关情况。这是该部第一次向外军领导人敞开大门，表明了中国军队的开放程度。

双方通过交流达成了许多共识。拉姆斯菲尔德本人也表示此次访问是“建设性、有成果的”，将对两军关系发展产生重要作用。

中国就美国防部发表所谓中国军力报告向美方提出严正交涉　2005年7月20日，中国外交部副部长杨洁篪召见美国驻华使馆临时代办谢伟森，代表中国政府就美国国防部发表所谓关于中国军事力量的年度报告，向美国政府提出严正交涉。

杨洁篪说，该报告毫无根据地攻击中国国防现代化，对中国正常的国防建设和军事部署横加指责。该报告无端声称中国已成为第三大军费支出国，中国军事快速现代化将在亚太地区对美国和其他军事力量构成威胁，并鼓吹中国军事现代化使台湾有需要发展反制措施，企图以此为借口向台湾出售先进武器。该报告无视事实，极力散布“中国威胁论”，粗暴干涉中国内政，挑拨中国与其他国家的关系。对美方这一严重违反国际关系基本准则和中美三个联合公报原则的行径。中方表示强烈不满和坚决反对。

杨洁篪强调，中国坚持独立自主的和平外交政策，实行防御性国防政策。中国高举和平、发展、合作的旗帜，是促进亚太地区和世界和平的重要力量。近年来，随着经济发展，中国的国防费用有所增长，主要用于改善军队官兵的生活条件。同时。为应对复杂多变的国际形势，捍卫国家主权、安全和领土完整，中国军队需要更新一些武器装备，这是中国作为主权国家应有的权力，别国无权干涉。事实上，中国的国防费用与其他大国相比始终处于较低水平，2004年，中国国防费约合255.79亿美元，美国国防开支高达4559亿美元，是中国的17.8倍。美国的人均国防开支更是中国的77倍。对此，世人自有公论。中国与其他国家开展正常的军事交往与合作，不针对第三国，是完全正当的。美方从中作梗、阻挠，是完全错误的。

杨洁篪强调，台湾是中国领土不可分割的一部分。中方坚决反对任何外国以任何形式干涉中国内政。中国政府坚持“和平统一、一国两制”的基本方针，以最大的诚意、尽最大努力争取两岸和平统一，但绝不容忍“台独”，绝不容许任何人、以任何方式将台湾从中国分割出去。我们有信心、有能力实现祖国的完全统一。美方应该以实际行动履行承诺，坚持一个中国政策、恪守中美三个联合公报，反对“台独”，停止售台武器和与台军事联系，以维护台海和平稳定和中美两国的共同利益，而不应颠倒黑白，混淆是非，为美国继续售台武器制造借口，向“台独”分裂势力发出错误信号。

杨洁篪最后说，美方应该珍惜近年来中美关系所取得的进展，多做有利于中美关系健康稳定发展的事，而不是给两国关系制造麻烦。美国防部精心策划这份报告，渲染所谓“中国威胁论”，是完全徒劳的。中方严正要求美方顺应潮流，尊重事实，纠正错误，停止无端攻击中国，停止干涉中国内政，停止损害中美关系的言行。

自2000年以来，美国防部每年都向国会提交所谓中国军力年度报告，今年是7月19日公布的，报告仍然未脱离以往报告主观臆断的模式，大肆制造和渲染中国正常的军事发展“对地区乃至美国构成了威胁”的论调，再次以冷战思维和强权逻辑的面目展示在世人面前。

报告声称，中国军力的增强正使台海力量失衡，从长期而言可能会对该地区的美国驻军“构成确实有效的威胁”。

报告声称，中国的实际军费开支估计是中国自己公布数额的两倍到三倍，今年可能高达900亿美元，这个数额是亚洲最高的，在世界上仅排在美俄两国之后。

（木　工）

中国台湾加强军备建设　2005年，台湾军队根据“有效吓阻、防卫固守”的战略构想和“军事事务革新”的要求，继续进行精简整编，加大整军备战力度，企图建立质精、量适、战力强的现代化部队。其主要做法如下：

一、精简军队员额，“改革”兵役制度

2001年6月底“精实案”完成后，台军体制编制处于“形联实散”的状态，无法发挥整体作战效能。为此，台军经过两年多筹备，于2004年1月1日开始分两个阶段实施“国军十年兵力结构与组织精进案”(简称“精进案”)。截止2005年6月底，台军已完成了“精进案”第一阶段“编现合一”的组织调整任务，并于7月1日开始实施第二阶段“全面转型”调整任务。为达成第一阶段“编现合一”的目标，台军对军队员额进行了精简，由“精实案”后的38.5万余人，至2005年6月已减至29.6万余人，计划2008年底精简为27.5万余人。为使兵役制度进一步合理化，台军在行政院“兵役制度全面检讨改进推动小组”的指导下，制定了今后兵役制度改革的具体方案，未来将进一步缩减义务役服役期，以实现“募兵为主、征兵为辅”的目标，并计划2008年起将台军募兵与征兵的比例调整为6∶4。同时，台“国防部”决定从2005年7月起，台军兵役期由1年10个月缩短为1年6个月。如果募兵制实施顺利，从2008年起义务役服役期将缩短为1年。

二、调整军队结构，强化作战效能

为尽快适应现代战争形态的需要，强化作战效能，台军在2005年继续执行“精进案”整体规划方案，调整体制编制，推动部队全面转型。陆军强化了机动和通信部队。继2004年成立了298机步旅后，又成立了2个机步旅、1个资电群。同时，陆军高级中学升格为陆军专科学校。陆军将继续精简高司、简并指挥层级、整合教训体制、实施联合后勤，为2008年底前，实现精简目标和全面转型奠定基础。海军撤消了142勤务舰队，第66陆战旅由清泉岗移防至林口，主要负责台北地区反渗透、反特工、反空（机）降等应变任务。未来3年海军组织结构，还将进一步调整，计划编成舰队司令部（辖6个舰队、潜舰战队、航空和海洋监侦指挥部）、陆战队司令部（辖3个陆战旅、乌坵守备大队、三军联训基地）、教准司令部，纳编飞弹司令部所属海锋大队。空军撤消了桃园基地指挥部，并以原防空警卫司令部为骨干，纳编导弹司令部所属防空导弹部队成立了防空炮兵司令部。调整构想完成后，编成空军作战司令部、防空司令部、教准部及空军官校。空军作战部队编成7个作战联队。防空司令部编成4个防空指挥部。联合后勤司令部按照“联合后勤”和“建军”与“用兵”后勤分立的原则，2005年底整合简并了三军现行后勤司令部，以强化指挥、管理、决策功能，建构精准、快速、有效的后勤管理机制，达成支撑联合作战的目标。后勤兵力结构调整完成后，编成7个地区支援指挥部。后备部队依“兵力结构与组织精进案”整体规划，强化新训、动员、招募及留守机制，订定本部组织及兵力结构调整方向。计划编成3个地区后备司令部、21个县市后备司令部，以及城乡守备旅、新训旅等。宪兵司令部针对“台北卫戍区、各作战区”宪兵所负任务，在“减少兵力、提升战力”前提下，于2008年建构具有“反空降、反劫持、反破坏”，“反恐制变、城镇作战”及“情报侦搜、刑技鉴识”能力的宪兵部队。计划编成4个地区指挥部、22个宪兵队。军事院校通过调整整并，将国防大学中正理工学院、国防管理学院、政治作战学校三院校，编成专业研究学院和军事学院。陆军步兵、炮兵、装甲兵学校整并为“战斗学校”。化学兵、工兵、通资学校整并为“战斗支援学校”。

三、举行各类演训，提高部队作战能力

台军年内的演习共计50次，比2004年增加19%。演习类别分为作战、动员、防核生化，以及陆、海、空各级部队年度演训和联合作战演习。其中，作战类以“汉光演习”为重点，该演习是2005年所有演习中规模最大的一次；动员类包括“万安演习”、“同心演习”、“自强演习”；核化类包括“核安演习”、“化安演习”等一系列演习。与往年相比，台军演习突出了以下特点：一是演习以“反斩首”、“反超限战”为重点。4月13日台“行政院”首度进行的“反恐计算机兵棋推演”和接下来在衡山指挥所展开为期一周的“汉光21号”计算机兵棋推演，均以“反斩首”、“反超限战”为重点。演习中，台军扬言：将大陆东南沿海的指挥控制中心、军港和机场作为攻击目标，要加强潜艇作战能力，对大陆的海上运输线形成局部封锁。二是为增强官兵反制我对台“心理战”、“舆论战”、“法律战”的能力，首次将“精神战力教育”纳入演习。“汉光21号”演习期间台军实施了为期5天的“精神战力周”教育。内容包括研习“武装冲突法”、反制“三战”讲习、战场抗压训练等。目的是通过此类教育，对官兵进行精神动员，提高官兵战场心理抗压能力。三是注重各军种协同作战的演练，提高三军联合作战能力。2005年初，台军副参谋总长曾金陵主持召开了年度训练工作检讨会，对2005年战备的演训规划进行了修订，确立“联合作战训练”为年度训练重点。台军全年以“汉光21号”三军联合演习兵棋推演为主轴，先后举行了“联翔”、“联兴”、“海鲨”等各类联合作战演习。通过各类联合作战演练，完善了联合作战指挥机制，增强了部队联合作战能力。四是强调国防动员能力，强化“全民国防”意识。以往台军演习，尤其是“汉光”系列演习的参演范围是以“国防部”所属部队为主的军事作战阶层，而2005年则扩大到“国安会”、“行政院”各部会等的“国家综合国力”阶层。台军通过“汉光21号”演习，结合“同心17号”人力动员演习、“万安28号”全民防空演习等，将各部会、地方政府和民间各相关层面纳入演练中，检验全民防卫动员战力综合协调会报（中心）机制运作情况，增强民众“敌情”意识，建立“全民国防”。

四、不断更新武器装备，提高现代化水平

据报道，2005年台军根据10年武器装备发展规划，继续坚持“精、小、强”的原则，重点发展高新技术武器装备。其中，陆军以建立“数字化、立体化、机械化”，海军以建立“高效质精、快速部署、远距打击”，空军以建立“早期预警、防敌奇袭、远距接战”为战力目标，加紧研制和引进一系列先进武器装备，以期尽快提高“三军联合整体战力”。为达到上述要求，台军采取了以下措施：一是向美国采购2架改良型E-2T (鹰眼2000) 型空中预警机，已于5月19日运抵台湾。同时，美计划协助台空军全面升级4架现役E-2T空中预警机的数据链与电子系统，以便与“基德”级导弹驱逐舰进行整合。上述2架改良型E-2T空中预警机正式服役后，再加现役的4架E-2T预警机，台军将可具备全天候24小时监控大陆军事动态的能力。二是2艘“基德”舰抵台。12月8日，台湾从美国购买的首批2艘“基德”级驱逐舰“基隆”号和“苏澳”号抵达台湾苏澳军港，并于12月17日举行了

成军典礼，正式加入台海军战斗序列。这是台军现役吨位最大的军舰、排水量9574吨，航速可达33节。“基隆”号和“苏澳”号舰都进行了大规模的现代化改装，具有较先进的情报处理中心，并能储备较多导弹。这2艘战舰被台湾媒体称为“看得最远也打得最远的军舰”。三是成功试射巡航导弹。台湾“中科院”已经完成“雄风”巡航导弹的研发与试射。台军已同意进行“小批量先导生产”。若将该型导弹部署后，“可大幅提升台军反制战力”。四是台潜艇拟安装潜射鱼叉导弹，提高攻击能力。计划让其所拥有的2艘荷兰制“剑龙级”潜艇配备UGM-84型鱼叉潜射导弹，以用于未来攻击大陆重要的海军基地。五是批量生产“雄风-3”导弹，强化海军作战能力。台军计划从2006年开始大批量生产“雄风-3”（HF-3）型超音速反舰导弹，并准备在当年的“汉光22号”年度军事演习中正式对外展示。六是采购400多枚美制AGM-114M反坦克导弹。这无论是在岛内还是在国际上都是有史以来最大的一项购买AGM-114M的订单。七是计划花200亿元新台币采购1万辆轮式军车。台军现役的美制M151指挥车、M35载重车都是上世纪五六十年代的陈旧装备。因此台军希望能研发和装备一批适合台湾地形、轻巧灵活的轮式军车。

（临　平）

朝核问题六方会谈波澜起伏　2005年，朝核问题六方会谈经历了僵局→出现转机→取得突破性进展→僵局的曲折过程。这一波澜起伏过程，再次证明朝核问题的复杂性和解决朝核问题的艰巨性，但是，在六方会谈的框架内解决朝核问题仍然是可期可盼的。

一、美朝互相指责使第四轮六方会谈未能按期举行，会谈陷入僵局

2004年6月26日，第三轮六方会谈发表的“主席声明”说，“各方重申致力于实现朝鲜半岛无核化的共同目标”，原则同意2004年9月底以前在北京举行第四轮六方会谈。但是，“主席声明”发表后不久，由于会谈主要当事方美朝双方互相指责和韩国曾进行过提炼浓缩铀试验事件曝光，谈判陷入僵局。2004年8月，美国总统布什首先向朝鲜发难，他在一次竞选演说中对朝鲜领导人进行人身攻击。朝鲜方面立即指出，美国的这种敌视政策毁坏了在第三轮六方会谈中达成的所有一致意见和共识，因此，朝鲜拒绝参加为下一轮六方会谈做准备工作的六方工作组会议。9月2日，韩国政府向国际原子能机构通报曾于4年前进行过提炼浓缩铀试验，并分离出0.2克铀。朝鲜立即指责美国在核问题上搞双重标准，宣布在韩国彻底公开其核试验细节之前，朝鲜不参加六方会谈。美朝互相指责导致第五轮六方会谈未能在2004年9月如期举行。2005年2月10日，朝鲜宣布已拥有核武器和无限期停止参加六方会谈。

二、朝美相互敌视姿态缓解，会谈出现转机

对于朝鲜宣布已拥有核武器，美国反应谨慎。2005年2月14日，美国国务卿赖斯重申在六方会谈框架内解决朝核问题的立场。3月15日至20日，赖斯访问印度、巴基斯坦、阿富汗、日本、韩国和中国期间，与中日韩协调立场，希望重开六方会谈。赖斯在公开讲话中，对朝鲜的态度有一定的松动，承认朝鲜为“主权国家”，首次同意将美朝双边会谈纳入六方会谈，表示朝鲜在六方会谈中可以有所收获。6月初，布什在一次谈话中称金正日为“先生”。

朝鲜的态度也出现了积极变化。6月6日，应朝鲜要求朝美官员通过“纽约渠道”进行了双边会谈。据美国务院发言人称，会谈时朝鲜已通知美国朝将重返朝核问题六方会谈，但没有说明具体日期。6月17日，金正日单独会见韩国总统特使郑东泳时说，朝鲜从没有抛弃和拒绝六方会谈，如果美国承认和尊重朝鲜，7月中旬朝鲜将重返六方会谈。

在朝美态度出现松动的情况下，双方的六方会谈代表团团长7月9日在北京举行了会晤，并商定了第四轮六方会谈的日期。美朝会晤后，六方会谈的各方开始为重开会谈做具体准备。7月9日，美国国务卿赖斯开始访问中日韩和泰国，与中日韩协调朝核问题。7月12日，中国国家主席胡锦涛的特使、国务委员唐家璇访问朝鲜，金正日同他进行了深入交谈。7月14日，美日韩代表协商第四轮会谈有关事宜。六方会谈出现了新的转机。

三、第四轮六方会谈启动，取得突破性进展

原定于2004年9月举行的第四轮六方会谈在延期10个月后，于2005年7月26日启动。这轮会谈分两个阶段举行。第一阶段7月26日至8月7日，第二阶段9月13日至19日。六方经过20天的艰苦谈判，取得突破性进展。9月19日会谈结束时，各方以《共同声明》的形式通过了六方会谈启动以来首份共同文件，为一揽子解决朝鲜半岛核问题确立了框架。《共同声明》的主要内容有六点：1、朝鲜承诺放弃一切核武器及现有核计划，早日重返《不扩散核武器条约》，并接受国际原子能机构保障监督。2、美韩就朝鲜的安全关切做出了承诺，美方正式确认美国在朝鲜半岛没有核

武器，无意以核武器或常规武器攻击或入侵朝鲜。韩方表示 1992 年《朝鲜半岛无核化共同宣言》应予遵守和落实，重申其依据该宣言不运入不部署核武器的承诺，并确认在韩国领土上没有核武器。3、与会各方表示尊重朝鲜拥有和平利用核能的权利，并同意在适当时候讨论向朝鲜提供轻水反应堆问题。4、朝方和美方承诺，相互尊重主权，和平共存，根据各自双边政策，采取步骤实现关系正常化。朝方和日方承诺，根据《日朝平壤宣言》，在清算不幸历史和妥善处理有关悬案基础上，采取步骤实现关系正常化。六方承诺，通过双边和多边方式促进能源、贸易及投资领域的经济合作。5、六方承诺，根据《联合国宪章》宗旨和原则以及公认的国际关系准则处理相互关系，共同致力于东北亚地区持久和平与稳定，直接有关方将另行谈判建立朝鲜半岛永久和平机制。6、六方同意，根据“承诺对承诺、行动对行动”原则，采取协调一致步骤，分阶段落实上述共识。从上述内容看，《共同声明》是一个“里程碑”式的文件。各方虽然在核问题上有不同的立场和要求，但在实现朝鲜半岛无核化、满足有关方面的关切以及维护朝鲜半岛和平与稳定等重大问题上，找到了交汇点。因此受到国际社会的一致好评，人们期待有关各方沿着共同声明的精神，取得进一步的进展。

作为东道主，中国为解决朝核问题所做出的不懈努力，赢得国际社会的高度赞赏。韩国总统卢武铉说，第四轮六方会谈就朝核问题达成共识，中国做出了很大贡献。联合国秘书长安南通过发言人发表声明，对中国在解决朝核问题上发挥的关键作用表示赞赏。参加六方会谈的朝美俄韩日代表团对中国在解决朝核问题上发挥的关键作用和组织工作给予高度评价。

四、第五轮第一阶段会议如期举行，迈出“承诺”到“行动”的第一步

在第四轮会谈成果的基础上，11 月 9 日至 11 日，六方如期举行了第五轮第一阶段会议，这是六方会谈机制启动以来首次按约定时间如期重启谈判，凸显出各方推进谈判的诚意。各方就如何落实《共同声明》进行了认真、务实的探讨，最终达成具有指导意义的《主席声明》。主席声明的主要内容是：各方重申，将根据“承诺对承诺、行动对行动”原则全面履行共同声明，早日、可核查地实现朝鲜半岛无核化目标，维护朝鲜半岛及东北亚地区的持久和平与稳定。各方强调，愿在增信释疑的基础上，整体落实共同声明，分类实施各项承诺，自始至终及时行动、协调一致，实现利益均衡，达到合作共赢。各方同意，本着上述精神制订落实共同声明的具体方案、措施与步骤。各方商定尽快举行第五轮会谈第二阶段会议。从以上内容不难看出，在解决朝核问题上，第五轮第一阶段会议迈出了从“承诺”到“行动”的第一步。如果说经过四轮艰难谈判通过的《共同声明》是向问题的解决迈出重要的第一步，第五轮六方会谈第一阶段会议则是对“行动对行动”原则的实质性探讨，是把承诺付诸实施的第一步，为下一阶段具体行动定下了基调，保证会谈不会偏离方向。

五、美朝发生新的争执，会谈再度停滞不前

在第五轮六方会谈第一阶段会议发表的《主席声明》中，各方商定尽快举行第二阶段会议。为尽快推进第二阶段会议，中国同各方保持密切的沟通和协商，充分听取他们的意见和建议，并且准备在尊重各方意见和建议的基础上确定六方会谈下阶段会议如何进行，以推动落实《共同声明》。然而，作为会谈主要当事方，朝鲜和美国又发生激烈争执，导致六方会谈再度停滞不前。

早在六方会谈第一阶段会议之前，美国就于 10 月 21 日以涉嫌扩散大规模杀伤性武器为由冻结了 8 家朝鲜企业在美国辖区的所有资产。朝鲜对此十分不满。第五轮六方会谈第一阶段会议之后，美国又对朝鲜提出新的指责，朝鲜反应强烈，爆发了新一轮争论。11 月 17 日，美国总统布什和韩国总统卢武铉在韩国庆州市会晤后发表了关于美韩同盟和朝鲜半岛和平问题的联合宣言。宣言称，“无法容忍”朝鲜拥有核武器。布什还表示，美国不会在朝鲜弃核之前满足朝方的轻水反应堆要求。11 月 22 日，朝鲜半岛能源开发组织决定放弃帮助朝鲜修建 2 座轻水核反应堆的项目。这意味着美国和朝鲜在 1994 年为解决朝核问题签署的《核框架协议》已名存实亡。11 月 28 日，朝鲜外务省发言人对朝鲜半岛能源开发组织停建轻水反应堆做出回应，指责美国已完全撕毁朝美《核框架协议》，并要求美国对此做出赔偿。12 月初，美国驻韩国大使弗什博在不同场合发表讲话，称朝鲜是“犯罪政权”。12 月 10 日，朝鲜外务省发言人发表谈话，指责弗什博讲话是对朝鲜进行恶意中伤，蓄意阻挠朝鲜参加六方会谈，以达到破坏六方会谈的目的。12 月 13 日，朝鲜政府机关报《民主朝鲜》刊登评论文章，呼吁美国取消对朝鲜的经济制裁以推动核问题谈判，并指出谈判和制裁二者不能同时进行。12 月 19 日，朝鲜外务省发言人发表谈话，谴责美国政府以人权问题为名颠覆朝鲜政权，强调朝鲜将进一步加强核遏制力等自卫力量，以应对美

国的敌视政策。12月21日，韩国媒体报道，朝方表示，美国利用金融制裁措施对朝鲜施加压力，停止提供轻水反应堆，将促使朝鲜积极发展独立自主的核动力工业。美朝之间的唇枪舌剑，使六方会谈再次陷入停滞状态。

五、朝核问题错综复杂，考验着有关各方的智慧与魄力

2005年朝核问题六方会谈虽然取得突破性进展，但由于朝核问题错综复杂，涉及有关各方特别是主要当事方的重大利益，短期内难以解决。因此，六方会谈必然是一个艰难、曲折和渐进的过程。今后，谈判的涉及面将会更广，头绪更多，工作量更大。若想将《共同声明》中每一项原则都变为实际行动，有关各方都必须付出巨大努力。第四轮会谈后，朝鲜代表团团长金桂冠说："六方会谈已经有了一个明确的大方向，它就像灯塔一样指引着与会六方不断前行。但是这个灯塔目前尚显遥远，而且海面雾气腾腾，但六方可以在灯塔的指引下集中智慧，一起努力，共赴前程。"金桂冠团长这一番话，形象地概括了六方会谈的复杂性和艰巨性。

第五轮六方会谈第一阶段会议之后，虽然六方会谈再度陷入停滞状态，但是，维护本地区和平与稳定符合各方根本利益，也是大家的共同需要，因此有理由相信，六方会谈遇到的困难是暂时的。解决问题的关键是各方要以负责任、建设性和灵活性相结合的态度推进《共同声明》的落实。人们希望六方会谈各方在2005年取得了重大进展的基础上，增加信任，克服困难，清除障碍，扩大共识，为和平解决朝核问题做出新的努力，取得新的进展。朝核问题正考验着有关各方的智慧、魄力与诚意。

（继　先）

日本修改和平宪法　2005年10月28日下午，日本新宪法起草委员会全体会议在自民党总部举行，会议确定了日本新的宪法草案。11月22日，日本自民党举行建党50周年纪念大会。会上，自民党正式推出了新的宪法草案。该草案为日本走向军事大国铺路，引起日本国内强烈反对和亚洲各国人民的普遍担忧。

一、新宪法草案与现行宪法的主要区别

（一）前言

新宪法草案：维持象征天皇制；尊重国民主权、民主主义、自由主义和基本人权，继承和平主义和国际合作主义；重视教育的振兴、文化的创造和各地方自治的发展；与自然共生共存，保护地球环境。

现行宪法：坚决维护和平主义；宣扬国民主权；用除军事以外的手段保卫本国的安全。

（二）安全保障方面

新宪法草案：

【第9条】日本国民真诚地企望以正义和秩序为基调的国际和平，永远放弃国家主权发动的战争、武力威胁或使用武力作为解决国际争端的手段。

【第9条第1款】为确保我国的和平、独立和国家、国民的安全，应维持由内阁总理大臣为最高指挥的自卫军。

【第2款】自卫军在执行上述任务时，需按照法律的规定取得国会的许可，并服从相关管理。

【第3款】自卫军除了执行第一款规定的任务以外，还可以根据法律为确保国际社会的和平与安全，进行国际合作，并在紧急状态下维持公共秩序，或者为保护国民的生命和自由而展开行动。

【第4款】除前两款的规定以外，与自卫军的组织及管理有关的事项应通过法律定夺。

现行宪法：

【第9条】日本国民真诚地企望以正义和秩序为基调的国际和平，永远放弃国家主权发动的战争、武力威胁或使用武力作为解决国际争端的手段。

【第2款】为达此前项目的，日本不保持陆海空军和其他战争力量，不承认国家交战权。

（三）权利和义务方面

新宪法草案：

【第12条】宪法所保障的国民的自由和权利，必须通过国民的不断努力予以维护。国民不得滥用自己的权利，应经常提醒自己自由和权利伴随着的义务。在不危害公共利益和公共秩序的条件下，公民享有自由，享受权利并承担义务。

【第20条第3项】国家及公共团体不得参与社会礼仪和习俗范围允许之外的宗教教育和其他的宗教活动，不得对具有宗教意义的活动和特定的宗教活动进行援助、促进或是压迫和干涉。

【第25条第2项】国家必须为保证国民享有良好的环境而不懈努力。（新增）

现行宪法：

【第12条】宪法所保障的国民的自由和权利，必须通过国民的不断努力予以维护。国民不得滥用自己的权利，需为公共福利负起责任。

【第20条第3项】国家和国家机关不得参与宗教教育和其他的宗教活动。

（四）统治

新宪法草案：

【第 54 条】内阁总理大臣可以根据第 69 条或其他情况解散众议院。（新增）

【第 72 条】内阁总理大臣负责指挥和监督各个行政部门，并有权对其进行综合调整。

现行宪法：

【第 72 条】内阁总理大臣代表内阁向国会提出议案，负责向国会报告一般的国家事务和外交关系，并负责指挥和监督各个行政部门。

（五）宪法修改和最高法规

新宪法草案：

【第 96 条】修改宪法，需由众议院或者参议院议员发起倡议，获得参众两院全体议员过半数赞成，通过国会审议，并向全体国民公布并获得国民认可后方可生效。为取得国民的认可，需进行全民公决，并必须获得过半数赞成。

现行宪法：

【第 96 条】修改宪法，需获得参众两院全体议员的 2/3 以上赞成，国会需对此进行审议，并向国民公布，获得国民的认可。为取得国民的认可，需进行全民公决，并必须获得过半数赞成。

二、宪法草案的要害是突破现行和平宪法对军队的限制，为日本在海外行使武力开辟了道路

二次大战后，饱受战争之苦的亚洲和日本人民强烈要求按照《波茨坦公告》等国际协议的规定，彻底修改日本宪法，废除军国主义和天皇专制制度，制定一个民主和平的新宪法。在这种背景下，1946 年以美国为主导，制定并颁布实施了日本新宪法。由于新宪法以和平为主题，明确规定“永远放弃作为国家主权发动的战争”，“不承认国家的交战权”，“日本不保持陆海空军和其他战争力量，用除军事以外的手段保卫本国的安全”，因此被称为“和平宪法”。日本修宪的要害有两点：

（一）突破现行和平宪法对军队的限制。和平宪法的核心内容有 3 点：一是放弃战争；二是不保持军队；三是不使用军事手段。但是，和平宪法从实施之日起，日本国内的修宪、护宪两股政治势力的斗争就从未停止过。上世纪 90 年代初受海湾战争刺激，日本修改宪法的政治势力不断扩大。在之后 10 余年时间里，日本通过制定各种名目的临时法或解释宪法的方式屡屡突破宪法限制，实现了海外派兵、制定了“有事法制”，不断加强自卫队的进攻力量，要实施“先发制人”的军事打击，实质上已经突破了和平宪法的 3 点核心内容的限制。但是，日本军事力量仍称“自卫队”，在名义上还没有突破不保持军队的限制。新的宪法草案将“自卫队”升格为“自卫军”，使和平宪法的核心内容实质上已经荡然无存。将“自卫队”升格为“自卫军”，是战后 60 年来“自卫军”将第一次被写进日本宪法。从而宣告了几代日本右翼政客为之奋斗的重新建军的梦想即将实现，是日本右翼势力谋求走军国主义道路的一个重要里程碑。难怪日本右翼势力欢呼：“日本就要有真正的军队了！”由此不难看出，宪法草案的要害是突破现行和平宪法对军队的限制。

（二）为日本在海外行使武力开辟道路。日本媒体认为，新宪法草案已经十分明确地允许自卫军可以行使集体自卫权并在海外动用武力，因而，为日本在海外行使武力开辟了道路。而保留宪法第九条第一款的目的只是为了缓解国民对修改宪法第九条产生的不安和恐惧心理。日本法律专家认为，新宪法草案虽然保留了第九条第一项有关永远放弃作为国家主权而发动的战争，以及不使用武力解决国际争端的条款，但后面的条款又允许“自卫军”行使集体自卫权以及在海外使用武力，这完全侵蚀了放弃战争的承诺。所以，新宪法草案保留第九条第一款只是一种文字游戏，以掩人耳目，增加欺骗性。

三、修改和平宪法引起日本国内强烈反对和亚洲各国人民的普遍担忧

（一）日本国内强烈反对。5 月 3 日是日本宪法纪念日，日本 8 个市民护宪团体在东京都举行大型集会，纪念现行宪法实施 58 周年，主张保护写有放弃战争条款的宪法第九条。在集会上，护宪团体之一“热爱宪法妇女网络”的成员山口菊子在集会上致辞说，日本众参两院的宪法调查会以及自民党企图修改宪法第九条，为参与战争开辟道路，我们要坚决保护现行宪法。爱知大学教授小林武指出，主张修改宪法的改宪派的目的是要使日本能够在海外参与战争。同日，公布的一项民意调查表明，反对修改宪法第九条者占 3000 名受访者的 51%。

7 月 30 日，日本东京和广岛的上万名各界人士分别举行集会和研讨会，反对一些政党和政治势力企图修改保障日本走和平道路的宪法第九条。由诺贝尔文学奖获得者大江健三郎、已故日本前首相三木武夫的夫人三木睦子等人发起成立的“九条之会”在东京举行集会，坚决反对日本政府和执政的自民党正在积极推动的修宪活动，并表示要捍卫和平宪法。三木睦子在集会上说：“在 88 岁的一生中，我经历过战争，我希望日本能通过保持宪法第九条的规定，继续作一个没有武装部队的国家。”广岛市立大学广岛和平研究所

以《广岛与和平宪法》为题举行了国际研讨会，有数百名各界人士参加。日本、美国和巴基斯坦等一些大学的教授就和平宪法发表了讲演，表示要以广岛被原子弹轰炸的教训捍卫和平宪法，反对修改宪法第九条。该研究所所长浅井基文发表讲话指出，和平宪法是以广岛被原子弹轰炸为代价产生的，日本为此付出了惨重代价，必须将根绝核武器与保卫日本和平宪法结合起来。独协大学教授古关彰一指出，和平宪法是日本与亚太地区国家共存的基础。

11月6日，日本中国友好协会第54届年会在东京通过的宣言和决议表示，协会将更加广泛地开展促进日中友好的活动，并坚决反对日本修改和平宪法及日美实现军事一体化。宣言和决议说，协会将加强有助于巩固日中两国人民友好基础的活动，扩大与日本各界的合作，进一步增加协会会员，在日本国民中开展不再进行战争、维护和平以及促进日中友好的活动。协会决不允许日本修改和平宪法，坚决反对日美实现军事一体化，并将为实现日本与亚洲及世界各国的和平友好关系而努力。

11月11日，日本全国各地约450名数学教育工作者联合发出一份呼吁书，呼吁爱好和平的日本国民阻止国会修改和平宪法第九条。呼吁书指出，日本国会内外出现了谋求修改规定不保持战争力量和放弃国家交战权的宪法第九条的动向。修改宪法第九条就是拆毁通向没有战争的21世纪的桥梁，决不能允许。宪法第九条是实现21世纪不发生战争的现实基础，呼吁所有爱好和平的日本国民行动起来，阻止国会修改宪法第九条。

据悉，日本各地已成立了3000多个组织，呼吁日本国民行动起来，坚决捍卫日本的和平宪法，保证不让战争的悲剧重演。

（二）国际社会强烈反对与担忧。对日本修改和平宪法表现出来的军国主义倾向，国际社会抨击之声不断。11月24日，中国外交部发言人刘建超在记者会上表示，由于历史原因，有关亚洲国家一直对日本修改宪法的动向十分关注。我们认为，日本坚持和平发展道路符合日本自身的利益，也有利于本地区和平稳定的发展。

10月31日，《韩国时报》发表社论指出，日本国内外最近发生的两件事令东京的邻国担忧，因为后者渴望保持亚洲的和平和共同繁荣。日本执政党自民党28日批准了新宪法草案。新宪法草案规定日本可以拥有军事力量，允许军事力量在国外参加军事行动，并使政府官员参拜靖国神社合法化。与此同时，大赦国际发表了一份关于二战期间日本皇军实施性奴役问题的报告，报告建议东京对慰安妇做出适当赔偿。日本过去犯下了罪行，现在也没有改邪归正，上述两件事都与日本就此自我辩解有关。尽管有争议的第9条仍然声明放弃战争，但是却对自卫“军”及其国际军事行动有明确表述，从而为日本在国外参与军事活动铺平了道路。这等于削弱了和平宪法，而和平宪法只是将日本军队定位为自卫队。令日本的邻国感到不安的是，修改宪法的主要推动者持有错误的历史观。强硬派保守分子认为和平宪法是占领军实施的法律，而且对于审判战犯时做出的裁决不以为然，认为二战的胜利者是强行对他们进行审判。如果日本根据带有这种偏见的历史观修改宪法，要在世界的这个地区实现真正的和解几乎是不可能的事情。

不仅亚洲邻国反对，其他国家抨击日本修宪的声音也是不断。连日本的盟友美国国内也有敲打日本之声。美国《华盛顿邮报》报道说，“宪法修改草案”淡化了政教分离的概念，它将使在任首相更容易参拜靖国神社。《洛杉矶时报》发表题为《日本着眼于解除对军队的束缚》的文章指出，对小泉以及其日本的保守盟友而言，修改宪法是朝着去除日本的“战败国”身份、允许它再次成为“正常”国家迈出的关键一步。《纽约时报》社论则将日本修宪行为视做“危险的军国主义倾向”，该报指出，“日本就是一个麻烦的例子”。（综合新华社有关报道）

（温流畅）

日本军事威胁日渐显露　2005年，日本加快修宪步伐，明显加强对中国的防范和遏制，大力推进军队转型，拓展日美军事同盟的内涵和外延，强化自卫队的海外存在，谋求军力的全面扩张等情况表明，日本军事威胁已然显露。

一、加快修宪步伐，为全面扩张军力松绑解套

2005年10月28日，日本自民党制定了“新宪法草案”。11月22日，自民党在纪念建党50周年大会上，正式公布了该草案。此举标志着日本政坛的修宪议程正式启动。同现行日本宪法相比，新宪法草案“破”、“立”分明。所谓“破”主要表现在践踏和平主义理念，删除被视为“和平宪法灵魂”的“第九条”的主要内容。在草案中，现行宪法前言中表达日本国民和平与非战愿望的表述被大部删除；“第九条”虽然保留了第一项，即“永远放弃作为国家主权发动的战争、武力威胁或使用武力作为解决国际争端的手段”，但作为该项必要条件的“不保持陆海空军及其他战争力量，不承认国家的交战权”规定已不复存在，因此将完全丧失限制日本发动战争的法律效力。所谓“立”，就是建立对外战争体制。草案在第九条专门设立“自卫军”条款，在对“自卫军”的任务规定上，刻意使用暧昧语言，为日本未来对外动武留下足够的法律余地，从而将使日本自卫队名正言顺成为国家军队、可参与国际战争的武装力量。与此相关，日本政府加紧推动日本防卫厅升格为防卫省，并计划向国会提交相关法案。在自民党的推动下，日本修宪的步伐将进一步加快，而宪法一旦修改，日本军事发展就会彻底失去限制。

二、突出“中国威胁”，军事防范遏制力度明显加大

日本在一年一度的《防卫白皮书》中蓄意夸大中国的军事力量。2004 年 12 月通过的新《防卫计划大纲》明确将中国列为周边安全环境中的不稳定因素，特别强调应“关注”中国的核武器、导弹、海空军现代化建设及海洋活动扩大等军事动向。2005 年 8 月 2 日，日本政府通过的新版《防卫白皮书》有关中国的叙述比往年大幅增加，强调要密切关注中国海军舰艇活动等军事动向，重申日本希望美军维持在东亚地区的威慑力。与此同时，日本还不断加强针对中国等国的军事部署。陆上自卫队通过体制编制调整，加强西部防御的能力；海上自卫队逐步加强西部和南部地区的部署；航空自卫队加强中部地区和沿海地区的部署，以提高“两翼机动、南北增援”的作战能力。日本共同社 2005 年初披露的日本防卫厅内部关于“西南诸岛有事”对策方针，以阻击他国对“西南诸岛”的“入侵”为假定，并把中国钓鱼岛纳入其防御作战计划。在东海油气资源问题上，日本立场渐趋强硬，频频挑起争端。从 2004 年 7 月起，日本政府租用挪威籍调查船在中国油气田附近海域进行了长达 1 年的海底资源调查。2005 年 7 月 14 日，日本政府授予帝国石油公司在中国东海海域试开采权。军方长年派出舰机对中国油气田建设动向进行侦察监视，严重干扰中国油气开采活动。日本海上保安厅将购买 21 艘巡视船和 7 架飞机，用于对东海及相关海域进行 24 小时不间断监控。海保厅发言人称：“我们之所以要求增加数量，是因为对中国东海地区感到越来越担心，特别是有争议的油气田周边地区。”

三、推进军队转型，打造世界一流军事力量

1995 年日本《防卫计划大纲》提出“合理、高效、精干”的建军方针后，日本军事力量的发展走上了一条“快车道”。通过 10 余年的努力，日本军事力量实现了"跨越式"的发展，目前日本的军事实力不仅在亚洲首屈一指，在世界范围内也是名列前茅。在此基础上，根据威胁判断和扩展了的安全战略目标，日本对自卫队的建设方针和发展方向进行调整。日本新《防卫计划大纲》提出了“多能、灵活、有效”的新建军方针，日本军事力量将推进新的转型。今后自卫队的发展重点：一是调整体制编制。为适应未来作战高度信息化和一体化需要，通过压缩传统作战部队体制编制，新设综合参谋组织以及改组各军种参谋部，强化自卫队一体化体制和新型作战能力。二是提高作战能力。陆上自卫队由重视重装备向重视轻装备方向发展，进一步提高快反能力。海上自卫队向大型化、远洋化和高水平装备方向发展，着力打造“远洋化海军”。航空自卫队装备先进战机、预警飞机和空中加油机及 3000 公里以上的超视距雷达，发展“远程化空军”。通过上述努力，着重增强自卫队应对弹道导弹攻击、应付游击队及特种部队攻击、应付岛屿“入侵”和领海领空反侵犯四种能力。三是强化自卫队的联合运用。在组织体制、教育训练和情报通信等领域建立联合运用基础，大力发展高度统一的信息化作战指挥系统，强化指挥通信能力和研究开发能力，培养适应多样化、国际化任务及先进装备的高素质人才。同时，日本也在加紧向太空发展，力争形成陆海空天一体的战略优势。2006 财年还将发射 2 颗间谍卫星，与此前发射的 2 颗卫星组成一套全球情报搜集系统。这些都说明日本正进一步谋求推动其防卫力量由“本土防御型”向“海外攻击型”转变，日本军事力量将进入新的扩张期。

四、加大经费投入，加紧实战部署导弹防御系统

2004 年 12 月，日本内阁通过 2005 年国防预算法案，确定 2005 年的预算为 4.86 万亿日元（约合 469 亿美元），名列世界第二。与往年相比，日本防卫厅 2005 年的防卫财政预算的突出特点，是大力发展反弹道导弹系统。近几年来日本导弹防御系统的经费投入持续增加，将达到 1198 亿日元，其中 307 亿日元用于为第二艘“宙斯盾”驱逐舰安装海基拦截导弹，647 亿日元用于部署包括“爱国者-3”导弹在内的陆基拦截系统。预计 2011 年之前一共需要花费 5000 亿日元。据称，日本部署弹道导弹防御系统将耗资 1 万亿日元。日美两国政府已决定在 2009 年之前新建联合导弹防御作战指挥中心，目的是提高对来袭弹道导弹的探测和导弹防御系统的指挥能力。日防卫厅还研拟“爱国者-3”导弹发射架的部署规划，计划到 2010 年度，日航空自

卫队将共部署 18 套爱国者-3 导弹发射架。日防卫厅原计划从 2008 年开始以每年 1 部的速度装备新型地面雷达。同时，还考虑允许美在日本部署早期预警雷达系统，以此作为美国"洲际弹道导弹防御系统"及日美联合防御系统的一部分，提高两国在导弹防御方面的共同反应与信息共享能力。日内阁官房长官安倍晋三 2005 年 12 月 24 日宣布，日美从 1999 年开始共同研究的新型拦截导弹将从 2006 年起转入共同开发。

五、强化日美同盟，拓展干预亚太和全球事务范围

冷战结束后，作为冷战时代产物的美日同盟非但没有弱化，反而不断"硬化"与"固化"。日本利用美日军事同盟这一平台，一方面发展自身的军事实力，使其出现了质的飞跃；一方面通过加强与美国的军事合作，特别是通过配合美国的海外军事行动，不断拓展海外军事干预的范围。新《防卫计划大纲》强调，将把加强日美军事同盟视做日本军事发展的最佳途径。2005 年 2 月和 10 月，美日一年内两次召开安全磋商委员会会议（"2+2"会议），先后发表了《联合声明》和《中期报告》，美日同盟关系由此进入了一个新的历史阶段，其内涵和外延都已发生了重大变化，正在变为日美联合干预亚太和全球安全事务的工具和平台，尤其是将我台湾问题纳入美日亚太地区"共同战略目标"，凸显出美日联手军事干预台湾问题的战略意图。今后美日军事同盟关系的发展方向：在指挥体制上，逐步实现日美军事指挥的一体化；在情报合作上，日美将利用已在太平洋地区建成的综合侦察网络，进一步加强情报共享；在反潜合作上，日美将利用以日本为主建成的"亚太反潜链"，强化千岛群岛至琉球群岛一线的反潜能力；在训练演习上，将进一步加强有针对性的联合演习，以提高联合作战能力；在驻日美军调整上，同意美在横须贺部署 1 艘核动力航母，以接替定于 2008 年退役的小鹰号航母，日美共同使用冲绳嘉手纳空军基地及其他军事设施等。通过全面加强军事同盟关系，日本军事干预的欲望和能力将进一步增强，其在东亚、亚洲乃至世界范围内的军事势力范围将进一步拓展。

六、加强海外存在，重新定义在国际社会中的军事作用

近年来，日本军事力量的海外存在空前扩大，战略运用一步步从非战争领域（如联合国维持和平行动）向战争领域（如伊拉克战争中对美军的支援行动）推进。新《防卫计划大纲》强调，仅仅为国际和平做贡献还远远不够，日本自卫队要主动、积极开展国际和平合作活动。2004 年 12 月 26 日印度洋发生海啸后，日本以人道主义救援为由立即派出了陆上、海上和航空自卫队组成的三军联合救援队共约 1000 人赶赴灾区实施救援行动。这是日本首次依据《国际紧急援助队派遣法》派出救援部队参加灾后搜索和救援行动，为以后类似的派军行动提供了范本。2005 年 5 月，美国与泰国等国举行的"金色眼镜蛇"联合军事演习，日本自卫队首次派出三个军种人员赴泰参加。随着日本安全战略的重大调整，日本自卫队今后将更加积极地走出国门开往海外，自卫队的职能也将随之发生实质性的变化。

（薛　丰）

日韩小岛争端升温　2005 年，日本与韩国对日本海的一个小岛（韩国称独岛，日本称竹岛）归属问题的争端升温，使复杂的东北亚局势增加了新的不稳定因素。独岛位于日本海南部，是面积仅 0.18 平方公里的小岛。1905 年，日本占领朝鲜半岛后，宣称对独岛拥有主权，并把其划入岛根县辖区。但是，韩国方面则称早在朝鲜王朝成宗皇帝时（公元 1471 年至 1481 年），独岛就属于郁岛郡管辖。1946 年，独岛暂时移交驻韩美军管辖。1952 年 1 月，在《旧金山和约》生效前，韩国政府发表声明，表示对独岛拥有主权。60 多年来，日韩两国为该岛归属问题不断发生摩擦。目前，韩日两国都宣称对此岛拥有主权。韩国实际控制着这个岛屿，已在岛上修建了灯塔和简易码头。有关情况如下：

一、日本挑起新的事端，韩国反应强烈

新的事端是由日本首先挑起的。2005 年 2 月 23 日，日本岛根县议会的一些议员把《"竹岛之日"条例案》提交县议会。该条例案将 2 月 22 日定为"竹岛之日"，并声称，日本拥有独岛主权，呼吁日本国民关注独岛问题。日本政府评价岛根县的举动时称："由于是地方议会内部的事情，中央政府很难介入。"日本驻韩大使高野在首尔举行的外国记者招待会上声称"竹岛是日本领土"。韩国对《"竹岛之日"条例案》、日本政府对条例案的态度和日本驻韩大使的言论反应强烈。当天，韩国外交通商部发言人李揆亨表示，独岛无论从历史、地理还是从国际法上都属于韩国领土，日本此举是侵犯韩国主权的行为，韩国政府对此深表遗憾，并强烈敦促日方立刻废除该条例案。2 月 24 日，韩国外交通商部亚太局局长朴晙雨召见了日本驻韩大使馆公使下部敏直，要求防止类似事件再次发生，并对高野大使的做法提出强烈抗议。

尽管韩国政府就独岛问题不断向日本发出强烈警

告，但日本岛根县议会还是于 3 月 16 日强行通过了《"竹岛之日"条例案》。在日本岛根县议会通过条例案数小时后，日本军方竟然向独岛附近派出 1 架侦察机进行侦察活动。16 日中午，1 架日本自卫队的侦察机在距独岛韩国防空识别区 10 英里（独岛南端 37 英里）处上空盘旋。当韩国战斗机紧急起飞实施拦截后，日本自卫队的侦察机才离开独岛附近空域。日本岛根县议会和自卫队的行动，使韩国朝野震怒，上下群情激昂，韩日关系陷入危机。3 月 16 日，韩国外交通商部发言人李揆亨发表声明，对日本岛根县议会不顾韩国政府反对强行通过"竹岛之日"条例案表示强烈抗议，要求岛根县立即废除该条例案。3 月 16 日之后，两国黑客互相攻击对方官方网站，韩国民众连续数日在日本驻韩国使馆门前举行示威，要求日本撤销"竹岛之日"，停止歪曲历史，停止领导人参拜靖国神社。3 月 18 日 12 点 10 分左右，韩国"54 岁的太平洋战争牺牲者遗属会"会员许某，在日本驻韩国大使馆门前自焚，以示抗议。同日，韩国警察厅表示，随着韩日两国在独岛问题上的矛盾加深，韩国除取消国民的登岛限制外，还将采取增派警备艇等措施，加强独岛的防御体系。为保卫独岛和附近 12 海里领海，海洋警察厅在独岛附近部署了 1 艘可起降直升机的 5000 吨级警备艇"三峰"号，以及 1 艘 1000 吨级和 1 艘 500 吨级的警备艇。为配合海警加强警备力量，独岛警备队也将加强独岛防御体系。韩国庆尚南道马山市议会以牙还牙，仿效日本岛根县议会提出一项动议，宣布对"日本控制"的对马岛拥有主权，并把 6 月 19 日定为马山市的"对马岛日"。3 月 23 日，韩国总统卢武铉发表《就韩日关系告国民书》说，在历史教科书和独岛主权归属等问题上，韩国国民要不惜经济代价，同日本打一场"外交战"。4 月 18 日，韩国外交通商部亚太局长朴雨召见日本驻韩国大使馆公使卜部敏直，就日本内阁会议批准的外交蓝皮书宣称独岛是日本领土表示强烈抗议。5 月 3 日，韩国国会统一外交通商委员会通过《独岛决议案》，敦促日本放弃对独岛拥有主权的主张，表示将坚决维护独岛主权。7 月 12 日，韩国 1 艘以"独岛"命名的轻型航空母舰下水。由于韩国和日本在"独岛"主权问题上存在纷争，因此韩国海军以"独岛"来命名这艘轻型航空母舰，无疑是宣示对"独岛"拥有主权。针对韩国"强烈反日情绪"，日本 3 月 17 日曾对本国公民发布了前往韩国的旅行警告。

由日本首先挑起的这次争端，使日韩关系陡然紧张，给复杂的东北亚局势增加了新的不稳定因素。

二、岛屿虽小，牵动日韩重大利益

独岛虽然面积仅有 0.18 平方公里，实际上就是两块大岩石加上数十块小岩石，且岛上终年大风不断，缺少淡水供应，但是，日韩小岛之争，却牵动双方重大利益。

首先，涉及领海、毗连区、专属经济区和大陆架等国家主权问题。《联合国海洋法公约》第 121 条规定，四面环水并在高潮时高于水面的自然形成的岛屿，可以同陆地领土一样拥有自己的领海、毗连区、专属经济区和大陆架。不能维持人类居住或经济生活的岩礁，可以拥有领海和毗连区，但不能拥有大陆架和专属经济区。按照这项规定，以 12 海里领海计算，一个再小的岛屿或岩礁都可以获得 1500 平方公里面积的领海区，同时，还可以再延伸出 12 海里的毗连区。如果这个岛屿可以维持人类生存，那么，还可再划出 200 海里专属经济区，其面积将达到 43 万平方公里。公约规定，沿海国在专属经济区享有经济方面的主权权利和管辖权，对其一切自然资源拥有所有权和专属管辖权。

其次，独岛海域有丰富的资源。该岛四周海域渔业资源丰富，海底蕴藏着储量较丰富的油气田。

三、日本在领土问题上兴风作浪，源于民族主义膨胀和社会政治右倾化

近年来，日本除在独岛问题上主动挑起与韩国的纠纷外，还频频制造其他与邻国之间的岛屿之争，在北方四岛和钓鱼岛等问题上不断制造事端。

对俄罗斯，在北方四岛问题上挑起争端。2004 年 9 月，日首相小泉搭乘自卫队的巡逻船从海上对北方四岛进行了"考察"，成为二战后日本第一个亲临争议领土的首相。对小泉之举，日本国内媒体大加炒作，使日俄北方领土之争再度升温。2005 年 2 月 7 日，东京举行了收回北方四岛（齿舞、色丹、国后和择捉岛）的全国大会。代表小泉纯一郎在会上讲话的官房副长官山崎正昭说，政府将为解决领土争端和签订和约同莫斯科进行艰苦的谈判。当日，日本北海道东北部的根室市也举行了收回北方四岛的群众集会。2005 年 3 月 11 日，俄罗斯《独立报》报道，在俄日首个外交条约签署 150 周年之际，日本国会两院通过一项决议，增加签署俄日和约的前提条件，要求签署俄日和约前必须解决北方四岛和"其他北方领土"的归属问题。此前，日本从未提出"其他北方领土"的要求。分析人士认为，"其他北方领土"所指可能是千岛群岛主岛。

对中国，在钓鱼岛等问题上兴风作浪。钓鱼岛及其附属岛屿自古以来就是中国的领土，中国对此拥有

无可争辩的历史证据和法律依据。任何外国单方面的行动，都不能改变这一基本事实。中国国政府从发展中日关系出发，在坚持一贯立场的前提下，也曾与日方达成此问题留待以后解决，不采取单方面行动，避免这一问题干扰两国关系大局的谅解。但是，日本并未遵守谅解，不断挑起事端。例如：2005年1月，日本媒体爆出防卫厅制定了钓鱼岛的“防御”作战计划（“西南诸岛有事”应对方针）。2月9日，日本政府宣布将日本右翼势力设立的钓鱼岛灯塔收归国有并予以保护。这实质上是对钓鱼岛宣示“主权”的行为，其用意就是通过强化“实效控制”以达到“实效取得”钓鱼岛的目的。2月25日，日本海上保安厅首次将钓鱼岛灯塔正式记载在其新印制的海洋地图上。日本政府2月还做出决定，由海上保安厅来守卫和管理钓鱼岛的灯塔。3月4日，日本政府决定在当月设立由国土交通省、经济产业省、外务省组成的“相关省厅联络会议”，协商在冲鸟礁加强监视系统、实施海洋调查和气象调查及设置灯塔等问题。3月10日，日本财团发言人说，受日本财团委托的1个40人小组将于3月25日前往位于东京东南部1730公里的冲鸟礁，进行为期2天的实地考察研究。这次行程将包括考察珊瑚礁，研究在那里建造一座发电站的可能性。3月15日，日本《东京新闻》报道，日本防卫厅考虑在钓鱼岛附近岛屿石垣岛或宫古岛部署陆上自卫队的1个中队（约200人）。如此等等，不一而足。根据当代国际法规则，国际争端当以和平手段解决，禁止诉诸武力。但是，上述“西南诸岛有事”应对方针，竟然“以中日钓鱼岛对立”为背景，把夺岛列入作战计划，准备使用的兵力达9000人。这反映出日本藐视国际关系准则，以武力解决国际争端的企图。

日本在领土争端中“三面出击”，不惜把“邻居”尽数得罪。其根子在于日本民族主义膨胀和社会政治右倾化。日本学界、媒体每谈到领土争端时，经常把争端升温的原因归咎于他国的民族主义，却不提本国民族主义情绪日益强烈的现实。国际观察家认为，当前日本国内民族主义的高涨势头和第二次世界大战前非常相似。而领土争端由于涉及国家主权、尊严而被日本民族主义者所“青睐”。争端的升温还会进一步导致日民族主义情绪和右翼思潮的再高涨，形成挑衅、发泄、再挑衅的恶性循环。在民族主义高涨之时，日本社会思潮的右倾化也日益严重。当前，日本大多数民族主义者经常抨击政府外交软弱，要求在领土争端中持强硬态度。而凭强权搞外交谋求世界军事政治大国地位，更是日本右翼势力特别是极右势力的夙愿。上述两种社会思潮相互渗透，并现出非理性的一面，从而冲击、影响到日本有关领土争端的政策制定和行为方式，促使决策者急于追权逐利。（综合新华社等媒体报道）

（继　先）

印尼政府与“自由亚齐运动”和解取得新进展　亚齐是印尼最西北部的一个省，面积5.73万平方公里（占印尼国土总面积的3%），人口约400万，其中穆斯林人口占90%。在印尼争取民族解放斗争期间，亚齐为国家独立做出了重要贡献。印尼独立后，亚齐地区逐渐出现离心倾向，时有武装叛乱，但都遭到镇压。1959年，印尼政府曾颁布一项法令，宣布亚齐为在宗教、传统文化和教育等方面拥有广泛自治权的特区，但该法令一直未能得到真正实施。亚齐拥有十分丰富的石油、天然气、金银矿、橡胶和木材等自然资源，是印尼资源最富庶的省份之一。但是，丰富的资源并没有给当地人带来财富，当地居民的生活长期处于贫困状态。1976年12月，一些反政府人士开始利用亚齐经济凋敝、人们生活贫困等因素，与中央政府进行武装对抗，并成立了“自由亚齐运动”。随后，“自由亚齐运动”以资源分配不均和宗教文化差异为由，要求在亚齐成立一个“独立的伊斯兰国家”，并不断与政府军发生武装冲突。长期以来，印尼历届政府都坚决反对亚齐独立，并对“自由亚齐运动”武装进行军事打击。1999年瓦希德总统执政后，印尼政府大力倡导民族和解，同意让亚齐享有广泛自治，地方政府可管理75%的财政来源，但坚决反对亚齐独立。为了缓解双方的矛盾，印尼国会还成立了亚齐问题特别委员会，专门处理亚齐问题。同时，印尼政府也与“自由亚齐运动”领导人开始谈判。2001年2月，在多次谈判未果和停火协议没有得到执行的情况下，瓦希德政府宣布对“自由亚齐运动”采取“坚决行动”，并于3月宣布“自由亚齐运动“为分离主义组织”。此后，政府在与“自由亚齐运动”断断续续进行谈判的同时采取了一系列军事行动。尽管印尼国会曾于2001年7月批准亚齐为特别自治区，但政府在推行地方自治时却阻力重重，亚齐局势仍然处于动荡之中。梅加瓦蒂上台后，印尼政府继续与“自由亚齐运动”谈判。2003年5月18日，印尼政府同“自由亚齐运动”在日本首都东京举行的谈判破裂，梅加瓦蒂总统随即宣布从19日凌晨起在亚齐省实行戒严，强化军事管制。印尼军队随即对“自由亚齐运动”进行大规模空中和地面打击，使该组织实力由5100人减至3000余人。据印尼官方公布，持续近30年的亚齐内乱已导致1.5万人丧生（其中大多数是平民），数十万人流离失所。

二、和平协议来之不易

“自由亚齐运动”提出亚齐独立的要求以来，印尼政府军与该组织在不断发生武装冲突的同时，也进行了年复一年的谈判，但没有取得实质成果。虽然双方曾于 2000 年 5 月达成停火协议，并于 2002 年 12 月在日内瓦签署和平协议，但由于种种原因协议未能得到执行。直到 2005 年双方的谈判才出现了转机。在芬兰前总统阿赫蒂萨里主持下，印尼政府代表和“自由亚齐运动”代表于 2005 年 1 月至 7 月在赫尔辛基举行了五轮会谈，“自由亚齐运动”终于放弃独立主张，同意在一个国家的基础上和平解决亚齐问题。第一轮会谈于 1 月 27 日至 29 日举行，着重寻找全面解决亚齐冲突的可能性，印尼政府提出有关给予亚齐特别自治的建议，但遭到“自由亚齐运动”拒绝，谈判无果而终。第二轮会谈于 2 月 21 日至 23 日举行，集中讨论在亚齐实行自治的各种模式以及地方选举和安全安排等问题，由于“自由亚齐运动”代表表示不放弃亚齐独立要求，谈判未能取得实质性进展。第三轮会谈于 4 月 12 日至 16 日举行，继续探讨在亚齐省实行自治问题，“自由亚齐运动”代表基本同意放弃亚齐独立的立场，并就在亚齐省实行自治的模式提出建议，其中包括亚齐人的地位、在亚齐组建政党和在当地举行自由选举等，谈判取得突破。第四轮会谈于 5 月 26 日至 31 日举行，重点讨论“自由亚齐运动”关于在亚齐省实行自治模式的建议，“自由亚齐运动”表示完全放弃独立立场，并基本接受政府提出的自治条件，双方就政治参与、经济、特赦和“自由亚齐运动”成员回归社会以及安全、监督和平协议实施等问题达成共识，并要求阿赫蒂萨里办公室起草一份文件，作为可能达成的最终协议的基础。第五轮会谈于 7 月 12 日至 17 日举行，着重讨论阿赫蒂萨里办公室在前四轮谈判基础上起草的和平协议草案。双方本着和平解决亚齐问题的强烈愿望，经过妥协，最终就和平协议草案的全部内容达成一致意见，并于 17 日草签了和平协议草案。8 月 15 日，印尼司法部长哈米德·阿瓦勒丁和“自由亚齐运动”领导人马利克·马哈茂德在赫尔辛基正式签署了和平协议，使亚齐地区持续 30 年的武装冲突终告结束。主持和谈的芬兰前总统马尔蒂·阿赫蒂萨里以及芬兰外长埃尔基·图奥米奥亚，欧盟轮值主席国代表、英国驻芬大使马修·柯克和东盟国家代表出席了签字仪式。印尼政府和“自由亚齐运动”代表均认为，和平协议的签署将会给亚齐地区带来持久和平，因为“自由亚齐运动”放弃了在亚齐实现独立的要求，而印尼政府则同意在亚齐省实行自治。这在以前是不可能做到的。国际社会也普遍认为，印尼政府与“自由亚齐运动”正式签署和平协议标志着长期遭受战乱之苦的亚齐人民终于迎来了和平的曙光。一些国际问题专家指出，在经历数十年武装对抗之后，印尼对立双方终于握手言和，携手共同开创美好的未来。他们的和解，必将产生更广泛的启示作用。

三、达成和平协议的原因

印尼政府与“自由亚齐运动”达成和平协议的原因主要有两个方面：一是印度洋海啸将对立双方拉回到了谈判桌前。2004 年 12 月 26 日发生的印度洋海啸是亚齐问题的转折点。在这场史无前例的自然灾害中，亚齐成为受灾最严重的地区，亚齐人民遭受的苦难触目惊心，当地有 17 万多人死亡和失踪，亚齐重建任务异常艰巨。面对天灾，印尼政府全力救援亚齐，国际社会也多方支援。印尼政府和“自由亚齐运动”都意识到，只有以和平手段解决亚齐冲突，实现政治上的持久稳定，才能使亚齐人民的生活得到保障，才能确保重建家园工程顺利进行。因此，印尼政府和“自由亚齐运动”捐弃前嫌，在经过谈判达成停火协议后，又在一些国家和组织积极斡旋下，重新启动搁浅多时的和平谈判。二是人们对和平的渴望是亚齐问题得以解决的关键所在。作为印尼最西北端的省级行政区，亚齐扼守马六甲海峡入口，油气资源丰富，具有重要的战略价值和经济价值。由于战事频仍，亚齐对外联系中断，经济发展迟滞，百姓生活困苦。政府派驻的军队法纪不严，更让普通民众产生强烈的敌对情绪。这种局面让印尼政府骑虎难下，进退维谷。面对现实压力，印尼政府迫切需要结束武装对峙，实现亚齐局势正常化。和平解决亚齐问题同样符合“自由亚齐运动”的利益。在印尼政府长期的军事打击下，“自由亚齐运动”势力受到严重削弱，元气大伤，难以对政府军构成威胁。虽然分离武装在亚齐民众中还有诸多同情者，但其寻求独立的根基已经动摇。印尼全国大多数国民与亚齐人一样信奉伊斯兰教，亚齐历史上也长期由世俗和宗教势力共同掌权，因此多数亚齐人也不赞成建立“独立的伊斯兰国家”。自 2001 年起，亚齐实施高度自治，拥有广泛的公共管理权，油气出口的收入 70% 不用上交国库，这对缓解亚齐同政府的矛盾起了很大作用。同时，“自由亚齐运动”在国际上孤立无援，没有得到任何国家的公开支持，而且近年来印尼、马来西亚和新加坡等国加强对马六甲海峡的联合军事巡逻，阻断了“自由亚齐运动”武器走私的渠道和财源。可以说，“自由亚齐运动”自知闹分裂、搞对抗已经行不通了。正如印尼总统苏西洛 8 月 16 日在国会演讲时所言，印尼独立 60 年，亚齐人民只享受了短暂的和平时光。在长达半个多世纪的时间里，该地区战事频仍，经济停滞，百姓生活在动荡与贫困之中。实现和平早已成为亚齐人民的最大心声。

四、和平协议顺利实施为实现亚齐持久和平铺平道路

根据和平协议，双方立即结束一切暴力行动。“自由亚齐运动”放弃亚齐独立要求，同意亚齐作为印尼的一个省实行自治；在 2005 年底前上缴所有武器、解除全部武装。印尼政府从亚齐地区撤走非常驻军队和警察部队；给予“自由亚齐运动”成员特赦，无条件释放在押的所有“自由亚齐运动”政治犯，允许他们回归社会；在 2006 年 3 月 31 日前颁布新的亚齐自治法律，给予亚齐更多的自治权；在 18 个月内修改现行法律，允许“自由亚齐运动”成立地方政党，并允许其成员以“独立候选人”身份参加 2006 年 4 月亚齐市长选举；允许亚齐拥有通过税收和对外贷款等方式筹集资金的权利，同意亚齐保留省内 70%的矿藏、海产和其他自然资源。

和平协议签署后，双方积极履行有关承诺。印尼政府方面：一是释放在押的所有“自由亚齐运动”政治犯。根据苏西洛总统签署的特赦令，印尼政府于 8 月 31 日释放了关押在东爪哇、西爪哇和其他一些地区监狱的所有（1424 名）“自由亚齐运动”政治犯。二是撤出驻亚齐地区全部非常驻军警部队。印尼军方于 12 月 20 日至 29 日先后从亚齐省撤出了 2.4 万名非常驻部队；印尼警察总部于 2005 年 9 月 14 日至 2006 年 1 月 5 日陆续从亚齐撤走了 7000 名非常驻警察部队。至此，印尼政府已按和平协议要求撤出了驻亚齐地区的所有非常驻军警，目前仍留在亚齐地区的 1.47 万军人和 9100 名警察均属于常驻军警部队。“自由亚齐运动”方面：一是上缴所有武器。9 月 15 日至 12 月 12 日，“自由亚齐运动”武装人员先后在亚齐省首府班达亚齐市等地向国际监督团上缴了所有（840 件）武器。印尼电信和新闻国务部长查利尔称，印尼政府对“自由亚齐运动”上缴了所有武器感到满意，今后如在亚齐民间发现任何武器，其拥有者将面临诉讼。二是宣布解散“亚齐国民军”。12 月 27 日，“自由亚齐运动”发言人达乌德在亚齐省首府举行新闻发布会，宣布：“亚齐国民军已被解除武装并解散，其成员融入‘亚齐过渡委员会’。‘自由亚齐运动’今后将用政治、而不是武力来寻求亚齐问题的彻底解决。”对于印尼政府和“自由亚齐运动”履行和平协议的上述行动，国际监督团（由来自东盟、欧盟以及芬兰、挪威和瑞士的近 200 名非武装人员组成）进行了全程监督和严格确认。舆论普遍认为，解除武装和撤军是落实和平协议最关键的阶段，“自由亚齐运动”解除武装和印尼政府军警撤离亚齐的顺利完成，标志着亚齐和平进程已取得阶段性胜利，也为实现亚齐持久和平铺平了道路。

但要真正实现亚齐的持久和平，印尼政府与“自由亚齐运动”还需做出继续努力。首先，要解决“自由亚齐运动”成员融入社会问题。放下武器的“自由亚齐运动”成员，已成为亚齐和平居民的一分子，参与重建家园。“自由亚齐运动”前领导人登古·卡玛鲁扎曼已参加了恢复和重建机构，并为协助重建机构开展工作做出了贡献。苏西洛总统在参加海啸一周年纪念活动期间，同时接见亚齐灾民和“自由亚齐运动”成员，表明了政府欢迎“自由亚齐运动”重返社会的态度。印尼政府计划在 3 年内完成回归计划。为此，印尼政府于 2006 年 1 月 2 日决定拨款 5000 万美元资助前“自由亚齐运动”成员融入社会，近期还将制订方案，使他们不受歧视，安居乐业。其次，“自由亚齐运动”放弃了独立要求，条件是允许成立地方政党参政。印尼目前的法律还不允许成立地方性政党。按照和平协议，印尼政府与国会必须于 2006 年 3 月底前制定新的亚齐地方政府法令，就成立地方政党问题、中央政府与亚齐地方政府以及国会与地方议会的权限问题做出决定，为“自由亚齐运动”成员组成地方政党创造条件，使其能参加 2006 年 4 月的地方政府及议会选举。

如同在海啸废墟上涅槃重生的凤凰，亚齐已经迈上和平之路。只要有关各方坚守承诺，那么亚齐将像苏西洛总统所描述的一样，“不再有鲜血和眼泪，将充满汗水和幸福”。

（钟学良）

印度尼西亚巴厘岛发生恐怖袭击事件

2005 年 10 月 1 日 19 时左右，印尼巴厘岛海滩的纽曼餐厅和曼内格餐厅突然发生爆炸，10 多分钟后，在 5 公里外的库塔广场，德国人开的拉贾餐厅发生第三起爆炸。据印尼官方公布，爆炸共造成至少 26 人死亡、127 人受伤。在死者中，包括 13 名印尼人、3 名日本人和 5 名澳大利亚人，另 5 人身份无法核实；在伤者中，包括 89 名印尼人、22 名澳大利亚人、7 名韩国人、4 名美国人、3 名日本人、1 名法国人和 1 名德国人。这是继 2002 年 10 月 12 日巴厘岛发生恐怖爆炸案（造成 200 多人死亡）以后又一次发生的震惊全球的恐怖袭击事件。

一、印尼针对巴厘岛爆炸事件紧急采取处置措施

印尼总统苏西洛当晚主持召开安全会议研究对策，并下令警方严厉打击恐怖分子；印尼军警在全国进入最高戒备状态，加强对重要目标的防护；苏西洛、印尼政治法律和安全事务统筹部长阿迪等先后到巴厘岛爆炸现场视察，指挥善后处理工作；印尼政府派遣一个由内阁部长、情报局长和警察总长领导的特别小组前往巴厘岛进行全面调查。经过几天调查，印尼警方认为，从作案手法上看，此次巴厘岛爆炸事件是“伊斯兰团”（又称“伊斯兰祈祷团”）恐怖分子经过精心策划、使用人体炸弹实施的“自杀式袭击事件”，主要理由有三：（一）该组织曾于 2002 年 10 月在巴厘岛制造过爆炸事件，距今正好近三年，似有一定“纪念”意义。（二）该组织隶属于“基地”组织，惯用的袭击手法就是自杀式爆炸，巴厘岛的连环爆炸与 2005 年 7 月“基地”分支在埃及红海度假胜地沙姆沙伊赫制造的袭击如出一辙。（三）袭击外国人聚集区是“伊斯兰团”的一贯做法。2002 年的巴厘岛爆炸案、2003 年的雅加达万豪酒店爆炸案和 2004 年的澳大利亚驻印尼使馆爆炸案，都是该组织所为。此次至少有 6 人参与爆炸案，其中 3 人实施了自杀式攻击，他们的年龄在 20 至 25 岁之间，身高 160 至 170 厘米。

二、巴厘岛爆炸事件引起国际社会极大愤慨和广泛关注

中国、菲律宾、马来西亚、新加坡、日本、韩国、柬埔寨、德国、英国、法国、俄罗斯、爱尔兰、美国、加拿大、澳大利亚、新西兰等国以及联合国、伊斯兰会议组织、海湾合作委员会等国际组织纷纷发表声明强烈谴责恐怖行径，并表示将加强国际合作，打击各种形式的恐怖主义，协助印尼反恐。美国还悬赏 1000 万美元捉拿巴厘岛爆炸案策划者杜尔马丁，此人是一名电子学专家，在阿富汗受过“基地”组织的训练，是涉嫌制造巴厘岛爆炸事件的“伊斯兰团”高级成员。

三、“伊斯兰团”再次将巴厘岛作为恐怖袭击目标的原因

“伊斯兰团”再次袭击巴厘岛的原因主要有 5 个方面：第一，巴厘岛是世界级旅游胜地，外国游客众多。在这里发动恐怖袭击，能够制造更大的国际影响。第二，作为旅游景点，它的安全措施不可能非常严密，便于恐怖分子藏身。第三，恶化印尼国内局势。爆炸发生时，印尼总统正要削减经济补贴，提高油价，已引起反对党和部分民众的反弹。恐怖袭击势必进一步恶化日益混乱的国内局势，给反对派以口实。第四，表明恐怖组织仍有活动能力。印尼政府逮捕审判了大批“伊斯兰团”成员，其精神领袖被判入狱，多名恐怖分子被判死刑。一些人认为“伊斯兰团”已经溃散。该组织选择这个时间、这个地点再次制造恐怖事件，显然是向政府示威。澳大利亚反恐专家威廉姆斯说，此次恐怖袭击甚至会鼓舞其他极端分子，促使他们加入“伊斯兰团”。第五，度假区是集中表现世俗文化的场所，袭击遍地是酒吧和西方文化设施的巴厘岛，表明对“放荡”的西方生活方式的憎恶。

四、巴厘岛爆炸事件给印尼经济稳定发展带来冲击

巴厘岛爆炸事件正巧发生在印尼政府宣布大幅度提高燃油价格的敏感时刻，必然使印尼经济复苏和发展雪上加霜。受其影响，雅加达股市 10 月 3 日下跌，股市综合指数下降了 2.2%。受巴厘岛爆炸事件最直接影响的是占印尼国内生产总值 5%的旅游业。事发第二天，美国、澳大利亚等到印尼游客最多的一些国家纷纷发出警告，要求本国公民近期不要去印尼旅游。不少已经预定的旅游团宣布取消印尼行程。巴厘岛警察部门官员苏纳高说，爆炸发生后，巴厘岛酒店入住率平均下降了 10%，澳大利亚游客的入境人数下降 2%至 5%，日本游客的入境人数下降 10%至 20%。印尼旅行社协会主席苏堤比亚指出，巴厘岛将有 50%的人因爆炸事件而失业，该岛需要 3 个月时间才能恢复活力。由于安全没有保证，外国游客大减，印尼政府计划的全年接待 600 万观光者、创收 60 亿美元的目标未能实现。印尼国务部长兼国家发展计划委员会主席斯里·穆尔亚尼·因德拉瓦蒂说，已经面临通货膨胀压力的印尼经济受到巴厘岛爆炸的进一步伤害，经济增长率因此下降 0.3%。

五、巴厘岛爆炸事件表明印尼反恐形势仍然十分严峻

印尼和国际反恐专家认为，印尼近几年接连发生恐怖事件，反恐形势严峻。造成这种严峻形势的原因是：第一，印尼历史上存在的宗教极端主义组织和地区分离主义组织在一些地方一直具有影响力，它们与近年来形成的恐怖主义势力相互渗透、相互依存，对印尼的社会发展构成了最严重的威胁。它们的活动网络在不少地区蔓延，难以根除。第二，虽然“伊斯兰团”在一些国家遭到了沉重打击，但大部分骨干分子仍隐藏在东南亚各地，构成了极大安全隐患。一些逍遥法外的“伊斯兰团”成员同“基地”组织有着千丝

万缕的联系，印尼反恐不可能毕其功于一役，而将是一项长期而又十分艰巨的任务。第三，印尼拥有1万多个岛屿，其中很多是无人居住的荒岛，成为恐怖分子藏身的场所。第四，印尼从法律上打击恐怖主义还有薄弱环节。印尼在2002年10月巴厘岛爆炸事件后才制定并出台了反恐法，审讯巴厘岛爆炸事件引用的15号反恐法令被宪法法院宣布无效。在执法过程中，安全部门出于“违反人权”等方面的顾忌，行动上受到诸多限制。印尼国家情报委员会主席亨德罗普里约诺坦称，印尼司法体制中还有漏洞，执法机构没有被赋予相应的权力，这给恐怖主义分子以可乘之机。

（钟学良）

多国军队参加印尼海啸救灾活动 2004年12月26日上午8时左右，印尼苏门答腊岛附近海域发生强烈地震并引发海啸，波及到印尼、马来西亚、斯里兰卡、泰国、印度、孟加拉国、缅甸、马尔代夫等国，造成重大人员伤亡和财产损失。其中，印尼亚齐省是受灾最严重的地区。据印尼卫生部2005年1月23日公布，印尼在海啸中死亡人数达173981人（其中亚齐省173741人、邻近的北苏门答腊省240人），另有7249人失踪，514150人流离失所。有关专家认为，印尼亚齐地区重建至少需要10年时间。面对突如其来的巨大灾害，印尼政府在全力自救的同时，请求国际社会给予帮助。对此，许多国家和国际组织向印尼提供了大量经济援助，中国、美国、日本、澳大利亚、新加坡和马来西亚等许多国家纷纷派遣军队参加印尼救灾活动。

一、有关国家军队参加印尼救灾活动情况

据媒体报道，派遣军队参加印尼海啸救灾活动的国家至少有18个，其中亚洲6个、欧洲9个、美洲和大洋洲3个。外国军队主要承担医疗救护、卫生防疫、运送救灾物资和灾民、空投救济物资、修建恢复基础设施和校园、清洁水源，以及为灾民提供饮用水等任务。

（一）亚洲国家。中国人民解放军后勤系统1月上旬向印尼灾区提供了价值2500万元、总计400余吨的被服、食品、帐篷、线毯、发电机、通信器材和药品。中国武装警察部队总医院派出两批国际医疗救援队员赴印尼受灾最严重的班达亚齐灾区抢救危重病人和开展卫生防疫工作。日本自卫队1月中旬派出970人和3艘军舰参加印尼亚齐省灾区救援工作。印度军队派出3艘军舰赴亚齐灾区运送救援物资并提供帮助。新加坡军队900人和8架“奇努克”运输直升机、1架C–130运输机、2艘登陆舰在印尼苏门答腊岛实施救援行动。马来西亚军队派出1艘军舰和数架军用飞机赴印尼灾区参加救援活动。韩国军队也派出军用装备为印尼救灾服务。

（二）欧洲国家。德国军队1月6日在印尼亚齐建立一个野战医院，12日又派遣503名官兵和“柏林号”后勤补给船抵印尼苏门答腊岛，协同世界卫生组织在当地开展救援工作。3月17日，德军官兵结束救灾任务回国。法国军队近1000名官兵和1艘航母、1艘护卫舰、1艘指挥补给舰、6架“美洲虎”直升机和1架军用运输机于1月初陆续赴印尼班达亚齐和米拉务两大重灾区执行救援任务。完成救援工作后，法军官兵和舰机于2月20日至3月上旬相继撤回本土。此外，法军还派遣1架装载水处理设备和药品的飞机以及1支16人医疗队赴印尼灾区为灾民提供紧急医疗和卫生救助。英国军队派出380人和3艘舰船、6架大型运输机、2架直升机赴印尼灾区参加救援工作。俄罗斯空军1月7日出动1架安–124型运输机向印尼运送了大约100吨援助物资，8日又向印尼灾区提供了临时野战医院设备。丹麦军队派出一些军事专家前往印尼受灾地区做清洁水源工作，并在苏门答腊建立1座流动军队医院。挪威、希腊、西班牙和奥地利军队也派出C–130运输机参与印尼救援活动。

（三）美洲和大洋洲国家。美国军队1.3万名官兵（含海军陆战队2200人）和“林肯号”航母、“好人理查德”号两栖攻击舰等11艘舰只以及50架直升机于1月1日开始参加印尼苏门答腊救灾活动。1月10日，1架正在执行救灾任务的美军“海鹰”直升机在班达亚齐机场附近坠毁，5名机组人员受伤。美军完成救援任务后于3月中旬全部撤离印尼。澳大利亚军队派出1艘两栖作战船、4架直升机、6架“大力神”运输机、350名军人赴印尼亚齐省实施救援行动，并建立了1座野战医院。新西兰军队派出1架“大力神”C–130运输机参加印尼救援活动。

印尼政府为维护本国主权和安全，对外国军队采取了一些限制措施：一是严格限制外国军队活动范围。二是要求外国军队必须在3月26日前撤走，如果要延长时间，必须得到印尼政府的同意。三是要求日本自卫队必须在印尼政府的协调下开展救援活动。四是不允许进入印尼的美军携带武器，也不同意其在印尼沿海地区建立大本营，禁止美军航母驶近苏门答腊岛灾区，严格控制从美舰上进入印尼陆地救援的美海军陆战队人员数量。印尼这样做的原因有三：第一，担心外国军队在印尼长期存在，可能危及本国主权；第二，参与救援的外国军队人数众多，而且设备先进，在救援过程中，印尼的各种秘密可以一览无余，包括国防实力、地形地貌、经济潜力、动员能力，都可被轻易获得。印尼空军飞行员朱柰尔称，美军 P-3“猎户座”侦察机就拍摄了大量有关班达亚齐公路和桥梁的照片。第三，外国军队进入印尼是个敏感问题，穆斯林占人口绝大多数的印尼一直不允许外国军队特别是美澳军队踏上它的领土。

二、美、日、印军队参加印尼救灾活动的意图

舆论指出，与中国等大数国家派遣军队参加印尼救灾活动是出于人道主义真心实意地帮助印尼渡过难关不同，美国、日本和印度在派遣军队赴印尼进行人道主义救援的背后，隐藏着复杂的政治、军事考虑和目的。

（一）美国的目的。第一，政治目的。美国《洛杉矶时报》认为，美军在印尼的救灾行动，是自 20 世纪 70 年代越战以来美军在亚洲最大规模的一次行动，堪称轰轰烈烈，在国际上很是抢眼，其目的是扩大在太平洋地区的影响力，更多地掌握对亚洲事务的发言权。同时，也是为了改变穆斯林国家对美国的印象。日本军事评论家神浦元彰认为，美发动阿富汗、伊拉克战争给国际社会尤其是给伊斯兰世界造成了不良印象，美军希望通过对最大的伊斯兰教国家印尼提供人道救援来改变穆斯林对美国的印象。美国务卿鲍威尔在印尼考察灾区时也宣称，美军此次大规模参与印尼救援行动，是想给穆斯林世界和世界其他地区人们一个机会，让他们亲身体会美国的慷慨大方和美国人的价值观，使他们认识到美国不是一个反对伊斯兰教、反对穆斯林的国家，而是一个尊重所有宗教的多样性社会。第二，军事目的。法新社认为，美军利用参加印尼救灾的机会，向亚洲展开新一轮的军事部署和战略渗透。用鲍威尔的话来说就是：美军如此兴师动众参加印尼救援行动，是对美国“国家安全战略的一个投资”。其中，最重要的一个目的就是修补与印尼的军事关系。1991 年印尼军队在东帝汶武力镇压示威群众后，美国会决定限制印尼参加美国务院管理的国际军事教育和培训（IMET）项目。从 1999 年起，双方的军事关系完全被切断，印尼禁止美国军队进入其领海、领空活动。然而，这次海啸对印尼造成的巨大灾难，给了美国会“下台阶”的机会，也为美修补与印尼的军事关系提供了一个难得的契机，因为美军以提供人道援助名义进入印尼，印尼也难以拒绝，别国也无话可说。于是，美国军队和航母首次顺理成章地进驻了印尼这个敏感地区，实现了与印尼军队的首度联手。在美军对印尼实施救援期间，布什政府还允许印尼购买先前被列入禁止范围的 C-130 运输机的零部件，美国防部副部长沃尔福威茨访问了印尼，美国防部宣布将恢复自 1992 年中断的与印尼军队的军事训练合作。美国《华盛顿邮报》认为，美积极寻求与印尼的军事合作是为了“防范中国可能带来的威胁”，维护美在亚洲的战略利益。日本军事评论家稻垣治指出，美军此次对印尼的援助活动有明确的战略目的，即力图通过人道援助、赈灾等易被民众接受的形式向别国派遣军队，以维持世界秩序和维护本国安全。

（二）日本的目的。日本派遣自卫队参加印尼救灾活动是企图达到三个目的。一是谋求政治大国地位和安理会常任理事国席位。法国《费加罗报》等媒体认为，日本向印尼提供的经济援助居各国之首，并派遣陆海空自卫队赴印尼实施日本历史上最大规模的海外救援行动，是企图加强在东南亚地区的影响力，提升在印度洋国家中的形象，谋求成为一个与其经济大国地位相称的政治大国，争当亚洲领袖。同时向国际社会显示日本对世界做出的贡献，以争取实现旨在成为联合国安理会常任理事国的愿望。二是扩大自卫队的海外活动。一些军事观察家认为，日本首次派出军舰参加印尼救援行动，表面上是为了迅速救助印尼灾民，实质上体现了 2004 年 12 月 10 日日本内阁会议通过的《新防卫大纲》中所表明的扩大自卫队海外活动的强烈愿望。三是着眼通过马六甲海峡的资源运输。日本军事评论家藤井治夫等认为，“马六甲海峡对日本非常重要，是日本海路资源运输的生命线，而印尼是马六甲海峡的沿岸国家，日本派出大规模部队进入印尼活动，对保护日本运输船只通过马六甲海峡、维护日本国家利益具有重要意义。”此外，日本《产经新闻》等认为，“自卫队这次对印尼实施的空前规模派遣，将对日本军事防卫产生巨大影响。因为海陆空自卫队借这次救灾首次合而为一，进行了统合作战。”

（三）印度的目的。印出动海军赴印尼救灾主要出于政治目的，即显示印在印度洋地区的支配地位，有能力拥有联合国安理会常任理事国席位。法新社认为，印在拒绝国外援助的同时出动海军赴印尼执行救灾任务，是为了表明印在印度洋地区的支配地位。印舆论界宣称，海啸为印提供了一个显示其作为印度洋地区重要大国的良好机会，印抓住了这次机遇，通过派军队参加印尼救灾活动，发挥了一个“超级地区大国”作用。印海军舰队副司令称：“我们已经证明海军作为一个外交工具完全能够支援印度的政治和地缘战略目

标。印度现在有十足的理由申请联合国安理会常任理事国地位。”

（钟学良）

菲律宾继续清剿反政府武装 2005年，阿布沙耶夫武装、菲新人民军、摩洛民族解放阵线和摩洛伊斯兰解放阵线等菲律宾国内反政府武装不断开展袭扰、爆炸和绑架等活动，造成大量人员伤亡和财产损失。对此，菲政府极为重视，阿罗约总统多次命令军警加大清剿力度，彻底消灭反政府势力。菲政府军和国家警察部队频繁实施清剿作战，并取得了较大战果。

一、清剿阿布沙耶夫武装

年内，阿布沙耶夫武装制造多起爆炸和绑架等事件，菲政府军和警察先后6次对其采取打击行动。

第一次。2005年1月，菲政府军在阿布沙耶夫武装活动频繁的苏禄省实施了为期20多天的清剿作战，双方共有数十人死亡，数千名平民被迫撤离家园。

第二次。2月14日，阿布沙耶夫武装利用情人节在首都马尼拉和两个南部城市制造连环爆炸事件，造成146人死伤。当日晚，1辆行驶在马尼拉商业区麦卡蒂繁华街道的公共汽车发生爆炸，造成6人死亡、94人受伤；在棉兰老岛南部的桑托斯将军城，1辆停在购物中心附近的三轮车突然爆炸，炸死2人、炸伤33人；在南部最大城市达沃，1个公共汽车站发生爆炸，当场炸死5人、炸伤6人。随后，阿布沙耶夫武装宣称对这3起爆炸事件负责。菲总统发言人本耶称，阿布沙耶夫武装频繁制造爆炸事件，意在“颠覆政府”。他还表示，菲政府不会向恐怖袭击屈服，将继续打击南部的反政府武装。阿罗约总统当晚前往马尼拉爆炸现场视察，听取安全部门汇报情况，并命令菲政府军和全国警察部队加强对阿布沙耶夫武装的清剿，直至彻底铲除其残余势力。菲军警立即进入最高警戒状态，加强对城市公共交通设施、港口、机场、电信、电力和政府建筑等重要场所的安全保卫，同时出动1000名士兵和大批警察部队围剿阿布沙耶夫武装分子。迄3月16日，菲警方抓获7名涉嫌策划制造情人节连环爆炸事件的反政府武装分子，其中3人是阿布沙耶夫武装成员，4人是东南亚恐怖组织“伊斯兰团”成员（分别来自马来西亚和印尼）。经审讯，他们均对策划制造爆炸案的罪行供认不讳。

第三次。3月18日，被关押在马尼拉附近塔吉格监狱的阿布沙耶夫武装分子制造暴动事件，菲军警联手对该监狱采取武力行动，击毙数名阿布沙耶夫武装的重要头目。菲总统阿罗约发表声明支持军警使用武力击毙阿布沙耶夫武装分子的做法，认为这是恐怖分子罪有应得的下场。

第四次。4月21日，约10名阿布沙耶夫武装人员在南拉瑙省一条公路上拦截1辆行驶的吉普车，将车上22名女大学生和2名男子劫持，强迫司机将汽车开往附近山区。绑架者在途中陆续释放了8名女大学生。菲政府军和警察立即对这伙绑匪实施围剿，成功救出被绑架的14名女大学生和2名男子，但有1名警察在交火中丧生，绑匪则逃脱。

第五次。8月10日晚，菲南部城市三宝颜发生2起爆炸事件，导致26人受伤。菲警方认为，这是阿布沙耶夫组织和总部设在印尼的恐怖组织“伊斯兰团”联手制造的，目的是干扰菲军方在棉兰老岛搜捕阿布沙耶夫组织头目贾加兰尼的行动。爆炸事件发生后，菲总统阿罗约立即下令军警严密搜捕，捉拿恐怖分子。菲国家警察部队迅速进入高度警戒状态，并在全国特别是棉兰老岛和马尼拉市对阿布沙耶夫武装和“伊斯兰团”等恐怖组织展开“先发制人”打击，抓捕了6名制造三宝颜爆炸事件的嫌疑犯。为报复菲警方的行动，阿布沙耶夫武装8月28日清晨在菲巴西兰省拉米坦市港口炸毁1艘载有数百名乘客的客轮，造成至少30人受伤。

第六次。11月11日至12日，菲政府军在苏禄省对阿布沙耶夫武装实施清剿，首先对阿布沙耶夫武装阵地进行了炮击，随后又出动直升机进行了攻击，双方“交火非常激烈”，有7名政府军士兵被打死、数人受伤，阿布沙耶夫武装伤亡情况不详。

二、清剿菲新人民军

2004年8月，菲律宾新人民军要求菲政府将其从美国的恐怖组织名单上去除，但遭到菲政府的坚决拒绝。随后，新人民军停止了与菲政府的和平谈判。2005年1月2日，菲政府负责与新人民军等反政府武装谈判的首席代表贝洛表示，菲政府希望尽快恢复与菲律宾共产党的和平谈判，愿意在菲宪法允许的框架内与新人民军实现和平，并愿意寻找双方可以接受的“中间地带”作为实现和平的条件。1月下旬，菲外长罗慕洛前往挪威讨论了如何使菲政府与新人民军的和谈继续下去等问题，希望挪威继续充当调解人推动这一和平进程。但是，新人民军未同意恢复与菲政府的和谈，继续坚持反政府武装活动，目的是“用武装斗争改变菲律宾政治制度”。2005年11月至12月，新人民军加强了对菲政府军和警察的袭击攻势，至少造成18名士兵和1名警察死亡。其中，11月19日，新人民军利用地雷在南部伊洛省突袭2辆军用卡车，造成9

名士兵死亡；20日和24日，大约50名新人民军在马尼拉以东100多公里的奎松省袭击菲政府军和警察，造成1名警察和7名士兵死亡；25日，新人民军袭击正在一村庄设立检查关卡的菲政府军，打死2名士兵；12月5日晚，新人民军先后向美国、新加坡、瑞士驻菲大使馆和另一家美国外交官办公室发出炸弹爆炸威胁，美使馆因此于6日和7日关闭，暂停签证、领事等对外服务工作；7日，新人民军在马尼拉大区商业中心马卡蒂袭击了何塞·阿罗约（阿罗约总统的丈夫）家族拥有产权的一幢大楼，并在靠近国会议员罗纳尔多·普诺（阿罗约的重要支持者）儿子的住所等地制造了3起汽车炸弹爆炸事件。新人民军发言人宣称，他们“发动更加频繁和猛烈的袭击，是为了促使阿罗约总统下台”。

针对新人民军袭击政府军和警察、策划实施针对驻菲外国使馆的爆炸袭击，菲总统阿罗约命令武装部队加大打击新人民军的力度，决不向反政府武装示弱。据此，菲政府军先后在奎松、伊洛省和马尼拉市加强了对新人民军的清剿作战。仅11月21日一天就在奎松省打死新人民军9人。同时，菲政府军警加强了对外国驻马尼拉使馆的保卫。菲警方命令驻马尼拉地区警察部队进入高度警戒状态，特别是在美使馆所在街道部署了一支特别行动小组和防暴警犬，并派爆炸装置处理专家进驻美使馆待命；菲政府军则与外国驻菲使领馆加强了情报合作。

三、清剿摩洛民族解放阵线

2月7日，摩洛民族解放阵线（简称“摩解”）数百名成员在霍洛岛进攻政府军的几个驻地，企图迫使菲政府把关押在北部拉古纳省的“摩解”头目米苏阿里转移至霍洛岛的苏禄省。随后，菲政府军出动3500人和2架武装直升机在霍洛岛对“摩解”实施了为期10余天的大规模围剿，攻占了“摩解”在苏禄省帕马纳茂山区的一个据点，至少打死60多名“摩解”武装分子，300多名“摩解”残余人员“弹尽粮绝”，逃往霍洛岛山区躲藏，菲政府军也有30名官兵在战斗中被打死，岛上1.3万名居民被迫离开家园，转移到安全地带。

四、清剿摩洛伊斯兰解放阵线

1月9日，摩洛伊斯兰解放阵线（简称“摩伊”）地方头目唐多克策划并组织60名武装分子袭击了马京达瑙省两个城镇的政府军哨所，造成7名士兵死亡。随后，菲政府军对其展开大规模围剿行动，仅10日就打死13名“摩伊”成员，但政府军也有8名士兵被打死、3名士兵被绑架、2名士兵失踪。27日，菲政府军获悉唐多克将在马京达瑙省沼泽地带的“摩伊”基地与阿布沙耶夫武装以及“伊斯兰团”成员会面，立即对该基地发动空袭，歼灭至少40名“摩伊”武装人员和2名“伊斯兰团”成员，约3000名当地居民为躲避战火逃离家园。事件发生后，“摩伊”和菲政府迅速组织停火协调委员会成员以及国际停火监督小组赶赴现场进行调查。菲新闻部长兼总统府发言人耶发表示，这次冲突是“摩伊”一个派别单独制造的孤立事件，与“摩伊”领导层无关，不会对菲政府与“摩伊”的和谈产生任何影响。“摩伊”发言人卡巴鲁也表示，此次事件是“摩伊”内部部分派系挑起的，没有得到“摩伊”领导人授权，“摩伊”不会包庇肇事者，仍将致力于与政府举行和谈。

五、菲政府积极争取外国支援，提高打击反政府武装的能力

（一）争取美国的支援。2005年，应菲方请求，美仍在菲棉兰老地区派驻70多名军人帮助菲军收集有关反政府武装的情报，继续派军事顾问参加菲军在苏禄省对反政府武装的清剿行动，并多次与菲军举行以打击反政府武装为背景的联合军事演习。6月7日，美军太平洋总部司令法伦与菲军总参谋长阿布在马尼拉举行美菲双边年度防务合作会谈，双方同意加强合作打击菲南部棉兰老地区的反政府势力。12月上旬美国家情报局局长格罗蓬访菲，菲国防部长克鲁斯访美，双方重点就加强两国军事合作以及“菲律宾国防改革计划”等问题进行了会谈。菲方表示希望在美方支援下，在未来6年内彻底解决国内反政府武装和恐怖组织的威胁，为此计划向美采购数百万美元的军火，并请求美帮助菲军改造现有武器装备和培训人员，美同意向菲提供30架武装直升机，并帮助菲军更新陈旧装备。

（二）争取澳大利亚的支援。10月18日，菲国防部长克鲁斯在与来访的澳大利亚国防部长罗伯特·希尔举行会谈后表示，菲澳近期将签订军事合作协议，澳军队将被允许进入菲境内参加打击反政府武装的作战训练和演习，并将被邀请作为观察员出席菲美2006年在菲举行的大规模联合军事演习。

（三）争取西班牙的支援。11月19日至21日，西班牙国防大臣博诺应邀访问菲律宾，与菲国防部长克鲁斯就加强两国军事合作等问题举行了会谈。博诺表示，西将向菲提供更多军事装备，并帮助菲开展军事训练，提高打击反政府武装的作战能力。

（钟学良）

新马签订解决因填海而引发争端的协议

2005年4月26日，新加坡和马来西亚在吉隆坡签订一项双边协议，以解决两国因新加坡2002年开始在柔

佛海峡附近填海而引发的争端。签字仪式在新加坡外交部举行，新加坡外长杨荣文和马来西亚外长赛义德·哈米德出席了签字仪式。双方在发表的一份联合声明中表示，该协议是双方经过一系列谈判而达成的一个公平结果，它的签订标志着新马两国因新加坡进行填海工程而引发的双边争端得到最终解决。

新加坡与马来西亚之间仅相隔一条1400米宽的柔佛海峡，两国在地理、历史、血缘等方面都有十分密切的关系，双方民众往来频繁，经济上互惠互利，可以用“唇亡齿寒”来形容两国的共生共存关系。新加坡由于国土资源严重不足，不断通过填海来增加土地面积。在过去40年间，新加坡先后围海造地100多平方公里，如樟宜机场、裕廊镇等地都是填海而建的，所需的泥沙大部分来自邻国印度尼西亚和马来西亚。不过，它以往都是在南部面海的方向填海，包括在圣淘沙岛填海。这些填海工程不会对邻近国家造成任何影响，因而没有引起外界的关注。然而，新加坡2002年展开的填海工程，由于地点邻近马来西亚，因而成了新马争执的"导火线"。当年初，新加坡开始在柔佛海峡东面及西面海域实施填海工程，计划2010年前完成，引起马来西亚强烈不满和抗议，导致两国关系紧张。

马来西亚指责新加坡填海工程给柔佛海峡海上通道造成困难，影响马船运和渔民的收入，并可能破坏本国的生态环境。马来西亚总理马哈蒂尔表示，“虽然新加坡是在自己的领海范围内进行填海工程，但这项工程将破坏海床结构，使通过马领海的船只航行受到影响。”马来西亚一些地方官员要求“受新加坡填海工程影响”的柔佛海峡一带居民收集资料，以起诉新加坡政府，要求赔偿损失。马新社载文称，“新加坡政府在马边界水域填海问题上罔顾马政府的意见，不是一个好邻居的表现。”

针对马方的指责，新加坡坚持其填海工程对马来西亚不会造成影响，并一再驳斥马方关于新填海工程对马造成危害的说法。新加坡外交部强调：“新加坡展开的填海工程是在国家的领土范围内、根据新方应有的权利展开的，这符合国际法规定。”新加坡总理吴作栋表示：“两个地理位置相近的国家，尤其是新马两国偶尔发生争执是难免的。因此，新加坡人应该以冷静和平和的态度，来面对新马两国因填海而产生的争端。”

为解决填海争端，新马两国进行了多次谈判，但由于双方态度强硬，互不让步，未能取得任何进展。2003年，马来西亚将其与新加坡在填海问题上的争执提交国际海事法庭；同年10月，国际海事法庭裁决新加坡应中止有害的填海工作，同时要求新马两国成立专家小组，研究填海工程所造成的影响，并寻求解决方案。当月底，巴达维担任马来西亚总理后，改变了前任总理马哈蒂尔对新加坡采取的苛刻而强硬的立场，转而奉行温和路线。2004年1月中旬，巴达维首次访问新加坡，与新加坡总理吴作栋就如何改善两国关系进行了“友好而坦诚”的会谈，双方同意共同努力，继续通过谈判方式解决两国之间存在的所有问题，恢复两国关系正常化。随后，两国专家小组陆续进行了1年多的反复磋商，双方逐步做出让步，缩小分歧，最终于2005年4月26日签订了解决填海争端的协议。根据协议，新加坡可以继续实施填海工程，但对填海工程做出一些调整，承诺注意环境方面的影响，并将对马来西亚渔民因填海工程所遭受的损失给予10万美元的赔偿；马来西亚将从国际海事法庭撤回案件，但保留其对海上通道的要求。双方将建立与此事相关的磋商机制。

签订解决填海争端协议将有助于两国间其他问题的解决，并促进两国关系改善。一些国家驻新加坡外交官员认为，新马在填海问题上取得的积极进展，为解决两国间的其他问题提供了可能性。这些问题包括马来西亚对新加坡的淡水供应，新加坡空军在飞行训练中使用马来西亚领空，白礁岛主权，两国间新大桥的建设，马来西亚在新加坡控股铁路线的土地使用，新加坡向马来西亚支付马来西亚工人的退休金，以及丹绒巴葛火车站、海关、移民厅及检疫站的搬迁等。自1999年以来，马新两国就这些问题举行了3个回合的“配套谈判”，希望以一揽子方式寻求解决方案，但谈判一波三折，无法取得突破，严重影响两国关系的正常发展。此次签订解决填海争端协议后，双方表示将不再像以前那样进行“配套谈判”寻求一揽子解决，而是像在填海问题上取得的成果那样，分别解决问题。马来西亚官方报纸也认为，马新达成的解决填海争端方案是“积极的”，并为两国通过谈判解决其他冲突提供了机会。特别是马总理巴达维已认识到马新两国间的经济合作和贸易所带来的重大利益，为使两国间的冲突不妨碍马获取这些利益，他在马新签订解决填海争端协议后已指示有关部门乘势抓紧与新加坡的谈判，并表示要亲自参与谈判，这表明今后马新谈判将在高级别上进行，而且会更容易取得进展。因此，双方之间存在的悬而未决的问题将会逐步得到解决，两国关系也将逐步恢复正常化。

（钟学良）

泰国南部不平静 2005年，泰国南部那拉提瓦、北大年、宋卡和也拉府等地区仍然不平静。据泰国报纸和电视台报道，年内，四府频繁发生炸弹爆炸等暴力事件，造成大量人员伤亡和财产损失，导致社会动荡不安。泰国政府积极采取措施，打击和防范暴力活动，恢复南部平静和安宁。

一、泰国南部暴力事件频发

据泰国官方统计，2005 年 2 月至 2006 年 1 月，那拉提瓦、宋卡、也拉和北大年府共发生 20 多起炸弹爆炸和枪击等暴力事件，造成至少 23 人死亡、165 人受伤。其中：2 月 17 日，那拉提瓦府的斯艾勾罗县一辆小货车在一家名为玛丽娜酒店附近发生炸弹爆炸事件，4 人被炸死、40 多人被炸伤。3 月 27 日，那拉提瓦府发生火车爆炸事件，当时这列火车正在车站附近接受安全检查，威力巨大的爆炸炸断了车轨，掀翻了车厢，并导致 19 名警察和铁路工人受伤。埋伏在附近的不明身份武装分子随后向车厢内乘客开枪射击，警方进行了还击。4 月 3 日，宋卡府合艾市的合艾机场、家乐福商店和一家酒店几乎同时发生爆炸，造成至少 2 人死亡、60 余人受伤。24 日，那拉提瓦府素乃考罗县一个集市发生炸弹爆炸事件，2 名值勤警察被炸死、一些警察和平民被炸伤。据调查，这起爆炸是由一枚重约 7 公斤的炸弹通过手机遥控引爆造成的。7 月 14 日，也拉府连续发生多起爆炸事件，造成 1 名警察死亡、20 人受伤。当晚 7 时，暴徒先是炸毁了也拉府的发电厂变压器，造成全城停电；随后又在也拉府的也拉县城一家酒店及一家卡拉 OK 店附近引爆了炸弹，并袭击了在铁路警卫站执勤的警察。与也拉府毗邻的那拉提瓦府当天也发生了 2 起枪击事件，造成 1 人死亡、1 人重伤。9 月 1 日，那拉提瓦府首府那拉提瓦市一家商店前发生爆炸事件，3 人被炸伤；该府其他县市先后发生 4 起爆炸事件，至少造成 2 人受伤。11 月 2 日，那拉提瓦市发生连环爆炸，8 枚炸弹几乎在同一时刻被引爆，造成该市大面积停电。11 月 16 日，那拉提瓦府发生一起枪击暴力事件。当天凌晨 1 时左右，一伙不明身份的武装分子闯入那拉提瓦府拉艾县两户村民家中，开枪射杀了 4 名男性村民、4 名儿童和 1 名妇女，另有 9 名村民在袭击中受伤。12 月 23 日，那拉提瓦府一辆停在咖啡店附近的轿车发生炸弹爆炸，造成至少 6 人受伤，其中包括 2 名警官。2006 年 1 月 18 日，不明身份的武装分子焚烧了北大年、宋卡、也拉和那拉提瓦四府内的 102 座手机信号发射塔，并开枪扫射多处民宅，致使 1 名警察死亡、5 人受伤，部分地区移动通信信号中断。19 日傍晚，北大年府和那拉提瓦府分别发生不明身份武装分子袭击事件，2 名男子被打死。20 日，那拉提瓦府最南部的素艾巴迪村发生炸弹爆炸事件，造成 1 人死亡。

二、泰政府积极采取措施遏制暴力事件

（一）高度戒备，妥善处置。 4 月 5 日，泰专门组建一支“安全部队”，由副总理兼内政部长奇猜直接领导，主要负责保护南部地区一些可能遭受袭击的脆弱目标。同时，加强对南部旅游重镇普吉机场的安全检查，每个进入机场大厅的人员都必须接受安检，泰航空机组人员也不例外。每次发生爆炸事件后，泰军警都立即进入高度戒备状态，迅速调集大批力量封锁现场，调查和搜捕犯罪涉嫌人员。同时，加强对南部地区重要目标和公共场所的保护。

（二）研究对策，做好防范工作。 泰国总理他信、主管安全和国防事务的第一副总理差瓦立上将、内政部长等多次主持召开紧急安全会议，研究应对南部局势的对策。他信、差瓦立、内政部长和国防部长等多次在暴力事件发生后赶赴现场视察，指挥对事态的处置，听取当地群众意见，并与地方政府官员研究如何防范暴力事件。

（三）实行“紧急状态法”。 7 月 15 日，泰总理他信主持召开安全部门会议，一致同意在南部暴乱事件频发的那拉提瓦、北大年和也拉三府以及宋卡府的 4 个县实行“紧急状态下行政管理法”（简称“紧急状态法”），以取代正在当地实施的“戒严令”。负责法律事务的副总理威沙努说，南部三府在 2004 年 1 月发生暴乱以来一直实行“戒严令”，国外舆论误认为泰发生了战争，同时“戒严令”也使当地军队的权力过大。“紧急状态法”会使民政的权力大于军人的权力，军队只是参加实施的一部分。在实施“紧急状态法”期间，总理有权请求法院批准对嫌疑人进行最长不超过 30 天的拘留，有关执法机构还拥有监听与案件有关的电话，禁止居民外出，禁止集会，检查、监督甚至禁止新闻报道，封锁公路，强制移民，以及进入民宅搜查等多项权力。16 日和 19 日，泰国王和内阁会议分别批准在南部三府实施“紧急状态法”（其中有关禁止外出、禁止集会、限制新闻报道、封锁公路、强制移民等 6 项条款暂不实施），以更好地维持当地治安，制止暴力事件。8 月 25 日和 29 日，泰议会上下两院分别通过在南部三府实行“紧急状态法”以取代“戒严令”的提案。2006 年 1 月 17 日，泰政府宣布，在南部三府实施的“紧急状态法”延长 3 个月。

（四）运用心理战术，争取民众支持。 为平定南部暴力冲突，泰政府除加派军警外，还增派了 13 个从事心理作战的特殊任务小组，其中人数最多的小组有

1300人。泰军方称，运用心理战术是政府采取的新策略，其实就是通过为当地人民排忧解难，发动群众向军警提供非法武装分子活动线索，以防患于未然。心理战术取得了明显效果，当地百姓积极主动提供有关情报信息。有几次非法武装分子试图制造暴力事件未遂，就是因为民众及时报信，帮了大忙。

（五）严防暴力袭击扩散。为防止南部暴力事件向北部特别是首都曼谷扩散，4月5日泰政府首次向全国发出警告，严防南部武装分子渗入首都和其他重要公共场所发动袭击。泰政府特别要求曼谷居民提高警惕，积极防范武装分子可能发动的袭击，随时向政府报告可疑迹象。随后，泰警方加强了对全国机场、车站、会展中心以及油库等数十个被列为可能遭到袭击的目标和首都曼谷250个地点的特别警戒。4月23日，泰国王后诗丽吉在接见数千名军警时，呼吁全国人民行动起来，坚决同南部暴乱分子进行斗争，共同捍卫国家法律。

（六）争取马来西亚协助，但反对美在泰驻军。针对部分作案人员拥有泰马双重国籍且有些犯罪嫌疑人可能已逃往马来西亚，泰积极争取马协助。泰外交部长素拉革和陆军总司令专门前往吉隆坡，请马方加强马泰边境地区控制，并得到马方积极回应，马政府多次增派军警加强马泰陆地边界和相邻海域的警戒。针对美国防部长拉姆斯菲尔德表示美应向东南亚派驻部队参与反恐，泰政府和军方多次表示，泰南部发生的暴力事件纯属内部事务，泰完全有能力自己解决，绝不需要外国军队干涉。泰坚决反对美在泰驻军。

三、泰南部不断发生暴力事件的原因

（一）泰南部的伊斯兰分离主义势力死灰复燃。20世纪60至80年代，泰南部存在多个伊斯兰分离主义组织，他们与境外恐怖组织“伊斯兰团”或印尼亚齐分离主义势力相勾结，经常生事，特别是频繁开展袭扰活动，制造紧张局势，妄图在泰国南部、马来西亚北部、印尼亚齐等地区建立“独立的伊斯兰国家”。到80年代，泰政府在南部地区建立了一系列军事和安全组织体系，并在国家预算上给予大力支持，沉重打击、分化、瓦解了南部分离主义势力，基本平息当地局势。但2001年“9·11”事件后，南部分离主义势力死灰复燃，其武装力量迅速发展到1000多人。特别是2003年3月美对伊拉克发动战争前后，泰政府积极配合美反恐、支持美军事打击伊拉克；8月，泰警方在境内抓获被国际通缉的恐怖分子、号称“东方拉登”的“伊斯兰团”头目汉巴里，并将其移交美方审讯；9月，泰派兵赴伊拉克参与战后维和；10月，美总统布什访泰，宣布将泰列为美的“非北约主要盟国”。对于泰美上述举动，泰南部伊斯兰分离势力极为不满，不仅多次组织强烈的反美抗议活动，而且不断制造暴力事件。这是导致南部地区局势动荡的首要原因。

（二）当地一些利益集团、地方政客对泰政府不满。泰南部是泰最大的反对党-民主党的势力范围，他信总理上台后，执政的泰爱泰党势力逐渐渗入南部地区，传统势力面临严重挑战。泰政府的一些政策也使当地的既得利益者受损，于是他们频频制造事端。

（三）军火走私、贩毒团伙滋事。泰南部沿海地区曾经长期是印尼亚齐分离势力和斯里兰卡猛虎组织走私武器的集散地，一些泰国人利用泰政府的宽松环境向境外私卖军火牟利。泰政府自2003年12月开始在全国严厉收缴非法私人武器、打击军火走私，挤压了军火走私者的牟利空间，导致他们铤而走险，暴力抢劫武器。同时，针对南部地区贩毒活动日趋猖獗，泰政府加大打击力度，贩毒团伙出于利益驱使，也不断制造恐怖事件，以吸引政府关注，转移军警注意力。

（四）当地民众贫穷。据报道，贫穷是南部地区的首要问题，很多人失业在家，总体经济水平远低于其他地区。当地居民大都不会讲泰语，由于语言不通，在与政府部门打交道时常受到不公平待遇，久而久之，形成对抗政府的逆反心理。

（五）民众对警方不依法办事行为不满。据报道，泰南部5000多名警察中真正恪尽职守的仅三分之一，其余的都在混吃混喝，有的甚至还鱼肉乡里，激起民众严重不满，导致恶性事件频频发生。

（钟学良）

四国携手在马六甲海峡巡逻

2005年9月13日，为进一步保障马六甲海峡航行安全，打击海盗、武装抢劫和恐怖活动，海峡沿岸国印度尼西亚、新加坡、马来西亚及其近邻泰国正式开始在马六甲海域实施代号为“空中之眼”的联合空中巡逻，拉开了四国联手护海峡的序幕。有关情况如下：

一、印（尼）、马、新邀请泰国参加马六甲海峡的联合空中巡逻

马六甲海峡的联合空中巡逻任务原本由印（尼）、马、新三个沿岸国家实施。由于泰国对参加马六甲海峡的巡逻任务非常感兴趣，沿岸三国8月初向泰国发出了联合空中巡逻的邀请，并达成共识。8月22日，召开四国会议，制定了空中巡逻的实施程序。9月13日，在马来西亚的梳邦空军基地举行了启动四国联合进行空中巡逻仪式，马副总理兼国防部长纳吉布、新加坡国防部长张志贤和印尼国防部长的代表出席了仪式。仪式

结束后，1 架载着 3 名新加坡军人和 7 名马来西亚军人的大力神飞机从梳邦空军基地起飞，印尼和泰国军人乘坐的飞机也随之出发，四国对马六甲海峡的联合空中巡逻正式启动，行动代号为“空中之眼”。纳吉布称，“空中之眼”联合巡逻的开始，体现了东盟的团结和东盟各国共同努力保卫东盟水域的意愿，同时，这也是东盟向国际社会发出的一个明确信号，表明东盟愿意动用资源维护马六甲海峡安全。四国联合空中巡逻主要任务是从空中掌握马六甲海域动态，发现海盗并引导海上巡逻舰艇实施打击行动，维护海峡安全。联合巡逻编队由四国空军各 2 架飞机组成，每天执行在马六甲海峡和新加坡海峡上空的越界巡逻任务，并得到 1 架载有四国指挥官的侦察机的空中支持。空中巡逻的任务是及早发现海上突发事件，并尽快采取应对措施。例如，如果在印尼领海水域发现不测事件，将迅速向印尼空军作战司令部报告，并及时通知位于巴淡岛的海上安全特种部队，特种部队将立即与距事件发生水域最近的巡逻舰艇联系以便监视现场并采取必要行动。由于水面和空中巡逻的密切协调配合，海盗船将很难从联合巡逻的视线中轻易逃脱。为了拓宽联合巡逻范围，四国已同意在泰国的普吉、马来西亚的卢穆特、新加坡的樟宜以及印尼的沙璜和杜迈建立 5 个热线联络站。过往海峡的船只还可通过一个专门的无线电频道与联合巡逻队进行直接联络。据报道，四国联合巡逻已取得显著成效，迄 2005 年底马六甲海峡海盗袭击案件已减少 25%。分析人士认为，随着有关国家和国际组织对马六甲海峡安全更加重视，海峡安全机制不断完善，四国联合巡逻逐步加强，国际社会的经济、技术和培训等援助增多，海峡航行安全将会越来越有保障。

二、印（尼）、马、新邀请泰参加马六甲海峡联合空中巡逻的原因

印（尼）、马、新三国邀请泰国参加联合巡逻的主要原因有三个方面。首先，泰国有地理位置优势，泰南部延伸至马来西亚的狭长地带，距离马六甲海峡非常近，从安达曼海南部的一些泰国海岛行船仅需 1 个多小时就可到达马来西亚。其次，泰国与印（尼）、马、新同属东盟成员国，拥有较强的军事力量，让其参加马六甲海峡联合巡逻，不仅可以防止他国以三国海军力量不足为由积极介入，实现区域自保，而且符合东盟的外交平衡政策，对有关国家的刺激也相对较小，可以避免节外生枝。第三，印尼、马、新、泰都是东盟国家中经济发展较好的国家，4 国在双边和多边领域历来有很多共同利益，具备合作的基础和条件。

三、美国、日本、印度等国极力谋求参与巡逻任务

美国太平洋总部司令 2005 年 4 月在国会表示，美计划向马六甲海峡派驻海军陆战队和特种部队，以防止恐怖主义袭击，打击武器扩散、毒品走私和海盗等犯罪活动。6 月，美国防部长拉姆斯菲尔德出席第四届亚洲安全会议期间多次提出美军进驻马六甲海峡问题，宣称沿岸国海军力量难以应付海盗和恐怖袭击，美愿组成联合巡逻队，确保马六甲海峡安全。9 月，针对四国开始在马六甲海峡实施联合空中巡逻，美军又表示希望出动侦察机支援马六甲海峡的安全保卫。

日本鉴于马、印（尼）、新三国对马六甲海峡主权非常敏感，采取曲线参与海峡事务的战略，通过设立讯息共享数据库、提供技术训练等方式协助三国在马六甲海峡实施联合巡逻行动，并得到三国的认可。2005 年 3 月 14 日，1 艘名为“韦驮天”号的日本籍拖船在马六甲海峡的马来西亚槟榔屿海域遭到海盗袭击，船长及 2 名船员遭绑架，日本海岸警备队借机表示，如果马来西亚提出要求，日本会考虑派军舰和飞机到出事海域参加打击海盗犯罪活动。6 月，日本又表示希望派遣“八岛”号战舰进入马六甲海峡协助保安。

印度除不断与马来西亚、印尼和新加坡进行联合军演外，还多次要求派军舰参与马六甲海峡的安全巡逻。印海军发言人维纳伊·加格宣称：“印度海军是苏伊士运河东岸惟一一支拥有航空母舰的海军力量，本地区再没有其他海军能够对马六甲海峡提供稳定和长期的巡逻支持。”

美日印极力谋求派兵进驻马六甲海峡，是因为马六甲海峡对它们具有极其重要的政治、军事及经济价值。对美国来说，马六甲海峡是其扩张霸权、牵制和打压其他国家的战略要地；对日本来说，马六甲海峡是其“海上生命线”的关键点，其进口原油的 90% 以及贸易总额的 30% 都要经过这里。对印度来说，马六甲海峡是从印度洋进入太平洋的一扇大门，也是印政治、经济和外交全面实施“东进战略”的必经之路。而马六甲海峡海盗活动猖獗和恐怖威胁又为美日印要求派军队参与海峡联合巡逻和安全防御提供了借口。

然而，美日印欲派兵进驻马六甲海峡的企图遭到东盟各国的反对和拒绝，特别是印尼和马来西亚态度坚定。马来西亚总理巴达维、副总理兼国防部长纳吉布和外长赛义德·哈米德等多次表示，沿岸国家有能力维护海峡安全，无需其他国家插手海峡安全问题，马决不允许外国军事力量介入海峡安全防御。他强调，沿岸三国必须在维护马六甲海峡安全方面发挥主要作用，国际社会开展马六甲海峡安全合作不能侵犯马的

国家主权和领土完整。印尼海军参谋长苏比延多等也多次表示，印尼、新加坡、马来西亚和泰国有能力通过联合巡逻来保障马六甲海峡的安全，印尼海军拒绝包括美国在内的任何外来力量参与马六甲海峡的安全保卫工作。他还指出："马六甲海峡虽面临着安全和环保等多方面问题，但恐怖主义对马六甲海峡并非现实威胁。马六甲海峡虽然经常有海盗出没，但并不像美国等西方国家宣扬的那样可怕，可怕的是有关国家对马六甲海峡的另有企图的关注。"印（尼）、马、新反对美日印派兵参加联合巡逻，除出于维护主权的考虑外，还担心"美国等军事强国派兵参加马六甲海峡巡逻将导致海峡安全失衡，引发争斗"。鉴于印尼和马来西来的态度强硬，美国参谋长联席会议主席理查德·迈尔斯6月7日访问马来西亚时表示，美无意在马设立军事基地，也不会参与马六甲海峡联合巡逻。印度海军参谋长阿伦·普拉卡什7月26日在访问马来西亚巴生港的印度维兰特航空母舰上表示："尽管印度在马六甲海峡有着至关重要的经济利益，但印度是印度洋国家，其军事活动仅限于印度洋海域。马六甲海峡沿岸国家的海军完全有能力保障其各自国家的利益，因此印度海军不会参与马六甲海峡的安全防御。"但是，美日印等国为实现控制马六甲海峡和维护本国利益的战略目标，仍会极力争取派兵进驻马六甲海峡；而马、新、印尼等国为维护领海主权，也不会轻易改变"坚决反对"的强硬立场。因此，今后围绕控制马六甲海峡的明争暗斗不会停止。

（钟学良）

印巴和平进程取得新进展 2005年，印巴两国积极推动和平进程，双方关系继续保持良好的发展势头，但在实质性问题上依然分歧严重。

一、印巴和平进程取得的进展

（一）两国高层会晤增多并就进一步推进和平进程达成共识。继2004年11月巴总理阿齐兹访问印度后，巴总统穆沙拉夫于2005年4月访印，开展"板球外交"，同印总理曼莫汉·辛格举行了会谈；9月和11月，两国领导人又分别在参加联合国大会和南盟首脑会议期间举行会晤；两国外长进行了互访；两国外交秘书和国防秘书分别进行了会谈。通过高层频繁接触，双方就进一步推动和平进程达成了以下共识：（一）两国人民渴望持久和平的愿望为印巴改善关系提供了历史机遇，印巴和平进程"不可逆转"。（二）必须抓住机遇解决克什米尔问题，以便给南亚地区带来永久和平，但军事手段和强硬的外交策略已不再是解决克什米尔问题的一种选择，双方应以"真挚和明确的方式"继续进行谈判，找到一个能为巴基斯坦、印度和克什米尔人民都能接受的解决办法。（三）印巴经贸合作有利于两国人民的福祉，双方应该共同努力，确保互惠互利，扫除经济合作道路上的障碍，使南亚地区更加繁荣。（四）双方将联合打击恐怖主义活动，绝不允许恐怖主义破坏和平进程。

（二）两国为推进和平进程采取了多项措施。在核问题上，印巴两国1月1日，按惯例相互交换了各自的核设施名单。8月正式签署了在核武器问题上建立互信措施的协议，并发表了《印巴核信任措施联合声明》，增强了相互间的信任以及在试射导弹上的透明度，为防止误会和减少核冲突危险奠定了基础。10月，签署了有关试射导弹的协议，规定两国在试射任何地对地弹道导弹之前，都必须提前通知对方。在维护克什米尔地区安全问题上，两国继续执行2003年11月26日达成的停火协议，双方未发生大的武装交火事件，保持克什米尔实际控制线地区局势基本稳定。4月7日，印巴开通中断57年之久的斯利那加-穆扎法拉巴德公交车运输线，并同意增加查克什米尔地区实控线双边直通公交车的班次。9月20日，印控克什米尔地区和巴控克什米尔地区的领导人在新德里举行自1947年印巴分治以来的首次会晤，双方共同呼吁推动印巴和平进程。10月19日，印控克什米尔重新开通了1990年中断的至巴控区的直拨电话。在经济合作问题上，两国政府首脑在4月举行的会晤中决定重新恢复两国工商贸易联合委员会，扩大两国的贸易合作，并相互给予最惠国待遇。两国还不顾美国的反对，多次讨论伊朗-巴基斯坦-印度天燃气管道问题，并于7月13日在新德里达成了修建伊朗-巴基斯坦-印度天然气管道谈判框架协议，双方同意将努力消除在天然气管道谈判中存在的各种障碍。在抗震救灾问题上，印在10月8日南亚发生大地震后主动提出在救援方面给巴基斯坦提供帮助。印度总理辛格与巴基斯坦总统穆沙拉夫当晚互通电话，讨论灾后救援工作问题。印巴双方的高级军官也迅速通过热线商讨了合作救灾方案。印先后3次向巴基斯坦运送了100多吨救灾物资，这是1971年印巴战争后首次向巴基斯坦提供援助。印还在实控线上正式开放5个穿越点以便于赈灾。此外，印巴双方还相继释放了大量关押的对方的渔民和平民囚犯。

二、印巴依然存在的分歧

（一）在克什米尔问题上分歧严重。克什米尔问题是影响印巴关系的核心问题，由于该问题涉及两国的政治、宗教和安全战略等因素，两国在解决该问题的方式上存在着严重分歧。巴基斯坦目前的基本立场是，在联合国或大国等国际力量的介入下，按照克什米尔人民的意愿解决。巴总统穆沙拉夫年内多次表示，克什米尔问题关系到巴基斯坦的重大国家利益，巴不可能在此问题上妥协退让，巴将继续从“道义、外交和政治上支持克什米尔人民的正义事业”。克什米尔人民有权决定自己的未来和命运，他们加入正在进行的巴印对话进程有利于巴印两国建立互信。如果克什米尔人民不能加入巴印对话进程以及克什米尔问题不能按照克什米尔人民的愿望解决，南亚就不可能出现持久和平，巴印也无法采取进一步互信措施。在克什米尔问题上，巴方不能接受任何盖有“印度制造”图章的解决方案。只有根据联合国有关决议和克什米尔人民意愿达成的克什米尔争端解决方案才能被巴方接受。针对巴方的上述立场，印强调双方应以“真挚和明确的方式”继续进行谈判，但反对任何第三方介入克什米尔问题，反对在克什米尔地区就其归属问题实行全民公决，主张将印巴停火线作为永久边界线。为加强对克什米尔地区的控制，印新任陆军参谋长辛格上任伊始便指出，印军不会放松对巴基斯坦的警惕，不会减少在印控克什米尔地区的驻军。

（二）军备竞赛依然激烈。2005-2006 财政年度，印度国防预算为 8300 亿卢比（合 184 亿美元），比上一财政年度增加了约 7.8%。巴基斯坦国防预算为 1.09 万亿卢比，比上一财政年度增加了 15.5%。印度年内共进行了 9 次中短程导弹试验，巴基斯坦首次进行了“哈塔夫-7”巡航导弹发射试验。印度制定了针对巴基斯坦核武器的为期 4 年的武器采购计划，包括采购美国“爱国者”导弹防御系统。巴基斯坦一方面表达了对于美国向印度出售爱国者导弹问题的担忧；另一方面也采取了一些措施来加强军备，包括要求美国向巴出售包括 F-16 型战斗机等必需的防卫系统，以保持两国的军事平衡。针对印美签署有关核技术转让协议，巴总统穆沙拉夫表示，巴基斯坦的防务能力是地区和平与地区均势的重要保证，巴将集中所有资源继续增强防务力量。

（三）继续进行针对对方的军事演习。印巴在改善关系的同时并未放松对边境地区的警戒，在继续保持边境地区驻军实力的基础上，加强了部队的作战演练。2005 年内，印军共举行以巴基斯坦为假想敌的演习 10 余次，其中较大规模的有：5 月 2 日至 9 日，印陆空在与巴基斯坦接壤的旁遮普邦举行联合军事演习，参加演习的部队达 2 万余人；11 月 19 日，印陆空军在拉贾斯坦邦的塔尔沙漠举行大规模联合军事演习，展示印军在高强度数字化战场上的作战能力。作为对印度的回应，巴基斯坦也不断举行以印为假想敌的演习，特别是巴空军 9 月上旬举行的战略演习，巴空军几乎全部出动，演习规模和强度为巴军历史上最大的一次。

（刘温国）

尼泊尔反政府武装宣布单方面停火

2005 年，尼泊尔反政府武装继续开展反政府活动，但终因损失严重宣布单方面停火。尼政府拒绝同反政府武装和谈，继续采取措施严厉打击。

一、尼反政府武装继续开展反政府活动损失严重

年初，尼反政府武装为纪念自 1996 年 2 月以来对政府开战 9 周年，在尼各地对政府军、警察和政府机构发动全面进攻，德乌帕政府虽然积极打击反政府武装，但由于措施不利，导致尼国内局势再度陷入混乱状态。2 月 1 日，尼国王贾南德拉以“工作不力”为由宣布解散德乌帕政府，成立了由他领导的新内阁并宣布全国进入紧急状态。贾南德拉国王指责德乌帕政府没能使国家恢复和平反而处于混乱状态，导致许多建筑和基础设施遭到毁坏，成千上万的无辜百姓成为暴力冲突的牺牲品。国王贾南德拉表示，鉴于使国家恢复和平是尼泊尔当前所面临的最重要课题，国家应该首先将所有人力物力用于解决反政府武装问题。尼新政府将为维护和平而采取任何必要措施。

尼全国进入紧急状态后，反政府武装为“抗议国王解散政府，独揽权力”，继续采取行动与政府对抗。4 月 2 日，反政府武装宣布举行历时 11 天的全国大罢工，并在通往首都的主要交通要道设置路障，烧毁汽车，企图封锁加德满都。4 月 7 日，反政府武装又开始在全国各地向政府军发动进攻。面对反政府武装发起的攻势，尼政府调动全部军警力量，及时粉碎了反政府武装对首都加德满都的封锁，并在全国各地对反政府武装进行清剿，使反政府武装损失惨重。据尼政府军发言人 9 月上旬称，自 4 月份以来尼反政府武装有 4000 余人被打死，近 3000 人向政府军投降。在此形势下，尼反政府武装领导人普拉昌达 9 月 3 日宣布，尼反政府武装从当日开始单方面停火 3 个月，在此期间将不采取针对任何力量的任何行动，希望停火行动有助于通过国家和联合国等国际组织的努力解决尼泊尔的问题。普拉昌达还表示，通过选举产生一个国民代表大会和一个过渡政府是解决国家问题的办法。他呼吁尼 7 个主要政党支持反政府武装的行动。

二、尼政府继续严厉打击反政府武装

尼反政府武装宣布单方面停火 3 个月后，尼七个

主要政党很快做出反应，对这一决定表示欢迎，普遍认为停火决定是恢复国家和平与解决国家当前面临的政治危机的积极步骤。11月，尼反政府武装与七党联盟达成12点共识，一致同意采取联合策略对抗国王。尼反政府武装表示将与七党联盟、民间组织、知识阶层提出统一口号、组建统一战线并制定统一计划，通过选举成立一个民主政府。12月2日，尼反政府武装领导人普拉昌达宣布，考虑到国内舆论和国际社会的民主呼声，决定将原来3个月的单方面停火再延长1个月。尼反政府武装在停火期间加强政治运动的同时，继续在尼各地实施绑架、敲诈、抢劫和武力袭击等暴力活动，并先后在一些农村地区建立了政治和军事机构，不断派遣具有军事经验的领导人到各防区指导作战。

鉴于尼反政府武装在停火期间继续进行恐怖暴力活动，尼政府表示不会停止对反政府武装的打击行动，不会在反政府武装放弃武装之前与其对话。尼政府军在继续对反政府武装实施严厉打击的同时，高度关注其与各政党的接触联系，严防反政府武装同各党派结成同盟。

（刘温国）

斯里兰卡和平进程未能取得进展 在挪威政府的斡旋下，斯里兰卡政府与猛虎组织于2002年2月在挪威首都奥斯陆达成无限期停火协议，并于同年9月开始举行和谈。双方在进行了6轮会谈后，猛虎组织于2003年4月宣布停止和谈，一直未能恢复。2005年，斯政府主动采取措施促使双方恢复和谈，国际社会也为此继续进行斡旋，但由于各种原因未能取得进展。

一、斯政府与猛虎组织建立海啸救援和重建机制因政府内部矛盾未能实施

2004年12月26日印度洋发生海啸后，斯里兰卡三分之二的沿海地区受到重创，猛虎组织控制的东部和北部地区损失惨重。为加快上述地区的救灾和重建进程，同时也为同猛虎组织恢复和谈创造良好气氛，斯总统库马拉通加夫人力主与猛虎组织建立海啸救灾和重建机制。与此同时，国际社会也希望双方就此达成协议，以推动和平进程。2月10日至13日，日本政府和平特使明石康访问斯里兰卡，分别同斯总统库马拉通加夫人和猛虎组织领导人举行会晤，希望斯政府和猛虎组织抓住海啸灾难提供的机会，尽早建立向猛虎组织控制区提供援助的联合机制。4月中旬，挪威和平特使索尔海姆访问斯里兰卡，敦促斯政府和猛虎组织就在斯东部和北部海啸灾区建立联合重建机制达成协议。6月24日，库马拉通加夫人与猛虎组织签署了《建立“海啸灾后运行管理机制”备忘录》，表示“斯政府和猛虎组织决心秉承善意、共同工作，竭尽全力在斯北部和东部沿海地区加快救灾、恢复、重建和发展进程”。但是，斯执政联盟内部的部分派别对此表示反对，认为同猛虎组织建立共同救灾机制等于承认该组织是泰米尔人的唯一代表，这无疑将损害国家主权。猛虎组织会借机实现建立独立国家的目标。其中，人民解放阵线因此退出执政联盟，并于7月初向斯最高法院提交诉状，称政府与猛虎组织签署上述协议的行为侵犯了该党的权利。斯最高法院在审查诉状后于7月15日裁定，暂缓执行斯政府与猛虎组织达成的“海啸灾后运行管理机制”协议中的部分条款。结果，该协议最终成为泡影。

二、斯政府提出与猛虎组织恢复谈判因双方分歧较大未果

年内，斯国内恐怖暴力事件不断，斯政府军和猛虎组织之间也经常发生武装摩擦。斯外长卡迪尔加马尔8月12日被暗杀后，斯政府同猛虎组织的关系再度处于紧张状态。斯政府指责猛虎组织策划了暗杀外长卡迪尔加马尔的事件，猛虎组织领导人则否认与该事件有关，并称暗杀事件是政府军所为，目的在于破坏和平进程。在此形势下，斯总统库马拉通加夫人一方面宣布全国处于紧急状态，加强对该事件的调查，一方面于8月18日正式致函挪威首相邦德维克，要求在挪威及斯里兰卡和平协议监督委员会的见证下，举行斯政府与猛虎组织之间的紧急会谈，审查停火协议的执行情况，以避免再次发生类似的暗杀事件和其他违反停火协议的行为。8月19日，猛虎组织宣布接受政府的会谈建议，愿意与政府就停火协议的执行情况举行会谈，以便双方能严格遵守和平协议。但是，双方围绕会谈的地点问题发生严重分歧。最初，猛虎组织建议在挪威首都奥斯陆举行会谈，斯政府表示反对。后挪威建议双方在科伦坡国际机场举行会谈，斯政府表示同意，但猛虎组织反对，希望在其控制的东部或北部地区举行。由于双方在会谈地点上无法达成一致，最终导致会谈未能进行。

三、斯新政府上台后表示优先处理和平进程问题但未获进展

11月17日，斯举行总统选举，现任总理拉贾帕克萨当选斯里兰卡第五届总统，组成了以他为首的新政府。拉贾帕克萨上台后即表示，他领导的新政府将优先处理国内和平进程问题，以和平手段解决民族冲突。他将与猛虎组织直接进行谈判，并采取行动修正政府与猛虎组织之间的停火协议。为显示诚意，拉贾帕克萨表示将采取更加灵活的态度和方法与猛虎组织进行接触，并同意在境外与其进行和谈。斯新任陆军司令丰塞卡也表示，政府将与猛虎组织建立对话机制，以便使该

组织继续遵守停火协议。猛虎组织领导人普拉巴卡兰11月27日呼吁新政府尽快政治解决泰米尔问题,不要在种族冲突问题上采取强硬立场并使用拖延策略。但是,双方在如何解决种族冲突问题上存在巨大分歧。斯总统拉贾帕克萨表示,政府不会容忍恐怖主义以及雇佣娃娃兵等侵犯人权的行为,也不会接受猛虎组织关于"传统家园"、"分离和自决的权力"等主张。种族冲突问题的最终解决方案将以"在统一斯里兰卡框架内实行最大程度的权力下放"为基础,而且该方案必须得到公众的认可。猛虎组织表示,新政府应该尽快提出能满足泰米尔人政治需求的政治解决方案。如果政府在种族冲突问题上采取强硬立场,猛虎组织将在明年加紧"进行争取自决和民族解放的斗争,以便在自己的土地上建立自己的政府"。双方由于分歧严重,不仅未能恢复和谈,反而暴力事件频繁发生。

(刘温国)

新德里遭连环爆炸袭击　2005年10月29日,再过两天便是印度的传统节日"迪瓦利"(相当于中国的春节),印度首都新德里充满节日的欢乐。然而,正当人们利用最后的周末购置节日物品时,新德里却在傍晚不到半个小时内连续发生3起连环爆炸事件,造成61人死亡,188人受伤。有关情况如下:

一、爆炸情况

第一起爆炸发生在帕哈干吉大市场。这是新德里最繁华的批发市场,位于新德里火车站附近。周围还有大量小型廉价旅馆,经常会有外国游客居住在此。下午5时40分,帕哈干吉大市场传来巨大的爆炸声,附近的部分商店随即陷入一片火海。巴德利·斯宾塞是一名来自英国曼彻斯特的游客,他当时和自己的女朋友就站在离爆炸现场50米的地方。斯宾塞说:"爆炸是突然发生的,当时我一下子跪倒在地。人们极为惊恐,开始大叫着四处奔跑。店主们都迅速地关上了店门,有些人开始利用手推车作为临时救援担架,救助伤员。"部分伤员被紧急送往当地医院接受治疗。许多遇难者家属涌向医院,希望能找到自己的亲人,帕维德·辛格就是其中一位,他说:"我的弟弟及妹妹都在市场上采购物品,我找到了他们被烧毁的自行车,但不知道他们目前是死是活。"

第二起爆炸发生在萨罗吉尼市场。第一起爆炸发生后20分钟,正当警察及消防人员全力赶到现场救援时,新德里另一个更大的综合性市场萨罗吉尼市场发生了更大规模的爆炸。爆炸场面比第一起更为血腥混乱。英国广播公司记者鲍尔·达那哈在现场报道称:"萨罗吉尼市场在爆炸中被严重破坏,许多摊位都开始起火燃烧。我看见救援人员将3具严重烧伤的遇难者遗体抬了出来,一名警察告诉我,里面还有更多的遇难者。这起爆炸不是针对有权势的政府官员,而是针对普通的印度市民。"

第三起爆炸发生在高维普里商业区。几乎在第二起爆炸发生的同时,位于新德里南部的一个商业区发生了第三起爆炸。可兰·莫汗是新德里市民,居住在离爆炸现场只有200米远的地方,他对记者说:"这起爆炸非常剧烈,我家的房屋都开始摇晃起来。爆炸发生后,甚至连距离更远的警察局都受到了破坏。"

二、印度政府采取的应对措施

新德里等城市进入高度警戒状态。爆炸发生后,新德里市首席部长迪克西特通过当地电视台发表声明表示,这是首都新德里"悲伤的一天",并宣布新德里进入高度警戒状态,市内所有的市场立即关闭。随后,孟买、加尔各答等各大城市也宣布进入高度警戒状态。

总理曼莫汉·辛格提前从外地返回新德里。爆炸发生后不久,辛格决定缩短其在印东北部地区的视察提前返回新德里。他表示,爆炸事件的发生使他"深感震惊",但"印度人民不会被恐怖主义所击倒",他坚信"印度最终会赢得打击恐怖主义的胜利"。

内政部进行紧急磋商。29日8时15分,印度内政部高级官员对爆炸事件进行紧急磋商。

印度警方全力搜查元凶。29日深夜,新德里警方突击搜查了几家宾馆,拘捕了150多人并进行讯问。大批警察还登上从新德里开往孟买、加尔各答等地的主要列车进行盘查。

三、制造爆炸事件的元凶

印度报业托拉斯10月30日报道,位于印控克什米尔地区的一个名叫"英吉拉布"(革命)组织的团体给印度各主要媒体打电话,宣称对此次袭击负责,称"发动袭击的目的是不满印政府安全部队在克什米尔地区的种种行动"。11月1日,印度媒体称新德里连环爆炸案的侦破工作取得重要进展。警方从目击者处得知,一个20多岁留胡子的嫌犯在爆炸发生前将一个运动包留在了公交车上。此外,警方还在案发现场发现了"旋风炸药"和一个精密的计时器。同日,《印度时报》发表的分析文章称,从"旋风炸药"和半个小时内连续3次爆炸来看,印度的恐怖组织中只有"虔诚军"有这样的行动能力。先前跳出来承认实施爆炸的"英吉拉布"组织是"虔诚军"的一个分支。

据印度反恐部门提供的资料,"虔诚军"是印控克什米尔地区最活跃的恐怖组织,其目的只有一个,就是推翻印度政府,在印度实现穆斯林统治。1989年,克什米尔地区的恐怖活动升温,"英吉拉布"邀请"虔诚军"到印控克什米尔参加针对印度军队的"圣战"。此后,"虔诚军"逐渐成了克什米尔恐怖组织的领头羊。该恐怖组织在克什米尔等地区有流动训练营,并建立宗教学校、发行宗教刊物。其成员80%是巴基斯坦人和反苏战争中的阿富汗老兵。尽管历史不长,"虔诚军"近几年却制造了一系列恐怖事件:2000年12月,该组织发动了红堡恐怖袭击;2001年底,印度政府指责"虔诚军"是袭击议会大厦并造成12人死亡的幕后黑手;2003年8月25日,该组织又在印度的金融中心孟买制造两起爆炸事件,共造成52人死亡,150多人受伤。此外,在澳大利亚、新加坡、美国和法国等国都发现过该组织的踪迹。2005年9月在以色列举行的反恐国际会议上,以色列对外情报机构前主席和美国兰德公司专家都提醒人们注意"虔诚军"的活动。可见该组织在国际恐怖网络中早已占据一席之地。

四、印度恐怖事件频发的原因

据报道,近年来,印度始终以大国形象示人,无论是外交上的纵横捭阖,还是遭受自然灾害后的"舍己为人",都让人感觉印度在扮演着一个世界性大国的角色,甚至某些西方评论家认为,印度是最具潜力的发展中国家。然而,10月29日的新德里连环爆炸案提醒世人,在最近10年里印度已有5万多人在恐怖事件中丧生,其中包括2.4万名恐怖分子,近2万名平民,7300多名军警,这一数字居全球之首。爆炸事件已经使印度政府认识到,政治稳定是其实现大国发展战略的基本前提。因此,印度媒体对这次爆炸的原因作了深层次分析,认为各种错综复杂的社会矛盾是印度恐怖事件频繁发生的根本原因。

第一,克什米尔地区极端组织林立。1947年和1965年,印巴在克什米尔发生武装冲突。1989年以来,印控克什米尔的部分极端武装组织为实现独立或与巴基斯坦合并的目的频繁使用暴力手段,使得印控克什米尔陷入血雨腥风。16年来,这一地区有4万多人死于非命,财产损失不计其数。除"虔诚军"外,该地区还有"穆罕默德军"、"伊斯兰圣战组织"、"塔里克圣战组织"、"阿尔巴达尔圣战组织"、"哈克图尔圣战组织"、"查谟—克什米尔解放阵线"及"希斯布尔·默米尼恩组织"等极端组织。

第二,宗教冲突撕裂了印度社会。印度各民族混居在一起,居民的宗教信仰和习惯各不相同,矛盾错综复杂,宗教冲突几乎没有停止过。1984年的金庙事件加剧了印度政府与锡克教徒的矛盾,总理英吉拉·甘地被锡克族保镖乱枪打死;20世纪90年代,印度教徒和穆斯林为争夺宗教圣地多次发生大规模冲突,数千人丧生;2002年3月,印度古吉拉特邦宗教骚乱造成1000多人死亡;2005年5月,因一部电影被认为亵渎了锡克教,新德里发生电影院连环爆炸事件,数十人伤亡。频繁的冲突加深了民族和宗教矛盾,撕裂了印度社会。

第三,印度各地经济发展不平衡,导致地方武装频频滋事。有报道称,印度一半的邦都存在反政府武装。例如:在阿萨姆邦的"阿萨姆联合解放阵线"发动了一系列暴力事件,目的就是使该邦脱离印度而独立。由于政府无法在该地区实施有效控制,印度东北部的经济发展已远远落后于其他地区,使当地政治局势更加动荡。

四、国际社会的反应

对于新德里发生的连环爆炸事件,国际社会反应强烈。

中国国家主席胡锦涛10月30日向印度卡拉姆总统致慰问电,代表中国政府和人民,并以个人名义,向印度政府和人民、遇难者亲属和受伤人员表示诚挚慰问,对不幸遇难者表示深切哀悼。胡主席表示,中国政府谴责一切形式的恐怖主义,愿与包括印度在内的国际社会一道,共同打击恐怖主义,维护世界和平与稳定。同日,国务院总理温家宝和外交部长李肇星分别向印总理曼莫汉·辛格和外长纳特瓦尔·辛格致电慰问。

巴基斯坦在爆炸后第一时间做出反应,强烈谴责这起恐怖事件,向印方表示同情和慰问,并对死难者致以哀悼。巴基斯坦总统穆沙拉夫10月31日晚打电话给印度总理曼莫汗·辛格,对新德里爆炸案中的遇难者表示哀悼。

孟加拉国政府在印度发生爆炸事件后,立即下令全国进入"最高戒备状态",防止恐怖分子在孟制造类似事件。孟准军事部队孟加拉国步枪队发言人贾拉勒丁30日对新华社记者说,新德里发生爆炸事件后,孟步枪队奉命立即在孟印边界地区加强戒备,"严密监视边境地区恐怖主义活动情况",对于来自印度一侧可疑入境者"严加盘查",防止与孟加拉国恐怖组织有联系的人入境。

马来西亚总理巴达维30日发表声明,强烈谴责印度首都新德里发生的爆炸袭击事件,并对受害者家属表示深切同情。

菲律宾总统阿罗约30日发表声明,对新德里发生的恐怖袭击事件予以谴责,对受害者家属表示慰问。阿罗约说,这一恐怖袭击再次说明各国有必要加强对恐怖主义的防范,菲律宾将继续与国际社会合作打击恐怖主义。

美国国务卿赖斯10月29日发表声明说:“这些袭击针对的是准备过节的无辜平民,手段令人发指。我们为受害者的亲人祈祷,并祝愿伤者迅速康复。打击恐怖是我们的共同战争,我们支持印度人民致力于把恐怖分子绳之以法的斗争。”

英国外交大臣杰克·斯特劳10月29日发表讲话,谴责发生在新德里的一系列爆炸是“惨无人道的”袭击,其目的是造成尽可能多的破坏。

法国总理德维尔潘10月29日在写给印度总理辛格的一封信中说:“我十分悲痛地获悉新德里发生了造成大量人员伤亡的令人震惊的袭击事件。法国以最严正的态度谴责恐怖主义和恐怖主义行径。”

南非总统姆贝基10月29日说:“南非政府同国际社会一道谴责这些十恶不赦的恐怖主义行径。”

联合国秘书长安南10月29日发表声明,强烈谴责在印度首都新德里的系列恐怖爆炸袭击事件,并要求印度政府迅速将行凶者绳之以法。安南对这起恐怖袭击事件造成重大伤亡深表痛心,尤其对恐怖分子选择在印度最大的传统节日“排灯节”即将来临之际制造爆炸袭击深感震惊。同时,他向印度政府和人民以及受难者家属致以最诚挚的问候。

欧盟外交政策和安全事务高级代表索拉纳10月29日说:“必须将制造这种令人发指的罪行的人绳之以法。”(综合新华社有关报道)

(温流畅)

巴基斯坦西南部发生严重炸弹爆炸事件

2005年3月19日,在巴基斯坦西南部俾路支省首府奎达以东约350公里的偏远地区发生一起严重炸弹爆炸事件。有关情况如下:

一、爆炸造成的伤亡情况

爆炸发生在有大约2万人参加的一个宗教庆典活动现场,加之当地缺乏足够的医疗条件,因此,造成的人员伤亡很大。据报道,至少50人死亡,100多人受伤。

二、爆炸发生的原因

据报道,巴基斯坦俾路支省的紧张形势已持续数月。该省位于巴基斯坦西南部,毗邻阿富汗和伊朗,蕴藏着丰富的天然气和矿产资源。近几个月来,当地部族武装要求政府增加开采当地资源的补偿,并要求撤出在当地的驻军。部族武装还频繁袭击当地政府和军方目标,并炸毁铁路线和输气管道等设施。这次严重爆炸事件,是上述反政府活动的继续。爆炸发生后,巴基斯坦反政府武装“俾路支解放军”发言人通过卫星电话宣布,该组织对这次爆炸事件负责。

三、巴政府积极采取措施遏制恐怖袭击

近年来,在巴基斯坦恐怖主义和宗教极端主义活动不仅时有发生,而且还呈现出一些值得注意的新特点,如自杀式袭击越来越成为恐怖活动的一种主要手段。极端分子袭击的目标除了国家领导人、政府高级官员以及军界要人外,还包括清真寺和宗教集会中的普通民众。同时,极端主义活动的范围也有向全国蔓延的趋势。巴总统穆沙拉夫指出,恐怖主义和宗教极端主义已经对巴基斯坦的国家安全构成巨大威胁。这次严重恐怖爆炸事件后,巴政府积极采取措施遏制恐怖袭击势头。

(一)严密控制巴阿边境。长期以来,经常有武装分子在巴阿边境两侧穿梭活动,以躲避追捕。爆炸发生后,巴加强了对巴阿边境地区的控制。据报道,巴基斯坦军方在巴阿边境地区展开了持续的军事清剿行动,共击毙353名武装分子,已确定其中175人来自乌兹别克斯坦、塔吉克斯坦、土库曼斯坦、车臣地区和某些阿拉伯国家。同时,巴军方也有268名士兵阵亡、670人受伤。7月,巴基斯坦政府向巴阿边境地区增派了5000名士兵,使巴军在当地打击武装分子和维护边境稳定的总兵力上升到8万人。9月12日,巴外长卡苏里在纽约对媒体说,巴方正打算在巴阿边境修建一道“隔离墙”,以阻止武装分子从阿富汗潜入巴基斯坦。

(二)宗教界发布禁令封堵自杀袭击。5月17日,58位巴宗教界知名学者在拉合尔联合召开新闻发布会,共同发布了一项禁令,明确表示反对极端分子的自杀式袭击,宣布自杀式袭击完全背离伊斯兰教的宗旨,必须坚决予以禁止。这项禁令规定,任何人策划或实施自杀式袭击活动都是违反伊斯兰教义的行为,在清真寺或公共集会上实施爆炸并杀害穆斯林更是严重的犯罪。禁令还规定,严禁杀害在巴基斯坦的非穆斯林公民和外国人士。一些分析人士认为,考虑到媒体是从巴政府的新闻部那里获得学者们将要举行新闻发布会的通知的,因此这项宗教禁令可能具有一定的官方背景,至少得到了官方的支持。穆沙拉夫近年来提出开明、温和的国家发展新战略,力争在全力打击各种恐怖活动、暴力行为并实现国内政治稳定的前提下,推动积极稳健的经济与社会发展计划。从2005年下半年开始,巴基斯坦宏观经济形势持续趋好,经济增长率有可能达到近年来少有的8.3%,有望跻身亚洲经济增长速度最快的5个国家之列。不过,教派冲突、恐怖袭击等不稳定因素始终威胁着巴基斯坦的经济发展,影响了外国投资者的信心,成为国家发展的一个重大障碍。因此,禁令的颁布无疑会对巴政府的经济社会发展计划起到支

持作用。巴基斯坦负责宗教事务的国务部长阿米尔·里亚科特·侯赛因在禁令颁布后立即表示祝贺，称这项宗教禁令表明了"伊斯兰教是一个和平与非暴力的宗教"，禁令的颁布是巴基斯坦"具有纪念意义的成就"。

(三)在全国范围内加强对极端主义分子的突击搜查。这次爆炸事件发生后，巴基斯坦在全国范围内加强了对极端主义分子的突击搜查。例如，7月19日至20日，在总统穆沙拉夫的亲自指示下展开的搜捕行动，巴警方在全国范围内抓获了大约200名极端分子。加上前几天的行动，总共抓捕了300多人。

(四)要求宗教学校的外国学生全部离境。巴基斯坦总统穆沙拉夫在7月29日举行的外国驻巴记者招待会上，介绍了巴打击极端主义和恐怖主义的思路、部署及取得的成果，并首次向外界宣布：作为打击极端势力的最新举措，巴政府要求宗教学校的外国学生全部离境。(综合新华社有关报道)

(赵瑞丰)

459起连环爆炸狂袭孟加拉国63个县

2005年8月17日11时以后的约半个小时内，孟加拉国发生了459起连环爆炸。爆炸造成至少2人死亡，100多人受伤。有媒体称，全世界都被这些覆盖孟加拉国全国的爆炸"吓了一跳"。

一、连环爆炸袭击的特点

爆炸发生后，媒体和分析人士对这次爆炸进行了分析，普遍认为"8.17"连环爆炸袭击有五个显著特点：

第一，爆炸次数多分布广。根据多数媒体统计，"8.17"连环爆炸袭击多达459起，仅发生在首都达卡的爆炸就有28起。爆炸分布面非常广，波及孟加拉全国64个县中的63个县。

第二，爆炸时间比较集中。全国范围的爆炸集中发生在8月17日11时至11时30分的半小时之内。459起爆炸集中发生在半小时之内，显然是有预谋、经过精心组织的行动。

第三，爆炸发生地点大都是容易造成影响的地方。据达卡市安全官员描述，达卡的爆炸主要发生在总理府、高等法院、国际机场、新闻俱乐部及饭店、银行等地，还有1枚炸弹在美国驻孟使馆附近爆炸。其他地区的爆炸也大多发生在县政府、警察局和法院附近，伤及的大多是过往行人。

第四，炸弹制造技术比较简陋。专家指出，这次爆炸所采用的都是比较简陋的土制炸弹。除了爆炸现场之外，其他的地方还起获了不少没被引爆的炸弹。从爆炸情况和事后所起获的炸弹情况分析，爆炸采用的引爆方式是简单的定时引爆法。

第五，爆炸对民众产生的心理震憾作用大。爆炸用的土制炸弹虽然威力不大，但由于是数量众多的连环爆炸，爆炸地点分布广且容易产生影响，因此，爆炸对民众产生的心理震憾作用却很大。爆炸刚发生时，警方就出动了，但随之而来的连续不断的爆炸，使警方顾此失彼，难以应对，孟加拉国陷入了短时间的混乱。民众只能通过手机等通讯工具联络失散的亲朋好友。事后，人们大多待在家里不敢出门，一些平时人头攒动的公共汽车站也冷落了，一些较大的商场和超市也停止营业或者缩短了营业时间，儿童乐园在爆炸发生后门可罗雀。当天下午，达卡的街道上鲜有人迹，笼罩在一片恐慌之中。据一些目击者说，爆炸使他们产生了严重的恐惧心理，不敢再乘坐公共汽车，不敢到人多的场所，甚至到市场买菜也提心吊胆。

二、孟加拉国政府反应迅速

事发当天，正在中国进行访问的孟加拉国总理卡莉达·齐亚立即对爆炸案表示强烈谴责，称这一系列爆炸是"罪恶的、精心设计的阴谋恐怖活动"，爆炸案制造者是"国家、人民、和平的敌人"。孟内阁迅速召开了安全会议，政府也随即发表公报，呼吁民众不要恐慌。孟加拉国的准军事部队、快速行动营（特别警察部队）与警方都出动了。在公路、市场、市区路口设立了检查站，不少过往的行人受到盘查。截至8月18日已经有45人被捕。

孟加拉国的媒体反应也很快。爆炸发生后，孟加拉国电视、报纸大多以"半小时内全国63个县发生459起爆炸案"、"爆炸席卷全国的每一个角落"、"恐怖袭击遍布全国"等为题，对爆炸情况进行了报道，并配有爆炸发生后各种场面的照片，如未爆炸的炸弹、军警人员加强保安措施等。

三、爆炸是极端宗教组织制造的

孟加拉国政府2005年2月对部分极端宗教组织进行了严厉打击，以涉嫌谋杀、抢劫、爆炸袭击和煽动宗教情绪等理由取缔了国内的伊斯兰武装组织"圣战党"。该组织头目曾在克什米尔和阿富汗接受军事训练，学习使用武器和爆炸物。爆炸发生时，政府仍在开展打击极端宗教武装分子的活动，并决定在高等法院设立特别法庭，加速审理极端宗教组织案件。有消息称，孟加拉国政府在"8.17"连环爆炸袭击发生前曾获悉伊斯兰极端宗教组织可能在8月14日至16日制造爆炸事件，目的是为了破坏社会和法律秩序。当地安全警察部队在部分爆炸现场，发现了被查禁的伊斯兰极端宗教组织"圣战党"的传单，传单提出了建立独立的伊斯兰共和国，实行伊斯兰法律等比较极端的内容。因此，爆炸发生后普遍认为"圣战党"制造了此次爆炸案件。8月22日，孟加拉国警方一位高级官员宣布，关于8月17日全国范围内系列爆炸事件的调查"正逐步取得进展"。同日的当地媒体报道，至少有30名被逮捕的嫌疑人承认当时安放炸弹是遵照"圣战党"领导人的指令行事。

四、对孟加拉国政治生活将产生重要影响

近年来，孟加拉国经济基本保持了年均约5%的中速发展势头，在脱贫、改善妇女地位等方面取得了不错的成绩，但随着国际恐怖组织活动日益猖獗，国内公共治安情况仍不理想。抢劫、偷盗、绑架等危害人民生活的刑事案件不时见诸报端，一些记者的人身安全也难以得到保障。公共场所不断有炸弹袭击事件发生，给人民的生产生活带来了严重影响。

由于下次大选将于2006年初举行，所以有人猜测，此次爆炸很可能与下届大选有关。作为农业国家，孟加拉国地势多为平原，每年的雨季洪灾严重，造成农产品歉收，经济发展比较落后，是世界最不发达国家之一。据孟财政报告统计，孟人均国民收入470美元，通货膨胀率2005年5月为6.9%。7月，孟外汇储备已经降低到29亿美元。塔卡（孟货币名称）持续贬值，加上国内近80%的财富掌握在5%的人手中，生活水平差异大，因而生活在中下层的人经常有些不满。

爆炸后引发一系列政治效应。8月20日，孟加拉国反对党发起全国范围的大罢工，抗议国内发生的连环爆炸事件，同时批评政府在对待伊斯兰好战分子问题上立场软弱，措施不力。反对党联盟主席、前总理哈西娜在接受媒体采访时甚至公开指责齐亚总理及其政府"参与了这一系列爆炸事件"，声称该事件是"执政党自知无法在明年大选中获胜而刻意放任，目的是想在国内制造混乱局势"。对此，孟加拉国民族主义党政府予以坚决否认，并要求反对党不要企图浑水摸鱼，避免再给孟加拉国的国际形象抹黑。看来，这次爆炸案将给孟政治生活带来深远的影响。

五、国际社会反应强烈

"8.17"连环爆炸袭击吸引了世界各大媒体的目光，国际社会也做出强烈反应。中印等国政府对爆炸予以谴责，美驻孟使馆和英国驻孟高级专员公署也出面表态，希望孟政府尽快将凶手缉拿归案。联合国秘书长安南对爆炸案表示愤慨，并呼吁孟国民保持冷静，维护社会秩序。（综合新华社有关报道）

（赵瑞丰）

乌兹别克斯坦果断平息安集延武装骚乱

2005年5月中旬，由于武装分子袭击乌兹别克斯坦东部城市安集延引发了一场严重的骚乱事件。对此，乌政府采取果断措施，平息骚乱，恢复秩序，从而避免了中亚地区再次发生一场新的"颜色革命"。

一、安集延武装骚乱被迅速平息

5月12日夜间，一群不明身份的武装分子袭击了乌兹别克斯坦东部城市安集延的警察岗哨和部队营房，抢劫了数十件武器。他们还冲进安集延监狱，打开牢门，释放了2000多名在押犯。随后，武装分子企图占领安集延州政府大楼和州安全局大楼，但被军警击退。

13日，局势进一步恶化，武装骚乱事件演变成"要求总统下台"的抗议活动。几千名民众聚集到安集延市中心广场进行示威，要求总统卡里莫夫辞职和进行民主改革，扩大就业机会。为了有效应对安集延的突发事件，卡里莫夫在骚乱发生后，立即飞往安集延。在他的亲自指挥下，乌强力部门采取果断措施，迅速控制了局势。13日夜，乌军警封锁了安集延市的出入通道，出动装甲车和直升机，围攻安集延州政府大楼地区的武装分子。在市中心广场集会的上千名示威者开始四散。部分武装分子被当场击毙，残余武装分子向乌兹别克斯坦和吉尔吉斯斯坦边境地区逃窜。安集延市中心地带局势趋于平静，卡里莫夫从安集延返回塔什干。

14日，大约6000名乌兹别克斯坦人试图逃往吉尔吉斯斯坦境内，受到乌边防人员阻拦。一些人焚烧了一家警局，砸毁了数辆警车。但从总体上看，乌兹别克斯坦东部安集延地区的局势已趋于平静。乌总统新闻局宣布，安集延骚乱事件已经平息。

乌官方14日称，在安集延骚乱事件中，乌护法机关有10人死亡，100多人受伤；而骚乱者当中也有100多人受伤，死亡人数正在统计之中。乌官方还称，地方行政机关和护法机关在应对骚乱时有失误，没有及时采取安全措施，以致事态在13日白天进一步恶化，但乌兹别克斯坦的"人民、军人、警察在反对骚乱的斗争中表现出了应有的勇敢精神"。

二、武装骚乱是中亚极端组织策划的

从乌官方在平息骚乱后披露的有关情况看，安集延武装骚乱是中亚极端组织策划的。乌兹别克斯坦总统卡里莫夫5月14日在记者招待会上说，安集延骚乱事件的策划者是中亚极端组织伊斯兰解放党的新分支组织"艾克拉米亚"，"这个新极端组织所鼓吹的对世俗政权的仇视态度是我们坚决不能接受的”。卡里莫夫说，在极端分子发动安集延骚乱前，安全部门已掌握了其头目的情况，只不过在他们没有公开触犯法律之前，警方没有对其采取行动。卡里莫夫说，策划这次骚乱的指挥部就在与乌相邻的吉尔吉斯斯坦南部费尔干纳盆地。在被俘的骚乱者中有吉尔吉斯斯坦公民，也有生活在吉境内的乌兹别克族人。卡里莫夫还说，极端分子在占领安集延州政府大楼后从那里用手机同相邻的吉尔吉斯斯坦贾拉拉巴德州和奥什州进行了联络，甚至还同阿富汗的某些势力通了话。卡里莫夫指出，在这次骚乱事件中显然有人企图在乌境内重新制造一次与吉政治事变类似的事件。他说，把乌兹别克斯坦的骚乱事件与乌克兰、格鲁吉亚和吉尔吉斯斯坦的事件等同起来是不对的，“我本人坚决反对任何所谓的革命”。

俄国际文传电讯社援引俄外交部和强力部门官员的话说，发动骚乱的武装分子既有土匪，也有极端分子，还有从阿富汗来的塔利班人员。他们事先在吉尔吉斯斯坦、乌兹别克斯坦和塔吉克斯坦三国边境交界处秘密集结，然后潜入乌兹别克斯坦捣乱。其目的是首先在安集延地区制造骚乱，进而将骚乱扩散到费尔干纳盆地和整个乌兹别克斯坦。

三、安集延武装骚乱事件对乌局势造成很大冲击

一些舆论指出，乌兹别克斯坦有很多经济和社会问题：警察系统腐败成风，毒品走私现象严重，政治案件接连不断，国家在向市场经济过渡时犹豫不决。1991年以后，乌兹别克斯坦的国民生产总值已经下降了至少30%，城市居民、工人和第三产业在这一过渡期内蒙受的损失最大。同时，乌兹别克斯坦拥有100多个民族，矛盾较为复杂。因此，突如其来的安集延骚乱事件，对卡里莫夫政权以及中亚局势带来何种影响，引起人们的关注。俄联邦委员会（议会上院）独联体事务委员会主席古斯托夫认为，乌立国十余年来，经济长期处于停滞状态，安集延又地处人口最稠密、经济发展最落后的费尔干纳盆地，当地民众对当局的不满情绪早已有之，曾多次与当局发生冲突。再加上费尔干纳盆地历来是极端分子和恐怖分子藏匿和活动的主要场所，极端势力在当地很容易煽动人心。安集延骚乱事件就是一个例证。俄著名战略家、地缘政治问题学院副院长伊瓦绍夫担心，安集延事件很可能会刺激民众的不满，引起连锁反应。俄独立军事专家叶尔莫林认为，反对派借机闹事，迷惑了很多民众，包括中小企业主，还有处于社会底层的贫困人群，乌面临着内战危险。

四、乌周边国家和俄美欧对骚乱事件的反应有较大区别

乌兹别克斯坦周边国家非常关注，担心殃及自身。邻国哈萨克斯坦、吉尔吉斯斯坦和塔吉克斯坦担心骚乱蔓延到本国，重蹈吉尔吉斯斯坦1999年南部山区遭乌兹别克斯坦“伊斯兰运动”武装分子袭击的覆辙，纷纷关闭边境，加强安全措施。

美国和欧盟敦促冲突各方都保持克制，希望乌进行“政治改革”。美国国务院发言人理查德·鲍彻5月13日说，12日晚间从乌兹别克斯坦安集延市越狱的2000多名囚犯中可能包括“乌兹别克斯坦伊斯兰运动（乌伊运）”组织的恐怖分子。他说，“乌兹别克斯坦伊斯兰运动”是被美国正式列入名单的国际恐怖组织，其成员的逃逸有可能给相应地区带来混乱。他说，美国希望安集延市冲突各方保持克制，美方正与乌各方斡旋，以平息目前乌国内的混乱局面，避免恐怖分子有可乘之机。美国白宫发言人麦克莱伦13日表示对乌局势严重关切，敦促乌政府和示威者保持克制，称乌人民“希望看到一个更具代表性和民主的政府”，但这应通过和平方式实现。一些媒体评论说，美国的表态相当耐人寻味：一方面希望中亚国家能按美国的标准建设“民主国家”以遏制俄罗斯，另一方面也担心极端势力猖獗殃及自身。欧盟则呼吁乌兹别克斯坦进行社会和政治改革。

俄罗斯谴责骚乱事件，支持乌政府为稳定局势做出的努力。与美欧的态度截然不同，俄罗斯从一开始就站在卡里莫夫政府一边。俄罗斯外交部发言人雅科文科13日在俄外交部网站上发表声明说，俄罗斯谴责乌兹别克斯坦极端分子在乌东部安集延市制造的骚乱事件。俄对这一事件表示关切，并坚定支持乌政府为稳定该地区局势所做出的努力。俄罗斯总统普京14日与乌兹别克斯坦总统卡里莫夫进行了电话交谈，两国总统对安集延骚乱事件可能破坏中亚地区局势的稳定表示严重忧虑。俄第一副外长洛希宁说，安集延地区的武装骚乱很显然是经过“预先策划”的，很可能是激进的原教旨主义分子导演的一场闹剧。（综合新华社有关报道）

（孔宪文）

吉尔吉斯斯坦骚乱导致政府更迭 2005年3月至4月，吉尔吉斯斯坦反对派因不满议会选举结果而发动的大规模“街头活动”，迅速演变为严重骚乱，并最终导致吉政府更迭。国际舆论普遍认为，吉尔吉斯斯坦政局变化是美国导演的一场“颜色革命”。

一、反对派借议会选举之机发动骚乱并推翻阿卡耶夫政府

2005 年 2 月下旬，吉尔吉斯斯坦开始举行议会选举。第一轮选举于 2 月 27 日举行，选出了 32 名议员。3 月 13 日，吉尔吉斯斯坦举行第二轮议会选举，选出 39 名议员。两轮选举共选举产生了 71 名议员，其中亲政府派议员近 30 人，反对派阵营的议员近 10 人，其余为独立的中间派人士。议会选举后，反对派指责政府在选举过程中存在舞弊行为，要求重新进行选举。为此，吉尔吉斯斯坦反对派在吉南部发动了大规模"街头活动"。这些"街头活动"迅速演变为被反对派称为"柠檬革命"的严重骚乱，并席卷全国，最终推翻阿卡耶夫政府。吉反对派达到了使吉变天的目的。骚乱事件的经过如下：

3 月 19 日，吉尔吉斯斯坦反对派发动了大规模示威游行，占领吉南部奥什州和贾拉拉巴德州政府大楼，吉尔吉斯斯坦骚乱开始。此后，事态迅速恶化，政局急剧动荡。

3 月 20 日，吉特种部队在吉南部地区采取了行动，驱散了占领贾拉拉巴德州政府和奥什市政府的 400 多名抗议者。政府与反对派之间的矛盾升级。吉尔吉斯斯坦南部地区发生更大规模示威，抗议者开始围攻和焚烧警察局，占领机场，并要求阿卡耶夫总统下台。

3 月 21 日，吉反对派进行反扑，吉南部地区紧张局势骤然升级。在奥什市，数千名反对派的支持者携带着棍棒和燃烧弹，先后占领奥什市政府大楼及警察局、安全局所在地。他们还聚集到奥什市广场，焚烧了阿卡耶夫的画像。吉反对派扬言将在吉全国内建立新政权，对抗现政府。在贾拉拉巴德，抗议者占领了州、市两级政府及电视台，并烧毁政府建筑物，还在贾拉拉巴德机场跑道上堆放石块，阻止政府空运增援部队。

3 月 22 日，吉中央选举委员会主席苏莱曼·伊曼巴耶夫宣布，议会选举结果完全是合法有效的；吉新议会在阿卡耶夫的主持下宣誓就职；阿卡耶夫下令对选举违规指控展开调查。

3 月 23 日，阿卡耶夫颁布命令，解除了总检察长梅·阿布德尔达耶夫和内务部长巴·苏班别科夫的职务。

3 月 24 日，上万名反对派支持者在比什凯克举行反政府示威游行，并控制了政府主要权力机关，占领了国家电视台，迫使总统阿卡耶夫与其家属离开吉尔吉斯斯坦。吉政局一度处于无政府状态，社会秩序遭到严重破坏。面对极度混乱的局面，吉上届议会出面主持工作。

3 月 25 日，吉上届议会举行紧急会议，接受了吉总理塔纳耶夫的辞呈，选举反对派的巴基耶夫为吉政府代总理。根据宪法，巴基耶夫将同时履行国家总统职能直至选举产生新总统。同日，吉尔吉斯斯坦最高法院宣布，不久前举行的议会选举结果无效。由于吉新议会已于 3 月 22 日在阿卡耶夫的主持下宣誓就职，因此又出现了两届议会的合法性之争。

3 月 28 日，新议会选举奥穆尔别克·捷克巴耶夫为议长。

3 月 29 日，吉尔吉斯斯坦上届议会上院投票赞成卸任，新旧议会并存的局面结束。阿卡耶夫称，他决不辞职。

4 月 4 日，吉总统阿卡耶夫在吉驻俄罗斯大使馆正式签署辞职声明，宣布从 4 月 5 日起正式辞去总统职务。

4 月 11 日，吉尔吉斯斯坦议会表决通过了阿卡耶夫的辞职声明，同时确定 7 月 10 日举行总统选举。

至此，吉尔吉斯斯坦反对派借议会选举之机发动的骚乱，最终推翻了阿卡耶夫政府，达到了使吉政权更迭的目的。国际舆论认为，国外势力的插手和干涉是吉发生骚乱和政权更迭不可忽略的原因，吉尔吉斯斯坦政权更迭实质上是以美国为首的西方导演的一场"颜色革命"。

二、国际社会对吉发生严重骚乱的反应

对吉局势的骤然恶化，一些国家纷纷发表声明，阐述对吉局势的立场。吉的中亚邻国哈萨克斯坦、乌兹别克斯坦和塔吉克斯坦政府纷纷表示关注，希望吉局势能尽快稳定。中国外交部发言人刘建超 3 月 23 日表示，中国衷心希望吉社会保持稳定。俄联邦委员会（议会上院）独联体事务委员会主席表示，局势最严峻的地区是吉最贫穷、极端组织活跃地区，如果听任局势动荡下去，极可能出现类似阿富汗的情况。无论如何，争议需以和平方式在法律框架内解决。欧安组织重申了谈判解决问题的立场，并愿意充当中间人。美国则派出副国务卿伯恩斯赴吉，要求吉政府无条件与反对派谈判。

三、阿卡耶夫政府被推翻的原因

此次吉政权更迭的导火线是吉议会选举，但阿卡耶夫政府被推翻有其深刻的内部和外部原因：

第一，腐败问题是阿卡耶夫倒台的重要原因。据报道，阿卡耶夫政府腐败问题严重，主要表现在 3 个方面。一是吉北方官员大肆贪污受贿。二是阿卡耶夫家庭成员搞特殊化。阿卡耶夫的长子和长女都是经营大型超市和加油站的大企业家。在这次议会选举中，

他们两人和阿卡耶夫的其他一些亲戚一起挤进议会，让老百姓非常不满。在此情绪下，只要有人点把火，老百姓就会上去添柴。三是在干部问题上排除异己，频繁撤换干部，将反对阿卡耶夫的人送进监狱，树敌不少，致使南部地区爆发大规模骚乱时，一部分关键人物倒向了反对派。

第二，生活贫困且南北贫富差距拉大。在阿卡耶夫执政期间，吉老百姓的生活并未得到很大改善，而且南北间的贫富差距进一步加剧了。在南部地区仍然非常贫穷。一位小学教师，月薪只有15美元，根本无法养活一家人。此次占据总统府的主力军，主要是来自最贫困地区和失业率达50%的南方民众。

第三，在应对骚乱的措施上，阿卡耶夫摇摆不定。据俄罗斯媒体报道，对于吉议会的选举结果，反对派早在3月4日就有所行动了，但阿卡耶夫并没在意，甚至声称，吉不会发生“颜色革命”，也不允许发生“颜色革命”。局势突变后，阿卡耶夫一味忍让，既没有果断动用军队、警察和安全机构，也没有及时进行对话。据当地媒体报道，在警察与示威者对峙时，阿卡耶夫甚至吩咐军队不得与示威者发生冲突，令强力机构非常不满。阿卡耶夫还临阵换将，使原本跟随阿卡耶夫的内务部队官兵“十分心寒”。相比之下，反对派则精心组织，目标明确。他们先选择在当局影响薄弱的南部城市发动群众，攻占地方政府机关。进而利用政府不得开枪的表态，大胆向首都进发，一举占据了总统府。

第四，西方国家在吉推行“颜色革命”。西方国家早就将吉视为在中亚推行西方民主的第一目标和试验点。自吉独立以来的10多年间，西方就开始通过经济援助、文化交流及军事合作等方式，向吉渗透西方民主意识。而视中亚为后院的俄罗斯，在西方的渗透面前，让多争少，守多攻少，让西方影响不断扩大。阿卡耶夫希望通过与西方开展各项合作来得到经济援助，却忽视了“没有免费午餐”的道理。吉尔吉斯骚乱发生前，美国国务院就称，希望现领导人在换届选举中自动退位。骚乱发生后，美国毫不讳言支持反对派。由于得到以美国为首的西方国家支持，所以吉反对派打着民主的旗号，称这次骚乱为“柠檬革命”。（综合新华社有关报道）

（孔宪文）

伊朗核问题僵局难解 2004年11月初，伊朗与代表欧盟的英法德三国在法国巴黎就伊核问题达成协议。2005年，伊朗与欧盟举行了数轮会谈以落实巴黎协议。然而，由于双方在关键问题上分歧严重，谈判始终未能取得进展，伊朗核问题僵局难解。

一、伊欧就伊朗核问题举行谈判的主要情况

（一）双方分歧严重，多轮谈判未果。2005年1月12日，伊朗与欧盟在布鲁塞尔举行第二轮谈判，但双方仅就经贸合作等问题举行了外围磋商；2月8日，双方在瑞士日内瓦举行第三轮谈判，谈判未果；3月8日，双方在日内瓦举行第四轮谈判，旨在寻求永久性解决伊核问题的方案，谈判再次无果而终。此后，双方又于3月23日、4月19日和4月29日分别举行多次谈判，仍未取得进展。5月7日，伊朗向英法德三国提出四点建议，希望三国尽快做出答复。5月25日，伊朗首席核谈判代表与英法德三国外长在伊朗驻日内瓦官邸举行闭门会谈。伊朗表示无法容忍旷日持久的谈判以及不会放弃铀浓缩活动的基本立场。欧盟表示将在2个月内提出综合计划，以推进与伊朗在技术和核能领域的合作并进一步解决伊核问题。

（二）伊重启铀转化活动，谈判陷入僵局。自7月底以后，伊朗一直敦促欧盟按期提交有关伊核问题的提议，并威胁将重启铀转化活动。8月5日，欧盟三国向伊朗递交了一揽子提议。该提议承认伊朗具有和平利用核能的权利，但敦促伊朗放弃自建核反应堆的努力，包括与铀浓缩有关的一切活动，改由他国提供核燃料，以此来确保其核研究活动不会用于军事目的。伊朗表示，这一提议“无法接受”。8月8日，伊朗恢复了在伊斯法罕的铀转化活动。8月11日，国际原子能机构理事会紧急会议通过一项决议，要求伊朗立即停止与铀浓缩有关的一切核活动，与欧盟继续就其核问题进行谈判，但遭到伊朗拒绝。9月24日，国际原子能机构理事会通过欧盟提出的关于伊朗核问题的决议。决议未明确要求立即将伊核问题向安理会报告，但认定伊朗多次不履行《不扩散核武器条约》保障协定规定的义务。伊朗以该决议既不合法又不合理为由拒绝接受，伊核问题再现危机。

（三）俄罗斯提出妥协方案，但谈判仍未恢复。11月初，伊核问题首席谈判代表拉里贾尼致信英法德三国，要求恢复谈判。伊朗此举旨在避免国际原子能机构在11月24日召开的理事会会议上将伊问题提交安理会。与此同时，为使伊核问题走出僵局，俄罗斯提出了一项妥协方案。该方案建议允许伊朗继续从事铀转化活动，而铀浓缩活动将转移到俄境内进行。这种做法可以使浓缩铀活动被移往伊朗境外，在一定程度上消除了美欧对伊朗发展核计划的担心，获得了美欧特别是欧盟的大力支持。该方案基本符合国际原子能机构关于“和平核燃料的生产应该在一个国际社会共同确定的地点并在该机构的完全控制下进行”的原则，也得到了国际原子能机构总干事巴拉迪的支持。12月21日，英法德三国代表和伊朗的高级官员在维也纳举行会晤，双方同意2006年1月再次会晤，就化解伊核问题的分歧寻求共同点。但是，这仅仅是谈判前的会晤，恢复谈判尚需时日。

二、伊朗核问题难以取得突破的主要原因

（一）伊朗难以放弃核计划，而且伊新政府在核问题上的立场更加强硬。伊朗的核计划已有近50年的历史，而且已投入数亿美元，因此不会轻易放弃。况且，伊朗安全环境不断恶化，发展核计划甚至拥有核武器可以扩大地区影响并对美以产生制约作用。内贾德总统执政后，在核问题上的立场更加强硬。首先是以强硬派谈判代表替换了温和派的谈判代表，由强硬的拉里贾尼接替了鲁哈尼的首席谈判代表职务。其次是拒绝了英法德三国以经济援助换取其放弃核计划的提议，并恢复铀转化活动。伊朗敢于在核问题上向美欧挑衅主要有以下几个因素：一是美国深陷伊拉克战争泥潭，伊朗深信美不会在伊朗另辟战场；二是伊朗自身战略地位重要，且原油生产和出口量大；三是一些国家反对将伊核问题提交安理会并对伊实施经济制裁。

（二）欧盟坚持要求伊朗保证其核活动完全是民用性质，而且与美立场逐步接近。伊朗核问题备受关注以来，欧盟一直采取有别于美的立场，承认伊拥有发展民用核能的权利，主张以和平方式解决争端并积极从中斡旋，避免了伊核危机升级。然而，在伊朗与欧盟举行的数轮谈判中，欧盟坚持要求伊朗必须提供“客观保障”，以证明其核活动完全是为了民用目的。伊朗认为，欧盟“客观保障”的要求就是全面终止核反应堆的建设，其实质是剥夺伊和平利用核能的权利，这是决不能接受的。因此，双方谈判步履艰难，始终未取得进展。而数轮谈判未果也使欧盟意识到，离开美国很难使谈判成功，因为欧盟无力独自兑现一些贸易领域的“回报”承诺。在欧盟与伊朗第四轮谈判未果之后，英法德三国表示，如果伊朗不放弃铀浓缩计划，欧盟将改变原有立场，同意把伊核问题提交安理会。这是欧盟首次做出此类表态，表明其与美国在核问题上的立场渐行渐近。

三、伊朗核危机的解决前景堪忧

（一）伊朗与美欧的分歧难以弥合，各方做出让步的余地不多。在国家战略上，伊朗与美国针锋相对。伊朗坚持发展核技术有更深层次的战略考虑。这一方面与其国家安全战略有关，另一方面也与其当前面临的安全环境特别是美国威胁加大密切相关。因此，伊朗将发展核技术作为其战略选择，不可能轻易放弃。而依据美国在中东的战略利益，美国不仅要极力阻止伊朗发展核武器，更希望看到“改变伊朗政权”。因为从目前来看，伊朗是美国实现其中东战略的最大障碍，美国早就想拔掉这个“眼中钉”。伊朗与美国“势不两立”，美国只不过是借核问题向伊朗发难，两国之间的斗争仍将继续。在核谈判中，伊朗与欧盟分歧严重。欧盟积极推动并参与伊核问题的和平解决。在与伊朗的多轮谈判中，欧盟软硬兼施但收效甚微。而且欧盟坚持伊朗提供“客观保障”的做法与伊朗的立场严重对立，引起伊朗强烈不满。伊朗采取的一系列强硬举措促使欧盟逐渐转变立场，向美国靠近。可以预见，伊朗与欧盟的立场均已接近底线，在谈判中可以做出让步的余地不多。

（二）美欧俄围绕伊核问题的较量仍将继续，伊朗将继续利用各方分歧进行周旋。由于美欧俄的参与，伊朗核问题已超过核问题本身而成为国际重大政治问题，其背后折射出更深层次的大国利益争夺。美国的立场十分明确，坚决反对伊获得大规模杀伤性武器，最大限度地限制伊朗并试图最终改变其政权。欧盟希望借助伊朗核问题提升在中东地区的影响力并密切与伊朗的经贸关系。在防止伊获得大规模杀伤性武器问题上，欧盟与美立场一致，但承认伊朗拥有发展民用核能的权力，反对美以制裁或军事手段解决争端，主张通过协商和谈判等和平方式妥善解决。尽管欧盟与美立场渐趋一致，但其底线并未改变，即把伊朗的核技术限制在民用水平并辅以严格的核查就可以防止伊研制核武器。俄罗斯是与伊朗有着密切军事和经贸关系的国家，也是伊朗发展核技术的最大受益国。在伊朗核危机中，俄罗斯既要维护其在伊朗的利益，又要避免与美发生冲突。在伊核问题升温两年多来，伊朗一直利用各方分歧进行讨价还价。目前，美欧分歧尚存，伊朗将继续与各方周旋，试图取得最有利于己的结果。

总之，由于伊朗核问题错综复杂且交织着大国的利益争夺，彻底和平解决尚需时日，解决前景堪忧。

（林海霞）

附件：

（一）伊朗核开发现状

伊朗为了充分利用核能资源，自20世纪50年代后期开始执行核能发展计划，并先后投入大量资金，建立了1个核电站、6个核研究中心和5个铀处理设

施。

目前，伊朗核计划已经发展到关键阶段，即核燃料循环系统建设阶段。这个系统建成后，便可为伊朗的核电站和研究机构提供燃料，同时也能够获得武器级高浓缩铀。

据报道，伊朗已在其中部发现铀矿资源，并正在建设基于高速离心机技术的浓缩铀设施，为建成1个完整的核燃料循环系统做准备；伊朗南部布什尔核电站在俄罗斯的帮助下已经建成；伊朗还在建设重水反应堆，这将使伊朗能够更有效地从核废料中获取金属钚。根据美国和西方国家的情报，伊朗目前已经迈进了核门槛，但还未能获得制造核武器所需的武器级浓缩铀或钚。

伊朗前总统哈塔米2003年2月9日发表电视讲话时宣布，伊朗已在雅兹德地区发现铀矿并已成功提炼出铀，伊朗将开采铀矿并将建设铀转换和铀浓缩设施，以便建立一个完整的核燃料循环系统。

据报道，2003年10月德黑兰核研究中心曾进行钚回收试验。国际原子能机构估计伊朗已经分离出100克的钚。

2004年9月21日，伊朗副总统兼原子能组织主席拉扎·阿加扎德说，伊朗已开始将37吨"铀黄饼"（即铀矿料）的一部分用于铀转化试验。

2006年1月1日，伊朗宣布已经开发出用"混合澄分"法从铀矿石中提取铀浓缩所需要的"铀黄饼"的技术。该技术使伊朗朝自主建设核燃料循环系统迈进了一步。

铀浓缩是生产核燃料的关键环节。伊朗已于2003年10月中止了铀浓缩活动，2004年11月中止了与铀浓缩有关的一切外围活动。但2005年8月，伊朗又重新启动作为铀浓缩准备阶段的铀转化活动。

（二）伊朗与英法德3国就伊朗核问题进行的历次谈判

伊朗核问题一直是国际社会十分关注的热点问题。2004年11月初，伊朗与代表欧盟的英法德3国在法国巴黎就伊朗核问题达成协议，英法德3国承诺向伊朗提供一座轻水反应堆、核燃料以及核技术，并将在经贸合作方面为伊朗提供帮助。

为了落实巴黎协议，伊朗与英法德3国进行了多次谈判和会晤，其中主要包括：

2004年12月中旬，伊朗与英法德3国举行首轮谈判。

2005年1月12日，双方在布鲁塞尔举行谈判。此轮谈判主要涉及双方的经贸合作，是双方围绕伊朗核问题展开的外围谈判。

2005年2月8日，双方在瑞士日内瓦举行谈判，但没有取得明显进展。

2005年3月8日，双方在日内瓦举行谈判，目的是寻求永久性解决伊核问题的方案，但谈判无果而终。

2005年3月23日，双方在巴黎举行谈判。经过一天的磋商，未能就伊安全等核心问题达成一致。

2005年4月19日，双方在日内瓦举行谈判。谈判中，由于双方在有关问题上各执己见，致使谈判未取得实质性进展。

2005年4月29日，双方在伦敦举行谈判。由于在是否彻底停止铀浓缩活动等关键问题上未能达成一致，谈判无果而终。

2005年5月25日，伊朗首席核谈判代表与英法德3国外长在伊朗驻日内瓦大使官邸举行闭门会谈。谈判中，伊朗向对方通报了伊朗无法容忍旷日持久的谈判以及不会放弃铀浓缩活动的基本立场。随后双方达成协议，欧盟方面表示将在2个月内提出一个综合计划，以推进与伊朗在技术和核能领域的合作，并进一步解决伊朗核问题。

2005年9月15日，在联合国秘书长安南的安排下，英法德3国外长在纽约联合国总部与伊朗总统内贾德举行会谈。各方在会谈中讨论了有关继续就伊朗核问题举行谈判，以寻求欧盟与伊朗都能接受的解决办法的必要性。

2005年12月21日，英法德3国和伊朗的高级官员在维也纳举行会晤。双方同意于2006年1月再次会晤，就化解伊朗核问题的分歧寻求共同点。

（三）国际原子能机构有关伊朗核问题的声明和决议

2003年6月以来，国际原子能机构理事会就伊朗核问题发表了一系列声明和决议。这些声明和决议的主要内容如下：

2003年6月19日，国际原子能机构理事会发表理事会主席关于伊朗核问题的"总结性声明"。声明说，理事会敦促伊朗"迅速纠正（国际原子能机构）总干事巴拉迪在其报告中提到的伊朗在执行与《不扩散核武器条约》有关的保障协定中存在的所有问题，立即和无条件地签署和执行保障协定的附加议定书"。

2003年9月12日，国际原子能机构理事会通过决议，要求伊朗在10月底前公开其核计划，以澄清其全部核活动，包括浓缩铀计划的"全部历史"，尽快签署《不扩散核武器条约》附加议定书，并允许国际原子能机构对其进行更为严格的突击检查，终止提炼浓缩铀试验。

2003 年 11 月 26 日，国际原子能机构理事会通过决议，对伊朗违反对国际原子能机构做出的承诺“深表遗憾”，但对伊朗表示要积极与国际原子能机构合作和增强核活动的透明度表示欢迎。决议说，今后一旦发现伊朗违反《不扩散核武器条约》，理事会将立即召开会议，研究采取具体行动。

2004 年 3 月 13 日，国际原子能机构理事会通过决议，批评伊朗未公开其部分核计划，声明保留在下一次理事会会议上是否决定将伊朗核问题提交联合国安理会审议的选择权。

2004 年 6 月 18 日，国际原子能机构理事会通过决议，敦促伊朗“采取一切必要的步骤”，协助国际原子能机构解决所有与核计划有关的剩余问题，包括澄清在核设施中发现的高浓缩铀痕迹和第二代浓缩铀离心机的问题，以使核查尽早完成。决议肯定了伊朗在配合国际原子能机构进行核查方面所做出的努力，同时对伊朗在其他一些问题上未能“全面、及时和主动”与国际原子能机构合作表示“遗憾”。

2004 年 9 月 18 日，国际原子能机构理事会会议在维也纳通过决议，要求伊朗终止一切与制造核武器有关的核活动，并把 11 月 25 日确定为对伊朗核问题进行全面审议的最后期限。

2004 年 11 月 29 日，国际原子能机构理事会通过法英德 3 国提交的决议草案，决定不将伊朗核问题提交联合国安理会讨论，同时要求伊朗全面履行与法英德 3 国达成的有关中止一切铀浓缩活动的协议。

2005 年 8 月 11 日，国际原子能机构理事会紧急会议通过一项决议，要求伊朗立即停止与铀浓缩有关的一切核活动，与欧盟继续就其核问题进行谈判，但遭伊朗拒绝。

2005 年 9 月 24 日，国际原子能机构理事会通过欧盟提出的关于伊朗核问题的决议。决议未明确要求立即将伊朗核问题向联合国安理会报告，但认定伊朗多次不履行《不扩散核武器条约》保障协定规定的义务。伊朗认为该决议既不合法，又不合理，因此拒绝接受。

(四) 伊朗核问题大事记

1974 年伊朗开始修建核电站等核能利用项目。

1979 年爆发伊斯兰革命后核电站等核能计划陷于停滞。

1991 年伊朗开始与俄罗斯商谈恢复修建核电站问题。

1995 年初伊俄签署俄罗斯为伊朗建造 4 座商业用轻水核反应堆的合同。

2000 年底美国公布了其侦察卫星拍摄的有关伊朗中部两处核设施的照片，称伊朗有可能利用这两处设施制造核武器。随后，美国向伊朗施加强大政治压力。

2003 年 2 月伊朗总统哈塔米宣布伊朗发现并提炼出能为其核电站提供燃料的铀，遭到美国的“严重质疑”。

2003 年 9 月 12 日国际原子能机构理事会通过决议，要求伊朗在 10 月底前公开核计划，接受突击检查。

2003 年 12 月 18 日伊朗签署《不扩散核武器条约》附加议定书。

2004 年 11 月 22 日伊朗政府宣布，根据伊朗与德英法 3 国达成的协议，伊朗已中止与铀浓缩有关的一切活动。29 日，国际原子能机构理事会决定不将伊朗核问题提交联合国安理会讨论。

2005 年 1 月 17 日美国总统布什称，如果对伊朗的核调查没有取得进展，美国不会排除对伊朗动武的可能。（综合新华社报道）

（继　先）

阿富汗重建在动荡中蹒跚进行　2005 年，阿富汗在国际社会的支持下继续进行战后重建工作，并取得一些进展。但由于恐怖袭击不断、地方势力权力滥用、毒品泛滥等问题的严重困扰，阿富汗政府仍面临诸多挑战。

一、阿重建工作取得的进展

(一) 完成了解除各派圣战者武装计划。根据 2001 年 12 月签署的有关成立阿富汗临时政府的《波恩协定》，阿富汗政府从 2003 年 10 月开始实施针对前阿富汗圣战者武装部队和其他武装组织的“解除武装、复员和重返社会”计划。2005 年 7 月 7 日，联合国阿富汗援助团宣布，该计划已圆满结束，共有 6.29 万前战斗人员被解除武装，其中大部分人已得到安置。共收缴各种轻型武器 34726 件，重型武器 9085 件。“解除武装、复员和重返社会”计划的主要目的是解除前军队人员的武装，该计划的完成不仅有利于阿富汗重建政府军和警察部队，维护国家稳定，同时也可为阿政府每年节省 1.2 亿美元的开支。这一行动结束后，阿政府继续采取措施解除国内各类非法武装。

(二) 进行了议会选举。阿富汗继 2004 年 10 月举行总统选举后，于 2005 年 9 月 18 日举行了推迟三次的议会选举。此次选举是阿富汗民主进程中的重要一步，显示了阿民众推动民主改革和实现政治稳定、国家繁荣的愿望，标志着《波恩协议》政治进程的结束和阿民主政体的建立。12 月 19 日，阿富汗总统卡尔扎伊主持新当选的上下两院议员宣誓就职，前总统穆贾迪为上院议长，前北方联盟领导人加努尼为下院议长。议会上下两院议长向总统保证，为促进阿富汗和平、稳定和繁荣，议会将与政府紧密合作，并将对阿政府和立法机构间的协调合作施加积极影响。卡尔扎伊总统的反对者、下院议长加努尼明确表示，他不再领导反政府力量，将支持国家领导人的方针政策。

（三）继续打击塔利班和“基地”组织武装分子。年内，阿政府军和美国等驻阿部队先后在阿东部、南部、北部和中部地区对塔利班和“基地”组织残余势力开展清剿活动。针对美国已决定削减驻阿军队人数，阿政府正研究与北约实施战略合作的长期协议，其中包括由北约军队接替从阿南部地区撤出的美军部队，北约参与打击阿毒品生产等条款。2005 年 12 月，北约已通过了增加在阿南部地区各省国际安全援助部队人员的决议，计划在阿南部再组建 4 个省级重建小组，届时，在阿富汗由北约领导的省级重建小组将由 9 个增至 13 个。

（四）加大禁毒力度。2005 年，针对国内毒品泛滥，阿政府采取一系列措施，加大了禁毒力度：成立反毒品部；设立反毒品信托基金；扩充反毒品特别部队力量；颁布反毒品法；建立了毒品犯罪审判体系；加强与国际社会合作。阿总理亲自负责对全国反毒品工作进行协调，帮助农民选择新的谋生手段。鉴于解决毒品问题与保障阿国家安全、解决社会经济问题和国际社会向阿提供全方位援助息息相关，阿政府计划于 2006 年展开大规模反毒品运动，铲除种植的罂粟，关闭海洛因生产实验室，逮捕毒品运输者，力争 10 年内在阿根除罂粟种植。

二、阿政府面临的挑战

（一）政府运作存在较大难度。2005 年，阿虽然完成了议会选举，建立了民主政府，但政府的运作仍将存在很大难度。阿议会两院共有 351 名议员，绝大多数议员所代表的团体存在利益冲突，60%以上的议员是对阿几十年战乱负有责任的军阀，议会中民族矛盾和党派斗争难以避免。虽然目前大多数议员支持卡尔扎伊总统，但卡尔扎伊由于没有自己的政党，在议会中只能依靠普什图族议员和受过教育的年轻议员支持。今后，卡尔扎伊如何协调政府中各方利益将是一个很大的难题。此外，阿由于长期战乱，国内枪支泛滥，地方势力割据，各地的非法武装组织总数达 2000 多个，而阿政府军的总兵力只有 2 万多人，警察部队约 4 万人，要彻底解除非法武装将困难重重。

（二）恐怖组织活动猖獗。2005 年，尽管阿富汗政府军和美国等驻阿部队对塔利班和“基地”组织残余势力持续进行清剿作战，但阿国内恐怖暴力事件依然持续不断。据不完全统计，年内由塔利班和“基地”组织对阿政府和外国军队发起的武装进攻、自杀式袭击及绑架等恐怖活动多达 100 余次，共造成 1500 余人死亡，其中包括许多议会候选人、宗教人士、支持政府的平民以及国际援助机构人员，是 2001 年以来伤亡最惨重的一年。2005 年年底，“基地”组织头拉登和塔利班高级指挥官达杜拉赫通过录像现身并发表讲话，号召阿富汗穆斯林继续发动“圣战”，反对“非正义”的统治，将穆斯林从被占领的土地上解放出来。达杜拉赫在录像讲话中称，塔利班在领导人奥马尔的指挥下进行了重组，获取了新式武器，并培训了大批年轻的自杀袭击者。今后，阿富汗塔利班将发动更多的自杀袭击。

（三）解决毒品问题仍任重道远。虽然阿政府采取措施控制毒品种植，国际社会也持续向阿提供资金援助，并与之联合打击毒品生产和走私活动，但由于阿政府没能兑现就业、道路和灌溉工程等基础设施建设方面的承诺，阿人民仍在选择最简单且有高回报的罂粟种植，导致阿毒品产量仍居高不下。据联合国毒品控制和预防犯罪办公室的调查报告显示，2005 年阿罂粟种植面积从 2004 年的 32.37 万亩下降至 25.7 万亩，减少 21%，但鸦片产量却上升 22%，仍占世界总产量的 87%。阿毒品经济已占其国民经济 50%以上。预计 2006 年阿罂粟种植将会呈现增长趋势，由毒品交易滋生的犯罪和恐怖主义活动将进一步影响到阿国内重建及地区的安全与稳定。阿政府虽已加大打击毒品力度并取得较大成效，但要实现阿富汗“无罂粟”目标还有很大距离。

（四）重建资金仍难保障。2002 年各援助国承诺的对阿 45 亿美元援助资金在 2005 年尚有 27 亿美元没有落实，一直影响着阿国内的重建工作。据联合国评估，即使将所承诺的援助资金全部用于建造最基本的基础设施仍远远不够，阿重建工作 5 年内至少需要 100 亿美元，10 年则需要 150 亿美元。

（刘温国）

伊拉克局势持续动乱 2005 年，伊拉克局势继续处于动乱状态。伊拉克反美武装与驻伊美军及伊安全部队之间袭击与反袭击、清剿与反清剿的斗争愈演愈烈，导致伊重建进程缓慢，一些参加驻伊多国部队的国家纷纷宣布撤军。

一、伊反美武装袭击活动依然频繁

2005 年，伊拉克反美武装袭击活动有增无减，给驻伊美军和伊拉克政府造成巨大压力，使伊拉克局势继续处于动乱状态。伊拉克反美武装及其袭击活动主要表现出三个方面的特点：

（一）袭击活动日益频繁。伊反美武装 2005 年发动的袭击活动日均达 50 次左右，在大选等重要时段甚至高达 70 次以上。袭击目标直指驻伊美军、伊拉克政界要员和军警，及大选投票站、石油、电力、供水设施等，同时为造成巨大的心理震撼，缺少防范和人群集中的公众场所也是重要袭击目标。巴格达省省长、巴格达市警察局长、什叶派最高宗教领袖西斯塔尼的高级助手及多名重量级候选人等均遭袭身亡。伊拉克临时政府外长兹巴里、什叶派主要派别“伊斯兰革命最高委员会”领导人哈基姆等也险遭暗杀。据报道，截止 2005 年 12 月，伊拉克战争和伊反美武装袭击活动给伊拉克民众造成的伤亡累计已超过 10 万人，驻伊美军伤亡累计超过 1.5 万人，其中死亡超过 2000 人。

（二）袭击方式增多。除继续使用传统的自杀式袭击、汽车炸弹和绑架等手段外，“路边炸弹”和游击突袭也已成为伊反美武装袭击的重要手段。年内，驻伊美军的伤亡 60%以上都是由“路边炸弹”造成的。美军对此伤透了脑筋，决定专门派一名将军组织人员研究对策。伊反美武装先后在纳杰夫、费卢杰、摩苏尔等地发动了多次相当规模的城市突袭战，让驻伊美军感到震惊，因为这是萨达姆的正规军都没有过的军事表现。伊反美武装采取“打了就跑”的战术，将炮弹和发射器隐藏在车中，发射完毕立刻消失，让美军和政府军防不胜防。对此，伊拉克国民卫队指挥官称，美国一直炫耀的“单向透明”现在变成了对反美武装的“单向透明”。同时，伊反美武装还注意以其人之道还治其人之身，对美军开展心理战。伊反美武装一改以往在录像中的血腥和谩骂形象，而是以心平气的方式同美军讲道理，称美国发动伊拉克战争是一个错误，驻伊美军应该放下武器停止军事行动，回到正确的轨道上来。美国应该像法国、德国等欧洲国家一样明智。

（三）反美武装力量进一步壮大。由于美国没有兑现许下的诺言，致使伊拉克人民始终没有过上美国人所描绘的幸福生活，迫使一些对前途悲观失望的人纷纷加入到反美武装行列，造成反美武装力量继续壮大。一年来，伊境内三股反美武装均有不同程度的发展。据报道，萨达姆残余势力仍是反美武装主力，人数已扩大至 10 多万人，其中骨干力量 3 万至 4 万人。萨德尔领导的什叶派“迈赫迪军”得到 1/3 的什叶派支持，骨干力量已发展到 3000 多人。“基地”组织头目扎卡维领导的外来势力因受到各种限制发展略慢于前两股力量，但其发动袭击的能力绝不亚于前两股力量。上述三股反美武装都有着强烈的宗教意识，都把美军看成进行“十字军东征”的异教徒，同时把伊拉克安全部队视为“内奸”和美军的“走狗”，发誓要与他们战斗到底。

二、驻伊美军及伊安全部队加紧清剿伊反美武装

2005 年，驻伊美军及伊拉克安全部队大力加强了对伊反美武装的清剿力度，先后发动了代号为“矛刺”、“斗牛士”、“穆萨纳打击”、“新市场”、“剑”、“铁幕”、“月光”的一系列清剿行动，打死打伤并俘虏大批伊反美武装人员，同时也造成了大量无辜平民伤亡。其中几次大规模的行动歼敌或俘敌都在百人以上。5 月 8 日，驻伊美军得知“基地”组织头目扎卡维的行踪后，立即出动大批战机和地面部队对幼发拉底河沿岸安巴尔省的一个村镇发动了代号为“斗牛士”的清剿行动，打死 100 多名反美武装人员，打伤数百人。美军自身也死伤 40 多人。6 月 11 日，驻伊美军在伊拉克靠近叙利亚的边境地区发动的清剿行动中打死反美武装人员 140 多名。7 月 4 日，驻伊美军和伊拉克安全部队在巴格达国际机场发动代号为“穆萨纳打击”的军事行动中，至少逮捕了 100 名反美武装人员。9 月中旬，驻伊美军和数千名伊拉克安全部队在泰勒阿费尔发动的清剿行动中共打死 200 多名反美武装人员，并俘获数百人。驻伊美军和伊拉克安全部队清剿的重点是与叙利亚接壤的边境地区，因为这些地区是伊反美武装人员活动最频繁的地方。驻伊美军和伊拉克安全部队怀疑，“基地”组织和反美武装在利用该地区与叙利亚接壤的特殊地理位置，向伊境内输送外国武装人员，并为伊反美武装提供资金和装备。在加紧清剿伊反美武装的同时，美国还在通过收买媒体大打心理战。美国《洛杉矶时报》11 月底披露，美军出钱收买伊拉克媒体刊登亲美文章。《今日美国报》12 月 14 日又报道说，美国国防部制定了一项耗资 3 亿美元的心理战计划，包括利用外国报纸、网站、电台和电视台等媒体甚至新潮 T 恤衫，宣传美国对伊拉克的政策和正面形象，以争取伊拉克民众及国际社会对美国的支持。为此，隶属国防部的美特种行动司令部将价值 1 亿美元的“对外宣传”合同分别授予 3 个传媒公司，要求他们 5 年内在心理战专家的帮助下，制作和分发支持美国政府的宣传文章和广告片。这个行动不仅在伊拉克，还包括美国的盟国和美军未涉足的国家。参与这一计划的官员弗朗说：“我们希望用类似项目来对抗人弹袭击。”有关专家指出，美此举实质上是在继续落实美军

对伊开战时制定的“信息作战路线图”，路线图明确要求军事指挥官利用互联网、军方新闻机构及心理战术来影响战争的结果并争取民心。伊拉克战后兴起的200家报纸、10多家电视台大多是美出于心战目的出资援建的。美军在北卡罗来纳州的布拉格堡基地专门建有一个所谓的“传媒中心”，在这里工作的不是职业的新闻人员，而是美军心理战部队的军人。他们负责向伊拉克及其他国家的“友好媒体”提供吹捧美国的“信息产品”。

三、伊拉克重建进程缓慢

2005年，伊拉克重建进程受安全局势的影响，进展较为缓慢，但政治重建进程在美国强力敦促下取得一定进展，基本按美国制定的时间表在运作。1月30日，伊拉克举行了过渡议会选举。4月6日，伊拉克过渡议会选出总统委员会，由库尔德领导人塔拉巴尼出任新总统。5月3日，以贾法里为总理的伊拉克过渡政府宣告成立。8月22日，伊拉克各派经过长时间争论的新宪法草案终于出台。10月15日，伊拉克举行全民公决顺利通过新宪法。12月15日，伊拉克顺利举行正式国民议会选举，为2006年产生正式的总统和政府奠定了基础。虽然伊拉克政治重建进程基本按美国制定的时间表进行，但伊拉克什叶派、逊尼派和库尔德人三大派别之间的矛盾和斗争并未就此结束，特别是政治重建中一直占下风的逊尼派和强烈要求“自治”的库尔德人不会就此甘休。强力干预下的政治重建为伊拉克的政治发展前景埋下了隐患。10月份全民公决通过的新宪法是各派妥协的结果，在正式议会和政府成立后，如何修改宪法将成为各派角力的焦点，各方一直争论不休的石油收入分配、联邦制等问题将再次浮出水面。在政治重建取得一定进展的同时，伊拉克经济重建却举步维艰。伊拉克战争以来，伊拉克经济和基础设施遭到严重破坏。虽然在联合国支持下国际社会多次召开会议为伊筹措资金，但许多国家承诺的援助资金真正到位的寥寥无几，加之由于伊安全局势混乱，不少原本用于经济重建的资金转为他用。因安全得不到保障，外国公司也无法在伊开展工作，就连国际货币基金组织都不敢在伊设立办事处。据联合国统计，伊拉克人的生活水平已经出现严重倒退，住房、水电供应和医疗无法得到保障，85%的家庭经常断电，46%的民众缺少饮用水源，半数以上居民处于失业和半失业状态，23%的儿童营养不良。美国曾信誓旦旦地表示，伊拉克战争结束后一定要在伊建立起最完善的基础设施，让伊拉克人民过上全新的幸福生活，但美国此前承诺的184亿美元的援助资金已经用光，伊的基础设施还是一团糟。而且美国政府已表示不再向伊拉克重建工程提供资金。因此，伊拉克政府要想收拾好战后的烂摊子将是极其困难的。驻伊美军官员也宣称，伊拉克政府已经开始有了自己的收入，他们就应该接管自己国家的重建工程，美国的任务是“培训伊拉克政府”，使之有能力完成本国的重建任务。

四、一些参加驻伊多国部队的国家纷纷宣布撤军

根据联合国安理会2003年10月通过的第1511号决议，先后有30多个国家派兵加入了驻伊多国部队。随着伊拉克治安状况的日益恶化以及一些出兵国国内反战呼声高涨，自2004年4月以来已有10多个国家陆续宣布从伊拉克撤军，共撤出7000多名士兵，其中近10个国家已完全撤离。西班牙是最早撤军的国家之一。2004年3月马德里遭遇恐怖爆炸袭击后，1300多名西班牙士兵在4至5月间全部撤离伊拉克。随后，受西班牙军官指挥的洪都拉斯、尼加拉瓜和多米尼加3国及菲律宾、挪威、泰国、匈牙利等国相继撤军。进入2005年后一些国家撤军步伐进一步加快。2月，葡萄牙127人组成的警察部队全部撤离。波兰在伊的驻军人数也削减了800人。根据12月27日波兰政府的决定，到2006年3月，波兰在伊驻军人数将从1450人减至900人。4月，荷兰撤回1400名驻伊官兵，只留下19人帮助伊拉克培训警察。9月，意大利开始从伊撤军，首批撤回士兵约300名。12月15日，意宣布将于2006年1月再撤回300多人。12月中旬，保加利亚开始分批撤出400名驻伊士兵，计划年底全部撤回。伊拉克过渡政府预计，到2006年年中，将有超过3万名多国部队士兵撤离伊拉克。乌克兰国防部12月27日发表声明称，乌克兰驻伊拉克的最后一批军人当天已从伊境内撤出，至此1600多名乌驻伊士兵已全部撤离伊拉克。迄12月底，驻伊多国部队由20多个国家组成，总兵力约18万。其中美国近16万，控制伊中部和北部；英国约有8000人，部署在伊南部地区；韩国约有3200人，驻扎在伊北部埃尔比勒地区；意大利约有2900人，驻扎在伊南部地区；波兰约有1450人，驻扎在伊中部迪瓦尼耶地区，并领导一支4600人的多国部队。此外，在伊驻军较多的国家还有澳大利亚（900人）、罗马尼亚（860人）、格鲁吉亚（850人）、日本（约600人）和丹麦（500多人）。其余国家兵力较少，有的不足百人。受上述国家撤军及国内外反战呼声高涨的影响，12月下旬美国总统布什也宣布，美计划于2006年年初将目前驻伊美军17个核心作战旅削减到15个，这一削减将通过取消2个旅赴伊驻扎的

计划来实现，这两个旅分别是驻本土的陆军第1步兵师第1旅和驻科威特的陆军第1装甲师第2旅。但同时美将向伊增派少量部队以执行培训伊军队和保卫伊重要政府部门等任务。因此，美军实际减少的兵力可能为5000人左右。美军方人士还向媒体透露，到2006年秋天驻伊美军可能会减至10万人，但这需要视届时伊安全局势和政治形势以及伊军作战能力而定。英国首相布莱尔12月22日也表示，鉴于目前伊拉克安全局势与一年前相比有了很大进展，驻伊英军有可能2006年开始撤离，撤军时间表取决于伊拉克军警保卫国家安全的能力。

（张　宁）

附件：

2005年伊拉克发生的主要爆炸袭击事件

2月28日，巴格达以南约100公里处的希拉市发生一起自杀式汽车炸弹袭击事件，造成至少125人死亡，130多人受伤。

7月16日，1名自杀式袭击者在巴格达以南的一座加油站引爆身上的炸弹，引发油罐车剧烈爆炸，造成至少90多人死亡，90多人受伤。

9月14日，1名袭击者驾车驶入巴格达西北部卡济米耶区的一处广场，引爆车上的炸药，造成114人死亡，156人受伤。

9月29日，位于巴格达以北约80公里的拜莱德连续发生3起自杀式汽车炸弹爆炸，造成至少98人死亡。

11月10日，1名袭击者在巴格达市中心的一家餐馆内引爆了身上的炸弹，造成至少35人死亡，25人受伤。

11月18日，巴格达东北140公里的小镇哈奈根的两座什叶派清真寺遭到自杀式炸弹袭击，造成至少70人死亡，100多人受伤。

11月19日，在距巴格达以北60公里的巴古拜附近，1名袭击者在参加葬礼的人群中引爆了炸弹，造成至少35人死亡，50多人受伤。

11月24日，巴格达以南的小镇马哈茂迪耶发生一起强烈汽车爆炸事件，造成至少30人死亡，23人受伤。

12月6日，巴格达东部一所警察学校遭自杀式炸弹袭击，造成37人死亡，76人受伤，死伤者中包括训练伊拉克警察的外国人。

12月8日，1辆公共汽车在巴格达遭到自杀式爆炸袭击，造成至少30人死亡，18人受伤。（综合新华社有关报道）

（继　先）

伊拉克开始审判萨达姆及前政府高官

自2003年12月13日被美军逮捕后，伊拉克前总统萨达姆于2005年10月19日在巴格达戒备森严的“绿区”内“第一法庭”正式出庭受审。截止2005年12月21日，伊拉克特别法庭共对萨达姆及其他7名前政府高官进行了7次审判。

一、审判情况

（一）第一次受审

10月19日，在巴格达戒备森严的“绿区”内，伊拉克前总统萨达姆正式出庭受审。与萨达姆同时受审的还有7名与“杜贾尔村惨案”有牵连的前政府官员，包括前副总统拉马丹、萨达姆的同母异父兄弟、伊前情报机构负责人易卜拉辛·哈桑和萨达姆时期革命法庭负责人班达尔等。负责审判萨达姆的伊拉克特别法庭由5名审判人员组成，但在电视中公开露面的只是主审法官库尔德人阿明一人。审判萨达姆的法庭由当年阿拉伯复兴社会党总部改建而成。

庭审开始前，在身穿防弹背心的保安人员的陪同下，萨达姆及其他7名被告依次进入被告席，萨达姆则被安排在最后一个进入并坐在第一排被告席。已68岁的萨达姆手持一本《古兰经》，身穿深色西服，与前几次接受特别法庭法官质询时穿着一样，并不时与身边的其他被告微笑点头致意，说一些“祝你平安”之类的祝福话。而其他7名前政府高官身穿传统阿拉伯长袍，为表示阿拉伯男子在人前的尊严，向法庭索要了戴在头上的方格头巾。

在庭审过程中，当主审法官阿明询问萨达姆的姓名等基本情况时，萨达姆立即针锋相对，向法庭发起挑战。法庭指控萨达姆在1982年躲过杜贾尔村村民一起暗杀行动后，对该村采取报复行动，制造了杀害143名村民的血案。但萨达姆简单明了地拒绝认罪，并申辩称：“我没有罪，我是清白的！”

由于控辩双方在法庭上各执一词，主审法官阿明不得不宣布将审判推迟40天，至11月28日重新开庭。庭审后，2名保安人员试图搀扶萨达姆退庭，但倔强的萨达姆一把推开2人，独自离开法庭。

（二）第二次受审

11月28日，萨达姆第二次出庭受审。审判仍由阿明主持，并围绕“杜贾尔村惨案”进行。萨达姆在法官念到其名字大约8分钟后才最后一个进入法庭。在此次受审中，萨达姆身着黑色西装和白色衬衫，显得神情自信，进入法庭后立即与主审法官阿明进行了激烈交锋。他抱怨电梯出了问题，自己不得不带着脚链走上四楼，并质问法官为何让警卫拿走他的笔和纸。

庭审期间，法庭播出了萨达姆当政时的高级情报官员瓦达·伊斯梅尔·谢赫生前为萨达姆一案作证的录像。谢赫在证词中称，他判断当时在杜贾尔村只有7到12个人参与暗杀萨达姆，但萨达姆的安全部队却从杜贾尔村抓走了数百人。这段录像的播放标志着审判已从第一次的“走过场”进入了实质性阶段。

美国前司法部长克拉克、卡塔尔前司法大臣纳伊米以及萨达姆的主辩护律师杜莱米等在法庭内就坐。由于为拉马丹辩护的2名律师被杀害，另一名辩护律师受伤后已离开伊拉克，因此，法庭为拉马丹提供了3名替补律师，但其拒绝接受法庭的上述安排，坚持要求自己选择律师。因此，主审法官阿明决定将庭审推迟至12月5日。同时，萨达姆同母异父的兄弟易卜拉辛向法官抱怨说，在他被诊断患有癌症之后，就一直没有得到适当治疗，他称这如同“间接谋杀”。

（三）第三次受审

12月5日，萨达姆及其他7名前政府高官再次出庭受审。审判在当地时间11点左右开始。主审法官阿明命令警卫去掉8名被告的手铐和脚镣，而萨达姆本人则手持一本《古兰经》最后进入法庭。

庭审开始后，萨达姆的辩护律师与主审法官阿明展开了激烈辩论。萨达姆的辩护律师团成员之一、美国前司法部长克拉克要求给予两分钟时间阐述其观点，但被阿明当场拒绝，只允许辩护律师提出书面异议，并表示如果辩护律师退出法庭，他将指定新的辩护律师。萨达姆随即在法庭内表示强烈抗议，称“我们拒绝接受法庭指定的辩护律师”，并站起来大声呼喊“伊拉克万岁”。随后，萨达姆的辩护律师团集体退庭，以抗议主审法官拒绝听取他们的陈述和辩护律师的人身安全得不到保障，并强烈质疑法庭的合法性。

庭审在经过大约1个半小时的中断后重新开庭，法官最终同意辩护律师发言。美国前司法部长克拉克、卡塔尔前司法大臣纳伊米分别就辩护律师安全和法庭合法性作了阐述。

庭审重新恢复后，一位名为艾哈迈德·哈桑的杜贾尔村民作为首位证人出庭作证。哈桑在作证时还与萨达姆的同母异父兄弟、伊拉克前情报机构负责人易卜拉欣发生了言词上的交锋。随后，萨达姆要求法官给他时间为自己进行辩护。此外，还有一名证人也出席作证。

（四）第四次受审

12月6日，萨达姆第四次出庭受审。萨达姆在进入法庭后，向其他7名被告致意，并称“我向所有尊重法律的人问好”。在整个长达9个小时的庭审过程中，萨达姆一直基本保持平静。

与第三次庭审不同的是，首名女证人在此次庭审中出庭作证，但该名女证人拒绝透露身份和露面。法庭安排其坐在一个浅色、类似窗帘的遮挡物后，对其作证的声音进行处理，并称其为“证人A”。该名女证人在作证时不时哭泣，指控萨达姆的安全部队逮捕她后强行将其衣服脱掉，并在监狱里遭到殴打和电击。

此次庭审因技术原因曾一度中断。鉴于辩护律师和被告声称无法听清证人发言，主审法官阿明起初命令将向法庭外传送的声音信号切断，这样证人能在声音未被处理的情况下作证。随后，阿明认为所有的人都应该听到声音，于是命令休庭解决技术问题。大约40分钟后，庭审才得以恢复。

此后，又有4名证人陆续出庭作证。在庭审即将结束时，法官宣布：“明天将继续开庭，我们将听到更多证人作证。”萨达姆听到后反应强烈，愤怒地说：“我已经3天没有换过衣服了，我不会回到这个不公正的法庭。”

（五）第五次受审

12月7日，因5日和6日的庭审时间过长，萨达姆在要求法庭休庭一段时间未果后，拒绝出庭受审。第五次庭审被迫推迟4个小时举行。根据伊拉克法律规定，法庭可以对被告进行缺席审判，因此在萨达姆缺席的情况下，法庭听取了2名证人的证词，2个半小时结束。主审官阿明表示，将通知萨达姆有关庭审的进展情况。

由于伊拉克将在12月15日举行议会选举，阿明在庭审最后宣布将休庭两周，于12月21日继续开庭。

（六）第六次受审

12月21日，在拒绝出庭两周后，萨达姆与其他7名被告一起出庭受审。

此次庭审中，萨达姆身着深色西装和白衬衣，膝上放着一本《古兰经》。他时而单手托腮，时而微眯双眼，神情专注地听着证人的证词，还不时戴上眼镜，用笔在纸上写着什么。其当天在法庭的表现较为平静，没有带头喊口号，法庭秩序也相对良好。

一名叫海德里的证人出庭作证，指认萨达姆同母异父兄弟、伊拉克前情报机构负责人巴尔赞·易卜拉辛就是当年参与镇压的人之一。但易卜拉辛在随后的法庭陈词中称上述证词为“诽谤”。

在证人作证后，辩护律师团中的卡塔尔籍律师纳伊米、约旦籍律师加扎维和伊拉克籍律师杜莱米轮番就证词中的一些细节问题向证人问询。美国前司法部长克拉克因为安全原因没有出席此次庭审。

庭审共持续了约 9 个小时，其间休庭 1 个小时，共有 3 名证人作证。萨达姆在庭审接近尾声时，在法庭上称自己被美军关押期间曾遭到殴打。他说："我被美国人殴打和折磨。我身体的每一个地方都被殴打过，我全身都是伤痕。"

（七）第七次受审

12 月 22 日，萨达姆第七次出庭受审。萨达姆在法庭上坚称其曾受到美国人殴打，称美国否认殴打他的指控是在撒谎。

此次庭审共有 3 名证人到庭。他们都在布帘之后，没有露面，声音也经过了技术处理。萨达姆对证人的证词提出质疑，认为法庭不应相信一个当时还没有成年的证人。萨达姆的辩护律师也强调了证人当时年纪很小的事实。在辩护律师的问询下，证人承认自己没有被捕，也没有看见任何尸体。

此次庭审结束后，法庭宣布暂时休庭，对萨达姆的庭审将在 2006 年 1 月 24 日重新开始。

二、特别法庭的合法性和公正性遭到质疑

2003 年 12 月 10 日，在萨达姆被美军逮捕的前三天，美军驻伊最高行政长官布雷默下令成立伊拉克特别法庭，负责审判伊拉克前政府高官，指控他们所犯下的"屠杀罪、战争罪、反人类罪以及滥用职权罪"等罪行。

2005 年 10 月 19 日，对萨达姆的首次审判在伊拉克特别法庭内进行，所适用的法律是一种混合型的，包括伊拉克现行刑法、刑事诉讼法以及国际法。当天所进行的审判程序基本符合规范，主审法官阿明的表现也为人称道。萨达姆的律师杜莱米表示，阿明当天主持庭审工作"非常出色"。一些逊尼派阿拉伯人也认为，阿明在法庭上的表现比较公正，没有盛气凌人的架子。

但特别法庭的合法性从成立起就遭到质疑。联合国人权委员会特别报告起草人莱安德罗·德斯波伊指出，该法庭是在伊拉克处于被占领状态下建立起来的，其资金来源是占领方美国，其合法性和有效性受到质疑。他呼吁伊拉克当局仿效其他国家模式，在联合国主导下成立符合国际人权标准的独立法庭。此次针对萨达姆及其高官的"世纪审判"很难被称为是伊拉克人自己的审判。

特别法庭的法官均来自伊拉克低级法院，缺少审判有关战争罪和反人类罪经验。所以，美国等国政府专门从司法部抽调法律专家，秘密地对他们进行特殊培训。美国政府还为此专门拨款 7500 万美元，资助伊临时政府。此外，据英国《泰晤士报》10 月 18 日报道，特别法庭中的法官近期在英国接受了秘密培训。培训期间，英国国际发展部负责提供资金，来自瑞典、荷兰、澳大利亚和美国的律师负责进行业务培训，旨在使特别法庭的法官对国际刑法以及国际法在伊拉克法律体系内的刑法背景下加以解释。国际律师协会也证实，该协会曾经对上述培训提供了协助。此外，10 月 19 日参与审判萨达姆的 5 名法官，除阿明外，其余 4 人身份一直没有公开，他们分属什么派别、有何政治背景、是否会影响到判决的公正性？这都是外界关心的问题。

此外，萨达姆本人及其律师曾表示，将从根本上质疑特别法庭的合法性，从根本上推翻审判他们的机构，而不愿在一些案件的细枝末节上过多地进行纠缠。萨达姆的辩护律师杜莱米面对卷帙浩繁的法律文件，认为法庭通知开庭太晚，自己无力应对，这是一场实力不均的较量，无法保证审判的公正性。

（赵富春）

巴以和平进程步履蹒跚　2005 年，阿巴斯当选巴民族权力机构主席，以色列完成从加沙地带的撤离计划，巴以局势有所缓和，出现了自 2000 年 9 月以来持续时间最长的平静期。然而，由于暴力冲突时断时续，巴以和谈未能恢复，和平进程步履蹒跚。

一、巴以和平进程出现转机但未取得进展

（一）阿巴斯当选巴民族权力机构主席，巴以局势有所缓和。2005 年 1 月 9 日，巴勒斯坦举行大选。以温和著称的阿巴斯当选巴民族权力机构主席，成为新一代巴勒斯坦领袖。阿巴斯主张停止武装起义，希望通过谈判解决巴勒斯坦问题，从而确立了和平建国战略。2 月 8 日，在埃及总统穆巴拉克的倡议下，巴勒斯坦、以色列、埃及和约旦四方领导人在埃及沙姆沙伊赫举行峰会，巴以双方就停止长达 4 年多的暴力冲突达成协议。为落实该协议，巴以双方都采取一系列积极措施。以色列宣布重新开放连接以色列和加沙地带的埃雷兹检查站，并向巴勒斯坦人提供 1000 个工作岗位，同时宣布释放 500 名被关押的巴勒斯坦人以及向巴方转交 5 座巴约旦河西岸城镇的安全控制权。以军方也宣布暂停针对巴武装人员的军事打击行动。巴勒斯坦自治政府与各武装派别就停止对以袭击问题达成谅解；在加沙地区部署了约 5000 名武装警察，并重点加强加沙地带与以色列接壤的区域警力；着手重组巴安全部队，确保巴主要武装派别暂停对以的武装袭击；

安抚巴武装人员等。由于双方采取了一系列措施，暴力冲突大幅减少，出现了自2000年9月以来巴以之间持续时间最长的平静期。然而，自6月7日以后，巴勒斯坦伊斯兰抵抗组织（哈马斯）等激进派别多次向以方发射火箭，并使用人体炸弹进行袭击，以色列则宣布恢复"定点清除"，对巴激进组织实施打击，巴以局势再度紧张。

（二）以色列实施单边行动计划，巴以和平进程面临重大机遇。经过两年多的大力推动，沙龙于8月15日正式实施单边行动计划，撤出位于加沙地带的全部21个犹太人定居点和4个位于约旦河西岸的定居点。以色列在加沙的定居点共有近1500户居民，8000余人。以国防军"加沙师"约1万人常年驻扎在该地区，以保护定居者的安全。驻守在此的以色列军队以及持有武器的犹太人定居者对巴勒斯坦人形成极大威慑，加剧了巴以双方在这一地区的矛盾。特别是2000年9月巴以爆发大规模流血冲突后，加沙定居点成为巴勒斯坦武装人员实施袭击的首选目标和巴以关系恶化的导火线。此次撤离的一个重大意义在于，它在很大程度上结束了以对加沙地带长达38年的占领。巴勒斯坦人终于将拥有一片自己可以控制的土地，得到自己管理和建设加沙的机会，也将获得向世人展示其已经具备管理自己土地能力的机会。对于以色列的撤离行动，巴勒斯坦及国际社会予以高度评价。阿巴斯称赞这是"勇敢而具有历史意义的决定"。美国总统布什认为是"勇敢而艰苦的一步"，将有助于推动中东和平"路线图"计划的实施。联合国安理会发表声明表示欢迎，同时希望巴以双方全面实施中东和平"路线图"计划以及安理会有关决议。欧盟负责外交和安全政策的高级代表索拉纳称以色列撤离加沙后中东和平进程将出现"重大机遇"。

（三）巴以冲突再起，停火协议面临严峻考验。以色列撤离加沙地带不久，流血冲突骤然加剧，巴以局势陡然升级。9月23日，数名哈马斯成员被以军打死。数千名哈马斯成员在加沙地带北部的贾巴利亚难民营举行武装游行，队伍中一辆载着数名哈马斯领导人的机动车突然发生剧烈爆炸，造成包括1名哈马斯高级领导人在内的19人死亡、80多人受伤，其中数人伤势严重。尽管以色列方面拒绝承认与此事有关，但哈马斯仍发誓要"在适当的时间予以适当的回击"。事发数小时后，哈马斯向加沙地带周边的以色列目标发射了20多枚土制火箭弹，炸伤5名以色列人。24日拂晓，以军出动武装直升机轰炸哈马斯在加沙地带3处目标，造成3人受伤。24日下午，以军直升机向加沙城东2辆汽车发射2枚导弹，炸死车内4名哈马斯成员，并炸伤9名路人。24日深夜，以安全内阁召开会议，批准代号为"第一场雨"的防卫计划，授权军方不惜任何手段，使以色列不再受到巴勒斯坦武装人员发射的火箭袭击。25日一早，以色列出动F-16战斗机频频轰炸加沙，造成大约20名巴勒斯坦人受伤，并在图勒凯尔姆等地展开大规模搜捕行动，逮捕数百名巴勒斯坦激进分子。10月26日，以色列北部城市哈代拉一个露天广场遭到自杀式爆炸袭击。以巴双方又开始新一轮报复行动。至此，一度缓和的巴以局势进一步恶化，双方于2月达成的停火协议面临严峻考验。

二、巴以和平进程未取得进展的主要原因

（一）阿巴斯采取措施整合权力机构和收拢激进组织，但未取得预期效果。国际社会对阿巴斯当选寄予厚望，希望他能为停滞不前的巴以和平进程注入新的活力。然而，阿巴斯未能有效解决其当选后面临的难题。一是难以整合巴解组织内部权力机构。阿拉法特在世时大权在握，无人敢挑战其权威。阿拉法特去世后，权力重组，阿巴斯在法塔赫内部的地位受到挑战。阿巴斯上台后，采用软硬两手重组巴勒斯坦解放组织（巴解组织），但这些措施没有收到预期效果，阿巴斯在人民中的威望仍然不高。二是难以收拢巴抵抗组织。巴极端派别是阿巴斯面临的最大挑战。长期以来，以哈马斯、杰哈德为代表的极端组织坚持走对以色列开展武装斗争的道路，反对与以谈判。这些组织抵制了巴勒斯坦大选，明确表示不会停止反以武装起义。阿巴斯当选主席后，推出名为"工作换枪支"的安抚计划，承诺为自愿停止暴力活动的巴武装人员提供在政府部门工作的机会。为此，阿巴斯还专门成立了一个"招安委员会"，负责"面试"巴武装人员并与其签署"停止袭击以色列人"的协议。与此同时，阿巴斯同意哈马斯参加新成立的最高外交机构，准许其参加定于2005年下半年（后被推迟至2006年1月）举行的巴立法委员会选举，并加入自治政府，但前提条件是哈马斯必须解除武装。长期以来，巴政府与极端势力的关系成为和平能否降临的关键因素之一。尽管阿巴斯采取一系列措施，但对极端分子的管控能力仍然有限，针对以色列的袭击活动仍然频繁发生。

（二）沙龙撤离加沙的行动获得国际社会支持，但导致国内政局发生巨变。以色列从加沙地带撤离是2005年巴以关系中最抢眼的事件，一度给巴以和平带来一线希望。然而，此举在为以色列获得国际社会支持的同时，也引发了国内的政府危机。沙龙的单边行

动计划一出台就遭到以国内极右势力的强烈反对。利库德集团内部的反对派议员也多次利用党内、议会和内阁投票的机会给沙龙制造一系列障碍，试图阻止计划实施，利库德集团产生严重分歧。11月7日，由于部分利库德集团议员的反对，以色列议会否决了总理沙龙任命3名内阁部长的提名。与此同时，工党于11月9日举行党内选举，佩雷茨当选新一届主席。11月20日，工党宣布退出沙龙领导的联合政府。工党的退出使联合政府在议会无法得到半数以上的支持，将被迫解散。这样，原计划于2006年11月举行的大选不得不提前举行。在利库德集团内部分歧难以弥合以及大选提前举行的形势下，为赢得主动，沙龙于11月21日正式宣布退出利库德集团，组建新政党“国家责任党”（后更名为“前进党”）。以色列政坛发生巨变，结束了由工党和利库德集团轮流控制政治舞台中心的局面，形成三足鼎立之势。以政局的变化为大选以及巴以和平进程增添了新的变数。

（三）国际社会积极介入中东和平进程，但力度和影响有限。阿拉法特病逝后，美国、欧盟、俄罗斯以及埃及等大力推动巴以和平，但力度和影响有限。美国总统布什在2004年底竞选连任成功后表示要加大调解巴以冲突力度，并调整了对巴政策。阿巴斯当选巴民族权力机构主席后，布什一改不与巴领导人接触的政策，派出国务卿赖斯数度访问巴以，彰显出进一步介入巴以和平进程已成为美中东政策重点之一。然而，面对巴以难题，美国也有些束手无策，而且因陷入伊拉克、阿富汗局势显得分身乏术，在推动巴以和平进程方面乏善可陈。欧盟一直是巴勒斯坦最大的资助方，2005年9月19日，欧盟宣布2005年向巴勒斯坦人提供的援助金额为2.8亿欧元。在加沙地带与埃及之间的拉法口岸开通过程中，欧盟派出警员负责协助，这是欧盟自成立以来在中东地区承担的最重要的安全任务。但欧盟在巴以问题上的影响力远远比不上美国，而且介入巴以和平进程主要是为获取经济利益及扩大政治影响。俄罗斯在阿巴斯当选巴民族权力机构主席后主动出击，使俄成为阿巴斯当选后访问的第一个非中东国家。然而，由于俄实力下降，未制定明确的中东政策，对巴以双方的影响力无法与美相提并论。埃及作为阿拉伯国家的领军者一直积极介入巴以和平进程，并抓住阿巴斯当选的机会推动召开沙姆沙伊赫峰会，促成巴以双方达成停火协议。然而，由于阿拉伯国家四分五裂，难以形成一致立场，仅靠埃及难以对推动巴以和平发挥重要作用。

三、巴以和平进程将是艰难曲折的政治解决过程

巴勒斯坦问题是第二次世界大战后持续时间最长、最复杂、最难解决的国际问题之一，涉及耶路撒冷地位、巴勒斯坦难民回归、边界划分、犹太人定居点以及水资源分配等诸多重要方面，巴以双方都难以做出实质性让步。沙龙大力推动的单边撤离加沙计划就因与犹太人定居点有关而遭到国内、党内反对派的强烈不满，导致沙龙退出利库德集团并重组政党。由此可见，涉及其中任何问题都会牵一发而动全身。需要指出的是，此前巴以双方只进行了外围谈判，根本未涉及实质性内容，因此可以预见未来的谈判将更加困难。目前，由于2000年9月爆发大规模流血冲突，巴以双方积怨加深、互信丧失，重启和谈困难重重。同时，由于以色列对巴勒斯坦的强硬立场、美国对以色列的偏袒态度以及巴以内部反和势力的掣肘都是影响巴以和谈的重要影响因素，也注定和平进程必将经历艰难曲折的过程。然而，阿以冲突的历史证明，战争无法解决阿拉伯国家与以色列之间存在的矛盾与分歧，政治途径才是唯一出路。巴以大规模流血冲突的现实证明，军事手段只会加剧双方人民的痛苦和矛盾，和平谈判才是不二选择。鉴此，只有巴以双方共同努力，特别是在冲突中处于强势地位的以色列改变其强硬政策，以及国际社会特别是美国的大力推动，巴以和平才会实现。

（林海霞）

黎巴嫩前总理哈里里遇害 2005年2月14日，黎巴嫩前总理哈里里在贝鲁特遇害身亡，黎国内及国际社会对此反应强烈。美国怀疑此案与叙利亚及黎亲叙政权有关，借机极力打压叙，以图进一步加强对中东地区的控制能力。

一、哈里里遇害及美国借机打压叙利亚情况

（一）哈里里遇害引起黎巴嫩政局变化。黎巴嫩前总理哈里里是中东地区有名的政治家和富商，曾5次出任黎总理，拥有资产40亿美元以上，也是黎政坛炙手可热的人物，被尊称为黎重建之父。2005年2月14日中午，哈里里在黎议会大厦举行完记者招待会坐车回家，其车队驶至贝鲁特西部圣乔治饭店门前时突然发生猛烈爆炸，哈里里乘坐的汽车被抛到三层楼高的空中后砸到地上，哈里里当场死亡。在爆炸中死亡的还有约20人，另有150多人受伤。爆炸事件发生后，黎总统拉胡德立即主持召开紧急会议，宣布全国举行为期3天的哀悼活动，并成立由国防部和警察总局等组成的特别委员会进行调查。黎反对派借机发难，宣

布举行全国大罢工并组织大规模示威游行，强烈要求亲叙利亚的卡拉米政府辞职。示威者还高喊“叙利亚滚出去”等反叙口号。在反对派的强大压力下，卡拉米政府2月28日被迫宣布辞职。与此同时，亲叙利亚的黎巴嫩真主党也组织了多达150万人参加的反示威。6月份，黎反对派在大选中获胜，取得了被美国称之为“雪松革命”的成功。

（二）美国借哈里里案极力打压叙利亚。哈里里案不仅在黎国内引起巨大震动，而且在国际社会也引起强烈反响，受到国际社会的一致谴责。尤其是美国，更是借哈里里案大做文章，极力打压叙利亚。

一是借调查哈里里案诋毁叙利亚。美国打压叙利亚首先从调查哈里里案打开突破口。美国在哈里里案发生后第二天就宣布召回驻叙利亚大使，并明确表示美召回大使的直接原因是哈里里案，美将协助联合国安理会对哈里里案进行彻查。2月25日，在美国的鼓动下，联合国安理会派遣调查小组赴贝鲁特对哈里里案展开调查。调查组3月底提交给安理会的报告称，黎巴嫩政府此前组织的调查未按照国际标准进行，建议对哈里里案进行独立的国际调查。4月7日，美国伙同英国和法国向安理会提交第1595号决议案并获得通过。决议授权成立一个独立的国际调查委员会对哈里里案展开全面调查。决议规定，国际调查委员会将协助黎政府查明哈里里案的制造者、支持者和组织者，黎政府及有关国家必须给予全面和无条件的合作。经过半年多的调查，国际调查委员会10月20日向联合国提交了首份调查报告。报告指责叙利亚安全官员涉嫌卷入了哈里里案。美国立即借此大做文章，再次伙同英、法两国于10月25日在安理会散发了一份威胁对叙利亚实施经济或外交制裁的决议草案。国际调查委员会11月12日向联合国提交的第二份调查报告进一步指出，新发现的证据证明叙利亚与谋杀哈里里案难脱干系，使叙陷入空前尴尬和孤立的境地。叙利亚总统巴沙尔坚决拒绝了国际调查委员会调查报告的指责，称这是对叙的“不实攻击”，但同时也表示将积极配合国际调查委员会调查。

二是逼叙利亚从黎巴嫩完全撤军。叙利亚在黎巴嫩长期驻军是叙黎特殊历史关系造成的。黎巴嫩是一个面积仅万余平方公里和人口约400万的弹丸小国，历史上长期划归“大叙利亚”，就是在二战期间宣布独立后也未能得到叙完全承认。1975年4月黎巴嫩爆发内战后，阿盟又授权叙利亚以“阿拉伯威慑部队”的名义派遣3.5万人的军队进驻黎。1989年黎内战结束直至上世纪末叙军亦未撤出。2000年以来，随着形势的发展变化，黎国内和国际社会要求叙从黎撤军的呼声日益高涨，叙才逐步将驻军人数从3.5万减至1.4万。2004年9月，美国伙同法国向联合国安理会提交要求叙尊重黎政治独立并立即从黎撤军的第1559号决议案并获通过。但该决议遭到叙、黎两国政府的强烈反对未能得到执行。哈里里案发生后，美国果断抓住机会向叙利亚施加压力，要求叙在黎6月大选之前无条件全部从黎撤军，确保黎选举的“自由和公正”，否则将受到严厉制裁。美国总统布什甚至威胁称，美将尽力通过外交手段同叙解决问题，但不排除将军事手段作为最后选择。在美国的强大压力下，叙利亚总统巴沙尔只好痛下决心，于3月5日宣布分两阶段从黎撤军。4月26日，随着最后一批驻黎叙军从黎贝卡谷地如期撤出，叙在黎29年的军事存在正式宣告结束，同时也标志着叙黎“特殊关系”的终结。

二、美国借哈里里案打压叙利亚的主要考虑

哈里里案的重要性不在案件本身而在于美国借题发挥。美借哈里里案打压叙利亚完全是为了谋取自身战略利益，具体出于以下三个方面的考虑：

（一）推行“大中东民主计划”的需要。美国“大中东民主计划”的核心是对中东、西亚、北非、中亚、南亚的伊斯兰国家全面进行“民主改造”，使其完全融入美国主导的世界政治体系。计划出台以来推进效果颇为明显。不仅武力拿下的伊拉克和阿富汗实现了民主选举，埃及、沙特等国也不同程度地引进了美式民主机制，进行了总统或地方机构的普选。美国认为，目前妨碍“大中东民主计划”推进的障碍主要是伊朗和叙利亚。伊朗的问题可以通过伊核问题逐步加以解决。叙利亚的问题则必须利用特殊时机和采取特殊手段加以解决。哈里里案给美国提供了千载难逢的好机会。虽然这个机会还不足以彻底解决叙的民主问题，但它可借机逼叙放弃对黎巴嫩的控制，将黎从“大叙利亚”中分离出来，进而大大削弱叙的势力及在中东地区的地位与影响力，然后再继续寻机弱化叙，直到其彻底服输和实现美式民主为止。

（二）摆脱在伊拉克陷入的困境。美国深陷伊拉克战争泥潭近3年来，一直处于骑虎难下的尴尬境地。伊拉克反美武装和国际恐怖势力与驻伊美军之间袭击与反袭击、清剿与反清剿的斗争日益加剧。伊拉克战争已给美军造成2000多人死亡和1.5万多人受伤，政治和经济上的代价更是难以估算。美国把这一切都归罪于伊拉克反美武装、国际恐怖势力及叙利亚和伊朗等国。美为了推卸掌控伊拉克局势不力的责任，一直

在指责叙利亚纵容恐怖分子越过叙边境进入伊拉克对美军发动袭击，而且还暗中支持伊拉克境内的反美武装。为此，美国不断寻找各种借口向叙利亚施压。2004 年 5 月，美国宣布对叙实施经济制裁，同时策动联合国安理会通过了要求叙从黎撤军的第 1559 号决议。2005 年年初，布什在国情咨文中宣布将强行实施对叙进行更严厉制裁的《叙利亚责任法》，以“惩治叙对地区和平的破坏”。哈里里遇害使美国又一次找到了向叙施压的机会。美希望借此将叙利亚拖下水以分散国际舆论对伊拉克局势恶化的注意力。

（三）为其盟友以色列提供援助。美国认为，由于以色列目前仍占领着叙利亚的戈兰高地，两国仍处于战争状态。而叙利亚军队驻扎在黎巴嫩，通过支持巴勒斯坦武装组织和黎巴嫩真主党游击队从事抵抗以色列的活动。同时，由于叙对黎政府的影响，叙以、黎以谈判无法脱钩，以色列与阿拉伯邻国的关系难有新的突破。美还希望将叙军赶出黎巴嫩后在黎建立一个亲西方的民主政权，从根本上消除对以色列的威胁。作为以色列的头号盟友，美国责无旁贷地要帮以扫除这一绊脚石，彻底离间叙利亚和黎巴嫩的战略同盟，为以色列与黎巴嫩单独媾和创造条件，并通过加大施压力度促使叙当局与美全面合作，改变在对以问题上的强硬立场。

（张　宁）

约旦首都安曼发生恐怖爆炸事件　2005 年 11 月 9 日，在约旦首都安曼发生 3 起自杀式连环爆炸，造成数百人伤亡。爆炸地点是 3 家美资豪华酒店。约旦一直被认为是动乱的中东地区最安全的国家之一。伴随恐怖爆炸，这片“安全绿洲”一夜之间蒙上了恐怖阴影。

一、恐怖爆炸的情况

11 月 9 日，刚刚过完伊斯兰斋月和开斋节的约旦人，恢复了在大型饭店举行婚宴的习俗，然而，恐怖分子的黑手悄悄地伸向了这些欢乐的场合，伸向了外国客人经常下榻的饭店。晚 9 时许，一对盛装夫妻离开安曼郊区一所公寓，开着一辆白色轿车前往约旦最大的饭店丽笙大饭店。大概 10 分钟左右，夫妻俩到了这个饭店大厅。这对盛装夫妻来到大厅里时，那里正好有一户安曼的名门望族举行隆重的婚礼，有 300 多嘉宾参加。这里的男人、女人和孩子，脸上都洋溢着笑容。盛装夫妻特意穿上的礼服使得他们很容易地迅速消失在欢乐幸福的人群中。盛装夫妻分别走向大厅的两个角落，准备引爆自己身上的炸药。然而戏剧性的一幕发生了，妻子忽然发现落下一个最重要的装置，不能引爆。丈夫只得把她推出场外，自己引爆炸弹。突如其来的恐怖爆炸造成大厅坍塌，伤亡惨重，喜庆婚礼转眼变成了一场惨剧。几乎同时，另外两家同样高级的美资饭店凯悦和天天酒店，也传出巨大的爆炸声响。“夫妻人弹”前所未有。3 起自杀式“人弹”袭击了一座曾被称为“没有炸弹的繁华都市”安曼，造成 57 人死亡，300 多人受伤。死伤人数之多震惊世界。爆炸发生时，中国国防大学学员代表团下榻在其中一家饭店，也有 3 人不幸身亡、1 人受伤。

爆炸发生后，约旦安全部队和消防、救护人员迅速赶往现场，封锁了被炸的饭店，医护人员冲进饭店抢救伤员，安全部队在附近展开搜查。约旦首相巴德兰等政府官员也迅速赶到现场视察，了解情况，指挥抢救。巴德兰还宣布，10 日将关闭学校和政府机构，以防不测。安全部门当即封锁了出入首都的交通要道，关闭了陆路边境，加强了机场的安全检查，并展开大规模的搜捕。正在哈萨克斯坦访问的约旦国王阿卜杜拉二世于 9 日夜提前结束访问返回约旦。

二、恐怖爆炸事件的制造者

这次恐怖袭击事件的制造者是扎卡维领导的伊拉克“基地”组织。11 月 10 日上午，扎卡维领导的伊拉克“基地”组织在一个伊斯兰网站上发表声明，声称对袭击事件负责，说发动袭击是因为约旦是美国军事入侵伊拉克的“后院”。11 月 12 日，约旦副首相马尔万·马阿谢尔在新闻发布会上说：“调查显示，‘基地’组织，特别是扎卡维，是恐怖袭击事件的制造者。”他还说，“共有 3 人参与了袭击行动”。但是，“我现在不会透露详情，他们之中没有约旦人”。

三、约旦成为恐怖袭击目标的原因

分析人士认为，此次遭到袭击的 3 座饭店丽笙、凯悦和天天都是美资高级饭店，客人也主要是美国等西方国家的人和以色列人，因此，这次袭击主要是针对美国的。而袭击地点选择在约旦主要原因是：

第一，约旦与美国关系密切。扎卡维领导的伊拉克“基地”组织 10 日下午在一个伊斯兰网站上发表声明称，选定这 3 个饭店为目标是因为“那里住着约旦政府的盟友以色列人和我们的敌人”。声明指责约旦为美国军事入侵伊拉克提供了支持，是美国的“后院”国家。声明还说，爆炸也是为了让美国意识到，“它的后院阵营今天已被列入遭袭之列”。舆论也指出，恐怖分子在约旦下手，就是因为约旦不仅与他们的敌人美国保持紧密联系，而且与以色列签订了和平条约，并在美国推行其中东政策的过程中扮演了重要角色，约旦被“基地”组织认为是“阿拉伯国家的叛徒”。

第二，破坏美国的伊拉克重建政策。约旦地处以色列、埃及和伊拉克之间，位置相当敏感。作为危机四伏的中东地区的一个小国，约旦一直依靠其灵活的外交，在矛盾重重的中东地区保持自己一方土地的安宁。美国发动伊拉克战争后，原来同萨达姆政权保持较好关系的约旦政府，在战争开始阶段还保持中立姿态，但随着伊拉克战争的结束，约旦严密封锁了约伊边界，并承担了为战后伊拉克政府培训警察的任务。因此，恐怖分子认为，约旦为美国在伊拉克的清剿行动和重建政策提供了重要支持。目前约旦已成为西方承包商和官员们进入巴格达的一个门户，也是这些人歇脚的“驿站”。鉴于上述情况，舆论指出，“基地”组织这次行动是破坏美国伊拉克战后重建政策的一种方式。

第三，动摇约旦民众对政府的信任。舆论指出，恐怖分子选择3个高级酒店作为袭击对象，是为了在民众中制造更大的恐怖效应，动摇约旦民众对政府的信任。据报道，此次连环爆炸已使民众对政府的安全情报系统的有效性产生了某种程度的怀疑。此外，爆炸事件表明，以伊拉克为中心的反美袭击活动已开始向周边国家辐射，为此约旦今后将面临更大挑战，也将面临更加艰难的选择。爆炸事件还表明，恐怖袭击将波及周边国家，有可能造成整个中东局势不稳。它暗示中东有可能会出现治安崩溃的多米诺骨牌效应。

四、国际反应

约旦的恐怖袭击事件震惊了世界，许多国家和国际组织纷纷发表声明予以强烈谴责，并呼吁国际社会采取集体行动打击恐怖主义。

中国人民解放军国防大学副校长赵刚中将率领的中国伤亡人员善后工作小组11日会见了约旦国王阿卜杜拉二世。会见中，赵刚向阿卜杜拉国王转达了中国国家主席胡锦涛的问候，对约方积极救治中方伤员，全力保护中方人员安全的措施和努力表示赞赏，重申中方坚决反对一切形式的恐怖主义，并将一如既往地致力于发展中约友好合作关系。

俄罗斯总统普京11月10日在致约旦国王阿卜杜拉二世的慰问电中说，“这一惨无人道的犯罪行径”旨在破坏约旦国内的安全和繁荣及该地区的稳定。这次血腥的恐怖活动再次严酷地表明，目前迫切需要国际社会同恐怖主义展开毫不妥协的斗争。

阿拉伯联合酋长国总统哈利法10日强烈谴责这起恐怖袭击事件。他说，这些犯罪行为只会使约旦更加坚定地打击一切形式的恐怖活动。阿联酋完全站在约旦一边，与约旦紧密团结在一起，尽一切能力帮助约旦。

埃及总统穆巴拉克10日对安曼发生的连环爆炸表示谴责，他强调埃及将与约旦政府和人民站在一起，共同应对恐怖主义威胁。埃及外长阿布·盖特当天也表示，恐怖袭击毫无疑问将加强各国利用一切地区和国际资源携手应对和消除恐怖主义的决心。

叙利亚总统巴沙尔、总理奥特里和议长阿卜拉什10日分别致电约旦领导人，强烈谴责在约旦首都安曼发生的自杀式炸弹爆炸事件。

巴林王国外交大臣哈立德10日也对这一事件表示谴责。他还说，巴林王国坚定地站在约旦政府和人民一边。

新加坡总理李显龙10日在给约旦国王阿卜杜拉二世的慰问电中说，新加坡强烈谴责发生在约旦首都安曼的卑劣和野蛮的恐怖主义活动。这些袭击事件是对所有国家和文明人的侮辱。它们只能加强人们击败恐怖主义这个大家面临的共同灾难的决心。

马来西亚总理巴达维发表声明说，马来西亚政府和人民最强烈地谴责这种伤害无辜平民的“怯懦、罪恶的恐怖行为”。在这个艰难时刻，马来西亚政府和人民坚决同约旦政府和人民站在一起，并将继续对国际社会打击恐怖主义的努力予以全力支持。

西班牙、芬兰、土耳其、阿尔及利亚、黎巴嫩、德国、委内瑞拉、塞内加尔等国也纷纷对爆炸事件予以谴责。

联合国安理会10日上午紧急磋商后发表主席声明，强烈谴责恐怖爆炸事件，并呼吁国际社会采取措施打击一切形式的恐怖主义。呼吁国际社会向约旦政府提供合作和支持，尽快将所有参与袭击事件的凶手绳之以法。声明指出，恐怖主义是对国际和平与安全最为严重的威胁，任何恐怖主义行为都是犯罪行为，都不能寻找任何借口得以开脱。声明同时提醒国际社会，必须依据《联合国宪章》，按照国际法要求，在充分考虑人权、难民和人道主义法的原则下，打击恐怖主义。

联合国秘书长安南9日傍晚发表声明，对安曼恐怖爆炸事件予以强烈谴责，并呼吁国际社会采取集体行动打击恐怖主义。

总部设在摩洛哥首都拉巴特的伊斯兰教科文组织10日发布公报说，发生在安曼的血腥暴力袭击违背了人类和宗教的基本价值观，那些披着宗教外衣的恐怖分子事实上是整个伊斯兰教的敌人。

海湾合作委员会10日发表声明说，海合会国家支持约旦政府为保护本国公民的人身安全所采取的一切措施。声明指出，这是一起极其野蛮的行径，海合会国家坚定地主张唾弃各种形式的极端、暴力和恐怖行为。

伊斯兰世界联盟10日在沙特阿拉伯吉达市发表声明，谴责安曼发生的连环恐怖袭击事件。声明重申伊斯兰教禁止杀害无辜。所有伊斯兰社会必须为铲除恐怖主义毒瘤加强合作，声明呼吁伊斯兰教学者、宣讲者、教育机构和新闻部门为反对叛经行径、为伊斯兰青年认清和摒弃邪恶的恐怖主义文化而全力合作。

正在捷克访问的阿盟秘书长穆萨10日通过埃及中东通讯社发表声明说，阿盟强烈谴责针对安曼3家豪华旅馆的恐怖袭击活动，并向约旦国王阿卜杜拉二世、约旦人民和受害者家属表示哀悼，他坚信约旦领导人和政府将会克服目前的困难局面。（综合新华社有关报道）

（高清文）

叙利亚撤出全部驻黎巴嫩军队　2005年4月26日，最后一批驻黎巴嫩的叙利亚士兵从位于黎东部贝卡谷地的里亚克空军基地撤回叙利亚。至此，叙已撤出全部驻黎军队，标志着叙利亚结束了在黎巴嫩长达29年的驻军。

一、撤军经过

2005年2月14日，黎巴嫩前总理哈里里遇刺身亡，与黎巴嫩保持特殊关系的叙利亚备受责难，要求其从黎撤军的国际压力剧增。2月24日，叙利亚外交部宣布，叙将根据1989年与黎各派达成的《塔伊夫协定》重新部署驻黎军队。3月7日，叙利亚总统巴沙尔与黎巴嫩总统拉胡德在大马士革会晤后发表联合声明，宣布叙从黎撤军的“两步走”计划。一是在3月底前叙驻黎部队将全部撤至位于黎东部的贝卡谷地，二是叙黎军事合作委员会将在4月底前就叙军留驻的规模和时间达成协议，然后再实现完全撤军。3月7日傍晚，叙驻黎军队开始实施从营地前往贝卡谷地的撤军行动。3月17日，叙驻黎军队已大体完成第一阶段撤军工作，所有驻黎1.4万叙利亚官兵已撤至贝卡谷地或已回国，仅剩一些后勤装备。4月3日，叙利亚政府又做出明确承诺，于4月底前撤出驻黎全部军队、军事装备和情报人员。4月7日，驻黎叙军开始第二阶段撤军，即叙军士兵和军事装备从贝卡谷地返回叙利亚。至4月26日，驻黎叙军已全部撤出。

二、撤军原因

（一）缓解国际压力，顺应盟友要求。2004年9月2日，安理会通过了美、法提交的第1559号决议案，要求叙利亚尊重黎巴嫩政治独立并立即从黎撤出所有军队。此后，美国不断指责叙利亚操纵和控制黎大选，要求所有外国军队从黎巴嫩撤出。哈里里遇害后，围绕黎巴嫩问题的斗争更加激化，叙利亚成为众矢之的。黎巴嫩反对派和美法等西方国家认为黎巴嫩当局和叙利亚政府应对该事件负责，敦促叙履行第1559号决议从黎全部撤军。2005年3月1日，美国国务卿赖斯和法国外长巴尼耶在伦敦举行双边会晤，就如何推动黎巴嫩实现民主选举及落实安理会第1559号决议进行磋商。与此同时，埃及、沙特阿拉伯、阿尔及利亚等阿拉伯国家敦促叙利亚从黎撤军，争取在阿拉伯框架内尽快化解叙黎危机，以防止外部势力插手从而给该地区造成新的危机。

（二）平息黎国内民众撤军呼声，避免黎局势进一步恶化。以色列从黎南部撤军后，黎国内要求叙利亚撤军的呼声日益高涨，叙利亚政府不得不对驻黎军队进行了6次重新部署。然而，哈里里遇害使得黎反对派再次掀起要求叙全部撤军运动的高潮。2005年2月18日，黎反对派呼吁民众参加静坐、游行示威等抗议活动，直至哈里里遭暗杀真相被查清，同时要求亲叙利亚的黎巴嫩政府辞职，并组成过渡政府监督叙撤军情况。此后，反对派组织黎民众举行的示威游行活动愈演愈烈，试图扰乱黎国内政局，达到乱中上台的目的。2月27日夜，黎反对派的静坐示威者在贝鲁特市中心的烈士广场强烈要求亲叙利亚的卡拉米政府辞职。2月28日，卡拉米宣布其所领导的政府全体辞职，拉胡德总统接受了这一辞呈。黎国内局势更加复杂，甚至有进一步恶化的危险。

三、撤军影响

（一）有利于改善叙利亚的国际形象，但将对叙战略及经济利益造成负面影响。美国一直指责叙利亚支持巴勒斯坦激进组织和黎巴嫩真主党、开发大规模杀伤性武器等问题，并将其列为“无赖国家”。黎巴嫩问题受到国际社会关注以来，叙利亚承受了美、法等西方国家的强大压力，要求其结束对黎巴嫩政府施加的影响并全部从黎撤军。哈里里遇害后这种呼声空前高涨，叙利亚政府不得不采取减压之举，忍痛做出全部撤军的决定。叙利亚从黎撤军规避了美国的锋芒，有利于改善与美关系及其国际形象。然而，叙从黎撤军将使叙利亚的战略和经济利益受损。首先，对叙利亚言听计从的黎巴嫩成为叙牵制以色列的重要力量以及叙以谈判中的“筹码”。失去黎巴嫩这张牌，将使叙利亚对巴勒斯坦问题的影响力大大降低。其次，叙经济约20%依靠黎巴嫩，叙商业集团控制着黎巴嫩的大部分资源，对贝卡谷地活跃的毒品交易的控制也为其提供重要的收入来源。失去对黎巴嫩的经济宗主权，叙经济将会陷入困境。

（二）有利于平息黎国内反对派制造的反叙高潮，但叙撤军造成的权力真空将使黎国内政局更加动荡。在外部势力的怂恿和帮助下，黎国内反对派一直要求叙从黎撤军，并以哈里里遇害为契机组织大规模示威游行活动，致使黎国内局势持续动荡。叙利亚从黎撤军打掉了黎反对派制造动乱的口实，有利于缓和黎国内的紧张局势。然而，黎巴嫩国内教派十分复杂且矛盾重重，导致国内战乱不止。叙利亚在黎驻军 29 年，对维护黎国内政治稳定发挥了积极作用。叙利亚从黎撤军后势必造成权力真空，将引发黎国内各派新一轮的权力之争，导致国内局势更加动荡。与此同时，真主党是黎国内不可忽视的力量，失去叙利亚保护的真主党何去何从备受关注。叙利亚还未完全从黎撤军，美国就开始改变对真主党的立场，表示黎巴嫩真主党可以在本国政治生活中发挥“建设性作用”，但必须拿出实际行动证明自己不是“恐怖组织”。伊朗也乘机加强与真主党的联系。

鉴于叙黎保持密切关系符合双方利益，因此，叙利亚撤出全部驻黎军队并不意味着两国密切关系的终结。与此同时，尽管叙利亚满足了美、法等西方国家的撤军要求，但西方国家仍将继续向叙利亚提出更高的政治要求，叙利亚与西方国家特别是美国之间的斗争仍将继续。

（林海霞）

非洲军事要事

埃厄发生边界危机　2005 年 10 月 4 日，厄立特里亚宣布禁止联合国维和部队的直升机在该国领空飞行，此后埃塞俄比亚和厄立特里亚分别向边界地区增兵，埃厄边界局势紧张。11 月 23 日，联合国安理会通过第 1640 号决议，要求埃厄停止在边境集结重兵，避免边界冲突。但厄立特里亚对安理会决议表示不满，并迫使联合国撤出部分维和人员。埃厄边界紧张局势升级。

一、主要背景

埃塞俄比亚和厄立特里亚原本是一个国家，1993 年 5 月，厄立特里亚举行全民公决后宣布独立。由于在边界问题上各持己见，争执不下，两国反目成仇。1998 年 5 月起，两国在有争议的巴德梅地区爆发长达两年的武装冲突，导致 7 万多人丧生，上百万人流离失所。2000 年 12 月，双方在阿尔及利亚签署《全面和平协议》，建立化解领土矛盾的政治框架。在这一框架下，联合国于 2001 年 4 月在埃厄边界地区设立一个宽 25 公里的临时安全区，并派遣约 3000 名维和士兵（埃厄特派团）。这支维和部队通过几条空中航线，用直升机运送给养并执行侦察和运送伤员的任务。在特派团的监督下，埃厄紧张关系一度降温。2002 年 4 月，设在荷兰海牙的埃厄边界委员会就埃厄边界划分做出裁决，将目前仍由埃方控制的边境小镇巴德梅划归厄方。当时埃厄双方均表示原则接受裁决。但到 2003 年 4 月，埃塞俄比亚又表示不满边界委员会的仲裁，认为把原在埃塞俄比亚管辖范围内的巴德梅镇划为厄立特里亚是“不公平的”，提出重新划定包括巴德梅地区在内的有争议边界，厄方则坚持认为边界委员会的裁决不可更改，希望联合国向埃塞俄比亚施压，敦促其接受这一裁决。由于联合国没有接受厄方要求，因此厄同联合国关系紧张。

二、主要经过

2005 年 10 月 4 日，厄立特里亚通知联合国，要求联合国维和部队的直升机从 5 日起停止飞越其领空。但厄方没有解释做出实施这一禁飞决定的原因。面对这一突发事件，联合国安理会于 10 月 4 日晚召开紧急会议，就厄立特里亚的决定进行了讨论。10 月 5 日，联合国秘书长安南发表声明，称厄方此举将严重限制联合国维和部队按照安理会的授权和有关各方的要求履行其职责，并有可能进一步加剧厄立特里亚与埃塞俄比亚在边境地区的紧张气氛，因此要求厄立特里亚立即取消禁飞决定。紧接着，埃厄两国开始向边境地区增兵，包括坦克在内的大量重型武器也同时部署在这里。本来就不稳定的埃厄关系日趋紧张。

在此情况下，埃塞俄比亚做出了一些让步。10 月 15 日，埃塞俄比亚总理梅莱斯向新闻界发表谈话，改变了以往拒绝就边界争端问题进行直接谈判的立场，首次表示愿意与厄立特里亚总统伊萨亚斯就两国边界争端问题进行面对面的直接谈判。但厄立特里亚方面对梅莱斯的谈话没有做出反应。10 月 21 日，联合国秘书长安南致函厄立特里亚总统伊萨亚斯，再次督促厄立特里亚政府取消对联合国驻埃厄边境地区维和部队直升机的禁飞令。但伊萨亚斯在回信中拒绝了这一要求，并称安南和联合国“已经失去处理埃厄和平进程事务的能力”。与此同时，厄立特里亚又禁止维和部队的巡逻车辆夜间在埃厄边境的厄方一侧活动，迫使维和部队中止在18个任务区的活动。埃厄双方继续向边境地区增兵，紧张局势升级。

对此，联合国加大了介入力度。10月27日，联合国秘书长安南致函安理会称，最近的一系列事态发展表明埃厄边境地区的局势已经到了令人不安的地步，需要国际社会给予关注，并采取紧急和具体的行动。呼吁安理会对厄立特里亚施加最大程度的影响力，迫使厄方取消针对联合国维和部队的限制措施，并解决致使埃厄两国和平进程陷入僵局的深层次原因。11月2日，安南发表声明，敦促埃塞俄比亚和厄立特里亚保持最大限度的克制，避免两国出现新的敌对行动。在安南的建议下，11月23日，联合国安理会一致通过第1640号决议，要求埃塞俄比亚和厄立特里亚立即停止在两国边境地区集结重兵，避免边界冲突。决议对埃厄在沿两国边界设立的临时安全区两侧集结军队深表关切，强调这一态势持续下去将危及国际和平与安全。决议呼吁埃厄保持最大限度的克制，避免使用武力或以武力相威胁，并要求它们在30天内采取行动，将驻扎在两国边界地区的军队规模缩减到2004年12月时的水平。决议还要求厄立特里亚立即无条件地取消对联合国驻埃厄边境地区维和特派团的直升机禁飞令，以及其他限制维和部队行动自由的措施，敦促埃塞俄比亚接受独立边界划分委员会对埃厄两国边界走向作出的最后裁决，并采取措施确保该委员会不受阻碍地标定两国的边界。决议指出，如果埃厄两国拒绝履行本决议，安理会将考虑根据《联合国宪章》第41条，采取经济或外交制裁等进一步措施。

第1640号决议通过后，埃塞俄比亚总理梅莱斯于11月25日表示，埃塞俄比亚政府原则上接受埃厄边界委员会在2002年做出的两国边界划分的仲裁，做出这样的决定主要是为了和平解决埃厄两国的边界分歧，实现地区和平与稳定。同时，梅莱斯提出5点建议，希望埃厄双方能够尽快在边界划分问题上举行对话，解决悬而未决的问题，最终实现两国关系正常化。12月10日，埃塞俄比亚又宣布从边界后撤军队。而厄立特里亚则认为安理会第1640号决议有失公允，西方国家有意偏袒埃塞俄比亚，因此做出进一步的强烈反应。12月6日，厄立特里亚政府致函联合国埃厄特派团，要求特派团中的美国、加拿大、俄罗斯以及欧洲其他国家的军事观察员约160人必须在10天内离开厄立特里亚。厄方做出的这一单方面决定涉及在该国执行任务的半数联合国军事观察员，使联合国的维和行动难以继续执行。12月7日，联合国秘书长安南发表声明，谴责厄立特里亚政府6日做出的决定，并敦促厄方立即无条件地收回决定。12月10日至15日，联合国负责维和事务的副秘书长盖埃诺对埃厄两国进行工作访问，试图化解埃厄边界紧张局势，但收效不大。12月15日，联合国驻埃厄特派团第一批90名维和人员被迫从厄立特里亚撤离。维和人员的撤离使埃厄边界紧张局势进一步升级，到2005年底，厄立特里亚已在边界部署了8万人兵力，埃塞俄比亚则部署了15万人的兵力。

（桐　生）

埃及沙姆沙伊赫发生炸弹袭击事件　2005年7月23日凌晨1时15分左右，在埃及旅游胜地沙姆沙伊赫发生3起汽车袭击爆炸事件，造成重大人员伤亡和财产损失。

一、爆炸情况

7月22日午夜，沙姆沙伊赫的广大游客和居民们告别了白天的似火骄阳，有的在游逛古老市场，有的在咖啡馆纳凉，有的在用餐，享受着凌晨的凉爽海风和美味佳肴。然而，在23日凌晨1时15分左右，几名恐怖分子驾着装有炸药的汽车接连在加扎拉·加尔丹兹海湾饭店、老城区旅游品市场和一个出租车停车场发动了连环爆炸袭击，使这座“旅游天堂”瞬间变成了“人间地狱”。巨大的爆炸声震耳欲聋，加扎拉饭店和老城区旅游品市场的建筑几乎被夷为平地；门窗和墙被全部炸倒，只有几根水泥柱子东倒西歪地竖在那里；人员伤亡更加惨不忍睹，许多人被埋在废墟里活活烧死；爆炸现场残墙断壁、肢离破碎的尸体、汽车残骸、衣物、毯子和拖鞋等散落一地，血迹斑斑；伤残人员和受惊游客的惨叫声更是撕心裂肺。由于正值夏季旅游旺季，沙姆沙伊赫来自西方的游客非常多，事发时又是人们夜间纳凉消闲和购物的高峰期，加之炸弹的威力巨大，因此，连环爆炸造成巨大的人员伤亡。埃及卫生部长塔杰丁24日在记者招待会上宣布，在23日沙姆沙伊赫系列爆炸事件中共有64人死亡，124人受伤。据报道，死伤者中多数是埃及人，此外，还有英国、荷兰、卡塔尔、科威特、沙特、意大利、俄罗斯、西班牙和以色列等外国游客。沙姆沙伊赫爆炸事件是10多年来埃及发生的一系列恐怖袭击事件中最为惨烈的一次。

二、恐怖分子制造爆炸事件的目的

7月23日，一个自称与“基地”组织有关的名为“阿卜杜拉·阿扎姆旅”的组织宣布对爆炸事件负责。

25日，又有2个组织通过媒体发表声明，宣称与沙姆沙伊赫爆炸事件有关，一个自称是“埃及圣战者”，另一个自称是“西奈烈士旅”。7月23日是埃及1952年“7月革命”53周年纪念日。“7月革命”被认为是现代埃及的开始，是埃及历史上具有划时代意义的重大政治事件。恐怖分子此时制造爆炸，显而易见带有明显的政治和经济目的。

第一，发泄对埃及温和对外政策的不满。埃及在阿拉伯国家中属于温和国家，在地区事务上奉行务实的政策，尤其在巴以冲突问题上，起着重要的促和作用。同时，埃及也积极发展与包括美国在内的西方国家的关系。这些，都引起伊斯兰极端分子的强烈不满和愤恨。不久前，埃及驻伊拉克利益代表处的首席负责人被绑架并惨遭杀害，就是这种不满的具体体现，恐怖分子当时指责埃及已经背离了伊斯兰的利益，成了阿拉伯国家的“叛徒”。

第二，破坏埃及经济的振兴。埃及是世界上著名的旅游国家，2004年吸引来自世界各地的游客800多万人，创造了60多亿美元的外汇收入。旅游业是埃及政府传统的四大外汇收入来源（旅游、苏伊士运河、石油、侨汇）之首。近年来，埃及政府正致力于实现国家经济的振兴与腾飞。恐怖分子拿对埃及国民经济举足轻重的旅游业“开刀”，显然是为了破坏埃及经济的振兴与腾飞。沙姆沙伊赫距埃及首都开罗550多公里，位于西奈半岛南部的红海之滨，是埃及最著名的旅游胜地。7月下旬是沙姆沙伊赫的旅游旺季，有很多外国游客前来度假。因而，沙姆沙伊赫爆炸事件对埃及经济造成的负面影响是可想而知的。

第三，袭击沙姆沙伊赫容易得手且具象征意义。沙姆沙伊赫位于西奈半岛南端，远离安全防范措施严密的首都等地，是埃及安全上的“软肋”，容易得手。同时，袭击沙姆沙伊赫具有象征意义。因为这里不但是个旅游胜地，而且还是地区领导人常常开会的地方。2005年2月初，埃、以、约、巴就在此召开峰会，巴以签署了停火协议。鉴于沙姆沙伊赫在中东和平进程中所处的特殊政治地位，联合国还曾授予它“和平城”的称号。恐怖分子在此搞爆炸，无疑有着强烈的政治意义上的考虑。

三、爆炸发生后埃及采取的应对措施

爆炸发生后，埃及政府迅速组织营救工作。埃及安全部队、警察、消防和医疗人员迅速赶往现场营救和调查取证，将伤员送往医院治疗，将死者装入黑色裹尸袋中。埃及在全国采取了严密的安全措施，加强开罗机场内外安检，大量安全部队部署在首都开罗的大街和地铁等敏感地区和部门。同时，在全国的许多城市和主要交通路口，设立了检查站，特种部队开始在西奈半岛地区进行搜查，并将沙姆沙伊赫划为军事禁区，安全和调查人员开始在该地区搜查罪证。埃及内政部长哈比卜·阿迪利、南西奈省省长等人很快赶到现场视察、指挥营救工作。阿迪利部长严厉谴责这是一起“令人发指的”恐怖行径。当回答记者会不会是穆斯林极端分子所为时，阿迪利指出，以伊斯兰的名义从事这种邪恶的恐怖行径，绝不是真正的穆斯林。他说，目前获得的线索将有助于安全部门破获爆炸案。但他不能确定疑犯的身份。沙姆沙伊赫有关分析人士指出，目前的线索可能表明，爆炸与去年10月塔巴造成34人死亡的袭击有关联。埃及内政部一位官员在接受记者电话采访时说，一个高级别安全小组已赶往沙姆沙伊赫对这起连环爆炸事件展开调查。

23日，穆巴拉克总统中止了他在埃及西北部迈尔萨·迈塔鲁哈度假村的周末休假，赶到沙姆沙伊赫视察，并到医院看望了伤员，同时向遇难者家属表示慰问。接着他又与埃及总理纳齐夫等政府官员召开紧急会议，商讨追捕犯罪分子和处理善后事宜。会上穆巴拉克强调应尽快恢复沙姆沙伊赫的正常生活和秩序。穆巴拉克还在沙姆沙伊赫发表了重要讲话。他说：“瞎眼的恐怖主义已经穿越了我们身边的整个世界，恐吓人们的安全。”他指出，沙姆沙伊赫爆炸事件“这一怯懦的罪行旨在动摇埃及的安全与稳定，粗暴地对待埃及人民和作为埃及客人的外国旅游者”。这一罪行“只能让我们更坚定打击恐怖主义并根除恐怖主义根基的决心”。他强调埃及决心打击恐怖主义，反恐战斗将会一直持续下去。他同时表示，埃及“绝不会屈服于恐怖主义的压力”。

24日，埃及总理纳齐夫召集内政、卫生、新闻和旅游4个部的部长举行了一个小型紧急内阁会议，就沙姆沙伊赫爆炸案对埃及未来发展的影响及政府应采取的对策进行了讨论。纳齐夫强调，恐怖分子制造爆炸的目的是要恐吓埃及人民，打击埃及经济。他指出，埃及政府和人民绝不会向恐怖分子低头，将团结一致，勇敢面对恐怖分子的威胁。埃及警方在西奈半岛展开了大规模搜捕行动，拘留了70名可疑人员。埃及安全部门向沙姆沙伊赫调运大批专门设备，以对遇难者血样和爆炸残留物进行检验，同时彻底清查所有在沙姆沙伊赫工作的人员身份。埃及总检察长马希尔·瓦希德说，检察机关在沙姆沙伊赫爆炸现场的调查取证工作已经结束。

25日，埃及警方拘留了110多名与爆炸事件相关

的人员，并对他们进行调查。南西奈省省长穆斯塔法说，沙姆沙伊赫的生活正在逐步恢复正常。一名当地官员对记者说，在爆炸中严重受损的贾扎拉花园饭店将在45天内恢复营业。

四、国际反应

爆炸发生后，国际社会立即对这一恐怖行径表示强烈谴责，并对埃及政府和人民表示坚定支持。

中国国家主席胡锦涛23日致电埃及总统穆巴拉克，强烈谴责针对无辜平民的沙姆沙伊赫恐怖暴力行径。胡锦涛代表中国政府和人民，并以个人名义，对在此次事件中不幸遇难者表示深切哀悼，向受伤人员及遇难者亲属表示诚挚慰问。胡锦涛重申，中国政府反对一切形式的恐怖主义，愿同包括埃及在内的国际社会一道，加强反恐合作，共同打击恐怖主义。

美国总统布什23日同埃及总统穆巴拉克通电话，向穆巴拉克表示慰问。25日，布什前往埃及驻美国大使馆，对沙姆沙伊赫炸弹爆炸事件中的遇难者表示哀悼。布什在吊唁时强烈谴责爆炸事件的制造者"缺乏良知"，重申美国将与埃及人民站在一起，将爆炸事件的制造者绳之以法。同一天，美国白宫发言人麦克莱伦发表声明，强烈谴责在沙姆沙伊赫发生的恐怖爆炸事件，并表示美国愿意向埃及政府提供帮助，以便将那些制造这起爆炸事件的恐怖分子绳之以法。

俄罗斯总统普京23日致电埃及总统穆巴拉克，对连环爆炸导致重大人员伤亡表示慰问。普京说，国际恐怖组织在俄罗斯、英国、埃及和其他国家接二连三地犯下严重罪行，企图使全世界都生活在恐惧和暴力的氛围之中。全人类只有团结一致才能战胜恐怖主义。

意大利总统钱皮和总理贝卢斯科尼23日谴责沙姆沙伊赫连环爆炸事件。钱皮在致穆巴拉克的电报中说，他对这起造成大量无辜人员伤亡的恐怖爆炸事件感到震惊和愤怒。这一事件再次说明，需要包括各国政府和人民在内的国际社会更加一致地协调努力，共同铲除滋生恐怖主义的土壤和根基。贝卢斯科尼在一项声明中称这起爆炸事件是"极端分子制造的野蛮恐怖行为"。他说，恐怖分子袭击的目标更多的针对手无寸铁的平民，旨在威胁国际社会的和平。意大利打击恐怖主义的坚定立场不会改变。

叙利亚和约旦政府谴责爆炸是"恐怖行径"，并表示支持埃及为打击恐怖主义所采取的一切手段。

伊拉克总理贾法里办公室23日发表声明，谴责沙姆沙伊赫发生的连环爆炸事件。声明说，"全世界所有政府和负责的人民都应该谴责恐怖主义，肩并肩与之作战。"

以色列政府发言人谴责爆炸事件。以还表示愿向埃及提供援助，参与营救伤员的工作。

联合国秘书长安南23日发表声明，对沙姆沙伊赫恐怖袭击事件深感悲伤和愤怒。他强烈谴责针对无辜平民的暴力活动，并表示没有任何借口可以为这样的恐怖行为开脱。安南还向遇难者家属、埃及政府和人民以及所有外国遇难者的政府致以诚挚的问候。（综合新华社有关报道）

（高清文）

布隆迪开始走上和平发展之路　2005年8月19日，曾深陷部族仇杀泥潭的布隆迪在和平氛围中顺利举行了内战结束后的首次总统选举，"保卫民主力量"领导人恩库伦齐扎当选并于8月26日宣誓就职。这为布隆迪结束内战、实现国家和平铺平了道路。

一、主要背景

布隆迪位于非洲中东部，人口约700万，主要由胡图和图西两个部族组成。自1962年独立后，胡图和图西两部族的冲突一直不断。1993年，布隆迪第一位民选的胡图族总统恩达达耶遭暗杀，从而引发了旷日持久的部族冲突和内战，造成约30万人死亡。在国际社会的调停下，布隆迪图西族政府与胡图族反政府武装于2000年签署了和平与和解协议，并初步确立了3年过渡期以及两大部族今后的权力分配方案。2001年11月，布隆迪新的过渡政府正式宣告成立。此后，由于反政府武装在军队改革等问题上与过渡政府有分歧而拒绝放下武器，武装冲突依然没有停止。2004年8月6日，在南非等国斡旋下，布隆迪20个主要政党就新政府权力分配方案达成协议，并确定大选初步日程。但胡图族武装"民族解放阵线"拒不参与和平进程，并不断对首都进行袭扰。由于民族解放阵线的掣肘，全国大选未能如期举行。

二、主要经过

2005年2月，布隆迪进行全民公决，通过了新的宪法，进一步确定了图西族和胡图族在未来政府和议会中的权力分配方案。

根据2001年10月28日颁布的《布隆迪共和国过渡时期宪法》，布隆迪过渡政府的过渡期为3年，已于2004年11月到期。大湖地区领导人根据布隆迪的大选计划将过渡期延长6个月。2005年4月22日，延长后的过渡期再次到期，但布隆迪新政府仍未产生。当天，大湖地区国家领导人在乌干达恩德培举行紧急会议，肯尼亚、布隆迪、坦桑尼亚、赞比亚和乌干达5国总统以及南非副总统、卢旺达总理和埃塞俄比亚政府高级官员出席会议。会议决定将布隆迪的过渡期再延长4

个月，到8月26日止。乌干达总统穆塞韦尼会后表示："我们同意布隆迪的所有选举活动必须在8月19日之前完成，新一届政府将于8月26日宣誓就职。"

过渡期的再次延长为布隆迪实现和平争取了宝贵的时间。5月15日，布隆迪过渡政府与反政府武装民族解放阵线在坦桑尼亚首都达累斯萨拉姆达成停止敌对行动协议。布隆迪外长西努古鲁扎在总统恩达伊泽耶与民族解放阵线领导人鲁瓦萨举行会谈后发表声明说，双方宣布立即停止敌对行动，将在一个月内组成技术小组负责确定永久停火的机制。双方还准备就民族解放阵线加入布隆迪和平进程问题深入谈判。

布隆迪过渡政府与民族解放阵线达成停止敌对行动协议为布隆迪选举创造了条件。6月布隆迪进行了地方选举。7月又举行国民议会和参议院选举，"保卫民主力量"在选举中获胜。虽然仍有小股叛军制造骚乱，但在布隆迪人民对和平民主的渴望以及国际社会的推动下，这一系列选举仍然顺利进行。

8月19日，布隆迪议会进行总统投票选举。议会第一大党"保卫民主力量"领导人、负责良政和国家总监察事务的国务部长皮埃尔·恩库伦齐扎获得91.52%的选票，大大超过宪法中要求候选人支持率超过三分之二当选总统的规定，当选为新总统。这为布隆迪结束内战、实现国家和平铺平了道路。恩库伦齐扎在当选后发表了演讲，他表示将带领布隆迪人民，把国家带入和平、稳定和繁荣富强。

8月26日，当选总统恩库伦齐扎在首都布琼布拉宣誓就任布隆迪总统，任期5年。恩库伦齐扎在就职典礼上发表讲话，表示新政府将竭尽全力创造和平稳定的环境，大力打击腐败，推动民主和司法公正，消除贫困，发展经济。他号召全体布隆迪人民共同努力，调动一切力量，促进经济发展，实现国家复兴。新总统就职标志着布隆迪经历了10多年内战后正式结束过渡期，开始走上和平发展的道路。12月31日，联合国开始执行从布隆迪撤出维和部队的计划，当天撤出167名莫桑比克维和人员，并准备在2006年4月底之前撤出40%的维和部队。

（桐　生）

刚果（金）和平进程步履维艰 2005年，刚果（金）和平进程依然喜忧参半、步履维艰：新宪法以全民表决的方式得以通过，但全国大选未能如期进行，国防改革与军队整编进展缓慢。东北部伊图里地区局势有所好转，联合国维和部队强制解除了1.4万名部族民兵的武装，但残存的1000多名顽固分子仍然继续制造袭击事件。

一、新宪法在全民表决中获通过，但全国大选未能如期举行

2005年初，刚果（金）制定了新宪法。5月，刚果（金）参议院和国民议会先后通过新宪法。新宪法共227条，规定：刚果（金）是一个"权力高度下放的统一国家"；总统法定年龄不能低于30岁，由直接普选产生，一届任期5年，最多担任两届；总统任命议会多数派推举的人选担任总理，并有权罢免总理；在发生政治危机时，总统有权解散议会；国家政策由"政府与总统协商"制定。新宪法还规定，刚果（金）的行政区划将由目前的11个省增加到26个省。12月18日，刚果（金）举行新宪法全民公决。24日，刚果（金）独立选举委员会宣布，根据对超过三分之二选票的统计，已有83.8%的投票者在全民公决中支持新宪法。尽管新宪法得以顺利通过，但由于准备工作不充分和存在意见分歧，刚果（金）没有如期于2005年6月举行全国大选。

二、国防改革与军队整编启动，但进展缓慢

迄2005年初，刚果（金）不同武装政治派别声称共拥有30万作战人员。按照整编计划，刚果（金）设立了6个军队整编中心，逐步启动国防改革与军队整编计划。首先实现残疾人员和娃娃兵的缴械，帮助他们重归社会，目标是建立一支有10万人的国家军队。

到6月1日，由比利时训练出来的第1整编旅已部署东北部伊图里地区，由安哥拉负责训练的第2整编旅已部署在首都金沙萨，由比利时和南非负责训练的刚果（金）第3整编旅将派往与卢旺达、布隆迪接壤的基伍省。6月5日，刚果（金）总统府军事顾问卡卢梅·农比将军表示，今后每两个月将产生3个整编旅，刚果（金）过渡政府计划年底前完成各武装政治派别作战人员的整编，建立一支拥有10万人的新型国家军队。7月22日，刚果（金）、比利时和南非三国混委会又在南非的开普敦召开会议，全面讨论了整编刚果（金）各派武装的问题。

但到下半年，刚果（金）整编各派武装的工作进展缓慢，几乎陷入停顿状态。军队整编工作停顿的原因是一些军官克扣挪用了大量军费，使普通军人穷困潦倒，整编营地里军人大量携枪潜逃，成为散兵游勇，更有一些极端的军人已经发出准备实施大抢劫的威胁。这直接危及刚果（金）的和平过渡进程。8月8日，联合国秘书长驻刚果（金）特别代表斯文与刚果（金）国防部长奥努松巴举行会谈，重点是如何尽快恢复刚果（金）各派武装的整编工作。斯文呼吁刚果（金）各武装政治派别能够齐心协力，特别是在东北部的伊图里地区和东部

的南北基伍省等冲突地区，使整编进程继续下去。

三、伊图里地区多数部族武装被解除，但部族割据和冲突的局面没有彻底改变

刚果（金）东北部伊图里地区一直是部族冲突的“重灾区”。该地区活跃着“民族主义者和统一主义者阵线”、“刚果爱国者联盟”和“刚果人民武装力量”等6支部族武装，控制着1.5万名武装人员。在这一地区武装冲突和暴力事件不断。

2005年初，伊图里地区再度爆发荷马族和伦杜族之间的暴力冲突。部族武装间不仅相互混战，而且还袭击驻在该地区的联合国维和部队。2月25日，20名孟加拉国维和部队士兵在伊图里地区加非地带遭遇“民族主义者和统一主义者阵线”的伏击，1名军官和8名士兵死亡，11人受伤。这是10年来联合国维和部队遭受的最大的一次人员伤亡。3月22日，刚果（金）政府军巡逻队在加非地带遭到部族民兵的袭击，1人被打死，2人失踪。5月12日，联合国维和部队40名孟加拉国士兵在执行侦察任务后返回营地时，车队又遭到了20多名部族武装的袭击，1名维和士兵身亡，5名维和士兵受伤。

面对伊图里地区部族武装的猖獗进攻，联合国对驻刚果（金）维和部队进行了重新部署，加强了驻刚果（金）东部地区兵力。到3月初，维和部队驻刚果（金）东部的“东部师”已拥有3个旅、11个营的兵力，其中4个营部署伊图里地区。2月中旬，维和部队与欧盟达成协议，欧盟承诺将向维和部队提供部族武装活动的侦察卫星情报。刚果（金）政府军也承诺与维和部队定期交换情报。2月16日，联合国驻刚果（金）特派团参谋长助理杜哈迈尔宣布，随着联合国维和部队的重新部署，加上经过改善的情报系统，联合国特派团将依据联合国宪章第7条款，对威胁刚果（金）东部地区平民的武装集团“采取强有力的行动”。

1月24日，联合国维和部队对伊图里地区的部族武装发动代号“拳击”的行动，击毙“刚果爱国者联盟”4名成员，其中包括1名军阀。2月25日，维和部队对“民族主义者和统一主义者阵线”采取了围剿行动。3月1日，刚果（金）政府在金沙萨逮捕了“民族主义者和统一主义者阵线”的首领弗洛里贝尔，随后又逮捕“刚果爱国者联盟”的首领托马斯·鲁邦加。3月2日，联合国维和部队近250名军人在伊图里地区的洛卡营地与约1000名部族武装发生激战。部族武装人员使用了重机枪和反坦克火箭，并利用被他们扣押的平民做“人体盾牌”进行抵抗。但维和部队在空中和地面火力支援下，成功击退部族武装，打死50多名武装人员。绝大部分部族武装分子弃守营地，逃入附近的森林。3月16日，维和部队500多名士兵在装甲车和武装直升机的掩护下推进到伊图里地区的宗贝村。

到4月12日，伊图里地区各部族民兵已有9818名作战人员参加了“解除武装、重返社会”计划，但还有2500名部族民兵不愿放下武器。迄2005年底，在维和部队的帮助下，1.4万名伊图里地区的部族民兵自愿或者被迫缴械，可是残存的1000多名顽固分子仍然继续制造袭击事件，威胁伊图里地区的安全和稳定，部族割据和冲突的局面没有彻底改变。

（桐　生）

几内亚比绍发生未遂军事政变　2005年5月25日，几内亚比绍（简称几比）前总统昆巴·雅拉在支持者的护卫下进入几比总统府发动政变，但迫于军方压力，4小时后雅拉撤离，政变以失败告终。这一突发事件使几比动荡的政治局势更加不稳，但几比总统选举依然顺利举行。

一、政变的背景

几比自独立以来军事政变和政权更迭频繁。上个世纪90年代初“多党制民主风”吹到非洲大陆以后，几比国内部族相斗和党派纷争更加激烈，军人不断干政，政治和经济形势每况愈下，社会愈加动荡不安。2003年9月14日，几比武装部队总参谋长塞亚布拉发动政变，将总统昆巴·雅拉赶下台。政变后，参与政变军人同几比各政党达成协议，设立全国过渡委员会行使议会职能，任命临时总统和过渡政府，并定于2005年6月19日举行总统选举。这次选举被认为是结束几比社会动荡、走向和平与稳定发展的转折点，受到了国际社会的普遍关注。2005年4月，雅拉宣布参加总统选举。几比最高法院随后确认并宣布了17名总统候选人的有效资格，其中雅拉和另一位前总统维埃拉被认为当选的可能性最大。

2005年5月15日，雅拉在几比首都比绍宣称，他是几比唯一的合法总统，即将重返总统府。目前军队中有60%以上的士兵与其同属巴朗特族，有70%的高级将领都支持他。雅拉还以“总统身份”宣布大选推迟举行，以便其履行完总统任期。雅拉发表讲话后，联合国秘书长安南、非洲各国领导人乃至国际社会对雅拉重现几比政坛后的言行都表示担忧。安南呼吁几比社会各方尤其是政治领导人放弃一切可能对选举进程构成威胁的言行，以便该国恢复宪政，实现和平。尼日尔总统坦贾、尼日利亚总统奥巴桑乔和塞内加尔总统瓦德5月21日前往几比，并会见了几比代总统罗萨、前总统雅拉以及其他政治领导人，呼吁几比在6

月19日举行总统选举前保持安定，避免国家再次陷入动乱。但多方的斡旋努力最终因雅拉坚持自己的“总统身份”无功而返。

二、政变经过

2005年5月25日凌晨2时30分左右，一些几比军人谎称，总参谋部下令总统卫队队长恩哈雷·雅拉将军护送雅拉进入总统府。恩哈雷在未核实“命令”真伪的情况下带雅拉前往总统府，值班的总统卫兵见队长率队便为雅拉打开了总统府大门。在获悉雅拉进入总统府后，几比军方立即派兵包围了总统府大楼，并勒令雅拉在当天上午8时前撤离。4小时后，雅拉及其支持者被迫离开几比总统府。

在雅拉离开总统府后，几比300多名年轻人走上街头抗议雅拉的“反民主和反宪法”行为。他们聚集在雅拉的寓所前，投掷石块，高喊口号。雅拉的私人卫队朝天鸣枪才驱散了抗议人群。随后，抗议者又赶到雅拉所在的政党社会革新党总部，砸坏了一些门窗，烧毁了1辆汽车以及大批文件。抗议者还与警方发生了冲突，导致3人受伤，其中2人伤势严重。军方随后加强了对总统府、总理府、内政部等要害部门的安全保卫。

5月25日晚，几比代总统恩里克·罗萨通过国家电台向全国发表讲话，谴责前总统雅拉率领军人占领总统府的行为，称这是一次“政变企图”。罗萨指出：“雅拉的所作所为对国家安全造成危害，他必须接受法律的审判和制裁。”他还赞扬军队一举粉碎了雅拉的政变企图，恢复了国家秩序。5月26日起，几比警方开始在全国范围搜捕参与这起事件的军队武装人员。到5月28日，几比警方逮捕了58名涉嫌参与这起政变企图的军人，其中有5名高级军官，包括总统卫队队长恩哈雷·雅拉将军。

雅拉进入总统府事件也引起非洲联盟的高度关注。塞内加尔总统府发表公报说，非盟已委托塞总统阿卜杜拉耶·瓦德负责帮助解决几比政治危机。瓦德强烈谴责雅拉率领支持者占领总统府的行为，并呼吁该国各界采取克制态度，通过对话解决当前的问题，以便定于6月19日的总统选举能顺利举行。

6月19日，在联合国、非盟、欧盟等国际组织派遣的250多名观察员的监督下，几比总统选举如期顺利举行，雅拉和其他候选人参加了选举。选举过程中未发生任何明显违反规则的事件。在此次选举中，军队信守效忠现政府和不干预选举进程的诺言，从而保证了大选的正常进行。6月22日，几比全国选举委员会宣布，执政的几内亚和佛得角非洲独立党候选人萨尼亚获得选票居第一位，前总统维埃拉获得选票列第二位，雅拉所获选票位于第三。根据几比选举法，得票最多的前2位候选人将进入第二轮角逐，雅拉已失去继续参选资格。6月23日，雅拉所在的几比社会革新党表示拒绝第一轮总统选举结果，并组织该党成员于24日上街举行游行抗议活动。在游行过程中，警方对空鸣枪警告，并逮捕了50多名抗议者。随后，游行者中有人向警方开枪，警方立即还击并当场打死2人、打伤3人。冲突事件发生后，联合国机构代表立即告诫几比军队不要介入冲突，继续对大选保持中立。8月10日，几比全国选举委员会公布了大选最终结果，确认前总统维埃拉当选为总统。

（桐　生）

科特迪瓦内战继续进行　2005年，科特迪瓦过渡政府与反对派“新生力量派”经过谈判一度签署和平协议，就解除武装日程表达成一致。但由于反对派武装拒绝按日程表解除武装，并与政府军发生冲突，缓和的局势再度紧张。此后双方围绕如何结束过渡期、举行全国大选问题展开激烈较量，科内战局面依旧。

一、科过渡政府与反对派武装签署《关于科特迪瓦和平进程的比勒陀利亚协议》，并就解除武装日程表达成最终协议

2005年初，科过渡政府与反对派继续就解除武装和政府改革两大问题进行博弈。1月6日，科总统巴博在内阁2005年首次会议上明确提出了过渡政府当前工作的4项首要任务，即解除战斗人员武装、恢复国家行政管理与统一、组织选举和重建家园。关于立法改革问题，巴博表示科政府已向议会提交了16项立法草案，其中13项已被通过。但2月28日凌晨，有100多名亲政府武装人员越过科西部军事缓冲区，与反对派武装发生了激烈冲突。联合国驻科特迪瓦维和部队迅速采取军事干预行动，逮捕了70多名反对派武装人员。科紧张局势升级。事后，反对派武装宣布这一袭击是科当局新的“战争行动”，并宣布其部队全部进入“最高戒备状态”。科政府军则否认采取军事行动，称袭击是当地居民所为。3月10日，巴博总统签署总统令，宣布自3月11日起的3个月内，禁止在科经济首都阿比让举行游行示威活动。

针对科紧张局势，非洲国家加大了在冲突双方间的斡旋力度。3月3日，《马库西协议》国际督察委员会（简称“和督会”）发表公报，呼吁科各派避免采取任何有可能阻碍和平进程的举动。3月下旬，非盟科特迪瓦问题斡旋人、南非总统姆贝基分别致函科有关各方代表，邀请他们到南非参加最新一轮和谈，以寻求解决科

危机的最终方案。4月3日，科冲突各方领导人在南非行政首都比勒陀利亚重新开启和谈，旨在最终就解除交战人员武装计划制订出一个明确的时间表，实现国家早日统一。南非总统姆贝基主持和谈，科总统巴博、过渡政府总理迪亚拉、前总统贝迪埃，前总理瓦塔拉以及反对派武装领导人索罗等均参加和谈。经过4天谈判，4月6日，各方领导人签署了《关于科特迪瓦和平进程的比勒陀利亚协议》。协议主要内容是：同意全面停止持续两年的内战，解除交战人员武装，并于10月举行总统大选。各派领导人还同意由过渡政府总理迪亚拉负责实施解除武装的行动，政府军和反对派武装的参谋长将于4月14日举行会晤，以确保这一行动的实施。协议还规定了科特迪瓦新的独立选举委员会的组成方式及职能，并重申科各派领导人将恪守《马库西协议》和联合国关于科特迪瓦问题的各项决议。

比勒陀利亚和谈后，科局势缓和，解除武装进程有所推进。4月14日，科特迪瓦政府军与反政府武装代表在科中部城市布瓦凯恢复了中止5个月之久的对话，商讨解除战斗人员武装和重组政府军的日程表。当天的会谈没有达成任何协议，双方同意于16日在布瓦凯举行第2轮会谈。4月15日，科反对派武装有两名代表出席了由科总统巴博主持的内阁会议。这标志着反对派武装在中止履行政府职务5个多月后又重返民族和解政府，重新参政。巴博对反对派武装代表重新参政表示欢迎，并希望反对派武装其余7名代表能够参加下一次内阁会议。4月16日，科政府军与反对派武装在布瓦凯发表联合公报，宣布同意5月2日至6日在亚穆苏克罗举行会议，着重讨论科解除武装全国委员会提交的方案，制订一份全面的解除武装计划，并确定实施该计划的日程表。双方同意自4月21日起从科中部前线撤离所有重型武器，并尽快恢复与联合国维和部队和法国“独角兽”行动部队的四方会议。双方还同意根据比勒陀利亚协议精神，由过渡政府总理迪亚拉负责制订和实施解除支持总统派的民兵组织的计划。4月19日，科政府军与反对派武装代表达乌克罗举行谈判，最终就撤离重型武器达成协议。双方同意在4月21日至24日期间，从科中部前线撤离所有重型武器，包括口径大于或等于20毫米的平射火炮和口径大于或等于60毫米的弹道火炮，但不包括口径为89毫米的RPG7型反坦克火箭筒和LRAC型反坦克发射器。4月21日，科政府军与反对派武装代表分别按原定计划开始撤出各自部署在科中部前线的重型武器。

5月14日，科特迪瓦政府军和反对派武装代表在亚穆苏克罗就解除战斗人员武装计划的实施日程表达成最终协议。双方同意，6月5日至26日期间完成双方战斗人员的集结和清点工作，6月27日至8月10日期间完成战斗人员的解除武装和复员工作，9月22日之前完成政府军重组计划的制订工作。

二、反对派武装拒绝按预定日程表解除武装并与政府军发生小规模冲突，科特迪瓦政治与安全局势由缓和趋向紧张

6月初，科特迪瓦西部位于政府军控制区内的迪埃奎地区发生一系列武装袭击事件，造成上百人伤亡。科有关政党和派别为此不断相互指责，4月以来得到明显缓和的政治和安全形势有恶化的趋向。6月13日，反对派武装发表声明称，鉴于相关政治和技术条件尚不完全具备，解除战斗人员武装的计划难以按预定日程表付诸实施。

6月29日，科特迪瓦各方领导人在南非比勒陀利亚签署联合声明，对有关方面未能如期启动解除战斗人员武装进程深表担忧，并敦促科政府军和反对派武装就此重新谈判。7月7日起，科政府军参谋长芒古和反对派武装参谋长巴卡约科在亚穆苏克罗重新举行谈判。联合国驻科特迪瓦行动团、法国“独角兽”行动部队以及科特迪瓦危机调停人、南非总统姆贝基均派代表出席了此次谈判。7月9日，科政府军和反对派武装代表就有关解除战斗人员武装计划实施日程表达成新协议，同意自9月19日开始双方有关战斗人员的集结和身份清查工作，9月26日至10月3日期间完成有关战斗人员的武装解除和复员工作，从10月3日开始改组和整编科政府军。

但到7月下旬，形势再次发生逆转。7月24日，科政府军发言人发表声明说，不明身份的武装分子23日晚和24日上午先后袭击了政府军控制区东南部的阿尼亚马和阿博维尔城，共造成9人死亡、2人受伤。科军方已将这起“严重违反和平协议”的袭击事件正式通报给联合国驻科特迪瓦行动团和法国“独角兽”行动部队。但科反对派武装发表声明，否认对2起袭击事件负责。24日下午，科政府军增援部队采取军事行动，夺回被不明身份武装分子控制的阿博维尔城，科治安部队随后在阿博维尔城及其周边地区实施清剿行动，至少打死13名武装分子。治安部队在战斗中还俘虏了30多名武装分子，并缴获一些武器弹药和运输工具。

三、科过渡政府与反对派武装就是否按时结束过渡期问题矛盾激化，科政府在联合国支持下宣布延长过渡期1年并单方面任命新的总理

根据《马库西协议》和科特迪瓦《宪法》，巴博任总统的科过渡政府应该在2005年10月结束执政，举行全国大选，但科过渡政府与反对派武装在是否按时结束过渡政府问题上产生严重分歧。为了缓和双方分歧，10月6日，非盟通过决议，建议延长巴博总统任期1年，在10月30日后组建一个任期不超过1年的过渡政府，由现总统巴博任命一位获各方认可、但不参加下届总统选举的总理来领导过渡政府，继续执行和平协议。但反对派武装拒绝延长巴博总统的任期。10月21日，联合国安理会通过第1633号决议，支持非盟提出的将科特迪瓦总统巴博任期延长1年的建议，并呼吁科危机各方加紧磋商，任命一位各方都认可但不参加下届总统竞选的总理来领导新的过渡政府，决议还要求科反对派武装尽快启动解除战斗人员武装进程。10月25日，执政的科特迪瓦人民阵线发表声明，欢迎安理会的最新决议，呼吁科危机各派通过对话与协商恢复和平。科反对派武装则发表声明，拒绝将总统任期延长1年，并宣称在10月30日之后不再承认巴博总统的合法地位。科反对党派联盟还要求他们的参政代表从26日起停止参加政府会议，以等待新过渡政府的成立。同日，巴博向全国发表电视讲话宣布，根据科宪法的有关规定，他将继续行使总统职权，直至新选出的总统宣誓就职。反对派武装当晚发表声明，称巴博总统任期于当天午夜结束，反对巴博继续行使总统职权，并自行任命反对派武装政治领导人纪尧姆·索罗出任新过渡政府总理。

在巴博延长总统任期一年和任命过渡政府总理问题上，科各派无法统一意见的情况下，为了稳定局势，非盟主席、尼日利亚总统奥巴桑乔，科特迪瓦和平进程调停人、南非总统姆贝基和西非国家经济共同体主席、尼日尔总统坦贾12月4日发表联合声明，宣布任命西非国家中央银行现任行长夏尔·科南·班尼为科特迪瓦过渡政府总理。12月7日，班尼正式就任科特迪瓦过渡政府总理。12月28日，巴博总统签署总统令，对32个政府职位的人员配置进行正式任命，从而完成过渡政府的组建。

（桐　生）

毛里塔尼亚发生军事政变　2005年8月3日，以毛里塔尼亚总统卫队长兼国民宪兵司令瓦尔为首的武装部队趁总统塔亚出国之机，突然发动军事政变，推翻了塔亚政权。政变军人随后宣布成立“民主与公正军事委员会”，并采取一系列措施，迅速稳定了局势。

一、政变的经过及原因

8月3日清晨5时，毛里塔尼亚首都努瓦克肖特的居民还在沉睡中。以毛里塔尼亚总统卫队长兼国民宪兵司令埃利·乌尔德·穆罕默德·瓦尔为首的武装部队趁总统塔亚出国参加沙特阿拉伯国王法赫德葬礼之机，发动了军事政变。他们指挥士兵携带重型武器占领国家电台、电视台、国民宪兵司令部和总参谋部，并封锁了总统府、机场等要害部门，控制了努瓦克肖特所有军事要地。由于事发突然，政府军几乎没有什么反应就被控制了，负责保卫首都安全的第六军区司令、国防军参谋长和国民宪兵警备队参谋长都被政变军人抓获。除了总统府附近有零星枪炮声外，政变部队几乎没有遇到强有力的抵抗。8月3日中午，努瓦克肖特市区主要交通道路已被政变军人封锁，主要路口也布置了重型武器，国内通信中断，机场、机关和店铺被关闭。

在基本控制首都局势后，政变军人当天通过国家电视台发布公告，宣布成立“民主与公正军事委员会”，取代已经执政21年的塔亚政权。军事委员会由18人组成，国民宪兵司令瓦尔担任主席。公告说，武装部队和安全部队采取行动，终止了奴役人民的腐朽统治，建立了军事委员会。该委员会将为毛里塔尼亚各界创造公开、透明、民主和自由的环境。公告还承诺，“民主与公正军事委员会”的执政期将不超过2年，准备建立真正的国家民主机构，实行大选，保证遵守毛里塔尼亚已签订的所有国际协定和公约。到8月4日，政变军人已控制全国，毛里塔尼亚局势平静，没有发生任何动乱。首都努瓦克肖特市区主要街道畅通无阻，商店照常营业。有些市民自发上街，表示支持新建立的军政权。

毛里塔尼亚发生政变的主要原因是前总统塔亚推行亲美国和向以色列开放的政策。毛里塔尼亚全国99%的人口都是穆斯林，从民族和宗教感情上倾向于阿拉伯世界。而塔亚上台执政后改变了前政府支持伊拉克的政策，推行亲以色列政策，与萨达姆政权断交而与以色列建交；同时与美国合作反恐，不断逮捕伊斯兰极端分子，打击伊斯兰极端势力。这些做法招致伊斯兰极端势力的强烈不满，也触怒了国内下层的阿拉伯人。此外，塔亚为了加强统治，不断清除异己，在政府中安插亲信，逮捕反对派人士，这些做法也为他树立了不少敌人。政变发生后，数百名市民来到努瓦克肖特的主要大街，高呼口号，支持政变领导人，要求“关闭以色列使馆、把以色列人赶走”。

二、政变军人采取的稳定局势措施

政变发生后，以瓦尔为首的政变军人采取了一系列措施，迅速稳定了毛里塔尼亚局势：

一是宣布维持国家宪法并立即通过过渡期权力宪章。8月4日，“民主与公正军事委员会”宣布解散国民议会，但决定维持国家宪法。8月6日，“民主与公正军事委员会”通过了“关于组织与行使过渡期权力宪章”。宪章共包括11项条款，申明“民主与公正军事委员会”将信守前政府做出的所有国际承诺，遵守国际人权准则，以及其他国际组织特别是非盟和阿盟所制订的原则。宪章保留了毛里塔尼亚宪法序言中规定的条款，特别是关于伊斯兰宗教、个人和集体自由以及国家权力和特权的条款；同时对一些宪法条款进行了修改，以便“民主与公正军事委员会”能够通过颁布法令来行使立法权，从而取消了议会参众两院所享有的特权。宪章规定，“民主与公正军事委员会”主席行使行政权力，任命过渡政府总理和部长，总理和部长对军事委员会及其主席负责。

二是通过正当程序完成新旧政府更迭以恢复对国家控制。政变军人推翻了塔亚总统，但没有立即推翻以总理穆巴拉克为首的政府。在通过过渡期权力宪章后，8月7日，穆巴拉克及其内阁向“民主与公正军事委员会”递交辞呈。同日，瓦尔发布命令，任命执政的民主社会共和党总书记塞迪·穆罕默德·乌尔德·布巴卡尔为过渡政府总理。10日，布巴卡尔组成了过渡政府。过渡政府共有25名成员，其中包括19位部长、4位国务秘书、1位政府秘书长和1位军事委员会办公厅主任。新内阁不设国防部长一职，国防事务由“民主与公正军事委员会”掌握。

三是与国内政治势力进行协商并承诺限期举行大选。8月6日“民主与公正军事委员会”主席瓦尔在与各政党领袖会谈中宣布，将在1年内举行有关修宪的全民公决，之后立即举行大选，以便在军事委员会宣布的两年权力过渡期内完成选举程序。瓦尔还宣布，任何军事委员会成员都不能参加大选，过渡政府总理也不能参选。

四是做西方大国及非盟的工作以争取国际支持。8月4日，“民主与公正军事委员会”主席瓦尔会见了美国和法国驻毛里塔尼亚大使，向他们解释新军政权的大政方针，以争取这两个西方大国的支持。8月18日，“民主与公正军事委员会”又派过渡政府渔业和海洋经济部长西迪纳赴尼日利亚，向非盟主席、尼日利亚总统奥巴桑乔做解释工作并递交了一份毛社会团体和政党的意见书。西迪纳称，只要塔亚在台上，毛里塔尼亚政权就没有和平更迭的可能，政变受到了毛里塔尼亚人民的欢迎。他还承诺，如果一切正常，此前宣布的军政权两年过渡期可能缩短为几个月。

三、国际社会的反应

毛里塔尼亚军事政变发生后，联合国、非盟等国际组织和有关国家都对政变进行谴责，不承认毛里塔尼亚“民主与公正军事委员会”。联合国秘书长安南通过其发言人对事件表示“非常气愤”，反对在任何国家通过非法手段改变政权。8月3日，非盟委员会主席科纳雷发表声明，强烈谴责毛里塔尼亚军人发动的军事政变，并重申非盟坚决反对一切旨在以暴力改变宪政的做法。4日，非盟和平与安全理事会发表声明称，鉴于毛里塔尼亚发生“违背宪政”的军事政变，非盟决定中止该国的成员国资格，直至宪法秩序在该国得到恢复为止；同时决定派遣一个代表团赶赴毛里塔尼亚，重申非盟对该国新军政权通过政变夺权的原则立场，并要求其尽快恢复国家的宪法秩序。美国国务院代理发言人凯西8月4日表示，美国政府谴责毛里塔尼亚发生的军事政变，呼吁恢复在军事政变中被推翻的塔亚政权。美国将与非盟、联合国及其他地区和国际机构一起努力，尽快恢复毛里塔尼亚的宪政。欧盟也谴责用军事手段夺权行动，呼吁尊重民主和毛里塔尼亚法律。

在“民主与公正军事委员会”分别向美法等国和非盟做解释工作后，各方的态度有所变化。8月9日，在美国的支持下，非盟轮值主席国尼日利亚外交部长奥卢耶米·阿德尼吉率部长级代表团抵达毛里塔尼亚，与“民主与公正军事委员会”主席瓦尔商讨有关恢复毛里塔尼亚宪法秩序问题。8月18日，非盟主席、尼日利亚总统奥巴桑乔表态称，非盟注意到毛里塔尼亚政变军人为尽快恢复民主选举所采取的措施。美国政府也放弃了要求恢复前总统塔亚职权的立场。

（桐　生）

苏丹政府和反政府武装举行多轮和谈

2005年，苏丹政府与西部达尔富尔地区的“苏丹解放运动”和“正义与公平运动”两支反政府武装举行多轮和平谈判，双方一度达成《关于解决达尔富尔冲突的原则宣言》，同意通过对话解决达尔富尔问题。但由于双方在达尔富尔地区的权力和财富分配以及安全问题等实质性问题上分歧过大，和谈无果而终。

一、苏丹政府与达尔富尔反政府武装第一轮和谈失败

2005年初，苏丹政府和反政府武装加紧在达尔富尔地区囤积军火，增加兵力，双方的冲突升级。2月中旬，苏丹政府和达尔富尔地区的反政府武装在阿布贾举行2005年第一轮和谈，但没有任何结果。

二、苏丹政府和反政府武装第二轮和谈达成《关于解决达尔富尔冲突的原则宣言》

5月初，达尔富尔危机出现了一些积极的迹象。5月11日，在利比亚领导人卡扎菲的斡旋下，“苏丹解放运动”和“正义与公平运动”与达尔富尔地方政府的代表在的黎波里就停火和人道主义问题签署了一项非正式协议。与此同时，两个反政府组织还发表联合声明，声称愿意与苏丹政府恢复和谈。

6月10日，苏丹政府和达尔富尔地区反政府武装在尼日利亚首都阿布贾开始进行2005年第二轮和谈。苏丹农业和森林部长哈利法、反政府武装“苏丹解放运动”领导人努尔和“正义与公平运动”领导人哈利勒参加和谈。非盟委员会主席科纳雷在和谈前与苏丹政府和反政府武装代表团分别进行了非正式会谈，希望本轮和谈取得成功。但6月11日，参加和谈的苏丹政府和反政府武装代表就厄立特里亚和乍得能否充当他们的调解人问题产生分歧，苏丹政府方面拒绝厄立特里亚充当观察员或调解人，称厄立特里亚“一直在支持反政府武装”，而反政府武装则认为苏丹西部邻国乍得与苏丹政府持同一立场，没有资格充当调解人。和谈陷入僵局。

在非盟的斡旋下，到7月初，和谈终于出现转机。7月5日，苏丹政府代表同“苏丹解放运动”和“正义与公平运动”两个反政府组织签署了《关于解决达尔富尔冲突的原则宣言》。宣言确定，达尔富尔问题首先是一个政治问题，因此必须通过对话解决；双方保证维护国家统一、主权与领土完整，遵守国际法和尊重人权，并执行业已达成的停火协议和其他所有协议以及非盟和联合国安理会有关决议；宣言还对维护信仰与传统多样性和公正合理地分配国家资源等做出了规定。

三、苏丹政府和反政府武装就权力、财富分配和安全问题举行第三轮和谈无果而终

7月23日，苏丹总统巴希尔决定接受美国国务卿赖斯在访问苏丹期间提出的建议，同意举行2005年第三轮达尔富尔和平谈判。9月15日，苏丹政府与反政府武装在阿布贾开始举行第三轮和谈。这轮和谈面临着3大难题：首先是达尔富尔地区最大的反政府武装“苏丹解放运动”分裂成两派，一派以主席努尔为首，另一派则由秘书长米纳维领导，他们对和谈有着不同的看法。这增加了和谈成功的难度。其次是停火协议问题。2004年4月，苏丹政府曾和反政府武装达成了停火协议，但协议从来就没有被认真执行过。反政府武装已表示，如果再受到攻击，他们将会予以反击，重新与政府开战。第三是乍得的调解人身份问题。在第5轮和谈中，反政府武装就曾称乍得与苏丹政府持同一立场，因此拒绝参加和谈。和谈刚进行两天，“苏丹解放运动”就指责政府军以及阿拉伯民兵袭击他们的基地，造成30人死亡，并称这将使达尔富尔和谈面临破裂的危险。不过，尽管发生了武装冲突事件，参加和谈各方还是坚持举行原则性的务虚研讨。9月28日，和谈各方同意在即将开始的伊斯兰斋月期间休会，并在10月20日恢复和谈。

10月3日，在双方不断指责对方违反停火协议的背景下，苏丹政府和达尔富尔地区的两个反政府武装提前就权力分享、财富分享以及安全等问题开始举行实质性谈判，并表示愿意在2004年4月达成的停火协议的框架内商谈与安全和停火等有关的事宜。但10月17日，苏丹西部的停火协议又遭破坏，达尔富尔反政府武装与苏丹政府军再次爆发冲突，至少造成6人死亡。由于冲突加剧以及“苏丹解放运动”内部出现分裂，第三轮和谈进展迟缓。

10月20日，第三轮和谈结束，苏丹政府和两支反政府武装在权力与财富共享以及安全问题方面未能取得重要进展。当天，苏丹政府和反政府武装发表一项联合声明，对第三轮和谈进行了回顾和总结。声明说，在权力共享方面，双方取得了一些进展，比如在权力共享的标准和方针等基本原则方面达成了共识；在财富共享方面，双方通过了有关的和谈议程；在安全方面，双方已开始举行非正式的协商。声明承诺，双方将利用1个月的休会期处理第三轮和谈中存在的种种问题，为下一轮和谈做好准备，使之成为决定性的一轮。

四、苏丹政府与反政府武装第四轮谈判将继续进行

11月29日，苏丹政府与达尔富尔反政府武装2005年第四轮和谈在阿布贾开始举行。该轮和谈的主题是达尔富尔地区的权力和财富分配以及安全问题，但到2005年底，谈判并未取得成果，2006年将继续进行。

（桐　生）

索马里和平进程在曲折中前进 2005年，索马里过渡政府顺利迁回国内并开始和解与重建进程，索马里和平进程继续向前推进。但索马里南部军阀割据的局面没有根本改变，局势依然不稳，和平进程面临严峻考验。

一、索马里和平进程继续向前推进

2004年，索马里各派签署和平协议，成立过渡

全国议会，选举产生了过渡政府总统和总理。但少数派别在参加和平进程的同时仍通过武力扩张地盘，首都摩加迪沙局势混乱，过渡议会及政府所有办事机构无法回国办公，不得不暂驻肯尼亚首都内罗毕。

在此情况下，从2005年初起，联合国、非洲联盟（简称“非盟”）和东非政府间发展组织（简称“伊加特”组织）等国际组织积极筹划向索马里派驻维和部队，以稳定索国内局势，使索过渡政府回国执政，推动和平进程向前发展。1月7日，非盟派副主席帕特里克·马津哈卡访问“伊加特”组织主席国乌干达，代表联合国和非盟授权“伊加特”组织向索马里派遣维和部队，并承诺由非盟负担维和部队在索马里期间的费用。对此乌干达总统穆塞韦尼积极响应，承诺提供维和部队。随后，“伊加特”组织召开首脑会议，要求该组织国防部长会议制订向索马里派兵的计划。1月14日，“伊加特”组织国防部长和军队总参谋长召开会议，决定立即组建名为“政府间发展机构支援索马里和平团”的维和部队，从4月30日起向索马里派遣1万名维和部队，在索马里驻扎9个月，而后由非盟部队接替。2月5日，索马里过渡政府批准在首都摩加迪沙部署一支由5000至7500人组成的维和部队，驻扎期1年，以便索马里在此期间组建自己的警察和军队。此举为国际维和部队进驻索马里扫清了道路。2月中旬，非盟派出评估小组赴索马里首都摩加迪沙考察安全形势。5月中旬，非盟通过一项计划，决定由乌干达和苏丹向索马里派遣首批维和部队，任务是保护回迁的索马里过渡政府，并保证援助物资通道畅通。

在国际组织承诺派遣维和部队提供保护后，索马里过渡政府启动了迁回国内的进程。2月9日，索过渡政府总理阿里·穆罕默德·格迪要求国际社会向索马里提供7730万美元援助，以帮助过渡政府的回国计划。对此，欧盟和美国予以响应，分别承诺提供400万欧元和50万美元的援助。2月24日，索马里临时总统阿布杜拉希·优素福和过渡政府总理格迪率包括8名内阁成员和39名议员在内的代表团，赴索马里考察6个城市的安全形势，对过渡政府和议会回国的条件是否成熟进行评估。4月29日，过渡政府总理格迪再次率领政府代表团飞抵摩加迪沙，考察国内的安全局势，以决定过渡政府迁回国内的日期。格迪一行受到国内民众的热情欢迎。民众挥舞旗帜，高喊口号，表达对过渡政府的支持，过渡政府的回迁计划也得到大部分民众的支持。5月7日，格迪结束考察回内罗毕后表示：此次摩加迪沙之行非常成功，索马里人民需要政府，需要恢复稳定、法律和秩序，人民对政府回迁是坚决支持的，必须在索马里恢复法律和秩序，只要索马里人民有争取和平的信念，就没有什么能阻止和平的到来。5月11日，索马里过渡议会以141票赞成、1票反对、10票弃权的投票结果，通过过渡政府提出的回迁计划，即5月底以前政府先迁回索境内比较安全的西部城镇拜多阿和南部城镇乔哈尔，以后再逐步迁到首都摩加迪沙。5月21日，由于苏丹和乌干达宣布维和部队暂时不能到位，索马里过渡政府又决定将迁回国内的日期推迟到6月28日之前。过渡政府发言人迪纳里表示，过渡政府推动和平的进程以及回迁计划不会因维和部队暂时无法到位而改变。6月13日，索马里临时总统优素福宣布，索马里过渡政府从即日起正式开始回迁。肯尼亚政府也举行仪式欢送索马里过渡政府回迁，联合国秘书长安南派驻索马里的特使弗朗索瓦·隆塞尼·法尔出席欢送仪式。

索马里过渡政府迁回国内后，立即在国际组织和有关国家的支持下行使权力，开始了和平与和解进程。7月4日，索马里过渡政府总理格迪在乔哈尔镇宣布，索过渡政府将实施索马里全国和解计划，以推动这个14年来战乱不断的国家尽快实现和平与统一。在4日开始的一周内，全国92个地区将就和解及建立地方政府事宜分别召开和解会议。2个月后，将召开省级和解大会。此后，索马里全国和解大会将在摩加迪沙召开。在召开和解会议期间，过渡政府将尽快解除民兵武装，并对遣散人员进行实用技术培训，以保证他们获得就业机会，参加国家重建。9月12日，索马里警察总监穆罕默德表示，索马里过渡政府正在建设一支警察部队，以尽快恢复国家治安秩序。乌干达警察目前正在培训一批索马里高级警官，以帮助索重建警察部队。这批培训的索马里警官共有67人，其中22人已经结束培训，另外45人还将继续参加培训课程。同时，由于过渡政府迁回索马里后逐步采取措施稳定国内局势，部分难民开始回到一些安全形势好转的地区。9月15日，联合国难民事务高级专员公署发表报告称，2005年前8个月，已有6866名索马里难民结束了在国外长达十多年的流亡生活回到索马里。这些难民回国之前主要居住在埃塞俄比亚、吉布提、肯尼亚、也门、菲律宾、孟加拉国和南非等国，他们大部分回到了形势较为安定的索马里西北部地区。

二、索马里局势依然不稳定

尽管索马里过渡政府顺利迁回国内，并开始实施全国和解计划，但索和平进程依然面临着一系列困难与挑战，局势尚未稳定。原因有四：

一是索马里南部依然处于军阀割据状态。过渡政府回迁后索马里国内形势呈“北安南乱”的特点：北部地区的局势相对稳定，而南部地区处于各派军阀控制之下，尽管南部军阀参加了和谈，并且参加了过渡政府，但并不完全执行过渡政府的决定。处于军阀割据状态的首都摩加迪沙更是混乱不堪，恐怖事件频繁。面对复杂的国内形势，索过渡政府主张通过“搭积木方式”，以北部的邦特兰为根据地，逐步分化瓦解各派军阀势力，将南部地区和西北部地区统一起来，在各地自治政权的基础上组建联邦制中央政府。但由于多年的战争与冲突，索各派间矛盾异常复杂，争端并未完全了结，解决南部问题的道路不会平坦，要解除地方武装更是难上加难。

二是维和部队没有按时到位以稳定索马里局势。在非盟通过派遣首批维和部队的计划后，索马里一些军阀组织从私利出发，反对过渡政府回国，抵制非盟向索派遣维和部队。乌干达和苏丹也以“目前索马里国内形势不适合派兵”和“5亿美元的维和经费没有得到落实”为由，宣布推迟派遣维和部队。由于维和部队无法按时到位，索境内部族冲突与恐怖袭击事件仍时有发生。

三是过渡政府内部在回迁地点问题上产生严重分歧。以总统优素福和总理格迪为代表的一部分人认为，首都摩加迪沙形势混乱，安全得不到保障，要求把过渡政府迁到相对安全的乔哈尔。但以议长阿丹为代表的一些人士和一些摩加迪沙军阀认为，按照索过渡宪法，摩加迪沙是首都，过渡政府必须迁回摩加迪沙。优素福和格迪领导的过渡政府的一部分6月份迁回了乔哈尔，另外一部分人则回到了摩加迪沙。双方的矛盾无法得到弥合，过渡议会与过渡政府有分裂的危险。

四是重建过程中在资金、粮食及难民安置等问题上仍存在很大困难。由于降水严重不足，2005年索马里的谷物产量降至10年来最低，粮食价格上涨，导致该国南部人道主义危机加剧。此外，索马里的频繁战乱一方面导致大量居民流离失所，另一方面大大增加了人道主义救援难度。联合国的统计数据显示，在索马里南部，四分之一的5岁以下儿童营养严重不良。联合国曾呼吁国际社会捐资1.62亿美元，争取在2005年年底前向91.9万索马里灾民提供援助，但仅有43%的资金到位。

（桐　生）

乌干达政府清剿反政府武装取得重大战果　2005年，乌干达政府在停火谈判破裂后，继续采取“铁拳行动”清剿反政府武装“圣灵抵抗军”，并取得重大战果。乌干达北部大部分地区内战基本结束，逃到苏丹、刚果（金）境内的“圣灵抵抗军”残部继续受到乌干达与苏丹、刚果（金）的联合清剿。

1987年以来，乌干达反政府武装“圣灵抵抗军”一直以苏丹南部地区为基地，经常在乌干达北部与苏丹交界地区进行武装骚扰活动。2002年起，乌干达政府发动“铁拳行动”，对“圣灵抵抗军”进行全面清剿，并与苏丹政府达成协议，使乌干达人民国防军能进入苏丹南部距边界100公里“红线”范围内作战。2004年，乌政府军两次进入苏丹南部“圣灵抵抗军”老巢进行清剿，使“圣灵抵抗军”力量不断削弱，被迫求和。同年11月15日至12月31日，乌政府在北部地区规定区域内同“圣灵抵抗军”实现停火。但“圣灵抵抗军”领导人以对政府提出的《停火协议草案》“还需进行研究”为由，拒绝签署《停火协议草案》。

2005年年初，乌政府继续同反政府武装就《停火协议草案》问题进行磋商。2月4日，乌干达总统穆塞韦尼宣布，从当地时间4日7时起在北部地区规定区域内停火18天，以便让“圣灵抵抗军”领导人恢复同乌政府的和平谈判并签署停火协议。但“圣灵抵抗军”头目科尼依然拒绝签署《停火协议草案》，谈判破裂。从3月份起，乌政府继续实施“铁拳行动”清剿“圣灵抵抗军”，反政府武装分子则以3至10人不等的小组形式出来活动，袭击政府军和难民安置营，抢劫粮食、药品。4月8日至9日，乌干达人民国防军在北部古卢、基特古姆和帕德尔3个区击毙了50多名袭击难民营的“圣灵抵抗军”武装分子。7月10日，“圣灵抵抗军”武装分子在北部基特古姆区公路上袭击了1辆汽车，打死车上14名平民，并抢走车上所有的粮食。同日，“圣灵抵抗军”武装还袭击了人民国防军驻地，打死4名士兵，抢夺了一些枪支弹药。7月12日，乌人民国防军分别在基特古姆区和古卢区对“圣灵抵抗军”进行清剿，打死9名武装分子，并缴获一些枪支弹药。9月4日至5日，乌人民国防军又在北部地区与反政府武装进行了2次交火，共击毙16名“圣灵抵抗军”武装分子。

在乌干达人民国防军的连续打击下，“圣灵抵抗军”受到重创。据乌干达军方统计，从2005年初到9月初，人民国防军共打死487名“圣灵抵抗军”武装分子，俘虏143名，另有206名向人民国防军投诚。

人民国防军还解救了403名被绑架的平民。9月6日，乌干达军方发言人班塔里扎中校宣布，在乌北部地区持续长达19年的内战基本结束，北部90%以上地区已经恢复和平。反政府的“圣灵抵抗军”中的多数武装分子不是被击毙和俘虏，就是放下了武器向政府军投降或开了小差。“圣灵抵抗军”头目科尼带领残余分子逃入苏丹境内，二号头目奥蒂则率领约50名武装分子进入刚果（金）东北部地区，以躲避政府军的追击。

在清剿取得重大战果的情况下，乌干达政府剿抚并用，以求继续扩大战果。一方面，乌政府宣布继续同“圣灵抵抗军”残部举行谈判。9月14日，乌干达内政部长鲁贡达表示，尽管北方内战基本结束，乌政府仍认为和谈是必要的，“和谈的大门仍然敞开着，我们的和谈调解人仍在同这支反政府武装进行接触”。另一方面，在和谈倡议得不到回应的情况下，乌政府继续在北部地区清剿“圣灵抵抗军”残部。10月1日至11日，乌干达人民国防军在北部帕德尔和基特古姆两个区共歼灭22名“圣灵抵抗军”成员，俘虏4人。11月18日晚，一伙“圣灵抵抗军”武装分子在帕德尔区的公路上伏击1辆汽车，打死5人，打伤4人。人民国防军获悉后迅速追击，打死2名反政府武装分子。11月19日夜间，人民国防军又在帕德尔区打死3名反政府武装分子，并缴获了一些枪械和弹药。12月27日，乌干达人民国防军在武装直升机的支持下袭击了在帕德尔区活动的“圣灵抵抗军”武装人员，打死20人，俘虏3人，并缴获一批武器弹药。28日，人民国防军在基特古姆区采取的军事行动中，又打死3名“圣灵抵抗军”武装人员，俘虏1人。

乌干达政府还积极展开外交行动，促使苏丹、刚果（金）等国与乌干达共同清剿逃窜到这些国家的“圣灵抵抗军”残部。9月20日，乌干达总统穆塞韦尼发表新闻公报，要求联合国驻苏丹部队立即从苏丹引渡“圣灵抵抗军”头目科尼回国，交由国际法庭审理。鉴于科尼已率残部逃到“红线”以外地区，10月7日，乌干达政府同苏丹政府签署议定书，同意乌干达军队与苏丹政府军和南部的苏丹人民解放军采取联合军事行动，越过“红线”追击科尼及其随从。12月17日，乌干达人民国防军、苏丹政府军和苏丹人民解放军正式签署协议，同意延长乌军队在苏丹南部地区的作战期限，允许乌军队使用苏丹南部朱巴和耶城的机场。9月23日，在乌干达政府的压力下，刚果（金）国防部长奥努松巴宣布，将对境内的“圣灵解放军”迅速实行缴械。此后，刚果（金）军方在“圣灵抵抗军”活动的东方省伊土里县部署重兵，迫使其于10月6日逃离刚果（金）。但10月中旬，部分“圣灵抵抗军”武装分子重新返回刚果（金）。12月25日起，刚果（金）政府军和联合国驻刚果（金）维和部队共4100人在北基伍省开始了对“圣灵抵抗军”的军事行动。到28日军事行动结束时，共打死86名“圣灵抵抗军”成员，俘虏4人。6名刚果（金）军人和1名联合国维和军人在行动中丧生。12月28日，乌干达和刚果（金）政府又达成协议，同意联手打击刚果（金）境内的“圣灵抵抗军”。

（桐　生）

欧洲军事要事

俄罗斯加强军队建设　2005年是俄罗斯落实《2001~2005年武装力量建设与发展计划》的最后一年，俄罗斯继续深化军事改革，优化体制编制，加快现代化武器装备的研发和更新速度，推进武装力量的职业化建设，进一步全面提高军队作战能力和战备水平。

一、根据安全形势变化，确立“先发制人”的战略方针

美国在中亚地区发动的“颜色革命”和北约东扩至俄传统势力范围等复杂多变的国际局势，使俄罗斯面临着前所未有的外部潜在威胁。同时，国内恐怖主义、民族分离主义和宗教极端势力也严重影响俄国内稳定。为此，俄于2004年下半年提出“先发制人”的战略方针。2005年，俄国防部长伊万诺夫进一步明确指出，由于国际安全和国家安全面临的威胁日益多样化，出现了使用武力范围扩大的倾向。因此，俄国防部提出为保障国家国防和安全要奉行“先发制人”的原则。这种“先发制人”不仅包括对武装匪帮和恐怖分子集团实施打击，还包括旨在预防发生各类威胁的行动。

在新的安全形势下，为达到“无论恐怖分子藏在哪里，俄军都应该有能力去消灭他们”的目标，俄军努力提高跨战区机动能力，以胜任大规模、远距离兵力兵器投送和诸军兵种协同作战。年内，根据总参谋部制定的《武装力量的战略运用》方案，着力加强陆军6大军区和海军4大舰队的机动作战能力，以应对未来武装冲突和局部战争。

为使俄军在未来的反恐行动中发挥更为重要的作用，俄罗斯国家杜马通过了对《国防法》第10章进行修改的法律草案，明确规定俄军在执行反恐任务时可以动用军事武器装备。草案同时对《国防法》进行了补充，加入可“直接使用俄罗斯武装力量反对恐怖主义”的条款，为俄军在反恐行动中的地位和作用提供了法律依据。

为逐步恢复俄罗斯在原苏联地区的影响力，提高抵御“颜色革命”和境外“三股势力”的能力，俄国家杜马于2005年7月批准了俄与吉尔吉斯斯坦签署的《俄在吉尔吉斯斯坦境内部署空军基地条件和地位协议》，并在完成塔（吉克斯坦）阿（富汗）边境的防务移交，撤出驻塔边防部队的同时，将俄军驻塔第201摩步师改编为第4军事基地。

二、完善指挥体系，精简部队员额

建立合理、精干、高效的国防体制是俄军军事改革的主要目标，俄总统普京在2005年度俄国防部暨武装力量工作总结会上对俄军改革工作给予了充分肯定。普京说，俄武装力量正在步入军事建设的正轨，优化国防部结构的工作基本已经完成。他还说：“我认为，我们成功地建立了一个能够保障从根本上提高部队指挥能力的体系。”

根据2004年颁布的《国防部条例》，国防部成为俄武装力量唯一的军事领导和指挥机关，拥有对俄武装力量的作战指挥权和日常管理权。2005年，俄继续将简化军事组织结构，强化国防领导与指挥机构的相互协调能力作为工作重点，完善国防指挥体系。国防部副部长由2004年定的两名第一副部长和两名副部长编制，调整为两名第一副部长、一名常务副部长和三名由总局局长兼任的副部长。铁道兵完成改革任务，划归国防部管理。在陆军总司令部所属战斗训练总局和总参谋部所属部队勤务和军事勤务安全管理局的基础上，俄国防部组建了武装力量战斗训练和部队勤务总局，该总局共编有3个局和1个处。

完成对国防部和总参谋部的领导指挥体系调整后，俄军准备进行各战略方向指挥体系的改革。拟在现有军区基础上筹组战略方向联合指挥部，即组建远东、南部和西部等战略方向联合指挥部。年内，在列宁格勒军区和第6空防集团军的基础上进行了重新组建西部战略方向联合指挥部的实验。国防部还拟组建包括空中特种部队、地面特种部队和海上特种部队的特种兵及特种兵司令部，直接听命于俄总统和国防部长，主要执行反恐等作战任务。

根据足够防御的原则，俄继续裁减部队员额，优化武装力量的组成结构。年内，俄军原计划裁减10万人，实际裁员7.22万人，武装力量总人数缩减到113.48万人。俄国防部长伊万诺夫表示，目前武装力量人数已基本稳定，在未来几年内俄军还将继续裁减约3.5万人，其中包括300名高级指挥人员，到2011年将俄武装力量总兵力最终缩减至110万人。俄国防部还计划削减军事院校，关闭或合并部分院校，计划2010年前共削减军事院校17所，最终仅保留61所军事院校，其中15所为军事学院，3所为综合性院校，43所为高等军事学校。

三、增加军费开支，加速武器装备更新

2005年，俄军实际军费开支达5540亿卢布，比上年增加约35%，武器采购的财政拨款达到1869亿卢布，比上年增加了约26%。但是，这些资金仍不能保障军队发展需要，俄国防部不得不本着厉行节约的原则，将资金首先用于保障战略核力量和常备部队的作战能力。年内，俄国防部增加了用于维持部队给养资金的比例，给养费和武器装备费的比例由过去的7:3调整为6:4。在国防订货方面，俄国防部将关注点放到了购买新武器装备和对现有武器装备进行现代化更新上，建立了统一的武器装备采购和供应系统，根据优先发展方向，合理分配财政拨款，并改变过去分散采购单一类型武器装备的做法，开始批量采购装备整营或整连的武器装备。

年内，在武器采购的财政拨款中，1123亿卢布用于购买新型武器装备和对装备进行现代化改造，约占60.1%；628亿卢布用于研制新型武器装备，约占33.6%；118亿卢布用于维修现有装备，约占6.3%。陆军装备了2套“伊斯坎杰尔-M”战役战术导弹，组建了首个“伊斯坎杰尔-M”战役战术导弹连；列装了3个营的T-90坦克（共91辆），装备了2个营的БМП-3型步兵战车，3个营的БТР-80装甲运兵车。空军新增1架图-160战略轰炸机，7架改进型苏-27CM歼击机，并列装了高精度的巡航导弹和C-400防空导弹系统；分阶段对现役图-160、图-95MC和图-22M3战略轰炸机进行了改进。海军2艘核潜

艇"德米特里·顿斯科伊号"和"尤里·多尔戈鲁基号"正在加紧建造，1艘新型登陆舰在扬塔尔造船厂建成，最新型"圆锤"战略导弹进行了实弹试射。战略火箭兵装备7枚"白杨-M"战略导弹（包括井下和机动两种发射类型），第5个"白杨-M"战略导弹团投入战斗值班，并在加紧研发新型战略打击武器。空降兵装备10辆新一代空降战车БМД-4。航天兵新购置5枚运载火箭和9个新型航天器。

四、开展各项演训活动，检验提高军队战斗能力

2005年，俄军为加大反恐斗争力度和扩展战略空间，频繁进行各种类型演习训练活动，其中较大规模演习达50多次。通过演训活动检验了俄战略核力量和常规军事力量的战备水平，提高了远程机动、协同作战和快速反应能力。

针对2004年发生别斯兰人质事件等恶性恐怖事件，给俄社会稳定造成极大冲击，2005年，俄军将反恐演练作为训练中的一项重要科目。年内，俄武装力量协同各强力部门多次举行反恐作战演习，提高了反恐行动中的协调能力。2005年7月，俄军举行"东方-2005"战略首长司令部带部分实兵演习，陆军、海军、空军以及边防、内卫等部队5000多人参演，主要演练了各军兵种部队间的指挥协调、战役协同和联合反恐等科目，以提高俄军在现代战争和反恐斗争中的协同配合及应对各种复杂环境的快速反应能力。10月13日，恐怖分子对卡巴尔达-巴尔卡尔自治共和国首府纳尔奇克市强力机构发动大规模突袭，俄军警及时出击，密切协作，迅速平暴。俄总统普京在全军年终工作总结时将其归功于平时进行的卓有成效的专项训练。

年内，俄军战略核力量多次成功进行弹道导弹试射，表明其具备较高的战备水平。其中，9月27日，俄北方舰队在白海海域首次成功发射"圆锤"（布拉瓦）新一代海基弹道导弹。该型导弹能通过改变飞行路线和高度，突破美国战略导弹防御系统。11月1日，俄战略火箭兵成功试射一枚"白杨"系列洲际弹道导弹，展示了该系列弹道导弹的良好技战术性能。

年内，俄军与中国、印度和乌兹别克斯坦等国先后举行联合军事演习，演习均以反恐为背景，重点演练各国军队在反恐行动中的协同。特别是与中国的联合军事演习，为两军有史以来最大规模的联合军事演习，演习十分成功，引起国际瞩目。集体安全条约组织成员国在塔吉克斯坦境内举行的"边界-2005"联合首长司令部演习，以国际恐怖分子渗入俄境，准备对俄发起大规模进攻为背景，演练了运用新编组、新战法和新武器实施反恐作战。普京认为，联合军演展示了"俄军的高超技能及完成包括反恐在内的大规模、综合性战斗任务的能力"。

五、建立后勤保障一体化系统，改善军人待遇

为有效利用现有资金加快军队建设，年内俄军加紧构建统一后勤保障体系。建立了俄罗斯武装力量后勤部物资和技术装备订购供应中心，该中心在联邦国防采购局的监督下为所有强力部门购买物资和技术装备；制定了购买物资设备和提供服务的统一价格政策。

2005年，在军费有所增加的情况下，俄军致力于解决军队实际困难，加紧建立军人社会保障体系，落实社会保障制度，逐步提高军人地位。年内，俄军人工资平均增长近30%，军官住房公积金数额也大幅增加，为军人解决了28400多套住房。俄军计划从2006年起的三年内，分四次提高军人工资，工资增长总幅度为67%，军人退休金也将同幅度增加。俄政府还采取措施完善军人社会保障体系，包括提供医疗和住房，进行军人的再培训等。

六、推进兵役改革，扩大兵源

目前，俄军实行义务兵和合同兵混合兵役制度，逐步推进职业化是军队建设的一个重要方向。2005年，俄兵役制度改革取得了较大进展：一是缩短义务兵服役期限。1月12日，俄国防部长伊万诺夫表示，俄军将继续保持现有兵役制度，义务兵的服役期限将从2年减至1年。二是增加合同制军人的比例。年内，俄武装力量共有40个兵团和部队，总计4.2万人转为合同制。其中，俄北高加索军区驻车臣共和国的部队总计1.3万人全部转为合同制。预计到2008年，俄军合同制军人比例将达70%。

近几年，由于俄罗斯境内恐怖事件不断发生、军队里虐兵情况严重、军人待遇较差，导致俄适龄社会青年大多不愿参军，招募新兵困难。年内，俄征兵部门为完成征兵任务采取了各种措施和优惠政策。如向民众开通"征兵热线"，接受社会各界关于征兵问题的垂询；国防部长伊万诺夫的接待室也向公众开放，对民众提出的各类征兵问题做出答复；保留妇女在军队按合同服役的权利；接收其他独联体国家的公民服合同兵役。独联体国家的公民如果与俄军签订为期3年的合同，服役期满后即可获得俄罗斯国籍等。

（刘效兰　苑凇玮）

俄罗斯小型潜艇被困海底后获救　2005

年8月4日，俄海军AS-28小型潜艇在堪察加半岛东海岸的别廖佐瓦亚湾海域执行任务时被困在约190米深的水下。据俄罗斯海军副参谋长佩利亚耶夫对新闻界说，出事潜艇“先是误入渔网”，并导致螺旋桨被渔网缠绕。当潜艇试图挣脱渔网时，位于附近的海岸监测系统水下天线上的缆绳又缠绕进螺旋桨中。这根天线被一个重达60吨的锚固定在海底，从而增大了救援难度。潜艇内共有7名乘员，他们都穿着防寒衣，潜艇内食品和饮用水储备够用5昼夜。按照最乐观的估计，潜艇内的氧气储备可用到8月8日。情况紧急，俄迅速组织求援行动，国际社会也伸出援助之手。

一、俄军组织紧急救援未奏效

事故发生后，俄罗斯军方立即拟定出几套紧急救援方案，但在实施过程中均未奏效。5年前俄核潜艇“库尔斯克”号发生事故后，俄海军曾从国外购买了“虎式”深水器。但这种装置不能完成在水下清除渔网和缆索的作业，所以在AS-28小型潜艇被困事件中没有发挥作用。

由于艇内氧气储备有限，能否在氧气耗尽前将潜艇打捞出水，成为救援行动成败与否的关键。随着时间的流逝，人们担心5年前“库尔斯克”号核潜艇的悲剧再度上演。当年，俄罗斯曾因过分相信自己实力而拒绝接受西方援助。

在这次与时间赛跑的救援中，俄罗斯领导人反应迅速、高度重视。俄总统普京6日召集总理弗拉德科夫、国防部长伊万诺夫、内务部长努尔加利耶夫等重要官员进行紧急磋商，决定派伊万诺夫亲赴事发现场监督救援工作，并向出事海域派出10艘救援舰只。

二、向国际社会求助后最终获救

事故发生后，为了避免5年前“库尔斯克”号核潜艇的悲剧再度上演。俄方除紧急向出事海域派出救援舰船外，还向美国、英国、日本等国求助。

8月6日，英国和美国空军各有1架载有水下救援设备的飞机抵达堪察加半岛叶利佐沃机场。俄2艘军舰负责把救援设备运到事发海域，这些设备于当晚开始用于执行营救任务。日本防卫厅派遣的4艘救援舰奔赴事发地点，预计9日抵达。

7日凌晨2时25分，应俄方请求，英国皇家海军紧急调用无人驾驶深水装置“天蝎”被运到事故现场参与解救行动。仅用两个小时，“天蝎”就将困住AS-28小型潜艇的缆索全部割断。虽然因“天蝎”发生故障，救援过程一度中断。但在重新下水后，“天蝎”很快就将缠住潜艇的渔网清除。经过5个小时的工作，被困海底多日的AS-28小型潜艇终于浮出水面。俄罗斯外交部随后发表声明，对英国、美国和日本为援救AS-28小型潜艇所做的努力表示“深切的感谢”。

俄罗斯太平洋舰队司令费奥多罗夫9日对媒体说，在解救俄被困小型潜艇的过程中，英国海军提供的“天蝎”无人驾驶深水装置扮演了关键角色。因此，俄国防部长伊万诺夫已决定为俄海军购买2部成功拯救了被困潜艇的“天蝎”深水装置。费奥多罗夫说，“天蝎”深水装置性能优良，能够承受巨大的深水压力，可以在水下近1000米的区域进行作业。装备有4部摄像机和切削装置的“天蝎”能够迅速切断电缆和任何直径在70毫米以内的金属物。俄方将自行组织专家对这种深水装置进行维护。

三、俄海军潜艇事故频发令人担忧

舆论指出，AS-28小型潜艇的救援工作圆满结束固然令人欣慰，但俄罗斯近年来潜艇事故频发的现实又不能不令人担忧。

2000年，“库尔斯克”号多用途核潜艇在巴伦支海参加北方舰队演习时失事沉没，艇上118名官兵全部遇难。

2003年，北方舰队“K-159”号退役核潜艇在拖往修船厂拆卸途中，因遭遇风暴葬身海底，艇上10名乘员中仅1人获救。

2004年，停靠在太平洋维尔尤金斯克军事基地的1艘核潜艇发生局部爆炸，造成1名水手丧生、2人受伤。

舆论还指出，潜艇事故频发暴露出俄罗斯海军当前面临的问题：军费紧缺、人才流失、管理不善。对于意欲重振昔日雄风的俄罗斯海军而言，如不能从一次次的潜艇事故中汲取教训，进而着手切实解决军队内部存在的实际问题，振兴之路恐怕不会平坦。

四、查明事故原因处分责任人

俄罗斯国防部长伊万诺夫8月8日说，俄政府已经任命一个专门委员会，对俄海军AS-28小型潜艇被困水下的事故原因进行调查。调查委员会由俄海军参谋长马索林海军上将领导，将对AS-28潜艇被困前的航行和潜水状况进行详细调查。由于AS-28潜艇被困海域属于禁渔区，所以委员会将特别调查渔网出现在此水域并导致潜艇被困的原因。此外，调查委员会还将对俄海军舰只的所有行动进行风险评估。

9月5日，俄海军新任总司令弗拉基米尔·马索林介绍调查情况时说，太平洋舰队指挥官在得悉潜入水下的AS-28型潜艇出现声呐故障后，没有及时命令潜艇上浮，致使其误入渔网，螺旋桨被缠住。在随后的营救行动中，又命令不熟悉情况的人员操纵救援设备，导致设备受损。弗拉基米尔·马索林还对媒体宣布，俄太平洋舰队一系列人员因在AS-28型潜艇事故中履行职责不当而受到处罚。太平洋舰队司令维克托·费奥多罗夫上将受到警告处分，俄太平洋舰队东北方面部队副司令阿列克谢·扎伊卡少将被退役，东北方面部队司令康斯坦丁·谢坚科中将、太平洋舰队参谋长维克托·加夫里科夫中将被宣布为“未尽职尽责”。此前，俄罗斯总统新闻局9月4日已宣布，普京总统当天签署命令，免去弗拉基米尔·库罗耶多夫的俄海军总司令职务，任命海军原参谋长弗拉基米尔·马索林为海军新任总司令。

6日，俄罗斯国防部长伊万诺夫对媒体表示，为期一个月的周密调查结果表明，太平洋舰队有关人员在组织和实施水下作业过程中，心存侥幸，严重违反相关规定，导致了事故的发生。伊万诺夫强调，为避免潜艇被困水下事故再次发生，必须严格整顿船只海上通行秩序，加强对渔船的管制。此外，调查表明，AS-28型潜艇艇员在操作过程中亦有违章之处。（综合新华社有关报道）

（高清文）

俄罗斯继续清剿车臣恐怖分子　2005年，俄罗斯车臣共和国境内恐怖活动有所减少，但毗邻车臣的俄北高加索及其他地区恐怖活动依然猖獗。对此，俄罗斯政府继续重拳出击，加紧清剿车臣恐怖分子及相关极端分子并取得重大战果。

一、车臣恐怖分子的主要动向

2005年，车臣恐怖分子的活动呈现出一些新的特征：一是恐怖袭击次数特别是制造的恶性恐怖案件剧增。2005年仅在北高加索地区发动的恐怖袭击就多达81起，远高于前几年。据美国一研究所提供的数据显示，2002年北高加索地区共发生恐怖事件18起，2003年升至22起，2004年增加到30起，2005年则猛增至81起，其中一些恶性恐怖案件造成的后果和影响十分严重。10月13日，数百名恐怖分子潜入卡巴尔达—巴尔卡尔共和国首府纳尔奇克市，分多组同时对该共和国内务部、安全局以及其他强力部门的机关大楼发动闪电式袭击，造成包括俄军警在内的重大人员伤亡，引起了俄国内及国际社会的广泛关注。事发后车臣匪首在网站上称，这次武装袭击是一次实力的展示，今后还将在其他地区发动类似袭击。二是恐怖活动地域从车臣向整个北高加索地区扩展。2004年别斯兰人质事件后，俄罗斯总统普京对反恐问题进行了战略调整，重新整合了强力部门并建立反恐统一指挥机构，特别是通过发动特别行动定点清除了包括车臣前总统马斯哈多夫在内的不少匪徒。但以巴萨耶夫为首的恐怖分子不甘失败，在车臣境内和莫斯科等地区严加防范难以下手的情况下，在车臣境外针对平民发动恐怖袭击，形成多点进攻态势，将战线延伸至整个北高加索地区。俄媒体称，“恐怖战争”已成为北高加索地区的常态，该地区已沦为恐怖活动的“震中”。恐怖分子的活动已经危及到当地的政治安全和社会安定，成为地区局势动荡的主要因素。三是恐怖活动的主体和客体更加多元化。俄境内的恐怖分子主体已经不再是单一的车臣非法武装分子和外国雇佣兵，北高加索当地极端分子的比例在增长。据媒体反映，参加纳尔奇克袭击的除当地人外，还有车臣人、印古什人和阿拉伯人。俄反恐专家指出，2005年发生的众多恐怖事件中，半数以上针对政府高级官员，三分之一针对议员和执法机关工作人员，而其余多针对军人及其家属。10月13日对卡巴尔达—巴尔卡尔共和国强力机构发动的袭击就是典型实例。四是恐怖活动的政治取向出现调整。过去俄境内外的恐怖分子云集车臣，其政治目标就是要将车臣从俄独立出去。但随着恐怖袭击地域的拓宽，其政治口号已经向建立“高加索伊斯兰共和国”转变。非法武装分子在北高加索地区主要利用宗教和当地民众对当局的不满实现其政治野心。

二、俄罗斯继续清剿车臣恐怖分子并取得重大战果

针对车臣恐怖分子在北高加索地区日益频繁的恐怖袭击，俄罗斯总统普京积极采取措施加大反恐力度，注意加强反恐斗争的综合治理。其主要做法：一是加强防范。重新整合强力部门，完善反恐体制，增加反恐投入，提高反恐能力，加强在北高加索地区的军事力量。根据恐怖分子的行动特点，俄加强了对北高加索地区政府机关和重要设施的保护与警戒，在14个地点部署了快速反应部队。俄国防部长伊万诺夫表示，俄北高加索军区将配备先进的陆海空装备，确保有充足的实力应对各种威胁。由于机制健全，准备充分，俄2005年在北高加索地区粉碎了车臣恐怖分子一次又一次的恐怖袭击，包括消灭了一些正在策划袭击车臣领导人及俄北高加索驻军和破坏车臣议会选举的非法武装分子。俄强力部门2004年下半年得知在纳尔奇克市有大批宗教极端分子后，迅速调集数千名军警进驻北高加索地区，这些部队一直处于战备状态。纳尔奇克遭袭击后，俄强力部门立即启用统一指

挥中心，迅速粉碎了恐怖分子制造第二次“别斯兰事件”的图谋。北高加索地区局势没有受到严重冲击，民众未感到惊慌，俄舆论更是对强力部门予以高度赞扬。就连在反恐问题上一向奉行双重标准的西方国家也未提出异议。10月25日，俄联邦车臣共和国安全部门宣布成功挫败一起车臣非法武装企图发动大规模破坏车臣议会选举的阴谋。车臣非法武装密谋在11月车臣议会选举期间实施大规模恐怖袭击行动，首先扣押人质，继而伏击解救人质的军警，随后占领地区警署及附近投票站。安全部门在发现这一袭击计划的相关线索后，迅速展开了大规模的搜捕工作，拘捕了相关涉案人员，收缴了大批枪支弹药，确保了车臣议会选举的顺利举行。二是主动重拳出击。在加强防范的同时，俄加紧了对车臣恐怖分子的清剿，在清剿行动中先后击毙恐怖分子300多名，其中包括马斯哈多夫、阿夫多尔哈诺夫、奇季戈夫、巴塔耶夫、马卡沙里波夫、伊斯梅洛夫、道多夫等10多名车臣非法武装重要头目及泽德、奥马尔、贾别尔等“基地”组织在北高加索地区的代表。在纳尔奇克恐怖袭击发生后的清剿行动中一次就击毙恐怖分子近百名。俄军警在清剿行动中还捣毁了大批恐怖分子基地和武器、装备、食品窝藏点，缴获了大量子弹、枪支、手榴弹、地雷、炸药等武器弹药。在强力清剿行动的震慑下，哈丘卡耶夫等车臣非法武装头目主动向政府投降，且在投降后公开呼吁继续与政府军对抗的武装分子停止无谓抵抗。三是截断恐怖分子的资金来源。俄国家杜马12月23日通过了一项关于监督非政府组织的法案，旨在监控俄境内恐怖分子和非政府组织的活动并截断恐怖分子的资金来源。该法案对俄非政府组织接受国外资助作了严格限制，并为国外非政府组织和社会团体在俄开办代表处作了专门规定。俄媒体称，西方一些打着“慈善机构”和“基金会”旗号的非政府组织以各种名义，通过不同渠道向车臣非法武装提供资金。因此俄国家杜马通过这项法案的根本目的在于截断恐怖分子的资金来源，同时也能防止国外某些势力通过非政府组织干涉俄内政。俄总统普京表示，俄非政府组织利用国外资助从事非法活动是不被允许的，因为这会成为被某些国家利用的工具。四是加速车臣及整个北高加索地区的政治经济重建。11月，车臣成功举行了议会选举，产生了议会上下两院议长，加之此前通过全民公决产生的新宪法和选出的总统，车臣国家权力机构已搭建完毕。国家权力机构和法治的健全极大地挤压了恐怖分子的生存空间，进而有效地促进了车臣局势的稳定。局势的稳定正吸引着因两次车臣战争流亡国外的车臣难民纷纷返回故土。俄联邦车臣共和国第一副总理卡德罗夫称，非法武装在车臣已基本被消灭。目前当地安全机关的主要工作是清剿藏匿在山区的小股非法武装分子，并摸清其追随者的情况，消除其对社会和民众生活构成的威胁。目前北高加索达吉斯坦和印古什等共和国已成为非法武装分子“休养生息”的场所，俄政府正在采取一系列措施大力加强对这些地区非法武装的打击力度和重建进程。俄总统普京指出，俄政府和车臣领导人在采取有效措施确保车臣局势稳定的同时，还必须加速落实政府制定的车臣社会经济重建计划。车臣的政治稳定与经济发展有助于俄整个南部地区的局势稳定。五是创造打击车臣恐怖分子的良好国际环境。俄政府继续积极推动将车臣恐怖分子列入联合国安理会国际恐怖组织名单。俄罗斯外交部发言人卡梅宁指出，安理会国际恐怖分子名单中至今还不包括对俄罗斯人犯下严重罪行的一些车臣恐怖分子。俄希望扩大这一名单，并对列入其中的恐怖分子采取阻断资金来源等制裁手段。同时，俄还在同其他国家合作缉拿车臣非法武装重要头目。俄总统普京11月初访问欧洲时明确指出，俄罗斯与其他欧洲国家在维护欧洲大陆稳定和安全方面有着共同的利益，因此双方应该携起手来共同打击恐怖主义，只有这样才能有效根除恐怖毒瘤。俄罗斯在高加索和车臣的反恐行动，不仅是在维护俄自身利益，也是在维护其他欧洲国家的利益。如果允许恐怖分子在一个地区抬头，那他们将来就会在另一个地区抬头。俄罗斯愿在反恐问题上随时与外界进行双边或多边合作。

三、车臣恐怖分子及相关恐怖势力难以剿灭的原因

车臣恐怖分子及相关恐怖势力难以剿灭的原因主要有三：一是北高加索地区存在着恐怖势力滋生的土壤。俄北高加索地区恐怖袭击频繁发生与该地区总体局势日趋动荡有关。从经济上看，北高加索地区经济萎靡，失业率远高于全俄罗斯的平均水平，官僚腐败严重，人民生活水平不断下降，导致民众对地方当局不满情绪日益上升。从民族构成上看，俄罗斯族人和讲俄语居民一直是北高加索地区的社会和政治“缓冲器”，现在他们却不断从该地区向俄其他地区迁移，目前只剩下12万。宗教极端意识形态的传播也为恐怖分子的生存和活动提供了政治土壤。此外，地方利益集团从某种程度上也纵容了北高加索地区局势的恶化。俄国家战略研究所专家称，地方政权认为北高加索紧张局势不断升级，可让其长期支配当地行政和其

他资源，地方反对派则将每一次恐怖袭击作为诋毁现政权的有效武器。二是车臣恐怖分子得到国际恐怖势力的支持。俄罗斯境内的恐怖活动能迅速从车臣向整个北高加索地区扩散，很大程度上是因为车臣恐怖分子的“国际盟友”在不断增多。国际恐怖势力在不断向车臣恐怖分子提供经费和武器，加紧向俄北高加索地区渗透，企图使该地区成为国际恐怖组织的新基地。俄反恐专家指出，相对车臣独立而言，在整个北高加索地区建立一个统一的伊斯兰国家对俄境外，特别是中东地区的激进势力更具吸引力。三是车臣恐怖分子得到西方反俄势力的支持。多年来，俄罗斯一直试图将车臣问题与国际反恐问题挂钩，以缓解俄与西方在这一问题上的矛盾，但遭到西方国家的拒绝。俄内务部长努尔加利耶夫明确指出，车臣恐怖分子背后的支持者是西方国家，其目的是把俄的部分地区分离出去。俄副外长费多托夫也表示，美国和欧盟国家连续5年利用联合国人权会议批评俄政府在北高加索地区的行动，甚至将有关车臣问题的提案提交联合国人权会议表决，公然干涉俄内政。英国竟然给予策动2002年莫斯科剧院人质事件的车臣非法武装头目扎卡耶夫政治避难权并拒绝俄引渡。美国等西方国家近年来积极向高加索地区渗透在客观上起到了为车臣恐怖分子撑腰打气的作用。俄近期不断加强其中亚外交，背后就有北高加索的影子。高加索三国中阿塞拜疆国内局势动荡，对外政策游离不定；格鲁吉亚已成为西方的盟友；亚美尼亚也与西方、特别是与北约关系密切。因此，俄北高加索乃至整个南部边境的安全局势都面临一定风险。中亚在俄整体外交战略中的地位呈上升趋势，因而俄在军事基地问题上不惜公开与美叫板，逼美减少在中亚的军事存在。

（张　宁）

俄一共和国强力机构遭武装分子袭击

2005年10月13日，约150名武装分子袭击俄罗斯纳尔奇克市的卡巴尔达-巴尔卡尔共和国的强力机构及其他一些设施。事发后，联邦军警立即对武装分子展开围剿，并迅速控制局势。

一、事件经过

据报道，莫斯科时间10月13日9时至10时，武装分子分成近10个机动小组，几乎同时向俄罗斯纳尔奇克市的卡巴尔达-巴尔卡尔共和国的内务部和联邦安全局分局中央大楼、市民警分局驻地和机场等目标发动袭击，民警分局大楼起火燃烧，市第二民警局大楼被炸。

事件发生后，俄内务部、联邦安全局和国防部立即启动统一指挥中心，紧急调集2000多名军警投入战斗。纳尔奇克市所有学校的学生迅速疏散。警方加强了对重要公共设施的警戒，凡是有人的地方均增加了治安力量，人员往来也受到限制。俄军警采取灵活机动的战术，对武装分子展开围剿。武装分子很快被击退并四处逃匿。一些武装分子抢劫汽车，试图坐车逃逸。俄军警全力搜剿藏匿市内的武装分子。据纳尔奇克市政府官员透露，在该市一个中央市场发生了激烈交火，市内一些地区不时传出爆炸声。市内部分通讯中断，机场关闭。据卡巴尔达-巴尔卡尔共和国总统卡诺卡夫透露，该共和国局势很快得到控制。部分非法武装分子被活捉。武装分子未能破坏地方当局工作和夺取任何设施。他说，参与这起有组织武装行动的不仅有当地的宗教极端分子，也有来自车臣等地的外来非法武装分子。俄罗斯卡巴尔达-巴尔卡尔共和国首府纳尔奇克市府新闻发言人说，袭击事件没有在市民中引起恐慌。

14日，普京听取了俄强力部门有关清剿袭击卡巴尔达-巴尔卡尔共和国首府纳尔奇克市非法武装的情况汇报。俄罗斯内务部长努尔加利耶夫在汇报时说，在纳尔奇克市围剿行动中，俄军警共击毙72名非法武装分子，俘虏31人。俄军警和平民分别有24人和12人丧生。普京听取汇报后说：今后应当继续像这次清剿行动一样，对手持武器威胁公民生命、危害国家领土完整的所有不法分子，予以最严厉的打击。普京对俄各强力部门在这次清剿中采取协调一致的有效行动予以充分肯定。他同时指出，这次围剿行动造成了一些军警和平民伤亡，这是一个悲剧。他责成政府对死者家属提供帮助。

二、武装分子发动袭击的目的

据报道，参与这起有组织的武装行动的不仅有当地的宗教极端分子，还有来自车臣和阿拉伯的非法武装分子。10月13日，俄内务部第一副部长切卡林说，武装分子发动此次袭击的直接目的是企图分散护法机关的注意力，以解救被俄军警围困的一个宗教极端团伙。俄副总检察长科列斯尼科夫说，武装分子发动袭击的目的是破坏该地区局势，展示其力量和存在。他还说，“有人非常不喜欢俄罗斯正在复兴”。卡巴尔达-巴尔卡尔共和国总统卡诺卡夫说，这次袭击的目的是破坏当地政治经济秩序。

三、袭击事件引起俄社会各界对北高加索问题重视

这次袭击的特点是目标明确，组织严密，明目张胆。武装袭击针对的几乎都是军事目标。从袭击手法

和战术看，这次袭击与车臣恐怖分子重要头目巴萨耶夫团伙 2004 年 6 月 22 日袭击印古什政府机构如出一辙。事件发生后，虽然俄强力部门很快控制局势，但是众多歹徒在光天化日之下同时对卡巴尔达-巴尔卡尔共和国强力机构发动袭击，再次凸显了北高加索问题的尖锐性和复杂性。因此，引起俄社会各界对北高加索问题的高度重视。俄罗斯一些有识之士对如何解决一直存在尖锐复杂矛盾的北高加索问题，纷纷进言献策。他们提出：公开立法，严禁宗教极端势力在俄活动；大力发展经济，大幅提高当地居民生活水平；采取措施，解决各种矛盾；制定全国统一而又具当地特点的高加索地区行动纲要等。据悉，俄议会两院还召开专门会议，商讨高加索地区局势和应对之策。俄联邦委员会（上院）副主席托尔申认为，此次武装袭击事件再次警示，必须认真研究北高加索问题，并制定审慎而有效的政策。

但是，由于高加索地区战略位置重要，宗教、民族、政治、经济等问题相互纠缠在一起，极端宗教势力、分裂势力和恐怖力量在这里时有活动，外来势力不断插手这一地区并兴风作浪，私藏武器现象普遍，居民生活水平低下，失业率居高不下，暴力、走私、贩毒等犯罪活动经常发生，因此，该地区存在的问题难以在短期内得到彻底解决。（综合新华社有关报道）

（赵瑞丰）

法国发生大规模骚乱　2005 年 10 月 27 日晚，法国巴黎市东北部克利希苏布瓦市（简称克利希市），2 名青年为躲避警察查身份证件而进入高压变电站，当场遭电击身亡。当晚，这个以非洲移民和贫困家庭为主的小镇就沸腾起来。有人开始以烧大街上停放的汽车来发泄心中的愤懑。经媒体报道后，骚乱迅速传遍全国各城镇。人们对政府的不满牵涉出人们对机会不平等、社会不公正等一系列社会问题的不满。常年居住在郊区低租金或社会福利住房内的非洲移民每天午夜时分烧车、烧公共设施。开始是巴黎市郊区的几个小镇，接着蔓延到 300 多个城镇。11 月 7 日，法国总理德维尔潘在法国电视一台发表讲话，呼吁法国社会各界齐心协力打击骚乱行为，并首次透露政府将允许一些地区实行宵禁。11 月 8 日上午，法国总统希拉克召开特别内阁会议，宣布国家进入“紧急状态”，并允许各省省长在他们认为必要的时候实行宵禁。11 月 14 日，法国政府发言人发表讲话说，法国政府准备将日前宣布的紧急状态延长 3 个月，延长期从 11 月 21 日开始。同日，法国警方宣布骚乱以来已逮捕了 2652 人，其中 375 人被判刑。11 月 17 日，法国警方宣布，法国各地的骚乱已趋于平息，骚乱发生以来，各地已有 9071 辆汽车被毁，数十栋建筑遭到破坏。

这次骚乱事件，愈演愈烈，席卷 300 多个城镇，造成重大损失和严重影响。究其原因，主要是法国社会日积月累的矛盾和不满，被 2 名青年为躲避警察查身份证件遭电击身亡事件点燃了。这些矛盾和不满主要表现在 3 个方面：第一，大量外来移民长期生活在社会底层。由于法国官方容忍大规模的秘密移民，外来移民大量增加。据不完全统计，法国目前有 600 多万移民，其中以阿拉伯和北非国家移民居多，占法国总人口的 10%左右。这些移民大多集中在大约 750 个聚居区，他们或他们的先辈曾为法国经济复苏发挥过重要作用，但大多缺乏教育，社会地位不高，在法国经济从劳动力密集型转向技术密集型后，他们便首当其冲成为社会的“弃儿”。在标榜“自由”、“平等”、“博爱”的法国，其实存在着严重的贫富差距和种族歧视，移民和他们的后代虽然已经成为法国公民，却没有得到平等的机会，甚至没有市镇选举权，完全处于一种被“边缘化”的状态。有调查显示，年轻一代的移民后裔普遍认为自己是当代法国经济社会发展的受害者，认为外面的世界对他们极不公平。有不平就会有怨恨，当导火索被点燃后，这些年轻人的积怨开始不受控制地爆发出来。第二，失业率居高不下。近 25 年来，法国失业率居高不下。现在，已有 10%的适龄就业人口受到影响，但是具有移民背景的年轻人和居住在某些聚居区的人中却分别有 38%和多达 70%受到影响。第三，城市政策失败。尽管法国政府自 2000 年以来对城市社会发展和援助计划投入了 340 多亿欧元，但其城市政策并不成功。城市政策的失败加剧了社会隔离，并使失业和丧失社会保障等风险转移到了移民聚居区里的弱者身上，从而给年轻移民融入法国设置了高得无法逾越的障碍。

这次骚乱之所以迅速蔓延，法国警力严重不足也是原因之一。为此，法国已经采取措施，加强处理危机的能力。12 月 12 日至 16 日，在位于巴黎西南部的巴黎大区陆军司令部举行的“三军联合领土防卫演习-2005”就是为此而采取的措施之一。这场演习有法国三军 600 多名各级参谋指挥人员参加，在法国本土及海外省防卫区展开。演习目的有两个：一是评估军队在反恐行动中的灵活反应能力；二是检验民事安全部门与军队在复杂危机中的合作，同时检验军队三级参谋部（全军、大军区和地区驻军）的行动能力。

演习逼真地表现法国面临一场空前危机的各种情况：恐怖袭击，外交手段失败，国内外形势动荡不安，战略要地面临新的恐怖袭击。

法国的骚乱，助长了极端主义情绪和恐外情绪；削弱了公众和经济活动积极参与者的信心；降低了国家的吸引力和竞争力；使国家和民族四分五裂。然而，事情可能也有助于向法国人民表明，如果不对制度进行大刀阔斧的变革，他们目前遇到的难题就无法解决。法国和德国是欧盟经济增长的火车头，这次骚乱给欧盟经济体蒙上了阴影。进行庞大社会补贴的福利制度已不堪重负，而正是这些补贴安抚着大量的移民。正因如此，法国总理德维尔潘在骚乱期间大声疾呼，要求法国各界在帮助外来移民融入法国社会和扶持社会弱势群体方面做出努力。法国舆论指出，不管用什么药方解决这场危机带来的影响，都不能简单地依赖新的镇压措施、社会救助以及根据国家意志实行的计划。要切实解决法国目前的问题，就需要进行一场真正的"文化革命"。（综合新华社有关报道）

（高清文）

伦敦遭恐怖爆炸袭击 2005年7月，英国首都伦敦连续遭遇多起恐怖爆炸袭击，造成大量人员伤亡，在国际社会引起强烈反响，尤其是在西方国家造成了恐慌。国际舆论普遍认为，这是英积极追随美国遭到的报复。

一、伦敦遭遇恐怖爆炸袭击的主要情况

7月7日上午，伦敦市中心5个地铁站几乎同时遭到恐怖爆炸袭击，紧接着地铁站附近的2辆公共汽车又遭到炸弹袭击。爆炸共造成56人死亡，700余人受伤，致使多辆公共汽车被毁，所有地铁停运，伦敦交通全面瘫痪。英国媒体称，这是二战以来，英国遭到的最大的攻击，也是英国历史上受到的最严重的恐怖袭击，爆炸除造成重大人员伤亡和经济损失外，对整个西方国家造成的精神打击则更大、更严重。7月9日，英国第二大城市伯明翰受到恐怖袭击威胁，警方迅速将约2万人撤离市中心。7月21日中午，伦敦又有3个地铁站和1辆公共汽车相继遭到恐怖爆炸袭击，造成轻微伤亡。恐怖爆炸袭击发生后，先后有三个组织声称对此负责。"欧洲基地圣战秘密组织"在网上发表声明宣布对爆炸案负责，并要求意大利和丹麦从伊拉克和阿富汗撤军。此前一直默默无闻的"阿拉伯半岛基地圣战组织"宣称爆炸案是他们干的，并威胁要袭击意大利首都罗马。一个名为"阿布·哈夫斯·马斯里旅"的与"基地"有关的组织也在网上发表声明称，爆炸是它所为。事件发生后，英国政府立即召开战时会议，迅速组织军警和医护人员实施救援，调集反恐特种部队加强对要害地点的保护，责令警方展开调查并缉拿凶犯，同时对恐怖袭击引起的仇视穆斯林情绪积极化解。警方经过调查认定，恐怖爆炸袭击系与"基地"组织有关的英籍恐怖分子所为，具体实施恐怖袭击的是4名年轻的巴基斯坦及牙买加裔英国穆斯林，参与准备工作的至少有16人。这些人在海外受训后回到英国，长期潜伏，伺机而动，因此行动相当隐蔽，事发前未让警方捕捉到任何迹象。恐怖爆炸袭击采用的基本手法是用普通烈性炸药制作成炸弹，装上定时装置，放入背、提两用旅行包内，然后放置在地铁车厢尾部地板或座位下面，待恐怖分子离开地铁后炸弹很快爆炸。公共汽车爆炸则为自杀式袭击。

二、伦敦遭恐怖爆炸袭击的主要原因

伦敦恐怖爆炸袭击是恐怖分子经过精心策划、周密组织实施的，根本目的是报复追随美国发动阿富汗战争和伊拉克战争的英国。

（一）恐怖袭击是对英国追随美国发动阿富汗战争和伊拉克战争的报复。"9·11"事件后，英国积极追随美国发动阿富汗战争和伊拉克战争，因而成了包括"基地"组织在内的一些极端和恐怖组织的眼中钉和主要袭击目标。2004年以来，恐怖分子多次警告英国并发出最后通牒，称如果英国不从阿富汗和伊拉克撤军，将要为此付出惨重的代价。但英国不仅拒绝撤军，还向阿富汗和伊拉克增兵。于是恐怖分子便决定在英国发动一场新的恐怖袭击，并为此进行了半年多的准备。

（二）八国峰会在英召开和伦敦再获奥运会举办权为恐怖袭击提供了机会。英国2005年担任八国集团轮值主席国。7月6日，八国峰会在英国苏格兰的"鹰谷"隆重开幕，同时还举行了"8+5"会议，包括美国总统布什在内的八国集团领导人以及中印等发展中大国首脑均云集于此，此时的英国已吸引了全世界的注意力。加之同日在新加坡举行的国际奥委会第117届年会上，英国伦敦又获得2012年夏季奥运会举办权，成为迄今为止唯一获得三届夏季奥运会举办权的城市，英国举国欢庆。英国政府的安全关注点完全集中到了这两项举世注目的活动上，对其他方面则有所放松，因而给了恐怖分子可乘之机。在袭击地点上，恐怖分子选择了伦敦的"软肋"——地铁和公共汽车。其中，地铁又是最软之处。伦敦地铁拥有12条线路，车站270多个，日客流量300万人次，是人们上班、旅行首选交通工具。由于客流量大，安全部

门根本无法对乘客进行任何安检。乘客仅凭当日客票，就可在地铁各线畅通无阻。7月7日上午地铁车厢内人满为患，挤得像沙丁鱼一般，谁也没有注意到放在角落的物品，悲剧便由此发生。几辆公共汽车也遭到了同样的厄运。

三、伦敦遭遇恐怖爆炸袭击所造成的影响

伦敦遭遇恐怖爆炸袭击所造成的影响主要表现在两个方面：一是在英国国内造成了较大的经济损失和激化了部族矛盾。在经济方面，伦敦恐怖爆炸发生后，金融时报指数在90分钟之内就下跌了大约3.5%，这是自伊拉克战争以来的最大跌幅。股票价格的下跌令伦敦股市共损失大约440亿英镑。英镑汇价也因此出现疲软。在部族矛盾方面，伦敦恐怖爆炸使本已存在的英国主体民族与穆斯林之间的矛盾趋于公开化。恐怖爆炸加深了主体民族对穆斯林不信任和歧视。事件发生后，尽管英国政府一再号召国民要把爱好和平的穆斯林和恐怖分子区别开来，但仍不时出现对穆斯林的无端指责，严重地困扰着居住在英国的160万穆斯林。由于在英国的穆斯林担心恐怖袭击会永久地影响他们的声誉，穆斯林组织不得不在伦敦最大的清真寺专门举行记者招待会，希望人们能公正地对待穆斯林。二是在西方国家引起巨大恐慌。意大利政府看到美国、西班牙和英国先后遭到恐怖袭击，认定“基地”组织的下一个袭击目标肯定是意大利，于是立即启动反恐战时工作机制，确定对全国1.4万个敏感地区和700多名要人进行24小时不间断地加以保护，同时还宣布9月按计划从伊拉克撤军300人。丹麦大街小巷打出了触目惊心的大标语：下一个遭受袭击的目标就是丹麦。以此警示人们提高警惕。法国政府在伦敦爆炸后立即召开紧急内阁会议，决定将反恐警戒级别升至红色。警察和军人开始在重要场所巡逻和检查。美国议员们纷纷呼吁政府大力加强警力和保安经费，以避免美国再次遭到大规模恐怖袭击。日本政府也担心自己会成为下一个目标，表示将实行更严格的移民政策，对非法进入日本的外国人严加监控，同时在人口密集区增加警力。澳大利亚总理霍华德发表谈话称，虽然目前尚无情报显示针对澳的恐怖袭击迫在眉睫，但澳作为美国的坚定盟友，也极有可能成为恐怖袭击目标，因此也要加强防范。

（张　宁）

北爱和平进程获实质性进展　2005年7月28日，困扰英国政府30多年的爱尔兰共和军宣布将停止武装斗争，加入和平进程。9月26日，爱尔兰共和军在国际监督下完全解除武装，所有用于准军事化活动的武器也都被收缴。这标志着北爱和平进程获得实质性进展，但是鉴于北爱各方积怨甚深，北爱和平进程仍存在变数。

一、主要背景

爱尔兰共和军兴起于1969年北爱尔兰暴乱时期。当时北爱尔兰居民中的天主教教徒和忠于英国的新教教徒发生冲突，英国军队进入北爱尔兰。爱尔兰共和军随即成立，并宣称保护天主教团体。从20世纪70年代到90年代，爱尔兰共和军在英国实施了一系列针对警察、士兵和平民的恐怖袭击，造成3000多平民死亡，1万多人受伤。1998年，在英国、爱尔兰和美国等国的共同努力下，包括爱尔兰共和军在内的北爱各方签署了“复活节停火协议”。协议包括成立权力共享的北爱地方议会、释放准军事组织囚犯和解除军队武装等。但由于爱尔兰共和军拒绝解除武装，和平进程多次陷入僵局。英国政府也多次终止北爱地方政府的工作。

2004年9月16日，北爱尔兰各主要政治派别在和平进程陷入僵局2年后重启新一轮和谈。经过2个多月紧张激烈的较量，谈判取得了重大进展。然而，就在英爱两国精心设计的联合声明临近正式出台的最后时刻，谈判又因双方在具体问题上的分歧而临门搁浅。

二、事件经过

2005年4月，新芬党主席亚当斯敦促爱尔兰共和军重建北爱政治进程，“接受和拥抱和平措施”。经过2个多月的内部讨论和磋商，爱尔兰共和军终于决心放下武器，放弃武装斗争，加入和平进程。7月28日，爱尔兰共和军宣布将停止武装斗争，加入和平进程。该组织发表声明称，将下令该组织所有成员从格林尼治时间7月28日15时开始放弃使用武器，从今以后所有成员只通过和平的政治和民主的方式达到目的。但声明没有提出解散爱尔兰共和军的具体时间。

在爱尔兰共和军宣布放弃武装斗争后，英国政府立即做出积极回应。7月29日，英国宣布将减少驻北爱军事设施，并开始撤除在北爱和爱尔兰边界上几个安全岗哨和瞭望塔，同时准备关闭1个在北爱的军事基地。8月1日，英国负责北爱尔兰事务大臣彼得·海因公布了北爱尔兰安全正常化计划。具体措施包括：英国驻北爱尔兰的军队将从1.05万人减至和平时期的5000人，军队观察站将关闭，警察局人数将减少，驻扎在北爱尔兰协助治安的3000名皇家爱尔兰编队人员将于2007年8月任期结束之日解散，英政府针对北爱尔兰的反恐法律将被废除。海因称，在条件允许的情况下，英国准备在2年内实施该计划，使北爱尔兰恢复和平时期的常规治安。

与此同时，爱尔兰共和军解除武装的工作也在国际独立委员会的监督下顺利进行。9月26日，国际独立委员会负责人、加拿大退役将军德沙特兰宣布，爱尔兰共和军已完全解除武装，所有用于准军事化活动的武器都已被收缴，包括弹药、步枪、机关枪、迫击炮、导弹、手枪和炸药等。德沙特兰说："我们对共和军全部解除武装表示满意。"

爱尔兰共和军停止武装斗争受到广泛欢迎。英国首相布莱尔称爱尔兰共和军的声明是"北爱历史上前所未有的一步"。爱尔兰总理埃亨表示支持爱尔兰共和军作出的结束武装斗争和完全使用和平手段的承诺。美国白宫发言人麦克莱伦称，美国对爱尔兰共和军宣布将停止武装斗争并恢复裁军谈判表示欢迎。爱尔兰共和军的承诺是迈向和平的一项重要并有着深远历史意义的行动。希望爱尔兰共和军以实际行动来证明已经停止各种犯罪活动，从而打消人们对其所做承诺的怀疑。联合国秘书长安南也发表声明，对爱尔兰共和军宣布停止武装斗争并加入和平进程表示欢迎。

三、爱尔兰共和军放弃武装的原因

爱尔兰共和军能宣布停止武装斗争并解除武装是由多方面的因素促成的。首先是爱兰尔共和军的政治组织新芬党态度的转变。2004年，对爱尔兰共和军持强硬立场的北爱民主统一党在选举中取代了立场较为温和的北爱统一党，成为北爱第一大党。民主统一党领袖佩斯利公开声明，爱尔兰共和军不彻底缴械，便不可能就恢复北爱议会举行谈判。因此，原本和北爱民主统一党分享政权的爱尔兰共和军政治组织新芬党在北爱政坛日渐边缘化，面临出局的危险。为确保其政治利益，新芬党不得不顺潮流而动，促使爱尔兰共和军放弃武装，"拥抱和平"。其次是美国态度的变化。由于美国有众多爱尔兰后裔，美国政界特别是克林顿政府，一直同情和支持主张爱尔兰统一的爱尔兰共和军和新芬党。但美国在遭到"9·11"恐怖袭击之后，逐渐疏远共和军和新芬党。由于英国在伊拉克战争中坚决站在美国一边，布什政府"投桃报李"，在北爱问题上同布莱尔政府"志同道合"。特别是2004年底2005年初，北爱尔兰首府贝尔法斯特的北方银行抢劫事件和33岁的罗伯特·麦卡特尼在贝尔法斯特被谋杀事件发生后，美国开始对共和军和新芬党施加压力。布什总统甚至拒绝接见新芬党主席亚当斯。此外，2005年7月伦敦连环爆炸事件也使爱尔兰共和军面临巨大压力。布莱尔"不向恐怖主义低头"的誓言以及随后实行的新的反恐措施都表明，曾在英国国内被列为头号恐怖组织的爱尔兰共和军如果不放下武器，将难保在英国的生存空间。

尽管爱尔兰共和军的武器被解除是北爱和平进程的"里程碑"，但北爱对立派多年的积怨不可能一夜之间化为乌有。许多分析人士认为，武器的解除远非北爱问题的结束，放弃使用武器的意愿以及告别一切暴力活动更为关键。

（吴　炯）

欧盟继续加强共同防务建设　2005年，欧盟在一体化进程受挫、面临严峻挑战的情况下，继续加强共同防务建设，在独立防务能力建设、反恐合作以及维和行动等领域都取得了明显的进展。

一、继续推进独立防务能力建设

（一）加快快速反应部队的建设步伐。2004年欧盟决定在2007年前至少组建13支精锐的快速反应战斗小分队，可对欧盟以外地区发生的各种危机进行快速干预，执行联合国认可的维和与人道主义救援任务。2005年，欧盟加快快速反应战斗小分队的建设步伐，要求从2007年1月起13支快速反应战斗小分队将完全具备作战能力，届时欧盟的军事干预和快速反应能力将大为提高。5月23日，欧盟国防部长会议决定加快快速反应部队的决策程序，缩短决策时间，使欧盟的军事力量具备真正的快速反应能力。与会的欧盟25国国防部长一致同意欧盟负责外交与安全政策的高级代表索拉纳提出的建议。根据这项建议，欧盟成员国国防部长必须在5天内就部署快速反应部队做出决定，欧盟快速反应战斗小分队必须在10天内部署到位。欧盟轮值主席国卢森堡国防大臣吕克·弗里登会后表示，这一决定将使欧盟在危机发生后能够做出快速反应，以避免局势进一步恶化，但有关成员国也应该相应地缩短采取军事行动的决策时间。

（二）就内部军火采购设立共同行为准则。欧盟内部每年有约300亿欧元（约合350亿美元）的军火交易额不受内部市场竞争规则的约束，各成员国为了各自的短期利益均对自己的武器生产商提供或多或少的贸易保护。11月21日，欧盟国防部长会议同意内部军火采购设立共同行为准则。根据该行为准则，参与国单笔100万欧元（约合118万美元）以上的军火采购合同均需在统一的因特网门户网站上公布，各参与国的军火供应商享有同等待遇。欧盟负责安全和外交政策的高级代表索拉纳表示，这项行为准则是里程碑式的，无论是对于欧盟纳税人，还是对于武装部队而言都是有利的。这对于保障欧盟军火工业在全球范围的竞争力迈出了重要一步。英国国防大臣约翰·里德也表示，行为准则虽然没有法律约束力，但却符合欧盟各成员国自身的长期利益，呼吁各参与国切实遵守这一准则。根据欧盟国防部长会议的决定，行为准则将于2006年7月1日起生效，各成员国在自愿的基础上参加，但需在2006年4月前就是否参与做出决定。除丹麦和西班牙外，欧盟成员国对该行为准则均持积极态度。

二、继续强化反恐协调与合作

马德里、伦敦爆炸事件表明，恐怖活动已对欧洲安全构成真实和严峻威胁。欧洲国家在海外的公民也成为恐怖袭击的目标。尽管不少国家已对恐怖活动做出了广泛反应，但整个欧盟还缺少统一反应。为此，欧盟在2005年继续强化反恐协调与合作。7月7日英国伦敦遭受恐怖袭击后，欧盟理事会同意联合对恐怖分子进行跨境追踪调查，采取措施阻止恐怖组织招募人员，在各国内部确保公民和基础设施不受恐怖打击和破坏，最大限度地减少恐怖袭击的影响。欧盟委员会就加强爆炸物的生产、买卖与运输的管理提出一揽子动议。欧盟司法与内政部长特别会议也做出规定，要求欧盟境内的电讯公司必须将通话、电子邮件和短信息的记录保留至少一年，以供司法机关调查取用。7月26日，欧盟委员会提出一项动议，要求加强对欧盟境内银行汇款过程的监控，以切断恐怖组织和其他犯罪组织活动资金的来源。欧盟委员会建议，在欧盟境内的银行进行汇款时，汇款者须提供准确的姓名、地址、账号等信息，银行将这些信息提供给相关司法部门，以方便司法机关从中侦查恐怖分子或其他犯罪分子的资金活动情况。欧盟委员会表示，这些措施是欧盟反恐行动计划的一部分。银行资金流动信息只对相关司法部门开放，而且仅供这些部门用于反恐和反洗钱。9月8日至9日，欧盟又在英国纽卡斯尔举行25个成员国的司法和内政部长会议，探讨联合反恐、打击有组织犯罪问题。会议就欧洲大陆面临的恐怖威胁及可能采取的行动进行深入讨论，并就相互间获得电话和互联网等通讯数据达成共识。此外，各国部长们还讨论了打击贩毒、拐卖人口及非法移民等有组织犯罪问题。

三、继续加强以欧盟名义的维和行动

（一）顺利完成在马其顿执行的“比邻星”维和行动。欧盟于2003年12月15日开始向马其顿派驻警察部队，执行“比邻星”维和行动。到2005年12月9日，欧盟警察部队在马其顿执行的“比邻星”维和行动宣告结束。欧盟警察部队在马其顿执行“比邻星”行动的2年时间里，支持了马其顿警察机构的发展，以便使其达到“欧盟标准”。马其顿警察机构在一些方面取得了显著进步，国民对警察的信任程度有了提高。同时，欧盟理事会通过决议，继续向马其顿派驻警察顾问团，以接替任期届满的欧盟警察部队。欧盟驻马其顿警察顾问团任期半年，其主要任务是，按照欧盟的标准，通过监控、指导和建议等方式帮助马其顿建设一支专业、高效的警察队伍，使其在边境巡检、维护治安、反腐和打击有组织犯罪等方面具备足够的能力。

（二）继续执行波黑维和任务。2004年12月2日，欧盟维和部队接替北约多国稳定部队，肩负起在波黑的维和使命。这是欧盟历史上最重大的共同军事行动。2005年，7000名欧盟驻波黑维和部队帮助波黑各族克服严重的民族对立情绪，在制止、打击波黑有组织犯罪方面取得了成功。12月6日，意大利将军詹马尔科·基亚里尼正式接替英国将军利基，成为欧盟驻波黑维和部队第二任司令。欧盟负责外交和安全政策的高级代表索拉纳在交接仪式上表示，欧盟接替北约承担波黑维和军事使命一年来的经历表明，欧盟有能力执行此类行动。

但应看到，迄今为止欧盟共同防务建设还存在许多问题。4月12日，德国国防部长施特鲁克在国际安全会议上发言时说，目前在欧盟自身所确定的政治要求与实际的军事能力之间存在着巨大差距。如果要满足自身外交和安全政策方面的需要，欧盟就必须改善自己的军事能力。施特鲁克说，目前16个欧洲北约成员国每年的军费开支约为2000亿美元，仅为美国国防预算的一半，成员国所拥有的250万士兵中，只有约5%的士兵有能力到海外执行任务。他认为，欧盟有必要为自身安全做出更大的努力。然而，由于近年来德国政府财政十分困难，施特鲁克也不得不同意削减国防开支。北约军事委员会主席库雅特也表示，欧盟未能做出足够的努力，来弥补与美国在军事实力上所存在的巨大差距，欧盟国家必须将更多的资金用于国防建设。

（吴　炯）

美洲和大洋洲军事要事

美国公布第一个《国防战略》 美国为了解脱伊拉克战争后的军事困境，更有效地应对传统威胁和非传统威胁，并为未来战争做好准备，2005年3月公布了美国历史上第一个《国防战略》。这一战略在威胁判断、战略目标和战略指导原则、军队建设、军事外交等方面，都"超越"了布什政府以前的要求和标准，将对美国的战略思想和军队建设产生重大影响。

一、对威胁的判断有重大变化，重新重视大国对美国构成的传统威胁。《国防战略》认为，美国是一个处于战争中的国家，面临一系列不同的安全挑战，当前面临的主要威胁有四种:第一是"传统威胁"，即一些国家不断发展陆、海、空军等传统军事力量对美国利益构成的威胁。第二是"非常规威胁"，即敌对势力以恐怖行动和游击战等非常规手段挑战美国的安全利益。第三是"灾难性威胁"，即敌对力量通过获取和运用"灾难性能力"尤其是大规模杀伤性武器对美国构成的威胁；第四是"破坏性威胁"，即敌对力量通过获取和使用生物、网络、空间及定向能武器等领域的突破性技术，发现和攻击美国的弱点，抵消美国在关键作战领域享有的优势。上述威胁的排序说明，美国重新把国家（主要是大国）对美国构成的传统威胁视为首要威胁，改变了"9·11"事件之后将恐怖主义列为美国首要威胁的判断。

哪些国家对美国构成传统威胁呢？《国防战略》没有明确列出，但从美国的其他官方文件和重要官员的讲话看，传统威胁主要来自中国，其次是俄罗斯和印度等大国。美国将中国列为主要传统威胁，有一个演变过程。冷战时期，美国一直将苏联视为主要威胁。冷战后，克林顿政府认为，美国的主要现实敌人是"敌对的地区军事强国"，主要潜在威胁是中国和俄罗斯。布什政府执政初期，美国继续将中国视为主要威胁。美国《华盛顿邮报》2001年3月23日透露，美国防部长拉姆斯菲尔德在国防部高层的一次"内部吹风"会上说，随着中国力量的增强和俄罗斯力量的削弱，美国将对二战后所奉行的遏制苏联的防务政策重新定位，准备将一些驻欧洲的兵力调往太平洋。次日，英国《卫报》称，拉氏的主张说明，美国"认为中国是对美国在全球统治地位的主要威胁，美国已把中国提升到全球的头号敌人的地位"。因此，布什执政初期，将中国界定为美国的"战略竞争对手"。此后，由于国际形势的变化和中美关系的发展，特别是"9·11"事件之后两国关系有了明显加强，美国将恐怖主义视为首要威胁，而将对中国的定位模糊化。布什政府在"9·11"事件之后出台的一系列官方文件中，虽然强调"东亚沿海是一个特别具有挑战性的区域"（国际舆论普遍认为，这种提法是针对中国的)，但是，不再像克林顿政府那样点名指出中国是美国的主要潜在威胁。随着美国国防战略的出台表明，由于美国在伊拉克和阿富汗推行民主化、在独联体国家导演"颜色革命"取得进展，美国的战略野心有新的膨胀，又将传统威胁排在第一位。美国的官方文件和一些重要官员"中国威胁论"特别是"中国军事威胁论"的调子提高。美国防部在《中国军力报告》中，夸大中国军事威胁，把中国重新视为"战略竞争对手"。拉姆斯菲尔德4月4日在亚太安全会议上发表演说时，无理指责中国快速发展军力，国防支出大幅增加，对周边国家和地区产生威胁。赖斯6月7日也对媒体表示，接受拉姆斯菲尔德的"中国军力威胁增加"的说法，并称中国军力的发展"令所有人关切"。这些言论说明，美国重新把中国视为首要威胁。尽管如此，从美国国防战略的总体内容、其他官方文件和美国主要官员的讲话看，美国仍然认为，目前中国不是美国"全球性势均力敌的对手"，美国在许多问题上需要与中国合作。因此，美国对中国的定位是：当前既是合作对象又是战略对手，合作是主要的；从长远看，美国则视中国为可能的主要潜在威胁，并加以遏制和防范。从总体上看，中美之间仍然是"非敌非友"的关系。

二、强调"防患于未然"，提出更具主动性、进攻性和全球性的战略目标和战略指导原则。《美国国防战略》提出了四个战略目标：确保美国免受直接攻击；保障对全球任何地区的战略进入和保持全球行动自由；加强联盟与伙伴的关系；创造有利的安全条件。为了实现上述目标，《美国国防战略》还制定了多层主动防御、持续防务转型、

“基于能力方式”、有效控制风险等4条战略指导方针。多层主动防御要求美国在防务活动的所有领域，掌握战略主动权。持续防务转型要求努力改变国家安全形势，扩大关键性优势，减少薄弱环节，更好地迎接21世纪的挑战和机遇。转型不仅要改变技术，而且要改变有关挑战和机遇方面的思考方式，要使国防设施适应新观点的需要，重新确定应对未来挑战的能力。转型既要改变作战部队，也要改变国防部长期形成的办公方式，还要培育创新性文化。“基于能力方式”强调预测美国的对手将如何挑战美国，从而确定和发展美军的作战能力，应对各种层次的战略挑战。有效控制风险是实施国防战略的中心环节，美国面临的防务风险包括作战风险、未来挑战风险、部队管理风险和制度风险。

从上述战略目标和战略指导方针的内容分析，美国的国防战略具有比以前更明显的超前性、主动性、进攻性、干涉性和全球性，是布什政府崇高武力、推行霸权主义、追求绝对安全、实施“先发制人”等思想的进一步深化和发展。

三、要求按照“1-4-2-1”的指标，建设一支“无可匹敌”的军队。国防战略要求美军按照“1-4-2-1”的指标来确定部队的结构与规模，将美军建成以能力为基础的高质量的“无可匹敌”的军队。在“1-4-2-1”指标中，排在第一位的“1”是指保护美国本土。“4”是指在四个前沿地区威慑敌人和实施作战行动。这四个地区是欧洲、东北亚、东亚沿海区、中东/西南亚。“2”是指在同时发生的两场战争中迅速击败敌人；最后的“1”是指实施较小规模的应急行动。按照“1-4-2-1”的指标建设军队，明显高于克林顿时期的“打赢两场同时发生的大规模战区战争”的指标。为达成这一高指标，美军不是通过扩军来增强实力，而是通过军事转型，提高美军的8种作战能力，从而使美军战斗力大幅度提高。这8种作战能力是:（1）早期预警和情报能力；（2）保护关键作战基地的能力；（3）从太空、国际水域、空中和电脑空间实施作战行动的能力；（4）在遥远的反进入环境中投送和维持部队的能力；（5）使敌人无处可藏的能力；（6）实施网络中心战的能力；（7）应对非常规挑战的能力；（8）与国际国内伙伴应对复杂问题的能力。提高美军8种作战能力的主要方法包括发展和保持关键作战能力、改革部队结构和规模、投资研制重要武器系统、增强全球防务态势等。

四、注意协调国际关系，对单边主义政策作策略性调整。美国国防战略认为，美国生活在一个充满有利条件的时代。这些有利条件包括：有一个富有弹性的联盟和伙伴网；没有势均力敌的全球性竞争对手，在传统军事能力方面无可匹敌；在军事以外的其他方面（如政治、经济、技术、文化等）保持着重要优势；在国际问题上继续发挥领导作用和全球的影响力；美国在伊拉克和阿富汗取得的实际进展增强了美国的可信度和影响力；“问题国家”越来越容易遭受积极的政治和经济变革力量的冲击；美国的许多重要伙伴国希望加深同美国的关系；一些新的国际伙伴国寻求融入美国的联盟和伙伴体系等。但是，阿富汗战争后那里继续动荡的局势和艰难的重建工作，看不到尽头的追剿和防范拉登和其他恐怖分子的军事行动，对不断发生的威胁美国利益的危机做出军事反应，特别是旷日持久且伤亡和耗资巨大的伊拉克战争等，也使布什政府备尝推行单边主义苦果和国际合作的不可或缺。因此，美国国防战略认为“美国仍然存在薄弱环节”。这些薄弱环节是：美国单独应对全球安全挑战的能力不足；一些盟国和伙伴国采取与美国不同行动或缺乏同美国一起采取行动的能力；美国在世界事务中的领导地位引起不安和某种程度的抱怨与反抗；美国及其盟友将成为极端主义和恐怖主义的主要攻击目标；惯性和反对变革的力量抑制军事转型；关键的国际行为体（包括国家行为体和非国家行为体）可能采取与美国利益相反的战略途径；一些国家的危机可能威胁到美国的根本利益等。

上述薄弱环节，主要是美国推行单边主义政策所致。为了适应新的情况，充分利用有利条件，弥补薄弱环节，布什连任后较第一任期重视协调国际关系，对单边主义政策做出某些策略性调整。美国制定国防战略就是为了使军方适应这种调整。国防战略称，制定该战略的目的是“促进美国同其他国家的密切合作，应对传统的和新兴的威胁”。因此，美国国防战略提出一系列建立在双边和多边基础上的新措施。如：改善联盟和伙伴网；同其他国家建立合作关系；与盟国和伙伴进行联合训练演习；与有关国家一起共同安排和使用美国和盟国部队等等。

附：关于美国的战略层次。美国制定国防战略以前的战略层次，从上至下有国家安全战略、国家军事战略和战区战略3个层次。国家安全战略相当于通常所说的大战略或国家战略，其基本涵义是“平时和战时为达成国家目标而发展和使用国家的外交、经济和信息力量以及武装力量的艺术和科学”。国家军事战略的基本涵义是“平时和战时分配和应用军事力量达到国家目标的艺术和科学”。战区战略是“通过在某一战区内使用武力、威胁使用武力，或不使用武力的行动来制定整体战略概念和行动方案的艺术和科学，旨在实现国家和盟国或临时联合体的安全政策和战略目标”。新制定的国防战略的作用是“概述保卫国家和国家利益的多层主动防御方法，努力营造有利于尊重国家主权的条件和有利于自由、民主和经济机遇的国际安全秩序。这种战略促进美国同世界上致力于这些目标的其他国家的密切合作，应对成熟的和新兴的威胁”。

（李博文）

美国防部向国会提交 2005 财政年度《国防报告》 2005 年 1 月 18 日，美国防部向国会提交了 2005 财政年度《国防报告》（以下简称报告）。该报告以军事转型为核心内容，系统阐述了美国的国防政策。有关情况如下：

一、报告的主要内容

报告以军事转型为核心内容，分 5 个部分（包括引言和 4 章），提出了对军事转型的要求，总结了美国军事转型取得的成果，系统阐述了美国的国防政策。各部分的主要内容如下：

（一）引言的主要内容。引言主要阐述了布什政府对军事转型的要求、推动军事转型取得的成果、美国军事力量的主要任务和常规部队结构。

对军事转型的要求。引言称：“本届政府就职之时，总统要求我们完成一项任务——迎接环境的挑战，使国防部做好应对国家在 21 世纪所面临的新威胁的准备。这一转型任务是与全球反恐战争的背景紧紧联系在一起的。2001 年 9 月 11 日敌人对我们发动的攻击进一步说明我们需要转型，以便面向一个新的世纪。我们一直努力工作，尽力满足总统要求。”

推动军事转型取得的成果。引言称，布什政府在推动美国军事转型方面取得了 10 项成果：

1、我们制定了新的防务战略、新的部队结构以及新的风险平衡方法，不仅仅考虑紧急战争计划风险，而且考虑人员转型风险。

2、我们已经从“基于威胁”的防务计划方式转变到“基于能力”的防务计划方式。不仅仅强调可能对我们造成威胁的对象、地点或者时间，而且更强调我们可能受到威胁的方式以及我们需要遏制的各种能力。

3、我们采取重要措施吸引并保留武装部队中的人才。包括依据指标增加工资以及提高部队及其家庭成员的生活质量。

4、在国会的批准下，我们已经开始实施一种新的国家安全人事系统。在继续保留优势原则、尊重老兵优先权的同时，实现人事管理系统的现代化。

5、我们制定了现实性预算，因此国防部现在着眼于未知战争费用的紧急追加款，而不是维持战备。

6、我们寻求建立一种发展军事能力的新途径。新的途径从基础着手，以更快的速度产生初期模型，然后在成熟之时向基础系统增加新的能力。而不是绘制一张完美系统的图纸，然后不管花费多长时间和多少资金，都要达到完美系统的要求。

7、我们改革了国防部制定战争计划的方式。减少了制定计划的时间，加快了更新计划的频率，并且使计划具有灵活性，适应安全环境的变化。

8、在“伊拉克自由行动”中，我们采取了一种新的“总结经验教训”的方式，向美国中央总部派出一个小组，不仅对未来军事战役可借鉴的经验教训进行研究，而且提供实时反馈信息，这些反馈信息对于我们在伊拉克的成功有着直接影响。

9、我们还对全球军事部署态势进行了全面审查，因此我们可以使美国的全球军事能力从 20 世纪的战争形成的结构转型到能够让我们对抗 21 世纪安全环境新威胁的结构。

10、利用我们在 2004 年获得的授权，我们建立了新的国家联合训练能力，那将有利于我们推动国防部范围的联合作战概念，因此我们的部队是以未来的作战方式——联合作战方式进行训练，并为战争进行准备。

美国军事力量的主要任务。引言称，美国军事力量的主要任务是：保卫美国安全；保卫朋友和盟国的安全；在关键地区前出遏制侵略和高压统治；在两个时间上相互重叠的大规模冲突中迅速击败侵略行动，同时为总统保留在其中一个冲突中取得决定性胜利的选择，包括政权更迭或实施占领的可能性；实施数量有限的较小规模的应急作战。

常规部队结构。引言列出的美国常规部队结构如下：

陆军：10 个现役师
2 个现役重型装甲骑兵团
1 个轻型现役骑兵团
8 个国民警卫队师
15 个国民警卫队加强旅

海军：98 艘现役水面战舰
4 个现役海上巡逻与侦察航空联队
2 个现役轻型反潜直升机联队

12 个现役航空母舰

10 个现役舰载机联队

37 艘两栖舰

54 艘攻击潜艇

8 艘后备役水面战舰

1 个后备役海上巡逻与侦察航空联队

1 个后备役舰载机联队

陆战队:3 个现役师

3 个现役航空联队

3 个现役部队勤务支援大队

1 个后备役师

1 个后备役航空联队

1 个后备役部队勤务支援大队

空　军:10 个航空远征部队

(二)第一章的主要内容。第一章阐述了"部队管理风险",主要内容是:保持一支高质量的部队;确保军事节奏的可持续性并维持部队人员的满意度;保持合理的部队开支;塑造未来部队。

为减少部队风险,将采取如下措施:1、向部队提供赢得全球反恐战争所需要的武器系统、情报、信息、灵活性和组织支援;2、进行部队转型以应对 21 世纪挑战,使部队赢得未来战争所需的训练与新概念,即我们的国家以后可能进行的战争可能完全不同于今天的挑战;3、尽力确保我们对部队实施良好的管理,因此我们继续吸引并保留最好、最优秀的服役人员,维持志愿兵的质量。

(三)第二章的主要内容。第二章阐述了"作战风险",主要内容是:部队的质量适应作战;部队的部署态势有利于取胜;部队战备状态良好;部队的行动与美国军事力量的主要任务保持一致。

报告称,为了减少作战风险,从 3 个方面评估作战面临的风险。3 个方面是:失败的可能;失败的后果;作战和作战后果的持续时间。

报告还称,2005 年,国防部长对于作战风险的优先考虑是成功地进行全球反恐战争,加强联合作战,打击大规模杀伤武器扩散,改善本土防御。

(四)第三章的主要内容。第三章阐述了"机构风险",主要内容是:简化决策过程,改进财务管理,推动采购优化;管理好经常性开支和间接开支;提高重要设施的战备水平与质量;重新调整对战斗人员的支援体系。

报告称,为了减少"机构风险",必须改革国防部的工作方式和工作对象,必须更好地理解开支和间接开支,继续变革军职和文职队伍。2005 财年"机构风险"的工作重点是简化国防部工作程序和重组国防部。

(五)第四章的主要内容。第四章阐述了"未来挑战风险",主要内容是:推动革新性联合行动;建立更为有效的迎接"未来挑战风险"的机构;确定并发展转型能力;确定未来的技能和能力。

报告称,国防部长提出的 2005 财年"未来挑战风险"的优先项目是加强联合作战和获得最佳情报的能力。

二、对美国军事转型的评述

美国军事转型是在上个世纪 70 年代兴起的新军事革命的基础上于 90 年代末提出的。美国防部在 1999 年度的《国防报告》中,首次正式提出了使美军由工业时代的军队向信息化军队转型的基本设想。布什执政后,进一步推动了美军转型。2002 年 6 月,美陆海空三军提出了各军种从 2003 年至 2007 年的"转型路线图"。2003 年 4 月和 11 月,美国防部、参谋长联席会议和各军种分别颁发了美军《转型计划指南》、《联合作战概念》,及各军种的《转型路线图》修正版。2004 年 1 月,美军联合部队司令部颁发了《联合转型路线图》。

从 2005 年度《国防报告》对美国军事转型的回顾、历年美军制定的军事文件和美军推动军事转型的实际做法看,美国军事转型的基本要求和近年来主要成果,概括起来主要有以下三个方面。

(一)思想观念转型,创新军事理论。美军将解放思想、更新观念、创新军事理论,作为推动军事转型的前提和基本要求而大力提倡。为了让人们理解思想观念转型的重要性,美国国防部长拉姆斯菲尔德曾用一个寓言式的故事做过说明。他说:"请想象一下,你如果回到过去,给亚瑟王的宫廷骑士 1 支 M-16 自动步枪。如果他拿着这件武器,骑上他的马,用枪托去砸对手的脑袋,这样做就不是转型。如果他躲在一棵树的后边,进行射击,这样做才是转型。"这个故事生动地说明了军事转型不但要提高军事能力,更要转变观念,创新军事理论。在创新思想推动下,美国近年来提出了一系列新的军事概念和理论。如:确保美军拥有搜集、处理和传输所需信息的能力,而使敌人丧失这样能力的"信息优势"论;要求美军能进行各种类型战争和各种军事行动的"全谱行动"理论;将空间作战与空中作战融为一起的"空天一体作战"理论;在伊拉克战争中实施的"决定性快速作战"理论;减少作战指挥层次,使最高统帅与前线士兵都可以实时共享所需作战信息的指挥体系"扁平化"理论;军事计划不仅要着眼造成威胁的人员、地点和时间,而且更强调敌人能力的"着眼于能力"的思想;以及全能军队、"自主作战能力"、全球到达、全球打击等等新的军事思想、军事理论和军事概念。这些新的概念和理论使美国的军事转型走在了世界其他国家前面，对美军和世界其他国家军队建设产生了重要影响。

(二)军队建设转型，塑造未来部队。为了“塑造21世纪部队”，使军队由工业时代的军队向信息化军队转型，美国采取了一系列加强军队建设的新措施。

第一、将信息化建设放在军队建设的核心位置。美军认为，美国的防务越来越依赖信息优势。拥有全面战略信息优势，就能顺利实现国家安全战略目标和军事战略目标；掌握战场信息优势，就能取得战场主导权。信息优势又在很大程度上依赖及时、相关和全面的情报。因此，美军采取一系列措施，加强信息优势，特别是提高情报能力。如：保护信息基础设施、改造情报系统、建立全球军事信息网、增加知识型军人、建立相关机构、加强信息战、加强保密工作和反情报工作、研制新型信息化装备等等。

第二，提高联合作战能力。美军认为，未来战争主要是联合作战，因此，美军近年来采取了一系列加强联合作战能力的措施，主要有：建立比较轻装、战斗力和机动性更强、具有生存力、规模可变的模块化的联合部队；加强联合作战的指挥控制；建立常设联合特遣部队司令部和常设联合特遣部队；制定“各军种统一的在海外联合存在的政策”；进行后勤改革等。

第三，发展先进武器装备。美军发展武器装备的指导思想是，加强研究和发展工作，确保美军在“关键军事能力”方面占领制高点并“具有决定性的领先地位”。当前发展重点是：研发信息装备和精确打击武器，满足信息化战争需要；发展太空武器系统，占领军事技术新的制高点；建立导弹防御系统，打造攻防兼备的军事力量；发展新型核武器，使核武器具备威慑和实战双重作用；发展远程投送系统，提高快速反应能力；研制新型单兵武器装备，提高士兵的作战和防护能力；发展无人和隐形武器装备，提高作战效率、减少人员伤亡；研发“钻地弹头”，打击更深层的地下目标。

第四，提高人员素质。美国在发展先进武器装备的同时，没有忽视人的因素和精神因素，相反更加重视提高人员素质。美国防部向国会提交的2005年度《国防报告》称，为了促进军队转型，美军要吸引并保留最好、最优秀的人员，使美国的部队“忠诚、坚定”，成为“世界上最好的武装部队”。为此，该报告提出了以下措施：(1)征召新兵必须保证质量。(2)保留具有专业技能的人员，提高志愿兵的质量。(3)增加军人薪金，改善福利待遇，提高军人生活质量。中级士兵工资，等同于受过大学教育的地方人员的工资；服役12年的军官，其工资应比照拥有大学以上学历从事管理工作的地方人员的工资。

第五，加强训练演习。美军强调，通过训练演习提高部队能力，进一步探索部队转型的要求和理论。近年来，美军进行了大量包括转型试验在内的各种训练演习，对提高美军“新的能力”和战略水平，确定适应未来的作战系统、作战原则和兵力结构，寻找有效应付未来作战的方案发挥了重要作用。

第六，增强国防部的活力。主要做法是：压缩人员、改革结构、改进工作、减少浪费、提高效率。

第七，改善军政关系。要求美军加强与联邦政府机构和各级(联邦、州和地方)政府之间的协调，实现“军政关系转型”，以便在军事行动中能够综合运用各部门的力量。

第八，加大国防投入。近年来，美国的军费大幅度增加。2003年，美国军费开支高达4174亿美元。2004年美国的军费开支进一步增加到4550亿美元，占全球军费总开支的47%，超过列在其后的32个国家军费开支的总和。2005年又有进一步增加。高额军费为军队转型提供了有力的财政支持。

(三)全球军事部署转型，适应新的任务需要。美国防部2005年度《国防报告》称，根据“转型战略”要求，美国军事力量的首要任务是：保卫美国；保证朋友和盟国安全；在关键地区遏制侵略和高压统治；在两个互相重叠的大规模冲突中迅速击败侵略行动；实施小规模应急作战。上述任务与冷战时期美军的任务主要是在海外打两个战争或一个半战争相比，发生了很大变化。为适应这种变化，美军对全球部署态势进行了全面审查，决定美国的全球部署从适应冷战时期的任务，转型到能够适应新的任务需要。美军的全球部署转型，伊拉克战争后已经开始，将在数年内完成。

美军全球部署转型的总体设想是：压缩驻西欧和东北亚地区兵力，“填补”从加勒比海沿岸开始，经非洲、高加索、中亚、中东和南亚，到朝鲜半岛的“不稳定弧形区”的兵力。具体调整方案是：在欧洲地区，美军兵力由“老欧洲”向更接近“不稳定弧形区”的“新欧洲”推进；在东亚和西太平洋地区，加强整体“作战资源”，将北部地区部分兵力南调；在南亚和印度洋地区，长期使用巴基斯坦的基地，增加迪戈加西亚岛的海上预置装备；在西亚和中亚地区，减少该地区因阿富汗战争和伊拉克战争而急剧膨胀的兵力，使西亚、中亚地区驻军长期化；在非洲地区，美国的军事力量将得到明显加强；在拉美地区，美国将借反恐加强军事力量。

根据上述设想，将有成千上万的美国士兵离开冷战时期在西欧和东北亚建立的安全而且有方便家庭生活的军事基地。这些基地里有学校、保龄球馆和快餐店，被誉为“小美国”。他们将被派往远离家庭、条件艰苦的新基地。这些新基地建在像吉尔吉斯斯坦、保加利亚和吉布提这样一些遥远的国度，大多数美国人在地图上找不到这些地方。转型后的美国新的兵力布局，将大大提高机动能力和反应能力，更适应新的任务需要。

（李博文）

美国公布《在伊拉克获胜的国家战略》

2005年，美国民众反战情绪不断上升，民主党呼吁政府制定从伊拉克撤军的时间表，给美国总统布什造成很大压力。为了在伊拉克问题上争取美国民众的支持，10月30日布什政府发表了《在伊拉克获胜的国家战略》（以下简称获胜战略）。同日和11月7日，美国总统布什分别在美国海军学院和美国外交学会发表演讲，进一步阐述了这一战略。有关情况如下：

一、获胜战略的主要内容

（一）重申继续坚持美国对伊政策，拒绝设定撤军时间表。该战略重申，美国对伊政策将“持续到底”，而且在反恐战争取得“彻底胜利”之前，美军不会离开伊拉克。对于世人最为关心的美国何时开始从伊撤军问题，仅表示“将视具体情况对美国在伊拉克的军事、民事存在进行调整”，拒绝设定撤军时间表。

（二）对反美武装采取不同策略。该战略认为，伊拉克的反抗武装有3个组成部分：第一部分是“抵制分子”，这些人大部分是逊尼派穆斯林，他们怀念在萨达姆时期享受的特权并抵制他们不能再享有特权的一个新的伊拉克；第二部分是萨达姆残余势力，这些人仍梦想有朝一日能卷土重来；第三部分则是与“基地”组织相勾结的恐怖分子，他们人数最少，但最具威胁力。美国对上述3种人员将采取区别对待政策：对于“抵制分子”，美国将劝说他们支持建立一个民主、能保障他们权益的伊拉克；对于萨达姆残余势力，他们将遭到伊拉克社会排斥并将被击败；对于恐怖分子，美国对他们绝不会姑息和手下留情。

（三）伊拉克重建进程已取得重要进展。该战略称，伊拉克重建进程已取得重要进展，并已经制定了在政治、安全和经济3方面取得胜利的策略。在政治方面，美国帮助伊拉克建立能保障所有伊拉克人利益的民主机构。在安全方面，伊拉克安全部队和驻伊美军共同与敌人战斗。已有超过120个营的伊拉克陆军和警察部队能够独立作战，另有80个营能够在美军支持下作战，已有21万多名伊拉克人接受了美军的训练，到2007年7月，这一数字将增加到32万多人。为了使伊拉克军队尽快肩负起保卫国家的任务，美政府已经向国会请求2006年拨款39亿美元，用来培训和装备伊拉克军队。39亿美元还只是向国会请求的用来全面重振伊拉克的一大笔支出中的一部分。这笔支出可能高于国会此前为重建伊拉克军队而批准的106亿美元。同时，还要修建新的警察局并为伊拉克士兵配备新制服。在经济方面，美国帮助重建基础设施和振兴经济。该战略还称，虽然伊拉克重建进程已取得重要进展，但仍面临不少挑战，其中包括伊拉克政府内部的腐败和反抗武装分子混入伊拉克安全部队等问题。

二、获胜战略出台的背景

（一）美国民众对伊拉克战争日益失去信心。在发动伊拉克战争之前，布什曾经向美国人描绘了伊拉克“后萨达姆时代”的美好蓝图：随着一个新的“民主国家”的诞生，恐怖主义将失去根据地，美国变得更为安全。然而，在推翻萨达姆政府两年半之后，伊拉克仍然一片混乱。据报道，到2005年11月，美国在伊拉克已付出2000多名军人死亡、1.5万人受伤的代价。军费总开支超过2500亿美元，平均每月60亿美元，但伊拉克局势却依然混乱，并且看不到局势明显好转的迹象。在这种情况下，布什政府面临的反战压力越来越大。2005年以来，由于美国深陷伊拉克泥潭，美国社会和士兵家属的承受能力越来越弱，民众对伊拉克战争的态度已经从战争刚刚开始时的“一边倒”变为忧心重重，反战呼声越来越大。2005年9月，美国首都华盛顿爆发了30万人参加的反战示威。普遍认为白宫先是误导民众并错误地发动了战争；后来则是误判形势，处置失当，大谈理想与决心，却一直拿不出取胜之道和撤军计划。为挽回民意，白宫班子决定以攻为守，主动出击，在12月15日伊拉克大选投票前，阐述美国在伊拉克获得胜利的国家战略，以向公众解释政府不仅有理想与决心，也有明确的获胜战略。

（二）布什的支持率一降再降。在伊拉克战争之前，美国人对布什反恐政策和他总体工作表现的支持率曾分别高达87%和86%。而至2005年11月有60%的人认为伊拉克战争不值得打，52%的人赞成立即或一年内从伊拉克撤军。

（三）美国国会反战呼声越来越高。2005年11月15日，国会参议院通过决议，要求政府向公众阐明对伊战略，每季度向国会汇报在伊拉克的政治和军事进展。17日，民主党资深众议员默撒发表声明，指出继续在伊拉克的军事行动显然不符合美国、伊拉克人民和海湾地区的利益，美国应立即从伊撤军。他表示，反战已成为美国的主流民意。默撒是军人出身，越战中立过战功,当议员已30多年,在政界和军界有很高威望,他的主张在美国社会激起很大反响。随后,民主党参议员拜登提出了分阶段从伊撤军的构想。在共和党参议员中，参议院军事委员会主席沃纳和外交委员会主席卢格均敦促布什增加伊拉克政策的透明度，加强与民众的沟通。

(四)绝大多数伊拉克人反对外国占领,要求美国尽快撤军。2005年8月,伊拉克的一次民调显示,82%的人“强烈反对”美国驻军,而赞成者不足1%。11月，伊拉克3大派别代表一致要求美国从伊撤军，并认为伊拉克人有反抗外国占领的合法权利。《纽约时报》的分析文章指出，如果12月15日大选后成立的伊拉克新政府要求美国撤军,将使布什面临巨大的窘境。

(五)美国兵力紧张。由于布什政府没有明确的撤军时间表,美军在伊拉克的驻扎期限不得不无限延长。从而造成美军兵力紧张,装备损耗加大,士气低落,战备水平下降,并影响美军全球战略部署。

三、获胜战略出台受到强烈批评

布什政府的获胜战略出台受到严厉抨击。美国国会民主党议员和舆论认为,该战略过于乐观,没有对伊拉克情况提出切实的评估，也没有对伊拉克的未来订出计划,更没有对美军最终撤出伊拉克提出具体策略。参议院武装部队委员会的资深民主党议员里德指出,布什政府并没有为伊拉克部队的准备情况勾勒出一个实际可行的远景,他说:“我认为布什政府太乐观了。他没有能够指出伊拉克安全上存在的内部紧张关系。这将对建立真正的伊拉克国家安全部队构成巨大挑战。还有种族分离，伊拉克的队伍要么是全部库尔德人或是什叶派。还没有协调一致的、完全融为一体的全国部队。前面的任务还很艰巨。”

民主党参议员克里说，美军在伊拉克大规模存在只能引起抵抗力量的强烈反弹，给伊拉克军队控制局势造成更大困难。在伊拉克获得胜利不能仅仅靠军事手段。克里说,获胜战略没有表示需要伊拉克邻国的支持。克里强调:“在这个地区,应该要运用更好的外交手段。”

众议院民主党领袖、加州众议员佩洛西指出，布什没有提出如何撤出伊拉克的明确战略。他说:“布什总统没有提出如何而且何时减少在伊拉克驻军的时间表。随着超过2000名美军在伊拉克阵亡,1.5万名美军在伊拉克受伤,以及几千亿美元的投入,布什总统该告诉美国人民的不应该只是今天所说的这些。”

美国舆论普遍指出,获胜战略言词空洞,缺乏硬性指标，不过是“提供了更多细节而没有新的实质性内容”,“充满了乐观与误导”，是布什政府在国内关于撤军问题的争论日趋激烈之时做出的“减压”之举。因此，一些媒体大量报道了在伊拉克境内发生的爆炸和死伤情况,并强调人们更相信的是事实而不是说辞。

甚至共和党的重要人物、参议院外交委员会主席卢格也表示，在谈到伊拉克部队是否准备就绪时，应该说得更具体些。卢格强调，希望布什能够在更多的场合讨论这个问题。卢格说：“这真的是需要讨论的问题。伊拉克安全部队由哪些部分构成？他们彼此怎么呼应？伊拉克有没有和美国相当的中央指挥部？在进行安全保护时，一个城镇和另一个城镇的安全部队之间有没有协调？”

四、美国在伊拉克进退两难

美国舆论指出，布什政府对伊政策的调整在很大程度上将取决于2006年美国国会的中期选举。由于国会选举临近,出于党派利益,布什将不得不参考选民的意见对伊拉克政策进行调整。加之布什政府目前对局势走向心中无数,因此,美国的伊拉克政策充满变数。这也是布什在撤军等问题上举棋不定的原因。

美国舆论还指出,无论布什如何调整政策,伊拉克仍将是长期困扰美国的一大难题。美国在伊拉克的处境可归纳为留也不是,走也不是,更无法接受失败。

(李博文)

美参谋长联席会议制定《联合核行动原则》草案 为了执行布什总统“先发制人”战略,美国参谋长联席会议于2005年3月5日制定了一份名为《联合核行动原则》草案的文件(以下简称“草案”)。有关情况如下：

一、制定草案的目的和草案的主要内容

美国参谋长联席会议制定该草案的主要目的是，更新有关核武器使用的规定和程序，以便更好贯彻美国总统布什2002年12月提出的“先发制人”战略。当时，在白宫举行的一个新闻发布会上，一名发言人曾说,美国将“以压倒性力量回应”针对美国、美军及其盟国的大规模杀伤性武器攻击,在这一点上,“所有选择”都有可能。

草案夸大了美国面临的大规模杀伤性武器的威胁。草案称:尽管冷战已经结束,但由于大规模杀伤性武器的扩散,使用核武器的危险反而提高了。目前大约有30个国家在研制大规模杀伤性武器。对这些武器感兴趣的还有一些“独立的或者得到敌对国家支持的非国家角色(恐怖分子)”。为了防止敌人对美国使用大规模杀伤性武器,美国必须做好使用核武器的准备,并表

明这一决心，以使敌方领导人相信美国有能力也有意愿以可信和有效的反应采用“先发制人”的打击或迅速实施报复。

草案赋予指挥官更大权限，允许他们请求总统批准使用核武器，对使用大规模杀伤性武器的敌国或恐怖分子实施“先发制人”的核打击，摧毁敌方的核生化武器储备。草案建议对敌方存放大规模杀伤性武器的设施以及地下深处的坚固堡垒使用核武器。

草案规定，美国对下述敌人将实施“先发制人”的核打击：第一种，对美国及其盟国“正在使用”或“试图”使用大规模杀伤性武器的敌人；第二种，即将发动生物武器袭击的敌人，而只有使用核武器才能消除这种袭击。

与该草案类似的文件，是克林顿执政 1995 年制定的。而在克林顿时期的文件中，没有提到任何有关“先发制人”地使用核武器或对大规模杀伤性武器威胁采取核打击的内容。

由参谋长联席会议主席主持起草的这份《联合核行动原则》草案，还须接受作战指挥官、国防部法律顾问以及拉姆斯菲尔德办公室的联合评估，才能送国会批准。美国舆论认为，这些建议虽然符合布什政府的心愿，但却与美国国会的看法相左。2004 年，国会曾拒绝为开发摧毁生化武器的核武器拨款。

二、对草案的评述

美参谋长联席会议制定该草案绝非偶然，是布什政府单边主义政策恶性发展的结果。美国制定该草案的宗旨是，在保持战略核威慑能力的同时，使核武器具有某种战术威慑能力和实战使用功能，使核武器由威慑转向实战，因此，引起舆论的广泛关注和批评。

（一）将引发新的核军备竞赛。舆论指出，在制定该草案之前，美国在 2002 年出台的《核态势评估报告》中，已经提出了使用小型核武器发动“先发制人”的核打击的战略。该草案的制定，将使“先发制人”的核战略进入实际操作阶段。为避免在遭受美国“先发制人”的核打击后束手无策，一些国家势必加快核武器发展步伐，因此，将引发新的核军备竞赛。

（二）将破坏国际社会多年来防止核扩散方面取得的成果。据报道，目前，该草案尚未在美国国防部得到批准，也未提交国会审查通过。一旦经国会批准，“先发制人”的核战略将进入实际实施阶段。届时，只要被美国认定是具有大规模杀伤威胁的国家，就将受到美国“先发制人”的核打击，核战争的灾难将随时降临人类社会。广大无核国家将人人自危，朝核问题、伊核问题将更难以解决。国际社会多年来的防核扩散所取得的成果将付之东流。

（三）美国“先发制人”的核战略将受到抵制。美国“先发制人”的核战略不仅在国际上受到广泛批评，在国内也受到强烈抵制。据报道，2004 年，美国国会曾拒绝为发展能摧毁生化武器装置的研制项目拨款，停止了“强力钻地核弹”可行性研究的经费。在美联社发布的一项民调中，有三分之二的美国人表示，世界上任何国家，包括美国在内，都不应该拥有核武器。绝大多数人认为，全球不应再有更多的国家拥有核武器了。60%的 18 至 29 岁的青年人反对使用核弹，许多人认为“在无核化进程中，美国不该有优待”。美国不少明智的政治家、专家、平民等，都以各种方式，抨击“先发制人”的核战略。舆论指出，希望美国核战略制定者认识到，核武器是高悬在人类头上的达摩克斯之剑，随时威胁着人类的生存。明智之举不是将核武器升级换代获得唯我独尊的核优势，而是设法尽快将其永远根除掉，化剑为犁，让核能为人类的和平事业作贡献。

（李博文）

美国防部向国会提交调整全球军事基地方案　2005 年 5 月 13 日，美国国防部公布了对本土军事基地进行调整的方案，同时决定向美国会提交一份对包括本土在内的全球军事基地进行调整的方案。调整方案计划于 2006 年正式启动，持续时间将长达 6 年，预计耗资 240 亿美元。美军此举旨在适应形势发展和军事转型的需要，必将对世界及地区安全形势产生重大影响。

一、美调整全球军事基地方案的主要内容

根据有关媒体披露，美国调整全球军事基地方案的主要内容分国内和海外两个部分，调整后美国本土及海外的共计 318 个大型军事基地将减少 10%。

国内部分的调整方案是：有 150 处军事设施将被关闭，其中包括 33 个较大的军事基地，另外 29 个基地将进行调整。被关闭基地的名单包括康涅狄格州的新英格兰潜艇基地、缅因州的朴次茅斯海军造船基地、新泽西州的蒙莫斯基地、南达科他州的埃尔斯沃思空军基地、新墨西哥州的坎农空军基地、得克萨斯州的英格尔赛德海军基地和佐治亚州的麦克弗森堡基地等。

海外部分的调整方案是：一大批设在西欧、南欧的美军基地将关闭。具体构想是：在欧洲，对军事基地进行大幅削减后重新部署。计划在未来 5 年到 10 年内，把驻欧美军总部迁到德国的维斯巴登，把目前的主要作战基地从 13 个减少到 4 个，人员从 6.4 万减到 2.4

万，在德国的中部、西部和北部各保留1个主要基地，对意大利北部的维琴察基地进行改造。在东欧、南欧和外高加索地区寻求建立可供战时使用的"前沿作战基地"，并将现在德国驻军的大部分转驻波兰、保加利亚、捷克、匈牙利、罗马尼亚等国家。美国已同罗马尼亚就在罗驻军问题达成协议。在中东和非洲，主要打造精干的"前沿作战基地"。在中东地区，将谋求大规模撤军后在伊拉克建立4个永久性军事基地，同时逐步撤出在沙特的大部分人员和装备，转驻伊拉克、科威特、巴林、卡塔尔、阿曼、阿联酋等中东"前沿作战基地"。在北非地区，拟建立10余个"前沿作战基地"和"前沿作战设施"，包括在突尼斯、摩洛哥、阿尔及利亚、塞内加尔、乌干达、加蓬等国寻求军事基地使用权，并将派遣更多的舰只和陆战队、远征部队在非洲海岸巡逻。在亚太地区，不减反增谋求战略优势。亚太地区是美这次军事基地调整和加强的重点。调整后的驻日美军基地将成为亚太地区的中心基地，驻韩美军基地将成为主要作战基地之一，接受驻日美军指挥。改变"重北轻南"布局，加紧"重返东南亚"和"进入南亚"，通过在菲律宾、新加坡、印尼、马来西亚、印度、巴基斯坦等国增强"军事落脚点"，扩展美军活动空间。将力量重心移至二、三线基地，即以关岛为中心的密克罗尼西亚基地群、南太平洋基地群和夏威夷基地群。在拉美，在保持原有基地规模的基础上，进一步加大作战力量整合，着力提高应对突发事件的快速反应能力。

二、美调整全球军事基地的主要考虑

（一）节约军费开支。美国对海内外军事基地进行大规模调整始自冷战结束。美国曾于1988年、1991年、1993年和1995年先后采取了4轮国内军事基地调整和关闭措施，共关闭了97个较大的军事基地。此次实施全球军事基地大调整的直接原因是为了减少目前庞大的军事开支。由于受到阿富汗战争、伊拉克战争的拖累，美国国防预算连年飙升，2006财年国防预算总额达到创纪录的4450亿美元。实际军费开支已经突破5000亿美元。军费开支过于庞大，美国政府不胜重负，只有通过"精简"来缓解压力。美国国防部长拉姆斯菲尔德曾在一次新闻发布会上大谈军事基地瘦身带来的经济上的好处。拉氏称，美国防部在以前进行的4轮关闭和调整军事基地的行动中，共裁减了当时多余的21%的军事基地设施，节省了数十亿美元的经费。"如果这次计划得到批准，仅国内军事基地的基础设施开支就将缩减5%到10%，每年可节省经费约55亿美元，20年将净节省经费488亿美元。如果把美国全球军事调整节约的经费包括在内，军方在20年内可净节省经费642亿美元。"

（二）适应军事战略调整需要。美国对安全环境的基本判断是，美国现在面临的威胁更加不确定，对手更加广泛，可能会受到各种各样的袭击。为了消除这些威胁，要求美军具备包括使用本土、前沿基地、前沿部署和轮换部队迅速打击全球任何目标的能力，对任何可能威胁到美国国家安全的国家、非国家组织和个人进行"先发制人"的打击。为了提前发现威胁并能够在威胁到达美国前就对各种威胁实施"先发制人"的军事打击，美军此次军事基地调整的一个重要步骤就是加强美国认为具有威胁的地区，以及可能发生危机的地区的军事基地，进一步靠前部署，确保美国在关键地区前沿部署有一定数量的部队。这样，美国可以一方面对对手实施威慑，另一方面，一旦发生危机，美国的前沿部署部队可以迅速投入战场，并为后续部队的作战行动创造条件。

（三）适应军事转型需要。据报道，为了适应军事转型的需要，美国未来军事基地的主要特点将是数量少，规模大，而且每个军事基地之间实现"无缝连接"，进一步提高合作效率。过去几十年中，美国陆、海、空军和海军陆战队各有自己的军事基地，各自为战。未来的军事基地中将包含各大兵种，这样不仅可大大提高美国军队部署时的效率，还可增强各军种间协同作战的能力。美国军事基地朝多军种方向变革将成为美军近几十年来最大的变革。美国防部长拉姆斯菲尔德一再表示，对美全球军事基地进行大调整是为了打造一支"适应21世纪的美国军队"。

（四）加强对亚太地区的安全关注。二战后，美国为了与苏联争夺世界霸权，在全球建立了庞大的军事基地网。基地分布始终以美国军事战略重点为依据。由于美国长期的战略重点在欧洲，因此，长期以来，美军事基地大部分集中在欧洲地区。随着冷战的结束和苏联解体，美国不再面临全球性对手，欧洲地区的安全形势也随之发生变化。尽管俄罗斯的安全重点依然在欧洲，但是由于国力衰弱，已无力与美国在欧洲抗争，在安全上基本上采取守势。美国还在1999年通过发动科索沃战争拔掉了在中欧的"眼中钉"南斯拉夫。北约则利用冷战后出现的对其有利的战略态势，不顾俄罗斯的强烈反对，分别于1999年和2004年进行了两次东扩，直接将战略前沿伸展到了波罗的海地区。由于美国在北约组织中一直占主导地位，北约东扩实际是扩大了美国在整个欧洲的影响力，也使美国在欧洲的主导地位进一步增强。同时，由于发动了几场局部战争，美国确立了在中亚地区的军事存在并进一步从军事上控制了中东地区。随着这种形势的变化,美国的眼光开始慢慢地从欧洲向东转移。美军此次基地调整的一个最大特点是减少美国本土和欧洲基地，并将部分基地由西欧向东欧地区转移，实质上是将军事基地向前沿地区推进。美军基地调整也是基于美对其所面临的安全环境作出的新的判断。近年来美国出台的各种战略报告在对威胁进行判断时，从区域上均把亚太地区作为重点地区。2001年布什政府出台的《四年防务审查报告》指出,亚洲正在成为一个有大规模军备竞赛的地区。“从孟加拉湾到日本海的东亚滨海区是一个特具挑战性的地区。亚洲地区范围辽阔,美国在这一战区的基地和途中设施的密度低于其他重要地区。”美军进行基地调整重点加强亚太地区的军事部署，其目的就是为以后干预亚太地区危机做准备。

（张　宁）

美国国土安全部制定《国家应急反应计划》　2005年1月6日，美国国土安全部长里奇说，国土安全部与其他部门和机构合作，已经制定了《国家应急反应计划》（以下简称“计划”)。里奇还说，计划体现了政府对实现“一个团队，一个目标，一个更安全的美国”这一概念的承诺。完成该计划是国土安全部最重要的任务之一。美国在团结一致对灾难、恐怖威胁和袭击做出反应方面迈出了重大的一步。该计划的主要内容如下：

计划称，将在美国国内建立统一的保护公民、处理国土安全事件的方式。在遇到恐怖威胁或袭击、重大灾害、人为紧急事件等涉及国家安全的事件时，任何部门接到需要提供支持和帮助的要求后，均必须按照这一计划行动。

计划称，将利用“国家紧急事件管理系统”，为不同部门间的协作建立起标准化的培训、组织和通信程序，并明确了职权和领导责任。计划还为私人和非营利机构制定和综合它们各自的应急反应活动提供了一个全面的框架。

计划称，《国家应急反应计划》为所有的国家紧急事件管理机构提供了一个核心行动计划，一旦全面实施，将取代目前的《初期国家应急反应计划》、《联邦应急反应计划》和《联邦放射性紧急反应计划》等。

计划称，美国政府将设立“国土安全行动中心”，作为国家一级最主要的多机构行动协调中心；“国家应急反应协调中心”作为行动中心的一部分，负责联邦应急反应的整体协调；“地区应急反应中心”负责协调地区应急反应、实施地方的联邦项目等。

（高展丰）

美军在西太平洋举行海外“最高水平的”海空联合演习　2005年8月7日至13日，美国海上、空中和地面部队共1万余人，在关岛和靠近中国钓鱼岛的冲绳海域举行了一次代号为“联合海空-2005”的大规模军事演习。据美联社报道，这次由美国太平洋总部主办的演习，是“在美国本土以外举行的最高水平的联合演习”。有关情况如下：

一、这次演习有三大特点

（一）演习规模大。据报道，这次演习规模很大，参加演习的部队来自美海军、空军和海军陆战队部队，共计1万余人。具体参加演习的部队如下：

参加演习的海军部队包括：1、美海军“小鹰”号航母战斗群。该战斗群由“小鹰”号航母、第5舰载机联队、第15驱逐舰中队（辖“柯蒂斯·威尔伯”号、“菲茨杰拉德”等驱逐舰，这些驱逐舰装备有先进的“宙斯盾”系统，能为编队提供导弹攻击早期预警情报）、“加里”号导弹护卫舰、“钱瑟罗斯维尔”号巡洋舰、“道尔”号大型中速滚装船、“路易斯·华杰”号预置舰组成。2、“拳师”号两栖攻击舰。3、两艘潜艇。其中至少有1艘是“洛杉矶”级攻击型核潜艇。4、第7舰队的侦察和巡逻部队。

参加演习的空军部队包括：驻日本冲绳嘉手纳空军基地的第18战斗机联队、驻关岛的第13航空队部分部队。第18战斗机联队是美空军驻海外规模最大的空军联队。该联队是美太平洋空军第一个完全配备F-15战斗机的联队，并辖有美太平洋空军惟一的空中加油机中队，主要任务是维持美军在西太平洋地区的空中优势。

参加演习的陆战队部队包括：1、驻冲绳普天间的海军陆战队第3陆战远征部队的1个陆战队加强营，该营搭乘“拳师”号两栖攻击舰。2、美海军陆战队第1陆战航空联队。

（二）情况逼真。据报道，参加演习的“小鹰”号航母战斗群指挥官麦克莱恩说，在这次演习中，将“模拟战争所涉及的所有方面。”在演习计划的空中对抗部分，设想美军战斗机能击毁大部分空中目标。为实现这个要求，飞机养护人员必须快速工作，因为每架飞机返航后，只有30至45分钟的时间进行保养和加油，然后准备再次升空。“小鹰”号上的F/A-18“大黄蜂”和“超级大黄蜂”舰载机飞行员一般每天飞行1至2次，大约2至4小时。在11日的演习中，“小鹰”号的甲板就像舰载机的传送带，飞机以约一分钟1架的频率连续降落。即使在温和的天气，飞机排放的灼热尾气也让人备感煎熬。参加演习人员认为，相形之下，去伊拉克执行短期任务似乎惬意得多。

（三）重视联合作战。据报道，演习主要是为了提高美军不同军种间的协同作战能力，重点强调联合作战。演习中，在一些方面打破了各军兵种的界限。例如：第5舰载机联队的战机与美空军和海军陆战队的战机共同执行空中机动、空中遮断和对舰攻击等任务；空军第18战斗联队F-15战斗机的飞行员还与舰载机部队和海军陆战队的飞行员交换战机驾驶，以增加飞行员的飞行经验；“拳师”号两栖攻击舰还负责为海军陆战队第1陆战航空联队的“鹞”式飞机提供保养和维修。

二、演习展示了美国的三个意图

（一）信守对盟国的承诺。据报道，尽管美政府官员拒绝评论其政治影响，但从演习的背景、规模和复杂程度看，与美军在海外其他地区进行的演习“不可同日而语”。美国想通过这次演习向盟国传达美国支持盟国的决心。“小鹰”号舰长麦克纳米说，这次演习展示了美国向盟国提供支持以及维护西太平洋稳定的承诺。

（二）遏制中俄。据报道，在美国的国家安全战略中，中俄一直被视为“潜在的竞争对手”。中俄联合演习可被视作是两国对美国在亚太地区扩张影响力的一种警告。因此，美国希望用军演对抗军演的方式展示自己的军事力量，弱化中俄军演可能带来的影响，继续保持在亚太地区的主导权。8月11日的美军《星条旗报》称，关岛是美军在亚太地区的战略支撑点，强化驻关岛美军与驻日美军之间的协同，可使驻西太平洋地区的美军更有效地应对日本西南部地区的不稳定状态。8月12日的《华盛顿邮报》称，中俄军演在日本西北部海域举行，美军“联合海空-2005”演习在日本东南海域实施，两场演习时间仅差几天，不能不让人产生联想。

（三）显示美国对钓鱼岛问题的“兴趣”。钓鱼岛及其附属岛屿是中国固有领土。钓鱼岛地处西太平洋第一岛链，西临台湾、北接东海，战略位置重要，其附近海域蕴藏着丰富的油气资源。日本对钓鱼岛提出领土要求是非法和无效的。2004年7月，美国国务院表示，对中日两国在钓鱼岛和东海能源问题上的立场均不满意，准备提出一套全新的解决方案，摆出一副“裁判者”的架势。鉴于以上情况，有报道称，美军这次演习分别在关岛附近海域和靠近钓鱼岛的冲绳附近海域进行，显示了美军对钓鱼岛的意图和兴趣。

（综合国内媒体和外电的有关报道）

（高展丰）

美举行大规模反恐演习　2005年4月4日至4月8日，美国举行了一次代号为“高官-3”的大规模反恐特种演习。这次演习是美国“高官”系列演习的第三次。此前两次“高官”演习分别于2003年5月和2004年5月举行。“高官-3”演习的有关情况如下：

一、参加演习的单位和和人员

这次规模空前的反恐特种演习，总计有27个联邦机构、200多个政府团体和民间组织的1.4万名官员和民间人士参加，耗资1600万美元。演习还邀请了英国和加拿大参加。在美方举行演习的同时，英国和加拿大国内也举行了相关的演习。墨西哥等13个国家的代表应邀观摩了演习。1995年东京地铁发生毒气袭击事件后，美国国会于1998年授权国务院和司法部举行一系列演习，为有关部门的高级官员提供涉及大规模杀伤性武器袭击的相关训练，以提高他们在处理这类事件时的综合、协调和反应能力。这次演习是根据美国国会这一授权进行的，因此，一些专门负责危机局势的高层官员参加了演习。

“高官-3”演习的规模超过了“高官-1”和“高官-2”演习。那两次演习分别有2000人和8500多人参加。

二、演习经过

演习设想，一群恐怖分子密谋袭击纽约和波士顿。由于阴谋败露，他们决定把新泽西州的基恩大学和康涅狄格州的新伦敦码头作为新的攻击目标。

4月4日8时30分，恐怖分子用肺炎病菌袭击了基恩大学山边校区。一时之间，许多人都莫名其妙地患上了“急性感冒”。遭到袭击后，1辆汽车赶到出事地点，喷洒药品，洗消“生物制剂”。同时，“受害者”被送往急救中心。州卫生官员认定，“受害者”所患肺炎，是恐怖袭击的后果。为了便于调查人员在安全距离查看1辆可疑汽车的内部情况，演习中还使用了一个装有摄像头的拆弹机器人。据美联社报道，尽管演习不使用真正的武器和生物制剂，但新泽西州的地方官员按照处理真实的生化袭击事件进行操作应对。他们派出救护车、大批调查人员和急救人员前往“事发现场”进行救助，同时检查各个部门之间的沟通情况及有关人员是否已经到位。

几乎与基恩大学遭袭击的同时，1枚强力炸弹炸翻了新伦敦码头附近的好几辆公共汽车，可疑的烟雾吹过，乘客和路过的行人齐刷刷地倒了一大片，这些人刹那间七窍流血。“惨剧”发生后，政府迅速启动应急机制。一辆辆警车和救护车风驰电掣般奔向恐怖袭击发生地，将死伤者抬上车，又呼啸着而去。医院里所有的医生和护士都身着生化防护服，头戴白色防毒面具，看上去让人望而生畏。医院里人满为患，急救人员急得满头大汗，忙着抢救伤员。当天，康涅狄格州州长乔迪·赖尔与国土安全部长切尔托夫一道走进州会议大厅，宣布康涅狄格州进入紧急状态，并提升该州警戒级别。

4月5日以后，演习主要在医院进行。在医院里有成百上千名"病人"，依据"病情"轻重不同，有些"病人"在急救室和病房接受治疗，有些在户外接受治疗。据美国国土安全部长切尔托夫透露，尽管在演习中没有使用真武器，但1.4万名参与者把演习当作一场真实的恐怖袭击来对待。演习中，美国高级官员在华盛顿监控"事态发展"。在弗吉尼亚州的联邦指挥中心，国土安全部100多名官员紧张忙碌，有的目不转睛地盯着电脑屏幕，有的操着电话话筒不停地下达命令。

"高官-3"演习还演练了美英加3国的反恐合作。演习设想，3国共同加强边境封锁，给恐怖分子布下天罗地网，使其插翅难逃。据报道，演习中设计了这样的场景：6日凌晨，恐怖分子对伦敦的地铁进行了恐怖袭击。有情报显示，恐怖分子是乘飞机越过大西洋进行恐怖活动的。美国警方和情报人员随后立即开始追查可疑人员，严格盘查过境飞机和乘客。6日，警方在加拿大成功地将3名恐怖分子抓获归案。在整个演习过程中，加拿大和英国的安全官员都在本国关注演习，与美国安全部门保持通信畅通。美国国土安全部长切尔托夫说，通过演练与英国和加拿大的合作，将加强美国在国际层次上的反恐能力。

三、演习目的

这次演习主要目的是检测与评估美国有关部门应对生化武器袭击的能力并找出薄弱环节。为了达到这一目的，演习强调3点：一是真实性，二是考验相关系统的极限能力，三是突出重点。为了使演习逼真，参与者事先得到的相关信息很少，这些信息包括演习中会出现什么样的情景，模拟恐怖袭击的具体地点、日期、时间和袭击武器的类别等。为了考验相关系统的极限能力，演习情况设置复杂，要求高，因此美国国土安全部长切尔托夫说，演习出现失败的情况也在所难免，只有这样，他们才能获得经验教训。为了突出重点，这次演习主要演练了以下4个方面的内容：现有国内恐怖事件的处理程序；有关机构处理实时情报的能力；恐怖事件后与媒体的关系和公众信息方面的协调；对有关经验教训的评估。

国土安全部负责媒体的公共事务办公室官员在接受记者采访时对这次演习的上述目的作了以下解释：通过演练方方面面的相互协调和合作，要让美国的各级政府官员知道如何应付恐怖袭击，政府部门、警方和医疗救护等单位如何有条不紊地做好急救和补救工作。同时让公众知道，万一发生恐怖袭击，不要惊慌和发生混乱。

分析人士认为，"9·11"事件发生后，美国政府针对可能再次发生的恐怖袭击苦心研究了一整套应急计划。这套计划的成效如何，人们不得而知。所以国土安全部希望利用这次演习，来验证这套系统是否是"花架子"，同时进一步查漏补缺。

（高展丰）

美国举行大规模模拟网络反恐演习

2005年5月24日至26日，美国中央情报局举行了一次代号为"沉默地平线"的大规模模拟网络反恐演习。有关情况如下：

一、演习的设想

这次演习设想，在2010年美国与恐怖组织的较量更加激烈，恐怖组织经过多年的"修炼"，已经掌握了很高水平的网络技术，组织、策划恐怖袭击行动的能力进一步提高。在这种情况下，全球反美组织决定采取联手行动，同反全球化的互联网黑客联合起来，对美国发动规模空前的电子战，试图在网上制造一起"9·11"事件，重创越来越依赖网络的美国经济。美国中央情报局信息战中心在演习之前对于来自外国政府、犯罪组织和其他黑客的威胁进行了评估，并主导了这次演习。

二、演习的主要内容

演习中，中央情报局模拟了一次后果堪与"9·11"恐怖袭击事件相比的大规模互联网电子攻击，以测试美国政府和企业对近来持续增加的因特网攻击活动的防御能力。据不愿透露姓名的演习参加者透露，这次演习进行的地点是在华盛顿以南2小时车程的弗吉尼亚州夏洛特维尔，演习的操作方式"类似一场复杂而又逼真的电子游戏"。大约75名主要来自中央情报局的职员聚集在会议室里，对模拟的网络攻击做出反击。据报道，无论是美军还是包括中情局在内的美国政府其他一些负责安全保障的部门，都曾多次举行数字化战争演习，但这次演习无论在规模、时间，还是保密程度和实战性方面，都是以前的演习所无法比拟的。

三、演习的背景

"沉默地平线"演习是在美国军方、政府部门和社会舆论都越来越重视网络恐怖袭击，并认为美国缺乏应对大规模网络恐怖袭击能力和措施的背景下举行的。在举行这次演习之前，由美国国土安全部及其他联邦机构举行的一次名为“活线”的网络袭击演习的结果显示，目前在网络恐怖袭击中，政府的作用存在严重的问题。如果离开私人技术公司的帮助，美国政府很可能没有能力在网络恐怖袭击的早期阶段探测到这些攻击。美国政府关于到2020年安全威胁的情报评估报告认为，恐怖分子仍将继续主要使用传统武器，但是，美国遭遇网络攻击是有可能的。美国海军研究院网络专家多罗西·邓宁认为，情报机构缺乏想象力可能会导致灾难性后果。他还说：“你不仅要想到那些可能会影响到你的东西，也要想到那些似乎是不可能的事情。”美国中央情报局前局长罗伯特·盖茨曾说，网络恐怖主义可能成为最具有破坏力的大规模杀伤性武器，并导致美国经济崩溃。盖茨还称，中央情报局和国家安全总署曾在6年前举行过一次演习，请50位电脑专家测试让美国的网络瘫痪难度有多大。结果，他们只用两天时间就做到了这一点。联邦调查局局长穆勒说，恐怖分子招募了越来越多的计算机专家，这一点令人担心，不过大多数的黑客“并没有攻击美国重要信息基础体系结构的动机，也没有这样资源”。

（高展丰）

美加强与中国台湾的军事关系　2005年，美致力于推动对中国台湾的军售，首次将台湾列入直接军事采购名单，继续加强与台湾的军事合作。

一、美继续敦促台湾通过对美“军购案”

2004年6月2日，台湾当局通过“重大军事采购条例”及“重大军事采购特别预算案”（简称“军购案”），用于对美采购武器，总额为6108亿元新台币。拟采购的武器包括被认为“在反潜和导弹防御系统中能起关键作用”的“宙斯盾”驱逐舰、6套“爱国者3”型导弹及约400枚导弹、12架P-3C反潜机、8艘柴油动力潜艇等。但2005年，该法案在台湾“立法院”接连受挫，未获通过。目前，为推动该议案获得通过，台湾“行政院”已对议案做出了重大修改：原先总额6108亿元新台币被缩减至3400亿元新台币；将购买“爱国者3”型导弹的费用列入年度预算。

鉴于台湾“立法院”迟迟未能通过对美“军购案”，美已表示不满，并从多方面施压：5月26日，美众议院国际关系委员会主席海德等33位众议员，联名致函国民党主席连战，要求“协助”促成军购案在“立院”快速通过。7月中旬，台军“参谋总长”李天羽访美。美方要求台湾提高“国防预算”至“国民生产总值”3%的规模，按照年度预算的方式，以实现分阶段购买潜艇、反潜机和爱国者导弹。9月19日，在美国加利福尼亚州举行的第四届“美台国防工业年度会议”上，美国防部国防安全合作署东亚处处长爱德华·罗斯明确要求台湾“立法院”通过对美“军购案”。罗斯称，美国的《与台湾关系法》不是一张保护台湾的空白支票，如果美国认定台湾无意“自我防卫”，那么美国也无法来“防卫台湾”。原定出席会议的美国防部负责亚太事务助理部长帮办劳伦斯没有出席，使会议的级别降低。美众议院“台湾连线”共同主席罗拉巴克也表示，美国国会要提醒台湾，如果要继续获得国会的支持，就必须增加“国防支出”，台湾不能期盼华盛顿扛下台湾防卫的“全部责任”。“台湾连线”三位议员韦克斯勒、查伯特、布朗还共同致函马英九，邀请其9月访美，希望了解台湾在野党反对军购案的理由，并希望马英九协助使军购案迅速通过，或提高台湾的年度“国防预算”。此外，美国在台协会台北办事处处长包道格还拜会了亲民党主席宋楚瑜，私下邀宴台湾“立法院国防委员会”的召集委员，争取使军购案早日过关。

此外，由于台湾未能顺利通过对美“军购案”，美还借故取消或推迟了一些原定的美台军事交流：原定7月在美加州举行的蒙特雷高层战略对话会议，被推迟到10月举行；原定9月下旬在夏威夷美军太平洋总部举行的、由美台高级军官出席的每年例行台海联合兵棋推演，美以“美国国防部战略规划部门更换官员，还需熟悉业务内容”为由，被推迟举行。

二、美首次将台湾列入直接军事采购名单

3月6日，美国国防部负责海外采购6人代表团赴台采购军事物资。代表团的6名成员中，除1人为国防部部长室的文职人员外，其余都是现役军官，分别隶属陆海空军和海军陆战队，最高官阶为上校。在台期间，采购团除与台“经济部”、“国防部”相关官员进行会晤外，还向台湾军火厂商介绍了美国军方的采购需求和流程，并与台军工企业进行了磋商。

采购团此次赴台，携带了一份多达300项的2006年度美国军方海外采购清单，范围涵盖个人装备、军品、弹药、手提电脑、无人飞机、红外线装备、JSF联合攻击战斗机零组件，以及多项供精准攻击使用的电子装备等。采购团于6月向美国国防部提交评估报告，同时请国防部就有关武器展开测评。被选中的台湾军备一旦通过美方测评，国防部就可立即下单采购。这是台湾首次被美国国防部列入直接采购的名单，表明台湾武器生产能力得到了美国的认可，也有助于今后美台合作开发先进武器。美国上述举措将过去单方提供军事装备给台湾，提升至美台双方合作开发生产武器系统的层次。

美采购清单既涵盖了常规的武器弹药，也包括了美军先进的JSF战机零组件。自2004年起，台湾军方就计划参与美军的JSF战机开发计划。台湾汉翔公司及拓凯公司已于2004年2月与美国著名直升机生产厂商贝尔公司达成协议，准备加入美军AH-1Z武装直升机和UH-1通用直升机的改进计划，为美方生产直升机零组件。此外，台湾和新加坡合作的“天镖计划”中的防空快炮，由于机动性和火控能力较好，也成为美方此次可能考察的对象。

但美台对于上述情况表现相当低调。主要原因在于：对台湾来说，对外军购在一定程度上提升了台湾军队的现有战斗力，又是台湾开展所谓“务实外交”和推进与美所谓“准战略同盟”的重要手段。但鉴于台海局势的敏感性，台湾认为参与任何国际军火交易，最好还是本着“只能做，不能说”的立场。对美国来说，美国内主流媒体均未对此次赴台军事采购予以报道。美国防部发言人艾尔文·切丽尔在证实上述情况属实后强调称，美军代表团此次赴台“并非要立即购买”台湾的军备物资，而只是对相关项目进行评估，以确定“未来是否购买”。

三、美继续加强与台的军事交流

（一）美国会通过提升美台军事人员互访级别的法案

5月25日，美国众议院通过了《2006财年国防授权法》，其中的涉华条款要求美国国防部长“推动与台湾之间的高级官员互访计划”。要求美国国防部放宽军方官员访问台湾的层级限制，让将级以上军官访问台湾。法案中的所谓“资深官员”，军职指的是将官以上，文职指的是国防部副助理部长以上。所谓交流活动包括，美国的军职及国防部文职人员与台湾的军职及文职人员间的活动、观摩、演习等，特别是有关台湾的反潜、导弹防御、以及指管通情等C4ISR项目，“以增强台湾的防卫能力”。

（二）继续保持与台的军事合作

3月24日，美军首次允许台军派驻美国亚利桑那州的F-16战机，参与美国空军的年度“红旗演习”，台军的参谋总长李天羽被邀赴美观摩。“红旗演习”涉及美军兵力投射模式，属于高难度的战斗训练，一直只对美国盟国开放。虽然台军每年都争取参与美军的演习，可是美方一直以台美没有“邦交”为由婉拒。台湾空军近20架F-16战机，以美国第21飞行中队的名义，长期驻扎在亚利桑那州的空军基地。这是当年美军向台售卖战机的“凤凰计划”条款之一，供台湾飞行员轮批作远程低空突防、空对空作战、夜间攻击、海上阻截及空中加油等训练。近年来，台军飞行员逐步完成美国空军新开设的“空中大兵力远征分遣队”训练，已具备与美军机队一同进行兵力投射、协同作战的能力。舆论指出，这次美军允许台军参与军演，是为了显示台美军事交流合作的必要性。

（赵富春）

美俄在军事上继续博弈 2005年，美国和俄罗斯军事关系总体上继续保持合作与协调的同时，在诸多问题上分歧不断，摩擦与斗争时有发生。

一、继续推进军事合作

2005年，美总统布什与俄总统普京在双边和多边场合先后5次会晤，在反恐、能源、核安全及伊朗核问题等重大双边和国际问题上保持着密切沟通。美国务卿赖斯和总统国家安全事务助理哈德利也多次访俄。频繁的高层交往为美俄之间加强军事合作创造了有利的政治条件，美俄间的军事合作进一步发展。一是进行联合军事演习。4月12日至21日，俄美在俄莫斯科州举行战区导弹防御首长司令部联合演习。150名俄罗斯军人和75名美国军人参加了演习。演习的目的是检验俄美战区导弹防御部队之间的相互协作、预警系统数据交换过程和双方利用这些信息的程序等。在演习过程中采用计算机技术来模拟战区导弹防御系统对来袭导弹的拦截、通讯、预警系统信息交换等实战场面。这是自1996年以来俄美之间举行的第4次战区导弹防御首长司令部联合军事演习。5月至6月，俄美两军举行代号为“托尔高-2005”的首次联合军事演习。大约500名军人参加演习。演习先在靠近莫斯科的一个俄军军营举行。6月2日起转至德国南部的格拉芬沃尔美军基地举行。二是提高在军事领域的互信和透明度。6月20日，根据“开放天空”条约规定，配备有特殊照相器材的俄方侦察机飞抵美国加利福尼亚州的特拉维斯空军基地，开始对美国西部的军事设施进行例行侦察，并被允许对航线上的任意地面目标进行拍摄。美国国防部对本次侦察活动给予协助。7天时间里，俄观察员乘侦察机在美国境内飞行近2000公里，完成对美军事设施的例行侦察活动。这是俄方飞机自2002年“开放天空”条约正式生效以来第3次到美国本土进行侦察活动。三是加强军事领域的互助合作。8月4日，俄AS-28潜艇在堪察加半岛东海岸的别廖佐瓦亚湾海域执行任务时被困水下。6日,美国空军1架载有水下救援设备的飞机抵达堪察加半岛叶利佐沃机场,投入营救工作。8月14日,俄航天兵自拜科努尔发射场利用"联盟-FG"运载火箭成功发射美国"银河-14"通信卫星,并将其送入预定轨道。

二、在车臣等问题上摩擦不断

以美国为代表的西方国家一直利用车臣问题大做文章,干涉俄罗斯内政。从2000年起,美国与欧盟已连续5年利用联合国人权会议批评俄政府在车臣和北高加索地区的行动。2005年3月12日,俄罗斯外交部副部长费多托夫警告美国,不要向2005年联合国人权会议提交有关车臣问题的提案。费多托夫指出,俄罗斯从来没有拒绝与国际社会在车臣问题上的合作,但是俄不允许任何人利用尊重车臣人权的题目牟取政治上的好处。美还采取多种手法介入车臣问题。7月底,美国广播公司电视台不顾俄方多次交涉,坚持播放了对车臣非法武装重要头目巴萨耶夫的采访录像。该采访录像公然为恐怖主义作宣传,并唆使发动针对俄罗斯公民的暴力活动。此举在俄罗斯国内引起强烈反响。俄方认为,美国广播公司此举再次体现了美国在反恐问题上推行"双重标准"。7月31日,俄国防部长伊万诺夫表示,俄国防部已宣布播放对车臣非法武装重要头目巴萨耶夫采访录像的美国广播公司电视台为"不受欢迎者",并将对该电视台进行制裁。8月2日,俄罗斯外交部新闻局宣布,美国广播公司电视台驻俄工作人员的采访许可到期后,俄方将不再向他们继续发放许可证件。俄罗斯所有国家机关和政府部门都将不再愿意与美国广播公司电视台进行接触。

除车臣问题外,俄前原子能部长阿达莫夫的去向问题也成为俄美两国的新争议焦点。2005年5月,瑞士警方依据美国发出的逮捕令在伯尔尼将阿达莫夫逮捕。美国司法部指责阿达莫夫侵吞了美方向俄提供的用于核建设的至少900万美元,俄司法机关也以同样罪名起诉了阿达莫夫。美俄政府均要求将阿达莫夫送交到自己的国家。10月3日,瑞士司法部宣布,决定将阿达莫夫送交给美国。俄方立即作出强烈反应,反对将阿达莫夫送交到美国,并把这一问题提到了事关俄瑞、俄美双边关系的高度。俄外交部长拉夫罗夫再次强调,阿达莫夫去向问题应通过法律方式、而不是政治方式解决。分析家认为,这一问题在一定程度上关系到俄的某些机密和司法声誉,双方在这一问题上的争论仍存悬念。

三、在中亚地区展开激烈争夺

2005年5月乌兹别克斯坦发生"安集延事件"后,乌指责美外交官介入乌国内事件,美国则指责乌政府采取强硬手段平息骚乱,要求对此进行所谓的国际"独立调查"。这遭到乌政府的断然拒绝。7月,乌外交部向美驻乌大使馆提交照会,要求美军在180天内撤出汗阿巴德军事基地。8月底,乌议会上院通过决议,宣布停止履行2001年同美国签署的关于美租用乌境内空军基地的协议,并要求美军在半年内撤离。10月初,以美国为首的西方国家以乌兹别克斯坦当局拒绝接受对"安集延事件"进行独立的国际调查为由,决定对乌实行制裁。10月中旬,美国务卿赖斯访问吉尔吉斯斯坦、哈萨克斯坦和塔吉克斯坦3国,有意冷落与美国龃龉加剧的乌兹别克斯坦和土库曼斯坦。11月21日,美驻乌的最后1架战机飞离乌境,美军基地随即被关闭。这是"9·11"事件后美国在对中亚军事渗透方面遭受的严重挫折。与此同时,俄政府则在安集延问题上对乌政府表示支持,反对对乌兹别克斯坦实行制裁,反对将制裁作为政治工具、迫使一国改变政策的做法,从而迅速拉近了两国关系。8月1日,俄罗斯联邦委员会主席米罗诺夫表示,乌兹别克斯坦要求美军撤出乌境内的汗阿巴德空军基地是"完全合乎逻辑"的举措。9月21日,俄罗斯国防部长伊万诺夫抵达乌兹别克斯坦开始为期3天访问,观摩了俄乌两国特种部队首次举行的联合军事演习。访问期间,伊万诺夫对新闻界表示,乌政府做出关闭位于本国领土上美国军事基地的决定完全属于该国主权范围内的事,他国无权干涉。赖斯结束对吉尔吉斯斯坦等中亚3国的访问后,普京在10月14日打电话给乌兹别克斯坦总统卡里莫夫,商讨发展两国关系等问题。10月20日至21日,俄外长拉夫罗夫还对被赖斯"忽视"的乌兹别克斯坦和土库曼斯坦进行访问。11月14日,俄罗斯又与乌兹别克斯坦签订了同盟关系条约。11月29日,俄罗斯安全会议秘书伊戈尔·伊万诺夫在独联体集体安全条约组织安全会议秘书委员会会议上发表讲话说,北约和美国的政治和军事机构直逼中亚,加剧集体安全组织责任区的紧张局势。北约和美国经常以推进自由和民主为幌子,以向当局施加压力等方式,试图干预该地区新独立国家的政治生活。鉴于当前的复杂局势,集体安全条约组织成员国之间的建设性对话应提高到更高水平,该组织应加强同联合国、欧安组织、欧亚经济共同体等国际组织之间的联系,采取实际步骤与北约开展对话。俄罗斯没有考虑在中亚地区建立任何军事基地,至于美国军事基地撤出乌兹别克斯坦,这是一个主权国家做出的决定。

四、围绕伊朗核问题明争暗斗

为避免就伊朗核问题发生直接冲突,美俄之间围绕伊朗核问题进行了有限的合作。但在伊朗核问题上美俄之间更多的是分歧与冲突。美国指责伊朗有研制核武器的野心,发出"不排除对伊朗采取军事打击"的威胁信号。俄罗斯则针锋相对,声称确信伊朗无意发展核武器,表示将继续同伊朗在核能领域进行合作。美国务卿赖斯10月访俄时，伊朗核问题成为美俄讨论的重点问题。尽管双方声称两国在伊朗核问题上的大目标是一致的，但其立场仍有明显差异。俄罗斯认为，根据《不扩散核武器条约》，签署该条约的所有成员国有权进行铀浓缩活动。因此反对将伊朗核问题提交联合国安理会，主张在国际原子能机构框架内解决该问题。美方则认为，《不扩散核武器条约》的有关规定不仅明确了相关权利，而且也规定了相关的义务。将伊朗核问题提交安理会的可能性依然存在，伊朗没有必要制定民用核计划。12月2日，俄罗斯国防部高级官员表示，俄与伊朗日前已签署向伊朗提供29套"托尔-M-1"防空导弹系统的合同，合同总价值超过7亿美元，伊朗已经多年没有与外国签署如此巨额的合同。这位官员指出，"托尔-M-1"防空导弹系统旨在加强伊朗的防空能力，因为这种武器可以有效击落可操纵杀伤武器，其中包括飞行器、巡航导弹和航空炸弹等。他还指出，俄向伊朗提供的防空导弹系统丝毫没有违反俄承担的有关国际义务，因为这种武器属于防御性武器。同日，美国国务院一位官员对媒体说，美国对俄罗斯将向伊朗出售防空导弹系统表示关切。美国对任何向伊朗出售武器的行为都表示关注，并将依据相关法律对这一做法做出反应。对此，俄罗斯武装力量总参谋长巴卢耶夫斯基对媒体发表谈话时，批评美国在执行导弹技术监督有关规定时搞双重标准。他说，美国把导弹技术监督的有关规定当作维护本国利益的一种手段，也常常以此向包括俄罗斯在内的潜在对手施加压力。但美国却向其盟国，如以色列和韩国转让导弹技术。这是美国在重大国际问题上实行双重标准的直接体现。

（吴　炯）

玻利维亚政局混乱　2005年，玻利维亚政府与反对派在天然气出口问题上的矛盾斗争激化。反对派发动民众举行全国性抗议活动，并以封锁公路、占领油田等手段向政府施加压力，政局混乱。6月6日，玻总统梅萨被迫辞职，反对派领袖莫拉莱斯在12月16日举行的全国大选中当选为新总统。

一、主要背景

玻利维亚是拉美最贫困的国家之一，贫困人口占全国总人口的70%。但玻利维亚又是天然气资源十分丰富的国家，迄今已探明的天然气储量为54.3万亿立方英尺。这种基本国情决定了天然气成为玻利维亚一个极为敏感而复杂的问题。长期以来，天然气资源收益分配不均一直是导致玻利维亚政局动荡的主要原因：鉴于本国没有足够的经济能力开发和使用丰富的天然气资源，玻利维亚政府一直主张与外国投资者合作开发和出口天然气，以获得更多的经济实惠，并缓解严重经济困难和社会问题。但以印第安土著议员、古柯农组织领袖莫拉莱斯为首的反对派人士主张将天然气用于国内生产，反对天然气出口。莫拉莱斯还呼吁民众举行全国性抗议活动，以封锁公路、占领油田等手段来迫使国会通过石油法，阻止外国资本进入玻利维亚石油、天然气开发领域。因此，天然气问题成为引发社会冲突甚至政治危机的导火线。

2003年10月，玻利维亚政府宣布准备通过智利向北美洲出口天然气，引起民众强烈不满，曾引发一场大规模骚乱，共造成86人丧生，500多人受伤。时任总统的桑切斯被迫辞职，流亡美国，副总统卡洛斯·梅萨出任总统职务。梅萨就任总统后，立即承诺以民主方式就天然气问题举行全民公决，同时承诺修改能源法，以加强对国家利益的保护。但由于梅萨政府在兑现上述承诺上进程缓慢，招致工会和其他社会组织不满，玻利维亚国内罢工示威、封锁公路等抗议活动仍然不断，石油部长四易其人，整个国家长期处于混乱之中。

二、主要经过

2005年年初，玻利维亚工会和其他民间组织因对政府实施的天然气政策不满，不断组织罢工、封锁公路等抗议活动，致使整个国家处于混乱局面，国家经济和人民生活受到严重影响。面对国内各方面的压力，梅萨总统于3月6日晚突然向全国发表广播电视讲话，宣布鉴于国内发生的严重社会危机，他决定向国会递交辞呈。他说，玻利维亚正面临着一个"令人感到羞耻"的局面，因此他不打算继续担任总统一职。3月7日，梅萨总统正式向国会参议长奥尔曼多·巴卡递交了辞呈。据总统府部长加林多说，这是"梅萨总统作出的痛苦决定"，意在让国会决定他的去留问题。梅萨的辞职在玻利维亚国内引起很大反响，大部分党派都表示希望梅萨继续留任。3月8日，玻利维亚国会开会讨论梅萨的辞职请求，并于同日晚通过决议，拒绝总统梅萨提出的辞职请求。决议通过后，梅萨与各党派代表在国会签署了一项协议。协议内容包括：政府与各党派重新讨论制定新的石油天然气法；原来由总统任命的各省省长改由民众选举产生；就全国9省是否自治举行全民公投以及重新修改宪法等。协议签字后，梅萨总统在国会发表讲话，要求反对派通过谈判解决问题，不要再组织暴力抗议、封锁公路等损害国家利益、扰乱社会秩序的活动。

然而，反对派人士莫拉莱斯领导的"社会主义运动"和"帕查库蒂印第安运动"的代表拒绝在协议上签字。同时，反对派组织示威者继续对波利维亚一些主要公路干线进行封锁，迫使政府改变天然气政策。在此情况下，3

月15日晚，梅萨总统再次向全国发表广播电视讲话宣布：由于受到国内社会冲突不断、反对派封锁公路以及政府提出的新石油天然气法无法通过的压力，他要求国会在8月28日提前举行全国大选。3月16日，玻利维亚众议院通过了“石油天然气法”，限制外国企业投资开采石油天然气，并将现有外国石油天然气企业税收从目前的18%提高到50%。3月17日下午，玻利维亚国会又通过决议，拒绝梅萨总统要求国会批准提前举行全国大选的请求，并要求他执政到2007年8月任期届满。

“石油天然气法”通过后，示威者暂时停止了对全国一些主要公路干线的封锁。但从5月份开始，玻利维亚首都拉巴斯的民众又举行新的示威活动，要求对石油和天然气工业实行国有化，并与警察发生冲突。5月27日，联合国秘书长安南发表声明，对玻利维亚国内政局最近发生动荡深表关注，并敦促玻各派别通过和平与民主方式解决纷争。但玻利维亚局势仍在恶化。数万名群众继续在首都拉巴斯市举行抗议活动，使拉巴斯市中心的交通陷于瘫痪，同时示威者恢复对全国主要公路干线的封锁，要求政府改变石油和天然气政策，国家陷入混乱状态。6月6日晚，玻利维亚总统梅萨发表电视讲话说，他已向国会提交了辞呈。他表示，这是他在当前局势下所能采取的行动。6月9日，玻利维亚国会在该国宪法首都苏克雷召开紧急会议，决定接受卡洛斯·梅萨总统的辞职申请，并任命最高法院院长爱德华多·罗德里格斯出任临时总统。6月10日凌晨，罗德里格斯宣誓就任玻利维亚临时总统，他在就职演说中呼吁在6个月内举行全国大选，并表示希望有关方面采取切实措施，平息持续数周的抗议活动和不断升级的骚乱。

7月5日，玻利维亚国会通过决议，确定于12月4日举行全国大选。此次大选将选举总统、副总统、27名参议员、130名众议员和9个省的省长。修宪大会成员的选举以及有关各省经济自治问题的全民公决将于2006年7月2日举行。10月28日，玻利维亚全国选举法庭宣布，由于各省在众议员席位分配问题上存在严重分歧，未能达成协议，该法庭决定推迟全国大选日期。

12月16日，玻利维亚举行全国大选。玻全国共有8个党派的总统候选人参选，约400万登记选民参加投票。大选当天，全国各地气氛平静，秩序正常。为保证大选公正和透明，美洲国家组织等国际机构派出了200多名代表现场监督投票过程。12月18日晚，玻利维亚公布最后统计结果，“争取社会主义运动”总统候选人、古柯农组织领袖埃沃·莫拉莱斯的得票率达到51%，超过法定的50%，当选玻利维亚新一届总统。

（吴　炯）

哥伦比亚政府军继续清剿反政府武装

2005年，哥伦比亚最大的反政府武装组织“革命武装力量”继续对政府军和平民发动频繁袭击。哥政府军则全力清剿“革命武装力量”，同时继续分步骤遣散右翼反政府武装“哥伦比亚联合自卫军”，但与另一支左翼反政府武装“民族解放军”的和谈则遇到了障碍。

一、反政府武装“革命武装力量”频繁发动袭击

“革命武装力量”是哥伦比亚最大的反政府武装组织，共有武装成员1.7万余人，控制着近40%的国土，在从其成立以来的40多年中一直与政府军冲突不断。2005年初以来，“革命武装力量”的活动日趋频繁。2月1日凌晨，“革命武装力量”数百名游击队员在火箭和迫击炮的火力掩护下，对哥西南部纳里尼奥省伊斯宽德市郊区一座海军兵营发动猛烈袭击，造成9名海军官兵丧生，20人受伤。在紧急前来增援的哥陆军快速反应部队的打击下，实施袭击行动的游击队员退入附近热带丛林。2月9日，一支政府军巡逻队在北部安蒂奥基亚省乌拉巴地区遭“革命武装力量”伏击，造成24名士兵死亡，这是哥军方近5年来人员伤亡最惨重的一次遇袭事件。4月14日，“革命武装力量”武装人员对哥西南部考卡省托里维奥镇发动2次攻击，并与哥伦比亚政府军发生交火，交火中共有4名警察、2名政府军士兵和8名游击队成员死亡，此外还有22名平民和13名军警受伤。5月24日，“革命武装力量”袭击了哥南部波多黎各市政议会，至少6名市政议会议员、4名警察以及1名秘书在袭击中身亡。6月24日，“革命武装力量”袭击哥南部普图马约省的石油生产设施，造成19名政府军官兵死亡、8人负伤，另有19人失踪。同天，“革命武装力量”还袭击了驻守在哥东北部北桑坦德省的政府军，打死6名官兵。12月17日拂晓，数百名“革命武装力量”武装人员又对靠近巴拿马边境的乔科省圣马力诺镇发动袭击。他们先用自制榴弹炮进行炮击，然后与警察展开枪战，8名警察在交火中丧生，另有9名警察和4名平民受伤，30名警察被扣为人质。

二、哥伦比亚政府继续打击反政府武装

一是全力清剿“革命武装力量”。从2005年1月份开始，哥伦比亚政府军继续实施自2004年10月以来执行的第二阶段“爱国者计划”，投入约5000名兵力对“革命武装力量”组织展开军事行动。1月30日至2月18日，哥伦比亚政府军在南部梅塔、瓜维亚雷和卡克塔3省对“革命武装力量”开展清剿行动，成效显著，共击毙80名反政府武装分子，击伤90人。政府军方面有5人在战斗中阵亡，14人受伤。同时，政府军还占领了游击队的一个大型营地，清除了5个游击队布设的雷区。5月21日，哥政府

军在3个地区对"革命武装力量"发动全面清剿。在西北部的伊图安戈市附近,哥陆军部队、空军部队以及警察部队同游击队展开激烈交火,共有15名游击队成员和3名政府军士兵死亡。在哥东南部梅塔省的交战中,6名游击队成员和1名政府军士兵被打死。在与委内瑞拉交界的阿劳卡省,则有6个游击队员被击毙。此外,政府军还缴获了"革命武装力量"的大量枪支弹药、通讯设备、制作炸弹的原料、游击队制服和一些文件等。5月29日,哥军方在南部卡克塔省的一次行动中查获"革命武装力量"的一处大型地下军火库,收缴了大量军火及装备,包括约50万发步枪子弹、1吨炸药和72枚手榴弹,此外还有医疗设备、帐篷和食品等。这些军火和物品都藏在当地的热带雨林中。8月上旬,哥政府军在西北部的农村和丛林地带对"革命武装力量"的军事营地进行了空中打击,至少打死了30名反政府武装人员。

二是继续实施分步骤遣散"哥伦比亚联合自卫军"的计划。右翼反政府武装"哥伦比亚联合自卫军"拥有兵力近2万人,是仅次于左翼游击队"革命武装力量"的第2大非法武装。该组织专与左翼游击队为敌,但也从事破坏、暗杀、绑架、贩毒等恐怖活动,与政府军和左翼游击队呈三足鼎立之势。2003年"哥伦比亚联合自卫军"与政府签署遣散协议。协议规定,"哥伦比亚联合自卫军"立刻实现停火,最晚于2005年年底前全部遣散其1.9万名成员。2005年,哥政府继续实施上述遣散协议。1月18日,"哥伦比亚联合自卫军"922名武装成员在圣菲拉里托市向政府缴械投诚。在遣散仪式上,"哥伦比亚联合自卫军"的代表表示,愿意继续履行与政府达成的遣散协议,重返社会生活,并在将来把"哥伦比亚联合自卫军"转变为和平的政治力量。但到2月,"哥伦比亚联合自卫军"与哥政府在是否追究已接受政府遣散的该组织武装成员以往罪行刑事责任问题上矛盾激化。2月23日,"哥伦比亚联合自卫军"总参谋部发表声明指出,如果哥伦比亚国会通过追究被遣散的该组织成员以往罪责刑事责任的法案,该组织将决定中止同政府的和平遣散谈判,重新拿起武器回到山林作战。同日,哥伦比亚政府发表声明,拒绝"哥伦比亚联合自卫军"提出的不再追究已接受政府遣散的该组织武装成员以往罪行刑事责任的要求。由此,哥政府同"哥伦比亚联合自卫军"之间的和平进程出现波折。但此后"哥伦比亚联合自卫军"的遣散进程仍在继续。8月6日,"哥伦比亚联合自卫军"下属的"梅塔省和比查达省农民自卫队"209名成员向政府缴械投诚。8月23日,"哥伦比亚联合自卫军"下属的"和平纵队"150名成员在哥西北部的乔科省向政府代表缴械投诚。9月3日,"哥伦比亚联合自卫军"下属的最大派别"半人马支队"的1200名成员在卡萨纳雷省向政府代表缴械投诚。至此,"哥伦比亚联合自卫军"已有约9200名成员接受了和平遣散安排。

三是与哥伦比亚"民族解放军"的和谈出现波折。哥伦比亚第2大左翼反政府武装"民族解放军"成立于1964年,现有成员4000余人,主要在哥北部各省活动。2004年5月,墨西哥表示愿为哥政府与"民族解放军"恢复和谈进行斡旋,得到了冲突双方的积极响应。同年6月23日,墨政府任命的斡旋代表巴伦西亚与"民族解放军"代表加兰在哥伦比亚举行了会晤,开始为结束冲突进行斡旋。但2005年4月14日墨政府在联合国反对古巴的人权决议案中投赞成票后,"民族解放军"宣布不再承认墨西哥的调解国身份。4月18日,墨西哥外交部也宣布终止其在哥伦比亚政府与"民族解放军"之间的一切调停工作。同日哥伦比亚政府发表声明,对墨西哥政府为实现哥国内和平做出的努力表示感谢,并谴责"民族解放军"放弃承认墨西哥作为调解国,斡旋哥国内和平进程。6月25日,哥伦比亚政府高级谈判代表雷斯特雷波表示,政府已向"民族解放军"提出在海外重开和谈并邀请国际有关人士斡旋的建议,以最终达成停火协议。7月20日,雷斯特雷波同"民族解放军"代表举行了秘密会谈,并就上述方案基本达成了一致。然而,7月25日,"民族解放军"突然发表声明,指责哥政府"缺乏诚意",并称双方重开和谈的可能性已经很小。

(吴 炯)

(责任编辑 丁 平)

各国军事概况

亚洲国家军事概况

中 国

国　　名　中华人民共和国。

主要统计　陆地面积约960万平方公里。人口13.0756亿。国内生产总值182321亿元（约合22592.4亿美元，按8.07元换算）(2005年)，比调整后的2004年国内生产总值增长9.9%。国防费2807.29亿元(约合347.4亿美元，2006年国防预算)。钢3.52亿吨(2005年)。原煤21.9亿吨(2005年)。原油1.81亿吨(2005年)。发电量24747亿千瓦时(2005年)。粮食4.8401亿吨（2005年）。货物运输周转量78329.8亿吨公里（其中，铁路20730.5亿吨公里、公路8573.8亿吨公里、水运48057.6亿吨公里、民航78.9亿吨公里（2005年）。旅客运输周转量17473.0亿人公里（其中，铁路6061.8亿人公里、公路9299.1亿人公里、水运67.1亿人公里、民航2044.9亿人公里（2005年）。固定及移动电话用户总数达74386万户（2005年）。

国防政策　中华人民共和国是发展中的社会主义国家。中国始终不渝地奉行独立自主的和平外交政策，主张在和平共处五项原则和其他公认的国际关系准则的基础上，同所有国家建立和发展友好合作关系，为维护世界和平促进人类进步事业而努力。中国坚定不移地奉行防御性的国防政策，坚持永远不称霸、不做超级大国、不侵略别国。中国国防政策的基础是中国政府积极倡导的新安全观，其核心是各国在国际关系上应坚持互信、互利、平等、协作的原则。互信，是指超越意识形态和社会制度异同，摒弃冷战思维和强权政治心态，互不猜疑，互不敌视。互利，是指顺应全球化时代社会发展的客观要求，互相尊重对方的安全利益，在实现自身安全利益的同时，为对方安全创造条件，实现共同安全。平等，是指国家无论大小强弱，都是国际社会的一员，应相互尊重，平等相待，不干涉别国内政，推动国际关系的民主化。协作，是指以和平谈判的方式解决争端，并就共同关心的安全问题进行广泛深入的合作，消除隐患，防止战争和冲突的发生。中国的国防政策，主要包括以下内容：巩固国防，抵御侵略，制止武装颠覆，捍卫国家的领土、领空、领海主权和海洋权益，维护国家的统一和安全；国防建设服从和服务于国家经济建设，实现国防建设与经济建设的协调发展，不断提高军队的防卫作战能力；在战略上实行防御、自卫和后发制人的原则，坚持“人不犯我，我不犯人，人若犯我，我必犯人”；依靠科技强军，加强质量建设，实现军队由数量规模型向质量效能型、由人力密集型向科技密集型的转变，走有中国特色的精兵之路；坚持平战结合、军民结合的方针,在独立自主、自力更生的原则下,有重点有选择地引进国外一些先进技术，大力发展国防科学技术，加强军队现代化建设，加强后备力量建设，逐步增强国防实力和潜力；反对任何形式的恐怖主义，积极参加国际反恐合作，共同防范和打击国际恐怖活动；努力发展与各国军队的友好关系，积极开展军事交流与合作，反对军备竞赛，主张通过公正、合理、全面、均衡的原则，实行有效的军备控制和裁军，防止大规模杀伤性武器的扩散，维护世界和平。

军事战略　中华人民共和国为抵御外敌侵略，保卫国家独立和安全，维护世界和平，始终奉行积极防御的战略。其基本点是坚持自卫立场，坚持后发制人，坚持人民战争。为适应世界军事领域的深刻变革和国家发展战略的要求，中国制定了新时期积极防御的军事战略方针。这一方针立足于打赢现代技术特别是信息化条件下的局部战争，注重遏制战争爆发，坚持和发展人民战争思想。中国人民解放军实施科技强军战略，积极推进中国特色军事变革，加快国防科研和武器装备发展，培养高素质新型军事人才，建立科学的体制编制，发展具有中国特色的军事理论，推进以机械化为基础、信息化为主导的军队现代化建设，加强以海军、空军和第二炮兵为重点的作战力量建设，全面提高信息化条件下的整体防卫作战能力。

核政策 中国作为核武器国家，积极支持和参与防止核扩散的国际努力，推动核裁军进程，致力于在全球范围内最终实现全面禁止和彻底销毁核武器的目标。中国是《不扩散核武器条约》缔约国，一向恪守条约义务，奉行不支持、不鼓励、不帮助别国发展核武器的政策，反对大规模杀伤性武器的扩散。中国正式加入了"核供应国集团"，建立起了一整套涵盖核、生、化和导弹等各类敏感物资和技术在内的与国际通行做法一致的出口控制法规体系。2003 年 12 月，中国政府发表了《中国的防扩散政策和措施》白皮书，全面阐述了中国在反扩散方面的政策。中国组建战略核部队，完全是出于防御目的，是为了反对核讹诈，遏制核战争。核反击是被迫的，最终目的是消灭核武器和核战争，维护中国的独立和安全。中国政府一再郑重声明，中国在任何时候、任何情况下，都不会首先使用核武器，不对无核武器国家和无核武器地区使用核武器。但是，如果遭到核袭击，将毫不犹豫地实施核反击，进行有限而有效的核报复。

国防体制 领导机关 中央军事委员会是中国共产党中央委员会的军事机关，又是中华人民共和国国家机构的组成部分。

中国共产党中央军事委员会 是中国武装力量的最高统率机构，负责党和国家的最高军事决策和军事指挥，根据党的路线、方针、政策和国家的安全与发展的需要，确定军事战略，领导军事建设。《中国共产党章程》规定，党的中央军事委员会组成人员由中央委员会决定。2004 年 9 月召开的中国共产党第 16 届中央委员会第 4 次全体会议决定，中共中央军事委员会组成如下：中共中央军事委员会主席胡锦涛，中共中央军事委员会副主席郭伯雄上将、曹刚川上将、徐才厚上将，中共中央军事委员会委员梁光烈上将、李继耐上将、廖锡龙上将、陈炳德上将、乔清晨空军上将、张定发海军上将、靖志远上将。

中华人民共和国中央军事委员会 中华人民共和国中央军事委员会领导全国武装力量。其职权是：统一指挥全国武装力量；决定军事战略和武装力量的作战方针；领导和管理中国人民解放军的建设，制定规划、计划并组织实施；向全国人民代表大会或者全国人民代表大会常务委员会提出议案；根据宪法和法律，制定军事法规，发布决定和命令；决定中国人民解放军的体制和编制，规定总部以及军区、军兵种和其他军区级单位的任务和职责；依照法律、军事法规的规定，任免、培训、考核和奖惩武装力量成员；批准武装力量的武器装备体制和武器装备发展规划、计划，协同国务院领导管理国防科研生产；会同国务院管理国防经费和国防资产。《中华人民共和国宪法》规定，中央军事委员会由主席、副主席若干人、委员若干人组成，实行主席负责制。主席由全国人民代表大会选举产生，对全国人民代表大会及其常务委员会负责。其他组成人员由全国人民代表大会或其常务委员会根据中央军委主席的提名决定。任期与每届全国人民代表大会任期相同。现任中华人民共和国中央军事委员会的主席胡锦涛，由 2005 年 3 月 13 日召开的第 10 届全国人民代表大会三次会议第四次全体会议上选举产生。经胡锦涛主席提议，第 10 届全国人民代表大会三次会议于 2005 年 3 月 14 日决定补充任命：徐才厚为中华人民共和国中央军事委员会副主席；陈炳德、乔清晨、张定发、靖志远为中华人民共和国中央军事委员会委员。增补后的中华人民共和国中央军事委员会与中共中央军事委员会的组成相同。

人民武装委员会 从中央到县各级建立的群众武装建设的专门机构。主要任务是：研究贯彻党中央、国务院、中央军委有关民兵建设的各项方针、政策和指示；根据上级地方党委和军事机关的有关指示，结合本地区情况，研究解决民兵工作中的重大问题；研究贯彻有关兵员动员和转业、复员、退伍战士安置工作的方针、政策。中央军委人民武装委员会由中央军委、国家机关有关部门、人民解放军各总部和有关人民团体的负责人组成。办事机构设在中国人民解放军总参谋部动员部。省（直辖市、自治区）、地、县（市）党委人民武装委员会，由各级党委吸收有关部门的负责同志组成，主任由同级党委指定一名书记担任。办事机关分别为省军区、军分区、县（市）人民武装部。

中华人民共和国国防部 中华人民共和国国务院的军事部门。根据中华人民共和国宪法规定，国务院领导和管理国防建设事业。国务院设立国防部，一切需要由政府负责的军事工作，则经国务院作出相应决定，通过国防部或以国防部的名义组织实施。国防部在接受国务院领导的同时也接受中央军事委员会的领导。需要国防部办理的事宜，由总参谋部、总政治部、总后勤部、总装备部分别办理。现任国防部长曹刚川上将于 2003 年 3 月上任，任期 5 年。

中国人民解放军总参谋部 中央军委领导下负责组织武装力量建设和作战指挥的军事领导机关。设有办公厅和作战、情报、通信、军训和兵种、军务、动员、电子对抗、陆航、政治、外事、管理等部门。现任总参谋长梁光烈上将（2002年11月上任），副总参谋长葛振峰上将（2002年11月上任）、张黎上将（2000年6月上任）、吴胜利中将（2006年8月调海军）、许其亮中将（2004年7月上任），总参谋长助理李玉中将（2006年8月免职）、杨志琦（2006年8月上任）、章沁生中将（2004年12月上任）。

中国人民解放军总政治部 中央军委领导下负责全军政治工作的领导机关。设有办公厅和组织、干部、宣传、保卫、纪律检查、联络等部门。现任总政治部主任李继耐上将（2004年9月上任），副主任刘永治上将（2004年12月）、孙忠同上将（2004年7月上任）、刘振起空军中将（2005年12月），总政治部主任助理姜吉初中将（2003年12月上任）、童世平中将（2005年12月上任）。

中国人民解放军总后勤部 中央军委领导下负责全军后勤工作的领导机关。设有司令部、政治部和财务、军需、卫生、军事交通、油料物资、基建营房、审计等部门。现任总后勤部部长廖锡龙上将（2002年11月上任），政治委员孙大发中将（2005年12月上任），副部长孙志强中将（1999年12月上任）、王谦中将（2002年1月上任）、李买富少将（2005年12月上任），副政治委员孙思敬少将（2005年12月上任）。

中国人民解放军总装备部 中央军委领导下负责全军武器装备工作的领导机关。1998年4月3日组建，设有司令部、政治部和综合计划、军兵种、陆军装备科研订购、通用装备保障、电子信息等部门。现任总装备部部长陈炳德上将（2004年9月上任）、政治委员迟万春上将（2002年11月上任），副部长李安东中将（2000年8月上任）、张诗明中将（2001年10月上任）、朱发忠中将（2001年10月上任）、张建启中将（2004年6月上任），副政治委员李栋恒中将（2003年12月上任）。

中国人民解放军军区领导机关 是根据国家的行政区域、地理位置和战略战役方向、作战任务等设置的一级军队组织，是战略区域内合成部队的军事领导指挥机关；直属中央军委领导。其主要任务是贯彻执行中共中央、国务院和中央军委确定的建军原则、作战方针，领导辖区部队的革命化、正规化、现代化建设，负责辖区内诸军兵种部队合同作战的统一指挥，领导管理辖区内的民兵预备役、动员工作和战场建设。军区机关设有司令部、政治部、联勤部、装备部等机构。现有7个军区。

沈阳军区 司令员常万全中将（2004年12月上任），政治委员黄献忠中将（2005年12月上任）。

北京军区 司令员朱启上将（2001年11月上任），政治委员符廷贵上将（2003年12月上任）。

兰州军区 司令员李乾元上将（1999年9月上任），政治委员喻林祥上将（2004年12月上任）。

济南军区 司令员范长龙中将（2004年8月上任），政治委员刘冬冬上将（2002年11月上任）。

南京军区 司令员朱文泉上将（2002年11月上任），政治委员雷鸣球上将（2001年11月上任）。

广州军区 司令员刘镇武上将（2001年11月上任），政治委员杨德清上将（2003年12月上任）。

成都军区 司令员王建民上将（2002年11月上任），政治委员张海阳中将（2005年12月上任）。

中国人民解放军海军领导机关 设有司令部、政治部、后勤部、装备部。现任海军司令员吴胜利海军中将（2006年8月上任，前司令员张定发同时免职），政治委员胡彦林海军中将（2003年8月上任）。

中国人民解放军空军领导机关 设有司令部、政治部、后勤部、装备部。现任空军司令员乔清晨空军上将（2002年11月上任），政治委员邓昌友空军上将（2002年11月上任）。

中国人民解放军第二炮兵领导机关 设有司令部、政治部、后勤部、装备部。现任第二炮兵司令员靖志远上将（2002年11月上任），政治委员彭小枫上将（2003年12月上任）。

中国人民武装警察部队领导机关 设有司令部、政治部、后勤部、装备部。现任武警部队司令员吴双战武警上将（1999年12月上任），政治委员隋明太武警上将（2003年12月上任）。

最高军事学术研究机关和学府 **中国人民解放军军事科学院** 中央军委领导下的军事学术研究机关，是全军军事科学的研究中心，是中央军委和总部从军事理论高度指导军队建设的助手。基本任务是进行军事基础理论和国防建设、军队建设重大问题的研究；为军委和总部决策提供战略性建议和咨询，提供军事学术研究方面的信息；组织协调全军的军事学术研究工作等。设有战略和战争理论、作战理论和条令、军制、世界军事、军事运筹分析等研究部门。拥有一支具有相应水平和实践经验的研究队伍。编写出版了大量军事研究论著和各种条令、条例、教范，译注了大量中外军事名著、军事工具书，并编辑出版《中国军事科学》、《军事学术》、《外国军事学术》等多种学术刊物。军事科学院被国务院学位委员会批准在军事学领域开展硕士和博士研究生教育。军事科学院注重同国内外学术界的交流。现任军事科学院院长郑申侠上将（2003 年 8 月上任），政治委员刘源中将（2005 年 12 月上任）。

中国人民解放军国防大学　中央军委领导下的最高军事学府，是一所具有综合性、研究性、开放性特点的合成指挥大学。基本任务是招收经过中级指挥院校培训的优秀师、旅职军官，实施高层次的综合教育，担当培养“变革型领导人才、专家型科技人才、复合型指挥人才、智囊型参谋人才、技术型保障人才”的重任，同时从事有关战略和国防现代化建设问题的研究，为军委和总部决策起咨询作用。教学指导思想是以培养政治上合格的适应国防现代化建设和未来战争要求的高级人才为目标；坚持培养“通才”；坚持“高、新、宽、深”的教学内容；坚持自学为主，实行研究式、启发式的教学方法。设有国防研究系、进修系、基本系、留学生系、师资培训班和研究生院，还设有科学研究部和下属的战略研究所、马克思主义研究所、军队建设研究所等科研机构。国防大学已被国务院学位委员会批准在军事学领域开展博士生教育。国防大学坚持对国内外开放，积极开展学术交流，力求用世界最新科技和军事信息、成果，充实和丰富教学内容。现任国防大学校长裴怀亮上将（2002 年 11 月上任），政治委员赵可铭上将（2001 年 7 月上任）。

国防科学技术大学　中央军委直接领导的军事院校。是目前我军科学和工程技术院校中唯一经国务院、中央军委批准成立研究生院的院校，是首批进入国家“211 工程”建设并获中央专项经费支持的重点院校之一。基本任务是：培养军队高级科学和工程技术人才与指挥人才，培训军队高级领导干部，从事先进武器装备和国防关键技术研究。学校按照“理工结合，以工为主，文、管、军、经、哲多学科相互渗透，口径宽、适应性强、军队和国防特色明显”的思路，长期不懈地致力于学科专业建设，形成了以工学为主体，具有鲜明的国防科技优势和军事高技术特色的学科体系；始终把人才作为办学兴业之本，确立了“用好现有人才，留住关键人才，引进顶尖人才，储备未来人才”的战略思路，实施了以科学技术带头人队伍建设为龙头，以中青年骨干为重点的“百名人才工程”，制定了一系列培养、吸引、使用和留住人才的政策措施。大学下设基础部、航天与材料工程学院、理学院、机电工程与自动化学院、电子科学与工程学院、人文与管理学院、计算机学院、炮兵学院、工程兵学院、政治学院、全军高级干部高科技知识培训班。学校拥有比较先进的教学、科研实验设备和公共服务体系。现任国防科学技术大学校长温熙森中将（1999 年 6 月上任），政治委员徐一天少将（2005 年 12 月上任）。

作战指挥系统　中央军委通过中国人民解放军总参谋部对各军区、海军、空军、第二炮兵实施作战指挥。驻各军区的陆军集团军和兵种部队归所在军区建制领导和指挥。部署在各军区的海军、空军部队，建制归海、空军，受军区和军委海、空军的双层领导。军区内三军联合作战行动由军区统一指挥。第二炮兵在军委集中领导下，实施垂直指挥。省军区、军分区、县（市）人民武装部隶属军队系统，归所在军区建制领导，同时又是所在省、地、县（市）党委的军事工作部门和政府的兵役机关。

武装力量　中华人民共和国武装力量属于人民，受中国共产党领导，武装力量中的中国共产党组织依照中国共产党章程进行活动。中华人民共和国武装力量的任务是巩固国防，抵抗侵略，保卫祖国，保卫人民的和平劳动，参加国家建设事业，全心全意为人民服务。中华人民共和国武装力量由中国人民解放军现役部队和预备役部队、中国人民武装警察部队及民兵组成。中国人民解放军现役部队是国家的常备军，主要担负防卫作战任务，必要时可以依照法律规定协助维护社会秩序；预备役部队平时按照规定进行训练，必要时可以依照法律规定协助维护社会秩序，战时根据国家发布的动员令转为现役部队。中国人民武装警察部队在国务院、中央军事委员会的领导指挥下，担负国家赋予的安全保卫任务，维护社会秩序。民兵在军事机关的指挥下，担负战备勤务、防卫作战任务，协助维护社会秩序。中华人民共和国武装力量坚持高举邓小平理论和“三个代表”重要思想伟大旗帜，深入贯彻江泽民国防和军队建设思想，坚持把科学发展观作为加强国防和军队建设的重要指导方针，推动国防和军队建设又快又好发展，努力提高应对危机、维护和平、遏制战争、打赢战争的能力，切实履行好新世纪新阶段担负的历史使命。

2005 年，中国人民解放军以提高战斗力为根本出发点和落脚点，在贯彻落实科学发展观的过程中，科学筹划军事、政治、后勤、装备建设等工作，优化结构，理顺关系，加强体系建设，提高整体效能，努力促进部队建设全面发展。加大体制编制调整改革力度，圆满完成了在2005年前裁减军队员额20万的任务，军队总规模保持在230万人。这次全军体制编制调整改革完成后，进一步改善了官兵编配比例，完善了领导指挥体制，优化军队力量结构，突出了高技术军兵种建设，向着“精兵、合成、高效”迈出了坚实步伐。加快武器装备现代化进程，优先发展高新武器装备，更新改造老旧装备，不断提高装备综合保障水平。全军装备采购制度改革迈开坚实步伐，部分军选民用装备实施集中采购，对装备实物资产实施计价核算管理制度，武器装备“成建制、成系统形成作战能力和保障能力”建设向广度、深度发展。深化教育训练改革，实施人才战略工程，加强高素质人才培养，大力推进军事理论创新，严格按纲施训，在近似实战中检验完善战法训法，开展诸军兵种一体化联合训练，积极探索总部机关统筹规划、军区（军兵种）牵头组织、部队编组实施的联合训练运行机制，着力提高军队在信息条件下的联合作战能力。贯彻依法从严治军方针，加强军事法制建设，2005年先后颁发了《中国人民解放军文职人员条例》、《中国人民解放军后勤科学技术条例》、《中国人民解放军监察工作规定》、《中国人民解放军机关公文处理条例》等军事法规，进一步完善了以条令条例为主体的军事法规体系。大联勤改革继续推进，初步形成军队一体、军民一体、平战结合的大联勤法规体系，承担改革试点任务的济南军区联勤部，成为真正意义上的军队联合保障机构。广泛开展国际军事交流与合作，加强了同外国军队的军事交往。2005年成功举办了上海合作组织防务安全论坛，来自包括6个成员国和4个观察员国在内的26国代表参加，推动安全合作项目务实深入发展，增强了上海合作组织的凝聚力。8月，中俄两军举行了代号为“和平使命-2005”的首次联合军事演习，分别在俄罗斯符拉迪沃斯托克和中国山东半岛及附近海域进行，双方出动陆、海、空军和空降兵、海军陆战队以及保障部队近万人。联合军演的成功举行，是中俄军事安全合作进一步深化的重要标志，把两国战略协作伙伴关系提升到新水平。10月，美国防部长访华，增强了两国间的互信。11月，海军出访舰艇编队还先后与巴基斯坦海军、印度海军和泰国海军举行了以联合搜救为主要内容的非传统安全领域演习。全年共与138个国家的军队开展了军事交往，接待了33个国家的国防部长和21个国家的军队总参谋长来访，参加双边和多边磋商与合作等活动41项，向美国等10个国家提供紧急救援3次。

2006年3月5日至14日召开的第十届全国人民代表大会第四次会议审议通过的《国民经济和社会发展第十一个五年规划纲要》，确立了“十一五”期间国防和军队建设的根本方针政策。《规划纲要》提出，根据维护国家安全统一和发展利益的要求，加强国防和军队现代化建设，形成国防建设与经济建设协调发展的良好局面。要着眼有效履行新世纪新阶段军队的历史使命，全面加强军队革命化现代化正规化建设，积极推进中国特色军事变革，努力提高部队信息化条件下整体防卫作战能力。要始终把思想政治建设摆在各项建设的首位，保持军队建设的正确方向。实施科技强军战略，推进机械化和信息化复合发展。深化体制编制和政策制度调整改革，优化力量结构和部队编成，增强军队建设的活力。创新军事理论，加强部队训练和院校教育，培养新型军事人才，提高官兵素质。发展现代化武器装备，优化体系结构，提高配套水平。推进后勤建设和改革，增强综合保障能力，提高官兵生活水平。加强基层建设，打牢部队建设基础。贯彻依法治军、从严治军方针，强化作风纪律建设，严格部队管理教育，确保部队高度稳定和集中统一。加强武装警察部队建设，着力提高“执勤处突反恐”的能力。深入开展“双拥”活动，军队积极参加抢险救灾和支援国家经济建设，国家和社会要做好优抚安置工作，巩固和发展军政军民团结。坚持军民结合、寓军于民、强化基础、自主创新的方针，加快国防科技工业转型升级，提高科技创新能力，开发军民两用技术和产品。要深化国防动员体制和运行机制改革，坚持在经济建设中贯彻国防的要求，逐步建立集中统一、结构合理、反应迅速、权威高效的现代国防动员体系。加强民兵预备役部队质量建设，抓好国民经济动员、人民防空和交通战备等建设，推进国防动员信息化，开展全民国防教育，提高平战转换、快速动员、持续保障和综合防护能力。加强国防基础设施建设，依法保护国防设施。

中国人民解放军 由陆军、海军、空军、第二炮兵部队组成。

陆军 中国人民解放军陆军经过70多年的建设，现已发展成为一支具有强大火力、突击力和高度机动能力的诸兵种合成军种。编有步兵、炮兵、装甲兵、工程兵、通信兵、防化兵等专业兵种，还编有电子对抗、测绘和航空兵部队。步兵有山地步兵、摩托化步兵、机械化步兵；炮兵包括地面炮兵、高射炮兵和地空导弹部队；装甲兵部队在编制上以坦克部队和装甲步兵部队为主体，还编有炮兵、反坦克导弹、防空、防化学、工程及其他勤务保障部（分）队，装备除主战坦克外，还有水陆坦克、轻型坦克、扫雷坦克、反坦克导弹发射车等；防空兵以高射炮、地空导弹武器系统为基本装备，遂行对空作战任务；陆军航空兵装备攻击直升机、运输直升机和其他专用直升机及轻型固定翼飞机，遂行空中机动和支援地面作战任务；工程兵由工兵、舟桥、建筑、工程维护、伪装、野战给水工程等专业部（分）队组成；通信兵由野战通信、固定台站通信、通信工程和军邮勤务等专业部（分）队组成；防化兵由防化、喷火、发烟等部（分）队组成。陆军按其担负的任务划分为野战机动部队、海防部队、边防部队、警卫警备部队等。野战机动部队的编制序列一般是：集团军、师（旅）、团、营、连、排、班。海防部队、边防部队、警卫警备部队，根据担负任务的需要，确定编组方式。

海军　中国人民解放军海军是 1949 年 4 月 23 日正式成立的。主要任务是独立地或协同陆军、空军防御敌人从海上入侵，保卫领海主权，维护海洋权益。主要由水面舰艇部队、潜艇部队、航空兵、岸防兵和陆战队等兵种以及各种保障部队组成，编有北海、东海、南海三个舰队，以及各类院校、科研、试验机构、预备役部队和军民联防单位。编制序列是：海军、舰队、基地、水警区、舰艇支队、舰艇大队、舰艇中队。人民解放军海军部队现已成为一支兵种齐全、常规和尖端武器兼备，具有立体攻防能力，能有效地保卫国家领海的战斗力量。

空军　中国人民解放军空军是 1949 年 11 月 11 日正式成立的。主要任务是担负国土防空，支援陆、海军作战，对敌后方实施空袭，进行空运和航空侦察。空军实行空防合一的体制，由航空兵、地空导弹兵、高射炮兵、雷达兵、空降兵以及通信、雷达、电子对抗、防化、技术侦察等专业部（分）队组成。空军下辖沈阳、北京、兰州、济南、南京、广州、成都七个军区空军。航空兵由歼击、强击、轰炸、运输航空兵组成，通常按师、团、飞行大队（营）、飞行中队（连）编成。航空兵师一般下辖 2 个至 3 个航空兵团和驻地场站，航空兵团是基本战术单位。由于武器装备和担负任务不同，各类航空兵团编制飞机数量通常在 40 架至 60 架之间不等；飞机和飞行员（组）的比例通常为 1 : 1.2。

第二炮兵　中国人民解放军装备地地战略导弹武器系统，遂行战略核反击任务的部队，组建于 1966 的 7 月 1 日。主要任务是遏制敌人对中国使用核武器，在敌人对中国发动核袭击时，遵照统帅部的命令，独立地或联合其他军种的战略核部队对敌人实施有限而有效的自卫反击，打击敌人的重要战略目标。第二炮兵部队由近程、中程、远程和洲际导弹部队，工程部队，作战保障、装备技术保障和后勤保障部队组成，是一支具有一定规模和实战能力的主要核威慑和战略核反击力量。目前，建成了一批不同型号和不同发射方式的作战阵地，初步形成了多种型号导弹武器装备系统，快速机动作战能力和准确打击目标能力进一步提高，在保卫社会安全、维护世界和平中发挥着重要作用。

驻香港部队　1997 年 7 月 1 日，中华人民共和国恢复了对香港行使主权。根据《中华人民共和国宪法》赋予中国人民解放军的使命和《中华人民共和国香港特别行政区基本法》关于中央人民政府负责管理香港特别行政区的防务的规定，为维护国家的主权、统一和领土完整，保持香港特别行政区的繁荣和稳定，驻香港特别行政区部队于 1997 年 7 月 1 日正式进驻香港执行防务任务。香港驻军由陆、海、空军部队组成，是一支合成部队，下辖 1 个陆军步兵旅、1 个海军舰艇大队、1 个空军航空兵团。驻香港特别行政区部队隶属中华人民共和国中央军事委员会，费用由中央人民政府负担，驻军的防务职责是防备和抵抗侵略，保护香港特别行政区的安全；担负防卫勤务；管理军事设施；承办有关的涉外军事事宜。香港特别行政区政府在必要时，可向中央人民政府请求驻军协助维护社会治安和救助灾害。驻军法规定香港驻军人员的义务是:(一) 忠于祖国，履行职责，维护祖国的安全、荣誉和利益，维护香港的安全;(二) 遵守全国性的法律，遵守军队的纪律;(三) 尊重香港特别行政区政权机构，尊重香港特别行政区的社会制度和生活方式;(四) 爱护香港特别行政区的公共财产和香港居民的私有财产;(五) 遵守社会公德，讲究文明礼貌。同时明确规定禁止驻军干预特区的地方事务，禁止军人参加香港的政治组织、宗教组织和社会团体，禁止驻军和军人从事营利性的经营活动和其他与驻军职责不相称的活动。这支部队按照中央军委的要求，进驻香港后展现出了中国人民解放军“威武之师、文明之师”的风貌。

驻澳门部队　1999 年 12 月 20 日，中华人民共和国恢复了对澳门行使主权。根据《中华人民共和国宪法》赋予中国人民解放军的使命，依照《中华人民共和国澳门特别行政区基本法》关于中央人民政府负责管理澳门特别行政区的防务的规定和《中华人民共和国澳门特别行政区驻军法》的有关规定，为维护国家的主权、统一和领土完整，保持澳门特别行政区的稳定和发展，中华人民共和国中央人民政府派驻澳门特别行政区的部队于 1999 年 12 月 20 日进驻澳门正式担负防务。这支部队集摩托化步兵、装甲步兵、通信兵、侦察兵等多兵种于一体，主要由陆军组成，官兵人数近千名。指挥机关编有海、空军人员，并设有专门的训练和保障机构。武器装备如轻武器、通信设备、装甲车等，都是中国军队的最新装备。机关实现了指挥、办公、管理等自动化。中国人民解放军驻澳门部队隶属于中华人民共和国中央军事委员会领导，驻军费用由中央人民政府担负。驻澳门部队不干预澳门特别行政区的地方事务。澳门特别行政区政府在必要时，可以向中央人民政府请求驻澳门部队协助维持社会治安和救助灾害。驻军人员除须遵守全国性的法律外，还须遵守澳门特别行政区的法律。

预备役部队　是中国人民解放军的组成部分，是建设祖国保卫祖国的一支重要力量。预备役部队以少数现役军人为骨干，以预备役军官和士兵为基础，按照中国人民解放军的统一编制组建，属于人民解放军序列。平时按照总参谋部的计划进行军事训练，努力提高军事素质和快速动员能力，必要时可按照法律规定协助维护社会秩序，战时根据国家发布的动员令转为现役部队。从 1983 年组建以来，预备役部队已发展为一支具有数十个师兵力的，包括步兵、炮兵、工程兵、通信兵、防化兵和舟桥部队以及海、空军等专业技术兵种在内的诸军兵种合成的新型预备部队。各预备役师、团在加强基本建设的同时，建立健全了一整套教育、训练、管理生活制度，狠抓军事训练，不断增强了在现代高技术条件下的快速动员能力和遂行作战任务能力。《中华人民共和国预备役军官法》规定，预备役军官授予预备役军官军衔，军衔等级基本与现役军官相同，最高编制军衔为预备役少将。从 1997 年 1 月 1 日起，预备役军官在参加军事训练、执行军事勤务期间和参加国庆节、建军节或者重大庆典活动时，着预备役军官制式服装，佩带军衔肩章、符号标志，平时不得佩带。

中国人民武装警察部队　是中华人民共和国武装力量的组成部分，担负国内安全保卫任务。其职能是捍卫中国共产党的领导，捍卫社会主义制度。基本使命是维护国家主权和尊严，维护社会稳定，保卫重要目标和人民生命财产安全。1982 年 6 月，党中央决定组建中国人民武装警察部队。1983 年 4 月，中国人民武装警察部队总部在北京成立，属于国务院编制序列，由国务院、中央军委双重领导，实行统一领导管理与分级指挥相结合的体制。武警部队执行中华人民共和国兵役法和中国人民解放军的条令、条例和有关规章制度，享受中国人民解放军的同等待遇。军衔等级同中国人民解放军军衔等级，军衔前冠以“武警”名称。

中国人民武装警察部队设有总部，各省、自治区、直辖市设有武装警察部队总队（副军或师级）；各地、市、州、盟设有支队（团级）或大队（营级）；县（市、旗）设有中队（连级）。中国人民武装警察部队以内卫部队为主体，包括列入武装警察部队序列的公安边防部队、公安消防部队、公安警卫部队；担负生产建设任务的水电部队、交通部队、黄金部队；担负护林防火、灭火任务的森林警察部队。内卫部队的基本任务是：警卫党政机关和外国使（领）馆，守卫重要机场、电台、电视台、通信枢纽、工厂、仓库、科研机构等重要目标；守护重要桥梁、隧道；担负看守所、监狱、劳改场所的外围武装看押任务和押解罪犯；对大城市和特定地区实施治安巡查警戒；参与处置各种突发事件。边防部队的主要任务是：担负边境地区的治安管理；在对外开放的港口、机场、国境车站和孔道以及特许的口岸，对出入境人员和交通工具实施边防检查；对国际国内航班乘客及携带物品实施安全检查；在领海线内实施巡逻。消防部队的主要任务是：向人民群众宣传安全防火常识，协助有关单位建立防火措施，搞好消防监督和检查，扑救火灾，保卫国家经济建设和人民生命财产的安全。中国人民武装警察部队总部设有武警部队指挥学院、技术学院和专科学校，总队一级设有初级指挥学校和有关专业技术学校。武警部队经过十几年的建设已进入了新的发展阶段。目前，部队正在建设成为一支政治可靠、训练有素、装备改善、出色履行维护国家安全和稳定的神圣职责的部队。

民兵　是中国共产党领导下的不脱离生产的群众武装，是中华人民共和国武装力量的组成部分，是中国人民解放军的助手和后备力量。民兵的任务是：(一) 积极参加社会主义现代化建设，带头完成生产和各项任务；(二) 担负战备勤务，保卫边疆，维护社会治安；(三) 随时准备参军参战、抵抗侵略，保卫祖国。《民兵工作条例》规定，民兵工作的任务是：(一) 建立和巩固民兵组织，提高民兵军政素质，配备和管理民兵武器装备，储备战时所需的后备兵员；(二) 发动民兵参加社会主义现代化建设，组织民兵担负战备执勤，维护社会治安；(三) 组织民兵参战，支援前线，抵抗侵略，保卫祖国。民兵工作应当贯彻人民战争的思想，坚持劳武结合，坚持民兵制度与预备役制度、民兵工作与战时兵员动员准备工作相结合。全国的民兵工作在国务院、中央军委领导下，由中国人民解放军总参谋部主管。军区按照上级赋予的任务，负责本区域的民兵工作。省军区（卫戍区、警备区）、军分区、县（市）人民武装部负责本区域的民兵工作。《中华人民共和国兵役法》规定，乡、民族乡、镇和企业事业单位建立民兵组织，凡18至35岁符合服兵役条件的男性公民，除应征服现役以外，均应编入民兵组织服预备役。民兵分基干民兵和普通民兵。28岁以下的退出现役的士兵和经过军事训练的人员，以及选定参加军事训练的人员编为基干民兵；其余18至35岁符合服兵役条件的男性公民编为普通民兵。根据需要吸收女性公民参加基干民兵。陆海边疆、少数民族地区和城市有特殊情况的单位，基干民兵的年龄可适当放宽。随着国防现代化建设的发展，民兵组织已由单一的步兵发展成为包括高炮、地炮、通信、工兵、防化、侦察以及海军、空军等专业技术分队在内的基干民兵队伍。民兵的武器装备实现了国产制式化。为加强国防后备力量建设，1987年全国边海防民兵工作会议之后，开始组建民兵应急分队。民兵应急分队是一支应付突发事件、维护社会稳定的“拳头”力量。经过多年的建设，在大中城市和边海防等重点地区组建的民兵应急分队已发展成为一支素质优良、动员快速、战斗力强的队伍。在加强民兵应急部队建设的同时，加强了民兵专业技术分队的建设。目前，全国共组建对口专业分队近万个，编组民兵数万人，在平时的生产建设、抢险救灾和军事活动中充分发挥了后备军的作用。

兵役制度 中华人民共和国宪法规定：“保卫祖国、抵抗侵略是中华人民共和国每一个公民的神圣职责。依照法律服兵役和参加民兵组织是中华人民共和国公民的光荣义务。”凡中华人民共和国公民，不分民族、种族、职业、家庭出身、宗教信仰和教育程度，都有依法服兵役的义务，参加中国人民解放军服现役。没有服现役的公民进行兵役登记服预备役或者编入预备役部队、参加民兵组织，以及学生接受军事训练等都是履行兵役义务。1998年12月29日第9届全国人民代表大会常务委员会第6次会议通过了关于修改《中华人民共和国兵役法》的决定,修改后的兵役法规定：“中华人民共和国实行义务兵与志愿兵相结合、民兵与预备役相结合的兵役制度。”

士兵服役制度 根据1998年12月29日颁发的《中华人民共和国兵役法》和1999年6月30日国务院、中央军委修订发布的《中国人民解放军现役士兵服役条例》，现役士兵按兵役性质分为义务兵役制士兵和志愿兵役制士兵。义务兵役制士兵称义务兵，义务兵服现役的期限为2年。志愿兵役制士兵称士官。士官从服现役期满的义务兵中选取，根据军队需要，也可以从非军事部门具有专业技能的公民中招收。士官实行分期服现役制度。士官服役的年限为：第一期、第二期各3年，第三期、第四期各4年，第五期5年，第六期9年以上。士官服现役的期限，从改为士官之日算起，至少3年，一般不超过30年，年龄不超过55岁。

军官服役制度 中国人民解放军现役军官是被任命为排级以上职务或者初级以上专业技术职务，并被授予相应军衔的现役军人。军官按职务性质分为军事军官、政治军官、后勤军官、装备军官和专业技术军官。军官的选拔和使用，坚持任人唯贤、德才兼备、注重实绩、适时交流的原则，实行民主监督。坚持院校培训提拔军官的制度。优秀士兵经过院校培训也可以提拔为军官。经军队院校培训提拔军官不能满足需要时，平时可以挑选优秀士兵经过总部指定的其他训练机构培训合格后提拔为军官，也可以接收普通高等学校毕业生和专业技术人员入伍，任命为军官；战时可以从士兵、征召的预备役军官和非军事部门的人员中直接任命军官。军官服役最高年龄：排级30岁、连级35岁、营级40岁、团级45岁、师级50岁、军级55岁，大军区副职63岁，大军区正职65岁。作战部队的少数师、军职军官因工作需要可以适当延长，但师、正军职最多不得超过5岁，副军职最多不得超过3岁；在舰艇上服役的营、团级军官，任职的最高年龄分别为45岁和50岁；总部机关，大军区机关，省军区（卫戍区、警备区）系统、后勤基地和分部、院校、科研单位的师职军官任职的最高年龄为55岁，副军职军官任职最高年龄为58岁，正军职军官最高任职年龄为60岁；专业技术军官平时任职的最高年龄，担任初级专业技术职务的43岁、中级专业技术职务的50岁、高级专业技术职务的60岁，少数中、高级专业技术职务的军官，因工作需要按任免权限批准可放宽5岁。军官达到服现役的最高年龄的、因伤病残不能坚持正常工作或因受军队编制员额限制不能调整使用的，应当退出现役作转业、退休、离休安置。军官服现役（或参加工作）满30年以上或者年龄满50周岁以上，本人提出申请，组织批准，可作退休安置。

现役军人及其家属的优待 中国人民解放军军官

实行职务军衔等级工资制度和定期增资制度，并按照国家和军队的有关规定享受津贴和补贴。军官享受公费医疗待遇，每年休假一次。军官具备家属随军条件的经师以上单位政治机关批准，其配偶和未成年子女、无独立生活能力的子女可以随军，是农村户口的转为城镇户口。部队移防或者军官工作调动，随军家属可以随调。军官退出现役后由国家妥善安置。士官实行工资制和定期增资制度，工资由基础工资、军衔等级工资、军龄工资组成，并按照国家和军队的有关规定享受津贴和补贴。高级士官经师（旅）级以上单位的政治机关批准，其配偶和未成年的子女、无独立生活能力的子女可以随军，是农村户口的转为城镇户口。士官每年均有探亲假期。义务兵服现役期间享受供给制生活待遇，并按军衔和服现役年限发给津贴，享受国家和军队规定的保险待遇，享受公费医疗待遇。兵役法规定，现役军人，革命残废军人，退出现役的军人，革命烈士家属，牺牲、病故军人家属，现役军人家属，应当受到社会的尊重，受到国家和人民群众的优待。革命伤残军人乘坐火车、轮船、飞机、长途公共汽车，凭《革命伤残军人证》准予优先购票和享受减价优待。现役军人牺牲、病故，由国家发给其家属一次性抚恤金和定期抚恤金。

退伍军人的安置　义务兵服现役期满未被选取为士官的，以及士官服役满本期规定年限未被批准进入下一期继续服现役的和符合退休条件的一律退出现役。退出现役的义务兵，按照国家有关规定妥善安置。家居农村的义务兵退出现役后，由乡、民族乡、镇的人民政府妥善安排他们的生产和生活。招收员工时，在同等条件下，应当优先录用。家居城镇的义务兵退出现役后，由县、自治县、市、市辖区的人民政府安排工作，也可以由上一级或者省、自治区、直辖市的人民政府在本地区内统筹安排。机关、团体、企业事业单位，不分所有制性质和组织形式，都有按国家有关规定安置退伍军人的义务。入伍前是机关、团体、企业事业单位职工的允许复工、复职。城镇退伍军人待安置期间，由当地人民政府按照不低于当地最低生活水平的原则发给生活补助费。城镇退伍军人自谋职业的，由当地人民政府给予一次性经济补助，并给予政策上的优惠。士官退出现役后，初级士官按复员安置，满10年的中级士官、高级士官作转业安置，本人要求复员的经批准也可以作复员安置。入伍前是农村户口的，可以转为城镇户口；服现役满30年或者满55岁的高级士官作退休安置，根据地方需要和本人自愿也可以作转业安置。丧失工作能力的士官作退休安置。退出现役的特等、一等革命残废军人，由国家供养终身，其余的由政府安排力所能及的工作，或转业地方工作，或作退休安置。军官退出现役后，由国家妥善安置。担任师级以上职务和高级专业技术职务的军官，退出现役后主要作退休安置；担任团级以下职务和初、中级专业技术职务的军官退出现役后主要作转业安置，不宜作转业或其他安置的团职军官可以由组织批准作退休安置。自愿复员的干部，可回原籍县（市、区）或入伍时户口所在地，也可到配偶所在地。国家机关和企业事业单位在招聘工作人员时，应对具备条件的复员干部优先聘任和录用。复员干部从事个体经营或开办私营企业的，应依法优先发给营业执照，在有限期内给予低息贷款，经税务部门批准可适当减免营业税和所得税。复员干部就业后的待遇按照“享受所在单位同工龄、同工种、同岗位人员待遇”的原则确定。

军衔　中国人民解放军军官军衔分为3等10级，即将官3级（上将、中将、少将）、校官4级（大校、上校、中校、少校）、尉官3级（上尉、中尉、少尉）。根据军官所属军种和技术特点，在海军、空军和专业技术军官军衔前分别冠以“海军”、“空军”、“专业技术”名称。现行军官职务等级编制军衔：中央军事委员会主席不授予军衔，中央军事委员会副主席和委员为上将，总参谋长、总政治部主任为上将，正大军区职为上将、中将，副大军区职为中将、少将，正军职为少将、中将，副军职为少将、大校，正师职为大校、少将，副师职为上校、大校，正团职为上校、中校，副团职为中校、少校，正营职为少校、中校，副营职为上尉、少校，正连职为上尉、中尉，副连职为中尉、上尉，排职为少尉、中尉。专业技术军官，高级专业技术职务为中将至少校，中级专业技术职务为大校至上尉，初级专业技术职务为中校至少尉。志愿兵役制士兵按军衔等级分为；高级士官（六级士官、五级士官）；中级士官（四级士官、三级士官）；初级士官（二级士官、一级士官）。义务兵役制士兵分为上等兵、列兵。士兵军衔中，列兵为最低军衔，六级士官为最高军衔。海军、空军士兵在军衔前分别冠以“海军”、“空军”二字。

文职制度　中国人民解放军中的文职干部是被任命为初级以上专业技术职务或者办事员级以上职务，不授予军衔的现役军人，是国家干部队伍的组成部分。文职干部按照工作性质分为专业技术文职干部和非专业技术文职干部。文职干部编制范围：军队中科学研究、工程技术、医疗卫生、教学、新闻、出版、图书、档案、文化艺术、体育等单位的部分专业技术干部职务，以及机关、院校、医院等单位部分从事行政事务、服务保障的干部职务。文职干部的职务等级：专业技术文职干部的专业技术职务分为高级、中级、初级，专业技术等级分为1级至14级，1级为最高级；非专业技术文职干部的职务分为正局级、副局级、正处级、副处级、正科级、副科级、一级科员、二级科员、办事员。文职干部的级别设置为特级、1级至9级，特级为最高级。文职干部的待遇基本与现役军官的待遇相同。文职干部着制式服装，佩带帽徽、肩章、军种符号、领花。根据工作需要，文职干部可以改任军官，并按照有关规定评定授予军衔。

（张景恩　吴德斌）

附：中国台湾省军事概况

主要统计　面积3.6006万平方公里，由台湾本岛、周围属岛和澎湖列岛等80余个岛屿组成。其中台湾本岛面积3.5798万平方公里，是中国第一大岛。人口2261万人（其中，14岁以下人口437.4万人，15~64岁劳动适龄人口男约为781万人，女约829.1万人，65岁以上人口162万人）。国民生产总值2860亿美元（2003年），“国防”预算77.7亿美元。石油自产4.6万公升，天然气8.2万立方米，发电量129.77亿度，粮食180.1万吨（1998）。铁路总长2400公里，客运量1.61亿人，货运量0.12亿吨。海运能力，台籍船舶登记数（不含100吨以下及渔船等）226艘，总载重量599.6万吨。空运能力，台籍航空公司飞机189架，客运量3787.9万人，货运量162.2万吨。

简况　台湾自古以来就是中国领土不可分割的一部分。1949年10月1日，中华人民共和国成立，蒋介石和部分国民党军政人员退据台湾，依靠美国的庇护和支持，偏安一隅，使台湾与祖大陆陷入分离局面。从1995年6月开始，李登辉公开进行分裂祖国的活动，先后抛出所谓“七块论”和“两国论”，将两岸关系推向十分危险的境地。对此，中国政府、中国人民和中国人民解放军开展了坚决的反分裂、反“台独”斗争。陈水扁2000年5月上台后，对台所谓安全政策进行了一些调整。其现行安全政策的要点是：在对外政策方面，抛出所谓“人权外交”，加大“参与联合国”和其他国际组织的力度。2004年底民进党在立法院选举失败后，在两岸关系上，仍继续坚持回避、拒绝“一个中国的原则”，推出一些实质性的“台独”措施，鼓吹“本土意识”。2004年在极有争议的选举中，陈水扁以些微多数票竞选连任成功，继续挑衅“一中”原则。2005年4~5月，连战、宋楚瑜相继访问大陆，达成多项成果。陈水扁采取拖延战术，不仅不予接受，反而于2006年2月正式宣布“终止国统会运作，终止国统纲领适用”，使“四不一没用”根基动摇，迈出了“法理台独”的实质步骤。在军事上，大力推进台军的现代化革新，主张“境外决战”，力图达到“以武拒统”的目的。

军事战略　提出“境外决战”的新战略构想，“不希望将战争带入本土”。调整军事战略方针，将李登辉时期的“防卫固守、有效吓阻”改变为“有效吓阻、防卫固守”，并强调“全民防卫”。台军认为，台军“自精实案实施，新一代兵力编成及武器装备更新后，已具备主动战略条件，有能力遂行反制作战，且可获致一定程度之吓阻效果”。2004年台军开始实施“精进案”，以建设现代化军队为重点，注重提高三军联合作战能力。在作战对象上，继续视大陆为其最大威胁，认为大陆军队现代化建设对台湾的威胁“已从单纯数量优势转变为质量的竞争”，对台的“安全威胁已较以往更加紧迫、更为严重，武力犯台模式也更加多样化。”在作战指导上，强调“远距接战”、“先制反制”作战，提出“止战而不惧战，备战而不求战”的原则，一旦战争爆发，将依据“战略持久、战术速决”的作战指导思想，实施总体作战。

军事体制　基本架构由“总统”、“国家安全会议”、“行政院”、“国防部”组成。“总统”为三军统帅，直接通过“国防部长”统帅三军。“国家安全会议”为安全的最高咨询机关。“行政院”负责制定“国防政策”，统合整体“国力”，督导所属各机关办理“国防”有关事务。“国防部”隶属于“行政院”，对台军政、军令、军备三大系统有领导与指挥权。武装力量由正规军和后备力量及准军事力量组成。正规军分为陆、海、空三个军种及宪兵等。

领导人物　“总统”兼武装力量统帅陈水扁（2004年5月20日连任），“行政院”院长苏贞昌，“国防部”部长李杰，参谋总长李天羽，陆军司令胡镇埔，海军司令林镇夷，空军司令沈国桢。

武装力量　现役总兵力约30万人。

陆军　19万人。编有3个军团部，4个防卫部，在“精实案”计划实施过程中，陆军师已全部改编为“联兵旅”。“联兵旅”分为守备旅，共计40个（已有部分守备旅撤并）。此外，还编有4个防卫部直属营、2个防空导弹群、1个通信电子战群等。

各型坦克：1000余辆，其中主战坦克740辆。步战车：225 辆。装甲输送车等装甲车辆：950 辆。火炮：1375 门。反坦克导弹：1000 枚。高炮：400`余门。各型直升机：234 架。地空导弹：241 枚。

海军　5.6 万人（含海军陆战队）。编为 7 个舰队（2 个驱逐舰队、2 个巡防舰队及水雷、两栖、勤务舰队各 1 个）、1 个潜水艇战队、若干快艇队、1 个海军航空指挥部、1 个观察系统指挥部；海军陆战队师已改编为 3 个陆战"联兵旅"（2 个陆战旅、1 个基地警卫旅）。

潜艇：4 艘。水面舰船：520 余艘。其中主要水面舰艇 32 艘，两栖舰船 18 艘。作战飞机：32 架。武装直升机：20 架。

空军　5.5 万人。编有 1 个作战司令部，1 个后勤司令部，1 个教育暨准则发展司令部，2 个基础指挥部，7 个飞行联队及其他战斗和战斗支援部队。作战飞机：479 架，其中 IDF（"经国"号）型战机 130 架，F-16 型战机 146 架，幻影-2000 型战机 57 架。高炮：400 余门。

新编组导弹司令部，将主要地地导弹编入该司令部。

后备军人　348·3 万人。其中，陆军 272.4 万人；海军 42.5 万人；空军 33.4 万人。精壮及专业技术后备军人纳入"年度动员计划"，每年实施教育召集、点阅召集训练，以符合战备要求。

部署　台军由于兵力裁减，武器装备更新，兵力部署也作出了相应的调整。陆军设有 5 个战区及金门、马祖 2 个防卫部，作战部队均部署在其防区内。第 1 战区为澎湖列岛及周边海区，部署装甲和有关部队；第二战区为中央山脉以东大浊水溪以南、大竹蒿溪以北地区，主要部署守备等部队；第 3 战区为后龙溪与大浊水溪以北地区，主要部署有 2 个守备旅和几个打击旅；第 4 作战区为八掌溪与大竹蒿溪以南地区，主要部署有几个旅；第 5 战区为中央山脉以西、后龙溪以南、八掌溪以北地区，主要部署有几个打击旅；金门防卫部防区部署有 4 个联兵旅；马祖防卫部防区部署有 3 个联兵旅。海军作战部队依固定的基地部署，左营部署有 3 个舰队，在高雄、基隆、苏澳、马公各部署有 1 个舰队。空军作战部队依机场部署。台南、清泉岗、嘉义、花莲、台东、桃园、屏东、新竹各部署有 1 个飞行联队。海空雷达部队部署在外岛及本岛适宜阵位。

兵役制度　实施义务兵与志愿兵役制相结合的兵役制度。军官、士官和志愿兵为志愿制，兵为义务制。

军衔　分为 5 等 19 级，即将官 4 级（一级上将、上将、中将、少将）、校官 3 级（上校、中校、少校）、尉官 3 级（上尉、中尉、少尉）、士官 6 级（一等士官、二等士官、三等士官、上士、中士、下士）、兵 3 级（上等兵、一等兵、二等兵）。

（张世斌）

阿　富　汗

国　名　阿富汗伊斯兰国。

主要统计　面积 65.23 万平方公里。人口 2993 万人（2005 年 7 月。其中，0~14 岁男 688 万人，女 658 万人；15~19 岁男 149 万人，女 149 万人；20~24 岁男 149 万人，女 119 万人；25~29 岁男 119 万人，女 119 万人；30~64 岁男 389 万人，女 389 万人；65 岁以上男 29 万人，女 29 万人）。国内生产总值 46 亿美元（2004 年）。粮食：191.3 万吨。

领导人物　过渡政府总统兼武装部队总司令卡尔扎伊（2002 年 6 月 19 日）。国防部长阿不杜勒·拉希姆·瓦尔达克（2005 年）。

武装力量　阿富汗原有国家正式军队，1989 年苏联侵阿战争结束后消亡，阿各派游击队围绕权力分配问题互不相让，并展开了一场旷日持久的权力争夺战，形成多股非正规武装。其中主要的派别包括：伊斯兰促进会、伊斯兰党（希克马蒂亚尔派）、伊斯兰党（哈里斯派）、伊斯兰革命运动、阿富汗民族解放阵线、伊斯兰统一党、伊斯兰民族运动等。1994 年 8 月，阿富汗宗教学生运动"塔利班"异军突起，提出"铲除军阀、恢复和平、重建家园、建立真正的伊斯兰政权"的口号，受到阿富汗人民的普遍欢迎和支持，队伍迅速发展壮大，并在国内连续取得胜利。1996 年 8 月，"塔利班"攻占首都喀布尔，接管中央政府，颁布新的政策和法规，开始行使政府职责。在此形势下，阿原来各派游击队联合组成了反塔利班的北方联盟。由此，阿国内形成了两大武装集团对立抗衡的局面。其中，塔利班控制全国95%的地区，总实力约8万人，主要武器装备有：T-54、T-55、T-62型坦克300余辆；PT-76型装甲车200余辆；BRDM-1、BRDM-2型步兵战车150余辆；各型火炮400余门；“飞毛腿”导弹若干枚；苏-17、苏-22、米格-21等型战斗机70余架。北方联盟总实力约10万人，主要武器装备有：T-54、T-55、T-62型坦克250辆；PT-76型装甲车300余辆；BRDM-1、BRDM-2型步兵战车100余辆；各型火炮200余门；“飞毛腿”导弹若干枚；苏-17、苏-22、米格-21等型战斗机30余架。2001年“9·11”事件后，美国对阿富汗发动反恐怖战争，推翻了塔利班政府。2001年12月22日，阿成立了以卡尔扎伊为首的临时政府，开始重新组建国家军队。为此，阿临时政府成立了以国防部长为首的专门委员会，负责国家武装部队的筹建工作。2002年4月，阿临时政府制定了国家军队建设方案，并规定新的国家军队主要任务是确保国家安全，保障公民的生命和财产安全，平息国内民族纠纷，维持边界的安定，执行反毒反恐行动，帮助重建以及分发人道主义援助，在国家发生紧急情况时及时提供保障，抢险救灾等。根据该方案，阿新的国家军队总兵力约为2.77万人，计划扩编为8万人，其中：

陆军　计划扩编为6~7万人，编成4个地区司令部，9个军部，32个师（每省部署1个师，每个师约2000人）。主要武器装备有：T-54、T-55、T-62型坦克500辆；PT-76型轻型装甲车若干辆；BRDM-1、BRDM-2型装甲侦察车若干辆；BMP-1/-2型步兵战车120辆；BTR-40/-60/-70/-80/-152型装甲输送车225辆；M-1938型/M-1942型76毫米牵引火炮若干门，D-48型85毫米牵引火炮若干门，M-1944型100毫米牵引火炮10门，M-30/D-30型122毫米牵引火炮100门，M-46型130毫米火炮20门，D-1/D-20/M-1937（ML-20）型152毫米牵引火炮若干门；BM-21型122毫米火箭炮60门，BM-14型140毫米火箭炮10门，9P140“乌拉干”型220毫米火箭炮10门；M-37型82毫米迫击炮、107毫米迫击炮、M-43型120毫米迫击炮若干门；“飞毛腿”地对地导弹5枚，“蛙”-7式地对地导弹10枚；AT-1/-3型反坦克导弹若干枚；SPG-9型73毫米、B-10型82毫米无坐力炮若干门；14.5毫米高射机枪、ZU-23/23-4SP型23毫米高射机枪、M-1939型37毫米高射炮、S-60型57毫米高射炮、KS-12型85毫米高射炮、KS-19型100毫米高射炮若干门；“萨姆”-7/-13型地空导弹若干枚。

空军　计划扩编为0.8万人。主要装备有：米格-21型战斗机约5架；安-24型运输机若干架；米-24型直升机约5架，米-8/-17型直升机8架；L-39型教练机2架。

边防军　1.2万人。

准军事部队　7万人（大部分为警察）。

外国驻军　“持久自由行动”：美国约1.8人；丹麦约185人；罗马尼亚418人；意大利256人；斯洛伐克40人；西班牙400人。联合国国际安全援助部队：加拿大1576人；克罗地亚22人；芬兰83人；法国565人；德国1909人；希腊127人；匈牙利130人；爱尔兰11人；意大利990人；拉脱维亚10人；立陶宛6人；蒙古21人；北爱尔兰153人；新西兰50人；挪威147人；罗马尼亚32人；斯洛维尼亚18人；瑞典19人；瑞士4人；土耳其约161人；英国约315人。

（刘温国）

阿塞拜疆

国　名　阿塞拜疆共和国。

主要统计　面积8.66万平方公里。人口826.57万人（2005年。其中，0~14岁212.5万人，15~19岁78.7万人，20~24岁70.8万人，25~29岁62.9万人，30~64岁299万人，65岁以上62.9万人）。国内生产总值85亿美元（2004年）。国防费11亿美元（2004年）。原油1554.5万吨（2004年）。天然气49.371亿立方米（2004年）。发电量213.34亿千瓦小时（2004年）。粮食210.26万吨（2004年）。商船（载重）100吨以上69艘（2005年）。固定航班机场3处，客运量16.5亿人公里，货运量1.83亿吨公里（2005年）。

国防体制　宪法规定，总统为武装力量统帅。最高国防决策机构为国家安全委员会，成员包括总统、全体内阁部长、武装力量参谋长，由总统任主席。国防部为政府中的一个部，是最高军事行政机关。武装力量由正规军和准军事部队组成。正规军分为陆、海、空三个军种。最高指挥机构为武装力量参谋部。总统通过国防部和武装力量参谋部对全国武装力量实施领导和指挥。

领导人物　总统兼武装力量统帅伊利哈姆·阿利耶夫（2003 年 10 月当选）。国防部长萨法尔·阿比耶夫上将（1995 年 2 月上任）。

武装力量　兵力　现役部队 6.649 万人。

陆军　5.684 万人。编有 5 个陆军司令部，23 个摩步旅，1 个炮兵旅，1 个火箭炮旅和 1 个反坦克团。装备有坦克：220 辆（其中 T-72 型 120 辆，T-55 型 100 辆）。装甲步兵战车：127 辆（其中 BMD-1 型 20 辆，BMP 型 86 辆，BRM-1 型 21 辆）。装甲输送车：468 辆(其中 BTR-D 型 11 辆，MT-LB 型 393 辆，BTR-60 型 25 辆，BTR-70 型 28 辆，BTR-80 型 11 辆)。火炮：270 门（其中牵引炮 132 门，自行炮 12 门，迫榴炮 26 门，火箭炮 53 门，迫击炮 47 门）。反坦克导弹：250 余枚。地空导弹：SA-4/-8/-13 型共 40 余枚。地面雷达：SNAR-1/-2/-6/-10 及 GS-13 型若干部。

海军　1750 人。装备有海岸巡逻舰艇：6 艘。扫雷艇：5 艘。两栖登陆艇：4 艘。支援和辅助舰船：2 艘。1 个基地驻巴库。

空军　7900 人。编有 1 个战斗机中队，1 个攻击战斗机团，数个运输机中队，数个教练机中队和 1 个直升机团。装备有战斗机：37 架（其中米格-25 型 32 架，米格-21 型 5 架）。攻击战斗机：15 架（其中苏-25 型 6 架，苏-24 型 5 架，苏-17 型 4 架）。运输机：4 架（其中安-12 型 1 架，雅克-40 型 3 架）。教练机 50 架（其中 L-29 型 28 架，L-39 型 12 架，米格-25U 型 3 架，苏-17U 型 1 架，苏-25UB 型 2 架）。直升机：35 架，其中攻击直升机米-24 型 15 架。地空导弹：SA-2/-3/-5 型 100 枚。

预备役部队　30 万人。

准军事部队　约 1.5 万人。其中边防部队约 5000 人，内卫部队 1 万余人。

兵役制度　实行自愿制与合同制相结合的兵役制度，服役期 17 个月。

驻外兵力　驻阿富汗 22 人。驻伊拉克维和人员 150 人。驻塞尔维亚和黑山 34 人。

军队节日　武装力量日 6 月 26 日。

（赵彦华）

巴 基 斯 坦

国　　名　巴基斯坦伊斯兰共和国。

主要统计　面积 19.6095 平方公里。人口 1.62419946 亿人（其中，0~14 岁男 3248.4 万人，女 3085.9 万人；15 岁~19 岁男 974.5 万人，女 812 万人；20~24 岁男 812 万人，女 812 万人；25~29 岁男 649.6 万人万人，女 649.6 万人；30~64 岁男 2273.8 万人，女 2273.8 万人；65 岁以上 324.8 万人，女 324.8 万人）。国内生产总值 5.5 万亿卢比，合 946 亿美元(2004 年)。国防费 1930 亿卢比，合 33 亿美元（2004 年国防预算）。原煤 315.9 万吨（2000 年）。原油 2150 万桶（2003）。天然气 189.21 亿立方米（2003 年）。发电量 615.12 亿度（2003 年）。粮食 2982.5 万吨(2003 年)。海运能力，商船（载重 100 吨以上）73 艘，总载重量 51.38 万吨（2003 年）。民航能力，固定航班机场 35 处，客运量 104.66 亿人公里、货运量 6.503 亿吨公里（2003 年）。

国防政策　巴基斯坦国防政策的基本点是：维护国家独立、主权和领土完整；反对印度称霸南亚，争取同南亚小国加强军事合作，共同抗衡印度；主张建立“南亚无核区”，同印度签定互不侵犯条约；适当增加军费，努力建设一支与巴的“安全环境”相适应的武装力量，重点提高武器装备现代化水平；武器来源贯彻多方引进与自产相结合的方针，强调发展国防工业，努力提高自力更生能力；面对印度的核威慑，积极发展核武器；在加强正规军建设的同时，积极发展准军事部队，保持充足的预备役兵源。

军事战略　冷战结束后，巴基斯坦对其军事战略作了相应调整。巴将 80 年代形成的东抗印度、西堵苏联通过阿富汗南下扩张的战略调整为集中主要力量对付印度。巴将 80% 的兵力部署在东部边境，将 20% 的兵力部署在西部边境。在作战指导思想上，巴鉴于本身国土狭长、纵深浅的特点，强调“先发制人”、“速战速决”，避免久拖不决的消耗战。在武装力量建设上，实行稳步扩军的方针，并力争实现武器装备现代化，要求在兵力数量上与当面对手保持均势，在武器装备上力争胜对手一筹。在发展核武器问题上，采取“以牙还牙”的政策，积极发展核武器，谋求对印进行核威慑。

国防体制 总统为武装部队统帅。内阁防务委员会为最高决策机关，主席由总统兼任，成员包括国防、外资、财政、内政等部长，参谋长联席会议主席、三军参谋长、国防部秘书长一般均出席内阁防务委员会会议。国防部是贯彻执行内阁防务委员会决议的最高军事行政领导机构，主要负责三军的财务管理、武器生产与采购。国防部首脑为国防部长，国防部秘书长负责主持日常工作。国防部下设防务局、生产局和国防情报局。参谋长联席会议在行政上受国防部领导，但在军事指挥上直属总统，主要负责拟定三军联合战略计划、研究武装力量的兵力与编成、向内阁防务委员会提供国防咨询，其成员有三军参谋长和国防部秘书长，主席由三军参谋长轮流担任，任期3年，武装力量由正规军、准军事部队和预备役部队组成。正规军分为陆、海、空三个军种。总统通过国防部和参谋长联席会议领导和指挥全军。

领导人物 总统兼武装部队统帅佩尔韦兹.穆沙拉夫（2001年7月上任）。国防部长伊克巴尔（2005年）。参谋长联席会议主席埃山上将（2005年上任）陆军参谋长佩尔韦兹.穆沙拉夫上将（1998年10月7日上任）。海军参谋长卡里穆拉上将（2003年上任）。空军参谋长卡利姆·萨达特上将（2003年上任）。

武装力量 **兵力** 现役部队61.9万人。

陆军 55万人。编成9个军部、2个装甲师、9个军炮旅、18个步兵师、7个独立装甲旅、6个独立步兵旅、1个机械化旅、5个独立炮兵旅、7个工程兵旅、1个地区司令部（师级）、3个装甲侦察团、1个特种部队群（3个营）、1个地区防御司令部（3个地区防御大队）、16个航空中队。

主战坦克：2461辆。其中M-48A5型270辆、T-54/55型51辆、T-59型1100辆、T-69型400辆、T-85型275辆、T-80UD型约320辆，其它45辆。装甲输送车：1266辆。其中M-113型1100辆，BTR-70/80型120辆，UR-416型46辆。牵引火炮：1629门。其中105毫米329门、122毫米570门、130毫米410门、155毫米292门、203毫米28门。自行火炮：260门。155毫米200门、203毫米60门。火箭炮：122毫米52门。迫击炮：约2350门（81毫米、120毫米）。地地导弹：“哈塔夫-1”型95枚、“哈塔夫-3”型50枚、“哈塔夫-5”15枚、“沙辛-1”型6枚、“高里”型15-20枚。反坦克导弹：“眼镜蛇”、“陶”式等10500具。火箭筒：89、73毫米若干具。无后座力炮：3700门（75、106毫米）。高炮（高射机枪）：1900余门（挺）。其中14.5毫米981门（挺）、35毫米215门（挺），37毫米310门（挺）、40毫米50门（挺）、57毫米144门（挺），85毫米200门（挺）。地空导弹：2990枚。其中，“毒刺”、“红眼睛”60枚，RBS-70型430枚、“安扎”2500枚。飞机：航测机2架、运输机4架、观测机30架、效用机90架。直升机：攻击直升机22架、支援直升机54架、效用直升机55架、训练直升机22架。

海军 2.4万人（含海军航空兵、海军陆战队和海上保安部队）。基地设在卡拉奇（舰队司令部）。正在修建的基地为瓜达尔和奥马拉。

潜艇：11艘，其中反潜潜艇8艘，包括“卡林级”2艘、“初日”级2艘、“汉格尔”级4艘；小型潜艇3艘。驱逐舰：“征服者”级2艘。护卫舰：8艘，其中导弹护卫舰6艘、常规护卫舰1艘。导弹快艇：6艘。巡逻猎潜艇：3艘。扫雷艇：3艘。支援舰：9艘。

海军航空兵 装备作战飞机9架、武装直升机18架。

海军陆战队 约1400人。

空军 4.5万人。编成3个地区司令部，8个攻击战斗机中队、10个战斗机中队、1个侦察机中队、7个搜索救援机中队、1个海上反潜侦察机中队、2个运输机中队、1个救援直升机中队、1个运输直升机中队、7个地空导弹连。装备作战飞机331架。

攻击战斗机：51架，其中，“幻影”10架、Q-5型41架。战斗机：143架。其中，“幻影”13架、F-16型32架、其他型98架。武装侦察机：“幻影”3RP型15架。反潜巡逻机：“大西洋”4架、P-3C型3架（均具有作战能力）。运输机：C-130型13架、波音-707型3架、波音-737型1架、安-26型1架、其他型机9架。救援直升机：SA-319型6架。运输直升机：SA-316/319型15架、SA-321型4架、SA-315B型12架。教练机：165架，其中80架MFI-17B型具有作战能力。地空导弹：“响尾蛇”144部、SA-2型6部。空地导弹：“飞鱼”、“小牛”若干枚。空空导弹：“麻雀”、“响尾蛇”等若干枚。

预备役部队 51.3万人，其中陆军50万人、海军5000人、空军8000人。

准军事部队 国民警卫队18.5万人。边防部队6.5万人，装备装甲输送车45辆。巴基斯坦别动队（属内务部）4万人。北方轻骑部队1.2万人。海上保安厅约2000人，装备驱逐舰1艘、快艇6艘。海岸警卫队，装备快艇 23 艘。

军衔 军官军衔分 3 等 11 级：将官 4 级（上将、中将、少将、准将），校官 3 级（上校、中校、少校），尉官 4 级（上尉、中尉、少尉、准尉）。

兵役制度 实行志愿兵役制。新兵招募的年龄，陆军 17~21 岁，海军 17~20 岁，空军 16~28 岁。士兵服役年限，陆军 7 年，海、空军 7~8 年。士兵服役期满后转为预备役。预备役服役年限，陆军 8 年，海、空军 5 年。军官最高服役年龄，将官 59 岁，校官 52 岁，尉官 48 岁。

驻外兵力 2003 年巴基斯坦共有 9439 人在多哥、布隆迪、刚果民主共和国、东帝汶、格鲁吉亚、利比里亚、塞拉利昂、苏丹、西撒哈拉等国和地区参加联合国维和行动。

军队节日 国防节 9 月 6 日。

（刘温国）

巴勒斯坦

国　　名 巴勒斯坦国。

主要统计 根据 1947 年 11 月联合国关于巴勒斯坦分治的第 181 号决议规定，在巴勒斯坦地区建立的阿拉伯国家，面积为 1.15 万平方公里。但由于当时阿拉伯国家反对该决议，而未在决议规定的地区建立阿拉伯国。1848 年 5 月，第一次中东战争爆发，以色列占领了第 181 号决议规定的大部分阿拉伯国领土；1967 年第三次中东战争中，以色列占领了该决议规定的全部阿国领土。1988 年 11 月，巴勒斯坦全国委员会第 19 次特别会议宣告成立巴勒斯坦国，但未确定其疆界。自马德里和会至今，巴通过与以和谈，陆续收回了约 2500 平方公里的土地。人口 879.7333 万人(2000 年，加沙地带和约旦河西岸 315 万人，其中，13~17 岁男 16.3 万人，女 15.8 万人；18~22 岁男 14 万人，女 13.4 万人；23~32 岁男 23.3 万人，女 22.2 万人。）国内生产总值 35 亿美元（2003 年）。

领导人物 巴勒斯坦民族权力机构主席马哈茂德·阿巴斯。法塔赫中央委员会主席法鲁克·卡杜米。巴立法委员会主席劳希·法图。巴勒斯坦自治政府总理艾哈迈德·库赖（2003 年 9 月 10 日上任）。2006 年 1 月 25 日，巴勒斯坦伊斯兰抵抗运动（哈马斯）在第二次立法委员会选举，库赖辞去总理职务。2 月 21 日，阿巴斯任命伊斯梅尔·哈尼亚为巴自治政府新总理。

武装力量 准军事部队 5.6 万人（警察部队）。根据巴以双方 1993 年达成的《奥斯陆协议》（即《加沙-杰里科先行自治协议》），巴方可以拥有一支用于保障约旦河西岸和加沙地带巴勒斯坦人的社会秩序和内部安全的警察部队，以色列继续担负防御外部威胁以及维护以色列人安全的责任。因此，虽然巴勒斯坦拥有自己的武装力量，但并不是一个国家的军队，而只是一个政治实体的军队。这支部队的规模完全不是由巴勒斯坦人自己决定的，其性质也不同于任何独立国家的军队，更不具备与以色列国防军相抗衡的实力。巴勒斯坦警察部队的主要组成部分包括：

国家安全部队 包括加沙地带和约旦河西岸，亚西尔·阿拉法特在世时由其领导，现由阿巴斯领导。国家安全部队是巴勒斯坦民族权力机构履行军队职能的警察部队，是巴权力机构最主要的部队。其主要职责是维护巴勒斯坦控制的加沙和约旦河西岸城市地区的安全，并为联合地区协调办公室以及与以色列进行的联合机动巡逻提供人员。

情报局 亚西尔·阿拉法特在世时由其领导。

军事情报警察 亚西尔·阿拉法特在世时由其领导，主要负责收集有关以色列的情报，处理内部安全事务。

民事警察部队 包括加沙和约旦河西岸，由阿巴斯领导，负责维持法律和秩序。另外还设有情报局、海岸警卫队、空军小分队、民防联队以及代替边防部队的海关人员等。

预防安全警察（安全预警部队） 包括加沙和约旦河西岸。安全预警部队是巴民族权力机构区域内规模最大的情报和内务部队。

总统安全部队（亦称第 17 旅或 17 部队），约 500 人。总统安全部队是一支保卫以阿拉法特为首的巴勒斯坦民族权力机构重要成员和官员机构的精锐部队。17 部队下设内勤、安保、通讯、特种驾驶、特种作战、后勤等部门，均由经过严格的政治审查且绝对忠于阿拉法特和巴解组织的志愿者组成。

巴勒斯坦警察部队主要装备有一些轻武器、1 架飞机以及 5 架直升机（1 架 AB-212 型，2 架米-8 型，

2 架米-17 型)。

除警察部队外,巴方还拥有一些准军事组织。主要包括坦齐姆、"阿克萨烈士旅"以及"哈马斯"等。

坦齐姆是巴勒斯坦解放组织主流派别法塔赫的准军事部队,预备成员在 2000~3000 人之间,成立于 1995 年。该组织在约旦河西岸的负责人是马尔万·巴尔古提(2002 年 4 月被以色列逮捕,后被释放)、加沙地带的负责人是马希尔·埃利。

"阿克萨烈士旅"是沙龙 2000 年 9 月强行"参观"阿克萨清真寺导致巴以大规模流血冲突之后成立的。该组织是一个地下民兵组织,主要由城区和村庄中的主战分子组成,其许多成员曾在阿拉法特领导的巴勒斯坦民族权力机构的各种安全部队中任职。在此次巴以冲突中,制造了多起针对以色列人的自杀性袭击事件。

"哈马斯"的全称是伊斯兰抵抗运动,由巴勒斯坦人谢赫·艾哈迈德·亚辛于 1987 年建立。1989 年,以色列当局宣布其为非法组织并取缔该组织的一切活动。有正式成员约 2 万多人,多是年轻人,其中不少是大学生。它组织严密、纪律严明、制度严格,既有分开活动,又有秘密活动和军事组织。其下设的军事分支控制着受过特殊训练的突击部队。哈马斯坚决反对中东和平进程。1994 年 5 月,在巴勒斯坦加沙和杰里科实行自治之后,制造了多起严重的自杀性炸弹袭击事件。2000 年 9 月巴以爆发大规模流血冲突后,制造了数起针对以军和以色列平民的自杀性袭击事件。2004 年 3 月 22 日,亚辛遇袭身亡。4 月 17 日,哈马斯加沙地带领导人阿卜杜勒·阿齐兹·兰提西又遇袭不治身亡。哈马斯两名高级领导人在不到一个月的时间内相继遭到以色列"定点清除",致使该组织受到重挫。2006 年 1 月 25 日,巴勒斯坦举行历史上第二次立法委员会选举,哈马斯获胜。2 月 21 日,哈马斯领导人哈尼亚被阿巴斯任命为巴自治政府新总理。

(林海霞)

朝　鲜

国　　名　朝鲜民主主义人民共和国。

主要统计　面积 12.3138 万平方公里。人口约 2314.9 万人(2001 年,其中 13~17 岁男 107.4 万人,女 111.7 万人;18~22 岁男 90.8 万人,女 100.4 万人;23~32 岁男 250.4 万人,女 204.8 万人)。国民生产总值(GDP)208 亿美元(2004 年)。国防预算约 18 亿美元(2004 年),军费开支实际约 50 亿美元(2003 年)。粮食 383.3 万吨(2002 年)。铁路总长度 8800 多公里(其中电气化铁路总长 2000 多公里),公路 77500 公里。海港主要有清津、南浦、元山、兴南和罗津等。民航能力,国际机场 1 处,即平壤顺安国际机场,无定期国内航线。

国防体制　朝鲜劳动党中央委员会总书记、党中央军事委员会委员长兼国防委员会委员长为朝鲜武装力量最高统帅。朝鲜新宪法规定,国防委员会"指挥统率全部武装力量,负责一切国防事务",有权决定军事部门中央机关的成立和撤消、宣布战争和发布动员令、负责国家武装力量和国防建设、设立或取消国防部门所属中央机关、对重要军事干部的任命罢免、颁布军事称号等权力。劳动党中央设有军事部、军事二部、作战部和民防部、赤卫队部等负责军事的部门。共和国政府设有人民武装力量部。常备武装力量为朝鲜人民军,分陆、海、空三个军种,常设领导机关为总参谋部和总政治局。

领导人物　现任国防委员会委员长(2003 年 9 月)、人民军最高司令官金正日元帅(1993 年就任)。国防委员会第一副委员长由赵明录担任,副委员长由李用茂担任,国防委员由金永春、金一哲、全炳镐、崔龙洙、白世奉担任。国防委员会委员金一哲次帅兼任人民武力部部长(2003 年 9 月)。总参谋长为金永春次帅(1995 年 10 月上任)。总政治局长为赵明录次帅(1995 年 10 上任)。

武装力量　**兵力**　现役部队 110.6 万人。

陆军　约 95 万人。编有 20 个军(其中 1 个装甲军、4 个机械化军、12 个步兵军、2 个炮兵军、1 个首都防御军)、27 个机械化步兵师、15 个装甲旅、14 个机械化步兵旅、21 个炮兵旅、9 个多管火箭炮旅;特种作战部队 10 万余人,辖 10 个狙击旅(包括 2 个两栖旅、2 个空降旅)、12 个步兵旅(包括 3 个空降旅)、17 个侦察团、1 个炮兵空降营、8 个特种任务营;6 个直属炮兵旅、1 个"飞毛腿"地对地导弹旅、1 个"蛙"式地对地导弹旅;14 个特种炮弹火箭炮旅。

主战坦克：大约 3500 辆，主要型号有 T-34 型、T-54/55 型、T-62 型、Type-59 型。轻型坦克：560 辆，主要型号有 PT-76 型、M-1985 型。装甲运输车：2500 辆，主要型号有 BTR-40-50-60-152 型、Type-531 型、VTT-323（M-1973）型、BTR-80A 型。牵引火炮：3500 门，主要有 122 毫米、130 毫米、152 毫米等。自行火炮：4400 门，主要有 122 毫米、130 毫米、152 毫米、170 毫米等。火箭炮：2500 门，主要有 107 毫米、122 毫米、240 毫米等。迫击炮：7500 门，主要有 82 毫米、120 毫米、160 毫米等。地对地导弹："蛙"式-3-5-7 型 24 枚、"飞毛腿" C 型约 30 枚（实际应多于 200 枚）以及劳动型约 10 枚（实际应多于 90 枚）。地对空导弹：SA-7/-16 型 10000 余枚。反坦克导弹：AT-1 型、AT-3 型、AT-4 型、AT-5 型若干枚。无后坐力炮：1700 门，主要为 82 毫米 B-10 型。防空高炮：11000 门，主要有 14.5 毫米、23 毫米、37 毫米、57 毫米、85 毫米、100 毫米等。

海军　约 4.6 万人，编有东海和西海 2 个舰队司令部。

潜艇：苏制 R 级潜艇 22 艘、W 级潜艇 4 艘、小型潜艇 45 艘、海岸潜艇 21 艘。护卫舰：3 艘，其中"罗津"级 2 艘、"苏湖"级 1 艘。猎潜艇：6 艘，其中"沙里院"级 4 艘、"串儿"级 2 艘。导弹快艇：43 艘，其中"西州"级 15 艘、"奥萨"级 8 艘、"黄蜂"级 4 艘、"蚊子"级 10 艘、"瑞兴"级 6 艘。鱼雷艇：103 艘，其中"新兴"级 3 艘、"沪松"级大约 60 艘、"新浦"级 40 艘。巡逻艇：158 艘，其中"海南"级大型巡逻艇 4 艘、"大青"级大型巡逻艇 13 艘、"索曼"级大型巡逻艇 6 艘、"索 1"级近海巡逻艇 18 艘、"上海Ⅱ"级高速攻击艇 12 艘、"椒岛"级高速攻击炮艇 3 艘、渔船改装巡逻艇大约 100 多艘。扫雷艇："陆岛"系列 23 艘。水陆两栖登陆艇 10 艘。水面支援船：共有 7 艘，其中海上拖船 2 艘、侦察船 1 艘、气象测量船 1 艘、潜艇救护船 3 艘。

岸防部队　岸舰导弹团 2 个，"蚕"式导弹发射架 6 套，机械发射装置若干；122 毫米、130 毫米、152 毫米岸炮若干门。

空军：11 万人。编为 4 个航空师，33 个航空兵团、独立航空兵营 3 个、地空导弹旅 19 个，共有各型作战飞机 621 架。

战斗机：米格-17 型机 107 架，米格-19 型机 159 架，米格-21 型机 120 架，米格-23 型机 46 架，米格-29 型机 20 架，苏-7 型机 18 架，苏-25 型机 34 架。轰炸机：H-5（伊尔-28）型机 80 架。运输机：安-2/雅-5 型机约 300 架、安-24 型机 6 架、伊尔-18 型机 2 架、伊尔-62M 型机 4 架、图-134 型机 2 架、图-154 型机 4 架。直升机：米-24 型机 24 架、"休斯" 500D 型机 80 架、米-2 型机 139 架、米-8/-17 型机 15 架、Z-5 型机 48 架。教练机：米格-21 型机 6 架、CJ-5 型机 10 架、CJ-6 型机 7 架、雅克-18 型机 170 架、FT-2 型机（米格-15UTI）35 架。空对空导弹：AA-2 型、AA-7 型、AA-8 型、AA-10 型、AA-11 型、PL-5 型和 PL-7 型若干枚。地对空导弹：SA-2 型约 40 枚、SA-3 型 7 枚、SA-5 型 2 枚，SA-7-14-16 型数千枚。

准军事部队 18.9 万人。工农赤卫队 350 万人，最大年龄为 60 岁，其中陆军 60 万人、海军 6.5 万人，其指挥序列为旅、营、连、排，装备有轻武器、迫击炮和高炮。另有工农赤卫队约 350 万人，装备有轻武器和少量迫击炮、高射机枪。

兵役制度　实行义务兵役制。服役期：陆军 5-8 年、海军 5~10 年、空军为 3~4 年。义务兵可服役至 40 岁。工农赤卫队服役至 60 岁。

军衔　共分 5 等 21 级，即将官以上 7 级（大元帅、元帅、次帅、大将、上将、中将、少将），校官 4 级（大校、上校、中校、少校），尉官 4 级（大尉、上尉、中尉、少尉），士兵 4 级（特务上士、上士、中士、下士），兵 2 级（上等兵、下等兵）。

驻外兵力　在 12 个非洲国家派有军事顾问。

军队节日　建军节 4 月 25 日。

（武建伟）

菲律宾

国　　名　菲律宾共和国。

主要统计　面积 29.97 万平方公里。人口 8785.7 万人（其中，0~14 岁男 1581.4 万人，女 1493.6 万人；15~64 岁男 2635.7 万人,女 2635.7 万人；

65岁以上男175.7万人，女263.6万人)。国内生产总值865亿美元(2004年)。国防费8.44亿美元(2005年国防预算)。2004年工业总产值285亿美元。农林渔业总产值为172亿美元。海运能力，商船(载重100吨以上)1499艘，总载重量1380.71万吨(2004年)，民航能力，固定航班机场21处，客运量102.92亿人公里、货运量2.41亿吨公里(2004年)。

国防体制 总统为武装力量统帅。国家安全委员会是国防安全最高决策机构，由总统担任主席，主要职责是研究有关国防的重大问题，协助总统作出国防安全的重大决策。国防部是最高军事行政机关，负责制定和实施国防计划和政策。武装部队司令部为最高军事指挥机构，总参谋长是总统之下的最高指挥官。总统通过国防部和武装部队司令部对全国武装力量实施领导和指挥。武装力量由正规军和准军事部队组成。正规军分陆、海、空三个军种。准军事部队由警察部队、国民防卫军组成。

领导人物 总统兼武装力量统帅格洛丽亚·马卡帕加尔·阿罗约(2004年6月第2次连任)。国防部长阿韦利诺·克鲁斯(2004年8月上任)。武装部队总参谋长赫内罗索·森加上将(2005年8月上任)。

武装力量 **兵力** 现役部队约10.9万人。

陆军 6.6万人。编有5个军区，1个首都防区司令部，8个步兵师(各辖3个步兵旅、1个炮兵营)，1个特种作战司令部(下辖1个轻装甲旅，1个骑兵侦察团，1个特战团)，5个工程兵营，1个炮兵团，1个总统卫队,3个快速反应连。

轻型坦克：65辆。步兵战车：85辆。装甲输送车：各型370辆。牵引炮：共242门。迫击炮：40余门。无坐力炮：各型若干门。飞机：色斯纳2架，P-206A型1架，“空中女王”1架。

海军 约2.6万人(含陆战队)。编有6个海军区。

护卫舰：1艘。巡逻舰艇：58艘(其中近海巡逻舰艇11艘、近岸巡逻舰艇47艘)。两栖舰艇：7艘。后勤支援舰船：11艘。

陆战队 7500人。编有3个旅共10个营(将减为2个旅6个营)。装甲输送车109辆，105毫米牵引炮150门，107毫米迫击炮若干门。

海军航空兵 装备飞机10架，其中4架为直升机。

空军 约1.7万人。编有3个战斗机中队，1个海上巡逻机中队，3个运输机中队，1个防暴机中队，5个直升机中队，4个搜索救援机中队，2个教练机中队。作战飞机21架，武装直升机25架。

战斗机：F-5型11架，S-211型10架。武装直升机：各型25架。海上巡逻机：2架。海上侦察机：1架。运输机：各型共12架。防暴机：10架。直升机：45架。总统专机：各型共8架。搜索救援机：UH-1M型27架。教练机：各型共42架(具有作战能力)。无人侦察机：2架。空空导弹：“响尾蛇”若干枚。

预备役部队 13.1万人。其中陆军10万人，海军1.5万人，空军1.6万人。

准军事部队 菲律宾国民警察4.05万人，编有15个地区司令部、73个省级司令部，装备飞机5架。海岸警卫队3500人，装备有巡逻艇43艘、轻型飞机3架。国民防卫军4万人，编有56个营。

部署 重点加强首都及西部南沙海区的防卫。有半数以上的舰艇和陆战队部署在西部海区。全国海空军基地主要有5处，其中空军基地3处(克拉克、库比岬、马尼拉)，海军3处(三格莱/卡维特、三宝颜、宿务)。

兵役制度 实行志愿兵役制，服役年限最少不得低于3年，最多30年。

军衔 分5等17级：将军4级(上将、中将、少将、准将)，校官3级(上校、中校、少校)，尉官3级(上尉、中尉、少尉)，军士4级(军士长、上士、中士、下士)，兵3级(上等兵、一等兵、二等兵)。

驻外兵力 2005年共有342人在国外参加联合国维和行动。

军队节日 武装部队节12月22日。

(孟 丽)

格鲁吉亚

国　　名 格鲁吉亚。

主要统计 面积6.97万平方公里。人口431.52

万人（2004 年 12 月。其中，0~14 岁 89.2 万人，15~19 岁 37.5 万人，20–24 岁 37.5 万人，25~29 岁 28.2 万人，30~64 岁 206.5 万人，65 岁以上 70.4 万人）。国内生产总值 51.12 亿美元（2004 年）。国防费 3.65 亿美元（2004 年）。原油 7.39 万吨（2002 年）。天然气 1090 万立方米（2004 年）。发电量 72.57 亿度（2002 年）。粮食 117.33 万吨（2004 年）。商船（载重）100 吨以上 54 艘，总载重量 110.8 万吨（2005 年）。固定航班机场 1 处，客运量 1.271 亿人公里、货运量 80 万吨公里（2005 年）。

国防体制　格鲁吉亚武装力量建于 1992 年 4 月 30 日。根据《国防法》规定，国家最高权力机关确定国防政策和通过国防领域的法律。总统担任武装力量总司令。国防部负责指挥武装力量。格实行防御性国防政策，基本目标是保卫国家的独立、主权和领土完整。

领导人物　总统兼武装力量统帅米哈伊尔·萨卡什维利（2004 年 1 月当选）。

武装力量　**兵力**　现役部队 1.132 万人。

陆军　7042 人。编有 1 个陆军司令部，1 个侦察营，2 个摩步旅，1 个特种部队营，2 个陆战队步兵营，1 个炮兵团和 1 个维和营。装备坦克：86 辆（其中 T–72 型坦克 31 辆、T–55 型坦克 55 辆）。装甲步兵战车：89 辆（其中 BMP 型 78 辆、BRM–1K 型 11 辆）。装甲输送车 91 辆（其中 MT–LB 型 72 辆，BTR–60 型 1 辆，BTR–70 型 15 辆，BTR–80 型 3 辆）。火炮：109 门（其中牵引炮 74 门，自行炮 2 门，火箭炮 16 门，迫击炮 17 门）。反坦克导弹：10 余枚。反坦克炮：40 余门。地空导弹：若干枚（SA–13 型）。

海军　1350 人。编有 1 个海军司令部。装备有海岸巡逻舰艇：11 艘（其中海岸巡逻艇 4 艘，近岸巡逻艇 5 艘，快速攻击艇 1 艘，导弹巡逻水翼艇 1 艘）。两栖登陆艇：6 艘（其中坦克登陆艇 2 艘，机械化登陆艇 4 艘）。基地 2 个，分别驻第比利斯和波季。

空军　1350 人。装备有战斗机：11 架（其中苏–25 型 1 架，苏–25K 型 5 架，苏–17 型 5 架）。运输机：9 架（其中安–2 型 6 架，图–134A 型 1 架，雅克–40 型 2 架）。教练机：15 架（其中 L–29 型 9 架，雅克–18T 型 1 架，雅克–52 型 4 架，苏–25UB 型 1 架）。直升机：17 架，其中攻击直升机米–24 型 3 架。地空导弹：SA–2/–3/–4/–5/–7 型 75 枚。

国民警卫队　1578 名预备役人员。编有 1 个摩步旅和 1 个训练中心。

准军事部队　1.17 万人。其中边防部队 5400 人，内卫部队 6300 人。

兵役制度　实行义务兵役制和合同兵役制相结合，服役期 18 个月。

驻外兵力　驻伊拉克维和人员 156 人，驻塞尔维亚和黑山维和人员 140 人。

外国驻军　俄罗斯驻军 3000 余人。法国驻军 800 人。来自 25 个国家的 120 名联合国军事观察员。

军队节日　建军节 4 月 30 日。

（赵彦华）

哈萨克斯坦

国　　名　哈萨克斯坦共和国。

主要统计　面积 272.49 万平方公里。人口 1507 万人（2004 年 12 月。其中，0~14 岁男 182.2 万人，女 182.2 万人；15~19 岁男 91.1 万人，女 75.9 万人；20~24 岁男 75.9 万人，女 75.9 万人；25~29 岁男 60.7 万人，女 60.7 万人；30~64 岁男 288.5 万人，女 108.9 万人；65 岁以上男 45.6 万人，女 91.1 万人）。国内生产总值 423 亿美元（2004 年）。国防费 4.19 亿美元（2005 年国防预算）。粗钢 469 万吨（2001 年）。原煤 8209 万吨（2004 年）。原油 5006 万吨（2004 年）。天然气 90 亿立方米（2004 年）。发电量 553 亿度（2001 年）。粮食 1240 万吨（2004 年）。民航能力，固定航班机场 20 处，客运量 24.29 亿人公里、货运量 2.37 亿吨公里（2005 年）。

国防体制　宪法规定，总统为武装力量最高统帅。最高国防政策决策机构为国家安全委员会，由沙布达尔巴耶夫任主席。国防部为政府中的一个部，是最高军事行政机关，负责组织国防建设、制定和实施军队建设和发展规划，为部队提供资金、物资技术和装备保障。武装力量由正规军和准军事部队组成。正规军分陆军、空中防御力量两个军种和机动力量一个兵种。最高军事指挥机构为总参谋部。总统通过国防部和总参谋部对全国武装力量实施领导指挥。

领导人物　总统兼武装力量统帅纳扎尔巴耶夫（1991 年 12 月上任，1999 年 1 月第一次连任，2006 年 1 月第二次连任）。国防部长阿尔腾巴耶夫（2005 年 12 月连任）。总参谋长穆哈麦特扎诺维奇。

武装力量　兵力　现役部队 6.58 万人。

陆军　4.68 万人。编有 4 个军区（其中，1 个军区编配 1 个摩步旅、1 个炮兵旅；1 个军区编配 1 个机械化师、1 个火箭炮旅、1 个独立旅、2 个摩步旅；1 个军区编配 1 个摩步师、1 个工兵旅、1 个摩步旅；1 个军区尚无编制），1 个空中突击旅，1 个炮兵旅，1 个地地导弹旅。

主战坦克：T-72 型 650 辆，T-62 型 280 辆。装甲侦察车：BRDM 型 140 辆。装甲步兵战车：BMP-1/BMP-2 型 508 辆，BRM 型 65 辆。装甲输送车：BTR-70/BTR-80 型 84 辆，MT-LB 型 686 辆（另有库存约 1000 辆）。牵引炮：122 毫米、152 毫米 505 门。自行炮：122 毫米、152 毫米 163 门。迫/榴炮：120 毫米 26 门。火箭炮：122、220 毫米 147 门。迫击炮：120 毫米 145 门。反坦克制导武器：AT-4/AT-5/AT-6 型若干部。火箭筒：73 毫米若干具。反坦克炮：100 毫米 68 门。地地导弹：SS-21 型 12 枚。

空军（包括防空军）　1.9 万人。编为 1 个空军师，包括 2 个战斗机团（1 个团配有 40 架米格-29；1 个防空团配有 43 架米格-31、16 架米格-25），3 个地面攻击战斗机团（1 个团配有 14 架苏-24；1 个团配有 14 架苏-25；1 个团配有 25 架苏-27），1 个侦察机团（配有 12 架苏-24），若干武装直升机团（配有 14 架米-171V5），若干教练团（配有 12 架 L-39，4 架雅克-18 型），若干直升机团（配有米-8，6 架 UH-1H）及若干突击团（配有图-134，图-154）。作战飞机 164 架、武装直升机 14 架。

战斗机：米格-31 型 43 架，米格-29 型 40 架，苏-27 型 25 架，米格-25 型 16 架（另有 75 架米格-23 等型机库存）。攻击战斗机：苏-25 型 14 架，苏-24 型 14 架。运输机：图-134 型、图-154 型若干架。教练机：L-39 型 12 架，雅克-18 型 4 架。武装直升机：米-171V5 型 14 架。直升机：米-8 型，UH-1H 型 6 架。地空导弹：SA-2/SA-3 型 100 枚，SA-4/SA-5 型 27 枚，SA-6 型 20 枚。空地导弹：AS-10/AS-11/AS-7/AS-9 型若干枚。空空导弹：AA-6/AA-7/AA-8 型若干枚。

准军事部队　3.45 万人，其中边防军 1.2 万人（包括海岸警卫队 3000 人），内务部队 2 万人，总统卫队 2000 人，政府卫队 500 人。

外国驻军　韩国驻军 205 人。

军队节日　建军节　5 月 8 日。

（果　立）

韩　国

国　　名　大韩民国。

主要统计　面积 9.9 万平方公里。人口 4905.3 万人（2004 年。其中 13~17 岁男 178 万人，女 167.2 万人；18~22 岁男 191.6 万人，女 178.4 万人；23~32 岁男 435.9 万人，女 408.8 万人）。国内生产总值 6947 亿美元（2004 年）。国防预算约 220 亿美元（2006 年度）。粗钢 4752 万吨（2004 年），居世界第五位。新接造船订单量 16311 万标准货船吨数，居世界第一位。粮食 1062.6 万吨。铁路总长 3380 公里，其中电气化铁路 1339 公里，复线 1287 公里。公路总长约 10 万公里。海运能力，现有港口 50 个，年总吞吐量 1444 万集装箱，居世界第五位，船舶 6881 艘，总吨位 744 万吨（2004 年）。民航能力，国际机场 8 个、国内航线机场 16 个，各类民航飞机 289 架，其中客货运飞机 198 架。

国防体制　总统为全国武装力量统帅，通过国防部对军队实施领导和指挥。国家安全保障会议为最高国防决策机构，由总统任主席，其成员包括国务总理、国防部长官、国家情报院院长、参谋长联席会议主席、统一部长官、外交通商部长官等。国防部是总统统率武装力量的最高行政机构，主要负责制定国防政策和军队建设计划。国防部下辖参谋长联席会议，国防部长官的军令权通过参谋长联席会议主席实施。参谋长联席会议统帅三军本部（陆军本部、海军本部和空军本部），是全军的作战最高指挥机构。参谋长联席会议主席在国防部长官的直接领导下行使对陆海空三军部队的作战指挥权，并在战时或遇有紧急情况时有权直接下达作战指令，参加国家安全保障会议，向总统汇报情况和提出决策性意见，而且还能决定三军种参谋总长推荐的军级以上指挥官人选。目前，韩国参谋长联席会议设1名上将级主席和1名中将级副主席。

领导人物 总统兼国家安全保障会议主席卢武铉（2003年2月25日上任），国防部长官尹光雄（2004年7月28日上任），参谋长联席会议主席李相熹上将（2005年3月22日上任），陆军参谋总长金章洙（2005年3月22日上任），海军参谋总长南海一上将（2005年3月22日上任），空军参谋总长金成一上将（2005年9月28日上任）。

武装力量 **兵力** 现役部队69.1万人。

陆军 56万人。编有3个集团军、12个军、47个师、21个旅。

主战坦克：总共2330辆，其中T88型1000辆、T-80U型80辆、M-47型400辆、M-48型850辆。装甲步兵战车：BMP-3型40辆。装甲运兵车：总共3500辆，其中KIFV型1700辆、M-113型420辆、M-577型140辆、Fiat6614/KM-900/-901型200辆、BTR-80型20辆。牵引火炮：105毫米、155毫米、203毫米共约3500门。自行火炮：155毫米、175毫米、203毫米共有1040辆。无坐力炮：57毫米、75毫米、90毫米、106毫米若干门。迫击炮：81毫米、107毫米共有6000门。反坦克火炮：76毫米、90毫米总共58门。地对地导弹：奈克1/2型12枚。反坦克导弹："陶"式导弹若干枚。高射炮：20毫米、30毫米、35毫米、40毫米总共600门。空对空导弹：约1090枚，其中，"轻标枪"350枚、"红眼睛"60枚、"毒刺"约200枚、"西北风"170枚、"霍克"110枚、"奈基"200枚。另外还有"天马"导弹若干枚。

陆军航空兵 装备有O-1A型飞机5架，攻击直升机AH-1F/-J型60架、休斯500MD型45架、BO-105型12架，运输直升机CH-47D型18架、MH-47E型6架，直升机休斯500型130架、UH-1H型20架、UH-60P型130架、AS-332L型3架。

海军 6.3万人（含陆战队2.8万人，雇佣兵约1.9万人）。编有3个舰队司令部。

潜艇："张保皋"级10艘、小型潜艇11艘。驱逐舰："广开土大王"级3艘、"文武大王"级3艘、"光州"级3艘。护卫舰："蔚山"级9艘，猎潜艇："浦项"级24艘、"东海"级4艘。导弹护卫舰5艘。导弹快艇："白鸥"52型5艘。近海巡逻艇："海豚"型75艘。扫雷舰"海鹰"型1艘。扫雷艇14艘，其中"江津"级猎雷艇6艘，"金山"级扫雷艇8艘。登陆舰艇12艘，其中"短吻鳄"级大型坦克登陆舰4艘、美制LST-511型坦克登陆舰6艘、美制LSM-1型中型登陆舰2艘。另有海上支援舰船14艘。

海军航空兵 编有3个反潜中队，装备有16架作战飞机、43架直升机。其中，S-2E型反潜机8架，P-3C型反潜巡逻机8架，SA-316型直升机10架，"大山猫"和"超级大山猫"型直升机11架，MD500型直升机22架。

海军陆战队 2.8万人，编有2个师、1个旅。主战坦克：M-47型60辆。装甲突击车：LVTP-7型60辆、AAV-7A1型42辆。牵引火炮：105毫米、155毫米若干门。岸对舰导弹："鱼叉"式若干枚。

空军：6.47万人。编有作战司令部1个、南部战斗司令部1个、飞行团10个、防空炮兵司令部1个、教育司令部1个、战术飞行团1个、防空管制团1个、侦察飞行团1个、训练飞行团1个。作战飞机538架。

战斗机：F-16C型机104架，F-16D型机49架，F-5E型机150架，F-5F型机35架，F-4D型机60架，F-4E型机70架。攻击机：A-37B型机22架。观察机：O-1A型机20架、O-2A型机10架。侦察机：RF-4C型18架、RF-5A型5架，RC-800RA型4架，RC-800XP型4架。救难搜索机：UH-1H型机5架、贝尔-212型机4架。运输机：BAE748型机（要员专机）2架、波音737-300型机（要员专机）1架，C-118型机1架，C-130H型机10架，CN-235M型直升机20架，CH-47型机6架，AS-332型机3架，VH-60型机3架，Ka-32型机7架。改装教练机：F-5B型机25架，T-37型机50架，T-38型机30架，T-41B型机25架，"隼"式MK-67型机18架，KT-1型机55架。空对地导弹："小牛"式空对地导弹、"哈姆"高速反雷达导弹，AGM-130战术空对地导弹、"恰夫纳普"空对地导弹各若干枚。空对空导弹："麻雀"系列导弹、"阿姆拉姆"系列导弹等各若干枚。地对空导弹：奈基、霍克等系列导弹各若干枚。

准军事部队 民防部队350万人。海洋警察约4500人，装备有大型巡逻艇11艘、巡逻艇33艘、近海巡逻艇38艘、直升机休斯500型9架。

兵役制度 实行全民兵役制，并招募志愿兵。陆军服役期26个月，空军和海军为30个月。

军衔 共分5等15级，即将官4级（上将、中将、少将、准将），校官3级（上校、中校、少校），尉官4级（上尉、中尉、少尉、准尉），军士3级

（上士、中士、下士），兵1级。

海外驻军 吉尔吉斯斯坦250人，阿富汗1人，东帝汶3人，印巴9人，格鲁吉亚7人，西撒哈拉20人。

外国驻军 美国驻军3.45万人。其中陆军约2.5万人，编有1个陆军集团军司令部和1个步兵师。海军420人。空军约8900人，1个空军司令部（第7航空队），2个战斗联队，配备有约90架战斗机。其中，3个战斗飞行中队，装备有F-16型飞机60架；1个侦察飞行中队，装备有10架A-10型侦察机、12架OA-TO型侦察机；1个特殊控制中队装备有MH-53J重型直升机和USMC-130型运输机。

军队节日 建军节10月1日。

（武建伟）

吉尔吉斯共和国

国　　名 吉尔吉斯共和国。

主要统计 面积19.85万平方公里。人口512.07万人（2004年12月。其中0~14岁男82.3万人，女77.2万人；15~19岁男30.9万人,女30.9万人；20~24岁男25.7万人,女25.7万人；25~29岁男20.6万人,女20.6万人；30~64岁男77.2万人,女87.5万人；65岁以上男15.4万人,女20.6万人）。国内生产总值98亿美元（2004年）。国防费0.73亿美元（2005年国防预算）。原煤47.7万吨（2001年）。原油7.5万吨（2001）。天然气3270万立方米（2001年）。发电量136.40亿千瓦/时（2001年）。粮食174.66万吨（2004年）。民航能力，固定航班机场2处，客运量44.08亿人公里，货运量6520万吨公里（2005年）。

国防体制 宪法规定，总统为武装力量最高统帅。最高国防政策决策机构为国家安全委员会。国防部为政府中的一个部，是最高军事行政机关。武装力量由正规军和准军事部队组成。正规军分陆、空两个军种。最高军事指挥机构为总参谋部。总统通过国防部和总参谋部对全国武装力量实施领导指挥。

领导人物 总统兼武装力量统帅巴基耶夫（2005年8月上任）。国防部长伊萨科夫。总参谋长马梅尔库洛夫。

武装力量 **兵力** 现役部队1.25万人。

陆军 8500人。编有1个摩步师、2个独立山地旅、1个防空旅、1个高炮团、3个特种营。

主战坦克：T-72型215辆。装甲侦察车：BRDM-2型30辆。装甲步兵战斗车：BMP-1/BMP-2型387辆。装甲输送车：BTR-70/BTR-80型63辆。牵引炮：100毫米、122毫米、152毫米141门。自行炮：122毫米18门。迫/榴炮：120毫米12门。火箭炮：122毫米21门。迫击炮：120毫米54门。反坦克制导武器：AT-3/AT-4/AT-5型26部。火箭筒：73毫米若干具。无坐力炮：73毫米若干门。反坦克炮：100毫米18门。高炮：23毫米、57毫米48门。地空导弹：SA-7型若干枚。

空军 4000人。编有1个航空团（配有48架米格-21型，2架安-12型，2架安-26）、1个战斗机团（配有4架L-39型）、1个直升机团（配有9架米-24型，23架米-8型）、若干地空导弹团（配有SA-2/SA-3/SA-4型地空导弹若干枚）。作战飞机52架、武装直升机9架。

战斗机：米格-21型48架，库存24架。运输机：安-12型2架，安-26型2架。教练机：L-39型4架，库存24架。直升机：米-24型9架，米-8型23架。地空导弹：SA-2/SA-3/SA-4型若干枚。

准军事部队 约5000余人，包括边防部队5000人及少数国民卫队。

外国驻军 美国驻军950人，丹麦驻军75人，俄罗斯驻军约500人及米-8/苏-24/苏-25/苏-27型飞机20架。

军队节日：建军节 5月29日（1992年）

（果　立）

科威特

国　　名　科威特国。

主要统计　面积 1.7818 万平方公里。人口 270 万人（2004 年。其中，0~14 岁男 32.7 万人，女 30.4 万人；15~19 岁男 9.3 万人，女 9.3 万人；20~24 岁男 16.3 万人，女 11.7 万人；25~29 岁男 20.01 万人，女 11.7 万人；30~64 岁男 58.4 万人，女 25.7 万人；65 岁以上男 4.7 万人，女 2.3 万人）。国内生产总值约合 490 亿美元（2004 年）。国防费合 42.7 亿美元（2005 年国防预算）。原油 8.541 亿桶（2005 年）。海运能力，商船（载重 100 吨以上）209 艘，总载重量 318.85 万吨（2004 年）。民航能力，固定航班机场 1 处，客运量 61.37 亿人公里、货运量 2.43 亿吨公里（2004 年）。

国防体制　国家元首、科威特埃米尔为武装力量统帅。国防部是最高军事行政机构，负责国防行政事务。武装力量主要由正规军和准军事部队组成。正规军分陆、海、空三个军种，准军事部队隶属内政部。

领导人物　埃米尔兼武装部队统帅萨阿德·阿卜杜拉·萨利姆·萨巴赫（2006 年 1 月 15 日上任）。第一副首相兼国防大臣谢赫·贾比尔·穆巴拉克·萨巴赫（2003 年 7 月 14 日上任）。武装部队总参谋长塔亚尔中将。

武装力量　兵力　现役部队 1.55 万人。

陆军　1.1 万人。编有 3 个装甲旅、2 个机械化步兵旅、1 个侦察旅、1 个炮兵旅、1 个工兵旅、1 个后备队旅、1 个阿米尔卫队旅、1 支特种部队（正在组建中）、1 个突击营、1 个高炮指挥部。

主战坦克：共 368 辆，其中 M-84 型 75 辆（另库存有 75 辆），M-1A2 型“酋长”218 辆。步兵战车：共 450 辆，其中 BMP-2/-3 型 196 辆、“沙漠武士”254 辆。装甲输送车：共 321 辆，其中 M-113A2 型 230 辆、M-577 型 40 辆、TH390“法赫德”40 辆（库存）、TPz-1“狐狸”11 辆。火炮：共 218 门。其中，自行炮 113 门，包括 155 毫米 M-109A3 型 23 门、AU-F-1 型 18 门（库存）、F-3 型 18 门、PLZ45 型 54 门；多管火箭炮 27 门（300 毫米“斯莫奇”9A52 型）；迫击炮共 78 门，包括 81 毫米 60 门、107 毫米 M-30 型 6 门、RT-F1 型 12 门。反坦克导弹：118 枚以上，其中“陶”式 118 枚（包括 TOW-2 型 44 枚、HMMWV 型 66 枚、M-901 型 8 枚），M47“龙”式若干枚。无坐力炮：84 毫米约 200 门。地空导弹：84 枚。高炮：35 毫米若干门。

海军　约 2000 人（含海岸警卫队 500 人）。

导弹艇：10 艘。登陆艇：共 6 艘，其中机械化登陆艇 2 艘、支援登陆艇 4 艘。

空军　约 2500 人。飞机 129 架，其中作战飞机 80 架、武装直升机 32 架。

攻击/战斗机：F/A-18 型 39 架（F/A-18-C 型 31 架、F/A-18-D 型 8 架），F-1CK（F-1C）/F-1BK（F-1B）“幻影”14 架。防暴兼教练机：“图卡诺人”16 架以上，“霍克”MK64 型 11 架。运输机：L-100-30 型 3 架、DC-9 型 1 架。直升机：AS-332 型 4 架、SA-330 型 9 架。训练/武装直升机：SA-342 型 16 架。武装直升机：AH-64D 型 16 架。

防空部队　编有 15 个连。

预备役部队　2.37 万人。

准军事部队　国民警卫队 0.66 万人，编有 1 个装甲营、1 个特种兵营、3 个预备役营、1 个警察营，装备装甲侦察车 20 辆、装甲输送车 92 辆。海岸警卫队 500 人，装备扫雷艇/船 30 艘以上、海岸巡逻艇 5 艘、通用登陆艇 3 艘。

兵役制度　实行义务兵役制，义务兵服役期限 2 年（大学生 1 年），预备役期 14 年。

驻外兵力　2005 年 5 月 1 日，科威特外交大臣穆罕默德说，根据联合国决议，科已决定派部队参加联合国在苏丹南部的维和行动，以维护苏丹的安全与稳定。随后，苏丹政府宣布，科威特计划 6 月份派遣 100 至 150 名士兵参加联合国在苏丹的维和行动。

外国驻军　美国、英国、德国在科威特驻军约 3 万人。据科威特媒体 2005 年 12 月 21 日报道，美国军方将把科威特境内的多哈军营交还科方。截至 12 月 20 日，美军已将这座军营中三分之二的人员和装备撤往阿里夫坚军营，其余人员和装备将于 2006 年撤出。

（钟学良）

黎　巴　嫩

国　　名　黎巴嫩共和国。

主要统计　面积1.0452万平方公里。人口400万人（2004年。其中0~14岁男53.6万人，女49.7万人；15~19岁男15.3万人，女15.3万人；20~24岁男19.1万人，女19.1万人，25~29岁男22.9万人，女19.1万人；30~64岁男65.04万人，女61.2万人；65岁以上男11.5万人，女15.3万人）。国内生产总值177亿美元（2005年）。国防费800亿黎巴嫩镑、合5.3亿美元（2005年）。2003年工业总产值为1.04亿美元。海运能力，商船（载重100吨以上）163艘，总载重量4.38亿吨（2004年）。民航能力，固定航班机场1处，客运量21.16亿人公里、货运量3.19亿吨公里（2004年）。

国防体制　宪法规定，总统为武装力量统帅。最高国防决策机构为最高国防委员会，其成员有总统、内阁部长、军队司令、参谋长等，由总统任主席。国防部为最高军事行政机关，负责军队与地方部门的协调，提供防务咨询和建议，进行国际军事交往等工作。武装力量由正规军和准军事部队组成。正规军分陆、海、空三个军种。最高军事指挥机构为军队司令部。总统通过国防部和军队司令部对全国武装力量实施领导和指挥。

领导人物　总统兼武装力量统帅埃米勒·拉胡德（1998年11月24日上任）。国防部长阿卜杜勒-拉希姆·穆拉德（2004年10月26日上任）。军队总司令米什阿勒·苏莱曼中将（1998年12月上任）。参谋长拉姆兹·艾布·哈姆扎少将（2002年上任）。

武装力量　**兵力**　现役部队约7.21万人。

陆军　约7万人。编有5个军区、11个机械化步兵旅、1个总统警卫旅、1个武装警察旅、1个特别行动团、5个特种兵团、1个空中突击团、1个海上突击团、2个炮兵团。

坦克：共310辆，其中M-48A1/A5型110辆、T-54/-55型200辆。装甲侦察车：AML型60辆。装甲输送车：共1257辆，其中M-113A1/A2型1164辆、VAB-VCI型81辆、“庞阿尔”M3/VTT型12辆。火炮：共541门。其中，牵引炮：共147门，包括105毫米M-101A1型13门，122毫米D-30型24门、M-30/1938型32门，130毫米M-46型16门，155毫米M-114A1型15门、M-198型32门、MODEL-50型15门；火箭炮：122毫米BM-21型25门；迫击炮：共369门，包括81毫米158门、82毫米111门、120毫米100门。反坦克导弹：“安塔克”式30枚，“米兰”式16枚，“陶”式24枚。火箭筒：73毫米RPG-7型和89毫米M-65型若干具。无坐力炮：106毫米M-40A1型50门。高炮：20毫米10门以上、23毫米ZU-23型若干门、40毫米M-42A1型10门。地对空导弹：SA-7A/B20枚。

海军　1100人。

主要基地：朱尼耶、贝鲁特。巡逻艇：7艘，另有武装小艇25艘。两栖登陆艇：2艘。

空军　1000人。

直升机：UH-1H型24架、贝尔-212型5架、R-44型2架、SA-316型3架、SA-318型1架、SA-330型3架、SA-342型2架。教练机：″大斗犬″式3架、CM-170型5架。

准军事部队　内部治安部队：约1.3万人，装备有V-200“突击队”式装甲输送车60辆。海关：装备有巡逻艇7艘。

教派民兵武装　除“真主党”外，大多数民兵实际上已经解散，并把重武器交给了政府军。“真主党”穆斯林什叶派原教旨主义组织，亲伊朗。约有现役武装300~500人，另有支援力量约2000人。装备有火炮、火箭炮、火箭筒、无坐力炮、反坦克导弹和高炮等。

兵役制度　实行义务兵役制与志愿兵役制相结合的兵役制。义务制服役期限为18个月，志愿制至少签3年合同。

军衔　军官分3等9级：将官3级（中将、少将、准将），校官3级（上校、中校、少校），尉官3级（上尉、中尉、少尉）。

外国驻军　联合国驻黎巴嫩维和部队。目前，这支维和部队共有1995名官兵，编成5个营。2006年1月25日，应黎巴嫩政府的请求，安理会15个成员国一致同意，将联合国驻黎维和部队任期再延长6个月，至2006年7月31日。

军队节日　建军节 8 月 1 日。

（钟学良）

马 来 西 亚

国　　名　马来西亚。

主要统计　面积 33.0257 万平方公里。人口 2558 万人（2004 年 12 月。其中，0~14 岁男 407.2 万人,女 383.2 万人；15~64 岁男 766.5 万人，女 742.5 万人；65 岁以上男 47.9 万人，女 48 万人）。国内生产总值 1170 亿美元（2004 年）。国防费 24.7 亿美元（2005 年国防预算）。石油日产 75.3 万桶（2004 年），天然气 22.24 亿立方英尺。粮食 209.4 万吨（2000 年）。海运能力，商船（载重 100 吨以上）552 艘，总载重量 291.63 万吨（2004 年）。民航能力，固定航班机场 39 处，客运量 337.08 亿人公里、货运量 14.25 亿吨公里（2004 年）。

国防体制　国家元首为武装力量统帅，最高国防决策机构为国家安全委员会，总理兼任主席。内阁设国防部，为最高军事行政机关。武装力量由正规军和准军事部队两部分组成。正规军分陆、海、空三个军种，各军种均设参谋部。最高军事指挥机构为武装力量司令部。

领导人物　国家元首兼武装力量统帅端古·赛义德·西拉杰丁（2002 年 4 月 25 日登基）。总理兼国家安全委员会主席达图·斯里·阿卜杜拉·巴达维（2003 年 10 月就任，2004 年 3 月连任）。国防部长纳吉布·敦·拉扎克（1999 年 12 月上任）。武装部队总司令达图·斯里·穆罕默德·扎希迪·扎伊努丁上将（1999 年 1 月上任）。陆军司令达图·穆罕默德·沙龙上将（2003 年 1 月上任）。海军司令达图·斯尔亚斯·汀上将（2005 年 4 月上任）。空军司令达图·斯里·尼克·伊斯迈尔上将（2004 年 4 月上任）。

武装力量　**兵力**　现役部队 11 万人。

陆军　8 万人。编有 2 个军区，1 个军，4 个师，1 个机步旅，11 个步兵旅，1 个空降旅（包括 3 个空降营、1 个轻型炮兵团、1 个轻型坦克中队），5 个装甲团，1 个特战团（3 个营），10 个炮兵团，5 个工兵团，1 个陆航直升机中队。

轻型坦克：26 辆。装甲侦察车：各型 418 辆。装甲输送车：各型 1020 辆。牵引炮：164 门。迫击炮：232 门。反坦克导弹：60 枚。火箭炮：602 门。无坐力炮：260 门。高炮：各型 60 门。地空导弹：48 枚。直升机：9 架。攻击机：165 架。

海军　1.5 万人（含海军航空兵）。编有 1 个海上司令部和关丹、拉布安 2 个海军区。

导弹护卫舰：2 艘。护卫舰：各型共 8 艘。巡逻艇：35 艘。扫雷艇：4 艘。两栖舰艇：1 艘。后勤支援舰船：3 艘。

海军航空兵　160 人，装备有“黄蜂”式直升机 6 架。

空军　1.5 万人。编有 2 个航空师，3 个攻击战斗机中队，2 个战斗机中队，1 个攻击战斗机兼侦察机中队，1 个海上侦察机中队，4 个运输机中队，1 个地空导弹中队。作战飞机 63 架。

攻击战斗机：各型 46 架。战斗机：米格-29 型 17 架。武装侦察机：2 架。海上侦察机：4 架。运输机：40 架。运输直升机：35 架。无人驾驶飞机：3 架。教练机：共 86 架，其中 13 架为直升机、45 架 PC-7 型具有作战能力。空空导弹：若干枚。

预备役部队　5.16 万人。其中陆军 5 万人，海军 1000 人，空军 600 人。

准军事部队　约 2.01 万人。其中警察 1.8 万人（编成 5 个旅），海上警察约 270 人，地区治安警察 3500 人，边境侦察部队 1200 人，人民志愿团 24 万人。

部署　马来西亚以东经 109 度线为界把其本土和所属海域分为东、西两部分，划成两个海军区。全国主要海、空军基地 7 处，其中海军基地 4 处（关丹、拉布安/山打根、卢木、双溪安图）、空军基地 3 处（吉隆坡、亚罗士打、吉打）。

兵役制度　实行志愿兵与义务兵役制相结合的兵役制度，志愿兵服役期 10 年。

军衔　军官分 3 等 9 级：将官 3 级（上将、中将、少将），校官 3 级（上校、中校、少校），尉官 3 级（上尉、中尉、少尉）。

驻外兵力　2005 年共有 65 人在国外参加联合国维和行动。

外国驻军　澳大利亚 127 人，其中陆军 115

人、空军 12 人。

军队节日 建军节 9 月 16 日。

（孟 丽）

蒙 古

国 名 蒙古国。

主要统计 面积 156.65 万平方公里。人口 253.32 万人（2004 年。其中，0~14 岁 80.9 万人，15~19 岁 33.5 万人，20~24 岁 27.9 万人，25~29 岁 27.9 万人，30~64 岁 97.7 万人，65 岁以上 11.1 万人）。国内生产总值 11 亿美元（2004 年）。国防预算 1760 万美元（2005 年）。2004 年工业总产值为 2.59 亿美元。粮食 21.87 万吨（2004 年）。牲畜 3200 万头（2001 年）。民航能力，固定航班机场 1 处，客运量 5.25 亿人公里、货运量 4800 万吨公里（2005 年）。

国防体制 宪法规定，总统为国家武装力量总司令，总统通过国防部长会议对军队实施指挥。国防部长会议为国防部最高决策机构，由国防部长任主席。成员包括：国防部副部长、国防部国务秘书、武装力量总参谋长、国防部政策规划与对外合作局局长、国防部行政管理局局长、国防部政策实施协调局局长、国防部信息与评估局局长等。国防部长会议负责制定并组织实施国防政策，完善军队体制编制，管理国防经费，任命团以上、副总参谋长以下各级干部，并负责对外军事合作。国防部为负责国防事务的最高行政机关。总参谋部为负责武装力量作战训练和全面建设的最高指挥机关，负责制定军事战略计划，统一指挥各军兵种部队。武装力量由现役部队、预备役部队和准军事部队组成。

领导人物 总统兼武装力量总司令那木巴尔·恩赫巴亚尔（2005 年 5 月当选）。国防部长策·沙日布道尔吉（2005 年 3 月上任）。武装力量总参谋长策·陶高少将（2002 年 10 月上任）。

武装力量 **兵力** 现役部队约 8600 人（含建筑工程部队 300 人）。

陆军 7500 人。编有 6 个摩步团，1 个快速反应营，1 个独立营，1 个炮兵团等。装备坦克 370 辆（T-54/-55 型）。装甲侦察车 120 辆（BRDM-2 型）。装甲步兵战车 310 辆（BMP-1 型）。装甲输送车 150 辆（BTR-60 型）。牵引炮：300 门。火箭炮：130 门。迫击炮：140 门。反坦克炮：200 门。

国土防空军 800 人。编有数个运输机中队，数个攻击直升机中队和 2 个防空团。装备运输机 9 架（其中空中客车 A-310 型 1 架，安-2 型 6 架，安-26 型 1 架，波音 737 型 1 架）。直升机 13 架（其中攻击直升机米-24 型 11 架，运输直升机米-8 型 2 架）。高炮 150 门。

预备役部队 陆军 13.7 万人。

准军事部队 7200 人。其中，边防部队 6000 人，内卫部队 1200 人。

兵役制度 实行以义务兵役制、合同兵役制为主，等同兵役、税代兵役等多种服役形式为辅的混合兵役制。义务兵役制：18~25 岁男性公民，服役期为 1 年。

军衔 分 7 等 20 级，即除蒙古国元帅不分级外，将官分 3 级（上将、中将、少将），校官 3 级（上校、中校、少校），尉官 8 级（大尉、上尉、中尉、特级准尉、训导准尉、一级准尉、二级准尉、三级准尉），军士 3 级（大士、上士、中士），士兵两级（上等兵、列兵）。

驻外兵力 驻阿富汗教官 21 人；驻刚果（金）联合国军事观察员 2 人；驻伊拉克维和人员 130 人；驻苏丹联合国军事观察员 2 人；驻西撒哈拉联合国军事观察员 3 人。

军队节日 建军节 3 月 18 日。

（赵彦华）

孟加拉国

国　　名　孟加拉人民共和国。

主要统计　面积 14.3998 万平方公里。人口 1.35 万人。其中，0~14 岁男 2453 万人，女 2309 万人；15~19 岁男 865 万人，女 865 万人；20~24 岁男 866 万人，女 866 万人；25~29 岁男 577 万人，女 577 万人；30~64 岁男 2309 万人，女 2164 万人；65 岁以上男 288 万人，女 288 万人）。国内生产总值 3.3 万亿塔卡，合 563 亿美元（2004 年）。国防费 500 亿塔卡，合 7.85 亿美元（2005 年国防预算）。原油 1225 万桶（2003 年）。天然气 85.23 亿立方米（2003 年）。发电量 142.57 亿度（2003 年）。粮食 3790.5 万吨（2003 年）。海运能力，商船（载重 100 吨以上）301 艘，总载重量 56.68 万吨（2000 年）。民航能力，固定航班机场 8 处，客运量 34.66 亿人公里、货运量 1.904 亿吨公里（2002 年）。

国防体制　宪法规定，总统为武装力量统帅。陆、海、空三军分立，三军参谋长分别是三军的最高首长。国防部由文官掌管，仅负责军事预算、军工生产和装备采购等行政事务，对军队无指挥权。准军事部队属内政部管辖，平时负责边、海防和内卫治安，战时配合正规军作战。

领导人物　总统兼武装部队总司令亚杰丁·艾哈迈德（2002 年 6 月就任）。总理兼国防部长卡莉达·齐亚（女，2001 年 10 月上任）。陆军参谋长哈桑·马苏德·乔杜里（2002 年 11 月）。海军参谋长阿布.塔赫尔少将（1999 年 6 月上任）。空军参谋长贾姆鲁丁.阿赫迈德少将（1999 年 6 月上任）。

武装力量　**兵力**　现役部队 12.55 万人。

陆军　11.1 万人。编有 7 个步兵师、17 个步兵旅（约 26 个营）、1 个装甲旅（2 个装甲团）、2 个装甲团、1 个炮兵师（6 个炮兵团）、1 个工兵旅、1 个防空旅。

主战坦克：T-54/-55 型 100 辆。T-59/-69 型 80 辆。轻型坦克：T-62 型约 40 辆。装甲输送车：BTR-80 型 70 辆。BTR-70 型 60 辆。MT-LB 型若干辆。牵引炮：105 毫米 80 门，122 毫米 20 门，130 毫米 40 门。迫击炮：81、82 毫米若干门，120 毫米 50 门。无坐力炮：106 毫米 30 门。反坦克炮：57 毫米 18 门、76 毫米 50 门。高炮 37 毫米 16 门、57 毫米若干门。地空导弹：HN-5A 型若干部。

海军　约 9000 人。基地：吉大港（司令部）、达卡、库尔纳。

护卫舰：5 艘。导弹快艇：10 艘。鱼雷快艇 4 艘。近海巡逻艇：2 艘。海岸巡逻艇：8 艘。近岸巡逻艇：4 艘。江河船艇：5 艘。扫雷艇：4 艘。登陆艇：14 艘。支援舰船：8 艘。

空军　6500 人。编有 4 个攻击/战斗机中队、3 个直升机中队。作战飞机 57 架。

攻击/战斗机：A-5 型 18 架、F-6 型 16 架、F-7M 型 16 架、FT-7B 型 7 架。运输机：安-32 型 3 架。直升机："贝尔"212 型 11 架、米-8 型 1 架、米-17 型 15 架。教练机：50 架（其中 8 架 L-39ZA 型具有作战能力）。空空导弹：AA-2 型若干枚。

准军事部队　6.32 万人，其中孟加拉步枪队 3.8 万人（边防部队，编成 41 个营），武装警察 5000 人，保安部队 2 万人，海岸警卫队 200 人。

兵役制度　实行志愿兵役制。陆军士兵一般要服役 20 年。

军衔　分 5 等 14 级：将官 2 级（少将、准将），校官 3 级（上校、中校、少校），尉官 3 级（上尉、中尉、少尉），军士 3 级（上士、中士、下士），兵 3 级（一等兵、二等兵、新兵）。

驻外兵力　2003 年共有 2527 人在多哥、东帝汶、埃塞俄比亚、格鲁吉亚、塞拉利昂、西撒哈拉等国和地区参加联合国维和行动。

军队节日　建军节 11 月 21 日。

（刘温国）

缅　　甸

国　　名　缅甸联邦。

主要统计　面积 67.6581 万平方公里。人口 5300 万人（2004 年。其中，0~14 岁男 641.7 万人，女 641.7 万人；15~64 岁男 1628.9 万人，女 1678.3 万人；65 岁以上男 98.7 万人,女 246.9 万人）。国内生产总值 690 亿美元（2004 年）。国防费 6850 万美元（2005 年国防预算）。原油 771 万桶（2003 年），发电量 48.6 亿度（2003 年）。粮食 2548 万吨（2003 年）。海运能力，商船（载重 100 吨以上）144 艘，总载重量 135.4 万吨（2004 年）。民航能力，固定航班机场 19 处，客运量 4.38 亿人公里、货运量 320 万吨公里（2004 年）。

国防体制　"国家和平与发展委员会"主席（相当于总统）为国防军总司令。国防部为国防军最高统帅机关，统管作战、训练和军工等工作。武装力量由正规军和准军事部队组成。正规军分陆、海、空三个军种。最高军事指挥机构为国防军最高司令部。"国家和平与发展委员会"通过国防部和国防军最高司令部对全国武装力量实施领导和指挥。

领导人物　"国家和平与发展委员会"主席兼国防部长和国防军总司令丹瑞大将（1997 年 11 月上任）。"国家和平与发展委员会"副主席、国防军副总司令兼陆军司令貌埃二级大将（1997 年 11 月上任）。国防军总参谋长杜拉瑞曼上将（2001 年 11 月上任）。海军司令梭登中将（2004 年 1 月上任）。空军司令妙亨中将（2002 年 3 月上任）。

武装力量　**兵力**　现役部队约 42.8 万人。

陆军　35 万人。编有 12 个军区，10 个机动步兵师，4 个特战指挥部，14 个战线指挥部，34 个战术指挥部，437 个步兵营，10 个装甲营，14 个高炮营和 37 个独立炮兵连。

主战坦克：150 辆。轻型坦克：105 辆。装甲侦察车：各型 115 辆。装甲输送车：各型 325 辆。牵引炮：各型 278 门。火箭炮：30 门。迫击炮：80 余门。无坐力炮：1000 余门。反坦克炮：60 门。高炮：各型 46 门。

海军　约 1.3 万余人（含陆战队）。设有 6 个海军基地（仰光、勃生、墨吉、毛淡棉、塔韦、实兑）。

轻型护卫舰：4 艘。巡逻艇：71 艘。两栖船只：11 艘。支援船只：15 艘。

陆战队：800 人（1 个营）。

空军　1.2 万人。编有 3 个战斗机中队，2 个攻击战斗机中队，2 个防暴机中队、1 个运输机中队和 4 个直升机中队。作战飞机 125 架，武装直升机 29 架。

战斗机：各型 70 架。攻击/战斗机：22 架。防暴机：各型 33 架。运输机：各型 14 架。联络机：17 架。直升机：共 66 架。其中米-2 型 18 架和米-17 型 11 架为武装直升机。

准军事部队　10.725 万人，其中人民警察 7.2 万人、民兵 3.5 万人、渔业部门约 250 人及 11 艘船只。

兵役制度　实行志愿兵役制。

军衔　军官分 3 等 11 级：将官 5 级（大将、上将、中将、少将、准将），校官 3 级（上校、中校、少校），尉官 3 级（上尉、中尉、少尉）。

军队节日　建军节 3 月 27 日。

（孟　丽）

尼　泊　尔

国　　名　尼泊尔王国。

主要统计　面积 14.7181 万平方公里。人口 2479 万人（2005 年 3 月。其中，0 岁~14 岁男 553.5 万人，女 525.8 万人；15~19 岁男 166.1 万人，女 138.4 万人；20~24 岁男 138.4 万人，女 138.4 万人；25~29 岁男 110.7 万人，女 110.7 万人；30~64 岁男 387.4 万人，女 387.4 万人；65 岁以上男 55.3 万人，女 55.3 万人）。国内生产总值 4930 亿尼泊尔卢比，合 67.5 亿

美元（2005年）。国防费约74.94亿尼泊尔卢比，合0.98亿美元（2004/2005财年）。粮食736.1万吨（2003年）。民航能力，固定航班机场24处，客运量8.56亿人公里、货运量9300万吨公里（2004年）。

国防体制　国王为武装力量统帅，通过王宫军事秘书、皇家军队司令部、国家安全委员会、国防部指挥和管理军队。王宫秘书处是国王的军事参谋机构。国家安全委员会由首相、国防大臣和陆军参谋长组成，首相任主席。皇家军事司令部是国王统帅军队的指挥机构，由参谋长领导。国防部由文官组成，对军队无指挥权，主要负责军事预算、武器装备和军需物资的供应，办理外国的军事援助，确定兵员补充，对军官的提升、任免提出建议。武装力量主要由现役部队和准军事部队组成，现役部队只有陆军。

领导人物　国王兼武装力量统帅、国家安全委员会主席贾兰德拉·比尔·比克拉姆·沙阿·德瓦（2001年6月4日上任）。国防大臣比西鲁·杜塔·乌普勒提（2005年2月1日上任）。陆军参谋长皮亚尔·忠格·塔帕。

武装力量　兵力　现役部队6.9万余人。

陆军　6.9万人。编有3个师司令部、1个山地指挥部、1个皇家警卫旅（含1个宪兵营）、7个步兵旅（16个营）、44个独立步兵连、1个特种作战旅（1个空降营、2个独立特遣连、1个骑兵中队）、1个炮兵旅（1个炮兵团、1个防空团）、1个工程兵旅（4个营）、1个突击队营。

装甲侦察车："白鼬"40辆。装甲人员输送车："卡斯皮"40辆。火炮：95门以上。其中，牵引炮：25门，包括75毫米6门、94毫米5门、105毫米14门；迫击炮：81毫米若干门、120毫米M-43型70门。高射机枪：14.5毫米30挺。高炮：37毫米若干门，40毫米L/60型2门。

空军联队　320人。

运输机：BAe-748型1架，"天空之翼"1架。直升机：共12架，其中HAS-315B"印度豹"1架，SA-316B"云雀"2架，米-17型3架，AS-332L"美洲豹"1架，AS-332L-1"超级美洲豹"2架，"贝尔"206L型2架，AS-350"松鼠"1架。

准军事部队　6.2万人，其中警察4.7万人（包括武装警察约1.5万人）。

部署　尼泊尔陆军主要部署在加德满都和尼泊尔与印度边境一带。

兵役制度　实行志愿兵役制。士兵服役期一般为15年。各级军官最高服役年龄：将官60岁，校官55岁，尉官52岁。

军衔　军官分为3等10级，即将官4级（上将、中将、少将、准将），校官3级（上校、中校、少校），尉官3级（上尉、中尉、少尉）。

驻外兵力　尼泊尔军队有部分人员分别在布隆迪、东帝汶、刚果、埃塞俄比亚/厄立特里亚、海地、利比里亚、中东、塞尔维亚和黑山、塞拉利昂、苏丹、以色列等国参加联合国维和行动。

外国驻军　英国陆军在尼泊尔驻有63人。

军队节日　建军节5月9日。

（钟学良）

日　本

国　名　日本国。

主要统计　面积37.78万平方公里。人口1.2774亿人（2004年12月。其中15~24岁男341万人，女325万人；25~34岁男900万人，女627万人；35~44岁男806万人，女541万人）。国民生产总值约5万亿美元（2004年）。国防费约合447亿美元（2005年国防预算），占国民生产总值的0.944%，占政府财政支出的5.88%。粗钢10774.5万吨（2002年）。原煤320.8万吨（2001年）。原油723万吨（2002年）。天然气25.71万亿立方米（2002年）。发电量1097.167亿度（2002年）。主要农作物总产量（米、小麦）971.8万吨（2002年）。海运能力，商船（载重100吨以上）5473艘，总吨位1295.5万吨（2002年）。民航能力，固定航班机场91处；客运量，国内航线9666.2万人、国际航线1789.1万人；货运量，国内航线83.2万吨、国际航线121.5万吨（2002年）。

国防政策　2004年12月10日，日本政府通过了新的《防卫计划大纲》（以下简称"新大纲"）和2005~2010年度《中期防卫力量发展计划》。这两个纲领性文件的出台，标志着日本从根本上改变了"专守防卫”的国防政策。当前，日本的国防政策主要是以日美军事合作为基础，有计划地推进军事转型，发展高效的防卫力量，谋求实现政治军事大国的战略目标。其基本点是：

一、谋求修改“和平宪法”，变日本为“普通国家”。冷战结束以来，日本谋求政治大国的步伐不断加快，修改“和平宪法”争当“普通国家”已成为日本各界的“当务之急”。2005 年 11 月 22 日，执政的自民党通过了新宪法草案，其中最引人注目的便是针对宪法第 9 条的修改。根据该草案，现行宪法第 9 条中“不保持陆海空军及其他战争力量”的条文被改为“为确保我国的和平与独立以及国家和国民的安全，保持以内阁总理大臣为最高指挥者的自卫军”。实质上是将现在的“自卫队”升级为“自卫军”，自卫军“为确保国际社会的和平与安全，可实施国际协调活动以及在紧急状态下维持公共秩序或旨在保护国民生命与自由的活动”。这就为“自卫军”在海外行使武力开辟了道路。虽然自民党的新宪法草案距离通过并颁布实施尚有较长的路要走，但就当前日本的国内政治形势来看，对于和平宪法早已经不是“是否修改”，而是“如何修改”和“何时修改”的问题了。日本已经不安于做一个奉行和平宪法的“非正常国家”，正向着拥有可行使集体自卫权的“普通国家”迈进。

二、明确新的安全战略，把“保卫日本”和“开展国际安全合作”作为新安全战略的两大目标。日本 2004 年 12 月 10 日出台的《防卫计划大纲》提出了日本安全战略的两大目标：保卫日本和开展国际安全合作。把“国际安全合作”作为自卫队的基本任务，“以积极主动地参与国际安全活动”，推进自卫队职能的转型，“快速、持续地向国际派遣维和部队”，“改善国际安全环境，以防威胁波及日本”。日本早在 20 世纪 80 年代初期实际上就已经突破了专守防卫的方针，进入 20 世纪 90 年代中期以来，日本更强调要由立足于“本土防卫”转向“御敌于国门之外”、“歼敌于海上”。特别是“9·11”事件发生后，日本抓住时机，一举通过了《反恐怖特别措施法》等三项法案，首次实现了战时向海外派兵。而“有事法制”相关三法案的正式出笼，为日本自卫队直接参加海外作战行动洞开了法理之门，自卫队将向“海外参与型”的“自卫军”过渡，日本的军事转型已全面走上了“快车道”。目前，日本谋求外向型军事发展的主要特点是：军事力量的职能由“自卫型”转变为“自卫与外向型”；军事行动范围由周边扩大到全球；海外派兵由平时扩大到战时，由战区外扩大至战区内；扩大了首相的“防卫出动”决策权等。

三、强化日美同盟，加快日美军事一体化进程。日本历来将日美军事同盟作为日本国防政策的支柱，并不断强化。近年来，为配合驻日美军的调整部署，日美两国不断加快军事一体化的进程。2005 年 2 月 19 日，美日安全磋商委员会会议（“2+2”会议）在华盛顿举行，双方发表共同声明，首次将台海问题列入共同战略目标。2005 年 10 月 27 日，美国宣布将于 2008 年在日本横须贺海军基地部署核动力航母。与此同时，日美两国首脑还确认将重新发表《日美安全保障联合宣言》并修改 1997 年的“新指针”。2006 年 5 月 3 日，美日在“2+2”会议中，达成了“驻日美军再编最终报告”，并一致同意成立日美联合司令部，制定共同作战计划。这标志着日美军事同盟已发生质的变化，日美军事一体化进程骤然提速。根据日美的最终“再编报告”，驻日美陆军与日本陆上自卫队的司令部将合并。2008 财年，美国将在日本的座间基地成立美陆军“统合作战司令部”，负责指挥日美联合作战及平时训练。同时，驻日美空军司令部与日本航空自卫队司令部也将合并。日本航空自卫队的“航空总队司令部”将于 2010 年进驻美军的横田基地，并与美第 5 航空队司令部合并成立“共同运用协调所”，合并后将共享情报，共同承担防空和导弹防御任务。另外，美军还同意全部归还包括普天间机场和那霸军港在内的 5 个军事设施，借再编重新部署驻日美军军力。“再编报告”使日本的防卫地位彻底改变，正式确立“日本是与美国平等的伙伴国”的地位，在国家安全方面正式拥有主动权。这意味着日本由原来受美国保护，依靠提供基地给美国的单向防卫体制，正式转变为日美双方的军事合作体制。

军事战略 日本军事战略的目标是谋求军事大国的地位。近年来，为适应军事革命的迅猛发展和实现“政治大国”的国家目标，日本对其军事战略进行了一系列的重大调整，努力推进军事力量的两个“转型”。即，自卫队的防卫体制由“国土防卫型”向“海外参与型”的战略转变；军事力量由机械化向信息化的转变。

一、以“主动先制”和“海外干预”为军事战略基本方针。其具体措施包括：①强调“先发制人”。日本以往“专守防卫”战略方针侧重“有事”后的反应，而现行方针则强调在面临导弹袭击或军事入侵之前，要对外国施行“先发制人”的打击。日本早在 1999 年国会通过的《周边事态法》中，就首次提出“准有事”的概念。而在 2003 年通过的“有事法制”相关法案中，更提出“推断有事”的概念，即，“预测日本可能遭受的武力攻击事态”，明确了首相在“推断有事”时的绝对权限下的战争动员体制。②在防卫力量的基本职能上，强调军事力量的职能范围由内向型向“海外参与型”过渡；防卫任务以周边为重点，逐步向全球发展。日本军事力量已经由过去单一的“对付有限的小规模侵略事态”扩大为“保卫日本安全”、“应付大规模自然灾害等各种事态”、“为建立更稳定的安全保障环境作贡献”等3大职能。③在防卫力量的基本任务上，通过对《自卫队法》几次大的修改，自卫队增加了以下任务：运送海外侨民；在治安出动前搜集情报，应对核生化武器攻击；在发生周边事态时出动自卫队；根据《反恐怖特别措施法》出动自卫队；战时向美军提供物资和劳务；向美军提供后方支援，为美军基地提供保护等等。

二、大力进行体制编制调整，重点确立一体化作战指挥体制。2004年新《防卫计划大纲》的出台，改变了过去一直坚持的“基础防卫力量构想”，提出把自卫队建设成为一支能快速、有效应对各种“新型威胁”的防卫力量。为此，日本自卫队在缩小规模的同时，更加注重提高质量和效能，以形成能对各种威胁迅速作出反应的联合作战体制。2001年，日本对防卫厅进行了精简整编，将过去的“五局一官房”调整合并为“四局一官房”，提高决策和办事效率。为加强三自卫队的协同作战能力，提高情报、指挥、通信以及运输等后勤保障能力，2005年1月21日，日本防卫厅向国会提交了《防卫厅设置法修订案》和《自卫队法修订案》，拉开了以确立一体化作战体制为重点的体制编制调整的序幕。其主要措施：一是撤销参联会，成立总参谋部。2006年3月27日，防卫厅撤销参联会及其下属的事务局，成立了总参谋部，以作为防卫厅长官统一指挥、管理自卫队的最高参谋和指挥机构。建立该部门后，为了强化具体的指挥功能，在防卫厅长官和陆海空自卫队之间设立总参谋长一职，以“实现决定和命令的迅速化”，并对危机形势采取“迅速、有效的对应”。新设的总参谋部在总参谋长、副总参谋长领导之下，设置总务、运用、防卫计划、指挥通信四部门，同时设置新闻发言人。总参谋部成立后，随着一体化运用进入实质性实施阶段，陆、海、空三自卫队的参谋部也将随之进行改编。二是为全面加强情报搜集与整理能力，防卫厅在此次体制编制调整中，将原隶属于参联会的情报本部升格为防卫厅直属。三是为适应自卫队信息化建设的总体要求，继续调整作战部队的体制编制。

三、加强质量建设，建设“多能、灵活、有效”的军事力量。2005~2010年度《中期防卫力量发展计划》明确提出在自卫队建设指导思想上，由“合理、精干、高效”向“多能、灵活、有效”的建设方针转型，将继承“基础防卫力量构想”的有效部分，建设一支“反应快速、机动灵活、多能有效”的防卫力量。根据新《防卫计划大纲》的要求，陆上自卫队正在从过去的13个师、2个混成旅的18万人体制向9个师、6个旅的16万人（含“快速反应预备役”1.5万人）体制转变。此外，防卫厅还决定建立多支特种部队，如已经成立的“陆上自卫队研究本部”、“网络部队”等。同时，海上自卫队正在组建直属联合舰队的“特别警备队”以专门对付外国“可疑船只”，负责海上特别行动。海上自卫队还将组建一支直升机部队，以提升海上快速反应能力。作为加强质量建设的重点，在2005至2010年的“中期防卫力量发展计划”期间，日本自卫队的武器装备采购主要包括：海上自卫队采购20艘舰艇，并对3艘“宙斯盾”驱逐舰进行技术改造；航空自卫队完成对26架F-15战斗机的现代化改装，并采购22架F-2战斗支援机、7架新型战斗机、8架新型运输机，引进1架空中加油机；陆上自卫队采购49辆90式等主战坦克。此外，在2005年度的防卫预算中，日本投资1188亿日元用于采购“爱国者”-Ⅲ型和“标准”-Ⅲ型导弹，以构筑陆基低层导弹防御系统和海基高层导弹防御系统。日本防卫厅计划从2006年底开始部署导弹防御系统，在2010年前部署124枚“爱国者”-Ⅲ型导弹。

国防体制

统帅机构　日本国防组织的最高领导人、自卫队的最高统帅是内阁总理大臣，他代表内阁对自卫队行使最高指挥监督权。内阁会议是国防问题的最高决策机构，负责对提交国会审议的有关国防问题的法律草案、预算草案作出决定，制定有关政令，决定有关国防的重大方针和计划。安全保障会议是国防问题的最高审议机构，它由以下人员组成：根据《内阁法》第9条的规定预先指定的国务大臣、外务大臣、财务大臣、内阁官房长官、国家公安委员会委员长、防卫厅长官，由内阁总理大臣任主席。当主席认为必要时，可让有关国务大臣、总参谋长及其他有关人员列席会议，陈述意见。安全保障会议的职责是：审议有关国防的重要事项，处置重大紧急事态的重要问题。防卫厅是在内阁总理大臣领导下处理国防事务的行政机关，其任务是管理、指挥陆上、海上、航空自卫队，处理与此有关的事务。防卫厅直属内阁府，防卫厅长官由内阁总理大臣任命的国务大臣担任，在内阁总理大臣的指挥与监督下领导防卫厅的工作，统管防卫厅的业务，并通过总参谋部指挥自卫队。总参谋部是日本自卫队的一体化参谋指挥机构，主要任务是统一陆海空自卫队的运用。职责是：制定合同作战计划、合同后勤计划和合同训练计划，统一自卫队军事行动的指挥命令，协助防卫厅长官指挥三军种合成部队的作战行动，搜集情报、调查研究，以及防卫厅长官交办的其他事项。总参谋长由自卫队现役军人中资历最深、军衔最高者担任，主持和领导总参谋部的工作。

日本的武装力量由现役部队，在军事部门服务的文职人员和预备役部队组成。正规部队分为陆上自卫队、海上自卫队、航空自卫队。

作战指挥系统　内阁总理大臣是陆、海、空自卫队的最高指挥官。防卫厅是内阁总理大臣对陆、海、空自卫队实施指挥的职能机关。防卫厅长官在内阁总理大臣的指导监督下，统一领导和指挥陆、海、空自卫队。总参谋部作为防卫厅长官的参谋机构和统一各自卫队的总的指挥管理机构，负责制定自卫队的总体作战计划、教育训练计划及编制、装备、后勤保障、情报收集、卫生保健、人事等计划。它既是防卫厅长官的参谋机构，又是管理和运用自卫队的执行机构。防卫厅长官通过总参谋部以及各自卫队参谋部对陆、海、空自卫队实施领导和指挥。

领导人物　内阁总理大臣兼自卫队最高统帅小泉纯一郎（2001 年 4 月 26 日当选）。国务大臣、防卫厅长官额贺福志郎（2005 年 11 月 1 日上任）。总参谋长先崎一上将（2006 年 3 月 27 日上任）。陆上自卫队参谋长森勉上将（2004 年 8 月 30 日上任）。海上自卫队参谋长斋藤隆上将（2005 年 1 月 12 日上任）。航空自卫队参谋长吉田正上将（2005 年 1 月 12 日上任）。

武装力量　**兵力**　现役部队编制定员 27.9 万人，其中，军人约 25.5 万人，文职 2.35 万人，实有兵员 23.8579 万人（统计数截至 2004 年 3 月 31 日）。

陆上自卫队　编制定员 16.3784 万人，实有兵员 14.6960 万人。编成 5 个军区、9 个步兵师、1 个装甲师、1 个步兵旅、1 个空中机动旅、1 个空降旅和 8 个防空导弹群（截至 2004 年 9 月 30 日）。共装备坦克 1000 辆（90 型、74 型），装甲车 1300 辆，自行火炮 500 门，其他各型火炮 5900 门，各型飞机 511 架。

海上自卫队　编制定员 4.5812 万人，实有兵员 4.4390 万人。编有 1 个联合舰队（辖 1 个护卫舰队、1 个航空集团、1 个潜艇舰队）和 5 个地方队截至 2004 年 9 月 30 日，共装备各型作战舰艇 152 艘，总吨位约 41.1 万吨。其中驱逐舰、护卫舰 53 艘 20.1 万吨，潜艇 16 艘 4 万吨，扫/布雷舰艇 31 艘 2.7 万吨；各型飞机 212 架。

航空自卫队　编制定员 4.7266 万人，实有兵员 4.5459 万人。编成 1 个航空总队（辖 3 个航空方面队、1 个航空混成团、6 个防空导弹群）、1 个航空支援集团、1 个航空教育集团（辖 2 个训练航空团、3 个飞行教育团）和 1 个航空开发实验集团（截至 2004 年 3 月 31 日）。共装备各型作战飞机 510 架，其中歼击机 367 架、侦察机 27 架、预警机 13 架、运输机 57 架。

文职人员　2.0584 万人（截至 2005 年 3 月 31 日）。

预备役部队　截至 2004 年 3 月 31 日，一般预备役编制定员 1.225 万人，实有人员 3.6737 万人。其中，一般预备役陆上自卫队编制定员 4.6 万人，实有人员 3.4918 万人；海上自卫队编制定员 1100 人，实有人员 1019 人；航空自卫队编制定员 800 人，实有人员 800 人。另外，快速反应预备役（陆上自卫队）编制定员 7668 人，实有人员 6146 人。

部署　陆上自卫队参谋部驻东京都。北部军区所辖防区为北海道地区，司令部驻札幌市，辖 2 个步兵师、1 个装甲师、1 个步兵旅、1 个防空导弹群、1 个工兵群、1 个炮兵群。

东北部军区所辖防区在本州地区东北部，司令部驻仙台市，辖 2 个步兵师、1 个炮兵群、1 个防空导弹群、1 个工兵群。

东部军区所辖防区在本州地区中部，司令部驻东京都，辖 1 个步兵师、1 个空中机动旅、1 个防空导弹群、1 个工兵群、1 个空降群。

中部军区所辖防区在本州地区西南部，司令部驻伊丹市，辖 2 个步兵师、1 个空降旅、1 个混成群、1 个防空导弹群、1 个工兵群。

西部军区所辖防区在九州和冲绳地区，司令部驻熊本市，辖 2 个步兵师、1 个混成群、1 个防空导弹群、1 个工兵群。

防卫厅长官直辖的第 1 直升机群驻目更津，特种作战群驻船桥市，补给控制本部和通信群驻东京都。

海上自卫队参谋部驻东京都，分为横须贺、吴、佐世保、舞鹤、大凑 5 个警备区。在横须贺警备区的横须贺基地部署有自卫舰队、防卫舰队、潜艇舰队司令部、第 1 护卫队群、第 2 潜艇队群、扫雷队群、开发队群、情报业务队群、海洋业务队群及横须贺地方队。航空集团司令部驻绫濑市。教育航空集团司令部驻千叶县东葛饰郡沼南町。在吴警备区的吴基地驻有第 4 护卫队群、第 1 潜艇队群、练习舰队司令部及吴地方队。在佐世保警备区的佐世保基地驻有第 2 护卫队群和佐世保地方队。在舞鹤警备区的舞鹤基地驻有第 3 护卫队群和舞鹤地方队。在大凑警备区的大凑基地驻有大凑地方队。补给本部和中央通信队群驻东京都。

航空自卫队参谋部驻东京都。北部防空区：千岁部署有第 2 航空团、第 3 防空导弹群；三泽部署有北部航空方面队司令部、第 3 航空团、北部航空警戒管制团、第 6 防空导弹群。中部防空区：小松、茨城县东茨城郡小川町分别部署有第 6 和第 7 航空团；各务原市部署有第 4 防空导弹群；狭山市部署有第 1 防空导弹群、中部航空警戒管制团、中部航空方面队司令部。西部防空区：第 5、第 8 航空团分别部署在宫崎县儿汤郡新富町和福岛县筑上郡椎田町；春日市部署有第 2 防空导弹群、西部航空警戒管制团以及西部航空方面队司令部。西南防空区：冲绳县那霸市设有西南航空混成团司令部，并部署有第 83 航空队、第 5 防空导弹群、西南航空警戒管制队。

航空总队、航空支援集团司令部设在府中市。航空教育集团、航空开发实验集团司令部分别设在浜松市和狭山市。补给本部设在东京都。

兵役制度 日本实行志愿兵役制，又称募兵制。上等兵（含）以下实行任期制：陆上自卫队为 2 年（专业技术兵为 3 年），海上和航空自卫队为 3 年。任期届满后，根据本人志愿并经审查合格后可继续延长 2 年任期；军士和军官为职业军人，实行退休制。各级退休年龄分别为：将官 60 岁（总参谋长 62 岁），上校 56 岁，中校、少校 55 岁，上尉至上士 54 岁，中士以下 53 岁。对从事医务和音乐等职业的上校以下军人，其退休年龄适当延长，最长可到 60 岁。

军衔 日本自卫队军衔共分 6 等 18 级：将官 3 级（上将、中将、少将），校官 3 级（上校、中校、少校），尉官 3 级（上尉、中尉、少尉），准尉 1 级，军士 4 级（军士长、上士、中士、下士），兵 4 级（上等兵、一等兵、二等兵、三等兵）。

外国驻军 截至 2004 年 9 月 30 日，美国在日本的驻军为 3.6365 万人，其中陆军 1790 人、海军 4802 人、海军陆战队 1.5533 万人、空军 1.4240 万人。

军队节日 自卫队纪念日 11 月 1 日。

（于　庭）

沙特阿拉伯

国　　名 沙特阿拉伯王国。

主要统计 面积 225 万平方公里。人口 2267 万人（2004 年。其中，0~14 岁男 501.9 万人，女 501.9 万人；15~19 岁男 132.09 万人，女 132.09 万人；20~24 岁男 158.5 万人，女 105.7 万人；25~29 岁男 158.5 万人，女 105.7 万人；30~64 岁男 449.1 万人，女 317.02 万人；65 岁以上男 26.4 万人，女 26.4 万人）。国内生产总值 2485 亿美元（2005 年）。国防费 799 亿里亚尔，合 213 亿美元（2004 年国防预算）。原油 33.215 亿桶（2005 年）。天然气 656.8 亿立方米（2005 年）。海运能力，商船（载重 100 吨以上）400 艘，总载重量 12.78 亿吨（2004 年）。民航能力，固定航班机场 28 处，客运量 189.49 亿人公里、货运量 26.5 亿吨公里（2004 年）。

国防体制 国王为皇家军队统帅。最高国防决策机构为高级防务委员会，成员有国王、国防与航空大臣、财政与经济大臣、通信与外交大臣和武装力量总参谋长，由国王任主席。国防部为最高军事行政机构。武装力量由正规军和准军事部队组成。正规军分陆、海、空和防空军四个军种。最高军事指挥机构为总参谋部。国王通过国防部和总参谋部对全国武装力量实施领导和指挥。

领导人物 国王兼武装力量统帅、国民卫队司令法赫德·本·阿卜杜拉·本·阿卜杜勒-阿齐兹（2005 年 8 月 1 日即位）。王储、副首相兼国防与航空大臣苏尔坦·本·阿卜杜勒-阿齐兹（1999 年连任）。总参谋长穆罕默德·萨利赫·哈马迪上将。陆军司令苏尔坦·本·阿迪·穆塔伊尔中将（1996 年 9 月上任）。海军司令塔拉勒·穆夫迪中将（1994 年 1 月上任）。空军司令阿卜杜·阿齐兹·胡纳迪中将（1994 年 1 月上任）。防空军司令马吉德·本·塔勒哈比·本·哈马德·奥塔比中将（1994 年 1 月上任）。

武装力量 **兵力** 现役部队 11.8 万人。

陆军 7.3 万人，编有 3 个装甲旅（每个旅辖有 1 个机械化营、1 个野战炮营、1 个装甲侦察营、1 个防空营、1 个反坦克营、3 个坦克营），5 个机械化旅

(每个旅辖有1个野战炮营、1个防空营、1个支援营、1个坦克营、3个机械化营),1个空降旅(辖有2个空降营、3个特种护航队),1个王室警卫旅(辖有3个警卫营),8个炮兵营,1个陆军航空司令部(辖有2个航空旅)。

主战坦克:共1055辆,其中M-1A2“艾布拉姆斯”315辆(200辆库存),AMX-30型145辆(另有145辆库存),M-60A3型450辆。装甲侦察车:AML-60和AML-90型300辆。步兵战车:970辆以上,其中AMX -10P型570辆,M-2型“布雷德利”400辆。装甲输送车:共3190辆,其中M-113 A1/A2/A3型3000辆,AF-40-8-1型约40辆,M-3“庞阿尔”150辆。火炮:共868门。其中,牵引炮:共238门,包括105毫米M-101/-102型(库存)100门,155毫米FH-70型(库存)40门、M-198型(库存)40门、M-114型50门,203毫米M-115型(库存)8门;自行炮:共170门,包括155毫米M-109A1B/A2型110门、AU-F-1型60门;多管火箭炮:“阿斯特罗斯”2型60门;迫击炮:共400门,包括81毫米、107毫米290门,120毫米110门。反坦克导弹:1950枚以上,其中2A“陶”式950枚、M-47“龙”式1000枚、“霍特”式若干枚。无坐力炮:共450门,其中84毫米卡尔古斯塔夫300门,90毫米M-67型100门,106毫米M-40A1型50门。火箭炮:“阿普拉斯”约200门。武装直升机:AH-64“眼镜蛇”12架。运输直升机:共55架,其中S-70A-1型12架,UH-60A“黑鹰”22架,SA-365N型6架,Bell406CS型15架。地空导弹:1000枚以上,其中FIM-43“红眼睛”500枚、FIM-92A“毒刺”500枚、AN/TPQ-36/-37“响尾蛇”若干枚。地对地导弹:CSS-2型10枚以上。传感器:AN/TPQ-36/-37炮位侦校雷达。

海军 1.1万人(包括海军陆战队3000人)。编有1个海军司令部、2个舰队(即东部舰队和西部舰队),装备舰艇101艘。

护卫舰:7艘;轻型护卫舰4艘。导弹快艇:9艘。巡逻艇:共57艘,其中近岸巡逻艇17艘、小型巡逻艇40艘。反水雷舰艇:7艘。登陆艇:共8艘,其中通用登陆艇4艘、机械化登陆艇4艘。辅助舰船:7艘。油船:2艘。

海军陆战队 3000人。编有1个海军步兵团(辖有2个步兵营),装备BMR-600P步兵战车140辆。

海军航空兵 装备有武装直升机31架,其中AS-565型19架、AS-332B和AS-332F型12架。运输直升机:Be11406CS型13架。

空军 1.8万人。编有7个攻击战斗机中队,6个战斗机中队,1个侦察机中队,1个预警机中队,2个训练机中队,7个以上教练机中队,3个运输机中队,2个直升机中队,若干个加油机中队。飞机582架,其中作战飞机277架。

攻击战斗机:共171架,其中F-5B、F-5F、F-5RF型15架,“旋风”IDS型85架,F-15S型71架。

战斗机:共106架,其中“旋风”ADV型22架、F -15C型66架、F -15D型18架。侦察机:RF-5E型10架。预警机:E-3A型5架。加油机:共11架,其中KE-3A型3架、KC-130H型8架。改装训练机(具有作战能力):F-5B型14架。运输机:共45架,其中C -130E型7架、C-130H型29架、C-130H-30型2架、CN-235型4架、L-100-30HS型3架。直升机:共78架,其中AB-205型22架、AB-206A型13架、AB-212型17架、AB-412型16架、AS-532型10架。教练机:共122架(内有50架具有作战能力),其中MK65型25架、MK65A型18架、MK31型1架、MFI-17型20架、CESSNA172型13架、PC-9型45架。皇家专机:飞机:共16架,其中波音747SP2架、波音737-200型1架、BAe125-800型4架、湾流3型2架、“利尔杰特”35型2架、VC-130H型4架、塞纳310型1架;直升机:4架以上,其中AS-61型3架、AB-212若干架、S-70型1架。空对地导弹:AGM-65“幼畜”、海鹰若干枚。空对空导弹:AIM-9J/L/M/P“响尾蛇”、AIM-7F“麻雀”、“天空闪光”若干枚。

防空军 1.6万人,编有19至21个地空导弹营、73个地空导弹分队、16个地空导弹连,配有17部AN/FPS-117型雷达。

高炮:共1140门,其中20毫米M-163“法尔坎”92门、30毫米AMX-30SA型850门、35毫米128门、40毫米70门。地空导弹:共5284枚,其中PAC-2型640枚、“夏安”1156枚、MIM-23BI“霍克”改进型2048枚、“响尾蛇”40枚、FIM-43型500枚、FIM-92A型400枚、其它500枚。

准军事部队 15.5万人,其中国民警卫队7.5万人(另有部族部队2.5万人),编有3个机械化步兵旅(每个旅辖有4个营)、5个步兵旅、1个骑兵仪仗队,装备装甲侦察车514辆,其中LAV-25型384辆、LAV-AG型130辆;轻型装甲车1117辆;装甲输送车1953辆以上,其中LAV-150“康曼多”290辆以上、“皮兰哈”440辆、LAV-AT型111辆、LAV-CP

型 182 辆、LAV-M 型 73 辆、其它型 857 辆；牵引火炮 70 门，其中 105 毫米 M-102 型 40 门、155 毫米 M-198 型 30 门；迫击炮（81 毫米、120 毫米）、无后坐力炮（106 毫米 M-40A1 型）若干门；反坦克导弹（"陶"-2A 式）若干枚。边防部队 1.05 万人。海岸警卫队 4500 人，装备近岸巡逻艇 30 艘、气垫船 16 艘、教练船 1 艘、王室游艇 1 艘、小型武装巡逻艇 350 艘。特种安全部队 500 人，装备 UR-416 型装甲输送车若干辆。

兵役制度　平时实行志愿兵役制，战时实行义务兵役制。18~35 岁男子经批准参军，服役期限一般 2 至 3 年（普通兵种 2 年、特殊兵种 3 年）。

外国驻军　海湾合作委员会（海合会）在沙特驻有"半岛之盾"部队（主要由科威特、卡塔尔、巴林、阿曼和阿联酋等成员国派出的部队组成），编制为 9000 人，配备有先进的武器装备。美军在沙特驻有 300 人（包括陆军和空军人员）。

（钟学良）

斯 里 兰 卡

国　名　斯里兰卡民主社会主义共和国。

主要统计　面积 6.561 万平方公里。人口 1946.2 万人（2004 年。其中，0~14 岁男 260 万人，女 240 万人；15~19 岁男 80 万人，女 80 万人；20~24 岁男 100 万人，女 100 万人；25~29 岁男 80 万人，女 80 万人；30~64 岁男 421 万人，女 441 万人；65 岁以上男 60 万人，女 80 万人）。国内生产总值 2 万亿卢比，合 200 亿美元（2004 年）。国防费 562 亿卢比，合 5.64 亿美元（2005 年国防预算）。发电量 57.13 亿度（2003 年）。粮食 285.8 万吨（2003 年）。海运能力，商船（载重 100 吨以上）66 艘、总载重量 47.26 万吨（2003 年）。民航能力，固定航班机场 1 处，客运量 51.56 亿人公里、货运量 1.825 亿吨公里（2002 年）。

国防体制　宪法规定，总统为武装部队总司令。最高国防决策机构为国家安全委员会，成员有国防部长、国家安全部长、陆、海、空三军司令，警察总监等，主席由总统兼任。国防部为最高军事行政机构。武装力量由正规军、预备役部队和警察组成。正规军分陆、海、空三个军种。总统通过国家安全委员会、国防部和陆、海、空三军司令部对全军实施领导和指挥。

领导人物　总统兼武装部队总司令拉贾帕克萨（2005 年 11 月上任）。陆军司令丰塞卡中将（2005 年 12 月上任）。海军司令达亚·桑达吉里中将（2004 年 12 月上任）。空军司令佩雷拉中将。

武装力量　**兵力**　现役部队约 11.1 万人。

陆军　约 7.8 万人（含 3.99 万人应召再服现役者）。编有 9 个师部、1 个空中机动旅、33 个步兵旅、1 个独立特遣旅、1 个突击旅、3 个装甲团、3 个装甲侦察团（营）、3 个野战炮兵团（含 2 个重炮团、1 个轻型炮团）、3 个野战工程兵团。

主战坦克：T-55A/AM2 型 62 辆。装甲侦察车："萨拉丁" 15 辆。步兵战车：BMP-1 型 13 辆，BMP-2 型 49 辆。装甲输送车：中国 T-85 型 35 辆、BTR-80/80A 型 25 辆、其他型号 157 辆。牵引炮：85 毫米中国 56 型 8 门、88 毫米 3 门、122 毫米 74 门、130 毫米中国 59-1 型 40 门，152 毫米中国 66 型 40 门。火箭炮：122 毫米 RM-70 型 22 门。迫击炮：81 毫米 520 门、82 毫米 209 门、120 毫米 M-43 型 55 门。无坐力炮：105 毫米 M-65 型约 10 门、106 毫米 M-40 型约 30 门。高炮：40 毫米 L-40 型 24 门、94 毫米 3 门。无人侦察机：1 架。

海军　1.5 万人（含 2400 名应召再服现役者）。基地设在科伦坡（总部和西方司令部）、亭可马里（主要基地和北方司令部）、坎凯桑图赖（北方司令部）、麦达万齐亚（北方中央司令部）、加勒（南方司令部）。

海岸巡逻作战舰艇：113 艘。两栖登陆舰：1 艘。

空军：1.8 万人。作战飞机 22 架、武装直升机 24 架。

对地攻击战斗机：F-7M 型 3 架、FT-7 型 1 架、FT-5 型 2 架、米格-27M 型 4 架、米格-23UB 型 1 架、C-2 型 7 架、TC-2 型 1 架、C-7 型 2 架。攻击直升机："贝尔" 212 型 10 架，米-24V 型 1 架，米-35P 型 13 架。运输机：BAE748 型 10 架，C-130C 型 2 架，"CESSNA" 421C 型 1 架，"超级空中之王" 200 型 1 架，Y—8 型 1 架，Y-12II 型 7 架，安-32B 型 7 架，"CESSNA" 150 型 5 架。运输直升机："贝尔" 412 型 6 架。直升机："贝尔" 206 型 9 架，米-17 型 3 架。

教练机：SF-260TP 型 5 架，PT-6 型 10 架，K-8 型 3 架，“贝尔”206 型 6 架。无人侦察机：3 架。

预备役部队 5500 人，其中陆军 1100 人，海军 2400 人，空军 2000 人。

准军事部队 约 3.04 万人。

兵役制度 实行志愿兵役制。

（刘温国）

塔吉克斯坦

国　　名 塔吉克斯坦共和国。

主要统计 面积 14.31 万平方公里。人口 664 万人（2004 年 12 月。其中 0~14 岁男 136.1 万人，女 136.1 万人；15~19 岁男 43 万人，女 43 万人；20~24 岁男 35.8 万人,女 35.8 万人；25~29 岁男 28.7 万人,女 28.7 万人；30~64 岁男 93.1 万人，女 100.3 万人；65 岁以上男 14.3 万人,女 21.5 万人)。国内生产总值 20.7 亿美元（2004 年）。国防费 0.50 亿美元（2005 年国防预算）。原煤 2.0 万吨（2000 年）。原油 10 万吨（2000 年）。天然气 3900 万立方米（2000 年）。发电量 23641.7 亿千瓦/时（2004 年）。粮食产量 89.16 万吨（2004 年）。民航能力，固定航班机场 1 处，客运量 22.31 亿人公里（2005 年）、货运量 2.05 亿吨公里（2005 年）。

国防体制 宪法规定，总统为武装力量最高统帅。最高国防政策决策机构为国家安全委员会。国防部为政府中的一个部，是最高军事行政机关。武装力量由正规军和准军事部队组成。正规军分陆、空两个军种。最高军事指挥机构为总参谋部。总统通过国防部和总参谋部对全国武装力量实施领导指挥。

领导人物 总统兼武装力量统帅拉赫莫诺夫（1994 年 11 月当选，1999 年 11 月 6 日连任）。国防部长海鲁洛耶夫。总参谋长纳德洛夫。

武装力量 **兵力** 现役部队 7600 余人。

陆军 7600 人。编有 2 个摩步旅（包括 1 个战术侦察大队)、1 个炮兵旅、1 个特种旅、1 个山地步兵旅、1 个防空团。

主战坦克：T-72 型 44 辆。装甲步兵战车：BMP-1/BMP-2 型 34 辆。装甲输送车：BTR-60/BTR-70/BTR-80 型 29 辆。牵引炮：122 毫米 12 门。火箭炮：122 毫米 10 门。迫击炮：120 毫米 9 门。地空导弹：SA-2/SA-3/SA-7 型 20 部。

空军 800 人。编有 1 个运输机中队（配有图-134 型机 1 架)、1 个直升机中队（配有米-24 型机 4~5 架，12~14 架米-17TM/米-8 型机)。作战飞机 1 架，武装直升机 4 架。运输机：图-134 型 1 架。直升机：米-24 型 4~5 架、米-17TM/米-8 型 12~14 架。

准军事部队 5300 人，即边防军 5300 人（内务部)。另有塔吉克斯坦伊斯兰运动约 5000 人，自 1997 年 6 月 27 日与政府签订和平协议后，逐步被政府军整合。

外国驻军 法国驻军约 120 人装备，装备 C-160 型运输机 2 架。印度驻军 1 个前沿作战基地。俄罗斯驻军：陆军 7800 人，编为 1 个摩托化步兵师，配有 128 辆主战坦克、180 门迫击炮/火箭炮；空军配有 5 架苏-25 型攻击机。

军队节日 建军日 2 月 23 日（1993 年)。

（果　立）

泰　国

国　　名 泰王国。

主要统计 面积 51.3115 万平方公里。人口 6418.55 万人（其中，0~14 岁男 706 万人，女 706 万人；15~64 岁男 2246.5 万人，女 2246.5 万人；65 岁以上男 256.7 万人，女 256.85 万人)。国内生产总值 1616 亿美元（2004 年)。国防费 19.5 亿美元（2005 年国防预算)。2004 年大米出口突破 1000 万吨，约 27 亿美元。海运能力，商船（载重 100 吨以上）351 艘，总载重量 119.45 万吨（2004 年）。民航能力，固定航班机场 25 处，客运量 383.45 亿人公里、货运量 16.71 亿吨公里（2004 年）。

国防体制 国王为武装力量统帅。最高国防决策机构为国家安全委员会，隶属于国务院，总理兼任主席。最高咨询机构为国防委员会，隶属于国防部。国防部是最高军事行政机关，负责制定、实施国防政策和计划。武装力量由正规军和准军事部队两部分组成。正规军分陆、海、空三个军种。最高军事指挥机构为最高司令部。国王名义上是三军统帅，实际上是国务院通过国防部和最高司令部对全国武装力量实施领导和指挥。

领导人物 国王兼武装力量统帅普密蓬·阿杜德（1946 年继位）。国防部长探马叻·伊沙朗军·纳·阿瑜陀耶（2005 年 3 月上任）。最高司令郎洛·玛哈沙拉暖上将（2005 年 10 月上任）。陆军司令顺提·汶亚叻格林上将（2005 年 10 月上任）。海军司令沙提拉攀·盖亚暖上将（2005 年 10 月上任）。空军司令差立·普帕素上将（2005 年 10 月上任）。

武装力量 **兵力** 现役部队约 37 万人。

陆军 24.3 万人。编有 4 个部域军，2 个小军，2 个骑兵师，3 个装甲师，2 个机械化师，1 个轻型步兵师，2 个特种作战师，1 个炮兵师，1 个高炮师（6 个高炮营），1 个工程兵师，4 个经济开发师，8 个独立步兵营，4 个侦察连，3 个空中机动连和 1 支正在组建的快速反应部队。

主战坦克：各型 333 辆。轻型坦克：各型 515 辆。装甲侦察车：32 辆。装甲输送车：各型 950 辆。牵引炮：各型 553 门。自行火炮：20 门。迫击炮：各型 1900 门。反坦克导弹：318 枚。无坐力炮：各型 180 门。高炮：各型 202 门。地空导弹：若干枚。侦察机：40 架。运输机：10 架。联络机：10 架。教练机：33 架。直升机：212 架，其中武装直升机 5 架。

海军 7.96 万人（含陆战队、海军航空兵和岸防部队）。编有 3 个作战舰队和 1 个海军航空兵联队。

直升机航母：1 艘。导弹护卫舰：8 艘。护卫舰：4 艘。小型护卫舰：5 艘。巡逻艇：110 艘。扫雷舰艇：20 艘。两栖舰艇：9 艘。后勤支援舰船：18 艘。

海军航空兵 1940 人，装备作战飞机 18 架、武装直升机 11 架。

陆战队 2.3 万人。编有 1 个师，2 个步兵团，1 个炮兵团，1 个两栖攻击营，1 个侦察营。装备装甲输送车 57 辆，牵引炮 105 毫米 36 门、155 毫米 12 门，高炮 127 毫米 14 门及“龙”式反坦克导弹 24 枚。

空军 约 4.71 万人。编有 4 个航空师，1 所飞行训练学校，9 个攻击战斗机中队，1 个电子侦察机中队，1 个皇家飞行中队， 3 个运输机中队，2 个直升机中队。作战飞机 165 架。

攻击战斗机：141 架，其中 F-16 型 50 架。电子侦察机：5 架。航测机：6 架。运输机：各型共 43 架。教练机：共 58 架。联络机：21 架。直升机：33 架。空空导弹：若干枚。地空导弹：若干枚。

准军事部队 约 15.87 万人。其中，“猎勇”部队约 2 万人，保卫国土志愿队 5 万人，海上警察 2200 人，航空警察 500 人，边境巡逻警察 4.1 万人，地方警察 4.5 万人。

预备役部队 5 万人，编有 4 个陆军预备役师。

部署 陆军按 4 个部域军部署，重点部署在中部和东南部地区。海军部署在各海军基地，陆战队驻梭桃邑海军基地。空军各飞行大队分别驻各空军基地。主要军事基地 18 处，其中海军基地 5 处（曼谷、宋卡、攀牙、梭桃邑、那空拍侬），空军基地 13 处（廊曼、柯叻、打卡里、华富里等）。

兵役制度 实行义务兵役制，服役期 2 年。

军衔 军官分 4 等 10 级：元帅，将官 3 级（上将、中将、少将），校官 3 级（上校、中校、少校），尉官 3 级（上尉、中尉、少尉）。

驻外兵力 2005 年共派出 183 人（其中包括 6 名军事观察员）参加联合国在布隆迪、塞拉利昂的维和行动。

外国驻军 新加坡驻有 1 个训练营地。美国 69 人（空军 30 人、海军 10 人、陆战队 29 人）。

军队节日 建军节 4 月 8 日。

（孟 丽）

土 耳 其

国 名 土耳其共和国。

主要统计 面积 78.06 万平方公里。人口 6889

万人（2004年。其中，0~14岁占1181.2万，15~19岁696.6万，20~24岁696.6万，25~29岁696.6万，30~64岁2716.8万，65岁以上487.6万）。国内生产总值约3005亿美元（2004年）。国防费约98亿美元（2005年国防预算）。粮食2557.1万吨（2001年）。海运能力，商船（载重100吨以上）880艘、总载重量711.43万吨（2004年）。民航能力，固定航班机场26处、客运量164.92亿人公里、货运量3.8亿吨公里（2005年）。

国防体制 总统为武装力量统帅。最高国防决策机构为国家安全委员会，成员有总统、总理、总参谋长、国防部长、内政部长、外交部长和宪兵司令，由总统任主席，基本任务是制定战争动员计划、议决国家军事政策和其他有关国家安全的重大问题。武装力量的最高决策机构为最高军事委员会，由总理、总参谋长和陆、海、空军司令以及宪兵司令组成，任务是讨论和决定武装部队各级军官任免和调动、晋升和退休、国防费用的计划和分配、军队编制和军法军纪等问题。国防部为政府中一个部，是最高军事行政机构，设部长、副部长等。部长由总理任命的文职官员担任，任务是负责武装部队的征兵、武器装备、后勤补给、军工生产等工作。武装力量由正规军和准军事部队组成。正规军分陆、海、空三个军种。最高军事指挥机构为总参谋部，总参谋长由总统根据总理提名在担任过陆、海、空军司令的上将中任命，任期4年。总统通过国防部和总参谋部对全国武装力量实施领导和指挥。

领导人物 总统兼武装力量统帅阿赫迈特·内季代特·塞泽尔（2000年5月上任）。国防部长麦黑麦特·韦直迪·戈努尔（2003年1月上任）。总参谋长黑尔米·厄兹科克上将（2002年8月上任）。陆军司令塔希尔·阿衣塔迟·雅尔曼上将（2002年8月上任）。海军司令比伦特·阿尔普卡亚上将（2001年8月上任）。空军司令易卜拉欣·弗尔特纳。

武装力量 **兵力** 现役部队51.485万人。

陆军 约40.2万人。编有4个集团军司令部，10个军司令部，1个特种作战指挥部，2个步兵师，17个装甲旅，15个机械化步兵旅，11个步兵旅，5个突击旅，4个炮兵训练旅，4个步兵训练旅，4个航空团，1个攻击直升机营，2个航空营。

主战坦克：4205辆，其中M-48/M-48A5T1和M-48A5T2型2876辆，M-60A3型658辆，M-60A1型274辆，“豹”式397辆。装甲侦察车：约250辆。步兵战车：650辆。装甲输送车：3643辆。牵引炮：各型685门。自行炮：各型868门。火箭炮：各型84门。迫击炮：5813门（107毫米1264门，120毫米757门，81毫米3792门）。反坦克导弹：1283枚（“眼镜蛇”186枚，“陶”式340枚，“米兰”392枚，“红沙蛇”365枚）。无坐力炮：各型3869门。高炮：1664门（20毫米439门，35毫米120门，40毫米1105门）。地空导弹：897枚，“毒刺”108枚，“红眼睛”789枚。装备作战飞机：175架。武装直升机：37架。运输直升机：153架。无人机：100余架。无人侦察机：“哈比”式100架。另有S-70A型和OH-58B型直升机53架。

海军 5.275万人（含海军陆战队3100人，海岸警卫部队1050人）。

常规潜艇：13艘。护卫舰：19艘。导弹快艇：21艘。巡逻艇：28艘。水雷战舰艇：35艘，其中反水雷舰艇31艘，沿岸猎雷艇5艘，海岸扫雷舰14艘，近岸扫雷舰4艘，布雷舰艇4艘。登陆舰：8艘。登陆艇：59艘。辅助舰船：27艘。

海军航空兵 装备有用于反潜作战的武装直升机16架（AB-204AS型3架，AB-212型13架），教练机7架。

海军陆战队 1个司令部，1个团，3个营，3100人。

空军 6.01万人。编有2个战术空军司令部，1个运输司令部，1个训练司令部，1个后勤司令部，7个战斗机中队，8个攻击战斗机中队，1个侦察机中队，5个运输机中队，3个教练机中队，6个地空导弹中队。作战飞机445架。

战斗机和攻击战斗机：445架，其中F-16C型193架，F-16D型30架，F/NF-5A和F/NF-5B型87架，F-4E型135架。侦察机：RF-4E型35架。空中加油机：KC-135R型7架。运输机：77架，其中C-130B和C-130E型13架，C-160D型16架，CN-235型46架（其中部分可用于电子战）。要员专机：2架。教练机：各型198架。直升机：40架，其中UH-1H型20架，AS-532型20架。无人机：1架。地空导弹：“奈基”92枚，“轻剑”86枚。空地导弹：AGM-142“瞪眼”式、AGM-65“小牛”式若干枚。反辐射导弹：AGM-88“哈姆”式若干枚。空空导弹：AIM-120高级中程空对空导弹、AIM-7“麻雀”式、AIM-9“响尾蛇”式各若干枚。

预备役部队 37.87万人（41岁以下），其中陆军25.87万人、海军5.5万人、空军6.5万人。

准军事部队 15.22万人。宪兵和国民警卫队15

万人（其中预备役 5 万人），装备装甲输送车 560 辆、飞机 2~3 架、直升机 56 架。海岸警卫队 0.22 万人，装备近岸巡逻艇 64 艘、运输机 2 架。

兵役制度　实行义务兵役制，士兵服役期 15 个月。

军衔　军官分 3 等 11 级，即将官 4 级（上将、中将、少将、准将），校官 3 级（上校、中校、少校），尉官 4 级（上尉、中尉、少尉、准尉）。

驻外兵力　驻塞浦路斯 1 个军部，2 个步兵师，1 个装甲旅，约 3.6 万人。装备坦克：441 辆。装甲输送车：627 辆。牵引炮：102 门。自行炮：90 门。火箭炮：6 门。迫击炮：450 门。高炮：64 门。无坐力炮：192 门。飞机：3 架。直升机：4 架。近岸巡逻艇：1 艘。参加联合国维持和平行动的兵力：驻阿富汗约 161 人，驻波斯尼亚 1200 人，驻东帝汶 1 人（军事观察员），驻格鲁吉亚 5 人（军事观察员），驻意大利 4 架 F-16C 型战斗机，驻南斯拉夫科索沃维和部队约 940 人，驻苏丹 3 人。

外国驻军　驻有北约盟军东南联合司令部和第 6 战术空军司令部。美国空军 1650 人（编成 1 个飞行联队，装备飞机包括 F-16、F-15C、KC-135、E-3B 和 E-3C、C-12、HC-130 和 HH-60）。

军队节日　建军节 8 月 30 日。

（林海霞）

土库曼斯坦

国　　名　土库曼斯坦。

主要统计　面积 49.12 万平方公里。人口 652.58 万（2004 年 12 月。其中 0~14 岁男 89.1 万人，女 84.2 万人；15~19 岁男 29.7 万人，女 29.7 万人；10~24 岁男 24.8 万人，女 24.8 万人；25~29 岁男 19.8 万人，女 19.8 万人；30~64 岁男 74.3 万人，女 79.2 万人；65 岁以上男 9.9 万人，女 14.9 万人）。国内生产总值 346 亿美元（2004 年），国防费 1.73 亿美元（2005 年国防预算）。原油 1005.1 万吨（2004 年）。天然气 585.7 亿立方米（2004 年）。发电量 98.5 亿千瓦/时（2000 年）。粮食 129.9 万吨（2001 年）。民航能力，固定航班机场 1 处，客容量 15.62 亿人公里，货运量 1.43 亿吨公里（2005 年）。

国防体制　宪法规定，总统为武装力量最高统帅。最高国防政策决策机构为国家安全委员会。国防部为政府中的一个部，是最高军事行政机关。武装力量由正规军和准军事部队组成。正规军分陆、海、空三个军种。最高军事指挥机构为总参谋部。总统通过国防部和总参谋部对全国武装力量实施领导指挥。

领导人物　总统兼武装力量统帅尼亚佐夫（1990 年当选，1992 年连任，1999 年人民委员会和议会联合授权其“无限期行使总统权力”）。国防部长玛梅特格尔季耶夫。

武装力量　**兵力**　现役部队 2.6 万人。

陆军：2.1 万人。编有 5 个军区，4 个摩托化步兵师（包括 1 个战术侦察大队），1 个炮兵旅，1 个火箭炮团，1 个反坦克团，1 个工兵团，2 个防空旅，1 个独立空中突击营。

主战坦克：T-72 型 702 辆。装甲侦察车：BRDM/BRDM-2 型 170 辆。装甲步兵战车：BMP-1/BMP-2 型 930 辆，BRM 型 12 辆。装甲输送车：BTR-60/BTR-70/BTR-80 型 829 辆。牵引炮：122 毫米、152 毫米 269 门。自行炮：122 毫米 40 门。迫/榴炮：120 毫米 17 门。火箭炮：122 毫米 65 门。迫击炮 82 毫米、120 毫米 97 门。反坦克制导武器：AT-3/AT-4/AT-5/AT-6 型 100 余部。火箭筒：73 毫米若干门。反坦克炮：100 毫米 72 门。高炮：23 毫米、57 毫米 70 门。防空导弹：SA-8/SA-13 型 53 枚，SA-7 型若干枚。

海军　700 人。土宣布有意组建海军及海岸巡逻队，并在土库曼巴什拥有一个配有 5 艘舰艇的小型基地。

海岸巡逻艇：5 艘。

空军　4300 人（包括防空军）。编有 2 个战斗机和地面攻击战斗机航空中队（配有 22 架米格-29、65 架苏-17、2 架米格-29U）、1 个混合运输机中队（配有 1 架安-26、10 架米-24、8 架米-8）；1 个战术侦察大队（配有 3 架苏-7B，2 架 L-39），若干地空导弹中队（配有 50 枚 SA-2/SA-3/SA-5 型地空导弹）。作战飞机 92 架、武装直升机 10 架。

战斗机：米格-29 型 22 架。攻击战斗机：苏-17 型 65 架、苏-25MK 型 1 架。运输机：安-26 型 1 架。

教练机：L-39 型 2 架、米格-29U 型 2 架、苏-7B 型 3 架。直升机：米-24 型 10 架、米-8 型 8 架。地空导弹：SA-2/SA-3/SA-5 型 50 枚。

军队节日 独立日 10 月 2 日（1991 年）。

（果 立）

乌兹别克斯坦

国　　名 乌兹别克斯坦共和国。

主要统计 面积 44.74 万平方公里。人口 2610 万人（2004 年 12 月。其中 0~14 岁男 456.5 万人，女 429.6 万人；15~19 岁男 161.1 万人，女 161.1 万人；20~24 岁男 134.3 万人，女 134.3 万人；25~29 岁男 107.4 万人，女 107.4 万人；30~64 岁男 402.8 万人，女 429.6 万人；65 岁以上男 53.7 万人，女 80.6 万人）。国内生产总值 485 亿美元（2004 年）。国防费 0.6 亿美元（2005 年国防预算）。钢铁 41.6 万吨（2000 年）。原煤 270 万吨（2004 年）。原油 660 万吨（2004 年）。天然气 599 亿立方米（2004 年）。发电量 468.4 亿千瓦/时（2000 年）。粮食 601.7 万吨（2004 年）。民航能力，固定航班机场 9 处，客运量 34.60 亿人公里，货运量 3.21 亿吨公里（2005 年）。

国防体制 宪法规定，总统为武装力量最高统帅。最高国防政策决策机构为国家安全委员会。国防部为政府中的一个部，是最高军事行政机关，负责管理国防预算、军工生产、后勤、动员和民防等工作。武装力量由正规军和准军事部队组成。正规军分陆、空两个军种。最高军事指挥机构为总参谋部。总统通过国防部和总参谋部对全国武装力量实施领导指挥。

领导人物 总统兼武装力量统帅卡里莫夫（1991 年当选，1995 年全民公决将其任期延长至 1999 年底，2000 年连任）。国防部长米尔扎耶夫（2005 年 11 月上任）。总参谋长埃尔加舍夫。

武装力量 **兵力** 现役部队约 5.5 万人。

陆军　4 万人。编有 4 个军区、2 个作战司令部、1 个塔什干司令部、1 个坦克旅、10 个摩步旅、1 个山地步兵旅、1 个空中突击旅、1 个空降旅、4 个炮兵旅。

主战坦克：T-62 型 170 辆，T-64 型 100 辆，T-72 型 70 辆。装甲侦察车：BRDM-2 型 13 辆。装甲步兵战车：BMP-2 型 270 辆，BMD-1 型 120 辆，BMD-2 型 9 辆，BRM 型 6 辆。装甲输送车：BTR-70 型 25 辆，BTR-60 型 24 辆，BTR-80 型 210 辆，BTR-D 型 50 辆。牵引炮：122 毫米、152 毫米 200 门。自行炮：122 毫米、152 毫米、203 毫米 83 门。迫/榴炮：120 毫米 54 门。火箭炮：122 毫米、220 毫米 108 门。迫击炮：120 毫米 42 门。反坦克制导武器：AT-3/AT-4 型若干部。反坦克炮：100 毫米 36 门。

空军　1~1.5 万人。编有 7 个固定翼和直升机团，包括 2 个轰炸机团（1 个团配有苏-24 23 架，苏-24MP11 架；1 个团配有苏-25/苏-25BM20 架，苏-17MZ/苏-17UMZ26 架）、1 个战斗机团（配有米格-29/米格-29UB30 架，苏-27/苏-27UB25 架）、1 个侦察/运输机团（配有安-12/安-12PP26 架，安-26/安-26RKR13 架），运输机中队（配有安-24 1 架，图-134 1 架），战术侦察大队（配有苏-17 型 1 架，L-39 型 5 架），2 个直升机团（1 个团配有米格-24 ‘攻击型’ 29 架，米-26 ‘运输型’ 1 架，米-8 ‘突击/运输型’ 23 架；1 个团配有米-6AYa 型 ‘指挥所’ 2 架，米-6 ‘运输型’ 26 架，米-8 ‘突击/运输型’ 29 架）。作战飞机 136 架，武装直升机 29 架。

战斗机：米格-29 “战斗型” /米格-29UB/米格-29U “教练型” 30 架（另有库存 30 架），苏-27 “战斗型” /苏-27UB “教练型” 25 架，苏-25 “攻击战斗型” /苏-25BM “教练型” 20 架。攻击战斗机：苏-24 型 23 架，苏-17MZ “攻击战斗型” 1 架，苏-17UMZ “教练型” 26 架。侦察机：苏-24MP 型 11 架。运输机：图-134 型 1 架，安-24 型 1 架。教练机：L-39 型 5 架（另有库存 9 架）。直升机：米-24 型 29 架，米-6AYa 型 2 架，米-26 “运输型” 27 架，米-8 “突击运输型” 52 架。空空导弹：AA-8/AA-10/AA-11 型若干枚。空地导弹：AS-7/AS-9/AS-10/AS-11/AS-12 型若干枚。地空导弹：SA-2/SA-3/SA-5 型 45 枚。

准军事部队　2 万人，其中内卫部队 1.9 万人，国民卫队 1000 人。

外国驻军 德国驻军 163 人。

军队节日 建军节 9 月 5 日

（果 立）

新 加 坡

国　　名　新加坡共和国。

主要统计　面积699平方公里（新加坡统计局2004年数字）。人口424万人（2004年。其中，0~14岁男35.4万人，女35.4万人；15~64岁男占163.75万人，女172.6万人；65岁以上男13.3万人，女22.1万人）。国内生产总值1050亿美元（2004年）。国防费55.7亿美元（2005年国防预算）。海运能力，商船（载重100吨以上）946艘，总载重量1492.92万吨（2004年）。民航能力，固定航班机场1处，客运量645.29亿人公里、货运量54.82亿吨公里（2004年）。

国防体制　总统为武装力量统帅。国防部为政府中的一个部，对武装部队拥有领导和管理权。武装力量由正规军和准军事部队两部分组成。正规军分陆、海、空三个军种。最高军事指挥机构为总参谋部。

领导人物　总统兼武装部队统帅纳丹（1999年9月上任，任期6年）。国防部长张志贤准将（2003年8月上任）。三军总长伍逸松中将。陆军总长郭木财少将。海军总长戴荣利少将。空军总长林金春少将。

武装力量　**兵力**　现役部队7.25万人。

陆军　5万人。编有3个混合师（各辖2个步兵旅、1个机械化旅、1个侦察营、2个炮兵营、1个高炮营、1个工程兵营），1个快速反应师，1个步兵旅、1个两栖舰艇旅、1个空中机动旅。

坦克：各型450辆。步兵战车：各型294辆。装甲输送车：各型1280辆。牵引炮：各型206门。自行炮：18门。迫击炮：各型62门。反坦克导弹：“米兰”30余枚。无坐力炮：各型290门。高炮：30门。地空导弹：各型共75枚。

海军　9000人。编有3个司令部：舰队司令部（辖2个小舰队），海岸司令部，海军后勤司令部。

潜艇：3艘。小型护卫舰：6艘。导弹快艇：6艘。巡逻艇：11艘。扫雷舰艇：4艘。两栖舰艇：4艘。后勤支援舰船：2艘。

空军　1.35万人。编有5个攻击战斗机中队，2个战斗机中队，1个侦察机中队，2个侦察/运输机中队，1个预警机中队，1个加油机中队，3个教练机中队，6个直升机中队，1个无人侦察机中队，4个机场防卫中队。作战飞机111架，武装直升机28架。

攻击战斗机：A-4SU型6架，F-16型38架。战斗机：F-5S型28架，F-5T型9架。武装侦察机：8架。空中预警机：E-2C型4架。加油机：KC-135R型4架。海上巡逻机：F-50“加强者”9架。武装直升机：各型28架。侦察/运输机：C-130H型等共10架。直升机：93架。教练机：83架。无人侦察机：64架。空空/空地导弹：若干枚。

预备役部队　约31.25万人。其中陆军30万人，海军5000人，空军7500人。

准军事部队　4.4万人。警察约1.2万人（包括廓尔喀警卫营1500人），民兵约8.18万人。

部署　全国共有军事基地5处，其中海军基地3处（三巴旺、裕廊、樟宜）、空军基地2处（丁加和巴耶黎巴）。

兵役制度　实行义务兵役制，服役期限2~3年。

军衔　军官分3等10级：将官3级（中将、少将、准将），校官3级（上校、中校、少校），尉官4级（上尉、中尉、少尉、准尉）。

驻外兵力　驻澳大利亚230人（建有1所飞行训练学校，配有AS-332/532型飞机12架、S-211型飞机27架）。驻文莱500人（建有1所飞行学校，配有5架UH-1H型直升机）。驻法国200人。驻台湾3个训练营地。驻泰国1个训练营地。驻美国250人，租用CH-47D型飞机6架、F-16C/D型飞机24架。

外国驻军　美国89人（海军50人、空军39人）。新西兰11人，编有1个支援单位。

军队节日　建军节7月1日。

（孟　丽）

叙 利 亚

国　　名　阿拉伯叙利亚共和国。

主要统计　面积 18.518 万平方公里（包括仍被以色列占领的戈兰高地约 1200 平方公里）。人口 1839 万人（2004 年。其中，0~14 岁 682.6 万，15~19 岁 221.3 万，20~24 岁 184.5 万，25~29 岁 147.6 万，30~64 岁 516.6 万，65 岁以上 73.8 万）。国内生产总值 10800 亿叙镑，合 222 亿美元（2004 年）。国防费 900 亿叙镑，合 17.2 亿美元（2005 年国防预算）。粮食 620 万吨（2003 年）。海运能力，商船（载重 100 吨以上）94 艘，总载重量 21.04 万吨（2005 年）。民航能力，固定航班机场 5 处、客运量 14.22 亿人公里，货运量 0.21 亿吨公里（2005 年）。

国防体制　宪法规定，总统为武装力量总司令。最高军事统帅机关是武装力量总司令部，下辖国防部和总参谋部。国防部是政府中的一个部，是最高军事行政机关，主管军队的行政、训练和军工生产等项工作。武装力量由正规军和准军事部队组成。正规军分陆、海、空三个军种。总参谋部在总司令部和国防部领导下，平时主要负责陆军工作，临战或战时则根据总司令的命令协调陆、海、空三军的作战行动。叙军政治局负责全军政治宣传工作，受总司令部和叙复兴党总部领导。总统通过国防部、总参谋部和三军司令部对全军实施领导和指挥。

领导人物　总统兼武装力量总司令巴沙尔·阿萨德中将（2000 年 7 月上任）。副总理兼国防部长和武装力量副总司令哈桑·图尔克马尼（2004 年 5 月上任）。

武装力量　**兵力**　现役部队 30.76 万人。

陆军　20 万人。编有 3 个军司令部，7 个装甲师（每师编 3 个装甲旅、1 个机械化旅、1 个炮兵团），3 个机械化师（每师编 2 个装甲旅、2 个机械化旅、1 个炮兵团），1 个共和国卫队师（包括 3 个装甲旅、1 个机械化旅、1 个炮兵团），1 个特种部队师（3 个特种部队团），4 个独立步兵旅，1 个边防旅，2 个独立火炮旅，2 个独立反坦克旅，10 个独立特种部队团，3 个地地导弹旅（每旅 3 个营，分别装备“蛙”式、“飞毛腿”–B/–C 式、SS–21“圣甲虫”式导弹），2 个岸防导弹旅（装备 SS–C–1B“萼片”式和 SS–C–3“冥河”式反舰导弹）。

主战坦克：4600 辆。其中 T–72 型 1600 辆，T–62 型 1000 辆，T55 型 2000 辆。装甲侦察车：800 辆。装甲步兵战车：2200 辆。装甲输送车：1600 辆。牵引炮：约 1530 门。自行炮：430 辆。火箭炮：480 门。迫击炮：710 门。反坦克导弹：各型 4190 枚。火箭炮：4335 门。高炮：2050 门。地地/反舰导弹：72 枚，“蛙”式、SS–21“圣甲虫”式、SS–C–1B“萼片”式和 SS–C–3“冥河”式各若干枚。“飞毛腿”式导弹 26 枚。

海军　约 7600 人。

潜艇　护卫舰：2 艘。海岸巡逻艇：20 艘。扫雷舰：5 艘。两栖舰艇：3 艘中型登陆舰。后勤支援舰：4 艘，其中 1 艘支援舰，1 艘训练舰，1 艘水文测量船，1 艘海洋调查船。

海军航空兵：反潜直升机 25 架。水雷战直升机 25 架，其中米–14 型 20 架，卡–28 型 5 架。

空军　约 4 万人。编有 15~25 个攻击/战斗机中队。作战飞机 480 架，武装直升机 71 架（部分可能为储备）。

战斗机：350 架，其中米格–25 型 30 架，米格–23 型 80 架，米格–21 型 160 架，米格–29 型 80 架。攻击机：130 架，其中米格–23BN 型 60 架，苏–24 型 20 架，苏–22 型 50 架。侦察机：48 架，米格–25R 型 8 架，米格–21H/J 型 40 架。运输机:140 架，其中安–24 型 1 架，安–26 型 6 架，“隼” 20 型 2 架，“隼” 900 型 1 架，“伊尔” –76 型 4 架，雅克–40 型 6 架，米–8/–17 型 100 架，米–2 型直升机 20 架。武装直升机：71 架，其中米–25 型 36 架，SA–342L 型 35 架。教练机：147 架。空地导弹：AS–7、“霍特”式导弹若干枚。空空导弹，AA–2“环礁”式、AA–6“辛辣”式、AA–7“顶点”式、AA–8“蚜虫”式、AA–10“阿拉莫”式各若干枚。

防空部队　约 6 万人。编有 2 个防空师，25 个防空旅（约 150 个地空导弹火力单元，包括 468 部 SA–2/–3 型、195 部 SA–6 型地空导弹，4000 门高炮），2 个地空导弹团（每团 2 个营，每营 2 个导弹火力单元），共 44 部 SA–5 型地空导弹。

预备役部队　35.4万人，其中陆军28万人，海军0.4万人，空军7万人。

准军事部队　内务部队0.8万人；工人民兵（人民军）10万。

军事基地海军基地 3处（拉塔基亚、米奈特贝达、塔尔图斯）。

兵役制度　实行义务兵役制，服役期30个月。预备役服役最高期限为45岁。

外国驻军　联合国维持和平部队1029人；约150名俄罗斯顾问，主要在防空部队。

军队节日　建军节8月1日。

（林海霞）

伊　拉　克

国　　名　伊拉克共和国。

主要统计　面积44.1839万平方公里(包括924平方公里水域和伊拉克、沙特中立区伊拉克部分3522平方公里)。人口2800万人（2004年。其中，0~14岁1043万，15~19岁312.9万，20~24岁260.7万，25~29岁208.6万，30~64岁704万，65岁以上78.2万)。国内生产总值337亿美元（2004年)。2004年，日产石油200万桶。粮食120.7万吨（2001年)。海运能力，商船（载重100吨以上）131艘，总载重量157.88万吨（2005年)。民航能力，自1992年6月起没有固定航班，客运量15.7亿人公里、货运量5460万吨公里（2005年)。

领导人物　根据伊正式宪法，伊政府总理兼任武装部队总司令。总理：易卜拉欣·贾法里。国防部长：萨阿敦·杜莱米。

武装力量　2003年5月23日，伊拉克武装力量被正式解散，并在美英临时当局领导下重新组建。伊拉克新的安全机构由美国、英国、澳大利亚、约旦、德国和北约负责培训。2005年，伊拉克武装力量主要情况如下：

兵力　拟编有27.3万，目前实有约17.98万（该数字反映的是伊武装力量正在变化的情况）

陆军　7.9万人，包括伊国民卫队。

海军　约700人。

海岸防卫部队　基地是乌姆盖斯尔，装备巡逻艇10艘。

空军　200人。侦察机：16架。运输机：26架。直升机：56架。

基础设施保护部队　现有7.4069万人，其中现役7.3992万人，另有77名军官正在接受培训。

伊拉克内卫部队　3.29万人。

伊拉克警察部队　6.7万人。

伊拉克反美武装　伊拉克临时政府情报部门负责人2005年1月3日称，伊境内反政府武装人员的总数已经高达20万之众，不仅远远大于美国军方和情报机构的估计，而且超过了驻伊联军的规模。其中，4万人是核心主力，专门从事反美袭击行动。伊拉克情报高官的估算和美国情报部门得出的结论相去甚远。美国军方和情报部门认为，伊拉克境内反美武装的人数在5000至2万人左右。伊拉克主要反美武装如下：

伊拉克基地圣战组织　由扎卡维领导，是伊拉克反美反临时政府武装中最有影响的,前身是“统一和圣战组织”。根据美国和伊拉克临时政府掌握的情报，扎卡维拥有一批训练有素的军事指挥官，他的人马遍布伊拉克大小城市的各个角落。此外，该组织结构严密，成员中大约有数百人来自也门、苏丹和沙特等国，大部分都在阿富汗的“基地”组织训练营接受过专门的杀手训练。美军曾逮捕了几个成员，通过他们对该组织有所了解，他们的行动非常专业，破坏性很强，很难渗透进去。

安萨尔逊尼军　逊尼派武装因制造摩苏尔美军基地袭击事件而著称于世。驻伊美军认定，“安萨尔逊尼军”是与“基地”组织有关联的最重要的恐怖组织，该组织曾多次绑架和杀害人质。据悉，2003年9月“安萨尔逊尼军”正式成立之后，便联合伊拉克境内的几支武装进行反美活动。该组织一直把火箭弹袭击和路边炸弹袭击的录像当做他们招募新成员以及训练新成员的手段之一。

圣战者联合指挥部　2004年9月，伊拉克境内的10支反美武装已经建立了以“教会委员会”为首的“圣战者联合指挥部”（简称“圣联指”）。目前，归“圣联指”统一指挥的伊拉克反美武装包括“伊斯兰圣战军”、“伊拉克民族解放阵线”、“伊拉克秘密军团”、

"人权旅"，以及"伊拉克伊斯兰抵抗运动"等组织，其斗争目标是"继续开展圣战，直至把占领军——异教徒赶出伊拉克的国土"。

阿尔·鲁曼旅　制造了绑架中国8名人质事件，隶属于"伊拉克伊斯兰全国抵抗运动组织"，武装成员大部分来自阿拉伯和其他伊斯兰国家。据悉，"伊拉克伊斯兰全国抵抗运动组织"也叫"1920革命旅"。

伊斯兰辅助者组织　由库尔德伊斯兰分子组成。据悉，他们曾试图在伊拉克北部山区秘密制造一种被称为"蓖麻蛋白"的化学武器。在美军入侵伊拉克的前期，在美军的严厉打击之下，曾轰动一时的"伊斯兰辅助者组织"似乎已是名存实亡。但各种迹象已经表明"伊斯兰辅助者组织"要卷土重来。2004年3月22日，美国国务院将伊拉克的"伊斯兰辅助者组织"列入外国恐怖组织名单。美国政府认为该组织与拉登的基地组织有关，在伊拉克境内制造了数起恐怖事件。

伊拉克"黑旗军"　主要由宗教主义者和民族主义者构成。通常情况下，他们主要的任务是破坏伊拉克境内的石油管道和工业，以免让这些财富落入美国人之手。但2004年底以来也开始绑架或袭击美军以及任何与美军有关系的人。据悉出于宗教的原因及对美军的憎恨，"黑旗军"领导人奥马尔·哈迪德已经投奔"基地"。

此外，伊拉克武装组织还有"团结与圣战"、"圣战战士旅"、"哈里德旅"、"真主雄师旅"等。

外国驻军　美国12.16万人，其余31个国家2.3万人。

（林海霞）

伊　朗

国　　名　伊朗伊斯兰共和国。

主要统计　面积164.5万平方公里。人口6747.6万人（2004年7月。其中，0~14岁1836.5万，15~19岁816.2万；20~24岁884.2万，25~29岁680.1万，30~64岁2244.6万,65岁以上272.1万）。国内生产总值约1494亿美元（2004年）。国防费约44.1亿美元（2005年国防预算）。日产石油395万桶（2004年），煤799.7万吨（2002年）2003年，农业总产值188.7亿美元。海运能力，商船（载重100吨以上）403艘，总吨位834.53万吨（2004年）。民航能力，固定航班机场19处，客运量62.29亿人公里、货运量0.72亿吨公里（2005年）。

国防体制　伊朗宪法规定政教统一，宗教领袖为武装部队总司令。最高国防委员会是领袖领导下的军事决策机构，成员有总统、国防部长、武装部队总参谋长、伊斯兰革命卫队总司令以及领袖指定的两名顾问。武装力量由正规军、革命卫队和准军事部队组成。正规军分陆、海、空三个军种。革命卫队由地面部队、海上部队、陆战队和航空部队组成。1989年7月正规军和革命卫队合并，组成松散的联合。

领导人物　宗教领袖、武装部队总司令兼最高国防委员会主席阿亚图拉·赛义德·阿里·哈梅内伊（1989年6月上任）。武装部队司令穆罕默德·萨利米少将（2000年5月上任）。国防部长阿里·沙姆哈尼（1997年8月上任，后任国防和勤务部长，2001年8月起任国防部长）。武装部队总参谋长阿卜杜勒-阿里·普尔沙斯卜准将（2001年2月上任）。陆军司令纳塞尔·穆罕默迪·法尔（2001年2月上任）。海军司令萨法里（2005年上任）。空军司令礼萨·帕尔迪斯（2005年上任）。伊斯兰革命卫队总司令叶海亚·拉希姆·萨法维少将（1997年9月上任）。

武装力量　**兵力**　现役部队42万人。

陆军　约35万人。编有4个军司令部、4个装甲师（每师辖3个装甲旅、1个机械化旅、4~5个炮兵营）、6个步兵师（每师辖4个步兵旅，4~5个炮兵营）、2个突击师、1个空降旅、6个炮兵群、若干独立装甲、步兵、突击旅。

主战坦克：约1613辆，其中T-54/-55型和PRC-59型共约540辆，T-62型75辆，T-72型480辆，"酋长"MK-3/-5型100辆，M-47/-48型168辆，M-60A1型150辆，"佐勒菲卡尔"式约100辆。轻型坦克：80辆。装甲侦察车：35辆。装甲步兵战车：约610辆。装甲输送车：约640辆。牵引炮：2010门。自行炮：310门。火箭炮：876门。迫击炮：共5000门。反坦克导弹：共约75枚。无坐力炮：各型约200门。飞机：17架。直升机：223架，其中AH-

1J 型武装直升机 50 架，CH-47C 型重型运输直升机 20 架，"贝尔" 214A 型 50 架，AB-205A 型 68 架，AB-206 型 10 架，米-8/-17 型 25 架。无人驾驶飞行器：若干架。地地导弹："飞毛腿" 约 300 枚导弹；CSS-8 型，约 175 枚；"谢哈布" 式若干枚；"沙辛" -1/-2 型若干枚。火箭发射器：若干具。地空导弹：若干枚。高炮：1700 门。

海军　约 1.8 万人，包括 2000 名海军航空兵和 2600 名海军陆战队。

潜艇："基洛" 级 3 艘。护卫舰：3 艘。轻型护卫舰：2 艘。巡逻艇：254 艘。水雷战舰艇：5 艘。两栖舰艇：35 艘。后勤支援舰艇：25 艘。

海军航空兵　2600 人。装备海上侦察机 5 架，电子战飞机 3 架，运输机 13 架，直升机 30 架。。

海军陆战队　2 个旅，共 2600 人。

空军　约 5.2 万人（其中包括 1.5 万名防空部队）。编有 14 个攻击/战斗机中队、1 个侦察机中队、1 个加油/运输机中队、5 个运输机中队、5 个地空导弹中队和 16 个地空导弹营。

战斗机：74 架。其中 F-14 型 25 架、F-7M 型 24 架、苏-25K 型 7 架，米格-29A/UB 型 25 架。战斗/对地攻击机：186 架。其中 "幻影" F-1E 型 24 架，苏-25K 型 7 架，苏-24MK 型 30 架，F-4D 型 65 架，F-5E/F 型 60 架。侦察机：RF-4E 型 6 架。海上侦察机：P-3MP 型 5 架。预警机：伊尔-76 型 1 架。加油机/运输机：各型 102 架。直升机：各型 34 架。教练机：各型共 151 架。空地导弹：3000 余枚。反舰导弹：若干枚。空空导弹："麻雀"式、"响尾蛇" 式、"不死鸟" 式各若干枚。地空导弹：各型约 250 余部。

革命卫队　约 12.5 万人。

地面卫队约 10 万人。编有 16~20 个师，包括 2 个装甲师、5 个机械化师、10 个步兵师、1 个特种部队师、15~20 个独立旅、1 个炮兵炮兵旅。配备 470 辆坦克、620 辆装甲输送车、360 门火炮、40 门无坐力炮和 140 门高射炮。革命卫队独立作战或与陆军协同作战，如国内发生暴乱则与 "民众动员军" 配合行动。

海上卫队　约 2 万人。有阿巴斯港等 6 个基地。拥有约 40 艘快艇，配备反坦克导弹、无坐力炮、机枪；"沪东" 级导弹快艇 10 艘，配备 C-802 型舰舰导弹；岸防炮及 CSSC-3（HY2）型舰舰导弹。

航空卫队　1 个旅（约 5000 人）。

准军事部队　"民众动员军" 约 22 万人，多为青年志愿者，仅装备轻武器。宪兵 4 万人（包括边境警察），配备 "色斯纳" 185/310 型飞机若干架、AB-205/206 型直升机 24 架，另有约 90 艘巡逻艇、40 艘其它小型船只。

军事基地　海军基地 7 处：阿巴斯港（海军司令部所在地）、布什尔、哈尔克、恩泽利港、霍梅尼港、玛沙赫尔港、恰赫巴哈尔。

兵役制度　实行义务兵役制，士兵服役期 2 年。

驻外兵力　革命卫队驻黎巴嫩约 150 人；在苏丹派有军事顾问。

军队节日　军队节 3 月 15 日。

（林海霞）

以 色 列

国　　名　以色列国。

主要统计　面积 2.5 万平方公里（至 2000 年以色列实际控制面积），人口 280 万人（2004 年。其中，0~14 岁 169.5 万，15~19 岁 50.2 万，20~24 岁 50.2 万，25~29 岁 50.2 万，30~64 岁 251.1 万，65 岁以上 62.7 万）。国内生产总值 5250 亿新谢克尔，约合 1170 亿美元（2005 年）。国防费 343 亿新谢克尔，约合 78.7 亿美元（2005 年国防预算）。粮食 19.5 万吨（2003）年。海运能力，商船（载重 100 吨以上）58 艘，总载重量 72.34 万吨（2005 年）。民航能力，固定航班机场 7 处，客运量 141.25 亿人公里、货运量 12.88 亿吨公里（2005 年）。

国防体制　总理为武装力量统帅。最高军事决策机构为国防委员会，成员有总统、总理以及国防、外交、内政、财政、交通、邮电部部长和总参谋长等，由总理兼任主席。战时，则成立以总理为首的战时内阁，成员有国防、外交、财政、交通和邮电等部部长。国防部为政府中的一个部，是最高军事行政机关，部长由文官担任，平时负责兵力的动员、国防预算、国防科研与军工生产、军队规章制度的颁布等军事行政和技术业务；战时可行使总司令职权。武装力量由正规部队、预备役部队和准军事部队组成。正规部队分陆、海、空三个军种。最高军事指挥机构为总参谋部，总参谋长为最高军事指挥官，在总理领导下通过3个军区司令部、2个军种司令部及其所属的14个兵种司令部对全军实施指挥。

领导人物 总理兼国防委员会主席、武装力量统帅阿里埃勒·沙龙（2001年3月上任，2005年底病重，由奥尔默特暂时接任其职务。2006年3月28日举行大选，奥尔默特获胜）。国防部长沙乌勒·莫法兹中将（2002年11月上任，2003年2月续任）。国防军总参谋长达恩·哈卢茨中将（2005年3月上任）。副总参谋长乌齐·达扬少将（1998年5月17日上任）。陆军司令伊夫塔·罗恩-塔勒少将。海军司令耶迪迪亚·亚阿里少将（1999年10月10日上任）。空军司令施克迪（2005年上任）。

武装力量 **兵力** 现役部队16.83万人。

陆军 12.5万人（动员后可达60万人）。编有3个地区司令部，1个后方司令部，2个特种兵司令部，2个装甲师（下辖4个装甲旅），4个步兵师（下辖17个步兵旅，1个炮兵团），5个空中机动旅。

主战坦克：3657辆。装甲侦察车：约408辆。装甲输送车：10419辆。牵引炮：456门。自行炮：620门。火箭炮：224门。迫击炮：各型4132门。反坦克导弹：各型约1225枚。地空导弹：各型1250枚。地地导弹：约107枚。其中，“长矛”式7枚（在储备中）。火箭筒：若干具。无坐力炮：250门。监视雷达：若干部。

海军 约8300人（动员后可达1.15万人）。

潜艇：3艘。轻型护卫舰：3艘。导弹攻击快艇：12艘。巡逻艇：39艘。两栖舰艇：2艘。

陆战队：海军突击队300人。

空军 3.5万人。编有15个飞行中队。作战飞机366架，武装直升机95架。

战斗/对地攻击机：各型366架。战斗/轰炸机：39架。侦察机：RF-4E型13架。预警机：2架。电子战机：各型31架。海上侦察机：3架。加油机：5架。运输机：各型16架。联络机：32架。教练机：90架。武装直升机：各型95架。反潜机：若干架。运输直升机：166架。无人驾驶飞行器：若干架。空地导弹：各型若干枚。空空导弹：各型若干枚。高炮：各型1210余门。地空导弹：MIM-23“霍克”改进型17个连，“爱国者”3个连，“箭”-2型2个连，“小槲树”3个连。

预备役部队 40.8万人。其中：陆军38万人，编有8个装甲师，1个空运机动/机械化步兵师，4个步兵旅，4个炮兵团；海军3500人；空军2.45万人。

准军事部队 边防警察8000人。装备“瓦利德”型装甲输送车若干辆；海岸警卫队约50人，装备巡逻艇3艘。

军事基地 海军基地3处：海法、阿什杜德、埃拉特。

兵役制度 实行义务兵役制，军官服役期4年；士兵服役期男性3年，女性2年。此后作为预备役人员每年进行训练，男性至41岁（一些专业人员至54岁），女性至24岁（或结婚）。

军衔 军官分3等9级：将官3级（中将、少将、准将），校官3级（上校、中校、少校），尉官3级（上尉、中尉、少尉）。

驻外兵力 定期向土耳其空军基地派遣空军F-16型飞机分遣队。

外国驻军 来自23个国家的联合国军事观察员153人。

（林海霞）

印　度

国　　名 印度共和国。

主要统计 面积297.47万平方公里。人口10.5亿人（2003年。其中13~17岁男5463.8万人，女5129.2万人；18~22岁男4992.2万人，女4641.5万人；23~32岁男8847.8万人，女8093.7万人。）国内生产总值7525亿美元（2005年）。1美元约合48卢比。外汇储备1386亿美元（2005年）。国防预算8900亿卢比（2006年），约合198亿美元。原煤3.89亿吨（2003年）。原油0.33亿吨（2003年）。天然气313亿立方米（2002年）。发电量5651亿度（2004年）。钢铁2830万吨（2004年）。粮食2.1亿吨（2004年）。海运能力，196个港口，商船（载重100吨以上）888艘，总载重量1036.5万吨（2001年），货运量5100万吨（2004年）。民航能力，固定航班机场115处，货运量 4.8 亿吨公里（2000 年），客运量 233.6 亿人公里(2002 年)。铁路总长 6.3122 万公里（其中电气化铁路 1.19 万公里 2003 年)，货运量 5.57 亿吨，客运量 41.53 亿人公里（2004 年)。

国防政策　印度国防政策的基本目标是保障实现印度“称霸南亚，控制印度洋，争当世界政治大国和‘一流军事强国’”。其主要内容为：

一、全力实施“大国外交”，为其争当地区军事大国和世界政治大国创造条件。印度利用其南亚大国以及靠近中亚、扼守印度洋要冲的独特战略地位，抓住冷战结束、世界格局向多极化发展的契机，积极开展大国外交，利用大国关系综合制衡，在巩固南亚主导地位的同时，逐步向亚太地区发挥影响。近年来，印度与俄罗斯进一步深化战略伙伴关系，扩大与俄在经贸及联合研制先进装备等领域的合作，并获得对其成为联合国安理会常任理事国的支持。印度与美国“持久的、政治上有建设性、经济上有成果”的新型伙伴关系向全球战略合作伙伴关系发展。2005 年 6 月，印美两国签署了为期 10 年的《印美防务合作关系新框架》，美全面解除对其出口敏感技术限制，向其出售先进武器装备以及在核能、太空、导弹防御等领域进行合作。印美两国军事合作关系呈现规范化、制度化和长期化趋势，并推动两国战略合作伙伴关系向政治、经济和安全领域拓展。印度同日本在政治、经济、军事和安全方面展开全方位对话，在继续加强两国全球伙伴关系的同时，将合作重点向安全领域扩大。印度与欧盟的关系进一步发展和加强，军事合作呈现不断增长之势。印度积极调整对华政策，为其经济与社会发展创造更大战略空间。2003 年，中印签署了《中华人民共和国与印度共和国关系原则和合作宣言》，两国建设性合作关系发展出现良好势头。2005 年两国建立了“面向和平与繁荣”的战略合作伙伴关系，两军举行了联合军事演习，军事领域信任措施得到加强。印度加紧推行“向东看”政策，加强同东盟在政治、经济和军事领域的合作与交往。印度同中亚国家交往增多，积极开展能源合作，并将在非传统安全领域的合作提上议事日程。

二、实行最低限度的可靠核威慑政策，加快发展核武器。印度发展核武器旨在谋求大国地位，对中国形成所谓“核对称”，对巴基斯坦保持核威慑优势，制约外部势力特别是美国在印度洋的军事存在。继 1998 年 5 月成为事实上的核国家之后，印度制定了“最低限度可靠核威慑”的核战略草案，即在遵守“不首先使用和不对无核国家使用核武器”的原则，维持足够的核力量，确保印度及其武装力量受到对方核攻击时使用核武器进行惩罚性报复，从而形成战略核威慑。2003 年，印度政府正式公布核政策八条原则，即：(1) 建立和保持可靠的最低核威慑；(2) 坚持不首先使用核武器；(3) 针对第一次核打击的报复性反击将是大规模的，并以造成重创为目的；(4) 核报复打击的决策只能由经过授权的政治领导人通过核指挥当局做出；(5) 不对非核国家使用核武器；(6) 如印度或印度军队遭到生物或化学武器的袭击，印度将保留使用核武器反击的权利；(7) 继续严格控制与核和导弹相关的材料和技术出口，参加《禁止用于核武器裂变材料生产公约》的谈判，继续执行暂停核试验的承诺；(8) 继续支持通过可监控和公平的削减核武器实现全球无核化目标。印度为建立“三位一体”的核打击力量建立了核力量指挥与控制体制，组建了战略部队司令部以及战略导弹部队。印度已装备射程分别为 700 公里和 2500 公里的“烈火”–I 型和“烈火”–2 型中程导弹，正研制射程为 3000 公里以上的“烈火”–3 型导弹；引进和租赁远程轰炸机，提高空中核打击能力；积极发展海基核打击能力，核潜艇主要部件已经研制成功。印度还加快核武器小型化研制工作，加紧战术核武器实战运用理论的研究。

三、坚持国防建设与经济建设并重，逐步提高国防建设投资的“同步发展”原则。印度以经济建设为中心，在全面提高综合国力的基础上，逐步增加军费，确保国防建设目标的实现。2006 年国防经费为 8900 亿卢比（合 198 亿美元)，比上一财年增加了约 7.2%。重视发展军民两用企业和技术，特别是信息、核能技术和航空、航天领域的基础设施，促进国防与军队现代化建设。印度军队职能由单一的“对付外侵”转变为“维护国家安全、反对民族分裂”的双重职能，以维护社会稳定，保证经济持续发展。

四、推进军事变革，实现军队机械化和信息化目标。印度视军事实力作为实现国家安全战略目标的主要支柱。依据“惩戒威慑”的新军事战略，印度正建立最低限度可靠的核威慑力量和能够快速反应、实施进攻作战和联合作战的信息化军队。主要措施：（一）制定新的作战理论，陆军制定了快速动员、速战速决的“冷启动”作战理论，海军提出海上威慑和力量投送作战理论，空军制定了发展远程打击、空间作战能力的作战理论；（二）改革国防与军队领导体制，在设立联合国防参谋部、三军情报局和第一个三军联合司令部后，将改革军区指挥体制，计划成立统一快反部队司令部、空间司令部、后勤司令部等；（三）突出海空军和快反部队建设。努力建设具有威慑能力和远洋作战能力"蓝水海军"，具有远程战略进攻能力的空军和能够快速投送、实施特种作战的陆军；（四）发展信息化装备，提高信息化作战能力。近期以信息基础设施和细心系统建设为重点，逐步提高军事对信息化水平和信息战能力；（五）加快武器装备现代化。实行从国外购买、特许仿制、自行研制和联合研制的装备发展政策，购买先进的尖端技术装备、更新和升级旧装备。印度通过加强与美、俄、法国、以色列、乌克兰等国军事合作交流，引进、仿制和联合研制包括航母、飞机、预警机、导弹、潜艇、电子战等装备，使武器技术来源实现多样化。

五、确保印度在印巴、中印边境地区的军事优势。印度以打击恐怖主义为名，加大有效"遏制"巴基斯坦支持的民兵对印占克什米尔地区的渗透和进攻，将50%的陆军、54%的空军和60%的海军兵力长期部署在印巴边境一线和毗连巴的海域，形成对巴的绝对军事优势。印在中印边境地区加强战场建设、改善装备水平、继续保持较大规模兵力部署，形成局部军事优势。

六、加紧实现对印度洋控制，向南中国海及亚太扩张势力。印度官方称，"从阿拉伯海到南中国海都有印度的利益"。为此，印度提出将其专属经济区扩大到200海里以外，加紧在马德拉斯、卡尔瓦尔等地修建海军基地，组建海上特种部队，并计划照美国的模式组建一支海军陆战队，致力于建立一支专事远海作战的远洋海军。2001年成立的位于安达曼·尼克巴群岛布莱尔港的海军远东司令部，将印度触角前伸了1000多公里。近年来，印度同美国、俄罗斯、日本、法国、新西兰、澳大利亚、斯里兰卡、东盟等国举行海上联合军事演习次数和规模比以往增多和增大。

国防体制 宪法规定总统为武装力量最高统帅，总统通过内阁总理对全国武装部队实施领导。现行最高国防决策为内阁政治事务委员会，成员有国防、外交、内政和财政等主要内阁部长，由总理任主席。内阁安全委员会为有关国家安全问题的决策机构，总理任委员会主席，成员有国防、外交、内政、财政等主要内阁部长，列席会议的有国防秘书和陆、海、空三军参谋长等。国防咨询机构有国家安全委员会、国防生产与供应委员会、国防研究与发展委员会、国防计划委员会和联合情报委员会等。国家安全委员的职能是为政府制定长期军事战略和国家安全战略以及处理有关国家安全事务提供咨询。内阁总理任国家安全委员会主席，成员包括内政部长、国防部长、财政部长、外交部长和计划委员会副主席。该委员会通过1名国家安全顾问对下辖的战略政策小组、联合情报委员会和国家安全顾问处进行协调与领导。国家安全顾问由总理首席秘书担任。除国防计划委员会由内阁秘书任主席、最高情报委员会由内阁秘书处安全顾问任主席外，其他委员会均由国防部长任主席，吸收国防国务部长、三军参谋长、国防秘书、国防财政顾问和有关单位负责人参加，分别负责提出和制定有关三军建设和民防、空防、边防和海防方面的有关政策，提出有关作战、情报和国家安全等方面的咨询意见。国防部长委员会下设国防电子、首席人事官、首席供应军官和三军参谋长等4个委员会。其下属委员会的职责是在负责范围内就国防政策、国防生产和其它有关军事问题向国防部长委员会提出建议，并通过它就需要由内阁研究决定的重大问题向内阁政治事务委员会提出建议。三军参谋长委员会下设联合参谋部和10个分委员会。联合参谋部的职能是参与军队建设计划和联合作战事宜，成员来自各军种、国防部和外交部。分委员会由三军参谋军官组成，轮流担任主席，分别处理有关三军联合作战、计划训练、通信、情报、电子战、装备政策和国防计划等方面的统一与协调事务。国防部长是最高军事行政长官，直接向内阁总理负责，并由两名国防国务部长协助工作。国防部为国防职能机构，主要由文职人员组成，下设国防局、国防生产与供应局和国防科研局以及财政顾问处和国防计划协调执行委员会等机构。

印度的武装力量由现役正规部队、准军事部队和后备力量组成。现役正规部队设陆、海、空三个军种。三军平时无统一的作战指挥机构，由内阁总理通过内阁秘书处协同国防部对三军实行统一指挥；战时通常授权主要军种参谋长实施统一指挥。军种司令部为各军种最高作战指挥与行政管理机构，最高领导人为军种参谋长。陆军参谋长配有3名副参谋长协助工作。海、空军设参谋长和2名副参谋长。军种参谋长通过所属地区（军区）司令部对部队实施作战指挥与控制。各军种除地区（军区）司令部外，陆军还设有训练司令部，空军设有训练和保养两个专业司令部，海军的南海司令部履行海军训练司令部的职能，主管海军人员的基础训练与专业训练工作，并负责全部海军水面舰艇和潜艇部队的训练。驻果阿的海军航空兵司令部主管海军航空兵的训练。驻维沙卡帕特南的海军潜艇司令部专门负责海军潜艇部队的训练。

领导人物 总统兼武装力量最高统帅卡拉姆（2002年7月就任印度第12任总统）。总理曼莫汉·辛格（2004年5月上任）。国防部长普拉纳布·穆克吉

(2004年5月25日上任)。陆军参谋长·J·J·辛格上将(2005年1月31日上任)。海军参谋长·A·普拉卡什上将(2004年7月31日上任)。空军参谋长S·P·特亚吉上将(2004年12月31日上任)。

武装力量 **兵力** 现役部队132.5万人。

战略部队司令部 编成3个导弹联队,2个导弹大队。主要装备:15部“普里特维”-150型、250型和350型地对地导弹,8~12枚“烈火”II型导弹和8~12枚“烈火”III型导弹。

陆军 110万人。编成6个军区、9个军分区、22个小军区及4个集团军、13个军部、37个师,其中3个装甲师(每师辖2~3个装甲旅)、1个自行炮旅(每旅辖2个自行炮团、1个中型炮团)、4个快反师(每师辖2个步兵旅、1个机械化旅)、18个步兵师(每师辖2~5个步兵旅、1个炮旅,一些师还辖有装甲团)、10个山地师(每师辖3~4个旅、1个或1个以上炮团)、2个炮兵师(每师辖3个旅)、16个独立旅(包括8个装甲旅、5个步兵旅、2个山地旅、1个空降/突击旅)、2个“大地”地地导弹团、4个防空旅和3个工兵旅。上述部队包括62个坦克团(营)、355个步兵营(其中包括25个机械化步兵营、8个空降营、3个突击营)、201个炮兵团(其中包括1个“大地”地地导弹团、2个多管火箭炮团、50个中型炮团{内含11个自行炮团}、69个野战炮团(内含3个自行炮团)、39个山地炮团、29个高炮团、2个地空导弹大队(每个大队辖3~5个导弹连)、15个地空导弹团。陆军航空兵编有22个直升机中队(其中5个反坦克中队)。另外,陆军有2个“烈火”1/2型地地导弹大队。

主战坦克:4168辆(估计有1133辆库存),其中T-55型约715辆(450辆现役),T-72型约1925辆,常胜者1008辆,“阿琼”式约14辆,T-90S型330辆,PT-76型100辆,AMX13型90辆。装甲侦察车:BRDM型约100辆。步兵战车:BMP-1/2型1700辆。装甲输送车:OT-62/64型157辆、卡斯帕型约160辆。火炮共12675门。包括牵引式火炮5625门:75毫米1115门、105毫米约1350门、122毫米约550门、130毫米2200门、155毫米410门;自行火炮150门:105毫米80门、130毫米70门、152毫米S19型2门。多管火箭炮180门:122毫米150门、214毫米“皮纳卡”约30门。迫击炮6720门:81毫米约5000门、120毫米约1500门、220毫米500门。地地导弹:“普里特维”地对地导弹发射架3~5部。无坐力炮:57毫米500门、106毫米1000门。高炮:共2339门,其中23毫米双联自行高炮75门,23毫米四联牵引式高炮320门,30毫米24门、40毫米1920门。地空导弹3500枚:萨姆-6型180枚、萨姆-7型620枚、萨姆-8B型50枚、萨姆-9型400枚、萨姆-11型约50枚、萨姆-13型250枚、萨姆-16型2000枚。直升机:162架。车辆人员登陆艇:2艘。无人驾驶飞机:“搜索者”和“尼尚特”若干架。反坦克导弹:“米兰”等若干枚。12部火控雷达。

海军 5.5万人。编成西、南、东部和远东(设在安达曼群岛布莱尔港)4个地区海军司令部,2个海军舰队、25个舰艇中队、15个海军航空兵中队。其中,东部舰队和西部舰队分属东、西部海军司令部;南部海军司令部无作战舰队,负责整个海军训练。此外,海军还编有1个航空兵司令部和1个潜艇司令部。海军装备各种舰艇145艘,其中,航空母舰1艘、潜艇19艘、驱逐舰8艘、护卫舰17艘、小型护卫舰28艘、巡逻与海岸舰艇41艘、扫雷艇18艘、两栖登陆舰艇17艘、各种支援舰船32艘。

海军航空兵 7000余人(含舰载海军航空兵2000人),装备34架作战飞机、92架各类直升机、空空导弹和空地导弹若干枚。编有1个战斗机中队、6个反潜直升机中队、3个海上侦察机中队、1个通信机中队、1个运输机中队,1个搜索与救援直升机中队和2个训练机中队。

海军特种部队 编有1个团(包括3个大队),约1200人。

空军 17万人。编成中部、东部、西部、南部和西南部5个地区司令部、2个支援司令部(保养司令部和训练司令部),装备作战飞机852架、直升机196余架(其中攻击直升机60架)。编有33个攻击战斗机中队(42架苏-30K/MK型、8架苏—30K型、72架米格-23BN型、100架“美洲虎”型、128架米格-27M型、55架米格-21MF/PFMA型、165架米格-21BIS/U型、48架“幻影”2000H/TH型);5个战斗机中队(74架米格-29B型、45架米格-23MF/UM型、18架米格-21FL/U型),3个攻击直升机中队(40~60架米-25/35型直升机),1个海上攻击中队(16架“美洲虎”型海上攻击机),3个电子战飞机中队(24架米格-23BN型、21架米格-21M型、3架“堪培拉”B(I)MK58型、2架“堪培拉”PR-57型、2架“堪培拉”PR-67型、2架“堪培拉”T-54型、2架“堪培拉”TT-8型),1个侦察机中队(3架米格-25R型、2架米格-25U型战斗侦察机),12个运输机中队(119架安-32型、43架DO-228型、40架HS-748型、30架伊尔-76型),20个运输直升机中队(43架米-8型、100

架米-17 型、10 架米-26 型，60 架印度“猎豹”型和“印度豹”型直升机，3 架高级轻型直升机），1 个要员专机中队（2 架波音-707 型、2 架波音-737 型、5 架 HS-748 型），电子情报侦察机中队（2 架波音-707 型、2 架波音 737 型），1 个空中加油机中队（6 架伊尔-78 型）。另有 4 架海上侦察与测量机、380 架各型训练机和 2 架无人驾驶飞机。此外，空军还编有 38 个地空导弹中队，装备萨姆-3B、萨姆-5、萨姆-8B、萨姆-16 型导弹 280 余枚。空军还装备有 1 个“普里特维”II 型导弹。空军飞机装备 AS-7 型、AS-11B 型、AS-12 型、AS-17 型、AS-30 型、“鱼叉”AM-39 型和“海鹰”空地导弹及 AA-7 型、AA-8 型、AA-10 型、AA-11 型、AA-12 型，“魔术”R-550 型和“超级魔术”R-5530D 型等空对空导弹。

准军事部队　印度的准军事部队种类繁多，驻地分散，并隶属不同的部门。准军事部队是正规部队的辅助力量，平时执行边防、海防巡逻，情报搜集和内卫治安任务；战时配属正规部队执行作战任务。其编制单位通常为部队、营、中队（连）、排、班（哨）5 级。部队最高领导为总监，一般为现役中将级军官，以下各级军官为现役或退役军官。营或中队（连）为基本作战单位，各营根据辖区的范围下辖数目不等的中队（连），中队（连）以下为三三制，编组到班。印度准军事部队装备轻便，编制精干，可担负快速突击和独立机动作战任务。目前，印度准军事部队兵力约 130 万人，其中：海岸警卫队 8000 人，隶属国防部，辖 3 个航空中队，装备 41 架飞机，各类舰艇 50 艘，平时负责近海防卫与治安，战时归海军指挥，协助海军作战；国家安全卫队 7357 人，隶属内阁秘书处，负责反恐怖行动，成员来自印度三军、中央后备警察部队和边境保安部队；特种保安部队 3000 人，负责要员安全；国家步枪队 5.7 万人，隶属国防部，担负反暴乱任务，编为 55 个营，分布在 15 个地区，设 8 个司令部，主要成员来自陆军退役人员和预备役部队；中央后备警察部队 22.96 万人，137 个营，隶属内政部；邦武装警察 45 万人（包括 24 个营的印度后备特种警察），主要负责本邦的治安任务，特殊情况下可调往其它邦执行任务；阿萨姆步枪队 6.388 万人，隶属内政部，编有 7 个地区司令部，40 个营，主要负责东北地区各邦的治安任务，各级军官均为陆军军官；边境保安部队 20.8 万人，编有 157 个营；特种边境部队 1 万人，隶属内阁秘书处，主要为藏人；印藏边境警察 3.62 万人，29 个营，隶属内政部；中央工业保安部队 9.43 万人，隶属内政部；国防安全警卫队 3.1 万人，隶属国防部，负责国防部驻地的安全和警卫工作；铁路保安部队 7 万人。

后备力量　不脱产的民间武装，平时协助警察维持社会治安和参加抢险救灾，战时担负民防任务，补充正规军。其组织较为松散，每年只须参加短期的军事集训。经费开支一般由中央政府和邦（中央直辖区）按比例分摊。分为第一线预备役和第二线防务力量，约 351 万人。

第一线预备役由印度陆海空三军退役军官组成。服预备役的最高年限为 50 岁。第一线预备役现有兵力 115.5 万人，包括陆军和空军预备役以及海军志愿预备役.空军预备役又分为防空预备役和辅助空军预备役两种。陆军预备役人员现有 96 万人，海军预备役人员现有 5.5 万人，空军预备役人员 14 万人。

第二线防务力量主要是民间军事组织，成员志愿参加。现有实力约 235.5 万人，包括地方军 4 万人、国民学兵团 130 余万人，家乡卫队 51.5 万人，民防组织 50 万人。

部署　陆军分 6 个军区：北部军区司令部设在印占克什米尔的乌达姆普尔，辖 3 个军（含 8 个步兵师、2 个山地师），负责克什米尔地区印巴边境北段和中印边境西段的防务；西部军区司令部驻昌迪加尔，辖 4 个军（含 1 个装甲师、3 个平原整编师、5 个步兵师和 4 个独立防空旅），负责印巴边境中段平原地区防务；东部军区司令部设在加尔各答，辖 3 个军（含 1 个步兵师、7 个山地师），负责印孟边境地区、印缅边境地区和中印边境东段（含中锡边境）地区的防务；中部军区司令部设在勒克瑙，辖 1 个军（含 1 个步兵师、1 个装甲师、1 个平原整编师和 3 个独立旅），负责中央各邦和中部喜马拉雅山边境地区的防务，并担任东、西两个战区的预备队；南部军区司令部设在浦那，辖 2 个军（含 1 个装甲师、3 个步兵师），负责印巴边境南段的防务。西南军区于 2005 年 4 月成立，主要担负拉贾斯坦邦和旁遮普邦与巴基斯坦接壤的边境地区防务。

海军按印度半岛东、西、南部和安达曼·尼科巴群岛及附近海域分别划分为东部、西部、南部和远东 4 个地区海军司令部。西部海军司令部设在孟买，下辖西部舰队，编有印度半数以上的驱逐舰、护卫舰和潜艇，负责阿拉伯海的防御，其基地有孟买、马哈拉施特拉、卡蒂亚瓦尔、瓦杰拉巴胡。东部海军司令部设在维沙卡帕特南，下辖东部舰队，其基地有加尔各答、维沙卡帕特南及马德拉斯海军站和维尔巴胡潜艇基地，辖区为东部沿海及孟加拉湾。南部海军司令部设在科钦，下设海军航空兵司令部，并同时负责海军院校训练。远东海军司令部设在安达曼群岛的布莱尔港，同时受三军参谋长委员会主席指挥。

空军划分为西部、西南部、中部、东部、南部5个地区司令部。西部司令部设在新德里，辖5个战术空军中心，9个米格-21战斗机中队、1个米格-29战斗机中队和1个米格-23战斗机中队以及部分对地攻击部队；负责佐德普尔以北（含首都新德里）以及印占克什米尔地区防务。西南空军司令部设在甘地纳加尔，下辖1个战术空军中心，负责拉贾斯坦以南至古吉拉特和索拉什特及库奇地区防务。中部空军司令部设在阿拉哈巴德，下辖2个战术空军中心，8个运输机中队、3个战斗机中队，负责整个印度中部的防空作战和军事空运。东部空军司令部设在西隆，下辖3个战术空军中心，负责印中、印孟和印缅边境地区防务。南部空军司令部设在特里凡德琅，下辖1个战术空军中心，负责印度半岛南端及安达曼·尼科巴群岛和拉克沙德韦群岛的防务。

兵役制度　实行募兵制。

服役年限 兵17年，军士21~28年，低级委任军官（海空军准尉）26~33年。各级军官的最高服役年龄：将官60岁，校官55岁，尉官50岁，低级委任军官（海、空军准尉）50岁。

军衔　分7等19级：元帅1级（只在战时授予有特殊功勋的军种参谋长）；将官4级（上将、中将、少将和准将），校官3级（上校、中校和少校），尉官2级（上尉、中尉），低级委任军官（海、空军准尉）3级（一级、二级、三级），军士3级（上士、中士、下士），兵3级（一等兵、二等兵、三等兵）。

驻外兵力　多年来，印度积极参加联合国的维持和平行动，共派出6180余名军事人员。2005年，印度在布隆迪派驻9名军人，其中7名军事观察员；象牙海岸派驻士兵12名，其中包括7名军事观察员；在民主刚果派驻3550名军人，其中包括36名军事观察员；在厄里特里亚派驻1564名军人，其中包括8名军事观察员；在苏丹派驻337名军人，其中包括5名军事观察员；在黎巴嫩派驻648名军人。另外，印度还在塔吉克斯坦法克哈尔设立了空军作战基地。

军队节日　武装部队节12月7日，陆军节1月15日，海军节12月4日，空军节10月8日。

（万　伟）

印度尼西亚

国　名　印度尼西亚共和国。

主要统计　陆地面积190.4443万平方公里，海洋面积316.6163万平方公里（不包括专属经济区）。人口2.15亿人（2004年。其中，0~14岁男3629.55万人，女3387.58万人；15~64岁男8227万人，女7985万人；65岁以上男483.9万人,女483.97万人）。国内生产总值2678亿美元（2004年）。国防费25.3亿美元（2005年国防预算）。煤1.068亿吨（2003年），日产原油108万桶（2004年）汽车销售量为48.33万辆（2004年）。粮食5434万吨（2004年）。海运能力，商船（载重100吨以上）2014艘，总载重量313.02万吨（2004年）。民航能力，固定航班机场81处，客运量123.89亿人公里、货运量3.41亿吨公里（2004年）。

国防政策　印尼国民军的职能是保卫国家的主权和领土完整，保卫国家的海岸线和连接各岛屿的领空。其建军方针是：建设一支兵力精干，机构合理，具有高度机动和威慑力，拥有先进武器装备和专业人员的现代化军队。同时，印尼不断加强同东盟国家及美、澳等国的军事合作，提高整体防御能力，共同维护地区安全。

军事战略　印尼实行积极的“逐岛防御”战略，即建立以大岛为核心、以群岛为基地、内外兼顾、独立防卫与机动作战相结合的防御体系，独立保卫本岛领土、领海和维护社会治安。鉴于未来国防安全的主要威胁将来自海上，印尼重点加强濒临马六甲海峡、南海及印度洋等具有战略意义的前沿、边境、重要海峡及偏远地区的防卫力量，形成以爪哇岛为中心、东西兼顾的战略布局。

国防体制　总统为武装力量统帅。实行国防与内卫合一的武装体制。国防部负责制定和执行国防政策，国民军总司令部负责军队的管理、教育训练及作战指挥。武装力量由正规军和准军事部队两部分组成。正规军分陆、海、空三个军种。总统通过国防部和国民军总司令部对全国武装力量实施领导和指挥。

领导人物　总统兼武装力量统帅苏西洛·班邦·

尤多约诺（2004 年 10 月 20 日上任）。国防部长尤沃诺·苏达索诺（2004 年 10 月上任）。国民军总司令恩德里亚托诺·苏塔尔托上将（2002 年 6 月上任）。陆军参谋长佐弋·桑托索中将（2005 年 2 月上任）。海军参谋长斯拉末·苏比安托中将（2005 年 2 月上任）。空军参谋长佐弋·苏安托中将（2005 年 2 月上任）。

武装力量 **兵力** 现役部队约 34.6 万人。

陆军 约 26.5 万人。编有 1 个战略后备部队司令部，11 个军区司令部和 1 支特种部队。战略后备部队编有 2 个步兵师，3 个步兵旅，2 个空降旅，2 个野战炮兵团，1 个高炮团，2 个装甲营，2 个工程兵营。11 个军区共编有 2 个步兵旅，60 个步兵营，5 个空降营，8 个骑兵营，10 个野战炮兵营，7 个高炮营，7 个工程兵营，1 个混合航空兵中队，1 个直升机中队。特种部队编有 3 个特种大队。

轻型坦克：各型约 350 辆。装甲侦察车：各型共 142 辆。步兵战车：11 辆。装甲输送车：各型共 356 辆。牵引炮：各型共 185 门。迫击炮：875 门。无坐力炮：135 门。火箭炮：700 门。高炮：413 门。地空导弹：68 枚。飞机：各型 11 架。直升机：各型 51 架。

海军 约 5.7 万人（含陆战队和航空兵）。编有东、西 2 个舰队司令部和 1 个海上补给司令部。

潜艇：2 艘。护卫舰：13 艘。轻型护卫舰:16 艘。巡逻舰艇：共 23 艘。扫雷舰艇：11 艘。两栖舰艇：26 艘。后勤支援舰船：15 艘。

海军航空兵 约 1000 人。装备飞机 85 架（其中武装直升机 17 架），主要用于海上侦察和反潜。

陆战队 1.5 万人。编有 2 个陆战大队（各含 1 个独立步兵旅、3 个步兵营），1 个特种营，1 个炮兵团。装备有轻型坦克 55 辆，装甲侦察车 21 辆，步兵战车 34 辆，装甲输送车 100 辆，牵引炮 50 门，火箭炮 12 门，高炮 150 余门。

空军 2.4 万人。编有东、西 2 个作战司令部，1 个训练司令部，5 个攻击战斗机中队，1 个战斗机中队，1 个海上侦察机中队，1 个侦察机中队，5 个运输机中队，3 个直升机中队，3 个教练机中队。作战飞机 94 架。

攻击战斗机：苏-27 型 2 架，苏-30 型 2 架，A-4 型 14 架，F-16 型 10 架，“霍克”MK-109 型 7 架，“霍克”MK-209 型 28 架。战斗机：F-5 型 12 架。武装侦察机：12 架。海上侦察机：3 架。空中加油机：2 架。运输机：63 架。直升机：38 架。教练机：100 架。导弹：空对空导弹、空对地导弹若干枚。

预备役部队 40 万人。

准军事部队 国家警察约 28 万人。海上警察 1.2 万人。

部署 印尼海军东部舰队司令部驻泗水，西部舰队司令部驻雅加达。空军 2 个作战司令部分别负责东、西部空防任务。全国共有军事基地 42 处，其中空军基地 26 处（主要有雅加达、朱安达、乌绒潘当等），海军基地 16 处（主要有雅加达、丹绒槟榔、腊太港、乌绒潘当、勿老湾等）。

兵役制度 实行义务兵和志愿兵相结合的兵役制。义务兵服役期 2 年。军官最高服役年龄 55 岁。

军衔 分 5 等 23 级：将官 4 级（上将、中将、少将、准将），校官 3 级（上校、中校、少校），尉官 3 级（上尉、中尉、少尉），士官 10 级（预备军官、一级准尉、二级准尉、军士长、中士长、一级中士、二级中士、下士长、一级下士、二级下士），士兵 3 级（特等兵、一等兵、二等兵）。

驻外兵力 驻克罗地亚、格鲁地亚、利比里亚、塞拉利昂联合国军事观察员共 26 人。

军队节日 武装部队节 9 月 5 日。

（孟　丽）

约　旦

国　　名 约旦哈希姆王国。

主要统计 面积 9.774 万平方公里。人口约 548 万人（2004 年。其中，0~14 岁 201.6 万人，15~19 岁 57.6 万，20~24 岁 57.6 万,25~29 岁 51.8 万人；30~64 岁 190.1 万人，65 岁以上 53 万人）。国内生产总值 78 亿第纳尔，合 109 亿美元（2004 年）。国防费 6.78 亿第纳尔，合 9.56 亿美元（2005 年国防预算）。粮食 6.5 万吨（2001 年）。海运能力，商船（载重 100 吨以上）5 艘，总载重量 11.36 万吨（2005 年）。民航能力，固定航班机场 2 处，客运量 40.65 亿人公里，货运量

2.192 亿吨公里（2005 年）。

国防体制　宪法规定，国王兼任陆、海、空三军统帅，拥有宣布战争、军管、缔结和约的权力。下设“最高国防委员会”，由国防、外交、财政、内政大臣和军队总司令等人组成，通常由国防大臣召集会议，负责制定国防政策和监督国防计划的实施。国防部是内阁中的一个部，主要负责制定国防预算、后勤保障，并与军队总司令部共同发布有关军队的行政命令，但对军队无调动和指挥权。军队总司令部是国王统帅军队的办事机构，其成员有总司令、总司令助理和武装部队总监各 1 人。总司令代表国王处理军队日常事务。总司令部下设总参谋部，其成员有总参谋长及主管作战计划、情报、人力、行政管理等的副总长。此外，还设有“国防委员会”和“军官委员会”。前者负责军队的编制、装备、征兵等具体计划和建议；后者负责对军官的考察、提升和调动提出建议。武装力量由正规军和准军事部队组成。正规军分陆、海、空三个军种。

领导人物　国王兼武装力量统帅阿卜杜拉·本·侯赛因（1999 年 2 月即位）。首相兼国防大臣阿里·阿布·拉吉卜（2000 年 6 月上任）。武装部队总司令法塔西·阿布·塔列布少将（1989 年 9 月上任）。军队总参谋长穆罕默德·优素福·马勒卡维中将（1999 年 7 月上任）。

武装力量　**兵力**　现役部队约 10.05 万人。

陆军　约 8.5 万人。编有北部司令部（下辖 2 个机械化旅，1 个步兵旅，1 个炮兵旅，1 个高炮旅），南部司令部（下辖 1 个装甲旅，1 个步兵旅），中央司令部（下辖 1 个机械化旅，1 个轻型步兵旅，1 个炮兵旅，1 个高炮旅），东部司令部（下辖 2 个机械化旅，1 个炮兵旅和 1 个高炮旅）。

主战坦克：1139 辆。轻型坦克：“蝎”式 19 辆。步兵战车： 226 辆。装甲输送车：各型 1350 辆。牵引炮：94 门。自行炮：共 399 辆。迫击炮：各型 740 门。反坦克导弹：各型 670 枚。火箭筒：各型共 4800 具。高炮：395 门，其中 20 毫米 139 门，23 毫米 40 门，40 毫米 216 门。地空导弹：各型 992 枚。监视雷达：若干部。

海军　约 500 人，近海巡逻舰 20 艘。

空军　约 1.5 万人（包括防空部队 3400 人）。编有 4 个战斗/对地攻击机中队、2 个战斗机中队、1 个运输机中队、2 个教练机中队、1 个王室专机中队、3 个直升机中队、2 个防空旅、14 个炮兵连。战斗机共 100 架，武装直升机 20 架。

战斗/对地攻击机：F-5E/F 型 55 架，“幻影”F-1EJ 型 15 架。战斗机：“幻影”F-1CJ/BJ 型 15 架，F-16A 型 12 架，F-16B 型 4 架。运输机：共 12 架。电子战飞机：若干架。要人运输机：若干架。武装直升机：AH-1F 型 20 架。教练机：各型 28 架。直升机：“休斯”500D 式 8 架。防空导弹发射架：“霍克”80 部。空地导弹：“陶”式、“小牛”式各若干枚。空空导弹：“麻雀”式、“响尾蛇”式、“马特拉”R-530 型、“马特拉”R-550“魔术”式若干枚。

预备役部队　约 3.5 万人，其中陆军 3 万人。

准军事部队　约 1 万人，属公共安全理事会（内务部管辖），包括警察公共安全旅，配备“蝎”式轻型坦克、25 辆 EE-11“褐斑洞蛇”式装甲车、30 辆“萨拉森”装甲输送车。另有“人民军”约 3.5 万人。

军事基地　海军基地设在阿克巴港。

兵役制度　实行志愿兵役制，男性 16~65 岁、女性 16~45 岁均需服役。

驻外兵力　驻东帝汶 30 名维和人员（23 名军事观察员）、驻埃塞俄比亚和厄立特里亚两国边境地区 966 名维和人员（7 名军事观察员）、驻格鲁吉亚 8 名军事观察员、驻塞拉利昂 132 名维和人员（10 名军事观察员）和驻南斯拉夫联盟的 99 名维和人员。

军队节日　陆军节 6 月 10 日。

（林海霞）

越　南

国　　名　越南社会主义共和国。

主要统计　面积 32.9566 万平方公里。人口 8353.6 万人（其中，0~14 岁男 1169.5 万人，女 1085.9 万人；15~19 岁男 501.2 万人，女 417.7 万人；20~24 岁男 417.7 万人，女 417.7 万人；25~29 岁男 417.7 万人，女 334.1 万人；30~64 岁男 1420.1 万人，女 1587.2 万人；65 岁以上男 167.07 万人，女 250.6 万人）。国内生产总值 715 万亿越盾，合 454 亿美元

（2005 年）。国防费约 55 万亿越盾，合 34.7 亿美元（2005 年）。粗钢 290 万吨（2004 年）。原油 2800 万吨（2005 年）。原煤 2400 万吨（2004 年）。天然气 62.5 亿立方米（2005 年）。发电量 440 亿度（2004 年）。粮食 3932 万吨（2005 年）。民航能力，固定航班机场 12 处，客运量为 38.31 亿人次公里，货运量 0.98 亿吨公里（2004 年）。水运能力，商船（载重 100 吨以上）230 艘，总载重量 87.28 亿吨（2004 年）。

国防政策 2005 年 6 月 14 日，越南第十一届国会第七次会议通过首部《国防法》，阐述了越南国防政策，其主要内容与 2004 年 12 月 9 日越国防部公布的《21 世纪初越南国防》白皮书阐述的国防政策内容基本一致。综合起来看，越南国防政策的主要内容如下：

和平与合作、共同发展是世界的主流，但一些地区的安全形势依然十分复杂。尽管引发世界大战和使用大规模杀伤性武器的可能性很小，但国家之间由民族、种族、宗教、领土、资源等问题及恐怖主义引起的局部战争或武装冲突仍时有发生；裁减军备，特别是裁减核武器和其它大规模杀伤性武器尚未取得实质性进展，拥有核武器或核武器生产技术和能力的国家有增无减；发达国家的高技术常规武器发展，推动了世界新一轮军备竞赛；恐怖与反恐怖、霸权与反霸权正成为最紧迫的问题；国际经济利益竞争加剧，发达国家与发展中国家间的贫富悬殊加大。在国防安全方面，越南仍面临着外部敌对势力与国内反动势力相互勾结、企图干涉越南内政、制造社会政治动乱等威胁；领土和领海争端、武器走私、贩毒、有组织跨国犯罪、恐怖活动、非法移民、破坏生态环境等问题，也直接关系到越南的安全。

面对国际国内新的安全形势，越南坚定不移地把维护和平与稳定、发展社会经济、实现社会主义特色的工业化和现代化作为国家最高利益。越南国防的性质是和平与自卫。越南始终奉行独立、自主、开放和国际关系多边化、多样化的外交政策，遵守联合国宪章和国际法的基本原则，尊重别国的独立、主权和利益。越南随时准备成为国际社会中各国信赖的朋友与合作伙伴，为和平、独立和发展而努力奋斗。越南的国防力量是越南共产党领导下的政治体系和全民族大团结的综合力量，把民族力量、时代力量、部队力量和全民国防阵势及人民安全阵势结合起来，同时重视争取各友好国家和地区及世界一切爱好和平国家的合作与帮助。越南主张不参加任何军事联盟，不允许外国在自己的领土上建立军事基地，不参与对别国使用武力或以武力相威胁的任何军事行动，但随时准备自卫反击一切侵犯越南领海、领空、领土和威胁越南国家安全及民族利益的行动；不参与军备竞赛，但将时刻巩固国防，用以自卫。越南大力支持国际社会为制止和消除武装冲突和战争危机所做的一切努力，欢迎有关裁减军备以建立一个无核武器的世界的建议；反对发展、生产、储藏和使用生化武器等各种大规模杀伤性武器。越南坚决谴责和反对任何形式的恐怖活动，同时也认为各种反恐措施和反恐国际合作必须在联合国框架内进行，必须符合联合国宪章和国际法准则。越南愿意与地区和世界各国合作，努力解决有组织跨国犯罪、毒品走私、海盗、生态环境恶化等各种非传统安全问题，以保证越南及其它国家的稳步发展。在越南与各国之间的领海、领土主权争端问题上，越南一直主张并随时准备和平协商，合情合理地予以解决。特别是在南海问题上，为了有关各方的共同安全利益，越南遵守《南海各方行为准则》，随时准备通过对话、和平谈判来寻求长久的解决办法。

为了保卫国防安全，越南必须采取以下措施：（一）建立强大的全民国防体系。越南的国防由全民参与建设，是日益现代和全面的国防，主要依靠自己的力量，旨在保卫祖国，维护和平与稳定，为顺利实现国家工业化和现代化，建设一个“民富、国强、社会公平、民主、文明”的国家创造有利条件。全民国防建设主要有三个方面：1、国防潜力建设。包括政治-精神潜力、经济潜力、科技潜力和军事潜力建设。其中政治-精神潜力是构成国防潜力的基本要素，蕴藏在人的素质、民族文化传统和整个政治体系内。首先要增强人民群众对社会主义制度、对建设和保卫祖国事业的必胜信心；其次要对全民特别是青年学生和年轻一代进行国防教育，对各级各部门主要领导进行国防安全知识培训，按照“民知、民干、民商和民检”方针扩大民主，但扩大民主要与国法纪纲建设相结合，教育所有人增强国防责任意识和守法意识；第三要始终贯彻落实信仰自由的政策，但严禁利用民族、宗教、信仰问题从事违法和分裂活动，干扰和侵害国家安全；第四要认真落实各民族平等政策，团结互助，共同发展。经济潜力是全民国防的物质基础，在独立自主、快速稳步发展的经济基础上，按照国家的战略计划进行建设。为增强经济潜力，必须在国家工业化、现代化进程中将经济与国防紧密结合起来。科技潜力是国防潜力中日益重要的组成部分，其基本要素包括科技发展的能力和水平，科技干部队伍的数质量，为科技研究、发展、普及、应用服务的物质基础。越南把科技发展和教育培训看成是头等国策，是社会经济发展、加快国家工业化和现代化的动力与基础，是维护民族独立和建设富强国家的必要条件。在科技潜力建设中，要注重抓两个环节：一是建设一支有道德、有才华、有抱负并决心将国家推向新高峰的干部队伍；二是建设牢固的技术物质基础，满足科技研究和发展的要求，为工业化和现代化的关键项目提供服务，为国家制定经济发展和巩固国防的方针、政策提供科学依据。军事潜力是国防潜力的核心，建立在经济、政治-精神和科技潜力的基础上。越南根据符合保卫祖国任务要求的战略计划进行军事潜力建设，重点从人力、组织、编制、装备、后勤保障、军事科技等方面不断提高武装力量的战斗力和战备水平。军事潜力建设必须与经济、政治-精神和科技潜力建设紧密结合，确保形成捍卫祖国的强大力量。2、国防阵势建设。全民国防阵势是指根据战略意图，在越南全境形成的国防潜力和力量部署态势，目的是保证战胜武装暴乱和侵犯越南独立、主权、统一、领土完整及国家利益的一切阴谋、手段。国防阵势建设要按照经济与国防相结合的方针，与国家和各省市的总体规划紧密结合；重视调节人力，部署经济技术结构；将经济分区部署与国防部署紧密结合起来；加强基础设施、防御工事、战场设施和战略后方建设，建立政治可靠、经济富裕、国防安全坚固的战略区域。全民国防阵势建设的核心是武装力量和各省市防御区的战略部署，要在调整全国经济战略部署的基础上，增加投资，将各省市建成强大防御区，确保平时能自行解决本地区发生的紧急情况，战时能主动率先迎敌，消耗、消灭敌有生力量，使敌军陷人被动挨打状态，为主力兵团歼灭敌人创造有利时机，并配合其歼敌；要加强村、乡、坊基础建设，特别要加强各边境地区、海岛和要地建设。全民国防阵势还要与人民安全阵势紧密结合，确保连环、坚固，发挥各种力量的实力，形成既可独立活动、又能机动和配合作战的能力，并可迅速转化成人民战争阵势。3、国家对国防的管理。国家按照宪法和法律规定实施国防管理，基本内容包括：颁布国防法律、法规；制定国防动员计划与规划；组织、指导、实施国防任务和保卫祖国的必要措施。（二）建立强大的武装力量。越南的武装力量受越共直接、绝对领导，由国家管理，担负保卫祖国和建设祖国的重任。越南主张保持强大、员额合理、训练有素的武装力量，在国家工业化和现代化时期随时满足保卫祖国的要求。为此，应从六个方面加强武装力量建设：1、加强政治-精神建设。在武装力量建设中，政治-精神建设是建设全面过硬部队的基础。要按照“忠于党、忠于人民”的要求加强部队政治教育，发扬优良传统，巩固思想阵地，创造健康的文化氛围，锤炼武装力量过硬的政治本领，使其能够为了祖国的独立自由和国家利益随时准备战斗牺牲，能够为维护世界和地区和平做出贡献。同时，要坚决反对敌对势力企图推行的武装力量“非政治化”的一切阴谋手段。2、积极开展军事训练。军事训练是增强武装力量战备能力和实力的必然要求。军队要重视单兵战斗技能训练和军兵种协同作战训练，通过军事艺术发挥现有武器装备的性能和效果，同时注重掌握现代军事技术知识；积极改革训练内容、计划和方法，使之符合每种武装力量的组织规模、装备和实际条件，适应新形势下保卫祖国的作战需要。3、重视专业技术干部和军官队伍建设。无论是武装力量建设，还是军队建设，专业技术干部和军官队伍建设都是重点，也是“人才战略”的一部分。军队专业技术干部和军官队伍培养、教育的长期和基本目标是：使其在建设革命化、正规化、精锐化和逐步现代化军队的工作中成为骨干力量，具备保卫人民和平劳动成果和社会主义祖国的实力。专业技术干部和军官队伍必须在政治思想、道德、作风、学历能力等方面得到全面建设。4、大力发展武器和技术装备。要维护、保管好和有选择地改进现有武器装备，并结合生产、购买部分必需的现代武器和技术装备，满足提升武装力量战斗力的需要。5、积极开展军事理论研究。要深入研究和充分继承在过去武装起义、解放战争和卫国战争中形成的独特军事理论，并认真研究新形势下加强武装力量建设和全民国防建设的新理论，并注意吸收世界军事理论的精华。6、扩大国际军事交流与合作。要在平等、相互了解的基础上，与各国武装力量建立和发展交流、合作关系：一是积极开展对外军事访问和交流，参加有关世界和地区安全问题的国际会议和学术研讨会；二是积极邀请外国军事代表团和舰艇访问越南；三是加强与有关国家军队之间的海上联合巡逻，积极参与打击海上走私、进行海上搜救和抢险救灾的国际合作。

国防体制　越南宪法规定：国家主席统帅各人民武装力量，并兼任国防与安宁会议主席。但实际上越共中央军事党委是最高军事决策机构，越共中央总书记兼任军委书记，通过国防部对全国武装力量实行统一领导和指挥。国会设有国防与安全委员会负责审查和监督国防安全政策的执行；国家机关设有国防与安宁会议协助国家主席统帅武装力量。国防部既是越共中央军事党委的办事机构，又是越军的最高军事行政机关，下辖总参谋部、总政治局、总后勤局、总技术局、国防工业总局和情报总局。六大总部（局）分别负责全军的军事指挥、政治思想教育、后勤供应、技术保障、军工及生产经营、情报搜集与服务。国防部机关设有办公厅、政策局、物资局、财政局、外事局、刑事调查局、海上警察局、科技与环境管理局、经济局、计划投资局、车辆局、武器弹药局、计量局、科学工艺环境通讯中心、监察委员会、越俄热带合作委员会，直属单位有军事战略院、军事历史研究院等。武装力量由人民军、民军自卫队、海洋警察和人民公安组成。人民军由常规部队和预备役部队组成。常规部队由主力部队和地方部队组成。主力部队由陆军、海军、防空-空军和边防部队组成。

领导人物 越共中央总书记兼中央军事党委书记农德孟（2001 年 4 月上任），国家主席兼国家安全委员会主席陈德良，国防部长范文茶大将（1997 年 7 月 29 日上任），总参谋长冯光清上将（2001 年 5 月上任），总政治局主任黎文勇上将（2001 年 5 月上任），总后勤局主任陈福中将（2003 年 4 月 29 日上任），总技术局主任张光庆少将（2005 年 9 月 22 日上任），国防工业总局主任范尊中将（2002 年 12 月 25 日上任），情报总局主任阮志咏中将，海军司令阮文宪副都督中将，（2005 年 1 月 1 日上任），防空-空军司令阮文申中将（2002 年 3 月上任）。

武装力量 **兵力** 现役部队 48.4 万人。

陆军 41.2 万人。划分为 9 个军区（含首都军区），编有 14 个军部、58 个步兵师、3 个机械化步兵师、10 个装甲旅、15 个独立步兵团、若干个特种作战部队（含空降旅和爆破工兵团）、10 个野战炮兵旅、8 个工程兵师、10~16 个经济建设师、20 个独立工程兵旅。

坦克：共 1935 辆。其中，主战坦克：共 1315 辆，包括 T-34 型 45 辆、T-54/-55 型 850 辆、T-62 型 70 辆、PT-59 型 350 辆；轻型坦克：共 620 辆，包括 PT-76 型 300 辆，PT-62/-63 型 320 辆。装甲侦察车：BRDM-1/-2 型 100 辆。装甲步兵战斗车：BMP-1/-2 型 300 辆。装甲输送车：共 1380 辆。其中，BTR-40/-50/-60/-152 型 1100 辆，YW-531 型 80 辆，M-113 型 200 辆。火炮：共 3040 门。其中，牵引火炮：76 毫米、85 毫米、100 毫米、105 毫米、122 毫米、130 毫米、152 毫米、155 毫米共 2300 门；自行火炮：152 毫米 30 门，120 毫米、175 毫米若干门；火箭炮：710 门以上，包括 107 毫米 360 门、122 毫米 350 门、140 毫米若干门；迫击炮：82 毫米、120 毫米和 160 毫米若干门。反坦克导弹：AT-3“耐火箱”式若干枚；无后坐力炮：75 毫米、82 毫米、87 毫米若干门；其它反坦克炮：100 毫米、122 毫米若干门。地空导弹：SA-7/-16/-18 型若干枚；高炮（高射机枪）：14.5 毫米、23 毫米、30 毫米、37 毫米、57 毫米、85 毫米、100 毫米共 12000 门（挺）。

海军 1.5 万人（另有海军陆战队 2.7 万人），划分为 4 个沿海区。

潜艇：朝鲜制小型潜艇 2 艘。护航舰：共 6 艘，即前苏联制“别佳”Ⅱ级 3 艘，前苏联制“别佳”Ⅲ级 2 艘，“巴奈加特”（美制"卡特尔"）1 艘。轻型护卫舰：共 5 艘，即前苏联制“蝗虫”级 4 艘，124A 型 1 艘。导弹、鱼雷快艇和巡逻艇：共 37 艘，其中导弹快艇 8 艘，即前苏联制“黄蜂”Ⅱ级 8 艘；鱼雷快艇 10 艘，即前苏联制“图利亚”级水翼鱼雷快艇 5 艘、“大胡蜂”级 5 艘；近岸巡逻艇 19 艘，即前苏联制“图利亚”级 2 艘、前苏联制 SO-1 级 4 艘、美制 PGM-59/-71 级 3 艘、小于 100 吨的近海巡逻艇 10 艘。扫雷舰艇：共 15 艘，即“尤尔卡”级 2 艘，“索尼亚”级沿海扫雷舰 3 艘，“连云”级扫雷舰 2 艘，“瓦尼亚”级扫雷艇 1 艘，“叶夫根尼亚”级近海猎雷艇 2 艘，小扫雷艇 5 艘。登陆舰：共 6 艘，即美制 LST-510/-511 坦克登陆舰 3 艘，前苏联制“北方”级 A 型中型登陆舰 1 艘，前苏联制“北方”级 B 型中型登陆舰 2 艘。小型登陆艇：共 30 艘，包括机械化登陆艇 12 艘、通用登陆艇 18 艘。

防空-空军 3 万人，编成 3 个航空师，2 个攻击机团，7 个歼击机团，3 个运输机团，3 个教练机团，4 个高炮旅，6 个雷达旅；有雷达阵地 100 处，地对空导弹发射阵地 66 处，作战飞机共 211 架，武装直升机 26 架。

攻击战斗机：共 71 架，即苏-22 型 55 架、苏-27SK 型 7 架、苏-27UBK 型 5 架、苏-30MKK 型 4 架。战斗机：米格-21 比斯 140 架。武装直升机：米-24 型 26 架。海上侦察机：贝-12 型 4 架。反潜直升机：共 15 架，即卡-25 型 3 架、卡-28 型 10 架、卡-32 型 2 架。航测机：安-30 型 2 架。运输机：共 28 架，包括安-2 型 12 架，安-26 型 12 架，雅克-40 型 4 架。直升机：共 34 架，即米-6 型 4 架，米-8、米-17 型 30 架。教练机：共 48 架，即 L-39 型 18 架、米格-21UM 型 10 架、雅克-18 型 10 架、BT-6 型 10 架。空对空导弹：AA-2、AA-8、AA-10、AA-12 型若干枚。空对地导弹：AS-9、AS-14、AS-17、AS-18 型若干枚。地对空导弹：SA-2/-3/-6/-7/-16 型若干

枚。高炮：37毫米、57毫米、85毫米、100毫米、130毫米高炮若干门。对空警戒雷达：约1000部。

地方部队　由各专业、技术单位以及各防空、炮兵、侦察兵、特工和其它保障单位组成。编有省、市、县军事指挥部；每个省、市军指下辖若干个独立团，每个县军指下辖若干个独立营。省军指、中央直辖市军指由所在军区指挥，省辖市、县军指由省军指指挥。

边防部队　4万人。

预备役部队　迄2005年底，越全国预备役人员55万人。

准军事部队　508万人以上，其中包括：1、民军自卫队。乡、坊、镇民军自卫组织称之为民军；而国家机关、事业单位、经济组织、政治社会组织的民军则称之为自卫队。一般编成连、排、营（战时可扩充到团、师），沿海、岛屿编制为海团、海队、分队；由步兵、工兵、防化兵、通信兵和侦察兵等诸兵种组成。迄2005年底，越民军自卫队近500万人。2、海洋警察，编有数万人。3、人民公安，辖有若干人。

部署　越陆军采取区域部署和机动部署相结合方式，全国由北向南划分为8个区域，每个区域部署1个军区；担负战略机动作战任务的野战部队部署是北部、南部地区各占一半；总兵力的50%部署在北部地区、40%部署在西南部地区、10%部署在中部地区。海军由北向南沿海岸线划分为4个区域，每个区域部署1个沿海区；主要作战舰艇部署在岘港、金兰湾和胡志明市等中南沿海地区。防空-空军将全国划分为北、中、南3个防空作战区，重点保卫主要城市和地域；总兵力的45%部署在北部作战区、32%部署在南部作战区、27%部署在中部作战区。越拥有海军基地11处（万华、锦普、鸿基、河修、海防、岘港、芽庄、头顿、金兰湾、胡志明市和归仁等）；空军基地15处（内排、安沛、克夫、和乐、建安、寿春、岘港、富吉、藩朗、边和、新山一、波莱古、绥和、金兰湾、朱莱等）。

兵役制度　越南《义务兵役法》规定，实行义务兵役制度。服役年龄18~25岁。服役年限，士兵18个月，士官2年，士官指挥员、军队培训的专业技术士官和士兵、海军舰艇士官和士兵均为3年，需要时可延长半年。军官服役年限，尉官38岁、少校43岁、中校48岁、上校52岁、大校55岁、少将60岁，中将以上军官不规定服役年限。

军衔　根据越南《人民军军官法》规定，越南军官军衔分为3等12级，即将官4级（大将、上将、中将、少将）、校官4级（大校、上校、中校、少校）、尉官4级（大尉、上尉、中尉、少尉）。军官晋衔年限：少尉升中尉2年，中尉升上尉3年，上尉升大尉3年，大尉升少校4年，少校升中校4年，中校升上校4年，上校升大校4年，将官晋升不规定时限。军官最高军衔等级：部长、总参谋长、总政治局主任为大将；军区司令、军种司令、边防部队司令为中将；军团司令、兵种司令为少将；军团副司令、兵种副司令、师长为大校；旅长为上校；团长、副团长为中校；营长、副营长为少校；连长、副连长为大尉；排长为上尉。士官分3级：上士、中士、下士。士兵分2级：上等兵、列兵。士兵晋升年限：列兵升上等兵9个月，上等兵升下士1年，下士升中士1年半，中士升上士1年半。

军队节日　建军节12月22日，海军节5月7日，防空-空军节7月14日。

军工生产能力　2005年，越海军年内自造了4艘万华级武装渔船、3艘巡逻艇和1艘救护船；越防空-空军自行研制了4架VNS-41超轻型飞机。同时，越军继续对现有武器装备进行改造。越防空-空军在俄罗斯和乌克兰军事专家指导下，对部分现役苏-22、米格-21型战斗机进行了改造升级；越海军在印度帮助下对俄制护卫舰和导弹艇进行了技术改造。

（钟学良）

非洲国家军事概况

阿尔及利亚

国　　名　阿尔及利亚民主人民共和国。

主要统计　面积 238.1741 平方公里。人口 3253.2 万人（其中，0~14 岁 943.4 万人；15~19 岁 390.5 万人；20~24 岁 390.4 万人；25~29 岁 325.3 万人；30~64 岁 1106.1 万人；65 岁以上 130.1 万人）。国内生产总值 774 亿美元（2004 年）。国防费 28.7 亿美元（2005 年国防预算）。石油年总产量 51100 万桶（2004 年）。石油和天然气总产值 230 亿美元（2003 年）。粮食 122.6 万吨（2000 年）。海运能力，商船（载重 100 吨以上）149 艘、总载重量 109.34 万吨（2000 年）。民航能力，固定航班机场 28 个、客运量 29.01 亿人公里、货运量 1830 万吨公里（2000 年）。

国防体制　宪法规定，总统为武装力量最高统帅。最高国防决策机构为国家最高安全委员会，由总统任主席。国防部为政府中的一个部，是最高军事行政机关。武装力量由正规军和准军事部队组成。正规军分陆、海、空三个军种。最高军事指挥机构为国家人民军参谋部。总统通过国防部和国家人民军参谋部对武装力量实施领导和指挥。

领导人物　最高国务委员会主席、武装力量最高统帅兼国防部长阿卜杜勒·阿齐兹·布特弗利卡（1999 年 4 月 15 日当选）。国家人民军参谋长拉马利中将。

武装力量　**兵力**　现役部队 13.75 万人。

陆军　12 万人。编有 6 个军区、2 个装甲师、2 个机械化师、1 个空降师、1 个独立装甲旅、4 个独立机械/摩托化步兵旅、20 个独立步兵营、2 个火炮营、1 个高炮营、6 个防空营。

主战坦克：1000 辆（T-54/-55 型 320 辆、T-62 型 330 辆、T-72 型 350 辆）。装甲侦察车：BRDM-2 型 124 辆、“撒拉丁”式 49 辆。装甲步兵战车：BMP-1 型 700 辆、BMP-2 型 289 辆。装甲输送车：BTR-50/OT-62 型 30 辆、BTR-60/OT-64 型 400 辆，BTR-80 型 200 辆，“法赫德”型 100 辆。牵引炮：122 毫米 386 门、130 毫米 10 门、152 毫米 10 门。自行炮：122 毫米 150 门、152 毫米 35 门。火箭炮：122 毫米 48 门、140 毫米 48 门、240 毫米 30 门，300 毫米 18 门。迫击炮：82 毫米 150 门、120 毫米 120 门、160 毫米 60 门。反坦克导弹：“蝇拍”式、“耐火箱”和“塞子”式若干枚。无坐力炮：82 毫米 120 具、107 毫米 58 具。反坦克炮：57 毫米 156 门、85 毫米 37 门、100 毫米 53 门。高炮：145 毫米 80 门、20 毫米 100 门、23 毫米 324 门、37 毫米 145 门、57 毫米 70 门、85 毫米 20 门、100 毫米 150 门、130 毫米 10 门。地空导弹：SA-7、SA-8、SA-9、SA-14、SA-16 型若干枚。

海军　约 7500 人（包括海岸警卫队 500 人）。

基地：梅尔斯艾尔凯比克、阿尔及尔、安纳巴、吉杰勒。

潜艇：苏制“基洛”级 2 艘。护卫舰：苏制“科尼”级 3 艘。轻型护卫舰：6 艘（苏制“纳努契卡”3 艘、“德贾比尔”3 艘）。导弹艇：“黄蜂”级 9 艘。巡逻艇 10 艘。两栖登陆艇 3 艘。多用途支援船：3 艘。

海岸警卫队：约 500 人，装备有各型巡逻艇 28 艘。支援船 1 艘。

空军　1 万人，共有作战飞机 175 架、武装直升机 91 架。编成 3 个攻击战斗机中队、5 个战斗机中队、2 个侦察机中队、2 个海上侦察机中队、2 个运输机中队。

攻击战斗机：苏-24 型 28 架、米格-23F 型 28 架。战斗机：米格-25 型 10 架、米格-23B/E 型 30 架、米格-21MF 型 43 架、米格-29C/UB 型 20 架。侦察机：米格-25R 型 6 架、苏-24E 型 6 架。海上侦察机：“超级空中大王”B-200T 型 15 架。运输机：C-130H 型 10 架、C-130H-30 型 8 架、伊尔-76 型 9 架。要人座机：“猎鹰”900 型 2 架、“湾流”型 3 架、F-27 型 3 架。攻击直升机：米-24 型 31 架、米-8/-17

型 30 架、米-171 型 30 架。运输直升机：米-8/-17 型 16 架、AS355 型 2 架。教练机：ZLIN-142 型 30 架、米格-21U 型 4 架、米格-23U 型 5 架、米格-25U 型 1 架、L-39 型 30 架。无人驾驶飞行器："搜寻者"型若干架。空空导弹：AA-2、AA-6、AA-7、AA-8、AA-10、AA-11 型若干枚。空地导弹：AS-7、AS-9、AS-10、AS-12、AS-14 型若干枚。地空导弹：SA-2、SA-3、SA-6、SA-8 型共 140 枚。3 个高炮旅，725 门高炮（85 毫米、100 毫米、130 毫米）。

防空部队　编有 3 个高炮旅和 3 个地空导弹团，装备 725 门高炮（85 毫米、100 毫米和 130 毫米），地空导弹 100 枚（SA-3、SA-6、SA-8 型）。

准军事部队　18.12 万人，其中宪兵 6 万人、治安警察 2 万人、共和国卫队 1200 人、民兵 10 万人。

兵役制度　实行义务兵和志愿兵相结合的兵役制度。士兵服役期 18 个月。

军衔　分 6 等 17 级，即将官 2 级（少将、准将）、校官 3 级（上校、中校、少校）、尉官 3 级（上尉、中尉、少尉）、准尉 2 级（一级准尉、二级准尉）、军士 2 级（军士长、军士）、士兵 5 级（上士、中士、下士、上等兵、列兵）。

（王京国）

埃　及

国　　名　阿拉伯埃及共和国。

主要统计　面积 100.145 万平方公里,位居世界第 30 位。人口 7190 万人（截至 2004 年 12 月）。人口的比例为：0~14 岁占 33%，15~19 岁占 10%，20~24 岁占 10%，25~29 岁占 8%，30~64 岁占 34%，65 岁以上占 5%。埃人口密度为每平方公里 68.3 人，人口年增长率为 1.9%（1998 年至 2003 年）。国内生产总值约 882 亿美元（2004 年），人均收入约 1212 美元。国防费用约为 25 亿美元（2005 年国防预算）。2000 年，埃经济作物产量为：粮食 749.4 万吨，土豆 2199.8 万吨，豆类 231.1 万吨，水果 657.6 万吨，蔬菜 1356.3 万吨，牛 318 万头，羊 445 万只，猪 3 万头，鸡 8800 万只，奶 164.5 万吨，蛋 17 万吨。原油 5850 万桶（2004 年）。海运能力，商船（载重 100 吨以上）444 艘，总载重量 168.52 万吨（2001 年）。民航能力，固定航班机场 11 处，客运量 90.74 亿人公里、货运量 2.7 亿吨公里（2001 年）。

国防体制　总统为武装部队最高统帅，最高军事决策机构为国防委员会，由总统任主席。总统下设武装部队总司令，由国防部长兼任。武装部队由正规军和准军事部队组成。正规军分陆、海、空和防空军四个军种。最高军事指挥机构为参谋部，统辖各军种、军团和军区。最高统帅和总司令通过参谋部指挥全军。

领导人物　总统兼武装部队最高统帅穆罕默德·胡斯尼·穆巴拉克（2005 年 9 月第四次连任），武装部队总司令兼国防和军工生产部长穆罕默德·侯赛因·坦塔维元帅（1993 年 10 月 14 日连任），武装部队参谋长哈姆迪·瓦赫巴中将（2001 年 10 月任职），海军司令塔米尔·阿卜杜勒·阿利姆·穆罕默德中将（2001 年任职），空军司令马吉迪·沙拉维中将（2002 年 3 月任职），防空军司令萨米·哈菲兹·艾哈迈德·阿南中将（2001 年任职）。

武装力量　**兵力**　现役部队 46.85 万人。

陆军　34 万人。编有 4 个军区、2 个军团司令部、下辖 4 个装甲师（含 2 个装甲旅、1 个机械化旅和 1 个炮兵旅），8 个机械化步兵师（含 2 个机械化步兵旅、1 个装甲旅和 1 个炮兵旅），1 个共和国卫队装甲旅，4 个独立装甲旅，4 个独立机械化旅，1 个空中机动旅，2 个独立步兵旅，1 个伞兵旅，5 个突击大队，1 个特种兵大队，15 个独立炮兵旅，2 个地地导弹旅（一个装备蛙-7 导弹，一个装备飞毛腿-B 型导弹）。

主战坦克：T-54/55 型 895 辆、"拉美西斯"2 型 260 辆、T-62 型 550 辆、M-60 型 1400 辆（M-60A1 型 400 辆和 M-60A3 型 1000 辆）、M-1A1"艾布拉姆斯"650 辆（另有 100 辆即将到货）。装甲侦察车：BRDM-2 型 300 辆、"突击侦察"112 辆。步兵战车：BMP-1 型 220 辆、BMR-600P 型 250 辆、YPR-765 型 220 辆。装甲输送车："瓦利德"型 650 辆、"法赫德"30 型 1000 辆、BTR-50 型/OT-62 型 500 辆、BTR-60 型 250 辆、M-113A2 型 1900 辆。牵引炮：口径为 122 毫米的 M-1931/37 型 36 门、M-1938 型 359 门、D-30 型 156 门；口径为 130 毫米的 M-46 型 420 门。自行火炮：122 毫米的火炮 124 门、155 毫米的 M-109A2 型 196 门。无后坐力炮：122 毫

米 BM-11 型 96 门、BM-21 型 60 门、开鹰-10/18/36 型 200 门，227 毫米的若干门。迫击炮：82 毫米 540 门、120 毫米的 M-1943 型 1800 门、160 毫米的 M-160 型 30 门。地地导弹："蛙"7 型 12 枚、"天鹰"80 型若干枚、"飞毛腿"B 型 9 枚。反坦克导弹：AT-3"耐火箱"式 1200 枚、"米兰"式 200 枚、"陶"式 3200 枚。火箭筒：107 毫米的 B-11 型 520 具。高炮（高射机枪）：14.5 毫米的 ZPU-4 型 200 挺、23 毫米的 ZU-23-2 型 280 门、ZSU-23-4 型 118 门、西奈型 36 门，57 毫米的 S-60 型若干门、ZSU-57-2 型 40 门。地空导弹：SA-7 型 2000 枚、SA-9 型 20 枚、M-54"小槲树"26 枚、复仇者 50 枚。监视雷达：AN/TPQ-37/36 型炮位测定雷达若干部。无人驾驶飞机：R4E-50"天眼"若干架。

海军　1.85 万人（包括 2000 名海岸警卫队）。

地中海基地有：亚历山大（司令部）、塞得港、马特鲁、陶菲克港；红海基地有：塞发杰（司令部）、霍尔戈达、苏伊士、古尔代盖。

潜艇："R"（罗米欧）级 4 艘，装备鱼叉舰舰导弹和 533 毫米鱼雷发射管。水面舰艇 11 艘，包括：驱逐舰："法塔赫"级导弹驱逐舰 1 艘。护卫舰 10 艘："穆巴拉克"级 4 艘、"苏伊士"级 2 艘、"胜利者"级（江湖级）2 艘、"杜米亚特"（美式"诺克斯"级）2 艘。海岸巡逻艇 44 艘，包括：导弹艇 25 艘："拉马丹"级 6 艘，"黄蜂"I 级 4 艘，"十月六日"级 6 艘，"蚊子"级 3 艘，"河谷"级 6 艘。岸防巡逻艇 19 艘，包括："海南"级 6 艘、"Shershen"级 6 艘、"上海级"4 艘、"LSM"3 艘。反水雷舰 12 艘，包括："艾斯尤特"6 艘、"阿斯旺"4 艘、快艇 2 艘。两栖舰 3 艘。支援与勤务船 20 艘。

海军航空兵　装备有固定翼飞机"山毛榉"2 架，武装直升机 24 架。直升机："海王"式反潜直升机 5 架、SA-342 型反潜直升机 12 架、SH-2G 型 10 架。无人驾驶飞机 2 架。岸防部队　装备有 100 毫米、130 毫米、152 毫米火炮若干门，"奥托马特"式岸舰导弹若干具。

空军　3.4 万人。编有 34 个飞行中队。作战飞机 571 架，武装直升机 121 架。

攻击战斗机 7 个中队：其中 2 个中队配有"阿尔法"式 42 架、2 个中队配有歼-6 型 44 架、2 个中队配有 F-4E 型 29 架、1 个中队配有"幻影"5E2 型 16 架。战斗机 22 个中队：其中 2 个中队配有 26 架 F-16A 型、7 个中队配有 113 架 F-16C 型、6 个中队的米格-21 型共 74 架、2 个中队的"幻影"5D/E 型 53 架、1 个中队"幻影"2000C 型 15 架、3 个中队的歼-7 型 53 架。侦察机：2 个中队配有"幻影"5SDR 型 6 架、米格-21R 型 16 架。电子战机：C-130H 型 2 架、"山毛榉"1900 型 1 架、"突击队员"2E 型（直升机）4 架。空中预警机：E-2C 型 4 架。教练运输机：DHC-5D 型 5 架、C-130H 型 22 架、"超级空中大王"型 1 架、"海湾风暴-3"型 3 架、"海湾风暴-4"型 3 架、"猎鹰-20"型 3 架、"波音 707-366C"型 3 架、"波音-737-100"型 1 架。直升和反潜直升机：SA-342L 型 5 架、"海王"47 型 5 架、SH-2G 型 10 架。攻击直升机 6 个中队：65 架"SA-342Kl"、36 架"AH-64A"。教练运输直升机："CH-47C"型 3 架、"CH-47D"型 16 架、"Mi-8"型 62 架、"突击队员"型 25 架、"S-70"型 2 架、"Mi-6"型 10 架、"UH-12E"型 17 架、"UH-60A"型 2 架、"UH-60L"型 2 架、"AS-61"型 2 架。教练机：F-16B 型 12 架、F-16D 型 6 架、FT-6 型 6 架、"阿尔法"型 70 架、"DHC-5"型 4 架、"EMB-312"型 34 架、"GUMHURIA"型 39 架、"JJ-6"型 16 架、"L-29"型 26 架、"L-39"型 10 架、"L-59E"型 35 架、"Grob115EG"型 74 架、"K-8"型 80 架、"米格-21U"型 15 架、"幻影 5SDD"型 6 架、"幻影 2000B"型 3 架。无人驾驶飞机："塔拉丁-瑞安"29 架、"圣甲虫"324 架、"R4-E50 天眼"型 20 架。空对地导弹：AGM-65"小牛"式、AGM-84"鱼叉"式、"飞鱼"AM-39 型、AS-12 型、AS-30 型、AS-30L"霍特"型、AGM-119"地狱火"等若干枚。反雷达导弹："阿玛特"若干枚。空空导弹：AA-2"环礁"、AIM-7E/F/M"麻雀"、AIM-9F/L/P"响尾蛇"、"玛特拉"R-530、"玛特拉"R-550 魔术等若干枚。

防空军　8 万人。编有 4 个师：地区旅、110 个高炮营、106 个导弹营（40 个 SA-2 营，50SA-3/3A 营、14SA-6 营、）、38 个导弹连、12 个高炮旅、12 个雷达营。

防空高炮：20 毫米、23 毫米、37 毫米、57 毫米、85 毫米、100 毫米等共 2000 余门。

地空导弹：SA-2 型 282 枚、SA-3 型 212 枚、SA-6 型 56 枚、"霍克"改进型 78 枚、"响尾蛇"式 24 枚、Chaparral 式 50 套。

防空系统："阿蒙"系统 72 套、"西奈"23 型（短程）若干套。

预备役部队　41 万人。其中陆军 37.5 万人、海军 1.4 万人、空军 2 万人、防空军 7 万人。

准军事部队　33 万人。其中海岸警卫队约 2000 人，装备有巡逻艇 40 艘，另有小艇 60 艘；中央安全部队 25 万人，装备有"霍斯普尔 · 胡萨"式装甲输送车 110 辆，"瓦利德"装甲输送车若干辆；国民警卫队 6 万人，编有 8 个旅（每个旅含 3 个营）；边防警卫队 2 万人，编有 19 个边防警卫团。

兵役制度　实行义务兵和志愿兵相结合的兵役制

度。义务兵服役期3年。

军衔 军官分4等11级:元帅1级,将官4级(上将、中将、少将、准将),校官3级(上校、中校、少校),尉官3级(上尉、中尉、少尉)。

驻外兵力 向刚果(金)派驻28人,其中观察员13人;驻东帝汶维持和平部队4人,其中观察员2人;驻格鲁吉亚观察员6人;利比里亚观察员3人;驻塞拉利昂观察员10名;驻西撒哈拉全民投票特派团观察员19人。

外国驻军 联合国多国部队与观察员约1685人,含澳大利亚、加拿大、哥伦比亚、斐济、法国、匈牙利、意大利、挪威、新西兰、乌拉圭、美国。

（王京国）

埃塞俄比亚

国　名 埃塞俄比亚联邦民主共和国。

主要统计 面积110.36万平方公里。人口7305.3万人（其中，男性50.3%，女性49.7%。15~29岁30%，30~64岁26%，65岁以上2%）。国内生产总值80亿美元（2004年）。国防费2.9亿美元（2004年国防预算）。发电量20.48亿度（2004）。牛4090万头、羊4890万只，出口活生畜6.7万吨（2004年）。海运能力，商船（载重100吨以上）27艘、总载重量8.43万吨。民航能力，固定航班机场40个，客运量19.15亿人公里、货运量3.28亿吨公里。

国防体制 根据埃塞宪法规定，总理为政府首脑兼武装部队总司令。国防安全委员会是负责国家安全和防务的最高军事决策机构，由总理、国防部长、内政部长以及国家安全部长等人组成。国防部为全军最高军事行政机关，国防部长是文职官员，负责军事预算、计划、财政、法律和武器采购等事宜。参谋长负责全军的作战、情报、通信、人事、训练、后勤、工程和维和等事宜。国防军由陆军和空军组成。总理通过国防部和总参谋部实施对全国武装部队的领导和指挥。

领导人物 总理兼全国武装部队总司令梅莱斯·泽纳维、国防部长阿巴杜拉·戈麦达、国防军参谋长萨莫拉·叶努斯中将（2001年10月上任）。

武装力量 **兵力** 总兵力约18.25万人。

陆军 18万人。全国共分3个军区（每个军区编有1个军司令部、2个师和1个加强机械化旅）。主战坦克：T-54/-55/-62型坦克共约250辆。装甲侦察/装甲步兵战车/装甲输送车：共约400辆。牵引炮：76毫米、85毫米、122毫米、130毫米共约400门。自行火炮：122毫米、152毫米共约12门。火箭炮：BM-21型50门。迫击炮：81毫米、82毫米、120毫米各若干门。反坦克导弹："耐火箱"AT-3型若干枚。无坐力炮：82毫米、107毫米各若干门。高炮：23毫米、37毫米、57毫米若干门。地空导弹：SA-2、SA-3、SA-7型导弹共370枚。

空军 约2500人。共有作战飞机48架，武装直升机25架。战斗机：米格-21MF型25架、米格-23BN型13架、苏-24型4架、苏-27型6架。运输机：C-130B型4架、安-12型10架、DHC-6型6架、雅克40型（专机）1架、Y-12型2架。教练机：L-39型12架、SF-260型4架。武装直升机：米-24型25架。运输直升机：米-8/17型12架。

驻外兵力：派往联合国驻布隆迪维和部队855人，军事观察员7人；派往利比里亚联合国维和部队2547人，军事观察员17人。

兵役制度 实行志愿与义务相结合的兵役制度。

军衔 全军最高军衔为中将（1名，国防军参谋长），以下设有少将、准将、上校、中校、少校、上尉及少尉等7个衔级。

外国驻军： 联合国军事观察员218人，维和部队3788人（来自44个国家）。

（毕京三）

安哥拉

国　　名　安哥拉共和国。

主要统计　面积 124.67 万平方公里。人口 1182.7 万（其中，男性 52.1%,女性 47.9%。15~29 岁 26%，30~64 岁 27%，65 岁以上 3%）。国内生产总值 173 亿美元（2004 年）。国防费 9.58 亿美元（2004 年国防预算）。石油日产量 120 万桶。粮食 88.5 万吨（2002 年）。钻石产值约 8 亿美元（2004 年）。海运能力，商船（载重 100 吨以上）123 艘、总载重量 73.9 万吨。民航能力，固定航班机场 17 处、客运量 6.2 亿人公里、货运量 0.97 亿吨公里（2001 年）。

国防体制　总统为武装力量最高统帅。最高国防决策机构为政治和军事协调委员会，由总统任主席。国防部是最高军事行政机关，负责部队的人事、军费、武器采购等事务。总参谋部为最高军事机构，负责军队的作战和训练等事宜。总统通过国防部和总参谋部对全国武装力量实施领导和指挥。安哥拉武装力量由正规军和准军事部队组成。正规军分陆、海、空三个军种。

领导人物　总统兼武装力量最高统帅若泽·爱德华多·多斯桑托斯、国防部长昆迪·帕亚马上将、国防军总参谋长德马托斯上将。

武装力量　**兵力 10.84 万人。**

陆军　约 10 万人，编有 42 个团、16 个独立步兵旅。

主战坦克：T-54/-55 型 200 辆（包括少量 T-80/84 型），T-62 型、T-72 型各 50 辆。装甲步兵战车：BMP-1/-2/-3 型约 250 辆。装甲侦察车：BRDM-2 型 600 辆。装甲输送车：BTR-60/-80/-152 型约 170 辆。牵引炮：122 毫米、130 毫米、152 毫米等共约 552 门。自行炮：152 毫米 4 门、122 毫米 2 门、203 毫米 2 门。火箭炮：122 毫米 90 门、240 毫米若干门。迫击炮：82 毫米 250 门，120 毫米 500 门。反坦克导弹：AT-3“耐火箱”式若干枚。火箭发射器：RPG-7 型若干具。无坐力炮：82 毫米、107 毫米共 500 门。高炮（高射机枪）：14.5 毫米、23 毫米、37 毫米和 57 毫米共 450 余门（挺）。地空导弹：SA-7、SA-14、SA-16 型共约 500 枚。

海军　2400 人。基地设在罗安达。

巡逻艇：约 9 艘。两栖舰艇：两栖支援舰 1 艘。

空军及防空部队　6000 人。

攻击战斗机：米格-23 型 30 架、苏-22 型 15 架、苏-24 型 4 架、苏-25 型 10 架、苏-27 型 2 架。战斗机：米格-21 型 20 架。防暴兼侦察机：PC-7/-9 型 9 架。海上侦察机：8 架。攻击直升机：米-24/-35 型 14 架、SA-342 型 2 架。各型运输机：24 架。直升机：61 架。教练机：Emb-312 型 6 架、L-29 型 6 架。防空部队有 5 个地空导弹营、10 个导弹连，装备地空导弹：SA-2 型 400 枚、SA-3 型 120 枚、SA-6 型 250 枚、SA-8 型 150 枚、SA-9 型 200 枚、SA-13 型 100 枚。空地导弹：“霍特”、“蝇拍”式导弹各若干枚。空空导弹：AA-2/6/7/8“环礁”式导弹若干枚。

准军事部队　快速反应警察 1 万人。

兵役制度　实行志愿兵役制。

（毕京三）

布隆迪

国　　名　布隆迪共和国。

主要统计　面积 2.7834 万平方公里。人口 779.5 万（其中，男性 48.6%，女性 51.4%。15~29 岁 29%，30~64 岁 21%，65 岁以上 3%）。国内生产总值 6.96 亿美元（2004 年）。国防费 4500 万美元（2004 年国防预算）。发电量 1.55 亿度（2001 年）。粮食 382.8 万吨（2004 年）。海运能力，商船（载重 100 吨以上）1 艘、总载重量 4000 吨。民航能力，固定航班机场 1 处、客运量 5.8 万多人。货运量 3904 吨（2000 年）。

国防体制　总统为武装部队最高统帅。国防委员会是最高军事决策机构。国防部为最高军事行政领导机关，武装部队总参谋部是最高军事指挥机构。

领导人物　总统兼武装力量最高统帅多米蒂安·恩达伊泽耶（2003 年 4 月就任）。国防部长樊尚·尼永盖科少将。总参谋长热尔曼·尼约扬卡纳准将（2003 年 11 月上任）。

武装力量　**兵力**　总兵力约 5.05 万人。

陆军　约 4.5 万人，编有 7 个步兵营、2 个轻武器营、1 个高炮营、1 个工兵营、1 个防空营及部分独立步兵连。

装甲侦察车：共计 85，其中 AML-60 型 6 辆、AML-90 型 12 辆、BRDM 型 30 辆。装甲输送车：BTR-40 型 20 辆、庞阿尔 M-3 型 9 辆、Walid 型 6 辆、RG-31 型 12 辆。牵引炮：D-30 型 18 门。多管火箭筒：122 毫米 BM-21 型 12 具。迫击炮：82 毫米、120 毫米共约 90 门。反坦克导弹：Milan 式若干枚。火箭发射器：83 毫米若干具。无坐力炮：75 毫米 60 门。高炮（高射机枪）：14.5 毫米、23 毫米、37 毫米共 150 余门（挺）。地空导弹：SA-7 型约 30 枚。

空军　200 人。作战飞机：2 架。武装直升机：2 架。教练机：SF-260W/TP 型 2 架。运输机：DC-3 型 2 架。直升机：米-24 型 2 架、SA-316B 型 3 架、米-8 型 2 架。

准军事部队　宪兵约 5500 人。

兵役制度　实行志愿兵役制。

外国驻军　联合国维和部队 5347 人（含军事观察员 177 人）。

（毕京三）

厄立特里亚

国　　名　厄立特里亚国。

主要统计　面积 12.432 万平方公里。人口 467 万人（其中，男性 49.9%，女性 50.1%。15~29 岁 28%，30~64 岁 24%，65 岁以上 4%）。国内生产总值 8.2 亿美元（2004 年）。国防费 0.74 亿美元（2004 年国防预算）。粮食 368 千吨（2001 年）。固定机场 2 个。

国防体制　人民军由陆军、海军和空军组成。根据宪法规定，总统兼任武装部队总司令。国防部为全国最高军事行政机关。总参谋长负责全军的作战、情报、通信、人事、训练、后勤、工程和维和等事宜。总统通过国防部和总参谋部实施对全国武装部队的领导和指挥。

领导人物　总统伊萨亚斯·阿费沃基兼武装部队总司令（1993 年 5 月 22 日当选）、国防部长为塞伯哈特·埃弗利姆上将、总参谋长为海尔·塞缪尔少将。

武装力量　**兵力**　约 20.175 万人。

陆军　20 万人。分为 4 个军，20 个步兵师（含 1 个预备役师），1 个机械化旅。

主战坦克：T-54/-55 型坦克 150 辆。装甲侦察车：BRDM-1/-2 型共 40 辆。装甲步兵战车/装甲输送车：共约 40 辆。牵引炮：85 毫米、122 毫米、130 毫米共约 10 余门。自行火炮：122 毫米、152 毫米共 25 门。火箭炮：BM-21 型 35 门。迫击炮：120 毫米、160 毫米共 100 门。反坦克导弹：“耐火箱”AT-3 型 200 枚。高炮：23 毫米约 70 门。地空导弹：SA-7 型若干枚。

海军　1400 人。划分为 3 个基地：马萨瓦（司令部）、阿萨卜、达赫拉。海岸巡逻作战艇 8 艘、两栖舰艇 1 艘。

空军　约 350 人。共有作战飞机 18 架和武装直升机若干架。战斗机：米格-21 型 3 架、米格-23 型 4 架、米格-29 型 6 架、苏-27 型 1 架。运输机：Y-12 型 3 架、IAI-1125 型 1 架。教练机：L-90 型 6 架、MB-339CE 型约 4 架。直升机：米-8 型 4 架、米-24-4 型 1 架。

兵役制度　实行征兵制。

（毕京三）

刚果（金）

国　　名　刚果民主共和国（原名“扎伊尔共和国”，1997年5月17日改为现名）。

主要统计　面积234.4885万平方公里。人口约5300万（其中，男性49.2%，女性50.8%。15~29岁25.9%，30~44岁14.1%，45~59岁8.1%，60~74岁3.8%，75岁以上0.8%）。国内生产总值45亿美元（2004年）。国防费约4亿美元（2001年预算）。粮食2250万吨（2001年）。原油840万桶（2002年）。海运能力，商船（载重100吨以上）27艘、总载重量30.7万吨。民航能力，固定航班机场22处、客运量2.79亿人公里、货运量4200万吨公里。

国防体制　根据卡比拉总统颁布的总统令（具有宪法性质），共和国总统为武装力量最高统帅。国防部直属总统府,由总统兼任国防部长。总参谋长等军队高级领导人由总统任命，重大军事问题均由总统一人决定。国家安全委员会是国家安全的最高决策机构。目前刚国防体制尚不完善。

领导人物　总统、国民军最高统帅约瑟夫·卡比拉少将（2001年1月26日上任）、国防部与退伍军人部长阿道夫·奥努松巴（2005年1月上任）、总参谋长基桑比亚中将（2004年7月上任）。

武装力量　**兵力**　约6.48万人。

陆军　约6万人。编成30个步兵旅、1个总统警卫旅、1个机械化步兵旅、1个突击旅。

主战坦克：T-59型30辆、T-62型40辆。装甲侦察车：AML-60/-90型约40辆。装甲输送车：M-113型、YW-531型、M-3型、卡斯皮尔等型若干辆。牵引炮：75毫米、85毫米、122毫米、130毫米共100余门。火箭炮：107毫米、122毫米共约30门。迫击炮：81毫米、107毫米、120毫米若干门。无坐力炮：57毫米、75毫米、106毫米各若干门。高炮（高射机枪）：14.5毫米、37毫米、40毫米共约50门（挺）。地空导弹：SA-7型若干枚。

海军　约1800人。

基地设在博马、马塔迪、金沙萨和坦噶尼喀湖。

海岸巡逻艇：8艘。

空军　约3000人。战斗机：苏-25型4架、米格-23型2架；武装直升机米-24型6架；米-26型1架、米-8型若干架。

兵役制度　尚未正式制定，目前对新兵的征召基本采取直接招募的方式。

军衔　分5等18级：将官6级（五星上将、四星上将、三星上将、中将、少将、准将），校官3级（上校、中校、少校），尉官3级（上尉、中尉、少尉），士官4级（上士、中士长、中士、下士），士兵2级（上等兵、列兵）。

外国驻军　联合国军事观察员501名，维和部队15429人，分别来自49个国家。

（毕京三）

刚果（布）

国　　名　刚果共和国。

主要统计　面积34.2万平方公里。人口386万（2004年。其中，男性49.2%，女性50.8%。15-64岁50.2%，65岁以上3.2%）。国内生产总值45亿美元（2004年）。国防费0.562亿美元（2004年国防预算估计）。石油1215万吨（2004年）。发电量3.48亿千瓦小时（2002年）。粮食87万吨（2001年）。海运能力，商船（载重100吨以上）22艘、总载重量10.8万吨。年吞吐量为1000万吨左右（2000年）。民航能力，固定航班机场10处、客运量2.58亿人公里、货运量1400万吨公里。

国防体制　武装力量由正规军和准军事部队组成。宪法规定，总统为武装力量最高统帅。最高防务会议为国防事务的最高决策机构，成员有总统、国民议会议长、最高法院院长、国防部长、安全部长、财政部长、外交部长、工业部长、能源部长、军队总参谋长和负责国防事务的总统顾问等。防务委员会是最高防务会议的执行机构，由总统或国防部长主持，成员包括总统、国防部长、安全与警务部长、财政部长、外交部长、军队总参谋长、负责国防事务的总统顾问等。国防部长负责国防和军队建设事务。总参谋长负责军队的作战、训练和管理。总统通过国防部长和总参谋长对全军实施领导和指挥。

领导人物 总统兼武装力量最高统帅德尼·萨苏·恩格索（1997年10月上任，2002年连任）、总统府国防、老战士和前战争伤残人员事务部长雅克·依冯·恩多卢少将（2005年1月上任）、总参谋长夏尔·里夏尔·蒙乔少将（2002年12月上任）、宪兵司令吉尔贝·莫科基少将（2002年上任）、陆军参谋长诺埃尔-列奥纳尔·埃松戈少将（2002年上任）、海军参谋长费戈尔·翁戈波准将（2002年上任）、空军参谋长让-巴布蒂斯特·菲利普·契卡亚上校（2002年上任）。

武装力量 **兵力** 现役部队1万人。

陆军 8000人。编有2个独立营、3个步兵营、1个突击营、1个炮兵营、1个工兵营。

坦克：T-54/55型25辆、T-59型15辆、T-62型10辆、PT-76型3辆。装甲侦察车：BRDM-1/2型25辆。装甲输送车：BTR-152型20辆、BTR-60型30辆、M-3型18辆。牵引炮：152毫米D-2型若干门、130毫米M-46型5门、122毫米D-30型10门、100毫米M-1944型10门、74毫米ZIS-3/M-1942型若干门。自行火炮：122毫米2S1型3辆。火箭炮：122毫米BM-21型10门、140毫米BM-14/122毫米BM-16型若干门。迫击炮：120毫米M-43型28门、82毫米若干门。反坦克导弹：M-18型、RPG-7型、ZIS-2/M-1943型若干枚。高炮（高射机枪）：100毫米KS-19型若干门、57毫米S-60型若干门、37毫米M-1939型28门、23毫米ZSU-23/4型若干门、14.5毫米ZPU-2/4型若干挺。

海军 约800人。基地设在黑角。

巡逻艇：约3艘。

空军 1200人。作战飞机12架。

攻击战斗机：米格-21型12架。运输机：安-24型5架、安-26型1架、B-727型1架、N-2501型1架。直升机：米-8型2架、AS-365型1架、SA-316/318型4架。防空导弹：AA-2Atoll型若干枚。

准军事部队 宪兵2000人。

兵役制度 实行义务兵役制。18至35岁的公民必须义务服兵役2年。

驻外兵力 驻中非中部非洲经济货币共同体120人；派往科特迪瓦联合国军事观察员5人。

军队节日 6月22日建军节。

（毕京三）

几内亚比绍

国　　名 几内亚比绍共和国。

主要统计 面积3.6125万平方公里。人口153.7万（2004年。其中，男性51.1%，女性48.9%。15~29岁28%，30~64岁26%，65岁以上3%）。国内生产总值2.89亿美元（2004年）。国防费840万美元（2004年国防预算估计）。水稻9.7万吨、腰果8万吨、捕鱼20万吨（2003年）。港口年吞吐量约50万吨（2003年）。

国防体制 几内亚比绍武装力量由正规军和准军事部队组成。正规军包括陆军、海军和空军，准军事部队为宪兵部队。根据宪法规定，总统为武装力量最高统帅。政府设国防部，为最高军事行政机关，总参谋部为军事指挥机构，负责全军的作战指挥和军事训练。总统通过国防部长和总参谋长对全军实施领导。

军事领导人 过渡总统兼武装力量最高统帅恩里克·佩雷拉·罗萨（2003年9月29日就任临时总统）、国防部长丹尼尔·戈梅斯（2004年5月上任）。

武装力量 **兵力** 9250人。

陆军 6800人。编成1个装甲营、5个步兵营、1个炮兵营、1个侦察分队、1个工兵连。主战坦克：T-34型10辆；轻型坦克：PT-76型15辆；装甲侦察车：BRDM-2型10辆；装甲输送车BTR-40/-60型35辆、T-56型20辆；牵引炮：122毫米D-30/M-1938型18门。迫击炮：82毫米M-43型若干门、120毫米M-1943型8门。反坦克武器：75毫米火箭炮M-20型若干门、82毫米B-10型若干门、89毫米M-

20型若干、85毫米D-44型8门。高炮：23毫米ZU-23型18门、37毫米M-1939型6门、57毫米S-60型10门。防空导弹：萨姆-7型若干枚。

海军　约350人。巡逻艇3艘。基地设在比绍。

空军　100人。作战飞机：米格-17型3架。运输直升机：SA-318型1架、SA-319型2架。

准军事部队　宪兵约2000人。

兵役制度　实行义务兵役制，服役期为2至3年，军官为10年以上。

（毕京三）

科特迪瓦

国　　名　科特迪瓦共和国。

主要统计　面积32.2463万平方公里。人口1690万（2004年。其中，男性51.1%，女性48.9%。15~29岁30%，30~64岁27%，65岁以上2%。）。国内生产总值150亿美元（2004年）。国防费1.87亿美元（2004年国防预算）。原油27.5亿吨（2002年）。可可132万吨、咖啡21.9万吨、棉花34.3万吨、橡胶14.8万吨（2003年）。原木产值为6.01亿美元（2000年）。海运能力，商船（载重100吨以上）51艘、总载重量98.6万吨。民航能力，大小机场28个、客运量200万人次（2000年）。

国防体制　总统为武装部队最高统帅，国防委员会为最高军事决策机构，国防部长具体负责武装力量的管理。全国武装力量由武装部队、宪兵和共和国卫队组成。

领导人物　总统兼武装力量总司令洛朗·巴博（2000年10月上任）、国防部长勒内·阿马尼（2003年3月上任）、武装部队总参谋长菲利普·芒古（2004年11月上任）。

武装力量　**兵力**　约1.705万人。

陆军　约6500人，编成4大军区，有1个装甲营、3个步兵营、1个炮兵营、1个两栖连、1个防空炮兵连、1个工兵连。

主战坦克：T-55型10辆、AMX-13轻型坦克5辆。装甲步兵战车：BMP-1/2型10辆。装甲侦察车：ERC-90型6辆、AML-60/90型15辆、Mamba型10辆。装甲输送车：M-3型12辆、VAB型13辆。牵引炮：105毫米4门。迫击炮：81毫米、120毫米共16门。火箭发射器：89毫米LRAC型若干具。无坐力炮：106毫米约12门。高炮：20毫米、40毫米共21门。

海军　约900人。基地设在阿比让。

海岸巡逻艇：2艘。两栖登陆艇：1艘。

空军　700人。作战飞机9架、武装直升机3架、其它直升机8架。

攻击战斗机："阿尔法"型5架、BAC-167型2架。战斗机：米格-23型2架。武装直升机：米-24型3架。运输直升机（包括总统专机）：SA-319型1架、SA-330型5架、SA-365C型2架。教练机：F-33C型4架、"瑞姆斯-塞斯纳"150H型2架。联络机："塞斯纳"421型1架、"空中之王"200型1架。

准军事部队　宪兵约7600人。装备：巡逻艇4艘。总统卫队1350人，民兵1500人。

预备役 10000人。

兵役制度　实行义务兵役制，服役期6个月。

外国驻军　来自41个国家的维和部队6243人和军事观察员136人。

（毕京三）

肯尼亚

国　　名　肯尼亚共和国。

主要统计　面积58.2646万平方公里。人口3298.2万人（其中，男性49.5%，女性50.5%。15-29岁32%，30-64岁24%，65岁以上2%）。国内生产总值139亿美元（2004年）。国防费2.51亿美元（2004年国防预算）。水泥164.9万吨、糖44.8万吨、谷物 12.1 万吨、面粉 17.9 万吨（2003 年）。牛 166.9 万头（2003 年）。捕鱼 14.77 万吨（2004 年）。海运能力，商船（载重 100 吨以上）29 艘、总载重量 11.6 万吨。年吞吐量为 1438.4 万吨。民航能力，固定航班机场 11 处，客运量 427.4 万人次、货运量 17.14 万吨（2003 年）。

国防体制 根据宪法规定，总统兼任武装部队总司令。总参谋长、陆、海、空三军司令、国家安全国务部长以及主管军队财政拨款的总统府副常秘 6 人组成的国防委员会是最高军事决策机构，向总统负责。总参谋部是军事指挥机构，总统通过总参谋长统帅全军。

领导人物 总统姆瓦伊·齐贝吉兼武装部队总司令（2002 年 12 月上任）、总参谋长为约瑟夫·基布瓦纳上将（2000 年 11 月上任）。

武装力量 兵力 2.412 万人。

陆军 2 万人。编有 1 个装甲旅（下辖 3 个装甲营）、2 个步兵旅（其中 1 个旅下辖 2 个营，另 1 个旅下辖 3 个营）、1 个独立步兵营、1 个炮兵旅（下辖 2 个营）、1 个高炮营、1 个工兵旅（下辖 2 个营）、1 个骑兵营。

主战坦克：MK-3 型坦克 78 辆。装甲侦察车：AML-60/90 型 72 辆、“白鼬”型 12 辆、“Shorland”型 8 辆。装甲输送车：共 62 辆。牵引炮：105 毫米 48 门。迫击炮：81 毫米 50 门、120 毫米 12 门。反坦克导弹：“米兰”型 40 枚、“耐火箱”型 14 枚。无坐力炮：84 毫米 80 门。高炮：20 毫米约 81 门、40 毫米 13 门。

海军 1620 人。1 个基地：蒙巴萨。海岸巡逻作战艇：4 艘、两栖舰艇:2 艘、支援舰:1 艘。

空军 2500 人。共有作战飞机 29 架、武装直升机 34 架。攻击战斗机：F-5E/F 型 9 架。运输机约 20 余架。攻击直升机共计 34 架。运输直升机共计 17 架。教练机 27 架。

准军事部队 警察 5000 人。

兵役制度 实行志愿兵役制。

驻外兵力 派往布隆迪 1009 人（含军事观察员 2 人）；派往科特迪瓦 9 人（含军事观察员 5 人）；派往刚果（金）联合国观察团 41 人（包括军事观察员 29 人）；派往联合国埃塞俄比亚和厄立特里亚维和部队 336 人（包括 11 名军事观察员）；派往利比里亚 7 人（含军事观察员 3 人）；派往塞拉里昂军事观察员 6 人；派往西撒军事观察员 10 人；派往塞黑军事观察员 1 人；派往苏丹军事观察员 3 人。

外国驻军 英国 20 人。

（毕京三）

利比里亚

国　　名 利比里亚共和国。

主要统计 面积 11.137 万平方公里。人口 330 万人（2003 年。其中，男性 50.6%，女性 49.4%。15~29 岁 30%，30~64 岁 26%，65 岁以上 2%）。国内生产总值 4.9 亿美元（2004 年），国防费 900 万美元（2004 年国防开支）。钻石产量为 3885 克拉、黄金产量为 1548 盎司（2001 年）。制造业总产值 3030 万美元（2002 年）。咖啡 43850 万吨、可可 62570 万吨（2002 年）。海运能力，商船（载重 100 吨以上）1800 余艘、总载重量 9737.4 万吨。年运货量为 20 万吨（2002 年）。民航能力，固定航班机场 2 处、客运量 700 万人次、货运量 100 万吨（2002 年）。

国防体制 根据宪法规定，总统为政府首脑和武装部队总司令。国防部为全军最高军事行政机关，总统通过国防部和总参谋部实施对全国武装部队的领导和指挥。

领导人物 临时过渡政府主席兼全国武装部队总司令查尔斯·久德·布莱恩特（2003 年 10 月上任）、国防部长丹尼尔·恰（2003 年 10 月上任）、武装部队参谋长潘巴伊·科纳上将。

武装力量 兵力 约 1.1~1.5 万人，包括支持政府的武装部队。

外国驻军 来自 47 个国家的联合国维和部队 1.4702 万人和军事观察员 200 人。

（毕京三）

利比亚

国　　名　大阿拉伯利比亚人民社会主义民众国。

主要统计　面积175.954万平方公里。人口588万人（2004年。其中，0~14岁196.0万人；15~19岁57.7万人；20~24岁57.7万人；25~29岁57.7万人；30~64岁178.7万人；65岁以上23.1万人）。国内生产总值约266亿美元（2004年）。国防费6.2亿美元（2005年国防预算）。石油储量390亿桶，天然气1.31万亿立方米。2003年石油出口创汇达129亿美元。大、小麦29万吨、各种水果66万吨（2002年）。全国牧场850万顷，养殖牲畜约1160万头（2002年）。海运能力，商船（载重100吨以上）150艘、总载重量122.36万吨（2000年）。民航能力，固定航班机场12处，客运量4.25万人次、货运量3400万吨（2001年）。

国防体制　利比亚"九·一"革命领导人为武装力量最高统帅。最高国防决策机构为革命指挥委员会。防御总委员会是最高军事行政和指挥机关。武装力量由正规军和准军事部队组成。正规军分陆、海、空三个军种。总参谋部隶属防御总委员会，负责作战、训练、情报和侦察工作。统帅通过防御总委员会对全国武装力量实施领导和指挥。

领导人物　"九·一"革命领导人兼武装力量最高统帅奥马尔·穆阿迈尔·卡扎菲上校（1969年9月1日上任）。防御总委员会秘书尤尼斯·贾比尔少将（1989年9月上任）。

武装力量　**兵力**　现役部队7.6万人。

陆军　4.5万人。编有4个军区、11个防区、1个精锐旅、10个坦克营、22个炮兵营、18个步兵营、7个高炮营、10个机械化步兵营、6个伞兵突击营、4个地地导弹旅。

主战坦克：T-55型500辆、T-62型100辆、T-72型200辆以及储存的1040辆T-54/-55,70辆T-62,115辆T-72。装甲侦察车：BRDM-2型50辆、EE-9"响尾蛇"型70辆。装甲步兵战车：BMP-1型1000辆。装甲输送车：BTP-50/-60型750辆、OT-62/-64型67辆、M-113型28辆、EE-11型100辆、BMD型若干辆。牵引炮：约647门。其中105毫米M-101型约42门、122毫米D-30型190门、D-74型60门、130毫米M-46型330门、152毫米M-1937型25门。自行炮：444门。其中122毫米130门、152毫米140门、155毫米174门。火箭炮：107毫米300门、122毫米约530门。迫击炮：约500门。地地导弹发射装置："蛙"7型45部、"飞毛腿"B型80部。反坦克导弹："塞子"、"米兰"、"耐火箱"、"拱肩"等式共3000枚。无坐力炮：106毫米220门。高炮：600门（包括23毫米、30毫米、57毫米）。地空导弹：SA-7、SA-9、SA-13型各若干枚、"响尾蛇"24枚。

海军　8000人（含海岸警卫队）。

主要基地：的黎波里、班加西、托布鲁克、库姆斯。

潜艇："巴德尔"级1艘。护卫舰：苏制"科尼"级1艘。小型护卫舰：苏制"纳奴契卡"级1艘。导弹快艇：9艘。扫雷艇：2艘。两栖登陆舰艇：3艘。支援和附助舰船：9艘。

海军航空兵　SA-321型武装直升机7架。

海岸防卫部队：1个SSC-3Styx连。

空军　2.3万人（包括防空军）。编有1个轰炸机中队、7个攻击战斗机中队、9个战斗机中队、2个侦察机中队、7个运输机中队。作战飞机400架，武装直升机41架。

轰炸机：图-22型6架。攻击战斗机："幻影"5D/DE型30架、"幻影"5DD型14架、"幻影"F-1AD型14架、米格-23BN型40架、米格-23U型15架、苏-20/22型53架、苏-24MK型6架。战斗机："幻影"F-1ED型15架、"幻影"F-1BD型3架、米格-21型45架、米格-23型75架、米格-25型70架、米格-25U型3架。侦察机："幻影"5DR型4架、米格-25R型7架。运输机：安-26型23架、C-130H型7架、L-110-20型2架、L-100-30型3架、G-222型6架、伊尔-76型25架、L-410型15架、安-124型2架。攻击直升机：米-25型29架、米-35型31架。运输直升机：CH-47C型17架、米-8/17型34架、SA-316型11架、AB-206型5架。教练机："海鸥"G-2型90架、米-2型50架、图-22型1架、L-39ZO型115架、SF-260WL型20架。空地导弹：

AT-2“蝇拍”式、AS-7、AS-9、AS-11型若干枚。空空导弹：AA-2型、AA-6型、AA-7型、AA-8型、R-530型、R-550型若干枚。

防空军　隶属空军，编成1个指挥控制系统和5个防空区，下辖4个SA-5A导弹旅、5~6个SA-2导弹旅、2~3个SA-3导弹旅、3个SA-6/-8导弹旅。

预备役部队　民兵4万人。

准军事部队　海关、海岸警卫队（属海军建制）若干人。

兵役制度　实行选征兵役制，士兵服役期限1-2年。

军衔　军官军衔分为3等9级，即将官3级（中将、少将、准将）、校官3级（上校、中校、少校）、尉官3级（上尉、中尉、少尉）。

军队节日　建军节8月9日。

（王京国）

卢 旺 达

国　　名　卢旺达共和国。

主要统计　面积2.6338万平方公里。人口844.1万（其中，男性48.6%，女性51.4%。15~29岁30%，30~64岁25%，65岁以上3%）。国内生产总值18亿美元（2004年）。国防费0.46亿美元（2004年国防预算）。锡矿555吨、钨矿161吨、铌钽矿296吨（2001年）。芭蕉2103千吨、咖啡17800千吨、茶叶15200千吨（2001年）。民航能力，固定航班机场2处、客运量200万人次。

国防体制　宪法规定，总统为武装部队总司令。国防部为最高军事机构，下辖军队参谋部和宪兵参谋部，总统通过国防部对全国武装力量实施领导和指挥。

领导人物　总统兼武装力量最高统帅保罗·卡加梅少将（2000年4月上任，2003年8月连任）、国防部长马塞尔·加钦齐少将（2003年10月上任）、武装部队参谋长詹姆士·卡哈雷贝。

武装力量　兵力　5.1万人。

陆军　4万人。编有4个师（每个师辖3步兵团）。

坦克：T-54、T-55型坦克24辆。装甲侦察车：AML-90/60型90辆、VBL型16辆。装甲步兵战车：BMP型若干辆。装甲输送车：16辆。牵引炮：105毫米T-54型29门、122毫米D-30型6门。火箭炮：122毫米RM-70型5门。迫击炮：120/82/81毫米共115门。防空武器：23/37毫米高炮约150门，萨姆-7导弹若干枚。

空军　约1000人。运输机：安-8型2~3架、波音-707型1架、BN-2型1架。武装直升机：米-24型直升机5~7架。运输直升机：米-17型/8型共约12架。

准军事部队　国民警察约1万人。

兵役制度　实行志愿兵役制。

驻外兵力　派往苏丹联合国军事观察员6人。

（毕京三）

摩 洛 哥

国　　名　摩洛哥王国。

主要统计　面积45.9万平方公里（未包括西撒哈拉26.6万平方公里）。人口3272.6万人（其中，0~14岁1047.2万人；15~19岁327.3万人；20~24岁327.3万人；25~29岁261.8万人；30~64岁1079.9万人；65岁以上163.6万人）。国内生产总值517亿美元（2004年）。国防费20.7亿美元（2005年国防预算）。磷酸盐及其制品出口创汇约17亿美元（2004年）。纺织企业1687家，从业人20万，产值占国内生产总值的16%。粮食830万吨（2004年）。草地和牧场2029万公顷，养牛267万头、绵羊1634万只、山羊509只（2003年）。从业捕鱼业50万人，捕鱼84.58万吨。产值3.53

亿美元（2004年）。海运能力，商船（载重100吨以上）492艘、总载重量58.62万吨。年吞吐量为6150万吨（2004年）。民航能力，固定航班机场11处、客运量44.89亿人公里、货运量370万人次。（2002年）。

国防体制 宪法规定，国王为武装力量最高统帅。不设国防部，只设一个国防行政机构，负责军队的行政管理事务。武装力量由正规军和准军事部队组成。正规军分陆、海、空三个军种。国王在军队总协调员（由王储兼任）和国防行政机构秘书长的协助下，直接领导和指挥全国武装力量。

领导人物 国王兼武装力量最高统帅兼总参谋长西迪·穆罕默德六世（1999年7月23日即位）。

武装力量 兵力20.08万人。

陆军 18万人。编有2个军区（南部军区、北部军区）、3个机械化步兵旅、1个轻型警卫旅、2个伞兵旅、8个机械化步兵团、11个独立装甲营、2个独立骑兵营、3个独立骆驼营、9个独立炮兵营、1个独立山地营、39个独立步兵营、7个独立工程兵营、7个突击队、2个空降营、7个突击分队。另皇家卫队有1500人，编成1个营、1个骑兵中队。

主战坦克：M-48A5型224辆、M-60A1型300辆、M-60A3型120辆、T-72型100辆。轻型坦克：SK-105型100辆。装甲侦察车：EBR-75型16辆、AMX-10RC型80辆、AML-90型190辆、AML-60-7型38辆。装甲步兵战车："非洲獾"60辆、VAB-VCI型45辆、AMX-10P型10辆。装甲输送车：M-113型420辆、VAB-VTT型320辆。牵引炮：105毫米86门、130毫米18门、155毫米81门。自行炮：105毫米5门、155毫米162门、203毫米60门。迫击炮：81毫米870门、120毫米600门。火箭炮：122毫米40门。火箭筒：89毫米150具。反坦克导弹："米兰"式80枚、"龙"式440枚、"陶"式150枚、"耐火箱"式50枚。无坐力炮：106毫米350门。反坦克炮：90毫米28门、100毫米8门。高炮（高射机枪）：14.5毫米220挺、20毫米100门、23毫米140门、100毫米17门。地空导弹："小槲树"37枚、SA-7型70枚。"天眼"无人机若干架。

海军 7800人（含陆战队1500人）。

基地：卡萨布兰卡、阿加迪尔、达喀拉、坦齐尔、奥霍西玛。

护卫舰："侦察"级2艘。导弹快艇："拉萨加"级4艘。海岸巡逻艇：23艘。两栖登陆艇：4艘。支援船：4艘。

陆战队 1500人。编有2个陆战营，直升机若干。

空军 1.3万人。作战飞机95架、武装直升机24架。

攻击战斗机："幻影"F-1EH型14架、F-5A型8架、F-5B型3架、F-5E型24架、F-5F型4架。战斗机："幻影"F-1CH型15架。侦察机：C-130H型2架、OV-10型4架。电子战机：C-130型2架、"猎鹰"20型2架。运输机：C-130H型12架、"猎鹰-20"型2架、"猎鹰-50"型1架、"湾流"型2架、"空中大王-100"型4架、"空中大王-200"型3架、CN-235型7架、Do-28型2架。加油机：波音707型1架、KC-130H型2架。攻击直升机：SA-342型24架。运输直升机：CH-47型7架、SA-330型29架、AB-205A型29架、AB-206型20架、AB-212型3架。教练机：AS-202型8架、CAP-10型2架、CAP-230型4架、T-34C型10架、"T-37B"型14架、"阿尔法"式23架。联络机："空中大王"200型2架、"黑鹰"UH-60型2架。空空导弹："响尾蛇"和"魔术"若干枚。空地导弹："小牛"和"霍特"若干枚。

准军事部队 5万人，其中宪兵2万人、辅助部队3万人。

兵役制度 实行义务兵和志愿兵相结合的兵役制度，服役期为18个月，入伍者多为志愿兵。

军衔 军官军衔分4等13级，即将官4级（上将、中将、少将、准将）、校官4级（大校、上校、中校、少校）、尉官3级（上尉、中尉、少尉）、准尉2级（一级准尉、二级准尉）。

驻外兵力 驻波黑维和部队约800人，驻刚果（金）维和部队805人，驻科特迪瓦部队734人，驻塞黑部队279人。

外国驻军 联合国驻西撒军事观察员203人，分别来自25个国家。

（王京国）

南　非

国　　名　南非共和国。

主要统计　面积 121.909 万平方公里。人口 4660 万（2004 年。其中，男性 48.1%，女性 51.9%。15~29 岁占 30%，30~64 岁占 34%，65 岁以上占 5%）。国内生产总值 2109 亿美元（2004 年）。国防费 34 亿美元（2004 年）。南非电力工业较发达，发电量占全非的 2/3，为世界上电费最低的国家之一。2002 年 ESKOM 销电量 1879 亿度。南非是世界五大钻石生产国，年产钻石 10900 千克拉（2002 年）。粮食 10073 千万吨（2002 年）。畜牧业发达，养牛 1360 万头，绵羊 2900 万只，猪 160 万头，山羊 670 万只（2002 年）。海运能力，商船（载重 100 吨以上）219 艘、总载重量 28.25 万吨。年吞吐量 12 亿吨（2002 年）。民航能力，固定航班机场 24 处，客运量 1800 万人次（2005 年）。

国防体制　总统为武装力量统帅。最高国防决策机构为国家安全委员会，由总统任主席，副总统任副主席，成员包括国防、司法、外交、安全、财政、运输等部长及国防军司令、三军司令等。国家安全委员会下辖国防咨询委员会和国防部。国防咨询委员会由总统任主席，成员包括副总统、国防军司令、军备公司执行主席和各军种司令，主要负责内阁各部间有关国防事务的协调。国防部为政府中的一个部，是最高军事统帅机构，国防部长负责处理军队日常事务。国防秘书协助国防部长工作。国防军司令部隶属国防部，国防军司令负责全军的作战、指挥和军事训练等。武装力量由正规军、预备役部队和准军事部队组成。正规军分陆、海、空三个军种和卫生部队。总统通过国防部和国防军司令部对全国武装力量实施领导和指挥。

领导人物　总统兼武装力量统帅塔博·姆贝基（1999 年 6 月上任，2004 年 4 月连任）、国防部长帕特里克·勒科塔（1999 年 6 月上任，2004 年 4 月连任）、国防军总司令恩格文亚上将（2005 年 1 月上任）、陆军司令索利·肖基中将（2004 年 7 月上任）、海军司令约翰尼斯·穆迪莫中将（2005 年 3 月上任）、空军司令卡罗·戈吉阿罗中将（2005 年 3 月上任）、军事卫生部队司令拉马拉肯中将（2005 年 8 月上任）。

武装力量　**兵力**　现役部队 7.47 万人。

陆军　5.3 万人。编为 5 支地区联合特遣部队（每支部队都有司令部，所辖部队在需要时从正规军和预备役各军种部队中抽调）；1 个特种部队旅，下辖 2 个营；2 个旅部，下辖 1 个坦克营，1 个装甲车营、16 个步兵营（含 2 个机械化步兵营、1 个空降营、3 个摩步营、10 个轻步兵营）、2 个炮兵营（含 1 个高炮营）、5 个工兵营。

主战坦克：“号角”约 167 辆。装甲侦察车：176 辆。步兵战车：“非洲獾”20/60/90 型 1200 辆。装甲输送车：“卡斯皮尔”370 辆、“马姆巴”440 辆。牵引炮：140 毫米 75 门、155 毫米 72 门。自行火炮：155 毫米 43 门。火箭炮：127 毫米 51 门。迫击炮：1226 门（包括 81 毫米和 120 毫米）。反坦克导弹：“斯威夫特”导弹发射器 52 枚。无后坐力炮：106 毫米 100 门。高炮：76 门（包括 23 毫米和 35 毫米）。炮位侦察雷达：“绿衣箭手”和“辛伯林”若干部。

海军　5700 人。编有潜艇、攻击、扫雷 3 支舰队。基地设在西蒙斯敦（司令部）、德班。

潜艇：3 艘。小型护卫舰：4 艘。海岸巡逻艇：8 艘。扫雷舰艇：5 艘。支援及勤务舰船：33 艘。

空军　1.1 万人。空军司令部设在比勒陀利亚，下设 4 个编队。编成 2 个攻击机/战斗机中队、1 个空中加油机/电子战飞机中队、5 个运输机中队、1 个直升机中队和 1 所航校。共有作战飞机 50 架、攻击直升机 12 架。

攻击/战斗机：“英帕拉”24 架、“猎豹”26 架。加油/电子战飞机：波音 707-320 型 3 架。运输机：C-130 型、C-47 型、“超级空中大王”等共 60 架。直升机：SA-316/-319 型等共 75 架。教练机“PC-7”型等共 78 架。无人机 3 架及 1 个控制站。空地导弹：“猛禽”、“ZT-7”等型导弹发射架若干部。空空导弹：“V-3C”型和“V-4”型导弹发射架若干部。地空导弹：“仙人掌”型导弹发射架若干部。

空军地面部队　雷达卫队：有 2 个空中管制地区（霍德斯普瑞特和布什维尔德）；设 2 个固定雷达站和 6 个移动雷达站。南非空军团：下辖 12 个安全中队。

卫生部队　6000 人。作为南非国防军的一支独立部队，部署在全国各地，为南非国防军服务。编成 3

个“类型”编队、1个支援编队、1个训练编队。

驻外兵力　派往布隆迪1个步兵营，1083人；派往联合国驻刚果（金）军事维和部队1个步兵营，1271人（含军事观察员2人）；派往联合国驻厄立特里亚和埃塞俄比亚军事观察团8人（含5名观察员）；派往利比里亚3人。

兵役制度　南非国防军实行柔性服役制，分为4种服役期：长期服役、10年、6年和1年。

（毕京三）

尼日利亚

国　　名　尼日利亚联邦共和国。

主要统计　面积92.3768万平方公里。人口1.33亿（2004年。其中，男性50.3%，女性49.7%。15~29岁28%，30~64岁27%，65岁以上3%）。国内生产总值约643亿美元（2004年）。国防费5.71亿美元（2004年）。日产原油250万桶（2005年）。可可产量17.5万吨（2004年）。海运能力，商船（载重100吨以上）271艘，总载重量73.33万吨。吞吐量为3200万吨（2001年）。民航能力，固定航班机场12处，客运量1.12亿人公里、货运量210万吨公里。

国防体制　总统为武装部队总司令。国防部是全军的最高行政机关，负责军队建设和军费管理，并向总统提出建议。国防总部是全军的最高作战指挥机构，负责制定作战、训练计划，并监督实施及协调三军的军事行动。武装力量由陆军、海军和空军组成。总统通过国防部和国防总部对全国武装力量实施领导和指挥。

领导人物　总统兼武装部队总司令奥卢塞贡·奥基基奥拉·阿雷穆·奥巴桑乔（1999年5月上任，2003年连任）、国防部长穆罕默德·拉比优·穆萨·宽夸索（2003年7月上任）、国防参谋长阿勒桑德·奥达勒杜·奥戈姆迪亚上将（2003年6月上任）、陆军参谋长马尔丁·卢特·阿戈维中将（2003年6月上任）、海军参谋长阿迪凯耶海军中将（2005年8月上任）、空军参谋长乌耶普空军中将（2001年4月上任）。

武装力量　**兵力**　现役部队7.85万人。

陆军　6.2万人。编有1个装甲师（辖2个装甲旅、）、1个合成师（辖1个摩步旅、1个两栖旅和1个空降营）、2个机械化师（各辖1个机械化旅、1个摩步旅）、1个总统警卫旅、1个防空旅，上述各师均编有1个炮兵旅、1个工程兵旅和1个侦察营。

主战坦克：T-55型100辆、“维克斯”MK-3型150辆。轻型坦克：“蝎子”型100辆。装甲侦察车：AML-60型90辆、AML-90型40辆、“狐狸”型50辆、“响尾蛇”型70辆、VBL型72辆、Saladin Mk2型20辆。装甲输送车：“萨拉逊”型10辆、“施泰尔”4K-7FA型250辆、“莫瓦格·皮兰哈”型70辆、“萨拉丁”型20辆、MT-LB型67辆。牵引炮：105毫米200门、122毫米200门、130毫米7门、155毫米24门。自行炮：155毫米27门。火箭炮：122毫米25门。迫击炮：81毫米200门、82毫米100门、120毫米30余门。反坦克导弹：“旋火”式若干枚。无坐力炮：84毫米和106毫米各若干门。高炮：20毫米约60门、23毫米30余门、40毫米若干门。地空导弹：“吹管”48枚、“罗兰”16枚、SA-7型约100枚。

海军　7000人（包括海岸警卫队）。基地设在拉各斯（西部海区司令部）、阿帕帕（东部海区司令部）、卡拉巴尔等地。

护卫舰：德制“梅科”级“阿拉杜”护卫舰1艘。轻型护卫舰2艘。导弹攻击快艇：“阿亚姆”3艘。巡逻艇：3艘。扫雷艇：2艘。支援及勤务舰船：6艘。

海军航空兵　装备有直升机4架。

空军　9500人。编有3个攻击/战斗机中队、2个运输机中队。装备有作战飞机84架、武装直升机10余架。

攻击/战斗机：“阿尔法”式15架、米格-21型18架、“美洲虎”式15架。武装直升机：Bo-105D型5架、米-35型5架。运输机：C-130型5架、Do-128-6型17架、H-30型3架、Do-228-200型16架、G-222型5架。运输直升机：AS-332型7架、SA-330型2架、米-34型5架。总统专机：“波音”727型1架、“湾流”式2架、“猎鹰”900型2架、“布埃”125-1000型1架。空空导弹：“环礁”若干枚。

准军事部队　约8.2万人。其中，海岸警卫队隶属海军。港口治安警察约2000人，装备60艘小艇和5

艘气垫船。治安警察和民防部队，隶属内务部，其中警察8万人，装备"撒克逊"装甲输送车70辆、"色斯纳500型"飞机1架、运输机3架（"那伐鹤人"2架、"酋长"1架）、贝克直升机4架。

兵役制度　实行志愿兵役制。

军衔 军官分7等18级，即元帅1级、将官4级（上将、中将、少将、准将）、校官3级（上校、中校、少校）、尉官3级（上尉、中尉、少尉）、准尉3级（一级准尉、二级准尉、三级准尉）、军士3级（上士、中士、下士）、士兵1级（一等兵）。

驻外兵力　派往布隆迪3人（含军事观察员2人）、派往科特迪瓦军事观察员5人；派往刚果（金）30人（含军事观察员29人）；派往埃厄边境11人（包括7名军事观察员）；派往利比里亚1986人（含军事观察员19人）；派往塞拉利昂758人（含军事观察员7名）；派往苏丹军事观察员9人；派往西撒哈拉军事观察员6名。

军队节日　武装部队节1月15日；陆军节7月1日；海军节6月1日；空军节11月18日。

（毕京三）

塞拉里昂

国　　名　塞拉里昂共和国。

主要统计　面积7.2326万平方公里。人口约586.7万人（其中，男性49.6%，女性50.4%。15~29岁26%，30~64岁25%，65岁以上4%）。国内生产总值12亿美元（2004年）。国防费0.29亿美元（2004年国防预算）。2003年，工业总产值为1.78亿美元，农业总产值为4.04亿美元。2002年养牛5万头，羊6万只，猪3000头。2004年，渔业部门收入180万美元。海运能力，商船（载重100吨以上）62艘、总载重量1.84万吨。年吞吐量150万吨。民航能力，固定航班机场1处，客运量1.1亿人公里、货运量200万吨公里。

国防体制　武装部队由正规军和民兵组成。宪法规定，总统为武装部队总司令。国防委员会是塞最高军事决策机构，国防部为最高军事行政机关。总统通过国防委员会和国防部对全军实施作战指挥和行政领导。

领导人物　总统、武装部队总司令兼国防部长艾哈迈德·泰詹·卡巴（1996年上任，2002年5月连任）。

武装力量　**兵力**　1.2~1.3万人。

装备 迫击炮：81毫米约27门、82毫米2门、120毫米2门。无坐力炮：若干门。高射机枪：12.7毫米4挺、14.5毫米3挺。直升机：米-24型1架、米-8/-17型2架。

海军　约200人。海岸巡逻艇：5艘。

兵役制度　实行志愿兵役制。

外国驻军　英国100人。联合国维和部队3214人和联合国军事观察员118人（分别来自27个国家）。

（毕京三）

苏　　丹

国　　名　苏丹共和国。

主要统计　面积250.5813万平方公里。人口约4018.7万人（其中，0~14岁1728.0万人；15~19岁442.1万人；20~24岁401.9万人；25~29岁321.5万人；30~64岁1044.9万人；65岁以上80.3万人）。国内生产总值194亿美元（2004年）。国防费4.83亿美元（2005年国防预算）。原油1619万吨（2004年）。农业是苏丹经济的主要支柱。2002年农业总产值占国民生产总产值39.2%。2003年，苏丹畜牧存栏数为：牛3800万头、羊8700万只、骆驼320万峰。海运能力，商船（载重100吨以上）16艘，总载重量6.22万吨。年吞吐量为800万吨（2001年）。民航能力，固定航班机场3处，客运量5.31亿人公里、货运量2000万吨公里（2001年）。

国防体制 总统为武装部队总司令。国防部为政府的一个部。武装部队由正规军和准军事部队组成。正规军分陆、海、空三个军种。全国划分为6个军区。最高军事指挥机构为武装部队总司令部。参谋长负责军队日常工作。

领导人物 总统兼武装部队总司令奥马尔·哈桑·艾哈迈德·巴希尔中将（1993年10月 ）。国防部长巴克尔·哈桑·萨利赫少将（2000年7月上任）。总参谋长阿巴斯·阿拉比·阿卜杜拉上将。

武装力量 **兵力**10.48万人。

陆军 10万人,编有1个装甲师、1个机械化步兵师、6个步兵师、1个空降师、1个工程兵师、1个边防警卫旅、8个独立步兵旅、5个特种部队连。主战坦克：T-54/-55型200辆。轻型坦克：T-62型70辆。装甲侦察车：AML-90型6辆、“萨拉丁”式30辆、“白鼬”式80辆、BRDM-1/-2型60辆、HMMWV型42辆。装甲步兵战车：BMP-1/-2型75辆。装甲运兵车：BTR-50/-152型40辆、OT-62/-64型20辆、M-113型42辆、V-100/-150型19辆、“瓦利德”式120辆。牵引炮:85毫米、105毫米、122毫米、130毫米共450门。自行火炮：155毫米20门。火箭炮：107毫米、122毫米共635门。迫击炮：81毫米、82毫米、120毫米各若干门。反坦克导弹：“旋火”式发射器4枚。无后坐力炮：106毫米40门。反坦克炮：76毫米和100毫米共40门。高射机枪和高炮：14.5毫米、20毫米、23毫米、37毫米、57毫米和85毫米共1000余门（挺）。地空导弹：SA-7型54枚。监视雷达：“拉西特”型飞行器/火炮监视雷达若干部。

海军 约1800人。基地设在苏丹港（司令部）、弗莱明哥湾（红海）和喀土穆（尼罗河）。巡逻艇6艘。两栖登陆艇若干艘。

空军 3000人（包括防空部队）。作战飞机27架，武装直升机10架。

攻击战斗机：F-5E型5架、歼-6型8架、F-7型5架、米格-23型6架、米格-29型12架（到货1架）。教练机：PT-6A型12架。运输机：C-130H型2架、DHC-5D型4架、F-27型2架、“猎鹰”20/50型3架。轰炸机：安-26改进型3架。直升机：AB-212型4架、IAR/SA-330型2架、米-8型11架、米-24V型10架。地空导弹：SAM-2型（发射架）18部。

准军事部队 1.75万人。另有预备役8.5万人。伊斯兰民族阵线军事联队若干人。

抵抗组织 国家民主联盟，其主要组织有：

苏丹人民解放军：约2~3万人，分成4派，各以营为基本单位，主要在苏丹南方作战。主要装备小型武器包括60毫米和120毫米迫击炮，14.5毫米高射机枪，SA-7型地空导弹，另缴获有T-54/-55型坦克、BM-21型火箭炮和火炮等。

苏丹联盟部队：约500人，基地在厄立特里亚，主要在边境地区作战。

贝加国会军：约500人（其中有250至300名“白狮战士”），在厄立特里亚边境作战。

新苏丹旅：约2000人，在厄立特里亚边境作战

兵役制度 实行志愿兵役制，服役期3年。

军衔 军官分4等11级：元帅1级、将官4级（上将、中将、少将、准将），校官3级（上校、中校、少校），尉官3级（上尉、中尉、少尉）。

（王京国）

索 马 里

国 名 索马里共和国。

主要统计 面积63.766万平方公里。人口约1040万（2004年）其中，男性50.1%，女性49.9%。15~29岁25%，30~64岁27%，65岁以上3%）。国内生产总值10亿美元（2004年估计）。国防费不详。索是世界上最不发达的国家之一。经济以畜牧业为主，工业基础薄弱。2003年，羊存栏数为：1468109只，牛71228头，骆驼4259峰。粮食31.3万吨（2000年）。海运能力，商船（载重100吨以上）28艘，总载重量1.85万吨。民航能力，固定航班机场1处，客运量1.31亿人次、货运量500万吨。

领导人物 阿卜杜拉希·优素福·艾哈迈德（2004年10月14日就职）。

武装力量 **兵力** 约7000人（2003年）。

自1991年索马里爆发内战至今，索马里没有正式的国家武装力量。目前，“索马里民族运动”宣布索马

里北部为独立的"索马里兰共和国"，同时，索马里东北地区宣布为自治区，其它各派武装在索马里南部争夺地区控制权。这些武装派别手中的重武器装备大多缺乏维修，有的已不能使用。

主要武装派别情况：

"索马里兰"民族军，即原"索马里民族运动"，约有7000人，另有预备役部队6万人。

"邦特兰"，即原"索马里兰拯救民主阵线"，约有兵力2000人。

原过渡政府军，约有5000人，其中警察3000人。

朱巴河谷联盟，约有1000人。

拉汗温抵抗军，约有4~5万人。

索马里全国阵线，约有500~2000人。

索马里爱国运动，约有1000~2000人。

索马里爱国运动（盖索万派），约有500人。

拯救索马里联盟，约有1500~2000人。

（毕京三）

突尼斯

国　名　突尼斯共和国。

主要统计　面积16.2155万平方公里。人口1007.5万人（其中，0~14岁251.9万人；15~19岁100.8万人；20~24岁100.8万人；25~29岁100.8万人；30~64岁382.9万人；65岁以上60.5万人）。国内生产总值283亿美元（2004年）。国防费4.36亿美元（2005年国防预算）。原油315.8万吨（2003年）。天然气20.05亿立方米（2003年）。粮食230万吨（2004年）。海运能力，商船（载重100吨以上）77艘，总载重量44.33万吨。客运总量为44.7万人次。民航能力，固定航班机场5个，客运总量350万人次（2001年）。

国防体制　宪法规定，武装力量由正规军和准军事部队组成。正规军分陆、海、空军，属国防部。准军事部队包括国民警卫队和武装警察，属内政部。总统为武装部队总司令。国防委员会是最高军事决策机构。国防部负责军事行政事务，三军参谋长负责部队的作战、训练和装备采购等事宜。

领导人物　总统兼武装部队总司令本·阿里（1999年第四次连任）。国防部长穆罕默德·杰加姆（1999年11月上任）。

武装力量　**兵力**　现役部队3.5万人。

陆军　2.7万人。编成3个机械化旅（每旅有1个装甲团、2个机械化步兵团、1个炮兵团、1个防空团）、1个撒哈拉旅、1个特种旅、1个工兵团。

主战坦克：共计84辆，其中M-60A3型54辆、M-60A1型30辆。轻型坦克：SK-105"骑兵"式54辆。装甲侦察车：共计69辆，其中"萨拉丁"式24辆、AML-90型45辆。装甲输送车：共计268辆，其中M-113A1/A2型140辆、EE-11Urutu型18辆、Fiat F-6614型110辆。牵引火炮：105毫米48门、155毫米69门。迫击炮：81毫米95门、107毫米78门、120毫米18门。反坦克导弹："陶"式100枚、"米兰"式500枚。火箭炮：89毫米300门、3.5英寸300门。无坐力炮：57毫米140门、106毫米70门。高射炮：20毫米100门、37毫米15门。地空导弹：RBS-70型48枚、M-48"小槲树"型25枚。

海军　4800人，基地设在宾泽特、斯法克斯、凯利比亚。装备巡逻和海岸战斗快艇19艘，其中导弹快艇6艘（La Galite型3艘、Bizerte型3艘）、巡逻快艇13艘。支援与勤务舰2艘，其中Salambo型1艘、AGS型1艘。

空军　3500人。装备作战飞机29架、武装直升机15架。

攻击机：F-5E/F型12架。防暴机：共计5架，其中MB-326K型3架、MB-326L型2架。运输机：C-130B型7架、C-130E型1架、C-130H型2架、"猎鹰"20型1架、LET-410型3架、G-222型2架。联络机：S-208M型2架。教练机：27架，其中SF-260型10架、MB-326B型5架、L-59型12架。武装直升机：SA-341型5架、HH-3型10架。运输直升机：共计43架，其中AB-205型15架、AS-350B型6架、AS-365型1架、SA-313型6架、SA-316型3架、UH-1H型10架、UH-1N型2架。空空导弹："响尾蛇"型若干枚。

准军事部队　国民卫队1.2万人。

驻外兵力　驻科特迪瓦军事观察员3人、刚果（金）派驻维和部队497人、观察员27人；驻埃塞俄比亚–厄立特里亚观察员 2 人。

（王京国）

乌干达

国　　名　乌干达共和国。

主要统计　面积 24.1038 万平方公里。人口 2726.9 万人（其中，男性 49.1%，女性 50.9%。15~29 岁 30%，30~64 岁 20%，65 岁以上 2%）。国内生产总值 78 亿美元（2004 年）。国防费 1.96 亿美元（2005 年国防预算）。粮食 2376 万吨（2000 年）。海运能力，商船（载重 100 吨以上）6 艘；总载重量 16000 吨（2001 年）。民航能力，固定航班机场 1 处。客运量 41 万人次、货运量 500 万吨（2001 年）。

国防体制　总统为武装力量最高统帅。国防部为政府中一个部，是最高军事行政机关。军种司令部负责对本军种的作战和指挥。总统通过国防部和军队司令部对全国武装力量实施领导和指挥。

领导人物　总统兼武装力量最高统帅约韦里·穆塞维尼中将（1996 年上任，2001 年连任）、国防部长阿玛玛·蒙巴巴齐（2001 年 7 月上任）、国防军司令阿伦达·恩亚卡伊里马少将（2003 年 6 月上任）、国防军参谋长马萨巴准将。

武装力量　**兵力**　4.5 万人，编有 5 个师（每师下辖 5 个旅）、1 个独立旅、1 个炮兵旅。

主战坦克：T–54/–55 型约 152 辆。轻型坦克：PT–76 型约 20 辆。装甲侦察车："大羚羊"40 辆、"白鼬"6 辆。装甲输送车：BTR–60 型 20 辆、OT–64 型 4 辆、"马姆巴"40 辆、"水牛"20 辆。牵引炮：共计 225 门（包括 76 毫米、122 毫米、130 毫米和 155 毫米）。火箭炮：107 毫米（12 管）、122 毫米若干门。迫击炮：81 毫米和 82 毫米各若干门、120 毫米 60 门。高炮（高射机枪）：14.5 毫米若干挺、37 毫米 20 门。地空导弹：SA–7 型 200 枚、SA–16 型若干枚。

空军联队　共有飞机 15 架、武装直升机 6 架。攻击战斗机：米–21 型 6 架、米格–23 型 5 架。教练机：L–39 型 3 架，SF–260 型 1 架。武装直升机：米–24 型 6 架。运输直升机：贝尔 206 型 3 架，贝尔 412 型 2 架、米–17 型 3 架，米–172 型 1 架。

准军事部队　约 1800 人。其中，边防部队约 600 人，仅装备轻武器。警察飞行队约 800 人，装备贝尔 206 型直升机 1 架。陆战队约 400 人，装备江河巡逻艇 8 艘。地方民兵分队约 1 万人。

驻外兵力　派往科特迪瓦 4 人（联合国维和部队和军事观察员各 2 人）；派往苏丹联合国军事观察员 4 人。

兵役制度　实行志愿兵役制。

（毕京三）

乍　得

国　　名　乍得共和国。

主要统计　面积 128.4 万平方公里。人口 965.7 万人（其中，男性 47.9%,女性 52.1%。15~29 岁 26%，30~64 岁 22%，65 岁以上 3%）。国内生产总值 48 亿美元（2004 年）。国防费 4690 万美元（2004 年国防预算）。粮食 193.7 万吨（2003 年）。乍是一个畜牧国家。2001 年牲畜存栏数为：牛 450.6 万头，羊 502.4 万只，骆驼 56.1 万峰。民航能力，固定航班机场 1 处、客运量 23 万人次、货运量 37 万吨。

国防体制　乍得国防军是由陆军、空军和准军事部队组成。宪法规定，总统为国防军最高统帅，国防部为政府的一个部，是最高军事行政机构，下设国防军参谋部。总统通过国防部和国防军参谋部实施对全军的领导和指挥。

领导人物　总统兼武装力量最高统帅伊德里斯·代比中将、国防部长阿拉富扎·库尼准将（2003 年 6 月上任）、三军总参谋长哈桑·乔鲁博准将。

武装力量　总兵力约 2.5 万人（含准军事部队）。

陆军　约 1.5 万人。划分为 7 个军区，编成 1 个独立营、7 个步兵营、1 个炮兵营、1 个工兵营。

主战坦克：T-55型60辆。装甲侦察车：BRDM-2型约100辆、AML-60/-90型50辆、EE-9Cascavel型20辆、ERC-90型4辆。装甲输送车：BTR-60型约20辆、LAV-150型9辆。牵引炮：105毫米M-2型5门。迫击炮：81毫米、120毫米若干门。反坦克导弹："米兰"型、Eryx型若干枚。火箭发射器：73毫米、89毫米若干具。无坐力炮：106毫米、112毫米若干门。高炮（高射机枪）：14.5毫米、23毫米若干门（挺）。

空军　350人。2个战斗机中队，2个武装直升机中队。

武装直升机：米-25型2架。运输机：C-130型2架、安-26型1架。运输直升机：SA-316型2架、米-17型2架。联络机：PC-6B型2架、"瑞姆斯-塞斯纳"FTB 337型5架。教练机：PC-7型2架。

准军事部队　共和国卫队5000人；宪兵4500人。

兵役制度　实行义务兵役制，服役期1年半。

驻外兵力　派往布隆迪联合国军事观察员1人；派往中非中部非洲经济货币共同体120人；派往科特迪瓦联合国军事观察员3人。

外国驻军　法国军队950人。

（毕京三）

中　非

国　　名　中非共和国。

主要统计　面积62.2984万平方公里。人口423.8万（其中，男性49.1%，女性50.9%。15~29岁30%，30~64岁25%，65岁以上4%）。国内生产总值13亿美元（2004年）。国防费1500万美元（2004年国防预算）。粮食86万吨（2002年）。民航能力，固定航班机场1处、客运量10万人次（2004年）。

国防体制　武装力量由陆军、空军和宪兵组成。宪法规定，总统为武装力量最高统帅。政府设国防部，负责制定国防预算、征兵、后勤装备等计划和行政事务。总参谋部为武装力量作战、训练的指挥机构。总统通过国防部长和总参谋长实施对武装力量的领导与指挥。

领导人物　总统兼武装力量最高统帅、国防部长弗朗索瓦·博齐泽少将（2003年3月上任）。

武装力量　**兵力**　约2550人。

陆军　约1400人，编成1个国土防卫团（营建制）、1个联合作战团（包括1个机械化营、1个步兵营）、1个指挥支援团。

主战坦克：T-55型3辆。装甲侦察车：Ferret型8辆。装甲输送车：BTR-152型4辆、VAB型10辆、ACMAT型25辆。迫击炮：81毫米、122毫米共12门。火箭发射器：73毫米、89毫米若干具。无坐力炮：106毫米约14门。河岸巡逻艇约9艘。

空军　150人。

运输机："塞斯纳"337型1架、Mystère Falcon型1架、Caravelle型1架。联络机：AL-60型6架、MH-1521型6架。直升机：AS-350型1架、SE-3130型1架。

准军事部队　宪兵约1000人。

兵役制度　实行义务兵役制，服役期2年。

外国驻军　法国200人；中部非洲经济货币共同体380人（分别来自乍得、刚果、加蓬）。

（毕京三）

欧洲国家军事概况

爱沙尼亚

国　　名　爱沙尼亚共和国。

主要统计　面积 4.5277 万平方公里。人口 139.2 万人（2004 年。其中，0~14 岁占 16.5%；15~64 岁占 67%；65 岁以上占 17%）。国内生产总值 1380 亿克朗，约合 110.52 亿美元（2004 年）。国防费 25.7 亿克朗，约合 2.07 亿美元（2005 年国防预算）。粗钢 590.2 万吨（2001 年）。发电量 85.21 亿度（2001 年）。粮食 64.7 万吨（2000 年）。海运能力，商船（载重量 100 吨以上）234 艘，总载重量 68.04 万吨（2003 年）。民航能力，固定航班机场 1 处，客运量 1.67 亿人公里、货运量 0.009 亿吨公里（2003 年）。

国防体制　总统是全国武装力量最高统帅。国防委员会是总统国防事务的最高咨询机构。国防部是政府执行和实施国防政策的部门。国防军司令是军队最高指挥官。

领导人物　总统阿诺尔德·吕特尔（2001 年 10 月 8 日就任）。国防部长马古斯·汉森（2003 年 4 月 10 日就任）。国防军司令塔尔莫·科乌兹。国防军总参谋长阿拉尔·拉乐曼。

武装力量　**兵力**　现役部队 4934 人（内含 2410 名征募人员）。

陆军　3429 人（内含 2290 名征募人员）。编有 4 个军区，14 个军分区，1 个步兵旅（下辖 5 个营），1 个警卫营，1 个装甲侦察车营，1 个和平行动中心，1 个维和营。

装甲侦察车：7 辆。装甲输送车：25 辆。牵引炮：19 门。迫击炮：58 门。反坦克导弹：13 枚。火箭炮：200 门。无座力炮：239 门。高炮：100 门。

海军　335 人（内含 130 名征募人员）。拉脱维亚、爱沙尼亚和立陶宛 3 国建立联合海军部队，在拉脱维亚的利耶帕亚、里加、文茨皮尔斯，爱沙尼亚的塔林，立陶宛的克莱佩达设立海军基地。每个国家提供 1~2 艘反水雷舰艇。其中在爱沙尼亚塔林基地设联合海军部队司令部。

巡逻与海岸战斗舰艇：各型 3 艘。水雷战舰艇：各型 4 艘。混合支援舰艇：1 艘。

空军　195 人。编有 1 个空军基地，1 个空中救援大队。

各型飞机 3 架，直升机 4 架。

预备役部队　约 2.4 万人。

兵役制度　实行义务兵役制，士兵服役期 8 个月，军士及专业人员服务期 11 个月。

驻外兵力　驻伊拉克和平支援部队 45 人，驻阿富汗维和部队 7 人，驻波斯尼亚维和部队 1 人，驻中东联合国停战监督组织军事观察员 2 人，驻塞尔维亚与黑山部队 98 人。

外国驻军　北约北欧盟军司令部；美国驻军 665 人（其中陆军 355 人、空军 290 人、海军 10 人、海军陆战队 10 人）。

（吴　炯）

白俄罗斯

国　　名　白俄罗斯共和国。

主要统计　面积 20.26 万平方公里。人口 981.29 万人（截止 2005 年 1 月 1 日。其中，13~17 岁男 40.7 万人，女 39.3 万人；18~22 岁男 39.8 万人，女 38.7 万人；23~32 岁男 71.5 万人，女 71.1 万人）。国内生产总值 228.91 亿美元（2004 年）。国防费 3990 亿白卢布，约合 1.85 亿美元（2004 年国防预算）。原煤 8 万吨（2000 年）。原油 130 万桶（2000 年）。发电量 312 亿度（2004 年）。民航能力，固定航班机场 1 处，客运量 13.9 亿人公里、货运量 110 万吨公里（2003 年）。

国防体制 宪法规定，总统为武装力量最高统帅。最高国防决策机构为最高国防委员会，总统任主席，总理任副主席，其他成员有主管工业和贸易的国务部长、国防部长、内务部长、外交部长、情报局局长、国务秘书兼总参谋长等。国防部为政府最高军事行政机构。武装力量由正规军和准军事部队组成。正规军分陆、空军两个军种。总参谋部为最高军事指挥机构，总统通过国防部和总参谋部对全国武装力量实施领导和指挥。

领导人物 总统兼武装力量总司令亚·格·卢卡申科（1994 年 7 月上任）。国防部长列昂尼德·马尔采夫上将。总参谋长米·费·科兹洛夫中将。

武装力量 **兵力** 现役部队 7.294 万人（包括国防部及其直属部队 2.51 万人）。

陆军 2.96 万人。国防部直属部队编有 1 个摩步师（训练）、3 个独立机动旅、1 个炮兵师、1 个炮兵团、2 个战役战术导弹旅、1 个反坦克团。编有 3 个陆军军：1 个军下辖 3 个独立机械化旅、1 个防空导弹旅、1 个炮兵团、1 个火箭炮团、1 个反坦克团；1 个军下辖 1 个防空导弹旅、1 个炮兵团、1 个火箭炮团；1 个军下辖 1 个防空导弹旅、1 个炮兵团、1 个反坦克团、1 个火箭炮团。

主战坦克：1548 辆（另储存 415 辆）。步兵战车：各型 1588 辆（另储存 88 辆）。装甲输送车：916 辆（另储存 268 辆）。各型火炮：1499 门，其中牵引火炮 452 门，自行火炮 578 门，曲射直射两用炮 54 门。火箭炮：338 门。迫击炮：77 门。反坦克导弹发射架：AT-4、AT-5、AT-6、AT-7 型共 480 部。防空导弹发射架：SA-8/-11/-12/-13 型 350 部。

空军 1.8 万人。作战飞机 212 架、作战直升机 50 架。

歼击轰炸机：111 架，其中，苏-24MK 型 35 架、苏-5/UB 型 76 架。歼击机米格-23 型 35 架、米格-29 型 41 架、苏-27 型 23 架。米-24 型战斗直升机 50 架。攻击运输直升机：米-6 型 29 架、米-8 型 125 架、米-24 型 12 架。运输机：15 架。运输直升机：米-26 型 14 架。空空导弹：若干枚。空地导弹：若干枚。地空导弹发射架：SA-3/-5/-10 型 175 部。

准军事部队 11 万人。其中，边防部队 1.2 万人，民兵 8.7 万人。

兵役制度 实行义务兵役制，士兵服役期 18 个月。

军队节日 1994 年白俄罗斯最高苏维埃确定每年 2 月 23 日（原苏军建军节）为白俄罗斯祖国保卫和武装力量日。

（吴　炯）

保加利亚

国　　名 保加利亚共和国。

主要统计 面积 11.1 万平方公里。人口 776.1049 万人（2004 年。其中，15~19 岁男 22.4 万人，女 22.4 万人；20~24 岁男 29.8 万人，女 22.4 万人；25~29 岁男 29.8 万人，女 29.8 万人）。国内生产总值 241 亿美元（2004 年）。国防费约合 5.8 亿美元（2004 年）。原煤 2729 万吨、电力 426.02 亿度（2003 年）。粮食 608.4 万吨（2004 年）。海运能力，商船（载重 100 吨以上）107 艘，总载重量 39 万吨。民航能力，固定航班机场 3 处，客运量 20.3 亿人公里、货运量 3000 万吨公里。

国防体制 宪法规定，总统为武装力量最高统帅。最高国防决策机构是国家安全协商委员会，成员包括总统、总理和相关部长，总统任主席。国防部为最高军事行政领导机构，负责对军队的政治领导和监督。总参谋部为最高军事指挥机关，负责军队的作战、训练和管理。武装力量由正规军和准军事部队组成。正规军分陆、海、空三个军种。总统通过国防部和总参谋部对军队实施领导和指挥。

领导人物 总统兼武装力量总司令格奥尔基·珀尔瓦诺夫（2001 年 11 月上任）。国防部长尼韦塞林·布利兹纳科夫（2005 年 8 月上任）。总参谋长尼·科列夫四星上将（2002 年 6 月上任）。

武装力量 **兵力** 现役部队 5.1 万人（含直属部队和国防部人员 8530 人）。

陆军 2.5 万人。编成 3 个军区/军司令部。其中

1个军区下辖装甲旅1个、预备和地区司令部4个、预备旅2个；另1个军区下辖摩步旅2个、炮兵旅1个；第三个军区下辖装甲旅1个、步兵旅1个、炮兵旅2个、预备和地区司令部3个、预备旅4个。

坦克：T-55型1042辆，T-72型432辆。步兵战车：BMP-1型100辆，BMP-23型114辆。装甲侦察车：BRDM-1/2型18辆。装甲运输车：BTR-60型618辆，MT-LB型1025辆。牵引炮：100毫米M-1944型16门、122毫米M-30型195门、122毫米M-1931型25门、130毫米M-46型60门、152毫米M-1937型若干、152毫米D-20型205门。自行炮：122毫米2S1型692门。火箭炮：122毫米BM-21型222门。迫击炮：120毫米2S11 TUNDZHA SP型359门。反坦克炮：85毫米D-44型150门。高炮：400门。反坦克导弹：AT-3型、AT-4型、AT-5型共200具。地空导弹：SA-3型20部，SA-4型27部，SA-6型20部,SA-7型若干。

海军　约4370人。设北方司令部和南方司令部。

潜艇："胜利"级1艘。护卫舰："大胆"级1艘。小型护卫舰：7艘。导弹快艇：6艘。巡逻艇：约10艘。中型登陆舰：2艘。通用登陆艇：2艘。

海军航空兵：武装直升机米-14型10架。

海岸炮兵：2个团、20个连。配有130毫米SM-4-1型火炮4门。

海军警卫队：3个连。

空军　1.31万人。编有战术航空兵军1个，防空军1个。作战飞机137架，武装直升机30架。

攻击战斗机：苏-25K/UBK型39架、米格-21BIS型59架。战斗机：米格-29A型17架、米格-21MF/UM型18架。运输机：图-134B型1架、安-2型1架、安-24型2架、安-26型3架、拉-410型7架、PC-12M型1架。航测机：安-30型1架。教练机：米格-29UB型18架、拉-39ZA型12架、PC-9M型6架、苏-25UB型4架。直升机：贝尔-206型6架、米-8型8架、米-17型18架、米-24D/V型30架。空地导弹：AS-7型、AS-14型若干枚。空空导弹：AA-2型、AA-7型、AA-8型、AA-11型若干枚。地空导弹发射装置：SA-2/3/5/10型约110部。

预备役　30.3万人。其中陆军25.05万人、海军0.75万人、空军4.5万人。

兵役制度　实行义务兵役制，士兵服役期9个月。

军衔　共设5等19级，即将官6级（大将、四星上将、上将、中将、少将、准将）、校官3级（上校、中校、少校）、尉官4级（大尉、上尉、中尉、少尉）、军士4级（准尉、上士、中士、下士）、战士2级（上等兵、列兵）。

驻外兵力　驻伊拉克部队153人，驻阿富汗部队34人，参加北约驻波黑多国稳定部队1个排，驻埃塞俄比亚/厄里特里亚7人（其中军事观察员2名），驻利比亚军事观察员2人，驻塞黑军事观察员1人。

军队节日　5月6日为保军建军节。

（刘　琦）

波　兰

国　名　波兰共和国。

主要统计　面积31.2685万平方公里。人口3855.8万人（其中，15~19岁男154.2万人,女154.2万人；20~24岁男154.2万人，女154.2万人；25~29岁男154.2万人，女154.2万人）。国内生产总值8840亿兹罗提，约合2409亿美元（2004年）。2005年度波兰国防预算为171亿兹罗提，约合51.35亿美元。发电量1520亿度（2004年）。硬煤10200万吨、原钢910.7吨（2003年），粮食2876万吨（2003年）。铁路客运量207.49亿人公里、货运量477.56亿公里（2002年），空运客运量366万人次、货运量2.8万吨（2002年）。

国防体制　宪法规定，总统为武装力量最高统帅。最高国防决策机构为国防委员会,由总统任主席,设若干副主席：总理任第一副主席、内务部长任国内安全事务副主席、财政部长任经济事务副主席,国防部长任武装力量及国防战略规划事务副主席。成员还有：议会两院议长、外交部长、运输和海洋经济部长、总统办公厅主任、国务部长、国防部常务副部长、总参谋长、内务部第一副部长和民防司令（兼任国防委员会秘书）。武装力量由正规军和准军事部队组成。正规军由陆军、海军、空军防空军三个军种组成。总参谋部为最高军事指挥机构,主要负责军队的作战、训练和管理等。总统通过国防部和总参谋部对全国武装力量实施领导和指挥。

领导人物　总统莱赫·卡钦斯基 (2005 年 10 月当选)。国防部长拉多斯瓦夫·西科尔斯基 (2005 年 10 月上任)。总参谋长弗朗齐契克·岗格尔中将 (2006 年 2 月上任)。

武装力量　**兵力**　14.15 万人。

陆军　8.9 万人。编成沿海和西里西亚 2 个军区 (陆军司令部)、1 个多国军司令部、2 个军司令部、3 个摩步师、1 个装甲骑兵师、6 个旅 (1 个装甲旅、1 个航空骑兵旅、1 个机械化旅、1 个空降突击旅、2 个摩步旅)、2 个炮兵旅、2 个工程旅、7 个国土防御旅、1 个侦察团、1 个地地导弹团、3 个防空团、2 个武装直升机团、1 个特种团、1 个警卫团。

坦克：T-72/M1/M1D 型 586 辆，PT-91 型 233 辆，豹式 2A4 型 128 辆。装甲侦察车：BRDM-2 型 435 辆。步兵战车：BMP-1 型 1248 辆、BRM-1 型 33 辆。装甲输送车：OT-64 型 33 辆。牵引炮：122 毫米 M-30 型 227 门、152 毫米 ML-20 型 135 门。自行炮：122 毫米 2S1 型 533 门、152 毫米 M-77 型 111 门、203 毫米 2S7 型 8 门。火箭炮：122 毫米 BM—21 型 219 门、RM-70 型 30 门。迫击炮：120 毫米 M-120 型 204 门、2B11/2S12 型 15 门。地地导弹发射架：SS-21 型 4 部。反坦克导弹：AT-3 型 129 枚、AT-4 型 104 枚、AT-5 型 18 枚、AT-7 型 7 枚。高炮：23 毫米 ZU-23-2 型 376 门、ZSU-23-4SP 型 44 门、57 毫米 S-60 型 224 门。地空导弹：SA-6 型 80 枚、SA-7 型 576 枚、SA-8 型 64 枚、SA-9 型 232 枚。武装直升机：米-24D/V 型 43 架、米-2URP 型 22 架。战斗支援直升机：米-2URN 型 5 架、米-8T/U 型 18 架、米-17T/U 型 6 架、W-3W/A 型 34 架。训练直升机：米-8 型 11 架、米-2 型 29 架、W-3W/A-1 型 1 架。

海军　1.43 万人。编成 3 个海军区舰队、1 个海军航空兵旅和 1 个海军陆战团。

潜艇：“猎鹰”级 1 艘、“鹰”级 (基洛级) 1 艘、F 级 2 艘。驱逐舰：“华沙”级 1 艘。护卫舰：“佩里”级 2 艘、“卡祖布”级 1 艘。小型护卫舰：“塔朗特”级 1 型 4 艘。导弹快艇：“奥萨”级 5 艘。海岸巡逻艇：14 艘。扫雷舰：22 艘。两栖舰：5 艘。支援和其它舰艇：18 艘。

海军航空兵　2000 人。编有 7 个飞行中队，装备有：飞机：米格-21 型 18 架、TS-11 型 12 架、安-28 型 4 架、M-28 型 4 架、安-2 型 1 架；直升机米—14PL 型 13 架、米—14PS 型直升机 3 架、米—2 型直升机 5 架、PZL 型 5 型、米-17 型 2 架、W-3S 型 2 架。

空军防空军　3 万人。

编成 2 个军，下辖 1 个歼击机中队、9 个对地攻击战斗机和侦察机中队、1 个运输机团、3 个运输机中队、3 个防空导弹旅和 1 个独立防空团。作战飞机 224 架。

对地攻击战斗机：苏-22 型 98 架，米格-21 改进型 81 架。歼击机：米格-29 型 45 架。运输机：安-26 型 5 架、C-295M 型 8 架、安-28 型 2 架、M-28 型 2 架、安-2 型 25 架、雅克-40 型 9 架、图-154 型 2 架。直升机：米-2 型 67 架、米-8/17 型 12 架、W-3 型 18 架、贝尔-412 型 1 架。教练机：TS-11 型 105 架、PZL-130 型 35 架。空空导弹：AA-2“环礁”、AA-3“阿纳布”、AA-8“蚜虫”和 AA-11“射手”若干枚。空地导弹：AS-7 若干枚。地空导弹：SA-3 型 20 枚、SA-4 型 3 枚、SA-5 型 2 枚。

总部直属机关和部队　0.82 万人。

准军事部队　2.14 万人。内务部队所属边防部队 1.41 万人，警察预备队 0.73 万人。

预备役　23.4 万人。其中陆军 18.8 万人、海军 1.2 万人、空军 1.9 万人、附属部队 1.5 万人。

兵役制度　实行义务兵役制。士兵服役期 9 个月。

军衔　分 7 等 26 级，即元帅 1 级 (只在战时授予)、将官 3 级 (上将、中将、少将)、校官 3 级 (上校、中校、少校)、尉官 3 级 (大尉、上尉、中尉)、准尉 6 级 (一级准尉、二级准尉、三级准尉、四级准尉、五级准尉、六级准尉)、军士 8 级 (一级上士、二级上士、三级上士、四级上士、一级下士、二级下士、三级下士、四级下士)、兵 2 级 (上等兵、列兵)。

驻外兵力　派驻阿富汗维和部队 87 人，派驻伊拉克和平支援部队 1400 人。驻阿富汗军事观察员 1 人，驻波黑多国执行部队 287 人，驻科特迪瓦观察员 2 人，驻埃塞俄比亚军事观察员 6 人，驻格鲁吉亚军事观察员 6 人，驻利比亚军事观察员 2 人，驻黎巴嫩部队 238 人，驻叙利亚/以色列 356 人，驻西撒哈拉军事观察员 1 人，驻塞尔维亚和黑山维和部队 574 人。

军队节日　建军节 8 月 15 日。

(郑　伟)

德　　国

国　　名　德意志联邦共和国（1990 年 10 月 3 日两德统一后用此名）。

主要统计　面积 35.7027 万平方公里。人口 8243 万人（2005 年。其中 0~19 岁 20%，20~29 岁 12%，30~64 岁 49%，65 岁以上 19%），人口密度 231 人/平方公里。国内生产总值 21600 亿欧元,约合 26700 亿美元（2004 年），人均国内生产总值 32472 美元。国防费 238 亿欧元，约合 302 亿美元（2005 年国防预算）。粗钢 4500 万吨（2003 年）。原煤 2680 万吨（2002 年）。原油 370 万吨（2002 年）。天然气 50.8 亿立方米（2002 年）。发电量 5450 亿度（2002 年）。粮食产量 3951 万吨（2003 年）。海运能力，商船（载重 100 吨以上）2200 艘（包括内河航运），总载重量 4070 万吨（2003 年）。民航能力，固定航班机场 35 处，客运量 1.21 亿人次，货运量 233.3 万吨（2003 年）。

国防政策　冷战结束后，欧洲两大军事集团重兵对峙的局面不复存在，德国不再面临大规模常规进攻的现实威胁。随着北约和欧盟东扩进程的发展，德国周边安全环境彻底改观，德在地缘战略上已处于欧洲扩大的稳定区域的中心。虽然在目前和可预见的未来，德国没有遭受常规入侵的危险，但德国周边的安全威胁并没有因此消失，如何应对国际恐怖主义、大规模杀伤性武器、地区的危机和冲突、信息战的威胁成为德国新安全政策的核心。其新安全战略的要点是：广泛参与国际反恐联盟，有效防范恐怖主义；加强北约和欧盟内部、推动与俄罗斯及其他友好国家的合作，促进危机预防和国际冲突的解决；深化和扩展欧洲安全体制，使欧洲成为全世界独一无二的稳定地区；推动北约和欧盟东扩，稳固全球安全与稳定。

军事战略　近年来，德军根据德国政府承担的国际义务以及北约新战略的要求，重新修订了其国防政策，要点是：（1）强调北约军事战略是德国军事战略的基础；（2）作为北约的必要补充，推动建立欧洲自主的防卫力量，使欧盟和北约在危机处理上成为平等的战略伙伴；（3）针对新时期战争和冲突的特点，拓展德军的六大军事能力，即指挥能力、情报获取能和侦察能力、机动能力、实战能力、支援和持久能力、生存和防护能力；（4）确保德军在需要时迅速重建其本土防御的能力；（5）积极参与盟区外作战，但除担负解救和撤离任务外，不采取单独行动；（6）适当保留义务兵役制；（7）调整国防开支的重点，在压缩维持费的同时，稳步提高装备投资费的比例；（8）以欧洲内部及跨大西洋合作为优先，加强军事装备的联合开发。

国防体制　德军全称德国联邦国防军。德国《基本法》规定，联邦总理为战时军队的最高统帅。联邦安全委员会为最高国防决策机构，联邦总理任主席，成员包括联邦外交、内政、财政、国防、司法、经济与劳工、经济合作与发展部长。国防部为最高军事行政和机关，国防部长在和平时期是军队的最高首长，根据联邦总理提出的政策方针，负责领导和管理全军，并通过军种监察长对部队实施指挥。总监察长是德军第一军人和国防部长的军事顾问，负责制定国防总体方案、操控军事行动规划和实施海外行动指挥。武装力量指挥参谋部是总监的执行机构，2003 年合并了联合支援部队指挥参谋部，开始拥有对德军海外军事行动的指挥权，实力和地位大为增强，同时也明显强化了总监的领导职能和地位。军种监察长为陆、海、空三军及中央卫勤和联合支援部队的最高指挥官，负责所属部队的战备训练和行政管理，参与制定和实施国防总体方案。

根据 2003 年颁布的《新建军规划方针》，德军在保留军种划分的基础上，根据任务类型将全军编为干预、稳定和支援三种部队，员额分别为 3.5 万人、7 万人和 14.5 万人，以适应未来更多参与海外行动的需要。新编制参照了美军发动伊拉克战争和维持战后秩序的经验，也是对德军近年来参加国际维和与反恐斗争的经验总结，对德军未来的发展将产生重大影响，德军最高指挥机构是武装力量指挥参谋部，是联邦国防军总监察长的办事机构。

领导人物　联邦总理兼武装力量最高统帅德国女总理安吉拉·默克尔（2005 年上任）。联邦国防部长彼得·施特鲁克（2002 年 7 月上任）。联邦国防军总监察长沃尔夫冈·施耐德汉上将（2002 年 7 月上任），德军副总监察长约翰·乔治·多拉中将（2005 年 4 月上任），德军副总监察长兼支援部队监察长汉斯–海因里希·迪特中将（2004 年 1 月上任）。陆军监察长汉斯·奥托·布德少将（2004 年 3 月上任）。海军监察长鲁茨·费尔特海军中将（2003 年 4 月上任）。空军监察长克劳斯-彼得·施蒂格里茨中将（2004 年 1 月上任）。卫勤监察长卡尔斯腾·奥克尔博士海军中将军医（2003 年 4 月上任）。

武装力量 **兵力** 现役部队 28.45 万人。

陆军 19.135 万人。编有 5 个机械化师、1 个特种作战师、1 个空中机动作战师和陆军部队司令部 8 个师级单位。

陆军主要装备（包括库存）主战坦克 2398 辆：其中“豹”1A1-A5 型 670 辆，“豹”2A4-A6 型 1728 辆；装甲侦察车 523 辆：SPz-2“大山猫”式 409 辆，TPz-1“狐”式 114 辆；步兵战车 2255 辆：“黄鼠狼”A2/A3 型 2122 辆，“鼬鼠”式 133 辆；装甲运兵车 3123 辆：TPz-1“狐”式 909 辆，M113 型 2067 辆，APCV-2 型 147 辆；火炮：牵引火炮 314 门，火箭炮 200 门，迫击炮 504 门，自行火炮 664 门；反坦克导弹 1915 枚：其中，“米兰”型 1519 枚；“霍特”式“美洲虎”装甲车载 186 枚，“陶”式 210 枚；地空导弹 143 枚；高射炮 1509 门；登陆艇 13 艘；直升机 525 架：BO-105PAH-1 型武装直升机 199 架，BO-105M 型战斗支援直升机 60 架，CH-53 型运输直升机 107 架，UH-1D 型运输直升机 118 架；雷达 154 部。

海军 2.07 万人。编有 1 个舰队司令部、5 个分舰队和 2 个海军航空兵联队。

主要装备 潜艇：212A 级 1 艘、206/206A 级 11 艘、205 级 1 艘。护卫舰：“萨克森”级护卫舰 2 艘、“不来梅”级 8 艘、“勃兰登堡”级 4 艘。导弹攻击快艇：“信天翁”(143)级 10 艘、“猎豹”(143A)级 10 艘、“虎”(148)级 8 艘。水雷舰艇：“哈默尔恩”(343)级 10 艘、“三驾马车”(351)级 4 艘、“林道”改装(331)级 3 艘、“弗兰肯塔尔”(332) 级 12 艘、“弗劳恩洛布”394 级 5 艘、无人反水雷艇 1 艘。通用机构化登陆艇 5 艘，各级供应补给舰 43 艘。“狂风”型战斗机 48 架，“大西洋”型海上侦察反潜机 16 架；直升机 38 架，其中“海王”型救援直升机 21 架，“海山猫”型舰载直升机 17 架。

海军航空兵 3720 人。主要装备：飞机 63 架，其中直升机 43 架。

空军 5.14 万人。编有 8 个战斗机联队、4 个防空导弹联队、3 个空中运输联队、2 个通信团、2 个雷达指挥团和 1 个供应团。

空军主要装备 攻击战斗机：F-4F 型 145 架、“狂风”型 227 架、“台风”型 8 架。运输机：C-160 型 84 架、A-310 型 7 架、CL-601 型 7 架、L-410 型 4 架。教练机：T-37B 型 35 架、T-38A 型 40 架。运输直升机：UH-1D 型 70 架、“美洲狮”3 架。地空导弹：“毒刺”型 4000 枚，“爱国者”型 36 枚。

卫勤部队 1.84 万人。编有 4 个野战医院团，4 个卫生团，8 所联邦国防军医院。

联合支援部队 4.73 万人。编有 4 个后勤团，2 个指挥支援团。

文职人员 13.7 万人。

预备役部队 35.865 万人，其中陆军 29.73 万人、海军 1.15 万人、空军 4.985 万人。

准军事部队 2.465 万人，其中联邦边防警察 2.41 万人、海岸警卫队 550 人。

部署 陆军主要部署在北德平原和中部地区。海军部署在北海和波罗的海沿岸区域。空军重点部署在中部和南部地区。全国共有军事基地 734 处。

兵役制度 实行全民义务兵役制，义务兵服役期为 9 个月，服役方式有多种选择：可以一次性服役满 9 个月；或先服役 6 个月，尔后再参加总共 3 个月的复训和演习；或自愿将服役期延长最多至 23 个月，并承担参加“防区外”军事行动的义务。德军还从 2001 年 1 月起征招自愿服役的女军人，并允许女军人担负作战任务。各级军官最高服役年限：将官为 60 岁，上校为 58 岁，中校为 56 岁，少校为 54 岁，尉官为 52 岁。

军衔 分 5 等 24 级，即将官 4 级（上将、中将、少将、准将），校官 3 级（上校、中校、少校），尉官 4 级（参谋上尉、上尉、中尉、少尉），军士 7 级（一级军士长、二级军士长、三级军士长、上士、中士、一级下士、二级下士），兵 6 级（一级上等兵、二级上等兵、一等兵、二等兵、三等兵、列兵）。

驻外兵力 在阿富汗和乌兹别克斯坦的北约国际安全援助部队驻 2072 人；在法国驻 209 人；在意大利驻 200 人；在利比里亚联合国监督团驻 15 人；在波兰驻军 67 人；在塞黑北约部队驻 3900 人；在波黑欧盟部队驻 1000 人；驻塞拉利昂联国特派员 8 人；驻苏丹联合国观察员 2 人；驻格鲁吉亚军事观察员 12 人；驻埃塞俄比亚和厄里特里亚军事观察员 2 人。

外国驻军 比利时驻军机械化步兵旅 1 个，法国驻军 2800 人，意大利驻军 91 人，荷兰驻军 2600 人，英国驻军 2.2 万人，美国驻军 6.979 万人。

军队节日 建军节为 11 月 12 日。

（谷 兴）

俄 罗 斯

国　名　俄罗斯联邦。

主要统计　面积1707.54万平方公里。人口1.4342亿人（2005年。其中，13~17岁男596.7万人，女573.5万人；18~22岁男568.4万人，女553.8万人；23~32岁男1003.4万人，女985.2万人）。国内生产总值16.7万亿卢布，约合5823亿美元（2004年）。国防费5290亿卢布，约合189.7亿美元（2005年国防预算）。粗钢6560万吨（2004年）。原煤2.8亿吨（2004年）。原油4.59亿吨（2004年）。天然气6320亿立方米（2004年）。发电量9310亿度（2004年）。粮食7810万吨（2004年）。海运能力，商船（载重量100吨以上）4543艘，总载重量1659.23万吨，海运量3000万人公里、货运量470亿吨公里（2004年）。民航能力，固定航班机场75处，客运量830亿人公里、货运量30亿吨公里（2004年）。

国防政策　近年来，俄罗斯对其所面临的国际国内安全环境进行了重新判断，对世界军事政治形势看法有了新的变化，在此基础上进一步修改其国防政策：

一、伊拉克战争使俄罗斯感受到单边主义威胁的增大，强国强军再次成为俄关注的重点

(一)认为国际安全形势更加严峻，军事力量对于保障各国安全的作用明显提高。俄罗斯承认，从总体上看新的更合理的更民主的国际经济和政治关系体系正在形成，基本上可以排除爆发核大战以及俄与美国和北约之间的大规模常规战争的可能。但近年来的国际形势发展，尤其是美英发动的伊拉克战争表明，个别国家不经联合国授权就发动对一个主权国家的战争，使国际安全秩序遭到进一步破坏，单边主义对世界各国的安全造成新危害。认为“冷战”的遗迹还继续存在，从而使国际形势变得特别复杂。在21世纪初，军事力量对于保障各国安全的作用明显提高。面对新的国际安全形势，俄罗斯必须高速军事政策，重新定位本国军事手段的地位和作用，将它作为保障全球稳定的因素。

(二)美国加速确立霸权地位，联合国等国际组织的作用进一步降低。俄罗斯认为，伊拉克战争表明，美国正采取积极措施，按自己的模式从根本上重塑世界。美国致力于对全球的支配地位，确立美国对最重要资源的控制，并按美国的方式改造伊斯兰世界。美国进一步强化其唯一仲裁法官和宪兵的单极体制，联合国和欧盟等国际组织处于受其支配的地位。甚至北约也将只承担在被美国人从“国际恐怖主义分子”手中“解放”出来的领土上进行“维和”任务。俄还认为，联合国和联合国安理会是保障全球稳定的中心要素。降低联合国安理会的作用，转而根据某一两个国家的决定而动用武装力量，是一个危险的趋势，这一趋势在不久的将来可能对俄罗斯的政治和军事利益造成严重的威胁。

(三)世界经济全球化日益加深，由此引起的新挑战也越来越多。俄罗斯认为，世界经济和整个社会生活的全球化已成为当今世界的一大趋势。在全球军事—政治关系体系中，如何应对由全球化过程所引起的新挑战，已经被提到重要日程。这些挑战包括：大规模毁伤性武器及其运载工具的扩散；国际恐怖主义；民族骚乱；极端宗教团体和集团的活动；贩毒和有组织犯罪等。单个国家或组织无法应对这些挑战，必须广泛进行国际合作。俄联邦强力部门，包括特工部门和武装力量加强与其他国家合作的重要性急剧提高。

(四)内部恐怖主义和国际恐怖主义日益交织在一起，对俄构成新的威胁。俄罗斯认为，近年来国际和国内出现的反恐新形势表明，恐怖主义日益呈现出内外勾结、相互呼应之势。恐怖主义已经从政治威胁演变为军事—政治威胁。这表明，当国际反恐联合战线的出现已成为现实时，再试图将恐怖主义势力区分成“内部的”和“外部的”，已没有意义。俄罗斯武装力量对抗恐怖主义的责任范围也大大扩大了。

二、俄罗斯对威胁做出了新判断，首次提出了“跨境威胁”的新概念

以往，俄罗斯认为主要面临着内部威胁和外产威胁等两种主要威胁。2003年公布的《俄联邦武装力量建设面临的紧迫问题》以及俄国防部长等军政要人的讲话，明确提出未来俄主要面临着三种威胁：外部威胁、内部威胁和跨境威胁。

外部威胁主要包括：展开旨在对俄联邦或其盟国发动军事袭击的兵力兵器集团；对俄联邦的领土要求；

某些国家或组织研制大规模毁伤武器；外国或外国支持的组织干涉俄联邦内政；在俄联邦边境附近显示武力，实施具有挑衅目的的演习；在俄联邦或其盟国边境附近存在对安全构成威胁的武装冲突策源地；在俄联邦边境或其盟国边境和与它们领土毗连的海域附近加强军队集团，从而导致现有力量平衡被破坏；外国军队未经俄联邦同意和联合国安理会批准进入与俄联邦相邻和友好的国家境内等。

内部威胁主要包括：试图以暴力改变俄联邦的宪法制度，破坏其领土完整；计划、准备并实施旨在破坏和瘫痪俄国家权力和管理机关动作的行动；计划、准备并实施对国民经济和军事目标及生活保障和信息基础设施的袭击；建立、准备、训练并使用非法武装队伍；实施威胁俄联邦主体范围内的政治稳定的大规模有组织犯罪活动；分立主义和激进宗教—民族运动在俄联邦境内的活动等。

俄罗斯首次提出了跨境威胁的概念。所谓跨境威胁，是指兼有内部和外部威胁双重特征的威胁，或者说，是形式上表现为内部而实质是外部的威胁。跨境威胁包括：在其他国家境内建立、装备、保障和训练武装队伍和集团，以便把它们投送到俄联邦或其盟国境内行动；得到境外直接或间接支持的分立主义、民族主义或宗教极端主义组织旨在破坏俄宪法制度，制造对俄领土完整和公民安全的威胁的活动；跨境犯罪，包括其规模已经威胁到俄联邦军事、政治安全或俄联邦盟国境内稳定的走私和其他违法活动；对俄联邦及其盟国采取敌对的信息（信息—技术、信息—心理）行动；国际恐怖组织的活动；可能形成在俄联邦境内进行的毒品交易活动，或利用俄联邦领土作为中转地向其他国家运送毒品的活动。

俄罗斯对威胁判断的基本结论是：无论是内部威胁、外部威胁还是跨境威胁都比较严峻，对哪一种威胁都不能轻视。消除外部威胁，以及参与消除内部威胁和跨境威胁，是武装力量的任务。武装力量应与其他强力部门以及与俄联邦盟国的相应机构共同遂行这些任务。

三、俄罗斯强调应对各种威胁要用综合手段

俄罗斯提出，要把谋求强国地位作为俄罗斯最高国家战略利益，把10年内国内生产总值翻一番作为中期战略目标。为保证上述利益和目标的实现，俄应防范和消除各种威胁。应对内部威胁、外部威胁和跨境威胁，任何单一手段都不行，必须综合运用政治、经济、外交和军事等手段。

(一)强调以加快自身发展，增强综合实力来应对威胁。普京总统特别强调，像俄罗斯这样的国家，只有成为强国，才可以在现在的边界范围内生存和发展。首先是加快经济发展，建设有竞争力的市场经济国家；进行国家行政改革，削减国家机关职能，改善行政程序和司法机制，建设发达的公民社会和稳定的民主国家；大力推进军事改革，完善军队结构，加快军队职业化进程和新型武器的换装速度，建设拥有现代化武装力量的军事强国。因此，俄认为必须加强国内各种政治力量的团结，统一人民的意志。

(二)强调以外交和军事手段并重来应对威胁。要充分发挥外交在实现国家利益方面的作用，建立“稳定和可以预见的国际秩序”，不再与美国对抗，把改善俄美关系放在首位，继续加强与美国的合作；深化俄中睦邻友好、互利合作的战略协作伙伴关系，重视发挥上海合作组织的作用；发展与欧盟的战略伙伴关系，进一步使俄罗斯融入欧洲；重视业已形成的国际反恐联盟，重视他们在打击国际邪恶势力方面的作用；维护联合国的机制，强调联合国和联合国安理会在解决重大国际安全问题上的作用。

(三)强调与盟国合作和以发展“集体安全条约组织”来抵御威胁。俄认为，独联体仍然是俄罗斯唯一所能切实依仗抵御外部威胁的战略空间。因此，俄把加强同独联体国家关系作为俄对外政策的优先方向。认为“集体安全条约组织”是可以用来抵御恐怖主义、跨国犯罪和毒品泛滥等威胁的最有效机制，也是建立和维护稳定和可以预见的国际秩序的重要一步。为此俄罗斯强调，在筹划武装力量建设时，一定要考虑与其他国家的武装力量进行有效的合作。

军事战略 叶利钦当政后不久，俄罗斯便根据当时国际战略形势和俄内外政策的新变化，调整了军事战略，提出了以“现实遏制”为原则的军事战略。2004年后，这一军事战略出现了重大调整，首次提出了“以核遏制为依托的机动战略”。

一、将以核遏制为主的现实遏制战略，调整为以核遏制为依托的机动战略。普京担任总统后，一直酝酿修改俄罗斯的军事战略。在2004年举行的代号为“安全-2004”首长司令部带部分实兵的战略演习中，俄军第一副总参谋长巴卢耶夫斯基上将首次透露了俄新调整后的军事战略：“我们现在这样表述武装保卫俄罗斯的主要组织原则：以核遏制为依托的机动战略”。这标志着俄军已完成了普京时代的军事战略转变。新战略的核心内容是：战略的基础是核遏制，即强调俄必须保持可靠的、最低限度的核遏制能力；要求常备力量具备远距离机动作战的能力，并能够同时打赢两场任何类型的局部战争；战争准备的重点是在西部和西南战略方向。与以往的军事战略相比，新战略增加了“积极遏制”的因素，对军队建设提出了更高的目标和要求。

二、提出了“先发制人”的用兵方针。俄国防部长伊万诺夫在讲话中指出：我们不能绝对排除先发制人地使用兵力，如果俄罗斯的利益或它的联盟义务要求这样做的话。“先发制人”用兵方针的提出，是俄针对北约向波罗的海国家扩大、美国和北约在俄周边频繁举行军事演习以及与独联体某些国家军队举行联合演习、美军驻军中亚、车臣恐怖武装在格鲁吉亚境内的训练与准备、阿富汗局势的不稳定、中亚某些国家伊斯兰极端势力扩大带来的政局不稳定，以及美国发动伊拉克战争所表现出来的黩武倾向而做出的一种反制措施，同时也不排除随着俄实力的增强和国际局势的变化，把这一方针加以固定。与这一方针相呼应，俄在战争指导上提出了必须夺取战略主动权和强化攻势行动的要求，要求“在发生外部入侵时不仅要进行防御，而且要以这样那样的方法把战斗行动转移到敌方境内”。与曾经强调的以防御战役为基本样式的防御性军事战略相比，俄军事战略的积极性、主动性和进攻性明显增强了。

三、提出核武器依然是防止侵略，保障国防安全的最重要、最可靠的手段。俄认为，“战略领域的平衡仍然得以维持，这其中的一个原因就是俄罗斯拥有强大的核力量”。因此，俄罗斯将毫不动摇地保持战略核力量的潜力。其主要考虑，一是认为尽管局部战争和武装冲突是未来一个时期战争的主要样式，但针对俄的大规模战争仍然不能排除。对俄来说，在常规力量削弱的情况下核力量是遏制大规模入侵的最可靠手段。二是认为遏制和反遏制仍将是未来一个时期俄美关系的主线，美国修改核战略后，使得“核门槛”大大降低，“核武器用于实战的可能性加大”，对俄罗斯明显构成现实威胁。三是由恐怖主义和核扩散所导致的针对俄罗斯的恐怖袭击的可能性加大，防范这类威胁，俄罗斯必须保持有效的核遏制能力。但俄也明确提出，其战略遏制力量必须进行调整，以适应新形势下战略遏制任务要求。

四、认为现代战争和武装冲突特点发生了新变化。俄罗斯认为，现代战争和武装冲突有如下一些新特点：一是无法找到一种综合的武装冲突的类型；二是相当大部分的冲突具有不对称的性质；三是所有冲突都是在一个战区范围以外的兵力兵器；四是武装冲突或战争初期的意义有了很大提高，夺得战斗行动初期的主动权，预先决定了战事的结局；五是与航空兵联合行动的高精度远战武器在战争初期发挥了主导作用，但尔后实施作战的任务依然需要陆军来承担。此外，武装对抗中各个领域的作用进行了重新分配：整个武装斗争的进程和结局将主要取决于空中—太空和海上的对抗，而陆上集团则巩固所取得的军事胜利和直接保障达成政治目的。

五、提出了对军事艺术指导原则的新认识。俄罗斯认为坚持了多年的在决定性方向集中兵力兵器的原则需要根据新的条件加以修改；战略、战役法和战术间的相互关系将发生变化，能否利用战略兵器的突击效果和完成对敌集团的歼灭，都将取决于战役和战术范围内的战斗行动能否取胜；军队在进攻和防御中的行动方法将进一步接近；迅速摧毁敌政治和经济管理基础设施以及通信和无线电电子斗争系统具有特殊意义；能同敌各种飞行器进行有效斗争在未来战争中具有决定性作用；尽管夺取制空权和密集使用高精度武器对武装斗争的结局仍能产生决定性影响，但并不是说以陆军兵力实施密集的地面战役就不必要，过分依赖空中支援将成为限制武装力量战斗使用的因素。

六、在军事建设上，由激进式改革转入“循序渐进和着眼未来的发展”的新阶段。俄罗斯在总结了前一阶段军事改革的成就后提出，“大规模”和“破坏”式的军事改革已经结束，武装力量将在改革过程中建立起来的法律、政治和组织编制基础上转向正常建设的轨道，即“从解决武装力量的生存问题转向真正的军事建设”，向建设一支与其“复兴俄罗斯”的强国理念相适应的机动型、职业化、全新的军队迈进。宣布武装力量将不再进行大的裁减。下一步俄军建设的主要任务是：保持战略遏制力量的潜力；以常备兵团和部队为基础组编军队集团；改革兵役制度，加快向合同制过渡；提高战役战斗训练水平；完成武器装备现代化计划；改进后勤和技术保障体制，建立一体化的武装力量、其他军队、队伍和机构的跨部门（联合）技术和后勤保障体制；继续深化军事教育改革；完善军人社会保障体制；完善军人教育和精神心理保障体制。

七、提出武装力量应担负的四项主要任务。俄提出，近年来变化了的国际国内形势，保障国家安全的新的优先方向，向俄联邦武装力量提出了四个方面的主要任务：第一项任务是遏制对俄联邦安全或利益的军事和军事—政治威胁。主要是及时查明军事—政治形势发展的威胁倾向，查明对俄联邦及（或）其盟国发动的武装袭击的准备；保持战略核力量的应有潜力；

保持一般任务军队（力量）集团的战斗潜力；保持战备，确保战略展开；组织国土防御。第二项任务是保障俄联邦的经济和政治利益，主要是保障俄罗斯公民的安全；为俄经济活动的安全创造条件；捍卫俄在其领海、大陆架和专属经济区以及世界大洋上的国家利益；组织和实施信息对抗等。第三项任务是实施和平时期的武力行动。主要是根据国际条约或其他国家协议履行联盟义务；与国际恐怖主义作斗争，与政治极端主义和分立主义作斗争，防止和消除破坏活动和恐怖行动；实施维和行动；预防和消除生态灾难及其后果等。第四项任务是使用军事力量。俄武装力量将用于武装冲突、局部战争和大规模战争。

国防体制　根据1992年颁布的《俄联邦安全法》、1993年12月12日正式通过的《俄罗斯联邦宪法》、1996年正式颁布、1998年修订的俄联邦《国防法》，以及俄联邦有关法律，俄罗斯联邦总统、俄罗斯联邦安全会议、俄罗斯联邦议会、俄罗斯联邦政府对保障国家安全、国防能力状况，对俄罗斯武装力量和其他军队的战斗准备程度、动员准备程度和战斗力负全责。

俄罗斯联邦总统是国家元首和俄罗斯联邦武装力量的最高统帅。他在国防领域的主要职责是：组成并领导俄罗斯联邦安全会议；确定俄联邦军事政策的基本方针；批准俄联邦军事学说；领导俄联邦武装力量和其他军队；宣布总动员或局部动员，宣布全国或局部地区进入战时状态，批准俄联邦武装力量使用计划；颁布俄联邦武装力量最高统帅关于实施军事行动的命令；依照法律决定武装力量、其他军队、军事单位和机关使用武装装备执行非使命性任务；批准武装力量及其他军队发展构想与计划、本土战场建设计划、国民经济转入战时计划、武器装备和国防工业综合体发展计划；授予高级军衔，任免高级军官；批准武装力量及其他军队的结构、编成及军人编制人数；决定武装力量及其他军队的部署；批准国防部和总参谋部工作条例；举行谈判和签署俄联邦国防领域的国际条约；颁布征召俄联邦公民服役和参加军事集训的命令等。

俄罗斯联邦安全会议是立法机构，是辅助总统进行安全与国防最高决策的机关。安全会议的主要任务是：确定社会和国家的重要利益，发现安全目标受到的内部和外部威胁；制定保障俄罗斯联邦安全的主要战略方针，起草保障安全的联邦专项计划；为总统起草有关国家安全的各种建议、决定和命令。俄联邦总统任安全会议主席，政府总理任副主席，安全会议秘书、安全局长、外交部长、国防部长为安全会议常委，政府第一副总理、总统办公厅主任、国家杜马主席、联邦委员会主席、科学院院长、司法部长、警卫局长、内务部长、原子能部长、经济部长、财政部长、对外情报局长、紧急情况部长、总参谋长为安全会议委员。俄罗斯联邦议会是俄罗斯联邦最高代表机关和立法机关，它由联邦委员会（上院）和国家杜马（下院）组成。联邦委员会在国防领域的职能是：审核国家杜马通过的根据联邦宪法确定的国防开支；审核俄联邦总统关于在俄全境或部分地区实施战时状态和紧急状态的命令，以及俄联邦武装力量、其他军队使用武器装备不按其使命执行任务的命令；决定关于可在俄联邦境外使用俄联邦武装力量的问题。国家杜马在国防领域的职能是：审核联邦预算法规定的国防开支；通过国防领域的联邦法律。

俄罗斯联邦政府是俄联邦最高执行权力机关，它在国防领域的职能是：落实国防保障措施并在其权限范围内对俄联邦武装力量及其他军队的状况与保障负责；拟定和向国家杜马提出联邦预算中有关国防开支的建议；根据武装力量及其他军队的订货，组织对其武器、军事技术装备、物资设备的提供与保障；制定国家武器装备及国防工业综合体的发展规划；确定国家动员任务，确定国家动员计划、物资储备计划；负责军队院校、军事系、军事教研室的建立和撤销工作；制定俄联邦国土战场建设计划；负责俄联邦的兵役工作等。

俄罗斯武装力量由管理机关、军团、兵团、部队、军事院校以及后勤部门组成。在组织结构上划分为陆军、空军和海军3个军种和战略火箭兵、空降兵、太空兵3个独立兵种。没有编入武装力量的其他军队有边防军、内卫部队、俄联邦安全部的部队、政府通信部队、联邦保卫总局、俄罗斯联邦铁道兵、民防部队、国家消防局等。

俄罗斯武装力量的领导与指挥体制是：俄罗斯联邦总统兼俄联邦武装力量最高统帅，对联邦武装力量和其他军队实施全面领导，并通过国防部长和总参谋长对武装力量进行作战指挥，对武装力量各军种的指挥通过各军种总司令部进行。

国防部是俄罗斯联邦武装力量的指挥机关，其基本职能是：参与制定联邦军事政策和军事学说；制定联邦武装力量建设构想，根据国防需要协调武装力量、其他军队、军事单位及机构的建设和发展构想；协调武装力量和军事技术发展的联邦国家计划，提出国家国防订货建议；提出国防开支预算草案及其使用办法；组织国防科研和试验设计工作；为武装力量及其他军队订购、生产和采购武器、军事技术装备、食品、被服和其他物资；负责武装力量的动员准备；向总统提交共同条令、有关国防部和总参谋部、军事委员会、后备役委员会的条例草案等。

武装力量总参谋部的基本职能是：拟定联邦军事学说建议；制定联邦武装力量建设计划，协调武装力量与其他军队建设和发展计划的制定工作；协调拟定武装力量和其他军队员额的建议；拟定应征服役和参加军事集训的公民人数；实施情报活动；组织武装力量与其他军队的协同；参与制定民防计划；组织武装力量和其他军队的动员与战略展开等。

领导人物 总统兼武装力量最高统帅普京（1995 年 12 月 31 日代任，2000 年 5 月 7 日正式就任，2004 年 5 月 7 日连任）。国防部长谢·鲍·伊万诺夫（2001 年 3 月 28 日上任）。总参谋长兼国防部第一副部长巴卢耶夫斯基大将（2004 年 7 月 19 日上任）。陆军总司令马斯洛夫上将（2004 年 11 月 5 日上任）。海军总司令弗·伊·库罗多耶夫海军大将（1997 年 11 月 7 日上任）。空军总司令弗·谢·米哈依洛夫空军大将（2002 年 1 月 21 日上任）。战略火箭兵司令尼·叶·索洛夫采夫上将（2001 年 4 月 26 日上任）。太空兵司令波波夫金上将（2004 年 3 月 10 日上任）。空降兵司令科尔马科夫上将（2003 年 9 月 8 日上任）

武装力量 **兵力** 现役部队编制人数为 120.7 万人，实有 96.06 万人（含 20 万国防部人员及直属部队）。

战略火箭兵 约 10 万人。编有 4 个火箭集团军。洲际导弹：725 枚，其中 SS-18（RS-20）型 150 枚、SS-19（RS-18）型 150 枚、SS-24（RS-22）型 36 枚、SS-25（RS-12M）型 360 枚、SS-27（白杨-M2）型 29 枚。反弹道导弹（目前编制在太空兵）：100 枚，其中 SH-11 型 36 枚、SH-08 型 64 枚。S-400 导弹数目不详。

陆军 约 37 万人。编有 6 个军区、1 个战役战略集群，8 个集团军司令部、2 个军司令部、39 个师（5 个坦克师、19 个摩步师、4 个空降师、6 个机枪/火炮师、5 个炮兵师）、7 个地区训练中心、13 个独立旅、7 个特种部队旅、18 个独立炮兵旅、15 个战役战术导弹旅、5 个反坦克旅、3 个反坦克团、19 个防空导弹旅及其他部队。

主战坦克：51740 辆，其中 T-34 型 21870 辆、T-55 型 1200 辆、T-62 型 2020 辆、T-64A/-B 型 4300 辆、T-72L/-M 型 9700 辆、T-80/-U/UD/UM 型 4500 辆、T-90 型 150 辆，另外在乌拉尔以东还储存坦克约 8000 辆。装甲侦察车：2000 辆。PT-76 型轻型坦克 150 辆。装甲输送车和步兵战车：共 23475 辆，步兵战车 12200 辆，其中 BMP-1 型 7500 辆、BMP-2 型 4600 辆、BMP-3 型 100 辆、BMD 型共 1800 辆（包括 BMD-1 型、BMD-2 型和 BMD-3 型）、BRM-K 型 700 辆、BTR-80A 型 28 辆。装甲输送车：11275 辆（其中 BTR-50A 型 1000 辆、BTR-60/-70/-80 型 4900 辆、BTR-D 型 575 辆、MT-LB 型 4800 辆，另储存装甲输送车 1150 辆）。各型火炮：20746 门，另储存 6213 门，其中牵引火炮 10065 门。自行炮：4705 门。曲射直射两用炮：820 门。火箭炮：2606 门。迫击炮：2550 门。战役战术导弹发射架：约 200 部。反坦克导弹：AT-2、AT-3、AT-4、AT-5、AT-6、AT-7、AT-9、AT-10 型若干枚。火箭筒：RPG-18、RPG-7/-16/-22/-26、RPG-27/-29 型若干具。高炮：23、30、37、57、85、100、130 毫米若干门。防空导弹发射架：约 2670 部，其中，SA-4 型 300 部、SA-6 型 350 部、SA-8 型 550 部、SA-9 型 800 部、SA-11 型 350 部、SA-15 型 120 部、SA-12A/B 型 200 部，SA-19、SA-7、SA-14、SA-16、SA-18 型若干部。观察直升机：140 架。米-6、米-8、米-17、米-26 型运输直升机若干架。

海军 17 万人（含海军战略核力量、海军航空兵、海军陆战队及海岸防御部队）。编有 4 个舰队和 1 个分舰队。

海军战略核力量 约 1.1 万人，装备战略导弹核潜艇 13 艘，携载弹道导弹 216 枚，其中，D4 级 6 艘，携载弹道导弹 96 枚；“台风”级 2 艘，携载弹道导弹 40 枚；D3 级 5 艘，携载弹道导弹 80 枚。

攻击潜艇：35 艘，其中，“奥斯卡”级 6 艘、“阿库拉”级 9 艘、S 级 1 艘、Y 级 1 艘、V3 级 5 艘、K 级 9 艘、T 级 3 艘、F 级 1 艘。其他潜艇 5 艘。航空母舰：“库兹涅佐夫”级 1 艘。巡洋舰：7 艘，其中，“基洛夫”级 2 艘、“光荣”级 3 艘、“卡拉”级 1 艘、“肯达”级 1 艘。驱逐舰：14 艘，其中，“现代”级 4 艘，“卡辛”级 2 艘、“勇敢”级 8 艘。护卫舰：10 艘，其中，“克里瓦克” 级 9 艘、N 级 1 艘。巡逻舰艇：23 艘。导弹快艇：42 艘。水雷战舰艇：60 艘。登陆舰艇：22 艘。支援辅助舰艇：436 艘。

海军航空兵 约 3.5 万人。编有 4 支舰队航空兵，217 架作战飞机、102 架作战直升机。轰炸机：图-22M 型 45 架。歼击轰炸机：苏-24 型 52 架、苏-25 型 10 架、苏-27 型 52 架。反潜机：图-142 型 10 架、伊尔-38 型 26 架、贝-12 型 4 架。侦察/电子战飞机：

安-12 型 18 架。运输机：安-12/-24/-26 型共 37 架。直升机：米-14 型 3 架、卡-27 型 72 架、米-8 型 8 架、卡-29 型 12 架、米-24 型 15 架。

海军陆战队　约 7500 人。编 1 个独立师（2500 人）、3 个独立旅、3 个舰队特种部队旅。装备 T-55M、T-72、T-80 型主战坦克 160 辆，BRDM-2 型装甲侦察车 60 辆，BMP-2、BMP-3 型步兵战车 150 辆，BTR-60/-70/-80 型装甲输送车 750 辆。各型火炮 321 门，其中，D-30 型牵引火炮 10 门，2S1 型自行火炮 102 门、2S3 型 18 门、9P138 型 96 门，曲射直射两用炮：2S9SP 型 70 门、2B16 型 14 门、2S23SP 型 11 门。AT-3/-5 型反坦克导弹：72 枚。MT-12 型反坦克炮：若干门。ZSU-23-4SP 型高炮：60 门。防空导弹发射架：SA-7 型 250 部、SA-8 型 20 部、SA-9/-B 型 50 部。

海岸防御部队　约 2000 人。编有 1 个岸防师、1 个岸防旅、1 个炮兵团、2 个防空导弹团。装备 T-64 型坦克 350 辆、BMP 型步兵战车 450 辆、BTR-60/-70/—80 型装甲输送车 280 辆、MT-LB 型装甲输送车 400 辆。各型火炮 364 门，其中牵引火炮 280 门、自行火炮 48 门、火箭炮 36 门。

空军　约 18.46 万人。编有远程航空兵指挥部、战术航空兵、军事运输航空兵指挥部和空军航空训练学校。

远程航空兵指挥部（空军第 37 集团军）下辖 8 个远程轰炸机团和 1 个轰炸训练中心，装备图-95 型轰炸机 63 架，图-160 型轰炸机 15 架，图-22M 型轰炸机 117 架，伊尔-78M 型加油机 20 架，图-22M 型训练飞机 8 架，图-134 型飞机 30 架。

战术航空兵装备歼击轰炸机：约 606 架，其中苏-24 型 371 架，苏-25 型 235 架。歼击机：约 908 架，其中米格-25 型 5 架、米格-29 型 255 架、苏-27 型 392 架|米格-31 型 256 架。侦察机：约 214 架，其中米格-25 型 70 架、苏-24 型 144 架。A-50/A-50U 型指挥与控制飞机：20 架。米-8 型电子战直升机：60 架。训练飞机：约 143 架，其中米格-29 型机 36 架，苏-24 型 51 架，苏-25 型 25 架，苏-27 型 11 架。空空导弹：AA-8、AA-10、AA-11 型若干枚。空地导弹：AS-7、AS-10、AS-11、AS-12、AS-13、AS-14、AS-15、AS-16、AS-17、AS-18 型若干枚。37 个防空导弹团，装备-10/S-300 型防空导弹部署在莫斯科附。军事运输航空兵指挥部（空军第 61 集团军）编 2 个师共 9 个团，4 个独立团，装备运输机约 318 架，其型号有伊尔-76M/MD/MF 型、安-12 型、安-124 型、安-22 型。

空军航空训练学校 5 所，装备拉-39、图-134、米格-23、米格-29、苏-25、苏-27 型训练飞机约 980 架。

航天兵　7 万人。

空降兵　3.6 万人。

预备役部队　近 5 年来服过现役者约 240 万人。

准军事部队　约 40.91 万人。其中，边防军 14 万人，装备步兵战车和装甲输送车：1000 辆。火炮：90 门。各型飞机：约 70 架。各型直升机：约 200 架。内卫部队 15.11 万人，装备主战坦克：69 辆。步兵战车和装甲输送车：1700 辆。火炮：65 门。米-24 型直升机：4 架。联邦安全部队约 4000 人；联邦警卫部队 1 万至 3 万人；联邦通信和情报部队 5.4 万人；铁道兵约 5 万人。

部署　俄罗斯武装力量划分为 1 个战役战略集群、6 个军区和 4 个舰队。

加里宁格勒战役战略集群　战略集群归波罗的海舰队指挥，由地面部队、海军陆战队和海岸防御部队组成。地面部队 1.05 万人，下辖 1 个摩步师、1 个摩步旅、1 个战役战术导弹旅、1 个防空导弹旅、1 个独立摩步团、1 个战斗直升机团；装备主战坦克 811 辆、步兵战车和装甲输送车 865 辆、各型火炮 345 门、SS—21 型战役战术导弹发射架 18 部、战斗直升机 16 架。海军陆战队 1 个团（1100 人），装备主战坦克 26 辆，步兵战车和装甲输送车 220 辆、各型火炮 52 门。海岸防御部队编 2 个炮兵团，装备火炮 133 门；1 个岸对舰导弹团，装备岸舰导弹发射架 8 部；1 个航空兵团，装备苏-27 型飞机 28 架，地空导弹发射架 50 部。

列宁格勒军区　司令部驻圣彼得堡。地面部队约 3.44 万人，下辖 1 个空降师、2 个独立摩步旅、2 个炮兵旅、1 个战役战术导弹旅、1 个特种部队旅、4 个防空导弹旅、1 个反坦克团、1 个火箭炮团、1 个直升机团。装备主战坦克 320 辆、步兵战车和装甲输送车 103 辆、各型火炮 690 门、SS-21 型战役战术导弹发射架 18 部、战斗直升机 52 架。海军陆战队 1 个团，装备主战坦克 74 辆，步兵战车和装甲输送车 209 辆、各型火炮 44 门。1 个岸防团，装备装甲输送车 360 辆、火炮 134 门。1 个防空导弹团。空军部队编有 2 个空防军、1 个轰炸机师（装备苏-24 型歼轰机 58 架）、1 个侦察团（装备米格-25 型飞机 28 架、苏-24 型飞机 18 架）、1 个歼击机师（装备苏-27 型飞机 116 架、米格-31 型飞机 85 架）、1 个电子战直升机大队（装备米格-8 型直升机 35 架）、防空导弹发射架 525 部。

莫斯科军区　司令部驻莫斯科。地面部队 8.24 万人，编 2 个集团军司令部，2 个坦克师、2 个摩步师、2 个空降师、1 个炮兵师、4 个炮兵旅、3 个独立炮兵旅、3 个战役战术导弹旅、1 个独立摩步旅、1 个特种部队旅、4 个防空导弹旅、2 个战斗直升机团。装备主战坦克 2190 辆、步兵战车和装甲输送车 1490 辆、各型火炮 1600 门、SS-21 型战役战术导弹发射架 48 部、战斗直升机 75 架。空军部队编有第 32 空防军和第 16 空军集团军，装备米格-25 型飞机 41 架、米格-29 型飞机 106 架、米格-31 型飞机 62 架、苏-24 型飞机 34 架、苏-24MR 型飞机 16 架、苏-25 型飞机 46 架、苏-27 型飞机 90 架、2 个电子战大队（装备米-8 型电子战直升机 46 架）、防空导弹发射架 600 部。

伏尔加-乌拉尔军区　司令部驻叶卡捷琳堡。地面部队 3.17 万人，编有 1 个集团军司令部、1 个坦克师、2 个摩步师、1 个独立摩步旅、1 个空降旅、3 个炮兵旅/团、2 个战役战术导弹旅、1 个特种部队旅、1 个防空导弹旅、1 个火箭炮团、1 个独立直升机团。装备主战坦克 530 辆、步兵战车和装甲输送车 855 辆、各型火炮 440 门、SS-21 型战役战术导弹发射架 36 部、战斗直升机 14 架。空军航空学校装备 383 架拉—39、米-2 型教练机。

北高加索军区　司令部驻罗斯托夫。地面部队 10.28 万人。编有 1 个集团军司令部、3 个摩步师、1 个空降师、2 个独立摩步旅、1 个特种部队旅、3 个防空导弹旅、2 个炮兵旅、1 个独立火箭炮团、2 个战役战术导弹旅、2 个反坦克团、2 个直升机团、1 个攻击运输直升机团。装备主战坦克 628 辆、步兵战车和装甲输送车 2100 辆、各型火炮 855 门、SS-21 型战役战术导弹发射架 18 部、战斗直升机 98 架。海军陆战队约 1400 人，编 1 个团，装备步兵战车和装甲输送车 59 辆、火炮 14 门。空军部队编有第 4 空防集团军，1 个轰炸机师（装备 99 架苏-25 型歼轰机）、1 个侦察团（装备 30 架苏-24 型歼轰机）、1 个空中强击机师（装备苏-25 型强击机 99 架）、1 个歼击机军（下辖 4 个团，装备米格-29 型歼击机 103 架、苏-27 型歼击机 75 架）、1 个直升机电子战大队（装备米-8 型电子战直升机 52 架），防空导弹发射架 125 部。

西伯利亚军区　司令部驻赤塔。地面部队编 2 个集团军、1 个军司令部、2 个坦克师、2 个摩步师、1 个炮兵师、2 个机枪/火炮师、4 个摩步旅、1 个空降旅、10 个炮兵旅/团、2 个战役战术导弹旅、2 个防空导弹旅、2 个特种部队旅、4 个反坦克团、1 个战斗直升机团。装备主战坦克 4468 辆、步兵战车和装甲输送车 6000 辆、各型火炮 4300 门、SS-21 型战役战术导弹发射架 36 部、战斗直升机 35 架。空军部队编有 14 空防集团军（司令部驻新西伯利亚），装备歼击轰炸机苏-24 型 56 架、苏-25 型 30 架，歼击机米格-29 型 46 架、米格-31 型 39 架、苏-24MR 型侦察机 29 架。

远东军区　司令部驻哈巴罗夫斯克。地面部队编 2 个集团军、1 个军司令部、10 个摩步师、3 个机枪/火炮师、1 个炮兵师、9 个炮兵旅/团、1 个摩步旅、3 个战役战术导弹旅、5 个防空导弹旅、1 个特种部队旅、1 个反坦克旅、2 个战斗直升机团、2 个攻击运输直升机团。装备主战坦克 3900 辆、步兵战车和装甲输送车 6400 辆、各型火炮 3000 门、SS-21 型战役战术导弹发射架 54 部、战斗直升机 85 架。海军陆战队 2500 人，编 1 个师司令部、3 个陆战营、1 个坦克营、1 个炮兵营。海岸防御部队编 1 个师。空军部队编有第 11 空防集团（司令部驻哈巴罗夫斯克），装备歼轰机苏-24M 型 97 架、苏-25 型 60 架，歼击机苏-27 型 111 架、米格-31 型 26 架、侦察机苏-24MR 型 51 架。

北方舰队　司令部驻北莫尔斯克。装备潜艇 32 艘，其中战略潜艇 10 艘，攻击潜艇 22 艘。主要水面作战舰艇 11 艘，其他水面作战舰艇 26 艘。海军航空兵装备作战飞机 72 架，战斗直升机 30 架，其中，图-22M 型轰炸机 25 架、苏-25 型歼轰机 10 架、苏-27 型歼击机 24 架，伊尔-38 型反潜机 11 架、侦察/电子战飞机安-12 型 2 架、运输机安-12/-24/-26 型 25 架。卡-27 型反潜直升机 25 架、卡-29 型运输攻击直升机 5 架。

波罗的海舰队　司令部驻加里宁格勒。装备潜艇 2 艘、主要水面作战舰艇 6 艘、其他水面作战舰艇 26 艘。海军航空兵装备作战飞机 55 架、作战直升机 41 架，其中歼轰机苏-24 型 25 架、苏-27 型 28 架，侦察/电子战飞机安-12 型 2 架，运输机安-12/-24/-26 型 12 架。卡-27 反潜直升机 22 架，攻击运输直升机卡-29 型 4 架、米-24 型 15 架。

黑海舰队　司令部驻塞瓦斯托波尔。装备潜艇 10 艘，主要水面作战舰艇 7 艘，其他水面作战舰艇约 15 艘。海军航空兵装备作战飞机 35 架、作战直升机 13 架，其中苏-24 型歼轰机 27 架、贝-12 反潜飞机 4 架、侦察/电子战飞机安-12 型 4 架、卡-27 型反潜直升机 5 架、米-8 型侦察/电子战直升机 8 架。

太平洋舰队　司令部驻符拉迪沃斯托克（海参崴）。装备潜艇 8 艘，其中战略潜艇 3 艘，攻击潜艇 5 艘。主要水面作战舰艇 8 艘，其他水面舰艇约 30 艘。海军航空兵装备作战飞机 55 架，作战直升机 26 架，其中，图-22M 型轰炸机 20 架，图-142 型反潜飞机 10 架、伊尔-38 型反潜飞机 15 架，安-12 型侦察/电子战飞机 10 架。卡-27 型反潜直升机 20 架、米-14 型反潜直升机 3 架、卡-29 攻击运输直升机 3 架。

军衔　分 7 等 20 级：俄罗斯联邦元帅，将官 4 级（大将、上将、中将、少将），校官 3 级（上校、中校、少校），尉官 4 级（大尉、上尉、中尉、少尉），准尉 2 级（高级准尉、准尉），士官 4 级（大士、上长、中士、下士），兵 2 级（上等兵、列兵）。

兵役制度　1993 年 2 月 11 日，俄罗斯颁布《兵役义务与服役法》，规定义务兵的服役期由苏联时期的 24 个月减少为 18 个月；舰艇和海岸战斗保障部队义务兵服役由 36 个月减为 24 个月；高等学历义务兵服役期为 12 个月。目前，俄军正在向合同兵役制过渡。

驻外兵力　约 1.934 万人。驻亚美尼亚地面部队 3500 人，1 个军事基地，装备主战坦克 74 辆、步兵战车和装甲输送车 236 辆、各型火炮 84 门，1 个空军大队，装备米格-29 型歼击机 148 架、SA-12（S-300）型地空导弹发射架 2 部。驻格鲁吉亚地面部队 3000 人，3 个军事基地，装备 T-72 主战坦克 65 辆、步兵战车和装甲输送车 200 辆、各型火炮 139 门、直升机 7 架。驻塔吉克斯坦地面部队 7800 人，1 个摩步师，装备主战坦克 128 辆、步兵战车和装甲输送车 314 辆、各型火炮 180 门、苏-25 型强击机 5 架。驻乌克兰海军陆战队 1 个团 1100 人，装备步兵战车和装甲输送车 102 辆、火炮 24 门。驻非洲 100 人。驻叙利亚 150 人。参加维和行动：驻格鲁吉亚/阿布哈兹 1600 人；驻格鲁吉亚/南奥塞梯 530 人；驻摩尔多瓦/德涅斯特 500 人；参加联合国的维和行动约 194 人（包括观察员）。

（吴　炯）

法　国

国　名　法兰西共和国。

主要统计　面积 55.1602 万平方公里（包括科西嘉岛及其他岛屿）。人口 6170 万（2004 年。包括 400 万外国侨民。其中，0~14 岁占 18.7%；15~64 岁占 65.2%；65 岁以上占 16.1%）。国内生产总值 1.62 万亿欧元，约合 2 万亿美元（2004 年）。国防费 328 亿欧元，约合 416 亿美元（2005 年国防预算）。粗钢 1980 万吨（2003 年）。原煤 174 万吨（2003 年）。原油 1274.58 万桶（2001 年）。天然气 18.98 亿立方米（2001 年）。发电量 5267 亿度（2001 年）。粮食 4248 万吨（2003 年）。海运能力，商船（载重量 100 吨以上）729 艘，总载重量 498.1 万吨（2002 年）。民航能力，固定航班机场 61 处，客运量 890.67 亿人公里、货运量 47.75 亿吨公里（2003 年）。

国防政策　法国是西欧大国和联合国安理会常任理事国之一，维护大国地位是其国家战略的核心。为确保这一目标的实现，法国奉行独立的防务和安全政策。与此同时，法国也十分注重与北约盟国的协商与合作。当前法国奉行的国防政策是：（一）强调核威慑的重要作用，继续依靠独立、有限核力量，维护国家的根本利益。法国十分重视核武器的战略威慑作用，强调必须保持一支“独立”、“足够”和“有效”的现代化核威慑力量，并将其作为最后的军事手段，以捍卫法国的大国地位，维护国家根本利益。（二）重视欧洲防务建设，谋求在欧洲安全事务中发挥主导作用。法国反对建立单极世界，认为世界的多极化趋势虽然出现曲折，但仍然是不可避免的。欧盟必须加强独立的防务建设，以建立新的欧洲安全机制，并在未来国际格局中发挥重要作用。因此，法国将推动欧洲加强共同防务建设作为其国防政策的主要内容之一，谋求法在未来新的欧洲安全机制中发挥主导作用。（三）继续参与北约的集体防御，力促北约进行内部改革，积极扩大法国的影响和作用。法国认为，北约仍是欧洲集体防御的核心，但欧洲不能把确保自身安全的责任永久地交给美国承担，主张通过建立“欧洲独立防务”和“真正平等”的欧美伙伴关系，使欧洲承担更多的防务责任和发挥更大的作用，从中扩大法国的影响和作用，并力图削弱美国在北约的主导地位。（四）维护法国在亚洲、非洲和中欧战略利益，谋求打破美国独霸世界的野心。法国在亚洲、非洲和中东地区有自己的传统利益，发展与加强同这些地区国家的友好合作关系，有利于扩大法国的影响力和发挥法国的大国作用，从而打破由美国一手独揽地区事务和中东和平进程的局面，确保法国的战略利益。

国防体制 法国宪法规定，法国总统为武装力量最高统帅。总统下设内阁会议、国防委员会、限制性国防委员会和高级国防会议。内阁会议负责制定全面的防务政策，其成员有总理和所有内阁成员，由总统任主席。国防委员会负责具体防务问题的决策，其成员有总理、外交、国防、内政和财经部长等，由总统任主席。限制性国防委员会负责军事问题的决策，由总理或总理指定的人员组成，总统任主席。高级国防会议为咨询机构。总理负责贯彻既定防务政策。国防部为内阁中的一个部，是军队的最高行政领导机关。国防部长在总理领导下负责防务工作，下设三军参谋部和陆、海、空军军种参谋部、国家宪兵总局以及武器装备部等单位。武装力量由陆、海、空三军和宪兵组成。最高军事指挥机构为三军参谋部。总统通过国防部和三军参谋部对全国武装力量实施领导和指挥。

领导人物 总统兼武装力量最高统帅雅克·希拉克（1995 年 5 月首任，2002 年 5 月连任）。总理多米尼克·德维尔潘（2005 年 5 月 31 日上任）。国防部长米歇尔·阿利奥·马里（女，文职，2002 年 6 月上任）。三军参谋长亨利·邦德雅上将（2002 年 10 月上任）。陆军参谋长贝尔纳·托雷特上将（2002 年 9 月上任）。海军参谋长让·路易·巴戴海军上将（2001 年 7 月上任）。空军参谋长里夏尔·沃尔辛斯基空军上将。

武装力量 **兵力** 法国武装力量由陆、海、空军和宪兵组成，截止 2004 年底，现役部队 25.4895 万人。

陆军 13.35 万人（不含 3 万文职人员）。编有 1 个地面作战司令部、5 个军区、4 个特遣司令部，2 个装甲旅（每个旅下辖 2 个装甲团、2 个装甲步兵团、1 个自行炮团、1 个工兵团）、2 个机步旅（每个旅下辖 1 个装甲团、1 个装甲步兵团、1 个装甲输送车步兵团、1 个自行炮团、1 个工兵团）、2 个轻装甲旅（每个旅下辖 2 个装甲团、2 个装甲输送车步兵团、1 个炮兵团、1 个工兵团）、1 个山地步兵旅（下辖 1 个装甲团、3 个装甲输送车步兵团、1 个炮兵团、1 个工兵团）、1 个空运旅（下辖 1 个装甲团、4 个空降步兵团、1 个炮兵团、1 个工兵团）、1 个空中机动旅、1 个炮兵旅、1 个工兵旅、1 个情报与电子对抗旅。另有法德旅（2500 人）中的法国旅（下辖 1 个装甲团、1 个装甲输送车步兵团）。

外籍军团 7700 人。编有 1 个装甲团、1 个空降团、6 个步兵团、2 个工兵团。

海军陆战部队 1.47 万人。编有 21 个团，其中 11 个驻本土、10 个驻海外领地。

特种部队 约 2700 人。编有 1 个作战司令部，1 个空降团、1 个直升机团、3 个训练中心。

预备役部队 编有 75 个连、14 个支援连。

陆军装备：主战坦克 614 辆。装甲侦察车：1946 辆。步兵战车：384 辆。装甲输送车：3700 辆。牵引炮：97 门。自行炮：278 门。火箭炮：61 门。迫击炮：363 门。反坦克导弹：“爱利克斯”700 具、“米兰”1348 具、“霍特”135 具。反坦克火箭筒：89 毫米 9850 具、112 毫米“阿皮拉斯”9690 具。高炮：328 门。地空导弹：455 枚。雷达：监视雷达若干部、侦察雷达若干部。飞机：各型 15 架。直升机：418 架，其中攻击直升机 292 架、侦察直升机 4 架、直援直升机 122 架。无人机：CL-289 型 8 架、“红隼”型 2 架。

海军 4.3995 万人（包括 1700 名海军航空兵和 6800 名海军陆战队，不含 1.02 万名文职人员）。编有 1 个战略海军司令部、1 个水面作战司令部、1 个反潜作战司令部、1 个扫雷作战司令部、1 个潜艇作战司令部、1 个海军航空兵司令部、1 个海军陆战队司令部。

海军装备：潜艇 10 艘，其中战略弹道导弹核潜艇 4 艘（“可畏”级 2 艘、“凯旋”级 2 艘），战术潜艇 6 艘（“红宝石”级）。水面舰艇：航母：“戴高乐”号核动力航母 1 艘。直升机航母：“圣女贞德”级 1 艘。导弹驱逐舰：12 艘，其中“卡萨尔”级 2 艘、“絮弗伦”级 1 艘、“乔治·莱格”级 7 艘、“图尔维尔”级 2 艘。护卫舰：20 艘，其中“弗罗雷亚尔”级 6 艘、“德斯蒂安纳·多尔韦”级 9 艘、“拉法耶特”级 5 艘。巡逻舰艇：35 艘，其中“信天翁”级 1 艘、“大胆女人”级 10 艘、“豹”级 8 艘、“红鹤”级 3 艘、“斯特尔纳”级 1 艘、“格雷勃”级 1 艘、“阿妥斯”级 2 艘、“帕特拉”级 2 艘、“斯特利斯”级 2 艘、近岸巡逻艇 5 艘。扫雷舰：21 艘，其中“卢瓦尔河”扫雷/指挥支援舰 1 艘、“波江座”级 13 艘、“火神”级 4 艘、“大火星”级 3 艘。两栖舰艇：9 艘，其中“闪电”级 2 艘、“暴风”级 2 艘、“尚普兰”级 5 艘。支援舰船：23 艘。

海军航空兵 6800 人，包括 480 名女兵。装备：作战飞机 58 架、武装直升机 30 架。

海军陆战队 1700 人。编有 5 个突击群、14 个海军基地防卫队。

空军 6.36 万人（不含 6000 文职人员）。编有 1 个防空司令部，下辖“斯特里达”Ⅱ防空系统、6 个雷达站、1 个 E-3F 预警机中队、11 个地空导弹连、若干个高炮连；1 个空中作战司令部，下辖 6 个攻击战斗机中队、6 个战斗机中队、2 个侦察机中队、3 个教练机中队、1 个电子战中队；1 个空中机动支援司令部，下辖 14 个运输机中队、1 个电子战中队、5 个直升机中队、1个教练机中队；1个空中训练司令部。

空军装备：攻击机：“幻影”-2000N型60架、“幻影”F-1CT型42架、“幻影”-2000D型43架、“美洲虎”A型118架。战斗机：“幻影”F-1B型11架、“幻影”F-1C型26架、“幻影”-2000B型26架、“幻影”-2000C型95架。空中预警机：E—3F型4架。侦察机：“幻影”F-1CR型43架、“幻影”IVP型5架。空中加油机：C-135FR型11架、KC-135型3架、C-160AG型14架、C-160NG型14架。运输机131架，其中A-310-300型2架、A-319型2架、DC-8型2架、C-160型63架。教练机：291架，其中“阿尔法喷气”90架。直升机：89架。空地导弹：ASMP型、AS-30/30L型若干。空空导弹：“超”530F/D型、“魔术”R-550Ⅰ/Ⅱ型、“麻雀”AIM-9型、“迈卡”型若干枚。

战略核力量 4800人（其中海军2200人，空军2300人，宪兵310人）。

主要装备：战略导弹核潜艇：“可畏”级2艘、“凯旋”级2艘、潜射导弹64枚。“超级军旗”攻击机28架、“幻影”2000N-ASMP型轰炸机60架、“幻影”IVP型侦察机5架、C-135FR型空中加油机11架、KC-135型空中加油机3架。C-160H型运输机4架、“神秘”20型6架、“美洲豹”E型6架。

文职人员 9.96万人。

预备役部队 10万人。其中陆军2.8万人，海军0.6万人，空军0.8万人，宪兵5万人，卫生兵0.7万人。

部署 陆军主要部署在法国与德国边境和北部地区，海军重点部署在地中海和大西洋沿岸一带，空军主要部署在东北部和中部地区。共有军事基地74处，其中陆军基地16处，海军基地8处，空军基地50处。

兵役制度 法政府从1997年8月起进行军队职业化改革，取消义务国民役，实行志愿国民役制度。志愿国民役分为防务与安全、社会服务、国际合作与人道援助三种类型，服役期为12~24个月不等。其中选择防务与安全类志愿国民役到军队服役的志愿者服满12个月法定服役期后，如个人要求延长服役并转为志愿军人，可与军方续签服役合同，但一次不超过5年。各级军官最高服役年限：将官为61岁（上将61岁，中、少将60岁，准将58岁），校官为57岁（上校57岁、中校56岁、少校54岁），尉官为52岁。

军衔 分5等20级，即将官4级（上将、中将、少将、准将），校官3级（上校、中校、少校），尉官4级（上尉、中尉、少尉、准尉），军士6级（总军士长、军士长、准军士长、上士、中士、下士）、兵3级（上等兵、下等兵、列兵）。

驻外兵力 驻德国部队3200人；安的列斯地区4100人；法属圭亚那3100人；印度洋3600人；新喀里多里亚2700人；波利尼西亚2400人；乍得950人；科特迪瓦3800人；吉布提2850人；加蓬800人；塞内加尔1100人。参加联合国维持和平行动：驻阿富汗维和部队565人；驻波黑维和部队（SFORⅡ）1500人；驻科特迪瓦维和部队185人，观察员2人，驻克罗地亚8人（北约空军一体化部队）；驻埃及军事观察员15人；驻埃塞俄比亚/厄立特里亚联合国埃厄特派团1人；驻格鲁吉亚军事观察员3人；驻海地维和部队2人；驻中东地区（联合国停战监督组织）军事观察员4人；驻黎巴嫩维和部队205人；驻利比里亚维和部队1人；驻塔吉克斯坦120人；驻西撒哈拉军事观察员（宪兵）25人；驻塞尔维亚与黑山维和部队约2900人。

外国驻军 德国：参加欧洲军团209人。新加坡：空军200人。

军火贸易 自20世纪80年代以来，法国的军火出口一直居世界前三位，并占据世界出口10%左右的份额。法军火出口的主要地区是中东、亚洲、拉美和欧洲。1997年军火出口额为74.19亿美元。1998年军火出口额为98.04亿美元。1999年军火出口额为43.7亿美元。2000年军火出口额为41亿美元。2001年军火出口额为21亿美元。

（吴 炯）

芬　兰

国　　名 芬兰共和国。

主要统计 面积33.8145万平方公里。人口521.4512万人，（2003年，其中，0~14岁占18%；15~64岁占66%；65岁以上占16%）。国内生产总值1490亿欧元，约合1840亿美元（2004年）。国防费21.4亿欧元，约合27亿美元（2005年国防预算）。粗钢 373.4 万吨（2001 年）。发电量 667.56 亿度（2002 年）。粮食 374.4 万吨（2003 年）。海运能力，商船（载重量 100 吨以上）263 艘，总载重量 98.93 万吨（2003 年）。民航能力，固定航班机场 24 处，客运量 107.09 亿人公里、货运量 2.413 亿吨公里（2003 年）。

国防体制 总统为武装力量统帅。最高国防决策机构为内阁，有权对国防政策、军备计划等作做出决定。内阁国防委员会是国防政策和计划的最高协调组织和总统国防决策的咨询机构，通常由总理任主席（总统出席时则由总统任主席），成员包括国防、外交、内政、财政、司法、工商等部长和国防军司令、总参谋长，总统还可指定其他人担任委员会成员或专家。内阁国防委员会没有直接的决策权和执行权，只提出建议和结论，但实际上，它的建议和结论都以内阁或政府各部决定及行政命令的形式贯彻落实。国防部是军队最高行政机关，负责国防和军队建设事务。武装力量由正规军和准军事部队组成。国防军分为陆、海、空三个军种。国防军司令部是三军的最高军事指挥机关。总统通过国防部和国防军司令对全国武装力量实施领导和指挥。

领导人物 总统兼武装力量统帅塔里娅·哈洛宁（2006 年 3 月 1 日上任）。国防军总司令海军上将尤哈尼·卡斯凯亚拉（2001 年 6 月 4 日上任）。

武装力量 **兵力** 现役部队 2.83 万人。

陆军 2.05 万人。编成 1 个装甲旅、6 个步兵旅、1 个炮兵旅，2 个独立步兵团、3 个防空团、1 个后勤团、1 个防化团，1 个通信团和 2 个独立通信营。

主战坦克：226 辆。步兵战车：各型 263 辆。装甲输送车：各型 614 辆。牵引炮：113 门。自行炮：120 门。火箭炮：22 门。迫击炮：152 门。反坦克导弹：753 枚。无坐力炮：185 门。高炮：137 门。地空导弹：312 枚。

坦克运输艇：1 艘、海岸巡逻艇：3 艘、内河巡逻艇：3 艘。

海军 5000 人。编有 2 个导弹艇中队、2 个水雷艇中队、2 个海勤营，4 个岸炮营和 1 个步兵营。
轻型护卫舰：“图伦马”级 2 艘。导弹攻击快艇：“赫尔辛基”级 4 艘，“拉乌马”级 4 艘，“哈米那”级 1 艘。

布雷舰：“波赫扬马”级 1 艘，“海曼玛”级 2 艘，“邦西奥”级 3 艘，“杜依玛”级 4 艘。扫雷舰艇：“吉斯基”级 7 艘，“古哈”级 6 艘。登陆运输船：“凯佩拉”级 3 艘，“卡拉”级 3 艘。

空军 2700 人。编有 3 个战斗机联队、1 个侦察机中队、1 个飞行支援中队，作战飞机 85 架。

战斗机：“苍龙”J-35 型 25 架，“大黄蜂”F/A-18C 型 21 架，F/A-18D 型 7 架，“隼”式 5/51A 型 20 架。教练机：“隼”式 MK51/51A 型 22 架，“文卡”式 28 架。

运输机：“福克”F-27 型 2 架，“利叶特”35A 型 3 架。联络机：“皮波”式 13 架，“雷地勾”式 9 架。

文职人员 7800 人。

预备役部队 约 43 万人。

准军事部队 边防军 3400 人。

部署 陆军划分为东部、北部和中部 3 个军区，下辖 12 个省军区：北部军区（下辖奥鲁、拉毕省军区），西部军区（下辖赫尔辛基、乌西玛、海曼、土尔库波里、中芬兰、瓦萨省军区），东部军区（下辖居米、米克利、北卡累利亚、郭毕奥省军区）。海军重点部署在南部沿海地带，分为 2 个海防军区、1 个岸防军区和 1 个岸防旅。海军司令部设在赫尔辛基，海军基地 2 处：赫尔辛基、土尔库。空军划为 3 个军区：拉毕军区、卡累利亚军区和萨拉贡达军区，司令部设在迪卡高斯基。

兵役制度 实行普遍义务兵制度。宪法规定，凡年满 17 周岁且未满 60 周岁的男性公民都有服兵役的义务。兵役包括现役、后备役和辅助役 3 种形式。义务兵服役期分为半年、9 个月和 1 年 3 种类型。公民服现役期满后即转入后备役并须定期参加复训，每年参加后备役复训和演习的人数为 3.5 万人。军官最高服役年限：上将 63 岁，中将至上校均为 60 岁，其他军官、职业兵为 55 岁；属飞行员系列的中将和少将为 55 岁，上校 52 岁，中校 50 岁，其他 45 岁。

军衔 分 5 等 19 级：将官 4 级（上将、中将、少将、准将），校官 3 级（上校、中校、少校），尉官 4 级（上尉、高级中尉、中尉、少尉），军士 4 级（军士长、上士、中士、下士）、兵 4 级（一等兵、二等兵、三等兵、列兵）。

驻外兵力 驻克罗地亚军事观察员 1 人，克什米尔军事观察员 5 人，塞浦路斯维和部队 9 人，中东维和军事观察员 11 人，黎巴嫩维和部队 494 人，伊拉克/科威特军事观察员 7 人。

军队节日 军旗节 6 月 4 日。

（吴 炯）

捷　克

国　　名　捷克共和国。

主要统计　面积 7.8866 万平方公里。人口 1021.1 万人（2003 年。其中，0~14 岁占 15%；15~64 岁占 70%；65 岁以上占 14%）。国内生产总值 2.75 万亿克朗，约合 1060 亿美元（2004 年）。国防费 528 亿克朗，约合 21.9 亿美元（2005 年国防预算）。粗钢 158 万吨（2003 年）。发电量 832 亿度（2003 年）。粮食 538.9 万吨（2003 年）。海运能力，商船（载重 100 吨以上）22 艘，总载重量 44.62 万吨（2001 年），民航能力，固定航班机场 2 处，客运量 23.64 亿人公里、货运量 2340 万吨公里（2001 年）。

国防体制　总统为武装力量统帅。最高国防决策机构为国防委员会，成员有政府总理、副总理、国防部长、外交部长、内务部长、经济部长、财政部长、工商部长、环保部长、总参谋长和总统军事办公室主任，由政府总理任主席。国防部为政府中的一个部，是最高军事行政机关，负责对军队实施政治领导和行政保障。武装力量由正规军和准军事部队组成。正规军分陆军、空军防空军两个军种。最高军事指挥机构为总参谋部。总统通过国防部和总参谋部对全国武装力量实施领导和指挥。

领导人物　总统兼武装力量统帅瓦茨拉夫·克劳斯（2003 年 3 月 7 日上任）。国防部长卡雷尔·金内尔（2003 年 3 月 7 日上任）。总参谋长帕维尔·什特弗卡。

武装力量　**兵力**　现役部队 2.2272 万人。

陆军　1.6663 万人。编有 1 个快速反应旅，1 个特种旅，2 个机械化旅，2 个炮兵旅，2 个侦察旅，2 个工程兵旅。

坦克：T–54/–55 型 397 辆，T–72M 型 541 辆。装甲侦察车：БРДМ 和 OT–65 型 182 辆。装甲输送车：OT–90 型 403 辆，OT–64 型 12 辆，OT–64 型改进型 568 辆。牵引炮：122 毫米 D–30 型 148 门。自行炮：122 毫米 91 门，152 毫米 273 门。火箭炮 122 毫米 49 门。迫击炮 120 毫米 93 门。反坦克导弹：AT–3 型“耐火箱”式 721 枚，AT–5 型“拱肩”式 21 枚。高炮：30 毫米若干门。地空导弹：SA–7 型若干枚，SA–9/–13 型 140 枚。

空军防空军　5609 人。编有 2 个对地攻击战斗机/侦察机中队，1 个战斗机中队，2 个运输中队，2 个直升机中队。作战飞机 94 架，武装直升机 34 架。

准军事部队　5600 人，其中边防军 4000 人，内卫部队 1600 人。

预备役部队　14~15 个国土防御旅。

兵役制度　实行义务兵役制，士兵服役期 6 个月。

驻外兵力　驻阿富汗“持久自由”部队（由美国领导）40 人，驻阿富汗国际安全援助部队（ISAF，由北约领导）17 人。驻伊拉克和平支援部队 82 人。驻波斯尼亚第二期多国稳定部队（SFOR Ⅱ）29 人。驻塞浦路斯 276 人。驻埃塞俄比亚/厄立特里亚 131 人。驻中东观察员 2 人。驻叙利亚/以色列 92 人。驻塞尔维亚与黑山维和部队 100 人。

（吴　炯）

罗马尼亚

国　　名　罗马尼亚。

主要统计　面积 23.75 万平方公里。人口 2233 万人（其中，15~19 岁男 89.3 万人，女 89.3 万人；20~24 岁男 89.3 万人，女 89.3 万人；25~29 岁男 89.3 万人，女 89.3 万人）。国内生产总值 1816 亿列伊，合 624 亿美元（2005 年）。国防费 63.8 亿列伊，合 21.3 亿美元（2006 年）。原煤 3159 万吨（2004 年）。发电量 596 亿度（2004 年）。粮食 2308 万吨（2004 年）。海运能力，商船（载重 100 吨以上）439 艘，总载重量 484.55 万吨。民航能力，固定航班机场 12 处，客运量 23.27 亿人公里、货运量 4940 万吨公里。

国防体制　宪法规定，总统为武装力量最高统帅。最高国防决策机构为最高国防委员会，总统任主席，总理任副主席，其他成员有主管工业和贸易的国务部长、国防部长、内务部长、外交部长、情报局长、国务秘书兼总参谋长等。国防部为政府最高军事行政机构。武装力量由正规军和准军事部队组成。正规军分陆、海、空三个军种。总参谋部为最高军事指挥机构。总统通过最高国防委员会和国防部、总参谋部对全国武装力量实施领导和指挥。

领导人物 总统兼武装力量最高统帅特拉扬·伯塞斯库（2004年12月当选）。国防部长特奥多尔·阿塔纳休（2004年12月上任）。总参谋长尤金·伯德兰上将（2004年12月上任）。

武装力量 **兵力** 现役部队9.72万人（含直属部队1万人）。

陆军 6.6万人。编有2个国土军司令部，下辖10个现役旅和14个国土旅。

坦克：1258辆，其中T-55型717辆、TR-85M1型314辆、TR-580和TR-77型227辆。突击火炮：SU-100型84门。装甲侦察车：BRDM-2型4辆。步兵战车：MLI-84型177辆。装甲输送车：1583辆，其中TAB-77型166辆、TABC-79型378辆、TAB-71型881辆、MLVM型88辆、TAB ZIMBRU型70辆。牵引炮：661门，其中122毫米163门、152毫米498门。自行炮：122毫米48门。火箭炮：122毫米171门。迫击炮：120毫米358门。地地导弹发射装置：FROG型9部。反坦克导弹：228枚。反坦克炮：100毫米共849门。高炮：37毫米230门、57毫米216门、85毫米12门、100毫米213门。地空导弹：SA-6/-7/-8型共64枚。

海军 7200人。编有1个海军司令部、1个海上作战指挥部、1个多瑙河区舰队。主要基地有曼加利亚、康斯坦察、布勒伊拉、久尔久和图尔恰。

驱逐舰："蒙丹娜"级1艘。护卫舰："泰塔尔"级6艘。导弹快艇："塔朗特"级3艘、"奥萨"级3艘。鱼雷快艇12艘。巡逻艇20艘。扫雷艇10艘。布雷艇2艘。支援和其他舰只11艘。

海军陆战队编有1个海军水兵营。装备有装甲输送车：TABC-79型3辆、TAB-71M型10辆。

空军 1.4万人。编有1个空军作战指挥部，下辖1个空军师、6个空军基地、1个训练基地。作战飞机307架。

歼击机：米格-21长矛型106架。运输机：安-24型2架、安-26型6架、C-130B型4架。航测机：安-30型3架。教练机：拉-29型16架、拉-39型13架、IAR-99型15架。战斗支援直升机：IAR-330型40架、IAR-316型22架。空空导弹：AA-2、AA-8、AA-11型若干枚。空地导弹：AS-7型若干枚。

预备役 10.4万人。

准军事部队 7.99万人，隶属内务部。其中边防部队2.29万人，国民卫队约5.7万人。

兵役制度 实行义务兵役制。陆、海、空军士兵服役期均为12个月。军官最高服役年限：尉官42岁，校官55岁，将官59岁。

军衔 共分4等11级，即元帅1级（只在战时授予）、将官4级（上将、中将、少将、准将）、校官3级（上校、中校、少校）、尉官3级（大尉、中尉、少尉）。

驻外兵力 驻伊拉克维和支援部队730人；驻阿富汗维和支援部队418人，参加北约驻阿富汗维和部队32人；驻波黑多国稳定部队106人；驻科特迪瓦军事观察员6人；驻埃塞俄比亚/厄里特里亚军事观察员7名；驻利比亚军事观察员3人；驻塞尔维亚和黑山维和部队226人，观察员1人。

军队节日 军队日：10月25日；
陆军节：4月23日；
空军防空军节：7月20日；
海军节：8月15日。

（郑 伟）

摩尔多瓦

国 名 摩尔多瓦共和国。

主要统计 面积3.38万平方公里。人口444.6455万人（2004年。其中，0~14岁占20%；15~64岁占69%；65岁以上占10%）。国内生产总值319.92亿摩尔多瓦列伊（简称摩列伊），约合26.6亿美元（2004年）。国防费约1.15亿摩列伊，约合920万美元（2005年国防预算）。粮食322.8万吨（2004年）。海运能力，商船（载重量100吨以上）4艘，总载重量 0.04 万吨（2003 年）。民航能力，固定航班机场 2 处（2003 年）。

国防政策　主要目标是确保国家和人民的安全，按照国际法的准则预防战争和军事冲突，保卫国家独立和领土完整。摩尔多瓦宪法规定，摩为中立国家，不容许外国在摩领土上驻军，也不容许利用摩领土进攻别的国家，摩不首先对别国发动军事行动。

国防体制　总统为武装力量最高统帅和总司令。武装力量由国防军、边防军和警察部队组成。国防部行使对国防军的领导。此外，军事指挥机关还有边防军总局和警察部队总局（属内务部管辖）。在和平时期，国防军总参谋部负责制定武装力量的军事训练计划。如遇战争情况，总参谋部将在武装力量总司令的领导下，领导军事单位实施保卫国家的活动。

领导人物　总统博弗拉迪米尔·沃罗宁（2001 年 4 月就任，2005 年 4 月 4 日连任）。国防部长瓦·普列什卡（2005 年 4 月 19 日就任）。内务部长格·帕普克（2005 年 4 月 19 日就任）。

武装力量　**兵力**　现役部队 6750 人。

陆军　5710 人。编有 3 个摩步旅、1 个炮兵旅、1 个独立摩步连、1 个独立步兵连、1 个特种作战连、1 个独立工兵连、1 个独立反坦克连。

装备有装甲车 301 辆，牵引炮 71 门，迫击炮 113 门，无坐力炮若干门，火箭炮 11 门，高炮 41 门，反坦克导弹 115 枚。

空军　1040 人。装备飞机 5 架，直升机 10 架。另有预备役部队 6.6 万人，准军事部队 3400 人。

外国驻军　俄罗斯在摩尔多瓦德涅斯特河东岸地区驻军 1400 人。2005 年 6 月摩尔多瓦议会发表声明，要求俄在 2005 年年底前从摩尔多瓦撤军。

（吴　炯）

葡　萄　牙

国　　名　葡萄牙共和国。

主要统计　面积 9.2152 万平方公里。人口 1056.6 万人，（其中，13~17 岁男 31.9 万人，女 29.9 万人；18~22 岁男 36.8 万人，女 35.6 万人；23~32 岁男 81.5 万人，女 79.7 万人）。国内生产总值 1340 亿欧元，约合 1660 亿美元（2004 年）。国防费 19.2 亿欧元，约合 24.3 亿美元（2005 年国防预算）。粗钢 109 万吨（2002 年）。原煤 425 万吨（2002 年）。发电量 394.34 亿度（2004 年）。粮食 195 万吨（2002 年）。海运能力，商船（载重 100 吨以上）338 艘，总载重量 117.65 万吨（2002 年）。民航能力，固定航班机场 16 处，客运量 2186.3 万人次（2004 年）、货运量 15.3 万吨（2004 年）。

国防体制　总统为武装力量统帅。最高国防决策机构为最高国防委员会，成员包括总理、外交、国防、内政、财政、工农业、交通部长及总参谋长和陆、海、空军军种参谋长等，由总统任主席。国防部为政府中的一个部，是全国武装力量的最高行政领导机关。最高军事委员会是国防部长的主要军事咨询机构，正式成员包括国防国务秘书、总参谋长和陆、海、空军军种参谋长等，由国防部长任主席。参谋长委员会是审议军队重大事宜的最高咨询机构，成员包括陆、海、空军军种参谋长等，由总参谋长任主席。武装力量由正规军和准军事部队组成。正规军分陆、海、空三个军种。准军事部队由国民警卫队、公安警察等组成。最高军事指挥机构为总参谋部。陆、海、空军参谋部平时负责本军种的教育、训练和行政管理，战时协助总参谋部指挥本军种部队作战。总统通过总理、国防部和总参谋部对全国武装力量实施领导和指挥。

领导人物　总统兼武装力量统帅若尔热·桑帕约（1996 年 3 月上任，2001 年 1 月连任）。总理若泽·索克拉特斯（2005 年 3 月 12 日就职）。国防部长路易斯·阿马多（2005 年 3 月 12 日就职）。总参谋长若泽·阿尔瓦伦加上将（2002 年 3 月上任）。陆军参谋长安东尼奥·巴伦杜上将（1998 年 3 月 19 日上任）。海军参谋长维埃拉·马蒂亚斯上将（2002 年 4 月连任）。空军参谋长曼努埃尔·阿尔瓦伦加上将（1998 年 3 月 19 日上任）。

武装力量　**兵力**　现役部队 4.49 万人（其中义务兵 0.91 万人）。

陆军　2.67 万人（其中义务兵 0.55 万人）。编有 5 个军区司令部，1 个独立机步旅（辖 2 个机步营、1 个坦克营、1 个炮兵营，编入北约增援部队），1 个轻型干预旅（用于干预各种危机）。

主战坦克：各型 187 辆。装甲侦察车：各型 40 辆。装甲输送车：各型 353 辆。牵引炮：各型 173 门。自行炮：6 门。岸炮：各型 17 门。迫击炮：各型 185 门。无坐力炮：各型 402 门。反坦克导弹：118 枚。高炮：93 门。地空导弹：52 枚。

海军　1.095 万人（义务兵 0.036 万人）。设 4 个海区 9 大陆北部海区、南部海区及亚速尔群岛海区和马德拉群岛海区）司令部，1 个海军作战司令部（设在里斯本）和 1 个陆战队司令部。海军基地设地里斯本，另在大陆北部的雷雪尔斯和南部的波尔蒂芒各设 1 个勤务支援点。潜艇：2 艘。护卫舰：6 艘。海岸警卫舰艇：28 艘。其中“巴蒂斯塔·德安德拉德”级 3 艘。支援舰船：9 艘。

陆战队　0.198 万人。编有 2 个轻型陆战营，1 个运输分队及 1 支特种作战小分队（兼负对付海上恐怖活动的任务）。装备 120 毫米迫击炮 36 门。

空军　0.725 万人。编有 6 个空军基地，13 个中队，其中 2 个攻击机中队，1 个侦察机中队，2 个救援中队，1 个海上巡逻中队，2 个反潜中队，4 个运输中队，1 个联络中队，2 个教练机中队。攻击机：57 架。战斗机：19 架。海上反潜巡逻机：6 架。侦察机：22 架。联络机：12 架。运输机：10 架。运输/搜索救援机：20 架。教练机：16 架。直升机：28 架。

准军事部队　4.77 万人。其中国民警卫队 2.61 万人，公安警察 2.16 万人。

部署　葡萄牙全国划分为 5 个军区。兵力主要部署在沿海边境一带和首都里斯本附近。亚速尔和马德拉两个群岛部署兵力 2250 人。

兵役制度　实行志愿兵和合同兵为主、义务兵为辅的多种成分相结合的兵役制度。义务兵服役期为 4 个月，期满后可根据需要延长服役 8~12 个月。志愿兵服役期则在服满义务兵役期后再服役 8~18 个月。志愿兵在服役期满后可视情况转为合同兵，合同服役期则在服满志愿兵役期后再服役 2~8 年。

军衔　分为 5 等 17 级：将官 3 级（上将、中将、少将），校官 3 级（上校、中校、少校），尉官 3 级（上尉、中尉、少尉），士官 6 级（总军士长、军士长、副军士长、一等军士、二等军士、三等军士），兵 2 级（上等兵、列兵）。

驻外兵力　驻圣多美和普林西比：空军 5 人、C-212 型运输机 1 架；驻伊拉克维和部队 120 人。参加联合国维持和平行动 1318 人。其中，驻波黑维和部队 330 人、1 个步兵营；驻东帝汶维和部队 655 人；驻阿富汗维和部队 20 人；驻塞尔维亚和黑山共和国维和部队 313 人。

外国驻军　北约大西洋东南区司令部（驻里斯本）。美国驻军 0.112 万人（其中生活费军 60 人、空军 960 人、陆军 100 人）。

军队节日　建军节 7 月 1 日。

（吴　炯）

瑞　典

国　名　瑞典王国。

主要统计　面积 44.9964 万平方公里。人口 901.4 万人（2005 年 2 月）（其中，男性占 49.4%，女性占 50.6%；0～14 岁占 17%，15～29 岁占 18%，30～64 岁占 47%，65 岁上以占 17%）。国内生产总值 3400 亿美元（2005 年）。国防费 57.1 亿美元（2004 年国防预算）。粗钢 538.5 万吨（2003 年）。发电量 1798 亿度（2003 年）。粮食 524.3 万吨（2003 年）。海运能力，商船（载重 100 吨以上）438 艘，总载重量 295.8 万吨（2003 年）。民航能力，固定航班机场 48 处，客运量 161.48 亿人公里、货运 3.5 亿吨公里（2003 年）。

国防体制　国王为武装力量最高统帅。最高国防决策机构为内阁。首相通过国防部和联合司令部对全国武装力量实施领导和指挥。议会平时设国防委员会，负责审议政府国防预算；战时设顾问委员会，负责向三军总司令提供咨询。国防部为政府中的一个部，是最高军事行政机关，负责制定国防政策，编制国防预算，审批部队的编制、装备和训练计划等工作。武装力量由正规军和国民卫队组成。正规军分陆、海、空三个军种。最高军事指挥机构为联合司令部，三军总司令是全军最高军事首长，战时通过司令部下设的作战部直接指挥各大军区遂行作战任务。平时，部队的日常工作由武装力量最高领导小组负责，其成员包括：总司令、副总司令、作战部部长、战备部部长、三大军区司令和陆、海、空军训练中心总监，共 11 人。

领导人物　国王兼武装力量最高统帅卡尔十六世·古斯塔夫（1973年9月即位）。首相约兰·佩尔松（1996年3月上任，2003年再次连任）。国防大臣莱尼·比约克隆德（2003年2月上任）。三军总司令约翰·赫德斯大林泰特上将（1999年7月连任），副总司令弗兰克·罗森纽斯（1998年2月上任）。中部军区司令皮尔库特·格林中将（1998年2月上任），北部军区司令迈尔梯尔·梅林中将（1998年2月上任），南部军区司令肯特·哈斯库格中将（1998年2月上任）。

武装力量　**兵力**　现役部队2.76万人。

陆军　1.38万人（其中包括义务兵0.86万人）。编有1个联合作战司令部、4个军区、1个师部、4个机械化旅、6个步兵旅、1个炮兵团、4个防空团、2个工兵团、2个通信团、2个辎重团、3个后勤支援团和2个陆航中队。

坦克:"豹"II型160辆、"豹"II改进型120辆。步兵战车：STRF-9040型355辆、PBV-501型350辆。装甲输送车：PBV-401A型433辆、look-a-like型170辆、PBV-302型501辆、XA-180型122辆、look-a-like型295辆。牵引炮：155毫米155门。自行火炮：155毫米26门。迫击炮：81毫米160门、120毫米479门。反坦克导弹：RB-55和RB-56若干枚。高炮：40毫米200门。地空导弹：RBS-70、RBS-97、RBS-90若干枚。

海军　0.79万人（包括义务兵0.2万人，海岸防卫兵0.13万人），编有1个近海舰队司令、2个水面作战分舰队、1个潜艇作战分舰队、1个水雷作战分舰队、两个岸防旅。海军基地4个。

潜艇："哥特兰"级3艘、"西约德兰"级4艘。导弹护卫舰："哥德堡"级4艘、"斯德哥尔摩"级2艘。导弹鱼雷快艇："诺雪平"级6艘。导弹巡逻艇："霍根"级4艘、"卡帕兰"级8艘。水雷战舰艇：20艘。布雷艇：1艘。直升机："海王"式反潜直升机14架、"贝尔"206型运输机10架。岸炮：40、75、105、120毫米共200余门。岸对舰导弹发射车：25辆。迫击炮：120毫米的70门、81毫米的若干。水雷战舰艇：5艘（库存）。地空导弹：RBS-70若干枚。

空军　0.59万人（其中包括义务兵0.15万人），编有6个航空联队、8个战斗机中队、2个攻击/侦察机中队、5个战斗/攻击/侦察机中队、4个运输机中队、16个地勤营。作战飞机250架。

战斗机："维根"JA-37型13架。攻击/侦察机："维根"AU-37型30架、SK-37型6架。战斗/攻击/侦察机："鹰师"JAS-39A型110架、"鹰师"JAS-39B型14架、"鹰师"JAS-39C型20架。教练机："维根"SK-60型103架、SK-37型6架。运输机：14架。运输直升机：109架。

预备役部队　26.2万人。其中陆军22.5万人,海军2万人,空军1.7万人。

准军事部队　志愿服务组织约3.5万人。海岸警卫600人。海岸巡逻艇：KBV-171型1艘。近岸巡逻艇：65艘。近海巡逻艇："格特兰"级1艘。

部署　全国划分为三个军区，即北部、中部、南部军区，各军兵种由所属军区司令统一指挥，海军主要部署在波罗的海沿岸，空军主要部署在中南部。

兵役制度　实行义务兵役制。宪法规定，18~47周岁的男性公民都有服兵役的义务。男性公民在18~24周岁期间必须服兵役，服役期为7.5~10个月，此后还要参加5次18~25天的预备役训练。女性可志愿服役。军官最高服役年限为60岁，义务兵服役期为：陆军、海军7~15个月，空军8~12个月。

军衔　军官分3等10级：将官4级（上将、中将、少将、准将），校官3级（上校、中校、少校），尉官3级（上尉、中尉、少尉）。

驻外兵力　参加联合国维和部队的兵力包括：驻阿富汗19人、波斯尼亚7人、克罗地亚6人、格鲁吉亚3人、印巴边境6人、伊拉克和科威特6人、中东6人、利比里亚233人、埃塞俄比亚5人、科索沃650人、塞拉利昂1人、苏丹2人，刚果5人等。

（曾　帆）

塞尔维亚和黑山

国　　名　塞尔维亚和黑山。

主要统计　面积10.22万平方公里。人口约1082.6万人（其中，0~14岁男97.4万人，女97.4万人；15~19岁男43.3万人，女43.3万人；20~24岁男

43.3 万人，女 43.3 万人；25~29 岁男 43.3 万人，女 43.3 万人；30~64 岁男 238.2 万人，女 248.9 万人；65 岁以上男 64.9 万人，女 86.6 万人）。国内生产总值 12600 亿第纳尔，约合 214 亿美元（2004 年）。国防费约为 457 亿第纳尔，约合 7.06 亿美元（2005 年）。电力 345.91 亿度（2001 年），煤 3497.4 万吨（2003 年），石油 67.1 万吨（2003 年），粮食 522.5 万吨（2003 年）。海运能力，商船（载重 100 吨以上）462 艘，总载重量 517.3 万吨。民航能力，固定航班机场 5 处、客运 12.13 亿人公里、货运量 493 万吨公里（2002 年）。

国防体制 宪法规定，总统为武装力量最高统帅。最高国防决策机构为最高国防委员会，成员有塞黑总统、塞尔维亚共和国总统和黑山共和国总统，由塞黑总统任主席。国防部为政府中的一个部，是最高军事行政机关，负责国家防务政策、国防预算和军事法规的制定及武器装备的研制和改造等工作。正规军分为陆、海、空军防空军三个军种。武装力量由常备军和预备役部队组成。最高军事指挥机构为总参谋部。总统通过国防部和总参谋部对全国武装力量实施领导和指挥。

领导人物 总统兼武装力量最高统帅斯韦托扎尔·马罗维奇（2003 年 3 月 7 日上任）。国防部长佐兰·斯坦科维奇（2005 年 10 月 21 日上任）。总参谋长柳比沙·约基奇中将（2005 年 10 月 6 日上任）。

武装力量 **兵力** 现役部队 6.53 万人。

陆军 约 5.5 万人。编有 6 个军司令部、6 个装甲旅、1 个警卫旅、1 个机械化旅、7 个摩托化步兵旅、1 个步兵旅、1 个空降旅、1 个特种旅、5 个混合炮兵旅、3 个工兵团、2 个军警营。

武器装备 坦克：T-55 型 694 辆、T-72 型 62 辆、M-84 型 206 辆。步战车：M-80 型 525 辆。装甲输送车：M-60P 型 70 辆、BOV-VP M-86 型 57 辆，其他型号 161 辆。牵引炮：105 毫米 M-56 型 162 门、122 毫米 D-30 型 271 门、130 毫米 M-46 型 217 门、152 毫米 D-20 型 18 门、M-84 型 50 门、155 毫米 M-1 型 66 门、M-65 型 6 门。自行炮：122 毫米 2S-1 型 72 门。火箭炮：128 毫米 M-63 型 48 门、M-77 型 62 门。迫击炮：81 毫米 1090 门、120 毫米 M-74 型 89 门、M-75 型 578 门。反坦克导弹：AT-3 “耐火箱”型 142 枚。无坐力炮：57 毫米 1550 门，82 毫米 M-60PB SP 型 1500 门，105 毫米 M-65 型 650 门。反坦克炮：100 毫米 T-12 型 283 门。高炮：20、30、57 毫米 2000 门。地空导弹：SA-6/-9/-13 型 60 枚、SA-7/-14/-16/-18 型共 900 枚。

海军 0.38 万人（含陆战队 900 人）。

潜艇：“萨瓦”级 1 艘，“乌纳”级 3 艘。护卫舰：“科托尔”级 2 艘，“斯普利特”级 1 艘。导弹快艇：“拉德·康查尔”级 5 艘，“米塔尔·阿采夫”级（“黄蜂”级）4 艘。巡逻艇：22 艘。猎雷艇：“武可夫·克拉纳茨”级 2 艘。扫雷艇：英国“汉”级 2 艘，“奈斯廷”级 6 艘。登陆艇：1 艘。支援和勤务舰船：9 艘。

陆战队：编有 2 个陆战旅（各辖 2 个营）、1 个步兵旅（预备役）、1 个岸炮旅、1 个军事警察营。

空军 0.65 万人，编有 1 个空军军，1 个防空军军。作战飞机 96 架、武装直升机 45 架。

武器装备 攻击战斗机：“鹰”2 型 17 架、“超级海欧”G-4 型 34 架。歼击机：米格-21bis 型 28 架、米格-21UM 型 6 架、米格-29A 型 4 架、米格-29U 型 1 架。侦察机：“鹰”型约 10 架、米格-21R 型约 1 架。运输机：安-26 型 11 架、“猎鹰” 50 型（专机）2 架、雅克-40 型 2 架、道尼尔-28D “空中仆人”型 2 架。武装直升机：“小羚羊”型 17 架、H-42M 型 24 架。直升机：米-8 型 29 架、H-42 型 25 架、H-45 型 17 架、HI-42 型 3 架。教练机：乌特瓦-75 型 9 架。空空、空地导弹若干枚。

预备役部队 28 万人。其中陆军 25 万人、海军 1 万人、空军 2 万人。

准军事部队 4.51 万人，其中内务部队 3.5 万人，特种警察部队 4100 人，黑山内务部队 6000 人。

兵役制度 实行义务兵与职业军人相结合的制度，义务兵服役期为 6 个月。将官最高服役年限为 60 岁，校官为 57 岁，尉官为 55 岁，士官为 52 岁。

军衔 军人军衔分 5 等 20 级。即将官 4 级（大将、上将、中将、少将），校官 3 级（上校、中校、少校），尉官 4 级（大尉、上尉、中尉、少尉），军士 6 级（一级准尉、准尉、一级上士、上士、中士、下士），兵 3 级（一等兵、二等兵、列兵）。

驻外兵力 驻科特迪瓦观察员 3 人，驻民主刚果观察员 6 人，驻利比里亚观察员 6 人，驻布隆迪观察员 1 人。

外国驻军 联合国驻科索沃维和部队 1.75 万人，联合国驻科索沃观察员 36 人、民事警察 3510 人。

军队节日 6 月 12 日为建军节。

（黄姗姗）

斯洛文尼亚

国　　名　斯洛文尼亚共和国。

主要统计　面积 2. 273 万平方公里。人口 201.4 万人（2004 年。其中，0~14 岁占 15.2%；15~64 岁占 20.4%；65 岁以上占 14.4%）。国内生产总值 6.19 万亿托拉尔，约合 317 亿美元（2004 年）。国防费 1100 亿托拉尔，约合 5.8 亿美元（2005 年国防预算）。发电量 140. 1 亿度（2003 年）。原煤 489.1 万吨（2000 年）。粮食 45.4 万吨（2003 年）。海运能力，商船（载重量 100 吨以上）13 艘，总载重量 34.65 万吨（2003 年）。民航能力，固定航班机场 3 处，客运量 8.32 亿人公里、货运量 0.042 亿吨公里（2003 年）。

国防体制　宪法规定，总统为国家武装部队最高统帅。国防部是政府执行和实施国防政策的部门。从 1998 年起，按西方标准改组军队体制，分为基本国防部队、加强部队、快速反应部队。

领导人物　总统兼武装部队最高统帅雅奈兹·德尔诺夫舍克（2002 年 12 月就任）。国防部长安顿·格里佐尔德（2002 年 12 月就任）。武装力量司令约纳斯·克龙凯蒂斯少将。

武装力量　**兵力**　现役部队 6550 人。

陆军　5973 人。编有 1 个武装部队司令部，1 个步兵旅（下辖 2 个机械化步兵营，1 个工兵营）。

主战坦克：40 辆。装甲侦察车：8 辆。装甲步兵战车：26 辆。装甲输送车：64 辆。牵引炮：24 门。迫击炮：116 门。反坦克导弹若干枚。

海上部队　47 人。编有 1 个海上营。海军基地科佩尔。

空中部队　530 人。编有 1 个防空团，1 个航空团。各型作战飞机 15 架，直升机 13 架，“萨姆”导弹 132 枚，高炮 24 门。

预备役部队　2 万人。

准军事部队　警察部队 4500 人。装备有各型直升机 5 架。

兵役制度　实行义务兵役制，服役期 6 个月。

驻外兵力　驻阿富汗国际安全援助部队 18 人。驻波斯尼亚第二期多国稳定部队（SFOR Ⅱ）158 人。驻中东观察员 2 人。驻塞尔维亚与黑山维和部队 2 人。

（吴　炯）

乌　克　兰

国　　名　乌克兰。

主要统计　面积 60.37 万平方公里。人口 4721 万人（2005 年 3 月 1 日。其中，13~17 岁男 190.1 万人，女 187.7 万人；18~22 岁男 187.7 万人，女 183.7 万人；23~32 岁男 359.5 万人，女 357.3 万人）。国内生产总值 3030 亿美元（2004 年）。国防费 10.9 亿美元（2005 年）。粗钢 2267 万吨（2004 年）。原煤 6465 万吨（2004 年）。粮食 4180.9 万吨（2004 年）。海运能力，商船（载重 100 吨以上）2 艘，总载重量 8600 吨（2001 年）。民航能力，固定航班机场 1 处，客运量 310 万人次、货运量 10 万吨（2004 年）。

领导人物　总统兼武装力量总司令尤先科·维克多·安德烈耶维奇（2005 年 1 月 23 日上任）。国防部长格里岑科·阿纳托利·斯捷潘诺维奇。总参谋长基里琴科上将。

武装力量　**兵力**　现役兵力约 18.76 万人。

地面部队　12.5 万人。划分为国防部直属部队和 3 个作战指挥部。国防部直属部队下辖 1 个空中机动旅、1 个战役战术导弹旅、1 个炮兵旅、1 个工兵旅。

西部作战指挥部下辖：指挥部直属部队有 1 个特种作战旅、1 个战役战术导弹旅、1 个空中机动团、1 个工兵旅、2 个陆航团、1 个空防团；1 个军，下辖 2 个机械化师、5 个机械化旅、1 个炮兵师、1 个炮兵旅、1 个火箭炮团、1 个空防团、1 个工兵团。

南部作战指挥部下辖：指挥部直属部队 1 个机械化师、1 个战役战术导弹旅、1 个陆航旅、1 个空中机动师、2个工兵团、1个空防导弹旅；2个军，其中1个军下辖1个坦克师（包括3个坦克团、1个特炮团、1个空防团）。另一个军下辖2个机械化旅、1个炮兵旅、1个火箭炮团、1个工兵团、1个空防导弹团。

北部作战指挥部下辖：指挥部直属部队有1个机械化师、1个炮团、1个坦克旅、1个战役战术导弹旅、1个陆航旅、1个工兵团。1个军下辖1个坦克师、2个机械化师、1个空中机动旅、1个战役战术导弹旅、1个炮兵旅、1个火箭炮团、1个工兵团。

主战坦克：4801辆，其中，T-55型1129辆、T-64型2215辆、T-72型1180辆、T-80型271辆、T-84型6辆。BRDM-2型装甲侦察车：约600辆。步兵战车：3043辆。装甲输送车：1702辆。另有MT-LB型2090辆、LOOK-a-likes型4700辆。各型火炮：3705门。其中，牵引火炮1143门，自行火炮1298门，曲射直射两用炮76门。火箭炮：588门。迫击炮：600门。战役战术导弹发射架：212部（“飞毛腿”B型72部、“青蛙”型50型、SS-21型90部。反坦克导弹：AT-4、AT-5、AT-6型若干枚。反坦克炮：约500门。自行高炮70门。高炮：约400门。防空导弹发射架：SA-4型100部、SA-8型125部、SA-11型60部、SA-B型约150部。战斗直升机：205架。运输直升机：各型357架。

海军　1.35万人（包括海军航空兵2500人、海军陆战队3000人、海岸防御部队2000人）。

潜艇：1艘。主要水面作战舰艇：3艘。巡逻艇：9艘。其他舰艇：21艘。

海军航空兵　2500人。装备战斗直升机13架、运输直升机16架、贝-12型反潜机11架、卡-27E型直升机28架、米-24型直升机42架。

海军陆战队　3000人。

空军　4.91万人。编有2个空军军，1个轰炸团，装备图-22M型轰炸机32架；3个歼击轰炸团，装备苏-24型歼轰机71架；2个强击机团，装备苏-25型强击机63架；7个歼击机团，装备米格-29型歼击机217架、苏-27型歼击机60架；2个侦察团，装备苏-24型机29架、苏-17型机20架；3个运输机团：装备伊尔-76型机60架，安-12/-24/-26、图-134、伊尔-78型运输机45架；5个教练机团，装备拉-39型教练机345架；1个直升机教练团，装备米-8直长机16架。运输直升机：米-2型111架、米-6型23架、米-8型170架。空空导弹AA-7、AA-8、AA-9、AA-10、AA-11型若干枚。空地导弹AS-7、AS-9、AS-10、AS-11、AS-12、AS-13、AS-14、AS-15型若干枚。地空导弹发射架SA-2/-3/-5/-10/-12A型约825部。

预备役部队　近5年服过现役者约100万人。

准军事部队　约11.25万人。其中，内卫部队4.4万人、边防部队4.5万人、海岸守备队1.4万人、国民卫队0.95万人。

（吴　炯）

西　班　牙

国　　名　西班牙王国。

主要统计　面积50.5925万平方公里。人口4319.8万人（2004年。其中，男性占49.1%，女性占50.9%；0~14岁占14%，15~29岁占20%，30~64岁占48%，65岁以上占18%）。国内生产总值9860亿美元，人均2.44万美元（2005年）。国防费73.8亿美元（2004年国防预算）。原煤2761.5万吨（2003年）。原油397万桶（2003年）。天然气4.98亿立方米（2003年）。发电量1856.28亿度（2003年）。谷物1810.2万吨（2003年）。海运能力，商船（载重量100吨以上）2210艘，总载重量515.28万吨（2003年）。民航能力，全国有机场42个，其中34个机场有定期航班。客运量538.25亿人公里、货运量61.72亿吨公里（2003年）。

国防体制　国王为武装力量最高统帅。国防委员会既是国防事务的最高咨询机构，也是国防最高决策机构，国王为主席，通常由首相主持会议，成员由副首相、国防大臣、外交大臣、内政大臣、国防参谋长、三军参谋长。三军参谋长联席会议是军队的最高指挥机构。国防部是最高行政机关，负责制定防务政策和领导国防工业。国王、首相通过国防部和国防参谋部对全国武装力量实施领导。武装力量由正规军和准军事部队组成。准军事部队由国民警卫队和海上国民警卫队组成。国王和首相通过国防部和国防参谋部对全国武装力量实施领导和指挥。

领导人物　国王胡安·卡洛斯一世（1975 年 11 月 22 日登基）。内阁首相萨帕特罗（2004 年 3 月上任）。国防大臣费德里科·特里略（2000 年 4 月 27 日上任）。国防参谋长安东尼奥·莫雷诺·巴尔韦拉上将（2000 年 4 月上任）。陆军参谋长阿方索·帕尔多·德桑塔亚纳伊科洛马上将（1998 年 9 月 29 日上任）。海军参谋长安东尼奥·莫雷诺·巴尔贝拉海军上将（1997 年 6 月 27 日上任）。空军参谋长胡安·安东尼奥·隆博洛佩斯空军上将（1997 年 1 月上任）。

武装力量　**兵力**　现役部队 14.7255 万人。

陆军　9.56 万人。编有个 4 支本土防御部队,1 个快速反应师，1 个机械化师，1 个山地旅，1 个骑兵旅，1 个西班牙军团，1 个防空团，1 个陆航旅，1 个工程兵司令部，1 个防空司令部，1 个海岸炮兵司令部（含 2 个岸炮团），1 个特种作战司令部。

主战坦克 323 辆：2A4 型 108 辆，M-48A5E 型 13 辆，M-60A3TTS 型 184 辆，2A5E 型 18 辆，装甲侦察车：BMR-VEC 型 228 辆，"半人马 B-1" 型 42 辆。装甲步兵战车："皮扎罗" 式 144 辆。装甲输送车：2022 辆，其中 M-113 型 1337 辆，BMR-600 型 685 辆。牵引炮：290 门，其中 105 毫米 M-56 型 170 门，105 毫米 L118 型 56 门，155 毫米 M-114 型 64 门。自行炮：170 门，其中 105 毫米 M-108 型 34 门，155 毫米 M-109A1/A5 型 96 门，203 毫米 M-110A 型 40 门。岸炮：50 门，其中 155 毫米 SBT52 型 8 门,305 毫米 3 门,381 毫米 3 门,6in 型 36 门。火箭炮:140 毫米 14 门。迫击炮:120 毫米 449 门,81 毫米 1040 门。无坐力炮:106 毫米 507 门。反坦克导弹:"陶式"200 枚,"霍特"式 28 枚,"米兰"式 404 枚。高炮:20 毫米 175 门,35 毫米 92 门。地空导弹:"罗兰" 式 18 枚,"防空卫士"/"蝮蛇"13 枚,"西北风"式 180 枚,"霍克"式 36 枚。直升机：122 架。

海军　1.9445 万人。编有 5 个舰队司令部和 4 个海管区。

航空母舰："阿斯图利亚王子" 号 1 艘。潜艇：5 艘，其中有 "加莱尔纳" 级 4 艘，"鲸" 级 1 艘。护卫舰：12 艘，其中 "圣玛丽亚" 级 6 艘，"巴利埃里" 级 2 艘，"阿瓦罗巴占" 级 4 艘。海岸警卫舰艇：36 艘。水雷战舰艇：7 艘。两栖船坞运输舰：2 艘。坦克登陆舰：2 艘。支援与补给舰船：29 艘。教练舰：11 艘。

海军航空兵　814 人。编有 1 个攻击战斗机中队，1 个联络机中队，1 个反潜机中队，1 个电子战机中队，1 个运输机中队，1 个教练机中队。装备有攻击战斗机 "AV-8B" 型 16 架，TAV-8 型教练机 1 架。反潜机 23 架：其中 "海王" SH-3D 型预警机 3 架，SH-3 型 8 架，SH-60B 型 12 架，HU-18 型 9 架，"豪斯" 500 型 10 架。空空、空地导弹若干枚。

海军陆战队　5300 人。装备有 M-60A3 型主战坦克 16 辆。装甲运输车 "蝎" 型 18 辆。两栖装甲战车 AAV-7A1 型 19 辆。牵引炮：105 毫米 12 门。自行炮：155 毫米 6 门。反坦克导弹："陶" 式 24 枚，火箭炮：90 毫米 C-90C 型若干。地空导弹：12 枚。

空军　2.275 万人。编有个 4 军区（即中部军区、东部军区、直布罗陀海峡军区、加那利群岛军区），1 个后勤支援司令部。

攻击战斗机：EF-18A 型 91 架。海上侦察机：P-3A 型 2 架,P-3B 型 5 架。电子战机:"猎鹰"50 型 1 架,"猎鹰"900 型 2 架。侦察机:V2 型 2 架。搜索救援机:F-27 型 3 架。战斗机:F-5 型 23 架,F-1 型 48 架,"台风"4 架。运输机:"大力神"C-130H 型 5 架，C-212 型 57 架，CN-235 型 20 架,"猎鹰"20 型 5 架,加油机:KC-130H 型 7 架,"波音"707 型 3 架。教练机:C-101 型 78 架,E-26 型 37 架,E-24 型 22 架,DO-27 型 21 架。直升机:40 架。空空导弹:"麻雀"AIM-7 型、"响尾蛇"AIM-9 型、"阿姆拉姆"型 AIM-120 型、R-530 型若干枚。地空导弹:"西北风"、"防空卫士"/"腹蛇"若干枚。

预备役部队　32.85 万人。其中陆军 26.5 万人，海军 1.85 万人，空军 4.5 万人。

准军事部队　7.336 万人。其中国民警卫队 7.26 万人，海上国民警卫队 760 人。

部署　三军兵力主要部署在马德里附近，海岸沿线及直布罗陀东北部的沿海地区。

兵役制度　实行义务兵和志愿兵相结合的兵役制度。义务兵服役期为 9 个月。志愿兵的服役期为 16 至 36 个月。各级军官最高服役年限：将官为上将 64 岁、中将 62 岁、少将 60 岁；校官为上校 58 岁、中校 56 岁、少校 54 岁；尉官为 54 岁。

军衔　分 5 等 18 级：将官 3 级（上将、中将、少将），校官 3 级（上校、中校、少校），尉官 3 级（上尉、中尉、少尉），士官 7 级（准尉、士官长、一级军士长、军士长、上士、中士、下士），兵 2 级（上等兵、列兵）。

驻外兵力　驻阿富汗部队 400 人、飞机 14 架，其中 C-130 型 5 架，CN-235 型 8 架，P-3 型 1 架。参加联合国维和行动部队：驻波黑维和部队 935 人；驻海地 202 人；驻埃塞俄比亚/厄立特里亚 3 人；驻意大利北约军事一体化空军部队 F/A-18 型战斗机 4 架，KC-130 型 1 架；驻科索沃维和部队 800 人；驻苏丹 3 人，驻刚果 2 人。

外国驻军 美国海军驻军 282 人。

军队节日 军人节 1 月 6 日；武装力量节为 5 月的最后一个星期日。

（曾 帆）

希 腊

国 名 希腊共和国。

主要统计 面积 13.1957 万平方公里，其中岛屿面积约占 15%。人口 1066.8 万人（2004 年。其中，13~17 岁男 35.8 万人，女 55.5 万人；18~22 岁男 39.7 万人，女 38.1 万人；23~32 岁男 85.3 万人，女 80.5 万人）。国内生产总值 1630 亿欧元，约合 2020 亿美元（2004 年）。国防费 35.2 亿欧元，约合 44.6 亿美元（2005 年国防预算）。粗钢 282 万吨（2002 年）。原煤 75 万吨（2003 年）。原油 100 万桶（2002 年）。天然气 1.15 亿立方米（2002 年）。发电量 475.86 亿度（2002 年）。粮食 458.6 万吨（2002 年）。海运能力，商船（载重 100 吨以上）1879 艘，总载重量 17160 万吨（2003 年），民航能力，固定航班机场 36 处，客运量 103.5 万人次。货运量 5.88 万吨（2003 年）。

国防体制 总统为武装力量统帅。最高国防决策机构为国家最高外交国防委员会，成员有政府总理、外交、国防、内政、财政、工业、交通部长和国防参谋长等。国防部为政府中的一个部，是最高军事行政机关，负责国防政策的制定及军队的建设和管理。武装力量由正规军和准军事部队组成。正规军分陆、海、空三个军种。准军事部队由国民警卫队、公安警察和港警等组成。最高军事指挥机构为国防参谋部，下辖陆、海、空军参谋部。总统通过总理、国防部和国防参谋部对全国武装力量实施领导和指挥。

领导人物 总统兼武装力量统帅卡罗洛斯·帕普利亚斯（2005 年 3 月 12 日上任）。总理科斯塔斯·卡拉曼利斯（2004 年 3 月 17 日上任）。国防部长斯皮利奥托普洛斯（2004 年 3 月 17 日上任）。国防参谋长帕纳约蒂斯·齐诺弗蒂斯。陆军参谋长康斯坦丁·帕纳伊奥塔基斯中将（1999 年 2 月 15 日上任）。海军参谋长莱奥尼达斯·帕里约尔高斯中将（2001 年 2 月 15 日连任）。空军参谋长季米特里奥斯·里泽拉科斯中将（1999 年 2 月 15 日上任）。

武装力量 **兵力** 现役部队 16.385 万人（其中义务兵 9.832 万人）。

陆军 11 万人（其中义务兵 8.1 万人）。编有 3 个军区，1 个集团军司令部，5 个军区司令部，5 个师部，5 个独立装甲旅，7 个机械化旅，5 个步兵旅，1 个陆航旅，1 个两栖作战营，4 个侦察营，5 个野战炮兵营，1 个独立空中补给连，10 个高炮营，2 个地空导弹营。

主战坦克：各型 2088 辆。装甲侦察车：167 辆。步兵战车：500 辆。装甲输送车：各型 1977 辆。牵引炮：995 门。自行炮：各型 407 门。火箭炮：各型 151 门。迫击炮：各型 3420 门。无坐力炮：各型 4605 门。反坦克导弹：888 枚。高炮：506 门。地空导弹：各型 1083 枚。飞机：U-17 型 43 架。直升机：150 架。

海军 1.925 万人（其中义务兵 0.98 万人）。编有 1 个舰队司令部，1 个训练司令部，1 个后勤司令部和 4 个本土海区司令部。潜艇：8 艘。驱逐舰：各型 4 艘。护卫舰：各型 18 艘。轻型护卫舰：5 艘。导弹快艇：各型 17 艘。巡逻艇：各型 8 艘。鱼雷快艇：8 艘。布雷舰：2 艘。扫雷艇：14 艘。两栖登陆舰：各型 10 艘。小型登陆艇：57 艘。支援舰船：20 艘。

海军航空兵 250 人。编有 2 个中队，装备 P-3B 海上巡逻机 6 架、直升机 18 架（其中反潜直升机 16 架、电子战直升机 2 架）。

空军 3.3 万人（其中义务兵 0.752 万人）。编有 1 个作战司令部，1 个训练司令部，10 个攻击战斗机中队，8 个战斗机中队，1 个侦察机中队，3 个运输机中队，4 个联络机中队，4 个教练机中队，1 个直升机中队，1 个防空营，12 个高炮连。作战飞机 418 架。攻击战斗机：各型 204 架。战斗机：各型 230 架。联络机：30 架。教练机：94 架。直升机：35 架。

预备役部队 32.5 万人。其中陆军 23.45 万人、海军 2.4 万人、空军 3.2 万人。国民警卫队 3.45 万人。

准军事部队 3.5 万人（包括国民警卫队、公安警察和港警）。

部署　陆军兵力主要部署在北部边境一带，海军兵力主要部署在中南部沿海和克里特岛地区，空军兵力集中部署在首都雅典附近及中部地区。

兵役制度　实行义务兵役制，士兵服役期为：陆军 16 个月，海军 19 个月，空军 19 个月。

军衔　分 5 等 17 级，即将官 4 级（上将、中将、少将、准将），校官 3 级（上校、中校、少校），尉官 3 级（上尉、中尉、少尉），军士 5 级（准尉、军士长、上士、中士、下士）、兵 2 级（上等兵、列兵）。

驻外兵力　驻塞浦路斯 1250 人，1 个机械化旅。参加联合国维持和平行动：810 人。其中驻波黑维和部队 250 人，驻北约军事一体化空军部队 C-130 运输机 1 架，驻格鲁吉亚军事观察员 4 人，驻伊拉克/科威特边境军事观察员 5 人，驻西撒哈拉军事观察员 1 人，驻南斯拉夫维和部队 430 人。

外国驻军　美国驻军 310 人（其中海军 240 人、空军 70 人）。

军队节日　武装力量节 8 月 15 日。

（吴　炯）

匈　牙　利

国　　名　匈牙利共和国。

主要统计　面积 9.3030 万平方公里。人口 1009 万（2005 年 1 月 1 日。其中，男性占 47%，女性占 53%；0~14 岁占 16%，15~29 岁占 20%，30~64 岁占 49%）。国内生产总值 995 亿美元（2005 年）。国防费 13.1 亿美元（2003 年国防预算）。粗钢 188 万吨（2003 年）。原煤 1318 万吨（2003 年）。原油 115.8 万吨（2003 年）。天然气 37.93 亿立方米（2003 年）。发电量 385.5 亿度（2003 年）。粮食 1462 万吨（2003 年）。海运能力，商船（载重 100 吨以上）17 艘，总载重量 10.2 万吨（2003 年）。民航能力，有费里海吉 1 号和费里海吉 2 号两个国际机场，2003 年共有注册民用飞机 1158 架，客运量 36.9 亿人公里、货运量 5500 万吨公里（2003 年）。

国防体制　宪法规定，总统兼任武装力量总司令。战时成立国防委员会，成员包括：总统、总理、议长、国防部长、内务部长、外交部长和总参谋长，总统任主席。国防部为最高军事行政机关，负责制定国防政策和相关法律、法规。武装力量由正规军和准军事部队组成。正规军分陆军和空军防空军两个军种。总参谋部为最高军事指挥机关，负责军队的指挥、训练和管理等。总统通过国防部和总参谋部对军队实施领导和指挥。

领导人物　总统马德尔·费兰茨（2000 年 8 月当选）。国防部长尤哈斯·费兰茨（2002 年 5 月上任）。总参谋长佛多尔· 劳尤什上将（1999 年 8 月上任）。

武装力量　**兵力**　现役部队 3.23 万人。

陆军　2.395 万人，其中义务兵 1.65 万人。编成 1 个陆军司令部、1 个卫戍司令部、1 个机械化师和 1 个训练师，辖 3 个摩步旅、1 个混合炮兵旅、1 个工兵旅、1 个地空导弹团、1 个炮兵营、1 个反坦克营、1 个侦察营、5 个训练中心、1 个多瑙河联队（旅）、1 个多瑙河扫雷营、1 个宪兵团。

坦克：T-72 型 238 辆。装甲步兵战车：BTR-80A 型 178 辆。装甲输送车：BTR-80 型 458 辆。牵引炮：共有 152 毫米 D-20 型 308 门。自行炮：122 毫米 2S1 型 153 门。火箭炮：122 毫米 BM-21 型 62 门。迫击炮：82 毫米 M-120 型 50 门。　反坦克导弹：AT-4“塞子”30 枚、AT-5“拱肩”80 枚。地空导弹：SA-14 型 60 枚。地面雷达：PSZNR-5B 型 5 部，SNAR-10 型 10 部。

空军　7500 人。编成 2 个歼击机团、1 个武装直升机团、1 个混合运输机团、2 个防空导弹团。

攻击战斗机：米格-29B 型 12 架、米格-29UB 型 2 架。运输机：安-26 型 5 架、米格-8 型直升机 12 架、米-17 型直升机 5 架。教练机：拉-39 型 6 架、雅克-52 型 9 架，米格-29U 型 2 架。武装直升机：米-24 型 12 架。空空导弹：AA-10 型“杨树”84 枚和 AA-11 型“射手”210 枚。空地导弹：AT-2 型“蝇拍”97 枚和 AT-6 型“螺旋”500 枚。地空导弹：SA-6 型 20 枚。

机动部队　850 人。

预备役　4.4 万人。其中陆军 3.52 万人，包括 4 个预备役摩步旅。空军 0.88 万人（服役年限到 50 周岁）。

准军事部队　1.2 万人。即内务部所属边防军 1.2

万人，编成11个边防区（团级）和1个布达佩斯防区（包括7个快反分队），装备有33辆PSZH型和68辆BTR-80型装甲运输车；内务部队（警察）2000人，装备有33辆PSZH型和40辆BTR-80型装甲运输车。

兵役制度 实行义务兵役制。士兵服役期为6个月。军官最高服役年限为50周岁。

军衔 共分6等20级：即将官4级（上将、中将、少将、准将）、校官3级（上校、中校、少校）、尉官3级（上尉、中尉、少尉）、准尉3级（一级准尉、二级准尉、三级准尉）、军士3级（上士、中士、下士）、兵4级（上等兵、中等兵、下等兵、列兵）。

驻外兵力 驻伊拉克维持和平部队293人；驻阿富汗国际安全部队130人；参加联合国驻波黑多国执行部队军事观察团154人；驻塞浦路斯军事观察团84人；驻埃及军事警察团41人；驻格鲁吉亚军事观察团7人；驻西撒哈拉军事观察团5人；驻塞尔维亚和黑山多国维和部队295人。

军队节日 建军节为5月21日。

（曾 帆）

意 大 利

国　　名 意大利共和国。

主要统计 面积30.1277万平方公里。人口5810.3万（其中，15~19岁男占2%，女占2%；20~24岁 男占3%，女占3%；25~29岁男占3%，女占3%；30~64岁男占25%，女占25%）。国内生产总值14811.15亿美元，人均国内生产总值14811.15美元（2004年）。国防预算136亿欧元，约合172亿美元（2005年）。粗钢产量597万吨（2002年）。谷物2078.52万吨（2002年）。公路总长30.63万公里（2002年）。铁路总长16035万公里（2002年）。海运能力，商船（载重100吨以上）1966艘，总载重量714.95万吨。民航能力，固定航班机场34处，客运量294.71亿人公里、货运量12.19亿吨公里。

国防体制 国防体制是以国防部长（文官）为首，国防参谋长和国防秘书长分别主管军事和后勤管理的双轨制。武装力量由正规军和准军事部队组成，正规军分陆军、空军、海军3个军种，准军事部队由宪兵、公安警察和财政警察等构成。总统为国家最高元首和武装部队最高统帅，他通过总理、国防部和国防参谋部对全国武装力量实施领导和指挥。总理对国防政策及军队建设负有全部责任。最高国防机构是最高国防委员会，成员包括总统、总理和国防、外交、内政、国库、预算、工业、农业部长和国防参谋长，由总统任主席，总理任副主席。国防部是最高行政机构，国防部长负责具体实施各项国防政策。国防参谋部是最高军事指挥机构，下辖陆、海、空军参谋部和宪兵总部。参谋长委员会为国防部最高咨询机构，成员有国防参谋长、三军参谋长、国防秘书长和宪兵部司令，并由国防参谋长任主席。国防参谋长是全军最高军事长官，他通过国防参谋部、国防秘书厅和军种参谋部对三军进行行政管理，通过三军作战司令部、舰队司令部、空军作战司令部指挥部队的作战和演习。国防秘书长又兼任国防军备主任，并接受国防部长和国防参谋长的双重领导，负责国防部的行政事务和军队装备、人事管理等。

领导人物 总统卡洛·阿泽利奥·钱皮（1999年5月上任）。总理西尔维奥·贝卢斯科尼（2001年6月）。国防部长安东尼奥·马蒂诺（2001年6月上任）。国防参谋长迪·保拉。陆军参谋长朱利厄·弗拉蒂塞利陆军中将（2003年7月23日上任）。海军参谋长塞尔焦·比拉基海军中将（2004年2月9日上任）。空军参谋长桑德罗·费拉库蒂空军中将（2001年8月5日上任）。

武装力量 **兵力** 现役部队30.1万人（含直属队和国防部人员）。

陆军 16.6万人。编有1个作战司令部，1个军团司令部，1个快速反应部队司令部；1个通信/电子战司令部；1个支援司令部，1个装甲旅，1个工兵旅，1个航空兵旅，1个后勤保障师；2个本土防卫军团。

主战坦克：320辆。其中，“豹Ⅰ”式120辆，“阿雷耶特”式C1型200辆。装甲侦察车：“半人马座”式B-1型300辆。装甲步兵战车：“达多”式VCC-80型122辆。装甲输送车2036辆，其中BV-206型90辆，M-113型529辆，VCC-1/2型1360辆，菲亚特6614型57辆。装甲突击车：LVTP-7型

14 辆。

火炮：1562 门，其中 FH-70 型 155 毫米牵引火炮 164 门，M-109 型 155 毫米自行火炮 260 门，“姆拉斯”227 毫米多管火箭炮 22 门，迫击炮 1116 门。

反坦克导弹：“陶Ⅰ”式 426 枚，“米兰”式 1000 枚。

无座力炮：80 毫米“霹雳”式 434 门。火箭筒：“铁拳”3 型 1430 具。

固定翼飞机：6 架。包括 DO-228 型 3 架，P-180 型 3 架。

直升机：268 架。其中 A-109 型 25 架，A-129 型 60 架，CH-47C 型 22 架，AB-205A 型 71 架，AB-206 型 50 架，AB-212 型 18 架，AB-412 型 22 架。

高射炮：25 毫米 SIDAM 自行式 64 门。

地空导弹：“霍克”式 36 枚，“防空卫士”/“蝮蛇”式 32 枚，“毒刺”式 80 枚。

海军　4 万人。编有 1 个舰队司令部（兼北约地中海常设舰队司令部），6 个战区司令部，1 个海上快速反应部队司令部。

潜艇：6 艘。包括“佩洛吉”级 4 艘，“萨乌罗”级 1 艘，“图达罗”级 1 艘。

轻型航母：“加里波第”级 1 艘，可搭载 AV-8B 型攻击机 6 架或 SH-3 型“海王”式直升机 4 架。导弹驱逐舰：“德拉佩内”级 2 艘。导弹护卫舰：12 艘，其中“西北风”级 8 艘，“狼”级 4 艘。轻巡洋舰：“智慧女神”级 8 艘。巡逻和海岸作战舰艇：14 艘，其中“埃斯普拉托尔”级海岸巡逻艇 4 艘，近海巡逻艇 10 艘。水雷战舰艇：13 艘，其中海岸猎雷艇 1 艘，“莱里齐”级 4 艘，“加埃塔”级 8 艘。两栖战舰艇：3 艘，其中“圣乔治奥”级 2 艘，“圣鞠斯托”级 1 艘。支援辅助舰船：94 艘。

海军航空兵：2200 人。编有 1 个攻击战斗机中队，5 个反潜直升机中队，装备有作战飞机 15 架，武装直升机 66 架。

海军陆战队：2000 人。编有“圣马可”陆战团（1300 人），1 个后勤支援团，1 个训练大队。装备有 VCC-2 型装甲人员输送车 40 辆，AAV-7 型两栖突击车 18 辆，迫击炮 12 门，“米兰”式反坦克导弹 6 具等。

特种作战部队：1 个水下作战分队，1 个海军特种作战分队，1 个特种作战司令部，1 所学校和 1 个研究所。

空军　6.4 万人。

主要编成：4 个战斗机飞行中队，7 个战斗攻击机飞行中队，1 个海上侦察机飞行中队，1 个电子战飞机飞行中队，1 个搜索与救援机飞行中队，6 个搜索与救援机飞行分队，1 个空中加油/运输机/校正机飞行中队，1 个运输机飞行中队，2 个飞行联络机飞行中队，6 个教练机飞行中队，1 个无人机飞行中队，3 个“奈基”地空导弹中队和 9 个“斯巴达”地空导弹中队。

作战飞机：199 架。其中“台风”式 5 架，F-16 型战斗机 34 架，“狂风”式 52 架。攻击机：AMX 型 45 架。反潜巡逻机 18 架，其中“大西洋”式 13 架（另封丰 5 架）。电子战机：G-222VS 型 2 架以上。运输机 106 架。联络机 135 架。直升机 120 架。此外，还装备有 AIM-9L 型“响尾蛇”、“蝮蛇”型空空导弹若干枚；AGM-88 型“哈姆”、“鸬鹚”型空地导弹若干枚；“奈基”、“蝮蛇”型地空导弹若干枚。

宪兵　11.36 万人（属内政部）。包括本土宪兵、训练部队、机动防御部队等。装备有菲亚特 6616 型装甲运输车 18 辆；VCC-1 型装甲人员输送车 10 辆，VCC-2 型装甲人员输送车 16 辆，“美洲狮”装甲人员输送车 6 辆；直升机 92 架，其中 A-109 型 24 架、AB-206 型 38 架、AB-412 型 30 架。

兵役制度　目前实行义务兵和志愿兵相结合的兵役制度。义务兵服役年龄为 18~26 岁，服役期为 10 个月；志愿兵分为短期服役和长期服役，短期服役志愿兵服役期为 1 至 3 年，长期服役志愿兵可服役至 56 岁。根据意议会 2000 年通过的法律，意将从 2004 年起开始实行军队职业化，同时将义务兵役改为志愿兵役；2006 年起将停止征兵。各级军官最高服役期限：将官 65 岁、校官 57 岁、尉官 50 岁。

军衔　分 5 等 19 级：将官 4 级（四星中将、三星中将、少将、准将），校官 3 级（上校、中校、少校），尉官 3 级（上尉、中尉、少尉），军士 6 级（军士长、一级上士、二级上士、三级上士、中士、下士），兵 3 级（一等兵、二等兵、列兵）。

驻外兵力　驻阿富汗（国际安全援助部队）：990 人。驻阿尔巴尼亚：498 人。驻波黑：1126 人。驻埃及：76 人。驻印度/巴基斯坦：7 名军事观察员。驻伊拉克：0.31 万人。驻黎巴嫩：53 人。驻中东：7 名军事观察员。驻西撒哈拉：5 名军事观察员。

外国驻军　北约南欧盟军司令部设在那不勒斯。美国在意设有许多军事基地与设施，驻军 1.04 万人，美第六舰队基地在那不勒斯附近的加埃塔，那不勒斯、西西里的西戈耐拉和撒丁岛附近的马达莱纳岛设有基地。

军队节日　建军节 11 月 4 日。

（李强洲）

英　国

国　　名　大不列颠及北爱尔兰联合王国。

主要统计　面积 24.36 万平方公里（包括内陆水域）。人口 6044.14 万人（其中，15~19 岁男 607 万人，女 608 万人；20~24 岁男 681 万人，女 685 万人；25~29 岁男 681 万人，女 683 万人；30~64 岁男 1390 万人，女 1380 万人）。国内生产总值 19403.02 亿美元。国防费 540.5 亿美元（2006 年）。天然气 1075.5 千兆瓦时（2003 年）。煤炭产量 2823.4 万吨（2003 年）。原油产量 9780 万吨（2003 年）。总发电量达 3533.2 亿千瓦时（2003 年）。铁路总长 3.4 万公里。公路总长达 39.2 万公里。海运能力，商船（载重 100 吨以上）1631 艘，总载重量 435.5 万吨。民航能力，固定航班机场 57 处，客运量 1.1 亿人次、货运量 100 万吨（2003 年）。

国防政策　积极参与世界事务，维护英国的国际地位；积极参与北约行动，密切同美国的合作，并依靠和借助北约的集体防务力量来保卫欧洲和英国本土安全，努力增加英国在欧洲的影响；积极加强与英联邦国家的联系，保护其广泛的海外利益；保持核威慑力量；保持强大的常规部队；突出强调质量建军和联合快速反应部队的建设，重点提高英军处理各种危机、应付突发事件的快速反应能力，努力维护英国在欧洲及海外传统势力范围的战略利益，积极参加联合国的维和行动，维护英国的战略利益。

军事战略　英国在冷战后对其军事战略进行调整，确定“应变抉择”的军事战略。其核心是：以北约集体防务为支柱，以有限的核威慑为后盾，重点提高部队应付突发事件的能力，以加强军队的质量。具体情况如下：陆军近年的规模虽然在缩小，但更加重视改善军队的装备，着重提高部队的机动性和灵活性；海军的军事战略由“前沿防御”向“机动防御”转变，并着重提高海军处理各种危机和应付突发事件“机动、应变”能力，其作战任务转向独立自主或盟国联合对付涉及国家利益的地区可能发生的危机，能够在远离本土地区迅速调遣、展开部队。空军的主要任务是在多个危机发生地区调遣和机动作战。在指导思想上，强调依靠北约确保欧洲和英国的安全。在防务安排上，积极参与北约集体防务和欧洲的维和行动。在军事部署上，减少驻德国部队。在军队建设上，强调走“少而精”的质量建军的道路。

国防体制　女王伊丽莎白二世是英军名义上的最高统帅。最高军事决策机构是“国防与海外政策委员会”，首相任主席，成员有国防大臣、外交大臣、内政大臣、财政大臣等；必要时，国防参谋长和三军参谋长列席会议。国防部为国防执行机构，既是政府行政部门，又是军事最高司令部，负责具体贯彻和执行首相和“国防与海外政策委员会”的指示和决议，并负责制定政策、预算和三军的作战指挥。国防参谋部负责三军的作战指挥，由第一国防副参谋长主持日常工作。武装力量由正规军与预备役部队组成。正规军分陆、海、空三个军种。首相通过国防部和国防参谋部对全国武装力量实施领导和指挥。战时则组成战时内阁，指挥作战。

领导人物　女王伊丽莎白二世（1952 年即位，1953 年加冕）是英国武装力量名义上的最高统帅。国防大臣杰弗里·胡恩（2001 年 6 月上任）。英国国防参谋长迈克尔·沃克陆军上将（2003 年 5 月上任）。陆军参谋长迈克尔·杰克逊陆军上将（2003 年 2 月 3 日上任）。海军参谋长艾伦·韦斯特海军上将（2002 年 9 月 17 日上任）。空军参谋长乔克·斯蒂鲁普空军上将（2003 年 8 月 1 日上任）。

武装力量　**兵力**　现役部队 20.702 万人。

陆军　11.275 万人。共有 1 个地面部队司令部；3 个师司令部（由前军区改编而成），1 个驻德英国支援司令部，1 个联合直升机司令部；1 个装甲师（辖 3 个装甲旅、3 个炮兵团、4 个工兵团、1 个航空团、1 个防空团）；1 个机械化师（辖 3 个机械化旅、3 个炮兵团、4 个工兵团、1 个防空团）；陆军预备军团（辖 3 个装甲侦察团、2 个多管火箭炮团、2 个防空团、1 个工兵团）；1 个炮兵旅部，1 个防空旅部，1 个侦察旅部；2 个后勤旅；14 个步兵旅部。1 个联合核生化团。作战部队总计：装甲团 6 个，装甲侦察团 4 个，机械化步兵营 6 个，装甲步兵营 9 个，轻型步兵营 25 个，特别空勤团 1 个，炮兵团 11 个，防空团 3 个，工兵团 12 个，航空团 5 个。

主战坦克：543 辆。其中“挑战者”Ⅱ型 386 辆，“挑战者”式Ⅰ型 156 辆，“奇伏坦”式 1 辆。装甲侦察车

475 辆：其中“大弯刀”式 327 辆，“佩刀”式 137 辆，“狐”式 11 辆。装甲步兵战车 575 辆：均为“勇士”式。装甲运输车 2503 辆：其中 AFV432 型 1121 辆，“斯巴达人” FV103 型 597 辆，“萨克森”AT105 型 649 辆，“萨拉逊” FV603 型 1 辆，“猛攻者”型 135 辆。压制火炮 877 门。其中，牵引火炮：105 毫米 L-118/-119 型 166 门；自行火炮：155 毫米 AS-90 型 178 门；多管火箭炮：227 毫米“姆拉斯”式 63 门。迫击炮：81 毫米 470 门(包括 110 门自行式)。反坦克导弹共 800 余枚：“米兰”式 740 枚，“旋火”式 60 枚，“陶”式若干枚。火箭发射器：94 毫米 LAW-80 型若干具。直升机：架，其中 AH-64 型 17 架，“大山猫”型机 109 架，SA-341 型机 133 架，侦察直升机 15 架。无人驾驶飞机：“不死鸟”8 架。地空导弹：其中“HVM”式 135 枚，“星光”式 147 枚，“轻剑”式 57 枚。登陆艇：18 艘。

海军　4.008 万人。主要基地有：法斯兰，德文波特，朴茨茅斯，约维尔顿，直布罗陀，普雷斯蒂克，卡德罗斯。

潜艇：15 艘。战略潜艇：前卫级弹道导弹核潜艇 4 艘。战术潜艇：核动力攻击潜艇 11 艘。其中，“特拉法尔加”级 7 艘，“快速级”4 艘。

主战水面舰艇：34 艘。航空母舰：“常胜”级 3 艘。导弹驱逐舰：42 型“伯明翰”级 11 艘。导弹护卫舰：共 20 艘，其中“康沃尔”级(22 型第三批)4 艘，“诺福克”级(23 型)16 艘。巡逻和海岸作战潜艇：24 艘，其中近岸巡逻艇 16 艘，近海巡逻艇 2 艘。水雷战舰艇：22 艘，包括“狩猎”级沿岸扫雷舰 11 艘，“桑当”级猎雷艇 11 艘。两栖战舰艇：6 艘，包括“海洋号”两栖攻击舰 1 艘，该舰可上载 18 架直升机；“不列颠”两栖船坞运输舰 2 艘；“萨比迪凡”级坦克登陆舰 4 艘；另有 24 艘登陆艇。支援辅助舰船：26 艘，包括“福特罗萨尔”级海上补给货船 4 艘，“利夫”级油水补给船 4 艘，“百眼巨人”号航空训练舰 1 艘，滚装船 4 艘，“流浪者”级海上油水补给舰 3 艘等。

空军　5.339 万人。编有 5 个战斗攻击机/轰炸机飞行中队，6 个战斗机飞行中队，4 个战斗攻击机飞行中队，1 个电子情报搜集飞行中队，5 个侦察机飞行中队，2 个海上巡逻机飞行中队，2 个预警机飞行中队，2 个搜索救援机飞行中队，2 个加油机/运输机飞行中队，6 个运输机飞行中队，4 个改装训练飞行中队，1 个校射机飞行中队，7 个战术直升机中队。

作战飞机 339 架。

战斗机 128 架。包括台风式 17 架，旋风式 91 架，(另封存 20 架)。攻击机 191 架。包括“旋风”式 88 架(另封存 29 架)。“美洲虎”式 24 架，“鹞”式 50 架。侦察机 29 架。包括“旋风”式 GR4A24 架，“堪培拉”式 4 架，“哨兵”型 1 架。海上巡逻机 21 架。包括“猎人”式 MR2 型 1 架(另封存 20 架)。电子战机 3 架，均为“猎人”式 R1 型。预警机 7 架。包括 E-3D 型 6 架(另封存 1 架)。运输机 91 架。包括 BAe-125 型 6 架，BAe-146 型 2 架，“空中国王”200 型 7 架，C-130 型 45 架，C-17 型 4 架，“岛民”CC-2 型 2 架，“三星”式 9 架，VC-10 型 16 架。教练机 278 架。直升机 119 架。另有“捕食者”无人驾驶机若干。

战略核力量　1000 人。战略预警系统：弹道导弹预警系统（法伊林达累斯控制站）。海基战略核力量：4 艘“前卫级”弹道导弹核潜艇，潜射弹道导弹 58 枚。

预备役部队　27.255 万人。其中陆军 20.115 万人，海军/海军陆战队 2.85 万人，空军 4.29 万人。

部署　陆军主要部署在英国和德国境内。海军重点部署在英吉利海峡沿岸一线及直布罗陀海峡。空军集中在德国境内和英格兰地区。

兵役制度　实行志愿兵役制，服役期 3、6、9、12、15 年不等，一般最长为 22 年。各级军官最高服役年限：元帅和上将为 60 岁、中将 59 岁、少将 57 岁、准将至少校 55 岁；尉官从授予军衔起，16 年不能晋升至少校军衔的就必须退役。此外，英军的预备役分为两种：一种为正规预备役；另一种为志愿与辅助预备役。

军衔　分 8 等 19 级：元帅 1 级（只在战时授予），将官 3 级（上将、中将、少将），准将 1 级，校官 3 级（上校、中校、少校），尉官 3 级（上尉、中尉、少尉），准尉 2 级（一级准尉、二级准尉），军士 3 级（上士、中士、下士），兵 3 级（一等兵、二等兵、新兵）

驻外兵力　驻阿富汗：315 人，其中安全部队 270 人。驻阿森松岛：空军 23 人。驻比利时：空军 183 人。驻伯利兹：陆军 30 人。驻波黑：1100 人，第二期多国维和部队。驻加拿大：陆军 500 人，空军 57 人。驻塞浦路斯：陆军 2110 人，海军 25 人，空军 1140 人。驻福克兰群岛：1200 人。驻格鲁吉亚：7 名军事观察员。驻德国：陆军 2.2 万人，1 个军部，1 个装甲师。驻直布罗陀：陆军 235 人。驻伊拉克：陆军 9200 人，1 个联合陆军司令部，1 个装甲旅，战斗支援部队若干。

外国驻军　美国：空军 0.98 万人，驻有第 3 航空队司令部。北约：北部区域盟军海军司令部；东大西洋地区盟军司令部；混编空军作战中心等。

（李强洲）

美洲国家军事概况

阿根廷

国　　名　阿根廷共和国。

主要统计　面积 278 万平方公里。人口 3954 万人（2004 年。其中，0~14 岁 25%；15~64 岁 62%；65 岁以上 13%）。国内生产总值 1567.06 亿美元（2004 年）。国防费 17.5 亿美元（2005 年国防预算）。原煤 1.3 亿吨（2004 年）。原油 4028 万吨（2004 年）。天然气 535.5 亿立方米（2004 年）。粮食产量 6428 万吨（2004 年）。畜牧水平在世界占先进地位。2004 年屠宰牛 1430 万头，羊 137 万只，猪 179 万头，家禽 3.38 亿只。牛奶产量 93.06 亿升。海运能力，商船（载重 100 吨以上）423 艘、总载重量 117.31 万吨（2004 年）。民航能力，固定航班机场 39 处，客运量 1129.31 万人次（2004 年）、货运量 18.28 万吨（2004 年）。

国防体制　宪法规定，总统为武装力量最高统帅。国防部为政府中的一个部，是最高军事行政机构，负责战备、国防预算、国家军事政策的制定与执行，以及对国防科研和军工生产实施领导，部长由文人担任。武装力量由正规和准军事部队组成。正规军由陆、海、空三军组成。联合参谋部系国防部领导下的各军种协调机构。平时参与制定整体军事战略计划，研究和确定军事理论，组织联合军事训练、演习，制定军事动员计划，搜集战略情报，协调阿维和部队行动；战时协调三军联合作战。国家安全委员会、危机委员会为非常设咨询机构，根据国家安全需要不定期召开会议，就有关问题向总统提供咨询。总统通过国防部长和各军种参谋长对全国武装力量实施领导和指挥。

领导人物　总统兼武装力量最高统帅内斯托尔·卡洛斯·基什内尔（2003 年 5 月上任）。国防部长何塞·巴乌蒂斯塔（2003 年 5 月上任）。武装力量联合参谋长豪尔赫·阿尔维托·切瓦列尔上将（2003 年 6 月上任）。陆军总参谋长罗伯托·费尔南多·本蒂尼上将（2003 年 6 月上任）。海军总参谋长豪尔赫·奥玛尔·戈多伊海军上将（2003 年 6 月上任）。空军总参谋长卡洛斯·阿尔维托·罗德上将（2003 年 6 月上任）。

武装力量　**兵力**　现役部队 7.14 万人。

陆军　4.14 万人。编有 3 个军部，下辖 2 个山地旅、3 个机械化旅、2 个装甲旅、1 个丛林旅、1 个教导；1 个战略后备部队，下辖 1 个机械化旅、1 个空降旅；另设 1 个摩步营、1 个装甲骑兵团、1 个防空营、3 个航空兵营、2 个工程兵营和 2 个特种兵连。

坦克：“坦姆”主战坦克 200 辆、AMX-13 型轻型坦克 50 辆、SK-105“骑兵”轻型坦克 100 辆。步兵战车：“坦姆”VCTP 式 105 辆。装甲侦察车：AML-90 型 40 辆、HMMWV 型 34 辆。装甲输送车：M-5“半履带”型 105 辆、M-113 型 317 辆。牵引炮：105 毫米 100 门、155 毫米 100 门。自行炮：155 毫米 35 门。火箭炮：105 毫米 4 门、127 毫米 2 门。迫击炮：81 毫米 1100 门、120 毫米 360 门。无后坐力炮：75 毫米、90 毫米、105 毫米共计 1105 门。高炮：30 毫米 150 门、40 毫米共计 76 门。反坦克导弹：各型若干枚。火箭筒：若干具。地空导弹：各型约 52 枚。各型飞机 150 架，其中直升机 98 架。

海军　1.75 万人（含海军陆战队和海军航空兵）。划分为 3 个军区。编有水面舰艇、潜艇、陆战队和航空兵 4 个司令部。

反潜潜艇：“圣塔·克鲁斯”级 2 艘、“萨尔塔”级 1 艘。导弹驱逐舰：“大力神”级 2 艘、“布朗海军上将”级 4 艘。护卫舰：“埃斯波拉”级 5 艘、“德鲁蒙得”级 3 艘。巡逻艇：“切诺基”级 3 艘、“金”级 2 艘、“奥利维里”级 1 艘、“索托约莫”级 1 艘。导弹攻击快艇：“勇猛”级 2 艘。巡逻艇：6 艘。扫雷艇：2 艘。两栖登陆舰：4 艘。潜艇供应船：1 艘。破冰船：1 艘。测量船：4 艘。训练舰：4 艘。辅助船只：22 艘。

陆战队　2500 人。编有 2 个舰队陆战队司令部，下辖 3 个陆战队步兵营、1 个两栖登陆营、1 个炮兵营、1 个防空营、2 个海上特遣队和 1 个登陆破坏队；1 个两栖支援部队，下辖 1 个陆战队步兵营。装备有装甲侦察车："大山猫"ERC-90 型 12 辆。两栖登陆装甲车：LVTP-7 型 10 辆、LARC-5 型 15 辆。装甲输送车："蜡咀鱼"6 辆、"庞阿尔"VCR 型 36 辆。牵引炮：105 毫米 18 门。迫击炮：81 毫米 70 门、120 毫米约 12 门。反坦克导弹：50 枚。火箭炮：89 毫米 60 门。无后坐力炮：105 毫米 30 门。高炮：30 毫米 10 门、35 毫米若干门。地空导弹：6 枚。

海军航空兵　2000 人。装备各型飞机 119 架，内作战飞机 11 架、直升机 37 架。空舰导弹：各型若干枚。空空导弹：若干枚。

空军　1.25 万人。编有空战、人事、空区、后勤 4 个司令部。下辖 8 个航空旅、1 个航空航天监控大队、1 个电子战大队。共有作战飞机 104 架，直升机 48 架。

战斗机："鹰"式 19 架、"幻影"V 型 7 架、"战鹰"A-4AR 型 36 架、"幻影"III/EA 型 13 架、IA-58"普卡拉"型 29 架。运输机:36 架。航测/侦察机:波音 707 型 1 架、"利尔杰特"35A 型 5 架、IA-50 型 2 架。搜救直升机:36 架。教练机:88 架。教练直升机:3 架。高炮:35 毫米、200 毫米 87 门。雷达：TPS-43 型 6 部。地空导弹：若干枚。空地导弹：若干枚。空空导弹：若干枚。

准军事部队　3.124 万人。其中宪兵（归内政部领导）1.8 万人；海岸警卫队 1.324 万人，编有 7 个司令部，装备有巡逻艇 21 艘、辅助船只 6 艘、各型飞机 11 架（内直升机 6 架）。

部署　海军基地 9 处（布宜诺斯艾利斯、贝尔格拉诺港、马德普拉塔、特雷利乌、篷塔印第奥、里奥圣地亚哥、乌斯怀亚、德塞阿多、南达尔塞纳、萨拉特和加莱塔保拉），空军基地 12 处（里奥加列戈斯、里瓦达维尔、莫雷诺、但迪尔、埃尔帕洛马尔、雷诺兹、布鲁梅里约、比亚雷诺尔德、门多萨、科尔多瓦、巴拉那、雷孔基斯塔）。

兵役制度　实行志愿兵役制。士兵服役期为 2 年。

军衔　分为 5 等 20 级，即将官 3 级（上将、中将、少将）、校官 3 级（上校、中校、少校，陆军自 1992 年起增设大校军衔）、尉官 4 级（上尉、中尉、少尉、准尉）；军士 7 级（一级军士长、二级军士长、一级上士、二级上士、三级上士、中士、下士）；兵 3 级（一等兵、二等兵、列兵）。

驻外兵力　驻塞浦路斯 1 个步兵营：298 人（联合国 UNFICYP 维和行动）。驻海地 558 人。驻塞黑 113 人（北约部队 KFOR）。

军队节日　5 月 29 日为陆军节，5 月 17 日为海军节，8 月 10 日为空军节。

军工生产能力　阿根廷军事工业始建于第二次世界大战前后。近 20 年来，在生产技术、制造工艺、科技水平、产品数量和品种等方面有较大发展。陆军能生产坦克、轻武器和弹药，海军利用外国专利技术能生产护卫舰，空军能制造攻击机、教练机，并曾从事过中程导弹研制。

（谷　兴）

巴　拿　马

国　　名　巴拿马共和国。

主要统计　面积 7. 5517 万平方公里。人口 298. 4 万人（2004 年。其中，0~14 岁占 39.6%；15~64 岁占 56.9%；65 岁以上占 3.5%）。国内生产总值 6049 亿美元（2004 年）。国防费 1.2 亿美元（2004 年国防预算）。2004 年，巴制造业总产值 10.09 亿美元，建筑业产值 6 亿美元，电、水和天然气总产值 4.2 亿美元。2004 年农牧业总产值 5.83 亿美元。2004 年，巴铁路货运量 88.8 万吨，客运量 8898 人。巴是海运大国，大小港 1280 个，截止 2004 年底，全世界有 9921 艘船在巴注册，总吨位 1.54 亿吨，继续保持世界第一。2004 年空运送旅客 234 万次，货物 9.6 万吨。

国防体制　1989 年美军入侵巴拿马，原国防军瓦解。1990 年 2 月 10 日，巴政府决定解散国防军，建立由其直接领导的警察部队，主要职责是维护国家治安和防务，负责人是国家警察局长。另外有国民海上力量和国民航空力量。

领导人物　总统马丁·托里霍斯（2004 年 9 月 2 日就任）。国家警察局长古斯塔沃·佩雷斯。

武装力量　**兵力**　无现役部队，仅有一支 1.18 万人的准军事部队。其中，国民警察 1.1 万人，编有 1 个总统警卫营，1 个宪兵营，8 个宪兵连，18 个警察连，1 个特种作战分队；仅装备轻武器。国民海上力量 400 人，装备各型巡逻艇 14 艘，其中"潘奎考"级近海巡逻艇 2 艘，其他型近海巡逻艇 3 艘，海岸巡逻艇 9 艘。国民航空力量 400 人，装备飞机 12 架，直升机 21 架。

（吴　炯）

巴　西

国　　名　巴西联邦共和国。

主要统计　面积854.7403万平方公里。人口1.8611亿人（2004年。其中，0~14岁占25%；15~64岁占69%；65岁以上占6%）。国内生产总值6049亿美元（2004年）。国防费130.8亿美元（2005年国防预算）。天然气2220亿立方米（2002年）。原煤119.5亿吨（2004年）。日产原油153.4万桶（2004年）。粮食1.19亿吨（2004年）。海运能力，商船（载重100吨以上）635艘，总载重量934.83万吨（2004年）。民航能力，固定航班机场139处，客运量350.28亿人公里，货运量10.31亿吨公里（2004年）。

国防体制　宪法规定，总统为武装力量最高统帅。最高国防决策机构为国家安全委员会，由总统任主席。国防部为政府中的一个部，是巴西武装力量最高领导机构。在国防部长的统一领导下，各军种司令部负责本军种事务。国防部下设行政秘书长，负责非军事事务。巴西武力力量由正规军和准军事部队组成。正规军由陆、海、空三军组成。总统通过国防部对全国武装力量实施领导和指挥。

领导人物　总统兼武装力量最高统帅路易斯·伊纳西奥·卢拉·达席尔瓦（2003年1月就职）。国防部长若泽·阿兰卡尔（2004年11月上任）。陆军司令弗朗西斯科·罗贝托·德·阿布尔克尔克上将（2003年1月上任）。海军司令罗贝托·德·吉马良斯·卡尔瓦略海军上将（2003年1月上任）。空军司令路易斯·卡洛斯·达·席瓦尔·布埃诺上将（2003年1月上任）。

武装力量　**兵力**　现役部队30.2909万人。

陆军　18.9万人。分为7个司令部、12个军区。编有8个师、1个装甲骑兵旅、3个装甲步兵旅、4个机械化骑兵旅、10个摩步旅、1个轻步旅、4个从林旅、1个边境旅、1个空降旅、1个特种兵旅、1个海岸防空旅、1个直升机旅、3个骑兵警卫团、10个炮兵大队、2个工兵大队和10个工兵营。

坦克：464辆。其中“豹”Ⅰ型87辆、M-60A3型91辆、M-41B/C型286辆。装甲侦察车：EE-9“响尾蛇”409辆。装甲运输车：EE-11“蝰蛇”219辆、M-113型584辆。牵引火炮：105毫米、155毫米408门。自行火炮：105毫米72门、155毫米38门。火箭炮：70毫米若干门。迫击炮：81毫米、107毫米、120毫米共计1020门。反坦克导弹：“米兰”式12枚，“红沙蛇”式20枚。火箭筒：84毫米540具。无坐力炮：84毫米、106毫米290门。高炮：35毫米、40毫米134门。地对空导弹：50枚。直升机79架。

海军　6.1万人（含海军陆战队和海军航空兵）。编有8个海区司令部，其中大洋司令部6个，2个内河司令部。

航母：“克莱蒙梭”级1艘。潜艇：“图皮”级4艘。护卫舰14艘，其中：“格林海”级4艘、“帕拉”级4艘、“尼泰罗伊”级2艘、另有4艘正在建造。小型护卫舰：“伊尼亚乌玛”级4艘。巡逻舰及海岸战斗舰船：50艘。海岸扫雷艇：6艘。两栖登陆舰：“托马斯顿”级2艘、“新港”级1艘。后勤支援舰25艘。

海军陆战队　1.46万人。编有1个舰队陆战队司令部，下辖1个两栖作战师；1个支援司令部；1个陆战队内卫部队（分为8个地区大队）。装备有轻型坦克17辆、装甲侦察车：EE-9“响尾蛇”6辆。两栖登陆装甲车：LVTP-7型12辆、AAV-7A1型13辆。装甲输送车：M-113型40辆、EE-11“蝰蛇”5辆。牵引炮：105毫米、155毫米41门。迫击炮：81毫米若干门、120毫米8门。反坦克导弹：若干枚。火箭筒：若干具。无后坐力炮：106毫米8门。高炮：40毫米6门。

海军航空兵　1150人。装备战斗机23架、武装直升机54架。空舰导弹：AS-11、AS-12、“海上大鸥”式若干枚。

空军　6.5309万人。编有作战、防空、后勤、人事4个司令部。共设7个空区。作战司令部下辖3个空中部队，作战飞机254架以上，无武装直升机。

战斗机：“幻影”F-103E/D型15架、F-5E/F型45架、AMX型33架、AT-27型83架、AT-29“超级图卡诺人”型76架。防暴机：AT-26型68架。侦察/预警机：R-95型4架、R-99A/B型8架、L-42型7架、CH-34型4架、“驯鹰者”800XP型4架。总统专机：波音737-200型2架。加油/运输机：50余架，其中 SC-130E 型 2 架、KC-130H 型 2 架、C-130H 型 15 架、KC-137 型 4 架。联络机：79 架。教练机：133 架。教练直升机：若干架。空空导弹：各型若干枚。

预备役部队　134 万人。

准军事部队　公共安全部队 38.56 万人（由陆军领导）。

部署　海军基地 10 处（里约热内卢、萨尔瓦多、累西腓、贝伦、弗洛里安乔利斯、拉达里奥等）

兵役制度　巴西实行义务兵和志愿兵相结合的兵役制度。陆、海、空军服役期均为 1 年，特种兵服役期为 1 年半。服役期满后，可以自愿与军队签约延长服役期。海军舰艇部队和陆军伞兵部队的士兵全部为志愿兵。

军衔　分 5 等 16 级，即将官 3 级（上将、中将、少将）、校官 3 级（上校、中校、少校）、尉官 4 级（上尉、中尉、少尉、准尉）、军士 4 级（军士长、上士、中士、下士）、兵 2 级（上等兵、列兵）。

驻外兵力　驻东帝汶 2 名军事观察员；海地 1213 人；利比里亚 1 人；苏丹 7 名军事观察员。

军队节日　8 月 25 日为陆军节，12 月 11 日为海军节，10 月 23 日为空军节。

（赵富春）

秘　鲁

国　　名　秘鲁共和国。

主要统计　面积 128.5216 万平方公里。人口 2792.5 万人（其中，0~14 岁 31%；15~64 岁 64%；65 岁以上 5%）。国内生产总值 678.28 亿美元（2004 年）。国防费 10.8 亿美元（2005 年国防预算）。发电量为 226.13 亿千瓦时（2004 年）。原煤 10.6 亿吨（2004 年）。原油 3444.8 万桶（2004 年）。天然气 30356 百万立方英尺（2004 年）。粮食产量 193.77 万吨（2004 年）。海运能力，商船（载重 100 吨以上）623 艘，总载重量 61.56 万吨（2004 年）。民航能力，固定航班机场 27 处，客运量 26.34 亿人公里、货运量 2.51 亿吨公里（2004 年）。

国防体制　秘宪法规定，总统为武装力量最高统帅。国防委员会为最高国防决策机构。成员有全体内阁部长和陆、海、空三军总司令，会议由总统主持。国防部为内阁中一个部，是最高军事行政机关，负责国防预算、征兵动员、民防及军工生产等。武装力量联合指挥部为最高军事指挥机构。联指主席由陆、海、空军三位司令轮流担任。陆、海、空军总司令部分别负责各军种的作战指挥。总统通过国防部和联指对全国武装力量实施领导和指挥。

领导人物　总统兼武装力量最高统帅亚历杭德罗·托莱多·曼里克（2001 年 7 月上任）。国防部长罗伯托·恰夫拉·莱昂（2004 年 2 月上任）。武装力量联合指挥部主席兼陆军总司令何塞·安东尼奥·格兰上将（2004 年 2 月上任）。海军总司令何塞·路易斯·诺列加海军上将（2004 年 2 月上任）。空军总司令奥尔兰多·德内格里上将（2004 年 2 月上任）。

武装力量　**兵力**　现役部队 8 万人。

陆军　4 万人。划分为 4 个军区。编有 1 个陆航旅、3 个装甲旅（含 1 个训练旅）、5 个步兵旅、2 个机械化骑兵旅、2 个摩步旅、1 个山地步兵旅、1 个特种兵旅、1 个总统警卫团、1 个机械化骑兵团、1 个摩步营、1 个步兵营、3 个工兵营、3 个野炮大队、3 个防空炮兵大队、1 个工兵大队。

坦克：T-54/55 型 275 辆（约 200 辆堪用）、AMX-13 型 110 辆（约 90 辆堪用）。装甲侦察车：M-3A1 型 10 辆、M-9A1 型 50 辆、菲亚特 6616 型 15 辆、BRDM-2 型 30 辆。装甲输送车：M-113 型 130 辆、BTR-60 型 12 辆、UR-416 型 130 辆、菲亚特 6614 型、“卡斯皮尔”型若干辆、REPONTEC 型 4 辆。牵引炮：105 毫米 150 门、122 毫米 42 门、130 毫米 36 门、155 毫米 36 门。自行火炮：155 毫米 24 门。火箭炮：122 毫米 14 门。迫击炮：81 毫米、107 毫米、120 毫米共 700 门。反坦克导弹：300 枚。无后坐力炮：106 毫米若干门。高炮：23 毫米 127 门、30 毫米 10 门、40 毫米 125 门。地空导弹：约 450 枚。各型飞机 76 架，包括 54 架直升机。

海军　2.5 万人（含海军陆战队、海军航空兵、海岸警卫队）。划分为 5 个海军军区。编有 2 个舰队司令部、1 个内河舰队司令部。

潜艇：6 艘。巡洋舰：“德鲁伊特尔”级 1 艘。

驱逐舰："果敢"级1艘。护卫舰："卡瓦加尔"级4艘。导弹攻击快艇："维拉尔德"级6艘。巡逻艇：10艘。登陆舰："佩塔"级4艘。支援辅助舰9艘。

海军航空兵　约800人。装备各型飞机37架，其中直升机23架。空舰导弹："飞鱼"AM-39型若干枚。

陆战队　4000人。编有1个陆战旅和2个独立步兵营、1个独立丛林作战营、1个步兵分队、1个突击队。装备有装甲侦察车：V-100型若干辆。装甲输送车："突击队"V-200型15辆、BMR-600型20辆。牵引炮：122毫米若干门。迫击炮：81毫米若干门、120毫米约18门。无后坐力炮：84毫米、106毫米若干门。高炮：20毫米若干门。

岸防部队　编有3个炮兵连。装备有155毫米岸炮18门。

空军　1.5万人。编有3个战斗飞行中队，2个攻击机大队（下辖7个攻击机飞行中队）、3个运输机大队（下辖7个运输机中队）、1个武装直升机飞行中队、1个侦察机飞行分队。

轰炸机："堪培拉"型8架。攻击战斗机：苏-22型30余架、苏-25型10架、塞斯纳A-37B型12架，"幻影"2000P型10架、"幻影"2000DP型2架、"幻影"5P型9架、米格-29C型15架、米格-29SE型3架。侦察机：米格-25RB型3架。加油机：1架。运输机：95架。教练机：68架。直升机：109架。空地导弹：若干枚。空空导弹：若干枚。地空导弹：若干枚。

预备役　18.8万人（陆军）。

准军事部队　7.7万人（国民警察）

反政府武装　光辉道路（毛派）：约600人。图帕克·阿马鲁革命运动：约600人。

部署　共有海空军基地19处，其中海军基地7处（卡亚俄、帕伊塔等），空军基地12处（皮乌拉、利马、皮斯科等）。

驻外兵力　参加联合国维和行动，驻布隆迪军事观察员3人，驻科特迪瓦军事观察员3人，驻刚果军事观察员3人，驻埃塞俄比亚军事观察员3人，驻海地联合国（MINUSTAH）210人，驻利比里亚军事观察员2人，驻苏丹军事观察员8人。

兵役制度　实行义务兵役制。士兵服役期为2年。

军衔　分为5等18级，即将官3级（上将、中将、少将）；校官3级（上校、中校、少校）；尉官3级（上尉、中尉、少尉）；军士6级（一级军士、二级军士、一级上士、二级上士、中士、下士）；兵3级（一等兵、二等兵、列兵）。

军队节日　8月18日为陆军节，10月8日为海军节，7月23日为空军节。

（谷　兴）

玻利维亚

国　　名　玻利维亚共和国。

主要统计　面积109.8581万平方公里。人口885.7万人，（2004年。其中，0~14岁占36%；15~64岁占59%；65岁以上占5%）。国内生产总值87.58亿美元（2004年）。国防费1.46亿美元（2005年国防预算）。原油1419万桶（2004年）。天然气102.5亿立方米（2004年）。粮食3879万吨（2004年）。海运能力，商船（载重100吨以上）1艘，总载重量107万吨（2002年）。民航能力，固定航班机场14处，客运量160.09万人次、货运量3.36万吨（2004年）。

国防体制　总统为武装力量统帅。国家安全委员会为最高国防决策机构，由总统任主席，成员有国防、外交、内政、财政部长、武装力量总司令及陆、海、空军司令。国防部为最高军事行政机关，负责国防预算、征兵动员和军人福利等工作。武装力量总司令部为最高军事指挥机构，负责协调三军的作战、训练等。军队实权掌握在三个军种司令手中。总统通过国防部和武装力量总司令部对全国武装力量实施领导和指挥。

领导人物　总统兼武装力量统帅埃沃·莫拉莱斯（2006年1月22日上任）。国防部长瓦尔克·圣米格尔（2006年1月22日上任）。武装力量总司令马科·安东尼奥·胡斯蒂尼亚诺上将。陆军司令马赛罗·安特萨纳上将。海军司令豪尔赫·博特略上将。

武装力量　**兵力**　现役部队3.15万人。

陆军　2.5万人。编有6个军区，10个师，2个团，2个独立营。

坦克：SK-105"骑兵"36辆。装甲侦察车：EE-

9“响尾蛇”24 辆。装甲输送车：M-113 型 18 辆，V-100“突击队员”10 辆，MOWAG“罗兰德”20 辆，EE-11“蝰蛇”24 辆。牵引炮：75 毫米约 80 门，105 毫米 30 门，122 毫米 18 门。迫击炮：81 毫米 50 门，107 毫米若干门。飞机：9 架。

海军　3500 人（含陆战队和海军航空兵）。划分为 6 个海区。编有 6 个分舰队。

巡逻艇：69 艘。辅助船：3 艘。

陆战队　1700 人。编有 6 个陆战营。

海军航空兵　装备飞机 8 架。

空军　3000 人。编有 1 个武装直升机中队，1 个搜索与救援直升机中队，1 个航测机中队，3 个运输机中队，1 个基地防空团。作战飞机 50 架，武装直升机 10 架。

战斗机：AT-33AN 型 18 架。航测机：“色斯纳”206 型 5 架，C-210 型 1 架，C-402 型 1 架，“利尔杰特”25/35 型 3 架。运输机：31 架。搜索与救援直升机：7 架。联络直升机：24 架。教练机：55 架。

准军事部队　3.71 万人，其中国民警察 3.11 万人、缉毒警察 6000 人。国民警察编有 9 个旅、2 个快速反应团、27 个边防分队。

预备役部队　14~15 个国土防御旅。

兵役制度　实行义务兵役制，士兵服役期 1 年。军官服役期为 30 年。

军衔　分为 6 等 20 级：将官 3 级（上将、中将、少将），校官 3 级（上校、中校、少校），尉官 3 级（上尉、中尉、少尉），准尉 5 级（特级准尉、高级准尉、一级准尉、二级准尉和初级准尉），军事 3 级（上士、中士和下士），兵 3 级（一等兵、上等兵、列兵）。

军队节日　陆军节 11 月 14 日，海军节 4 月 24 日，空军节 10 月 12 日。

（吴　炯）

哥伦比亚

国　名　哥伦比亚共和国。

主要统计　面积 114.1748 万平方公里。人口 4295 万人（2004 年。0~14 岁占 31%；15~64 岁占 64%；65 岁以上占 5%）。国内生产总值 1086.67 亿美元（2004 年）。国防费 35 亿美元（2005 年国防预算）。天然气 2220 亿立方米（2002 年）。原煤 119.5 亿吨（2004 年）。原油 2 亿桶（2003 年）。粮食 675.9 万吨（2002 年）。海运能力，商船（载重 100 吨以上）635 艘，总载重量 934.83 万吨（2004 年）。民航能力，固定航班机场 43 处，客运量 1101 万人次、货运量 50.2 万吨（2004 年）。

国防体制　宪法规定，总统为武装力量最高统帅，是国家安全、防务事务的最高决策人。国家安全委员会为最高安全咨询机构，成员有内政、国防、司法、交通部长、武装力量总司令、国家安全局长、警察总局局长。最高国防委员会为最高军事咨询机构，成员有国防部长、武装力量总司令、陆军司令、海军司令、空军司令和警察总局局长。国防部为政府中的一个部，是最高军事行政机关。武装力量总司令部是最高军事指挥机构，直接对三军行使军事指挥权。武装力量联合参谋部为武装力量总司令部的执行机构，由三军参谋长组成。陆、海、空三军司令是本军种最高的军事长官，直接对本军种负责。总统通过国防部和武装力量总司令部对全国武装力量实施领导和指挥。

领导人物　总统兼武装力量最高统帅阿尔瓦罗·乌里韦·贝莱斯（2002 年 8 月 7 日上任）。国防部长豪尔赫·阿尔维托·乌里韦·埃恰瓦里亚（2003 年 11 月上任）。武装部队总司令卡洛斯·阿尔维托·奥斯皮纳·奥瓦列上将（2003 年 11 月上任）。武装部队联合参谋长弗雷迪·帕迪利亚·德·莱昂中将（2003 年 11 月上任）。陆军司令雷纳尔多·加斯特利亚诺斯·特鲁希约中将（2004 年 11 月上任）。海军司令马乌里西奥·索托·戈麦斯海军上将（2000 年 12 月上任）。空军司令埃德加·阿方索·莱斯梅兹·阿巴德上将（2003 年 9 月上任）。

武装力量　**兵力**　现役部队 20.7 万人。

陆军　17.8 万人。编有 6 个师部、6 个机步旅、2 个可空运旅、9 个步兵旅、9 个反游击队机动部队（旅）、1 个特种兵旅、1 个反毒旅、1 个训练旅、1 个陆航旅、2 个炮兵营、1 个高山步兵营、1 个反恐分队、1 个防空炮兵营。

坦克：M-3A1 型 12 辆（储存）。装甲侦察车：M-8 型 5 辆、EE-9“响尾蛇”130 辆。装甲运输车：M-113 型 88 辆、EE-11“蝰蛇”100 多辆、RG-31“尼亚拉”4 辆。牵引火炮：75 毫米 M-116 型 70 门、105 毫米 M-101 型 86 门。迫击炮：共 483 门，其中 81 毫米 125 门、107 毫米 148 门、120 毫米 210 门。反坦克导弹：20 枚。火箭炮：89 毫米 15 门。无坐力炮：106 毫米 63 门。高炮：40 毫米 30 门。直升机 41 架。

海军　2.2 万人（含海军陆战队 1.4 万人、海军航空兵 100 人）。编有 2 个舰队、1 个内河舰队。

潜艇：“皮豪”级 2 艘、“侏儒”级 2 艘。导弹护卫舰：“帕迪亚海军上将”级 4 艘。巡逻艇：89 艘。登陆艇：8 艘。测量船：3 艘。训练舰：1 艘。辅助船只：7 艘。

海军陆战队　1.4 万人。编有 2 个陆战旅、1 个两栖登陆营、1 个内河作战营、1 个特种兵营、1 个警卫营。装备有冲锋舟：150 艘。计划装备 EE-9“响尾蛇”装甲侦察车和 EE-11“蝰蛇”装甲运输车。

海军航空兵　100 人。装备各型飞机 9 架、直升机 3 架。

空军　0.7 万人。编有 4 个司令部、3 个飞行大队。作战飞机 52 架，武装直升机 23 架。

攻击战斗机：“幻影”5 型 10 架、“幼狮”C-7/TC-7 型 12 架。战斗机：AC-47 型 2 架、AC-47T 型 3 架、IA-58A 型 3 架、A-37B 型 14 架、OV-10 型 13 架。侦察机：SA-2-37A/B 型 5 架、C-26 型 3 架。多用途/武装直升机：贝尔 205 型 5 架、贝尔 212 型 14 架、贝尔 412 型 2 架、UH-60A/L 型 171 架、MD-500ME/-500D/-530F 型 16 架。运输机：23 架。运输直升机：23 架。教练机 59 架，其中教练直升机 18 架。空空导弹：若干枚。

预备役部队　6.07 万人，其中陆军 5.47 万人，海军 4800 人，空军 1200 人。

准军事部队　国民警察部队 12.1 万人，农村民兵 8000 人。

军事基地　共有海空军基地 18 处，其中海军基地 9 处（卡塔赫纳、布韦那文图拉、马拉加等），空军基地 9 处（巴兰基利亚、圣菲波哥大、梅加尔等）。

反政府武装　哥伦比亚革命武装力量:1.8 万现役部队及 5000 城市民兵。民族解放军:3500 现役部队及城市民兵若干。人民解放军:500 人。

右翼准军事组织　哥伦比亚自卫队:1.06 万人。

兵役制度　实行高中生义务兵、普通义务兵和志愿兵役制三结合的兵役制度。高中生义务兵服役期为 1 年,普通义务兵服役期为 2 年。陆、海军还征召部分志愿兵。

军衔　军官和士官军衔共分 4 等 15 级，即将官 3 级（上将、中将、少将）、校官 3 级（上校、中校、少校）、尉官 3 级（上尉、中尉、少尉）、士官 6 级（军士长、一等上士、二等上士、中士、一等下士、二等下士）。

驻外兵力 400 人。

军队节日　8 月 7 日为陆军节,7 月 24 日为海军节,11 月 8 日为空军节。

（赵富春）

古　巴

国　　名　古巴共和国。

主要统计　面积 11.0861 万平方公里。人口 1134.7 万人（其中，0~14 岁公民占总人口的 20%；15 至 64 岁公民占总人口的 70%；65 岁以上公民占总人口的 10%）。国内生产总值 324 亿美元（2004 年），人均 2865 美元（2004 年）。国防费 13 亿美元（2004 年）。发电量 159.1 亿度（2003 年）。天然气 64.65 亿立方米（2004 年）。粮食 443.9 万吨（2004 年）。海运能力，商船（载重 100 吨以上）393 艘，总载重量 92.46 万吨（2004 年）。民航能力，固定航班机场 14 处，客运量 35.43 亿人公里，货运量 5620 万吨公里（2004 年）。

国防体制　革命武装力量部为政府中一个部，是最高军事行政机关，也是最高军事指挥机构，负责武装力量的指挥和管理。下设总参谋部、总政治部、后勤部等机构。革命武装力量由正规军和准军事部队组成。正规军分陆军、海军、空军和防空军。海军、空军和防空军自 1993 年起已不再为独立军种，就地被编入陆军三大军区。准军事部队由劳动青年军、民防部队、地方民兵以及国家保安队和边防警卫队组成。

总司令通过革命武装力量部对全国武装力量实施领导和指挥。

领导人物　古巴共产党中央委员会第一书记兼国务委员会主席和部长会议主席菲德尔·卡斯特罗为革命武装力量总司令。革武部部长由古共中央第二书记兼国务委员会第一副主席劳尔·卡斯特罗大将兼任。

武装力量　**兵力**　现役部队 4.9 万人。

陆军　3.8 万人。编有 3 个军区、3 个军、1 个边防旅、1 个空降旅、14 个预备役旅、5 个装甲旅、9 个机械化步兵旅（各辖装甲团 1 个，机械化步兵团 3 个，炮兵团 1 个，高射炮兵团 1 个）、若干个地空导弹旅和高炮团。

坦克：T-34 型、T-54 型、T-55 型、T-62 型 900 辆，PT-76 型若干辆。步兵战车：BMP-1 型若干辆。装甲侦察车：BRDM-1 型和 BRDM-2 型若干辆。装甲输送车：BTR-152 型、BTR-40 型、BTR-50 型和 BTR-60 型约 700 辆。牵引火炮：76 毫米、122 毫米、130 毫米和 152 毫米共计 500 门。自行炮：122 毫米和 152 毫米共计 40 门。火箭炮：122 毫米和 140 毫米共计 175 门。迫击炮：82 毫米和 120 毫米共计 1000 门。固定防御炮：85 毫米和 122 毫米若干门。反坦克炮：85 毫米和 100 毫米若干门。高炮：23 毫米、30 毫米、37 毫米、57 毫米、85 毫米、100 毫米共计 400 门。反坦克导弹：若干枚。地空导弹：约 300 枚。

海军　3000 人（含陆战队）。编有两个司令部、4 个分舰队。

小型护卫舰："保克"级Ⅱ型 1 艘。反潜鱼雷艇：4 艘。反潜导弹快艇：2 艘。导弹攻击快艇："黄蜂"级Ⅱ型 6 艘。扫雷艇："索尼亚"级 2 艘，"叶夫根尼亚"级 4 艘。测量船：1 艘。训练舰：1 艘。

陆战队　550 人。编有 2 个两栖突击营。

岸防部队　火炮：122 毫米、130 毫米和 152 毫米若干门。地对地导弹：2 枚，班德拉Ⅳ型若干枚。

空军　8000 人。编有 2 个攻击战斗机中队、4 个战斗机中队、4 个运输机中队。装备有作战飞机 127 架（其中约 25 架堪用）、武装直升机 45 架。

战斗机：113 架，其中攻击战斗机米格-23BN 型 10 架，战斗机米格-21F 型 30 架、米格-21bis 型 50 架、米格-23MF 型 20 架、米格 29 型 3 架。运输机：33 架，其中安-2 型 8 架、安-24 型 1 架、安-26 型 15 架、安-30 型 1 架，安-32 型 2 架、雅克-40 型 4 架、伊尔-76 型 2 架。教练机：59 架，其中 L-39 型 25 架，米格-21U 型 8 架，米格-23U 型 4 架，米格-29UB 型 2 架，Z-326 型 20 架。直升机：米-8/-17 型 45 架，米-14 型 5 架，米-25/35 型约 40 架。空地导弹：若干枚。空空导弹：若干枚。

预备役　3.9 万人。

准军事部队　2.65 万人，其中国家保安队 2 万人（归内务部领导）、边防警卫队 0.65 万人（归内务部领导）。另外，劳动青年军 7 万人（归陆军领导）、民防部队 5 万人、地方民兵 100 万人（后备）。

部署　海军基地 7 处（卡瓦尼亚斯、奥尔金、西恩富戈斯、哈瓦那、马里埃尔、尼卡罗、蓬塔莫维达），空军基地 11 处（圣地亚哥、巴亚莫、奥尔金、卡马圭、圣克拉拉、西恩富戈斯、巴拉德罗、圭内斯、哈瓦那、圣安东尼奥、圣胡利安）。

兵役制度　实行义务兵役制，服役期为 2 年。

外国驻军　美国驻军 2255 人（美关塔那摩海军基地）。

（任　智）

加　拿　大

国　　名　加拿大。

主要统计　面积 998.467 万平方公里。人口 3207.88 万人（2005 年。其中，0~14 岁占 18.4%；15~64 岁占 68.8%；65 岁以上占 16.7%）。国内生产总值 1.29 万亿加元，约合 9800 亿美元（2004 年）。国防费 138 亿加元，约合 109 亿美元（2005 年国防预算）。粗钢 2696.1 万吨（2001 年）。原煤 6599.3 万吨（2004 年）。原油 1.49 亿桶（2004 年）。天然气 1771.48 亿立方米（2004 年）。发电量 5565.56 亿度（2004 年）。粮食 5131.5 万吨（2000 年）。海运能力，商船（载重量 100 吨以上）1185 艘，总载重量 289.68 万吨（2003 年）。民航能力，固定航班机场 269 处，客运量 660.2 亿人公里、货运量 14.7 亿吨公里（2004 年）。

国防体制　总督代表英国女王，为形式上武装力量统帅。最高国防决策机构为内阁，总理是事实上的最高军事领导人。国防部是内阁中的一个部，由文官和军人组成，是最高军事行政和指挥机构，负责人事管理、经费分配、武器装备采购、武装力量建设等工作。国防参谋长由军人担任，是国防部长的最高军事顾问。在内阁决策下，国防部长通过国防参谋长领导和指挥全军。武装力量由正规军和准军事部队组成。实行三军统一体制，国防参谋部内设有地面部队（相当于陆军）、海上部队（相当于海军）和空中部队（相当于空军）三个军种司令部及通信保障、征兵与训练、预备役等部门。

领导人物　总督兼形式上的加拿大武装力量统帅米歇尔·琼（2005 年 9 月 27 日上任）。实际上的统帅加拿大总理斯蒂芬·哈珀（2006 年 2 月 6 日上任）。国防部长戈登·奥康纳（2006 年 2 月 6 日上任）。国防参谋长里克·希利尔上将（2005 年 2 月上任）。地面部队司令麦克·杰弗里中将（2000 年 8 月上任）。海上部队司令荣·巴克中将（2001 年 6 月上任）。空中部队司令劳埃德·坎贝尔中将（2000 年 7 月上任）。

武装力量　**兵力**　现役部队 6.2 万人。

地面部队　3. 3 万人。编有 1 个特遣部队司令部，3 个机械化步兵旅群（各辖 1 个装甲团、3 个步兵营、1 个炮团、1 个工程兵团、1 个侦察中队、1 个防空连）、1 个独立防空团、1 个独立工兵保障团和 1 个突击队（“联合特遣部队-2”）。

地面部队装备：坦克：114 辆。装甲侦察车：各型 308 辆。轻型装甲车：各型 1124 辆。装甲输运车：各型 1279 辆。牵引炮：213 门。自行炮：76 门。迫击炮：167 门。反坦克导弹：575 枚。无坐力炮：1040 门。高炮：77 门。地空导弹：144 枚。

海上部队　1.2 万人。编有 2 个舰队（5 个中队），1 个海上航空大队（10 个中队）。

海上部队装备：装备各种主要舰艇 38 艘，其中潜艇 2 艘，作战舰艇 16 艘。潜艇：“维多利亚”级 2 艘。驱逐舰：“易洛魁”级 4 艘。护卫舰：“哈尼法克斯”级 12 艘。巡逻艇：14 艘。支援与勤务舰艇：6 艘。

空中部队　1.7 万人。编有 1 个飞行师，辖 13 个飞行中队。作战飞机 140 架，没有武装直升机。

空中部队装备：战斗机：各型 143。运输机：各型 66 架。教练机：各型 140 架。直升机：各型 105 架。

预备役部队　3.54 万人，其中基础预备役部队 2.07 万人（地面部队 1.4 万人，海上部队 4000 人，空中部队 2100 人，其他 600 人），候补预备役部队 1.47 万人。

准军事部队　9350 人，其中，海岸警卫队 4700 人，装备小型舰艇 96 艘、直升机 27 架；渔业海洋部 4650 人，装备有 90 艘各型舰艇。

部署　地面部队主要部署在魁北克和阿尔伯塔省；海上部队重点部署在大西洋和太平洋沿岸水域；空中部队主要部署在中部和东部地区。地面部队主要基地有渥太华、哈尼法克斯、埃斯基莫尔等；空中部队主要基地有北湾、波戈特维尔、冷湖等。

兵役制度　实行志愿兵役制。士兵基本服役期 3 年。各级军官最高服役年限一律为 55 岁。

军衔　分 6 等 17 级：将官 4 级（上将、中将、少将、准将），校官 3 级（上校、中校、少校），尉官 3 级（上尉、中尉、少尉），准尉 3 级（一级准尉、二级准尉、三级准尉）、军士 3 级（上士、中士、下士）、兵 1 级（列兵）。

驻外兵力　参加联合国维持和平行动：驻波黑维和部队（SFOR Ⅱ）1600 人、塞浦路斯 1 人、刚果共和国 6 人、埃及 29 人、埃塞俄比亚/厄立特里亚军事观察员 6 人、中东军事观察员 8 人、塞拉利昂 5 人、叙利亚/以色列 189 人、塞尔维亚与黑山 800 人。

外国驻军　英国 557 人，其中陆军 500 人、空军 57 人。

（吴　炯）

美　　国

国　　名　美利坚合众国。

主要统计　面积 962.9091 万平方公里（包括 50 个州和哥伦比亚特区，其中陆地面积 916.1923 万平方公里，水域面积 46.9495 万平方公里）。人口 2.96 亿人（2005 年 7 月。其中，0~14 岁，男 3109 万人，女 2971 万人；15~64 岁，男 1002 万人，女 1004 万人；65 岁以上男 1554 万人，女 2165 万人）。（至 2006 年 7 月估计数）。国内生产总值 12.47 万亿美元（2005 年估计数），人均 4.2 万美元（2005 年估计数）。国防预算 4605.47 亿美元（2004 财年），4230.98 亿美元（2005 财年），4593 亿美元（2006 财年），军费占国内生产总值 4%（2005 财年），4.1%（2006 财年）。钢铁产量 1.12 亿吨（2000 年）。已探明煤储量 3.5966 亿吨（2004 年）。已探明原油储量 224.5 亿桶（2002 年 1 月 1 日）。原油产量 211500 万桶（2003 年）。已探明天然气储量 5.353 万亿立方米（2002 年 1 月 1 日）。天然气产量 5390 亿立方米（2003 年）。发电量 3.892 万亿度（2003 年）。粮食产量 3.43866 亿吨（2000 年）。铁路总长 22.8464 万公里（2003 年）。公路总长 640.7637 万公里，其中高速公路 7.4950 万公里（2004 年）。水路总长 4.1009 万公里，其中 1.9312 万公里用于商运（2004 年）。石油管线总长 24.4620 万公里（2003 年）。天然气管线总长 54.8665 万公里（2003 年）。

国防政策　2006 年 2 月 6 日，美国国防部发表了《四年防务审查报告》（以下简称报告）。它以 2005 年《国防战略》为基础，总结了反恐战争的经验教训，规定了美国防务关注的四个重点任务，提出了新的军队规划理念，并对美军的未来发展进行了较详细的规划。

一、总结了反恐战争的经验教训

报告认为，美国防务从 4 年多的反恐战争和其他行动中，学到了以下四个方面的经验教训：

一是国防部要拥有建设伙伴关系能力的权限和资源。报告认为，与其他国家或机构一起行动或通过它们采取行动至关重要，美国应当把重点从单独行动转到加强其他国家或机构的能力。国防部必须帮助伙伴提高完成预期任务的能力。为此，除已颁布的“建设外军能力”授权法案和“国务院重建和维持稳定协调员紧急转移授权”修正案外，还应包括：对于全球范围内指定的应急行动实现“指挥官应急反应计划”的机制化；扩大总统在紧急状态下向处于最有利地位的联邦机构赋予任务和提供资源的权限；对联盟支援部队给予更多补偿；向在反恐战争中与美国一起行动的其他国家提供更多的后期支援。

二是要采取早期预防性措施。报告认为，美国防务应从作出反应性行动转变为尽早采取预防性措施和提高行动的速度，以防止问题转化为冲突或危机。报告强调，采取预防性措施需要更快的行动速度和对形势更清晰的了解，包括潜在对手作出决策的方式。美军已多次证明其迅速应对危机的灵活性。但是，要进一步提高作战灵活性，现有的支持作战人员的授权或过程和程序还远远不够。

三是增强行动自由。报告强调，增强行动自由和扩大美国及其盟友的选择范围，对于应对 21 世纪安全挑战具有重要意义。为摧毁恐怖网络而建设伙伴关系能力和加强联盟关系，是美国为在战略级增加行动自由而采取的做法。报告提出，要在战略和战役两级加强行动自由的措施，包括采取间接方式，发展隐形技术，坚持不懈，灵活驻军和发展战略到达能力等。

四是改变成本均衡。报告认为，美国必须通过保持相对于潜在竞争对手的科学技术优势，尽可能减少自己的损失，同时增加对手的损失。美国、北约及其他盟友可以通过干扰对手的决策或促其作出于其不利的行动来增加对手的损失。将损失强加给对手的有效战略还可以增加对手的不确定感并造成其领导层的内部分歧。保持美国对任何潜在竞争者的科学技术优势有助于劝阻未来的军事竞争。

二、规定了防务的四大任务

为更好地应对 2005 年《国防战略》所提出的四大挑战：传统性挑战、非正规性挑战、灾难性挑战和破坏性挑战，报告明确了未来美国防务的四大优先领域，或者说是美国防务的四大重点任务，即击溃恐怖网络；保卫国土纵深；对处于战略十字路口国家的选择施加影响；防止敌国和非国家行为体获得或使用大规模毁伤性武器。报告还列出了应对《国防战略》中所阐述的挑战需要的能力和部队的类型。

（一）击败恐怖主义网络

报告认为，美国目前面对的敌人不是传统的常规军队，而是分布在多国和多种族的恐怖网络。反恐战争将是一场持久战，既是武力之战，也是思想之战，是一场既针对恐怖网络也针对凶残的意识形态的战斗。报告强调，美国也无法单凭军事力量战胜恐怖主义，与整个美国政府和社会以及与北约和其他盟友之间的广泛合作仍是至关重要的。长期和复杂的反恐行动将会在全球多个国家同时展开，这需要美军和政府其他机构以及国际伙伴的参与，需要依靠综合使用直接（公开的）和间接（秘密的）的方法。包括实施不间断地监视和远比现在更为出色的情报，发现敌人的能力和人员；需要全球机动、快速打击、持续实施非常规作战、外国内部防御、反恐以及反叛乱等各种能力；需在全球许多无需实施传统行动的地区保持长期低调的存在；需要使用代理人达成多种目标。

在这方面美军应建设以下能力：能判明敌人意图的人力情报；能在拒止进入的地区发现敌人能力并精确选定为目标的持续监视能力；在所有领域，包括计算机空间中发现、标示和跟踪恐怖分子的能力；可遂行直接行动、外国国内防御、反恐行动以及非常规作战的特种部队；能够训练、装备当地部队并为其提供咨询，能够部署并与伙伴国进行合作，能够实施非正规战以及对安全、稳定、过渡和重建行动提供支持的多用途部队；有助于将情报和作战结合起来的能力和机构；通晓语言和文化的能力，促进伙伴国能力的扩展；非致命能力；城市作战能力；能在全球范围内对稍纵即逝的目标迅速实施打击；江河作战能力；联合协同、联合程序、联合机制，以及能够计划和实施跨部门行动的指挥与控制能力；广泛灵活的权限，能使美国快速组织各国能力，有效参与破坏和击溃恐怖网络的斗争。

（二）保护国土纵深

报告认为，对美国本土的威胁不仅来自恐怖分子，敌对国家还可使用导弹或其他方式投送大规模毁伤性武器攻击美国，包括当前防御措施无法应对的基因工程生物战制剂。另外，一些国家的大规模毁伤性武器能力可能会落入或被转让到恐怖分子手中，他们可能会用其攻击美国。

国防部国土防御的战略目标是确保美国免遭直接攻击。为此，国防部将与国土安全部以及联邦、州和当地机构合作，应对美国本土所面临的威胁。报告强调了《国土防御和国民支援战略》中所明确的 3 项任务：一是领导专门赋予国防部的任务。根据总统或国防部长的指示，国防部将执行劝阻、威慑或战胜外来攻击的军事任务，保护美国及其人民和关键国防基础设施。二是支援其他机构。根据总统或国防部长的指示，国防部将作为国家综合应对措施的一部分，对指定的政府执法当局和/或其他机构提供支援，防止和免遭恐怖事件，或者帮助从攻击或灾难中恢复过来。三是帮助提高伙伴能力。国防部力求加强国家及国际伙伴的国土防御和后果管理能力，并通过在军地间共享相关信息、专业技能和技术以提高国防部的能力。

在这方面美军应建设以下能力：针对国土防御和国民支援任务的联合指挥与控制，包括能与政府其他机构、州和地方政府互通的通信和指挥与控制机制；空中和海上领域的感知能力；管理重大灾难性事件后果的能力；广泛的医疗应对措施，确保不受目前尚无法防御的经过基因工程改造或自然变异病菌的侵害；针对不同情况而实施相应的威慑，包括能够防御大规模毁伤性武器攻击并以势不可挡的方式进行反击的全球快速打击能力，防空和导弹防御以及其他防御措施，通过显示使对手无法达成目的的能力来慑止进攻；新的或更大的权限，在发生人为或自然灾难的情况下能更有效地使用国民警卫队和预备役部队。

（三）对处于战略十字路口国家的选择施加影响

报告提出，大国和新兴强国所作出的选择，将会影响美国及其盟友未来的战略地位和行动自由。美国将设法通过加强合作和提高双方共同安全利益的方式，对这些选择施加影响。同时，美国及其盟友还必须防止出现大国或新兴强国未来选择敌对道路的可能性。尤其要关注它们追求排他性或胁迫性的政策，以及发展针对美军或盟军的先进军事能力。报告认为，印度、俄罗斯和中国在内的大国和新兴强国的选择，将成为决定 21 世纪国际安全环境的主要因素。印度是一个正在崛起的大国，也是一个主要的战略伙伴。俄罗斯仍是一个转型中的国家。中国已经成为在军事上最具潜力与美国竞争的国家，也最有可能部署破坏性的军事技术，如果不采取对策，这些技术可能日后会抵消美国传统的军事优势。

美国将努力确保所有的大国和新兴强国成为建设性的行为体和利益共享者，并将它们纳入国际体系中去。还要确保没有其他大国能够主宰地区和全球安全事务。美国将试图劝阻任何军事竞争者发展破坏性或其他能力，还将设法阻止侵略和胁迫。如果威慑失败，美国将使敌国无法达成其战略、战役目标。

影响大国和新兴强国选择要采取一套均衡的方法，既要寻求合作还要做好谨慎的防范，这样才能避免未来的冲突。成功的防范战略需要增强伙伴国的能力并降低其脆弱性。为劝阻大国和新兴强国发展可能威胁地区稳定的能力，为能慑止冲突和在威慑失败时战胜侵略，美国要进一步使其基地态势多样化。

在这方面美军应建设以下能力：安全合作和参与活动，包括联合训练演习、高级参谋会谈、能增进了解的军官培训和外国国内防御训练；大力提高对语言和文化的了解，更好地理解新兴强国以及它们如何作出战略抉择；持续的监视，包括能够渗透到拒止进入和不友好地区并能够停留一段时间的系统；能够快速部署、集中、指挥、投送、重组和再使用来自各领域的联合战斗力，进一步确保能够到达任何地区；快速和高密度的全球打击能力，以慑止侵略和胁迫，并在威慑失效时为总统提供更为广泛的常规应对方案；确保对拒止进入或不友好地区的宽带通信，以支持实施渗透的监视和打击系统；针对短程、中程和洲际弹道导弹和巡航导弹的一体化防御；能够击败先进威胁的空中主宰能力；可以充分发挥隐秘性和增强威慑的水下作战能力；塑造和保卫计算机空间的能力；在遭受大规模毁伤性武器、电子或计算机攻击后仍能生存的联合指挥与控制能力。

（四）防止获取或使用大规模毁伤性武器

报告认为，越来越多的敌对政权和恐怖组织寻求获得或使用大规模毁伤性武器。传统的工具和威慑概念难以对这些行为体发挥作用。一些潜在敌国拥有或谋求大规模毁伤性武器。对这些国家来说，大规模毁伤性武器，尤其是核武器为其提供了维护地区霸权和胁迫他国的手段。同时，一旦发生冲突，在冲突中或为了延迟后续的稳定行动，拥有大规模毁伤性武器的国家可能会先发制人地使用它们的武器对付美国及其盟国。其他一些拥有大规模毁伤性武器的国家，虽然不一定是敌国，但却面临着国内发生动乱、无法控制这些武器的危险。技术趋势又加剧了这一威胁。

报告强调，美国的首要目标是防止敌国或非国家行为体获得大规模毁伤性武器。为应对这些威胁，美国必须做好准备：慑止进攻；发现、标示和跟踪大规模毁伤性武器材料；在拥有大规模毁伤性武器的国家对这些武器、尤其是核装置失去控制的情况下采取行动；发现所有领域的大规模毁伤性武器；即使在遭受大规模毁伤性武器的袭击后仍能继续行动；在国内外协助化减大规模毁伤性武器袭击所带来的后果；以及在平时、战时和战后消除制造大规模毁伤性武器的材料。同时，反击大规模毁伤性武器威胁的努力，必须将预防性和反应性措施结合起来。

在这方面美军应建设以下能力：能发现、定性大规模毁伤性武器并确保其安全的特种部队；能发现、标示和跟踪大规模毁伤性武器及其投射系统和相关材料的能力；能在防区外发现诸如核装置这样的裂变材料的能力；能阻止大规模毁伤性武器及其投射系统和相关材料在空中、海上和地上运输的阻截能力；能对广阔地区进行持续监视，以发现大规模毁伤性武器能力和敌军的位置；人力情报、语言技能和文化理解能力；能提供保险和可靠的大规模毁伤性武器的能力和专业小组；能保护大规模毁伤性武器存放点、使他人无法移走相关材料的非致命性武器；适合于执行大规模毁伤性武器销毁行动的联合指挥与控制；能在敌对环境部署、维持、保护、支援和重新部署特种部队的能力；保护关键和脆弱的系统和技术、使其不受电磁脉冲产生的灾难性影响的能力。

三、改进国防部战时兵力规划模式

报告认为，国防部战时兵力规划模式面临一些新的情况和考虑：应将国防部的国土防御职责与其他部门的更为清晰地区分开来；美军不仅仅是在四大地区（欧洲、中东、亚洲沿岸和东北亚）或依托这些地区实施行动，而应全球采取行动；在后“9·11”世界，非正规战已成为美国及其盟友所面临的主要作战形式，因此，指导方针必须能够说明分散的和长期的行动，包括非常规战、外国国内防御、反恐、反叛乱以及稳定和重建行动；在可预见的未来，稳定状态的行动，将是确定美军规模的主要决定因素；指导方针必须更加关注威慑和平时其他塑造活动所需的部队和能力；“迅速击败”或“决定性地战胜”已不适用于美军执行的一些行动。

基于这些考虑，报告提出了新的兵力规划模式，将其活动分成三个目标领域：本土防御，反恐战争或非正规作战（非对称）以及常规战争。每种活动又有两种状态：稳定状态的行动和急剧增加的行动。在所有情况下，国防部都应增强其针对使用非对称手段之敌的作战能力。新的兵力规划模式将代替 2005 年《国防战略》提出的兵力规划指导方针。

本土防御：稳定状态的行动指发现、慑止以及必要时战胜对美国本土的外部威胁，并能使伙伴对美国国家安全作出贡献；急剧增加的行动指在发生大规模毁伤性武器袭击或灾难性事件时（例如卡特里娜飓风）国防部必须为国家的后果管理行动作出自己的贡献。

在反恐战争中取胜并实施非正规战：稳定状态的行动指慑止并防御外部跨国恐怖袭击，通过一体化的安全合作计划增强伙伴能力，并且实施分散在全球、持续时间不等的多种非正规作战。还包括继续使用能与盟国协同的一般任务部队，建设伙伴能力，实施长期的反叛乱作战以及通过前沿存在慑止侵略者；急剧增加的行动指实施大规模的、持续时间可能会很长的非正规战行动，包括反叛乱以及安全、稳定、过渡和重建行动。

打赢常规战争：稳定状态的行动指通过前沿部署的部队慑止国家间的胁迫或侵略，通过战区安全合作增强伙伴的能力，并执行显示军事存在的任务；急剧增加的行动指打两场几乎同时发生的常规战争（或在已参加一场大规模持久性非正规战争时，再实施一场常规战争），同时，对可能出现的侵略行动有重点地加强威慑，并做好在其中一场战争中推翻敌对政权、摧毁其军事能力的准备，并为过渡到或恢复平民社会创造条件。

四、分析了重点部队或能力的未来发展方向

报告提出，未来美军建设应以美国防务关注的四大任务和新的军队规划理念为指导。未来应优先发展以下部队或能力：联合地面部队、特种作战部队、联合空中能力、联合海上能力、灵活的威慑能力、反大规模毁伤性武器能力、联合机动能力、情报、监视、侦察与太空能力、以网络为中心的能力和联合指挥与控制能力。美军未来要实现三个转变：从依赖海外大型永久性基地，转向利用海外更加收缩的基地实施远征作战；从主要关注传统作战行动，转向以更大的能力应对非对称挑战；从消除隔阂的联合作战到一体化甚至是相互依赖的作战。报告用了大量篇幅对优先发展的部队或能力的目前发展态势、近期计划和未来发展方向进行了逐一分析。

为加强打击恐怖网络的力量，特种部队人数将增加15%，特种部队中营的数量增加1/3。美国特种作战司令部将成立海军陆战队特种作战司令部。空军将在特种作战司令部内成立1个无人机中队。海军将支持特种作战司令部增加“海豹”小组人员并发展河战能力。国防部还将把心理战和民事部队人数扩大3700人，即增加33%。

为加强本土防御和本土安全，国防部将在今后5年内投资15亿美元，资助一项倡议，开发针对基因工程生物恐怖药剂的广谱医疗对抗措施。其他的倡议包括发展先进的探测和威慑技术，举行大规模民事-军事演习，以提高应对复杂的本土安全紧急事态的跨机构计划制定能力。

为了在战略关头帮助塑造各国的选择，加强威慑并为未来的战略不确定性做好准备，在保持强大的核威慑同时，将加强更广泛的常规和非动能威慑选择，如将对一小部分由“三叉戟”潜艇发射的弹道导弹进行改装，用于常规的全球迅速打击；将采购更多的无人驾驶机，使其几乎达到目前此种能力的两倍；将着手开发下一代远程打击系统，将预期的形成初始作战能力的时间提前近20年。

为了更好地应对拥有大规模毁伤性武器的国家所造成的危险以及恐怖分子控制这些武器的可能性，国防部已命令战略司令部作为整合打击大规模毁伤性武器行动并实现行动同步化的领导机构；还将设立一个消除大规模毁伤性武器可部署联合特遣部队司令部，该司令部能够迅速对执行这些任务的部队进行指挥与控制。

军事战略 分析2005年《国防战略报告》、《军事战略报告》和2006年的《四年防务审查报告》，并结合美军4年多来的军事行动实际，可以认为，为确保美国本土安全并服务于其全球战略，美军对外主要有三大任务：对恐怖分子实行先发制人式地打击；对所谓潜在全球性对手进行威慑性防范；对所谓“无赖国家”的现政权进行武力更迭。因而布什政府采取的是集“打击”、“防范”和“战胜”于一体的军事战略，其中打击恐怖主义、以武力更迭敌对政权是美军现实的主要任务，而防范大国是其长远打算，前二者为后者服务，最终目的则是为了巩固和扩展美国的全球霸权。

打击 鉴于9·11事件对美国的打击，美国反恐不仅仅是借口或旗号，有其真心实意一面。美国已经明确，恐怖主义是美国当前的头号敌人，反恐将是美军长期的战略任务，也是美军建设的一个基本依据。打击恐怖主义，是美军应对非正规挑战和灾难性挑战的主要措施和手段。面对恐怖分子攻击的突然性，美国多种报告，特别是2006年的《四年防务审查报告》和《国家安全战略报告》都重申了对恐怖分子实施先发制人式打击的方针。这种方针既是战术性的，更是战略性的。为有效对付恐怖主义，《四年防务审查报告》强调了要更加重视包括特种作战在内的非正规作战，更加重视和加强特种部队建设，以强化美军遂行非正规作战的能力。

防范 为应对传统性挑战和破坏性挑战，《四年防务审查报告》提出美国防务的一个重要任务是要对处于战略十字路口的国家施加影响。对大国特别是美国所谓的潜在全球性对手，美军实行的是威慑性防范战略。其基本措施有：在海外，借反恐之机，改善前沿部署态势和军事存在形式，强化军事同盟关系，从而构筑针对对手的威慑性防范态势；在国内，通过军事转型，全面提升美军应对未来战争的能力，确保美军在作战和技术方面对于对手的领先优势。

战胜 美国认为，一些“无赖国家”政权支持恐怖主义，企图获取大规模毁伤性武器，并在国内实行专制。美国从反恐、推进其全球战略、扩展民主等多方面考虑，把更迭一些“无赖国家”的现政权，作为其重要的战略目标。相应地，战胜敌军，以武力颠覆敌政权，是美军目前的一个重要任务。从伊拉克战争的实际情况看，美国采取的是“先制裁、后打击”的模式。美军这种为改造政权而遂行的作战任务，可以称之为“预防性打击”或“塑造性动武”。美军在伊拉克的作战行动分成两大阶段：正规作战和战后维稳行动。因此，美军一方面强调要加强正规作战能力，另一方面也更加重视非正规作战和作战部队建设。

国防体制 美国宪法规定，总统是武装部队总司令，全军最高统帅。总统通过国防部领导和指挥全军，紧急情况下可越级指挥。战略核力量不论何时都由总统指挥控制。

国家安全委员会是最高防务决策咨询机构。其法定成员包括总统、副总统、国务卿和国防部长。参谋长联席会议主席是其法定军事顾问，中央情报局局长是其法定情报顾问。该委员会日常工作由总统国家安全事务助理（顾问）负责。

国防部是总统领导与指挥美国武装力量的最高军事机关，负责防务政策、计划的制定和实施，以及全面国防事务管理，并通过参谋长联席会议对全军实施作战指挥。它由国防部本部系统、军事部系统和作战指挥系统三部分组成。

国防部本部系统主要负责政策、财政、军务等全军性事务，以及各军事部之间的协调。下设政策、采购与技术、人事与战备、审计与财务、指挥通信控制与情报、立法、后勤事务、情报监督、行政管理、公共事务、监察、作战试验与评估等部门，分别由副国防部长、助理国防部长、主任、局长或部门长等主管。

军事部系统包括陆军部、空军部和海军部 3 个军事部（军种部）。各军事部负责本军种的行政管理、教育训练、武器装备研制和采购及后勤保障等事务，并有责任在战时向各作战司令部提供作战部队及相应的勤务和后勤支援，但无作战指挥权。军事部长为文官，在其下设军种参谋长（海军为作战部长）。军种参谋长（海军作战部长）是本军种最高军事长官。

作战指挥系统指参谋长联席会议（以下简称“参联会”）及隶属于它的各联合司令部、特种司令部。参联会既是总统、国防部长、国家安全委员会的军事咨询机构，也是总统和国防部长向联合司令部和特种司令部发布作战命令的军事指挥机关。从某种意义上讲，国防部是总统的军政部门，而参联会是总统的军令部门。参联会成员包括主席、副主席、陆军参谋长、空军参谋长、海军作战部长和海军陆战队司令。参联会主席是美军最高军事长官，是总统、国防部长和国家安全委员会的首席军事顾问。参联会下设联合参谋部和国家军事指挥中心，负责处理日常事务和作战指挥业务。美军设九大联合司令部，它们是直属国防部的美军高级作战指挥机构。美三军部队除实行特别勤务者外，均编入某一联合司令部。一旦发生重大紧急情况，各联合司令部即可对编入本司令部的部队实施作战指挥。必要时，也可根据总统指示将任何联合司令部的部队临时划归处于紧急情况的联合司令部指挥。目前，在美军的九大联合司令部中，5 个为地区性司令部（也称地区总部），即欧洲司令部、太平洋司令部、中央司令部、南方司令部和北方司令部（2002 年 10 月 1 日成立，负责保卫美国本土和北美地区的安全）；3 个为职能性司令部，即战略司令部、特种作战司令部和运输司令部；联合部队司令部（1999 年 10 月由原地区性大西洋司令部改组而成，负责联合作战理论的试验与论证，并为各地区司令部提供经过训练的联合部队），兼有地区和职能两种性质。

美国武装力量由现役部队、预备役部队和军内文职人员 3 部分组成。现役部队分陆军、空军、海军和海军陆战队 4 个军种，分属陆军部、空军部和海军部（负责海军和海军陆战队）三大军事部领导。美军预备役部队按组织系统分国民警卫队和联邦后备队两部分。国民警卫队含陆军国民警卫队、空军国民警卫队和海岸警卫队，其中海岸警卫队平时由国土安全部维持和使用。后备队含陆军后备队、海军后备队、空军后备队和陆战队后备队。预备役人员按动员程度分为 3 类：第一类为待命预备役人员，包括编入预备役部队的精选预备役人员，可立即用于增援正规部队；第二类为待编预备役人员，即动员时可征召的参训人员；第三类为退役预备役人员，必要时可应召增补负责作战支援和训练的部队。文职人员是美国联邦政府雇员的一部分，本国雇佣的称直接雇员，由住在国政府雇佣的称间接雇员。从事的工作种类有科学家与工程师、行政管理人员、技术员、秘书和办事员、服务员、勤杂工等。

领导人物　总统兼武装部队总司令乔治·W·布什（2001 年 1 月上任，2005 年 1 月连任）。国防部长唐纳德·H·拉姆斯菲尔德（2001 年 1 月上任，2005 年 1 月连任）。国家安全事务助理斯蒂芬·哈德利（2005 年 1 月上任）。参谋长联席会议主席彼得·佩斯陆战队上将（2005 年 9 月上任）。参联会副主席小埃德蒙·P·贾姆巴斯蒂亚尼海军上将（2005 年 8 月上任）。陆军部长弗朗西斯·J·哈维（2004 年 11 月上任）。陆军参谋长彼得·J·舒梅克陆军上将（2003 年 8 月上任）。空军部长迈克尔·W·怀恩（2005 年 11 月上任）。空军参谋长 T·迈克尔·莫斯利空军上将（2005 年 9 月上任）。海军部长唐纳德·C·温特（2006 年 1 月上任）。海军作战部长迈克尔·G·马伦海军上将（2005 年 7 月上任）。海军陆战队司令迈克尔·W·哈吉陆战队上将（2003 年 4 月上任）。欧洲司令部司令詹姆斯·L·琼斯陆战队上将（2003 年 1 月上任）。太平洋司令部司令威廉·J·法伦海军上将（2005 年 2 月上任）。联合部队司令部司令兰斯·L·史密斯空军上将（2005 年 11 月上任）。南方司令部司令班茨·J·克拉多克陆军上将（2004 年 11 月上任）。中央司令部司令约翰·阿比扎伊德陆军上将（2003 年 7 月上任）。北方司令部司令蒂莫西·J·基廷海军上将（2004 年 11 月上任）。特种作战司令部司令布赖恩·D·布朗陆军上将。运输司令部司令诺顿·A·施瓦茨空军上将（2005年9月上任）。战略司令部司令詹姆斯·E·卡特赖特陆战队上将。

武装力量 **兵力** 2005财年，现役部队总人数147.3960万人。预备役部队112.6546万人。

陆军 50.20万人。编有3个集团军司令部、4个军部（1个为空降军）、10个作战师（2个装甲师、4个机械化师、2个轻步兵师、1个空中突击师、1个空降师）、1个独立步兵旅、1支空降特遣部队（旅级）、5个航空旅、3个装甲骑兵团、6个炮兵旅、10个“爱国者”防空导弹营、1个独立步兵营、1个训练对抗营和1支特种作战部队。另有2个一体化师司令部，各编有3个加强陆军国民警卫队旅，作平时的一体化作战训练之用。

主战坦克：M-1“艾布拉姆斯”型约7620辆，包括M-1A1和M-1A2。装甲侦察车：Tpz-1“福克斯”型96辆。装甲步兵战斗车：M-2和M-3“布莱德雷”型6719辆。装甲人员输送车：M-113A2和M-113A3型（含改进型）14300辆、“斯特赖克”型约600辆。各类火炮：6530门。反坦克导弹：21955枚，其中“陶”式2005枚、“龙”式19000枚、“标枪”式950枚。防空导弹：FIM-92A“毒刺”式、“复仇者”式（车载型“毒刺”）703枚，“中后卫”式95枚，“爱国者”式483枚。两栖舰船124艘，其中通用登陆艇45艘，登陆艇79艘。无人驾驶飞机：“猎人”型18架，“影子”型24架。固定翼飞机：约307架。直升机：约4595架，其中武装直升机1133架。各种雷达251部。

海军 37.675万人（其中航空兵9.8588万人）。编有太平洋舰队司令部和大西洋舰队司令部，共5个舰队：第2舰队（大西洋）、第3舰队（太平洋）、第5舰队（印度洋、波斯湾、红海）、第6舰队（地中海）、第7舰队（西太平洋）。此外，还设有军事海运司令部和海军特种作战司令部。

潜艇：72艘，另有约8艘在修理中。其中战略潜艇16艘，战术潜艇56艘（核动力导弹潜艇2艘、核动力攻击潜艇54艘）。主要水面作战舰艇：118艘。其中，航空母舰12艘，包括8艘“尼米兹”级和1艘“企业”级核动力航母，2艘“小鹰”级和1艘“肯尼迪”级常规动力航母；11个航母舰载机联队（含1个后备队联队），每个联队一般编9个中队，包括3个F/A-18C型战斗攻击机中队、1个F-14中队、1个S-3B型和ES-3型反潜战飞机中队、1个SH-60型反潜直升机中队、1个EA-6B型电子战飞机中队、1个E-2C型空中预警机中队和1个C-2型支援飞机中队；导弹巡洋舰27艘（均为“提康德罗加”级）；导弹驱逐舰49艘（“阿利·伯克”级“宙斯盾”舰39艘，“斯普鲁恩斯”级10艘）；导弹护卫舰30艘（均为“佩里”级）。扫雷舰26艘，海岸巡逻艇21艘，指挥舰2艘，两栖舰船约231艘，其中主力两栖舰39艘，其他192艘。军事海运司令部辖船只约120艘，可调用商船约315艘。海军（含陆战队）共装备各种飞机超过3415架，其中海军航空兵装备固定翼飞机2056架（其中作战飞机983架），直升机608架；海军陆战队航空兵装备固定翼飞机447架（其中作战飞机344架）直升机304架。

海军陆战队 17.535万人。编为3支陆战队远征部队和2个陆战队远征旅。编制部队有3个陆战队师、3个部队勤务支援大队、1个陆战队远征旅（反恐）和特种作战部队。

主战坦克403辆、轻装甲车731辆、两栖攻击装甲车1311辆、牵引火炮926门、迫击炮585门、反坦克导弹2299枚、无后坐力炮1650门、反坦克火箭筒1114具、雷达23部。航空兵3.4686万人，编3个现役飞行联队，每个联队一般装备固定翼飞机118架、直升机156架。

空军 37.95万人。编有空中作战司令部、空中机动司令部、空军航天司令部、空军特种作战司令部、太平洋空军司令部、驻欧洲空军司令部、空军教育与训练司令部、空军器材司令部和空军后备队司令部等九大司令部。共辖18个航空队，约119个联（大）队。其中，空中作战司令部辖4个航空队，23个飞行联队；空中机动司令部辖2个航空队，12个飞行联队；空军航天司令部辖2个航空队；太平洋空军司令部辖4个航空队；驻欧洲空军司令部辖2个航空队；空军教育与训练司令部辖2个航空队，11个联队，外加7个中队；空军后备队司令部辖3个航空队。美空军1999年10月开始进行体制改革，将其现役、预备役和国民警卫队部队统一编组成10支“空天远征队”。每支“空天远征队”在15个月中有90天处于戒备状态，任何时候至少有两支处于戒备状态。每支“空天远征队”约编1~1.5万人，90架战斗机和轰炸机、31架战区内加油机和13架情报、监视、侦察和预警机。此外，空军还组建了5支机动航空航天远征部队和2支快速反应航空航天远征部队。

远程打击/攻击作战飞机205架。其中B-52H型93架、B-1B型90架、B-2型22架；侦察机261架，其中U-2S型31架、TU-2S型4架、E-8C“联合星”

17 架、E-9A 型 2 架、RC-135S 型 3 架、RC-135U 型 2 架、RC-135V/W 型 16 架、RF-4C 型 162 架（封存）、OC-135 波音 707 型 3 架、WC-130 型 18 架（8 架封存）、WC-135 型 3 架；指挥机 62 架，其中 E-3B/C 型 32 架、E-4B 型 4 架、EC-135 型 26 架（封存）；战术飞机约 3617 架（包括空军国民警卫队和空军后备队），其中 F-4D/E/G 型 237 架（封存）、F-15 各型 732 架、F-16 各型 1748 架、F-22 型 26 架、F-111 型 184 架（封存）、F-117 型 52 架、A-10A 型 342 架、OA-10A 型 110 架、EF-111 型 33 架（封存）、EC-18B/D 型 5 架（3 架封存）、AC-130H/U 特种作战飞机 21 架、HC-130N/P 型 36 架、EC-130E/H 电子战飞机 28 架、MC-130E/H/P 特种作战飞机 63 架；运输机约 1020 架，其中 C-5 型 126 架、C-9A/C 型 23 架、C-12C/D/F/J 型 23 架、C-17A 型 101 架、C-20 型 15 架、C-21A 型 78 架、C-22B 型 2 架（封存）、UV-18 型 3 架、VC-25A 型 2 架、C-26B 型 11 架、C-32A 型 4 架、C-38A 型 12 架、C-130B/E/H/J 型 548 架、C-135B/C/E 型 5 架（1 架封存）、C-141B/C 型 77 架；加油机 659 架，其中 KC-130 或 KC-135A/E/R/T 型 600 架、KC-10A 加油/运输机 59 架；教练机约 1516 架，其中 AT-38 型 47 架（29 架封存）、CT-43A 型 5 架（封存）、T-1 型 180 架、T-3 型 111 架（封存）、T-37 型 505 架（188 架封存）、T-38 型 545 架（123 架封存）、T-41 型 107 架（101 架出租中）、T-43 型 11 架（2 架封存）、TC-135 型 2 架、TC-18 型 2 架、TE-8A 型 1 架；直升机 219 架；另有 8 架"全球鹰"和 12 架"捕食者"无人驾驶侦察机。

战略力量　由美国战略司令部管辖，实力计在海军和空军内。主要武器装备有：432 枚潜射弹道导弹，配置于 18 艘战略导弹核潜艇中，其中"俄亥俄"级 SSBN-734 型核潜艇 10 艘，每艘携 24 枚"三叉戟"II 型（D-5）导弹，"俄亥俄"级 SSBN-726 型核潜艇 8 艘，每艘携 24 枚"三叉戟"I 型（C-4）导弹；洲际弹道导弹 550 枚，其中"民兵"III 型 500 枚，"和平卫士"50 枚；战略轰炸机 114 架，其中 B-52H 型 93 架、B-2A 型 21 架。战略侦察与情报搜集系统：58 个天基系统，其中卫星 34 颗（照相侦察卫星 3 颗、电子/通信侦察卫星 7 颗、民航与定位卫星 24 颗）、核爆炸探测系统 24 个。战略防御早期预警系统：红外监视与预警卫星 4 颗（1 颗备用）、北方预警系统 55 个（远距离 15 个、短距离 40 个）、超视距后向散射雷达 2 个、弹道导弹早期预警系统 2 个、空间跟踪系统 11 个、海军空间监视系统包括 3 个地面信号发射站和 6 个接收站、地面相控阵雷达 4 部，另有多目标探测与跟踪雷达和地基电子光学空间监测系统若干。

海岸警卫队　4.036 万人，另文职人员 0.675 万人。根据法律，海岸警卫队是武装力量的一个组成部分，平时由国土安全部维持和使用，兵力不计入三军预备役部队内。预算为 2001 财年 51 亿美元，2002 财年 57 亿美元。主要武器装备有：各类巡逻舰艇 132 艘，其中近海巡逻舰 43 艘（可携直升机），近岸巡逻艇 89 艘，内河管理船 36 艘，支援船 25 艘；飞机 43 架；直升机 127 架。

特种作战部队　3.1496 万人，实力计在各军种。陆军特种作战部队编 5 个特种作战大队（每个含 3 个营），1 个别动队步兵团（含 3 个营），1 个特种作战航空团（含 3 个营），1 个心理战大队（含 5 个营），1 个民事营（含 5 个连），1 个通信营和 1 个支援营。海军特种作战部队编有 1 个海军特种作战司令部，1 个海军特种作战中心，3 个大队，2 个中队，8 支"海豹队"，2 支"海豹"输送车队，2 个特种舟艇中队。空军特种作战部队编有 1 个司令部、1 个飞行联队、13 个飞行中队。

文职人员　截至 2004 年 9 月，共 70.8 万人。按雇佣部门计算，陆军雇佣 25.2 万人，海军（含陆战队）雇佣 19.2 万人，空军雇佣 16.3 万人，国防部直属机构雇佣 10.1 万人。

预备役人员　112.6546 万人，其中待命预备役 110.5046 万人，待编预备役 2.15 万人。待命预备役由编组部队和单个人员组成，包括精选预备役部队和单个待命预备役人员，负有在战时或国家紧急状态下按法律和法规的有关规定服现役、扩充现役部队的义务，其中国民警卫队 45.945 万人（陆军国民警卫队 35.135 万人、空军国民警卫队 10.81 万人），后备队 64.5596 万人（陆军后备队 32.41 万人、海军后备队 15.285 万人、海军陆战队后备队 9.2 万人、空军后备队 7.51 万人、海岸警卫队后备队 0.1546 万人）。待编预备役指经过训练的、必要时可动员的单个预备役人员，不含国民警卫队员（按有关法律规定，国民警卫队人员全部编入待命预备役部队），其中陆军 700 人，海军 2500 人，海军陆战队 700 人，空军 1.76 万人。

部署　欧洲总部（司令部设在德国斯图加特—法伊英根）约 9.07 万人（陆军 5.72 万人、海军 8900 人、空军 2.43 万人、海军陆战队 330 人），另加地中海第 6 舰队 1.4 万人（包括海军陆战队 2200 人），其中驻德国 6.979 万人、比利时 1390 人、希腊 538 人、意大利 1.5474 万人、卢森堡 27 人、荷兰 303 人、挪威 50 人、葡萄牙 1058 人、西班牙 562 人、土耳其 1650 人、英国 9800 人。太平洋总部（司令部设在夏威夷）约 26.37 万人，其中驻阿拉斯加 1.545 万人、夏威夷 2.408 万人、新加坡 89 人、日本 4.355 万人、韩国约 3.45 万人、关岛 4400 人、澳大利亚约 90 人、迪戈加西亚 1071 人、泰国 69 人、太平洋舰队 14.04 万人（另有预备役 1.347 万人、文职人员 2.96 万人）。中央总部（司令部设在佛罗里达州的麦克迪尔空军基地）约 17.766 万人，其中驻阿富汗 1.8 万人、巴林约 3000 人、吉布提约 1000、伊拉克 12.16 万人、科威特 2.525 万人、阿曼 270 人、巴基斯坦约 400 人、卡塔尔约 6540 人、沙特阿拉伯约 300 人、阿拉伯联合酋长国 1300 人，另有第 5 舰队的约 14 艘舰艇。南方总部（司令部设在佛罗里达州的迈阿密）约 1477 人，其中驻哥伦比亚约 400 人、厄瓜多尔 290 人、圭亚那约 200 人、洪都拉斯 587 人。北方总部（司令部设在科罗拉多州的彼得森空军基地）驻美国东海岸 1.97 万人，百慕大 800 人、古巴 2255 人（其中关塔那摩 2190 人）、冰岛 1758 人、亚速尔群岛（葡）970 人、英国 1220 人、大西洋舰队 10.8 万人（另有文职人员 1.7 万人，司令部驻佛罗里达州诺福克）。美军驻美国大陆 88.72 万人，其中陆军 32.8 万人、海军 18.62 万人、空军 27.62 万人、海军陆战队 9.68 万人。

军事基地 截至 2005 财年，美国国防部在国内外拥有军事基地和设施共 3748 个，分布在美国 50 个州和 7 个领地以及世界 39 个国家，其中在美国国内有 2900 个，在美国的领地有 78 个，在外国有 770 个。陆军共拥有基地设施 1742 个，其中在美国国内 1343 个，在美国领地 20 个，在外国 379 个。海军共有 727 个，其中在国内 600 个，在领地 41 个，在外国 80 个。海军陆战队共有 119 个，其中在国内 92 个，在领地 1 个，在外国 26 个。空军共有 1159 个，其中在国内 864 个，在领地 16 个，在外国 279 个。另有 1 个华盛顿总部勤务部队基地。

兵役制度 从 1973 年起实行志愿兵役制度。

军衔 分 6 等 25 级：士兵 3 级（一等兵、二等兵、三等兵），军士 6 级（一级军士长、二级军士长、三级军士长、上士、中士、下士），准尉 5 级（一、二、三、四、五级准尉），尉官 3 级（上尉、中尉、少尉），校官 3 级（上校、中校、少校），将官 5 级（五星上将、上将、中将、少将、准将）。

军队节日 武装力量节，5 月第三个星期六。美国陆军节，4 月 6 日。美国海军节，10 月 27 日。美国空军节，9 月第二个星期六。

对外军援 美国对外军事援助 2006 财年的申请额为 50.28 亿美元；2005 财年的估计额为 50.51 亿美元；2004 财年的实际额为 48.37 亿美元，其中国际军事教育与培训（IMET）经费 9116 万美元、对外军事资金（FMF）46.22 亿美元、维和行动费 1.24 亿美元。在美国 2004 财年对外军事援助中，对非洲国家共援助 6229 万美元，其中得到援助较多的是：肯尼亚 727 万美元、吉布提 678 万美元、埃塞俄比亚 302 万美元、苏丹 500 万（维和行动费）。对东亚和太平洋国家共援助 5087 万美元，其中得到援助较多的是：菲律宾 3758 万美元（其中维和行动费 1500 万）、泰国 395 万美元（其中维和行动费 50 万）、东帝汶 363 万美元（其中维和行动费 105 万）、蒙古 287 万美元（其中维和行动费 100 万）。对欧洲和欧亚大陆国家共援助 2.61 亿美元，其中得到援助较多的是：土耳其 4000 万美元、波兰 3478 万美元、波黑 3089 万美元（其中维和行动费 1150 万）、格鲁吉亚 1623 万美元（其中维和行动费 300 万）。对近东国家共援助 37.62 亿美元，其中得到援助较多的是：以色列 21.47 亿美元、埃及 12.94 亿美元、约旦 2.08 亿美元、阿曼 2568 万美元、巴林 2525 万美元。对南亚国家共援助 5.20 亿美元，其中得到援助较多的是：阿富汗 4.34 亿美元（其中维和行动费 2000 万）、巴基斯坦 7594 万美元、尼泊尔 452 万美元、斯里兰卡 305 万美元。对西半球国家共援助 1.34 亿美元，其中得到援助较多的是：哥伦比亚 1.00 亿美元、萨尔瓦多 648 万美元、玻利维亚 457 万美元。

（李水生）

墨 西 哥

国　　名 墨西哥合众国。

主要统计 面积 196.4375 万平方公里。人口 1.05 亿人（2004 年。其中，0~14 岁公民占总人口的 31%；15~64 岁公民占总人口的 64%；65 岁以上公民占总人口的 5%）。国内生产总值 6764 亿美元（2004 年）。人均国民生产总值 6419 美元（2004 年）。国防费预算 30.9 亿美元（2005 年国防开支）。煤 648.3165 万吨（2004 年），铁 690.3015 万吨（2004 年），银 308.5263 公斤（2004 年），原油日产 338.2 万桶（2004 年）。粮食 31456 千吨（2004 年）。全国共有机场 85 处，客运量 3385 万人次，货运量 40.7 万吨（2003 年）。

国防体制　墨宪法规定，总统为武装力量最高统帅，有权宣布全国“紧急状态”和“战争状态”，决定兵力调动、高级将领任免、国防开支等重大事宜。国家安全内阁会议为最高国防决策机构，由总统领导，成员有国防部长、海军部长、内政部长、外交部长以及其他有关政府部长。国防部和海军部分别为政府中[illegible]部，是最高军事行政机关，也是最高军事指挥机构，国防部领导指挥陆、空军。海军部领导指挥海军。国防部长和海军部长经总统任命，由现役四星上将担任。总统通过国防部和海军部对全国武装力量实施领导和指挥，通过总统府参谋部对国家安全和军事问题进行协调。

领导人物　总统兼武装力量最高统帅比森特·福克斯·克萨达（2000 年 12 月 1 日就职）。国防部长里卡多·维加·加西亚上将（2000 年 12 月 1 日上任）。海军部长马可·安东尼奥·佩罗特·冈萨雷斯上将（2000 年 12 月 1 日上任）。

武装力量　**兵力**　现役部队 19.3 万人。

陆军　14.4 万人。划分为 12 个军区、44 个军分区。编有 3 个军（共辖 9 个步兵旅）81 步兵营（含 1 个机械化步兵营）、19 个装甲骑兵团、3 个炮兵团、44 个特种空中机动分队。装备有装甲侦察车：其中“莫瓦格”25 辆、“大山猫”式 REC-90F119 辆、M-8 型 40 辆、MAC-1 型 40 辆、VBL 型 40 辆。装甲运送车：AMX-VCI 型 495 辆、HWK-11 型 40 辆、M-2A1“半履带”型 32 辆、BDX 型 95 辆、BTR-60 型若干辆、DN-3/4/5 型 134 辆、LAV-150ST 型 26 辆、VCR/TT 型 40 辆。牵引炮：75 毫米 18 门、105 毫米 176 门。自行炮：75 毫米 5 门。迫击炮：81 毫米 1500 门、120 毫米 75 门。反坦克导弹:若干枚。火箭炮：82 毫米若干门（挺）。反坦克炮：37 毫米 30 门。高炮（高射机枪）：12.7 毫米 40 门、20 毫米 40 门。地空导弹：若干枚。

海军　3.7 万人（内含海军陆战队和海军航空兵）。编有两个舰队司令部。

海军航空兵　1100 人。装备有战斗侦察机：C-212-200M 型 8 架。运输机：C-180/-212/-310/-337/-402 型 10 架、DHC-5 型 1 架、FH-227 型 1 架、“空中霸王”90 型 1 架、“利尔杰特”24 型 1 架、司令官 1 架、An-32 型 5 架、Mu-2F 型 1 架。

多用途直升机：“贝尔”47 型 3 架、SA-319 型 4 架、M-8/17 型 20 架、AS-555 型 4 架、“水手”R-22 型 2 架、R-44 型 1 架。教练机：MX-7 型 12 架、“幸运”F-33C 型 10 架、“雷地戈”L-90 型 10 架、MD-500E 型 4 架。

海军陆战队　8700 人。划分为海军陆战旅 3 个（各辖 3 个营），空降团 1 个（下辖 2 个营），总统警卫营 1 个，地区营 11 个、海岸警备大队 1 个。装备有 VAP-3550 型两栖突击车 25 辆、M-56 型 105 毫米榴弹炮 16 门、“费罗斯”式 122 毫米多管火箭炮 6 门、60 毫米和 81 毫米迫击炮 100 门；M-40A1 型 106 毫米无坐力炮若干门、MK38 型 25 毫米高射炮若干门、“博福斯”式 20 毫米高射炮若干门、攻击快艇 60 艘。

空军　1.2 万人。作战飞机 107 架，武装直升机 71 架。战斗机 10 架：其中 F-5E 型 8 架、F-5F 型 2 架。教练/攻击机 87 架：其中 PC-7 型 70 架、AT-33 型 17 架。侦察机：其中“司令官”500S 型 10 架、SA-2-37A 型 2 架、C-26 型 4 架。直升机 114 架:其中贝尔 205A 型 1 架、贝尔 206B 型 15 架、贝尔 206L-3 型 7 架、贝尔 212 型 24 架、S-70A 型 6 架、米-26T 型 1 架、MD530F 型 24 架、米-17 型 24 架、米-8 型 11 架、米-2 型 1 架。总统专机 4 架：其中波音 727 型 3 架、波音 757 型 1 架。运输机：CV-580 型 1 架、“喷气之星”型 1 架、“塞斯纳”500 型 1 架、C-118 型 1 架、C-130A 型 7 架、L-100 型 1 架、IAI-201 型 9 架。联络/多用途飞机：IAI“阿拉瓦”式 9 架，“空中国王”A90 型 1 架、“空中国王”C90 型 3 架、“超级空中国王”300 型 1 架、“步枪手”式 1 架、比奇 F-33C 型 29 架、“塞斯纳”182S 型 73 架、“塞斯纳”206 型 11 架、“塞斯纳”210 型 11 架、PC-6 型 4 架。

准军事力量　联邦防暴警察 1.1 万人，隶属于内务部。民防民兵 1.4 万人。海岸警卫队。

兵役制度　实行义务兵役制，同时招募志愿兵。规定 18~45 岁的男性公民均需服兵役。义务兵服役期为 1 年，志愿兵报役期为 3 至 9 年。

军衔　分 5 等 15 级，即将官 3 级（上将、中将、少将）校官 3 级（上校、中校、少校）、尉官 48 级（一级上尉、上尉、中尉、少尉）、官士 3 级（上士、中士、下士）、兵 2 级（上等兵、列兵）。

军队节日　2 月 19 日为陆军节，6 月 1 日为海军节，9 月 16 日为空军节。　（胡　静）

委 内 瑞 拉

国　　名　委内瑞拉玻利瓦尔共和国。

主要统计　面积91.67万平方公里。人口2620.7万人（2004年。其中，0~14岁736万人；15~64岁1675万人；65岁以上万人127万人）。国内生产总值1093亿美元（2004年）。国防费15.62亿美元（2005年国防预算）。原煤4.79亿吨（2004年）。原油102.2亿桶（2002年）。天然气273亿立方米（2002年）。发电量960亿千瓦小时（2002年）。海运能力，商船（载重100吨以上）271艘，总载重量135.54万吨（2004年）。民航能力，固定航班机场20处，客运量58亿人公里、货运量6.39亿吨公里（2004年）。

国防体制　委宪法规定，总统为武装力量最高统帅。国家安全与防务委员会为最高国防决策机构，成员有总统、国防、内政、外交和财政部长、武装力量总监、武装力量联合参谋长等，由总统任主席。国防部为政府中的一个部，国防部长是总统在军事问题上的主要助手，根据总统的旨意，有权管理、指挥和调动军队。全国武装力量最高委员会是总统和国家安全与防务委员会在军事问题上的主要参谋机构，负责处理军队重大事务，成员有国防部长、武装力量总监、武装力量联合参谋长及陆、海、空军和国民警卫队司令，由国防部长主持日常工作。武装力量联合参谋部协助国防部长贯彻国防政策，并协调各军种间的作战、情报、训练和后勤等工作。武装力量总监部负责审定各项军事法令，检查和监督部队的组织纪律、军种间的合作及完成任务的情况。各军种司令部为本军种最高军事指挥机构。各军种司令部直接对国防部长负责，有权处理本军种重大事务。总统通过国防部对全国武装力量实施领导和指挥。

领导人物　总统兼武装力量最高统帅乌戈·拉斐尔·查韦斯·弗里亚斯（2000年8月19日当选）。国防部长豪尔赫·路易斯·加西亚·卡内伊罗上将（2004年1月上任）。武装力量总监奥里安多·马尼利亚·费雷拉海军中将（2003年7月上任）。陆军司令劳尔·伊萨亚斯·巴杜埃尔中将（2004年1月上任）。海军司令阿尔曼多·何塞·拉古纳·拉古纳中将（2004年9月上任）。空军司令罗赫尔·拉法埃尔·科尔德罗·拉腊中将（2003年8月上任）。国民警卫队司令米盖尔·拉米雷斯·冈萨雷斯中将（2004年上任）。

武装力量　**兵力**　现役部队8.23万人。

陆军　3.4万人。编有1个反游击战机动旅，1个轻型装甲旅，1个装甲旅，1个骑兵旅，6个步兵师，7个步兵旅，2个突击旅，1个空降旅，2个工兵团，1个航空团，1个宪兵旅。

主战坦克：AMX-30型81辆。轻型坦克116辆：AMX-13型36辆，“蝎子”90型80辆。装甲侦察车：M-8型30辆。装甲运输车290辆：AMX-VCI型25辆，“龙”型100辆，“蝰蛇”EE-11型35辆，V-150型30辆，V-100型100辆。牵引火炮：105毫米80门，155毫米12门。自行火炮：155毫米10门。火箭炮：160毫米20门。迫击炮：81毫米165门，120毫米60门。反坦克导弹：“玛帕茨”式24具。无坐力炮：84毫米若干门，106毫米175门。火箭筒：AT-4型84毫米若干具。固定翼飞机12架，直升机26架。

海军　1.83万人（含海军陆战队7800人、海军航空兵500人和海岸警卫队1000人）。编有舰队司令部、陆战队司令部、海军航空兵司令部、海岸警卫队司令部和内河部队司令部。

潜艇：“虱目鱼”级2艘。护卫舰：经改装的“狼”级6艘。巡逻和小型作战舰艇：“宪法”级导弹艇3艘，“宪法”级近海巡逻艇：3艘。坦克登陆舰：“鳄鱼”级4艘。登陆艇：14艘。支援辅助舰船：6艘。

陆战队　约7800人。编有1个师部、2个登陆旅、1个内河旅、1个工兵旅，下辖8个陆战营（含2个内河陆战营）、1个炮兵营、1个两栖作战营、4个工兵营。装备有两栖登陆装甲车：LVTP-7型11辆。装甲输送车：“蝰蛇”EE-11型25辆、“狐狸”1型10辆。牵引炮：105毫米18门。高炮：40毫米6门。

海军航空兵　500人。编有1个反潜战中队。主要装备：作战飞机3架。固定翼飞机12架。直升机19架：其中反潜直升机14架，贝尔206B型1架，贝尔412型4架。

海岸警卫队　1000人。装备有护卫舰：“克莱门特海军上将”级2艘。巡逻艇：43艘。支援船：1艘。

空军　0.7万人。编有6个战斗机大队,1个直升机大队，1个教练机大队、1个总统座机编队。装备有作战飞机125架、武装直升机31架。

攻击战斗机/战斗机：CF-5A/B型16架、NF-5A/B型7架、“幻影”50EV/DV型16架、F-16A/B型22架、E MB-312型20架。侦察机：OV-10A型15架。电子战飞机：“猎鹰”20DC型3架。武装直升机：SA-316型10架、UH-1D/H型17架、AS-532型4架。加油机：波音707型2架。运输机：27架，其中C-130H型5架、波音737型1架、空中客车A319J型1架。运输直升机：34架，其中贝尔214型2架、贝尔412型5架，米-8/17型18架。联络机：32架。教练机：61架。空舰导弹：若干枚。地空导弹：若干枚。高炮：20毫米、35毫米若干门、40毫米114门。

国民警卫队　2.5万人。编有9个地区司令部。装备有步兵战车：UR-416型20辆。装甲输送车：菲亚特-6614型24辆。迫击炮：60毫米100门、81毫米50门。各型飞机49架，内含直升机26架。巡逻艇52艘。

预备役部队　0.8万人（陆军）。编有4个步兵营，1个别动队、1个装甲步兵营、1个炮兵营、2个工兵团。

部署　共有海空军基地15处。其中海军基地10处（加拉加斯、马拉开波、拉瓜伊拉等），空军基地5处（马拉开波、巴基西梅托、加拉加斯等）

兵役制度　实行义务兵役制。义务兵服役期为2年半。

军衔　分为5等20级，即将官3级（上将、中将、少将），校官3级（上校、中校、少校），尉官3级（上尉、中尉、少尉），军士七级（军士长、副军士长、一级上士、二级上士、三级上士、中士、下士），兵4级（一级上等兵、二级上等兵、上等兵、列兵）。

军队节日　6月24日为建军节，7月24日为海军节，12月10日为空军节，8月4日为国民警卫队节。

（李强洲）

智　利

国　　名　智利共和国。

主要统计　面积75.6626万平方公里。人口1598.1万人（2004年。其中，0~14岁占25%；15~64岁占67%；65岁以上占8%）。国内生产总值941.113亿美元（2004年）。国防费16.6亿美元（2005年国防预算）。天然气21.8亿立方米（2003年）。原煤35.37万吨（2003年）。原油84.6亿桶（2001年）。粮食379.9万吨（2003年）。海运能力，商船（载重100吨以上）392艘，总载重量85.49万吨（2004年）。民航能力，固定航班机场23处，客运量106.51亿人公里、货运量21.07亿吨公里（2004年）。

国防体制　宪法规定，总统为武装力量最高统帅。国家最高安全委员会会议为最高国防决策机构。成员有总统、国防、外交、内政、经济、财政部长等内阁成员以及三军总司令和武警总局长等，由总统任主席。国防部为政府中一个部，是最高军事行政机关。智武装力量由正规军和准军事部队组成。正规军分陆、海、空三个军种。国防参谋部为国防部的执行机构，负责协调三军和武警的作战、训练、动员、情报、预算等事宜。国防参谋长由陆、海、空军参谋长轮流担任。陆、海、空三个军种实行分权独立，无统一的军事指挥机构，陆、海、空军司令部为各自军种的最高军事指挥机构。各军种司令为本军种最高军事长官。总统通过各军种司令部和国防部对全国武装力量实施领导和指挥。

领导人物　总统兼武装力量最高统帅里卡多·拉戈斯·埃斯科瓦尔（2000年3月上任）。国防部长海梅·拉维内特·德拉富恩特（2004年10月上任）。陆军总司令胡安·埃米里奥·切雷·埃斯皮诺萨上将（2002年3月上任）。海军总司令米盖尔·贝尔加拉·比利亚洛奥斯海军上将（2001年6月上任）。空军总司令奥斯瓦多·萨拉维亚·维尔切斯空军上将（2002年10月上任）。武警总局长阿尔维托·西恩富戈斯·贝塞拉（2001年11月上任）。

武装力量　**兵力**　现役部队7.8098万人。

陆军　4.77万人。设有6个军区、3个战区。编有6个师、1个航空兵旅、1个工兵团、1个空降团。坦克：AMX-30型60辆、“豹“Ⅰ200辆。装甲侦察车：EE-9“响尾蛇”157辆。步兵战车：“莫瓦格·皮兰哈”20辆、M-113C/R158辆。装甲运输车：M-113

型 500 辆、“卡多恩”/“莫瓦格·皮兰哈”118 辆、EE-11“蝰蛇”290 辆。牵引火炮：105 毫米 120 门、155 毫米 43 门。自行炮：155 毫米 12 门。火箭炮：160 毫米若干门。迫击炮：81 毫米 300 门、107 毫米 15 门、120 毫米 125 门。反坦克导弹：各型若干枚。无坐力炮：57 毫米、106 毫米 150 门、89 毫米若干门。地空导弹：67 枚。各型飞机 30 架，直升机 50 架。

海军　1.9398 万人（含海军陆战队和海军航空）。划分为 4 个海区。编有 1 个舰队司令部、1 个潜支队司令部。

潜艇：“汤姆森”级 2 艘、“斯科佩因”级 2 艘。导弹逐舰：“州郡”级 2 艘。护卫舰：“利安德”级 3 艘、“大级 1 艘。导弹攻击快艇：“卡斯马”级 3 艘、“里奎姆”艘。巡逻艇：18 艘。两栖登陆舰：“迈波”级 2 艘、“新 1 艘。登陆艇：3 艘。测量船：2 艘。训练舰：1 艘。船只：12 艘。

海军陆战队　3500 人。编有 4 个大队和 1 个两栖营。装备有坦克：“蝎”式 12 辆。装甲运输车：“莫瓦格·罗兰”25 辆。牵引炮：44 门，其中 105 毫米 16 门、155 毫米 28 门。迫击炮：81 毫米 50 门。无后坐力炮：106 毫米约 30 门。地地导弹：若干枚。地空导弹：若干枚。

海军航空兵　600 人。装备有各型飞机 44 架，其中作战飞机 6 架，武装直升机 6 架。空舰导弹：若干枚。

空军　1.1 万人。编有 5 个航空旅、5 个联队、13 个中队。装备有作战飞机 87 架，无武装直升机。

攻击战斗机：“幻影”50 型 13 架、“幻影ⅢBE”1 架、F-5E 型 18 架、F-5F 型 3 架。战斗/教练机：A-37B 型 18 架、A-36 型 12 架、F-16C 型 6 架（计划 2006 年装备）、F-16D 型 4 架（计划 2006 年装备）。战斗/侦察机：“幻影”5 型 5 架。侦察机：“空中霸王”A-100 型 1 架、“利尔杰特”35A 型 4 架、DHC-6-100 型 8 架、DHC-6-300 架 10 架。预警机：“费尔康”IAI-707 型 1 架。运输机：57 架，其中波音 707 型 2 架、波音 737-300 型 1 架、波音 737-500 型 1 架、C-130H 型 2 架、C-130B 型 3 架。直升机：22 架，其中贝尔 412 型 4 架、贝尔 206 型 2 架。教练机：66 架，其中教练直升机 2 架。空空导弹：各型若干枚。高炮：20 毫米若干门。

预备役部队　5 万人（陆军）。

准军事部队　3.8 万人（武警）。

部署　海军基地 7 处（蓬塔阿雷纳斯、威廉港、蒙特港、塔尔卡瓦诺、瓦尔帕莱索、伊基克、道森岛），空军基地 7 处（蓬塔阿雷纳斯、蒙特港、圣地亚哥、多特罗、比尼亚德尔马、安托法加斯塔、伊基克）。

兵役制度　实行义务兵和志愿兵相结合的兵役制度，即适龄青年先自愿报名服兵役，如名额不满再按义务兵征集。陆军服役期为 1 年，海空军服役期为 1 年 10 个月。

军衔　军衔共分 6 等 20 级，即将官 3 级（上将、中将、少将）、校官 3 级（上校、中校、少校）、尉官 4 级（上尉、中尉、少尉、准尉）、军士 7 级（一级军士长、二级军士长、一级军士、二级军士、上士、中士〈海、空军不设中士〉、下士）、兵 3 级（一等兵、二等兵、列兵）。

军队节日　9 月 19 日为陆军节，5 月 21 日为海军节，3 月 21 日为空军节。

（赵富春）

澳 大 利 亚

国　　名　澳大利亚联邦。

主要统计　面积 769.2 万平方公里。人口 2023 万人（2004 年 12 月。其中，0~14 岁男 200.9 万人，女 200.9 万人；15~64 岁男 683.06 万人，女 642.88 万人；65 岁以上男 120.5 万人，女 160.76 万人）。国内生产总值 5980 亿美元（2004 年）。国防费 132 亿美元（2005 年国防预算）。原油 2.82 亿桶（2002 年）。粮食 3058.9 万吨（2000 年）。海运能力，商船（载重 100 吨以上）659 艘，总载重量 385.73 万吨（2004 年）。民航能力，固定航班机场 400 处，客运量 750.71 亿人公里、货运量 16.88 亿吨公里（2004 年）。

国防体制　总督为武装力量总司令。国防委员会是最高军事决策机构，由国防部长担任主席。国防部为武装力量最高统帅机构。国防军（下转第 274 页）

其他国家

国　名	现役部队					主　要　武				
	总兵力（人）	陆军（人）	海军（人）	空军（人）	其他（人）	(坦克)装甲车辆（辆）	火炮（门）			
							牵引炮（门）	迫击炮（门）	无坐力炮（门）	高炮（门）
阿拉伯联合酋长国	50500	44000	2500	4000		(545)/1948	93	155	262	
阿　曼	41700	25000	4200	4100		(154)/490	108	101		26
巴　林	11200	8500	1200	1500		(180)/486	26	21	31	27
不　丹	陆军约1000，无海、空军，武器装备有步枪、冲锋枪、机枪									
柬埔寨	124300	75000	2800	1500	地方部队4500	(170)/430	400	若干	若干	若干
卡塔尔	12400	8500	1800	2100		(30)/364	12	45	40	4
老　挝	29100	25600	600	3500		(35)/85	82	若干	若干	若干
塞浦路斯	10000	1000				(154)/646	140	376	184	80
文　莱	7000	4900	1000	1100		(20)/59		24		
亚美尼亚	48160	45000		3160		(110)/354	121	19		
也　门	66700	60000	1700	5000		(790)/1830	310	502	若干	50
贝　宁	4550	4300	100	150		(18)/49	16	若干		
博茨瓦纳	9000	8500		500		(60)/113	30	16		7

军 事 概 况

器装备						(预备役)准军事部队(人)	外国驻军(人)	参加联合国维和人数	备注
导弹		飞机(其中作战飞机)(架)	直升机(其中武装直升机)(架)	舰艇(艘)	其他				
反坦克(具)	地-空(部)								
	40	245(146)	104	25	自行火炮 181 门		美军 1300		
50	54	88(48)	41	19	自行火炮 24 门	4400	英军 99, 美军66		
46	93	33(33)	38	15	自行火炮 13 门,空军装备地空、空空导弹各若干枚	10160	美军3000		
	若干	54(24)	18	10	火箭炮 28 门,无坐力炮若干门	67000			
	75	(18)	25	27	自行火炮 28 门,空空、空地导弹各若干枚		美军 6810		
	若干	47(22)	27	56		100000			
67	90	25	22	18	自行火炮 24 门,火箭炮 22 门	(60000) 750	阿根廷军 298,澳大利亚军 4,加拿大军 1,芬兰军 1,希腊军 1150,葡萄牙军 84,斯洛伐克军 205,英军 3275,乌拉圭军 1		
若干	28	30	23	10		(700) 3750	新加坡军 500,英军 1120		
22	若干	33(16)	34		自行火炮 38 门,火箭炮 51 门	1000	俄军 3500		
	800	132(75)	20	34	火箭炮若干门	70000		10	
		13	3	1	火箭筒若干具	2500			
6	27	45(31)	15		火箭炮若干门	1500			

国名	现役部队					主要武				
							火炮（门）			
	总兵力（人）	陆军（人）	海军（人）	空军（人）	其他（人）	（坦克）装甲车辆（辆）	牵引炮（门）	迫击炮（门）	无坐力炮（门）	高炮（门）
布基纳法索	10800	6400		200		132	18	90	60	150余
赤道几内亚	1320	1100	120	100		16				
多哥	8550	8100	200	250		(11)/122	4	20	22	5
佛得角	1200	1000		100		10	24	18		30
冈比亚	800	800								
吉布提	9850	8000	200	250		31	6	45	16	15
几内亚	9700	8500	400	800		(53)/120	20	20	若干	24
加纳	7000	5000	1000	1000		53	6	78	50	8
加蓬	4700	3200	500	1000		103	4	39	若干	41
津巴布韦	29000	25000		4000		(40)/240	20	146		116
喀麦隆	23100	12500	1300	300		120	58	16	53	54
科摩罗	科国防总兵力约6000人。科与法签有防御协定，法在科设有海军基地									
莱索托	2000	2000				22	2	10	6	
马达加斯加	13500	12500	500	500		(12)/115	29	8	若干	70
马拉维	5300	5300				41	9	8		40
马里	7350	7350				(51)/121	14	30		12
毛里求斯	无正规军，准军事部队2000人，其中特别机动部队1500人，海岸警卫队500人									
毛里塔尼亚	15870	15000	620	250		(35)/130	80	114	114	82

器装备						（预备役）准军事部队（人）	外国驻军（人）	参加联合国维和人数	备注
导弹		飞机（其中作战飞机）（架）	直升机（其中武装直升机）（架）	舰艇（艘）	其他				
反坦克（具）	地-空（部）								
	30	4(2)	7		火箭炮4门，火箭筒若干具	49450			
		5	2	2					
		25(16)	5	2	自行火炮6门	750			
	50	1		2		海岸警卫队约50		21	
				3					
		6	4	7	火箭炮若干门	2500	法军2850，德军3		
若干	若干	15(8)	5	2		2600			
	若干	32(19)	10	6					
4		28(10)	14	3	火箭炮8门，火箭筒若干具	2000	法军1560		
	30	85(50)	24		火箭炮76门	21800			
		31(15)	15	23	火箭炮20门，火箭筒若干具	9000			

		4	8						
		19	6	2	火箭筒若干具	8100			
	15	7	5	15		1500			
	12	32(16)	4	3	火箭炮2门，火箭筒若干具	4800			

	104	18		10	火箭筒48具	5000			

国名	现役部队					主要武				
	总兵力（人）	陆军（人）	海军（人）	空军（人）	其他（人）	（坦克）装甲车辆（辆）	火炮（门）牵引炮（门）	迫击炮（门）	无坐力炮（门）	高炮（门）
莫桑比克	11200	9000–10000	200	1000		(60)/390	102	52	若干	18
纳米比亚	9200	9000	200			72	36	40	若干	65
尼日尔	5300	5200		100		154		40	14	39
塞内加尔	13620	11900	950	770		99	18	16		33
塞舌尔	450	200			海岸警卫队 250	6		6		若干
圣多美和普林西比	约 900									
斯威士兰	约 3000									
坦桑尼亚	27000	23000	1000	3000		(100)/120	170	150	若干	75
赞比亚	15100	13500		1600		(60)/143	96	91	12	136
阿尔巴尼亚	21500	16000	2000	3500		(373)/496	270	909		30
爱尔兰	10460	8500	1100	860		(14)/89	66	471	444	30
奥地利	39900	33200		6700		(334)/971	105	374	2361	499
比利时	36900	24800	2450	6350		(52)/379	14	70	48	
冰岛	无正规军，准军事部队 130 人，其中海岸警卫队 130 人。外国驻军若干人									
波斯尼亚和黑塞哥维那	穆克联邦军队				56400	(189)/353	384	453		19
	塞族共和国武装				28200	(137)/285	348	70		975
丹麦	21180	21500	3800	4200		(231)/577	157	615	1131	
荷兰	53130	23150	12130	11050		(283)/946	113	152	若干	60

器装备						(预备役) 准军事部队 (人)	外国驻军 (人)	参加联合国维和人数	备注
导弹		飞机 (其中作战飞机) (架)	直升机 (其中武装直升机)(架)	舰艇 (艘)	其他				
反坦克 (具)	地-空 (部)								
	若干	19	9		火箭炮 12 门				
	74	17(2)	6	3		6000			
		13				5400		391	
		21	6		火箭筒 31 具	5000	法军 1100	1428	
	10	3		6		450			
	10								
		46(19)	16	8	火箭炮 58 门,火箭筒若干具	(80000) 1400		16	
		68(33)	22		火箭炮 30 门,火箭筒若干具	(3000) 1400		62	
125		43(26)	22	26	火箭炮 18 门	500		224	
57	7	13	13	1	火箭筒若干门	(14875)		627	
461		73(40)	79		自行火炮 189 门,火箭炮 16 门	9500		1232	
161	36	190(90)	67	18	自行火炮 48 门	(18650)	英军 183,美军 1390	799	
260	若干	3	18					14	
650	若干	21(14)	33						
140		96(62)	8	81	自行火炮 76 门,火箭炮 12 门,火箭筒 10600 具	(129700)	北约和联合国军若干	1179	
753	312	161(108)	72	43	自行火炮 120 门,火箭炮 22 门,火箭筒若干具	(22200) 6800	英军 120,美军 303	4955	

国名	现役部队					主要武				
	总兵力（人）	陆军（人）	海军（人）	空军（人）	其他（人）	（坦克）装甲车辆（辆）	火炮（门）			
							牵引炮（门）	迫击炮（门）	无坐力炮（门）	高炮（门）
克罗地亚	20800	14050	2500	2300		(291)/449	411	809		132
拉脱维亚	5238	1817	685	255		(3)/5	26	98	430	143
立陶宛	13510	11600	710	1200		147	72	61	693	
卢森堡	900	900						6		
马耳他	现役兵力 2237 人，共装备 3 个团，拥有意大利驻军 49 人。									
马其顿	10890	9760		1130		(61)/122	209	717		
挪威	25800	14700	6100	5000		(165)/511	46	450	2517	252
瑞士	4300					(355)/1977		660		
斯洛伐克	20195	12860		5160		(271)/1086	76	12		200
安提瓜和巴布达	170	125	45							
巴巴多斯	610	500	110							
巴哈马	860		860							
巴拉圭	10300	7600	1600	1100		(17)/65	35	80		30
伯利兹	1050	1050						6	8	
多米尼加	24500	15000	4000	5500		(12)/40	28	28	14	20

装备									
导弹		飞机(其中作战飞机)(架)	直升机(其中武装直升机)(架)	舰艇(艘)	其他	(预备役)准军事部队(人)	外国驻军(人)	参加联合国维和人数	备注
反坦克(具)	地-空(部)								
若干		78(27)	36	30	自行火炮 8 门，火箭炮 224 门，火箭筒若干具。空军装备地空导弹若干枚	(108200)/10000	澳大利亚军 1,英军若干	54	
	5	19	6	6	火箭筒 1373 具	(11204)		145	
		17	12	8	火箭筒 613 具	(6700)/14600		223	
6		19				612	美军 27	63	
12		9(4)	21	5	火箭炮 18 门，空军装备地空导弹 67 枚	7600	美军 260	76	
744	300	93(61)	30	88	自行火炮 126 门,火箭炮 12 门，火箭筒若干具,空军装备地空导弹若干枚	(219000)	北约、美军各若干	328	
685	若干	156(90)	66		自行火炮 348 门,火箭筒 3335 具	(210000)/105000		259	
466	48	100(71)	41		自行火炮 199 门,火箭炮 87 门，空军装备地空导弹若干枚	(20000)		571	
				3		(75)			
				5		(430)			
				18					
若干		42(10)	11	33	火箭筒若干具	(164500)/14800		97	
		5		14		(700)	英军 30		
		39(16)	28	19		15000		4	

国名	现役部队					主要武				
	总兵力（人）	陆军（人）	海军（人）	空军（人）	其他（人）	（坦克）装甲车辆（辆）	火炮（门）牵引炮（门）	迫击炮（门）	无坐力炮（门）	高炮（门）
厄瓜多尔	46500	37000	5500	4000		(180)/400	128	12	404	
哥斯达黎加	无正规部队，拥有准军事部队 8400 人，其中国民警卫队 4400 人，边境安全警察部队 2000 人，									
格林纳达	无正规部队，有警察约 600 人									
圭亚那	1100	900	100	100		9	6	48		
海地	无正规部队，拥有警察 1622 人，还有反对派武装 5000 余人、外国驻军约 5259 人。									
洪都拉斯	12000	8300	1400	2300		(12)/69	28	90	170	48
尼加拉瓜	14000	12000	800	1200		(137)/323	42	607	若干	461
萨尔瓦多	15500	13850	700	950		61	50	550	399	35
苏里南	1840	1400	240	200		21		6	若干	
特立尼达和多巴哥	2700	2000	700					46		
危地马拉	29200	27000	1500	700		68	76	85	120	32
乌拉圭	24000	15200	5700	3100		(83)/263	66	136	100	23
牙买加	2830	2500	190	140		4		12		
巴布亚新几内内	3100	2500		200				3		
斐济	3500	3200	300				4	12		
新西兰	8660	4430	1980	2250		105	24	50	42	

器装备						(预备役)/准军事部队(人)	外国驻军(人)	参加联合国维和人数	备注
导弹		飞机(其中作战飞机)(架)	直升机(其中武装直升机)(架)	舰艇(艘)	其他				
反坦克(具)	地-空(部)								
	165	108(22)	15	20	自行火炮10门,火箭炮6门	(118000)/270		73	

空中侦察分队300人,乡村警卫队2000人。

		3	2	3		(670)/1500			
170		37(18)	17	32		(60000)/8000		12	
若干	200	7	52	7	火箭炮151门,火箭筒若干具				
399		41(21)	45	14	火箭筒791具	(9900)/12000		376	
		8(7)	3	8					
		7		24	火箭筒13具				
		42(10)	30	35	火箭筒若干具	(35000)/19000		210	
5		70(31)	16	29	自行火炮2门,火箭炮3门	920		2473	
		3	11	9					
		6	4	12			澳大利亚军38		
			2	11				460	
24	12	31(6)	19	11		(10800)		301	

(夏　娟)

（上接第263页）司令为军队最高领导人，是国防部长的首席军事顾问。武装力量由现役部队和预备役部队组成，分陆、海、空三个军种。

领导人物　总督兼武装力量总司令迈克尔·杰弗里（2003年8月上任，任期3至4年）。总理约翰·温斯顿·霍华德（2004年10月第4次连任）。国防部长布兰顿·尼尔森（2006年1月上任）。国防军司令彼得·科斯格罗夫上将（2002年5月上任）。陆军司令彼得·莱希中将（2002年5月上任）。海军司令拉斯·沙尔德斯中将（2005年4月上任）。空军司令约翰·奎夫少将（2005年6月上任）。

武装力量　**兵力**　现役部队5.2872万人。

陆军　2.6035万人。编有1个地面部队司令部，1个特遣部队司令部，1个军事训练司令部。

主战坦克：101辆。装甲输送车：619辆。牵引炮：各型270门。迫击炮：296门。无坐力炮：各型651门。地空导弹：各型48枚。飞机：6架。直升机：117架。两栖舰艇：15艘。

海军　1.3167万人（含航空兵）。编有1个作战司令部，1个支援司令部，1个训练司令部和7个海军基地（悉尼、斯特灵、凯恩斯、达尔文、弗林德斯、杰维斯湾、堪培拉）。

潜艇：6艘。导弹护卫舰：6艘。护卫舰：4艘。巡逻艇：15艘。扫雷艇：9艘。两栖舰艇：2艘。支援及勤务船：18艘。

航空兵　990人。装备反潜机：23架。运输机：12架。

空军　1.367万人。编有1个空战司令部，1个训练司令部，2个攻击战斗机兼侦察机中队，3个战斗机兼攻击机中队，2个战术训练机中队，3个海上巡逻机中队，7个运输机中队。作战飞机140架。

攻击战斗机/侦察机：F-111C型17架，RF-111型4架，EP-3C型2架，EC-130H型1架。战斗机/攻击战斗机：F/A-18型71架。海上巡逻机：P-3C型19架，TAP-3B型3架。运输机：C-130型23架，EC-130H型1架，波音707型4架，DHC-4型14架，波音737型2架，“挑战者”604型3架，B-300型7架。教练机：65架。空地和空空导弹：若干枚。

预备役部队　2.16万人。其中陆军1.72万人、海军1600人、空军2000人。

准军事部队　海关总局装备有海上侦察机12架、直升机1架、小船6艘。

兵役制度　实行志愿兵役制。

驻外兵力　驻马来西亚（“五国联防”组织）约115人，包括1个步兵连及1个空军分遣队（共12人）。驻巴布亚新几内亚38人。驻伊拉克850人。此外，2005年约有64名军事观察员和停战监督小组人员在阿富汗、塞浦路斯、东帝汶、埃及、中东及苏丹执行联合国维和任务，约530名军警人员参加所罗门群岛的国际维和行动。

外国驻军　美国空军59人，海军陆战队31人。新西兰空军9人。新加坡驻军230人（建有1所飞行训练学校，配有S-211型飞机27架，AS-332型飞机12架）。

（孟　丽）

（本栏责任编辑　都国平）

军事思想和军事论著研究

关于毛泽东军事思想研究 2005年，军事理论界继续深入研究毛泽东军事思想的内涵和理论意义。对毛泽东军事思想的历史地位和主要贡献进行了新的概括，对毛泽东军事思想与中国先进军事文化的关系作了有益的探讨，并结合抗日战争暨世界反法西斯战争胜利60周年纪念活动，进一步分析了毛泽东军事思想在抗日战争时期的发展与创新。

毛泽东军事思想的历史地位和意义 在中国现代军事思想的发展历程中，毛泽东军事思想是中国革命战争和社会主义革命与建设时期最杰出、最有代表性的军事思想。毛泽东军事思想作为毛泽东思想的重要组成部分，其意义在于，建立和缔造了党在战争和革命时代实现民族解放和国家富强的军事指导理论及优良军事传统。它的诞生表明，中国共产党的军事指导理论走出了一条具有独创性的、将马克思列宁主义基本原理同中国具体实际相结合的道路，标志着党在军事领域实现了马克思主义中国化的第一次历史性飞跃。这一飞跃，面对的是帝国主义战争和无产阶级革命的时代主题，主要回答了在中国处于半殖民地半封建社会的历史条件下，如何建设一支无产阶级新型人民军队和夺取武装斗争胜利，以及在取得全国政权后如何建立现代国防等一系列重大问题。（马宝伟、张怡恬《中国现代军事思想与马克思主义军事理论中国化——国防大学“毛泽东思想、邓小平理论和‘三个代表’重要思想对国防和军队建设的理论贡献”课题组专家访谈》，《人民日报》2005年6月24日）

毛泽东军事思想在抗日战争时期的创新 在抗日战争中，毛泽东不断研究新情况，解决新问题，撰写了大量的军事理论著述和作战电文，实现了军事实践与军事理论创新的良性互动和完美结合，使毛泽东军事思想发展到一个新阶段。

*毛泽东军事思想在抗日战争时期取得创新的发展，是由新的历史条件所决定的。*首先，科学的战争观和方法论体系的形成，是毛泽东军事思想在抗日战争时期取得创新发展的重要理论前提。其次，中国国内革命战争和民族解放战争的丰富经验，是毛泽东军事思想在抗日战争时期取得创新发展的深厚实践基础。第三，全党全军整风运动为毛泽东军事思想吸收集体智慧与成果，促进毛泽东军事思想的创新发展提供了历史机遇。第四，延安相对稳定的环境，是毛泽东军事思想在抗日战争时期取得创新发展的有利客观条件。

*在抗日战争时期，毛泽东军事思想在人民战争思想、持久战思想、游击战思想、人民军队建设思想等方面取得全面的创新发展，从而走向成熟，形成了一个科学的理论体系。*一是提出全面的全民族抗战根本方针。进一步丰富和发展了人民战争思想。二是科学阐明持久战的理论和军事战略总方针，进一步丰富和发展了以弱胜强、以劣胜优的军事思想。三是把游击战争提高到战略地位加以认识，进一步丰富和发展了游击战争的理论。四是提出了一系列人民抗日武装力量创建发展的方针原则，进一步丰富和发展了人民军队的建军思想。

*抗日战争的伟大胜利和毛泽东军事思想的创新发展是一个良性互动的过程。*抗日战争为毛泽东军事思想的创新发展提供了丰沃的实践基础，毛泽东军事思想的创新发展则为抗日战争的胜利提供了科学的理论指导。正是这种良性互动，使中华民族取得了抗日战争胜利和毛泽东军事思想走向成熟这双方面的胜利，给后人提供了许多值得深刻思索的历史启示：一是，一场伟大的革命战争，必须要有创新的军事理论作指导，才能取得完全的胜利。二是，军事理论创新要把关注民族命运和维护国家利益作为立足点和归宿。三是，军事理论创新要在坚持马克思主义战争观和方法论的前提下，不断发展马克思主义军事理论。四是，军事理论创新要从军事实践出发，要从本国实际出发，研究新情况，解决新问题。五是，军事理论创新需要有无畏的勇气和无私的品格。（葛东升《毛泽东军事思想在抗日战争时期的创新发展》，《中国军事科学》2005年第4期）

毛泽东论持久战、游击战和全民皆兵 抗日战争中，以持久战战略、游击战理论和人民战争思想为核心的毛泽东军事思想，在全面抗战爆发后的中国所引发的举国震动，源于其深入分析客观实际基础上的理论创新与发展。

持久战战略。毛泽东分析了中日双方存在着互相矛盾的四个基本特点，即：敌强我弱、敌退步我进步、敌小我大、敌失道寡助我得道多助。这些特点决定了中国既不会亡国，也不能速胜，只有经过持久抗战，才能达到最后胜利。他科学地预见抗日战争将经过战略防御、战略相持和战略反攻三个阶段，着重分析了相持阶段到来的条件，认为相持阶段是持久抗战直到最后胜利的“枢纽”。这是毛泽东持久战理论的精髓，其理论创新点则在于，依托广大人民群众支持的敌后游击战将成为相持阶段中国战场的主要作战形式，而运动战和阵地战是辅助形式。惟其如此，中国军民才能不断消耗敌寇的实力，壮大自身的力量，最终以弱胜强。毛泽东的《论持久战》是中国共产党人在长期军事实践中诸多经验的集大成者，不仅震动了中国，也震动了世界。它先后被译成英文、法文、日文并出版，在世界各国产生了广泛的影响。

游击战理论。在人类战争史上，游击战通常作为大的战争行动的辅助手段，为一些“正统”的军事理论家所轻视甚至不屑一顾。而以毛泽东为代表的中国共产党人，则首次把游击战提高到战略地位。这一理论创新，不仅指导中国军民赢得了抗日战争的伟大胜利，而且在20世纪五六十年代亚非拉地区风起云涌的民族解放运动中也为弱小民族、弱小国家所广泛运用。

毛泽东在《抗日游击战争的战略问题》、《论持久战》和《战争和战略问题》等著作中，系统全面地论述了游击战在抗日战争全过程的重要战略地位。他指出：抗日游击战争主要不是在内线、在战役战斗上配合正规军作战，而是在外线即在敌后单独作战，在战略上配合正面友军作战。并且，由于有共产党坚强领导下的人民军队和广大群众的参加，游击战不是小规模的，而是大规模的。因此，中国的抗日游击战争，就从战术范围跑了出来向战略敲门：“没有游击战争，忽视游击队和游击军的建设，忽视游击战的研究和指导，也将不能战胜日本。”

八路军、新四军迅速大胆地深入敌后，实行战略展开，广泛开展游击战，创建抗日根据地，歼灭并牵制了大量日军，收复了大片国土，有力地支援了正面战场友军的作战。敌后战场的开辟，形成了独当一面的战略格局，打乱了敌人作战前线与后方的划分，敌后与正面两个战场的战略布局对日军构成了两面夹击的有利战略态势。进入相持阶段后，中国军民在敌后战场抗击了侵华日军兵力的三分之二和几乎全部伪军，敌后战场上升为中国抗战的主战场，为最终将日寇驱逐出中国做出了巨大的贡献。

人民战争思想。抗日战争时期，毛泽东把辩证唯物主义的能动的革命反映论和历史唯物主义关于人民群众是历史的创造者这一基本原理有机地融为一体，提出和阐发了“真正的人民战争”的战略思想，即实行全国人民总动员，实行全面抗战，进行持久的人民战争。这是弱国打败强国的惟一正确指导思想。

毛泽东在《论持久战》中提出“兵民是胜利之本”的著名论断，认为“战争的伟力之最深厚的根源，存在于民众之中”，“动员了全国的老百姓，就造成了陷敌于灭顶之灾的汪洋大海，造成了弥补武器等等缺陷的补救条件，造成了克服一切战争困难的前提”。同时，中国共产党还创造性地建立了实行人民战争的武装力量组织形式，即：实行主力军、地方军和民兵游击队三结合的武装体制，采取主力兵团与地方兵团相结合，正规军与民兵、游击队相结合，军事斗争与其他斗争相配合的方针。

发动起广大人民群众，集中亿万民众的智慧，才会出现真正的人民战争。地雷战、地道战、麻雀战、破袭战……兵民结合所造就的人类战争史上前所未有的奇迹，使得中华民族全面、持久的人民抗日战争成为世界军事史上最为光彩四溢的鸿篇巨制。原日军大本营参谋山崎重三郎撰文说，毛泽东的人民战争“是一种全民总动员、一致对敌的攻势战略。它把全国人民不分男女老幼全部动员起来，发挥卫国卫民的主观能动性，造成集中全民力量正面冲击敌人的威势，把百万帝国陆军弄得团团转……”从这个意义上讲，中国人民抗日战争的伟大胜利就是毛泽东人民战争思想的伟大胜利。（刘庭华《人民战争陷敌于灭顶之灾》，《解放军报》2005年8月29日）

毛泽东与国际反法西斯统一战线　抗日战争中，以毛泽东为代表的中国共产党人，积极倡导建立东方反法西斯统一战线，促进各国人民结成广泛的国际反法西斯统一战线，为推动国际反法西斯统一战线的形成进行了不懈的努力。

强烈谴责德意日法西斯侵略行径，积极声援和支持各国人民的反法西斯斗争。毛泽东十分关注各国的反法西斯斗争，对于法西斯的侵略行径进行强烈谴责。1941年6月德国突然发动对苏联进攻后，毛泽东立即为中共中央写了党内指示，号召全党：“坚持抗日民族统一战线，坚持国共合作，驱逐日本帝国主义出中国，即用此以援助苏联。”

积极倡导建立东方国际反法西斯统一战线，努力促进各国人民和无产阶级结成广泛的国际反法西斯统一战线。抗日战争全面爆发后，毛泽东公开呼吁和倡议建立东方国际反法西斯统一战线，争取东方各民族加入反对日本法西斯行列。倡导召开了东方各民族反法西斯代表大会，建立了东方各民族反法西斯联盟。同时，毛泽东提出必须建立包括日本军民在内的共同的反侵略统一战线，积极支持在华日人组成的“反战同盟”等组织的抗日活动。

通过各种渠道和形式表达中共愿与英美法等国共同反对法西斯的愿望，积极争取英美法等西方国家加入国际反法西斯统一战线。毛泽东和中国共产党通过各种渠道，积极宣传中国共产党抗日民族统一战线的主张，促进英美法等国尽早加入国际反法西斯斗争行列。一方面，通过西方记者作媒介，使英美法等国对中国共产党关于国际反法西斯统一战线的主张和策略有了一定的了解和认识。另一方面，通过对外发表文章，对他们一度推行的绥靖政策进行深刻的揭露和坚决的斗争。同时，毛泽东和中国共产党从中国抗战和国际反法西斯斗争的实际情况出发，提出以是否反法西斯作为联合或反对国际各种政治力量的惟一标准，为争取英、美、法加入国际反法西斯统一战线提出了科学的理论依据。（姜廷玉《毛泽东与国际反法西斯统一战线》,《解放军报》2005 年 8 月 9 日）

毛泽东在推进人民军队机械化军事变革过程中的伟大贡献 从 19 世纪末到 20 世纪六七十年代，是世界机械化军事变革酝酿产生并达到高潮然后深化发展的时期。在这次世界性的军事变革中，毛泽东领导下的人民军队，在较短的时间内，从“小米加步枪”的低级状态发展到具有初步机械化水平的“飞机加大炮”阶段，实现了质的飞跃，为中国人民解放军今天推进信息化建设奠定了坚定的基础。

毛泽东推进人民军队机械化军事变革的伟大贡献在于：一是在长期的革命战争实践中，创立了具有中国特色和中国气派的军事理论体系。写出了一批理论著作，系统地总结了人民军队作战和建设的经验，创立了以人民战争理论为核心的毛泽东军事思想。不仅可以和这一时期的制空权理论、机械化战争理论、制海权理论、闪击战理论等相媲美，而且是被实践证明了的更为精深和高明的军事理论。二是不断优化体制编制和加强军兵种建设，建立了适应机械化军事变革的内部结构。通过在战争年代与相对和平时期的整编、整训和大力发展技术兵种，人民军队实现了由分散的游击军、游击战到集中的正规军、正规战的战略转变，实现了由单一的陆军向军兵种齐全的合成化军队的转变，从而在体制编制和军兵种构成上缩短了与世界先进国家军队的距离。三是以创办军事院校为龙头，建立了适应机械化军事变革的军事教育训练体系。红军时期，毛泽东就重视通过创办军政学校来训练干部。抗日战争时期，毛泽东以原有的红军学校为基础，创办了举世闻名的抗日军事政治大学，后又开办了 10 所分校。解放战争时期，这些军事院校继续为人民军队干部的教育训练发挥了重大作用。新中国成立后，毛泽东把加强军事院校建设提高到战略地位。大批军事院校的创建、军委军事训练部和军事学校管理部的成立，以及部队大比武、大练兵、大演习活动的展开，标志着军队教育训练水平实现了质的飞跃，适应了机械化军事变革的大潮流。四是大力发展武器装备，建立了适应机械化军事变革的国防科技和工业体系。早在革命战争年代，毛泽东就企盼大力发展军事科技和工业，提高人民军队的现代化水平。20 世纪 50 年代，毛泽东果断作出了发展中国国防科技事业的战略决策，采取了许多推进军队现代化的实际措施和步骤。在毛泽东领导下，中国国防科研体制不断调整和完善，并相继研制出了原子弹、导弹核武器、氢弹、人造地球卫星。使中国成为世界上少数几个掌握尖端武器的国家之一，并有力地推动了常规武器的发展。（尹正达《试论毛泽东推进人民军队机械化军事变革的伟大贡献》,《军事历史研究》2005 年第 1 期）

毛泽东军事思想与中国先进军事文化 毛泽东军事思想的产生，使中国军事文化发生了根本性变化，由此宣告了中国现代先进军事文化的诞生。中国现代军事文化，是在马克思主义指导下，由中国共产党人所创造的具有民族特点、反映军事活动规律的先进文化。毛泽东军事思想是中国现代先进军事文化的指导思想，而从思想理论是文化的核心的意义上说，毛泽东军事思想本身又是中国现代先进军事文化的组成部分，它构成中国现代先进军事文化的主要内容，并决定其体系的构建。从历史长河的视野来看，毛泽东军事思想影响久远，特别是对中国现代先进军事文化的发展具有重要而持续的指导作用。

革命性的变革：毛泽东军事思想与中国现代先进军事文化的创立。中国无产阶级政党所代表的先进军事文化是从现代中国开始的。中国现代史的起点是 1919 年的五四运动。从这时开始，中国现代先进军事文化才逐渐形成和发展起来。而它创立最突出的标志，就是毛泽东军事思想的产生。中国现代先进军事文化是以军事观念的深刻变革而区别于中国古代和近代军事文化的。这种革命性变革主要体现在：用新型人民军队的宗旨来诠释军队的的工具性价值；用党指挥枪的文化观彻底改造唯枪至上的文化观；用唯物辩证法创新发展中外军事文化中的理论和谋略。

*系统性的特征：毛泽东军事思想不仅催生出中国现代先进军事文化，而且正确指导和有力推动了中国现代先进军事文化体系的建立。*首先，毛泽东军事思想与中国现代先进军事文化体系表现为因果关系。毛泽东军事思想引发中国传统文化发生变革，才有中国现代先进军事文化的产生。这说明，毛泽东军事思想是因，中国现代先进军事文化是果；没有毛泽东军事思想，也不会有中国现代先进军事文化。其次，毛泽东军事思想是奠定中国现代先进军事文化科学体系的理论基石。中国现代先进军事文化是中国历史上全新的军事文化，其科学体系构建无疑是一种理论创新，它必须以科学而坚实的理论为基础，而毛泽东军事思想则起到这种理论奠基作用。第三，毛泽东军事思想构成中国现代先进军事文化体系的核心内容。从广义上讲，中国现代先进军事文化体系是一个包括中国现代先进军事观念文化、军事制度文化、军事物质文化等内容的体系。毛泽东是着重于观念形态研究文化问题的。而军事观念文化应是军事文化体系中最重要的、起核心作用的内容。毛泽东军事思想构成中国现代先进军事文化科学体系的核心内容，就是由观念文化在文化构成中的主要地位决定的。第四，毛泽东军事思想对中国现代先进军事观念文化的影响是最为深刻的。在军事价值观念上，毛泽东军事思想既奠定了中国现代先进军事文化的理论基石，同时又构成其最主要的内容。在军事科学思维上，毛泽东军事思想的辩证思维观极大地创新和丰富了这一领域的内容。在军事伦理文化上，毛泽东关于军队政治工作的三大原则，即军民一致、官兵一致、瓦解敌军，深刻体现着马克思主义的人文精神和平等精神。在军事谋略文化上，毛泽东对《孙子兵法》等许多典籍和古代经典战役作了深入研究，并作出非常精当的点评。这些点评，鞭辟入里，融入了他指挥革命战争的实践体会，并进一步将这些反映战争规律性的哲理用于指导中国革命战争的伟大实践，大大丰富了中国现代先进军事谋略文化。在军事制度文化上，毛泽东军事思想将其思想理论原则运用于军事制度建设，初步形成了比较完善的制度体系。

*前瞻性的审视：毛泽东军事思想与中国先进军事文化在当代的发展。*毛泽东军事思想对于在新的历史条件下加强国防和军队现代化建设，推进中国先进军事文化在当代的发展，仍然具有十分重要而深远的指导意义。首先，毛泽东军事思想是发展中国当代先进军事文化的科学指导思想。毛泽东军事思想的基本原理具有强大的生命力，因而对中国当代先进军事文化仍然具有科学的指导作用。其次，毛泽东军事思想确立中国当代先进军事文化建设的主导价值观。毛泽东军事思想蕴含的军事价值观，具有很高的可信度，并植根于中国人民解放军广大指战员的心灵中，内化为一种不可移易的坚定信念。尽管历史条件发生变化，但毛泽东军事价值观作为中国当代先进军事文化之主导价值观的地位并没有变。第三，毛泽东军事思想赋予中国当代先进军事文化与时俱进的理论品质。中国当代先进军事文化能够而且必须创造性地回答和实现国防和军队建设所提出的新问题、新要求，就在于毛泽东军事思想赋予其与时俱进的理论品质。第四，毛泽东军事思想蕴藏着发展中国当代先进军事文化的丰富资源。我们对毛泽东军事思想宝库的发掘和运用虽已取得很大成绩，但还远远不够。从军事文化视角审视，毛泽东军事思想有不少重要的思想文化资源我们尚重视不够，是建设中国当代先进军事文化应特别注重的。比如，毛泽东军事民主思想，这是政治文明在军事领域的体现，也是先进军事文化建设的题中应有之义，但以往我们对毛泽东关于反对极端民主化的思想比较重视，却相对忽视了毛泽东关于军队民主的思想，在一定程度上影响到部队的建设。再如，毛泽东军事思想中的人文精神，也是我们应当重视发掘和运用的。毛泽东指出："军队的基础在士兵。"这句话虽然我们都熟知，但很少从人文精神的角度去理解。强调士兵是军队的基础，用人文精神来解释，就是对士兵存在价值的充分理解，进而就有一个爱护士兵、关心士兵的问题，即要坚持以人为本，体现军事人文的关怀。（王真《毛泽东军事思想与中国先进军事文化》，《中国军事科学》2005年第1期）

（谭汝坤　清　风）

关于邓小平军事理论研究　2005年军事理论界继续深入研究邓小平军事理论，从新的视角概括了邓小平军事理论的历史地位和主要贡献；对邓小平军事法制思想的内容及其对中国特色军事变革的指导作用，也进行了较为深入的探讨。

邓小平新时期军队建设思想的地位和主要贡献

邓小平新时期军队建设思想作为邓小平理论的重要组成部分，是毛泽东军事思想在新的历史条件下的继承和发展，是新时期中国军队和国防建设的根本依据和指导方针。邓小平新时期军队建设思想是和平与发展时代初期、中国开启社会主义改革开放和现代化建设时期最杰出、最有代表性的军事思想；是从新时期面临的国际国内形势出发，为适应国防和军队建设实践的需要逐步形成和发展起来的。在其形成和发展的过程中，遇到的实践课题主要是如何适应和平与发展的时代主题，适应党和国家工作重心的转移，将军队和国防建设的指导思想从准备“早打、大打、打核战争”转到和平时期以现代化为中心的建设轨道上来。它主要回答了在和平与发展成为时代主题、国家实行改革开放和以经济建设为中心的历史条件下，如何解放思想、实事求是地开创具有中国特色的精兵之路，建设一支强大的现代化、正规化革命军队的问题，从而实现了在新的历史条件下马克思主义军事理论同中国具体实际的正确结合，使党的军事指导理论实现了第二次历史性飞跃。其理论贡献主要包括：当代战争与和平思想、新时期军事战略思想、新时期军队建设思想、新时期国防建设思想等。其中的基本观点是：军队和国防建设指导思想实行战略性转变；军队要服从整个国家建设大局；军队要担当起维护国家主权和安全的历史责任；实行积极防御的军事战略方针；建设一支强大的现代化、正规化的革命军队；始终不渝地坚持人民军队的性质；中心是解决现代化的问题；提高军队建设的正规化水平；要把教育训练提高到战略地位；坚定不移地走有中国特色的精兵之路；军队和国防建设是全党和全国人民的事业等。（马宝伟、张怡恬《中国现代军事思想与马克思主义军事理论中国化——国防大学“毛泽东思想、邓小平理论和‘三个代表’重要思想对国防和军队建设的理论贡献”课题组专家访谈》，《人民日报》2005 年 6 月 24 日）

邓小平新时期中国海防建设思想 邓小平根据中国安全战略环境以及国家发展战略和军事战略的需要，对加强中国新时期海防建设作出了一系列重要论述和决策，形成了具有中国特色的海防建设思想。

*根据国际军事斗争的特点和中国海洋安全的实际，提出新时期积极防御的海防战略。*在新的历史条件下，邓小平根据国家战略立足于世界“和平”与“发展”两大主题，为了确保国家安全，制定和实施了“近海防御”战略。他首先指出了我国海防战略防御的性质。1979 年 4 月 3 日，邓小平在听取了海军领导同志有关情况的汇报后，重申了他关于海防战略的构想，指出：我们的海军，应当是近海作战，是防御性的。海防建设，一切要服从这个方针。1979 年 7 月 29 日，邓小平接见海军党委扩大会议与会全体同志时说：“我们的战略是近海作战。我们不像霸权主义那样到处伸手。我们建设海军基本上是防御。”邓小平深刻地阐明了两个基本的战略问题：一是我们的战略性质是防御，而不是进攻；二是我们的防卫范围是近海，而不是近岸。

*明确了新时期海防建设的总目标和总任务，提出建立具有现代战斗能力的海防力量。*邓小平明确指出，海防力量必须以“精干”、“顶用”、“具有现代战斗能力”为建设与发展的总目标和总任务。它反映了邓小平对海防建设的总体构想，指明了新形势下我国海防建设的根本方向。1979 年 7 月，海军党委在青岛召开党委扩大会议，邓小平接见会议全体代表时再一次强调了加强海防建设和增强海防战略意识的重要性，指出：要把海军搞好，“要加强，要有一点力量才行”；要“讲质量，讲真正的战斗力，搞少而精的真正顶用的。每一艘战斗舰艇包括辅助舰艇都要顶用”。他还指出，面对霸权主义的海上威胁，“没有适当的力量也不行，这个力量要顶用，我们不需要太多，但要精，要真正是现代化的东西”。

*以提高战斗力为标准，加强海军、空军体制与装备建设。*1975 年，邓小平同志主持党、国家和军队的工作以后，对海防建设各方面存在的问题进行了坚决果断、大刀阔斧的整顿。1975 年 2 月，邓小平指出：“考虑海军、空军体制时，要以是否有利于海军、空军建设为原则，怎么有利怎么干。”粉碎“四人帮”后，邓小平同志多次视察海军部队，并对海防装备建设做出了一系列重要指示。邓小平反复强调，海军装备“一定要确定战略要求，没有确定的要确定，确定以后就不要动摇，按照战略要求指导科研和生产”。在海防装备发展实现计划性、渐进性的同时，要注意配套。邓小平认为：如不配套，搞出来没有用；“引进产品要考虑周到，要配套、搞全”。

*从维护和平稳定的海洋战略环境的大局出发，提出解决海洋权益争端的“三原则”。*邓小平创造性地提出解决海洋权益争端的海防政策的“三原则”：坚持主权、搁置争议、共同开发。在处理和解决海洋权益争端问题上，邓小平始终把坚持主权放在第一位。在主权归属问题上，争议双方往往各不相让，邓小平提出可以先把争议问题暂时搁置起来，优先发展国家关系，在发展国家关系的过程中逐步解决争议。邓小平主张共同开发这一原则，主要是以经济合作作为主要手段，把两国人民的利益联系起来，逐步消除敌对情绪，增强互相理解，为最终解决问题创造条件。（高新生等《论邓小平新时期中国海防建设思想》，《国防》2005 年第 8 期）

邓小平关于军事法制建设的理论和实践对中国特色军事变革的指导意义 邓小平关于军事法制的理论与实践，对新时期军队建设和发展起到了极为重要的引导和推动作用，为新军事变革奠定了坚实的基础。

第一，依法整顿和精简军队、调整编制，为中国人民解放军迎接新军事变革做好了组织准备。1975 年，邓小平出任中央军委副主席兼总参谋长后，针对当时军队建设中存在的“肿、散、骄、奢、惰”等问题，提出要改革体制、建章立制，以提高战斗力。他以非凡的意志和勇气，大刀阔斧地整顿军队，提出“要切实遵守编制”、“编制就是法律”。1980 年，在邓小平的倡导下，中国人民解放军顺利完成了裁减员额 100 万的历史性任务。

第二，高度重视军事立法，为迎接新军事变革营造法制环境。邓小平同志在 1977 年召开的中央军委全体会议上强调，一定要建立和健全必要的规章制度。要用科学、严格、稳定的规章制度覆盖军队建设的各个方面，保证军队的每一个成员在军事活动和日常生活中都有明确的行为规范，都有章可循。在邓小平同志领导军委工作期间，国家军事法律法规体系建设取得了显著成绩：以《宪法》形式确立的基本军事制度和国防体系，构成了军事法制建设的重要基础；国家制定和颁布的包括兵役制度、后备力量建设、军官军衔制度在内的一系列军事法律，使军事法制的内容更加充实、完善；以共同条令和各种工作条例为主干的军事法规，成为军事法体系必不可少的重要组成部分。

第三，提出“三化”建设总目标，为迎接新军事变革做好思想准备。1981 年 9 月，邓小平在华北某地检阅参加军事演习的部队时，明确地提出了新时期军队建设的总目标：“必须把我军建设成为一支强大的现代化、正规化的革命军队。”特别是在邓小平同志指导下起草的 1982 年宪法中，对军队的“三化”建设又作出了明确规定。

第四，用法律法规形式确立党对军队绝对领导的原则，从根本上保证了中国人民解放军在新军事变革中的转型发展。1975 年，邓小平同志针对林彪、“四人帮”反党集团给军队党的领导和党的建设造成的严重破坏，深刻指出：“我们这个军队是党指挥枪，不是枪指挥党。”他认为，军队的传统历来是党领导的，即使军队纳入国家体制后，也仍然是党的军队。我军作为人民民主专政的坚强柱石，要实现革命化、现代化和正规化，必须坚持党对军队的绝对领导，“并且要用适当的法律形式加以确定”。在现行宪法和相关法律中确立了党对军队绝对领导的原则，不仅彻底粉碎了国内外敌对势力竭力鼓吹煽动的“军队非党化”、“军队非政治化”、“军队国家化”等图谋，而且为推进中国特色军事变革提供了根本保证。

第五，严格纪律是提高军队战斗力的基本要求。邓小平强调军队没有纪律不行，“我们过去革命，就是靠纪律，而且是自觉的纪律”。在新的形势下加强军队的正规化建设，必须严格制度，严格纪律，严格训练，严格管理。他指出：有了章程，那就要老老实实执行，“执行规章制度宁可要求严一些，不严就建立不起来。”。他还要求，战士从入伍起，就要学习和服从各自所必须遵守的纪律，各级领导干部要知法、懂法、带头守法和照章执法。邓小平的军事法制建设思想以及他的躬身实践，为中国人民解放军在新时期迎接新军事变革挑战营造了良好的法制环境。（周江陵《邓小平的法制理论和实践与新军事变革》，出自《新军事变革与军事法制建设》，军事科学出版社 2005 年版）

（宁　青）

关于江泽民国防和军队建设思想研究

2005 年，中国军事理论界对江泽民国防和军队建设思想的历史地位、意义、特点和基本内容进行了新的概括，对江泽民国防和军队现代化发展战略、军事教育和军队院校建设、军事法制等方面的思想也进行了较为深入的探讨。

江泽民国防和军队建设思想的历史地位和主要内容 江泽民国防和军队建设思想作为“三个代表”重要思想的组成部分，是当代中国国防和军队建设的思想武器和科学指南。它的意义在于，创立了在重大历史转型时期，按照“三个代表”重要思想的要求建设国防和军队的基本理论与指导思想，从而把党的军事指导理论发展到一个新阶段，实现了党的军事指导理论新的历史性飞跃。江泽民国防和军队建设思想的突出特点，就是坚持用马克思主义的宽广眼界观察世界，时刻关注国际形势和中国安全环境的变化，关注世界军事发展的新趋势，把国防和军队建设放在国际战略和国家发展大局中去运筹。贯穿江泽民国防和军队建设思想的根本性指针是坚定不移地走中国特色的精兵之路；历史性课题是确保打得赢、不变质；主导性思想是积极推进中国特色军事变革。其主要内容是：从国际战略全局和国家发展大局的高度谋划国防和军队建设；解决好打得赢、不变质两个历史性课题；党对军队的绝对领导是中国人民解放军永远不变的军魂；积极推进中国特色的军事变革；用新时期军事战略方针统揽军队建设全局；按照政治合格、军事过硬、作风优良、纪律严明、保障有力的“五句话”总要求全面加强军队建设；始终把思想政治建设摆在军队各项建设的首位；实施科技强军战略，加强军队质量建设；培养和造就大批高素质的新型军事人才；加快军队装备现代化建设路子；坚持依法治军、从严治军；军队现代化建设的动力在于改革；依靠人民建设军队、建设国防等。（马宝伟、张怡恬《中国现代军事思想与马克思主义军事理论中国化——国防大学“毛泽东思想、邓小平理论和‘三个代表’重要思想对国防和军队建设的理论贡献”课题组专家访谈》，《人民日报》2005 年 6 月 24 日）

江泽民国防和军队现代化发展战略 国防和军队现代化建设是国家现代化建设的重要组成部分，其发展战略不仅关系自身发展的程度和方向，更关乎国家的发展和安全。江泽民站在世界新军事变革的潮头，以其远见卓识，从不同视角探讨和阐述了中国国防和军队现代化建设的发展战略，使中国国防和军队建设发展战略在理论体系上逐步深化和完善。

*服从国家发展战略的大局——主动式发展。*江泽民同志明确指出：“把经济建设搞上去和建立强大的国防，是我国现代化建设的两大战略任务。从根本上说，这两大战略任务是统一的”。他的这一论述，深刻地揭示了新的历史条件下国家经济发展与国防建设的辩证关系，并将其提升到中国现代化建设两大战略任务的高度。要在国际竞争的机遇和挑战面前占据主动，必须在国家经济力量可承受的条件下，“抓住机遇，迎接挑战，努力推进国防和军队现代化建设”。“我们要适应这些新的历史条件，大胆探索加快军队现代化建设进程的新路子，不断总结经验，不断有所创造、有所前进。”

*谋求与国家经济建设的发展相适应——协调式发展。*江泽民同志 1991 年 1 月提出：“在立足国内集中力量搞好经济建设的同时，必须重视和加强军队的建设”。1997 年 7 月在论述军队现代化建设和国家经济建设的关系时进一步提出，坚持以经济建设为中心，经济建设和国防建设要协调发展。江泽民同志多次强调，国家在财政开支上要考虑国防和军队建设发展的实际需要，军费要在国民经济发展的基础上逐年有所增加，使军队的武器装备和生活条件逐步得到改善，使国防建设与保障国家安全的需要相适应。他经过从理论到实践的不断探索，逐步把中国国防和军队建设纳入了一条与经济建设两头兼顾、协调发展的正确道路。

*借鉴发达国家武器装备的发展经验——跨越式发展。*江泽民同志明确指出，国防和军队的一体化建设，必须坚持“对现有武器装备进行信息化改造，以信息化带动机械化，最大限度地发挥后发优势，努力争取我军现代化的跨越式发展。”而且，要有一系列跨越式发展的方法。他指出，要“跟上世界军事变革和发展的潮流，积极借鉴各国军队特别是发达国家军队现代化建设的有益经验，有选择地引进先进的技术装备和管理方法”,“武器装备的发展和规划要科学谋划，坚持走重点发展、跨越式发展、系统配套发展的路子。”科索沃战争爆发后，面对世界军事发展的新形势，他要求必须更加自觉、更加坚定地贯彻科技强军战略，争取实现中国国防和军队现代化建设的跨越式发展，努力提高武器装备的高科技含量，增强应付未来高技术战争的物质技术基础，尽快缩短同世界主要军事强国的差距。

*把握现代化建设整体进程的脉搏——同步式发展。*国防和军队现代化建设与国家其他领域的现代化建设只有保持同步进行，才能相互促进、相得益彰。因此，对于国防和军队现代化这一宏大的系统工程，江泽民同志将其纳入本世纪国家分三个阶段基本实现现代化的战略部署中，进行了严密的筹划。他指出，“国防和军队的现代化也应有一个与之相适应的科学的长远发展战略，以利从总体上把握好国防和军队建设同国家经济建设的协调发展”。他同时要求必须依靠国家经济科技的发展，大利推动军队的基础设施建设和科技创新,“国家要随着经济的增长，逐步增加国防经费的投入，使军队的武器装备和生活条件逐步得到改善”,“必须乘国家加快经济和社会信息化发展之势，在加强军队机械化建设的同时，加快军队信息化建设。”他还要求国防和军队现代化建设应有一个与国家其他现代化发展战略相配套的战略构想，特别是同国家新兴技术产业紧密结合，充分利用国家经济科技成果和市场资源同步建设的机制，以便事半功倍。（赵万须《江泽民国防和军队现代化发展战略浅探》,《军事学术》2005 年第 3 期）

江泽民军队信息化建设思想 江泽民同志在领导国防和军队现代化建设的实践中，着眼打赢未来信息化战争，提出了一系列新思想、新观点和新论断，形成了富有时代特色的军队信息化建设思想。

*适应世界军事发展趋势，在推进中国特色军事变革进程中建设信息化军队。*早在 1991 年海湾战争爆发之际，江泽民就要求“从海湾战争中很好地研究一些东西”。以后，他密切注视国际局势演变和世界军事领域的新动向，一再论及世界新军事变革问题，告诫全军：“我们是在世界科技革命蓬勃发展的条件下，在

世界军事领域正在发生以信息技术为基础和核心的深刻变革的背景下，从事军队现代化建设的。”从而给军队建设以科学的时代定位。

*充实和完善新时期军事战略方针，为军队信息化建设提供战略指导。*加强军队信息化建设，必须以新时期军事战略方针为统揽。这是江泽民军队信息化建设思想的一个重要支点，也是新时期军事战略方针的科学性及其在军队建设全局中的地位作用决定的。江泽民同志要求，在加快军队信息化建设进程中，必须牢牢抓住新时期军事战略方针这个总纲，做到“全军的各项建设和一切工作，包括军事训练、政治工作、后勤保障、国防科研，等等，都要在新时期军事战略方针的指导和统揽下……周密规划、全面部署和深入展开。”

*实现建设信息化军队的战略目标，必须走跨越式发展道路。*江泽民同志在提出分三步走实现国防和军队现代化的战略构想时，提出了“跨越式”发展的思想，从而为实现建设信息化军队的战略目标提供了基本途径。江泽民同志所说的跨越式发展，既不是脱离实际的时期性跨越，也不同于简单的项目性、技术性跨越，而主要是指阶段性跨越，即跨越机械化和信息化发展的某些阶段，使军队现代化摆脱被动式追赶的发展模式，最终进入与发达国家同步发展的轨道。这里，关键是要正确处理机械化与信息化的关系。正如江泽民所说：“如果按部就班地完成机械化建设任务后再进行信息化建设，就会坐失良机，无法赶上西方发达国家军队的建设步伐”；“如果放弃机械化建设，把建设重点全面转向信息化，也不符合我们的国情和军情，还可能欲速不达。”

*大力实施科技强军战略，依靠科技进步提高军队战斗力。*江泽民同志深刻指出：我们提出科技强军战略，实质就是要不断强化科技意识，把推进军事变革的着力点放到尊重科学规律、依靠科技进步和充分利用科技资源上。这是对科技强军战略深层内涵的科学揭示，也是推进军队信息化建设的必然要求。为此，江泽民同志特别关注武器现代化建设，并把锻造信息化作战的“杀手锏”作为谋划武器装备发展的战略重点。

*抓好人才战略工程，培养和造就大批高素质的新型军事人才。*江泽民同志把培养高素质军事人才作为军队现代化建设的根本大计，提出了“宁肯让人才等装备，也不能让装备等人才”的“人才先行”思想。他强调，建立信息化军队，打赢信息化战争，关键在科技和人才。要特别注意抓好“五支队伍”建设。

*进一步优化军队结构，奠定军队信息化建设的组织体制基础。*江泽民同志指出，世界主要国家军队都在积极推进军队结构的整体转型，指挥体制扁平化、部队编成一体化和保障方式集约化已经成为军队体制编制的发展趋势。并要求弄清信息化军队结构的内涵，把优化结构作为长期任务，坚持不懈地抓下去。这种看法是富于前瞻性和战略性的。

*大力创新军事理论，引导和推动军队信息化建设深入发展。*江泽民指出：如果我们只看到武器装备等“硬件”方面的落后，而忽视军事理论这一重要“软件”上的差距，对发展军事理论的积极性认识不足，缺乏紧迫感，将来是要吃大亏的。进入新世纪后，他着眼建设信息化军队，进一步强调：我们对军事实践的认识，只有上升到军事理论的高度，才能保证军事实践沿着正确的方向前进。这些思想，从关系军队信息化变革实践成败的意义上，阐明了军事理论创新的重要性和紧迫性。

*坚持党对军队的绝对领导，充分发挥中国人民解放军的政治优势。*坚持党对军队的绝对领导，是建设信息化军队的根本政治保证。江泽民同志指出：“我军是执行革命政治任务的武装集团，党对军队的绝对领导是我军永远不变的军魂。”在信息化条件下，确保党对军队的绝对领导，就要紧紧扭住思想政治建设不放松。正如江泽民同志所说：“强调要把思想政治建设摆在全军各项建设的首位，根本目的就是要确保党对军队的绝对领导。”发挥党领导军队的政治优势，必须大力加强和改进军队党的建设。江泽民同志强调，军队党的建设必须紧紧围绕军队的中心任务来展开，围绕提高军队战斗力来进行。这是总结军队党的建设历史经验得出的重要结论。（杨业利《建设信息化军队的科学指南》，《中国军事科学》2005 年第 2 期）

江泽民军事教育和军队院校建设思想　党的十三届四中全会以来，江泽民同志在领导国防和军队建设的实践中，着眼世界军事发展大势和军队现代化建设战略全局，深入思考军事教育和军事人才培养的时代要求，提出了加强军队院校建设的一系列新观点、新论断、新举措，全面回答了建设什么样的军队院校，培养什么样的军事人才问题。

*跻身世界强师劲旅之林，必须建设一批具有国际先进水平的军事院校。*世界新军事变革和信息化战争，进一步凸显了军事教育和军队院校建设对于军队建设的战略地位。江泽民同志指出：“我军要跻身世界强师劲旅之林，必须建设一批具有国际先进水平的军事院校。”随着世界科学技术的迅猛发展和新军事变革的

推进，军事教育日益由原来潜在的战斗力构成要素变成直接的战斗力生成要素，院校教育的重要地位日益凸显，军队必须牢固确立和切实落实院校教育优先发展的战略地位，大力加强院校建设，努力建设一批具有国际先进水平的军事院校。

培养和造就信息化时代综合素质高、创新能力强的新型军事人才，是院校建设的中心任务。确立培养什么样的人才战略目标，是院校建设的首要问题。江泽民同志明确指出："军队院校要以培养综合素质高、创新能力强的人才为目标"。因此，军队院校建设必须以此为中心任务，大力培养和造就一大批善于进行军队信息化建设和打赢信息化战争的新型军事人才。此外，服务部队是教学、科研职能的延伸，是院校教育和院校建设的价值所在。江泽民同志指出："随着军队现代化建设的发展，院校教育直接为军队服务的功能也越来越重要"。院校要以军队建设的现实需求为己任，以部队建设存在的突出矛盾和问题为教学、科研的重点，以未来战争需要和世界军事变革发展趋势为努力方向，向部队源源不断提供新知识人才资源，向部队源源不断提供知识、技术和信息等智力支持。

努力探索院校教育和院校建设的特点规律，不断提高办学治学的本领。江泽民同志指出："院校教育和院校建设是一门科学，具有部队建设的共同特点和规律，也具有自己的特点和规律"。加强信息化条件下的院校教育和院校建设，必须努力探索院校教育和院校建设的特点规律，形成和确立院校建设的科学管理与领导方式，提高办学治学的本领。要立足建设信息化军队，打赢信息化战争培养人才，这是信息化条件下军事教育和院校建设总的要求。（文忠民《充分发挥院校教育在军队现代化建设中的基础性、全局性、先导性作用》，《军事学术》2005 年第 3 期）

江泽民关于新军事变革中的军事法制理论与实践

江泽民在担任军委主席期间，面对世界新军事变革蓬勃兴起，创造性地运用毛泽东、邓小平军事法制建设思想，分析解决新形势下国防和军队建设遇到的矛盾和问题，提出了一系列加强军事法制建设的指导思想、原则和重大措施，为加强军事法制建设，进而推进中国特色军事变革指明了方向。

第一，加强军事法制建设必须从法律和制度上保证党对军队的绝对领导。江泽民认为，坚持和完善党的领导始终是依法治军的核心，必须通过法制建设依法保证全军官兵在任何时候、任何情况下都坚决听从党中央、中央军委的指挥。

第二，建章立制是加强军事法制建设的基础。军事立法是军队建设的基础性工作，也是推进中国特色军事变革的重要前提。江泽民高度重视军事立法工作，强调要把改革的成果及时上升为法律，根据新的情况及时修改现行的法律法规，逐步建立健全具有中国特色的军事法规体系。10 多年来，江泽民先后签署的军事法律和有关军事工作的法律文件有 13 件，批准发布的军事法规 150 多件。这些军事法律法规以及各总部、军兵种、军区制定的 2500 多件军事规章，初步构成了以《宪法》为总章程、与国家法律制度相适应、基本满足国防和军队建设需要、具有中国特色的军事法规体系。

第三，依法治军是军事法制建设的核心内容。江泽民主持军委工作伊始，就鲜明地提出要依法治军，并在 1991 年初召开的军委扩大会议上，第一次把依法治军作为军队建设的方针提了出来。1999 年 3 月，江泽民在九届人大二次会议解放军代表团全体会议上，全面系统地阐明了依法治军方针的科学内涵，明确指出："我们治军也必须充分运用法律手段。法制作为一种规范的强制的方式，可以成为发扬我们党治军的优良传统、巩固治军成功经验的有力保障。依法治军作为一种治军方式，不仅不排斥也不取代我们长期建设和管理军队积累的成功方式和方法，而且可以通过法定程序使其规范化、制度化，从而更好地发挥作用。"（《江泽民论国防和军队建设》解放军出版社 2003 年版第 367 页）。正是在江泽民依法治军重要思想的指引下，中国国防和军队建设逐步走上了法制化的轨道。

第四，从严治军是实现依法治军的根本要求。江泽民关于军事法制建设的论述中，讲得最多、最严肃的就是从严治军。他强调指出：要高度重视抓好从严治军，充分认识到从严治军是军队的铁律，是军队战斗力的重要源泉；从严治军要严而有据，依据条令条例和规章制度管理部队；从严治军要严而有度，严格管理不是简单粗暴，要讲究方式方法；从严治军要严而有序，建立正规的战备、训练、工作和生活秩序；从严治军领导干部是关键，领导干部要严格要求自己，自重、自省、自警、自励，为下级做好样子。

第五，普法教育是加强军事法制建设的重要举措。江泽民十分重视领导干部特别是高级领导干部法律知识的学习，多次主持中央政治局的法制讲座，带头学法用法。他要求军队的各级领导干部要努力增强法制观念和依法办事的能力，学会运用法规制度教育、引导和管理部队，运用法律规范领导干部的决策过程，以保证决策权限的合法化、决策方案的科学化、决策程序的民主化和制度化。他还强调，要加强部队的法制教育，提高官兵的法制观念，在全社会面前保持遵纪守法、军容严整、令行禁止的良好形象，成为人民爱戴的威武之师、文明之师。（丛文胜、徐新《新军事变革与军事法制建设研讨会综述》，《中国军事科学》2005 年第 1 期）

（姜文华　鄂　新）

中国近代军事思想与军事论著研究　**重评北洋时期冯玉祥治军的问题**　冯玉祥是从北洋军中普通一兵"起家"的高级将领，又是反抗北洋军阀"发家"的有代表性的军人。其在北洋时期的治军颇具特点，是对北洋军的"变异"，表现为提倡爱国教育，提倡为百姓服务，提倡长官爱护士兵，官兵"同甘共苦"，提倡生产技能训练。当然其治军也存在着家长制的弊端。总结冯玉祥治军成败得失，对研究近代军事史是有一定意义的。（郭绪印《重评北洋时期冯玉祥治军》，《军事历史研究》2005 年第 1 期）

林则徐与晚清军事变革的问题　林则徐是晚清军事变革的开拓者与奠基者，堪称近代中国军事变革的先驱。鸦片战争期间，林则徐在主持广州禁烟的抗英军事斗争中展开了大量军事变革实践。革职后，他全面反思战争期间的军事变革实践，提出了一系列军事变革主张。首先，林则徐实践并提出了"师敌之长技以制敌"的军事变革主张，为晚清军事变革提供了指导思想和基本途径。其次，他实践并提出了"器良技熟、胆壮心齐"的整军、建军思想，为晚清军事变革中的军队建设提供了基本思路。再次，着眼于国家安全环境的变化，主张建立强大的水军，以巩固海防，为晚清军事变革在发展战略层面上提供了依据。第四，立足于反侵略战争的实际，提出并实践就地募勇的思想，为晚清军事变革中改革军制提供了思路。其军事变革主张与实践，为 19 世纪 60 年代开始的中国军事变革提供了理论与实践的依据。（季云飞《林则徐与晚清军事变革》，《军事历史研究》2005 年第 2 期）

建省时期新疆防务建设全面展开的原因　左宗棠收复新疆后，清朝统治阶级在治边理念方面开始向近代化转型，新疆设省之议进入清朝统治者的视野。晚清治边理念转变是新疆防务建设全面展开的前提。1884 年新疆建省，成为晚清新疆防务建设全面展开的保证，使晚清新疆防务建设达到顶峰。刘锦棠出任新疆巡抚，是新疆建省后防务建设得以全面展开的关键。（童远忠《建省时期新疆防务建设全面展开之原因》，《军事历史研究》2005 年第 2 期）

晚清军事变革对近代社会转型的影响　晚清以来，中国社会经历了由传统封建社会向近代社会的全方位社会转型，军事变革与社会转型发生着千丝万缕的联系。晚清军事变革是近代社会转型的先导，并且引发社会阶层结构变动，同时晚清军事变革推动了政治权力结构变迁，促进了军阀政治时代形成，加快了向现代教育的转型。解读晚清军事与近代社会转型的内在联系，有利于更好地理解那段历史。（陈越《晚清军事变革对近代社会转型之影响》，《军事历史研究》2005 年第 3 期）

洋务运动与中国近代西北边防　洋务运动以加强国防为目的，促进了国家近代化的发展和传统外交向近代外交的过渡，对西北边防产生了积极的作用。其主要表现是武器装备的更新、军队素质的提高、外交实力的增强等，其直接效果是新疆的收复、《中俄伊犁条约》的签订和西北边防的巩固。近代化的军队守卫西北边疆，西北边防实力增强，这不仅对整个西北地区乃至全国的边疆防务都起着至关重要的作用，也使洋务运动军事自强的目标在西北边疆得以实现。（何永明《洋务运动与中国近代西北边防》，《新疆大学学报》（哲学·人文社会科学版）2005 年第 6 期）

中国古代军事思想与军事论著研究　**《孙子兵法》的战后"修功"思想及其实现途径**　《孙子兵法》的战后"修功"思想的含义是指在对敌完成"战胜攻取"任务后，必须做好争取民心、巩固和扩大战果，达成控制局势，使之迅速走上正常轨道的工作。它是对春秋末期吴国争霸战争教训深刻而精辟的总结。战后"修功"是一项事关能否真正打赢的系统性的、特殊的危机管理工程，是攻取一方战前"庙算"极为重要的内容。美英等国入侵伊拉克的战争，俄罗斯境内发生的车臣战争，都因在战前"庙算"中对这项工程"算"得不够"多"而在战后付出了惨重的代价，从反面证明了这一思想至今仍具有重大理论价值和实践价值，对我们谋划今后可能进行的军事斗争将不无启迪意义。综观古今中外战后"修功"的经验教训，"战胜攻取"者欲要取胜至少必须做到：乘势追歼，彻除残敌；广施德政，严格纪律；速建政权，"因俗而治"；恢复经济，密切联系；增强认同，发展教育；留兵镇守，抚顺伐叛。（于汝波《论<孙子兵法>的战后"修功"思想及其实现途径》，《军事历史研究》2005 年第 1 期）

《孙子兵法》的谋略思想在信息化战争中的价值　《孙子兵法》是中国古代军事谋略思想的集大成者。随着信息化战争成为主要的战争形态，军事谋略运用不断呈现出新的特点，即谋略空间更加广阔，谋略手段更加先进，谋略运用更为复杂。这些新特点表明，信息化战争不仅没有否定孙子谋略思想的普遍价值，而且进一步凸现了其新的生机与活力。（张琳琳《信息化战争中的东方军事谋略——论<孙子兵法>的谋略思想在信息化战争中的价值》，《南京政治学院学报》2005 年第 1 期）

孙子“将备五德”与现代管理者素质 有学者根据《孙子兵法》对将帅提出的“智、信、仁、勇、严”这五种素质要求，撰文提出现代管理者应该具备掌握先机、诚信经营、关扶部属、率先垂范和恩威并施等多种素质。（陈磊《孙子“将备五德”与现代管理者素质》，《南昌陆军学院学报》2005 年第 2 期）

《孙子兵法》与《三十六计》辨析 《孙子兵法》与《三十六计》是产生于中国历史上不同时代的两部著名兵书。有学者通过对两书时代背景和时代特征、主要内容、地位和影响的分析，认为既不能将两书置于同等地位，人为拔高《三十六计》，也不能对《三十六计》妄加贬斥，应该承认《三十六计》有一定的价值。（任力《<孙子兵法>与<三十六计>辨析》，《中国军事科学》2005 年第 3 期）

《孙子兵法》的忧患意识及其现代意蕴 《孙子兵法》具有强烈而深厚的忧患意识，其忧患意识具有进步性与局限性、现实性与理想性的特点。这种忧患意识对于推动民族自强、国家发展以及文明演进，促使个体塑造理想人格、提升生活质量与精神境界，具有十分重要的意义。（陈二林《<孙子兵法>的忧患意识及其现代意蕴》，《军事历史研究》2005 年第 3 期）

《孙子兵法》治军思想的人本取向 《孙子兵法》揭示了军事领域的基本规律，对军事实践具有普遍的指导意义。其阐述的“令文齐武”、“修道保法”、“将帅五德”等治军理论至今给人以深刻的启迪，其中“文”、“道”、“德”等治军范畴充满了以人为本的精神魅力。（朱加荣《<孙子兵法>治军思想的人本取向》，《军事历史研究》2005 年第 3 期）

孙子的“不战而屈人之兵”思想的含义和条件 所谓“不战而屈人之兵”有两层含义：第一层含义是指避免战争，第二层含义是指减少战争的成本。实现“不战而屈人之兵”必须具备一定的前提条件：“不战而屈人之兵”思想是指在“服战于民心”的正义前提下的全胜论的“慎战”思想，同时又是以强大的综合国力为后盾的。（孙华、田玉才《论孙子之“不战而屈人之兵”》，《沈阳炮兵学院学报》2005 年第 3 期）

关于孙子的“全胜”思想 孙子的“慎战”思想反映在战争指导上表现为“全胜”的理论，这是《孙子兵法》的精华所在。具体而言就是：“先胜而后求战”，以“庙算”求“全胜”；“制人而不制于人”，以争取主动求“全胜”；“因敌而制胜”，以灵活战法求“全胜”；“将孰有能，兵众孰强”，以良将精兵求“全胜”。（王积建、于洋《浅析孙子“全胜”思想的智谋韬略》，《西安陆军学院学报》2005 年第 4 期）

赤壁之战敌对双方战争指导的优劣得失 赤壁之战是一场典型的以弱胜强、以少胜多的战争，是一场囊括了野战、攻城、追击、遭遇、火攻、退却、水战等多种作战形式的战争，是中国历史上第一次在长江流域进行的大规模江河作战，同时又是中国历史上第一次企图通过江河作战而谋求实现统一但最终失败的战争。无论从大战略的高度来看，还是从军事战略的角度来分析，赤壁之战都是一场具有多种典型价值的战争。分析战争敌对双方曹军与孙刘联军战争指导的优劣得失，仍能给人以历史的经验与有益的启示。（夏旻、吴如嵩《论赤壁之战敌对双方战争指导的优劣得失》，《军事历史研究》2005 年第 1 期）

明代马政衰败及对国防影响 封建社会历代统治者无不视马政为国家重务，因为以军马的牧养、征调、采办、使用等管理为主要职责的马政，始终是冷兵器时代国防建设的重要内容。明代马政不仅折射了封建朝廷政治成败，并且也是政府经营西北、巩固边防的重要措施，是国防军事力量的重要物质基础。明朝中期后由于封建政治的腐朽，导致了马政的衰败荒废，这不仅使军队的战马供给不足，而且影响了明朝的国防力量和军事战略战术思想，以致明军在内外战争中消极防御，败多胜少，终于成为导致朱明王朝覆灭的一个重要历史原因。（何平立《略论明代马政衰败及对国防影响》，《军事历史研究》2005 年第 1 期）

尉缭子的军事哲学思想 尉缭子的军事哲学思想具有鲜明的唯物主义立场，表现为否定了天命决定战争胜负的唯心主义观点，认为客观因素是决定战争胜负的基本条件，在认识论上坚持了唯物主义思想路线。同时尉缭子军事哲学思想又具有丰富的军事辩证法思想，主张慎战与备战相统一，战争从属于政治，作战要充分发挥主观能动性，并根据不同情况采取不同对策，注意奇正结合，正确处理进攻与防御问题等。（白吕《尉缭子军事哲学思想浅析》，《东南军事学术》2005 年第 1 期）

郑和下西洋的军事贡献 15 世纪初的郑和下西洋，是军事史上一个意义重大的事件。当前学术界多从政治、经济、文化、外交、航海等方面研究其贡献，鲜少从军事角度进行阐述。有学者撰文从郑和下西洋坚持维护和平、反对霸权的军事原则，确立经略海洋、

“以海屏陆”的军事战略，展现恩威并施、灵活多样的军事艺术等三个方面，集中论述了郑和下西洋在军事上的贡献，揭示了郑和下西洋在军事史上的重大意义。从一个侧面反映出郑和不仅是一位和平使者，而且是一位具有政治远见、运筹帷幄的军事家。（罗谧、肖季文《试论郑和下西洋的军事贡献》，《军事历史研究》2005年第2期）

《易经》关于军事学说的研究 诞生于殷末、周初的《易经》内容涵盖广泛，涉及到社会生活的方方面面，其中军事学说占有相当大的比重，记录了君王、诸侯从和平相处到相互征战的全过程：有作战对象、出征时间的选择，有战略战术的制定、地形与气象的运用，还有作战中的协同配合与后勤补给，及至战后胜利的庆祝以及对待俘虏的态度等，而且都有相当细致的描述。这些史料极其珍贵，非常具有研究价值。（金玉国《<易经>之军事学说研究》，《军事历史研究》2005年第2期）

司马光的边防思想 作为一位著名的学者和政治家，司马光的边防思想是丰富而深刻的。有学者撰文从其史著《资治通鉴》入手，探究其边防思想的文化底蕴和基本内涵，包括“御之得其道”的民族思想，“叛则讨之，服则舍之”的战和原则，“内政不修，不可遽谋边事”的固本思想，善择将吏、威信安边的治边思想。（魏鸿《从<资治通鉴>看司马光的边防思想》，《军事历史研究》2005年第2期）

（邱剑敏）

战争和战略问题研究

中国关于战争和战略问题研究 2005年，中国军事理论界对战争和战略问题的研究进一步深入，在探讨信息化战争的本质与特征、研究中国战略体系等方面均有新的突破，并提出了一些新的概念，开辟了一些新的研究领域。

分析信息化战争的特征 一种观点认为，所谓信息化战争，将是由政治、经济、军事、文化等诸方面变革综合构成的新战争形态。它至少有4个特征：一是信息化战争的目的将由消灭敌人转向控制敌人。战争目的越来越趋向于通过破坏敌人的体系和影响敌人的心理来制约其行动、降低其效能，而不再绝对追求大规模消灭敌人力量。这种目的，可称之为战略控制，亦即创造一种敌人无法进行有效抵抗的态势，剥夺敌人的行动自由权，将敌军事行动的自由度或效果降至不能对己造成实质损害的程度，迫使其按己方的意志行事。二是信息化战争要求通过精确决策夺取决策优势。决策优势已成为打赢信息化战争的第一优势。决策优势包括速度优势、质量优势和灵活性优势，核心是质量优势。实现决策优势的关键是精确决策。精确决策包含精确认知、精确筹划、精确指导。三是信息化战争中道义主动权的争夺将十分激烈和复杂。所谓道义主动权，是指参战方“正义形象”所获认同程度的优势，本质上是战争性质认识活动的结果，是争得“民心向背”的前提，是赢得战争胜利的政治基础。20世纪90年代以来发生的局部战争，交战双方都围绕道义主动权展开了激烈的斗争，呈现出以下特点：战争正义性的认定标准呈现多元化；寻求支持的对象极为广泛；斗争手段和方法更加丰富；战争的内在性质和外在展示出现背离。四是以弱抗强的信息化战争必须实行战略制衡。所谓战略制衡，是指在与强敌的非均衡对抗中，不绝对追求大规模摧毁敌力量体系、夺取战场全面优势，而是着眼于战略上的胜利和主动，运用有限但有效的力量，积极作战，制约对手的力量发挥，给敌造成有限但致命的杀伤，为政治外交斗争创造有利的军事条件，迫使敌放弃敌对企图，求得战略上的相对平衡。（王明亮《信息化战争特征简析》，《中国军事科学》2005年第1期）

另一种观点认为，信息化战争，是信息时代的基本战争形态，是由信息化军队在陆、海、空、天、信息、认知等六维战场空间用信息化武器装备进行的、以信息力和结构力为军队核心战斗力的、以信息和知识为主要作战力量的、附带杀伤破坏减到最低限度的战争。这一定义表明，信息化战争有六个基本点：一是时代性。在信息时代，有多种形态的战争，但信息化战争是最基本的、最主要的战争形态，就像在工业时代机械化战争是最基本的战争形态一样。二是交战双方至少一方是信息化军队，机械化军队或半信息化军队打不了信息化战争。三是要使用信息化、智能化武器装备，各作战单元网络化、一体化。四是要在六维战场空间进行，特别是在航天空间、信息空间、认知空间进行的战争要占相当比例。五是在物质、能量、信息等构成作战力量的诸要素中，信息力和结构力起主导作用，信息力可严格调制在战争中表现为火力和机动力的物质和能量。六是战争中的必要破坏和“流血暴力”依然存在，但附带破坏将降低到最低限度。(王保存《信息化战争的特征》,《中国国防报》2005 年 9 月 15 日)

探讨信息战争的本质 信息化战争与机械化战争相比，突出表现在战场构成质量的不同。信息化战场改变了那种由一定的作战空间、天然的地形地物所构成的简要化战场，而是以信息科学技术为核心的军事高技术群及其物化的高技术武器装备所形成的战场“三大系统”——以地空天一体化的计算机网络为基础构成的战场认识系统；以计算机网络为平台而构成的强大的战场信息传输系统；以战略 C^4I 系统和大量的战术 C^4I 系统构成的战场指挥控制系统。这“三大系统”形成了强大的战场“保护层”，使已方难以直接接触敌方的部队和战场有生力量。因此，破坏、瘫痪和摧毁敌人的战场“保护层”的作战就是信息战，它是信息化战场派生的作战形式。

信息战与作战形式、作战样式的关系。信息化战争是由多种作战形式所构成，主要有信息战、联合作战，还有游击战、甚至还包括阵地战。信息战之所以成为信息化战争的主要作战形式，一是在信息化战争的各种作战形式中，信息战起主导和核心作用。因为，控制信息领域是控制其他作战领域的前提与基础；二是以战场认识系统、信息系统和指挥控制系统等“三大系统”为核心构成的信息化战场，已经成为现代战争的支柱，作战双方都把破坏和瘫痪对方的“三大系统”作为主要作战目标，信息战必然成为信息化战场较量的主要形式；三是信息具有支配与主导战场的决定性作用，信息的获取、处理与利用能力，已成为一种主要作战能力，并往往决定战局和战争进程。

信息战由哪些作战样式构成。从信息战这种新型作战形式所包含的作战样式看，主要有指挥控制战、电子战、心理战、法律战、舆论战、情报战、计算机空间战、“黑客”战、虚拟现实战、精确火力战等基本样式。其中，指挥控制战是起主导作用的作战样式。在信息化战场环境中，最重要的是遏制敌方决策者和指挥机关，使其难以在作战系统的辅助下，定下正确的决心和进行有效的作战指挥，从而影响、削弱和摧毁敌方的决策、指挥和信息控制能力。其他作战样式虽然都具有作战行动的相对独立性，都有自己确定的战法体系，但作战过程中通常都要服从和服务于指挥控制战，以确保指挥控制战所要达成的基本作战目的。(王辉《信息战本质之我见》,《解放军报》2005 年 12 月 20 日)

信息化战场有三对矛盾 一是精确作战向极致发展，但作战计划却越来越概略。精确作战已超越了空间意义的范畴，开始追求随意控制下的准确，即在随机的空间完成临时的任务，并达到理想的效果。在总体追求精确时，作战计划却存在着与之相反的情况：粗线条规划作战任务，不作详细安排。但作战计划越是概略，说明信息化程度越高。这主要是因为信息化条件下，指挥手段多、方法活、效率高，指挥机构依托网络化指挥环境，拓展了指挥对象的跨度，同样的指挥机构现在可以控制协调二三个甚至更多不同军兵种的作战单元；拓展指挥层次的递阶，战役指挥员可以根据需要直接指挥到营连甚至单兵。

二是战场数字化程度越来越高，但模糊依然存在。虽然数字化武器装备使战场透明度越来越高，但“山的那边到底是什么”并非一目了然。海量信息真伪难辨，将指挥员淹没在信息海洋里；虽然有高、精、尖侦察装备，但战争“迷雾”依然笼罩战场；自动化指挥系统虽有每秒几亿浮点的运算能力，但依然预测不出文化、宗教、士气等因素对作战的影响……这是因为，作战双方积极动用各种手段防敌侦察，而且信息干扰、信息堵塞、虚假信息及信息欺骗等信息化手段更是频频出击。另外，信息过于繁冗，以至于想在“铺天盖地”的海量信息中筛选出真实可靠的情报比较困难，战场态势也随着信息泛滥而变得日益模糊、不确定，加之隐身技术作为防护技术的“软力量”，正起到越来越大的作用，从而进一步模糊了交战双方的感知领域。

三是共同感知能力一再提高，但“误伤”却屡禁不止。这是因为，战场共同感知能力的提高，依托的是军事技术尤其是信息技术的进步，但技术进步在提高感知能力的同时，也带来了一系列的附带问题，即系统越来越复杂，稳定性下降，不可预测事件发生的概率越来越大；同时，信息化战争参加主体日益广泛，不同国别的军队、不同信仰的民族、不同教育背景的人员都可以参加战斗。结果是，即便面对同一条信息，由于诸多方面的差异，理解也就不一样，因而感知的程度也就不一样，为“误伤”埋下了隐患。(咸玉国、贾春生《信息化战场上的三对矛盾》，《解放军报》2005 年 12 月 20 日)

隐形军事较量是一种新的战争模式 所谓隐形军事较量，是指一国或多国利用其军事优势，以非常规非核战争手段，侵犯别国主权和国家利益，构成对别国安全威胁的霸权主义表现形式。其运用形式主要有：

军事遏制与军事威慑。某些军事大国为遏制对手，向其周边国家输入武器并插手武器输入国及其所在地区的事务；挑起军备竞赛，造成对手经济被拖垮，政权动摇；以军事演习、研制新武器等方式，炫耀军事实力，向对手施加军事压力，迫其就范；利用裁军条约和军控谈判，限制对手的武器种类与作战手段，进行强制性武器核查；有意制造军事危机与冲突，挑衅他国主权；在本土以外建立军事基地，将其控制在自己势力范围之内，并操纵该地区政治、经济局势。

战略包围与战略牵制。霸权国家采取种种措施，包括调整军事部署、扩大军事同盟、发展军事合作、加强军事监控、控制武器市场等，制约、封锁、排斥战略对手，挤压对手的战略空间，在经济、军事上限制其发展。

经济制裁与干涉内政。强势国家对别国进行以经济为主要内容的多方面惩罚，以改变其政治或军事行为，如武器禁运、取消外援、限制进口、冻结资产、提高关税、减少进口配额、取消贸易最惠国地位、断绝外交关系、拒绝签证、取消航线以及禁止贷款、中断贸易往来和投资等，打击敌对国国民经济体系，使其国内金融动荡，失业率猛增，物价飞涨，经济安全无保障；或以各种理由和借口随意干预别国的内部事务，把本国的意志强加给被干预国，强迫别国按其意志决定包括国家安全在内的所有重大事情，使该国成为其政治、经济、军事上的追随者和附庸。

上述几种较量形式，区别于常规战争，具有隐形特征与独特作用，其效果有时常规战争手段也难以企及，弥补了常规战争手段的局限，与常规战争手段一起，构成了战争的整体。从本质和根源上考察，隐形军事较量具有明显的战争属性，是战争形态演变的结果，是一种新的战争模式，是现代战争的扩延，成为常规战争的替代物。它能掩人耳目，成功避开国际舆论监督，不受任何限制，无条件、全时空地付诸行动，手段隐蔽、多样、灵活、便捷，成本低（或零成本），获益大，容易达成战略企图。对被打击者而言，其危害并不比常规战争小，有时危害还要大得多。军事非常规非核战争运用形式的出现，为霸权主义国家广泛运用军事手段实现其政治目的与战略企图，洞开了方便之门。事实上，它发挥着战争的功能，体现着战争的规则，造成了与战争同样的恶果，却又看不到硝烟纷飞。因而，称其为隐形军事较量。

隐形军事较量相对体现了所谓“文明战争”的特点，必然会越来越得到频繁运用。其结果，将进一步加深国际政治经济秩序不公正、不合理的矛盾，对世界和平和各国安全构成极为严重的威胁。事实表明，有强势国家对弱势国家的隐形军事较量，就有弱势国家运用同样手段进行的抵御和反击，它会引发其他各种形式的暴力对抗，恐怖战争就是其中的一种。

从理论上考察，隐形军事较量是不战而胜思想的体现。国家运用军事力量维护自身安全的方式是丰富多样的，包括常规战争手段，也包括隐形军事较量在内的各种非传统军事手段。那种认为“军事就是打仗”的“单纯武力战”的理论，是长期存在于人们思想中的一个误区。提出隐形军事较量的概念，绝不是要将战争泛化。判断、界定隐形军事较量的基本尺度，是要看行为主体实施的行动是否运用、体现了军事力量的作用和影响。一些借用战争之名的竞争性行为（诸如金融战、贸易战、文化战等）不在此列。（余爱水《透视隐形军事较量》,《解放军报》2006 年 2 月 7 日）

军事战略目标的变革　战争的根本目的是保存自己，消灭敌人。而军队的根本使命是保证国家按照自己界定的方式生活，保持行动的自主、独立和自由，使自己能够影响和适应不断变化的环境；同时削弱和剥夺敌人行动的自主、独立和自由，使其不能影响和适应不断变化的环境。这就需要保持和加强自己与环境交换信息、能量和物质的能力，并在必要时削弱和切断敌人与周围环境交换信息、能量和物质的联系。信息时代并没有改变这一目的。然而，信息和网络技术的引入，改变了实现这一目的的手段和方式，也改变了军事战略目标。随着信息成为首要的战略资源，信息对抗就具有了首要的战略意义，相应地，信息要素和信息领域在军事战略目标体系中的地位也发生了变化。夺取制信息权和网权成为作战的先决条件和获得主动权的主要标志；切断敌方军事系统内外信息联系，上升到军事战略的目标层级。具体来说，体现在以下三个方面：一是争夺综合性的战略优势成为重要的战略目标；二是对敌攻击的首要目标是瘫痪敌战略指挥系统；三是军事战略关注的重点转向夺取信息战的胜利。

军事战略方法的变革　军事战略方法主要体现为战略指导，即依据国家的军事政策与战略对军事斗争全局的宏观运筹。在战略环境和战略形势发生变化时，战略指导也要随之改变。

军事战略指导运筹的范围将扩大到全维大时空。在信息网络技术的推动下，现代战场已扩大到了陆、海、空、天、电磁五维空间，战略空间立体性和多样性的特征更加明显。军事战略中传统的地理边疆概念发生了变化，战略边疆的观念进一步确立。同时，军事战略还要关注所谓信息战的新“战区”。这种信息战是在国家一级进行的，是一种军事与政治结合的新方式，美国称之为战略级信息战。未来战争中，进行信息对抗的领域不仅在军事领域，还包括政治、外交、经济、文化等方面，军事战略日趋成为一个内部结构复杂、外部联系广泛的大系统。

军事战略指导平战统一、军民统一、用兵建军统一的特征更加明显。军事不仅要着眼于战时全局的筹划，更重要、更经常的任务是着眼于平时的军事斗争全局的运筹。武装力量的建设与运用更加密不可分，建设过程就是显示实力发挥威慑作用的过程。因此，军事战略应该是武装力量的运用与建设筹划的有机结合。

集中兵力的关键是集中火力和信息力。信息化战争中，集中兵力的原则仍然适用，但做法有所不同。具体表现就是集中和机动火力，在最大距离上发起攻击。由于信息已成为战斗力的重要组成部分，因此，集中信息力也成为重要的战略作战原则。同时，由于各类远程打击武器都需要信息支撑，因而集中火力自然就要求集中信息。集中兵力的实质就是集中火力和信息力，迅速准确地将战斗力指向目标。

作战形式的选择更加灵活，非正规作战上升到重要地位。未来战争，既可能是正规战和非正规战高度结合的大合成、大联合作战，也可能是以特种战为主的小规模的非正规作战。非正规作战将成为达成战略目的的重要形式，这主要是科技进步和军事对抗形式发展所带来的结果。同时，现代战争打击重心发生了改变，也给特种战和游击战以更加灵活广阔的用武之地。

战略、战役、战术相互重叠，战略指导更富于宏观与微观的统一。未来战争中，空间扩展，时间缩短，同时，信息武器系统的超时空指挥能力和近实时远程精确打击能力，使战术打击可以瞬时直接达成战略目标，战略指挥可以随时介入战术层次，战略、战役、战术三个层次的行动将重合到一起，以往通过局部小胜逐步汇集成战略性胜利的作战理论将会过时。传统的战略、战役、战术间的垂直阶梯关系将发生根本性变化。（张锋、刘增良、吕德宏《信息时代的军事战略体系》，《中国军事科学》2005 年第 2 期）

制海权理论及发展趋势 21 世纪是人类大规模开发利用海洋的世纪。因此，继续深入研究制海权斗争的特点与规律，仍然是军事理论研究的一项重要任务。

制海权的基本理论。一百多年来，伴随着海战和海军的发展，制海权理论不断丰富和完善。

①制海权的基本概念。制海权的“制”，并非意味着控制和占领海洋本身，而是控制那些活动在广阔海洋中的敌方舰队。海战的胜败一般不直接决定领土主权的变更，只是决定海上行动自由权的获取、更新或丧失，以便为后续的战争行动创造前提条件。美国海军认为，制海权的基本涵义是保证自己使用海洋、并阻止敌人使用海洋。苏联海军将制海权定义为：为海军创造完成基本战斗任务的有利条件而在整个或局部海洋战区造成的对敌优势。中国军事学术界认为，制海权是指交战一方在一定时间内对一定海洋区域的控制权。尽管各国对制海权概念有不尽相同的解释，但其最基本的内涵是：己方享有海上行动的自由，同时能够阻止敌海上行动的自由。进入 20 世纪后，制海权概念的内涵和外延已大大拓展。现代制海权的概念是：为获取己方海上行动自由和阻止敌方海上行动自由，交战双方运用以海军兵力为主体的联合作战力量和手段，在一定时间内对活动在一定海洋区域内的敌方在水面、水下、空中和信息空间的作战力量的有效控制。

②制海权的分类。通常，根据夺取和保持制海权的目的、范围和持续时间，可区分为战略制海权、战役制海权和战术制海权。随着现代战争的发展，海战场呈现出一体化的特征，战略、战役和战术制海权之间的界限趋于模糊。一些国家提出了新的制海权和争夺中的制海权，如按照制海权斗争的地理范围，可区分为大洋制海权、近海制海权和沿海制海权等。

③夺取和保持制海权的基本方法。20 世纪之前，夺取和保持制海权的方法比较单一，主要通过主力舰队之间大规模的决战，决定制海权的归属。随着海军作战手段的多元化和海战空间的日益扩大，夺取和保持制海权的方式方法不断增多，主要有以下 5 种：一是摧毁敌人主力舰队；二是摧毁敌方海军基地、沿海机场、港口等岸上重要目标；三是夺占敌方前进基地、海峡、海上交通要道或岛岸等目标；四是对敌实施海上封锁；五是使用远程精确打击手段破坏敌指挥控制中心，瘫痪敌整个作战体系。

信息化局部战争条件下制海权斗争的特点。20 世纪 80 年代中期以来，制海权斗争出现了以夺取有限制海权为目的的新特点：一是以争夺一定海域和时间内的制海权为中心任务。无论大国还是小国，要想在高技术局部战争中握有主动权，就必须首先夺取和保持一定海域和时间内的制海权。二是力求在最短时间内夺取和行使制海权。高技术局部战争条件下，由于战争目的、规模、空间和时间有限，因而只有在尽可能短的时间内夺取和行使制海权，才能有效地控制战争规模和尽快结束战争。三是必须灵活采用夺取制海权的方法。争夺制海权，传统的方式是“封”和“打”。在高技术局部战争中，无论是单纯地实施海上封锁，还是进行海上打击，都不符合战争需要，而必须更加强调“封”和“打”的有机结合。四是平时就应对可能发生高技术局部战争的重要海域实施某种程度的控制。包括采取加强海军力量和海战场建设、调整海军兵力部署和有针对性地开展海上军事训练等措施，充分做好战争爆发后迅速夺取制海权的各项准备工作。

21世纪制海权的发展趋势。一是制信息权将成为夺取和保持制海权的前提条件。在未来的制海权斗争中，信息战将贯穿海上作战的全过程，渗透到海战的各方面，成为争夺制海权的决定性因素。二是一体化联合作战将成为夺取制海权的主要手段。尤其是在近海海域，各军兵种的火力打击范围相互交叉、覆盖。因此，未来夺取和保持制海权的任务，必须由陆军、海军和空军共同完成。三是制海权斗争的重点将转向近海海域。冷战结束后，苏联海军全面收缩，美国海军掌握了世界大洋的制海权，采取“前沿存在……由海向陆”的战略方针，实行前沿部署和前沿军事存在，力图掌握重要沿海地区的制海权。而广大发展中国家为维护近海海域的海洋权益，确保海上方向的安全与稳定，也在不断发展能够争夺近海制海权的海空军力量。四是远海海域制海权的斗争日趋复杂。21世纪是海洋世纪，大规模开发利用海洋，已成为许多濒海国家的国策。随着经济全球化进程的发展，主要濒海国家的海外利益大大拓展。为保障国家经济的持续发展而维护国家能源安全，尤其是确保国家海上战略通道的安全与畅通，日益成为各濒海国家的重要使命。为此，许多濒海国家十分注重增强海军远海作战能力，加快发展远海兵力投送能力，从而使远海海域制海权斗争日趋复杂。五是制太空权将对制海权斗争产生重要影响。拥有太空优势的一方能够为己方作战力量提供全方位的信息支援和保障，引导各种作战平台实施远距离精确打击，因而争夺制太空权的斗争将直接关系到海上作战的进程与结局。（刘一建《制海权理论及发展趋势》，《中国军事科学》2005年第1期）

空间安全战略的概念与基本要素　空间安全战略，是指导空间力量的建设和运用，以实现国家空间安全目标的方略。它研究解决的主要问题是：空间安全形势和威胁的判断，空间安全战略的目标、方针、政策，为实现空间安全战略目标而进行空间力量建设的方针、任务和原则，以及空间力量运用的原则和方法等。空间安全战略不仅要考虑国家安全战略和空间战略的需要，而且要考虑军事战略的需要，并受军事战略的影响和制约。因此，它实际上受到国家安全战略、空间战略和军事战略的三重影响。

空间安全战略的内容涉及到诸多方面，其中的基本要素有四个：一是空间安全战略形势。主要指国际和国内的空间战略态势。为了制定国家的空间安全战略目标，必须准确了解和把握现实的空间安全形势及其发展趋势，认清国家所面临的空间安全的威胁和挑战，以便采取有效的对策。这是进行空间安全战略决策的前提。二是空间安全战略目标。这是国家为实现总的政治目的而赋予空间安全斗争的基本使命，是一定时期内空间安全斗争的基本指向，它决定空间安全力量建设和运用的方向和目标。国家空间安全战略目标在很大程度上反映出一个国家的空间安全战略的性质。如具有进攻性的空间安全战略往往把独霸或控制空间作为其空间安全战略的基本目标。三是空间安全战略的原则。就是为实现空间安全战略目标而必须遵循的基本准则。正确的空间安全战略原则是现实斗争特点和规律的客观反映，是进行空间安全斗争的基本依据。四是空间安全战略力量。这是实现空间安全战略目的的物质基础和支柱，以空间军事力量为主，还包括与空间安全有关的经济、科技力量。空间安全战略的要素是互动的。空间安全战略研究的一个主要任务，就是研究和揭示要素之间互动的内在规律，从而为空间安全斗争的实践活动提供正确的理论指导。（梁晓秋《空间安全战略的若干理论问题》，《中国军事科学》2005年第1期）

战略观的几点新变化　当前，把握战略领域的新变化尤其重要，它是做出正确战略判断和战略选择的前提。

和平成本观。历史经验表明，和平需要付出代价，甚至做出牺牲，包括经济上、福利上、资源上，以至人的生命的牺牲。这是人类为了争取和平而不得不付出的成本。没有这种成本，和平之“产品”出不来。和平“产品”的量与质，也就是和平度，取决于军事投入的大小。在一定规模范围内，国家舍得军事投入，和平度就高；和平度越高，经济、社会、福利事业就越发展。如果不付出成本，不但和平“产品”的质量得不到保证，而且，由于贻误军事发展的时机，造成军力比较差拉大，在必须以超常规方式赶上别国军事现代化步伐的情况下，就要用数倍于前的成本加以弥补。世界局势的变化充满变数。任何国家都不能不准

备相应军力用于防范意外。这个“相应军力”便是国家必须付出的“和平成本”。

军事产业观。军事对经济具有双重作用，既有某些部分“纯消耗”的消极作用，也有驱动经济、创造利润的积极作用。面对全球越来越大的军事开支，面对经济全球化的国际环境，面对科学技术的迅猛发展，如何既保持军事的持续发展，又保持经济的不断增长，使两者处于良性互动状态？答案恐怕是应当将军事作为产业来经营。不单是军事工业，而且可以考虑把某些相关实体也作为一种特殊的产业，实施科学管理，扩大对外交流，放宽市场准入（在保密的前提下），使军事资源、资产活起来，使非经济因素转化为经济因素，非再生产领域具有可再生产功能。

全维战争观。信息化条件下的军事较量，是全领域、全时空、全样式的竞争与抗衡。不仅在军事，而且在政治、经济、科技、外交、文化等各个领域；不仅在战时，而且在和平时期的每一天；不仅是军事人员，而且全国各族人民都要关注国防，在不同的岗位，以不同的方式，为防止战争和取得战争胜利尽义务、尽职责、做贡献。要确立“养兵千日、用兵万日”的思想，不仅战争来临军队能英勇作战、打败敌人，而且平时就要关注军事力量的积蓄，用军事存在力、威慑力、利用力降低战争的危险性，增加国家安全度。

不战而和观。中国始终坚持和平发展。为达到这一目标，应将政治、经济、军事、科技、外交手段综合加以运用，努力化解争端与危机。摒弃“情绪化”思维，不为暂时挫折、眼前困难、局部利益影响战略全局，不做力不胜任的事情，不用赌气的方式解决问题，坚持理性处理国际关系，抓大放小，从长计议，把战略与策略高度一致起来，以便争取更长的和平时间，集中精力发展综合国力。“不战而屈人之兵”，历来为军事家所推崇。但是要做到不战而和，最重要的是有强大的军事力量与有效的军事手段。军事上越强，打赢战争的把握越大，避免战争的可能性也就越大。不经过战争就能维护国家安全、国家利益，是国家最大的胜利，人民最大的福祉。

均衡裁军观。军事力量对比的势差，决定战争与和平的几率。世界战争史表明，敌对双方军事力量比较势差越大，发生战争的可能性就越大。从历史教训看，在冲突发生之前，任何讨好对手的单方面裁军，都被视为一种“绥靖”行为，都难以获得和平与利益，相反会惹来一系列麻烦，甚至引发战争。欲通过尽早裁军减轻国防负担，首先要谋求与各方军事力量的相对均势发展。相对均势发展是一个广义概念，不仅是指单一国家和地区，同时还指建立在主权国家基础上的国际和平力量的组合。但和平力量的组合离不开主权国家的单元军事力量的发展。相对均势发展不是军备竞赛，而是军备竞“减”。只有在战争与和平力量对比处于相对均势、能够形成抗衡的情况下，才可能使和平谈判的效能达到最理想的程度，从而遵循世界军备共长共消、共生共灭的规律，加速永久和平的到来。

科技决胜观。信息化战争是综合国力的较量，但综合国力中，最核心的力量是科技力。以综合国力为支撑的信息化战争，必将使科技领域成为“第一战场”。战争首先从这里打响，决战在这里展开，胜败由这里决定。预测、判断一国是否能在可能发生的战争中取胜，关键是看该国对科学技术的掌握程度、发展水平及如何利用，是否实现了科技与军事和经济的互动。谁在科学技术上占据优势，谁就会在军事上占据强势，从而掌握战争主动权，并在全球化经济活动中占据有利态势，取得综合国力的比较绝对优势。（余爱水《关注战略观的新变化》,《解放军报》2005 年 12 月 20 日）

（金则平　方涵江）

美国关于战争和战略问题研究　**美国调整军事战略**　美国防部正对其全球军事战略做出重大调整，主要是将“同时打赢两场战场大规模战争”改为“在打赢一场常规战争的同时，将更多的资源用于保卫美国领土和打击恐怖主义”,简称为“一场战争+反恐斗争”。这里用的是“反恐斗争（Struggle)”，而不是“反恐战争（War)”。美国新军事战略的要点为：美国意识到，反恐任务是长期的，除了军事行动外，还包括外交、经济和政治手段，共同构成“反对暴力极端主义的全球斗争”。

打赢一场常规战争。美国防部认为，美军要时刻做好准备，一旦威慑受挫就要果断出手，迅速打败敌人、取得决定性胜利。在同时发生两场大规模战争时，美军至少要在其中一场战争中取得决定性胜利。为此，美军采取了 3 项举措：一是制定新的战略目标。美国规定了 4 个国防战略目标：保障美国免受直接攻击；确保战略准入和行动自由；加强与联盟及伙伴的关系；创造有利的国际秩序。提出了构成国家军事战略的“保护、预防、战胜”三大目标，即“保护美国、预防冲突与意外攻击以及战胜敌人”。强调要拥有 8 种新能力：即加强情报工作的能力；保护关键作战基地的能力；从太空、国际水域、空域和网络等国际公共领域发动进攻的能力；在遥远的环境中投送与维持部队的能力；剥夺敌藏身之处的能力；实施网络中心战的能力；精通非正规战的能力；以及提高国外伙伴作战水平的能力。二是建立一支“无可匹敌”的军队。即在未来 50 年内能应付任何挑战、没有对手的作战部队。这是五角大楼在制定《四年防务评估报告》的过程中提出的构想。三是调整“同时打赢两场战争”的构想。美军在伊拉克深陷泥潭的处境，使美国防部对“两场战争”的理念产生疑问：首先，美军兵力捉襟见肘；其次，所需巨额费用美国将难以承受。美国防部正在考虑将军队由“准备同时打赢两场战争”调整到“适应一场常规战争”的规模和布局，将更多的兵力和资源用于保卫本土和打击恐怖主义的行动。

调整反恐斗争策略。美国新军事战略更注重以下 4 个问题：“先发制人”，以着眼于化解非常规威胁，协助盟国消除恐怖威胁；保护美国本土安全；影响潜在敌手在关键时刻的战略选择；以及阻止敌对国家或恐怖组织获取大规模杀伤性武器。同时强调，反恐作战行动与传统常规战争是有很大区别的。首先，“基地”组织不再是反恐重点。布什政府已把注意力放在了如何应对新一代恐怖分子、如何通过外交手段赢得阿拉伯民众的支持上，并据此制定了新的反恐斗争策略。其次，重点打击和防范暴力极端势力的扩散。调整后的美国反恐政策决定，不再以缉拿或击毙“基地”组织头目为主，而是将重点转移到“打击和防范暴力极端势力的扩散上。（黄成林、李大光《试析美国调整中的军事战略》，《现代军事》2005 年第 9 期）

美国防部制定新的反恐战略　美国国防部长和参谋长联席会议主席 2005 年 3 月 3 日签署了一项反恐战争新计划，显示出美国反恐战略有如下新特点：一是将针对美国的恐怖威胁定义为“伊斯兰极端主义”，而不只限于“基地”组织。美国正在把目标对准 20 多个组织。这跟早期把重点只放在“基地”及其领导人身上的做法有了很大的变化。二是欢迎外国合作伙伴加入反恐。新的战略强调“鼓励”和“扶植”外国合作伙伴，并正式放弃被广泛认为是单边主义的做法。五角大楼的结论是，这场冲突不能仅靠军事手段，或仅靠美国单独行动获得胜利。三是提出一项多头战略，把目标对准可能是恐怖组织软肋的 8 个压力点，即意识形态支持、武器、资金、通信和移动、庇护所、步兵、接近目标的机会以及领导等，并提出了打击恐怖网络的 6 种方法。四是五角大楼将采用一套新的衡量标准，每年两次评估在反恐战争中所取得的进展。五是特种作战司令部成为反恐战争中各军事司令部的全球“协调者”，负责制订新的全球反恐计划并进行对全球恐怖组织的预备性侦察任务。

根据 2005 年 9 月批准的国家安全总统决策指示草案，白宫在解决政府反恐努力的分工问题时拥有更大的灵活性。同时，3 种间接对付恐怖主义的做法正在受到重视：帮助合作伙伴国家对付恐怖主义、搜寻恐怖组织的支持者以及帮助国务院领导为削弱恐怖主义意识形态吸引力而作出的努力。后一类做法包括由军方提供人道主义援助。（琳达·鲁宾逊《五角大楼制定新的反恐战略》，《美国新闻与世界报道》2005 年 8 月 1 日）

美国将采取以对付非常规威胁为作战重点的新战略　美国《华盛顿邮报》2005 年 1 月 26 日载文指出，五角大楼通过对以往重视常规战争的战略进行反思，拟将战略重点进行转移，不再把重点放在发动常规战争上，而会更为重视应对反美武装力量、恐怖分子网络以及其他一些非传统的威胁。

这次战略重点的转移是基于这样一个认识：美军在应对伊拉克的反抗运动方面准备不足,而且还需要在更大的范围内追击恐怖分子，同时也出自对其他潜在威胁比较深入的认识。

五角大楼的政策制定机构与联合参谋部以及其他军种代表共同提出的这个新设想为新的《四年防务研究》设定了框架。有关官员称，新设想更为重视大量可能存在的安全威胁，它超越了布什政府早先宣扬过的军事改革的理念。

当伊拉克的冲突和反恐战争已经使得美国军方不堪重负时，要求改革的压力越来越大，特别是陆军，需要比预计更多的补充人员和更长的驻扎时间，这暴露出美国军事能力上的一些不足。尽管五角大楼拥有大量战机、舰艇和精确制导炸弹——这些在大规模的常规战斗中有很大作用，但美国却极度缺乏在非常规冲突和战后重建中发挥重要作用的其他部队、武器和专业技能。

苏联解体后，出现了要求美国军方把重点放在应对地区战争上的军事思想。当前大部分美军的规模和组成都是在这种思想指导下确定的。但是现在国防部官员承认,这些目标既不适合伊拉克的局势，也不适合反恐战争，甚至不能适用于日益显现的其他潜在危机。这些危机涵盖一系列非常规的威胁，包括一个核国家的垮台，如巴基斯坦或朝鲜，以及敌人对美军依赖的关键技术如卫星导航信号的干扰。

战略思想的转变，表明美国军队的结构与作战方式都需要调整。一些常规武器项目要削减，而网络、通讯和情报等方面的投入要增加，美国陆军的编制应更加小型化等。

现在很难预测改革的幅度会有多大。但历史证明，在现有项目中拥有既得利益的军事、商业以及政治集团往往会使大范围的改革半途而废。（布拉德利·格雷厄姆《五角大楼反思以前重视常规战争的战略》，美国《华盛顿邮报》2005 年 1 月 26 日）

美海军陆战队提出将反恐战略修改为反叛乱新战略　美国海军陆战队规划人员目前正拟定在未来冲突中对付叛乱的新战略。官员们强调说，这样做的目的是为今后几十年对抗所谓的非常规威胁寻找新的思路。

海军战略家们最新的观点之一就是，“基地”等伊斯兰武装组织不应被归为恐怖主义组织，因为事实上它们是叛乱组织。这一新观点出自海军陆战队战斗发展司令部的詹姆斯·马蒂斯中将领导起草的一份反叛乱战略草案，他希望这份草案能成为一份实时更新的“活文件”。

在草案中，“叛乱”和“非常规威胁”两个词可以互换使用。国防部通常将非政府敌人和恐怖分子称为“非常规的”。海军陆战队则将反叛乱作为重点，制定新的战略。因为海军陆战队在很大程度上仍然是一支常规部队，即使它在研究城市战和非常规的所谓“小型战争”方面远远领先于其他兵种；尽管部队的训练及其购买的装备仍然针对来自对等方的常规威胁，但草案已认识到，威胁的性质正在改变；尽管“基地”等组织也部署恐怖战略，但仍然具备叛乱组织的众多特征。

美国陆军军事学院的迈克尔·莫里斯中校也认为，“基地”组织造成的危险在于它意图部署大规模毁灭性武器，具有全球性的影响，并以美国为主要目标。但更为重要的是，“基地”组织的力量在于它“革命性和扩张主义的意识形态”。特别是本·拉丹组织的规模、政治目标，还有它与伊斯兰原教旨主义社会运动的持久联系，无不有力地证明“基地”组织不是恐怖主义组织，而是叛乱组织。而且这种叛乱形式对五角大楼传统的战争规划方式构成了挑战。“基地”组织正在进行一场“从容不迫的游击战争”，这令美国战争规划者们很难制定相应战略。

提出反叛乱新战略的海军陆战队专家说，特种作战司令部已经对我们提出的反叛乱战略项目表现了兴趣。他们担心非政府的敌人。这使我们可以找到一些共同点。

这位专家说：“特种作战司令部是比常规陆军更加合适的合作伙伴，但陆军也可能从我们的理念中获益。目前这只是一个军种的理念，还没有提升为联合作战战略。”但反叛乱战略将会对未来海军陆战队的军事演习产生影响。规划人员将在明年的军事演习中加入这一新的战略思想。（桑德拉·欧文《海军陆战队探索对抗未来叛乱的新方法》，美国《国防》月刊 10 月号）

美国军事转型的本质是实现军事力量一体化　建设一体化全能军队一直是美军军事转型追求的终极目标之一。近年来美军的转型也都是按照这一主线进行的。主要体现为：常规军事力量的一体化。在这方面，美军建设的重点是现役部队与预备役部队以及国民警卫队的一体化。美军从事军事行动的能力，在很大程度上依靠其包括预备役在内的“整体力量”。而模块化是实现一体化的保证，为把美军建设成为可灵活编组的一体化力量。美军陆军正以“旅”取代“师”，成为基本的部署和作战单位。正如美参联会前副主席威廉·欧文斯所说：“应忘掉目前这种编制意义上的陆军、海军和空军，应当使它们联合起来，并使它们在功能上结为一体，从而使这些军种在功能上构成联合作战的能力。”

国家军事指挥体系一体化。美军事转型中另一突出特征是明确了在指导战争的过程中，总统、国防部长、参联会主席、军种参谋长、战区司令五者之间的关系。作战指挥官是 5 位战区司令，而不再是军种参谋长。前者直接向国防部长而不是向参联会主席报告。战区联合司令部下设的军种司令部平时一般没有建制部队，仅在战时按需要从各军种抽调配属。其次，明确了国防部与参联会之间的关系。参联会主席有责任和权力拟定联合作战理论和解决军种间的争议，但无指挥权。国防部长可以让参联会主席加入指挥链，但不参与指挥，只是传递信息，指挥链从总统到国防部长再直接到 5 位战区司令。参联会和国防部长办公室都在提供战争指导，但角度不同。参联会提出作战方面的看法，国防部长办公室进行宏观的政策指导。上述各方扮演的角色不同，但在整个过程中都密切合作。

后勤保障的一体化。为实现后勤革命，美陆军目前正在建立两大系统，一是“无缝隙后勤系统”，它与指挥控制系统、数字化武器系统、国防服务系统、全球电子商务网等网络系统连接，具有战备管理、后勤干预、配送管理、物资管理等功能；二是“全资产可视系统”，它使后勤管理人员对某种物资在补给链上的位置和状态一清二楚，从而适时重新分配物资以适应部队位置和其他需求的变化。为实现后勤的一体化，美军采取了如下措施：成立运输司令部，统一指挥陆、海、空军的战略运输力量；原来由军种部和国防后勤局分管的 330 个补给仓库由国防后勤局统一管理，合并后的仓库划为东、中、西三个“国防分发区”；成立国防合同管理司令部，将军种部和国防后勤局的合同管理机构统管起来，对3万家承包商承包的价值7500亿美元的50万项合同进行统一管理；成立国防给养局，将陆海空和海军陆战队分管的遍布全球的400多个军事给养单位和设施统管起来；合并军种部、国防部和国防后勤局的财会部门，组建国防财会局，形成集中统一、人员精干的全军性财务机构。（翟晓敏《军事转型的本质是一体化》，《解放军报》2005年9月7日）

美国提出空权理论新观点 当前美国空权理论既有在继承前人精华基础上提出的新观点，也有根据新的技术和政治要求创造的新内容，其基本观点如下：

谁控制了空中谁就控制了地球表面。当代空权理论家认为，制空权既是空中力量本身作战的必要条件，也是支援地面和海军作战以及联合作战的必要条件。而夺取制电磁权已成为当代战争中夺取制空权的首要任务。在实施空中作战的样式方面，当代理论家摒弃了早期理论家要求先夺取制空权，再实施战略轰炸的原则，主张夺取制空权可以与战略轰炸同时实施。以沃登、德普图拉为主的理论家们强调平行打击，战略瘫痪。隐形技术、精确制导技术、远程打击技术的结合，在空间资源的引导下可以强行突破，直击要害。非隐形战机在电子战飞机等空中力量的保障下也可以实施纵深打击。

空中力量是一种战略力量。在战争或和平时期为达成政治目标而遂行空中作战或行动是空中力量战略作用的直接体现。冷战后，空中力量的战略作用更加多样。首先，空中力量的战略与战术作用差别模糊。其次，空中力量可以发挥战略胁迫性或惩戒性打击作用，在冲突初期“以战止战”，配合政治外交斗争。第三，空中力量还具有非致命性力量的特点，可以参加“非战争军事行动”，如维持和平、强制实现和平、救援等。第四，空中力量能够担负应急和战略运输任务。每当遇到紧急情况或不测灾难时，美国首先想到的是用空中力量投送物资或部队，快速消除影响。

运用空中力量的主要方式是进攻作战。“当前的空中力量战略”强调从战略瘫痪角度来思考如何以进攻方式运用空中力量。军事专家博伊德的思想是以快制慢，使敌人自顾不暇，始终处于内向状态，从而引发心理瘫痪。沃登的“五环”理论倡导从物理上实现瘫痪。他提倡实施平行作战，由内而外地打击敌人的战略五环。各环都把瘫痪本环的领导重心为首要目标，部分或全部瘫痪敌人的系统可以达成战争的胜利。

空中力量离不开情报。空中力量在选择打击目标时需要准确的情报。这样才能确保空中力量在GPS导航系统的引导下修正航线，准确命中目标。分析与评估空中打击效果也离不开情报，过去靠数字统计或面积丈量，现在则看空中打击所产生的效果。作战评估应基于效果，而不是基于毁伤面积或程度。

空中力量能够通过主宰时间而主宰战场。约翰·博伊德认为，要赢得战场上的主动，必须把战场上的感知能力转换为快速应变能力，同时主动创造敌人无法适应的变化，通过快速决策取得时间优势，抢占先机，夺取主动，以快制敌。此外，打击时间敏感目标尤其重要，这种目标的出现转瞬即失，对决策速度的要求极高。美军在伊拉克战争中的两次“斩首”行动即属此类。主宰时间要求空中力量适应瞬息万变的战场态势，灵活地做出反应。

空中力量能够同时在战争的各个级别遂行平行作战。当前的平行作战理论与二战期间的不同。二战时，空中力量能够在同一战争级别上遂行多种军事行动。现在的平行作战是“不受地理的限制，在战略、战役和战术三级同时使用兵力。”“平行”指时间上的同时，空间上的同步。“同时”指同时打击尽可能多的敌要害目标。“同步”指对敌人实施全纵深全维度打击，打击敌战略、战役和战术三级目标。平行作战能使敌人同时面临多种危机，腹背受敌，难以组织有效的防御。

隐形技术和精确武器重新界定了集中的含义。由于空军装备了隐形飞机和精确弹药，使集中的含义发生了变化。一是不需要集中使用庞大的护航编队。由于隐形飞机能躲避敌人雷达的探测，已无需护航编队，可以独自强行突破敌人防线。二是不需要集中携带大量炸弹。由于炸弹的准确性有了大幅提高，压制与打击敌人目标的弹药已不需要大量集中使用。三是由于运用精确武器遂行胁迫性打击任务，附带损伤小，成本低，风险也低，只需少量飞机，就可满足国家的政治目标，减少其在内政外交上的压力。此外，准确与隐形技术还可大大减少后勤供应量。

空中力量必须由航空兵实施集中控制。必须在战役和战略层面考虑空中力量的作战运用。因此由航空兵对空中力量实施统一指挥控制既是从战争实践中汲取的经验教训，更是联合作战的需要。同时，由航空兵出身的人集中指挥有利于发挥天基与空基资产的全球性空天一体作战特点。此外，由航空兵实施统一指挥与控制在冷战后的局部战争中被证明是行之有效的。它避免了军种矛盾，为最终赢得胜利发挥了重要作用。

空中力量的发展最能体现科技的发展水平。由于空军重视把最新技术应用到军事装备的研发和训练上，使其技术水平不仅遥遥领先作战对手，还有力地牵引了空权理论的进步，拉动了作战能力的提高。它使“拨开战争的迷雾”逐渐成为现实；带动了弹药的精确化和飞机的无人化趋势；进而推出了“平行打击”、“精确作战”、“发现即摧毁”等概念。

空中力量不仅包括军事资产，还包括航空航天工业和商业航空。冷战后的空权理论继承并发展了这一观点。20世纪末，美国空中力量领导人认为美国是一个“航空航天国家”。空中力量发展所需的技术极其复杂，且耗资巨大，仅靠航空兵难以完成，政府和商业公司必须发挥重要作用。（初兆丰《当前美国空权理论基本观点》,《外国军事学术》2005年第7期）

进攻型战略思维是美国心理战略主要特征 美国战略思维的核心特征是力量——进攻型战略思维。表现在两个方面。

第一，试图改造其他国家的文明。冷战结束后，美国著名国际政治专家塞缪尔·亨廷顿就提出了“文明冲突”论，认为冷战后国际社会的主要矛盾将是文明之间的冲突，焦点在佛教、伊斯兰教文明和基督教文明之间。美国心理学家认为，不同的文化对同一事物可以产生不同的理解。攻击行为产生的可能性在很大程度上受文化价值和社会规范的限制。美国攻打伊拉克的战略目标之一就是要改造伊拉克的文化和社会，在价值观念上使其西化，削弱伊拉克的极端宗教势力。

第二，将本国的道德标准作为国际社会的道德标准。道德是关于人类行为正确与否的信念、价值和深层判断。至今为止，国际社会没有实现道德的社会契约定向、道德原则定向和普遍道德定向。为影响国际社会的道德推理，美国利用其强大的的媒体工具，不断在全世界宣传美国的价值观和道德标准。美国可以把它所敌视和仇恨的国家描绘成集权国家和流氓国家；把自己对其他国家的侵略宣传为“无限正义”；把干涉其他国家主权宣传为人道主义。正是由于美国有明确的心理战略目标，充分发挥自己在媒体技术上的优势，国际社会出现了美国话语霸权的现象，即美国的道德标准似乎就是国际社会的道德标准和心理认同现象。（许嘉《美国战略思维下的心理战略特征》，《中国军事科学》2005年第3期）

分析美国战略心理战特点 美国战略心理战主要特点有5个：

*实施“和平演变”，讲究战略心理战策略。*第二次世界大战后的30年中，美国为武装颠覆社会主义打了两场局部战争，花了数万亿美元，但都失败了。于是从战略上将以军事进攻为主转为以“和平演变”为主，将摧毁社会主义转为融化社会主义。信息时代使美国在全球信息流通中占据霸主地位，也为其实施“和平演变”提供了有效手段。美国通过加强国际广播，大量出版发行西方的书刊报纸，扶植“民主势力”和“持不同政见者”等措施，力图用资本主义的政治模式、经济模式和价值观念，向社会主义国家进行政治、经济、思想、文化等方面的渗透。由于“和平演变”具有很强的战略欺骗性，苏联、东欧国家没有从政治的高度来重视这一问题，筑牢官兵心理防线，最终酿成丧失政权的悲剧。

*综合运用手段，增强战略心理战实力。*现代战争是系统与系统、体系与体系的激烈对抗，是综合运用全部国家力量进行的总体战。从近年来美国实施的几场高技术局部战争中可以看出，在大规模军事冲突之前，美国总是以经济制裁、外交讹诈、军事威慑、制造舆论、煽动情绪、甚至试探性袭击拉开序幕。如在海湾战争中，美国为了把握战争主动权，促使安理会通过谴责伊拉克侵略行径和对伊实施贸易禁运的决议，在政治上使伊拉克陷入被动地位；对伊拉克进行经济制裁与封锁，削弱伊军的战争潜力；动员与威胁伊周边国家停止与伊拉克的一切贸易往来，使伊拉克陷入孤立无援的境地；将大批美军源源不断运往海湾，保持对伊的强大军事压力；在安理会通过一项授权成员国用“一切必要手段”将伊军赶出科威特的决议草案，实现师出有名。经过美军一系列战略心理作战行动，终于从心理上首先赢得了战争的优势与主动。

*壮大国际联盟，挖掘战略心理战资源。*美国十分注意巩固与壮大国际联盟，发挥其在战略心理战中的突出作用。其一，保持前沿存在与发动战争的合法性。平时，美国通过海外驻军并建立基地、预储物资和进行军事演习，达到了显示力量、及时干预或威慑等目的；战时，如果美国的军事干涉行动能够得到其他盟国的认可和支持，那么这种行动就会被罩上合法的光环，从而在国际和国内赢得政治和舆论上的支持。另外，促使别国提供军事、经济援助，进一步壮大实力，打击了目标国家的威风。其二，扩大实力对比，增强打击与威慑效果。如海湾战争中，41国参加了美国在海湾的军事行动和部署，主要盟国提供了540亿美元的经费，占战争总支出的88%。另外，美国还利用联盟的力量制造有利的国际舆论，提高军事人员士气和对敌方的威慑力，进一步获得了国内的支持。

*发挥军事优势，提高战略心理战效能。*为向敌方传达一定的心战信息，美国经常凭借其信息技术优势

与超强的军事实力向敌对国家实施强制性心理作战行动。从1991年到2003年，美国先后进行40多次海外战争或军事干预，年均约4次。这既表明美国决策者对武力的崇信程度，也可看出武力在美军战略心理战中的突出地位。一是通过武力摧毁、宣传与造势，实施心理震慑。二是通过战术行动达成战略目标，即通过首先攻击敌国家指挥当局、联合参谋部、战区总部及各级部队司令部，瘫痪敌人的指挥系统，破坏敌方信息传输系统。三是运用军事打击，摧毁抵抗意志。四是通过“外科手术式”打击，降低战争风险。

借口反恐斗争，掩盖战略心理战企图。对于美国来说，反恐只是其全球战略的阶段性任务，维持并巩固“一超”地位才是根本目标。为此，美国借口“反恐”需要，努力建立美国主导的国际新秩序。一是加大巨额军费投入。2002年美国的军事预算占全世界军事预算的43%，2003财年军费开支为3930亿美元，比2002财年增长了约500亿美元，增长率为15%。可以说，反恐使大增军费再难受到国内掣肘。二是借口反恐推行“先发制人”战略。美国把拥有大规模杀伤性武器的国家、“邪恶轴心国”、恐怖势力列为进行先发制人打击的主要目标，同时宣称：“美国应该竭尽全力争取国际社会的支持，但如果需要，我们也应该毫不犹豫地独自采取行动。”三是借口反恐进行地缘战略扩张。通过近期几场战争，美国已在中东、中亚和巴尔干地区建立了新基地，美国军队如今以任何大国都未曾有过的强力控制着全球，并正在寻求领土以外的国家利益。四是以反恐为借口，孤立、排斥、打击异己力量。如借口核生化威胁把目标直接指向朝鲜、伊朗和伊拉克三个“邪恶轴心”。（许海蓉《美国战略心理战的主要特点》，《外国军事学术》2005年第7期）

（木　工）

俄罗斯关于战争和战略问题研究　**俄罗斯对信息战的理论分析**　俄军基于对“信息武器的优势是克敌制胜的决定性因素”，“提高作战能力的最佳方式是提高武器和军事装备的信息支援能力”的认识，近几年来，对信息技术、信息武器和信息战的地位与作用进行了较为深入的研究，提出了一些独特的见解。

信息战的地位。俄军学者认为，未来战争获胜的重要条件是“夺取和保持对敌信息优势”，“信息战将成为一种新的战斗行动，它将在武装斗争各个领域和各个水平上进行”。《俄联邦军事学说》明确提出信息战已成为一种重要的作战样式，认为进行以大规模的信息准备和舆论斗争，破坏和瘫痪敌军指挥系统，实施电子毁伤等作战样式和方法为手段的信息战已涉及人类生活和生存的所有领域。因此，必须把防止和抗击“信息侵略”提高到“保卫俄罗斯国家利益”的高度来认识。必须把加强信息战作为俄军建设的一项重要任务。

信息战的定义。俄军对信息战的定义是经过长期论证和研究后逐步确立的。学术界有不少具有代表性的观点。21世纪初，俄军重新界定了信息战的内涵，即通过对敌方信息目标实施信息打击和物理打击，保护己方信息目标免遭其类似打击而获取信息优势或保持与敌方的均势。信息优势是指夺取和保持信息领域最有利的情况，以便使遂行信息对抗任务的兵力兵器乃至整个武装力量在不会遭到敌方有效对抗的情况下实施积极的行动。

信息战的目的。俄军认为，信息战的目的在于：一是保障国家和军事战略稳定、军事建设和武装力量日常活动的正常开展，提高国家和军事领导政策的稳定性；二是瓦解对俄构成军事危险的敌方的军事政治联盟；三是预防或降低军事冲突的爆发和产生威胁的可能性，防止军事冲突升级为使用核武器和其他大规模毁伤性武器的战争；四是制止敌方对俄方人员、信息资源、军队指挥系统和武器控制系统及其他信息目标实施信息打击，或降低其打击效果。

信息战的任务。俄军把信息战的任务划分为平时任务、威胁时期任务和战时任务，并对各个时期的任务作出明确界定。俄军认为，平时信息战的任务应包括为保障战略稳定、武装力量建设、武装力量日常活动及作战准备等时节的信息战任务；威胁时期任务包括保障战略展开时和为完成首次战役的准备而实施的信息战任务；战时任务包括战略性空天战役、战区战略性行动和核力量战略性战役中的信息战任务。

信息战的基本原则。俄军把信息战原则归纳为以下方面：一是目的性原则，指信息战的目的和任务必须符合俄国家的政治、军事目的，各种信息作战的目的、任务都必须严格服从信息战总企图。二是积极性原则，指要求军事指挥机关高度主动，力求达成所赋予的信息对抗的目的。三是先机性原则，指在准备和实施信息战时，必须夺取和保证主动权，保持信息优势，持续向对方施加己方的意志。四是不间断原则，指任何情况下，在武装力量的所有类型的活动中都要不间断地实施信息战。五是综合性原则，指信息战必须将兵力兵器的行动与信息战的方式方法有机结合起来。六是多样性原则，指采用信息对抗的方式方法应丰富多样。七是隐蔽性原则，指严格限制拟制、了解和实施信息对抗计划问题的主管人员范围，以防泄密。八是灵活性原则，指巧妙构思所采取的信息行动和措施。九是纪律性原则，指严格遵守军队自动化指挥系统的保密和操作规定。

信息战的基本内容。俄军对信息战内容的认识持有不同见解。目前，最具权威性的认识是：信息战是围绕信息目标而展开的信息对抗。基本形式包括信息进攻和信息防御两部分。所谓信息目标是指信息、信息心理目标和信息技术目标。信息进攻是指对敌方信息目标实施目的明确的信息打击和物理打击。根据对信息目标的打击方法，信息进攻分为信息打击、打击信息、信息心理打击和信息技术打击。信息防御是指保护己方军队、民众和信息基础设施目标免遭敌方的信息打击和物理打击。信息防御主要包括对信息打击的防护、信息防护、对信息心理打击的防护和对信息技术打击的防护。（向思兵、李大军《俄军信息战理论探析》，《外国军事学术》2005 年第 10 期）

俄罗斯 2005 年调整军事安全战略　2005 年，俄罗斯面临的军事安全形势依然严峻。国际上，美国对俄罗斯不断施压；在国内，民族分裂主义和极端主义势力猖獗，恐怖暴力事件此起彼伏。在这种形势下，俄加快了战略调整的步伐。

加强与北约的军事合作。俄罗斯一向视北约东扩为最大的安全威胁。在北约第二轮东扩后，俄罗斯适当调整了对北约的战略方针，以俄罗斯—北约理事会为平台，力求把扩大交流与合作作为双方关系的主流，其目的是避免双方关系彻底弄僵，力求在合作中争取最大利益。2005 年，俄罗斯继续坚持这一战略指导原则，不断强化与北约的合作。双方举行联合军演，邀请对方参观军事设施的活动不断。俄罗斯计划与北约在建立欧洲导弹防御领域进一步开展有效合作，并与北约签署发展和深化军事合作的协定。随着欧盟的不断扩大及其实力的逐步增强，俄罗斯将更加重视加强欧俄战略伙伴关系，把深化与欧盟的战略关系作为其对外政策和战略的主要方向。

加强与独联体国家的军事合作。近年来，美国加大了对独联体地区的渗透力度，支持“颜色革命”，加剧了独联体地区的不稳定。为此，俄罗斯采取措施，加强与独联体其他国家的军事合作，极力扭转被动局面。一是进一步巩固俄白联盟。深化俄白军事技术合作，开展对空防御领域的合作，加强联合军事设施建设。二是加强与中亚国家的双边军事合作。包括改善与乌兹别克斯坦的军事合作关系，与吉尔吉斯斯坦签署重要的双边合作军事协议，在塔吉克斯坦修建新的空军基地。三是加强集体安全条约组织框架内的多边合作。提高集体安全条约组织成员国军队对抗“颜色革命”的水平，加强各成员国联合防空指挥系统建设，在集体安全条约组织框架内组建四国联军。

加强军事力量建设。俄罗斯的军事实力始终是支撑其大国地位的核心力量。2005 年，俄加强军事力量的战略举措主要表现在：增加军事安全开支，调整军费预算的使用结构；调整编制体制，突出海空军建设；发展新型武器装备，加速武器装备的现代化。

调整北高加索地区兵力部署。在北高加索，车臣恐怖主义一直是俄罗斯的心腹之患。年内，北高加索车臣地区安全形势再度恶化。此外，外高加索地区不确定因素增多。美国、土耳其、伊朗纷纷插手，使该地区形势更加复杂。为此，俄罗斯不断加强高加索地区的军事部署：加强高加索军区实力，计划组建两个新的轻型山地旅；增强里海地区舰队的战斗力，计划将配有“天王星”系统的“达吉斯坦”号导弹防卫舰编入里海舰队；主张建立里海海军联合舰队，构建地区新安全机制。

加大反恐斗争力度。俄罗斯领导人多次强调，俄罗斯现在所面临的反恐战争不是一两天能结束的，要准备和恐怖分子进行长期的和艰苦的斗争。在这一思想指导下，俄罗斯在国际和国内两个层面上，继续加大反恐力度。一是加强国际合作。争取国际舆论支持，反对反恐双重标准；积极参与国际和地区性组织框架内的反恐合作；加强双边和多边反恐军事合作。二是提高国内反恐能力的措施。加大反恐经费投入；加紧研制新式反恐武器装备；举行大规模反恐军事演习；标本兼治，努力消除恐怖主义产生的社会根源。

积极推动国际军控和裁军进程。一是单方面裁减核力量，保持适度战略核威慑。俄罗斯不再注重扩充战略核导弹数量而寻求一种更符合国情和实际需要的适度战略核威慑。二是维护全球战略稳定，反对太空武器化。针对美国在太空部署防御和进攻性武器的尝试，俄罗斯迅速作出反应，敦促美国放弃武装太空的计划，同时警告说俄将保留必要时使用武器作出回应的权利。（张桂芬《俄罗斯军事安全战略调整》，《外国军事学术》2006 年第 2 期）

俄罗斯当前奉行的核战略　当前，俄罗斯和美国不再是敌人，但也不是安全的伙伴。在俄罗斯继续进行战略收缩、关注内部事务时，美国却在加紧进行全球扩张。为此，俄罗斯不得不考虑美国军事干预的因素、美国的导弹防御计划和美国在前苏联各加盟共和国拥有的压倒性的军事优势，更重要的是美国对俄罗斯拥有压倒性的军事优势。因此，俄罗斯核力量的主要使命与冷战时期相比并没有发生质的变化。核威慑仍是这一使命的关键所在。尽管核威慑已不再属于全球政治和意识形态竞争的范畴，但俄认为这是保障本国及其盟国安全的一个重要因素。虽然俄罗斯军队不再为大规模战争做准备，但大规模战争仍有可能发生。为此，俄提出武装力量要能击退外敌从太空发起的攻击，并具备同时进行两场地区战争的能力。这无疑是直指以美国为首的北约盟国和日本。

实际上，俄罗斯和美国的核武器仍然主要是瞄准对方。所谓的美俄双方互不瞄准，只是将需要核攻击的时间延长了几十秒。早在俄罗斯 1993 年的军事学说中，就第一次宣布如果外敌用大规模毁伤性武器进攻俄罗斯或其加盟共和国，或外敌对俄罗斯及其盟国发动大规模常规进攻，俄罗斯有权使用核武器。2003 年的《国防白皮书》迈出的步子更大。它要求战略威慑力量阻止外国对俄罗斯及其盟友的政治压力；要求逐渐提升动用核武器的规模；通过提高核武器的警戒水平和进行演习调动，来表明俄罗斯的决心。

最近，俄罗斯正就大幅度改变美俄相互威慑态势进行辩论。一些人提出将美俄部署的核武器数量裁减到不足 500 枚，其余的核武器在相当长的时期内不予部署。这样，美俄建立在立即进行大规模攻击能力上的稳定，将改变为建立在不能进行先发制人的攻击但拥有可信的第二次打击能力之上的稳定。但由于美国在精确打击武器上拥有优势，因而上述建议并不符合俄利益。可以肯定的是，核武器仍是俄罗斯当前和未来国家安全的支柱。为弥补常规力量不足，俄罗斯奉行首先使用核武器和准备打有限核战争的政策。由于美国在常规力量上占有压倒性优势，为了应对周边威胁，俄罗斯将不再进行深度核裁军。（侯红育《当前俄罗斯核战略和核不扩散政策》，《外国军事学术》2006 年第 3 期）

俄罗斯继续奉行积极防御战略　近年来，在美国和北约的步步进逼下，俄罗斯一直处于战略收缩期，但同时也在不断采取有进有退的积极防御战略。

*防止独联体国家彻底分裂。*俄罗斯始终把加强独联体国家关系作为其对外政策的第一要务。为了抵御美国分裂独联体国家的图谋，2005 年 8 月 26 日至 28 日，俄罗斯主导召开了独联体首脑峰会，讨论了独联体改革问题。俄宣布调整对独联体政策，运用“经济杠杆”建立“新的游戏规则”，利用独联体国家对俄的各种依赖关系和依存关系，区别对待独联体国家，不再按照优惠价格向具有反俄色彩的独联体国家供应能源，以加强俄在独联体的地位和影响，防止独联体进一步分化。

*在加强与北约军事合作的同时仍保持独立。*1 月 28 日，俄罗斯总统普京在俄罗斯联邦安全例会上发表讲话时表示，俄罗斯愿意与北约进行积极对话，把与北约的合作提高到新水平。但是，俄罗斯目前不会考虑加入北约。2 月 22 日，普京接受媒体采访时说，任何希望加入北约的国家，都将意味着放弃部分主权。而俄罗斯目前的经济和国防实力都足以保证本国的安全，俄罗斯不需要加入北约。

*提升亚太地区的战略地位。*俄罗斯外交政策和战略的重点开始转向亚太地区。2005 年，普京访问日本、韩国并出席东盟峰会，俄多次接待中、印、蒙古等国领导人来访，不断加强与亚洲的经贸合作，积极参与亚太经合组织、上海合作组织等亚洲多边合作机制，主动促进俄中印和俄中蒙三方合作。同时，俄日益看重占其对外军贸总额 80%的亚洲军火和核能市场，也很想搭乘亚洲经济快车实现加速发展的战略目标。

*继续奉行以核遏制为依托的机动战略。*在增强核遏制力量的同时，以常备力量和特种部队跨战区远距离机动作战，将成为俄军未来可能解决地区冲突和局部战争的主要行动。为此，俄军不断加大军事演习的力度。4 月，俄军与独联体集体安全组织成员国举行“边界-2005”演习。7 月，俄罗斯在远东滨海地区举行“东方-2005”大规模演习。8 月下旬，俄与独联体国家举行“战斗协作-2005”联合防空演习；与中国军队举行“和平使命-2005”联合军事演习。10 月，与印度在印度洋举行海军演习。此外，俄罗斯还与北约举行一系列联合军演，与法国、美国举行双边演习，与土耳其、乌克兰、保加利亚、罗马尼亚、格鲁吉亚等国在里海举行联合军事演习。其目的是为了提升俄军事大国地位和拓展俄战略空间。（李效东、董亚夏《世界军事安全形势综述》，《外国军事学术》2006 年第 1 期）

（西　山）

日本关于防务战略问题研究　2005 年，日本防务战略出现以下变化：

日本安全战略的调整方向　2004 年 12 月 10 日，日本内阁安全保障会议和内阁会议通过并公布了新的《防卫计划大纲》，该文件不仅阐述了日本今后 10 年国防力量的建设目标及具体发展计划，而且显示了新时期日本国防基本方针、对安全威胁的认识、安全保障的目标及实现手段等方面的重大变化。此次新防卫计划大纲反映出日本安全战略的调整方向，大致包括以下5方面：

修改安全保障的基本方针，从“专守防卫”走向“全球性防卫”。新大纲首次把“改善国际安全保障环境”与保卫本国并列为日本的国防目标，其国防基本概念显然发生了根本变化。同时，新大纲将自卫队执行海外任务由过去的“国际贡献”改称为“国际和平合作活动”。将自卫队的海外出动与维护地区安全、改善国际安全环境及自身安全联系在一起，海外派兵行动也成了它自身安全保障的一部分。

加强自身力量建设，推动国防战略调整。1995年大纲提出实现安全保障的手段分别为：与国际社会的合作、与同盟国的合作、本国自身努力。新大纲提出的保障手段仍为上述三种，但其排序与之相反，自身努力被放在首位，可见日本更重视自身军事力量在外交和维护国家利益中的作用，这可以说是对其战前传统安全保障思想的一种回归。关于防卫力量的功能，新大纲提出的是有效应对国际恐怖活动及大规模杀伤性武器威胁，灵活应对多种事态。为此，自卫队将不再只是一支抵御侵略的“静态”的威慑力量，而是灵活、机动、可以主动出击应付多种事态的军队，其活动范围也由国内延伸到国外。

推进与美国战略上的一致性和军事上的一体化。在战略上，新大纲将应付国际恐怖组织的活动、大规模杀伤性武器扩散等“新型威胁”作为日本的优先课题和自卫队的首要任务，从而在总体战略上与美国保持了一致。在关注的重点地区上，新大纲特别强调“从中东到东亚的地区”的稳定对日本的重要性，将维护该地区的稳定作为日本安全保障战略的一部分，也与美国将该地区视为“不稳定弧形地带”的战略完全吻合。新大纲还提出要在体制上给予自卫队“国际和平合作活动”以“适当地位”，意即将把自卫队的海外活动从目前的“附属任务”升格为与防卫出动相同的“本职任务”。

战略重点西移，加强对中国的防范。新大纲最为引人注目的是首次明确将朝鲜和中国视为防范对象。在军事部署方面，大纲将应对外国侵略边缘岛屿作为重要课题，决定加强西南诸岛和东海的部队及装备。中期防卫力量发展计划还列入开发电子干扰设备（攻击敌方基地时干扰对方防空雷达必不可少的装备）的计划。防卫厅称开发该设备是为了应对敌方占领岛屿并安装防空雷达。（胡继平《从新防卫大纲看日本安全战略的调整方向》,《国际政治》2005年第4期）

日本防卫战略的巨大转变　2004年12月10日，小泉政权在安全保障会议和内阁会议上相继通过了指导未来10年日本防卫战略走向的新版《防卫计划大纲》和作为未来5年军事力量发展蓝图的《中期防卫力量整备计划》（2005~2009年度），并以官房长官谈话的形式决定放松“武器出口三原则”的限制。日本执政党表示：本次的新《大纲》和《计划》标志着战后日本防卫战略的巨大转变。

日本防卫战略的未来走向。在日本外务省机关刊物《外交论坛》以《迫在眉睫的安全战略转型》为主题召集的座谈会上，日本政府、防卫厅和自卫队的御用学者共商日本安全战略转型。座谈会主持人茁岛雅彦直言不讳地指出：“在新军事变革的大潮中，日本应该和英国一样成为美国全球战略的海外据点。”学者加藤郎表示：“今后的世界是以美国为中心的单极世界，日本和英国应随其而动，日本的选择应是以美日同盟为中心在美日联动中谋求更大的国际影响力。”由此不难看出，美英同盟就是现阶段日本建设美日同盟的样板，像英国那样能够随心所欲地支援美国在全球范围内的军事行动也是新《大纲》所谋求的最终目标。如何将日本建设成为美国未来全球战略的最重要海外据点已经提上了日本政府的议事日程。

日本将成为美国最大海外军事据点。美军为加强司令部功能，将把驻关岛的空13军司令部和驻东京横田的空5军司令部进行合并，并将位于美国华盛顿州的陆军第1军司令部迁至神奈川县座间营地。美方还准备继续充实驻冲绳的1.4万名海军陆战队，以利于推进驻日美军同陆上自卫队的一体化进程。日本将彻底演变成为美国遂行其全球战略的最大海外据点。

军事实力明减实增。新《大纲》决定陆上自卫队人数由旧《大纲》规定的16万人裁减为15.5万人,而2004年陆上自卫队实际员额为14.6万人,人员编制不但没有减少反而增加了。与此同时，许多进攻性武器将在未来5年内被装备到自卫队。（尤文虎《日本防卫战略咄咄逼人》,《环球军事》2005年第1期下）

日本的“自主防卫”与日美同盟发展趋势　自主防卫是日本脱离美国、脱离日美同盟的独立倾向在军事领域的表现。随着日本实力的增强，日本力图摆脱美国控制的独立意识也越来越强。冷战后，虽然日美同盟日趋强化，但日本追求防卫自主的步伐却没有减慢，力图在实现防卫自主的前提下发展与美国的关系。日本防卫自主倾向的加强将对日美关系及日美同盟的发展趋势产生重要影响。

日本防卫自主化倾向凸显。日本增强防卫自主化是从军事“硬件”与“软件”两方面着手进行的。所谓“硬件”是指日本加强自主防御体系的建设。基本建立了可以单独抵御外敌的独立防务力量；所谓“软件”建设，则是指日本为突破国内舆论与宪法对加强军事作用的限制所作的“舆论松绑”与“宪法解禁”。日本政府一直采取各种手法如对宪法作变通解释、制定新的法案架空宪法等来突破宪法第九条。同时，在舆论导向上加强对国民国防意识的教育和引导。随着国际与国内环境的双重变化，日本国内的舆论导向也发生了很大变化。到第一次海湾战争结束时，认为自卫队合法者已上升至 61%。日本国内舆论导向的变化以及修宪态势的愈演愈烈为日本在国际上发挥更大军事作用、增强自主防卫都提供了有利条件。

日美同盟框架下的“自主防卫”。美国对日本增强军力、特别是增强防卫自主性存在较为矛盾的心态。日本军力增强，可以减轻美国的财政负担；但同时美国也担心随着日本军事实力的增强，美国对日本的影响力会逐渐减弱。虽然日本的防卫自主是其实现军事大国、政治大国战略的必然选择，国内也时常有“废除日美同盟”的主张，但日本摆脱美国的控制实现自主防卫，不可能采取激进式路线，而只能通过不断提高对美国的对等性以及逐渐增强各方面的自主能力，逐步减少对美国的依赖。因此，在很长时期内，日本的自主防卫将是在日美同盟框架下的自主防卫。美国对日本政策的底线是：既要日本在安全、军事领域发挥更大作用，同时这一作用又必须严格限制在美国的战略轨道之内。在日美同盟框架下，提高自主防卫更有利于日本实现战略目标，因为这不但可以避邻人耳目，还可以积蓄力量，最终摆脱美国的控制。

“自主防卫”与日美同盟的发展趋势。美国前驻日大使阿马科斯特认为，冷战后“美日两国仍将是亲密的朋友，但不可否认的是，一种彼此对立的倾向已开始重新加强”。日美同盟的未来走向仍将呈现两面性：一方面，日美社会制度和价值观基本相同，双方在亚太地区的安全政策取向相近，特别是在朝鲜核问题和半岛局势及未来走向、台海局势发展和对中国、俄罗斯政策等重大问题上，双方的利益和立场基本一致。因此，日美同盟还将呈强化之势，其中美主日从的态势将长期存在。另一方面，由于两国对维系联盟的动机不一，各怀其志，随着国际形势尤其是亚太地区政治、安全形势的发展变化，和美日双方实力与地位的消长，日美同盟发生变异是不可避免的。尽管日美同盟在形式上日趋紧密，日美在全球反恐军事行动中的合作也颇有默契，但日本在防务上的独立倾向的增强将使日美同盟的发展不再只朝着美国设定的方向前进。这将对现存模式的日美同盟产生愈来愈大的冲击，可能最终导致日美同盟的异化和弱化。（郭丽立《日本的“自主防卫”与日美同盟发展趋势》，《国际政治》2005 年第 6 期）

日本加速走向军政大国　近年来，日本一直谋求政治军事大国地位，提高对国际事务的发言权和影响力。具体表现在以下几个方面：

积极谋求常任理事国地位，扩大在联合国的发言权。现在，日本想成为常任理事国的愿望比以往任何时候都强烈。2005 年以来，日本利用联合国改革之机，加大了“入常”活动。2005 年 3 月 31 日，日本联合印度、巴西、德国在纽约开会，结成“四国联盟”，相互支持成为安理会常任理事国。与此同时，日本还在全球展开了拉票活动，指示其驻各国使馆，向驻在国进行游说，争取该国支持日本进入安理会。

建立完整的“有事法律体系”，着手修改和平宪法。随日本执政的自民党的宪法调查会 2004 年 11 月 17 日提出了《宪法修正草案》，其中仅留下“和平宪法”第 9 条中的第一项“放弃战争”的规定，却明确表示要将现在的日本自卫队提升为“自卫军”，并允许其行使集体自卫权和在参加国际活动时行使武力，其实质是抛弃“和平宪法”，使日本向海外军事扩张永久合法化。另外，将有军国主义色彩的“旭日旗”和《君之代》也纳入修宪草案中，作为日本的国旗和国歌。修宪草案的另一个主要内容是恢复天皇的国家元首地位，并进一步承认女性皇族成员有权继承皇位。而二战后天皇只是国家的象征，被剥夺了一切国家权力。

强硬对待领土争端，加强东海军事部署。小泉政府在同周边国家的领土争端上表示出强硬姿态。在西面，声称“竹岛”（韩国称为“独岛”）属于日本领土，岛根县议会还通过《竹岛之日条例案》，宣示对“竹岛”拥有主权，激起韩国人强烈抗议，两国关系迅速恶化。在北面，日本国会两院通过决议宣布签署日俄和约的先决条件，除收回北方四岛外，新增“其他北方领土”。这一变化必将使日俄领土争端更加复杂化。在 2004 年 10 月中日就东海海域的石油天然气开发和专属经济区划界问题举行谈判时，日本采取十分强硬的态度。2005 年 4 月 13 日，日本政府无视中方权益和国际关系准则，决定开始办理日本民间企业对有争议的东海“中间线”以东油气田试采权的手续，直接对中国挑衅。此外，日本防卫厅作出了多项针对中国的重要决定：一是准备在东海海域增设无线电探测系统，加强搜集和处理中国的情报信息，加强监视中国军舰飞机；二是决定向宫古岛派遣陆上自卫队，配备无人侦察机，把那霸基地的P4战斗机更换成更先进的F15战斗机，向与台湾相邻的下地岛派遣战斗机，以增强东海方向的防卫能力；三是决定组建一支850人的军队充实到冲绳那霸市，形成一个人数达2300人的作战旅，主要执行东海方向的作战任务。在加强东海军事部署的同时，日本防卫厅已经开始研究钓鱼岛的作战问题。由陆海空各幕僚监部（相当于参谋部）和统合幕僚会议（相当于参谋长联席会议）每年制定一次的“防卫警备计划”目前虽然尚未将钓鱼岛的“防卫作战”列入其中，但日军方高层已经就钓鱼岛的作战计划问题开始“非正式”的研究。（张胤鸿《日本加速走向军政大国》，《国际政治》2005年第8期）

（常 明）

其他国家战略问题研究 **印度有限战争理论主要特点分析** 强调军事目标服从并服务于政治目标。印度认为，从政治上看，有限战争不谋求威胁敌国的生存，所追求的目的，始终是通过有节制地、灵活运用军事手段，影响或促成敌对国按己方希望改变或调整其反印政策。从军事上看，印军实施有限战争的目的，不是追求彻底消灭敌国军队，也不谋求彻底的军事胜利，而是通过施加一定限度暴力促成争端的政治解决或推动敌方做出必要的妥协。因此，印度认为，有限战争的目的必须坚持军事活动服从并服务于政治，坚持由国家的政治领导人对战争实施全面控制。在有限战争状态下，任何军事手段都应当与国家主要的政治目标保持一致。为了国家的政治利益，印度可以做出重大的军事让步。

强调对战争范围实施有效的控制。印度认为，这种控制的本质，是用限定战争范围的办法来约束军事手段的发挥。首先，是确保战争空间的有限性。印军把战争空间的限制，视为约束有限战争范围最重要的因素。为此，印度特别强调对地面部队作战行动范围的限制，要求地面指挥官必须绝对服从命令，不得采取任何超出政治目标所确定的行为。其次是确保作战目标的有限性。印军一方面强调应围绕战争目的，把有限的打击力量集中在敌国的关键目标上，另一方面特别强调要避免打击敌对国的非军事目标和战略核目标。因为非军事目标与军事的联系越少，打击它们所标志的战争有限程度就越低，受到的国际压力就越大。第三是强调战争时间的短促性。在有限战争状态下，实施军事打击的方式越突然，时间越短促，则被打击国家就越难做出及时反应，还可在战略上借此显示战争的有限性质，减轻战争升级的风险和国际舆论的压力，回避第三国可能的干预。

强调战争强度的有限性。印军认为，有限战争的强度，虽然取决于国家追求政治目的和军事利益的实际需要，但必须实施自主限制，阻止其走向极端。要控制投入战争的武器装备的数量、种类和性质，特别是防止国际战争法所禁止的武器的使用；要控制部队投入的数量，充分发挥快反部队、特种部队的作用；要选择恰当的作战方式，既要满足军事上的需求又要兼顾限制战争的要求。据此，印军认为先发制人的联合机动作战和网络中心战将是印军未来有限战争的主要作战方式。首先，先发制人不仅可以避开国际舆论的阻挠和第三国可能的干预，还可最大限度地节省兵力，为实现战争规模的袖珍化创造条件。其次，将各作战兵种实行无缝链接的一体化作战部队，机动性更高，火力更强大，能独立发动一场短促的速决战。第三，通过网络中心战，将所有的作战单元，包括从传感器到发射器，从指挥部至支援部队之间实现最佳的一体化，同时瘫痪敌人的一体化能力。

强调军事手段与外交手段相配合。印度有限战争理论把军事行动视为促成争端政治解决的重要手段，认为军事战略应为外交战略的成功提供必要的军事压力；外交战略要充分利用军事战略提供的压力，争取在尽可能有利的条件下政治解决争端。倘若没有外交战略的配合，战争控制就没有目的。在有限战争中，外交战略负有争取盟友和国际舆论，创造有利战略形势、进行谈判、安排停战等重大使命。因此，有限战争与外交谈判必须密切配合。（丁皓《印度有限战争理论及其军事战略的影响》，《外国军事学术》2005年第8期）

印度超前经济型军事发展战略分析 根据军事发展与经济发展的关系，即军费占国内生产总值和财政支出的比重是过大、过小还是适中，军费增长率是否大于国内生产总值增长率，一般将军事战略分为超前经济发展型、协调经济发展型和滞后经济发展型。近年来，印度军费不断增加，目前已占国内生产总值(GDP)的3.6%（专家估计，实际已占5~6%）。不但高于2.5%的世界平均水平，甚至超过欧美一些发达国家（如美国的3.2%、英国的2.7%）。从军费增长率与GDP增长率的关系上看，90年代以来，印度GDP增长率在6.08%左右，但军费平均增长率为12.57%，最高增幅甚至超过20%。可见，印度的军事战略是超前经济发展型的。

军事消费的“乘数效应”是采取超前经济发展型军事战略的重要理论依据。该理论认为，军队的军需和装备采购可以拉动地区经济的增长，这一刺激效应被称为"乘数效应"。从历史上看，有许多国家就是选择超前经济发展的军事战略而快速发展起来的。但军事消费的"乘数效应"也不是屡试不爽的。大量资源被用于军事目的也会有负面影响，有可能只产生"饮鸩止渴"的短期效应，使国民经济畸形发展、引发严重的社会危机。最典型的反面例子就是前苏联。但与前苏联相比，印度实行超前经济发展型军事战略有几点不同，使其成功的可能性增大。

印军提出"远海歼敌"新战略 所谓"远海歼敌"战略，就是通过对印度海军的建设，使其在"西起波斯湾、东抵马六甲海峡、北及中亚、南至赤道"的安全利益范围内，能够应对各种海上威胁和具备"远海歼敌"能力。新战略是对"印度洋控制战略"的发展和延伸。其基本内容主要体现在两个方面：

一是加快"印度洋控制战略"步伐，强化对印度洋的控制权。印度认为，能否有效控制印度洋是实现"远海歼敌"战略目标的基础和依托。因此，明确提出要强化对印度洋的控制权：即有效制服印度洋沿岸小国海军，有限遏阻大国海军进入印度洋，最大限度地控制印度洋海域。印度在通过政治、经济、外交等方式增强在印度洋影响力的同时，把建立一支现代化的远洋攻击型海军作为实现其"印度洋控制战略"的主要途径。目前印度海军是印度洋周边地区最强大的海上力量，其实力已跃居世界第七位，并打算到2010年建成以3支航母编队为核心、近百艘大中型舰艇组成的强大的远洋进攻型海上军事力量，力争进入世界海军4强。同时，印度还大力加强海军在印度洋的军事存在。2001年9月，印度在印度洋安达曼—尼科巴群岛建立了新的战略司令部，使印度海军向印度洋推进了近2000公里。印度还计划在未来5年内投资20亿美元，在靠近缅甸和印度尼西亚的孟加拉湾岛屿修建一个新的大型军事基地。此外，近几年印度还在印度洋海域频繁与美国、法国、越南、新加坡举行联合军事演习，以显示其在印度洋的军事存在。新近印度又出台《新快速机动战略》，加强快反部队建设，三军分别组建快速反应部队，大量采购能使印军快速部署的军事装备，以实现印军能够实时向印度洋沿岸的国家快速部署军队的目标。

二是东拓、南扩、西进并举，逐步扩大海上边界。印度海上扩张战略的基本方针是：东拓、南扩与西进并举，以东拓为重点、以南扩为核心、以西进为辅助，逐步扩大印度海上边界。

东拓。基本目标是跨越海上第二道"门槛"，把其影响和活动范围扩大和前伸到南中国海及部分太平洋，远期目标是力求控制马六甲海峡和巽他海峡。为此，印度海军2000年10月就派遣一支六舰编队进入南中国海，与韩国、越南等举行联合军事演习。演习结束后，印军舰艇还继续留在南海，举行单方面海上军事演习。随后，每年印度都在南中国海与其他国家举行军事演习。而在安达曼—尼科巴群岛上新建的海军司令部，既是向印度洋及其周边地区扩展影响的基地，更是延伸到太平洋的军事触角。此外，印度还努力同在南沙问题上与中国存在主权之争的东南亚国家加强军事交流，增进安全方面的信任关系。如同越南签署防御规定等。

南扩。基本目标是将远洋兵力前伸到印度洋最南端边缘，远期目标是绕过好望角远达大西洋。印度为实现其南扩战略采取了3条措施：一是遏制印度洋南端国家向印度洋的扩展；二是对印度洋外部的海军大国实施威慑战略，限制这些国家海军在印度洋上的行动自由；三是将自己海上力量尽量向南部推进，到达非洲东南端。向印度洋南扩不仅是印度"远海歼敌"战略的基础和核心内容，更是其争当世界性大国的总体战略的重要组成部分。印度一旦完全支配和控制印度洋，必将把其影响扩大到全球。

西进。基本目标是穿过红海和苏伊士运河，波及地中海，远期目标是力求控制苏伊士运河、保克海峡和霍尔木兹海峡。印度认为，波斯湾和地中海地区是世界石油中心，也是全球能源贸易集结地，战略地位十分突出。印度海军必须在控制阿拉伯海的基础上向西部拓展，穿过红海和苏伊士运河，涉及到地中海海域，从而保持战略上的主动地位。（胡海军《解析印度"远海歼敌"战略及海军发展》，《外国军事学术》2005年第2期）

（隋　源）

欧盟防务一体化的原因 首先，欧亚大陆仍是全球地缘政治竞争的轴心舞台，迫使欧盟加强军事力量与其他大国进行逐鹿。冷战结束后，欧亚大陆仍然是世界地缘政治的轴心。主宰了欧亚大陆的国家或国家集团，就能控制世界上最先进和经济最发达的三个地区中的两个，并"几乎自然而然地控制了非洲，并使西半球和大洋洲在地缘政治上成为世界中心大陆的周边地带。"为此，各主要国家或国家集团，在欧亚大陆上展开角逐。美国为维持一超独霸地位，极力阻止一个占主导地位的欧亚大国或集团的出现，同时积极推进军事变革，增强美军的战斗力。俄罗斯则是组建、控制独联体，对抗北约的进逼，利用武器出售搞好与中国、印度的关系，并及时打"能源牌"搞好与欧盟及周边国家的关系。与此同时，“区域诸侯”开始崛起。如印度和日本等国纷纷加强军事建设，扩大实力，谋求更大的地缘政治空间。就连被布热津斯基称为地缘政治支轴的五国乌克兰、阿塞拜疆、土耳其、韩国、伊朗，也在大国间纵横捭阖，谋求增强在欧亚大陆和世界上的影响力。

虽然欧盟2004年5月东扩，吸纳了10个国家，但是因为没有独立的防务力量，在有关欧亚大陆事务上的影响不大。在伊拉克危机期间，美国根本不理睬欧盟的声明；在朝核问题上，欧盟根本没有发言权；在伊朗核问题上，欧盟还要看美国脸色行事。这使欧洲政治家们意识到：如果欧盟希望在国际舞台上发挥更有效和更积极的作用，就必须拥有更有效的防务。民意调查显示，欧盟成员国有71%的公民支持欧盟防务一体化，实现独立的防务。

其次，中东欧的地缘政治现实需要欧盟加强防务一体化建设。冷战结束后，欧亚大陆“心脏地带”成为地缘政治冲突地带，貌似铁板一块的中东欧集团瓦解，民族、宗教矛盾空前激化，领土纠纷此起彼伏，巴尔干重新成为“火药桶”，搅得欧洲动荡不安。这需要欧盟采取更积极的措施、更坚决的行动应对种种安全威胁。然而，欧盟的愿望与能力存在着相当差距。这在科索沃战争中得到了充分证明。欧盟无力应付自身地缘内部的事务，为外部势力在欧盟内外部提供了挤压欧盟的地缘战略空间，它刺激欧洲人呼吁加强欧盟军事力量的建设，欧洲人的事务由欧洲人自己管理。

再次，为保护能源安全，欧盟也需要发展海权和陆权兼备的军事力量。全球石油含量主要集中从北非、中东、里海地区到俄罗斯的西伯利亚的带状区域，这是石油的“心脏地带”。欧盟一半的石油来自中东等欧佩克国家。冷战结束后，欧盟也从里海产油国家获取能源。原欧盟15国从俄罗斯进口的石油和天然气分别占总进口量的25%和40%。近年来，民族主义、恐怖主义和宗教原教旨主义在这些地区抬头，给欧盟的石油供应地造成重大的安全隐患。因此，确保能源安全，成为欧盟生死攸关的战略性问题。这也要求欧盟必须走防务一体化的道路，发展自己的军事力量保障石油来源安全，而欧盟的经济实力为欧盟走海陆兼备的防务提供了雄厚的基础。

当然，欧盟防务一体化也与俄罗斯未来走向的不确定性有关。今天的俄罗斯与苏联相比虽已不可同日而语，但仍是一个地区大国，其实力不容小觑，尤其是其战略力量还是世界上第一流的。同时，一些非传统安全因素，如恐怖主义、大规模杀伤性武器的扩散和民族分裂主义等，给俄罗斯国内造成了威胁，并影响到欧盟的中东欧国家。而这些国家对来自俄的安全威胁的抵御非常脆弱，并会在欧盟内部引起恐怖主义、大规模跨国犯罪等。在欧盟看来，俄罗斯无论恢复强大，还是陷于新的混乱，都会给欧洲造成破坏，所以，“欧盟必须尽快建立欧洲共同防务，以加强对俄的防范”。（何奇松《地缘政治视角下的欧盟防务一体化》，《中国军事科学》2005年第3期）

意防务专家阐述意大利军事战略理论新变化 意大利防务专家认为，冷战结束后意大利军事理论的演变主要取决于战略形势的新变化。这些新变化主要体现在以下方面：

一是从完全实行本土防御作战、以北约为后盾，转变为积极主动的战略，并向地中海以外的高加索和中东地区扩大范围，旨在防止和消除可能对国家安全造成威胁的动荡局势。

二是从传统战争典型的线性战术转变为对全球热点地区进行机动干预，包括必要时为维护国家或欧洲大西洋利益所需的人道主义行动直到高强度的干预行动。

三是从实行大规模的、在国境线以内的、支援大规模防御作战的后勤支援，转变为流动式的、面向海外行动的后勤支援模式，并具有储备有限、不间断的远距离支援和充分利用外部资源的特点。

四是从以义务兵役制基础上的大规模部队为主的组织体制，转变为联合的、数量较少的、拥有高技术武器装备的职业化军队。

五是从为对付单一的、可预见的威胁的军事体制，转变为具有可应对由非对称冲突和危机控制行动导致的不可预见的威胁的军事体制。

为此，意大利军事理论极为关注冷战结束之前就存在的不稳定因素带来的威胁。从20世纪90年代起，意大利逐步融入欧盟的外交、防务和安全政策框架内，欧盟正逐步具有防止和控制威胁以及维持国际稳定与减少安全风险的军事能力。这时期，意大利军事理论注重维和行动，并制定了与维和行动相关的理论原则和行之有效的行动方法。意大利维和行动的理论主张维和行动应具有综合性，即包括从军事行动到安全稳定行动，从人道主义援助、国家重建到协助重组军队和警察等军事行动和民事活动。意大利军事理论的原则是使军事行动在严格遵守国际人道主义法与赢得当地人民的尊敬和友好之间取得平衡。

宪兵部队是特殊的军事组织，在和平时期主要任务是为意大利民众担负起警卫的职责，因此特别适于弥补军队与警察不能承担的任务，特别是在作战区域当地警察被解散或解体时。由北约多国特种部队负责的“非作战任务”，也是宪兵部队的任务。对欧洲来说，由宪兵部队——多国特种部队采取行动是欧洲防御部队宪法所确认的成功模式。与此同时，欧洲做出决定，在意大利的维森纳组建由宪兵部队领导的“维持稳定警察部队中心”，并由该中心负责训练担负维和任务的部队。

关于非对称威胁。“9·11”事件后，意大利军事思想发生了新的变化，其关注点是“无赖国家”以及来自恐怖主义的威胁，认为这些威胁可以导致真正的武装入侵。

军事战略理论中有关手段与原则的“间接战略”，也有了新的含义。这是因为国内威胁与外部威胁的界限不再明确清晰了。所有不同机构之间、军队与地方之间在各个层次上的安全合作与协调的需求增大。反恐怖行动必须将警察和情报活动与军事上的“外科手术”式的行动——有选择的、局部的和由特种部队实施的作战行动——结合在一起。受到所谓“无赖国家”支持的恐怖活动的威胁越大，军事行动越容易成为主要手段，并最终导致常规冲突。所以，必须充分考虑干涉目标的选择、附带损伤、国际人道主义法等。因此，战场技术、特别是信息技术，如传感器、决策者和操作者与武器系统组成的“网络中心战”系统都将发挥重要作用。（意大利高级防务研究院《意大利军事理论》，《外国军事学术》2005 年第 9 期）

德国调整安全政策　冷战结束后，德国的安全形势发生重大变化，传统的军事安全威胁被恐怖主义、毒品贩卖、有组织犯罪等非传统安全威胁所取代。由于在全球化的新形势下，时间和空间失去传统的保护作用，国境线不再是国家安全的边界，在国境线以外发生的事情，也可直接影响到国家内部的安全。因此，德国对其安全政策进行了重大调整。调整后的新的安全政策有 3 个要点：

一是综合性原则。面对复杂的多元化的挑战，单靠军事手段已经远远不够，国家必须全面协调和综合运用政治、经济、军事、外交、文化、技术、资源、环境等各方面手段，来维护国家的安全利益。同时，德国军方认为，尽管强调综合性的安全观，军队不再是保卫国家外部安全的惟一力量，但是军事力量作为国家安全的后盾，仍然占有重要的地位，仍然是国家安全不可缺少的重要力量。在许多情况下，军事力量是解决国家安全问题的最终手段。

二是预防性原则。对于目前的非传统安全威胁来说，德国以往的威慑手段已不再具有遏制效应，为此，德国要放弃以往的反应性安全观，采取预防性的安全观。尽可能早地发现威胁的苗头，识别威胁的来源，采取有力的措施遏制冲突，将冲突消除在萌芽状态。

三是多边合作原则。跨国的非传统安全威胁决定了任何一个国家都不可能单独解决当今的安全问题。德国的新安全观主张多边主义，主张大小国家共同合作解决安全问题，反对国际安全问题上的单边主义政策。德国的多边原则就是在联合国、北约、欧盟的框架内采取行动，与其他国际组织合作采取行动也是德安全政策的重要基础。在使用军事手段方面，德国强调要有联合国的授权，而且在没有确实证据证明威胁存在之前，不得先发制人。德方认为这是其安全政策与美国的一个重要区别。

德国安全政策的变化，直接导致德国的军事战略进行重大调整，即由冷战时期的本土防御转向国际干预，不仅要应对传统安全的挑战，而且要应对非传统安全的挑战。德国认为，当代的非传统安全威胁不分国界，所以德军要走出国门，哪里产生威胁，就要将德军派到哪里去行动。目前德军在国外行动的军事人员有 6 千余名，其中有 2244 人在阿富汗充当国际安全援助部队，在与中国直接交界的瓦罕走廊地区执行任务。德方强调，在国际干预行动方面，德国不会单独行动。同时，是否出兵还要根据德国的国家利益决定。德国在伊拉克战争中和战后没有向伊拉克派兵，就是出于德国自身利益的考虑，而不盲目追随其他国家或国家集团。（梁晓秋《德国的安全政策和军队转型》，《外国军事学术》2005 年第 10 期）

（石　慧）

战后德国安全战略及主要特点　20 世纪上半叶，德国两次发动世界大战，两次都战败。惨痛的教训使德国人清醒地认识到，在世界日趋文明的时代，光靠武力和战争已难以达成国家的目标，必须另寻他途。

安全战略。经过一番努力，德国最终找到了一条“和平与理性”之路，即：以退为进，居下以求上。这就是战后德国国家战略总的指导思想。在这种认识主导下，德国巧妙地确立了安全战略，即以强大的国家实力为基础，通过联盟政策和军事政策谋求其国家目标——恢复主权、重新统一、欧洲的统一、成为政治大国。这四大目标用一句话来概括就是“一个自由和统一的德国屹立于一个自由和统一的欧洲”，并“作为在统一的欧洲中享有平等权利的一员为世界和平服务”。

策略手段。为实现上述安全战略目标，德国采取的策略是，以低姿态出现于欧洲和世界舞台，巧妙地周旋于各战胜国之间和苏、美及东西方乃至整个国际社会之间，以谋求其国家目标的实现。具体言之，主要有以下几点：其一，审时度势，适时而变。德国在执行其安全战略时，总是从大处（时代特征与国际形势及国际战略格局）着眼，从小处（本国的具体情况）着手，既顺应形势，又量力而行。其二，尊重法律，不授人以柄。德国在执行其安全战略时，严格遵守国内法和国际法的规定。这就使德国的安全战略（政策）具有一种纯防御和合理性，对内可取信于民，对外可取信于国际社会和盟友。这样，德国就可以放手实施其安全战略（政策），在被动中争取主动，从限制与约束中获得自由，从而一步步重返欧洲舞台和国际舞台。其三，坚持联盟政策，力争独立自主。因为加入西方联盟，不仅使德国拥有了一个安全的“避风港”，而且为德国的发展和壮大提供了一个良好的国际环境。但这并不意味着它一味地依赖西方和对其俯首听命。相反，德国要在联盟内逐步谋求同其他大国平等的权利和拥有独立自主的地位。其四，均势为本，威慑为用。冷战结束后，德国仍在沿用这一策略。典型例子就是以德法主导的欧盟东扩抗衡美国主导的北约东扩。通过以上这些努力，德国不仅摆脱了战败国地位，恢复了主权和实现了重新统一，而且重新崛起，成为欧洲的头号大国，并在国际上享有越来越高的威望。

主要特点。德国安全战略成功的“秘诀”在于以“和平与理性”代替“暴力与屠杀”。通过和平与理性的手段，德国实现了一个又一个的目标。从德国安全战略的发展中，可概括出以下几个特点：

第一，以忍辱和妥协的方式积蓄力量。战后，由于德国作出了必要的妥协，对西方盟国俯首听命，因而赢得了西方盟国一次又一次的宽容；由于德国甘于服输和听任处置，因而造成了其对手一次又一次的斗争和分裂。冷战虽然造成了德国的分裂，但亦为德国的发展和壮大提供了有利条件，因为冷战转变了国际斗争的方向，使德国从众矢之的的位置转移到“隐蔽的安全地带”——西方集团的背后，并成为西方集团的保护国。

第二，以追求相对主权实现更大的国际利益。战后德国，因战败而被迫让出部分主权，结果却因祸得福，获得了许多的利益。例如，根据《巴黎协定》的规定，德国国防军必须全部交给北约统一指挥，德国无权单独使用自己的军队，然而，这不仅使德国的安全更有保障，而且还使德国得以把更多的人力、物力和资金用于经济建设和综合国力的提高。

第三，以经济优势达成政治优势。战后，联邦德国大力发展经济成为世界经济强国之后，充分利用这种强大的经济实力及其所显示的优势，在同民主德国的经济关系中处处给予其特殊的优惠，而渐渐使之形成对自己的不对称性依赖，从而实现重新统一的目的。冷战后，德国又以同样的手段力求使东欧各国形成对自己的不对称性依赖，在政治上依附于己。

第四，以建立在利益均衡基础之上的多重均衡获取有利地位和主动权。在冷战时代，由于德国通过与西方结盟，建立了与苏联和华约的均势，并通过与法国建立伙伴和轴心关系而在联盟内建立了与美国的均势，以及通过振兴西欧联盟在北约共同体之间建立了均势，因此，它成功地实现了其安全战略（政策）的目标。冷战后，德国更加注重这一策略的运用，如加快联盟一体化进程，以欧盟平衡北约；在欧盟内联法制英；在北约内联法制美；等等。（吴学永《德国安全战略钩沉》，《中国军事科学》2005 年第 1 期）

（西　山）

局部战争研究

伊拉克战争研究　伊拉克战争中美英联军实施网络中心战的效果　2003 年，美英联军在伊拉克战争中首次检验了“网络中心战”这一全新作战概念，显示了网络中心战的运用效果。

战场信息实时共享，美英联军反应灵敏、迅速。为了夺取制信息权，美军动用了几乎所有高技术探测手段，建立了陆、海、空、天、特一体的全维探测网。不管情报分析人员和其他分析人员位于何处，他们都可以访问数据库，获取独一无二的专业知识、数据和来自各个战场的“实时”信息，并快速把这些信息提供给指挥官。战场指挥官能根据战场情况迅速下达作战命令，召唤精确打击火力实施攻击，提高了美军反应速度和打击成功率。由于每个作战人员和指挥官都拥有信息优势，他们可以根据战场的实际情况，在作

战中采取最有利于自己的行动，对敌方目标实施攻击。

战争在全维空间进行，作战效能显著提高。美军首次实现了真正意义上的陆、海、空、天、特、信息一体化联合作战。信息化装备把伊拉克战场变为了一个互连、互通的网络环境，美军对敌实施了全球性的、实时的、全天候的和全时间的侦察、监视、预警、进攻、评估和环境检测，使不同军种和部署在不同空间的各种武器平台和火力单元都相当于网络中的一个节点，可以及时交换战场信息，交换目标，按照统一的火力计划实施精确打击，极大地提高了作战效能。

“三网”横向一体，快速打击时间敏感目标。美军通过扁平状态的网络结构，将传感器网、指挥控制网和火力网连接起来，实现了横向一体化，在信息流程上找出最大捷径，将综合战场态势迅速发送至不同用户，上达总统、国防部长，下至联合部队司令、军兵种作战部队指挥官，士兵也可以同步调看实时战场态势。“三网”横向一体，使美军拥有以下几点优势：信息传输速度快；保密性好；生存率高；失真率低，抗干扰能力强。这不仅使同级单位之间能直接沟通联络，而且使各作战平台之间也实现了保密、无缝隙、可靠的网络化连接，从而能够实时交换信息，实现信息流程的最优化、信息流动的实时化和信息采集、传递、处理、存储、使用一体化，加快了指挥和决策速度，增强了各作战部队之间的协同作战能力和对时间敏感目标的反应能力。

依靠“21世纪旅及旅以下部队作战指挥系统”和“蓝军跟踪系统”，夺取信息优势。这两个系统提高了美军和英军的作战效率。特别是通过获得多级地图和图像，前沿部队能够更好地利用这些系统及时收集和评估作战信息，修改和完善任务计划，大大提高了对重要目标、一体化现代防空系统、地下目标的快速打击能力。

多种侦察探测手段并用，战场更加单向透明。伊拉克战争中，美军在太空有67颗侦察卫星，在空中有100多架侦察预警飞机和90多架无人侦察机，在地面（海面）有各种侦察探测设备，再加上各种C^4I系统，美军具有很强的战场态势感知能力。从3月25日夜到27日晨，美军及时利用恶劣的沙尘暴天气期间能见度为零、伊军部队失去机动能力的机会，发挥美军战场单向透明的优势，使用巡航导弹、作战飞机等空中打击手段，一举摧毁在原地据守的伊拉克主力部队，使此次空袭行动成为人类战争史上最猛烈、最有效的空中打击行动。

伊拉克战争中美英联军实施网络中心战的不足 由于美英联军对网络中心战的思想和理念还不是十分熟悉和适应，实施网络中心战的技术装备还不完全配套，网络中心战的巨大威力还没有充分发挥出来。主要存在以下几个问题：

作战部队不太熟悉网络中心战理论。网络中心战理论大部分还没有定型，也没有纳入美军条令。所以，除实验部队外，大部分部队不了解网络中心战的全部潜在威力，不适应网络中心战的战术、技巧和程序，影响了其潜在威力的发挥。

一些重要系统没有来得及装备部队。“21世纪旅及旅以下部队作战指挥系统”和“蓝军跟踪系统”是实施网络中心战的重要系统。但在伊拉克战争中，参战部队总共只装备了1027套这样的系统。在所有参战部队中，只有美国第4机步师的2个旅装备了上述系统，其他的非数字化参战部队，如第2机步师、第101空中突击师和第82空降师，只是有选择地装备了一些单位。

战术级近距离空中支援的网络化仍有很大的改进余地。伊拉克战争中的大多数近距离空中支援任务仍旧依靠传统的系统。陆军和海军陆战队地面部队通常使用语音通信呼唤近距离空中支援和引导近距离空中支援飞机攻击目标，效果不是很好。（康康《浅析伊拉克战争中美英联军的网络中心战》，《外国军事学术》2005年第8期）

伊拉克战争中的法律战 现代战争，特别是高技术条件下的局部战争，其战略性、政治性、政策性日益增强，依法作战、依法制胜已经成为其鲜明特征，法律战的地位作用日益凸显。熟练运用法律武器，维护己方军事利益，实现政治目的，已成为赢得现代战争的必然要求。

高度重视法律战，充分运用战争法法规条款，确保战略决策“师出有名”，确保军事行动依法合法，是现代战争的基本要求。伊拉克战争之前，美方就大肆宣传萨达姆政权拥有大规模杀伤性武器，并将其与本·拉登恐怖势力联系起来，企图实现军事打击的合法化；战中，美英联军以民用目标具有军事用途为由，打击伊拉克电视通讯设备及平民目标，以图实现打击目标的合法化。伊方同样以美国未经联合国授权而动武属于武装侵略予以反击；为了保存军事实力，在将军事目标与民用目标加以模糊的同时，却又依据相关国际法谴责美军对民用目标的打击，以图赢得国际社会的同情和支持。可见，战争中对法律法规的运用既是政治斗争的焦点，也是军事斗争的行动依据，熟练运用法律武器已经成为现代战争不可或缺的要求。

*准确把握法律战的特点规律，灵活运用相关法律条款，是现代战争的基本要求。*在伊拉克战争开始阶段，双方就“交战正义”与否的问题展开论辩争锋。伊拉克对美国绕开联合国直接对伊动武做出相应反击，指出美国违反国际法“禁止使用武力”的原则是武力侵略伊拉克，使美国处于“失道”之不利地位，一定程度上制约了美军的行动。战争打响后，就军事目标与非军事目标的处理和选取，就战俘待遇问题等，双方都运用国际法特别是战争法规则、联合国宪章及有关国际公约为己方军事行动寻找法律依据，谴责对方的违法行径。当半岛电视台播出美国战俘镜头后，美国国防部长拉姆斯菲尔德便严厉批评此举违反《日内瓦公约》中不允许拍摄或负辱战俘的规定，在人道主义法上大做文章。可以说，在历时近一个半月的美伊战争中，双方在法律战上的交锋丝毫不亚于硝烟弥漫的战场。

*适应现代战争发展趋势，尽快建构合理完备的法律战武器库。*美军在伊拉克战争中法律战的得分，得益于他们在立法机制、机构设置、人才培养、平时训练等多方面的长期准备，也使他们在战争中自始至终都处于法律上的主动地位。伊拉克战争中，美军根据不同层次的需要和分管内容设立立法、司法、法律顾问和法律援助等不同部门，负责各类法律问题的咨询和建议工作。战争期间，美国为了在政治、外交上争取主动，调集上千名国际法专家和法律顾问参与战争决策、作战计划制定和军事行动实施等方面的法律咨询，积极向美政府和美军指挥官提供于美方有利的国际法条文，应对伊方的谴责和国际社会的质疑，规避和减轻自身的法律责任；同时千方百计地捕捉伊方违反国际法及战争规则的举动，寻机威慑和反击，实现以“正义”战争名义掩饰强权政治，以“合法”外衣掩盖非法行径的目的。不难看出，美国虽在伊拉克战争中毫无正义可言，但依靠其完备的法律战运行机制、雄厚的法律战物质基础和强大的法律战人才队伍，美国仍然捞取了巨大的军事和政治利益。（陈雁《法律战实践亟待解决的几个基本问题》，《军事学术》2005 年第 2 期）

从伊拉克战争看 C^4ISR 系统的信息矛盾　据报道，一位美军官员在总结伊拉克战争中的 C^4ISR 系统的功效时指出：信息泛滥与信息缺乏同时存在。这次战争中，尽管美军在战场上实现了信息系统的无缝链接，战场态势感知能力明显增强、信息传输能力显著提高、指挥控制能力更加有效，但信息处理与作战需求之间的矛盾还没有根本解决。作战过程中，庞大的信息收集系统将海量的战场信息传到美军驻卡塔尔的中央司令部，这些信息不仅使系统不堪重负，有时还互相矛盾。迫不得已，美军只好在联合作战中心周围设置了一些情报处理点，集中约 700 名情报与作战分析人员对信息详察过滤。同时，美军第 8 航空队的情报人员也无法应对“全球鹰”无人机所采集的大量信息，这些信息极大地占用了情报人员的时间，并且还有许多信息没有处理。

与此同时，作战部队的指挥官对情报部门不断抱怨，认为他们所提供的能有效引导作战的信息实在太少了，要求提供更多的有用情报。迫于无奈，美空军只好要求工业部门在“全球鹰”和特定的指挥控制系统之间建立接口，实现数据的直接传输，以减轻情报分析人员的负担，增大作战指挥员的信息量。

伊拉克战争是双方力量悬殊、胜负毫无悬念的战争，美军拥有强大的信息网络、具备全维的信息优势，信息泛滥与缺乏之间的矛盾尚且如此突出。由此可以看出，在新军事变革中处于后发之势的军队，在信息化建设时，更应着眼战场需求，在信息系统建设指导上有一个准确定位。应当看到，处于后发之军建设信息系统，技术差、人才差与能力差很难在短期内解决，也无法从根本上满足作战需求，但可以利用后发的潜力优势和资源优势，建成并保持局部优势的信息系统。这就需要抛开“大而全”的观念，在思想指导上正确处理好现实与长远的关系，保证信息系统的网络规模适宜、环节层次适中、信息内容适量，使其具有较好的信息覆盖度、可信度、保鲜度和增值度。

其次，后发之军的信息化建设，还应紧紧围绕作战需求抓设计，结合作战任务搞建设，把握核心关键攻难关。从实战应用的角度研究总体需求，从作战全局的角度分析信息流程，从效益最优的角度构造体系结构。制定权威、清晰、可行的信息系统建设与发展方案，规划与评估检验标准，并通过强有力的推行手段自上而下地实施。信息系统设计和建设，重在解决信息的获取、传输与处理等方面的难点问题，确保信息在合适的时间、通过最佳的途径、传给需要的人员。

技术既是信息系统建设的支撑，也是处理信息矛盾的良方；解决信息泛滥与缺乏矛盾的手段，主要是对信息进行智能控制和技术分流。智能控制，就是在信息获取、处理、传输与分发等环节，建立相应的数据智能化处理分系统，通过自动化筛选减轻情报人员的负担；技术分流，就是在信息获取源头将信息分为指挥员直接可用信息和情报人员分析信息两类，并将直接可用信息直接送给指挥员，将需要分析的信息送给情报部门，使指挥员获取更多有用信息，又不造成信息泛滥。同时，指挥员要在正确判断敌情，准确定下决心，及时把握战场态势的情况下，对信息系统力量进行科学合理地组织运用，使系统兼具刚性、弹性和韧性，能够对信息有效地吸收、处理和反应。（高德福《破解 C^4ISR 系统的信息矛盾》，《解放军报》2005 年 2 月 1 日）

伊拉克战争与美国先发制人的战略　冷战结束后，美国成为惟一的超级大国。20 世纪 90 年代以来持续 10 年的经济增长，进一步增强了美国的经济地位；新军事革命进一步扩大了美国的军事优势。"9·11" 事件凸现美国面临恐怖主义的严峻挑战。在这种形势下，为了巩固和增强美国的优势地位，布什政府采取了先发制人战略。

2003 年 3 月发生的伊拉克战争，标志美国 "先发制人" 的全球安全战略进入了实施阶段。1991 年海湾战争后伊拉克问题一直没有得到彻底解决，美国奉行 "遏伊倒萨" 政策。"9·11" 事件发生后，国际社会重视和开展反恐合作，也有利于美国拔掉萨达姆这个钉子。因此，伊拉克武器核查危机重新爆发以后，尽管联合国通过了第 1441 号决议，要求继续进行核查，但是美英在无联合国授权的情况下，仍下定决心选择了战争。先发制人战略首先在伊拉克用于实战，其结果对美国的世界霸权无疑会产生影响。

有利影响。一是消除对美国的紧迫威胁。美国发动伊拉克战争的借口就是伊拉克拥有大规模杀伤性武器、伊拉克和 "基地" 组织相勾结。只有消除紧迫威胁，才能将注意力集中到对付其他国家上。二是夺取和控制资源。石油是伊拉克战争发生的一个重要因素。伊拉克已探明的石油储量居世界第二位，约为 2150 亿桶。夺取和控制资源，既是为了满足自己对资源的需求，同时也增加了对付其他大国的筹码。三是获得有利的战略地位。控制伊拉克，建立军事基地，就能加紧对伊朗的包围，从而更有效地对付伊朗。四是产生示范效应。美国用武力改变伊拉克政权，实际上是想对海湾地区产生 "杀一儆百" 和 "敲山震虎" 的功效，从而防范其认为可能发生的 "文明冲突"。通过在伊拉克输出美国的制度和价值观，扩大美国的势力和影响，获取有利的战略地位。伊拉克战争迫使利比亚的卡扎菲放弃了大规模杀伤性武器计划。

不利影响。一是军事力量作用有限。非接触作战使占有优势的一方在人员伤亡上微不足道。军事力量能摧毁对手的有形的物质力量，但并不一定能摧毁对手的意志。二是不合法的战争导致激烈抵抗。先发制人的战争违反了国际法，不仅容易遭到国际舆论的谴责，还必然引起被侵略者的反对。早在 2003 年 3 月 28 日战争刚爆发不久，英国《独立报》就有预见性地指出 "当这场战争结束时，华盛顿将面临整个中东提出的惟一要求，那就是尽快离开该地区。无论伊拉克人怎么看，美国继续在这里驻军将被伊拉克的邻国视为对伊拉克的占领。这肯定会带来不稳定和恐怖主义。" 三是战争的持久化更容易导致暴力加剧、滥杀无辜和占领军的犯罪，经媒体曝光后产生了恶劣影响。美军占领伊拉克后，随着抵抗的增强，美军士兵的不安全心理加剧，滥杀无辜的事情经常出现。美国军人经常在伊拉克城市的街头受到反抗力量的袭击，随后美军发起反击，对整个地区进行疯狂的扫射，实施报复，打死打伤许多无辜的伊拉克平民。杀害无辜的伊拉克民众导致了更多的伊拉克人反抗美军的占领。（吴先翔、高义群《先发制人与美国霸权》，《中国军事科学》2005 年第 1 期）

伊拉克战争与 "文化中心战"　在现代战争中，准确了解对方的动机、意图、目的及文化环境，有时比部署军队和武器装备还重要。正是基于此，伊拉克主要战事结束后，许多参战的美军表示，美军虽然在军事层面取得了战争胜利，但却输掉了 "人文" 层面的战争。因而一些国家特别是美军痛定思痛后，提出了一种新的战争理论，既 "文化中心战"。

战争凸显 "人文" 问题。在战争中，人文因素是指能够影响战争事件，具备独立思考和行动能力的集合体。伊拉克战争表明，解决战争中的 "人文" 问题是必要的，甚至有时比 "火力杀伤" 更有威力，但这一问题却被人们忽视了很久。伊拉克战争中，美军第 3 步兵师的一位指挥官在接受记者采访时就表示：在进攻巴格达的战斗中，知道敌军坦克的位置不太困难，让我们头疼的是，不知从哪里冒出来的手持 AK-47 或火箭筒的武装分子。我们有很强的战场感知能力，但缺乏 "文化" 感知能力。这位指挥官的话代表了美军在伊拉克战争中面临的文化窘境。这也说明，现代战争正在发生着深刻变化，能否更快地适应陌生的、充满不确定性的文化环境，将是影响战争结局的一个重要因素。

战争是 "思想者" 的竞争。思想是行动的先导，是支配整个躯体的灵魂。实践证明，思想比装备、技术在赢得战争胜利的天平上的作用并不小。如通过结成军事同盟、了解对手的意图、赢得对方民众的支持等，可以赢得战争胜利。而完成这些任务，就需要具有理解当地文化和对方动机的能力。美军方高层逐步认识到，以前习惯于从技术层面看待军事转型的问题，对军队的技术装备进行大刀阔斧的改革，但是当对方采取非常规手段作战时，深刻理解对方的动机、意图、作战思想和文化背景，可能比提高武器精度、机动速度或数据传输带宽更为重要。因而，一些军事专家和学者提出，各国军队在提高弹药精度、部队机动速度和获得更高带宽方面耗费巨资是必要的，但同时更应该在提高军人特别是指挥员的思考和学习能力上下工夫，以提高文化认同和感知能力。那些只习惯于用技术手段解决战争问题的人，如果不重视运用“思想”和“文化”的力量，将来肯定会吃亏的。伊拉克战争已经证明，技术优势使美军能够打赢“网络中心战”，但却缺少聪明才智、文化感知能力和战争艺术来打赢一场“文化中心战”。

*学习是一种更重要的责任。*伊拉克战争表明，“文化中心战”已成为现代战争中不可忽视的一个重要战略问题。它要求一支军队和它的组成人员必须具有很强的文化感知能力，以及对战争特性有更深的理解，包括战争历史、战争心理、社会人文学等。因而，每一个军事人员，特别是那些直接指挥作战的指挥人员，应该深入研究战争、学习战争，把学习作为一个终身持续的过程。即使是士兵，不论级别和专业，也应该不断提高自身的文化素养。这种素质不是天生就具备的，而是随着学习的深入逐步积聚而来的。可以说，“文化中心战”的出现和崛起，意味着军队人才的选拔、培养和使用将发生一系列变化。从以技术为中心到以文化为“中心”，就是要强调研究战争，加强学习，并能更快适应潜在的战场环境。（陆锋、朱培现、宋征《“文化中心战”：一个值得关注的战略话题》，《中国国防报》2005 年 4 月 7 日）

美军因忽略传统战法在伊拉克陷入窘境 虽然美军大力发展远程精确打击武器，积极研究非接触战、非对称战等一系列全新作战思想，却忽视甚至放弃了对一些传统作战方式的研究和训练，结果在伊拉克反美武装的游击战面前缺乏应对措施，导致伤亡人数不断增长，陷入前所未有的窘境。

事实上，非接触作战与接触作战、非对称作战与对称作战、非线式作战与线式作战，都是构成信息化战争的矛盾统一体，信息化战争在孵化先进作战理念的同时，也在创新传统作战方式；信息化战场在强调“三非”作战重要性的同时，并不否认接触作战、对称作战、线式作战等传统作战方式的作用，甚至在一定条件下传统作战方式还可能上升到主导地位，成为影响战争胜负的重要因素。美军在伊拉克的经验教训就充分证明了这一点。（唐保东《由美军陷入伊战窘境所想到的》，《解放军报》2005 年 6 月 22 日）

从伊拉克战场看城市保卫战的发展变化 通过对伊拉克战场上的费卢杰之战和斯大林格勒保卫战这两个战例进行比较分析，可以看出从机械化战争时代到信息化战争时代城市作战思想的若干发展变化。

*信息情报优势限制了守城一方的地利优势，使攻方获得战场主动权。*机械化战争时代，由于城市所具有的易守难攻的特殊战场环境，往往可有效地限制攻方机械化特别是装甲优势的发挥，进而使守方凭借地利优势获得战场主动权。在斯大林格勒保卫战中，苏军正是靠逐楼逐屋逐巷反复争夺的攻防拉锯战给德军造成重大杀伤。而先进的信息侦察系统所取得的情报优势，则可大大削弱防御一方所拥有的地利优势，使战场主动权的天平向拥有信息情报优势的一方倾斜。凭借这一优势，美军在费卢杰战役中成功地实施了多方面的非对称作战，并取得了明显成效。

*城市进攻战由先前沿后纵深、逐步推进的线性方式，让位于全纵深同时展开的非线性方式。*机械化战争时代的城市作战以歼灭敌有生力量、攻占城市为主要目的，往往采取正面推进、先前沿后纵深、层层剥壳式的线式进攻方式。准信息化战争时代的攻城战不以大量杀伤敌有生力量，以剥夺敌军作战能力、减少攻方伤亡为目的。因此，攻方往往避免硬碰硬、步步推进式的战法，而是采取对全纵深目标同时或依次实施打击、重点摧毁敌指挥部等重要节点的非线式作战方式。斯大林格勒战役中，德军集中优势兵力，由西向东对伏尔加河西岸的苏军城防体系发起攻击，一步步将苏第 64 集团军压缩在城北工业区 3 块孤立的街区内，但却始终未能将其歼灭或赶过伏尔加河去，反而将自己轮番上阵的精锐部队消耗殆尽。在费卢杰战役中，美军大胆尝试了非线式进攻方式，使其攻击力成倍增长，不仅打得备战多日的反美武装无力招架，就连美军自己也对战役进展之顺利感到惊异。实践证明，在非线式攻击面前，层层设障布兵、节节固守御敌的线式防御体系已失去以往的重要作用。与美军编制小型化趋势相适应，多点、多方向、灵活多变的兵力流动和战场结构的不规则变化，正成为美军城市进攻战中加速敌防御体系崩溃的一个追求点。

*预备队的作用大为弱化，“以空间换时间”的战略防御企图难以实现。*机械化战争时代，预备队的多寡和能否及时补充、投入战斗，决定着谁能在惨烈的城市消耗战中坚持到最后并在关键时刻给对方致命的一

击。而在准信息化战争时代，在信息情报高度发达的情况下，预备队的作用大为弱化。以往那种靠不断投入预备队来维持持久防御的经验面临越来越大的挑战，以空间换时间的战略企图也往往难以实现。斯大林格勒战役中，苏军统帅部先后向斯大林格勒城区调度了约 20 个师的兵力，大大增强了苏军在城市防御作战中的弹性和拉锯战中的反冲击能力。相反，德军因未能准备充足的预备队，在人员伤亡巨大、战役相持不下的关键时刻，只能将担任斯大林格勒地区翼侧防御任务的机械化部队与攻城部队对调。结果，不但进攻最终被遏制，那些因伤亡过大被调去担任翼侧防御的部队也根本无力阻止苏军的战略反攻。而这种靠预备队增强防御和反击能力的经验在费卢杰战场上并未生效。首先，美军侦察监视系统对城中反美武装动态进行的全天候监视和近实时的信息传输，使反美武装集结和运用预备队的行动难以匿形。其次，非线式进攻方式使梯次配备兵力和不断向前沿投入预备队的防御方式不再适用。再次，战役进程大为缩短，使预备队作用难以发挥。

*精确制导武器的大量运用，使战争的惨烈程度明显下降。*在机械化战争时代的城市进攻战中，多采用短兵相接的巷战和“地毯”式火力摧毁，人员大量伤亡，建筑物摧毁殆尽。斯大林格勒战役中，德军密集的炮火曾摧毁城区并造成苏军大量伤亡。苏军在战役第三阶段所调集的数千门火炮以及每千米 100~200 门的配置密度，也把德军在所占城区建立的防御体系炸得七零八落。而费卢杰战役中，惨烈的巷战场面大为减少，战斗伤亡明显下降，美军竭力倡导的非接触战在一定程度上得以实现。首先，美军在充分掌握战场情报的基础上，对伊拉克反美武装分布在城中的军事目标进行了精确打击，有时甚至达到了“发现即摧毁”的程度。其次，美军坚持实施以防区外打击为主的空地一体战，力图通过非接触战，有效地消灭敌人、保存自己。此外，美军还利用其装备武器有效射程远的优长，力争在敌防区火力外杀伤敌人。在双方的狙击对阵中，伊拉克反美武装人员只能望而兴叹。

*更加注重心理战、舆论战的威慑作用，力图配合物质打击，从精神上瓦解敌人。*机械化战争时代的城市作战，主要通过摧毁城市和大量杀伤城中军民的残酷现实来达到心理威慑的作用。德军在斯大林格勒战役攻城阶段，使市区平均每平方公里承受炸弹和炮弹达 76000 枚之多，建筑几乎全部被毁，军民死于轰炸炮击者数以万计。由于这种威慑注重的是强大的军事实力及其所产生的迫使对方就范的强制力，但是它在造成对方心理上极大恐惧的同时，往往也会激励对方拼死抵抗。在费卢杰之战中，美军在对城中反美武装实施军事打击的同时，高度重视对反美武装的心理威慑和分化瓦解作用，采取了以下做法：一是利用其所垄断的多种传媒大造舆论，力图在伊拉克民众心中树立起“正义之师”的形象，为其大动刀兵披上“合法”的外衣。二是对全城进行封锁和断绝城中生活来源，伴以宣传攻势迫使城中大批居民弃城逃生，从而使反美武装失去了赖以资助和藏身的群众基础。三是在阻断反美武装宣传渠道的同时大力开展心理攻势，通过充满恫吓又看似“客观”的宣传手段，沉重打击了反美武装人员的士气。（姚旺、王湘江《从斯大林格勒到费卢杰：城市作战的发展变化》，《外国军事学术》2005 年第 10 期）

（荒　林）

“艾布拉姆斯”坦克在伊拉克损失严重　冷战时代设计的“艾布拉姆斯”主战坦克可以抵挡最精良的俄制坦克的猛烈炮火，但是伊拉克武装分子却用简易的路边炸弹和火箭弹炸得这种坦克狼狈不堪。

在 1991 年的海湾战争中，美军只损失了 18 辆“艾布拉姆斯”坦克，而且坦克中的士兵无一人死亡。但美国陆军称，自从 2003 年 3 月伊拉克战争开始以来，在与伊武装分子的日常作战中，已经有 80 辆这种 69 吨的重型坦克遭到严重损坏，只得运回国修理。而且在路边炸弹的袭击中，至少有 5 名士兵在“艾布拉姆斯”坦克内死亡，有超过 10 名部分暴露在坦克敞开舱口外的士兵被炸死。

尽管“艾布拉姆斯”坦克是遭受打击最频繁的目标之一，但是在美国陆军的车辆中，它还是最安全的。在伊拉克使用的 1100 辆“艾布拉姆斯”坦克中，有 70%的坦克遭到过袭击，大部分打击都只造成了轻微损伤。

因为怕敌方获得只言片语的提示，美国陆军不会透露武装分子是如何打伤坦克的具体情况的。美军指挥官们说，因为“艾布拉姆斯”坦克出动频繁而且是武装分子决心摧毁的目标，所以战损率高并不奇怪。曾经在伊拉克指挥过美军装甲旅的拉斯·戈尔德中校说：“我们的敌人很会动脑筋,他们知道坦克的弱点在哪里以及如何攻击我们。”

因为设计用于坦克战，所以“艾布拉姆斯”坦克的正面装甲为重型装甲。然而伊拉克的武装分子往往悄悄绕到坦克后面，向脆弱的侧后方装甲以及顶部装甲开火并且引爆坦克下方的地雷。武装分子惯用的战术是，引爆路边炸弹攻击坦克履带，然后以火箭弹和迫击炮来攻击装甲比较薄弱的部分，尤其是后置的发动机箱。

美国陆军称，"重装甲坦克虽然笨重，但却是对付武装分子的利器。"损失"的坦克可以重修并且今后再次投入战斗。同时，陆军正在改造"艾布拉姆斯"坦克，措施包括对坦克的发动机部分加以更好的保护。(史蒂文·科马罗《"艾布拉姆斯"坦克在伊拉克损失严重》，《今日美国报》2005 年 3 月 30 日)

伊战经济成本不断激增 伊拉克的战斗旷日持久，致使美国从 2001 年 9 月 11 日开始的军事行动的总代价接近于朝鲜战争。

据国会预算局说，到 2010 年战争总开支可能高达 6000 亿美元。这将在很大程度上取决于美国军事人员在什么时候以及有多少人能够从伊拉克战区撤离。

战争的需要和不可预见性实质上将国防预算变成了两部分拨款。第一部分是常规的预算，包括采购、研发经费以及人员和行动费用。国会在其正常的拨款程序中加以考虑。第二部分为补充拨款，就是政府后来要求追加的紧急开支。

在上周国会最后通过的 820 亿美元的 2005 年补充防务开支清单上，差不多有 760 亿美元将用来支付国防部的行动开支。五角大楼前审计员今年早些时候估计，美军在伊拉克一个月的开支在 50 亿美元左右。在众议院预算委员会成员最近提交的一项战争开支报告中指出，伊拉克的战斗"持续时间延长，而且更激烈了，现在证明在这个战区维持部队运转的代价比任何人的预计都要大得多"。

国会研究处的一项分析报告指出，国会批准为伊拉克战争拨款约 1920 亿美元：另外为阿富汗战争拨款 580 亿差元，为加强空中安全和五角大楼在美国采取的其他防备措施拨款大约 200 亿美元。自 2001 年以来所有军事行动的拨款总额为 2290 亿美元。如果再加上参议院给 2006 年国防预算追加的 500 亿美元的战争开支，总数将超过 3200 亿美。扣除通货膨胀因素，伊拉克战争的开支已经远远超过 1991 年海湾战争的开支。而且海湾战争的开支基本是由美国的盟国捐资支付的。这接近朝鲜战争付出的 3500 亿美元的代价（以现在的美元币值计算）。(《伊拉克战事成本不断激增》，美国《基督教科学箴言报》2005 年 5 月 19 日)

港报析驻伊美军不能摆脱困境的原因 伊内政部副部长侯赛因·阿里·卡迈勒准将在总结目前的局势时说："在扎卡维和阿拉伯复兴社会党之间有充分的合作与协调。"这种描述在其他报道中得到进一步印证。《纽约时报》的一篇报道说，美军驻伊拉克最高指挥官乔治·凯西将军宣布，叙利亚的复兴社会党正向"伊拉克的叛乱活动提供指导和资金"。

这一新的关于伊拉克抵抗活动特点的理论，有助于解释美国对叙利亚磨刀霍霍的行动。1 月 25 日，美国前国务卿基辛格和舒尔茨在《华盛顿邮报》评论版上首次共同撰文，揭示了其中的联系。他们称，布什政府肯定有一个"清除在叙利亚和伊朗的庇护所的战略，因为敌人可以在那里得到及时的指导、供给和庇护，以便重新纠集"。新理论或许还有助于解释为什么美国正在考虑利用暗杀队清除敌人。这些暗杀队（如果成立的话）要打击的整个目标肯定是以叙利亚为基地的抵抗活动领导层。

这种对伊拉克抵抗活动的最新描述，或许也准确反映了正在进行的战争的某个侧面。可是事实证明，这些描述所依据的基础——萨达姆政权的流亡者和扎卡维的战士结成的联盟现在控制着抵抗活动、推举抵抗活动领导人或者供应抵抗活动所需大部分资源——可能严重不准确。

通过中央情报局资料的参照，可以很容易地认清这一点。同时，中央情报局又在一份相反的报告中说，扎卡维组织及其支持萨达姆的盟友，在抵抗活动中"并不是那么重要的组成部分"，而抵抗运动越来越被"那些最近走向激进的逊尼派伊拉克人、受到占领军侵犯的民族主义者以及其他因经济混乱和战争破坏而幡然醒悟者所控制"。事实上，中央情报局的观点得到了大量公开证据的支持，比如，其中包括对费卢杰及逊尼三角地带其他城市抵抗活动的第一手描述。

在美国对伊战争中，美国领导人一再根据关于他们与谁作战的重大误判采取行动。这种误判有时源于错误的情报，但有时则是在情报完全正确的情况下产生的。要归纳这种错误分析抵抗运动倾向的原因，方法之一是了解迄今有关伊拉克抵抗运动的所有描述都是基于这样一个假设，即抵抗运动的组织形式是人们所熟悉的等级制，领导层对这个金字塔组织实施战略及日常控制。军事战略家和组织社会学家称这样一种结构为"指挥与控制"结构。这种指挥与控制的情形适用于庞大的官僚机构或常规部队，但总是不适用于游击队，这有助于解释为什么美军在伊拉克遭到失败。

这种指挥控制说使美军在战争的每个关键时刻都假设有这样一个结构。2003 年秋，抵抗活动刚刚开始给占领军造成麻烦。当时美军战略所依据的信念是，抵抗活动由萨达姆及"扑克牌"通缉令上的领导人所领导。这是指挥与控制的逻辑首次被运用。

到了 2003 年 12 月中旬，“扑克牌”通缉令上的绝大多数人被占领军逮捕或打死。占领当局有把握地预测，伊拉克复兴社会党的死硬派被干掉了，抵抗活动将偃旗息鼓，因为没有领导人，当地好战者便群龙无首，不知所措。

但是事与愿违，属于异类的抵抗活动愈演愈烈，并于 2004 年 4 月在费卢杰取得一场胜利，在纳杰夫与占领军僵持不下。这时，美军情报人员才发现了扎卡维，并宣布他实际上是抵抗活动的关键人物。关于敌人的指挥与控制的说法再次占了上风，而在费卢杰的第二场战斗正是基于这样的理论来进行的：破坏或摧毁扎卡维的领导机构。但是，尽管游击队（差不多是费卢杰的整个人口）被赶出了这个城市，但是叛乱活动很快蔓延到了其他城市，并越来越频繁，从而驳斥了斩首行动将使叛乱分子丧失能力的说法。

那么，为何美军坚持将其平息叛乱的战略建立在对伊拉克抵抗活动领导层实施斩首的构想之上呢？答案隐藏在国防部长拉姆斯菲尔德的“你将你所拥有的军队投入战争”的言论背后。

这是一种组织社会学家可以从中解读很多含意的论断。以第二次世界大战中的法国为例。他们明明知道德国的新坦克使第一次世界大战的堑壕战成为过时战术，但是法国军队的装备仅仅是针对堑壕战。于是他们便“将他们所拥有的军队投入战争”，制定了他们设法使自己相信的能够遏制德国装甲师的堑壕战战术。结果他们在 3 周之内战败。

美国也在将它所拥有的军队投入战斗。这支军队是世界上装备最好的部队，能进行先进的常规战。他们拥有坦克、大炮、空军力量、导弹力量、战场侦察力量以及卫星成像技术，以支持高度机动性、装备精良和训练有素的士兵。在它的火力攻击之下，任何一支常规军队都不可能长久坚守阵地。但是伊拉克抵抗活动最难控制的部分是打游击战：他们没有很长的供应线，他们也很少试图坚守阵地。游击队员通过融入当地人群而隐藏。要打败他们，占领军必须拥有情报，以便分辨可能消失在平民中间的游击队员；必须在抵抗力量据点驻扎军队，以便在游击队员从藏身之处现身并发动攻击时对其施以重拳。美军战略家也明白这点。但是从越战中得出的这些惨痛教训却不能被美军加以贯彻。

实际上，美国人并不掌握这两项资源中的任何一项。针对游击队的情报需要当地人的合作。而美国人由于动用常规部队对庇护游击队的社区实施效率不高的袭击，已经使当地人疏远了他们。此外，美国人在关键地点也无法派驻足够的部队，因为数量严重不足的占领军已分派到伊拉克战斗激烈的地区。对平息伊拉克叛乱活动所需部队规模的估计超过了美陆军参谋长埃里克·新关将军战前所要求的“几十万人”。

美军缺乏与游击队作战所需的手段。这正如 1940 年法国军队缺乏击败德国坦克的技术一样。结果，军方领导人恰恰在做他们的前人所做过的事：他们继续制定有关如何运用“所拥有的军队”赢得战争的理论。这种落后的逻辑不可避免地导致设想一个或许更容易以现有手段击败的敌人。也就是说，设想一个能够被“斩首”的有着长长的供应线（比如来自叙利亚的供应线）和指挥—控制领导层（比如扎卡维及其阿拉伯复兴社会党盟友）的对手。关于敌人的这种描述证明军方的战略的合理性，即首先谋求打死或抓捕推测中的领导人。这类战术几乎总是失败（即便领导人被捕），而且在失败过程中，只会进一步与伊拉克人疏远，从而制造出更强大、更有计谋的敌人。

尽管将抵抗活动描述成是扎卡维与萨达姆支持者的混合体的最新说法，迟早会因得不到支持而被抛弃。只要美国继续“将它所拥有的军队”投入战斗，它还会继续制造出有关它所面对的叛乱活动性质的歪曲描述，并在此基础上采取行动。（迈克尔·施瓦茨《“你所拥有的军队”的种种失败》，《香港亚洲时报》2005 年 3 月 9 日）

（严维义）

越南战争研究　**美报认为越南战争对美国进行现代战争有三点新启示**　越南是美国最近的反暴乱的例子，也是时间最长的一个。这场战争给了我们三个基本启示。

*启示一：必须具备一个统一的机构，将军事和民间的安抚行动结在一起。*在越南，这个组织叫做“民间行动和农村发展支持机构”。该组织成立于 1967 年，它将支离破碎和效果不佳的民间安抚计划划归军队领导。因为约翰逊总统非常希望看到安抚行动在最高军事指挥官威廉·威斯特摩兰将军的领导下顺利进行，所以在他的坚持下，该组织才得以成立。由于该机构的存在，安抚行动能够得到军队的经费和人员，从而使计划得以显著扩大。1966 年，约有 1000 名顾问参与了安抚行动，该年年度预算为 5.82 亿美元；1969 年，顾问增加到 7600 人，年度预算达到近 15 亿美元。正是因为在国防部的控制下该机构拥有精简高效的体系，安抚行动才可能取得如此迅速的发展。

在阿富汗，各省的重建团队把此机构视为范例，但尚未建立真正类似的完整体系。在伊拉克，原来的美英联军临时权力机构面临着双重指挥系统无法协调军事行动和民间行动等问题。临时权力机构于 2004 年解散以后，在将国家建设并入军事计划方面做得不够。

启示二：打击敌人的重心。只有当暴乱能在民众当中长期保持影响的时候，暴乱才能兴盛发展，在越南，这被称为“越共基础”。这种秘密势力利用胡萝卜和大棒，即一方面承诺改革，另一方面利用暴力威胁来控制大片农村。尽管美国决策者意识到了越共的存在，但是直到 1968 年，仅有中央情报局给予了重视。在“民间行动和农村发展支持机构”成立以后，美国就实施了打击越共的“凤凰计划”。该计划致使 8 万多越共游击队员被捕或被杀害。此计划遭到广泛批评，也存在很多问题。事实上，忽视游击队基础的反暴乱计划根本不能称之为计划。

利用情报打击游击队在民众间的生存能力，其意义显而易见。在阿富汗，塔利班势力较弱，因此他们影响民众的能力是有限的，但在他们试图再次悄悄潜入村庄的时候，如果不密切注意，以后就很可能会酿成灾难。伊拉克的情况有所不同，因为游击队尚未作出协调一致的努力来调动民众。大部分逊尼派穆斯林似乎支持暴乱，但游击队并没有建立地方“影子政府”或试图确立自己的政治经济计划。尽管如此，直接利用情报打击游击队的计戈是很有意义的。

启示三：建立民兵组织至关重要，这样可以扶植工作班子，以在危险地区保持稳定的政府力量。这是美国的“清除和占领”战略有望奏效的惟一方式。在美军最终超过 50 万人、南越军队达到相近人数以后，也不能夺回农村地区。但尽早成立本土防卫民兵有助于在农村恢复政府。这些民兵组织的成员从村庄里招募，受雇于政府；他们住在哪里，就在哪里活动，这使越共更难在民众中间稳定下来。在部分程度上由于美国顾问的及早参与，民兵的人数也达到了 50 万。虽然他们的表现有时并不是很好，但总体来说它是安抚计划的一个重要部分。([美国]《来自越战的三个启示》，《华盛顿邮报》2005 年 12 月 9 日)

（荒　林）

作战问题研究

中国关于作战问题研究　关于作战指挥问题　**一体化联合作战指挥有若干显著变化**　一体化联合作战指挥是以一体化信息系统为基础而建立起来，以实现一体化联合作战为目的指挥活动。与传统指挥相比，它有 4 点显著变化。

在信息保障方式上，由自我保障为主向战场共享为主转变。机械化战争中，战场指挥员所需情报信息的保障，主要由本军兵种自身的情报力量完成，各军兵种间的横向情报联系不多。以信息化为基础的一体化联合作战，参战部队间信息获取、传递、使用、管理与共享的能力得到空前提高，各种作战力量之间通过纵横交错的信息网络，利用信息的支撑与纽带作用，实现了“无缝链接”，从而使诸军兵种的战场信息保障实现了高度的共享。

在作战决策方式上，由单级逐一集中决策向多级同步分布式决策转变。传统的作战决策，一般是上级完成决策和形成作战决心后，传达给下级；下级按上级意图及本级任务，再组织本级的决策。这种决策，上下级之间、横向单位之间缺少信息交互。而一体化联合作战中，由于战场信息的高度共享，各级都能利用通用态势图共同感知战场情况，并利用“网上联合作战室”交互决策信息，发表意见，相互协商，共同研究，从而实现多级同步分布式决策。

在指挥控制方式上，由预先计划控制为主向近实时动态调控为主转变。机械化战争中，战前制订详尽的作战计划，是指挥活动的一个重要内容。但是，再详细严谨的作战计划也不可能完全与战场情况相吻合。这就造成了计划与战场态势之间的“时间差”。随着战场态势共享水平和作战控制能力的大幅提高，指挥活动已能对战中的随机协调进行有效掌控，因而其重心将由聚焦计划向聚焦行动转变，由战前计划为主向战中调控为重点转变。

在效果评估方式上，由概略评估为主向精确评估为主转变。机械化战争中，指挥机关只能根据观察结果和下级的情况报告，概略地评估作战效果。由于评估不精确，使得“以最小消耗达成最大效果”的目的难以实现。而一体化联合作战指挥体系内，由于构建了“精确情报-精确指挥-精确打击-精确评估”的“四环精确链”，特别是其中的“精确评估链”能够实时和准确地评估作战效果，从而为是否再行打击提供了准

确依据。(李剑、刘桂涛、贺小强《一体化联合作战指挥的发展变化》,《中国国防报》2005 年 4 月 21 日; 李春立《透视指挥领域变革的新趋势》,《解放军报》2005 年 1 月 18 日)

信息条件下指挥决策发生一系列新变化 信息技术的迅猛发展，使军队的指挥决策也受到深刻和广泛的影响。

决策主体由个体、群体向“网络体”转变。战争早期，指挥决策的主体主要是统兵的将帅。随着生产力的发展和军队规模扩大，个体指挥决策逐步被以司令部为标志的群体指挥决策所代替。信息技术尤其是 C^4ISR 系统运用于战场，把作战指挥提高到一个新阶段，使指挥决策活动的咨询、建议、指示和命令等均通过网络在众多的指挥个体之间运行，使指挥主体的活动开始向“网络”群体式指挥的新运作方式转变。

决策思维由“基于能力”向“基于需求”转变。以往战争中，由于部队作战能力和指挥员的指挥控制能力较弱，指挥员只能“基于能力”来决策，即使任务适应能力。随着信息技术广泛运用于军事领域，作战体系的整体作战效能和指挥员的指挥控制能力大为提高，以往制约指挥员决策的时间、空间等因素的重要性将会降低，信息优势还能揭开“战争迷雾”，消除战争阻力。部队作战能力将能满足各种各样的需求，并给指挥员决策以更多的选择，决策思维方式开始转变为“基于需求”决策，其要点在于使能力适应需求。

决策重心由争夺空间和力量向争夺“制信息权”转变。机械化战争中，决策重心主要是围绕选择 (打开) 突破口，选择主攻 (主要防御) 方向，选择夺占 (坚守) 要点等空间和相关力量展开。信息化条件下，信息成为战场制胜的核心要素。因此，部队战斗力的形成和发挥主要取决于获取、处理、传递和使用信息数量的多少、质量的好坏和速度的快慢。由此，决策重心开始转变到争夺“制信息权”上，并将贯穿于作战指挥的全过程。

决策方式由程序化决策向分布式协同决策转变。传统的作战指挥中，通常实现的是按程序逐级传达和执行的方式，由于决策时间长，效率低，往往会影响到指挥的效能。随着战场逐渐实现网络化和数字化，指挥体系将变得更为扁平，使决策实体与行动实体实现互联，战场感知能力大大加强。这样，异地分布的各级、各类指挥机构就能够围绕共同的作战意图，同时判断情况、作出决策、制定作战计划、下达作战命令，并对部队的行动作出有效的随机调控。

决策手段由人工决策向人机一体决策转变。以往战争中，主要依靠人脑的分析和判断来进行指挥决策。信息化战争中，指挥员可利用计算机决策系统，在对战场情况作出判断的基础上提出多个行动方案以及通过论证评估得出最佳方案，供指挥员选择。这样不仅能大大减少各级指挥员的体力支付，而且使其能最大限度地进行创造性的指挥活动。(张敬华、向科元、贺小强《指挥决策的发展变化》,《中国国防报》2005 年 5 月 24 日)

作战指挥创新时并未完全弃旧 主要表现在以下几点:

指挥模式一体化没有完全改变分层指挥的模式，传统的指挥理论不会被完全否定。信息技术广泛应用于军事领域，使指挥模式呈现出一体化的发展大势。然而，在未来一段时间内，指挥模式一体化，并没有从根本上跳出传统分层式指挥模式。因为其扁平化指挥体制并没有完全取消中间层次，作战指令仍然需经过中间层次的细化、转发，才能到达指挥末端，只是中间层次减少，使信息流程加快。可见，创新并不能对传统指挥理论全盘否定。

信息技术的发展并没有使战场完全透明，传统的人工手段在指挥流程中仍不可缺少。信息化装备的大量使用，使军队的战场感知能力获得了质的飞跃。然而，指挥活动的信息化和自动化并没有使战场完全和真正透明，战场信息侦搜活动还存在着许多照顾不到的“盲点”，针对“盲点”所进行的人工情报搜集等各类信息活动在指挥流程的各环节仍不可缺少。因而，尽管信息技术在指挥领域发挥了重大作用，但它永远也不会完全代替人的所有功能。

指挥决策精确化没有改变作战决策的创造性，指挥员的主观能动性仍有着十分重要的地位作用。随着计算机技术的发展，现代指挥决策已由概略向精确发展。但是，这种精确化只是将敌我双方主要作战数据，特别是硬件数据输入决策系统，然后按照程序得出结论，存在着分析公式化、结果模式化的缺点。同时，这种“精确化”决策亦无法预知战场瞬息万变的情况，提出创造性的决策方案。因此，在未来的信息化战场上，指挥活动既要充分考虑和依托各类信息化的决策手段，还要充分考虑和依托指挥人员的自身素质及主观能动性的发挥。

指挥控制实时化并没有完全脱离上级意图，预先制订计划仍是作战指挥的一个重要环节。尽管未来战场上指挥控制的重心，将由战前的运筹部署向战中的随机调控转移。但这种实时化的动态控制方式，并不是完全脱离整体计划的随机盲动，其目的只是为了能以更快的速度、更大的战果和更小的损失来完成上级预先制订的总体作战计划，达成既定的作战目的。因此不可能完全排斥预先的作战计划。（刘以学、曹雪峰《作战指挥：扬新之时并未完全弃旧》，《中国国防报》2005 年 9 月 1 日）

关于作战方式问题 **信息化战场并未让传统作战方式完全走开** 这主要表现在 5 个方面：

*信息化战场在突出非接触性作战的同时并未否定接触性作战。*有作者认为，信息化战场上的非接触性作战指的是在作战行动中，通过使用信息化的火力，在不与对手直接接触的状态下，以各种远程突击兵器来杀伤和打败对手。它在力量上将是以空、海、天作战力量为主，而不是以传统陆军为主；在方式上将是中远程精确打击，而不是短兵相接的直接拼杀。它可以跨越战斗、战役和战争各个层面，具有广泛的适用性。但强调非接触性作战的重要性，并不等于否定接触性作战。两者作为不同的作战样式，都直接服务于并取决于战争的目的。对某些战争目的而言，非接触性作战就可以解决问题。对另一些战争目的来说，则可能是另外一种情况。所以采用哪种样式，要由所要达到的作战目的决定。因此，在未来的信息化战场上，非接触性作战虽会占据主导地位，但为了达到特定的战争目的，接触性作战也不会马上和完全退出战争舞台。也有作者认为，“非接触”作战不可能完全不接触，其前提就是单向的有效“接触”。因为：首先，信息接触是实施“非接触”作战的必备条件。要营造“我打得着你、你打不着我”的战场环境，就必须对战场信息实施接触性侦察和截获，把战场变成一个尽可能单向透明的空间，并通过干扰、瘫痪敌方的指挥控制、侦察等系统，达成“障敌之眼”的目的。其次，火力接触是实施“非接触”作战的主要手段。离开了对敌接触性的火力打击，“非接触”作战的目的也就无法实现。再次，心理接触是实施“非接触”作战的重要补充。通过舆论宣传等“接触”敌方心理，可强化对敌方指挥、心理等领域的打击，使其产生恐惧、厌战等情绪，进而达成“不战而屈人之兵”目的。

*信息化战场在强化软杀伤作用的同时并没有削弱硬打击的地位。*战争史表明，只有当战争的一方认为自己没有足够的资源和能力继续战斗时，其战斗意志才会瓦解，战争才可能停止。而计算机战、网络战等软杀伤行动，摧毁的只是敌方战争潜力运行的机能，而不是其战争资源，亦不是参战意志。而只有用传统的火力战、机动战等，才能摧毁其战争资源并打垮其继续战斗的意志。由此可见，信息战能力可以使传统的火力战，打得更准、更有效，但单靠信息力、软杀伤是不可能赢得战争全胜的。只有把信息与火力、软杀伤与硬打击紧密结合起来，才能充分发挥战斗力的综合优势。

*信息化战场在重视快速作战的同时并不排除持久性作战。*快速决定性作战一般是指在作战中通过快速、高强度和集中攻击对敌方起决定作用的战略和战役重心，剥夺敌关键能力和凝聚力，使对方屈从于己方意志和要求，在不需要大规模集结兵力和实施持久作战的情况下，快速而决定性地达成战争目的。但快速决定性作战并不是无懈可击的。它在对付弱小之敌时易于奏效，对付泱泱大国时，其效力就要大打折扣。一旦弱者运用持久反制与非对称手段，也会通过以慢制快、以柔克刚、以退为进、以虚对实等来逐步实现集小胜为大胜的转变。因此在信息化战场上，持久战的思想或行动并不会完全消失。

*信息化战场对全频谱优势的追求并不等于谋求局部优势已无意义。*尽管夺取“全谱优势”是未来信息化作战中夺取主动权的关键，但这并不意味着无法获取“全谱优势”的一方，就无法争夺战争主动权。因为拥有“全谱优势”不等于自动拥有了各个局部的优势。同时，任何强大的一方，在总体上的“全谱优势”也不是绝对不变的，不等于它在所有时间、地点和领域都占有绝对优势。弱者只要善于抓住战机，在特定的时间、地点和领域集中作战效能（兵力、火力、信息力），就可以在局部形成以强击弱的有利局面。

*信息化战场在使远战成为主要作战方式的同时并不忽视近战的重要作用。*军队远距离侦察、指挥、打击和机动能力为核心的远战能力大幅提升，使以往一直处于配角地位的远距离作战开始凸显，并成为未来战争中一种主要的作战方式，但这不应成为排斥近距离作战的理由，因为在信息条件下，近距离作战仍有着不可替代的重要地位和作用。首先，近战可弥补远战的不足，并为远战创造机会。虽然远程火力打击对暴露目标、固定目标、集中的目标有效，但如交战对方实施分散、隐蔽、机动等手段，将大大减煞其打击威力。此时如伴之以近战，歼灭分散之敌，或迫敌聚集、龟缩，为远程火力打击创造条件，则可弥补远战的不足。其次，近战在某些特殊作战行动中会居于主导地位。信息化条件下，城市攻坚战、游击战等非正规作战的地位日益上升。面对弱势一方利用特殊的战场地形条件、采取的以近战为主的非正规作战行动，强者一方擅长的远战常常会“心有余而力不足”，只能

被迫采取近战手段与之对抗。由此可见，近战在这些特殊战场上仍将发挥重要作用。（赵昌年、李劲松《信息化战场并未让传统作战理论和行动完全走开》；张振铎、陈东《"非接触"作战的前提是接触》，胡有才《信息化战争并未让近战走开》，《中国国防报》2005 年 3 月 3 日、5 月 12 日、6 月 23 日）

信息条件下城市作战发生 3 点新变化 信息化条件下的城市作战较之以往的战争已发生一些新的变化。

由"残垣断壁"到"完整控制"。在传统的城市作战中，进攻的一方往往集中强大的火力和兵力，与占据有利地形的防守者逐街逐巷展开争夺。密集的火力，常常将所攻之城夷为平地，双方都付出惨重代价。而信息化条件下，随着现代化武器装备大量应用于战场，城市作战环境的复杂性和艰巨性得到了有效降低。进攻一方通过侦察监视卫星、各型无人驾驶侦察机和各种电子传感器等，可对城区内各重要目标进行全时监控，并利用中远程精确制导武器等，在步兵发起近距攻击之前，先对防御一方展开精确的火力"点击"，使防御一方无法有效地组织起抵抗，从而在城市基本处于完好的状况下，被控制和"占领"。

由"不分皂白"到"精确点击"。在传统的城市作战中，由于受战场迷雾的影响，很难区分军事目标与民用目标。为了摧毁城市防御系统，通常要狂轰滥炸，造成数十倍甚至数百倍于"必要破坏"的附带毁伤。而信息化条件下，随着战场侦察和精确打击能力的提高，攻方为了政治上的需求，往往强调运用攻击与保护并重的原则，干扰而不是彻底摧毁城市关键基础设施，以便在歼敌后能迅速恢复城市功能。这种打击方式，在打击敌方士气的同时，极力争取敌方民众支持，追求战争的最佳效益，是战略心理战手段的具体体现。

由"地面为主"到"多维立体"。传统的城市巷战主要以地面战为主，由于采取步步推进的方式，战斗节奏缓慢而效率低下。信息化条件下，这种平面为主的方式将被多维立体的一体化联合作战方式所取代。战斗中，来自陆、海、空、天的各种作战力量，从不同的方向和高度，对城区内的敌军目标进行立体打击和摧毁。（陆锋、胡刚《城市作战：信息化催生出的新面孔》，《中国国防报》2005 年 7 月 21 日）

空间威慑主要有 4 种方式 军事强国在空间威慑方面主要有以下 4 种方式：

显势渲染。在和平时期和危机初期，利用电视、电台、网络及报纸等媒体进行舆论宣传，向潜在对手显示空间力量所具备的强大实力，使其不敢在政治上冒险、军事上妄动；全面展示空间力量，预示在未来作战中将具有空间作战能力，对潜在对手构成威慑。

造势施压。当危机趋于明显时。显示空间力量的当前态势和作战决心，迫使对手不敢贸然行事。造势施压属于中低强度威慑，其主要表现是组织空间对抗演习，显示具有夺取制天权的能力；组织反弹道导弹演习，显示具有战略防御的能力；组织空间战略突击演习，显示空间力量具有直接打击对手战略纵深的能力；与其他作战力量一起，组织联合作战演习，显示空间力量具有为其他作战力量提供有效作战保障的能力。

蓄势待动。当危机激化时，军事强国一般会采取应急投送、轨道机动等方式，将空间力量迅速集结到敏感空间区域。造成战略进攻态势。同时，会组织不间断的空间侦察、预警等行动，将对手的战略态势置于严密监视之下，使对手知难而退。

惩戒打击。它属于最高强度的威慑——实战威慑，其主要表现：一是使用空间力量实施信息压制，通过在电磁频谱领域的干扰压制或欺骗，造成对方雷达迷盲、通信中断、指挥失灵；对其网络系统实施一系列攻击行动，使其计算机网络无法正常工作，从而增大其采取军事行动的顾虑；二是使用空间力量对敏感部位实施突然、短促、有限度的攻击，引起对方作战体系结构性震荡。在其心理上造成巨大影响，使对手不敢轻举妄动。（周新红《空间威慑：战略威慑新样式》，《解放军报》2005 年 4 月 20 日）

关于作战理论问题

论新概念作战 新概念作战是由于新概念武器的研制和使用而催生的作战方式。它使得未来的战场上，将出现以下几种新概念作战样式：

新概念智能化作战。是能够模拟人类思维能力、具有自主识别敌我和选择最佳打击目标、打击时机的武器进行的高度智能化作战。目前，这类高度智能化武器正处于实验阶段。

新概念非致命作战。是指不直接杀伤敌方人员生命就使其暂时失去战斗能力的作战行动。它主要包括：一是针对敌方武器装备或基础设施的非致命作战。即使用超级腐蚀剂、超级润滑剂、特种粘合剂、油料凝合剂、阻燃剂、材料脆化剂等破坏或限制敌武器装备发挥效能，从而使其丧失作战能力。二是针对敌方作战人员的非致命作战。即利用低强度激光、低强度微波、暂时失能性化学武器等，在不威胁敌方人员生命的情况下，暂时限制人员肢体行动自由，或造成其暂时性的功能紊乱，使其在一定时间内失去战斗能力。

新概念防天、防空、反导、反装甲作战。即利用定向能武器、动能武器等从远距离直接摧毁对方太空航天器、空中作战飞机、各种弹道导弹、装甲等目标的作战行动。由于这些新概念武器具有高速度、高能量、高指向性等诸多优点，任何远距离坚固目标一旦被瞄准，就很难逃脱被摧毁的厄运，而且其附带毁伤也很小，因此特别适合信息化战争的要求。

新概念电子作战。即利用微波、激光、粒子束、电磁脉冲等新概念武器产生的电磁效应，对敌方各种电子设备进行的软干扰和硬杀伤行动。如强度为 0.01 微瓦至 1 微瓦/平方厘米的微波，可以干扰工作在相应频段的雷达和通信设备；强度为 0.01 瓦至 1 瓦/平方厘米的微波，可使通信、雷达、导航等系统的电子元器件失效或烧毁。

新概念气象作战。即利用气象武器，人为地制造、改变和利用大气的状态，使之有利于己并有害于敌，从而达成一定作战目的。从军事企图看，可分为三类：一是为己方作战行动创造有利条件，如造雾、消雾等；二是对敌方军事行动制造困难的气象条件，如人工降雨等；三是直接以改变气象条件为武器，破坏敌方的国民经济生产，恶化人民生活环境，达到不战而胜的目的，如人为制造或利用台风、地震、干旱等。

新概念作战将使战争面貌大为改观。首先，传统时空观将发生改变。虽然现代武器的速度、射程、精度得到了空前提高，但与新概念武器相比，仍差距异常悬殊。如激光武器能以 30 万公里/秒的光速射向目标，一切“高速”运动目标都像固定目标那样容易对付。因此，一旦这些新概念武器应用于战场，战争的前方、后方、前沿、纵深概念将不复存在，天对地作战、地对天作战、天对空作战、空对天作战等一系列新的作战样式将会出现；战略、战役、战术界限将更加模糊；一件新概念武器即可集战略、战役、战术多种功能于一身。其次，太空将成为真正的攻防战场。随着定向能、动能武器等高速度、远距离、高精度新概念武器在战场的应用，太空的高度优势将不再是天然屏障。从陆、海、空、天等多维空间打击敌航天器将成为可能，太空将成为作战双方的新战场。再次，新概念武器将成为重要的战略威慑力量。由于定向能、动能等新概念武器能有效地摧毁以往难以对付多弹头分导的弹道导弹。因此，未来弹道导弹的威慑作用将不断降低，取而代之的是一系列新概念武器。（李智林、侯素强《崭露头角的新概念作战》，《解放军报》2005 年 6 月 15 日）

战役作战呈现一些重要变化 随着战争形态发生重大变化，现代战役作战正发生一些重要变化。

作战目的发生变化。这主要体现在以下两点：一是战役目的由歼敌夺地为主变为毁能夺志为重。以往的战役作战，为了达成迫使敌人屈服的政治目的，总是通过歼灭敌人有生力量，夺占战略战役要地，达成战争目的。而未来战役作战，随着战争对抗重点从过去的单元为主向体系为重转移，战役作战更加强调通过摧毁敌方作战体系，瓦解敌方抵抗意志来达成战争目的。二是战役目的受到严格的监督和约束。随着世界格局发生深刻变化，战争目的从过去的追求军事上绝对胜利、向现在的有限目标转移，从而使战役作战的目的受到严格的控制。另外，战场信息的实时传输，也使交战双方作战行动的规模和破坏程度受到节制，以防陷入政治上的被动。

作战方式发生变化。一是精确作战、迅速控制。就是对目标实施精确的侦察与定位，对战役决策实施精确的制定，对兵力实施精确的投放，对作战行动实施精确的指挥，对打击效果实施精确的判定，从而以最低的风险、最小的代价、最快的速度，达成最佳的作战效果。二是信息主导、多维一体。由于制信息权已成为未来战场主动权的基础，就使得参战的各种作战力量在战场信息网络的支持下，形成一个有机的整体，并在作战全过程中协调一致地行动，也使得一体化联合作战成为信息化条件下战役行动的基本作战形式。三是“三非”作战是未来战役作战的基本样式。“三非”作战的实质，是发挥各军兵种的优长。“非接触”是运用远程打击力量，在敌难以接触到的距离上实施打击，以保护和减少己方人员、装备等的损伤。“非线式”是不在固定战线上与敌人作顶牛式对抗，而是寻找敌人的弱点和重心给以决定性打击。“非对称”是运用对方未具备的能力与方法来打击对手，形成“只有我能打你，你却没法打我”的态势。

作战控制发生变化。一是由对有形部队和有限战场空间的控制，转向对整体空间和无形力量等控制。由于信息作战的领域大大突破了传统的战场界限，形成一个超大无形、领域广阔的作战空间。这就要求应对整体空间、包括有形和无形空间以及相关力量进行战役控制。二是作战指挥控制手段呈现出高度一体化。随着信息传输能力的不断提高，军兵种间信息共享水平、智能化联合程度不断提升，战役指挥控制手段趋于一体化。三是作战评估能力进一步增强，使作战和保障行动趋向精确，也为实施下一步的作战行动提供了准确的依据。（王敬立、任俊《战役作战的发展变化》，《中国国防报》2005 年 3 月 31 日）

信息化战场上集中兵力出现新变化 信息化战场

越来越透明，使用兵力一旦过分集中，就可能遭到毁灭性打击。这使得集中优势兵力的内涵、方式、方法都发生了根本变化。

从“兵力火力”集中到“信息作战能力”集中。信息时代，信息成为新型战斗力体系的主导因素，因而战场优势不再表现为兵力和火力优势，而更多地表现为信息优势。一旦获得信息优势，可以使己方的战场感知能力、攻击能力、自我防护能力成倍增加，使指挥协调更趋实时、精确。所以，集中信息作战能力，将比单纯集中兵力火力重要得多。

从“特定区域式”集中到“形散力聚式”集中。传统战场，通常将兵力、兵器集中配置在敌侦察监视和火力打击之外的某一特定区域。而信息化条件下，高度发达的战场侦察监视系统，几乎使整个战场“透明”，再加上远程精确制导武器，“发现即摧毁”已成为不争的事实。分布在陆、海、空、天、电等多维战场的作战力量，尽管高度分散，但通过网络信息系统的联接，实现了各作战力量一体化，进而达成“形散力聚”的最佳效果。

从“规模组合式”集中到“效能融合式”集中。在信息化战场，信息网络技术可以将遍布在陆、海、空、天、电领域中的诸作战力量联结起来，形成一个有机的整体，使一体化联合作战成为可能。这种作战不再依赖于作战力量的数量规模，而是通过情报信息、指挥控制、联合打击、全维防护等作战要素系统，将分散配置的诸军兵种作战力量有机地融合起来，从而实现整体作战效能的融合。

从“战前静态式”集中到“战中动态式”集中。为有效地集中作战力量，形成对敌优势而又不造成不必要的损失，各种作战力量将分散在多维作战空间，指挥员依据瞬息万变的战场情况，使作战威力始终处于不停的动态聚合之中。通过形散求生存，隐蔽行动企图；通过力聚形成对敌优势，实时对敌实施打击；实现由战前疏散配置的静态规模型作战力量优势，向战中动态效能型优势转变。（白帮喜《集中兵力新解》，《解放军报》2005 年 4 月 26 日）

信息化条件下作战时空观出现新变化 大量信息化武器装备运用于战场，使作战时间和空间观念出现重大变化。

作战时间受限变小，作战空间“绝对值”增大。随着武器装备性能的提高，部队将逐步具有全天候、全时辰作战的能力，作战行动将根据作战目的的需要随时展开，很少受自然条件的限制。同时，作战行动的空间范围也不再限于某个局部地区，战区“绝对值”呈增大趋势。作战双方的兵力兵器在有形和无形等多个空间进行交锋和机动，后勤物资进行远程运输，使战场从传统的海、陆、空扩展到太空、信息及心理等空间，范围有新的拓展。

作战时间更为精确，作战空间在运动方向上“尺缩”。信息化条件下的作战，在时间点和时间段的选择上更为准确，在时间的配合和协调上更为精准。战场上，各力量单元何时机动和进行火力打击，打击至何时等，都受到指挥控制系统严格控制，力求分秒不差，以确保作战效果。尽管作战行动的战场空间在增大，但战区空间在运动方向上却呈“尺缩”趋势。高速度武器系统运用于战场，使“空间屏障”失去意义。特别是信息网络的使用，使得作战空间各个角落的信息交换、共享不再受到距离的限制，空间距离无形之间被拉近。

作战持续时间更短，直接攻击地幅变小。现代化精确制导武器所体现的高时值、高精度和快节奏，使得信息化条件下的作战目的可在较短时间内达成，胜败转眼见分晓、首战即决战的现象将大量存在。又由于可对对方作战体系的关键节点实施精确打击，将打击目标锁定在对方指挥控制系统、侦察预警系统、后勤补给系统、战略武器系统，以及机场、港口、交通枢纽等相对狭小的空间内，直接攻击的地幅比以往将大大减小。

作战时间间歇缩短，作战空间紧密相联。由于信息网络的链接，各作战单元的整体联动性大大增强，实时、精确的情报、后勤保障，使作战一旦开始，便少有间歇，将一鼓作气地持续至作战结束。同样，在信息网络系统的链接下，陆、海、空、天各作战空间之间密切关联，甚至会实现无缝隙链接。各战场空间包括信息战场和心理战战场的行动统一安排，协调实施，互相支援，整个作战空间几近浑然一体。

总之，未来信息化条件下的作战，时间因素日趋增值、空间因素相对贬值，以往以空间换取时间，然后利用时间积蓄力量的作战思想，将会越来越多地受到限制。（胡有才《信息条件下作战凸显新的时空观》，《中国国防报》2005 年 1 月 13 日）

提出新型陆军作战理论体系 新型陆军作战理论主要有 4 个特点：

一是作战力量结构改变，空地远程火力突击兵种将成为主战兵种。陆军航空兵的发展从根本上改变了陆军局限于二维平面作战的基本形态，导致传统作战力量尤其是坦克兵的地位与作用大大下降。炮兵特别是战役战术导弹远战能力的提高，使陆军的作战空间大幅扩展，远距离交战成为必然选择。陆战场空中威胁的加剧使防空作战的地位凸显。这意味着炮兵（包括战役战术导弹部队）、装甲兵、陆军航空兵、防空兵四大兵种将成为陆军的主战兵种。

二是火力打击成为陆军的主体作战行动，筹划兵力行动为主正向筹划火力打击为主转变。远程火力打击将贯穿作战全过程，它不仅构成独立作战阶段，而且也是近战兵种作战行动的前提条件和重要保障；特殊情况下，火力突击还可直接达成作战目的。

三是作战方式方法发生重大变化，远程精确打击成为未来陆军的主要作战样式。远程火炮、战役战术导弹、武装直升机等主要作战力量，以及指挥控制、通信、电子战系统与后勤支援等重要设施大部分配置在纵深地区，以步兵、坦克兵为主体实施的近战方式，很难直接达成作战目的，取而代之的是以空地远程火力打击来实现对战场空间的控制。

四是特种作战的地位在上升。传统的步兵将向特种作战转型，主要用于渗入敌方部署纵深实施抵近侦察、引导火力突击并评估突击效果；直接对敌重要目标实施袭击；在对敌实施大量毁伤之后，遂行搜剿残敌、打扫战场等任务。传统意义上的坦克兵将履行传统步兵的使命，主要用于反装甲作战和打扫战场，必要时也可会同特种作战部队遂行近战突击任务。（曹淑信《加速陆军作战理论的创新》，《解放军报》2005 年 10 月 25 日）

关于心理战问题　**制心理信息权的斗争主要有 3 种途径**　强势投送。一是统筹广播、电视、报纸、网络、战场心战平台等各种传播资源，综合运用文字、图片、视频、声音等多种传播手段，形成全方位信息攻击强势。二是通过控制媒体报道的焦点，影响公众关注的主题，使公众不自觉地按照媒体设定的内容去主动获取信息、被动感知信息。三是通过个人通信管道进行隐蔽渗透，可将心理攻击信息准确投送到具体对象的内心，从而直接达成攻心目的。

全维反制。一是对广播电视信号进行电子干扰和压制，有效降低其信息投送效能。二是通过网络入侵手段，对敌方心战宣传网站上的信息进行修改、删除或粘贴，加入己方制作的图像和文字，有效破坏其宣传内容的完整性。三是运用精确制导武器等手段，对敌方新闻媒体、战场心战平台、心理作战部队等信息发射实体进行摧毁，从根本上削弱其心理信息攻击能力。

整体防护。首先，严格战时新闻管理，加强对媒体的约束，把住有害信息的生成环节。其次，把住信息传输环节。通过健全计算机网络、公共通信网络、广播电视传输网络的安全防护措施，加强对电磁频谱空间的管理，遮断敌方心理攻击信息的投送。再次，把住信息感知环节。及时对敌方心战信息及宣传品进行查禁、收缴和销毁，防止敌方心理攻击信息侵入和渗透。（杨明《把握制心理信息权》，《解放军报》2005 年 4 月 12 日）

信息化战场上心理战显现新特点　有作者将信息化战场的心理战特点归纳为 4 点：

以价值观为核心展开深层次心理对抗。价值观是支撑一个国家和民族精神力量的基本要素。围绕价值观进行的斗争，是心理对抗的最高层次。因此，信息化条件下，随着信息的广泛传播，价值观之争更趋激烈。一些西方发达国家利用其信息技术优势，竭力向其他国家和民族灌输自己的价值观念，贬低和动摇其他国家民族的信念和政治体制，手段极具多样性、隐蔽性、欺骗性，并使意识形态渗透成为当代心理战重要内容。

以决策者为重点进行多目标心理渗透。信息技术打破时空限制，使心理渗透对象呈扩大化趋势，形成了以决策者为重点、以对方军队和民众为基础的心理渗透体系。其做法：一是通过各种手段、途径，影响决策者心理，瓦解其抵抗意志。二是削弱军队士气。三是通过传媒手段，强化军事打击威慑力度，进而摧垮民众的抵抗意志。

以信息技术为支撑发动高效能心理攻势。网络传播技术、虚拟和仿真技术等信息高技术的“加盟”，使心理战的强度、广度和可信度大大增强，心理打击效果更加明显，对战争进程和国家安全的影响也更为巨大和深远。

以综合国力为依托实施全方位心理较量。心理战作为国家安全战略的重要组成部分，具有明显的政治性和战略性，其适用范围已从军事领域延伸到政治、经济、科技、外交、文化、宗教等诸多领域；其实施对象不仅涵盖了作战对手的政府、军队和民众，而且包括中立国家、地区和整个国际社会。作为庞大的系统工程，心理战的筹划实施往往通过国家最高决策层统一组织协调，综合使用政治、经济、外交等多种资源，依托现代传媒全时空进行信息传递，开展全方位的复合心理战，最大限度地谋求心理作战效果。（宋方敏《“攻心为上”走进信息化战场》，《解放军报》2005 年 7 月 27 日）

关于信息战问题　**信息对抗的焦点将发生一系列新变化**　主要有以下几点：

对抗方式从支援配合作战到支援配合与独立实施相结合。以往战争中，信息作战力量主要担负支援和保障任务，在作战行动中处于从属和配角地位。而在信息化战争中，信息作战力量不仅仍将担负起支援配合其他作战行动的任务，还会更多地展开相对独立的作战行动。这种夺取制信息权的信息作战行动将在不同的作战样式和作战阶段中广泛应用：有时是在联合作战的先期作战阶段实施，是联合作战行动的子行动；有时可能是在联合作战的某一阶段集中进行，是联合作战行动的一个作战阶段；有时可能就是为夺取制信息权而进行的完全独立的作战。

对抗目标从信息载体对抗到信息载体与信息内容对抗相结合。未来夺取制信息权的斗争不仅围绕着信息载体展开，还将向其所承载和传递的信息内容扩展，并使信息载体与信息内容相结合的对抗，成为信息对抗的主要目标。信息内容间的对抗主要表现为：初级阶段逻辑层次的计算机网络对抗，如黑客对抗、病毒对抗、密码对抗、软件对抗、芯片对抗等；高级阶段超逻辑层次的计算机网络对抗，是在人机结合的思维领域进行的知识和智能的对抗，如利用黑客技术篡改敌方的作战计划等。由于信息内容的对抗更深入作战行动的本质和核心，也具有更大的破坏力和影响面。因而这一深层次的信息对抗必将与信息载体间的对抗一道，成为信息对抗的基本和主要目标。

对抗空间从物理空间到物理空间和思维空间相结合。未来制信息权的争夺战中，除在地面、海上、空中、电磁、网络战场等物理空间进行外，思维空间将成为信息对抗新的和更为重要的空间。届时信息对抗行动将在物理空间和思维空间先后或同时展开。信息化战争的最高表现形态，是运用智能化武器装备和指挥控制手段，进行以谋略和知识为主的对抗。信息攻击的目标主要是敌方的认知系统，信息渗透主要向精神和思维空间展开。战场制信息权的获取将取决于作战双方人员的知识化程度、武器装备的智能化水平和谋略运用的艺术。

对抗时间从主要在战时进行到在平时和战时不间断进行相结合。传统制信息权的争夺主要是在战时进行，实施主体主要是军队。信息化条件下夺取制信息权的行动将呈现出从平时到战时、从战时再到平时这样一个不间断的连续过程。和平时期，敌对双方侦察监视和情报收集工作一刻也不停止，通过全球信息基础设施开展的政治、经济、军事、文化、传媒领域的信息对抗行动随时都在进行；战时，将在平时斗争的基础上，进行更大规模、更多领域、更高强度的信息对抗，以便牢牢把握战争的主动权。

对抗范围从主要在军事领域到军事和非军事领域整体争夺相结合。随着网络的普及，军队和地方网络互通性和共享性加强，寓军于民、民为军用已是未来军队建设的基本趋势。因此，信息化战争中，军民界限更加模糊，与信息对抗能力休戚相关的民用目标如电力系统、金融中心、通信设施等，将成为双方打击的重要目标，从而使制信息权的争夺更广泛和深入地渗透到非军事领域。由此，信息对抗的范围也将从传统的以军队和军事领域为主，扩展到在军事和非军事领域同时进行、全面展开。（向科元、代华《不断扩展的信息对抗》，《中国国防报》2005 年 6 月 30 日）

信息优势具有 3 个特征 非对称性。是指信息战中双方力量对比上不构成对等关系，一方占有压倒性优势。信息战中，拥有信息优势且信息力量运用恰当，不仅可有效地实施“信息垄断”、“信息威慑”，还可提供“信息支援”和“信息保护伞”，使受到支援和保护的作战力量获得巨大的军事优势，成倍地提高战斗力。为此，作战双方都积极运用多种手段，力求形成信息对抗的不对称局面，从而在全局或局部获取绝对优势，为瘫痪对方作战体系增加制胜的筹码。

相对性。拥有信息优势，并不等于拥有了一切。信息优势要转化为决策优势和行动优势，离不开指挥员对作战环境的充分把握、对信息力量的灵活运用。尽管信息日益重要，信息优势只是影响指挥活动和作战行动诸多因素之一。如果战略指导错误，以拙劣的战役或战术行动计划为依据，信息优势也就失去了其价值。

动态性。信息优势是在作战双方信息对抗中形成的。信息技术上占优势的一方，如果其要害部位被另一方破坏或控制，优势瞬间会转化成劣势；信息技术上处于劣势的一方，如果战法运用恰当，以己之长，破敌要害，肢解其整体优势，劣势一方也可能由劣转优。因此，信息优势是动态的，它会随着作战进程的演化而不断地发展变化。（向科元《信息优势三大特征》，《解放军报》2005 年 1 月 25 日）

关于其他作战问题

信息化条件下舆论战展现诸多特性 通过近期几场局部战争，可看出信息化条件下的舆论战主要有以下几点特性：

战略性。以往的舆论宣传只是在战争的某个阶段、某个方面发挥着战术性作用，对战争全局的影响较为有限。而现代战争既注重武力征服，更重视精神瓦解的基本着眼点，使舆论战成为与军事打击同在的“第二战场”；现代信息传播技术在军事领域的广泛应用，大大拓展了舆论宣传的威力和空间，使舆论战具备了“全局效应”，并由过去的战术层次跃升到战略层次。

实时性。军事信息的高度密集化、战争进程的高度快速化尤其是传媒手段的高度网络化，为舆论传播的实时性提出了迫切的要求，提供了现实的平台。近期几场局部战争表明，最大限度地实现舆论传播的实时性，并始终占据主导地位，始终导引广大受众，将会对战争的进程和结局产生重大影响，同时对敌方的决策行动也将起到多层次、多方位的制约作用。

全维性。全方位联动，全时域运作，这是近期几场局部战争中舆论战迥异于以往的显著特点。如在伊拉克战争中，美国凭借遍布天空、地面、国内、国外的现代传媒设施和超强的信息采集能力，对敌与友、内和外、盟国以及全球进行多向多元的信息发送；同时，对伊的舆论战更是“兵马未动，舆论先行；兵战已止，舌战不休”，使舆论宣传贯穿始终，渗透到战争的各个阶段、各个环节。

对抗性。信息化条件下的舆论对抗战将更为突出。一方面，双方将进行高强度的舆论“软对抗”，即利用各种方式，强化己方正义性和必胜性的宣传，以凝聚本国人心，鼓舞本军士气，争取世界舆论；同时，针对敌方政治、军事等方面的薄弱环节进行设谋用诈、强力打击，以分化其军心，瓦解其斗志，影响其民意。另一方面，双方还将进行高强度的舆论“硬对抗”，即利用各种手段，破坏或摧毁对方的舆论媒体，削弱或剥夺对方的舆论宣传能力。

从属性。信息化条件下，尽管舆论战地位特殊、作用重要，但其本质和核心仍是政治战、精神战，并具有从属于战争政治目的的鲜明特征。如美国极力标榜“新闻自由”，但在近期几场战争中，其军事新闻传播受到战争政治目的的严格制约。如战前对新闻记者采访报道提出种种规定和限制，战争中对于不听招呼的媒体记者则随时取消采访资格甚至解雇。（崔常发、唐复全《信息化条件下的舆论战》，《中国军事科学》2005 年第 3 期）

信息化战争目标选择和打击方式出现 5 点变化 随着信息共享度、战场透明度、作战精确度等的大幅度提升，目标选择与打击模式正在发生显著变化。

由面状目标向点状目标转变。机械化战争选择打击目标时，往往立足于通过密集和大范围的火力杀伤解决问题。随着信息技术的飞速发展，军队逐步具有全维的战场感知能力、高效的决策能力和精确联动的行动能力，使直接打击敌方致命处成为可能。于是，交战双方在选择打击目标时，往往强调以综合效能作用于敌要害和关节，瘫痪结构体系，瓦解作战能力，迅速达成作战目的。

由从前至后向全纵深打击转变。以往作战双方通常按由前沿到纵深的顺序，逐次、递进、分阶段地选择打击目标，逐步逼近并打击对方的核心和要害目标。信息化条件下，随着战场日趋透明，非线式、非对称、非接触性的远程精确打击成为主要作战形式。交战中，人们采取的是立体超越的全方位作战方式，诸军兵种作战力量在陆、海、空、天、电多维战场同步展开，同时对前沿和纵深内一切有价值的目标展开攻击。

由预先计划向灵活打击转变。随着军队的侦察感知能力、快速反应能力、远程精确打击能力的极大提高，交战双方一改以往那种对打击目标进行预先计划、并按规定的程式和方式进行的死板打击方式，在打击目标的筹划上，更多地不是依据计划，而是着眼变化，实施随机协同和瞬时打击。

由重兵集火向一体聚优转变。随着武器装备打击精度的大幅提高，以及政治目的对战争行动制约的进一步增强，为提高作战效费比，并尽可能减少附带损伤，传统的集中重兵实施高强度、高毁伤的打击形式将被放弃，代之以一体聚优的打击方式，即依托一体化 C^4ISR 系统，使诸军兵种力量单元和陆、海、空、天、电多维战场实现无缝链接和信息共享，并以软硬一体、攻防一体、打控一体的方式，集聚优势的战斗效能作用于目标。这样。打击目标的兵力兵器虽少，但不同方向和力量向同一目标聚合作战效能的渠道多了、速度快了、精度高了，因而能在短时间内形成对敌优势并战而胜之。

由战损积累向结构瘫痪转变。以往战场的主动和战争的赢取主要靠大量消灭敌有生力量的歼灭战，靠“积小战成大战”的消耗战，靠诸军兵种作战效益的叠加取得。而信息化战争中，作战双方往往不再依先战役战术、后战略的顺序选择目标，也不再以作战损耗的积累达成作战目的，而是强调直接选择敌战争体系中起支撑作用的军事、经济等要害目标，通过精确打击来瘫痪其体系结构，使其丧失整体作战能力和抵抗意志。（傅慧军、岳胜军《以新的重击瓦解和瘫痪目标》，《中国国防报》2005 年 5 月 26 日）

防御体系 4 要素发生明显变化 信息时代，作为防御体系中基本四要素的兵力部署、火力配系、阵地配系、障碍配系，也出现了较为明显的变化。

兵力部署由“梯队固定组合”到“模块随机弹性组合”。以往防御作战的兵力部署主要是按梯队方式部署的。优点是能够产生持续和稳定的抗击力，有效对付敌人按部就班的程序性进攻。信息化战争中，由于进攻一方具有很强的战场机动和反应能力，可随时变换主攻方向和兵力编成等。这就需要防御一方的兵力部署打破传统的梯队固定组合模式，采取系统集成的方法，把功能不同的各作战单元根据敌情变化、所防目标的不同，随机进行组合和分解，以最大限度地发挥其自同步作战能力，以快制快，以变应变，使之能形成最大抗击力于敌攻击点，以不断迟滞消耗敌人，进而动摇敌进攻意志。

火力配系由“预先计划层层申请”到“依托网络实时打击”。在信息化战场上，进攻一方将在广阔的战场空间灵活实施全方位、全纵深攻击。防御一方如仍按传统的预先计划火力、层层申请上报的方式进行作战，将很难适应战场情况的瞬息万变。于是，充分发挥信息技术特别是 C^4ISR 系统的作用，将各火力打击单位综合集成为一体化实时联动的火力打击大系统，在最大限度地发挥各火力单位同步打击能力的同时，依托网络系统提高火力打击的机动性、灵活性，做到随机协调，随叫随到，以最快速度发挥整体打击最大威力。

阵地体系由“固定防区掘壕固守”到“因敌而变灵活布阵”。分区固守是机械化战争时期防御作战的基本特征。而信息化战争中，进攻一方突击力的提高，战斗益发速决，使防御一方面预先在固定防区构筑阵地体系已失去意义。计算机模拟技术等的广泛运用，才为提高阵地体系的临时应变速度和效果提供了可能。它使防御一方平时可将各重要方向和地区内重要的地形数据、毁伤概率和阵地位置等存储在预先建立的阵地构设模型中，使其在战斗中能够根据敌攻击方向和己方防御重点以及任务的变化，随时调出有关预设阵地的各种构筑方案，并借助高效率的施工手段，在新的防御方向和地段以最少时间构设出相应阵地，进而提高阵地体系的应变能力。

障碍配系由“预先设置”为主到“随机投放”为主。由于以往的防御者能够预先判断敌进攻路线，因而能提前在敌进攻路线上设置障碍。信息化条件下，由于进攻一方机动能力、特别是空中机动能力极大增强，突破速度大大提高，突破方向灵活多变，防御一方的障碍设置只有以临时机动设置为主，以预先设置为辅，才可能做到有的放矢，提高阻滞能力。（张金存、朱岑《防御体系“四要素”的发展变化》，《中国国防报》2005 年 6 月 2 日）

防御战正失去“地形之利”　这主要表现在以下 3 方面：

一是阻滞作用降低。在传统的防御作战中，有利的地形地物对以地面运动为主的陆军特别是坦克，有着天然的障碍和阻滞作用。而未来地面战斗，随着陆军航空兵编配数量的日益增多，空海军力量的不断壮大，以及作战力量打破传统的军（兵）种限制实行一体化编组，使得地面战斗日益表现出立体化趋势，特别是进攻一方的空中突击日益增多。在此情况下，以往防御战斗在“地利”上所拥有的阻滞作用将会大打折扣。

二是隐蔽作用降低。由于以往全天候、全纵深的侦察能力有限，防御一方只要利用山峰、丛林、沟壑等有利地形排兵布阵，就可有效地隐蔽自己的部署和行动。而信息化战争中，由于陆海空天电网一体化能力不断提高，攻方在遥远的距离和不良天候条件下就能洞察防御一方的各种情况。因而，仍寄希望于利用“地利”条件来隐蔽自己的兵力兵器和作战行动，将越来越难。

三是防护作用降低。由于以往火力打击的精度和强度有限，因而防御一方只要选择有利的地形地物做依托，就可大大降低对方火力打击的杀伤破坏作用。而随着武器装备的精确化、智能化和远程化，进攻一方火力打击强度不仅大大提高，而且精度亦直线上升。如一些先进的钻地炸弹已能深入地下几十米，一些穿甲弹可以击穿上百毫米厚的装甲，而一些精确制导武器的命中精度已达 1 米左右，使“地利”的防护作用大大削弱。如果仍囿于传统的“地利”条件企图掘壕固守，只能落个被动挨打的局面。（张金存、魏志存、尤兴飞《防御战斗正在失去“地形之利”》，《中国国防报》2005 年 8 月 4 日）

（潘新毛）

美军关于作战问题研究　关于作战理论问题

战略瘫痪论推动美军作战理论发生转变　战略瘫痪论作为当前美军作战理论的核心支柱之一，从 3 个方面推动了美军作战理论的转型。

作战重点从强调空间争夺，向突出重视时间效应转变。当人们普遍关注不断扩大的战场空间时，战略瘫痪论学者特别强调战争的时间维度，引入了时间武器的理念，突出了时间对战争胜负的决定性影响。军事学博士伊德以篮球比赛的战法为例，简要地探讨了“以快制快”、“以快制慢”和“以慢制快”在当代战争中的运用，找出美军快速作战的弱点：如果对手不按美军的规则作战，故意放慢节奏，那么美军很有可能输掉战争。就战略瘫痪理论而言，时间是研究作战理论必须重视的重要环节。

*打击对象的选择上由强调全面打击、消灭敌有生力量，向打击敌重心转变。*战争是天生的政治工具。因而，军事行动的目的是操纵敌人领导层的意志，迫使敌人领导层在政治上做出让步。在以往的战争中，往往是以歼灭战和消耗战的方式达成战争的政治目的。战略瘫痪论把敌国和敌军作为一个整体进行分析，找出其重心，打击敌重心，使敌人作为一个整体陷入瘫痪状态，最终放弃抵抗从而达成己方的政治目的。为此，该理论认为，最有效、最直接的机制就是瘫痪敌军指挥系统。并认为瘫痪战具有歼灭战和消耗战无法相比的高效率。

*打击方式上由单纯的强调物质打击向重视物质、心理双重瘫痪转变。*战略瘫痪理论把打击重点放在心理与物质两个方面，尤其突出心理和精神上的打击和瘫痪。美军认为，他们所需要的作战条令，更加强调在物质和精神上同时摧毁敌人的能力。因为物质上的瘫痪不足以打败所有敌人，也就无法达成发动战争的政治目的，只有在精神和心理上瘫痪敌人，才能摧毁敌人的意志，让敌人按照我们的意愿行事，因此心理瘫痪才是达成政治目的的直接因素。（陈新民、潘清卿《论战略瘫痪论在美军现代作战理论中的基本作用》，《外国军事学术》2005 年第 6 期）

探析美军全频谱城市作战要点　2003 年 6 月，为应对伊拉克战争出现的情况，美军在 FM3-06 号野战条令《城市作战》中首次提出“全频谱城市作战”概念，即在城市化地区作战范围内动用一切必要的手段在各个领域实施的作战。城市作战基本要求是以一种作战样式为主，同时或先后实施进攻、防御、稳定和支持行动，并保持各种作战样式转换的顺畅。时至今日，该作战行动已呈现出许多新特点。

*实施一体化信息作战，夺取和保持信息优势。*城市不仅拥有高密度的非战斗人员、信息资源、媒体、公众、盟友、合作伙伴、中立国人员和设施，而且拥有大量可用于关注或暴露作战部队行动的移动电话、因特网和媒体。上述因素都可能具有进攻性或防御性的作用，因而在信息作战中必须特别注意。美军把信息作战行动一体化、夺取和保持信息优势作为城市作战成功的关键因素，强调将信息作战贯穿城市作战的始终。其方法：一是借助一体化的指挥与控制系统，将信息作战与各个方面和各个级别的作战行动融为一体，为观察和打击纵深之敌创造条件。二是将精确制导武器与“传感器—射手”系统相结合，使作战部队几乎不受地形和距离的影响就能实时地打击多个目标，进而成倍地提高作战部队的能力；三是灵活运用任务式指挥方式，实现集权与自主的统一。

*实施一体化决定性作战行动、塑造行动和持续作战行动。*这是指围绕决定性作战行动，综合运用决定性作战行动、持续作战行动和塑造行动，保持作战行动的整体性和同步性。为实现多种行动一体化，在决策过程中，美军指挥官通常根据作战目的，确定下属各部队作战行动的样式，并按作战样式的需要对部队进行作战编组，从而把所有作战力量凝聚成一个整体。作战实施上，美军通常以压倒性的战斗力和信息优势，在同一时间内实施决定性作战行动、塑造行动和持续作战行动，确保决定性作战行动的成功。

*增加装甲力量的投入，尽可能加强自身防护。*美国陆军从实践中认识到要想接近敌人并在敌人的伏击中生存下来，就需要足够的装甲装备来保护作战部队。在城市作战中，步兵编队在逐屋清剿敌军时，装甲平台首先要担负掩护步兵的职责，然后还要在支援或射击行动中消灭敌军。伊拉克的实战经验表明，要想取得城市作战的胜利，既要充分发挥坦克在城市作战中的主导作用，还要有效地运用诸兵种合成部队，而不能单独使用其中任何一个兵种。

*着眼重心实施精确打击，最大限度地减少己方人员伤亡和附带损害。*美军强调，集中力量打击敌方重心是城市作战行动的核心和焦点，也是通向胜利的最迅速最可靠的途径。伊拉克战争的实践就证明了这一点。为减少城市作战导致的大量附带损伤，美军高度重视精确打击。认为它节奏快、作战时间短，在注重以最小的毁伤打击敌人的同时，可使附带损伤大幅降低。另外，全频谱城市作战的复杂性和艰巨性，以及高技术武器装备的高投入、高风险，客观上也要求美军城市作战必须提高作战效益，以节约用兵、节约资源、减少附带破坏和损伤。

*准确掌握民众态度，仔细区分战斗人员与非战斗人员。*美军将居民的态度视为城市作战的重心，最大限度地减小这一因素对作战的干扰，或最大限度地促使平民对联合作战部队、多国部队及政府机构予以支持。美军在准确地判定民众对美军态度的同时，要求部队实施“正确的政策、严格的纪律和对当地文化的充分尊重”等措施，增强城市居民与美军的关系，并强调指挥官“不能将西方的文化价值观念强加于非西方的城市平民”。针对近期城市作战中，敌军尽可能地将其军事力量混杂于民众和公用设施的情况，美军要求作战部队发挥个人素质的最高水平、高度的组织纪律性和判断力，加大力度将二者区分开来，以便产生有利于己方的重大影响，进而获取国内和国际社会对

城市作战行动最大限度的支持。

控制和保护重要的基础设施，迅速恢复必要的服务。美军认为，“控制并保护重要的基础设施能孤立敌人，使其得不到潜在资源的支持”。为此，指挥官应最大限度地减少不必要的破坏。在计划和实施城市作战时，部队要使用非致命性武器、小破坏力弹药和各种作战能力，以尽量使原有设施免受损害，以便为战后维持行动、稳定行动、支持行动，或当地居民的健康及安宁，提供基本的服务设施。美军认为，这对恢复城市的正常秩序，并最终赢得城市作战的胜利将产生积极影响。（曹军《美军全频谱城市作战要点》，《外国军事学术》2005 年第 7 期）

析美军新作战消耗理论特征　美军新作战消耗理念核心思想是充分发挥军事技术巨大优势，最大限度减少人员伤亡，其实质是追求战争效益观。其特点主要有 3 个：

强调以“控制物质消耗”取代“大量物质消耗”。传统消耗观“以消耗己方大量人力、物力为前提，以大量杀伤、歼灭敌人为目的”。而新型的“控制消耗”观强调，在保持绝对军事优势的前提下，有选择地消耗己方特定的作战资源，达到消耗敌方特定的作战资源，从而避免己方更大的消耗，以求发挥最佳的作战效能。控制消耗的实质就是依据强大军事优势，把对敌的消耗破坏控制在能使敌屈服的最佳效果范围之内，并根据这个目标将己方消耗控制在尽可能小的范围内。“控制消耗”观追求以最小消耗达成胜利，而不是完全毁灭敌军。

强调以“意志消耗”换取“物质消耗”。美军认为，由于从精神和心理上彻底打垮敌人，才能使其放弃对抗。因此，美军的消耗观已拓展到“意志消耗”。这意味着现代战争不再仅仅是以消灭人的肉体为目标，而是通过攻击人的思想、精神和思维等，实现瓦解敌军的目的。美军意志消耗观主要体现在：一是以对敌“意志消耗”取得胜利，同时换取“物质非消耗”。二是以“物质消耗”达成对敌“意志消耗”。当直接的“意志消耗战”不能奏效时，美军力主通过物质消耗摧毁对瓦解敌军意志起决定作用的要害目标，对敌造成一定的震撼作用，从而迅速达到摧垮敌军意志的目的。这样既大大缩短战争的时间跨度，又避免了因长期作战而带来的更多的物质消耗。

强调以“物质消耗”达成“人员非消耗”。实现“零伤亡”是新消耗理论的重要方面。越战结束后，美军把“避免过多人员伤亡”视为战争的首要原则，并在其后的历次战争中不断探索避免人员伤亡的途径，力图实现己方战场“零伤亡”。为达此目的，美军在战争中不惜消耗一定的物质资源，并广泛采取以“物资消耗”换取“人员非消耗”的方式。（车先明《美军现代作战新消耗理念探析》，《外国军事学术》2005 年第 8 期）

美军战斗损毁评估存在多方面问题　尽管目前美军战斗损毁评估能力已有明显提高，但由于侦察探测手段受自然和复杂环境影响较大，实战中仍不能对所有打击目标进行准确、实时的战斗损毁评估。

战斗损毁评估无法反映军事和政治影响。目前，美军战斗损毁评估是根据对有形设施破坏程度的观察得出的，由于打击力量的破坏性和震撼性效果目前无法量化，战斗损毁评估偏重于反映物质的损毁情况，并不能反映对军事和政治的影响。

某些重要因素严重制约战斗损毁评估的及时性和准确性。受侦察探测手段的制约，美军仅能对有限目标的打击效果进行实时或近似实时的评估。虽然侦察探测卫星和无人侦察机提高了战斗损毁评估的实效和精确度，但很多情况下还需要动用人工侦察手段。这使得对多种情报渠道获取的信息进行综合分析的周期比较长。

战斗损毁评估技术上存在死角。在精确打击过程中，美军只能看到对建筑物表面的破坏情况，对建筑物内部的损害程度和对整体的破坏程度却无从得知，对分散人员伤亡情况美军还没有行之有效的评估方法，对防空系统，指挥、控制与通信设施，后勤与供应系统以及武器和弹药储存设施等的破坏程度也很难准确评估。对一个国家的领导层实施攻击后战斗损毁评估也还缺少技术手段。（欧阳卫平《美军战斗损毁评估》，《外国军事学术》2005 年第 9 期）

探析基于效果作战理论特点　“基于效果作战”是美军当前一种重要的作战思想，其实质是通过在战略、战役和战术层次，以协调、增效和积累的方式，运用全部军事和非军事力量，获得所期望的作战效果。其特点有以下 6 点：

作战目标精确锁定。基于效果作战不是摧毁对手所有的目标，而是精确锁定对达成战争目的起最大效果的某些关键目标并进行打击。这样不仅可以利用较少的力量完成作战任务，而且可以在更短的时间内以最直接的方式达成战争目的。伊拉克战争之所以提前发起“斩首”行动，就在于美军将目标精确指向了萨达姆及其高层领导圈，企图一举达成战争目的。可见，基于效果作战的目标选择，不再是围绕消耗对手的有生力量，而是精确地指向能够直接达成作战目的的关

键性目标群。

作战力量多元融合。基于效果作战将陆、海、空、天、电等多维领域的诸军兵种作战力量连接成一个有机的整体，效能相互融合，以追求最大的整体作战威力。参战的诸军兵种作战力量合理编组成联合部队，构成诸军兵种一体化力量结构体系。每一军种参战力量都只是联合作战力量的一部分，单独都难以发挥作用，只有大联合和深度联合才能形成强大而有效的战斗力。在作战力量的选择和使用上，坚持以效果为本，不仅强调集中军队内部的整体力量，而且善于通过外交等多条途径达成作战目的；不仅强调动员国家各部门的整体力量，而且善于动员国际联盟共同参与达成作战目的。

作战手段综合运用。在作战手段的运用上，基于效果作战不但注重消灭敌人的有生力量，而且直接运用了“斩首行动”、“打要害”、“打节点”。要求将制敌机动、精确交战、网络作战、信息作战和心理战及舆论战等各种作战手段综合运用，形成多维作战态势和复合的作战效果，以最短的时间、最好的效果，摧毁或废除敌人的重心或关键的弱点。这对加速作战进程可起到重要作用。

作战行动高速度非线式。基于效果作战强调以更高的速度、更快的节奏、更大的流动性，在更加广泛的作战空间对敌实施全维作战，使多维空间的不同方向、不同地域以及不同样式的作战行动，在同一时间协调一致地展开，从而产生最大综合效力，破坏敌方的整体作战能力，打垮敌军的抵抗意志，最终实现既定作战方针和目的。

作战效果非线性集成。传统的消耗战，是一种线性思维方式，其最终的战果是由若干次作战效果线性累加而成。而基于效果作战的效果不是线性的叠加，而是非线性的集成。强调利用多元化力量，在多维领域并行作战，综合运用信息作战、制敌机动、精确交战等战法，实施以效果为基础的行动，并通过各种作战行动产生的效果相互影响、促进和扩大，在非线性的集成中生成最大的作战效果，给敌方造成巨大震撼力，从而实现速决制胜。

指挥控制灵活高效。美军认为，基于效果作战的指挥与控制，必须利用强劲发展的信息技术，对作战形势的共同理解，极力提高指挥控制的一致性，使任务完成得更快速有效。基于效果作战的指挥控制关键在于平行协作。如在伊拉克战争中总统和国防部长只决定“打不打和为什么要打”等根本性问题，至于“如何打”则由联合司令部决定。这种指挥方式使各级指挥官最大限度地拥有决策权，为快速决策和实时指挥提供了条件。同时，综合利用高、中、低探测通信系统和指挥控制系统的优势，实现各军兵种和盟军之间的实时和无缝隙指挥，使信息更新速度更快，有力地保障了美军指挥控制的灵活高效。（王云宪、王云雷、纵强《美军“基于效果作战”理论内涵及特点探析》，《外国军事学术》2005年第6期）

探析快速决定性作战理论的局限性 快速快定性作战理论是美军最新作战理论的核心内容，在伊拉克战争中首次进行实战检验并取得初步成功，但也存在明显的不足和局限性。其主要表现在以下5个方面：

概念界定不够完善。美军在《快速决定性作战》白皮书中，虽指出“快速”和“决定性”是“快速决定性作战”的两个基本属性，但在概念的表述中只有客观的界定，并没有对快速作战基本原理的解释。因此，定义中的表述同样适用于渐进式或预有准备的作战。而且，“快速决定性”作战的前提或假设，都是美军对潜在敌人具有技术上的优势，并在军事上取得对敌方的主导权。然而，当战时对手对美军发起不对称攻击，或潜在对手转向其他领域寻求对策时，美国可能将无法保持这方面的优势，自然也就无法实现“快速决定性作战”。

适用范围比较有限。根据白皮书的定义，“快速决定性作战”是作为一个面向2015年以前的小规模、高强度应急作战的整合性概念。而这些作战都是在特定的背景、时机和地点，针对特定的目标而进行的特例。因此，美军对作战地区情况及可能面临的威胁了如指掌；大部分作战部队的训练都是在类似的地形进行，准备相当充分；计划者以及领导者享有情报准确、计划时间充分和侦察深入的优势。由于上述各方面都符合达成“快速决定性作战”的条件和要求，美军可以轻而易举地取得绝对优势。但“快速决定性作战”也存在理论适应性不足的明显弱点。一旦美军的对手采取“你打你的，我打我的”战略战术，“从（美军）无力反击的方向和维度攻击”，那么美军的“决策优势”和“主导作战的形式和节奏”将难以实现。

“作战净评估”很难完全及时。白皮书认为，“作战净评估是一种作战支持手段，它可以让战略至战术层次的决策者了解为支持国家目标而采取的外交、军事和经济行动的具体效果。其目的是提供对态势的高水平理解，并设计各种作战方案。但要想真正完全了解敌人，在实战中几乎是不可能的。因为，文化的差异导致战争观的差异，进而导致美国在评估和预测对手时必定存在不足；问题的症结还在于，能否运用信息准确分析和预测作战行动及其引起的效果，特别是敌人继续进行抵抗的意志？过分依赖技术和经过训练的情报人员和技术人员无法做到这点；为弥补文化的差异和技术的缺陷，“作战净评估”想要尽可能完美，就需要尽可能多的资料。大量收集资料势必造成信息泛滥，使指挥员陷入“大海捞针”的窘境。

“效果”受到制约因素较多。对于拥有信息和技术优势的美军，在战争中要实现“快速”和“决定性”的效果，会受到多种因素制约。一是国际战略环境。为实施“快速决定性作战”而寻求联盟，需要各方面的妥协让步，这必将延长作战时间，即使结盟完成，作战行动本身仍会遇到影响“快速”的阻力。二是国内政治体制。军事行动必须经总统和国会讨论和批准，也会造成决策节奏缓慢，削弱政治警告和军事威慑的力度。三是多种国家力量（包括经济封锁和制裁）在快速决定性作战中的整合。对此白皮书没有讨论，这使整合能否发挥作用值得怀疑。四是狭隘的军种文化。各军兵种自身文化的差异、发展利益和资源分配的冲突，导致争夺战争主导权的矛盾进一步突出，这在一定程度上会使实战中的效果大打折扣。

“联合指挥与控制”未必有效。主要在于联军与美军的力量差距太大。由于美军所采用的作战方法和技术都将不同于其他参战联军，这就在作战成本、训练、部队发展乃至战略意图方面给未来的盟国提出了难题，并且会对“以知识为中心”的作战、作战通用态势图的建立、未来联军的互通性产生不良影响。（向前、胡谷能、尤兴飞《快速决定性作战理论局限性探讨》，《外国军事学术》第 8 期）

关于心理战问题　**美军心理战主要特点分析**　美军心理战特点主要有 6 个：

地位作用突出。美军认为，心理战是 21 世纪进行战争的主要手段之一，心理空间已成为陆、海、空、天、电之外的又一重要对抗领域。为此，美军心理战不仅被提升到战略层次，而且从军事领域进入政治、经济、外交、文化、宗教等领域，并且突破战时平时的界限，成为全时空的战略行动。心理战的实施对象也不仅仅局限于军队，而且指向了对方国家的全体民众，把打击对象的友好国家等也纳入攻击目标；实施空间范围也突破了前方与后方、战区与非战区的界线，呈现出立体化态势。

组织机构健全。美国十分重视心理战组织机构的建设，全军从上到下、建有系统完善的心理战指挥机构和专业心理战部（分）队。美军心理战最高统帅机构是“国家心理战委员会”，它由总统心理战顾问、参谋长联席会议心理局、国防部心理理事会和兵种参谋部心理战处组成；中层机构由军种司令部、联合司令部和战区司令部的有关心理战部门组成，设有心理战处；下层机构由心理战营、连和心理战情报机构组成。目前美军有一支约 7 万余人的心理战机构和部队，每年耗资 25 亿美元。其中陆军有 4 个心理战群（相当于旅）、12 个心理战营和 22 个心理战连。

理论体系完备。美军具有较完善的心理战理论体系，并能随着军事理论的发展和战争样式的变化而及时地丰富和完善。这些情况都突出地反映在美军制订和颁布的心理战条令上。早在 1949 年美军就颁布了代号为 M-33-5 的《实施心理战战役》特别条令，对心理战的概念作了初步的概括。1979 年 8 月和 1993 年 2 月颁布和修订颁布的《陆军心理作战条令》，对心理作战的地位、作用、类型、实施原则和具体方法等作了详尽的论述和规定。特别是 1996 年 7 月颁布的适用于各军种的《联合心理作战纲要》，具有较强的规范性、权威性和科学性，代表了西方心理战理论的最高水平。

任务分工精细。以美军心理战营为例，从信息的搜集、设计、制作、传播，到心理战效果的评估，都有精确、细致的分工。根据所承担任务的不同，又分为地区心理战营、心理战材料准备和发放营、战术心理战营、战俘工作营等 4 种类型。这些营根据其使命和具体任务编有连、中心、排、组，共辖 27 种小队。各级心理战编组依据分工，各司其责，有力地保障了心理战合力的形成。

装备技术尖端。美军心理战部队的作战装备无论是用于抛撒传单的器材，还是用于传输音频视频的工具，其技术都是当代最为先进的。主要包括：10 千瓦和 50 千瓦无线广播与电视发射设备、印刷设备、有线广播设备、机动声像处理车等。空军心理战部队还配备有可执行播放调频、调幅广播节目以及电视节目任务的 EC-130 心理战飞机。此外，美军还建立了心理战自动化情报指挥系统以评定心理战的效果。随着信息技术的发展，电子计算机网络也被美军心理战部队用来作为实施心理战的武器。为了适应未来战场的需要，美军正在为心理战部队研制一批包括无人驾驶心理战宣传飞机在内的智能化设备。此外，还计划逐步将语言模拟技术、虚拟现实技术、激光技术、现代仿声仿形技术和隐身技术引入心理战实战，以提高心战效果。

作战样式丰富。就目前理论界对心理战作战样式的划分而言，无论是根据心理战手段不同而划分的宣传心理战、武装心理战和诡诈心理战，还是根据传播媒介不同而划分的广播心理战、影视心理战、传单心理战、书刊心理战、电子心理战和网络心理战，美军都有一套与之相匹配的心理作战样式。（杜中武《美军心理战主要特点》，《外国军事学术》2005 年第 4 期）

美专家提出反恐心理战 5 条措施 美国反恐专家通过对恐怖活动的心理依据进行分析，提出了对付恐怖主义的 5 条心理战措施。

阻止人们加入恐怖主义组织。这是最重要的一条措施。像恐怖主义组织这类地下秘密组织，所有行为都受到组织机制的严格约束，矢志服务于该组织的事业。据对有关恐怖分子所作的调查表明，社会环境是最主要的影响。由于年轻人最容易受到影响因而成为各个组织招募的主要对象。虽然应募对象加入恐怖主义组织的渠道各不相同，但他们大多成长于那些在恐怖主义活动中较为活跃的村庄或难民营。

孤立恐怖主义组织。即在恐怖主义组织内部制造摩擦与不和。恐怖主义组织通常是制造紧张压力的温室。它们一旦遭到外部攻击，内部紧张关系就会出现缓和，团结一致对外。因此，要想方设法增加其内部压力，使他们彼此猜疑，打击其头目和骨干分子的威信，削弱其组织关系，降低其开展活动的有效性。

鼓励恐怖组织人员退出组织。对于一个已经成为恐怖分子的人而言，想让他回头是相当困难的。因为当初他加入组织时，即被派去执行某个恐怖行动，即使他后来洗手不干，法庭也会因此而宣判他有罪。当前，一些国家在反恐斗争中逐渐形成一套赦免制度。如果犯有恐怖主义罪行的人愿意与政府合作或提供有价值的信息，可以考虑赦免他过去的罪行。如向其提供开始新生活所需的资助、迁往其他国家定居等。更重要的是，投诚的信息，一旦反馈到恐怖主义组织，还能加剧其内部的混乱。

开展信息战降低恐怖主义影响力和支持度。“基地”组织一直不遗余力地宣扬其伊斯兰极端宗教思想和反西方的观点，歪曲可兰经教义，怂恿暴力。虽然穆斯林主流派的大多数人认为，这与他们的理想相去甚远，但他们却选择了沉默。应当让那些持温和主义观点的伊斯兰宗教领袖站出来，重新匡正教义，揭露“基地”组织等对可兰经的歪曲，使广大青年看到，加入恐怖主义组织是一条歪路，恐怖主义组织的头目不是英雄，而是伊斯兰邪恶教派的传教士。

隔离公众。为阻挠恐怖主义组织实现其核心目标一实施恐怖化，必须大力加强对公众的教育和宣传，协调一致地开展信息战。要开展持久的战略心理战，必须认真研究潜在对手的历史、政治和文化背景，特别是他们的领导与战略文化，这样才能有效切断恐怖主义组织对他们的影响。当然，要改变人的思想和积恨，还需要很长时间。（杰罗德·波斯特《反恐心理战的 5 条措施》，《联合部队季刊》第 37 期）

（夏礼伯）

关于其他作战问题 **美国新“战略打击”思想特点析** 美军新战略打击思想具有不同于二战时期的“战略轰炸”理论和冷战结束以来的“战略攻击”理论的新特点。

打击平台更加多样化，摆脱了对核武器的依赖。2004 年《未来战略打击力量》报告指出，驻扎在美国本土和海外的美军部队均可实施战略打击，打击兵力既包括传统的陆基和空中远程导弹部队，也包括部署在各战区的海空兵力及特种作战部队，战略打击武器包括核武器和精确制导的常规武器。此外，新思想还将“信息战”和“C^4ISR 对抗”归属为战略打击范畴，使战略打击的样式和手段都发生了根本性的变化。可见新的战略打击思想企图含糊核常平台的明显界限，使打击时间更短，威力选择范围更广，效果更复杂。

目标选择更苛刻，为更快达成政治目标奠定了基础。美军提出的战略打击目标主要分 5 类：一是大规模杀伤性武器及其运载工具及生产储存设施；二是领导层，包括指挥掩体、官邸、政治控制机构等；三是其他军事目标，包括 C^4ISR 系统、海空军基地等；四是坚固深埋目标、移动目标等特种目标；五是对方领导层重视的特定目标和功能性机构。可见，除了打击传统战略目标外，新战略打击思想特别强调对地下目标和移动目标的攻击。在美军看来，为了躲避美国的精确打击，对手往往会运用移动和深藏于地下的方式来提高最重要目标的生存能力。与以往战略攻击的消耗性、持续性、间接性截然不同，新战略打击思想更加强调打击的直接、快速效果，通过对关键目标精确、及时有效的摧毁性打击，实现战争的政治目标。

打击效果更加复杂化，突出强调打击的心理效应。冷战后的战略打击思想强调打击的综合效果。1998 年《战略进攻》条令中指出：战略空袭不是以使用的武器和投送工具来定义的，而是由打击所取得的直接效果来决定的。只有那些能够直接使敌人放弃以武力取胜的意志和能力的打击，才能被定义为是战略性的。由于受到美军所谓“瘫痪战”和“心理战”的影响，新的打击思想更加强调战略打击目标的系统性和效果的心理震撼作用。伊拉克战争中，美军对退役军官哈伦·厄尔曼和詹姆斯·韦德提出的“震撼”理论进行了充分的运用和发挥。该理论强调通过非常有选择地、绝对残忍而无情地快速使用恫吓力量达到“震慑”，迫使敌人屈服或投降。为了达到震慑效果，新战略打击思想更强调了打击的高速、准确和毁灭性。（李文胜《美军新“战略打击”思想特点及影响》，《外国军事学术》2005 年第 9 期）

议美军作战指挥特点 美军作战指挥有以下 7 个特点：

职权明确，统一指挥。鉴于以往战争中因指挥关系不够明确、影响指挥效率的教训，1986 年美国《国防部改组法》进一步明确了美军现行作战指挥系统，即国家指挥当局（通过参联会主席）——各作战司令部——作战部队的单一作战指挥链。同时，授予战区司令官作战指挥权，战区司令对上直接向国家指挥当局负责，对下全权指挥各军种作战行动。并明确了作战指挥、作战控制、战术控制及支援等指挥关系。该指挥系统明确了指挥职权，理顺了指挥关系。

周密计划，充分准备。美军在历次局部战争中指挥高效、反应迅速，也得益于战前周密的计划与准备。如美军早在 1988 年就制定了针对伊拉克的作战计划，此后又据此进行了演习、作战模拟作业和战前训练。这都为进攻作战的胜利奠定了基础。

指挥灵活，不拟定法。美军在强调实力基础的同时，注重发挥指挥艺术的重要作用。主要表现：既要确立明确的作战目标和作战方针，把握作战重心，打击敌要害；又要根据战场情况变化，及时修正作战决心，调整作战部署，灵活运用各种战法。

目标选择与打击机制完备，反应速度快。2002 年 1 月颁发的《联合目标选择与打击》条令标志着美军联合目标选择与打击机制的发展和完善。在伊拉克战争中，美军实施精确打击的规模和强度超过以往任何一次局部战争，对时间敏感目标的发现、打击能力也有了很大的提高。联合目标选择与打击机制已成为美军作战指挥和实施精确打击的组成部分。

盯住对手指挥中枢，开展指挥控制战。指挥控制战是美军信息作战的核心内容。海湾战争中，综合电子战、作战保密、军事欺骗、心理战和实体摧毁内容于一体的指挥控制战被美军成功运用于战场实践，剥夺了萨达姆指挥与控制军队的能力，大大减少了各方向上的伤亡，缩短了达成作战目标所需要的时间。

多种手段并用，实施有效的控制与协调。为解决现代联合作战指挥繁重、复杂的控制协调任务，美军采取了多种方法：一是在战区各军种之间建立多级协调机构并互派联络员。二是实施计划控制与随机控制相结合的方法。按照作战计划和各作战阶段的具体目标，对作战行动实施指导、控制、协调；同时根据战场实际实施随机调控，不断补充作战任务及协调事项等，加强战场控制协调的及时性和准确性。三是采取具体的时间和空间调控措施。对作战行动的速度、节奏实施调控，保证作战行动的协调一致。

高度重视情报工作和 C^3I 系统的效能，指挥保障有力。美军注重调动一切情报资源手段，并发挥现有情报资源的整体作用，以满足各级指挥官不同层次的情报需求。2004 年美《国防报告》认为，拥有非凡的全球情报能力是美国信息优势和军事力量的基础。强调发展“敏锐”情报能力、预测性情报能力和可反应综合情报系统，实现从情报收集到使用和效果评估的无缝过渡。（李敏《美军作战指挥概念特点及发展趋势》，《外国军事学术》2005 年第 3 期）

美国海军引入反潜作战新理念 英国《简氏防务周刊》报道，由于日益认识到防御敌方潜艇攻击的能力亟待加强的现实，美国海军通过对水下作战的组织形式和装备状况进行评估，引入了反潜作战的新方式，并着手研发把这种反潜作战新理念转化为作战实际的技术。

海军参谋长弗农·克拉克说，这种方式“和我们所能想到的反潜作战方式截然不同”。新方式采用“能迅速部署到位的分散传感感应系统”，以通讯网络加以连接，可以“使我方所有部队进入侦察——作战状态。”“这种方式将改变敌人的作战对象。我们将以多种方式快速接近敌人。”

这种方式所运用的大范围分散感应网络的组成不仅要靠美国潜艇加以支持，而且要依靠水面舰船和飞机。水面舰船和飞机在反潜作战中日益发挥重要作用。使用这种作战方式，海军将减少正面交锋的作战，而运用一种类似于网络化战场的作战方式。这种新方式利用所有能调动的部队的优势，在敌人被发现的时候实施迅速打击。

新型反潜技术的一个关键问题就是“海底监控系统”的研发。克拉克将军说：“要完善感应系统的各种能力并且提高由侦察转入作战的速度”。这些系统包括可以对某一地区提供长期监视的非机动部署和自动分布系统，以及可以快速部署和回收再使用的机动海底分布感应系统。消息人士说，作为计划的一部分，还可能研制一批携带武器和传感装置的无人舰船。（《美国海军全面评估水下作战能力》，英国《简氏防务周刊》2005 年 3 月 9 日）

美军一体化联合作战存在若干漏洞 有作者在肯定美军一体联合作战能力大幅跃升的同时，也指出其存在的一些漏洞：

*理论设计的局限性限制了一体化联合作战作用的充分发挥。*美军联合作战理论设计上的局限性主要表现为：一是诸军种对联合作战主导权的争斗影响理论的融合性。美军《2010年联合构想》颁布后，各军种竞相发展新型作战概念，以争夺未来联合作战的主导权。这种纷争必然影响到联合作战在理论上的一体化，也势必造成作战中诸军种作战能力融合上“缝隙”的存在。二是作战对象具有一定特殊性。由于作为美军一体化联合作战核心理论的“快速决定性作战”适用范围有限，只适宜于一些高端小规模作战以及那些在军事、政治和经济上均处于绝对劣势的国家。如果对手综合国力强大或拥有强大的国际联盟，美军的“快速决定性作战”能否发挥作用值得怀疑。三是应对非对称性作战理论上仍无有效办法。美军非常担心潜在对手针对其关键性弱点，发展非对称性作战理论和能力来进行攻击，从而在战术、战役或战略层次上取得非对称性优势。

*信息系统自身的脆弱性在一定程度上削弱了一体化联合作战能力。*体系化和信息系统均具有两面性，在提升美军一体化联合作战能力的同时，也埋下巨大隐患。一是体系化本身具有先天不足。一旦起支撑作用的核心部位和关键环节被利用或某点被攻破，很可能产生连锁反应，甚至出现无法遏止的混乱。二是信息系统较为脆弱。其无法避免的错误可能成为导致重大危害的隐患；对民用通信系统的依赖也给潜在对手实施非对称攻击提供了可能。三是信息自身具有两面性。武器装备的信息化、一体化，在使美军信息作战能力大增的同时，也产生副作用：美军愈依赖资料，愈会因资料遗失而蒙受损害；因需要处理的信息量巨大而造成的信息泛滥，将使决策周期延长，进而贻误战机。

*转型的长期性使真正意义上的一体化联合作战尚需时日。*由于组织结构和编制体制的改革阻力巨大，决定了美军近期还无法运用真正的一体化部队实施一体化联合作战。一是军种利益之争影响编制体制联合化的深入。美军内部各军种和各部门间对国防资源分配的争斗长期存在。随着编制体制改革的深入，出于维护既得利益的考虑，各军种和各部门必然自觉或不自觉地出现抵触心理，甚至人为制造阻力，这势必阻碍部队一体化建设的顺利进行。二是军队的“烟囱”情况短期内难以消除。目前美军部队联合化建设中消除各军兵种“烟囱”的情况并不乐观。受军种体制制约，和平时期分配给各战区司令部的大多数部队，其训练、考核和演习仍在“烟囱”内进行，导致它们缺乏联合行动的能力。三是一体化部队建设本身需要较长时间。这期间，潜在敌人完全可以利用美军转型中出现的缺陷，对其实施致命攻击。

*作战环境的复杂性往往使一体化联合作战难以付诸实施。*这主要表现在：一是过分依赖海外基地和军事联盟。由于海外基地有限，加之战略运输能力不足，美军经常面临难以快速部署足够数量联合力量的难题，加之美军与盟国军队的技术差距越来越大，作战时的互通性问题日益严重，致使一体化联合作战大受影响。二是极大地受制于国内政治环境。能否赢得国内支持，对美军对外用兵关系极大。但是，军事行动的速决要求与此格格不入。这些显然影响美军一体联合作战威力的发挥，使作战的速度和决定性大打折扣，特别是如果作战对手心理战措施得力，能够影响美国民众反对战争，或者利用美军前期部署缓慢、兵力不足的机会实施攻击，情况更是如此。三是适应复杂战场环境的能力不足。美军面临的战场遍布全球，而不同战场环境各具特点，往往使美军实现各作战要素集成和一体化的愿望落空。（王正文《美军一体化联合作战能力辨析》，《外国军事学术》2005年第8期）

美军网络中心战仍存在诸多问题 美军网络中心战以现代信息技术为核心支撑，在大幅提升战斗力方面有其先进性的一面，但其技术等方面还有许多问题难以解决，主要表现在以下几方面：

*基础技术设施还不完善。*首先，各军种系统不兼容。由于军种之间的认识分歧和利益冲突，使各军种系统结构以及通信设备间普遍存在的不兼容短期内难以解决，这将成为实现完全网络中心战概念的主要障碍。其次，通信带宽不足。近期军用卫星在带宽上不能满足预期的网络中心战的巨量需求。再次，人工智能决策难控制。人工智能自动化的指挥和控制必须建立在问题简化和模式识别进行战术决策的基础之上，才能有助于生成更快、逻辑性更强的决策。但决策一经做出就难以更改，而且某一环节出了问题，将导致“多米诺骨牌”效应。此外，数据过滤和融合难实现。实现高水平的战场感知从而最终取得信息优势，具备动态的信息融合和过滤的能力至关重要。但如何对来源广泛的传感器输出进行一致而有效的融合，以及通过适当的融合以产生具有统一数据形式的准确信息，至今仍是困扰美军的难题。

*网络安全问题突出。*一是系统复杂性与可靠性冲突。网络中心战依赖一个遍布全球各地功能强劲的网络为所有结点提供近实时的数据流。但网络越复杂，

接口结点越多，技术可靠性就越难以得到保证。二是军民兼容造成安全隐患。美军网络通信系统 90%的通信使用没有任何设防的商业计算机网络，有很大的脆弱性。只要有一台高档的 PC 机和几个精干的专业人员，就可以开展针对美军的信息攻击。三是网络分级与保密要求相矛盾。出于安全性的考虑，美军将信息按密级分类供不同层次的用户使用，如考虑信息安全而降低信息利用率，将与作战要求相矛盾。如考虑信息利用率而增加网络结点，将影响系统安全。对此，美军一直没有找出解决办法。四是来自低技术的挑战。理想的网络中心战是敌对双方相对完善的信息网络对抗。因为这样，进攻一方才可利用网络攻击，瘫痪对方作战体系。但对于"低技术"的作战对象，信息技术的作战效能将大打折扣。五是来自非国家行为体的挑战。一些非国家行为体不受政治约束，可以创造出某种使美军网络中心战无用武之地的作战环境，如躲过美军信息优势发动自杀式炸弹袭击、实施远距离狙击、使用"脏弹"等爆炸装置、使用生化武器以及通过互联网渗入美军计算机系统进行破坏等，其中一些手段曾多次取得成功。（李尧、孙金富《对美军网络中心战的辩证思考》,《外国军事学术》2005 年第 8 期）

（吴新安）

俄军作战问题研究　2005 年，俄军事理论界围绕军事技术特别是空天袭击兵器的迅猛发展，以及由此可能导致的军事行动特点的变化，对未来一个时期俄罗斯所面临的军事行动样式及其内容，以及与此相关的问题进行了深入分析与预测，归纳起来有以下几个方面。

空天防御将成为俄武装力量未来战略运用的主要样式　俄军事科学院院士弗拉基米尔·利特维诺夫上将认为，航空航天技术的发展和广泛传播、具有近似于弹道导弹能力的各类高超音速飞行器的研制与开发、航空兵器战斗使用空域的拓展，已经使实施战斗行动的空天界限变得越来越模糊。实际上，空天已融为一体，从空天的任何高度都可以实施导弹和航空炸弹突击，空天已经变成了统一的战场空间。使用空中太空袭击兵器的结果将在很大程度上决定着冲突双方整个武装力量战略运用的进程和结局。为此，俄罗斯必须整合现有的防空、反导和防天力量，组建一体化的空天防御系统，以空天防御战役的形式组织空天作战行动。空天防御战役的目的是与敌空中太空袭击兵器进行富有成效的斗争，使俄联邦武装力量保持控制空中太空的能力，降低敌整个武装力量的战斗使用效能。

总参战略研究中心前主任库普里扬诺夫中将和总参军事学院空军战役法教研室教授尼古拉·科兹洛夫少将认为，使用常规武器的俄联邦空中—太空武装力量最合理的战略行动样式应当是战略性空天战役。战略性空天战役应是联合战役，是各军兵种军团（兵团）为完成战略任务而按统一的企图和计划，在一个或数个战略方向上，在空军起决定性作用的条件下，在目标、任务、地点和时间上协调一致、相互联系的战役和战斗行动的总和。其主要目的可能是：抗击空天袭击；毁伤敌人的空天飞机、陆地（海上）主要军队集团；破坏敌国家指挥和军事指挥或给其军事经济潜力造成具有战略意义的损失；创造一种迫使敌人在对俄罗斯有利的条件下签订和平协定的形势。俄联邦武装力量所有具备完成相关任务的部队，都将在统一的国家空中—太空防御系统的框架内，准备和实施战略和战役级空天军事行动。其中，战役战略军团的航空兵与防空兵联合集团将用于执行所受领的与敌空天袭击兵器做斗争的主要任务。

在参加战略性空天战役时，战役战略军团的航空兵与防空兵联合集团首先实施争夺制空权的斗争。因此，其编成通常应该包括：前线航空兵 1~2 个不同机种师，1~2 个防空军和 1~2 个防空师，专业兵部队及后勤部队与机关。共计有：6~8 个轰炸与强击航空兵团；1 个独立侦察航空兵团；10~15 个地空导弹旅、团；4~8 个歼击航空兵团；2~3 个无线电技术兵旅；1 个独立混合航空兵团；以及 3~4 个独立战斗直升机团（独立战斗指挥直升机团）。为实现战役目标，参加战役的不仅应当有联合集团建制内的作战部队，还应当有来自其他方向（战区）和最高统帅部预备队的加强力量。为粉碎（毁伤）敌航空兵集团，在联合集团的编成内需要有 10~15 个突击航空兵团。为保障其行动和完成掩护部队及目标的任务，至少需要 7~10 个歼击航空兵团。在参加抗击敌空天袭击的战役时，如果使用常规毁伤兵器，那么联合集团将完成下列任务：夺取制空权；粉碎（毁伤）敌防空兵、航空兵和导弹—核集团；消灭敌位于地面和空中的飞机（攻击直升机）；破坏敌军队指挥和武器控制；实施空中侦察与电子对抗。由于北约国家主要依靠攻击航空兵和高精度武器来达成战争的政治和战略目的，空军最重要的任务是粉碎（毁伤）敌航空兵和防空兵集团。因此，战役战略军团的航空兵和防空兵联合集团（战役军团的航空兵和防空兵集团）将发挥首要作用。这样，在毁伤敌人航空兵和防空兵集团的空天战役中，必须在第一阶段集中主要力量突破敌防空（空天防御）系统，并封锁其最危险的机场；在战役的第二阶段集中主要力量毁伤敌航空兵集团的核心；在第三阶段集中主要力量完成毁伤敌航空兵集团和继续压制其防空（空天防御）系统等任务。

信息—心理战、电子火力战、空—天—地一体战将成为未来战役和战斗行动的主要样式 俄著名军事理论家沃罗比约夫少将认为，在未来10~15年，战役和战术行动的样式和方法将会发生重大变化。由于诸兵种合成军团的战斗能力、火力和机动能力将提高1~2倍，信息、电子-火力和军事航天等因素在未来军事行动中占具特别重要的地位。因此，依据对军队物质基础的结构性变化所做的分析，可以预测非传统的战役样式如信息—心理战、电子火力战、空—天—地一体战将成为未来战役和战斗行动的重要样式。

信息—心理战。沃罗比约夫认为，战争中的信息对抗自古就有，但直到20世纪才成为一种战役样式，并将在21世纪得到进一步的完善和发展。在实践中，它按照“不战而屈人之兵”的构想来实现，这种战役的准备与实施是战略领导人的特权。但信息对抗不仅在战略级，而且在战役级乃至战术级都将同时展开。

信息—心理战的实质是，使敌人弄不清己方实施突击的企图、时间、地点和方法。在现代条件下，大规模地使用新式武器、电子战装备、侦察兵器，以及在实施信息突击时突然使用敌人意想不到的战术动作及样式、采用新的机动与欺骗方法，这些在这种作战行动中都将起到特别重要的作用。

电子火力战。在20世纪末的局部战争中，火力和电子压制的有机结合，使打击敌指挥与武器控制系统的效果凸显，电子火力战应运而生，“沙漠风暴”、“沙漠之狐”、“联盟力量”、“震慑行动”等战役都以这种电子火力战为基础。沃罗比约夫认为，在未来10~15年内，这种战役将在武装斗争体系内成为一种占支配地位的样式。电子火力战役是指按目的、地点和时间来协调和相互联系的电子火力交战与战斗，以及密集突击和集中突击，集群和单个火力打击与无线电电子突击，防空兵、航空兵（在濒海方向上还有海军）系统战斗行动的集合，其目的是夺取和保持对敌火力优势，对敌军集团实施火力毁伤，瓦解敌军指挥和武器控制系统，破坏敌电子对抗和防空系统的有效运行，以及消灭敌侦察突击综合系统的主要组成部分等。

在这种战役中，陆军的所有兵种和专业兵将与空军和海军协同行动，其中电子对抗、航空兵、导弹兵、炮兵将起支配性作用。准备与实施电子火力战役的基本原则：一是突然性，即大量投入电子战兵力兵器、使用新型无线电幕、设置假无线电电子目标、实施雷达封锁等；二是不间断性，即对敌战役布势全纵深内的最重要目标实施不间断的电子火力压制，使敌人没有恢复战斗指挥系统的喘息之机；三是集中力量于最重要方向，即在最重要的方向上形成足够的电子火力密度；四是按照地点、时间、任务以及航天侦察兵器来协调各种兵力兵器的电子火力压制行动，在战役进程中对敌军指挥系统的最重要目标实施精确和有选择的电子—火力突击；五是及时实施电子火力机动，迅速从向其他方向转移战斗力量；六是对战役实施全面保障，以空天和雷达侦察兵器及时发现敌方目标，并对战斗行动提供工程、技术和后勤保障。

天-空-地一体战。沃罗比约夫认为，今后，“非接触”战的比重将达到全新的水平，“远战”即从遥远的地方包括从太空实施火力突击将在战役中唱主角，这意味着可以快速向敌人配置的纵深转移战斗力量，天-空-地一体战的轮廓已经显现，战役最有可能从太空突击开始。同时，陆军集团在军事行动开始时将首先实施电子火力突击。战役初期的主要内容，将是使用天基兵器围绕制信息权、制电磁权和制空权展开的激烈争夺，哪一方成功夺取了火力主动权，达到了首轮突击的突然性，哪一方就将占据主动。在这种战役中，战斗行动将具有动态和支点式的特点，并沿着不同战役方向不均衡地发展，交战双方的作战力量将相互深度交叉，传统上建立有绵亘正面、线式阵地、地带、射界体系、作战力量做纵深梯次配置的防御已不可取。在新的情况下，防御不仅应当具有防炮、防空，还应当具有防无线电电子和防天等功能。防御配系内应设置大量的假目标，严格遵守战役伪装措施，避免刻板地采取集中主力的套路，以使敌即便使用航天侦察兵器也无法发现整个防御体系。

在这种战役中，典型的防御应当是在广阔的正面上结合采用阵地战和机动战两种方法。在掩护边境时，快速展开力量将广泛使用空中机动防御来封闭已经形成的缺口和暴露的两翼，其实质是通过空地行动的配合建立快速机动掩护队，并通过侦察突击综合系统、侦察火力综合系统，战斗直升机、导弹兵炮兵、陆基和海基巡航导弹的火力机动来弥补防御方现有兵力兵器的不足。在兵力兵器严重不足时，可沿正面和纵深实施分散防御，这种防御主要在战役和战术级采用。在战役级，这种防御以集团军（军）或其部分兵力兵器自主地扼守某些战役方向上的至关重要地域和目标为主，结合采取机动掩护行动、在未占领的中间地带设置火力屏障和火力袋。为实施这种防御，最典型方案是兵力兵器沿各方向作不均衡配置，军团（兵团）主力通常集中在纵深，以便第二梯队和预备队在防御交战中向受威胁方向上实施机动。在战术级，分散防御依托防御地域、枢纽以及战斗群（排、连规模的小分队）支撑点系统进行。为反击敌坦克和机步兵集团的突击，可实施扼守防御，目的是赢得时间，疲惫敌进攻力量。实施这种防御最合适的方法是使用坦克和乘坐高机动性步战车的摩步兵。像分散防御一样，在实施扼守行动时可广泛使用各类工程障碍物、设伏和拦阻性火力网。在与敌迂回支队作斗争时可采取封锁和突袭行动，其实质是通过使用遥控布雷兵器建立拦阻火力网，截断运动道路阻止敌机动。

战争初期的反攻和进攻将异常复杂，其内容将发生重大变化 沃罗比约夫等人探讨了在未来战争初期实施反攻战役和进攻战役等问题，认为战争初期当经历了艰难的防御战役之后，在与技术和兵力兵器都占有优势的敌人直接对抗的情况下，使部队转入反攻是极成问题的，重新夺回军事主动权的行动将异常复杂。为此，不仅需要疲惫敌进攻集团，还需要彻底改变兵力兵器对比，哪怕是在某些战役方向上建立起对敌突击力量的局部优势。当然，在战争初期彻底放弃使军队转入反攻的思想也是不正确的，但以目前的情况看，反攻的机会将只出现于关键的时节和某些战略方向，而且这种坚决的军事行动样式的实质及内容都将与卫国战争时期有很大不同。为了创造转入反攻的前提条件，只制止进攻之敌的推进是不够的，还必须确保对敌电子火力与信息优势。在研究转入反攻的时机时，还必须考虑前出部队在敌空天袭击兵器、陆基和海基巡航导弹及其他高精度武器打击下的生存能力问题。由此可以得出一个合乎逻辑的结论，把反攻特别是战争初期夺回战略主动权的行动列为最佳军事行动类型是没有经过充分论证的。

在武装斗争广泛使用空天兵器的情况下，进攻战役的实施方法也将发生重大变化，突破敌绵亘的阵地防御已成为历史，取而代之的是利用防御之敌战役布势的间隙，以空中机动力量实施深远的空地包抄，快速渗透到敌机动突击集团的纵深，同时从天、空、地和海上对敌人实施组合式突击。即便在敌建立了足够坚固的正面防御的条件下，为了实施突破也无须集中强大的摩步和坦克兵突击集团。在有强大的空天突击兵器、有可能实施密集高精度武器突击和使用集束炸药的情况下，可建立无缝隙的电子火力毁伤区，在敌防御中打开“缺口”，然后使用机动集团快速向纵深推进，从两翼和后方包围敌抵抗枢纽。

进攻行动的实施样式和方法在未来预计将朝以下几个方向发展：在战役中，使用常规武器和大规模毁伤武器摧毁敌军集团的方法和结果将逐步接近；武装斗争的重心将从直接接触状态消灭敌重兵集团转向通过实施远距离火力突击将其彻底摧毁；在某些战役方向上，将通过提高快速展开力量的比重来改变军队集团的数量—质量编成及状态；战斗中将不再有绵亘的正面，战斗行动将具有高机动性的特点，机动集团在突破有坚固防御阵地的地界时将避免采取正面行动，而是快速渗透到防御之敌的两翼和后方，迂回包围敌抵抗枢纽；对敌实施同时和先后火力毁伤的纵深将加大，在敌战役布势的全纵深内都将展开积极的战斗行动；空-天-地机动的空间规模将进一步扩大；非接触战和远战将对近战起支配性的作用；战术动作将更加灵活多样——精确、有选择地实施大纵深高精度武器突击，空中机动支队对敌后方实施强击行动，歼击直升机和干扰直升机大规模投入战斗行动等；固定翼飞机与直升机混编分队的空战将发挥重要作用，未来将使用各种空天袭击兵器对敌指挥、侦察和电子战系统目标实施综合性突击；区域和支点式争夺将占有支配性地位；恐怖破坏行动对武装斗争结局的影响将不断增强；能够对目标实施侦察并对其进行实时突击的高速一体化侦察—太空武器系统的作用将急剧增大。

（陈建民）

日本自卫队作战问题研究

日本对自卫队作战任务和作战思想作出重大调整 日本正在把自卫队建设成为一支多能、弹性、有效的军事力量，发挥地区乃至全球性的军事作用，为此，对自卫队作战任务和作战思想作出了重大调整。

自卫队的任务由应对“对称性威胁”向应对“新型威胁和多种事态”转变。日本军事专家认为，对日本来说“对称性威胁”主要是指军事占领、飞机或导弹攻击、海上破交等。而新大纲认定的“新型威胁和多种事态”是“国际恐怖活动、毒品交易、信息攻击、大规模杀伤性武器及其运载工具的扩散、有组织犯罪以及海盗、浮游水雷、特工船等非对称性威胁”，以及“影响日本和平安全的事态”。提高自卫队应对新型威胁和多种事态的能力是新大纲对自卫队建设提出的紧迫要求和发展方向。

自卫队的作战思想突出“预防、参与、重建”和“制止、处理、应付”。由于过去单纯的保卫领土安全已不能满足新安全形势的发展变化，制止、处理、应付和预防、参与、重建的双轨确保体制已经日益成为日本自卫队达成使命的理论基础。即，在“防止对日本造成直接威胁的事态”上，及时制止、处理武装侵略等传统对称性威胁，并有效应付针对日本及日本国家利益的非对称性威胁；在“防止威胁波及日本”方面，就是通过有选择、积极主动地参与从危机预防到战后重建的全过程，努力预防或消除威胁，将威胁扼杀在萌芽之中，从而建立有利于日本的外部安全环境。按照新的《防卫计划大纲》的说法，所谓“制止”，就是要“依靠日美安全保障体制和自身的努力最大限度地防止对日本造成直接威胁的事态”；所谓“处理”就是“具备快速反应性、机动性、灵活性和多用途性，具备适应军事技术发展的高技术力量和情报能力”，能够及时制止对日本发动的侵略行为；所谓“应付”就是要“以具有快速反应性和高度机动性的部队，有效地应付新型威胁和多种事态”。所谓“预防、参与、重建”就是依据日本政府提出的“要积极主动地对待国际社会和平与稳定问题”的基本理念，“积极主动参与国际和平合作”事务，“改善国际安全保障环境，消除威胁”。由此可见，新大纲进一步明确了自卫队通过“内外兼修”的方式确保国家安全的作战思想，并日益强调“主动预防”在达成国家安全目标上的重要性。（何映光《当前日本军事发展走向》，《外国军事学术》2005 年第 4 期）

日本自卫队大力加强远程作战能力建设 海洋是日本制定军事战略及海军战略的主要考虑因素，为此，日本不断强化陆、海、空作战能力，尤其是海、空远洋、远程作战能力。

逐步完善远程侦察预警体系。远程战略预警系统是提升远程作战能力的基础。日本自卫队的侦察预警体系主要依托侦察卫星、陆基雷达、预警机以及舰载侦察预警系统，形成了一个比较完善的立体化远程侦察预警体系。目前，日本正在大力开发天基情报侦察系统。预计 2010 年前后，日本将具有自主的天基军用侦察和通信能力。到 2020 年前后，日本还将进一步加强天基军用侦察和通信能力，能够建立和使用包括侦察监视、通信广播、导弹预警、导航定位和气象预报等种类齐全、功能强大的军用航天体系。

突出加强远洋攻击作战能力。日本海上自卫队具有两个特点，即高质量和大型化，这极大地提高了它的远洋攻击作战能力。现役舰艇中，排水量超过 4000 吨的已达 18 艘，约占 22%，大型化极大提高了日本海上自卫队的远洋作战能力。其中，“金刚”级“宙斯盾”导弹驱逐舰、改进型“爱拓”级导弹驱逐舰及正在建造的“直升机驱逐舰”更是极大增强了日本海上自卫队的远洋作战能力。2005 年 8 月 24 日，日本海上自卫队“爱拓”级导弹驱逐舰首舰“爱拓”号在长崎造船厂下水。与“金刚”级相比，该舰装备有最新的“宙斯盾”作战系统，安装了升级后的对空搜索雷达，并对机库进行了改进，可搭载 2 架 SH—60K 直升机，增加 3 个垂直发射单元，并可能装载“标准—3”导弹，使其防空、反舰和反潜作战能力都得到大幅度提高。

日益强化远程运输能力。近年来，日本自卫队以提高远程作战和运输能力为目标，大力发展远程保障装备，尤其是提高海上自卫队的远洋作战保障能力。为遂行远洋作战，加强舰队空中运输能力，海上自卫队引进了美国海军的 MH—53E 重型运输直升机。日本还大力发展大型远洋运输舰，现已建成“大隅”级运输舰 3 艘。该级舰既能载直升机，也能搭载战斗机，其服役极大提高了日本海上自卫队的远洋兵力投送能力。（李红军《日本自卫队大力加强远程作战能力建设》《装备参考》第 44 期 2005 年 11 月 21 日）

（常 明）

其他国家作战问题研究

印度陆军“冷启动”作战理论要点再分析 印度陆军提出的“冷启动”新作战理论，是指在最短时间内，迅速完成部队的动员、集结和部署，对敌实施打击。“冷启动”作战理论的主要内容包括：①先发制人的主动进攻，即根据形势发展，在国际社会干预前对敌实施不宣而战、主动打击，目的是达成战争的突然性，避免因军事动员时间较长，丧失在战略和军事上的主动权，同时也避免政治领导人在面临压力时动摇信心，以确保陆军从一开始就能完全发挥作战潜力。②“闪电式的”进攻作战，即陆军将在最短的时间内完成动员、集结和部署，以“闪电战”的方式对敌发动快速进攻作战，以猛烈的火力和精确打击，最大限度地瘫痪敌有生力量，剥夺敌反应能力。③快速机动的多点打击，即运用精干作战部队快速机动至战斗前沿，对敌不同目标实施打击，使敌人在选择反击方向时难以决断，陷敌于被动，避免两军大规模兵力对垒，进而避免核冲突发生的可能。④组建 8 个“一体化作战群”，即 8 支装甲师或机械化步兵师规模的一体化部队，各包括装甲兵、炮兵、步兵和空中战斗支援等不同力量。一体化作战群可得到陆军航空兵和攻击直升机的专门支援以及印度空军预先指定中队的综合空中支援。一体化作战群将靠边境部署，可立即行动，不给对手早期预警或准备时间。（林治远《主要国家军事理论的新发展》、《外国军事学术》2005 年第 6 期）

印度海军提出“一个‘控制’、两个‘确保’”的新作战理论 一个控制。指“印度洋地区控制战略”。

印度海军作战理论提出了分三步走的“印度洋地区控制战略”。首先，建立距海岸500千米以内的“绝对控制区”。在该区域内，印度海军要具有保卫印度200多万平方千米专属经济区及各种经济、军事设施的绝对海上控制能力。其次，在可预见的未来，建立距海岸500~1000千米的“中等控制区”。在这一海域，印度海军应具有制海、监视和反潜能力。第三，在上述两层防御区建立之后，建立距海岸1000千米以外的“软控制区”。在该区域，印海军要有自我防护能力、预警巡视能力和一定的兵力投送能力，以便保护印商船或可能的海上利益。为确保这一战略付诸实施，一要建立对印度洋周边国家的绝对军事优势，遏制它们向印度洋扩展；二要对印度洋外部的海军大国实施威慑战略，争取达成海上力量均势，限制它们在印度洋上的行动自由。

两个确保。即要确保海军具备“第二次核报复”打击能力和远距离“力量投送”能力。该作战理论指出，一个国家要采取真正独立自主的外交政策，必须拥有最为可靠的战略实力作保障。在国家“三位一体”战略核武器结构中，弹道导弹核潜艇以其隐蔽性好、机动性和生存能力强而成为战略核威慑力量的中坚，是最有效的核报复力量。正因为如此，冷战后美、俄、英、法等国仍在大力发展和建造新型弹道导弹核潜艇。由于印度奉行“最低限度核威慑”战略，公开承诺不首先使用核武器，因此，拥有战略反击能力的核潜艇对印度来说至关重要。因为只有发展战略核潜艇和海基弹道导弹，印度才能拥有可靠的“三位一体”核力量，取得战略遏制效果。由于潜射核弹道导弹具有更好的还击能力，而且深海核发射平台在遭受敌人的打击时可使附带损害降低到最低程度，该作战理论建议印政府加快核潜艇的研制步伐，尽早构建可靠的“三位一体”核力量体系，确保核威慑战略可信有效。（丁皓《印度海军新作战理论简介》，《外国军事学术》2005年第4期）

印军联合作战思想有3个特点　印军在借鉴和吸收外军先进理论的基础上，抓紧研究和实践三军“联合作战”理论和作战方法，并使联合作战思想显现出3个特点：

强调先发制人的攻势作战。印军认为，现代高技术条件下的战争具有节奏快、时间短、对抗性强等显著特点，战机稍纵即逝，必须在战争初始就使敌处于不利的战略态势中，为夺取战争主动权创造有利的战机。因此，印军联合作战思想的核心是先发制人，强调一旦发现对方进攻意图和进攻准备，立即组织战略机动力量和快速反应部队，采取主要战役方向的袭击战和次要战役方向浅纵深的机动进攻战，实施先发制人的主动打击。

重视实施全纵深立体作战。印军认为，战场不仅是个空间概念，而且也包含有力量的概念，即战场内存在着两个互相依存、互为条件的系统。一个是空中战场、电子战场、陆战场以及陆战场中的正面战场、翼侧战场和纵深战场等组成的战场系统；另一个是由参战的各军兵种部队组成的地面、空中、电子战等力量系统。因此，必须充分利用战场空间，充分发挥军队的整体威力，实施全纵深立体作战。印军的全纵深立体作战思想包含两层意思：一是在进攻作战中，实施纵深突破、立体推进。二是在防御作战中，建立纵深、立体的防御体系。

重视诸军兵种协同作战。印军联合作战理论非常重视发挥空军、海军和特种部队、导弹部队的作用。在联合作战行动中，不仅要求空军在战争开始阶段为联合作战行动夺取制空权，而且要在作战过程的不同阶段为联合部队提供近距离空中和对地攻击等直接支援，还要指定部分作战部队参加印度本土的防空作战。海军除担负其传统的海上控制、海上封锁等任务外，海军航空兵还将在空军作战力量不能覆盖的区域为联合部队提供支援，同时海军陆战队还将深入敌人后方发动两栖作战，迫使敌军在三个战线作战。导弹部队则对敌人的“关键点”和“脆弱点”实施远程精确打击，为联合部队提供强大的火力支援。（丁皓《印军联合作战思想》，《外国军事学术》2005年第2期）

（耿文正）

军队建设问题研究

中国军队建设问题研究　2005年，中国军事理论界继续以信息化建设为中心探讨军队建设问题，对军队信息化建设的对策以及信息化条件下的军事训练、军队管理、后勤建设、装备建设、军事法制建设等问题，都作了更深一步的研究。

关于军队信息化建设问题　**以信息技术的进步为杠杆推动军队信息化建设**　一是依靠信息技术进步，推动信息化武器装备体系的建设。要研制各种大量采用信息技术的、全新的信息化武器装备；要利用信息技术的渗透性、应用"贴花"的方式，提升原有机械化主战装备的信息技术含量，实现其作战效能的跃升；要利用信息技术的系统性，提高信息化武器装备系统的整体作战能力。二是运用信息技术成果，培养和造就高素质新型军事人才。应加强信息技术知识的学习，提高官兵的信息素质；应坚持科技兴教、科技兴训，大力提高教育训练的信息技术含量。三是适应信息技术的要求，努力建立集成化的军队体制编制。军队在体制编制上要逐步向集成化方向演变。四是以信息技术为牵引，提高聚焦式后勤建设的科技含量。一方面要运用数字信息技术、计算机技术、卫星通信技术，建立综合集成、高效灵敏的具有辅助决策、指挥控制、需求感知、信息支援、效益评估和电子防护功能的后勤自动化指挥体系，另一方面应该加强后勤指挥自动化实用软件研究。五是以信息技术为主导，不断促进创新性军事理论的发展。实现以研究机械化军事理论为主向研究信息化军事理论为主的转变，以研究一般的军事规律为主向研究特殊的军事规律为主的转变，以研究军事的基础理论为主向研究军事的实际问题为主的转变。

解决好军队信息化建设中的"三种体制"问题　一是加强集中统一，调整改革军队信息化建设的领导体制。按照扁平化管理和矩阵式管理的要求，重点解决树状分散的领导体制对军队信息化建设的掣肘问题，扫清体制性障碍。二是实现科学高效，建立完善军队信息化建设的运行机制。当前，应努力建立和完善军队信息化建设的需求牵引机制、检验评估机制和建用结合机制。三是坚持依法治军，建立健全军队信息化建设的法规制度。要把法规制度建设摆到军队信息化建设全局的战略高度，在军队信息化建设的各个领域、所有方面，都要制定出规章制度，做到有法可依。(刘继贤《军队信息化建设的战略思考与对策》，《中国军事科学》2005 年第 2 期)

军队信息化建设必须重视数据集成　数据集成是综合集成的"核心工程"。信息化建设的核心是信息资源的开发利用，传感器、网络、系统、计算机和武器装备等，都是信息资源开发利用的载体，都是为信息的采集、传输、处理服务的。抓信息系统建设如果不抓综合集成，信息化就成了一个空壳，即使系统实现了互联互通，也不能互操作。离开了综合集成，硬件再先进、功能再强大，也无法发挥使用效益。目前，人们对综合集成的实质缺乏准确把握，其中最大的问题是，只强调系统融合而忽视抓数据集成。事实上，数据集成是综合集成的"核心工程"，它看起来是个数据问题，但它却关系到信息化建设的战略取舍，决定诸多信息系统能不能实现信息共享。只有从数据集成入手，进而实现系统的综合集成，信息化建设才能提高速度，少走弯路。

抓数据集成必须走科学化、高效益之路，即根据军事需求，依据战时标准，抓好数据采集和数据整合，建成大规模数据中心和分布式数据库，扭转目前存在的软件匮乏而硬件重复建设这种不科学的现状。信息化建设主管机构要针对各级在综合集成上遇到的实际问题，加强科学指导，理清思路，以数据集成为突破口，以此推动综合集成所要求的互联互通互操作目标的实现。在这一过程中，要特别注意采取有效措施，突破部门利益的束缚，突破管理体制的制约，突破军兵种的局限，消除目前存在的信息"孤岛"和系统"烟囱"。(孙学富《科学推进军队信息化建设的思考》，《解放军报》2005 年 12 月 27 日)

关注信息化后勤的重点　在建设信息化后勤的过程中，必须关注以下问题：

资源感知。"资源迷雾"一直是困扰后勤保障的难题，它带来的问题是重复申请、重复采购、无效运输、库存积压、保障效率低下，海湾战争中美军后勤为此大吃苦头。强大的保障资源感知能力，是实现后勤资源透明的前提，将引发后勤资源运用方式的革命性变化，后勤将不必再像过去那样在各个后勤环节储存大量的物资，而是主要通过运用信息化网络系统，实时掌握后勤信息，大大提高后勤资源的流动速度和利用效率。

需求预见。信息化条件下，后勤准确掌握部队需求越来越困难。"需求迷雾"经常造成部队申请的模糊性、后勤准备的盲目性、后勤保障的被动性。美军在军事后勤革命中，将准确预测作战部队的后勤需求作为一项重要内容，提出了利用以信息技术为代表的高新技术彻底驱除"后勤需求迷雾"的目标，并设想在此基础上，适时、适地、适量地组织保障，实现后勤对作战部队的按需保障。

快速动员。单纯依靠后勤自己的力量保障作战不能满足需求，必须动员社会力量加入到后勤保障的队伍中来。为此，在平时必须建立完善适用的后勤动员体制与完备合理的后勤动员法规，必须明确后勤动员

的具体内容、适时进行军地一体的后勤动员演练，才能保证战时地方的后勤力量发挥应有的巨大力量。

综合防卫。在现代战争中，后勤受敌威胁程度更为严重。伊拉克战争中，美伊双方都把对后勤的攻击与防卫，列入了作战计划。信息化战争中，后勤系统的隐蔽伪装更加困难，后勤必须有以防为主、防打结合的综合防卫能力。

评估反馈。信息反馈是后勤管理控制的重要手段，其目的在于对客观变化的情况做出及时反应。能否进行科学有效的管理，很大程度上取决于是否有准确、灵敏的信息反馈。信息化条件下，精确的评估反馈对于改进工作、提高效率至关重要。（邵文博《信息化后勤的关注点》，《解放军报》2005 年 10 月 11 日）

关于军事训练问题　**分析一体化训练时代性和渐进式发展特点**　一体化训练作为新的训练模式，是一个新的课题，需要以发展着的军事理论为向导，正确认识和把握其规律和特点，坚持渐进式发展，防止和克服急功近利的形式主义。

概念的变换，显示出军事训练领域的深刻变革。2004 年，总参要求军事训练由合同战役战术训练向联合战役战术训练转变，把信息化条件下联合训练作为中心。“合同”和“联合”不仅仅是个概念之别，它实质上是中国人民解放军作战思想适应时代发展要求发生着巨大转变的反映。近两年提出的一体化训练，实际上是指联合训练的高级阶段，是军事训练正在追求的目标，是推进中国特色军事变革的重要成果，是对战争向一体化联合作战发展趋势的本质把握。坚持一体化训练，首先需要从“联合”入手，从“联合”起步。相对于 20 世纪 90 年代军事训练以“合同战役战术训练为中心”来说，这无疑又是一次历史性的进步，它必然带来一场更深刻、而且更为艰难的革命。

应当渐进式发展，不能突击性推进。战争形态的发展要基于一定的物质条件。同样，开展一体化训练也必须有其基本条件。就物质条件而言，最基本的条件就是，要有统一的联合作战、三军纵横联动的指挥控制系统；要有一定数量和比例的信息化武器装备。中国人民解放军目前机械化建设尚未完成，同时肩负着机械化、信息化建设双重历史任务。这就决定了不可能在较短时间抛弃已有的作战工具，也决定了不可能完全抛弃已有的作战方式，只能够随着武器装备的改善、信息化建设的逐步推进，在渐进式发展中，逐步提高一体化训练的层次。另一方面，军队作战和军事训练，既受到物质条件的制约，同时也受到人的主观因素的支配。如果说，已有的物质条件，对军事训练还存在着诸多制约因素，一体化训练还不可能全面推进、全面突破，那么，在武器装备新老兼容、又在不断改善的条件下，我们仍然可以着眼发展，创造性地推进新军事训练的变革。

不是“一头热”，而是全军各层面一体联动。推进一体化训练，不能只发挥一个积极性，需要的是上下联动。实际上，总部、大单位和部队，已经构成了推进全军一体化训练的“网络”。总部作为总设计师，其设计的“流程”、“蓝本”维系着整个“网络”的运行。但是，这并不意味着作为领导完成“流程”的大单位，作为实施“流程”的部队只能等待和观望。它需要三个层面的积极性和创造性，并且一开始就要有意识、有目的地实现具有联合作战意义和有价值的联接。在一体化训练的初级阶段，各军兵种、各大单位如何正确指导部队的实践，是当前军事训练亟待解决的问题。而广泛地开展一体化岗位练兵，是在一体化训练初级阶段中最实际的步骤。一体化训练存在于战略、战役、战术各个层次。因此，开展一体化训练，既要从战略宏观处着眼，抓好三军联合训练；又要从战术微观处入手，在提高基本作战单元、单类保障要素训练水平的基础上，抓好不同岗位间的一体化联动，为一体化联合训练提供基础条件。（郑勤《论一体化训练时代性和渐进式发展特点》，《解放军报》2005 年 2 月 22 日）

把握现阶段一体化训练的发展定位　一体化训练能否健康发展，定位很重要。定位过高，不符合国情、军情，难以进入实践；定位过低，缺少创新，很难有所作为。现阶段一体化训练是初级阶段的一体化训练，主要特征是：在实践层面上具有一定的操作性，其基于的信息系统平台是以物理上的“中间件”等桥接方式为主的准信息系统，训练实践也是经过“跳一跳”就能够摸得着的；在训练模式上具有一定的融合性，是在现行训练的基础上，以一体化训练为牵引，两类训练共同围绕解决信息化条件下联合作战能力问题，交叉复合、滚动发展，以一体化训练的推进，促使协同性联合训练的落实，继而为深入持久地推进一体化训练奠定基础；在发展步骤上具有一定的阶段性，一体化训练的转型有一个过程，这个过程就是分步推进、循序渐进，由初级阶段向高级阶段发展。

构建一体化训练的实践框架　确保一体化训练在目前环境中推广开来，首先必须统筹设计好现阶段一体化训练框架：以能力的综合集成为总目标，建立以作战编组为训练对象的训练层次，以作战能力为训练重心的训练内容，实行由低到高、由分到合、纵横交织，综合集成的运行机制。

*以综合集成能力为总目标。*把综合集成既看做是基于信息系统的以集成技术为平台的一体化训练手段，也看做为贯穿一体化训练始终的方法和要求，更看做是实现一体化作战能力的根本途径。

*以作战编组为训练对象确立训练层次。*主要体现在以作战编组为主确定5类训练对象和5个训练层次。即战斗员、指挥员、参谋人员及单台（炮、车、机）进行的共同及专业基础类训练；兵种营、连分队按作战编组进行的兵种专业协同类训练；军种相关作战编组之间进行的军种协同类、联合类训练；各类作战部队按作战任务编组进行的联合战术类训练；联合战役指挥机构和联合战役军团，按作战任务编组进行的联合战役类训练。

*以作战能力为训练重心确立训练内容。*一体化训练内容大体可分为两类，一类是以信息知识和信息装备技能、联合作战知识和联合作战行动规范为主的基础类，另一类是以一体化联合作战基础理论、联合指挥控制系统运用等作战要素、联合训练课题为主的应用类。所有内容训练的最终目的，都是要解决信息化条件下一体化作战兵种“合”得成和军种“联”得起来的问题。同时，一体化训练是体系训练，应按照系统原理，合理区分结构，由上而下设置内容，形成内容体系。

*着眼综合集成能力的总目标，依托五类对象，组织好五类训练。*一是共同及专业基础训练，以战斗员、指挥员、参谋人员及单台（炮、车、机）为主要对象。二是兵种专业协同训练，以营、连级分队的作战编组为训练对象。三是军种专项联合训练，以联合作战军种之间相关的作战编组为训练对象。四是联合战术训练，以联合战斗作战编组为训练对象。五是联合战役训练，以联合指挥机构和各军种部队编组的联合战役作战编组为训练对象。（刘亚永《把一体化训练从理论推向实践》，《解放军报》2005年3月15日）

关于军队管理问题

探析知识型军队的管理者 未来的知识型军队，需要设计师式的管理者。这种管理者的“内功”，就是要设计组织，营造军队整体共同学习的氛围，让所有官兵不断了解自己的使命与责任。

“设计师”对于事业的发展意义重大。美国管理学家彼得·圣吉经常把组织比作一艘大型舰船。假如一艘大型的舰船在海上行驶，如果问：靠什么人才能使轮船驶到目标？人们会说靠船长，或说是领航员，或者说是舵手。这些都很重要。但人们却忘记了一个重要的角色——设计师。假如船的设计不合理，其他一切努力都可能是徒劳无功或功效甚微的。这都说明设计师角色的管理者是不可或缺的，其作用也是无与伦比的。

尽管设计师式的管理者如此重要，作用如此之大，但还是经常被人遗忘掉。其原因，首先是因为“设计师”只在幕后工作，而不是站在前台，更不是站在组织的中心地位，不易被人看到；再则，“设计师”工作的效果验证具有滞后性，今日的工作，要等到长远的未来才能显现出来。但是这种默默的设计工作不是没有回报，他的最大回报来自使他人有能力更好地做好工作。所以，设计师式的管理者要甘当无名英雄，并脚踏实地的工作。

彼得·圣吉称：“无为而治”，是管理工作追求的最高境界。“无为而治”是中国先哲老子早在几千年前就提出的。他指出：“太上，下有知之；其次，亲而誉之；其次，畏之；其次，侮之。信不足焉。悠兮其贵言。功能，事遂，而百姓曰：‘我自然’。”这段话的意思是说：不好的管理者，会被人们瞧不起，甚至引起众人憎恨；好的管理者会赢得部下的称颂。伟大的管理者，是让部下在事情办完之后说：“这些事情都是我自己自愿完成的”。这是设计师式管理者的指导思想，即设计出一个学习型组织，使组织中每一位成员都能主动地履行自己的职责。

要当好“设计师”，最重要的更新管理理念，从而穿越时空隧道、冲破固有的心智模式、进行系统思考。这样，才能成为前瞻未来、开拓创新、具有战略谋划与系统整合等鲜活思维的“设计师”，规划与建设好军队的学习型组织，并始终为军队的建设与创新提供理念支撑。(刘由芳、董小全《知识型军队管理者的角色初探》,《解放军报》2005年9月20日)

以科学管理提高效益 军队实行科学管理，要以提高战斗力为标准，确立效益第一的理念，遵循管理对象决定管理手段的基本规律。在人、物、财、信息、时空五个要素中，人是最宝贵、最活跃的管理资源，科学管理重在最大限度地调动人的积极性和潜能，使之充分发挥出来。要真正做到依靠人、开发人、尊重人、塑造人、凝聚人，团结一致干事业，并促进人的全面发展。同时，军队和国防建设也应当考虑“投入”和“产出”的问题，费效比应当作为质量建军的一项重要指标。提高效益，重在克服形式主义，军事演习，不能只是为了看；搞信息化建设，不能只去想个人政绩。领导机关应把属于基层的日常工作安排权、经费物资的管理使用权等，真正还给基层。同时，注意

“关闸分流”、“降压送电”、横向沟通、纵向畅通。注重实行分类管理、分级管理和量化管理，切忌用管物的方法来管人，用管人的方法来管钱。对不同级别的单位、不同任务的部门以及不同梯次的人才应实行分级管理，以实现各司其职、各尽所能、人尽其才、才尽其用。对每一名官兵、每一项工作、每一次任务，实行量化管理，建立起检查、评估、反馈机制，使管理的全过程实现“闭合”。

提高国防和军事管理效益，必须借助科技手段、综合集成手段和网络手段。科学管理在今天的突出特点，是把集体和个人的知识技能利用科技手段进行收集、整理、储存，通过组织、计划和协调，分配到最需要的地方，为科学决策和提高战斗力服务。从外军的经验看，综合集成的方法，应当提上军队科学管理的日程。它是系统论在管理学中的实践。单一、片面、静止、孤立的管理手段已越来越不适应军队和国防现代化建设的需要。对战斗力资源的管理，必须依靠综合、全面、动态、联系的手段去整合。（方庆灵《科学管理重效益》，《解放军报》2005 年 9 月 13 日）

注重优化军事管理机制　在军队战略转型过程中，加强管理机制创新，逐步建立完善管理运行机制，是提升军队科学管理能力的重要措施。要立足当前领导、指挥和管理体制的实际，建立健全有关制度和机制，着力克服条块分割、政出多门、工作重叠的现象。要全方位地在战备训练、人才队伍建设、后勤保障和装备建设四大领域进行科学管理机制创新。训练管理机制创新，重点是建立与一体化训练相适应的管理机制，改变临时组建训练领导班子、部队自导自演的做法，形成纵统横联的联合训练体系，保证训练中心地位落到实处。人才队伍建设管理机制创新，重点是围绕实施军队人才战略工程，建立健全人才培养、使用、管理机制，促进人才有序流动和优化配置，着力解决官兵科学文化水平不高、高素质人才偏少、人才浪费和人才流失等问题。后勤保障管理机制创新，重点是建立与大联勤保障体制相适应的矩阵式后勤管理机制，提高一体化程度，增强综合效益。武器装备建设管理机制创新，重点是建立健全竞争、评价、监督、激励机制，进一步解决装备建设管理体制和运行机制中存在的问题。

在军队管理机制的创新中，需要着力培植三种机制性功能。一是有序运行的功能。通过科学管理机制建设，使军队各级领导和机关的职责、权限和工作程序都有严格科学的规定，军队现代化建设的方方面面都能有章可循，保证正常工作减少忙乱、提高效率。二是激励创新的功能。把有利于促进创新作为一项重要原则，使创新者能够得到实际的利益，能够从政策制度上获得不断进取的动力。三是主动纠错的功能。对于部队建设过程中出现的各种偏失，要在管理机制上有一种主动、及时纠错的功能。按照决策、执行、监督相协调的要求，进一步把责、权、利统一起来。（皮明勇《努力实现军队管理科学化》，《解放军报》2005 年 8 月 31 日）

提高从严治军质量必须转变管理观念　一是要树立“大管理”理念，努力实现由“管行政”向“管全局”转变，拓展从严治军的宏观视野。新形势下的部队管理，应作为一项系统工程来抓。在职责定位上，树立全员管理、人人参与的意识，真正使从严治军的要求覆盖到全方位，不存在盲区；落实到全员，不留有“死角”；贯穿到全时，不出现断层；体现到事事，不会挂空档。二是树立“以人为本”的理念，努力实现由“单纯管”向“管育结合”转变，打牢从严治军的结构基础。以人为本，管育结合，就是要尊重广大官兵的人格尊严，培养广大官兵的能力素质，发挥广大官兵的能动作用，重视官兵的正当利益和合理需求，建立和谐互动的管理沟通关系，实现管理工作的理性化、规范化和高标准。三是树立“层次管理”的理念，努力实现由“包揽监控”向“逐级管控”转变，激发从严治军的内在动力。做到按职务定职责，按职责定权限，按分工定任务，形成热情紧张而不紊乱的工作秩序。四是树立“宽严相济”的理论，实现由“被动封堵”向“疏堵结合”转变，体现从严治军的时代特色。要善于引导官兵全面了解改革开放的新变化，学会分析改革开放中的矛盾和问题，把握什么可为，什么不可为，在潜移默化中砺练官兵稳定的心理素质，培养良好的鉴别能力，提高官兵社会和自我管控的意识，激发管理工作的内在活力。五是树立“效益第一”的理论，努力实现由“重形式”向“重实效”转变，提高从严治军的整体质量。求真务实，真抓实干，力戒形式主义和虚假作风，克服工作中的重形式轻内容、重有形轻无形、重数量轻质量、重过程轻结果的问题。力求使部队建设的任何投入、开展的任何工作、出台的任何政策，都能从实际出发，实实在在地转化为部队的战斗力。六是树立“协调发展”的理念，努力实现“注重硬件”向“软硬兼顾”转变，把握从严治军的正确导向。要着眼长远发展，坚持不懈地营造文化环境，突出软件建设。应把功夫下在法规制度建设上，以法规制度保障军事变革，在变革中改革和创新法规制度。（陈时宝《转变管理理念，提高从严治军质

量》，《解放军报》2005 年 9 月 27 日）

关于军事法制建设问题　**建立适应中国特色军事变革的军事法律规范**　世界新军事革命的迅速兴起，对各国军队的建设和作战方式产生了巨大的冲击，也使已有的军事法不断受到挑战。我们必须注重这次新军事变革给军事立法带来的新特点，健全适应军事变革需要的军事法律体系。

军事法的稳定性正受到强烈冲击，应注重提高军事法律规范的时效性。根据以往的经验，军事法不可频频修订，更不可朝令夕改。但在此次新军事变革浪潮中，军事技术突飞猛进，武器装备日新月异，由此引发军队体制编制和作战方式快速变革，从而迫使军事法规不断作出修改。从某种意义上说，“变革”就是“变法”。为了应对军事法的稳定性受到的挑战，必须作到以下几点：一是军事立法的速度要加快。要通过制定科学的立法程序，贯彻正确的立法原则，杜绝人浮于事、工作拖拉，为纠缠部门利益而互相扯皮的现象，加快立法进程，缩短立法周期。二是军事立法的内容要超前。要通过科学的分析和预测，在切实符合调整对象客观性的基础上，把握当前尚未出现但今后可能出现的军事社会关系，适当加以规范。三是军事法修改、废止的频率要适当提高。对于不再适应军事实践需要的法律规范，要及时果断地修改或废止。

军事法的引导意义日益凸显，应注重提高军事法律规范的操作性和客观性。军事法律规范为各国的军事变革明确了目标，制定了规划，提供了依据，引导这些国家的军事变革不断向深度和广度发展。注重“依法变革”，正逐步成为各主要军事大国所采取的共同举措。积极推进中国特色军事变革，也应注重法律的引导作用。为此，在军事立法上，必须注重以下几点：一是军事法律规范应当明确具体，具有较强的操作性。即使法律法规不能明确展现军事变革的规划和计划，也应为制定这种规划和计划提供明确的依据。二是军事法律规范应当符合实际，具有较强的客观性。军事法的科学性基于其客观性。建立适应中国特色军事变革的法律体系，不能仅凭良好的主观愿望追求法律规范的合理性，而是要将客观性放在第一位，保证军事法律规范在军事活动的客观现实中行得通、管得住。

军事法的“国家意志”日益明显，应不断提升军事法律规范适用的普遍性。法律是国家意志的体现，其国家意志本来不言自明。但由于军事变革往往涉及到国家的经济制度、干部人事制度、行政管理制度等诸多方面，触及到广大官兵的切身利益，操作起来难度大、阻力大、风险大，需要全国上下齐心协力，整体运作。因此，必须通过立法，使推进军事变革真正成为国家意志而不仅仅是军队意愿，使推进军事变革真正成为国家行为而不仅仅是军队行为。借鉴发达国家的经验，应注重以下几点：一是适当提高立法层次。对于军事变革遇到的重大事项，应根据立法法由全国人大及其常委会制定军事法律，规定政府和军队的职责。对于需要制定法规的事项，如果涉及军队和地方，就应由中央军委和国务院联合制定军事行政法规，扩大其适用范围，成为军地一体遵行的法律规范。二是军事立法对于军事变革进程的规范，必须与社会改革保持同步。既不可超前，也不应滞后。

军事法的相互关系日益密切，应注重提高军事法律规范的系统性。随着军事变革的深入发展，综合集成、系统集成正在成为军队建设的重要目标，“一体化”趋势也在越来越多的领域凸显出来。与此相应，对于军事变革予以规范的军事法律、法规和规章，也应组成一个有机的军事法体系。为此，在军事立法中既要防止不同法规之间的相互交叉、相互矛盾和相互抵触，又要防止其相互脱节、“各自为战”。具体说来，应注重以下几点：一是要确立“军事立法必须保证战斗力生成和提高”的指导思想。各个方面的立法，都要着力解决与作战密切相关的问题，围绕提高战斗力，形成一个有机的整体。二是要树立以“信息为主导”的观念。将信息方面的法律规范，作为贯穿“一体化”制度建设始终的一条主线。按照一体化的要求，建立一套科学实用的综合集成法规体系。三是搞好顶层设计，改进法律法规的起草工作。要从整体上对军事法作出科学分类，对军事立法作出长远规划。同时，更要保证军事立法权的统一。（方宁、姜文华《建立适应中国特色军事变革的军事法律规范》，《国防》2005 年第 6 期）

军事行政诉讼概念的厘定　学术界至今未就军事行政诉讼的概念形成一致看法，其实质是对军事行政诉讼要解决哪些主体之间的行政争议及何种性质的行政争议有不同理解。

一种观点认为，军事行政诉讼包括三种情况：其一，军事机关及其成员以公民、法人或者其他组织的身份，以行政机关为被告，向普通人民法院提起的行政诉讼；其二，作为原告的公民、法人或其他组织以军事机关为被告向军事法院提起的行政诉讼；其三，军人和军事单位以军事机关为被告向军事法院提起的行政诉讼。这种观点坚持原告或被告中只要有一方当事人为军事机关或军人的行政诉讼就是军事行政诉讼，对军事行政诉讼的范围理解过于宽泛。上述第一种情况中，虽然国家机关根据法律可以对军事机关或军人实施一定范围的行政行为，但由此引起的争议算不得严格意义上的行政诉讼。第二种情况中，虽然军事机关可以对非军人实施一定的军事行政诉讼，但在采取紧急措施后，一般移交公安机关或国家安全机关处理，不应纳入军事行政诉讼范围。

另一种观点认为，军事行政诉讼不仅指军人和军事单位以军事机关为被告向军事法院提起的行政诉讼，还包括行政相对人因不服国家行政机关作出的有关国防军事方面的行政行为而提起的行政诉讼，以及普通行政相对人因不服军事机关的军事行政管理行为而提起的行政诉讼。该观点认识到国防军事利益保护的重要性和职权主体的广泛性，较之上一种观点有可取之处，但同样将普通行政争议纳入到军事行政诉讼的视野内，从而忽略了这样一个基本的事实，即我们建立军事行政诉讼制度的初衷是试图在军队这样一个司法审查的真空地带为行政争议的解决探寻路径，构建一个解决军队内部即军事机关和军事行政相对人之间发生的行政争议的军事行政诉讼制度。

要客观地对军事行政诉讼的概念进行厘定，必须对相应的法律关系予以分析。能够进入军事行政诉讼研究范围的法律关系大致包括四种：一是公民、法人和其他组织与行政机关之间的行政管理关系。这种关系中，即便存在国防军事的因素，也不应划入军事行政诉讼的范围。二是公民、法人和其他组织与军事机关的军事行政管理关系。很多学者坚持认为此种关系引发的行政诉讼应纳入军事行政诉讼的范围，但这与军事法院目前执行的“属人管辖”原则不一致。此类纠纷数量有限，且在处理时，军事机关一般移交国家行政机关处理，承担行政法律责任的主体已不是军事机关。三是军人及军事单位与行政机关之间的行政争议。这属于普通的行政争议，普通人民法院即可解决。四是军人、军事单位与军事机关之间发生的军内行政争议。只有这一争议能够纳入军事行政诉讼关系。基于上述分析，军事行政诉讼应是：军人或军事单位对军事机关的具体行政行为不服而向军事法院提起诉讼，要求对其合法性进行审查，并由军事法院作出裁判的法律制度。它是国家行政诉讼制度在军队的延伸。(李宝生《关于军事行政诉讼的再思考》，《西安政治学院学报》2005 年第 2 期)

把军事制度安排的后发优势发挥好　推进中国特色军事变革，实现现代化的跨越式发展，必须努力发掘后发优势，特别是把军事制度安排上的后发优势发挥出来。

一种极其重要的后发优势。后发优势理论是古典经济学的一个重要理论，其要义是：后发国家由于可以直接吸收和引进先进国家的技术，其技术成本要比最初开发的国家低得多，在同样的资金、技术成本条件下，还具有劳动力成本低的优势，只要在国家的保护下达到规模经济阶段，就可能发展起新的优势产业，从而在其传统的资本或技术密集的分工领域内，追赶或超越先进的国家或地区。后发优势也体现在军事制度的安排上。简要地说，军事制度安排，是指军事系统内各类关系的确立，各种规则的建构，各类机构的设计以及军事系统内在运行机制的管理。历史证明，军事变革走在前头的国家，在军事制度安排上所走过的弯路，所付出的代价，后发国是可以尽量减少和避免的；它们所取得的成功经验，后发国也是可以充分吸收和借鉴的。军事领域的变革虽然多是由科学技术的突破点燃，但若没有制度的革故鼎新，科学技术点燃的变革火花只能是昙花一现，无法深入到军队组织的整个肌体中去。所以，在军队建设的诸多后发优势中，军事制度安排上的后发优势，是极其重要与不可或缺的。

必须克服的“路径依赖”。历史表明，“路径依赖”是后发国实现军事制度安排后发优势的最大制约因素。因为一个国家的军事制度经过长时间的文化传统、思想观念、行为习惯等的积淀之后，会形成很强的“反馈机制”，会沿着一定的路径发展演进，而很难被其他包括那些高效率的、更符合战争和军队发展趋势的制度所替代。这就是后发国的“后发劣势”，如陈旧落后的制度观念和习惯做法等。在发掘军事制度安排的后发优势中，如果克服不了这种“路径依赖”的掣肘和影响，就会使军队转型和变革的速度大大降低甚至止步不前。如果说“路径依赖”是实现军事制度安排后发优势的最大障碍的话，那么它面临的最大风险，就是在军事制度的革故鼎新时，将原有的制度发展沿革进行彻底的“路径舍弃”。因为任何军事制度经过长期的历史选择，都蕴涵着制度文化传承下来的精华部分。在学习借鉴其他国家先进军事制度安排的过程中，不应当丢掉这些精华。

把潜在的优势发挥出来。后发优势是潜在的，要把它变成现实和显性的，从宏观的角度说，应当做好以下几项工作：一是搞好顶层设计。后发优势的实现，需要有集中统一的领导，需要建立确实能够起到纲举目张作用的领导机构。进行军事制度设计时，应该是有组织、有计划的，而不是“各打各的锣，各吹各的

号”。二是勇于开拓创新。在军事制度安排上，任何一次成功的借鉴，都带有主体的选择性；即便是模仿，也没有两种完全相同的制度；即便是制度的形式相同，制度的内涵也会存在差别。而借鉴什么，不模仿什么，怎样取其所长，避其所短，这些问题本身就体现出一种创造性。三是尊重本国国情。对于军事制度创新的主体来说，要立足于本国实际，其创新性要体现在对原有制度约束边界的理解、选择和处理上，体现在通过创新活动使约束边界产生最大的边际效应上。（纪元《把军事制度安排的后发优势发挥好》，《中国国防报》2005 年 9 月 22 日）

关于其他军队建设问题　**建设保障资源节约型军队后勤**　如果说，现阶段军队后勤发展的形态可以用传统节约型后勤来描述；那么，保障资源节约型后勤则是对未来军队后勤发展形态的一种界定，其目的是降低军队建设成本，保证军队建设的高效益、高质量。建设保障资源节约型军队后勤应完成以下主要任务：

建设一体化后勤。建设保障资源节约型军队后勤，必须要有相应的组织体制。创建保障资源节约型军队后勤的组织体制，是建设保障资源节约型军队后勤的核心。所谓一体化后勤，就是努力适应三军一体、军民兼容、平战结合的联勤体制的要求，积极创建一体化的大联勤后勤体制。从具体方面来说，就是实现后勤保障理论（条令条例）一体化、后勤组织指挥一体化、后勤保障力量一体化、后勤保障内容一体化、后勤保障信息一体化、后勤保障渠道一体化、后勤保障知识一体化。这种体制形式，能够从组织制度上彻底消除自成体系、条块分割，大而全、小而全、重复建设，机构重叠、职能交叉、效率低下，手续繁杂、环节繁多、舍近求远，低水平建设、低层次徘徊、低效益保障等弊端，确保保障资源优化配置、优化管理、优化使用，确保保障资源三军共享、军民共享，确保少花钱、多办事、办好事，确保提高后勤保障的军事效益、经济效益、社会效益和生态效益。

建设精确化后勤。这是保障资源节约型军队后勤本质特征的主要体现。所谓精确化后勤，就是充分运用以信息技术为核心的高技术手段，精细而准确地筹划、建设和运用后勤保障力量，在准确的时间、准确的地点为部队作战提供准确数量、质量的物资技术保障，使后勤保障适时、适地、适量原则达到尽可能精确的程度，最大限度地节约后勤保障资源。

建设生态化后勤。保障资源节约型军队后勤与传统节约型军队后勤的显著区别，就是强调把勤俭节约与生态文明有机地结合起来，实现后勤发展与自然生态和谐统一。所谓生态化后勤，就是把节约、降耗、减污有机地结合起来，纳入到后勤建设之中，纳入到部队的营区建设之中，努力实现军队环境的绿化、美化、净化、文化相统一，相协调。

建设集约化后勤。是指改革分散、粗放的后勤管理机制，相对集中使用后勤保障要素，通过后勤保障要素比例与结构的优化，精确细化管理分工，达到降低后勤保障成本，提高后勤工作效益的目的。集约化后勤要求，集中使用包括人员、经费、物资、设施、技术等保障要素，在优化保障力要素比例与结构的基础上，精确细化管理分工，建立规范有序的管理秩序。其中，集中是条件和现象，精细是核心和本质，规范是保障和要求。集约化后勤的内容涉及集约供应、集约生产、集约筹措、集约使用、集约维修、集约培训等方面。

建设革命化后勤。革命化后勤是从思想和作风上实现保障资源节约型军队后勤的显著标志，也是从思想和作风上实现保障资源节约型军队后勤的可靠保证。建设革命化后勤，主要是联系建设保障资源节约型军队后勤的实践，强调发扬艰苦奋斗、勤俭建军、艰苦朴素的优良传统和作风，坚持做到建设勤俭，不搞超标准建设，不搞政绩工程，不搞奢华工程；消费勤俭，不用公款高消费和超前消费；生活勤俭，养成为国家节约一分钱、一滴水、一寸地的良好习惯；决策勤俭，各级领导能够做到不作盲目的决策，不作劳民伤财的决策，不作官僚主义的决策，不作形式主义的决策，不作本位主义的决策，不作短期行为的决策。（尚怀来《加快建设保障资源节约型军队后勤》，《解放军报》2005 年 3 月 29 日）

提高装备的“软”保障力　装备“软”保障观念的提出，与武器装备的杀伤机理发生革命性变化息息相关。“软”杀伤是使对方武器装备的电子器材、动力装置和网络系统或是信道断路、电源中断，或是仪器失效、发动机失能，或是网络失灵、指控混乱，从而影响其功能的正常发挥，但不会造成毁灭性的破坏。“软”保障是对“软”杀伤造成的装备指挥控制、电子信息等系统的暂时性功能失常进行快速检测、修理和恢复，其核心是保障“信息快速流动和转换”，保障信息系统的完好和信息渠道的畅通，快速恢复被敌破坏的装备系统。

构建保障信息网络。按照统一接口标准、统一操作环境、统一信息格式的要求，将各级保障单元和保障平台置于一体化网络中，建成上下贯通、纵横交错、军地互接的保障信息网络体系。同时，使基地保障、机动保障和技术支援保障等多种保障模式配套衔接，实现保障信息网络的互连、互通和互操作。

提高综合防护能力。应当尽可能地切断敌方获取我方装备技术保障情报、数据、资料等信息资源的渠道，干扰敌信息传输，误导敌信息处理，防止敌“软”杀伤。为此，必须做到严格装备电磁频谱管理，采取控制电磁辐射、降低发射功率、缩短工作时间等方式，降低敌方截获己方电磁波的可能，防敌侦察；不断改变装备电子、信息系统工作方式，灵活组网，适时启用新装备并实施机动，防敌干扰；运用伪装、佯动、佯藏、佯守等手段灵活遮掩信息源，使敌难找破绽；加强网络使用管理，实施军地网络物理隔离，设置多道网络“防火墙”。

实现系统快速修复。现有装备修理平台的改造，应突出信息系统和技术集成，使其具有横向协调性和联动性，具备信息自动化采集、处理能力和各保障单元之间、保障单元与指挥单元之间的战术互联能力。现有装备维修设施设备的完善，要充分运用以计算机平台为基础的虚拟仿真、人工智能、战场监控等信息技术，使装备检测、故障诊断和远程专家支援系统实现由单项、分体保障向系统、整体保障转变，实现系统快速修复，提高战时保障能力。(苏梁波《注重提高装备的“软”保障力》,《解放军报》2005年9月6日)

提高军事人才培养效益　军事人才培养是一个复杂的过程，当前，应该特别注意提高其培养效益。

树立新的人才理念。当前，在人才理念上轻指挥、重管理，轻科技、重经验，轻复合、重单一的问题比较普遍；有的仍把军事人才定位在靠老办法、老经验，能完成一般的训练和管理工作、不出大的问题就行。这些观念严重制约了新型军事人才的成长。在转型时期，经验型和管理型人才固然需要，但我军要切实履行新的历史使命，打赢未来信息化战争，更需要培养和造就的是一大批综合能力强、科技素质好、具有创新意识的创造型人才。

优化选拔人才机制。要建立和完善有利于广纳群贤的选人机制，拓宽择人渠道和选人视野，把优选军事人才建立在充足的后备人选和大范围的竞争基础之上。要实事求是、一分为二地看待和评价军事干部，既要重视军事专业技能和在本职岗位上的工作实绩，更要深入考察其思想政治、科技素质和知识水平及创新能力，从德、勤、能、绩、体等方面进行全面衡量。选拔过程中，既要坚持标准，又要不拘一格；既要德才兼备，又不求全责备，通过建立公正、公开的选拔机制，激发人才队伍的生机与活力。

强化继续培训机制。必须努力探索培养“通才”的方式、方法，既要在学历上严格要求，又要注重真才实学；既要提高培训起点，又要逐步增加培训次数。在高科技知识快速爆发的今天，不能经常地培训“充电”，就不可能实现知识更新。要拓宽培训渠道，如丰富任职经历，进行跨军种、兵种交流任职、代职和岗位互换等。(刘江安《提高军事人才的培养效益》,《解放军报》2005年8月30日)

(方　琳　万　丁)

美国军队建设问题研究　2005年，军队转型仍是美国军队建设研究最为关注的问题。同时，信息化建设以及相关的管理、法制等问题，也是美国军队建设研究的热点。

美国陆军转型的原因和举措　美国陆军部于2005年2月颁布的《2005年陆军现代化计划》，是指导陆军建设的纲领性文件。它比较详细地阐述了美军的转型与现代化建设。

陆军转型的主要原因。一是应对新威胁的需要。为了应对当前出现的新威胁，拓展非战争功能，美国陆军需要增强5种能力：应急反应能力，快速部署能力，塑造作战空间能力，快速决定性作战能力，多军种、多国部队联合联军作战能力。二是应急作战需要部队轻型化。美国陆军当前结构失衡，现役部队共有6个重型师和4个轻型师。在以中小规模冲突和打击恐怖主义为主体的军事行动中，重型部队的战略机动性和战场适应性难以满足作战需要；而轻型师又不具备重型师所拥有的装甲突击力，在中等强度以上的战争中难以承担重任。因此，建设介于两者之间的新型部队似乎是解决问题的办法。三是信息化战争的需要。为适应信息化战争，美国陆军必须实现三个转变：在装备上由机械化向数字化转变，在指挥控制上由平台中心向网络中心转变，在后勤保障上由“伴随式”向“聚焦式”转变。而要实现这三个转变，美国陆军就必须实现全面转型。

陆军转型的总体战略：从当前部队至未来部队。当前部队是指陆军现有作战部队，包括现役部队和国民警卫队。未来部队是一支具有战略反应能力和远征作战能力的模块化部队，以信息化弹药为基本火力，与执行不同任务的多种信息化作战平台进行合理编组，主要着眼于应对长远挑战。《2005年陆军现代化计划》指出：“美国陆军当前部队与未来部队的建设之间应确立一种平衡。如果过分加快未来部队建设，当前部队会受到影响，不利于军队稳定及国家安全；反之，一些关键性技术将无法及时用于当前部队的建设中。”可见，当前部队与未来部队并不是完全割裂的。陆军转型战略，既要增强当前部队的作战能力，降低当前部队的现实风险；又要提高未来部队建设的效费比，为遂行信息化作战创造条件。

陆军转型的核心举措：部队模块化再设计。目前，美国陆军共有 8 种类型旅。这些旅将被重新设计成 3 类标准编成的模块化机动旅，分别是装甲旅、“斯特赖克旅”和步兵旅。每个旅编制在 3000~4000 人。改编后的旅被称作行动单位，是未来战场上可随意调用的“预制件”。这三类模块化部队在一些关键能力上将会大幅提升。一是增强了部署能力。1 支“斯特赖克旅”（3900 人，1500 辆 19 吨的战车）可以在 96 小时内部署到全球任何地方。缩编的装甲行动单位的部署能力也优于目前的重型装甲旅。二是提高了杀伤能力。这不是因为增加了武器数量，而是依靠提升情报侦察能力和联合火力打击能力。三是加强了联合作战能力和联合火力打击能力。借助于先进的通信系统，新型行动单位将不仅能与海军、海军陆战队和空军部队结合为一体，进行联合作战，而且可以像积木那样“嵌入”其他部队或司令部。（焦亮《从<2005 年陆军现代化计划>看美国陆军转型》,《外国军事学术》2005 年第 12 期）

美国 2006 年《四年防务审查报告》提出军队转型新规划 2006 年 2 月 3 日，美国防部公布《四年防务审查报告》，对美军未来必须强化的能力建设进行了评估和规划，是一份指导美军转型的纲领性文件。

建立联合特遣部队司令部。在应对大规模杀伤性武器方面，国防部指定美国战略司令部统一协调对抗大规模杀伤性武器的作战行动。同时，国防部将建立一个便于部署的联合特遣部队司令部，以便为执行消除大规模杀伤性武器任务的部队提供即时的指挥与控制。

大幅强化特种作战部队能力建设。报告将打击恐怖主义列为美国的首要目标,认为全球反恐战争是一场持久战。针对全球反恐战争的需要，美国将提高远程作战能力，构建更为精干、更具杀伤力、更具持久作战能力以及更高灵活性的部队。美军将训练更多的特种作战部队，使传统的地面部队不仅有能力执行本土作战任务，还可进行海外训练并执行安全任务。这种能力的扩展可使特种作战部队承担更持久的高强度任务，扩展整个部队的非常规作战能力。强调重视人力情报，增强空中监视和空运能力，以及提高海军特种作战部队的作战能力，使它们不只进行海岸和水上作战，还具备实施非常规作战的能力。重视文化意识和语言技能，提高在常规战争中联合作战的效果。为此，美军除增加预算外，特种作战部队人员将增加 15%；陆军特种作战部队学校将提高培养能力，未来每年将培养 750 人；海军陆战队内部新设特种作战司令部（MARSOC），执行训练外军、进行直接作战和特种侦察等任务；空军将组建特种作战部队无人机中队。国防部还将把心理战部队和民事部队人数增加 33%。

全力提升军事竞争能力。报告认为，为阻止任何军事竞争者发展破坏性或其他针对美国和其盟国的地区霸权或敌对行动的能力，防止削弱美国传统军事优势，美国将寻求威慑或采取遏制行动。一旦威慑失效，将阻止敌人实现战略和作战目标。为此，美国应发展应对挑战的多方位能力，如持久的监视和远程攻击能力，隐身能力，空中、海上和地面部队的远程作战机动和持久作战能力。这些能力应确保美国的行动自由，为未来的总统提供众多选择。

组建未来联合海上部队。报告强调未来的美海军部队应具有进行全球打击敏感目标、内河作战以及其他非对称作战的能力。同时至少要有 6 艘航母和 60% 的潜艇随时可在太平洋参加战斗，以支援作战、保持军事实力和威慑。基于目前取得的进展，为建立联合海上作战部队，美国防部将组建包括 11 个航母战斗群的大型舰队，以平衡转型和重新规划舰队能力的需要，改进经济可承受性和保持造船工业的稳定性；采购首批 8 艘海上预置部队舰只，以改进在限制进入地区的行动能力；提供海军内河作战能力，在内陆地区进行河流巡逻、禁航和战术运动；通过特别采办计划，加强与盟国的合作以改进全球海上安全；在 2012 年之前，实现每年生产 2 艘潜艇，每艘潜艇成本控制在 20 亿美元之内的计划。（马爱民、石培新、王卫东《解析美国<四年防务审查报告>》,《解放军报》2006 年 2 月 23 日）

美军转型遇到的主要问题 “9·11”事件后，美军提出了转型理论和模式，组建了师、旅规模的实验部队，已取得了一定成绩。但从深层次看，一些带有根本性的矛盾并没有解决。主要表现在以下方面：

军种本位主义思想严重。军队转型的核心是组织结构的变化。但这种变化与美军长期以来形成的军种本位主义思想造成严重冲突。各军种担心相互依赖会削弱其作为独立军种的地位。麦克纳马拉 20 世纪 60 年代的改革和 80 年代的戈德华特-尼科尔斯法案并未根本改变这一切。虽然美军各军种并不反对利用先进的信息技术，但从总体上讲，军种之间的一体化是以一种很不协调的方式进行的。各军种沉迷于对军费预算开支和顶尖能力的争夺，看重的是新型舰艇系列、V-22“鱼鹰”倾斜旋翼机等这些工业时代的力量要素，而对能大大提高未来作战能力的新概念、新能力和新技术却有所忽视。联合部队建设也是如此。美军在1999年10月设立了联合部队司令部，但是联合实验主要是在各军种的范围内进行。只有在不危及各军种利益时，联合实验机构才能发挥领导作用。此外，战区司令部的军种部队也缺乏联合训练和联合行动，它们在实战中需要花费很长时间进行相互摩合。

*国防研发领域存在严重的技术狭隘主义。*军队转型的动力源自技术的发展，只有整体先进的技术系统才能推动和加快军队转型。而美军存在的技术狭隘主义显然与此冲突。许多美军研发人员只是把坦克、飞机和舰艇看做是独立的作战系统，而不是把它们看做是“从传感器到射手”系统的组成部分。在研发标准上，只以提高火力和机动力为终极目标，使用信息技术也主要是为了更好地提高机动能力和打击能力。很难超越传统的设计标准，想像这些作战系统将在一个基于信息网络的系统集成当中承担信息搜集者、处理者和联络者的角色。造成技术狭隘主义的主要原因就在于传统的研发体制和作战观念束缚了思想。

*国防规划体制结构问题突出。*美军目前的计划、规划与预算系统主要采取的是基于威胁的模式，与军队转型的要求不相适应。基于威胁的国防规划模式是指，首先对威胁进行评估，然后构划国防需求、提出应对威胁的各种选择，并对各种选择进行评估，最后确定最优战略并付诸实施。这种模式在冷战时期使美国较好地应对了苏联的挑战，但对于应对以不确定性为特征的新世纪安全需求的美军转型而言，则存在明显不足。首先，它使规划者的思维仅仅局限于具体的需求，而没有充分认识到军队需要应对各种挑战的需求。其次，把具体要求当作现实来对待，容易使规划者们误以为可以准确地根据现实勾勒计划蓝图，从而无法根据变化了的需求及时进行更正。而且，美军在转型中遇到的体制瓶颈使美军的技术优势无法全面转化成军队的作战能力。越不过体制变革这道坎，美军就不可能实现军事效能质的飞跃，更不可能建成一支信息化军队。

美军解决转型问题的对策 美军认为，要想成功实现军事转型，关键是统一军内思想。具体对策有以下方面：

*消除部分高级将领的抵触情绪，坚决运用战略利益整合局部利益。*美军能否克服军种狭隘利益，加速转型，关键在于美军的高层领导人要有坚定的意志和决心，统一思想，统一行动，坚持改革。为此，美国高层领导人统一认识、合力推动，使美军转型自小布什政府上台后重新步入发展的新阶段，在转型资金和转型能力建设上都取得了明显的进步。

*增强各军种进行合作的观念，以系统性、结构性重建的思路推进信息化建设，保证实施真正意义上的军事系统“联合”。*这就要求各军种首长放弃自己的军种优先或在武器装备上自行研究与采购的权力，将4个军种冗余的后勤、医疗和C^3I合并为单一的联合机构，充分利用相辅相成的共同力量，实现作战效能的飞跃。这样做，必然导致国防资源的重新分配，信息技术及其相关的研究与发展会得到更多的资金，部队的结构和体制趋于优化。

*确立基于能力的国防观念，实现国防规划模式从基于威胁型向基于能力型的重大转变。*基于能力的国防规划模式是指，为了提供适应于当代广泛挑战和各种复杂环境需要的能力，在不确定的情况下进行合理有效的规划。它要求美军不要把眼光放在具体单一的威胁上，而是着重发展针对各种威胁与挑战的关键能力。这与基于威胁的国防规划模式有本质的区别。首先，这种分析方法的重点是军事行动或军事任务，而不仅仅是战争。其次，这种分析方法更重视在高度不确定的环境中对能力进行评估。第三，在国防预算一定的情况下，规划者应从实际出发，权衡各种因素和选项，最终做出最优抉择。虽然基于能力的研究分析方法并不能确保美军在未来作战中一定能够取得胜利，但它却能使美军发展适应未来不确定环境要求的作战能力，使美军能够根据实际需要在未来确保最大成功的可能。

*确立保持实质性联合的单一作战建制观念。*这就需要正确看待当前美军4个战斗军种的组成、作用和使命，彻底审查当前从总统到国防部长再到战区指挥官的指挥链系统。信息时代的部队必须根据作战任务组建，而不是根据军种性质组建。这些部队不论其军种组成或背景如何，都要驻扎在一起接受训练，并作为单一的实体进行部署。美军计划从2005财年起在5个战区联合司令部建立常备特遣部队司令部，并强调这是朝着正确的方向迈出了关键的一步。（王佳《美军转型遇到的问题及对策》,《军事学术》2006年第2期）

美国军事理论转型的做法与经验 军事理论转型是军队整体转型的“灵魂”。海湾战争以来，美国在其发动的四次中等强度的战争中，不断运用和检验其新的军事思想和理论。从实际效果看，美国的军事理论对战争的制胜起到了重要作用。从中不难看出美国军事理论转型对军事领域造成的冲击和震撼。在转型过程中，美军将联合作战理论、快速决定性作战理论和网络中心战理论作为其不同阶段军事理论转型的基础；而以联合构想为基础的目标部队、21世纪海上力量与21世纪航空航天部队理论则是各军种理论转型的目标。美国军事理论转型的以下经验值得借鉴：

注重形成转型文化，营造理论创新氛围。宽松的环境或文化氛围，是发展和创新军事理论不可或缺的外部条件。美军在理论转型过程中特别注重打造这种文化氛围。在美国，无论是军队、军事院校、民间思想库、媒体或个人，都可以自由发表自己的想法而不受任何禁忌。这种文化氛围保证了美国创新理论的层出不穷。美军认为，进步的人事政策、创新的技术、科学实验和职业教育是培育创新文化的4个环节，有利于个人适应信息时代文化，应对日益复杂的国际环境，保持美军始终走在世界的前列。尤其是在人事政策方面，美军高层投入了大量心血，培育和保护了军事部门的大量创新人员。

成立相关创新机构，稳定理论创新队伍。美军虽未专设军事理论创新机构，却有担负此任务的组织，大致分为永久性机构和临时性机构两大类。永久性机构一部分是军事单位，包括国防部、三个军种部以及中高级军事院校。另一部分是担负军事科研任务的民间思想库，如兰德公司等。这些民间思想库的人员很多是退役将军，能较好地将地方信息化思维应用到军队理论转型中。为了在某个时期实施某个方面的军事创新或军事改革，美国还经常组建临时机构。这些机构的负责人通常是现职军事领导人，组成人员为现职或退役将军、民间军事理论家和有关技术专家。

制定相关纲领文件，促进理论向决策转化。美军为使军事转型制度化、规范化、连续化，保证转型的道路不会因外力因素而受到影响，高度重视对相关法规文件的制定。如军事转型启蒙阶段，美军为解决军兵种之间的破坏性竞争，提高部队的联合作战效能，就制定了《戈德华特-尼科尔斯国防改组法》。近年来，随着军事转型步伐的加快和向纵深发展，美军加大了制定相关法规文件的力度，以“物化”某些具有前瞻性的理论。其中较有代表性的有1997年版和2001年版的《四年防务审查报告》、《2010联合构想》、《2020联合构想》、《美国国防部转型计划路线图》以及各军种的《转型路线图》或《构想》。这些纲领性文件均在各自的范围内规定了转型的任务和职责，阐明了如何进行最优化的组织调整。

把握战争、演习机会，畅通理论与实践互动渠道。目前，美军已形成了“提出作战概念——开发新式装备——进行试验演习——用于作战实践”的战斗力快速生成机制。这种理论与实践、建军与实践紧密结合、互为促动的过程，能将其技术、理论、体制等方面的研究成果迅速转化为战斗力。（王克海、陈东、陈爱玉《透视近期美国军事理论转型》，《中国军事科学》2005年第5期）

美军信息化建设的顶层设计 由于建设信息化军队是一项开创性的军事事业，因而美军信息化的顶层设计不是一般的顶层设计，而是一种根据特殊需要制订的、非同一般的、滚动式发展的构想式顶层设计。其主要内容有5项：

预测未来的挑战和机遇。美国国防部公布的各类文件特别是《四年防务审查报告》一类的文件，都要首先预测未来的国际安全环境，并通过对国际安全环境的分析，明确美军面临的挑战和机遇，以加强军队信息化建设的针对性、主动性和自觉性。

明确军队的基本任务和关键作战能力。目前及今后一个时期，美军的任务有以下4项：一是保卫美国；二是在欧洲、东北亚、东亚沿海地区、中东与西南亚地区保持前沿威慑，慑止侵略和胁迫行动；三是能同时实施两场大规模战争；四是保持高度的战备水平，能随时实施并迅速打赢小规模应急作战。为此，美军在近期信息化建设中着眼提升以下几种关键作战能力：保卫美国本土和海外基地免受大规模杀伤性武器攻击的能力；有效地实施信息攻击和保卫己方信息系统安全的能力；持续地实施侦察、监视和快速交战，使敌人无处躲藏的能力；强大的空间作战能力；信息共享和端对端的指挥、控制、通信、计算机、情报、监视与侦察能力。

创新战争和作战理论。美军信息化顶层设计的各类文件，都含有许多创新性战争和作战理论，主要有：“网络中心战”、“信息行动”、“凝聚式联合作战”、“非对称作战”、“快速决定性作战”、“基于效果作战”。其中，“网络中心战”即是一种作战理论，又是信息时代的战争概念，近似于所谓的“信息化战争”；“凝聚式联合作战”是信息时代的联合作战，其4项作战原则是机动制敌、精确交战、全维防护和聚焦式后勤。这两种理论在以上各种作战理论中最为重要。前者是美军信息化长远建设的总体指导理论，后者是近期牵引美军信息化建设的核心理论。

确定军事转型的战略目标、主要内容和重点领域。

美国军事转型的本质就是把机械化军队改造成信息化军队。这首先要求实施作战方式转型、支持作战的组织方式转型，以及国防部工作机制、装备采办机制和与政府其他机构合作方式的转型。军事转型的内容具体落实到条令、编制、装备、教育训练、领导艺术、人员和设施 7 个方面。军事转型有 4 个重点领域：加强联合作战、利用情报优势、进行概念开发和理论创新、加强实验与发展转型能力。

掌握军事转型的主要方法。美军信息化顶层设计文件为军事转型敲定的方法有五：一是“远近结合”法。在信息化建设中，既着眼军队战斗力的长远跨越式提升，又抓好部队日常战备工作，随时应付突发事件。二是“三步同走”法。即针对不同的军事领域走不同的步伐。在抓部队管理和日常建设上，要走小步；在改进战争和作战方式上，要迈中步；在寻求新的军事力量生成源泉和创新作战理论上，要走大步。三是“螺旋式发展”法。即发展信息化武器装备，不能把技术指标定得过高，而要让其采用开放式结构、标准模块接口，以便以后进行信息化升级改造。四是“循序渐进”法。即选定少量部队进行转型试点，采用新的作战理论、编制、手段进行训练，再通过演习和实战检验，证明其作战能力确有“跳跃式”提升后，再逐渐推广。五是“虚拟实践”法。即对新战法、新编制、新装备的验证，主要通过在作战实验室的“虚拟实践”中进行。（王保存《美国军队信息化建设顶层设计述评》，《外国军事学术》2005 年第 5 期）

美军信息管理改革的基本做法和经验　美军从 1999 年开始对其军事信息管理进行系列改革，目前基本实现了国防部及其所属部门和相关机构在信息安全、可靠的前提下，信息资源“可见、可检、可理解”的目标。

美军信息管理改革的基本做法。一是制定面向信息优势的信息管理战略规划，明确军事信息管理的指导思想。国防部信息管理办公室制定并于 1999 年公布了《美国国防部信息管理战略规划》，明确了信息管理的目的是为世界各地的决策者和军事行动提供全球的、及时的和可靠的安全信息，夺取信息优势。并规定了信息管理的任务和实现管理目的的战略规划。二是建设符合信息优势需求的信息环境，构建军事信息管理基础。美国国防部提出了“国防部全局服务”的建设思想并建设体现该思想的技术环境：“全球信息栅格”、“国防信息基础设施”和“通用操作环境”。这是美国国防信息技术环境的核心，也是信息管理改革的重点。三是推行面向实践需求的网络数据管理战略，明确军事信息管理措施。美国国防部 2003 年公布了《中心网络数据战略》，确定了网络环境数据管理目标，并将这种目标分解为若干具体任务，结合美国国家安全目标、信息环境、信息技术等现实条件，规定了完成任务的措施。四是研制并不断优化与维护军事信息元数据标准，明确军事信息管理方法与标准。信息管理的主要对象是信息资源，其核心是数据管理。采用元数据控制网络信息是当今世界通行的做法。美军《中心网络数据战略》明确指出了必须通过元数据控制实现军事信息在特定范围内“可见、可检、可理解”的目标，成立了“GIG 元数据工作组”，负责军事元数据的研制、管理和应用工作。为了保持军事元数据的一贯性和一致性，国防部还设立了军用元数据登记暨交流中心网站，供各部门登记其扩展的元数据。

美军信息管理改革的经验。第一，采用滚动推进的方式，从微观到宏观、从原则到应用、从标准到实践，逐步扩展信息管理改革，是美军信息管理改革的战略。第二，采用科学合理的标准规范信息管理是美军信息管理改革的基本思路。特别是《国防部信息资源揭示元数据标准》，成为美军信息管理改革的现实基础和保证。第三，采用条令明确信息管理责任是美军信息管理改革的特点。美国国防部和各军种都制定了各种法规性文件，将军事信息建设的责任明确到具体的机构和人员。第四，采用联合出版物界定相关概念是美军军事建设的一贯做法，也是军事信息管理改革的保障。美军信息管理方面的每份文件，都设有专门的栏目，界定其中的重要概念；并且都以美军联合出版物中相关概念为蓝本，确保概念清晰，确保专业文件之间、专业文件与联合出版物之间的概念一致。这种做法保障了建设各方对同一事务的相对统一的理解，进而保障了建设的一致性。（陈浩良、韩东梅《美军信息管理改革及其启示》，《外国军事学术》2005 年第 10 期）

美国海军信息化建设的主要举措与特点　伊拉克战争中，美国海军的信息作战能力和精确打击能力明显提高，初步显示了美国海军信息化建设的成果。

美国海军信息化建设的主要举措。一是不断创新理论，为军队信息化建设提供坚强指导。自 20 世纪 90 年代至今，从“以信息为基础”理论到“网络中心战”理论，再到“力量网络”理论的演变，甚至到目前的“战区作战行动网络中心环境”概念，美国海军信息化建设理论层出不穷。这些理论不仅为海军信息化建设提供了强有力的指导，也为其提供了有益的参考。二是搞好总体规划，突出信息在军队建设中的主导作用。美国海军颁布的《21 世纪海上力量》首先确定了战略

目标，即“投送决定性的联合能力”；然后制定了实现目标的途径，即“力量网络”与3个基本概念（“海上打击”、“海上盾牌”和“海上基地”）；最后确定了美国海军的实力，即“全球作战概念”。由此形成了一个完整的发展战略构想，为美国海军21世纪信息化建设提供了一个清晰的总体规划与顶层设计。三是优化组织结构，建立适于打信息化战争的兵力结构。在指挥体系上，美国海军正在致力于把“纵长树状”的传统指挥体系，改变为“更有利于信息流动和使用”的“扁平网络化”结构。在编制体制上，正通过增减和整合等办法，建立更加精干有效的编制体制。四是研制新式武器，确保信息化装备方面的领先优势。按照美军信息化标准的测评方法，一支军队的信息化装备规模只有达到60%，才具备信息化军队的特征。美国海军信息化装备目前已经占70%，基本算得上是一支信息化军队。五是积极投入实战，不断检验和提高信息化建设的成果。在阿富汗战争中，美国海军信息化建设最重要的成果——“网络中心战”的数据链得到一定的普及，精确制导武器弹药的使用率上升到近60%，指挥控制信息传输率大幅度跃升。在伊拉克战争中，美国海军信息战能力进一步增强，网络化程度已达到67%，能有效地与各军种的空中力量实施一体化联合作战。

美国海军信息化建设的主要特点。美国海军信息化建设表现出许多特点，其中既有优点，又有缺点。优点主要为：使命感强，坚持从机械化军队向信息化军队转型；目标明确，以提高信息化条件下联合作战能力为核心；重点突出，紧扣“网络中心战”和“力量网络”两个环节，加速提升部队战斗力。缺点主要表现为：一是开支问题。据统计，美军仅在信息技术上的投资就比俄中两国所有军事开支的总和还要多。为此，美国国会许多议员抱怨甚至威胁要大幅度削减信息技术上过多的投资。二是规模问题。由于信息化建设强调小型、灵活和快速原则，这势必会导致海军许多大型水面舰艇数量的减少，从而增加战略部署方面的压力。三是由于网络错综复杂，信息超载或信息兼容导致的决策失误，日益成为一个突出的问题。这也是美国信息化建设中最大的缺点。（龚都刚、席慧刚《美国海军信息化建设的措施与特点分析》，《外国军事学术》2005年第9期）

美国国防信息领域的法制建设 美军依托国家先进的信息基础设施和良好的信息法制环境，积极开展军事信息立法活动，为美军的全面转型提供了强有力的法律支撑。

美国的国防信息法规体系。按照美军遂行信息化战争和信息化建设的实际需要，其国防信息法规可以区分为以下方面：①关于指挥控制战的法规。如美国国防部1994年发布的指令《电子战与指挥控制战》，参联会1996年和1998年先后发布的《指挥控制战联合条令》、1996年制定的《联合指挥控制战政策》等。②关于信息作战的法规。如国防部1996年出台的《信息战联合纲要》，参联会1998年发布的《联合信息作战条令》、《防御性信息作战实施细则》等。③关于情报支援与情报战的法规。20世纪90年代，美军先后制定了一大批条令、条例和联合战术技术程序，规范联合作战行动中的情报支援行动与情报战。如《特种情报部队情报与电子战行动》、《联合作战情报支援条令》等。④关于心理战方面的法规。如：参联会于1993年、2003年先后两次发布《联合心理作战条令》，美国陆军和海军分别于1993年、1997年发布《心理作战条令》。⑤关于军事欺骗的法规。1988年后，美国陆军发布了《战场欺骗（战术掩护欺骗）》,《电子欺骗》和《战场欺骗政策》，参联会发布了《联合军事欺骗》、《作战欺骗联合条令》等。⑥关于电子战的法规。美军从1991年至2000年发布了6件有关电子战的法规，如陆军的《特种情报部队情报和电子战行动》、空军的《电子战斗行动》、国防部的《关于电子战与指挥控制战指令》等。⑦关于作战安全的法规。20世纪80~90年代，国防部、参联会和军种部发布过《作战安全程序》、《作战安全联合作战条令》、《作战安全条例》、《作战安全指令》等。⑧关于信息安全的法规。如国防部发布的《信息安全程序》、陆军的《信息系统安全》、空军的《信息安全》等。⑨关于信息系统的法规。包括《战役/战术指挥、控制、通信与计算机系统联合条令》、《国防部体系结构框架》、《全球信息栅格》等。⑩关于信息资源管理的法规。包括国防部和三军种发布的射频频谱管理规定，数据管理计划和程序等。⑪关于信息技术的军用标准规范。比较有代表性的有《国际军事合理化、标准化和互用性》、《国防部标准化工作计划》、《国防部标准化工作的政策与程序》、《数据标准化程序》等。

美军信息化领域法制建设的特点。一是以敏锐的战略眼光，重视信息基础设施建设，率先建设信息高速公路。二是重视信息资源的开发管理，重视发挥建军与作战对信息需求的牵引作用。三是重视信息技术和产品的开放性和竞争性，信息技术产品和软件系统的开发，都考虑到与盟军合作的因素，认真吸取和采用民间的和国际的技术标准。四是从系统到体系，强调综合集成和体系对抗。五是信息法规大多规定了明确的办事程序和责任人，具有极强的可操作性。六是建立信息管理体制，为军队向信息化转型提供有力的组织保障。七是明确职责分工，进行专业化管理，以利于军事人才向专业化方向发展，防止官僚主义产生。八是注意制定和遵守各种标准规范，强调系统建设互连、互通、互操作。九是政策与法规相结合，充分发挥政策文件的灵活补充作用。十是军事法规具有连续性、继承性和系统性的特点，形成了较为完整的法规体系。（季德源《美国国家及国防信息领域法制建设情况与特点》，《外国军事学术》2005 年第 8 期）

（万　丁　盖文俊）

俄罗斯军队建设问题研究　2005 年是俄罗斯军队由长期改革转向有计划建设的一年，也是《俄联邦 2001~2005 年武装力量建设计划》实施的最后一年。

压缩军队员额，优化编成结构，试验新的领导指挥体制　2004 年底，俄国防部进行了领导指挥体制的重大调整。2005 年初，国防部开始按照新的编制和条例运行，并根据对未来世界军事政治形势的分析与预测，以及对现有和潜在威胁性质及其程度的评估，开始制定未来 10 年的军事发展规划。未来 5 年俄罗斯武装力量建设的重点：一是保持和发展最低限度的战略遏制力量，重点建设战略核遏制力量和空天防御系统。二是全面提高武装力量的战斗能力，使其达到足够应付目前和将来可能的军事威胁的水平。三是根据防御够用的原则，继续优化武装力量编成、结构和员额。年初，俄武装力量编制员额为 120.7 万人，到 11 月份已裁减到 113.48 万人；到 2011 年要进一步裁减到 110 万人。第四，完善战略方向上军队集团的领导指挥体制，建立地区性司令部。五是确定国防基础设施的发展方向，建设一体化的国防信息基础设施和指挥自动化系统，制定市场经济条件下武装力量在这一领域活动的法律基础。

加强战略威慑力量建设，建立攻防兼备的战略遏制力量体制　面对北约东扩的影响，着眼于未来面临的现实威胁，俄武装力量在 2005 年及未来一段时间内把战略遏制力量列为军队建设的重点。《俄 2006~2015 年国家武器纲要》也将战略核力量和空天防御系统列为装备建设之首。

改造和更新现有战略核力量系统，完善“三位一体”的核遏制潜力。为了维持必要的弹头数量、保持足够的核遏制潜力，俄逐年增加战略导弹兵的建设拨款，改造和更新现有的陆基核武库。淘汰不稳定的 SS-24 和 SS-25 战略导弹系统，对尚有作战潜力的 SS-18、SS-19 重型导弹进行现代化改造，装备 SS-27（“白杨-M”）新型战略导弹系统。在海基战略核力量方面，俄加快研制和列装新型战略核潜艇，并开始试验新型海基战略核导弹。在空基战略核力量方面，俄坚持改造与发展并重的方针。

在加强战略核打击力量建设的同时，俄近年来突出了空天防御力量的建设，计划将导弹太空兵防御军团与各军兵种的防空和反导部队进行融合，建成统一的空天防御系统，将其作为遏制美国和北约发动大规模空天进攻的另一战略遏制力量。

在太空战准备方面，俄正投入大量人力物力改造其“天窗”太空监视系统的性能。5 月 18 日，美国《纽约时报》披露，布什总统将于近期签署特别总统令，允许美国在太空部署防御和进攻性武器。俄国防部迅速做出反应，坚决反对美国在太空部署武器。国防部长伊万诺夫强调，如果美国或其他国家开始在太空部署武器，俄将采取回应措施。俄罗斯驻美使馆高级参赞雅马可夫也指出，俄反对美在太空部署武器，必要时，俄保留使用武器做出回应的权力。

加强航天力量建设，抢占军事斗争的制高点　俄罗斯在军事建设上特别重视对太空的军事开发与利用，把军事航天系统与战略遏制力量和指挥系统建设并列为俄军事建设的三大重点。根据总统的指示和太空兵发展规划，2005 年太空兵建设的重点是试验各种新型飞行器，研制新型通信导航卫星和新一代太空侦察飞行器，优化不同种类的火箭推进器。

为了完成上述任务，俄逐年增加航天科研与采购资金的投入力度。目前，俄在轨卫星有 90 多颗，其中军用卫星达到了 60 颗。10 月 22 日，俄政府批准了《俄罗斯联邦 2006~2015 航天纲要》，提出未来 10 年要加紧研制侦察、通信、导航、大地测量、绘图、气象等综合系统，加速新一代航天器和运载工具的研制与生产，加速航天地面基础设施的建设与改善。与此同时，俄将加大运载工具的研制与采购力度。目前，俄有 7 种运载工具，其运转系统复杂而笨重，今后将主要采用新型的“轰鸣”、“安卡拉”、“质子-M”和“联盟-2”等四种型号的运载火箭。为了试验和采购“安卡拉”运载火箭，10 月，俄太空兵受总统委托制定了《俄罗斯航天发射场发展联邦专项纲要》草案，目前已得到了政府的批准，计划从 2006 年开始实施。根据这个纲要，俄太空兵将负责在普列谢茨克航天发射场为“安卡拉”运载火箭修建各种专用地面基础设施，以便为使用这种运载火箭进行航天发射做好准备。

加大指挥系统建设投入，加速推进统一信息空间建设进程　《俄联邦2010年前武装力量建设构想》明确提出了建立“武装力量统一信息空间”的概念，把该系统列为军队建设的核心目标之一。为此，《俄联邦2001~2010年国家武器纲要》对统一信息空间建设的拨款占到了整个纲要的20%。统一信息空间建设的总体思路是在采用新技术的基础上，建设以远程通信系统为骨干的信息基础设施，同时对现有自动化指挥通信系统进行技术改造，用统一接口和协议将不同的功能性系统联接起来，实现信息在不同系统间的自由流动。为落实《国家武器纲要》提出的建设目标，国防部陆续出台了一系列指挥通信系统建设纲要和构想。根据《国家武器纲要》的安排，2005年前计划完成对指挥自动化系统和数据传输处理系统的改造，并为陆军配备新一代战术自动化指挥系统，实现师、团、营、连的网络连接，由模拟化通信逐步向数字化通信过渡。根据国防部制定的指挥系统建设构想，计划到2015年前建成新一代数字指挥和通信系统，国防部每年将拿出国防预算的18%用于该系统的研发。新型通信系统将采用统一的标准，并与其他工具保持绝对兼容。新一代数字指挥和通信系统在结构上包括三个组成部分：俄武装力量区域一体化数字通信系统，战略、战役战略、战役军团野战数字通信系统，以及武装力量专业通信系统。该系统将保障指挥功能自动化、指挥过程智能化，以及各种专业系统和信息系统的一体化，实现现代形式的信息交换，形成指挥系统统一的信息空间，提高各级指挥机关综合利用信息的能力。

增加装备采购经费、优化军费开支结构、提高一体化装备订货与供应体制的效率，到2015年前完成武装力量的全面换装　2005年前，俄军在装备建设上坚持“多储备技术、少采购成品”的方针，经费向科研与试验设计部门倾斜，建立必要的科技半成品储备，为新式武器装备的批量订购打下基础。

根据武装力量建设计划，从2006年起部队将进入换装和技术现代化阶段。为此要大幅度地增加军费，其中主要是增加装备采购费。在国防预算仍不能充分满足军队需求的情况下，为实现换装目标，俄军采取下列措施：一是不断优化维持费与装备费比例。2001年，在军费结构中军队日常开支占70%，用于发展的经费只占30%；到2005年这一比例已变为60%和40%。计划到2011年这一指标达到50%对50%；到2015年最终达到30%对70%的水平，在国家经济能力可承受的范围内完成军队的全面换装任务。二是提高统一装备订购与供货系统的效率。目前，俄国防部已建立了统一的武器装备订货与供应系统，其任务是根据作战需求的轻重缓急，为各军兵种部队合理地分配和集中使用装备订货经费，通过资金的集中使用增加装备的有效供给，加速军队的现代化速度。6月，俄安全会议已做出决定，未来将把这一系统延伸到所有强力部门的装备采购工作之中去。

建立各强力部门一体化后勤保障体制　根据2002年俄国防部长与其他各强力部门领导人共同签署的《关于成立俄联邦武装力量与担负国防任务的其他军队、队伍和机构联合后勤保障部的命令》，到2005年，建立所有强力部门一体化后勤保障体制的计划已完成了80%。在这个过程中遇到的主要困难是各强力部门物资联合采购与统一供应问题。2005年1月，俄国防部成立了中央物资采购中心——所有强力部门采购与供应中心，并开始正式运营。该中心主要用于为各强力部门购买通用后勤保障物资，即粮食、物品、燃料和润滑油等。该中心成立后，在制定统一的物资采购与服务价格政策、安排联合战略和战役保障计划等方面取得了具体的成果。2005年前9个月，武装力量与其他强力部门在联邦和地区一级共组织了48次联合竞标，使通过统一竞标完成的国家国防订货达到了93%，而上一年这个数字仅为7%。联合竞标极大地节约了预算资金，各强力部门的物资保障得到了显著改善。年内，俄国防部还在北高加索军区、西伯利亚军区和北方舰队建立3个采购与供货处，2006年计划在其他所有军区、舰队都建立这种联合采购与供应机构，到2007年完全建成所有强力部门的一体化后勤保障体制。

提高合同制军人比例，逐步推进军队职业化　根据俄军《2004~2007年兵团和部队的一系列职务改由合同制军人补充的联邦专项纲要》，计划到2008年所有强力部门的常备兵团和部队完全过渡到合同制，范围涉及陆军所有常备部队、空降兵、海军陆战队、特种部队、内卫军和边防军等。到年底，俄军总共补充4.2万名合同制士兵和军士。

根据2006~2010年武装力量建设计划，在未来两年内将继续落实向合同制过渡的联邦专项纲要所规定的内容。到2007年底，待所有常备兵团和部队都过渡到合同制后，合同兵在武装力量编制士兵与军士岗位中所占的份额将达到50%。

在不降低军队战斗力的情况下，俄计划从2008年1月1日起，将应征人员的服役期缩短到12个月。为此，义务兵的训练科目将压缩，训练强度将加大。国防部主张在所有非常备部队都建立“职业军士”制度，士兵岗位主要由义务兵来补充，以此积极稳妥地推进军队的职业化进程。

发展军事科学和军事教育，保持军队长远发展的潜力　11 月 9 日，普京在国防部 2005 年度训练总结会议的开幕式上指出，“武装力量的未来在很大程度上取决于军事科学和军事教育工作”。为此，要在保持本国军事学派优良传统的同时，不断充实新思想和新思路，广泛使用现代教育方法和教学技术，认真研究世界军事思想的动态发展。科学研究和军事教育要领先于军队的发展，始终比军事建设先走几步。

在军事教育方面，俄计划在优化国防部所属军事院校结构的同时，未来 3 年内重点对地方大学军事教研室和军事系进行改革。目前，俄有 229 所地方大学设有军事教研室，为军队培养后备军官，每年有 5~7 万名大学生从地方大学军事教研室毕业，然而却只有极少数人到部队服现役。这种情况一方面造成了武装力量初级军官职务补充严重短缺，另一方面又有大批应服现役的后备军官以各种借口逃避服役义务，国防部不得不通过举办军官速成班和从地方大学征召两年制大学毕业生来补充初级军官的缺额。这既降低了军官队伍的学历水平，又浪费了有限的军费资源。因此，俄国防部计划到 2008 年将培养后备军官的地方大学军事教研室由 229 个减至 68 个。其中，在 33 所地方大学设立军事教学中心，负责为现役部队培养补充军官，学员毕业后至少要与部队签订 3 年的服现役合同。另外 35 所院校将保留军事教研室，从教研室毕业的大学生将成为预备役军官，从 2008 年起将不再被征召服现役。改革后，地方大学军事教学中心和军事教研室每年培训的军官数量将减至 9000 人，其中 2500 人将按合同服现役。（资料来源：《俄联邦国防 2005 工作会议总结》www.mil.ru）

（吴晋君）

俄军军队建设转型分析　2006 年 1 月 25 日，俄总参谋长巴卢耶夫斯基在总参谋部成立第 243 周年纪念大会上发表了题为《总参谋部和军队建设的任务》的讲话，阐述了其对解决今后俄军军队建设问题的基本看法。

俄军面临的基本任务。一是及时发现国内外环境向威胁俄联邦领土完整和政治独立的方向发展的趋势；二是确保对潜在之敌侵略俄罗斯的企图进行战略遏制和地区遏制；三是为经济活动的安全创造条件；四是守卫和保护边界；五是预防并制止恐怖主义的活动；六是预防发生生态和人为灾难及其他紧急情况并消除其后果。

俄军军队建设转型的基本思路。指导俄军此次转型的基本思路主要包括以下方面：一是摒弃“对称”原则，即放弃不惜任何代价与潜在之敌保持数量平衡的企图，转而在“非对称”的基础上建设武装力量和整个军事组织。二是确定保证对威胁进行实实在在的遏制的优先方向。三是探索在资源有限特别是财政—经济资源有限的条件下，武器装备和整个武装力量使用效能最大化的具体途径。四是必须均衡发展包括武装力量在内的所有军事组织。这四点可简要概括为“非对称原则”、“确保遏制原则”、“效能最大化原则”和“均衡发展原则”。

俄军未来建军的主要方向。目前，俄军军队建设已进入实质性的转型阶段。未来，俄军建设的主要方向是：一是继续裁减军队。俄武装力量总人数至 2008 年将由现在的 113 万人裁减到 100 万人左右。二是削减国家动员能力。常备部队由“数量粗放型”向“质量集约型”转变。三是继续完善国家空中—太空体系。今后，俄军将在“防空、反导和太空防御”三位一体的基础上逐步构建统一的国家空中—太空防御体系。四是设立地区司令部，理顺军事指挥关系。俄军计划设立远东司令部、中亚司令部和西欧司令部这三个“地区司令部”，以改变军区实际承担着行政和作战双重职能的不利局面。五是基本战术兵团由师向更为灵活的师或旅过渡。

俄军军队转型的特点。①转型是俄军自上而下进行的、有计划、有步骤的全方位转型。与叶利钦时代的军事改革相比，普京时期的俄军事改革（后改称“转型”）更彻底、更全面、更有计划性。主要表现在：改革是由总统本人通过联邦安全会议发起的，从国防部到总参谋部再到各军区和各军兵种司令部负责具体实施；改革是以中期 5 年为一个阶段进行分阶段建设的；改革与叶利钦时期的激进改革相反，是由军事专家反复论证，以试验为先导、以法规为保障、由点到面逐渐展开的渐进式改革，具有很强的操作性；改革涉及到与保障国家安全有关的方方面面。②对未来威胁的判断发生变化是俄军军队建设转型的基本出发点。从巴卢耶夫斯基的讲话看，在俄罗斯目前所处的地缘政治和地缘战略条件及其所面临的威胁和挑战中，虽然有不少方面的矛头直指美国和以美国为首的北约及周边大国，但他并不认为这种威胁会演变成直接的军事侵略，更不用说导致大规模常规战争或核战争。基于这种判断，俄军开始了由“大战型”向“局部战争型”转变的过程。③着眼打赢未来战争是俄军军队建设转型的基本原则。如何在军队员额大幅度减少的情况下保障国家安全以及俄罗斯需要一支什么样的军队等诸

如此类的问题，一直是俄军事专家讨论最多的话题。这次军队转型，就是为了建立一支“强大的、职业化的、装备精良”的军队。④不断强化核力量在国家安全保障体系中的作用是俄军队建设转型的一个突出特点。俄罗斯的核战略已从独立之初的“不首先使用”、“不承诺不首先使用”的防御性战略最终演变为“先发制人”的核打击战略。这主要针对的还是北约。然而，巴卢耶夫斯基首次提出了“地区遏制”的概念。据俄军事专家解读，这暗示俄军可能进一步降低其核门槛，并准备使用核武器应对来自周边地区的威胁。⑤应对非传统军事威胁是今后一个时期内俄武装力量头等重要的任务。巴卢耶夫斯基在讲话中把恐怖主义作为俄罗斯目前面临的主要威胁，再次强调了反恐行动在俄武装力量工作中的重要地位，并指出武装力量应积极准备进行由恐怖主义行动导致的局部战争。（方明《当前俄军军队建设转型分析》，《外国军事学术》2006年第4期）

（杨学青）

日本军事建设问题研究 2005年，日本为争夺未来战争制胜的主动权，加速推进新军事变革的理论研究，并运用研究成果加强自卫队信息化建设。

突出新军事变革的研究和实践 一是确立新军事变革的指导方针。即：从日本的军事战略考虑，确保与美国联合作战时的通用性；在推进军队信息技术革命的同时，考虑对付传统型军队以非对称手段攻击的可能性；赋予军队执行包括国际维和等各种任务的职能；加强网络的安全性和抗毁性，提高信息化社会的生存能力。

二是明确新军事变革的七项原则。即：信息化原则，通过网络实施全军情报共享；统一化原则，统一运用三军作战力量，发挥整体作战效能；迅速化原则，指挥决策和部队作战行动迅速，确保部队具备高度机动性；效率化原则，作战指挥网络系统控制精确制导武器实施准确打击，提高单位部队的战斗效率；机动化原则，通过部队标准化建设，达到人员和装备的通用性，可随时根据作战需要，迅速灵活地组建作战单位；防护化原则，加强网络系统的生存能力；通用性原则，确保与美军网络的兼容，顺利与美军实施联合作战。

三是采取措施推进新军事变革。日本防卫厅设立了新军事变革研究室，同时还新设立了信息技术研究室和信息技术应用研究室，指导和研究自卫队信息化建设问题。同时，加快了C^4I系统的建设速度，新建了中央指挥控制系统，改建了日本各自卫队作战指挥控制系统，将陆海空三自卫队各自使用的作战指挥控制系统全部联网。日本陆上自卫队也调整了部队结构，组建了一支约600人的海岛防卫部队和300人左右的特种部队，以对付游击队攻击、核生化攻击、离岛侵犯。同时，在信息技术牵引下，对现有装备进行信息化改造，引进新型信息化高技术武器装备，研制开发新型高技术武器装备。（郭庆宝《日本加速推进新军事变革的主要做法》，《外国军事学术》2005年第2期）

自卫队建设以“多能、弹性、有效”为重点，加速军事转型 日本新版《防卫计划大纲》提出了“多能、弹性、有效”的自卫队建设新方针，明确要求未来自卫队不仅能够制止、处理武装冲突，在预防冲突和重建支援等方面发挥积极有效的作用，同时还要能够有效地应付弹道导弹攻击、游击队和特种部队的攻击、对岛屿的侵略、侵犯领空行为和武装工作船、大规模灾害和特殊灾害，以及防备武装侵略事态等。为此，未来日本自卫队将遵照这一建军方向，采取积极措施加速军事转型。一是在体制编制上向综合运用转型。一方面向联合运用的指挥体制转型；另一方面全面整编三军部队，并组建新型作战部队，使一线作战部队向灵活有效的方向转型。二是强化联合作战能力。自卫队将通过实施综合联合演习、加快情报通信系统的一体化建设、成立“中央快速反应集团”等措施，在组织体制、教育训练和情报通信等各领域建立联合作战体制。三是加强指挥自动化建设。为实现各种事态的早期预警，并能迅速、准确地进行情报搜集、分析和共享，将全面提升情报综合分析、评估能力以及指挥通信保障能力。四是压缩传统主战装备数量，大力发展高技术装备。（何映光《当前日本军事发展走向》，《外国军事学术》2005年第4期）

努力实现自卫队的数字化、远洋化和远程化 建设走向数字化的陆上自卫队。日本欲以美军为样板，建立一支装备轻、机动性好、能灵活多样地执行各种任务的高科技型数字化陆上自卫队。一是在指挥系统建设上，日本陆上自卫队将逐步在机械化、直升机化这两种相互结合的平台间引入数字数据通信网，使指挥系统由中央集权式变成可靠性与灵活性兼顾的高度分散处理与情报共用式。陆上自卫队还正在研制用于战场的传感器，并准备结合这种新的传感器开发GPS终端、数字数据收发器、小型无人侦察机、便携式计算机、图像监视器、数字图像收发装置、侦察用地面雷达及夜视装置等。此外，还大范围运用光纤通信，增强部队的野外情报和通信能力。二是在体制编制调整上，日本陆上自卫队正逐步将其基本作战单位师的一部分改编成旅，旅不再作为师与团中间指挥机构，而是作为准师级的编制作战单位独立存在。

建设走向远洋化的海上自卫队。日本不断强化其海军远程作战能力，企图实现“外洋化海军”之梦。一是推行舰艇大型化。日本海军计划把现有 4 个护卫舰队的旗舰，由 5000 吨级的护卫舰改为 1 万吨级的大型导弹驱逐舰，使“宙斯盾”导弹驱逐舰由 8 艘增加到 12 艘。同时，大力发展登陆运输舰，并陆续装备两艘 8900 吨级和两艘 1.5 万吨级运输舰。此外，日本政府以“反恐特别措施法”等 3 项法案为依据，已多次批准延长海上自卫队军舰远航印度洋，为美军提供后勤保障。二是计划建造“直升机航母”。海上自卫队要求建造标准排水量 1.35 万吨的新型直升机护卫舰，预定于 2008 年年底服役。新型直升机护卫舰最多能够搭乘 11 架直升机。而且，还加强了指挥和通信能力，不仅可担当原有的护卫舰群的旗舰任务，还将作为统一运用陆海空自卫队时的司令部及与美国海军合作时的中枢。三是实施反潜力量的重组。对 P-3C 反潜巡逻机进行现代化改造，加装全球定位系统和空对舰导弹，并将独立开发 P—3C 的后继机种，到 2010 年自行生产 100 架新型反潜巡逻机。并由攻击距离较远的反潜直升机、大型常规动力潜艇和性能先进的反潜导弹和鱼雷等，共同组成了远、中、近多层次立体攻潜力量。

建设走向远程化的航空自卫队。日本航空自卫队正向具有远程进攻作战能力的方向发展。一是着力提高空中预警能力。日本航空自卫队装备的 E-767 空中指挥预警机将在 2010 年前后形成实战能力，用于飞机上搭载的 E-3 早期预警系统对高空目标探测距离可达 780 千米，对低空及水面目标为 400 千米，可同时跟踪 600 个目标，处理 300~400 个目标，并可同时指挥数百架战机执行空战任务。同时，日本还以“朝鲜研发导弹和对付海盗”为由，决定再购买两架可连续飞行 1.2 万千米的先进的远程侦察机。二是大幅提高远程作战能力。日本准备引进造价高达 238 亿日元的空中加油机，该机能使日本的 F-15 战斗机、E-767 空中预警机及 F-2 新型战机的作战半径扩大一倍以上，整个朝鲜半岛、大部分亚太国家和地区都将处于其作战半径之内。新近购买的 C-130 运输机在空中加油后，可将部队及物资投送到全球任何地区。三是第 3 代战机数量剧增。日本是美制 F-15 战机的最大海外用户，自 1980 年，三菱重工开始在日本国内组装该机型，预计最后的总产量可达 224 架。同时，日本航空自卫队原有的 125 架 F-4EJ 已有 111 架完成了现代化的改装。日本自行研制的 F-2 战机是以美国 F-16 战斗机为原型，除了提升引擎性能和回旋性能外，还采用了一体成形的复合式材料及最先进的高性能电子仪器。目前，日本已经装备了 65 架该机型。

日本提升自卫队建设效益的措施 日本制定了 2005 年新《防卫计划大纲》和《2005—2010 中期防卫力量发展计划》，对“9.11”以后日本面临的威胁做出了新的判断，在提高自卫队建设效益方面采取了一系列举措。

确立新时期建军方针，提高自卫队建设效能。日本确立了今后自卫队建设的基本方针，即为有效应对新型威胁和多种事态，同时积极主动地参与旨在改善国际安全环境的国际和平合作活动，将在确保用以防备正规侵略的基础力量的同时，有效发展快速、机动、灵活和多目的且以高技术力量和情报能力为支柱的“多机能而灵活有效”的防卫力量，并赋予自卫队有效应对新型威胁及多种事态、防止侵略日本、积极开展国际和平合作活动等 3 项任务，提出加强自卫队联合运用和提高情报搜集、分析、评估和共享能力等两个建军重点，全面提高作战能力，建设“海外参与型军队”。

合理分配军费，提高军费使用效益。日本从 1993 年至 2002 年一直是仅次于美国的世界第二大军费大国，2003 年和 2004 年由于英国军费直线上升，日本成为仅次于美、英的第三大军费国。近几年日本军费开支一直保持在 49700 亿日元左右（约合 450 亿美元）。巨额的军费开支确保了日本军事力量的稳步发展，而合理的预算分配提高了军费的使用效率。日本在编制预算时，十分注重保持合理的各类预算的分配比例，既要确保重点又要保障全面的需求，以提高预算使用的整体效益。在进行预算分配时，日本一般从使用目的、用途和预算单位三个方面研究和确定军事预算的分配数额及其比例，提高军费使用效益。

注重质量建军，提高武器装备质量，重点发展先进武器系统。2005 年日本防卫厅用于情报搜集、分析、处理系统建设的费用约 2479 亿日元，主要加强了太空间谍卫星侦察系统和空中侦察监视能力。在武器装备质量方面，陆上自卫队武器装备向自行化、便于机动和投送方向发展，海上自卫队武器装备向大型化、导弹化、远洋化方向发展，航空自卫队武器装备向现代化、远程化方面向发展。

重视培养高素质人才，以适应自卫队任务多样化的需要。日本自卫队非常重视高素质人才的培养，对军官实行严格的院校训练，同时，还采取海外留学、到国内外其他教育机构或研究所进修等形式。此外，还派中层军官到国内地方企业进修一年，以扩大与地方人员的交流。(江新凤 《日本提高自卫队建设效益的举措》,《外国军事学术》2005 年第 10 期)

(常 明)

其他国家军队建设问题研究 **印度军队信息化建设的主要做法** 20 世纪 90 年代以来，印度不断将信息技术的先进成果引入军事领域。经过 10 多年的不懈努力，印度在国家信息产业和军队信息化建设上相互促进，取得了令人瞩目的进展。其主要做法是：

明确信息化建设的指导思想。印军在《2015 年国防远景规划》中明确了信息化战争的概念和建设一支信息化军队的战略目标，提出了“迅速而广泛地应用信息技术、促进军事战略、作战思想、组织结构、部队训练、武器装备等重要军事领域的变革，以满足建设一支信息化军队的要求，有效地适应 21 世纪面临的安全挑战”的指导思想。

制定信息化建设发展规划。一是制定了军队建设的战略规划——《2015 国防远景规划》，明确提出印军信息化建设的总目标是“力争在 2015 年前建设一支具有信息作战能力的‘技术密集型’的现代化军队”。二是制定了军队信息化建设的具体规划，如《国防 5 年计划》、《陆军远景规划》、《海军远景规划》等。这些规划明确提出了印军信息化建设近、中期需要完成的目标。

创新战争与军事理论。其中主要的是“有限战争”理论。根据这一理论，印军依据面对的战争样式将不是全面战争或一般意义上的战争，而极可能是常规有限战争。同时，印三军还不断创新作战理论，相继提出了“冷启动”、“网络中心战”、“海上攻势作战”等作战理论。陆军强调要在未引起国际社会关注的情况下对敌发动先发制人的打击；海军首次确立了将战场推向敌方领土的进攻性作战思想；空军则强调要提高远程精确打击能力。

明确军队转型的战略目标。陆军主要向一体化作战群转型，目标是建成一支“精干、高效的技术型军队”；海军由近海防御型海军向“三维”型蓝水海军转型，目标是在 15 年内逐步建成一支以 3 个航母作战群为骨干的大型水面作战力量和由核潜艇与常规潜艇混编的水下作战力量组成的具备立体作战能力的强大海军；空军则提出向航空航天部队进军，强调把外层空间列为未来战争中的第四维作战空间，把空军建设成一支能打陆、海、空和太空“四维”战争，必要时能独立进行作战且具有战略威慑力的新型空军。

建立高效统一的指挥体制。一是成立国防参谋部，统一指挥和协调三军作战、组织计划、训练、情报等相关事务。二是完善战略核指挥系统。三是成立三军联合作战司令部。四是成立国防情报局，统一管理三军情报系统，以保证各级情报系统的情报及时有效地传递给战地指挥官。五是成立联合采购委员会，提高武器装备采办效率。六是成立国防技术委员会，促进武器装备的研究、发展和生产。

整合信息基础设施。一是成立相应的科研、教学机构，指导信息技术的发展。二是大量转化先进的民用信息技术，加速军用信息技术的发展。三是大力引进国防先进信息技术。印度先后从俄罗斯和美国等国家引进多项相关技术专利，并与俄罗斯建立了联合军事科研机构，与法国建立了促进防务研究中心。四是加快信息基础设施的全面建设。印军从军区到营一级都拥有卫星通信手段。

加强组织管理机构建设。印军信息化建设的组织管理主要由三个层面组成：①决策机构。由三级构成，处在顶端的为内阁安全委员会，往下依次为国防部、三军种司令部。②规划机构。主要有：国防计划委员会，是印度制定国防计划的最高机构，主要负责国防和军队事务的总体规划；国防部的国防计划局和参谋长委员会，前者为印度国防计划的实际制定者，后者的主要职责是就武装力量建设和使用的重大问题向国防部长提出建议；各军种规划部门，负责本军种总体建设、发展规划、战争计划、体制编制等的论证与计划制定。③专职机构。一是在国防部设立三个负责军队信息化建设的专职技术部门：“信息技术国防应用工作组”，主要负责信息技术应用于国防领域的政策及发展；“核心信号工作组”，主要负责印军信息技术的应用与推广；“信息电子系统工作中心”，主要任务是对削弱、摧毁武器的电子信息和密码系统进行评估，对所有开工的通信和非通信电子信号的干扰系统进行测试。二是作战部门。印军在联合国防参谋部设有信息战局，负责制定信息战政策和措施，组织实施三军联合信息作战。同时，组建了一定数量的信息战部队。(丁皓《印度军队信息化建设综述》、《外国军事学术》2005 年第 5 期)

以色列军队培育战斗精神的特点 以色列军队十分强调激发战斗精神是军队在作战中实现“以少胜多、以劣胜优”的重要途径，认为昂扬的战斗精神是其赢得战争胜利的关键因素。其战斗精神培育主要有以下特点：

注重集体价值观的确立。以色列人把保卫国家看成是关系自身生死存亡的大事，“战败即亡国”的意识根深蒂固。由于这种爱国之情深入人心，因而形成了以色列人团结协作、步调一致的集体主义价值观。以军认为，这种价值观是战斗精神的决定性因素，包括：坚韧性、集体意识、责任、信任、个人经验、专业精神、纪律、同志的友谊及任务感等。

注重团队凝聚力的锻造。以军自组建以来，就以高昂的战斗精神和战斗效力著称，这主要缘于其一贯的专业精神及日常训练所形成并保持下来的凝聚力。在新兵训练期间，以军就重视对团队历史的学习，强化团队的凝聚力。服役期间，以军特别强调官兵之间、成员之间的凝聚力，即便没有形成手足之情，也保持着超乎寻常的友谊。以军的营被称之为“有机组织”，因为它以长期不变的人员和固定的角色为特征，在战争动员时就像一个“有机组织”恢复工作一样快速而有序。这种团队凝聚力在战斗中会创造持续饱满的战斗精神，因为每个战士的基本目的就是不让集体中的其他人倒下。

注重军官感召力的提升。战场上，以军各级指挥官奉行的口号是“跟我上”，而不是“给我冲”。据统计，历次中东战争中，以色列军官阵亡的比例要远远高于士兵。以军要求连长应具备一些特殊的品质和才能，比如“面对面实施领导的能力、正直的品质、以及营造军官与士兵间互相信任氛围的能力，并逐渐培养士兵对武器和战斗系统的信赖”等。各级军官必须具备的另一个重要能力是为部属提供必要的战场信息，从而大大降低未知因素所造成的紧张和恐惧。这不仅可以增强士兵的自信心，而且有助于激发战斗精神。以军强调关心部属是军官必须具备的能力。指挥官必须确信所赋予的任务不会无谓地危及到部属的生命，同时又能最大限度地完成。这些都要求指挥官要经常让部属了解到对他们身体和心理上真诚的关切。

注重行动目的性的界定。以军认为，士兵需要得到明确而切实的目标，而不是抽象的目标，才能保持高昂的战斗精神。因此在战争中，以军总是优先考虑战役或战斗目标。

注重官兵自主性的发挥。确保士兵在军事行动中的自主性，对保持高昂的战斗精神也是至关重要的。特别是在复杂的地形或城市作战中，需同时应付恐怖分子与平民时更是如此。因此，以军一贯强调通过强大的指挥系统支援下属并使其获得最大的战斗空间。同时，以军官兵的专业精神和进取精神，也有效地减少和防止了作战准则与现实之间的不适应所产生的消极影响。

注重官兵自信力的训练。以军认为，士兵的角色意识和自信是从所经受的全面训练中培养出来的。无论对单兵还是集体，训练是增加和保持士兵自信的重要因素，它使自信和团队凝聚力在执行军事行动前得以形成。在由“战争迷雾”所产生的混乱中，严格的训练也防止了士兵失去军事技能和职责意识。因为“训练是一种适应”，使他们能够“在枪林弹雨、混乱不堪、半信半疑和同伴们普遍恐惧的情况下机械地执行任务”。

当前，以军处于预算全面削减而对其执行军事行动、日常驻守任务方面要求提高的尴尬境地。面对训练时间的减少，士兵们认为这将使他们由于缺乏专门技术而在实战中更快阵亡，所以他们对领导感到痛恨。这种影响士兵自信的倾向已经受到以军高层的重视，它对战斗精神的影响也在观察中。（邓一非、孙春林、李建坡《以军战斗精神培育的几个特点》，《外国军事学术》2005 年第 9 期）

伊拉克军队建设设想　伊拉克国防部副部长布鲁斯卡·沙维斯预计，到 2006 年底将有逾半数的伊拉克安全部队可以与叛乱分子作战。这位副部长在接受记者采访时表示，迄今伊拉克安全部队难以胜任与叛乱分子的战斗，因为他们只接受过短短几个月的军事训练。而 90%的叛乱分子曾是萨达姆军队中的士兵，其中一部分人久经沙场，实战经验丰富。

沙维斯认为，伊拉克军队的建设工作在过去两年里取得了巨大进步。建立 10 个规模在 7500 到 9000 人之间的师的计划已经完成。“我们并不想建立萨达姆政权时的百万大军，”沙维斯说。不过，这 10 个师的官兵既未接受充分的军事训练，也没有足够的武器装备。目前伊拉克军队 70%的官兵曾在前政权军队中服役，尤以军官为主。

包括伊拉克国民警卫队在内，95 个人数在 600 到 630 人之间的营已经建成。他们驻扎在伊拉克各地。沙维斯说，当他在 2004 年着手重新组建国防部时，只有第 36 营可以投入战斗。库尔德民兵和什叶派民兵分别占该营兵力的 60%和 20%。第 36 营曾参与了在费卢杰和纳杰夫的军事行动。目前，伊拉克国防部着意让每支部队都拥有来自伊拉克各民族的士兵。此外，对叛乱分子采取任何军事行动都要由伊拉克国家安全委员会各大民族和宗教派别的代表共同来决定。

伊拉克国防部打算在改造官兵的思想上向德国学习。主要是吸取德国建设联邦国防军的经验。此外，伊拉克的各民族和不同的宗教派别必须形成一个新的民族。在这个新的民族当中，个人必须忠于国家并且接纳异族和不同的宗教信仰。为此，改造军官的思维方式尤为重要。沙维斯说:"比武器更重要的是士兵的头脑。"

他说，这种过渡用不了一代人的时间即可完成，德国国防军过渡到联邦国防军也仅仅用了5年。沙维斯认为，将各政治派别的民兵武装融入军队至关重要。目前，伊拉克的各个政治派别仍然不信任民主，而只相信自己。因此，他们打算继续对军队施加影响力。在建立伊拉克安全部队时，库尔德民兵以个人身份参军。但在巴士拉，什叶派的巴德尔民兵组织是以完整建制加入新军队的。（［德］《比武器更重要的是士兵的头脑》，《法兰克福汇报》2005年12月24日）

（李明捷）

军事历史研究

中国古代军事历史研究 **中国历代中央王朝维护国家安全的方略** 中国历代中央王朝在维护国家安全的过程中积累了丰富的经验，也产生了足以警示后人的教训。认真研究总结中国历代中央王朝维护国家安全稳定的方略，对于维护和巩固国家的长治久安，实现中华民族的伟大复兴，具有十分重要的借鉴意义。

民惟邦本，筑牢国家安全的政治根基。“民惟邦本”的国家安全理念，不仅萦绕于历代政治家的脑海，也充盈于历代典籍之中。唐太宗从隋朝政权被农民起义推翻的严酷现实中认识到：“水能载舟，亦能覆舟。”中国自古以农立国，农民问题是关系国家长治久安的根本问题。因此，要固本，必须首先解决农民问题，施行仁政、德政。历代统治者为了固本，均采取了休养生息的政策。具体而言，主要有以下措施：一是轻徭薄赋，减轻农民负担。二是废除繁刑苛法，澄清吏治。三是减少开支，节用裕民。四是设置义仓，赈济灾民。可以说，“民惟邦本”，实际上就是以民为本。

*富民强国，夯实国家安全稳定的经济基础。*历代统治者都致力于发展经济，把“富民强国”作为维护国家安全的重要方略。中国是数千年的农业古国，经济的繁荣，社会的富足，首先表现在农业生产的发展上。因此，中国历代中央王朝都十分重视发展农业生产。主要采取了以下措施：一是均分土地，奖励垦殖。二是兴修水利，发展生产。三是保护工商业，促进经济发展。纵观历史上“文景之治”、“贞观之治”和“康乾盛世”的出现，大都是由于采取了上述措施，从而实现了经济的发展，进而促进了社会的稳定和国家的安全。

*居安思危，强化维护国家安全的防患意识。*所谓居安思危，是指通过对国家安全问题进行深入思考后形成的一种强烈的忧患意识。历代的圣哲先贤，都一再强调居安思危。具体而言：一是思想上保持清醒头脑。安不忘危，安不忘乱，始终如一，不被眼前的胜利冲昏头脑，一如既往地防患于未然，将祸患消灭于萌芽状态之中。二是行动上保持高度戒备。安不忘战，和不忘战，努力加强国防和军队建设，认真做好战争准备。历史的经验教训说明，强烈的忧患意识，是一个国家长治久安的思想保证。

*整军经武，锻铸保卫国家安全的钢铁长城。*一方面，国不富，不可以养兵，更谈不上“强兵”；另一方面，“强兵”又对“富国”产生巨大的影响。兵不强，不可以摧敌，更谈不上立国；“强兵”对“富国”具有保证和促进作用。因此，历代统治者在发展经济的同时，十分注意加强国防和军队建设。一是加强军队建设。使之能够抵御外敌，平息内乱，以维护安全，确保稳定，巩固统治。二是加强国防建设。要有足够的边防部队和充足的粮食；要“修封疆，守要害”，建立坚固的防御体系；要有战略机动部队，适时策应主要方向的作战；要选派得力的将领治理边防。三是奉行积极防御的战略方针。总体来看，中国历代中原王朝奉行的都是防御的军事战略。但具体而言，又有着积极和消极之分。积极防御的战略方针能够有效地维护国家安全，而消极防御不足以维护国家安全。

*睦邻友好，积极营造有利于国家安全的周边环境。*历代中央王朝都很重视睦邻友好，采取各种措施，综合运用政治、军事、经济等手段，营造和平稳定的周边安全环境。一是“修德怀远”。即采取招抚怀柔的政策，推恩示信于边疆各少数民族，缓和双方的矛盾和冲突。二是以威慑之。要保持边疆地区的安宁，仅仅靠“修德怀远”是不够的，必须文武兼修，刚柔相济，恩威并用。三是因俗而治。通过羁縻、册封等措施，加强对边疆地区的控制，缓和民族矛盾，促进边疆社会经济的发展。四是开通互市。历代中原王朝都注意

利用经济、文化上的优势，通过开展边境贸易，以缓和矛盾，增加对边疆各少数民族的吸引力和凝集力。（常万全《中国历代中央王朝维护国家安全的方略》，《中国军事科学》2005 年第 1 期）

中国传统防御战略的主要内涵 中国传统防御战略内容丰富，概而言之，主要有以下几点：

修墙筑城，因险置塞。相对于北方游牧民族而言，中原王朝的骑兵比较落后。因此，历代中原王朝在同北方游牧民族的对垒过程中，逐步总结出了一套比较有效的防御办法，其中重要的一条就是修墙筑城，因险置塞。在这方面最为著名和最有代表性的就是修筑长城。万里长城充分体现了古代军事家“择山筑城”、“因险置塞”的防御思想。这种防御方式既节省人力、物力、财力，又能“一夫当关，万夫莫开”，达到阻止游牧骑兵冲击的效果。

派驻重兵，守边备戍。要有效地防御游牧骑兵的袭扰，仅仅一条长城是不够的。历代中原王朝为维护边疆安全稳定，在边疆地区屯驻大军，形成重兵戍边的局面。其军事部署，体现了“前轻后重，重点设防”的特点。同时，依据“备边之道，守险为要”的思想，构筑设置了许多关隘。这些关隘既是控制边疆和进行防御的军事基地，又是中央王朝对边疆地区行使“治权”的政治中心。

徙民实边，寓兵于民。即将内地居民，迁徙到边疆地区。这不仅有巨大的军事效益，还有巨大的政治、经济和文化效益。一是“徙民”实边，使大量移民定居边疆，增加了边疆地区的人口数量，方便了边疆驻军的兵员补充，充实了边防军事力量，增强了国防潜力和国防实力；二是在边疆建立了许多耕战一体的军事、农垦据点，把建设边疆和保卫边疆有机地结合起来；三是亦耕亦战，亦军亦民，形成了军民一体、军民联防的局面；四是促进了民族间的融合，扩大了中央王朝经略边疆的社会基础；五是改善了当地的生产方式和经济结构，促进了边疆经济的发展；六是发展了边疆经济，增强了边境地区应对战争的潜力；七是促使边疆地区形成了固定而有组织的乡镇村落，自然连成防线，起到了界定边界、保卫边界的作用。

发展骑兵，以骑制骑。自汉代起，历代王朝大都致力于建立强大的骑兵部队，提高了部队的战斗力，使中央王朝在边疆军事斗争中掌握了主动权。汉武帝时，大量组建骑兵部队，为汉军向匈奴发起反击提供了条件。唐朝时，中央派驻边疆地区军事重镇和战略要地的作战部队，基本上都是以骑兵为主。明王朝的主力也是以骑兵为主。

兴修道河，快速机动。自古以来，边疆地区都是“不患其不能守，而患其不能通。通则富，不通则贫；通则强，不通则弱”。因此，历代王朝都很重视效能设施建设。秦朝统一中国后，即修建通往全国各地的驰道。汉朝统一西域后，开通了极有商业和军事价值的“丝绸之路”；隋朝开挖了举世闻名的“大运河”。唐朝在隋朝基础上，修建了由长安通往边疆地区的大道。明清时期也非常重视交通建设。到了清朝乾隆年间，已经在北部、西部边疆地区整修和建成了连接各大城镇、军事重镇和军事要地的陆路交通网。

防御持久，后发制人。即通过持久防御避敌锋芒、保存兵力，迟滞、消耗、疲惫、削弱敌人，打破敌人速胜的企图，随着战争时间的持久和空间的扩大，使敌人战线日长、兵力日分、锐气日挫、困难日多，逐渐改变战场态势，待机破敌，战而胜之。如楚汉相争时期，刘邦即通过持久防御最终赢得了胜利。春秋时的齐鲁长勺之战，弱小的鲁军就是后发制人，打败了强大的齐军。（王国生《中国传统防御战略评析》，《中国军事科学》2005 年第 4 期）

中国传统军事思想的沉沦 17 世纪中后期至 18 世纪中后期，正值中国清王朝“康乾盛世”，经济繁荣，国力强盛，军事上与西方大体处于同一水平。然而此后，中国的军事和军事思想即步入了一个停滞不前甚至倒退的时期，至 1840 年鸦片战争前中国军事思想沉沦到了最低谷。这一时期，中国的小农经济形态一直在原地踏步，军队的组织形式和武器装备也停留在冷兵器时代。无论满族“八旗兵”，还是以汉族为主要成员的“绿营兵”，他们使用的武器装备、组织编成、作战水平，也都未能超过前代。造成中国军事思想落后的原因是多方面的，最主要的有以下几个方面。

首先，清代统治者在康乾盛世之中滋长了天朝自大思想，对潜在敌人的威胁毫无警觉从而缺乏加强军备和创新军事思想的紧迫感。1802 年，英国就侵略过中国澳门；1808 年，英国军舰再一次攻打澳门炮台；1824 年，英国的船只在台湾沿海活动。但由于中国清朝统治者夜郎自大，没有将对手放在眼里，因而没有引起应有的警觉。军队战斗力不仅没有增强，甚至在不断弱化。

其次，清朝康、雍、乾三代实行的长达百余年的文化专制，使军事思想的发展缺乏宽松的政治环境。在中国历史上，明清两代的文化专制最盛，其中清代尤甚。满族贵族入主中原以后，出于少数民族统治汉族的狭隘心理，实行了严酷的文化专制主义，对前代兵书大加禁毁。据不完全统计，明代共有兵书 1023

部、10716卷，而清代除了《四库全书》收录的55卷外，其余均列入了禁毁之列。到19世纪初期前后，军事学术几近窒息。

再次，科学意识淡薄，武器装备发展停滞不前也使军事思想发展失去了重要的原动力。清代统治者视欧洲先进军事力量为“异端邪术”，既没有科学的理论知识，又缺乏专门的研究和实践机构。即使个别人有所发明也得不到支持。19世纪初叶前后，中国火器生产基本上处于停顿状态的另一个重要原因是清朝统治者严格控制火器的生产，深恐火器流散民间，会威胁其统治与安全。这极大地束缚了火器的生产与发展。

其四，长期闭关锁国的政策，基本上隔绝了中外的交流渠道和先进军事思想的传入。欧美相当先进的自然科学技术（如数学、物理、化学和冶炼技术）不能及时传入中国，传来了也不能普及。中国的热兵器生产得不到先进理论的指导，一直在十分低下的水平上徘徊；外国先进的军事组织形式，先进的作战思想更完全被隔绝于国门之外。

中国近代军事历史研究　中国近代军事思想的萌生和发展　中国的鸦片战争惨败，使以林则徐、魏源为代表的爱国志士开始从“天朝上国”的梦中惊醒。他们总结鸦片战争失败的教训，结合时代的特点和当时中国的国情，从建军、作战和国防建设指导思想的高度思考问题，成为中国近代军事思想产生的开端。

“师夷之长技以制夷”的战略思想。提出这个战略思想的是林则徐，然而对这一思想进行系统、深刻阐述的则是思想家魏源。西方的长技是什么？魏源归纳为：一船舰，二火器，三养兵练兵之法。并进行具体的论述，提出了具体的学习途径与方法。

以“筹海防”为御外侮当务之急的海防思想。关天培在《筹海初集》中提出了“御夷之道，守备为本，以逸待劳，以静制动”的海疆设防思想。林则徐在提出“静则严防，动则进剿，总不稍示柔弱”，“守险攻暇，皆得随机应变”等海防作战思想的同时，主张建立一支强大的水军与敌战于海上。魏源在《海国图志》中将海防战略思想归纳为“内守既固，乃御外攻”。

“器良、技熟、胆壮、心齐”的强军方针。林则徐在1842年9月总结出了战胜侵略军的“八字要言”，即“器良、技熟、胆壮、心齐”。这八字要言，实际上是他的建军治军思想的高度概括，也是他提出的加强清军建设、改变其落后面貌的基本方针。此后，魏源也主张军队应做到“心灵胆壮，技精械利”。

军民结合、奇正并用、持久对敌的战略战术。林则徐到广州不久，便大胆地动员民众参加抗英斗争。林则徐还强调，“兵气既挫之后，若不求出奇制胜之方，恐难得手”。他还提出了持久对敌的思想，“以数万里之英夷，敢恃孤军深入内地者，其意盖利于速战也，今我不与之决战，而与之持久，我持愈坚，彼力愈困，进有所扼，而退难自全，路绝无援，一蹶而同归颠覆矣。”可惜这一套高明的战略没有被清朝统治者所采纳。

居安思危，未雨绸缪，注重塞防海防建设并重的思想。道光朝进士、刑部员外郎何秋涛认为，沙俄与中国接壤，边疆地理应有专书记载，乃广泛搜集资料，撰《北徼汇编》，叙述了中俄边界关系的历史和现状，并对历代用兵得失尤其是清代的“武功”有较多的论述。何秋涛还将张穆所撰的《蒙古游牧记》后4卷补辑定稿。上述著作，体现了防边御侮的主导思想，对于加强塞防建设起了促进和借鉴作用。

上述中国近代先进军事思想的雏形，是近代中西文化第一次碰撞的产物，是中国军事思想由中世纪向近代嬗变的第一个里程碑。它提出了一系列适应时代要求的指导思想和方针、原则，昭示了中国军事向近代化迈进的正确方向。（姚有志、赵一平《中国传统军事思想的沉沦与嬗变》，《军事历史》2005年第11期）

中国人民解放军军战史研究　2005年，军事历史研究在深度和广度上均有进一步发展。特别是结合抗日战争胜利暨世界反法西斯战争胜利60周年的纪念活动，对抗日战争史的研究取得了较为丰硕的成果。

土地革命战争时期军战史研究　土地革命初期中共中央对武装革命道路理论的贡献　土地革命初期，中共中央虽然存在着高估革命形势的认识偏差和瞿秋白的“左倾”思想错误，但在探索中国革命道路的斗争实践中，也提出了许多闪光的思想主张。一是确立了土地革命和武装反抗国民党反动派的总方针。1927年4月蒋介石发动反革命政变后，中共中央在汉口召开了第五次全国代表大会，第一次明确提出并系统阐述了发动农民进行土地革命的思想。这一时期的中共中央文献，对于土地革命的基本点即地位、途径和动力，均作了回答。二是规定了在农村发动农民起义的基本方向。土地革命初期，党中央反复强调土地革命要以农民为主力，坚决反对武装起义忽视农民的发动，而专待反正部队的帮助。对起义地点的选择，党中央并不拘泥于城市与乡村，而更注重的是农村。对农民起义专意攻打城市，中央持反对态度。三是萌发了建立农村“割据”的零星思想。早在党的第五次全国代表大会上，中央即提出了建立“革命根据地”的任务。以后，中央在斗争实践中，逐步提出了一省或数省、县割据的思想。“八七”会议前后，中央极力策划湘鄂赣粤四省农民斗争，目的在“发动土地革命的暴动。推翻四省反动统治，建设工农德谟克拉西专政的革命政权”。四是阐明了确立革命政权的主张。土地革命初期，党中央还提出了农民起义后建立革命政权，实行土地革命的根本任务。中央反对农民起义“走州过府”,“客军过境”,不深入发动群众建立政权、开展土地革命的行为。关于农民暴动后的地方政权组织形式，中央提出，乡村“宣布农会为当地的政府”,“夺取一切政权归于农民的协会”。五是勾勒了党解决农民土地问题的基本思路。土地革命初期党中央解决农民土地问题的口号和政策，经历了由没收大地主土地到没收一切土地，反映了党中央探索解决农民土地问题的历程。中央提出解决农民土地问题的政策和口号，抓住了发动农民斗争的关键。但因强调土地国有，农民没有土地所有权，同时对富农、自耕农土地采取没收的办法，模糊了党在农村的阶级阵线，既不能最大限度地调动农民积极性，也影响了富农特别是广大自耕农的稳定。不过，党中央解决农民土地问题的思想，对党后来科学解决农民土地问题提供了有益的启示。六是提出了建立、建设革命军队的重要任务。土地革命初期，党中央十分强调在农民暴动中创建革命军队。“八七会议”提出，“要以我们军队来发展革命”。同时，党中央提出了争取敌军反正和改造的任务。实际上，这一时期，反正的军队是中国共产党领导的武装起义中的重要力量。如南昌起义、秋收起义和广州起义。党中央还阐述了革命军队在土地革命中的任务，从而将党领导下的人民武装与其他一切军队区别开来。（杨鸣、宗成康《土地革命初期中共中央的探索对武装革命道路理论的贡献》，《军事历史研究》2005 年第 3 期）

湘江之战研究述评 湘江之战发生在 1934 年 11 月 25 日到 12 月 1 日广西东北部的桂林，此方面的研究主要有以下几点：

关于红军过湘江折损兵力的考证。根据刘伯承回忆：“虽然（红军）最终”渡过了湘江，但却付出了惨重的代价，人员折损过半。”史书中也有类似的说法：“由开始长征时的八万多人锐减到三万多人。这时，部队中的一半不是牺牲就是重伤。”另外，李德在他的回忆录《中国纪事》中也估计红军到达贵州省边界时，已损失一半的新兵与 75%的“后备军”（主要是挑夫）。王锦侠经过考证对红军过湘江“折损过半”说提出了质疑，他认为：根据白军方面的补充计数和对湘江之战前红军实力的计算，湘江一战红军损失不是“折损过半”的 3 万，而是 2 万左右。依据有三点：一是中央红军开始长征时共 8.7 万人，经过三道封锁线已损失 3 万左右（主要应为逃亡），故过第四道封锁线前夕应有 5.7 万人左右；二是遵义会议前夕为 3.7 万人：包括在遵义新补充的四五千人（这正与过湘江后、到遵义前一路损失相抵），故湘江之战损失当在 2 万人左右；三是 1935 年白崇禧讲话，也说湘江一战打死打伤俘虏红军二万人。桂林市委党史研究室的研究称前三次封锁线共减员 2.2 万人，经过湘江之战，中央红军折损 3 万多人，认为以前的史书上很少这样明确指出。

关于湘江之战损失惨重及突破第四道封锁线的原因研究。大部分史书中都认为湘江之战损失惨重主要是由于王明、博古‘左’倾教条主义者带来的恶果。其次是辎重过多，丧失了抢先渡江的时机。而红军终于能渡过湘江，突破了敌人的第四道封锁线，一是由于广大红军指战员在极其险恶的环境中，凭借不怕艰难困苦、不怕流血牺牲，敢打必胜、血战到底的拼命精神而取得的。二是人民群众的大力支持，从客观上减轻了中央红军在湘江战役中所遇到的困难。三是由于国民党军队士气不高，内部矛盾重重，行动不一致，所以中央红军能够在付出重大的代价后，突破了湘江封锁线。

关于湘江战役的历史作用研究。刘伯承在《回顾长征》一文（《星火燎原》选编之三）中概括了湘江战役失败后的情况，指出：“广大干部眼看反第五次‘围剿’以来，迭次失利，现在又几乎濒于绝境，与反第四次‘围剿’以前的情况对比之下，逐渐觉悟到这是排斥了以毛泽东同志为代表的正确路线，贯彻执行了错误的路线所致，部队中明显地滋长了怀疑、不满和积极要求改变领导的情绪。这种情绪，随着我军的失利，日益显著，湘江战役，达到了顶点。”聂荣臻在他的回忆录中明确指出：“这次过湘江，进一步暴露了教条宗派集团在政治上和军事指挥上的逃跑主义错误，促使人们从根本上考虑党的路线问题，领导问题。”江波在《浅谈湘江之战的积极影响》（《党史研究与教学》1997 年第 1 期）一文中认为湘江之战的失败，虽然在实践上充分证明李德制订的战略战术是完全错误的，但仍有一定的积极影响：一是湘江之战促使红军战略战术的变化；二是湘江之战促使红军改变行军路线；三是湘江之战直接影响遵义会议的召开。（陈志霞《关于红军长征中几次重大战役战斗的研究述

评》，《军事历史研究》2005 年第 3 期）

抗日战争时期军战史研究　**抗日战争是中华民族由衰落走向复兴的重大转折点**　抗日战争的伟大胜利，是中国人民百余年来反抗帝国主义侵略取得的第一次完全胜利，也是中华民族由衰落走向复兴的重大转折点，对中国历史进程产生了重大和深远的影响。

唤醒“东方睡狮”，打破凶残的日本军国主义“不可战胜”的神话，重新铸起了以爱国主义为灵魂的中华民族复兴的强大精神支柱。曾经雄居于世界东方之颠的中华民族，创造过灿烂的文明和辉煌成就。到了近代，随着西方资本主义国家的兴起和帝国主义的入侵，中华民族日趋衰落。但中华民族自古以来就具有坚强的脊梁和强大的精神支柱。在中日民族矛盾逐渐上升为中国社会的主要矛盾，中国国内的阶级矛盾降低为次要矛盾的情况下，以毛泽东为核心的中共第一代中央领导集体，适时倡导和推动了以第二次国共合作为基础的抗日民族统一战线的形成。中国人民的爱国热情和民族精神像火山一样迸发出来，中华民族实现了空前的觉醒。中国历史上从来没有像全国抗战那样，把人民动员得如此广泛，教育得又如此深刻。

发挥中国共产党的先进性，显示其中流砥柱的作用，使之得以发展为成熟的领导和团结全中华民族走向伟大复兴的核心力量。抗战期间，中国共产党领导敌后军民浴血奋战，坚持全国抗战到底。首先，继续推动和维护了以国共合作为基础的抗日民族统一战线，使其成为全国坚持抗战、团结和进步的伟大旗帜。其次，提出了全面的全民族的抗战路线，使之成为指导中国夺取抗战胜利的纲领。第三，提出了持久战的战略总方针，使之成为中国夺取抗战胜利的强大精神武器。第四，在敌后战场实行“基本的是游击战，但不放松有利条件下的运动战”的军事战略方针，对夺取全国最后胜利，具有重要的战略意义。第五，在解放区实行了一整套关于抗日民主政权的方针、政策，为建立新中国政权起到了先导和示范作用。

书写世界反法西斯战争史上的辉煌篇章，提高了有利于中华民族复兴的国际地位。首先，中国抗日战争对于动员和推动世界人民的反法西斯斗争起到了先锋和带头作用。其次，中国抗日民族统一战线促成了国际反法西斯统一战线的形成和发展。第三，中国战场是世界反法西斯战争的东方主战场，中国抗日战争的胜利是打败日本法西斯的决定性因素。第四，中国抗日战争进一步促进了殖民地和半殖民地人民的政治觉醒。由于上述原因，中国赢得了应有的国际地位和世界一切爱好和平人民的信赖，从而成为世界反法西斯的四大战胜国之一，成为联合国的主要创始国和五个常任理事国之一，为中华民族走向复兴创造了有利的国际环境。（岳思平《中华民族由衰落走向复兴的重大转折点》，《中国军事科学》2005 年第 4 期）

探讨东北抗日游击战争的特点　东北抗日游击战争长达 14 年，具有以下特点：

先导性。东北抗战是全国开辟最早、坚持时间最长的抗日战场，也是世界反法西斯战争在东方开辟最早、坚持时间最长的一个战场。东北抗战歼灭大量日伪军，日军死伤总数在“七七”事变前已达到 17.8 万人，从而使得日军在东北陷入大量有生力量不能自拔，打乱了其侵略计划，延缓了扩大侵华战争的进程。同时，东北抗战冲破了蒋介石不抵抗政策的禁锢，促进了国民党统治营垒的分化，使得蒋介石不得不接受中国共产党提出的全民族抗战的正确主张。

独立性。“九一八”事变后，蒋介石国民党政府推行投降卖国的不抵抗政策。中国共产党坚定地高举抗日救国旗帜，勇敢地领导东北人民进行抗日斗争。从 1932 年初开始，中共满洲省委便先后创建了十几支工农义勇军和反日游击队等抗日武装，尔后组成东北人民革命军 6 个军，1936 年后改编为东北抗日联军第 1 至第 11 军，编成三个路军共 3 万余人。东北的抗日战争是在孤悬敌后的情况下开展的，外无援军、内无装备给养补充，完全是独立奋战。

残酷性。日军对东北人民的抗日斗争进行疯狂的镇压和极端残暴的屠杀。"九一八"事变后，日军为扑灭东北抗日烽火，关东军急骤增加，到 1932 年 9 月已达 6 个师团，1941 年增至 13 个师团，其总人数达到 70 万以上。日军为巩固殖民统治，在东北分三期进行所谓大“讨伐”。“讨伐”中采取定期、定点、定线分兵包围和篦梳山林、铁壁合围、陆空配合等战法，穷追不舍，致使东北抗日武装遭受严重挫折。日军在军事“讨伐”的同时，还在政治上进行诱降，组织上进行大检举大破坏，经济上进行封锁。东北冬季时间长，风雪严寒，高山荒原，人烟稀少。抗日部队经常冒着零下 30~40 摄氏度的奇寒行军作战，有时身无棉衣，脚着单鞋，被冻得断趾裂肤。可以毫不夸张地说，东北抗日武装是以当代人类最低的生活条件，进行着历史上罕见的残酷战争。（孔令波、孔强《论东北抗日游击战争的特点》，《解放军报》2005 年 8 月 9 日）

抗日战场上交通运输斗争的启示　抗日战争中，围绕交通运输线的斗争贯穿了战争的全过程，并影响和制约着战争的进程与结局。

交通运输具有生命线作用，必须建立完备的战场交通设施，才能保障作战力量的有效运用。抗日战争中，日本侵略军十分重视对交通线的占领与控制，而中国军队的抵抗与反击，也主要依托交通线展开。1938年3月的台儿庄战役，便是一场争夺交通门户的重大战役。中国军队奋勇抗击日军近一个月时间，歼敌万余人，取得了抗战以来军事上的重大胜利。同时国民政府也十分重视战略后方重要交通线建设，在战前修建粤汉、浙赣、沪杭、陇海和同蒲铁路的基础上，根据战争的需要开始兴建黔桂、湘黔、川滇、滇缅铁路，为保障作战发挥了重要作用。未来信息化条件下的战争，交通运输对部队机动、力量聚合的影响更大。因此，必须在平时加快战场交通设施建设，大力构建完备、通达、立体、高效的交通运输网络体系，战时才能发挥生命线的作用。要结合国家经济发展建设规划，建成国防铁路和国防公路战略干线网，形成纵贯南北、横跨东西的国防交通战略战役通道，不断提高战场交通运输能力。

*战略通道对赢得战争至关重要，必须发展战略投送能力，才能适应作战空间拓展的需要。*抗日战争时期，中国是一个经济落后的农业国，战争急需的物资，尤其是飞机、舰艇、坦克以及各种重武器均需要进口。正是看到中国的致命弱点，日军把切断中国的国际通道当作战略重点之一，妄图通过经济封锁迫使中国政府屈服。太平洋战争爆发初期，从仰光到昆明的滇缅公路被称为“中国最后一条陆路输血线”，一度成了中国获取外援的惟一通道。日军多次出动飞机反复轰炸公路、桥梁等重要设施，但都没能切断中国运输。1942年1月，进攻东南亚的日军由泰国北上进攻缅甸，企图彻底切断滇缅公路。10万中国远征军入缅作战，但最终因作战失利，而失去了滇缅公路通道的控制权。滇缅公路被切断后，中美两国开辟的驼峰运输线成为中国获取国际援助的惟一通道。为切断这条通道，日军专门派遣战斗机进行拦截，使航线被迫北移。尽管如此，“驼峰航线”仍然是二战期间持续时间最长、规模最大、飞行条件最艰险的空中运输通道，在3年零3个月的时间里，向中国运输了80万吨战略物资，对支持中国抗战发挥了重要作用。在当今经济全球化的背景下，国家利益冲破了传统疆界局限。要有效地应对各种突发情况，就必须具有在短时间内聚合军事力量的投送能力，必须把战略投送力量建设置于优先发展的地位，依靠综合国力，加快构建铁路、公路、水路和航空相互衔接配套的综合投送体系，为保障军队快速机动提供有力支撑。

*交通线的争夺影响战争进程，必须具备有效的战场保通能力，才能掌握作战行动的主动权。*在中国抗日战争的敌后战场上，共产党领导的抗日军民广泛开展破袭战，开辟了令日军胆战心惊的敌后交通战场。尤其是“百团大战”以破坏日军交通为重点，对正太铁路及平汉、同蒲铁路发动大规模破袭战，从军事上、政治上给日军的“囚笼”政策以沉重打击。未来战争中，要掌握战场主动权，就必须提高对交通线的控制和利用能力，确保交通线的畅通。为此，要在增强交通设施防护能力的同时，大力加强交通抢修力量，努力建立起结构合理、专业齐全、精干管用的交通抢修队伍。同时要积极发展高技术抢修保障手段，研制机动性强、拆装方便的交通抢修器材，为保障战时交通线的畅通创造条件。（赵占平《抗日战场上交通运输斗争的启示》，《解放军报》2005年8月9日）

分析中国共产党对日作战的攻势防御战略　全面抗战爆发后，随着抗日民族统一战线的形成，中国共产党明智而又果断地提出了攻势防御战略，为战胜强大的敌人提供了正确的战略指导。

对日作战的攻势防御战略最早由毛泽东提出。他在一则《对国防问题的意见》的电文中强调：“总的战略方针暂时是攻势防御，应给进攻之敌以歼灭的反攻，决不是单纯防御。将来准备转变到战略进攻，收复失地。”半年之后，朱德在《争取持久抗战胜利的先决问题》一文中，对攻势防御进一步作了明确的阐述。此期间，周恩来、彭德怀、刘伯承、叶剑英等党和军队的领导人也都通过各种方式，论及攻势防御的理论和实践问题。

在攻势防御战略这一总方针之下，中国共产党人基于对抗日战争所处的时空特征分析，提出了对日持久作战的军事战略总方针，为攻势防御战略的实施奠定了基础。并提出了人民军队“基本的是游击战，但不放松有利条件下的运动战”的具体战略方针，成功地谋划了攻势防御战略的途径；同时，中国共产党坚持“兵民是胜利之本”的正确理念，动员民众参战，牢牢地掌握对日作战的主动权，为攻势防御战略的全方位展开，创造了基本条件。

攻势防御战略的理论价值主要在于突出了“进攻”的主旨。为了进攻或反攻，采取积极防御的战略，以挫败敌之战略进攻，是攻势防御战略的本质要求。战争之初，虽然处于敌之战略进攻、我之战略防御的战争态势下，中国共产党冷静地考察局势，全面部署持久抗战方略，然后指挥八路军三大主力，挺进敌后，实行全方位的战略展开，开展游击战争，实施外线的速决的进攻战方针，由战役和战术的攻势逐步向战略攻势转变。

攻势防御战略的理论价值还在于明示了攻防兼备的特色。由于敌强我弱的特点，抗日战争无疑是防御型的，但这个防御型又是以“攻势”作为贯穿其始终的一条主线，是攻和防的有机的结合和辩证的统一。中国共产党认为，攻势防御就是积极防御，就是决战防御；与此相对立的就是专守防御、消极防御和单纯防御。中国共产党依据攻势防御的战略需要，结合敌强我弱、敌小我大的战争特点，制定了持久抗战的战场作战的基本方针，即“外线的速决的进攻战”，这就是“战略防御中的战役和战斗的进攻战，战略持久中的战役和战斗的速决战，战略内线中的战役和战斗的外线作战。”（张云《中国共产党在抗日战争中的攻势防御战略》，《中国军事科学》2005 年第 4 期）

解放战争时期军战史研究　**陈云对建立东北根据地的重要贡献**　作为中共中央政治局委员，陈云自 1945 年 9 月 18 日中共中央东北局成立以后，在东北工作战斗了 3 年零 8 个月，参与领导东北解放战争的全过程，在东北解放战争的一系列重大决策中发挥了重要作用。

*在确立建立巩固的东北根据地的战略方针中，发挥重要作用。*陈云一到东北，就审时度势地提出了建立根据地的意见，并初步回答了到哪些地方建立根据地的问题。“让开大陆，占领两厢”，把东北工作的重心放在建立根据地上的决策出台后，陈云大力支持、认真贯彻这一方针，并将其具体化。他请求东北局放弃独占东北的打算，执行中央创造根据地的指示。陈云的意见对中共中央进一步坚定实行建立东北根据地的战略方针发挥了重要影响。

*领导剿匪，发动群众，创立北满根据地。*怎么建立巩固的北满根据地？陈云认为，剿匪和发动群众是两个关键因素。陈云多次向中共中央和东北局提出抽调正规部队到北满、西满剿匪。同时，陈云认为，只有把群众真正发动起来，才能彻底剿灭土匪，建立巩固的根据地。而发动群众，最根本的是要把农民发动起来。到 1946 年 4 月中旬，在北满中共占领的 58 个县中，有 16 个县的农民已经发动起来。为北满根据地的建设打下了可靠的基础。

*顾全大局，在全东北贯彻建立根据地的战略方针。*陈云在领导北满根据地建设时，非常重视与东满协调行动，注意帮助西满和东满的根据地建设。在确立建立巩固的东北根据地的战略方针时，陈云就提出要正确处理城市工作与建立根据地工作的关系，城市工作要为加紧创立广大根据地服务。

*保卫、巩固和扩大南满根据地。*首先，陈云认为，坚持南满，不是指游击局面的南满。只有保住完整的长白山根据地，且求得进一步的扩大，这样的南满才不失为东北的重要侧翼战略重地，才是牵制敌人的一支重要力量。第二，陈云提出坚持南满要将同敌人的正面斗争与在敌后的斗争结合起来。第三，陈云提出坚持南满根据地的斗争，南满与北满、西满、东满要密切配合、协同动作。（薛承《陈云对建立东北根据地的重要贡献》，《中国军事科学》2005 年第 2 期）

中华人民共和国时期军战史研究　**炮击金门中的法律斗争**　1958 年炮击金门作战中的法律斗争，作为整个作战中很有特色的一个部分，发挥了其独特的不可替代的重要作用。毛泽东和中共中央领导人运用军事斗争与政治、外交斗争相结合的策略，始终掌握着斗争的主动权。

*宣示中国解决台湾问题的法理依据。*1958 年 8 月 23 日，中国人民解放军炮击金门。同时，中国政府运用国际法武器，宣示解决台湾问题的法理依据。首先，《人民日报》发表文章，通过介绍关于台湾问题的《开罗宣言》、《波茨坦公告》等重要国际法文件，证明台湾是中国领土有充分的法理依据。其次，中国政府发表声明，宣布炮击金门是中国内政，中国人民解放军采取军事行动具有合法性。

*颁布领海法律，维护国家领海主权。*炮击金门法律斗争的精彩之处，集中体现在中国政府适时制定颁布了领海法律，并以此为武器，同美国的侵略和干涉行为进行了有理、有利、有节的斗争。一是精心制定领海声明，为对美斗争提供法律依据。1958 年 9 月 4 日，中华人民共和国政府发表了关于领海的声明，规定中国的领海宽度为十二海里，以使美国军舰不敢迫近属于中国领海范围的金门、马祖。二是以领海声明为法律武器，同美军护航侵略行为作斗争。9 月 8 日，美军派军舰为蒋舰护航，公然入侵中国领海。中国人民解放军前线炮兵坚决执行了中共中央“只打蒋舰，不打美舰”的指示，给蒋舰以狠狠打击。美舰立即弃蒋舰而不顾，撤至中国领海线以外，始终未敢妄动。9 月 11 日，美舰又一次为蒋舰护航，遭打击后，美舰仍迅速逃离战区海域。在这两次炮击中，美舰的行动证明了美方是不敢无视中国领海声明的。三是争取世界舆论广泛支持，增强法律斗争效果。中国政府关于领海的声明发表后，得到了世界舆论的广泛支持，许多国家的政府和领导人都表示了对中国政府领海声明的理解和支持。

*谴责美国违反国际法准则的非法行为。*首先，分

清性质完全不同的两件事。从国际法的角度看，国际争端与内政问题，其性质是完全不同的，其解决方式和手段也有所不同。为了在政治上同美国作斗争，中国政府通过周恩来总理发表关于台湾海峡地区局势的声明和陈毅外交部长的讲话，从法理上揭露和批驳了美国有意将二者相混淆的伎俩及其实质。其次，批驳美国所谓“停火”主张，揭露美国侵略行为的非法性。对于美国的所谓“停火”主张，陈毅外长发表声明指出，台湾海峡地区的紧张局势完全是美帝国主义对中国的侵略造成的。消除台湾海峡地区紧张局势的关键，不是什么“停火”问题，而是美国军队撤出台湾地区的问题。《人民日报》也发表声明，谴责美国违反联合国宪章和国际法准则的侵略行径。（张晓峰、杨晓洋《炮击金门中的法律斗争》，《中国军事科学》2005年第2期）

新中国成立初期军队现代化正规化建设的内容　新中国成立初期，中国人民解放军的现代化、正规化建设，主要围绕以下几方面展开：

实行精简整编，提高效率，优化结构。1950年4月，人民解放军总人数已达550万人。1950年6月30日，中央人民政府人民革命军事委员会主席毛泽东和政务院总理周恩来发布人民解放军复员150万人的决定。这是人民解放军历史上第一次大规模的精简整编。通过这次整编，陆军压缩、精简17.1%，海军、空军及特种兵部队总兵力发展到60多万人。朝鲜战争爆发后，由于抗美援朝战争的需要，军队又进行了扩编，很快发展到610多万人。1952年1月朝鲜战场上出现了有可能实现停战的形势，国内剿匪和镇压反革命已获显著成效，中央军委决定，军队继续精简整编。大幅度压缩了步兵和机关员额，加强了对海军、空军、特种兵和军队院校的建设。1953年8月，党中央和中央军委再次进行军队整编。主持军委工作的彭德怀建议将常备军总员额精简为350万人；技术军兵种5年内不再扩大，培训技术人才。这个报告很快得到批准并付诸实施。这次整编于1955年如期完成。

组建新的军兵种，建设合成化军队。1949年11月11日，中央军委宣布成立中国人民解放军空军司令部。为适应抗美援朝战争的需要，中央和军委把发展空军放在十分重要的地位。1949年1月8日，政治局决定尽快组建“一支保卫沿海沿江的海军”。4月23日，人民解放军成立了华东军区海军领导机构。同月，海军领导机构在北京成立。其后不久，全国沿海地区陆续组建海军部队，海军成为具有一定规模的新军种。同时，解放军炮兵、装甲兵、防空部队、公安部队、工兵和铁道兵的领导机关也相继建立。到1953年，人民解放军完成了由单一兵种向诸军兵种合成的转变，军队的现代化建设迈出了重要的一步。

改善武器装备，提高军队现代化水平。1951年1月4日，为加强对兵工生产的领导，成立了军委兵工委员会。1951年6月，军委兵工委员会要求军工生产部门必须尽可能保证现有各种武器能获得必须的弹药补充，必须尽可能研制一些适合作战需要的新型武器。同时为了确保抗美援朝战争的需要，中国人民解放军加速了从苏联进口武器装备的步伐。通过上述努力，中国人民解放军原有的陈旧落后的武器装备逐渐被淘汰，装备水平有了明显提高。

通过教育培训、通过实战锻炼提高部队的现代化作战能力。一是创办各类军事院校，加紧培养现代指挥人才。毛泽东选调刘伯承、陈赓等著名将领，在很短的时间里创建了一批军事院校，形成了初、中、高三级培训和轮训相结合的军队院校教育体系。二是通过实战锻炼部队，提高全军现代化作战能力。抗美援朝战争中，中央军委有计划地组织部队轮番参战。空军、炮兵、装甲兵等军兵种也先后入朝参战。志愿军的协同作战水平不断提高，是人民解放军进入现代化战争的重要标志之一。

适应现代战争要求，建立全新的后勤保障体系。1951年5月3日，志愿军党委发出了《关于供应问题的指示》，指出：“后勤工作是目前时期我们一切工作中的首要环节。”随后，中央军委作出了《关于加强志愿军后方勤务工作的决定》，决定成立志愿军后勤司令部。通过抗美援朝战争，确立了后勤工作的一整套理论和指导原则，如由“小米加步枪,仓库在前方”的就地取给和取之于敌，转变为由国家集中统一供应；由单一的陆军后勤转变为各军种、兵种的合成军队后勤；由主要组织物资、卫勤保障，转变为既要组织物资、卫生、技术等保障，又要组织指挥后方的对敌斗争；由少数业务部门和勤务分队组成的保障部门，转变为既包括勤务部门和部队，又包括防空兵、铁道兵、工程兵、公安警卫部队等组成的联合部队等。

制定条令条例，规范军队的正规化训练和管理。中央军委首先把工作重点放在共同条令的制定上。1951年秋，中央军委指示军委训练部成立编修委员会，编写共同条令。1951年2月1日，毛泽东批准总参谋部将中国人民解放军《内务条令（草案）》、《纪律条令（草案）》和《队列条令（草案）》颁布全军试行。草案试行两年多，于1953年5月1日正式颁发施行。与此同时，中央军委还着重抓了部队的正规训练。全军上下认真贯彻中央军委的指示，大力加强军队的正规化训练、正规化建设，并取得了较好的效果。（王友林、廖勇《新中国建立初期军队现代化正规化建设》，《中国军事科学》2005 年第 1 期）

中华人民共和国国防建设与经济建设互动发展轨迹 国防建设与经济建设的关系是一个涉及国家生存和发展根本利益的重大问题。对于这个问题，新中国经历了半个多世纪的曲折探索。这一实践历程大致可划分 5 个发展阶段：

经济建设优于国防建设的发展阶段。新中国建立之初，面对冷战阴霾初露端倪、战争威胁尚未消除、国家经济严重困难的国际、国内形势，毛泽东提出了“两手抓”的思想：一手抓国防建设，建立强大的国防军，巩固国防；一手抓经济建设，争取国家财政经济状况的基本好转，为新中国的经济大发展奠定基础。这一时期，随着国防开支的大幅度降低，军队员额的大规模压缩，使国家将更多的资源投入经济建设中，取得了国家建设的伟大成就。同时，在经济建设发展的基础上，国防建设得到了加强，取得了抗美援朝战争的胜利。

国防建设重于经济建设的发展阶段。20 世纪 60 年代初，世界进入了冷战对抗的高风险期，中国的国家安全环境恶化，整个国家处于临战状态。与此同时，部队编制员额增加，规模扩大，到 1971 年，全军总人数比 1958 年增加了 1.53 倍。国防费在国家财政总支出的比例明显提高，最高的 1968 年达到 26.1%，1969~1972 年连续 4 年都超过国民生产总值增长速度的 7.5%，国防建设取代经济建设而成为中心。随着国防投入的大幅度增长，国家抵御侵略战争的能力不断增强。先后研制出了原子弹、氢弹和人造卫星，极大地提高了中国的军事威慑力和国际地位。针对邻国突然发动的边境武装入侵，人民解放军以强大的实力予以还击，保持了边境地区 40 年的和平与稳定。然而也要看到，在这一时期，由于国防建设投入的比重过高，影响了经济建设的协调发展。

国防建设服从和服务于经济建设大局的发展阶段。1978 年十一届三中全会确立“以经济建设为中心”，1984 年开始百万大裁军，邓小平确立了“军队要忍耐”、“国防建设要服从、服务于经济建设”的方针。这一时期，国家经济建设有了一个大的发展，国防投入则呈逐年下降的趋势，“七五”期间国防投入仅占 GDP 的 2%，“八五”期间降到 1.4%。改革开放以来，中国的国防费一直处于较低水平。1979 年至 1994 年的 16 年间，国防费的绝对值年平均增长 6.22%，与同期商品零售价格总指数年平均上涨 7.3% 相比，实际负增长 1.08%。按人民币对美元的汇价计算，1997 年中国国防费仅为 98 亿美元，只相当于美国的 3.67%、俄罗斯的 61.25%、英国的 27.53%、法国的 26.7%、日本的 22.79%、韩国的 56.98%。军队建设在让路和忍耐下度过了 10 多年，对国家经济发展做出了重大贡献。

经济建设与国防建设两头兼顾的发展阶段。20 世纪 90 年代中期，是中国改革开放深入发展的重要阶段。这个时期，先后发生了海湾战争、科索沃战争和台海危机，国际国内环境复杂，中央采取了加强国防建设的重大举措，国防费的投入呈逐年上升趋势，尤其是 2000 年至 2002 年军费开支占 GDP 的 1.6%，绝对值有了明显提高。

经济建设与国防建设“相互促进、有所侧重”的协调发展阶段。十六大报告明确提出：“坚持国防建设与经济建设协调发展的方针，在经济发展的基础上推进国防和军队现代化。”这是在党的代表大会上，第一次明确地把国防建设与经济建设协调发展，确立为党领导国防和军队建设的基本方针。但是，2004 年中国的国防预算不足 250 亿美元，占 GDP 的比重不到 2%，低于全球平均值 2.5%，相对于美国 4887 亿美元、日本 422 亿美元的国防预算，差距相当明显。寻求国防建设与经济建设“相互促进，有所侧重”协调发展的任务依然艰巨。（万东铖《中华人民共和国国防建设与经济建设互动发展轨迹》，《中国军事科学》2005 年第 3 期）

（荒　林）

第二次世界大战史研究 2005 年是中国抗日战争暨世界反法西斯战争胜利 60 周年，中国各地以及世界各国人民均以不同方式纪念世界反法西斯战争胜利 60 周年。总的看，本年度的二战史研究又有新突破、新进展，为维护世界和平和经济、社会的繁荣与发展提供了宝贵的历史借鉴。

中国战场是世界东方反法西斯的主战场 彭训厚在 2005 年 8 月 28 日的《解放军报》上撰文，提出了世界反法西斯战争中“一面旗帜、两大战场”的观点，即苏德战场是世界西方反法西斯的主战场，而中国抗日战场则是世界东方反法西斯的主战场。这两大战场在世界反法西斯统一战线这面旗帜的指引下，战略上相互支援与配合，最终赢得了世界反法西斯战争的胜利。中国抗日战争的胜利，为世界反法西斯战争的胜利作出了不可磨灭的伟大贡献：一是中国人民揭开了世界反法西斯战争的序幕，在世界东方开辟了第一个大规模的反法西斯战场；二是中国的持久抗战打乱了德日意法西斯的全球侵略计划，支援与配合了欧洲战场、亚太战场等的反法西斯斗争，中国战场始终是世界东方抗击日本法西斯的主战场；三是中国对建立世界反法西斯统一战线作出了重大贡献，中国是世界反法西斯统一战线的积极倡导者和有力推动者。

中外专家认定中国的东宁是二战的最后战场 中国第二次世界大战史研究会和黑龙江省东宁县人民政府于 2005 年 8 月 30~31 日在东宁联合举办了“中国东宁要塞国际学术研讨会”。来自中国、俄罗斯、日本的军内外专家学者和苏联红军老战士近 100 人参加了会议。与会人员主要围绕东宁要塞的历史地位、要塞劳工和二战最后战场等重大问题进行了深入研讨，并达成以下共识：东宁要塞是二战期间日军在亚洲地区构筑的规模最大且兼具攻防功能的综合性军事要塞，是日军侵华并企图北侵苏联的重要罪证；东宁要塞是第二次世界大战的最后战场和终结地。

中国错失收复琉球群岛的机会 汪幸福在《环球时报》撰文，披露了中国错失收复琉球群岛机会的内幕：1943 年 11 月，蒋介石应邀参加开罗会议。会议期间，蒋介石与罗斯福举行了多次会谈，罗斯福曾两次提出将琉球群岛交还给中国，但蒋介石却一直没有作出正面回应，甚至拒绝了让中国单独管理琉球群岛的建议，从而一再错失了收复琉球群岛的机会。中国不要琉球群岛，日本却深受其益，美国也获得了大利，惟独给中国本身的统一和安全留下了后患无穷的“祸根”。

“中国旅”为苏联对日作战立头功 1945 年 8 月 8 日，苏联正式对日宣战。而在 1945 年 7 月，根据中国人组成的远东红旗军第 88 独立旅同苏联方面共同制定的计划，一支由 100 多名中国军人组成的空降侦察部队携带电台，秘密潜回中国境内。随后，这支部队迅速分解成数支小分队，深入东北地区进行战略侦察，为苏联红军出兵中国东北地区做好了战前准备。1945 年 7、8 月间，侦察员们不仅摸清了日本关东军的军力和部署情况，还多次完成了暗杀、破坏任务，尤其是奉命炸毁了日军架设在黑龙江完达山岭、号称“亚洲第一炮”的榴弹炮。总之，“中国旅”官兵作为出兵中国东北地区的苏联各路大军的“向导”，发挥了重要作用。当苏军先头部队以少量精兵神速攻击中国东北各地时，“中国旅”又被划分为 57 个小组，分派至东北各大中城市，协助苏联红军接管当地政权。当苏军全部撤出中国东北地区后，“中国旅”士兵大都在当地政府或军队中任职。至此，由中国人组成的“苏联远东红旗军第 88 独立旅”光荣地完成了自己的历史使命。中国中央电视台播映的 10 集电视连续剧和电影《远东特遣队》就是为歌颂这支劲旅而专门摄制的。

日本并非无条件投降 云南大学历史系教授、博士生导师徐康明等专家学者在重庆二战史国际学术研讨会上发言时指出，过去中国和各战胜国的教科书中都说“天皇宣布无条件投降”，从要求日本无条件投降的波茨坦公告被接受这一点看，此说也不算错。不过若细读天皇的“终战诏书”及其政府声明，从无“投降”二字，更谈不上“无条件”。1945 年 8 月天皇致盟军的回复中明确表示，接受波茨坦公告以“不改变天皇统治大权”为前提。日本史学家井上清在《天皇的战争责任》一书中一针见血地指出，日本投降实际是天皇与美国的交易，虽放弃抵抗却保留了原有政权。战后日本政府对战争的态度与德国迥然不同，根源在于战败的情况不一样。纳粹政权是被盟军彻底消灭，希特勒自杀，苏军的红旗直插上柏林国会大厦。日本投降时其本土却没有盟军一兵一卒攻入，让美军进驻占领的条件是不能追究皇族和“维护国体”。美国对此同意，一方面是为了减少本国军人伤亡以早日结束战争，另一方面也是考虑战后对抗苏联的需要。后来曾有“东条英机是日本最大的战争罪犯”一说，美国当局如此讲是为了替真正的最高决策者天皇开脱。

二战决胜前英美曾密谋袭灭苏联 1945 年 4 月中旬，苏联红军为什么一定要抢在美英同盟军之前攻占柏林，并且不惜付出死伤 50 万人的重大代价呢？过去的观点认为，斯大林一定要让苏军攻克柏林，是为了证明苏联在打败德国法西斯中所起的决定性作用，以提高苏维埃国家的声望，并有利于与美英争夺在欧洲的势力范围。而最新解密的资料表明，苏联这样做还是为了震慑妄图倒戈反苏的美英政府，避免第三次世界大战爆发。最新解密的资料表明是丘吉尔首先提出了灭苏计划：准备在 1945 年夏季对苏联发动突然袭击。在这位好战首相的意图下，英国切实地进行了对苏作战准备。丘吉尔计划集中最强大的军队集团对苏开战，至少投入 150 万人的兵力，除西线盟军的美国、英国、加拿大、波兰军队外，还有他们昔日的敌人德国军队，计划中有 10~12 个德国师参战。正如人们所知道的，英国在德国投降后非但没有解散德军部队，反而派出考官对德军进行秘密训练，以进行对苏作战准备。苏联在战后曾揭露英国的此一罪恶行径，英国自然是矢口否认。而现在解密的资料证明英国在当时确有这种举动。根据制定的计划，第三次世界大战将于 1945 年 7 月 1 日爆发。

斯大林在获悉英国正在准备反苏战争，特别是在得知罗斯福总统逝世和杜鲁门上台的消息后，认为苏联同西方进行战争的危险大大增强，于是决定一定要抢在盟军之前攻占柏林，向西方显示苏联军队的强大实力，从而打掉西方的某些政客和军事将领发动对苏战争的狂妄念头，也粉碎德军准备只向英美军队投降的阴谋。

苏军在柏林战役中虽然付出了重大伤亡，却使苏联和西方避免了一场更大的战祸。俄罗斯历史学博士法林认为，攻占柏林彻底改变了世界历史进程，粉碎了英美对苏宣战的企图，避免了第三次世界大战的爆发。从这个意义上说，苏军攻克柏林之战实质上是以战止战的典范。当今世界，有效制止并粉碎帝国主义的侵略战争，只有充分发挥社会主义社会的体制优势，尽快提升以经济发展为基础的军事实力，这才是维护国家安全和国际和平的根本之道。

美国又发现一批 731 细菌部队秘密文件　2005 年 8 月 16 日，有关人员通过日本方面的文件以及美国国会图书馆的资料证实，在太平洋战争中，一直为推进细菌战作准备的前关东军防疫给水部队（731 部队）曾用跳蚤研究开发致死性非常强的鼠疫菌武器。日方的文件和美国国会图书馆的资料描述了 731 部队研究开发鼠疫菌武器的过程，以及因患鼠疫菌而死亡的患者从发病到死亡的详细情况。

日本方面的文件有 731 部队干部用日语写的秘密论文集——《陆军军医学校防疫研究报告第一部》等。731 部队对跳蚤的繁殖方法、适用于细菌战的条件、跳蚤装进炸弹时的生存能力等进行了全面研究。资料显示，这些细菌武器是针对当时的苏联开发的。

英文的记录包括 3 种病理解剖数据：关于鼠疫菌的“Q 报告”，关于炭疽菌的“A 报告”，关于鼻疽菌的“G 报告”。“Q 报告”是根据从 1940 年 6 月到该年秋天，在中国东北部的农安和新京（现在的长春），因感染鼠疫菌死亡的 57 名当地居民的解剖结果写成的。

（彭训厚、丛　彦）

中国抗日战争在世界反法西斯战争中的历史地位　中国抗日战争是世界反法西斯战争不可分割的重要组成部分。中国抗日战争由中国军民独立抗击日本军国主义侵略开始，发展到与世界反法西斯战争融为一体，始终把日本陆军主力牢牢地牵制在中国战场，造成了日军的重大伤亡。中国抗日战争为夺取世界反法西斯战争的最后胜利作出了巨大的历史贡献。

中国人民揭开了世界反法西斯战争的序幕，在世界东方开辟了第一个大规模反法西斯战场。“七七事变”是第二次世界大战在东方的起点。日本是世界上第一个形成法西斯侵略战争策源地的国家。世界法西斯侵略的第一把战火是日本点燃的。1931 年 9 月 18 日，日本悍然发动侵略中国东北的战争，打响了打破凡尔赛—华盛顿体系的第一炮，从而在远东形成第一个战争策源地。这比欧洲战争策源地的形成早两年多。以“九一八事变”为起点，在东北兴起的中国人民的局部抗战，揭开了世界反法西斯战争的序幕。14 年里，东北抗日联军等部共歼灭日军 25 万余人。中日战争的全面爆发，是第二次世界大战在东方的开端。1937 年“七七事变”爆发，日本把局部侵华战争发展为全面侵华战争，它表明日本法西斯首先将局部战争推向世界性规模，因为征服中国是日本实行“北进”或“南进”、称霸亚太地区的世界战略的先决条件。因此，在德、意、日结成法西斯侵略同盟之后，日本以“卢沟桥事变”为契机挑起的全面侵华战争，既是日本对外侵略扩张政策长期发展的必然结果，又是德、意、日法西斯轴心国全球侵略计划的重要组成部分。以“七七事变”为第二次世界大战东方战场的起点，中国开始全国性抗战，首先在世界东方开辟了第一个大规模反法西斯战场。中国的抗日战争直接影响着世界反法西斯战争的历史进程。随着“七七事变”成为第二次世界大战在东方的起点，世界的焦点也由欧洲转向亚洲、远东。美国二战史委员会主席、国际二战史委员会副主席戴德华教授和以色列教授夏阿龙等人撰文提出：1937 年 7 月 7 日的“卢沟桥事变”是第二次世界大战的开始。

*中国战场成为世界反法西斯战争的东方主战场。中国人民的持久抗战，打破了德、意、日法西斯瓜分全球、称霸世界的侵略图谋。*中国的持久抗战打破了日本的“北进”计划，保障了苏联远东地区的安全；解除了苏联的后顾之忧，使德国企图勾结日本夹击苏联的阴谋破产。中国持久抗战迟滞了日本“南进”的侵略步伐，为盟军在太平洋战场迅速转入反攻赢得了时间。日本“北进”侵苏被迫放弃，“南进”建立所谓“大东亚共荣圈”也同样因其陆军主力深陷中国战场不能自拔而一再推迟。中国抗日战争使日本陆军主力深陷于中国战场，使日德在中东会师的战略计划成为泡影。1942 年春，罗斯福曾庆幸地对自己的儿子说：“假如没有中国，假如中国被打垮了，你想一想有多少师的日本兵可以因此调到其他方面来作战？他们可以马上打下澳洲，打下印度——他们可以毫不费力地把这些地区打下来，他们并且可以一直冲向中东……和德国配合起来，举行一个大规模的突击，在近东会师，把俄国完全隔离起来，割吞埃及，斩断通过地中海的

一切交通线”。（《罗斯福见闻秘录》，新群出版社，1949年版，第49页）

中国战场牵制和毙伤日军主力最多、持续时间最长、付出代价最大。抗日战争的胜利，成为中华民族由衰败走向复兴的重要转折。中国战场牵制日军主力最多。1937年“七七事变”以后，中国战场始终牢牢牵制着100万左右的日本陆军主力。而用于南太平洋战场的陆军只有10个师，不及侵华兵力的20%。中国始终是抗击日本法西斯的主战场。一直到1945年，拥有100余万兵力的日本陆军最大战略集团中国派遣军，在中国军民多年的打击消耗和最后的全面反攻下，既不能回援太平洋战场和日本本土“决战”，又无力在大陆进行决战，最后不得不在中国放下武器，无条件投降。中国抗日战争在世界反法西斯战争中的时间最长。从1931年“九一八”算起，前后达14年之久，它是苏联、美国进行反法西斯战争时间的三倍半，是英国进行反法西斯战争时间的两倍半。中国战场毙伤俘日军155万余人，占日军在第二次世界大战中军队伤亡人数的75%以上。同时，中国人民也付出了巨大的民族牺牲，中国军民伤亡3587.9万余人，其中军人伤亡413万余人，民众伤亡2249.9万余人，被侵华日军强掳的中国劳工800余万人，香港同胞10万余人、台湾同胞115余万人被日军致死、致病残等。直接经济损失1000亿美元，间接经济损失5000多亿美元。中国抗日战争的胜利是中华民族由衰败走向复兴的重要转折，为被压迫民族争取独立解放树立了光辉的旗帜，极大地推动了民族解放运动的发展，使第二世界大战后的世界格局发生了重大变化。它对中国革命的发展、对亚洲乃至世界的和平都具有重大的影响。中国抗日战争胜利的历史说明：中国人民能够在“灭种亡国”的最危险时刻开辟救亡图存的新出路，中华民族的生命力是无限的。（中国人民解放军军事科学院《中国抗日战争在世界反法西斯战争中的历史地位》，《人民日报》 2005年8月15日）

（张家丽）

其他军事学科问题研究

中国关于其他军事学科问题研究　关于军事哲学问题　推进军事理论创新的哲学新视角　在当今新军事变革强劲发展的势头中，军事理论创新的影响和作用较之以往更为深刻和直接。从哲学层面、以哲学的新视角，思考和探究推进军事理论创新的路径，对把握当今军事理论创新的规律和趋势，将会有所启迪。

认识论视角——必须站在军事变革实践的前沿去把握军事理论创新的时代要求和发展路径。推进军事理论创新必须以转变思想、更新观念为突破口。以信息化为标志的新军事变革，从一定意义上讲更是一场头脑的革命、观念的革命，不从机械化时代的思想观念和经验做法的束缚中解放出来，真正确立起与时代要求相适应的新的信息观、科技观、系统观、质量观、效能观等，在军事理论创新上就难免不陷入“新瓶装旧酒”的尴尬局面。

实践论视角——军事理论创新与军事实践创新的双重互动是军事理念创新的关键。信息化战争中军事理论俨然扮演了战争“设计师”的角色。“有什么条件打什么仗”这句兵家要训，已被更深刻地揭示为“有什么理论打什么仗”。战争实践成了军事理论创新的延伸，战场成了军事理论创新的“实验场”。美军海湾战争“空地一体”的非线式机动作战，科索沃战争“空中打击为主”的非接触作战，阿富汗战争“全频谱支援”的特种作战，伊拉克战争“直击要害”的快速决定性作战，一场战争推出了一种新的主导理论。从近几场局部战争看，军事理论的更新周期明显缩短，而创新成果向军事实践的转化进程大大加快。军事理论研究的重心已由“回顾”转向“跟进”，由“反思”转向“前瞻”。从一定意义上讲，未来战争是以军事理论创新为牵引的军事实践创新，而每一场战争实践又是从更高层次上推动军事理论创新的起点。

方法论视角——军事理论创新离不开信息时代军事科技变革与军事思维变革的双重激活作用。随着现代科学技术的飞速发展并在军事领域的广泛应用，军事理论创新成果的产生更依赖于先进的科技方法手段，创新过程更加注重先进方法手段的综合运用，许多军事理论创新成果集中体现的是方法手段的创新，并以技术化的形态表现出来。信息时代，军事思维方式变革的趋势主要表现在：一是由实体思维转向信息思维，在思维指向上，从基于对物质实体的分析研究为重点，转化为基于对信息资源的搜集、筛选和加工处理为重点。二是由要素思维转向系统思维，从看重个体要素、单个功能，变为更关注体系结构、整体效能；从重视独自为战、单独发展，变为更注重系统整合、协调发展。三是由线性思维转向矩阵思维，打破直线式、平面式、封闭式的传统思维定势，形成网状式、立体式、开放式的思维方式。四是由单向思维转向多向思维，不是只从一个角度、一个途径、一个层面和一种可能性去认识思考问题，而是更注重从主客体以及相互关系所展开的多面性、多维性、多元性和多样性去认识把握问题。五是由静态思维转向动态思维，思维状态由侧重于静态的分析梳理变为注重于动态的跟踪展望。

*知识论视角——军事理论创新围绕着将信息优势转化为知识优势进而再转化为决策优势展开。*信息化战争的高级阶段实质是知识战争，信息化军队建设实质是锻造知识军事。从知识论的视角看，军事理论创新是一个将信息优势转化为知识优势的过程，理论创新成果的运用又是一个将知识优势转化为决策优势的过程；知识优势是把信息优势转化为决策优势的不可或缺的中介和桥梁。美军《2020 联合构想》强调通过“知识优势”来赢得“决策优势”，认为消除战争中的不确定性，只靠“信息优势”不行，更主要的是靠“知识优势”。对信息的加工、处理、识别与选择能力必须靠知识来完成，取决于军队乃至军人的知识化水平。

*技术论视角——推进军事理论创新要着力构建包括军事技术理论在内的中国军事理论体系。*一方面要把现代军事技术科学所揭示的原理、原则引入军事理论，不断为推进军事理论创新注入新内容、开辟新领域、提供新手段；另一方面，要把创新发展军事技术理论作为推进军事理论创新的重要内容，为实现军事技术的跨越式发展提供理论支持，努力构建起以基础理论为根基、以应用理论为主体、以技术理论为支撑的中国特色军事理论体系。（邓一非《推进军事理论创新的哲学新视角》，《军事学术》2005 年第 12 期）

恩格斯分析和研究战争的辩证唯物主义观点 从认识论和方法论的角度看，恩格斯认识战争确有许多独到之处。深入研究他成功解读和清晰剖解历史上和他本人所处时代各次战争进程及其演变奥秘的科学诀要，显然对我们正确认识当代战争会有很大启迪。这里所说的科学诀要，最核心的东西就是恩格斯自己同马克思共同创立的辩证唯物主义和历史唯物主义。其中的辩证唯物主义方法，是恩格斯研究战争使用得最多的方法，也是认识战争本质特征及其运动规律的最有效方法。这种方法的基本要求是：坚持唯物主义一元论，承认事物间的相互联系和相互制约，用发展的观点看待自然界和人类社会的一切现象，把对立统一规律作为观察事物运动的根本依据。恩格斯在认识分析战争现象时，始终注意遵循这些基本原则。

切实把握战争现象与其他事物的相互联系和相互制约性。这是恩格斯考察一切战争遵循的第一条原则。就拿普法战争来说，恩格斯从一开始就不把那次战争视为某个孤立事件，而是看做交战双方平时和战时政治的继续。认为普法两国在 70 年代后期推行的正是一种孕育战争的危险政治。宣战不久，恩格斯指出，战争对拿破仑第三“不可能有美满的结局”，德国人一定能击溃他的全部军队。这一后来得到完全证实的预言，正是恩格斯通过对法国战前政治的深入分析得出的。恩格斯在认识分析战争时，除充分考虑政治的干预作用外，还往往把有关国家的经济利益放在极重要的位置一起剖析。例如，早在 1853—1856 年克里木战争爆发前 3 年，马克思和恩格斯就从俄国、英国、土耳其等国在当时推行的政治和各自的经济状况中，预见到这次大规模武装冲突不可避免。

注意在发展变化中考察战争和军事现象。恩格斯在考察战争时，从不把自己的视野固定在某一点上，而总是时时着眼于战场形势的发展变化。恩格斯对普法战争和美国内战进程的深刻分析给后人最重要的启示在于：观察战争现象不能只看交战双方一时的优劣处境，而是必须考虑到整个战争事态的发展，必须随时注意双方作战力量在战争过程中的可能发展变化。也就是说，必须是发展地、辩证地，而不是静止地、形而上学地去看待战争中的一切现象。

运用量变到质变规律预见战争事态的可能发展。在恩格斯的军事科研实践中，运用由量变到质变规律观察分析军事现象的事例还很多。特别值得一提的是，他关于武器的量变必然要引起作战方法质变的思想具有极重要的现实指导意义。这一思想的可贵之处在于，它不仅论证了新兵器的出现必然要引起作战方法的变革，而且强调了只有这种兵器得到大量使用后，上述变革才有可能完成。

把对立统一规律作为观察战争及其自身运动的锁钥。第一，恩格斯看待与战争有关的任何问题，从来都是一分为二的。第二，恩格斯认为，战争中的矛盾是普遍存在的。但这些矛盾的性质却各不相同。人们必须懂得识别这些矛盾的特殊性，对具体矛盾具体分析，采取相应的解决办法。第三，恩格斯认为，面临战争中各种错综复杂的情况，人们要想认识某一事物或现象的本质，惟一的办法就是找出这一事物或现象运动发展的主要矛盾和矛盾的主要方面。第四，恩格斯在战争问题研究中还十分重视对肯定、否定规律的运用。

恩格斯分析和研究战争的历史唯物主义观点 历史唯物主义方法，是由马克思和恩格斯共同创立的无产阶级研究军事问题的专用方法，是识别战争社会政治属性的绝好武器。

阶级利益分析是认识和把握一切战争的首要前提。恩格斯和马克思研究战争，从来都是把参战各方在战争中所追求的实际物质目标和所维护的阶级利益放在考察的首位。他们从不轻易相信政府首脑或官方报纸关于战争的各种冠冕堂皇的宣言。恩格斯不仅在研究现实战争时注重进行阶级利益分析，而且在考察历史上的军事冲突时也总是不忘运用这一方法。1850 年夏，恩格斯研究德国中世纪农民战争时所采取的做法，是这一方面最明显的例证。

阶级利益和国家民族利益的紧密结合——决定对战争态度的惟一正确方法。在恩格斯生活的时代，欧洲的许多战争都属于王朝战争。对于王朝战争中是非的确定，绝不能简单从事，一定要根据不同的情况，区别对待。这里最重要的是，需要采取一种把阶级利益和国家民族利益紧密结合起来的妥善方法，当然，这也是惟一正确的方法。19 世纪六七十年代，恩格斯和马克思对欧洲发生的两次大规模战争——1866 年普奥战争和 1870—1871 年普法战争，就采取了完全不同的态度。这从方法论的角度看，可以说是共产党人区别对待王朝战争的范例。

考察实际战争和军事艺术中的任何成就始终应把兵民放在首位。马克思和恩格斯提出的历史唯物主义认为，个人的作用应当得到承认，但历史的真正创造者是广大的人民群众。基于这样一个根本认识，马克思和恩格斯在考察实际战争和军事艺术的种种成就时，总是把兵民的作用放在衡量是非得失的首位。恩格斯非常推崇拿破仑在发展军事艺术方面所取得的成就。不过，他同时认为，这些成就的取得首先应归功于法国革命士兵的创造。恩格斯认为，在法国革命军里，在拿破仑出现之前，基本上没有什么优秀将领。法国大革命时期的广大革命士兵，在探索比传统打法更有效的作战样式方面，是积累了丰富经验的，而拿破仑正是在前人这一极重要的军事实践基础上，创立了他那一套独特的战略战术。因而，恩格斯说："拿破仑的不朽功绩就在于：他发现了在战术和战略上惟一正确使用广大的武装群众的方法。"而军事艺术真正的创造者则是广大的武装群众自己。（鲍世修《恩格斯分析和研究战争的启迪》，《中国军事科学》2005 年第 3 期）

关于军事心理学问题

探析战略心理战的概念与特征 根据战略心理战界定的一般规律，结合中国及其军队的实际情况，战略心理战定义可以概述为：国家心理战机构运用国家综合的心理战资源，实施全局性的、全过程的信息传播和信息控制活动，对敌国、本国、友好国或中立国当局、军方人员及其民众的情感、理智和意志施加影响，以广泛地争取人心，最大限度地分化、瓦解、遏制和孤立敌方，最终促进国家安全战略目标和发展战略目标实现的活动。与战略心理战的定义密切相关，战略心理战具有以下几个基本特征：

国家行为。这是战略心理战的本质特征。曾经有人提出，战略心理战是国家战略意图下的军队行为。但事实证明，军队的单独行为不可能在任何条件下都实现国家的战略意图，特别是在和平时期，国家的战略意图往往是通过军队及其国家其他部门共同的行为实现的。所以，国家必须有战略心理战的体系，军队在战略心理战上的努力才能真正有效。战略心理战只有成为国家行为，才能开拓更广阔的心理战渠道、调动更多的心理战资源，使其心理战的效力更具有全局性、更具有权威性、更符合战略目标的要求。

多领域展开。战略心理战远不限于军事领域。从形式上看，战略心理战可分为政治战略心理战、军事战略心理战、经济战略心理战、文化战略心理战等多种类型。它既要在战争时期实施，也需要在和平时期开展；既要在战场上进行，也需在后方开展；战略心理战的信息不仅在军事活动中传播，也可在政治、宗教、文化等活动中传播。战略心理战信息的多样化也决定了心理战领域的多样性。

全过程实施。战略心理战无论是在战时，还是在和平时期都无处不在。战时的战略心理战，主要是配合相应的政治、军事目的，表明战争性质和己方的立场态度，广泛争取人心；对敌展示己方强大的军事实力和必胜的信念，实施战略威慑和战略欺骗等。而要想达到预期的目标，影响和转变对象的心理，必须依靠平时所奠定的基础。和平时期，国家战略目标的实施，要求通过战略心理战活动的开展，能够随时为本国提供一个有利于己而不利于敌的心理基础和心理环境。这就需要战略心理战在任何一个时期都不间断地去做方方面面的实际工作。

全局性影响。战略心理战的目标不是影响个体心理的变化，也不限于改变某个群体的心理特征，它所影响的是与本国战略发展和战略安全密切相关的对象国整个民众的群体心理、对象国上层统治者的心理、一个民族的价值观、一个国家的意识形态，甚至是一个民族的文化。（蒋杰、武军仓《战略心理战的概念及特征》，《中国军事科学》2005 年第 4 期）

信息化条件下的战略心理战应关注 4 个要点 战略心理战作为从战略层面上实施的心理战，在国家大战略及军事战略中具有十分重要的意义。为打赢未来信息化战争，战略心理战必须特别关注以下几个方面的问题。

心理战战略应服务于国家大战略，着眼全局，立足长远，全面攻防。心理战战略应以国家大战略为指导，服务于国家大战略。心理战战略与国家大战略是局部与整体的关系，它们之间相互联系、相互制约。国家大战略事关整个国家的安全和发展，在整个安全体系中居于统帅和指导地位，是决定心理战战略的基本依据。心理战战略是筹划和指导心理战全局的计划、策略，它是国家大战略的重要组成部分，并服从、服务于国家大战略。为此，心理战战略应充分考虑信息时代战争目的的制约性。始终围绕如何实现和实施“不战而屈人之兵”的全胜战略来制定。心理战战略应将重心指向对方指挥中枢或军事首脑，动摇其战争信心，遏制其发动战争或使其丧失战争能力。心理战战略要先发制人，以攻为主，攻防兼备，要抢占心理制高点，从精神上、气势上压倒对方。要从政治、经济、军事、外交、科技、文化等多种渠道全方位全时空对敌开展心理攻击和心理渗透，从国家安全的根本目标出发，在注重心理进攻的同时，也应加强对本国居民的心理防护。

提升心理战效能必须以信息作战能力为基石，“硬摧毁”与“软杀伤”交互作用，合力致敌。心理战是以实力为基础的一种心理征服，能否顺利达成战略心理战目标，关键在于国家军事实力的强弱。只有运用信息化火力对敌重点目标进行“点穴式”硬摧毁，才能实现心理杀伤，达成小战大胜的战略目的。只有利用信息优势对敌信息系统进行“软杀伤”，才能致敌心理恐慌、混乱，实现不战而胜的全胜战略。

心理战装备的发展要以信息技术为核心，努力实现信息化、平台化。一是把传统心理战装备与现代信息技术巧妙结合起来。借助信息技术和卫星通讯技术对传统心理战装备进行改造提高其心理战性能。二是大力研制开发现代信息化心理战装备。三是着力打造信息化心理作战装备平台。心理战要适应信息化战争高速机动、快速反应的需要，就必须提高心理战部队的综合作战能力和战场生存能力。而要达到这个目标，又必须实现心理战装备的平台化，使心理战装备器材成为功能多样高度机动并具有强大防护能力的作战平台。此外，还应借助高度信息化的武器装备或武器系统充分发挥其心理震慑力。

心理战力量体系构建要集军政、军民于一体，相互联通，协同整合。搞好顶层设计，完善战略心理战决策指挥机构。即由国家负责心理战战略目标、任务及方针政策的制定和审查，各级政府部门与司令部之间密切合作，以确保心理战略与国家战略不发生任何冲突，实现心理战的统筹规划，统一指挥，协同行动，充分发挥心理战的整体作战效能。心理战队伍走专业化与群众性相结合的道路，充分利用社会资源。要组建专业化的心理战部队，并有计划、系统地进行心理战训练。还应充分利用社会资源，广纳民间精兵强将，充实心理战队伍。此外，还应加强心理战教育，强化民众的心理战意识和能力，实现心理战人才的普及化，形成心理战现役部队、预备役力量和群众性网络相结合的心理战进攻力量体系。加强情报系统间的联手合作，促进相互协同。要构建一个强大的心理战情报网络，这个网络应该包括国家情报网、军队情报网和民间情报网。协调整合研究力量，使之相互补充。主要是将专业心理战研究机构和民间研究机构的科研力量统一起来。（常艳娥、欧立寿《信息化条件下战略心理战应关注的几个问题》，《中国军事科学》2005 年第 3 期）

现代文化传播与文化心理战 文化传播不仅是一个国家和民族的文化发展和文化交流的重要途径，而且是实施和应对文化心理战的重要方式。

现代文化传播及其特点。文化传播是传承、推广和发展文化内容的重要途径。现代文化传播有以下特点：一是文化传播方式的高技术化和媒介化。与以往文化传播方式相比，现代文化传播的技术含量越来越高。无论文化符号、通讯技术，还是传播媒介，都在高新技术、尤其是信息技术的基础上形成了新的形态。二是文化传播范围的全球化。现代文化传播可以把某个地区或某个方面的信息传递到世界的任何一个角落，使异域或异国的事件进入人们的日常意识。三是文化传播力量的实力化。所谓文化传播力量，主要是指文化传媒的社会渗透力及其传播的文化意义体系的精神影响力的总和。当前，世界主要大国经常利用文化传播力、尤其是跨文化的传播力，对其经济、军事实力和政治力量进行有效整合和积极宣传，因而使现代文化传播日益成为文化心理战的重要手段。某些西方强国还利用自己先进的文化传播方式，恣意推行文化扩张和文化霸权。文化传播力量的实力化，使现代文化传播活动也成了国际权力斗争的一个新领域。

现代文化传播对中国国家安全的挑战。中国希望营造一个平等互惠的国际经济文化交流环境。但是，西方某些强国和反华势力却坚持冷战思维，利用现代传播方式对中国实施文化渗透，开展文化心理战，以实现和平演变的图谋。一是对民族精神的挑战。现代西方某些强国借助文化传播的先进手段，在世界范围内宣传其个人自由主义和生活方式的优越性，并对他国民众的民族意识、国家观念和爱国情感进行侵蚀。二是对中国特色社会主义价值观和共同理想的挑战。西方某些强国利用各种现代文化传播媒介和大众文化产品，在世界范围内诋毁中国的社会主义制度和文化价值观念，极力向中国社会宣传资本主义制度和价值观的优越性。三是对社会信息和舆论环境的挑战。国外传媒的介入和国际互联网的发展，使中国民众在获得更多信息来源的同时，也形成了更加复杂的社会舆论环境。一些西方国家利用国际互联网等现代传媒，经常传播一些不利于中国社会稳定的信息，干扰舆论导向和社会心理。

建构中国特色的文化传播调控体系。首先，要坚持积极防御的文化传播战略。要正视世界文化的多元性，坚持中国特色社会主义文化的主体性。即是说，要做好国内文化传播工作，增强民族精神和先进文化的凝聚力；建立有效的文化保护机制，加强对西方文化心理战的预防和反击工作，提高民众的心理承受能力和文化免疫力。其次，加强党对文化传播的宏观控制力。这是实施积极防御的文化传播战略的关键，也是发展中国文化传播事业和打赢文化心理战的关键。在文化传播内容上，要制定明确的价值标准；在文化传播方式上，要加强对各种文化传播媒介的管理；在文化传播组织体制上，要建立一支政治强、业务精、纪律严、作风正的文化传播队伍。再次，增强中国特色社会主义文化的跨文化传播力。要“固本”，即加强中国特色社会主义文化建设。要“强体”，即提高国家现代文化传播技术和媒介的信息化水平。要“有所作为”。在多极化趋势下，要善于利用中国经济高速发展、联合国安理会常任理事国和“中国特色”渐成气候的有利形势，推动中国文化产业和传媒业走出国门，努力占据国际文化市场。同时，积极开展与世界跨国媒体集团的合作，利用他们先进的传播技术、媒介网络和市场系统，增强参与国际文化竞争的能力。（王书道《现代文化传播与国家安全》，《中国军事科学》2005 年第 3 期）

关于战争动员学问题

信息化局部战争动员的基本特征 一是动员地位更加突出。与大规模机械化战争时代的全面动员相比，信息化局部战争的动员虽然强度有所降低，但对战争进程和最终胜负的影响越来越大。动员直接关系到军队作战能力的生存，直接关系到国家战争支撑能力的强弱，直接关系到国家战争潜力的转化。二是动员内容科技主导。战争发展到信息化阶段，已不是传统意义上的人力、物力和财力的竞赛，科学技术在战争和动员工作中的作用更加彰显。如果说一般性物资动员是赢得战争的物质基础，那么科技动员则是增加动员保障能力、提高部队作战能力的关键因素。三是动员范围极大拓展。未来信息化战争中，动员既要为作战部队提供充足的后备兵员，又要组织实施军民一体后方防护作战；既要筹措大批物资器材补充一线，又要保障战役军团快速机动；既要通过有力的政治动员，鼓舞民心士气，又要高度关注舆论宣传，筑牢心理防线，防敌“软杀伤”；既要确保本战区各项动员任务的完成，又要着眼战争全局做好相互支援的准备。四是动员方式趋向精确。信息化战争中，动员保障只有在种类、时间、地点上与作战需求高度一致，才能真正提高保障效益。战场上人员、物资、器材的超常储供与持续有效的保障并非成正比，而通过信息技术手段实现动员需求分析、信息传输、资源调配、效能评估的精确化，则是提高战争动员能力的关键所在和必然趋势。五是动员快速高效。战争节奏加快，必然要求动员讲求速度和时效，以跟上作战行动的节拍。包括人员征召要快，组织生产要快，力量投送要快。战争的快节奏、高消耗，要求必须将战争潜力由逐次释放转为瞬间释放。六是动员准备多元融合。当前，各国都在促进平战结合、军民结合上作文章，将武装力量动员、国民经济动员、科学技术动员、交通战备动员以及国防教育等纳入国家政治、经济、社会生活的各个领域，使战争潜力增长寓于国家综合国力增长之中。同时，为应付不同地区、不同方向可能发生的战争，通过联盟动员做好战略预置，确保战时能够随时随地调用战备物资，也是一些国家动员准备的重要方法。

确立与信息化战争相适应的动员观念 新形势下的战争动员，必须适应战争形态和战争样式的发展变化，用新的观念筹划建设，用新的思路推动工作。一是树立精确动员观念。要极大地提高从组织动员到投入保障的速度与效率，达到时间上的精确；尽可能地减少物资的集结、调运和保障系统的辎重负担，避免资源浪费，实现数量上的精确；根据不同的作战方向和各军兵种的作战任务，将作战物资及时投送至所需位置，实现地点上的精确，从而使战争对人、财、物等资源的需求与动员保障之间接近或达到一致。二是树立质量动员观念。平时，在注意控制总量、确保合理够用的基础上，着眼信息化战争和军队信息化建设的需要，狠抓动员整体结构布局的调整优化，做到以质取胜，以精求强。战时，要集中精力重点动员技术装备先进的武装力量，并对其实施优先保障；优先动员最新技术成果和最新武器装备的军工生产；优先动员一切可用于保障战争使用的先进民用技术设备和交通运输工具等，以满足战争需要。三是树立全维动员观念。未来战争中的动员必须跳出“前线后方”的窠臼，把立足点放在保障不同方向、不同地域、不同层次、不同类别的作战需求上。与应付大规模战争的全面动员相比，全维动员虽然在范围和广度上与之相近，但在强度上却大大降低。全维动员针对精确打击的不确定性和战争潜力分布的不均衡性，以及网络攻击的随意性和舆论宣传的欺骗性，以全新的方法和手段，实现不同地区动员资源的互补互通，重要目标和国家信息网络的全方位防护，全民心理防线的坚强稳固。重点是将广泛分布于各地区的动员潜力特别是高质量、切实管用的动员资源，通过多种方式集中起来，转化为战争实力。四是树立可控动员观念。可控动员至少应当具备两个特征：一个是高效灵活，一个是离合有序。平时的动员建设要针对未来战争的不确定性，多手准备，多案并存。动员实施上要方法多样，既可以配合军事威慑行动进行公开动员，大张旗鼓，合力造势，慑敌止战；又可以采取秘密方式，不动声势，内紧外松，达成军事行动的突然性。战争爆发后，国家有关方面需要有序、高效、快速地转入战时状态；一旦战争结束，要尽快回复平时状态，避免经济社会发展被长时间的干扰、阻断。(陈颖《信息化局部战争动员建设的几个问题研究》,《中国军事科学》2005 年第 1 期)

用信息化推动国防动员新发展 当前，发挥社会信息技术资源优势，大力推进国防动员信息化建设，尽快形成与军队信息化建设和信息化战争相适应的国防动员能力，是时代赋予的一项紧迫任务。

*以社会信息技术资源为依托，加速构建国防动员信息化网络。*要把国防动员信息化建设纳入到社会信息化建设的总体规划之中，军地协力建设，同步发展。一是加强军地协作，探索建设新路。可以以相互支援、合作双赢的方式与通信公司共同构建光缆通信网和电话交换网；以政府支持、合建共用的方式建立连接各级政府、军事机关和国防动员委员会各办公室的视频通信系统和指挥自动化网络等等。二是瞄准技术前沿，科学组织实施。应以前瞻性的设计理念，对国防动员指挥网的组网方式、系统配置、技术体制进行整体筹划，搞好顶层设计。在设计施工中，要按照技术标准，把好设备选型关、网络联接关、系统集成关，确保网络建设的整体性，便于网络管理；确保网络结构的抗毁性，便于自愈保通；确保网络设备的兼容性，便于上下互联。三是合理使用资源，实现军地共享。比如，可利用国防动员视频会议等网络，保障地方政府实施防灾抗灾、反恐维稳等行动的应急指挥；还可利用国防动员信息化网络实现地方党委与同级军事机关之间的文电互传，以进一步提高国防动员的工作效率和保障能力。

*以信息化战争作战需求为牵引，着力锻造新型国防后备力量。*国防后备力量的强大不再以庞大为标准，而要求其实现由人力密集型向技术密集型的转变。特别要突出加强信息作战与信息支援保障力量的建设。一是建立信息化防空作战力量。按照以作战任务为牵引，结合防护目标特性，选择信息化防护手段和装备，根据装备操作要求确定力量编成，建立配套训练设施和机构，通过针对性训练，形成较强的信息作战能力的建设思路。二是建立网络防御力量。按照高、精、尖的原则，对信息产业中的专业技术人员进行认真的调查统计，把政治合格、技术过硬的计算机网络精英招募进来，组建网络防御分队。三是建立信息支援保障力量。围绕战时部队侦察预警和指挥信息系统等保障需要，当前应突出抓好应急通信保障、民兵护线和信息装备保障三支力量的建设。

*以实施精确化动员为目标，积极储备社会信息技术潜力资源。*信息化战争精确、高效、速决的基本特征，要求与其相适应的动员保障也必须精确高效。一是要准确掌握社会信息技术资源潜力。平时做好现有的信息产业及其从业人员的数量、规模、主要产品、转产能力等数据的摸底统计工作，重点掌握那些带动国家和国防信息化建设的高科技产业、从事信息技术开发和应用的高科技人才。二是要拟制各类信息动员预案。按照上级赋予的各军兵种部队战时通信网络征用指标，对通信网络系统的需求进行细化、分解，并把具体任务落实到电信运营企业，制订战时网络征用

预案。三是要建立信息物资储备基地。可在一定的区域内建立信息物资储备基地，赋予其管理、调拨信息物资等职能，并以各信息产品制造业的仓库为基础，实施“动态、散发式”储备。

*以体制完善和机制创新为保障，整体推进国防动员能力提高。*要着眼信息化战争要求，对国防动员体制和机制进行完善和创新。一是完善各级动员体制。按照“有利于信息快速流动和有效控制利用”的原则，优化动员机构设置办法，理顺动员机构与军队和政府部门、社会团体之间的指挥关系，减少信息传递的中间环节和阻塞因素。二是积极进行机制创新。调整完善各级国防动员委员会职能，建立以各级国防动员委员会为主导的组织协调机制；抓紧出台经济建设贯彻国防需求、动员潜力定期核查等政策措施，建立以法规制度为保障的约束机制；逐级制定战时动员支前保障方案，建立以动员任务为牵引的工作机制。三是加强实战性动员演练。着眼未来信息化战争作战保障的军事需求，组织带有实战背景的动员演练，努力实现动员指挥网络化；积极调动各类社会资源，以信息流引导物质流，使社会力量迅速、准确地向着作战保障所需要的方向聚集，从整体上推进国防动员能力的提高。（刘华建《用信息化推动国防动员新发展》,《中国国防报》2005 年 10 月 10 日）

（陈燕雯）

简　讯

2005 年解放军出版社出版的部分军事图书评介　解放军出版社 2005 年度公开出版了 700 余种图书。其中军事类图书有以下几个明显的特点。

*军事学术著作再推力作。*其中，《外国著名军事著作丛书》继去年出版 7 种之后，本年度出版了 6 种。《战争艺术概论》是瑞士军事理论家若米尼的代表作，探讨了 19 世纪战争理论、作战理论等问题。《海权对历史的影响》是美国军事理论家马汉的代表作，该书首次对海权理论进行了探讨，并概括出有重大影响作用的规律性认识，成为公认的基础性理论著作。《战争指导》、《装甲战》都是英国著名军事理论家富勒的代表作。前者讲述了指导战争、指挥军队的基本理论问题；后者是西方研究机械化战争最著名的专著，着重探讨了装甲车辆作战问题。《军队大脑》为苏联元帅沙波什尼科夫所著，首次对军队的指挥机构进行理论探讨，论述了总参谋部的历史作用、组织机构功能等问题。《兵法简述》是古罗马韦格蒂乌斯的著作，论述了古罗马和古希腊时期的军事学术问题，如军队编制训练、作战的原则、战斗队形、冲击和防御要塞的方法。西方有学者认为该书是“文艺复兴之前惟一一部专门讨论军事问题的力作。”

在中国军事学术著作中,《毛泽东兵法精要》将博大精深的毛泽东兵法凝炼为 90 余条，为读者提供了一把了解毛泽东军事思想的钥匙。《张震军事文选》收集了张震上将从 1936 年 8 月至 1997 年 7 月间的 262 篇有关作战建军方面的讲话、报告、文章、电报等，是研究党史、军史的重要文献资料。《信息化战争形态论》从哲学高度对信息化战争的基本要素、结构、运行机制进行分析探索，并对中国军队的军事变革提出了“隔代跨跃”的战略构想。

*军事历史类图书丰富多彩。*中国军事历史图书主要出版了一个系列：《中国历代军事战略》详尽论述了从先秦到清末的战略，着重探讨关键性战争的战略方针、战略措施、战役布势和战役指导等问题，分析了历代战略的特点和发展变化。《中国历代军事制度》全面介绍了自先秦至中华民国历朝历代的军事制度。《中国历代军事工程》介绍了中国古代军事工程的状况和发展演变情况，如城墙城堡的历史情况等。《中国历代军事家》选收了上起夏代下至清末 82 位在中国军事史上有重要贡献和成就，对军事的发展起过一定作用的军事家。《中国历代战争简史》简要论述了公元前 2600 年神农时代至 1911 年辛亥革命时中国 4000 多年的战争历史，反映了中国历代的军事思想、作战特点及过程、武器发展及对战争的影响等。《中国历代战争年表》是研究中国军事史的一部必备的工具书，全书按战争发生的年代顺序，以年纪事——记载了中国历次战争，非常便于查阅。

反映外国军历史的重要书籍自 2003 年出版了一批后，2005 年又出版了 5 部：《科涅夫元帅战争回忆录》全面记叙了苏联著名元帅科涅夫参加的二战中所有战役的历史。《叶廖缅科夫元帅战争回忆录》的作者先后担任了 11 个方面军的司令员，指挥过一系列重大战役，其中最重要的是斯大林格勒战役。《邓尼茨元帅战争回忆录》是纳粹德国海军元帅、德国海军潜艇部队司令和海军总司令的回忆录，全书记述了德国海军潜艇部队的发展历史，特别是“狼群”潜艇作战战术思想的产生及作战运用的历史。《古德里安将军战争回忆录》是纳粹德国陆军上将、德国装甲兵的创始人，“闪电战”作战思想的倡导者的回忆，书中回顾了他在二次大战中侵略别国战争中的作战指挥历程。《巴顿将军战争回书录》的作者——美国陆军四星上将巴顿指挥了盟军在北非、意大利、德国等重大战役，书中反映了他的作战指挥特点。

《郑维山作战笔记》（上、下）是一本独特的作战历史书籍。全书收录了郑维山中将在国内革命战争和抗美援朝战争中的作战笔记 73 篇，书中或实录战役战斗过程，或总结作战经验，客观真实，简洁生动，是开国将领难得的一部笔记体战史书籍。

军事人物图书富有特色。《中国人民解放军将帅名录》是中国目前最权威的军事人物书籍。它辑录了 1955 年至 1964 年间新中国首次授衔的元帅和将军的简历、照片。其中元帅 10 位，大将 10 位，上将 57 位、中将 177 位，少将 1360 位。最新资料截止日期为 2005 年 8 月。《八路军将领传略》收录了 800 多位参加过八路军的军事将领的传略，每位将领配有照片和简历，是最系统、最全面的一部研究八路军历史人物的书籍。《民国高级将领列传》收集了 286 位民国时期国民党军的上将和中将的简要生平，配有照片，形象直观，方便阅读。

（谢　钢）

2005 年军事科学出版社出版的部分军事图书评介　2005 年军事科学出版社坚持为军事斗争、为军事科研服务的宗旨，为新时期军队现代化建设提供科学的理论指导和智力支持，在突出特色和强化品牌上下功夫，筹划出版了一批具有中国人民解放军特色的军事科学新成果，取得了较好的社会效益。

为纪念世界反法西斯战争胜利和中国抗日战争胜利 60 周年，推出了一批相关专著。由军史专家撰写的《中国抗日战争史画》（5 卷本），以文图并茂的形式，全景式再现了 60 年前发生的中国抗日战争全貌。《中国抗日战争论纲》、《江西八年抗战》、《二战风云录——邮票上的故事》、《戴高乐将军全传》、《狮虎争雄——二战首脑间的角逐》、《战事珍闻录》等一系列反映第二次世界大战和中国抗日战争的图书，从不同层面，较为系统、全面地反映了世界反法西斯战争特别是中国抗日战争的全貌与局部。其中《中国抗日战争史画》（5 卷本）被中宣部和新闻出版总署确定为全国百种重点图书之一。

组织学术力量，对信息化条件下军队建设和军事训练的特点与要求进行了深入研究。年内陆续出版的《信息化战争与信息作战理论精要》、《信息化作战理论学习指南——信息化作战 400 题》、《信息整合教程》等书，不仅介绍了信息作战的基本理论，也对目前信息化作战的前沿理论进行了梳理和综述。《信息化战争论》则对信息化条件下作战样式及其特点、如何着眼“打赢”现代条件下局部战争，加强信息化条件下军事斗争准备的研究，从理论与实践的结合上进行了深入的探讨。《将军论兵》，把百位将军对新的历史条件下军队建设理论与实践思考的成果进行了整理，反映了军队高级干部对军队信息化建设的高度重视。《信息化军事装备动员》、《信息化国防动员概论》、《信息传播与军队管理》和《信息反恐论》、《信息时代的战术变革》等著作的问世，则从不同领域和角度，提供了较为成熟的研究成果。特别是着眼高技术条件下作战理论与实践，着力研究了信息化作战指挥的新问题，受到学术界和读者关注。

坚持军事基础理论研究与应用研究并重。基础理论研究，历来为军事科学出版社所重视。围绕新时期军事斗争准备，组织出版了一批学术层次和品位高、指导性强的学术著作。英文版《战略学》首次跨出国门，向国外介绍了中国官方的军事学说，对于以往由于语言上的障碍而产生的对中国军事学说的误解乃至歪曲、诋毁，起到了正本清源的作用。翻译出版了俄罗斯著名学者科科申《战略领导论》，出版了《史鉴大略——当代中国战略的历史思考》、《孙子兵法与战略文化》、《盛衰之变——中国封建盛世时期安全战略研究》等一批战略理论研究成果，把战略理论研究提到了一个新的高度。《军事思维学前沿问题研究》总结了 20 世纪 80 年代以来国内军事思维研究的成果，勾勒了军事思维科学的科学体系及其内容的轮廓。《西方国防经济学研究》客观地介绍了西方国家国防经济学的基本理论。《军事最优化新方法》着眼解决军事决策最优化问题，对 6 种新方法进行了概述与重点介绍。《孙子兵法古今谈》、《诸葛亮兵法古今谈》、《三十六计古今谈》，谈古论今，向读者通俗地介绍了中国古兵法在当今战场和商战中的应用，具有军地两用之功效。此外，还出版了《军事哲学》、《科技军事学》、《基层带兵学》等不同学科的专著。

（麻光武）

太平洋陆军首脑会议和太平洋陆军管理

研讨会在曼谷召开 2005 年 8 月 1 日至 5 日，来自亚太和印度洋地区的各国陆军高层领导、相关军官和安全事务官员参加了在泰国曼谷举行的第 4 届太平洋陆军首脑会议和第 29 届太平洋陆军管理研讨会。

太平洋陆军首脑会议每两年举办一次，是一个由多国参加的防务论坛。通常有来自大约 20 个国家的陆军参谋长或相当于同等职位的陆军领导人参加。本届太平洋陆军首脑会议由泰国陆军司令和美国陆军参谋长共同主办，来自 23 个国家的陆军首脑参加了会议，会议的主题是“通过地区合作迎接共同的安全挑战”。本届太平洋陆军管理研讨会的主题是“转型对亚太地区安全环境的影响”，其中讨论的题目包括“亚太地区转型的程度与本质”、“转型对当前和未来作战的影响”、“推进与应用转型以对抗新生威胁”和“当前与未来作战中共同面临的挑战与合作机遇”。

太平洋陆军首脑会议和太平洋陆军管理研讨会上的主要发言人有美国陆军参谋长彼得.J.斯库梅克上将、泰国陆军司令布拉威·翁素万上将、美国太平洋陆军司令部司令约翰.M.布朗（第三）中将和美国陆军训练与条令司令部负责未来事务的副司令约翰.M.柯伦中将。

“美军作战理论前沿问题”研讨会在宁举行 2005 年 6 月 1 日至 2 日，中国军事科学学会国际军事分会和南京陆军指挥学院联合主办的“美军作战理论前沿问题”研讨会在南京陆军指挥学院召开。来自四总部、军事科学院、国防大学和各军种机关与直属院校的 75 位代表参加了会议。会议的主题是研究美军作战理论的最新前沿性问题。研讨会把重点放在美军作战理论的思想层面和方法论层面，通过撰写论文和研讨的方式分别探讨了美军的“战略瘫痪”思想、“基于效果作战”理论、“快速决定性作战”构想、“网络中心战”理论，以及太空作战理论、指挥对抗理论、海军联合作战理论、海军陆战队“由舰到目标战役机动”理论、聚焦后勤理论、指挥对抗与情报理论等问题。会议共收到论文 380 余篇，经过评选，产生优秀论文 120 余篇，其中获一等奖的论文 50 余篇。

《战略学》（英文版）出版发行 中国人民解放军第一部具有自主知识产权的学术专著英文版《战略学》，2005 年 10 月在军事科学出版社出版。

最新版本的中国《战略学》，是一部以中国传统文化为底蕴，系统阐释中国战略思想和国家安全理论的权威性著作，反映的是中国 21 世纪初的军事战略方针和国家安全学说。该书自 2001 年公开出版后，引起了国内外读者的关注。因为历史文化形成的差异，或是思维方式的不同，加之交流传播渠道不畅，中国的军事科学理论和实践，经常被人们误解或被别有用心的人曲解，从而引发偏见和猜想，使得“中国威胁论”的噪音不时冒出。同时，中文版《战略学》出版后，国外不断有人联系，求购该书中文版版权。

为准确反映该书所反映的思想内容，在更大的范围内展示中国和平崛起的战略指导和国家安全学说，军事科学院战争理论和战略研究部组织知名专家、学者和相关人员进行英译，历时 22 个月，终于使该书问世。英文版《战略学》忠实于原著、译文流畅、表述精准，真实而客观地反映了原文原意，突出其理论与学术特性。正文后附录了部分中英文对照词汇，规范了一些具有中国特色的词汇的译意，对于中国军事学说在国际社会的传播具有正视听、易理解的作用。

2005 年度军控与裁军形势报告会在京举行 由中国军控与裁军协会和解放军装备指挥技术学院联合举办的“2005 年度军控与裁军形势报告会”9 月 9 日在北京举行。外交部军控司司长张炎就当前国际军备控制与裁军及防扩散形势作了主旨发言，并就多边军控与裁军、中国对国际军备控制与裁军及防扩散做出的贡献等有关问题作了较全面的介绍。120 多名与会代表听取报告并进行了讨论。

蒙古发行蒙文版《孙子兵法》 2005 年 6 月 14 日，蒙古首次正式发行蒙语译文版《孙子兵法》。蒙文版《孙子兵法》由蒙古一中国友好协会秘书长其米德策耶花费一年多的时间翻译完成并出版，首次发行 500 册。其米德策耶说，他翻译此书的目的是向蒙古国人民介绍中国古典文化的精华。其米德策耶是一名中国问题专家。此前，他已经翻译完成了中国儒家经典《论语》并出版发行。

全军大联勤改革与政策研讨会在京举行 2005 年 9 月 13 日至 14 日，全军大联勤改革理论与政策研讨会在北京举行。在为期两天的研讨会中，来自全军后勤战线和军事科学院、国防大学、国防科技大学等院校的 140 位会议代表，围绕全军大联勤改革的一系列理论和现实问题.进行了深入探讨。中央军委委员、总后勤部部长廖锡龙参加研讨会并讲话。

廖锡龙说，这次委托国防大学组织召开研讨会，是联系后勤工作实践学习江泽民国防和军队建设思想，贯彻胡主席和军委首长关于大联勤改革试点一系列重要指示的实际行动。是集中全军指战员智慧、深入探索大联勤特点规律的具体活动。这对于进一步统一思想认识，完善工作思路、完成试点任务，推进大联勤改革试点向纵深发展，将产生积极影响。

联合国小武器问题研讨会在京召开 2005

年 4 月 19 日，联合国小武器问题研讨会在北京召开。来自东盟 10 国、中亚 5 国、中、美、俄、英、法等 30 多个国家以及联合国裁军部、联合国开发计划署、上海合作组织、欧洲安全与合作组织、中国军控与裁军协会、“小武器调查”等 10 个国际、地区与非政府组织的约 70 名政府官员和学者出席会议。外交部副部长乔宗淮在研讨会上表示，中国愿与国际社会共同应对非法小武器带来的挑战，努力实现消除小武器非法贸易的目标。

上海合作组织防务安全论坛在京举办

2005 年 11 月 7 日，以“中国的和平发展与区域安全合作”为主题的上海合作组织防务安全论坛，在中国国防大学防务学院开幕。论坛由中国国防部主办、国防大学承办。哈萨克斯坦、中国、吉尔吉斯斯坦、俄罗斯、塔吉克斯坦、乌兹别克斯坦 6 个上海合作组织成员国及蒙古国、巴基斯坦、伊朗、印度 4 个上海合作组织观察员国派出国防官员参加论坛。

本次论坛为期 10 天。采取专题讲座、学术交流和参观考察等方法，研究上海合作组织和当今世界面临的机遇和挑战。探讨组织内部新的合作形式，以增进各成员国及观察员国之间的互信，加强各方在防务与安全领域的交流与合作。

（石　慧）

军队出版界 6 人被评为“全国百佳”

2005 年中国出版工作者协会组织的第五届“全国百佳出版工作者”评选活动于 5 月 30 日上午揭晓，军队出版界有 6 人获此荣誉。他们是：解放军出版社军事编辑部原主任谢钢、长城出版社社长李培义、蓝天出版社社长陈学建、人民军医出版社社长齐学进、海军《政工学刊》杂志主编张海赴、人民武警出版社副社长王宝玲。

（君　士）

（本栏责任编辑　方　宁）

军事技术

轻 武 器

综述　2005年，世界各国轻武器的发展呈现以下特点：士兵系统的研制稳步推进，“螺旋式”的发展模式受到关注；模块化设计理念在轻武器发展过程中得到深化和拓展；战场需求的多样化导致轻武器和弹药向多用途方向发展；传统轻武器的改进突出了思路和方法上的创新。

士兵系统稳步推进　2005年，美国陆军新一轮“陆地勇士”系统工程研制试验获得成功，新研制的“螺旋2”系统的平均使用寿命远远超出指标要求。同时，“陆地勇士”系统已经与“未来部队勇士”先进技术演示计划合并到“螺旋形”发展计划中，以加快士兵系统的研制和成熟。英国陆军“未来一体化士兵技术”系统也在多种典型战场环境中进行了试验。德国陆军在2005年将100多套“未来步兵”系统装备德国特种作战部队进行更广泛的试验。意大利“未来士兵”系统第二阶段综合演示样机已在2005年完成。日本和捷克在2005年也宣布了各自的士兵系统研制计划，日本防卫厅计划研制与美国“陆地勇士”系统相似的士兵系统，捷克陆军“21世纪士兵”系统计划在2012年具备完全的战备能力。

尽管世界上还没有任何一个国家的士兵系统完全成型，但很多士兵系统的相关部件正在进行试验。美国的战斗头盔、人体护甲、新型单兵电台等部件正在伊拉克和阿富汗战场进行试验。英国“未来一体化士兵技术”系统正在试用轻型近程热成像武器瞄准具。澳大利亚“陆地125士兵战斗”系统正在进行新型单兵电台的概念技术演示试验。挪威和瑞典士兵系统也在试验新型通信装置和BIM4轻型单目夜视仪。

可变口径的模块化设计渐成枪械发展潮流　美国和北约标准5.56毫米轻武器在阿富汗和伊拉克战场暴露出诸多问题，受到批评。实战表明：单一口径的武器很难适应不同的战场环境。所以，多口径的模块化设计理念受到很多国家的重视，即一种武器可以通过更换不同口径的枪管，发射不同的弹药来满足不同的战术需要，如美国XM8枪族和特种战斗突击步枪等。“多种口径并用”是今后相当长一段时间内枪械发展的特点。

单兵反装甲/攻坚武器凸显多用途　单兵反装甲/攻坚武器的迅速发展与装甲车辆在战场上的大量使用密切相关，并且顺应城市作战的需求。复杂多变的战场环境对单兵反装甲/攻坚武器战斗部的发展提出了新的要求，多用途成为发展的主流。正在研制的新型反装甲/攻坚武器战斗部都可以打击诸如掩体、砖墙、混凝土墙和轻型装甲等多种目标，如德国的“铁拳3”系列火箭发射器、以色列的BDM60-CS、MPM90-CS和Shipon-UT火箭发射器等。同时，多种新型反装甲/攻坚武器战斗部正在研制之中，其中有温压战斗部、综合效应成型装药战斗部、爆炸成型穿甲战斗部、跟进战斗部（带有跟进杀伤/爆破的成型装药/EFP）、模块式爆炸穿甲战斗部、可变结构战斗部等。

轻武器观瞄装置性能不断提升　轻武器观瞄装置发展较快，并得到广泛使用。光学瞄准具的发展主要体现在两个方面：一是成像清晰，瞄准精度更高；二是出现了多种多样的可以“拐弯瞄准”的瞄准具。热成像技术的发展呈现两种主要趋势：一是非致冷、智能焦平面处理技术得以实现，增大了在不良条件下的发现和识别距离；二是热成像装置更轻、更小，便于大量装备单兵。微光技术也不断取得进步，探测距离和成像清晰度都有所增加。

轻武器作战平台异军突起　轻武器作战平台的发展呈现出两种趋势：一是轻武器作战平台的智能化程度越来越高，实现遥控操作，如美军通用遥控武器平台和以色列“凯特兰特”（Katlanit）遥控武器平台都可以安装5.56毫米轻机枪、7.62毫米通用机枪、12.7毫米重机枪和40毫米榴弹发射器等多种轻武器。二是无人平台将成为新的轻武器作战平台。美国有多种安装了轻武器的轻型无人地面车正在进行试验，如“魔爪”无人地面车及其改进型都可以安装M249机枪、M240机枪或12.7毫米狙击步枪执行武装侦察任务。

轻武器相关技术取得进展　2005年，与轻武器密切相关的技术取得了一定进展，促进了轻武器的发展。轻量化技术对降低轻武器及弹药的重量、提高单兵机动能力具有重要意义；金属风暴技术的进一步发展将对轻武器的发展产生重大影响。

轻武器轻量化技术主要包括通过采用新材料、新工艺减轻枪管和弹药的重量两个方面。目前，美国正在研究采用双构件枪管来减轻重量，提高性能。在弹药减重方面，主要采取两种方式：一是采用新材料制造弹壳，如铝和聚合物等轻质材料；二是通过优化设计，缩小弹壳体积，装填较少的高能发射药来减轻弹药重量。

金属风暴技术取得新进展。2005 年，40 毫米金属风暴"面拒止武器系统"的演示样机试射成功。该系统包括 4 个发射器，每个发射器含 4 根发射管，安装在一个轻型铝制三脚架上，每一个发射器可发射 20 发弹，但射速、发射管和发射顺序各不相同。另外，澳大利亚金属风暴公司与美国国防部门的合作日益密切，金属风暴公司与美国国防高级研究规划局、美国陆军军械研究、发展和工程中心签订了多项合作研发协议，极大地推动了金属风暴技术的发展。

枪械 2005 年，枪械的发展主要呈现以下特点：一是枪械通过改进不断推陈出新；二是模块化设计理念逐渐深入；三是可变口径成为发展潮流；四是新材料在枪械上不断得到应用。

手枪 **意大利推出可变口径的 P×4 手枪** 据《轻武器快讯》2005 年第 2 期报道，意大利伯莱塔(Beretta) 公司推出的 P×4 半自动手枪可采用 4 种口径(即发射 9×19 毫米北约弹、9×21 毫米 IMI 弹、10.16 毫米 S&W 弹和 11.43 毫米 ACP 弹)。新式 P×4 半自动手枪体积小，重量轻，在可靠性、样式和人机工效/模块化设计三方面有所创新。P×4 手枪的使用寿命为 5 万发，每 5000 发弹的平均故障率低于 1 发。按不同种类的击发机构，P×4 手枪又分为 4 种型号：G 和 F 型装有手动保险卡笋，以双动或单动方式射击；C 和 D 型为纯双动型，装有无扳齿击锤和自动击针锁定装置。

冲锋枪 **波兰特种部队装备新式"贝里尔"(Beryl) 微型冲锋枪** 据英国《简氏防务周刊》2005 年 7 月 13 日报道，波兰特种部队装备了新式"贝里尔"5.45×45 毫米微型冲锋枪，该枪是在早期型号的基础上改进的。新式"贝里尔"微型冲锋枪的膛口经过重新设计，便于配用夜视装置，并可以发射枪榴弹。该枪安装有皮卡蒂尼导轨、前握把和新式侧向折叠枪托。该武器的可选配件中包括各种夜视和瞄准具，以及 HWS-552.A651/2 全息瞄准镜。

瑞士推出极轻的 MP9 微声冲锋枪 据《轻武器快讯》2005 年第 2 期报道，通过广泛汲取军、警部门的使用经验，瑞士在奥地利 TMP 战术冲锋枪的基础上推出了 MP9 微声冲锋枪。该枪 80%以上的零部件由玻璃纤维增强的高强度塑料制成，因此重量很轻，空枪仅重 1.4 公斤，具有良好的人机工效，结构紧凑，零部件少，分解容易，保养维护也很方便。MP9 冲锋枪可以实施单、连发射击，可以发射任何一种现有的 9 毫米枪弹，包括高速弹、亚音速微声弹、易碎弹、空尖弹等。

步枪 **美国特种作战司令部选定特种战斗突击步枪** 据英国《简氏防务周刊》2005 年 2 月 2 日报道，美国特种作战司令部已经选定比利时 FN 公司研制的特种战斗突击步枪 (SCAR)，用于替换特种部队目前使用的五种武器。SCAR 是一种可更换枪管的模块化武器，目前有两种型号——7.62 毫米重型 (SCAR-H) 和 5.56 毫米轻型 (SCAR-L)。每种型号都可以安装三种枪管：长 357 毫米的标准型枪管、255 毫米的近战型枪管和 459~510 毫米的狙击型枪管，军方要求更换枪管的时间不得超过 5 分钟。SCAR-H 用来取代 M14 和 MK11 步枪。SCAR-L 用来取代 M4A1、近战步枪(CQBR) 和 MK12 步枪。SCAR-L 还将配备能够发射苏联/俄式 7.62×39 毫米弹的附加枪管。

美国陆军批准全面列装 M107 狙击步枪 据美国《步兵》杂志 2005 年第 2 期报道，经过严格的试验与评估后，美国陆军已经批准 M107 12.7 毫米远距离狙击步枪全面列装。M107 狙击步枪是在巴雷特公司 M82A3 狙击步枪的基础上发展的，具有使用安全、操作舒适等优点。该枪能够精确打击 1500~2000 米距离上的人员目标和装备设施，包括停机坪上的飞机、雷达站、弹药库、油库、各种轻型装甲目标以及指挥、控制和通信设施等。M107 式狙击步枪配有大倍率的光学瞄准镜，且能发射多种 12.7 毫米弹药，大大增强了狙击分队识别和打击多个远距离目标的能力。

以色列研制微型"塔沃尔"(TAVOR) 突击步枪 据美国《每日防务》2005 年 7 月 15 日报道，为满足特种作战部队的需求，以色列军事工业公司在基本型"塔沃尔"步枪的基础上研制出更轻、更小的微型"塔沃尔"5.56 毫米突击步枪。新式微型步枪能够快速转换成 9 毫米冲锋枪，并可以安装消声器，这样就为士兵提供了一种能够完成多种战术任务的通用武器。微型"塔沃尔"突击步枪体积小、重量轻、具有良好的人机工效，全枪长 584 毫米，重约 2.95 公斤，安装有反射式红点综合瞄准具和多种光学附件。

中国台湾开始换装新式步枪 据《简氏防务周刊》2005年10月26日报道，台湾步兵开始用T91 5.56×45毫米新式步枪取代T65K2 5.56毫米步枪。台湾将T91称为第四代步枪，由台湾联勤总部第205兵工厂生产。T91是在T86样枪（未大量生产）的基础上改进而来。T91步枪采用模块化设计，因此可以根据作战需要安装T85 40毫米枪挂榴弹发射器、微光瞄准镜、热成像瞄准镜、激光指示器和激光测距仪，该步枪的有效射程为600米，可发射穿甲弹、曳光弹和空包弹。

德国推出SWS2000可变口径狙击步枪 据《轻武器快讯》2005年第10期报道，德国SWS2000 7.62×51毫米军用狙击步枪全长1230毫米，枪管长650毫米，全枪重8.2公斤，弹匣容量为10+1发。该狙击步枪通过更换枪机和枪管可以发射从6毫米诺尔玛BR口径到7.82毫米拉普阿·马格努姆口径间的所有枪弹。SWS2000狙击步枪的枪机有3个突起，开锁角相对较小，且可自由倾斜。枪托采用榉木胶合板材料，贴腮板的高度以及托底板的高度与长度均可调节。

英国研制坦克乘员专用的SA80A2卡宾枪 据英国《防务系统日刊》2004年12月16日报道，英国SA80A2 5.56毫米卡宾枪是在制式SA80步枪的基础上改进的，主要装备坦克乘员，取代坦克乘员原来装备的SA80步枪和勃朗宁9毫米手枪。SA80A2新型卡宾枪的枪管缩短到305毫米，大约是原枪管长的一半。配用了新式20发弹匣，前握把取代了护木，使得该枪更轻、更易于在坦克内部的狭小空间内操作。枪上安装了附加导轨，可安装战术灯、激光指示器等多种附件。

奥地利推出安全性高的SSG04狙击步枪 据《德国武器杂志》2005年第1期报道，奥地利新式SSG04狙击步枪全长1175毫米，全枪不带光学瞄准具重4.9公斤。该枪有两种口径：一种是7.82毫米温彻斯特口径，另一种是7.62毫米温彻斯特·马格努姆口径。SSG04狙击步枪最大的亮点是“保险枪机”机构。保险枪机是带有70度开锁角的回转枪机，其闭锁突起在前面与枪管实现闭锁，安全性较高，另外还设置有一个受闭锁突起控制的轴衬密闭弹膛，进一步增强了该枪的安全性。SSG04狙击步枪的机匣上有皮卡蒂尼导轨，可以安装多种光学瞄准具。

波兰推出新式“亚历克斯”(Alex)狙击步枪 据《简氏防务周刊》2005年10月26日报道，波兰推出了第一支新式北约7.62×51毫米“亚历克斯”无托狙击步枪。该枪采用旋转后拉式枪机，重6.8公斤，包括膛口制退器在内全枪长1400毫米，自由浮动式重型枪管长680毫米，膛口制退器可将后坐力减少30%。“亚历克斯”狙击步枪不仅用来取代现役的前苏联СВД狙击步枪，而且还要替换波兰地面部队和宪兵部队使用的芬兰TRG-21/22步枪。

捷克研制CZ2000突击步枪族 据《简氏防务周刊》2005年7月13日报道，捷克正在研制的CZ2000新式突击步枪族将取代现役CZ58突击步枪和轻机枪。CZ2000枪族采用导气式工作原理，闭膛待击，有半自动、三发点射和全自动三种射击方式。CZ2000枪族有三种型号，第一种是标准突击步枪，枪管长328毫米，有效射程800米；第二种是轻机枪，枪管长577毫米，采用可折叠两脚架，有效射程1000米；第三种是用于近距离作战的卡宾枪，枪管长185毫米。三种武器的射速均在750~850发/分之间。CZ2000枪族均配有可折叠的金属枪托，零部件广泛采用合成纤维材料制成，其中包括30发双排透明塑料弹匣、塑料护木和小握把。

捷克陆军采购“猎鹰”（Falcon）狙击步枪 据英国《简氏防务周刊》2005年8月17日报道，捷克陆军已经采购了一种名为“猎鹰”的新式12.7毫米反器材狙击步枪，装备快速反应部队和特种作战部队，用来保护军事基地、战地医院和其他设施。“猎鹰”狙击步枪采用毛瑟旋转后拉式枪机和无托设计，目前有两种型号：OP-96式，配用俄制12.7×107毫米枪弹；OP-97式，配用北约标准12.7×99毫米枪弹。此外，还有一种发射俄制14.5×114毫米枪弹的出口型“猎鹰”反器材步枪。“猎鹰”狙击步枪可以安装制式白光瞄准镜、被动式夜视瞄准镜，同时还配有标准机械瞄准具。该枪枪托上装有弹簧式后坐缓冲垫，可有效减小后坐力，提高射击时的舒适性。

榴弹武器 2005年，榴弹武器的发展主要呈现以下特点：一是榴弹武器的射击精度不断提高；二是出现了结构上创新的“拐弯射击”榴弹发射器；三是新式榴弹的种类不断增多。

美国研制MGL-140高精度榴弹发射器 据英国《简氏防务周刊》网站报道，美国米尔科（Milkor）公司研制的新式MGL-140式40×46毫米半自动榴弹发射器重6公斤，肩托缩进后全长686毫米，伸出时全长787毫米，安装标准瞄具时高267毫米，宽165毫米。该榴弹发射器的最小射程为30米，有效射程为375米，最大射程为400米。MGL-140在150米射程内的射击精度很高，与狙击步枪相当。转膛内可以容纳6发榴弹，既可以发射北约制式40×60毫米榴弹，又可以配用新式非致命榴弹，射速为2发/秒。

美国陆军接收 XM320 新式榴弹发射器 据《简氏防务周刊》2005 年 11 月 30 日报道，美国陆军已经开始接收试验型 XM320 40 毫米榴弹发射器。XM320 将取代美军现装备的 M203 榴弹发射器。XM320 的优点是：重量较轻；无需独立的连接件即可方便地安装到步枪上；采用双动扳机和不受约束的闭锁机构，安全性和可靠性得到提高；可发射不同长度的弹药，而现装备的 M203 榴弹发射器只能使用一种长度的弹药。

美国陆军试验 XM25 空爆榴弹发射器 据德国《军事技术》2005 年第 5 期报道，美国陆军对阿连特（Alliant）技术系统公司交付的首批 XM25 先进空爆榴弹发射器样机进行了野外试验。XM25 发射 25 毫米空爆弹，可打击位于墙后、建筑物或散兵坑中的敌人。试验过程中，首发弹准确地射进了 170 米外的窗户，并在房间内空爆，接下来的 4 发弹也成功地命中了 500 米外的目标。XM25 武器系统设计先进，可大大提高士兵的杀伤能力，与现装备的榴弹武器相比，可提高 500%。

美国研制 40 毫米自行修正榴弹 据英国《简氏防务周刊》2005 年 8 月 17 日报道，美国正在研制一种适合城市作战的新式 40 毫米自行修正榴弹，其目标是将榴弹的精确打击距离提高到 250 米，而目前 M203 榴弹发射器对点目标的精确打击距离仅为 150 米。这种采用新技术的榴弹命名为“步兵作战自行修正弹”（SCORPION：Self Correcting Projectile for Infantry Operations），发射后通过一个磁强计和几个加速计自动检测弹道，并通过微型喷嘴修正弹道，提高命中精度。与 SCORPION 配套的精确火控系统正在研制当中，计划研制与理想单兵战斗武器（OICW）使用的火控系统相类似的系统，可以自动提供有关武器射程、初速和仰角等数据。

新加坡研制可发射空爆弹的单发榴弹发射器 据英国《国际防务评论》2005 年第 4 期报道，新加坡技术动力（STK）公司正在研制被称为“面效应单发武器”（AEW SS：Area Effects Weapon Single-Shot）的榴弹发射器。AEWSS 发射 40×46 毫米低速榴弹，包括装有可编程电子时间引信的空爆榴弹。AEWSS 采用短枪管，折叠式枪托，长 420 毫米，宽 105 毫米，高 230 毫米，包括整体火控系统和膛口装定系统在内重 3.3 公斤。

以色列推出拐弯射击榴弹发射器 据英国《简氏防务周刊》2005 年 3 月 11 日报道，以色列推出的专门用于城市作战的拐弯射击 40 毫米榴弹发射器系统重 4.4 公斤，系统全长 730 毫米（枪托折叠）/900 毫米（枪托打开），初速为 75 米/秒（发射 M406 榴弹），精确打击单个目标的有效射程为 150 米，打击面目标的有效射程为 350 米。该榴弹发射器系统装有小型高分辨率 CCD 摄像机和监视器，作战人员通过这两种装置可以在拐弯处对目标进行实时观察。此外，该发射器还装有激光/红外指示器，具备昼夜作战能力。拐弯射击 40 毫米榴弹发射器可以发射多种榴弹，如高爆榴弹、烟幕弹、照明弹、非致命弹、催泪弹和辣椒油树脂（OC）弹，除此之外，还能发射 37 毫米弹药。

以色列研制战术情报采集榴弹 据英国《简氏防务周刊》2005 年 2 月 9 日报道，以色列研制的微缩型战术情报采集弹主要用于支持步兵和特种部队执行作战任务。命名为“萤火虫”（Firefly）的战术情报采集榴弹的直径为 38 毫米，长 155 毫米，仅重 145 克，可以用 M203 榴弹发射器发射，有效射程为 600 米。该新型榴弹的弹头装有两部摄像机，可以采集其弹道轨迹下方区域内的目标影像并实时传输给战场上的士兵或操作员，然后录制下来并显示在小型电脑上。视频传输贯穿弹头的整个飞行过程，最长时间可达 8 秒。

（孙耀峰）

装甲兵武器装备

综述 2005 年，世界各国装甲兵武器装备发展的一个显著特点是：现代化改造与升级。以美国、英国为例，目前两国仍将其陆军发展重点放在未来战斗系统和未来快速反应系统上，投入了大量的资金。美国甚至将整个陆军 2005 财年的科研经费都投入到了未来战斗系统的研制上。但是，由于技术等原因，未来战斗系统的装备时间最早也要到 2014 年，而英国的未来快速反应系统刚进入技术论证与研制阶段，预计首批基本型车辆将从 2012 年开始装备。从 2005 年到 2014 年约 10 年的时间里，如何保持陆军战略威慑力及应对突发事件的能力，将成为两国陆军必须要面对的问题。对此，美英等国给予高度重视，通过采用嵌入式技术改进，进一步提高现有装甲装备的作战性能。而就改进而言，美英两国都注重将为未来作战系统开发的成熟技术成果提前应用到现役装甲装备上，提高装备的整体性能水平，同时延长主战装甲装备的服役时间，从而实现现役装备到未来作战系统的平稳过渡。

另外，近几年的局部冲突与战争表明，陆军的快速反应以及战术和战略机动性已逐渐成为决定战争胜负的关键因素之一。在军事变革及陆军转型过程中，装甲装备的多用途性、机动性和通用性也日益得到了各国陆军的认同。而轮式装甲车辆凭借其轻型化、模块化、车族化等诸多优势成为了各国陆军转型计划的重要装备，并日渐成为快速反应、反恐及维和行动中的主要力量。各种车型全面发展，车族化、多元化发展趋势更加明显，本年度4×4、6×6、8×8和10×10车型都有新产品推出，车辆的防护水平和火力打击能力均得到很大提升，从而使其能够越来越广泛地应用到一线作战部队；各国陆军对轮式装备的需求量猛增，尤其是8×8型车辆，表明轮式装甲车辆正在从技术创新期进入技术成熟期。

2005年装甲兵武器装备发展的另一特点就是：不论现有装备的改造还是新装备的研制，信息化水平都成为衡量其综合性能的标准。各国都在不遗余力地改进和提高装甲车辆整体的信息化能力，进一步实现装甲车辆平台与指挥自动化网络的整体融合，从而提高装甲机械化部队的信息化作战能力。

一体化作战系统 美英正在积极推进新一代一体化作战系统的发展，法国成为第3个开始研制一体化作战系统的国家。

美国陆军对“未来战斗系统”进行第二次调整 据美国《联邦信息周刊》2005年4月7日报道，由于伊拉克局势以及美国全球军事战略调整，2005年4月，美国陆军对“未来战斗系统”（FCS）项目的合同和管理方面再次进行重新调整，并将成立陆军模块化部队综合办公室，来保证FCS所用技术能尽快投入军队使用。美国陆军计划耗资1079亿美元的FCS项目面临着网络、开发和资金方面的挑战，项目的进程被延缓。此次调整中，陆军将原先采用的“其它事务协议（OTA）”合同方法改成基于联邦采购规则（FAR）的合同方法。

美国陆军继续推进“未来战斗系统”计划 据《简氏国际防务评论》2005年6月报道，美国未来战斗系统（FCS）计划即将进入一个崭新的阶段，力争满足陆军未来战术作战需要。

美国陆军及工业部门正在为“未来战斗系统”计划达到“里程碑B”做最后的准备。“里程碑A”的实现标志着计划已经进入到系统研制和论证（SDD）阶段。

2005年初，美国和英国就FCS计划签订了谅解备忘录（MOU）——地面战斗空间备忘录，强调美英如何共同研制用于未来概念、需求和技术能力的系统。最初的努力主要集中在FCS有人地面车辆平台的设计以及检验如何使信息能够在FCS与英国的“未来快速反应系统”（FRES）计划之间实现交流。

美国未来战斗系统“螺旋”计划浮出水面 据美国《防务系统日刊》2005年12月21日报道，陆军将在2006年初开始陆续装备一些基础系统。其“螺旋”计划基本按照循序渐进的原则，大致可分为4步：

第一步：包括非瞄准线发射系统（NLOS-LS）、智能弹药系统和无人值守地面传感器及网络能力。

第二步：包括车辆主动防护系统和无人机系统。本阶段将最可能发展装备排级部队的1级“多任务自主无人机”（Class 1 MAV）和装备旅级部队的4级MQ-8B“火力侦察兵”无人机。

第三步：主要包括地面机器人项目，以补充轻型机器人系统（MTRS）小型无人地面车辆及已装备部队的无人地面车辆。

第四步：主要包括从火炮、自行迫击炮到步兵战车等主要的地面车辆。

英国陆军将优先发展“未来快速反应系统”（FRES） 据《简氏防务周刊》2005年4月20日报道，在推迟了一段时间后，英国陆军已将其“未来快速反应系统”列为优先发展对象。预计英国陆军将部署3个装备了FRES的旅，这将赋予英国陆军更为高效的快速部署能力以满足国家及盟国的需要。

FRES初级评估阶段的3项关键战略目标是：根据性能、时间和成本确定FRES最适宜的能力、界定和组成元素；推荐最优化的FRES采购策略；鉴定和分析获得FRES能力所连带的风险并通过实施缓解方案达到“关键决策点（Main Gate）”所规定的TRL7（TRL：技术风险水平）和SIRL（系统集成战备水平）。

由于FRES尚处于初级评估阶段，因此没有确定装备时间。然而，从计划的目的来看，预计FRES将会在2012年前后开始生产并延续至2028年。英方尚未确定最终FRES车辆将采用轮式还是履带式底盘，目前英方趋向于选择混合方案，即同时装备具有通用性的轮式和履带式平台。陆军有可能首先装备一定数量的基本型车辆，然后再陆续装备更先进的型号。为了降低风险，国防采购局（DPA）正在实施一系列技术论证计划（TDP），包括电装甲、底盘、电气结构、整体生存和越壕技术等。

法国开始“空地一体作战系统”概念设计和演示系统开发 法国国防部 2005 年 12 月 8 日宣布，法国武器装备总署（DGA）已经授予泰利斯联合公司为期 7 年的“空地一体作战系统（BOA）”概念设计与演示系统开发合同。根据合同，泰利斯联合公司将负责 3 项内容：①为 DGA 建设第一个一体化战斗实验室——“技术与作战实验室（LTO）”，用以分析地面部队的任务，吸收利用各种反馈信息，明确作战需求，确定未来武器系统的作战概念并进行建模和评估。②开展“系统之系统”工程研究，确定法国陆军未来空地一体作战系统的先进体系和技术。③设计并开发由实时信息与战斗管理系统辅助的、代表未来前沿部署地面部队的演示系统，该系统将集成 12 辆装甲车、30 部（架）机器人和无人机以及多支徒步作战部队。DGA 希望通过“空地一体作战系统”将陆军前沿部署的各种武器系统，包括“勒克莱尔”主战坦克、“虎”攻击直升机、乘车作战部队（配备 VBCI 装甲车）和徒步作战部队（配备 FELIN 单兵作战系统）、自主系统（无人机、机器人、无人职守传感器）、火力支援系统、信息与通信系统以及工程装备等联成网络，从而提高前沿部队的整体作战效能。

主战坦克 2005 年，除法国提出了新概念主战坦克外，世界主要国家主战坦克的发展都是基于现有型号主战坦克的改进，以现代化改造来实现现有装备的性能提升并延长服役时间。其特点是：换装新型火炮或火控系统，提升坦克的火力强度和精度；增加防护组件，应对多元化威胁；改进指挥控制系统及战场管理系统，提升综合信息化水平。

美国 M1 系列主战坦克将装备坦克城市生存力组件 据《战略与技术》2005 年 9 月报道，为了适应城市作战环境，美军将对其主战坦克进行改进，主要在 M1A1 和 M1A2SEP 主战坦克上安装“坦克城市生存力组件（TUSK）”。TUSK 组件包括：带有昼/夜观察设备的车长指挥塔，新型 12.7 毫米机枪枪架，7.62 毫米机枪护盾，履带侧裙板反应装甲，在发动机格栅外加装格栅装甲及安装车外通话器。

美国提升 M1A2 主战坦克电子设备性能 据美国《航空与军事电子》2005 年 11 月 2 日报道，美国陆军坦克及机动车辆管理司令部增强 M1A2 坦克电子装备性能。要求在坦克电子设备中集成新的信息技术，全面改进 M1A2SEP 工具包，升级指挥和控制系统，包括增加彩色地图和大容量存储器，提高处理器速度和网络通信能力等。这些改进将大大改善单车作战效能。预计在 2007 年 6 月底完成。

俄罗斯将购买 31 辆新型 T-90 坦克 据美国《国际展望》2005 年 12 月 1 日报道，俄罗斯将于 2006 年购买 31 辆 T-90 新型坦克。这是前苏联解体以来俄罗斯购买此型坦克最多的一次。2004 年，乌拉尔坦克制造厂曾收到俄罗斯军队 14 辆坦克的第一份新订单。预计 2007 年还将会有更大的订单。

印度将再从俄罗斯采购 400 辆 T-90S 主战坦克 据美国《防务新闻》2005 年 4 月 9 日报道，由于自行研制的“阿琼”主战坦克仍不能用于实战，印度国防部决定再向俄罗斯订购 400 辆 T-90S 主战坦克，由俄罗斯下塔吉尔市乌拉尔机车制造厂生产。与俄罗斯装备的 T-90 坦克不同，印度购买的 T-90S 坦克将配备法国制造的电子设备。在此次 400 辆坦克采购合同中，俄方还将向印度提供部件及子系统，由印度陆军在国内完成批量生产。

约旦“猎鹰”2 坦克完成射击试验 据《简氏防务周刊》2005 年 5 月 22 日报道，由约旦国王阿卜杜拉二世设计发展局（KADDB）和南非机械技术设计局（MDB）联合研发的实验型“猎鹰”2 坦克在约旦完成了一系列射击试验。“猎鹰”2 坦克采用 RUAG 公司 CTG L50 型 120 毫米滑膛炮、南非 IST 公司炮长和车长全景式成像仪及相关的火控系统和观察显示系统。基于此次试验，KADDB 还将对炮塔进行进一步的改进。

以色列部署第一个“梅卡瓦”4 坦克营 据中国工程技术信息网 2005 年 1 月报道，以色列 2005 年末部署了第一个装备新型“梅卡瓦”4 主战坦克的坦克营。预计，该坦克的生产将持续到本世纪下一个 10 年。该坦克营的部署标志着该坦克将进入作战试验阶段。该营装备 40 辆“梅卡瓦 4”坦克。为了能够最大限度地满足城市作战需要，“梅卡瓦”4 采用了众多的新技术，例如采用了电子变速系统以降低震动，采用挂胶履带，以提高其机动性。其它改进还包括：采用一体化控制及战场管理系统，具有快速数字化指挥、控制、通信能力。采用新型光电昼/夜火控系统以及全电炮塔控制系统；装备射程增大一倍的第二代 60 毫米迫击炮；配备用于城市战的特种武器及非致命武器。

英国试验“挑战者”坦克滑膛炮 据《简氏防务周刊》2005 年 7 月 13 日报道，计划用于装备在英国陆军“挑战者”2 主战坦克上的 120 毫米 L/55 滑膛坦克炮日前已经在德国莱茵金属公司的射击场完成了首次实弹射击试验。随后坦克炮将被安装在一辆“挑战者”2 主战坦克上进行系统技术论证，全部论证工作将于

2005 年底完成。作为“挑战者”杀伤力提升计划(CLIP)一部分的 120 毫米滑膛炮选择技术演示车计划(SO TDP)由 BAE 系统公司陆地系统部负责，此计划预计将在 2006 年中期结束。CLIP 计划将“挑战者”2 坦克的服役期延长至 2035 年。

法国公布改进型“勒克莱尔”主战坦克部分数据

法国地面武器集团于 2005 年 10 月公布了改进型“勒克莱尔”主战坦克的部分技术数据，改进型“勒克莱尔”属于第四代主战坦克，全重 56.6 吨，在装甲防护能力、火力和生存性方面均得到大幅度改善。该坦克装备的武器包括：120 毫米滑膛炮、12.7 毫米并列机枪、自动榴弹发射器和 7.62 毫米高射机枪。此外，改进后的“勒克莱尔”坦克还配有卫星导航信号接收设备、三防系统、改进型火控系统和目标自动跟踪系统等。法国地面武器集团目前已同法军方签署了提供 406 辆改进型“勒克莱尔”坦克的合同，预计将在 2006 年完成。

法国研制“勒克莱尔”2015 主战坦克 据法国《航宇防务》2005 年 2 月报道，法国对外展示了“勒克莱尔”2015 坦克模型。“勒克莱尔”2015 主战坦克采用了新型图像信息系统、新一代热成像仪和新型敌我识别系统和由坦克乘员遥控的微型无人侦察机。车体采用隐身设计，通过低矮造型，模块化倾斜装甲和新式雷达波吸收涂料，将雷达反射信号进一步降至最低。防护方面采用了新型装甲模块，配备了由“德拉斯”激光告警装置、光电对抗装置和“加里克斯”80 毫米多用途发射系统组成的先进主动防护系统。动力装置采用 1 台功率为 1.1 兆瓦涡轮增压柴油发动机。主炮仍为 120 毫米滑膛炮，可发射新型 OFL120F1 型钨芯穿甲弹。

乌克兰接收改进型 T-64BM 坦克 据俄罗斯新闻社 2005 年 7 月 27 日报道，乌克兰国防部日前接收了 17 辆 T-64BM“宝剑”坦克。在哈尔科夫机器制造设计局进行的深度改进过程中，T-64 坦克的战术技术性能和作战能力已达到了世界先进水平。改进包括三方面：机动性、防护和火力性能。换装大功率 5TDFM 型发动机；采用 1G46M 型瞄准器、TO1-KO1ER 夜间瞄准系统、1V528-1 型坦克弹道计算机、PSK-4SR 型瞄准监视系统以及 TAKO-621 型武器控制系统。乌克兰国防部计划每年改装 20 辆该型坦克。

捷克将再装备 6 辆 T-72M4CZ 改进型坦克 据中国工程技术信息网 2005 年 5 月 9 日报道，捷克对其现役 T-72 主战坦克的现代化改造工作在 2005 年全部完成。至 2005 年年底，捷克陆军装备的经过全面升级的 T-72M4CZ 型坦克的数量将达到 30 辆。改进包括换装英国 Perkins 公司 736 千瓦 CV-12-1000 型发动机、美国阿里森公司的变速箱及意大利伽里略航空公司的火控系统和光电观瞄设备。

南非升级“号角”主战坦克 据《简氏防务周刊》2005 年 9 月 7 日报道，南非防务采购局授予 BAE 系统公司陆地系统 OMC 13 辆南非陆军“号角”Mk1B 主战坦克改造合同。此次升级改造计划主要包括坦克动力传动装置的升级、火炮和炮塔驱动以及直射系统方面的改造。升级后的“号角”坦克将装备包括数字化弹道计算机在内的新型全天候/昼/夜目标探测和捕获系统(TDES)及带热成像仪和全景瞄准镜的稳定式车长观察平台，换装新型炮控设备及功率为 765 千瓦的发动机。

步兵战车 各国步兵战车在研制上强调火力、防护力、机动性和信息化水平，注重车辆的模块化及多用途性，形成体系化发展。除发展新型轮式和履带式步兵战车外，基于老式车型的现代化改造与升级仍是 2005 年的主要特点。

美国升级全部现役 M2“布雷德利”步兵战车 据《简氏防务周刊》2005 年 7 月 20 日报道，美国陆军首先于 2005 年 6 月与 BAE 系统公司（该公司收购了“布雷德利”的制造商联合防务公司）签订了价值 11 亿美元的合同，将 450 辆老式“布雷德利”战车升级到 A3 型；另外，BAE 系统公司还负责将 50 辆“布雷德利”升级为 ODS 型，并制造用于改造 100 辆车所需的设备。33 辆“布雷德利”将被改成“布雷德利”火力支援车。此项针对“布雷德利”战车的大型改进计划是在美国陆军所有部队向模块化旅转型这样一个大环境下产生的。转型后，陆军 77 个旅中的约 30 个旅将成为装备 M1 系列主战坦克和 M2 步兵战车的重型旅战斗队(BCT)。同时陆军还将储备装备 5 个重型 BCT 所需的装备，以便应急之需。根据新的升级计划，陆军的 9 支 BCT 将装备 A3 型，11 支 BCT 装备 ODS 型。另有 15 支 BCT 仍将继续使用 A2 型车。

俄军列装首批 4 辆 БМД-4 空降步兵战车 据俄罗斯国防部 2005 年 5 月称，4 辆 БМД-4“瓜园”空降战车交付给俄空降兵。该车拥有强大的火力和现代化的火控系统，可在海拔 4000 米山地上和三级海况下作战并可人车合降。主要武器包括：2A70 型 100 毫米火炮(可发射“套索”反坦克导弹)、2A42 型 30 毫米自动火炮及 7.62 毫米机枪。车载自动化火控系统包括车长和炮长激光和电视高精度瞄准系统、电视目标自动跟踪系统以及其它导航设备。БМД-4 战车战斗全重 13.6

吨，可采用多种运输机空运；最大速度70公里/小时，水上速度10公里/小时。首批装备的4辆БМД-4战车中的3辆将配备给部署在梁赞的第137空降团，另1辆供梁赞空降兵学校教学使用。

韩国研制成功新型装甲步兵战车 据英国BBC广播公司2005年6月3日报道，韩国国防部宣布韩国成功研制出一种新型装甲步兵战车，该车被称为韩国下一代步兵战车，是韩国武器装备发展中长期计划的一部分。预计该车将从2008年开始装备部队，装备总数为900辆，届时将全部淘汰现役的200辆步兵战车。该车重25吨，乘员12人，最大速度约70公里/小时，水上速度10公里/小时。主要武器包括40毫米机关炮、7.62毫米机枪及反坦克导弹，并配有激光测距、敌我识别和火控系统等，具有较强的反坦克和反直升机作战能力。此外，该战车还装有先进的战场管理系统和全球定位系统，可与主战坦克协同作战，充分满足未来作战的需要。

印度试验新型步兵战车 据《简氏防务周刊》2005年5月11日报道，作为BMΠ-2步兵战车的替代品，2辆"阿布伊（Abhay）"步兵战车样车正在接受印度陆军的试验。"阿布伊"步兵战车采用轻型复合装甲，涡轮增压柴油发动机，最大功率为404千瓦。该车安装双人炮塔，主要武器包括40毫米机关炮、7.62毫米并列机枪和30毫米自动榴弹发射器。在炮塔右侧还安装有反坦克导弹发射器。驾驶员和1名乘员位于车体前部左侧，动力舱在右侧，炮塔在中间，载员舱在后部。

以色列展示首辆"虎"步兵战车 据英国《简氏防务周刊》2005年3月16日报道，以色列国防军地面部队司令部在特拉维夫2005低强度冲突展览上首次展示了采用"梅卡瓦"Mk1坦克底盘的重型步兵战车——"虎"步兵战车。该车可载11名乘员：车长、驾驶员、炮长和8名载员，并配有可额外搭载一名伤员的担架设备。"虎"步兵战车拆除了Mk1平台的炮塔和车体顶部，代之以新的焊接上层装甲结构；安装了新的尾部舱门/跳板；去掉驾驶员舱盖代之以附加装甲。未来该车还将装备"战利品"主动防护系统。"虎"步兵战车采用了全方位特种装甲组件；车底部安装了"特殊装甲系统"并重新设计了座椅。参展的原型车右前部安装了拉菲尔集团武器研制局的12.7毫米Katlanit遥控武器站。"虎"步兵战车上装备了与"梅卡瓦"Mk4主战坦克相同的战斗管理和火控系统、非冷却热成像电视和昼/夜观察设备。车体外部安装有4台摄像机（3前1后），提高了乘员态势感知能力。另外，车内还配有卫生设备。其动力装置为"梅卡瓦"Mk1坦克的661.5千瓦AVDS柴油发动机。

德国"美洲狮"步兵战车演示车即将出厂 据《简氏防务周刊》2005年10月12日报道，首辆为德国陆军研制的"美洲狮"步兵战车演示车已经制造完毕并将于12月底出厂。该计划由德国克劳斯-玛菲-韦格曼（KMW）和莱茵金属陆地系统公司（RLS）共同负责实施。首辆演示车将在2006年5月公司试验后移交给德国陆军进行试验。此后，另外5辆预生产型"美洲狮"步兵战车将在2006年底到2007年5月交付德国陆军进行试验。采用A级防护的"美洲狮"具有防地雷、中口径弹药和炮弹碎片的能力，战斗全重31.5吨，可以采用A400M运输机空运；乘员3人，载员6人。炮塔为遥控式，主要武器有稳定式毛瑟30毫米MK30-2机关炮和MG4 5.56毫米并列机枪；装备有先进昼/夜火控系统。炮塔后部安装有一组76毫米烟幕弹发射器。根据实战经验，"美洲狮"在设计上采用了两项最新改进，即为车辆装备有效射程超过25米的6联装烟幕弹发射器并将联合观瞄系统安装在了车体的右后部。以"美洲狮"底盘为基础的变型车包括抢救车、120毫米迫击炮系统和防空车等。德国陆军将采购410辆"美洲狮"步兵战车，批量生产将在2007年底开始。

乌克兰研制出БТМП-84重型步兵战车 据英国《防御系统日报》2005年8月23日报道，乌克兰研制的БТМП-84步兵战车将很快装备乌陆军。该车是在T-84坦克基础上研制而成的。与T-84坦克相比，БТМП-84步兵战车车体略长，增加了一个能容纳5名步兵的战斗舱；采用了多层复合装甲，总厚度超过200毫米；车体上可挂装200块左右的反应式装甲；可加装精密的光电干扰器；保留T-84坦克的125毫米滑膛炮，可发射穿甲弹、破甲弹、碎甲弹以及"战斗"反坦克导弹。

南非陆军将装备履带式模块化战车 据《简氏防务周刊》2005年8月24日报道，南非陆军将采购264辆新一代履带式步兵战车装备常规部队的3个机械化步兵营。目前候选车型仅有丹尼尔/EADS集团的"帕特利亚"装甲模块化车（AMV）。该车已经完成了评估试验并达到了陆军对机动性、火力、弹道和地雷防护等方面的需求指标；采用了平板车体地雷防护系统并装备有LCT-30炮塔和Mk44 30毫米"大毒蛇"机关炮或EMAK35毫米机关炮。

其他装甲车辆 2005年，一批拥有广泛国际市场的老型号装甲车辆开始接受现代化升级改造，以提高车辆的综合防护水平；而新研制的装甲车辆则响应车族化的发展趋势，实现一车多用。这方面，轮式车的优势凸显。各国竞相研制或采购多用途轮式车族，并在轮式底盘上试验新型系统，包括武器系统、防护系统、动力传动系统等。

美国开始第一阶段轮式车辆改进项目　据美国《每日航宇》2005 年 4 月 6 日报道，陆军于 2005 年 3 月开始战术轮式车辆第一阶段的改进工作。第一阶段以“悍马”为代表的轻型战车为主，约 1300 辆。改进工作包括：增强防护，改进发动机，加固传动装置和增加悬架的重量。第一阶段的翻新工作于 2005 年 9 月由三个陆军工厂完成。

美国 M113 系列车型开始接受 A3 升级　据《简氏国际防务评论》2005 年 8 月报道，联合防务 LP 公司于 2005 年 6 月 30 日开始对 356 辆 M113 车型进行大修并升级到 A3 配置，其中包括数量不详的 M577A2 和 M1068A2 指挥车以及 M1064A2M121 120 毫米迫击炮车等车型。M113 系列车型升级到 A3 后，其车载设备和推进系统性能将得到大幅提升。改装工作将持续到 2007 年 1 月。

美国海军陆战队远征战车（EFV）即将进行试验　据美国《防务日报》2005 年 9 月 21 日报道，美海军陆战队远征战车在 2005 年秋进行演示与作战试验，用以验证战车与登陆艇的协同能力。2006 年 1~5 月，远征战车将通过作战评估，3 个人员配备参数和一个指挥与控制参数将提供给陆战队。试验内容包括火力测试、岸-岸和舰-岸的两栖作战测试以及与坦克和轻型装甲车协同能力测试。小批量生产预计将于 2006 年 9 月开始。

韩国研制“黑狐”轮式装甲战车　据《简氏防务周刊》2005 年 4 月 20 日报道，韩国大宇重工的军用产品部门正在继续研发“黑狐”轮式装甲战车。其 6×6 型第一辆样车是在几年前完成的，而 8×8 型的第一辆样车将在 2005 年完成。作为对韩国履带式步兵战车的补充，该车采用双人炮塔，配有 40 毫米口径的机关炮、7.62 毫米并列机枪和反坦克导弹发射器。6×6 型轮式装甲战车最大战斗载重为 16 吨，可以运载 10 名士兵和 2 名车组人员。新型 8×8 装甲车在有效载荷、行程、炮塔空间及武器系统等方面将有大幅提升。

德国研制装甲模块化多用途车辆系统　据《简氏国际防务评论》2005 年 9 月报道，德国莱茵金属公司陆地系统部正在研制一种新型轮式装甲车——装甲车辆系统（AVS）。预计在两到三年的时间内完成演示车的制造。该车采用防弹及防地雷模块化结构和轮毂电传动方式；乘员模块可容纳最多 6 人；发动机模块包括 1 台 410~440 千瓦的柴油发动机和 1 台发电机；轮轴模块则由两个车轮及其轮毂电动机和悬挂装置组成。AVS 全长 6.69 米，轴距 4.83 米。长轴距的优点在于当地雷在前轮下爆炸时能够尽可能远离乘员舱。车轮采用 415/80 R27 大型轮胎。整车预计重 12.5 吨，最大可能达到 17 吨。除 4×4 基本型外，AVS 还可通过轮轴模块实现从 4×4、6×6 到 8×8 或 10×10 的变化。

法国研制 6×6 混合电驱动车　据《简氏国际防务评论》2005 年 6 月报道，由法国地面武器工业集团（Giat）研制的 6×6 混合电驱动演示车于 2005 年 6 月下线。该演示车的原动力为一台 MTU 6V199 柴油发动机，发电机为马格内特电机公司的 450 千瓦发电机和 120 千瓦电池组以及变流器，每个轮毂安装有推进单元，其扭矩为 21000 牛米，最大速度 110 公里/小时。另外，该车还配备了高度可调液气悬挂系统，并具备滑动转向和枢轴转向能力。总重为 18 吨（最大 22 吨）。该车驾驶员和车长采用并列布局，后舱容积超过 6.5 立方米，可容纳 4~8 名载员。该车将可用以替代现役的 AMX10RC 装甲车、ERC 6×6 支援车以及 VAB 4×4 装甲人员输送车。

澳大利亚制造新型“丛林之王”装甲车　据英国《防务系统日刊》2005 年 7 月 14 日报道，澳大利亚 ADI 公司正在为本国陆军生产新型“丛林之王”装甲车，目前已有 20 辆新型装甲车交付澳大利亚陆军，全部 52 辆车将在 2006 年初交付完毕并于 2007 年开始服役。该车可搭载 10 名士兵，最大速度 90 公里/小时，最大行程 500 公里，配备有轻型武器。车体具有较高的防护水平，可防御地雷、临时爆炸装置、迫击炮弹碎片和轻武器射击。2005 年已有 10 辆新型“丛林之王”装甲车被部署到伊拉克南部，这是该车型首次用于作战部署。

（吴　磊）

炮兵武器装备

综述　2005年世界炮兵武器装备发展的基本特点是，沿着探索新原理、研发新型号、改造老装备的方向发展；同时发展精确炮兵弹药的势头不减；信息化和数字化仍然是发展的热点。

2005年，世界炮兵武器装备在探索新原理方面有了较大的进展。美国正在计划加大电磁轨道炮研究的力度，105毫米可变药室火炮的研制取得长足进步，对弹道修正引信弹的发射演示取得圆满成功。在新型号的研发方面，英国首次展出了新研制的155毫米/39倍口径M777车载自行式轻型火炮系统。在老装备改造方面，除美国之外，其它国家也在进行，俄罗斯成功改造了“伯朝拉-2M”防空导弹系统，并在评估试验后投入现役；白俄罗斯首次展示了改进型“布克-MБ”防空导弹系统。在精确炮兵弹药发展领域，美国正在加速研制“神剑”炮弹，以满足驻伊美军的急需。信息化和数字化贯穿于各类武器平台及其弹药的研发、改造之中，体现在炮兵装备和部队的指挥和控制系统上，特别是侦察和火控系统之中。

炮兵压制武器系统　榴弹炮　美国105毫米可变药室火炮的研制取得重大进展　据英国《简氏国际防务评论》2005年1月报道，截止到2004年10月底，联合防御公司已对所研制的105毫米可变药室火炮进行了原理验证试验，并取得重大进展。试验中使用105毫米炮弹对50米厚的掩体进行射击，分别发射了150和211发两组炮弹。105毫米可变药室火炮在火炮设计中是一个创新，在解决火炮和弹药的重量与体积比例问题方面闯出了一条新路，在减小后勤负担的同时提高了火炮的性能。火炮不仅可以发射新一代远程、高杀伤力105毫米炮弹，而且可以发射现有的105毫米炮弹，并且可以通过使用155毫米模块式装药完成上述两种发射任务。

可变药室的研制工作包括试验弹的设计、点火装置的研制、内弹道分析和结构部件设计；膛内火药气体管理模型的建模；结构部件设计的技术支持；火炮身管的制造、可变容积炮尾的设计和制造、密封垫设计、系统集成以及试验弹的生产等。可变药室关键技术是在炮尾组合体采用了一种滑块，即炮尾托架，可以支撑带有断隔螺纹的炮尾闩塞/密封垫组件。通过改变闩塞进入药室的深度以改变药室容积。如果设计出一种全新的模块式装药，就可以不受限制地使用单模块装药。药室容积的可变性使得有可能采用足够多的装药号，并通过单种模块装药数量的变化实施射击。

可变药室火炮是一种炮塔式自行榴弹炮，安装在类似陆军“斯特瑞克”两人操控的车辆底盘上，全重20吨。包括全自动弹药装卸和装填系统、62倍口径火炮在内仅重约952公斤。炮尾组件还包括一个喷洒制冷系统，它不仅能保持激光点火窗口的清洁，而且还能制冷炮管，并清除药室内模块式装药燃烧的灰烬。预计使用自动弹药装填系统时的发射速度为10发/分，弹舱内可容纳46枚弹丸和105个模块式装药。

可变药室原理也可应用于牵引式榴弹炮。应用于牵引火炮时，建议使用32倍口径的火炮，重量不超过900公斤。牵引式可变药室火炮没有弹药自动装填系统，但据称射速至少达6发/分。通过改变药室长度可在最优膛压下获得所需炮口初速，因而压力-时间曲线变得非常平稳。在相同膛压下，可变药室火炮的初速高于M119轻型火炮。一般情况下，如果使用3号装药，利用62倍口径可变药室火炮发射制式M1炮弹，射程预计可达到16公里，超过M119火炮的14公里的射程。如果使用4号装药，射程预计可达到20公里。由于62倍口径可变药室火炮发射时弹丸的膛内行程较长，膛压势差大，锥角独特，所以要对一些现役弹药进行改进，以充分发挥它们的射程优势。特别是非增程M1炮弹，需要加装一个闭气环，改进方法很简单，可在野外进行，就是安装一个塑料环，而M913则需要一个新型弹带。

英国首次展出M777车载自行式轻型火炮系统　2005年9月13~16日，英国在伦敦防务系统和装备国际展览会上首次展出了新研制的155毫米/39倍口径M777车载自行式轻型火炮系统。该系统目前正处于评估阶段。2005年中期，M777和法国“凯撒”曾在英国皇家炮兵学校、威尔特郡和南英格兰等地进行了一系列试验。在射击试验中，M777榴弹炮发射了350余发155毫米弹药。第一套M777车载自行式系统把M777轻型火炮和专门研制的8×6高机动载车结合在一起，整套系统仅重12.3吨，包括6名乘员和一些备用弹药。该系统可用 C-130 运输机空运。在战场上，可用直升机分两次进行快速运输。

标准型 M777 轻型榴弹炮安装在载车的后部，目前正进行小批量初始生产。美国海军陆战队计划采购 94 套，用于替换 M198 式 155 毫米牵引榴弹炮，最早生产的 2 门将于 2006 年初具备初始作战能力。美国海军陆战队另外订购的 262 门和陆军订购的 233 门标准型 M777 榴弹炮将进入全速生产阶段。标准型火炮仅重 4.218 吨， 它可在 3 分钟以内投入战斗。发射美国 XM982 “神剑”精确制导弹药，其最大射程可达 40 公里，精度不大于 10 米。该系统有望于 2010 年左右投入现役。

澳大利亚启动“陆地 17”火炮系统项目　据德国《军事技术》2005 年 3 月报道，澳大利亚拟于 2005 年 3~4 月正式批准“陆地 17”火炮系统项目第 1 阶段计划。目前“陆地 17”项目所需的火炮的数量虽然还未明确，但不会超过 40 门。因为新型火炮系统将装备陆军第 1 旅和第 3 旅，取代以前装备的 M198 火炮系统。上述两个旅各编有 1 个 3 连制炮兵团，以每个连装备 6 门火炮计，每个团需要 18 门，再加上每个团训练所需的 2 门，每个团需采购大约 20 门，两个团共需采购大约 40 门，总价估计在 6.5~7 亿澳元。按照计划，2006 年 5 月将完成标书的评估工作，尔后进入研制阶段；2006 年 8 月正式批准“陆地 17”的第 2 阶段计划；2008~2010 年完成生产交付。“陆地 17”项目的目标是，到 2025~2030 年为澳大利亚国防军提供更强的间瞄火力支援能力：火炮应具有更强的战术、战役机动能力和更好的弹道防护能力；采用新型高精度制导弹药，为地面部队提供全天时、全天候致命性和非致命性火力支援；采用网络化数字指挥和火控系统，具有敏锐的态势感知能力、快速反应能力和网络化联合作战能力；适应“网络中心战”要求。

目前，究竟采用何种类型的火炮尚需论证。现在，候选的火炮系统已经多达 10 多个型号。例如，英国的 AS90、瑞典的 FH-77BW L52、南非的 G6、法国的“恺撒”、韩国的 K9 和 K179 式、德国的 PzH2000、以色列的 ATMOS 2000 等 155 毫米自行榴弹炮系统和英国的 M777、芬兰的 155GH52 APU 牵引榴弹炮系统。

新概念火炮　**美加大电磁轨道炮研究的力度**　2005 年美军有关部门发布了 05-003 号通告，计划加大电磁轨道炮研究的力度。电磁轨道炮的研究包括在“中、大口径高速直瞄和间瞄火炮系统研究”项目之中。根据美国海军与陆军及国防部达成的共识，电磁炮技术的研究将集中在发射轨道、脉冲成型网络和一体化发射装置方面。

目前发射轨道研究的难点是弹丸在加速时会造成炮管的毁坏。易损部位有三个：过热的轨道/电枢接口、通过电枢的高速轨道槽、接近炮口处的轨道。因此，必须提高发射轨道的寿命，使其耐用性能超过已被论证过的高速一体化发射装置。

陆军研究、发展和工程中心要求尽快进行发射轨道的设计和制造，有关的试验不能只限于炮管，还要涉及到集成方式、炮膛压力及其稳定性、炮管硬度和稳定性、炮管电磁接口和炮口弧度或冲击波控制、一体化发射装置引起的动态效应等。同时，要考虑插入式紧凑型炮尾组合体、车载炮管后坐和旋转使用的滑动环、炮尾摆动弧度、后坐力控制等问题。另外，还要考虑维修技术方法等问题。

目前加速弹丸所需的高脉冲电源，有两种可供选择。一种是将研制中的脉冲交流发电机作为主要能量储存装置，另一种是使用高储能密度电容器。陆军的意图在于将电磁炮作为直接火力支援武器安装在战斗车辆上，所以关键技术在于解决高储能密度问题。对海军而言，不需要很高的能量密度。因此，陆军和海军可能根据各自的需求采用不同的技术。

在一体化发射装置方面，主要解决弹丸在轨道上的加速问题。作为一个整体，电枢、炮弹软壳以及弹丸的性能都是不可忽视的因素。为了达到更远的射程，必须赋予弹丸较高的加速度，同时还需要制导系统。炮弹发射后，弹丸的稳定飞行、制导与控制的有效性以及弹丸的杀伤力都是电磁炮完成近程直瞄火力和远程间瞄火力支援任务的关键因素。美国陆军还将把电磁技术应用于迫击炮系统，美国联合防御公司正开始着手前期工作

迫击炮　**新加坡展出“斯拉姆斯”(SRAMS) 迫击炮样炮**　2005 年 2 月，在阿布扎比国际防务展上新加坡展出了“斯拉姆斯”迫击炮样炮。该迫击炮由新加坡技术动力公司研制。样炮安装在美国的“悍马”高机动车上。表面上看，“悍马”车似乎难以承受该迫击炮所产生的后坐力，但是，它通过液压驻锄将后坐力直接导向了地面，使得“悍马”车免受火炮发射所产生后坐力的冲击。然而，这种配置却限制了迫击炮的转动能力，这是它的一大缺陷。另一种配置的迫击炮样炮系统把迫击炮安装在更轻的车辆上。该迫击炮最引人注目是射速，可达 18 发/分，这样高的射速需要配备一个能往炮管注入水雾的冷却装置。

德国“鼬鼠”车载迫击炮开始热区试验　2005 年

5 月，德国开始对所研制的两门“鼬鼠”迫击炮样炮进行热区试验，试验地点选在美国亚利桑那州尤马靶场。此前，两门演示样炮已经在德国梅彭靶场进行了广泛的试验，共发射了 1000 发炮弹。计划 9 月在美国完成试验后，于 2006 年 2 月前往澳大利亚“南极”区域进行更多的测试。“鼬鼠”的主要特点是单管设计，能从水平的行军位置向上转动至射击位置：车辆首先概略对准射击方位，尔后炮管自动抬高到所需要的角度，并进行方位角的微调。射击时的后坐力通过车体后部两侧的两个伸缩支架传到地面，因此不会对底盘产生冲击影响。“鼬鼠”迫击炮使用现役弹药发射了 27 枚高爆弹丸，射程为 6 公里。2006 年 11 月所有的试验及相关报告都完成后，德国联邦国防军将订购 74 门“鼬鼠”车载迫击炮。第一套系统约在 2008 年底或 2009 年初服役。

法国陆军完成对 2R2M 迫击炮的作战评估试验 2005 年 4 月，法国陆军完成了对 2R2M 迫击炮为期一年的作战评估试验。该试验是根据法国军械总局的要求进行的。2R2M 迫击炮系统目前已经成熟并基本上做好了生产准备。试验中，对 2R2M 迫击炮配备了全套火控系统、导航系统和弹道计算机，能与法国陆军的“阿特拉斯”战场管理系统联网。在最近的评估试验中，由于 2R2M 迫击炮采用线膛身管，在其发射了约 500 发炮弹后，使法国陆军完全接受了它。“龙火”迫击炮是 2R2M 迫击炮的遥控发射型，美国海军陆战队于 1996 年订购了 1 门用于进行评估。根据评估结果，美军对这种线膛迫击炮采取了改进措施。尽管 2R2M 是线膛炮，但也能发射滑膛炮弹，包括美国海军陆战队自己的弹药。该迫击炮的最大射程为 13 公里，使用滑膛炮弹也能超过 7 公里。另外，在使用火箭增程弹和火药气体推进尾翼式超远程火箭增程弹时，其最大射程有可能增加到 17~20 公里。自动装填装置可使 2R2M 的射速达到 10 发/分，并且它的线膛炮管使其精度有了很大的提高。该炮的另一项先进技术就是它的“底部减压阀”，它可以在炮弹投入炮管时排出压缩的空气。

炮兵反坦克武器系统 *反坦克导弹*

美国完成对紧凑型动能反坦克导弹（CKEM）的滑行试验 2005 年 9 月 19 日，美国洛克希德-马丁公司宣布，在高速试验滑轨上完成了紧凑型动能反坦克导弹的滑行试验。试验目的是评估导弹的穿甲数据和杀伤装置。试验滑轨火箭发动机推动导弹至完成远程射击任务所需要的速度，并对坦克炮塔进行了射击。据称，紧凑型动能导弹无论是在远距离还是在近距离上，对掩体、建筑物和装甲目标均展示了极大的毁伤力。下一次杀伤力试验计划于 2005 年底举行，攻击目标是坦克。

紧凑型动能反坦克导弹（CKEM）是在直瞄动能反坦克导弹（LOSAT/KEM）的研制基础上提出的。从 20 世纪 90 年代起，美国陆军开始研制直瞄动能反坦克导弹，它是一种重型专用反坦克武器系统。系统以改进型“悍马”轻型机动车作为平台。4 枚直瞄反坦克导弹分置于箱体上部的 2 个双联装弹筒内，箱中有发射装置、再装填系统、光电系统、目标捕获系统、火控系统和脉冲激光系统等。发射装置上装有前视红外传感器和 CO_2 激光器。导弹发射后，前视红外传感器同时对导弹和目标进行跟踪，激光器将必要的时间、编码的方位和俯仰位置数据传给导弹。从下达发射命令到导弹最后发射的整个操作全部自动进行。8 枚补给导弹装在一辆两轮拖车上，由战车拖载。

直瞄动能反坦克导弹主要由穿甲弹头、制导电子设备、姿控发动机、滚动基准传感器、火箭发动机、后视接收机以及尾翼等部分组成。穿甲战斗部是高密度重金属杆式弹芯，由碳化钨或贫铀合金制成，它依靠撞击坦克时的速度使穿甲弹芯穿透坦克装甲。导弹撞击目标时产生的能量大于 40 兆焦，可以摧毁任何现役和未来装甲目标，包括装备有主动防护系统的装甲目标。制导电子设备是一个制导处理机，装在弹体前部。导弹的姿态控制由安装在导弹重心前部弹体四周的 54 个微型火箭发动机实现。后视接收机安装在导弹尾部，用于接收来自发射装置的指令信号。弹载后视接收机接收指令信号后，激活相应的姿控发动机点火线路，点燃姿控发动机，控制导弹沿正确方向飞行，直至命中目标。

紧凑型动能导弹采用先进的固体火箭发动机。鉴于导弹穿甲弹芯质量较大，为使导弹获得高初速和强大的动能杀伤力，还需要研制效能更高、性能更好的无爆和无烟推进剂，以保证导弹可在 400~5000 米范围内有效摧毁装甲目标。紧凑型动能导弹在助推阶段计划采用毫米波和惯性制导方式，末段将可能使用直瞄激光制导方式。导弹最终将会实现“打了就不用管”。紧凑型动能导弹的战斗部与超高速导弹的战斗部相类似。计划使用专门研制的钨碳锥型穿甲弹芯，重量在 2.2~2.7 公斤之间，通过动能摧毁目标。反装甲类型战斗部将采用重 1 公斤的空心钢柱，柱内有阻热石墨纤维护板。反飞机或反车辆战斗部的方案还在酝酿之中，战斗部中将包含 18~80 枚箭形子弹。紧凑型动能导弹的弹长现在为 1.53 米，理想的弹长为 1.37 米；弹重现在为 45.4 公斤 ，理想的弹重为 29.5 公斤；

射程现在为 400~5000 米，理想的射程为 8000 米。

与直瞄动能反坦克导弹相比，紧凑型动能导弹的优势主要体现在如下几个方面：

第一，在杀伤力相同的情况下，紧凑型动能导弹比直瞄动能导弹体积更小，重量更轻，速度更快。轻型化的紧凑型动能导弹将可以安装在美国陆军现役各种车辆上，甚至可以使用当前部队的“陶”导弹发射架进行发射。

第二，紧凑型动能导弹的射程将超过直瞄动能导弹，达到 8 公里。采用多种制导方式，制导精度显著提高，能全天候使用，抗干扰能力强，具有能在复杂地理和电子对抗环境下准确识别、跟踪、打击目标能力，真正实现“打了就不用管”。因此，紧凑型动能导弹系统可以在远距离上直接实施作战行动，并对敌纵深内的目标实施精确打击。

第三，功能更强，造价更低，更经济实用。紧凑型动能导弹除具有直瞄动能导弹攻击坦克、装甲车辆和掩体的功能外，还可以攻击固定翼飞机。据预测，紧凑型动能导弹的造价只有 4.7.~6.3 万美元，而直瞄动能导弹却高达 16.5 万~20 万美元。

如果紧凑型动能导弹先期技术演示项目进展顺利，美国陆军将会在 2006 年或 2007 年进入紧凑型动能导弹的工程与生产研制阶段，完成工程与生产研制项目将需要 2 年的时间。2008 或 2009 年，美国陆军有望进入紧凑型动能导弹的生产阶段，这个时间比陆军曾经预想的 2012 年要提前很多。如果该导弹装备于未来战斗系统甚至是当前武器平台，其生产时间将会长达 10~15 年。预计 2009、2010、2011 年的生产数量将达到 166、273、290 枚。

阿曼决定采购美国的“标枪”反坦克导弹系统 据美国《航空航天日讯》2005 年 1 月 7 日报道，2005 年 1 月 6 日，美国一家公司对外宣布，阿曼军方已决定购买由美国研制的“标枪”反坦克导弹系统。该反坦克导弹系统具有“打了就不用管”的能力，采用攻顶方式摧毁坦克装甲目标。美国陆军和海军陆战队在伊拉克战争中曾经广泛使用了该系统。雷锡恩公司负责生产指令发射单元、导弹制导电子设备以及系统软件。而洛克希德-马丁公司主要生产导弹导引头和导弹系统的最后组装。阿曼军方将采购 100 套“标枪”导弹系统和指令发射单元，同时还包括后勤支援系统和训练系统。阿曼是第 10 个采购“标枪”系统的国家。

炮兵防空武器系统

防空导弹

俄罗斯“伯朝拉-2M”防空导弹系统成功通过评估试验并获准投入现役 据《亚洲军事评论》2005 年第 9 期报道，俄罗斯国防部对“伯朝拉-2M”系统进行了广泛的试验和评估，最终成功地通过了评估并获准投入现役。试验包括 55 次发射试验，以检验整套系统。其中有些试验是在干扰条件下进行的。对于目标捕捉和跟踪系统均按照新系统的性能进行了试验。所有的车辆以及系统的其它元件也都进行了多次试验。“伯朝拉-2M”系统能够在强电子干扰环境下对付当前和未来的空中威胁，具备很高的自动化水平和更高的可靠性，能够更迅速地展开和撤收，易于维护，而且使用寿命更长。改进后的跟踪和预警雷达，能够对抗各种类型的被动式干扰和噪音干扰。经过改进，这些 20 世纪 60 年代的产品就变成了能够对付当前及未来空中目标的现代化防空系统。原先的“伯朝拉”系统只能对付飞机目标，而“伯朝拉-2M”系统则可以对付包括飞机、直升机、无人机、甚至来袭导弹在内的多种目标。

“伯朝拉-2M”系统有两种变型系统，一种是箱式，另外一种是机动式，但三个主要系统（发射装置、雷达和指挥所）都是车载式，且均配有自主动力供给系统。以机动式系统为例，其高低作战范围为 20 米至 20 公里，目标在 500 米高度飞行时，发射 5B27Д 导弹，对目标的最大拦截距离为 20 公里，如果发射 5B27ДЕ 导弹，最大拦截距离可达 22 公里；当目标在 5~20 公里的高度飞行时，发射 5B27Д 导弹，最大拦截距离为 28 公里，发射 5B27ДЕ 导弹，最大拦截距离可达到 32 公里。对有效截面为 2 平方米的目标的探测距离超过 100 公里，对有效截面为 0.15 平方米的目标的最大探测距离为 50 公里。

“伯朝拉-2M”系统配用的导弹也经过重大改进，5B27Д 导弹配用了固态推进剂助推发动机、改进型战斗部以及无线电制导引信。新的助推发动机扩大了系统的整体作战范围，斜距离也增加到 32 公里。破片数量随战斗部增大而增加，从而也极大地扩大了杀伤区域。新的引信在扩大了导弹拦截范围的同时，使最低拦截高度从原先的 60 米降到 20 米。“伯朝拉-2M”的指挥所安装在 KK.6.2 集装箱内，它包括指挥官计算机工作站、发射操作员和制导操作员、火控计算机、指挥、控制和通信设备，甚至还包括嵌入式训练系统。

白俄罗斯首次展示“布克-MБ”防空导弹系统 据英国《简氏导弹与火箭》2005 年第 9 期报道，在 2005 年白俄罗斯军品展览会上，明斯克玛瑙科研生产联合体首次展示了“布克-MБ”防空导弹系统。该系统原型是 9K37“布克-M”防空导弹系统，北约称为 SA-11 中程防空导弹系统，已在白俄罗斯武装部队服役多年。主要的改进措施包括：用固态电子组件替换现有的电子装置，以提高系统抗干扰能力和作战效能；增加一个与9C52M1PБ自动指挥所连接的接口；还增加了一些训练和模拟设施。此外，在改进过程中，还对系统的某些零件进行了一次大修，可使其寿命再延长15年。“布克-MБ”防空导弹系统的基本结构与原型9K37“布克”系统无异。1套单个系统将包括1个机动指挥所、1部9C18自行预警雷达和3个发射连(共有6个目标通道)。每个发射连配备2辆自行发射车、1辆自行发射/再装填车。

改进型机动式指挥所新的型号为9C470MБ。作为现代电子设备替代老式电子设备的一项内容，原先的4个阴极射线管雷达显示器也被替换为现代的平板显示器。改进型系统还配备了新的通信设施和地面导航子系统。改进型自行发射车的型号可能是9A310MБ，而改进型自行发射/再装填车的型号很可能9A39MБ。这两种车都进行了与指挥所类似的改进，包括新式平板显示器、通信设备和导航系统等。自行发射车的光学跟踪系统也被替换为白俄罗斯生产的激光测距系统。

改进型“布克-MБ”系统能够同时处理多达255个空中目标。改进型9C470MБ指挥所既可以在“林中旷地ПБ”指挥所的控制下工作，也可以利用上级提供的目标数据进行工作。据玛瑙科研生产联合体称，改进型自行发射车能够在至少95公里的距离上探测到1个在3000米高度飞行的目标，并在80公里或更远的距离上转入目标跟踪模式。

美国和德国对“天盾”系统进行评估试验 据《简氏防务周刊》2005年9月14日报道，美国陆军和德国陆军对“天盾”系统进行了评估试验，检验该系统对抗火箭炮、火炮和迫击炮（以下简称RAM类目标）的能力。2004年12月，在德国托登多夫试验场进行了第一次反RAM类目标的实弹射击试验。据“天盾”系统的研制公司称，美国陆军也在同一时期在尤马阿里索纳进行了类似的试验。美国陆军试验所使用的是其2004年购买的一套单独的“天盾”发射装置，目前还在继续该项试验。2006年，德国陆军计划再进行一次新的反RAM类目标的试验。在过去的两年里，美国和德国对“天盾”系统非常感兴趣。他们认为，“天盾”陆基高炮系统及其配用的35毫米“阿海德”（AHEAD）弹药对付RAM类目标很有效，可以保护野外仓库或基地，使其免遭炮兵火箭弹、炮弹及迫击炮弹袭击。

“天盾”弹炮结合防空系统使用集装箱式目标探测和火控雷达系统。雷达系统能够迅速探测到正在飞行的迫击炮弹，有时，如果发射阵地在雷达的视线距离上，雷达甚至能够在迫击炮发射时探测到迫击炮弹，这样，火控系统就能够精确地跟踪迫击炮弹，精确确定其发射位置，并决定迫击炮弹的弹道和弹着点。

“天盾”系统采用“阿海德”35毫米炮弹，每发“阿海德”弹内装152个圆形钨心子弹。在市区使用“阿海德”类弹药拦截来袭炮弹能够极大地降低造成附带损害或伤亡的风险，与向前飞行4000米再降落的常规炮弹相比，使用“阿海德”弹的风险非常很小。“阿海德”子弹重3.3克，一旦从母弹中投射出去，在飞行150~200米后速度就会很快降下来，尔后开始降落，所造成的损害并不比冰雹大多少。

目前，研制公司正在对“天盾”系统进行改进，以使其能够有效地击落来袭炮弹或使其丧失战斗力。这其中包括改进“天盾”系统的搜索雷达和跟踪雷达，使其能够更好地对付具有弹道轨道特点的RAM类目标。此外，还对“天盾”系统进行比较评定研究，以确定火炮数目、发射速率和“阿海德”弹药结构的最佳组合。目前正尝试两种方案；一种是在“阿海德”弹中填塞更多更轻的子弹药，以破坏迫击炮弹的引信；另一种是在“阿海德”弹中填塞数量较少但更重的子弹药，以达到对整枚迫击炮弹形成毁灭性杀伤的效果。如果采用后一种方案，每套“天盾”发射装置所配用的火炮数目应有所增加。陆军将采用这些新的改进措施进行试验，并在下一次远征部队演习中部署使用。美国和德国陆军将于2006年进行试验，以便检验“天盾”系统经过上述改进后，对RAM类目标的杀伤能力是否有很大的提高。

炮兵弹药和引信 弹药

美国正在加速研制“神剑”精确制导炮弹 据英国《简氏防务周刊》2005年1月26日和瑞士《国际防务评论》2005年8月报道，美国陆军正在努力加速研制“神剑”精确制导炮弹，以满足美军在伊拉克战争中的急需。驻伊拉克的美军曾提交了一份紧急报告，急需精确制导弹药。但美国的“神剑”155毫米精确制导弹药还正在研制之中，按计划，要到2008年才能形成初始作战能力。为此，美国陆军于2005年6月制订了提前列装“神剑”炮弹的计划，同时陆军和国防部长办公室都在努力争取提前两年装备。最近，“神剑”项目取得了里程碑式的进展，这使得提前装备成为可能。2004年11月首次进行了两枚全制导“神剑”的试射，其中一枚采用M777轻型榴弹炮发射，而另一枚则采用M109A6“帕拉丁”自行式榴弹炮发射。在20公里的射程上，两枚炮弹分别在距目标瞄准点3.4米和6.9米的地方爆炸。2005 年 9 月，在亚利桑那州尤马靶场进行的一次演示射击中，一发“神剑”炮弹击中了 15 公里距离上的目标，其弹着点距目标不足 7 米。“神剑”是美军第一种全自主式制导炮弹，比目前可利用的其他任何一种弹药都精确。在这一精度下，“神剑”将会大大减少附带损伤，提高友军的生存能力并能更有效地完成任务。“神剑”是依靠卫星制导来命中目标的炮兵弹药，可使用目前陆军和海军陆战队所有的榴弹炮射击。

2005 年 6 月 21 日，美国陆军与雷锡恩公司签订了 XM982“神剑”炮弹初始生产合同，以提前装备该制导炮弹。按照合同，2005 年底开始交付“神剑”炮弹，保证陆军在 2006 年初形成初始作战能力，2009 年具有完全作战能力。通过终期安全证书试验后，驻伊陆军部队将从 2006 年 3 月起，每月接收到 18 发炮弹。2008 财年将开始正式装备 M982 炮弹。

引信 **美国成功发射演示弹道修正引信（CCF）弹** 据瑞士《国际防务评论》2005 年 8 月报道，2005 年 6 月初，美国对弹道修正引信弹进行了发射演示并取得了成功。发射演示中采用 M795 炮弹，配用二维 CCF 弹道修正引信。使用的火炮为 M109A6“帕拉丁”自行榴弹炮，射程达到 14.5 公里。演示中炮弹精度误差小于 50 米。联合防御公司领导的研制小组将在此次成功发射演示的基础上，继续完善 CCF 弹道修正引信，并扩展其技术应用领域。该引信由美国联合防御公司、瑞典博福斯防御公司等多家公司联合研制。CCF 弹道修正引信是一种 GPS 制导引信，配用于制导炮弹，它拥有 3 种可调整 155 毫米炮弹射程和方向的制动装置。

（薛武学）

工程兵技术装备

综述 2005 年，世界各国工程兵针对未来部队不断提高的工程保障需求，继续大力研发新型工程兵技术装备，主要表现为：

大量运用新材料、新技术 美国等国家军队在渡河桥梁装备、伪装装备及地雷战装备中大量运用新材料、新技术，提高了部队的快速反应能力，强化了应对恐怖主义活动的手段。美军在新型渡河桥梁装备的研制中十分强调新材料、新技术的运用，提高渡河桥梁装备承载能力，降低其重量，以保持未来部队的进攻锐势。美军运用建模与仿真技术对复合材料军用桥梁进行结构设计、故障分析及修复设计，通过卫星或网络传输桥梁装备数字式修复数据，可较早地进行军用渡河桥梁装备故障确定。美、日、德、法等国军队新近研制并装备一批集探、扫一体的扫雷系统，极大提高了扫雷效率，并在扫雷系统中引入气压扫雷新技术，替代由炸药清除地雷的方式，增加了作业安全性。

重视工程兵技术装备的遥控化、智能化发展 随着恐怖主义活动加剧及工业事故的增多，为了使工程机械能够深入有爆炸危险和有放射性污染的区域来完成清除地面障碍物、开辟雷场通路、清除机场跑道上的未爆弹药等作业，保护人员安全，美、日、德、法等国军队非常重视工程机械装备作业的可遥控化。同时，反恐作战和城市作战的巨大需求也推动了小型侦察和排爆工程机器人的发展。一些国家军队纷纷研发能够安装多种传感器和模块化荷载的小型工程机器人，用于探测建筑物、掩体、隧道等可供敌藏身的处所，排除各种潜藏的爆炸装置和危险物品。

大力发展非致命武器，增强应对简易爆炸物能力 美、英等国军队强调采用多种合作途径共同发展、采购和使用非致命武器，发展车载式及机载式非致命武器，在不能立即诉诸武力时使用非致命武器来对付骚动人群和可疑分子。随着简易爆炸装置对军队和平民威胁的加剧，美国、以色列等国军队加大应对简易爆炸装置的研究力度，借助车载或机载平台探测爆炸物，使用机器人装置来处理爆炸危险品，打击恐怖主义活动。一批先进的地雷战装备配发到部队，其设计更为人性化，遥控作业及非致命武器的使用增强了部队对简易爆炸物和暴乱人群的应对能力，减少了友军及平民的伤亡。

渡河与桥梁装备 **美海军陆战队订购“泰坦”架桥系统** 据英国《防务系统日刊》2005 年 5 月 6 日报道，美国海军陆战队从英国宇航系统公司（BAE）地面系统部订购了一套经过改装的“泰坦”架桥系统，该系统以 M1A1 主战坦克底盘为基础车。“泰坦”架桥系统是世界上最快的架桥系统，可在 2 分钟内架设 26 米长的桥梁。

美陆军装备“喝彩”(BRAVO) 路面系统 据英国《2005~2006 简氏军用车辆与后勤年鉴》报道，“喝彩”路面系统是一种在松软或易损道路上提供通道的临时路面系统，采用热塑性塑料。每块“喝彩”路面尺寸为 1.22 米×1.22 米，重量为 22.68 公斤。两人小组可以在 1 小时内安装一块面积为 6.10 米×15.24 米的区域。该路面系统两边的橡胶化表层除了提供摩擦力之外，还使路面具有了抵御恶劣气候、油料和化学物质侵蚀的能力。

俄罗斯测试新型铁路浮桥 据俄罗斯《国际信息中心》网站 2005 年 7 月 14 日报道，俄罗斯研制出一种新型铁路浮桥，第一批浮桥将于 2006 年交付部队。俄军方在与战斗环境非常相似的条件下对其进行了通载测试。测试中，一列 3000 吨重、543 米长的火车通过浮桥，1.5 米高的浮桥下沉了不到 0.92 米。10 辆 T-80 坦克尾随火车之后过河，每辆坦克重 42.5 吨，浮桥下沉了 11 厘米。包括 18 辆燃料和军用装备运输车在内的 79 辆车以每小时 30 公里的速度通过浮桥，浮桥下沉了 40 厘米。这种军民两用新型浮桥可以使用 50~60 年。

日本陆上自卫队装备新型重型浮桥与车辙式路面 据英国《2005~2006 年简氏军用车辆与后勤年鉴》报道，日本陆上自卫队装备新型重型浮桥与车辙式路面。该车辙式路面根据荷载等级分为两种型号，由五十铃 SKW 系列 3500 公斤（6×6）自卸卡车运输。

印度陆军装备 50 吨级重型冲击浮桥 据英国《2005~2006 年简氏军用车辆与后勤年鉴》报道，印度 50 吨级重型冲击浮桥是由德国曼机动桥梁股份有限公司和克虏伯工业技术股份有限公司桥梁公司共同研发，由印度生产的一款充气式浮桥，分为 16/30/50 三个等级。该桥上部构造为铝合金，充气式浮舟的尼龙织物上有聚氯丁烯橡胶涂层。该浮桥的最大长度为 100 米，桥面宽 4 米。承载等级为 18、24、40、50（履带式）、70（轮式）军用荷载等级。能够适应的最大岸高为 0.92 米，最小岸高为 0.68 米，适应流速为 4 米/秒。

英国陆军轻型部队装备 APFB 空运门桥 据英国《2005~2006 年简氏军用车辆与后勤年鉴》报道，英国威廉姆斯·费尔雷工程有限公司（WFEL）研制出 APFB 空运门桥，现已投入生产，装备英军轻型部队。APFB 空运门桥为模块化结构，整体设计基于现有的单层中型桁架桥，除了使用为数不多的全新部件外，现有的 MGB 中型桁架桥部件都能与其通用。该空运门桥可以在多种气候条件下人工架设。APFB 空运门桥能在干沟和湿沟上架桥，并可构成浮桥系统，荷载等级为 35 军用荷载级。APFB 空运门桥可以通过空运或海运输送到战场，也可以由直升机吊运到前线，或根据需要从 C-130 飞机上空投到架桥地点。

法国陆军采购 SPRAT 车辙式快速架桥系统 据法国《工程兵》2005 年刊报道，法国陆军采购 16 套 SPRAT 车辙式快速架桥系统。为方便培训起见，将有 2 套架桥系统和 1 套道路驾驶模拟器供架桥者培训使用。SPRAT 正处于试生产阶段，用于鉴定试验和 2007 年陆军的验收试验。SPRAT 将于 2008~2012 年交付部队使用。

军用工程机械装备

德国与瑞士联合测试 AEV3“科迪亚克熊”装甲工程车 据德国莱茵金属公司网站 2005 年 3 月报道，瑞士 RUAG 地面系统公司与德国莱茵金属公司地面系统部在接近北极圈的寒冷条件下，对其联合开发的 AEV3“科迪亚克熊”装甲工程车进行了测试，并由专家精细评估其在冰雪条件下的作业能力。鉴于此次成功测试，预计瑞典和丹麦军队将采购 AEV3“科迪亚克熊”装甲工程车。

英国测试“小猎犬”战斗工程车 据英国国防部网站 2005 年 5 月 27 日报道，英国 BAE 宇航系统公司地面系统部为英国皇家工程兵制造的“小猎犬”战斗工程车首辆样车已经完成测试。该车 90%的部件来自英国，大部分部件采用了成熟的商用子系统。“小猎犬”战斗工程车具有遥控操作功能，能够抵御小口径弹药、炮弹碎片以及地雷的攻击，便于乘员在高危地区执行任务。车上装有液压绞盘、伸缩吊臂和一挺 7.62 毫米通用机枪及烟幕弹发射器。车体前部安装有液压操纵的推土铲，并可快速更换成多种附件。“小猎犬”可以用 C-17 飞机或 A-400M 运输直升机运载。首批 20 辆车计划在 2008 年底交付部队。

法国陆军计划采购多种军用工程车辆 据法国《工程兵》2005 年刊报道，法军计划于 2005~2012 年采购 92 辆快速防护工程车（EGRAP），2007 年起投入使用。EGRAP 易于快速机动转场，装、挖功能强大，能快速构筑基础作战工事。此外，法军还计划采购 35 辆土木工程车（EGAME），2008 年开始服役。EGAME 的使用不受时间限制，具有很强的推土能力。这两种装备都将取代法军工兵团现装备的 MPG 多用工程车、EMAD 多功能机械和推土机。法军计划于 2005~2010 年将 42 辆 EBG 装甲工程车升级为改进型装甲战斗工程车（EBG VAL），预计 EBG VAL 于 2008 年开始服役。法军计划于 2005~2007 年采购 14

套新式工兵战斗班组机动输送装备，2006年起服役。工兵战斗班组机动输送装备经过特殊设计，适用于城区直接支援衔动。

伪装装备　**美海军开始研制新型伪装涂料**　据美国Isotron公司网站2005年6月30日报道，美国海军陆战队与海军研究办公室合作，资助Isotron公司发展一种耐化学战剂涂料以及创新性的伪装涂料。这些下一代涂料将提高在不同光谱波段（可见光、红外）的伪装隐蔽性能，并能显著减少对使用者的危害。新一代涂料为单一包装形式，在野外作业时将更为方便。

地雷与布雷装备　**美陆军装备“矩阵”智能地雷**　据美国《国际防务》2005年3月报道，美军部署在伊拉克的“斯瑞克”旅首先装备25套“矩阵”智能地雷。“矩阵”智能地雷可通过无线局域网控制，工兵通过笔记本电脑按需要启用，在数百米外引爆事先设置的智能地雷，有效消灭那些无法由狙击手消灭的敌方武装人员。“矩阵”由三部分组成：一台触摸式笔记本电脑，一台无线电发射机以及一套与“双刃大砍刀”防步兵地雷相连的弹药控制装备。引爆时，“双刃大砍刀”地雷以扇形方式向外发射钢珠，杀伤半径大约为50米。“矩阵”的弹药控制装备重约4.54公斤，能够连接任何电子点火系统。

波兰订购防坦克地雷　据英国《简氏防务周刊》2005年报道，波兰国防部向波兰BZE Belma公司订购价值2070万美元的防坦克地雷，其中有未公开的一种新型防坦克地雷。该公司将于2010年前提供数千枚新一代防坦克地雷，以及数百枚新型智能反侧甲雷。该公司还将为波兰生产在Kroton抛撒布雷系统中使用的MN-123防坦克地雷。MN-123被称为“智能”弹药，重3.6公斤，有自毁和自失效机构。该地雷符合“渥太华公约”，能够抵御电磁或爆破扫雷系统。

探雷与扫雷装备　**美国研制出探测地雷的“穿地雷达”**　据美国《每日航宇》2005年2月10日报道，美军研制一种“穿地雷达”（GPR），用以帮助快速前进的部队及时探测防坦克地雷以及其他地雷。借助合成孔径雷达和全球定位系统，GPR在敏感地带外就能检测到目标并快速地处理，生成相关的雷达数据，并通过计算机分析和整理获得的数据。GPR的演示系统已经在“悍马”车和C-12飞机上测试过，其在海拔1500米及1500米斜坡范围内都可探测出地雷。

美军订购便携式机器人系统　据美国国际预测公司网站2005年6月29日报道，美军便携式机器人系统（MTRS）是“魔爪”机器人和“派克波特”机器人的改进型，主要用于美军在中东地区应对简易爆炸物。其主要改进内容包括：以三维图像显示替代目前的二维图像显示，使机器人拆除爆炸物，而不是引爆爆炸物；保护机器人不受电子对抗干扰；机器人偏离无线电通讯范围后将能自动归位。MTRS系统可使爆炸物处理技术人员在极度危险的场所外远距离执行任务。美军总共需要采购960套MTRS系统：陆军461套，海军陆战队205套，海军154套，空军140套。

美军订购“反简易爆炸装置”　据英国《简氏防务周刊》2005年3月30日报道，美国陆军和海军陆战队采购“反简易爆炸装置”（ICE），用以对付简易爆炸装置（IED）。驻伊拉克美国海军陆战队装备1066套“反简易爆炸装置”，将在下一财年追加2500套；陆军购买了3000套。

美军利用图像分析技术探测简易爆炸装置　据英国《简氏防务周刊》2005年7月20日报道，美军在伊拉克利用图像分析技术探测简易爆炸装置。此项技术被称为“橡树”系统，在一个空中平台上集成了高分辨率摄像机、GPS和惯性传感器，首先对特定区域或路径生成地形标记拼图，然后通过软件和人员对图像的变化进行分析，从而确定可疑简易爆炸装置所处的位置。

美军订购新型汽车炸弹探测器　据美国《今日防务》2005年11月4日报道，美军与高能技术有限公司签署了购买新型汽车炸弹探测器的合同。高能技术有限公司将提供汽车炸弹探测器，并提供将系统集成到陆军“智能卡车”平台中的工程和技术支持。2006年年初美军对样机进行战场测试。汽车炸弹探测器基于高能技术有限公司的Stoitech技术，探测率在97.75%左右。

美军利用干扰机对付简易爆炸装置　据美国《每日航宇》2005年7月6日报道，美国空军和海军都在研究将干扰机安装到无人机上，以对付伊拉克反抗武装使用的简易爆炸装置。美海军计划投资800万美元，研制适用于无人机和其他平台的“猛虎”干扰机，用射频干扰机摧毁或压制简易爆炸装置。美空军花费75万美元，计划在某种小型无人机上安装干扰机，然后进行飞行试验并快速部署部队。

日本完成“牛头犬”扫雷系统试验工作　据英国《简氏防务周刊》2005年9月7日报道，日本川崎重工（KHI）成功地完成了“牛头犬”扫雷系统的试验工作。“牛头犬”扫雷系统由“探雷犬”探雷车、“扫雷牛”扫雷车和可在300米距离外作业的遥控站组成。

该系统在阿富汗进行为期一年的试验后，现已送回日本稍加改进，很可能在 2006 年重返阿富汗用于实战。“探雷犬”探雷车长 6.85 米，宽 1.85 米，高 3.33 米，重 8.5 吨。“扫雷牛”扫雷车长 8.83 米，宽 3.04 米，高 3.92 米，重 31.5 吨，装有 2.1 米宽的扫雷犁，其 300 个犁齿可挖掘并引爆地雷。在阿富汗进行的试验表明，“探雷犬”探雷车在平坦地形上探测防坦克地雷、防步兵地雷、未爆弹药的探测率达到 100%。“扫雷牛”扫雷车可由人员驾驶或遥控通过各种崎岖地形，操作性和耐用性优异。该扫雷车在模拟试验中扫雷率为 83%。

德国研制“短箭”爆炸物处理机器人 据德国莱茵金属公司网站 2005 年报道，德国莱茵金属公司正在研制代号为“短箭”的换代型遥控机器人，旨在为英国陆军尽快开发出爆炸物处理机器人，以替代“手推车”炸弹处理机器人。“短箭”爆炸物处理机器人是技术最为成熟的爆炸物处理机器人，其操纵器有 8 根轴，长达 2.9 米；当满负荷或全副武装时，“短箭”仍能移动 20 公斤重的物体；模块化设计，单个部件可以快速简便更换。“短箭”整车重 330 公斤，能克服 37 度的斜坡和 230 毫米高的台阶，有一个足够长的操纵臂，最高时速达 9 公里。“短箭”摄像头不少于 8 个，具有良好的电磁兼容性。

法军将装备防坦克地雷爆扫系统 据法国《工程兵》2005 年刊报道，法国将 12 套防坦克地雷爆扫系统（SDPMAC）投入实战应用。它由以色列“魔毯”爆破扫雷装置和法军 EBG 装甲工程车组成，利用燃料空气炸药技术实施扫雷，每次可以开辟一条 65~160 米长、6~8 米宽的通路。爆扫系统有 20 枚装有燃料空气混合炸药的火箭弹，火箭弹爆炸引爆地雷。预计 2006~2008 年，SDPMAC 将装备第 3、13、19 和第 31 工兵团，每团装备 3 套。

瑞士研制出 M113A2 轻型扫雷车 据英国《2005~2006 年简氏军用车辆与后勤年鉴》报道，瑞士 RUAG 地面系统公司研制出 M113A2 轻型扫雷车，该车配备了皮尔逊工程公司的地表扫雷犁（SMP）。机械扫雷装置将地雷推向一边，车辆信号模拟系统引爆前方磁感应地雷，扫雷犁上的喷雾嘴对经过清扫的路面进行标示。车辆前后安装有照相机，操作人员不用离开车辆就能进行作业。

南非研制出“地雷焚烧装置” 据南非新闻网 2005 年 11 月 5 日报道，南非“地雷焚烧装置”(MineBurner) 利用某种压力技术将一定量的氧气和液化石油气体混合，使其形成一定气压，然后将其喷向未爆地雷，使之爆炸或燃烧，这样就能安全地将其清除。这种压力技术已获得专利权。该装备所用的原料可就地取材或制作，其成本只有通常扫雷方法的一小部分。

（郭 牧）

海军武器装备

综述 2005 年世界海军武器装备的发展呈现出以下几个特点：

第一，2005 年各国海军航空母舰的研制、采购和建造工作进展顺利。海军强国继续研制建造新式大型航空母舰，中小国家则更加看好小型航母或“准航母”。美国海军在继续建造最后一艘“尼米兹”级航空母舰“布什”号的同时，其新型航母 CVN21 也进入了重要的系统发展和演示阶段。美国纽波特纽斯船厂为首制舰的建造工作正在积极作准备，预计该舰将按原定计划于 2007 年开工建造。英国的未来型航母 CVF 的设计工作已基本完成，首舰命名为“伊丽莎白女王”号，有望于 2006 年开工建造。由于法国认为 CVF 的主要技术性能符合其对未来航母的设计要求，因而决定同英国合作建造 1 艘以 CVF 为基础的常规动力航母作为“戴高乐”号的后继舰。意大利海军的“加富尔”号航母在经过 3 年的船台工作后，于 2004 年 7 月 20 日下水，预计将于 2007 年建成服役。近年来，令人关注的印度采购俄罗斯“戈尔什科夫海军上将”号航母一事在经过艰苦的谈判后，经过 4 年多的改装后该航母将于 2008 年交付印海军。与此同时，印度军方还宣布，2004 年年底，将启动自建新型航母的工作。新航母已被命名为“维克兰”号，排水量为 38000 吨，计划于 2011 年后服役，从而使印度实现多年来拥有 3 艘航空母舰的梦想。此外，日本和韩国海军还根据本国的情况积极研制“准航母”，以期向小中型航空母舰过渡发展。

第二，驱逐舰和护卫舰仍受到绝大多数海军国家的

青睐，不论世界主要强国海军，还是中小国家海军都在继续加紧研制和建造新一代驱、护舰，并研制试验各种新舰。美、俄、英、法、意、日、韩、澳和印等均有研制新一代驱、护舰计划，且各自处于不同的发展阶段。年内，这些计划继续被加紧推进，美国海军在2005年底正式批准从2007年起建造首批2艘DDX驱逐舰；法国、意大利和日本等国的新型驱逐舰也相继下水；英国、印度和韩国则继续加紧建造各自的新型驱逐舰，预计2006年下水。俄海军在重点发展轻型水面战斗舰艇的同时，着手准备建造新一代大中型驱、护舰。在2005年底，俄国防部已签订合同，准备为俄海军建造苏联解体以来的首艘具有远洋作战能力的22350型驱逐舰，计划在2006年开工。俄海军正批量建造20380型轻型护卫舰，目前有3艘正在建造中。日本、韩国、新加坡和印度正在加紧建造新型驱、护舰，如日本的改进型金刚级"宙斯盾"驱逐舰"爱宕"号在2005年下水，其第二艘舰以及16DDH直升机驱逐舰已开工建造。韩国继续建造KDX-3"宙斯盾"驱逐舰，新加坡海军在2005年不仅下水了3艘"无畏"级护卫舰，首舰"无畏"号也在这一年完工并从法国返回新加坡。印度海军目前在继续建造P15A型驱逐舰的首舰"班加罗尔"号，预计2006年下水，其新型隐身护卫舰"什瓦里克"级（P17型）的首批3艘正在建造中。另外，中国台湾海军购自美国的"基德"级驱逐舰的前2艘也于2005年底服役。

第三，世界各国或地区潜艇的发展依然活跃：拥有"水下核打击武器"的国家继续关注核动力弹道导弹潜艇和核动力攻击潜艇的更新，常规潜艇特别是AIP潜艇进一步成为一些国家发展的重点。美国海军2005年3月向国会提交的远期舰队结构规划报告中提出，到2035年美国海军将一直保持14艘弹道导弹核潜艇。俄罗斯海军今年也明显加快了核动力弹道导弹潜艇的改装和建造工作，以维持12~14艘海基战略核力量这一结构。俄罗斯加快了第五代"北风之神"级核潜艇的建造进程，通过升级改装延长现役DⅣ级核潜艇的服役寿命。2005年9月，改装后的"台风"级"德米特里·顿斯科伊"号核潜艇在白海海域成功地发射了"圆锤"（即"布拉瓦"）洲际弹道导弹。到2006年，俄罗斯将有2艘新型弹道导弹核潜艇服役，其中1艘是建造了10年之久的"北风之神"级首艇"尤里·多尔戈鲁基"号，该级第2艘"亚历山大·涅夫斯基"号计划于2007年下水。法国长期推行有限核威慑战略，法国的目标是保持4艘弹道导弹核潜艇，目前用"凯旋"级进行更新换代的工作已基本完成，最后1艘"可怖"号计划2010年服役，届时4艘艇都将换装M-51型潜射弹道导弹。英国海军4艘"前卫"级核动力弹道导弹潜艇将一直服役到2024年。

各国海军还积极推进核动力攻击型潜艇的发展。美国海军最后一艘"海狼"级核动力攻击型潜艇2005年服役。目前正在建造的美国海军未来潜艇部队的主力"弗吉尼亚"级潜艇，是第一种适合浅海作战的潜艇。与海狼级相比，该级艇堪称价廉、多能，但是20多亿美元的成本，加之第2艘造价达27.1亿美元，同样使海军高层感到压力。美国海军现已在考虑开发下一代攻击型核潜艇，并提出了技术上的要求。美英还在加强潜艇的联通性能，以期将攻击型核潜艇纳入网络中心战中。印度打算首先建成攻击型核潜艇。在俄罗斯的帮助下，印度已经解决了核反应堆小型化和反应堆与潜艇壳体契合等关键性技术难题。印度维萨卡帕特南海军造船厂在建造首艘核潜艇的龙骨，首艇拟在2008年左右进行海试。在积极建造国产核潜艇的同时，印度还谋求从俄罗斯以"从租到买"的方式获得新建的阿库拉级核潜艇。2005年德国海军2艘AIP潜艇同时服役，标志着AIP技术已经发展成熟，走向实际应用阶段。这一成熟技术，已为越来越多的国家所接受。继韩国海军从德国订购3艘装备AIP系统的214级潜艇后，日本2005年正式与瑞典考库姆公司签订了购买斯特林发动机的合同，装备在新建的"亲潮"级潜艇上。常规潜艇继续受到亚洲国家的青睐，数量在亚太地区剧增。近年来，以中小国家为主的各国海军加紧发展常规潜艇，造成常规潜艇拥有国数量不断增加。据国际防务分析家预测，在未来10年内，亚太地区各国海军将采购大约50艘新潜艇。

第四，各国海军在竞相研制适应未来信息化战争新型武器的同时，对现役各型武器进行相应的改装，使得海军武器的信息化水平不断提升。2005年，世界各国在海军导弹武器发展方面，重点不再是研制全新的型号，而是充分利用已有的技术成果，改进现有型号，提高其突防能力、生存能力、打击能力，实施其改进和延寿计划，以进一步提高综合性能和延长服役期限。在技术方面主要是发展精确制导技术，提高武器的命中精度；发展高性能推进技术，提高武器的打击距离与突防速度；发展先进的人工智能技术，提高武器的可用性与效费比。综合起来看，2005年海军导弹的发展日趋追求大射程、高精度，战术灵活性不断提高。继美国海军之后，欧盟国家海军也计划准备为各自现役或在建（研）新一代驱、护舰配备远程对陆攻击武器。如在2005年全面展开研制工作的法国、意大利的联合项目——欧洲多功能护卫舰将装备海军型的SCALP巡航导弹和具有120公里射程的“火山”127毫米制导炮弹，英国海军也为目前正在建造中的45型驱逐舰预留了空间以便将来配备“战斧”或其它型号巡航导弹；对于已装备美国MK41发射系统的西班牙与荷兰海军而言，在2005年都决定向美国购买战术“战斧”巡航导弹，分别装备各自的F100护卫舰和LCF护卫舰。年内，海军水中兵器的发展继续朝着“远程、高效、智能化和一体化”方向发展。一方面将水中兵器纳入整个网络化水下作战之中，增强水中兵器的一体化、网络化作战能力；另一方面强调发展高速远程攻击型鱼雷，提高水雷的智能化水平，逐步构建综合化的反水雷系统。火力支援是未来大口径舰炮和弹药发展的优先任务，这使得各国都着重提高舰炮弹药的射程、精度和杀伤威力。美、英、法、德等国海军都在研制155毫米口径的舰炮，并研发新型弹药，从而实现海军火力对陆支援。同时，国外海军也在开展新概念舰炮的研究。在末端反导舰炮方面，主要是采用新型小口径弹药以及发展弹炮结合武器。大口径舰炮继续稳步发展，增程制导弹药发展迅速，对岸火力支援能力增强。

航空母舰

美国海军加速发展CVN21航母 美国《防务新闻》2005年6月报道，美国海军坚决支持建造CVN21航空母舰。CVN21航空母舰的首舰预计费用上扬至137亿美元，其中81亿美元用于建造，剩余的资金用于设计和研发。美国海军通过先进技术的运用，使得CVN21航空母舰对人力和维护需求将减少，人员有望削减1200多人，即从目前“尼米兹”级的5922人减少至CVN21的4660人。CVN21航空母舰每日将能够正常出动飞机160架次，而在高峰时能够出动270架次；相比之下，“尼米兹”级航空母舰每日正常出动架次仅为120架次，高峰时期为220~240架次。

美国“布什”号航母建造进入新节点 英国《简氏防务周刊》2005年5月报道，美国诺思罗普·格鲁曼公司建造的“乔治·布什”号航空母舰的最后一个龙骨分段已经吊放到位。最后一个吊放到位的龙骨模块是该航空母舰的下首部模块，重700吨，已与舰上的其他模块拼接起来。“布什”号航空母舰是美国海军第10艘也是最后一艘“尼米兹”级核动力航空母舰。该航空母舰采用模块化建造方法，将小的分段焊接成“超级分段”的大模块，然后用起重能力900吨的巨型起重机吊起这些“超级分段”，再放到干船坞内与其他超级分段焊接起来。“布什”号舰还是美国海军第2艘采用重新设计的球鼻首的航母，这个球鼻首将为航空母舰首部提供更大的浮力，并有助于提供更好的水动力效率。“布什”号航空母舰将采用许多新的设计：舰桥和推动装置的控制将实现自动化，复合桅杆技术，并打算改进航母的处理结构和任务规划能力。该航母将于2008年交付美国海军。

美国“肯尼迪”号常规动力航空母舰退役 2005年3月17日，美国海军部长戈登·英格兰正式对外宣布：我们不再需要“肯尼迪”号航空母舰！他表示海军高层确信11艘航空母舰完全能够满足美军在全球行动的需要。“肯尼迪”号航空母舰于1968年9月正式加入海军现役，到2005年已服役了37个年头，先后多次参与海上行动。长期以来，“肯尼迪”号航空母舰一直为维护、保养问题困扰，1995年一度降级为训练、预备役航空母舰，2001年又重返一线。1951年以来，美国海军航空母舰数量一直在12~15艘之间波动。上个世纪80年代晚期，美在役航空母舰数量曾达到15艘。1994年航母数量降至12艘并保持至今。12艘航空母舰成了美国军方及民间认可的底线。然而，由于经费拮据，12艘航空母舰也可能保不住。如今，美国海军常规动力航空母舰只剩下服役已45年的“小鹰”号。

俄罗斯筹划建造航空母舰 英国《简氏防务周刊》2005年6月报道，2005年5月，俄罗斯海军司令库罗耶多夫上将对外公布，俄罗斯海军正在筹划建造1艘新型航空母舰。新型航空母舰的研发已从2005年开始，2010年后开始正式建造；并声称，俄罗斯将于2016~2017年间为北方舰队配备1艘航空母舰，太平洋舰队也将得到1艘航空母舰。这些航空母舰上将搭载1种新型多用途舰载机。

印度建造新型航空母舰 英国《简氏国际海军》2005年5月报道，印度海军正在印度科欣船厂建造一艘新型航空母舰，它将采用模块化设计和壳舾涂一体化的建造方法。该航母长252米、宽58米，吃水8.4米，满载排水量37500吨；舰上装设4台LM2500燃气轮机，总功率12万轴马力，最大航速28节;续航力7800海里/18节，自持力45天。航母最多能搭载30架飞机，包括12架米格-29K舰载机、8架印度自行研制的LCA轻型战斗机或“海鹞”垂直/短距起降战斗机、10架印度制造的ALH高级轻型直升机和卡-31预警机。舰甲板上设有2条跑道，1条用于滑橇起飞，1条用于舰载机降落，并设有3条拦阻索。该航母已于2005年10月铺设龙骨，预定2012年完成建造和试验，交付印度海军。

英国正逐步细化未来航空母舰的作战能力 英国《简氏防务周刊》2005年6月报道，英国海军现正在进一步细化未来航空母舰的作战能力。在其计划装备的2艘航空母舰中，一艘作为作战航空母舰，另一艘为直升机航空母舰。未来航空母舰的满载排水量将超过5万吨，飞行甲板长280米、宽69米；编配600名舰员和1400名航空人员。舰上机库长163米、宽29米，能容纳20架战斗机或45架“海王”直升机；舰载机将装备JSF垂直/起降联合战斗机，同时逐步退役“鹞”式战斗机，留下的GR7战斗机最后升级为GR9。舰上的推进系统采用常规动力，并考虑集成全电力推进装置。

法国海军确定建造第2艘新航母 美国《每日防务》2005年3月报道，法国海军现已确定第2艘航空母舰的主要技术参数和作战特征，其中最主要的区别是采用常规动力，而非像“戴高乐”号航空母舰那样采用核动力。新航空母舰设计阶段将进行降低风险和合作可能性研究。这艘新航空母舰舰长284米、飞行甲板宽72米，排水量59000吨；最大航速27节，自持力45天，10000海里/15节，舰员900名。该航空母舰具有制空、制海及一定的对陆打击能力；它可通过提高自动化程度，大幅度地减少舰员的数量，并大大改善居住条件。

驱护舰 **美国海军开始建造濒海战斗舰** 美国《防务新闻》2005年6月报道，2005年6月2日，美国海军在威斯康星州的马里内特船厂为濒海战斗舰(LCS)的第1艘原型舰举行了龙骨铺设仪式。该舰是由洛克希德-马丁公司设计的半滑行单体船型。美国海军在2005年5月9日已确定濒海战斗舰的正式名称为LCS，首舰被命名为“自由”号(LCS1)。洛-马公司设计的半滑行单体船型方案是在2004年5月获得美国海军的最终系统设计合同及原型舰的建造合同，同时获得合同的还有通用动力公司设计的三体船型方案。按照原计划，美国海军将定购4艘原型舰，每种方案生产2艘。2005年开始建造1艘半滑行单体船型，2006年半滑行单体船型和三体船型各建造1艘，2007年建造第二艘三体船型，两种方案的单舰成本都应控制在2.2亿美元之内。美国海军将在2007年于两种方案中最终确定一种，并开工建造第一艘生产型舰。

美国继续推进DDX驱逐舰计划 美国《每日防务》2005年11月报道，2005年，美国海军的DDX驱逐舰计划顺利完成了全系统的关键设计审查，这意味着该计划第三阶段开发的结束。在第三阶段，研制队伍和美国海军开发、试验了10个工程发展模块，为DDX驱逐舰开创了大量的新技术。同年底，美国国防部批准DDX计划进入系统开发和演示阶段，其中包括细节设计和建造。首批2艘舰将分别由诺·格公司和通用动力公司同时建造。另外，美国海军削减了该舰的采购数量，从最初的24艘减少到8~12艘，另外也有可能在建造更少的数量后，转而建造一种利用DDX的技术发展的成本更低的小型版DDX驱逐舰。

美国最后一艘“斯普鲁恩斯”级驱逐舰退役 美国海军新闻网2005年9月报道，“斯普鲁恩斯”级驱逐舰最后一艘DD985号“库欣”号于2005年9月21日退役。“斯普鲁恩斯”级驱逐舰是美国于20世纪70年代开始建造的以反潜为主的驱逐舰。它的满载排水量8040吨，最大航速33节，续航力6000海里/20节。美国海军按照前期制定的舰队压缩计划，逐步退役了全部的“斯普鲁恩斯”级驱逐舰。“库欣”号驱逐舰加入海军现役后，完成了10次重大部署，4次变更母港，并因出色表现获得了多枚勋章。美国海军除了“斯普鲁恩斯”级驱逐舰外，其航母编队内的“佩里”级护卫舰、“阿利·伯克”级驱逐舰和“提康德罗加”级巡洋舰都拥有较强的反潜作战能力。

美国海军试验最快的试验舰 英国《简式国际海军》2005年8月报道，2005年7月，美国海军开始试验“海上斗士”号试验舰。该舰于2003年6月铺设龙骨，采用铝质结构。舰上能容纳12个灵活的使命模块，舰的直升机甲板可停放2架直升机；它的尾跳板/托架能够放低到与海面相接，以施放和回收各种载人和无人平台。该舰满载排水量1400吨，采用2台燃气轮机和2台推进柴油机，驱动4台喷水推进器，最大航速超过50节，续航力4000海里。“海上斗士”号作为当前水面舰艇与濒海战斗舰的过渡舰，美国海军将用它来评估水动力和结构性能、使命灵活性以及推进系统效率。

俄罗斯设计建造多用途护卫舰 英国《简氏防务周刊》2005年11月报道，俄罗斯国防部已于该月与圣彼得堡的北方造船厂签订了一份建造22350型多用途护卫舰的首舰的合同。该级舰由北方设计局设计，排水量约8000吨，是俄罗斯海军15年来所采购的第一艘新型远洋水面作战舰艇，预计耗资4亿美元。舰上的主要武器系统包括：8枚3M55型“缟玛瑙”反舰导弹、1套A-192型130毫米舰炮系统、1套“蝼蛄-2”型反潜导弹系统和“飓风”中程防空导弹系统。按照计划，该型舰的首舰将在2006年2月开始建造， 2009年交付俄罗斯海军。

俄罗斯“虎”型护卫舰首舰下水 英国《简氏防务周刊》2005年8月报道，由俄罗斯北方造船厂为俄罗斯海军建造的“虎”型护卫舰首舰“守护者”号于年内下水，预计于2006年交付。该型舰采用模块化设计，可在短期内进行改装，更换舰载武器、动力装置或电子设备。其基本型排水量2000吨，采用4台柴油机，最大航速28节；舰上装备“天王星-E”反舰导弹，最大射程130公里，完全可以满足近海作战需要。该型舰还采用了隐身技术，且自动化程度较高，并准备利用设计冗余配备射程更远、威力更强的“宝石”反舰导弹。

日本海上自卫队“爱宕”级驱逐舰首舰下水 美国《防务新闻》2005年9月报道，日本海上自卫队2艘改进型“金刚”级“宙斯盾”驱逐舰首舰“爱宕”号，于2005年8月24日在三菱重工下水。该级新驱逐舰定名为“爱宕”级。首舰“爱宕”号以舞鹤为母港，建造成本13亿美元；其排水量为7700吨，比“金刚”级驱逐舰排水量7250吨略大。舰上新增了2座SH-60J直升机库，增加了6座MK41垂直发射单元。作为美日导弹防御系统的组成部分，“爱宕”级安装了升级的SPY-1D（V）相控阵雷达，是“金刚”级SPY-1（D）雷达的改进型。该舰还安装了SQQ-89（V）反潜系统，以替代SQS-53B/C声纳系统。第2艘“爱宕”级驱逐舰将于2006年6月铺设龙骨，于2008年建造完成。

韩国KDX-2驱逐舰4号舰下水 英国《简氏防务周刊》2005年6月报道，韩国海军最新一艘KDX-2驱逐舰“王建”号于2005年5月4日在釜山的现代重工船厂下水。“王建”号将进行为期1年的海试，之后正式加入海军现役。KDX-2驱逐舰长150米、宽17米，最大航速30节，装备有射程130公里的“鱼叉”反舰导弹和射程146公里的“标准”-2舰空导弹；搭载有“超级山猫”直升机用于反潜。KDX计划的第一步是3000吨级的KDX-1级驱逐舰，该级舰共建成了3艘，已全部服役；第二步为4000吨级的KDX-2驱逐舰，按计划将建造6艘，“王建”号是其中的第4艘，另外2艘将于2007年建成；第三步为7000吨级的KDX-3，该级舰将装备“宙斯盾”系统，计划于2008~2012年建造3艘。

新加坡第5艘“可畏”护卫舰下水 新加坡国防部2005年12月报道，新加坡海军第5艘“可畏”级护卫舰“坚定”号于2005年12月9日下水。“坚定”号是第4艘在新加坡本土建造的该级护卫舰，此后将进行海上试验。该级舰采用柴油联合动力装置，4台MTU20V 8000型柴油机，每台功率8200千瓦，最大航速27节，最大航程4000海里。该级护卫舰上安装有“武仙座”E/F波段无源相控阵多功能雷达，可进行三坐标搜索和导弹制导；“纳日尔”2000光电舰炮火控系统；低频变深声纳；I波段对海搜索雷达；采用隐身炮塔的“奥托·梅莱拉”76/62速射炮；法国的“紫菀”15主动雷达制导的防空导弹；舰桥前还可以安装4具8单元“希尔瓦”A43垂直导弹发射装置；舰中部安装有三联装B515鱼雷发射管，以发射A244/S M0D3型轻型鱼雷；以及波音公司的“鱼叉“反舰导弹等。

印度海军“比阿斯”护卫舰服役 英国《简氏防务周刊》2005年6月报道，2005年7月11日，印度海军一艘最新建造的导弹护卫舰服役。这艘名为“比阿斯”号的护卫舰长125米、吃水4.5米，排水量3600吨；舰上的动力装置为2台1.5万马力蒸汽轮机，最大航速超过30节。该级护卫舰被印度海军认为是继“德里”级驱逐舰、“戈达瓦里”级护卫舰和“科拉”级护卫舰之后的又一个成功的战舰。该级舰装备有众多的武器装备，包括“巴拉克”反导防御系统、4座四联装的“天王星”反舰导弹、1门76毫米速射炮、4座AK630型30毫米近防舰炮、2座三联装鱼雷发射管。此外，舰上还装有先进的电子战设施和计算机化的作战信息系统，能够控制所有的武器装备和传感器。

英国设计新型护卫舰 英国《简氏防务周刊》2005年9月报道，英国近期设计了一级新型护卫舰FC65。该舰兼具攻击和防御多种功能，还可支持特种作战，如尾部甲板采用灵活设计，能够根据不同的需要配置特种作战设备。其结构能根据任务需要进行灵活变动，而不影响成本和效费比。该型舰长150米，满载排水量6600吨；由2台MT30型燃气轮机驱动喷水推进装置，最大航速可达35节，续航力超过7000海里。舰上装有1门127毫米舰炮，能提供对陆火力支援；可配置垂直导弹发射系统，执行对海和防空作战任务；舰上机库可容纳2架EH-101直升机。

英国设计新型多用途巡逻舰 英国《简氏国际海军》2005年5月报道，英国海军最近提出了新型多用途EEZ巡逻舰概念。该舰可用于近海搜索、安全导航、搜索和救援等；通过变更舰载设备，也可进行科学考察、潜艇救援。该舰长85米、宽14米，吃水3.8米，排水量2495吨；舰上装设2台柴油机，最大航速25节，续航力5000海里/15节。该舰存放有大量的12.2米标准尺寸集装箱，并可通过1台门架式起重机吊运；1个直升机平台位于舰的中部。舰的前部两舷各有2个吊艇架，用于吊放刚性充气艇，并可根据需要释放和回收无人自主运载器。

法国“地平线”级驱逐舰首舰下水 美国《每日防务》2005年10月报道，2005年3月10日，法国海军的第一艘“地平线”级防空驱逐舰“福尔班”号在法国舰艇建造局的洛里昂船厂下水。“地平线”级驱逐舰总共建造4艘，其中法国和意大利各建造2艘，耗资约34亿美元，将分别替代20世纪60年代服役的2艘法国海军“絮佛伦”级驱逐舰和20世纪70年代初服役的2艘意大利海军“勇敢”级驱逐舰。“福尔班”号在2006

年底交付法国海军。法国海军的第二艘舰“谢瓦利埃·保罗”号和意大利海军“卡欧·多利欧”号正在建造之中。

法国推出轻护舰型水面战舰　《简式国际防务评论》2005 年 9 月报道，法国舰艇建造局于 2005 年 9 月向国际市场推出 GOWIND 系列轻护型水面战舰，分别为 GOWIND120、170、200，排水量分别为 1270 吨、1700 吨、1950 吨。这三种系列战舰采用相同的结构设计，具有多功能性；舰上装设喷水推进装置，以便在近海作战时在速度、机动性、吃水等方面获得最佳的效率。GOWIND120 型轻护舰长 80 米、宽 12.3 米、吃水 3 米，船员 50 名，还可装载 10 名乘员；舰上装有 16 枚“米卡”垂直发射舰空导弹、1 门“博福斯”57 毫米舰炮，并可安装一个可伸缩的机库，搭载 1 架 5 吨重的直升机。GOWIND170 型轻护舰长 95 米、宽 14 米、吃水 3 米，船员 65 名，另可载 15 名乘员；舰上装有 1 门“奥托”76 毫米舰炮、“席尔瓦”垂直发射系统，可配备“紫菀”-15 舰空导弹。GOWIND200 型轻护舰长 130 米、宽 14.2 米、吃水 4.5 米,最大航速 35 节,舰员 70 名，另可载乘员 15 名。该型舰可能采用全柴油机或柴-燃联合动力，喷水推进；设有固定的机库，可供 10 吨重的直升机起降；舰上可发射“紫菀”-15 导弹和“紫菀”-30 导弹以及“改进型海麻雀”舰空导弹。舰上还安装舰壳反潜声纳及轻型鱼雷发射装置。

意大利　“地平线”级驱逐舰下水　英国《简氏防务周刊》2005 年 11 月报道，意大利海军订购的 2 艘“地平线”级大型防空驱逐舰的首制舰“安德里亚·多里亚”号于 2005 年 10 月下水。该级舰于 2002 年 7 月开工，2007 年交付。它的满载排水量 7050 吨，舰长 152.87 米，宽 20.3 米，最大航速 29 节；舰上装有欧洲联合研制相控阵雷达、48 单元的“紫菀”30 防空导弹垂直发射系统、奥托·梅莱拉 76 毫米舰炮和 MU90 鱼雷。该级舰造价约 8.4 亿美元。该级舰第二艘将于 2009 年初交付。

挪威　“南森”号护卫舰首次海试　英国《简氏防务周刊》2005 年 6 月报道，挪威海军于 2005 年 7 月 13 日进行了“南森”级护卫舰首制舰“南森”号的首次海试，以验证推进装置、机动能力、操舵装置和导航系统，以及作战管理系统的运行状况。海试证明：主柴油机和燃气轮机运行良好，锚机绞盘减速齿轮、舵传动装置和发电机，以及淡水生成器、放射性物质清洗装置也都工作正常。此外，“南森”号还进行了大量的其他试验，包括最大航程航行试验，加速前进到最大航速，柴油机和燃气轮机混合测试，以及全速前进和倒车试验等。同时，还对有关的电子和作战管理系统、通信系统、声纳、SPY-1F 雷达等设备进行了检查和调整。

小型船艇　美国将试验 M80“短剑”号艇

英国《简氏防务周刊》2005 年 11 月报道，美国海军将试验“短剑”号艇。该艇采用全碳材料建造，因而重量较轻；其艇长 24.4 米、艇宽 12.1 米。“短剑”号采用了 M 舰船公司专利的 M 船型设计，这种船可以将波浪的能量转化为抬升力，从而减少舰船的尾迹，保证舰船快速平滑地行驶。整个试验有望持续 2~3 年。“短剑”号将由 3 名船员操纵，最大航速超过 50 节，可载运 12 名“海豹”突击队员和 1 艘特种作战刚性充气艇；还可搭载 1 架小型无人机。

美国“斯巴达人”无人水面艇完成测试　美国海军海上系统司令部 2005 年 5 月报道，美国海军已经完成了对“斯巴达人”无人水面艇的实弹测试。“斯巴达人”属于美国先进概念技术演示项目，该艇已在中东波斯湾地区的美国海军中使用。“斯巴达人”长 7 米、宽 3 米，高 4.5 米，排水量 2 吨；功能与作战方式完全由远在控制点的人员进行遥控。艇上装备有 8 台可作 360 度转动的防撞摄像机、红外摄像机、导航雷达、GPS 全球定位系统等。它的行动范围达到 14.4 公里，最长持续时间可达 8 个小时。“斯巴达人”号上还装有综合性传感器与武器系统，可应付小型艇或水雷等非对称威胁。

土耳其接收第 4 艘新型导弹艇　英国《简氏防务周刊》2005 年 9 月报道，土耳其海军已接收了“军刀”级第 4 艘导弹艇，并命名为“洪水”号。该级艇由德国建造，土耳其海军一共要采购 9 艘。该级艇长 62 米，排水量 550 吨；艇上安装有 4 台 MTU16V 956 TB91 柴油机，总功率 1.5 万马力，最大航速 38 节。艇上装备有 1 座 76 毫米“奥托·梅莱拉”速射炮和 1 座双联装 40 毫米炮；还将装备 2 座四联装“鱼叉”反舰导弹发射装置。

以色列将装备遥控气垫快艇　英国《简氏防务周刊》2005 年 11 月报道，以色列将装备一种遥控气垫快艇。这种快艇长 9 米，最大航速可达 50 节，最大作战半径 20 公里；艇上加装有装甲，并装设跟踪摄像机、声纳、传送三维图像的光电设备，以及艇载机枪等。这种快艇可以执行紧急任务，以及反恐作战。

瑞典建造气垫船　英国《简氏防务周刊》2005 年 10 月报道，瑞典装备局委托格里芬公司建造 3 艘 8100TD 型铝质船体的气垫船，以满足两栖营对它的需求。8100TD 型多用途气垫船长 22.5 米；船上由 2 台 100 马力的水冷柴油机提供动力，最大航速超过 40 节，巡航速度 35 节；能够运载 11 吨负载，容纳履带式车辆，通用货车、1个集装箱和兵员等。8100TD型气垫船装有防弹设备、空调和核生化防护设备。该艇能在极浅水、冰面、陆地、泥泞地、沙地、沼泽等环境下行驶。

芬兰海军建造快速攻击艇 英国《简氏防务周刊》2005年6月报道，芬兰海军正在建造第4艘“哈米纳”级快速攻击艇。该级艇长50米、宽8米，吃水2米；满载排水量268吨。艇上装设2台柴油机，以驱动2具喷水推进装置，最大航速超过30节。配备有4枚RBS-15SF反舰导弹，其电子设备与先前的该级艇类似，艇壳采用铝合金复合材料。

两栖舰船和运输船 **美国海军改造“奇尔沙治”号两栖攻击舰** 美国海军新闻网2005年12月12日报道，美国海军“奇尔沙治”号两栖攻击舰正在接受结构和设备升级，成为美国海军第一艘能够搭载海军陆战队MV-22“鱼鹰”倾转翼飞机的两栖攻击舰。该舰将增加相关的工作间，引进新的装备，使舰员能够在舰上维护“鱼鹰”倾转翼飞机，并存储飞机备件；在舰上的另一个工作间，舰员还可以利用钛金属制造“鱼鹰”所需要的部件。除此之外，“奇尔沙治”号攻击舰还将对“拉姆”导弹系统和近防武器系统进行升级：如把“拉姆”导弹升级到MK3型，对SPN-41雷达进行调整等，从而使该舰的自卫防御能力更强。

美国海陆军联合研发快速战略运输船 美国海军新闻网2005年10月报道，目前，美国海军和陆军正在联合研发一种“快速战略运输船高速货船”。该船航速为36~39节，吃水7.3米，续航力8000海里；船上能搭载1650人及其相应的军事装备：包括20架CH-53重型运输直升机、18架AH-1Z“超级眼镜蛇”攻击直升机、9架UH-1Y轻型通用直升机和10架CH-60多功能直升机。这级快速运输船将为3个“未来海上预置船中队”各配备1艘，预计每艘造价约13亿美元。

美国海军将建造高速登陆艇 美国《简氏国际海军》2005年10月报道，美国海军将建造10艘高速登陆艇。该型艇全部采用铝材建造，艇长12.2米、宽4.27米，满载航速25节，空载航速30节；艇上装设有2台“可米斯”QSM11发动机，最大功率660马力，转速2300转/分。该型艇主要执行两栖攻击任务。该型艇的第一艘将于2006年2月交付，第10艘将于同年12月交付。

美国海军计划建造新干货/弹药船 英国《简氏防务周刊》2005年6月报道，美国海军计划建造11艘新一级干货/弹药补给船，首船被命名为“刘易斯与克拉克”号。该级船主要用来替代T-AE26“基拉韦厄”级弹药船、T-AFS1“火星”级战斗储备船，与T-AO187“凯泽”级油船一起作业时，可替换AOE1“萨克拉门托”级快速战斗补给舰。该级船可长期独立在海上作业，为美国，北约盟国提供海上补给服务，维持海军的前沿存在。该级船既可在港口，又可在海上进行物资起运作业，同时也能在海上将货物转运至其他战舰上。该级船长210米、宽32米，吃水9.15米，排水量41000吨；采用单轴柴电推进系统，最大航速为20节。

日本海上自卫队“近江”号补给舰服役 日本《世界舰船》2005年4月号报道，2005年3月8日，日本海上自卫队“近江”号补给舰服役，并部署到佐世保海军基地。同级的另一艘舰“摩周”号已于2004年春天服役，驻在舞鹤基地。该级补给船排水量13500吨，最大航速24节。这两艘大型支援补给舰是日本海上自卫队提升舰队支援能力计划的重要组成部分。它们的服役，使得海上自卫队中大中型支援舰的数量增至5艘，并确保日本诸岛各有1艘大型支援舰为海上自卫队紧急出动提供保障。

韩国海军新型两栖攻击舰下水 美国《防务新闻》报道，2005年7月12日，一艘名为“独岛”号的韩国海军两栖攻击舰下水。该舰排水量14000吨，舰上装有自卫防御武器和反舰导弹，配备300名舰员。经海试后，“独岛”号将于2007年交付韩国海军使用。

印度海军寻购现代化加油船 法国《航宇防务》2005年10月报道，印度海军开始在全球内寻购现代化的加油辅助船，主要是西方国家，以及俄罗斯、波兰、韩国等国家。印度海军寻购的辅助加油船排水量至少要25000吨，船长185米、宽25米；乘员150人，海上续航力45天。该船将装备与军舰兼容的一体化通信系统，配备有各种传感器和武器装备；船上要能搭载3架直升机，以执行反潜作战任务；同时还要为直升机的维护、机库、飞行人员和专家留出足够的空间和设施。

英国第4艘“海湾”级船坞登陆舰下水 英国《简氏防务周刊》2005年4月报道，英国海军第4艘也是最后1艘“海湾”级辅助船坞登陆舰“卡迪根湾”号，于4月9日在英国宇航系统公司的加文海军船厂下水。其姊妹舰“芒特湾”号已于2004年4月下水。

法国设计新型高速坦克登陆艇 英国《简氏防务周刊》2005年5月报道，德国近期设计了一级新型高速坦克登陆艇——L-CAT。该登陆艇设计融合了双体船和平底船的特点，主要用于两栖作战。该级艇采用新型的滚装甲板设计，车辆甲板能够抬升，支撑在双体船的船体上，以利于高速运输。当车辆甲板降低至与双体船的船体底部齐平，可在海滩上进行装卸载。使用铝合金的这级艇，长 30 米、宽 12.7 米，满载吃水 2.55 米；该级艇的最大有效载荷 130 吨。艇上的车辆甲板长 23 米、宽 6.9 米，最大车辆高度 4 米，可容纳 2 辆"勒克莱尔"坦克。艇上装设 2 台喷水推进器推进，空载航速 30 节、满载航速 20 节，续航力 1000 海里/15 节。

葡萄牙研制船坞登陆舰　《简氏防务周刊》2005 年 5 月报道，葡萄牙研制了一级新型"执行者"级船坞登陆舰。该舰长 166.1 米、宽 25.01 米，满载排水量 12750 吨，可运载 555 名全副武装的士兵，并具有容纳指挥舱室的空间，还可运载 30 辆主战坦克或 90 辆装甲运兵车。舰上的主要武器有 2 座泰利斯公司的"守门员"近程武器系统和 DA08 空中/水面搜索雷达。

加拿大将建造联合支援舰　英国《简氏防务周刊》2005 年 5 月报道，加拿大海军将建造 3 艘联合支援舰，用于替代海军 2 艘服役超过 30 年的补给船。该级联合支援舰舰长 200 米，排水量 28000 吨，可装载 300 辆卡车。加拿大海军还计划将该级舰用于搭载直升机，并承担医院船的部分任务。

潜艇和无人深潜器

美国海军完成首艘核动力巡航导弹潜艇海试　美国《防务新闻》2005 年 12 月报道，美国海军已于 2005 年底在大西洋完成了"俄亥俄"号巡航导弹核潜艇第一阶段海试。该艇主要用于战术打击，支援特种作战行动。为此，艇上原有的 24 个"三叉戟"导弹发射管中，有 22 个被改造为巡航导弹发射装置，每个发射管可容纳 7 枚"战斧"巡航导弹；剩下的 2 个则用于部署蛙人及特种部队装备。它还将作为试验平台，研制测试新型武器系统。该艇已于 2002 年 11 月驶入电船公司船坞，并先后完成了燃料添加和结构改造等工作。目前，其他 3 艘艇仍在改装中，预计这 4 艘将于 2008 年全部投入现役。

美国海军"得克萨斯"号潜艇下水　英国《简氏防务周刊》2005 年 5 月报道，美国海军"弗吉尼亚"级核动力攻击型潜艇第二艘"得克萨斯"号于 2005 年 4 月 9 日下水。该艇于 2002 年 7 月 12 日铺设龙骨，2004 年 7 月 31 日命名。"弗吉尼亚"级核动力攻击型潜艇是冷战之后，更适合近海作战要求而使美国海军最后获得的。"弗吉尼亚"级核潜艇长 114.9 米、宽 10.4 米，吃水 10.1 米；水下排水量 7700 吨，水下最大航速 28 节；在其全寿命期内无需补充核燃料。这种核潜艇上配有 12 个导弹垂直发射系统。其鱼雷发射管可发射 Mk48 重型鱼雷及"鱼叉"反舰导弹。"弗吉尼亚"级潜艇内的特种作战舱还可容纳一艘供数十名特种部队官兵使用的微型潜艇。同时，新型潜艇还使用光纤传感电脑成像系统取代了老式潜望镜。改进的"弗吉尼亚"核潜艇还将装设小型无人飞行器，以支援两栖作战和联合作战。

美国海军正在研制新型水下航行器　英国《简氏防务周刊》2005 年 8 月报道，美国海军现正在研制一种新型"战场准备自主水下航行器"。该航行器上的电池可以保证以 3 节航速航行 18 小时，最大下潜深度 200 米。航行器上的导航系统包括姿态航向参考系统、多普勒计程仪、全球定位系统接收机，能够完成精确导航和目标定位。该水下航行器可依靠水面舰艇的吊车和斜坡下水，按照预置的任务程序航行，记录海底地图和其他海洋学数据。当航行器回收后，记录的数据通过濒海战斗舰的指挥控制舰，传给水雷战与环境决策辅助库。第一个新型水下航行器预计 2006 年 12 月交付。第 2 个将于 2007 年购买。

俄罗斯正在研制未来核潜艇　美国《每日防务》2005 年 8 月报道，俄罗斯现正在研制一种全新的未来核潜艇。该核潜艇的标准排水量 16700 吨、满载排水量 28000 吨；艇长 178 米、宽 15.5 米；自持力 120 天，艇员 96 人。该潜艇将采用轻型坚固的艇体及由金属组成的特殊装置，最大潜深 600 米。艇上极有可能使用新型螺旋桨推进器，不仅布置在尾部，而且还将在首部、艇体上安装，以彻底降低潜艇的噪声；它还可能采用液压发动机，来代替普通螺旋桨推进潜艇前进，几乎没有任何噪声。该艇武器装备强大，包括 16 枚洲际弹道导弹、24 枚各型鱼雷、12 枚防空导弹；同时将在艇首、两侧装配有 3 套声纳系统。

俄罗斯开始海试第一艘"拉达"级潜艇　英国《简氏防务周刊》2005 年 12 月报道，2005 年 11 月 29 日，俄罗斯海军开始在波罗的海海域进行第一艘"拉达"级常规潜艇的海试，时间为期 1 个月。该级艇由位于圣彼得堡的红宝石中央设计局设计，海军上将造船厂建造。该艇早于 1997 年 12 月即开工建造，但因资金短缺几度延期。这次海试主要评估该艇在一定深度范围内的可操作性和机动性，还将对其舰载系统进行测试。

日本签署生产"斯特林"AIP 发动机　英国《简氏国际海军》2005 年 6 月报道，日本确定在其常规动力潜艇上采用"斯特林"AIP 发动机。在很长时间里，日本海军虽然有所考虑，但并没有正式签署装备"斯特林"AIP 发动机的合同，眼下已决定使用考库姆公司的"斯特林"发动机技术。该种发动机技术可大大延长潜艇的水下航行持久力，以避免暴露位置；能比常规动力潜艇更有效地应对威胁。考库姆公司负责交付"斯特林"发动机的部件，而日本川崎重工则负责"斯特林"发动机的组装，并负责最后向船厂交付完工的"斯特林"发动机。

印度改装"基洛"级潜艇 英国《简氏防务周刊》2005年6月报道，印度海军技术人员对已在俄罗斯改装的"辛杜格霍什"号潜艇上，安装印度生产的水声系统和通信设备。"辛杜格霍什"号属于俄罗斯"基洛"级潜艇，是专门为印度海军建造的；据称1艘印度潜艇的改装费用大约需要8000万美元。该级艇水面排水量2300吨，水下最大航速19节，水面续航力6000海里/8节，水下续航力400海里/3节，最大潜深300米。下一步，印度还将测试新的武器系统，包括533毫米鱼雷发射管和"俱乐部-S"导弹；该导弹能摧毁200公里内的敌水面、水下和陆地目标。

英国准备延寿核动力弹道导弹潜艇 据英国媒体2005年10月报道，英国打算借鉴美国人的作法，对其4艘"三叉戟"核动力弹道导弹潜艇进行延寿改造，延寿后这些潜艇将服役到2035年。由于英国并不打算建造新一代核动力弹道导弹潜艇，而立足现有的核动力弹道导弹潜艇的改装。为此，英国决定安装新的反应堆芯，更换已老态的洲际导弹，重新设计现有的导弹战斗部。不过，完成这些工作的费用将超过当初引进"三叉戟"的费用（英国引进"三叉戟"共花费了12.2亿英镑）。

德国第4艘212A级潜艇下水 英国《简氏防务周刊》2005年8月报道，2005年7月1日，德国海军第4艘也是最后一艘212A潜艇在埃姆登城正式下水，命名为"U-34"号；预计该潜艇于2006年6月加入现役。212A级潜艇是世界上最先进的常规动力潜艇，艇上装有不依赖空气推进（AIP）系统，利用氧气和氢气产生电能的燃料电池，可在水下长时间低速巡航；而且不产生噪声和废热。这些都大大改善了该潜艇的隐身性能。该级艇水下排水量1830吨，艇长55.9米，水下航速20节，装有6具533毫米鱼雷发射管。

南非海军正式接收第一艘209级潜艇 英国《简氏防务周刊》2005年11月报道，2005年11月3日，南非海军将正式接收第一艘209级潜艇，并将其编入现役，以替代现已退出现役的3艘"桂树神"级潜艇。这种209/1400型潜艇是在209级基本型基础上发展起来的，它充分吸收了以色列的"海豚"级和214级潜艇所获得的经验。该型艇长62米、宽6.2米；水面排水量1466吨，水下排水量1568吨；水下最大速度17节，续航力大约1万海里，自持力为45天。艇上装有8具鱼雷发射管，能够发射线导鱼雷、导弹或水雷；此外还安装了一套鱼雷对抗系统。该型艇上的作战系统是在以色列"海豚"级潜艇上安装的作战系统基础上发展而来的。该型艇的第二艘和第三艘将分别于2006年中期和2007年中期加入现役。

舰载武器与技术

美国濒海战斗舰将装备"海拉姆"防空导弹 英国《简氏防务周刊》2005年9月报道，美国海军濒海战斗舰将装备由美国与德国联合研制的"海拉姆"防空导弹。"海拉姆"防空导弹将6管发射架与原用于"密集阵"近程武器系统的搜索与跟踪雷达集成在一起。"海拉姆"防空导弹使用的是改进型RIM-116导弹。该型导弹使用红外寻的头，还使用被动雷达寻的器，具有极强抗干扰能力。美国海军已在中国湖进行的一系列试验中证实该型导弹具备基本的弹体稳定性和传感器坚固性。

美国正在发展高速鱼雷 美国《今日防务》2005年6月10日报道，美国正在发展应用"超空泡"技术的高速鱼雷，以对付俄罗斯的高速鱼雷。俄罗斯"暴风"鱼雷通过其头部产生空泡，可以在空泡中而非水中运动；它的航速可达400节甚至更高，实际射程近100公里，而常规鱼雷的航速最高仅为50节左右。

美国改进"密集阵"近防武器系统 英国《简氏防务周刊》2005年10月报道，为了更好地提高近防武器系统的打击能力，美国海军对其"密集阵"火炮系统进行不断改进。其新研制的BLOCK 1B系统与最初的MK-15型系统相比，射速由3000发/分迅速提高到4500发/分，备弹量由989发提高到1550发，并装备了新型的弹药装填系统。另外还采用了MK244增强致命性弹药。该弹药战斗部装有能够对目标产生更大动能的较重钨核，通过给目标更大的能量，"密集阵"近防武器系统能够更好地应对来袭的高速导弹。

美国将测试新的潜艇通信浮标 美国《每日防务》2005年8月报道，美国海军将对一种"可回收系留光纤"的潜艇双向通信浮标进行测试。该浮标由英国超级电子公司研制，其有效载荷包括1个UHF（240~320兆赫）卫星通信载荷、GPS和1个雷达告警设备；此外还考虑SHF和EHF载荷，并可能使用可视与成像光电设备、电子支援措施设备等。该系统采用1个直径450毫米的漂浮体，通过1根宽带光纤系缆与潜艇相连，张紧力接近于零，可快速上浮到海面，并在海面保持不动；而水下潜艇的速度和下潜深度将保持不变，需要时可以快速回收，不会留下尾迹。

俄罗斯核潜艇发射"轻舟"洲际弹道导弹 英国《简氏防务周刊》2005年11月报道，俄罗斯核潜艇发射了一枚"轻舟"潜射弹道导弹（SS-N-23），在飞行了6000多公里之后，击中堪察加半岛的预定目标。"轻舟"洲际弹道导弹属于第三代潜射洲际弹道导弹，起飞重量 40.3 吨，战斗部 2.8 吨；弹长 14.8 米、弹径 1.9 米，最大射程 8300 公里；携带 4 枚分导式核弹头，每枚弹头 TNT 当量约 25 万吨；可在任何气象条件下从水下潜艇中发射。“轻舟”弹道导弹采用复合制导系统，全程惯性制导。

法、英联合研制新型巡航导弹　英国《简氏防务周刊》2005 年 8 月报道，法国与英国联合研制了“斯卡尔普 EG”新型巡航导弹。它是法国“阿帕奇”空地导弹的改进型，重 1250 公斤，最大射程近 400 公里，依靠惯性制导/全球定位系统和无线电测高仪导航，主要对敌方机库、雷达阵地等重要目标实施精确打击。英国称该型导弹为“风暴之影”，订购了 900 枚，在伊拉克战争中发射了 30 枚，取得了显著的效果。法国也订购了 500 枚，其中 450 枚装备空军，50 枚装备海军航空兵，交货持续到 2008 年。意大利和希腊也将分别装备 200 枚和 100 枚。

英国海军将装备先进舰载热像仪　英国《简氏防务周刊》2005 年 6 月报道，英国海军将在 22 型和 23 型护卫舰上装备 SIGMA 热像仪。该热像仪工作在红外区的中波段，能提高海军的监视和目标引导能力；特别是在炎热与潮湿气候条件下，还将提高全时、全天候的被动红外成像能力。该热成像仪的关键是提高性能数字信号处理技术，该技术能够很容易地适应各种尺寸和类型的探测阵列。另一个特点是采用了模块化的设计，从而大幅度地缩短开发时间，大大减少了生产制造时间。

英国水面舰艇鱼雷防御系统服役　英国《简氏国际海军》2005 年 3 月报道，英国海军自行研制的水面舰艇鱼雷防御系统已开始在海军中服役。该系统内部应用了高灵敏度的声学传感器，拖曳在水面舰艇后部进行作业，可有效地鉴定来袭鱼雷的方位；系统不仅能够向指挥人员发出鱼雷来袭的预警信息，并且能够应用系统内部的声学诱饵使鱼雷偏离原始攻击目标，使舰艇避开鱼雷的威胁。该系统将取代现役的 2070 声纳系统，装备于英国海军和海军后勤补给舰队的 65 艘舰艇。

以色列海军装备光电探测系统　英国《简氏防务周刊》2005 年 3 月报道，以色列海军开始装备一种新型光电探测系统，以防备来自海上的威胁。该系统由“密集阵”20 毫米炮及“毒刺”舰空导弹的探测子系统发展而来，系统可以扫描海面，是一种被动、实时，可自动推测移动目标的装置，集成了日光摄像机、第三代前置红外装置和激光测距仪。通过控制和显示设备，可使观察者跟踪和识别目标。这种探测系统一般安装在机动平台或高桅杆上，提供 360 度的观察覆盖面。

澳大利亚将用相控阵雷达升级护卫舰　英国《简氏防务周刊》2005 年 9 月报道，澳大利亚海军将选择本国 CEA 技术公司开发的 CEA-FAR E/F 波段相控阵雷达及配套使用的 CEA-MOUNT I/J 波段导弹照射相控阵雷达，作为“安扎克”级护卫舰的反舰导弹防御升级计划的重要组成部分。而目前“安扎克”护卫舰使用的是“海上长颈鹿”目标指示雷达和桁架式桅杆，这将使该舰具有超过 10 条以上火控通道。该舰满载排水量 3600 吨，却装备了两型相控阵雷达，从而表明小吨位的护卫舰装备相控阵雷达的时代已经到来。

南非海军试验“矛”式舰空导弹系统　英国《简氏防务周刊》2005 年 12 月报道，南非海军 11 月底在“英勇”级（“梅科”A200）护卫舰上，先后进行了 2 次“矛”式导弹的垂直发射试验。“矛”导弹是超音速中近程导弹，具有发射后锁定目标的功能。发射后，制导系统将导弹引导至目标所在的区域，然后导弹利用自身的红外传感器发现、锁定目标，并发起攻击。

海军飞机

美国考虑研制先进的舰载预警机　美国《每日防务》2005 年 3 月报道，美国海军现正在考虑研制下一代“先进鹰眼”预警机，其内部结构体系与现在的 E-2C“鹰眼”预警机完全不同。这种新型预警机的雷达能够在高地面杂波干扰的低空及陆地空域发现和跟踪空中目标，对这些目标进行分类，特别是发现类似导弹的小型目标；也能够用于近岸监视，以及远程超视距空中目标的监视乃至导弹防御。机载雷达能够检测出陆基巡航导弹，并将目标信息传送给沿岸舰艇，从而使舰艇能够发射“标准”系列防空导弹拦截舰上雷达探测距离之外的导弹。

美国海军将装备“扫描鹰”无人机　美国《防务新闻》2005 年 7 月报道，美国海军远征打击战斗群将装备由波音公司建造的“扫描鹰”无人机，用于实施长时间的海上情报搜集、侦察和监视等任务。“扫描鹰”无人机长 1.22 米、翼展 3.05 米，飞行高度约 4900 米；主要采用由万向架固定的光电或红外照相机进行侦照，能够非常方便地跟踪静止和运动目标。2004 年 8 月，该无人机曾创造了 16 小时 45 分钟的海上连续飞行记录。目前“扫描鹰”无人机的正常工作时间为 15 小时，美国海军计划将新型号无人机工作时间增加到 30 小时。

美国海军接收首批 MH-60R 直升机　法国防务宇航网站 2005 年 12 月报道，美国海军第 41 直升机反潜中队于 2005 年 12 月 5 日接收了首批 2 架新型 MH-60R“海鹰”直升机；其后，该中队还将接收另外 2 架 MH-60R 直升机。MH-60R 直升机将用来替换 MH-60B 和 MH-60F 直升机，从而极大地提高美国海军的海空作战能力。MH-60R 直升机采用 MH-60B 的声纳浮标、“海尔法”导弹、前视红外、雷达和电子支援措施系统，并融入了MH-60F直升机的吊放式声纳和鱼雷发射能力。此外，美国海军还将用MH-60S直升机来替换CH-46和HH-60H直升机。今后，MH-60R和MH-60S将成为航空母舰上仅存的两种直升机，使现有的直升机机型由4种减少为2种。

俄罗斯海军将装备新型苏-27KUB舰载战斗机 英国《简氏防务周刊》2005年8月报道，2007~2008年间俄罗斯海军将装备最新型的苏-27KUB舰载多用途战斗机，目前正在进行各种飞行试验。该型机是苏-33舰载歼击机的发展型，采用纵向一体化三角翼，气动力性能比苏-27战斗机提高10%；该机机身加宽，机翼面积增加了1/3，达到71.38平方米。机上换装了AL-31FP矢量控制发动机，最大起飞重量33000公斤，最大飞行速度2马赫，航母甲板降落速度为240公里/小时。该机首次装配全自动高精度导航系统和新型高分辨率机载相控阵雷达，使用超功率处理器，同时配有带激光测距仪的热像和电视信道；机上装备有30毫米机炮、“阿尔法”战役战术超音速反舰导弹和X-31A战术反舰导弹，还可装备各种空地导弹及1500公斤以下制导航弹，以对付空中、海上和地面各种目标。

日本研制新型反潜巡逻机 英国《简氏防务周刊》2005年9月报道，日本正在加紧研制新一代反潜巡逻机P-X，该机将于2007年首飞，2011年服役。该机机首装有相控阵雷达，上方装有先进的敌我识别器，下方设有可收缩的红外传感器，机尾装有磁异探测器；主翼根部后面有4个声纳浮标投射孔。该机使用4台日本自行研制的XF-7发动机，可提供60千牛的起飞推力，它的巡航高度1.1万米，巡航速度820公里/小时；机上采用光纤传导飞行控制系统，机载电子系统具有很强的抗电磁干扰性。

韩国将大力发展地效飞行器 韩国海外信息服务中心2005年11月报道，韩国计划在今后几年建造50艘地效飞行器。该地效飞行器可携载200名乘客，最大速度为315公里/小时，比同类地效飞行器的速度要快。它的外型像飞机一样，装有机翼，能够在距地面/海面5~6米的超低空飞行，可显著增加升力，减少飞行器的气动阻力，大幅度地降低耗油率。该地效飞行器将用于海上运输，可以大大降低运输时间，降低成本。

（李　杰）

航空武器装备

综述 居高不下的成本仍然是影响航空武器装备发展的关键因素。近年来，各国国防预算的缩减与航空武器装备居高不下的成本之间形成了一个难以解开的结。各国寻求航空武器装备的高度现代化，使装备系统的研发费用一路攀升；国防预算的紧缩，使航空武器装备的采购数量逐步减少，更加剧了单机成本的上扬。最终促使航空武器装备的成本居高不下。年内，美国的F-22A战斗机和F-35战斗机都遇到此类问题。在装备数量上军方与立法机构之间产生了较大的分歧，但战略因素最终促使两者之间达成某种平衡。不过，成本居高不下将在今后相当长的一段时间里对世界范围内航空武器装备的发展产生重要影响。

对未来空中作战样式的研究将决定航空武器装备的发展方向。美国空军2005年10月举行了为期3天代号为“未来能力评估”的演习，目的在于对2025年左右美国空军应具备的作战能力进行前瞻性研究。演习表明，远程打击、弹道导弹和巡航导弹防御、信息战和网络战仍然是美国关注的重点；空中作战将采用“传感器-射手”的模式；战斗行动的阶段主要包括搜索发现、识别、跟踪、瞄准、攻击以及评估。这些研究成果将在很大程度上影响到今后一个时期内飞行平台、航空电子设备、指挥控制系统、机载武器系统等航空武器装备重要组成部分的发展方向。

有人驾驶飞机的发展战线紧缩，无人驾驶飞机形成迅猛的发展势头。有人驾驶飞机占据新机发展重点的格局目前正在发生着某种变化。由于发展新型有人驾驶飞机需要的投资大、研发周期长、技术风险大，近年来战线已经有明显的收缩，即使美俄等传统航空技术强国，已鲜见新型有人驾驶飞机计划出台。年内，只有美国提出下一代远程突击飞机的发展计划，以及俄罗斯久拖未决的第五代战斗机发展计划，其他的方案都是在现役机型基础上的改进方案。与之形成鲜明对比的是，由于研制无人驾驶飞机的投资相对较小、研制周期短、风险相对较小，发展无人驾驶飞机的新机方案层出不穷，几乎每年都有多种类型、多种型号的无人驾驶飞机出台，特别是攻击型无人驾驶飞机的发展已经得到许多国家的认可。这种趋势必将对空中作战理论、作战样式与方法产生重大影响。应当看到，无人驾驶飞机虽然在作战使用中有出色的表现，但依然存在着诸多的问题，主要表现在：无人驾驶飞机与有人驾驶飞机之间以及无人驾驶飞机之间的协同问题还没有从根本上解决；带宽和传感器互通性的问题也影响到了无人驾驶飞机的使用；交战规则影响了无人驾驶飞机使用的灵活性；空域使用方面的冲突越来越突出，无人驾驶飞机与低空活动的有人驾驶飞机之间危险相遇的情况时有发生。

突出发展作战飞机的网络中心战能力。网络中心战的理论对航空技术装备的发展已经产生了重要的影响。不论是新型航空技术装备的发展，还是对现役装备的改进，都将具备和提高网络中心战的能力摆在重要的地位。其手段主要是实时共享作战信息，提高空中力量的实时反应能力，具备在战斗起飞后临时变换突击目标，在航线上重新进行任务规划，同时提高协同作战能力，以期全面增强作战系统的整体作战效能。目前正在进行的项目包括美国空军 B-52 战略轰炸机的网络中心战能力改进，这一计划为期 4 年，合同总价值为 2.167 亿美元，重点是改进 B-52 轰炸机的战斗网络通信技术。

轰炸机　轰炸机的发展继续受到美俄两国的高度关注。由于轰炸机主要作为战略性空中打击的武器投射平台使用，具有核与常规作战兼备的能力，以及战略导弹和巡航导弹所无法比拟的灵活性，美国和俄罗斯始终没有停止轰炸机的改进与发展工作，而且在世界范围内，只有美国和俄罗斯具有改进与发展轰炸机的战略需求与技术能力。但是，俄罗斯受现阶段经济发展水平的制约，轰炸机的装备规模已明显缩小，改进与发展的速度也有所减缓，不过俄罗斯在轰炸机发展的理论和技术储备方面一刻也没有放松。因此，在轰炸机的改进与发展方面，目前基本呈现的是美国一枝独秀的局面。

美国空军调整远程打击能力的发展规划　综合美国《空军杂志》和《航空周刊与空间技术杂志》的报道，美国空军于 2005 年内对远程打击能力的发展规划进行了调整。美国空军参谋长江珀上将于 3 月 16 日向国会议员透露，美国空军在 2006~2011 财政年度的预算中预留了 10 亿美元用于远程打击能力的发展。新的方案针对今后相对较近的一个时期内美国的战略需求，其基本目标是：放弃在下一代轰炸机的发展上一步到位的计划，转而采取从 2015 年开始先期部署一种过渡型的轰炸机，到 2035 年以后再部署下一代战略轰炸机。但是，在现阶段的预算紧缩的形势下，2008 财政年度以前，美国空军尚无法正式启动远程打击能力的研制计划。对于美国空军的过渡型轰炸机，基本有两种方案。一种是美国空军提出的 FB-22 飞机方案，这是在 F/A-22 战斗机的基础上针对轰炸作战需要，推出的一种双座改进型，并将机翼改为三角翼。另一种是美国诺斯诺普·格鲁曼公司提出的无人驾驶区域性攻击系统的方案，这一方案的基础是该公司研制的 X-47 攻击型无人驾驶飞机的轰炸机改进型，其航程可达 11100 公里，能够以 2~2.4 马赫进行超音速巡航，载弹量大于 15 吨，可以满足地区冲突中对敌人战略目标进行精确空中打击的需要。

美国空军 B-52 轰炸机实现航空电子中期改进目标　据英国《防务新闻》2005 年 7 月 19 日报道，美国空军 B-52 轰炸机的航空电子中期改进计划在年内实现了计划的标志性目标，即成功地完成了机载武器系统与航空电子系统集成的验证试飞，这是该计划的最后一项武器综合试验。B-52 轰炸机航空电子中期改进计划的飞行试验工作始于 1999 年，主要目的是改进其保障性、保持系统的作战能力并提高对未来新武器系统的兼容性。航空电子中期改进项目的主要内容包括：用环形激光陀螺取代原有的惯性导航系统；用 2 台具有大规模寻址能力的高速处理器取代 3 台速度慢、容量小的处理器；提高数据的存储与传输能力。在投射武器的兼容性方面，经过航空电子中期改进的 B-52 轰炸机可以投射常规炸弹和核武器，可以兼容非制导武器以及联合直接攻击弹药、常规空射巡航导弹、联合空地防区外导弹等精确制导武器，以及核炸弹和核巡航导弹。

美国空军实施 B-52H 轰炸机网络中心战改进计划　据美国《航空航天日报》2005 年 7 月 12 日报道，美国波音公司从 2005 年 8 月开始，根据美国空军的要求对 B-52H 轰炸机进行网络中心战能力的改进。这一计划称为 B-52H 轰炸机战斗网络通信技术项目，目标是为 B-52H 轰炸机改装航空电子系统，具备更加全面的信息共享和态势感知能力。工作内容包括：用新的彩色显示器替换原模拟显示器；安装新的卫星通信系统，提高与其他作战飞机及指挥中心共享信息的能力；加装高速数据通信系统，使 B-52H 轰炸机在起飞后可重新进行任务规划，在航线途中获取目标信息；增加突击武器携载种类，具备打击目标的灵活性。

美国空军 B-1B 轰炸机装备“狙击手”瞄准吊舱　据美国《航空周刊与航天技术》杂志 2005 年 9 月 5 日报道，美国空军为提高 B-1B 轰炸机遂行近距空中支援作战任务的能力，于年内进行了一系列试验，在B-1B轰炸机上加装“狙击手”XR瞄准吊舱，用于制导该机在遂行近距空中支援任务时投射GBU-38联合直接攻击弹药。B-1B轰炸机在常规突击时以投射908公斤级的GBU-31联合直接攻击弹药为主。针对遂行近距空中支援任务（特别是城区作战时近距空中支援）的要求，为了在保持原有命中精度的情况下，有效降低附带损伤，B-1B轰炸机在遂行近距空中支援时改为主要投射227公斤级GBU-38联合直接攻击弹药。洛克希德-马丁公司研制的“狙击手”XR瞄准吊舱，已经装备在美国空军的战术作战飞机上，并经实战证明具有较好的搜索发现地面目标和瞄准攻击能力。B-1B轰炸机加装“狙击手”XR瞄准吊舱后，将显著提高该机近距空中支援的能力。

美国空军B-1B轰炸机进行改进后的作战能力演示验证 据英国《防务新闻》2005年8月23日报道，美国空军在完成对B-1B轰炸机进行攻击性航空电子系统软件改进、飞行控制软件升级以及部分武器系统硬件的改进后，其第337试验和评估中队在戴耶斯空军基地进行了B-1B轰炸机改进后的演示验证。试飞表明，改进后的B-1B轰炸机在1架次飞行中可以投射多种不同的空地突击武器。试验中B-1B轰炸机先后发射了AGM-158A联合空地防空区外导弹，导弹飞行315公里后命中目标；投射了227公斤级的GBU-38和908公斤级GBU-31联合直接攻击弹药等精确制导炸弹；以及MK-82和MK-84非制导炸弹。

美国空军开始研制轰炸机通用联合任务规划系统

据英国《防务新闻》2005年10月7日报道，美国空军批准一项价值1.53亿美元的任务规划系统研制合同，由美国波音公司为B-1B、B-2和B-52H轰炸机研制一种通用的联合任务规划系统，以满足轰炸机部队快速反应的需要。该系统采用通用的硬件和软件标准，可以在一套平台上同时完成不同型轰炸机的作战任务规划，可有效地提高快速反应能力并降低成本。

战斗机 战斗机的改进重点是提高遂行多种任务的能力。战斗机历来是各国空军装备发展的重中之重，但是只有少数国家具备发展全系列战斗机的技术能力和经济实力。因此，在国防预算缩减的大趋势下，战斗机的发展主要走的是通过技术改进提高其遂行多种任务能力的途径，而且把遂行多种任务的能力作为其战斗机选型的基本指标。年内，新加坡、韩国、泰国等国在进行新一代战斗机的选型时就是遵循了这一原则。

美国空军F-22A战斗机正式形成初始作战能力

据美国《空军时报》2005年12月15日报道，美国空军当天正式宣布，F-22A战斗机作为美国空军最先进的武器系统已经形成初始作战能力，这标志着F-22A战斗机已经开始担负作战任务，并且可以同时遂行空空和空地战斗任务。当天，美国空军参谋长莫斯利上将对该机的型号进行了更正，由以往的F/A-22重新改称为F-22A。第一支形成初始作战能力的F-22A战斗机部队是部署在弗吉尼亚州兰利空军基地的美国空军第1战斗机联队所属之第27战斗机中队，该中队于2005年5月12日正式装备F-22A战斗机，装备数量为12架。此前F-22A战斗机一直装备在美国空军的训练部队，用于飞行员改装训练。8月29日，F-22A战斗机开始进行后续作战试验与评估，并于年内按计划完成。在2005年内，F-22A战斗机进行了一系列的试验和训练，以检验其战斗能力。这些试验和训练包括：首次按作战的标准部署到犹他试验与训练场，进行了投射联合直接攻击炸弹的试验；首次进行压制俄制地空导弹系统的作战试验；首次与担负前沿空中控制员任务的F-16战斗机进行配合，遂行了近距空中支援任务；12架飞机同时参加了在阿拉斯加举行的联合军事演习。这些试验和演习均取得成功，为具备初始作战能力奠定了基础。年内，美国空军接收的F-22A战斗机的数量已经达到59架。根据计划，美国空军将装备381架F-22A战斗机。另据《防务新闻》报道，2005年12月初，美国空军F-22A战斗机，在靶场试验过程中，首次成功地在超音速条件下投射454公斤级的联合直接攻击弹药，这标志着F-22A战斗机的空地攻击能力得到增强，在执行全球打击任务时能在防空区外投射空地精确制导武器。下一阶段将开始进行F-22A战斗机超音速条件下投射小圆径炸弹的飞行试验。

美国空军改进F-16CJ飞机 据英国《简氏国际防务评论》杂志2005年第3期报道，美国空军于2005年年初批准对专门遂行压制防空体系任务的F-16CJ飞机实施改进的计划，计划全称为“通过联网的地理位置进行灵敏瞄准与识别”（STING）。该计划的主要内容是对现有的AN/ASQ-213高速反辐射导弹瞄准系统进行改进，并加挂先进瞄准吊舱。年内，美国空军在国民警卫队的F-16CJ飞机在空军现役试飞部队中进行了试飞。在改进之后的F-16CJ飞机上，AN/ASQ-213高速反辐射导弹瞄准系统吊舱由原来挂载在发动机进气道的右侧，改为挂载在左侧；原右侧挂点加挂一个AN/AAQ-33型“狙击手”XR先进瞄准吊舱。实施此项改进计划后，F-16CJ飞机的作战能力有两方面的提升：一是可以利用 AN/ASQ-213 吊舱，通过 16 号数据链与其他飞机上的瞄准系统共享目标数据，快速确定辐射目标的位置，生成准确的目标坐标信息，提高 F-16CJ 飞机使用全球定位系统制导的联合直接攻击炸弹突击辐射目标的准确性；二是可以利用 AN/AAQ-33 "狙击手" XR 吊舱，在更远的距离上进行被动目标识别。根据计划，美国空军现役部队的 F-16CJ 飞机将全部由单吊舱改为双吊舱配置，并采购 290 部新生产的 AN/ASQ-213 吊舱，2007 年开始对其进行软件系统升级。

美国空军改进第 40 批和第 42 批 F-16C/D 战斗机 据英国《简氏国际防务评论》杂志 2005 年第 7 期报道，美国空军与洛克希德-马丁公司共同实施 F-16C/D 战斗机的通用配置改进计划（CCIP）。改进工作主要针对美国空军现役的第 40 批和第 42 批 F-16C/D 战斗机，改进内容包括：改进航空电子系统的硬件和软件，加装 LINK16 数据链系统，装备头盔瞄准具，换装新型火控计算机和彩色多功能显示器。改进工作的主要目标是提高第 40 批和第 42 批 F-16C/D 战斗机的对地突击能力。2005 年 4~5 月，美国空军进行了相应的试飞工作。

韩国空军 F-15K 战斗机正式服役 美国《航空航天日报》2005 年 12 月 13 日报道，韩国空军第 11 战斗机中队于 12 月 12 日举行 F-15K 战斗机 "猛鹰" 的首飞仪式，这标志着 F-15K 战斗机正式开始在韩国空军服役。F-15K 是一种多用途战斗机，系美国空军 F-15E 战斗机的改进型，可在各种气象条件下遂行空地、空空和空海作战任务，武器携载量为 10.4 吨，包括防空区外对地突击武器、联合直接攻击弹药、反舰导弹以及 AIM-9X 空空导弹，该机于 2005 年 3 月 3 日在美国波音公司由美国试飞员进行了首次试飞。美国波音公司于 10 月向韩国交付首批 2 架飞机，第二批 2 架飞机于 12 月 5 日交付韩国。根据计划，韩国空军到 2008 年将装备 40 架 F-15K 战斗机，合同总价值 42 亿美元。

新加坡选择美国 F-15 战斗机为下一代战斗机 综合 2005 年 8 月 31 日英国《简氏防务周刊》和 2005 年 9 月 7 日美国《航空航天日报》报道，在综合考虑政治、外交和经济方面的诸因素后，新加坡决定采购 20 架美国的 F-15 战斗机及相应的武器系统，飞机型号确定为 F-15SG，其含义为 "新加坡的 F-15 战斗机"。新加坡下一代战斗机计划总价值达 7.14 亿美元，取代现役的 A-4SU 和 F-5S/T 战斗机。美国方面提供的武器包括：200 枚 AIM-120C 中距空空导弹、200 枚 AIM-9X 近距空空导弹、50 枚装备 BLU-111 弹头的 GBU-38 联合直接攻击弹药、30 枚 AGM-154A 和 30 枚 AGM-154C 联合防空区外空地导弹。其他配套装备包括：44 套 AN/AVS-9（V）夜视镜、24 套 Link 16 数据链终端、100 套 GBU-31 联合直接攻击弹药的 KMU-556 尾翼组件，以及测试、后勤和维护保障设备。飞机将于 2008~2009 年开始交付。

泰国采购俄罗斯苏-30MKM 战斗机 综合美国《航空周刊与空间技术》杂志和英国《防务新闻》报道，泰国政府和俄罗斯于 2005 年 12 月签署了一份谅解备忘录，泰国将斥资 5 亿美元，向俄罗斯采购 12 架苏-30MKM 多用途战斗机。目前泰国空军的战斗机主要是 A-7 飞机和 F-5E/F 型，以及部分 AV-8S 和 F-16A/B 战斗机，战斗机的性能已显陈旧。而泰国的一些邻国已经装备航程更远、更为先进的苏-27、苏-30 战斗机。为提高泰国空军的作战能力，泰国政府计划在购买苏-30 战斗机的同时，再增购一批美国的 F-16 战斗机或对现役的 F-16 战斗机进行改进，以及租赁一批瑞典的 JAS-39 "鹰狮" 战斗机。

巴基斯坦获准从美国采购 F-16 战斗机 据美国《航空航天日报》2005 年 10 月 13 日报道，美国总统布什向国会通告，希望向巴基斯坦出售 80 架新式和二手的 F-16 战斗机。巴基斯坦多年来一直寻求向美国采购 F-16 战斗机，以维持与印度在空中力量方面的平衡，但美国一直拒绝交付巴基斯坦订购的飞机。此次，美国出于反恐战略的需要，终于同意向巴基斯坦出售 F-16 战斗机。根据美国的方案，美国将向巴基斯坦提供 55 架新生产的 F-16 战斗机和 25 架二手的 F-16 战斗机，二手飞机是北约盟国淘汰的飞机。虽然美国为巴基斯坦空军装备现代化计划开了绿灯，但这一计划能否顺利实施还受诸多因素的制约。目前，巴基斯坦现役的 32 架 F-16A/B 战斗机需要进行寿命中期改进，经费拮据很可能将限制巴基斯坦采购新机的规模。

阿拉伯联合酋长国接收首批 F-16E/F 战斗机 据美国《空军杂志》2005 年第 7 期报道，阿拉伯联合酋长国空军于 2005 年 5 月 3 日从美国洛克希德-马丁公司接收了首批 10 架 F-16E/F "沙漠隼" 多用途战斗机，并在美国的帮助下，在美国亚利桑纳州实施改装训练。F-16E/F 战斗机是美国根据阿拉伯联合酋长国的需要在 F-16C/D 的基础上改进的，主要改进包括：换装先进的机载雷达、自卫电子设备、新型发动机以及上翼根部的保形油箱。阿拉伯联合酋长国共采购了 80 架 F-16E/F 型飞机，该机的总体性能优于美国向以色列出口的 F-16I 战斗机。

沙特阿拉伯采购欧洲战斗机“台风” 据英国《防务新闻》2005 年 12 月 22 日报道，随着英国和沙特阿拉伯政治关系的日益密切，两国政府签署了旨在加强双边军事关系和促进沙特阿拉伯武装部队现代化的谅解文件。根据计划，沙特阿拉伯将采购欧洲战斗机公司研制的“台风”战斗机，以取代沙特阿拉伯空军目前装备的“旋风”战斗机。沙特阿拉伯空军采购“台风”战斗机的数量为 72 架，合同还包括相关的工业技术转让，以及全寿命保障的技术培训。

中国台湾提出第三代战斗机发展计划 综合美国《航空周刊与空间技术》与英国《飞行》杂志报道，台湾防务部门于 2005 年 4 月 2 日提出了台湾空军第三代战斗机的发展计划。台湾防务部门负责人称，中国大陆可能从国外进口先进作战飞机，台湾需要对第三代战斗机的发展问题进行评估。目前，台湾空军将从美国采购的 F-16 战斗机和从法国采购的幻影 2000-5 战斗机以及自研的 IDF 战斗机称为第二代战斗机。由于台湾目前没有自研第三代战斗机的计划，因此台湾空军的第三代战斗机将主要外购，其主要目标是寻求采购美国的 F-35 战斗机。

欧洲战斗机“台风”成功进行作战部署测试 据英国《防务新闻》2005 年 10 月 6 日报道，2005 年初，欧洲战斗机“台风”进行了首次跨大西洋作战部署。英国皇家空军的空中作战中心在美国西部的加利福尼亚州中国湖航空武器靶场举行代号为“高空骑手演练 10”检验性演习，对“台风”战斗机进行了作战测试。此次检验性演习测试了“台风”战斗机在与“鹞”式 GR7 和“旋风”GR4 战斗机综合使用条件下的作战能力与保障能力。测试内容主要包括：跨大西洋飞行时的空中加油能力；作战环境下的机载武器系统评估；第二批次“台风”战斗机航空电子系统升级的飞行测试；雷达系统、自卫电子防御系统及传感器数据融合能力改进的评估。测试飞行共 21 架次，26 小时，包括 7 次双机对双机和 1 次双机对四机的对抗飞行。测试结果显示，系统性能符合作战要求。

捷克空军正式用 JAS-39 战斗机取代米格-21 战斗机 综合 2005 年 7 月 14 日和 9 月 2 日美国《航空航天日报》报道，7 月 12 日，捷克共和国空军剩余的 9 架俄罗斯制造的米格-21 战斗机在捷克领空进行了最后一次象征性飞行，结束其在捷克空军 40 余年的服役，正式从捷克空军退役。7 月 1 日，由瑞典生产的 JAS-39“鹰狮”战斗机已经开始接替米格-21 战斗机在捷克上空执行巡逻任务。捷克国防部 7 月 13 日宣称，退役的米格-21 飞机将转让给其他国家。米格-21 战斗机自 1962 年开始在捷克斯洛伐克空军服役，从 1993 年后继续在捷克共和国空军服役。捷克斯洛伐克空军最多时曾装备 467 架米格-21 战斗机。此前，捷克与瑞典方面签署了为期 10 年租赁协议，以 7.84 亿美元的价格，向瑞典租赁 14 架 JAS-39“鹰狮”战斗机。4 月 18 日，首批 6 架 JAS-39 战斗机交付捷克；到 8 月 31 日，全部 14 架飞机交付完毕，部署在卡斯拉夫空军基地。

希腊对空军战斗机部队的现代化计划作出重大调整 据美国《空军杂志》2005 年 9 月号报道，希腊政府经过反复比较和验证，出于政治和经济的双重考虑，于 7 月决定对空军的战斗机部队现代化计划进行重大调整。希腊国防部长宣布放弃原定购买 60 架欧洲战斗机“台风”的方案，转而从美国采购至少 30 架新型 F-16C/D 战斗机，该计划总价值达到 13.2 亿美元。希腊空军战斗机部队现代化计划分两个阶段实施：第一个阶段是美国在 2008~2009 年间分两批向希腊空军交付 30 架 F-16C/D 战斗机；第二个阶段，在对希腊空军 F-16C/D 的使用情况进行全面评估后，希腊政府再决定是否从美国采购第三批 10 架 F-16C/D 战斗机。希腊空军在过去的十多年里已经从美国采购大约 140 架较早型号的 F-16 战斗机，继续采购新型号的 F-16C/D 战斗机，可以降低希腊空军的使用与维护成本。

巴西从法国进口一批二手“幻影”2000 战斗机 据美国《航空航天日报》2005 年 7 月 19 日报道，法国政府于 7 月 18 日宣布，巴西总统在出席法国国庆庆典仪式时与法国政府签署协议，巴西从法国购买 12 架二手的“幻影”2000 战斗机，总价值 8500 万欧元。所购飞机均装备先进的 RDI 脉冲多普勒雷达，同时法方提供所需的地面保障设备。

巴西从沙特阿拉伯采购一批二手 F-5 战斗机 据英国《简氏防务周刊》2005 年 8 月 24 日报道，由于巴西的 F-5BR 战斗机改进项目延迟，巴西空军决定采购沙特皇家空军使用过的 F-5E/F 战斗机以弥补其空中作战能力的不足。巴西的 F-5BR 战斗机改进项目是由巴西航空工业公司和以色列埃尔比特公司合作实施的，共需改进巴西空军的 48 架 F-5E/F 飞机。第一架改进的飞机原定于 2005 年 5 月交付，但是由于种种原因可能将推迟到 9 月份才能交付。此次采购的二手飞机包括 5 架 F-5E 和 4 架 F-5F 战斗机，部署在巴西东北部的纳塔尔空军基地。与之配套，巴西还从南非进口一批中距空空导弹。

南非空军采购的首架JAS-39“鹰狮”战斗机出厂 据英国《简氏防务周刊》2005年11月2日报道，南非向瑞典订购的28架JAS-39“鹰狮”多用途战斗机的首架飞机于10月28日出厂。这批飞机是南非1999年12月与瑞典和英国签署的一揽子武器购买合同的一部分，包括19架单座和9架双座JAS-39“鹰狮”战斗机。南非空军将用JAS-39“鹰狮”飞机替代现役“幻影”III和“幼狮”战斗机，使其战斗机部队由装备多种型号的飞机转变成只装备一种型号的战斗机，以此降低南非空军的使用与维护成本。首架JAS-39“鹰狮”将主要用于系统的试验与鉴定，将于2006年8月交付南非空军。根据计划，瑞典将于2008年3月开始交付双座型飞机，2009年12月开始交付单座型飞机。全部战斗机将在2011年底至2012年初交付完毕。

攻击（强击）机、攻击型无人驾驶飞机

攻击型无人驾驶飞机走上跨军种通用化的发展道路。攻击型无人驾驶飞机的发展因其在阿富汗和伊拉克战争中的成功使用而引起各国的重视。攻击型无人驾驶飞机主要有改装和新研制两条道路，但由于各军种都对攻击型无人机的发展提出了需求，因此不论是改装还是新研制，其战线都比较长，力量相对比较分散，在一定程度上影响了攻击型无人机的发展。年内，以美国为代表，将攻击型无人机的发展纳入了跨军种通用化的发展道路。美国国防高级研究规划署于2005年11月1日将联合无人战斗飞行系统计划领导权移交给美国海军和空军的联合管理机构，这标志着新的攻击型无人驾驶飞机的发展由美国空军和海军各自发展，转变为联合发展一种能够满足空军和海军需要的通用平台，以期节约研发费用，缩短研制周期，降低使用与维护费用，提高使用中的互操作性。

美国空军F-15E换装新型瞄准吊舱 据美国《空军杂志》2005年第3期报道，2005年1月7日，部署在英国拉肯希斯空军基地的美国空军第48作战大队的F-15E战斗机加装“狙击手”先进瞄准吊舱，并成功地进行了首次227公斤级联合直接攻击炸弹的投射试验。“狙击手”先进瞄准吊舱可以快速接收卫星系统提供的目标坐标信息，并直接传递给联合直接攻击炸弹。因此，使用“狙击手”瞄准吊舱后，F-15E战斗机后座的武器系统军官可以自主地投射全球定位系统制导炸弹，而不需要像以往那样需要与地面终端控制员配合才能遂行突击任务。同时，还可以明显缩短F-15E战斗机识别目标到投射机载武器的时间，提高攻击飞机的生存能力。

美国空军对全部现役A-10攻击机进行改进 据美国《空军杂志》2005年第4期报道，由于美国空军的部分A-10A攻击机从2004年2月开始退役，为提高现有A-10攻击机的作战能力，美国空军年内决定对现役的全部356架A-10A攻击机进行改进。改进后的A-10攻击机为A-10C型，此次改进是A-10攻击机历史上规模最大的一次改进。改进的主要目标是提高A-10攻击机的精确打击能力。主要改进内容如下：一是更新航空电子系统，包括在座舱中加装2个彩色多功能显示器、1个板式平视显示器。二是加装可以制导新型精确制导武器的导航攻击吊舱。三是具备挂载风修正弹药投撒器和联合直接攻击炸弹的能力。四是将机上直流发电机的输出功率增大一倍，以满足飞机设备改装的需要。根据计划，A-10攻击机的改装工作将从2006年持续到2009年。改进后的A-10C攻击机，在目标搜索与截获、精导武器投射以及战场态势感知等方面，性能都有显著提高。

美国空军特种作战部队的攻击运输机换装新型全景夜视系统 据美国《空军杂志》2005年第7期报道，美国空军特种作战司令部于2005年4月25日接收首批20套新型全景夜视系统，装备在AC-130和MC-130攻击运输机上。这种新型的全景夜视系统的视场达到95度，比目前使用的夜视镜的视场增大55度。根据计划，美国空军特种作战部队将一共装备400套新型全景夜视系统，此举将显著提高美国空军特种作战攻击运输机的夜间作战能力。

美国空军AC-130攻击运输机装备精确制导对地突击武器 据英国《防务新闻》2005年8月25日报道，美国空军特种作战司令部授予美国诺斯罗普·格鲁曼公司一项价值2200万美元合同，为美国空军AC-130攻击运输机进行改装，使之能够使用“蝰蛇打击”防空区外精确制导弹药。AC-130攻击运输机主要是在特种作战中提供航空火力支援，以往完全使用大口径航炮对目标进行突击。AC-130飞机遂行任务时在中低空活动，受敌防空火力威胁较大，迫切需要具备防空区外打击的能力，以提高自身的生存能力。“蝰蛇打击”防区外精确制导弹药是一种滑翔炸弹，可在防空区外对目标实施精确打击，制导方式为GPS和激光制导。装备此种精确制导防空区外突击武器后，可显著增强AC-130攻击运输机的作战能力和生存能力。

美国空军MQ-1攻击型无人机具备初始作战能力 据美国《空军杂志》2005年第4期报道，美国空军于2005年3月1日宣布，在RQ-1A侦察型无人机的基础上改进的MQ-1攻击型无人机已经形成初始作战

能力。在此之前，MQ-1 攻击型无人机已经在阿富汗和伊拉克战争中多次投入实战使用，并取得初步战果。MQ-1 攻击型无人机装备有先进的传感系统和 2 枚“海尔法”空地导弹，试验与实战使用表明，该机已经满足了可维护性与保障性的要求。同时，在 2005 财年的预算案中，美国空军申请 1.61 亿美元，采购 27 架 RQ-1 无人驾驶飞机，其中包括 9 架 MQ-1 攻击型无人机。

美国空军成功进行 MQ-1 攻击型无人机四机编队飞行试验 据美国《空军杂志》2005 年 12 月号报道，2005 年 9 月 14 日，美国空军在内华达州克里奇空军基地首次成功地进行了 MQ-1 攻击型无人机的四机编队飞行试验。这次试验使用了美国新近研制成功的多机控制系统（MAC），于 9 月 12 和 13 日成功地进行了双机编队飞行试验，并于 9 月 14 和 15 日将编队规模扩大至四机编队。此次试验成功表明，在使用多机控制系统对攻击型无人机进行控制后，一名地面控制员可以同时控制 4 架攻击型无人机，从而显著提高了使用攻击型无人机时对目标实施突击时的连续性。目前，一名地面控制员还不能控制多架无人机同时攻击，因此，攻击型无人机多机攻击的方法是在一名控制员的控制下，依次进入连续突击。2005 年 11 月，美国空军第 53 试验与评估大队在内华达州内利斯空军基地和佛罗里达州埃格林空军基地同时展开多机控制系统的作战能力试验，也取得了成功。

美国空军 MQ-9A 攻击型无人驾驶飞机投入实战使用 据英国《简氏防务周刊》2005 年 3 月 16 日报道，美国空军已经将 MQ-9A 攻击型无人驾驶飞机投入阿富汗和伊拉克战区。MQ-9A 无人驾驶飞机是 RQ-1B 无人驾驶飞机的攻击型。与 MQ-1 攻击型无人驾驶飞机相比，MQ-9A 攻击型无人机速度更快、巡逻时间更长、传感器及武器的携载量更大。MQ-9A 攻击型无人驾驶飞机在实战使用中，配置在高空的 RQ-4A 无人驾驶飞机和中低空中 MQ-1 攻击型无人机之间，形成一个由攻击型和侦察型无人驾驶飞机覆盖的全高度层，主要使用机载光电/红外摄像机和高分辨率合成孔径雷达搜索和跟踪地面目标并将其数据传送到其他平台，并根据地面控制员的指令，用机上携载的精确制导武器（227 公斤级 GBU-38 联合直接攻击弹药）进行攻击。

美国空军成功进行无人攻击机的多机飞行中控制交接试验 据美国《空军杂志》2005 年第 4 期报道，美国空军于 2005 年 1 月 27 日在爱德华兹空军基地，利用分布式指挥控制系统对 2 架 X-45A 无人攻击机进行同时控制和控制权交接试验。试验中担负主控任务的操纵员，将 2 架 X-45A 无人攻击机的控制权转交给目标区的辅助操纵员，辅助操纵员控制其中 1 架无人攻击机利用机上传感器对预定目标进行了雷达照相，完成预定任务后，辅助操纵员将 2 架无人攻击机的控制权交回给主控操纵员。这次成功的试验表明，X-45A 无人攻击机除具有自主遂行任务的能力外，也具备在飞行中由接力控制遂行任务的能力，使用的灵活性进一步提高。

美国 X-45C 联合攻击无人机系统完成需求评审 据美国《航空周刊与空间技术》杂志 2005 年 5 月 16 日报道，美国国防部高级研究规划署和美国空军、海军及波音公司进行的 X-45C 联合攻击无人机系统于当月完成了需求评审。联合评估委员会批准波音公司继续进行该机的能力演示计划。当年夏天进行最终的设计评审。根据计划，波音公司将生产 3 架 X-45C 验证机，2 套任务控制组件和一套通用操作系统。第一架 X-45C 无人攻击机将于 2006 年出厂，飞行试验于 2007 年年初开始。该机机长 11.9 米，翼展 14.9 米，载弹量 2043 公斤，可携带高能微波武器。

美国空军 X-45C 攻击型无人驾驶飞机增加空中受油能力 据美国《航空航天日报》2005 年 7 月 12 日报道，美国空军的 X-45C 攻击型无人驾驶飞机年内的研发计划中，增加了一项补充合同，即“自主空中加油技术”的验证项目。这一项目由美国波音公司负责技术实现，由 KC-135 空中加油机对 X-45C 无人驾驶飞机进行空中加油。采用自主空中受油以后，X-45C 攻击型无人驾驶飞机可在敌方空域活动更长的时间，使敌方目标受到监视和威胁的时间更长，从而提高对敌目标进行持久压制的能力。根据计划，美国波音公司将在 2010 年对无人驾驶飞机的自主空中受油进行实际试飞验证。

美国空军 X-45A 攻击型无人驾驶飞机成功进行攻击模拟目标和规避随机模拟目标试飞 综合美国《航空周刊与空间技术》杂志和《航空航天日报》报道，美国空军的 X-45A 攻击型无人驾驶飞机在 2005 年 2 月 4 日进行的第 50 次试飞中，出动 2 架飞机，分别上升高度至 7400 米和 7700 米，以 0.65 马赫飞行 40 公里，根据所携载的武器和燃料剩余量，自主决策对目标实施了突击。在 8 月 10 日进行的第 63 次试飞中，进行了双机编队试飞，X-45A 成功实现了机动规避非预设的模拟威胁目标，并自主确定双机中的哪一架无人攻击机适合攻击该随机目标。2 架攻击型无人驾驶飞机滑跑起飞后爬升到一定高度，利用决策软件，自主确定在 48 公里×96 公里的巡逻空域中的最优飞行轨迹并得到地面控制员的批准。随后模拟执行了先期压制敌防空体系的任务，利用模式识别技术，自动识别目标、规避威胁并进行了攻击。这两次试飞展示了攻击型无人驾驶飞机的灵活性。

印度空军接收首批改进型“美洲虎”攻击机 据美国《航空航天日报》2005 年 8 月 1 日报道，印度空军从印度国有的印度斯坦航空公司接收了首批 9 架改进型双座“美洲虎”攻击机。改进型“美洲虎”攻击机换装印度国产的航空电子设备，具有夜间攻击和精确对地突击能力，同时还对机体结构进行了改进，以便加装干扰装置和武器吊舱。印度空军全部 140 架“美洲虎”攻击机都需要进行相应的改进，改进后“美洲虎”攻击机在经过 500 小时飞行试验考核后，将开始担负作战任务。

英国延长“鹞”GR9 攻击机的服役时间并对其进行改进 据英国《简氏国际防务评论》杂志 2005 年 7 月号报道，英国国防部宣布将“鹞”GR9 攻击机退役的时间推迟 3 年，并对其进行全面的改进。英国原定于 2015~2016 年将全部“鹞”GR9 攻击机退役，但是由于英国采购的 F-35 战斗机形成作战能力的时间从原定的 2017 年推迟至 2021 年，为避免英国皇家空军的战斗机部队出现装备断档的情况，英国国防部决定“鹞”GR9 攻击机继续服役至 2019 年，同时开始对“鹞”GR9 攻击机进行改进，以保持其作战能力。“鹞”GR9 攻击机改进计划的内容主要是：换装新型任务计算机，采用军标-1760 武器系统界面，可以使用新型空射武器和精确制导对地突击武器。

英国 F-35B 战斗机形成全面作战能力的时间推迟 据美国《航空周刊与空间技术》杂志 2005 年 12 月 5 日报道，英国参与美国联合攻击战斗机计划而采购的 F-35 飞机在英国称为“联合战斗机”，英国皇家空军和皇家海军全部装备通用的短距起飞垂直降落型 F-35B 战斗机，由于受美国 F-35 战斗机发展计划推迟的影响，联合战斗机在英国形成全面作战能力的时间，已从原定的 2017 年推迟到 2021 年。英国计划采购 150 架 F-35B 战斗机，其中首批采购 80 架。根据计划，首架 F-35B 战斗机于 2014 年交付英国，2016 年前只具备基本的空对地突击能力，空空作战只能使用 AIM-9L 空空导弹。只有在形成全面作战能力后，F-35B 战斗机才能使用“风暴影子”防空区外空地导弹和 AIM-120 中距空空导弹。

意大利研制“天空”X 攻击型无人驾驶飞机 据英国《防务新闻》2005 年 11 月 21 日报道，在 2005 年 11 月 20 日开幕的阿联酋迪拜国际航展上，意大利机械阿莱尼亚航空公司研制的“天空”X 攻击型无人驾驶飞机的验证机进行了静态展示。“天空”X 攻击型无人驾驶飞机于 2005 年 5 月 29 日完成首飞，对系统的性能进行了整体测试。尤其是着陆阶段的飞行特性和稳定性。从 11 月初开始，该验证机又进行了一系列的试飞。“天空”X 攻击型无人驾驶飞机采用后掠上单翼，装 1 台小型喷气发动机，发动机置于机背后部，进气道在机翼根部，这种配置有利于降低无人机的雷达信号特征。飞机的尾翼为 V 型，有利于降低飞机的红外信号特征。“天空”X 攻击型无人驾驶飞机的任务主要是攻击敌防空体系目标。

澳大利亚空军 F-111C 具备发射 AGM-142E 空地导弹的能力 据英国《防务新闻》2005 年 7 月 13 日报道，澳大利亚皇家空军 F-111 战斗轰炸机在澳大利亚南部的伍米拉靶场，首次成功地发射了 2 枚 AGM-142E 空地导弹。这标志着澳大利亚皇家空军 F-111C 战斗轰炸机的改进工作取得了重要进展，并在澳大利亚皇家空军的 F/A-18 战斗机完成改进和加装新型远程对地突击武器之前，填补澳大利亚皇家空军远程对地突击能力的空白。装备 AGM-142E 空地导弹的 F-111C 战斗轰炸机将在一段时间内作为主要的精确远程打击力量使用，以较高的生存能力，对非加固的固定目标实施精确打击。AGM-142E 空地导弹采用红外成像制导，弹重 1300 公斤，射程大于 50 公里，是澳大利亚皇家空军装备的射程最远的空地导弹。

运输机 对付红外制导地空导弹攻击成为提高运输机生存能力的重点。研究表明，红外制导地空导弹对军用运输机的生存已经构成了严重威胁，其中威胁最大的时间窗口是起飞后 10~15 分钟和降落前的 10~15 分钟。因此，现役军用运输机在进行一般性改进的同时，已经把对付红外制导地空导弹的攻击摆在十分重要的位置。主要的防御措施是从技术和战术两方面入手。从技术上讲，主要包括：加装激光告警等自卫电子战系统；对机体和发动机进行改造，降低飞机的红外信号特征；同时为运输机研制主动防卫系统。从战术上讲，针对红外制导便携式地空导弹在夜间使用受到一定限制的缺点，军用运输机的活动主要选择在夜间进行。

美国空军 C-17 运输机进行首次双列货物同时空投试验 据英国《防务新闻》2005 年 7 月 12 日报道，美国空军于 7 月 5 日用一架 C-17 运输机首次成功地进行了双列货物同时空投试验。此次空投由美国空军第 58 空运中队实施。双列同时空投与常规单列空投相比，在相同时间里，可将空投量增加一倍，或者将空投时间缩短一半，从而将暴露在敌人防空火力的时间显著缩短，在战术上具有很重要的意义。就保障美国陆军的远程机动而言，可以在较短时间内满足美国陆军旅级部队装备空投的需求。双列空投的程序与单列空投有很大差别。双列空投需将空投货网托盘分别置于机舱左、右两侧的补给轨道上；而单列空投需要将货网托盘置于机舱中央的空投轨道上。因此，进行双列货物空投，需要对机载计算机的空投软件进行改进，进行新方式的空投配平计算，在软件更新之前，双列空投需要2名有经验的装卸长进行人工控制空投时间间隔。

美国空军C-17运输机成功进行助推器模拟发射试验 据美国《空军杂志》2005年12月号报道，根据美国空军与美国国防部高级研究规划署共同进行的助推器快速反应计划，美国空军于2005年9月29日从一架C-17运输机上成功地投射并模拟发射了1枚火箭助推器，这一试验成功标志着美国实际部署一种低成本、快速反应的小型卫星发射装置的计划取得了重大进展。为了提高美国航天作战的快速反应能力，美国国防部高级研究规划署要求通过使用C-17发射火箭助推器，使美国有能力在24小时内、以低于500万美元的成本迅速发射1枚卫星，以便对紧急情况作出快速反应。此次试验的飞行高度为1860米，飞行速度为269公里/小时，助推器靠重力从C-17运输机的舱内正常滑出。到2008年，美国将可以使用C-17运输机，在11000米的高度，进行质量为454公斤级的小型卫星的发射作业。

美国空军现役部队的C-9运输机全部退役 据美国《空军杂志》2005年12月号报道，2005年9月20日，美国空军现役部队的最后一架C-9运输机从德国的拉姆斯泰因空军基地飞返美国马里兰州安德鲁斯空军基地，这标志着美国空军现役部队的C-9运输机全部正式退役。C-9飞机是美国空军的航空医疗后送飞机，也曾作为北约盟军最高指挥官的公务专机使用，1971年开始服役。C-9飞机退役的原因主要是该机的航程较短，同时发动机的噪音无法限制。

美国空军成功完成加长型C-130J运输机重装空投试验 据美国《空军杂志》2005年第4期报道，美国空军于2005年2月在爱德华兹空军基地连续5天进行了加长型C-130J运输机的重装空投试验，全部试验均取得了成功。加长型的C-130J运输机比标准型的C-130J飞机长度增加4.6米，由于飞机的重心发生了变化，在空投打包物资的过程中，有可能发生空投物资相互碰撞而造成物资损坏。此次重装空投试验的目的在于检验加长型运输机空投的安全性。在此次空投试验中，打包空投物资的重量达到18吨，没有发生物资碰撞的情况，确认了加长型C-130J运输机的空投安全性。

美国空军改进C-130运输机 据英国《国际飞行》杂志2005年4月12~28日刊报道，美国波音公司根据美国空军的要求，对10架C-130飞机进行了改进，使其达到了MC-130H的标准，合同总价值达到5.8亿美元。这一批飞机主要是为补充在近期作战中的损耗而订购的。交付工作从2008年7月开始，持续到2011年年底。新的MC-130H飞机装备了用于突防的通用航空电子设备，它属于美国空军C-130飞机航空电子现代化计划的功能扩展型，其内容主要是换装玻璃座舱，加装电子战系统和突防保障系统。新的MC-130H飞机将首次装备2个拖曳式诱饵，低波段干扰机，改进型雷达告警接收机，以及可以为特种作战直升机和CV-22倾转旋翼机进行空中加油的加油吊舱。

欧洲联合研制的A400M军用运输机项目取得进展 据美国《航空周刊与空间技术》杂志2005年10月10日报道，年内，欧洲联合研制的A400M军用运输机项目取得稳步进展。生产型飞机将使用的TP400-D6发动机于10月底进行了试车，虽然比原计划推迟了8周，但仍然在年内实现了节点目标，为发动机的论证和装机试飞铺平了道路。导弹逼近告警系统是A400M飞机机载自卫系统的重要组成部分，在比原计划推迟1年之后，也于年内完成了研制工作，试验表明，该系统的虚警概率达到了预期目标。综合显示与飞行管理系统在A340-600客机上进行飞行测试，达到了预期目标；数字地图图像生成器也达到了预期研制目标。

意大利KC-767空中加油机首飞成功 据英国《简氏国际防务评论》杂志2005年7月报道，意大利空军采购的4架KC-767先进空中加油机中的第一架于2005年5月21日在美国堪萨斯州麦康奈尔空军基地首飞成功。先进空中加油机采用的是波音767-200ER飞机的机体，其特点是采用了开放的体系结构，系统整体的技术风险较低；采用数字式仪表的玻璃座舱；先进的加油锥管和遥控加油控制台。根据计划，首架飞机将于2006年初交付意大利空军，全部4架飞机将于2007年初交付完毕。

保加利亚空军用C-27J运输机取代安-26运输机 据英国《国际飞行》杂志2005年4月12~28日刊报道，保加利亚空军目前装备5架安-26运输机，这种运输机在保障保加利亚作为北约成员国在伊拉克的军事行动时，中途需要进行 3 次着陆才能飞抵目的地。因此，保加利亚国防部宣布，在对 C-27J 和 C-295 运输机进行综合评估后，决定选择 C-27J 运输机取代现役的安-26 运输机。采购飞机的数量为 8 架，合同价值 2.59 亿美元，飞机装备第 16 运输机中队，部署在索非亚机场。根据计划，2006 年将交付 2 架飞机，2007 年再交付 2 架，其余飞机的交付时间则视其经费保障情况而定。

空中预警指挥机、侦察机　空中预警指挥机的发展受到普遍重视。空中预警指挥机作为高价值航空技术装备，以往主要装备于部分空中力量强国。在海湾战争、科索沃战争和伊拉克战争的影响下，许多国家或地区通过多种途径，寻求装备空中预警指挥机，使得装备空中预警指挥机的国家或地区的数量日益增多。一些国家通过合作的途径，开始自行研制空中预警指挥机。但是，空中预警指挥机的核心技术仍然掌握在少数发达国家中。

无人驾驶侦察机的发展已经形成全系列化。无人驾驶侦察机由于研发成本相对较低，许多国家都出于自身战略的需要，开始以自研、合作研制或采购的方式，拥有自身的无人驾驶侦察系统。无人驾驶侦察系统已经形成了高空长航时（战略级）、中空长航时（战役级）、中低空近程（战术级）的装备体系。但是，高空长航时、中空长航时等高端系统由于技术复杂、成本相对昂贵，因此仅限于装备少数国家的军队，大部分国家装备的主要是中低空近程的战术级无人驾驶侦察系统。

美国多任务海上飞机定名为 P-8A　综合 2005 年 3 月 28 日和 5 月 16 日美国《航空周刊与空间技术》杂志报道，美国海军新一代海上巡逻机已经由研制阶段的“多任务海上飞机”正式定名为 P-8A，其别称初步确定为“海神”（Poseidon）。美国海军计划到 2019 年采购 108 架 P-8A 飞机。现役的 P-3 飞机已经十分老旧，在一年时间里因故障，可用飞机的数量已经由 228 架减少至 173 架，到 2010 年有可能继续减少至 130 架。由于维护问题，P-3 飞机的可用率只有 65%。波音公司正在采取措施，使之可用率保持在最低 80%。5 月美国海军完成了 P-8A 飞机的第二次技术评审，秋天开始进行设计评审。

美国舰载空中预警机的新改型定名为 E-2D　据美国《航空航天日报》2005 年 3 月 15 日报道，美国海军于 2005 年 3 月 14 日宣布将正在研制中的舰载空中预警机“先进鹰眼”定名为 E-2D，计划于 2011 年开始服役，以取代 E-2C 飞机。与 E-2C 空中预警机相比，E-2D 飞机集作战管理、空中预警、指挥和控制于一体，可以对海上、滨海地区以及陆地实施监控，并且具有实施网络中心战能力，在空中作战中作为网络节点发挥重要作用。E-2D 飞机用 ADS-18 雷达取代 E-2C 装备的 APS-145 雷达。新雷达采用了电扫描相控阵雷达体制，具有探测距离远、抗干扰能力强和对小型目标的分辨力高的特点，在对战场监视和导弹防御能力方面均优于 E-2C 飞机。

美国开始研制改进型高空长航时无人驾驶飞机　据美国《空军杂志》2005 年 9 月报道，美国空军于 7 月与诺斯罗普·格鲁曼公司签订了一项价值 2.73 亿美元的合同，在 2008 年 7 月前完成高空长航时无人驾驶飞机的改进型 RQ-4B 的研制工作。此前美国空军装备的高空长航时无人驾驶飞机是 RQ-4A，已经在阿富汗战争和伊拉克战争中投入使用，实战证明是一种具有重要价值的情报搜集平台。改进型 RQ-4B 与 A 型相比，翼展增大到 39.6 米，比 A 型的翼展大 4.57 米；续航时间仍然保持在 30 小时以上；携载传感器的种类增多，除可以继续执行搜集合成孔径雷达、可见光情报外，还可以搜集信号情报及电子情报，成为一种多功能的情报搜集平台。

美国空军完成生产型 RQ-4A 无人驾驶侦察机的试飞　据英国《防务新闻》2005 年 9 月 7 日报道，美国空军生产型的 RQ-4A 无人驾驶侦察机的试飞工作于 8 月 28 日全部结束，这批飞机是第 10 批次的 RQ-4A 无人机，此前的 RQ-4A 系先进概念技术验证机。先进概念技术验证机每一架的配置都不同，虽然也参与作战行动，但其保障工作由承包商负责。而生产型的飞机每一架的配置都是相同的，其保障工作将由美国空军承担，因此，完成此次试飞工作标志着在作战使用中将主要使用生产型的 RQ-4A 无人机，而且保障工作将由美国空军独立承担，其反应能力和使用效率将有明显提高。

美国“扫描鹰”无人驾驶侦察机完成海上飞行试验　据美国《航空航天日报》2005 年 7 月 13 日报道，由美国波音公司为主研制的“扫描鹰”长航时无人驾驶侦察机参加了美国海军组织的为期两周的联合特遣部队演习。在演习期间，该机已在美国海军军舰“克利夫兰”号上进行了起飞与回收试验以及海上作业试验，共进行 4 次发射与回收试验，全部取得成功。根据计划，“扫描鹰”无人驾驶侦察机将随美国海军部队用于确保中东地区海上石油钻探平台的安全。

美国陆军 MQ-5B 多用途无人驾驶飞机首飞成功

据英国《防务新闻》2005年8月10日报道，诺斯罗普·格鲁曼公司于2005年7月8日成功地进行了MQ-5B无人驾驶飞机的首飞。MQ-5B是美国陆军现役RQ-5A“猎人”战术无人驾驶飞机的多用途改进型，特点是增大了航程、续航力和武器投射能力，采用双余度航空电子设备、LN-125型惯性导航系统/全球定位系统、可视视频制导。与RQ-5A无人驾驶飞机相比，MQ-5B的翼展由8.84米增加至10.36米；续航时间由12小时增加至15小时；升限由4572米增加至5486米；起飞重量由725.8公斤增大至816.5公斤；目标定位精度明显提高；可以携载“蝰蛇打击”反坦克导弹。诺斯罗普·格鲁曼公司年内根据美国陆军的要求，正在研制RQ-5A的新改进型MQ-5C。

美国陆军启动增程多用途无人机系统的研制计划 据美国《航空周刊与空间技术》杂志报道，美国陆军2005年8月8日与美国通用原子航空系统公司签订一份价值2.14亿美元的合同，研制陆军增程多用途无人机系统。陆军增程多用途无人机系统项目是美国陆军未来作战系统的组成部分，也是陆军航空兵部队整编的关键环节。陆军增程多用途无人机系统的飞行平台是RQ-1A，但其持续飞行时间可达72小时，可以完成侦察、情报、监视和目标截获以及通信中继任务。陆军计划购买4套系统，每套系统由12架飞机组成。

韩国启动EX空中预警机计划 据英国《防务新闻》2005年10月21日报道，韩国于2005年10月宣布与美国波音公司合作研制韩国EX空中预警控制系统。EX空中预警控制系统的机体为美国的波音737-700飞机，雷达系统、任务控制系统等由美国波音公司承担，通信系统由韩国负责研制。韩国EX空中预警控制系统的性能将与澳大利亚、土耳其等国基于波音737-700平台的空中预警机相当。

韩国陆军装备“夜间入侵者”300无人驾驶侦察机 据英国《简氏防务周刊》2005年11月2日报道，韩国陆军年内接收了5套韩国自行研制的“夜间入侵者”300无人驾驶侦察机系统。每套“夜间入侵者”300无人驾驶侦察机系统包括6架无人机、1个地面控制站、1个地面数据终端、1个发射与回收控制站，1个地面中继站，1套导轨式发射装置。“夜间入侵者”300无人驾驶侦察机系统的翼展为6.4米，空重215公斤，可携带的最大有效载荷为45公斤，中继站的作用距离为20~200公里。该无人驾驶侦察机系统主要用于执行大范围的监视、侦察、突击效果与威胁评估、目标截获、搜寻与救援任务。

印度尼西亚部署自研无人驾驶侦察机 据英国《简氏防务周刊》2005年3月23日报道，印度尼西亚武装部队于年初在亚齐省部署了一支无人驾驶侦察机分队，使用的无人驾驶侦察机是该国自研的SS-5战术无人驾驶飞机。1套SS-5无人驾驶侦察机系统包括4架飞行器和一个地面站。SS-5无人驾驶飞机的翼展为3.2米，最大起飞重量为35公斤，最高速度为120公里/小时，升限为5000米，最大通信范围为20公里，起飞滑跑距离为85米，着陆滑跑距离为50米。

以色列空军启动中空长航时无人驾驶飞机的研制计划 据美国《航空周刊与空间技术》杂志报道，以色列空军于2005年9月宣布与以色列飞机工业公司签订一项价值5000余万美元的合同，为以色列空军提供“苍鹭”中空长航时无人驾驶飞机系统。“苍鹭”无人驾驶飞机系统是以色列空军首次装备使用的中空长航时无人驾驶飞机，一套系统包含数架无人机、一个地面控制站、多种任务载荷、后勤设备和备件。“苍鹭”中空长航时无人驾驶飞机系统，可在9000米高度飞行，续航时间大于40小时，可同时携带包括光电侦察系统、海上监视雷达、合成孔径雷达、通信和电子情报设备在内的多种传感器，具有全天候遂行任务的能力。无人驾驶飞机具有自动发射和回收能力。此前，以色列空军已经装备了“搜索者”无人驾驶飞机。

中国台湾接收2架空中预警机 据美国《航空周刊与空间技术》杂志报道，中国台湾空军于2005年5月20日接收了2架美国提供的E-2T“鹰眼”2000空中预警机，使台湾空军空中预警机的数量达到6架。“鹰眼”2000标准的空中预警机与原E-2T相比，探测距离增大，特别是低空监视侦察能力有明显提高，并具有较强的电子侦察能力，还可辅助陆基指挥控制中心担负作战管理任务。

中国台湾加速发展无人驾驶飞机 据英国《简氏防务周刊》2005年8月31日报道，中国台湾的航空科学研究机构加快了无人驾驶飞机的研发速度，年内，在“红隼”和“中翔”I无人驾驶飞机的基础上，研制成功了“中翔”II无人驾驶飞机。“中翔”II无人驾驶飞机具有光电和红外侦察能力，最大飞行高度为3660米，速度为150公里/小时，续航时间10小时。同时，台湾正在对“中翔”系列无人驾驶飞机进行改进，加装反辐射战斗部和导引头，使之具备反辐射攻击能力。

北约实施空中预警指挥机中期现代化改装计划 据英国《防务新闻》2005年12月1日报道，北约于年内启动了一项总价值13.2亿美元的空中预警指挥机中期现代化改进计划，对北约目前装备的17架空中预警与控制系统飞机进行任务系统改进。主要改进内容为数字式通信分发系统，加装该系统后，北约的空中预警指挥机在任务准备的过程中，可以遥控接收数字化的任务改动命令，并将发动后的命令集成到任务计算机系统中。同时，采用多传感器数据整合系统，将从多个传感器获得数据加以综合，形成完整统一的空中和地面态势图。这一改进计划将显著提高北约空中预警机与地面站、战斗机、无人驾驶飞机、舰船以及卫星的协同工作能力。根据计划，整个改进工作将于2008年完成。为提高训练效能，同时也将2台北约空中预警控制系统的任务模拟器进行中期现代化改装。

英国研制三军通用型WK450“守望者”无人驾驶侦察机　据英国《防务新闻》2005年8月5日报道，英国国防部与泰莱斯英国公司签订了价值12.4亿美元的研制合同，为英国军队提供一种三军通用的无人驾驶情报、监视、目标截获与侦察系统即WK450，并将其作为网络交战能力的重要组成部分。WK450“守望者”无人驾驶侦察机装备电子光学传感器和激光指示器，具备全天候监视能力，无人驾驶飞机与地面控制站之间通过数据链连接。WK450无人驾驶飞机平台采用以色列埃尔比特系统公司的“赫耳姆斯”450，该机将在2010年具备初始作战能力。

瑞典JAS-39“鹰狮”战斗机进行侦察吊舱挂载试飞　据美国《航空周刊与空间技术》杂志2005年4月4日报道，瑞典空军于3月底在JAS-39“鹰狮”战斗机上成功地进行了首次挂载侦察吊舱的试飞。这种侦察吊舱包括萨伯技术公司研制的CA270型中空电子-光学与红外摄像机以及L-3型通信系统数字式存储器。瑞典空军将用挂载侦察吊舱的JAS-39战斗机取代现役的JAS-37战术侦察机。

直升机　新型直升机的研制工作重点是满足未来联合作战的需求。目前，军用直升机的发展已经形成了完整的装备体系。军用直升机因具有灵活机动、任务适应性强的特点，一直受到各军种用户的青睐。但军用直升机的发展在受制于军种战略任务的同时，一定程度上也受固定翼飞机发展的影响。因此，新型军用直升机的发展一方面力求以通用化降低研发成本，另一方面以满足联合作战中各军种用户的需求而体现其特色。年内，美国陆军提出的“联合重型运输直升机”方案，就是力求弥补美国空军C-17运输机将陆军部队从战略纵深地域机动到战役前沿地域后，再输送到战术前沿地带时出现的机动能力的不足。这一方案一旦转入工程发展并装备部队，就将使美国陆军部队的机动构成从战略纵深到战术前沿的完整机动链，大大提升陆军的快速反应能力。

美国启动下一代武装侦察直升机研制计划　据英国《防务新闻》2005年8月2日报道，美国陆军批准一项总价值达22亿美元的研制合同，由美国贝尔直升机公司研制美国陆军下一代武装侦察直升机（ARH）。下一代武装侦察直升机将取代陆军现役的OH-58D武装侦察直升机，该机是贝尔直升机公司研制的贝尔407单发轻型直升机的军用改进型。根据计划，贝尔直升机公司将为美国陆军生产368架武装侦察直升机，生产计划从2006财政年度开始一直持续到2013财政年度。下一代武装侦察直升机能携载多种武器系统，具有遂行多种任务的能力，包括武装侦察、攻击、部队渗透、特种作战等任务，该机是美国陆军现代化和转型建设的重要组成部分。

美国陆军展开联合重型运输直升机的预研　据美国《航空航天日报》2005年9月20日报道，为了满足美国陆军未来战术机动作战的需要，美国陆军于9月15日与美国西科斯基公司、波音公司、贝尔直升机公司签订“联合垂直起降重型运输直升机”预研合同，对该项目展开为期8个月的方案设计与分析，预研费用为3000万美元。美国陆军对“联合垂直起降重型运输直升机”的基本设计要求为：能够在半径463公里的范围内输送一辆轻型装甲车；载重量从16吨到26吨不等；作战半径从389公里到926公里不等。目前，上述几个公司提出了若干个不同的预研方案。西科斯基公司有两个方案，一个是共轴旋翼机方案，巡航速度306公里/小时，另一个是高速升力发动机-推进桨叶飞行器，巡航速度454公里/小时。波音公司为先进串列双座旋翼机方案，巡航速度306公里/小时。贝尔-波音公司为倾转四旋翼机方案，巡航速度454公里/小时。

美国陆军AH-64D攻击直升机换装新型瞄准系统并提高网络中心战能力　综合美国《航空周刊与空间技术》和《航空航天日报》报道，美国陆军于2005年5月开始接收第一批“箭头”瞄准系统。该系统由洛克希德-马丁公司研制，原计划装备RAH-66武装侦察直升机，其主要特点是：频率为中波，采用先进前视红外系统，可以使飞行人员在更远的距离上，以更高的精度对目标实施攻击。新生产的AH-64D直升机一开始即装备了这种瞄准系统，原来的AH-64D则随后加装。到2011年，美国陆军将采购704套这种系统。6月28日，美国陆军与波音公司签订了价值2720万美元的第3批次AH-64D攻击直升机的生产合同。

该批次的 AH-64D 攻击直升机采用开放式体系架构、宽带网络通信系统、增程火控雷达、增程空地导弹以及数据融合系统，从而具有一定的网络中心战能力。

美国启动下一代战斗搜救直升机研制计划 据美国《航空航天日报》2005 年 12 月 7 日报道，美国空军现役战斗搜救直升机是 101 架 HH-60G，由于该机的平均服役时间已达 19 年，大部分已经超过了 7000 小时的经济使用寿命，使用与维护费用上涨迅速，每年的使用成本平均上涨率约为 16%，在美国空军的所有机型中位居首位。因此，美国空军年内启动了下一代战斗搜救直升机-X 的研制计划。美国空军于 11 月 21 日正式发标，要求下一代战斗搜救直升机每小时飞行成本约为 HH-60G 直升机的 50%，而可遂行任务率却高出 21 个百分点。目前共有三个备选方案，一是洛克希德-马丁公司以阿古斯塔-韦斯特兰公司研制的 EH101 多用途直升机为基础的方案；二是西科斯基公司的 H-92 直升机方案；三是波音公司的 MH-47 纵列旋翼直升机方案。

俄罗斯研制新型武装侦察直升机 据《航空周刊与空间技术》杂志报道，俄罗斯卡赞直升机公司于 2005 年 7 月公开展示了该公司研制的新型武装侦察直升机安萨特-2RC，随后该型直升机参加了 2005 年的莫斯科航展。安萨特-2RC 是俄罗斯专门针对出口的需要而研制的武装侦察直升机。该机采用攻击直升机通用的 2 乘员串联式座舱布局，机头下方安装了一个光电传感器转塔；机身两侧安装有短翼，短翼上可携载空空导弹、80 毫米 7 联装火箭弹发射器和炸弹；机身右侧装 1 挺 12.7 毫米机枪。自卫系统包括 UV-26 型红外干扰弹投放器。安萨特-2RC 直升机的最大起飞重量为 3500 公斤，最大载荷 1000 公斤。装有 2 台加拿大普拉特-惠特尼公司的 PW-207K 发动机，单发功率为 640 马力。最大飞行速度 300 公里/小时，最大飞行高度 5700 米，最大悬停高度 3800 米，最大航程达到 520 公里。

阿拉伯联合酋长国对 CH-47C 运输机进行改进 据英国《国际飞行》杂志 2005 年 3 月 15-21 日刊报道，阿联酋决定对其特种作战司令部装备的 4 架 CH-47C 直升机进行改进。这一批 CH-47C 直升机是阿联酋于 2003 年从利比亚采购的，而利比亚则是于 20 世纪 70 年代从意大利进口的。为满足其特种作战的需要，阿联酋决定斥资 7230 万美元，由意大利公司对该机进行改进，达到目前意大利装备的 CH-47C+的标准。改进的内容主要包括：机体延寿，增大其携载能力；换装玻璃纤维旋翼；改进动力系统的传动装置，换装霍尼威尔公司的 T55-712E 发动机，功率达到 3750 轴马力，使其最大起飞重量增加到 26680 公斤。

以色列空军接收 AH-64D 攻击直升机 据英国《国际飞行》杂志 2005 年 4 月 12~28 日刊报道，以色列空军于当月接收了从美国进口的首架改进型 AH-64D 攻击直升机，这种直升机在以色列空军中称为“沙拉夫”。以色列空军共采购了 18 架该型攻击直升机，部署在以色列南部的拉蒙空军基地，机上装备有几种以色列自行研制的系统，其中包括电子战系统组件，该系统由被动导弹告警系统和 SPS-5 雷达与激光告警系统组成。被动导弹告警系统采用高灵敏度红外传感器和并行处理器，具有很强的抗干扰能力，可以探测到来袭导弹的尾焰辐射并对其进行跟踪；SPS-5 则是一种灵敏度很高的接收机，具有嵌入式定向探测能力，可以探测到敌人发出的激光照射信号并具有很强的抗干扰能力。

机载武器系统 机载武器系统的发展重点是增强打击活动目标、防空区外突击、压制防空体系的能力，并力求降低突击的附带损伤。年内，美国等航空技术发达国家在机载武器系统的发展中十分注重提高机载武器对战场活动目标的打击能力，主要通过发展先进的自主攻击系统，提高其空中力量对战场随机出现的活动目标的打击能力。为提高空中力量的生存能力，针对防空体系威胁日益严重的特点，美国等航空技术发达国家在进一步改进和发展反辐射攻击手段的同时，重点发展了具有防空区外精确打击能力的机载突击武器。为满足日益繁重的城区作战的需要，美国更为重视小圆径炸弹的研制工作，以求在提高突击效果的同时，降低空中突击时的附带损伤。

美国小圆径炸弹开始低速批量生产 据美国《航空航天日报》2005 年 4 月 25 日报道，在美国波音公司对小圆径炸弹进行 23 次制导飞行试验，取得 21 次成功、2 次失败的试验结果后，美国国防部于 4 月 20 日宣布，批准美国波音公司开始低速生产 113 公斤级的小圆径炸弹。4 月 22 日美国空军与波音公司签订了第一项小圆径炸弹采购合同，合同价值 1850 万美元，美国空军首批采购 201 枚小圆径炸弹和 35 套炸弹挂架。这批小圆径炸弹将于 2006 年开始交付美国空军，装备 F-15E 战斗机。2005 年底又与波音公司签订了第二个低速批量生产合同，采购 667 枚小圆径炸弹。美国空军计划到 2015 年总共采购 24000 枚小圆径炸弹。

美国空军进行小圆径炸弹同时攻击多目标的试验 据英国《防务新闻》2005 年 7 月 28 日报道，美国空军于7月26日在埃格林空军基地使用F-15E战斗机投射小圆径炸弹，成功地进行了同时攻击多个目标的试验。当天设置了2个目标，相互间保持9米的间隔，这是美国空军首次进行此类试验。当天，F-15E战斗机保持4570米的高度、速度为0.95马赫，同时投射2枚113公斤级的小圆径炸弹，对两个不同的目标进行了同时攻击。2枚小圆径炸弹投下后，均按预定计划改变航向100°，从投放点飞行约29公里后，先后命中目标，偏差分别为1.22米和2.54米。这次试验表明，小圆径炸弹具有同时攻击同一地域内的多个目标的能力，并且命中精度较高。

美国空军完成增程型联合防空区外空地导弹AGM-158加装数据链试飞　据美国《航空航天日报》2005年11月23日报道，为了提高AGM-158增程型联合防空区外空地导弹的反应能力与使用的灵活性，美国空军在武器数据链先进概念验证的计划中，在增程型联合防空区外空地导弹上加装了双向数据链，使增程型联合防空区外空地导弹可以在飞行中实时接收地面指挥中心发出的重新瞄准指令，在飞行中临时改变突击目标，并可在突击目标前传回瞄准点和命中前的数据，供指挥中心进行实时突击效果评估。11月，美国空军与洛克希德-马丁公司在埃格林空军基地，成功地进行了增程型联合防区外空地导弹数据链试飞。试飞中，导弹的射程达到927公里。

美国使用加装数据链的联合直接攻击弹药突击地面活动目标　据英国《防务新闻》2005年9月21日报道，美国海军航空兵于年内在加利福尼亚州中国湖海军航空武器中心，使用一架F/A-18E/F战斗机进行多次投放加装数据链的联合直接攻击弹药突击地面活动目标的试验。试验中使用的数据链是一种低成本、甚高频、联网的双向武器系统数据链。模拟的地面活动目标是一辆带有轻装甲的遥控卡车。试验中，F/A-18E/F战斗机通过机载传感器连续跟踪目标，通过机载通信系统和双向数据链，将修正的目标数据传给投射后的联合直接攻击弹药，使炸弹准确命中在该活动目标2米的范围内。试验中使用的双向数据链，能够在炸弹投射之后将炸弹飞行的状态实时传回F/A-18E/F战斗机，供飞行员判断突击的效果。

美国空军进行低成本自主攻击系统人工控制攻击试验　据美国《每日防务》2005年11月4日报道，美国洛克希德-马丁公司在美国空军的配合下，于10月在埃格林空军基地成功地进行了“低成本自主攻击系统”在人工干预下突击地面目标的飞行试验。“低成本自主攻击系统”是一种大范围搜索、自主攻击目标的小型空射弹药，制导装置为激光雷达导引头。这次人工干预试验主要是检验系统的自动战斗识别、数据链、人工控制可靠性和武器重新瞄准的能力，试验取得了成功。试验中，“低成本自主攻击系统”的试验弹由一架“空中国王”200飞机投射，飞行距离94公里，飞行时间约15分钟。炸弹按任务规划的预定航线，搜索了目标区内的各个目标，用激光雷达进行搜索、识别、报告和重新瞄准。在按任务规划飞行时，地面操纵员接替控制，采用卫星通信系统和协作式网络瞄准技术，控制“低成本自主攻击系统”改变预定航线，并以最佳航线飞向新的地面活动目标。同时，控制“协作式攻击弹药实时评估”飞行器，沿着与“低成本自主攻击系统”试验弹相邻的航线飞行，获取“低成本自主攻击系统”对目标实施突击的实时突击效果。

美国将“铺路”系列制导炸弹改为双模式制导炸弹　据美国《每日防务》2005年8月18日报道，GBU-10/-12/-16“铺路”系列制导炸弹是美国空军和美国海军大量装备的激光制导炸弹，但在使用中暴露出受气象条件影响较大，并且不能攻击活动目标的问题。因此，系统承包商洛克希德-马丁公司于年内研制出“铺路”制导炸弹的改进型双模式制导炸弹，并完成了相应的试飞工作。改进型的“铺路”双模式制导炸弹采用激光制导和全球定位系统制导，可选定单一制导方式，也可以先后采用两种制导方式。而且在双模式制导时，一旦一种制导方式失效，可自动切换至另一种制导方式，从而保证炸弹以较高的精度命中目标。

俄罗斯研制雷达制导型R-73近距格斗空空导弹　据美国《航空周刊与空间技术》2005年7月11日报道，俄罗斯负责空空导弹研制的“三角旗”设计局与负责导引头研制的设计部门，联合研制了R-73近距格斗空空导弹的雷达制导型，编号为R-73-I。雷达制导型R-73近距格斗空空导弹是在红外制导型的基础上加以改进的，两者弹体相同，前者换装最新型的9B-1103M-150改进型的毫米波雷达导引头。导弹头的重量为8公斤，对反射面为5平方米的目标的截获距离为8公里。由于红外制导型R-73空空导弹的弹体直径为170毫米，而雷达导引头的直径为150毫米，因此在改装过程中增加了转接装置。

中国台湾加紧研制空射防空区外突击武器　据美国《航空周刊与空间技术》杂志2005年4月4日报道，为实现其“境外决战”的战略构想，中国台湾正在积极研制空中发射的有动力的防空区外对地突击武器。这种武器系统的载机为中国台湾自研的IDF战斗机，每架飞机可以挂载2枚，初始应用的战斗部为子弹药投撒器，主要用于突击面状目标。中国台湾研制的防空区外突击武器的构形，与以色列研制的模块式防空区外突击武器或法国的“阿帕奇”巡航导弹类似，采用折叠式上单翼，弹翼在投射后可迅速展开。基本型的空射防空区外突击武器采用涡轮喷气发动机，装有末制导和通用弹头。

（王明志）

战略导弹

综述 2005年，战略导弹武器大国继续更新其导弹武器库，其他战略导弹武器拥有国也不断推进导弹武器研发进程。美国，根据《第二阶段削减战略武器条约》，如期退役全部50枚“和平卫士”洲际弹道导弹，同时加紧进行“民兵”Ⅲ洲际弹道导弹的升级更新；退役全部“三叉戟”Ⅰ潜射弹道导弹，继续生产“三叉戟”Ⅱ潜射弹道导弹，全面改进“三叉戟”Ⅱ导弹弹头，着手研制潜射常规中程弹道导弹。俄罗斯，面对北约东扩的影响，着眼于未来面临的威胁，把战略遏制力量列为军队建设的重点，改造和更新现有战略核力量系统，完善“三位一体”的核遏制潜力。年内，完成了SS-24铁路机动型洲际弹道导弹退役工作，一批新的井下发射型SS-27洲际弹道导弹投入战斗值班，公路机动型SS-27洲际弹道导弹、“圆锤”潜射弹道导弹、常规空射巡航导弹飞行试验取得成功，列装在即。英国，为“始终保持英国独立的核威慑力量”，酝酿独立开发新一代导弹核武器系统，以替换现有的“三叉戟”Ⅱ潜射弹道导弹。法国，正式启动新一代潜射弹道导弹生产进程。印度，积极构建“三位一体”核威慑体系，在导弹开发方面寻求俄罗斯和以色列的帮助。巴基斯坦，不但成功试射中程弹道导弹，而且进行了巡航导弹试射。伊朗顺利进行固体火箭发动机试验。朝鲜宣布恢复弹道导弹试验。

陆基弹道导弹 陆基弹道导弹是美俄“三位一体”战略进攻性核力量的重要组成部分，双方在削减陆基弹道导弹的过程中，仍在加紧其现代化步伐，并不断推出远景规划。

洲际弹道导弹 2005年，美、俄洲际弹道导弹的发展以改进现役导弹武器，提高精度、可靠性、突防能力、生存能力和延长服役期为重点，力争在较低投入的基础上维持一定时期内的战略威慑能力。

美国成功试射4枚“民兵”Ⅲ洲际弹道导弹 2005年7月21日、8月25日、9月7日和9月14日，美空军先后从位于加利福尼亚州的范登堡空军基地各试射成功了1枚“民兵”Ⅲ洲际弹道导弹。导弹都命中了位于夸贾林环礁（属太平洋马绍尔群岛）里根导弹靶场上的目标，飞行距离6440~6760公里不等，时间大约30分钟。其中，7月21日发射的导弹携带1枚模拟弹头，发射由空军第30航天联队（驻加利福尼亚州范登堡空军基地）、第576飞行试验中队和第595太空小组操作完成。8月25日的试射也使用了1枚模拟弹头，使用的导弹来自第564战略导弹中队（驻蒙大拿州马姆斯特罗姆空军基地），试射主要目的是检验“安全增强型”再入段与导弹的集成效果。“安全增强型”再入段将使“民兵”Ⅲ导弹能携带“和平卫士”导弹的W87弹头。9月7日的试射使用了2枚模拟弹头，试验由空军第30航天联队、第576飞行试验中队和第91航天联队（驻北达科他州迈诺特空军基地）组织实施，目的在于检验导弹系统的可靠性，并搜集有关数据，以进一步对导弹进行维护改造。9月14日的试射使用了1枚模拟弹头，发射控制是通过美海军1架EA-6B飞机的“空中发射控制系统”实现的。（综合自美国“自然资源保护委员会”发布的《美国核力量2006》、美国《导弹威胁》网站和我《每日防务快讯》网站有关报道）

美国“和平卫士”洲际弹道导弹全部退役 据美国《导弹威胁》网站报道，2005年，在服役近20年之后，美国50枚“和平卫士”洲际弹道导弹全部被拆除完毕。9月19日，在怀俄明州沃伦空军基地举行了“和平卫士”导弹退出现役仪式。“和平卫士”导弹曾经是美国最强大的陆基洲际弹道导弹，可携带10枚分导式多弹头，射程11000公里。从“和平卫士”导弹上拆卸下来的550枚W87核弹头中的200枚将用于替换“民兵”Ⅲ导弹上的W62弹头。“和平卫士”导弹的拆除工作始于2002年10月，持续了3年。（综合美国“自然资源保护委员会”发布的《美国核力量

2006》有关内容）

美空军寻求新型直升机保卫导弹发射井　据美国《每日防务》网站 2005 年 5 月 25 日报道，美空军第 20 航空队司令科洛兹少将 5 月 24 日在国会称，第 20 航空队需要更快和载运量更大的新型直升机来替换目前用于巡逻保卫美国洲际弹道导弹发射井的老龄 UH-1“休伊”直升机。第 20 航空队负责维护和操作美国的陆基洲际弹道导弹，目前它拥有 20 架 UH-1N 多用途直升机。科洛兹表示，由于 UH-1N 直升机已经服役多年，维护它们正变得越来越困难。另一个问题是它们的航程有限。第 20 航空队在蒙大拿的洲际弹道导弹发射场有 37030 平方公里，UH-1N 直升机从基地中心飞到各个端头还可以，但从一端飞到另一端则航程不够。科洛兹说，第 20 航空队需要一种航程能满足从发射场一端飞到另一端的直升机，最好该机速度能更快而且载运量更大。UH-1N 直升机最多能载运 5 名士兵和 3 名机组人员。目前，美国防部还没有更换 UH-1N 直升机的预算。

俄罗斯拆除 SS-18 洲际弹道导弹井下发射装置　据俄罗斯《俄罗斯战略核力量》网站报道，截至 2005 年 7 月 1 日，驻车里雅宾斯克州卡尔塔雷的第 59 火箭师（装备 SS-18 洲际弹道导弹）已经完成撤编。该师的 SS-18（俄称 P-36MYTTX）导弹井下发射装置正在拆除之中。另据俄塔社 7 月 6 日报道，俄罗斯拆除了车里雅宾斯克州的一个洲际弹道导弹井下发射装置。据称，拆除工作是按照 1994 年美俄签订的《第一阶段削减战略武器条约》进行的。被拆除的是 SS-18 洲际弹道导弹的井下发射装置。SS-18 导弹是俄罗斯第四代洲际弹道导弹中最大的一种，而且是《第二阶段限制战略武器条约》唯一允许俄罗斯保留的重型导弹。在 1981~1992 年的高峰期，俄曾一度拥有多达 300 枚的 SS-18 导弹，但随着裁减的持续进行，到 2005 年，在俄军服役的该型导弹只剩下 85 枚左右。SS-18 导弹携带 10 枚分导式弹头，射程 15000 公里。

俄罗斯成功试射 SS-19 洲际弹道导弹　据俄罗斯《俄罗斯战略核力量》网站报道，2005 年 10 月 20 日，俄军从位于哈萨克斯坦境内的拜科努尔航天发射场以井下发射方式发射了 1 枚 SS-19（俄称 YP-100HYTTX）洲际弹道导弹。导弹飞行了大约 25 分钟、越过了约 6000 公里后命中了位于勘察加半岛库拉靶场上的目标。俄塔社援引俄航天兵部队发言人阿列克谢·库兹涅佐夫上校的话说，导弹是从发射场南航空港 175 号坪发射的，发射测试了导弹的战术技术性能，检验了它在值班 25 年之后的能力。SS-19 导弹携带 6 枚分导式弹头，射程 10000 公里。目前，俄战略火箭兵装备的该型号导弹正在陆续退出现役。此次发射的导弹应是 SS-19 Mod 2 型，SS-19 Mod 1 型在 1983 年就已经全部退役。

俄罗斯 SS-24 洲际弹道导弹全部退役　据美国《导弹威胁》网站报道，2005 年，俄罗斯拆除了 9 套 SS-24（俄称 PT-23YTTX）铁路机动型洲际弹道导弹发射装置。至此，其所有 SS-24 导弹系统均退出现役。每套 SS-24 导弹系统包括 3 个发射车箱和 1 个指挥维护车厢。拆除工作主要是在位于布良斯克的战略火箭兵中央工厂进行的。SS-24 导弹携带 10 枚分导式弹头，射程 10000 公里。

俄罗斯成功试射 SS-25 洲际弹道导弹　据俄罗斯《俄罗斯战略核力量》网站和美国《导弹威胁》网站报道，2005 年 11 月 29 日，俄军从普列谢茨克航天发射场（位于阿尔汉格尔斯克州）用机动发射装置发射了 1 枚 SS-25（即“白杨”）洲际弹道导弹。导弹的模拟弹头命中了位于勘察加半岛库拉靶场上的预定目标。发射是为了检验机动发射的“白杨”导弹的飞行、技术和操作性能。SS-25 导弹是目前俄罗斯进攻性核力量的中坚，但大部分已经超过了服役期限。从 2002 年起，该型导弹就已经开始以大约每年 15 枚的速度陆续退出现役。其中，截至 2005 年 7 月 1 日，驻尤里亚的导弹师装备的该型导弹就已经裁减的只剩下 12 枚。俄罗斯一直试图通过延长 SS-18 和 SS-25 导弹的服役期来节省经费，或者至少是可以延缓新的替代者服役的时间。这次发射就是 SS-25 导弹延寿改造试验的一部分。另外，俄新社曾报道说，由于 SS-25 导弹进入现役的时间先后不一，部分导弹将能服役到 2016~2018 年后。SS-25 导弹携带单弹头，射程 10500 公里。

俄罗斯成功试射 SS-27 洲际弹道导弹　据俄罗斯《俄罗斯战略核力量》网站和美国《导弹威胁》网站报道，2005 年 11 月 1 日，俄罗斯进行了一次 SS-27（即“白杨-M”）洲际弹道导弹系统及其新型机动变轨弹头的重要飞行试验。导弹从卡普斯丁亚尔发射场（位于阿斯特拉罕州）以机动发射方式升空，飞行了一段相对较短的距离后落在了哈萨克斯坦境内的萨雷-沙甘靶场（靠近巴尔喀什湖）。俄罗斯《生意人》报报道说，发射之所以没有选中勘察加半岛的库拉靶场作为末区，是因为那里老旧的雷达系统已经不能跟踪脱离弹体后具有机动能力的弹头，但部署在阿拉斯加的美国雷达却可以；而在哈萨克斯坦，一切都在俄罗斯掌控之中。10 月 25 日，俄罗斯国际文传电讯社曾载文，介绍了“白杨-M”的有关性能和参数，并再次声称该导弹具有电磁防护能力:"白杨-M"是专门针对先进的导弹防御系统设计的独一无二的导弹系统，它比其他的导弹系统机动性都要好，而且能更好地躲避敌人的侦察监视。导弹重47.2吨，可携带1000公斤的战斗部，射程达10000公里。三级火箭发动机为其提供了超过以往导弹的速度，数十个调姿发动机和控制机构使它可以令敌人无法预料地飞行。"白杨-M"的设计者声称，它对于电磁脉冲是绝对免疫的。SS-27导弹携带单弹头。

俄罗斯第5个SS-27洲际弹道导弹团加入战斗值班序列 据俄罗斯《俄罗斯战略核力量》网站报道，2005年12月，俄罗斯第5个装备SS-27洲际弹道导弹系统的导弹团加入战斗值班序列。该团部署在萨拉托夫州塔季谢沃导弹基地，此次共有4枚SS-27导弹装备到位。这也使部署在塔季谢沃的SS-27导弹总数达到了44枚（全部是井下发射型)。1个满编的井基型SS-27导弹团共装备10枚SS-27导弹，而且通常要用2年时间来达到满编（每年4枚或6枚)。井基型SS-27导弹使用的发射井都是在SS-19导弹和井基型SS-24导弹使用过的发射井的基础上改造来的。SS-27导弹被认为是俄罗斯现代化导弹武器库的核心，将成为未来俄战略火箭兵的中坚力量。俄军计划装备数个师的该型导弹。

俄乌继续保持在洲际弹道导弹领域的合作 2005年1月26日，俄罗斯国际文传电讯社报道称，尽管亲西方的尤先科在乌克兰大选中获胜，但是俄乌之间的战略弹道导弹合作将丝毫不会减弱地进行下去。报道援引俄罗斯战略火箭兵前副司令亚历山大的话说，俄罗斯要想延长其战略导弹的服役期，就必须与乌克兰进行合作。他表示，苏联解体时，大约40%的战略导弹部件生产企业都留在了乌克兰。没有这些企业，导弹延寿工作将不可能有任何作为。

中程弹道导弹 2005年，新兴的弹道导弹拥有国加快了研制、试验中程弹道导弹的步伐。

巴基斯坦成功试射"哈塔夫"6中程弹道导弹 据英国《卫报》报道，2005年3月19日，巴基斯坦试射了1枚可携带核弹头的"哈塔夫"6（又称"沙欣"2）中程弹道导弹。据称，该导弹射程在2000~3000公里之间，是巴基斯坦射程最远的导弹。发射是在巴南部城市卡拉奇附近进行的，巴总统穆沙拉夫观摩了发射。

巴基斯坦成功试射"哈塔夫"7巡航导弹 据美国《导弹威胁》网站报道，2005年8月11日，巴基斯坦首次试射了可携带核弹头的陆基巡航导弹。导弹被称为"哈塔夫"7或"巴布尔"(Babur)。其射程500公里，地形匹配，能够规避雷达探测，高度精确，而且可以从水面舰艇、潜艇和飞机上发射。巴总统穆沙拉夫称这次试射是"一个重要的里程碑"。印度和巴基斯坦在8月7日刚刚达成了弹道导弹试射前相互通知和建立热线电话的协议，但是这次试验巴方并未事先通知印方。巴军方发言人解释说，试射的是巡航导弹，并不在达成的协议约束范围内。

伊朗进行固体燃料火箭发动机测试 据美国《导弹威胁》网站报道，2005年5月31日，伊朗宣布成功进行了固体燃料火箭发动机测试。这种发动机有可能是为"流星"导弹家族的新成员设计的。伊国防部长称，测试"百分之百地成功"。如果伊朗的声明属实，那么测试成功代表着伊朗导弹技术的一个重大突破。固体燃料火箭发动机比起液体燃料火箭发动机来说有着巨大的优势：能为导弹带来更高的精度、更好的机动性、更少的准备时间以及更长的服役期限。据报道，使用这种固体燃料火箭发动机的导弹的射程将超过伊朗现有的"流星"3导弹2000公里的射程。2000公里意味着伊朗将有能力瞄准以色列和土耳其全境、印度的大部分、德国和中国的一部分、美军在伊拉克和阿富汗的基地以及波斯湾。

伊朗阅兵展示弹道导弹 据美国《导弹威胁》网站报道，2005年9月22日，为纪念被伊朗称之为"圣战"的两伊战争，伊朗举行了盛大的阅兵式。阅兵在德黑兰以南、靠近霍梅内伊陵墓的地方举行。阅兵式上展示了包括6枚"流星"3导弹在内的多种弹道导弹。

朝鲜宣布取消暂停导弹试验承诺 据美国《导弹威胁》网站报道，2005年3月3日，朝鲜发表声明，宣布不再执行本国政府在1999年自愿作出的暂停导弹试验的承诺。朝鲜方面表示，取消停试承诺是对充满敌意的美国对朝政策的回应。

海基弹道导弹 海基弹道导弹是"三位一体"战略进攻性核力量中生命力最强的一种，美、俄、英、法、印等国均十分重视发展海基战略核力量。

美国"三叉戟"Ⅰ潜射弹道导弹全部退役 随着美海军"俄亥俄"级弹道导弹核潜艇"亚拉巴马"号在2005年10月底卸下它装载的24枚"三叉戟"Ⅰ(C4)潜射弹道导弹，美海军所有"三叉戟"Ⅰ潜射弹道导弹全部退出现役。至此，美海军的潜射弹道导弹只有"三叉戟"Ⅱ（D5）一种型号了。等到2008年潜艇换装计划全部完成后，美海军将拥有装载在14艘"俄亥俄"级弹道导弹核潜艇上（每艘24枚）的

336 枚“三叉戟”Ⅱ导弹，一共携带大约 2000 枚核弹头。这一数字是 1994 年《核态势审议报告》所确定的。美国计划将其 18 艘“俄亥俄”级弹道导弹核潜艇中的前 4 艘——“俄亥俄”号、“佛罗里达”号、“密歇根”号和“佐治亚”号改装成巡航导弹核潜艇，撤去每艘潜艇原先装载的 24 枚“三叉戟”Ⅰ潜射弹道导弹；将随后 4 艘——“阿拉斯加”号、“内华达”号、“亨利·M·杰克逊”号和“亚拉巴马”号装备的“三叉戟”Ⅰ导弹更换为射程更远、精度更高的“三叉戟”Ⅱ导弹（第 9 艘和第 10 艘本身装备的就是“三叉戟”Ⅱ导弹）。前 4 艘的改装工作从 2002 年开始，2004 年 10 月最后一个卸下了“佐治亚”号装载的“三叉戟”Ⅰ导弹；随后 4 艘的改装工作相继启动，“亚拉巴马”号是最后一个完成武器卸载的潜艇。“三叉戟”Ⅰ导弹携带 6 枚分导式弹头，射程 7400 公里。（参考美国“自然资源保护委员会”发布的《美国核力量 2005》、《美国核力量 2006》等）

美国试射“三叉戟”Ⅱ潜射弹道导弹 2005 年 3 月，美海军“俄亥俄”级弹道导弹核潜艇“田纳西”号在大西洋海域试射了 1 枚携带模拟弹头的“三叉戟”Ⅱ潜射弹道导弹，导弹的再入段装配了三轴副翼和 GPS 信号接收机。这是“三叉戟”Ⅱ导弹的 W76 弹头改进计划中的一次试验。一位参加了试射的海军上将说：“我们全程都可以收到 GPS 信号，也就是说，可以驾驭弹头。”这次试射的另外一个重要意义是，这枚“三叉戟”Ⅱ导弹飞过的 2200 公里的弹道，是迄今为止美国发射的潜射弹道导弹的弹道中最短的一次，从导弹发射到弹头落地一共只用了 12~13 分钟。“三叉戟”Ⅱ导弹携带 8 枚分导式弹头，射程 12000 公里。（综合自美国“自然资源保护委员会”发布的《美国核力量 2006》）

美国改进 W76 弹头 2005 年，美海军至少对“三叉戟”Ⅱ潜射弹道导弹的 W76 弹头进行 4 项改进工作。第 1 项被称之为“生命扩展计划”（LEP），该计划将大大增强核弹头的打击能力。计划的主要内容是为 10 万吨 TNT 当量的 W76/Mk-4 弹头设计加装新的装药和引信（MC4700），这将首次使该导弹具备触地爆炸的能力，使导弹可以打击更多类型的目标。改进后的战斗部将被称为 W76-1，而再入段将被称为 Mk-4A。第 2 项改进工作是为再入段加上 GPS 信号接收机，以提高射击精度。美国会曾在 2004 年拒绝再为旨在提高导弹射击精度的“效能增强型再入段”（E2）计划拨款。但是，海军仍在想办法筹措其他资金来提高导弹的射击精度。其中一个方案就是为再入段加上一个三轴副翼，使弹头可以在向目标下落的过程中摆动，相当于变成了一个可机动再入段。3 月份“田纳西”号潜艇试射“三叉戟”Ⅱ导弹即与此有关。第 3 项现代化计划涉及到对现有的 Mk-6 制导系统进行升级和延寿。升级后的制导系统称之为 Mk-6LE，将从 2013 年投入使用并一直到 2042 年。第 4 项改进是对导弹的三级固体燃料火箭发动机进行更新。为此，美国阿连特科技公司已经获得了 7150 万美元的资金，用于在 2007 年全年生产新的推进系统。（综合自美国“自然资源保护委员会”发布的《美国核力量 2006》）

美国削减“三叉戟”Ⅱ潜射弹道导弹携带的弹头数量 2005 年，美海军完成第一阶段削减“三叉戟”Ⅱ潜射弹道导弹携带的弹头的计划，以落实《削减战略武器条约》（即《莫斯科条约》）的相关条款。美海军选择逐步减少“三叉戟”Ⅱ导弹携带的弹头，而不是在条约规定的 2012 年最后期限到来之前突击削减。《削减战略武器条约》要求每枚“三叉戟”Ⅱ导弹平均携带 8 枚弹头。但是据估计，现在每枚“三叉戟”Ⅱ导弹可能只携带 6 枚弹头。随着 2012 年的临近，削减还会进一步进行。（摘自美国“自然资源保护委员会”发布的《美国核力量 2006》）

美海军又购买 5 枚“三叉戟”Ⅱ潜射弹道导弹 2005 年，美海军又购买了 5 枚“三叉戟”Ⅱ潜射弹道导弹，从而使海军拥有的该型导弹的总数达到 413 枚。“三叉戟”Ⅱ导弹的生产将一直持续到 2013 年，总数量将从最初的 453 枚增加到 561 枚。每枚导弹平均造价为 6600 万美元。其中，336 枚装备美国“俄亥俄”级弹道导弹核潜艇，58 枚分配给英国的弹道导弹核潜艇，其他的用于进行试验。（综合自美国“自然资源保护委员会”发布的《美国核力量 2006》）

美国开发潜射中程弹道导弹 美海军正在开发潜射中程弹道导弹，并且已经放弃了为该导弹配套设计核弹头的考虑，将只考虑配备常规弹头。设计上，将在巡航导弹核潜艇的每一个导弹发射管中装载潜射中程弹道导弹，作为巡航导弹核潜艇的第二种常规打击能力（第一种是指潜射“战斧”导弹）。参与研制工作的阿连特科技公司执行总裁丹尼尔·莫菲表示，他们的目的是想研制一种能够快速打击伊拉克和阿富汗境内的易于定位的时间敏感目标的武器。2005 年 7 月，洛克希德-马丁公司也获得了一份用 16 个月时间来为潜射中程弹道导弹开发两级固体发动机技术的合同。预想中的潜射中程弹道导弹将能够在发射后 15 分钟把 450 公斤的弹头投掷到 1900 公里远的地方。相比之下，现在的一枚巡航导弹就需要 4 个小时来飞过同样

远的距离。海军希望能在2008年生产出首枚验证样弹。（摘自美国“自然资源保护委员会”发布的《美国核力量2006》）

俄罗斯成功试射SS-N-18潜射弹道导弹 据俄罗斯《俄罗斯战略核力量》网站报道，2005年9月30日，俄海军从其位于鄂霍茨克海海域的“圣乔治”号弹道导弹核潜艇（D3级，隶属俄海军太平洋舰队）上以水下发射方式发射了1枚SS-N-18（俄称P-29P）潜射弹道导弹。俄海军称，导弹弹头在预定时间落在了卡宁半岛上的奇扎靶场。这是俄海军太平洋舰队2005年的首次洲际弹道导弹发射；导弹发射时，潜艇位于水下30米深处。该导弹的最近一次试射是由同一艘潜艇在2004年11月2日完成的。SS-N-18导弹主要装备俄海军D3级弹道导弹核潜艇，携带7枚分导式弹头，射程7000公里。俄罗斯计划在最近几年将其现有6艘D3级弹道导弹核潜艇全部退出现役。

俄罗斯成功试射2枚SS-N-23潜射弹道导弹 据美国《导弹威胁》网站报道，2005年8月17日，俄海军在巴伦支海海域从“叶卡捷琳堡”号弹道导弹核潜艇（D4级，隶属俄海军北方舰队）上以水下发射方式试射了1枚SS-N-23（俄称P-29PM）潜射弹道导弹。导弹飞行了8000多公里后，击中了库拉靶场上的目标。此次发射的导弹是“叶卡捷琳堡”号潜艇在大修期间改装的SS-N-23导弹的一种改型。俄罗斯总统普京在“彼得大帝”号巡洋舰上观摩了这次导弹发射和北方舰队的其他演习课目。10月8日，俄海军再次从“鲍里索格列布斯克”号弹道导弹核潜艇上以水下发射方式试射了1枚SS-N-23导弹。导弹飞行6000多公里后，击中了库拉靶场上的目标。SS-N-23导弹主要装备俄海军D4级弹道导弹核潜艇，携带4枚分导式弹头，射程8500公里。

俄罗斯成功试射2枚“圆锤”潜射弹道导弹 据俄罗斯《俄罗斯战略核力量》网站报道，2005年9月27日和12月21日，俄海军2次从位于白海海域的“德米特里·东斯科伊”号弹道导弹核潜艇（“台风”级，俄称941型）上成功试射“圆锤”（又叫“布拉瓦”）潜射弹道导弹，导弹弹头都击中了库拉靶场上的目标。其中，第一次发射时潜艇是浮在水面上的；而第二次发射时，潜艇正处于潜航状态。俄罗斯曾在2004年9月进行过“圆锤”导弹的水面和水下弹射试验，以测试潜艇的弹射动力装置，但当时并不涉及导弹发动机点火的问题。2005年的这2次发射才是真正意义上的飞行试验。9月27日的发射是在俄总统普京重申俄罗斯将继续为其能够突破美国导弹防御系统的新型导弹开发超音速机动弹头之后一天进行的。10月7日，俄塔社报道说，俄军总参谋长巴卢耶夫斯基当天在加里宁格勒表示，9月27日刚刚试射的“圆锤”导弹，将最终发展成为既可以从陆上发射，也可以从海上发射的导弹。而在此之前，“圆锤”导弹一直被认为是SS-27洲际弹道导弹的潜射型。同一天，《俄罗斯战略核力量》一书的作者巴维尔·波德维格在他设立的《俄罗斯战略核力量》网站上首次公布了“圆锤”导弹的部分参数，并且把SS-27洲际弹道导弹的参数和它并排列出，对二者进行了比较。从这些参数看，“圆锤”导弹比SS-27导弹短三分之一，但是要粗一些，导弹重约37吨，长约12米。“圆锤”潜射弹道导弹是为俄海军“北风”级（俄称955型）弹道导弹核潜艇设计的。（参考美国《导弹威胁》网站有关内容）

英国试射“三叉戟”Ⅱ潜射弹道导弹 2005年10月，英国皇家海军“先锋”号弹道导弹核潜艇在大西洋海域试射了1枚“三叉戟”Ⅱ潜射弹道导弹。当月，英首相布莱尔表示，“英国将继续保持核威慑力量在国防中的重要地位”。为此，英国政府宣布，打算在今后三年内花18亿美元对现有的“三叉戟”Ⅱ导弹弹头进行维护，以确保其安全性和可靠性。此外，英国政府甚至还考虑独立研制新型潜射弹道导弹，以替换“三叉戟”Ⅱ导弹。（摘自美国“自然资源保护委员会”发布的《美国核力量2006》，参考中国国防科技信息中心《每日防务快讯》网站）

战略巡航导弹 战略巡航导弹机动灵活，超低空突防能力强，美、俄均十分重视其发展，而世界其它国家和地区也在这一领域奋起直追。

俄罗斯成功试射多枚X-555空射巡航导弹 据俄罗斯国际文传电讯社报道，2005年5月27日，俄罗斯成功试射了1枚X-555空射巡航导弹，击中了2000公里外的目标。另据俄罗斯《俄罗斯战略核力量》网站报道，8月16日，在俄罗斯战略核力量进行的演习中，3架图-160战略轰炸机从莫斯科州契卡洛夫斯基机场起飞，抵达位于沃尔库塔州的片博伊靶场后，其中的2架各发射了2枚X-555空射巡航导弹。当时，俄罗斯总统普京就在其中1架轰炸机中。完成发射后，轰炸机在奥列涅戈尔斯克机场降落，整个飞行持续约5小时。目前的报道中都称X-555导弹是X-55核巡航导弹的常规型。很显然，它的开发应是俄罗斯使战略轰炸机转换角色、执行常规任务计划中的一部分。X-555导弹首次测试是在1999年，2004年进行过另一次测试。

俄罗斯在演习中试射空射巡航导弹 据俄罗斯

《俄罗斯战略核力量》网站报道，2005 年 3 月 29 日，俄罗斯战略空军举行了演习。演习出动了第 37 空军集团军驻萨拉托夫州恩格斯的 2 架图-160 战略轰炸机和驻乌克兰卡的 6 架图-95MS 战略轰炸机。其中的 1 架图-160 战略轰炸机和 2 架图-95MS 战略轰炸机分别向位于俄罗斯北部的片博伊靶场发射了 1 枚巡航导弹。

俄罗斯试射空射巡航导弹 据美国《导弹威胁》网站报道，2005 年 8 月 4 日，按照计划，俄空军 2 架图-160 战略轰炸机从恩格斯机场起飞，发射了 1 枚空射巡航导弹，命中了片博伊靶场的目标。

（任 杰 马红晨）

弹道导弹防御武器系统

综述 近年来，弹道导弹防御系统已成为以美国为代表的诸多国家武器装备建设的重点。美国将弹道导弹防御系统作为其“新三位一体”战略威慑力量的重要组成部分，积极扩大与同盟国的合作，寻求建立全球范围的导弹防御体系。2005 年是美国弹道导弹防御（BMD）计划 Block 2004 阶段的第二年，也是实现 Block 2004 防御能力的关键一年。为此，美国国会为 2005 财年的弹道导弹防御计划拨款 90 亿美元，比上一年（77 亿美元）增加了近 17%。在本年度，美国将弹道导弹防御计划的重点放在发展并演示相关设备和技术上，而在一定程度上放慢了实际部署的步伐。

末段防御系统试验取得进展，并提出新的发展设想。2005 年，美国重点对末段高空区域防御（THAAD）系统和“爱国者”系统开展系统飞行试验。另外，也对其末段防御的发展趋向提出了一些新的设想。2005 年 2 月初，THAAD 系统首批共 30 枚“探路者”拦截弹的第一枚开始组装。6 月 17 日，美军防空兵利用 THAAD 系统的 X 波段雷达完成了一次目标跟踪试验，11 月 22 日，在白沙导弹试验场对 THAAD 系统进行了中断 7 年来首次飞行试验。2005 年，完成了“爱国者”PAC-3 系统两次飞行试验，第一次于 9 月 8 日进行，利用 2 枚连射的“爱国者”PAC-3 成功拦截一枚改装的“爱国者”导弹，第二次于 11 月初的试验失败。同时，美国导弹防御局和海军还启动了舰船免遭近程弹道导弹攻击的方案研究，包括为现有的陆基拦截武器系统发展新的运载平台，如将“爱国者”导弹或射程更远的 THAAD 导弹系统改装到飞机或舰船上，或将“宙斯盾”导弹防御系统集成到其它任何海基防御舰船上，用来保护舰船免遭近程弹道导弹的攻击。目前，该“海基末段导弹防御”计划正在考查 2010 年左右发展并部署海基末段防御的可能性。

中段防御系统虽然取得进展，但并不顺利。地基中段防御系统第 9 枚和第 10 枚导弹拦截器，分别于 2005 年 9 月 18 日和 12 月 17 日部署到阿拉斯加格里利堡的地下发射井内，但布什总统提出的 2004 年地基中段防御系统具备初始作战能力的目标迄今仍未达到，两次拦截试验都以失败告终。海基中段防御系统取得重要进展，7 月 26 日，海基 X 波段雷达正式建成并完成初期海试；“标准-3”导弹成功进行了拦截试验，11 月 17 日，在美国导弹防御局“宙斯盾”弹道导弹防御计划的一次飞行测试中，1 枚从“伊利湖”号“宙斯盾”巡洋舰上发射的“标准-3”导弹，在太平洋上空的大气层外，摧毁了从夏威夷考奈岛发射的目标导弹，首次拦截了可分离的弹头目标，这也是“标准-3”导弹进行的第六次拦截试验。

助推段防御系统技术取得突破，研发进程加快。2005 年美国机载激光器（ABL）项目实现两个目标。一是 12 月 3 日，洛克希德-马丁公司的波束空中/火控系统进行了“首次飞行”试验，达到了关键性项目指标；二是诺斯罗普·格鲁曼公司化学氧碘激光器（COIL）“第一束光”试验于 11 月 10 日在加州的一座试验室完成，虽然试验只持续了 1 秒钟，但美国防部导弹防御局把这次试验称为其机载激光武器计划一个具有“里程碑意义的大事”。2006 年要达到如下三个目标：一是进行跟踪照射激光器和信标照射激光器的地面和空中低功率发射试验；二是为机载激光器上机综合（集成）做好准备；三是开始进行激光器装机综合（集成）工作。

北约欧洲国家开始研制“有限”能力的导弹防御系统。2005 年 3 月，北大西洋委员会批准北约新的“主动分层战区弹道导弹防御”项目，并成立项目办公室。这个项目首次将北约各成员国的导弹防御设施连接成一个多层“有限”防御能力的系统，以便有效保护已部署的部队免遭近程和中程弹道导弹攻击。首批投入4.8亿美元建设一个“集成试验台”，作为各成员国的BMD系统联合协同工作平台。根据计划，北约的“主动分层战区弹道导弹防御”系统将于2010年具备初始作战能力。该系统由各成员国的多种导弹防御系统组成，能拦截处于助推段、中段和末段的弹道导弹。根据设想，助推段拦截由武装无人机或机载激光武器实施；中段拦截由美国的THAAD完成；末段拦截由法、意联合研制的“陆基面空中程”(SAMP/T)导弹系统、美、德、意联合研制的“扩大的中程防空系统”(MEADS)和PAC-3完成。装备美国“宙斯盾”系统和欧洲的“主防空导弹系统”(PAAMS)的舰艇也能发挥重要作用。

末段防御系统　**美导弹防御局完成THAAD拦截弹装配程序验证**　美国《每日防务》2005年2月8日报道，美国导弹防御局局长亨利·奥柏林空军中将宣布，“末段高空区域防御”(THAAD)的一枚“探路者”拦截弹已经在亚拉巴马州特洛伊的THAAD生产工厂完成。组装这枚拦截弹是要检验制造和组装程序，然后开始组装拦截弹产品。美国计划首先生产30枚THAAD拦截弹，第一枚THAAD拦截弹的组装工作于2005年2月初开始。组装这枚“探路者”拦截弹是为了检验装配系统的设计和设备，该装配系统安装在新建的工厂里，结果只对生产线进行了小的修改。这些改变已经用在这枚拦截弹的生产过程中。所生产的这枚THAAD拦截弹将用于THAAD计划研制阶段在今年晚些时候进行的首次飞行试验。这枚“探路者”拦截弹将用于机械环境试验，以增强制造者准备飞行试验的信心。THAAD系统将在2008年开始装备美陆军。

美国低成本“爱国者GEM-T”导弹成功进行拦截试验　美国雷声公司2005年2月8日报道，在白沙导弹靶场进行的一次试验中，雷声公司研制的低成本“爱国者GEM-T”导弹摧毁了两架靶机。试验按照预定的计划进行，地面设备和雷达与导弹无缝隙接口，从而接近垂直地拦截了两个目标。这次试验是发展GEM-T导弹的一个重要里程碑。按照陆军授予的合同，雷声公司正在把376枚“爱国者”导弹改装成GEM-T型。到2005年2月为止，雷声公司已经交付了所改装的230枚GEM-T型导弹。GEM-T型导弹具有对抗各种空中威胁的能力，包括对抗飞机、战术弹道导弹和巡航导弹等。该导弹既提供给美陆军使用，也提供给核准的盟国使用。驻守在得克萨斯州博利斯堡的美陆军第43防空炮兵旅第3营参加了这次试验。

美国标准-3”导弹试验固体转移和姿态控制系统　美国导弹防御局2005年4月4日报道，美国导弹防御局宣布，“标准-3”导弹固体转移和姿态控制系统部件IA的地面试验在2005年3月30日完成。固体转移和姿态控制系统被用于在拦截敌方弹道导弹之前飞行的最后几秒内，控制拦截器动力学弹头的偏航、投掷及转动。在阿连特技术系统公司进行的试验证实了固体转移和姿态控制系统具备支持悬停、脉冲一及脉冲二等三种预期运行机动能力水平。这次试验是支持脉冲模式条件的五次飞行构型地面试验的首次。“标准-3”导弹是被集成进“宙斯盾”弹道导弹防御系统中的拦截弹，“宙斯盾”弹道导弹防御系统是导弹防御局弹道导弹防御系统的海基部分，从而防御从短程到中程弹道导弹的威胁。

美国帮助日本加强弹道导弹防御系统建设　美国《防务新闻》2005年6月30日报道，美国防部通告国会，将向日本出售9枚或更多海基导弹及相关设备，总价值约3.87亿美元，以加强日本的导弹防御系统。9枚“标准-3”Block IA导弹由雷声公司研制，是最近日本求购的第二批次导弹。这批导弹将装备日本新型“宙斯盾”驱逐舰。按照新的军购计划，1艘这样的“宙斯盾”驱逐舰系统将进行升级以执行弹道导弹防御任务。据美国国防部防务安全合作局称，在日本的邻国还没有部署类似导弹防御系统。尽管类似的导弹防御系统还没有部署在东北亚，但由于向日本出售“标准-3”导弹及升级的“宙斯盾”系统只是防御性武器系统，因此将不会较大改变该地区已有的军事平衡。日本现在拥有4艘“宙斯盾”驱逐舰，装有老式的“标准-2”导弹。第5和第6艘“宙斯盾”驱逐舰正在建造中。“爱国者-3”导弹、升级的“宙斯盾”驱逐舰及“标准”导弹构成日本导弹防御系统的基石。

美国洛克希德-马丁公司为日本升级“宙斯盾”系统　美国洛克希德-马丁公司2005年7月15日报道，洛克希德-马丁公司获得1.24亿美元的3年期合同，负责日本“宙斯盾”弹道导弹防御(BMD)武器系统的工程开发，将为4艘“金刚”级驱逐舰中的首艘——DDG 173升级“宙斯盾”BMD武器系统，预计2007年完成。根据合同，洛克希德-马丁公司负责作战系统工程的开发和与“宙斯盾”BMD

武器系统的集成，同时升级垂直发射系统和舰载指挥与控制系统。

美国防部授出 2.19 亿美元的导弹防御合同 美国《军事与航空航天电子学杂志》2005 年 7 月 21 日报道，美导弹防御局 7 月 20 日授予工业界总价值约 2.19 亿美元的合同。其中，最大的一项合同被雷声公司获得，这份修正合同价值 1.241 亿美元，旨在继续生产 12 枚用于"宙斯盾"弹道导弹防御系统的"标准-3" Block IA 导弹。Trex 公司获得的合同最高价值达 4860 万美元，将为弹道导弹防御系统研究改进光电传感器；洛克希德-马丁公司获得的合同价值 4000 万美元，将通过螺旋上升的方法，为分层弹道导弹防御系统研究计算机算法；诺·格公司也获得了一份价值 820 万美元的修正合同，研发动能拦截器在移动导弹防御时的作战概念和体系结构。

美国弹道导弹防御系统进行偶然目标截获试验 英国《防务系统日刊》2005 年 9 月 22 日报道，美导弹防御局进行了一次弹道导弹防御系统（BMDS）截获偶然目标的试验。被截获目标是来自范登堡美国空军基地的一枚用于试验的战略导弹。美国导弹防御局进行这次试验的主要目的，是对弹道导弹防御系统的传感器功能进行检验，并且对用来截获目标的、称之为"前线部署的可运输的 X-波段雷达"（FBXBTR）的作战环境进行鉴定。该雷达可由飞机运达世界上的任何地点，支持弹道导弹防御系统作战。在试验期间，雷达截获了来自目标导弹的信号，对其进行跟踪，搜集其数据，持续时间约 500 秒钟，并将该目标导弹的飞行轨迹报告给弹道导弹防御系统的指挥、控制、战斗管理和通信（C2BMC）系统。与此同时，一艘美国海军的"宙斯盾"弹道导弹防御舰艇也对该目标导弹进行跟踪，然后使用作战通信链路将其跟踪数据中转给指挥和控制系统。参与该项试验的其他各分系统有机载红外系统、称之为"改进导弹探测和跟踪性能研究"的"大力神"项目系统和外部传感器实验室（RSL）。

美国将对中国台湾"标准-1"导弹进行更新作业 美国防部 2005 年 10 月 4 日报道，美国雷声公司（Raytheon）已获更新一批外国持有的 RIM-66"标准-1"（SM-1）导弹业务，其中中国台湾部分的更新作业费用为 1600 余万美元。SM-1 导弹为舰载区域防空导弹，台湾海军的"武进三"型导弹驱逐舰及"成功"级导弹护卫舰上即部署有该型导弹。"武进三"型以双联装/三联装固定式导弹发射箱发射，在"成功"级舰上则以 Mk13Mod4 型悬臂式发射架发射。在"武进三"型导弹驱逐舰退役后，部分 SM-1 导弹及发射箱将移装至"济阳"级护卫舰上。台湾使用的导弹型号为 SM-1MR（Medium Range，中程型），共采购约 406 枚（含 88 枚 Block6、204 枚 Block6A 及 114 枚 Block6B），弹长 4.48 米，弹径 0.343 米，翼展 0.915 米，弹体总重 616 公斤，使用半主动雷达寻的。其它服务对象包括埃及、土耳其、智利、意大利、西班牙、法国、巴林、荷兰和波兰等 SM-1 客户。这批导弹的更新作业将在美国加州、亚利桑那州和阿肯色州进行，预计于 2008 年 6 月之前完成。

美国"爱国者"PAC-3 型导弹目标拦截试验失败 美国《今日防务》2005 年 11 月 15 日报道，美国陆军 11 月 11 日在白沙导弹试验场用"爱国者先进能力-3"（PAC-3）防空导弹系统对一个短程弹道导弹进行了一次拦截试验，结果失败。在测试之后，一个碎片恢复小组从三面环山的沙漠中取回了导弹碎片作进一步的研究，以分析和评估测试数据，确定拦截失败的根本原因及需要在什么地方进行改进。此次测试使用了两枚"爱国者先进能力-3" II 导弹，与以前试验不同的是，这次把一个短程的、经过改造成本减小的爱国者导弹作为拦截目标。测试任务包括：展示 PAC-3 导弹软件改造和联合地面系统软件改善后的性能，以及展示整个导弹系统检测、跟踪、交战及拦截近程导弹目标的能力。到目前为止，PAC-3 型导弹共进行了 17 次拦截试验，其中 14 次成功，这次是第三次拦截失败。

美国"宙斯盾"系统再次进行拦截试验 美国《每日防务》2005 年 11 月 18 日报道，美国导弹防御局与海军于 11 月 17 日在夏威夷再次成功完成了"宙斯盾"弹道导弹防御拦截分散目标试验。这次测试是飞行测试任务 04-2，第一次包含了分散目标，目标弹头从助推器中分散发射，增加了"宙斯盾"系统探测和识别弹头的难度。这是自 2002 年以来 7 次测试中的第 6 次成功拦截测试。"标准-3"（SM-3）导弹从美国海军的 CG 70"宙斯盾"巡洋舰上发射，在大气层外击中了来自海军夏威夷太平洋导弹靶场发射的目标。ATK 公司为 SM-3 导弹提供第三级火箭发动机（TSRM）和固体发动机转向和姿态控制系统（SDACS）。在 SM-3 导弹发射后，TSRM 在向 SDACS 移交终端导引时缩小了拦截范围，使导弹能够在各个方向上拦截目标。

美国末段高空区域防御系统完成飞行试验 2005 年 11 月 22 日，洛克希德-马丁公司在白沙导弹靶场试射1枚“末段高空区域防御”（THAAD）系统拦截导弹，标志着THAAD系统研制阶段的新一轮飞行试验启动。此次试验是THAAD Block04导弹的首次飞行试验，主要目的是对导弹发射情况进行评估，进行导弹控制演示并收集数据。试验的具体目标包括评估导弹如何飞出储箱、助推器和杀伤器的分离、杀伤器控制以及“转向与姿态控制系统”（DACS）的工作情况等。此次试验没有发射靶弹，导弹发射后飞向一个模拟的拦截点，初步数据表明所有试验目标都已实现。2000年，洛克希德-马丁公司获得为期9年、价值45亿美元的工程与制造合同，改进THAAD系统并进行15次飞行试验，此次试验便是这一系列试验的第一次。根据项目安排，THAAD系统的下一次飞行试验将在2005年冬季或2006年的初春进行，试验中拦截导弹将拦截1枚模拟的靶弹。第三次飞行试验计划在2006年春末或夏季进行，届时将发射1枚实弹，但没有对其进行拦截的计划。第四次试验将是首次真正的拦截试验，计划在第三次试验3~4个月后进行。最终，将在一次试验中发射多枚导弹拦截多个目标。THAAD系统将于2009或2010年完成部署准备。该系统主要用于拦截近程、中程和中远程弹道导弹，在这些导弹由飞行中段转向飞行末段时实施拦截。

俄罗斯“伊斯坎德尔-E”战术导弹可对抗西方战区导弹防御系统 英国《简氏防务周刊》2005年4月6日报道,俄罗斯的“伊斯坎德尔-E”近程弹道导弹是第一种能突破西方国家战区弹道导弹防御系统的弹道导弹，特别是能够突破“爱国者先进能力-2/3”低/高空防空系统。“伊斯坎德尔-E”导弹是目前服役于俄武装部队的9M72近程弹道导弹的出口型。9M72导弹的射程为400公里，而“伊斯坎德尔-E”的射程为280公里，能够携带480公斤的有效载荷。该导弹携带一个配备光电末段制导系统的分离弹头。非出口型“伊斯坎德尔-M”导弹射程在400公里以上，有望于2005年底在俄罗斯武装部队服役。“伊斯坎德尔-E”近程弹道导弹具有四种对抗措施：①助推段机动；②弹道降低（弹道顶点50公里）；③采用特殊的复合结构，降低雷达信号；④末段机动。“伊斯坎德尔-E”弹道导弹的对抗措施中忽略了一些传统的手段，既没有释放诱饵、箔条或曳光弹等，也不具有对付敌方地面和机载雷达的电子对抗措施。这要么是因为俄罗斯不愿意在出口型导弹中采用这些措施，要么是因为一些技术上的原因。由于弹道很低，释放传统的对抗措施在空气阻力的作用下效果并不明显。

日本与美国开始研制导弹防御系统 英国《防务系统日刊》2005年6月6日报道，日本已完成与美国合作开发的导弹防御系统的联合技术研究，将在未来几年内开始研制系统。同时，还有可能拓展导弹防御系统的范围，有能力识别对抗反导系统的诱饵，并在2011财年结束为期五年的开发后转入生产阶段。日美双方定于2006年5月在夏威夷联合对海基“标准-3”进行首次导弹拦截试验。

日本将自行生产“爱国者-3”导弹 美国《防务新闻》2005年7月18日报道，美国和日本3月签署谅解备忘录，授权日本生产“爱国者-3”拦截弹。洛克希德-马丁公司将在2006年3月前签署合同，授权日本三菱重工公司生产美国“爱国者-3”导弹。“爱国者-3”导弹是美陆军先进面空拦截导弹，可拦截射程达1300公里的朝鲜“劳动”导弹。日本计划部署由陆基“爱国者-3”导弹和海基“标准-3”导弹组成的导弹防御系统。“标准-3”用于拦截大气层外的弹道导弹，“爱国者-3”导弹则用于摧毁躲过“标准-3”攻击的导弹。

日本负责开发海上配备型拦截导弹的前端“鼻锥” 日本共同社2005年9月22日报道，在日美两国政府共同开发的下一代导弹防御系统的海上配备型拦截导弹（SM3）中，将由拥有独立技术的日本负责开发导弹前端被称为“鼻锥”的部分。“鼻锥”可以起到保护导弹的红外线传感器等不受空气摩擦产生热能的作用。另外，“鼻锥”在拦截的最后阶段必须自动脱落，在分离技术方面，美国对日本的评价甚高。

日本将承担三分之一导弹防御项目的费用 路透社2005年12月15日报道，日本在与美国合作开发的联合导弹防御计划中将支付三分之一的费用。日本和美国计划开发下一代导弹拦截器，这个拦截器以雷声公司生产的“标准-3”导弹为基础。在未来9年，这项计划的费用总额将在21到27亿美元之间。到2016年，这种导弹将进入生产阶段，安装在装备了“宙斯盾”作战系统的日本驱逐舰上。日本已经在系统联合研究阶段花费260亿日元（约2.2亿美元），另外还有留出30亿日元用于2006年的其他工作。日本政府自2003年决定升级其防空系统，从美国采购 PAC-3导弹系统。 PAC-3将用于日本“爱国者”防空系统，这一系统大约在2010年部署。

以色列“箭-2”拦截弹成功拦截目标 美国《导弹威胁》网2005年12月3日报道，以色列用

“箭–2”弹道导弹防御系统进行了一次拦截试验。试验中，从飞越地中海上空的飞机上发射了一枚模拟伊朗“萨姆–3”导弹的“黑麻雀”导弹，雷达定位了这枚导弹的弹道数据并将其传输给了指挥控制中心，指挥控制中心对这些数据进行了处理并对拦截弹发射者做出了攻击指令，拦截弹成功的击毁了来袭目标。此次所用拦截弹由波音公司制造，是较新型号的“箭–2”导弹，刚刚交付部队。这次拦截是在超低空状态下进行的，被认为超出了“箭–2”的设计性能，决定了“箭–2”Block 3 导弹系统的操作性能。“箭–2”Block 3 是由以色列飞行器工业公司与美国波音公司联合研制的。“箭–2”导弹的这次升级改造，主要是在软件方面。在此次的测试中，在雷达、指挥控制系统、以及导弹本身装入了新型软件。被测试的软件是一个结合体，这也是该软件第三次进行测试。

澳大利亚向美国购买“标准–2”导弹　法国《航宇防务》2005 年 6 月 1 日报道，美国防部安全合作局向国会提交了一份可能对外武器销售的合同，向澳大利亚销售最多 175 枚“标准–2”–II Block IIIA 导弹及其相关设备和服务。合同的价值将高达 3.15 亿美元。澳大利亚政府已经向美方询价，包括 175 枚“标准–2”– II Block IIIA 导弹、30 枚遥测导弹、2 枚“标准–2”– II Block IIIA 惰性战斗导弹、弹药装运箱、储运箱、零配件及备件、补给支持、人员培养和训练装置；出厂及技术数据、美国政府和承包商的技术援助、及其他的相关后勤支持的情况。这份采购合同在提高澳大利亚皇家海军与美海军之间的协同作战能力的同时，也将有助于保持美国国防工业生产基础。销售合同符合美国销售导弹的客观需要，能够帮助其与盟国分摊科研费用。同时，也将为澳大利亚海军提供持续的防空能力。

中段防御系统

美国公布导弹防御系统试验失败原因　美国《太空战》网站 2005 年 1 月 13 日报道，2004 年底进行的地基中段导弹防御系统拦截试验失败是由“非常小的软件故障导致”。主控飞行计算机与拦截弹之间的通信流过大导致发动机自动关机，试验失败。解决办法不需将拦截弹移出发射井，只需调整软件即可。2005 年美国将进行 5 次地基中段防御（GMD）计划飞行试验。其中 2 月中旬将进行一次重复试验，但不发射拦截弹；4 月将使用轨道科学公司的新型拦截弹助推器和“宙斯盾”舰载雷达进行今年的第一次拦截试验；7 月将进行两次试验，一次是使用阿拉斯加艾里克森航空站的“丹麦眼镜蛇”雷达跟踪从 C–17 运输机发射的空中目标，一次是使用加利福尼亚比尔空军基地的雷达跟踪靶弹；9 月计划使用新型助推器进行第二次拦截试验，届时将从科迪亚克岛发射靶弹，从范登堡空军基地发射拦截弹。

美国导弹防御系统试验再次失败　美国防部网站 2005 年 2 月 15 日报道，由于拦截导弹未能正常从太平洋的夸贾林基地发射升空，美国的导弹防御系统试验再次失败。这是近几个月来美导弹防御系统全系统试验的第二次失败。美国防部导弹防御局发言人里克·那勒说，先前已有迹象表明发射系统的地面支持设备存在故障，拦截弹本身并无大的缺陷，试验失败原因正在进一步调查之中。不过初步结论表明，导弹本身没有问题，问题出在夸贾林的导弹基地。在 14 日的试验中，这枚拦截导弹原预定要拦截从科迪亚克岛发射的一枚靶弹。这枚靶弹于美国东部时间 14 日凌晨 1 点 22 分发射，但拦截弹却没有正常发射升空。截至今日，地基中段防御系统也未能具备初始作战能力。

美国地基中段防御系统拦截试验推迟到 2006 年进行　美国《核威胁倡议网站》2005 年 9 月 8 日报道，美国导弹防御局（MDA）宣布，地基中段防御系统（GMD）拦截试验至少要推迟至 2006 年夏季才能进行，但在阿拉斯加部署更多拦截弹的工作将继续。MDA 计划今明两年进行 4 次 GMD 飞行试验。首次试验于今年 9 月进行，试验新配置的拦截弹并演练指挥与控制系统。第二次试验计划在今年年底进行，将首次从范登堡空军基地发射拦截弹。两次试验均不发射靶弹。第三次将发射一枚靶弹，但拦截弹只从目标旁边飞过收集目标信息而不进行拦截。第四次试验为拦截试验，可能于 2006 年的 7~9 月间进行。2002 年 11 月，MDA 利用 GMD 系统进行了拦截试验，但其杀伤飞行器未能与助推火箭分离。尽管如此，MDA 仍于一周后宣布：将于 2005 年底之前，在阿拉斯加和加利福尼亚州部署多达 20 枚拦截弹。而当月布什宣布从 2004 年底开始部署初始导弹防御能力的命令更推动了该计划的实施。于是，MDA 又提出于 2007 年底前在阿拉斯加再部署 20 枚拦截弹，并要求国会为在欧洲（地点未定）部署 10 枚拦截弹提供初期经费。目前正在部署的拦截弹与 2002 年及之前的试验中使用的拦截弹不同，加装了新的软、硬件并采用动力更强的三级助推火箭。MDA 曾于 2004 年 12 月和 2005 年 2 月尝试用新的拦截弹进行拦截试验，但两次试验中拦截弹都未能离开发射井。这样一来，在总共 10 次 GMD 拦截试验中成功率仅达到50%。GMD 事故调查小组2005年3月指出，加速部署拦截弹削弱了质量控制，导致上述试验失败。他们建议下一次系统飞行试验为非拦截试验，主要致力于获取飞行特性数据和其他信息，并建议下一次拦截试验应该在预计成功率达到80%以上才能进行。为加快试验进程，MDA 最近决定将部署在阿拉斯加的4枚拦截弹用于试验。

美国第9枚导弹拦截器部署在阿拉斯加格里利堡 美国波音公司网站2005年9月21日报道，美国陆基中段防御（GMD）项目团队和美国导弹防御局已于9月18日将第9枚陆基中段防御拦截器部署到阿拉斯加格里利堡的地下发射井内。拦截器放置工作是使用一台专用吊车把拦截器下放到发射井内，该拦截器是在阿拉斯加格里利堡部署的第7枚。陆基中段导弹防御系统由陆基拦截器、传感器、作战管理指挥软件、控制与通信网络组成，它能在有限范围内保护美国本土免受远程弹道导弹攻击。

美国成功完成地基拦截弹飞行试验 美国《每日防务》2005年12月15报道，美国防部导弹防御局（MDA）成功发射一枚实战配置型地基拦截弹，该拦截弹可保护美国免遭远程弹道导弹的攻击。试验表明，火箭发动机系统以及杀伤飞行器运行良好。这次飞行试验的结果将有助于提高和改进地基中段防御系统的性能。在12月13日的飞行试验中，拦截弹从太平洋中部马绍尔群岛的罗纳德·里根试验场发射，目标弹则是导弹防御局利用以前的试验数据模拟成从阿拉斯加科迪亚克发射的模拟靶弹，而非实际发射的靶弹。这次试验主要是为了评估拦截器火箭发动机以及外大气层杀伤飞行器（EKV）的性能。EKV 通过直接与靶弹弹头相撞而在空中将其摧毁。作为系统性能评估的一部分，这次试验也成功地对各种部件和子部件进行了测试，包括经过改进的导弹发射井辅助设备、助推器/杀伤飞行器的分离、杀伤飞行器传感器的低温冷却和杀伤飞行器的定向、定位等。试验还验证了地基中段防御系统跟踪、获取及向拦截弹提供数据的能力，以在飞行的中段拦截敌方的弹道导弹弹头。到目前为止，地基中段防御系统包括部署在阿拉斯加格里利堡的7枚拦截弹以及部署在范登堡空军基地的2枚拦截弹。到2005年年底，还将有2枚拦截弹部署在格里利堡，未来两年还会在格里利堡部署拦截弹。其他的地基中段防御系统包括部署在阿拉斯加阿留申群岛的改进型“丹麦眼镜蛇”雷达、部署在加州比尔空军基地和英国法灵代尔斯皇家空军基地的改进型预警雷达、4部前沿部署的机载X波段雷达、格陵兰岛图勒空军基地正在升级的现有预警雷达，以及正运往阿拉斯加阿达克岛基地的新型海基X波段雷达。

美国第10枚陆基中段防御拦截器部署在阿拉斯加格里利堡 航天信息网2005年12月21日综合报道，12月17日，波音领军的工业团队和美导弹防御局已经将第10枚陆基中段防御系统拦截器部署在阿拉斯加格里利堡的地下发射井内。目前格里利堡总计有8枚拦截器，范登堡空军基地有2枚。

美、意、德三国签订“扩展的中程防空系统”设计与研制合同 美国《每日防务》2005年6月6日报道，德国政府4月20日同意参加“扩展的中程防空系统”（MEADS）的设计与研制（D&D）工作后，北约MEADS 管理局（NAMEADSMA）5月31日即与MEADS 国际（MI）公司签署 MEADS 的 D&D 合同，总金额为“20亿美元+14亿欧元”。该合同的签订，为MEADS 为期110个月的 D&D 工作提供了经费保证。实际上，MEADS 设计与研制阶段的工作已于2004年9月展开。整个 D&D 合同完成后，MEADS 将进入生产阶段。MEADS 是美、意、德联合研制的一种先进的防空和导弹防御系统，主要由轻型发射车、“爱国者-3”导弹及弹箱、多功能火控与监视雷达（MFCR）以及战斗管理、指挥、控制、通信、计算机与情报（BMC^4I）系统组成，预计将于2014年服役。该系统由 MI 公司负责研制，它是美国洛克希德-马丁公司、意大利 MBDA 公司和德国 EADS/LFK 公司的合资公司。

加拿大不参与美导弹防御计划 加总理马丁2005年2月24日正式宣布了这一决定。这是继加拿大拒绝参与伊拉克战争后又一次拒绝与美国的军事合作。大部分加拿大公民认为，导弹防御计划无力保护加拿大免受敌方弹道导弹的袭击，部署导弹防御系统会引发新一轮核军备竞赛。但马丁强调，加拿大会继续参与美加合作的北美防空防天司令部的工作。

助推段防御系统 **美国机载激光器项目2005年确立两个目标** 美国《每日防务》2005年1月26日报道，美国导弹防御局已经为其主管的机载激光器（ABL）项目定下2005年的两个目标：一是在系统综合实验室（SIL）进行该激光器的满负荷最大功率试验，这项工作将在2月份开始，如果试验成功，则将其从系统综合实验室转到机载激光器飞机上；二是完成低功率无源系统的飞行试验，要对洛克希德-马丁公司研制的光束控制/火力控制系统（BCFC）的全部低功率无源系统进行检查，但两台照射器并不实际发射激光，全部工作都在载机上进行，其中包括对所有传感器进行检查和收集各种扰动数据，这项工作计划在夏季中期开始。

机载激光器项目是一个分为两个阶段的试验计划：激光器模块地面试验和光束控制/火力控制系统的载飞试验。去年 11 月激光器在实验室首次发射激光，称之为“首次飞行”，随后在去年 12 月进行的光束控制/火力控制系统“首次飞行”由于告警信号灯故障而提前结束，在排除该故障之后再次进行飞行试验并取得成功。

美国雷声公司发展高能固体激光器　美国《航空航天技术周刊》2005 年 6 月 13 日报道，雷声公司正在开发高能固体激光器，用于攻击众多小型机动目标，如隐身巡航导弹、攻击机或火炮和迫击炮的炮弹。雷声公司研究人员一年前就开始研制功率为 4 千瓦的高能固体激光器。2005 年夏季将功率提高到 25 千瓦。美国防部将在 10 月签订开发功率为 100 千瓦的实验室验证用固体激光器合同。激光器作为武器，不仅功率要大，而且激光束质量很高，还要能装到战术飞机和地面战车上的足够小的体积内。雷声公司的固体激光器实验室计划将现有的 25 千瓦固体激光器放大为 100 千瓦的激光器。该激光器采用相位耦合镜片，对激光器自身产生的光行差和由发射平台与目标之间的大气造成的光行差进行修正，使得该激光器经过小型化之后既可用于飞机，也可用于行进中的重型卡车或拖车，既可直接向目标发射，也可经由装在气球或无人直升机上的计算机控制的中继镜片，将平台发射的激光束引向攻击的目标。

美国动能拦截器完成首次风洞试验　澳大利亚《每日航天》2005 年 6 月 15 日报道，美国雷声公司最近完成首次动能拦截器（KEI）导弹风险降低高速风洞试验，该试验为未来的飞行试验做准备。KEI 是导弹防御局分层弹道导弹防御系统的移动式、多任务、高性能拦截部件，诺斯罗普·格鲁曼公司是分层弹道导弹防御系统项目的主承包商。此次试验聚焦于获得空气动力及其力矩数据，以及第二级飞行器的高频压力及声音数据。此次试验的关键部分是要获得导弹鼻端形状选择的数据。这些数据由圣路易斯的多音速风洞收集。所有试验目标皆已达到，结果也与预期匹配。此次试验于 2005 年 3 月在轨道科学公司的指导下完成，轨道科学公司是雷声公司在 KEI 项目上的主要伙伴。轨道科学公司负责这次试验，包括需求研究、模型设计、试验支持及数据简化。

美国空军机载激光器无源测试成功　美国导弹防御局 2005 年 8 月 1 日报道， YAL-1A 型机载激光器（ABL）飞机 7 月 26 日完成了飞行测试项目的关键阶段，成功验证了 ABL 的战场管理和波束控制/火控系统。无源低功耗系统集成（LPSI-P）测试阶段的成功完成是 ABL 飞机开发项目的一个里程碑，此后波音公司将对 ABL 飞机进行最后的改造，安装先进高功耗碘氧化学激光器。LPSI-P 测试阶段进行了多项成功的测试，包括验证了 ABL 飞机的无源导弹发射侦测传感器和交战软件，收集了多个飞机子系统的飞行数据。此后，YAL-1A 将开始有源低功率集成（LPSI-A）阶段测试。在这一阶段，ABL 飞机将进行一系列的最终改造和飞行/地面测试，在安装 COIL 之前验证其发现和跟踪目标的能力。ABL 飞机将是第一个将能量设备作为武器使用的作战飞机，用于拦截助推段弹道导弹。ABL 飞机将被作为分层导弹防御系统的一部分。

美国研制可安装在战斗机上的小型激光武器　英国《新科学家》网站 2005 年 8 月 28 日报道，美国防部国防高级研究计划局（DARPA）宣称，已经研制出一种可安装在战斗机上的高能、轻型激光武器，可摧毁上千米之外的导弹。截止到目前，能量足够摧毁导弹的激光武器体积一般很庞大，因此只能安装在大型飞机上。例如，美导弹防御局（MDA）研制的机载激光器（ABL）就安装在波音 747 大型货机上面，该系统能够跟踪并拦截处于助推段的弹道导弹，目前还未进行飞行试验。但是现在，DARPA 称已经缩小了研制的“高能液体激光区域防御系统” (HELLADS) 所有硬件的尺寸，使其可以装在战斗机的机翼下面或飞机的背部，能摧毁地空、空空导弹和火箭弹。HELLADS 包括冷却系统在内仅重 750 公斤，能够安装于 2 立方米的空间之内，体积相当于一个大型冰箱。

美国诺斯罗普·格鲁曼公司继续研制动能拦截弹　美国《每日防务》2005 年 10 月 11 日报道，美国诺斯罗普·格鲁曼公司首次展示了用于导弹防御系统助推段拦截的动能拦截弹的火控、通信系统和发射装置。尽管美国国会还在考虑是否取消这一项目，诺·格公司和雷声公司表示将继续为导弹防御局研制这种机动陆基反导弹系统。美国参议院 10 月 7 日以 97 对 0 票的结果通过了 2006 财年国防拨款法案，其中将动能拦截弹项目削减 1.11 亿美元。动能拦截弹包括拦截器、发射装置、火控系统和通信系统，将摧毁助推段和上升段的敌方导弹，是美国导弹防御局研制多层导弹防御系统的一部分。由于美国退出了《反弹道导弹条约》，动能拦截弹是首批能够使用天基传感器数据和机动发射装置的导弹防御系统。该项目将首先在 2008 年完成推进飞行试验，为了确保实现这一目标，他们已经进行了一系列静态发动机点火试验，其中首先将是第二级概念发动机，下一年将是第一级概念发动机。建造这些发动机的经验将用于完成4次静态点火试验，其中每一次静态点火都将应用于助推飞行。同时，该项目正在精简生产流程，以确保推进器没有质量问题。附加测试也正在进行，以确保硬件的高度可靠。

美国在波兰部署拦截导弹 俄罗斯《独立报》2005年11月25报道,波兰新政府宣布，首先解决的问题是美国在其境内部署导弹防御系统基地问题。波兰总理称，这对于波兰的国家安全和与重要盟友的合作很重要，并将加深与美国战略伙伴关系。美国在波兰部署导弹防御系统对俄罗斯的危险之处在于，美国的拦截导弹可以在弹道导弹飞行的最脆弱的阶段——起飞段拦截俄罗斯的洲际弹道导弹。分导式弹头、高超音速、不连续调姿，改进的“白杨”所具备的这些优势都已经毫无用处。

电子、雷达、传感器 **美国计划半年内在日本部署X波段雷达** 亚洲新闻网2006年2月8日报道，美国计划6个月之内在日本部署先进的导弹防御雷达--X波段雷达系统，以此提升日美两国的导弹拦截能力。美国防部导弹防御局（MDA）的高级官员透露，部署该雷达将耗资2.5~3亿美元，其中包括部署雷达的选址费。美军已经部署X波段雷达用于导弹预警。部署在日本的X波段雷达系统旨在防御来自朝鲜以及恐怖分子的导弹威胁。美日2004年秋天同意在日本部署X-波段雷达系统，并在10月发布的驻日美军调整报告中称两国政府正在研究该雷达系统的可能部署地点。该系统将与美国导弹预警卫星、“宙斯盾”弹道导弹防御系统、日本的雷达信息以及指挥网络相联通，未来美日将实现导弹发射预警信息的共享。此外，该雷达系统可以使日本对可能出现导弹威胁地区的监视活动更加灵活，并且可以使日美增强导弹拦截能力。

洛克希德-马丁公司交付天基高轨道红外系统的通信子系统 英国《防务系统日刊》2005年3月4日报道，洛克希德-马丁公司交付了一套先进的高性能通信子系统，该系统将集成到第一套天基高轨道红外系统（SBIRS High）地球同步静止轨道（GEO）卫星系统子系统的红外吊舱上。天基高轨道红外系统是美国下一代导弹预警系统，也是导弹防御系统的关键组成部分之一。该通信子系统不但可为用户提供红外吊舱的抗干扰通信能力，还可提供全球范围内的有关导弹发射探测和导弹防御的数据。同时，该子系统还通过与地面站之间的不断的交互通信为卫星提供指控指令。此后，洛克希德-马丁公司将把该子系统集成到飞行机构体系中，继续进行设备安装，并为将进行的总装和综合测试做准备。当该系统进入完全工作状态时，它将拥有两个运行在高轨道（HEO）上的吊舱，四颗地球同步静止卫星，以及接收和处理红外数据的固定和移动地面工作站。

美国导弹防御局将海基X波段雷达装在石油钻井平台上 美国《每日航宇》2005年2月16日报道，近几周内，由雷声公司生产的X波段雷达将安装到一座经过改进的海上石油钻井平台上，为美国地基中段防御系统提供目标跟踪和诱饵识别能力。目前，X波段雷达的安装工作正在波音公司的监督下进行。这座石油钻井平台位于得克萨斯州科珀斯克里斯蒂湾。雷达安装完毕并在墨西哥湾进行海上测试之后，钻井平台将依靠自身推进系统整体运动到加利福尼亚南部海域，参加今年9月举行的演习，继而绕过南美洲到达太平洋，于12月到达位于阿拉斯加的母港。尽管对此有着浓厚兴趣，美导弹防御局最近还是基于成本原因（造价高达10亿美元）放弃购买第二部同型雷达的计划，转而购买类似于“末段高空区域防御”（THAAD）系统使用的地基X波段雷达，据国防部高层官员透露，这些雷达将根据战略需要部署在其他国家。

美国导弹防御局海基X波段雷达平台完成初期海试 美国导弹防御局网站2005年3月24日报道，美国导弹防御局局长称，海基X波段雷达平台完成为期5天的海上试验，已于3月17日到达得克萨斯州科珀斯克里斯蒂湾的基维近海基地。海基X波段雷达平台由海上石油钻井平台改建而成。试验期间，雷达平台进行了一系列测试，验证了推进系统、压载舱、动力及辅助系统的性能及安全性。在基维近海基地，重达2000吨的X波段雷达将安装到平台上，之后，整个系统在墨西哥湾进行内容更广泛的试验和验证。建成后，雷达和平台高度将达到64米，运行状态下排水量约50000吨。在必要情况下，推进系统可以推动平台到达全球各大洋作业。近期它将驻守在阿留申群岛的阿达科岛，将具备支持整个太平洋导弹防御试验台试验及作战的能力。

美国E-10机载雷达具有干扰巡航导弹能力 美国《航空航天技术周刊》2005年5月30日报道，把雷达、电子战和导弹防御分割开来的技术壁垒开始消失，导致这种变化的基本原因是由于有源相控阵（AESA）雷达技术的成功开发。这种雷达可以探测和定位隐身的机载目标（如巡航导弹），并用足够的能量和聚焦的波束来干扰它的计算机和制导系统，使其偏离轨道。诺斯罗普·格鲁曼/雷声公司正在研制中的用于 E-10 机载监视飞机的多平台雷达技术嵌入计划（MP-RTIP）具有这种对付巡航导弹和空空导弹的能力。这项技术大体上与陆基高功率微波（HPM）反导系统在同一时间出现，事实上雷声公司开始研发的 HPM 系统就像一部大型的 AESA 雷达。它产生的宽带微波能量，能在 161 公里的距离上干扰武器的电子部件，在几十英里的距离上摧毁这些电子部件。对于有人驾驶飞机、直升机和无人驾驶侦察/作战飞机也应该具有同样的作用。当 E-10 空中监视飞机研制成功后，它的雷达将能以机载动目标指示（AMTI）方式接敌交战。新雷达由成百上千个收/发模块组成，可以完成对多个目标的扫描和跟踪，并且对发射的导弹进行制导。所有雷达收/发模块的功率集中起来，在一个较窄的波段内可能实施对敌方雷达的干扰。AESA 的这种“准”进攻能力同样也将体现在装有 AESA 雷达的 F/A-18E/F“超黄蜂”和 F/A-22 以及 F-35 JSF 等战机上。

美国洛克希德-马丁公司升级导弹防御雷达　英国《防务系统日刊》2005 年 6 月 8 日报道，根据与海军陆战队系统司令部签订的价值 2280 万美元的合同，洛克希德-马丁公司将对海军陆战队的战术导弹防空雷达系统进行升级，并提供战场支持。该雷达在“持久自由”行动和“自由伊拉克行动”中保护了盟军战士。海军陆战队还授予该公司一份 900 万美元的合同，为最近部署的 11 套 AN/TPS-59（V）3 雷达提供为期 5 年的产品后期支持和合同工程技术服务（CETS）。该雷达能够精确预测导弹的发射和弹着点，并向防御武器系统发送信号以防御来袭的威胁目标。同时,该雷达能够探测多个目标，可探测并跟踪诸如飞机和巡航导弹之类的空中目标,可与“霍克”、“爱国者”或其它导弹防御系统协同工作。AN/TPS-59（V）3 雷达还可集成一些其它传感器，以增强其对导弹发射和弹着点的预测，扩大其作用距离，增强共同作战能力并共享数据。该雷达可探测 740 公里外的飞机和 400 公里外的导弹。

美海基 X 波段雷达 2005 年 7 月 26 日正式建成　该雷达是目前世界上最大最复杂的 X 波段相控阵雷达，由一座经过改进的石油钻井平台搭载一部 X 波段雷达组成，可自主推进，并在恶劣海况下保持稳定状态。海基 X 波段雷达可在整个太平洋机动作业，为导弹防御试验和作战提供支持。年底前，它将依靠自身的推进系统到达位于阿拉斯加州阿达科岛的母港。

美国反导系统海基 X 波段雷达发出首道雷达波束　美国导弹防御局网站 2005 年 9 月 14 日报道，海基 X 波段（SBX）雷达于 2005 年 9 月 11 日成功发出首道波束。此前，导弹防御局曾进行了大规模的集成及实验，以检验独立部件的功能、运行过程、雷达软件及所有与雷达相关的安全系统。SBX 雷达包括一个石油钻探类型的半潜式平台，以及完整的 X 波段雷达。目前，该雷达已在中墨西哥湾进行海上试验，并将很快进行高功率运行及雷达校准。海基 X 波段雷达由导弹防御局研发，作为弹道导弹防御系统的主要雷达。大功率 X 波段雷达将对弹道导弹弹头实施跟踪，并对攻击美国的敌方弹道导弹有可能携带的诱饵弹进行预先识别，并提供应对措施。海基 X 波段雷达系统高 86 米，平台排水量超过 5 万吨。该平台所载有的推进系统使其能够部署到世界上任何海域，从而具备了支持作战及试验的能力。该雷达系统的主港位于阿拉斯加州阿留申群岛的艾德克岛。

美国防部导弹防御局“高空飞艇”项目将进入第三阶段　导弹防御局（MDA）将于 2005 年 10 月授予洛克希德-马丁公司为期 4 年、约 1.37 亿美元的合同，制造一种太阳能飞艇原型机，长约 131 米，宽 45.75 米，能携带 227 公斤有效载荷在 18300 米高空停留 1 个月，并能为有效载荷提供 3 千瓦的电力。MDA 计划开展 3 次飞行试验，并进行 1 个月的部署试验，飞行试验最早可能在 2008 年中开始。

日本加速部署新一代导弹防御雷达　英国《简氏防务周刊》2005 年 8 月 24 日报道，日本防卫厅决定加速目前正在开发中的新型雷达 FPS-XX 部署，该雷达将成为日本导弹防御系统的核心。FPS-XX 是陆基相控阵雷达，由日本防卫厅的技术研发中心开发。该雷达的研发工作已于 2003 财年完成，2004 年开始试验测试。该雷达有望取代现役的 FPS-3 雷达，其探测能力是后者的 3 倍。FPS-XX 雷达能够探测快速移动的目标和小型平台，包括弹道导弹、巡航导弹、空地导弹以及隐身飞机。

日本测试弹道导弹传感器系统　英国《简氏防务周刊》2005 年 11 月 9 日报道，日本防卫厅技术研究所（TRDI）与美国导弹防御局联合测试其新型红外弹道导弹观测传感器系统（AIRBOSS）。AIRBOSS 是正在开发中的机载红外传感器系统，被安装在 UP-3C 飞机上。美国计划本月发射一枚弹道导弹靶弹做拦截试验，检测 AIRBOSS 搜寻、检测和跟踪导弹的能力。

印度正在发展导弹防御系统　《印度政治家》网站 2005 年 2 月 11 日报道，在两年前，印度便启动发展导弹防御系统的计划，建立能够保护 200 平方公里区域的防御系统，可在今后 5~6 年准备就绪，用于保护大城市和战略设施，如核反应堆和航天发射场免遭导弹攻击。该导弹防御系统由 3 部分组成：一是远程跟踪雷达，能够探测 600 公里之外、以高超音速飞行的来袭导弹；二是指挥、控制、通信和情报（C^3I）系统，三是地空导弹，可以利用两种地空导弹实施分层防御，第一种地空导弹可能期望在 80~85 公里的距离拦截来袭的导弹；如果拦截失败，用第二种地空导弹在大约 20 公里之外的距离拦截漏防的导弹。印度国防研究发展局正在研制的“蓝天”(Akash）地空导弹可能是一种被选的拦截导弹。发展这样的导弹防御系统，意味着要在诸如远程跟踪雷达等新技术领域大量投资。过去，俄罗斯和以色列都曾提出向印度提供类似的系统（俄罗斯的 S-300 系统，以色列的“箭”式导弹防御系统），但印度都没有同意。

以色列空军部署新型 EL/M-2083 相控阵雷达 法国《航宇防务》2005 年 6 月 10 日报道，以色列空军已经将埃尔塔公司研制的新型 EL/M-2083 相控阵雷达部署到其增程防空航空器系统中。EL/M-2083 是一种设计用于探测远程敌方入侵飞机的预警和控制相控阵雷达，尤其是当低空入侵时，该雷达所搜集到的数据被传送到中央防空指挥控制中心，以用于生成一个扩展的全面空中态势图像。一旦探测到可能的威胁，该机载系统就会及时地发出警告。

（王卫东　王静洁　刘映国）

军 用 航 天 技 术

综述 2005 年，全世界共成功进行了 55 次航天发射，把 70 个航天器送上预定轨道（见下表），在军用卫星、空间攻防、载人航天、航天运载、空间探测等领域均取得较大进展。美国、俄罗斯、英国、法国等国发射了一系列军用或军民两用卫星，美国、欧洲各国、日本、印度等国积极推进军用卫星计划。美国在空间攻防技术和装备研制等方面进展较快。在载人航天和航天运载方面，美国航天飞机顺利重返太空，美国、欧洲、日本大型运载火箭相继发射成功，快速发射小火箭技术、空中发射火箭技术和可重复使用运载火箭等获得新突破。火星探测、金星、彗星等空间探测进入新阶段。

美国公布新的空间运输政策 2005 年 1 月 6 日，美国白宫公布了布什总统 2004 年 12 月 21 日批准的新的空间运输政策。美国制定新的空间运输政策的目的是确保美国具备进入空间和利用空间的能力，以维护国家安全与国土安全、国民利益、科学利益和经济利益。为达到这一目的，新政策提出美国政府应该：①确保美国空间运输能力的可用性，这些能力（包括进入空间，通过空间和从空间返回）是经济可靠地利用空间所必需的；② 演示验证作战响应快速进入空间和利用空间的初始能力，包括提供对特定能力意外损失或降低的响应能力，以及及时提供特定的或新的能力，以便支持国家的安全需要；③发展空间运输能力，使在低地球轨道以外进行载人空间探索成为可能；④继续实施为下一代空间运输能力而制定的关键技术发展计划，欲发展的这些空间运输能力将能大大提高空间利用的可靠性、响应性和效费比，并能满足未来的需要；⑤鼓励和促进美国的商用空间运输工业的发展；⑥维持和促进国内空间运输工业基础，包括发射系统、基础设施和专业队伍。

美军注重提高作战响应空间能力 美国防部日益注重发展廉价、快速作战响应空间能力，并发出“作战响应空间”（ORS）倡议，开展有关 ORS 的概念研究。该倡议由空军牵头实施，由国防部长部队转型办公室负责管理，陆、空、海军和海军陆战队参加。“作战响应空间”概念主要包括四个领域：临近空间、航天运载器、战术卫星或响应有效载荷、响应发射场。在这四个领域都制定有相应的计划，要求这些计划必须遵循两条准则：响应性（快速性与全球性）和经济可承受性。

美空军成立联合空间作战中心和空间实力建模与仿真实验室 据法国《航空航天防御》网站 2005 年 5 月 24 日报道，美空军 5 月 18 日在范登堡基地成立了“联合空间作战中心”（JSpOC），其职责是协调和提供联合空间资产，集成多种空间能力，为地面指挥员及军队提供共享的态势感知信息；指导、规划和响应战区指挥员及其他用户需求。这是美国首次由单一机构控制联合空间资产。目前，联合空间作战中心的成员大部分为空军人员，未来将由多军种人员构成，以

2005 年世界各国发射的航天器分类统计表

类别 国家	航天飞机	飞船	通信	照相侦察	导航	电子侦察	气象	遥感	空间探测	技术试验	合计
美国	1		8	2	1	2	1		2	3	20
俄罗斯		6	7	1	4			1		3	22
欧洲组织					1		1		1	1	4
法国			1								1
英国				1							1
加拿大			1								1
中国		1	1					3		1	6
日本			1						1	3	5
印度			2					1			3
荷兰										1	1
德国			1								1
西班牙			1								1
挪威			1								1
伊朗								1			1
泰国			1								1
印度尼西亚			1								1
合计	1	7	26	4	6	2	2	6	4	12	70

便真正地支援三军联合作战。

另据澳大利亚《每日航天》网站 2005 年 1 月 20 日报道，美国国家安全空间学院建立了一个最新型的空间实力建模与仿真实验室，以帮助空间专业人员获得必要知识和技能，用于把天基能力融入联合战区规划和作战中。国家安全空间学院还计划在许多空间专业培训课程中增加以空间实力建模与仿真实验室为基础的演习。

美空军初步形成临近空间联合作战概念 据美国《军事新闻》网站 2005 年 8 月 2 日报道，美空军已初步形成一种新型临近空间联合作战概念，其中心思想是将临近空间作战能力融合到联合作战中。为此，美陆海空三军都将参与临近空间作战能力的开发与运用。目前美三军已同意组建“临近空间委员会”，以共享该领域的信息与能力。据悉，未来临近空间武器系统将由执行多种任务的分系统组成，其中通信作战能力将是临近空间作战能力的首要开发目标。

俄罗斯通过 2006~2015 年的航天发展规划 2005 年 7 月 14 日，俄罗斯政府正式通过了 2006~2015 年的十年航天发展规划。该规划的主要内容之一，就是在今后 10 年制造并发射 70 多颗新一代卫星，而且卫星的性能将更加优良，服务寿命更长。据俄联邦航天局局长透露，俄目前正常运转的卫星共 96 颗，预计到 2008 年底将增加到 114 颗。俄政府将在今后 10 年内为航天项目拨款 3050 亿卢布（约合 106 亿美元），其中 2006 年的预算拨款应达到 230 亿卢布（约 8 亿美元）。

日本扩大卫星情报搜集范围 据日本《每日新闻》2005 年 3 月 14 日披露，日本防卫厅制定了一份情报战略计划，进一步加强利用卫星搜集情报，情报搜集的范围将从东北亚扩大到中东地区乃至部分非洲国家。这一情报战略计划被称为《今后的情报通信政策》，除使用日本的侦察卫星系统之外，还将利用民用通信卫星和电视广播卫星等，组成一个完整的图像情报搜集和传递网络。据悉，为具体落实这项计划，日本防卫厅已提出一项为期五年的方案。

韩国计划在 2015 年前跻身世界十大航天强国 韩国科技部官员 2005 年 9 月 7 日宣布，韩国将在今后 10 年大力发展航天技术，力争成为世界十大航天强国之一。据韩国科技部官员称，从战略角度考虑，韩国必须掌握航天技术。韩国计划 2006~2010 年间投资约 13.55 亿美元，用于研制卫星和运载火箭、建立航天中心、进行航天技术开发和开展国际合作。据悉，1996~2000 年和 2001~2005 年期间，韩国总共投资了约 10.38 亿美元用于发展航天技术。目前，韩国政府还制定了《国家航天开发计划》和《中长期宇宙开发计划》，确定同时发展卫星技术、运载火箭技术和航天发射中心，力争在短时间内奠定航天工业基础，确立航天强国地位。

韩国 2008 年将拥有全天候全球监视卫星体系 据美国《防务新闻》2005 年 4 月报道，韩国即将发射分辨率高达 1 米的“阿里郎”-2 号光学成像侦察卫星，还将于 2008 年（比原计划提前 2 年）发射“阿里郎”-5 多用途卫星。“阿里郎”-5 卫星将运行在距地面 685 公里的轨道上，星载对地精密观测雷达能全天候对地表实施监控。韩国科技部还表示，预计在 2006 年 6 月与军方共同发射的军民两用“无穷花”-5 号卫星上将搭载韩国军方的通讯中继设备。报道称，韩国 2008 年将拥有可以对地球表面全天候监视的卫星体系，该体系将会在军事领域等为韩国提供完备的情报信息，大大增强韩国的空间侦察能力。

印度军用卫星监视与侦察系统将在 2007 年投入使用 据印度国防部长 2005 年 8 月 4 日透露，印度建造的军用卫星监视与侦察系统（SBS）最迟在 2007 年投入使用。SBS 系统将由 6 颗卫星组成，由印度空间研究组织和国防研究与发展组织共同完成，原定于 2005 年投入使用，但由于一些技术需要验证而推迟两年实现。印度的 SBS 系统主要包括：2001 年 10 月发射的技术试验卫星（TES），这是印度发射的首颗侦察卫星，分辨率可达 1 米；2003 年 10 月发射的资源卫星-1（即 IRS-P6），其最高分辨率约为 5 米；2005 年 5 月 5 日发射的“制图星”-1（即 IRS-P5）卫星，分辨率达 2.5 米；即将发射的“制图星”-2（即 IRS-P7）卫星，其分辨率为 1 米；计划在 2006 年发射的“雷达成像卫星”（RISAT）。此外，印度还积极从以色列购买高分辨率卫星，如 Eros-A 卫星（分辨率为 1.8 米）和 Ofek-5 卫星（分辨率小于 1 米）的照片。目前，印度还缺少用来处理这些卫星数据、并将这些数据传送给部队的大型计算中心。待这些准备工作就绪后，SBS 系统将能使印度具备对周边国家的所有导弹爆炸点、导弹发射井、部队移动以及军事建筑进行监视的能力。

印度军队建成“闪光信使”战略宽带卫星网 据《印度时报》2005 年 8 月 11 日报道，印度 8 月 7 日正式开通了代号为“闪光信使”的战略宽带卫星网，该网具有“军民通用”的优点，使印军具备了建设信息化军队、打“网络中心战”的最基本和最重要的条件。“闪光信使”宽带网是由印军联合国内电话公司以及西门子公司共同开发的，能够向印度全国提供宽带连接服务，并能连接到印度的偏远地区，提供安全可靠的语音、视频、数据和其它通讯服务。具体功能包括：（1）实现各军兵种的“无缝”链接，提升印军的联合作战能力；（2）为各级指挥官提供和传递情报信息；（3）为各级指挥官提供指挥“平台”；（4）为建立功能“模块化”部队提供物质基础。

欧盟委员会研究小组建议实施有限的军事航天计划 据美国《航空航天技术周刊》2005 年 3 月 28 日报道，欧盟委员会一研究小组提交的一份报告建议，就空间资产在安全方面的应用需求，欧盟内部应对由法国提议的军事航天计划的某些方面给予支持，包括：①通用体系结构和设施的接口标准，以便于联合使用由欧盟各国投资建设的对地观测系统；②联合空间监视系统；③由地球静止/中高轨道和低地球轨道卫星组成的高速数据中继系统。报告建议从 2007 年开始，逐年增加欧盟空间防务和安全方面的资金投入，从现在仅有的 10 亿欧元增加到 2012 年的 20 亿欧元，用以弥补当前存在的空间能力的不足。

欧盟与印度签署“伽利略”计划合作协议 欧盟委员会 2005 年 9 月 7 日宣布，欧盟与印度签署了“伽利略”计划合作协议，从而使欧盟在这一卫星导航计划中的合作伙伴增加到 4 个。根据该协议，印度将参与“伽利略”计划的开发，欧盟将保证该导航系统在印度的使用，并将帮助印度完善适合于“伽利略”计划的地面系统。“伽利略”计划是欧盟 2002 年正式批准的一项全球卫星导航计划，预算总额大约为 34 亿欧元，其目标是在 2008 年以前建成一个覆盖全球的欧洲卫星导航系统。

军用卫星 2005 年，世界各国大力发展军用或军民两用卫星，全年共发射 46 颗通信、遥感（侦察）、预警、导航、气象等应用卫星，多项军用卫星计划取得重大进展。

美国发射一颗“锁眼-12”（KH-12）军用侦察卫星 2005 年 10 月 19 日，美空军用“大力神-4B”运载火箭从范登堡空军基地将最新一颗 19 吨重的 KH-12 卫星送入预定极地轨道，其初始轨道高度为 175~1020 公里，倾角 98°。该星发射后，在轨工作的 KH-12 卫星已增至 4 颗，另外 3 颗分别是 1995 年、1996 年和 2001 年发射的。新发射的 KH-12 卫星将工作 7~10 年，可实现与新的“未来成像体系结构”（FIA）数字成像卫星的衔接。

美国发射“长曲棍球”雷达卫星并计划演示空间雷达卫星 2005 年 4 月 30 日，美国空军用“大力神-

4B”火箭将一颗编号为 USA 182 的卫星送入轨道，据分析该星可能是第 5 颗“长曲棍球”雷达成像卫星。另据美国《C^4ISR 杂志》网站 2005 年 3 月 21 日报道称，作为部署全天候工作型空间雷达卫星系统的第一步，美空军拟在 2008 年发射“空间雷达”（SR）(以前称“天基雷达”）演示星进行验证试验，演示星的尺寸仅为工作型卫星的四分之一。

美国发射 2 颗电子侦察卫星　2005 年 2 月 3 日，美国从卡纳维拉尔角航天发射场成功发射了两颗绝密的电子信号侦察卫星，它们隶属于美国国家侦察局（NRO），具体卫星型号不详。

美国“天基空间监视”(SBSS)“探路者”系统通过初步设计评审　据波音公司网站 2005 年 4 月 6 日报道，波音公司与诺斯罗普·格鲁曼公司合作，已成功完成了“天基空间监视”（SBSS）“探路者”系统的初步设计，对 SBSS“探路者”系统的基础结构和设计进行了全面评审。SBSS“探路者”系统是一个低风险、可执行的、效费比高的空间态势感知基础设施，将由进一步提升探测和跟踪空间目标能力的卫星星座组成。

美国完成“转型卫星通信”系统空间部分中期评审并开始建设地面部分　2005 年 7 月 18 日，由波音公司和洛克希德-马丁公司牵头的工业小组分别完成了对美空军“转型卫星通信系统”(TSAT) 空间部分的中期设计评审，审查了系统规划的结构和设计方法，并总结了降低风险方面的工作。洛克希德-马丁公司/诺斯罗普·格鲁曼公司和波音公司各自领导的两个小组正在竞争制造 TSAT 卫星，预计首颗卫星将在 2013 年发射。TSAT 系统的地面部分——“转型任务运行系统”（TSOS）的建造也将平行进行。TSAT 系统将最终取代“军事星”和“先进极高频”卫星，为国防部、民用和情报界用户提供宽带、高移动、超视距、受保护的链接能力，为国防和情报专家提供一体化的综合信息，以支持未来战场的网络中心战。

美海军“移动用户目标系统”通过初步设计评审　据洛克希德-马丁公司 2005 年 3 月 18 日称，美海军的下一代卫星通信系统——“移动用户目标系统”（MUOS）已通过初步设计评审。系统初步设计评审完成后，将开始关键设计与发展阶段。洛克希德-马丁公司是 MUOS 的主合同商，该系统将替换海军的“极高频后继星”（UFO）卫星。

美国和西班牙开始运营首颗 X 波段通信卫星 XTAR-EUR　据美国劳拉公司网站 2005 年 4 月 4 日报道，2005 年 2 月 12 日由欧洲阿里安-5EGA 型火箭从库鲁航天发射中心发射升空、由美国与西班牙方面合作组建的 XTAR 公司经营的 XTAR-EUR 卫星已经完成在轨测试，开始全面运行。XTAR-EUR 是美国劳拉空间系统公司（SS/L）建造的世界上首颗 X 波段通信卫星，它携带了 12 个高功率的 X 波段转发器，其波束覆盖区域广阔，定点在 29°E 上空，将为美国、西班牙政府及军事机构的通信服务，卫星在轨服务寿命 15 年。XTAR-EUR 卫星可作为高功率军用通信卫星，该星设计了多个可操纵的波束，允许用户根据需要切换波束并跟踪覆盖区内任何一个地方，而且用户终端天线口径可减小至 2.4 米。西班牙国防部作为卫星第一个用户租赁了该卫星 238 兆赫的容量。

美国 DARPA 授予“新奇卫星通信”计划第二阶段合同　据美国《空军内情》2005 年 7 月 15 日报道，美国防部高级研究计划局（DARPA）2005 年 7 月 1 日已授予阿尔贡 ST 公司和科学应用国际公司各一项“新奇卫星通信”（NSC）计划第二阶段合同，每个合同金额为 300 多万美元。“新奇卫星通信”将是一个多用户的卫星通信系统，其空间部分将由中地球轨道卫星组成星座。该系统新奇之处是能够使配备有“联合战术无线电系统”（JTRS）手持电台的地面用户，当他们处在诸多干扰机附近也能与卫星进行通信。该计划分四个阶段进行。第一阶段测试干扰机调零技术，该阶段已于 2004 年 12 月中结束。第二阶段要求承包商开发算法和编码技术，并评估它们的性能，确定所需的信号处理硬件，确认实现计划目标所需的关键技术。第三阶段研制技术演示验证系统。第四阶段进行实际演示验证。

美国发射首颗改进型 GPS-IIR 卫星　2005 年 9 月 26 日，美空军利用波音公司的“德尔它-2”火箭成功发射了首颗改进型 GPS-IIR 卫星。此次发射的 GPS-IIR M1 卫星是洛克希德-马丁公司为 GPS 联合计划办公室改进的 8 颗 GPS IIR 系列卫星中的第一颗，也是目前研制的技术上最先进的 GPS 卫星，将为美国军队和全球民用用户提供改进的导航性能。目前，GPS 星座的 30 颗卫星中，18 颗为 GPSⅡ或 GPSⅡA 型，12 颗为 GPSⅡR 型卫星。此次发射的改进型 GPS-IIR 卫星在性能上的主要改进措施包括：现代化的天线面板，可为地面接收用户提供增强的信号功率；新增两种军码信号，可为军队提供增强的编码和抗干扰能力；新增第二代民码（L2）信号，可为民用用户提供双频能力，用于校正电离层传输误差，增强信号的精度。美空军航天司令部第 2 空间作战中队负责管理 GPS 卫星星座。

**美国防科学委员会对 GPS 未来的发展提出全面建

议　2005年11月23日，美国防科学委员会（DSB）向国防部长拉姆斯菲尔德提交了一份题为《未来全球定位系统（GPS）》的研究报告。报告建议的主要内容有：①尽快用由30颗GPS卫星组成的星座取代现役由24颗卫星构成的星座，这30颗卫星分布在3个轨道面上，每个轨道面10颗，这种配置将比现役配置（6个轨道面，每个轨道面5颗）更易维持，也将能够采用“一箭双星”发射模式；把容许屏蔽角（mask angle）从5°提高到15°，以改进对山区和城区环境中用户的导航性能。②限制GPS Ⅲ卫星的重量，使之能够利用中型“改进一次性使用运载火箭”(EELV)“一箭双星”发射。③改进卫星操作概念，包括继续让空军人员对卫星操作提供指导，允许承包商技术人员到现场指导监控卫星系统和执行命令。④近期应尽快提高军用GPS接收机的抗干扰性能，包括重新设计适用于M码的接收机、新研制武器上使用的接收机、弹药用接收机等。⑤促进与欧盟的合作，极力促成GPS与“伽利略”卫星系统在民用领域实现真正的互操作性。

美国公司研制小型导弹预警卫星　据美国《C^4ISR杂志》网站2005年3月14日报道，空间发展公司（SpaceDev）正在研制微型试验性导弹预警卫星，用于探测和跟踪助推段及中段飞行的弹道导弹。2004年3月，美国防部授予该公司一项为期5年、价值4300万美元的合同，以实施“微型卫星分布式传感验证”计划。该计划包括设计、制造和运行由3颗编队飞行微型卫星组成的星群，以跟踪助推段及中段飞行的弹道导弹。SpaceDev公司研制的微型导弹预警卫星将采用不同的方法探测导弹发射：星载传感器采用光学传感器，而不是通常预警卫星采用的红外传感器；工作型的微型预警卫星群可能采用椭圆轨道，使卫星对特定地区的观测时间尽可能长；不要求全球覆盖，集中监视有限的重点地区。

美国“天基红外系统”第二个大椭圆轨道载荷交付空军　据美国洛克希德-马丁公司2005年9月28日宣布，美国下一代导弹预警卫星系统——“天基红外系统”（SBIRS）计划第二个大椭圆轨道载荷已成功交付美国空军。与第一个大椭圆轨道载荷（于2004年8月交付美国空军）一样，该载荷将被集成到一颗大椭圆轨道宿主卫星上，对导弹发射以及其他军事方面的红外事件进行全球扫描、探测和报告。预计SBIRS除了可提供导弹发射预警外，还将支持导弹防御、技术情报和战场空间态势感知等其他任务。SBIRS计划高轨道部分完全运转时，将包括2个大椭圆轨道载荷、4颗地球同步轨道卫星以及接收和处理红外数据的固定式与移动式地面站。

美国发射一颗NOAA气象卫星　2005年5月20日，经过数次推迟后，美国国家海洋及大气局（NOAA）成功发射了一颗新型气象卫星--NOAA-18，该卫星将替代自2000年9月一直运转的NOAA-16卫星，与2002年6月发射的NOAA-17一起工作，致力于改善天气预报能力，并监视全球气候变化。新发射的这颗卫星是5颗极轨气象卫星中的第4颗，和前3颗卫星一样，也装备有将用于全球搜索营救活动的传感器。该系列中的最后一颗卫星计划在2007年发射。

美空军发射STP-R1军事试验卫星　2005年9月23日，美国轨道科学公司“弥诺陶洛斯”(Minotaur)火箭从范登堡基地成功地把一颗军用试验卫星STP-R1发射到太阳同步轨道。该卫星是“空间试验计划”（STP）的一颗卫星，又被称为“条纹”(Streak）卫星，其运行和管理由DARPA负责。该卫星搭载离子测量计和原子氧传感器等设备，用以验证快速反应、短寿命任务、近地轨道空间技术，同时还用于收集关于近地轨道环境的信息，为国防部未来的任务提供参考。

俄罗斯侦察卫星提前从轨道上坠落　2005年1月9日，俄罗斯的一颗编号为“宇宙-2410”的“钻”型军事照相侦察卫星提前从轨道上坠落，至今未能在卫星可能的坠落区域找到。经现代化改进的“宇宙-2410”侦察卫星是2004年9月24日从普列谢茨克发射场发射升空的，它在轨道上只飞行了107天，仅达到50%的服役期限，未能达到预期飞行目的。此前，没有进行现代化改进的同类卫星还能在轨道上至少飞行120天。

俄罗斯发射“监视器-E”新型地球遥感卫星　2005年8月27日，俄罗斯用“呼啸”号火箭成功地将一颗“监视器-E”(Monitor-E）地球遥感卫星送入到距地面540公里的太阳同步轨道。该卫星是在俄罗斯缺少在轨侦察卫星的情况下发射的，俄罗斯军方将使用“监视器-E”卫星的数据。“监视器-E”卫星重750公斤，装备两台分辨率为8~20米的照相机，并有2个200G的存储装置，设计寿命5年，用于地球遥感，为自然资源利用、环境污染和紧急情况监控提供服务。“监视器-E”是俄罗斯的第一颗小型地球遥感卫星，由俄罗斯赫鲁尼切夫航天中心制造。该中心还计划研制该系列的“监视器-I”、“监视器-S”、“监视器-O”光电卫星和“监视器-R”雷达卫星，其中“监视器-S”的分辨率可以达到4~5米，而“监视器-O”卫星的分辨率可以达到1米。

俄罗斯发射“宇宙-2415”成像侦察卫星　2005

年 9 月 2 日，俄罗斯“联盟-U”运载火箭从哈萨克斯坦拜科努尔航天发射场升空，将俄罗斯一颗编号为“宇宙-2415”的军用成像侦察卫星成功送入预定轨道，目前该卫星设备运行正常。

俄罗斯研制新型天基雷达成像卫星　据俄新社 2005 年 3 月 3 日报道，俄罗斯正在研制新型天基雷达成像卫星，在未来几年里将发射一个完整的高分辨率天基雷达星座。其中，Arkon-2 多功能卫星可提供高分辨率和中分辨率的图片。该卫星拥有独特的三波段雷达，它的分米波段观测系统（23 厘米）可以在下层丛林中寻找目标，70 厘米波长能在干燥的土地之下进行扫描。Arkon-2 卫星能提供详细的、质量很好的区域图片，其测量范围是 10×10 公里（分辨率达 1 米）；还可提供 450 公里范围内、分辨率为 50 米的全景图片。

俄罗斯发射 4 颗导航卫星　2005 年 1 月 20 日，俄罗斯航天兵在普列谢茨克航天发射场成功发射一枚“宇宙-3M”运载火箭，将国防部使用的一颗“宇宙-2414”军事导航卫星送入预定轨道，同时搭载发射的还有供莫斯科大学使用的一颗“大学”（又称“塔季扬娜”）科研卫星。2005 年 12 月 25 日，俄罗斯又从拜科努尔航天发射场用“质子-K”火箭成功发射三颗寿命增至 7 年的“GLONASS-M”（即宇宙-2417、2418 和 2419）卫星。目前，俄罗斯“格罗纳斯”导航系统共有 14 颗在轨卫星，该系统完全组网需要 24 颗卫星。

日本发射 2 颗激光通信试验卫星　2005 年 8 月 24 日，日本利用俄罗斯“第聂伯”火箭从哈萨克斯坦拜科努尔航天发射场成功地将两颗试验卫星送入轨道。其中，“轨道间光学通信工程试验卫星”(OICETS) 重 600 公斤，运行在距地面 600~700 公里、轨道倾角为 98°的近地圆形轨道上，它将与欧洲航天局位于地球同步轨道的“先进中继与技术任务”(ARTEMIS) 卫星进行光通信技术（包括捕获/跟踪/指向等技术在内）试验。发射的另一颗卫星为 INDEX 科学卫星，它是一个边长为 50 厘米的立方体，重 72 公斤，可以对北极光进行研究。

韩国授予欧洲公司合同生产首颗静地多功能卫星　据澳大利亚《每日航天》2005 年 5 月 17 日报道，欧洲 EADS Astrium 公司已宣布获得韩国宇航研究院 (KARI) 的合同，设计并生产首颗韩国多功能静地卫星——COMS。这颗先进的 COMS 卫星有三个有效载荷，分别用于气象学、海洋观测和通信，将向全球范围的用户终端提供气象数据，为朝鲜半岛提供海洋学数据，以及在 ka 波段的试验通信服务。作为 COMS 卫星合同的主承包商，EADS Astrium 公司将负责设计并建造卫星，还包括气象和海洋成像仪；通信有效载荷将由韩国宇航研究院提供。该卫星发射质量 2.4 吨，设计寿命在七年以上。

韩国计划在济州岛建立卫星跟踪站　2005 年 7 月 14 日，韩国科学技术部决定在济州岛建立卫星跟踪站，计划在 2006 年完成，开发费用约 3100 万美元，建成后可跟踪 3000 公里距离内的卫星，发送和接收 2000 公里远的火箭和卫星上的信号。

印度发射“制图星”-1 测绘卫星　2005 年 5 月 5 日，印度在安得拉邦斯里赫里戈达岛发射中心，用极轨卫星运载火箭 (PSLV) 成功发射两颗卫星：“制图星”-1（Cartosat-1，也称 IRS-P5）和通讯卫星 Hamsat。Cartosat-1 卫星是印度首颗立体测绘卫星，重 1.5 吨，地面分辨率 2.5 米，可用来拍摄用于制图的地球立体图象。Hamsat 卫星重 42.5 公斤，将为业余无线电爱好者提供中继服务。

中国台湾成立“中华 2 号”卫星图像分送中心　2005 年 4 月，中国台湾“国家太空计划室”与逢甲大学签约，以逢甲大学地理信息系统研究中心为主，成立“中华 2 号”卫星图像分送中心，负责“中华 2 号”卫星图像加工、分析、处理和应用等。“中华 2 号”是由 EADS Astrium 公司建造，于 2004 年 5 月从美国发射，位于 891 公里高的太阳同步轨道上，分辨率为 2 米（黑白）和 8 米（彩色），并且每天绕地球 14 圈，2 次飞过台湾上空，设计寿命为 5 年。

中国台湾讨论遥感卫星采办计划　据英国《简氏防务周刊》2005 年 10 月 26 日报道，中国台湾正在制订遥感卫星发展计划，以决定台湾是应该购买替代“中华 2 号”卫星的后续星还是应该进一步购买更多的商业遥感卫星服务。据台湾媒体称，中国台湾政府中某些人对“中华 2 号”卫星并不满意。由于中国大陆方面的压力，“中华 2 号”被加了许多技术限制，包括在经过大陆时设置无线电通讯中断区域和不允许为了获得更好分辨率而低于某个特定的高度。由于这些原因，台湾已经被迫使用商业卫星服务，像美国的 Ikonos 与 Quickbird、加拿大的 RADARSAT、以色列的 EROS 和法国的 SPOT 等卫星的图片。然而，台湾害怕在与大陆发生军事冲突时，这些服务被延迟或者中断。2004 年成立的台湾“国家安全与防御办公室”与“国家太空计划室”正在讨论三个可能的计划：是购买一颗电子-光学卫星（被称为“中华 2 号”后续星），还是购买一颗合成孔径雷达卫星（被称为“中华 6 号”），还是进一步扩展商业遥感卫星服务。

英国首次发射微型“战术光学卫星” 据法国《航空航天防御》网站2005年10月31日报道，10月27日，英国的首颗微型“战术光学卫星”（TopSat）搭载俄“宇宙-3M”火箭从俄罗斯普列谢茨克成功发射升空。TopSat计划是由英国国家航天中心（BNSC）和英国国防部共同投资于2000年开始实施的。“战术光学卫星”是英国国家航天中心小卫星计划所研制的3颗卫星之一，卫星重100公斤，可拍摄2.5米分辨率的黑白图像和5米分辨率的多光谱图像，每幅图像的地面覆盖面积为17×17公里。未来由3~4颗TopSat组成的星座，每天至少可对地球上的任何一点拍摄一次。

法国发射第三代军事通信卫星“锡拉库斯”-3A 据美国《太空参考》网站2005年10月14日报道，法国第三代军事通信卫星——“锡拉库斯”-3A卫星从库鲁航天中心顺利发射入轨，该卫星将取代1995年发射的“锡拉库斯”-2中的“通信星-2C”。“锡拉库斯”-3通信卫星计划耗资20亿美元，主要用于制造和发射“锡拉库斯”-3A和3B卫星、备份星“锡拉库斯”-3C，以及扩充地面站的数量。“锡拉库斯”-3卫星重约3700公斤，运行在地球静止轨道上，卫星上装有9个超高频（SHF）转发器和6个极高频（EHF）转发器。与“锡拉库斯”-2卫星相比，“锡拉库斯”-3卫星的转发能力有“数量级的提高”，具有一定的抗核辐射和电子防护能力，新卫星通信系统将提供法国本土和国外战区之间的端对端通信服务，并能在战场提供因特网服务，可增强部队的作战有效性和协同作战能力。

欧洲发射“伽利略”全球卫星定位系统首颗实验卫星 2005年10月28日，欧洲从哈萨克斯坦拜科努尔发射场利用俄罗斯“联盟-FG”运载火箭，成功将其“伽利略”系统的首颗实验卫星送入轨道。该实验卫星重600公斤，由英国一家公司制造，是“伽利略”系统首批两颗实验卫星中的第一颗，目的是对“伽利略”系统进行技术测试，卫星运行在距离地面23222公里、轨道倾角为56°的圆形轨道。

空间攻防 2005年，美国继续大力推进空间攻防技术和装备的发展，进行了“施里弗-3”空间战模拟演习，并发布2004年版《美国空军转型飞行计划》，继续推进天基武器发展，发射XSS-11和“自主交会技术验证”（DART）卫星进行空间攻防技术演示等。

美军进行“施里弗-3”空间战模拟演习 2005年2月5~11日，美军在内华达州秘密地进行了“施里弗-3”空间战模拟演习。与以往两次的“施里弗”演习相比，“施里弗-3”演习首次将“临近空间飞行器”（距地面20~100公里的空域飞行）引入演习。美空军认为，临近空间对于情报搜集与监视很有发展前景。此次演习的重点是探讨假想在2020年发生反恐战争将如何使用天基资产，以及如何最好地利用空间资产协调地面上的联合作战问题。另外，这次演习还把空间系统防护作为演习的一项重要内容，并探索了如何建立载人与不载人空间系统的无缝集成问题。

美空军发布2004年版转型飞行计划 据美国国防信息中心网站2005年1月12日报道，2005年1月6日，美空军公布了2004年版《美国空军转型飞行计划》（简称TFP04）。与2003年版转型飞行计划相比，TFP04删除了2003年版中披露的空军已计划和设想中的空间武器系统的相关内容。但从TFP04的字里行间仍可以看出，美空军继续把建立空间优势和控制空间作为未来空间军事行动的目标。具体表现在：

①发展全球打击能力，特别是发展反应快速、能够实施远程精确打击的天基平台，以便对敌方重要目标尽早遂行快速打击；

②发展先进的空间对抗系统，包括在空间使用的激光和高功率微波等定向能武器；

③建立“空中和空间占领”概念，即保持“有效的空中和空间持续存在”，使敌方在自己的疆域内始终处于危险境地。

美军已部署反卫星通信系统并积极研制其改进型 据美国《华盛顿时报》网站2005年9月22日报道，美空军航天司令部司令兰斯·洛德将军称，美国军方正大力支持未来的空间进攻，而且空军已经部署一套干扰敌方卫星的反卫星通信系统（CCS）。他还表示，航天司令部最优先的任务是监视空间和了解威胁所在，其他两项任务是保护卫星免受攻击和对威胁美国卫星的敌方卫星和地面相关设施实施打击。美空军航天司令部第76空间控制中队2004年部署了第一个进攻性通信对抗系统（CCS），该系统是地基移动式系统，通过射频干扰敌方卫星通信，为战区指挥官提供暂时和可逆的破坏手段。CCS是美空军首次公开承认、用于限制对手利用空间的武器系统。美空军目前正在规划研制第二代反卫星通信系统（CCS Block 20），改进系统将扩大频率干扰范围，提高同时进行更多干扰任务的能力。预计首套CCS Block 20将在2009年投入使用。

美空军XSS-11微卫星顺利完成在轨交会机动试验 2005年4月11日，美空军“试验卫星系统”（XSS）演示验证计划的第2颗卫星——XSS-11微卫星由“弥诺陶洛斯”（Minotaur）四级火箭发射升空，进入约850公里高的预定轨道。XSS-11计划进行为期12~18个月的自主逼近在轨目标演示验证试验。XSS-11卫星重145公斤，携带15公斤推进剂，能够自主操作与任务规划。试验期间卫星将与美国的6~7个在轨人造物体（废弃的火箭上面级和报废的卫星）实施自主交会。据美国MSNB网2005年9月9日报道，XSS-11微卫星已成功完成与MinotaurⅠ火箭上面级的一系列轨道交会机动，7月底，XSS-11微卫星首次在距离该火箭上面级1.6公里的位置与其进行交会，此后又进行了几次交会，交会的最近距离为500米。

NASA“自主交会技术验证”卫星在轨试验失败 据美国《航天》网站2005年4月23日报道，2005年4月15日，美国NASA从范登堡空军基地成功发射了“自主交会技术验证”(DART）卫星。但DART卫星在发射后与目标卫星MUBLCOM（于1999年5月发射，已退役）实施接近机动飞行过程中出现异常，进而导致试验半途而废。DART卫星重约360公斤，装有电脑和各种传感器，耗资1.1亿美元，这项计划旨在验证航天器间的自动交会、对接以及维修等技术。NASA有关方面负责人称，DART卫星在接近MUBLCOM约91米时，因星上推进剂过早耗尽，才指示卫星进入后撤阶段，并将自身推入一条驻留轨道，未能实现利用携带的“先进视频制导传感器”接近MUBLCOM卫星5米的预期目标。

美国公司开始生产第三代抗干扰GPS天线系统 据英国《防务系统日报》2005年2月24日报道，美国雷声公司已开始生产最新的第三代抗干扰主动式GPS天线系统，它以该公司的GAS-1 GPS抗干扰天线系统为基础，采用数字处理技术以提高天线的性能，其特点是可同时进行L1与L2调零和最佳时空自适应处理（STAP)，从而提高抗干扰能力，将用于取代现役GAS-1天线系统。

美军开始实施“快速攻击识别、探测和报告系统”计划 据澳大利亚《每日航天》2005年5月16日报道，美国联合系统公司5月11日宣布赢得美空军“快速攻击识别、探测和报告系统”(RAIDRS）计划“螺旋-1”阶段的一项为期5年、总价值为1.23亿美元的合同。RAIDRS将由卫星地面控制站和星载传感器、信息处理网络等部分组成，用于探测、报告对美国军、民通信卫星的干扰，以及干扰源的地理位置，以采取必要的对抗措施。该系统没有单独的卫星，其核心部分是集成到现役或在研卫星上的一系列计算机软件。对于新研制的卫星，在其发射前就将RAIDRS软件嵌入卫星中；对于那些已在轨的卫星，将通过地面计算机编程，将RAIDRS软件发送给星上计算机。

载人航天 2005年，美国“发现”号航天飞机恢复飞行，俄罗斯则继续承担起向国际空间站运送航天员及货物的重任。

美国“发现”号航天飞机重返太空 2005年7月26日，美国“发现”号航天飞机从肯尼迪航天中心39B发射台上发射升空，并准确进入预定轨道。这是自2003年2月1日“哥伦比亚”号航天飞机返回途中失事以来，美国航天飞机的首次飞行，也是美国航天飞机的第114次飞行任务。“发现”号此次重返太空的主要任务是测试及评估航天飞机飞行的安全性，其中包括测试全新的故障检查方法和修复技术，以及为国际空间站运送补给物品和清除垃圾。为确保“发现”号航天飞机顺利返回太空，NASA花费近20亿美元对其进行安全技术改进，主要内容涉及近50项技术改动，主要包括对外挂燃料箱的设计进行改进，改进航天飞机发射过程的成像与监控系统，提高航天飞机在轨检查和修复能力，在航天飞机机翼上增加温度和压力传感器，采用备份救援手段等。2005年8月9日，“发现”号航天飞机安全返回到爱德华兹空军基地，标志着美国航天飞机重返太空飞行获得圆满成功。

俄罗斯发射6艘飞船维持国际空间站的运行 2005年，俄罗斯共向国际空间站发射了6艘飞船。2005年3月1日、6月17日、9月8日和12月21日，俄罗斯分别发射了“进步M-52”号、“进步M-53”号、“进步M-54”号和“进步M-55”号货运飞船，为国际空间站送去燃料、食品、科学仪器及设备等货物。2005年4月15日，搭载着俄罗斯“联盟TMA-6”载人飞船的“联盟FG”运载火箭自哈萨克斯坦拜科努尔航天发射场顺利升空，为国际空间站送去2名第11批航天员（俄罗斯的谢尔盖·克里卡列夫和美国的琼·菲利普斯)。10月1日，俄又向国际空间站成功发射了“联盟TMA-7”载人飞船，为国际空间站送去2名第12批长期考察组成员（美国航天员威廉·麦克阿瑟、俄航天员瓦列里·托卡列夫）和第三名太空游客美国富翁奥尔森。

俄罗斯“演示者”航天器演示试验失败 2005年10月7日，俄罗斯“演示者”航天器被送入260公里高的轨道，在随后的降落过程中由于收不到“演示者”发出的信号，该试验遭到失败，而且没有找到残骸。俄专家认为该航天器可能在地球大气层中烧毁。“演示者”航天器又称航天降落伞，是一种可从轨道上回收货物、多次使用的充气减速装置，可用于将来从国际空间站向地面运回货物或紧急情况下从空间站向地面疏散航天员。按设计，“演示者”在飞行过程中呈紧缩状态，进入大气层之前开始大量充入氮并打开形成一个巨大的倒圆锥体，本身的降落速度很快从8~11公里/秒降低到13~14米/秒，使所载货物和航天员能够安全降落。从2000年到2002年，俄曾进行了3次“演示者”航天器试验，都因为天气原因或运载火箭故障而未能检验航天器本身的技术性能。

航天运输系统 2005年，全世界共成功进行了55次航天发射，美国、日本和欧洲大型运载火箭相继发射成功，快速发射的小火箭技术、空中发射技术、可重复使用航天运载器技术取得较大进展，韩国计划发展运载火箭，美国“宇宙神-3”和“大力神”火箭宣布退役。

美国“宇宙神-3”型运载火箭退役 据美国洛克希德-马丁公司宣布，“宇宙神-3”型火箭在2005年2月3日发射美国国家侦察局两颗绝密的电子信号侦察卫星后退役。“宇宙神-3”型火箭是“宇宙神-2”系列火箭和“宇宙神-5”火箭之间的过渡型号，研制工作历时5年，耗资3亿美元，2000年5月24日进行首次飞行，到目前为止共发射了5次，全部获得成功。

美国“大力神”运载火箭退役 据美国新闻日报网站2005年10月19日报道，在“大力神-4B”火箭将一颗国家侦察局（NRO）的秘密载荷（KH-12）送入轨道后，美国的“大力神”系列火箭将退役。截至2005年10月19日，“大力神”系列运载火箭总共进行了368次发射，其中重型运载火箭（包括“大力神-3C”、“大力神-3D”、“大力神-3E”、“大力神-34D”、“大力神-4A”、“大力神-4B”等）发射123次。“大力神”火箭退役后，原来由“大力神”火箭承担的大型军用卫星的发射任务，将由“渐进一次性使用运载火箭”（EELV）即“宇宙神-5”和“德尔它-4”火箭来完成。

美空军成功进行低成本小火箭空射试验 据美国freshnews网站2005年10月5日报道，美国空军成功进行了“猎鹰”（FALCON）计划小型运载火箭的空射试验。FALCON计划是由美国DARPA与空军联合实施，其任务目标之一是开发一种能够在24小时内将小卫星以低于500万美元的价格发射入轨的小火箭。为此，空中发射公司建造了一种“快速抵达”（QuickReach）运载火箭模型，利用C-17A运输机将火箭带到一定高度进行空中发射，以满足美军发射卫星“及时响应性”的要求。2005年9月29日，C-17A携带QuickReach火箭模型飞到1828米的高度进行了试验，成功演示了火箭的释放技术。下一次空射试验将在10058米的高度释放火箭。按要求，空中发射公司将在2006年10月以前完成“快速抵达”运载火箭的研制工作，2008年早些时候进行一次轨道飞行试验，并将一颗小卫星送入低地球轨道。

美空军提出ARES可重复使用运载火箭计划 据美国《C4ISR》网站2005年5月3日报道，美国防部对快速部署小卫星颇感兴趣，并促使美空军制定计划研制可部分重复使用、能减少2/3发射成本、在接到任务通知后2天内即可发射和在2018年前后可投入使用的运载火箭。美空军官员称，空军计划2010年进行缩比型“经济可承受的快速响应空间运输”(ARES）系统演示验证，之后将对实用型ARES系统进行公开招标。ARES运载火箭的第一级将是可重复使用的，能够将航天器推到61公里的高空；第二级是一次性使用的，能够将有效载荷送入地球轨道。按照设想，ARES运载火箭的运载能力将为2300~2600公斤。廉价和快速响应发射卫星的能力可使军方制造更多卫星，而不必再发射部署在轨工作10年或更长时间的卫星。

美国公司着手研制可完全重复使用重型运载火箭 据美国《航天》网站2005年9月8日报道，空间探索技术公司（SpaceX）宣布将研制“猎鹰-9”（Falcon-9）系列火箭，其运载能力与美国现有的“渐进一次性使用运载火箭”（EELV）相当，主要目标是提高火箭可靠性和大幅度降低进入空间的费用。SpaceX公司决定一方面按原计划使中型的“猎鹰-5”在2007年晚些时候投入使用，另一方面将“猎鹰-5”升级为“猎鹰-9”系列。“猎鹰-9”系列的低地球轨道运载能力为：中型9.5吨，重型25吨。“猎鹰-5”和“猎鹰-9”将成为世界上首批各级都可重复使用的运载火箭。

美国可重复使用技术验证机X-37首度升空 2005年6月21日，就在美国“白骑士”载机携带“太空船”1号飞行之后的一年之际，由美国波音、DARPA及NASA共同支持的可重复使用技术验证机X-37搭乘“白骑士”载机成功进行了首次挂飞试验。X-37飞行试验将分阶段实施，用于第一阶段飞行试验的X-37被称为“进场与着陆试验飞行器”（ALTV），这次完成的只是载机挂飞试验，预计2006年进行高空投放分离试验。

俄罗斯拟利用安-124重型运输机发射卫星 据俄罗斯媒体2005年1月6日报道，俄“空中发射”公司已正式向印尼空中发射航天公司（ALAI）发出邀请，希望共同利用安-124-100VS“鲁斯兰”重型运输机开展航天发射活动。俄罗斯已从1999年起便开始制定有关“空中发射”方案。据悉，只需对“鲁斯兰”运输机的结构进行稍许改动便可进行航天发射活动，而且在两次发射任务之间，飞机还可继续用于货物运输。

俄罗斯和哈萨克斯坦计划用“米格-31”战斗机发射卫星 据澳大利亚《航天快讯》网站 2005 年 4 月 21 日报道，哈萨克斯坦和俄罗斯已同意以“米格-31”战斗机和“伊希姆”（Ishim）火箭为基础发展新的卫星发射系统，用于将重 200 公斤以下的卫星送入低地球轨道。载机“米格-31”能将携带有卫星、采用固体燃料的“伊希姆”火箭升至所需高度（20 公里以上），然后火箭与飞机分离，由火箭将小卫星送入低地球轨道。整个计划预计在未来 15 年花费 15 亿美元。

日本成功发射 H-2A 火箭 2005 年 2 月 26 日，在日本种子岛航天中心，搭载着“向日葵”号气象卫星的后继卫星 MTSAT-1R 的 H-2A 运载火箭发射成功。本次发射是 H-2A 火箭的第 7 次发射，此前的 6 次发射中，前 5 次取得成功。H-2A 火箭在 2003 年 11 月发射两颗侦察卫星时遭到失败，原因是火箭助推器发动机喷嘴漏气。为了确保 H-2A 火箭能再次发射成功，JAXA 对喷嘴形状进行了改进，并进行了三次地面点火试车来验证改进的喷嘴性能。

韩国计划发展运载火箭 据韩国航空航天研究所 2005 年 1 月 27 日报道，韩国计划分三个阶段发展火箭技术。第一阶段将研制出 10 枚“航天运载火箭-1”（KSLV-1），该火箭低地球轨道运载能力为 100 公斤；第二阶段到 2010 年，将研制出可发射 1 吨重有效载荷的 KSLV-2；第三阶段到 2015 年，将研制出能够发射 1.5 吨重有效载荷的 KSLV-3。

印度计划于 2007 年发射新型地球同步卫星运载火箭 印度空间研究组织（ISRO）主席马达范·奈尔 2005 年 3 月 11 日表示，印度将于 2007 年发射新型的地球同步卫星运载火箭（GSLV-MK III），该运载火箭将装备高压低温发动机和大推力固体助推器发动机。GSLV-MK III 能够把重 10 吨的卫星送入高度为 250~300 公里的近地轨道，或者把 4 吨重的卫星送入地球同步转移轨道。

欧洲最大推力的“阿里安 5-ECA”运载火箭发射首次获得成功 2005 年 2 月 12 日，欧洲最大推力的“阿里安 5-ECA”改进型运载火箭在库鲁航天发射中心顺利升空。此次发射是“阿里安 5-ECA”运载火箭自 2002 年 12 月首次发射失败后执行的第一次发射任务。该运载火箭地球同步转移轨道最大运载能力达 10 吨，而目前的“阿里安 5”普通型运载火箭的最大运载能力仅为 6.8 吨。

欧洲完成“维加”运载火箭初步设计工作 据“维加”运载火箭负责人 2005 年 3 月称，该运载火箭的初步设计工作已经完成，目前正在建造和测试系统，预计 2007 年底在法属圭亚那的库鲁航天发射场进行首次发射。“维加”运载火箭长 30 米，可以把 300~2000 公斤的有效载荷送入极地和近地轨道。该火箭使得欧洲使用相对较低的成本发射卫星成为可能，并将在全球小卫星发射市场上扮演重要角色。

空间探测 2005 年全世界共发射了 4 个空间探测器，包括美国的“火星侦察轨道器”（MRO）和“深度撞击”彗星探测器、欧洲的“金星快车”探测器等。日本公布了空间探测长期计划。

美国“深度撞击”号彗星探测器成功撞击彗星 2005 年 1 月 12 日，NASA 将一艘名为“深度撞击”的飞船发射升空，7 月 4 日，“深度撞击”探测器释放的撞击器成功“击中”“坦普尔”1 号彗星。这次撞击是在距离地球上亿公里处进行的。此次撞击将获取大量彗核碎片，为人类探究太阳系起源提供新的线索，也为地球遭遇小天体撞击危险时“转守为攻”积累数据。NASA 的此项彗星探测计划共耗资 3 亿美元，它是人类历史上第一个实际接触并深入探索彗星的空间计划。

美国发射 MRO 大型火星探测器 2005 年 8 月 12 日，NASA 从卡纳维拉尔角用“宇宙神”5 型火箭将“火星侦察轨道器”（MRO）顺利送入太空。MRO 是美国继“勇气”号和“机遇”号探测器成功登陆火星后的又一项重要的火星探测计划，将于 2006 年 3 月抵达火星。MRO 研制计划耗时 10 年，总投资 7.2 亿美元，设计寿命为 5.5 年。MRO 共携带了火星色彩成像仪、紧凑型勘测成像分光计等六种功能强大的科学仪器。

美国 NASA 和国家侦察局联合研制月球探测器 据美国《空间新闻》2005 年 1 月 31 日报道，美国国家侦察局（NRO）与 NASA 于 2004 年 11 月签署协议，共同为 NASA 的“月球侦察轨道器”（LRO）研制有效载荷，以期把合作的技术成果用于军用卫星。NRO 和 NASA 合作的重点将是研制微小型合成孔径雷达。在月球探测中，这种探测器将被用来绘制月球表面的详图，预计于 2008 年投入使用，而五角大楼希望把这种探测器安装在拟于 2008 年发射的战术卫星系列中的第四颗卫星上。NRO 与 NASA 还将联合研制自动数据处理设备等载荷。据悉，LRO 是为美国空间探索新计划制造的第一个航天器。

美国将实施无人探月计划 2005 年 9 月，NASA 公布了重返月球载人航天计划，拟在 2018 年将 4 名航天员送上月球。此前，将先实施无人探月计划，从

2008年开始连续向月球至少发射4颗轨道探测器或登陆车，绘制月球地图，寻找登陆地点、水、氧气和金属矿等，以及考察月球环境对长期驻留月球航天员的影响。

日本公布空间探测长期计划　2005年4月，日本航空航天开发局（JAXA）公布了一份空间探测长期计划，计划包括到2025年日本航天员与机器人在月球基地工作等。未来20年，日本空间探测的主要目标是：建设无人月球基地、通过国际合作开展载人航天活动、建设“深太空港”以作小行星探测的中转站。日本将首先开发太阳能发电卫星以为月球基地提供能源。同时，日本将距离地球150万公里以外的太空定位为“深太空”，并预计在那里安装光学望远镜和X线望远镜，以为人类探测木星和土星提供方便。

日本“隼鸟”号探测器执行小行星岩石取样任务　“隼鸟”号是日本航空航天开发局（JAXA）的小行星探测计划，它于2003年5月发射升空，主要目的是前往小行星25143（又名“糸川”），采集小行星样本返回地球。2005年9月13日，“隼鸟”号成功抵达“糸川”小行星。但由于姿态控制故障和通信故障等原因，“隼鸟”号几经波折，才成功采集到小行星“糸川”地表岩石样本。目前，由于“隼鸟”号还面临其他故障导致燃料不足的难题，该探测器返回地球将路途漫漫，原定2007年返回地球的计划可能将被推迟3年。

欧洲第一个月球探测器“SMART-1”进入绕月轨道　据法国SNECMA发动机公司2005年3月4日宣布，欧洲第一个月球探测器“SMART-1”在经过17个月漫长的星际旅程之后，终于到达了最终的绕月轨道。该探测器的主要任务是利用搭载的红外线探测器拍摄迄今最详细的月球地理图，以期破解45亿年前月球形成的奥秘。它还将分析月球表面的化学成分，并收集月球上是否存在水的证据，为人类是否要在月球上建立永久性基地提供资料。

欧洲发射“金星快车”探测器　2005年11月9日，欧洲“金星快车”探测器从哈萨克斯坦拜科努尔航天发射场用俄罗斯“联盟”火箭成功发射入轨，这是欧洲首次向金星发射探测器，也是十多年来人类再次进行金星探测。“金星快车”项目总投资约为3亿欧元，探测器设计寿命至少达4年，总重约1270公斤，携带了金星大气特征研究分光计等7种科学仪器，主要用于研究金星温室效应等，可为解决地球未来的温室效应问题提供借鉴。

欧洲“惠更斯”号成功登陆土卫六并传回数据　欧洲航天局2005年1月15日表示，“惠更斯”号探测器登陆土卫六并最终获得成功，并传回了大量数据。“惠更斯”号探测器是1997年10月由美国“卡西尼”号飞船携带发射升空的，经过7年约35亿公里的飞行后进入土星轨道，并于2004年12月25日成功地进行了分离。

（肖建军　陈有荣）

核　武　器

综述　当今世界，尽管国际上反核扩散的呼声愈来愈强烈，但核武器装备与技术的发展依然没有停止。军事核大国继续以核武器作为国家安全的支柱，使用核武器的门槛逐渐降低，同时强调“核常兼备，威慑与实战并重”。其他核国家也不甘示弱，仍在继续加强核力量建设。

根据2002年美俄两国达成的《莫斯科条约》，到2012年，美俄两国各自实战部署的战略核弹头数量不超过2200枚，但双方可以在规定的数量内决定本国战略进攻性力量的构成。这一历史性条约的达成，对保持世界良好的军事平衡乃至维护世界和平，都有巨大的促进作用。尽管如此，我们还必须清醒地看到，核武器作为核大国国家安全的“支柱”，其地位并没有本质的改变，美俄依旧十分关注核武器的发展，并在关键技术领域保持着相持不下的竞争态势。

尽管冷战已结束15年，美国每年仍要花费数十亿美元来维护和提升其核能力，而且正在亚太地区部署一支规模更大、精度更高的先发制人核打击力量。2002年1月9日，美国国防部新版的《核态势审议报告》规划了美国的新型核战略，提出了新“三位一体”威慑力量的构成，使美国的军事战略从冷战以来的“基于威慑”的模式向“基于能力”的模式转变。美国提出的新“三位一体"威慑力量，指的是建立核与非核的进攻性战略打击力量，发展和部署主动式与被动式防御系统，并发展能够灵活反应的基础设施。从新“三位一体”与旧“三位一体”的对比可以看出，美国战略核力量由原国家战略威慑的“全部”已转变现在的“三分之一”不到（见图 1.1）。在此基础上，2002 年 9 月 20 日美国总统布什宣布，美国将改变其在冷战时期奉行的"遏制性军事战略"，取而代之的是在敌人使用大规模杀伤性武器之前，“先发制人”地以秘密或公开的方式动用军事力量对敌人实施致命性打击，包括在遇到对美国本土、海外驻军及其盟友使用生物、化学、放射性武器及核武器时，“采取一切必要的手段予以还击"，这其中就包括了使用核武器。由上述事实可见，美国的战略威慑正在向“攻防兼备、核常兼备”的“全频谱”方向发展，同时美国使用核武器的门槛也降低了。

近年来，美国一意孤行地发展弹道导弹防御系统，很大程度上激起俄罗斯的强烈响应，使其决心保留多弹头洲际弹道导弹。2005 年俄罗斯继续对“冷战”保留的核库存进行调整，在继续削减核武库总量的同时，也宣称升级现有核力量、研发新型武器系统的计划。据 2006 年 3/4 月《原子能科学家公报》报道，2005 年，俄罗斯多次发表官方声明称，俄需要继续保持并更新核力量。2005 年 11 月，俄战略导弹兵司令索洛夫佐夫上将称，俄正在试验用于井下发射型和机动型“白杨”-M 洲际弹道导弹的新型弹头。2005 年 9 月 27 日，俄罗斯正在研制的潜射型“布拉瓦”导弹进行了首次水下发射飞行试验，12 月 21 日又进行一次飞行试验。

与此同时，在其他核国家核武器也被作为争夺国家战略威慑优势的首要武器。这一点在印度和巴基斯坦这两个强硬“核对手”上表现得尤为突出，尽管他们发展核武器起步较晚，国家综合实力也相当有限，但近年来，他们在争夺核武器优势上互不相让，展开了激烈的“较量”。

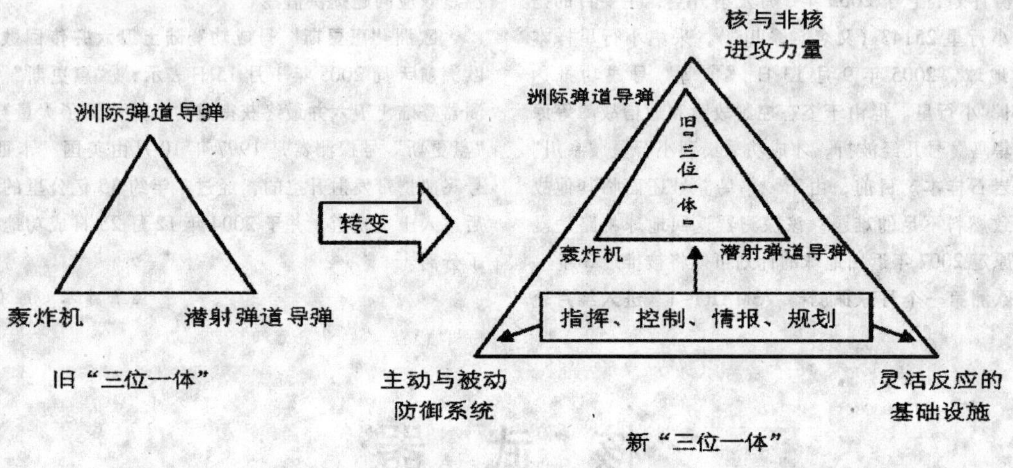

图 1.1 新旧“三位一体”威慑力量的结构对比

美国的核武器 根据 2006 年 1/2 月《原子能科学家公报》报道，截止到 2005 年底，美国的核武库约有 10000 枚核弹头，包括 5235 枚战略核弹头和 500 枚战术核弹头，以及 4225 枚处于后备或非现役状态的弹头（其中一些即将拆除）。美国的战略核力量包括 500 枚“民兵”Ⅲ陆基洲际弹道核导弹、部署在 14 艘核动力弹道导弹潜艇上的 336 枚潜地弹道核导弹、72 架（B-2A 和 B-52H）执行主战任务的战略轰炸机及其运载的核武器。（见表 1 和表 2）。

为适应“全频谱”威慑战略的需要，美国制定了“攻防兼备、核常兼备”的“新三位一体”战略力量发展模式。为此，美国布什政府在积极推进弹道导弹防御计划的同时，也把核武器的更新换代以及核武库的优化转型作为战略发展的重点。

美国继续退役和更新陆基核武器系统 据 2005 年 9 月 19 日美国《太空站》网站报道，美国最后一枚“和平卫士”洲际弹道导弹退出现役。为了适应“冷战”的需要，美国从 20 世纪 80 年代起，曾在沃伦空军基地部署了 50 枚该型导弹。从 2002 年开始，这种导弹分阶段逐步退出现役。按照当前计划，从“和平卫士”上卸下的 W87 核弹头将替换部分“民兵”III 洲际弹道导弹的核弹头，将来还可能被安装到“三叉戟”D5 导弹上。

据 2006 年 1/2 月《原子能科学家公报》报道，2005 年美国继续升级“民兵”III 洲际弹道导弹，从 7 月 21 日至 9 月 14 日美国先后对“民兵”III 导弹进行

表1 美国2005年核力量

类型	名称	发射装置数量(枚、架)	部署年份	核弹头×当量(万吨)	弹头数现役/储备
陆基洲际导弹	民兵III				
	Mk-12	150	1970	1W62×17	150
	Mk-12	50	1970	3W62×17(分导式)	150/15
	Mk-12A	300	1979	2～3W78×33.5(分导式)	750/35
小计		500			1050/50
潜地弹道导弹	“三叉戟”II				
	MK-4		1992	6W76×10(分导式)	1632/80
	MK-5		1990	6W88×45.5(分导式)	384/20
小计		336			2016/100
战略轰炸机	B-52H	94/56*	1961	ALCM/W80-1×0.5～15	1000/30
				ACM/W80-1×0.5～15	400/20
	B-2	21/16	1994	可带B61-7、B61-11和B83核炸弹	555
小计		115/72			1955/50
非战略核武器	“战斧”海射巡航导弹	325	1984	1 W80-0×0.5～15	100
	B61-3、B61-4核炸弹		1979	0.03～17	400
小计		325			500
总计					5521/200

* 前面的数字为库存总数量，包括用于训练、试验和备用的轰炸机；后面的数字是作战用轰炸机的数量，包括执行核和常规任务的轰炸机。

表2 美国核弹头的状态及数量

型号	服役数量	储备数量	总数
W62*	330	250	580
W78**	785	20	805
W76**	1,712	1,318	3,030
W88	404	0	404
W80-1**	1,450	361	1,811
B61-7	215	224	439
B61-11	20	21	41
B83-1/-0	320	306	626
W80-0	100	194	294
B61-3**	200	186	386
B61-4**	200	204	404
B61-10	0	206	206
W84*	0	383	383
W87	0	553	553
总数	5,736	4,226	9,962

* 将全部拆解的弹头。

** 将部分拆借的弹头。

了四次飞行试验，其中，前3次试验使用了单个不装弹头的再入飞行器，第4次试验携带了有两个再入飞行器。主要目的是检验用于“民兵”III导弹的新型“安全增强型再入弹头”(SERV) 的性能。美国通过开展这些试验，一方面为“民兵”III导弹更换W87核弹头做准备，另一方面也为其正在进行的延寿计划提供演示支持。

美国继续改进“三叉戟”II导弹 2005年10月底，“三叉戟”I导弹全部退役，美国的潜射弹道导弹 (SLBM) 现全部由“三叉戟”Ⅱ导弹组成。到2008年完成潜射弹道导弹的更新换代后，美国的14艘弹道导弹核潜艇将装备336枚“三叉戟”Ⅱ潜射弹道导弹，携带2000个核弹头。海军已将潜艇的服役期限从30年延长到44年，最老的潜艇计划于2029年退役。

为了满足《莫斯科条约》规定的限额，2005年美海军完成了从所有“三叉戟”Ⅱ导弹上卸载弹头的第一阶段工作。海军选择在几年内逐步削减潜射弹道导弹的弹头数量，而不是到2012年底在上述条约规定的时限突然把弹头削减到规定的数量。

目前美国正在对“三叉戟”Ⅱ导弹进行四项重大改进：①为W76弹头延寿，增强其作战能力。为W76/MK-4再入飞行器安装新的引爆分系统，使其具有地面爆炸能力，改装的W76弹头当量为6万吨，减少40%。②提高导弹精度。为导弹安装一个三轴摆动系统，以控制其飞向目标的过程。2005年3月，“田纳西”号潜艇发射一枚装有三轴摆动系统和“全球定位系统”（GPS）制导的“三叉戟”Ⅱ导弹，但没有携带核弹头。③改进目前 MK-6 的制导系统，延长服役年限。计划在 2013 年将改进后的 MK-6LE 系统投入使用并服役到 2042 年。④更新“三叉戟”Ⅱ的固体发动机。国防部将价值 7150 万美元的合同交给阿莱恩特技术系统公司，以便到 2007 年开始为“三叉戟”Ⅱ导弹生产新的三级固体推进系统。

2004 年 11 月，“内华达”号潜艇向太平洋导弹靶场发射了两枚“三叉戟”Ⅱ导弹，从而恢复了中断 11 年的潜射弹道导弹飞行试验。2005 年 3 月，“田纳西”号潜艇在大西洋发射一枚“三叉戟”Ⅱ导弹。

美国进行 B-52 轰炸机的现代化改进　2005 年，美国空军开始在 B-52 轰炸机上安装“航空电子中期改进”(AMI) 设备，以改进飞机的导航能力和核武器投掷能力。2008 年 9 月前美国空军将在所有 B-52 轰炸机上安装 AM1 设备。目前，美空军正在对 B-52 轰炸机携带的“先进巡航导弹”(ACM) 和“空射巡航导弹”(ALCM) 进行延寿，使它们的服役期限延长到 2030 年。先进巡航导弹的射程为 3000 公里，采用“惯性+地形匹配”制导系统，精度达 30~91 米。空射巡航导弹射程为 2400 公里，采用相同的制导系统。这两种导弹都装备 W80-1 弹头，弹头当量可调，最大为 15 万吨。2005 年 11 月，美空军把华盛顿州费尔柴尔德空军基地所有剩余的后备空射巡航导弹都转移到巴克斯代尔空军基地。

与此同时，美空军正在研究下一代核巡航导弹方案，用以支持针对“未来高风险拒止环境中纵深目标”的全球打击任务。新的导弹可以由轰炸机或不同的地面或海上平台发射。

美国核钻地弹研究备受争议　2004 年，美国国会没有为能源部 2005 年的核钻地弹研究项目拨款，进而使该项研究在本年度陷入中止。2005 年初，美国国防部长和能源部长相继表示，希望国会在 2006 年的财政预算中为核钻地弹研究拨款，以恢复备受争议的该项研究。11 月初，美国国会众议院和参议院新发布的 2006 财年“能源和水拨款议案”中，再次拒绝了能源部国家核安全管理局（NNSA）为 2006 年的核钻地弹研究提出的 400 万美元的经费申请，从而结束了能源部的核钻地弹研究计划。尽管如此，据 2006 年 1 月 3 日《全球安全网》报道，美国将在国防部范围内开展核钻地研究，并可能在 2006 年开展相关试验。

目前，美国已更加趋向于通过常规武器，而不是战术核武器来发展钻地武器。美国防部正在进行高能微波钻地炸弹的可行性研究。专家正在研究通过爆炸和电磁辐射产生强大电磁波能量，用于研究高能微波武器的可行性。

美国提出核武库的转型构想　在国会批准的 2006 财年能源部财政预算中，对核武器工作的拨款为 66 亿美元。这一预算继续强调基于科学的库存维护与管理工作的重要性，并把它作为能源部核武器工作的主体部分，以保证国家拥有一支安全、可靠、有效的核力量。

与此同时，美国也提出了新的核武库转型构想。2005 年 4 月 4 日，美国能源部国家核安全管理局局长布鲁克斯在参议院的讲话中，指出美国当前的核武库存在诸多局限性，包括技术、设计寿命、物理保安等方面。因此，美国需要对核武库进行重新设计，发展在无核试验的情况下，规模更小、费用更低、更容易保安、更安全可靠的核库存。作为这次核武库转型的开端，美国将启动“可靠的替换弹头”(RRW) 计划，目前正对该计划进行可行性研究，如果能通过可行性研究，美国将在 2012~2015 年间研制并生产出少量的“可靠替代弹头”，进一步确定其在无核试验的情况下是可生产并可鉴定的。

尽管这只是一个远期的计划，但一旦新型弹头得到成功演示，美国即可建立起更加灵活的基础设施。藉此，在面临新的地缘政治威胁时，能够及时地对库存技术问题做出响应。此外，通过核武库转型，美国将可以更大幅度地削减不在部署状态的核弹头，满足美国总统在《核态势审议》中提出的“与国家安全相适应的最小规模核库存”的构想。

俄罗斯的核武器　据 2006 年 3/4 月《原子能科学家公报》报道，截至 2005 年底，俄罗斯核武库中大约有 16000 枚完整核弹头，其中实战型核弹头数稍高于总数的三分之一，其余核弹头有的可能已经退役并等待拆除，有的可能处于短期或长期储备中。具体讲，俄罗斯大约有 5830 枚实战型核弹头，其中包括 3503 枚战略核弹头（见表 3），随着 36 枚洲际弹道导弹的退役，该数量比 2004 年减少了约 300 枚；此外还包括 2330 枚非战略核弹头。

2005 年，俄罗斯多次重申“俄将保持进攻性核威慑能力”，并且俄要在核武器技术上与美国及其他有核国家保持均衡。为此，俄罗斯一方面有计划地对核武器进行更新换代，改进战略核武器的数量结构；另一方面积极发展高新技术武器，并开展相关试验。

俄罗斯继续退役及更新陆基战略核力量　2004 年 12 月 10 日，俄罗斯战略导弹部队司令尼古拉·索洛夫

表 3 俄罗斯 2005 年战略核力量

类型	发射装置数量（枚、架）	部署年份	弹头×当量（万吨）	弹头数量
洲际导弹				
SS-18	85	1979	10×55/75（分导）	850
SS-19	129	1980	6×55/75（分导）	774
SS-25	291	1985	1×55	291
SS-27	44	1997	1×55	44
小计	549			1959
潜地导弹				
SS-N-18	96	1978	3×20（分导）	288
SS-N-23	96	1986	4×10（分导）	384
小计	192			672
战略轰炸机				
图-95“熊”H6	32	1984	带6枚AS-15A空射巡航导弹或核炸弹。	192
			带16枚AS-15A空射巡航导弹或核炸弹。	
图-95“熊”H16	32	1984	带12枚AS-15B空射巡航导弹、AS-16近程攻击导弹或核炸弹。	512
图-160	14	1987		168
小计	78			872
总计				3503

佐夫上将宣布，到 2009 年“所有老式的陆基液体推进剂导弹将退役”。俄罗斯的这一计划表明，俄将减少处于传统战略核力量中心地位的洲际弹道导弹数量，撤除大部分多弹头的 SS-18 和 SS-19 导弹，使洲际弹道导弹弹头数量在未来 5 年内缩减近 70%。2005 年，俄罗斯最后 15 枚铁路机动型 SS-24 战略导弹全部退役，另外还削减了 18 枚 SS-18、9 枚 SS-25 以及 11 枚 SS-19 陆基洲际弹道导弹。

未来，俄罗斯陆基核力量将保持 200 枚携带单弹头发射井型和机动型“白杨”-M（北约代号 SS-27）洲际弹道导弹，如果俄希望增加洲际弹道导弹的弹头数目，可以采取在每枚导弹上安装多个弹头或部署更多导弹的方法，“白杨”-M 导弹最多能携带 3 枚核弹头。据《俄罗斯战略核力量网》2005 年 12 月 17 日报道，2005 年 12 月，俄罗斯第 5 个“白杨”-M 导弹团在塔基谢沃导弹师服役，使该型导弹的部署数量达到 44 枚。由于经费短缺，该导弹团的装备很可能不会满编。井下发射型“白杨”-M 导弹从 1997 年开始部署，俄罗斯计划在 2006 年部署 6 枚井下发射型“白杨”-M，并将于年底在莫斯科附近的捷伊科沃部署 3 枚机动型“白杨”-M 导弹，2007 年继续部署 6 枚机动型“白杨”-M 导弹。

2005 年 11 月，俄战略导弹兵司令索洛夫佐夫上将称，俄正在试验用于“白杨”-M 洲际弹道导弹的新型核弹头。这种核弹头被称作“伊格拉”(Igla) 核弹头，配置了机动再入飞行器，能够改变轨道高度和方向，以规避导弹防御系统的拦截。2005 年 12 月，在塔基谢沃举行的第 5 个“白杨”-M 洲际弹道导弹团部署仪式上，索洛夫佐夫强调这种武器“能够突破任何导弹防御系统”。另据一位匿名的美国官员称，在 2005 年 11 月 1 日开展的一次“白杨”-M 飞行试验中，演示了该导弹比正常情况更短的助推段，再入弹头的弹道也较低，并可在飞行中机动。

俄罗斯积极发展海基战略核力量 俄罗斯的战略核潜艇已从最多时的 62 艘削减至 12 艘，包括 6 艘“德尔它”IV 型和 6 艘“德尔它”III 型，装备在俄罗斯的 2 个舰队中。2004 年 4 月，最后一艘“台风”级弹道导弹核潜艇退役，同时，SS-N-20 导弹（携带 10 枚弹头）也正式退役。

目前，2 艘新型的“北风”级弹道导弹核潜艇正在北德文斯克造船厂建造中。据俄罗斯新任海军总司令弗拉基米尔·马索林称，军方已经把第一艘“北风”

级潜艇“尤里·多尔戈鲁基”号开始服役的时间推迟到2007年。第二艘“北风”级潜艇“亚历山大·诺维斯基”号已于2004年3月开始铺设龙骨，预计最早2008年交付。第三艘“北风”级核潜艇暂定名为“伏拉季米尔·蒙诺马赫”号，预计2006年3月开始建造，2012年完成。俄海军希望再建造3艘，但以目前的造舰速度，2026年前无法完成这一计划。该型潜艇将配备俄罗斯最新型的“布拉瓦”潜射弹道导弹（北约代号“SS-NX-30”），每艘“北风”级潜艇将携带12枚“布拉瓦”潜射弹道导弹。该导弹长约9米，重37吨，最多可携带10枚当量55万吨TNT的分导式核弹头。2005年9月27日，“布拉瓦”导弹进行首次水下发射飞行试验，12月21日又进行一次飞行试验。该导弹从一艘改装的“台风”级核潜艇试验平台上发射，击中了勘察加半岛库拉河试验区的靶标。

俄罗斯增强空基核力量“核常兼备”能力 在空基战略核力量方面，目前，俄罗斯现役的战略轰炸机部署在第37空军集团军的2个师，有3种型号共78架飞机，其中包括14架图-160（“海盗旗”），32架图-95MS6（“熊”-H6）和32架图-95MS16（“熊”-H16）。根据2005年7月达成的START谅解备忘录，轰炸机部署数量基本上保持2004年的水平。

俄罗斯于2004年恢复了图-160轰炸机的小规模生产，空军计划于2006年2月接收首架恢复生产的图-160轰炸机，年底将再接收1架。当前，俄罗斯还在升级图-160轰炸机的航空电子和通信设备，并对轰炸机进行改造以携带配有常规和核弹头的新型导弹。俄罗斯新的国防计划表明，到2010年空军将拥有75架轰炸机。如果2006年后继续生产图-160轰炸机，它可能以1∶1的比例取代图-95轰炸机。

另外，俄罗斯还在发展类似于美国的“先进巡航导弹”（ACM）的新型核巡航导弹（X-102），这种导弹使用了螺旋桨发动机。俄罗斯也开始把部分X-55空射核巡航导弹改成常规巡航导弹（X-555）。俄空军高级官员2004年12月透露，首枚常规空射巡航导弹已经交付使用。2005年5月，俄罗斯成功地对X-555进行了飞行试验，该导弹属于技术先进的灵巧型精确打击武器，射程在1500公里以上。俄空军高级官员表示，X-555的研制成功标志着“俄罗斯已经打破了美国对远程常规巡航导弹的垄断”。

印度的核武器 长期以来，印度一直将巴基斯坦和中国作为主要战略对手，积极发展自己的战略核力量，不断谋求世界核大国地位。据2005年9/10月美国《原子科学家公报》报道，2005年印度约有40~50枚装配好的核弹头，这一数量在未来10年还会增加。未来5~7年，印度将有300~400件核（或热核）武器装备到陆、海、空军。未来10年，印度每年将投资20亿美元，用于加强战略核力量的基础设施建设。

目前，印度正在致力于构建陆、海、空基“三位一体”战略核打击力量，以求在南亚的战略威慑实力对比中取得更大的优势。2005年9月，印海军参谋长阿龙·普拉卡什上将表示，印度不仅要有可靠的二次核打击能力，而且还要确保其二次核打击具有“不可抵抗的毁灭性”。当前，印度正在以确保可靠的“二次核打击能力”为目标，兼顾发展陆、海、空核打击力量。

在陆基核力量方面，2005年，印度继续研制射程更远的“烈火”III导弹，射程可能超过5000公里，据称还将在这种导弹弹头上加装“诱饵”，计划在年底进行发射试验。据俄罗斯媒体2005年8月报道，印度正在发展新式洲际弹道导弹，该导弹是在现有的“烈火”中程弹道导弹技术基础上研发的，射程可达12000公里。印国防官员称，新型导弹的起飞重量为27~75吨，导弹弹头部分有效载荷为2.49~3.49吨。它可以同时携带2~3枚1.5万~2.0万吨当量的弹头。印度计划在2008年试射这种导弹，随后在2015年装备部队。

在海基核力量方面，2005年，印度与俄罗斯联合研制的“布拉莫斯”超音速巡航导弹也已经开始生产，并成功开展飞行试验。“布拉莫斯”巡航导弹是由印度和俄罗斯于1998年开始联合研制的超音速反舰导弹，射程约为290公里，携带常规弹头，今后还可能携带核弹头。印度将这种巡航导弹发展为潜射型、舰射型以及机载型，除了可执行当前设计的反舰任务外，还将通过改进执行攻击地面和空中目标的任务。2005年9月，“布拉莫斯”导弹进入生产阶段，首批生产的数量约70枚，将交付印度海军使用。此外，印度正在加紧建造隐蔽性强、机动性好的导弹攻击核潜艇。印度在孟买开工建造的第一艘国产核潜艇将于2007~2008年正式下水。根据一项代号为“75号工程”的计划，印度准备在2010年前后使5艘同型号核潜艇加入海军现役,确保印度拥有可靠的二次核打击能力。

在空基核力量方面。印度最有可能用于投掷核武器的现有飞机是“幻影”2000H、“美洲虎”IS及米格-27。印度正在改装其中的部分战斗机，使其具有核打击能力。

巴基斯坦的核武器 2005年，巴基斯坦除了开展一系列弹道导弹飞行试验外，还试射了首枚自行研制的核打击能力巡航导弹。

据2005年3月31日美国《防务新闻》报道，巴基斯坦对其射程最远的“哈塔夫” 6（即“沙欣”II）中程弹道导弹（射程2000公里）和“哈塔夫” 2近程弹道导弹（射程180公里）进行了飞行试验。2005年8月11日法国《航宇防务》报道，巴基斯坦对“巴布尔”（Babur）巡航导弹进行了试验飞行，这是巴自行研制的第一种巡航导弹。该导弹为陆基巡航导弹，具有核打击能力；射程约500公里，具有“地形匹配”制导能力，精度高，并且不容易被敌方雷达发现。巴总统穆沙拉夫称这次试验是一个“重要里程碑”，标志着巴基斯坦已成为世界上少数能够自行研制巡航导弹的国家之一。

英国的核武器 据2005年11/12月美国《原子科学家公报》报道，2005年英国装备有4艘“前卫”级弹道导弹核潜艇，每艘携带16枚“三叉戟”Ⅱ潜射弹道导弹，每枚“三叉戟”Ⅱ导弹带1~3枚核弹头，共计185枚核弹头（见表4）。

2005年10月，英国首相布莱尔表示，“英国将继续保持核威慑力量在国防中的重要地位”。为此，英国正在考虑为其日渐老化的“三叉戟”II潜射弹道导弹系统提供新的选择，但就是否更换“三叉戟”核武器系统问题，英国政府尚存在一些争议。2005年7月，英国政府宣布，打算在今后三年内花18亿美元对现有的“三叉戟”II潜射弹道导弹弹头进行维护，以确保其安全和可靠性。然而，尽管英国的“三叉戟”II导弹服役期限还可以延长20年，英国首相布莱尔还是要求议会讨论替换现有核武器的必要性问题。另外，英国可能会发展在远程轰炸机上携带的小型核弹头。

表4 英国2005年核力量

型　号	部署数量（枚）	射程（公里）	核弹头数×当量（万吨）	核弹头总数
“三叉戟”II潜地导弹	64	7400	1～3 W76(改)×10	185

法国的核武器 2005年法国继续改进和更新现有的海基和空基“两位一体”核力量。据美国2005年7/8月《原子科学家公报》报道，2005年法国约有348枚核弹头，装备在两种核武器系统上：一种是核动力潜艇上携带的M45潜射弹道导弹，另一种是“幻影”2000N和“超级军旗”飞机上携带的中程空地弹道导弹（ASMP）（见表5）。

法国制造新型“凯旋”级核潜艇和M51潜射导弹

表5 法国2005年核力量

运载系统		数　量（枚、架）	首次部署年份	射（航）程（公里）	核弹头数×当量（万吨）
潜地弹道导弹	M45	48	1996	6000	6 TN75×10
飞机/导弹	“幻影”2000N/ASMP	60	1988	2750	1 TN81×30
	“超级军旗”/ASMP	10	1978	650	1 TN81×30
总计					348

法国现有弹道导弹核潜艇4艘（“无畏”级1艘、“凯旋”级3艘），配装48枚M45潜地弹道导弹。2005年，1艘“无畏”级核潜艇“可畏”号的退役，16枚M4导弹及96枚TN71弹头也随之退役。当前，第四艘"凯旋"级弹道导弹核潜艇正在建造中，将于2010年开始服役，这种潜艇每艘携带16枚潜地弹道导弹。据俄罗斯塔斯社2005年1月12日报道，1月11日，欧洲航空防务与航天公司（EADS）与法国国防部正式签订一项总价值30亿欧元的合同，将在今后10年内生产M51潜射弹道导弹。目前在研的新型M51潜地弹道导弹每枚最多可携带6个弹头（并加装突防装置），射程6000公里（如果弹头数减少射程会更远），这种导弹将于2010年开始服役，到2015年可以全部替换目前装备的M45潜地弹道导弹。

法国改进空射巡航导弹 目前，法国运载核武器的飞机有“幻影”2000N 60架和“超军旗”式飞机10架，均携带空地中程巡航（ASMP）导弹。据估计，当前服役的空地中程巡航导弹约有60枚，另有一些处于储备状态。法国正在发展空地中程巡航导弹的改进型(ASMP-A)，其射程将由现在的300公里提高到400~500公里，并将携带新型核弹头（TNA），ASMP-A导弹有望于2007年在改进型“幻影”2000N K3上服役，并于2008年在“阵风”战斗轰炸机上服役。“阵风”飞机是一种新型的多用途战斗轰炸机，其作战任务包括常规对地攻击、防空、空中管制，并可携带ASMP-A核导弹。目前，“阵风”飞机已经开始首批生产，将于2006年夏季服役。法国计划最终用“阵风”取代所有的“幻影”飞机。

（岳江锋）

核、生、化装备

综述 2005年核生化防御装备领域的新技术主要体现在以下几个方面：

数字化建设急速步入防核生化体系。核生化战场的数字化采用“系统之系统”的概念。未来的核生化战场将置于单一的数字化管理系统之下。联合报警和报知网络将是防化数字化建设的基础和核心，也是迈向核生化作战空间数字化目标的重要一步。在此方面领先的美军的联合报警和报知网络（JWARN）使美军各兵种核生化报警和报告系统标准化，提高核生化沾染下风预测和战场管理能力，提供与指挥和控制系统以及核生化传感装置接口的界面。它集多个高级核生化危害预测模型为一体，能自动处理包括核生化传感器在内的多种传感器输入的信号。JWARN的软件还能提供某些核生化作业，如发烟和战时任务规定的防护状态等级等的计划和管理能力。此外，它还具有数据反馈能力，提供一个初级的核生化伤亡评估工具。

芯片技术从基础技术上讲进展最为突出。芯片技术在一般研究领域已经成熟，但其实际工程应用仍有2~5年的路要走。在化学和生物领域的应用，微射流技术、微质谱仪、“芯片实验室”都展示了很好的前景。

生物技术是另一个富有成果的领域。美国通过“人类基因组工程”建立了庞大的数据库。借此正在试图转变传统的发展方式。过去是先寻找能探测想探测东西的传感器，然后再花大量的钱去表征数据，建立能说明探测结果的软件。而如果首先建立起基础软件，那么所需要寻找的只是能放到前面去与已有的数据相匹配的传感器。目前有几个公司已取得了惊人的进展。在洗消剂方面，正在寻找对环境和对被洗消物体均无害的洗消剂。

核生化机器人是指在核生化条件下执行作战任务的高度智能化设备。美国在这方面处于领先地位。美国陆军打算在2003~2008年内研制出下一代核生化传感器，装备到第四代坦克中，把它们改造成为侦察车，这些侦察车具有运动中远距离探测核生化污染的能力。加拿大也已经研制出一种被称为“多战剂战术哨兵”的低成本机器人。该机器人可遂行一系列核生化探测及警戒任务。

化学武器 尽管俄罗斯和美国都已申请将销毁全部化学武器储存的时间推迟到2012年，日本也计划申请将其销毁在华遗弃化学武器的期限延迟到2012年，全球化学武器销毁工作仍在禁止化学武器组织的监督下稳定地向前推进。至2005年底全世界已销毁化学毒剂12434吨。化学武器的销毁技术及相关的环保技术仍旧是各相关国家的研究重点。此外，2005年又有纽埃、格林纳达、柬埔寨、不丹、安提瓜和巴布达、洪都拉斯、瓦努阿图、刚果民主共和国等8个国家向联合国秘书长交存《禁止化学武器公约》批准书，使《禁止化学武器公约》的缔约国达到175个。

美国陆军完成对犹他州化学地雷的销毁 美联社报道，2005年5月，美国陆军完成了犹他州底色瑞特化学品军械库最后一枚VX化学地雷的销毁。底色瑞特化学品军械库位于盐湖城以西大约45英里处的犹他州沙漠中。该军械库的图埃勒化学毒剂销毁设施自1998年8月开始运行以来，已经销毁了100多万件特种弹药，其中包括全部22600余枚VX和沙林地雷。该设施接下来将开始销毁军械库中剩余的近125000件芥子气化学弹药。根据《禁止化学武器公约》，美国将在2012年以前销毁全部的化学武器储存。

俄罗斯批准销毁国内化学武器的计划草案 2005年7月21日，俄罗斯政府工作会议通过了到2012年销毁所有化学武器的计划草案。计划是由俄罗斯工业和能源部提出的。整个销毁计划项目中，国外向俄罗斯提供的资金援助达10.5亿卢布。2006年，俄罗斯政府计划拨款18.3亿卢布用于化学武器销毁。根据俄罗斯政府新闻社的消息：销毁全部化学武器的资金总额达1700亿卢布，其中俄罗斯联邦预算资金1600亿卢布，还有100亿卢布将使用外国政府援助的资金。截至2005年1月1日，俄罗斯已经销毁了778.5吨化学毒剂。目前投入运转的化学武器销毁设施只有一个，2009年之前将再启动6个销毁设施。

日本计划集中保管在华遗弃化学武器 据东方网转载日本共同社报道，为了减少保管风险，日本政府已经开始同中国方面协商，希望能够把在中国各地发现的日本遗弃化学武器集中保管。日本政府计划在2005年度将分布在中国境内的13处遗弃化学武器保管仓库减少到8处，并加强管理、提高安全防护。自2000年日本开始处理二战后遗弃在中国的化学武器以来，已经回收了大约3.7万件化学武器，其中大半是装有糜烂性毒剂的化学炮弹。所有被发现的化学武器目前都被放在金属容器中予以封存。

缅甸被指责对反政府武装使用化学武器 《联合早报》2005年4月21日报道，国际人权组织——世界基督教团结会指责说，2005年2月在缅甸西北部靠近泰国边境的地区，缅甸政府军曾对克伦族反政府武装使用化学武器，造成克伦族战士咳血以及无法行走。该组织说，有足够的证据显示克伦族战士的症状是由化学武器造成的。据有关的克伦族战士叙述，他们受到了炮击，炮弹中冒出黄色烟雾，随后他们感到恶心，吐血，并无法行走。部分人后来还出现血泡和严重腹泻等症状。世界基督教团结会负责人马丁·潘特曾前往缅甸，亲自为5名据称受到化学武器袭击的克伦族战士进行身体检查。他表示，这5人显然是受到某种化学武器的袭击。

化学侦检与报警器材 **美国毒剂传感器向微型化发展** 《国外防化科技动态》2005年第6期报道，随着高新技术的出现和发展以及作战和反恐行动的需要，美国的毒剂侦检系统不仅在向小型化发展，近年来更进一步向微型化发展。美国军方、地方研究机构和工业部门已联手向这个方向做出了努力，致力于研究出一种可用飞机或火炮投射到部队前方，以便预警化学袭击的微型毒剂传感器。目前在研项目有美国国防高级研究项目局（DARPA）与桑迪亚国家研究所、霍尼维尔和橡树岭国家研究所、劳伦斯·利弗莫尔国家研究所、伊利诺斯大学、麻省理工学院和加州理工学院合作，2005年进行可行性论证研究的微型毒气分析器（MGA），美国Smiths探测公司近期研制的ChemAlert装置，美国桑迪亚国家研究所一直在研究的使用MEMS电源和气相色谱技术的“晶片实验室”（LOC），橡树岭国家实验室（ORNL）研制的能方便执法者和反恐专家对爆炸物和毒气等进行检测的“Sniffex”蒸汽检测器。

美国和加拿大积极研制核生化机器人 核生化机器人是指在核生化战场条件下执行作战任务的高度智能化设备。使用核生化机器人进入污染区，可以避免人员遭受生命危险。

在核生化机器人研制方面，美国一直处于领先地位。美国陆军打算在2003~2008年内研制出下一代核生化传感器，装备到第四代坦克中，把它们改造成为侦察车，这些侦察车具有运动中远距离探测核生化污染的能力。美国桑迪亚国家实验室正在研制一种微型机器人，这种机器人只有几毫米大小，为了不引人注意，可以将它的外形做成昆虫形状，也可以做成像垃圾一样的形状，用来侦察核生化武器，近期的目标是，在芯片上建立一个化学实验室，再将芯片嵌入只有几毫米的机器人上。它可以由军方及情报部门的人员使用，侦察敌人的核生化武器的试验及存储地。

加拿大军队也已经研制出一种用于核生化探测的低成本机器人。该机器人被称为“多战剂战术哨兵”（MATS），由加拿大联合核生化防御公司研制。该机器人可遂行一系列核生化探测及警戒任务，例如为国际首脑会议提供安全警戒、沿基地或重要设施边界巡逻、在核生化攻击事件中收集信息等。MATS机器人每部价值20万美元。系统构成包括商用全地形车和系列传感器。核化探测传感器可以将获取的数据通过无线电传输给控制人员；气象传感器可以精确测定风向、气温、湿度；通过视频及热成像摄像机，控制人员可通过控制手柄对系统进行遥控。机器人的控制距离，在开阔直视地带为4公里，在城镇地带降低到1公里。MATS系统还配备有全球定位系统，用于机器人行进路线的追踪和反馈。除遥控外，机器人也可按照预设路线行进。截至2005年10月，已经有4部MATS机器人交付加拿大军队，而第5部将交付加拿大国防研究与发展局实验室，那里的科研人员将对其进行进一步的改进。

韩国扩大生物侦检能力 《防化科技动态》2005年第3期报道，驻韩美军调整后，韩国同意接手共同安全区的控制、海上防渗透、快速布雷、搜救、前线控制、后方区化学生物洗消、宪兵和空-地靶场管制等任务。目前韩国正在扩大其生物侦检能力。韩国为此装备了40台车载自动生物战剂探测与鉴别系统（ABADIS）。ABADIS是一种定量检测系统，能同时检测毒素、病毒、孢子和细菌的DNA/RNA、蛋白质、

ATP；能全自动空气采样、细胞穿透、反应和观测；有手动模式和连续操作模式。该系统是由韩国国防部研究局、国防发展署和韩国私有的 Bioneer 公司联合研制的。据报道，ABADIS 的单价仅为 1 百万美元，是美国同类产品的四分之一。

英军研发一体化核生化探测器管理系统 《简氏防务周刊》第 42 卷 34 期报道，英国国防部斥资 1300 万英镑与 Serco 公司领导的一个研究组签订合同，计划在 2 年内完成"一体化探测器管理系统"（ISMS），并提供 9 套这样的系统。目前英军尚无能力处理来自多种探测器的不同信息，ISMS 将综合处理不同探测器读数，加快向指挥员提供统一报警信息的速度，并大大降低误报率。ISMS 将在 2006 年底装备英军。装备探测器网络管理系统后，英军的核生化报警将更迅速、准确。ISMS 将装备英国国防部核生化一体化项目组，并以"核生化战场信息系统应用"（NBC BISA）作为补充，为英军整个主要战场指挥和控制系统提供核生化报警和报告能力。ISMS 将把从核生化探测器网获得的信息综合处理后馈送到 NBC BISA。探测器以其联结装置与 ISMS 相联，覆盖地域约为 5 公里×5 公里（可升级达 20 公里×20 公里以上）。两者间通过 Etnernet 网转换器用有线、无线或光学纤维电缆联接。无线联接的技术数据，包括频带都是保密的。该系统在数据分析方面采用了 Serco 公司的数学模型法，大大提高了探测系统的性能，使其能够"识别"并排除花粉或柴油机排气等干扰物。

英国"VeroTect"生物探测器首次亮相 2005 年 9 月 13~16 日"VeroTect"探测器首次在伦敦防务系统与装备国际展览会上亮相。Biral 公司的"VeroTect"生物探测器是英军"一体化探测器管理系统"（ISMS）将采用的器件之一。VeroTect 是 Biral 公司生物探测器系列中最新的一款，它是将英国的"一体化生物探测系统"(IBDS）与美国的荧光测量方法相结合的一项技术。融合了"气溶胶大小与形状"(ASAS）特性技术和使用 280 纳米激励粒子荧光的类属表征法新技术。其表征气溶胶的能力达到了当前任何探测器所不能达到的水平，能高度区分威胁物和干扰物，大大降低了误报率。该探测器结构紧凑，使用简便，保养简单，无操作消耗品，使用市电或低压直流电。

"狐"式核生化侦察车仍占技术和市场鳌头 据 Jane´s chembio 网站等报道，2005 年阿拉伯联合酋长国斥资 1.6 亿欧元向德国莱茵金属地面系统（RLS）公司订购了 32 台"狐"式 6×6 核生化侦察车，使购买此种侦察车的国家达到了 7 个。目前及在近期内，"狐"式核生化侦察车在技术和国际市场份额方面将仍独占鳌头。

目前在役的约 260 台"狐"式核生化侦察车中，德国陆军拥有 114 台，其余分布在荷兰（8 台）、挪威（8 台）、沙特阿拉伯（10 台）、英国（11 台）和美国（123 台）。标准"狐"式核生化侦察车的基本装备包括带 2 个外探头的辐射剂量探测仪、化学报警与探测质谱仪、双轮取样系统（DWSS）、核生化标志器和核生化取样装置、无线电通信器材、车内通话系统、导航系统。由于需求的不同和技术的改进，各国购买的核生化侦察车均按自身的需求对车内的装备作了补充添置。

RLS 公司目前投入市场的核生化侦察车有 3 种车型：在行进间可进行核、化学探测和鉴别的基本型核化侦察车、进行生物战剂侦检的高度专业化的生物侦察车、配有战场信息系统的战场指挥车。

辐射监测器材

美国注重防范脏弹恐怖袭击 据《防化科技动态》2005 年第 5 期报道，美国国防大学技术与国家安全政策中心 2005 年发表了一份关于脏弹恐怖袭击的研究报告。报告认为制造一个具有极大杀伤力的放射性装置并不一定需要炸药。恐怖分子并不一定需要制作将炸药放置在放射性物质如铯或锶的周围的装置，而只须将放射性物质溶解或造成气溶胶状散布即可造成上百人沾染。报告敦促美国政府放宽非作战核辐射照射标准，以避免投入过多资金用于设施或人员的过度洗消。报告就防范脏弹恐怖袭击的全面准备计划提出多种建议，其中包括：尽快研发消除沾染的技术；加强核条例委员会的许可证制度；增加防辐射沾染药物的国家储备量；回收"孤儿"辐射源；妥善处理辐射源；对到达进口货物进行放射性检查；制定防范脏弹恐怖袭击和消除袭击后果的全民教育等。

美国探索能探测脏弹辐射的化学敏感材料 据《防化科技动态》2005 年第 3 期报道，脏弹恐怖袭击能使一些建筑物因遭受长期核辐射而不能使用。为此，美国高级国防研究项目局（DARPA）正在与美国国土安全部携手研发能涂敷在建筑物墙体表面探测核辐射沾染的化学品。DARPA 称盖格计数管技术只能进行点源探测，而希望正在研发的技术能显示出建筑物的哪些部分遭受了放射性沾染，即当把这种化学品喷敷在建筑物上时，一旦接触到核辐射，便能使相关装置发生变化，或化学品发生颜色变化，直接显示放射性沾染的部位。这项研究正由 IBC 高级技术公司和劳伦斯·利佛莫尔国家实验室进行。

美国核辐射探测器技术取得新突破 据美国《国

土防御与安全观察》2005 年 9 月报道，美国布鲁克海文国家实验室（BNL）最近在碲化镉锌（CZT）晶体探测器技术方面有了突破性进展，有可能大大改进远距离探测核辐射物质的技术。该实验室的科学家最近使用国家同步加速光源测试发现，以往未被注意到的 CZT 晶体内的“死区”，造成晶体结构内大量碲沉积，大大降低伽马射线分辨率。以 CZT 为基质的探测器目前已推向市场，但仅限于小型便携式探测装置。BNL 的科学家发现，通过发现和去除“死区”能够提高分辨率，从而制作出更大型、更精准的 CZT 基质核辐射物质探测器。

CZT 材料曾因其高分辨率潜质以及可以在室温下操作（工业标准锗晶体需要冷却到极低温操作）的显著特性，引起过业界的重视。后由于晶体内的杂质存在问题解决不好，分辨率始终上不去。BNL 的发现能改善 CZT 晶体，使得有可能制作更大型 CZT 探测器。BNL 下一步计划修改 CZT 晶体生长工艺，以降低最终产品中的碲沉积。根据最近对高低两种碲沉积 CZT 晶体样品的测量，BNL 坚信一定能生产出高性能的探测器，并称“这一发现是一重大突破。”

欧洲研发“行动者”机动车载式应急辐射监测系统 《防化科技动态》2005 年第 7 期报道，欧洲堪培拉公司新近研制了一种用于反恐和核事故救援的应急辐射监测系统，这是一种既可固定又可机动的应急响应装备，可在紧急事件发生时对大气中可能存在的放射性剂量进行实时野外测量。“行动者”机动车载式应急辐射监测系统设计用来以车辆为平台监测 γ 辐射、放射性微粒和放射性碘等，并以无线传输的方式将监测数据传给“集中数据收集系统”。这种机动车载式应急辐射监测系统能够在各种环境下提供可靠的辐射监测，如事故实时监测、核设施事故后监测、环境监测以及国土安全等。放射性评估显示与控制系统，RADACS 软件以综合的放射性数据管理为基础，能够进行快速、准确的决策。其主要组件包括：CAM110PIFF 连续粒子和碘监测器、GP110 高灵敏度区域监测的灵敏探测器、ADM606M 便携式计数器、GPS450 全球定位系统全向天线和装有 RADACS 软件的机动式计算机台站。

化学防护器材

美军拟装备 XM50 联合军种通用面具 《国外防化科技动态》2005 年第 5 期报道，美军计划在 2006 年开始装备新一代化生防护面具——XM50 联合军种通用面具（JSGPM）。2006 年以后，对该面具的生产需求量可望达到 300 万具。该面具按照合成军的要求进行研发，能防战场浓度的毒剂、生物战剂、毒素、有毒工业化合物和放射性颗粒物。它将取代 M40/M42/MGU-2/P 系列面具，并能与未来的装备和士兵系统相匹配。

该面具比原有面具防护性能提高 50%，视野显著改善，呼吸阻力降低，佩戴更加舒适，重量和体积减小。其采用的新技术和新材料有：集成的面具—头盔理念，新型过滤技术和吸附技术，剩余防护时间指示器，丁基合成橡胶和硅树脂共塑技术，高性能的聚氨酯头罩材料，Gore 公司的 HSF 织物（用于罩体），3M 公司的改良型 AEM5 驻极体过滤介质，Guild 公司的环氧乙烷、氨气、甲醛过滤介质，丁基橡胶/硅树脂混合材料，新型炭材料（ASM—TEDA）。

中国台军核生化防护服采用活性炭纤维/织物技术 活性炭通常是粉末状或颗粒状的。直到最近十几年，它的第三种形式——活性炭纤维/织物（ACF）才逐步发展起来。ACF 可以吸附有毒分子的特性广泛应用于化工、药剂和环境保护等方面。它在防止毒剂的侵袭方面特别有效，是核生化防护服和过滤器的理想材料。据《国外防化科技动态》2005 年第 5 期报道，目前，台湾炭技术有限公司已经研制出这一先进的吸附材料，并广泛应用于台军装备的核生化防护服和过滤器。

由于在吸附和解吸附的过程中能够有效减少扩散阻力的特性，ACF 比粉末和颗粒状活性炭在吸附和解吸附过程中具有更大的容量和更快的速度。ACF 的另一个优点是易成型，能够制成布料、毛毡和纸张以适应不同需求。这一先进的新型材料正是改良军队和民间核生化防护装备所需要的。台湾炭技术有限公司研制的 ACF 是一种以织物纤维形式存在的高效活性炭，而不是活性炭浸渍织物或者颗粒状活性炭涂层。ACF 由 PAN（聚丙烯腈）织物制成，由于在炭化和活化的过程中进行了热处理，它拥有极高的吸附容量和吸附效率，大大优于粉末和颗粒状活性炭。

英国研制下一代联合军种通用面具 历史上，英国的 S10 面具曾在世界上赢得了良好的声誉，如今联合军种通用面具（GSR）即将取而代之。美国 M50 面具自问世之日起一直号称面具的典范，而 GSR 是继 M50 面具之后研制的。有观点认为 GSR 似乎仅仅是 M50 的翻版。但评论家通过对 GSR 项目的观察，认为 GSR 较 M50 上了一个台阶，并断言英国将在面具设计上居于世界领先地位。人们在密切关注对 GSR 的最终决策，但商家却始终对 GSR 的技术指标和决策守口如瓶。

《国外防化科技动态》2005 年第 11 期报道，英国国防部已将 4 千万英镑交与 Scott 公司用来研发、生产

GSR 面具。GSR 面具能应对各种威胁——生物武器、化学武器、有毒工业品以及所有有害空气悬浮物。同时，GSR 与现有的防护服兼容性好，质量轻，安全舒适，不会妨碍佩戴者执行正常任务。该面具采用了英国国防科技实验室在空气过滤和密封方面的新技术，由 Design Reality 公司担任设计顾问。目前，GSR 的滤毒罐、饮水功能、通话功能等的设计尚未确定。已经定下来的设计有：密封方式、面具结构、视野和面具头带，还有面具内的气流方式以及将人员与外界进一步隔绝的口鼻罩。

洗消器材 **美国研发能喷涂后剥落的化学涂层** 《国土防御与安全观察》第 6 卷第 22 期报道，美国高级国防研究项目局（DARPA）认为目前消除脏弹沾染的洗消技术劳动强度太大，需要人工刮擦才能去除沾染。正在研究的技术是将某种溶液用喷涂的方法覆盖建筑物墙体表面，再用喷涂或剥离的方法将沾染层清除。目前的试验表明，不同的建筑材料表面及不同的放射性同位素会有不同的处理效果。这项研究正由爱达荷州国家实验室、桑迪亚和洛斯·阿拉莫斯国家实验室以及 Isotron 公司进行。

美国研究联合军种敏感装备洗消系统 《国外防化科技动态》2005 年第 3 期报道，联合军种敏感装备洗消系统（JSSED）被列为美军 2005 年主要预研项目，可以对敏感装备（航空电子设备、电子仪器和电器）、环境系统和设备、飞机和车辆内部以及相关的货物等进行洗消。埃奇伍德化学生物中心是该项目的主要采办机构。该中心对联合军种敏感装备洗消系统进行了一项技术评估，对来自工业和国防项目的候选技术进行了考察。考察中将敏感装备、飞机和车辆内部以及相关货物等的洗消作业划分成渐进式的 3 个“单元”能力:“单元 1”用于敏感装备的洗消，采用便携式再循环声波降解液对系统进行冲洗；“单元 2”用于飞机和车辆的内部洗消，采用大功率空气加热器产生必要的气流和对空气加热来协助在内部需要进行长时间洗消的地方进行热解吸附；“单元 3”用于对正在作业的车辆、舰船和飞机的内部进行洗消，目前最可行的解决方案是敏感装备及其内部现场洗消包。洗消包内有一种或多种可以对电子或敏感材料进行针对性洗消的洗消剂，这些洗消剂可以溶解毒剂并吸附洗消材料，从而清除装备表面溶解了的毒剂。

美国批准使用“All-Clear”化学生物洗消泡沫 据《国外化学战科技动态》2005 年第 5 期报道，美国国防部批准了一种称之为“All-Clear”的新型化学生物洗消泡沫的使用。这种洗消泡沫是缓冲蛋白质中的一种水解酶与生物杀灭剂的混合物。主要设计用于化学生物恐怖事件、工业有害物质泄露事件及其他类似事件的紧急救援。

“All-Clear”是一种广谱化学生物消毒剂，能够消毒多种生物战剂和毒剂。它作用快速、无腐蚀、无氧化作用、无毒、可生物降解、无有害残余、无环境危害。它利用了埃奇伍德化学生物中心研发的酶纳米微囊化工艺来增加功效和储存时间。“All-Clear”的活性成分能深入缝隙，保证最不易发现的毒剂和生物战剂都能根除。对敏感部件（如起落装置和制动装置等）无有害效应，其活性成分不会因为与其他物质（如灰尘、油脂等）的反应而迅速耗尽，因此有较长的持久性。目前它是世界上惟一酶基的、不含过氧化氢的洗消液，因而无空运限制；储存稳定，储存和工作温度范围宽，储存期达 5 年。可用多种喷洒设备布洒，也可用普通消防设备布洒。美国五角大楼技术支援工作组（TSWG）估计美国每年用于反恐紧急救援的此种消毒剂的消耗量约为 1.6 万升。

美国开展洗消作业的计算机模拟研究 《国外化学战科技动态》2005 年第 4 期报道，为了有效利用资源，大大提高洗消作业的速度，使部队更快重返战场，美国开展了洗消作业的计算机模拟研究。该模拟方案主要用于模拟洗消作业的顺序、人力需求、装备，用实验和模拟结合的方法确定洗消的最佳空间和人力。

研究洗消作业最关键的衡量标准是一个部队的洗消时间。一支等待洗消的部队极易遭受攻击，其返回作战的速度取决于洗消作业的速度。计算机模拟是用数学的方式将洗消过程每一步骤的实际洗消时间与战术背景结合起来。作业过程中的每一步骤是根据美国陆军试验与评价司令部所进行的实际试验结果用统计学方法模拟的。研究采用模型模拟了受不同洗消场资源制约的背景情况，通过模拟，使一些通常不可控制的因素可控化，这样分析洗消作业系统变化的原因和影响就容易得多了。

美国用新型洗消剂替代 DS2 DS2 于 1961 年列装后一直是美军使用最广泛的洗消剂。DS2 对于坚固耐用的系统具有非常好的洗消效果，但是对于精密系统而言就不安全了。美国陆军作战部门宣称，DS2 达不到陆军目前对生化洗消剂的要求。美军从上个世纪 70 年代末就开始寻找对于敏感装备和材料更安全可靠且洗消效果良好的替代洗消剂。据《国土防御与安全观察》第 7 卷第 17 期报道称，美国陆军化学材料局正在寻找买家，打算将储存在陆军仓库的约 170 万加仑 DS2 处理给工业部门再利用。说明美军已基本确定了

DS2 的替代洗消剂。

近年来不同国家研究的多种洗消剂都有可能成为待选产品，如，美国的桑迪亚泡沫（DF-100、DF-200）、L-凝胶、催化酶系统（ACES）、绿色洗消剂；德国的 GD-5 溶液、C8 乳液、XM100 吸附剂洗消系统（SDS）；意大利的 BX-24 生化洗消剂等。目前，正在研制的不伤害洗消对象表面的新型洗消剂还包括过氧化氢蒸气、微滴乳状液（油包水型十二烷基磺酸钠）、Karcher 202 和 GDS2000、生物战剂毫微乳液洗消剂和 SLASH 洗消剂（次氯酸盐自限制活性溶液）。正在研究的物理方法包括等离子技术、电离、微波辐射和紫外线等。

（张　南）

指挥控制通信计算机和情报系统

综述　2005 年，各国军队加快了各自指挥控制系统建设的步伐，以“网络中心战”为目标，开发新的作战概念，研发信息集成先进技术，继续改造完善原有的指挥控制系统。继 2004 年提出用联合指挥控制系统代替全球指挥控制系统后，美军 2005 年加强了空中指控系统的建设，将国土防御 C^4ISR 作为美国战略 C^4ISR 建设的重要组成部分，出现了“多要素集成之系统”、“C^5ISR”的新概念，“联合战斗桥接”新技术。美陆军部署了 ABCS 6.4 版本，机载指控系统也通过了验证。俄罗斯对其指挥控制系统实施从模拟到数字化的转型过渡；印军大力发展其网络化、一体化的指挥控制系统；法英等国着眼未来发展，采用新技术、开发新系统，对现有指挥控制系统进行升级改造。

在通信方面，各国致力于增强卫星通信能力，大力改进通信基础设施，积极研发新技术，提高通信能力，更加重视安全保密建设。战术无线电通信系统得到极大发展，特别是美军“联合战术无线电系统”、英国“弓箭手”电台格外引人注目。此外，美陆军作战人员信息网进入里程碑阶段，战术卫星通信系统、数据链等也有新进展。

此外，世界各国军队纷纷利用先进的信息技术，不断加快情报、侦察与监视装备的更新换代，同时加大新型装备的研制力度。特别是天基信息获取装备，由于覆盖范围广、生存能力强等优点，越来越受到重视。

美空军“固定式作战控制系统”通过互操作性测试　据美国雷声公司 2005 年 12 月 7 日报道，由泰利斯和雷声系统公司联合开发的“固定式作战控制系统”已于 2005 年底通过美空军的互操作性测试，有望尽快装备部队。这种新的指控系统使用了雷达等多种传感器，不仅性能更高，而且互操作性更强。系统能够实现与配备的各种新旧战术数据链的空军部队进行无缝的数据交换，还可对来自空中、地面、海上平台以及民航空中交通传感器的各种数据进行融合，并形成一个统一的空域图像，指挥官可据此对领空实施监视。“固定式作战控制系统”是新一代空中监视系统，作为国土防御的一个重要组成部分，还可承担重大国土安全任务的预警工作，例如对美国和加拿大边境内的威胁实施监视。

美陆军开发多要素集成之系统的新概念　据美《C^4ISR 杂志》2005 年 4 月报道，美陆军依托雷声公司开发了一个多要素集成之系统的新概念。它包含了联合战斗空间信息球、全球信息网格和通用决策执行能力。多要素集成之系统将每个系统看成是 5 个要素的集成体，分别是：传感器、效应器（武器）、平台、指挥控制能力和通信。在这种结构中，不仅各个系统能互操作，而且每个系统的各个要素也能互操作，还能跨平台连接其功能。通过同时建立多条经优化的杀伤链，它将确保最有效和高效地使用于部队，消除烟囱式的系统，并提供较大的冗余度。

美陆军实施“强力”融合计划　据美《信号》杂志 2005 年 6 月报道，美陆军组织实施“强力”融合计划（BUFF），致力于将不同类型的情报、监视与侦察数据融合成精确的信息，以将不同的战场情报数据融合成知识提供给指挥官。其目的是为了建立一种基于技术的方法，将大量的传感器数据融合成有效信息。最终目标是将以前只有指挥中心之类的机构才具有的能力下移至单一车辆中。该计划在瓦丘卡堡的战斗指挥作战实验室进行。BUFF 的功能型模型于 2005 年秋完成。美陆军认为，BUFF 计划对陆军未来的发展方向具有指导意义。

美陆军研发桥接技术　据美《信号》杂志 2005 年 8 月报道，美陆军着眼系统桥接技术，实现与未来系统的互连。洛克希德-马丁公司开发了一项新型数据融合技术“联合战斗指挥桥接 (JBCB)”，可将目前以平台为中心的系统与未来以网络为中心的系统联接在一起，从而使指挥官可以访问来自使用任何一种系统的任何人的信息。JBCB 技术使用基于开放标准、面向服务的体系结构，在不影响正在进行的军事行动的前提下，解决军方各种系统的无缝集成和网络化方面的难题。当新技术集成进陆军部队后，JBCB 将会为那些没有完全装备最新系统的军队提供一种网络。指挥官可以基于自己的决策过程建立个人询问系统，还可以使用 JBCB 实现跨陆军战斗司令部的通信，并搜集瞬时信息。此项技术将应用于整个陆军，JBCB 不仅能实现各军种的互连，还能实现各军种与盟军的连接。

美陆军作战指挥系统部署 6.4 版　据美国《联邦信息周刊》2005 年 4 月 4 日报道，2005 年 3 月，美陆军推出 ABCS 6.4 版本，使之成为“斯瑞克”旅、第 4 机步师和所有部队软件的最新标准。5 月在得克萨斯州的胡德堡对 ABCS 6.4 进行实战测试。通过利用软件、系统结构的变化优势和使用自动信息服务，解决互操作能力。

目前已给第 4 机步师部署了最新的 ABCS 6.4 版。6.4 版既可以使用 MSE 和 EPLRS，又可使用“联合网络节点”卫星终端，在需要时可方便地进行超视距通信，使通信能力大大提高。ABCS 6.4 版解决了 ABCS 的 11 个子系统的横向互通问题，采用一种全新的“发布和订阅”方法来实现互通，更好地保证不同子系统间的信息共享。由于 ABCS 6.4 版具有这些优点，美军已经视为全军联合指挥控制的最佳平台。

美陆军机载指挥控制系统通过验证　据英国《防务系统日刊》2005 年 3 月 4 日报道，在伊战中，美军对运动中的指挥控制的需求特别强烈，这方面的装备成为各军种竞相开发的热门装备。2 月，陆军通过了机载指挥控制系统验证项目，验证了雷声公司设计的陆军机载指挥控制系统为陆军国民警备队执行国土防御任务提供支持的能力。陆军机载指挥控制系统 (A^2C^2S) 平台采用改装后的 UH-60L 直升机，可使旅、师或更高级别的指挥官及参谋人员在以 200 多公里时速前进时也能保持对部队的指挥、控制和通信。具有极强的数字能力。机上有 4 部单信道地面与机载无线电系统 (SINCGARS) 改进型电台；2 部多波段电台，能在甚高频和特高频频段工作，也能以调频方式工作；还有 1 部话音/数据卫星电台，能重传来自任何无线电系统的话音和数据信息。当不宜或不能使用卫星通信时，机上乘员还可使用高频设备进行超视距通信。该系统的话音通信被认为几近完美，而在数据通信方面还可使用增强型定位报告系统和近期数字电台。机上指挥官拥有的通信能力甚至优于地面指挥官。其最大优点是机动性强，能在几十分钟到几小时内飞抵较远的地点。但也有局限性，一是白天易受肩扛式地空导弹的攻击；二是尚未与无人侦察机联通，无法利用他们收集的信息。

另据《防务新闻》2005 年 5 月 16 日报道，第一代陆军机载指挥控制系统——“黑鹰”正在伊拉克服役，美陆军正在研发下一代机载指挥中心。开发中的 A^2C^2S X 将能够使飞机进入 Link 16 战斗网，允许飞行员向空军或海军战斗机发送精确目标识别数据。该版本还有一个无人机工作站和过滤战场空间数据的系统。

美军移动指挥控制系统交付使用　据美国《防务新闻》2005 年 6 月 13 日报道，6 月，一种旨在增强联合指挥官读取战场作战信息的高速、移动连通能力将进入欧洲和伊拉克。移动指挥控制系统 (C2OTM) 系统将为战场上的联合指挥官提供基于卫星的移动宽带联接，允许他们读取与固定联合特遣司令部一样获得的全球信息。C2OTM 的第一批用户是美陆军的第 5 军，7 月交付使用。驻伊多国部队预计 10 月使用。C2OTM 采用基于 Ku 波段卫星通信的宽带业务和码分多址技术，为指挥官提供运动中指挥控制能力。每个 C2OTM 系统在每一辆车中有 2 个机动终端盒，1 个 18 英寸天线，1 个保密广频调制解调器和保密手持式设备等组件。

美国国际预测公司预计美陆军在 2015 年将为移动控制系统（MCS）购买约 2030 台计算机系统。移动控制系统是美陆军的战术指挥、控制和通信系统。MCS 为美陆军指挥官及参谋人员提供自动的指挥、控制和通信。

根据 2006~2007 财年美陆军采办预算，美国通用动力公司将负责 MCS 计算机系统的制造。2004~2005 财年，这些计算机系统的成本已经下降了 30%，使移动控制系统的效费比进一步提高。

美军部署战斗指挥维护支持系统　据英国《简氏 C^4I 系统 2005~2006》报道，美军即将部署战斗指挥维护支持系统 (BCS3)。它是美陆军的战术后勤 C2 系统，将大量分散的陆军后勤系统、内部运行的可视系统和决策支持系统的其他零星的数据资源联系起来，以实现基于分布式的后勤。

美国卫星通信终端——“全球广播服务”完成过渡　据英国《简氏国防防务评论》2005年1月报道，2004年10月，美军新一代轻型GBS系统终端投入使用。GBS系统通过卫星向战场部队提供地图、图像、视频及其他信息。老一代GBS终端重达273公斤，不便运输，阿富汗战场的美军曾拒绝使用这种终端。新一代GBS接收机仅重约100公斤，并利用IP技术取代上一代接收机的异步传输模式技术，能更有效地传输数据，还可兼容即将部署的宽带填隙卫星。2005年，雷声公司“全球广播服务”完成过渡。雷声公司全球广播服务驻夏威夷瓦西瓦卫星广播管理器已在太平洋地区实现全联播运行，标志着为太平洋地区的美武装部队提供支持的增强型体系结构系统开始全面运转。

美国防高级研究计划局授予“新奇”卫星通信系统第二阶段合同　见军用航天技术。

美国“全球信息栅格-带宽扩展”具备完全作战能力　据美国《防务新闻》2005年10月报道，2005年9月，“全球信息栅格-带宽扩展”（GIG-BE）计划进入完全作战能力阶段，GIG-BE计划扩展“国防信息系统网”地面光纤网的带宽，被国防部称为“向网络中心战转型的基石”。GIG-BE用光通信、以太网和增强的安全技术建立一个覆盖全球的光通信网，连接美国大陆和欧洲战区大约90%的美军基地或站点（达80~90个），数据传输速率可达10Gb/s，取代2.4 Gb/s的“国防信息系统网”，可将美国本土和驻欧洲军队的可用带宽扩展1000多倍。投入工作的GIG-BE已开始为伊拉克和阿富汗的美军提供通信支援，快速传输卫星和无人机收集的大容量图像情报。

美军研发GIG光电网络体系结构　据美国《国防工业时报》2005年7月29日报道，7月，美空军研究实验室授予Opticomp公司一份价值达1230万美元的成本加固定费用合同。Opticomp公司将设计并交付全球信息栅格的光电网络体系结构供卫星和无人机使用。这项名为“大规模并行光互联”的项目旨在不同平台之间建立超宽带、多信道的空基、天基通信网络。该项工作将于2009年7月完成。

美国激光通信即将应用　据美国国防部网站2005年3月11日报道，美国防部在新墨西哥州成功地进行了激光通信概念试验，显示出太空与地面站、太空与飞机之间进行激光通信的可能性。激光通信就是在光束的两端进行信息交换。随着结合激光通信的转型卫星计划的出现，美国防部将在带宽方面获得巨大提升。今天的卫星操作的带宽是几年前的10倍，配备有宽带间隙填充仪的先进极高频卫星发射后，带宽还将扩大10倍，应用激光通信后，带宽将第三次扩大10倍。

美陆军作战人员信息网取得突破性进展　据美国《防务新闻》2005年11月7日报道，7月，通用动力C4系统公司声称，美陆军下一代战场通信网络（WIN-T）的开发正在按预定日程进行。预计到2018年耗资70亿美元。该无线网络将传输话音、数据和视频通信。由通用动力公司与洛克希德-马丁公司合作开发。

根据设计方案，美陆军对WIN-T的系统设计，包括体系结构和关键部件技术的“初稿”进行评审。陆军对该项目的进程、技术适用性和风险解决方案，以及与其他系统、装备和人员的接口进行评估。

通用动力公司及洛克希德-马丁公司9月28日宣布，已成功演示陆军WIN-T的关键技术。通用动力及其团队成员能够为移动中的陆军部队提供通信，这是该系统中最重大的挑战。通用公司在一份声明中称，该团队提供无线电、网络、卫星及IP能力，这些能力用来保持当士兵在地面上或者在移动的运输车上时与网络连接。通用动力公司C4系统部未来兵力项目的副总裁比尔·韦斯称：“保持高度移动及分散兵力之间联络的移动卫星通信及网络自动化是WIN-T及陆军的关键。”

此次试验演示：达到秒监视的网络运行、网络安全性、联网波形、对自身监视并配置的网络、通过地面及卫星链接的移动联网、卫星跟踪、安全的蜂窝通信、软件定义无线电、通过IP技术的音频及视频等。此番演示表明，WIN-T所需的关键技术已经具备并且能够降低风险。2006年3月将授权低速的初始生产，并预定于2008年开始部署WIN-T。

美海军“移动用户目标系统”通过初始设计审查　据美国《防务新闻》2005年11月7日报道，11月，洛克希德-马丁公司空间系统分部领导的承包小组与美海军完成了下一代窄带战术卫星通信系统——“移动用户目标系统”（MOUS）的初始设计审查。此次审查确定了MOUS的具体设计方案，确保MOUS能满足美海军的需求。

初始设计审查完成后，承包小组将把主要精力转向MOUS的关键设计审查。此外，还将开始采购各种先进的零部件，为2006年开始MOUS的生产做准备。

MOUS 用于为美军机动部队提供更强、更安全的通信能力。它的通信容量更大，能同时提供语音、数据和视频服务，与美军当前使用的“特高频后继”卫星具有完全的互操作能力。

洛克希德-马丁公司空间系统分部 2004 年赢得价值 21 亿美元的合同，为海军生产首批 2 颗 MOUS 卫星和相关的地面控制设备。此外，该合同还包括一个再额外生产 3 颗卫星的可选项，使合同金额有可能达到 32.6 亿美元。

美立方公司为 E-8“联合星”数据链开发软、硬件 据英国《防务系统日刊》2005 年 3 月 11 日报道，3 月 11 日，立方防务应用公司获得美陆军通信和电子司令部授予的一项价值约 1500 万美元，为期 5 年的合同，为联合监视目标攻击雷达系统（JSTARS）地面数据终端（GDT）提供软、硬件。

立方公司的监视和控制数据链是该系统的关键部件，能够使“联合星”与多个地面工作站进行全天候安全无线电链接。该数据链的最新产品是一种小型的、由 DSP 驱动的战术通用数据链，它适用于有人和无人监视平台。立方公司正在为美国海军开发的新一代通信数据链系统中采用了这种先进的战术通用数据链技术。海军的新一代通信数据链系统能够将情报、监视、侦察飞机上的情报传送到军舰和其他地面或水面工作站进行分析。

美陆、海、空三军共同开发通用数据链集成处理系统 据诺斯罗普·格鲁曼公司 2005 年 9 月 26 日报道，2005 年，美国陆、海、空三军共同开发通用数据链集成处理（CLIP ）系统。CLIP 是一个软件包，可使没有战术数据链的现有平台以及采用不同数据链的平台之间进行相互通信，增强互操作能力。CLIP 将在多种计算机环境下运行，遵守网络化军种间的互操作能力标准及联合战术无线电系统软件通信结构。CLIP 设计框架包括宽带组网平台、战术目标瞄准网络技术、16 号数据链、11 号数据链、22 号数据链，增强型定位报告系统、综合舰桥系统及联合远距离应用协议处理软件。

美国国防部寻求网络安全技术 据美国《联邦计算机周刊》2005 年 10 月 4 日报道，10 月，美国防部授予 SafeNet 公司 1.5 亿美元的合同，购买其绝密级的密码机技术。根据一项“不定期交货、不定量供应”（ID/IQ）合同，公司还将提供 2000 台 KIV-7M 链路密码装置，总价值 1800 万美元。这些密码装置在 10 月初发货。

KIV-7M 是第一种完全符合美国政府密码现代化计划的密码产品，旨在改善政府绝密通信的保密水平。KIV-7M 所采用的技术集成了最新的保密算法，符合国家安全局链路密码机族互通性规范，与 KIV-7 族密码机兼容，还与 KG-194/A 系列密码机互通，并能够升级，提供网络互通能力。这种密码装置既能安装在坦克、飞行器和潜艇上，也可以背负。

美国防信息系统局将开发对付因特网威胁的软件包 据华盛顿技术网站 2005 年 5 月 31 日报道，5 月，国防信息系统局发布了寻求有助于对付因特网威胁的软件包信息征求书。国防信息系统局认为其现用的软件不能提供足够的防护能力，基于个人主机和网络的这种防护机制不能实时防止恶意的内部攻击行为。这一软件包将安装在国防系统内，应具有如下功能：在计算机网络遭到攻击后，包括病毒和蠕虫攻击后仍可工作；与用户的生产能力、使用能力和功能之间的冲突最小化；使中央处理单元的性能降低最小化；主要针对微软 Windows-操作系统和应用软件。

美军计划研制新型可加密芯片 据航空与军事电子网 2005 年 7 月 27 日报道，7 月，美军方出台一个新的预研计划，要求美国电子工业部门为未来的通信终端设计一种专用的高速可嵌入式加密芯片模块，以满足多频段、多模式通信需要。此计划要求模块必须达到如下性能：在 2~10Gbps 传输速度之间正常工作；可嵌入；频段、工作模式和安全级别可编程；可进行多波形多速率数据传输波形仿真；可使控制中心进行模块状态的远程监测；兼容国家安全局最新的因特网密文传输协议（HAIPE）；加密算法支持现有多种设备。正式合同于 11 月签订，2006 年 6 月完成设计，研制的产品还需通过美国家安全局认证。

美军升级改造空基 ISR 平台 人民网 2005 年 11 月 30 日报道，2005 年，美军对 E-8 侦察机、E-3 预警机和 E-2C 预警机三种现役主力空基 ISR 平台进行了升级改造。

美空军于 2005 年 3 月接收了最后两架 E-8 侦察机（即第 17 和第 18 架），并对 2001 年以前交付的 10 架 E-8 进行改进，重在提高计算能力，包括安装 20 台机载计算机、18 部操作员工作台、1 套中心计算机以及 1 套备份系统。改进后，一架 E-8 Block 20 型飞机所有计算系统的计算能力相当于目前世界上全部 65 架 E-3 预警机的计算能力；机上一个操作员工作台的计算能力和存储能力与早期 E-8 整架飞机相当。其他改进还包括采用改进的数据调制解调器，利用陆军单信道地空 VHF 电台，将目标信息直接传送给

"长弓阿帕奇"攻击直升机，或者通过卫星传送给上级指挥中心。

E-3 预警机从 1998 年开始进行雷达系统改进工作，已于 2005 年全部完成。通过增加雷达多处理器的处理系统、新型软件以及改进机械和电-ES 子部件，E-3 预警机对战斗机目标的探测敏感性提高了 2 倍，对巡航导弹类目标的探测敏感性提高了 8 倍，雷达抗干扰能力也明显提高。

美海军正在全力研制下一代"先进鹰眼"预警机，并宣布其序列编号为 E-2D。E-2D 在海上打击和海上封锁作战等方面作用突出，尤其在战场监视和导弹防御等方面的性能要明显优于 E-2C。其机载雷达 ADS-18 采用电扫描相控阵雷达体制，作用距离远、对小型目标的分辨能力强，现已通过关键设计评审。此外，E-2D 在显示器、导航系统、通信、作战信息中心和任务数据处理等方面也进行了改进。美海军计划在 2007 年将 2 架 E-2C 改进为"先进鹰眼"用于飞行试验；2010 年生产 4 架 E-2D，用于作战试验，具初始作战能力，2011 年开始小批量生产，2020 年开始批量采购。

美军 ISR 系统核心结构升级　美诺斯罗普·格鲁曼公司 2005 年 9 月 26 日报道，2005 年，美国陆、海、空以及海军陆战队的 ISR 系统进行了多情报核心结构升级。多情报核心通用（CSB）软件可自动提取目标，大幅度提高向作战部队分发时间敏感目标信息的速度。例如，目前使用的 CSB 7.3 版，可使美陆军的分布式通用地面系统、海军的分布式通用水面系统、空军以及海军陆战队的传感器更有效地处理、利用和分发新的情报源信息，增强信息融合能力。

俄罗斯计划建设新一代指挥与通信系统　据俄罗斯军工综合体信息协会 2005 年 10 月 29 日报道，俄军将在 2015 年前建成新的指挥与通信系统。俄罗斯指挥与通信系统的换代工作早在 2000 年就已经开始，其所需的装备都已纳入了国家武器装备发展纲要范畴，现阶段的主要发展方向就是利用现代信息技术集成一个统一的实现远距离通信的平台。新系统将能够更好地适应从模拟向数字化的转变。为完成此计划，俄罗斯将投资近 40 亿美元，约占其年度国防预算的 18%。

印度将投资 300 亿卢比建设卫星通信网络　据《印度时报》网站 2005 年 9 月 21 日报道，印度空间研究组织主席奈尔 9 月 20 日称，印度计划在今后 4 年内发射 10~12 颗通信卫星，预计将投资 300 亿卢比（6.87 亿美元）。这些卫星将增强印度空间异频雷达收发机的收发能力。

目前印度国家卫星系统由能够收发 C、扩展 C、Ku、S 波段的 8 颗卫星和 144 台异频雷达收发机组成。即将发射的 10~12 颗通信卫星将额外增加 100~120 台异频雷达收发机，每颗卫星发射费用预计为 30 亿卢比（6869.3 万美元）。

印度投资重点转向网络中心战　据美国《防务新闻》2005 年 9 月 12 日报道，印度将重点转向网络中心战。通过新的 C^4I 基础设施将各军种及其资产连接起来。印度陆军于 2005 年初开始其为期 25 年，耗资数十亿美元的网络中心战，旨在重点提高步兵的作战能力。印度陆军已经研制出一种国产战术战场指挥、控制、通信及监视（TAC C^3I）系统，目前正在军事演习中接受检验。

以色列开发 C^5ISR 系统的新概念　据美国《C^4ISR 杂志》2005 年 8 月报道，以色列开发了一种新的 C^4ISR 系统，将"协同"添加到了 C^4ISR 中，从而产生了一个 C^5ISR 系统。这个系统名为 TWISTER（network-centric Intelligence, Surveillance, Targeting, Embedding, Training and Reconnaissance），将多个任务要素和资产——平台、传感器、战斗人员、武器系统、C^2 系统和通信资产——汇集成单一的 3D 图片，从而迅速做出高效的战斗决策。它可为下至战术旅、上至国家指挥当局的指挥官提供一种管理、控制和遂行复杂任务的能力，其独特之处是，它能够在指挥官与战场上的多支部队之间形成瞬时、协同和交叉检验。

以色列开发数字化陆军项目　据美国《每日防务》2005 年 3 月 11 日报道，以色列国防部已经与埃尔比特系统有限公司签订协议，开发以色列的数字化陆军项目（DAP）。该协议总值接近 2 亿美元，合同期超过 10 年，所有陆军部队作战都将进行计算机化（指挥、控制、通信）、一体化，并留有新软件和先进应用软件接口。该项目要求提供各种硬件和软件，包括指挥控制站、数据处理和分布系统。具体地讲，埃尔比特公司将为以色列国防军（下至单个士兵）提供计算机化系统。该系统将有助于完整的、实时的态势图片在各战场和指挥梯队之间相互传输。

以色列研制"地平线-7"侦察卫星　据美国《每日航宇》2005 年 2 月 23 日报道，以色列于 2005 年研制"地平线-7"侦察卫星。该卫星装备合成孔径雷达，能够全天候在 400~600 公里高的轨道上对地面目标进行监视，分辨率最高可达 1 米。首颗"地平线-7"卫星将于 2007 年投入使用。

英国升级空中指挥控制系统 据美国《每日防务》2005年6月16日报道，英国空中监视指挥控制系统（ASCACS）将采用一个基于计算机的基础结构替代现有系统，这种基础结构将综合现有地基雷达和机载告警和控制系统，可提供详细的英国空域图像。该系统预计于2009年达到完全作战能力，届时将与北约综合空中防御系统（NATINADS）进行连接。空中监视指挥控制系统是英国皇家空军计划在未来10年采办的几个项目之一。此外，还计划购买战术空中指挥控制系统（TACCS）。TACCS将作为英国空军指挥控制信息系统（CCIS）的一部分，用于支持战场司令部对空中作战的指挥控制。

英国"天网"5卫星通信计划取得重大进展 据英国《简氏防务周刊》2005年3月30日报道，3月21日，英国负责采办的国防部副部长劳德·巴赫宣布，"天网"5卫星通信计划进展顺利，2018年以前陆续向英武装部队交付下一代保密军事卫星通信业务。"天网"5计划的关键审核已于2004年4月底结束。将于2006年底发射"天网"5A卫星，2007年底发射"天网"5B卫星，2008年具备完全作战能力，所提供的通信能力是目前系统的2.5倍。与天网4卫星一起运行。

"天网"5目前正由Eads-Astrium公司建造，然后由Paradigm保密通信公司运营，向英国政府、北约及其他潜在用户提供通信服务。该卫星将在若干军事频段内提供通信能力，向陆、海、空的网络及用户终端提供广泛的服务。Paradigm公司对英国卫星地面站设施进行了重要升级，并引入了新的服务管理流程。确定2005年2月23日为在"天网"4通信卫星星座中引入"天网"5通信业务的开始日期。该日期的确定被认为是首个最具挑战的里程碑。

英国电信与北电网络公司共同开发国防通信网络 据美国《每日防务》2005年6月2日报道，6月，英国电信（BT）公司表示，将与北电网络（NORTEL）公司合作，共同部署一个全国性的通信系统网络，为英国国防部和英军提供可靠的语音和数据服务。

此次部署是英国国防部与英国电信公司签署的"国防固定电信系统服务"合同的一部分，该合同为期5年，总价值27亿美元，用以建立和管理英国国防部的关键任务电信系统的基础设施。

英国电信公司负责建设和管理国防部关键通信设施。北电网络公司主管多种服务交换和IP电话解决方案。新网络将在未来2年完成。英国电信公司从1997年开始管理国防固定电信系统网络。届时，网络的安全性、工作效率、对英国军方的响应率和终端用户的效率都将得到改进，每年为国防部节省大约2700万美元的经费。该网络通过2千多个站点提供稳定的广域网服务，为20多万用户提供语音服务，为15万个终端提供基于以太网的连接。

驻伊英军装甲部队首次装备"弓箭手"电台 据英国《防务系统日刊》2005年10月31日报道，英国国防部长约翰·里德10月28日透露，"弓箭手"电台将首次装备在伊拉克执勤的"挑战者-2"主战坦克和"武士"步兵战车。该电台不仅可提供保密的话音和数据通信，而且具有自动定位能力。

英国国防部于1988年开始研制"弓箭手"无线电台，以替代过时的"族人"无线电台，为英军提供联合作战所需的战术保密话音与数据通信。"弓箭手"电台既是英军数字化进程的基本组成部分，又是英国国防部实现"网络赋能能力"（NEC）项目的核心部分。

英国国防部早在2004年3月就宣布第一套"弓箭手"电台已经提前进入英国陆军服役，但是当时"挑战者-2"和"武士"安装"弓箭手"后出现通信中断现象，导致这两种平台一直未安装"弓箭手"。此次装备"弓箭手"系统，标志着该项目取得实质性的进步，系统更加成熟。

法国改进军用指挥信息系统 据英国《简氏防务周刊》2005年11月15日报道，法国武器装备总署（DGA）与Eurocis联合公司签订一份长期合同，对其军用指挥信息系统（CIS）进行改进。通过此项价值5870万美元的协议，法国武装部队将会装备军用指挥信息系统的升级部件，为军用信息系统提供维修服务。

改进型军用指挥信息系统将与法国巴黎指挥中心相连，共同计划和执行多国联合军事行动。通过此次升级，新的系统将具有最先进的技术，并能提供所有的基本信息系统功能。新系统互操作能力强，可为准备操作指令提供必要的支持，包括信息收集和分析、文件检索、数据共享、态势更新、部队计划和遂行作战支持等，并可以协助对司令部行动的管理和监视工作。

法国陆军开发通用作战体系结构 据美国《信号》2005年9月报道，法国陆军正在开发一种通用作战体系结构，使法国所有的指挥控制系统实现无缝互操作。这项计划的一个关键部分是将传统装备和应用程序集成到互联网协议框架中，而无需昂贵的换装和再开发。一旦实现，该计划将为法国陆军提供遵循北约互操作标准的一套公共软件应用程序的全球主干网。这项名为MOE SIC Terre的计划将创建一个单一的数据和通信核心，以使传统系统能够集成到新的体系结构。重点强调集成和提高传统系统的连贯性，通过使传统系统向北约标准过渡或者开发新系统，提供性质基本相同的指挥链。MOE SIC Terre计划2004年底启动，预算为2.41亿美元，分三个阶段实施，预计2011年具备完全作战能力。

法国新一代军事通信卫星“锡拉库斯3A”顺利升空　据法新社2005年11月报道，10月13日，法国军事通信卫星“锡拉库斯-3A”顺利升空。该卫星是法国军方第三代通信卫星，因此引起各界高度重视。“锡拉库斯”系统是1985年研发的，迄今已有锡拉库斯第一、二两代军事通信卫星系统，其第三代军事通信卫星系统包括3颗卫星--锡拉库斯3A、3B、3C。“锡拉库斯3A”卫星是第三代通信卫星系统的第一颗，配有专为法国军方准备的电子设备，通信能力与前两代卫星相比大为提高。该卫星设计用于加强通信的安全性，据称它将使法军在通信速率、操作灵活性及抵御攻击性干扰等方面有显著提高。

法国泰利斯无线电台通过实战测试　据美国《防务新闻》2005年3月21日报道，3月，法国泰利斯电子公司研发的高速无线电演示器在法国装备总代表团的军事电子中心完成了实战测试。该设备具有以每秒2~6兆位的速率提供高速作战通信业务的能力。该测试验证了战场上高速无线设备的优点和操作的可行性。泰利斯公司表示，除了陆军因此受益外，高速无线电台还为海军提供了舰队间视频会议和多平台态势感知的新功能。

德国通过对FAUST C⁴I系统的作战适用性鉴定　据美《电子防务杂志》2005年5月报道，德国致力于实现“基于网络的作战指挥”构想，德国陆军已经通过了对FAUST C⁴I系统的作战适用性鉴定。FAUST将集成进新的陆军指挥控制系统（FuInfoSysH）。目前已经有270套FAUST交付使用，主要装备陆军。FAUST工作在营一级，并可供连和排级使用，用来填补陆军较高级别的AUTOKO及HEROS系统与“21世纪士兵”（为单兵设计的系统）之间的空白。德陆军在研的FuInfoSysH指挥控制系统将主要以FAUST为基础。

德军采购移动数字无线电系统　据法国《航宇防务》2005年9月19日报道，9月中旬，EADS公司赢得德国军方5500万欧元的合同，2007年年底前为德国国防军提供30套TETRAPOL移动数字无线电系统，其中包括一万个终端设备、附件以及训练设施。通过名为“TETRAPOL”的采购项目，德国国防军将首次实现为所有现役作战部队提供各种战术通信级别的、保密的语音和数据通信。在阿富汗以及科索沃战争期间，TETRAPOL表现出了很高的可靠性和灵活性。该系统在语音质量、覆盖范围等方面也表现良好。这种数字无线电通信系统将有助于德国陆军的转型，有利于提高指挥和控制能力，并且确保士兵的安全。这种系统也被北约国家和盟国武装部队所采用。

荷兰订购“弓箭手”高频战术无线电台　据英国《防务系统日刊》2005年9月13日报道，9月，哈里斯公司赢得荷兰皇家海军陆战队（RNLMC）700万美元的合同，负责提供“弓箭手”高频战术无线电台。

该电台是RNLMC新型集成海上通信和信息系统（NIMCIS）的一个重要部分。NIMCIS是一个为期2年的项目，旨在为RNLMC装备“弓箭手”C⁴I系统。通用动力（英国）有限公司是NIMCIS项目的主承包商，它将负责将现有的不同通信系统替换成可以同时提供语音和数据通信的单一系统。

此次订购的电台是第一种经过通信电子安全组织保密认证的“弓箭手”无线电台。这种电台可以通过选择最佳的频率实现自动连接。它还可以进行视距或超视距通信，并且在不需要中继站的情况下，可以在快速机动的大范围的战场上进行通信。由于采取了数字语音增强处理，语音质量可与视距特高频无线电台相媲美。

“弓箭手”电台是以哈里斯公司“猎鹰”Ⅱ战术无线电台系列为基础的。“猎鹰”Ⅱ系列电台的工作频段为1.6~512兆赫。该系列在美国、北约以及其它国家的项目中被广泛采用，这些项目包括英国的“弓箭手”项目和美国政府的JTRS项目。哈里斯公司预计将为“弓箭手”项目提供1万套高频无线电台。

捷克重建无源信号情报网　据《中国国防报》2005年3月18日报道，捷克共和国正在重建无源信号情报网。该网主要由采用到达时差原理的维拉-E无源探测系统所组成。该无源探测系统可以替代雷达对目标进行探测与跟踪，且具有抗干扰、抗反辐射武器攻击和反隐身等特点。维拉-E系统能同时跟踪200个目标。它对空中目标的方位定位精度可达到10~100米，作用距离达450~500公里。

（赵　静　李　瑛　杨　茜　何重德）

电子战装备

综述 2005 年，电子战装备技术逐步进入有序的调整和稳步发展的时期。就电子战市场而言，随着世界各国对电子战越来越重视，纷纷加大相应的投入，全球电子战市场进入了一个前所未有的活跃期，其规模也越来越大。

2005 年，美军电子战装备技术取得较大发展。空中电子进攻体系规划基本完成，EA-6B 电子战飞机的升级取得重大进展，多种新型电子战装备即将投入使用。随着驻伊美军面临遥控简易爆炸装置的威胁越来越大，美军研制了"魔术师"等多种遥控炸弹干扰装置和侦察设备，并大量部署到伊拉克和阿富汗。美军还计划在伊拉克部署战术定向能武器。未来 10 年美国的电子战市场将达到 285 亿美元。俄罗斯、法国、德国、意大利、以色列、加拿大等国电子战装备技术也取得较大发展，多种舰载、机载综合电子战新装备将投入使用，航天电子侦察能力不断发展。周边国家和地区继续发展侦察监视力量，改进主战平台电子战装备，提高航天侦察能力。

航天领域，电子侦察装备技术不断发展完善，对卫星通信的地面干扰装备已经投入使用，星载干扰装备处于论证试验阶段。近年来美国、俄罗斯关注近地空间（Near-Space）电子战装备技术的开发应用，将其视为未来争夺情报监视侦察（ISR）优势的重要空域。俄罗斯近地空间电子侦察平台的开发取得重大进展，在轨电子侦察卫星已发展到第五代。法国、加拿大、以色列等国都在发展自己的航天电子侦察力量。

航空领域，为新一代战斗机开发的综合电子战装备接近完成，各国不断更新机载自卫电子战装备。面对日益严重的红外制导导弹的威胁，各国注重发展光电对抗装备和拖曳式诱饵，提高飞机的生存能力。美军电子战飞机的升级改造取得很大进展，EA-6B 改进能力Ⅲ飞机即将投入使用。

舰载电子战装备以更新电子战装备，提高综合一体化作战能力为主。近年来各国研制和采购的舰载电子战装备普遍具备较高的综合一体化作战能力。同时，舰船已成为开发定向能武器的重要平台。

地面电子战的进攻能力进一步增强，大量电子对抗侦察装备通过加装干扰装置获得新的进攻力量，新一代地面电子战装备具有较强的电子进攻力量。美国、俄罗斯地面战术定向能武器已进入实用阶段。

地面电子战装备 **无源侦察定位技术取得新进展** 据《国际电子战》2005 年第 4 期报道，无源探测定位系统作为未来对付空中预警机、电子干扰飞机、隐身飞机等高价目标以及其它大功率辐射源的重要电子战手段，一直受到各国重视。捷克在无源侦察技术的发展上具有独到之处，其研制生产的"塔玛拉"(Tamara) 和"维拉" (VERA-E) 系统在无源侦察上处于领先水平。目前捷克正在重建一个无源无线电侦察与电子战营，从 2006 年 1 月 1 日起将作为北约的一个机动防空信号情报单位，增强信号情报侦察力量。

美国洛克希德-马丁公司研制的"寂静哨兵"多基地无源探测系统也是一种性能先进的系统，能跟踪 200 个目标，探测距离可达到 220 公里。俄罗斯也开发了他们自己的无源跟踪系统——"猎户座" (Orion) 系统，其功能类似于捷克的无源侦察站，具有较高的跟踪精度。德国罗克·马诺尔研究公司研制的"手机探测系统"(CELLDAR) 能够利用商用移动电话网络所形成的电磁传输场，对陆上、海上和空中的移动目标进行隐蔽探测、跟踪和识别。世界还有多个国家研制和开发无源侦察系统，其中绝大多数无源侦察跟踪系统都采用了类似捷克系统的到达时差（TDOA）原理。

美军发展多种新型地面电子进攻能力 据美国《电子防御杂志》2005 年 11 月报道，目前，美军已经研制出一系列的地面电子战装备，地面电子进攻能力得到加强。

美海军陆战队即将部署改进型机动式电子战支援系统（MEWSS）和通信辐射源探测与攻击系统（CESAS）。新型机动式电子战支援系统是在原来的系统上增加新型 AN/USQ-146"卢比肯"(Rubicon) II 干扰机，其工作频段为 2 兆赫~2.5 吉赫（包括移动电话的工作频率）。该干扰机将装备美海军陆战队现有的 13 套轻型装甲车载电子战支援系统，现有系统目前正在伊拉克战场上使用，只具备电子战支援能力。除了海军陆战队外，美陆军也将装备"卢比肯"II 型干扰机，并将其作为"预言家 II"电子进攻系统的核心。

美军的"狼群"分布式电子战系统即将投入使用，

它装在一个背包中的6个小罐里。陆军可通过特种部队、无人机、巡航导弹等将系统预先部署到敌人后方，监控30兆赫~20千兆赫的电磁频谱，必要时可对恐怖分子使用的电台或敌方的防空雷达实施干扰。据美国国防高级研究计划局（DARPA）介绍，该系统用于对敌方信号进行定位，精度在10米之内。

美国加速发展陆基战术定向能武器 据《现代军事》2005年第10期报道，美国雷声公司正在开发一种被称作“警惕之鹰”的陆基高能微波武器，用于对付单兵便携式防空导弹对客机的攻击。与在飞机上安装对抗系统的方案相比，部署这种系统的价格将便宜得多。

“警惕之鹰”系统由分布式导弹告警系统、指挥控制计算机和高功率微波放大-发射机构成。导弹告警系统由设置在高大建筑物上的被动红外传感器栅格构成，每次导弹探测至少由2个传感器跟踪测量加以确认，从而降低了系统虚警率；指挥控制计算机位于控制中心，它确定导弹轨迹，向高功率微波发射机发出指向指令；高功率微波放大-发射机继而向导弹发射电磁波，干扰导弹的导引头，使其偏离目标。与此同时，机场安全部队可迅速奔赴指挥与控制计算机计算出的导弹发射点，逮捕袭击者。

雷声公司还在研究安装在卡车上的机动型系统，该系统能迅速部署到新的位置，军用型系统除了能够对付便携式防空导弹外，还能够保护关键的地面目标免遭空地导弹和灵巧炸弹的攻击。

此外，美军将在伊拉克部署定向能武器。美国军方计划2006年在伊拉克和阿富汗地区部署定向能武器，以对付敌对分子。

美军在伊拉克部署简易爆炸装置干扰系统 据《国际电子战》2005年第5期报道，随着美军在伊拉克执行任务时间的延续，简易爆炸装置对驻伊美军构成严重威胁，美国陆军和海军陆战队正在大量分批购买简易爆炸装置（IED）干扰系统，以应对这些威胁。美海军陆战队正在向伊拉克部署1066套“简易爆炸装置对抗设备”(ICE)，并在2006财年预算中追加投资，再增购2500套简易爆炸装置对抗设备。

由于伊拉克武装分子对简易爆炸装置技术进行了改进，迫使美军必须采取相应的改进措施。第一种简易爆炸装置采用的炸弹触发器是低频、低功率遥控装置，如车库门开启器或门铃。“魔术师”和第一种简易爆炸装置对抗设备主要用于对付此类威胁。目前伊拉克武装分子普遍采用了低频、高功率炸弹触发器和高频、高功率炸弹触发器（如手机），所以美军正在对现有系统进行改进，以对付上述这两种威胁。

美国陆军研制新型反辐射导弹导引头 据《现代军事》2005年第3期报道，美国陆军研究人员提出了一种全新的反辐射制导体制，反辐射导弹将采用2种制导模式，而重量和成本增加很少。

目前美国陆军提出的方案，是在主动毫米波雷达导引头的基础上加装反辐射寻的天线和转换单元。反辐射寻的天线将截获敌防空雷达发射的信号传送到转换单元，转换单元将这些信号转换为可由主动毫米波雷达导引头处理的中频频率，这种中频频率经过处理后变为制导信号。这样，一部信号处理器就可同时处理主动和被动雷达信号，使系统具备2种制导模式。这种办法降低了原先采用2种制导模式后导弹重量、体积及成本的增加。

在中段飞行时，导弹采用被动射频制导；在进入最后攻击阶段时，导弹启动主动毫米波制导，进一步确定敌方雷达。即便在敌方雷达关机的情况下，也能引导导弹实施准确攻击。

舰载电子战装备

综合电子战系统成为舰船防御的主要装备 据《国际电子战》2005年第8期报道，近年来，世界很多国家都在下大力量改进和开发舰载综合电子战系统，以适应不断变化的作战环境。舰载综合电子战系统已成为各国使用的重要舰艇防御系统。目前使用的和各大电子战厂商新研制的典型系统包括：1、美国雷声公司的AN/SLQ-32（V）舰载雷达威胁探测、分析和干扰装备系列。该系统有众多改进型和不同的配置，其中最新、功能最强的是包括了“伙伴”(sidekick) 雷达干扰子系统的AN/SLQ-32（V）5。美国许多新建和改进的系统都以SLQ-32A（V）为基础，不断在系统结构和处理技术上进行发展和改进；2、泰利斯英国公司新近研制的Vigile电子支援/电子情报系统将为水面舰艇、潜艇和空中兵力提供快速而可靠的威胁告警和精确的信号情报；3、泰利斯公司生产的“蝾螈”系列舰载多威胁综合干扰系统还出口中东等多个国家。德国EADS防务电子公司正在生产的FL 1800S舰载电子支援侦察/电子干扰系统广泛用于德国海军的舰艇上。以色列艾里斯莱（Elisra）电子系统公司正在生产NS-9003A-V2/NS-9005A-V2一体化海上侦察/干扰设备，拉斐尔公司研制的“鲨鱼”(SHARK) RAN-1101电子对抗系统等已销往世界多个国家。意大利电子公司、南非航空电子设备公司、西班牙安德拉公司等也生产了大量的舰载电子战系统。

美国海军升级舰载电子战系统 据英国《简氏防务周刊》2005年8月3日报道，年初，美海军与通用动力公司签订合同，对 AN/SLQ-32 电子战系统进行升级改造。这次升级将增强小型战舰电子保障能力（由海军研究实验室开发），以及特定信息探测能力、处理能力、网络作战能力和自动显示等，提高作战态势感知。

随后，美海军海上系统司令部已经批准诺斯罗普·格鲁曼公司小批量初始生产电子监视增强（ESE）系统，用于升级改造雷声公司的 AN/SLQ-32（V）电子战系统。

电子监视增强系统作为一个独立的处理单元，替换现役的 SLQ-32（V）系统中的信号处理单元，系统将安装在美海军大多数作战舰艇上。2002 年 6 月，诺斯罗普·格鲁曼公司开始设计电子监视增强系统，并提供保障这种关键自防御能力的技术支持。在贴近海面的雷达脉冲处理方面，吸收了成熟的民用成品技术（COTS）和经验,采用针对未来升级的开放式设计。面对日益复杂的电磁环境，电子监视增强系统增强了对反舰巡航导弹的预警能力。一旦电子监视增强系统安装在一线舰艇上，战舰的自身防御能力将大大提高。

英国提高舰载自卫干扰能力 据英国《简氏防务周刊》2005 年 10 月 26 日报道，英国国防部目前正在开发一个项目，以提高皇家海军“23 型（Type 23）”护卫舰在濒海作战环境中的自卫干扰能力。

该项目称为“海上综合防御辅助套件”(MIDAS）项目，是“23 型”护卫舰能力改进项目的一部分。2005 年 8 月，防御采办局下属的海军电子战综合项目小组要求工业界对“海上综合防御辅助套件”项目进行评估，需求在射频对抗、光电对抗和激光告警/诱饵系统等一个或多个领域开展概念研究的公司。概念研究需要考虑技术的成熟性、舰船装备、作战系统集成、人为因素、系统结构以及所有的用户需求等因素，从而为决策机构提出建议。

皇家海军的软杀伤能力一直以对付雷达和红外威胁为主，目前“23 型”舰船所装备的软杀伤防御设备包括北约的“海蚊”/全套 DHL 系统（发射箔条、红外干扰和有源雷达诱饵炮弹）和全套 DLF (3) 漂浮雷达诱饵。

加拿大研制出新一代舰载电子战支援系统 据《国际电子战》2005 年第 8 期报道，加拿大成功研制新一代舰载电子战支援（ESM）系统，即“加拿大电子战系统-2 (CANEW-2)”。该系统的开发工作已于 2003 年 11 月完成。此前，系统在“魁北克市”号战舰上进行了为期 6 个月的试验，结果证明达到设计指标。CANEWS-1 系统因采用的是 20 年前的计算机技术、存储技术和处理技术，其处理能力受到较大的限制。而 CANEWS-2 系统可以处理所有进入接收系统的脉冲信号。系统通过用智能化技术，可以识别来自辐射源的脉冲是否是新脉冲，只有在新的有用信息进入后才对其进行处理。

澳大利亚开发新型舰载电子战侦察装备 据《国际电子战》2005 年第 8 期报道，BAE 系统公司澳大利亚分公司在 2005 年第 4 季度向澳大利亚皇家海军交付第一套 PRISM Ⅲ电子战支援（ESM）系统，这是新一批 14 套中的第一套。系统将安装在该国海军新型“阿米戴尔”（Armidale）级巡逻艇上。

PRISM 是"无源电子识别系统"的缩语，PRISM Ⅲ电子战支援系统是该系列中的最新型号。PRISM 系统是上世纪 90 年代末开始在澳大利亚皇家海军服役的，安装的平台包括皇家海军的“霍恩”（Huon）级海岸扫雷艇。

PRISM 是一种低成本轻型电子战支援系统，适合于舰载和地面应用，可对工作于 2~18 千兆赫频率范围的雷达辐射信号进行探测、测向、分析和分类，提供态势感知和告警。最初系统是由前 AWA 防御工业公司（现在从属于 BAE 系统公司澳大利亚分公司）为满足该国海军于 1989 年提出的作战要求而研制的。BAE 系统公司澳大利亚分公司还开展了把 PRISM Ⅲ系统与该公司的“纳尔卡”舰外有源诱饵投放器集成的研究工作，用于高价值目标的防御。

机载电子战装备 **机载高功率微波武器取得新发展** 据《简氏防务周刊》2005 年 10 月 12 日报道，美国在巡航导弹和无人机携带使用的微波武器的研制方面取得了较大进展。洛克希德-马丁公司开发一种称为“高功率微波巡航导弹”的武器。这种由巡航导弹携带的高功率武器可破坏敌防空雷达、通信、计算机等电子装备。这种武器最初可以作为一次性攻击使用，随着技术的成熟，可发展到由一架可返航的飞机携带。

美国马丁公司计划批量生产空射弹载型高功率微波武器 4900 枚，用于“联合空地防区外导弹”(JASSM)。“联合空地防区外导弹”的战斗部是一枚高功率微波弹，该导弹能在几十英里外的目标上空爆炸，能使类似 S-400 这样的防空系统的计算机和电路瘫痪，是对付地面和舰载电子武器系统的杀手锏。

其他国家也在大力开发装载于无人机的高功率武器。英国已研制出适用于安装在 BQM-145A 无人机上的高功率武器系统，并已成功完成了样机的试验。德国和法国也在开展无人机用的高功率武器的研究工作。

韩国国防部防务发展局在2005年9月28日致国会国防委员会的一份报告中称，从1999开始，韩国一直在进行电磁脉冲炸弹核心装置设计技术的研究，这项工作将持续到2007年。在2008~2010年将进行空投电磁脉冲炸弹的试验和开发，在2011~2015年进行实战用电磁脉冲炸弹的研制，以后将把电磁脉冲炸弹技术应用到导弹和其他平台。

红外威胁推动机载光电对抗系统的发展 据《国际电子战》2005年第4期报道，红外威胁已经成为飞机面临的头号威胁，为此，各国大力发展机载红外对抗系统。目前的新型导弹告警系统集探测雷达导引头和光电导引头的探测器于一体，能探测雷达制导和红外制导导弹，尤其是从飞机尾部逼近的导弹。

两种典型的光电探测系统是德国EADS公司研制的用于旋转翼飞机的AN/AAR-60导弹逼近告警系统和诺斯罗普·格鲁曼公司研制的AN/AAR-54无源红外导弹告警系统。这两种系统都采用多达6个传感器头，探测导弹的紫外辐射信号。系统与控制防御辅助设备的计算机相连接，并能启动相应的干扰措施。

此外，美国空军加大大型飞机红外对抗系统采购力度，提高大型飞机抗红外导弹的能力。2005年7月，波音公司旗下的麦克唐纳·道格拉斯公司赢得约3125万美元合同，为美国空军15架C-17运输机装备大型飞机红外对抗（LAIRCM）系统。大型飞机红外对抗系统是诺斯罗普·格鲁曼公司的定向红外对抗系统（DIRCM）的改进型。

未来10年美军加大机载电子战装备投入 据英国《防务系统日刊》2005年1月13日报道，美国未来10年电子战系统市场总额将达到285亿美元，大部分为机载电子战装备。国际预测公司最新的“电子战系统市场”分析报告指出，美国防部预计在未来10年里为关键电子战系统提供285亿美元。

美海军的EA-6B及其临时替代型EA-18G和最终替代型电子战飞机F-35“联合攻击战斗机”将得到大部分电子战开发资金。在未来10年里，诺斯罗普·格鲁曼公司将为EA-6B提供81套ALQ-218雷达告警接收机，为EA-18G提供84套雷达告警接收机。其他关键干扰系统包括诺斯罗普·格鲁曼公司的ALQ-99和ALQ-135、ITT公司的ALQ-211、艾尔塔公司的EL/L-8222、BAE系统公司的USQ-113。

报告中提及的雷达告警接收机和电子支持对抗系统包括以色列的EL/L-8300、雷声公司的ALR-67、洛克希德-马丁公司的ALQ-210和BLQ-10以及泰利斯公司的DR-3000。

机载电子战装备在对抗恐怖分子导弹攻击方面的应用也引起了极大关注。报告中提到的关键对抗系统包括BAE系统公司的AAR-57、ALQ-212和战术飞机定向红外干扰系统、诺·格公司的AAQ-24和大型飞机红外干扰系统。大型飞机红外干扰系统用于保护C-17、C-130和KC-135等最大型的军用飞机。

美军采取多种手段发展电子战能力 据《国际电子战》2005年第7期等期刊报道，随着现役EA-6B“徘徊者”电子战飞机退役期限的临近以及电子技术的发展，美军积极研制新的电子战平台和装备，以进一步增强美军的电子战能力。

积极推进B-52防区外干扰机研制。美空军在2005年10月11日公布B-52防区外干扰机（SOJ）改进计划预先研制阶段的主合同商。改进后的B-52防区外干扰机不仅具有远程电子干扰能力，更重要的是具有管理战场中大量机载电子攻击武器的能力。该电子战网络将包括美军现役以及未来电子战平台，如EA-6B、EA-18G以及无人机等。

将“有源电扫描阵列”(AESA）雷达作为电子战武器。有源电扫描阵列雷达不仅能完成对多个目标的扫描、跟踪和导弹制导，而且能在较窄的波段内对敌方雷达、计算机和制导系统等实施干扰。美空军前参谋长江泊证实，空军正在研制有源电扫描阵列这种可以破坏电子系统的武器系统，“如果遭遇地空导弹攻击，有源电扫描阵列可以干扰来袭导弹的电子制导系统。

为无人机加装非动能武器。美国防部正在研制无人机载非动能武器（主要是定向能武器）。无人机使用非动能武器的一大优势是无需机组人员，可以省去防止非动能武器（如定向能武器）对机组人员产生影响而需采取的保护措施，同时也可避免人员受到防空武器杀伤。

EA-18G电子攻击机将为美军带来新的信息战能力 据美国《航空周刊与航天技术》2005年11月14日报道，EA-18G将在2009年投入使用，其未来任务除了对付敌正规部队的雷达和通信设备外，还包括计算机网络攻击和侵入敌通信网络。通过采用一些基于民用标准的无线网络通信技术，可对叛乱分子和恐怖分子实施干扰。

2005年11月，首台用于EA-18G的ALQ-218电子战吊舱接收机和任务计算机运抵装配厂。与目前美海军EA-6B ICAPⅡ所使用的电子战接收机相比，新型接收机的能力提高了约9倍，能在ALQ-218对敌实施干扰时进行信号探测和接收，这是现有的同类接收机无法做到的，这种能力被称为“接收机间断观察”，可使 EA-18G 能在进行电子干扰的同时，保持电子监视和基于射频的无源态势感知。此外，EA-18G 将采用雷声公司的新型通信对抗系统代替原定使用的 USQ-113 (V) 3 通信干扰机。

首架 EA-18G 将于 2006 年 9 月首飞，第 2 架将在 2006 年年底或 2007 年年初首飞，低速初始生产将在 2007 年 4~5 月开始。美海军在未来几年内将采购 54 架 EA-18G，最终目标是购买 90 架（其中 2 架试验机）。

美海军新型 EA-6B“徘徊者”电子战飞机将投入使用 2006 年初，美海军将把装有最新型“改进能力”（ICAP）Ⅲ机载电子攻击系统的 EA-6B“徘徊者”电子战飞机部署到伊拉克和阿富汗战区。

EA-6B 具有电子干扰和发射高速反辐射导弹的能力，是唯一能在陆基和航母上使用的专用电子战飞机，其电磁频谱监视能力以及对雷达和通信设备的干扰能力是任何空中平台无法比拟的。ICAPⅢ系统是 EA-6B 第五代空中电子攻击系统的最新型，在 EA-6B 原有系统的基础上加装了一些新系统，包括 ALQ-218 接收/干扰系统、USQ-113（V）3 综合通信干扰机、Link-16 数据链、新型彩色显示器等。

目前，美军在伊拉克和阿富汗的对手使用的都是商用无线通信系统。按照设计，USQ-113（V）3 将能对这些商用无线通信系统实施攻击。它能发现敌通信网并精确定位，并能窃听敌方通信。ALQ-218 具有更强的电子监视能力，除用于寻找对空导弹和机载雷达外，还能为航母战斗群确认和定位海上不明舰艇。

E-10 机载雷达将具备干扰巡航导弹的能力 据《现代军事》2005 年第 8 期报道，由诺斯罗普·格鲁曼公司和雷声公司共同为 E-10 飞机研制的雷达，正在被秘密设计用于干扰巡航导弹和空空导弹。该雷达为多功能有源电扫描相控阵雷达，能够定位隐身目标，并利用 X 波段雷达聚焦波束来干扰这些目标的电子系统，使其偏离航线。多功能有源电扫描相控阵雷达的成功开发，模糊了雷达、电子战和导弹防御之间的界限，可以实现雷达、电子战和导弹防御的一体化。

机载多功能有源电扫描相控阵雷达的主要任务是精确的目标瞄准，它的波束需要聚焦得很窄，天线增益大，干扰距离较远。美空军过去只关注 E-10 对类似巡航导弹的小型隐身目标的定位和瞄准能力，现在已经认识到并明确提出，E-10 具有类似“武器”的能力，是防御巡航导弹的重要节点。

此外，驻阿拉斯加州艾尔蒙多夫空军基地的 F-15C 飞机使用的 APG-65 (V) 2 有源电扫描阵雷达也具有干扰能力。新雷达由成百上千个收/发模块组成，可以完成对多个目标的扫描和跟踪，还能对敌方雷达实施干扰，具备“准”进攻能力。有源电扫描阵雷达还将安装在 F/A-18E/F“超级大黄蜂”、F/A-22 以及 F-35“联合攻击战斗机”上。

航天电子战装备

美、俄、以等国研制近地空间飞行器 据《现代军事》2005 年第 9 期等期刊报道，2005 年 2 月 4~11 日，美国空军在内华达州内利斯空军基地秘密实施的“施里弗-3”演习中首次将近地空间飞行器引入演习。美空军认为，近地空间这一新的空域既不属于航天的范畴，也不属于航空的范畴，对于信号情报收集和监视以及通信保障有很广阔的发展前景。近地空间飞行器既能比卫星提供更多更精确的信息，又能比通常的航空器减少遭受地面攻击的机会。

近地空间飞行器有多种，包括平流层太阳能无人机、平流层飞艇、自由浮动气球和遥控滑翔飞行器等。据透露，美空军已确定了“近地空间”飞行器的 10 个应用方向，包括在全球定位系统 (GPS) 的协助下实施跟踪、侦察和情报搜集等。美空军正在研究用气球或飞艇近地空间进行通信及情报收集。气球和软式小型飞船的最大优点，在于它们在高空停留的时间要比飞机长的多，可提供一个停留数天甚至数周的通信监视平台。近地空间飞船将可拍摄比卫星更加清晰的照片。如果装备了通信窃听装置，近地空间飞船就可进行信号情报侦察，侦收到电子侦察卫星不能监听到的低功率传输信号。

俄罗斯在近地空间飞行器的开发也取得重大进展，研制的飞艇即将投入情报侦察和通信中继等军事运用。以色列也在该领域做了大量的研究开发工作。

美国加强空间对抗部队建设 据《电子对抗情报》2005 年第 5 期报道，2000 年 5 月 9 日，美国空军参谋长和空军部长联合签发了《航空航天部队：保卫 21 世纪美国》白皮书，强调美空军将由现在的以空战为主转变为既可实施空战又可进行空间作战的“航空航天一体化”空军。在随后的几年里，美空军创办了空间作战学院，并建立了两个新的作战中队——第 76 太空控制中队和第 527 太空入侵中队，颁布《空间对抗作战条令》，首次以法规性文件的形式规范了空间对抗作战。

美空军第 21 空间联队是目前真正担负作战任务的空间对抗部队，主要执行轨道监视、导弹告警和空间控制等任务，保护卫星、地面站和地球空间信号链路，必要时，还可以采取攻击性行动，阻止敌人利用空间资源，包括对空间的 8500 多个目标进行跟踪与编目（由第 1 空间控制中队负责）；空间态势感知（SSA）；防御性空间对抗；进攻性空间对抗。

此外，经过多年的研究以后，美国国防部决定加大资金和技术的投入，在关键的航天系统上加装自卫干扰设备作为基本的电子战装备。在进攻性的空间对抗领域，美空军的两种进攻性的空间对抗系统——反监视侦察系统（CSRS）和通信对抗系统（CCS）即将投入使用。美国空军航天司令部第 76 空间控制中队已经接收了通信对抗系统，战区指挥官可利用该系统实施电子干扰，阻塞敌方的卫星通信，使敌方在实施指挥控制和进行防空作战的关键时候暂时失去空间通信能力。即将装备美国陆军和空军的反监视侦察系统，其作用与反通信系统类似。

法国发展航天电子情报侦察力量 据《国际电子战》2005 年第 9 期报道，随着美国、俄罗斯等航天大国航天侦察力量不断发展完善，近年来，法国空间预算逐年增加，多项空间军事发展计划陆续出台，涉及航天电子侦察等多个方面。目前正在开发一种新型的天基电子情报（ELINT）技术演示系统来帮助判断未来作战需求。

电子情报项目是法国军事采办局与法国航天局之间的第二个信号情报合资项目。2004 年 12 月，他们发射了一个由 4 颗微型卫星组成的系统，名为“蜂群”（Essaim）通信情报侦察系统。目前这些卫星已完成了在轨检测。“蜂群”侦察系统的工作频段在通信情报的低波段频域。

在航天器方面，电子情报系统与“蜂群”非常相似。它也将采用 4 颗与“蜂群”一样的 Myriade 微型卫星，每颗卫星重约 120 公斤。航天器相隔数公里编队飞行。卫星在太阳同步轨道上间隔飞行，提供几百公里长的覆盖区。电子情报卫星采用到达时差技术体制，提供较高的辐射源位置精度。

法国政府希望在 2009 年第 3 季度发射卫星，随后开始三年期的在轨信号探索利用阶段。除了电子情报系统的技术评估，法国军方还将进行作战试验以确认他们的需求。

（全寿文）

后 勤 装 备

综述 2005 年，世界各国和地区军队后勤科技装备的发展主要有以下几个特点：一是适应信息化战争后勤保障的需要，进一步加大信息化后勤装备和指挥管理信息系统的开发力度。如美军积极推进移动跟踪系统和射频识别标签的应用，大力建设后勤通信网络，新开发出基于网络的后勤系统原型和维修者远程后勤网，并为全球作战保障系统集成新的功能；二是重视后勤装备的标准化、通用化和模块化建设，在节约成本、提高效益的同时，满足联合作战后勤保障的多样化需求。如美军正在研制的新型"斯马"卡车就包括了一系列可以装载到任何车辆上的模块化部件，便于战时根据需要快速改装。而未来战术卡车系统则将美军所有现役卡车最终简化为两种通用车型；三是注重提高后勤装备的机动性能，尤其是战略海、空运能力，为应急机动作战提供快速直达的后勤补给。如俄国新研制的图-330VT 中型运输机载重量大、巡航速度快、航程远，非常适合执行战略空运任务。英国国防部也提出为期 27 年的"未来战略运输机"开发计划；四是采用各种先进的防护技术和设备，努力提升后勤装备的战场生存能力。许多国家的军队普遍为战场上的地面运输车辆加装了防护装甲，有的还安装了核生化防护及检测装置。

军需装备 2005 年，美、英、日等国军队在积极改进现役单兵装备的同时竞相研发新型单兵装备，主要的发展趋势可归纳为以下几点：普遍重视士兵系统的开发，大力发展信息化单兵装备系统；通过综合技术集成，全面增强单兵装备的防护性能；加大新材料、新技术在军需装备领域的应用力度。

美陆军装备高级作战头盔 据《外军军需信息》2005 年第 3 期报道，美陆军已开始正式装备高级作战头盔（ACH），用于替代现役的 PASGT 头盔。ACH 头盔采用新型凯夫拉材料，具备更有效的防弹和防钝击性能。试验结果表明，ACH 头盔可近距离防 9 毫米子弹贯穿。作为一个头戴式平台，该头盔与现已列装的夜视仪、通信装置、防核生化装备等兼容良好。与 PASGT 头盔相比，ACH 头盔要稍小一点，重量减轻了 1.6 公斤。保持/悬挂系统提供了卓越的平衡性、稳定性和舒适性。头盔的衬垫悬挂系统提供了全作战环境

(包括战术空降行动) 下优异的抗冲击性能。此外，该头盔还为士兵提供了最大程度的感官能力。包括更加宽广、无障碍的视野范围以及对周围环境的听觉感知。美陆军决定在 2007 年前装备 84 万顶 ACH 头盔。

美陆军开发新型轻型防弹材料 据《外军军需信息》2005 年第 2 期报道，美军纳蒂克士兵中心防弹技术组新研制出一种代号为“M5”纤维的防弹材料。这种纤维在紫外线、高温和高湿的环境下防弹性能均不会减弱。它比以往的纤维强度高，并且具有适度的伸缩性，制成的布料便于裁剪。M5 纤维采用极其细密的纺织技术，能有效阻止高速袭来的子弹穿过。试验表明，用 M5 纤维制成的“拦截者”防弹衣，其防弹性能可达到用凯夫拉纤维制成的“拦截者”防弹衣的 3 倍。因此，该材料非常适合于制作头盔、防弹背心以及轻武器射击防护片，甚至可作为车辆和飞机的结构复合材料。此外，M5 纤维还具有防火阻燃性，其燃点比“诺梅克斯”(一种芳香族聚酰胺) 还高，即便燃烧也不会像尼龙那样融化，因此不会造成重度烧伤。这一特性使 M5 纤维还可用作对耐热性能要求很高的飞行服材料。

美军防化服材料取得新突破 据《后勤科技装备》杂志 2005 年第 2 期报道，美军纳蒂克士兵研究中心化学技术组新研制出一种可选择的渗透性薄膜，简称 SPM。该材料最大的特点是在孔径设计方面具备了在分子层次上筛选各种物质的功能。其孔径的大小仅能透过水蒸气而不会透过毒气。此外，SPM 还可阻止化学物质、液体以及空气中的浮游颗粒通过，甚至能阻止细菌和病毒的侵入。上述特性使得由该材料制成的防化服不仅具备很好的防护性能，而且穿着透气舒适。美军将采用这种全新 SPM 材料制成的防化服命名为 CBDU。该防化服耐用性强，无论洗涤多少次，其防化性能都不会减退。而且，仅靠外层材料就可对毒气进行有效的阻隔，省去了以往防化服笨重的活性炭吸附层，大大减轻了防化服的重量。目前，纳蒂克士兵研究中心已制作了 100 件 CBDU 样品，正在进行评估实验，将来有可能应用在美军“未来部队勇士”(FFW) 的服装系统中。

美军研制出改进型货盘式临时厨房 据美国《勇士》杂志 2005 年 1~2 月号报道，美军纳蒂克士兵中心成功研制出改进型单货盘式临时厨房 (SPEK)，使之具备加工生鲜 A 口粮的能力。与第一代 SPEK 相比，改进型 SPEK 有以下变化：一是饮食保障能力提高。热食加工能力由原来每天 300 人份的西餐，提高到每天 550 人份的两餐热食，每次制作时间不超过 2 小时；二是新增了一些制作生鲜口粮的设备。如烤盘、对流烤炉以及无压力蒸锅。除水、燃油和口粮以外的所用设备均装在可空运货盘上，货盘总容量为 463 升，可由 C-130 运送；三是供电能力提高，发电功率由 2 千瓦增至 5 千瓦；四是洗消中心结构更加紧凑，便于展收；五是升级了地板。新地板不仅防滑性能好，且重量减轻，缓冲性能好，边缘光滑。此外，改进型 SPEK 的一个突出优点是可通过温度调节装置调节食品烘烤温度，使烤盘烤出的食物表面色泽一致。

美军将脱氧技术应用于军用口粮 据《外军军需信息》2005 年第 6 期报道，美军纳蒂克士兵中心成功地将脱氧技术应用于军用口粮，大大增加了菜单的品种，使其朝着多样性方向发展。由于在包装中新使用了袋装脱氧剂，许多 MRE 食品的保存期限都达到了三年之久。脱氧袋中装满了以铁为基础的合成物，通过改变包装袋中的空气含量，降低袋中残留氧气的含量，从而阻止有害细菌和霉菌的生长，防止食品变质。脱氧剂与特殊的产品形式、阻隔包装材料（通常包括一层箔）结合，使得多种包装食品的保存期限在 26.8 摄氏度下可达三年，在 33.5 摄氏度下达到六个月。美军在 MRE 的面包、小吃、汉堡包、核仁巧克力饼和其他食品中都采用了独立包装的脱氧袋。目前，美军还在致力于开发一种新型薄膜结构包装，来代替现在使用的脱氧袋。这种薄膜包装的脱氧技术存在以下几个优势：可消除食品的变形，简化包装，降低成本并可用于主菜高温杀菌。

美海军推出野战口粮的新餐谱 据美国《勇士》杂志 2005 年 3~4 月号报道，为降低炊事人员的劳动强度和野战口粮的成本，美军纳蒂克士兵中心作战给养部为海军研制出新式预制袋装口粮，该口粮有 21 天的餐谱，深受海军欢迎。新餐谱采用预制食品，在保持食品原有口感的基础上，大大节约了烹饪时间，而且降低了制作前食品的受污染机会。新餐谱的主要优势在于：与生鲜食品相比，预制食品所占空间小，储存量增加，每只舰船可一次性储存 60 天的口粮；新餐谱可将主供商的供应品种从 1500 多个减至 600 个，大大提高饮食保障效率；新餐谱可减少舰船对煎炸器皿的使用、维修和保养。

日军计划研制新型士兵系统 据《简氏防务周刊》2005 年 2 月 23 日报道，日本防卫厅计划从 2005 财年开始研发与美陆军“陆地勇士”系统相似的单兵作战系统。该项目被称为“下一代近战信息共享研究”。研究工作分两个阶段进行，第一阶段从 2005 年到 2007 年，包括基本技术和软件的研发，以及部件选择和防弹衣的设计。第二阶段从 2007 年到 2008 年，包括子系统、防弹衣样品生产和系统集成。该系统将为单兵提供高水平的作战能力、个人防护以及指挥、控制和通信能力。按照设想，该系统将集成若干电子系统。其中包括带有头盔显示器、视频照相机和基于现役 Type88 式作战头盔的 GPS 集成头盔，此外还包括敌我识别系统、轻型防弹衣和下一代夜视系统。其他设备包括数字地图系统、网络软件和带有红外传感器及激光测距仪的单兵武器。

德军提出“未来步兵”系统现代化方案 据《简氏国际防务评论》2005 年 1 月刊报道，德军计划从国防电子中心采购全新的现代化士兵系统——“未来步兵”（IDZ）。该系统的设计理念在于最大程度地提高士兵的机动能力、防护能力和作战效能，尤其是夜战效能。IDZ 系统以“10 人班”为基本作战单元，班里的每个士兵都装备有防弹背心、单兵携行系统、班用无线电台、导航装置、头盔系统、"驼峰"饮水系统、耳塞、带手套和鞋套的核生化防护服、辐射测量仪、“维可多 IV”激光测距机、激光模块、成像增强瞄准具、NSA80 夜视仪等。除此以外的其他装备则采用分级使用的模块化概念，在班内有选择地配备并相互补充。IDZ 系统的防弹衣采用了先进的轻型材料，仅重 10.2 公斤，能抵御 9×19 铅弹和 7.62×51 穿甲弹的攻击，在增强士兵生存能力的同时大大减轻了士兵的负荷。

英军开发出“未来一体化士兵技术”系统样品 据《外军军需信息》2005 年第 5 期报道，英军已开发出“未来一体化士兵技术”（FIST）系统的样品，并在夜间巡逻、野战防御和城区突击等作战行动中进行了试验和评估。目前，英国国防部正加速该系统的研制工作，积极打造英军的“未来士兵”系统。该系统包括无线电台、计算机、GPS、武器瞄准具和摄像仪等各种先进技术装备。所有装备无缝链接，构成一个综合的士兵系统。在防护方面，该系统从钢盔、战斗服到作战靴都非常柔软、轻便、结实，全套以迷彩色作伪装，面料由最新合成纺织材料制成，具有耐用、隔热、柔韧性强等特点。该系统配备的是一种新型头盔，装配数字化目镜，其可视数据包括测距数字、温度、红外线目标搜寻、友军位置等。按照计划，英陆军部队将在 2009 年以前配备 2.9 万套 FIST 系统。

意大利陆军接收首批未来士兵系统演示样机 据英国《简氏防务评论》2005 年 6 月报道，由西莱尼亚通信公司牵头的研发小组已为意大利陆军研制出“未来士兵系统”技术演示样机。首套完整样机将于 2005 年底交付部队，该系统预计 2008 年正式列装。西莱尼亚公司负责系统的指挥控制（C^2）子系统和通信子系统，后者包括班级领队和个人任务无线电以及装有生物传感器的防噪音变频耳机。C^2 子系统以中央计算机为基础，同时安装战术分析、数字地图显示、GPS 导航、通信管理和士兵健康状态监视等软件。未来士兵系统的电源将采用新型燃料电池。该系统的作战和防护服子系统采用 3 层防护服，最里层具有散热和抗菌功能，中间层为环境绝缘层，最外层具有气候、火力和核生化防护功能。此外，子系统还在作战服和模块化防弹衣上安装了抽取式装甲板。系统中的模块化头盔将为士兵提供弹道防护，头盔上包括麦克和耳机系统，可与防毒面具兼容。

捷克陆军公布其未来士兵系统细节 据英国《简氏防务周刊》2005 年 7 月 20 日报道，捷克陆军最近公布了其“21 世纪士兵系统”的设计细节，计划于 2008 年前装备子系统，2012 年具备完全战备能力。该项目由 UTUM 斯拉夫国防研究所和捷克陆军共同研制，是捷克陆军“网络中心战”战略的关键部分，目的是使配备该系统的士兵承担射手和传感器的双重任务，从而构成 C^4I 网络的一部分。研发的重点是将新型武器系统集成到便携式组件中。该系统将采用模块化结构，包括光电技术、激光测距仪、GPS 导航、通信装备、伪装、弹道防护、核生化防护和电源系统等。为加快项目进度和降低成本，捷克陆军打算采购一些现成的商用部件，如捷克 Meopta 电子厂正在研制的头盔面罩显示系统等。

（米　洋）

卫生装备 2005 年美、英、法等国军队卫生装备的发展有以下几个特点：一是继续注重数字化远程医疗系统的研制和应用；二是积极研发战场快速反应医疗单元；三是重视野战救治装备的发展。

美军研制出前方展开式数字化医疗救治系统 据《卫生装备动态》2005 年第 1 期报道，美军已研制出"前方展开式数字化医疗救治系统"（FDDMTF）。该研究项目是由陆军信息战司令部战斗实验室负责开发的，目前已在美军第 339 医院部署应用。该系统运用新兴的先进医疗技术、数字化信息科学和无线通信，实现了远程医疗，可为反恐行动和本土防卫作战行动提供轻型、无线、数字化的前方手术、医疗、住院收容保障。FDDMTF 可完成全天候伤员集中、急救、卫勤指挥与控制、预防医学、伤员复苏与伤情稳定、有限的一般手术和整形手术、紧急处置和最初处置等医疗救护工作。该系统采用了无线局域网、战区医疗信息系统、美陆军战士信息网络中的旅远程用户系统和陆军研究实验室开发的保密无线机动特别网络。FDDMTF采用的医疗救治装备包括微型生命指征监视器、“麦哲伦”轻型麻醉机、“瓦里安”数字化X线系统、轻型便携式X线机、“麦哲伦”-2200型麻醉机、通风设备和吸引器。

美军研制出装甲机动外科医院 据《卫生装备动态》2005年第7期报道，美军的装甲机动外科医院（AMSH）是一种高强度战场的快速反应医疗单元，特别适用于由于天气和炮火原因不能空运伤员的战场环境。该医疗单元可为伤员提供较舒适的医疗环境，最多可同时为6名伤员提供医疗救治。该单元可在10分钟内撤收完毕，在化学武器和生物武器攻击下，能够为医护人员和伤病员提供安全防护。在低强度冲突中，可作为临时外科门诊机构，通过自带的卫星通信设备与后方的专家建立远程医疗。美军装甲机动外科医院内配有病理实验室、微型毒理实验室和全生命支持系统。主要参数：防御系数33.88，重121.3吨，乘员2名，速度48公里/小时，续驶里程400公里，装甲等级10/20/30，钢板厚度为100毫米，传感范围1公里，通信范围20公里+（卫星通信系统），火控等级为-3（无武器），病理实验室等级为2级。

美军计划研制战地机器人外科医生 据《卫生装备动态》2005年第4期报道，美国五角大楼与美国SRI国际公司签订了一个为期两年的合作项目，旨在研制高质量的远程遥控的“战地机器人外科医生”，预计2007年后投入战场使用。该计划被视为美国政府在5年前批准的“达芬奇外科手术系统”的延伸项目。此种“战地机器人外科医生”将用于市区、危险地域和生化战剂污染地域，具有灵活、敏捷、适应性强等特点，战场上能出色完成伤情鉴别、外科手术和伤员后送等任务。工作过程是：首先，全自动机械手臂将伤员搬运到配备有纱布、药品和其它必需品的伤员救护舱中；第二步，机器人外科医生对伤员实施输氧和全身扫描，进行信息处理，为后方外科医生分类治疗作好准备；第三步，后方外科医生通过远程遥控装置指挥机器人外科医生进行必要的救治工作，如开刀、伤口缝合等；最后，医疗后送直升机将装有伤员的救护舱吊运至野战医院，使伤员接受进一步后续治疗。此种“机器人外科医生”体型较小，可在军用车辆或直升机上完成手术，确保及时救治伤员。在危险区域，救护车上的医护人员无需下车或靠近伤员就能将伤员搬运到车上，大大降低了医护人员的危险性。但该项目的最终实现需要逾越的一大障碍是如何使“机器人外科医生”近距离上战场，并最大程度地接近作战士兵。

美军装备新型便携式超声波成像装置 据《卫生装备动态》2005年第4期报道，美国防部与西北太平洋国家实验室共同研制出便携式医学超声波三维成像装置。该装置十分轻便、高效，适用于抢救危重伤病员。目前，已应用于美陆军212机动野战医院，并完成了进一步的改进。该装置重约43公斤，包括一台计算机、一个改进型日立牌标准超声波系统和弗朗豪尔研究所开发的软件，可用背包携带，用120伏交流电或蓄电池驱动。战场医务人员用该装置对伤病员进行三维扫描，可迅速获取各种伤病信息，如内出血、器官损伤或穿透伤的实时可视化信息。该装置操作简单，一名医师只需几分钟的训练就可熟练使用。扫描后，图像首先以3D形式储存到数据库中，然后用一个模拟超声波探针再次扫描3D数据库，扫描后获取的图像可通过远程医疗网或英特网传输给全球的医疗专家，专家依据这些图像进行远程会诊，最后将会诊结果传回战地医务人员。

美军研制新式急救担架 据《军事医学动态》2005年第7期报道，美军正在研制两种新式担架，分别是充气式伤员运输架和充气式战伤担架，均采用优质材料，可在各种复杂环境下快速有效地运送伤病员。这两种担架的共同特点是：重量轻，不足4.5公斤；体积小，未展开前不足0.03立方米；可重复使用，能数百次充气和放气，可靠性强；稳定性好，尼龙固定带将伤员牢牢地固定在担架上；便于除去沾染，表面光滑，不吸附任何沾染物；适合放射检查，无任何金属物体；刚性好，充气后不会弯曲，载荷量为125公斤；通用性好，包装科学，其包装对不良环境有防护作用，60秒内即可展开使用；编织工艺新颖，采用类似充气式小划子和冲浪板的漏针花纹编织法。充气式伤员运输架长1.98米、宽0.5米、高0.076米、重3.9公斤。担架上的伤员可直接送到手术室，避免因搬运造成二次损伤。充气式战伤担架长1.98米、宽0.74米、高0.076米、重4.3公斤。

瑞典开发出增强型防化医院帐篷系统 据《卫生装备动态》2005年第6期报道，瑞典开发出Trell Tent (r)增强型防化医院帐篷系统。该系统是一种通用的可快速展开并可充气的帐篷和掩蔽所系统，可用于各种气候条件下的伤员救治或洗消，还可为帐篷内人员提供致密的集体防护，防护时间超过24小时。该系统重量轻，折叠后体积小，运输方便，可在不降低防护效能的情况下相互连接。支帐篷的时间只需4~5分钟，如需在一个新地方搭建帐篷，不到1小时帐篷医院即可运转。该系统由高压鼓风机、脚踏泵、压缩空气组件和充气组件等搭建而成。每个拱形结构为一个闭合单元，带有一个防扩散可移动的内部通道，结构十分坚固，并能抵抗风雪。地板、顶棚、墙壁、门窗都统一焊接在一起，形成一个一体化单元，帐篷内唯一松弛的部分是拱形结构之间的可分离垫圈。由于门和帐篷焊接在一起，因此立起的帐篷搬运起来十分方便。防化帐篷采用一种自动熄灭的阻燃合成材料制作，双面均涂有聚氯乙烯（PVC）混合纤维，易于保持清洁，既结实又防火，其标准颜色分为军用迷彩色和民用的黄色，顶棚为浅绿色。帐篷缝制和焊接的接口密封性好，每个开口处都有坚固的拉锁。每个帐篷设有2个或4个带拉链的入口和采光窗户。每扇门都可牢牢卷起，由透明塑料制作的巨型窗户保证了充足的采光，夏天还可用蚊帐固定窗户。该系统内安装有防滑、可移动内置地板，该地板由涂有PVC的织物制成，不仅耐磨而且易于清洗。标准单元组合成1个、2个或3个部分，可门对门地合并成更大的单元。连接通道可将单元连接在一起，也可以把一个单元连接到车辆上或另一个帐篷上。帐篷共有4种不同的型号，两种普通型包装起来约重180~200公斤，一种轻型的仅重90公斤。一顶防化帐篷长7.25米，宽5.2米，最高处达2.6米，占地面积为38平方米。帐篷的过滤装置由鼓风装置、压缩机、粒子过滤器和一个活性炭型过滤器组成。

油料装备　2005年美、俄等国军队油料装备的发展主要有以下几个特点：一是进一步提高油料输转速度和供油能力，继续发展快速机动的野战油料保障装备；二是积极研发两栖油料装备，提高两栖作战的前期油料保障效率；三是大力采用自动化信息技术，实现油料运补的实时管理和监控；四是注重优质低耗油品的研制开发和推广使用。

美军研发新型流体输转系统　据《油料科技情报》2005年第15期报道，美军正在研制一种新型、高速机动的流体输转系统（RIFTS），它比现行陆军管线的铺设速度快4~6倍，且需要的人员和车辆也少，能够在管控中心指挥管线输油作业，遥控检测管线泄漏。美国西南研究院已研制出一套该系统的样机，由可折叠高压软管、铺设和撤收装置或软管卷盘、自动化泵站、指挥和控制模块以及计算机泄漏检测系统组成。软管的内径最小为150毫米，能够扁平盘卷在软管卷盘上，每节管子长150米，可使用快速接头进行连接，并配有野外修理用的临时堵头。软管铺设和撤收装置由高机动重型战术车辆运载，仅需要三名操作人员，每小时可铺设1.6公里以上软管，每天可铺设30公里以上的软管线并可撤收16公里。根据地形变化，约每16公里设置3个泵站，每天可输送约20万升的油料。快速安装的流体输转系统每套长80公里，多套连接在一起可延伸几百公里长。该系统工作温度为-6~45摄氏度，可在海拔3000米以上高度使用。由西南研究院研制的指挥控制模块（包括系统管理和泄漏检测），安装在一辆高机动多轮驱动车上。它通过无线数字通信网络控制自动化泵站的所有功能，实现遥控管理，并为操作人员提供用户图形界面。该模块采用抗震便携计算机，配有触摸式平板显示器。依靠该模块，泵站管理人员能够实时操纵和精确控制一套80.47公里长管线的各个泵站。

美军研制M1091机动战术运加油车　据《油料科技情报》2005年第20期报道，美军在机动战术车辆的基础上开发出M1091（6×6）运加油车，用于战场油料保障。目前该车仍处于研制改进阶段。该车的油罐由带内隔板的304不锈钢制成，能运输5679.3升油料。它是一个自支撑单元，由泵和控制模块、软管、卷盘、分发加油枪、计量工具、油料液面指示器、过滤器和一个与浅发光水取样工具一起使用的取样探针等组件组成。车载泵带有控制器，能中断分发以防止意外漏油。该运加油车可对所有美国陆军飞机、直升机以及履带和轮式车辆实施油料勤务保障。能以2271.7升/分的速度从美军所有油料分发系统（包括底部装载）进行再装载，自装载能力为757.2升/分。另外，该车还拥有一台24伏直流、电动泵提供后备泵送能力。卷盘分为气动自绕卷盘和静电接地卷盘。泵和控制模块包括一个控制阀关闭时能自动控制的止回阀和一个失火时能熔化和自动封闭的紧急控制电缆。驾驶室内安装有紧急油料关闭控制装置。加油枪上装有改进的新型2.5厘米自动式凹形快速拆分装置。

美军研发油料质量分析系统　据《油料科技情报》2005年第20期报道，美军正在进行油料质量分析系统（PQAS）的研制。该系统是一套高机动油料化验单元，由高机动多用途轮式车辆搭载，可在战区内独立操作，并具有通信能力。可对多种来源的油料进行化验，若油料被确认有问题，该系统会自动提出调整措施，使油料达到适于使用的范围。用户和装备误操作时系统具有自诊断、自校准能力。该系统可在前方保障营或战场展开，在多种气候条件下进行作业（储存温度-1~60摄氏度，作业温度-7~45摄氏度），并且可由所有空中和地面货运装备运输。系统总长2.6米，宽2.3米，展开高度1.7米，自重1.5吨，装备总重

4.2 吨。该系统主要由下列部分构成：基础单元、车载废物储存箱、辅助动力、分析仪器子系统、方舱构造（3.0×4.3 米）、环境控制单元和通信装备。系统可在 30 分钟内开始作业，可靠性强，维修率低。系统的模块操作程序兼容性为 4。在高机动多用途轮式车车载计算机上备有油料化验和分析数据获取仪，由一名油料化验员操作，可进行柴油和航空煤油质量化验。

俄军配备 ПЬД–Л 夏季用安全耐火柴油　据《军需物资油料》2005 年第 5 期报道，俄军已研制成功 ПЬД–Л 夏季用安全耐火柴油并交付部队使用。这种柴油的耐火原理是水在蒸发时吸收大量热量，形成的水蒸气会阻止空气中的氧气接近燃烧物体，从而中断燃烧过程，同时水蒸气能够将热量迅速从燃烧物体表面带走。该柴油是一种高稳定性的水油微量乳浊液混合物，其成分为：普通夏用柴油（77%）、水（15%）和乳化剂（8%）。ПЬД–Л 柴油在多次对发动机油箱的射击和弹道试验中都表现出了很高的耐火抗爆安全性和良好的使用性能，不但在偶然接触到火花时不会燃烧，就是在战车或装备的油箱被打中时也不会起火爆炸。该柴油不但解决了长期困扰坦克等装备车辆的致命的油箱安全问题，大大提高了各种军用、专用和民用车辆生存能力，而且还可以减少车辆或装备废气的排放量和毒性。目前俄军还在积极研制冬季用耐火安全柴油 ПЬД–З。

俄军研制出管线复合应急连接器材料　据《油料科技情报》2005 年第 1 期报道，在众多的管线修理方法中，俄军大力倡导使用复合应急连接器技术，即在无需停止输油的情况下在管线患处安装焊接的全覆盖钢制应急连接器进行修理。为此，俄罗斯科学院物理化学研究所发明了用于复合应急连接器的复合材料——环氧树脂化合物和聚乙醚树脂密封胶。前者可以经受主管线的 10000 个形变周期和与管钢的屈服点相一致的力，在管子与连接器之间的缝隙为最大或最小时都不会自行损坏，也不会从管子的外表面和连接器的内表面脱落。将使用了上述材料的复合应急连接器安装在带有各种缺陷的罐子上进行试验，结果表明这种修理方法具备很高的可靠性，能很好地恢复各种创伤管线的工作性能，而且使用新型复合材料和工艺后，1 米（直径 1.2 米）管线的修理成本比原来降低 16000 卢布（约合 557.9 美元）。现在研究所又在继续研制新的用于零下温度和水下条件（高湿度环境）管线修理的复合材料。

（姚红霞）

野营装备　2005 年美、英等国军队野营装备的发展趋势主要集中在以下几个方面：一是重视野营装备的机动性和扩展能力，不断向体积小、重量轻的方向发展；二是民用技术向军用技术转化，进一步改进野营装备的通用性和实用性；三是注重对各种高新技术的综合集成，最大限度地降低成本和节省人力。

美陆军装备新一代伪装网　据法国《航宇防务》2005 年 10 月 21 日报道，美军向萨伯“梭鱼”（Barracuda）液面控制（LLC）公司订购了一种"超轻伪装网系统"（ULCANS）。该系统按设计可用于林地和沙漠环境，美陆军目前正对其进行试验，计划用它来取代现役伪装网。自 1997 年以来，萨伯公司就成为美陆军唯一的 ULCANS 供应商。新一代伪装网可提供多频谱防护能力，能够有效对抗可见光、近红外、热红外雷达探测与目标捕获设备。

美国研制出小型燃料电池　据美国《国防》杂志 2005 年 11 月号报道，美国“超级电池”（Ultra cell）公司研制出一种书本大小的燃料电池，能给行军中的士兵持续提供 25 瓦电力。这种基于高浓缩甲醇的小型燃料电池重 40 盎司（约 1.13 公斤），由燃料处理系统、燃料电池组、控制系统、电力平衡系统和易拆套架组成，操作十分简单，只需按一下按钮，即可提供电能。

美军研制出便携式净水器　据美国《国防》杂志 2005 年 11 月号报道，美国新奥尔良“迈克”（MECO）公司开发出一种新型便携式净水器，能从海水、微咸水、泥水以及核生化污染水中生产饮用水。该净水器操作简便，一名士兵即可操作，能在 45 分钟内持续为部队提供饮用水。该系统便于用轻型战术卡车和直升机运输，也可用 C–130 运输机实施空投。美陆军坦克、机动车与军械司令部已经订购了这种新产品。

美陆军研究野战厨房废水过滤技术　据美国《勇士》杂志 2005 年 1~2 月号报道，美陆军纳蒂克士兵系统中心正在开展"废水补救和再利用"研究，以使野战厨房中清洗过食物和碗碟的肥皂水可用作其他用途，从而大大节约野战用水，减轻战场供水部队的负担。目前，该中心作战供食委员会的设备和能源技术组开始对“超过滤”和“蒸汽压缩蒸馏”两种技术进行研究试验。两种程序都采用商业过滤器对悬浮固体进行预过滤，该过滤器具备低维护或免维护的优点，操作方便。通过对过滤前后的水质进行取样分析，结果表明 85~90%的灰水可被回收，剩余 10~15%的沉淀物可回程运输。过滤器的渗透率为 56.8~75.7 升/小时，足够在下一餐开始前完成回收，这种餐间回收方式可平衡发动机的需求。

美军研制出袖珍净水消毒剂生成装置 据美国国防部官方网站2005年1月3日报道，美海军与多家机构联合研制出了可破坏生物、化学战剂的袖珍型净水消毒剂生成装置。该装置是在民用MIOX净水消毒剂生成器的基础上，将其小型化而制成的。其体积只有重点标注笔大小，重量只有3.5盎司（0.099公斤），便于单兵携带。该装置的工作原理是：利用两块照像电池提供的电力将盐水转换成一种混合氧化液（30秒之内就可产生2毫升），士兵在喝水前将氧化液注入其携带的水中就可进行消毒。试验表明，几乎任何类型的盐都适用于该装置。不管在何地，士兵每次都可用这种装置净化0.5~4升的水。与用碘或氯片消毒不同的是，使用该消毒剂时只要剂量得当，消毒后的水口感极佳。每个净水消毒剂生成器提供的消毒剂足以在30分钟内使189升的水净化成可饮用水。

美陆军开发出用于太阳能发电的纳米光电薄膜 据美国《国防》杂志2005年10月号报道，美陆军纳蒂克士兵系统中心正在开发利用太阳能发电的蓄电池充电器和太阳能帆板样机，其中的关键技术是纳米光电薄膜。该薄膜可使太阳能帆板从巨大、笨重和昂贵的玻璃板变为更小、更轻和更加便宜的设备。光电薄膜的发电机理如下：将光捕获染料用二氧化钛纳米微粒覆盖，并将其夹在两个基于塑料的电极之间,薄膜厚度相当于三张纸。当光通过薄膜时，击中染料激发出电子，电子再通过二氧化钛穿梭到另一电极。一个返回传递器使这个过程持续运行，从而产生电流。光电薄膜板可按任意长度或宽度切分，薄膜越大，发电电流越强。因此可根据需要设计出不同功率的光电薄膜为设备充电。光电薄膜充电设备的目标是能发出每磅30瓦的电力。2006年，光电薄膜将用在2小时充满4节AA电池的手持充电器样机上。研究人员计划两年内将光电薄膜制成大棚式的太阳能帆板。

美军部队装备改进型洗衣房系统 据《外军军需信息》2005年第5期报道，美军开发的最新型号的洗涤装备--改进型洗衣房系统（LADS）已开始装备部队。与现役的M85野战洗衣房相比，LADS的洗涤能力提高了4倍，耗水量却降低了97%。该系统包括安装在一辆平板车上的洗衣设备和水循环设备，并配备有一辆载有战术静音发电机组的挂车，由5吨卡车牵引。LADS每天可保障500名士兵，每小时可处理约181.4公斤衣物，每10小时一班，只需2名士兵操作。该系统的最大特点是省水，每日水耗仅1893.1升，产生的废水仅151.4升。另一特点是使用简便，洗涤和烘干均在同一个桶中进行，操作人员只需放入衣物，待洗涤后取出即告完成。此外，由于该系统采用了自检系统和主控区操作，维护和修理也容易得多。根据美陆军的计划，未来一台LADS将取代4台M85野战洗衣房。

英国研制出新型便携式电源 据英国《今日防务》杂志2005年第1期报道，英军为使整个部队具备网络连通能力，研制出一种名为“AB PPS 25”的便携式电源。该设备是一种可在行进中持续供电的便携式轻型电源。在远离传统电源的战场，该电源能确保地面部队的响应度。该电源系统连接器采用符合英军目标的军用密闭式供电系统，安装在一个结实的便携箱中。连接器有输入和输出接口，可通过变换器将任何北约军用车辆的28伏或24伏直流电转换成240伏交流电，也可通过变流器转换成12伏直流电。该连接器最初设计用于助推起动燃料箱时传送强电流，但现在已经用作从车辆上获取电力，并配合电气设备共同使用。起初，车辆发动机罩必须开启以便连接器直接与电池连接，随着研发的进展，现在该电源可通过从动开启连接器与所有北约车辆相连接。此外，该电源还配备有分离式备用电池，可采用可逆电缆在车辆行进中充电，一次充电可使用3天。

（孙燕侠）

地面运输车辆 2005年，美、俄、德、法等国军队地面运输车辆的发展特点主要体现在以下几个方面：一是普遍采用加装装甲等有效措施提高车辆的综合防护能力；二是充分利用各种先进材料和技术，研发混合动力型车辆；三是大力运用无人驾驶技术的研究成果，开发信息化智能车型；四是通过开发模块化组合的多用途车辆，减少车辆种类，提高车辆的通用性。

美军装备“卫士”型装甲输送车 据《军交运输科技信息》2005年第11期报道，美国国防部订购了一批M1117“卫士”型装甲运输车。这些装甲车将被派往伊拉克，以增强驻伊美军的防护能力。按计划，每个宪兵旅将装备77辆M1117“卫士”型装甲车，主要用于城市保安和车队护卫等任务。该车全重15吨，车宽2.4米，转弯半径较小，特别适用于城市狭窄街道。车胎比橡胶履带更耐用，时速可达101.4公里，足以胜任运输护卫任务。M1117的防护性能介于“悍马”与“斯特赖克”之间，其装甲可防护12.7毫米重机枪弹、12磅地雷破片或155毫米炮弹破片，甚至对火箭弹也有一定的防护能力。

美陆军接收第一辆燃料电池卡车 据《防务系统

日报》2005年4月4日报道，通用汽车公司已向美国陆军交付了首辆以燃料电池为动力的卡车。这辆经过改装的“雪佛莱”安装了两套94千瓦的燃料电池，能够产生188千瓦的功率和430牛米的扭矩。燃料电池技术是一项可降低燃料消耗和汽车排放的新技术，它通过化学反应把氢转换成电和水，同时为汽车提供动力，既清洁又安静。燃料电池昆腾技术公司提供的3个约69兆帕的压缩氢储存箱将保证该车能够连续行驶201公里。虽然该车重约3.4吨，但其加速性能与以V-8为动力的生产型卡车相同，且不产生任何排放。该车未来的主要用途是执行运输任务。

美陆军为M915系列卡车安装装甲防护组件　据《防务系统日报》2005年1月5日报道，美军将为在伊拉克和阿富汗战区执行运输任务的M915和M915A1战术牵引车和伴随挂车（包括5000加仑燃料挂车）安装305套乘员装甲防护组件，以保护这些车辆的驾驶员。该装甲组件与中型战术车族的“弧”式装甲驾驶室组件（RACK）类似，可为乘员提供全方位的装甲防护和空调设备，并且能通过螺钉进行快速安装和拆卸。M915和M915Al装甲组件由美国系统与电子公司位于密苏里州的工厂生产，2005年初开始陆续交付美陆军使用。

美军研制新型“斯马”卡车　据美国《武装部队》杂志2005年第1期报道，美军积极推进新型"斯马"卡车的研究计划，目的是研制一系列可以装载到任何一种车辆上的模块式部件。“斯马”型卡车是对“雪佛莱"-2500型高功率重型卡车进行全面改装的多用途卡车。该车降低了车高，车体加长至8.2米，增加了第三个车桥并研制了能够承受4.54吨有效负荷的平板车厢。这种卡车装配94厘米宽的轮胎，采用6×6全轮驱动，并安装了以下4种集成模块：动力模块、伸缩光电天线模块（其上带有可监视3公里范围的集成高精度摄像镜头）、武器发射平台模块、与内部通信联络系统集成的卫星通信模块。未来的模块还包括水净化装置模块、人员和装备运载模块、环形照明模块、12.7毫米机枪模块、生化检测模块和无人机模块，上述所有装备均可在卡车驾驶室内进行控制。

美陆军开发未来战术卡车系统　据《军交运输科技信息》2005年第3期报道，美国陆军坦克机动车与军械司令部正加紧研制未来战术卡车系统（FTTS）。FTTS将全面替换现役重型扩展机动性战术卡车、中型战术车族以及高机动多用途轮式车，使其最终精简为两类车型，即多用途车（UV）和机动支援车（MSV），并且每种车型都有其专用的挂车设计。多用途车采用4×4底盘，目标载荷2.74吨，最大速度超过120公里/小时，可在24秒内从静止加速到80公里/小时，续驶里程达1450公里。该车可由C-130运输机、MV-22鱼鹰旋翼机空运，还可由CH-47支努干中型运输直升机悬挂运输。机动支援车目标载荷13吨，满载时在复杂路面上只需12秒即可从静止加速到48公里/小时，续驶里程为1440公里。无需分解即可用C-130运输机空运。下一步，美军计划为每一台FTTS都安装通讯设备，构成综合C⁴ISR网络的组成部分，使其能与总部直接联络，实现动态跟踪。

美军将生产智能化军用无人地面车　据《军交运输科技信息》2005年第3期报道，美军新推出了一种智能化军用无人地面车“R-Gator”，预计2006年开始全面投产。该车采用M-Gator军用通用车平台和先进机器人控制、导航和障碍躲避系统。它具有智能化、耐用和灵活的特点，可以执行多种危险任务，包括公路和野外侦察，即从潜在的敌区转发实时的视频、声音和传感器信息；作战期间借助GPS导航，在后方支援线和作战前线之间自主往返，执行保障任务；跟踪士兵的足迹运送弹药、给养等，以减轻士兵负担，使其专注于作战行动。此外，未来R-Gator车还有望执行危险的核生化武器、化学辐射和爆炸物的处理任务。

美海军陆战队研制“角斗士”无人地面车辆　据《防务系统日报》2005年8月24日报道，美国卡耐基·梅隆大学和BAE系统公司联合研制出“角斗士”无人驾驶地面车辆。该车是为美海军陆战队研制的第一种战术无人地面车辆。它是一种遥控型半自主机器人车，装有遥控的无人侦察和监视设备。该车可有效降低海军陆战队空地任务部队所面临的风险，提高战场生存能力。目前，该车的研究人员成立了一个联合项目办公室，最终将为海军陆战队生产200辆“角斗士”。

俄罗斯生产世界首款“履带式”超级越野车　据俄罗斯新闻网2005年6月10日报道，俄罗斯外伏尔加履带牵引车制造厂突破越野汽车的传统制造理念，用类似于坦克的独特履带代替汽车轮胎，最大限度地提高了该车的越野能力，使其可在包括厚厚的雪地、未开垦的荒地、沼泽泥潭、松软的沙坑等一般越野汽车无法通过的地方高速行驶。这款汽车被命名为"海狸"，车身仿造了俄制“羚羊”牌小公共汽车的形状。该车自重3.6吨，其尾部可以加挂重达1.3吨的挂车。车厢内标准座位为6个，对地单位压强为16.8千帕/平方厘米。动力系统采用嘎斯-5601型125马力的4缸涡轮增压柴油发动机，在流沙中的最高行驶速度为每小时 6 公里。

以色列研制出新式“悍马”车装甲套件 据英国《简氏防务周刊》2005 年 9 月 1 日报道，以色列推出了最新式“悍马”车装甲增强型套件，即 M-PAV2。该套件基于 M1113 车的底盘，为载货舱加装附加装甲防护，使该车在执行任务的范围方面具有更大的灵活性。M-PAV 装甲升级套件包括一个独特的“三文治”（多层）结构装甲壳体（可隔绝温度和噪音），全景式挡风玻璃窗和流线型侧窗（从而可获得连续视野），配合紧密且开合自如的门以及装有弹性垫的车门内饰。升高的车体顶部扩大了挡风玻璃窗且增加了内部空间，使乘员减轻疲劳。由 M-PAV2 组装的“悍马”车保持了底盘的灵活性，并且符合“悍马”车的全部性能要求，具有四轮防地雷和 360 度装甲防护能力，装甲防护延伸至乘员可进入的后载货舱。后载货舱全部加装装甲防护后，空间可增加至少 2.2 立方米。M-PAV2“悍马”车高 1.1 米、宽至少 1.3 米，从双层后门可装入 1 立方米的货物，载重量 0.9 吨。

德国订购 Bv206S 全地形车 据《兵器快报》2005 年第 1 期报道，德国国防技术与采办总署定购了 75 辆 Bv206S 全地形车，德军总共将需要约 200 辆 Bv206S。该车是 Bv206 的变型车，载重能力为 1.55 吨，可牵引 2.5 吨重的挂车。前后两部分由独特的液压转向联动装置连接在一起，从而使车辆具有更好的灵活性和可操纵性。该车可空投，或由多种飞机和直升机空运。Bv206S 将主要装备德国陆军山地旅，用于将所属人员和装备安全地运输到偏远的或其它车辆难以抵达的地区。

法国特种兵装备奔驰 4×4 机动车 据《军交运输科技信息》2005 年第 11 期报道，法国陆军选择了戴姆勒-克莱斯勒/梅塞德斯-奔驰公司的 G 级 4×4 机动车作为其特种部队的机动平台。该项合同包括 40 辆机动车，均以奔驰最新款的 G270 CDI G 级车为基型车。该车战斗重量 4.5 吨，有效载重 1.2 吨，结构紧凑、容易操作，并且可由旋转翼及固定翼飞机在不需要太多准备的情况下进行内部装运和外部吊运。该车标准乘员 3 名，车顶是特殊的软顶蓬设计，在发生翻车情况时，可通过顶蓬中间的一根翻车保护杆为驾驶员和副驾驶提供一定的保护。该车采用奔驰公司 270CDI 156 马力（116 千瓦）五缸涡轮柴油发动机，与五档变速的自动传送器相连。最大越野速度为每小时 120 公里以上，主油箱容积 96 升，最大续驶里程超过 800 公里。

乌克兰推出新型多用途轮式车 据《军交运输科技信息》2005 年第 9 期报道，乌克兰莫洛佐夫机械设计局推出一种新型多用途轮式车辆（MKTS），该车有两种车型：多用途增强越野车型和装甲人员输送车型。多用途增强越野车外表为深绿色特种防水漆，车重 3.5 吨，有效载重 2 吨，车长 5.2 米，车宽 2.4 米，至前车顶高度为 2.03 米，至后蓬顶高度为 2.335 米，车底距地 0.4 米，倾斜度为 30 度，最高速度可达 120 公里/小时，最大行程为 1000 公里，该车可作为警车、运钞车、救护车、小型客车及越野吉普车使用；装甲人员输送车主要输送人员，还可改装成前线侦察车、指挥车或战地急救车。

荷兰海军采购 BvS10 全地形车 据《防务系统日报》2005 年 6 月 2 日报道，荷兰防务器材管理局为荷兰皇家海军采购了 74 辆 BvS10 全地形车，其中包括 4 种车型：人员输送车，指挥车、抢修车和救护车。与 20 世纪 90 年代初就开始在荷兰皇家海军服役的 Bv206 车辆相比，除了装甲防护外，BvS10 具有更大的载重能力、更高的公路和越野速度。该车是针对在全球范围内执行多种任务而设计的，具备出色的性能，可用于执行紧急任务和维和行动，并能快速部署。BvS10 的批量交付将从 2006 年 1 月持续到 2007 年 4 月。

维修装备 2005 年，一些国家军队维修装备的发展呈现如下特点：一是充分利用各种新材料、新技术，研发快速诊断与检测设备；二是注重维修装备在各种极端条件下的使用效果，继续对其进行升级改造；三是积极开发功能更全、自动化程度更高的维修保障信息系统。

美陆军为布雷德利战车研制内置式诊断系统 据 DRS 技术公司网站 2005 年 7 月 14 日报道，该公司获得了一项为美国陆军 M2A3 战车提供新型内置诊断系统的合同，负责生产底盘改进与内置诊断（CMED）组件，产品交付工作将从 2006 年 8 月持续到 2007 年 7 月。CMED 系统适用于所有布雷德利战车。这些组件将为车辆提供经过充分改进的武器系统能力和综合内置诊断功能，同时发送实时诊断信息，提高可靠性，降低后勤负担和作战支援费用。新组件将增强战车驾驶员的态势感知，提高车辆的实用性，简化后勤支援，确保布雷德利战车继续在战场上发挥重要作用。按照合同，DRS 公司将为现有 M2A3 战车提供传感器组件、电缆改进组件、驾驶员视觉增强器、数字化车辆分配箱、驾驶杆改装和通用显示面板组件。

美陆军升级 M88A2“大力神”抢修车 据 BAE 系统公司网站 2005 年 6 月 28 日报道，美国陆军坦克机动车辆与军械司令部与 BAE 系统公司签订了一项改造

“大力神”抢修车并提供系统技术支持和零配件的合同。根据合同，BAE 系统公司将为美陆军和海军陆战队改造 62 辆"大力神"抢修车（其中陆军 53 辆，海军陆战队 9 辆）。M88A2 "大力神"是世界上性能价格比最高的抢修系统，主要用于安全地修复重达 70 吨的主战坦克。其较好的动力、绞盘牵引力、操纵与制动使士兵和海军陆战队员能够较安全和容易地完成维修任务。从 M88A1 到 M88A2 的主要升级内容包括采用改进型动力辅助制动、改进型操纵系统、改进型电气系统、提高发动机功率，提供 125%的牵引力，140%的起重力和 155%的绞盘牵引能力，以满足各种任务要求。根据合同，这些车辆将于 2006 年 8 月开始交付，2007 年 11 月交完。

美国开发出新型热波成像仪　据《装备质量》2005 年第 1 期报道，美国热波成像公司最近开发了一种新的检测设备--热波成像仪，这种设备的工作原理类似于一种秒级的高速摄影机，即将一束光投射在物体上而形成图像。然而，与传统摄影机不同的是，这种新设备可反映出隐藏在物体外表面之下的影像。该设备可用于解决飞机、舰船等装备经常遇到的腐蚀及其他维修问题。热波成像仪采用温度记录检测法，可检测出用一般方法无法检测的、结构层间的缺陷。而且，以往采用超声法检测舰艇腐蚀需要数月，而采用新法仅需 28 天，且腐蚀的检出率提高了 40%。该设备的问世，对于降低军事装备维修费用具有重要意义。

韩国陆军装备 K1 装甲抢修车　据《军交运输科技信息》2005 年第 8 期报道，韩国陆军又从德国新订购了一批 K1 装甲抢修车（ARV）。自 1993 年以来，韩国陆军已经获得四批 K1 装甲抢修车，第四批的 20 辆交付后，韩国陆军 K1 装甲抢修车的装备数量将达到 200 辆。该车主要用于抢修韩军的 K1 和 K1A1 主战坦克，由韩国与德国莱茵金属地面系统公司合作研制。该车配备与 BUFFLE 抢修车类似的设备，如起重机、绞盘、推土铲、液压设备和电动设备等。K1 装甲抢修车采用了 K1 主战坦克的许多部件（如悬挂系统和动力组件），不同的是该车的车体前部上方装有一个新型全封闭式的装甲舱室，用于保护车辆乘员。该车的标准装备包括：车体前部右侧可吊起 25 吨重物的起重机、缆绳长 150 米的主绞盘、缆绳长 260 米的辅助绞盘、车体前部的推土/稳定铲、焊接与切割设备、加油与抽油设备、各种工具和一台辅助动力装置。

西班牙开发“豹”式主战坦克维修软件　据《防务系统日报》2005 年 3 月 23 日报道，西班牙国防部与本国 Indra 公司签订了一项研究合同，由后者开发“豹”2E 主战坦克维修软件，这项工作将持续 3 年半，包括开发 16 套用于检验坦克主要光电系统（包括火控系统、“林塞”坦克车长主信息系统，炮塔和潜望镜稳定电子系统、控制与分配主系统，以及驾驶员导航终端）正常运行的自动测试程序。这些程序的开发将以 Indra 公司为西班牙空军电子设备维护开发的标准自动维护系统（SAMe）为基础，以便优化投资，降低费用。

（蔡香敏）

后勤指挥管理自动化系统

2005 年，一些国家军队后勤指挥管理自动化系统的发展主要表现为以下几个方面：一是加大后勤信息基础设施的建设力度，为后勤的全面信息化奠定坚实基础；二是进一步升级和改造各种后勤信息系统，提高指挥效率；三是探索新的后勤信息获取技术，提高物资的可视性；四是加强各种新型后勤保障系统的研发工作，努力实现后勤的适时、适地、适量保障。

美军实施连接后勤人员的网络建设计划　据英国《简氏防务周刊》2005 年 1 月 26 日报道，为具备实施网络中心战的能力，美军在其军事转型中大力建设包括“全球信息栅格”在内的军队信息网络。在后勤领域，美军重点实施“连接后勤人员”的联网建设计划，以便更精确地统计后勤需求并更好地向补给人员传递这些信息，提供补给链的可视性，以及在必要时调控补给程序，按照作战需求对最新的后勤信息做出反应，即实现“感知与反应后勤”。该计划的主要内容包括：一是通过战斗勤务保障自动化信息系统接口（CAISI）和甚小孔终端（VSAT）卫星通信实现关键后勤节点的连接。CAISI 支持 11 兆字节/秒无线视距传输，并对所有无线局域网通信进行加密。此外，它还有一条 2 兆字节/秒的后备数据线。CAISI 可实现前方后勤保障点的局域网连接，提供有关库存品和需求的关键后勤数据。VSAT 终端将在“作战人员战术信息网络”问世之前先提供一个后勤数据网络，使后勤人员既可从该网络获取战术数据，也可向网络输入后勤画面。到 2008 年,美陆军计划为部队配备 700 套这样的 VSAT 终端；二是通过安装移动跟踪系统（MTS）和广泛使用射频识别（RFID）标签实现后勤行动的可视性。由美国通用移动数据通信公司开发的 MTS 是一种卫星双向文本通信和定位导航移动系统，可提供在运可视性以及与后勤运输车队间的通信；三是利用射频识别标签提供集装箱和货盘载运物资信息。美陆军不断扩大主动型 RFID 标签的应用范围。到 2006 年，美军计划部署 211 个加装有 RFID 的前方配送站。此外，美陆军还计划将RFID同MTS集成并应用到自动化接收和盘存业务处理上。据悉，美国通用移动数据通信公司将很快开发出一种拥有集成的RF问讯器的新型卫星收发器，可提供车载物资的可视性，实现在运的和视距外的战场补给品跟踪；四是部署作战指挥持续保障系统（BCS3）。该系统是美陆军的战术后勤指挥与控制系统。它将大量分散的陆军后勤系统、在运可视性系统以及其他离散数据源提供的信息统一汇总到一个决策支持系统中，使以配送为基础的后勤得以实施。BCS3将提供一个战场数字化界面，用来显示补给品的数量和位置，为机动部队指挥官提供关键后勤物资的动态信息。

美陆军重视发展后勤通信网络 据美国《陆军后勤工作者》2005年5~6月号报道，美陆军为实现对士兵和装备的快速部署及有效保障，正在打造一个强大的后勤通信网络，具体包括战术通信网络、战术作战人员信息网络、补给和维修用户网络。在补给和维修用户网络中，战斗勤务保障甚小孔径终端（CSS VSAT）系统可提供非保密因特网接入，使CSS用户通过一个全球网络在世界任何地方开展后勤业务，该系统操作简便，用户安装时间通常不超过30分钟。补给和维修网络利用卫星将远程用户连接到全球的几个集线器之一。士兵通常将CSS自动化信息系统接口（CAISI）作为连接卫星的无线局域网。CAISI能使补给部队的后勤人员在行进中立即开始检查急需补给品的状况并输入作战部队电台发来的请领申请，具有11兆字节/秒的无线视距传输速度，可加密所有无线局域网链路，并可为6.4公里范围内非视距通信需求提供2兆字节/秒的后备数字用户线路。CAISI将作战连通能力从战区一级延伸到了旅保障地域，在供应链管理、维修和CSS业务等方面提供了前所未有的通信能力。

美军开发网基后勤系统原型 据美国《联邦计算机周刊》网站2005年11月30日报道，美国国防部办公厅与马里兰大学签订了建造"网基后勤系统原型"的合同，目的是以较低的费用将可维修的军事装备更快地投入战场使用，加快"感知与反应"后勤原则的实现。该系统能对需要维修的装备进行感知，并迅速订购所需零部件，还能让后勤人员持续了解从仓库到战场的整个补给链中维修零部件的确切位置，从而提高后勤系统的效益。网基后勤系统原型将与传感器、全球定位系统卫星连接，并使用射频识别技术，还将依赖于保密和无线通信以及保密的网络门户。系统原型将在F/A-18海军喷气式战斗机的维修中进行示范试验。美军希望未来能够从安装了该系统的飞机上向航空母舰传送出现问题的信号，并在飞机降落之前就找到所需零部件的确切位置并对这些部件进行订购。

美陆军测试维修者远程后勤网 据美国《联邦计算机周刊》网站2005年8月10日报道，美陆军目前正在测试一种名为"维修者远程后勤网"的无线自动化后勤网络，以简化该军种的维修和补给程序。该网络由IBM公司提供系统整合服务，采用了该公司的全球勤务业务单元。网络通过斯特赖克步兵输送车上的传感器来收集数据，以监测需要进行维修的问题和评估所需的油料和弹药。收集的数据通过卫星向一个中心系统自动传输，战场上的士兵与总部的维修和后勤人员可同时使用该中心系统。如果有问题，将出现一个彩色图标，管理者可决定是否继续执行任务还是与维修分队一起进行故障诊断并自动订购零部件。该系统还可在所有安装了传感器的车辆中保留一份维修历史记录。采用此系统既可减轻后勤人员的劳动强度，也可降低手工操作的危险性，还可以提高操作效率并节省开支。

美军为全球作战保障系统集成新功能 据美国《陆军后勤工作者》2005年9~10月号报道，美军最近发行了全球作战保障系统（GCSS）的4.2版。最新版的GCSS集成了"后勤通用相关作业图"(Log CROP)的功能，可使用户在GCSS环境中使用"观察板"应用软件。"观察板"是一种数字化仪表板，便于操控信息的显示和回顾。该应用软件可使联合特遣部队指挥官确定急需补给物资的补给下限，并可在补给下限发生变化时做出提示。Log CROP具有原型"观察板"的功能，由美军联合部队司令部后勤转型处研发，用于向指挥官提供监控重要资产的能力。"观察板"也是联合战区后勤高级概念技术演示（ACTD）的一项需求，能力与作战司令部和联合参谋部批准的观察板需求文件相一致，比Log CROP的功能更多。目前，所有的作战司令部及其勤务部门以及联合参谋部后勤部门都可访问和使用最新版的GCSS系统，用户可以从每个作战司令部的后勤部门申请进入GCSS的密码和帐号。

美军推出加强电子商务的新举措 据美国《陆军采办、后勤与技术》杂志2005年3~4月号报道，在美国国防部电子业务/标准采购系统联合用户大会上，标准采购系统被确定为国防部所有单位的标准合同书写系统。目前，该系统已被美陆军13个合同处采用，并配发到美海军、空军、海军陆战队和其他13个国防机构，用户总数已超过2.2万个。此次大会围绕如何进一步完善标准采购系统这一主题进行了50多场会议，在电子商务方面提出了以下工作重点：一是继续采用"战备应急合同系统（BRCCS）"。BRCCS 是标准采购系统的移动式版本，主要供没有或缺乏信息技术基础设施的前方进行合同事务处理；二是推行"下一代联邦采购数据系统（FPDS-NG）"。标准采购系统用户只需按一下键，即生成一个签约执行报表，直接转储到下一代联邦采购数据系统。在不久的将来，将不再使用"DD350（单一签约执行报表）和 DD1057（签约工作月报）"；三是扩大"广域工作流"（WAWF）的应用范围。WAWF 能实现国防部发票、收据和承兑系统无纸化和进入环球网。这样做可使供货商通过三个渠道提交发票，部队用户也可因支付及时而减少罚息，并享受折扣，还能减少文件的差错率；四是加强"陆军合同业务情报系统"（ACBIS）的建设。ACBIS 用于向用户提供及时准确的采购信息。它以互联网为基础，采用析取器每晚收集最新的采购信息并将其输入系统中。

美军研制出第三代射频识别标签样品　据美国防后勤局官方网站 2005 年 3 月 15 日报道，为增强在运物资可视性，美军不断加大对射频识别（RFID）技术应用研究的力度，开发出了第三代（"3G"）射频识别标签样品。该标签最大的优点就是可从世界任何地方向本土发送实时信息。运输人员还可对该标签进行编程，使之能通过卫星与射频/在运可视性服务器连通。这样，即使其不在现有射频基础设施的有效范围内，也能实时提供识别号、日期、时间以及精确至 1.1 米内的当前位置等数据，而不受技术环境的影响。借助"3G" RFID 标签，运输人员可访问射频/在运可视性或全球运输网的服务器，对补给链中流动的货运实施全程监控，确保其沿着正确的路线适时抵达目的地，从而具备"感知与反应"后勤新时期所必需的能力。将来，美军用户还将具备通过 e-mail 进入"3G" RFID 标签，对包括报告频率在内的报告特性进行修改的能力。另外，美军还考虑为"3G" RFID 标签加装温度和湿度传感器，当标签碰到对所装运货物不利的环境条件时，标签将自动激活并向服务器发送预警信息，以便及时通知运输人员。

美军研制新型单兵生理状态监视系统　据美国《勇士》杂志 2005 年 5~6 月号报道，美军纳蒂克士兵系统中心陆军环境医疗研究所目前正在研制新型单兵生理状态监视器（WPSM），用以协助战地医务人员在战场上根据伤员伤情作出优先救治选择。WPSM 是为"未来部队勇士"研制的，研发小组由生理、工程、电子和织物品方面的专家组成。WPSM 可使战地医务人员远距离获知谁已受伤，应先救治谁。研发小组计划在 2006 年研制出至少能探测到单兵是否活着或者是否中弹的监视系统。就预防医学而言，WPSM 还应能测出单兵的饮水量以及是否中暑。WPSM 系统由 6 个部件组成，包括液体摄入监视器、生命信号探测系统、睡眠质量监视器、战术生物医学信息系统、医疗网络集线器和体内温度传感器。它们都能向主集线器发送其收集到的数据信号。WPSM 系统预期要达到三个目标：一是通过向医生提供士兵健康状况信息降低战场发病率和死亡率。系统不但可帮助医师优选救治对象，还能使他们及早放弃援救已阵亡的士兵，从而降低自身的危险。二是通过监控士兵液体摄入、体温和心率帮助医师做出预防性治疗。三是向指挥官提供作战士兵的整体健康状况，使其做出正确决策。

美军部署新一代复合医疗保健系统　据美国《联邦计算机周刊》2005 年 11 月 8 日报道，美国国防部即将开始在全球部署新一代复合医疗保健系统（CHCS II），该系统最终将在美军约 10 个医院和 500 个诊疗所成为标准军队健康记录系统，为医生提供一个广泛了解病人信息的图画式界面。该系统主要用来取代以前的复合医疗保健系统（CHCS）。CHCS 使用的是文本式和指示线式界面，于 20 世纪 80 年代末期开始列装部队。据国防部的一位新闻发言人透露，CHCS II 将对 920 万现役和退役人员及他们的亲属提供保障。

美陆军研发"产品全寿命周期管理+"系统　据美国《联邦计算机周刊》网站 2005 年 2 月 24 日报道，美国陆军与计算机科学公司领衔的一个工业小组签署了一份研发"产品全寿命周期管理+"（PLM+）系统的合同，目的是为陆军的野战后勤系统与新的国家后勤系统之间设计和建立一个计算机接口。PLM+系统将为陆军官员提供从请领到列装的陆军产品的信息，还将作为海、空军和国防部各部局官员进入陆军后勤系统的单一接入点。根据合同，计算机科学公司将在整个陆军的战术和国家级后勤系统中实现采用同一个业务流程接口的目标。PLM+系统是为陆军提供一个单一合成后勤环境的关键所在，该系统将协助确保陆军能够获得适时、适地、适量的后勤保障。

澳大利亚国防部将升级后勤信息系统　据澳大利亚国防部网站 2005 年 6 月 23 日报道，该国军方将委托 Mincom 公司升级其国防后勤信息系统，合同项目代号为 JP2077。该项目将升级现有的后勤中枢系统，在供应、维护和金融领域改进信息管理和业务流程。现有的后勤中枢系统负责对国防部从最初定制到运作终端的整条后勤供应链进行管理、维护以及资产运作追踪。JP2077项目将开发新功能来进一步完善中枢系统，确保该系统在通信中断等恶劣的情况下也能正常运作。同时，开发一种经过改良的财务软件工具，使其与国防财务信息系统展开更有效的连接。另外，还将开发一种一体化设计的在运可视化系统，便于上级部门随时追踪储备物资和零部件在世界各地的运送情况。

（黄学爵）

其他军事技术问题

即将问世的变形机翼战机简介 《中国航空报》2005年8月23日张晋平报道，随着航空技术的发展，像鸟翅膀一样的变形机翼将很快面世。美国国防部预先研究计划局于2003年启动的变形飞机结构项目目前已获得重大突破，两个变形原型机翼于2005年年中开始风洞试验。

现今使用的一些飞机和旋翼机，如美国海军的F-14“雄猫”战斗机、V-22“鱼鹰”倾转旋翼机及F-111隐形战斗机已经具备了能够调整机翼的能力。但这些机翼均为刚性结构，需要用大型枢轴装置与机身连接。它们所谓调整机翼开关是将机翼某一固定部分移动一定角度，即相对于机翼其他部分来说移动了一定位置。这些调整机翼形状与真正的变形机翼概念完全不同，即使目前美空军研究实验室正在验证的主动气动弹性机（AAW）概念也与变形机翼不同。AAW采用副翼和前缘襟翼等传统控制面从气动上诱导轻质柔性机翼发生扭曲，以改善高性能军用喷气飞机的机动能力。而真正的变形概念是将新型智能材料、新型作动器、激励器、传感器无缝地综合应用于飞行器的一种新的设计概念。变形机翼通过应用灵敏的传感器和作动器，光滑而持续地改变机翼的形状，对不断改变的飞行条件作出响应，从而可使飞机像鸟一样随意地在空中进行盘旋、倒飞和侧向滑行。

预先研究计划局研制该项目的目的在于，通过在飞行中改变飞机的气动外形，使飞机在执行不同任务或在不同飞行路线时的飞机性能都保持在最佳状态，即通过变形飞机部件使新一代军用飞机能够用于执行多种形式的作战任务。其长远目标是设计一种续航能力比“全球鹰”无人机更强、机动性比F/A-22战斗机更好的飞机。

为了测试变形机翼的气动性能，洛克希德-马丁公司专门制造一架小型无人机。该机由一个推力200牛的喷气发动机驱动，机翼设计成折叠式，内段机翼可以对着机身折叠，机翼展开后其有效面积增加2.8倍。该机并未装配形状记忆蒙皮或热聚合激励器，而是采用压电作动器折叠机翼。从某种意义上讲，这种技术代表了后掠机翼应用的先进性。但这将带来不利影响，即内段翼倚着机身折叠时将引起局部非定常流动现象。

在变形机翼设计中最重要的因素是一种称作形状记忆聚合物（SMP）的特殊材料。这种材料主要用作变形机翼的蒙皮。SMP具有一种特殊的记忆功能。当机翼被改变为不同形状布局后，SMP分子将会重新组构以恢复其初始形状。SMP材料的初始形态，也就是它的“记忆”形状是一种刚性体即高模量形态。当它受热、高频光或电激励后将变成一种低模量弹性体，从而可被作动器和特殊的控制装置伸展成不同的形状。当它再次被激励后，它将恢复到它原来的高模量形态。

据有关专家称，变形部件能够经得起高数次的形状变化。尽管目前还没有确定出变形机翼在需要更换之前到底可以经受多少次循环变形，但初步试验表明循环变形有数百次，执行一次任务平均变形10次，变形一次需要几分钟。

变形技术对未来设计将产生深刻影响。对于大多数设计师来说，SMP的功能性是“违反直觉的”，因此设计变形飞机将要求设计师改变传统的设计观念，将原来设计的固定式结构和采用具有不变特性的材料转为考虑复合式结构和可变特性的材料。

“B-3”战略轰炸机简介 《解放军报》2005年4月20日李聪聪报道，“B-3”是美国第一种高超音速“B”式隐形战略轰炸机。它是为解决“B-2”战略轰炸机存在的飞速慢，易被敌方发现、干扰和攻击等问题而研制的新一代飞机。据称，是近年来开始研制的可带核弹、5倍音速的新一代远程隐形战略轰炸机。其外形像只“蝙蝠”，同B-2差不多，但力求超过B-2的战术技术性能。其飞行高度大于30公里，速度达到5~6马赫，这将打破轰炸机的最高飞行速度纪录，航程大于11100公里，载弹量要达到或超过B-

52 的水平，可位居轰炸机之首。其最大特点，除高隐形性能外（雷达反射面小于 0.01~0.1 平方米），具有更强大的攻击力。它不仅具备 B-52 那样可实施“地毯式”轰炸的能力，还具备 B-1 和 B-2 隐形轰炸机“施放冷箭，出奇制胜”的作战本领。据称，B-3 轰炸机从美国本土起飞 1~2 个小时，即可抵达和打击地球任何地方的目标。

美军研发的适应城市反恐作战需要的“微星”无人机简介 《中国国防报》2005 年 6 月 21 日田龙生报道，一种叫“微星”的微型无人机，已进入实用前的验证阶段。它是美国国防部下属国防预先研究计划局投资的微型无人机发展计划的首批产品。美国防部开发微型无人机的目的是适应反恐作战需要，希望这种微型无人机能够在常规武器装备施展不开的市区军事行动和巷战中发挥作用。

“微星”无人机机体略大于巴掌，总重在 100 克左右，是典型的微型无人机。该无人机发展计划自 1997 年开始启动，生产商为美国桑德斯公司。

“微星”无人机的带固定翼机身重 7 克，处理/存储电子组件重 6 克，照相机/透镜重 4 克，电动机及其螺旋桨重 20 克，锂电池重 44.5 克，惯性系统加上处理器约重 20 克。“微星”总电功耗 15 瓦。“微星”无人机体现了纳米技术、微型航空电子技术、动力推进技术和微型传感器技术的新进展。它把陀螺、三轴加速度计、全球定位系统接收机以及相应的电子线路全部封装在一个小小的硅片上。

“微星”体积虽小，却具备多种功能。它无噪声，无雷达反射截面，隐形效果好，利于隐蔽行动。它具有高机动性能，可在树冠下、楼宇间或房屋（建筑物）内飞行。它携带昼夜飞行使用的成像传感器，可在穿飞高低不等的楼群时拍摄，可暂停在窗台、楼角上观察房间内或下面街巷内发生的情况，执行侦察和监视任务，及时支持地面分队行动。其航程为 5 公里，也适合越过小山丘进行“隔山”侦察。“微星”的任务巡航时间为 20 分钟至 1 个小时。巡航速度一般为 56 公里/小时，高度为 15~90 米。

“微星”微型无人机发射和回收由单人操作，不需要专用起飞或着陆场地。“微星”获得的目标图像数据信息通过 PRISM 无线电通信链路传送到由两块个人计算机卡构成的袖珍地面站。“微星”原型机单架成本超过 2 万美元，如大批量生产成本有望降到 1000 美元。

美国研制的新概念无人机简介 英国《简氏防务周刊》2005 年 5 月报道，美国正在研制 5 种具备联合作战能力的新概念无人机：

“翠鸟Ⅱ”无人机。该无人机可载侦察监视设备、2 枚 MK54 鱼雷或 4 枚“海尔法”导弹、1 挺机枪以及声纳装置。它设计精巧，可折叠安放在 11 米长的充气艇上。这种新概念无人机既可用来收集情报，也可充当通信中继装置，还可攻击水下潜艇和支援特种作战。更重要的是，它还可充当水下无人航行器，具有对抗水雷和攻击快艇的作战能力。“翠鸟Ⅱ”无人机将担负保护美军濒海舰艇免遭攻击和搜集情报等任务。因此，专家称它为“水上多面手”。

“全球观察者”无人侦察机。它以可再生的太阳能作动力，可在 1.8 万米高空担负长达 30 多天的侦察任务。

“游隼”无人机杀手。“游隼”无人机杀手属于无人驾驶战斗机，主要用于攻击敌方无人机，它的名字也由此而来。它采用一种性能极好的复合材料，体积较小，造价低，装有全球定位系统。它能够对付任何一种无人驾驶飞机。

重型“起重机”。这种无人机采用太阳能再生能量系统，其最大负荷达 10 吨。它可在 1.8 万米高空持续飞行 30 多小时，可用来执行投送作战物资、精确攻击和其它特种作战等任务。

空中“别动队员”无人机。它可携带 1 吨的有效负荷，在 2.3 万米高空巡航 48 小时，可挂载精确制导炸弹。美军将用它来执行快速、突然的特种作战任务。

美国正在研发的太空战装备简介 《解放军报》2005 年 6 月 8 日周新红、《现代军事》2005 年第 6 期苏党帅报道，美国空军设想在 2025 年前研制出多种空间作战武器系统，主要有以下几种：

卫星多方位攻击和杀伤系统（SMAKS）。SMAKS 和陆军的多管火箭系统有些相似，但它不是用于打击地面目标，而是由地面发射攻击空间目标的。SMAKS 系统携带多枚反卫星导弹，可攻击低、中、高轨道运行的卫星。它可以装载在舰艇或潜艇上实现灵活部署，具备在敌方发射卫星的运载火箭还处于助推段时就实施攻击的能力。SMAKS 系统将配置高度复杂的指挥、控制、瞄准和定位系统，几乎不需要人工操纵就能够部署。预计到 2025 年，SMAKS 系统将适于用运输机空运部署。使用先进的全球卫星定位系统（GPS），SMAKS 可以在很短时间内完成精确定位，做好反卫星准备。接到指令后，SMAKS 可对监测与侦察系统传回的目标数据进行处理，然后将瞄准数据传给导弹，实现瞄准发射。监测与侦察系统随即评估目标毁伤情况，并反馈评估结果。但 SMAKS 系统的短处是无法有效应对电子干扰和欺骗，例如干扰 SMAKS 所需要的卫星定位信息或破坏其他数据通信。此外，SMAKS 系统在地面工作，对空中攻击的防御能力很弱，对其实施直接打击是有效的办法。由于 SMAKS 系统十分依赖于目标卫星的最初位置和速度，因此卫星机动也是有效的对抗手段。

“阿尔法攻击星”跨大气层飞行器。“阿尔法攻击星”是一种能水平起降，能进入低地球轨道的跨大气层飞行器 (TAV)。它能按照威胁或者任务需求，在近地面和太空之间多次往返。它可根据目标携带多种武器系统，包括动能反卫星导弹和高功率激光器。TAV 还可以捕获敌方卫星，将其带回地面或迁移到无用轨道。“阿尔法攻击星”能在很短时间内对世界上任何地方的危机迅速做出反应，在很短时间内抵达世界各地，用精确制导武器摧毁坚固目标，并实时进行毁伤评估。它是美国国防部空间武器计划中最受注目的项目。虽然“阿尔法攻击星”系统应用了先进的隐身技术，但如被探测到，也很容易遭到包括动能武器或定向能武器在内的敌方反卫星武器的攻击。此外，由于该系统需要地面发射场、数据处理设施及铁路等保障设施的支持，因此对这些设施的攻击也可使该系统丧失作战效能。

定向能武器（DEW）。由于空间的飞行器很多，有选择性地攻击特定飞行器、避免伤及无辜的难度很大。DEW 无疑是最佳的选择。DEW 反卫星武器包括激光武器、粒子束武器和微波武器，主要以高能激光束、粒子束和微波束照射目标，通过热效应、冲击波效应和辐射效应杀伤卫星，速度快、精度高，可进行精确选择性攻击。由于 DEW 的能量传播必须经过中间媒介，对其应用带来了复杂的不利影响。如带电粒子束武器能量高，在粒子束产生、瞄准并摧毁敌方系统方面具有优势，但粒子束在大气中传输时会受到大气的影响发生能量衰减；中性粒子束能够较好地在空中传播，但很难达到足够的能量强度；相对来说，激光方向性和传输性较好，也比较容易获得高强度，是比较容易实现的方案。DEW 必须在天气状况较好的情况下才能工作。但如果部署在空间轨道，就不受天气限制了。如果用部署在地面的 DEW 武器攻击空间目标，或者用部署在空间的 DEW 武器对地面发起攻击，就必须解决高能粒子束或激光束穿透大气的技术。美国正全力开发用于战区弹道导弹拦截的机载激光武器，探索激光武器在大气湍流环境中正常作战的能力。美国空军科学顾问局的《新世纪定向能展望》报告指出，机载激光武器很有可能是最先应用于实战的 DEW 武器。

高能激光攻击站 (HELAS)。这种装有高功率短波长固体激光器的天基作战平台，能削弱乃至摧毁敌方的空间作战能力。如将其多层部署，16 个部署在近地轨道（距地面约 150 海里)、8 个部署在中距离地球轨道（距地面约 11000 海里)、4 个部署在地球同步轨道(距地面约 22000 海里)，能对在太空或大气中飞行器分层交叉拦截。二极管泵浦固体激光器是平台激光武器系统的核心。现在的固体、化学和自由电子激光器能产生千瓦级以上功率，但 HELAS 需要兆瓦级功率，二极管泵浦固体激光器可以达到这个标准，只须缩小其体积、降低其重量和成本。

HELAS 可能是美军最先部署用于反空间作战的空间攻防系统。这种多层、多方位空间作战平台网由地面控制系统操纵，通过地基遥测、跟踪和控制系统与卫星之间的激光通信来发挥作用。HELAS 系统可以对敌方地面发射器或在轨的反卫星武器进行探测、跟踪乃至摧毁；可攻击卫星的某一子部件如太阳能电池板、推进器，使卫星丧失某些功能直至遭到彻底破坏；可打击地面关键目标和太空运输设施，为己方卫星提供保护。HELAS 也并非无法抵御，特殊的反射和吸收材料会降低激光的攻击效率；使用隐身技术可降低 HELAS 的瞄准和识别能力。此外，HELA S 平台很容易遭到其他反卫星武器和激光系统的攻击。

太阳能光学武器（SEOW）。SEOW 是一个运行在地球同步轨道上的空间透镜或聚焦系统，可将太阳光聚焦到地面或空间目标上，使其功能受到影响直至完全失效。SEOW 还可将太阳能转化为电能存储起来，在作战时作为定向能武器的能源，以及为处于地球阴影区的近地轨道卫星提供太阳能。SEOW 由高度控制系统、导航系统、姿态控制系统、瞄准和识别系统以及激光通讯系统组成，可在近地轨道组装后送入地球同步轨道。SEOW 系统可以根据需要进行机动飞行，对关注目标实施空对地攻击。在实施攻击时，太阳光可聚焦到敌方飞行器上，使其内部温度升高，即便不能完全毁坏卫星，也会使卫星传感器的灵敏度降低或致盲，瘫痪敌方通过卫星收集信息、进行通信的能力。但是 SOEW 体积大、非常脆弱，很容易遭到敌方动能武器或其他武器的袭击。敌方可以用“自杀式”卫星来撞击 SOEW，破坏其光学系统。对此，美国拟用很多小块薄膜、透镜构成组合型聚焦系统，提高系统的抗攻击能力。

发射电磁脉冲和高功率微波的卫星。可将电磁脉冲 (EMP) 和高功率微波 (HPM) 发射装置安放在微型卫星上，当卫星飞行到距敌方卫星一定距离时，发射电磁脉冲和高功率微波，通过击穿、超载或放电等方式破坏卫星的电子设备，使其造成暂时性或永久性破坏。为避免殃及己方卫星，EMP 和 HPM 的作战时间通常很短。携带 EMP 和 HPM 发射装置的微型卫星可由航天飞机、跨大气层飞行器、小型运载火箭以及战斗机发射的导弹送入太空，运行在敌方高价值卫星系统和空间系统附近，并与之一起编队飞行。在战争爆发或出现危机后，当敌方在轨卫星将向地面站传送搜集到的军事情报的关键时刻，微型卫星启动发射电磁脉冲和高功率微波，使目标不能正常工作。武器卫星的工作时间为 60 天，之后可进入回收轨道由小型航天飞机等飞行器回收，或者坠入大气层销毁。

面对 EMP/HPM 武器卫星的攻击，可对可能成为目标的卫星进行抗电磁脉冲加固处理，或实施机动飞行来躲避攻击；用动能或定向能武器对武器卫星实施硬杀伤；将大卫星的任务分配给许多微型卫星，使武器卫星顾此失彼。此外，以 EMP/HPM 武器卫星反 EMP/HPM 武器卫星，是更直接的办法。

地基激光（GBL）发射系统。地基激光可以破坏、降低、甚至摧毁敌方空间能力，以保护己方的空间资源。在过去的 20~30 年里，美国空军已对几种地基激光原理进行了研究。通常的作法是，地面站将激光发射到空间轨道上的中继光学系统，再反射到位于地面或空间的目标上。地面站比较复杂而中继系统则很简单，一个带有备用系统的装置控制 5 个激光发射站和轨道中继镜。3~5 个激光发射站建在天气状况适宜激光工作的不同区域，分散部署能保证至少有一个激光发射站有机会工作在最佳环境。激光发射站能为高功率固体激光器提供兆瓦级的功率，发射站之间的冗余卫星通讯将提高地基激光发射系统的生存能力。地面控制中心计算机负责处理信息，并将攻击指令发送给地面激光发射站。使用多个激光发射站去攻击多个目标，可以缩短攻击时间，做到快速发射。可以用多条中继路径来增加系统的安全性。

地基激光与天基激光相比有独特的优点：由于部署在地面上，因此不用考虑激光武器及附属设施的重量，后勤维修和保障工作也比较容易。地基激光系统也存在着准直限制和大气扰动的问题，激光束在大气环境中传输时会发散，会受到大气湍流的影响，影响对目标攻击的效果。地基激光发射系统容易受到常规武器的攻击，轨道中继镜容易遭到反卫星武器的攻击，但是多个中继镜组成网络可在一定程度上提高抗攻击能力。

“轨道快车”可升级小卫星。被称为“轨道快车”的可升级小卫星首先被发射到地球低轨道上，然后根据需要进入地球高轨道与大卫星对接，甚至可以像寄生虫一样附着在敌方卫星上，必要时，摧毁敌方卫星。

天基导弹预警系统。为了对付日益增多的弹道导弹、巡航导弹和其它战术导弹的威胁，美军正在改造目前的天基导弹预警系统。该系统将由 6 颗中高轨卫星和 24 颗低轨卫星组成。

新型超光谱侦察卫星。目前的侦察卫星每隔几小时才能有几分钟飞过目标上空。新型侦察卫星的空间摄像系统能够工作在数百种不同红外线和可见光波段，能够连续不间断的监视地球上的目标，提供目标图像，灵敏度极高。

图像采集分辨率极高的微型卫星集群。其设计思想是用微型卫星集群代替一个卫星的功能和作用。其作战优势是当一颗卫星失灵时，不影响整个系统作战，并且可在几小时内集中对世界的某一局部区域实施高精确度监视和测绘。

轨道轰炸器。它是一种在近地轨道运行一圈以上再攻击地面目标的太空武器。平时它环绕地球轨道运行，接到作战命令后，借助反推火箭脱离轨道再进入大气层攻击地面目标，其威力不亚于小型核武器。

航天母舰。目前美军正以国际空间站为雏形研制大型载人航天母舰。它可以配备天军近百人，航天飞机可以在它上面起飞和着陆，舰上装备火箭、导弹、核弹头、激光炮和定向能武器。美军预测，到 2030 年，至少有 3 艘核动力航天母舰部署在太空同步轨道上。

C^4KISR 系统发展新走势及新功能　《解放军报》2005 年 7 月 27 日薛振权、孙宪立报道，C^4KISR（指挥、控制、通信、计算机、杀伤、情报及监视与侦察）系统是现代科学技术和军队指挥控制相结合的产物。

该系统由各种互相配合的 C^4KISR 资源组成网络，包括目标发现、准确鉴别、跟踪与杀伤技术三大部分，并分为战略 C^4KISR 系统和战术 C^4KISR 系统两大层次。

为更有效地提高 C^4KISR 系统的信息化战场感知能力，近年来一些军事大国十分重视发展各种高性能的传感器，不仅使作战平台的效能随之倍增，而且还可以为战斗单元与人员提供全维的信息支持，提高战斗单元与人员对战场环境的感知能力，实现信息对抗空间向自己一方透明。比如，外军正在研制新型多传感器指挥和控制系统，既能进行战略电子侦察，又能探测地面和空中目标，并能将空、天、地各种信息融合，产生连贯的空中作战图景。

据国外有关专家报道，现代战争中所需信息的65%以上是通过 C^4KISR 系统获取处理的。C^4KISR 战略信息获取系统主要由一些探测和预警系统组成，可对一个或多个战区内 40%至 60%的重大目标和军事行动提供实时、全天候的连续信息获取，甚至可以掌握和控制每个战区 4000 平方公里范围内 89%的机动目标，为战略和战役行动提供 500 个打击目标的信息。据报道，在伊拉克战争中，美军中央战区总部中若干个大型屏幕上，约每 2.5 分钟即更新一次战场数据，近实时地构建出整个作战地区的全景画面，为实时地“直观”战场情况和作战态势提供了全方位的信息。

随着 C^4KISR 系统的发展和完善，该系统将战场各种资源和信息通过各种通信网络把各层次的终端有效地联系起来，从而大大缩短了从“传感器到射手”的时间。近年来，在武器装备链接和控制方面，一些国家都在致力实现指挥、定位/导航、通信、地空联络、火力系统等多个分系统一体化，以使主战武器的快速反应和战斗力产生新飞跃。据国外有关统计，与传统武器相比，装有 C^4KISR 作战系统的战场反应速度和行动准确性提高 96%，攻击力提高 54%，防护力提高 100%，射击命中率和效率提高 100%。目前，美军还在武器平台上广泛采用 link-16 数据链，不仅实现了诸军兵种及武器系统近实时的数据交换及战场跨层次直接指挥，而且大大缩短了从发现目标到对目标实施打击的时间，较好地实现了“发现即摧毁”。

为使精确制导武器具有打击活动目标的能力，C^4KISR 系统可以通过控制武器发射平台，连续接收、跟踪、调整目标运动信息，并迅速对新的目标坐标位置进行定位和攻击。在伊拉克战争中，美军一体化的“精确定位打击系统”、“联合监视与目标攻击雷达系统”、“超智能监视和目标截获系统”等，均采用多种先进技术与 C^4KISR 系统的各功能组合，把战场目标的侦察定位、数据处理、情报传输和指挥引导火力攻击组成一个有机的整体，使作战优势凸显。据称，预计到 2020 年前后，美军主战武器装备与 C^4KISR 系统将全部实现传感器-控制器-武器系统的一体化。

所谓系统对抗，是指综合利用已方 C^4KISR 系统和手段，有效地与敌方的系统相对抗。一方面保证已方信息系统的完好，免遭敌方利用、瘫痪和破坏；另一方面则设法利用、瘫痪和破坏敌方的信息系统，最终夺取信息对抗优势。据有关统计分析：现代信息战条件下，带有反 C^4KISR 作战系统的轰炸机，生存率可达 70~98%，反之不超过 35%；带有反 C^4KISR 设备的作战飞机执行任务时，其损失率为 2~3%，反之为 20~35%；水面舰艇如不装备反 C^4KISR 设备，被导弹击中的概率为装备该系统设备的 3 倍，其作战“效费比”十分惊人。为保障系统安全和赢得对抗优势，美军已在各种作战平台上装备了 600 多种反 C^4KISR 的电子对抗系统，拥有近千架专用电子战飞机；并正加速将 GIG（全球信息栅格）融入 C^4KISR 系统之中，欲为建设和发展中的 C^4KISR 系统构建信息盾牌。

外军新型计算机病毒简介 《解放军报》2005 年 2 月 16 日贺尚锋、郭宏伟、周敏报道，近年来，经过各国军队的大力开发，已涌现出许多新型计算机病毒武器。

抗分析病毒武器。美军最近研制开发出一种抗分析病毒武器，这种病毒武器是针对病毒分析技术的，为了使得病毒的分析者难于分析清楚病毒原理，这种病毒综合采用了以下两种技术：(1)加密技术。这是一种防止静态分析的技术，使分析者无法在不执行病毒的情况下，阅读加密过的病毒程序。(2)反跟踪技术。使分析者无法动态跟踪病毒程序的运行。由于分析者无法采取及时的应对措施，从而增强了病毒武器的杀伤效应。

隐蔽性病毒武器。以色列军方最近开发出一种能隐蔽发起攻击的病毒武器。这种病毒武器采用特殊的“隐形”技术，当病毒程序进入敌方计算机系统的内存后，敌方几乎感觉不到它的存在，并可争取较长的存活期，在不被发现的情况下造成敌方计算机的大面积感染，在需要的时候通过无线激活技术，大面积破坏敌方的计算机系统。

瘫痪性病毒武器。它是针对计算机病毒消除技术的。计算机病毒消除技术一般是将患病程序中的病毒代码摘除，使之变为无毒可运行的健康程序。瘫痪性病毒武器在感染敌方的文件后，如果敌方进行消毒处理，只要删除染毒文件，其计算机原来的各种文件将一并遭到破坏，从而使敌方的计算机系统彻底瘫痪。这种病毒武器，无法进行一般意义的杀毒操作，因而它成为反病毒武器不可逾越的一大障碍。

病毒自动生产武器。它是针对病毒的人工分析技术而开发出来的。这种病毒武器能使病毒在敌方的计算机系统中进行自动化生产。当这种病毒进入敌方计算机系统后，会变成一种具有自我变异功能的计算机病毒。这种病毒程序可以衍变出各种变种的计算机病毒，且这种变化不是由人工干预生成的，而是由于程序自身的机制。它使计算机病毒武器变成一种具有某种“生命”形式的“活”的东西，其变形病毒每感染出下一代病毒，其程序代码都会发生变化，这使反病毒武器以往扫描的办法将无所适从。因而，这种病毒武器的攻击性和破坏性都非常强大。

美国研制“狼群”网络化地面传感器以对付伊拉克反美武装袭击 《中国国防报》2005年7月5日田龙生报道，由美国国防高级研究计划局和BAE公司联合开发的“狼群”，是指那些网络化、分布式的咖啡罐般大小的地面传感器。它标志着电子战领域在战术和技术上又有了新的突破。

近年来，美军对伊拉克反美武装频繁组织发动袭击活动的通信手段——商用步话机，进行了认真的研究。这种步话机体积很小，成本只有100美元，频率40~50兆赫，通信距离10公里。由于它的信号为直序、扩频信号，低于背景噪音，美军现装备的擅长捕捉常规信号的先进电子侦察系统很难对它进行有效监视。伊拉克反美武装几乎人手一部商用步话机。如果一人持步话机登上一个制高点，他的步话机便与同伙的步话机组成一个中继站，迅速将他们所掌握的美军活动信息传送给附近乃至数百公里外的反美武装。“狼群”就是为了对付这种低功率通信威胁而开发的，之后又增加了巷战、电子攻击等功能。

BAE公司先研制出一种能侦听敌方雷达和通信的小型地面传感器，称之为“狼”。“狼”是单只高304.8毫米、直径120毫米的罐状体小型化硬件。5只安装了升级软件的“狼”分布在临近的地方，就组成了一个“狼群”。其中1只“狼”按预编程序要求成为“头狼”。“狼群”中的“狼”实现智能联网，相互间可进行通信联络。一只“狼”出了故障或遭敌毁坏，另外的“狼”可接替它的工作。“狼群”确定探测目标的识别、定位，并由“头狼”向更大的网络或传感控制中心传送获得的信息。

“狼群”中每只“狼”都有一组小型电池供电。为了节能，一些“狼”在工作前可处于休眠状态。“狼”靠软件不断升级确保自身智能化不断提升。“狼群”工作频段覆盖范围为30兆赫~20吉赫，可覆盖现有常用的雷达和通信工作频率，因而能对目标的通信和雷达信号进行监视和搜集。“狼群”是自治的动态网络，能根据需要对“狼”调整分配任务。它可对正在运行的敌方通信网络进行分析，确定敌方使用电子系统的工作模式和节点，并通过图形在操作控制台上显示。“狼群”对目标辐射源的定位精度可确保己方火力百发百中。

具有对敌方计算机网络的自主攻击能力，是“狼群”实现智能化的一个突出亮点，也将使美军电子战部队配备上一种新型的“从传感器到射手”的电子攻击系统。网络化的“狼群”将能潜进敌低功率网络，根据实际情况和作战要求，实施干扰或计算机攻击，即秘密地将破坏程序包植入敌人的计算机网络。

“狼群”可由火炮发射布设或无人机投放，也可由人工置放。它适合布设在作战目标活动的路旁或地域，或城市巷战区的建筑物顶部。BAE公司项目主管沃里斯顿说，“狼群”的布放必须靠近作战目标，而且在作战现场滞留工作时间要长。因为作战目标采用低功率发射技术和先进加密技术为自己隐形，你不靠近它就无法及时准确了解作战目标的信息。

美国国防高级研究计划局和BAE公司通过对“狼群”的任务功能软件进行联合检验性演示，认为“狼群”开发初期阶段的工作接近完成。美国防高级研究计划局主管官员指出，商用技术的应用使隐藏敌人的通信能力超过了美军现有的信号探测能力，而“狼群”系统能够具有更远的探测范围，使敌人的这些通信系统无法逃避。

“狼群”的一个重要发展方向是由地面飞向空中，进入美军机载电子攻击战斗序列。用地面“狼群”向EA-6B“徘徊者”等电子战飞机传送数据，那只是“狼群”获得的信息升空，将“狼群”转化成具有机载电子攻击能力的最佳途径是“狼群”借助航空器升空。BAE公司为此又研制出“飞狼”无人机。

“飞狼”是一种直径为1.22米、能垂直升降的小型无人机，因嵌入“狼”传感器而得名。每架“飞狼”嵌入一只“狼”，几架“飞狼”组成一个“飞狼群”。“飞狼群”具有机动性强的特点，可到“狼群”不便布设的水域或地形复杂地区上空遂行电子战任务。它可以重新部署或回收。无人机发动机将用来对传感器电池进行充电。如果将地面“狼群”网络与空中“飞狼”联网，就会在更大空间掌握电子战主动权。“飞狼”在2005年夏天进行试验，但成群“飞狼”升空可能要到2009年才会实现。

美国国防高级研究计划局倾向“飞狼”快些投入使用，然而从目前发展趋势看，美陆军将会最早装备地面“狼群”。这是因为“狼群”成本低。用EA-6B电子战飞机搞电子战费用太高昂，单单对敌雷达实施干扰每小时就要花费1.5万美元。而用“狼群”成本很低，它对敌雷达实施干扰每小时只需1000美元。大批生产后，“狼群”成本还会降低。“狼群”存在的主要问题是电池寿命有限，制约了它的电子战功能。

"狼群"如何对搜集到的大量信息进行快速分类和处理，仍是亟待解决的问题。

（乐凯华）

纳米技术军事应用展望 《解放军报》2005年3月30日鼎冲报道，纳米技术在军事上的应用，将使未来信息化战场发生更大改观。

纳米技术"再造"军用材料。利用纳米技术研制的功能材料，颗粒尺度细微至纳米级，表面原子比例明显高于传统材料，并具有许多优于传统材料的特殊性能，可广泛用于军事目的。比如：一是可用作助燃剂。纳米材料表面具有无序性，活性高，因而催化和氧化作用特别强，在固体火箭燃料中加入适量的镍纳米微粒，燃烧效率可提高100倍，能使导弹的射程增加几倍；将纳米铝粉加入高能量密度材料中制成纳米炸药，威力可增大几十倍甚至上百倍。二是可改善脆性材料的机械性能。传统陶瓷韧性差、难以加工，而经过纳米技术"点化"后，可克服上述缺点，用来制造军用涡轮发动机的高温部件，可使发动机效率、工作寿命和可靠性明显提高；纳米陶瓷还可增强坦克复合装甲的抗弹能力。三是可用作隐身材料。纳米隐身材料对红外光和雷达波的吸收率特别高，把这样的物质涂在目标表面可大大降低反射信号强度，从而起到隐身作用。据报道，国外研制的一种纳米"超黑粉"吸波率可高达99%。

纳米技术铸造"袖珍军团"。随着纳米技术的发展，科学家们发明了"扫描隧道显微镜加工技术"等纳米加工方法，能对逐个原子进行加工，精度极高。利用这些技术加工出的纳米齿轮、纳米弹簧、纳米喷嘴、纳米轴承、微型传感器、微型零部件等，能够制成一系列新产品。如用纳米技术研制的袖珍侦察器体积微小，内装敏感的微型摄像机、窃听器和感应器等，可大面积散布，通过网络感知外界各种信息，还可将微型智能值察系统植入昆虫体内，通过操纵用以搜集情报，或引导导弹实施攻击；用纳米技术研制的微型机器人部队，如黄蜂智能微型飞行器、"蚂蚁士兵"等，或可携带高能炸药攻击地面目标，或可通过施放化学战剂，腐蚀和破坏敌方电子设备。据报道，日本已组装出一种只有米粒大小的汽车；德国则研制出长24毫米、高8毫米、重量只有400毫克的微型直升机。由于纳米技术能使武器的体积和重量大大减小，因此才引起人们格外关注。据悉，用纳米量子器件取代大规模集成电路，可使武器系统的重量和功耗成千倍地降低，甚至可以把现代作战飞机上的全部电子系统集成在一块小小芯片上，使目前需车载机载的电子战系统缩小至单兵携带；用纳米技术制造的"袖珍军团"，可以遂行各种军事任务。

纳米技术让武器更"聪明"。纳米量子器件工作速度要比半导体器件快1000倍，利用纳米量子器件和纳米存储元件代替传统产品，能大大提高武器系统的信息传输、存储和处理能力。纳米技术还可以使武器表面产生"智慧"。据报道，用纳米材料制造潜艇蒙皮，可以灵敏地"感觉"水流、水温、水压等极细微的变化，并最大限度地降低噪声，节约能源；还能提前"察觉"来袭的敌方鱼雷，以及时规避。用纳米材料制造飞机的蒙皮，可以灵敏地"感知"各种主动式探测信号，并能主动调节表面电磁波或光波特性，从而达到自适应隐身目的。

各国反恐新式特种装备简介 俄罗斯《新闻时报》2005年9月尼古拉·波罗斯科夫报道，在2005年举办的各种国际反恐装备展览上，有关国家又推出若干反恐特种新装备。主要有以下几种：

反劫机装备。这种由"俄罗斯系统"公司研制的安装在飞机上的自动化系统，可以获取机组人员工作状态的信息，分析机舱里包括乘客举止在内的各种信息。即使恐怖分子夺取了地面飞行管制中心，该系统也能防止恐怖分子在空中采取行动，其自动管制器可以让手动驾驶失灵。如果发现机组人员的操作出现异常，该系统会自动接管飞行控制，并把飞机降落在距离最近的备降机场上。这种反劫机装备已经成功地在俄罗斯军用飞机上进行了试验。

导弹克星。民航客机在起飞和降落时很容易受到便携式导弹的攻击。许多国家早就开始尝试在民航客机上安装军用防护系统。俄罗斯萨马拉"屏幕"研究所研制出一种安装在飞机上的保护系统。其紫外线传感器能够发现便携式防空导弹的发射，该保护系统可确定导弹的准确坐标并发射激光。激光束能够对导弹实施干扰，从而使导弹偏离目标。俄罗斯政府已决定在民航客机上安装这一系统。

遥控射击装置。这是一种依靠内置的射击装置在被劫持客机的机舱内消灭恐怖分子的系统。该系统安装在飞机内的射击装置由地面飞行管制中心通过激光束来控制。地面飞行管制中心如果掌握机舱内的影像信息，就有可能开枪击毙劫机者，并且不会出现射击不中的情况。恐怖分子如果知道飞机上有这种系统，很可能会放弃劫机企图。这项专利属于萨马拉"整体-C"财团。该财团是俄罗斯生产智能一体化安全和控制系统的主要公司之一。

"喷泉"减爆装置。圣彼得堡特种材料科研生产联合公司的专家们建议在商店、剧院、机关等潜在的恐怖袭击目标区安装防爆装置。这种产品的正式名称为“喷泉”抑制爆炸能量装置，它像灭火器一样使用简便。在发现危险爆炸物的时候，可以用充满液体和气体的压缩式介质的茧状物将其盖住，因而使强大的爆炸冲击波能量可以减缓至原先的1/10~1/20，而爆炸碎片的飞溅范围也可以缩小至原来的1/200。“喷泉”有若干种型号，它们可以用来对付当量为400~5000克TNT的爆炸物。

手指指纹通行证。欧盟计划采用所谓的生物护照，可使恐怖分子无法在机场用别人的名字登记。俄罗斯“松达”公司是研究指纹识别方法的世界知名公司之一。它的自动化系统能够从数以千万计的资料库中提取信息，并且已经被12个国家和俄罗斯的25个地区采用。使用这个系统时，人们经过检查口时无须出示证件，只须将手指按在一个专用设备上即可。银行系统的电子签名现已开始向借助于手指的生物测量签名过渡。这种方法还可用来检测非法移民。

机器人核辐射“侦察员”。为防止恐怖主义者使用放射性物质在地铁、火车站、居民区等人口稠密场所发动核袭击，俄罗斯中央机器人和技术控制研究所研制出一整套监测系统，其中包括固定系统和空基系统。这些系统可用来防止放射性物质的非法移动。在该研究所的科研成果中，机器人核辐射“侦察员”有不俗的表现。它能够寻找到放射性物质，并将其转移到安全地点。

微波炮。美国研制出一种反恐新式武器——微波炮。这种炮能够将电磁波发射到1公里远处。如果处在电磁波作用区内，人的皮肤下0.3毫米处的血液分子就会开始沸腾，令人疼痛难忍。而只要一离开电磁波作用区，疼痛感就会立即消失。美国的研究人员认为，微波炮对人体没有伤害，但它在对付大量人员时很有效。微波炮可用来驱散大批示威者，也可部署在重要的军事设施周围，以防止武装恐怖分子潜入。

带电脑芯片的受控老鼠。美国将利用大脑中被植入微型芯片的老鼠来寻找隐蔽的爆炸装置、诱饵炸弹以及被倒塌的建筑物掩埋的人。五角大楼的一个秘密科研机构负责训练带电脑芯片的受控老鼠。首先要训练老鼠识别爆炸物和人的气味，然后再将微型芯片植入老鼠的大脑。这种芯片有3种功能：监控老鼠大脑中确认气味部分的工作，定位和鼓励，从微型芯片传出信号并进入计算机。实验表明，在找到爆炸物或人的时候，老鼠的大脑会出现高度的兴奋。在这种情况下，专家们要向老鼠发出鼓励的信号，以使老鼠更积极地进行搜寻工作。体积小、嗅觉灵、能在各种复杂的空间自由活动，这些特质使得老鼠在执行复杂任务方面变得不可替代。

反狙击手装置。俄罗斯精密机器制造设计局研制出移动式光学电子对抗激光仪。它能够高效率地发现经过伪装的光学电子装备，如狙击步枪的瞄准器，并能立即使其失灵。该仪器的工作原理很简单：在发现狙击手之后，强力激光束使其光学或光学电子瞄准器失灵，同时借助瞄准器进行反观察和瞄准，并使狙击手及其武器丧失战斗力。光学电子对抗激光仪能排除干扰，对眼镜和碎玻璃等物体反射出的信号不作回应。光学电子对抗激光仪可供特种部队和警察在保护重要设施和重要人物时使用。该仪器重56公斤，其强力激光束作用范围在300~1500米之间。

军用生物识别技术简介　《解放军报》2005年4月27日史小敏报道，随着信息等技术的不断发展，生物特征识别技术在军事上已显示出广阔的应用前景。

维护信息安全的生物密码。鉴于传统的以密码为特征的身份认证越来越难以保障军事系统的信息安全，在此背景下，将虹膜、指纹、DNA这些人体本身的生物特征作为开机或登机密码，成为高安全性信息系统的一种全新身份认证方式。这种基于生物特征识别的密码，通过计算机扫描来读取一个人的眼底视网膜特征、指纹等方面的信息，然后与信息中心储存的数据进行比对确认，从而将非法用户拒之门外。

甄别情报真伪的语音分析。在高技术条件下，由于情报获取渠道及获取方式的增加，使得辨析信息真伪成为军事情报人员的关注重点。而随着浩如烟海的声像情报的大量涌现，包括语音识别在内的生物特征识别技术开始在情报处理领域崭露头角。据介绍，美国已建有一个功能强大的资料数据系统，储存有世界上几乎所有领导人的各种相关资料。对于采集到的各国领导人的声音资料，为便于使用，美国中央情报局将其转变成声谱图或声纹的直观形式。声谱图中的电子过滤器仅允许某一特定波段的频率通过，并对这一频率的强度加以记录。伊拉克战争中，每当卡达电视台播出萨达姆的讲话录音后，美国中情局的声音识别专家及语言专家即开始对这些录音进行分析，他们首先将录音带中通过对某一领导人的声音与资料中存储的声音进行对比，从包括呼吸方式、语调的抑扬变化、不寻常的语音习惯以及地方方言等方面辨别其相似或不同之处，从而可判断出录音信息的真伪。

拨开“战争迷雾”的战场识别。误伤自己人或友军历来是兵家大忌。据有关资料统计，美军在海湾战争中的28起误伤事件中，有11起是由于目标识别错误造成的。现代战场的前后方界限模糊，给武器操作者的反应时间越来越短。传统的协同式敌我识别系统，不仅识别距离有限，而且由于使用固定频率，信号易被敌捕获，极易遭到诱骗、干扰和攻击，识别效果很不可靠。鉴于某些生物特征的独一无二性，将诸如虹膜识别技术之类的生物特征识别技术应用于数字化士兵的交互通信设备中，进而进行敌我识别，已成为数字化战场识别研究的新方向。

识别锁定恐怖分子的慧眼。“9·11”等恐怖袭击事件的发生，使如何在机场、车站等公共场所，迅速而准确的发现并确认可疑分子成为世界各国在反恐斗争中普遍关注的问题。值得注意的是，无论恐怖分子怎样改变外型，与生俱来的生理特征和后天养成的行为特征却很难改变。生物识别技术正是抓住这一点，借助计算机技术，利用人类自身生理或行为特征来进行身份认定。将面相识别系统引入对恐怖分子的个体甄别是生物特征识别技术在这一领域的新应用。据悉，这种自动识别系统通过事先采样搜集目标人物的面部特征，例如眼睛之间的距离、鼻子的长度等等，并将之存进数据库。在操作中，只要在某些出入关口放置隐型摄像机，不停地拍摄经过者的面貌特征，并将所有图像传入存有情报机关已掌握的恐怖分子面部特征信息数据库的计算机。计算机通过一系列分析后得出这些人的面部特征，再将这些特征数据与数据库比对，如匹配，则说明此人就是要找的目标。据说这项技术能够在一群人中迅速找出目标人物，成功率高达75%。

高技术伪装欺骗术简介

《解放军报》2005年11月9日卢新才、谢胜武、吕绪良报道，为对付高技术侦察和武器打击系统，各类高技术伪装欺骗术纷纷面世。

真假难辨的“变色术”。“变色术”就是利用光致变色、电致变色、温度变色和湿度变色等材料，使目标表面颜色能随着背景颜色的不同而变色，并与所处背景混成一体的伪装术。“变色术”的关键是变色材料。目前国外正在发展的变色材料有光致变色涂料、热致变色或电致变色涂料、变色纤维或用变色染料印染而成的变色织物等。光致变色涂料主要由黏合剂和光致变色颜料、填料、助剂及溶剂、稀料等组成；而热致或电致变色涂料则由黏合剂和热致、电致变色颜料、填料、助剂及溶剂、稀料等组成。这些变色涂料在光照、热或电作用下能迅速变成与周围背景相同的颜色。据报道，德国和加拿大正在研制一种能够根据环境变化随时改变表面颜色的坦克——即“变色龙”坦克。“变色龙”坦克表面有一层薄膜，这层薄膜可以随周围环境的颜色变化而改变坦克外表特征，也可以随时调节自身的温度，使敌难以根据坦克的热辐射来探测其行踪，从而达到隐形的效果。

据悉，近年来国外还在积极开发光变色服和热变色服。光变色服由光敏变色物质处理的布料制成，用这种布料制作的“变色服”能随周围环境的光色变化而自动改变颜色，使穿着者在任何环境中都不会暴露自己。热变色服是一种“有源变色”系统，可以显著降低热成像仪和雷达的发现概率。这些“变色术”的开发成功与应用，将对未来战场产生重要影响。

防护全波段的“遮蔽术”。“遮蔽术”旨在利用各种遮障遮蔽目标，阻碍敌方侦察和发现目标，达到提高目标生存能力的目的。20世纪90年代以来，能对付多种侦察器材综合使用的多功能、多波段伪装遮障技术先后问世，从而使遮蔽伪装技术发展到一个新的阶段。如瑞典的一种“多波段超轻型伪装遮障”具有对付多种类型侦察的显著性能，能对电磁波段中的可见光、近红外、热红外和宽波段雷达的侦察与瞄准提供完全的防护。以往“遮蔽术”目前面临的一个技术难题是对运动目标的伪装遮蔽。而目前国外已经研制成功的“机动伪装系统”和“高机动车载伪装系统”，在某种程度上满足了运动目标的伪装需求。其中，在研的“高机动性伪装项目”和“机动装备多光谱伪装系统”已取得重要进展。

示假乱真的“示假术”。“示假术”就是通过设置假目标、散布假情报、实施佯动等示假措施，以假乱真，以假掩真，以此达到欺骗、迷惑敌人、隐蔽真实目标和意图的目的。其中，利用制式假目标模拟真目标是示假术的重要内容之一。为有效对付高技术侦察手段和精确制导武器，一些国家已能成功地模拟目标多光谱特征，其中不仅有地面假目标、海上假目标，而且还有空中假目标；不仅有静止假目标，而且还有机动假目标。这些假目标不仅外形逼真，而且还能对付红外、雷达、激光等侦察系统和精确制导武器，其外貌特征和“内在”性能几乎都与真目标无异。科索沃战争中，南联盟的红外假目标就凭着辐射中远红外线的本领，诱使美军中远红外制导武器上当受骗。目前“示假术”正由传统被动型外形模拟向主动型多光谱特征模拟方向转型；应用空间正由陆地、海上平面型向陆海空立体型方向发展；未来假目标将更加注重多谱模拟、结构轻便、设置快速、机动灵活等特性。

新概念潜艇简介 《解放军报》2005年4月20日耿海军报道，随着科学技术的迅猛发展，新概念潜艇即将问世。

超导潜艇。与常规潜艇或核潜艇相比，超导潜艇具有结构简单、推力大、航速高、无噪声、无污染、造价低等显著特点。随着新型超导材料的出现，超导技术在海军舰艇方面实际应用已成为可能。超导磁流体推进装备是根据电磁原理设计的,在磁场和电流相互作用下，由于潜艇与海水之间产生大小相等方向相反的反作用力，潜艇将获得向前运动的推力，推力大小与磁场强度和电流大小的乘积成正比。超导潜艇的优点显而易见。首先，独特的推进原理和极高的能量利用率使潜艇具有更好的动力性能，航行速度将大大提高，据推算可达50节以上。其次，潜艇所载弹药数量将因动力系统体积减小而大量增加，潜艇的攻击力将显著增强。特别是由于磁流体推进技术取代了传统的螺旋桨推动，超导潜艇的噪声显著降低，普通的反声纳技术将对它束手无策，这将极大地提高潜艇的隐蔽性和生存能力。

无人潜艇。无人潜艇是指以水下活动为目的的水下机器人，主要用于完成扫雷和侦察、通信等任务。无人潜艇种类繁多，根据其开发和利用情况，可大致分为遥控潜水型、半浮半沉型以及能携带武器进行自主作战的智能型无人潜艇等。据报道，外军研制的一种新型无人潜艇，在实施攻击时设想航速为50节，靠闭式循环内燃机驱动，通过数字水文数据库自主导航，所携带的战术武器包括鱼雷和固定战斗部。这种战斗部在实施自杀性攻击时，可同体内燃料一起爆炸，并可实施隐蔽性攻击。执行任务时，可由辅助舰船送到作业海域，也可空投入海。此外，有的国家甚至已着手研究利用无人潜艇组建“智能舰队”。这种舰队不仅有作战护卫舰只，还有用于指挥的旗舰，由比第四代计算机运算速度快1000倍的第五代计算机控制，能够执行未来各种海上作战任务。

仿鱼潜艇。为提高潜艇的水下机动性和隐蔽性，美国海军根据鱼类潜游状态运动规律，正在加紧研制一种仿鱼潜艇，用“活尾巴”推动潜艇前进。这种潜艇外层包裹着一层由特殊材料制成的弹性“皮”，尾巴摆动由贯穿艇体的弹性棒带动，这样的周期性变化成为有规律的摆动，于是潜艇便“游动”起来。据称，这种“仿鱼潜艇”比传统潜艇具有更好的隐身和机动性能，它可以有效地避开空中力量的侦察，独自执行侦察和攻击任务，在未来海战中将有重要的应用价值。

隐身潜艇。为了增强隐蔽性，便于潜入敌方海域实施侦察和发动突然袭击，世界一些军事强国都在积极开发研制隐身潜艇。其中采用的较典型的技术主要有两种：一种是声隐身技术。为降低辐射噪声，一些国家正在积极研制低转速大功率低噪声螺旋桨潜艇，并采取阻尼技术、增设隔声罩等措施降低噪声，同时也在研制吸声材料用于敷设潜艇外壳。据报道，俄罗斯在核潜艇外壳敷设蜂窝状的吸声瓦，能够有效地缩短敌声纳作用距离三分之一，其潜艇甚至开拓出所谓“无回声蒙皮”，使艇壳对于声纳波几乎无反射。另一种是红外隐身技术。红外辐射是众多武器系统的重要物理特性，许多探测装置和制导武器都是以红外探测为基础。隐身潜艇主要采用了两种红外隐身技术，一是采用伪装涂料，具有散射或吸收红外辐射的能力；二是采用遮盖板或隔热罩，以减少辐射强度，有效地降低红外辐射量。

水泥潜艇。据报道，俄罗斯海军正在研制的一种水泥潜艇，能够下潜到迄今为止还不可能达到的深度，并以垂直发射的鱼雷攻击水面舰只。这种潜艇以电池为动力，其水泥船体和寂静无声的推进系统将使声纳无法发现他们，并成为海底活动范围很广的船只。据悉，水泥潜艇两侧有翼，在潜艇向前行驶时能产生“升力”。同常规潜艇不同的是，水泥潜艇没有重量限制，所以可以有许多小舱。水泥潜艇只需要最低限度数量的船员操作，能够组成猎食的“狼群”攻击目标。

航母潜艇。目前少数发达国家开始研究和设计一种能把航母和潜艇的优点综合起来的新舰种——航母潜艇，并将其列为新世纪舰船发展的重点。据报道，目前英国、美国均对航母潜艇的可行性做了大量论证和一些关键性试验。为了适应水下航行时的需要和搭载飞机的要求，未来的航母潜艇排水量大约在1万吨左右，舰载机主要为垂直/短距起降飞机，数量在30架左右。有关专家预计，到2025年左右，航母潜艇可望正式问世。

美俄等国预警机发展趋势 《现代军事》2005年第6期李大群、张海明报道，为使预警机适应未来战争的需要，美、俄、法、日等国都在对机载任务电子系统进行多方面的改进。

提高机载预警雷达功能。针对隐身目标、低空突防、反辐射导弹和电子干扰等四大严峻挑战，为进一步提高预警雷达探测隐身目标的能力，美军已安排改进E-3和E-2的预警雷达。经“雷达系统改进计划”(RSIP) 改进的E-3与未经改进的E-3相比，探测小目标和隐身目标的能力提高了1个量级。美国海军的E-2C后继机型“先进鹰眼”，也将换装根据“雷达现代化计划”(RMP)研制的电子扫描雷达，雷达的主要参数比现有AN/APS-145雷达改善20分贝，从而使雷达性能“跃升两代”，并提高探测小目标的能力。新研制的预警雷达将普遍采用有源相控阵体制。因为相控阵可以在数微秒内改变波束指向，形成自适应能力，即根据威胁程度的不同灵活调整扫描速度、信号波形和其他参数，将多个天线单元发射的信号合成在一起，从而增强探测隐身目标的能力。在相控阵天线的布局上采用共形阵，也被认为是反隐身、扩大雷达作用距离的有效手段。搜索雷达的作用距离与雷达的辐射功率及天线面积成正比，而共形阵能获得较大的天线面积，再加上有源相控阵体制的较大功率，就能有效地补偿由于目标反射能力下降而造成的雷达探测距离的降低。

增加辅助探测设备。除不断改进预警雷达外，预警机上还需增加一些与雷达互补的探测设备，如电子支援措施/电子情报侦察、通信支援措施/通信情报侦察、红外搜索与跟踪等设备以及先进的电子自卫设备，以提高预警机的整体作战效能，以及在复杂电磁环境下的生存能力。其中最有发展前景的是红外探测设备。目前美海军正在为“先进鹰眼”研制“红外搜索与跟踪设备”(IRST)，用于探测和跟踪来袭导弹，以承担战区导弹防御任务。

开发非合作目标识别技术。由于现有的询问-应答式敌我识别系统的设备可能出故障或编码失效，战时还可能为免遭敌方反辐射导弹攻击而关机，因此，没有应答的目标不一定都是敌机。为避免由此引发的悲剧，预警机上除安装IFF设备外，还需要非合作目标识别设备来识别没有应答的目标。非合作目标识别技术包括：利用敌方的IFF系统；采用合成孔径或逆合成孔径雷达探测目标；分析目标反射信号特征，通过与数据库中储存的目标特征进行对比来识别目标等。

开发多情报源信息融合技术。网络中心战采用先进的信息技术实施协同作战。美国海军的“协同作战能力”(CEC)系统被认为是第一个网络中心战系统，其核心设备是“数据分发系统”和“协同作战处理器”，而支撑后者的正是多情报源信息融合技术。美军已开始构建“单一综合空中图像”(SIAP)系统，用于融合多个信号源的数据。不同军种的指挥官能够看到同一幅空中目标图像，因此可以避免在协同作战中可能导致的自伤问题。

开发任务系统与载机一体化设计技术。由于载机的外形、体积、重量和气动性能等因素限制了任务系统的设计，因此，有必要对任务系统与载机进行一体化设计。一体化设计有两种可能的途径。一是在选定已有载机的情况下，将电子设备天线(主要是雷达的相控阵天线)与载机外形共形，例如智利的707“费尔康”预警机方案。共形阵与平面阵相比，可以提高天线增益和测角精度，解决载机气动外形与天线布局的矛盾；但是对阵面辐射单元的幅相控制要复杂得多，同时还要解决机身和蒙皮在飞行中的变形问题。任务系统与载机一体化的第二种可能途径，是使飞机外形与多面相控阵天线相适应，实际上就是为预警机研制专用载机。这种一体化设计更为彻底，但是成本太高。另外，任务系统自身的一体化设计也是一个发展方向。在相对狭小的空间内布置大量的前端发射、接收和处理装置，对于系统设计是一个难题。开展多传感器设备的复用设计，可以极大地改善系统的电磁环境，降低系统风险和研制成本。开展模块化和公用化设计，有助于提高预警机的可靠性、互换性，改善系统的可维修性和可测试性。

开放系统体系结构技术。为了提高经济性和可持续发展能力，在E-3的改进中采用“开放系统体系结构”(OSA)，充分利用了现成的商用货架产品(COTS)软硬件及其标准。这样既提高系统性能和可靠性，又减少寿命周期费用和设备的体积重量，还能提供“即插即用”的能力，并减少了任务系统升级所需时间、经费和集成的复杂性，从而实现E-3的中期现代化改进。

(任　文)

(本栏责任编辑　王汉杰)

军事建设

建军计划与措施

中国建军计划与措施 2005年，是中国人民解放军建设和发展第十个五年计划的最后一年。为了进一步做好军事斗争准备，适应未来信息化战争的需要，全军以提高战斗力为根本出发点和落脚点，以科学发展观为指导，在军队建设中制定和实施了以下计划与措施：

加强党的建设，进一步创新军队政治工作 2005年，全军大力加强军队党的先进性建设、党组织能力建设和基层建设，深入开展保持共产党员先进性教育和强化战斗精神、提高打赢能力的教育活动。其表现共五个方面：一是创新军队党的建设工作。年初，总政治部下发《关于深入开展保持共产党员先进性教育活动的意见》，要求全军各级党委和政治机关把这次教育抓出成效。2月，全军和武警部队大抓维护党的纪律严肃处理党风方面问题的活动。10月，总政要求全军各级党组织，建立和完善保持共产党员先进性长效机制。为进一步加强军队党的建设，中央军委发布了《中国共产党军队支部工作条例》等法规。二是创新思想政治教育工作。年初，总政召开全军思想政治教育工作电视电话会议，部署深入开展强化战斗精神、提高打赢能力教育活动。在全军征集战斗精神队列歌曲，指导部队开展“铸军魂、谋打赢”系列文化活动。5月，根据总政治部的批准，在全军院校组织开展党员思想政治教育检查评估活动，以推动军队院校思想政治教育的全面落实。三是创新军队干部工作。5月，总政治部发出通知，确定在南京军区、海军、空军、第二炮兵部分师级作战部队，开展考核与考试相结合的办法，选拔优秀正营职干部担任作战部队团级领导职务的试点工作。这一举措，对推进军队干部选拔任用工作科学化、制度化、规范化具有重要意义。6月，总政又颁发《中国人民解放军团级以上指挥军官通用能力基本标准（试行）》，为构建军官考核评价体系奠定了基础。四是创新军队政治工作方式。10月20日，全军政治工作通信网正式开通。这条“信息高速公路”将逐步辐射到全军基层部队和院校，从而提供了政治工作指导的新平台、思想政治教育的新阵地、官兵学习和娱乐的新渠道。五是加强基层建设。2005年10月，总参总政联合发出通知，要求全军和武警部队在旅团级单位集中进行尊干爱兵教育。11月，总政下发通知，要求全军和武警部队进一步加强旅团“指导员”之家建设，以增强思想政治工作的针对性、实效性和主动性。

以军事斗争准备为牵引，强化使命课题训练 年初，总参谋部部署新年度全军军事训练工作，强调要以军事斗争准备为龙头，大力强化使命课题训练。全军部队要充分发挥合同战术训练基地的作用，在近似实战的条件下特别是复杂的电磁环境中，练指挥、练协同、练保障，全面提高部队战斗力。一年来，全军训练呈现出新的特点：一是一体化训练成为主旋律。全军按照“战建训一体”的指导思想，形成了纵贯总部和部队的崭新训练机制，加强信息化作战、联合作战基础知识和基本技能训练，打牢一体化训练的基础；各军兵种加强合同作战单元的内部集成训练，强化三军情报信息指挥控制、综合保障等作战要素和诸军兵种实兵演练；抓好预备役部队与现役部队的挂钩训练。全军一体化训练的先行单位，着力在深化理论研究、构建内容体系、发展方法手段、完善运行机制、加强队伍建设五个方面实现突破，形成一体化训练试行纲目和相关制度，推动一体化训练协调有序地发展。二是推进院校教育转型建设。全军院校紧贴军队信息化建设实际，以现代化教学工程为主线，全面推进人才培养模式，加强教学内容、方法、管理、环境、队伍等各项改革和建设。学历教育突出基础性、任职教育突出针对性，研究生教育以培养应用型人才为主。院校教育和部队作战训练任务紧密衔接，有计划加紧培养联合作战指挥人才、信息作战专门人才、特种作战骨干人才、新装备的急需人才。三是重视特种训练。陆军航空兵大力推广模拟训练。工程兵加强三军联合破障、立体机动破障、跨越宽大江河等课题的研究训练。8月，全军第一家集理论研究、人才培养和成果开发为一体的军事心理训练中心在工程兵指挥学院成立，标志着中国人民解放军军事心理教育训练迈上了新台阶。四是加强科学文化教育。全军继续实施“高层次人才强军计划”。自2002~2005年底，全军共选送5600余名军队专业技术干部到普通高校攻读硕士。同时，2001~2005年，共有27.5万名干部获得在职教育高等学历，45万名士兵获得中专以上学历，130万名士兵掌握了一门以上专业知识技能。五是创新教育训练方法。2005年，全军首次成批选调军兵种人才执教国防大学；军队院校第一个“研究生创新”中心在国防科技大学挂牌；全军和武警部队大范围展开技术兵职业技能鉴定，3月，总参通过专门的集训，在全军普及推广“部队演习评估系统”，12月，全军首次运用该系统进行考核，使训练考评从概略评估走向精确量化。六是多次举行中外联合演习。8月，中国和俄罗斯在山东潍北地区进行了“和平使命—2005”联合军事演习，进一步提高了两国军队共同应对新威胁、新挑战，打击国际恐怖主义、极端主义和分裂主义的能力。11月，中国与巴基斯坦海军在阿拉伯海举行代号为“中巴友谊—2005”的以联合搜救为主要内容的非传统安全领域演习。12月，在泰国湾南部海域举行了代号为“中泰友谊-2005”同类性质的演习。

压缩军队规模，优化编成结构 3月，总参谋部发出《关于清理临时和非编机构的通知》，强调非编单位和完成任务的临时机构一律撤销。7月，新的编制表颁发全军执行。军委和总部要求全军部队进一步加强组织编制管理，全面落实新编制。年底，全军圆满完成从2003年开始的军队体制编制调整改革方案确定的任务，如期裁减员额20万。其中，陆军部队占全军总员额的比例已下降至历史最低点；海军撤销了航空兵机关，基地改编为保障基地；空军撤销了军（基地）机关，实行区域性指挥；合并了部分建制单位，优化了作战部队编成。这次体制编制调整改革，减少了领导机关层次、机构和人员；撤销了所有非编单位、机构；增编了联合作战指挥机构。全军精简干部17万，优化了官兵比例结构。通过改革，全军朝着规模适度、结构合理、机构精干、指挥灵便，战斗力强的目标迈进，从结构上提升了信息化作战能力。

深化联勤体制改革，提高社会化保障能力 一是继续完善以战区为基础的三军大联勤一体化保障，初步形成军队一体、军民一体、平战结合的大联勤法规体系。2005年7月，济南战区大联勤改革试点取得阶段性成果：联勤机构三军合成，保障机制逐步完善，保障资源集约使用，保障效益明显提高。改革中更为突出的是，全军基本实现卫生大联勤。卫生系统已将军兵种部队的医疗状况、监测、卫生监督和“三防”医学救援，全部纳入联勤范围；调整优化了划区医疗、就近收治、逐级后送的卫勤保障体系，构建了总部、战区、部队三级疾病预防控制体系，理顺了药材供应保障关系和保障接口。二是全军后勤保障社会化稳步推进，成效明显。到2005年，全军已有近2000个单位推行了饮食保障社会化；1000多个军人服务社进行了撤并停改，实现了商业服务社会化；1000多个单位的营院实现了营院保障社会化；200余个单位停开了通勤班车，实行了公务用车社会化；2000多个小散远单位实行了门（急）诊医疗保障社会化，全军有6万多名正式职工参加了医疗保险；军队军需工厂全部移交地方，有45%的军需被装物资面向社会招标订货；一批小散远单位的油料保障，实行了货币化供应或依托地方石油公司代加代储。三是改革物资采购方式。8月，总后华东军用物资采购局依托地方国民经济动员体系，创立了“军用物资应急采购资源库”。这标志着东北地区建成了军民一体化采购体系。12月，中央军委转发四总部《关于深化装备采购制度改革若干问题的意见》，强调要进一步建立起统一领导、分级管理、竞争择优、监督有力、整体协调、科学高效的装备采购制度。四是加强审计工作。2005年，全军将战备工程、装备经费、战储物资和领导干部经济责任作为审计重点；完善审计制度，积极探索大联勤体制开展审计工作的路子，不断提高审计能力。五是进一步改善官兵生活。从2005年1月1日开始，全军再次大幅度提高士兵伙食费，平均每人每天增加1.8元，这是建国以来提幅最大的一次。12月，总后颁发《军队伙食单位分餐管理办法》。该《办法》结合部队实际，从职责分工、饭菜制作、分餐形式、餐具消毒、监督检查等方面作了政策性规定。

加强装备体系建设，提高装备作战和保障能力 2005年，全军武器装备“成建制、成系统形成作战能力和保障能力”建设向深度和广度发展。总装备部针对陆军装备质量建设中的问题，近年来颁布实施了24项质量工作规章制度，修订完善了463个质量工作标准、5700多个质量监督和检验验收细则，打牢了装备质量建设基础。有关部门解决了一批关键技术难题，大幅度提高了陆军装备建设水平。空军机载弹药发展为全系统、全过程、全寿命质量管理，一批新型机载弹药成为空中突袭利刃。工程兵部队伪装器材形成系列，防护手段复合多样，作战工程保障能力大为增强，在海军装备方面，中国自行设计研制的新一代主战潜艇于2005年试航成功。662项创优工程，使新型潜艇建造效益明显增加，出厂合格率达100%。海军还攻克16项海上舰船保障技术难题，使中国舰船具备了全天候、多品种、立体化海上补给能力。在车辆和船艇装备建设方面，基本形成了指挥车、牵引车、运输车、特种车、摩托车以及由多种用途车型构成的通用特种车体系。截至“十五规划”末期，全军车辆总体更新率已达79%，船艇总体更新率达54%，部队长期存在的车船老旧问题得到缓解，

坚持依法治军方针，建立健全管理体制 2005年，中国人民解放军进一步深入贯彻依法治军的方针。全军和武警部队检察机关全面履行检察职能，集中查处了一批大案要案，促进了部队党风廉政建设；积极适应构建社会主义和谐社会的要求，充分发挥批捕、起诉职能，较好实现了打击犯罪与维护稳定的统一。军事检察院在分析近5年来职务犯罪案件特点规律的基础上，先后到四总部和各大单位巡回宣讲30场，数以万计的高中级干部听取宣讲。各级军事法院围绕维护安全稳定大局，高标准做好刑事审判工作，依法妥善审理军内民事案件，抓好官兵维权工作。一年来，各级军事法院为军人军属提供法律咨询32823人次，接待来访16682人次，处理涉军案件2120件。各级法院还发挥特长，配合部队建设需要，深入开展法制教育，为部队讲授法制课2559场，听课官兵达102万人次；为部队举办各种法律骨干培训班34期，培训骨干5598人。

2005年，全军进一步加强正规化管理，特别是对高中级干部的管理。8月，经中央军委批准，总政治部发布《中国人民解放军监察工作规定》，规定军队纪律检查（组织）部门对军队单位和现役军官、文职干部，以及从事管理工作的士官、文职人员实施监察。9月，总政治部下发《关于认真贯彻胡主席从严治官重要指示，进一步加强高中级干部教育管理的意见》，要求全军和武警部队各级党委和政治机关把加强高中级干部教育管理摆到更加突出的位置，切实抓紧抓好。一年来，全军积极改进管理方法、技术和手段，建立健全科学的管理体制，提高现代管理水平，实施系统管理、精确化管理。各军兵种部队对构成战斗力的诸要素实施量化管理，有效提高了训练质量。年底，总参通信部建成了平战结合、三军共用、标准统一的军用通信网络智能平台，从而实现了网络监控智能化、信息交互实时化、值勤管理可视化，联训联考网络化。由此，标志着全军固定通信网值勤训练管理实现新跨越。在边防管理方面，截至2005年，历时10年的第一步大规模陆地边防基础设施建设完成。第二步建设随即展开，建设重点增加了信息化建设的内容，要求统一边境地区信息化设施建设的组织程序、功能指标和技术要求，实现多级网络联通，以提高科技管边控边的能力。在海防建设管理方面，经国家边防委员会批准，全国海防基础设施建设专家库于4月1日正式建立。这对于提高海防建设的科学管理水平，逐步建立起基础扎实、体系健全、功能强大的现代化海防基础设施系统具有重要意义。

资料来源：

《解放军报》2005年1~12月。

（方 宁）

美国建军计划与措施 2005年，美军在进行反恐战争的同时，继续按照“基于能力”的要求提高军队作战能力，军队建设呈进一步加速发展之势。主要计划与措施包括：

加快军事转型 军事转型是2005年美军建设的重中之重。转型涉及条令、编制、装备、领导、教育、训练、人员和设施等各个方面，目的是建设一支装备更加精良、更具远征能力的军队。从国防部到各军种分别出台一系列建设构想、作战纲要、转型路线图等文件，转型建设表现出强劲的发展势头。

出台一系列关于转型的文件 （1）7月，美国防部向国会提交了年度《国防报告》。报告回顾了美军转型的情况，并提出了新的转型要求。一是将信息化建设放在军队建设的核心位置。二是提高联合作战能力。三是发展先进武器装备。四是提高人员素质。五是加大国防投入。（2）2月，陆军部颁布的《陆军现代化计划》比较详细地总结了陆军转型的具体做法，明确规划了陆军转型的目标，为陆军如何继续转型提供了指导。《陆军现代化计划》指出组建模块化的旅级作战部队是陆军转型的核心举措。陆军的旅级部队正在被重新设计成3类标准编成的模块化机动旅，分别是装甲旅、“斯特赖克”旅和步兵旅。（3）海军加快落实《21世纪海上力量转型》构想。1月2日，海军宣布了《21世纪海上力量转型》计划中的人力资源管理部分，称为“海上勇士”的战略计划。“海上勇士”计划的目标是使海军的现役、预备役军人和合同雇员能够获得更好的训练、教育和激励，更好地执行21世纪海军重要使命。“海上勇士”将通过4个阶段实施5项措施，于2006年结束。（4）1月6日，美国防部部队转型办公室公布空军新版转型路线图——《空军转型

飞行计划》，核心内容仍然是要求空军加快转型，完善具备以下四种能力。一是联合与一体化作战能力，二是快速全球打击能力，三是持续打击能力，四是快速战场打击能力。为此，空军将采取一系列有力措施。一是确定由联合部队司令部负责远程作战的指挥与控制，对相关机构继续改组。二是发展高速超音速飞机、无人机，改进巡航导弹和远程空对地导弹的作战性能。三是提高空间情报的侦察、监视、目标跟踪和锁定能力。四是组建各种任务部队。按任务性质组建全球打击特遣部队、国土安全特遣部队、核反应特遣部队、远征特遣部队、全球特遣部队、C^4ISR 特遣部队和全球机动特遣部队等 7 类任务部队。

加大转型投入　2005 年，美国投入军事转型费用 300 亿美元，比 2004 年的 243 亿美元增长 23.5%，继续加大对六大转型作战目标的支持。其中，89 亿美元用于"保卫美国本土和海外作战基地"；100 亿美元用于"向远距离的战区投送和维持军事力量"；62 亿美元用于"摧毁敌人的庇护所"；5 亿美元用于"增强航天能力并保持进入太空的自由"；37 亿美元用于"提高联合作战的技术水平"；7 亿美元用于"保护美国的信息系统不受攻击并瘫痪敌人的信息网络"。

转型工作程序　美军工作程序的转型主要包括重整国防部和军种部。2005 年，国防部将管理人员和办公室工作人员裁减了 15%。军种部也简化武器装备采购手续，改组管理方式，高效地利用军事资源，建立企业式的新型管理结构。这样，在增大国防投入的同时，提高了军事资源的利用效率，有效地增强了军事实力。

增加国防开支　2005 年，美国的国防预算为 4017 亿美元，比 2004 财年的 3750 亿美元增加 7%。加上追加的反恐战争拨款 800 亿美元，军费总额高达 4817 亿美元，约占美国 GDP 的 3.9%。与 2004 年相比，人员费用 1048 亿美元，增加 7%；武器系统采购费用 749 亿美元，与上年的 742 亿美元相比增长不大；武器研发、试验与评估费用 689 亿美元，增加约 6%。

提高军人待遇　2005 年美军为改善官兵福利付出了巨大的努力。一是提高军人的收入。2005 年军人普遍加薪 3.5%，军人工资平均提高 4.15%。美军官兵的收入远高于全国平均水平，军官步入高收入阶层。二是提高军人的福利。改善工作和生活设施，提高三军的医疗保障水平，增加军人基本的住房补贴都列入 2005 年国防开支当中。2005 年军人自己承担的住房开支降为 0，危险地区补贴每月提高 225 美元，军人家庭分居补贴每月提高 250 美元。三是给作战人员提供较好的联合专业军事教育，使他们能够尽快与高技术装备相结合，充分形成战斗力。这反映了为满足信息时代新的作战任务需要，美军十分注重为高素质军事人才提供优厚待遇，以促使其为军队工作。

保持装备采购费用的稳定　2005 年，武器系统采购费用 749 亿美元，与上年相比起伏不大，但结构有所调整，更加注重集中资金采购高性能的军事装备。主要采购项目包括：陆军投资 32 亿美元用于未来作战系统，全力支持陆军变革，投资 10 亿美元为第 5 支"斯特赖克"旅购置作战车辆。海军投资 111 亿美元采购 9 艘舰船。投资 21 亿美元继续支持对 21 世纪新一代水面舰船技术的开发。空军投资 7.1 亿美元用于联合无人驾驶作战航空系统。其他主要项目还包括：投资 46 亿美元采购联合攻击战斗机；投资 17 亿美元采购 11 架 V-22 倾转旋翼机。

增加新技术研究与开发的支出　2005 年，美国继续投入巨资强力支持对新军事变革至关重要的国防新技术的研究与开发。国防研究与开发支出成为国防开支中增长最多与最快的项目，2005 年国防支出增长了 35%，而国防研究与开发支出却增长了 67.7%，大大超过了国防支出的增长比例。主要是为许多新国防系统的研究开发提供资金，包括联合打击歼击机项目、未来作战系统、新型驱逐舰项目、高性能通信和大量的情报系统等。

更新作战理论　2005 年，美军根据安全环境的变化和战略目标的调整，以军事转型为牵引，在总结阿富汗和伊拉克战争的实战经验的基础上，进一步发展了联合作战和军种作战理论。

颁布 2005 年版《联合核作战条令》，确立"先发制人"的核作战思想　参联会 3 月 15 日颁布了《联合核作战条令》，对新的安全形势下的核武器使用原则进行了界定，明确了核行动中多元化的威慑方式，详细阐述了战区级核行动。与 1995 年版《联合核作战条令》比较，核作战理论有较大发展。一是确立了"先发制人"的核作战思想，降低使用核武器的门槛，增加在实战中使用核武器的可能性。二是将常规武器、发展导弹防御系统与联合核行动相结合，规划新的"三位一体"战略力量结构，更新威慑手段。三是将具有战略地位的核武器运用于战役战术级行动，增强使用核武器的灵活性和现实性，增强核威慑效果。四是下放紧急情况下核武器使用的申请权限，提高了打击的时效性。

修改《联合作战纲要》，确立新的联合作战原则

新版《联合作战纲要》反映出美军对安全环境变化的

新判断，与 2001 年版《联合作战纲要》比较，最重要的变化包括：一是对美国武装部队面临的军事行动的范畴有新的认识。军事行动的范畴由原来的“战争行动”和“非战争行动”二大类改为“本土安全行动”、“稳定行动”、“大规模作战行动”三大类。二是进一步拓展了对联合作战空间的认识，将联合信息作战上升为核心作战样式。新版《联合作战纲要》将计算机空间确定一个新的作战空间。三是增加了联合作战的基本原则。对九大联合作战原则进行了新的补充，增加了“约束”、“持久”、“合法”三大行动原则。反映出美军在新的作战环境下联合作战理念的重要变化。出台《反空间作战纲要》和《航空航天作战的战术、技术和程序》，“空天一体战”理论趋于成熟这两大有关空间作战的条令的出台，进一步发展了美军颁布的《2020 年航天构想》中提出的未来空间作战的概念，并细化了 2002 年美军参联会颁布的第一本指导美军联合空间战行动的纲领性文件——《联合空间战纲要》。强调美军未来的空间战和空中作战行动将是全球到达、全球打击的空天一体化行动。

修订陆军野战条令，完善陆军应急作战理论　2005 年，美国陆军加速了作战条令的修订工作。美陆军训练与条令司令部重新修订和颁布了包括 FM1 号野战条令《陆军》、《特种部队空降行动》、《旅作战行动》等在内的 46 本野战条令。这些条令的修改主要是根据“9·11”事件后国际安全形势对陆军新的作战要求，进一步更新陆军作战理论，重点发展了轻型化可投送陆军实施应急作战的理论。

改革体制编制　2005 年，美军进一步调整体制编制，精简合并了领导指挥机构，组建了模块化部队，提高了联合作战水平和快速反应能力。具体调整情况看“体制编制”专题栏。

发展武器装备　发展新型武器装备是军队建设的重要内容。美国一直在瞄准未来战争，集中有效资源，实现武器装备的更新换代。2005 年美军装备发展更加强调信息化、智能水平，突出精确打击能力，注重机动性和通用性，同时武器装备发展还呈现出自动化、无人化的趋势。

“未来作战系统”成为研究与开发的重点　未来作战系统将成为美陆军转型后的基石。2005 年陆军加大了未来部队建设的投资，其中，30 亿美元用于发展未来作战系统，比 2004 年增长 76%。“9·11”事件后，美陆军加快了未来作战系统的建设。原计划 2008 年开始生产，2010 年开始部署；现改为 2006 年开始生产第一批系统，2008 年装备第一支部队。

该系统由 18 套战斗装备和 1 套网络构成，包括 6 种新型战斗和保障车 261 辆、无人驾驶战斗和运输车 162 辆、自行加农和迫击炮 42 门、无人机 215 架、无人地面传感器 157 个、间瞄火力发射系统 24 套以及智能弹药等。未来作战系统的重点不仅仅是作战平台，更重要的是连接陆军以及其他军种部队的网络系统。未来作战系统分队将以一种高度分散的模式作战，依赖并广泛运用分散的、具有高机动性的有人和无人情报、侦察和监视系统，提高生存能力和作战机动能力。

空中平台取得新的发展　一是新一代战斗机继续发展并开始服役。代表着当今世界战斗机最高技术水平，具备隐身、超声速巡航、非常规机动等全新的性能特点的 F-22A 先进战术战斗机，历经长达 20 余年的研制后，终于成为全球最早进入服役的美空军第四代战斗机，于 2005 年 12 月形成初始作战能力。F-35 联合攻击战斗机项目在 2005 年也取得了较大进展。

二是 V-22“鱼鹰”倾转旋翼机取得重大进展。2005 年 9 月，美国防部批准 V-22“鱼鹰”进入全速生产阶段，从而结束了该机为期 17 年的试验和 24 年的研制历史。V-22“鱼鹰”倾转旋翼机可满足 32 种军事任务的需求，并能赋予战场指挥官更多的选择和更大的灵活性。V-22“鱼鹰”倾转旋翼机计划 2009 年开始部署，2014 年达到初始作战能力。

三是无人机成为研发的重点装备。美国防部已将无人机视为“具有转型能力”的重点装备，2005 年在无人机方面的投资高达 20 亿美元。8 月 8 日，美国国防部公布了《2005~2030 年无人机系统路线图》，为美国无人机发展指明了方向。各军种部队研发无人机也不遗余力。陆军的“猎人”无人机进行了首次工程试飞，在现代化方面取得了重大进展。海军开始与诺斯罗普·格鲁门公司合作研制 RQ- 8A“火线侦察兵”垂直起降无人机。空军投资 8100 万美元用于“全球鹰”无人机的研究与开发，10 月开始接收 9 架“捕食者”续航无人机。

四是空中指挥平台的功能不断扩展。2005 年 11 月，由诺斯罗普·格鲁门公司领导的美国空军 E-10A 项目完成了关键的评审。E-10A 是美国空军下一代指挥控制飞机，集 E-3 预警机、E-8 联合监视与目标攻击雷达系统飞机和 RC-135 电子侦察机等功能于一体。根据美国空军的设想，E-10A 还具有指挥控制无人机，协调天基雷达和情报、监视、侦察等功能。

导弹防御系统进一步得到完善　2005 年，国防预算投资 100 亿美元保障导弹防御系统，比 2004 年增长 20%，增幅处于所有武器系统之冠。其中，为导弹防御局提供91亿美元的资金，用于导弹防御系统的研发和部署。2月，美国首枚“末端高空区域防御”拦截弹装配完毕，准备首先生产30枚。4月3日，美国导弹防御局海基弹道导弹防御雷达安装完毕。它能在海上机动，对来袭导弹进行跟踪、识别和评估，并将数据传给导弹防御系统。7月，开始正式部署导弹防御系统，将一枚三级导弹拦截火箭安装到阿拉斯加州军事基地的发射井中。2006年至少有20枚导弹拦截火箭部署到位，其中4枚部署在加利福尼亚州的范登堡空军基地。

调整军事基地 2005年11月7日，美国国会批准了“美军基地关闭与调整委员会”关于军事基地调整的建议。根据计划，本轮军事基地调整即将正式启动，2011年9月15日前全部结束。

背景与目的 美国先后于1988年、1991年、1993年和1995年进行过四轮军事基地重组，共关闭97个大中型军事基地。美军此次调整军事基地，主要是综合考虑了安全环境、军事转型和军事开支等方面的因素，目的是更改冷战时期遗留下来的军事基地布局，形成新的基地网络，进一步增强军队的灵活性和机动性。

主要内容 (1) 欧洲方向，一是关闭、新建部分西欧基地。调整在德国、意大利和英国的主要军事基地，缩小驻德军事基地的规模。美军将撤出在德国南部的13个军事基地。德国巴伐利亚州维尔兹堡市及其周边地区的11个美军军事基地将在2007年9月前移交给德国政府。在维尔兹堡附近的另外2个军事基地随后也将关闭并移交给德国政府。拉姆施泰因空军基地保留下来。美军拟在德国建立一个陆军训练中心，部署一支新型“斯特赖克”旅。二是开辟东欧基地。在东欧的匈牙利、罗马尼亚、波兰、保加利亚等俄罗斯传统势力范围新增军事基地，将战略前沿向东推至俄罗斯边界地区。2005年10月25日，美国防部宣布，2006年美将在保加利亚建立军事基地，部署5000名士兵。届时，保加利亚将成为美军介入东欧地区危机的“跳板”。(2) 亚太方向。一是在东北亚地区，根据美韩达成的协议，驻韩美军的调整将分两步进行。第一步，将非军事区附近15个美军基地归并到汉江以北的东豆川、议政府两个基地；第二步，将汉江以北美军迁至汉江以南的乌山和平洋基地。驻日基地方面，在日本横田成立指挥整个西太平洋地区空军的中枢司令部。在日本神奈川县的座间基地成立美国陆军司令部，并定位为美国陆海空三军的联合作战司令部。海上作战指挥机构将集中在横须贺。二是在中亚地区，准备正式在乌、塔、吉三国建立军事基地（原为临时基地）。还将与哈萨克斯坦、吉尔吉斯斯坦、塔吉克斯坦和阿富汗磋商，谋求在中亚地区建立前沿作战点，使之成为美军的训练和后备基地，进而确立在中亚地区的永久性军事存在。三是在东南亚地区，谋求与东南亚国家达成临时基地使用协议，与马来西亚、印尼、泰国、文莱、越南、菲律宾等国协商开辟军事基地和设施，在澳大利亚北部建立空军基地和一个美军训练中心，在印尼建造军港；在泰国湾、印尼建立海上浮动军事基地和后勤补给维修基地。四是在西太平洋，扩建关岛军事基地，拟把关岛建成太平洋战区名副其实的“战略支撑点”。将部署4~6艘“洛杉矶”级攻击核潜艇，一支由3架“全球鹰”无人机、12架加油机、48架战斗机及6架战略轰炸机组成的“全球打击特遣部队”。(3) 非洲方向。将在非洲建立两种合作安全站。一种规模相对较大，危机爆发后可以保障一个旅的行动。另一种规模较小，供轻装特种部队、海军陆战队或连排规模的步兵在执行紧急任务时使用。(4) 美洲方向。一是在拉丁美洲，美国将加强在古巴关塔那摩、洪都拉斯、波多黎各、萨尔瓦多、阿根廷和秘鲁的军事基地。准备在玻利维亚、厄瓜多尔等国机场建立军事设施，打击贩毒和恐怖活动。二是在美国国内，拟关闭150处军事设施。

资料来源：

①中国《外国军事学术》2005年第1~12期；

②美《世界军事年度发展报告》(2006年版)；

③美《每日防务》2005年。

（焦 亮）

俄罗斯建军方针与措施 2005年是《俄联邦2001~2005年武装力量建设计划》结束的一年，同时也是新五年计划和未来远景规划陆续制定和出台的一年，未来五年俄武装力量建设的重点是：第一，保持和发展最低限度的战略遏制力量，重点建设战略核遏制力量和空天防御系统；第二，全面提高武装力量的战斗能力，使其达到足够应付目前和将来军事威胁的水平；第三，根据防御够用的原则，继续优化武装力量编成、结构和员额；第四，完善战略方向上军队集团的领导指挥体制，建立地区性司令部；第五，确定国防基础设施的发展方向，建设一体化的国防信息基础设施和指挥自动化系统。2005年12月6日，俄武装力量总参谋长提出今后将按照“非对称”的原则对武装力量进行脱胎换骨的改造，建立一支强大的、职业化的、装备精良、能够应对现有威胁的军队。为实现这一目标，俄军在2005年采取主要举措是：

压缩员额，优化编成结构，试验新的领导指挥体

制 2005年俄武装力量的编制员额由120.7万人裁减到113.48万人，计划到2011年进一步裁减到110万人，未来5年总共裁减35000人，其中高级指挥员300人，届时武装力量将军人数将减至1100人以下，即每1000名军人中有一名将军。削减的重点是国防部所属院校、地方大学的军事教研室，以及国防部所属的非军事性组织等。

为了使武装力量实现高质量的现代化，将对军事编成结构进行优化：第一，要进一步发展常备部队，发展侦察、通信和电子对抗部队，部队中要达到作战部队和保障部队的最佳配置，以便在不同战略方向建立有自我保障能力的军队集团；第二，要使核力量的潜力保持在实现战略遏制和地区遏制的水平上；第三，要重点发展空军，优先发展空天防御力量，为此将建立跨军兵种的空天防御军团；第四，要缩减国家的动员能力，裁减兵役局、征兵委员会和应急储备仓库的数量，减少战争爆发时应征人员的数量，动员职能也将由军区上交总参谋部。

2004年底，俄国防部进行了领导指挥体制的重大调整，开始实行国防部长一长制领导。2005年初，国防部开始按照新的编制和条例运行，未来五年的改革是优化战略和战役-战略级军事指挥机关的结构和编成。2005年7月9日，俄安全会议通过决议，进行建立地区性司令部的试验，试验的重点是由目前对陆军实行单一军种指挥的军区体制向跨军种指挥的战区体制过渡。海军也将作重大改组，要拆散所有4个舰队，取而代之的是分舰队和区舰队，它们将服从战区司令部的指挥。为此，将重新划分各军兵种和军区的职责，军区和军兵种的直接指挥权将移交战区。不编入军区的战略部队，将不再由各军兵种司令部指挥，而是新成立专业司令部来指挥，如战略核力量司令部、空天防御司令部和战略空运司令部等。各军兵种的情报部门将进行重组，陆、海、空三大军种的情报局将被撤销，在此基础上成立情报处，独立兵种--空降兵、战略导弹兵和航天兵的情报处也将削减一半，武装力量情报部门的功能将转移到总参情报总局。

加强战略威慑力量建设，建立战略遏制力量体制 为应对美国和北约的潜在威胁，未来一个时期俄罗斯将战略核力量和空天防御部队作为发展重点，努力建立攻防兼备的战略遏制力量体系。

目前，俄陆基战略核力量有80%已超过了寿命期，今后将逐年增加建设拨款，改造和更新现有陆基核武库。一是淘汰不稳定的SS-24和SS-25战略导弹系统，这些导弹系统已接近或超过寿命期，计划在未来10年内逐步淘汰，因此，战略导弹兵将以每年1~2个师的速度撤编。二是对尚有作战潜力的SS-18、SS-19重型导弹进行改造，使其服役到2015年之后。三是装备SS-27（“白杨-M”）新型战略导弹系统，年内第五个“白杨-M”导弹团开始担负战备值班，其装备总数达到了50枚，2006年将再有2~3个团投入战备值班。

在海基战略核力量方面，俄加快研制和列装新型战略核潜艇，并开始试验新型海基战略核导弹。2005年，俄海军正式列装了2艘战略核潜艇：一艘是941“台风”级“德米特里·顿斯科伊”号战略核潜艇，另一艘是最新型的“北风”级“尤里·多尔戈鲁基”号战略核潜艇。俄计划总共建造4~6艘该级潜艇，在2010年前陆续进入海军服役。在试验海基弹道导弹方面，2005年10月，北方舰队在白海海域试射了一枚“白杨-M”海基型“圆锤-30”分导式洲际弹道导弹，击中了位于11000公里外堪察加半岛库拉靶场的靶标，验证了俄海基战略核打击能力，俄计划为新服役的“台风”级和“北风”级战略核潜艇装备该型核导弹。在空基战略核力量方面，俄坚持改造与发展并重的方针。2005年5月，驻远东和后贝加尔地区的第444和第200重型航空团撤编，其装备的图-22M3中程战略轰炸机全部封存。同时，开始分阶段对现役图-160和图-95MS战略轰炸机进行改造，改装先进的航电设备和机载设备，使其能够发射新式机载武器。图-160战略轰炸机经改装后不仅能够发射核导弹和常规导弹，还能投放精确制导炸弹。

在加强战略核打击力量建设的同时，2005年俄将进一步突出空天防御力量的建设，计划将导弹太空兵防御军团与各军兵种的防空和反导部队进行融合，建成统一的空天防御系统，将其作为遏制美国和北约发动大规模空天进攻的另一战略遏制力量。目前，俄正在制定空天防御系统规划，准备重点采购和装备S-400“凯旋”新型导弹防御系统，计划在2005年装备6套。根据建立空天防御系统的统一部署，2005年内确定了建立空天防御系统所需武器装备的数量，进行了方案的技术与经济论证，研制了空天防御的配套模型，并将建立空天防御系统的措施列入《俄联邦武装力量2006~2010年建设计划》和《2006~2015国家武器纲要》。

加强航天力量建设，抢占军事斗争制高点 2005年俄太空兵建设的重点是试验各种新型飞行器，研制新型通信导航卫星和新一代太空侦察飞行器，优化不同种类的火箭推进器。为此，俄将逐年增加航天科研与采购的资金，2004年为137亿卢布，2005年为183

亿卢布，每年采购 10 余颗卫星和 8~10 枚运载火箭。目前，俄在轨卫星有 90 多颗，其中军用卫星达到了 60 颗。10 月 22 日，俄政府批准了《俄罗斯联邦 2006~2015 航天纲要》，计划到 2015 年前投入 5600 亿卢布（约 200 亿美元）用于航天科研与开发，资金批准额度比预先申请的 3050 亿卢布增加了 84%，其中 2006 年将达到 230 亿卢布，比 2005 年增加 26%。纲要提出，未来十年要加紧研制侦察、通信、导航、大地测量、绘图、气象等综合系统，加速新一代航天器和运载工具的研制与生产，加速航天地面基础设施的建设与改善。

与此同时，俄将加大运载工具的研制与采购力度。2005 年，俄太空兵淘汰了原来复杂笨重的运载工具，成功地对“轰鸣”、“质子-M”和“联盟-2”三种运载火箭进行了试验。“安卡拉”是俄研制的一种新型运载火箭，有轻型、中型和重型等不同型号，可把各种军用航天器发射到任何高度和倾角的轨道，其中包括地球静止轨道。为了试验和采购这种运载火箭，2005 年 10 月，俄太空兵受总统委托制定了《俄罗斯航天发射场发展联邦专项纲要》草案，目前已得到了政府的批准，计划从 2006 年开始实施。根据这个纲要，俄太空兵将负责在普列谢茨克航天发射场为“安卡拉”运载火箭修建各种专用地面基础设施，以便为使用这种运载火箭进行航天发射做好准备。

在太空战准备方面，俄正在改造其“天窗”太空监视系统的性能，“天窗”监视系统由 10 架短距离和远距离光学望远镜组成，主要用于监视太空中各国的卫星与航天器。短距望远镜可跟踪 200~1000 公里高度的军用目标，可观察到包括美国 KH-11 和 KH-12 在内的各种光学侦察卫星。远距望远镜能发现和跟踪 3.6~4 万公里地球同步卫星轨道上的侦察卫星。在太空进攻性武器方面，俄正在研制新型激光武器和粒子束武器，以应对太空武器化带来的全新挑战。

增加指挥系统建设投入，加速推进统一军事信息空间的建设 2001 年出台的《俄联邦 2010 年前武装力量建设构想》明确提出了建立“武装力量统一信息空间”的概念，把该系统列为军队建设的核心目标之一。为此，《俄联邦 2001~2010 年国家武器纲要》对统一信息空间建设的拨款占到了整个纲要的 20%。统一信息空间建设的总体思路是在采用新技术的基础上，建设以远程通信系统为骨干的信息基础设施，同时对现有自动化指挥通信系统进行技术改造，用统一接口和协议将不同的功能性系统联接起来，实现信息在不同系统间的自由流动。根据《国家武器纲要》的安排，2005 年俄武装力量指挥通信系统建设的重点是建立武装力量统一的数字式自动化通信系统。为此，武装力量通信主任局制定了配套的纲要，分阶段完成建设一期数字化通信网、为野战通信兵装备现代化通信系统、在配套使用现代数字远程通信设备和具有集成服务的网络技术的基础上建设二期数字化通信网等任务。同时，计划为部队装备系列数字通信系统和成套设备。

俄计划到 2015 年前建成新一代数字指挥和通信系统，国防部每年将拿出国防预算的 18%用于该系统的研发。新型通信系统将采用统一的标准，并与其他系统保持绝对兼容。新一代数字指挥和通信系统在结构上包括三个组成部分：俄武装力量区域一体化数字通信系统，战略、战役战略、战役军团野战数字通信系统，以及武装力量专业通信系统。该系统将保障指挥功能的自动化、指挥过程的智能化，以及各种专业系统和信息系统的一体化，实现现代形式的信息交换，形成指挥系统统一的信息空间。

增加装备采购经费、优化军费开支结构 2005 年，俄国防预算总额为 5280 亿卢布（180 亿美元），比上年增长 28%。其中，国防订货总额 1870 亿卢布（约 67.5l 亿美元），较上年增长 26.7%。在整个国防订货中，装备采购占 60%，科研与试验设计占 33%，装备维修保养占 7%。在装备采购与改造的 1120 亿卢布拨款中，陆军获得了 40%，空军和海军各得到 20%。2005 年，俄武装力量共采购了 9 部新型航天器和 5 枚运载火箭，陆军获得了 9000 余件新式武器，空军接收了 7 架改进型苏-27SM 歼击机和高精度的“空地”精确导弹，2 架图-160 战略轰炸机，海军接收了“拉达”级潜艇的首艇“圣彼得堡”号，里海区舰队则获得了首艘“布扬”级炮艇。

根据武装力量建设计划，从 2006 年起部队将进入换装和技术现代化阶段。为此将大幅度增加军费，其中主要是增加装备采购费，2006 年的军费预算总额为 6673 亿卢布（约 240 亿美元），比 2005 年增加 26%，占整个国内生产总值的 3%。装备订货费为 2366.94 亿卢布，将比 2005 年增加 533 亿卢布。其中，70%的经费（1640 亿卢布）用于采购和改进武器装备，批量采购费平均增长幅度达 50%，而空军装备的采购费将增加 1 倍多。

首先换装的是常备兵团和部队。其方式是按建制配套换装，即以营和大队为单位成建制地换装全套的武器装备；装备采购重点是高精度武器、高效侦察和电子对抗系统、自动化指挥系统。目前，常备兵团和部队的装备补充率较高，平均达到 95%，其中完好率为 90%；而其他部队的装备状况相对较差，其武器装备现代化逐步实现。在国防预算仍不能充分满足军队需求的情况下，为实现换装目标，俄军采取下列措施：一是不断优化维持费与装备费比例。2001 年，在军费结构中用于军队日常开支占 70%，用于发展的经费只占 30%；到 2005 年这一比例已变为 60%和 40%。二是提高统一装备订购与供货系统的效率。目前，俄国防部已建立了统一的武器装备订货与供应系统，其任务是按作战需求的轻重缓急，为各军兵种部队合理地分配和集中使用装备订货经费，通过增加装备的有效供给，加速军队的现代化速度。

在未来的装备建设上，各军种的侧重点各有不同。陆军将以导弹兵和炮兵装备为重点，从 2005 年起，"伊斯坎德尔"导弹的试验工作已经在卡普斯京亚尔试验场进行，现已完成了一半，预计到 2006 年，第一个"伊斯坎德尔"导弹营将组建完毕。俄空军近期以改进现有作战平台为主，远期将采购第 5 代战斗机，第 5 代飞机的研制工作在两个方向上进行——重型歼击机和轻型歼击机，样机预计 2006 年底试飞，2015~2016 年开始装备。俄海军 2005 年启动了为期 7 年的对现有 6 艘小型潜艇进行现代化改装的计划；准备于 2007 年底前在波罗的海舰队组建一支潜艇支队，为此将采购 6~9 艘新型"拉达"级常规潜艇。在未来 15~20 年内，俄海军计划装备至少 20 艘远洋驱逐舰、1~2 艘航母、数艘潜艇，以及各类战舰，实现装备的全面更新换代。

提高合同制军人比例，逐步推进军队职业化　根据《2004~2007 年兵团和部队的一系列职务改由合同制军人补充的联邦专项纲要》，俄军计划到 2008 年使所有强力部门的常备兵团和部队完全过渡到合同制，范围涉及陆军所有常备部队、空降兵、海军陆战队、特种部队、内卫军和边防军等，共包括 115 支常备部队、15.53 万个军士和士兵岗位。截止 2005 年 6 月，俄北高加索军区驻车臣部队已全部转为合同制，包括驻车臣首府格罗兹尼的第 42 摩步师；到 11 月 1 日，共有 40 支常备兵团和部队实行了合同制；到年底，俄军总共将补充 4.2 万名合同制士兵和军士。2006 年，武装力量将再有 20 支常备兵团与部队实行合同制，需要补充 3.1 万名合同制军人。2007 年底，待所有常备兵团和部队都过渡到合同制后，合同兵在武装力量编制士兵与军士岗位中所占的份额将达到 50%。在不降低军队战斗力的情况下，俄军计划从 2008 年 1 月 1 日起，将应征人员的服役期缩短到 12 个月。

提高工资待遇，建立社会化保障制度　随着经济形势的好转，俄从 2002 年起连续四年为军人增加工资，加上军人社会优待的货币化，到 2005 年军人的平均工资已翻了两番。军人工资的逐年增长，对稳定军队发挥了重要作用。根据 2006~2010 年武装力量建设计划，未来几年俄军将进一步落实社会保障措施，通过提高军人工资和建立包括医疗服务、住房保障和人员再就业培训在内的现代社会保障制度来提高服兵役的吸引力。根据财政拨款计划，在未来 3 年内俄军将分四次提高军人工资：2006 年 1 月 1 日提高 15%，2007 年 1 月 1 日提高 10%，2007 年 11 月 1 日提高 15%，2008 年 9 月 1 日再提高 15%，四次增资将使军人的工资水平在 2005 年的基础上增长 67%。与此同时，军人退役金也要相应增长。

根据最近出台的军人社会保障计划，俄军在未来 5 年内将通过三种途径为 16 万个军人家庭解决住房问题：第一，根据兵团和部队的编制人数建设公寓住房；第二，军人通过缴纳公积金获得住房；三是由国家为 2005 年 1 月 1 日签订合同的军人提供永久性住房。通过这三种途径，预计 2005 年解决 2.84 万套住房，2006 年再解决 3.36 万套，以此逐年缓解军人住房问题的压力。

(陈建民)

日本自卫队防务计划　2004 年底，日本公布了新《防卫计划大纲》和 2005~2009 年度《中期防卫力量发展计划》。按照"新大纲"提出的建设"多能、弹性、有效"的军事力量发展方针，2005 年日本确定的防卫力量发展计划是：(1) 加强应对弹道导弹攻击，游击队或特种部队攻击，核、生、化武器攻击及大规模灾害或特殊灾害等新型威胁和多种事态的能力。(2) 为推进自卫队向联合运用为主的体制过渡，改革现有的参谋长联席会议及各军种参谋部等相关机构，成立联合参谋部（暂称），并由其统一辅助防卫厅长官指挥部队。(3) 加强信息技术支持下的综合电子信息系统建设，推动情报安全措施的落实，完善情报搜集、分析及保密体制，提升情报机能，以确保联合运用及国际活动的顺利开展。(4) 培养适应自卫队任务多样化、全球化趋势的高素质人才及符合联合运用要求的复合型人才，加强部队的教育训练。(5) 根据军事科学技术的发展动向，有重点地推进先进技术的研发，加快研究成果转化。(6) 继续改善驻日美军基地环境，确保驻日美军所需经费。(7) 推进多边联合训练、安全对话和防卫交流。

加紧构建弹道导弹防御系统　2005 年度日本自卫队拨出 1442 亿日元，推进弹道导弹防御系统建设，包括对现有的"宙斯盾"驱逐舰、"爱国者-Ⅱ"导弹发射系统、防空指挥自动化系统进行升级改造，引进美国的“爱国者-Ⅲ”、“标准-Ⅲ”拦截导弹以及进行拦截试验。

发展弹道导弹防御系统 2005年度日本海上自卫队计划用1432亿日元，重点对第2艘“宙斯盾”导弹驱逐舰进行升级改造，采购“标准-Ⅲ”型拦截导弹，并计划实施海上拦截试验。航空自卫队继续对防空导弹群进行改造，2005年将完成第2防空导弹群的升级换代，采购“爱国者-Ⅲ”型拦截导弹，建立低空导弹防御系统。同时，航空自卫队还将加快推进对指挥、控制、通信系统的改进，为“巴其”防空指挥自动化系统增加反导功能。

继续进行日美联合弹道导弹防御技术研究 2005年度日本将斥资10亿日元，用于推进日美联合研究未来海基高层导弹拦截系统。日本主要承担保护拦截导弹弹头部分红外探测器的头锥体，识别跟踪目标的红外探测器，直接攻击、摧毁目标的动能弹头、第二节助推火箭的马达等4个部件的研究，计划2006年底前完成研制，并进行发射试验。

提升应对突发事态的能力 2005年日本强化自卫队应对“多种事态”的能力，大力发展自卫队的“快速反应”和“危机处理”能力。

应对游击队或特种部队的攻击 2005年度日本专门划出381亿日元的预算，用于提高自卫队的战斗力。具体措施有：加强对海岸及孤岛的警戒监视能力，实施海岸监视训练以及离岛突发事件处理训练；加强早期搜索能力，采购各种车辆、直升机、无线电设备等；强化重要设施防护能力，采购设施防护器材，实施防护训练；提高抓捕、击败入侵的游击队、特种部队的能力，实施相关训练，对各部队普及赴美进行巷战训练的成果；完善各种训练设施，特别是建立模拟城市训练设施；加强夜战能力，采购单兵夜视装置，补充新型近距离夜视瞄准装置；加强与警察的合作，实施军警联合治安出动训练。

应对可疑船只 日本海上自卫队2005年度计划加拨41亿日元，谋求提高发现、识别、强制停船及停船后处置的能力，加强自卫队与海上保安厅合作，实施各种训练。具体措施包括：(1)加强侦察机的情报传输能力，包括为P-3C巡逻机加载卫星通信装置，为SH-60J反潜直升机加装图像传输装置。维持持续空中警戒监视态势，达到早期发现可疑船只并进行识别、处理。(2)提高对小型舰船的攻击能力，加强飞机的自我防护能力，全面提升强制停船能力。(3)维持并加强特别警备队的应急态势，加强临检人员的能力，包括对各部队进行临检要领的训练、指导和讲解，提升强制停船后的处置能力。(4)加强与海上保安厅的合作和联合训练。

应对核、生、化武器的攻击 2005年度日本用于提高对付核、生、化武器攻击能力的预算达69亿日元。自卫队将优先发展检测与鉴定、诊断与治疗机能。包括：(1)配备生物武器侦察车、生物剂警报器，开发核生化侦察车，完善探测、鉴定机能；(2)采购化学防护车、单兵防护装备和部队防护装置等，提高防护能力；(3)向美陆军派遣卫生联络官，采购远程医疗支援系统（移动式终端系统），加强诊断、治疗能力；(4)采购除染车、除染设备等，更新除染剂，提升除染能力；(5)派人前往国外参加随军训练，培养生物武器侦察车教练骨干，获取生物武器侦察教育训练所用的教材，加大急需人才的培养力度。

应对大规模灾害或特殊灾害 2005年度日本列出939亿日元的巨额预算，用于构建应对核武器或化学武器攻击造成的灾害或大规模自然灾害的能力。包括：加强情报搜集与传输能力；加强对救生系统的维护保养，提高营救与救护能力；加强对人员与物资的运输能力；完善生活援助与清除污染的能力；提高应对特殊灾害的能力；实施对付核灾害等非自然灾害的集中训练以及医疗救灾骨干人员的集中训练等，切实提高抢险救灾时的应变能力。

推进联合运用体制建设 2005年7月，日本通过“防卫厅设置法”和“自卫队法”修订案，决定撤销参谋长联席会议，组建联合参谋部（暂称），新体制将于2006年3月起运行。为此，日本专门列出8亿日元，用于体制改革。

建立新的联合参谋机构 撤销参谋长联席会议及其事务局，新成立联合参谋部（暂称）。联合参谋部设联合参谋长、联合副参谋长，下设总务部、运用部、防卫计划部、指挥通信系统部，每部下辖2个课，设首席法务官、宣传官和首席后勤补给官，形成4部、3官、8课体制。原属参联会领导的情报本部升级为防卫厅直属机构，情报本部下新设联合情报部，负责向联合参谋部提供情报支持。改革联合参谋学校，充实和加强联合运用人才培养以及有关联合运用调查研究的力量。改革陆、海、空自卫队参谋部，保留必要的运用支援及情报机能。为主要部队司令部配备不同军种的参谋，以加强联合运用体制。随着《战俘处置法》的实行，建立处置战俘的相关体制。

充实和加强联合运用能力 随着体制调整，为新成立的联合参谋部配备电报、密码系统等必要装备，

向美军的联合部队司令部派遣联络官，协调日美联合训练及其他联合行动相关事务。

加强教育训练 2005 年度日本自卫队继续重视加强教育训练和演习，以培养、训练出高素质的人才和精锐的部队。

实施多样化教育 (1) 适应自卫队任务多样化的教育。在防卫大学新设负责计划、管理的副校长，成立安全保障与危机管理教育中心，在防卫医科大学开设防卫医学讲座（暂称），陆上自卫队派人赴美国海军陆战队指挥学校留学,加强防卫研究所有关适应新安全环境方面的培训。(2) 信息通信技术应用教育。在防卫大学新建信息中心，建立教育训练网络系统，引进远程信息化教育系统。(3) 适应武器装备高技术化的教育。采购 AH–64D 攻击直升机模拟训练装置，采购潜艇潜航操作训练装置。(4) 适应军事活动国际化的教育。增派到外国国防大学的留学生，增加接纳外国留学生的人数，强化外语教育，举办国际论坛。

组织训练演习 2005 年度自卫队继续采购各种训练设备与训练器材，推进实施日美联合指挥所演习、自卫队联合防灾演习和日美联合训练（包括指挥所训练与实兵演习）等。

陆上自卫队 2005 年度陆上自卫队拟进行协同转移演习、“霍克”防空导弹部队年度射击训练，岸舰导弹年度射击训练，赴美射击训练，赴美实兵训练，中型、重型火炮远距离射击训练，火箭炮年度射击训练，日美联合指挥所演习，与美陆军、海军陆战队的联合实兵演习等。

海上自卫队 2005 年度海上自卫队计划实施海上自卫队兵棋推演，综合实兵演习，日美联合指挥所演习，派兵赴美进行联合指挥所演练，在欧洲方向进行远洋航行实习训练，在东亚方向进行干部候补生外海航行实习训练，派兵赴美国本土及夏威夷参加训练，护卫队群训练和 P–3C 巡逻机群训练等。

航空自卫队 2005 年度航空自卫队计划实施航空总队综合演习，空中加油训练，“爱国者”防空导弹部队年度射击训练，参加在关岛实施的日美联合训练和空对地射击训练，参加美国空军“对抗雷”演习。

此外，日本自卫队还将组织海上自卫队舰艇访问俄罗斯，实施第七次日俄联合搜救训练，派员参加“金色眼镜蛇”多国联合指挥所演习，派兵参加美军组织的多国“防扩散”演习。

推进体制编制调整 2005 年度自卫队将以提高部队的快速反应能力、机动能力、应变能力和处理多种任务的能力为目标，谋求发展高水平技术实力支撑的情报能力，提高运作效率，确保必要的人员数量。

防卫厅 在防卫厅内局、联合参谋部（新设）、各参谋部设置宣传官（暂称），改编设在防卫厅内局、各参谋部的信息公开与个人信息保护室（暂称），随着联合参谋部的成立，改革陆、海、空参谋部，在内局运用课新设国民保护与灾害对策室（暂称）。

陆上自卫队 陆上自卫队以应对新型威胁与多种事态为目标推进体制改革，完善防卫、警备体制。改编第 6 师为现代化快速反应师，扩编第 2 混成团为第 14 旅。第 6 师从 7500 人缩编为 6400 人，第 3 师由 9400 人缩编至 6400 人，第 14 旅将在原第 2 混成团 2000 人的基础上定编为 2800 人。上述两个师改编后，除继续保持有效的坦克、火炮等重型装备外，将实现完全由现役自卫队员组成。为两师采购轻型装甲输送车，加强第 6 师的多用途直升机，为第 3 师引进多用途直升机，提高部队的机动能力。

海、空自卫队 2005 年度海上自卫队计划在航空补给处下总支处新设补给资料管理课（暂称）。航空自卫队将改编警戒航空队，把原来由航空总队指挥的警戒航空队归入航空警戒管制部队。

调整自卫队员额 2005 年自卫队总数（包括预备役在内）将由 2004 年底的 262184 人减少为 260418 人。2005 年各自卫队员额的平均人数分别为：陆上自卫队为 145906 人，满编率为 92.49%，海上自卫队为 44007 人，满编率为 96%，航空自卫队为 45229 人，满编率为 95.5%。预备役人数仍然为 47900 人，陆海空分别为 46000、1100、800 人。2005 年补充预备役人数将增加 500 人，到年底达到 1115 人。

加速武器装备现代化建设 2005 年度日本自卫队为加强部队的防空能力、对周边海域防护能力、确保海上交通安全的能力、抗登陆与反空降能力及抗击各种形式攻击的能力，计划斥资 8382 亿日元（包括采购弹道导弹防御系统相关经费 1018 亿日元），进行必要的装备更新与现代化建设。

陆上自卫队 2005 年度，陆上自卫队有 21 辆 75 式 155 毫米自行榴弹炮、51 辆 74 式坦克将退出现役。总体上，包括坦克、火炮等在内的甲类装备预算为 371 亿日元，创日本 1986 年开始实施“中期防”计划以来的历史最低。2005 年度陆上自卫队计划采购的甲类装备有：7084 支 89 式步枪、343 挺 5.56 毫米“米尼米”型机枪、80 挺 12.7 毫米重机枪、20 部 87 式反坦克导弹发射装置、12 门 L–16 式 81 毫米迫击炮、6 门 RT 型 120 毫米迫击炮、8 辆 99 式 155 毫米自行榴弹炮、多管火箭炮供弹车等（2 亿日元）、15 辆 90 式坦克、202

辆轻型装甲机动车、16辆96式轮式装甲车、2辆87式侦察警戒车、1辆99式弹药供应车、1辆90式坦克回收车、1辆91式坦克桥、15辆78式雪地车、2辆防化车、157支狙击步枪等、1套对付游击队、特种部队的专用装备；计划采购2架AH-64D型攻击直升机、2架OH-1型观察直升机、1架UH-60JA型多用途直升机、6架UH-1J型多用途直升机、1架CH-47JA型运输直升机、1架LR-2型联络侦察机共13架飞机；投资23亿日元用于改进"霍克"导弹的性能，采购4套93式近程防空导弹，16套91式便携式防空导弹（包括搭载在直升机上的训练弹在内），采购31亿日元的88式岸舰导弹（训练弹），采购4套96式多用途导弹系统和36套01式轻型反坦克导弹。陆上自卫队计划投入815亿日元用于采购车辆、通信器材、设施器材等乙类装备。

海上自卫队　2005年度海上自卫队计划建造1艘2900吨级潜艇、2艘570吨级扫雷艇、2艘980吨级多用途支援舰、7艘支援船（拖曳船、油船、起重机船、交通船及机动快船），共计12艘，7335.8吨。另外，在3艘"村雨"级驱逐舰上换装短程SAM系统，计划采购9架SH-60K型反潜直升机,2架US-2型新型救援飞艇，共计11架。另外，改进1架EP-3型电子战数据搜集机。

航空自卫队　2005年度航空自卫队计划采购7架F-2战斗支援机、1架CH-47J型运输直升机、1架KC-767型空中加油/运输机、1架U-125A型搜救机、2架UH-60J救护直升机、3架T-7型初级教练机，共计15架。另外，计划采购总额为111亿日元的"爱国者"防空导弹消耗用弹，采购30辆轻型装甲机动车,7亿日元的炸弹用于精确制导装置。

加速发展军事科技　2005年度日本自卫队计划用于武器装备等研发的经费为1869亿日元，比上一年度增加110亿日元，增幅为6.3%。其中，有783亿日元计划用于开发P-3C型固定翼反潜巡逻机、C-1型运输机的后续机型，有42亿日元计划用于开发改进二型近程导弹及用于基地防空的导弹，有13亿日元将被用于开发核生化侦察车，24亿日元将被用于开发新型反潜短鱼雷，55亿日元计划用于实施提高舰载对空雷达系统及作战指挥系统性能的相关技术研究，9亿日元用于未来海上部署高层导弹拦截系统的研究。

发展情报通信能力　随着联合运用体制建设趋于完成，自卫队参加国际活动逐渐增多，2005年度日本斥巨资2479亿日元（比上一年度增加971亿日元），重点加强运用先进的信息技术的情报通信机能，确保信息安全，有重点、分步骤地构建更加广泛的、灵活的情报通信态势。

加强指挥控制系统中情报集中与分发能力　2005年度日本更加注重自卫队的信息化建设，具体措施包括：加紧引进计算机通用操作系统（COE），完善中央指挥系统，新建航空自卫队指挥系统，陆战团指挥控制系统及师级指挥系统，为联合参谋部配备电报与密码系统等。新建海上作战部队IP通信网络，采购直升机图像传输装置等。重新整合卫星通信网络，进一步完善防卫信息通信网络系统，建立基地光纤网，实现声音回路的IP化。建立各种防灾情报的搜集与互通手段。

加强情报机能　为加强情报机能，进一步加强情报本部的情报搜集与分析体制，增强情报安全，补充各种情报搜集器材与装置。具体包括，情报本部升级为防卫厅长官直接领导，本部内成立联合情报部，增强图像、地理部、电波部的情报人才，全面加强情报搜集与分析体制；增加海上自卫队与航空自卫队的情报安全队的队员，强化情报安全体制。

资料来源：

①日本《朝云》报2004年9月2日；

②日本2004年度《防卫白皮书》。

（刘世刚）

韩国建军计划与措施　2005年度，韩国致力于自主国防建设，继续大幅度增加国防预算，推进以信息技术为中心的军事力量建设。年初，韩国防部发表《2004年度国防白皮书》，对韩美同盟关系进行重新定位与调整；9月份，韩国防部公布《2020国防改革方案》，描绘了韩国构建"21世纪精锐先进国防"的整体规划。

明确防卫对象、目标与国防建设重点　明确防卫对象和防卫目标　1、删除"主敌"概念。为适应朝鲜半岛南北双方和解与合作关系的发展，并避免刺激朝鲜，韩国防部在2005年初出版的《2004年度国防白皮书》中取消了"主敌"概念，将原先的"主敌北韩"更改为"北韩直接军事威胁"。但韩国防部要求在官兵的思想教育等教材中，仍延用"敌人"这一概念。2、确定新的防卫目标。一是保卫国家不受外部军事威胁与侵略。即不仅要保卫国家不受朝鲜的直接军事威胁，也要捍卫国家生存权免受其他外部军事威胁。二是为和平统一而努力。要在朝鲜半岛遏制战争，缓和军事紧张局势，实现朝鲜半岛的稳定与和平统一。三是为地区稳定与世界和平做贡献。要强化与邻国友好合作的军事关系，维护东北亚地区的稳定与和平，同时积极参与国际社会的维和行动。

确定国防建设重点　1、构建牢固的国防态势。要扼制敌人的战争挑衅，确保敌人发起挑衅时韩军能够迅速取得胜利。一是完善军事准备态势，应对来自朝鲜的渗透、挑衅以及恐怖袭击等军事和非军事性威胁。二是以韩美联合防御体制为基础，构建危机管理、情报搜集和早期预警体系，提高韩美联合作战能力。三是防范国际恐怖主义威胁，强化与政府反恐机构间的互助体制。四是加强精神教育，树立官兵正确的安保意识和军人价值观。2、推进合作型自主国防。韩国将自主国防和韩美军事同盟视为国家安保领域的两块基石，在发展自主国防力量的同时，进一步发展面向未来稳固的韩美同盟关系。鉴此，韩军积极推进“合作型自主国防促进计划”，包括发展符合战略环境变化的韩美同盟关系；在确保能够扼制朝军威胁的同时，逐步发展应对未来不确定威胁的核心战力，奠定自主国防的实质性基础；继续调整军队结构，强化联合参谋本部职能，构筑以此为中心的战争遂行体制，建设面向未来的精锐化、效率化军队等。3、坚持推进国防改革。在新版《国防白皮书》中，韩国防部提出了未来国防领域的改革课题，包括调整国防本部现役编制、增加文职人员，提高国防业务的专业性和效率性；提高国防采购的专业性、效率性、透明度和责任性，着手筹建防卫事业厅；改善人事制度，增加人事运用的合理性和效率性；改善营房设施和军人待遇，提高军人福利，鼓舞官兵士气。

制定国防建设中期计划　韩国新版《国防白皮书》将“国防中期计划”定义为“联系国防中长期计划和今后5年预算的核心计划性文件，即依托可用国防资源，把建设和维持军事力量的因素转化为可行的国防建设蓝图。”

计划重点与项目规模　韩国防建设中期计划反映了2005~2009年韩国每年修订、完善国防建设事项的连动性内容，将“合作型自主国防”作为构筑自主国防力量的重点。参与政府将在任期内分阶段增加军费，确保2010年军费规模达到国民生产总值的3.2%，预计中期计划期间韩国国防总财政规模将达到130.4426万亿韩元。其中，战力投资是韩国国防财政分配的重点，2004年占国防预算的33.2%，预计2009年将逐步增加到38.6%。

重点领域的投资情况　1、战力投资领域。主要包括多用途卫星、空中早期预警机、战术指挥控制系统等工程。具体地说，对陆军实施机械化改编，提高遂行机动作战和重点打击的能力；通过配备4000~7000吨级驱逐舰和新一代快艇、1800吨级潜艇等，确保海军控制朝鲜半岛周边海域的能力；通过配备F-15K战机、新一代制导武器等，确保空军远程航空作战能力和保护核心设施能力。2、日常运营领域。(1)优先投资改善官兵的居住环境，阶段性地提高士兵津贴水平。(2)建立局域和广域计算机网络、国防统合信息管理所，构筑信息化基础体制，培养专业技术人员，提高军官素质。(3)保障军事训练用弹药、燃料等必需物资，维持军事应对态势。(4)推进民心工程，完善污水处理、噪音消除、土壤污染防治等设施。

公布《2020国防改革方案》　为加快质量建军步伐，韩国防部2005年9月13日公布了规划今后15年国防发展方向和重点的《2020国防改革方案》。其主要内容如下：

扩大国防运营文官基础，强化参联会职能　为适应不断发展的“民主主义”以及政府、国民对军队建设的要求，提出逐步增加国防部文官职位，提高军事政策执行能力和工作效率。到2009年，计划将国防部文官比例由52%增加至71%；到2020年，国防部文官数量将由26，870名增加至30，000名。同时，韩国防部还计划把部分军队指挥权移交给参谋长联席会议，并调整联合参谋本部组织结构，将4个本部2个参谋部60余个科620人调整为4个本部3个参谋部80余个科800余人。

大幅度裁减军队员额，构筑技术密集型战斗力结构　2005年4月28日，韩国总统卢武铉在“国防业务报告”中提出“实现部队结构由数量型向质量型转变，建设一支正规化、信息化、轻量化军队”的建军指针。韩国防部计划在2020年以前大幅度缩减军队员额，使三军总兵力由目前的68.1万减至50万。其中，陆军由54.8万减至37.1万，海军由6.8万减至6.4万，空军维持现有6.5万员额不变。预备役部队也将由目前的300余万减至150余万。同时，将干部与士兵的比例由25比75调整为40比60，女军官比例由2.7%增加至7%，士官比例由1.7%增加至5%。

调整军队结构，减少指挥层次　为优化体制编制，提高指挥效率，在加强国防部政策职能、提高参联会作战指挥能力的同时，调整陆、海、空三军组成结构。在陆军结构调整方面，计划合并第1、3集团军司令部组建地面作战司，将第2集团军司令部改编为后方作战司，并增设导弹司，同时将目前的10个军47个师减至6个军24个师。海军方面，在现有海军作战司、舰队作战司的基础上，将潜艇战团、航空战团分别扩编为潜艇司、航空司，取消战斗战团编制，新建机动

战团，并将现有的10个战团减至4个战团，撤销陆战旅和延坪岛防御部队。空军方面，创建北部司，使作战司下辖南部司和北部司。南部司下辖4个飞行团，北部司下辖5个飞行团，并在2020年保持9个飞行团编制，防空炮兵司及飞行管制团编制不变。

增加军费投入，完善武器系统　韩国防部计划在2008年前投资40~50亿美元，引进美国“F-15K”、俄罗斯“苏-35”、法国“狂风”等型战机，俄罗斯“卡-32”多用途直升机，以及“眼镜蛇”和“长弓阿帕奇”等型武装直升机；增购20架军用运输机、4架空中加油机；引进1000余枚联合制导攻击武器。此外，拟引进8套空中战术情报系统，购买4架E-2C预警机和160架无人侦察机。同时，逐步增加武器研发费用，使其达到国防费用的10%，自行生产T-50“金鹰”超音速教练机、KF-16战斗机和KMH型武装直升机。届时，韩陆军将装备中高空无人侦察机，新一代多管火箭炮、坦克、装甲车和韩国型多用途直升机等；韩海军将装备“宙斯盾”舰、中型潜艇、新型护卫舰等；韩空军将装备F-15K、KF-16型战机、新一代加油机、预警机、防空导弹等；韩海军陆战队将增强装备无人侦察机、多管火箭炮、大型登陆舰、直升机等。

建设自卫型防御力量　明确军力建设方向　韩军认为，现代战争已由“大量消灭敌方有生力量”向“瘫痪敌方情报能力、打击敌方指挥中心”的作战形态转换，提出在优先扩充能够扼制朝军威胁的军事能力的同时，致力于发展应对未来不确定威胁的核心战力，构筑符合未来作战样式的“监控与打击体系”，将“确保独立的监视和侦察能力”、“构筑实时指挥控制与通信体系”、“扩充核心目标战略打击能力”作为韩国防建设方向。

增大战力投资和研发力度　1、大幅度增加研发投资规模，并通过把“国防科学研究所”发展为“尖端技术研究所”、设立5个“新型特别研究中心”等措施革新研发体制，确保开发未来尖端武器所需技术。2、促进现存武器、装备的性能改良，扩大军购程序的竞争管理，确保武器采购的经济性。3、确保自主开发和引进的装备与现有武器系统间的联动性和应用性，最终实现尖端核心武器体系国产化。

推进国防信息化建设　1、加强信息通信基础系统建设。在升级IT基础设施的基础上，继续构建声音、文字、图像等情报的实时共享通信系统，区分使用战略通信体系和战术通信体系；构筑个人计算机体系和国防通信信息管理中心。2、加快战场管理信息体系建设。为达成“先报告、先决策、先打击”的作战目标，韩军积极构筑联合C⁴I体系。韩联合参谋本部进一步完善指挥所自动化系统，并以此为基础开发联合指挥系统；韩陆军以1个军为对象进行战术C⁴I系统构建试验，未来将推广至陆军所有部队；海军以指挥控制自动化系统为基础，构建可实时掌握海上情况并进行海上联合作战指挥的海军战术C⁴I系统；空军推动将支援航空作战的核心系统——战区航空管制本部和中央防空管制所的自动化防空系统联通，2007年建成空军战术C⁴I系统。3、构筑国防信息保护体系。为了确保国防信息安全，防范病毒攻击和来自国内外的网络攻击，韩军加强了网络防护工作，着手研制“综合安全管理系统”，并依据信息作战防护态势，强化网络攻防训练。

提高官兵福利　改善官兵工作条件　1、提高官兵待遇。一是使军人工资规模最终超过民间骨干企业的工资水平。二是引入反映工种专业性和服务特殊性的补贴制度。在增加野外宿营补贴、接敌区域作战补贴、军医官特种诊疗补贴的同时，增设大学生学费补助津贴、家庭分居津贴、白班和夜班津贴以及副士官津贴等。此外，继续提高官兵的给养水平和服装质量。2、改善营房设施和医疗环境。一是在2009年之前继续集中投入预算，改善官兵住房条件，实现人均住房面积24~32坪，达到国民人均居住水平。同时，通过设立电脑室、锻炼场，改造浴室和洗衣房等措施，改善军营设施。二是修订《健康保险法及同法试行令》，为军人在假期中到社会医疗机构就医提供保障，同时继续推进军队医院设施的全面落实。3、改善军人家属的生活条件。大幅度增加军人免税购物品种；对军人子女接受教育提供支援，扩充军人子女住宿设施，强化“大学特例入学制度”；改善疗养设施。4、完善军人福利运营体制。一是合并由各军及所属部队独立运营的福利设施，提高福利设施的管理效率。二是从2005年开始推行“选择性福利制度”，减少福利受益的不均衡性。三是提高福利基金的透明性和有效性，制定“军人福利基金资产运用指针”。四是构筑卫星通信网络，满足官兵及家属对新知识、新信息的需求。

强化退伍军人就业支援对策　1、就业支援的基本方向。对于服役期超过20年的军人，扩大并保障其在军内外就业的职位；10~20年的军人，通过就业辅导教育提高其就业竞争力；对于服役期不满10年的军人，向其提供招聘和就业信息。2、扩大退伍军人职业辅导教育范围。通过职业辅导教育，确保每个退伍军人至少获得一项就业资格证书，同时引入“全职支援计划制度”，对退伍军人就业和创业提供支援。

完善军人年补助金制度　为确保军人年补助金财政的稳定，拟从法制和制度化角度制定责任准备金制度。设立军人年补助金管理公团。

增加预算，强化装备，加强训练　大幅度增加国防预算　韩国2005年国防预算为20.8226万亿韩元，比2004年增加了9.9%。其中，战力投资增加了12.3%，达7.0656万亿韩元，是韩国国防预算的重点；日常运营费增加了8.8%，达13.7570万亿韩元，用于改善营房条件、增加士兵补贴等方面。

强化武器系统建设力度　1、陆军。继续部署K1A1主战坦克、K-9自行火炮、大口径多管火箭炮等新型武器。2005年7月，韩国成功研制新一代步兵战车（NIFV），计划2008年批量生产，部署900辆。9月份，韩国自制“神弓”型便携式防空导弹完成发射试验，逐步转入批量生产。目前，韩国正加紧研制XK-2型新一代主战坦克，拟于2008年完成研制，2011年开始批量生产。此外，韩国防部还表示，为抵消1990年韩俄外交关系正常化时提供给俄罗斯的约19.5亿美元的借款，韩国将从俄罗斯采购价值5.34亿美元的武器，包括T-80坦克、BMP-3装甲战车、LCAC气垫突击船、KA-32运输直升机和伊尔-103教练机。

2、海军。为迎接“大洋海军时代”，韩军认为建立一支水面、水下、航空力量均衡发展的“尖端立体式海上力量”——战略机动舰队势在必行，并将发展集海面、水下及对空监视系统，指挥控制通信系统，反舰，反潜及对空打击系统功能于一体的综合体系作为建设重点，提高遂行立体海洋机动作战能力。2005年，韩海军开始着力建立由3个机动战团组成的机动舰队，每个机动战团由2艘KDX-III驱逐舰、3艘KDX-II驱逐舰以及潜艇、直升机等组成。韩国最新式KDX-II型驱逐舰“文武大王”号和“王建”号先后于2004年10月和2005年5月下水；2005年7月份，韩国第一艘轻型航母“独岛”号在釜山下水。这使韩国海军远洋作战能力大大增强，成为其扩展海洋作战范围的一个决定性转折点。

3、空军。韩军认为，空军是未来信息化军队的核心力量，平时是最有效的战争遏制力量，计划将空军建成“21世纪航空宇宙军”。2005年，韩空军建设项目进展顺利。一是韩国新一代战机选定及装备工作如期进行，并从美国波音公司接收了4架F-15K战斗机，计划2008年前引进40架。二是首架T-50教练机试飞成功，该机由韩国航空工业公司与美国洛克希德·马丁公司合作为韩国空军制造，用于训练F-16、F-15、F-22和“联合攻击战斗机”等先进战机的飞行员。三是加快推进4架早期空中预警机（E-X）发展计划，并将于2006年5月最终确定引进机种。四是无人驾驶飞机进入使用阶段，多用途武装直升机的研制工作也在顺利进行。

积极实施各种针对性演练　为积极因应驻韩美军调整部署，尽快提高独立指挥与作战能力，韩军强化了单独演练力度，并多次与外军联合实施军事演习。在独立实施演习方面，韩军先后实施了大规模野外实兵机动演习、“太极·2005”三军联合指挥所演习、“护国·2005”三军联合指挥所带部分实兵演习以及“花郎·2005”军、官、民联合防御演习。在与外军联合实施军演方面，韩军主要参加了韩美联合“阿尔索伊/鹞鹰·2005”模拟指挥带部分实兵演习、韩美联合“乙支/焦点透镜·2005”模拟指挥所带部分实兵演习、联合精确打击目标演习、联合反潜演习、联合“战争路径”演习等。此外，韩军还与新加坡联合实施了反潜演习、与日本联合实施了海上搜救演习等。演练科目主要包括：地面攻防，海上作战，空中作战，特种作战，反恐与反渗透作战，联合反潜作战和海上搜救等。

资料来源：

①韩国《2004年度国防白皮书》2005年2月；

②韩国《国防日报》2005年；

③韩国《2020国防改革方案》2005年9月。

（柴训天）

越南建军计划与措施　2005年是越南实施第十个五年（2001~2005年）建军计划的最后一年。越继续以建立一支“革命化、正规化、精锐化和逐步现代化”军队为目标，紧跟世界新军事变革发展趋势，加强军队全面建设。

恢复政委、政治指（教）导员制度　2005年7月20日，越共中央政治局做出了“关于在人民军队中继续完善党的领导机制、实行一长制和政委、政治指（教）导员制度相结合的决议”，决定在军队恢复政委、政治指（教）导员制度。即：团级至军区、军种、军团、兵种级别的单位设政委、副政委和政治机关；营级（或相当于营级）单位设政治教导员和副政治教导员；连级单位设政治指导员和副政治指导员。由军事指挥官负责单位的军事工作，政委或政治指（教）导员负责党政工作。越共中央政治局做出的决议，对新时期加强党对军队领导、加强军队建设、巩固国防、保卫国家安宁具有战略意义。一是从政治上突出和强化了党对军队的绝对领导；二是从机制上巩固了党对军队的绝对领导；三是从组织上保证了党对军队的绝对领导。同时，从另一个侧面反映了越正在逐步摆脱前苏联在政治和军事上的影响，走更加独立自主的道路。

提出新形势下海军、边防部队建设和战备工作要求 越共中央总书记、中央军事党委书记农德孟在2005年5月7日举行的纪念海军建立50周年大会上对新形势下海军建设提出了要求：越海军担负着保卫国家海洋、海岛、大陆架主权，保卫国家利益和海洋经济利益，协同其他力量管理和维护海上安全。为此，海军建设要着重抓好以下四个方面：（一）开展政治教育。对干部战士和国防公职人员开展政治思想教育活动，真正建设一支政治过硬、立场坚定、纪律严明的队伍。（二）提高战斗力。加强部队建设，大力提高综合战斗力，加强军事训练。维护各类武器技术装备，并逐步升级改造现有武器装备，实现海军装备现代化，使之能担负保卫海疆的任务。（三）搞好军民关系。要保持经常性军民鱼水情关系，积极开展民运工作，确保地方安全和稳定；要协助地方发展海岛社会经济；积极参加海上自然灾害预防和搜救工作；在各海域和海岛建设国防、安全和民防阵线。（四）加强党建工作。重点抓好党的政治、思想和组织建设，要整顿党风，发挥党员模范作用。越边防部队副司令武仲越大校10月下旬提出了新形势下边防部队建设的五条要求：一是与周边邻国加强团结与合作，共同建设“友谊、团结的边防线”，全力维护国家领土主权；二是在越加入世贸组织进程中，认真做好边防部队干部战士的思想教育工作，搞好军民团结，确保出入境管理工作符合国际惯例，切实做到“严格、通畅”；三是努力提高动员辖区群众和灵活处置各类突发事件的能力；四是积极与各级地方党委、政府相互配合，加快推动边境地区尤其是偏远地区扶贫工作，共同维护边境地区社会稳定；五是大力加强全民国防和全民战争体系建设，不断健全边防部队干部和党员队伍，确保每名干部“军事优良、业务精通、紧贴人民、对外灵活、解决问题机智”。越共中央军事党委副书记、国防部长范文茶大将7月在《全民国防》杂志上发表文章，提出了新形势下军队战备工作的六项要求：第一，严格落实应急、指挥、作战、防空和通信值班制度，保持高度战备状态，及时处置各种突发情况。第二，加强防御措施，研究作战战略，积极组织各类演习，完善作战方案。第三，对各战略方向和战略位置进行重点力量部署。第四，有计划、有组织地与其他力量进行密切配合，主动采取各种方法，及时阻止和打击敌对势力和反动分子的破坏活动。第五，提高警惕，做好随时应对侵略战争的各种准备，维护国家独立、主权和领土完整。第六，积极采取措施提高军队的综合质量，建设一支革命化、正规化、精锐化和逐步现代化的军队。

调整部分军官职衔，规定军官最高军衔等级 2005年，越国防部对领导进行了调整，任命海军副司令兼参谋长阮文宪副都督（中将）担任海军司令。任命阮文邻少将担任第3军区司令，范光亥大校担任第3军区副司令兼参谋长；范春雄少将担任国防学院常务副院长，阮进平少将担任国防学院副院长；张光庆少将担任总技术局主任；陈越少将、范玉专大校担任防空-空军副司令；刘德辉大校担任情报总局副局长；芩春意大校担任第2军区副司令；阮越军大校担任第9军区副司令；范玉明大校担任海军副司令兼参谋长，黎文道大校担任海军副司令；武重越大校担任边防部队副司令。年内，越国防部还为45名将官晋升了军衔，其中国防部副部长阮文莹、阮文得、潘中坚等4人由中将晋升为上将；总参谋部副总参谋长阮友坎、阮能阮，总政治局副主任范洪清，总后勤局主任陈福，情报总局局长阮志咏等8人由少将晋升为中将；28人由大校晋升为少将，2人由准都督（少将）晋升为副都督（中将），3人由大校晋升为准都督。同时，越政府规定了各级军官最高军衔等级。4月5日，越政府颁布第44/2005/ND-CP号决定，规定越军担任领导、指挥和管理职务的各级军官相应的最高军衔等级：部长、总参谋长、总政治局主任最高军衔为大将；军区司令、军种司令、边防部队司令最高军衔为中将；军团司令、兵种司令最高军衔为少将；军团副司令、兵种副司令、师长最高军衔为大校；旅长最高军衔为上校；团长、副团长最高军衔为中校；营长、副营长最高军衔为少校；连长、副连长最高军衔为大尉；排长最高军衔为上尉。

大力改善武器装备 2005年，越军继续通过外购、改造升级和自行研制等方式改善武器装备。（一）采购武器装备。一是从俄罗斯购买战机等。越防空—空军从俄购买了4架苏-30MK2型歼击机，并计划在未来几年再向俄采购12~24架苏-30系列多功能战斗机。苏-30MK2是多用途战斗机，最大航程3000公里，作战半径2300公里。它可同时指挥另外10架战机执行作战任务。另外，越军还从俄购买了部分S-300PMU1型防空导弹系统，使越防空—空军的防空能力得到较大提高。二是从波兰购买海上巡逻机、搜索直升机、侦察系统和二手战机。越与波兰经过3年谈判，于2005年3月正式签署了越从波购买总价值为

1.5 亿美元的巡逻机协议。根据协议，越将在 2007 年前从波购买 12 架 M-28 型海上巡逻机、4 架 W-3RM 海上搜救直升机和 8 套 MSC-400 海上侦察系统。2005 年底，波兰还通过其他东欧国家向越南提供 40 架二手苏-22M4 型战机以及所需的零备件和武器。（二）改造现役武器装备。越防空—空军在俄罗斯军事专家指导下，对部分现役苏-22 型机和米格-21 型机进行了全面升级改造。同时，将数架苏-22UM3K 型机运送到乌克兰进行改装，使其具备发射反舰导弹的能力。根据越与印度达成的防务合作协议，印将向越海军、防空-空军提供俄制护卫舰、“黄蜂”Ⅱ级导弹艇以及米格型和苏-27 型战机的零部件，以帮助越军对这类舰机进行改造升级。（三）自行研制武器装备。越海军年内自行建造了 4 艘万吨级武装渔船、3 艘巡逻艇和 1 艘救护船，并陆续投入使用；越防空—空军自行研制了 4 架 VNS-41 超轻型飞机。这种飞机主要用于巡查。

加强防御设施建设，完善军事通信网络　越陆军和边防部队对部分防御阵地设施进行了升级改造，特别是第 2 军区在老街省修建了“具有战略意义”的大型国防军事工程，在河江和莱州等省边境地区新建了一批防空阵地、碉堡和坑道等。越防空-空军对一些机场进行了升级扩建。越海军在南沙部分岛礁上修建了地下工事、弹药库等设施，并对一些高脚屋进行了维修；在北部湾白龙尾岛、永实岛等岛屿增建了防御设施。据越南媒体 2006 年 1 月 19 日报道，经越国防部批准，越海军将在海防建造一个新的大型军港（位于河内东部 120 公里）。该军港占地面积 3000 公顷，将于 2007 年开工，预计投资 5 亿美元，建成后将成为越第二个深水军港，能停靠 4 万吨级战舰。同时，越军不断完善军事通信网络。一是建成北部区域防空警戒联网工程。二是完成高平省、谅山省、海防市、朔庄省至河内的光缆铺设，进一步提高了军队通信能力。

积极开展对外军事交流与合作　2005 年，越军继续按照“多样化、多方化”军事外交方针，积极开展对外军事交流与合作。（一）军方高层频繁互访。年内，越军领导人率高级代表团先后出访 5 个国家。3 月初，越国防部长范文茶大将率高级军事代表团访问老挝和印度，与老签署了《2005 年越老国防合作协议》，与印就推进两国军事合作交换了意见。4 月，越国防部副部长、总参谋长冯光清上将率高级军事代表团访问缅甸、菲律宾和印度。9 月，越海军司令阮文宪副督都访问菲律宾。10 月下旬，范文茶率高级军事代表团访问中国，双方签署了中越海军北部湾联合巡逻协议。11 月中旬，越国防工业总局局长范尊中将率高级军事代表团访问中国。同时，越军邀请 5 个国家军队领导人访越。澳大利亚皇家空军司令，新加坡武装部队司令，美主管国际安全事务的助理国防部长，美退伍军人部副部长，南非国防部长、比利时军队总参谋长先后率团访越。（二）邀请外军舰艇访越。年内，越军先后邀请美国、俄罗斯及泰国海军舰艇访越。3 月 29 日至 4 月 2 日，美海军“加里”号导弹护卫舰访问越南胡志明市，这是越战结束后美军舰第二次访问越南；5 月 8~15 日，泰国海军“达信”号导弹护卫舰等 2 艘舰艇访问胡志明市；11 月 27~30 日，俄太平洋舰队由导弹巡洋舰、导弹驱逐舰、综合补给舰、拖船组成的远航编队访问越南岘港，这是俄军撤出金兰湾基地后首次派舰艇访问越南军港。（三）与外军实施联合巡逻。11 月下旬，越海军 2 艘护卫舰与泰海军 2 艘导弹护卫舰在两国交界海域进行了联合巡逻，这是两国海军实施的第 12 次同类行动；12 月中旬，越海军 2 艘巡逻艇与柬埔寨海军巡逻舰艇在两国交界海域实施了首次联合军事巡逻。国防部副部长阮辉效上将于 12 月 30 日在河内主持召开全年对外军事工作会议上指出，2005 年越对外军事工作取得了很大的成绩，组织召开各种国际会议及参加各种国家大型对外活动，开辟了新的军事合作领域；各方密切配合，做好了军队领导人出访工作和外军代表团访越接待工作，保证了互访的有效和安全。

探讨防空作战特点　2005 年 9 月，越防空—空军副司令黎友德少将在越南《人民之友报》上发表专题文章，探讨“保卫国家战争中的防空作战特点”，主要内容是：（一）越南防空作战是多种力量参加的人民战争。在未来防空作战中，要打赢在装备、武器技术方面占据绝对优势的敌人，越南必须打一场人民战争，而且防空作战将在各区域和全国范围内的广阔空间进行，包括地对空、空对空和海对空。除防空—空军是担负防空作战的主体力量外，其他军兵种和各防御区的防空部队也必须参加防空作战。（二）防空—空军反击敌人的作战行动对战争演变和结束有着决定性的影响。防空-空军将在一定的省市防御区域开展防空作战行动，为此各防御区必须建立人民战争阵线和人民防空阵线。近年来，越南各区域已逐步建立和巩固省市防御区，注重研究和完善各重要目标区域的人民防空阵线。（三）反击和防避紧密结合。反击和防避是防空作战中不可分割的两个方面，防空作战要打击敌人，但首先要防止被敌人打击。因此，防空-空军一方面要集中兵力主动反击敌人，另一方面要防止被动。指挥作战时，要想方设法创造有利时机，集中兵力打击敌人，以取得作战效果。同时要重视综合运用各种技战术和政治、心理等手段，减少敌人造成的伤亡和损失。

资料来源：

越南《人民军队报》、《全民国防》杂志等2005年。

（钟学良）

菲律宾建军计划与措施

未来6年改革计划 菲律宾军队目前正在进行军事转型改革，将军队任务的重点转移到国内上来。菲国防部长克鲁斯称，正在进行的防务改革是一个"综合性的制度变革，它将是一个着手于短期改革，着眼于长远防务建设变化的军事转型活动。"改革为期6年，计划重点解决军队基础设备存在的不足和缺陷。各军种改革计划如下：

陆军计划采购战术无线电通信系统、自动步枪、班用自动化武器、夜视器材、防弹衣和头盔等装备。计划改善空中支援能力-改进部分直升机用作空中救护医院，对大量老式M113型装甲运输车进行升级改造，引进部分可搭载至少5名步兵的轻型装甲车。其体制调整的基本构想是由步兵师和机动部队构成其主力，机动部队包括至少2个师、1个轻型装甲旅。作为反恐作战的专门指挥机构特种作战司令部和陆军支援司令部将发挥更大作用。

海军重点发展对外防御能力。在能力升级计划中，海空军将加强对地作战的支援能力。对于海军，提高两栖运输能力，加强海军陆战队建设尤为重要，其重点是使海军的C⁴ISR系统能与其他军种的类似系统兼容。同时加强对菲律宾近海和专属经济区的控制能力。从2005年开始海军将出资200亿比索（约合3570万美元）建造1艘坦克登陆舰，未来6年购买4艘通用登陆艇。近期，菲海军已对现役1架"埃兰德"式海上巡逻机进行了升级。海军陆战队因得到了载重汽车，陆上机动能力得到增强，大大改善了其海上投送能力。

空军未来6年的采购重点将主要放在C⁴ISR系统、机动性和火力增强方面。主要项目包括远程巡逻机、通信设备、轻型运输机、运输直升机、载重卡车、具有夜战能力的武装直升机和士兵夜战系统与防护装备。空军在菲政府的反叛行动中主要担负两项重要任务：空对空和空对地战术作战。菲空军战斗群（相当于陆军旅级步兵作战单位）已于2005年初完成部署。

升级武器系统及作战平台 2005年5月20日，菲律宾国防部长克鲁斯表示，为彻底消除国内安全威胁，菲律宾军方将在未来6年内单独拨款约300亿比索（约合5.45亿美元）专门用来升级军队的武器系统和作战平台。克鲁斯称，到2010年，菲律宾每年将额外增加50亿比索（约合0.91亿美元）的国防预算，采购通信、作战、运输等武器装备。

加强和美国军事交流与合作 菲律宾注重拓展和深化菲美军事同盟，积极寻求美国在资金、武器等方面的援助。（一）推动军方高层对话。2005年，美太平洋总部司令、特种作战司令部司令、第7舰队巡逻侦察部队司令等要员先后访菲，双方就共同防御、联合演习、武器销售等问题进行了探讨。3月2~6日，美太平洋总部司令法戈上将访菲期间会见了菲武装部队高层领导，就菲国防改革及反恐合作等问题进行了讨论，肯定了菲在"持久自由行动"等全球反恐行动中对美国的支持。（二）寻求美国军事援助。美国政府计划在年内向菲律宾提供价值2976万美元的军事援助和30架军用飞机及零部件，并向菲武装部队提供400万美元的额外援助，用于发展菲军反恐情报搜集方面的能力。此外，美军方还多次派遣技术人员对菲军人员进行技术培训，邀请菲军人员赴美参加作战、指挥、信息、管理、反恐等课程的学习。（三）频繁举行联合演习。年内，菲美两国军队频繁举行联合军事演习。其中规模较大的有菲美"肩并肩2005"演习、"海猫2005"演习、"卡拉特2005"演习及"平衡活塞2005"演习等，演习科目突出反恐科目的实战训练，以提高菲军打击恐怖主义活动的应急作战能力。如2月21日至3月6日举行的菲美"肩并肩2005"演习，旨在加强两国军队共同对付恐怖袭击及应对突发事件、自然灾害和政局动荡的协同作战能力。

资料来源：

①英《简氏防务周刊》2005年第2期；

②菲律宾《每日论坛》网站2005年。

（赵春峰）

新加坡建军计划与措施

加紧实施向第三代武装部队的转型建设 第三代武装部队指的是现有的部队经过网络化改革，使单个军人及作战单位都能得到整个系统的支援，从而达到超越单个单位的作战实力。新加坡军队采取以下措施加紧实施向第三代武装部队转型：（一）发展高科技军事装备。目前，新武装部队正在对"综合知识型指挥与控制系统"进行测试。该系统的特点是把整个信息系统加以网络化，使信息的收集、处理、分析、共享、决策及发令的过程更快速、直接。新加坡国防科技部门还为陆军开发了遥控地面系统，该系统车里安装各种先进设备，可自动侦测障碍、设定前进路线，及通过全球定位系统确定位置。该系统可在危险地带部署，进行侦察、搜寻和爆破地雷，为装甲部队或步兵开路，提高士兵的生存率。（二）举行大规模演习检验转型建设成果。2005年11

月，在美国加利福尼亚州举行的“煅造军刀05”演习和在澳洲昆士兰州举行的“袋鼠”演习，检验了新加坡武装部队向第三代变革的进度。演习主要演练了新陆、空军空地一体联合打击能力，展示、检验并提高第三代部队在精确打击、网络中心战和无人系统等方面所应具备的三大能力。在美国的演习侧重使用最新的信息科技，强调不同兵种的火力配合及灵活运用；在澳洲的演习则是利用网络科技去协调各兵种的综合作战行动。（三）向外军学习先进经验。在与外军举行的联合演习中，新加坡军人积极学习和借鉴他国先进的作战经验。新空军通过向别国空军学习，作战理念和实战能力得到了增强。2005年12月27日至2006年1月22日，新空军派出由8架F-16、2架KC-130和87人组成的分遣队进驻印空军卡莱孔达基地进行飞行训练，以提高航空兵部队的空战能力。

空军采购计划　新加坡空中力量建设规划的一个主要原则是针对潜在的对手保持技术上的优势，为此，新加坡部署了E-2C空中预警机和打击控制飞机、空中加油机、精确制导弹药和加固的飞机掩体。新加坡空军现阶段的采购计划包括用来维持空中优势的F-16C战机、进行空中进攻和空防压制及精确打击的F-16D战机、进行空中拦截，维持空中优势的F-5S、用作近距离攻击的A-4SU。最近，新加坡又成为以美国为首的F-35联合攻击计划在东南亚地区的主要空中力量，同时也成为亚洲地区这一计划的首个签约国。作为JSF计划的安全合作伙伴，新加坡在未来六年中将为JSF体系投入超过5000万美元。新加坡计划在2006~2007年采购24架新一代多用途战机以取代老式A-4“空中之鹰”战机。该采购计划是新加坡迄今为止最大的空防采购投入，到2015年，新加坡空军的下一代战机采购将包括制空、攻击、空防压制、精确打击、空中拦截的各类型战机：F-35联合攻击机作为获取空中优势、多用途攻击战机的首选，F-16战机用作多用途、近距离支援、空防压制和攻击。

资料来源：

①新加坡《联合早报》网站2005年；

②新加坡《海峡时报》2005年。

（赵春峰）

马来西亚建军计划与措施

陆军实施“2+10+10”现代化建设　马来西亚陆军将在第九个五年计划（2006~2010年）期间，开始实施名为“2+10+10”军队现代化建设。该计划分三个阶段实施，包括马来西亚陆军的短期建设目标和长远建设目标两个方面。“2”指的是从2008年开始实施的第一阶段，需要两年。马陆军计划在这两年间缩小陆军各部队间战斗能力及对技能掌握能力的差距。二、三阶段各是10年。第二阶段从2010年开始，2020年完成。这一阶段将主要致力于提高陆军的侦察作战，技术水平和综合能力。为了加速军队信息现代化建设，马陆军将购买新型雷达和短程无人驾驶飞机。除了侦察系统外，还会购买一批特殊装备来武装特种部队。第三阶段从2020年开始至2030年完成，将着重提升马陆军的攻防能力。计划中还包括以下几方面的建设：管理机制、射击能力、战术通讯能力、人力资源建设、基础设施建设、战略通讯系统建设以及电子战的实施。通过军队现代化建设，将马陆军建成一支机动性强、专业技术高的现代化部队。

启用电子战训练中心　马来西亚第一个电子战训练中心于2005年3月初开始启用。该中心位于吉隆坡附近的一个军营，占地2600万公顷，陆海空军人员将在此进行电子战理论和实践训练，包括密码破译、电子干扰和拦截潜在敌军信号。电子战训练中心由MBDA公司和AMS公司承建，履行与马来西亚的“杰纳斯”短程防空系统技术转让协议，并于2005年9月交付使用。“杰纳斯”（隶属英国“轻剑”飞行勤务中心）是一个高机动性能的反机载威胁系统，包括无人驾驶飞行器、巡航导弹、全天候固定或旋转机翼飞机，于20世纪90年代末加入英国陆军和皇家空军服现役，能够在极端电子战环境中保护军事设施不受损害。MBDA公司负责对其进行研发和生产，马来西亚的“杰纳斯”计划是该系统的第一个出口订单。目前已有10个官方和4个民间机构与马来西亚武装部队合作使用AMS公司的训练设施，英国顿德里格大学在训练中心行使指导职能。该中心将完全满足马来西亚武装部队所有兵种进行电子战训练和作业。

注重提高海军人员实战技能　马来西亚把建设现代化海军摆在国防建设的首位，加强日常军事训练，频繁举行海上演习，以提高海军战斗力。马海军十分重视加强与盟国的军事合作，改造“区域性联合防御”义务，每年都要派出数十艘舰艇与英国、新加坡、澳大利亚及新西兰等国军队进行海上“五国联防”演习。此外，马海军还加大与区域外国家海军的联合演习，通过演练联合航渡、联合防空、联合反潜、海面作战、编队航行、海岸巡逻等科目，全面提高马海军的作战能力。2005年7月，在马来西亚与美国海军举行的“卡拉特2005”联合海上战备训练演习中，进行了海上机动与通信、指挥控制、联合海上战术、射击等科目的演练，演习重点为作战信息共享，包括使用联合地区信息交换系统。该系统安装在关丹海军基地，以保证指挥官了解战场态势及保持与演习部队的联系。通过此次演习，有力地提高了马美两国海军处理海上冲突和进行海上防御的协同作战能力。

资料来源：

①《马来西亚信使报》2005 年 3 月 12 日，5 月 18 日；

②马来西亚《亚洲防务》2005 年 4 月。

（赵春峰）

印度建军计划与措施 2005 年，印度军队继续坚持“稳定数量、提高质量”的方针，积极加强军队现代化建设，其具体计划与措施包括：

增加国防开支 印度 2005~2006 年度国防预算达到 8300 亿卢比（约合 190 亿美元），比上年度增长了 7.8%。其中，陆军 4028.832 亿卢比，占 48.54%，海军 1525.3 亿卢比，占 18.38%，空军 2180.876 亿卢比，占 26.28%，国防与研究发展局 535.634 亿卢比，占 6.54%，国防生产与供应局 29.358 亿卢比，占 0.35%。20 世纪 90 年代初，印度政府大力推进经济改革，相应采取了压缩国防经费的政策，军费增长幅度不大。自 1998 年以后，以印度人民党为首的联合政府上台执政后，努力推行“争当世界军事强国”的军事战略，强调在发展经济的同时优先发展国防的政策，国防预算大幅增加，其中 2000~2001 年度增幅达 28.2%，为近年来增长幅度最大的一年；2004~2005 年度印度政府再度增加国防预算，表明印度政府对国防现代化的高度重视。

加紧构建“三位一体”的核打击体系 为具备“二次核打击”的能力，印度正在全方位提升其核运载工具。陆基方面，印军进行了射程 3000 多公里的“烈火-3”型远程弹道导弹发射试验，正在加紧研制射程为 1.2 万公里的新式洲际导弹，并计划 2008 年试射。空基方面，印度计划用“幻影-2000”型战斗机替换“美洲虎”攻击机，在现有 50 余架“幻影-2000H”型战斗机的基础上，未来 15 年内再装备 90 架“幻影 2000-5C”型战斗机。同时，印还积极争取从俄罗斯引进具有核打击能力的米格-35 型战斗机，并拟向俄租赁图-22M3 型战略轰炸机，以增强其空中核运载能力。海基方面，印正在维萨卡帕特南海军造船厂建造核潜艇。根据设计，该核潜艇可装备 20 枚核导弹、20 枚鱼雷和 10 枚舰空导弹，计划 2006~2007 年下水，2009 年服役。年内，印度还不断采取措施扩充核武库，计划在未来 5~7 年时间内，将核弹头的数量由现在的 40~50 枚扩充至 300~400 枚。同时，为推动核能力建设，印政府批准建立 4 座核电厂。其中，古吉拉特邦的卡拉帕核电厂和拉贾斯坦邦的拉瓦特布哈特电厂均为 2 个 700 兆瓦的增压重水反应堆；泰米尔纳德邦的库丹库拉姆电厂和马哈拉施特拉邦的贾塔普电厂均为 2 个 1000 兆瓦的轻水反应堆。印军还不断完善核指挥机构建设，拟在未来 10 年内每年投入 20 亿美元，加强“战略核司令部”的基础设施建设。

加快武器装备现代化进程 2005 年是印军推出新的军事学说后的第二年。印度不失时机地制定了到 2015 年成为世界军事大国的计划，并大力推进海、陆、空三军的武器装备现代化进程，以建立一支适应未来战争需要、与国家战略目标相适应的“未来军队”。在印度公布的 2005~2006 年度国防预算中，3430 亿卢比用于购买武器装备，占总额的 41.3%。

印陆军为适应以“先发制人”为指导思想的“惩戒威慑”战略，重点发展立体进攻、远程打击武器装备。年内，印陆军对“蓝天”地空导弹、“毒蛇”反坦克导弹和“三叉戟”地空导弹进行了试射。其中，“蓝天”导弹计划于年底装备印防空军部队，“毒蛇”计划于明年年初装备印度陆军。在飞机方面，印陆军已获准采购 12 架国产“尼尚特”无人机和 197 架军用直升机。在火炮系统方面，印度与以色列签署了一项联合生产 125 毫米先进坦克炮弹的协议，与俄罗斯签署了购买 36 套俄制 BM-30“龙卷风”多管火箭炮系统的协议，对自行研制的“皮纳卡”多管火箭炮进行了两次成功试射。印度陆军特种部队从 9 月份开始从以色列接收 3074 支 15.56 毫米突击步枪。此外，印陆军计划向俄罗斯增购 400 辆 T-90S 主战坦克。

印海军根据印度新制定的“海军战略构想”，正加紧从“区域性威慑与控制”向“全面控制印度洋，南下太平洋”的远洋战略发展，计划在 2013 年前建成一支由 3 艘航空母舰和 200 余艘大型战舰组成的海军力量。年内，印海军正式开始建造国产“蓝天卫士”号航空母舰，“巴蒂·马尔夫”号攻击艇、“巴拉唐”号攻击艇、“克萨里”号登陆舰和“希瓦里克”号隐形护卫舰先后建成下水。印美就印海军购买 10 架 P-3C 猎户座远程海军海上间谍飞机签订协议。印度与法国签署了购买 6 艘常规潜艇的协议。印海军正式部署了“布拉莫斯”超声速反舰巡航导弹，并从俄罗斯接收了第一架“伊尔-38SD”改进型反潜机。

印空军认为，以往的国土防空作战原则已过时，取而代之的应是“战略性威慑防空”，即：印度空军不仅须承受住敌对国最初的打击，而且应拥有高性能的远程飞机，通过空中加油，对入侵之敌进行大纵深和远距离的反击作战。为此，印空军 2005 年就购买 126

架多用途战斗机向一些国家发出了信息需求书，目前参与竞争的有俄罗斯的米格-29SMT、瑞典的“JAS39C”、法国的“幻影 2000-9”、美国的 F-16 等。印度“敏捷”国产轻型战斗机试验项目已经进入到第二阶段，第一架将于 2007 年中交付空军使用。印度还计划向俄罗斯购买至少 2 架图-22M3 远程轰炸机。此外，印度空军开始对俄制“苏-30MKI”歼击机和国产“美洲虎”战机进行升级改造。

加强通信现代化建设　2005 年，印军在通讯建设方面取得较大进展，通讯网络化、自动化进程明显加快。印军根据其确立的由“平台中心战”向“网络中心战”转变的发展方向，多次召开会议讨论“网络中心战”有关问题。5 月 25~26 日，印陆军在新德里召开有关“网络中心战”的研讨会，明确印度陆军网络现代化建设的主要目标是实现快速部署的能力，提高士兵在战场上的战斗力和生存力。6 月 16 日，印度“陆军广域网”投入运行，该网具有功能多，传输速度快，安全可靠，使用方便等优点。8 月 7 日，印陆军固定通讯三期网正式启用，该网由印军联合国内电信部门及德国西门子公司共同研发，能够向全国提供宽带连接服务，具有“军民通用”的优点。其主要功能：一是减少印军指挥层次，提高指挥效能，实现各军兵种的“无缝”链接；二是为各级机构提供情报信息并进行传递，为未来的网络战奠定坚实基础；三是为各级指挥官提供最直接的指挥“平台”；四是能够提供安全可靠的声音、数据、视频及其他通讯服务。

强化特种作战部队建设　2005 年 2 月，印政府批准陆军参谋长提出的关于组建一支新型的反恐部队以最终取代阿萨姆步枪部队的建议。新组建的反恐部队由 4000 人组成，将分别从印陆军以及从阿萨姆步枪部队等准军事部队中抽调人员。该部队组建完毕后，印陆军将不再担负反恐作战任务。

筹备组建信息战部队　随着全球新军事变革的发展，印军将完善信息战理论及建设作为印军事革新的重中之重。2005 年 2 月，印陆军训练指挥部制定了印军“信息战原则”，将信息战范畴定义为七种形式，包括指挥与控制战、网络中心战、情报战、计算机战、心理战、电子战和经济信息战。为全面提高印军信息化水平，印陆军正在筹备组建信息作战部队，计划在军区一级设立信息战局，配备负责信息战的专职参谋；军一级设立信息战旅；师一级设立信息战营；旅一级设立信息战连。根据其构想，信息战部队主要任务是在反恐和常规作战中，策划对敌进行心理战、运用和管理辖区内所有电子战资源、开展网络攻击战及通过电子手段对敌进行干扰和反干扰，并破坏敌军的指挥与控制系统。

（刘温国）

土耳其建军计划与措施　**增强空军实力**　*在战斗机方面*，2005 年 5 月，美国洛克希德·马丁公司宣布将升级土耳其空军的 F-16 战斗机，该合同总值估计为 11 亿美元。该升级项目被称为“和平玛瑙Ⅲ”，其目标是为土空军部门的 F-16 战斗机创造一种通用的航空电子系统布局。具体升级项目包括综合雷达、彩色座舱显示器、摄像机、核心航电处理机、综合精确导航系统和大量其他新部件。本次升级将为土空军的 F-16 战斗机带来巨大的发展潜力，也提升了该型飞机的综合能力。2005 年 11 月，土耳其准备向意大利购买至少 100 架“台风”多用途战斗机，交易总金额可能达 60 亿欧元。

在直升机方面　2005 年 2 月，土耳其国防工业署重新开启了价值数十亿美元的攻击直升机项目竞标，将采购 50 架攻击直升机。波音公司、贝尔公司、西科斯基公司、阿古斯塔公司、欧洲直升机公司和俄罗斯武器出口公司等接受了招标书。

举行军事演练　2005 年 4 月，土耳其海军派出舰只参加了黑海海军合作特别集团在黑海西南部海域举行的“黑海伙伴关系-2005”联合军事演习。该演习的目的在于提高黑海地区各国海军之间的协调行动能力，演练内容包括舰艇战术机动、舰队反潜、防空训练、搜救活动等。4~5 月，土耳其还参加了北约在土西北部巴勒克埃西尔省地区举行的“北约虎会-2005”军事演习，来自德国、比利时、捷克、法国、英国、波兰、斯洛伐克等北约成员国的战斗机与 192 架土耳其空军战机共同参加了演习。2006 年 2 月，土耳其和俄罗斯在黑海西南部海域举行了为期 2 天的海军联合演习。土耳其派出 2 艘护卫舰和 2 艘导弹快艇参加演习，俄罗斯派出以“莫斯科”号导弹巡洋舰为主的几艘黑海舰队战舰参演。演习内容包括遭遇战演练等。

提高防空能力　*恢复卫星发射计划*　2005 年 3 月，土耳其总参谋部宣布将正式恢复于 2000 年中断的“间谍”卫星研发计划。该发射计划原定耗资约 1.49 亿美元，现在开始的新计划预计将花费约 2 亿美元。土国防部官员表示，新一代的“间谍”卫星投入使用后将会使土摆脱对美国和其他国家卫星情报的依赖。根据有关国际条约的规定，土应在 2010 年之前将这颗卫星发射升空，否则其将丧失向 4 万公里高的地球轨道发射卫星的权力。

购买防空系统　为提高武装部队的防空能力，土

耳其从美国购买了改进型“鹰式”防空系统。土空军司令部在2005年接受了8套价值1亿美元的该型防空系统，并计划在2006~2009年采购4套价值约8亿美元的远程防空系统，2010~2014年再购买价值约8亿美元的“爱国者”型防空系统。此外，土耳其还拟通过采购护卫舰，增强其海军的防空能力，美国和欧洲几个国家都希望获此项合同，并为土提供雷神公司制造的“标准-2”型防空导弹。

资料来源：

①美国《每日防务》2005年；

②英国《简氏防务周刊》2005年。

（王 晗）

伊朗建军计划与措施 **增强部队实力** 伊朗从2005年初便开始发动全国的民兵力量，增加700万民兵和相应装备，展开作战演练以便实施“人海战术”。根据俄罗斯政府的提议，里海沿岸国家应组建一支快速反应部队，以有效应对国际恐怖主义、毒品走私和其他地区性威胁。2005年4月，伊朗政府认为组建这样一支部队很有必要，同意组建由里海沿岸5国共同参加的快速反应部队并希望各国在该问题上达成一致，迅速采取相应行动。此外，根据伊朗与印度2002年签署的军事协议，印度的军校将向伊朗提供军事培训。2006年3月，200多名伊朗海军军人在印度海军学院接受了为期5天的军事训练，训练主要内容包括战舰操作等。

引进研发新型武器 2005年，伊朗与俄罗斯签署军购合同，将从俄罗斯引进3架“苏-25UBT”型双座强击战斗机，俄方将于2006年内交付。2005年5月，伊朗开始生产首艘自制潜艇。该潜艇具备隐形能力，可发射隐形鱼雷等武器，建成后将在海湾地区活动。10月，伊朗借助俄罗斯火箭发射了第一颗俄制小型卫星“西娜”。在意大利卡罗盖福兹太空公司的帮助下，伊朗又制造了第二颗卫星“迈斯巴”，这两颗卫星使伊朗具有了有限监视中东地区的能力。

部署导弹系统 *掌握导弹固体燃料技术* 2005年6月，伊朗国防部长在德黑兰宣布，伊朗已经掌握了导弹的固体燃料技术，并成功进行了将固体燃料运用于“流星-3”中程弹道导弹的实验。它标志着伊朗在导弹技术领域取得了重大突破，固体燃料技术可以降低导弹的制造成本，便于导弹的保存和部署，增加导弹的灵活机动性，同时也拓展了提高导弹射程的空间。*生产肩扛式地对空导弹* 2006年2月，伊朗开始大规模生产一种名为“米萨格-2”的新型肩扛式地对空导弹，该型导弹采用红外导引头制导，由伊朗国防部萨希德·卡泽米工业联合体研制。伊朗国防部长纳贾尔称这种导弹“拥有强大的战斗力”，有“追踪和摧毁低空飞行及雷达盲区中空中目标的能力”，且该型导弹还可用于电子战。*购买防空导弹系统* 据俄罗斯国防部高级官员透露，伊朗向俄罗斯购买了29套“道尔-M1”型防空导弹系统，该合同总价值超过7亿美元，俄将在2006~2008年间向伊朗交付这批防空导弹。“道尔-M1”型防空导弹系统是上世纪70年代末俄罗斯研制的一种新型野战防空系统，1984年正式定型，1991年开始装备俄陆军防空部队。该型导弹大量采用人工智能技术，可同时自动跟踪识别48个空中目标，在此基础上根据目标的危险程度把它们“排好队”，并向其中两个最危险的目标开火。该型导弹主要用于在低空、超低空内拦截飞机、巡航导弹等隐身或非隐身空中来袭目标。伊朗还将从俄罗斯购买“伯朝拉-2A”防空导弹系统，该系统的基础是“S-125”防空系统，其与“道尔-M1”系统都主要用于打击中低空目标。

资料来源：

英国《简氏防务周刊》2005年。

（王 晗）

以色列建军计划与措施 **更新无人驾驶飞行系统** 2005年9月，以色列飞机工业公司和以空军签订5000万美元的合同，将为以空军制造提供“苍鹭”无人驾驶飞行器系统，以替代现役的“搜索者”无人机系统。“苍鹭”无人飞行器系统包含数架无人机、1套地面控制站以及多种后勤设备和部件。该系统是一种全天候的系统，能同时携带包括昼夜光电侦察、海上巡逻雷达、合成孔径雷达、通信和电子情报设备在内的多种传感器。系统中的无人机属第四代无人驾驶飞行器，该无人机翼展16.6米，最大起飞重量1100公斤，最大续航时间52小时，可携带250公斤的有效载荷，能在9000米的高度飞行，具有自动起飞和着陆能力，能够按预编程序自动执行飞行任务。

研制地面监视系统 根据美国防务网站报道，以色列研制出一种名为微型隐形地面监视系统的侦察系统。这种设备重约9磅，大小与水壶差不多，因此以军士兵叫它“侦察壶”。该系统最大优点是可埋藏在地下，只将类似于潜望镜的探视镜露出地面，探视镜仅有指头大小，非常容易利用地形进行伪装或者根据环境用碎石之类的东西隐藏。侦察持续时间长是该系统的另一大优点。根据其内置锂电池的性能，该系统可在不充电的情况下连续侦察监视目标10天到3个月。该系统的第三个优点是可实施全天候侦察。它在白天可进行彩色拍摄监视，监控距离大约3000米；夜间使用红外传感器进行监视，监控距离大约1000米。另外，该系统性能非常稳定，结构坚固耐用。“侦察壶”由数公里外的野外控制系统进行控制，野外控制系统实时接收获得的情报信息。以军官员表示，有了“侦察壶”就增强了战场的透明度，解决了以往对重要目标的长时间跟踪侦察难等问题。

举行军事演练 2005年3月，以色列军队与美国军队进行了两年一次的防空军事演习。该演习为期一个月，演练的主要内容是试验以色列“箭II”型防空导弹系统和美国“爱国者”防空导弹系统的整合情况。以色列军方透露演习的主要目的是提升以色列的防空能力，以应对未来外国导弹袭击的威胁。

引进和研发先进武器装备 *在武器引进方面* 2005年3月，以色列与美国达成总价值3000万美元的军购合同，向美购买100枚GBU-28“掩体粉碎机”型钻地制导炸弹，以及一批相关的支持和测试设备、武器零部件和技术参数，美国方面还将向以提供完整的技术与后勤保障支持。3月，以色列国防军从拉斐尔武器发展公司签署价值近1900万美元的合同，采购了200套遥控武器站，该遥控武器站可以交替使用3种武器：M240型7.62毫米机枪、M2型12.7毫米重机枪和MK19型40毫米自动榴弹发射器。该遥控武器站将配装在以色列国防军的M113型履带式装甲人员输送车、“悍马”和“野狗-2”型全防护车辆上。4月，波音公司根据合同，向以色列提供了3架“长弓-阿帕奇”AH-64D型攻击直升机。*在武器研发方面* 2005年1月，以色列发布了最新的拐弯射击40TM系统。该系统包括小型、高分辨率摄像机和监视器，作战人员通过这两种装置可以在拐弯处实时观察目标。摄像机使作战人员能够扫描拐弯或邻近建筑物内区域。视频图像可以发送到其他单位，或者联接到后方战区指挥所。该系统能使作战人员用安装在系统尾部的监视器瞄准，能够发射各种40毫米口径的特种用途弹，如高爆榴弹、烟幕弹、带空投装置的照明弹等。该系统在以往拐弯射击系统的特点和能力基础上，增大了射程，加强了威力，提高了火力覆盖面。是一种高技术武器系统，可用于军事、执法和警戒活动，目前广泛应用于世界范围的特种部队、军队和执法机构。为更好地应对平民暴动，以专家还在研制一种新型的微波武器。该武器发射出的微波束可穿透人的皮肤，并引起难以忍受的灼痛感。这种武器可以有效地降低人的战斗能力，同时还不会造成严重的损伤。

资料来源：

①以色列《国土报》2005年；

②英国《简氏防务周刊》2005年。

（王　晗）

法国建军计划与措施 **提升武器装备科研拨款** 2005年法国国防预算总额为39.2亿欧元，比2004年增长了1.6%。其中用于武器装备研发和采购的费用为15.5亿欧元，比2004年增长了2%。在这一部分费用中，用于武器装备研发的科研经费为13.4亿欧元，比2004年增长了8.3%，其中包括专门用于武器装备顶层开发的拨款，达到10亿欧元，比2004年提升了30%。

调整编制结构 2005年，法军为了更好地满足作战需求，对部队编制进行了一些调整，创建了1个核生化作战团，解散了1个直升机团。同时，对陆军后勤部和装备部的一些部门进行了调整，将一些装备的维护工作交由DIAT工业公司负责。国防部也将一些不涉及军事核心机密的工作，如车辆仓库管理、宪兵住房管理等外包给地方商业公司。

威慑力量建设维持较高投入 威慑力量建设一向是法军建设的重点。2005年，法军用于威慑力量武器装备方面的资金占总装备拨款的20%，比去年增长2%。海洋战略力量建设主要涉及2个项目，新一代战略导弹核潜艇项目和M51导弹项目。法军第2艘战略导弹核潜艇“凯旋号”投入试验。M51导弹是一种3级远程弹道导弹，射程为0.6~1.1万公里，弹头采用6枚新型TN76型分导式多弹头，每个分弹头的TNT当量为10~15万吨。为了提高导弹的突防能力，该导弹在飞行中将作旋转稳定飞行；为了抵抗敌方激光武器在飞行主动段对导弹的攻击，该导弹采用了抗激光加固措施；除采用隐形弹头外，该导弹还配备了先进的突防装置和诱饵。根据规划，到2010年，法国战略导弹核潜艇将全部装备M51导弹。空中战略力量建设主要涉及ASMP-A项目，即空地中程导弹改进型的研制工作。

加强通信和情报建设 2005年法国加强了在卫星光电侦察、卫星通信和卫星导弹预警这3个领域的建设。法国阿丽亚娜5型火箭顺利升空，携带“锡拉库斯-3A”军事通信卫星。“锡拉库斯-3A”卫星配有专为法国军方准备的电子设备，通信能力与前两代卫星相比大为提高。该卫星设计用于加强通信的安全性，将使法军在通信速率、操作灵活性及抵御攻击性干扰等方面有显著提高。迄今为止，法国已发展了“锡拉库斯-1、2”两代军用通信卫星系统，这次发射的是其第3代军用通信卫星系统中的首颗，装有9个超高频（SHF）转发器和6个极高频（EHF）转发器。与“锡拉库斯-2”型卫星相比,“锡拉库斯-3”型卫星的转发能力有了巨大提高，具有一定的抗核辐射和电子防护能力。新卫星通信系统将提供法国本土和国外战区之间的端对端通信服务，并能在战场提供因特网服务，可增强部队的作战有效性和协同作战能力。该卫星还将卫星通信网络与法国的防务系统及指挥、控制、通信和计算机、情报侦察与监视集成在一起。另外，法国还使用“昴星团”卫星的光学图像数据来交换德国的“合成孔径雷达-放大镜”卫星（分辨率为 0.5 米）的雷达图像数据，法德两国实现了共享对方卫星图像数据。在海上侦察方面，为法军提供战略情报保障的联合电磁海上侦察船于 2005 年 1 月投入试验。此外，陆军单兵信息化系统也一直是法军非常重视的领域。“费兰（FELIN）”项目是法军研发的陆军单兵信息化系统。2005 年法军定购了 1100 套该系统，包括轻型防护服，加上先进的光电武器组件（轻型放大瞄准镜和红外热传感器）、头盔组件（瞄准具、图像显示器、夜视照相机等）、强大的通信中继和单兵自主动力组件。该系统的核心是一部用于控制数据传输和通信链路的穿戴式计算机，可以满足地面部队面临的主要作战需求，使士兵在行动中拥有更高的防护和更快的反应能力。

大力提升武器装备的现代化水平 为了应对新威胁，法国陆军 2005 年委托 GIAT 工业公司对其 108 辆 AMX-10P 步兵战车进行升级，同时要求 GIAT 工业公司提供两个团的装备车辆的维修能力。AMX-10P 步兵战车的主要升级包括：在车体的前部、侧部、后部和顶部安装新的被动装甲，以增强车辆的生存能力；采用改进型后动力驱动跳板、新的扭力杆和加强型变速箱；去掉安装在车体后部两侧的两个喷水推进器和车体前部的平衡翼，以减轻车辆重量，但车辆仍保持航渡能力。法国陆军还在 2005 年接收了 8 架“虎”式武装直升机。这种新型支援-摧毁型武装直升机拥有功率更大的发动机和和更出色的反坦克作战能力，还装备有 AC3G-LP 导弹，更能适应陆军作战的需要。另外，法军还接收了已定购的 1 架远程运输机以替代原来的 2 架 DC8 运输机，战略运输能力得到增强。

资料来源：

①法国《国防》2005 年 1~12 期；

②《法国 2005 年国防预算》。

（原　颖）

澳大利亚建军计划与措施

陆军加快武器装备更新 (一)采购 59 辆“艾布拉姆斯”主战坦克，用于装备澳陆军第 1 旅第 1 装甲团。“艾布拉姆斯”一揽子协议通过美国外军销售计划达成，该协议的采购总额为 5.3 亿澳元，武器装备包括 7 辆装甲抢修车、6 套炮术训练系统、1 辆坦克驾驶员训练车、坦克输送车及工程与项目管理保障系统。首批坦克将于 2007 年交付该团使用。（二）升级 350 辆 M113A1 输送车以增强陆军第 1 旅的机械化能力。通过对这些车的重新安装，使其服役延长到 2015 年。由 16 辆输送车组成的第一个连将于 2006 年底开始服役。其中，有 171 辆 M113A1 输送车的车身将被扩展，并加装第 6 个轮胎，用以增加车身内部容量和有效负荷。（三）采购 299 辆“丛林之王”4×4 步兵机动车。该项目耗资 3.29 亿澳元，将为第 7 旅提供急需的建制内摩托化步兵能力。

空军努力寻求远程作战能力 (一)计划购买 F-35 联合攻击机。澳大利亚空军计划购买 80~100 架由洛克希德·马丁公司生产的 F-35 联合攻击机，用以替换 F-111 战轰机和 F/A-18“大黄蜂”战斗机。该项目将在《空军 6000 新型航天作战能力计划》的领导下实施。根据《国防能力计划》，澳大利亚空军有望在 2012~2014 年间接收到第一批联合攻击机。用于购买该飞机的资金在 115~155 亿澳元。（二）准备采购海上无人机。澳大利亚空军已经开始物色一种海上无人机，以用于实施海上和地面侦察、巡逻任务。该无人机采购项目将在耗资 7.5~10 亿澳元的《空军工程 7000》的第一阶段执行。为了寻求部分替换新直升级的 AP-3C“猎户座”海上巡逻机的合适机型，对诺斯罗普·格鲁曼公司制造的“全球鹰”无人机和通用原子公司生产的“水手”无人机的测试工作已在 2005 年开始。选定的无人机将从 2009~2011 年开始服役。（三）采购新型空空导弹和空地攻击军械。澳大利亚《空军 5418 工程》将于 2008~2009 年左右为 F/A18“大黄蜂”和 AP-3C“猎户座”飞机提供后续防区外武器，用于打击位于地面、海上和濒海水域的目标。

海军发展水面舰艇 为确保对陆军的有效支援，澳大利亚皇家海军计划在未来 10 多年内引进几种关键水面舰艇。(一)计划建造 2 艘登陆直升机甲板舰。将使澳海军的两栖能力大大提高。舰艇的首选设计商和本国的首要造船厂于 2005 年下半年产生。每艘登陆直升机甲板舰总长将保持在 215~230 米之间，满载排水量达 25000~27000 吨。按计划，第一艘登陆直升机甲板舰将在 2010 年底交付，第二艘将于 2015 年交付。(二)引进新型双体油轮。随着海军在 2006 年 7 月引进长 176 米，排水量达 37000 吨的新型双体油轮，澳海军的浮动支援能力也将大大加强。该油轮由韩国的一家商业船厂建造，即将被命名为“天狼星”，它将用于替换澳皇家海军的“西澳大利亚”单体补给船，并将在澳大利亚接受改造，以便使之适应海军的服役要求。(三)计划建造3艘大型防空驱逐舰。为保护新型两栖、海运和浮动支援舰船免受来自空中和地面的攻击，澳海军计划建造3艘耗资45~60亿澳元的大型防空驱逐舰。这三艘驱逐舰的排水量达7000~8000公吨，可承担本地和地区防空任务，并可为实现战斗机和侦察机的高效部署、反水面作战和海军炮火支援提供协作式航空图。海军已经指定把“宙斯盾”防空系统作为该舰作战和控制系统的核心系统。

资料来源：

中国《国防科技》2005年4月。

(赵春峰)

军队体制编制

美军体制编制　2005年，美军进一步调整体制编制，精简合并了领导指挥机构，组建了模块化部队，提高了联合作战水平和快速反应能力。具体调整情况如下。

重组战略司令部　据美国《防务新闻》2005年7月25日报道，美军战略司令部正在进行重组并接受新的任务。这将更加有助于各军种联合行动并降低风险，有助于国防部通过协调方式整合不同能力。战略司令部以前侧重于核任务，重组后扩大到一整套全球任务。主要增加5个新任务领域：网络战，导弹防御，空间和全球打击，情报、监视和侦察，以及大规模杀伤性武器。战略司令部的4个新任务领域都各自拥有一个联合功能部队司令部，履行大量分析职能。

调整北方总部　为切实履行“保卫本土安全”这一首要任务，2005年3月，负责本土防御的美军北方总部司令基廷宣布，北方总部将新设一些机构和部队，具体包括五个组成部分。一是首都地区联合部队司令部，负责首都地区地面防御、民事支援和突发事件处理。二是常设北方联合部队司令部，这是一个可随时机动部署的联合指挥和控制机构。三是民事支援联合特遣部队，负责应对本土发生的各种灾难性化学、生物、放射性、核以及高当量爆炸事件。四是北方联合特遣部队，负责反毒品、反恐怖、美加边境和南部边境的巡逻以及反跨国威胁的其他行动。五是阿拉斯加联合特遣部队，负责阿拉斯加地区的国土防御和后果处理。

成立联合空间作战中心　据美国《每日航空》2005年5月26日报道，美空军于5月18日在范登堡空军基地成立了联合空间作战中心。这是美军首次将美国军事航天资产交由单一实体进行管理。联合空间作战中心将各种联合航天能力集中起来，重点改进作战能力。该中心将负责向战场指挥官和部队提供共享的态势感知信息，并负责指挥、规划并对战区指挥官的需求进行反应。该中心司令由空军第14航空队新上任的司令谢尔顿少将担任。目前该中心成员大部分为空军官员，但在未来将由多军种人员构成。中心将由美军战略司令部负责空间与全球打击的联合职能部门指挥官负责管理。

组建常设联合部队司令部　2004年，美军完成常设联合部队司令部的模型概念测试，2005年开始在全球各个作战司令部建立永久性常设联合部队司令部。这些司令部配备了最先进的指挥、控制、计算机、通信、情报和监视装备，接受联合作战训练。常设联合部队司令部的设立，有利于联合部队在战役和战术层次上开展训练，有利于快速使用跨军种的能力以应对世界各地发生的突发事件和危机。

建立全球机动打击队　据美《星条旗报》2005年11月15日报道，美国正在关岛安德森空军基地部署能集情报、侦查、远程打击任务于一体的全新“全球打击机动队”，以增强美空军在西太平洋的远程打击能力。这支部队将由先进的侦察机、轰炸机、战斗机和空中加油机组成。战机总数将近70架，包括3架“全球鹰”高空无人侦察机、46架F-22战斗机、6架B-2远程隐形轰炸机和12架空中加油机。一旦美军投入作战，“全球打击机动队”将首先出动隐形战斗机F-22，摧毁对手的作战飞机和防空导弹阵地。尔后，B-2隐形轰炸机将袭击对手的重要武器装备，包括战术地对地导弹阵地、化学武器掩体和巡航导弹平台等。

完善陆航体制编制　2005年，美国陆航积极调整体制编制。一是调整陆军航空兵部队结构。恢复了过去可执行多种任务的航空兵营体制，在营级单位装备多种型号的直升机。每个航空兵营配备一个装备10架

AH-64D“长弓阿帕奇”攻击直升机连，一个装备10架OH-58D“基奥瓦勇士”攻击/侦察直升机连。预计2007年前将组建25个可执行多种任务的航空兵营，2010年前组成一支轻型的、有杀伤力的、机动性更高的航空兵部队。二是组建有无人机构成的直升机机动部队。美军陆航直升机部队成立了一支“远距离杀手”部队，每个航空旅中配有一个无人机连，使每个航空旅由两个航空营、一个无人机连和一个装备12架OH-58D“基奥瓦勇士”侦察/攻击直升机的机动部队组成。

调整专业兵种比例 在全球反恐作战的新形势下，陆军对野战炮兵、防空兵、工程兵、装甲兵和后勤兵等专业兵种的需求量在逐步减少，而对宪兵、运输兵、民事、心理战和生物探测等新专业兵种的需求量增加。根据美陆军整编计划，从2005年开始削减需求下降的兵种，增加“高需求”兵种。还将实行军职岗位文职化，将有15000个军职岗位上的军人被文职人员所取代。此次改组涵盖美陆军所有现役部队和大部分后备役师以下作战部队，涉及全部22个兵种。具体的专业调整数量如下。削减的有：36个野战炮兵分队、10个防空分队、11个工程兵分队、19个装甲分队、65个后勤分队。增加的有：149个宪兵分队、16个运输分队、9个燃油/水补给分队、8个民事分队、4个心理战分队、11个生物探测分队。

组建陆军第10山地师第4旅 据美国陆军新闻社2月5日报道，采用最新旅级战斗队编制的美陆军第10山地师第4旅在路易斯安娜州波尔堡正式成立。这是推进陆军军事转型的重要建设举措。该旅采用模块化结构，编组灵活，联合化程度较高，规模略小于传统部队，但兼具重型部队的强大火力和轻型部队的快速反应两大优势，反应能力更强，火力更猛，能够达到“全频谱”作战行动的要求。第4旅属于步兵旅，全旅员额约3000人，列装的一些武器装备主要包括：远程侦察监视系统、“影子”战术无人飞行器、便携式战术分析系统，以及PAS-13型先进红外瞄准镜。第4旅首任指挥官由肯特·斯库凯特上校担任。美陆军计划在2007年前美军共编成43个新式旅级战斗队。

成立网络部队 2005年4月，美军正式组建专门负责网络作战的“网络战联合功能构成司令部”。网络部队被正式纳入美军的作战序列。这支部队具备摧毁敌人网络，进入敌人计算机窃取或假造数据的作战能力。他们可以释放蠕虫病毒致瘫敌人的指挥和控制系统，使敌人无法指挥地面部队或发射地对空导弹。同时，该部队还能防护美国国防部的所有网络免受攻击。为配合并补充这一新司令部的行动和职能，美国防部信息系统局还在组建全球网络作战联合打击部队，战略司令部成立了联合信息战中心。美军除在联合司令部一级建立专门的“黑客部队”执行战略任务外，各军种也在组建各自的网络部队，执行战场战术行动。陆军建立了计算机应急反应分队；海军成立了海军计算机应急反应分队；空军组建了专门负责实施网络进攻的第8航空队。

海军陆战队组建特种作战司令部 美国防部长拉姆斯菲尔德2005年11月1日已正式批准在美特种作战司令部中增设海军陆战特种作战司令部，从而使特种作战司令部所辖机构由原来的陆海空3个特种作战司令部增加为4个。该决定是美军转型计划中的重要内容，也是美国为应对反恐战争和其他作战任务而采取的变革措施。在编制上，海军陆战特种作战司令部的暂定名额为2600人，初步由一个特种作战团、一个外国军队训练机构和一支特种作战支援部队组成。在功能上，除担负情报搜集、火力支援、直接行动和特种侦察等任务外，还将帮助盟国或友军训练军队。

（焦 亮）

俄罗斯军队体制编制

综述 2004年底，俄国防部进行了领导指挥体制的重大调整。2005年初，国防部开始按照新的编制和条例运行，并根据对未来世界军事政治形势的分析与预测，以及对现有和潜在威胁性质及其程度的评估，开始制定未来10年的军事发展规划。6月，安全会议例会确定了2015年前国家军事组织发展的优先方向。据此，国防部开始组织制定2006~2010年武装力量建设计划。

压缩军队员额，完善指挥体制 年初，俄武装力量编制员额为120.7万人，到11月份已裁减到113.48万人；到2011年要进一步裁减到110万人；未来5年总共裁减35000人，其中高级指挥员300人。

2005~2007年，将进行由战略方向上的军区（方面军）领导指挥体制向跨军种地区性军队集团领导指挥体制过渡的试验。试验第一阶段是在列宁格勒军区和第6空防集团军的基础上组建西北战略方向航空兵与防空兵司令部，目前这一阶段已经结束。

建立战略遏制力量体制 面对北约东扩的影响，着眼于未来面临的现实威胁，俄武装力量在2005年及未来一段时间内把战略遏制力量列为军队建设的重点。长期以来，由于资金严重短缺，俄陆基战略导弹系统已有80%超过了寿命期。为了维持必要的弹头数量、保持足够的核遏制潜力，俄逐年增加战略导弹兵的建设拨款，改造和更新现有的陆基核武库。对不稳定的SS-24和SS-25战略导弹系统，俄计划在未来10年内将其淘汰，因此，战略导弹兵将以每年 1~2 个师的速度撤编。装备 SS-27（“白杨-M”）新型战略导弹系统。年内，俄成功试射了机动型“白杨-M”导弹；第五个“白杨-M”导弹团开始担负战备值班，这使“白杨-M”的装备数量达到了 50 枚。俄还计划对“白杨-M”进行多弹头改造，使其至少能够携带 3 枚核弹头，到 2009 年装备部队。在海基战略核力量方面，俄加快研制和列装新型战略核潜艇，并开始试验新型海基战略核导弹。年内，俄海军正式列装了 2 艘战略核潜艇：一艘是 941“台风”级“德米特里·顿斯科伊”号战略核潜艇，另一艘是最新型的“北风”级“尤里·多尔戈鲁基”号战略核潜艇。在空基战略核力量方面，俄坚持改造与发展并重的方针。5 月，驻远东和后贝加尔地区的第 444 和第 200 重型航空团撤编，其装备的图-22M3 中程战略轰炸机全部封存。同时，开始分阶段对现役图-160 和图-95MS 战略轰炸机进行改造，改装先进的航电设备和机载设备，以发射新的机载武器。

在加强战略核打击力量建设的同时，俄近年来突出了空天防御力量的建设，计划将导弹太空兵防御军团与各军兵种的防空和反导部队进行融合，建成统一的空天防御系统，将其作为遏制美国和北约发动大规模空天进攻另一战略遏制力量。根据建立空天防御系统的统一部署，确定了所需要武器装备数量，进行了方案的技术与经济论证，研制了空天防御的配套模型，并将建立俄空天防御的措施列入《俄联邦武装力量 2006~2010 年建设计划》和《2006~2015 国家武器纲要》。计划 2006~2010 年将对现有武器装备进行延寿升级和现代化改造；建立空天防御信息保障系统和指挥分系统；采取配套措施改进和发展各军种的导弹太空防御系统和防空系统，增强空天防御的潜力；2010 年后，为融入空天防御系统的部队装备全新的武器装备；完成侦察系统和空天防御指挥系统现代化改造，提高其生存能力、机动能力和在各种战斗条件使用的稳定性；展开新型和加强现有的反导、防空和反卫星兵力兵器集团。

优化军费开支结构，提高军队装备效率 2005 年，俄武装力量共采购了 9 部新型航天器和 5 枚运载火箭。陆军获得了 9000 余件新式武器，相当于 2004 年的 2 倍，其中包括 3 个营套的 T-90 坦克（91 辆），3 个营套的 BTR-80 装甲运兵车和首个战役战术导弹系统。空军接收了 7 架改进型苏-27SM 歼击机和高精度的“空地”精确导弹，2 架图-160 战略轰炸机。此外，驻北高加索的第 4 空防集团军获得了米-24PN 和米-8MTKO 改进型直升机。俄最新型的 S-400 防空导弹系统目前正在进行国家试验，年内将有 6 套装备防空部队。俄海军波罗的海舰队接收了“拉达”级潜艇的首艇“圣彼得堡”号，里海区舰队则获得了首艘“布扬”级炮艇。

在未来的装备建设上，各军种的侧重点各有不同。11 月 17 日，俄国防部导弹兵与炮兵总局局长扎里茨基上将表示，陆军未来将把导弹兵和炮兵装备作为发展重点之一。空军近期的主要工作仍是改进现有作战平台，远期将采购在研的 PAK-FA 第 5 代战斗机（空军未来战术飞机）。在 PAK-FA 战斗机服役前，俄空军可能在 2007 年采购少量的苏-35 单座战斗机和苏-34 战斗轰炸机；2006 年，苏-34 将继续在阿赫图宾斯克进行作战试验。俄海军 2005 年启动了为期 7 年的对现有 6 艘小型潜艇进行现代化改装的计划；准备于 2007 年底前在波罗的海舰队组建一支潜艇支队，为此将采购 6~9 艘新型“拉达”级常规潜艇；逐步完善里海区舰队的基础设施，并装备一批新型舰艇，计划 2007 年为里海区舰队装备“达吉斯坦”号导弹护卫舰，到 2010 年将使该区舰队“布扬”级炮艇达到 5 艘。

建立各强力部门一体化后勤保障体制 2005 年，俄军建立所有强力部门一体化后勤保障体制的计划已完成了 80%。2005 年 1 月，俄国防部成立了中央物资采购中心——所有强力部门采购与供应中心，并开始正式运营。该中心主要用于为各强力部门购买通用后勤保障物资，即粮食、物品、燃料和润滑油等。2005 年前 9 个月，武装力量与其他强力部门在联邦和地区一级共组织了 48 次联合竞标，使通过统一竞标完成的国家国防订货达到了 93%，而上一年这个数字仅为 7%。联合竞标极大地节约了预算资金，各强力部门的物资保障得到了显著改善。年内，俄国防部还在北高加索军区、西伯利亚军区和北方舰队建立 3 个采购与供货处，2006 年计划在其他所有军区、舰队都建立这种联合采购与供应机构，到 2007 年完全建成所有强力部门的一体化后勤保障体制。

增加在部队编制中合同制军人的比例 根据俄军《2004~2007 年兵团和部队的一系列职务改由合同制军人补充的联邦专项纲要》，计划到 2008 年所有强力部门的常备兵团和部队完全过渡到合同制，范围涉及陆军所有常备部队、空降兵、海军陆战队、特种部队、内卫军和边防军等，共包括 115 支常备部队、15.53 万个军士和士兵岗位。截止 2005 年 6 月，俄北高加索军区驻车臣部队已全部转为合同制，计 1.3 万人，包括驻车臣首府格罗兹尼的第 42 摩步师；到 11 月 1 日，共有 40 支常备兵团和部队实行了合同制，补充合同制军人已达 70%；到年底，俄军总共将补充 4.2 万名合同制士兵和军士。

完善军事科学和军事教育结构 俄罗斯在保持本国军事学派优良传统的同时，不断充实新思想和新思路，广泛使用现代教育方法和教学技术，认真研究世界军事思想的动态发展。在军事教育方面，俄计划在优化国防部所属军事院校结构的同时，未来 3 年内重点对地方大学军事教研室和军事系进行改革。目前，俄有 229 所地方大学设有军事教研室，为军队培养后备军官，每年有 5~7 万名大学生从地方大学军事教研室毕业，然而却只有极少数人到部队服现役。这种情况一方面造成了武装力量初级军官职务补充严重短缺，另一方面又有大批应服现役的后备军官以各种借口逃避服役义务，国防部不得不通过举办军官速成班和从地方大学征召两年制大学毕业生来补充初级军官的缺额。这既降低了军官队伍的学历水平，又浪费了有限的军费资源。因此，俄国防部计划到 2008 年将培养后备军官的地方大学军事教研室由 229 个减至 68 个。其中，在 33 所地方大学设立军事教学中心，负责为现役部队培养补充军官，学员毕业后至少要与部队签订 3 年的服现役合同。另外 35 所院校将保留军事教研室，从教研室毕业的大学生将成为预备役军官，从 2008 年起将不再被征召服现役。改革后，地方大学军事教学中心和军事教研室每年培训的军官数量将减至 9000 人，其中 2500 人将按合同服现役。俄国防部披露，培训后备军官的地方大学主要集中在莫斯科和圣彼得堡一些名牌大学，且多为军校不能培养或培养能力较弱的专业，比如航天兵所需要的各种技术专业和空军所需要的航空技术和飞机设计等专业。

资料来源：

《俄联邦国防 2005 工作会议总结》。

（吴晋君）

日本自卫队体制编制 2005 年，日本自卫队继续对部队现行体制编制有计划地进行改编、增编和撤编。在继续压缩陆上自卫队编制员额，海上自卫队、航空自卫队编制员额基本保持不变的情况下，合理编制部队结构，以逐步向新《防卫计划大纲》提出的“多能、灵活、有效”的建军目标方向发展。其具体情况如下：

调整编制及其员额 2005 年，日本自卫队编制员额共计为 260418 人（与上一年度相比减少 1766 人）。其中，陆上自卫队为 164841 人；海上自卫队为 45817 人；航空自卫队为 47343 人；联合参谋本部 507 人，情报本部 1910 人。

文职人员共计 23606 人（比上一年度相比，减少 103 人）。其中，陆上自卫队 8867 人（与上一年度相比，减少 74 人）；海上自卫队 3535 人（比上一年，减少 31 人）；航空自卫队 3694 人（比上一年，减少 37 人）；联合参谋部 70 人；情报本部 425 人；其他 7015 人。

陆上自卫队实有人员 145906 人，满员率为 92.49%，与 2004 年度相比增 0.2%；海上自卫队实有人员 44007 人，满员率为 96%，与 2004 年度相比增 0.68%；航空自卫队实有人员 45229 人，满员率为 95.5%，与 2004 年度相比增 0.47%。

预备役人员与 2004 年度相同，共计 47900 人。

改编防卫厅内部部局、改革参事官制度 为充实强化长官辅佐体制，日本防卫厅自 2006 年度开始将改革防卫参事官制度，并同时改编内部部局、准备接收管理组织、地方组织等。其中，参事官制度将由现在的 10 人改为 8 人，废除负责技术和卫生的参事官，新设卫生监和技术监。防卫局改为防卫政策局、运用局改为运用企划局、管理局改为经理装备局，再加上现有的人事教育局，继续保持四局体制，与长官官房共同构成内部部局。在地方组织的改编方面，陆上自卫队各军区司令部中新设政策辅佐官和地区联络调查课；将各都、道、府、县的自卫队地方联络部名称改为自卫队地方本部，在本部总务课新设国民保护·灾害对策联络调查官。在装备接收管理组织的改革方面，综合管理局的成本计划功能、合同本部、技术研究本部的开发管理功能，新设装备本部。

组建综合任务部队 随着部队逐步向综合运用体制的转变，自卫队成立 50 余年将首次组建综合任务部队。它是由两个军种以上的部队编成。是与陆上自卫队、海上自卫队、航空自卫队平行的部队，直接受联合参谋长指挥。其编成情况有两种：一是根据自卫队法第 22 条，按照防卫出动令实施治安出动和对军用设施采取警护出动时，由内阁总理大臣指定编成；二是根据需要实施国民保护派遣、海上警备行动、救灾派遣、地震派遣、核灾害派遣时由防卫厅长官指定编成。其编成规模视情况而定。如应对大规模灾害时由陆上自卫队军区司令担任综合任务部队指挥官，综合任务部队由陆上自卫队的应急部队、以海上自卫队地方队为骨干的应急部队和航空自卫队的运输机部队、侦察部队和警戒管制部队编成；应对弹道导弹时，综合任务部队的指挥官由航空自卫队航空总队司令担任，参编部队有以“宙斯盾”舰为骨干的海面部队和航空自卫队的导弹部队、警戒管制部队等。为了灵活、有效地运用部队，综合任务部队设司令部，其作战参谋由陆、海、空自卫队分别指派。

陆海空三自卫队编制进行调整 日本自民党安全保障计划小组提出未来陆海空三自卫队编制调整计划。1、陆上自卫队在削减坦克和火炮的同时，重点强化步兵部队，当发生紧急事态时，部队要成立“中央快反集团”，规模为4000~5000人。为了强化对日本海一侧的防卫部署，要增加步兵人员，陆上自卫队的总编制员额调整为16.2万人，其中常备部队15.2万人，快速反应预备役部队1万人。2、海上自卫队为了提高快速反应能力和确保部队的灵活运用将对水面舰艇部队编成两种类型战术单位：一是以直升机驱逐舰为主的战术单位；二是以导弹驱逐舰为主的战术单位。以前者为主的战术单位由1艘直升机驱逐舰、1艘导弹驱逐舰、2艘多用途驱逐舰组成；以后者为主的战术单位由1艘导弹驱逐舰、3艘多用途驱逐舰组成。3、航空自卫队将重点提高三种能力，即警戒监视和情报收集能力、旨在机动运用的运送能力和对地面精确打击能力。

新编“弹道导弹防御室”和“紧急事态应对规划室” 为推进弹道导弹防御系统建设，日本防卫厅于2005年1月7日在防卫局防卫政策课下新编“弹道导弹防御室”，它由弹道导弹防御专家、综合法制班、涉外班和事业企划班组成。为强化紧急事态应对体制，在运用局运用企划课下新编“紧急事态应对规划室”。

陆上自卫队增设中央情报部队 2005年8月24日，日本防卫厅决定在陆上自卫队新设“中央情报部队”。“中央情报部队”计划于2006年底组成，编制规模为600人左右，将把“中央地理部队”和“中央资料部队”整合，从而提高情报处理工作的效率。

组建中央快反集团 2005年日本陆上自卫队的首要任务是新编中央快反集团。该集团将根据新防卫计划大纲提出的“应对新型威胁和多种事态”的要求而编成，与军区一样同为长官直辖部队。其最高指挥官由陆军中将担任。该集团主要是支援军区作战，同时也负责进行人员的教育训练和调查研究，以便能迅速投入到国际和平合作活动中去，是统一和机动运用部队的全新组织。根据新《防卫计划大纲》的要求，组建中央快反集团的基本指导方针是：一是转变过去重视反装甲作战的防卫力量建设思想；二是在整个国土均衡部署部队，以便能够迅速应对新型威胁和多种事态；三是构筑能够有效地应对国际和平合作活动的支援体制。具体任务有二：一是当发生诸如游击队、特种部队的攻击等各种事态时，为了防止事态的扩大，迅速向各地提供战力，向军区提供作战支援；二是为了能够积极地参与国际和平合作活动，对参与国际活动的计划、教育训练和指挥实施一元化管理。中央快反集团司令部将设在朝霞驻地，编制员额约3200人，其中含司令部人员230人。负责国际活动的计划、训练等任务的国际活动教育队编制员额为80人，由队本部、共同教育队、评价支援队、研究科、教育支援小队等组成。以前，参加国际合作活动的自卫队人员是派往加拿大、挪威、意大利等国的训练中心接受教育的。现在，共同教育队可以负责语言、法规、部队行动基准等知识的培训；评价支援队则负责对待命指定部队进行训练评价；教育支援小队则负责集合训练等的支援。

陆上自卫队新编西部军区通信情报队 陆上自卫队于2005年3月28日在健军驻地新编西部军区通信情报队。该队为陆上自卫队西部军区直属部队，编制员额为70人，队长由中校级军官担任。通信情报队装备各种通信器材、传感器等，并具有能够向各地及岛屿迅速展开的能力，负责远距离的通信情报搜集。

陆上自卫队第8步兵师改编为“战略机动师” 陆上自卫队于2005年3月28日将西部军区第8步兵师改编为“战略机动师”，编制员额由9600人减至8800人（其中包括快速反应预备役军官1300人）。该师由4个步兵团、1个炮兵团、1个后勤支援团、1个高炮营、1个坦克营、1个工兵营、1个通信营和侦察队、飞行队、防化队、军乐队组成。其中，第12步兵团（驻国分）、第42步兵团（驻北熊本）和第43步兵团（驻都城）新装备轻型装甲机动车、01式轻型反坦克导弹和93式近距离对空导弹等；第24步兵团改编为以快速反应预备役军人为主的部队；坦克营由过去的3个连编制改为4个连编制，以加强坦克部队的作战能力。

海上自卫队新舰艇服役调整部分部队编制 2005年2月9日，中型扫雷舰“青岛”号、“宫岛”号服役，分别编入第46扫雷队和第1扫雷队。“青岛”号和“宫岛”号扫雷舰分别为“菅岛”级扫雷舰的第9号舰和第10号舰，装备了最新式的情报处理装置、水雷探测机和水雷处理器具，与其他扫雷舰相比，大幅度地提高了水雷的清扫能力。两舰服役后，海上自卫队扫雷舰艇部队编制调整如下：佐世保地方队冲绳基地队第46扫雷队调整后由“由利岛”号、“彦岛”号、“青岛”号组成；扫雷队群第1扫雷队（母港为吴港）由“出岛”号、“相岛”号、“宫岛”号组成；舞鹤地方队第44扫雷队由“粟岛”号、“飞岛”号、

"长岛"号组成。

2月16日，"细波"号多用途驱逐舰服役，编入护卫舰队第4护卫队群第8护卫队，母港为吴港。目前，第8护卫队由"海雾"号和"细波"号驱逐舰组成。

3月3日，"淡海"号补给舰（13500吨）服役，编为护卫舰队直属舰，母港为佐世保港。该舰乘员145名，其中女军人19名（2名干部，17名士兵）。

3月9日，"高潮"号潜艇服役，编入第2潜艇队群第4潜艇队，第4潜艇队由"雪潮"号和"高潮"号组成。

航空自卫队调整基地防空队体制 航空自卫队于2005年3月28日撤编驻轮岛分基地的第303基地防空队和驻春日基地的第501基地防空队，并以上述两个撤编单位为基础在那霸基地新编第83基地防空队。至此，航空自卫队从1998年开始进行的基地防空队体制调整任务全部结束，并建立起由千岁、三泽、松岛、小松、百里、筑城、新田原和那霸8个基地防空队组成的基地防空队体制。

防卫厅确定2006年度部队体制编制调整计划 2005年8月31日日本防卫厅公布了《2006年度业务计划基本方针》。该方针指出，自卫队要构建新型作战体制并努力追求部队的效率化、合理化，确保国家防卫所需人员。

陆上自卫队：1、新编"中央快反集团"（暂称），编制员额为3200人。新编"中央快反集团"的目的是对机动运用部队和各种专门部队实施一元化管理和统一进行国际和平合作活动。为了顺利、有效地参与国际和平合作活动，中央快反集团下设"国际活动教育队"，编制员额约80人。2、新编陆上自卫队中央情报队（暂称），编制员额约600人。

海上自卫队：1、撤编大凑地方队第27护卫队（驻大凑）和潜艇舰队第2潜艇队群第6潜艇队（驻横须贺）。2、护卫舰队新编第1海上补给队。3、变更第1运输队的隶属关系，由自卫舰队调整到护卫舰队。

航空自卫队：新编航空自卫队机动卫生队。

资料来源：

①日本《朝云》2005年1~12月；

②日本《防卫日报》2005年1~12月；

③日本《海自新闻》2005年1~12月。

（张洲军）

日本"十·九舰队"简介 《军事文摘》2005年第12期张欣报道，所谓"十·九舰队"，不仅是在原"八·八舰队"，基础上增加1艘改进型"金刚"级驱逐舰和1艘"村雨"级多功能驱逐舰，而且目前建造中的直升机驱逐舰、"摩周"级大型补给船、"高波"级后续舰都将更换旧装备，从而使其战斗力显示出两强一升一弱的特点。

反潜能力进一步加强。未来"十·九舰队"在继承现有反潜战力的基础上，又着重加强了两方面的能力：一是突出远洋反潜。冷战结束后，日本海外派兵的规模、范围不断扩大，舰艇吨位也越造越大、远洋作战能力不断加强，即将加入"十·九舰队"的"金刚"级、"村雨"级、"高波"级都是排水量超过5000吨的大型舰只，正在建造中的直升机驱逐舰和"摩周"级补给船更是名副其实的万吨巨轮，大型战舰的不断充实，必将极大提高"十·九舰队"的远洋作战能力，也将使其反潜护航范围不再局限于西太平洋，而是展现了突破1000海里防卫范围的新走向。二是加强水下侦察。"十·九舰队"更加注重反潜侦察，除了舰队普遍装备舰壳声纳、拖曳式线列阵声纳、变深声纳外，舰队新装备的SH-60K反潜直升机水下探测设备也将获得升级。通过对其进行信息化改造，增加了与海上作战指挥控制系统对应的战术情报处理、显示功能和僚机进行战术情报交换的功能，通过数据链与母舰上的新型战术情报处理系统相联，从而使舰队体系反潜能力上升到一个新台阶。

反舰能力得到较大提升。尽管"八·八舰队"载弹量较大，导弹垂直发射速度快，但由于导弹本身突防能力有限，所以舰队整体反舰能力并不突出。完成升级后，舰队反舰能力可得到较大提升：1、舰只数量增加、质量提高，舰队综合作战能力得到加强。首先，改进型"金刚"级的加入将使舰队增加一套"宙斯盾"系统，新型直升机驱逐舰还将装载具有世界领先水平的相控雷达射击指挥系统，因此整个编队在严重干扰条件下的搜索、跟踪能力将达到一个新层次；其次，"朝雾"级和"初雪"级等旧舰将被"高波"级通用驱逐舰替代，"高波"级换装了"奥托"127毫米炮与可发射巡航导弹的Mk41导弹垂直发射系统。"奥托"射速比美国的Mk-45型127毫米炮还要高1倍——达45发/分，可以发射北约国家为该口径研制的所有弹种，使用非增程炮弹最大射程23公里，若使用激光制导炮弹或GPS制导炮弹射程可达117公里。而Mk41垂直发射系统不仅可发射"鱼叉"反舰导弹，还能发射"战斧"巡航导弹，综合打击的潜力很大。2、直升机数量增加、性能改进，舰队立体作战能力得到加强。目前，日本拨款近10亿美元建造的1.35万吨直升机驱逐舰长195米，采用航母式的直通甲板，可容纳至少3架、最多11架直升机，战时“十·九舰队”的直升机数量根据需要最多可达到17架。其装备的SH-60K直升机既可为“鱼叉”导弹实施超视距制导，也可挂载反舰导弹，是海上作战的利器。因此，未来“十·九舰队”以空制海的特点将更加突出。

防空能力稍逊一筹。由于“十·九舰队”缺少可搭载固定翼战机的大型航母，虽然区域防空能力较强、但远程防空仍须依赖岸基航空兵。未来“十·九舰队”的主要防空兵器包括：1、“密集阵”火炮系统，它是目前世界上唯一能自动搜索、探测、评估、跟踪和攻击目标的近距防空系统，它采用搜索雷达、跟踪雷达和火炮三位一体的结构，跟踪距离为10公里，有效拦截距离1.5公里，主要用来对付低空导弹和飞机。2、改进型“海麻雀”低空导弹系统，它具有多目标、全方位攻击能力，可对20公里内的中、低空目标实施拦截，具有较高的抗击概率。3、“标准-3”导弹，其最大拦截高度约122公里，最小拦截高度15公里，最大拦截距离425公里。它将使目前“八·八舰队”74公里的最大防空距离得以延伸，但由于舰载SPY-1D雷达探测距离约320公里（识别和跟踪距离更近），因此“十·九舰队”防空范围不会超过300公里。

“十·九舰队”经过换装防空能力虽得到明显加强，但也绝非无懈可击。首先，以俄式最先进的“绿松石”反舰导弹来对比“十·九舰队”的近程防空能力。“绿松石”导弹是一种双速三级反舰导弹，当导引头探测到目标后，在距目标20公里时下降至距海面3~5米，并启动火箭发动机以2.9马赫的速度飞行。假定“密集阵”防空系统在20公里处成功控测并跟踪，但要在20秒的有限预警时间里，完成识别、分类和采取防御行动，无论是改进型“海麻雀”还是“密集阵”都难以做到。

其次，“标准-3”是舰队对抗从高空沿预定轨道飞行的弹道导弹的，其对付掠海飞行、高速冲击、具有一定规避能力的反舰导弹的综合防空能力还有待于进一步验证。此外，现代反舰导弹无论是空基还是海基，航程都有越来越远的趋势，许多都大大超出了“十·九舰队”的防空范围，如载有此类反舰兵器的平台在防区外发起攻击，可从容脱离。所以，“十·九舰队”的防空相对而言是弱项，在没有岸基航空兵保护的前提下，未来“十·九舰队”最大的威胁必然来自空中。

（耿文正）

韩国军队体制编制　为积极适应21世纪安保环境变化，建设一支具有未来尖端科学技术的军事力量，构筑自主防卫力量，2005年9月，韩国防部制定了《国防改革2020》和《军队结构改革方案》，对韩军结构进行了大幅改革。

设立国防发展咨询委员会　2005年，韩国新设了直属总统的国防发展咨询委员会，同时废除国防辅佐官一职，在国家安保会议设兼任国防发展咨询委干事的秘书官级国防政策协调官。韩国正在研究国防辅佐官室被废除后，为同军方进行工作联络而设立军方出身的秘书级国防政策协调官。国防发展咨询委员将由前现职军人出身、学者等构成。

国防部本部结构改革　改编后的国防部本部将由革新企划本部、政策宣传本部、人事福祉本部、支援管理本部等4个本部和15个官、67个组等机构组成。指挥体制将精简成长官-次官-四个本部长三级体制，职能类似的机构将被合并。除政策宣传本部外的每个本部，均设立直属本部长的组。通过改编，扩大了人事局长、政训企划官或同一级的官等对本部长辅佐的作用。革新企划本部是在原来企划管理官室的基础上升格而来的，旨在进一步深化改革，强化对成果的管理，现行企划调整官室革新企划官与运营评价组一起改编成革新企划本部直属组。同时，在企划调整官室内新增设成果管理组；在计划预算管理室内新增设财政信息组。政策宣传本部基本维持了原来的政策宣传室的组织构造，同时为进一步完善国际合作职能，在原来由对外政策、美国政策、国际军控等3个官组成的国际合作官室中，将对外政策课分编成为国际政策组和东北亚政策组，并同美国政策和国际政策组一同编人改编后的国际合作官室。增加东北亚政策组是以加强同朝鲜半岛周边国家如中国、俄罗斯等的军事合作。人事福祉本部下辖人事企事官室、动员企划官室和福祉政策官室。新增设“兵营文化组”，解散了原来的女军人发展团，新成立“国防女性政策组”，将军种组从人事局中分编出来。新增设人事制度组。支援管理本部是新设的，由军需管理官室和军事设施管理室、信息化企划官室组成。

国防部新成立防卫事业厅　为提高国防采购制度的效率，确保国防采购的透明性、专业性，强化防卫产业的竞争力，韩国防部从2005年开始推进成立防卫事业厅。2005年6月30日，韩国国会通过了政府组织法修正案；8月1日，根据总统指令成立运作防卫事业厅开厅准备团；经过相关筹备工作，2006年1月1日正式成立防卫事业厅，该厅隶属国防部，成员主要由民间和军方专家组成，民军比例为6：4。

国防部建立健全信息安全防护机构　为应对21世纪信息战，保护军队网络信息安全，韩国防部从军事战略的长远发展考虑，借鉴美军网络信息安全防护的有关经验，建立健全网络信息安全机制。韩国防部及军事部门以国防部企划室、各军本部、国军通信指挥室、国军机务司令部及国防信息本部为中心，制定了旨在加强包括硬件管理安全、信息通信安全、密码本应用管理等在内的军事安全业务的实施规则，联合参谋本部明确了信息作战防护态势，国防部、联合参谋本部及各军种建立并运行网络教育研究小组。同时国军机务司令部还成立了“预防电脑犯罪专职维护队”。国防部通过主持召开多种形式的研讨会等形式，加大对信息战的综合研究，积极整合了全军的信息战的应对态势及机构，同时对其进行了扩大和必要的补充。

陆军大幅裁减　2005 年由原来的 3 个集团军司令部、10 个军和 3 个机能司令部（首防司、特战司、航作司）改编成 2 个作战司令部、6 个军、4 个机能司令部（首防司令部、特战司令部、航空司令部、导弹司令部），师由原来的 47 个裁减为 23 个。合并第 1、3 集团军，成立地上军作战司令部，前方 6 个军整编成 4 个，增加创建 1 个像第 7 军一样的机动军，保障战略机动性；动员师平时解散，战时再成立适当规模的师。第 9 军、第 11 军解散，缩短指挥程序，保持以道为单位编成的乡土师，转变成主要负责海岸警戒任务的单位。

陆军第 3 集团军司令部设立反火力战遂行本部　2005 年 9 月 21 日，韩参联主席和韩美联合司令官举行了反火力战遂行本部任务移交签字仪式。根据 2003 年 11 月 7 日缔结的《十大军事任务转换履行协议备忘录》，有事时摧毁朝军威胁首都圈的远程火炮的“反火力战遂行本部指挥及管制”任务自 2005 年 10 月 1 日起由驻韩美军移交给韩军。韩军为接受反火力战遂行本部指挥及控制任务，在第 3 集团军司令部设立反火力战遂行本部，扩充人员和装备，建立 C^4I 体系，并通过多次韩美联合反火力战演习对能否履行任务进行了评价。

海军成立潜艇、航空司令部和机动战团，保持东、西、南海三个舰队司令部，但解散第 1、3 舰队所属的 6 个战团和济州防御司令部。海军陆战队保持现在的 2 个师，裁减陆战 6 旅和延坪部队（营级），任务合并到一个海军陆战师。

空军成立北部战斗司令部　形成南、北两个战斗司令部，防空炮兵司令部，管制团的编成体制。其中南部战斗司令部下属 4 个飞行团，北部战斗司令部下属 5 个飞行团。

资料来源：

①韩国防部网站、电视台信息 2005 年 1~12 月；
②韩国《国防日报》2005 年 1~12 月；
③韩国《东亚日报》2005 年 1~12 月。

（李　锐　任　永）

预备役部队主要特点　《中国国防报》2005 年 1 月高崇权、张天南报道，韩国的预备役部队经过多年的不断调整和完善，已具备较健全的组织指挥与动员管理体制，呈现出以下新特点：

*动员体系完备。*从中央到地方的战时人员物资动员管理体制和军地相互协调的动员机构较完善。各级地方政府都成立了战时“动员委员会”，制订了战时人员和物资动员计划，每年通过演练对计划进行修订完善。预备役部队的战时动员分为兵力和人力动员两部分。兵力动员指向部队提供用以扩编或补充损失所需的作战人员，由各级兵务厅负责实施。情况紧急时，军队也可直接征集。人力动员则是向军队提供单纯劳务者及技术人员的召集活动，由兵务厅负责征集提供战时勤务的单纯劳务者，由内务部负责征集科技人员。

*武器装备先进。*担负乡土防卫的“一般预备军”主要装备步兵轻武器。担负支前和机动作战任务的“动员预备军”除配备步兵轻武器外，一些重点部队还装备大口径火炮、轮式装甲车和机动车辆，其战斗力接近于现役部队。

*两级教育训练。*韩国预备役的教育训练，可分为一般预备军训练和大学生军训两类。一般预备军的教育训练由陆军本部预备军参谋部统一组织实施（驻岛屿地区预备军由海军负责）。陆军编有 77 个专门负责预备军日常管理和训练的预备军管理营。适龄青年体检合格后未入伍者，每年必须到指定部队“入营受训”1 周。在历年举行的大规模演习期间，后方地区预备军通常结合演习背景实施支前动员演训。大学生军训的内容主要是安全教育及救护训练。

*奖惩制度明确。*韩政府规定，预备军各级指挥官必须由在陆海军作战部队任过职的人担任。任预备军指挥官期间一律脱产，负责预备军的管理和教育训练。为使预备役军官安心本职工作，预备军连长被定为“五级军务员”，其社会地位得到保障。除将其月薪提升到与现役部队基本持平外，另外发放多种津贴补助。此外，每年年底和预备军创建日，由国防部主持召开表彰大会，表彰预备军先进连队和“模范预备军”，由总统、总理等高级军政官员亲自颁奖。而对无故不参训者和紧急情况时不应召者，视情节轻重予以罚款或处以 1~2 年的徒刑。

（隋　源）

新加坡海军体制编制

指挥体制　新加坡海

军实行海军总长负责制，海军总长对作战、行政负全责。参谋长协助海军总长具体管辖下属的6个参谋部，负责日常性支援工作以及人事、情报、作战、后勤、训练和计划事务的远期规划制定及政策指导工作。舰队、海岸、海军后勤以及海军训练是新加坡海军4个主要的司令部，负责指挥部队的作战及行政管理。

海军舰队 新加坡海军舰队按舰艇类型划分成2个分舰队和1个潜艇中队。第1分舰队包括3个中队，分别为6艘“胜利”级轻型导弹护卫舰、6艘改进型“海狼”级导弹艇、6艘“无恐”级反潜巡逻船。这些战舰都装备有对抗水下、水面及空中威胁的先进武器和传感器系统，代表了新加坡海军主要的海上打击资源，可执行多维海上作战及海上打击任务。第2分舰队是新海军的支援力量，主要由特种船只构成，包括4艘自行建造的“忍耐”级坦克登陆舰以及快速效用艇、运送装备及人员快艇等。这些船只使得部队可以从新加坡国内或国外的训练区域迅速转移。第171潜艇中队由从瑞典采购的4艘经过改进的“索尔门”级潜艇（被命名为“征服者”级）组成，分别为“百人队长”号、“酋长”号及“征服者”号，而第4艘潜艇不久将下水启用。根据新加坡与法国签订的协议，新加坡海军从法国订购了6艘改进型“拉法耶特”级护卫舰（新加坡命名为“威武”级），取代服役了25年的6艘导弹艇。

海岸司令部 新加坡海军海岸司令部的主要任务是保持新加坡海峡安全，帮助从事民事应急任务。其资源包括6艘“抵抗”级巡逻船、4艘“贝多克”级猎雷艇及12艘近岸巡逻艇。通过海岸司令部，新加坡海军昼夜不停地在海峡执行侦察巡逻任务。

海军潜水支队 海军潜水支队成立于1971年，全部成员由各军种最杰出的军人组成，执行的任务包括水下作战、爆炸物处理等。其下属机构包括潜水学校、水下清除大队、水下破坏大队以及作战潜水分队等。驻地为森巴旺兵营，拥有大量现代技术水平的训练设施：1个10米深内设观察走廊的深潜游泳池，1个多功能训练塔，1个25米长的室内射击场，1个海上巡视区。另外，还有1个施压供氧气中心，是新加坡唯一的治疗潜水疾病的机构。

海军后勤司令部 海军后勤司令部主要确保舰船及岸上单位所需后勤资源始终处于战备状态，通过其所属的2个维修基地和1个物资运输基地为海军提供广泛的工程、维修、物资以及运输勤务。

海军训练司令部 海军训练司令部坚持学以致用的原则，由其总部设计并控制海军所要实施的全方位的训练科目，确保包括每一个单兵及集体训练项目，全面提升竞争力及战备水平。该总部下辖3个分支机构。实施地面级别岸基训练的责任下放给了海军技术及行动学院、海上系统学院以及海上作战学院3个机构。海军技术行动学院：主要负责训练、考核海军专业人员，对基地及舰载的作战系统进行操作维修。训练科目包括各级别的专门技术、基本的新兵军事和船舶驾驶技能和海军专业与各军衔人员必备的“作战系统操作”课程等。海上系统学院：主要训练海军专业人士，使其具备操作、保养复杂的舰载海上及电子系统的相关技能和资质。海上作战学院：为参加海上行动的作战小组的成绩制定标准。复制舰船作战信息中心的模拟设施。

海军基地 新加坡海军所有的作战及维修单位都位于端士和樟宜两个海军基地。新建成的樟宜海军基地位于樟宜国际航空港的旁边，面积达86公顷，可容纳新加坡海军所有的作战、训练、维修及支援设施。

资料来源：

德国《海军部队》2005年第2季刊。

（赵春锋）

印度尼西亚军队体制编制

2004年10月，印度尼西亚总统苏西洛组建新一届政府后，通过调整军队体制编制、加强武器装备建设、强化军队反恐能力、扩大对外军事关系等措施，加速推进军事改革，努力建设一支兵力精干，机构合理，具有高度机动性和威慑力，拥有先进武器装备的专业化和现代化军队。

大幅调整军队体制编制 为维护国家统一，保障国内安全和捍卫海洋权益，印尼计划以陆、海军为重点，大幅调整军队体制编制，合理部署兵力。陆军计划组建一系列总部级及地区级司令部。在总部级层次上，2010年前将在巴布亚省组建一个隶属于陆军战略预备役司令部的战略预备役师。在地区级层次上，将在全国各地边界和冲突地区新组建22个地区司令部。此外，印尼陆军计划在边境地区和国内冲突地区新组建部分陆军营，其中包括在印尼与马来西亚交界地区组建多个陆军营，在帕普安省组建3个陆军营，在印尼与东帝汶边境新部署1个陆军营。海军计划将目前的东部和西部舰队重组为东部、中部和西部3支舰队，以加强对边远海岛及省份的控制，防止邻国和分离势力占领上述地区。重组后，目前的西部舰队编为第1舰队，司令部从雅加达迁至苏门答腊岛的槟港；目前的东部舰队将改组为中部舰队，编为第2舰队，司令部从泗水迁至南苏拉威西省的望加锡；在巴布亚省组建新的东部舰队，编为第3舰队，司令部将设在索龙。

此外，印尼海军还计划在韦塔岛东部建立一个新的海军基地，以加强与东帝汶的边界安全保护。空军目前正在比亚克新建第 5 防空司令部，以加强东部地区的空防能力。

增加军费，重点加强海空军武器装备建设 为提升部队作战能力，印尼政府所提出的 2005 年度军费开支为 21.6 亿美元，同比增长了 2.8%。2005 年 5 月 18 日，苏西洛政府又批准将 2005 年度的军费增加 1.7 亿美元，所增军费主要用于武器装备的采购和维修。印尼海军计划在未来 10 年内至少购进 60 艘现代化舰艇。为了满足海上安全保护的需要，海军至少需要有 302 艘舰艇和 170 架飞机。印尼已制定了今后每年购进 5~6 艘舰艇的计划。为降低武器装备建设对进口的依赖程度，印尼加大了武器装备的自主和联合研发力度，并已取得了一定成果，成功研制生产出 CN-235 型飞机；自主研制导弹的首次试射；与中国签署了联合开发短程导弹的协议；并与波兰达成了在国防工业领域进行合作和开展技术交流的双边协议。

强化军队反恐职能 为加大反恐力度，苏西洛政府对军方、情报和警察等部门的反恐力量进行整合，同时强化军队反恐职能：一是建议组建反恐联合特遣部队。2005 年 6 月 10 日，印尼三军总司令苏达托提议军方与其他政府部门成立一支反恐联合特遣部队，以更有效地制止恐怖主义活动发生。二是积极参与海上反恐行动。近年来，海上恐怖活动严重影响着印尼海上安全。为维护周边海域和马六甲海峡等海上交通要道的安全，印尼军队在充实自身力量，加强海上巡逻的同时，还积极与新加坡、马来西亚等邻国合作，共同开展了一系列海上反恐行动。三是通过联合反恐演习提升反恐能力。2005 年，印尼军队多次与外军举行联合反恐演习。主要演练了反海盗和搜索船只等反恐科目。

资料来源：

中国《解放军报》2005 年第 1~12 期。

（赵春峰）

印度军队体制编制 近年来，印军为改变陆、海、空三军分立体制，适应 21 世纪打赢信息战争的发展需要，加快了国防与军队体制编制改革步伐，重点在较高层次逐步建立起综合、高效和统一的联合指挥体系。至 2005 年，印军的体制编制已逐步完善。具体情况如下：

改革国防体制 自 2004 年以来，印政府专门成立部长小组，对国家安全体系进行全面评估，并建议对国防体制建设进行改革。至 2005 年，印军总部相继组建了一些新的机构，主要包括：（一）综合国防参谋部。2001 年 9 月 15 日由印内阁安全委员会批准在国防部成立，首任综合国防参谋长（相当于三军参谋长委员会副主席）为 P·乔希中将。国防部综合国防参谋部由综合国防参谋长直接领导，对参谋长委员会主席负责。参谋长委员会监督综合国防参谋部，统领所有跨军种机构和国防危机管理小组。国防参谋长是政府中唯一的军事顾问，在有关核武器和国家战略问题等重大决策中起着关键性的作用。主要职责：对国防长期计划，五年计划和三军年度预算提案的协调工作进行监督，并与三军司令部协调；向参谋长委员会提出优化组合建议，就军队的发展规模和水平向政府提出建议，并对总体国力进行评估；就联合计划和军事教育制定共同规章、政策与方案，提出应付非常规国家安全威胁的建议，并就三军的协同提出建议措施，以增强其效率与有效性。据悉，印综合国防参谋部由政策计划和武装力量发展、训练和教导、作战、情报、卫生、国际关系 6 个部门组成。印国防部认为，“该组织成立以来的短短时间内，完全发挥了职能作用，产生了积极的效果”。（二）国防情报局。2002 年 3 月成立，隶属于综合国防参谋部，首任国防情报局局长为 K·达瓦尔中将。国防情报局负责协调三军情报工作，以最大限度地满足并实现三军情报资源共享，为最高决策层提供所需的各类情报。国防情报局还负责向国防管理上级部门提供综合情报资料。国防情报局局长接受副国防参谋长的领导，副国防参谋长（情报）也是国防秘书、国防部长和联邦内阁的顾问，以确保国防情报信息能为决策层服务。（三）国防采购委员会。2002 年 4 月建立，负责制定国防采购规划，监督印度武装部队所有主要的采购项目。国防采购委员会的决议由以下三个部门来执行：1、国防秘书管辖下的国防采购部；2、国防生产秘书管辖下的国防生产部（国防生产与供给）；3、国防研发秘书管辖下的国防研究与发展部。这三个部门都被赋予了具体的职能。（四）战略部队司令部。2003 年 1 月 4 日印度内阁安全事务委员会正式宣布组建，隶属于综合国防参谋部，首任战略部队司令部的总司令为 T·S·阿斯塔纳中将。战略部队司令部是陆基、海基、空基“三位一体”的核战略指挥机构，以管理印度战略资源为目的，负责并管理所有的战略武器（包括战略核武器）、武器发射系统、制定报复战略及向三军参谋长委员会提出建议，并致力于使印度战略资源具有可操作性的工作。该司令部的成立使印军对战略部队垂直指挥顺序成为：由总理到三军参谋长委员会主席，再到战略部队司令部司令。印度总理是唯一有权下令使用核武器的决策人。（五）国防科技委员会。2003 年成立，由国防部长任主席，负责指导、监督国防科技产品的研究、开发和生产。国防科技委员会协助国防采购委员会就具体的远景规划和国防工程事务的 5 年计划做出重大决策。（六）未来核心技术小组。为适应国防武器系统及战争领域的技术变革，印国防部于 2003 年新成立了“未来核心技术小组”。它是由来自综合国防参谋部内的三军成员及三军代表组成。该小组致力于在海陆空三军、国防研究与发展组织及国防工业之间建立一种机制，相互交流，展开合作，以满足国防机构远期能力发展和“三军未来能力建设方面的综合技术需求”。（七）三军联合训练委员会。2003 年成立，其主要职能是根据陆、海、空三军的远期发展制定训练计划。

陆军组建西南军区　2005 年 4 月 15 日，印陆军正式宣布在斋普尔组建西南军区司令部，负责拉贾斯坦邦和旁遮普邦一带的印巴边境防务。该军区组建后，改变了印巴边境地区防务一直由印陆军北部军区、西部军区和南部军区分段担负的状况，确保了作战指挥、军事训练、装备供应及后勤保障的统一实施。

空军筹建航空航天司令部　为促进军事卫星技术发展和应用，印度空军于 2005 年 3 月 17 日宣布，印空军将与空间研究组织、国防研究与发展组织等合作，在空军司令部增设战略航天司令部，以统一指挥和整合现有空间资源，形成卫星监视、通信和防御一体化体系，提升印军战场感知能力、实时通信能力和抗战略打击能力，把防卫疆域由天空拓展至太空。根据计划，航空航天司令部建成后，将全面负责印度军事卫星的发射和运行工作，同时作为未来印航天技术指挥部，负责弹道导弹防御及进行空间情报搜集。

海军拟组建远东海军司令部　印海军认为，安达曼海对印度海上安全具有战略性地位。目前除美国外，中国正在向缅甸的阿恰布港、基督岛和勃生港提供先进设备，以扩大港口吞吐能力，而一旦中国控制了这些港口，印度前往安达曼海和尼科巴群岛的通道将受到威胁。为此，印海军拟于 2012 年前在安达曼岛的布莱尔港组建远东海军司令部，辖纳孔达姆、英迪拉角和尼科巴岛 3 个主要基地及一系列小型停泊站。目前，美国已表示将为该司令部的筹建提供部分资金，并将其纳入美国的亚洲安全策略；俄罗斯也表示将帮助印度修建部分武器库。

（刘温国）

台湾军队体制编制　台湾特战部队简介

《军事文摘》2005 年第 8 期张建都报道，近年来，台军在“独立”固守、有效吓阻和“决战境外”作战思想的指导下，不断加强特种作战部队的建设，并显示出如下特征。

体制编制精干，作战编组多元　台军特种作战部队总兵力约 5000 人，数量仅占台湾正规军的 1/1000，但具备陆海空、远中近特种作战能力。根据台湾的地理环境和作战任务，台军共编组了 16 支特种部队，包括 3 支“甲种特勤队”——空降特勤队、陆战队特勤队、宪兵特勤队；海陆空军的“乙种特战单位”和警方的特勤队。台空军编有航空特种作战司令部、空降特种作战部队训练中心各 1 个；海军编有两栖侦察搜索大队、三栖水下爆破大队、海军陆战特勤队各 1 个；陆军编有 1 个 3000 人的特种作战旅。

台军特种作战部队在平时实施统一集中指挥，战时隶属战区司令部指挥并受联合特种作战司令部督导；驻金门、马祖等外岛的特种作战分队通常隶属于防卫部。台军特种作战遵循“小而精、功能全”的原则，根据任务灵活编组，以便于机动和隐蔽行动企图，既有利于完成特种作战任务，又可在作战中灵活机动，使敌方防不胜防。在实施反空袭、反封锁和反登陆作战之前，特种作战部队通常编成若干个特种小队，搭乘直升机或舰艇渗入对方沿岸或浅近纵深执行破袭任务；驻守金门、马祖等外岛的两栖侦察营有时编成数个特种作战组，于战前或战中秘密抵达对方沿岸遂行渗透骚扰及情报侦察等任务，根据作战的规模、性质、任务和环境，临时组建与之相适应的不同规模的作战单元。

特种装备精良、作战任务多样　近年来，台军不惜花费巨资，通过各种渠道为特种作战部队从国外购买大量先进武器装备。空降特勤队所装备的头盔是与英国特种空勤队、法国国家宪兵特勤队同等级别的南非制防弹头盔。其自行设计的多功能战术背心也由美国著名厂家制作，性能一流。宪兵特勤队不仅配备与美国“三角洲”部队同一档次的战术背心，配发的 M4A1 卡宾枪也是美军特种作战司令部的标准装备，其他还有夜视仪、闪光手雷、遥控爆炸装置等大批高新技术装备，使台军特种作战部队能满足多种作战环境下的特种作战需要。

台军的特种作战任务除了维护治安、反恐、处理冲突外，主要以进攻性的非正规作战为主，强调以一切必要手段（包括暗杀、绑架）瘫痪敌方军政指挥中枢的正常运作，破坏交通枢纽、军事工业及能源设施，以散播假信息等方式进行心理战，并为后续军事行动铺平道路。

人员选拔苛刻，训练内容宽泛　台军规定，特种作战部队的士兵应具备大专以上文化、5年以上军龄，精通战术技术，训练成绩突出，意志坚强，身体强健，反应敏捷，能吃苦耐劳；军官必须通晓特战理论，具有独立组织训练及指挥作战的能力。被选人特种作战部队的人员无论过去在哪个兵种工作，均需经过6~9个月的初期训练和严格的全程筛选，淘汰率高达80%。通过初期训练的人员还要进行约45周的强化封闭式训练。

台军特种作战部队的训练主要包括士兵基础训练、军官训练、海上训练、伪装训练、战术训练等内容。其中，士兵基础训练一般为期3个月，在远离城镇的荒山野岭进行轻武器射击、指示目标、判定方位、选定攻击路线及目标、战术训练等。士兵基础训练以实地操演为主，夜间训练约占总训练时间的1/3。

军官训练包括学习基本指挥方法、快速标图用图，组织侦察、协同和各种战术训练。通常是先学习理论，尔后进行实地训练。特种作战部队的军官要求在10秒钟内对伪装的运动目标，识别出数量、性质、方向、时速和企图。

海上训练主要包括对海战兵器及码头设施实施爆破、高难度潜水、海上机动、水中射击、判定方位、定点机降、水中自救、武装泅渡、夜间通信等。战术训练主要包括游击战与反游击战、破袭与反破袭、侦察与反侦察、追踪与反追踪、搜剿与反搜剿、渗透与反渗透、攻击与反攻击等。

为提高训练质量，台军特种作战部队每年均派遣官兵到西方发达国家的特种作战训练基地去学习。队员在正式加入特种部队后，平均每月要进行一次技能考核，以巩固和掌握各种实战技能，未达标者限期赶上，否则一律除名。

目前，台军特种作战部队由于待遇不是很好、生活环境封闭，难以吸引优秀人才。队员多数来自当地少数民族，接受新知识的能力明显不足。一些指挥官不懂专业，素质低、能力差，更缺乏实战经验。这些因素使台军的特种作战能力大打折扣。

作战行动谨慎，指挥方式灵活　长期以来，台军把特种作战视为“决战境外”的重要作战方式，因此，台军在对待特种作战行动上极为慎重，特种作战的目的、时间、兵力、规模、强度均由最高当局决策，行动时统一制定计划、统一划分区域、统一协同方式。

在特种作战的指挥方式上，台军又强调集中指挥与分散行动相结合。在台军的16支特种部队中，3支“甲种特勤队”必须有“国防部”的命令才可出动；海陆空军的“乙种特战单位”则由本军种指挥。

同时，由于特种作战有很大的偶然性和突变性，台军又强调灵活指挥，针对战场情况的变化、围绕总的作战意图，灵活运用各种作战手段、达成作战目的。特种分队可以根据战场态势修正原方案，机断行事、灵活多变、果断指挥、默契配合，从而取得特种作战的胜利。

台湾军队机载电子战能力简介　《军事文摘》2005年第12期梁剑、兰敏华报道，台军的现役（包括即将服役的）机载电子战装备较杂，既有美国、法国、以色列的产品，也有台湾自行研制或仿制的产品；既有美国20世纪70年代淘汰下来的装备，也有西方近几年研制的最新设备。台湾电子战系统的性能大致相当于美国20世纪70年代末80年代初的水平。总体上来说，台空军有一定先进的电子装备，但其电子战能力是有限的。这主要表现在以下5个方面：

雷达告警能力突出。台军的多数机载雷达告警接收机均具有一流技术水平，其共同特点是由多部接收机组成，覆盖频率宽，动态范围大，截获概率高，可适应高密度信号环境，具有多种功能。如IDF战斗机装备的AN/ALR-85（V）1是一种更为先进的威胁告警系统，覆盖C-J波段，可在复杂大密度威胁环境中自动探测、搜索、截获和鉴别脉冲多普勒、连续波或断续发射的辐射源信号，与ALQ-184、ALE-47共同组成IDF战斗机的先进一体化电子战系统。

电子侦察能力较强。台空军十分注重加强电子侦察能力建设。其电子侦察系统ALR-73是一种多频段并行步进扫描、任务可变电子侦察系统，采用多部双波束天线、数字式闭环快速调谐本机振荡器及专用逻辑处理机等先进技术，具有速度极快、精度极高的特点。其侦测距离至少可达7公里，在E-2T预警机上与APS-145配合工作，互为补充，进一步提高了E-2T的预警能力。台军"蝙蝠中队"使用美制P-3A巡逻机改装的电子侦察机，可以搜集大陆岸防兵力情报、防空雷达电子数据等。空军还装备了仅有的1架EC-130H电子战飞机，该机由C-130运输机改装而成，配备有一套名为AESS的空载电子测试平台，不需出海就可以获得各项动态信息，具有多路信道和跳频天线通信系统。

有源雷达干扰性能优越。台湾空军的有源雷达干扰设备同样具有很高的技术水平。F-16A/B战斗机装备的ALQ-184（V）是美国空军新一代标准机载电子干扰装备，系统采用罗特曼透镜多波束天线、信道化接收机、最新优化可编程技术及数字式微处理机、功率管理等先进技术，具有应答式、转发式和噪声等干扰模式，功率大、反应快，可对付多个辐射源，能对导弹制导雷达、高炮瞄准雷达和机载截击雷达实施有效干扰。“幻影”2000 综合电子战系统由 1 部“野猫”改进型雷达告警接收机，1 部探测连续波雷达信号、脉冲压缩信号和低功率脉冲多普勒信号的超外差接收机，1 部导弹指挥链路接收/处理机，2 部（高低频段各 1 部）干扰机及“螺线”箔条/红外诱饵投射设备组成，整个系统由中央接口和管理单元控制工作，将电子战的各种手段联结为一体，成为一种非常先进的电子战系统。还有美在越战后退役的装备 ALQ-71/72，技术上虽不先进，但装在 EAT-3 电子战飞机上可实施随队支援干扰。为应对大陆对台可能采取巡航导弹、反辐射导弹等“点穴战”攻击模式，台空军各型雷达都已陆续装设“电子诱标系统”。台军还装备了一架美 EC-130H 制电子战飞机，配有“痉挛”干扰系统，干扰功率 5 千瓦，可干扰地面通信、指挥系统、导航设备。

光电对抗能力有限。光电对抗具有光电侦察告警与光电干扰两个功能。台军的机载光电对抗设备有 AVR-2 告警设备和 AIQ-144（V）有源红外干扰机，能力较为有限。前者是光电侦察告警设备，可在 360 度方位内识别激光源、确定其方向，并提供激光威胁的告警；后者是一种全向红外干扰系统，用来干扰来袭的红外寻的导弹，广泛装备美国陆、海、空军的直升机和小型固定翼飞机。

箔条/红外诱饵投射设备先进。台湾较先进的机载箔条/外诱饵投射装置是 ALE-47、ALE-40（v）7 和 ALE-39B。其中 ALE-40（V）7 由控制单元、编程器、定序开关和电磁干扰滤波器和投射箱组成，可装载 60 枚 RR-170 箔条弹和 30 枚 NJU-7/B 红外诱饵弹；ALE-39B 可由人工或预设程序自动投射箔条弹、红外诱饵弹和一次使用式有源干扰机。其特点是具有编程的灵活性、有效载荷和作战使用模式的多样性，并有多种投射方式和顺序供选择，系美国第一代较好的模拟可编程干扰物投放器。另外，美方已同意为台湾空军 F-16 战机加装一型最先进的 AN/ALE-50 防御导弹诱饵。这种诱饵是以空中拖曳放出电磁波的方式，使来袭导弹无法辨识真实目标而攻击与战机信号类似的诱饵，借以提高战机在空战中的生存能力。

（耿文正）

其他国家军队体制编制

以色列国防军将大规模重组　英国《简氏防务周刊》2005 年 10 月 26 日报道，以色列国防军将大规模重组，主要目的是将其所有地面部队整合成一支统一的队伍，另外一个目的是使以色列国防军总参谋部从对地面部队的日常管理中解放出来。总参谋部也将进行重组，从而使其对作战行动的控制更为集中化。

一直以来，以色列国防军由一支地面部队和两个半独立军种——以色列空军和海军组成。重组后的地面部队将首次成为自成一体的军种，负责自身的规划、建设、训练和给养。军队重组后，改革将从 2006 年 1 月 1 日起开始实施。

根据计划，以色列国防军的陆军总部将得到加强，吸收所有与地面部队的建设和给养有关的部队及机构。技术与后勤部、人事部以及指挥、控制、通信、计算机和情报部的大部分机构都将并入陆军总部。军械兵、后勤部队以及负责研制和采办武器装备的技术处都将从技术与后勤部划归到陆军总部。重组后的陆军总部将自行研制或采购武器。

缩减后的技术与后勤部将改名为后勤司令部，专门负责给以色列国防军的各个军种提供食品、小型武器弹药以及交通运输设施等。目前属于计划部的部分机构也将并入陆军总部，另外一些机构将并入作战部。计划部最终将撤消。

作战部的力量将显著加强，同时将肩负起军事情报局的部分职责。它将成为参谋长用兵时的主要助手。

以往决策过程被分成 3 个环节：计划部负责阐释政治领导人的指示，军事情报局负责评估威胁，作战部负责说明部队的情况。参谋长在下达命令前必须综合这 3 方面的意见。重组后，作战部将负责上述所有 3 个环节：战略指示、评估威胁和可选择的行动方案，为参谋长提供全方位的情况评估。

按照新的编制，参谋长将不再直接控制三个军区司令部，后者将从作战部获得命令。改革后的参谋长将更像是参谋长联席会议主席。

英军组建一支新特种部队　英国《星期日电讯报》2005 年 4 月 17 日报道，为了使英军特种部队能执行更多的打击全球各地恐怖组织的任务，英军拟组建一支新的特种作战部队。

新建部队名为特种部队联合支援分队。这意味着英国特种部队人数将增至 2000 多人，这是二战以来的最大数目。

新组建的特战分队有 650 人，主要由曾在特种航空团服役的伞兵组成，还有英国皇家海军陆战队和皇家空军的成员。新建分队将在 2008 年年初前与特种航空团一起执行任务。

英国国防部官员们希望，英军现有的两支特种部队——特种航空团和特种舟艇中队重新承担原来的使命，即执行特殊任务，比如深入敌后开展广泛的渗透行动、执行反叛乱伏击和在敌对国家擒获恐怖嫌疑分子。而更常规的行动则留给新组建的部队去执行，比如在阿富汗和伊拉克战争中执行任务等。

（隋　源）

军　事　训　练

美国军队军事训练　陆军训练　综述

2005年,美陆军进行了严格的训练,主要特点如下:

加紧部队转型　美陆军转型计划旨在把以师为核心的部队结构转型为以旅战斗队为核心，把陆军建设成一支强大、灵活、快速部署能力强的部队。2005年,转型计划全面展开,第2步兵师1旅和2旅、骑1师4旅、第10山地师2旅和4旅等机动旅相继改组为重型旅战斗队和步兵旅战斗队。第172步兵旅装备了新颖的斯特赖克装甲车，成为美陆军第三个斯特赖克旅战斗队。在"战争斗士"、"山樱"、"阿尔索伊/鹞鹰"等演习中,美陆军检验了战术运用司令部、重型旅战斗队、步兵旅战斗队和斯特赖克旅战斗队等与转型相关的理论、概念、结构和能力。

注重反恐训练　2005年，全球反恐战争进入第4个年头。美陆军继续把在全球范围内遂行反恐战争作为长期备战方向。美陆军不论在"金色眼镜蛇"和"山樱"等系列演习中还是在作战训练中心进行的部队轮训中,都突出了反恐作战等科目的演练,强化反恐作战战术和技能训练,加强与日本、菲律宾和印度等国的多边反恐合作,提升联合打击恐怖主义武装的作战能力。

强化部署前训练，提高作战技能　美陆军对参加"持久自由"和"伊拉克自由"行动的部队加强部署前训练,以提高沙漠作战和城市作战技能。拟部署伊拉克的第1骑兵师2旅战斗队于2005年4月在胡德堡举行了训练。训练中,他们在模拟城市进行了应对狙击、路边炸弹、巷战和劫持人质等课目训练。第82空降师1万人于2005年2月22日至3月3日在布莱格堡举行演习对即将部署阿富汗的第1旅战斗队进行考核性训练。

改革教育体制、推广远程教育　2005年,美陆军完成军士初级教育体制和高级教育体制改革，并开始对军士中级教育体制进行改革。美陆军对少校军官全面推行中级教育计划,取代传统的指挥和参谋军官课程。中级教育计划包括为期3个半月的共同核心课程和为期6个半月的高级战役作战课程。美陆军继续实施陆军网上大学和远程教育计划，采取为业余上大学的现役军人支付全部学习费用等措施提高官兵素质、促进军人留队。美陆军网上大学自2001年1月开办以来,学员人数不断增加。截止2005年9月,已有6万余人签约入学。

大力改革军官教育体制　据美《陆军时报》2005年10月3日和11月7日报道,美陆军大力改革军官教育体制,将按新的训练计划培训军官以满足战争需要。

培养具有新作战技能的勇士是最近出台的军官领导基础课程Ⅱ的任务。该课程规定中尉在分配到部队任职前必须接受为期6周的训练。美陆军每年通过在佐治亚州本宁堡等训练基地对10,000名中尉进行基础领导课程培训。教学内容重点放在战术和野战技能上,包括:射击、通信、城市作战、高级地面导航、医务、体能训练。

美陆军对少校军官实施中级教育计划，中级教育包括共同核心课程培训和专业资格课程培训。美陆军作战军官约占所有军官的70%。他们将在利文沃斯堡接受总共10个月的共同核心课程培训和高级战役作战课程培训。为期3个半月的共同核心课程教学内容包括基础知识38小时、战略研究48小时、战役研究64小时、战术研究72小时、历史24小时、领导30小时、部队管理16小时、野外演习29小时。为期6个半月的高级战役作战课程教学内容包括:课程开始时的96个小时为8门选修课教学、战役研究和师作战42小时、营旅作战72小时、历史32小时、领导22小时、演习136小时、课程结束前的96个小时用于课程开始时尚未完成的选修课。

绝大多数战斗支援和信息战军官将在弗吉尼亚州贝尔沃堡、佐治亚州戈登堡、弗吉尼亚州利堡和加利福尼亚州蒙特雷等4个地区中心或通过远程教育参加共同核心课程培训。现役军官专业资格课程的学制依据专业情况,短则8周,长则18个月。

2005年，美陆军在利文沃斯堡举办了2期中级教育学习班。2月份举办的学习班有240人参加。另一期学习班在8月份举办。今后,美陆军每年将有1,474名军官在利文沃斯堡参加中级教育学习班,804名军官在

4个地区中心参加共同核心课程培训。

加快士官训练体制改革步伐 据美《陆军时报》2005年11月7日报道，反恐战争和部队结构调整促使美陆军加快士官训练体制改革步伐。它将使士官专业训练课程的结构、内容和学制发生重大变化。美陆军已经完成士官初级教育体制和士官高级教育体制改革，士官中级教育体制改革将在2010年前完成。

士官中级教育体制改革包括军士基础课程、军士高级课程、尉官高级课程、尉官参谋课程改革。目前，美陆军约有4万名军士没有得到其职级所需的训练。而训练体制改革的部分目的就是为了使士官能在晋升前接受相应的训练。

按照美陆军中级士官教育体制改革方案，军士和尉官中级教育将分为3个阶段：分布式共同核心课程训练、分布式专业训练、住读岗位专业训练。分布式训练就是允许参训军士可通过在线学习或分散在各地的学习中心进行学习。根据新的设计，中级教育将采取模块化部队住读训练和非模块化部队训练两种形式。模块化部队住读训练是一种新的院校教育训练计划，适用于支援旅、职能旅和旅战斗队。所有的课程都围绕诸兵种联合演习而设计的。非模块化部队训练也是一种新的院校教育训练计划，适用于非模块化部队士官，如，操练军士和将到刑事调查司令部工作的尉官。

在美陆军士官中级教育体制开始改革之际，美陆军士官初级和高级教育体制已经完成改革。美陆军初级领导人发展课程已于2005年10月正式改名为勇士课程，训练内容和强度有所增加，但学制未变，现役军士训练为30天，后备役军士训练为15天。士官高级课程的学制和教学内容将不会发生变化，学习内容将突出作战，重点放在战役和战略级。

扩建格拉芬维尔训练基地 据美《陆军时报》2005年7月4日报道，格拉芬维尔训练基地是美军在欧洲最大的军事设施之一，是美驻欧陆司的重要训练基地。冷战期间，该基地的主要任务是提高部队遂行坦克战的作战能力。1991年海湾战争和2003年伊拉克战争期间，格拉芬维尔训练基地致力于训练参战部队。

格拉芬维尔训练基地占地49000英亩，拥有44个计算机化的实弹靶场，能复制波斯尼亚、阿富汗和伊拉克的村庄和设施。训练时，可用雷达监视、跟踪和记录部队移动以便在训练后进行评估。格拉芬维尔训练基地拥有一支假想敌部队，训练时可扮演村民、当地官员甚至国际传媒人员。该基地现正在扩建，驻军将从现在的1000人增加到3500人，成为能适应21世纪战争的训练设施。

重视联合作战和远征作战训练 据美《陆军》杂志2005年9月刊反映，美陆军战术军官教育将突出联合作战和远征作战训练。

2005年，美陆军转型计划全面展开，到2007年，现役部队模块化旅战斗队将从33个增加到43个。最终，现役部队和国民警卫队的旅战斗队将从48个增加到77个。转型后的重型旅战斗队相当于现在的机械化步兵旅和装甲旅；步兵旅战斗队包括现在的轻型步兵旅、航空旅、空降旅和空中突击旅。这些旅战斗队将改变陆军作战方式，注重联合作战和远征作战。为此，美陆军正在改革院校训练以适应未来作战和远征作战的需要。

美陆军主要通过院校训练、任职训练和自学培训领导人。目前，美陆军院校训练和自学只能培训军官和军士执行陆军基本兵种任务。因此，在院校训练改革中，联合作战和远征作战要纳入军官和军士的基础课程和高级课程，使他们掌握其他军种的作战技能、联合作战理论和程序，在联合作战时完成复杂的战术和技术任务。如，野炮军官基础训练早已融入空军、海军和陆战队武器系统基础知识以使他们能实施多军种联合作战。远征作战时，战术军官势必接触当地民众和文化，因此，军官在院校训练期间，将接受外语和外国文化训练。这样，经过上尉课程培训的连级军官能真正指挥联合作战和远征作战环境下的连队。通过中级教育的少校就能计划、协调和实施联合作战。

陆军加强官兵外语学习 据美《国防》杂志2005年12月刊报道，美陆军与费尔菲尔德语言技术公司签订了价值420万美元的外语学习合同。合同规定，公司向美陆军知识在线用户免费提供基于计算机的罗赛塔·斯通语言课程。该课程可向学员提供包括阿拉伯语、鲜语、中文在内的29种语言教学。

美空军和国防部其他机构早已采用罗赛塔·斯通语言课程。陆军将于2005年11月7日通过陆军知识在线提供该课程。现在，将要部署海外的部队急于通过该课程做好部署前训练，提高官兵的外语能力。美陆军在伊拉克、阿富汗和科威特都有知识在线，当部队需要与当地人交往时，他们可以通过罗赛塔·斯通语言课程进一步提高其外语技能。

第82空降师1旅战斗队进行部署前训练 据美《陆军时报》2005年1月31日报道，第82空降师10000人将于2005年2月22日至3月3日在布莱格堡举行演习以训练即将部署阿富汗的第1旅战斗队。该师师长比尔·考德威尔少将说，这次演习是近年来布莱格堡举行的规模最大、强度最强的一次演习。第82空降师将对第1旅战斗队进行考核性训练。

以第504伞兵团为核心组建的第1旅战斗队至少有3500人，定于2005年春到阿富汗值勤1年。为增加演习的逼真性，第82空降师雇用了180名阿富汗人。该师还将对师参谋部、航空部队、支援部队和后勤部队进行训练。

雇用伊拉克人帮助部队搞好训练　据美《陆军时报》2005年1月10日报道，美陆军的训练理念发生了变化。美陆军认为，了解当地文化，赢得伊拉克人民对赢得胜利至关重要。在此理念指导下，美陆军自2003年3月伊拉克战争以来至少雇用了1000名伊拉克人参加训练，帮助提高部队的语言和文化技能。美陆军在包括加利福尼亚州欧文堡全国训练中心、路易斯安那州波尔克堡联合战备训练中心和印第安纳州阿特伯里兵营在内的8个动员站雇用伊拉克人帮助美陆军现役部队、国民警卫队和后备队搞好部署前训练。参训时，伊拉克人或装扮成当地百姓、市长、警察，或扮演恐怖分子、叛乱分子、抗议者。使美军如身临其境，增加训练的逼真性。

陆军训练与条令司令部启用陆军学习管理系统　据美《陆军后勤》2005年5~6月刊报道，美陆军训练与条令司令部将启用陆军学习管理系统。该系统将帮助学员、训练人员和训练管理人员对学员在陆军服役期间的训练情况进行全程跟踪管理。

陆军学习管理系统提供单个人员训练自动化管理，可用于学员登记注册，监督学习进展，分发、储存和展示教育训练成果，管理教育训练档案，收集和储存反馈和评估，提供教育训练成果和资源数据库。陆军学习管理系统已部署于密苏里州伦纳德·伍德堡，定于2006年初部署训练与条令司令部，2008年前部署美陆军其他大司令部。

美陆军部分院校合并　据美《国防》杂志2005年12月刊报道，美陆军军事训练与教育计划将发生变化，美陆军部分院校合并。

美国防部决定陆军训练与条令司令部要迁址，要合并美陆军部分院校、组建几个联合中心。美国防部长拉姆斯菲尔德说，这些中心不仅是研究中心，也是支援中心和训练中心，旨在提升各军兵种共享信息、采用公共标准和程序，提高效率和能力。美陆军训练与条令司令部将从弗吉尼亚州门罗堡迁往纽波特纽斯附近的尤斯蒂斯堡，以便与负责多军种联合训练的联合部队司令部加强联系。美陆军训练与条令司令部下辖美陆军分布在16个军事设施的33所院校。这些院校共开设1,714门课程。在今后6年内，美陆军院校将有以下变动：

* 驻肯塔基州诺克斯堡的装甲兵中心与学校将迁往佐治亚州本宁堡，与驻本宁堡的步兵中心与学校合并，组建机动中心。

* 驻得克萨斯州布利斯堡的防空炮兵中心与学校与驻俄克拉何马州西尔堡的野炮中心与学校合并，组建网络火力中心。

* 驻佐治亚州本宁堡和密苏里州伦纳德·伍德堡的操练军士学校将迁往南卡罗来纳州杰克逊堡，并与驻杰克逊堡的操练军士学校合并。

* 驻马里兰州阿伯丁试验场的军械中心与学校、驻弗吉尼亚州尤斯蒂斯堡的运输中心与学校将迁往弗吉尼亚州利堡。驻亚拉巴马州红石兵工厂的导弹和弹药中心与学校也将迁往利堡，与战斗支援司令部、军需中心与学校和陆军后勤管理学院合并，组建战斗勤务支援中心。

陆军别动队学校招收战斗支援和战斗勤务支援人员入学　据美《陆军后勤》2005年7~8月刊报道，美陆军别动队学校现可招收战斗支援和战斗勤务支援人员。以前，该校只招收步兵和其他战斗兵种的人员、75别动团和别动队训练旅人员。美陆军别动队学校学习分为3个阶段。第1阶段在佐治亚州本宁堡施训，主要评估和发展学员的军事技能、体能和智能，提高学员完成任务所需的自信心。学员必须通过体能测试和江河作战生存测试。此外，学员还需接受巡逻、爆破、侦察、地面导航以及班战斗行动训练。第2阶段在佐治亚州达洛尼加的阿巴拉契亚山脉进行山地持久作战训练。训练课目包括爬山、爬绳、渡河、伏击。第3阶段在佛罗里达州埃格林空军基地附近的沼泽地和丛林地施训。训练科目包括驾驶舟艇、渡江涉水。最后，学员参加为期10天的演习以评估其技能和战术应用能力。在61天的训练中，只有57%的学员达标，其他未达标者均被淘汰。

美陆军后备队突出实战训练　据美《陆军》杂志2005年10月刊报道，美陆军后备队经过3年的反恐战争，绝大部分官兵已拥有丰富的作战经验。为此，美陆军后备队在新兵训练时，充分运用老兵在反恐战争中的经验，把训练重点放在未来作战可能要执行的任务上。美陆军后备队在新泽西州狄克斯堡、威斯康星州麦科伊堡、得克萨斯州布利斯堡、加利福尼亚州亨特利格特堡举行实兵护送训练。2005年夏举行“勇士”演习时，美陆军使用了富有挑战性的假想敌部队和演习观察员/控制员，突出了集体训练技能和部队生存能力。伊拉克战争爆发以来，相当一部分美军士兵丧生于简易爆炸装置。简易爆炸装置已成为当前和未来相当长一段时间内美军在伊拉克面临的最大威胁。因此,美陆军后备队制订了应对简易爆炸装置的训练计划、开设了应对简易爆炸装置的教练员课程,以提高官兵战场生存技能。2005 年,美陆军后备队第 84 训练师和陆军后备队战备训练司令部合并,成立了第 84 陆军后备队战备训练司令部并由该司令部统管陆军后备队的 3 个军士学校,改进了军士教育体系。

美陆军购置简易爆炸装置模拟器　据美《陆军时报》2005 年 11 月 14 日和美《国防》杂志 2005 年 12 月刊反映,美陆军计划购置 800 个简易爆炸装置模拟器。据美国防部统计,自 2003 年 3 月以来,驻伊美军共死亡 1568 人。其中,死于简易爆炸装置(即路边炸弹)的人数高达 771 人,约占死亡人数的一半。2005 年 1~10 月,在“伊拉克自由”行动中死亡的美军人数共 692 人,而死于简易爆炸装置的人数为 350 人,也占死亡人数的一半。可以说,伊拉克反美武装制作的简易爆炸装置已成为驻伊美军的头号杀手。为减少简易爆炸装置对驻伊美军构成的威胁,美国防部于 2004 年成立了一个由 1 名准将负责、140 名人员组成的联合应对简易爆炸装置专业小组。最近,美国防部计划扩大该小组规模并改由中将担任主管。

为加强应对简易爆炸装置的训练,美陆军已与联合公司签订了购置 800 个简易爆炸装置模拟器、价值 200 万美元的合同,以保证在美本土和科威特的训练设施进行逼真的训练。简易爆炸装置模拟器内装一个遥控起爆装置。起爆时,不会伤及人体,只产生声音和烟雾。简易爆炸装置模拟器的外形设计成 155 毫米炮弹、压敏地雷和拉发式诡雷。年底,驻伊美军要部署一种训练干扰器,用于干扰无线电控制的简易爆炸装置。

美陆军部署战斗外伤病员模拟器　据美陆军新闻处 2005 年 8 月 9 日报道,美陆军医务人员在马里兰州阿伯丁试验场利用战斗外伤病员模拟器进行训练,为今后部署伊拉克和阿富汗做准备。战斗外伤病员模拟器可逼真地模拟呼吸、眨眼、脉搏跳动、外伤的各种症状、甚至死亡,因而可以提供逼真的训练。该系统要求受训者对病人进行评估、治疗和撤运。

战斗外伤病员模拟器系统由联网的模拟器组成,具有伤员鉴别分类能力,允许医务人员既可进行单个人员训练又可实施小分队集体训练。该系统已部署于得克萨斯州萨姆豪斯顿堡陆军医务中心与学校、佐治亚州戈登堡高级医疗试验支援中心。驻宾夕法尼亚州印第安城山谷堡的陆军国民警卫队也配发了该系统。部署在伊拉克的第 1 骑兵师拥有 2 台战斗外伤病员模拟器系统,对参加反恐战争的医务人员及时进行训练。今后,佐治亚州本宁堡、亚拉巴马州拉克堡、堪萨斯州赖利堡、北卡罗来纳州布莱格堡以及驻肯塔基州坎贝尔堡的第 101 空降师也将配备该系统。

(洪锦珠)

加快预备役部队的战斗力生成　《中国国防报》2005 年 2 月 28 日姜哲、马银波报道,为提高预备役部队与现役部队共同遂行作战任务能力,美军斥巨资打造一体化训练的平台。其中,国家联合训练能力系统能使各军兵种分散在全球各训练场地的预备役和现役部队进行全天候的联合训练,在模拟系统的支持下,单一军种的现役和预备役部队能与其他军种部队和联合作战参谋机构共同受训。此外,重要国防采购规划规定“嵌入式训练系统”的设计与实施,也必须与全球联合训练基础设施直接结合起来。这样,不管部署在何处或部署多长时间的现役和预备役部队都能够通过训练与演练来保持战备能力。

机构整合,建立合成高效的管理体制　为适应军事转型背景下预备役部队与现役部队联合训练和作战管理的需要,陆军已在其所有单位和联合、跨机构与多国作战环境框架内,设置一体化的具有综合性和互通能力的人力资源计划、政策和程序,对陆军的现役与预备役部队实施一体化的管理。这种集人才配置、训练资源管理于一体的体制提高了资源共享的程度,有效地解决了预备役与现役部队一体化训练协调难的问题,有利于形成训练保障合力。

突出重点,采用同校合训的军官培养模式　为了提高预备役军官从联合角度考虑问题的能力,使预备役部队战时真正地融入联合部队的作战力量体系中,美军注重增强预备役军官与现役军官知识上的互通性,采用同校合训的模式培养军官。目前美军各军兵种都有培养预备役部队军官的任务,其中预备役部队军官学员每年占其招收学员总数的 6%左右。这样,改善了预备役军官的知识结构,增进了预备役与现役军官间的了解,为有效地实施联合作战和训练奠定了人才基础。

混编合训,一体化的编组和训练形式　平时联合训练,战时才能联合作战、一体化行动。美军把预备役与现役部队一起混编合训作为训练的基本形式,在平时增加合练的时间和比例。如陆军待命预备役部队、人员的训练时间为每年 38~39 天,其中有 21 天为与现役部队合训。陆军预备役的集体训练主要以年度训练的方式进行，一般以营为单位，按照计划配属给现役部队，与现役部队一起参加野外训练演习、诸军种联合演习，有时甚至到海外参加盟军进行的联合演习。海、空军预备役的训练一般与现役部队的训练、演习结合在一起进行。美国各州每年不仅要组织本州的精选国民警卫队部队实施"战备动员鉴定"演习，而且还要组织空军国民警卫队与现役部队一起进行快速部署演练，增强预备役人员的飞行技术和作战能力，强化预备役的快速部署能力。对于那些战备程度高的军兵种预备役，美军要求，国民警卫队飞行员与现役部队必须同驻一地，参与现役部队的飞行训练，空军后备队每年也要单独或与现役空军部队一起进行15天集训。

（耿文正）

海军和海军陆战队训练 **综述** 2005年，美军基于国际安全形势的变化，以确保本土安全为核心，继续推进军事训练转型进程。海军和海军陆战队在全球范围内加强军事训练的力度，以实战为背景，进一步提高美海军应对危机的部署与作战能力。

加强与盟国合作，并不断寻求新盟友 2005年初，由于印度尼西亚、斯里兰卡、印度和马尔代夫等印度洋国家发生严重的海啸地震灾难，美海军派出"林肯"号航母打击大队和"好人理查德"号远征打击大队等舰船及数千名人员，赴上述地区参加救援行动，在执行反恐任务的同时，加强应对和处理各类危机能力。年内，美军在西太平洋地区共举行各类较大规模演习50余次，在注重通过演习检验各级部队的训练状况和遂行作战能力的同时，进一步巩固与盟国的军事合作，强化在西太平洋地区的军事存在。由于受亚太地区部分美军参加救灾行动等因素的影响，美军在西太平洋地区举行或参加的各类重要演习的次数同2004年基本持平，但规模相对缩小。其中，美韩"阿尔索伊/鹞鹰2005"演习的美军参演兵力约1.7万人，比2004年减少了近60%。此外，美海军在强化反恐作战科目演练的同时，扩大美领导的全球反恐合作体系，不断寻求新盟友。在泰国举行的"金色眼镜蛇"演习中，美海军邀请日本海上自卫队作为盟友参加，在演习中不断强化美日同盟关系。

以实战为背景，强化全球远征作战训练 美海军继续把现有海上作战兵力改编成可灵活组合的4种远征打击部队。其中，12支航母打击大队已于2004年10月完成改组后进入全球部署，12支远征打击大队、9支导弹防御水面作战大队和4支巡航导弹潜艇打击大队仍在改编中。美海军在全球部署过程中，以更加贴近实战的训练内容，增强海军和陆战队的作战能力。包括联合制定训练方案，突出联合战术背景，综合使用真实场景、计算机模拟和搭建手段，营造联合训练环境，调整各军种训练计划，增加联合施训等。训练过程中，加强"假想敌部队"建设，并为其组建常设司令部，制订专门的条令、战术及使用程序，并在装备、物资上予以特别保障，充分体现假想敌"非对称作战"的特点。

更新部队装备，提高作战效能 美海军更加重视科学和严格的训练，努力促进先进装备与科学训练手段的有机结合，提高部队的实战能力。年内，美海军"斯普鲁恩斯"级驱逐舰全部退出现役，"卡特"号核动力攻击潜艇、"尼兹"号、"班布里奇"号、"哈尔西"号导弹驱逐舰相继开始服役，"DD(X)"驱逐舰完成关键设计评审，转入实际生产阶段。这些新装备的服役，提高了美海军的作战效能。美海军F/A-18战斗机也在年内替换F-14型舰载战斗机，第7舰载机联队"海盗"中队的飞行员在部署到"艾森豪威尔"号核动力航母之前，从2005年2月开始，在美海军位于弗吉尼亚州的"海洋"海军航空站进行了为期6个月的F/A-18E/F战斗机转换训练，以便顺利完成部署任务。

改进训练方式，适应高技术发展的要求 随着美海军战备数据库和应用软件的开发，2005年2月开始，美国海军水面部队指挥官开始实施"舰艇训练"方法，以减少训练、评估和认定一艘舰艇战备水平的时间，使舰艇的这一时间从16周减少到约4周左右。新的"舰艇训练"方法为水面舰艇节约训练时间，有助于支持美国海军的"舰队反应计划"，使美国海军有更多的舰艇可以动用。与此同时，美海军和海军陆战队继续加强反恐和部队防护训练，加快实践"网络中心战"战法，进一步加强与盟国的联合军事训练和演习。

加紧在东南亚部署 2005年美海军在东南亚地区部署多艘舰艇。在泰国：有"好人理查德"号两栖攻击舰、"德卢思"号两栖船坞运输舰等远征打击大队的7艘舰艇，上载2700名海军人员、2200名陆战队员、160名海岸警卫队员、25架直升机赶赴斯里兰卡等地执行救援任务；在印尼：部署了"林肯"号航母打击大队，包括"林肯"号核动力航母、"夏伊洛"号导弹巡洋舰等4艘舰艇，上载6700名海军人员、2个舰载机中队、17架直升机，于1月4日抵印尼班达亚齐附近地区，5~10日在苏门答腊岛以西及西北地区开展救灾行动；医院船"仁慈"号上载1200海军医务人员和通信人员；"米利厄斯"号导弹驱逐舰、"撒奇"号导弹护卫舰5日访问东帝汶，结束访问后也赶赴印度洋参加救援行动；此外，"蒂普卡努"号和"埃里克森"号油船、

"雷尼尔"号快速战斗支援舰和"圣何塞"号战斗补给舰为美海军舰船提供油料补给。

实施救援和登陆训练 "好人理查德"号远征打击大队在斯里兰卡投送了近100万磅的救援物资后，于2006年1月26日返回波斯湾。该打击大队于2005年12月6日进行救援部署，还包括：护卫舰"撒克"号等7艘舰艇。上载第15陆战远征部队，根据美海军的部署赴波斯湾地区执行反恐作战任务，为支援美军在东南亚地区救援行动而直接赶赴苏门答腊岛水域。

两栖攻击舰"好人理查德"号和第15陆战远征部队于2006年2月14~16日在波斯湾地区举行了两栖登陆演练。训练科目主要是在利用直升机、气垫登陆艇和登陆艇设备将陆战队员和武器装备运送上岸。

"基尔萨奇"号远征打击大队举行训练演习 2005年1月10日，"基尔萨奇" 号远征打击大队随第26陆战远征部队进行远征打击大队演习。"基尔萨奇"远征打击大队由两栖攻击舰"基尔萨奇"号和"庞塞"号两栖船坞运输舰组成。远征打击大队演习是一项复杂的训练，旨在确保"基尔萨奇"号远征打击大队的战备部署能力。此次演习的特点是海军和陆战队的联合作战。期间海军及陆战队员均全程参加了两个阶段的演习。第一阶段，以海军为主，陆战队主要负责支援。科目包括穿越海峡、"战斧"巡航导弹模拟攻击、保护部队免遭模拟潜艇、飞机及小型舰船的攻击。第二阶段，以陆战队为主，海军主要负责支援，同时保持强大的防御态势。科目包括模拟人道主义救援、非战斗撤运、大规模搜捕可疑的恐怖主义分子。3月25日，"基尔萨奇" 远征打击大队6300名海军和陆战队员进入反恐作战部署。

在加勒比海部署 2005年1月19日，美海军"塞班"号远征打击大队启程赴加勒比海，包括3艘舰艇，上载第6战斗支援直升机中队分遣队和第14扫雷直升机中队，在加勒比海进行为期2个月的部署。"塞班"号两栖攻击舰将上载海军第22建筑团的50名成员和1200吨补给物资，在海地举行人道主义援助。此外，该打击大队还将与洪都拉斯和哥伦比亚的海军陆战队联合举行海上拦截训练和多边演习。这是美海军远征打击大队首次赴南方总部辖区部署。

赴几内亚湾部署 2005年1月25日，潜艇供应舰"兰德"号上载1400名海军和陆战队员，赴几内亚湾部署。第6舰队指挥官乌尔里希中将表示：部署对各方都有利。他说："此次部署，通过相互配合提高美国与几内亚湾的各参与国之间在真实的作战环境下的安全与合作。2月15日，"兰德" 号上的船员为加蓬军队提供训练，并在当地的一所学校内为他们传授卫生常识。

参加波罗地海年度海上演习 美海军参加了2005年第33次波罗的海年度海上演习，参演兵力：美海军有"安齐奥"号巡洋舰、"科尔"号导弹驱逐舰和"托尔图加"号船坞登陆舰上的800名海军人员和来自北约、盟国和合作国的4100人，42艘舰艇和潜艇，28架飞机。今年的演习从6月3日开始，18日结束，由拉脱维亚和美国共同主办。参演的国家还有丹麦、爱莎尼亚、芬兰、德国、立陶宛、俄罗斯、波兰、瑞典和英国。根据第2舰队的说法，此次演习旨在提高参与国海军的协同作战能力。演习在拉脱维亚开始，德国结束。演习科目包括：两栖登陆、海上枪炮和补给演练、水下作战、雷达跟踪、水雷对抗、船舶驾驶、海上封锁作战和应对潜在危机。

参加"多国海上演习05-01"训练 为了保障北约的军事演习，来自5个国家的17000名海员在西大西洋地区进行"多国海上演习05-1"训练，旨在检验北约快速反应部队能力的其中一步。此次演习开始于5月23日，参演兵力包括来自法国、加拿大、英国、西班牙和美国的部队。美海军第2打击大队指挥官、第22驱逐舰中队指挥官、"罗斯福"和"艾森豪威尔"号航空母舰、第1、3、7舰载机联队和5艘舰艇参加了演习。

进行反潜训练 2005年10月11日，"图森" 号攻击潜艇驶离珍珠港，赴加利福尼亚南海岸参加混合训练部队演习。演习为期3周，艇上人员将演练反潜作战战术，与"里根"号航母和打击部队进行情报、侦察和监视演练。"图森"号指挥官称，他的船员将迎接这次挑战，对反潜作战和ISR等科目的演练，并为下一次部署作好充分的准备。

潜水员进行训练 2005年12月7日，海军第1特种清除小组在洛马海军基地(POINT LOMA)与法国海军水雷清除潜水员共同参加训练演练。2月1日，海军第1特种清除小组还将访问法国土伦港，向法国潜水员学习水雷对抗战术，并与法国海军共同参加两栖演习。

资料来源：

美国《海军时报》2005年1~12月。

(徐　敏)

空军训练　2005年，美国空军在"全球警戒，全球抵达和全球力量"的推动下，进一步完善教育训练计划，突出提高多能化训练、模拟训练和联合训练，积极培养空军空间人员，信息化模拟训练水平和远征作战技能明显提高。

完善教育训练计划 (一)调整领航员培训结构 美空军将在领航员、电子战军官和武器系统军官的培训中采用一种通用的训练程序，即取消以前单纯培训领航员的模式，与武器系统军官、电子战军官结合，培养新的“作战系统军官”。“作战系统军官”将能够更好、更透彻地理解空中作战管理以及空中力量的使用。按计划，空军每年将培养 360 名领航学员，训练的重点科目是任务计划。新培养的领航学员应达到“作战系统军官”的要求，像飞行员一样考虑问题。领航员的基本技能训练，是在 25 小时的飞行训练中，驾驶小型单发民用飞机，其中可选择两次单飞。

(二)修订无人机操纵人员培训计划 未来几年，美将大量装备“捕食者”和“全球鹰”无人机。因此，美空军重新制定无人机操作和维护人员培训计划。

选拔“捕食者”无人机操纵人员的要求，必须至少在空军主战武器系统上值过班，信息操作员通常是直接来自空军学校年轻的情报专家，具有操纵无人机经验的飞行员和信息操作员配对组成长期固定的机组。“捕食者”的训练内容，包括 20 天课程和 50~60 小时的飞行实践。通过两个训练阶段完成。

“全球鹰”无人机的作战测试和评估计划 2006 年开始，培训课程可能需要 6 个月，包括任务计划、地面训练、模拟训练和飞行训练等。实机飞行训练为 8~12 个起落，一次任务持续时间为 36 个小时，可由多个机组人员轮流训练。

(三)改革飞行员培养方式 美空军为节省开支，已将基础飞行训练任务包给民间飞行驾驶训练学校，而空军只负责飞行专业训练。专业训练课程分两个阶段：第一阶段为基础教练机驾驶训练；第二阶段根据学员表现分成两组：表现差的飞 T-1A 喷气教练机，培养运输机和空中加油机飞行员，成绩好的飞 T-38 超音速战斗教练机，培养战斗机/轰炸机飞行员。专业训练完成后，优秀学员将接受 3 个月战斗机基础入门课程学习，驾驶 AT-38 练习基本战斗技能，同时接受求生训练。最终胜出的学员学习驾驶 F-15D 双座教练机，通过单飞后练习 F-15 战斗机的基本战术机动，再进行 12 次实机操作。

(四)注重飞行教官训练 从 2005 年起，第 12 飞行联队隶属于空军教育与训练司令部，由 6 个中队组成，配备不同型号的教练机。除第 562 和 563 飞行训练中队外，第 12 飞行联队下属所有的中队都从事飞行教官训练。第 558 飞行训练中队是美空军第一个装备 T-6A“得克萨斯人”Ⅱ教练机的中队，主要保障空军教育与训练司令部飞行教官训练，进行静态展示和低空定点飞越以及 T-6A 飞行表演。该中队的飞行教官训练分为四个阶段：熟悉、目视、仪表以及编队飞行训练。所有训练课目都要进行理论学习，循序渐进地进行。第一阶段是 8 次熟悉飞行，然后是检查飞行，使其具备飞 T-6 的资格；第二阶段是单机飞行训练，学员将从教学的角度学习如何飞 T-6，将做航线起落飞行、练习降落和基本机动飞行，学员和教官的位置可以互换。需进行 6~7 个架次，15~17 个小时的目视飞行。在仪表飞行阶段，掌握仪表飞行规则，包括仪表领航、仪表飞行程序以及仪表进场着陆，需 15~20 个小时，共 10 个架次。编队飞行阶段持续时间最长，飞行小时也最多。为了向学员灌输互相支援的概念，编队飞行阶段将引导学员在编队飞行中进行团队协作，主要是通过双机编队在四个基本的机动动作(机翼接近、梯队转变、密集纵队、疏散纵队)训练中实现的。在所有的编队飞行训练中，学员以长机身份飞半数的架次，再以僚机身份飞半数架次。这可以让学员心里装着两架飞机，想着如何计划两架飞机的机动动作。此外，还有领航训练和转场飞行训练。

2004 财年，第 558 飞行训练中队共飞行了 14564 小时，相当于 9000 多个架次。2005 年，该中队培训约 150 名飞行教官。其中约 100 名学员参加完整的飞行教官训练课程，72 个飞行小时，持续 3 个月，其他 50 名学员参加课程较短的飞行教官改装训练，45 个飞行小时，持续 6 周时间。

(五)实行体能训练及测试新办法 美空军推出了新的体能训练标准。改革措施包括：日常体能强化训练要求更加严格；实行新的体测办法；实行体能训练主官负责制，从指挥官带头做起，训练持之以恒；提倡先进帮助后进，体质优秀者帮助体质差者，共同提高。美空军还十分注重强化新兵的体能训练，在基础训练阶段，体能训练达 40 小时，占总训练时间的 10%，训练内容必须经过严格考核。

突出基于能力为目的的多能化训练 美空军一贯遵循“仗怎么打就怎么练”的思想，训练重点放在具有空军特色的远征技能上。“远征训练”内容之一，是学习如何为驻伊拉克的美国陆军提供保护。从“持久自由”和“伊拉克自由”行动的实践经验中，空中教育训练司令部总结出一套“基本战斗护送护航技能”课程，授课在德克萨斯州胡德堡进行，分 4 个阶段：武器使用资格、野战演习、联合战斗行动以及装甲运输。参加为陆军护航作战的空军运输机大约有 500 架，受训者在训练场进行“真枪实弹”的护送行动，学习如何使用自己的武器。

《全球警戒、全球抵达和全球力量》(美国空军2020年展望)报告为美空军发展提出了新的任务和要求:保证48小时内把一支航空远征部队部署到世界任何地区,15个昼夜内使战区空军增加到2个航空远征部队,保持联合作战部队司令实施决定性的战斗行动。目前,美空军作战部队由10个航空远征部队组成,包括战斗航空兵和辅助航空兵。空军司令部为航空远征部队制定了15个月的任务周期,参加空军值班部队90个昼夜的值班。期间,航空远征部队不能参加部署,但应做好在最短时间内派往指定作战区域的准备。值班任务完成后,安排2个月的战斗力修整期(恢复期)和10个月教学战斗训练。最后,对编入航空远征部队的各个分队实施共同训练,以达到战斗合练目的。

全面推广以信息化为特征的模拟训练 信息化模拟训练,是美空军训练转型的重要内容。2004年底,美空军批准了分布式任务训练规划。分布式任务训练系统,是可供作战飞机和指挥控制机构进行模拟作战训练的平台,战斗人员不仅可以接受更为真实的训练,而且可以更近距离地体验到网络战。大大简化了训练过程,减少了部队调动运输负担。美空军研究得出,未参加过实战的飞行员首次执行任务生存概率只有60%,而经过信息化模拟训练后,生存概率提高到90%以上。目前,弗吉尼亚兰利空军基地的F-15战斗机可以通过模拟器,与部署在南卡罗莱纳州空军基地F-16战斗机一起进行虚拟飞行,在E-3空中预警控制系统引导下飞向预定目标,而E-3空中预警控制系统的机上人员,是坐在俄克拉荷马州廷克空军基地模拟器中,使用数百公里之外的E-8联合监视与搜索攻击雷达系统提供的数据,他们相互间可以通话,好像是在同一个空域中飞行一样。美空军已把模拟器联成网扩展到更加真实的战斗机训练任务中,并将其延伸到其他领域。

美空军还有3个F-15C任务训练中心,分别位于佛罗里达州埃格林空军基地、阿拉斯加州埃尔蒙多夫空军基地和弗吉尼亚州兰利空军基地。每座训练中心都有4套带有高逼真度环视综合显示系统的F-15C全任务训练器,显示系统可生成模拟全球范围内各战区威胁情况的虚拟环境。所有的分布式任务作战系统都联网协同工作,使遥远的距离之间形成逼近现实的战斗训练。2005年5月,装备了分布式任务作战系统的美空军驻日本冲绳嘉手纳空军基地的F-15C战斗机任务训练中心已投入使用,这是美国本土之外的第一个F-15C任务训练中心。下一座F-15C分布式任务作战系统训练中心将于2006年1月在英国皇家空军位于英格兰的雷克希斯基地开工建设。

整个分布式任务作战系统项目最终将综合美空军F-16、F-15E、A-10和F/A-22等大多数武器系统,未来还可能用于C-5、C-17及海军、海军陆战队和陆军的武器系统。

构建以一体化为本质的联合训练新模式 (一)加强联合近距离空中支援训练 2005年初,美空军组建空地联合作战办公室,宣布加强与陆军空中和地面行动的合作是其主要目标之一。联合近距离空中支援,必须与被支援部队的火力和行动密切配合。空军已在考虑与陆军一起举行近距空中支援演练,以及如何改进训练靶场。陆军也在考虑派士兵到空军部队参加"像作战一样进行训练",并向空军作战飞行联队和部队委派地面联络官。美空军战斗机普遍装备了夜间低空导航设备,把夜战攻击训练列为优先科目,并突出快速反应与远程机动能力训练,超低空突防训练,夺取和保持信息优势训练。

(二)以实战演习提高训练效果 2005年春天,美空军举行了"联合红旗"实战模拟演习,一万多人参加了在美国范围内44个地点进行的演习。本次演习由美国联合部队司令部发起,结合实战、虚拟以及计算机化的演练,为美军及其盟军提供了一次密切合作的机会。"联合红旗"演练将所有不同的节点融合到一次战斗中,使真实的战斗训练增加了深度和广度,是提高联合作战训练最好的形式。

积极培养空军空间人员 空军空间人员战略于2003年春正式公布。2004财年用于培养空间专业人员的资金为1000万美元,预计到2009年将增至2200万美元。该战略第一个目标即确定空间人员的预期人数,空间人员应具有的素质和能力。截至2004年7月1日,航天司令部已有7000名合适人选。2005年航天司令部正在对已有人选进行评估,确定拥有技术人员的数量,并进行职业培训。第二个目标是改善空间职业培训。航天司令部和教育与训练司令部共同设置了一系列课程,包括空间100,主要是基础课程;空间200,适用于10年左右职龄人员的中级课程,重点是空间如何支援作战;空间300,是高级空间培训课程,适用于空间人员职业生涯最后阶段的培训,在战略层面上教授空间原则,如空间优势的重要性、如何利用空间产生更好的作战效果等,参加这种训练的人员通常是高级专业人员。航天司令部希望空军能够成立一支由专家组成的航天队伍,并通过训练掌握对复杂的航天系统进行管理,使这一职业领域不再只局限于正式任命的军官。

资料来源:

①美《空军杂志》2005年4月、8月；
②英国《防务新闻》2005年5月13日。

（王福玲）

军事演习 **"施里弗-3"太空战模拟演习** 2005年2月5~11日，美军在内华达州内利斯空军基地秘密进行了"施里弗-3"太空战模拟演习。该演习从2001年开始，本次演习把空间系统防护作为演习的一项重要内容。美空军航天司令部下属的第527空间入侵中队在演习中扮演"入侵者"，以寻找美军空间系统可能被敌方利用的薄弱环节，包括在组织、程序和技术方面，从而寻求在卫星失灵或其地面控制站受损后的种种应急措施。此次"施里弗-3"演习的重点是探讨假想在2020年发生的反恐战争中如何使用航天装备支援陆海空联合作战。通过演练空间系统防护，进一步探讨航天技术和新型装备如何直接支持美军未来作战。

"平衡活塞"联合军事演习 2005年3月2日至4月6日，菲律宾和美国军方在菲律宾北部省举行了为期5周的"平衡活塞"联合军事演习。演习分别在邦板牙省的克拉克空军基地和新怡诗夏省的山区进行，有16名美军事人员和菲律宾武装部队120名士兵。菲律宾军方指出，此次联合军事演习的主要目的是加强美军和菲军特种部队进行反恐作战的协同能力，集中训练军事人员的侦察能力、小部队作战技巧和军队掩护措施等项目。

"阿尔索伊-鹞鹰"联合军事演习 2005年3月19~26日，代号为"阿尔索伊"的韩美联合战时增援演习和代号为"鹞鹰"的韩美联合野外机动军事训练在韩国全境进行。共有包括6000多名驻韩美军在内的1.7万名美军参加了"阿尔索伊"演习。韩美两国军队分别从1964年和1994年开始每年举行代号为"阿尔索伊"和"鹞鹰"的联合军事演习，从2002年起这两个军事演习同时举行。本次"阿尔索伊"联合战时增援演习由接收、集结、前方移动和整合4个部分组成，主要目的是训练并评估韩美军队指挥官接收来自海外基地美军的能力。此次"鹞鹰"联合军事演习则是实战性的野外机动训练，主要内容包括韩美军队联合进行保卫后方地区安全、稳定作战和主要装备向前方移动等。

"可汗探索"联合军事演习 2005年4月17~28日，蒙古和美国的军事人员在蒙古首都乌兰巴托以西65公里处的蒙古武装力量训练中心举行了代号为"可汗探索"的联合军事演习。美国太平洋驻军海军陆战队70名官兵和蒙军的130名官兵参加了演习。中国、美国、俄罗斯、法国和加拿大等国驻蒙古武官观摩了演习。此次联合军事演习的中心内容是执行维和任务的训练，包括执行巡逻任务、设卡检查等与维和有关的所有科目。演习始于2003年，此后每年举行一次。这是美国海军陆战队第3次到蒙古境内与蒙军举行联合军事演习。演习结束后，蒙军将派维和部队到苏丹和海地执行联合国维和任务。

"金色眼镜蛇2005"演习 2005年5月2~13日，美国、泰国、新加坡、日本4国的6000名官兵在泰国北部城市清迈展开代号为"金色眼镜蛇2005"的大规模三军联合演习。来自联合国、国际人道主义组织、以及20余个国家的代表出席了演习开幕式，中国、韩国、法国、以色列、巴基斯坦、新西兰等6国派出观察员进行了观摩。此次演习着眼于促进地区的和平与安全，演练的重点是抢险救灾，演习科目包括联合陆上、海上和空中作战、两栖作战、特种作战、直升机协同、战斗搜救和医疗民事活动、非战斗人员撤离、打击毒品走私和反恐等。美国驻泰大使首度表示，"金色眼镜蛇"军事演习已从一个泰美双边年度性演习拓展为多边演习。泰国武装部队最高司令也表示，"金色眼镜蛇"演习已经成为整个亚太地区的军事演习。

"海上战备与合作训练2005"演习 2005年5月31日至8月23日，美国分别与泰国、新加坡、文莱、印度尼西亚、菲律宾6个东南亚国家举行了"海上战备与合作训练2005"双边海上演习。称为双边演习是因为美国同时只与他们中的一个国家进行演习。美军参加本次演习的有1200人，共有6艘不同舰船和P-3C反潜机。东南亚各国参加演习的人数各不相同，一般为几百人，基本为海军。演习的显著特点是时间跨度长，历时近三个月，但规模不大，各国所有的参演官兵人数加起来不足5000人。

"联合城市勇士05"研讨会演习 2005年5月22~27日，美军联合部队司令部与美海军陆战队共同组织了"联合城市勇士05"研讨会演习。演习的主要目的是：发展一种可以供不同军种和部门进行通联和作战合成的手段，并以此来推动城市作战概念的研发与实验。演习的重点包括：同步进行作战、维持稳定、作战支援、人道主义/灾难救援等行动；盟军的协同、合成与互动；评估并完善联合城市作战联合合成概念；探寻解决有关国土安全关键问题的方法。参加演习的包括美军的所有4个军种、地区作战司令部、海岸警备队、多国伙伴和国防部国防情报局等情报机构以及一些美国国防部机构、非政府组织、私人志愿机构，参加此次演习的单位都有伊拉克作战的经验。

"托尔高2005"美俄联合军事演习 请看"俄罗斯军队军事演习"栏

“燧发枪”多国联合军事演习 2005 年 6 月 6~20 日，美国和 8 个西、北非国家在马里首都巴马科、塞瓦雷和加奥等地举行两年一度的“燧发枪”联合军事演习。这次多国联合军演以“反恐抗匪”为主题，共有 300 名美国士兵与阿尔及利亚、马里、摩洛哥、乍得、尼日尔、塞内加尔、毛里塔尼亚、突尼斯等 8 个非洲国家的武装和保安人员进行旨在加强部队反恐维和能力的实战演习。通过演习使部队学习和掌握应用战术、军械维修、人道主义救援等方面的知识。

“护身军刀”联合军事演习 2005 年 6 月 12 日澳大利亚国防军与美军举行了代号“护身军刀”的大型联合军事训练演习，该演习是由以前“联合突击”演习和“鳄鱼”演习合并而来，两年举行一次，大约 6000 多名澳大利亚和 11000 名美国军队官兵参加了演习，军种涉及陆、海、空、海军陆战队和特种部队。演习的目的是让澳军和美军进行联合训练，操练两军的协同作战能力，增强地区安全和配合美国在本地区盟友的活动。作为高级别联合军事演习，美国第七舰队指挥人员与澳大利亚联合作战指挥人员成立了合成特遣部队司令部，共同指挥本次演习。美国方面出动了第七舰队的几乎全部力量，包括“小鹰”号航母打击群、“拳师”号远征打击群、“蓝岭”号指挥舰等，演习内容从陆战、对陆火力支援到海上和空中的联合作战，覆盖全面。

“亚得里亚任务 2005”联合演习 美国、阿尔巴尼亚和马其顿 3 国 7 月 11~31 日在阿尔巴尼亚境内举行了为期 20 天的“亚得里亚任务 2005”联合军事演习。参加此次联合演习的除了阿尔巴尼亚的步兵团和工兵、潜水、直升机等兵力外，还包括 1500 名美国海军和来自马其顿的工兵和特种部队。此次联合军事演习内容有：陆地作战、追踪、营救、灭火和小型船只进攻、潜水等海上行动的联合演练。演习的目的在于提高参与国军队的个人和团体作战水平，增进各国军队之间的友谊和相互了解，提升地区国家与北约部队的协作能力，加强亚得里亚海域的安全。

“联合海空 2005”美日军事演习 2005 年 8 月 7~13 日，美日在临近中国东海的冲绳和关岛附近海域累计投入百架战机、“小鹰”号航母和“B-2”隐形轰炸机进行在美国本土以外最高水平的、大规模联合演习——“联合海空 2005”，这也是美国 2005 年规模最大的多军种联合演习。演习主要目的在于通过实战演练假想的军事对抗，增强美国海空军和海军陆战队各兵种之间的协调，提高美军不同军种间的协同作战能力，演习中各军兵种的界限被打破，重点强调联合作战。

“纵深军刀”联合军事演习 2005 年 8 月 15~19 日，美英等 13 个国家在南中国海举行“纵身军刀”联合军事演习，演习主要内容是对恐怖分子运载的大规模杀伤性武器的船只进行有效拦截和搜查。

“卡拉特”美菲联合军事演习 2005 年 8 月 16~22 日，美国和菲律宾两国海军在海湾附近的圣米格尔沙滩上举行了一年一度的、联合应对海上威胁的“卡拉特”两栖登陆联合军事演习。美菲海军双方总共约有 2000 名官兵参加了演习。美国海军专程编组了特别舰队，“哈佩斯”号运兵登陆舰是演习的旗舰，两艘导弹驱逐舰和两艘两栖攻击舰伴其左右，还有海军舰载直升机。美国海军的 P-3“猎户”拦截机与菲律宾海军战机在演习空域巡逻完成了联合搜救演习。此次演习是美军为了加强与 6 个东南亚国家之间的协同行动能力，尤其是提升海军在这个地区的安全角色，确保南中国海是“自由”之海恰恰是系列演习的核心焦点。

“乙支焦点透镜 2005”联合军事演习 2005 年 8 月 22 日至 9 月 2 日，美韩两国举行 2005 年度“乙支焦点透镜”联合军事演习。美军称演习的目的在于“提高韩美联军应对韩半岛突发状况的能力，进一步熟悉战时共助体系”。“乙支焦点透镜”演习是不投入实际兵力和作战装备进行，而是以电脑模拟交战为主，着重提高韩美联军首脑机关的指挥能力。演习分两个阶段进行，第一阶段是政府部门参与的政府演习，从 8 月 22~26 日，第二阶段为军事演习，从 8 月 29 日至 9 月 2 日。有 1 万名美军官兵和韩国军级部队、舰队司令部、战斗飞行团和乡土师大队以上级别部队参加了演习。韩国国防部通过此次演习检验战时动员能力，同时也进行了防灾、抗灾和反恐演习。

“明星-2005”联合军事演习 2005 年 9 月 4 日至 10 月 15 日，北约 12 国在埃及举行了代号“明星-2005”的联合军事演习。演习自 1981 年以来每两年举行一次，是美军在海外最重要的演习之一。在正常情况下，会有来自 10 多个国家的 7 万军人参加演习。演习目的是为了使美军士兵获得沙漠作战的能力。重点训练项目是在沙漠作战的条件下，美军士兵逐渐获得保护作战设备、寻找水源以及协同作战等能力。2005 年，来自美英法德等国家的约 3 万人携带先进的武器装备参加了此次演习，另外来自 36 个国家的武官对演习进行了观摩。

“马拉巴尔 05”联合海上军事演习 2005 年 9 月 25 日至 10 月 4 日，印度和美国在印度西海岸果阿邦附近海域举行了“马拉巴尔 05”联合海上军事演习。两国 2 个航母战斗群，总计 1 万名官兵演练反恐和反潜科目。此次联合演习是两国海军自 1992 年开始系列演习以来的第8次,并且是规模最大的一次,也是印度海军有史以来与外国海军举行的最大规模的联合军事演习。按照军事演习的程序,两国的军舰将首先在印度西部的果阿海军基地集中,然后分别于9月25~28日开始举行对舰艇的"空中掩护演练",9月29日至10月3日在北阿拉伯海展开"高级战术演练"。演习期间两国的舰队进行了模拟空战、防空、护舰、地对空、地对海战术演练,和反恐、反走私、海上封锁及防空、反潜演练,以及"海上拦截和侦察、登船、搜查与扣押(VBSS)"。后者演习科目只在美国与其核心盟国间举行,旨在拦截疑运"大规模杀伤性武器"的可疑船只或者与恐怖组织有关的"可疑物质"。因此,此次美印演习加入这一科目突显美国有意深化美印之间的关系。

"紧急求助"9国联合军事演习 2005年10月2~7日举行了"紧急求助"联合军事演习。此次演习是自"伊拉克自由"作战行动以来对联合作战识别技术最大的一次军事应用评估。"紧急求助"演习由美国领导,在英国举行,包括来自澳大利亚、加拿大、丹麦、法国、德国、意大利和瑞典的军事代表,并且超过65%的参演人员都有着在"伊拉克自由"作战行动、"持久自由"作战行动或其他冲突中的近期作战经验。演习内容包括使用从小部队(班级)到联合特遣部队的联合力量执行各种战场任务。高级概念技术验证对六类设备进行了评估或验证:战场目标识别装置、数字数据链、基于无线电的作战识别、无线电频率标签、光学作战识别系统和联合作战识别标记系统。

"锐爪构想"联合军事演习 2005年10月16日至11月1日,以驻冲绳部队为主的、大约4500名美国海军部队和700名菲律宾军队在美军以前驻菲律宾吕宋岛基地的北部举行了"锐爪构想"联合军事演习。该联合军事演习包括联合两栖登陆和其他行动演习项目,旨在提高两国军队的互操作性。

美菲联合军事演习 2005年10月22~26日,美国海军陆战队派出的总计3300名官兵搭乘气垫登陆艇登陆菲律宾首都马尼拉西北的苏比克湾,举行了美菲联合军事演习。此次联合军事演习的主要内容包括两栖抢滩冲锋、机械化战术等项目。

"寇阿闪电"军事演习 2005年11月9日,来自驻扎关岛安德森空军基地第37远征轰炸机中队的4架B-1B轰炸机参与了在夏威夷举行的美军代号为"寇阿闪电"军事演习,该演习以验证其部署关岛后持续为太平洋美空军及太平洋美军司令部提供全球打击能力。此次演习整合了美军全球打击能力的多个组成部分,从加油机特遣部队到作战指挥部,轰炸机在演习中获得了充分的作战支持,参演的4架轰炸机与美空军第25空中支援作战中队的联合战术空中控制人员一起,在夏威夷瓦胡岛成功投掷惰性弹药,并实施了紧密空中支援作战演练。

"对抗印度-2005"联合空军演习 2005年11月7~19日,印美"对抗印度-2005"联合空军演习在印西孟加拉邦卡莱孔达空军基地举行。此次演习除了传统的近距空中格斗科目外,美国空军F-16型战机还进行了视距空战。印度空军也派出了主力战机。另外,此次演习对美军而言:一方面战机品种繁多、空军战力不俗的印军是一个难得的"陪练",另一方面美军想借演习向印兜售自己的先进战机。另外,美国借机拉拢印度以达到其培养印度成其在南亚地区的盟友,借此来遏制中国,并削弱印俄两国的传统亲密关系的战略目的。对印度方面而言:在战略上,印军希望通过联合军演提高同美军的协作水平,并实现在南亚地区震慑周边国家的目的。从战术角度说,目前印空军正进行大规模改革,计划对除苏-30MKI之外的所有现役战机进行深度改造,而与美军先进战机同台操练,有利于其找出弱点,明确未来改进的方向。更为重要的是,印度的邻国巴基斯坦拥有美制F-16型战斗机,因此此次对抗演习正是一次熟悉假想敌的大好机会。

"年度-17G"海上演习 2005年11月12~18日,美日两国海军在日本附近海域举行了大规模的、旨在提升两国共同防御日本本土安全能力的双边联合军事演习。演习地点包括日本周边空海域。大约8500名美海军作战人员参加,日本海上自卫队则派遣80艘舰艇和170架作战飞机参加了此次以反潜作战能力为主的海上演习。

"全球盾牌-正义回击"大规模核演习 2005年11月2~10日,美军举行了代号"全球盾牌-正义回击"的大规模核演习。演习由美国防部具体组织策划,参加演习的人员包括国防部长、参联会主席、各军种参谋长。不仅有核武器和反导防御系统,还有作战情报系统和特种作战手段。演习分"正义反击"和"全球风暴"两个阶段,重点演练美军在核战争条件下的作战准备。"正义反击"演习是美国参谋长联席会议从1999年就开始组织的指挥系统演习,目的是测评五角大楼机动和部署武装力量的能力以及在战役指挥系统主要部分被消灭条件下的侦察和作战能力。"全球风暴"则由美国战略力量联合司令部组织实施,主要演练敌方对美国领土进行核打击时,运用所有战略核武器的方法和形式。这两个演习今年是首次结合到一起。在今年的演习中,演习组织者的设想是:由于乌克兰投向西方,俄罗斯与西方重新开始冷战，随着北约在俄边境的力量不断增加，俄罗斯向北极地带和远东投放了远程轰炸机，并在朝鲜的支持下，开始准备对美国进行导弹核打击。最后，俄罗斯轰炸机和核导弹从阿拉斯加方向飞向美国本土。美国随即采取了针锋相对的策略，保障了技术优势的发挥，建立了反导弹防御系统，使用了计算机战争方法及其他一些极其保密的手段，最终赢得了这场核危机。

主动防护联合军事演习　2005 年 12 月 11 日~15 日，驻日美军与日本自卫队在日本山口县岩国市岩国海军陆战队航空站举行主动防护联合军事演习。美日首次举行主动防护联合演习是在 2003 年 11 月，这次是第 16 次举行，该演习也是美军与日本自卫队警戒防护系列演习的一部分，共分为两个主要阶段。第一阶段为指挥所演习，主要使用电脑模拟兵棋推演；第二阶段主要进行美日联合实兵演练。美军驻岩国基地约 90 名海军陆战队员和日本广岛县海田市海田陆上自卫队兵营第 46 步兵团大约 100 名士兵参加第二阶段联合演习。此次主要目的是加强美军和日本自卫队在"岩国－广岛"地区的军事合作，并使日本自卫队部队随时准备就绪，在必要的时候可以应召而动，为驻日美军设施提供警戒防护。演练的重点集中在基本警戒与防护上，主要科目包括通过设置观察哨对重要设施和区域进行监视、使用车辆或者徒步对岩国基地的设施和区域进行巡逻、搜索可疑人员和物体等。

（孙小叶）

俄罗斯军队训练　**陆军训练**　2005 年俄罗斯武装力量的整体训练情况呈继续好转趋势，俄参谋部称，战役训练和部队战斗训练已经达到了新的水平。2005 年俄罗斯军队从巴伦支海至太平洋举行了一系列演习，主要是演练跨军种协同训练问题。俄军部队和分队人员高素质的训练水平显示了俄军能够遂行包括反恐作战任务在内的一系列大规模的作战任务。俄总统普京表示，俄军应该经常举行这类规模的演习，进一步提高部队的训练水平和增强与传统友好国家的联系。

加大军队战役和战斗反恐演习训练　俄罗斯武装力量在 2005 年参加反恐行动的训练情况也取得显著的成效。2005 年 9 月在北高加索地区举行的首长－参谋部演习为俄军提供了许多值得借鉴的宝贵经验。通过演习，俄罗斯进一步增强在反恐作战方面各强力部门之间的协同。2005 年 11 月发生在纳里奇克的恐怖事件表明，包括俄罗斯武装力量在内的各强力部门行动有效，配合默契，成功制止了恐怖分子的袭击，使恐怖分子受到了应有的严厉打击。

2005 年，俄罗斯军队举行了 50 多场大规模带实兵的演习行动，很多演习是带有反恐背景的。主要包括："东方－2005"首长－参谋部演习、独联体成员国联合防空系统框架内的"战斗友谊－2005"联盟演习、集体安全条约组织成员国的武装力量参加的"边界－2005"演习、"和平使命－2005"联合演习、俄罗斯与乌兹别克斯坦举行首次联合反恐演习、同印度举行的双边联合演习等。

加强常备兵团和部队的战斗训练　2005 年俄军所有拟定的战斗训练措施圆满完成。陆军举行了 31 次团战术演习，其中有 12 次是有实弹射击的演习，而伏尔加河沿岸－乌拉尔军区第 27 摩托化步兵师 2005 年首次举行了有实弹射击的师战术演习。这些演习大大提高了部（分）队在完成实际任务时的协调性。战斗训练是俄陆军的基础性训练，对提高其战斗力水平起着重要作用。

继续调整完善训练体制　在完成以往的调整完善体制工作的基础上，2005 年俄军开始把队务与兵役安全局并入俄联邦武装力量战斗训练总局，以进一步强化战斗训练领导机构的职责。战斗训练体制调整完善之后，俄军在一定程度上将克服各军种各自为政、条块分割及资源浪费等问题，确保三军联合战斗训练的落实。

调整训练时间完善检查制度　随着兵役制度的改革，俄军战斗训练时间不足的问题日渐突出。为适应新的兵役制度特点，俄军对战斗合练的训练时间作了调整。俄军要求，班训练时间要达到 1.5 个月，排要达到 2 个月，连要达到 3 个月，营要达到 2 个月。俄军认为，即使如此，年度预算的训练时间也仅为 1008 个小时，与美军的 1920 小时及德军的 1980 个小时相比还有一定的差距。同时，俄军还完善了训练检查制度。一是每月对训练情况进行一次考核，并对训练中的成功经验及方法进行总结推广。二是调整训练年度的结构划分。将持续训练时间定为 10 个月，然后用 1 个月分两个阶段对战斗训练情况进行检查考核。检查的主要内容是单兵训练及部队（分队）的训练水平。通过对训练时间的调整及对训练质量的监督，俄军既延长了战斗训练时间，又保证了训练质量。

增加训练内容　俄军近年来的战斗训练重点为分队和单兵训练，针对现实作战需求，调整了训练内容。根据国防部和总参谋部的统一部署，在认真总结反恐行动经验教训的基础上，俄陆军在训练中加强了各兵种与特种部队之间的协同作战，增加了山地战、夜战、解救人质等训练内容，着重加大了反恐科目的训练强度。为提高未来作战能力，俄军明确提出了陆军要强化"四个能力"：一是强化连、排等作战分队独立应对各种复杂局面的作战能力；二是强化分队间的协同支援能力，特别是地面分队与空中支援分队的协调能力；三是强化士兵的体能训练，提高单兵的战斗能力；四是强化与地方部门协同打击恐怖犯罪活动的能力。

强调战役训练与战斗训练的互动结合。为发挥训练资源的最大效益，俄军强调战役训练要与战斗训练互动结合。这种训练方式丰富了各型演习的内容，如在战役演习的框架内，许多部队进行了团、营、连实兵实弹战术演习、轰炸演习以及空降营空降战术演习等内容。另外，这种训练方式还能在军队总的战略方针指导下对战斗训练效果进行实战性检验。可见，这种互动结合的训练方式不仅实现了上下互动，而且，也可依据上级的演习意图督促下级完成战斗训练计划。

重视基地化训练　俄军认为，基地化训练是军事训练向高层次发展的必然趋势，为了提高训练质量，俄军按军兵种分类，在师以上单位和军事院校普遍建立了各类训练基地，在旅(团)级单位的营区内，建立了训练中心、模拟训练场和射击、驾驶等综合训练场，广泛开展基地化、模拟化训练，有效提高了训练质量。俄军的训练基地分为师、集团军(军)和军区3个等级。其面积分别为100平方公里、200平方公里和300平方公里。各基地根据规模大小以及级别高低承训不同等级的部队和担负不同规模的实兵实弹战术演习任务。师训练基地通常承训团的应用训练和营的实兵实弹战术演习。集团军(军)训练基地通常承训师(旅)的合练、集团军(军)兵种、专业和勤务部队(分队)的应用训练以及团的实兵实弹战术演习。军区训练基地承训师级规模的实兵实弹演习。近年来。为使有限的训练经费发挥最佳效益，俄军在对一些始建于上个世纪50~60年代的训练基地和训练中心进行修缮的同时，还加强了对其现代化改造，在基地训练中广泛运用声、光、电、烟幕等模拟手段和训练设施，在近似实战条件下，设置各种战术情况，努力提高部队的战斗训练水平。

总体上常备兵团和部队能够完成平时和战时以及紧急状态下所承担的任务。但是俄罗斯军队训练也存在着不少问题，大量的超编装备和腾空的军事基地给陆军带来许多麻烦。为维护和保养这些装备和设施，陆军往往要以牺牲战斗训练为代价。另外，因为大多数常备兵团和部队近年来正在根据联邦专项纲要落实向合同制补充体制过渡的措施。这使得俄罗斯军队在训练中出现了部分脱节的现象。俄国防部长伊万诺夫指出，"目前还存在着不能保证军士和初级军官应有的训练质量的问题。相当一部分基层部队和分队的初级军官不在位。这已经成为俄罗斯武装力量习以为常的现象"。

继续落实完善军士的选拔与培训　俄罗斯军事部门支持武装力量向新的补充方法过渡的相关程序。自2008年起俄罗斯军队义务兵服役期限将缩短至12个月。因此，用于军事专业人员培训的时间将缩短，这将要求相应提高军事训练的强度。俄罗斯军事部门赞成不仅在常备部队，而且在训练分队以及仍然以义务兵服役为主体的俄军部队中建立职业军士制度。普京总统认为，实行合同制服役可以使初级指挥员成为真正的职业军人并且成为士兵的老师、指导者和教育者。这将有益于俄罗斯军队的发展。

资料来源：

俄《军事思想》2005年。

（吴晋君）

海军训练　**综述**　2005年，俄海军进入转型建设的第一年。在不断加强海军全方位建设的同时，俄海军积极强化各类演训活动，全面提高部队战备水平。其主要情况及特点是：

演训数量明显增多，着重提高战备训练质量　年内，俄海军继续加大演训力度，频繁举行各类演习演练，演训的数质量较往年均有较大提高。俄海军全年共举行较大规模演习11次、远航28次，海军官兵出海时间较2004年平均增加3昼夜，其中核潜艇部队增加19%，常规动力潜艇部队增加16昼夜，水面舰艇部队增加13昼夜。演训科目涵盖部队战时动员、兵力集结和机动、技术与通信保障、海上编队对抗、军兵种协同、海空联合作战等。演训中，采取训练与考核并重原则，注重贴近实战、讲求实效，特别重点加强通讯、救援、反恐、反潜、登陆作战和在暗夜、浅海等复杂水文气象条件下的演训活动，以切实提高海上实际作战素养与战备训练质量。

继续加强军兵种联合演训活动，着重提高联合作战能力　为适应新形势下联合作战的需要，2005年俄海军继续强化各类联合或协同演训活动，年内俄海军多次与各军兵种或其他国家军队举行大规模联合演习活动，包括参与俄全军"东方2005"演习、中俄"和平使命2005"演习、俄印"因陀罗-2005"演习、北方舰队与波罗的海舰队联合远洋集训等，通过参加各类大规模的联合演训活动，一方面在世界各大洋积极显示了俄海军的军事存在，保持俄大国影响力，更重要的是提升俄海军官兵战斗素养和演训水平，锻炼和强化其实际联合作战能力。

北方舰队举行多兵种战术演训　2005 年 8 月 16 日，北方舰队主要兵力在巴伦支海域举行了大规模检查性多兵种战术演训，目的是对舰队即将赴北大西洋进行远洋战斗集训的兵力和装备进行检查。演习由时任舰队司令阿布拉莫夫海军上将领导和指挥。参演兵力包括大型水面舰艇、核潜艇、辅助船只、舰载航空兵部队、岸防部队等。演训科目包括洲际弹道导弹发射，防空、反潜、反鱼雷导弹射击，C-300 岸防导弹射击、鱼雷攻击、舰载火炮射击，舰载航空兵飞机战术飞行、航空导弹攻击，搜索和消灭"敌"潜艇等。演习期间，"叶卡捷琳堡"号核潜艇从水下成功发射了 PCM-54 型（圆锤）新一代潜射洲际弹道导弹。

太平洋舰队举行春季考核性演习　2005 年 4 月 20~26 日，太平洋舰队在日本海北部海域举行了春季大规模考核性演习。演习由太平洋舰队司令部组织实施，滨海区舰队司令谢尔盖·阿夫拉缅科海军中将担任总指挥，演习旨在检验部队冬季战备训练成果，提高近海防御作战能力。参演兵力包括导弹驱逐舰 4 艘，常规潜艇 2 艘，扫雷舰 3 艘，猎潜舰 2 艘，登陆舰 1 艘，导弹艇 2 艘及后勤船等各型舰船 17 艘；伊尔-38 型反潜巡逻机 2 架、卡-27 型直升机 5 架及俄远东空防军第 11 独立空防集团军歼击航空兵部分飞机等。演习科目包括导弹发射、舰机联合反潜攻潜、鱼雷投放、扫雷作业、直升机舰上起降等。

太平洋舰队举行检验性演习　2005 年 7 月 11~15 日，太平洋舰队在海参崴近海举行了大规模检验性演习。演习由太平洋舰队司令部策划，滨海区舰队具体组织实施。参演兵力有现代级导弹驱逐舰"激烈"号，"无畏"级导弹驱逐舰"沙波什尼科夫"号、"潘捷列耶夫"号，"基洛"级潜艇 1 艘，扫雷舰 2 艘等各型舰艇 20 余艘及伊尔-38 型、卡-27 型飞机 9 架。演习科目包括海上侦察、导弹发射、编队对抗、舰机协同反潜等。演习主要是为"东方-2005"大规模军事演习和中俄"和平使命-2005"联合演习做准备，集中检验上述演习参演部队的作战指挥机构、人员及舰艇完成任务的能力。

太平洋舰队参加联合反恐演练　2005 年 9 月 5~10 日，驻远东地区俄军、内卫和边防部队在远东阿穆尔州和滨海地区举行了首长司令部带部分实兵联合反恐演习。演习设想俄远东阿穆尔州和滨海地区相继发生恐怖事件，导致化学物质泄漏以及公共交通和电网瘫痪，邻国也乘机出动潜艇和飞机入侵俄边境。俄远东军区立即组织部队清剿恐怖分子，动用海空军力量对入侵的邻国潜艇和飞机进行搜索和打击，最终消灭恐怖分子并击退入侵之"敌"。

演习由俄国防部统一策划，俄远东军区具体组织实施，国防部派工作组现场督导。参演部队包括俄远东军区、空军第 11 空防集团军、太平洋舰队，远东地区联邦安全局及内务部所属部队等。演习科目包括心理战、核生化防护、战备等级转换、海上封锁、反潜作战、舰机协同等。通过演练旨在提高远东地区俄军联合反恐和协同作战能力。

太平洋舰队举行潜艇救援演练　2005 年 6 月 28 日，俄海军太平洋舰队在海参崴近海举行了潜艇救援演练，演练由俄海军太平洋舰队所属第 34 救援支队、第 19 潜艇支队、第 165 水面舰艇支队共同组织实施。演练旨在检验舰队对潜艇突发事故的应急救援处置能力。参训舰艇包括"基洛"级常规潜艇 1 艘、扫雷舰 2 艘、导弹艇 4 艘、侦察船 1 艘以及潜艇救援舰、拖船、勤杂船各 1 艘。其中潜艇扮演"失事潜艇"角色。主要演练对失事潜艇实施搜索救援过程。

波罗的海舰队进行登陆训练　波罗地海舰队在冬训期间，舰队陆战队举行了无设备岸战术登陆演习。舰队参演兵力有反潜和登陆舰艇，辅助和救援舰船，直升机、歼击机、强击机和运输机航空兵。根据演习设想，浮动战斗器材从海上登陆，海军陆战队空降连空降登陆。数架反潜直升机及强击航空兵、歼击航空兵从空中支援水上和海军陆战队的行动。这是首次有 82 名舰队海军陆战队空降营军队参与这类演习。

冬训期间，波罗的海舰队舰艇共完成 500 次战斗练习，进行了 40 次考核性战术演习。海上完成任务的质量较 2004 训练年度有所提高。训练期内共出海 161 次，其中水面舰艇出海 137 次，潜艇 24 次。平均每艘舰艇海训 12 昼夜。舰队航空兵提升了本身的技能，平均飞行时间有所提升，更多的年轻飞行员得到了升空训练。

俄法举行海上联合扫雷演习　2005 年 7 月，俄海军波罗的海舰队与法国海军扫雷兵力首次在波罗的海举行了联合扫雷演习。法海军扫雷舰"卡西奥比亚"号和波罗的海舰队扫雷舰"阿列克谢·列别捷夫"号和 BT-212 号参演。两军官兵演练了在海上搜索和消灭水雷的科目，进行了联合机动及通信演练。这类演习增进了俄法两国海军之间的互信，扩展了两国海军水兵之间的职业接触。

举行"波罗的海-2005"演习　10 月 7~12 日，俄军在加里宁格勒州举行了代号为"波罗的海-2005"的大规模首长司令部演习，演习由俄军总参谋长兼第一副国防部长巴鲁耶夫上将任总指挥。波罗的海舰队的主要兵力和兵器全部出动，包括舰艇部队和陆上部队。演习目的是，实际检验波罗的海舰队整体反恐战备水平，军事指挥机关对所属多军兵种部队的领导指挥能力，保卫俄国家经济活动的能力，加强和维护俄在该区域的主权和领土完整。演习期间，波罗的海舰队兵力进行了海上和岸上导弹、舰炮射击科目。期间，俄军及各强力部门近300名将官和军官检阅了波罗的海舰队及其他驻加里宁格勒地区部队的战斗水平。

波罗的海舰队与北方舰队举行联合远洋战斗集训　2005年8月16日至9月16日，俄海军北方舰队与波罗的海舰队在北大西洋海域举行了大规模联合远洋战斗集训，演训由俄海军第一副司令扎哈连科海军上将亲自领导。北方舰队参演单位为多用途舰艇编队及其舰载航空兵团部队。波罗的海舰队由导弹驱逐舰、导弹护卫舰和油船组成的水面战斗舰艇大队，在舰队副司令阿巴诺维奇海军中将的率领下，远航至北大西洋海域，与北方舰队水面舰艇编队共同完成了为期一个月的远洋战斗训练任务。

在远洋集训期间，参演兵力在北大西洋水域进行了双边联合战术演习，主要演练了双边海上通信、水面舰艇与核潜艇协同、在水面舰艇和直升机保障下潜艇的航行安全问题；在北大西洋中立水域，波罗的海舰队和北方舰队水面舰艇进行了序列内联合机动、导弹和火炮射击、防空和反潜演习。此次战斗集训最引人注意的是舰载航空兵训练，其中，北方舰队舰载航空兵团的苏-25、苏-33舰载歼击机共完成50余次的起飞和着舰训练，卡-27反潜直升机进行了3个班次的飞行。

这是波罗的海舰队与北方舰队近15年来首次举行类似的联合战术训练。此次远航，波罗的海舰队舰只航程达5000余海里，北方舰队航母编队航程4500海里，共完成了20多项战备训练任务。

黑海舰队举行春季集训　2005年4月6~14日，黑海舰队在黑海水域举行了大规模春季集训活动，黑海舰队司令塔塔里诺夫海军中将亲自担任集训总指挥。黑海舰队数十艘舰艇及多架飞机参训，集训期间，主要演练了兵力战备等级转换、海上扫雷、双边战术演练等训练活动，训练科目包括导弹发射、枪炮射击、鱼雷攻击、水雷攻击、反潜等。由于舰队海军陆战团已赴莫斯科红场参加阅兵活动，因而集训中未进行无设备岸登陆演练。

黑海舰队举行多兵种远航集训　2005年6月，黑海舰队在黑海海域举行了多兵种远航集训，这是黑海舰队冬训期的最主要战斗训练活动。参训兵力包括20余艘战斗舰艇、1艘潜艇及保障船只，海军陆战队，舰队航空兵的12架飞机和直升机。主要训练科目有舰艇扫布雷、反潜练习、鱼雷射击、深水炸弹攻击、复杂的导弹火炮射击等，舰队海军陆战队研究训练了战术和各种海上战斗方案，舰艇打击群、航空兵突击群均参加了上述训练。在训练期间舰队兵力共完成100余次战斗练习。时任黑海舰队司令马索林海军中将在集训讲评中指出，舰队举行的远航集训是成功的，其目的是完善指挥员和司令部训练，研究战术群执行战斗任务时的相互协同问题。

黑海舰队陆战队举行营规模战术演习　2005年6月，黑海舰队在费奥多西亚地区的奥布克训练场举行了计划内营级战术演习，参演兵力包括舰队海军陆战队分队、海岸部队、舰队航空兵和登陆舰艇等。具体参与战斗训练的包括苏-24强击机、安-26军用运输机、米-8和卡-27直升机，2艘大型登陆舰“费尔琴科夫”号和“雅马尔”号，约80件战斗技术器材及来自黑海舰队海军陆战团的300余名陆战队员。黑海舰队司令塔塔里诺夫中将亲自到现场观摩。

资料来源：

①俄罗斯《红星报》2005年1~12月；

②俄罗斯《海军文集》2005年1~12期；

③俄文互联网站等。

（姜桂颖）

空军训练　2005年，俄罗斯空军以提高作战部队战斗力为重点，加大演训力度，提高飞行人员战术、技术水平。同时，改革训练体制，加强院校建设，保障俄空军提高训练水平。

增大演训力度，提高实战能力　加强演习与演练是提高俄空军战斗力和战备程度的有效手段。2004年，俄空军参加各种演习400多场，2005年演习演练的数量增加了一倍。演习不仅在国内，也在国外进行。2005年，国际性联合军事演习的数量就更多一些。

（一）加大演练强度　2005年，远程航空兵参加了与武装力量有关的所有作战行动。年初，根据首长司令部战略演习想定，在沃尔库塔靶场成功进行了巡航导弹发射，同时还进行了一系列飞行战术演习，其中包括在远东地区的演习。图-95、图-22M3轰炸机和图-22MR侦察机转场驻训到提克西和阿纳德尔机场，图-22M3进行了针对“陌生靶场”目标的轰炸，图-22MR侦察机进行了远离俄罗斯海岸线数千公里的大洋上空飞行，图–95 在靶场发射了导弹。远程航空兵还通过了国防部等部门的各项重要检查，包括在复杂气象条件下，向俄西部和东部长途转场，飞行员空中飞行达 12 小时。此外，远程航空兵还进行了一系列飞行战术演习和巡航导弹实弹射击，以及对年轻飞行员的大规模集训。

2005 年 4 月 2~6 日，俄、哈、吉、塔、亚、白俄等独联体国家在塔境内举行了代号为“边界–2005”的陆空联合军事演习，主要目的是检验独联体国家军队在区和城市条件下的陆空联合组织指挥与协同作战能力，进一步完善独联体各国联合反恐作战机制与预案，提高边境防空作战能力。8 月 18~25 日，中国和俄罗斯两国军队携手并肩举行了“和平使命–2005”中俄联合军事演习。参加国际性的联合军演，既可以提高俄空军威望，同时又给俄空军提供了一个很好的课堂，飞行员在世界不同地区、不熟悉的地理位置和不同的气象条件下可以积累经验。

（二）增加巡航导弹实弹发射数量　2005 年，远程航空兵完成了大量的飞行战术演练、首长司令部演习、演练任务。巡航导弹实弹发射数量不仅比 2004 年大为增加，而且最大限度地扩展发射区域。同时，与海军在大西洋举行传统的联合演习，远程航空兵与海军航空兵一起按照共同的作战预案进行演练，演练区域不仅在西北方向（即大西洋），也在远东方向（即太平洋）。

加强人员培训，提高飞行水平　(一)加强飞行员培训，增加飞行时数　2005 年，远程航空兵加强了飞行员的培训。首先，组织年轻飞行员集训班。尽管存在油料缺乏等种种困难，仍让年轻飞行员升空飞行，增加飞行时间，达到一定的战斗训练水平；其次，让刚到远程航空兵的新飞行员开始飞行训练，使他们尽快担负起战斗飞行任务；第三，保证有经验的老飞行员保持必须的水平，如果身体好，可服役到 50 周岁。

(二)以老带新，培养优秀飞行员　飞行员院校毕业后，一般担任副驾驶职务，坐在右座与有经验的机长共同完成飞行。机长评估其能力并对其进一步培训提出建议。根据机长建议，新飞行员被推荐到梁赞训练中心。通过竞争选出优秀者开始按机型培训，掌握空中技能。新飞行员要达到初级水平，即能够独立完成任务。进入作战部队后，开始更加有针对性的飞行训练，即掌握复杂的作战使用课目。之后，飞行员开始完成集群作战任务。培养一名优秀飞行员通常需要约 5 年时间。

（三）增加飞行时数，提高飞行员等级　飞行员的等级提升需要有一定的飞行时间保障。现在，远程航空兵飞行员的等级有降低趋势，因为飞行时数没有增加。飞行员的飞行等级评定，不仅包括飞行驾驶技能，同时还包括轰炸、导弹发射等作战使用、不同条件下的着陆、完成其他飞行任务等方面。但由于飞行时间不足，很少进行发射导弹和实施轰炸等战斗科目的训练，很多飞行员无法提升飞行等级。目前，远程航空兵对飞行员获得飞行等级极为关注，正在设法增加战斗科目训练，以提高飞行员的飞行等级。

完善训练体制，提高训练效果　2005 年，俄空军裁减 3.6 万人，其编制缩减了近五分之四。编制缩减后，造成飞行人员不足，一方面是优秀飞行员大量流失，另一方面是新飞行员培训数量太少，后备力量不足。军官队伍缺编现象也很严重。远程航空兵裁减后已达到规定的数量，在不改变总体数量的情况下，将对人员和任务进行重新分配，以使每个勤务人员都能从事自己的专业，所有系统都正常运转。为了保留和吸引人才，俄空军将继续进行训练体制改革。

(一)改革训练体制，提高训练效果　俄空军近年来在训练体制上进行了一系列有效的探索。一是改革空军院校训练体制。重点是根据需要确定空军高等院校的数量和结构。近年来，俄空军将各类院校的数量由组建时的 20 所降至 12 所，并决定继续进行裁减。同时招生人数也减少了 50%，航校的学制改为 5 年，前 3 年接受基础文化教育和体能训练，后两年包括飞行素质测试和再筛选，一年半进行飞行驾驶训练，毕业后按机种定向分到各训练中心进行训练。未来俄空军计划将航校转入 4 年制教育，让飞行学员掌握 4 种飞机的驾驶技术。为加快学员培训进程及效果、降低培训费用，俄空军开始将苏–27 和米格–29 引入航校教学，这在俄空军尚属首创。同时，还考虑将造价低廉、安装轻型发动机的飞机纳入俄空军飞行员训练体系，使“轻型发动机飞机–喷气式教练机–作战飞机”的飞行训练模式成为飞行员基本培训程序。二是改革飞行部队训练体制。主要是采取先进的训练方法，将竞争机制引入部队战备训练中，推行飞行员分类、分级训练方法，同时增大飞行员选择飞行科目的自主权，使飞行训练具有更大的难度和灵活性，以利于尖子飞行员的培养，进而带动整体训练水平的提高。飞行员的飞行时间也大为增加。

(二)突出训练重点，优先保障担负作战任务部队

针对训练经费持续吃紧、油料及零部件连年匮乏且在短期内又无望得到彻底改善的状况，俄空军采取了

拆旧补新、将有限的经费与油料向重点部（分）队与尖子飞行员倾斜以维持其战斗力的方法。对于担负防空与反击作战任务的歼击航空兵部队用油实施重点保障，训练指标不搞平均分配；担负战斗值班任务的部队实施重点保障，使其人均年训飞时数至少保持40~50小时的最低训练要求。在许多航空兵部队中，飞行员被分成作战值班飞行员和不值班飞行员。在航空兵团选出10名最有前途的、理论训练和体育训练优秀的飞行员，以“牺牲”其他飞行员的飞行时间来保证这部分飞行员的飞行。此外，在革新训练方式上，俄空军也有一些新的尝试，如缩短每一架次的平均飞行时间；取消飞机在靶场试验和演习时的重复飞行，尽量做到一次完成任务；将多个科目并成一个架次来完成；减少加力次数等。远程航空兵增大地面训练量，大量使用模拟器进行训练；采用耗油量相对较低的图-134和安-32飞机进行飞行训练，以节省油料。

消除事故隐患，保障飞行安全 （一)查找飞行事故原因 首先是“人为因素”。一是许多事故都是因为飞行员或指挥员的技术训练不足和纪律松散造成的，飞行员训练不够，或者飞行有间断，指挥员不能及时发现，没有选出合适的飞行员去执行任务。二是技术人员不能按操作规程工作，或者马虎从事，指挥员不能及时发现并预防事故发生。三是指挥员与飞行保障部门缺少时时处处地沟通与协调。如，2005年3月10日，俄一架米-8直升机在车臣坠毁，16人丧生，就是被高压电线缠绕了螺旋桨叶片。四是指挥人员的专业训练水平低下，一些飞行大队长、团长和他们的副手不具备相应的飞行组织能力，训练水平也不高。其次是飞行装备老旧，完好率低。据统计，各航校教练机的完好率仅为编制数的21%，许多航空兵团30%~60%的飞机已无法升空，一些地处边远的航空兵团甚至连遂行战备值班的飞机都难以凑齐。装备维修费和物资补充不足是俄空军事故率居高不下的根源。2004年发生280起严重航空事故，85%是航空技术装备故障引起的。

（二)树立安全观念，制定安全措施 一是加大训练强度和难度。要使飞行员成为飞行专业的精英，就应当循序渐进，加大飞行的强度和难度，做到理论与实践相结合。只有科学地实践，才能提高飞行专业技能，才能将飞行事故降到最低。2004~2005年，俄空军飞行人员的飞行时间大约增加了20%，前线航空兵部分飞行员年飞行时间达到170小时，军事运输航空兵部分飞行员达到180小时，强击航空兵部分飞行员达到140~150小时，航校部分飞行学员的飞行时间也达到了90~180小时。二是指挥员及飞行人员要正确评估自身能力。现在，俄空军即使是一级飞行员，其训练时间也比80年代减少了许多。只有在飞行员和指挥员均能清醒地评估自己的能力时，才能圆满完成任务，确保安全。三是重视飞行人员心理训练。据统计，俄罗斯有10%的飞行事故是由于飞行员处置错误造成的。因此，俄空军要求各级航空兵部队要根据飞行人员的具体情况，加强针对性的心理训练。四是加强飞行安全机构建设。五是加快装备的改进与更新。虽然俄航空设计部门研制出了一批具有世界先进水平的作战飞机，但由于装备采购费不足，俄空军仍无力大批购买新型飞机。2005年，俄空军购买了约20架各型飞机，其中包括2架图-160战略轰炸机、10架苏-27CM改进型战斗机、2架雅克-130教练机。此外，驻扎在北高加索地区的第4空防集团军将获得米-24PN和米-8MTKO改进型直升机。为保持部队的战备训练水平，俄空军仍将集中精力改进现有的武器装备。2005年，俄有关部门完成对苏-24、苏-25和米格-31战斗机的改进工作。与此同时，俄空军还对远程航空兵装备的图-95MC、图-160战略轰炸机和图-22M3轰炸机进行改进。在改进现有作战飞机的同时，俄航空设计局正加紧研制第五代战斗机，预计2007年升空。目前，为前线航空兵研制的苏-34轰炸机已进入试飞阶段。2006年俄军事运输航空兵将获得首架图-214运输机。此外，俄空军在改进现有无人机的同时，也在加紧研制用于战场监视的低速远程无人机和可侦察敌防空系统的高速无人机。

资料来源：

①俄《独立军事评论》2005年3月、5月；

②俄《红星报》2005年3月29日、30日，8月12日。

（王福玲）

军事演习 **综述** 2005年，俄军在加大日常训练活动的同时，重点加强了军事训练的力度，特别是诸军种联合演练、反恐作战演练及与独联体国家和世界各国的联合军事演习。通过全年50多次各类演习，进一步提高了俄军诸兵种联合作战能力，增强了与各国军队间战争协调与防御互动能力，同时也展示了俄军应对各种威胁，打击侵略，维护地区战略稳定的决心。其特点是：

重视反恐演练，积极应对恐怖主义威胁 2005年，俄军组织以反恐为主要科目的大规模军事演习次数明显增多，其中包括“东方-2005”大规模反恐军事演习、“和平使命-2005”中俄联合军事演习、独联体四国反恐演习等。如，2005年7月18~23日俄

陆军远东军区组织的“东方-2005”大规模反恐军事演习是近年来规模最大的一次“东方”系列演习，其主要科目就是反恐作战。重点演练了俄武装力量如何应对各种形式的国际恐怖主义活动的问题，尤其是着重研究如何在远东地区快速消灭突入俄境内的恐怖团伙的方法。通过演习，提高了陆海空军指挥机关的战时组织协同能力及俄军针对俄罗斯远东领土的侵略行为的遏制能力等。其他的反恐演习，也都达到了预期目的。

加强诸军兵种协同演练，提高联合协同作战能力

俄军认为，现代作战已不是简单的合同作战，而是联合武装力量各军兵种部队共同实施的地空一体机动作战。各军兵种一起实施联合防御或联合进攻战役，才能完成抗击敌入侵的任务。为此，2005 年，俄军继续加强诸军兵种联合演习，重点提高各级指挥官和指挥机构及参谋人员的组织指挥与协调能力、增强综合作战能力。如在“东方-2005”军事演习中俄军动用了陆海空三个军种、铁道部队、民防部队以及其他强力部门所属部队共 5000 余人参加。演习期间陆海空军部队进行了协同作战。通过演练，加强了军兵种间及与强力部门间的协同作战能力，检验了俄各军兵种信息共享，联合作战的水平。

注重与外军的联合军演，增强联合军队作战协调能力　为应对共同的威胁和挑战，2005 年，俄军十分重视与北约、独联体、中国、印度等组织与国家的双边和多边联合军事演习，以提高联合军队作战协调能力。独联体方面　针对北约东扩不断挤压俄罗斯战略空间、美国在独联体国家部分连续点燃“颜色革命”以及国际恐怖主义的威胁，2005 年，俄军继续加强与独联体国家的军事演练。3 月 28 日到 4 月 6 日独联体集体安全条约组织成员国在塔吉克斯坦境内举行“边界-2005”联合演习。演习中特别演练了专门增加的武力对抗独联体境内颜色革命的方案，设想塔吉克斯坦发生了类似 3 月下旬在吉尔吉斯发生的事件，“蓝军”利用民众对选举结果的不满，煽动群众闹事，企图夺取政权，“红军”决定使用武力和集体安全手段，维护塔吉克斯坦的国家主权和领土完整。演习目的是吸取吉尔吉斯事件教训，提高集体安全条约组织成员国军队对抗颜色革命的水平和制服恐怖分子的经验，增强了独联体国家军队反恐作战协调能力。北约方面 2005 年 5 月 23 日至 6 月 3 日俄美两国陆军在俄罗斯莫斯科郊区与德国境内举行“托尔高-2005”联合演习。将有助于巩固俄美军人间的工作关系，更好的理解双方部队的军事实力。8 月 18~25 日，俄罗斯与中国在俄罗斯的符拉迪沃斯托克和中国的山东半岛及其附近海域举行了“和平使命-2005”联合军演。加强了两国两军在防务安全领域的合作与协调，提高了共同应对新挑战、新威胁的协同作战能力。2005 年俄军主要演习如下：

“托尔高-2005”俄美联合军事演习　5 月 23 日至 6 月 3 日俄美陆军在俄罗斯郊区及德国境内举行了代号为“托尔高-2005”的联合军事演习。参加这次演习的有俄军和美军各一个混成机械化步兵连共计 276 名官兵，以及俄陆军总司令部和美国驻欧洲陆军总司令部的代表。演习分两个阶段：第一阶段为 5 月 23~28 日，在莫斯科联合陆军军事学院以及距莫斯科大约 60 公里的学院训练基地举行。在该阶段演习中，两军进行了旅级防卫战术演练，主要目的是演练两军指挥官和参谋人员的决断和协作能力。在第二阶段联合演习中，驻欧美国陆军司令部 52 名军官和美军一支混成摩步连 87 名军人参加。俄方参演人员由军事运输航空兵飞机运送，主要是来自俄军诸兵种合成学院的 52 名军官和学院训练中心一个混成摩步连的 85 名军人。演习的目的是提高双方在战争问题上作决定时的协调过程，并且训练俄美旅防御策略与互动训练。通过演习，扩大了两国军队之间的相互了解。

“边界-2005”首长-司令部联合演习　3 月 28 日至 4 月 6 日独联体集体安全条约组织成员国在塔吉克斯坦境内举行“边界-2005”首长-司令部联合演习。联合演习的第一阶段本应于 3 月底开始在吉尔吉斯斯坦境内举行，由于吉尔吉斯斯坦反对派发动颜色革命，夺取政权，全部演习科目被迫改在塔吉克斯坦境内举行，演习方案随即进行了修改，增加了武力对抗颜色革命的科目，主要目的是吸取吉尔吉斯斯坦事件教训，提高集体安全条约组织成员国军队对抗颜色革命的水平。

演习第二阶段于 4 月 2~6 日举行，前两天准备，4 日正式开始实质性演练。根据演习设想，红蓝两军应在山区地带展开战事，“红军”由集体安全条约组织成员国陆军部队组成，约 3000 人（集体快速反应部队司令部部署在比什凯克，共有 4000 名官兵），由塔吉克斯坦国防部长哈伊鲁拉耶夫上将亲自指挥。主要对抗代表国际恐怖分子武装团伙的“蓝军”。演习中特别演练了武力对抗颜色革命的方案，设想塔吉克斯坦发生了类似日前在吉尔吉斯斯坦发生的事件，“蓝军”利用民众对选举结果的不满，煽动群众闹事，企图夺取政权，“红军”决定使用武力和集体安全手段，维护塔吉克斯坦的国家主权和领土完整，主要科目是联合行动计划与准备、组织协同、全方位保障和指挥。

俄美战区导弹防御首长司令部演习 2005 年 4 月 12~23 日俄美在莫斯科州的俄国防部第四中央科研所某试验基地举行了俄美战区导弹防御首长司令部联合演习。这是俄美自 1996 年以来举行的第四次战区导弹防御首长司令部联合军事演习，该演习是俄美军事合作中最关键项目之一。150 名俄罗斯军人和 75 名美国军人参加了演习。主要演练了在参与国际组织框架内联合战斗行动时制订措施，协调俄美非战略防空反导防御战术部队司令部的行动，组织反导防御，防护第三国免遭非战略弹道导弹的攻击。演习检验了俄美战区导弹防御部队之间的相互协作、预警系统数据交换过程和双方利用这一信息的程序等，提高了双方战争协调与防御互动能力。

俄军与北约战区导弹防御联合演习 2005 年 3 月 14~23 日俄罗斯与北约在荷兰举行的战区导弹防御联合演习中，通过电脑协助，演练了实时指挥和控制军事力量、实际操作与协作战区导弹防御系统的能力。演习检验了北约和俄罗斯在未来战区导弹防御方面的指挥与协调能力。这次演习是北约与俄罗斯举行的第二次演习。俄罗斯武装力量总参谋长巴卢耶夫斯基上将表示，俄罗斯和北约在非战略性反导防御方面合作的最终目的是在未来组建一支俄-北约防空/反导防御机动部队，能够在维和、反恐或其他危机反应战斗行动中使用。

俄远东军区举行团战术实弹演习 2005 年 4 月初，俄远东军区常备摩步团举行了一次团战术实弹射击演习，假想敌为 1000 人的非法武装团伙，主要演练了向集结地行军推进、从防御到反攻等各种科目。演习旨在提高团以下各级指挥官组织诸兵种合成战斗、对抗恐怖分子的技能，同时为 8 月份举行的中俄“和平使命-2005”联合演习做前期准备。演习由兵团司令谢列兹泽尼奥夫少将指挥。演习第一阶段为急行军，向集结地-阿纳斯塔西耶夫斯基靶场推进，由团长祖耶夫上校亲自指挥。第二阶段为防御-反攻。部队在构筑好防御工事的阵地最前沿部署了两个加强营，实施防御作战。

（高 霞）

“东方-2005”首长司令部战略演习 7 月 18~22 日，俄军在远东地区举行了“东方-2005”首长司令部带部分实兵战略演习，演习区域在谢尔盖耶夫靶场、扎维京斯克靶场和海参崴、堪察加附近海域。演习由俄武装力量总参谋长巴卢耶夫斯基上将领导和指挥。参演兵力包括：俄远东军区所辖陆军部队、空军第 37 集团军、第 11 空防集团军及俄远东地区内卫、边防和铁道兵部队，其中俄空军有苏-24 轰炸机等各型飞机 10 余架，海军太平洋舰队导弹巡洋舰、导弹驱逐舰、救援舰等各类舰艇 10 余艘。此外，俄内务部队特种分队、铁道兵部队也参加了演习。参演总兵力达 5000 余人。

该演习分两个阶段进行。第一阶段演习从 18~21 日，主要内容是演练部队在紧急和军事状态的制度保障，军队的平战时转换以及转入反恐和全民国防等。该阶段内进行了搜索和消灭恐怖分子和假想敌侦察破坏分队的专业演练。第二阶段 21~22 日，主要演练内容是粉碎侵入俄领土的假想敌军队并进行反攻。实兵演习科目有兵力的快速集结与机动、联合反恐、电子对抗、搜索救援、空降反空降、登陆抗登陆、协同作战和精确火力突击等。演习旨在提高和完善军区和舰队指挥员对所辖部队的实际指挥能力，锻炼俄军应对各种复杂环境的快速反应能力。

“和平使命-2005”联合军事演习 8 月 18~25 日，中、俄两军在海参崴、中国青岛及黄海附近海域举行了“和平使命-2005”联合军事演习，双方包括空军、海军、空降兵和陆军部队在内的参演人数共约 1 万余人。其中，俄军参演人数 1800 人，兵力包括：俄军 1 个空降连，6 架远程轰炸机，11 架伊尔-76 运输机和 5 艘舰艇。中国济南战区内的陆、海、空军兵力共 8000 余人参演。上海合作组织成员国的国防部长们也应邀观演。

此次中俄联合军事演习在上海合作组织框架内进行，分别在俄远东的海参崴和中国山东半岛及其附近黄海海域分两个阶段举行。演习第一阶段于 8 月 18~19 日在俄境内的海参崴举行，主要是中俄两军总参谋长进行军事政治磋商。第二阶段为实兵联合演习阶段，于 23~25 日在中国青岛及附近海域进行，主要演习科目有海上机动、联合反潜、海空封锁、编队防空、舰机协同、舰载导弹发射、舰炮射击、抢滩登陆等。

“和平使命-2005”联合军演的目的是进一步增进中俄两国的军事互信，深化中俄战略协作伙伴关系，提高两军共同应对新挑战、新威胁的能力，特别是提升两军联合反恐能力。

（姜桂颖）

“因陀罗-2005”联合反恐演习 2005 年 10 月 10~20 日，俄罗斯和印度举行“因陀罗-2005”联合反恐演习。演习想定为：在印度北部山区发现国际恐怖主义分子，俄罗斯应印度政府请求派空降兵协助消灭恐怖分子。俄、印空降兵接到命令后直接在恐怖分子的据点实施空降，通过联合行动一举将恐怖分子消灭。两国海军官兵演练的内容是在靠近印度的印度洋水域展开打击海盗的行动。

演习内容是检验两军在复杂国际背景下，联合作战、诸兵种协同、通讯指挥和海军等战略兵种的调动、集结和展开的团队课目。

俄军参演兵力包括：太平洋舰队“瓦良格”号等3艘大型导弹反潜舰和1艘油船、1艘拖船等辅助船只；俄罗斯空降兵第76空降师派出一个伞兵连队和装备参加；俄罗斯太平洋舰队海军航空兵的卡-27直升机团；俄空军第334军事运输航空兵团所属3架伊尔-76运输机。

参加演习的3架伊尔-76运输机于当地时间10月9日16时陆续从普斯科夫克列斯特机场起飞前往印度，每架飞机中间间隔20分钟。其任务是向印度运送约100名空降兵、3辆БМД步兵战车和20多吨技术装备。

此次演习以反恐作战为主题，主要演练海空联合反恐突击行动。演习科目包括兵力调动集结，诸兵种协同、空降作战、海上机动、舰炮射击、防空、反潜等。

“战斗联合体-2005”防空军事演习 2005年6月24日至8月31日，俄罗斯、哈萨克斯坦、吉尔吉斯斯坦、塔吉克斯坦、亚美尼亚和白俄罗斯6个独联体国家举行了代号为“战斗联合体-2005”的防空军事演习。

演习分3个阶段进行。第一阶段为6月24日至7月10日，在俄“捷列姆巴”军事训练场，俄空军、波罗的海舰队防空部队及白俄罗斯空军和防空部队进行演练，白俄罗斯的C-200防空系统成功发射了试验导弹；第二阶段为8月5~12日，在哈萨克斯坦“萨雷沙甘”军事训练场，哈萨克斯坦和吉尔吉斯斯坦空军和防空部队进行对抗演习；第三阶段为8月22~31日，在俄“阿舒卢克”军事训练场进行，除哈萨克斯坦派出观察员外，其余5国均派空军和防空部队参加，演习重点为检验多国协同作战能力，参演装备有：C-300、C-125、C-45等导弹系统，苏-24前线轰炸机、苏-25强击机和米格-29歼击机等40架作战飞机。

此次演习旨在提高各个军事编队的戒备状态，重组防空力量，以对设防目标进行保护。演习以建立地区性防空部队集群而告终。

空军和空降兵部队举行联合演习 2005年3月21~25日，在中央联邦区境内，俄罗斯空军和空降兵部队举行大规模联合演习。俄空军歼击航空兵、强击航空兵、轰炸航空兵和军事运输航空兵及俄空降兵第106空降师全部兵力参加了此次演习，共约3000名官兵，300件战斗装备。演习中，有1000多名官兵和12辆战车实施空降，5天内航空兵飞机出动40多架次。主要演练了空降作战，防空作战等。

（黄　丽）

日本自卫队训练　陆上自卫队训练　综述

2005年是日本自卫队执行2004年12月出台的新《防卫计划大纲》和《2005~2009年度中期防卫力量发展计划》的第一年。为了贯彻新《防卫计划大纲》提出的“多能、灵活、有效”的建军思想，陆上自卫队为应对所谓“新型威胁”、“多样化事态”和以抢占未来军事先机和优势为目标，开始推进军事力量全面“转型”。2005年，陆上自卫队在继续压缩部队编制员额和调整部队体制结构的同时，努力强化部队的各种训练，一年来，陆上自卫队根据国土防御的特点在实施以抗登陆、反空降为主的常规训练的同时，为适应“西移南进”的战略调整的需要，更加突出了以应对孤岛、快反机动以及反恐怖、反游击、反武装特工等非正规作战训练。其主要特点：一是落实新战略调整，突出保卫孤岛作战训练。2005年，日本提出了“孤岛防卫”新战略。年初制定了《孤岛防御作战计划》。这份计划规定，一旦日本发生战事，日本将出动自卫队进行“夺岛”作战。陆上自卫队以西部军区5.5万人为主力参战，9000人直接投入夺岛登陆作战，其他力量则作为后备队为一线作战部队提供支援。为了贯彻“孤岛防卫”新战略，2005年，陆上自卫队训练工作中重点突出了部队的孤岛保卫战训练。一年来，由各军区、各师旅和团营等单位组织的各种类型孤岛保卫战训练达40余次。训练内容主要包括有，孤岛野外生存训练、空中快速机动训练、直升机机降训练、海上游泳和潜水登陆训练、橡皮艇航渡训练、峡谷索道训练，等等。二是继续重视非正规作战，针对恐怖活动等的训练内容有所增加。“2005年度自卫队业务计划基本方针”继续把加强部队反恐怖、反游击和反特工等非正规作战作为年度业务工作的重点。2005年各部队组织的空降反游击战、山地反游击战、城市巷战反恐活动和雪地反游击战等各种反恐怖活动训练达80余次。训练形式仍然采取单军、兵种的训练与多军种及军、警、海保厅的联合训练相结合的形式进行。从训练内容上看，不仅有沿岸警戒监视、重要设施保护、核电站保卫、居民撤离、对入侵的游击部队和特工部队的搜索、捉拿和击破等，而且还根据支援伊拉克重建等海外派遣任务的需要，加大了执行海外派遣任务时的部队反恐应急训练。另外，2005年以步兵师和当地县警本部联合组织实施的反恐训练仍然比较频繁，年内共计达30余次。训练仍以指挥所训练演习为主，同时也兼有实兵训练演习。2005年陆上自卫队除继续派部队赴美国进行反恐怖巷战实兵训练，还在与美陆军实施的年度例行性训练“北风2005”联合实兵训练中首次引入了巷战训练内容，并请有实战经验的美国教官讲授突击进入建筑物内的要领和突击法等。*三是履行自卫队新任务，开展职能转型训练*。2005年，陆上自卫队重点为部队职能转型做好基础工作。一方面，着手新编由特殊作战群、化学防护队、直升机空降旅组成的2000人“中央快速反应部队”和将海外作战、侦察和地理情报一体化的600人的“中央情报部队”，并逐步建立轮换待命体制，加大相关装备配备，开始确立履行应对新型威胁和改善国际安全环境等新职能的部队体制。另一方面，强化海外派遣部队的各种训练，为履行自卫队“国际和平合作”新任务做准备。2005年陆上自卫队组织实施的海外派遣部队训练明显增加，其中，既有在国内实施的混合编成部队训练，也有在国外与盟军实施的联合训练。如，4月2日，陆上自卫队第5次伊拉克重建支援群与负责维持治安的英军在伊拉克使用英军直升机进行了伤员运输训练。6月16日，西部军区第4沿岸部署师在大野原演习场实施了以在伊拉克的活动为想定的训练，计划于8月份派往伊拉克的约500名队员参加了训练。*四是继续实施抗登陆、反空降传统训练，大规模快速机动演练形式发生变化*。根据日本四面环海的地理特点，2005年陆上自卫队的训练继续贯彻“水际歼敌”和内陆地区快速机动、空降与反空降的作战指导思想。训练内容包括地面机动、空中机动、水上机动、山地机动和雪地机动等，全年各兵种组织的各种机动训练共计90余次。在训练形式上，从2005年开始实施北部军区与驻本州以南地区的各军区的相互“联合转场演习”。该演习分两部分进行，即北方转场演习和南方转场演习，分陆上机动、海上机动及空中机动三部分，海上自卫队的运输舰、驱逐舰，航空自卫队的战斗机、运输机等协同演练，体现了三军联合机动作战的特点。北方转场演习，由中部军区转场至北部军区进行。南方转场演习分两次进行，第1次为6月中旬至6月下旬，第2次为7月上旬至7月中旬，由北部军区转场至东部军区进行。此类训练演习的最大特点是改变了以往只由驻日本本州以南地区的各军区为支援北部军区向北海道机动的作战演练，开始增加由北部军区各部队向本州以南地区快速机动的演练，体现了日本自卫队“西移南进”的战略调整方针。*五是继续强化与美军的联合训练，提高两军的一体化作战能力*。2005年日本陆上自卫队与美陆军和美海军陆战队实施的较大规模的联合训练、演习共计4次。从训练演习的地点和内容看，联合雪地实兵训练通过日美两军的实兵合练和战技交流，提高战时两军实施联合雪地作战的协调能力和综合作战能力。联合指挥所演习主要演练日美陆军在实施联合作战时的指挥军官和指挥参谋的部队指挥和运用能力。通过年内的各种联合训练，日美陆军实施联合作战的综合运用水平进一步得到提高，一体化作战能力进一步加强。此外，2005年陆上自卫队继续派遣“霍克”防空导弹部队、岸舰导弹部队、坦克部队和反坦克部队前往美国军事训练基地施训，通过海外派遣训练提高部队的适应能力和有效发挥各兵种的战斗力以及兵种协同作战能力。

赴美实施反恐巷战实兵训练 2005年11月7~11日，陆上自卫队派步兵部队前往美国刘易斯堡实施步兵部队反恐怖巷战实兵训练。富士学校校长直海康宽陆军中将任训练总指挥官，以富士教导旅步兵教导团为骨干共计179人参加。携带主要武器有：手枪、微型机枪、各种装甲机动车和重迫击炮牵引车等。美陆军派部队协助训练。训练以应付恐怖行动以及多种事态为目的，利用美军的训练设施和反恐作战训练评价系统，实兵演练巷战过程中的一系列作战行动，以提高部队有关巷战方面的战术、战斗能力。

与美陆军实施“北风2005”联合实兵训练 2005年2月28日至3月12日，陆上自卫队与美陆军在日本东千岁驻地和北海道大演习场进行了代号为“北风2005”的联合雪地实兵训练。训练分两个阶段进行：第一阶段（3月1~6日）为按职能划分进行的特别训练；第二阶段（7~10日）为综合训练。参训部队：日方第7坦克师第11步兵团，约700人；美方驻阿拉斯加州美陆军第207步兵团2-297步兵营大队主力部队350人。此次训练除演练日美陆军在各自的指挥系统下实施雪地联合作战时的相互合作要领外，首次引入了巷战训练，并请有实战经验的美国教官讲授突击进入建筑物内的要领和突击法等。

实施布雷车海上航行训练 2005年1月25日至2月17日，陆上自卫队第7工兵群第304海滩布雷中队在茨城县那珂港实施了“纪州17号”94式布雷车的海上航行及布雷训练。该布雷车是为阻止对方舰艇登陆，在海岸浅水区布设地雷的特种车辆，能水陆两用。

实施雪地机动训练　2005 年 2 月 9~10 日，陆上自卫队第 4 岸舰导弹团在十和田湖温泉滑雪场举行年度滑雪机动训练，目的在于提高部队滑雪技能和雪地机动作战能力。2 月 14~16 日第 2 步兵团在关山演习场实施了雪地机动阵地攻击训练。训练内容：负重雪地机动、指定地点集结、敌阵地侦察和攻击等。

筹组数字化部队并进行野外实战训练　2005 年 6 月 22 日，陆上自卫队决定筹组数字化部队，将第 2、6 师作为实验部队，实验部队引进联网的"主力团指挥系统"，通过及时迅速地为双方传递信息提高部队整体的作战能力。该系统首先装备步兵连。团部是指挥系统的中心，能将前线的散兵、反坦克小队和迫击炮小队用数字化网络进行连接。各小队的小队长携带掌上电脑，并在轻型装甲车上安装便携式电脑，以便与团部之间进行信息交换。前线士兵通过电子数据，将利用雷达和红外线传感器探测到的情报传回团部，并接收从团部传回的经汇总后的敌概况以及我方部队的位置等最新信息和图像。与以往的电话和无线电相比，该指挥系统可以飞越性地提高信息的收集、处理、和传递效率。

北部军区与警方实施联合训练　2005 年 10 月 20 日，日本陆上自卫队北部军区与北海道警方在陆上自卫队真驹内驻地实施了以出动军队应对武装特工登陆为想定的联合实兵训练。训练中，陆上自卫队北部军区出动约 250 人，北海道警察部门出动约 150 人。训练想定背景为持有火箭炮等武器的特工人员从北海道登陆，仅靠警察部队难以应付，自卫队遂发出命令出动部队维持治安。这是陆上自卫队与警察部门首次以维持治安为想定的实兵训练。

第 1 直升机旅实施训练检阅　2005 年 11 月 24~29 日，陆上自卫队第 1 直升机旅在关东-九州-冲绳之间实施训练检阅，目的是检验直升机旅远距离空中机动的能力，直升机不仅飞往陆上自卫队驻地和演习场，还飞往海上自卫队或航空自卫队的基地。训练中，陆上自卫队参谋长森勉中将担任检阅官，参谋部教育训练部长酒井担任统裁官，人员约 1500 名，车辆约 240 台，CH-47JA 运输机、OH-6 观测直升机、LR-2 联络侦察机等飞机约 50 架。训练飞机从木更津出发，飞经明野、八尾、目达原等西部军区部队驻地和日出生台、雾岛、十文字原演习场等，还在海上自卫队和航空自卫队的德岛、岩国、筑城、鹿屋、那霸基地等着陆进行燃料补给训练等。

第 1 空降旅实施空降训练　2005 年 1 月 8 日，第 1 空降旅在千叶县习志野演习场进行年初空降着陆训练。约 400 名空降兵、50 辆车辆和直升机旅、东部方面航空队的 CH-47 运输直升机、AH-1S 反坦克直升机、UH-1 多用途直升机等在内的 19 架飞机参加了训练。通过训练能达到迅速灵活应对恐怖分子及游击队等新的威胁的能力。

第 6 岸舰导弹团赴美实施实弹射击训练　2005 年 1 月，第 6 岸舰导弹团在美国的加利福尼亚进行了为期 9 天的实弹射击训练。训练科目为战斗准备、反舰战斗、对舰实弹射击等。训练中使用 88 式 SSM-1 型岸舰导弹，对海上目标舰进行了实弹射击。

实施海外执勤训练　2005 年 4 月 2 日，陆上自卫队第 5 次伊拉克重建支援群与负责维持治安的英军在伊拉克使用英军直升机进行了伤员运输训练。训练中，演练了英军直升机在陆上自卫队军营降落、收容伤员、卫生员在机内进行应急处理等一系列流程。6 月 16 日，西部军区第 4 沿岸部署师在长崎县东彼杵町的大野原演习场实施了以在伊拉克的活动为想定的训练，计划于 8 月份派往伊拉克的约 500 名队员参加了训练。

首次实施车站反恐实兵训练　2005 年 11 月 17 日，陆上自卫队在崎玉市大宫区车站首次实施了以化学恐怖事件为想定的反恐实兵训练。训练以陆上自卫队 101 化学防护队及第 32 步兵团约 100 人为主力，县警、消防等 7 个机关约 400 人参加了训练。训练以发现装满沙林的药瓶为想定，演练了救出救助、避难指导、应急救护、消除污染等科目。

实施国民保护实兵训练　2005 年 11 月 27 日，日本在本州西北岸等地实施国民保护实兵训练。训练设想美滨核电站发生来自外部攻击的爆炸事件。陆上自卫队根据内阁总理大臣下达的对国民进行保护的命令，派出第 14 摩托化步兵团从金泽驻地出发前往现场与海上保安厅的巡视船艇和飞机一起进行排除放射性物质和运送难民训练。

资料来源：

①日本《朝云》2005 年 1~12 月；

②日本《防卫日报》2005 年 1~12 月；

③日本《海自新闻》2005 年 1~12 月。

（张洲军）

海上自卫队训练　**综述**　2005 年，为进一步提高对周边海域的管控能力，日本海上自卫队共实施 30 余次大规模军事演习，共组织或参与了 17 次双边或多边联合演习，演练范围及内容不断扩大。其中，日美海军先后实施了9次海上双边联合演习、共同参加了3次多边联合演习。年内，日本海上自卫队共有驱逐舰、潜艇、扫雷舰、训练舰、敷设舰、补给舰等各型舰艇180余艘次，P-3C型机、EP-3型机、MH-53E型机等280余架次各型飞机参演。演练内容包括扫雷、反潜、反恐、搜救、通信、海上补给等多个科目。

举行近海航海训练 日本海上自卫队于2005年1月19日开始实施近海航海训练，参加舰艇包括2艘练习舰和3艘驱逐舰，参训人员约180名。3月19日至4月18日，日海军举行年度近海航行训练，练习舰队司令柴田雅裕担任指挥官，参训舰艇包括练习舰“鹿岛”号、驱逐舰“村雨”号和“夕雾”号，参训人员共750人。3月19日编队由江田内启航，经神户、四日市、大凑、横须贺等港，4月18日至东京晴海码头，4月19日开始实施日海军2005年度远洋航海训练。这是日海军第49次远洋航海训练。

在周防滩举行扫雷特别训练 日本海上自卫队2月15~27日在周防滩举行了扫雷特别训练。该项训练自1955年实施以来，本次已为第78次，同时也是第22次在周防滩实施训练。训练指挥官为扫雷队群司令森田良行海军少将，参训部队有扫雷母舰2艘、扫雷舰2艘、扫雷艇14艘，共计18艘舰艇以及P-3C型飞机11架，MH-53E型机4架，SH-60J型机4架，共计19架飞机。美海军亦派出第11扫雷队的扫雷舰2艘、P-3C型机1架，水下处理员19人等参加训练。科目包括扫雷、潜水等。（以下各条均为2005年）

举行远海练习航行训练 日本海上自卫队于2月25日至3月22日实施从日本至文莱的远海航行训练。练习编队由“初雪”级驱逐舰“滨雪”号、“初雪”号、“矶雪”号编成，第3护卫队群司令江见雅博上校任指挥官，共约600人参训，其中包括海上自卫队军官候补生学校的第38期普通军官候补生毕业学员约90人。训练目的是通过实地训练，参观了解外国军事设施、遗址等活动，培养海上自卫队初级军官的业务知识与技能，并促进与各国的友好关系。

举行年度近海航海训练 日本海上自卫队于3月19日至4月18日举行年度近海航海训练。指挥官是练习舰队司令柴田雅裕，参训舰艇是训练舰鹿岛号、驱逐舰“村雨”号和“夕雾”号，参训人员共750人，其中海上自卫队第55期毕业学员共180人。3月19日从江田内出发，经神户、四日市、大凑、横须贺，4月10日抵达晴海。主要目的是使海上自卫队初级干部熟悉并习惯舰艇生活，通过舰上训练来掌握远洋航海基础事项，培养并提高初级军官的素养，加深对日本及海上自卫队现状的认识。

在九州西南海域举行反潜特别训练 日本海上自卫队于4月20~24日在九州西南海域与美海军联合实施了反潜特别训练。本次训练是自1957年首次实施以来的第108次。日本海上自卫队派出驱逐舰、潜艇各1艘，P-3C型反潜巡逻机1架参训，潜艇舰队司令田村力任训练统裁官。美海军派出第7舰队所属驱逐舰、潜艇各1艘，P-3C型机数架参训。演练科目主要为反潜战。

参加西太平洋海军论坛多国训练 日海上自卫队派“初雪”级驱逐舰“濑户雪”号，共载人200余名于5月6日至6月3日赴新加坡参加由新加坡海军主办的“西太平洋海军论坛”多国海上训练，第7护卫队司令任指挥官。共有澳大利亚、加拿大、法国、马来西亚、新西兰、新加坡、泰国、美国等国海军参演。训练科目包括战术运动、通信训练等。

派舰机赴美训练 日本海上自卫队派出驱逐舰3艘，P-3C机5架，共约700人于5月18日至8月8日赴美国夏威夷进行训练。期间，实施了海上训练、陆上设施利用训练、制导武器评估设施等应用训练，远距离航法训练等，以提高日海上自卫队的远洋作战能力和战、技术水平。

与美国海军举行扫雷特别训练 日本海上自卫队与美国海军于7月17~29日在陆奥湾举行扫雷特别训练。日本海上自卫队出动扫雷队群所属扫雷舰艇21艘，MK-53E等型飞机16架参演。主要训练科目为使用训练水雷进行水雷布设训练。扫雷特别训练是从1955年度开始实施，此次训练已是第76次。

举行环球远洋航海训练 日本海上自卫队于4月19日至9月20日举行环球远洋练习航行训练。自1958年首次举行以来，本次环球航行为第49次。环球编队由“鹿岛”号训练舰、“村雨”号驱逐舰和“夕雾”号驱逐舰组成，练习舰队司令柴田雅裕少将任指挥官，共计约750人参训，共到访13个国家的14个港口，总航程达30600海里。编队4月19日从东京晴海码头出发，首先停靠夏威夷的珍珠港，而后横穿太平洋，5月18~31日先后访问墨西哥、巴拿马等地，由巴拿马运河进入大西洋。6月8~11日访问美国东海岸最大海军基地诺福克港后，横穿大西洋，6月25日停靠英国普茨茅斯港。之后编队分为两路，“鹿岛”号驶低俄罗斯访问，“村雨”号和“夕雾”号继续访问挪威的奥斯路港。而后，编队再次会合继续访问德、法、埃及、印、土耳其、马耳他和柬埔寨等国港口，9月20日结束访问返抵东京晴海码头。航行期间，编队与到访国进行了多次联合训练。主要包括：战术机动、抵近拍照等演练。

日俄联合训练 日本海上自卫队于6月6~10日派出“比睿”号驱逐舰对俄太平洋舰队海参崴基地进行第7次访问。该驱逐舰的访问正值俄日两国建立外交关系150周年。俄方负责接待的是导弹巡洋舰“瓦里亚格”号。双方并举行了对遇险舰船实施联合搜救的演习。日方参演兵力包括“比睿”号驱逐舰及搭载的2架SH-60J型直升机2架，人员约350名。俄方参演的有大型反潜舰“维诺格拉托夫海军上将”号、导弹艇、飞机等。

与韩国海军举行海上搜救演习 日本海上自卫队8月25~26日与到访的韩国海军KDX-Ⅰ级驱逐舰“杨万春”号、KDX-Ⅱ级驱逐舰“文武大王”号在佐世保附近海域举行联合海上搜救演习。日海上自卫队参演兵力为第23护卫队“初雪”级驱逐舰“朝雪”号、“叽雪”号、多用途支援舰“冲滩”号，以及2架SH-60J型反潜直升机和1架P-3C型反潜巡逻机。主要科目为海上搜索和救难演习。

举行指挥所图上演练 9月26~30日，日本海上自卫队在东京海上自卫队干部学校举行了指挥所图上演习，旨在演练紧急状态下日本的海上作战能力，主要科目有上级指挥官对形势的判断以及兵力运用等，参演部队包括海上自卫队的各个司令部、补给本部等共约400人，自卫舰队司令中岛荣一担任总统裁官。

举行年度通信训练 日本海上自卫队系统通信队群10月12~13日，举行了通信训练，代号172CX。主要科目为作战通信中的通信指挥、协调与通信系统出现故障时的应急通信等，共304名人员参加演练。系统通信队群司令平山上校任训练指挥官。

派敷设舰赴关岛派遣训练 日本海上自卫队派出唯一一艘敷设舰“室户”号搭载120人于10月21日至12月21日赴关岛实施派遣训练，期间利用美海军相关设施进行了多种科目的训练。该项训练始于1980年，本次为第26次。

举行扫雷特别训练 日本海上自卫队扫布雷部队11月19~21日在日向滩举行了年度综合性水雷战训练，训练指挥官为扫雷队群司令加藤耕司海军少将。共有各型舰艇28艘，其中扫雷母舰2艘、扫雷舰3艘、扫雷艇等23艘，以及MH-53E型扫雷直升机3架，约1400人参加演练。美海军亦派出第51爆炸物处理小组机动分遣队的6名水下爆炸物处理队员参加训练，科目有扫雷、潜水训练等。训练目的是检验各扫雷部队年内战技训练情况和训练水平。

资料来源：

①日本《海自新闻》2005年1~12月；

②日本《自卫网站》2005年1~12月。

（姜　薇）

航空自卫队训练 **综述** 2005年是日本航空自卫队执行新《防卫计划大纲》和《2005~2009年度中期防卫力量发展计划》的第一年，根据本土防空、洋上作战和海外派遣等作战任务的需要，部队训练严格按照年度训练计划要求进行。在强化部队基础训练造就精强的空中力量的同时，有针对性地展开部队训练。2005年航空自卫队的训练，主要有以下特点：一、重视战斗机空中加油训练，提高部队远程作战能力。随着KC-767空中加油运输机实战装备部队的时间日益迫近（按照计划，KC-767空中加油运输机于2006年度取得样机，2007年度试飞，2008年度实战部署运用），2005年航空自卫队在对现有F-15战斗机进行加油装置改造的同时，加紧该机种的空中加油实战训练，以便尽快掌握加油要领，提高其遂行远程作战的能力。与2004年相比，航空自卫队战斗航空团所属F-15战斗机的空中加油训练明显增多。由于航空自卫队目前尚未装备空中加油机，其训练主要是与美空军的KC-135空中加油机部队联合进行。其训练形式，既有在国内训练空域实施的，也有前往美国参加日美空军联合演习过程中实施的。如2005年4月，日本航空自卫队的F-15战斗机在日本的新田原、滨松基地及其周边空域与美空军实施的空中加油训练，航空自卫队第2战斗航空团的第201、第203飞行队共计10架F-15战斗机在8000米高空以500公里的时速接受了美空军KC-135加油机的加油，训练中重点演练了F-15战斗机接受加油的运用要领，并对此进行研究。2005年6月航空自卫队第3次派6架F-15J/DJ战斗机、1架E-767预警指挥机（AWACS）前往美国施训，F-15战斗机在从日本向美国阿拉斯加州飞行过程中接受了美空军KC-135空中加油机的空中加油。目前航空自卫队共计有约40架次F-15战斗机进行过空中加油训练，对部队的空中加油技能进行了实战检验，同时，也为航空自卫队实战部署空中加油机做好了充分准备。二、重视武力攻击下的演训，提高部队的联合应对能力。随着自卫队联合参谋部于2005年度末（2006年3月）组建完毕和自卫队一线作战部队逐步向综合运用体制的转变，2005年航空自卫队在部队较大规模的演习训练中，十分重视各兵种间的协同作战演练，特别是在年度的航空总队综合指挥所演习和综合实兵演习中均将日本遭受武力攻击为想定，综合运用航空自卫队的各个兵种和各种作战能力，以联合应对的方式进行演练。如，2005年度航空总队综合指挥所演习。重点演练了日本受到武力攻击前后的一系列的指挥参谋活动，提高部队的综合运用能力和整体遂行任务的能力。再如，于11月举行的2005年度航空自卫队航空总队综合实兵演习。参演飞机达300架，航空总队、航空支援集团和航空系统通信队等多个部队参加了演练。目的是通过实兵演练武力攻击事态时的应对要领，提高航空总队等联合遂行任务的能力。三、重视重点方向的部队训练，提高应对“西南有事”的作战能力。2005年日本自卫队根据国家安全战略调整的需要，开始大幅度向西南岛屿调动部队。其中在冲绳岛上将增设一个规模为3000人的陆上自卫队第15旅，并计划在冲绳附近建立一个大型基地以便战时向这里投入9000多人的陆上自卫队机动部队。根据新大纲要求，陆上自卫队计划向石垣岛和宫古岛部署200人的步兵连，航空自卫队制定了完善飞机互换情报和探测电子情报的地面电波测定设备计划，并开始进行将下地岛作为“有事时作战基地”的前期调研工作。为了适应作战部署调整的需要，2005年航空自卫队特别重视针对“西南方向有事”的部队训练，尤其是在冲绳举行了多次空战训练。如，6月30日至7月8日在日本那霸、嘉手纳基地和知念分基地、冲绳周边空域等举行的日美空军“南海滨”联合演习，重点演练了日美空军联合应对“西南有事”的作战能力。与此同时，6月6日至7月8日的一个多月内，航空自卫队西南航空混成团又连续与美空军在冲绳举行2次联合训练，而且训练规模一次比一次大，第一次联合训练双方共计出动8架战斗机，第二次联合训练双方共计出动18架战斗机和1架预警机，此类联合训练的目的是提高双方的战术技能及联合作战能力，联合应对可能在日本西南地区发生的“紧急事态”。四、继续强化与美空军联合施训，提高一体化作战能力。与美空军联合施训是日本航空自卫队2005年度训练工作的一项重要内容。根据日美《防卫合作指导方针》和《日美联合作战训练计划》，航空自卫队与美空军的各种训练如期完成。其中，较大规模的训练演习达10余次，异型机对抗训练50余次，与2004年相比，略有增加，而且训练内容也有新的变化。其中，大规模防空作战演习，即日美空军“对抗北”联合演习主要演练日美空军飞行部队联合作战的协同要领，提高协同作战能力。此次演习作为日本航空自卫队综合演习的重要一环，在日本海上空的G训练空域实施了防空战和战斗机战斗训练，是一次由航空总队司令部和美第5航空队司令部参加的高水平实兵演练。“对抗雷”演习于6月在美国阿拉斯加州艾尔森空军基地及埃尔门多夫空军基地及其周边空域举行。这是日本航空自卫队第3次派战斗机和预警指挥机参加此类演习。日美空军“对抗北关岛05”联合演习于7月在美国关岛安德森空军基地及其周边空域举行，历时26天。演习中，日本航空自卫队派出的12架战机分别向关岛东北至北部方向约350公里处的一座无人荒岛上投掷500磅重的炸弹，实现了航空自卫队自建军以来首次跨国境实弹轰炸，为日本自卫队实战参与海外军事行动提供了可能。由于此次演习的地点选在极具战略意义的关岛，也是日本拓展发挥“国际作用”的一次“战略性的突破”。小规模的日常训练，即日美空军异型机对抗演练每周举行一次，主要在三泽、筑城和那霸实施。每次演练日美双方均派1个飞行队参加，时间为1天。通过上述各种演练，航空自卫队不仅提高了与美空军联合作战能力，而且也加强了与其他各国空军间的军事交往，从中学习外军经验提高自身的训练水平。五、继续派防空导弹部队赴美施训，提高部队的实战能力。日本国土及基地防空是航空自卫队2005年训练工作的一项重要内容，2005年航空自卫队实施的各种防空导弹射击训练达50余次，与2004年相比，大体相同。基地防空队的日常训练主要是以模拟对空射击科目为主，其近程地对空导弹的射击训练主要是在北海道静内对空射击场进行，20毫米防空机关炮的射击训练仍然主要是在青森县六之所对空射击场进行。由于日本国内没有防空导弹的实弹射击场，为了解决“奈基”防空导弹和“爱国者”防空导弹部队的实战训练问题，2005年航空自卫队继续派“爱国者”防空导弹部队的6个防空导弹群前往美国新墨西哥州麦克格雷高尔射击场进行实弹射击训练。与此同时，继2004年之后，又第二次派8个基地防空队和防空导弹教导队前往美国新墨西哥州白沙导弹靶场实施便携式防空导弹实弹射击训练。2004年以前航空自卫队的基地防空部队的年度实弹射击训练只能在国内实施，且只能够进行机关炮实弹射击。为了解决国内无法施训问题，派部队赴美利用美空军的现代化设施施训是航空自卫队年度训练中必不可少的一项内容，其目的有二：一是检验和确认部队平时训练的成果和战斗能力；二是提高防空导弹部队、基地防空部队的遂行任务能力。

举行安全祈祷飞行　2005 年 1 月 5 日，航空自卫队德岛航空基地教育航空群实施了年度首次安全祈祷飞行。3 架 TC-90 型练习机、2 架 UH-60J 救难直升机在基地、小松岛市、大鸣门桥、大麻比古神社上空进行了约 1 个小时的飞行。

实施日美防空战斗训练　2005 年 2 月 23~24 日，航空自卫队北部航空方面队与驻日美军进行了日美防空战斗训练。参训部队：日方为航空自卫队北部航空方面队司令部、第 2 战斗航空团、第 3 战斗航空团、北部航空警戒管制团、第 6 防空导弹群、警戒航空队；美方为驻三泽基地的美空军第 35 战斗机联队。训练中航空自卫队使用千岁基地、三泽基地、车力分基地，美军使用三泽基地。训练临时空域为秋田西方空域的 C 训练空域。参训兵力：航空自卫队 12 架 F-15 战斗机、8 架 F-4EJ 战斗机、8 架 F-2 支援战斗机、1 架 E-767 预警指挥机、1 架 E-2C 预警机，美军 10 架 F-16 战斗机。航空自卫队北部航空方面队和美空军第 35 战斗机联队的训练始于 1985 年，2005 年是第 25 次。

实施空中加油训练　2005 年 4 月 14~30 日，日本航空自卫队的 F-15 战斗机在新田原、滨松基地及其周边空域进行了由美空军飞机支援的空中加油训练。该训练旨在确立将在 2006 年度引进的空中加油机的运用态势和对接受加油机的运用要领进行研究。美空军 KC-135 型空中加油机参加了训练。训练中，航空自卫队第 2 战斗航空团的第 201、第 203 飞行队共计 10 架 F-15 战斗机参训。在 8000 米高空，4 架编队的 F-15 战斗机以 500 公里的时速，同美空军的 KC-135 加油机并排飞行，交替加油。此项训练始于 2004 年，此次为第 3 次。

日美空军实施联合训练　2005 年 5 月 9~17 日，日美空军分别在千岁、三泽、滨松各基地及秋田西方的 C 训练空域实施了联合训练。目的是提高日美双方的战术技能和共同应对能力。参训部队及兵力：航空自卫队北部航空方面队司令部、第 2 战斗航空团、北部航空警戒管制团、警戒航空队，F-15 战斗机 16 架，E-767 预警机 1 架；驻日美空军第 35 战斗机联队（驻三泽基地），F-16 战斗机 4 架。主要演练科目：防空战训练、战斗机格斗训练。此类训练始于 1978 年，每年举行 1 次，本次为第 75 次，但北部航空方面队与驻日美空军实施联合训练还是第 1 次。

赴伊拉克运送物资　2005 年 6 月 13~21 日，航空自卫队派遣 1 架 U-4 多用途支援机从日本航空自卫队入间基地出发赴以色列，执行戈兰高地国际维和活动，为日本陆上自卫队戈兰高地派遣运输队运送物资。6 月 23 日，航空自卫队公布赴伊拉克执行支援派遣运输任务的航空队的运输成果：2004 年 3 月 3 至 2005 年 6 月 16 日，航空自卫队以科威特国内机场为据点，赴伊拉克机场执行运输任务 156 次，运输物资重量达 243.4 吨，其中包括日本提供的重建物资、陆上自卫队人员生活补给物资、相关各国和部门等的物资和人员等。

参加海上联合观阅训练　2005 年 6 月 27 日，航空自卫队派机参加与海保厅、水产厅、海关、消防厅等部门联合举行的海上联合观阅训练。参训船艇 10 艘，飞机 7 架，其中，航空自卫队松岛基地救难队 UH-60J 型机 1 架、U125A 型机 1 架。训练内容有：违规船捕捉训练、起吊救助训练和复合艇等高速机动训练等。

首次实施跨国轰炸训练　2005 年 7 月 4 日~30 日，航空自卫队与美空军在关岛实施了日美联合训练及空对地射击轰炸训练。航空自卫队在距关岛东北偏北 350 海里处的一个无人居住的小岛上首次实施实弹轰炸训练，航空自卫队作战飞机将向地面目标投掷 500 磅的炸弹。此演习的目的在于提高日美军事快速反应的能力。参训飞机：航空自卫队 12 架 F-4EJ 战斗机；美空军 12 架 F-15 战斗机。另外，美空军第 3 联队及空中控制和预警联队也参加了训练。

松岛基地举行航空展　2005 年 8 月 28 日，航空自卫队松岛基地在宫城县东松岛市举行“第 51 次松岛基地航空展”。参加展示的飞机有 F-2 支援战斗机、T-4 练习机、U-125A 救难机、F-15J 战斗机、UH-60J 救难机、T-1B 练习机、F-4EJ 战斗机、C-1 运输机、E-2C 预警机、CH-47J 运输机、RF-4E 侦察机、U-4 多用途机、SH-60J 反潜巡逻机、UH-1 多用途机、OH-6D 观测机、美军 F-16 战斗机和 EA-6B 电子战斗机等。展示期间：U-125、F-2、F-15、F-4、T-4 型机进行了通过飞行；F-2 型机和美军 F-16 型机进行了机动飞行；U-125、UH-60 型机进行了救难展示飞行。另外，F-2 型机还单独实施了对地射击轰炸表演。

连续在冲绳举行联合训练　2005 年 6~7 月，航空自卫队西南航空混成团连续与美空军在冲绳举行联合训练。6 月 6~10 日，西南航空混成团第 83 航空队和驻日美空军第 18 联队在冲绳周边空域等实施了由航空自卫队 4 架 F-4EJ 战斗机和美空军 4 架 F-15 战斗机参加的日美联合训练。6 月 30 日至 7 月 8 日，双方再次于冲绳举行联合训练。参训部队：日本航空自卫队西南航空混成团司令部、第83航空队、西南航空警戒管制团、第5防空导弹群；驻日美空军第18联队（驻嘉手纳）。训练科目有防空战斗训练及战斗机格斗训练。训练使用航空自卫队那霸基地、知念分驻地及美军嘉手纳基地，在冲绳周边训练空域及临时训练空域实施飞行训练。参训飞机：日本航空自卫队8架F-4EJ战斗机；美空军10架F-15战斗机、1架E-3预警机。目的是提高双方的战术技能及联合作战能力，以联合应对可能在日本西南地区发生的"紧急事态"。

防空导弹部队赴美实施年度射击训练 2005年8月16日至12月7日，航空自卫队2005年度防空导弹部队赴美实弹射击训练在美国新墨西哥州白沙导弹靶场和麦克格雷高尔射击场进行。航空总队司令官田母神俊雄空军中将担任训练指挥官。参训部队包括6个防空导弹群、8个基地防空队和防空导弹教导队。使用的训练器材为包括发射机、雷达等在内的"爱国者"防空导弹发射装置一套，便携式防空导弹发射装置一套。训练内容包括导弹实弹射击等相关的一系列活动，目的是检验部队的战斗能力，提高防空导弹部队、基地防空部队的遂行任务能力。基地防空部队从1986年开始在国内实施年度导弹射击训练，赴美训练为第2次。"爱国者"防空导弹部队赴美训练为第16次。

资料来源：

①日本《朝云》2005年1~12月；

②日本《翼》2005年1~12月；

③日本《航空情报》2005年1~12期。

（张洲军、刘明华）

军事演习 **陆上自卫队"联合转场演习"** 日本陆上自卫队从2005年开始停止实施"北方机动特别演习"，取而代之实施"联合转场演习"。该演习分两部分进行，即北方转场演习和南方转场演习，分陆上机动、海上机动及空中机动三部分。北方转场演习于6月21日至8月1日进行，由中部军区转场至北部军区，中部军区司令渡边元旦中将担任指挥官。其中，6月21日至7月5日为远程机动训练的往程训练，7月23日至8月1日为远程机动训练的返程训练；6月26日至7月22日在演习场实施养成训练。参训人员以中部军区第10师为主力，人员约4300名，车辆约1200辆，火炮20门，坦克19辆，飞机13架。南方转场演习分两次进行，第1次为6月12~29日，第2次为7月2~20日，由北部军区转场至东部军区，北部军区司令得田宪司中将担任指挥官。第1次参训人员以北部军区第5沿岸部署旅第6步兵团为主力，人员约260名，车辆约70辆，飞机1架。第2次参训人员以北部军区第11师第10步兵团为主力，人员约800名，车辆约170辆，飞机7架。

陆上自卫队"富士综合火力演习" "富士综合火力演习"于2005年8月27日在静冈县御殿场市东富士演习场举行。参演部队：富士教导旅、第1直升机旅、第1空降旅等，共计约2000人，出动坦克、装甲车60辆，各种火炮40门，飞机20架，其他车辆400辆。演习分两个阶段进行。第一阶段为各种火炮、坦克、导弹等的射击训练。第二阶段为演练各种攻击要领，其中包括直升机机降、侦察行动、对地面敌人的压制、向一线运送武器装备等。该演习每年举行一次，这是第47次。

海上自卫队指挥所演习 日本海上自卫队于2005年9月26~30日在海上自卫队干部学校举行2005年度海上自卫队指挥所演习。演习使用海上图演装置，演练从日本周边海域形势危急阶段开始的保卫日本所实施的海上各种作战等。参演部队：海上自卫队参谋部、自卫舰队、护卫舰队、航空集团、潜艇舰队和扫雷队群司令部以及各地方队司令部等约400人。演练的科目为上级指挥官的战场形势判断及部队运用等。

海上自卫队综合实兵演习 2005年度海上自卫队综合实兵演习于11月9~18日在日本海南部和北部、以及西南诸岛等日本周边海域举行。日本海上自卫队自卫舰队司令中岛荣一中将和美海军第7舰队司令莱恩少将分别担任演习指挥官。参演兵力：海上自卫队自卫舰队各级司令部、护卫舰队、潜艇舰队、扫雷队群、和各地方队，舰艇80余艘，飞机170架，人员约2.5万名；美海军第7舰队，舰艇约10艘。演习目的在于检验海上自卫队一年来的训练成果，提高部队应对"紧急事态"的各种海上作战能力。演练科目：舰艇编队航行、海上补给、信息战、水面战、反潜战、防空战等。

航空总队综合演习 2005年度日本航空总队综合演习（指挥所演习）于9月12~15日在以航空总队司令部（府中）为中心的各有关基地举行。日本航空自卫队航空总队司令田母神俊雄中将担任指挥官，航空支援集团、航空教育集团、航空开发实验集团及补给本部等共计约2600人参加。演习目的是在日本受到武力攻击前后，指挥参谋如何进行演练，提高航空总队的战时遂行任务的能力。

航空总队综合实兵演习 日本航空自卫队航空总

队于 2005 年 11 月 14~25 日在日本本土及其周边空域举行综合实兵演习。航空自卫队航空总队司令田母神俊雄中将担任演习指挥官。参演部队：航空总队、航空支援集团和航空系统通信队等，参演飞机 300 架。目的是通过实兵演练，对发生武力攻击事态时的应对要领，提高航空总队等遂行任务的能力。航空总队综合实兵演习始于 1969 年，每两年举行一次，这是第 23 次。

陆海空三自卫队综合防灾演习 在 2005 年 8 月 30 日至 9 月 5 日的日本防灾周期间，为在发生大规模震灾时实施迅速而有效的救援活动，日本防卫厅实施了陆海空三自卫队综合防灾演习。参加部队包括陆海空三自卫队队员约 1000 人、车辆约 155 辆、飞机约 55 架、舰艇 4 艘，实施内容包括以航空部队为主的部队集合、海上自卫队运输舰和航空自卫队飞机实施的部队运送、伤员运送、以及警察和消防队员等的运送。

日美陆军联合方面军级指挥所演习 日美陆军联合方面军级指挥所演习于 2005 年 1 月 21 日至 2 月 1 日在日本东千岁驻地举行。演习代号为“山樱 47”。日本陆上自卫队北部军区司令得田宪中将和美陆军第 1 军军长 J·M·德比克少将分别担任演习指挥官。参演部队有：日方陆上自卫队北部军区等部队、海上自卫队、航空自卫队、参谋长联席会议，约 3500 人；美方驻日美陆军司令部、陆军第 1 军（驻华盛顿州）、第 9 战区陆军战区司令部、第 3 海军陆战师等，共计约 1500 人。目的在于演练日美陆军按照各自的指挥系统实施联合作战时的方面军级以下的的指挥参谋活动。

7 月 6~15 日在美国夏威夷州谢夫特堡空军基地举行了第二次日美陆军联合方面军级指挥所演习。演习代号为“山樱 48”。

日美海军联合指挥所演习 2005 年 3 月 14~24 日，日美海军联合指挥所演习在美海军大学举行。参演部队有：日方海上自卫队参谋部、自卫舰队司令部、陆上自卫队参谋部、航空自卫队参谋部、航空自卫队航空支援集团、运用局训练课等，共计 30 人；美驻日海军、第 7 舰队、美海军大学等，共计 40 人。演习目的在于利用美国海军大学的图演装置演练日美海军为了保卫日本联合进行海上各种作战时的应对能力和指挥参谋活动。日美海军联合指挥所演习始于 1988 年，每年举行一次，本演习为第 17 次。

日美海军联合反潜特别训练 日美海军联合反潜特别训练于 2005 年 4 月 20~24 日在日本九州西方海域举行。日本潜艇舰队司令田村力中将及美海军第 7 潜艇群司令分别担任训练指挥官。日本海上自卫队 1 艘驱逐舰、1 艘潜艇、数架 P-3C 巡逻机及美海军 1 艘驱逐舰、1 艘潜艇和数架 P-3C 巡逻机参加了训练，训练中双方重点演练了反潜战。日美海军联合反潜特别训练始于 1957 年，本次训练为第 108 次。

2005 年第 109 次日美海军联合反潜特别训练于 10 月 3~8 日在日本冲绳周边海域举行。演练科目主要为反潜战、海上补给、相互移乘舰艇等。

日美海军联合扫雷特别训练 日美海军联合扫雷特别训练于 2005 年 2 月 15~27 日在日本周防滩海域举行。日本海上自卫队扫雷队群司令森田良行少将和美海军第 11 扫雷队司令凯宾·特卡利克海军中校分别任训练指挥官。参训兵力：日本海上自卫队 18 艘舰艇，飞机 19 架（11 架 P-3C 反潜巡逻机、4 架 MH-53E 扫雷直升机、4 架 SH-60J 反潜直升机）；美海军 2 艘扫雷舰、1 架 P-3C 反潜巡逻机、19 名水下处理队员。训练科目：布设水雷、水雷监视、水雷搜索、排除水雷和潜水训练等。布设水雷主要由扫雷母舰和 P-3C 巡逻机实施；水雷监视与排除主要由 MH-53E 扫雷直升机和水下处理队员实施。日美联合扫雷特别训练始于 1955 年，本次训练为第 75 次。2005 年 7 月 17~29 日，11 月 19~30 日，又分别进行了第 76 和 77 次日美海军联合扫雷特别训练。

日美空军“对抗北”联合演习 日美空军于 2005 年 11 月 4~16 日在日本航空自卫队府中基地、小松基地、三泽基地、入间基地、举行代号为“对抗北 06-1”联合演习。日本航空自卫队航空总队司令和美空军第 5 航空队司令分别担任演习指挥官。参演部队：日方航空自卫队航空总队司令部等各种飞机 22 架，美方第 5 航空队司令部等飞机 23 架。演练科目：防空战斗训练、战斗机战斗训练、空中加油训练等。演习中，美空军使用了航空自卫队的小松基地和入间基地，航空自卫队的 F-15 战斗机接受了美空军空中加油机的空中加油。此次演习的目的在于提高日美双方的技、战术水平及日美联合作战的能力。

日美空军“对抗北关岛 05”联合演习 日美空军“对抗北关岛 05”联合演习于 2005 年 7 月 4~30 日在美国关岛安德森空军基地及其周边空域举行。日方有 12 架飞机，240 人，美方有 12 架飞机参加了演习。演练科目：电子战环境下的防空战、战斗机格斗、二次起飞准备等。演习中，日本航空自卫队在距关岛东北偏北 350 海里的一个无人居住的小岛上首次实施实弹轰炸训练，其作战飞机向地面目标投掷了 500 磅的炸弹。目的在于提高日美空军的战术技术水平和应付各种突发事件和快速反应能力。本演习始于 1978 年，在关岛安德森空军基地举行是第 6 次（从 1999 年开始在关岛举行）。

日美空军“南海滨”联合演习 日美空军“南海滨”联合演习于 2005 年 6 月 30 至 7 月 8 日在日本那霸、嘉手纳基地和知念分基地、冲绳周边空域等举行。日方有 8 架战斗机；美方 10 架战斗机、1 架早期预警机参加了演习。演习科目：防空战斗、战斗机作战等。目的在于提高日美空军联合应对“西南有事”的作战能力。

航空自卫队参加“对抗雷”演习 航空自卫队第 3 次派战斗机和预警指挥机参加由美空军主持的“对抗雷”多国联合演习。演习于 2005 年 6 月 10~25 日在美国阿拉斯加州艾尔森空军基地和埃尔门多夫空军基地及其周边空域举行。航空自卫队派 6 架战斗机、1 架预警指挥机，人员 210 名。演习科目：日美联合防空作战、基地防空、战术运输等。目的是通过日美联合训练提高部队的战术技能及日美共同应对能力。“对抗雷”演习始于 1996 年，这是第 9 次。

日俄联合搜救演习 日俄海军联合搜索救难演习于 2005 年 6 月 10 日在俄罗斯海参崴举行。日本海上自卫队有 1 艘驱逐舰，2 架直升机，约 300 人；俄海军有 3 艘舰艇和 2 架飞机参加了演习。演习想定“那奴契卡”级导弹艇为遇难船，当 IL38 侦察机发现遇难目标后，日俄海军舰机进行联合救助。演练科目为通信、灭火、人员救助等。本演习为日俄联合搜索救难演习的第 7 次。

日韩联合搜救演习 日韩海军联合搜索救难演习于 2005 年 8 月 25~26 日在日本佐世保至对马西南海域举行。日本海上自卫队佐世保地方队第 23 护卫队群司令清原洋海军上校和韩国海军联合搜索救难演习分队司令李植久大校分别担任演习部队指挥官。参演部队：海上自卫队 2 艘护卫舰、1 艘支援舰、2 架 SH-60J 反潜直升机、1 架 P-3C 反潜巡逻机；韩国海军 2 艘驱逐舰、1 架 LYNX 型舰载直升机。主要训练科目为搜索救难，日本海上自卫队“天草”号多用途支援舰扮演遇难舰。这是近几年来日韩联合搜索救难的第 4 次演习。

参加防止杀伤性武器扩散多国联合演习 2005 年 8 月 15~19 日，日防卫厅派海上自卫队舰机参加在新加坡举行的名为“防止大规模杀伤性武器扩散构想”的多国联合演习，此次派出的舰机为驱逐舰“白根”号（约 300 人）及 2 架 P-3C 反潜巡逻机（约 40 人）。这是日本自卫队首次参加此类演习。演习以防止核生化武器等流向恐怖分子为目标，实施海上阻止、登船检查及各种机上训练。

参加多国联合海上演习 2005 年 5 月 21~22 日，日本海上自卫队派遣护卫舰队第 3 护卫队群第 7 护卫队多用途驱逐舰“濑户雾”号（直升机 1 架、人员 200 名）在新加坡周边海域参加由新加坡海军主持的西太平洋海军论坛多国联合海上演习。演练科目：战术运动训练、通信训练。目的是通过参加演习提高部队的各种技能，增进与主办国及参加演习的各国海军之间的信赖关系和相互理解。

资料来源：

①日本《朝云》2005 年 1~12 月；

②日本《翼》2005 年 1~12 月；

③日本《海自新闻》2005 年 1~12 月。

（张洲军）

韩国军队军事训练 2005 年是韩国实施《2001~2005 年度国防中期计划》的最后一年。为加强“自主国防”，韩军年内实施了各军种训练和与美等国的联合演练，陆、海、空军分别举行了针对性演练，着力提高了战斗准备态势和防护能力。主要情况如下：

陆军训练 **防灾难训练** 2005 年 1 月 14 日，韩陆军第 9 军实施了灾难对应指挥所移动演习。演习是在 2004 年底南亚地震海啸引发大规模生命财产损失后，对各种自然灾害灾难的研究和关注在全世界范围内升温的情况下举行的，旨在积极处置可能发生的暴雪等冬季灾害灾难情况，提高对应能力和探索将损失降低到最低限度的方案。

民防卫演习 2005 年 3 月 15 日，韩军和政府民防卫部门组织实施了第 342 次民防卫演习，旨在提高全民防卫意识，增强人民的国防概念，提高首都圈地区防空火力综合运用能力。演习由韩联合参谋本部组织实施，主要参演单位有韩陆军防空兵、韩空军战斗飞行团和政府民防卫部门等。主要演练科目有通信检查、情况传递、战机紧急出动、空中拦截、对空炮火打击、防灾训练等。

渡河训练 2005 年 5 月 4 日，韩陆军第 1 师所属部队在京畿道坡州市临津江一带，实施了类似实战的大规模渡河演练，确立了在任何恶劣条件下逢战必胜的战斗态势。此次演习使用了小艇、门桥、浮桥等渡河手段，投入 500 余名兵力实施了确保桥头堡的作战，达到了熟练作战遂行程序和检验与战斗支援部队间的协同作战能力的目的。

战术评价演习 2005 年 5 月 10 日，韩陆军第 9 师

"鬼怪部队"在作战地区和武建里训练场一带，实施了由支援、配属部队参加的为期6天的战术评价演习。演习以与陆军第25师"鸡龙部队"对抗的形式展开，主要目的是培养团级单位的战术能力，提高各级支援、配属部队的统合战斗遂行能力；主要内容有在发生渗透和局部挑衅的情况下，先后进行了占领盘查点及歼灭搜索、出动准备态势、占领据点等科目的演练；另外还进行了空中突袭、临津江渡河，以及由于敌方使用化学弹造成大量人员伤亡而进行死伤者处理，设置障碍物等平时受限科目的演练，大大提高了部队的战术能力。

应对局部挑衅训练　2005年6月9~10日，韩陆军特战司令部飞虎部队为培养部队应对局部挑衅和战时特殊作战的能力，在首都圈一带实施了酷似实战的演习。部队在汉城、京畿一带地域组织所属整个部队，实施了旅级战术训练，熟悉、培养了应对敌人局部挑衅和全面战争的全天候任务遂行能力。此次演习，实施了适合特战部队能力的综合部队指挥程序及战时转换步骤，隔离地区活动、空中渗透、侦察监视、目标打击等程序。培养、提高了各小组各种突发状况下有创意的、条件反射的作战计划施行能力，以及空中、陆上渗透能力。在实施战时作战计划施行训练中，通过特战综合中心的协调，各单位熟悉了特殊作战的遂行能力，极大地发挥了此次训练的效能。

防生化反恐演练　2005年8月23日下午，韩国军化生放防护司令部(位于首尔瑞草区内谷洞)举行了防生化反恐演练。演习假定，首尔大公园地铁站发现不明白色粉末，接到紧急报告后，司令部迅速向事发地点派出了韩国唯一的防生化反恐部队—第24化学特殊任务大队。大队15名队员冒着30度的高温，全副武装，迅速投入了战斗。8月24日，蔚山市实施了基础团体、军、警等36个有关机构及团体联合实施的产业基地应对恐怖演练。训练由各级机构共410余人参与，动员了军用直升机等68台装备，在产业基地实施了假想敌恐怖袭击、救出人质、人命救助、灭火等实际演练。11月3日、7日，韩国安全部门举行了联合反恐实战演习，以检验安全准备工作。1400名韩国士兵、警察和消防队员参加了3日的联合反恐实战演习，训练保护关键设施和外国政要的安全。

反渗透训练　2005年7月5~6日，韩陆军第39师秃鹫部队在南海岸某雷达基地实施了海岸反渗透联合演练。此次演练以师炮兵为主，海军、警察、特殊战斗部队联合参与。演习动用了一切可用监视装备，旨在培养对敌渗透手段的探测能力、熟悉实时运用综合火力能力、海上实力的运用及海上阻断能力。9月份，韩陆军第23、35师分别进行了同类演练。

海军训练　**陆海空联合反渗透训练**　2005年5月16~18日，韩陆、海、空军在江原道三陟市校洞和东海市大津洞、草邱洞、发翰洞、槐榈洞、胜地洞(音)一带沿海和内陆地区实施陆上协同演练，演习旨在提高应对敌海岸渗透作战能力。演练由陆军第1集团军司令部协调，陆军第23师具体组织实施，海、空军分别出动兵力进行支援。演练分两个阶段实施，第一阶段为海岸渗透应对协同演练，第二阶段为渗透和局部挑衅应对综合演练。演练科目有海上目标监视、兵力部署、陆海空协同、反潜、反渗透、搜索作战等。

独岛防御训练　2005年5月17日，韩海军在独岛西北方圆6海里的海域内实施独岛防御现场对应演习，海警等相关单位参加。演习以2004年9月制定的关于独岛"危机管理标准手册"为基础，明确相关部处和机关间的责任，检查手册的漏洞，并予以完善。此前的2004年5月份，日本极右翼团体企图登陆独岛，为此，韩国政府以国家安全保障会议为中心制定了危机管理标准手册。这一手册是国家安全委员会制订的应对300个可能危机局势手册中的一部分。国家安全委员会就政府在自然灾难管理中的协调和职责、与朝鲜发生军事冲突、发生针对韩国人的恐怖袭击事件和其他重大国家危机情况下发危机管理手册。

海警机动训练　2005年8月31日至9月2日，韩泰安海警进行为期3天舰艇演习。演习由8艘警备艇参加，主要演练应对中国渔船侵犯领海及偷渡、海洋事故等紧急事态的处理。演习最后一天实施了海上射击训练。

反恐训练　2005年10月13日，韩海洋水产部举行釜山港保障APEC峰会反恐联合模拟演习。演习参演单位有釜山海警、海军第3舰队、釜山庆南本部海关、港口消防署、法务部出入境管理事务所、釜山港口公社、釜山港码头管理公社。演习对象为"圣熙号"国际客轮，全部乘员601名。演习主要分五阶段进行：第一阶段接到船舶受到恐怖袭击的情报并向有关部门传达；第二阶段计划处置预案；第三阶段镇压恐怖分子并救出人质；第四阶段处置船内爆炸物；第五阶段：灭火并将伤员送往后方抢救。

空军训练　**联合化生放防护训练**　8月31日，韩空军第17飞行团与国军化生放防护司令部、陆军37师等3个部队共同举行了联合化生放防护演习。训练从下午3时发出敌飞毛腿导弹袭击第17战斗飞行团的警报令下达后开始实施。接到警报后，飞行团全体官兵迅速转移到安全的防空洞，空袭结束后，侦察组在跑道上发现了不明白色粉末。接到报告后,联合生物学侦察组,迅速投入污染地区进行各方面消毒。

首都圈防空训练　2005 年 11 月 16 日,韩军组织实施了首都圈防空训练,旨在检验并强化韩军在釜山 APEC 会议期间的全面防空警戒态势,提高韩军防空作战能力。演练由韩军联合参谋本部主持、协调,韩陆军第 3 集团军司令部、空军作战司令部联合组织实施,首都防卫司令部、第 1 防空炮兵旅,空军第 3 防空炮兵旅、空军第 10、20 战斗飞行团、第 30 防空管制团等单位参演。主要科目包括:空情监视、防空警报下达、空中管制、陆空联合防御、空中拦截等。

军事演习　**"护国 2005"演习**　11 月 2~8 日,韩军在境内及朝鲜半岛周边海空域组织实施了代号为"护国-2005"的诸兵种联合军事演习,演习由韩军参谋长联席会议主持、协调,陆、海、空军三军本部具体组织实施,旨在检验韩军诸军兵种合成作战和自主防卫能力,确立并完善对朝军事对应态势。主要演习科目有:地面攻防、反火力战、特种作战、联合反恐作战、电子战、登陆作战、导弹防御、核生化防御等。

花郎演习　5 月 9~13 日,韩军举行"花郎-2005 演习"。此次演习旨在熟悉战/平时京畿道和仁川地区民、官、军联合防卫作战程序,确立地区乡土防卫态势、提高居民安保意识的年例性演习,也是动员民、官、军、警等区域内所有国家防卫要素的综合性实际演习。此次演习以各市、区的相关责任地区为单位,旨在提高民、官、军统合防卫态势,提高战时动员计划能力。

太极演习　5 月 9~28 日,韩军举行了代号为"太极-2005"的指挥所计算机模拟演习,该演习为韩军单独实施的最高级别的指挥所演习。此次演习由韩国防部督导,韩军参联会负责协调,陆海空三军本部具体指挥。演习旨在熟悉战时作战指挥和危机管理转换程序,提高战时参联会作战指挥能力和诸军兵种部队联合防御作战遂行能力。该演习始于 1996 年,这是第 10 次。

军规模野外机动演习　2005 年 3 月 29 日,为期一周的韩军单独实施的大规模野外机动演习在京畿道一带展开,参演的共有两个军兵力。作为陆军野外机动演习的一环,陆军山岳部队(第 3 军)在京畿道骊州群梨浦大桥附近组织实施了大规模的渡河演练,包括坦克在内的数十辆车辆和兵力在宽 270 余米的江边集结。演练过程中投入的装备还包括"眼镜蛇"攻击直升机、拖船及浮桥架设装备等。

双龙演习　6 月 7~10 日,韩陆军第 62 师为检验部队有事时动员适应态势,培养战时任务遂行能力,在其驻扎地及前线作战计划地域,实施了"2005-双龙"演习。此次演习主要目的在于,验证战时动员运营计划和作战计划的实效性,培养部队增编、作战计划施行训练能力,熟悉分局面、分机能的情况处置程序,从而使部队进一步熟悉战时部队增编程序,大幅提高部队施行作战计划的能力。演习分三阶段进行,第一阶段,部队宣布进入准备态势,发布动员令;第二阶段,部队向前方作战地区移动,并依据作战地域的战术状况,实施了高强度职责遂行训练和作战计划施行训练;第三阶段,作为分部队实施的昼夜不间断战术、作战计划施行训练,各梯队分别进行了构筑防御阵地、防御作战间据点占领程序、战时编成、战斗准备等战术训练,炮兵还实施了实际火力射击综合火力运营训练,培养战时作战计划任务遂行能力。

"阿尔索伊/鹞鹰·2005"演习　请阅美军"军事演习栏"。

韩美联合陆战演习　2005 年 5 月 9~14 日,驻韩美军第 2 师同韩军第 9 师第 1 装甲旅举行了联合军事演习。这实际上是两个未来型作战师针对具备一定战斗力的假想敌进行的首次演习。演习的目的是为了对各部队接到命令直至完成任务能力进行评估,使官兵熟练掌握战斗技能。6 月 8~13 日举行了同类型第二次演习。

韩美联合舰船反潜演习　2005 年 2 月 12~18 日,美韩在日本海举行了"舰船反潜战备效能检查"演习,以提高其应对朝鲜潜艇侵犯时的作战能力。该演习是从 1994 年开始进行的每年例行训练,按照惯例,美国潜艇部队参与了此次演习。美国为及时应对朝核危机等朝鲜突变局势,将专门进行情报收集工作的 7000 吨级"洛杉矶"号核潜艇、"宙斯盾"驱逐舰等舰艇以及 P-3C 对潜警备艇投入到了此次演习之中。另外,韩国海军包括 4500 吨级驱逐舰"文武大王"号在内的 7 艘舰艇、潜艇以及直升机也参与了此次演习。

韩日联合海上演习　2005 年 8 月 27 日,韩国海军在济州岛东南海域,与日本实施了为期一周的韩日联合海上搜索、救助演习,"文武大王"号与"杨万春"号驱逐舰参与演习。在日海上自卫队组织实施的此次演习中,两国海军实施了遇难船只搜索机动、人员救助、海上消防等演练科目,进一步熟练了海上救助的程序。演练假定接到在韩日邻接海域发生海难事故,两国迅速出动开展救助活动。

韩新、韩俄海军联合演习　2005 年 5 月 4~12 日,韩国和新西兰的海空军举行了中断 6 年的海上巡逻机联合反潜演习。主要目的是通过与韩国保持军事、文化交流,进一步巩固两国同盟关系。本次演习包括了适应性演习、追踪演习、区域搜索、潜入搜索、自由攻防战、模拟潜艇(EMATT)追踪等演习。

9月22日，俄罗斯与韩国海防部队在符拉迪沃斯托克附近的“彼得大帝湾”举行了联合演习。俄罗斯方面派出“马尼奇茹尔”号巡逻舰、“滨海”号、“PSK 923”号、“PSK 286”号边防护卫舰参加此次演习。演习想定一艘满载乘客的民用船只在公海被武装恐怖分子劫持，俄韩两国军舰奉命包围船只。特种部队登船后扑灭大火并营救人质。

资料来源：

①韩国防部网站、电台、电视台 2005 年 1~12 月；

②韩国《国防日报》2005 年 1~12 月；

③韩国《东亚日报》2005 年 1~12 月。

（李　锐　任　永）

越南军队军事训练　2005 年，越南军队继续贯彻“基本、切实、牢固”的军事训练方针，重点针对担负的作战任务、现有武器装备和未来战争特点开展军事训练，旨在提高部队综合素质和实战能力。

陆军训练　年内，越陆军仍然按照计划分两个阶段组织年度军事训练工作，强调立足现有武器装备和传统打法，将山地作战的战术和技术训练结合起来，注重实兵操练，通过同步和深入训练提高部队的实战能力。第一阶段以单兵技能、分队技术和战术训练为主，重点强化官兵对现役武器装备的操控和对基础战术理论的运用能力。第二阶段以综合性演练为主，着重提高部队快速机动、连续作战能力。越陆军各部队 2005 年共举行团以上规模的各类演习 30 余次，主要演练了战备等级转换、战术攻防、打击低空目标、机动通信、紧急疏散、野战行军、实弹射击、反恐等科目。演习的特点：一是突出在北部地区的防御作战演习。驻越西北部地区的陆军部队先后在河江省北光县、老街省文盘县和奠边府省举行区域防御作战演习。驻越东北部地区的陆军部队先后在广宁省、谅山省和高平省复和、保乐县举行防御作战演习。二是重视反恐作战演习。越陆军重视举行以防范恐怖袭击为背景的演练，增强反恐作战能力。10月下旬，越陆军与公安部、交通运输部、南方航空局、胡志明市联合在新山一机场举行了 2005 年最大规模的反恐作战演习；11月上旬，越陆军又在谅山省长定县举行以反恐防暴为主要科目的演习。

海军训练　2005 年，越海军在加强基础科目训练的同时，注重实施综合演练，提高综合素质和整体作战能力。演练主要有三个特点：(一) 以北部和南部海域作战为背景。越海军认为，越南未来在海上面临的威胁主要来自北部和南部海域。因此，越海军非常重视举行以北部和南部海域作战为背景的演练。据统计，在各类演练中，有 80%的演练是在北部和南部海域举行的。其中，在北部海域举行的主要演练有：5月份，越海军舰艇和陆战部队在盖宝岛海域举行了登陆与抗登陆演习，主要演练了抢滩登陆、滩头抗击、工事构筑等科目；6月底至7月上旬，越海军舰艇、雷达、岸防导弹和工程部队在广宁省至义安省一带海域举行了防御作战演习，演习分指挥所推演、兵力集结及实兵演练 3 个阶段实施，这是近 3 年来越海军第二次在北部海域举行此类演习；10月中旬，越海军陆战部队在青邻岛海域举行了登陆作战实兵演习，主要科目包括兵力集结、人员换乘与输送、抢滩登陆、实弹射击、海区清理等。在南部海域举行的主要演练有：5月下旬，越海军数艘登陆舰、导弹艇、巡逻艇和运输船在秋岛海域及大卡特威克岛东北海上靶场举行的导弹攻击演练，演练分编队集结、导弹模拟攻击、导弹实弹攻击及编队回撤 4 个阶段实施；6月中旬，越海军部分舰船在南部沿海举行了机动通信、防空作战和抗登陆等演练；7月上、中旬，越海军多艘作战舰艇和军用运输船只在头顿外海举行了扫布雷演习，这是多年来越海军首次专门举行扫布雷演练。(二) 注重提高小型艇的机动和攻击能力。2005 年，越海军共组织导弹艇、鱼雷艇、巡逻艇、登陆艇等小型艇 60 余艘次进行 10 多次大小规模不等的训练和演习，演练次数及小型艇出动量占越海军各类演训活动和舰艇出动量的 60%以上。在演练中，越海军特别突出了小型艇的导弹、鱼雷攻击和火炮射击等实战科目。其中，5月下旬在秋岛及大卡特威克岛海域举行的导弹攻击演练中，越海军组织多艘“毒蜘蛛”级导弹艇重点演练了编队航渡、艇岛协同、抢滩登陆、人员疏散、伪装防御、海上防空、导弹及火炮攻击等科目。6月底至7月上旬在广宁省至义安省一带海域举行的防御作战演习中，越海军出动 20 余艘鱼雷艇、登陆艇和巡逻艇实施了战备转级、战斗动员、编队集结与疏散、海上搜救、导弹和鱼雷攻击、火炮射击、抗登陆和防空作战等科目演练。(三) 重视水上特工部队演练。一是 9 月中旬组织部分水上特工部队人员与数艘舰船在北部湾进行了联合演练，主要科目有武装泅渡、蛙人袭击锚泊船只等，着重提高特工人员海上适应能力及其与舰船协同作战能力。二是加强了水上特工部队新兵基础和专业训练。其中，基础训练包括条令、单兵战术动作等；专业训练主要内容有游泳、潜伏战术，攻击战术，防御和阻击战术，战场救护等。水上特工部队针对其主要担负破坏敌舰船任务，重点训练水面袭击战术和技术，同时对游泳和潜水的要求也很高，每人每次要游1万米以上，潜游30米以上，潜深5米以下。

防空—空军训练 2005年，越防空—空军积极开展基础性技术和实战科目训练以及多机种合练，旨在提高防空作战能力，特别是支援海上作战和多机种协同作战能力。其中，航空兵部队大力加强基础性技术科目训练，以巩固基本飞行技术。米格-21、苏-22、苏-27型战机实施基础科目训飞架次占总训飞架次的60%，主要训练科目有穿云、空域、编队、起落、航线等，目的是熟悉机场、空域环境。在基础训练中，重视组织新装备飞机训练。年内，为使新引进的4架苏-30型战机和2架M-28型海上巡逻机早日形成战斗力，航空兵部队积极组织其进行基础飞行训练。其中，苏-30型战机于3月份开始在南部地区进行起降、本场、空域飞行训练。M-28型机于1~5月在北部和南部地区进行飞行训练。同时，注重实施各种条件下的作战科目训练，以提高各型战机的实战能力。在实战科目训练中，主要突出了五个方面：第一，突出了中低空拦截、空地对（海）攻击、空战科目训练，参加这些科目训练的飞机出动量约占总训飞量的30%。第二，突出了支援海上作战训练。以熟悉海上战场环境，提高支援海上作战能力。一是组织米格-21型战机连续在北部海域进行了为期3个月的海上训练，主要训练科目包括海上长途飞行、海上编队飞行、海上目标拦截与攻击等。二是频繁派出苏-22、苏-27、卡-28等型机赴中部和南部海域进行海上作战训练，主要科目有对海攻击、海上拦截、海上空中侦察和反潜等；尤其是苏-22型机海上训飞出动量占其训飞总出动量的50%以上。三是多次组织安-26、安-2型机赴北部湾实施空中训飞。四是首次派出新引进的海上巡逻机赴南部海域进行了起降和适应性训练。第三，突出了新战法训练。在原有拦截战法的基础上，创新了轮番拦截战法的演练，以提高空中拦截效率。9月上旬，航空兵部队组织米格-21型战机在战斗巡逻中实施了拦截训练，这是首次在战巡中复合其它科目。第四，突出了地面模拟防空演练。年内，航空兵部队多次组织实施地面模拟防空演练，主要科目包括防空警戒、战备等级转进、目标识别、编队出击、拦截攻击、迫降不明机等。第五，突出了多机种合练。防空兵部队为增强训练的实战性，积极组织主力战机间的异型机对抗演练和双机在不同频率引导下的对抗演练，提高指挥员在多机种协同作战中的指挥水平及部队的实战能力。防空兵部队在积极开展夜间训练、高科技武器使用训练的同时，重点实施了复杂条件下作战训练，主要科目包括战备转级，防空警戒，阵地伪装，侦察与反侦察，通信协同，电子干扰与抗干扰，搜索、识别、跟踪和歼灭空中目标，地空导弹攻击和高炮射击，防生化袭击等。

诸军种联合演练 2005年，由于训练经费短缺，越军全年仅举行4次诸军种联合演练，以提高协同作战能力。其中，6月底，越海军与防空—空军在北部沿海举行了协同作战演习，主要演练了战备等级转换、兵力集结、指挥所部署、防空作战、导弹和鱼雷攻击、抗登陆等科目；8月中旬和10月下旬，越海军与防空—空军先后在吉婆岛、富国岛海域举行了协同搜救演习；10月底，越陆军、海军和防空—空军等在南部地区举行了较大规模联合防御作战演习。

提高军事训练质量 2005年，越军采取一系列措施提高军事训练质量。(一)提出军事训练要求。年初，越军副总参谋长阮辉效对全军年度军事训练工作做了统一部署，并提出了明确要求：把军事训练工作作为经常性的中心任务来抓，要注重按照“以少胜多、以弱胜强、以现代化程度不高的武器装备打赢现代化程度较高的武器装备”的传统战法进行训练，切实提高战术、技术水平和战斗力。(二)做好训前准备。为保证军事训练顺利进行和取得好的效果，越军各部队在训练正式开始前进行了充分准备：开展训前动员，使全体官兵明确军事训练方针、任务和要求；举办各类干部集训班，提高他们组织指挥军事训练的能力；整修训练场，维修训练器材，制作训练模具。(三)加强对训练的检查和指导。越军要求各部队对军事训练情况进行定期或突击检查，尤其是团、营、连主官要保证每日有50%的时间在训练场指导部队训练。(四)进行考核和验收。每个阶段训练结束前，越军对各部队训练情况进行考核和验收。(五)总结军事训练工作。12月下旬，越军总参谋部召开军事训练工作会议，总结2005年军事训练情况。会议认为，越军各部队认真贯彻总参提出的训练方针和要求，不仅按时完成了训练任务，而且取得了较好的训练效果。特别是海军和防空—空军的一些训练科目100%达标，75%以上优良。

资料来源：

越南《人民军队报》、《全民国防》2005年。

（钟学良）

印度军队军事训练 **综述** 2005年，印军结合未来战争特点以及自身军队现代化建设情况，从提高军队人员素质和战斗力出发，加强训练工作和演习活动。

在训练方面，印军突出进行了以下训练活动：(一)反恐作战训练。印陆军加强了同准军事部队和警察部队的联合反恐作战训练，在各邦设立了训练中心，开设了各类型反恐作战训练课程。同时，加强了与外军的联合反恐作战训练。年内，印军先后与不丹、美国、乌干达、尼泊尔和斯里兰卡等国举行了联合反恐作战训练，旨在提高自身的反恐作战能力。(二)核生化骨干培训。印军从立足于打核生化战争的要求出发，开设了核生化武器灾害处理训练课，积极演练核生化救灾援助，提高印军在核生化威胁下的快速应对能力。(三)野外生存训练。为训练部队在特殊条件下的应变和生存能力，印陆、海、空三军及准军事部队开展了多种形式的探险训练活动，如长途跋涉探险、摩托车长途探险、自行车骑游探险、登山探险、急流木筏探险等，其中尤以跋涉探险为主要内容，主要目的在于培养官兵的团队精神以及克服困难的自信心，增强心理承受能力。(四)指挥官培训。为提高军官的管理、指挥和决策能力，印军为各级军官开设了指挥、管理培训课程，定期对各级军官进行轮训。

在演习方面，印军为提高部队整体作战水平，频繁举行各类军事演习。主要情况是：(一)重视提高联合作战能力。印军为提高陆、海、空三军的协同作战能力，明显加强了陆空联合演习、海空联合演习及三军联合演习，演练科目有攻击对抗、侦察预警、通讯保障和后勤补给等。(二)注重新式武器的运用。印军将近年来引进、研制的高技术武器投入演习，在模拟战场环境中检验其各项作战性能。(三)注重提高部队反恐作战能力。印军将反恐作战作为2005年军事演练的重点内容，在各种演习训练中明显加大反恐、反生化武器和搜索救援等科目演练。(四)注重与外军的联合演习。为应对世界上日益增多的恐怖活动，印军与美、法、俄、等国军队举行的联合军事演习约占全年演习总数的40%，比2004年增加30%。通过联合演习，印军不仅促进了与外军的交流，同时也向周边国家展示了军事实力。

印度、新加坡陆军联合演习　2005年2月中旬，印度和新加坡陆军的炮兵及装甲部队在新德里东南约400公里的巴比纳野外射击场、孟买东北约200公里的戴维拉里野外射击场举行联合演习。演习目的是密切两军关系，提升协同作战能力。

印度、新加坡联合反潜作战演习　2005年2月24日至3月5日，印度和新加坡海军在南中国海海域举行联合反潜作战演习。印海军“高马提”号护卫舰、“科拉”号导弹护卫舰等6艘舰艇，新加坡海军“首领”号潜艇、“勇敢”号和“复仇”号导弹护卫舰等5艘舰艇参加了演习。

印、法“宇宙神-2005”海军联合演习　2月27日至3月7日，印度和法国海军在印度西海岸科钦附近海域举行代号为“宇宙神-2005”的海军联合演习。印海军“科兹科达”号、“卡努诺尔”号和“库达罗乐”号扫雷艇，法海军“猎户”号、“鹰”号扫雷艇及“卢瓦尔河”号扫雷指挥舰参加了演习。演习分为两个阶段进行，第一阶段为水上阶段，主要进行海上排雷，演习中成立了由双方海军潜水员共同组成的水下爆炸物处理小组，采用了遥控猎雷器、激光探测系统和新型声纳等先进技术与装备；第二阶段为港口阶段，参演的印法两国海军人员除进行训练及专业讨论外，法方人员还参观了印度海军设在科钦港的潜水学校、反潜艇作战学校等基础设施，并参加了一些体育和社会活动。

印、英“翡翠贡”联合指挥所演习　2005年3月6~21日，印英空军在海德拉巴印度国防管理学院举行代号为“翡翠贡”的联合指挥所演习。此次演习属于研讨性质的无实兵战术演习，58名印度军官和48名英国军官参演。演习模拟印、英两国部队执行联合国维和任务，为受冲突国家提供人道主义救援，旨在提高印英两国部队在国际维和行动中处置紧急事件的能力，检验未来发生地区冲突时两国的战略应变措施。

印、美“易洛魁平衡操练”联合军事演习　2005年5月中下旬，印度和美国特种部队在印国防管理学院联合举行代号为“易洛魁平衡操练”的军事演习。印度伞兵突击队和准军事部队的150名官兵，美太平洋总部特种部队180名官兵参加了演习。

印、法空军联合演习　2005年6月15~30日，印度和法国空军在法国伊斯特尔空军基地联合举行代号为“揭路荼-Ⅱ”的演习。印空军参演兵力包括：6架苏-30战斗机、4架空中预警机、1架伊尔-78空中加油机、1架伊尔-76运输机，以及120名飞行人员和工程技术人员；法国空军参演兵力包括：5架幻影-2000C战斗机和1架KC-135加油机等。演习科目包括空中格斗、空中加油、超视距作战等。演习旨在进一步加强印法空军的交流，促进两国军队的关系，同时提高两国空军的超视距作战和空中加油能力。

印、美“战争研究-05”联合演习　9月5~30日，印美两国特种部队在美国阿拉斯加和印反叛乱与丛林作战学校联合举行代号为“战争研究-05”的演习。演习分两个阶段：第一阶段（9月5~11日）在阿拉斯加举行，印第6伞兵营和第21伞兵营派员赴美参加了演习；第二阶段（9月12~30日）在印反叛乱与丛林作战学校举行，印反叛乱与丛林作战学校学员及美方特种部队人员共同参加了演习。演习科目包括：协同作战、熟悉地形、丛林求生、丛林地带反叛乱等。

印、美海军联合军事演习 9月23日至10月4日，印美两国海军在印度西海岸的果阿及其附近海域联合举行代号为"马拉巴尔-05"的演习。印海军参演兵力包括："维拉特"号航母、"迈索尔"号导弹驱逐舰、"戈达瓦里"号和"戈马蒂"号导弹护卫舰、"尚考尔"号潜艇、"阿迪亚"号油船及反潜直升机等；美海军参演兵力包括："尼米兹"号航母、"宙斯盾"驱逐舰、"洛杉矶"级核潜艇及P-3C侦察机。演习科目包括：远程搜救、反潜作战、海洋控制、舰队防空、水面射击、海上拦截、人员和装备运送等。

印俄海军联合演习 10月10~20日，印俄两国海军在印度拉贾斯坦邦和维沙卡帕特南附近海域举行了代号为"因陀罗·05"的联合演习。此次演习由俄印两国国防部联合策划，两国海军总司令部负责组织协调。演习设想俄印海军联合舰艇编队航行途中在印度洋海域遭到"敌"航空母舰作战舰艇编队的攻击，遂紧急实施联合防御作战，对"敌"航母和潜艇等目标进行打击。最终击溃进攻之"敌"，消除威胁。演习旨在巩固俄印两国的传统军事合作关系，并进而加强两国的战略伙伴关系。

印、法海军联合演习 2005年11月，印度和法国海军在非洲好望角联合举行代号为"秩序维护者-IV"的军事演习。法国海军"戴高乐"号核动力航母和驻扎在吉布提的核潜艇，印度海军的"德里级"导弹驱逐舰和支援舰参加了演习。

（刘温国）

以色列军队军事训练 《外国军事学术》2005年第9期邓一非、孙春林、李建坡报道，在四次中东战争中，以军在人数处于劣势的情况下均获得胜利。探究获胜的原因，其中，通过军事训练强调激发昂扬的战斗精神，无疑是赢得战争胜利的关键因素。其特点主要有6个：

注重集体价值观的确立。千年亡国游离之苦产生的爱国之情深入人心，形成了以色列人团结协作、步调一致的集体主义价值观。以军认为，这种价值观是战斗精神的决定性因素，其中，集体意识作为以军的核心价值观已深深植入其作战原则。

以军认为，战斗精神是指团队成员完成团队被赋予的任务时的积极性和持续性，是集体意识的一种表现。集体意识是指为保持己方战斗意志，履行对集体和任务的承诺，按特定方式组合而成的聚合力。而且，集体意识不仅能够强化团队士气，还是"战斗中阻止精神崩溃的有效方法和英勇行为的'助推器'"。

注重团队凝聚力的锻造。以军自组建以来，就以高昂的战斗精神和战斗效力著称，这主要是源于其一贯的专业精神及其日常训练所形成并保持下来的凝聚力。在新兵训练期间，以军就制定出相当全面的教育计划。这些计划一般还包括参观文化遗址、古战场、博物馆、战史馆、部队荣誉室和烈士纪念碑等。新兵训练通常以长途行军或急行军而告终，并在传统的结束仪式上颁发各师相互区别的制服和贝雷帽，既强化了团队凝聚力，又营造了竞争的氛围，提高了整个军队履行任务的标准。服役期间，特别强调增强官兵之间、成员之间的凝聚力，即使没有形成手足之情也保持着超乎寻常的友谊，尤其是在战争持续的时间越来越短的情况下，相互沟通对形成团队凝聚力就显得更加重要。"作战能力强的集体，指挥官和下属在上班和下班时都是朋友"。

这种团队凝聚力在战斗中会创造持续饱满的战斗精神，因为每个战士的基本目的就是不让集体中的其他人倒下。士兵们有时甘愿牺牲并非为了抽象的荣誉，而是他们认识到如果他们逃离当时的位置，就可能将同伴暴露于更加危险的境地。因此，这种对集体的忠诚才是凝聚力的本质。

注重军官感召力的提升。以军将作战视为"建立在集体行动、合作和互相支持基础上的社会行为"，并认为具备专业水平和领导才能的军官，在逆境中所展示的勇敢精神和个人品质将大大缓解战士的紧张情绪，激发集体士气。在战场上，各级军官奉行的口号是"跟我上"，而不是"给我冲"。

据统计，历次中东战争中，以色列军官阵亡的比例要远远高于士兵。据以军行为科学部对1200多名以军士兵进行的一项战备能力调查显示，士兵对军官的信任直接作用于战士的战斗精神和士气的激发。这种信任主要依赖于"军官的专业能力、作为信源的可信度和对下属的关注程度"，其核心是军官个人的感召力。

因此，以军要求连长应具备一些特殊品质和才能，比如"面对面实施领导的能力、正直的品质、以及营造军官与士兵间互相信任氛围的能力，并逐渐培养士兵对武器和战斗系统的信赖"等。为了适应频繁的战事，优秀军士成为以军军官的重要来源，因为军士的专业精神很重要，尤其是在作战小组、班和排的分队中，军士的使命感和追求卓越的精神为以军构成专业的中枢起着中坚作用，奠定了战斗精神所必需的基础。

以军认为，各级军官必须具备的另一个重要能力是为部属提供必要的战场信息。在实战中，对预期对手的战场情况进行必要的通报，不仅可大大降低未知因素所造成的紧张和恐惧，而且可以增强士兵的自信心，有助于激发战斗精神。通过加强协作，可以使敌人总是遇到“已经做好充分准备的战斗集体”。反之，相互隔绝和孤独将会削弱团队的整体合力。

以军强调关心部属是军官必须具备的能力，因为军官是远离前线的高层机构与执行任务的部属之间的关键性纽带。指挥官必须确信所赋予的任务不会无谓地危及到部属的生命，同时又能最大限度地完成。这些都要求指挥官要经常让部属感受到对他们身体和心理上真诚的关切。当指挥官给予部属足够的关心时，通常不需要管理和监督，部属就会更认真地执行任务，他们在战斗中生存的可能性将大大增加。同时，指挥官必须努力在平时共同的训练中得到士兵的信任，才能确保在实战中与士兵并肩作战时，使自己的决策与士兵的行为更加一致。

注重行动目的性的界定。以军认为:“个人行为方式、人本身固有的弱点、战争实施的局限性和不同的个性特征将影响并决定战斗的结果。”就单兵而言，明确的作战任务，也会促成以军保持高昂的士气和战斗精神。“任何士兵都有明确的目标、角色和值得信赖的原因。”士兵需要得到明确而切实的目标，而不是抽象的目标，才能保持高昂的战斗精神。

注重官兵自主性的发挥。确保士兵在军事行动中的自主性，对保持高昂的战斗精神是至关重要的，特别是在复杂的地形或城市中，需同时应付恐怖分子与平民时更是如此。军事分析家认为，“心理上严格地限制士兵自主权而导致任务失败，会使士兵失去他们对工作的自豪感。”因此，以军一贯强调通过强大的指挥系统支援下属并使其获得最大的战斗空间。由于以军官兵的专业精神和进取精神，有效防止了这些限制甚至过于灵活的作战准则所产生的消极影响。

注重官兵自信力的训练。以军认为，士兵的角色意识和自信是从所经受的全面训练中培养出来的，当然还包括从战斗和军事行动中获得的作战经验，这些都是以军几代人多方面努力的结果。无论对单兵还是集体，训练都是增加和保持士兵自信的重要因素，它使自信和团队凝聚力在执行军事行动前得以形成。在“战争迷雾”所产生的混乱中，严格的训练也防止了士兵失去军事技能和职责意识。因为“训练是一种适应”，使他们能够“在枪林弹雨、混乱不堪、半信半疑和同伴们普遍恐惧的情况下机械地执行任务”。因为“能力=知识×动机”，必备知识是他们“消灭敌人”的基本技能，高昂的战斗精神和知识的增加将带来强大的作战能力。

（耿文正）

英国空军训练　2005 年，英国空军采取一系列措施，调整训练体制，完善飞行员培训计划，加强基础设施建设，提高训练效果，以逐步实现“灵活机动、适应性强”的空军发展战略。

改革飞行训练方法　英国皇家空军培养高速喷气机飞行员分为四个阶段：初级、基础、高级飞行阶段和战术与武器训练阶段。飞行学员分为喷气机、多发机和旋翼机三个方向接受培训。

初级飞行阶段，由各大学航空中队负责实施，使用“导师”教练机。英空军经常尝试采用不同的飞行训练课程结构，通过反复实践，最终普遍认为初级飞行训练阶段是必要的，可以用最低的成本让驾驶该型教练机的飞行学员适应空中环境，习惯于通过随机接听无线电信号、体验基本飞行技巧以及操纵效应，同时尽可能快、尽可能省钱地确定训练风险。

基础飞行阶段，由第一飞行训练学院的第 72 中队和第 207 中队负责实施。飞行学员在完成初级飞行训练后按能力分组，只有最有潜力的高速喷气机飞行学员才被送往林顿奥行乌斯基地进行基础飞行训练。飞行学员在“图卡诺人”教练机上进行为期 40 周、120 小时的飞行训练，外加一周的救生训练。飞行学员通过飞机操作、低空领航和夜间飞行，学习和掌握各种驾驶技术和技能。通过训练课程的学员在进行高级训练之前被授予空军双翼飞行胸章。

高级飞行阶段，由第四飞行训练学院的第 208 中队负责实施。战术与武器训练阶段，由该院第 19 中队负责实施，使用“隼”T.1A 教练机。该学院被称作高速喷气机高级训练与战术单位，它将先前由各个分队进行的高级训练与战术武器训练结合起来。高级飞行训练分地面理论训练和飞行训练两个阶段。地面课程为期 6 周，包括飞机系统、领航、航空电子、气象学和航空动力。此外，还要在“隼”式模拟机上进行一系列极其严格的模拟飞行训练，从失速、螺旋、绕圈飞行、特技飞行到编队攻击地面目标，以及空中战斗机动。飞行训练阶段，学员在模拟机上飞行约67小时，然后转至第208中队再在模拟机上飞行36小时，课目包括：一般驾驶术、仪表飞行、密集编队、低空领航以及夜航，高潮是期末操纵测试。接着再到第19中队进行战术武器训练。学员以飞机作为武器平台，学习如何投弹、如何攻击地面目标的基本要领，以及空战和低空战术编队飞行的基本原理。该阶段以学员制定计划、发布简令以及带领双机出击结束，课目包括在“敌方”领土上进行低空模拟攻击，届时学员还要对教官驾驶的另一架“隼”式战机扮演敌机从上方突然攻击做出反应。这是对英空军训练系统战术意识和飞行能力的最高度集中检验。此外，学员还要学习全面救生课程，掌握各种野外生存和逃生技能。

高级飞行训练结束后，优秀飞行员被送往单座机部队，稍逊色的被派往双座机部队。之后，他们要在作战改装分队花费大约半年时间学习驾驶他们选择的前线战机。即使分到一线作战部队，这些新飞行员还需要进行武器使用训练、战术训练和各种演习为内容的部队训练，才能宣布具备作战能力，承担起一线的战备值勤任务。每年还要选出5名最优秀的飞行学员担任飞行教官。

英空军还在进一步研究调整训练体制的措施，力争2008年全面实行一体化的军事飞行训练体制，为部队输送更多的优秀飞行员。

拓宽飞行员培训渠道　英国国防部每年用于飞行员初级飞行训练的费用是30亿英镑，而用于高速喷气式飞机飞行员的训练费用大约600万英镑。为了拓宽飞行员培训渠道，节省开支，英国加入了“加拿大北约飞行训练”计划。该计划由来自5个北约国家（加拿大、丹麦、匈牙利、意大利和英国）的空军和一个非北约国家新加坡空军的飞行学员组成，它是通过一个被英国政府称为私人财政主动的机构提供资金。该项目旨在进行高速喷气式发动机飞行员、武器系统操作员、直升机和多发动机机组人员之间的三方训练。英国作为“加拿大北约飞行训练”计划成员的合同期限是2011年。

培训军官联合作战能力　英空军的基本教育理念是，一切为联合作战服务。目前，英空军的培训机制不断改革完善，由单一军种作战培训转向多兵种联合作战培训，由专项人才培养转向复合型人才培养。

（一）改革军官培训体制，突出联合训练　目前，英空军军官的培训体制主要分为：任命前培训，初级、高级、更高级指挥与参谋培训和皇家国防研究学院培训。军官任命前培训，主要由空军军官学院或皇家军事科学学院承担。三个级别的指挥与参谋培训由三军联合指挥与参谋学院承担，该院是在撤销三军各自指挥与参谋学院的基础上组建的。初级指挥与参谋培训即战术级培训，主要学习计划与实施战术部队的战斗；高级指挥与参谋培训，即战役级培训，主要学习计划与指挥战区战役及主要作战行动；高高级指挥与参谋培训，重点学习计划和分配资源，实现本国或多国安全目标。所有中高级指挥参谋军官必须进该院培训，熟悉联合作战要求，提高联合作战指挥能力。皇家国防研究学院主要培训高级军官，拓展其国防和国际安全知识，进一步提高战略谋划、领导、管理和交际能力。

（二）改革军官培训形式，增强联合作战意识　英空军非常注重学员能力的培养，一是强调学员的全球意识、战略眼光，培养学员具有从国家战略的高度和指挥官的眼光来观察和思考问题的意识以及做出正确决策的能力；二是进行反恐、防务、国际维和、危机干预等专题研究，培养学员处理国际军事问题的能力；三是组织学员进行以反恐、难民救助和维和行动为主的各种演习，培养学员的计划能力、现场指挥能力和在复杂环境下做出正确决策的素质与能力；四是重视交流意识和技巧训练，培养学员的口头和文字表达能力。

三军联合指挥与参谋学院的高级指挥与参谋培训班采取陆、海、空及文职学员混合编班，采用合-分-合的组训方式，合训时间约占70%。高高级指挥与参谋培训班则采用全程合训方式。这种方式，使三军军官之间加强相互了解和沟通，提高联合作战意识，掌握联合作战的基本理论和方法，增强联合作战计划和指挥能力，以便在未来联合作战指挥行动中，能够采取有效措施协调各军种的作战行动，保持联合行动的高度一致。

加强基础设施建设，提高训练效果　英军建成了6个设施先进的训练基地，英军的普格瓦训练基地，能够进行旅级规模的战役战术合练，年轮训量达到10万人次。现代化的军事训练基地，不仅可以模拟不同的战场环境，进行不同军兵种的战役战术对抗演习，而且可以借助计算机系统对演习做出科学评估。

资料来源：

①马来西亚《亚洲防务杂志》2005年1~2期；

②英国《空军月刊》2005年2月。

（王福玲）

军 事 后 勤

美国军队后勤　陆军后勤　**综述**　为推进新军事变革和适应全球范围反恐战争的需要，美军在2005年进一步调整其后勤战略，深化后勤改革，这些变化集中反映在新的《陆军战略计划指南》和《后勤转型路线图》的内容之中。《陆军战略计划指南》强调联合作战后勤保障能力，要求后勤人员能够在联合、跨部门和多国的战区提供补给链，制定新的作战后勤保障概念、政策和理论原则，来指导开放型战区配送型后勤，最终实现“门到门”的全资产可视化。《后勤转型路线图》则强调将各军种的后勤能力融合到一起。主要内容涉及到用户关系管理、供应商关系管理、商业系统现代化、分配计划拟制和管理、国家库存管理、基地调整和关闭计划、一体化数据环境的创建等。2005年，美陆军在后勤建设上采取的具体改革措施有：

完善陆军持续保障体制　美军2004年底建立了具有联合职能的战区持续保障部，它是由特遣部队后勤部发展而来的，目的是在对陆军地面部队实施保障中使其作战更加有效和更加有力。战区持续保障部将原来的军和战区后勤保障部的战役级职能合并，因而减少了指挥层次，发挥了灵活性。它可以全面地提供关键补给品（油料和弹药）的持续保障，加快补给速度。

加强后勤信息化建设　美军不断强化后勤信息化建设，陆军后勤部2005年提出了一个战斗勤务保障网络通信方案，此方案包括战斗勤务保障自动化信箱系统接口和一个极小孔径终端卫星通信天线，二者结合将提供较强的联络能力，使必要的保障数据和信息能在战场各后勤站点和工业基地之间流通，这方面的技术手段在“伊拉克自由”行动中经受了考验，现正配发给即将部署或向模块化转变的部队。后勤信息化改革最终将建立一个后勤信息网络把后勤人员联系起来，在这个网络中，保障人员能在共享的数据网络上实时地看到部队的需求，并能快速和准确地作出反应。

实现战区配送现代化　美军提出建立一个反应灵敏的配送系统以确保为陆军提供一个以配送为基础的持续保障进程。美军为一些关键的配送加强手段提供了经费，这些手段包括射频识别标签、物资装卸设备、联合精确空运系统、运输跟踪系统、现代化战术轮式车队和战区保障船等。实现无缝战区配送系统的另一关键是把自动识别技术与运输跟踪系统纳入配送过程，使每个平台都能起到传感器的作用。为达此目的，陆军正在把成熟的技术纳入目前的配送平台，使现代输送平台都具备卫星跟踪或双向通信能力。最后美军通过使用联合精确空运系统，目的是把资源从战略级直接送到分队级，从而减少或消除战区配送站点。

改进部队接收能力　建立快速接受部队的目的是使后勤能迅速而紧密衔接地将部队输送到战区，并立即为战斗部队提供保障。美军将努力做到在联合军事行动中同时进行兵力的部署、运用和保障，为了完成这一任务，美军一部分现有部队改造成能自我保障的战区开辟部队。这种部队能进入基于卫星的后勤信息网络，保持处在前往战区途中的人员、装备和物资的实时可见性，为到达战区的部队提供最初的保障，并为联合部队司令官执行接收部队作业。

建立一体化的补给链　一体化补给链，加上灵敏而可靠的配送系统，将使后勤人员具备给远征部队提供后勤保障所必需的快速性和精确性。美军正在建立一个有内聚力的、联合的、从顶层到底层的工序流程，具体地说就是为后勤企业信息系统绘制企业资源计划方案的后勤工序蓝图，来完整地审视补给链，使用户和提供保障者均可访问一个能显示补给管线和仓库货架上的库存情况的中心后勤数据库。初始的工作重点是将全资产可见性和运输途中可见性纳入企业资源计划体系。

研制后勤新装备　2005年，美军又陆续研制或开始研制一批先进的后勤装备，如新型“联合精确空投系统”、“海象”巨型空运飞行器、无人运输直升机、新型“斯马”卡车、未来作战服等。这些新装备和新技术都将为美军后勤现代化建设发挥重要作用。

增加国防预算　据英《简氏防务周刊》2005年2月15日报道，2005财年美国国防预算将增加近200亿美元，共4193亿美元。估计到2011财年将升到5000亿美元以上。它还不包括军事行动的追加款项，以及能源部花在核武器上的94亿美元。2006财年陆军总预算为986亿美元，比上年少3亿美元。预计追加经费是750亿美元，将分给军队，其中大部分会拨给陆军，用作人事和活动维持费用。

建立全寿命周期管理部 2005年初，陆军部采办、后勤与技术助理部长与陆军器材部部长之间达成的一份协议备忘录中提出：要通过在陆军器材部各下属单位和陆军采办、后勤与技术方面的各计划执行官之间建立密切关系的办法，改进和提高未来部队的持续保障水平和战备水平。该协议备忘录提出建立一些全寿命周期管理部对陆军器材部下属的航空与导弹部、通信电子部、联合弹药部、坦克机动车辆与军械部的工作与各个计划执行官现在执行的工作进行整合。

调整关闭过剩军事设施 美国国防部长拉姆斯菲尔德2004年3月向国会递交了一份兵力结构计划和基础设施清单，这标志着为2005年安排的基地调整与关闭进程迈出了重要的一步。在这份报告中，国防部估计其基础设施有24%属于多余能力。就各军种而言，陆军的多余能力最大，占其基础设施的29%。其他军种和勤务的多余能力分别为：海军21%，空军24%，国防后勤局17%。多余能力的估计以下述两点为依据：第一，兵力结构计划（经参谋长联席会议为2009财年批准的计划）中已确定的部队对基础设施的需要量；第二，各军种部和国防后勤局所作的基地能力评估。国防部必须在2005年5月向一个独立委员会递交其基地调整与关闭建议。2005年基地调整与其他4次完成的时间分别是1988年、1991年、1993年和1995年。2006年的基地调整与关闭到2011财年完成。

改组驻欧和驻伊后勤机构 2005年9~10月，陆军器材部已将欧洲的5个战斗装备单位重新设计成野战保障单位，并在伊拉克新建1个野战保障旅及其1个下属的野战保障营。这两支野战保障部队已于6月1日的仪式上正式命名：原先的陆军器材部驻伊拉克的后勤保障部队被更名为陆军驻伊拉克的野战保障旅；原先的陆军器材部驻伊拉克战区的装备保障机构更名为陆军驻伊拉克的野战保障营。陆军器材部部长本杰明·S·格里芬上将说，这两支新的旅级和营级部队能够快速地做出反应并迅速地把后勤力量投送到联合部队要求的任何地方。同年5月24日，在德国塞肯海姆哈蒙德兵营举行的另外一次仪式将驻扎在意大利里窝那、卢森堡贝唐堡、荷兰艾赫尔斯霍芬和英格兰海斯4个战斗装备保障营更名为野战保障营，它们隶属于美国驻欧洲的陆军野战保障旅指挥，同时将驻扎在德国莱茵军械兵营的战斗装备基地更名为野战保障连。以上这些新的部队经整编将更有助于向远征部队提供有效的后勤保障。

审查军事采购项目 据美《航宇日报》2005年6月27日报道，五角大楼组建了一个由军地高级专家组成的名为“国防采办性能评估”专门委员会，负责对国防部和各军种的武器装备采办过程进行审查。2005年11月份，该委员会将提交国防部和国会一份审核结果报告及改革建议。此次审查是根据军事采购活动中出现的一些问题而展开的。美国政府责任办公室在6月24日公布的一份报告中，认为“不断变化的要求、不成熟的技术和其他因素，要求对军队现行采办机制进行改革，过去几十年的大多数采购项目超出预算，采购效益不高。”美国国会和国防部领导人极为关注军事采购项目及其采办过程，对此次审查的具体内容、组织机构、决策方法和监督形式等，都进行了具体部署。

扩建前进物资储存仓库 2004年秋季，美军国防后勤局在科威特开设了它的第5座储存有7000种物资的前进物资储存仓库。到2005年年底，该仓库储存的物资还将增加4万余种。在科威特建立这座仓库，是为了增大国防后勤局在西南亚地区的存在力度，尽量节省美国及其盟国在伊拉克战争结束后的维持费用。美军国防后勤局还分别在夏威夷的珍珠港、德国的盖墨斯海姆、意大利的舒戈内和日本的横须贺建立有前进物资储存仓库。国防后勤局还计划在关岛和韩国再建立两座前进仓库。

整合后勤信息系统 2005年，美陆军后勤部研制出最新的4.2式版本全球战斗保障系统，它将整合后勤公共相关作业图像的功能。该系统的运用可以使联合特遣部队指挥官界定急需补给品的阈值，并能随时监视其阈值的变化。后勤公共相关作业图像是由美国联合部队司令部后勤转型参谋处开发出来的原型监视板。它能够帮助指挥官监控部队所急需资产的变化情况。监视板得以运用是由于美国联合部队司令部和全球战斗保障系统作战司令部/联合特遣部队计划管理办公室之间达成的协议。

改进智能公路与铁路信息服务器 据《外军后勤信息》2005年第3期报道，军交管理司令部运输工程局的文职工程师们对原有的一种基于网络的计算机信息系统进行了技术改造，虽然该系统仍使用“智能公路与铁路信息服务器”的名称，不过其覆盖面已发展为大大超出了这一名称的含义。它实际上已成为军交管理司令部用来实现全资产可见性的系统，使用者通过点击鼠标就可以跟踪运输中的装备和补给品，从其出发点一直跟踪到全球任何地方的交付点。

该系统首先是在美国中央司令部的责任区使用的，它将逐渐扩大到各联合司令部的责任区，直到最后成为一个全球的系统。

开发自动识别技术　据《外军后勤信息》2005 年第 3 期报道，马萨诸塞州技术研究所自动识别中心正在开发新一代的射频识别技术。自动识别将提供实时的全球资产可见性，无需再进行人工计算。最终将缩小补给链的规模和减少相关费用。在加州圣约昆配送仓库进行了国防部首次自动识别技术演示，将模拟如何跟踪口粮从装配线或仓库前送到战场的直保或全保补给所，再分配到各部队的流程。这次演示的结果和从中学到的经验教训将有助于为国防后勤局拟议中的 2005 年技术演示先进理念确定一个框架。虽然演示所用的产品是战斗口粮，但任何军用物资，包括弹药和备件，都可按此计划进行跟踪，以帮助作战人员在需要的时刻获得他们所需的物品。

开发新“财产登记簿部队补给系统”　据《外军后勤信息》2005 年第 4 期报道，陆军器材部后勤保障局开发的“财产登记簿部队补给系统 (增补版)” (以下简称“新系统”) 软件，能查出由财产登记军官予以纠正的误差，并使陆军所有主要补给品和某些次要补给品具有可见性。它是由后勤保障局代替“陆军全球战斗保障系统”的计划经理予以完成的。以网络为基础的新系统强化了当今陆军办理业务的方式。该系统不仅提高了财产的可核算性和数据的完整性，还消除了“扩大的连续平衡系统”提出报表和“特殊补给品跟踪系统”进行对账的必要性。新系统对序列号码跟踪、机动计划和国家级的再分配给予了充分的支持。有 3000 多个部队识别码已经由标准财产登记系统 (修订版) 转入新系统。以网络为基础的新系统在 2006 年 9 月 30 日以前配发到现役陆军、陆军国民警卫队和陆军后备队的所有部队。

列装新型空投引导系统　据美《勇士》杂志 2004 年 9~10 月号报道，美军的新型“夏尔巴”降落伞空投引导系统将于 2008 年或者 2009 年正式签订生产合同。该系统任务计划简单、配备索具容易、操作方便。任务计划人员可根据空投点风速、空投高度、配备全套索具后货物重量和预定空投地点设计空投路线。这些系统可以通过程序，实现在一个或多个地点着陆，保证作战人员接收到补给，同时也使飞机免于暴露在敌人火力之下。

开发新型“斯马”卡车　据美《武装部队》杂志 2005 年第 1 期报道,“斯马”卡车计划的目的是开发一系列可以装配到任何一种车辆上的模块式部件，比如装在“悍马”车或者其他任何军用车辆上。“斯马”型卡车是对“Chevy Silverado 2500”型高功率重型卡车内部和外部进行改装的多用途卡车。降低了车高，车体加长至 27 英尺，增加了第三个车桥并研制了新的能够承受 1 万磅重有效负荷的平板车厢。这种卡车装配 37 英寸宽的轮胎，6×6 全轮驱动，并安装了以下 4 种集成模块：动力；30 英尺长可伸缩的光电天线，其上带有可监视 3 公里范围的集成高精度摄像镜头。武器发射平台装备“发射后就不用管”的“麻雀”光学制导导弹。与内部通信联络系统集成的卫星通信模块。未来的模块还包括有水净化装置模块、人员和装备运载模块、环形照明模块、12.7 毫米机枪模块、生化检测模块和无人机模块，所有这些装备均可在卡车驾驶室内进行控制。

研制无人驾驶运输直升机　据日《丸》杂志 2005 年第 9 期报道，美陆军已着手研制无人驾驶运输直升机，目的是对在遥远地区行动的小规模部队实施物资补给与伤病员后送。海军陆战队也制定有同样的计划，其设想是在特种作战部队潜入敌纵深行动时，与建立海上基地的构想相配合，研发以分队以下作战单位为对象的无人驾驶运输直升机。美陆军正在研制的是用于对特种作战部队的最小单位的班 (12 人) 实施补给的无人驾驶直升机。作为初步目标，美陆军特种部队航空部门 (第 160 特种航空团) 追求的是载重 450 公斤、前送距离 750 公里的无人驾驶直升机，包括完备的训练设施。

运用新技术研制未来作战服　2005 年初，在美国第 24 届陆军科学会议上，纳蒂克士兵中心展示了由其研制的美陆军未来作战服。新型作战服大量运用了最新技术和新材料。一是贴身衣服所用的黑色纤维采用了纳米技术，士兵穿着这种衣服能尽快适应各种作战环境。二是头盔上采用了视频技术和虚拟现实技术，可以将士兵周围环境的地图投射到头盔护目镜上，引导士兵在战场上行动。三是作战服所用的纤维内织有热传感器，可控制作战服内部温度。士兵背部有随身携带的呼吸器持续供应新鲜空气，这样士兵就不需要戴防毒面具。四是未来作战服从腰部往下使用了外骨骼系统，士兵能够携带其体重 2 倍或 3 倍的负荷，通过增强肌肉技术提高士兵力量，使他们感觉这些负荷与其体重相当。

改进防弹衣　2005 年，美国防部根据伊拉克作战的经验，正在对其最新型“拦截者”防弹衣进行改进，以增大其防护面积。这种称作“三角肌和腋窝防护装备”的防弹衣，已经交给在伊拉克作战的美军试穿。“拦截者”防弹衣包括一个增加了轻武器保护插片的外部战术背心。这种背心重3.8公斤，能够阻挡炮弹破片和9毫米枪弹。增加了轻武器保护插片后，整个“拦截者”防弹衣的重量仅为7.45公斤，而其防护能力却大大提升，能够抵挡多种轻武器的攻击。附带的咽喉和腹股沟保护装置也增大了防弹衣的防护面积。

恢复“针对性加薪” 自从1999年以来，美国五角大楼每年都推出所谓“有针对性的工资”，使中、高级士兵以及某些中级军官的工资获得高于平均水平的增长。从2000年到2004年有针对性地加薪，使军人的收入增长了25%以上，针对的主要是有经验的中层军事人员，鼓励他们留在军队而不到地方去另找工作。所有的军人，从最底层的新兵到最高层的上将，按照同样的比例涨薪，这本是一个延续了20年的传统，而“针对性加薪”则是对这一传统的突破。国防部想在2005年度继续推行“针对性加薪”，遭到白宫的反对。但五角大楼并不准备从此停止“针对性加薪”。一年的暂停让官员们得以评估过去5年积极的针对性加薪所取得的成果，它使军士和准尉的年收入增长了10%之多。高级军官和初级士兵的工资增长与通货膨胀涨幅持平。除了针对性加薪，职业士兵的工资也可通过其他方式来提高。比如对官员们可以采用专门奖金或新任职务奖励工资来增加其月收入，而不必把额外加薪列入到基本工资表中去。2005年《国防授权法》简化了任职奖励工资。法律规定，每月支付1500美元，但实际数额要少一些，这笔工资预定付给那些有经验的军人，他们志愿履行艰难的职责或去艰苦地区。

提出军人家庭住房私有化 2005年，美陆军提出“军队住房私有化安排法”，即要求陆军同私有部门的开发商建立伙伴关系。他们有钱，也有管理和改善家庭住房的技术。结果就是：军人与其家属有了更好的居住条件。“住房社区安排”计划包括了84%的陆军住房，或34个军事设施的接近7.1万个住房单元，它们全部计划在2007年以前实现私有化。在有些营区，如得克萨斯州胡德堡、科罗拉多州卡尔松堡、华盛顿州刘易斯堡，以及马里兰州米德堡，军人家属已经开始迁入新居。新住房的特点包括：居住面积和存储面积扩大，房间里配有时髦家俱，住宅区有现场维修队和娱乐设施。

资料来源：

①美《陆军后勤》杂志2005年1~12期；

②英《防务新闻》杂志2005年1~12期。

（闫晓萍）

美军战略投送能力简介 《解放军报》2005年3月2日覃庆森、郭兆东报道，伊拉克战争中，美军强有力的战略投送成为其夺取胜利不可或缺的重要因素，也显示了现代化战争运输保障的战略地位和作用。美军战略投送能力及其特点突出表现在以下几个方面：

不断加强的战略投送能力。冷战结束后，美军为适应其全球战略的需要，十分重视战略投送能力建设，专门制定了海运、空运、预置“三位一体”的战略投送力量发展计划，在发展信息化作战能力的同时，大力发展战略运输能力。战略投送能力的提高，不仅使美军在全球“前沿存在”成为可能，而且使作战部队也得以精简，现役部队从1987年的217万人，减至现在的139万人，作战能力却较前有大幅度提升。伊拉克战争中，美军利用其全球战略运输能力，建立起跨越两个大洋的海上和空中运输走廊，先后出动167艘大型运输船和千余架各型军用运输机、加油机，在8个月内向海湾地区运送人员30多万、各类物资300多万吨、直升机700多架、坦克装甲车1500多辆和大量的武器装备。实践表明，美军能在伊战等近期几场局部战争中取胜，靠的不仅仅是其强大的信息战优势，同时也得益于其独一无二的战略投送能力。

统一的军事运输指挥体制。根据自身海外作战和驻军的特点，美军对战时交通运输的统一筹划十分重视，设有完善的便于统一组织筹划军事交通运输的领导机构。在总部一级设有专门的军事运输司令部，隶属于参谋长联席会议，负责对美军的战略机动和各联合司令部、特种司令部提供战略运输保障，对陆军的军事交通管理司令部、海军的军事海运司令部和空军的空中机动司令部的运输业务实施统一指挥。军事交通管理部，受陆军部和运输司令部的双重领导，主要负责全球交通管理和国防部运输工程；空中机动部，受空军部和运输司令部的双重领导，其主要任务是实施快速的全球机动和为三军提供持续的全球性战略空运和战术空运保障；军事海运部，基本任务是实施战略海运、直接舰队保障和特殊任务保障。其中战略海运通常包括部队装备、弹药、油料和其他补给品的运输等。战时，95%以上的装备与补给品和99%的油料需要依靠海运送达。此外，海外战区还专门设有联合军事运输委员会，统一组织实施和管理战区内陆、海、空三军的运输勤务。与此同时，美军战区以下各级都设有运输控制机构，负责统一组织和实施运输保障。

以海空运输为主的战略投送力量。美军之所以在战争中表现出很高的战略运输效能，得益于强大的保障实力。海上战略运输作为美军战略机动运输的重要组成部分，在近几场美军海外作战中，为前线美军的预先集结部署和应变调运提供了主要运输保障渠道。

据 2003 年 3 月统计，海运司令部所辖主要运输舰船共计 187 艘，包括海上事先预置船 41 艘、海上运输船 87 艘、海军舰队辅助船 35 艘、特殊任务舰船若干艘。事先预置船和海上运输船是军事海运司令部的骨干，其在事先预置运输、大量快速海上运输和持续海上运输三个主要职能方面起着极为重要的作用。在海外冲突性热点地区提前部署海上预置船队，一旦战事爆发可搭载大量重型武器和物资装备就近前往，与空运到达的人员和少量特种装备结合，在最短的时间内形成战斗力。

战略空运是美军实施全球机动的一种快速灵活的手段，主要负责作战部队和轻型装备物资的远程快速投送。美军空中机动司令部担负前送兵员、最优先等级补给品和后送伤员等战略空运任务，下设 2 个航空队，有 C-130 型等各种大运输机 668 架，以及 KC-135 等型加油机 526 架。在海湾地区部署的美军部队中 99%的人员都是依靠空运手段完成的。

完善的国家交通运输体系。美军实施大规模战略投送时，十分重视民用运力的使用。伊拉克战争中，美国防部除了与 22 家国内航空公司达成租机协议外，还租用了一些外国飞机向海湾地区空运军需物资。海运方面，美军租用大量民用商船向海湾地区紧急前送作战装备和物资。地面运输方面，美军与沙特许多大型运输公司、科威特商人签署了大批的代理托运商业合同，租用其车辆实施物资运输保障。美军的这种依靠社会化运输保障方式不仅节省了大量的人力物力，而且还缓解了本来就紧张的军队运输力量，取得了很好的保障效益。美军之所以能够有效地实施运力动员，得益于国家比较完善的动员法规和动员机制。美国不仅在国会、联邦政府和军方都建立了功能齐全、分工合理的国防动员组织体系，还有一系列操作性很强的运力动员法律、制度和动员计划，以及相应的经费补偿措施，而且租金和补偿金往往比商运要高，使运输公司既尽了国防义务，又能得到相应的商业利益，极大地调动了运输企业的积极性。

重视运输可视化系统建设。美军非常重视信息技术在战略运输过程中的运用，通过使用“全球作战保障系统”、“全资产可见系统”和“在运物资可见系统”，大大提高了战略投送的速度，实现了运输全程的透明化。伊拉克战争中，美军以完善的卫星通信网络系统为支撑，依托“全球运输网”、“全资产可视系统”和“全球战斗保障系统”，构建了从本土到战区、从统帅部到作战平台、从指挥中心到保障基地的战略运输指挥体系，完成了作战力量的战略投送和精确的战区后勤运输支援。

（夏礼伯）

海军后勤　**拟组建 2~3 支未来海上预置舰队**

据美国《每日防务》2005 年 7 月 18 日报道，美国海军正在考虑建立 2~3 支未来海上预置舰队，每支舰队编配 14 艘舰艇，能够向战区快速输送装备、部队和其他补给品。每支舰队的总费用约为 140 亿美元。

美国会在 2005 财年预算中为海军提供 2800 万美元的资金，海军在 2006 财年中提出了 6630 万美元的预算申请，这些资金将用于解决从现有预置舰转化成未来海上基地能力方面的一些关键技术问题。

强化远程保障能力建设　据美国国防部网站报道，根据美国的现行军事战略，远程保障将成为美海军 21 世纪实施远离本土作战的重要基础，而从美军近年发动的几场局部战争实际情况看，现有的远程保障能力不足以赢得未来海外联合作战，因此美国海军将在未来几年内着力强化远程保障。

美海军对远程保障最初的定位是，通过一个单一的岸基协调点（码头）或基地，为海上作战提供技术、后勤、维护和生活质量方面的保障。1999 年以来，通过美海军海上系统司令部、海军供应系统司令部、空间与海战系统司令部和舰队司令部的协作，远程保障在这些方面为海上部队提供了实时的后勤和技术保障。今后，远程保障将继续进行这些方面的服务，并将进一步扩大服务范围。

强化远程保障建设，首先要实现远程保障可视化。在保证充足海运能力的同时，加强信息化后勤建设，把本土——海外基地——舰艇建设成一个紧密衔接的、可视化的、精确补给链。其次，要达成“岸上基地机动化、海上基地浮动化”的目标。目前正在大力建设的“海上浮动基地”就是其中的一项举措。第三，远程保障建设将扩展至人员、训练、后勤和维护支持。

在未来远程保障中，所有的保障行动都由信息化系统控制，保障需求通过“通用协作客户关系管理系统”记录在案、跟踪并由保障供应商解决。国防部专门开设了远程保障网站，它是获取远程保障和共享数据的最佳环境，各保障环节、系统、后勤补给和装备保障等所有数据以及保障方法的有效性和效率、程序等，都能从该网站中获得。

改革设施工程管理体制　据美国国防部网站报道，通过认真分析在阿富汗、伊拉克战争中取得的经验与教训，美海军先后完成了对现有海军战斗工程兵部队的调整，将部署于大西洋、太平洋舰队方向的2个旅升级为2个战斗工程兵师，继而又开始着手实施海军设施工程管理体制的系列改革，计划于2005年开始。美海军设施工程司令机构的改革主要包括：

1、组建海军区域性设施工程司令部：将现在部署于各地、负责海军设施工程保障的海军现场工程处、海军公共服务中心等海军设施工程管理机构与当地的海军永备基地司令部、海军陆战队司令部和海军供应系统司令部等一起重新调整体制编制结构，统一实施海军公共工程、设施修建及采购，实现“海军区域性工程服务”的概念，以提高工作效率和责任意识，减少重复环节，有效地降低成本，真正做到一体化管理。

2、改革美海军设施工程管理的指挥体制，减少指挥层次：除专业中心外，在同一地理区域内的各个海军设施工程机构合并为一个设施工程司令部，由太平洋、大西洋舰队方向的设施工程司令部分部管辖。

海军设施工程司令部的重要工作向海军设施工程司令部大西洋分部或太平洋分部下达指令，其余工作向其各地区司令部下达指令，从而使一个地理区域内所有海军设施工程的产品与服务由一个管理指挥机构负责，取消众多繁琐环节，以提高地区司令部的责任与响应度，使海军设施工程司令部能够更好地把精力集中于海军及海军陆战队的地区性需求，集中于在全球范围内推行共同的工程采办程序，集中于消除不必要的重复。

研制新餐谱以提高饮食保障效率　据美军《勇士》杂志2005年3~4月号报道，为降低炊事人员的劳动强度以及野战口粮的价格，美军纳蒂克士兵中心作战给养部为海军研制出新式预制袋装口粮。该口粮有21天的餐谱，深受海军欢迎。

新餐谱的优点：1、与生鲜食品相比，预制食品所占空间小，储存量增加。新餐谱可使每只战船很容易储存60天的口粮。2、新餐谱可将主供商的供应品种从1500多个减至600个，大大提高饮食保障效率。3、新餐谱可减少战船对煎炸器皿的依赖、减少热油烹调带来的危险以及煎炸器皿的维修、保养，使用等。

购买支援航母攻击群的舰只　据美国《海上力量》杂志2004年10月号报道，美国海军已经开始着手研究一种新型快速战斗支援舰（T-AOE）的可行性方案，准备伴随航母攻击群在海上对其进行补给。这种支援舰将被设计成一种海上基地舰只用来对下一代航空母舰的作战行动实施持续保障。

新型T-AOE (X) 快速战斗支援舰的设计标准将会包含海军新的快速反应计划,该计划要求海军能够在30天内集中起6个航母攻击群，在90天内集中起另外2个航母攻击群。新型T-AOE (X) 快速战斗支援舰将具备装卸载1艘航空母舰所需的全部弹药补给品的能力。配备船用仓库管理系统，利用无线电射频识别设备可以很快地在船的储藏区中寻找并且取出所需零部件和补给品。新型T-AOE (X) 快速战斗支援舰的另外一个设计标准是要能够保障海军的新型航空母舰（CVN21）设计所必需的更高的飞机出勤架次。

（张　冬）

俄罗斯军队后勤　**综述**　在2005年11月10日召开的俄军年度总结会议上，俄罗斯国防部长伊万诺夫和总后勤部长伊萨科夫分别作了发言，全面介绍了2005年度俄军后勤现状及未来发展。

优化军事预算开支比例。2001年，俄罗斯把军事预算的70%投在了军队的维持上，只把30%花在了发展与建设上。2005年，这一比例变为60%:40%。到2011年军队的维持费和建设发展费保持50%:50%的比例，目的在于要把有限的军费投向军队的装备建设和军事训练上，使俄军的质量建设得到更好的经费保障。2005年，俄罗斯的国防订货结构发生了重大变化，建立了统一的武器装备订货与供应体系，其主要目的是合理分配和集中使用国防订货资金。更加注重直接采购新型武器装备和对现役装备进行现代化改造。2006年，俄罗斯的国防订货费大幅增加，数额达到2366.94亿卢布，比2005年增加了53.5%。其中的70%（1640亿卢布）将用于武器装备的采购和维修上。2006年，俄军将对139辆坦克、125门火炮、104架飞机、51架直升机及其他武器装备，进行修理和现代化改装。

积极推行一体化联勤保障体制。将国防部所属部队、内卫部队、民防部队、边防部队、铁道兵部队、联邦政府通信部队等强力部门部队的后勤力量加以整合，组建一体化联勤保障系统，是俄罗斯前任总统叶利钦批准的一项重大后勤变革举措。普京总统又将其发展完善。俄军的后勤保障以国防部区域联勤保障系统为基础，将相互分散、自成体系的各强力部门的后勤机关、保障力量和基础设施进行重组，建立一个打破强力部门之间界限的“一体化联勤保障体系”。2005

年，俄罗斯强力部门的一体化联勤工作取得一定进展，其具体表现是：

一是成立了一体化联勤执行机构。2003~2005 年，俄罗斯各强力部门组建了一体化联勤执行机构——联勤部。联勤部设置在国防部总后勤部内，负责保证武装力量与其他强力部门在后勤保障方面协调行动，主要协调武装力量和其他强力部门的后勤战备、动员准备、国防订货、仓储、运输、医疗及后勤设施等方面的发展；起草武装力量和其他强力部门紧急状态下和战时的后勤保障计划；制定武装力量和其他强力部门在物资运输、道路维护使用、医疗救护与后送等方面的共同性措施；参与制定武装力量和其他强力部门的后勤建设与发展构想：完善武装力量和其他强力部门的后勤规范性法律文件；把各强力部门的部门性后勤保障体系按战略方向联合起来；为武装力量和其他强力部门在战时和危机情况下的联合行动建立物资和技术器材储备。

二是大部分专业勤务实现了联合。根据一体化联勤保障体制的组建进程，俄强力部门的军人服务社系统率先实行合并。然后，军事运输、物资补给、卫勤和卫生系统以及院校教育训练系统，相继按照一体化保障要求完成了统一的后勤发展战略、物资器材供应政策、后勤法规制度、保障力量使用原则等方面的立法工作，并陆续开始合并。

三是统一的装备技术保障系统正在筹组之中。由于俄军的后勤和装备技术保障系统是相互独立的，因此在组建一体化保障体制中遇到诸多问题。目前，俄国防部系统正在为实现与强力部门技术保障系统的一体化进行准备。俄军原有 57 个武器装备总采购单位，现在已经减为 20 个。2005 年根据总统命令，强力部门将制定统一的技术保障规范，统一筹划强力部门武器装备和其他物资器材的采购、供应、使用和修理，统一组织实施平时、危机局势下和战时强力部门的技术保障。

四是建立了物资器材集中采购和提供服务的统一定价政策；制定了强力部门共同的、组织有序的战略和战役后勤发展规划；其他强力部门的后勤人员到国防部系统的后勤院校、训练中心接受培训；建立了俄罗斯联邦武装力量后勤部的物资和技术器材订货与供应中心，该中心接受联邦订货总局的监督，负责为各强力部门集中统一采购同类物资和技术器材。

加速推进后勤信息化建设　到 20 世纪末美陆军的信息化装备已经达到 53%，海、空军达到 70%以上，而俄军武器装备的信息化程度,只有 25%~30%。在今后 25 年内，俄军必须在这方面加大投入，倾斜相关政策。2005 年初，俄军已经启动一体化数字通信网建设。其目标是，实现保障指挥功能的自动化、指挥过程的智能化以及各种专业系统和信息系统的一体化。

俄军的通信数字化建设计划分三步走：第一步，对国防部各总部（局）、军兵种、军区（舰队）的指挥所通信枢纽进行现代化改造。第二步，对战役环节的作战指挥所和后方指挥所的通信枢纽进行现代化改造。第三步，对国防部各总部（局）、军兵种、军区（舰队）所属军团编成内的师、旅及其同级单位的作战指挥所和后方指挥所的通信枢纽进行现代化改造，从而全面提高俄军作战和后勤保障的信息化水平。

在后勤保障装备信息化建设方面，俄军颁布了新的军事技术政策，划定了一个为期 10~25 年的后勤信息化建设发展时间段。在这段时间内，一方面通过技术改造，确保后勤保障装备现有现代化水平不下降。另一方面，通过充分发挥高科技潜力，加大技术储备的开发力度，研制并列装信息化后勤装备。该计划如能实现，到 2010 年，俄军后勤装备的信息化程度将增至 35%，2015 年达到 40%~45%，

严格后勤管理　2005 年，俄军各级部队的后勤管理依然存在问题，后勤军官营私舞弊、以权谋私现象屡禁不止。2005 的前 3 个季度，全军非法、不合理消耗的各种油料，合计金额达到 8200 万卢布。为此，后勤检查机关加大了监督、检查力度。国防部和总部机关通过进行为时 9 个月的全军财务大检查，共向监察部门送交了 449 份“问题”材料。

拓宽后勤社会化保障范围　俄军不断拓宽后勤社会化保障范围，2005 年，俄军将现有的 70 个大型军办农场减少到 42 个，并尽可能全部委托地方单位经营。此外，俄军还计划依靠商业企业为驻军提供给养和油料保障，实现后勤保障系统的军民一体化。军队的部分油料将储存在地方的输油管道中；部分给养物资将交由地方机构保管；军队的道路修筑和农副业生产等单位，将逐步改为企业所有或者实行股份制。

增加军人薪金　2005 年俄军有 1.45 万军官因待遇低要求提前转业，占退役人员总数的 80%。目前，俄全军的军官缺编率达到 12%。2005 年，俄罗斯国防部采取了一系列旨在提高军人福利待遇的举措，比如增加薪金，增加物质补偿等，收到了一定效果，但仍是汗牛充栋，军人待遇明显偏低状况并未得到根本改观。国防部决定在今后几年分 4 次为军人和退役军人加薪：从 2006 年 1 月 1 日开始，军人薪金增加 15%，今后 3 年俄军军人和退役军人的薪金将总计增加 67%。

改善军官住房　根据 2005 年 7 月 1 日的统计数字，俄军目前有 16 万人需要解决住房问题，国防部正通过 3 种途径加以解决。一是按照部队和兵团实际编制营建办公住房。二是军人通过储蓄和抵押机制获得住房。三是继续实施国家“关于为 2005 年 1 月 1 日前签订服役合同的军人提供固定住房”的计划。2005 年俄罗斯国防部共可得到住房 2.84 万套，其中的 32%（9000 套）需要营建，29%（8200 套）需要通过“国家住房许可证”计划提供，27%（7000 套）需要通过周转房解决。

为了使军队尽快获得更多住房，解决军官住房紧张问题，俄罗斯国防部正在积极吸引市场投资商参与军队住房建设。2005 年俄军由此获得 3400 套住房，2006 年争取达到 6000 套。预计 2006 年国防部通过各种途径可获得 3.36 万套住房。

举办供需展览会　2005 年 11 月 22 日，俄军在莫斯科国际展览中心举办第五届“俄罗斯生产厂家与武装力量供应”展览会。展览会旨在开辟一个军地后勤单位定期见面、相互了解的平台，使地方生产商了解军队后勤部门所需，军队后勤供应部门知道市场上有哪些、何种价位的物资。军队后勤系统已经完全转入市场机制，而市场机制的基本准绳就是质量和价格，因此每届军地后勤部门的见面会都各具特色，总后勤部所属总部（局）的代表能与地方厂家直接对话，沟通信息，从而为军队采用招标竞争方法从市场上采购物资创造有利的条件。

成立物资和技术器材订货与供应中心　俄军总后勤部于 2005 年 1 月 1 日成立了“物资和技术器材订货与供应中心”，负责为国防部系统和其他强力部门集中采购同类物资器材。2005 年的前 9 个月，该中心采用统一竞价、集中采购的方法，为所有强力机关完成了国防订货任务中同类产品的 93%的采购任务（2004 年只有 7%），节省了大笔资金。采购的主要物资是给养、被装和油料等通用物资。2005 年 5 月 31 日，该中心举行了强力部门被装品招标采购活动。1 套冬装的价格从 1300 卢布降到了 1219.30 卢布。采购 60 万套总计节省了 480 万卢布。2005 年，该中心共进行了 30 次集中采购，其中 17 次是通过竞价方式完成的。采购金额达 312 亿卢布，效益可观。

为新组建的山地旅和特种部队配发被装品　俄总统普京 2005 年 5 月 9 日签署命令，重新规范了俄武装力量、其他部队和机构人员的服装样式、军兵种和军衔标志。俄特种部队将陆续换发性能更好的服装。特种部队即将换发的新型战靴，与普通的步兵战靴完全不同，它采用特殊结构、新型鞋带系统设计，使用特种布料，加强加厚鞋底，强化对脚、踝部位的保护。北高加索地区两个山地旅将最早换发特种服装，其中最新型登山运动服装和设备性能突出，非常实用。在研制时，俄专家充分考虑到了北高加索地区多高山、多冰川、气候寒冷的特点，为此增加了鞋底厚度，嵌入三角钉、金属牙、猫爪，配合钛合金凿冰器，可轻松突破冰川障碍，丝毫不影响行军速度。

2005 年俄军新组建了 2 个山地旅，因此总后勤部和总被装部根据总统 2005 年 8~9 月份的有关决定，同联邦有关部委和工业部门联合起草了“关于改进山地旅和特种部队登山专用品及装具的措施”，根据现阶段的要求确定了 33 种即将配发的新型登山用和特种用品及装具。每名军人的单套上述被服品价值 14 万卢布，而俄军现行被装品每套只有 8.82 万卢布。

全军其他部队的被装保障情况也大大改善了。前几年，军人只有迷彩作训服能够做到百分之百得到供应，而礼服和常服只发给院校毕业学员。现在，全军部队礼服和常服的供应率达到 55%~60%。2004~2005 年共计向全军部队发放了 32 万套常服。

注重提高部队卫生水平　俄罗斯政府近年高度关注全民健康状况，国家卫生部出台了 2008 年前实施的相关措施。国防部卫生系统积极参与国家的卫生和健康活动，希望允许有更多的军人通过联邦预算资金，接受高费用（高技术）的医疗保障。因为有权在国防部系统医疗机构享受医疗保障的人员共计有 600 万人，占全国人口的 4%，单靠军费中的医疗拨款是无能为力的。

目前，国防部系统的最高医疗和救治技术主要分布在总部直属的医疗单位内，总共能提供 90 种高水平的医疗救治。部队的医疗水平将得到显著提高，2005 年总军事卫生部采购了价值 26 亿卢布的卫材，总后勤部把 2006 年定为部队医疗年，军事医疗工作的重点将放在基层部队环节。

逐步实现军用车辆标准化　俄军正在拟定计划，准备大幅度减少现役军车型号，主要结构和配件实行标准化，并对其进行现代化改装，2015 年前至少采购 15 万辆新型军车。俄军总装备部部长阿·莫斯科夫斯基表示：“目前每年维护老式军车的费用高达 45 亿卢布，这些钱完全可以重新装备整整一个师。因此，俄军的当务之急是尽快列装标准化的新式车辆，而不是把钱花在已经超过或接近服役期的老旧军车的维修上。”俄联邦国防订货总局第一副局长马耶夫上将表示：“俄军技术保障不足的原因，在于车辆零部件的标准化、通用化程度不高，只为30%左右，应该要求生产商最大限度地统一新型军车基型底盘及其主要部件的标准。”目前，可供俄军方挑选的军车产品很多。“卡马斯”公司近日向俄军方推荐了80辆多功能“野马”系列军车，分为4×4、6×6、8×8等驱动形式，产品种类从空降兵用载重汽车，到可拖曳120吨重物的巨型卡车，而且标准化程度非常高。这些车辆既可以作为运输工具使用，也可以作为安装武器的基型底盘。

为士兵提供民用技能培训　俄罗斯科学教育部官员宣布，计划在军队中建立教学中心网，使现役军人能够在服役期间同时掌握一门专业技能。该计划的资金来源是总统从2006年预算中拨出的用于支持教育的“国家项目”资金。根据与国防部达成的协议，教育部将在国防部军队中建立100个教学中心，向军人传授民用专业技能。到目前为止，对军人进行教育和培训的支出都来自国防部的预算。教育与培训的内容也都是以掌握纯军事为目标。而按照科学教育部的设想，现役军人在新的教学中心可以掌握民用专业技能，而且是只需短时间的培训（3~4个月）即可掌握的技能。例如气焊或驾驶。传授哪些技能由国防部提出，教学计划由科学教育部批准。

资料来源：

①俄《红星报》2005年5~11月；

②俄《独立军事评论》周报2005年。

（王凤才）

日本自卫队后勤

综述　2005年，日本防卫厅和自卫队后勤在完成日常保障任务和正常训练任务的同时，集中力量做好对参加国际维和与人道救援及国内救灾部队的保障，在后勤建设方面，与加快军事外向型建设的步伐相适应，日本防卫厅和自卫队以提高应急保障能力、远程保障能力为重点加强后勤建设，如组建直属防卫厅的机动卫生队，研制、采购野外机动卫生装备、大型运输舰、新型运输机、空中加油机等。在后勤体制编制改革方面，日本防卫厅机关及其所属的防卫设施厅、技术研究本部等都提出了新的改革方案，并将于2006年正式启动。此外，为加强陆海空三自卫队联合作战体制，日本还将撤销现在的参谋长联席会议，成立联合参谋部。由于将要成立的联合参谋部内拟定设一名后方补给官，因此今后日本陆海空自卫队后勤的联合指挥体制将会不断趋于完善和加强。

2005年度防卫费　据日本2004~2005年度《自卫队装备年鉴》报道，日本2005年度防卫预算额为48301亿日元，占日本国内生产总值的0.944%，占政府年度财政支出的5.9%，比上年度减少1.0%。2005年度日本防卫费分配情况如下：陆上自卫队为18254亿日元，约占防卫费总额的37.79%；海上自卫队为10922亿日元，约占防卫费总额的22.68%；航空自卫队为11146亿日元，约占防卫费总额的23.02%；三自卫队合计为40322亿日元，约占防卫费总额的83.48%。其他各单位的预算为7981亿日元，约占防卫费总额的16.52%。日本的防卫费按用途通常区分为两大项，即人事与给养费、物件费，2005年度的防卫预算额中，人事与给养费为21562亿日元，占防卫费总额的44.6%；物件费为26739亿日元，约占防卫费总额的55.4%。2004~2005年度，日本的防卫经费除用于保障人员的生活和正常训练外，重点保障项目为装备采购，如各种车辆、各类导弹及通用弹药、各种用途的飞机、舰船，以及弹道导弹防御系统的研发等。

防卫厅机关后勤机构将进行改革　据日本《朝云》周报2005年8月11日报道，日本防卫厅于8月5日公布了有关防卫厅体制编制改革方案，方案中涉及后勤人员和机构改革的事项主要有：一是从防卫厅机关参事官中调整2名负责专业性强的高技术和卫生事务，即新设“技术监”和“卫生监”两个职务。二是在防卫厅运用局新设后方支援课。三是将防卫厅管理局的成本计算职能，与防卫厅所属合同本部和技术研究本部的开发管理职能合并，新设装备本部（暂名），负责装备开发和采购的计划管理，同时强化对筹措业务的监督职能。四是在防卫厅防卫局新设防卫设施课，负责美军所需设施、场地提供中重要事项的计划和方案制定。

加强自卫队的联合后勤指挥体制　据日本《朝云》周报2005年3月3日报道，2006年3月，参谋长联席会议将被撤销，新的联合参谋部将正式成立，由新设的联合参谋长对陆海空三自卫队实施统一指挥（包括后勤指挥）的体制将启动。在日本2005年的国防预算中，专门安排了8亿日元用于建立新的联合指挥体制。其具体方案是，撤销参谋长联系会议和参谋长联系会议事务局，在新设立联合参谋部的同时，设立联合参谋长、副联合参谋长，联合参谋部下设总务部、运用部、防卫计划部、指挥通信系统部等4部与首席法务官、报道官、首席后方补给官等3名高级参谋人员，各部下设8个科。联合参谋部是防卫厅长官的辅佐机构。

日本自卫队联合指挥体制的改革中一个突出特点是设立了一名首席后方补给官，其目的在于加强联合作战中对三军后勤力量的统一指挥和运用。

向巴基斯坦地震灾区提供空运支援　据日本《朝云》周报 2005 年 10 月 20 日报道，在巴基斯坦发生大地震后，日本自卫队向巴地震灾区派遣了空运部队支援其抗震救灾。被派遣的空运部队由第 5 旅主力部队约 120 人组成，装备 UH1H 多用途直升机 3 架。空运部队于当地时间 10 月 17 日下午到达巴基斯坦首都伊斯兰堡近郊的卡克拉拉空军机场，并以此机场为基地实施人员与救援物资的运输。空运部队负责将救灾物资从所在空军机场运至北部 130 公里以外的受灾地区。救灾物资主要是粮食、药品、棉被、帐篷等。每架直升机每天往返空运 3~4 次。

强化远程运输保障能力　据《解放军报》2005 年 11 月 30 日报道，近年来，日本自卫队以提高远程作战和运输能力为目标，不断提高海上自卫队的远洋作战保障能力。其主要措施是：一是为遂行远洋作战，加强舰队空中运输能力。海上自卫队引进了美军的 MH-53E 重型运输直升机。该机具备超强的有效载荷能力，可执行扫雷和两栖作战任务。二是加速研发下一代运输机。2004 年底，日本防卫厅向公众展示正在研发的下一代运输机 C-X 全尺寸模型。据悉，该型运输机续航能力将达到 6000 多公里。计划在 2007 年首飞，届时将逐步取代在自卫队中服役的 C-1 运输机，进一步满足日本向海外派兵的投送需求。三是发展大型远洋运输舰。日本海上自卫队现已装备“大隅”级运输舰 3 艘，该级运输舰既能载直升机，也能搭载战斗机，极大提高了日本海上自卫队的远洋兵力投送能力。据日本《产经新闻》10 月 23 日报道， 10 月 22 日，日本政府通告美国，日本准备建造吨位更大的高速运输舰，以提高自卫队部队及装备紧急调遣到战事当地的能力，以及在遇到印度洋海啸那样的大规模灾害时，可机动地展开救灾活动，同时也是为了与美国正在推进的“海上浮动基地构想”相配合。日本拟建造的高速运输舰将比海上自卫队现有的最大补给舰 (1.35 万吨) 还要大。甲板上不仅可供直升机起降，还可以供侦察机等飞机起降。四是购买空中加油机。日本新的防卫装备计划还决定购买 4 架 KC-767 加油运输机。KC-767 加油运输机是当今世界最先进的大型空中加油机之一。该机一旦列装，日本 F-15 战斗机经空中加油后，续航能力将增大近一倍，日本的周边地区均可纳入其作战半径内。

改善部队工作环境与生活设施　据日本《朝云》周报 2005 年 4 月 7 日报道，2005 年，日本防卫厅改善自卫队工作环境和生活设施的经费共计安排建设费 492 亿日元，其中工作环境改善设施建设费 214 亿日元，生活设施建设费 278 亿日元。主要用于维修工厂、警卫所、消防所等的工作环境保护设施与宿舍及体育馆等生活设施建设。其具体项目是，工作环境改善设施为：维修工厂 29 个，警卫所 17 个，消防所 7 个；生活设施为：宿舍 7 处，食堂厨房 7 处，浴场 4 处，锅炉房 8 处；体育设施为体育馆 1 座、游泳池 1 座；福利设施为福利中心 1 座；公务员宿舍为 261 户（每户 55 平方米以上）。

防卫厅将组建直属“机动卫生队”　据 2005 年 10 月 27 日《朝云》周报报道，由防卫厅长官直辖的航空自卫队“机动卫生队”于 2006 年正式组建，“机动卫生队”编制 15 人（包括军医、护士及其他人员），队长由一名上校级军医担任，装备 C-130H 运输机一架，驻地设在小牡。组建的目的在于迅速将重伤员从受灾地空运至高级医疗机构，并且能够在机内对其实施应急处置，以挽救其生命。战时及发生大规模灾害时，“机动卫生队”将发挥“空中飞行卫生队”的作用。

新建一所自卫队医院　据日本《朝云》周报 2005 年 3 月 10 日报道，日军新建一所自卫队医院——吴医院。新建的吴医院位于海上自卫队吴基地的乌小岛地区。日军新建这所医院的目的是，为海上自卫队吴基地和江田岛地区、陆上自卫队海田市驻屯地等地的军人及其家属建立一个高效的医疗体系，同时在发生大规模灾害时也可作为地方居民的医疗支援设施。该医院总建筑面积为 8600 平方米，设有 13 个诊疗科，50 个床位，编有医生 14 人、牙科医生 5 人、护士 28 人。此外，该医院还设有用于收治 8 名潜水病员的高压舱及可与远离基地行动的舰船上的医务室联网的远程医疗系统。

修订军人津贴制度　据日本《朝云》周报 2005 年 4 月 7 日报道，2005 年，日本防卫厅对部分军人津贴进行了修订。一是变更放射线津贴条件。诊疗放射线技师等在以放射线对人体照射的作业中，其遭受放射能危害的实效线量超过规定剂量时，月津贴为 7000 日元（原来为日额 230 日元）。二是扩大船舶检查等津贴的发放范围。向对象船舶实施警告性射击和船体射击时，发放给舰艇乘员全体每人 2000 日元（原来仅限于发放给位于舰艇露天甲板与舰桥上的乘员）。三是扩大危险航空作业津贴的发放范围。旋转翼飞机在标高 1000 米以上的山岳地、在距地表 100 米以下的高度飞行 30 分钟以上进行受灾人员搜索和救助飞行时，每日发给 930 日元。

为驻伊拉克部队改进福利保障　据 2005 年 4 月 1 日《朝云》周报报道，为改善陆上自卫队第 5 次伊拉克复兴支援群（约 500 人）的福利，日本自 4 月 1 日起，为其装备了与家庭联络的使用移动电话国际通话（FOMA）系统。迄今为止每人每月只能使用一次的可视电话通话改为一周一次。

航空自卫队进行空中加油训练 据 2005 年 4 月 1 日《朝云》周报报道，航空自卫队于 4 月 14~30 日，在新田原、浜松两个基地及其周围空域在美国空军的支援下进行了对 F-15 战斗机的空中加油训练。其目的是为 2006 年度末即将引进的空中加油机的使用做好准备、对飞行员进行训练，以及研究受油机的运用要领等。美国空军出动一架 KC-135 空中加油机支援此次训练。日本航空自卫队第 2 航空旅（千岁）所属 201、203 飞行队的 10 架 F-15 战斗机参加了训练。F-15 战斗机在 8000 米高空以 4 机编队保持 500 公里的时速与 KC-135 加油机平行飞行并轮换进行空中加油。

向巴基斯坦派遣“国际紧急航空援助队” 据日本《朝云》周报 2005 年 11 月 17 日报道，日本陆上自卫队于 10 月 17 日向巴基斯坦派遣了“国际紧急航空援助队”，支援巴基斯坦的抗震救灾。“国际紧急航空援助队”由日本北部军区航空队和东部军区航空队抽调直升机运输部队组成，人员 150 人，UH1H 直升机 6 架。“国际紧急航空援助队”分两批由航空自卫队运输航空队的 C-130H 运输机空运至巴基斯坦首都伊斯兰堡的一个空军基地。“国际紧急航空援助队”的任务是以伊斯兰堡的空军基地为根据地，担负首都伊斯兰堡与巴基斯坦北部受灾地区之间的空中运输，包括救灾物资、救灾人员及伤病员等运输。截止 11 月 13 日，“国际紧急航空援助队”共计空运物资约 31 吨，空运人员约 500 人，救灾活动至 11 月 24 日结束，“国际紧急航空援助队”分两批分别于 11 月 22 日和 12 月 2 日由航空自卫队第 1 航空运输队的 C-130H 运输机空运回国。

对反恐作战海上后勤支援活动满四年 据日本《朝云》周报 2005 年 12 月 15 日报道，根据《恐怖对策特别措施法》，日本于 2001 年 12 月 2 日开始在印度洋上对各国用于反恐战争的舰船进行海上后勤支援，迄止 2005 年 12 月 2 日，此项活动已整整四年。据日本海上自卫队参谋部统计，此活动的成绩如下：舰艇用油料的总补给次数为 566 次，补给总量为 41.3 万千升；接受补给的舰船为，美国的补给舰和驱逐舰 300 次，巴基斯坦的驱逐舰 63 次，法国的驱逐舰 58 次，加拿大的驱逐舰 41 次，意大利的驱逐舰 26 次，英国的驱逐舰和登陆舰等 23 次，新西兰、德国、希腊、西班牙荷兰等国的驱逐舰共计 45 次；水的补给共计 42 次，约 2200 吨，主要是供应巴基斯坦的驱逐舰；舰载直升机的油料补给 28 次，约 430 千升，接受补给的舰船为美军舰船 13 次，巴基斯坦舰船 6 次，加拿大舰船 2 次，德国、意大利、英国舰船各 1 次。

研制新一代运输机 据日本《朝云》周报 2005 年 11 月 10 日报道，日军正在加紧研制新一代运输机——C-X，以替换在用的 C-1 运输机。正在研制的 C-X 运输机为双发动机，速度为亚音速。该机的操纵系统采用了能遥控的电子式自动驾驶仪，装卸系统采用了省力化装卸装置，可以加快装卸速度，缩短停机时间。飞机后门安装了除风装置，能够确保陆军空降兵从机上安全降下。该机续航距离是 C-1 运输机的 3 倍，约为 6500 公里，物资搭载量也比 C-1 运输机提高了 3 倍。此外，迄今为止难以空运的小型装甲车辆，该机也将能够空运。日军计划于 2007 年夏实现该机的首航。

为保障 C-X 运输机的样机试飞，日军正在岐阜县各务原市的空军岐阜基地为其修建机库、维修车间、停机坪等专用设施，计划在 2004~2006 年的 3 年内建成，2007 春交付使用。机库位于基地的北侧，已于 2005 年 4 月开工。机库宽 100 米，进深约 60 米，高 30 米，库内面积约 6100 平方米，是日本空军基地中最大的机库。机库一侧将建一座高 6 层的总面积 900 平方米的仓库和一座高 4 层总面积 2800 平方米的办公楼。维修车间是一座总面积约 1700 平方米的钢筋混凝土结构的建筑。维修车间和办公楼现处于基础工程阶段，计划于 2005 年度末对外招标。

大型补给舰——“近江”号开始服役 据日本《朝云》周报 2005 年 3 月 10 日报道，日军于 2005 年 3 月 3 日在舞贺港为新建造的大型补给舰“近江”号举行了授旗仪式。仪式结束后，该舰即驶往其母港佐世保开始正式服役。该补给舰是日本海上自卫队护卫舰队的直属舰只，能够在海上实施补给品及油料的补给，可以在海外长期执行任务。该补给舰基准排水量为 13500 吨，两台主发动机的功率为 4 万马力，最大航速为 24 节。舰上有海上补给装置 1 套、补给品舰内移动装置 1 套。该舰乘员共 145 人，其中，女乘员 19 人。

（王通信）

韩国军队后勤 **综述** 2005 年，韩军后勤继续进行全方位的改革，以建设 21 世纪需要的后勤系统。其中，韩国空军为适应 21 世纪高科技、信息化、大机动作战的需要，依据《2025 空军展望》和《国防改革五年计划（2005~2009）》，从六个方面也在加紧推进后勤改革和转型建设。

一、调整武器采购组织，加强专业人员培训，建立精干高效的军事采购体系　韩空军制定了“军备采购改善方案”，对武器采购系统进行编制调整和人员压缩。成立了与国防采办厅相对应的空军采办室，建立单一的综合性武器采购与调配机制，实行一元化管理。完善培训机构的职能，强化研发、采购人员的培训，以提高其业务能力和专业水平。

二、改革军事采购制度和程序，引进商业竞争机制，增强武器采购的透明度　一是向国防部提出建议，将采购决定权下放给空军采购部门。二是引进公开竞标机制，使所有军工企业平等参与竞争；引入商业化采购机制，增强价格透明度；三是修改有关制度，简化采购程序，将目前军事采购的 9 个阶段减为 6 个阶段；军事采购的订货期由现在的 4~5 年缩短为 2~3 年。四是加大军购的国会审议和国政监察，聘用民间专家进行指导，增强透明度，实现军购决策的法制化和正规化。

三、推进后勤信息化建设，开发实时高效的支援系统，提升快速支援保障能力　一是利用信息化技术，建立“总资产可视化系统”，确保事先对所需物资进行预测，并根据情况变化做出快速反应，以有效支援未来作战；二是建立连续采购与寿命周期支援系统，使空军武器系统的研发与采购、军需品调配与申请所需信息实现共享；三是修改后勤支援程序。将信息技术融合到后勤作战中，采用全面合成型后勤作战程序，实现武器装备供给、维护与运输的有机结合，确保后勤部门能随时了解各装备系统的性能与分配状况；四是建立武器装备采购与供给链管理新模式，与生产商签订战略性资源保证协议，降低武器开发成本并缩短新装备投入部署的时间。

四、引入“无脂后勤”概念，改革装备维修和物资保障制度，适应快节奏作战要求　韩空军在运用美军的“无脂后勤”（意为提高基地之间运输工作效率）概念过程中，一是建立新型装备维修机制。飞机维修将逐步由目前的三级维修体制（部队、野战、维修厂）向两级维修体制（部队、维修厂）转变，将过去以计划为中心的生产体制转变为以需求为中心的维修体制；二是发展“一站式”运输系统。把过去注重节约的运输方式转变为注重速度的“一站式”运输系统，建立快捷的物资运输体系，适时、适量地提供物资支援；三是建立“航空物流中心系统”，形成新的运输体系，确保物资能够在 24 小时或 48 小时内从仓库运达基地，或从基地到达另一基地；四是建立新的库存管理模式和适合未来武器系统“灵巧部件”的库存管理系统；五是按地区和类别建立武器管理系统，即依据“移动目标型物资支援概念”，按地区和武器系统分门别类建立专业化武器管理系统，使其具备更强的灵活性和分类能力。

五、以部队需求为中心，构建开放型调配采购模式，确保作战训练有效开展　一是扩大军民两用商品的采购，最大限度地减少军用规格，增加军用和民用商品的兼容性；二是扩大军工企业的民营化，引入外部资源予以收购或转为民营；三是引进“项目管理人制度”；四是积极参与武器出口。21 世纪韩国的航空产业将获得长足的发展，国产武器有望出口海外，空军不仅要参与武器系统的购买，还要参与市场营销。

六、建立全方位技术支援体制，强化装备的核心维修技术，提高技术支援能力　一是引进最新技术和装备，提高符合联机和远程维修概念的维修能力。同时，提高使用计算机进行设计、反设计的技术水平和部件制作、产品开发等品质认证的能力；二是提高核心部件的国内维修能力。依赖国外进口，将限制国内技术能力的发展。要注意核心零部件的国内生产和维修能力提高问题；三是打破空军对相关技术的垄断。加强军民两用技术的开发，鼓励具备相关技术能力的民间企业进入空军装备维修领域，建立军民联合技术支援体制；四是建立国内外技术支援体制。作战飞机等价格昂贵的武器系统，需要迅速、准确地后续支援，必须以使用这些装备的部队和有关机构为中心，建立全国性的技术支援体制。同时，军、政、民联合建立国际社会对国产飞机的技术支援体制，促进国产飞机的有效运行和出口。

计划重组国防采办局　据英国《简氏防务周刊》2005 年 4 月 26 日报道，韩国国防部目前正在筹划重组国防采办机构，从 2006 年 1 月 1 日开始，正式将现有的 9 个采办机构和组织合并，组建新的国防采办局。此举的目的是为了提高本国国防工业的效率、专业地位、透明度和竞争力，也是为了加强文职官员对国防采购程序的介入。预计重组后的采办机构中，文职官员大约占 60%。

将要被合并的 9 个机构是：国防部采办政策局，国防部研发局，国防部采购局，国防部直升机项目管理办公室，韩国陆军开发集团，韩国陆军指挥、控制、计算机、通信和情报开发集团，韩国陆军直升机项目管理小组，韩国海军造船集团，韩国空军航空计划局。合并后的新机构编制为 2200~2300 人，缩减了约 10%。

然而会有大约5000人直接或间接从事军事采购工作。韩国国防部介绍说，韩军目前在国防采办方面没有经过专门训练的人才。为了弥补这一不足，韩国国防部计划在韩国国防大学和陆军专业采办部门内建立国防采办学院，并在一些民办学校开设国防采购学位课程。

大幅增加国防研究与发展经费　据英国《防务信息》2005年1月27日报道，韩国国防部宣布，计划提高年度国防预算中研究与发展经费所占的比例，到2015年，将从目前的4.5%提高到10%。根据计划，韩国防部将逐年提高研究与发展开支在总军事预算中所占的比例，2006年将达到5.3%，2010年将达到7.8%。

2005财年，韩国的国防预算总额为20.8万亿韩元(约合200亿美元)，其中研究与发展经费占4.5%，为9290亿韩元。将首先集中于6个研究与发展领域：监视、情报、通信系统、指挥、控制和精确制导武器。

资料来源：

①中国《外军后勤信息》2005年1~12月；

②中国《外国军事后勤学术》2005年1~12月。

（张　冬）

英国军队后勤　**提出国防后勤转型计划**　据英国国防部网站2005年10月报道，英军提出国防后勤转型计划，该计划是一个单一的极富连贯性的业务计划，旨在将整个国防的所有后勤转型活动(包括作战行动的前方部署、国防工业范围内的活动、装备采购初始阶段或计划处理的活动)纳入其中。此计划包括整个国防部的基本的后勤变革行动，尤其是将海上和前线指挥部的改革活动也包括在内，所有这些后勤变革行动将对后勤尤其是后勤保障转型产生巨大的影响。国防后勤转型计划将使三军后勤保障的作战效能、效率和灵活性发生革命性变化。其主要成效为：1、增强终端用户、前线部队的信心。必须使军人在正确的时间、合适的地点获得高质量的有保证的后勤保障。2、简化“从工厂到散兵坑”的端到端流程。整个后勤保障必须以指挥官和部队用户的需求为牵引，保障遂行作战行动。3、优化后勤保障使“基于效果的作战”成为可能。4、提高部队的战备和持续保障能力。5、完善后勤补给链绩效。提供一个可靠的、值得依赖的后勤补给链。6、提高平台的可靠性、完好性和稳定性。7、减少维修环节，提高周转次数。通过在维修过程中应用精干原则，可以提高关键平台和装备的周转次数。通过重视“端到端”过程，我们还可以科学规划装备大修来减少整个过程所花费的时间，从而大大地减少维修环节及相关设备和配件。

改革战时后勤供应系统　据英国国防部网站2005年7月21日报道，针对伊拉克战争中英军物资供应系统暴露出的问题，英国国防部目前正在对战时物资供应链进行根本性变革：由国防后勤部负责从本土到前线的整个供应链；对国防部物资保障机构进行重大调整，按战时要求理顺组织指挥关系；优化武器装备和物资器材的储存、分发、前送程序，从而提高效率并降低成本。

伊拉克战争期间，英军部队的物资供应实行的是分段式配送体系：英国本土内的物资筹措及管理，由国防后勤部负责，当装备和物资离开英国本土后，国防后勤部的管理职能就此结束；物资抵达战区后，由参战的英军部队后勤部门接手，负责其战区内的配送。结果造成保障任务人为地加大，出现的问题增多。战区部队只知道国防后勤部从本土送来的物资有多少，有哪些物资，但不知它们已经运到哪里，分别在哪个集装箱内。而国防后勤部只知道前线需求，而无法对离开本土的装备和物资进行跟踪。采用新的国防供应链后，在2010年之前每年可降低保障成本0.5亿英镑，并大大加快配送速度和提高保障的精确性。此外，由国防后勤部对战时物资供应实行“一条龙”服务后，将使装备和物资的配送体系成流线型结构，可减少2000个工作岗位，关闭3个武器仓库。

借助地方科技构建国防通信网络　据美国《每日防务》2005年6月2日报道，英国防部选定英国电信公司和北电网络公司，共同为国防部和军队构建全国性的国防通信网络，提供国防通信安全管理的语音和数据服务。

这次合作是英国防部与英国电信公司签署的“国防固定电信系统服务”合同的一部分。该合同为期5年，总价值27亿美元，用以建立和管理英国防部的关键任务——电信系统的基础设施。北电网络负责国防通信网的多业务交换和IP网上传输话音技术，估价为4200万美元。英国国防通信网络将在两年内建成。届时，网络的安全性、工作效率、对军方的响应率和终端用户的效率都将得到改进，每年将给英国国防部节省约2700万美元资金。网络设施将在2000个以上的地点提供稳定的广域网络服务，包括为20多万个用户提供语音服务。

处理服务局并入国防后勤部　据英国国防部网站报道，2005年初英国防部决定处理服务局划归国防后勤部，与国防后勤部处理和销售专业部门合并，成立一个单一的国防部处理和销售组织。处理服务局于4月1日正式成为国防后勤部的一部分。

由于国防后勤部一直是处理服务局的主要客户和

资金提供者，因此双方一直保持着良好的合作关系，且双方具有极强的互补性。合并后的处理服务局集两个单位的优势于一体，其结果必将使得服务更加完善。处理服务局共有130名雇员，总部设在伦敦，是唯一的授权机构，有权对国防部剩余装备物资（核武器、土地和房屋除外）进行处理和销售，其主要任务是管理处理和销售服务。国防后勤部负责物资和装备的处理，综合项目组掌管全寿命管理端到端过程和费用所有权，负责装备处理的计划，综合项目组和其他装备所有者负责决定何时或是否处理装备物资。处理服务局将代表国防后勤部继续为国防出口服务组织提供支持。

地方公司为军队提供空中加油服务 据英国《简氏防务周刊》报道，2005年，英国已经选择欧洲航天与防务集团公司的A330-200多功能加油运输机为其军队提供空中加油服务。这种加油机用来替代英国已经使用了26年的VC10和“三星”飞机。这笔金额达130亿英镑（约合230亿美元）的交易，标志着远程“空中客车”飞机正在进入空中加油领域，并且开创了军事事务外包给私有企业的一个里程碑。

空中加油机集团，包括欧洲航空航天与防务集团公司、科伯姆公司、劳斯莱斯公司和塞莱斯公司。这些公司将负责改装、测试和维修A330-200，同时为皇家空军提供人员训练和进行基础设施投资。

研制“未来一体化士兵技术”系统 据英国《防务系统日报》和英国陆军网站报道，英国防部正加速研制“未来一体化士兵技术”系统，该系统包括无线电台、计算机、武器瞄准具和摄像仪等各种先进技术装备。所有装备无缝链接，构成一个综合的士兵系统。目的是为了给战士配备单兵作战和协同作战相结合的综合作战技术，主要应用于步兵部队，适用于步兵近距离作战。英陆军部队将在2009年以前，配备2.9万套该系统。

在防护方面，“未来一体化士兵技术”系统有三层。首先是对士兵身体的防护。在未来系统中，从钢盔到战斗服再到作战靴，无一不体现出现代科技的结晶。它们柔软、轻便、结实，全套以迷彩色作伪装，面料由新型合成纺织材料制作，具有耐用、隔热、柔韧性强等特点。其次是电子防护。未来系统的头盔既可充当信号接收发送台，又可以屏蔽加密的方式充分保护己方电子信号不被敌军截收。与此同时，头盔还可发射用以干扰敌军的虚假信号。第三层是武器防护。该系统采取了隐蔽式作战方式。士兵可以通过头盔目镜中的电子枪直接在夜间或浓雾等极端情况下瞄准敌军，而头盔的武器处理芯片可以根据士兵的握姿、站位和敌军位置等信息直接测定瞄准度，帮助士兵尽可能地以小幅度动作完成任务。

未来系统装备的是一种新型头盔，装配数字化目镜，目镜中可视数据包括测距数字、温度、红外线目标搜寻、友军位置等等。依照由这些先进装备组成的新“眼界”，再凭借无线网络构成的一个“兵一兵”互联模式，这样就把“单兵近距离作战”拓展至“电子网络集群作战”模式。

（张 冬）

其他国家军队后勤

法国军队后勤 综述 随着法国《2003-2008年军事纲领法》的实施，法军采取实际措施逐步展开新军事变革。同时，后勤变革也出现新动向。

改革后勤体制 法国陆军决定撤消军、师两级编制，加强横向联系，成立作战司令部和后勤司令部两大指挥机构，由参谋本部统一领导，并准备在今年全面完成模块化部队建设。

实行后勤社会化保障 为减轻部队负担和节省开支，法军裁减重叠后勤机构，撤销多余保障单位，将部分后勤保障工作移交地方公司完成，如营区和办公场所的维护保养、一般性专业技术培训、军队饮食业务、信息通讯系统更新及远程空运等。

组建装备统管机构 为大幅提高作战和后勤保障装备的集中统管力度，法空军组建航空装备管理一体化机构，统一负责空军装备的采购、装备、储存及维护，并加大经费投入，以保证将装备完好率由目前的64%提高到75%。

制定军地结合的军事科研新战略 为了高效利用“有限”的军事科研经费，法国国防部2005年5月作出决定，加强与地方科技界联系，借助民间科研和技术优势，研发军事项目。如，法国防部决定与法国全国科学研究中心合作，研制声音自动化判定软件。这种软件可以自动把信息转换成四种语言，军方主要用来配发给在海外执行任务的部队；军队武器装备研发部门与地方新技术科研单位建立多种长期合作渠道，为300份地方科研院所的博士论文提供资金，军方科技人员参加由国家科技部建立的一些研究与技术发明网络；国防部每年拿出2亿欧元，供地方高科技研究部门从事研发工作。

加强战略运输能力 目前，法军在世界各地部署有4万人，执行诸如维和等多种军事任务。战略运输部门负责保证这些士兵的定期轮换和远程物资补给和医疗保障。

法军的战略运输由三军参谋部下属的海陆空运输局负责，该局拥有 4 艘海军登陆舰作为运输舰，3 架 A310 型战略运输机、80 架战术运输机、20 架 CN235 型飞机和 14 架波音 KC-135 型空中加油机。为了进一步提升战略运输能力，法国防部决定采购 50 架 A400M 新一代战略运输机。首批 A400M 将于 2009 年下半年开始在法军服役，全部订货将于 2019 年前交付，届时法军的运输能力将翻番。

开发“费林”未来步兵作战系统　据英国《防务系统日报》2005 年 5 月 13 日报道，法国萨吉姆防务安全弹药公司正在参与开发法国“费林”（FELIN）未来步兵作战系统战略发展项目。到 2007 年，将有数千名法国步兵装备“费林”系统，使其成为欧盟成员国中第一个装备作战部队的士兵系统。

“费林”系统包括采用人类工程学技术制造的更加轻便的防护服、先进的光电武器组件（轻型放大瞄准镜和红外热传感器）、头盔组件（瞄准具、图像显示器、夜视照相机等）、强大的先进通信中继和单兵自主动力组件。系统的核心是一部用于控制数据传输和通信链路的微型计算机。“费林”系统是为现代作战环境专门设计的，可以满足地面部队面临的主要作战挑战，即士兵在行动中拥有更高的防护能力和更快的反应能力。

另一项重要优势是扩大了行动领域。“费林”系统的数据传输网络（RIF）的覆盖范围很广。这种改进的数字通信系统能够在排以内进行语音、数据、图像甚至任务的传输。因此，“费林”系统使整个排的能力得到了提高。“费林”系统的一个重要特征是采用了模块化结构，士兵可以根据作战任务和级别，只携带每次任务所需的装备。排长和作业组长将专门配备一个移动信息系统，使得他们可以通过 GPS 方位跟踪/通信系统跟踪其部下的确切位置。该设备还可以提供更高的态势感知能力。这些新的因素将会改变传统的作战方式，从而对作战条令产生影响。

资料来源：

中国《外军后勤信息》2005 年 1~12 月；

中国《外国军事学术》2005 年 1~12 月。

（张　冬）

德国军队后勤　综述　随着德国军事变革逐步展开，继 2004 年德军决定调整总部后勤体制编制，筹组多功能“保障部队”之后，2005 年年初，德军再次出台后勤改革新举措——扩大军队后勤社会化保障范围。

一是把陆军技术保障业务承包给私营公司。德陆军 2005 年 3 月决定，把车辆和武器系统的维护业务全部交给私营企业完成。通过招标，决定由四家地方企业承担，其中新成立的陆军后勤股份有限公司获得最大订单。该公司于 2005 年 2 月与德国陆军签订了一项为期 8 年的合同，在此期间，该公司将对德国陆军至少 70%的武器系统做好各项后勤保障和技术保障。在合同期间，该公司将获得约 11 亿欧元的订单，可为德军节省大约 2 亿欧元的资金。

二是准备将军队的部分饮食保障委托给地方公司。据德国《商报》2005 年 4 月 12 日报道，德军日前决定将军队饮食保障业务交由地方公司完成，联邦议院决定由专门负责联邦国防军后勤保障事务私有化工作的“研发、购置与经营公司”承担，并于 5 月份开始进行第一阶段试验。该公司经理霍尔斯曼介绍说，今后 10 年首先把 300 多家军队食堂中的 14 家交给下属的杜斯曼公司经营。该经理认为，军队私有化后的运营成本将会降低一半。而国防部每年为这 14 家食堂拨款 1670 万欧元。联邦国防军所有食堂每年花费 7 亿欧元。

三是把军队“大力士”信息技术项目交由地方公司负责。“大力士”是联邦国防军最大的改革项目之一，它将把联邦国防军的全部信息技术私有化和现代化。2005 年，国防部决定将这项信息技术改革项目交给西门子和 IBM 公司组成的购货财团。

提出“未来步兵”系统现代化方案　据英国《简氏国际防务评论》2005 年 1 月刊报道，德国议会预算委员会近日批准一项 6970 万欧元采购案，用于从国防电子中心采购全新的现代化士兵系统——“未来步兵”（IDZ）。

“未来步兵”系统是以“10 人班”为基本单元的作战系统。IDZ 方案的核心有 20 个组件，但不是每个人都配备全部装备，而是采用分级使用的模块化概念，在一个班里有选择地配备并相互补充。在武器结构和在防弹衣上采用了新材料，而且用车辆装载了一部分装备，使得士兵负荷在现在 50 公斤的基础上减轻 30%~50%。班用车辆是克劳斯玛菲尔·魏格曼公司研制的“拳击手”战斗车，可搭载 10 人步兵班。

“未来步兵”系统的设计理念在于最大程度地提高士兵的机动能力、防护能力和作战效能，尤其是夜战效能。同时，它可使得执行独立作战命令的战斗小组和作战指挥与控制系统网络平台保持连接。首批系统将装备参与国际行动的德军地面部队。

资料来源：

中国《外军后勤信息》2005 年 1~12 月；

中国《外国军事后勤学术》2005 年 1~12 月。

（张　冬）

加拿大军队后勤　注重特种部队的后勤装备建设

据美国NTI网站2005年6月25日报道，加拿大国防部目前正在实施新军事变革，计划对三军部队进行重组，优化体制结构，组建类似于美国北方司令部的“加拿大司令部”。此外，还将突出加强特种部队与快速反应部队建设，以应对21世纪的威胁。为此，加拿大国防部今年拿出25亿美元购置新装备，这些资金将主要用于为特种部队采购中型运输直升机、多功能运输车辆和多用途飞机等后勤保障装备，提高特种部队的快速反应能力。加防务官员称，大型军用运输机是加军优先发展的项目，它将提高加军队的战略机动能力。目前，加军准备购买美国波音公司制造的C-17战略运输机。

澳大利亚军队后勤 提高兵力投送能力 据英国《防务新闻》2005年6月21日报道，为了提高陆军的快速投送能力，澳大利亚国防部日前同澳航宇公司，正式签署了总额为10亿美元的采购合同，购买12架新NH-90运输直升机及其相关设备。澳国防部长希尔说，计划将12架NH-90运输直升机组成一个中队，届时将使澳陆军的兵力投送能力提高50%以上。首架NH-90运输直升机将在2007年交付陆军，到2008年交付完毕。

采购新型空中加油机 据英国《简氏防务周刊》报道，澳大利亚国防部计划在2005年采购价值约17亿澳元（10亿美元）的4架空中加油机。新空中加油机应能增大澳大利亚皇家空军前线作战飞机的航程和续航能力，能为澳空军的新式波音737-700空中预警与控制机加油，应具有实施战略空运的能力。

按计划新空中加油机应能服役20~30年。它们将装配空中伸缩套管和探管锥套系统，以便在联盟作战中能为盟军飞机加油。每架加油机至少应能输送54400公斤燃料，能在离基地900海里的范围内加油，并能在空中待命90分钟。在400海里半径内，要求至少能加油65375公斤，并保持空中待命90分钟。

陆军陆续换发新型单兵野战装具 据互联网2005年4月15日报道，澳大利亚陆军计划从今年6月起陆续更换价值3500万美元的新型单兵野战装具。该系统是澳军“陆地125”现代化换装计划的一项主要内容，其主要目的是选用最新技术，增加单兵战术作战效能，满足澳军步兵在未来战场上的作战需要。

全系统包括5大部分：(1) 单兵电台。为轻型通用电台，可保证500米范围内的通信联络。(2) 热成像瞄准器。与F88“斯泰尔”步枪配套使用，可穿透暗夜、烟雾等不良环境，提供观察与目标截获能力。(3) 单兵作战负载设备。包括一个野战背包和胸部缚带，两者均采用防火材质。(4) 增强型作战头盔。系澳军特种部队现有装备，配有可加装夜战设备的托座，防火特性突出。(5) 个人防护垫。可供实战和日常训练防护使用的肘垫、膝垫。

（张　冬）

军　事　法　制

中国军事法制 **颁发《关于加强士官人才队伍建设的意见》** 《解放军报》2005年1月25日报道，总参谋部、总政治部、总后勤部、总装备部联合颁发《关于加强士官人才队伍建设的意见》（以下简称《意见》），从运行机制、政策法规上，保证士官人才队伍建设持续发展。

士官人才队伍建设是军委实施军队人才战略工程规划的一个组成部分。依据这一总体规划，四总部对士官队伍建设相关的政策制度作出具体规定，从机制上规范选才、育才、用才和管理这些关键性的问题，把士官人才队伍建设纳入法制化的发展轨道。这些规定和指挥军官队伍、参谋队伍、科学家队伍、技术专家队伍建设的有关规定相配套，是全面落实军委“五支队伍”建设战略决策的具体措施。

《意见》包含六个方面的内容：适应建设信息化军队、打赢信息化战争的要求。切实把士官队伍建设摆到人才强军的战略地位；完善选取制度，从源头上保证士官队伍质量，打牢这支队伍建设的基础；突出能力培养，全面提高士官人才队伍的整体素质；科学配备使用，充分发挥士官人才队伍的骨干作用；加强思想政治建设，确保士官人才队伍政治合格；完善管理机制，充分调动士官人才队伍的积极性和创造性。这六个方面的内容，对士官人才队伍建设的指导思想、目标任务、组织领导提出了明确要求；对士官人才的配备、选拔、培训、使用、教育、管理，从政策制度上作出了具体规定；是1999年底实施新的士官制度以来，全军和武警部队士官队伍建设经验的系统总结。

新的士官制度实施5年来，四总部相继颁发了《士官学员招生工作实施办法》、《士官管理规定》、《士官学员毕业分配工作规定》、《士官探亲休假规定》等，修改完善了《全军士官编制标准》。并展开了直接从非军事部门具有专业技能公民中招收士官的试点工作。这次颁发的《意见》和现行的法规制度相配套，是士官制度改革的深化和完善。《意见》在全军和武警部队实施，对建设一支政治思想坚定、专业技术精湛、作风纪律严明、骨干作用明显、身心素质良好的士官队伍，将会产生长远的推动作用。

下发《关于设立和实施士官优秀人才奖的通知》 《解放军报》2005年1月26日报道，总参谋部、总政治部、总后勤部、总装备部日前发出的《关于设立和实施士官优秀人才奖的通知》指出，从2005年起，实施士官优秀人才奖，每年奖励5000人，其中一等奖200名、二等奖800名、三等奖4000名。

《通知》强调，设立和实施士官优秀人才奖，目的是为了贯彻落实军委《实施军队人才战略工程规划》，激励广大士官爱岗敬业，造就高素质的士官队伍，为军队现代化建设和军事斗争准备提供人才支持。《通知》确定了士官优秀人才奖励的范围、条件和等级。其奖励的对象必须是在部队编制岗位上工作并做出突出成绩和贡献的士官。获奖人员必须符合以下五项条件：有发明创造或者技术革新成果，取得明显的军事、经济和社会效益；专业技术精湛，实践经验丰富，有效提高或者充分发挥了武器装备效能；组织管理能力强，素质全面，所领导的班、分队等单位建设成绩显著；参加师以上单位组织的军事比武、技能竞赛，取得优异成绩；在完成作战训练、战备施工、战斗或勤务保障等任务中，发挥了重要作用。奖励等级分为一等奖、二等奖和三等奖。其中，在全军或者大单位堪称优秀的，评为一等奖；在军级单位堪称优秀的，评为二等奖；在师级或者团级单位堪称优秀的，评为三等奖。奖励工作每年进行一次，结合年终工作总结于12月底前完成申报，翌年1月组织评审、月底完成。一等奖由四总部审批、通令表彰；二、三等奖由大单位审批、以通令形式公布。对获奖人员颁发士官优秀人才奖证书、证章和奖励金。

《通知》指出，设立和实施士官优秀人才奖，是实施人才强军战略方针，加强士官人才队伍建设的重要举措。根据部队建设发展需要，总部将适时调整奖励人数和奖励金标准。各级党委和机关要充分认识士官人才队伍的重要地位作用，认真执行评奖的各项规定，严格掌握评奖条件，落实评奖程序，优先奖励作战部队、高技术部队的士官和专业技术复杂岗位的士官。要大力宣扬获奖士官的先进事迹，充分发挥榜样的感召作用。激励广大士官立足本职，奋勇争先，为我军现代化建设做出更大贡献。

颁发《军队院校淘汰学员安置办法》 《解放军报》2005年2月25日报道，为贯彻落实中央军委实施人才战略工程要求，提高军事人才培养质量，国家教育部、公安部、民政部、人事部、劳动和社会保障部、国务院军队转业干部安置工作小组与总参谋部、总政治部、总后勤部等九部门，日前联合颁发新的《军队院校淘汰学员安置办法》，进一步完善军校学员选拔竞争机制。

《办法》对通过国家和军队统一考试录取的普通中学高中毕业生学员、士兵学员、研究生学员、接收入伍在军校培训的普通高校毕业生学员、军地院校联合培养的学员等5类对象，在新生复查复试阶段及学习期间因学习成绩、身体和主动申请退学、违纪等5种不同情况下被淘汰的学员安置渠道及办法作了明确和规范。

《办法》规定，入学阶段淘汰的新生，普通中学高中毕业生新学员政审或身体符合普通高校录取条件的，本人可向入学所在地省级高招办提出改录申请，由省级高招办商所属高校改录；军校应届毕业生考入的研究生可视情分配到部队工作；地方在职人员考入军校的研究生与原单位签订有劳动合同的，可继续履行原劳动合同。在校学习期间，因学习或身体原因不符合军校培养要求的学员，服役期两年以内（含两年）的参照义务兵退伍安置，两年以上的参照士官复员安置；接收入伍在军校培训的普通高校毕业生和地方考入的研究生学员，可根据个人意愿，依其专长调整做其他工作。

此外，《办法》还进一步划分了安置过程中军地相关部门职责，明确要求有关部门互相支持，密切配合，切实完成淘汰学员移交安置任务。

下发《坚持选拔标准，确保招生质量》的通知 《解放军报》2005年2月28日报道，军队招收地方人员攻读研究生并入伍，是选拔培养高层次专门人才的渠道之一。为把好入口，确保质量，总政治部日前就军队招收地方人员攻读研究生并入伍发出通知，对有关问题作出明确规定。

通知指出，要坚持标准，控制数量。招生对象以普通高等学校应届毕业的本科生和硕士研究生为主，在职人员和女生要从严控制。军事学各学科专业不招收地方人员。报考硕士研究生，原则上应具有学士学位，年龄一般不超过26周岁；报考博士研究生，应具有硕士学位，年龄一般不超过30周岁。招生对象必须符合公民入伍的政治条件和身体条件。各研究生培养单位招收地方生的数量，原则上不得超过当年招生计划总数的15%。

通知强调，要实行严格的审批制度。从2005年开始，每年研究生录取工作开始时，各招生单位根据考生初试情况，由政治机关干部部门上报拟入伍人员名册，经所在军区级单位政治部干部部审查汇总，于5月30日前报总政治部干部部审核。经批准的拟录取人员，由各招生单位进行文化复试、政治审查和体格检查，合格者发给由总政治部干部部统一印制的入学批准书。

通知要求，要严格落实各项工作程序。被录取的考生，入学后经3个月复查复试合格者，由研究生培养单位政治机关办理参军手续，硕士研究生的入伍时间从当年9月1日起算，博士研究生从入学之日起算。培养单位政治机关应及时将其入伍证明寄送本人父母或家属户口所在地的县级人民武装部。学员在校期间的工资标准，按照总部有关文件规定执行。

下发关于《深入开展学条令用条令活动》的通知 《解放军报》2005年2月2日报道，为深入贯彻军委从严治军方针，总参谋部近日发出通知，要求全军和武警部队深入开展学条令用条令活动，进一步推动部队正规化建设。

通知要求，各级要把学条令用条令作为基础性、经常性工作紧抓不放，作为落实从严治军方针的基本要求切实抓紧抓好。2005年第一季度要安排专门时间集中进行条令学习，突出抓好本级职责、纪律要求、制度规定和行为规范的学习。强化条令意识，增强贯彻执行的自觉性；要依据条令加强各级领导和机关干部的教育管理，严格纪律，严格制度，切实管住“生活圈”、“娱乐圈”、“交往圈”，采取得力措施，加强机关直属单位的管理，在落实条令上为部队做表率、当样板；要深入研究信息化条件下和社会主义市场经济环境下，军队正规化建设的特点和规律，积极探索依法从严治军、加强科学管理的有效措施，努力提高贯彻落实条令的有效性、针对性。

通知强调，学条令用条令要以加强作风纪律建设为核心，着力解决一些单位管理松懈、作风松散、纪律松弛的问题，重点纠正少数单位不按条令办事和违背条令另搞“土政策”、“土章法”的现象；纠正个别单位“四个秩序”不正规，执行纪律失之于宽、失之于软的现象；纠正少数人员责任心不强、工作不尽职、不尽心的现象；纠正法规意识淡薄、有章不循、违章蛮干的现象；纠正个别官兵不按规定着装、举止不端、不讲文明、不守公德等影响军人形象的行为。通过有针对性的教育、整顿，进一步促进作风纪律建设。

通知特别指出，首都驻军和各大单位领导机关要率先垂范、以身作则，带头学条令用条令，高标准地抓好自身的正规化建设，切实为部队做好样子。通知明确，总部将适时对军以上领导机关学条令用条令情况进行检查考核。

下发《关于清理临时和非编机构的通知》 《解放军报》2005年3月17日报道，经中央军委批准，总参谋部日前发出《关于清理临时和非编机构的通知》。强调非编单位和完成任务的临时机构一律撤销；任务尚未完成的临时机构要根据不同的情况重新报批。《通知》要求各大单位站在坚决贯彻军委从严治军方针、全面完成军队体制编制调整改革任务的高度，认真抓好清理工作。

《通知》指出，临时机构是指为担负某项特定的临时性工作或阶段性任务，按照《中国人民解放军组织编制管理条例》规定的管理权限，经过批准成立的机构；非编机构指未按规定的程序和权限报批成立的机构。这次清理工作，以加强组织编制管理，促进军队正规化建设为目标，坚持依法制定编制、依法执行编制、依法管理编制，切实纠正存在的问题，巩固体制编制调整改革成果，维护编制的严肃性和权威性。

《通知》明确要求，按照组织编制管理权限从六个方面做好清理工作：军委和总参批准组建的临时机构，由总参统一清理；各大单位在规定的权限内批准组建的临时机构，由大单位根据批准机关规定的临时机构任务进行清理。已完成规定任务的临时机构坚决撤销；任务尚未完成的临时机构，要根据工作进展情况，对机构作适当合并，人员作相应精简，工作任务较重的临时机构，经重新报批后予以保留。各类善后工作机构，凡这次调整精简以前成立的，于2005年6月底前全部撤销；这次调整精简成立的，于年底前全部撤销。非编机构一律撤销，不得以任何理由予以保留。军队企、事业单位占用的现役军人于6月底前全部清退，今后企、事业单位一律不得使用现役军人。临时机构员额纳人编制定额统一管理，清理后经批准保留的临时机构，其编制员额要在各单位保留编制定额内调整解决。

总参要求全军部队坚决按照依法从严治军方针，强化政治意识、大局意识和纪律意识，各级领导和机关要带好头，加强组织领导，严格依据《通知》的要求、步骤和时间，认真开展清理工作，清出实实在在的效果。年底前，总参对清理情况进行检查。切实把这项工作落到实处。

颁布施行《军工产品定型工作规定》《解放军报》2005年11月8日报道，国务院、中央军委日前颁布施行《军工产品定型工作规定》。这是国务院、中央军委为加强武器装备质量建设，规范军工产品定型工作而采取的重要举措。

《军工产品定型工作规定》共分6章48条，包括总则、定型机构与职责、设计定型、生产定型、管理与监督、附则等内容。它以《中国人民解放军装备条例》等法规为基本依据，以提高部队战斗力为根本标准，科学总结了我国军工产品定型工作的基本经验，合理借鉴了国外的有关经验和做法，对军工产品定型的基本任务、基本原则、基本内容、管理体制、工作机制等进行了总体规范，充分体现了新形势下军工产品定型工作的新特点、新要求，为建立协调有序的军工新产品定型管理体制和运行机制奠定了基础。

军工产品定型是指国家军工产品定型机构按照规定的权限和程序，对研制、改进、改型和技术革新的军工产品进行考核，确认其达到研制总要求和规定标准的活动。从1956年起，国务院、中央军委就设立了专门的军工产品定型管理机构，制定了一系列相关法规，对各类武器装备实行了严格的考核。国防工业和武器装备发展建设管理体制调整改革后，为了重新确认新体制下各级定型机构的职责及其工作程序、要求、保证军工产品定型工作在新形势下协调高效运行，国务院、中央军委军工产品定型委员会着手修订工作法规，经过反复调研论证、广泛征求意见，完成了《军工产品定型工作规定》的报批和发布。

下发《军人着装补充规定》《解放军报》2005年11月29日报道，为落实从严治军方针，维护军容严整和军人的良好形象，总参谋部日前下发关于《军人着装补充规定》的通知，依据《内务条令》，对军人着装问题作了进一步统一和规范。

《规定》要求，军人应当按照规定着制式军服，任何单位和个人不得擅自设计、制作、穿着非制式军服；军人着军服时，应当扎制式腰带，参加操课和集体活动时，应当穿制式军鞋；卫兵执勤时，应当着常服或者作训服，不得擅自穿着、佩戴仪仗服、警备纠警服及其专用服饰和标志；军队文艺工作者应当统一着军队制式演出服，佩带制式服饰和标志，不得自行制作和穿着其它样式的演出服；军人以军人身份参加外事活动或者参加军队代表团出国访问考察，应当统一着制式军服，扎制式腰带，穿制式军鞋；离、退休军人参加国家和军队组织的重大庆典活动时，可以穿着离、退休时的制式军服，佩带国家和军队统一颁发的勋章、奖章、纪念章和符号标志。

颁发《中国人民解放军绿化条例》《解放军报》2005年7月29日报道，中央军委主席胡锦涛日前签署命令，颁发《中国人民解放军绿化条例》。该《条例》是军队绿化工作的基本依据，自颁发之日起在全军施行。

《条例》以“三个代表”重要思想和科学发展观为指导，贯彻国家有关法律、法规的基本精神和原则，适应国家生态建设与保护事业发展形势和军队现代化建设的需要，坚持以人为本，规范了军队绿化建设与管理工作。

《条例》共7章40条，内容涵盖军队绿化工作的基本原则与任务、工作职责、规划与计划、绿化建设、绿化管理、奖励与处分等各方面。《条例》强调，军队绿化工作是国家生态建设事业的组成部分；植树造林，绿化祖国，保护绿化资源是军队所有单位和个人应尽的义务。

该《条例》是在1994年2月颁发的原绿化条例基础上修订的。根据贯彻执行国家有关法律法规、适应形势发展和强化军队绿化工作管理的需要，《条例》对军队绿化工作的范围、基本目标、机构与职责、绿化建设与管理、绿化资源保护等内容作了新的或更加明确的规定。《条例》在修订中特别注重了与国家法律法规相统一、与军队相关法规相配套；注重了对全军各部门、各单位和全体官兵的适用性；注重了满足军事特殊要求的需要。《条例》颁发后，原绿化条例即行废止。中国人民武装警察部队的绿化工作，参照本《条例》执行。

发布《中国人民解放军机关公文处理条例》《解放军报》2005年10月8日报道，中央军委主席胡锦涛近日签署命令，发布新修订的《中国人民解放军机关公文处理条例》，自2006年1月1日起在全军施行。新条例对于加强我军机关公文处理工作，提高军队各级机关的正规化建设水平，必将起到积极的推动作用。

新条例共9章48条，包括总则、公文种类、公文格式、行文规则、发文办理、收文办理、公文立卷归档、公文管理及附则等内容。新条例根据军队机关公文处理工作的特点和规律，进一步明确了军队机关公文处理的基本原则和基本要求，简化了公文种类，调整了公文格式，规范了公文办理程序，充实了公文管理的有关规定。

这次修订《中国人民解放军机关公文处理条例》，首次配套制定了国家军用标准《军队机关公文格式》，明确了军队机关公文格式的技术标准和要素的具体标识规则，提高了军队机关公文格式的标准化程度，增强了可操作性。这一标准作为新条例的支持性技术文件，由总装备部批准发布实施。部分条例公布如下：

第一章 总 则

第一条 为使中国人民解放军机关公文（以下简称军队机关公文）处理工作规范化、制度化、科学化，提高公文处理的质量和效率，制定本条例。

第二条 军队机关公文，是军队机关处理公务中形成的具有法定效力和规范体式的文书，是军队机关履行职能的重要工具。

第三条 公文处理是指公文的拟制、办理、立卷归档和管理等一系列相互关联、衔接有序的工作。

第四条 公文处理应当坚持求实、精简、高效的原则，做到准确、及时、安全、保密。

第五条 中央军委办公厅指导全军的机关公文处理工作。

总部办公厅（司令部）和军区级（含）以下单位司令部或者履行相应职能的部门，指导本级和所属单位的机关公文处理工作。

第六条 各级首长、机关应当严格执行本条例，切实做好机关公文处理工作。

各级首长应当加强对本单位机关公文处理工作的指导和检查。

第二章 公文种类

第七条 军队机关公文种类分为：命令、通令、决定、指示、通知、通报、报告、请示、批复、函、通告、会议纪要。

第八条 军队机关公文按照下列规定使用：

（一）命令用于发布军事法规、军事规章，确定和调整体制编制，部署军事行动，调动部队，授予、变更和撤销部队番号，调配武器装备，任免干部，授予和晋升军衔，选取士官，授予荣誉称号等；

（二）通令用于依据《中国人民解放军纪律条令》宣布奖惩事项（不含授予荣誉称号）；

（三）决定用于对重要事项做出决策或者安排，变更或者撤销下级不适当的决定事项；

（四）指示用于向下级布置工作，明确工作原则和要求；

（五）通知用于传达需要下级执行和有关单位周知或者办理的事项，转发上级机关和不相隶属机关的公文，批转下级机关的公文；

（六）通报用于表彰先进，批评错误，传达重要精神或者重要情况；

（七）报告用于向上级机关汇报工作，反映情况和意见建议，回复询问；

（八）请示用于请求上级机关指示、批准事项；

（九）批复用于答复下级机关请示事项；

（十）函用于无隶属关系的机关之间商洽工作，询问、答复问题，通报情况；

（十一）通告用于向社会公布应当遵守或者周知的事项；

（十二）会议纪要用于记载会议主要情况和议定事项。

第三章 公文格式

第九条 军队机关公文，一般由发文机关标识、密级、份号、发文字号、签发人和已阅人、标题、主送机关、正文和无正文说明、署名、成文日期、印章、发文（传达）说明、主题词、抄送机关、印发（承办）说明和页码等要素组成。

第十条 军队机关公文的组成要素应当符合下列格式和要求：

（一）发文机关标识分为文种标识和固定标识，文种标识标明发文机关和公文种类，固定标识标明发文机关和“文件”字样；固定标识用于军区级以上机关下发重要公文；发文机关使用全称或者规范化简称；联合发文的各联署机关名称通常按照编制序列排列；

（二）密级按照《中国人民解放军保密条例》和《中国人民解放军军事秘密及其密级具体范围》等有关规定确定；涉密公文标明密级和份号；

（三）文种标识的公文发文字号标明发文机关代字、年份、序号；固定标识的公文和会议纪要的发文字号标明年份、序号；联合发文只标明一个发文字号；

（四）上报的公文标明签发人姓名，根据需要标明已阅人姓名；

（五）标题应当准确概括公文内容，根据需要标明发文机关名称和公文种类；

（六）主送机关应当是公文的受理机关；抄送机关应当是需要知晓公文内容的其他机关；主送机关、抄送机关名称应当使用全称或者规范化统称、简称；

（七）正文应当准确表达公文内容；有附件的标明附件序号、名称；

（八）机关署名署全称或者规范化简称；首长署名署职务和名章（签名章）；联合发文由各联署机关署

名并按照发文机关标识中的顺序排列；署名机关应当加盖印章；

（九）成文日期应当署公文审批签发完毕的日期或者会议通过的日期；特殊情况下署公文印发日期；

（十）主题词按照国家军用标准《军队机关公文主题词标引规则》标引。

第十一条　军队机关公文各组成要素的具体标识规则和公文用纸规格，按照国家军用标准《军队机关公文格式》执行。

第十二条　军队机关公文使用的汉字、标点符号、计量单位、数字和外文字符，按照国家标准和国家主管部门的有关规定执行。

驻民族自治地方省军区系统的机关公文，可以根据需要同时使用汉字和通用的少数民族文字。

第四章　行文规则

第十三条　军队机关必须根据隶属关系和各自的职权范围行文。

第十四条　行文一般不得越级；因特殊情况需要越级行文的，应当同时抄送被越过的机关。

除首长直接交办的事项外，下级机关不得直接向上级首长行文。

第十五条　本级机关可以行文的事项，不得请求上级机关行文。需要上级机关行文的，应当在请示中说明理由并附代拟稿。

第十六条　请示主送上级主管机关，根据需要抄送其他有关机关，但不得抄送下级机关。

请示应当一文一事，不得在非请示公文中夹带请示事项。

第十七条　上级机关向下级机关行文，主送需要执行的机关，根据需要抄送其他有关机关；重要行文还应当抄送发文机关的直接上级机关。

第十八条　受双重领导的机关向一个上级机关行文，通常应当抄送另一个上级机关；一个上级机关向受双重领导的下级机关行文，必要时抄送该下级机关的另一个上级机关。

第十九条　军队同级机关可以联合行文。军队机关也可以与相应的地方党政机关联合行文。

第二十条　行文内容涉及其他机关职权范围内事项的，主办机关应当与有关机关协商一致后行文；经协商未取得一致且又需要行文的，应当列明各方理由，提出意见，报请上级机关协调或者裁定。

第五章　发文办理

本章共6条，主要介绍以本机关名义制发公文的全过程。包括起草注意事项：①符合政治规定。②客观反映问题。③文字精练，重点突出。④使用正确的公文种类，注意格式。同时还介绍了审核签发、印制、分发等程序。

第六章　收文办理

本章从第27条至第33条，共7条。主要介绍什么是收文办理，以及办理过程的所有程序。收文办理是指机关受理公文的整个过程。办理过程的程序包括：接收、审核、拟办、承办、催办、审批和答复等。

第七章　公文立卷归档

本章从第34条至第37条，共4条。本章主要介绍公文办理完毕后，要按书写规程和统用公文纸张，将材料收集齐全整理归档，并移交档案部门，个人不得保存。

第八章　公文管理

第三十八条　各级机关应当严格执行公文管理的规定，建立健全本机关公文管理的有关制度。

第三十九条　公文的内容需要向社会公开的，必须经发文机关批准。

第四十条　公文的传达范围应当严格按照发文机关的要求执行，未经发文机关批准不得变更。

上级机关的绝密级公文一般不得转发，需要转发的应当经发文机关批准。

第四十一条　翻印、汇编涉密公文必须经发文机关批准。翻印时应当标明翻印机关、时间、份数和印发范围。复印涉密公文必须按照规定履行审批登记手续，并加盖复印机关印记。

复制的公文应当按照原件要求进行管理。

第四十二条　不具备归档和保存价值的公文，经批准后可以销毁。销毁涉密公文按照有关规定执行。

第四十三条　机关撤销时，公文应当及时移交指定的部门。

首长和机关工作人员调离工作岗位时，应当将本人暂存、借用的公文及时移交、清退。

第四十四条　被撤销的公文自始不发生效力；被废止的公文自废止之日起终止效力。

第九章　附　则

第四十五条　作战文书的处理，按照《中国人民解放军司令部条例》的规定执行。

密码电报、传真电报的处理，按照总参谋部的有关规定执行。

军事立法方面公文的处理，《军事法规军事规章条例》有特别规定的，按照其规定执行。

军队机关内部的呈批件、呈阅件、简报、电话记录、统计报表等文书的处理，参照本条例执行。

第四十六条　军队机关电子公文的处理办法另行制定。

第四十七条　中国人民武装警察部队机关公文的处理，参照本条例执行。

第四十八条　本条例自 2006 年 1 月 1 日起施行。1992 年 3 月 30 日中央军委批准、中央军委办公厅印发的《中国人民解放军机关公文处理条例》同时废止。

公布施行《军队参加抢险救灾条例》《解放军报》2005 年 6 月 8 日报道，中华人民共和国国务院总理温家宝、中华人民共和国中央军事委员会主席胡锦涛 6 月 7 日签署第 436 号令，公布施行《军队参加抢险救灾条例》。

条例共 18 条，对军队参加抢险救灾主要担负的任务，各级人民政府和军事机关做好军队参加抢险救灾的组织、指挥、协调、保障等工作，都作出了规定。《条例》全文如下：

第一条　为了发挥中国人民解放军（以下称军队）在抢险救灾中的作用，保护人民生命和财产安全，根据国防法的规定，制定本条例。

第二条　军队是抢险救灾的突击力量，执行国家赋予的抢险救灾任务是军队的重要使命。

各级人民政府和军事机关应当按照本条例的规定，做好军队参加抢险救灾的组织、指挥、协调、保障等工作。

第三条　军队参加抢险救灾主要担负下列任务：

（一）解救、转移或者疏散受困人员；

（二）保护重要目标安全；

（三）抢救、运送重要物资；

（四）参加道路（桥梁、隧道）抢修、海上搜救、核生化救援、疫情控制、医疗救护等专业抢险；

（五）排除或者控制其他危重险情、灾情。

必要时，军队可以协助地方人民政府开展灾后重建等工作。

第四条　国务院组织的抢险救灾需要军队参加的，由国务院有关主管部门向中国人民解放军总参谋部提出，中国人民解放军总参谋部按照国务院、中央军事委员会的有关规定办理。

县级以上地方人民政府组织的抢险救灾需要军队参加的，由县级以上地方人民政府通过当地同级军事机关提出，当地同级军事机关按照国务院、中央军事委员会的有关规定办理。

在险情、灾情紧急的情况下，地方人民政府可以直接向驻军部队提出救助请求，驻军部队应当按照规定立即实施救助，并向上级报告；驻军部队发现紧急险情、灾情也应当按照规定立即实施救助，并向上级报告。

抢险救灾需要动用军用飞机（直升机）、舰艇的，按照有关规定办理。

第五条　国务院有关主管部门、县级以上地方人民政府提出需要军队参加抢险救灾的，应当说明险情或者灾情发生的种类、时间、地域、危害程度、已经采取的措施，以及需要使用的兵力、装备等情况。

第六条　县级以上地方人民政府组建的抢险救灾指挥机构，应当有当地同级军事机关的负责人参加；当地有驻军部队的，还应当有驻军部队的负责人参加。

第七条　军队参加抢险救灾应当在人民政府的统一领导下进行，具体任务由抢险救灾指挥机构赋予，部队的抢险救灾行动由军队负责指挥。

第八条　县级以上地方人民政府应当向当地军事机关及时通报有关险情、灾情的信息。

在经常发生险情、灾情的地方，县级以上地方人民政府应当组织军地双方进行实地勘察和抢险救灾演习、训练。

第九条　省军区（卫戍区、警备区）、军分区（警备区）、县（市、市辖区）人民武装部应当及时掌握当地有关险情、灾情信息，办理当地人民政府提出的军队参加抢险救灾事宜，做好人民政府与执行抢险救灾任务的部队之间的协调工作。有关军事机关应当制定参加抢险救灾预案，组织部队开展必要的抢险救灾训练。

第十条　军队参加抢险救灾时，当地人民政府应当提供必要的装备、物资、器材等保障，派出专业技术人员指导部队的抢险救灾行动；铁路、交通、民航、公安、电信、邮政、金融等部门和机构，应当为执行抢险救灾任务的部队提供优先、便捷的服务。

军队执行抢险救灾任务所需要的燃油，由执行抢险救灾任务的部队和当地人民政府共同组织保障。

第十一条　军队参加抢险救灾需要动用作战储备物资和装备器材的，必须按照规定报经批准。对消耗的部队携行装备器材和作战储备物资、装备器材，应当及时补充。

第十二条　灾害发生地人民政府应当协助执行抢险救灾任务的部队做好饮食、住宿、供水、供电、供暖、医疗和卫生防病等必需的保障工作。

地方人民政府与执行抢险救灾任务的部队应当互相通报疫情，共同做好卫生防疫工作。

第十三条　军队参加国务院组织的抢险救灾所耗费用由中央财政负担。军队参加地方人民政府组织的抢险救灾所耗费用由地方财政负担。

前款所指的费用包括：购置专用物资和器材费用，指挥通信、装备维修、燃油、交通运输等费用，补充消耗的携行装备器材和作战储备物资费用，以及人员生活、医疗的补助费用。

抢险救灾任务完成后，军队有关部门应当及时统计军队执行抢险救灾任务所耗费用，报抢险救灾指挥机构审核。

第十四条　国务院有关主管部门和县级以上地方人民政府应当在险情、灾情频繁发生或者列为灾害重点监视防御的地区储备抢险救灾专用装备、物资和器材，保障抢险救灾需要。

第十五条　军队参加重大抢险救灾行动的宣传报道，由国家和军队有关主管部门统一组织实施。新闻单位采访、报道军队参加抢险救灾行动，应当遵守国家和军队的有关规定。

第十六条　对在执行抢险救灾任务中有突出贡献的军队单位和个人，按照国家和军队的有关规定给予奖励；对死亡或者致残的人员，按照国家有关规定给予抚恤优待。

第十七条　中国人民武装警察部队参加抢险救灾，参照本条例执行。

第十八条　本条例自 2005 年 7 月 1 日起施行。

颁发《军队贯彻执行〈中国共产党纪律处分条例〉的补充规定》《解放军报》2005 年 8 月 17 日报道，为贯彻从严治党、从严治军方针，中央军委近日向全军颁发《军队贯彻执行<中国共产党纪律处分条例>的补充规定》。

《补充规定》作为军队贯彻执行《中国共产党纪律处分条例》的一部重要法规，对于加强新时期军队党的纪律建设，进一步规范军队党纪案件的处理工作，推进部队党风廉政建设具有重要意义。

《补充规定》共 30 条。在处分条件和量纪标准的设置上充分体现军队遵守党的纪律的特殊要求，突出了维护政治纪律。明确规定，对反对党对军队绝对领导，参加危害国家、军队安全活动的，一律开除党籍。对擅自成立军队条令条例规定以外的团体、组织，参与宗教、迷信活动，编造或者传播、私藏有严重政治问题的信息，组织、参与或者支持社会上的游行、示威、静坐、请愿、串联上访活动的行为，坚决予以严惩。

《补充规定》加大了对易发多发违纪违法问题的惩处力度。对插手军队工程建设、物资采购、报废装备器材处理，转让、出卖、租赁军队房地产，出借军用车辆、军车号牌，以及授意指使部属违反岗位职责等行为的纪律处分，作出了明确规范。

《补充规定》还对公款吃喝、私设“小金库”等问题的处理，设置了处分条款，对战时违纪行为的处理作出了规定。

《补充规定》全文如下：

第一条　为了正确处理军队中的党组织和党员违犯党的纪律的行为，根据《中国共产党纪律处分条例》第一百七十六条的规定，结合军队实际，制定本规定。

第二条　军队中的党组织和党员违犯党的纪律应当受到党纪追究的，适用《中国共产党纪律处分条例》和本规定。插手干预基层敏感事务、违犯军官职务任免纪律的，依照《关于军队领导机关工作人员插手干预基层敏感事务的处理规定（试行）》和《违犯现役军官职务任免纪律的处理规定》处理。

第三条　公开发表反对党对军队绝对领导的文章、演说、宣言、声明的，给予开除党籍处分。

播出、刊登、出版前款所列文章、演说、宣言、声明的，对主要责任者和其他直接责任人员，给予严重警告或者撤销党内职务处分；情节严重的，给予留党察看或者开除党籍处分。

第四条　在军队中进行策反或者组织、参加危害国家、军队安全活动的，给予开除党籍处分。

第五条　在军队中擅自成立军队条令条例规定以外的团体、组织或者擅自参加社会团体、组织及其活动，经批评教育不改的，给予警告或者严重警告处分；情节严重的，给予撤销党内职务、留党察看或者开除党籍处分。

成立或者参加军队禁止性组织及其活动的，依照前款规定从重或者加重处分。

第六条　编造或者传播有严重政治问题的信息的，给予警告、严重警告或者撤销党内职务处分；情节严重的，给予留党察看或者开除党籍处分。

私藏有严重政治问题的信息载体的，给予警告或者严重警告处分；情节严重的，给予撤销党内职务或者留党察看处分。

战时造谣惑众，动摇军心的，给予开除党籍处分。

第七条　参与或者以提供信息、资料、财物、场所等方式支持社会上的游行、示威、静坐、请愿、串联上访活动的，给予警告或者严重警告处分；情节严重的，给予撤销党内职务或者留党察看处分。

组织社会上的游行、示威、静坐、请愿、串联上访活动的，依照前款规定从重或者加重处分。

第八条　参与宗教、迷信活动，经批评教育不改的，给予警告或者严重警告处分；造成恶劣影响的，给予撤销党内职务、留党察看或者开除党籍处分。

组织宗教、迷信活动的，依照前款规定从重或者加重处分。

第九条　擅自出国、出境的，给予严重警告或者撤销党内职务处分；情节严重的，给予留党察看或者开除党籍处分；超过六个月不归的，给予开除党籍处分。

第十条　弄虚作假，骗取不正当利益的，对主要责任者和其他直接责任人员，给予警告或者严重警告处分；情节较重的，给予撤销党内职务或者留党察看处分；情节严重的，给予开除党籍处分。

瞒报、谎报案件、事故或者其他按照规定应当上报的重要情况的，依照前款规定从重或者加重处分。

战时瞒报、谎报军情的，给予留党察看或者开除党籍处分；贻误战机或者造成作战失利等严重后果的，给予开除党籍处分。

第十一条　违抗或者消极执行上级命令、指示的，对主要责任者和其他直接责任人员，给予警告或者严重警告处分；情节严重的，给予撤销党内职务、留党察看或者开除党籍处分。

在执行作战、抢险救灾或者处置突发性事件等任务中，违抗或者消极执行上级命令、指示的，依照前款规定从重或者加重处分。

第十二条　无故不参加学习、工作、训练、执勤，经批评教育不改的，给予警告或者严重警告处分；情节较重的，给予撤销党内职务或者留党察看处分；情节严重的，给予开除党籍处分。

第十三条　授意、指使部属违法违纪的，给予严重警告或者撤销党内职务处分；情节严重的，给予留党察看或者开除党籍处分。

战时有前款所列行为的，依照前款规定从重或者加重处分。

由于上级授意、指使，致使部属违法违纪的，对部属依照第一款规定从轻或者减轻处分；事先进行抵制或者及时报告未造成严重后果的，可以不予处分。

第十四条　隐瞒、截留战利品、慰问金、慰问品的，给予严重警告或者撤销党内职务处分；情节严重的，给予留党察看或者开除党籍处分。

私分战利品、慰问金、慰问品的，对主要责任者和其他直接责任人员，依照前款规定从重或者加重处分。

第十五条　插手部队工程建设、物资采购、报废装备器材处理，以及转让、出卖、租赁军队房地产等，为亲友谋取不正当利益的，给予警告或者严重警告处分；情节较重的，给予撤销党内职务或者留党察看处分；情节严重的，给予开除党籍处分。

利用职权把亲友调离参战部队的，依照前款规定从重或者加重处分。

第十六条　用公款吃喝、送礼，经批评教育不改或者造成不良影响的，给予警告或者严重警告处分；情节严重或者造成恶劣影响的，给予撤销党内职务或者留党察看处分。

用党费或者专项业务经费吃喝、送礼的，依照前款规定从重或者加重处分。

第十七条　违反财经纪律设立“小金库”的，对主要责任者和其他直接责任人员，给予警告或者严重警告处分；情节较重的，给予撤销党内职务或者留党察看处分；情节严重的，给予开除党籍处分。

第十八条　在征兵工作中失职、渎职，接送不合格兵员的，对主要责任者和其他直接责任人员，给予警告或者严重警告处分；情节严重的，给予撤销党内职务或者留党察看处分。

在征兵工作中收受钱物或者谋取其他不正当利益的，依照前款规定从重或者加重处分。

第十九条　违反武器装备使用管理规定，遗失、遗弃、损坏武器装备，擅自出卖、转让、出借、私存装备器材，或者擅自改变武器装备的编配用途，造成不良后果，情节较轻的，给予警告或者严重警告处分；情节较重的，给予撤销党内职务或者留党察看处分；情节严重的，给予开除党籍处分。

战时有前款所列行为的，依照前款规定从重或者加重处分。

第二十条　违反规定出借军用车辆或者军车号牌的，对主要责任者和其他直接责任人员，情节较重的，给予警告或者严重警告处分；情节严重的，给予撤销党内职务或者留党察看处分。

出租、出卖军用车辆或者军车号牌的，依照前款规定从重或者加重处分。

第二十一条　违反规定出借军队房地产或者擅自改变军用土地用途的，对主要责任者和其他直接责任人员，情节较重的，给予警告或者严重警告处分；情节严重的，给予撤销党内职务或者留党察看处分。

擅自出租、出卖、转让军队房地产的，依照前款规定从重或者加重处分。

第二十二条　违反规定使用军队印章，造成不良影响和后果的，对主要责任者和其他直接责任人员，给予警告或者严重警告处分；情节严重的，给予撤销党内职务或者留党察看处分。

使用军队印章进行违法违纪活动的，依照前款规定从重或者加重处分。

第二十三条　违反群众纪律，侵犯群众利益，造成不良影响和后果的，给予警告或者严重警告处分；造成恶劣影响或者严重后果的，给予撤销党内职务、留党察看或者开除党籍处分。

战时有前款所列行为的，依照前款规定从重或者加重处分。

第二十四条　虐待俘虏，情节较轻的，给予警告或者严重警告处分；情节较重的，给予撤销党内职务或者留党察看处分；情节严重的，给予开除党籍处分。

第二十五条　对同时违犯党纪、军纪的行为，应当按照规定分别处理。其中，受到开除军籍或者除名处分的，一律给予开除党籍处分；受到行政降职（级）、撤职处分的，给予撤销党内职务或者留党察看处分。对违犯党纪应当给予警告或者严重警告处分的，如本人因同一行为已经受到行政记大过（含）以下处分，也可以不再给予党纪处分。

第二十六条　对犯罪情节轻微，依法免予刑事处罚的，给予留党察看或者开除党籍处分。

第二十七条　对于《中国共产党纪律处分条例》和本规定以及其他党内法规没有规定，但危害党、国家、军队和人民利益，确需追究党纪责任的违纪行为，比照《中国共产党纪律处分条例》和本规定以及其他党内法规中最相类似的条款处理。需要比照处理的案件，按照处分党员批准权限，应当由军级单位或者军区级单位党委、纪委批准的，报中央军委纪委批准；应当由师、旅级单位党委、纪委批准的，报军区级单位纪委批准；应当由团级单位党委、纪委批准的，报军级单位纪委批准。各级纪委批准的比照处理案件，报中央军委纪委备案。

第二十八条　中国人民武装警察部队中的党组织和党员违犯党纪应当受到党纪追究的，按照本规定执行。

第二十九条　本规定由中央军委纪委负责解释。

第三十条　本规定自 2005 年 7 月 22 日起施行。2000 年 2 月 18 日中央军委发布的《军队贯彻执行〈中国共产党纪律处分条例（试行）〉的补充规定》同时废止。

本规定施行前，已结案的案件如需进行复查复议，适用当时的规定或者政策。尚未结案的案件，依照当时的规定或者政策处理；但是如果本规定不认为是违纪或者处理较轻的，依照本规定处理。

下发《关于认真学习贯彻〈建立健全教育、制度、监督并重的惩治和预防腐败体系实施纲要〉的通知》《解放军报》2005 年 2 月 7 日报道，总政治部、军委纪委日前下发《关于认真学习贯彻〈建立健全教育、制度、监督并重的惩治和预防腐败体系实施纲要〉的通知》，要求全军各级党组织认真学习领会中共中央印发的这一《实施纲要》，紧密结合实际，坚决贯彻落实。

《通知》指出，坚持标本兼治、综合治理、惩防并举、注重预防的方针，建立健全与社会主义市场经济体制相适应的教育、制度、监督并重的惩治和预防腐败体系，是以胡锦涛同志为总书记的党中央，从完成我国经济社会发展的重大任务和巩固党的执政地位的全局出发，为做好新形势下反腐倡廉工作作出的重大战略决策，是我们党对执政规律和反腐倡廉工作规律认识的进一步深化，是从源头上防治腐败的根本举措，对于提高党的执政能力、巩固党的执政地位，具有极其重要的意义。各级党委、纪委要从政治和全局的高度，深刻认识贯彻落实《实施纲要》的重要意义，把贯彻《实施纲要》作为一项重大政治任务切实抓紧抓好，确保党中央这一重大战略决策落实到实处。

《通知》要求，当前首先要抓好《实施纲要》的学习宣传。通过学习宣传，努力使各级领导干部掌握《实施纲要》，广大党员干部熟悉《实施纲要》，基层骨干了解《实施纲要》。要结合部队实际制定贯彻《实施纲要》的具体措施办法，重视发挥我军思想政治建设的优势，科学总结和充分运用教育、制度、监督方面积累的工作经验；围绕新世纪新阶段我军肩负的历史使命，紧贴推进中国特色军事变革，周密筹划惩治和预防腐败的各项工作；把握教育、制度、监督并重的原则，继续在加强教育、完善制度、强化监督上下功夫，充分发挥惩治和预防腐败体系的作用；以《实施纲要》的颁布为契机，进一步加大反腐倡廉工作力度，把研究制定《实施纲要》措施办法的过程，变成推动工作落实的过程。

《通知》强调，各级要加强贯彻《实施纲要》的组织领导。党委要肩负起党风廉政建设的重大政治责任，切实加强领导，把建立健全惩治和预防腐败体系纳入部队建设的总体规划，列入党委工作的重要议事日程，统筹安排，加强协调，狠抓工作落实。各级纪委要认真履行组织协调职责，协助党委抓好建立健全惩防体系主要任务的分解，建立和完善督查机制。机关各部门要按照职能分工，把反腐倡廉措施寓于各项业务建设之中，努力形成分项落实、统筹运转、合力推进的良好局面。

下发关于《考核与考试相结合选拔团级领导干部》的通知 《解放军报》2005年5月18日报道，2005年5月，总政有关部门发出通知，确定在部分师级作战部队，开展考核与考试相结合办法，选拔优秀正营职干部担任作战部队团级领导职务的试点工作。

实行考核与考试相结合选拔干部，是加强能力建设、提高干部队伍素质的重要举措，是实施军队人才战略工程的重要内容，是推进干部选拔任用工作科学化、制度化、规范化的内在要求。军委、总政领导对这项工作非常重视，要求试点工作坚持党管干部原则，从部队实际出发，精心组织实施，积极稳妥地推进。

此次试点工作以邓小平理论、“三个代表”重要思想和胡主席一系列重要指示为指导，着眼建设信息化军队、打赢信息化战争需要，建立考核与考试相结合的干部考察机制，促进指挥员队伍综合素质提高，为全军作战部队全面推行摸索经验、提供借鉴。

考核是按照《现役军官职务任免条例》规定的形式和方法进行。全面考察干部的德、能、勤、绩、体，着重了解政治思想表现、工作态度、工作实绩、工作作风、群众公论和身体状况。考试采取笔试和面试方式进行。笔试内容分共同科目和专业科目，重点考察干部履行职责所必需的基本理论、基本知识、基本方法以及专业知识的掌握程度，特别是分析解决实际问题的能力。根据考核和考试情况，试点单位党委综合衡量、通盘研究，确定拟提升对象名单。

颁发《中国人民解放军团级以上指挥军官通用能力基本标准（试行）》 《解放军报》2005年6月10日报道，经军委领导批准，总政日前颁发《中国人民解放军团级以上指挥军官通用能力基本标准（试行）》。这是加强我军指挥军官队伍能力建设的一个重要法规性文件。

《标准》以《现役军官法》和《现役军官职务任免条例》为依据，认真贯彻党中央、中央军委和胡主席关于加强干部队伍能力建设的一系列重要指示，着眼履行我军新的历史使命，从我军指挥军官队伍的实际出发，吸收近年来党政领导干部和国家公务员队伍能力建设的成功经验，首次对团级以上指挥军官必须具备的基本能力作出规定。《标准》适用于担任团级至军区级指挥职务的军事军官、政治军官、后勤军官和装备军官。在机关担任团级以上领导职务的军官，参照《标准》的有关规定执行。

《标准》的主要内容包括通用能力的构成、能力标准的完善以及运用等。其中，将团级以上指挥军官必须具备的通用能力规定为8项，即政治领导能力、谋划决策能力、组织指挥能力、依法管理能力、团结协调能力、学习创新能力、廉洁自律能力和身心适应能力，并对每项能力的构成要素作了明确。这些规定，既体现了军官应当具备的基本条件，又充分考虑了指挥军官指挥职能对通用能力的特殊要求：既反映指挥军官队伍通用能力的现状，又着眼建设信息化军队、打赢信息化战争对指挥军官队伍能力建设的需要；既符合指挥军官岗位职责要求和管理科学理论，又比较简洁规范。《标准》的颁发，为逐步构建具有我军特色的军官考核评价体系奠定了基础。

为使通用能力基本标准得到有效运用，《标准》规定，团级以上指挥军官应当按照本标准的要求，加强学习，努力实践，不断提高自身的能力；培训、考核和任用团级以上指挥军官，应当以本标准为基本依据，体现通用能力的要求。

总政治部要求全军各级党委和政治机关结合本单位实际制定具体实施细则，并注意总结经验，不断完善指挥军官能力标准，努力推进指挥军官队伍全面建设。

下发《关于开展争做“四会”优秀政治教员活动的意见》 《解放军报》2005年5月14日报道，为贯彻落实胡主席的重要指示精神，加强思想政治教育的针对性、实效性，日前，总政治部下发《关于开展争做“四会”优秀政治教员活动的意见》，要求在全军师以下部队开展争做会搞思想调查、会计划安排教育、会备课讲课、会运用现代化教学手段的“四会”优秀政治教员活动。

《意见》指出，我军所处的国际国内环境和肩负的历史使命，对部队思想政治教育提出了更高的要求。开展争做“四会”优秀政治教员活动，要以邓小平理论和“三个代表”重要思想为指导，认真贯彻落实胡主席关于加强和改进思想政治教育的重要指示精神和军委、总政的要求，紧贴部队工作实际，立足部队教育实践，扎扎实实做好各项工作，促进政治干部抓教育能力素质的不断提高。促进部队思想政治教育质量效果的不断提高。

《意见》规定，参加活动的对象，主要是营连级单位的政治干部，师旅团级单位的政治领导和政治机关干部，以及热心思想政治教育工作的其他基层和机关干部。活动内容：一是会搞思想调查。在每一教育阶段和具体教育任务中，能够摸清官兵现实思想、找准教育要解决的主要问题，保证教育贴近实际，具有针对性。二是会计划安排教育。对上级部署的教育任务态度认真，善于把统一要求与本单位实际结合起来，有的放矢、积极主动地组织开展教育。精心设计每一教育的内容、形式和方法，妥善解决遇到的矛盾和问题，保证教育有序进行、落到实处。三是会备课讲课。认真准备每一授课内容。精心编写教案。讲课内容思想观点正确，联系实际紧密。讲究授课艺术，表达清晰准确，富有吸引力感染力，受官兵欢迎。四是会运用现代化教学手段。根据教育内容需要，会制作多媒体课件，使用音像资料和投影、录音、录像等辅助设备，运用网络等现代传媒信息，配合教育活动，丰富教学内容。

《意见》强调，开展争做“四会”优秀政治教员活动，要在党委的领导下，由政治机关组织实施。各级党委和政治机关要把开展争做“四会”优秀政治教员活动，作为增强政治干部能力素质、推动部队思想政治建设的基础性工作来抓，纳入年度政治工作计划，纳入基层政治干部培训规划，加强组织领导，周密计划安排，认真抓好落实。

印发《党支部保卫委员培训大纲》、《思想工作骨干培训大纲》《解放军报》2005 年 8 月 5 日报道，总政治部依据《政治工作条例》、《军队基层建设纲要》和《预防犯罪工作条例》，组织编写的《党支部保卫委员培训大纲》、《思想工作骨干培训大纲》，日前已印发全军连以上单位。

《大纲》以邓小平理论和“三个代表”重要思想为指导，认真贯彻江泽民国防和军队建设思想，贯彻胡主席一系列重要指示精神，按照《预防犯罪工作条例》要求，规范了党支部保卫委员、思想工作骨干的培训内容，对于加强党支部保卫委员和思想工作骨干队伍建设，推动预防犯罪工作在基层落实，促进部队全面建设，具有重要指导作用。总政专门下发通知，要求各级采取多种形式，认真组织学习培训，切实提高两支队伍的能力素质，充分发挥他们在预防犯罪工作中的作用，进一步打牢部队安全稳定的基础。

颁发《中国共产党军队支部工作条例》《解放军报》2005 年 12 月 12 日报道，经胡锦涛主席批准，中央军委近日颁发《中国共产党军队支部工作条例》。这是我军第一部系统规范党支部工作的专门法规，是继修订《政治工作条例》、制定《党委工作条例》之后我军党的制度建设的又一重大成果，是适应形势任务发展变化、加强基层党组织先进性建设的重大举措，是推进军队基层党组织工作科学化、制度化、规范化的实际步骤。

这部条例贯彻邓小平理论和“三个代表”重要思想，贯彻江泽民国防和军队建设思想，贯彻胡主席关于加强党的先进性建设的重要论述，体现科学发展观要求，依据《中国共产党章程》和《中国人民解放军政治工作条例》，在科学概括和总结我军党的基层组织建设实践经验的基础上，对军队党支部工作进行系统规范，是新世纪新阶段军队党的基层组织建设的基本遵循和依据。

条例共 8 章 68 条，涵盖了军队党支部建设和工作的基本方面。条例把巩固和加强党在军队中的基层组织作为根本目的，具体体现到党支部工作的指导思想、原则、职责、程序和制度等方面。适应军队党支部类型构成的发展变化，突出分类指导、分类规范，使各类党支部开展工作都有遵循。注重继承和创新的统一，既坚持我军党支部建设的基本原则，又适应新形势、总结新经验、提出新要求，具有鲜明的时代特色。

条例明确规定，军队党支部必须以马克思列宁主义、毛泽东思想、邓小平理论和“三个代表”重要思想为指导，认真贯彻江泽民国防和军队建设思想，认真贯彻科学发展观，认真贯彻上级的决策指示，围绕巩固和提高部队战斗力，保持人民军队性质和作风，紧密结合本单位的任务和特点开展工作，确保本单位建设的正确方向，确保本单位的高度稳定和集中统一，确保各项任务的完成。

条例明确了各类党支部的设置、职责和领导关系。特别是对科室和机关党支部的领导关系，预备役连队和离退休干部党支部的性质、职责和领导关系，首次作了界定，对临时党支部的设置和职责等作了规定。

条例强调了各类党支部能力建设的主要内容。依据党的十六届四中全会《决定》和军委加强军队党组织能力建设的《意见》，结合不同类型党支部实际分别提出能力建设要求。同时，明确了党支部书记的职责、应具备的素质能力和开展工作的基本方法。

条例贯彻民主集中制和“十六字”原则，总结部队实践经验，规范了党支部议事的五个步骤，明确了应遵循的原则要求，从程序上防止支部议事的随意性和个人说了算，为党支部民主决策、科学决策提供保证。

条例对《政治工作条例》规定的七项组织生活制度，从基本内容、方法、程序等方面作了规范和细化。同时，本着从实际出发、确保能够落实的原则，提出了各类党支部落实制度时间和次数的不同要求。

条例着眼军事斗争准备需要，专门设章规范党支部战时工作的主要任务和基本要求，使平时组织演练和战时开展工作有章可循。

条例强调各级党委和政治机关要加强对党支部工作的指导和监督，对军级以上单位的指导，特别是师旅团单位具体指导的职责作了规范，规定了监督检查的责任和违反条例的处理办法。

下发关于《建立完善保持共产党员先进性长效机制工作》的通知 《解放军报》2005年10月14日报道，为巩固扩大保持共产党员先进性教育活动成果，确保广大党员长期受教育、永葆先进性，总政日前下发通知，要求全军和武警部队各级党组织认真做好建立完善保持共产党员先进性长效机制工作。

通知要求，要着眼加强军队党建工作的实际，着重从以下五个方面建立完善保持共产党员先进性长效机制：一是学习教育机制。根据形势任务的需要和党员队伍的实际，制定理论学习计划，规范学习内容，改进学习组织形式，提高理论学习和党课质量；加强对党支部书记和党员理论学习骨干的培训；落实党员领导干部为党员上党课、作形势报告等制度。二是素质能力评估机制。建立和完善对党员特别是领导干部能力建设的科学评价体系，以及相关的激励和约束措施。三是党性分析机制。探索新形势下开展党内批评与自我批评、增强原则性战斗性的有效形式，完善保证党性分析质量的各项措施。四是民主监督机制。完善党组织和党员听取群众意见制度，规范群众满意度测评办法；坚持和改进党员民主评议、领导干部述职述廉等制度。五是实践锻炼机制。紧贴部队中心工作、大项任务和岗位职责，研究制定激励党员发挥先锋模范作用的活动载体和组织形式，把主题实践活动经常化制度化。

颁发《军队海上卫勤保障规定》 《解放军报》2005年11月23日报道，总参谋部、总后勤部日前联合颁发《军队海上卫勤保障规定》。此举标志着我军海上卫勤保障工作步入法制化、规范化、科学化轨道。

《规定》以有关联勤法规为依据，以提高海上卫勤保障能力，巩固和提高部队战斗力为目标，根据联勤体制和海上卫勤保障实际，科学总结军队海上卫勤保障经验，认真研究联勤体制下海上卫勤保障的特点和规律，首次形成了完善、规范的海上卫勤保障新机制。

《规定》共分7章45条，包括总则、职责、海上机动卫勤力量抽组与任务区分、组织与实施、海上卫勤训练、奖励与处分、附则等内容。《规定》明确了军队海上卫勤保障的基本方式和基本要求，创新了海上卫勤保障运行机制，简化了海军部队使用联勤系统卫勤力量协调程序，特别是在紧急情况和执行特殊任务时，海军舰队或基地可以直接向联勤系统卫勤力量下达任务，同时报告有关军区（战区）联勤部和海军后勤部，提高了海上卫勤保障效率。

《规定》要求海军各级后勤机关卫生部门，提高自身保障能力，依托联勤系统卫勤力量，科学筹划，精心组织，高效实施海上卫勤保障；要求有关军区（战区）联勤系统卫生部门，主动配合，共同做好海上卫勤保障工作。

下发《关于加强和改进军队无军籍退休退职职工移交安置工作的意见》 《解放军报》2005年9月28日报道，经国务院、中央军委同意，国家民政部、财政部、劳动和社会保障部、总后勤部日前联合下发《关于加强和改进军队无军籍退休退职职工移交安置工作的意见》，对军队退休职工移交安置相关政策进行了调整和完善。

《意见》明确了移交安置范围和对象。军队机关、部队及事业单位中，凡在1986年以前参加工作且纳入国家劳动计划的全民固定工人、建国后至2004年底前参加工作的录用制职员干部、以及1971年11月底以前参加工作的计划内长期临时工，工作5年以上退休退职后，均由民政部门接收安置。拟移交政府安置的无军籍职工，由军队各大单位一次性核准登记注册，上报总后勤部汇总并会同民政部核定，录入民政部优抚安置信息管理数据库，作为移交安置的依据。

《意见》调整了移交安置办法，由按计划分批次安置逐步改为实行按年度交接安置制度。规定无军籍职工的退休费及各类津贴补贴项目标准，按照国家和安置地政府的有关规定执行，其中基本退休生活费由中央财政预算安排，并对无军籍退休退职职工的住房保障、医疗保障等做了明确规定。

《意见》要求各级人民政府和军队有关部门，要把这项工作作为一项长期的政治任务和创建“双拥模范城（县）”活动的重要内容，列入工作议事日程，切实使广大无军籍职工老有所养、老有所医、老有所教、老有所学、老有所为、老有所乐。

颁发《军队空余房地产储备管理规定》 《解放军报》2005年3月12日报道，《军队空余房地产储备管理规定》日前由总后勤部颁发全军部队执行。

《规定》共6章25条，对军队空余房地产储备管理的界定与原则、范围与分类、调整与利用、管护与检查等方面作了系统的规范，是全军空余房地产储备管理工作的基本法规。

《规定》明确，军队空余房地产实行集中储备制度，房管工作要努力实现“保障战备、服务部队”的目标。要求全军部队要切实把空余房地产管护好、利用好，做到统一储备，统一管护，统一调整，统一利用。

据总后有关部门负责人介绍，《规定》的颁发有利于充分发挥空余房地产的资源效益，减轻部队营房保障负担，为部队提供及时有效的房地产资源保障，使空余房地产更好地为部队建设服务。

颁布《军队空余房地产租赁管理规定》 《解放军报》2005年8月9日报道，总政治部、总后勤部日前联合发布命令，颁布实施新的《军队空余房地产租赁管理规定》。

这次修订，是为了改进和加强军队空余房地产租赁管理工作，进一步完善租赁管理法规，建立健全管理机制，切实规范租赁秩序，增强各级各单位的法规意识、责任意识和安全意识，使军队空余房地产租赁工作迈上法制化、制度化、规范化的新台阶。修订从改革租赁管理机制入手，以确保租赁安全、提高综合效益为目的，着眼提高工作效益，调整了租赁项目审批权限和层次；着眼强化租赁政策的宏观效益，实行先缴费后发证制度；着眼增强租赁工作的管控能力，实行年度统计报告制度。特别是针对租赁工作存在的安全隐患，《规定》增加了租赁安全管理内容，规范了租赁管理工作的范围、要求，以及加强租赁安全管理的措施办法，明确要求将租赁安全管理纳入各单位安全工作范畴，提高了租赁安全工作的地位。

为确保各项租赁政策的落实，《规定》进一步强化了监督检查机制，要求各级纪检、财务、基建营房、审计等部门对租赁工作进行年度检查，必要时可请地方有关部门参加，对检查中发现的问题，要及时整改，严肃处理。《规定》还着重对驻京单位租赁管理机制进行了调整改革，决定实行集中统一发证制度，从而摸清驻京单位租赁底数，确保驻京单位租赁工作规范有序，充分发挥驻京单位空余房地产租赁管理工作的示范导向作用。

颁发《军队建设工程质量管理规定》 《解放军报》2005年8月15日报道，《军队建设工程质量管理规定》日前由总后勤部颁发全军施行。该《规定》是军队各类新建、扩建和改建工程建设活动及其质量管理工作的基本依据，是保证工程质量的基本法规。

《规定》共10章54条，是在1994年颁发的《军队建设工程质量管理办法》基础上修订而成。《规定》与国家工程质量管理方法相接轨，吸收了近年来军队建设工程质量管理的新经验新做法，将确保工程质量定为第一管理目标，明确了军队建设工程质量的管理体制、质量责任、监管环节、奖惩等基本要求。

《规定》明确了军队建设工程质量的监管主体和责任主体，进一步强化了工程质量的主体责任和监管责任。《规定》指出，工程建设管理部门及其授权的工程质量监督机构是工程质量的监管主体；工程建设、勘察、设计、施工和监理单位是工程质量的责任主体，其单位及其负责人应当对军队建设工程质量承担相应的责任，并实行负责人登记制度及工程质量终身负责制度、终身追究制度。

《规定》推行用经济的方法管理工程质量，要求在工程采购和质量保修阶段，必须签订条款详尽、奖惩明确的采购合同和保修合同，以经济合同这一法律文书规范、约束各参建单位的质量行为和责任。《规定》细化了工程质量的保修内容，要求在竣工验收时，施工单位应当提供质量保修书、预留保修金，并对保修金的预留数量和期限作出原则规定。《规定》还强化了奖惩制度，区分了军队与地方人员的处罚，增加了军队人员的奖励内容，加大了对工程建设中违法违规行为的处罚力度。

转发《总后勤部关于大力加强军队资源节约工作的意见》 《解放军报》2005年8月3日报道，经胡锦涛主席批准，中央军委日前批转《总后勤部关于大力加强军队资源节约工作的意见》，要求全军部队充分认识做好资源节约工作、加快建设节约型社会的极端重要性和现实紧迫性，努力使军队的资源节约工作走在全社会前列。

《意见》强调，我军新形势下的资源节约工作，必须以邓小平理论和"三个代表"重要思想为指导，深入贯彻江泽民国防和军队建设思想，坚决落实胡主席的重要指示，牢固树立和落实科学发展观，以提高资源使用效益为核心，加强组织领导，坚持齐抓共管，大力压减行政消耗性开支，有效提高军队现代化建设的综合效益。

《意见》指出，从总部机关到基层部队，都要正确处理保障有力与节约资源的关系，增强珍惜资源、节约资源的观念，使节约资源成为全军官兵的自觉行动，将节约工作贯穿到军队建设的方方面面；要把转变管理方式、依靠科技进步作为节约资源的基本途径，从军队建设的决策计划、装备物资的研制采购、各类工程的设计施工，到机关部队的日常管理，都要体现节约资源的要求，都要积极运用先进适用的节约技术；要严格明确各级各部门节约资源的责任，模范执行国家和地方政府有关能源资源工作的法律法规，建立各类消耗限额，加强监督检查，有效控制资源使用，切实防止资源浪费。

《意见》就近期资源节约工作的主要任务作了明确规定：进一步抓好节约用油，突出抓好节约用电，高度重视节约用水，持续开展节煤活动，积极推进原材料节约。《意见》对充分利用土地和住房资源、大力节约办公用品、坚决压减行政消耗性开支、严把装备物资研制采购关等方面，也作了具体严格要求，力求从源头上把好资源节约关。

《意见》要求，总部有关部门要按照职责分工，尽快出台相应的法规制度，明确各类资源消耗标准定额，订出节约的硬指标和具体措施，加强对资源节约工作的组织指导，促进资源节约工作的落实。

颁布施行《中国人民解放军后勤科学技术条例》 《解放军报》2005年7月27日报道，中央军委主席胡锦涛日前签署命令，颁布施行《中国人民解放军后勤科学技术条例》。这标志着我军后勤科学技术工作开始进入科学化、规范化、法制化的新阶段。

《条例》以中央军委新时期军队建设的方针、政策和国家有关法律、法规为依据，充分反映军事斗争准备、后勤现代化建设对科技工作的要求。在科技工作组织、项目管理机制和科研基础建设等方面，吸取国家科技体制改革经验，适应市场经济发展趋势，从军队后勤实际出发，较好地体现了军队后勤科技工作特色。

《条例》共9章48条，明确了后勤科技工作的基本任务：贯彻执行国家和军队科技工作的方针、政策，研究发展后勤新装备、新产品、新技术，改进完善现有装备、产品、技术，研究制定后勤军用标准，开展技术革新、技术服务，推广应用科技成果，促进后勤科技进步，提高后勤保障能力。

《条例》对后勤科技工作的职责分工、科研计划、科研项目、基础建设、成果管理、合作交流等的主要内容、程序和要求，进行了全面规范，对科技立项论证、承担单位选定、任务文件审批等重点工作提出了明确要求。

《条例》要求各级领导应当加强对后勤科技工作的领导、督促，指导机关和所属部队认真履行职责。从事后勤科技工作的人员，应当热爱本职，精通业务，恪尽职守，求真务实，努力完成任务。

《条例》指出，中国人民武装警察部队的后勤科技工作，参照本条例执行。

颁布实施《军队预算执行审计规定》 《解放军报》2005年6月28日报道，为适应军队预算编制改革要求，完善预算执行审计法规，加大预算执行力度，总参谋部、总政治部、总后勤部、总装备部日前联合发布命令，颁布实施《军队预算执行审计规定》。

《规定》依据《中国人民解放军审计条例》、《军队预算编制改革实施方案》和中央军委《关于利用计算机信息系统开展审计工作的通知》而制定。

《规定》进一步完善了审计内容，突出了预算执行审计在预算审计工作中的地位，并在以前颁发的相关审计规定基础上，增加了“预算指标批复、下达和预算资金划拨情况、预留机动经费分配情况以及预算管理措施落实情况”等重要审计内容，以考核年度预算编制质量，强化预算审计监督。同时，针对项目经费跨年度执行，周期比较长，项目结束时间不确定等特点，明确规定了军队预算执行审计既可在预算执行中进行，也可在预算执行后进行，或者结合决算审计一并实施，有效地解决了预算执行审计与决算审计在时间上的矛盾。

为适应军队后勤信息化和计算机辅助审计的发展需要，《规定》明确要求，2005年被审计单位必须报送“相关的计算机存储介质载体”，以便更好地落实中央军委批准印发的《关于利用计算机信息系统开展审计工作的通知》精神。此外，《规定》还要求军队审计部门在审计预算执行情况的同时，对预算安排情况进行评价，并提出评价意见或建议。

《规定》的发布实施，将进一步明确审计双方的权利义务，强化审计责任意识，规定预算执行审计行为，使军队预算执行审计工作的法制化、制度化、规范化建设迈上新的台阶。

颁发《军队服务采购管理规定》 《解放军报》2005年1月18日报道，为规范军队服务采购行为，提高服务采购质量和效益，总后勤部日前颁发《军队服务采购管理规定》。这标志着军队服务采购管理有了一部全面的规范性规章。

这一规定是根据国家《政府采购法》和中央军委批准的《深化军队物资、工程、服务采购改革总体方案》，结合军队实际而制定的。《规定》指出，军队各级机关及事业部门、部队和其他单位，使用预算资金和其他资金，组织实施包括会议、培训、接待、科研与开发、印刷、出版、保险、租赁和物业管理等服务采购，必须遵循集中采购、集中支付、公开透明、公平竞争、规范运行、有效监督、安全保密的原则。军队服务采购工作实行目录管理制度，凡纳入目录的服务采购项目，都要按照规定的采购程序、采购方法实施集中采购。

《规定》明确，军队服务采购由各级机关服务保障部门、军队物资采购机构及其他机构承担，同时对军队各级后勤（联勤）机关司令部门、财务部门、服务需求部门和采购机构的职责，以及采购人员、评审专家和服务供应商的资格条件等都作了具体规范。《规定》还要求各级纪检、审计和有关部门，加强对军队服务采购活动的监督检查，保证军队服务采购改革的顺利推进。

颁布《军队物资指标管理规定》 《解放军报》2005 年 6 月 3 日报道，新的《军队物资指标管理规定》日前由总后勤部颁布全军施行。这是在我国颁布政府采购法和军队体制编制调整改革后，规范军队物资招标工作的第二代基本规章。《规定》共 7 章 91 条，明确规定了军队物资招标工作的目标原则、管理体制、管理范围和运行机制；规范了军队物资招标工作的基本程序、职责和要求。

《规定》在 2002 年 2 月颁发的原规定基础上修订而成，主要参照国家财政部颁发的《政府采购货物和服务招标投标管理办法》等有关文件，对军队物资招标投标的程序和办法作了进一步明确和细化，增强了可操作性。

《军队物资招标管理规定》和不久前颁发的《军队物资采购管理规定》，以及近期相继推出的军队物资采购评审专家、供应商库、采购信息发布等管理规章，比较系统地规范了新形势下军队物资采购行为，体现了政府采购制度改革和我军新军事变革及物资采购工作的新特点、新要求，对进一步落实中央军委采购改革决策、推进军队采购制度改革，将起到重要作用。

颁布施行《军队物资采购管理规定》 《解放军报》2005 年 5 月 3 日报道，新的《军队物资采购管理规定》日前由总后勤部颁布全军施行。这是在我国《政府采购法》颁布施行和军队体制编制调整改革后，规范我军物资采购工作的第二代基本规章。

《规定》明确了我军物资采购工作的目标原则、管理体制、管理范围和运行机制，规范了我军物资采购工作的基本程序、基本职责和基本要求。对物资采购的职责分工、采购信息发布管理、采购方式确立、采购运行程序、采购合同管理等作了总体规范，明确规定我军物资采购工作遵循统一计划、集中采购、集中支付、公开透明、安全保密的原则，按照事业部门提出需求、采购机构集中采购、财务部门集中支付、审计部门实行监督的组织方式实施。

《规定》以国家政府采购法律法规和中央军委批转的《总后勤部关于深化军队物资、工程、服务采购改革总体方案》为依据，借鉴了政府采购的有益做法，认真总结吸收了近几年军队物资采购改革的实践经验。总后有关部门负责人指出，《规定》的颁布施行，对进一步贯彻落实中央军委采购改革决策，深入推进军队采购制度改革；对加强军队物资采购管理、规范采购行为、提高采购效益、保证采购质量、促进党风廉政建设，将起到重要的作用。

中央军委批准颁布《关于提高全军士兵伙食费标准》的通知 《解放军报》2005 年 5 月 24 日报道，经中央军委批准，从 2005 年 1 月 1 日起，解放军大幅度提高士兵伙食费标准，平均每人每天增加 1.8 元。

伙食费标准是伙食保障的基础，是战斗力生成最基本的要素。这次伙食费标准的调整提高，充分体现了党中央、国务院、中央军委对全军士兵生活的关心和重视，对于缓解主副食品价格上涨带来的影响，提高部队生活质量，进一步做好军事斗争准备，增强部队战斗力和凝聚力具有重要作用。

这次伙食费标准调整，是新中国成立以来提高幅度最大的一次。调整后一类区各类灶伙食费标准分别为：一类灶每人每天 10.00 元、二类灶 12.00 元、三类灶 22.00 元、四类灶 38.00 元。调整中同时简化合并了伙食类区，内地伙食类区由 5 个简化合并为 4 个，高原伙食类区由 4 个简化合并为 1 个，使伙食费标准更加简化和规范。

总后在《通知》中要求，各级领导和后勤部门要以“三个代表”重要思想为指导，切实加强对伙食管理工作的领导。各级后勤部门要严格落实军需部门初审、财务部门复审连队伙食费的制度，确保连队伙食费按新标准及时、足额供应到位，坚决杜绝各种非伙食性开支；严格控制伙食节余，历年累计节余的伙食费，由连队逐步用于野外训练、演习、执行重大任务期间改善伙食，任何单位和部门都不得以任何理由挤占、挪用；进一步实行科学办伙，搞好膳食调剂；加强炊事员队伍培训，提高烹调技术水平和饭菜质量；进一步加强生产生活服务中心的管理，实行“阳光采购”，提高伙食费使用效益；加强基层农副业生产收益管理，严格落实生产收益补助伙食的规定。在落实现行食物定量标准的基础上，要确保战士每人每天“早餐一个鸡蛋、半斤牛奶，午晚餐有水果”，使部队的伙食质量和营养水平能够满足大强度军事训练对官兵体能的需求。

颁发《军队伙食单位分餐管理办法》 《解放军报》2005 年 12 月 21 日报道，总后勤部日前颁发《军队伙食单位分餐管理办法》。这是我军历史上首次颁发规范分餐管理的法规性文件。

近年来，我国部分地区出现了一些食品安全问题和重大疫情，先后发生了“非典”和高致病性禽流感疫情。为确保官兵饮食安全，总后要求大力推行分餐制，有条件的实行自助餐，并为部分部队配发了不锈钢分餐盘、消毒柜、保温分餐台等，分餐设备逐步完善。

《办法》在总结前几年工作的基础上，结合部队实际，从职责分工、饭菜制作、分餐形式、餐具消毒、监督检查等方面作了政策性规定。《办法》明确分餐的两种主要形式为配餐和自助餐。实行配餐和自助餐的伙食单位，要本着因地制宜、合理规划、逐步完善的原则，配备分餐设备，改善就餐条件，一般应当有保温分餐台、消毒柜、分餐具（分餐盘、碗、勺），有条件的还应当有保温分餐车、不锈钢操作台和洗碗机等设备。

颁发《中国人民解放军装备保障训练规定》 《解放军报》2005 年 5 月 11 日报道，总参谋部、总装备部近日联合颁发《中国人民解放军装备保障训练规定》。《规定》是我军武器装备管理体制调整改革后，制定和颁发的具体规范装备保障训练的法规性文件。《规定》的颁发施行，标志着我军装备保障训练走上了制度化、规范化建设的轨道。《规定》以新时期军事战略方针为统揽，依据《军事训练条例》、《装备条例》和有关法规，结合部队装备工作实际，系统总结部队装备保障训练成果，认真借鉴军事训练经验，从宏观上对装备保障训练进行了规范，为提高装备保障训练质量、增强部队整体装备保障能力服务，充分体现了指导性、规范性、系统性和时代性，为建立科学高效、系统全面、整体协调、正规有序的装备保障训练机制奠定了坚实基础。

《规定》共 8 章 59 条，按照系统全面、体现特点、结合实际、法规衔接的原则，对各个对象、各个层次的装备保障训练及装备保障训练组织实施全过程进行了系统规范。《规定》明确了由各级装备机关主管本单位、本系统的装备保障训练，规定了装备保障训练对象为士兵、军官和遂行装备保障任务的建制单位以及临时编组单位，统一了训练的人员、时间、内容和质量指标等，确立了训练计划、登记、统计和报告制度，确定了装备保障训练所需经费纳入全军教育训练经费统一保障，明确了装备保障训练奖惩、有关规章的制定和施行的依据和办法。

《规定》首次以法规的形式规范了我军装备保障训练工作，是对近年来部队装备保障训练经验的科学总结，政策性强，内容全面，重点突出，具有很强的针对性和可操作性，符合部队装备工作实际，是我军组织实施装备保障训练的基本依据，对规范部队装备保障训练秩序，提高装备保障训练质量和效益，促进装备保障能力生成和提高，具有重要的意义。

颁发《后勤装备保障训练教范》 《解放军报》2005 年 11 月 13 日报道，经总后勤部批准，《后勤装备保障训练教范》日前颁发全军。这是我军首次以《教范》的形式对后勤装备训练保障进行科学规范，标志着我军后勤装备保障训练迈入了科学化、制度化、规范化的新阶段。

近年来，我军后勤装备发展迅速，大量新装备成系统、成建制地装备部队，后勤综合保障能力明显提升。为科学规范后勤保障训练，促进新装备尽快形成战斗力，总后勤部组织后勤指挥学院、各军兵种后勤部和有关业务部的专家研究制定了《后勤装备保障训练教范》。该《教范》包括军需装备、卫生装备、海军专用后勤装备、空军专用后勤装备、第二炮兵专用后勤装备、综合演练等 10 个分册，涵盖了我军现列装的 10 大类百余种后勤装备，形成了完整的后勤装备保障训练体系。《教范》还明确了后勤装备保障训练的组训方法和考核标准，规范了训练内容、时间、条件和要求，并对单装训练、专业合练以及综合演练等进行了科学的界定和设置。

转发《关于深化装备采购制度改革若干问题的意见》 《解放军报》2005 年 12 月 19 日报道，中央军委日前转发了四总部《关于深化装备采购制度改革若干问题的意见》。

《意见》针对现行装备采购制度存在的突出矛盾和问题，依据政府采购制度改革的基本原则，遵循我军装备发展的客观规律和社会主义市场经济规律，对装备采购制度改革进行了顶层设计和系统谋划，明确了当前和今后一个时期改革的目标、重点和措施，是规划和推动我军装备采购制度改革和建设的指导性文件。

《意见》指出，深化装备采购制度改革，必须坚持以邓小平理论和“三个代表”重要思想为指导，认真贯彻江泽民国防和军队建设思想、胡锦涛主席关于装备建设的一系列重要指示，牢固树立和落实科学发展观，以新时期军事战略方针为统揽，以军事斗争准备为龙头，以国家和军队有关政策、法规为依据，遵循装备建设的客观规律和政府采购制度的基本原则，借鉴外军装备采购的有益经验，立足国情、军情，改革和完善装备采购制度，促进装备持续、快速、稳定、协调发展。

《意见》强调，要逐步建立起统一领导、分级管理、竞争择优、监督有力、整体协调、科学高效的装备采购制度，形成适应社会主义市场经济体制和装备快速发展要求的装备采购管理体制；健全竞争、评价、监督、激励机制和全系统全寿命管理的装备采购运行机制；完善装备采购法规制度、人才队伍、信息管理等配套建设，实现装备采购决策科学、队伍专业、行为规范、竞争有序，显著提高装备采购质量和效益。

《意见》要求，深化装备采购制度改革，必须坚持装备建设集中统一领导和装备全系统全寿命管理原则，加强装备科研、购置、维修保障等各阶段工作的统筹谋划；坚持职责清晰、分工合理、相互协调、相互制衡原则，改革和完善装备采购运行机制；坚持公平、公正和适度公开原则，规范采购行为，健全监督机制，促进廉政建设；坚持积极稳妥原则，统一领导、统筹兼顾、分步实施，确保改革稳步推进。

《意见》还对加强装备采购制度改革工作的组织领导、建立装备采购制度改革领导机构、研究制定具体实施方案等工作，提出了明确要求。

颁布施行《装备科技信息工作条例》 《解放军报》2005年8月9日报道，日前，中央军委主席胡锦涛签署命令，颁布施行《中国人民解放军装备科技信息工作条例》。

《中国人民解放军装备科技信息工作条例》是中央军委颁布的第一部规范全军装备科技信息工作的基本法规。《条例》以《中国人民解放军装备条例》为依据，以中央军委新时期军事战略方针为指导，从我军装备建设的实际需要和装备科技信息工作的特点、规律出发，吸收借鉴国内外相关领域开展科技信息工作的成功经验，全面、系统地规范了军队装备科技信息工作，明确了装备科技信息工作为宏观管理决策服务、为军事斗争准备服务、为军队信息化建设和装备建设服务的根本宗旨。

《条例》共8章43条，主要内容包括军队装备科技信息工作的基本任务、归口管理部门以及各级管理部门的职责和分工，对军队装备科技信息机构、人员和各项业务工作的有关要求，以及条件保障措施、奖惩等。

颁发《陆空军船艇使用安全管理规定》 《解放军报》2005年6月15日报道，总参谋部、总政治部、总后勤部、总装备部日前联合下发通知，颁发《陆空军船艇使用安全管理规定》。此举标志着我陆空军船艇使用安全管理工作步入法制化、规范化、科学化轨道。

《规定》以军委新时期军队建设思想为指导，充分吸纳船艇部队在船艇使用安全管理方面的成功经验和创新成果，首次形成了完善的事故预防、调查和处理机制。

《规定》共10章48条，全面系统地规范了船艇使用安全工作的指导思想、方针原则、基本任务、各级职责、制度措施等。《规定》坚持预防为主的方针，贯彻统一领导、各负其责、科学使用、依法管理的原则，强调要通过思想教育、派遣管理、技术预防等方法和措施，遏制和消除事故隐患，防止船艇使用事故发生；明确了安全管理、安全教育的内容以及事故预防的具体办法，划分了事故责任和等级，规范了事故调查处理工作程序和组织方式，提出了严格管理、赏罚严明的要求。

加强技术预防，以专业化提升管理水平，是《规定》的一个突出特点。《规定》明确要求船艇专业军官指挥操纵船艇，必须持有相应专业和等级的《陆军船艇军官技术证书》；船艇专业士官指挥操纵船艇，必须持有船艇专业的《国家职业资格证书》。

颁布《武器装备科研生产许可实施办法》 《解放军报》2005年5月29日报道，我国国防科技工业《武器装备科研生产许可实施办法》将于6月15日起正式实施。此举，标志着国防科技工业领域面向社会开放进入了一个新阶段。

《实施办法》遵循市场经济规律和武器装备科研生产特点，综合考虑武器装备及其组成部分的重要程度、技术难度、安全保密和经济性等因素，把"许可"专业划分为武器装备总体、关键分系统、核心配套，和武器装备的一般分系统以及其他的专用配套两类。该《实施办法》的颁布实行，旨在充分利用社会资源，逐步建立起我国武器装备建设需要和市场经济发展要求相适应的军品市场监管体系，积极推进国防科技工业新体系建设。

目前国防科工委6年间已在军工系统内发放许可证540家，基本覆盖了武器装备的核心科研、生产专业。到2005年底，还将为300家左右企业配套单位发放许可证，其中包括符合条件的少数非公有制企业，这将使非公有制经济进入国防科技工业领域取得实质性突破。

（晓　军）

其他国家军事法制 **美军条令体系特点** 《外国军事学术》2005年第8期黎毅报道，美军条令体系经过长期的发展，其框架结构、制定程序、管理措施等都呈现出别具一格的特色。主要有以下几点。

从管理和需要出发，制定相应条令 首先，各个层

次的条令由相应级别的领导或机构负责。美军条令分为战略、战役和战术三个层次。其制定，需要军队进行广泛的合作与协调，为此美军建立了专门的机构进行管理，如陆军训练与条令司令部、海军海战发展司令部、空军条令中心等。这些机构之下还设有负责不同领域的分支机构，分别负责本军种条令的管理、与其他军种的协调、条令未来的发展、条令的评估分析等工作。其次，根据条令的不同职能，组成综合编写组。美军通常让特定领域的专家担任条令负责人，条令编写组由该领域和相关领域的专家组成，努力增强条令的互通性和指导性。最后，建立条令委员会，加强政策协调。美军条令委员会一般由条令负责机构的领导组成，主要就条令的相关事宜进行协调与合作，以确保通过制定和管理条令，实现统一政策，分散实施。

建立循环作业程序，实现条令滚动发展 随着武器装备、作战方式、作战环境的变化，作战条令必须不断更新。但是，条令的更新并非是脱胎换骨的改变，而是继承与创新的滚动式发展。为此，美军制定了一种往返循环的条令制定程序，确保能够随时发现问题，随时对其进行更新，以适应未来战争的需要。为此，美军特别重视对条令的评估审查。其主要工作是对现有条令的有效性和适用性进行评估和审查，以确定是否需要编写新的条令，或者对现有条令进行修订。为了保证条令的滚动发展，美军还建立了相应的措施。首先，美军联合与军种条令负责机构中都设有相应的机构，专门研究本领域条令的未来发展方向，如陆军的未来中心、海军的海战开发中心等。其次，条令倡议者或负责机构对其编写的条令进行跟踪调查，以评估其有效性和适用性。最后，美军组建的各类条令委员会能够客观评价各类条令能否满足作战需要。

以联合条令为蓝本，逐步统一条令体系 联合条令是美军为满足联合作战的需求，近十多年建立起来的全新条令体系。虽然该条令体系目前还不够完善，但层次清楚、体系规范、内容新颖。美军联合与军种条令都明确规定，军种条令必须与联合条令保持一致。所以，美军条令体系的发展趋势是以联合条令为蓝本，逐步统一的条令体系。这主要体现两个方面：从形式上看，各军种条令都按联合条令模式划分为战略级、战役级和战术级条令。另外，除空军外，海军、陆战队和陆军都放弃军种条令原来的编号方式，采用联合条令的编号方式重新为军种条令编号，尽可能与联合条令编号体系保持一致。从内容上看，各军种根据联合作战的要求，正在使军种条令由强调单一军种作用向重视联合作战方向转变。例如，各军种条令明确提出，当军种条令与联合条令发生冲突时，以联合条令为准。

统一规范层次和系列，建立完整理论体系 从宏观来看，通过对条令进行层次和系列划分，更加完整地阐述了美军军事理论。战略层次，美联合条令 JPl 和 JPO-2 阐述了美军的任务、作战思想和作战原则；对应地，各军种也在其战略级条令中，根据军事战略和联合条令的精神，阐述各军种的职责和作战原则。战役层次，美战役级联合条令阐述了联合作战时的作战思想及战法；对应地，各军种也在其战役级条令，根据联合条令的要求，阐述各军种的相关做法。战术层次的情况也是如此。另外，除空军之外，美军条令根据不同的职能从纵向进行了系列划分，对相关领域的战役、战术和技术问题进行了系统阐述。通过对联合与军种条令相同系列的条令内容进行比较，能够清楚了解美军这些职能领域的战法或做法。这样，每本条令都集中某个领域，系统阐述其理论或具体做法。如战略和战役级条令：《美国武装部队的联合作战》(JP1)、《陆军》(FM1)、《海战》(NDP1)、《空军基础条令》(AFDD1)、《联合作战纲要》(JP3-0)等，每本都系统和完整地阐述某一领域的相关理论。而战术级条令虽然主要介绍具体的做法，但每个条令的理论体系也是完整的。

俄罗斯军事检察制度简介 《解放军报》2005 年 3 月 14 日杨毅报道，1999 年，俄罗斯颁布了《俄联邦检察院法》，就军事检察院制度作出了具体规定。军事检察制度是俄联邦检察体系的重要组成部分，以普通法律为基础，以《俄联邦检察院法》为重要依据。

军事检察的组织体系 根据《俄联邦检察院法》规定，俄联邦军事检察体系包括联邦最高检察院编制内的总军事检察院、军区（舰队、战略火箭军、俄联邦边防局、莫斯科市）军事检察院和卫戍区（军团、兵团）军事检察院三级组成。另外，在俄罗斯某些检察院机关不能行使权力的特殊地方，或在境外驻有俄罗斯军队的地方，也可根据俄罗斯总检察长的委托设立军事检察机关，行使军事检察职能。

总军事检察院设立总军事检察长（由俄罗斯联邦副总检察长兼任）、第一副总军事检察长、若干副总军事检察长。总军事检察院下设若干局、处（独立处和局属处）、办公室和接待室，局长和独立处长为总军事检察长主任助理，副局长、局属处长、办公室和接待室主任为助理。在局和处下又设立若干主任检察官和检察官、主任刑事检察官和刑事检察官，以及重大案件主任侦查员和重大案件侦查员。同时，总军事检察院设立委员会（咨询机构），由总检察长、第一副总军事检察长和副总军事检察长以及其他由总军事检察长任命的检察人员组成。

军事检察机关的职权　《俄联邦检察院法》规定，担任军事检察官、侦查员的人，必须是俄联邦公民，并在国家承认的高等职业教育机构受过高等教育，具有必要的职业和道德素质，并能履行职责。

俄联邦军事检察机关的职责包括对刑事案件的侦查和对执法情况实施检察监督。军事检察机关负责对武装力量职工在履行职责中或在部队驻地及军事机关、院校、企业和军事团体内所犯罪行进行侦查；在个别地区，由于特殊情况，军事检察院受俄联邦总军事检察长委托有权侦查一切犯罪活动。实施检察监督的职责主要包括以下几个方面：一、对联邦武装力量、其他部队、军事单位和机关的执法情况实施监督，即监督上述军事指挥机关遵守联邦宪法和俄罗斯现行法律的情况。二、对军事指挥机关遵守公民（包括军人）人身权利和自由的监督，即审理和检查有关侵犯公民（包括军人）人身权利和自由的申请、申诉和其他通报；向受害人解释维护其自身权利和自由的程序；采取提起刑事诉讼、行政违法诉讼、协助民事诉讼等措施防止侵犯公民（包括军人）人身权利和自由事件的发生，追究违法人员的责任并赔偿造成的损失。三、对部队实施调查、审讯和预审机关的执法情况进行监督。四、对采取强制措施的部队机关、机构以及拘留、监禁地的行政管理人员执法情况进行监督。五、作为国家公诉人实施法院的刑事追诉，对法院的判决在其权限内实施抗诉。

军事检察机关的保障　军事检察机关的保障，分为对军事检察官和侦查员物质保障与对机关的财政和技术的保障。

依据《俄罗斯武装力量纪律条例》和《俄联邦检察院法》的规定：军事检察院机关军人和工作人员享有为军人规定的法律地位和社会保障以及退休金、医疗、其他类别的保障。其中，军法检察官和侦查员的工资由职务工资、军衔工资、服役年限和特殊工作补助（职务工资的50%）构成；工作的复杂、紧张和专业条件补助（最高为职务工资的50%）；学位、“俄罗斯联邦功勋法律工作者”等荣誉称号享受的补助，以及其他为军人规定的各种补贴。根据工作年限有权享受退休金的军法检察官和侦查员，每月给付其退休金的50%的附加工资。

军事检察院机关的财政保障由相应的俄联邦国防部、俄联邦边防局、其他部队、军事机关司令部根据联邦预算所拨专项资金实施；军事检察院机关的物质技术保障，以及向其提供的办公地点、交通、通信设施和其他类别的保障和供给，由俄联邦国防部、俄联邦边防局、其他部队、军事单位司令部根据规定标准实施。

（魏守正）

沙特阿拉伯军事司法制度简介　《解放军报》2005年4月16日罗明、张沪生报道，沙特阿拉伯王国是政教合一的君主制国家，其法律制度传统上以伊斯兰法为基础。但随着时代的发展，在伊斯兰法体系之外，逐步形成了独立的世俗法体系，如军事法律制度等。

沙特军事司法制度，是其世俗法体系下军事法律制度的重要组成部分，以其1947年颁布的《军事司法典》为主要依据。根据该法典的规定，沙特的军事司法权主要由军事法庭，以及国王、国防和航空大臣行使。军事法庭负责军事犯罪案件的一审，国王及国防和航空大臣主要是对军事法庭做出的判决行使复审权。

根据沙特《军事司法典》的规定，军事法庭属于非常设机构，在遇有具体案件时由军事指挥当局临时召集设立。它通常由6名成员组成，其中包括从军官中挑选的主审法官1名，表决法官4名，以及军职或文职法律顾问1名。如果被告为军官，则要求每个法官的军衔均须高于被告的军衔。此外，军事法庭开庭时，还须有分别代表政府的控诉律师和代表被告的辩护律师出席法庭。

沙特军事法庭管辖的对象，主要是现役军人、为部队提供服务的文职人员和服役期间犯有罪行但未被追诉的退役军人。军事法庭管辖的案件主要包括两类：一是除应由伊斯兰宗教法庭管理犯罪以外的普通犯罪案件；二是单纯的军事犯罪案件。《军事司法典》将单纯的军事犯罪分为违抗军令、轻罪和重罪三种。违抗军令在性质上属于可不作为犯罪处理的违反军纪的行为，可由部队指挥官实施行政处罚，处罚的范围有没收1天的薪金、24小时至45天的监禁。军事轻罪主要包括给军队声誉造成损害的不检点行为、滥用职权、滥用军事资金或装备、煽动军人逃离部队、违反军事规章和命令等不法行为，其处罚范围包括没收1至3个月的薪金以及最高不超过18个月的监禁。军事重罪主要包括严重的叛国及对国王和军队不忠诚等罪行，对其可施以包括死刑在内的所有刑罚。

沙特军事法庭审判案件适用的程序直接、简易，但必须以能够保护被告诉讼权利的方式进行。首先，案件必须经过彻底、公正的调查，并向有权的军事指挥官提交完整的调查报告后，方可由该指挥官决定是否将案件提交军事法庭审判。其次，庭审活动中，证明被告应当承担罪行的举证责任由代表政府的控诉律师承担，被告有权作无罪或罪轻辩护。最后，军事法庭的判决通常是终审判决，但如果存在有审判不规范或者有遗漏的罪行、证据有偏颇，或者有证据证明对被告施以刑讯等情形，国防和航空大臣或国王根据被告的要求，有权宣布军事法庭的判决无效，或变更判决。

（魏守正）

其他军事建设问题

2005年世界主要国家军队建设综述 2005年，随着国际安全环境的变化和世界新军事变革的深入发展，世界各主要国家通过增加军费投入、调整体制编制、更新武器装备和加大军演力度等措施，大力加强军事力量建设，以谋求有利的国际地位和应对本国面临的安全威胁。

军费投入保持增长态势 2005年，世界一些主要国家军费开支均比上一年度有较大幅度增长，全球军费开支已超过1万亿美元，创冷战之后新高。其中美国的军费开支占了一半以上，也就是说，所有国家的军费开支加起来还不及美国的军费开支。美国本年度军费预算为4250亿美元，比上年度4013亿美元增加了237亿美元，增长率为5.9%，加上为伊拉克战争和阿富汗战争两次分别追加拨款250亿和810亿美元，总计为5310亿美元，占国内生产总值的3.8%(4.8%)。这还不包括美国国土安全部本年度400亿美元的预算及各州国民警卫队和防务部队的州预算。

近年来，俄罗斯国内政治趋于稳定，经济增长率连续多年保持在6%~7%，经济状况的进一步好转为俄罗斯大幅增加防务预算创造了条件。2005年，俄罗斯年度军费预算为5280亿卢布（约合180亿美元），比上年度4114亿卢布（约合142亿美元）增加了1166亿卢布，增长率为28%，约占国内生产总值（187200亿卢布）的2.82%。

印度也是近年来综合国力和国际影响力增长较快的国家之一，其经济连续10年保持6%左右的高增长率。2005年度的国防开支为7700亿卢比（约167亿美元），占国民生产总值的3%，与上一财年实际军费开支相比，增幅高达27.69%，增长幅度为历年之最。日本年度军费预算为4.9335万亿日元，（约折合420亿美元）。韩国年度国防开支为20.82万亿韩元（约折合205亿美元），占国内生产总值的2.7%。

体制编制调整突出快速反应 美国防部在即将出台的《四年防务评估报告》中提出了“领先50年”的构想，即：要建立一支在未来50年内能应付任何挑战、没有任何对手的军队；强调进一步处理好确保有军事实力与实现军事目标的关系，既要打赢战争，又要打得更有效率、更经济。为此，美军一方面继续加速当前部队向未来部队的转型，并积极筹建“网络战部队”、“航天部队”等新型军兵种；另一方面，加紧对当前部队改造，更新装备，以迎接近期内的挑战和做好战备工作。2月，美陆军第10山地师第4旅编为新型旅级战斗队，美军计划在2007年前编成43个新型旅级战斗队。计划建设11个现役“多功能航空旅”，第3机步师、第4机步师、第10山地师和第101空中突击师等部队的师属航空旅的改造工作年内基本完成，其他师的改造预计于2006年底完成。

欧盟自2004年吸收波兰、捷克等10个国家入盟后，成为世界上最大的政治、经济和军事共同体。为加强一体化防务建设，2005年欧盟在快速反应部队建设方面取得新的进展。3月15日，欧盟负责外交与安全政策的高级代表索拉纳表示，欧盟应提高军事干预能力，加快军事干预行动的决策以及制定相关计划的过程。5月10日，在芬兰举行的北欧五国国防部长会议发表公报，芬兰、瑞典、挪威和爱沙尼亚四国已就联合组建一隶属欧盟快速反应部队的战斗部队事宜达成一致。5月23日，欧盟国防部长参加欧盟外长理事会会议讨论欧洲防务问题并决定加快欧盟快速反应部队的决策程序，缩短决策时间，使欧盟的军事力量具备真正的快速反应能力。11月16日，法国和意大利正式启动“欧洲多任务护卫舰”联合项目，该项目将建造27艘护卫舰，是欧洲和北约快速反应部队的关键项目，以实现欧洲军事力量的战略投送。

俄军2005年裁员近10万人，人员从120多万人裁减至113.48万人，其中各军兵种指挥机关裁员10%。同时，俄军加快推动部队职业化建设，各军区和舰队都有部分常备部队实行合同制。年底，俄军合同制军人可达到35%~40%；计划到2008年前，合同制军人比例将达到50%~70%。根据近年来国际和国内形势的发展变化，俄军将维和行动作为武装力量的一种特殊使用样式，并将其纳入特种作战的范畴。俄军认为，维和任务主要由俄联邦武装力量实施，必要时还将吸收其他强力部门的部队参加。俄军专门的维和部队有18个摩步营，空降兵的4个空降营，总计22个营，兵力2.2万人。2月，俄军建成第一个维和旅，准备派往境外执行维和任务。

2005年4月，日本开始施行2005~2009年度《中期防卫力量发展计划》。为实现自卫队向“多能、灵活、有效”的建设方向转型，日本提出，将压缩传统作战部队体制编制，新设综合参谋组织、改组各军种参谋部，以强化自卫队一体化运用体制和新型作战能力。陆上自卫队将对5个师、1个旅和2个混成团实施改编。海上自卫队将4个护卫队群编为8个护卫队，每个护卫队保持4艘驱逐舰规模；废除地方队中的1个护卫队，各地方队要有1个护卫队。航空自卫队将航空管制部队中的警戒航空队改编为2个飞行队，并新设空中加油、运输部队，提高空中侦察能力和远洋作战能力。9月2日，日本防卫厅为加强国际维和行动，提高针对恐怖活动、游击等新威胁的快速反应和灵活机动能力，计划从2006年度开始在陆上自卫队中新建“中央快速反应集团”。同时，为强化自卫队海外情报搜集能力，防卫厅计划将负责收集日本国内外地理情报的“中央地理队”和负责收集外国军队情报的“中央资料队”统合起来，建立一支约600人的“中央情报队”，并在2006年末建成。

武器装备向高技术发展 美国本年度军费预算为4250亿美元，其中近800亿美元用于军事采购，689亿美元用于装备的研究、发展、试验与评价，1406亿美元用于装备的使用与维修费用，102亿美元用于开发导弹防御系统。2005财年的军费比上年度增加了237亿美元，大部分用于装备采购，包括80亿美元用于采购空军的F/A-22战斗机，研制海军和空军的F-35“联合攻击战斗机”（JSF）。美军还增加用于“地基导弹防御”（GMD）的经费，拨款研制“宙斯盾”弹道导弹防御系统的S波段雷达，以及DD（X）未来水面作战舰艇等未来武器的早期建造与研发和“布雷德利”战车的改进等。另外，为了支持伊拉克和阿富汗军事行动，美军还将大量的军费用于购买UH-60“黑鹰”直升机、“地狱火”和“标枪”导弹、组建第6个“斯特赖克”旅、采购67辆“艾布拉姆斯”MIA2坦克和中型战术车辆，以及“影子”无人战机等新式武器。近年来，俄罗斯在大幅度削减战略核力量的规模和数量的同时，大力提高武器装备的现代化水平。2005年，俄罗斯军事预算中武器装备费高达1870亿卢布，其中1120亿卢布（占60%）用于装备采购，628亿卢布（占33%）用于科研和试验设计工作，118亿卢布（占6%）用于装备维修。装备采购费中陆军占40%，空、海军各占20%，其余20%用于解决跨军种问题。全年陆军采购91辆T-90坦克，91辆BTR-80装甲运输车，1个导弹发射连的“伊斯坎德尔-M”导弹系统发射装置；海军采购2艘水面舰艇，1艘955型“尤里·多尔戈鲁斯”号战略核潜艇、1艘885型“圣彼得堡”号常规潜艇等；空军采购1架图-160战略轰炸机，1架改装的图-160战略轰炸机，7架改装的苏-27SM歼击机。防空部队将装备S-400“凯旋”防空导弹。战略火箭兵将购买7枚“白杨-M”（SS-27）洲际弹道导弹等。

日本正推行新一轮军备扩充计划。3月8日，日本海上自卫队第二艘排水量为1.35万吨的“近江”号大型舰队补给支援舰部署到佐世保海军基地，尽管它起了一个名为“补给支援舰”，但该舰采用全通甲板、可搭载8架舰载直升机或“海鹞”垂直起降战斗机，无论吨位和性能还是航空能力，都达到或超过轻型航空母舰。日本航空自卫队年底前完成对12架F-15J战斗机的改装，换装CP-1075A中央电脑、F100-IH-220E发动机，升级火控雷达等；加快实施代号为“星球大战之子”的反弹道导弹系统计划。

印度2005年度的7700亿卢比的军费支出中，武器采购费用达到了3348.3亿卢比（约合73.1亿美元），远远超过上一财年的2095.3亿卢比（约合45.7亿美元），使得购买武器费用在总军费中的比例猛增至43%。印度认为，为加速军队现代化进程，必须大量研制和采购现代化的武器装备。目前印度已经签署协议并在执行中的装备采购项目主要有：与俄签订的价值15亿美元的“戈尔什科夫海军上将”号航空母舰及舰载机合同，与以色列签订的价值11亿美元的3架空中预警机合同，从法国购买6艘价值亿美元的潜艇以及125架“幻影”战斗机等项目。4月，印度开始动工建造航空母舰，预计于2012年服役。

更加注重军事演习力度 美军每年举行的军事演习达数百次，并通过进行这些演习来提高美军的作战能力，以及与其他国家和军队的联合作战能力。1月26日至2月1日，北约与9个伙伴国联合举行了2005年度危机处理模拟演习。6月6日，在拉脱维亚附近海域举行“波罗的海行动”军事演习中，美国与来自拉脱维亚、俄罗斯、德国、英国、丹麦、芬兰等11个国家的4100多名官兵、40艘军舰、两艘潜艇和28架飞机举行了联合军事演习。同日，美国又与英国、加拿大、丹麦、爱沙尼亚、立陶宛、德国等12个国家的约2000名军人参加在立陶宛举行的为期12天的“琥珀希望-2005”多国联合军事演习。另外，与罗马尼亚陆、海军、印度等国军队也举行了联合演习。

欧盟各国为提升联合作战能力，各国军队进行了多次联合军事演习。3月底至4月中旬，法国、意大利等9个欧洲国家在地中海举行代号为“金三叉戟”大规模军事演习。5月13日，芬兰、瑞典、法国和芬兰四国空军在芬兰西南部地区举行为期15天的联合空战演习。4月5日，英国与捷克在捷举行了大规模联合军事演习，动用了500名士兵、20余架战斗机和军用直升机。

俄罗斯也在不断加大军事演习力度，提高军事实力。2005年俄军举行各种演习50多次。4月，俄军与独联体集体安全条约组织成员举行“边界-2005”演习。7月，俄罗斯在远东滨海地区举行“东方-2005”大规模演习。8月下旬，俄与独联体国家举行“战斗协作-2005”联合防空演习；与中国军队举行“和平使命-2005”联合军事演习。10月，与印度在印度洋举行海军演习。此外，俄罗斯还与北约举行了一系列联合军演，与法国、德国、美国举行双边演习，土耳其、乌克兰、保加利亚等国在黑海举行联合军事演习。

针对日益猖獗的恐怖主义活动，各国在开展反恐合作中，还举行了多种形式的联合反恐演习，以提高军队的反恐能力。如6月20~30日，美国与巴基斯坦海军在北阿拉伯海举行了为期10天的联合军事演习，主要内容包括反潜战训练排雷、防空、电子战、海上补给和指挥控制等，并训练两国海军在海上的反恐技能。10月10日，俄罗斯与印度举行了代号为“因德拉-2005”的反恐联合演习。10月17日，澳大利亚举行了有史以来最大规模的“水星-05”反恐演习，主要目的是检验2006年英联邦运动会的安全准备工作，以及面对可能发生的恐怖袭击的反应能力。

加强航天力量建设 在最近的几次局部战争中，美军大量的信息是靠卫星来提供的，精确制导武器靠GPS制导，信息的传输和获取要靠卫星，美国对航天系统的依赖日益加深。为此，美军特别重视航天力量建设。5月18日，《纽约时报》援引白宫和空军官员的话说，美国空军要求布什总统发布一项国家安全指令，以便允许部署进攻性和防御性空间武器。新的指令目标不是在轨道上永久性地部署武器，而是将空间作为正在发展的武器系统的一个平台。根据空间武器计划提出的全球打击任务需求，军用航天飞机在45分钟内能到达全球，其携带的精确制导武器能中途进行打击。

俄罗斯2005年的航天科研与采购资金投入为183亿卢布，共采购了9部航天器、5枚运载火箭。目前，俄在轨卫星有90多颗，其中军用卫星达60多颗。10月22日，俄政府又批准了《俄罗斯2006~2015联邦航天纲要》，计划2015年前投入5600亿卢布（约200亿美元）用于航天科研与开发，资金批准额度比预先申请的3050亿卢布增加了84%。与此同时，俄加大了运载工具研制与采购力度，2005年内，俄太空兵成功对“轰鸣”、“质子-M”和“联盟-2”三种运载火箭进行了试验。10月，俄太空兵受总统委托制定了《俄罗斯航天发射场》联邦专项纲要草案，目前已经得到政府批准，预计从2006年开始实施，主要是为“安卡拉”运载火箭修建各种专用地面基础设施，为航天发射做好准备。

日本为谋求成为军事大国和政治大国作铺垫，强调要发展导弹防御系统和情报系统等军事装备，建立军事战略优势。日本防卫厅2005年的防卫财政预算与往年相比，有一个十分突出的特点，那就是大力发展有“星球大战之子”称号的反弹道导弹系统。为防备“外国向日本发射弹道导弹”，自卫队将从2005年开始正式配备导弹防御系统。日本军费用于导弹防御系统的预算无疑占据了整个预算很大的份额，特别是在太空间谍卫星侦察系统建设方面，2005年日本政府将与卫星相关的经费预算增加了10.6%，为698多亿日元。

印度在航天力量方面，2005年，印度空军正式启动航空航天司令部的组建工作，用以统一管理军方所有天基平台，包括航天发射基地，各种通信、侦察、监视卫星等。另外，印度还计划成立联合空间管理局，监视和发现印度领空所有目标。

（董亚夏）

东盟军队建设情况综述 2005年东盟各国在推进军队建设方面主要采取了以下重要举措：

大力采购或更新武器装备 面对日益复杂的安全形势，特别是恐怖主义、海盗等非传统安全威胁，2005年东盟大多数国家都继续将采购或更新武器装备，特别是海空军装备作为军队现代化建设的重点。印尼自2003年从俄罗斯采购了4架“苏霍伊”飞机后，2005年计划从俄罗斯再购买2架苏-27CK歼击机和4架苏-30MK多用途战斗机，总价值近2.2亿美元。印尼空军还计划今后5年内至少采购12架“苏”式战机，以组建一个航空大队。但2004年年底的海啸灾难后，印尼空军只能出动6架“大力神”运输机参与救援，暴露了其战术空运能力的严重不足，因此印尼宣布推迟战斗机采购计划，转向优先采购和更新 C-130 “大力神”运输机和直升机。印尼国民军还提出了其他一些装备升级维修和采购计划，包括升级“铁环”潜艇，从韩国购买 5 架 KAI KT-1 教练机等。海啸灾难使印尼政府意识到军队建设严重滞后，因此决心大幅增加国防预算。印尼总统苏西洛表示，军费投入不足，势必影响军队现代化的程度，结果造成军队应对突发事变的能力不足。他希望把国防开支从目前占国内生产总值 1%左右的水平提高为占 3%~5%。印尼政府今年已经在原定 21.9 万亿卢比（约合 23.8 亿美元）的国防预算基础上增加了大约 1.7 万亿卢比（约 1.8 亿美元）的额外拨款。

2005 年 1 月和 7 月，新加坡海军的第 3 艘和第 4 艘新型隐形护卫舰“坚定”号和“不屈”号分别举行了下水仪式。这些新型护卫舰将于 2007 年正式服役，舰上装备了先进的传感器和武器系统，具备防空、反舰和反潜能力。另外，新加坡决定从美国西科尔斯基飞机公司购买 6 架 S-70B 直升机。这些直升机配备有先进的对地及反潜探测装置和武器。它们将于 2008~2010 年交付使用，届时将配备在新型护卫舰上。2005 年 9 月，倍受瞩目的新加坡空军“下一代战斗机替代计划”最终确定将波音公司的 F-15T 作为替代机型。根据计划，新空军第一批将首先采购 8~12 架 F-15T，这些战机将装备先进的雷达传感器和电子战设备，并将配备新型 225 公斤 JDAM GPS 制导炸弹。在采购新型海空军装备的同时，新加坡还加快了高科技武器的研发。2005 年 3 月，新加坡成功研制出一种名为“自动无人操作地面系统”的战车，车内安装了各种先进设备，可以自动侦测障碍，设定前进路线并能通过全球定位系统确定方位。

2005 年初，越南从波兰接收了订购的 12 架 M28 “空中卡车”飞机中的 2 架。M28 可以执行陆地和海洋边界巡逻、搜索和营救行动、追踪非法越境的组织、对国家专属经济区进行侦察和保护以及发现和确定潜艇目标方位。另外，一家波兰公司与越南签署了总额超过 1.5 亿美元的合同，为越南提供飞机、防务电子、坦克、弹药和零部件。2005 年底，该公司向越南交付了 40 架二手苏-22M4 战斗轰炸机以及所需的零备件和武器。越南军方还获得了 T-72 主战坦克以及相应的维修设备和弹药。2005 年 8 月，俄罗斯“金刚石-安泰”防空系统公司向越南交付了首批 S-300PMU1 型防空导弹系统。10 月，越南宣布与俄罗斯国防出口公司签署一项合同，将从俄购买两艘“猎豹 1161”护卫舰。越南还将在胡志明市自行装配两艘相同的护卫舰。

2005 年 11 月，马来西亚陆军航空兵接收了从欧洲订购的 11 架 A109 轻型观察直升机,从而将使其作战能力得到进一步提升。为弥补空中侦察能力的不足，近两年来马来西亚加快了空中预警机的采购步伐。2005 年马空军完成了对 E-2C “鹰眼”、Saab 2000 和 Embraer EMB 145 等空中预警机及其相关系统的考察，并将向马政府提出建议，以最后确定采购何种机型。马来西亚还在考虑采购具备更强海上侦察监视能力，以及反潜和反水面舰艇作战能力的海上巡逻机。另外，马来西亚打算购买 A400M 运输机，以提高战术空运能力。

为应对泰国南部地区日益严峻的暴力活动，2005 年 7 月，泰国政府批准了国防部制定的 3 年特别预算计划。根据该计划，泰国将投资 28 亿泰铢（6630 万美元）采购武器装备，如攻击直升机、攻击步枪和机关枪，以更新泰国南部地区安全部队的武器装备。此外，泰国还打算以易货贸易的形式采购新型战斗机，目前考虑的机型包括瑞典的 JAS-39 “鹰狮”战斗机、俄罗斯的苏-30 和美国的 F-16C/D。2005 年 11 月，泰国空军宣布打算购买 16 架美军在阿富汗战场使用过的最先进的 F-16 战斗机，以替换服役 30 多年的 F-5A/B 战斗机。另外，泰空军还计划以易货贸易形式从巴西购买两架喷气式飞机。

提出军队现代化建设规划　2005 年，菲律宾提出了《国防改革计划》。根据该计划，今后 5 年内菲律宾将投资 150 亿比索对部队进行改革。其中 50 亿比索将用于“能力升级计划”，即采购新的作战通信设备和陆地机动平台，并对一些现有装备进行升级改造，以提高部队的通信、机动和火力打击能力。另外，到 2010 年前菲军每年还将投入 20 亿比索用于人员培养和发展、人事管理系统建设以及提高实施民事-军事行动的能力。不过，由于受到资金的限制，菲律宾实施上述计划仍存在不少困难。例如，2005 年菲律宾所有的 F-5 战斗机均已退役。但由于菲当前主要任务是解决内部安全问题，且资金短缺，因此直到 2011 年前菲律宾都将无法采购新型战斗机。今后对外防御任务暂由 AS-211 教练机和一些轻型战斗机担任。

为加快陆军转型，马来西亚陆军提出了一个“陆军 2、10 加 10”战略发展计划。即从现在起两年内主要巩固陆军现有能力，在 2010 年前进一步发展陆军现有能力，到 2020 年前将陆军建成介于当前陆军和未来陆军的过渡部队。在 2020 年后则设计和发展“目标部队”。

泰国国防部 1997 年以来先后出台了《1998~2007 年军队十年发展规划》和《国防部改革和军队机制调整规划》等一系列改革文件，明确了泰军体制编制改革方案。根据《军队十年发展规划》，泰国国防委员会于 2003 年推出了新的国防部工作规则，重新调整了国防部机构和职能。“泰军最高司令部”同年正式更名为“泰军总司令部”，并陆续将其所属 8 个联合指挥中心合并为边境协调国际反恐、扫雷执勤及禁毒等 5 个指挥中心。2004 年，泰军在对近年来世界爆发的现代军队战争进行深入研究后，再次提出为适应新时期军事力量编组运用以及“统一指挥、分散行动”的作战理念，应尽快将现有指挥体系由“垂直机构”调整为“水平结构”，减少指挥层次，并进一步明确指挥机构及人员的职能和任务。另外，为应对南部地区日益猖獗的穆斯林恐怖分离运动，泰国防部 2005 年 1 月宣布将于 2007 年前在第四军区第 15 后备步兵师的基础上重新组建一支直接隶属陆军司令部的应急作战师，未来该师规模有望扩充至 1 万人，下辖 3 个步兵团，并将配备相当数量的工兵、军医、心战连等，驻地由中南部巴蜀府转移至南部泰马边境地区。

积极开展地区内外军事合作　(1) 恢复和加强与美国的军事关系　2005 年，印尼与美国因东帝汶问题而中断的军事关系得以全面恢复。2005 年 1 月，在印度洋海啸救援期间，美国就宣布允许印尼购买先前被列入禁令范围的 C-130 运输机的零部件。2 月，美国宣布恢复与印尼的国际军事教育与培训计划。5 月，美国决定取消对印尼出口非致命性武器装备的禁令。11 月，美国又宣布解除对印尼实施 6 年的军事援助禁令，美国将为印尼特定的军事计划和部队提供援助，以帮助印尼军队实现现代化。

越南与美国的军事关系也进一步改善。2005 年 6 月，越南总理潘文凯访问美国，双方达成协议，由美国军官帮助培训越南士兵。此外，美国导弹护卫舰“加里”号访问越南胡志明市，成为继 2003 年“范德格里夫特”号导弹护卫舰、2004 年“柯特斯”号导弹驱逐舰后，第三艘访问越南的军舰。不过，越美两国之间尚有越战遗留问题未解决，长期的敌对和战争令越南人对美敌意未消，美越军事关系真正改善可能还有一段路要走。

(2) 举行联合军事演习　2005 年东盟国家与区内外国家举行了众多联合军事演习。其中与美国的演习规模最大，频率最高。2005 年，美国与菲律宾举行了 28 场联合军事演习，包括“肩并肩”、“平衡活塞”等，旨在提高联合作战能力，特别是反恐作战的协同能力。5 月上旬，泰、美、新、日四国在泰国清迈举行了代号为“金色眼镜蛇 2005”的大规模三军联合演习，演练重点是抢险救灾。日本自卫队首次派出 20 名军官参加演习。从 5 月下旬开始到 8 月底，新加坡、泰国、马来西亚、印尼、文莱和菲律宾先后与美国举行了“卡拉特 2005”（海上联合戒备与训练）演习。演习的主要目的在于增进参演各国与美军在海上拦截、侦察和搜索等方面的协同作战能力，提高海上安全状况。除此之外，参演国部队还演练了其他作战科目，其中包括海上机动、通讯、指挥、控制以及潜水和救援等。在演习中美军使用了最新开发的“联合地区信息交换系统”。

此外，2005 年 1 月，新加坡与印度举行了联合空军演习。新印陆军于 2005 年 3 月也举行了首次联合军事演习。2005 年 7 月 26 日至 8 月 12 日，印度尼西亚、新加坡、马来西亚与澳大利亚、新西兰和巴布亚新几内亚在澳大利亚北部海域举行了“卡卡杜”联合军事演习。演习主要进行防空、反水面舰艇和反潜演练，以提高海上作战能力。2005 年中泰海军也首次在泰国湾举行了联合军演。

(3) 展开马六甲海峡联合巡逻　为加强马六甲海峡的安全，遏制海盗和恐怖活动，继去年实施联合海上巡逻后，马来西亚、印尼、新加坡和泰国从 2005 年 9 月 13 日开始展开代号为“空中之眼”的马六甲海峡空中巡逻。在联合空中巡逻初期，马来西亚、新加坡和印度尼西亚三国将各派两架飞机，每周沿指定区域巡逻两次，泰国作为观察员参加。“空中之眼”联合巡逻的开始，体现了东盟各国共同努力保卫东盟水域的意愿。同时，这也是东盟向国际社会发出的一个明确信号，表明东盟愿意动用资源，通过地区内的军事合作维护马六甲海峡的安全。

资料来源：

①马来西亚《亚洲防务杂志》2005 年 1~12 期；
②泰国《亚洲军事评论》2005 年 1~12 期。

（刘　琳）

外军文职人员制度特点

《外国军事学术》2005 年第 5 期王凤才、李褆报道，当前各国军队都把不断改革和完善文职人员制度作为新军事变革的一项重要内容。

从不同角度进行分类　美军文职人员按雇用方式可分为直接雇员和间接雇员。直接雇员主要指在国内外各军事机关和单位雇用的美国公民，间接雇员是指驻海外美军雇用的当地人，其薪金待遇一般低于直接雇员。按工作性质则可分为白领雇员和蓝领雇员，白领雇员是指从事脑力劳动的人员，蓝领雇员是指从事体力劳动的人员。按雇用的性质，美军文职人员还可分为临时雇员、合同雇员和职业文职人员三类。俄军文职人员从工资支付人的角度大体分为两类，一类是靠军费预算支付工资的文职人员，另一类是由军队使用单位支付的文职人员，他们是各军事单位自行招用的地方人员。凡是经国防部批准录用的文职人员，均属于第一类人员。日本文职人员（又称为“非制服职员”）分为两种，即文官和一般文职人员，文官主要包括参事官、书记官、事务官、技官和教官，一般文职人员主要包括书记、技术员及其他人员。

近年来，各国军队在走精兵之路的同时，一方面拓宽社会化保障范围，利用地方资源参与军队保障工作；另一方面不断完善文职人员制度，大量招用文职人员，使军队文职人员在武装力量总体结构中的比例呈上升趋势。截至 2004 年，美国防系统共有文职人员大约 74 万人；俄军则拥有 80 万人的庞大文职人员队伍，占军队现有总员额 120 万的 60%强。法军现有文职人员近 l0 万人，约占总兵力的 17%。外军文职人事制度的特点是：

使用范围广泛。外军文职人员使用范围很广，遍布军队各个部门，除建制作战部队和核心机关外，上至国防部长，下至勤杂人员，都有文职人员担任，他们大多从事三个方面的工作。

一是行政管理方面。美国防部、三个军种部以及各大司令部的大量行政性工作，都主要由文职人员来完成。美国的国防部长、副部长、助理部长，甚至一些军事院校的校长、副校长、教研室主任等，都是文职人员。目前，美军文职人员占国防部长办公室编制员额的 75.5%，占陆、海、空三军种部编制员额的百分比分别为 65.5%、49.3%和 34.4%。日本防卫厅本部和防卫设施厅的领导均为文职人员，参谋长联席会议文职人员约占 1/3。近年，俄军越来越多的文职人员承担了大量的行政管理工作。在俄军对国防部、安全会议和内务部等强力部门的领导进行重大调整的过程中，把任命文职官员担任强力机构领导人列为俄军事改革的一项重要内容。俄军不仅于 2001 年首次把国防部长设置为文职，任命原联邦财政部副部长为军队总财经部长，而且在各军兵种总部也开始任用文职人员，担任日常事务管理、后勤和技术保障等方面的工作。

二是科研教学方面。外军科研部门包括从事军事理论和国防科技研究的单位，文职人员所占比例都很高。美军科研单位中有许多高级战略问题专家、科学家都是文职人员。俄军国防科技研究部门的文职人员也较多，除从事武器研制、定型和试生产的工人和技术人员外，许多高级科学家、专家也是文职人员。外军院校同样也是文职人员集中的部门，美军院校的 18 万教职员中，30%都是文职教员，某些军种院校教员中的文职人员所占比例达 50%~60%。俄军各类院校的普通科学文化教学岗位通常都任用文职人员。

三是后勤保障方面。外军后勤保障部门中的医疗卫生、军工生产、装备采购和基地等系统是文职人员最密集的地方。据统计，美军后勤系统中文职人员占 93%以上，军事海运司令部所辖舰船上的人员均为文职人员，国防供应局文职人员的比例也占到了 90%以上。此外，美军不仅在平时大量使用文职人员，战时也派遣大量文职人员到战场参与后勤保障。伊拉克战争中，美军动员了近 5 万文职人员直接支持作战部队的行动。

来源渠道多元　外军文职人员来源渠道和途径主要有三个：一是从社会上招募、聘请。即军方根据军队的需要，对口招聘地方人才市场上具有较丰富工作经验的技术、管理人才或一般职员；二是从地方院校毕业生中招收。美军每年都从哈佛大学、加州理工大学等著名院校招聘有关专业的应届毕业生为文职人员，以充实其科研、管理队伍；三是从退伍军人中挑选，军方与服役期满且又有技术专长的军人协商，使他们转为文职，继续在军队工作。英军的科技人员、秘书、打字员和其他专业的职员，由军方从社会上直接征召，执行官以上的由政府公务员委员会统一录用后分配到军队。日本自卫队的文职人员除少数由军官转任外，大多直接从地方招收。法军文职人员，90%从地方招聘，l0%从退役军官中改任。

培训途径多样　为提高工作的效率和质量，外军非常重视文职人员的培训。美军对文职人员的培训，主要是通过以下方式进行；①岗前训练。为使新文职人员熟悉情况，尽快投入工作，相关单位会为他们制定相当于军官任职前训练的见习训练计划，并严格按照计划组织训练。②在职训练。为提高职员的行政工作能力和技术水平，任职满 2 年且成绩优异的 5~ll 级文职人员，各使用机关要对其组织为期 6 个月的在职训练。此外，美军还鼓励文职人员到地方大学学习与业务有关的课程。③院校训练。对担任一定领导职务的文职人员，美军有计划地选送他们到各级军事院校培训，以提高其计划、领导等方面的能力。④战前训练。文职人员在前往战区执行任务之前要经过 10 周左右时间的正规训练，训练内容包括战区情况介绍、各种武器和防化器材的使用常识、法律问题、战争法、自卫训练等。

工资福利待遇优厚 随着军事技术的发展，军队的作战保障、军工科研等许多部门专业技术性大大增强，这就需要一支比较稳定的队伍，军职人员由于受服役年龄的限制难以做到这一点，而实行文职人员制度则可做到保持军队工作的稳定性和连续性。军队要吸引和留住更多的文职人员，就必须不断改善这部分人才的工资福利待遇。为此，美军对于文职人员的工资待遇给予很多照顾，比如按《文职雇员法》规定，文职人员薪金一般低于同级军人，美军就给予一定的补贴加以弥补。近年来，为了进一步增强文职人员工作的积极性和凝聚力，美军开始实行薪金与奖金挂钩，从而改变了文职人员的薪金总是一成不变的“大锅饭”的工资制度，工作业绩及其奖金被摆到了极其重要位置。此外，文职人员还能享受地方同类人员的各种待遇以及军内的某些补助或待遇。这些举措使军队文职人员成为了社会就业中一种工资福利待遇比较优厚的岗位，从而达到了吸引人才、留住人才、激励人才的目的。

（魏守正）

（本栏责任编辑　孟昭印）

国际条约

国 际 条 约

中华人民共和国和俄罗斯联邦关于21世纪国际秩序的联合声明　2005年7月5日，中国国家主席胡锦涛在莫斯科克里姆林宫同俄罗斯联邦总统普京举行正式会谈。会谈后，两国元首郑重签署了全面体现中俄双方对当前国际形势和重大国际问题立场的《中华人民共和国和俄罗斯联邦关于21世纪国际秩序的联合声明》。《联合声明》全文如下：

中华人民共和国和俄罗斯联邦（以下简称“双方”），值此第二次世界大战胜利60周年和联合国成立60周年之际，本着作为联合国安理会常任理事国对世界和平与发展所负的历史责任，恪守1997年4月23日《中华人民共和国和俄罗斯联邦关于世界多极化和建立国际新秩序的联合声明》阐述的建立多极世界和国际新秩序的主张，确认2001年7月16日《中华人民共和国和俄罗斯联邦睦邻友好合作条约》重申的双方战略协作伙伴关系。

声明如下：

一、当今世界正经历历史性的变革。建立国际新秩序的过程将是复杂而漫长的。

和平与发展仍是时代主题。世界多极化和经济全球化作为当前人类发展阶段的重要趋势，其发展进程存在不平衡和矛盾的现象。国家间的相互依存关系大大加强。

21世纪人类面临的中心任务是维护全人类和平、稳定和安全，在平等、维护主权、互相尊重、互利和确保子孙后代发展前景条件下实现全面协调发展。

人类拥有共同实现上述目标的机遇，也面临国际恐怖主义、大规模杀伤性武器扩散、贫富差距、环境恶化、传染病、有组织跨国犯罪、贩毒等诸多全球性挑战。

二、只有以公认的国际法原则和准则为基础，在公正、合理的世界秩序下，才能解决人类面临的问题。世界各国应严格遵守互相尊重主权和领土完整、互不侵犯、互不干涉内政、平等互利、和平共处的原则。

应充分保障各国根据本国国情选择发展道路的权利、平等参与国际事务的权利和平等发展的权利。必须和平解决分歧与争端，不采取单边行动，不采取强迫政策，不以武力威胁或使用武力。

各国的事情应由各国人民自主决定，世界上的事情应以多边集体为基础通过对话和协商决定。国际社会应彻底摒弃对抗和结盟的思维，不寻求对国际事务的垄断和主导权，不将国家划分为领导型和从属型。

三、联合国是世界上最具普遍性、代表性和权威性的国际组织，其地位和作用不可替代。联合国应在国际事务中发挥主导作用，成为制定和执行国际法基本准则的核心。

联合国维和行动应符合《联合国宪章》的宗旨和原则。必须严格遵守安理会相关决议，开展联合国与区域、次区域组织的合作。联合国在研究全球经济和发展问题上应发挥更大作用。

联合国改革的目的，应是加强其在国际事务中的主导作用，提高效率，增强应对新挑战与威胁的潜力。推进改革应以协商一致原则为基础，充分体现广大成员国的共同利益。

四、全球化进程的积极意义是，借助空前活跃的经贸关系和极为广泛的信息开放，促进世界经济的发展。另一方面，全球化的发展很不平衡，发达国家和地区与世界其他国家和地区的差距拉大。为使全球化进程健康发展，应加强国家间和地区间的协调与互利合作，消除经济关系中的一切歧视，缩小贫富差距，通过扩大和深化经贸、科技交流促进共同繁荣。

国际社会应制定全面和广为接受的经贸体制，其途径是平等谈判、摒弃以施压和制裁迫使单方面经济让步的做法、发挥全球和地区多边组织机制的作用等。

五、占世界人口大多数的发展中国家是维护世界和平与发展的重要力量。国际社会应高度关注消除发展中国家与发达国家发展水平差距的问题。解决该问题的途径首先是保障国际社会所有成员均能平等利用全球化带来的社会经济、科学技术、信息、文化及其他机遇，加强南北、南南互利合作，实现共同发展，有关国家应履行其在联合国及其他多边框架内所承担的相应义务。

六、人权具有普遍性。各国应尊重《世界人权宣言》中规定的人权和基本自由，根据本国国情和传统促进保障和维护人权，在平等和相互尊重的基础上通过对话与合作解决分歧。国际人权保护应建立在坚定维护各国主权平等和不干涉内政的原则基础之上。

七、必须尊重多民族国家的历史传统及其促进各民族和睦相处、共同发展和维护国家统一的努力。任何旨在分裂主权国家和煽动民族仇恨的行为都是不能接受的。不能无视主权国家社会发展的客观进程，不能从外部强加社会政治制度模式。

八、世界文化和文明的多样性应成为相互充实而不是相互冲突的基础。当今世界的主流要求不是搞“文明冲突”，而是必须开展全球合作。应尊重和维护世界文明的多样性和发展模式的多样化。各国历史背景、文化传统、社会政治制度、价值观念和发展道路的差异不应成为干涉别国内政的借口。应在相互尊重和包容中开展文明对话与经验交流，相互借鉴，取长补短，以求共同进步。应加强人文交流以建立国家间友好信任的关系。

九、双方呼吁国际社会共同努力，建立互信、互利、平等、协作的新型安全架构。此架构应以公认的国际关系准则为政治基础，以互利合作和共同繁荣为经济基础，并应建立在尊重各国平等安全权利的基础上。平等对话、协商和谈判应成为解决矛盾和维护和平的手段。

双方支持维护和巩固全球战略稳定以及军控、裁军与防扩散法律体系和多边进程。双方主张尽快促成《全面禁止核试验条约》生效，努力推动加强《不扩散核武器条约》、《禁止生物武器公约》、《禁止化学武器公约》等军控、防扩散条约的普遍性和有效性。双方呼吁和平利用外空，防止外空武器化和军备竞赛，为此应制定相关的国际法律文件。

双方认为，面对新威胁和新挑战，必须进一步采取有效措施，防止大规模杀伤性武器及其运载工具以及相关材料的扩散。双方决心为此在相关国际组织和论坛框架内紧密合作，同时与其他国家扩大协作。应在国际法框架内，通过政治、外交和国际合作解决扩散问题。

双方将促进落实以《联合国宪章》和其他相关国际法准则为基础，在联合国主导下，建立应对新威胁和挑战的全球系统的倡议。应在新的安全架构内，加强国际合作、共同探索切断恐怖主义资金来源和社会根基的途径，根除恐怖主义和极端主义思想，即暴力、种族、民族和宗教仇恨等思潮。在此问题上不应采用双重标准。国际社会所有成员应坚决谴责恐怖分子和恐怖组织对人权的粗暴侵犯。必须防止恐怖主义组织获取、使用大规模杀伤性武器及其运载工具。

十、区域一体化是当前国际形势发展的重要特征。双方指出，建立在地区开放、平等合作和不针对其他国家基础上的多边区域组织在国际新秩序形成过程中发挥着积极作用。在经济领域，地区倡议应促进贸易共同体更加开放和富有成效。在地区安全领域，建立兼顾各参与方利益的、开放的、不针对其他国家的安全合作机制具有根本性意义。双方支持各地区一体化组织建立横向联系，营造互信、合作氛围。

十一、中俄新型国家关系正为建立国际新秩序作出重大贡献。中俄关系的实践印证了本声明所述原则的生命力，同时表明，在此基础上可以有效发展睦邻友好合作关系，解决各种问题。

两国决心与其他有关国家共同不懈努力，建设发展与和谐的世界，成为安全的世界体系中重要的建设性力量。

十二、建立合理和公正的21世纪国际秩序是一个不断寻求各方都可接受的立场和决定的过程。只有在国际社会所有成员都赞同其宗旨和准则的情况下，国际新秩序才真正具有普遍性。

双方呼吁世界各国就建立21世纪国际秩序问题开展广泛对话。世界的未来、人类进步及应对挑战与威胁的能力在很大程度上取决于这一对话的结果。

中华人民共和国主席　　　　俄罗斯联邦总统
胡锦涛　　　　　　　　　　弗拉基米尔·普京

2005年7月1日于莫斯科

中俄两国元首发表的联合公报　应俄罗斯联邦总统普京邀请，中华人民共和国主席胡锦涛于2005年6月30日至7月3日对俄罗斯联邦进行了国事访问。胡锦涛主席同普京总统举行会谈。两国元首全面总结了2004年10月北京会晤以来中俄关系的发展成果，本着相互理解和信任的精神，讨论了中俄战略协作伙伴关系的现状和前景，就重大国际问题和地区事务坦诚深入地交换意见，达成广泛共识，确定了双边关系进一步发展的方向和加强两国在国际舞台上战略协作的基本原则。会谈后两国元首发表联合公报。联合公报摘要如下：

一、两国元首满意地指出，在双方共同努力下，中俄政治互信已上升到新水平，各领域合作不断扩大和深化。两国战略协作伙伴关系进入新的发展阶段。

双方重申，发展中俄战略协作伙伴关系是两国对外政策的优先方向。这一选择符合两国和两国人民的根本利益，有利于维护地区和世界的和平、稳定、发展。双方将按照2001年7月16日签署的《中华人民共和国和俄罗斯联邦睦邻友好合作条约》的原则和精神，深化政治互信，扩大互利合作，加强在国际和地区事务中的协调和配合，推动中俄战略协作伙伴关系持续稳定向前发展。

双方强调，两国元首2004年10月14日批准的《〈中华人民共和国和俄罗斯联邦睦邻友好合作条约〉实施纲要（2005年至2008年）》（以下简称《实施纲要》）。对未来几年两国各领域合作的发展具有重要意义。双方对《实施纲要》的执行情况表示满意，认为必须继续努力，全面彻底地落实该文件的各项规定。

二、双方指出，2004年10月14日签署的《中俄国界东段补充协定》同1991年5月16日签署的《中苏国界东段协定》、1994年9月3日签署的《中俄国界西段协定》一起，将长达4300多公里的中俄边界线走向全部确定，为两国睦邻合作和人民世代友好提供了可靠保障，为维护亚太地区及世界的安全和稳定作出了重要贡献。双方决心共同努力，积极落实国界协定及其他与国界有关的协定，把中俄边界建设成为联结两国人民友谊和合作的坚实纽带。

三、双方认为，两国在涉及国家主权、安全和领土完整的重大问题上相互广泛支持，是中俄战略协作伙伴关系的重要特征。

俄方重申在台湾问题上的原则立场，认为台湾问题是中国的内政，外部势力无权干涉。俄罗斯坚持一个中国原则，反对任何形式的“台湾独立”，不接受“两个中国”、“一中一台”，反对台湾加入联合国及其他只能由主权国家参加的国际组织，不向台湾出售武器。俄方理解中方根据《反分裂国家法》为实现国家和平统一所做的努力。中方重申，坚定支持俄罗斯在维护国家主权和统一、打击分裂主义和恐怖主义方面所做的努力。双方认为，中俄国家安全磋商机制的建立，标志着两国安全合作迈上新台阶。双方将充分发挥该机制及两国有关部门安全磋商机制的作用，共同应对新挑战和新威胁，维护两国的共同利益。

双方强调，中俄军事合作对深化两国互信发挥着重要作用，有利于维护地区和世界的和平稳定。双方愿进一步推动两军合作和交流。

双方认为，《中华人民共和国国防部和俄罗斯联邦国防部关于举行联合军事演习的备忘录》的签署，表明两军交往发展到新的水平。双方将共同努力，搞好中俄首次联合军事演习。双方指出，中俄举行联合军事演习旨在提高两军有效应对新挑战和新威胁的作战能力，不针对任何第三国。

双方将在现有基础上，采取实际步骤，促进中俄军技合作向更高水平、更广领域发展。

四、双方指出，“世代友好、永不为敌”的思想在两国得到广泛支持。双方将继续深化和扩大民间交往，增进两国人民的相互理解和传统友谊，巩固中俄关系的社会基础。双方高度评价中俄友好、和平与发展委员会的工作。

双方强调，2006年在中国举办“俄罗斯年”、2007年在俄罗斯举办“中国年”，是未来两年双边关系中的大事。双方将认真筹划，制订“国家年”活动方案。通过举办上述“国家年”活动，为两国政治、经贸、科技、人文等领域的合作增添新的活力。

五、（略）

六、双方认为，国际局势正在发生复杂深刻的变化。越来越多的国家赞成国际关系民主化、世界格局多极化和发展模式多样化。经济全球化和区域合作不断加深和发展，为各国社会经济发展提供了新的机遇。但世界上依然存在不稳定不确定因素，存在不少“热点”地区。传统和非传统安全问题相互交织，严重威胁世界的和平与发展。两国元首高度评价双方签署的关于21世纪国际秩序的联合声明，认为该声明体现了两国对重大国际问题有相同看法和立场，表明两国致力于建立公正合理的国际政治经济新秩序的愿望和决心，有利于推动21世纪国际秩序朝着健康稳定的方向发展。

双方认为，中俄战略协作伙伴关系为建立国际新秩序作出了重大贡献。今年是第二次世界大战结束60周年，中俄两国呼吁世界上所有国家就建立21世纪国际新秩序开展广泛对话，决心同各国一道，为建设和谐与发展的世界而不懈努力。

七、双方重申支持打击一切形式的恐怖主义，主张在联合国及其安理会协调下，根据《联合国宪章》和国际法准则，加强国际社会合作，制定长期、全面的反恐战略。双方反对将恐怖主义同具体国家、民族和宗教挂钩，反对在反恐问题上采取“双重标准”。

双方指出，中俄同为恐怖主义的受害者，将进一步加强合作，同这一邪恶势力作斗争。

八、双方指出，联合国在维护世界和平与安全方面发挥着不可替代的重要作用，必须进一步提高联合国及其安理会在解决重大国际问题方面的核心作用。

双方支持联合国改革，认为联合国改革应有助于加强多边主义，提高联合国的权威和效率以及应对新挑战和新威胁的能力。希望2005年9月14日至16日在纽约举行的联合国首脑会议能通过反映千年宣言目标和任务连贯性的决议，加大各国落实这些目标和任务的实际力度，促进提高联合国在关键领域的协调作用，巩固21世纪集体安全体系，建设稳定和公正的国际秩序。双方认为，联合国安理会改革涉及各方切身利益，相关决定应在最广泛协商一致的基础上作出。为避免造成会员国分裂，中俄反对在安理会改革问题上人为设定时限，表决未经协商一致的方案。

九、双方指出，同中俄毗邻的中亚国家有其独特的历史、文化和传统。双方充分尊重这些国家自主选择发展道路的权利。维护地区和平稳定符合中亚所有国家的长远和根本利益，也有助于整个欧亚地区局势健康发展。双方表示将加强中俄与中亚国家在双边和上海合作组织框架内的协调和合作，以维护该地区的安全和稳定，打击恐怖主义、分裂主义和极端主义。同时，双方重申，将深化和扩大同中亚国家的双边合作，为促进中亚国家经济发展作出不懈努力。

双方指出，上海合作组织的建立和发展对加强成员国的睦邻互信和友好合作，促进本地区安全、稳定和经济发展具有重要意义。上海合作组织已成为建立公正合理的国际政治经济新秩序的重要因素。双方将采取切实措施，同其他成员国一道，深化和拓展上海合作组织框架内的安全、经济及其他领域的合作。

十、双方愿共同努力，本着战略协作伙伴的精神加强合作，维护亚太地区的安全和稳定。双方愿进一步加强两国在东盟地区论坛等区域合作机制下的对话、协调与合作。中国欢迎俄罗斯加入“亚洲合作对话”，愿继续努力促进俄加入“亚欧会议”。中国欢迎俄罗斯与东亚已建立或正在形成的区域一体化体制建立联系。

十一、双方重申，坚持朝鲜半岛无核化目标，坚持对话和平解决方向，坚持维护半岛和地区的和平与稳定，支持朝韩继续改善关系，支持朝鲜与有关国家实现关系正常化。双方一致认为，六方会谈是寻求解决朝鲜半岛核问题的最好最有效的方式。双方对有关各方近来为推动复谈所做的积极努力表示欢迎。双方呼吁会谈各方保持耐心，显示灵活，以建设性态度积极推动早日重开六方会谈，并使会谈取得进展。双方愿进一步共同采取协调一致的步骤，和平解决朝鲜半岛核问题。

双方坚决反对核武器扩散，主张通过外交手段在国际原子能机构框架内尽早解决伊朗核问题。双方支持国际社会为推动政治解决伊朗核问题所做的外交努力，愿在这一进程中继续发挥建设性作用。

双方指出，两国元首在友好、互信、合作的氛围中进行了会谈，取得重要实际成果。双方对会晤成果表示满意。中华人民共和国主席胡锦涛邀请俄罗斯联邦总统普京在方便的时候访华。普京总统愉快地接受了邀请。访问具体时间由双方通过外交途径商定。

2005年7月3日于莫斯科

中俄总理第十次定期会晤联合公报 2005年11月4日，中国和俄罗斯共同发表中俄总理第十次定期会晤联合公报。公报摘要如下：

应中华人民共和国国务院总理温家宝的邀请，俄罗斯联邦政府总理弗拉德科夫2005年11月2日至4日对中华人民共和国进行正式访问，其间于11月3日在北京举行了中俄总理第十次定期会晤。

温家宝总理与弗拉德科夫总理举行会谈。胡锦涛主席、吴邦国委员长分别会见弗拉德科夫总理。

一、在与胡锦涛主席的会见中，双方就深化中俄战略协作，加强政治、经贸、能源、科技、人文等领域合作的一系列实际问题以及重大国际和地区问题深入交换了意见。

两国总理在会谈中高度评价中俄总理定期会晤机制成立十年来对推动各领域务实合作起到的重要作用，认真审议了《〈中俄睦邻友好合作条约〉实施纲要(2005年至2008年)》执行情况，对2004年9月24日中俄总理第九次定期会晤以来在经贸和人文领域合作取得的进展表示满意。

双方满意地指出，中俄战略协作伙伴关系持续健康发展，内涵日益丰富，政治互信不断增强，各领域合作稳步扩大和深化，取得了丰硕成果，给两国人民带来了重大实际利益，为世界和平与稳定作出了重要贡献。双方决心本着《中俄睦邻友好合作条约》的原则和精神，在双边和多边框架内进一步深化各个领域的互利合作。

双方同意《中俄总理定期会晤委员会第九次会议纪要》和《中俄教文卫体合作委员会第六次会议纪要》，积极评价中俄总理定期会晤委员会和中俄教文卫体合作委员会及其各分委会自第九次定期会晤以来所做的工作。

中俄总理第十次定期会晤期间签署《中俄总理第十次定期会晤联合公报》等文件。

二、双方重申，将共同努力积极落实《中华人民共和国和俄罗斯联邦关于中俄国界东段的补充协定》，本着高效、务实的态度加强合作，做好中俄东段剩余边界的勘界工作，把中俄边界建设成为连接两国人民友谊的坚实纽带，为促进中俄两国人民世代友好，维护地区乃至世界的和平与稳定作出贡献。

三、（略）

四、双方指出，2006 年在中国举办"俄罗斯年"和 2007 年在俄罗斯举办"中国年"活动是两国关系中的大事，对增进两国人民友谊、促进双方各领域合作具有重要意义。双方将密切配合，充分发挥现有双边合作机制的作用，积极动员两国中央和地方、社会团体、大企业以及广大民众参与。

五、双方将共同努力，做好以下工作：

（一）采取有效措施，便利双方人员正常往来、完善两国人员往来制度，合作打击非法移民活动，保护对方公民在本国境内的合法权益。

（二）加强执法合作，加强执法部门在打击恐怖主义、极端主义、分裂主义、跨国有组织犯罪、非法贩运武器、毒品犯罪、组织非法移民、经济犯罪以及保护两国公民合法权益等领域的合作。

（三）建立地区有效毒品监控合作机制。

（四）继续防灾、减灾领域合作，尽快签署政府间防灾、减灾合作协定。

六、双方指出，2005 年 7 月发表的《中俄关于 21 世纪国际秩序的联合声明》对推动多极化，促进国际关系民主化和建立公正、民主、合理的国际政治、经济新秩序具有重要意义。双方愿本着上述联合声明的精神，加强在国际事务中的战略协作，共同为维护世界和平、稳定与发展作出目标明确的努力。

双方指出，联合国作为世界集体安全机制的核心，在保障全球安全的国际合作中发挥着不可替代的作用。

双方指出，在当前形势下，维护和完善全球战略稳定以及军控、裁军与防扩散法律体系具有重大意义。国际社会应加大军控、裁军与防扩散的力度，加强现有多边条约的权威性和有效性，提高联合国及其他国际组织在防扩散领域的作用，通过政治和外交手段解决防扩散问题。

双方谴责一切形式的恐怖主义，愿加强在打击恐怖主义方面的合作。

七、中俄坚决反对核武器扩散并认为，有关各方应在朝鲜半岛核问题第四轮六方会谈成果基础上，将和谈进程进行下去，尽快和平解决朝鲜半岛核问题。双方呼吁六方会谈与会各方在今后的会谈中继续显示建设性、灵活和负责任的态度，切实履行各自在共同声明中所作出的各项承诺。双方将在六方会谈框架内继续保持沟通与协调，共同为推动实现朝鲜半岛无核化、维护半岛及东北亚地区的和平与稳定发挥建设性作用。

双方主张在国际原子能机构框架内解决伊朗核问题；认为伊朗加强与国际原子能机构合作有利于尽快解决遗留问题。

八、双方指出，中亚国家是中俄的友好邻邦，有独特的历史文化传统。充分尊重中亚各国自主选择的发展道路，有效维护中亚地区和平与稳定，符合中亚所有国家的长远和根本利益，也有利于整个欧亚地区局势的积极发展。双方愿加强同中亚国家在双边和上海合作组织框架内的协调与合作，打击恐怖主义、分裂主义和极端主义，共同维护中亚地区安全与稳定，并促进中亚国家经济发展。

2005 年 11 月 4 日于北京

（石　慧）

中韩两国元首发表的联合公报　2005 年 11 月 17 日，中国和韩国两国元首发表联合公报。联合公报全文如下：

应大韩民国总统卢武铉邀请，中华人民共和国主席胡锦涛于 2005 年 11 月 16 日至 17 日对韩国进行了国事访问。访问期间，胡锦涛主席同卢武铉总统举行会谈。两国元首对 2003 年 7 月北京会晤以来中韩关系取得的新进展表示满意，并就进一步深化中韩全面合作伙伴关系和共同关心的地区、国际问题坦诚深入地交换了意见，达成广泛共识。

一、双方高度评价两国自 1992 年中韩建交以来在外交、安全、经济、社会、文化、人员交流等各领域的交流与合作所取得的重要进展。

双方对 2003 年 7 月《中韩联合声明》得到有效落实表示满意，一致认为双方政治互信不断加深，各领域交流与合作日益扩大和深化，中韩全面合作伙伴关系已进入新的发展阶段。

双方一致认为，按照两国全面合作伙伴关系的精神，不断巩固和发展两国睦邻友好合作，符合两国人民的根本利益，也将为本地区和世界的和平、稳定与繁荣做出积极贡献。

双方一致同意，继续扩大和深化两国各领域的交流与合作，从发展中韩友好合作大局出发，妥善处理两国关系发展过程中出现的问题，共同努力推动中韩关系长期、健康、稳定地向前发展。

二、双方欢迎第四轮北京六方会谈发表的共同声明，认为该声明就实现六方会谈的目标和原则达成一致，为实现半岛无核化奠定了重要基础。双方认为，有关各方应继续显示诚意和灵活，认真落实该声明，推动会谈进程不断取得进展。

中方欢迎朝鲜半岛南北和解合作进程取得的积极进展，重申将继续坚定不移地支持南北双方改善关系，最终实现和平统一。中方赞赏韩方为改善南北关系、维护半岛和平与稳定所作的努力，希望并支持韩方作为半岛事务直接当事方，继续为此发挥积极作用。

双方同意继续为实现朝鲜半岛及东北亚的和平与共同繁荣而合作。

双方对东北亚地区的交流与合作日益加强表示欢迎，同意就推动东北亚区域合作和一体化进程积极开展合作。中方赞赏韩方的和平与繁荣政策，韩方高度评价中方为东北亚和平与发展发挥的建设性作用。

三、中方强调，世界上只有一个中国，台湾是中国领土不可分割的一部分。韩方对此表示充分理解和尊重，重申中华人民共和国政府是代表中国的唯一合法政府，表示韩方将继续坚持一个中国的立场。

四、双方一致认为，两国高层交往和政府、议会、政党间的交流对增进双方相互理解与信任，促进两国全面合作伙伴关系的持续深入发展具有重要意义。双方同意继续保持高层互访势头，进一步加强两国领导人的经常性会晤。双方支持两国议会尽快建立高层定期交流机制，支持两国政党、团体开展各种形式的交流与合作。

双方同意进一步加强两国外交部门之间的磋商与合作。商定设立两国外长热线，以便随时进行沟通。建立两国副外长级定期磋商机制，讨论共同关心的问题。进一步活跃双方外交当局各个层次的定期磋商机制。

双方同意继续加强两国国防、安全领域的对话和接触，扩大两军交流。双方积极评价2002年在北京举行的首次中韩外交安全对话，商定于2006年在首尔举行第二次外交安全对话，并努力使之机制化。

五、（略）

六、（略）

七、双方同意继续在东盟与中韩日（10+3）、东亚峰会、中韩日合作、东盟地区论坛（ARF）、亚太经合组织（APEC）、亚欧会议（ASEM）、亚拉论坛等各种区域及次区域、跨区域机制中进行密切合作，促进域内自贸区研究和建设，推动区域合作进程。

双方认为，面对21世纪的机遇和挑战，国际社会有必要进一步加强有效的多边合作机制。双方商定在联合国等国际事务中继续保持合作。

双方支持联合国进行必要和合理的改革，认为联合国改革应有助于加强多边主义、提高联合国的权威和效率以及应对新挑战和新威胁的能力，有助于使联合国机制更加透明、更加民主、更具代表性。

双方强调，安理会改革应在充分协商、达成最广泛一致的基础上，朝着对联合国全面改革产生积极影响的方向进行。

双方同意在打击毒品、国际恐怖主义、金融经济犯罪、海盗、高科技犯罪、宗教极端主义等非传统安全等领域加强合作。

双方同意为釜山亚太经合组织领导人非正式会议的成功举行进行合作，并为亚太地区的共同繁荣而长期努力。

八、双方对胡锦涛主席访韩取得的积极成果表示满意，一致认为此访对未来两国关系的发展具有重要意义。

胡锦涛主席对韩国政府和人民热情、友好、隆重的接待向卢武铉总统表示感谢，并且邀请卢武铉总统在方便的时候再次访华。卢武铉总统愉快地接受了邀请。访问具体时间由双方通过外交途径商定。

2005年11月17日于首尔

中越两国领导人发表的联合声明 2005年11月2日，中国和越南两国领导人在河内发表《中越联合声明》。联合声明全文如下：

一、应越南共产党中央委员会总书记农德孟和越南社会主义共和国主席陈德良的邀请，中国共产党中央委员会总书记、中华人民共和国主席胡锦涛于2005年10月31日至11月2日对越南进行了正式友好访问。访问期间，胡锦涛总书记、国家主席与农德孟总书记、陈德良国家主席举行了会谈，分别会见了越南政府总理潘文凯、国会主席阮文安，并应邀在越南国会发表了演讲。双方领导人在亲切、友好的气氛中，就进一步加强和发展两党两国关系以及共同关心的地区和国际问题深入交换了意见，取得了广泛共识。

双方认为这次成功访问将中越两党两国睦邻友好与全面合作关系提高到了一个新的发展水平，同时也将对本地区和世界的和平、稳定、发展与合作产生积极影响。

二、双方对两党两国在探索符合各自国情的社会主义发展道路中取得的历史性成就感到高兴。中国方面衷心祝愿并相信越南共产党和越南人民在建设民富国强、社会公平、民主、文明的社会主义祖国的宏伟事业中取得新的更大的成就。越南方面坚信中国共产党和中国人民在建设中国特色社会主义的宏伟事业中一定会不断取得新的成就。

三、双方回顾和总结了中越两国建交55年来，特别是关系正常化以来，两党两国睦邻友好与全面合作关系取得的丰硕成果，一致认为，相互尊重、相互理解、相互支持、相互信任、相互合作是两党两国关系稳定、健康和顺利发展的重要经验，中越友好是两党两国和两国人民的宝贵财富，“长期稳定、面向未来、睦邻友好、全面合作”是新时期发展两党两国关系的指导方针，永做好邻居、好朋友、好同志、好伙伴是两党两国和两国人民的共同目标。

双方认为，增进友好互信，推动互利合作，促进共同发展，符合中越两国的根本利益。为此，双方决心从大局和战略高度出发，采取行之有效的措施，全面深化和拓展两党两国关系，继续保持高层互访的良好传统，加强党政部门、议会、群众团体和地方在政治、经济、外交、国防、公安、安全、文化、教育等各个领域的交流与合作，深化治党治国和社会主义理论与实践的经验交流，进一步巩固和加深两国人民的相互了解和友谊，特别是加强对中越两国青年进行中越友好传统的宣传和教育，使中越世代友好深深植根于两国人民心中，推动两党两国关系不断开创新局面。

四、（略）

五、双方认为，两国陆地边界勘界立碑工作取得了显著进展。双方同意密切配合，进一步加快工作进程，确保如期实现最迟于 2008 年完成陆地边界全线勘界立碑工作并签署新的边界管理制度文件的目标，把两国边界建成和平友好和长期稳定的边界。

双方积极评价北部湾划界协定和渔业合作协定的落实情况，同意继续认真落实这两个协定，共同维护海上治安和渔业生产秩序，积极开展北部湾共同渔区渔业资源联合调查，启动跨界油气构造勘采合作，早日实施两国海军北部湾联合巡逻。双方同意尽早开始湾口外海域的划界谈判并商谈该海域的共同开发问题。

双方高度评价中国、越南和菲律宾三国石油公司今年 3 月签署的《南中国海协议区三方联合海洋地震工作协议》，认为协议的签署是落实《南海各方行为宣言》（DOC）的重要贡献，对促进海上共同开发和局势稳定，加强有关国家睦邻互信具有积极影响。双方同意对有关公司予以积极支持，确保协议得到认真实施，使合作早日取得具体成果。双方同意维持海上问题谈判机制，坚持通过和平谈判，寻求双方均能接受的基本和长久的解决办法；在此过程中，双方将认真研究共同开发问题，以便找到双方都能接受的符合国际法、国际实践特别是 1982 年《联合国海洋法公约》和《南海各方行为宣言》精神的共同开发模式和区域。同时双方同意恪守两国高层共识，遵循《南海各方行为宣言》的宗旨和原则，共同维护南海局势的稳定。

六、越南方面重申坚定奉行一个中国政策，支持中国统一大业，坚决反对任何形式的“台独”分裂活动，充分理解和支持中国全国人大通过《反分裂国家法》，欢迎近年来两岸关系的缓和趋势。越南绝不同台湾发展任何官方关系。中国方面对越南方面的上述立场表示赞赏。

七、双方一致认为中越两国在许多重大问题上具有共同的战略利益。要和平、促发展、谋合作是当今时代的主旋律。双方强调，要坚持国际事务中的多边主义，实现共同繁荣，在平等和相互尊重的基础上开展多边合作，反对一切形式的恐怖主义。双方主张尊重各国的历史文化、社会制度、发展模式以及世界文明的多样性，促进国际关系民主化，共建持久和平、共同繁荣的和谐的亚洲和世界。

八、双方欢迎 2005 年 9 月联合国成立 60 周年首脑会议通过的《成果文件》，认为当务之急是要落实千年发展目标，切实帮助发展中国家解决发展问题。双方一致认为，联合国改革应有助于提高联合国的作用、权威和效率，维护世界和平与安全以及应对新挑战和新威胁的能力，推动各成员国的共同发展，为落实千年发展目标服务。双方认为，安理会改革应从联合国长远利益出发，根据国际关系民主化原则，在广泛协商的基础上增加发展中国家的代表性，寻求兼顾各方利益的解决办法。本着上述精神，双方将就此问题继续加强磋商与合作。

双方同意继续加强在联合国、中国与东盟、东盟-中日韩、亚洲合作对话、东盟地区论坛、亚太经合组织、亚欧会议、大湄公河次区域开发等多边框架下的合作与配合。中方重申支持越南主办 2006 年第十四次亚太经合组织领导人非正式会议。

九、中共中央总书记、国家主席胡锦涛对越南共产党、越南政府和越南人民所给予的隆重、热情和友好的接待表示衷心感谢，并邀请农德孟总书记和陈德良国家主席在方便的时候对中国进行访问。农德孟总书记和陈德良国家主席对此表示感谢并愉快地接受了邀请。

越方再次邀请胡锦涛总书记、国家主席出席 2006 年底在河内举行的第十四次亚太经合组织领导人非正式会议。胡锦涛总书记、国家主席愉快地接受了邀请。

2005 年 11 月 2 日于河内

中越两国元首签署的联合公报　2005 年 7 月 21 日，中华人民共和国主席胡锦涛和越南社会主义共和国主席陈德良在北京签署《中越联合公报》。《联合公报》全文如下：

一、应中华人民共和国主席胡锦涛的邀请，越南社会主义共和国主席陈德良于2005年7月18日至22日对中国进行国事访问。访问期间，胡锦涛主席和陈德良主席举行了会谈，中国全国人大常委会委员长吴邦国、国务院总理温家宝和全国政协主席贾庆林分别会见了陈德良主席。两国领导人在诚挚、友好的气氛中就如何巩固和加强双边关系以及共同关心的地区和国际问题深入交换了意见，取得广泛共识。

访问取得圆满成功，对推动中越睦邻友好与全面合作关系的发展起到了积极作用。

二、双方高兴地看到，在"长期稳定、面向未来、睦邻友好、全面合作"16字方针指引下，中越两党两国关系呈现全面发展的良好势头。双方认为，中越友好是中越两国和两国人民的宝贵财富，必须十分珍惜。双方同意继续保持高层接触，增进相互了解和信任，加强两国在各领域的友好交往与互利合作，推动中越关系不断开创新局面。

三、（略）

四、（略）

五、双方认为，两国陆地边界勘界立碑工作取得了显著进展，同意进一步加快工作进程，最迟于2008年完成陆地边界全线勘界立碑工作并签署新的边界管理制度文件。

双方积极评价北部湾划界协定和渔业合作协定的落实情况。双方同意继续认真落实两个协定，共同维护海上治安和渔业生产秩序，尽快启动北部湾跨界油气构造勘采合作。自现在至2005年底进行共同渔区渔业资源联合调查，争取尽快开展两国海军北部湾联合巡逻，尽早启动北部湾湾口以外海域的划界谈判。

双方高度评价中国、越南和菲律宾三国石油公司今年3月签署的《南中国海协议区三方联合海洋地震工作协议》，认为协议的签署对维护海上局势稳定能产生积极影响，要认真履行协议，尽快启动海上作业，使合作早日取得具体成果。

双方同意遵循中国与东盟签署的《南海各方行为宣言》（DOC）的宗旨和原则，恪守两国高层共识和多边承诺，共同维护南海局势的稳定。双方同意继续维持海上问题谈判机制，坚持通过和平谈判，寻求双方均能接受的基本和长久的解决办法。

六、越南政府重申坚定奉行一个中国政策，支持中国统一大业，坚决反对任何形式的"台独"分裂活动，理解和支持中国全国人大通过《反分裂国家法》，欢迎近来两岸关系的缓和趋势。越南同台湾只进行非官方经贸往来，绝不同台湾发展任何官方关系。

七、双方一致认为，联合国改革应有助于提高联合国的作用、权威和效率，维护世界和平与安全以及应对新挑战和新威胁的能力，推动各成员国的共同发展，为落实千年发展目标服务。双方认为，安理会改革应从联合国长远利益出发，根据国际关系民主化原则，在广泛协商的基础上寻求兼顾各方利益的解决办法，双方将就此问题加强协调与配合。双方同意继续加强在联合国、东盟、东盟地区论坛、亚太经合组织、亚欧会议、大湄公河次区域开发等多边领域的合作与配合。

八、陈德良主席邀请胡锦涛主席于2005年底对越南进行国事访问并于2006年底出席在河内举行的第十四次亚太经合组织领导人非正式会议。胡锦涛主席愉快地接受了邀请。

2005年7月21日于北京

中华人民共和国与蒙古国联合声明 2005年11月29日，中国和蒙古国发表联合声明。联合声明摘要如下：

一、应中华人民共和国主席胡锦涛的邀请，蒙古国总统那木巴尔·恩赫巴亚尔于2005年11月27日至12月3日对中华人民共和国进行国事访问。

胡锦涛主席同恩赫巴亚尔总统举行了会谈。中国全国人大常委会委员长吴邦国、国务院总理温家宝和全国政协主席贾庆林分别会见了恩赫巴亚尔总统。两国领导人相互通报了各自国内情况，就进一步发展中蒙睦邻互信伙伴关系及共同关心的国际和地区问题诚挚深入地交换了意见，达成广泛共识。

二、双方满意地指出，自2003年中蒙建立睦邻互信伙伴关系以来，两国政治互信不断增强，经贸合作迅速发展，各领域交流与合作日益活跃，给两国和两国人民带来了实实在在的利益，为本地区的和平与发展作出了积极贡献。

中方强调，不断发展中蒙睦邻互信伙伴关系是中国政府坚定不移的战略方针。

蒙方重申，全面发展与中国的友好合作关系是蒙古对外政策的首要方针。

双方一致同意，继续本着中蒙友好合作关系条约以及其他双边政治文件的精神，在和平共处五项原则基础上，推动两国关系不断向前发展，永远做和平共处的好邻居、相互信任的好朋友、共同发展的好伙伴。

三、双方重申，相互尊重独立、主权、领土完整和各自选择的发展道路，不加入任何针对对方的军事、政治联盟，不签订有损对方权益和利益的条约和协定。

双方认为，蒙古的无核武器地位有助于加强本地区的稳定。中方表示支持蒙古为巩固这一地位所作的努力。

蒙方重申，台湾问题是中国的内政，蒙方坚持奉行一个中国政策，支持中国和平统一。中方对此表示赞赏。

四、双方一致认为，高层互访对发展中蒙关系具有重要意义，两国领导人将继续保持和加强密切的联系和交往。

双方支持两国议会、政府各部门、政党、民间团体开展交流与合作。

双方同意继续加强沟通与对话，就双边关系和共同关心的地区与国际问题进行各种级别的磋商，增进相互理解，促进友好合作。

五、（略）

六、双方指出，面对21世纪的机遇和挑战，有必要进一步加强联合国在维护世界和平与安全等方面的重要作用。双方积极评价联合国成立60周年首脑会议通过的《成果文件》，认为应切实落实《成果文件》和千年发展目标。

双方支持联合国进行必要的改革，认为联合国改革应有助于加强多边主义，提高联合国的权威和效率以及应对各种传统和非传统威胁的能力，有助于使联合国机制更加透明、更加民主、更具代表性。安理会改革应在平等、公正的基础上通过广泛协商寻求共识，充分照顾发展中国家和中小国家的利益。

七、双方商定，加强在本地区多边框架下的合作，以维护地区的和平与安全，促进共同发展。

双方指出，上海合作组织对发展本地区各国间的友好关系与合作发挥着重要作用，双方将在该组织框架内，与有关各国在共同感兴趣的领域开展合作。

双方一致认为，中蒙俄三国外交当局磋商有利于促进三方合作，希望这一磋商能取得积极成果。

双方对中蒙俄三国过境运输问题第7轮谈判在乌兰巴托成功举行并商定协议草案表示满意。双方指出，尽快签署有关协议将为扩大三国货物交流与经贸合作创造良好的条件。

双方支持朝鲜半岛无核化，主张通过对话妥善解决朝鲜半岛核问题，维护朝鲜半岛及本地区的和平与稳定。双方一致认为，认真落实第四轮六方会谈共同声明，对实现朝鲜半岛无核化，维护东北亚的和平与稳定具有重要意义。

中方表示，支持蒙古国积极参与包括东亚合作在内的地区合作进程，支持蒙古国加入亚太经合组织、亚欧会议。双方表示，将在扩大和发展双边经贸合作的同时，共同积极参与本地区一体化进程。

八、访问期间，双方分别签署了《中华人民共和国政府和蒙古国政府关于中蒙边界第二次联合检查的议定书》、《中华人民共和国和蒙古国边界地图》等协议和备忘录。

九、恩赫巴亚尔总统对中方的热情接待表示感谢。恩赫巴亚尔总统邀请胡锦涛主席在方便的时候再次访问蒙古国，胡锦涛主席对此表示感谢。

2005年11月29日于北京

中华人民共和国和巴基斯坦伊斯兰共和国睦邻友好合作条约 2005年4月5日，中华人民共和国总理温家宝和巴基斯坦伊斯兰共和国代表肖卡特·阿齐兹在伊斯兰堡签订两国睦邻友好合作条约。条约摘要如下：

中华人民共和国和巴基斯坦伊斯兰共和国（以下简称“缔约双方”），坚信双方全面加强睦邻友好与互利合作符合两国和两国人民的根本利益，有利于本地区和世界的和平、稳定和发展，重申2003年两国元首签署的《中巴关于双边合作发展方向的联合宣言》对深化双边关系具有重要指导意义，确认各自根据《联合国宪章》和其他双方参加的国际条约规定所承担的义务，同意有必要在业已存在的传统友好合作关系基础上，进一步发展两国更加紧密的战略合作伙伴关系，兹达成协议如下：

第一条 缔约双方根据公认的国际法原则和准则，本着和平共处五项原则积极发展和巩固两国睦邻友好、互利合作的战略合作伙伴关系。双方同意保持定期高级别战略对话。

第二条 缔约双方遵循领土和国界不可侵犯的国际法原则，严格遵守两国间有关边界协定，并决心在两国边境地区保持永久和平和世代友好。

第三条 巴方重申，世界上只有一个中国，中华人民共和国政府是代表全中国的唯一合法政府，台湾是中国领土不可分割的一部分。巴方支持中国统一大业，支持中国政府为维护国家主权和领土完整所作的努力，反对台湾当局任何制造“两个中国”或“一中一台”的图谋，反对“台湾独立”。

中方重申尊重巴基斯坦的独立、主权和领土完整，赞赏并支持巴基斯坦与邻国和平解决所有问题，以及为捍卫国家主权、领土完整和独立所作出的一切努力。

第四条 缔约一方不参加任何损害对方主权、安全和领土完整的联盟或集团，不采取任何此类行动，包括不同第三国缔结此类条约。缔约一方不得允许第三国利用其领土损害缔约另一方的国家主权、安全和领土完整。

缔约一方不得允许在本国领土上成立损害缔约另一方主权、安全和领土完整的组织或机构。

第五条　缔约双方将根据本国法律，引渡条约、禁毒协定、其他双边协定以及各自承担的其他国际义务，在双边和多边基础上开展合作，打击恐怖主义、分裂主义和极端主义以及有组织犯罪、非法移民和非法贩运毒品和武器的活动。

第六条　缔约双方将扩大和加强军事和安全领域的信任和合作，巩固缔约双方的安全。

第七条　缔约双方将根据各自承担的国际义务以及本国现行法律和法规，采取有效措施，保障缔约一方法人和自然人在缔约另一方境内的合法权益。

第八条　（略）

第九条　（略）

第十条　缔约双方将在遵守《联合国宪章》的宗旨和原则以及其他公认的国际法准则的基础上加强两国在联合国及其他国际和地区组织的合作。

第十一条　（略）

第十二条　本条约不影响缔约双方作为其他国际和地区条约缔约国在相应条约下的权利和义务，也不针对第三国。

第十三条　在缔约双方同意的情况下，可通过制定议定书形式对本条约进行修改和补充。有关议定书为本条约不可分割的部分，必要时，缔约双方将就实施本条约签订单独协定。

第十四条　本条约需经批准，并自互换批准书之日起生效。

本条约有效期为二十年。如缔约任何一方均未在条约期满前一年以书面形式通知缔约另一方要求终止本条约，则本条约将自动延长五年，并依此法顺延。

修改和补充本条约的议定书适用与本条约相同的生效程序。

本条约一式两份，每份均用中文、英文写成，两种文本同等作准。

中华人民共和国代表　巴基斯坦伊斯兰共和国代表

温家宝　　　　　　　肖卡特·阿齐兹

2005 年 4 月 5 日于伊斯兰堡

中华人民共和国与印度共和国联合声明

2005 年 4 月 1 日，中华人民共和国总理温家宝和印度共和国总理曼莫汉·辛格在印度首都新德里签署中印两国联合声明。联合声明摘要如下：

一、应印度共和国总理曼莫汉·辛格的邀请，中华人民共和国国务院总理温家宝于 2005 年 4 月 9 日至 12 日对印度进行正式访问。访问期间，温家宝总理与曼莫汉·辛格总理举行了会谈，会见了印度总统阿卜杜勒·卡拉姆、副总统拜龙·辛格·谢卡瓦特、团结进步联盟领袖索尼娅·甘地夫人、外交部长纳特瓦尔·辛格和人民院反对党领袖阿德瓦尼。温家宝总理访问了班加罗尔市，并在德里理工大学发表演讲。两国领导人在诚挚、友好和建设性的气氛中，就双边关系和共同关心的国际和地区问题深入交换意见，达成广泛共识。

二、双方回顾了两国间友好交往和近年来双边关系取得的进展，一致认为，中印关系进入了全面发展的新阶段。双方满意地注意到，随着两国领导人的频繁往来，建立信任与理解的进程不断向前推进。双边贸易与经济合作迅速增长，其他领域的交流与合作日益扩大。双方在解决两国悬而未决问题方面逐步取得积极进展。在国际和地区事务中，双方保持了良好的沟通与合作。双方一致认为，中印长期建设性合作伙伴关系取得了令人满意的进展。双方回顾了两国总理于 2003 年 6 月 23 日签署的《中华人民共和国和印度共和国关系原则和全面合作的宣言》，重申这项宣言就双边关系达成的共识，为两国合作提供了一个共同认可的框架。

三、鉴于中印关系的发展，为了促进睦邻友好和互利合作，并考虑到地区和国际局势的深刻变化，双方同意，当前，中印关系具有全球和战略意义。两国领导人同意，建立中印面向和平与繁荣的战略合作伙伴关系。这种伙伴关系以和平共处五项原则、相互尊重和照顾彼此关切和愿望以及平等为基础，为基于两国人民共同与平等的安全、发展和繁荣的双边关系全面而广泛的发展提供了良好的框架，并有助于双方共同应对全球范围的挑战和威胁。这种伙伴关系反映出双方愿意以积极的姿态消除悬而未决的分歧，避免使其阻碍双边关系的继续发展。

四、双方一致认为，两国政府、议会、政党间的高层交往，在扩大两国全面合作方面发挥了重要作用。双方表示，决心保持和加强这种交往势头，并同意两国领导人举行经常性会晤。双方重申，愿促进两国政府各部委间定期交流，充分利用中印战略对话和两国间其他对话机制。

五、2005 年是中印建交 55 周年。两国将举办一系列纪念活动以兹庆祝。双方注意到，印度正在举办“中国文化月”活动，中国也将于年内举办“印度文化月”。双方还将通过举办其他文化活动来增进相互了解，加深两国人民的友谊。双方宣布，2006 年为“中印友好年”。双方对两国加强在文化领域的交流表示满意，重申相互理解和文化交流将促进两国在其他领域的合作。为了加强传统文化联系，两国签署了关于在河南省洛阳市修建一座印度风格佛殿的协议。

六、（略）

七、（略）

八、（略）

九、（略）

十、双方注意到军事领域中开展的有益交流与往来，决定进一步加强这种交往。双方认为，扩大与深化两国在国防领域的交流，对增进两军之间的互信和理解，确保有利于各自实现国家发展目标的和平环境至关重要。双方决定进一步推进在上述领域的有效接触和交流。

十一、访问期间，双方就中印边界问题交换了意见，重申愿从两国关系的总体利益出发，通过平等友好协商，寻求公平合理以及双方都能接受的解决方案。双方对两国特别代表会晤取得的进展表示满意，对达成解决边界问题政治指导原则的协定表示欢迎。双方确信边界问题的早日解决符合两国的基本利益，因此应将其视为战略目标。双方重申将致力于通过特别代表机制，从两国长远利益和双边关系大局出发，寻求边界问题的政治解决。在最终解决之前，双方应根据1993年和1996年协定，继续共同努力保持边境地区的和平与安宁。双方同意，在延续特别代表会晤的同时，联合工作小组继续工作以早日澄清和确认实际控制线同样重要。中印边境地区实控线的澄清已经取得了显著进展。双方同意，在已商定的参数基础上，尽早完成交换标明各自对整个实控线走向认识的地图的进程，以实现达到早日达成关于实控线走向共同谅解的目标。双方对执行1993年和1996年协定取得的进展表示满意，并同意加快全面落实上述协定。为实现这一目标，双方达成了在边境实际控制线地区军事领域建立信任措施的补充议定书。

十二、印方重申，承认西藏自治区是中华人民共和国领土的一部分，不允许西藏人在印度从事反对中国的政治活动。印方忆及印度是最早承认一个中国的国家之一，其一个中国政策没有改变。印度表示，将继续遵守一个中国的政策。中方对印方的立场表示赞赏。

十三、双方满意地回顾了中华人民共和国的西藏自治区和印度共和国的锡金邦之间经过乃堆拉山口开展边境贸易的备忘录的执行情况。

十四、双方满意地注意到，两国通过友好协商，就解决长期悬而未决的印度原驻沪总领馆房产问题达成了原则共识。中方将提供一块地皮以代替印度原驻沪总领馆房产。

十五、作为两个发展中大国，中印认识到各自在推动建立国际政治经济新秩序过程中的重要作用。双方在维护亚洲乃至世界的和平、稳定与繁荣中有共同利益，都有在地区和国际事务中建立更加密切和广泛的理解与合作的愿望。双方支持国际关系民主化和多边主义，主张建立公正、合理、平等、互利的国际政治经济新秩序，推进南北对话和南南合作。双方认为，国际社会应通过对话与合作，消除贫困，缩小南北差距，实现共同繁荣。

十六、双方重申联合国在维护全球和平、稳定和促进共同发展方面的重要性，决心和国际社会一道继续加强联合国体系，使其能在合理的多边基础上解决全球问题。中国和印度一致认为，联合国的改革应该是全方位和多层面的，应该注重增加发展中国家的代表性。印方重申其成为联合国安理会常任理事国的愿望。中方重申，印度是重要的发展中国家，在国际舞台上发挥着日益重要的影响。中方高度重视印度在国际事务中的地位，理解并支持印度在联合国和国际事务中发挥积极作用。双方重申，愿意在联合国改革进程中进行密切磋商与合作。

十七、双方认识到恐怖主义对两国及全球和平与安全所构成的威胁，坚决谴责任何形式的恐怖主义。国际社会与全球恐怖主义之间的斗争是全面和持久的，其最终目的是要从所有地区铲除恐怖主义。这就要求在全球范围内强化反恐法律体系。双方注意到两国双边反恐对话机制迄今取得的积极成果，同意进一步加强和巩固双方的探讨和合作。双方同意在今年晚些时候举行下一轮反恐对话。

十八、双方同意就重大国际和地区事务经常性交换意见，加强在世贸组织等国际多边组织中的合作，并就双方共同关心的其他问题继续展开磋商。双方同意共同致力于保持全球经济的稳定和发展，缩小发展中国家与发达国家间的差距。双方支持在法律基础上建立公开、公平、公正和透明的多边贸易体系，决心共同维护发展中国家的合法权益。

十九、双方认识到，中印是亚洲两个最大的国家，又是命运相连的近邻，同意共同致力于在亚洲乃至世界建立相互理解、信任与合作的氛围，努力加强安全与合作的多边协调机制。

二十、访问期间，双方签署和发表了以下文件：

（一）解决中印边界问题政治指导原则的协定

（二）中印全面经贸合作五年规划

（三）在中印边境实际控制线地区军事领域建立信任措施的实施办法的议定书

（四）海关行政互助与合作协定

（五）启动中印财金对话机制的谅解备忘录

（六）扩大中印两国间航空运输安排的谅解备忘录

（七）印度输华葡萄植物卫生要求议定书

（八）印度输华苦瓜植物卫生要求议定书

（九）中方向印方提供朗钦藏布江-萨特莱杰河汛期水文资料的谅解备忘录

（十）电影合作委员会议定书

（十一）中国人民外交学会与印度世界事务委员会交流合作谅解备忘录

（十二）印度在中国洛阳白马寺院西侧建造印度风格佛殿的备忘录

二十一、双方一致认为，温家宝总理此次对印度共和国的正式访问取得了圆满成功，标志着中印关系提升到新的水平，揭开了两国友好合作的新篇章。

温家宝总理代表中国政府和人民，感谢印度政府和人民的盛情款待，并真诚邀请曼莫汉·辛格总理在双方方便时访问中国。曼莫汉·辛格总理表示感谢并愉快地接受了邀请。印方再次邀请中国国家主席胡锦涛访问印度。具体时间将通过外交途径确定。

中华人民共和国总理　　印度共和国总理

温家宝　　曼莫汉·辛格

2005年4月11日于新德里

中华人民共和国与印度尼西亚共和国关于建立战略伙伴关系的联合宣言　2005年4月26日，中华人民共和国主席胡锦涛和印度尼西亚共和国总统苏西洛·班邦·尤多约诺在印度尼西亚首都雅加达签署两国关于建立战略伙伴关系的联合宣言。联合宣言摘要如下：

为纪念中华人民共和国和印度尼西亚共和国建交55周年、万隆会议召开50周年、联合国成立60周年，我们作为中国和印度尼西亚共和国国家元首，共同回顾了双边关系发展历程。

我们一致认为，中国和印尼已成为重要的合作伙伴。作为两个发展中大国，我们应从战略高度处理长远利益，把两国关系推上一个新高度，造福两国和两国人民，并为发展中国家的团结合作和人类的和平发展事业作出新的贡献。

为此，我们同意建立中华人民共和国与印度尼西亚共和国战略伙伴关系。

这一战略伙伴关系应是不结盟、非排他的关系，旨在促进两国和两国人民的和平、稳定与繁荣。这一战略伙伴关系应以《联合国宪章》、和平共处五项原则、万隆会议十项原则、《东南亚友好合作条约》以及其他公认的国际法为准则。

这一战略伙伴关系应是加强中国-东盟战略伙伴关系的重要支柱，也是发展中国家南南合作的重要组成部分。这一战略伙伴关系应成为区域、跨区域及国际论坛和组织开展密切协调与合作的一个基础，旨在致力于建立全面、互利的纽带，迎接新千年的挑战，并促进地区和世界的和平、稳定与繁荣。

这一战略伙伴关系应以加强政治与安全合作、深化经济与发展合作、促进社会文化合作、扩大民间交往为主要内涵。

为此，我们达成以下共识：

一、政治与安全合作

（一）加强高层经常性互访与沟通，促进相互接触与联系，推动双方就共同关心和关注的双边、地区和国际问题开展对话：

1、建立国务委员和统筹部长级别的对话机制，加强中印尼关系与双方合作；

2、巩固由两国外长牵头的中印尼政府间双边合作联委会在协调与审议现有对话机制方面的作用；

3、加强中印尼高官级磋商在落实双边各级对话机制所作决定方面的作用，并探讨需要时在双方达成一致的基础上在各个合作领域增设适当级别的机制；

4、鼓励中印尼立法机关直接交往，并在东盟议会组织、亚洲议会和平协会、各国议会联盟等国际议会组织中保持协调与合作。

（二）继续促进两国在相互尊重独立、主权和领土完整原则上的相互理解、相互支持。中国支持印度尼西亚共和国政府为维护国家统一和领土完整所作的努力。印尼重申继续奉行一个中国政策，承认中华人民共和国政府是代表全中国的唯一合法政府，台湾是中国不可分割的一部分。印尼支持中国的和平统一进程。

（三）继续致力于联合国系统的有效改革与民主化进程，推动多边主义，增强联合国在维护和促进国际和平、安全及可持续发展方面的作用，并保障发展中国家在联合国决策过程中拥有更大的参与权和共享权。

（四）通过亚非新型战略伙伴关系加强与亚非国家的合作，加强与不结盟运动国家和77国集团的合作，共同应对全球化和不断变化的世界环境所带来的挑战，确保发展中国家在全球化进程中充分受益。

（五）再次肯定东盟通过建设东盟共同体在促进地区合作方面发挥的作用，再次肯定中国通过参与东盟东部增长区等项目在支持东盟工作方面发挥的作用。

（六）共同鼓励所有核武器国家签署《东南亚无核武器区条约》议定书。一俟有关各方就议定书遗留问题达成各方均能接受的解决方案，中国将尽快签署《东南亚无核武器区条约》议定书。

（七）推动落实《南海各方行为宣言》，使南中国海成为合作平台和友谊桥梁。

（八）促进双方在防务和军事领域的互信，推动各自国防工业发展，积极探讨建立防务安全磋商机制。

（九）鼓励双方执法和情报部门间开展合作，通过落实现有合作协议，共同应对恐怖主义、走私、贩毒、贩卖人口、洗钱、网络犯罪及其他跨国有组织犯罪活动等非传统安全问题，并积极探讨建立磋商机制，根据各自国家法律促进其他适宜领域的合作。

（十）密切开展海上合作，提升能力建设，建立海上问题磋商与合作机制。

（十一）加强在打击各种形式的恐怖主义方面的合作。两国反对将恐怖主义与特定的宗教和民族相联系，主张反恐行动应完全遵循《联合国宪章》的宗旨和原则以及其他公认的国际法准则。

二、经济和发展合作

（略）

三、社会文化合作

（略）

本宣言一式两份，每份均以中文、印尼文和英文写成，三种文本同等作准。

中华人民共和国代表	印度尼西亚共和国代表
胡锦涛	苏西洛·班邦·尤多约诺

2005 年 4 月 25 日于雅加达

中华人民共和国和哈萨克斯坦共和国关于建立和发展战略伙伴关系的联合声明 应哈萨克斯坦共和国总统纳扎尔巴耶夫的邀请，中华人民共和国主席胡锦涛 2005 年 7 月 3 日至 4 日对哈萨克斯坦共和国进行了国事访问。两国元首在坦诚、友好的气氛中，就双边关系和共同关心的国际和地区问题深入交换了意见，达成广泛共识。

两国元首全面回顾了中哈建交 13 年来双边关系的发展历程，满意地指出，随着两国领导人的频繁往来，双方政治互信不断加深，两国经贸、能源、交通、科技、人文、安全等各领域合作日益深化，这些合作有利于两国人民的福祉。两国开展全面合作的条约法律基础十分牢固，组织机构日臻完善。两国在联合国、上海合作组织和“亚洲相互协作与信任措施会议”等多边框架内进行了富有成效的合作，共同为维护地区乃至世界的和平与稳定作出了应有的贡献。

基于上述，两国元首一致认为，两国关系已进入全面发展的新阶段。为了促进睦邻友好和互利合作，并考虑到地区和国际形势的深刻变化，两国决定建立和发展战略伙伴关系。

这一战略伙伴关系应是不针对第三国的关系，旨在促进两国和两国人民的和平、稳定与繁荣。这一战略伙伴关系应以公认的国际法原则和准则为基础，遵循 2002 年 12 月 23 日签订的《中华人民共和国和哈萨克斯坦共和国睦邻友好合作条约》精神，其主要内涵为：加强政治互信，深化安全合作，共同维护地区安全稳定；促进经济合作，谋求共同发展繁荣；扩大人文合作和民间交往，增进两国人民的传统友谊。

遵循进一步拓展和深化两国全面合作的共同意愿，中华人民共和国和哈萨克斯坦共和国（以下简称“双方”）声明摘要如下：

一、双方一致认为，两国高层交往在扩大两国全面合作方面发挥了重要作用。双方将继续保持和加强这种交往势头，推动双方就双边关系和共同关心的地区和国际问题及时交换意见。

二、双方认为，2002 年 12 月 23 日签署的《中华人民共和国和哈萨克斯坦共和国睦邻友好合作条约》是指导中哈战略伙伴关系长期稳定发展的最重要的政治和法律文件。双方重申恪守条约的原则和精神，继续致力于落实条约和两国业已签署的所有政治声明，不断以新的内容充实中哈战略伙伴关系。

三、双方认为，《中华人民共和国和哈萨克斯坦共和国 2003 年至 2008 年合作纲要》对落实《中华人民共和国和哈萨克斯坦共和国睦邻友好合作条约》，扩大双方各领域的互利合作，具有重要的现实意义。

中哈合作委员会及其调控中哈各个领域协作的分委会是中哈关系的主要协调机制，也是双方业已达成和签署的各项条约、协议的有效落实机制。

双方高度评价中哈合作委员会及其分委会在首次会议框架内所做的工作。会议体现出拓宽、深化双边合作具有巨大潜力。双方商定将大力推进中哈合作委员会的工作顺利开展。

四、（略）

五、（略）

六、双方指出，恐怖主义、分裂主义、极端主义仍是本地区安全与稳定的主要威胁。双方将根据 2001 年 6 月 15 日签署的《打击恐怖主义、分裂主义、极端主义上海公约》和 2002 年 12 月 23 日签署的《中华人民共和国和哈萨克斯坦共和国关于打击恐怖主义、分裂主义、极端主义的合作协定》的规定，加强两国安全执法部门的协调与合作，并在上海合作组织框架内继续采取有力措施，不断提高合作水平，共同防范和打击“三股势力”，包括对本地区安全与稳定构成直接威胁的“东突厥斯坦伊斯兰运动”组织。

中方将继续支持哈方为维护国家主权和领土完整、保障本国沿着自己选择的符合具体国情的道路快速发展所作的努力。

哈方重申，坚持一个中国政策，中华人民共和国政府是代表全中国的唯一合法政府，台湾是中国领土不可分割的一部分。哈方反对任何制造“两个中国”或“一中一台”的图谋，反对“台湾独立”，反对台湾加入任何必须由主权国家参加的国际和地区组织。哈方不同台湾建立官方关系和进行官方往来。哈方理解并支持中国为反对和遏制“台独”分裂势力，实现国家和平统一及维护台海和亚太地区和平与稳定所做的努力。中方对哈方上述立场表示高度赞赏。

七、双方高度评价上海合作组织成立以来取得的积极进展。一致认为，在上海合作组织框架下的相互协作是加强成员国互利合作、促进本地区稳定与发展的重要因素。双方商定与上海合作组织其他成员国共同采取切实措施，不断深化上海合作组织安全、经济、文化、教育、环境保护及其他领域的合作，扩大对外交往，使其在地区和国际事务中发挥更加积极的作用。

双方将进一步加强两国在“亚洲相互协作与信任措施会议”以及其他国际和地区组织、论坛框架内的合作，共同致力于促进本地区的和平与发展、建立公正合理的国际政治经济新秩序。

双方重申联合国在维护全球和平、稳定和促进共同发展方面作用的重要性并一致认为，联合国的改革应当是全方位和多领域的，应当注重增加发展中国家的代表性并保障发展中国家在联合国决策过程中拥有更大的参与权。联合国改革事关重大，应通过民主协商，达成广泛一致。

中华人民共和国主席　　哈萨克斯坦共和国总统
胡锦涛　　纳扎尔巴耶夫
2005 年 7 月 4 日于阿斯塔纳

中华人民共和国和阿塞拜疆共和国联合声明　2005 年 3 月 19 日，中国和阿塞拜疆共同发表了由中国国家主席胡锦涛和阿塞拜疆总统阿利耶夫签署的《中华人民共和国和阿塞拜疆共和国联合声明》。联合声明摘要如下：

应中华人民共和国国家主席胡锦涛阁下的邀请，阿塞拜疆共和国总统伊尔哈姆·阿利耶夫阁下 2005 年 3 月 17 日至 19 日对中华人民共和国进行了国事访问。

一、双方指出，和平与发展仍是当今时代的主题，也是世界各国人民的共同愿望。国际社会应加强磋商，维护世界的多样性，促进世界不同文明和不同发展模式相互交流和借鉴。双方主张，以《联合国宪章》及公认的国际法准则为基础建立和平稳定、公正合理的国际政治经济新秩序，支持加强联合国的权威及其在维护世界和平、安全和促进共同发展方面的核心作用，促进实现发展模式多样化。

二、双方满意地指出，经过共同努力，中阿关系的政治、经济和文化基础得到进一步巩固。中阿两国愿加强传统友好关系，扩大各领域交流，密切在国际问题上的合作，致力于维护世界的和平与稳定。

三、双方强调，两国领导人互访和高级会晤具有重要意义，应当保持这一传统，举行包括国家和政府领导人、议会领导人、部长级会晤在内的双边对话和协商，进一步发展两国的政治、经济关系和相互协作。根据 1994 年 3 月 7 日签署的具有历史意义的《关于中华人民共和国和阿塞拜疆共和国友好关系基础的联合声明》，双方将致力于扩大和完善双边各领域合作的条约法律基础。

四、（略）

五、中方高度评价阿塞拜疆恢复独立以来在保持社会稳定和经济快速发展方面取得的成就，对近年来中阿经贸合作成果表示满意。中方支持阿方尽早加入世界贸易组织，相信这将有助于增强世界贸易组织的普遍性和代表性，扩大多边贸易体制的影响，也有利于中阿双方在共同的规则基础上开展合作。

六、（略）

七、……

双方将保持和发展军事领域的交流与合作，这些交流与合作符合两国安全利益且不违反两国国际义务。

八、双方积极评价两国在联合国及其各机构、其他国际和地区组织中的合作，愿继续就共同关心的双边、国际和地区问题加强磋商。

九、阿方重申，世界上只有一个中国，中华人民共和国政府是代表全中国的唯一合法政府，台湾是中国领土不可分割的一部分。阿方重申不同台湾建立任何形式的官方关系和进行任何具有官方性质的往来，反对制造“两个中国”或“一中一台”的企图，反对任何形式的“台湾独立”。阿方理解并支持中国为反对和遏制“台独”分裂势力，实现国家和平统一及维护台海和亚太地区和平与稳定所作的努力，包括中国全国人大通过《反分裂国家法》。中方对阿方立场给予高度评价。

十、双方强调，业已存在和正在滋长的恐怖主义、分裂主义和极端主义对主权国家的安全以及世界范围内的安全与稳定构成严重威胁，只有携起手来共同努力才能有效预防。

双方支持在应对新的全球性挑战和威胁方面开展双边与多边合作，其中包括打击国际恐怖主义、贩毒和易制毒化学品、走私、洗钱、跨国有组织犯罪、贩卖人口以及非法买卖武器。

双方一致谴责和坚决反对任何形式的恐怖主义、分裂主义和极端主义，愿在《联合国宪章》及有关反恐国际条约的框架下加强打击“三股势力”的合作，并为两国有关部门开展合作提供支持。

十一、中方重申支持阿塞拜疆共和国的主权和领土完整，呼吁遵守联合国安理会通过的有关纳戈尔诺-卡拉巴赫冲突的决议，主张和平解决冲突，支持国际社会为此所作的努力。

十二、双方均倡导国际人权领域的对话与合作，反对在国际政治中搞双重标准。双方致力于通过人权磋商与交流加深相互理解，在多边人权领域加强相互支持与合作，共同推动双边关系和国际人权事业的健康发展。

十三、访问期间，双方签署了《中华人民共和国和阿塞拜疆共和国引渡条约》、《中华人民共和国司法部和阿塞拜疆共和国司法部合作协议》等文件。

十四、双方声明，保持和发展中华人民共和国和阿塞拜疆共和国的友好合作不针对第三国，也不损害第三国的利益。

中华人民共和国主席　　阿塞拜疆共和国总统
胡锦涛　　伊尔哈姆·阿利耶夫
2005 年 3 月 17 日于北京

中华人民共和国和白俄罗斯共和国联合声明　应中华人民共和国主席胡锦涛的邀请，白俄罗斯共和国总统亚·格·卢卡申科 2005 年 12 月 4 日至 6 日对中华人民共和国进行了国事访问。两国元首在亲切友好的气氛中就双边关系及共同关心的国际和地区问题坦诚、深入地交换了意见，达成广泛共识。双方指出，在当前形势下，不断巩固和加深中白传统友谊，加强相互支持，拓展互利合作，提高中白关系水平符合两国和两国人民的根本利益，有利于维护和促进地区及世界的和平、稳定与发展。

中华人民共和国和白俄罗斯共和国基于将两国关系和各领域合作提高到崭新阶段的共同愿望，根据两国领导人会晤结果，发表声明摘要如下：

一、双方对中白关系保持健康稳定、富有成效的发展势头表示满意，认为两国传统友好、全面合作和高度互信的关系日益巩固。

二、双方认为，两国高层交往对推动双边关系各领域交流与合作具有重要意义。双方愿继续保持高层和其他级别交往的积极势头，为中白关系发展不断增添新的动力。

三、双方指出，两国关系已进入全面发展和战略合作的新阶段。双方决心本着世代友好、真诚互信的精神，在共同感兴趣的领域开展广泛合作，实现共同发展，充实中白关系的实质内容。

四、双方重申，在涉及国家独立、主权、统一、领土完整和民族尊严等重大原则问题上将继续保持密切协作，加大相互支持力度，维护两国的根本利益。

白俄罗斯共和国承诺恪守中白双边政治文件中有关台湾问题的原则立场，坚定奉行一个中国政策，反对任何形式的“台湾独立”，不同台湾建立官方关系和进行官方往来，反对台湾加入联合国及其他由主权国家参加的国际组织，不向台湾出售武器。

白俄罗斯共和国认为，台湾问题纯属中国内政，外部势力无权干涉。白俄罗斯共和国支持中国第十届全国人民代表大会第三次会议通过的《反分裂国家法》，认为该法律符合全体中国人民的愿望和根本利益。

中华人民共和国理解并尊重白俄罗斯共和国和人民根据本国国情奉行的独立自主的内外政策和选择的发展道路，支持白俄罗斯为捍卫国家主权和民族尊严、维护社会稳定、促进本国经济社会发展所作的努力，反对外部势力以任何借口干涉白俄罗斯内政。

五、双方满意地指出，中白经贸、科技、军事、文化、教育、旅游、社会保障、新闻等领域交往和合作日益密切，成果丰硕，显现出巨大的潜力和广阔的前景。

六、（略）

七、（略）

八、（略）

九、双方指出，当前国际形势正在发生复杂而深刻的变化。世界多极化和经济全球化趋势深入发展，和平与发展是当今时代的主题。同时，地区热点问题层出不穷，南北贫富差距拉大，恐怖主义、跨国犯罪、重大传染性疾病、自然灾害等传统与非传统安全问题使人类面临诸多挑战。

十、双方认为，只有以国际法和公认的国际关系

准则为基础，促进国际关系民主化进程，才能解决人类面临的问题。双方呼吁，国际社会应彻底摒弃对抗和结盟的思维，充分保障各国平等参与国际事务的权利，保障各国对本国事务的自决权利，和平解决分歧与争端，不采取单边行动和强迫政策，不使用武力或以武力相威胁，共同努力，建立互信、互利、平等、协作的新型安全架构。

十一、双方确认，联合国是由主权国家组成的最具普遍性和权威性的国际组织，其在保障全球安全、促进国际合作中的地位和作用不容替代。《联合国宪章》确定的宗旨和原则已成为公认的国际关系基本准则，必须得到切实遵循。

双方强调，安理会作为负有维持国际和平与安全之主要责任的联合国主要机关，其权威必须得到切实维护。

十二、双方主张对联合国及其安理会进行改革，以加强其应对国际形势新变化的能力。双方强调联合国维护世界和平与安全、促进和平发展的传统作用必须得到加强，联合国主要机构改革应在所有成员国协商一致的基础上进行，不应人为设定时限或强行表决。双方认为，联合国改革进程必须照顾发展中国家的特殊需求，应严格根据《联合国宪章》基本宗旨和原则进行。

十三、双方将在国际和地区组织框架内开展建设性合作，保持经常磋商，积极协调立场，在维护各自国家利益方面相互支持。中华人民共和国欢迎和支持白俄罗斯共和国与上海合作组织建立联系，开展合作。

十四、双方一致谴责恐怖主义、分裂主义和极端主义对主权国家安全和世界和平与稳定带来的严重威胁，认为反恐不应采取“双重标准”，国际社会必须团结一致，坚决和毫不妥协地打击一切形式的恐怖主义。双方重申，愿在《联合国宪章》及有关反恐国际条约的框架下加强打击恐怖主义、分裂主义和极端主义及其他犯罪活动的合作。

十五、双方认为，各国有权在国际法范畴内，根据本国国情和传统维护人权，在平等和相互尊重的基础上通过对话与合作解决分歧。双方主张，国际人权保护应建立在坚定维护各国主权平等和不干涉内政的原则基础之上。双方反对将人权问题政治化和借人权问题向别国施加政治压力，愿继续在此问题上保持积极对话与协作。

十六、双方支持维护朝鲜半岛及东北亚地区的和平与稳定，支持和平解决朝鲜半岛核问题，实现朝鲜半岛无核化。双方强调，六方会谈是和平解决朝鲜半岛核问题的现实有效途径。双方高度评价各方在第四轮六方会谈共同声明中作出的各项承诺，希望各方继续保持耐心、灵活和诚意，严肃认真地履行各自在共同声明中作出的各项政治承诺，共同为推动六方会谈进程不断取得进展作出积极努力。

双方支持中东问题国际四方机制继续采取措施，调解中东冲突，促使以色列和巴勒斯坦停止使用武力，根据联合国有关决议和“土地换和平”原则，尽快实现和平共处。

双方支持国际社会为尽快实现伊拉克政治稳定和经济重建所作的努力，支持维护伊拉克的国家主权和领土完整。

十七、白俄罗斯共和国总统亚·格·卢卡申科对他本人和白俄罗斯共和国代表团在访华期间受到的热情接待表示感谢，并邀请中华人民共和国主席胡锦涛对白俄罗斯共和国进行国事访问。胡锦涛主席愉快地接受了邀请。访问日期将通过外交途径商定。

中华人民共和国主席 胡锦涛　　白俄罗斯共和国总统 亚·格·卢卡申科

2005 年 12 月 5 日于北京

中华人民共和国和西班牙王国联合公报

2005 年 11 月 15 日，中华人民共和国和西班牙王国发表联合公报。联合公报摘要如下：

一、应西班牙国王胡安·卡洛斯一世的邀请，中华人民共和国主席胡锦涛于 2005 年 11 月 13 日至 15 日对西班牙进行国事访问。访问期间，胡锦涛主席与胡安·卡洛斯一世国王进行了会晤，会见了罗德里格斯·萨帕特罗首相及众、参两院议长。双方就双边关系和共同关心的国际问题深入、坦诚地交换了意见，达成广泛共识。胡锦涛主席同胡安·卡洛斯一世国王共同出席了首届中西工商峰会。

二、双方共同回顾了中西传统友好关系，特别是 2005 年 7 月 21 日至 23 日西班牙首相访华所取得的积极成果。双方一致认为，两国建交 32 年来，双边关系发展良好，各领域合作前景广阔。

当前，国际关系面临深刻变化和新的挑战。中西应进一步加强相互信任的关系，增进了解，密切合作，以更好地造福于两国人民，促进世界和平与发展。为此，双方一致决定建立中西全面战略伙伴关系。

三、中西两国认为，国际社会应在联合国框架内应对威胁和挑战，通过谈判和协商寻求国际争端的政治解决。加强中西关系应促进多边主义的发展，使之能够维护世界和平、安全和稳定，保证更加公平的国际秩序，也有利于应对全球性的问题，包括通过双边

及联合国框架内的合作打击恐怖主义。

双方应加强在联合国框架内的配合与协调，提高维和行动的效率，推动在军控以及防止大规模杀伤性武器扩散方面取得有效进展。

双方应采取共同行动，推动落实联合国千年发展目标，以消除贫困、饥饿、疾病、各种形式的歧视、文盲，避免破坏环境，保护自然资源，实现可持续发展。

中国和西班牙坚定支持拥有不同文明的人民之间加强了解，并愿为此共同努力。双方支持“文明联盟”的倡议，其发展和落实工作已在联合国框架内展开。在此，西方感谢中方对此倡议的支持。

四、中西两国强调，应在中欧全面战略伙伴关系框架内，不断深化与扩大中西关系，使之成为中欧关系的重要组成部分。双方强调欧盟与中国进行人权对话的重要性，并支持在平等和相互尊重的基础上加强该对话。双方认为，根据《世界人权宣言》和联合国有关国际条约，有必要根据两国各自的特点促进对人权的维护和保护。

西班牙重申为欧盟解除对华军售禁令而继续工作的政治意愿，并将同其他欧盟成员国一道，根据欧盟首脑会议有关结论，继续为此适时做出努力。

西方愿继续推动欧委会在承认中国完全市场经济地位方面取得积极进展。

五、中西双方提及，2005 年 7 月 21 日西班牙首相萨帕特罗访华期间，两国外交部长在北京签署了建立两国高级别政治对话机制的谅解备忘录。

双方承诺，促进政治对话，加强两国各种形式的交流，继续保持各层次双边接触和互访势头，扩大签署双方感兴趣的领域的各种协议，为全面战略伙伴关系构建法律框架。

双方重申，根据国际法和联合国有关决议，应坚持各国互相尊重主权和领土完整的原则。西班牙政府重申继续奉行一个中国原则，反对台湾采取任何违背一个中国原则的单边行动，支持两岸对话和交流，希望台湾问题得到和平解决。

六、（略）

七、中西两国根据各自国家的特点，尊重文化的差异，支持建立增进相互了解和理解的渠道，认为这有助于发展更加稳定和持久的双边关系。两国将深化在文化领域的交流与合作，为互设文化中心提供便利。双方积极欢迎西在华设立塞万提斯学院和中方在西设立文化中心。

双方愿在 2007 年实现在华举办“西班牙年”和在西举办“中国艺术节”。

八、（略）

九、中西两国重视在司法领域的交流与合作。双方通过缔结条约、开展司法人员培训、法律专家交流、交换法律资料等活动，继续深化在司法领域的双边合作。

十、（略）

中西两国支持“中西论坛”成为加强接触的合适渠道。

2005 年 11 月 15 日于马德里

（石　慧）

中国全国人大关于加入《禁止为军事或任何其他敌对目的使用改变环境的技术的公约》的决定　2005 年 5 月 27 日，中国全国人民代表大会常务委员会作出关于加入《禁止为军事或任何其他敌对目的使用改变环境的技术的公约》的决定，主要内容如下：

第十届全国人民代表大会常务委员会第十五次会议决定：批准加入于 1976 年 12 月 10 日经第三十一届联合国大会通过的《禁止为军事或任何其他敌对目的使用改变环境的技术的公约》。

（继　先）

上海合作组织成员国元首宣言　2005 年 7 月 5 日，在哈萨克斯坦首都阿斯塔纳举行的上海合作组织第五次元首会晤上，六国元首签署了《上海合作组织成员国元首宣言》，并决定给予巴基斯坦、伊朗、印度观察员地位，决定继续采取一系列加强团结、合作反恐的具体步骤。《宣言》全文如下：

上海合作组织（以下简称“本组织”或“组织”）成员国——哈萨克斯坦共和国、中华人民共和国、吉尔吉斯共和国、俄罗斯联邦、塔吉克斯坦共和国和乌兹别克斯坦共和国元首 2005 年 7 月 5 日在阿斯塔纳举行上海合作组织成员国元首理事会会议，声明如下：

一

2004 年 6 月 17 日塔什干峰会提出的进一步发展和巩固上海合作组织的所有任务已基本完成。本组织稳步推进成员国的多边合作，积极同其他国际组织和国家开展合作。

2004 年启动的本组织常设机构——北京秘书处和塔什干地区反恐怖机构（简称“反恐机构”），成为保障组织顺利运作的有效集体机制。反恐机构的领导机关——理事会的作用日益显著，并应进一步加强。

为提高上海合作组织及其所有机构和机制的工作效率和协调作用，元首们商定，国家协调员理事会在

2006 年峰会前，就加强秘书处作用和将秘书处领导职务俄文名称改为上海合作组织秘书长提出建议。

元首们指出，采取必要措施，落实 2005 年 6 月 2 日在阿斯塔纳举行的本组织成员国第二次安全会议秘书会议达成的协议十分重要。

为促进反恐机构落实《打击恐怖主义、分裂主义和极端主义上海公约》，元首们同意按照已有的常驻秘书处代表机制的原则，建立成员国常驻反恐机构代表机制。

元首们相信，峰会期间通过的《上海合作组织成员国合作打击恐怖主义、分裂主义和极端主义构想》，有利于提高合作效率，使反恐机构的活动更明确，更有针对性。

元首们认为，2005 年秋即将在莫斯科举行的政府首脑（总理）理事会会议，将对执行 2004 年 9 月在比什凯克通过的《〈上海合作组织成员国多边经贸合作纲要〉落实措施计划》，把成员国对外经贸、交通、环保、紧急救灾、文化和教育部门合作引上务实轨道起到具体推动作用。这一会议还将确定本组织合理的财政预算政策。

本组织实业家委员会的组建工作已近尾声，它应成为促进本组织框架内一体化进程的新资源。各方将本着协商一致的原则加快建立本组织发展基金。同时，各方同意加强银行间协作，为实施区域合作项目提供融资支持。

元首们指出，外长理事会做了大量建设性工作，强调，业已启动的国际问题磋商机制切实运转十分重要。元首们认为，确保本组织审慎和有针对性地开展对外交往是一项迫切任务。这些问题原则上应由外长理事会解决，而本组织常设机构对外交往的日常协调工作则由国家协调员理事会会同反恐机构理事会负责。

元首们相信，给予巴基斯坦、伊朗、印度本组织观察员地位，将增加本组织在各领域开展多边、互利合作的潜力。

本组织国际声望日益提高的重要标志，是本组织 2004 年 12 月获得联合国大会观察员地位，2004 年 4 月与东盟和独联体签署谅解备忘录。

近期，国家协调员理事会应会同秘书处和反恐机构制定共同立场，使本组织能够最有效地与联合国秘书处及各委员会开展交往，落实同其他国际组织签署的合作文件，在平等和相互尊重的基础上与区域组织、论坛及有关国家建立联系。

二

元首们指出，在矛盾的全球化进程中，在平等、相互尊重、不干涉主权国家内政、非对抗思维和不断推动国际关系民主化的原则基础上开展多边合作，有助于维护普遍和平与安全，呼吁国际社会超越意识形态和社会制度差异，树立互信、互利、平等、协作的新安全观。

世界文化和文明的多样性是全人类的财富。在信息技术和交通迅猛发展的时代，这种多样性应促进相互了解和宽容、避免极端态度、发展对话。应充分保障各国人民选择自己发展道路的权利。

元首们坚信，公正合理的世界秩序应建立在巩固互信、睦邻、建立真正伙伴关系、不谋求垄断和主导国际事务的基础上。国际法，首先是《联合国宪章》的原则和准则的主导地位越强，这一世界秩序就会越稳定、越安全。在人权领域，必须严格和始终尊重各国人民历史传统和民族特点，坚持所有国家主权平等。

元首们支持联合国进行合理、必要的改革，以提高效率，维护权威。重申联合国改革应遵循最广泛协商一致的原则，不应为改革设立时限及强行推动表决尚有重大分歧的方案。

元首们认为，21 世纪，亚太地区必将在促进和平与发展中发挥重要作用，主张：在整个亚太地区或次地区不应出现分界线；国家间的任何误解和争端都应通过谈判和平解决；应在这一充满活力的地区营造持久友好、相互理解、协作和建设性的氛围。推动实现这一目标，是本组织的一项主要工作。

元首们支持中亚国家为维护本国和整个地区和平、安全与稳定所作的努力，赞成本组织在促进中亚稳定和经济发展方面积极发挥作用。

三

元首们认为，成员国应共同努力，有效应对国际和地区安全与稳定面临的新挑战和新威胁。

这一共同努力应具有综合性质，能切实促进成员国对领土、居民、生活保障和基础设施的关键部门实施可靠保护，使其免受新挑战和新威胁的破坏，为本组织内各国的持续发展和消除贫困创造必要条件。这一共同努力包括：

——开展成员国外交、对外经济、执法、特种和国防部门的密切合作；

——充分发挥成员国安全会议秘书会议机制的作用；

——制定本组织对威胁本地区和平、安全与稳定的事态联合作出反应的有效措施和机制；

——共同制定和实施反恐措施；

——协调各成员国安全保障方面的法律；

——在研制和应用应对新挑战和新威胁的现代技术装备领域进行合作；

——在大众传媒领域建立应对新挑战和新威胁的有效机制；

——培训相关人员。

本组织成员国将制止在本国领土上策划和实施恐怖活动，包括针对其他国家恐怖活动的企图，不向被指控或涉嫌实施恐怖、分裂和极端活动的人员提供庇护。在本组织其他成员国提出相关请求后，严格遵照成员国现行法律移交这些人员。

将采取措施完善和提高本组织地区反恐怖机构的工作效率。

重要的是，本组织应在打击国际恐怖主义框架内解决消除恐怖主义的物质基础的问题，首先要打击走私武器、弹药、爆炸物和毒品，打击有组织跨国犯罪、非法移民和雇佣兵活动。特别要注意防范恐怖分子使用大规模杀伤性武器及其运载工具，防范信息恐怖主义。

为打击资助恐怖主义、分裂主义和极端主义的活动，包括将非法收入合法化的活动，迫切需要在本组织框架内制定统一方法和标准，以监控涉嫌参与恐怖活动的个人和组织的资金流动，同时积极推动上海合作组织参与相关国际努力。

根据2004年6月17日签署的《上海合作组织成员国关于合作打击非法贩运麻醉药品、精神药物及其前体的协议》，深化打击非法贩运麻醉药品、精神药物及其前体的合作应成为优先方向。本组织愿积极参与在阿富汗周边构筑“反毒带”的国际努力，参与制定并实施专门计划，帮助阿富汗稳定社会经济和人道主义形势。

我们支持并将继续支持国际联盟在阿富汗进行反恐行动的努力。今天，我们看到阿富汗在国内局势稳定方面发生了积极变化。为开展反恐行动，上海合作组织一些成员国向联盟各国提供了地面基础设施以临时部署军队，还提供了地面及空中军事运输通道。

鉴于阿富汗反恐的大规模军事行动已经告一段落，上海合作组织成员国认为，反恐联盟有关各方有必要确定临时使用上海合作组织成员国上述基础设施及在这些国家驻军的最后期限。

从预防和消除已成为新威胁重要组成部分的各种技术性灾难来看，保护和发展关键基础设施、交通设施越来越迫切。本组织成员国将制定多边机制，对可能发生的灾难及其后果进行监测、交换分析性信息，为进行联合救援行动创造必要的法律和组织条件，包括按统一方法培训人员、迅速调遣人员和实现技术装备的兼容。

上海合作组织将为国际社会维护陆地、海上、空中和外空安全的努力作出建设性贡献。

为提高打击恐怖主义、分裂主义、极端主义及应对其他挑战和威胁的能力，本组织成员国将根据多边经贸合作纲要及其落实措施计划，不断扩大经济合作。在生态和合理利用自然资源领域采取实际措施。

提出一致的方法和建议，在居民中采取预防性措施和进行相应解释工作，以抵制错误引导社会舆论的企图，是一项迫切任务。成员国将积极扩大本组织框架内教育、文化、体育、旅游等领域的合作。

元首们认为，本组织为保障安全和加强自身能力所作的共同努力，丝毫不损害其他国家的利益，不意味着要建立某种同盟。这样做完全符合本组织的开放原则，符合为应对新挑战和新威胁而进行广泛国际合作的精神。

哈萨克斯坦共和国总统　努尔苏丹·阿比舍维奇·纳扎尔巴耶夫

中华人民共和国主席　胡锦涛

吉尔吉斯共和国代总统　库尔曼别克·巴基耶夫

俄罗斯联邦总统　弗拉基米尔·普京

塔吉克斯坦共和国总统　埃莫马利·沙里波维奇·拉赫莫诺夫

乌兹别克斯坦共和国总统　伊斯兰·阿卜杜加尼耶维奇·卡里莫夫

2005年7月5日于阿斯塔纳

（石　慧）

上海合作组织与独联体签署反恐等领域的合作文件　2005年4月12日，上海合作组织秘书长张德广在北京与独联体执行委员会主席鲁沙伊洛举行会谈，双方就开展上海合作组织与独联体之间的交往及中亚地区形势等问题交换了意见。会谈结束后，双方签署了《上海合作组织秘书处与独立国家联合体执行委员会谅解备忘录》。主要内容如下：

备忘录规定，两组织常设机构之间在反恐、经贸、人文等领域进行合作。合作形式包括：举行有关磋商、交换信息以及相互参加对方活动等。

第四轮六方会谈第一阶段会议发表的主席声明　2005年8月7日，朝鲜半岛核问题第四轮六方会谈主席、中国代表团团长、外交部副部长武大伟在北京钓鱼台国宾馆宣读《主席声明》，声明全文如下：

第四轮六方会谈第一阶段会议于2005年7月26日至8月7日在北京举行。围绕实现朝鲜半岛无核化目标，六方本着相互尊重、平等协商的精神，在良好的气氛中进行了认真、务实、深入的讨论和磋商，增进了了解，扩大了共识，取得了积极进展。六方一致重申，以和平方式实现朝鲜半岛无核化是六方会谈的目标，并同意就此发表一个共同文件。会议就文件内容进行了深入有益的探讨，取得了很多共识。为了使各方代表团回国向各自政府报告会议情况，进一步研究各自立场，以解决尚存的分歧，会议决定暂时休会。休会期间，各方将继续保持沟通与磋商。第四轮六方会谈下一阶段会议拟于8月29日开始的一周举行，具体日期另行商定。

六方重申，将继续致力于推进六方会谈进程。

第四轮六方会谈共同声明 2005年9月19日，第四轮六方会谈发表《共同声明》，声明全文如下：

2005年7月26日至8月7日和9月13日至19日，中国、朝鲜、日本、韩国、俄罗斯、美国在中国北京举行了第四轮六方会谈。

中国外交部副部长武大伟、朝鲜外务省副相金桂冠、日本外务省亚洲大洋洲局局长佐佐江贤一郎、韩国外交通商部次官补宋旻淳、俄罗斯外交部副部长阿列克谢耶夫、美国负责东亚和太平洋事务助理国务卿希尔分别率团与会。

中国外交部副部长武大伟主持会议。

六方从朝鲜半岛和东北亚地区和平与稳定出发，本着相互尊重、平等协商的精神，在前三轮六方会谈的基础上，进行了认真、务实的会谈，达成如下共识：

一、六方一致重申，以和平方式可核查地实现朝鲜半岛无核化是六方会谈的目标。

朝方承诺，放弃一切核武器及现有核计划，早日重返《不扩散核武器条约》，并回到国际原子能机构保障监督。

美方确认，美国在朝鲜半岛没有核武器，无意以核武器或常规武器攻击或入侵朝鲜。韩方重申其依据1992年《朝鲜半岛无核化共同宣言》，不运入、不部署核武器的承诺，并确认在韩国领土上没有核武器。1992年《朝鲜半岛无核化共同宣言》应予遵守和落实。

朝方声明拥有和平利用核能的权利。其他各方对此表示尊重，并同意在适当时候讨论向朝鲜提供轻水反应堆问题。

二、六方承诺，根据《联合国宪章》宗旨和原则以及公认的国际关系准则处理相互关系。

朝方和美方承诺，相互尊重主权，和平共存，根据各自双边政策，采取步骤实现关系正常化。

朝方和日方承诺，根据《日朝平壤宣言》，在清算不幸历史和妥善处理有关悬案基础上，采取步骤实现关系正常化。

三、六方承诺，通过双边和多边方式促进能源、贸易及投资领域的经济合作。

中、日、韩、俄、美表示，愿向朝鲜提供能源援助。

韩方重申2005年7月20日提出的有关向朝鲜提供200万千瓦电力援助的方案。

四、六方承诺，共同致力于东北亚地区持久和平与稳定。

直接有关方将另行谈判建立朝鲜半岛永久和平机制。

六方同意探讨加强东北亚安全合作的途径。

五、六方同意，根据“承诺对承诺、行动对行动”原则，采取协调一致步骤，分阶段落实上述共识。

六、六方同意于2005年11月上旬在北京举行第五轮六方会谈，具体时间另行商定。

第五轮六方会谈第一阶段会议发表的主席声明 2005年11月11日，朝核问题第五轮六方会谈第一阶段会议在北京发表《主席声明》。全文如下：

第五轮六方会谈第一阶段会议于2005年11月9日至11日在北京举行。各方就如何落实第四轮会谈共同声明进行了认真、务实、建设性的讨论，并就此提出有关方案。

各方重申，将根据“承诺对承诺、行动对行动”原则全面履行共同声明，早日可核查地实现朝鲜半岛无核化目标，维护朝鲜半岛及东北亚地区的持久和平与稳定。

各方强调，愿在增信释疑的基础上，整体落实共同声明，分类实施各项承诺，自始至终及时行动、协调一致，实现利益均衡，达到合作共赢。

各方同意，本着上述精神制订落实共同声明的具体方案、措施与步骤。

各方商定尽快举行第五轮会谈第二阶段会议。

日美安全磋商委员会发表的共同声明

2005年2月19日，美国国务卿赖斯、国防部长拉姆斯菲尔德与到访的日本外相町村信孝、防卫厅长官大野功统在美国国防部举行美日安全磋商委员会会晤（“2+2会晤”），并发表共同声明。根据共同声明，美日今后将共同应付包括朝鲜问题在内的所有东亚地区的不安定因素，同时，日本将以局部冲突发生后的后勤支援为核心对美军的全球战略提供全方位支援。今后，日美还将修改“日美防卫指针”以确定日本自卫队在美军全球战略中所承担的具体任务。共同声明摘要如下：

双方肯定了日美战略合作的成果：一是在阿富汗战争、伊拉克战争、印度洋海啸支援等活动中出色合作；二是将进一步推进导弹防御系统（MD）建设。

双方明确了日美共同的战略目标：在地区安全方面，确保日本安全和地区安全，谋求朝鲜半岛和平统一和朝鲜问题的和平解决，同中国发展合作关系，确保台湾海峡问题的和平解决；在世界安全方面，推广民主主义的基本价值观，为维护国际和平推进日美合作，防止并杜绝大规模杀伤性武器扩散和核扩散，确保日本成为联合国安理会常任理事国。

双方一致认为，应强化日美安保和防卫合作。为此，一要重新定位自卫队和美军各自的作用、任务和能力；二要进一步推进驻日美军基地调整的磋商（既要维持美军在该地区的威慑力，又要减轻当地负担）；三要改善美日地位协定，确保《美日特别行动委员会最终报告》的实施；四应开始就关于日本“人情预算”的特别协定修改展开磋商。

双方明确了美日在亚太地区的共同策略目标：第一，保障日本的安全，加强亚太地区的和平与安全，维持应付影响美国与日本的突发状况的能力；第二，支持朝鲜半岛的和平统一；第三，寻求有关朝鲜问题的和平解决，包括其核计划、弹道导弹活动、非法活动及朝鲜绑架日本人的人道问题；第四，发展与中国的合作关系，欢迎中国在地区及全球扮演一个负责任及建设性的角色；第五，鼓励和平解决有关台湾海峡的问题；第六，鼓励中国改善军事事务的透明化；第七，鼓励俄罗斯在亚太地区扮演建设性角色；第八，通过北方领土的解决，达成俄日关系完全正常化；第九，促进一个和平、安定和充满活力的东南亚；第十，欢迎通过各种方式发展区域合作，强调开放、包容、透明的区域机制；第十一，劝阻造成不安定的武器买卖和技术转移；第十二，维持海运安全。

美日两国六大全球共同策略目标：

1、在国际社会推广“基本价值”，包括基本人权、民主、法治。

2、在促进国际和平及发展的合作方面，更进一步巩固美日伙伴关系。

3、推动大规模杀伤性武器的减少与反扩散。

4、防止并根除恐怖主义。

5、善用目前动力，促成日本成为联合国安理会常任理事国，改善联合国安全理事会的效率。

6、维持并加强国际能源供给的安定。

日美达成的横田军事基地共用协定　2005年4月上旬，日本与美国就共同使用驻日美军横田基地问题达成协议。驻日美军横田基地占据东京都福生市、立川市、昭岛市、武藏村山市以及瑞穗町的部分地区，整个面积714公顷，有一条3350米的跑道，每年起降飞机2万架次。横田基地是驻日美军司令部、空军第5军司令部的所在地，约有1.1万多名美军军人与家属驻在这里。美国原计划是将驻扎在横田基地的美国空军第5军司令部迁往关岛，与其空军第13军司令部合并，但日本方面认为空5军撤离日本会对日美同盟关系带来不利影响，希望其继续留在横田基地。该协议主要内容如下：

目前驻扎在东京府中市的日本航空自卫队航空总队司令部将迁入横田基地；由美国管辖的日本首都地区上空航空管制权也将交还给日本。

日美双方达成的横田基地共用协议是美国全球军事战略调整的组成部分。根据这一战略调整，现驻扎在华盛顿的美国陆军第1军司令部计划搬迁到东京附近的驻日美军座间基地，现驻扎在厚木海军基地的航母舰载机部队也将移防到山口县的岩国基地等。

韩美防卫费分担协定　2005年6月9日，韩国外交通商部长官潘基文与美国驻韩国大使馆临时代办马克·明顿在首尔签署了韩美防卫费分担协定。主要内容如下：

韩美两国于2005年4月就驻韩美军的防卫费分担问题达成共识，2005年度和2006年度韩方分担的防卫费分别为6804亿韩元（约合6.8亿美元），比2004年度减少8.9%。

朝韩发表的民族统一宣言　为纪念朝韩首脑会晤暨发表《南北共同宣言》5周年，在平壤参加纪念活动的朝、韩及海外民间代表团于2005年6月15日共同发表了民族统一宣言。宣言共分5条，主要内容如下：

民族内部互助是履行6·15《南北共同宣言》的基本途径；必须消除核战争的威胁，并建立和平的世界；把6·15共同委员会转变为广泛的统一爱国运动组织。

朝鲜和韩国将沿着6·15《南北共同宣言》开创的道路前进，共存共荣，以一个民族屹立于世界民族之林。宣言决定将6·15《南北共同宣言》发表日定为纪念日，即民族日。

第15次韩朝部长级会谈联合新闻公报

2005年6月23日，第15次韩朝部长级会谈就缓和朝鲜半岛局势发表了联合新闻公报。主要内容如下：

朝决定派遣代表团参加在韩国举行的“8·15南北共同庆典”，并于2005年7月在开城举行工作会议。

南北双方决定将实现朝鲜半岛无核化视为最终目标，为通过对话、和平解决朝核问题，采取实质性的措施。

南北双方决定8月26日开始在金刚山重开离散家属会面活动的同时，进行离散家属金刚山会面所开工仪式。并于7月份结束建设金刚山会面所必需的测量及地质勘测作业。

南北双方决定8月份举行第6次朝韩红十字会谈，商谈战争时期失踪的人员生死确认等人道主义问题。

南北双方决定以8·15庆典为契机，试验性地开通离散家属可视电话。并于7月10日左右在开城举行相关的工作会议。

今年是不平等条约“日帝乙巳五条约”签署100周年，南北双方决定，宣布该条约完全无效。

南北双方还决定，从日本运回北关大捷碑，并为此进行相关措施。此外，还将共同促进安重根烈士遗骸的挖掘作业。

南北双方决定，举行第3次朝韩将军级会谈，具体日程由双方军方直接确定。

南北双方决定，为促进西海海上和平与稳定，在韩朝经济协作促进委员会下设水产协作工作协议会。并于7月份举行该协议会会议，商讨规划共同捕鱼区等水产业方面的问题。

南北双方决定，允许朝鲜民间船舶利用济州海峡通行，并通过今后的协商安排具体的操作方案。

韩国从民族手足情和人道主义出发，向朝鲜提供粮食援助。并将在第10次韩朝经济协作促进委员会会议上确定具体的援助程序。

南北双方决定，于7月9日至12日在首尔举行第10次韩朝经济协作促进委员会会议，以促进南北经济合作。

南北双方决定，于2005年9月13日至16日在朝鲜举行第16次韩朝部长级会谈，12月举行第17次朝韩部长级会谈。

新马签订的解决填海争端的协议 2005年4月26日，新加坡和马来西亚签订一项双边协议，以解决两国就新加坡在柔佛海峡附近进行填海工程而引发的争端。协议签署后双方发表联合声明说，协议的签订标志着两国的争端得到最终解决。协议的主要内容如下：

新加坡将对马来西亚渔民因填海工程所遭受的损失给予一定金额的赔偿；马方将从国际海洋法法庭撤回案件，新加坡则同意针对填海工程做出一些调整。

美国和新加坡签署的关于国防与安全问题紧密合作的战略框架协定 2005年7月12日，美国总统布什和新加坡总理李显龙在华盛顿签署了美新关于国防与安全问题的紧密合作伙伴战略框架协定。这份协定是建立在两国1990年11月所签订的一份谅解备忘录基础上的。备忘录允许美国军队利用新加坡的军事设施，支持美国把维持安全的力量留驻亚太区域。协定主要内容如下：

确认新加坡作为美国的“主要安全合作伙伴”，并明确说明了两国推动防务伙伴关系的原则，以及防务合作的主要领域。它也是双方目前及将来进行防务及安全合作的正式框架。

柬越两国签署的进一步加强反恐等领域合作的协议 2005年4月9日，柬埔寨和越南在柬埔寨首都金边签署进一步加强反恐等领域合作的协议。主要内容如下：

两国将在反对恐怖主义、打击跨国犯罪等安全领域里进一步加强交流与合作。

柬、越双方一致表示，将在相互尊重独立、主权、领土完整和平等互利的基础上，进一步加强合作，互通情报，共同打击破坏国家安全、危害两国利益的各种跨国犯罪活动，包括恐怖主义、非法贩卖和运输毒品、贩卖妇女儿童、制造和运输假币、洗钱以及非法移民等。

双方将以和平方式及时解决两国边境出现的问题，以维护边境地区的安全与稳定，促进两国边境地区的建设与发展。越南同时还决定将继续帮助柬埔寨培训警官。

（继　先）

东亚峰会发表的主席声明 2005年12月14日，首届东亚峰会在马来西亚首都吉隆坡圆满结束。来自东盟10国、中国、日本、韩国、印度、澳大利亚和新西兰等16个国家的元首或政府首脑参加了会议。俄罗斯总统普京应邀出席了这次峰会。与会各国领导人签署了东亚峰会《吉隆坡宣言》等文件，并就国际和地区性政治、经济问题以及全球和本地区面临的挑战等交换了意见，发表了主席声明。

声明说，东亚峰会《吉隆坡宣言》大体上确定了东亚峰会的原则、目标、合作领域以及主要特征。

声明说，本届峰会就东亚峰会的机制以及在不断变化的地区格局中所扮演的角色进行了广泛和深入的讨论。会议认为，以东盟为主要推动力量的东亚峰会，是整个地区格局的一部分。东亚地区通过东盟与中日韩（10+3）这一合作机制在实现东亚一体化的进程中取得了进展。

声明表示，东亚峰会将与“10+3”和“10+1”（东盟分别与中、日、韩3国）等合作机制共同在东亚一体化进程中发挥重要作用。

会议对俄罗斯希望参加东亚峰会的要求表示欢迎，并同意在东盟确定标准的基础上，考虑接受俄罗斯参加今后的东亚峰会。

（袁右军）

东亚峰会发表的吉隆坡宣言　2005年12月14日，首届东亚峰会在吉隆坡圆满结束。来自东盟10个成员国、澳大利亚、中国、印度、日本、韩国和新西兰的国家元首或政府首脑参加会议。俄罗斯总统普京应邀出席这次峰会。与会各国领导人发表《吉隆坡宣言》。主要内容如下：

东亚峰会各参加国认识到，实现东亚及世界的和平、安全与繁荣符合各国的共同利益，愿意本着平等的伙伴精神和协商一致的原则，加强合作、增进友谊，创造一个和平的环境，为本地区及世界的和平、安全与经济繁荣作出贡献。

与会各国领导人同意将东亚峰会建成一个以东盟为主导的开放、包容、透明和外向型的论坛，就共同感兴趣和关切的战略、政治和经济问题进行对话，目标是促进东亚地区的和平、稳定和经济繁荣。东亚峰会在努力推进本地区一体化建设时，应与东盟建设保持一致。

东亚峰会将定期举行，由东盟主席国主办并担任主席，与东盟年度首脑会议同期举行，峰会的模式将由东盟和东亚峰会其他所有参加国共同审议。

第38届东盟外长会议联合公报　2005年7月26日，在老挝首都万象举行的第38届东盟外长会议发表联合公报，主要内容如下：

东盟外长在本次会议中主要围绕东盟的安全、经济和社会文化共同体的3个主要问题达成共识。

关于伊拉克问题，东盟各国外长希望在不久的将来能够找到一种解决办法，使这个地区实现永久安全和稳定。

关于朝鲜半岛问题，部长们对在中国举行的六方会谈表示欢迎，并希望有关各方能够找到促使朝鲜半岛无核化且各方都能接受的解决方案。

（继　先）

澳大利亚与东盟签署的《东南亚友好合作条约》　为了受邀参加下周举行的首届东亚峰会，2005年12月10日，澳大利亚外长唐纳在吉隆坡同东盟各成员国签署了《东南亚友好合作条约》。

该条约规定，签约国不能干涉对方的内部事务。同时，签署该条约也不会妨碍澳大利亚履行以往签署的条约所承担的义务，其中包括澳大利亚与美国签署的安全协定，但澳大利亚应以事实改变东南亚有关国家认为澳是美国在该地区的代理治安官的看法。

（袁右军）

印巴发表的强调和平进程不可逆转的联合声明　2005年4月18日，印度总理辛格与巴基斯坦总统穆沙拉夫在新德里发表了强调和平进程不可逆转的联合声明。主要内容如下：

印巴两国领导人“意识到这样一个由改善了的（双边）关系和两国人民压倒一切的、渴望持久和平的愿望所提供的历史机遇”。

声明说，“和平进程现在是不可逆转的”，印巴双方已同意以“真挚和明确的方式”继续进行谈判，寻求最终解决克什米尔问题；双方都同意加强印控克什米尔和巴控克什米尔地区居民的联系，改善他们的生活状况；双方决定增加穿越克什米尔地区公共汽车的班次，并在实际控制线附近确定更多的可以通行公交车的地点；重新启动联合委员会，以加强双边贸易联系。

声明说，双方保证绝不允许恐怖主义破坏和平进程。

声明称，双方同意，在2005年年底前，巴基斯坦在印度孟买开设领事馆，印度在巴基斯坦卡拉奇开设领事馆。

印度与巴基斯坦达成的导弹试验预先通知协议　2005年8月6日，印度和巴基斯坦经过谈判达成一项协议。印方代表在协议签署后对记者说，该协议的达成将进一步提高双方的互信程度，增加在核问题上的透明度。协议主要内容如下：

双方同意在进行弹道导弹试验前预先通知对方，并从2005年9月起在双方外交部副部长级官员之间就核安全建立热线电话。

（继　先）

38个亚欧国家和地区签署的《亚欧会议总检察长会议宣言》　2005年12月12日，来自亚欧38个国家和地区的代表在亚欧会议总检察长会议上签署一项宣言，以期在打击腐败犯罪、洗钱犯罪、恐怖主义、非法贩卖毒品和武器、贩卖人口（妇女和儿童）及其它跨国有组织犯罪方面开展紧密协作。

亚欧会议总检察长会议宣言说，亚欧会议成员国总检察长们一致认为，在当今经济和信息全球化进程迅速发展的时代背景下，加强亚欧司法合作，有助于找到应对新挑战和新威胁的有效措施，以维护亚欧两大洲乃至整个世界的和平、稳定、繁荣与安全。

会议宣言说，总检察长们一致认为，有必要在司法领域进一步加强彼此之间的合作。要落实《联合国打击跨国有组织犯罪公约》及其它有关公约、法律文件的规定，在打击跨国犯罪、腐败犯罪、洗钱犯罪、恐怖主义、非法贩卖毒品和武器、贩卖人口（妇女和儿童）及其它跨国有组织犯罪方面开展紧密协作。切实履行双边司法协助条约、引渡条约以及区域性、国际性司法合作协定，落实和深化成员国最高检察机关之间业已存在的合作协议或谅解备忘录的规定内容。积极开展相互间的司法协助工作，在互涉案件的调查取证、缉捕和引渡罪犯、涉案款物追缴返还等领域进行合作，相互依法提供司法协助。拓宽司法合作渠道，提高合作效率，探索建立检察机关的直接合作机制。建立有效的司法信息交换机制，相互交换有关司法改革、执法实践以及打击犯罪等方面的信息。

（袁右军）

亚欧外长会议主席声明 2005年5月7日，第七届亚欧外长会议在日本京都发表主席声明，主要内容如下：

声明强调，应加强多边主义并使联合国发挥主导作用。

声明说，亚欧会议成员一致同意通过亚欧会议加强亚欧合作、亚欧伙伴关系，以应对全球挑战，支持联合国改革，为防止大规模杀伤性武器扩散而进一步努力。

中东问题有关四方发表的呼吁以巴重启和谈的声明 2005年3月1日，中东问题有关四方美国、欧盟、联合国和俄罗斯在伦敦召开“支持巴勒斯坦民族权力机构伦敦会议”，就如何推动中东和平进程进行磋商，并于会后发表联合声明。声明主要内容如下：

声明称，虽然当前出现的就重启中东和平进程展开对话的良好势头仍具脆弱性，但中东问题有关四方仍鼓励以巴双方继续展开直接对话，以进一步推动中东和平进程。

声明强调，根据中东和平“路线图”计划，未来的巴勒斯坦国必须是一个“真正可运作的”国家，领土也必须保持完整。

声明对2月25日以色列特拉维夫发生的爆炸袭击事件予以强烈谴责，并要求巴勒斯坦方面立即采取行动，将袭击事件的幕后组织者绳之以法。声明还要求巴方采取进一步行动防止恐怖活动的发生。

以埃就加沙和埃及交界地区军事部署达成的初步协议 2005年8月1日，以色列和埃及就在加沙地带与埃及交界地区部署埃及安全部队达成初步协议。该协议将保证以色列可以从加沙地带完全撤出。以色列国防部称，这一举措将有助于维护加沙地带的稳定，并为以埃间达成更加全面的军事协议开辟了道路。协议主要内容如下：

双方同意埃及在加沙地带与埃及交界地区部署埃及750名士兵，主要任务是“阻止巴勒斯坦武装人员在该地区走私武器”。

非洲7国领导人会议发表的关于达尔富尔问题的声明 2005年5月16日至17日，来自埃及、利比亚、乍得、尼日利亚、苏丹、加蓬、厄立特里亚7个非洲国家的领导人在利比亚首都的黎波里，就反对外部势力插手达尔富尔问题举行会议。5月17日，与会7国领导人发表反对非洲以外的国家插手达尔富尔问题的声明。此时非洲联盟在该地驻有2400名士兵和244名警察，计划在2005年9月底分别将军警增加至6171人和1560人。声明主要内容如下：

声明强调，反对任何针对苏丹达尔富尔问题的外来干涉，达尔富尔问题只能在非洲框架之内加以解决。

声明要求国际社会向该地提供更多的后勤援助，呼吁其他非洲国家派遣更多的部队和警察，以增强非洲联盟在达尔富尔的维和力量。

俄叙签署的联合宣言 2005年1月25日，俄罗斯总统普京与到访的叙利亚总统巴沙尔·阿萨德在克里姆林宫举行会谈，讨论两国关系及相关国际和地区性问题，并签署了关于进一步深化俄叙友好合作关系的联合宣言。宣言主要内容如下：

双方重申，俄叙将根据公认的国际法准则，在相互尊重、信任和互利的基础上致力于发展两国经贸与科技合作。双方将根据相互利益和各自承担的国际义务继续发展军事技术领域的传统合作。

宣言说，俄叙两国主张维护伊拉克的统一、主权和领土完整，支持按照联合国安理会第1546号决议实现伊拉克民族和解、保障伊拉克各民族人民权益的政治进程。

俄叙认为，21世纪的国际秩序应当建立在国际法优先、兼顾所有国家利益、在联合国协调下集体解决国际问题等原则基础之上。双方主张在联合国主导下制定应对21世纪新威胁和新挑战的整体战略。双方商定将在联合国和其他国际组织范围内，在预防与和平解决地区性危机和冲突、打击有组织跨国犯罪、贩毒和洗钱等重大国际性问题上进行密切的协调与合作。双方谴责各种形式的恐怖主义，重申必须动员国际社会同恐怖主义进行毫不妥协的斗争。

美俄发表打击全球核恐怖主义的联合声明 2005年2月24日，美国总统布什和俄罗斯总统普京宣布两国达成打击核恐怖主义的一揽子协议。主要内容如下：

美国将对俄罗斯众多保安措施匮乏的核设施加速安全升级改造；在恐怖分子实施核袭击或放射性物质袭击时联合制定紧急应对措施；以及制定计划替换全球研究用核反应堆中的高浓缩铀，防止其被用来制造核武器。

英俄发表加强反恐合作的联合声明 2005年10月5日，英国首相布莱尔与访英的俄罗斯总统普京在伦敦唐宁街举行会谈后发表联合声明，承诺英俄两国将进一步加强打击恐怖主义的合作。声明主要内容如下：

英国和俄罗斯都曾直接遭受恐怖袭击。为此，英俄决定继续加强两国之间的伙伴关系，特别是切实提高两国安全部门之间的反恐合作。

法国与利比亚签署的军事合作框架协议 2005年2月5日，法国国防部长阿利奥-马里与利比亚代表在的黎波里签署一项军事合作框架协议。主要内容如下：

根据该协议，法利两国将设立多个联合委员会，以具体讨论双方在未来进行战略对话、军事合作以及利比亚从法国购买武器等问题。

波兰和北约就北约在波兰设立盟军培训中心达成的协议 2005年3月13日，波兰政府和北约在布鲁塞尔签署了有关在波兰北部城市比得哥什设立北约盟军培训中心的协议，主要内容如下：

比得哥什北约盟军培训中心将于2006年年6月开始运作，负责培训军队指挥官及提高他们参加国际使命的能力。培训中心每期从3个星期到3个月不等，一次可培训400名军官，每年可培训3000人，其中包括北约成员国以外的官兵。培训中心教官由来自10多个国家的约110名军官担任，附加课程则由来自北约总部和各指挥部的军官负责授课。

俄罗斯与北约签署的军事地位协定 2005年4月21日，北约秘书长与俄罗斯外长在立陶宛首都维尔纽斯签署北约和平伙伴框架内的《军事地位协议》。目前，北约所有国家都共同签署了《军事地位协议》，北约的20多个和平伙伴国也加入了该协议。协议为双方在维和、战区导弹防御和反恐等方面展开合作从法律上进行了预先准备，并提供了行动便利，将大大提升双方的军事合作水平。

协定规定了俄罗斯和北约部队在对方领土上的法律地位。

协定明确了北约和俄罗斯的军队在对方领土上参加反恐、维和行动和演习以及过境等方面的法律地位问题。

巴尔干三国签署的加强军事合作备忘录 2005年5月17日和18日，马其顿、阿尔巴尼亚和保加利亚三国国防部长在马其顿西南边陲城市奥赫里德举行会晤。18日，三国国防部长签署了一项加强军事合作的备忘录。主要内容如下：

备忘录肯定了三国国防部长举行的定期会晤和三国坚持进行的军事改革，认为这将有利于三国在各领域合作关系的进一步发展，也有助于巴尔干地区的安全与稳定。

备忘录规定，三国将在联合军事演习、人员培训、军事专家互访以及军事科学技术、军事医疗及后勤服务等方面进行合作。

备忘录称，三国国防部长还讨论了有关筹建“东南欧多国旅”的问题，以便在2006年2月将该旅派往阿富汗。

北约国防部长会议发表公报 2005年6月9日，北约国防部长会议发表了关于未来部队转型的公报，主要内容如下：

公报称，北约已确定未来部队转型的三大目标：精简军事指挥系统，组建快速反应部队，提升战略运输能力。

公报称，北约将率先对成员国陆军进行改革，提高联合指挥与快速部署能力，使40%的部队具备参与北约行动的能力，8%的部队能在任何指定时间内参与北约行动。

具体转型工作将从3个方面进行：首先是精简指挥机构。北约未来指挥系统仍分为战略、战区和战术3个层次，但现有的20个军事指挥机构将精简到11个。在战略层次，设立“盟军作战司令部”，成为北约最高军事行动指挥部。同时，设立“盟军改革司令部”，负责促进和监督军事改革。在战役层次，成立两个“常设联军司令部”，直属“盟军作战司令部”。此外，还成立1个“常设联军总部”，作为海上军事行动的移动司令部。在战役层次，精简到6个下级作战司令部。

其次，组建快速反应部队。北约快反部队将由陆海空三军组成，共有4个旅，2.1万人。这支部队将配备用于反恐战斗的新装备和新技术，具备应对生化袭击的能力，能在5天之内抵达全球任何冲突地区，并可在没有后勤供给的情况下维持1个月的行动。按照计划，这支部队将于2006年10月前具备独立行动能力。第三，提升海、空运输能力，北约各国国防部长明确作出了提升战略空运和海运方面能力的承诺。美国防部将灵活性、机动性和轻装备作为未来发展方向。英国也开始大力加强战略空运和海运能力，如在空运方面，将更新全部现有老旧运输机，续签现役装备的4架C-17大型运输机合同，订购25架A400战略运输机。

中欧和东南欧13国签署的加强地区安全合作的联合声明 2005年10月28日，来自中欧和东南欧的阿尔巴尼亚、马其顿、克罗地亚、保加利亚、罗马尼亚、斯洛文尼亚、波黑、塞黑、匈牙利、土耳其、希腊、意大利和奥地利等13国代表在斯洛文尼亚的波尔多签署一项加强地区安全合作的联合声明。主要内容如下：

声明承诺继续在反对和打击有组织犯罪、非法移民、腐败行为和恐怖主义方面加强合作。

声明说，签字国将按照现有的国际规则和惯例，修改有关签证和接收被遣返人员等方面的立法，推动司法合作并加强边界管理。

南美—阿拉伯首脑会议发表的巴西利亚宣言 2005年5月11日，第一届南美-阿拉伯首脑会议发表《巴西利亚宣言》。

宣言强调，实现中东地区全面、公正和持久的和平的重要性。

宣言指出，实现中东和平必须坚持“土地换和平”原则，执行联合国安理会有关决议、马德里框架协议与阿拉伯和平倡议，履行“路线图”计划。

宣言强调，巴勒斯坦享有建立独立国家的权利，要求以色列撤出自1967年以来占领的所有阿拉伯领土，拆除包括东耶路撒冷在内的所有巴领土上的定居点，执行国际法院关于以色列非法修建隔离墙的裁决。宣言谴责恐怖主义，但是强调人民有权按照国际法准则抵抗外国占领。宣言呼吁举行国际会议，以明确界定“恐怖主义”的定义。

宣言强调，尊重伊拉克主权、独立和民族团结，反对干涉伊拉克内政，尊重伊拉克人民自由决定其未来的意志，重申支持由选举产生的过渡政府及其战后重建的努力，谴责针对平民的恐怖活动。宣言还强调发挥联合国和阿拉伯联盟在伊拉克战后重建中的作用。宣言称，与会各国认为，所谓的“清算叙利亚法案”违反国际法和联合国有关规定。

宣言强调，维护苏丹领土完整和民族团结，支持苏丹政府为此所采取的积极措施。

安理会发表关于协助推进伊拉克政治进程的主席声明 2005年2月16日，联合国安理会就伊拉克问题进行磋商后发表主席声明，呼吁国际社会积极协助联合国继续推进伊拉克的政治进程。

声明赞扬伊拉克大选成功举行是伊人民在自主决定国家未来命运的道路上迈出的关键一步，希望他们能够继续推动政治进程向前发展。

声明重申，安理会将继续执行第1546号决议，帮助伊拉克向着民主、多元和统一的方向前进。

声明再次肯定了联合国秘书长特使卡齐和联合国伊拉克援助团在帮助伊拉克促进全国对话方面所发挥的重要作用。声明要求联合国尽快为参与伊拉克政治进程的下一步做好准备，并呼吁国际社会向联合国提供顾问人员和技术支持，协助联合国完成在伊拉克的使命。

声明指出，在伊拉克随后的制宪过程中必须显示出尽可能广泛的包容性、参与性和透明性。声明严厉谴责在伊拉克发生的恐怖暴力行为，呼吁那些采用暴力手段破坏伊拉克政治进程的人放下武器，参与到重建事业中来。

联合国安理会通过的在苏丹南部部署维和部队的决议 2005年3月24日，联合国安理会一致通过决议，决定在苏丹南部部署联合国维和部队。决议主要内容如下：

联合国安理会决定在苏丹南部部署联合国维和部队，为苏丹政府和苏丹人民解放运动落实今年初达成的和平协议提供支持。这支部队将由1万名军事人员和715名民事警察组成，任期初步定为6个月。

联合国关于苏丹问题的第1593号决议 根据2005年2月联合国一个国际调查委员会向秘书长安南提交的报告中，关于51名苏丹政府军政官员、以及亲政府游击队和反政府武装组织的成员在达尔富尔犯下战争罪和反人类罪行的指控，2005年3月31日，联合国安理会以11票赞成、4票弃权的表决结果通过第1593号决议。主要内容如下：

决议称，联合国安理会决定将在苏丹达尔富尔地区犯有战争罪和反人类罪的嫌疑人交由国际刑事法院审理。

安理会通过对黎巴嫩前总理哈里里遇刺案进行调查的决议 2005年4月7日，联合国安理会通过第 1595 号决议，授权建立专门机构，对黎巴嫩前总理哈里里遇刺案进行为期 3 个月的国际调查。决议主要内容如下：

决议授权组建 1 个由 100 人组成国际调查委员会，负责查清哈里里案的全部真相。

决议说，国际调查委员会应在 3 个月内完成使命，但如有必要，联合国秘书长安南可将调查时间再延长 3 个月。

决议要求，由安南任命该委员会成员，并在两个月内向安理会提交关于调查进展的报告。

决议还要求，黎巴嫩当局要与新组建的国际调查委员会进行“全面合作”，国际调查人员有权“接触所有相关的文件、证词和物证”，有权“收集更多信息和证据”，如调查人员认为有必要“可询问黎巴嫩所有官员和其他人士”，在黎巴嫩境内享有行动自由。

决议说，黎巴嫩当局此前的调查组“既没有足够能力，也缺少责任心，因而不能得出一个令人满意的、信服的结论”。

联合国预防犯罪和刑事司法大会发表的《曼谷宣言》 2005 年 4 月 25 日，第 11 届联合国预防犯罪和刑事司法大会发表了打击恐怖主义等多种犯罪的《曼谷宣言》。主要内容如下：

宣言呼吁与会国加强合作，共同打击恐怖主义等多种犯罪，建立和维护有效的刑事司法制度。

宣言还呼吁各国在预防、侦察和起诉经济及金融犯罪方面强化国家行动和国际合作，制定旨在打击贩卖和绑架人口、贩运毒品等有组织犯罪的措施并建立有效机制。

宣言称，与会国承诺将本着责任共担的精神，改进在打击犯罪和恐怖主义方面的双边、多边及区域合作，并通过联合国及其他全球和区域组织确保各国在该领域开展国际合作的能力。

宣言号召与会国致力于建立和维护公正有效的刑事司法制度，向需要者提供法律援助、保护被害人的利益并促进罪犯的改造，同时敦促会员国尽快签署和批准《联合国反腐败公约》和《制止核恐怖主义行为国际公约》。

（继　先）

安理会通过的禁止煽动恐怖活动决议 联合国安理会 2005 年 9 月 14 日举行首脑会议。安理会本月主席国菲律宾总统阿罗约主持了当天的首脑会议，出席会议的还有中国国家主席胡锦涛、俄罗斯总统普京、美国总统布什、英国首相布莱尔、法国总理德维尔潘、巴西总统卢拉等安理会 14 个成员国的领导人。会议一致通过了由英国提出的关于反恐问题的第 1624 号决议，要求各国立法禁止煽动恐怖活动的做法。

决议指出，煽动恐怖行为的做法破坏所有国家的社会和经济发展，危及全球稳定和繁荣，联合国和所有国家必须积极主动地采取措施防范这种行为。决议对煽动恐怖行为的做法予以最强烈的谴责。决议规定，各国应立法禁止煽动恐怖活动的做法，并拒绝为涉嫌此类行为的人提供庇护。

安理会通过的决定加强联合国在预防冲突中作用的宣言 2005 年 9 月 14 日，联合国安理会首脑会议以决议的形式通过一项由阿尔及利亚等国提出的宣言，决定加强联合国在预防冲突中的作用。根据这项宣言，联合国将通过预防外交及帮助设立区域预警机制等手段，加强其在预防冲突、特别是预防非洲地区冲突方面的作用。

安理会关于加强对科特迪瓦武器禁运的决议 2005 年 2 月 1 日，联合国安理会一致通过一项决议，决定加强对科特迪瓦的武器禁运，以增加对该国政府和反政府武装的压力，迫使它们重启和平进程。科特迪瓦政府军违反停火协议空袭反政府武装控制区后，安理会于 2004 年 11 月通过了第 1572 号决议，对该国实施为期 13 个月的武器禁运。这项由法国起草的决议得到了丹麦、罗马尼亚、英国和美国的联署。

决议重申，联合国各成员国应根据去年 11 月安理会通过的第 1572 号决议，采取必要措施防止向科特迪瓦提供、销售或转移武器及弹药。

（袁右军）

联大特委会通过的《制止核恐怖行为的国际公约》草案 经过 7 年的艰苦谈判，一个由联合国 191 个成员国专家组成的联大特设委员会于 2005 年 4 月 1 日终于一致通过了《制止核恐怖行为国际公约》草案。草案规定了核恐怖行为的定义，并要求各国起诉和引渡核恐怖行为的制造者。安南在当天的特委会会议上致词说，草案的通过有助于加强国际反恐法律框架和国际反恐合作，是国际反恐斗争的重大进展。安南同时呼吁所有国家加入包括这一公约在内的所有国际反恐公约，并再次敦促各国尽快完成《关于国际恐怖主义的全面公约》的制定工作。草案主要内容如下：

草案规定，以危害人、财产和环境为目的，拥有或使用放射性物质或核装置的行为为核恐怖行为。此外，出于同样目的的破坏核设施或威胁使用放射性物质或核装置的行为，也属于核恐怖行为。对于涉嫌制造核恐怖行为的个人，各国政府必须予以起诉或引渡。

第 59 届联大预计将在数周内批准这项草案，使其成为联合国第 13 个国际反恐公约。根据特委会的要求，联合国秘书长安南在 2005 年联合国首脑会议期间将该公约发放给各国签署。

（袁右军）

联大通过的制止核恐怖行为国际公约 2005 年 9 月 13 日，第 59 届联大一致通过《制止核恐怖行为国际公约》。该公约是联合国制定的第 13 项反恐公约，也是第一项旨在打击核恐怖主义罪行的国际公约。

该公约的基本内容是：要求各国政府引渡或起诉核恐怖行为嫌疑人。

该公约首次界定了核恐怖犯罪行为的定义，填补了现有反恐公约体系的空白，进一步完善了国际反恐法律框架，为预防和惩治核恐怖犯罪提供了法律依据。

国际原子能机构理事会通过的关于伊朗核问题的决议 2005 年 9 月 24 日，国际原子能机构理事会以 22 票支持、12 票弃权和 1 票反对的结果通过了欧盟提出的关于伊朗核问题的决议。决议的主要内容如下：

决议称，不明确要求立即将伊朗核问题向联合国安理会报告，但仍认定伊朗多次不履行《不扩散核武器条约》保障协定规定的义务。

（继　先）

（本栏责任编辑　隋　源）

2005年世界军事大事记

2005年世界军事大事记

1 月

1月1日

△5名伊拉克治安部队人员被枪杀。据报道，由于反美武装渗透到伊治安部队内部以及装备不如美军等原因，近来伊治安部队伤亡惨重。

1月2日

△据报道，美军在伊拉克大选前将由13.8万人增至15万人。

1月3日

△据日本《产经新闻》报道，根据美军重新部署计划，关岛地区的核潜艇数量可能从目前的3艘增至9至11艘。

1月4日

△洛克希德·马丁公司披露，该公司将卖给台湾449枚“地狱火”空对地导弹。

△日本政府决定，在2011年之前建立起“全民危机警报系统”，直接向国民报告导弹袭击等各种突发事件和自然灾害。

1月5日

△据报道，由于伊拉克等地的作战费用日益增多，美军不得不削减购买先进武器系统和推进美军转型的费用。

1月6日

△美国公布《国家应急反应计划》。(详见《军事要事》栏有关条目)

△驻伊拉克美军9人遭袭击死亡。根据美联社统计，伊拉克战争开始以来美军在伊拉克死亡人数上升至1349人。

△据美国《防务新闻》报道，沙特阿拉伯将从2005年度的财政预算中拿出专项经费进行国家导弹防御系统建设。这将使沙特成为阿拉伯世界唯一拥有国家导弹防御系统的国家。

1月7日

△美国海军1艘“洛杉矶”级攻击核潜艇在太平洋海域“触礁”，造成至少20人受伤，其中1人伤势严重。

1月8日

△日本政府决定，计划2007年部署的导弹防御系统只拦截攻击日本的弹道导弹，而不拦截飞越日本上空瞄准他国的弹道导弹。

1月9日

△黎巴嫩真主党在黎以边境地区袭击以色列巡逻队，造成以军1人死亡，3人受伤。以军随后展开报复行动。

△驻伊拉克美军称，他们释放了230名伊拉克囚犯。至此，美军2005年已经释放了大约490名在伊境内被关押的囚犯。美军2004年全年共释放了9000余名囚犯。目前，美军在伊南部乌姆盖斯尔和巴格达西部的阿布格里布两大监禁中心仍关押着大约7100名囚犯（含350名外国人），其中大约有1100人因非法持有武器和涉嫌袭击联军将受到起诉。

△乌克兰驻伊拉克部队在执行任务过程中遭路边炸弹袭击，7名士兵当场丧生。

1月10日

△日本执政党自民党、执政联盟公明党和主要反对党民主党，向日本议会联合提交《紧急事态基本法案》。该法案主要内容是扩大首相处理紧急事态时的职权，增设两个中央情报部门。

△英国国防大臣胡恩表示，英国将向伊拉克增派400名士兵，协助维护当地安全，确保即将举行的大选安全进行。

△乌克兰总统下达命令，乌克兰军队将在6周内撤出伊拉克。

1月11日

△俄罗斯国防部长伊万诺夫说，俄罗斯将与美国就防止便携式地对空导弹的扩散问题达成协议。

1月12日

△首次中国和缅甸边境地区合作打击跨国犯罪和维护社会治安的部长级会议在仰光举行。

△美国国务院发言人鲍彻说，美国已要求俄罗斯不要向叙利亚出售SS-26导弹，否则美将考虑对俄罗斯实行制裁。

△以色列直升机向加沙发射了2枚导弹，以军坦克进入加沙城内。这是阿巴斯当选巴勒斯坦民族权力机构主席后，以色列首次对巴采取的军事行动。

△据报道，美国在伊拉克的武器搜寻小组经过近两年的搜索后一无所获，已于2004年年底悄然结束使命，并将在最终报告中做出结论：伊拉克在美国发动战争前没有大规模杀伤性武器。

1月13日

△巴勒斯坦加沙与以色列交界的卡尔尼以军检查站遭到巴武装人员自杀式爆炸袭击，造成10名以色列人伤亡。

1月14日

△以色列总理的发言人宣布，在巴勒斯坦民族权力机构彻底完成对13日发生的自杀式爆炸袭击事件调查之前，以色列将中止与它的一切联系。

1月15日

△据日本共同社报道，日防卫厅内部已经制订了明确的防御西南诸岛的行动计划。该计划规定，当西南诸岛有事时，防卫厅除派遣战斗机和驱逐舰外，还将派遣多达5.5万人的陆上自卫队和特种部队前往防守。该计划中所说的西南诸岛包括中国钓鱼岛。

△据报道，美国重要华裔组织“百人会”进行的最新民调显示，美国民众反对美国出兵协防台湾的比率高达75%。对中国持正面看法的人占59%，认为中国具有潜在军事威胁的人占51%。

1月16日

△布什总统发表讲话说，美国军队将会尽快撤离伊拉克，但是撤军是在完成使命之后。这是布什首次表示尽快从伊撤军。

△日本防卫厅计划组建直属防卫厅长官的陆上自卫队“情报团”（暂称），以提高自卫队搜集和分析情报的能力。

△巴勒斯坦最高决策机构以最强烈的方式，呼吁巴勒斯坦武装分子停止袭击以色列。以色列总理沙龙说，他已下令军方加强对巴勒斯坦武装人员的军事打击力度。

△菲律宾中部阿克兰省的卡利博镇举行基督教庆祝活动时，一伙武装人员朝游行民众开枪射击，造成7人死亡，至少19人受伤。

1月17日

△俄罗斯驻格鲁吉亚大使馆发表声明说，目前仍有250到300名车臣恐怖分子在格鲁吉亚境内的潘基西峡谷地区活动，并对俄罗斯的安全构成威胁。格外长在新闻发布会上表示，现有的情报表明，潘基西峡谷地区没有任何车臣非法武装和国际恐怖分子。

△巴勒斯坦伊斯兰抵抗运动（哈马斯）、解放巴勒斯坦人民阵线（人阵）以及“阿克萨烈士旅”分别发表讲话和声明，拒绝新任巴勒斯坦民族权力机构主席阿巴斯提出的有关停止武装袭击以色列的要求。

△以色列国防部副部长博伊姆表示，以色列准备暂停对巴勒斯坦方面的大规模军事行动，给新当选的巴勒斯坦民族权力机构主席阿巴斯一些时间。

△驻伊拉克美军发表声明说，2名美海军陆战队士兵遭袭击死亡。自美国2003年3月发动伊拉克战争以来，已有1359名美军在伊拉克丧生。

△英国国防部发言人称，新增派的350到400名英军已陆续抵达伊拉克，以帮助伊拉克维持大选前的安全。目前，英国共有近9000名士兵驻扎在伊拉克。自伊拉克战争爆发以来，已有75名英军士兵在伊身亡。

△美国总统布什表示，他不排除对伊朗采取军事行动的可能，如果伊继续它正在被怀疑实施的“核武器”计划的话。

1月18日

△据报道，至少有13枚重型迫击炮弹落在印控克什米尔蓬奇区印军杜尔迦哨所附近，这些炮弹是在“穿越实际控制线”的5名武装分子被打死几个小时后发射的。

△伊拉克武装人员公布一段录像，画面显示8名中国人已经在伊拉克被绑架。

1月19日

△印度就“巴基斯坦军队向印控克什米尔进行炮击”一事，指责巴方破坏了两国之间长达14个月的停火协定，但伊斯兰堡称对此事尚不知情。

△以色列安全内阁决定，恢复与巴勒斯坦民族权力机构的接触。

1月20日

△以色列官员接受了巴勒斯坦方面提出的在加沙地带部署巴1000名安全部队士兵的计划，并同意从21日开始实施。

△驻伊拉克美军对伊拉克北部城市摩苏尔的反美武装发动一系列军事行动，以确保在1月底举行的伊拉克大选投票顺利进行。

△伊拉克巴士拉以南的一英军基地入口处发生爆炸，造成9名英军士兵和数名伊拉克平民伤亡。

△阿富汗北方最大的地方武装首领杜斯塔姆遭到自杀式炸弹袭击，21人在袭击中受伤，但杜斯塔姆本人幸免于难。

△印度和尼泊尔签署了一项引渡条约。舆论认为，此举将有助于尼泊尔政府打击反政府武装。

1月21日

△印度和巴基斯坦在克什米尔的根皮尔地区，发生长达1小时的枪击事件。

△巴格达市内一座什叶派清真寺附近发生一起自杀式汽车炸弹爆炸事件，造成10人死亡，40人受伤。

1月22日

△格鲁吉亚扣押了12名南奥塞梯居民。在此之前，1名格鲁吉亚警察在南奥塞梯被扣押。

1月24日

△中国与印度举行首次战略对话。

△据报道，根据美国国会在2004年11月通过的一项议案，从2005年2月开始，悬赏本·拉丹的赏金由2500万美元提高到5000万美元。

△据巴勒斯坦官员说，巴各武装派别同意暂停针对以色列的袭击，以便最终签署巴以停火协定。

△据报道，为确保伊拉克大选顺利进行，驻伊美军以迅雷不及掩耳之势展开了代号为“自由种子”的军事行动。这是自入侵伊拉克以来美军采取的最大规模的扫荡。这一行动将持续到大选结束。

1月25日

△土耳其陆军司令对媒体说，如不能解决塞浦路斯问题，土耳其决不从塞北部撤军。

1月26日

△1架美海军陆战队运输直升机在伊拉克西部沙漠地区坠毁，造成机上31人丧命。自伊拉克战争爆发以来，驻伊美军已经损失了33架直升机，其中至少20架被击落。这次是造成死亡人数最多的美军直升机坠毁事件。

△伊拉克西北部的一个库尔德政党办公室附近发生一起自杀式汽车炸弹爆炸事件，至少造成15人死亡、30人受伤。

1月26日至2月1日

△北约与9个伙伴国联合举行2005年度危机处理模拟演习。

1月27日至29日

△印尼政府代表与“自由亚齐运动”代表在芬兰首都赫尔辛基举行的为期3天的谈判无果而终。

1月28日

△俄罗斯北高加索地区反恐行动指挥部发言人沙巴尔金宣布，俄军警日前在车臣共和国诺扎伊尤尔特地区捣毁一个恐怖分子基地，消灭6名非法武装分子，并缴获了大量爆炸物和枪支弹药。今年以来，俄车臣护法机关已经抓捕了23名非法武装分子。

△俄罗斯国防部第一副部长宣布，俄军今年将装备“凯旋S-400”对空导弹、“伊斯坎德尔”战术导弹、机动式“白杨-M”洲际弹道导弹和2艘核潜艇等最新式武器和军事装备。

△1架美军OH-58“基奥瓦”侦察直升机在巴格达西南坠毁，2名驾驶员死亡。美国五角大楼称，自伊拉克战争爆发以来，驻伊拉克美军的死亡人数已经达到1414人。

△菲律宾军方宣布，政府军日前对南部摩洛伊斯兰解放阵线的基地发动了空袭，至少40名反政府武装人员在空袭中死亡。

1月29日

△美国驻伊拉克大使馆发言人说，美国驻伊使馆遭到1枚火箭弹的袭击，造成2名美国人死亡，4人受伤。

1月30日

△伊拉克大选在爆炸声中举行。

△英军1架C-130“大力神”运输机在巴格达北部坠毁，15名英军死亡。这是英军进入伊拉克以来死亡人数最多的事件。

△1辆载着逊尼派穆斯林选民的公共汽车在前往投票站途中在巴格达以南地区遭遇炸弹袭击，造成5人死亡、14人受伤。

1月30日至31日

△科威特安全力量在首都科威特城与伊斯兰武装分子进行2天激战。警方逮捕了包括1个恐怖团伙头目在内的7名恐怖嫌疑人，击毙了5名基地组织嫌疑犯，科2名安全人员和2名平民丧生。

1月31日

△4名在东帝汶执行维和任务的中国民警荣获联合国维和勋章。

△美国1名联邦法官做出判决，认定美军在古巴关塔那摩海军基地用于审判国际恐怖主义嫌疑人的军事法庭违反美国宪法。

△驻伊拉克美军宣布，在伊西部和巴格达南部发生多次交火，美军4人死亡，2人受伤。自伊拉克战争以来驻伊美军的死亡人数上升到1423人。

△美军士兵在伊拉克南部美军监狱的暴乱事件中开枪击毙了4名囚犯，另6名囚犯受伤。

1月31日至2月1日

△中美首次国防政策会议在北京举行。

2月

2月1日

△据报道，美国国防部长拉姆斯菲尔德已向能源部发出一份备忘录，要求在2006年的预算中为恢复研制新型钻地核武器拨款。

△哥伦比亚军方宣布，反政府游击队“哥伦比亚革命武装力量”袭击了一座政府军兵营，造成9名海军官兵丧生，20人受伤，其中12人伤势严重。

2月2日

△19名中国驻科索沃维和警察荣获联合国维和勋章。

2月3日

△俄罗斯外交部发表的声明说，对境外恐怖分子发动“先发制人”的打击是“最后手段”。

△据报道，车臣非法武装头目马斯哈多夫已经下令车臣所有武装2月份停止对俄军队的袭击。

△美国国防部副部长沃尔福威茨说，国防部计划2005年在伊拉克保持13.5万名美军。

2月3日

△韩国国防部发表《2004年国防白皮书》，不再将朝鲜定义为“主敌”。

2月4日

△在伊拉克北部城市拜伊吉巡逻的美军遭到路边炸弹袭击，造成2名美军死亡，5人受伤。自伊拉克战争以来，在伊死亡美军已达1442人。

2月5日

△俄罗斯黑海舰队司令弗拉基米尔·马索林海军上将宣布，俄罗斯将在新罗西斯克修建一处现代化的海军基地，那里将成为黑海舰队的新家。

2月5日至8日

△国际反恐会议在沙特首都利雅德举行。中美俄法等60多个国家以及一些国际和地区组织的代表与会。

2月5日至9日

△美国空军举行“特殊空间战术秘密军事演习”。

2月6日

△危地马拉民防警察宣布，危地马拉近日接连发生多起暴力活动，至少造成9人死亡。据报道，危地马拉、洪都拉斯、哥伦比亚和萨尔瓦多是当今世界上暴力事件频仍的国家。2004年，危共有847人死于暴力，成为中美洲发生暴力事件最严重的国家。

2月7日

△据报道，美国正在秘密研制新一代核武器，它将比现有核弹头更可靠、威力更大。

△菲律宾摩洛民族解放阵线一激进派别和阿布沙耶夫武装的数百名成员开始进攻霍洛岛政府军的几个驻地，迄14日造成70多人死亡。

2月8日

△由埃及、约旦、巴勒斯坦和以色列四方领导人参与的峰会在埃及召开。在会后的新闻发布会上，巴勒斯坦民族权力机构主席阿巴斯和以色列总理沙龙先后宣布停止针对对方的暴力活动。

△美国五角大楼高级官员透露，驻伊拉克美军部队现在所面对的伊拉克反美武装分子，规模在1.3万到1.7万人之间，其中大多数是萨达姆和复兴党政权的支持者。

2月9日

△日本政府人士透露，日本右翼团体在钓鱼岛上设立的灯塔将作为“国有财产”收归国家管理之下，有关手续正在办理中。对此，中国外交部发言人孔泉回答记者提问时强调，钓鱼岛及其附属岛屿是中国固有领土，日本就钓鱼岛采取的任何单方面行动都是非法和无效的。

△据美国《纽约时报》报道，美国目前在欧洲的空军基地部署约4800件核武器，其中短程核武器部署在比利时、英国、德国、意大利、荷兰和土耳其的8处军事基地。冷战时期，美国在欧洲曾部署7300件核武器。

△据报道，自2004年4月以来，已有120多名外国人在伊拉克遭绑架，其中约三分之一被杀害。

2月9日至10日

△北约国防部长非正式会议在法国尼斯举行。会议决定，北约驻阿富汗国际安全援助部队的行动范围将由喀布尔及其周围扩大到阿富汗西部4个省份，北约的最终目标是将这支部队的行动范围扩大到阿富汗全国。

2月10日

△朝鲜外务省发表声明，宣布朝鲜已经拥有核武器，并“不得不无限期地中止”参加朝核问题六方会谈。

△以军打死2名巴勒斯坦人。巴勒斯坦伊斯兰抵抗运动（哈马斯）宣布，该组织向加沙地带附近的以色列目标发射了46枚土制迫击炮弹和火箭弹。上述一系列暴力事件发生后，以宣布取消原计划10日举行的以巴谈判。

△巴勒斯坦民族权力机构主席阿巴斯命令巴安全部队，对违反巴以停火协议者采取行动。

△葡萄牙驻伊拉克警察部队127名从伊拉克撤回国。

△“东南欧多国旅”指挥官乔瓦尼·苏利斯说，“东南欧多国旅”将在阿富汗开始执行任务。该旅是由马其顿、阿尔巴尼亚、保加利亚、希腊、土耳其、罗马尼亚、意大利等东南欧国家组建的。

2月11日

△伊拉克东北部地区一座什叶派穆斯林清真寺外发生汽车炸弹袭击事件，造成13人死亡，40多人受伤。

2月12日

△日美两国政府达成“共同战略目标”，明确了“两国军队整编的基本理念”。

△伊拉克巴格达南部穆赛伊卜镇发生汽车炸弹袭击事件，至少造成17人死亡，16人受伤。

2月12日至18日

△美韩两国海军在日本海进行以朝鲜为假想敌的大规模联合反潜演习。

2月13日

△第七届“日军随军慰安妇”问题亚洲团结会议在东京举行研讨会，来自中国台湾、菲律宾和韩国的代表要求日本政府向她们谢罪，还她们一个公道。

△以色列内阁批准了一份在未来几天内获释的500名巴勒斯坦囚犯的名单。以色列政府宣布允许加沙地带200名巴勒斯坦劳工进入以色列。

△伊拉克选举委员会公布伊拉克1月30日大选的最终结果。伊拉克什叶派政党联盟获得选票最多。

△菲律宾政府军和反政府武装摩洛民族解放阵线在南部霍洛岛再次发生激战，造成3名政府军士兵死亡，13人受伤。

2月14日

△美国导弹防御系统实弹试验失败。此前，2004年12月15日进行的同样拦截试验也失败了。美国防部导弹防御局负责人奥伯林3月9日说，他对导弹防御试验接连2次失败表示失望。

△1名美军士兵在伊拉克巴格达以北的巴古拜被炸死，另有3人受伤。

△吉尔吉斯斯坦外长在记者招待会上说，吉政府已经拒绝美国在吉领土上部署远距离探测间谍飞机的要求。

△黎巴嫩首都贝鲁特市中心发生爆炸事件，至少造成包括前总理哈里里在内的14人死亡，135人受伤。（详见《军事要事》栏有关条目）

△菲律宾首都马尼拉和南部两个城市相继发生3次连环爆炸事件，造成11人死亡，53人受伤。

2月16日

△俄罗斯国防部说，俄计划向叙利亚提供“射手”导弹系统。

△联合国安理会发表主席声明，呼吁国际社会积极协助联合国继续推进伊拉克的政治进程。

2月17日

△朝鲜常驻联合国副代表韩成烈表示，只要美国承诺相互尊重和互不干涉内政，朝鲜有意参加六方会谈等任何形式的会谈。

△泰国最南部那拉提瓦府的斯艾勾罗县一家酒店附近发生一起炸弹爆炸事件，造成4人死亡，40人受伤。

2月18日

△据报道，韩国科学技术部日前宣布，韩国政府决定制定《原子能控制法》，从法律上禁止核武器开发。

△据报道，俄海军总司令库罗耶多夫大将近日将宣布，俄国防部2005年将开始在克拉斯诺达尔边疆区新罗西斯克港为黑海舰队建造2个军港，整个工程将持续12年。

△哥伦比亚军方发表公报说，政府军最近20天共击毙80名反政府武装分子，击伤90人。政府军方面有5人在战斗中阵亡，14人受伤。

2月19日

△美国国务卿、国防部长与日本外相、防卫厅长官举行“2+2”会晤。

△朝鲜外务省发言人重申无限期中止参加六方会谈的立场，并称“与美国举行一对一双边直接会谈的理由也不存在了”。

△美国海军建造的最后1艘“海狼级”高速攻击核潜艇“吉米·卡特”号正式加入现役。据报道，“卡特”号真正的使命是对世界各国的海底通讯光缆实施全方位的窃听。

△据报道，伊拉克战争以来，已经有1477名美军在伊拉克丧生。

2月20日

△驻伊拉克美军和伊军在巴格达以西的拉马迪展开代号为“闪电大河”的军事行动。3月5日该行动结束。

△以色列内阁通过了总理沙龙提出的于2005年7月开始撤出加沙地带的计划。

2月21日

△印度媒体报道说，印度试射了1枚短程地对空导弹。

2月21日至23日

△印尼政府与亚齐分离主义组织“自由亚齐运动”在芬兰首都赫尔辛基举行第二轮和谈。

2月22日

△据报道，从3月份起，美国陆军将在伊拉克战场上首次使用18个“剑”型机器人士兵。

△澳大利亚总理霍华德宣布，澳大利亚将向伊拉克增派450名“特遣部队”。

2月23日

△据报道，俄罗斯核弹研制技术领先于美国15年以上。

△联合国秘书长安南说，《核不扩散条约》正受到严重挑战，有必要制定一项议定书以加强该条约的权威。

2月24日

△美军从夏威夷附近海域的舰艇上发射拦截导弹，摧毁了“来袭”的模拟敌方导弹。

△印控克什米尔首府斯利那加发生枪战，安全部队打死了闯入政府办公大楼的2名武装人员，并解救了被困在楼内的250名工作人员，有5人在枪战中死亡。

△伊拉克提克里特市的1个警察局遭到自杀式汽车炸弹袭击，造成10名警察死亡，35名受伤。

△阿富汗政府军在与巴基斯坦交界的赫尔曼德和霍斯特省遭到武装人员的袭击，造成9人死亡。

2月24日至25日

△科特迪瓦经济首都阿比让接连发生数起警察与武装歹徒间的枪战，13名歹徒被打死，1名警官遇难。

2月25日

△美国空军战略规划主任鲍伊出席智库“美国企业研究所”举办的空军武力研讨会时表示，如果台海爆发冲突，为了夺取台海制空权，美军将击沉朝台湾航行的舰艇。

△以色列特拉维夫市一家夜总会附近发生剧烈爆炸，造成数人死亡，30多人受伤。

△据报道，美国海军正在研发一系列的水下机器人，组建世界第一支水下无人舰队。

△印度总统表示，印度政府已经准备将该国和俄罗斯共同开发的“布拉莫斯”超音速巡航导弹装备部队。

2月26日

△美国政府宣布，将恢复自1992年中断的与印度尼西亚军队的军事训练合作。

△日本H2A火箭发射成功。

2月27日

△驻伊拉克1名美军士兵在巴格达一处交通检查站遭枪击死亡。伊战以来，已有1495名美军在伊拉克丧生。

△德国国防部表示，德国军方将于2005年秋季终止在美国驻德国军事基地的部署，结束对这些基地提供军事护卫的工作。

△印法海军在印度南部港口城市高奇举行联合排雷演习。印度军方说，排雷演习是为了保证波斯湾地区来往商船的安全。

2月28日

△在朝韩军事分界线上发生枪击事件。

△俄罗斯总统普京发表讲话说，俄罗斯今后将增强常备部队的实力。

△伊拉克首都巴格达以南约100公里处的希拉市发生一起自杀式汽车炸弹袭击事件，造成至少110名平民死亡，200人受伤。

△尼泊尔政府军与反政府武装在位于首都加德满都西部约500公里的地区交火，打死74名武装分子，政府军有3名士兵在战斗中丧生。

3月

3月1日

△中东问题有关四方美国、欧盟、俄罗斯和联合国在伦敦发表联合声明，呼吁以色列和巴勒斯坦为重启中东和平进程进行直接对话与谈判。

△乌克兰宣布在8个月内从伊拉克撤出1560名驻军。此前，荷兰已决定3月中旬从伊撤出1350名军人。波兰也决定从2月份起把驻伊军队的人数从2500人削减到1700人。在过去12个月中，共有11个国家从伊撤出了共3760名军人，加上乌克兰和荷兰，撤军国家的数量达到了13个。

3月2日

△美国拒绝了朝鲜为恢复朝核问题六方会谈于3月1日提出的要美国收回有关“邪恶轴心”和“暴政前哨”的言论等3项前提条件。

△据报道，驻日美军正在日本冲绳县森林地带建设新型情报搜集基础设施。

△据报道，美国海军打算炸沉退役的“美国”号航母，为研制新一代航母提供抗攻击能力的相关数据。

3月3日

△据美联社统计，在伊拉克身亡的美军士兵人数已经达到1500人。

3月5日

△美国空军发表声明说，已经在关岛的安德森空军基地部署了B-2轰炸机，以支持太平洋总部在西太平洋上的安全计划。这是美国首次在关岛部署B-2轰炸机。

3月7日

△叙利亚总统与到访的黎巴嫩总统发表联合声明宣布，叙利亚驻黎巴嫩军队将于3月底前全部撤往黎东部的贝卡谷地。

3月8日

△驻韩美军司令拉波特上将称，朝鲜"大浦洞-2"型导弹将于2015年前具备作战能力，射程可达美国西海岸。

△车臣非法武装头目马斯哈多夫被打死。

△日本1架轻型飞机没有经过韩国事先允许，飞临有争议的独岛上空，韩国4架战机立即起飞截击，日本飞机仓皇返回日本。

3月9日

△日本政府确定了在冲鸟礁设置灯塔的方针。企图以此向国际社会明示，日本拥有该岩礁周围200海里水域专属经济区的权利。

△保加利亚军方官员说，由于"沟通障碍"而发生"误击"，保加利亚1名士兵上周在伊拉克被美军打死。保加利亚在伊拉克部署500名保军，迄今有8人死亡，30多人受伤。

3月10日

△据报道，7国集团将建立细菌战中心，应对生物恐怖袭击的威胁。

△格鲁吉亚议会通过了《关于俄罗斯驻格鲁吉亚军事基地的决议》。决议指出，如果在2005年5月15日之前俄方不能就军事基地撤出期限提出具体的、令格方满意的时间表，格鲁吉亚就将要求俄罗斯在2006年1月1日前结束其在格鲁吉亚的军事存在。

△伊拉克摩苏尔发生自杀式爆炸袭击，造成50人死亡，80多人受伤。

3月11日

△据俄罗斯《独立报》报道，日本议会日前突然提出，必须解决国后、择捉、齿舞、色丹（北方四岛）和其他北方领土的归属问题。此前，日本人从未提出"其他北方领土"的要求。

△英国议会上下两院通过了政府提出的新反恐法案。

3月12日

△约1000多名叙利亚驻黎巴嫩士兵撤回叙境内。此前，叙总统5日宣布了分步骤从黎撤军计划。

△印南部安德拉邦的反政府武装人员突然袭击该邦南部的1个警察局，打死5名警察和2名平民。安德拉邦的反政府武装组织经常与警方发生冲突，在过去35年里共造成6000多人死亡。

3月13日

△韩国政府宣布成立泛政府对策班，以应对日本出版歪曲历史的教科书问题。

△据报道，日本防卫厅最近制定的情报战略计划，将情报搜集的范围扩大到从东亚到中东地区乃至部分非洲国家。

3月14日

△中国十届全国人大三次会议以赞成2896票、弃权2票的结果高票通过《反分裂国家法》。中华人民共和国主席胡锦涛发布命令，施行《反分裂国家法》。

△中国海洋石油总公司、菲律宾国家石油公司以及越南石油和天然气公司签署了为期3年的《在南中国海协议区三方联合海洋地震工作协议》。

△约150名荷兰士兵从伊拉克返回荷兰。这标志着荷兰从伊拉克撤军的计划开始实施。

△以色列和巴勒斯坦高级官员达成协议，以色列同意开始向巴方移交杰里科等3座约旦河西岸城市的安全控制权。

3月15日

△据报道，日本防卫厅正在调整冲绳地区的防卫态势，将向西南岛屿增派2个连共200多名战斗人员，以"加强对中国的警戒"。

△乌克兰从伊拉克撤回了第一批137名官兵。此前约有1600名乌克兰军人驻扎在伊拉克，主要负责与伊朗交界地区的治安和巡逻任务。据报道，驻伊乌军共有18人在伊拉克丧生。

△1辆美军军车在阿富汗西部触雷，造成美军士兵1名死亡、4名受伤。

△肯尼亚东北部靠近索马里边界的1个村庄遭到索马里武装分子的袭击，造成近30人死亡，数十人受伤。

△西班牙、德国、法国、英国和意大利等欧洲5国决定建立反恐情报交流网络和对炸药等盗窃案件快速反应的体系。

△乌干达国防部发言人称，由东部非洲7个成员国组成的政府间发展机构准备从4月30日起向索马里

派遣1万名维和部队官兵。

3月16日

△据报道，美国国防部准备在未来5年内研制一种亚轨道飞行器。这种飞行器从美国本土发射，能够在2个小时内向世界任何地方投放常规武器。

△美国众议院通过了一项为美国在伊拉克和阿富汗的军事行动和重建工作提供814亿美元的紧急拨款法案。这一法案将使美国2005年在伊拉克和阿富汗的军事和重建费用超过1000亿美元。

△美国陆军发言人哈特承认，自2002年起至少有24名阿富汗和伊拉克人在被美军关押期间死于暴力虐待。

△日本岛根县议会强行通过了《“竹岛之日”条例案》（韩国称独岛），引起韩国强烈抗议。

△日本军方向独岛上空派出1架侦察机，韩国战斗机紧急起飞实施拦截后，日侦察机离开独岛附近空域。

△北约宣布，它的成员国已就部署战区导弹防御系统达成共识。该防御系统的主体部分将耗资约8.7亿美元，预计于2012年全面付诸使用。

3月17日

△据报道，日本将向美国购买16枚“爱国者-3”（PAC-3）导弹，这是美国首次将“爱国者-3”导弹向外国出售。日本计划于2007年将这批导弹部署于东京地区。

△保加利亚国防部长尼古拉·斯维纳罗夫说，保将于2005年6月削减约1/4驻伊拉克部队，并将考虑在2005年内从伊拉克全部撤军。保军进驻伊拉克以来，有8名士兵在伊拉克丧生，30多人受伤。

△叙利亚完成第一阶段从黎巴嫩撤军的任务。4000至6000名叙利亚军人回国，8000至10000名已撤至黎巴嫩东部贝卡谷地。

△阿富汗南部城市坎大哈发生2起炸弹爆炸事件，至少造成5人死亡，31人受伤。

△美国国土安全部宣布，将于4月份在东北部康涅狄格州和东部新泽西州举行代号为“高官”的反恐演习。（详见《军事要事》栏有关条目）

3月18日

△日本首相小泉纯一郎在参议院全体会议上说，日本不考虑对飞越日本上空攻击第三国的弹道导弹进行拦截。

△中部非洲国家经济共同体11个成员国代表签署声明，决定共同防止轻武器扩散，以促进中非地区的和平与稳定。

3月19日

△美国的城镇和世界各地举行反战游行，抗议美国出兵伊拉克2周年，要求撤出驻伊拉克美军。

△哈萨克斯坦在全国范围内举行代号为“反恐-2005”反恐指挥所演习。

△巴基斯坦西南部俾路支省发生一起严重炸弹爆炸事件，造成50人死亡，100多人受伤。

△巴基斯坦成功试射了1枚自行研制可以携带核弹头的“沙欣-2”型远程弹道导弹。

3月19日至20日

△韩美军队举行代号为“阿尔索伊”（RSOI）的联合战时增援演习和代号为“秃鹫”的野外机动军事训练。

3月20日

△吉尔吉斯斯坦南部地区爆发大规模示威游行和骚乱。上万名示威者冲击警察局，并占领了数座政府大楼。（详见《军事要事》栏有关条目）

△联合国驻海地维和部队在太子港及其附近地区与海地前军人发生枪战，共造成4人死亡，11人受伤。

△伊拉克反美武装人员在伊境内展开大规模武装袭击，共造成包括1名美军士兵在内的40多人死亡，数十人受伤。两年来，已有超过1510名美军士兵和2000多名伊拉克军警死亡。

3月21日

△联合国驻刚果（金）特派团新闻发言人巴赫说，刚果（金）东北部伊土里地区的4100多名部族民兵已于20日放下武器。

3月22日

△美军在伊拉克警察的配合下突袭了提克里特附近的一个反美武装训练营地，击毙80名武装人员。

△据报道，乌克兰总统尤先科已签署从伊拉克分阶段撤军计划。根据该计划，乌克兰从3月15日开始分3个阶段从伊拉克撤出全部1650名官兵。其中，首批撤离150人，第二阶段撤军约590人，其余军人在第三阶段撤离。到目前为止，已有18名乌克兰军人在伊拉克丧生，数十人受伤。

△阿富汗反美武装人员在阿与巴基斯坦交界地区与美军交火，5名反美武装人员在交火中被美军打死。阿富汗冬季结束之后，塔利班武装残余势力恢复了袭击活动。2月中旬以来，阿富汗已有26名平民、军警及国际安全部队士兵在袭击中丧生。

△印度国防部高级官员透露，印军的导弹防御系统（MD）将在未来5至6年服役。

3月23日

△非洲联盟（非盟）和平与安全专员赛义德·金尼特说，非盟计划组建一支由1.5万人组成的非洲常备维和部队，以应对非洲大陆可能发生的冲突事件。

3月24日

△吉尔吉斯斯坦骚乱愈演愈烈，反对派占领政府大楼，总统阿卡耶夫飞往哈萨克斯坦，总理塔纳耶夫宣布辞职。吉议会任命议长卡德尔别科夫代理国家领导人职务。吉反对派宣布掌握政权。

△联合国安理会一致通过决议，决定在苏丹南部部署联合国维和部队，这支部队将由1万名军事人员和715名民事警察组成，任期初步定为6个月。

△为悼念6年前在北约轰炸中死亡的平民和军人，塞尔维亚和黑山的国家、政府和军队领导人分别向死难者纪念碑敬献了鲜花和花圈。

3月25日

△吉尔吉斯斯坦议会于凌晨任命反对派领导人巴基耶夫为代总统和代总理，由其负责组建新政府。

△驻伊美军1名海军陆战队员在伊拉克安巴尔省执行任务时被打死。伊拉克战争以来，已有1521名驻伊美军和五角大楼工作人员在伊拉克丧生。

3月26日

△4名驻阿美军在东南部的卢格尔省巡逻途中触雷身亡。本月15日，1辆美军军车在阿富汗西部信丹德地区触雷，造成1死4伤。

3月27日

△伊拉克警察接连遭受袭击，至少有12人死亡，约30人受伤。

3月29日

△据报道，美国军方日前启动了一项高科技机器人研制计划，希望两年后机器人医生能够在战场上为受伤的士兵进行急救。

3月31日

△联合国安理会通过第1593号决议，决定把在苏丹达尔富尔地区犯有战争罪和反人类罪的嫌疑人交由国际刑事法院审理。

4月

4月1日

△经过7年的艰苦谈判，一个由联合国191个成员国专家组成的联大特设委员会终于一致通过了《制止核恐怖行为国际公约》草案。第59届联大预计将在数周内批准这项草案，使其成为联合国第13个国际反恐公约。

△俄军开始撤销驻车里雅宾斯克州卡尔塔雷和科斯特罗马州境内的2个战略导弹师。这是继去年大幅度削减战略火箭兵后，俄因核武器老化而采取的重大举措。

4月2日

△数十名伊拉克武装分子向巴格达西郊的阿布格里布监狱发动袭击，他们引爆了2辆汽车炸弹并投掷了多枚手榴弹，44名美军士兵受伤，其中一些人伤势严重。

△一伙塔利班武装分子袭击了阿富汗南部一栋政府办公楼，在与警方交火2小时后，打死9名打伤3名警察后逃逸。

△在坦克和直升机掩护下，也门军队与活动于也门北部地区的反政府激进组织发生激烈交火，导致至少36人死亡。

4月3日

△阿卡耶夫同吉尔吉斯斯坦议会代表团就有关提前结束总统权力的文件达成一致。

△苏丹政府宣布，“完全拒绝”联合国安理会3月31日通过的第1593号决议。

4月4日

△沙特内政部宣布，沙特安全部队在中部的卡西姆省拉斯市执行清剿任务时与一伙恐怖分子发生激烈交火，击毙7名恐怖分子，抓获1名受重伤的恐怖分子。

4月4日至8日

△美国东部两个州（新泽西州、康涅狄格州）举行反生化恐怖袭击演习，代名为“高官-3”。（详见《军事要事》栏有关条目）

4月5日

△日本文部省审定通过歪曲历史的教科书。

4月6日

△中国外交部亚洲司司长崔天凯约见日本驻华使馆公使堀之内秀久，就中日关系有关问题阐述了中方立场。关于日本新编历史教科书问题，崔表示，教科书问题的实质是日本能否正确认识和对待日本军国主义的侵略历史，能否以正确的历史观教育年轻一代的问题。

△北京史学界举行座谈会，抗议日本文部省在4月5日审定通过歪曲历史的教科书。与会学者认为，新版历史教科书把日本过去的战争描写为正确的战争加以赞美，挑衅人类和平和良知，是对所有战争受害国人民感情的严重伤害，也是对日本青少年思想的毒害。

△韩国外交通商部次官李泰植召见日本驻韩大使高野纪元，代表韩国政府就教科书问题向日本政府提出强烈抗议。

△据报道，印度海军第一艘国产航母将于2015年前加入现役。

△美军1架CH-47运输直升机在阿富汗东部的加兹尼省坠毁，机上16人死亡，2人下落不明。

△独联体集体安全条约组织在塔吉克斯坦南部举行代号为“界线-2005”的军事演习。

△科特迪瓦冲突各方领导人经过4天的艰苦谈判，在南非比勒陀利亚签署和平协议，同意全面停止持续两年的内战，解除交战人员武装，并于10月举行总统大选。

4月7日

△1辆载着30名乘客的公交车从巴控克什米尔首府穆扎法拉巴德开出，驶往印控克什米尔首府斯利那加。同时，载有21名乘客的印方公交车从斯利那加启程，前往穆扎法拉巴德。此举标志着近60年来，克什米尔居民破天荒地乘坐公共汽车跨越存在严重军事对峙的实控线进行互访。

4月8日至13日

△澳大利亚海军“堪培拉”号导弹护卫舰在舰长雷·莱格特的率领下，访问上海。

4月9日

△大批伊拉克民众在巴格达天堂广场集会，要求美国尽早撤军。4月9日是美军占领巴格达两周年的日子。

△3名巴勒斯坦人在加沙地带南部拉法地区被以色列军队打死。这是自巴勒斯坦各派别3月17日在开罗宣布与以色列保持平静期以来发生的第一起以军打死巴勒斯坦人的事件。

△巴勒斯坦民族权力机构主席阿巴斯发表声明，强烈谴责以色军士兵在加沙地带南部拉法打死3名巴勒斯坦人。

△巴勒斯坦伊斯兰抵抗运动（哈马斯）下属的军事派别“卡桑旅”向加沙地带多个犹太定居点发射土制炮弹，以报复以色列军队在加沙南部拉法打死3名巴勒斯坦人。

△据报道，乌干达人民国防军最近2天在北部地区击毙了50多名反政府的“圣灵抵抗军”。

4月10日

△中印边界问题特别代表第五次会晤在新德里举行，双方就解决中印边界问题政治指导原则的协定达成一致。

△尼泊尔国家电台援引军方发言人的话说，日前政府军与反政府武装在尼泊尔中西部地区发生激战时，反政府武装被击毙113人。

4月11日

△黎巴嫩真主党武装的1架无人侦察机飞入以色列北部上空进行侦察活动。以色列军用飞机随后进入了黎南部地区上空，并进行了模拟袭击。

4月12日

△中印发表联合声明说，双方达成了在边境实际控制线地区军事领域建立信任措施的补充议定书。

△上海合作组织秘书长张德广与独联体执行委员会主席鲁沙伊洛签署了《上海合作组织秘书处与独立国家联合体执行委员会谅解备忘录》。该文件规定两组织常设机构之间在反恐等领域进行合作的有关具体事宜。

4月12日至23日

△俄美两国军人在莫斯科举行俄美战区导弹防御首长司令部演习。

4月13日

△据报道，俄罗斯国防部近日宣布，今后将陆续裁撤7个战略导弹师，4月1日首先撤销第10导弹师和第59导弹师。

△乌克兰总统府新闻局说，总统尤先科已签署一项关于要求乌克兰军队在2005年年底前撤出伊拉克的命令。据报道，参加多国部队的1600多名乌克兰军人是2003年8月进驻伊拉克的。首批137人已于3月15日撤回国内。到目前为止，共有18名乌克兰军人在伊拉克丧生，另有数十人受伤。

△波兰政府和北约在布鲁塞尔签署了有关在波兰北部城市比得哥什设立北约盟军培训中心的协议。

4月14日

△据报道，从上周开始，土耳其军队对东南部舍尔纳克省和哈卡里省边境地区的库尔德工人党反政府武装营地开展了代号为“山谷-2”的军事行动。

△以色列特种部队在约旦河西岸纳布卢斯地区，开枪打死1名巴勒斯坦武装组织“阿克萨烈士旅”的成员。近来巴以暴力事件又有所抬头。在过去的几天中，以色列国防军打死了3名巴勒斯坦少年，逮捕近40人，打伤10人。

△据报道，荷兰政府决定向阿富汗增派165名海军陆战队和突击队人员。这批荷兰军人将于18日乘飞机前往阿富汗。

4月15日

△第二批中国赴海地维和防暴队员95人启程赴海

地。他们将在海地执行为期 8 个月的维和任务。第二批维和警察防暴队共 125 人，其中 30 人已于 4 日作为先遣队员先期抵达海地。

△根据乌克兰的撤军计划，乌克兰驻伊拉克部队的第二批 69 名军人乘飞机返回乌。首批 137 名驻伊乌军已于 3 月 15 日撤离伊拉克。2005 年底之前撤回所有驻伊乌军。

4 月 16 日

△印孟两国边防部队人员在邻近孟加拉国东南部的阿考拉地区发生激烈武装冲突，造成印方 1 名高级指挥官死亡，2 名士兵及 1 名平民受重伤，孟方伤亡情况不详。

4 月 17 日至 28 日

△蒙古和美国的军事人员在蒙古首都乌兰巴托以西 65 公里处的蒙古武装力量训练中心举行代号为“可汗探索”的联合军事演习。

4 月 18 日

△印度总理辛格与巴基斯坦总统穆沙拉夫在新德里发表联合声明称，“和平进程现在不可逆转”。

4 月 18 日至 20 日

△菲律宾政府和反政府的摩洛伊斯兰解放阵线举行秘密和谈。

4 月 19 日

△据报道，俄罗斯总统办公厅日前成立一个专门机构，负责同独联体境内的“颜色革命”进行斗争。

△1 名叫沙伊克的伊拉克国民议会议员被美军士兵羞辱并殴打，引发众怒。伊拉克国民议会发表声明，要求美国政府和驻伊大使馆就驻伊美军羞辱并殴打伊拉克议员事件做出正式道歉。

4 月 21 日

△东盟与上海合作组织建立正式联系，合作领域包括反恐和打击跨国犯罪等。

△韩国防部高官称《5029 作战计划》已不复存在。该计划是为应对朝鲜内部发生紧急事态而制定的。

△保加利亚 1 架米-8 型民用直升机在伊拉克被地面发射的火箭弹击中坠毁，机上 11 人全部丧生，其中 6 人是美国人。

4 月 22 日

△日本内阁会议决定将在印度洋的海上自卫队的派遣期限从 5 月 1 日延长至 11 月 1 日。这是日本政府第七次延长海上自卫队在印度洋的派遣期限。

4 月 24 日

△1 辆叙利亚军用卡车驶入叙边境小镇加迪达·亚布斯，最后一批叙军开始从黎巴嫩贝卡谷地撤离。

△巴格达北部一什叶派穆斯林的清真寺发生 2 次强烈爆炸，至少造成 15 人死亡、50 多人受伤。

4 月 25 日

△美国中央情报局负责在伊拉克搜查大规模杀伤性武器（WMD）的首席武器核查官查尔斯·迪尔费尔宣布，武器核查小组已付出最大的努力，但是没有找到萨达姆政权拥有大规模杀伤性武器的证据。至此，为期 18 个多月的武器搜查工作画上了句号。

4 月 26 日

△最后一批叙利亚军队撤离黎巴嫩的仪式在黎巴嫩东部贝卡谷地的里亚克空军基地举行，从而结束叙军在黎巴嫩 29 年的存在。

△韩国和美国就 2005 年度驻韩美军的防卫费分担问题达成最终协议，韩方分担的防卫费为 6804 亿韩元（约合 6.8 亿美元），比 2004 年度减少 8.9%。

4 月 27 日

△据报道，美空军已于近日在夏威夷组建 C-17 战略运输机中队，“以便将士兵和战备物资快速运送到亚洲潜在的战斗区域，从而有效提高美军的机动作战能力。”

4 月 28 日

△美国国防部高级官员称，朝鲜具备将核弹头装备到导弹上并将导弹发射到美国本土的能力。

△美国国务院公布《2004 年度全球恐怖主义形势报告》。

△非洲联盟和平与安全理事会专员赛义德·金尼特说，鉴于苏丹达尔富尔地区的安全局势不断恶化，非盟决定在今后 5 个月内将驻该地区的部队人数由现在的 2200 人增加到 7700 多人。

4 月 28 日至 29 日

△中国人民解放军副总参谋长熊光楷上将在华盛顿与美国国防部副部长费思进行了中美国防部副部长级防务磋商，双方一致认为磋商取得了积极的成果。这是自 1997 年以来，中美两国国防部举行的第七次防务磋商。

4 月 29 日

△为庆祝卫国战争胜利 60 周年，俄罗斯驻华大使馆举行盛大仪式，向当年为卫国战争的胜利做出贡献的中国“老战士”授予国家纪念勋章。

△美空军首批 4 架 F-15 型“鹰”战斗机从本土的芒廷霍姆空军基地飞抵关岛安德森空军基地。它们属于第 36 空中远征联队第 391 战斗机中队。该中队 12 架飞机和 300 名人员将陆续抵达关岛。

4 月 30 日

△据报道，日前北约秘书长与俄罗斯外长签署了北约和平伙伴框架内的《军队地位协议》。

5 月

5 月 1 日

△美国数千名抗议者走上纽约曼哈顿街头，举行了声势浩大的反战反核游行，要求立即撤回驻伊美军。

△伊拉克北部库尔德人居住的一个城镇发生一起自杀式汽车爆炸事件，至少造成 20 人死亡，30 多人受伤。

△联合国开始在苏丹南部地区部署首批维和部队。

5 月 2 日

△2 架美海军陆战队 FA-18 战机在伊拉克上空发生空中相撞事故，这 2 架战机是卡尔文森号航母的舰载机。

△据英国《独立报》报道，英国首相布莱尔已经秘密做出决定，将推动国防部投资 100 亿英镑研发部署新一代核武器系统，替代原来已经老化过时的“三叉戟”型潜射核导弹。

5 月 2 日至 13 日

△美国、泰国、新加坡三国军队在泰国南部沿海和北部城市清迈举行代号为“金色眼镜蛇-2005”的大规模三军联合演习。

5 月 2 日至 27 日

△不扩散核武器条约（NPT）复查会议在联合国总部举行。与会的 187 个缔约国代表历经近 1 个月的艰苦磋商仍无法就《最后文件》达成共识。

5 月 3 日

△伊拉克过渡政府在巴格达举行宣誓就职仪式。

5 月 4 日

△伊拉克北部库尔德自治区埃尔比勒市发生自杀式炸弹袭击，造成至少 60 人死亡，150 人受伤。

5 月 5 日

△国家主席胡锦涛应约同美国总统布什通电话。胡锦涛希望美方以建设性的态度支持两岸关系的改善和发展，支持台海局势走向和平稳定。布什重申美国政府坚持一个中国政策，强调这一立场不会改变。

△俄罗斯战略导弹兵司令说，俄战略导弹部队将从 2006 年开始装备机动式“白杨-M”型洲际弹道导弹，并使其进入战斗执勤状态。

△美国陆军部宣布，布什总统已经批准陆军部提出的建议，免去看守伊拉克阿布格里布监狱的宪兵旅旅长贾尼斯·卡尔平斯基的职务，同时将这位女军官的军衔从准将降为上校。舆论认为，卡尔平斯基将军最终成了这起丑闻的替罪羊。

5 月 7 日

△缅甸首都仰光发生 3 起炸弹爆炸事件，造成 19 人死亡，162 人受伤。

△伊拉克首都巴格达市中心的解放广场附近发生一起汽车炸弹爆炸事件，造成 22 人死亡（包括 2 名美国人），30 多人受伤。

5 月 7 日至 13 日

△驻伊拉克美军在与叙利亚交界的伊拉克西北部边境地区进行代号为“斗牛士”的大规模军事行动。这次行动打死至少 125 名武装分子，打伤数百人。

5 月 8 日

△中国国家主席胡锦涛抵达莫斯科，参加俄罗斯纪念卫国战争胜利 60 周年庆典，并亲切会见当年曾在中国东北抗日战场上和卫国战争中浴血奋战的俄罗斯老战士代表。

△3 名美军士兵在伊拉克遇袭身亡，自美国发动伊拉克战争以来，驻伊美军死亡总人数已经超过 1600 人。

△驻阿富汗美军在阿东部与塔利班武装进行了长达 5 小时的激战，有 2 名美军士兵和 23 名塔利班武装在交火中死亡。2005 年入春以来，塔利班武装加强了对阿政府军和美军的袭击。仅过去的一个月中，就有 100 多人在袭击中丧生。

5 月 9 日

△俄罗斯在莫斯科举行纪念卫国战争胜利 60 周年庆典，中国、美国、独联体和欧盟成员国、印度、联合国等 50 多个国家元首、政府首脑和国际组织代表出席了此次庆典。

△第 59 届联合国大会在纽约联合国总部举行特别会议，纪念第二次世界大战胜利 60 周年。

△美国国防部公布，自美国 2003 年 3 月发动伊拉克战争以来，驻伊美军死亡人数已经达到 1602 人，受伤人数为 12243 人。

△美国官员说，驻伊拉克美军在靠近叙利亚边境的沙漠地带对伊拉克头号恐怖分子扎卡维的追随者发动了大规模进攻，打死了 100 名武装分子。

△据黎巴嫩军方说，10 架以色列军用飞机侵入黎领空。黎安全部门人士说，以色列军队发射的 8 枚炮弹落到黎巴嫩南部的卡富尔谢巴镇。

5 月 10 日

△“欧洲被杀害的犹太人纪念碑”在德国首都柏林隆重揭幕。德国总统克勒、总理施罗德、联邦议院

议长蒂尔泽、联邦参议院议长普拉策克、德国犹太人中央理事会主席施皮格尔，以及1200名政界、文化界、宗教界人士出席了揭幕仪式。

△据报道，驻伊拉克美国海军陆战队近日对在伊西部靠近叙利亚边界的安巴省展开了大规模清剿，并且一度同隐藏在当地的数百名反美武装成员展开激战。

△阿富汗内政部长阿里·艾哈迈德·贾拉利在新闻发布会上表示，目前仍有2000多个非法武装组织在活动，阿富汗政府将加快铲除非法武装的步伐。

5月11日

△伊拉克接连发生多起针对警察和报名加入伊拉克军警部队人员的爆炸袭击，共造成至少66人死亡，134人受伤。在伊新政府成立后的两周内，已经有近400人丧生于暴力袭击，500多人受伤，成为自2003年伊拉克陷落后最为血腥的两周。

5月12日

△据报道，俄副外长谢尔盖·基斯利亚克日前宣布，从2000年1月1日至2005年1月1日，俄罗斯战略核力量已裁减了357件核武器运载工具和1740枚核弹头。

△伊拉克巴格达东部一条主要街道上发生汽车炸弹爆炸事件，造成至少12人死亡、55人受伤。

△印控克什米尔首府斯利那加发生一起手榴弹爆炸事件，24人受伤。

5月13日

△美国防部正式提出美军本土基地调整方案，公布了拟裁撤、合并和扩大基地的名单。

△美国和朝鲜在纽约举行了一次工作会谈，美方再次敦促朝方恢复参加朝核问题六方会谈，双方同意今后继续保持接触。

△乌兹别克斯坦东部的安集延发生骚乱事件。（详见《军事要事》栏有关条目）

5月14日

△科特迪瓦政府军和反对派武装代表在科政治首都亚穆苏克罗就解除武装的方式和日程达成了协议。双方同意从即日起启动战斗人员的解除武装、复员和重新安置进程。

5月15日

△俄罗斯海军总司令弗拉基米尔·库罗耶多夫大将在莫斯科接受采访时宣布，俄设计人员将在年内开始设计新一代航空母舰。

5月16日

△俄罗斯高级官员宣布俄有4732枚核弹头，准备减少到1500枚以下，这一数量比美俄此前就削减核武器达成协议时所要求的数量还要少。

5月17日

△日本政府称，有18名日本国民的户籍设于钓鱼岛。19日，中国外交部发言人严正重申："钓鱼岛及其附属岛屿自古以来就是中国的领土，中方对此拥有无可争辩的历史和法律依据。日本方面对钓鱼岛采取任何单方面行动，都是对中国领土主权的严重侵犯，都是非法和无效的。"

△俄罗斯北高加索地区反恐行动指挥部发言人沙巴尔金少将对媒体透露，车臣非法武装二号头目阿拉什·道多夫在车臣首府格罗兹尼被击毙。

△部分非洲国家的领导人在利比亚首都的黎波里就达尔富尔问题举行会议，会议发表声明说，反对由非洲以外的国家插手达尔富尔问题。

5月19日

△驻伊拉克美军4人遇袭身亡，使美军在伊拉克的死亡人数达到1625名。

△美国《纽约时报》披露，2名阿富汗人在2002年12月死于美军的非人虐待。阿富汗总统卡尔扎伊21日强烈谴责驻阿美军上述虐囚事件，并要求美军交出其关押的所有阿富汗战俘。

5月20日

△据报道，韩国海军拟组建一支战略机动舰队，并计划投资8亿美元在济州道南济州郡的和顺港建设机动舰队基地。韩国防部官员表示，战略机动舰队的建成，将大大提高韩国对抗日本的实力。

△美国海军海洋系统司令部发言人帕特·多兰在接受《纽波特每日新闻》记者采访时说，退役"美国"号航空母舰（编号CV66）在经历了一连串的爆炸实验后，于6天前在距离美国海岸58英里处沉入6000多英尺深的大西洋底。

△格鲁吉亚向伊拉克派遣300名军人，以对驻扎在伊拉克的格军进行轮换。此前格于3月1日向伊拉克增派了550名士兵，使格驻伊拉克部队的总人数达到850人。

5月21日

△据报道，巴勒斯坦民族权力机构已与巴勒斯坦伊斯兰抵抗运动（哈马斯）达成协议，哈马斯同意停止袭击以色列目标。

5月22日

△美国和伊拉克军队在巴格达的阿布格里布地区进行了代号为"施压"的联合军事行动，拘捕了约400名被疑为反美武装的人员。约1.5万名伊政府军官兵参加了此次行动。

△印度首都新德里两家电影院发生爆炸，至少造成10人死亡，50多人受伤。

5月23日

△据报道，美军将在伊拉克新建4个大型空军基地，驻伊美军将逐渐从各城镇驻地集中部署到这4个基地内。

△联合国秘书长安南宣布，联合国核查叙利亚撤军的军事专家组提供的报告证实，叙利亚已从黎巴嫩撤出了全部军队和情报人员。

5月24日

△据报道，《华盛顿邮报》日前披露，美军战略司令部自称做好了在全球范围内发动先发制人式打击的准备，并可能在未来的行动中使用核武器瘫痪对手的反击能力。

△据报道，伊拉克战争期间伊国家博物馆遗失的珍贵文物中，至少8000件至今下落不明。

5月24日至26日

△美国中央情报局举行大规模模拟网络反恐怖主义演习。(详见《军事要事》栏有关条目)

5月25日

△俄罗斯联邦委员会（议会上院）批准了俄中边界东段补充协定。俄罗斯国家杜马（议会下院）本月20日已批准了该补充协定。

△斯德哥尔摩国际问题研究所出版的2004年世界军事支出年度报告称，2003年世界军事支出相比2002年实际增加11%，达到了9560亿美元。最近2年(2002-2003)世界军事支出实际增加了18%。军事支出水平最高的国家是美国（4174亿美元）、日本（469亿美元）、英国（371亿美元）、法国（350亿美元）。

△1000名美国海军陆战队士兵在伊拉克西部边陲省份安巴尔省的哈迪塞市，发动代号为“新市场”的行动，搜捕活跃在该地区的外国武装分子和反美武装头目扎卡维。

△几内亚比绍发生未遂军事政变。

5月26日

△为纠正日本利用教科书歪曲历史的问题，由中韩日三国学者联合编撰的共同历史教科书《开创未来的历史》正式出版。

△驻伊拉克美军直升机1架因遭地面轻型武器袭击而坠毁，机上2名士兵死亡。美军方称，自伊拉克战争以来，美军在伊拉克死亡人数上升至1649人。

△叙利亚常驻联合国代表梅克达德说，在过去的几个月时间里，叙利亚抓获了约1200名企图越境进入伊拉克的武装分子。

5月27日

△中国第十届全国人民代表大会常务委员会第十五次会议决定：批准加入于1976年12月10日经第三十一届联合国大会通过的《禁止为军事或任何其他敌对目的使用改变环境的技术的公约》。

△国际特赦组织发表的年度报告指出，美国以打恐为名践踏法律和人权的时候，等于是给其他国家一张准证，毫无顾忌地藐视人的基本权力。

△印度尼西亚政府与亚齐分离主义组织“自由亚齐运动”就政治问题达成协议。这是朝结束30年内乱迈出的一大步。

5月28日

△印尼中苏拉威西省发生2起炸弹爆炸事件，造成22人死亡、58人受伤。

5月29日

△以色列内阁通过一项决议，同意再释放400名被关押的巴勒斯坦人。

△美伊军在伊拉克首都巴格达发动代号“闪电行动”的大规模清剿行动。共投入美军1万人、伊军4万人，建立了几十个关卡，严密搜查武装分子藏匿地点。

△驻伊拉克英军的1个车队在伊南部遭到袭击，造成1名英国士兵死亡。目前，英国在伊拉克驻有约9000名官兵。自伊拉克战争以来，英军在伊死亡人数已接近90人。

5月30日

△中日第二轮东海磋商在北京举行。

△俄罗斯外长拉夫罗夫与到访的格鲁吉亚外长祖拉比什维利在莫斯科会谈后签署一项联合声明，宣布俄将在2008年完成从格撤除军事基地的任务。

△1架美军直升机在伊拉克东部迪亚拉省靠近伊朗的边境地区执行任务时坠毁，机上5人丧生。

△1架意大利直升机在伊拉克南部坠毁，机上4名意大利人死亡。

△俄罗斯同意从2005年开始撤走驻扎在格鲁吉亚的军队。

5月31日

△驻伊美军发言人宣布，伊拉克武装分子5月份在全国平均每天发动约70次袭击行动，比4月翻了一番，美军至少有77人死亡，仅低于1月的107人，居2005年以来第二位。

6月

6月1日

△俄罗斯总统新闻局宣布，普京总统签署了有关批准俄中边界东段补充协定的联邦法律。

△韩国4艘警备艇和3艘日本巡逻艇为引渡韩国渔船，在韩国蔚山市蔚州郡竿切串前海上发生了长时间对峙事件。6月2日，韩日两国政府通过外交渠道达成协议，双方从对峙海域撤出。

△阿富汗南部城市坎大哈市中心的一座清真寺发生自杀性爆炸案，包括喀布尔警察局长在内的至少20人在爆炸中身亡，52人受伤。

△印度尼西亚驻澳大利亚使馆收到一封带有强烈种族仇视内容的邮件，并在该邮件中发现炭疽菌类生物战剂。澳总理霍华德就此事件向印尼政府道歉。

△科特迪瓦西部杜埃奎附近的2个村庄发生了部族冲突，至少有50人丧生。

6月2日

△中国和俄罗斯在符拉迪沃斯托克互换《中华人民共和国和俄罗斯联邦关于中俄国界东段的补充协定》批准书，这标志着两国彻底解决了所有历史遗留的边界问题。

△中国外交部长李肇星在俄罗斯远东城市符拉迪沃斯托克与俄罗斯外交部长拉夫罗夫、印度外交部长辛格举行第四次非正式会晤。三国外长表示，愿在应对新威胁、新挑战领域开展实质性合作，强调反恐斗争应长期坚持不懈地进行，不应采取双重标准。

6月3日

△格鲁吉亚与俄罗斯就撤除俄驻格军事基地问题达成协议。

6月4日

△据报道，伊拉克内政部长贾巴尔日前向记者透露，在过去18个月中，共有大约1.2万名伊拉克人死于爆炸、枪击或者其他形式的反美反政府暴力袭击活动。

6月4日至5日

△毛里塔尼亚军队在毛里塔尼亚东北部与阿尔及利亚和马里交界地区遭到一伙不明身份武装分子的袭击，造成18人死亡，30多人受伤。

6月5日

△日本防卫厅长官大野功统对日本记者说，日美两国关于导弹防御系统的技术研究已接近尾声，日本准备从2006年度起使之进入开发阶段。

6月6日

△美国朝鲜问题特使狄长礼及美国国务院朝鲜事务负责人福斯特在纽约与朝鲜官员举行会晤，商讨恢复朝核问题六方会谈的问题。这是继5月13日双方在纽约举行秘密会谈后的第二次正面接触。

△尼泊尔1辆满载乘客的公共汽车在尼南部不幸触雷，造成至少53人死亡，40多人受伤。

△据报道，伊过渡政府成立后，伊拉克各种袭击事件仍不断发生。5月份的袭击共造成700多名伊拉克人死亡，77名美军士兵丧生。

△据美联社报道，截止6月5日，至少已有1668名美军士兵在伊拉克境内死亡，其中1279人死于敌对行动，包括4名文职人员。自2003年5月1日布什总统宣布伊拉克境内主要战事结束以来，已有1530名美军死亡，其中至少1170人死于敌对行动。自伊拉克战争开战以来，驻伊拉克的其他国家军队死亡人数为：英军死亡89人，意大利25人，乌克兰18人，波兰17人，西班牙11人，保加利亚10人，斯洛文尼亚3人，爱沙尼亚、泰国和荷兰各2人，丹麦、萨尔瓦多、匈牙利、哈萨克斯坦、拉脱维亚各1人。

6月7日

△据瑞典斯德哥尔摩国际和平研究所发表的2005年年鉴统计，2004年全球军费开支突破1万亿美元大关，达到1.035万亿美元，比2003年增长6%，按实际价格计算仅比冷战最高峰时的20世纪80年代后期低6%。2004年全球军费开支人均达162美元，占全球生产总值的2.6%。导致全球军费持续增长的主要因素是美国军费开支激增。美国的军费开支比2003年又增加500亿美元，达到4550亿美元，占全球军费总开支的47%，超过列在其后的32个国家军费开支的总和。

6月8日

△中国常驻联合国代表王光亚向安南秘书长交存了中国加入《禁止为军事或任何其他敌对目的使用改变环境的技术的公约》（简称《环境战公约》）的文件。

△据法新社报道，朝鲜外务省副相金桂冠近日在接受美国广播公司记者采访时指出，朝鲜拥有一些核弹并将制造更多核弹。

△华盛顿邮报和美国广播公司公布的一项民意调查说，52%的美国人认为，伊拉克战争并没有给美国带来长远的安全。

△埃塞俄比亚首都亚的斯亚贝巴发生警察和示威者间的激烈冲突，至少造成22人死亡，100人受伤。

6月9日

△据台湾媒体报道，台湾研制的“雄风-2E”巡航导弹已正式试射成功。

△美军宣布：美军在巴格达以西的安巴尔省遭到路边炸弹袭击，5名海军陆战队士兵被炸死。伊拉克战

争以来，已有1690名美军在伊丧生。

△以色列最高法院认定从加沙地带和部分约旦河西岸地区撤离的单边行动计划合法，这一裁定为2005年夏天实施这一计划提供了法律基础。

6月10日

△据报道，经过中日两国政府的艰难谈判，日本政府终于在6月5日初步决定，拨款2000亿日元（约18.6亿美元），在中国吉林省建一座大规模的销毁化学武器的工厂。

△菲律宾首都马尼拉发生反政府示威，3000多名激进分子试图向总统府前进而与镇暴警察发生冲突，数十人受伤，6人被警方拘捕。

△伊拉克首都巴格达西北部发生一起汽车炸弹爆炸事件，造成10人死亡、27人受伤。

6月12日

△伊朗西南部胡齐斯坦省省会阿瓦士和首都德黑兰接连发生多起爆炸事件，造成至少10人死亡，40人受伤。

6月13日

△印控克什米尔地区发生一起严重的汽车炸弹爆炸事件，至少造成12人死亡，100多人受伤。

6月14日

△日本众院通过《自卫队法》修正案。该修正案旨在为2006年度开始实施的导弹防御计划完善法律框架。日本众议院还授权防卫厅长官，可以快速地对导弹攻击做出实时反应。

△伊拉克北部城市基尔库克和首都巴格达以北的坎安地区分别发生自杀式炸弹袭击和自杀式汽车炸弹袭击，共造成至少28人死亡，数十人受伤。

6月15日

△朝鲜和韩国在平壤“4·25”文化会馆举行的民族统一大会发表了民族统一宣言。呼吁消除核战争的危险，双方共存共荣。

6月16日

△据报道，俄罗斯战略火箭兵所有铁道机动式洲际弹道导弹系统将在2005年底前全部退役、销毁。

△在柬埔寨西北部暹粒市的一所私立国际学校的70多名师生被4名绑匪扣作人质。警方通过武力解救了被绑架的教师和儿童，逮捕了4名绑匪，但有1名3岁的加拿大籍儿童被歹徒杀害。

6月17日

△据报道，朝鲜的电脑黑客能力已达到美国中央情报局的水准，具备对美、韩、日发动网络战的能力。

△印军成功试射1枚“天空”地空导弹。

6月18日

△苏丹第一副总统塔哈与全国民主联盟主席米尔加尼在开罗签署《民族和解与全面和平开罗协议》。

6月19日

△在伊拉克首都巴格达“绿区”附近饭店发生自杀性炸弹袭击，造成至少23人死亡，36人受伤。自从伊拉克过渡政府宣布成立以来，伊拉克至少有1112人死于各种袭击。

6月20日

△日本国土交通省宣布该省已于17日在冲鸟礁安装地址标牌，并向新闻界公布了照片。

△据报道，从17日开始美军和伊拉克部队在伊西部安巴尔省联合发起“矛刺”清剿行动。继“矛刺”行动后，美军在伊中部地区又发动代号为“匕首”的清剿行动。

△印军成功试射“天空”地空导弹。

6月20日至29日

△巴基斯坦和美国海军在北阿拉伯海举行联合军事演习。其目的是提高两国海军的联合作战能力及海上的反恐技能。

6月21日

△广州番禺的3位居民在一条河边采沙时触到1枚日军遗弃的毒气弹并中毒受伤，被送入医院治疗。6月23日，中国外交部就此事照会日本驻中国大使馆。日本外务省26日发表谈话承认，伤害中国广州番禺居民的毒气弹是原侵华日军遗弃的化学武器。

△印军成功试射1枚“天空”地空导弹。

6月22日

△据报道，伊朗近日成功试验了1枚使用固体燃料的新型导弹，其射程超过2000公里。

△美国政府呼吁巴勒斯坦加大力度打击“恐怖组织”，但拒绝对以色列当天决定恢复针对巴勒斯坦伊斯兰圣战组织（“杰哈德”）的定点清除政策进行谴责。

△据报道，1架美军U-2高空侦察机在阿拉伯联合酋长国境内坠毁，飞行员当场丧生。

6月22日至23日

△第15次韩朝部长级会谈在汉城举行，双方达成了包括促进海上和平稳定等问题的12项协议。

6月23日

△伊拉克费卢杰发生一起自杀式汽车炸弹爆炸事件，造成2名美国海军陆战队员死亡，13人受伤，4人失踪。据报道，在不到两个月的时间里，类似袭击事件已造成1000多名伊拉克人和120多名驻伊美军士兵死亡。自伊战以来已有1720名美军在伊丧生。

6月24日

△印控克什米尔首府斯利那加发生汽车炸弹爆炸事件，6名印军士兵死亡，30人受伤。

6月25日

△尼泊尔政府军与反政府武装发生武装冲突，至少有12名安全人员被打死，6人受伤。

△阿富汗国防部官员称，阿富汗部队在南部山区爆发了2001年塔利班政权倒台以来最激烈的清剿战斗。在清剿行动中被击毙的武装分子已达176人。

6月26日

△据以色列《国土报》报道，以色列决定满足美国在对华军售一事上的所有要求，从而结束美以在武器出口问题上的纷争。

6月27日

△首批12名中国驻科索沃维和警察圆满结束为期14个月的维和任务，27日乘机离开科首府普里什蒂纳回国。

△美国《华盛顿邮报》披露，美国总统布什即将签署的一项行政命令，把伊朗、朝鲜和叙利亚的8家机构或公司列入从事武器扩散的“黑名单”，并宣称任何同这几家机构或公司进行商业往来的个人、公司或银行都将面临美国的制裁，其在美国的资产将被冻结。

△日本天皇明仁和皇后美智子抵达美属塞班岛，哀悼第二次世界大战死者。塞班岛上朝鲜裔居民举行抗议活动，要求明仁为日本当年在塞班岛实行残酷殖民统治道歉。

△美国广播公司和《华盛顿邮报》公布的联合民意调查显示，多数美国人不同意布什总统对伊拉克战争的处理方式，认为政府在发动战争问题上“有意误导”公众。

△俄罗斯国防部官员透露，根据“开放天空”条约规定，俄观察员乘侦察机在美国境内飞行近2000公里，完成对美军事设施的例行侦察活动。

△哥伦比亚政府军在南部普图马约原始森林地区遭到“哥伦比亚革命武装力量”游击队的伏击，19名士兵被打死，8人受伤。

6月28日

△美国国防部长拉姆斯菲尔德与印度国防部长慕克吉在华盛顿签署两国间10年军事合作协议。

△据报道，日本已经储备了可以制造数百个核武器的钚（5吨以上），如果进入开发阶段，仅仅需要3个月时间。

△1架载美军的大型运输直升机在阿富汗境内被塔里班击落，机上人员16名全部死亡。据报道，2005年入春以来，塔利班和“基地”组织武装加强了对阿富汗政府军和驻阿美军的袭击，至少已有400人在袭击中丧生。

△驻伊拉克美军和伊武装部队开始在伊西部地区展开代号“刺刀”的军事行动，围剿反美武装和外国武装人员。伊拉克2005年4月底组成过渡政府以来，驻伊美军在伊叙边境已开展了“斗牛士”、“长矛”和“匕首”等军事行动，围剿反美武装人员及其领导人。

6月29日

△伊拉克前临时政府电力部长、逊尼派人士萨马赖宣布，伊拉克抵抗组织已经为同美国及伊过渡政府展开和谈提出了前提条件，要求美方表示出和谈诚意，并为伊抵抗组织的安全提供担保。

△印度海军官员表示，计划拨款23亿美元建造新的“鲉鱼”级潜艇。

6月30日

△伊拉克内政部长贾布尔说，1月1日到6月30日，有8175名伊拉克平民、政府军和警察在武装反抗分子的袭击中死亡，1.2万人受伤。美国防部称，在同一时间内，有307名驻伊美军在与武装分子的战斗中丧生。

△据一个叫“伊拉克死亡人数”的美国网站说，在伊拉克战争中，平民死亡人数估计有2.2万人，但《华盛顿邮报》刊登的一个独立调查报告说，平民死亡人数达到10万。在伊拉克战争中有多少伊拉克平民死亡，一直是美军避而不谈的话题。

△美国空军准将唐纳德·奥尔斯顿说，伊拉克武装反抗分子仍将是一支强大和具有适应能力的力量，致命的汽车炸弹袭击仍将会持续一段时间。他估计，目前反抗分子有1.5万至2万人，但大多数是那些并不天天作战的人，核心组织的成员大概有几百人。

7月

7月1日

△据日本《产经新闻》报道，日本陆上自卫队正按美国“军事变革”标准筹组数字化部队，已有2个自卫队师引进了数字化指挥系统。

△数百名阿富汗士兵对阿富汗中部的一个塔利班营地发动袭击，在双方激烈交火中，18名塔利班人员死亡，2名阿士兵受伤。

7月2日

△巴格达一处伊安全部队新兵招募中心发生一起自杀式炸弹爆炸事件，造成至少20人死亡，数十人受

伤。

△据报道，中美洲国家的政府寻求建立一支地区警察部队，以便对犯罪团伙、贩毒分子和恐怖活动做出迅速反应，严厉打击犯罪。

7月3日

△沙特“基地”组织新头目尤尼斯·海亚里在利雅得市被沙特安全部队击毙，另有3名恐怖分子嫌疑人被逮捕。

7月4日

△据报道，韩国海军1艘排水量为1.9万吨的两栖攻击舰将于12日下水，韩国海军正在研究将这艘舰命名为“独岛”号。该舰增强了韩国海军远程作战能力。

△美军和伊拉克安全部队在发动的代号为“穆萨纳打击”的军事行动中，至少逮捕了100名反美武装嫌疑人员，其中有一些是外国人。

△据报道，为期两周的美国与西北非国家联合举行的军事演习在马里结束，300名美国陆军士兵和来自非洲8个国家的武装和保安人员参加了此次旨在加强部队反恐能力的实战演习。

△据报道，布什总统已于6月底签署行政命令，授权美国政府相关部门“关闭或冻结”所有与涉嫌从事大规模杀伤性武器扩散的公司有商业往来的企业或个人在美国的资金账户。美国政府随后对美国公司与伊朗、朝鲜和叙利亚8家机构的商业来往下达了禁令。

△美国东部时间1时52分，美国航空航天局发射的“深度撞击”号用1枚370多公斤重的撞击器，成功在距地球1亿多公里外，以3万多公里的时速准确命中“坦普尔1号”彗星内核。

7月5日

△印度国防部长慕克吉在首都新德里说，印度不会接受包括美国在内的任何国家的导弹防御系统，印度正在研制自己的导弹防御系统。

7月6日

△俄罗斯海军司令对媒体表示，俄罗斯计划在2006年完成对“布拉瓦”新型海基导弹系统的试验工作。这种导弹可携带10个分导核弹头，射程8000公里。

7月7日

△《伟大胜利---纪念中国人民抗日战争暨世界反法西斯战争胜利60周年大型主题展览》，在中国人民抗日战争纪念馆隆重开展。

△英国伦敦地铁和巴士遭到6次恐怖爆炸袭击，造成56人死亡，700多人受伤。（详见《军事要事》栏有关条目）

7月7日至8日

△中美海上军事安全磋商机制2005年度会晤在青岛举行。会晤期间，双方就中美两国海上军事安全相关问题坦诚、深入地交换了意见。

7月8日

△阿富汗塔利班在从赫尔曼德省首府拉什卡尔加到代赫舒的公路上伏击了3辆警车，劫持15名警察，其中有1名高级警官。在15名警察中，7人被处死，8人被关押。2005年入春以来，塔利班和“基地”组织残余分子加强了对阿政府和驻阿美军的袭击，目前已有约500人在袭击中丧生。

7月9日

△中国第三批赴利比里亚维和部队第一梯队279名官兵，乘包机从首都国际机场启程赴利。中国第三批赴利维和部队共558人。第二梯队官兵将于7月19日启程赴利。

△朝美在北京举行磋商。双方决定，将于7月25日开始的那一周内重开朝核问题第四轮六方会谈。

△驻伊拉克美军说，美伊联军正在巴格达以西地区进行代号为“弯刀”军事行动。此前，美伊联军在伊拉克西部安巴尔省与叙利亚接壤的边界地区进行了代号分别为“长茅”、“匕首”和“刺刀”的军事行动。

7月10日

△伊拉克多处发生爆炸事件，仅巴格达一个征兵中心发生的自杀式爆炸袭击事件就造成至少60多人死伤。

7月12日

△美军透露，又有1名驻伊美军士兵在巴格达遇袭身亡。自伊战争爆发以来，在伊拉克死亡的美军人数达到了1750人。

△以色列北部海滨城市内坦亚的一家购物中心发生自杀式爆炸，至少造成2人死亡、30人受伤。

△肯尼亚东部省马萨比特地区发生部族冲突，造成44人死亡、数十人受伤。

7月13日

△美国国土安全部长切尔托夫宣布，拥有18万工作人员的国土安全部将进行大规模改组，重点是统一反恐情报分析体系，加强政策制定，提高对生物反恐的重视，增强对公交系统的安全监管。

△驻阿富汗美军说，在过去两天里，美军和阿政府军在阿南部查布尔省的清剿行动中共打死17名塔利班武装分子，俘虏6人。

7月14日

△日本经济产业大臣中川昭一举行紧急记者会，竟然宣布批准日本帝国石油公司在东海海域的中国专属经济区开采石油天然气。15日中国外交部亚洲司司长崔天凯就此事紧急约见日本驻华使馆公使渥美千寻，向日方提出严正交涉。指出日方的这一行为是对中国主权权益的严重挑衅和侵犯，也违反了《联合国海洋法公约》的有关规定，中方对此表示强烈抗议。

△印度军方发言人说，印军近日在印控克什米尔北部采取的多次军事行动中共打死13名越过印巴实际控制线的武装渗透分子。

7月15日

△泰国安全部门会议一致同意在泰国南部暴乱事件频发的那拉提瓦、北大年和也拉3府实行“紧急状态下行政管理法”，以取代正在当地实施的“戒严令”。据报道，泰南部3府自2004年1月以来暴乱事件不断，几乎每天都有袭击军警和平民的事件发生，至今已造成700多人死亡。

△在伊拉克北部及首都巴格达，发生12起“人弹”袭击事件，造成至少28人死亡，百余人受伤。

△据报道，2005年上半年危地马拉有1591人在暴力事件中被杀害。

7月16日

△据报道，波兰第五批驻伊拉克部队近日完成换防。新换防的部队为1699人。在外国驻伊军队中波军人数居第五位，前四位分别是美国、英国、意大利和韩国。波兰政府2005年4月决定，波兰将于年底联合国授权到期时基本撤回驻伊军队。

△伊朗电视台援引伊朗情报部长阿里·尤尼西的话说，伊朗迄今已经关押、审判或驱逐了约3000名“基地”组织成员。

7月17日

△印度尼西亚总统苏西洛批准了印尼政府与“自由亚齐运动”谈判代表在芬兰首都赫尔辛基签署的和平协议草案。双方将于8月15日正式签署和平协议，这也将是双方第三次达成的和平协议。

△据报道，土耳其安全部队过去几天在舍尔纳克省等地发动的清剿行动中击毙10名反政府武装人员。

7月17日至23日

△俄罗斯远东军区举行代号为“东方-2005”的大规模反恐军事演习。

7月18日

△据日本共同社报道，国际原子能机构计划对美国、日本、俄罗斯以及芬兰的核设施进行更为严密的监控，以确保他们不会打着“能源开发计划”的幌子发展核武器。

△美国政府承诺向印度民事核能研发项目提供全面合作。舆论指出，美国在对印度的核问题上，采取双重标准，无疑是无法服众的。

7月19日

△美国国防部发表散布“中国威胁论”的所谓关于中国军事力量的年度报告。中国外交部副部长杨洁篪20日召见美国驻华使馆临时代办谢伟森，代表中国政府就此向美国政府提出严正交涉。(详见《军事要事》栏有关条目)

△日本东京高等法院对侵华日军细菌战中国受害者诉讼案做出了二审判决，维持一审判决，驳回了中国受害者的赔偿要求。1997年8月11日，中国180名侵华日军细菌战受害者组成原告团，向日本东京地方法院递交诉状，状告日本政府，要求谢罪和赔偿。2002年8月，东京地方法院一审宣判虽然承认了细菌战的事实，但是却以“国家无答责”、超过诉讼时效等理由驳回了原告团的要求。

△俄罗斯联邦车臣共和国发生警车遇袭爆炸事件，共造成15人死亡，24人受伤。

△日本防卫厅长官大野功统说，日本将在国内生产构成导弹防御系统的“爱国者-3”型陆基地对空拦截导弹。

7月20日

△据报道，美军正在秘密实施一项太空战专业人才培养计划，将在几年内培养出一大批“太空军官”，以确保“有效占据未来太空战优势”。

△在板门店韩国一侧举行的韩朝将军级军事会谈工作会议决定，两国将从8月13日起启用联络站，以防止双方在海上发生偶发性冲突。

△联合国驻刚果（金）特派团发言人宣布，联合国维和部队在刚果（金）东部已捣毁卢旺达反政府武装的13处营地。

7月21日

△日本最高法院表示受理侵华日军细菌战诉讼案。细菌战诉讼二审败诉后，原告律师团随即向日本最高法院递交了上诉状。

△伦敦市3个地铁站和1辆公共汽车再次发生爆炸。该市的部分交通系统因此关闭，警方称有1人在爆炸中受伤，伦敦警戒级别提高到黄色。

△普京总统签署了有关批准俄罗斯和吉尔吉斯斯坦关于俄驻吉坎特军事基地地位和驻扎条件协议的联邦法律。

△俄罗斯工业和能源部长说，俄计划到2012年销

毁国内所有化学武器。

△据报道，印度尼西亚总统苏西洛已命令政府军停止对亚齐分离主义分子发动攻击，以便为印尼政府与“自由亚齐运动”在8月15日正式签署和平协议创造条件。

7月22日

△日本国会参议院通过了自卫队法修正案。修正案修改了日本自卫队拦截来犯弹道导弹的法律程序，规定防卫厅长官在紧急情况下有权直接向部队指挥官下达拦截弹道导弹命令。众议院已于6月14日通过了自卫队法修正案，因此，该法正式生效。

△五角大楼要求国会把征兵年龄上限从35岁提高到42岁。原因是受伊拉克和阿富汗战争影响，美军征兵工作“步履维艰”。

△尼泊尔政府军与反政府武装在尼泊尔中西部地区发生激烈冲突，造成至少19人死亡，多人受伤。

7月23日

△埃及沙姆沙伊赫发生汽车炸弹袭击事件。埃及卫生部长塔杰丁24日宣布，共造成64人死亡，124人受伤。(详见《军事要事》栏有关条目)

7月24日

△有人在伊拉克首都巴格达的一个警察局附近，引爆1辆装满炸药的汽车，炸毁29辆汽车，造成40名伊拉克平民死亡，25人受伤。

7月25日

△驻阿富汗美军和阿军在阿中部乌鲁兹甘省的一个村落与武装分子交火。冲突中有13人死亡，4人受伤。2005年入春以来，塔利班武装加强了对驻阿美军和阿政府军的袭击，已有500多人在各种袭击中丧生，其中包括50多名美军士兵。

△意大利米兰上诉法院发出逮捕令，以涉嫌在意大利实施非法绑架为由逮捕6名美国中央情报局特工。

7月26日

△吉尔吉斯斯坦和塔吉克斯坦宣布，允许美国继续使用在吉塔境内的军事基地和领空。

△美国宇航局“发现”号航天飞机在肯尼迪航天中心发射成功。8月9日返航。

△据美国媒体报道，美国计划打造一种全新的“地堡克星”武器(“威猛核子地面穿透器”)。

△印度军方在东部奥里萨邦成功试射了1枚“特里苏尔”短程地对空导弹。

7月26日至8月7日

△朝鲜核问题第四轮六方会谈第一阶段会议在北京举行。会议取得突破性进展。(详见《军事要事》栏有关条目)

7月28日

△爱尔兰共和军宣布，将放弃“武装斗争”，恢复裁军。这一决定为北爱和平进程的重新恢复带来了新的希望。

7月29日

△乌兹别克斯坦外交部正式通知美国驻乌使馆，要求美军撤出在乌西南地区的汗阿巴德空军基地。

△据报道，法国和英国研制成功新型巡航导弹“战利品-EG”。其性能超过美“战斧”巡航导弹“一大截”。

△美军1架AH-64“阿帕奇”攻击直升机在阿东部巴格拉姆地区坠毁，机上2名美军人员受伤。

7月30日

△俄军从其驻格鲁吉亚巴统军事基地撤出的第一个军用车队启程回国。

7月31日

△据英国《独立报》报道，日本目前已经储存45公斤钚，正在着手建立世界最大钚浓缩工厂之一。

△据报道，作为美军在全球重新部署的一部分，美军将撤出在德国南部的13个军事基地。美国联邦调查局计划于2006年初在西非增设2个办事处。

8月

8月1日

△中美在北京举行首次战略对话。

△日本首家收集战时性暴力受害与加害资料的慰安妇资料馆“女性战争与和平资料馆”在东京开馆，吸引了众多市民参观。

△俄罗斯国防部长伊万诺夫表示，俄远东军区将自2006年开始装备现代化的“伊斯坎德尔”战术导弹系统。

△以色列国防部官员称，以色列和埃及就在加沙地带与埃及交界地区部署埃及安全部队达成初步协议。

△苏丹首都喀土穆发生骚乱。据苏丹警方3日宣布，骚乱已造成46人死亡，306人受伤。

8月2日

△日本内阁会议通过了2005年度《防卫白皮书》。

△马来西亚副总理兼国防部长纳吉布说，马来西亚、新加坡和印度尼西亚3个马六甲海峡沿岸国家已原则上同意从下个月开始在马六甲海峡进行联合空中巡逻。

8月3日

△毛里塔尼亚军队发动军事政变，占领了总参谋部、国家电台、电视台、机场等地。10日政变当局成立过渡政府。

△14名美海军陆战队队员在一起路边炸弹爆炸事件中丧生。伊拉克战争以来美军的死亡人数上升至1811人。

△据报道，日本防卫厅长官大野功统近日对外宣称：若美国提出要求，日本可能向第三国或地区输出美日共同开发的拦截导弹。此前，日本为向美国或第三国出售武器，专门修改了“武器出口三原则”，并向东南亚国家出口舰艇。

△据报道，格鲁吉亚当局准备在本国境内至少设立一个美军基地。这对于在2008年前完成从格鲁吉亚撤军的俄罗斯来说是难以接受的。为应对美军入驻格鲁吉亚所带来的威胁，俄计划在俄格边境驻扎两个新的轻型山地旅，并加快里海区舰队的装备更新。

8月4日

△驻阿富汗国际安全援助部队在喀布尔举行指挥权交接仪式，来自意大利的毛罗·韦基奥中将正式接替来自土耳其的埃特海姆·埃尔达厄中将，成为国际部队新任指挥官。

△俄海军AS-28小型潜艇在堪察加半岛东海岸的别廖佐瓦亚湾海域执行任务时被困水下。7日，名为“天蝎”的英国无人驾驶深水装置清除了缠绕住该潜艇的缆索和渔网，使该艇获救。

8月5日

△美国军方说，约有1000名美海军陆战队员和伊拉克士兵在伊西部开始代号为“快速打击”的军事行动。

△美国首次明确表示接受伊朗发展民用核计划。

8月6日

△印度和巴基斯坦达成一项协议，双方同意在进行弹道导弹试验前预先通知对方，并从下月起在双方外交部副部长级官员之间建立核安全热线电话。

△阿政府军警和驻阿美军在南部查布尔省与塔利班武装交火，至少打死8名塔利班武装分子，俘虏3人。

8月7日

△尼泊尔政府军与反政府武装在中西部加利果德地区发生激战，政府军治安部队至少有40名士兵被打死，70多人下落不明。反政府武装至少有26人被打死。自1996年10月尼泊尔反政府武装宣布对政府军发动武装进攻以来，已有至少1.2万人死于武装冲突。

△马其顿、阿尔巴尼亚和克罗地亚3国向阿富汗派出首支联合医疗队。这支医疗队由12人组成。

8月7日至13日

△驻日美军在靠近钓鱼岛的海域举行了今年以来规模最大的一次联合军事演习，代号为“联合海空-2005”。(详见《军事要事》栏有关条目)

8月8日

△俄罗斯《独立报》报道，1支俄军部队秘密南下，进入乌兹别克斯坦，悄悄驻扎在美军基地附近。俄军这支部队将负责帮助乌军方接管基地的基础设施，“保证该基地的跑道、通讯和侦察设备完好无损地移交给乌武装力量”。

△驻阿美军与阿武装分子在阿南部交火，至少16名武装分子被打死，1名美军士兵丧生。

8月9日

△驻伊美军和伊警察的车队在巴格达遭自杀式汽车炸弹袭击，炸死7人（美军1人），炸伤90多人(美军2人)。

8月10日

△据俄罗斯媒体报道，印度正在建设用于军事目的的卫星情报网。该网可能在2007年建成。

△俄罗斯国防部称，自1999年9月俄军在俄车臣共和国展开反恐行动以来，已有3459名军人在车臣丧生，32人失踪。从2005年初以来，共有67名俄军官兵在车臣反恐行动中身亡，4人失踪。

△在国际原子能机构的授权和监督下，位于伊朗中部城市伊斯法罕的铀转化设施全面启封。

8月11日

△俄罗斯内务部宣布，最近2个月，俄内务部3万多名军警在俄北高加索地区的反恐特别行动中共打死29名非法武装分子，逮捕961名通缉犯，解救9名人质。

△尼泊尔政府军称，政府军在尼西部地区打死14名反政府武装人员。当地的反政府武装10日曾袭击了1座政府军营地，导致66名官兵丧生。

△巴基斯坦试射了1枚射程为500公里的可携带核弹头和常规弹头的巡航导弹。

8月12日

△尼泊尔政府军发言人说，自2002年8月第二次停火协议被破坏以来，已经有4513名反政府武装分子和557名政府军士兵在冲突中丧生。

△1架美军阿帕奇直升机在伊拉克北部石油重镇基尔库克附近坠毁，2人受伤。

8月13日

△美国海军陆战队与阿政府军开始在阿东部山区

对武装分子展开大规模进攻，按计划战斗将持续2周左右。

△驻伊拉克南部城市纳西里耶的意大利部队的发言人表示，意决定提前执行从伊拉克撤军的计划。目前，意大利在伊拉克约有3000名驻军，主要部署在伊拉克南部地区。

8月15日

△中共中央总书记、国家主席、中央军委主席胡锦涛参观了纪念中国人民抗日战争胜利60周年大型主题展览。胡锦涛强调：今天，我们纪念中国人民抗日战争的伟大胜利，就是要牢记历史、不忘过去、珍爱和平、开创未来。要坚定不移地走和平发展的道路，同世界各国人民一道，共同促进人类和平与发展的崇高事业。

△全国各地各族群众、世界各地的华侨华人开展各种活动，纪念伟大的中国人民抗日战争胜利60周年纪念日。

△日本2名内阁成员、47名国会议员和石原慎太郎不顾亚洲邻国的强烈反对，参拜了靖国神社。

△印尼政府代表和"自由亚齐运动"的代表在赫尔辛基正式签署了结束亚齐长达30年战乱状态的和平协议。

△15日零时，以色列正式开始执行从加沙撤出全部21个犹太人定居点和从约旦河西岸北部撤出4个定居点的"单边行动"计划，巴以和平进程又迈出重要一步。22日，以国防军宣布，加沙21个定居点共8000多人的撤离工作基本结束。23日下午，以方完成从加沙地带和约旦河西岸的25处犹太人定居点的撤离工作。

△代号"纵深马刀"的大规模多国联合演习开始在新加坡举行。参加此次演习的共有来自澳大利亚、加拿大、法国、德国、意大利、日本、俄罗斯、英国、美国、希腊、荷兰、新西兰和新加坡等13个"防扩散安全倡议"签字国的军队、海岸警卫队、海关和其他相关部门的约2000名人员。

8月16日

△一些详细记录日军731部队（日本关东军防疫给水部）利用跳蚤开发致死性鼠疫菌武器的具体过程的资料，以及有关因感染鼠疫菌而死亡的受害者的详细数据，在美国国会图书馆和日本国立国会图书馆被发现。

△以色列和美国国防部发表联合声明，声称已解决因对华武售问题产生的危机。20日，中国外交部发言人说，中国主张国家间在相互尊重和平等互利基础上发展关系。中以都是主权国家，在发展双边关系时应坚持独立自主原则。美国无权干涉中以双方开展正常的交流与合作。

△俄罗斯总统普京乘坐图-160远程战略轰炸机离开莫斯科，前往下诺夫哥罗德视察俄远程航空兵和北方舰队举行的军事演习，并将全程亲身体验图-160参演过程。

△驻韩美军司令拉波特在接受韩国媒体采访时首次证实韩国领土上没有核武器。此前，朝鲜方面曾要求美国就此做出保证以便使朝核问题六方会谈取得进展。

8月17日

△据报道，美国日前已经成功进行了钻地型战术导弹的终极飞行试验，年内将获6种原型。

△孟加拉国各地相继发生至少459起小型炸弹爆炸，造成2人死亡至少130人受伤。（详见《军事要事》栏有关条目）

△据报道，为争夺亚太军事优势，澳大利亚要建2艘"轻型航母"。

8月18日

△据报道，日本防卫厅近日做出决定，从2006年起，日本航空自卫队将开始全面更新现役的F-4战斗机，从而使日本能够适应21世纪的防务要求。

8月18日至25日

△中俄在俄罗斯联邦符拉迪沃斯托克和中华人民共和国山东半岛及附近海域举行代号为"和平使命-2005"的联合军事演习。（详见《军事要事》栏有关条目）

8月19日

△美国国务院向二战期间帮助过美军战俘的3名中国人颁发"表扬证书"，以感谢他们的"人道和勇气"，并铭记这些"真挚的朋友"。

△据美联社报道，从8月12日起驻阿美军对藏匿在阿东部深山里的"塔利班"武装展开了大规模清剿行动。在这次行动中，由于军车难以通行，直升机易被击落，美军开始使用毛驴运送粮草。

△有人从约旦位于红海的亚喀巴港的一个仓库向停泊在该地区的1艘美国军舰和附近以色列的1个海港发射了3枚喀秋莎火箭。一个自称是"阿卜杜拉·阿扎姆旅"的武装组织宣布对这一事件负责。

△斯里兰卡猛虎组织宣布，该组织接受政府的会谈建议，愿意在未来2周内与政府就停火协议的执行情况举行会谈。

8月19日至21日

△俄罗斯与日本在日本海举行联合海防演习。

8月20日

△早晨6时许，印度边境保安部队与孟加拉国军队在印度西孟加拉邦马尔达地区的印孟边境地带发生枪战，冲突持续到上午10点半左右。双方在19日早些时候曾在该地区发生过枪战。

△美国陆军高级将领透露，五角大楼正在研究未来4年中，在伊拉克维持大约10万驻军的可能性。

8月21日

△驻阿富汗美军在阿南部进行清剿时，遭路边炸弹袭击，造成4名美军士兵死亡，3人受伤。这使得2005年在阿富汗丧生的美军士兵人数上升到73人。

8月22日至9月2日

△美军与韩军在韩国举行“乙支焦点透镜-2005”年度例行联合军事演习。

8月24日

△日本海岸警卫队称，希望在太平洋中的冲鸟礁上建立灯塔。

△据报道，日本防卫厅日前决定从2008年开始在冲绳首次部署20架F-15战机，主要目的是提高日本在西南诸岛海域的防空能力。

△以色列司法部下令，将在约旦河西岸占用巴勒斯坦土地来修建隔离墙，此举立即遭到了巴方和美国的反对。

8月25日

△罗马尼亚国防部长阿塔纳休宣布，美国将在罗马尼亚黑海海滨地区建立军事基地。

△据报道，美国国防部开始着手对美现有海内外军事基地进行重新调整。此次调整被认为是美国历史上规模最大的一次，可能将有62个军事基地被关闭。

8月26日

△乌兹别克斯坦议会上议院通过决议，要求中止乌美两国于2001年签署的关于美军使用乌西南部的汗阿巴德军事基地的协议。

△独联体国家元首理事会会议在俄罗斯喀山举行。会议通过了独联体成员国军事合作构想、打击恐怖主义和其他极端主义的合作纲要、独联体成员国共同边界政策构想等文件。

8月27日

△遭路边炸弹袭击，驻阿富汗美军1死5伤。2005年以来已有70名美军在阿富汗丧生，是2001年阿富汗战争结束以来美军在阿损失最惨重的一年。

8月28日

△日本媒体报道，美日两国政府正考虑斥巨资在日本西南部海域建立一个巨型海上机场，以减少美军基地飞机夜间飞行时给当地居民造成的噪音干扰。

8月29日

△韩国发表了日本占领时期3095名“亲日派（又称韩奸）”名单。

△据报道，自从2003年3月20日伊拉克战争打响以来，66名新闻工作者在伊拉克殉职。而在越南战争20年期间，只有63名新闻工作者在那里殉职。

8月30日

△美国“政策研究协会”发表报告说，美国当前在伊拉克的军费开支是每月56亿美元，平均每天1.86亿美元，美国在越南战争中，每月的军费开支是51亿美元。

△美国国务院公布向国会提交的有关《核不扩散条约》报告书。报告书中首次明确记入“朝鲜制造并拥有核武器，并在该领域得到外国援助”。

△据报道，印度正在研制射程要求可达北极的洲际弹道导弹。

8月31日

△日本防卫厅公布了2006财政年度的军费预算方案，要求在从2006年4月开始的财政年度中获得4.8857万亿日元(440亿美元)军事拨款。

△恐怖分子散布恐怖谣言导致伊拉克首都巴格达发生严重踩踏事故，造成至少840人死亡，322人受伤。

△印尼政府释放了在押的1424名“自由亚齐运动”的成员。持续了近30年的亚齐战乱已经导致15000人丧生。

9月

9月1日

△据报道，印度2004年共定购了价值57亿美元的武器。1996年至2004年的8年期间，印度共定购了价值157亿美元的武器，成为发展中国家最大的武器买家。

△在阿富汗进行清剿行动的美军和阿政府军遭到塔利班武装的袭击，2名美军士兵死亡。

9月2日

△从清晨开始，由5000多名美军和伊拉克士兵组成的联军对伊北部城市塔拉法全境展开了清剿活动。这是自从美军2005年11月重新夺回“反美重镇”费卢杰控制权后，在伊开展的最大规模城市战。

△俄罗斯成功发射1颗编号为“宇宙-2415”的军

用卫星。目前俄在轨运行的各类卫星接近 100 颗，其中约 60 颗为军用卫星。

9 月 3 日

△尼泊尔反政府武装领导人普拉昌达宣布，从 3 日开始单方面停火 3 个月。

9 月 4 日至 10 月 15 日

△代号为“明星-2005”的多国联合军事演习在埃及举行，来自美国、英国、法国、德国、意大利、希腊、荷兰、巴基斯坦、埃及、沙特阿拉伯、约旦和科威特等 12 个国家的约 3 万名军事人员参加此次演习。

9 月 5 日

△韩国国防部宣布，从现在起到 2020 年，韩国将分三个阶段将军队总人数减少 1/4，共裁军 18 万，目的是通过推进质量建军，将韩军打造成一支高技术部队，实现由人力集约型部队向技术集约型部队的转变。

△巴基斯坦南部旁遮普和信德两省交界处的 2 个部落发生激烈武装冲突，导致 18 人死亡，数十人受伤，80 座房屋被烧毁。

9 月 6 日

△据新华社报道，目前，在中国境内共发现 7 种侵华日军遗弃的化学毒剂：芥子气、路易氏剂、二苯氰胂、二苯氯胂、苯氯乙酮、光气、氢氰酸。侵华日军遗弃在中国的化学武器已安全回收 4 万多枚。

9 月 8 日

△据报道，美国空军最近成功试射了 1 枚“民兵-3”型洲际弹道导弹。这是 2005 年以来第三次试射，第四次试射下周进行。

9 月 10 日

△数千名伊拉克安全部队人员和驻伊美军在伊北部的泰勒阿费尔附近发动了针对武装分子的大规模军事行动。

△北爱尔兰新教徒与警方在贝尔法斯特发生冲突。新教徒在混乱中用自动武器、自制炸弹和砖头袭击防暴警察和天主教徒，有 7 名警察和 2 名平民受伤。

9 月 11 日

△美国举行各种活动，纪念“9·11”恐怖袭击事件 4 周年。

△以色列国防军在原加沙定居点附近的以军总部举行告别仪式并降下国旗，从而宣告以色列对加沙长达 38 年的占领结束。由于巴以双方在加沙边境检查站控制权问题上存在分歧，巴方拒绝出席加沙地带交接仪式，以示抗议。

△据报道，从 9 月 10 日起，美伊联军袭击了伊拉克北部的扎卡维组织的军事据点泰勒阿费尔，与“基地”武装分子展开激烈战斗。截至 9 月 11 日晚，击毙了 156 名武装分子，逮捕了 246 人。“基地”组织伊拉克分支领导人扎卡维公开谴责美军和伊拉克军队在军事行动中滥用毒气，造成数百名武装分子死亡或被捕。

9 月 12 日

△据报道，美陆军计划以“先进战斗头盔”，取代现役的 PASGT 型头盔，并将在 2007 年前装备 84 万名官兵。

△作为增强双边互信措施的一个重要举措，印度和巴基斯坦在印巴边境地区的瓦格赫边境站释放了共 587 名对方公民，其中印度释放 152 人，巴基斯坦释放 435 人。

△巴基斯坦外长卡苏里宣布，巴基斯坦决定在巴阿边境修建“隔离墙”，阻止塔利班残余分子从阿富汗潜入巴基斯坦。

9 月 13 日

△印尼、新加坡、马来西亚和泰国开始在马六甲海峡进行联合空中巡逻。(详见《军事要事栏》有关条目)

9 月 13 日至 19 日

△朝核问题第四轮六方会谈第二阶段会议在北京举行。19 日发表了共同声明，与会各方同意于 11 月上旬在北京举行第五轮六方会谈。

9 月 14 日

△中国外交部长李肇星在纽约联合国总部代表中国政府签署了《制止核恐怖行为国际公约》。

9 月 16 日

△黎巴嫩首都贝鲁特基督教区发生一起汽车爆炸事件，造成 1 人死亡、23 人受伤。2 月 14 日黎前总理哈里里在贝鲁特汽车爆炸中丧生以来，贝鲁特基督教区已发生 12 起爆炸事件，造成数十人伤亡。

9 月 17 日

△日本陆上自卫队大约 240 名武装人员列队行进穿过长崎县佐世保的一家大型购物中心。日本和平主义人士称：“这是一次恐吓民众，宣扬军事行动的可恶行为。”

△伊拉克首都巴格达南郊一家市场内发生汽车炸弹爆炸，造成 30 人死亡、38 人受伤。

9 月 18 日

△中国百余座城市鸣响警报纪念“9·18”，以示不忘国耻。

9 月 19 日

△印尼海军向中国渔船队开火，打死 1 名船员，2 名船员受伤。事发后，中国外交部及中国驻印尼使馆

立即向印尼提出严正交涉，对印尼海军采取非人道执法方式表示震惊和强烈不满。

9月20日

△印度空间研究组织主席奈尔说，印度将在今后4年内发射12颗地球同步卫星，用于构建印度的国家卫星系统。该计划耗资约68亿美元。

△以色列撤出约旦河西岸北部最后2个犹太人定居点。至此，以色列单边行动计划正式宣告结束。

△美国官员宣布，在过去几天中，又有12名美国人在伊拉克遇袭身亡，其中8人是美军士兵。美军在伊拉克的死亡人数至此已经超过了1900人大关。

9月21日

△日本政府发言人宣布，日本决定将自卫队战舰派驻印度洋海域的时间延长一年，以便继续为驻阿富汗的美国军队提供后勤支持。

△西班牙首相萨帕特罗宣布，目前在阿富汗执行人道主义使命的500名西班牙士兵将于10月12日之前全部撤回国内。

9月22日

△中国常驻联合国副代表张义山大使，在联大第四次促进《全面禁止核试验条约》生效大会上发言，呼吁各国加快批约进程，使条约尽快生效。

9月23日

△巴勒斯坦伊斯兰抵抗运动（哈马斯）在加沙地带北部的贾巴利亚难民营举行武装游行时突然发生剧烈爆炸，造成19人死亡、80多人受伤。哈马斯声称爆炸由以军空袭引起，所以向临近加沙地带北部的以色列城镇斯代罗特发射了20多枚土制火箭弹，炸伤5名以色列人。

9月24日

△为报复哈马斯向以境内发射火箭，以军2次出动武装直升机袭击加沙地区，造成巴勒斯坦4人死亡，9人受伤。

△以色列军队在约旦河西岸地区展开大规模行动，抓捕了190名巴勒斯坦人。

△24日夜，以色列召开安全内阁会议，批准军方提出的代号为“第一场雨”的所谓“报复行动”计划，授权以军在今后几天内继续打击加沙的巴武装人员，无限期地全面封锁加沙和约旦河西岸。

△国际原子能机构理事会通过有关伊朗核问题的决议，指责伊朗没有履行《不扩散核武器条约》规定的义务。

△约10万人在美国首都华盛顿举行反对伊拉克战争，要求美国政府立即从伊撤军的游行示威。上千名示威者在伦敦市中心举行反战游行，要求英国政府从伊拉克撤军。

△哥伦比亚官方人士宣布，300名极右的准军事人员在哥东部维查达省的库马里波放下武器，至此在哥伦比亚和平进程中放下武器的战士已达10889人。

9月24日夜至25日凌晨

△以色列军队连续空袭加沙地带，造成巴勒斯坦17人受伤。

9月25日

△在以军于9月24日夜至25日凌晨连续对加沙地带进行空袭后，以色列总理沙龙再次主持召开内阁会议，他在会上称，不给以军“设置任何限制”，以军可“使用任何手段打击恐怖分子”，但反对以军地面部队进入加沙。

△日本共同社报道，日美两国政府已决定在2009年之前建立联合导弹防御作战指挥中心。

△驻阿富汗美军的1架CH-47型直升机在阿富汗南部地区坠毁，5名机组人员无一生还。

△据英国《独立报》报道，美军在伊拉克和阿富汗每打死1个抵抗分子需要使用子弹多达25万发，美国的弹药制造厂无法保证这一需求，因此美国将被迫从以色列进口子弹。

△伊拉克发生2起自杀式爆炸事件，造成17人死亡、45人受伤。

△据报道，巴基斯坦官员认为，“基地”组织领导人拉登目前隐藏在阿富汗边境，身边只有少数心腹骨干，不到10人，很难再有效发号施令。

9月26日

△负责监督爱尔兰共和军解除武装工作的国际独立委员会宣布，爱尔兰共和军已完全解除武装。此举标志着北爱尔兰结束长达30年的武装冲突。

9月26日至27日

△中印边界问题中方特别代表、外交部副部长戴秉国与印方特别代表、国家安全顾问纳拉亚南在北京举行了中印边界问题第六次会晤。

9月27日

△中国人民解放军在北京军区内蒙古朱日和训练基地举行“北剑-2005”军事演习。邀请了包括美国、英国、法国、德国和澳大利亚等在内的24个国家的40余名军事观察员和驻华武官到现场观摩。

△日本经济产业相中川昭一在记者会上透露，对于中国正在开发的东海“天外天”油气田，日本政府已给其冠上了一个日本名“橡树”。中国方面强烈敦促日方不要采取不利于东海稳定和中日关系大局的行动。

△美国一家军事法庭判决在阿布格里布监狱虐待战俘的美国后备役女兵英格兰3年刑期，并开除军籍。

△2名驻阿富汗美军士兵死于武装分子的袭击，2005年以来驻阿美军因战斗死亡的人数升至51人。

△从苏丹达尔富尔地区越境进入乍得的一个武装组织袭击了乍得东部的一个村庄，打死约50名村民。

9月28日至10月4日

△美印海军在阿拉伯海举行联合军事演习，美印海军分别派出尼米兹号航母和维拉特号航母等参加，演习总规模为1万人。演习期间就反恐和反潜活动、海盗对策等展开了演练。

9月29日

△以色列军队出动30辆坦克攻入约旦河西岸城市杰宁，与当地巴勒斯坦武装人员发生交火，打死3名巴勒斯坦人。

△伊拉克中部城市拜莱德连续发生3起自杀式汽车炸弹爆炸，造成62人死亡、100多人受伤。

9月29日至10月14日

△北约在意大利的撒丁岛及其东部附近海域举行该组织有史以来最大规模的两栖作战演习。

9月30日

△日本大阪高等法院就中国台湾民众等状告日本首相小泉纯一郎参拜靖国神社造成精神痛苦一案做出二审判决，认定小泉参拜属于公职行为，违反带有“政教分离”原则的宪法规定，但原告团的赔偿请求再次被驳回。

9月30日至10月1日

△中日在东京举行第三轮东海问题磋商。

10月

10月1日

△印尼巴厘岛几乎同时发生3起爆炸，造成25人死亡、127人受伤。这是2002年恐怖爆炸袭击事件以来，巴厘岛第二次遭遇重大恐怖袭击。

△据巴基斯坦《新闻报》报道，在过去2天里，巴基斯坦政府军在与阿富汗接壤的北瓦济里斯坦部落地区与武装分子发生激战，打死20多名武装分子，巴军11人阵亡。

△驻伊拉克美军大约1000人在伊西部靠近伊叙边境地区展开攻势，打击“基地”组织伊拉克分支。此次行动的代号是“铁拳行动”。

10月2日

△巴勒斯坦警察与伊斯兰抵抗运动（哈马斯）下属军事组织“卡桑旅”成员在加沙发生冲突，造成2名警察身亡、数十人受伤。

△据报道，最近5年哥伦比亚有237名政治官员被游击队和刑事犯罪分子绑架，他们中大多数是市议员。

10月3日

△印度成功进行了3次“天空”地对空中程导弹试射。

△苏丹政府和达尔富尔地区的2个反政府武装在尼日利亚就权力分享等问题开始举行实质性谈判。

10月4日

△大约2500名驻伊拉克美军在伊西部幼发拉底河沿岸的数个城市对伊拉克的反美武装发动了2005年以来规模最大的军事行动，其代号为“河口”。

10月5日

△伊拉克中部城市希拉发生一起自杀式汽车炸弹爆炸，至少造成25人死亡、87人受伤。

10月6日

△据报道，目前外界预测印度核武库拥有40到50枚核弹头。为确保“第二次核打击”，印度在5至7年内，将拥有300至400件核武器。

△印度国防部宣布，印度和法国签署了一项价值35亿美元的军事合同，法国将按合同在今后6年内帮助印度建造6艘“鲉鱼”级潜艇，并转让相关技术。

10月7日

△日本内阁宣布，日方将在中国政府的合作下，于10月12日至11月23日对吉林省敦化市的侵华日军遗弃化学武器进行挖掘和回收工作。

△3名不明身份的武装分子持枪袭击了巴基斯坦东部地区的一座清真寺，打死至少7人，打伤20余人。

10月7日至12日

△俄罗斯在俄飞地加里宁格勒州举行代号为“波罗的海-2005”的大规模军事演习。演习目的是维护俄在这一地区的主权和领土完整。

10月8日

△俄罗斯海军从巴伦支海1艘核潜艇上发射1枚RSM-54洲际弹道导弹，在飞行6000多公里后击中堪察加半岛库拉试验场上的预定目标。

10月9日

△25名卢旺达反政府武装分子袭击了刚果（金）南基伍省省会布卡武以西的卡尼奥拉村，杀死15人，打伤12人。

10月10日

△据报道，日本防卫厅正在制定“爱国者-3”导

弹部署计划。根据该计划，到2010年度日本将有18座发射架投入使用。

△英国皇家海军的“前卫”号核潜艇在大西洋海域试射了1枚没有携带弹头的“三叉戟-2”型潜射弹道导弹。

10月10日至19日

△俄罗斯和印度海军在印度洋水域举行代号为“因德拉-2005”的联合反恐军事演习。

10月11日

△据报道，美国目前正在研究替换“民兵-3”的新型陆基洲际弹道导弹。

△乌干达军方说，政府军在乌北部地区歼灭22名反政府武装“圣灵抵抗军”成员。

10月11日至14日

△日本内阁府事务次官江利川毅访华。中方有关方面负责人与江利川毅就侵华日军遗弃化学武器处理问题进行了磋商。

10月12日

△我国自主研制的“神舟六”号载人飞船，在酒泉卫星发射中心发射升空后，准确进入预定轨道。17日“神舟六”号飞船返回舱成功着陆。

10月13日

△2名援助刚果（布）的中国专家在布拉柴维尔发生的治安部队与反政府武装交火中遭到枪击，其中1人不幸丧生，1人身负重伤。

△俄罗斯卡巴尔达—巴尔卡尔共和国首府纳尔奇克市的所有强力机构和机场同时遭武装分子袭击。

10月15日

△伊朗西南部胡齐斯坦省省会阿瓦士发生2起爆炸事件，造成至少8人死亡，50多人受伤。

△美国俄亥俄州托莱多市新纳粹组织“国家社会主义运动”游行时引发骚乱事件。该市警察逮捕至少65人，多名警察受伤，市长宣布进入紧急状态。

10月16日

△联合国北北合作组织透露，北北合作组织亚太委员会与中国环境政策委员会计划在近2年内，启动对黑龙江省二战期间日本遗留生化武器污染状况的调研。

△据报道，美日就冲绳美军基地的迁移问题达成了基本协议。按照协议，美军将向日本归还那霸军港的港口设施和浦添市的牧港补给基地，这些基地的功能将合并到美军在冲绳岛上的考特尼营地。作为补偿，日本必须帮助美军将普天间基地搬迁至冲绳另一地点。

△1架美国战斗机在伊拉克西部向一群围在1辆正在燃烧的“悍马”军车的人投掷炸弹，炸死25人，其中包括18名儿童。

10月17日

△日本首相小泉参拜供奉有甲级战犯牌位的靖国神社。这是小泉任首相以来对靖国神社的第五次参拜。

△印度东北部阿萨姆邦发生2起部落之间血腥残杀事件，造成至少37人死亡，60多人受伤。

10月18日

△由日本超党派议员组成的“大家都来参拜靖国神社国会议员之会”的101名国会议员集体参拜了供奉有甲级战犯牌位的靖国神社。

10月18日至20日

△美国防部长拉姆斯菲尔德访华。

10月19日

△伊拉克特别法庭对萨达姆的审判正式开庭。萨达姆被指控犯下“反人类罪”和在1982年屠杀杜贾尔村143名村民。(详见《军事要事》栏有关条目)

△俄罗斯边防部队将塔吉克斯坦与阿富汗边境地区的守卫任务正式移交给了塔方。应塔吉克斯坦政府的请求，在长达13年的时间里，塔阿边境一直由俄罗斯边防部队负责守卫。

10月20日

△国务委员唐家璇在北京与俄罗斯联邦安全会议秘书伊万诺夫举行中俄第二轮战略安全磋商。

10月21日

△据报道，美国正在秘密研制第四代核武器。由于第四代核武器不存在临界质量，核武器将可彻底实现小型化，甚至能做到只有子弹大小。

10月22日

△据报道，部署在日本横须贺基地的美海军“小鹰”号航母将在2008年退役。届时，核动力航母“乔治·布什”号将代替“小鹰”号，部署在该基地。

10月22日至26日

△美、菲海军在菲律宾首都马尼拉西北的苏比克湾举行两栖登陆演习。

10月25日

△美国外交官说，作为在东欧建立新型军事基地的步骤之一，美国防部计划2006年在保加利亚和罗马尼亚部署约5000名士兵。

△美国国防部宣布：1名在伊拉克负伤的美军士兵在德克萨斯州某医院不治身亡，成为第2000名因参加在伊拉克的军事行动而死亡的美国军人。美军在伊负伤的军人达到1.5万多人，其中7159人因伤势过重无法重新执行任务。

10月26日

△中国常驻联合国代表王光亚在联合国安理会讨论反恐议题时发言，呼吁各国切实履行2005年9月安理会首脑会议通过的第1624号决议，采取措施打击“东突”恐怖主义势力。

△美国国家情报局长内格罗蓬特公布了新的美国国家情报战略，将反恐、防止武器扩散和“促进民主”作为美国情报机构的三大首要任务。

△以色列北部城市哈代拉市中心发生一起自杀式爆炸，造成4人死亡，30人受伤。

10月27日

△伊拉克逊尼派和什叶派武装人员在巴格达东部发生武装冲突，造成什叶派武装组织23人死亡、11人受伤；逊尼派20人死亡、29人被逮捕；2名警察死亡、5名受伤。

△35辆以色列军车在武装直升机的掩护下闯入杰宁地区，以色列士兵与巴勒斯坦武装人员发生了枪战，以军逮捕1名巴勒斯坦伊斯兰圣战组织（杰哈德）在当地的领导人。

△以色列空军在加沙地带北部的一次定点清除行动中打死7名巴勒斯坦人，其中包括巴勒斯坦伊斯兰圣战组织（杰哈德）的1名高级领导人及其助手。

△巴黎郊区的克利希苏布瓦市发生青少年街头骚乱，并迅速蔓延全国，10余天后逐渐平息。（详见《军事要事》栏有关条目）

10月28日

△日本执政的自民党通过了新宪法草案。（详见《军事要事》栏有关条目）

△据报道，美日已就美国海军核动力航母“布什”号替换以横须贺港为大本营的“小鹰”号常规动力航母达成协议。“布什”号造价约40亿美元，预计于2006年完工，2008年加入海军。

△中欧和东南欧13个国家的代表在斯洛文尼亚的波尔多签署联合声明，承诺继续在反对和打击有组织犯罪、非法移民、腐败行为和恐怖主义方面加强合作。

10月28日至29日

△日美两国在华盛顿举行由外长和国防部长参加的日美安全磋商委员会（2+2）会议，就有关驻日美军调整以及日本自卫队与美军任务分担问题的中期报告达成协议。

10月29日

△印度首都新德里在不到半个小时时间里连续发生3起爆炸事件，共造成61人死亡，188人受伤。（详见《军事要事》栏有关条目）

△驻伊拉克美军当局说，3名驻伊美军遭袭击死亡。据美联社统计，自从2003年3月伊拉克战争爆发以来，已有至少2015名美军人员在伊拉克死亡。

△巴格达东北部一个什叶派聚居的小镇发生汽车炸弹爆炸，造成至少26人死亡，34人受伤。据伊拉克政府最近公布的统计数字，2005年前9个月已有4308名伊拉克人在武装分子袭击中丧生，其中包括2976名平民、956名警察和376名士兵。

△据报道，连日来巴以爆发新一轮冲突，1名巴勒斯坦武装人员26日在以色列城市哈代拉实施自杀式袭击，造成5人死亡，数十人受伤。随后以军对加沙地带实施了多次轰炸，共炸死8名巴勒斯坦人。

△据报道，经过长时间的酝酿，英、法决定合作制造3艘非核动力航母。

10月30日

△据报道，台湾向美国购买的2艘驱逐舰“基隆”和“苏澳”号，将于12月抵台湾。

△以色列国防军炮击加沙地带北部，报复巴勒斯坦民兵29日炮袭以南部地区。

10月31日

△驻伊拉克美军司令部宣布，又有6名美军士兵在2起路边炸弹袭击中丧生。据美联社统计，自2003年伊拉克战争开始以来，已有2024名美军士兵命丧伊拉克。

△俄罗斯国防部长伊万诺夫称，根据相关协议，从11月中旬起美俄将首次交换两国边界外便携导弹流动情况的情报。

11月

11月1日

△据报道，巴以近日陷入新一轮以暴易暴的怪圈。1名巴武装人员于10月26日在以色列城市哈代拉实施自杀式爆炸，炸死5名以色列人；以军则多次对加沙地带发动空袭，炸死10名巴勒斯坦人；巴武装人员又持续对加沙外围的以色列城镇发射土制火箭炮弹。

△5名美国海军陆战队队员在菲律宾苏比克湾强奸了1名22岁的菲律宾女大学生。菲律宾政界、社会团体和媒体反应强烈。

11月2日

△泰国南部那拉提瓦府首府那拉提瓦市发生连环爆炸，8枚炸弹几乎在同一时刻被引爆，造成市区大面积停电，3人在爆炸中受伤。泰国南部那拉提瓦、北大年和也拉3府自2004年1月以来爆炸、枪击等暴力事

件不断，至今已造成近千人死亡。

△纽约、洛杉矶、西雅图、旧金山和芝加哥等美国多个大城市爆发游行，成千上万民众走上街头，抗议布什政府发动伊战和在卡特里娜飓风救援中的拙劣表现，要求布什辞职。

△驻伊美军1架直升机在伊拉克西部的拉马迪附近坠毁，机上2名机组人员身亡。

△伊拉克的穆赛伊卜城发生汽车炸弹爆炸事件，至少造成20亡，45人受伤。

11月3日

△据日本媒体报道，美国政府要求日本提供3200多亿日元（30亿美元），作为数千名美国海军陆战队士兵从冲绳重新部署到关岛的费用。

11月4日

△伊拉克武装人员袭击了巴格达东北部的1个警方检查站，6名警察被打死。据伊拉克政府最近公布的统计数字，2005年前9个月已有956名警察在武装人员发动的袭击中丧生。

11月5日

△美伊联军约3500人开始在伊拉克西部的伊叙边境地区展开代号为“铁幕”的大规模军事行动，以摧毁“基地”组织在这一地区的网络。

△驻伊拉克美军宣布，2名美军士兵遭袭击死亡。自2003年3月伊拉克战争开始以来，已有2033名美军死亡。

11月6日

△据报道，以色列空军用“音爆炸弹”炸加沙。所谓“音爆炸弹”是指高速战机从空中掠过，当速度突破音速产生强烈冲击波时，迸发出来的巨大声响，使整个加沙上空都回荡着天崩地裂般的响声，一些房屋墙壁因受震动而出现裂缝，有的窗户玻璃也被震碎、震裂，以此摧残无助的巴勒斯坦人。

11月7日至18日

△印度空军和美国空军在印东部举行联合演习。

11月8日至12月8日

△由“深圳”号导弹驱逐舰、“微山湖”号综合补给舰组成的中国海军舰艇编队访问巴基斯坦、印度、泰国。出访期间，分别与3国海军成功举行了以联合搜救为主要内容的非传统安全领域的演习。

11月9日

△日本航空自卫队发言人称，2000年4月到9月，日本战斗机紧急升空30次，驱逐接近日领空的中国军机。分析人士指出，听了日本这一番话，不明真相的人还真以为是中国一直在侵犯日本的领海和领空。日本实际上是在玩“贼喊捉贼”的游戏。二战结束后，日本单方面划定了飞行情报区（FIR）和防空识别圈（ADIZ），最近处距离中国浙江海岸约130公里。中国的战机和军舰即使在日本所划定的所谓“中间线”西侧进行正常训练，也会被日本诬称为“挑衅”。实际上，近年来日本航空自卫队和驻日美军的战机倒是经常飞临中国领土上空，对中国展开各种侦察活动。

△约旦首都安曼发生连环爆炸，造成57人死亡，300多人受伤。（详见《军事要事》栏有关条目）

11月9日至11日

△朝核问题第五轮六方会谈第一阶段会议在北京举行。

11月9日至18日

△美日两国海军在日本附近海域举行大规模的航空、水面、水下“三位一体”的立体联合反潜演习。

11月10日

△1名自杀式袭击者在巴格达市中心一家餐馆引爆身上的炸弹，造成至少35人死亡、25人受伤。

11月11日

△美国国防部敲定了代号为“全球防御-正面回应”的军事演习方案。据报道，这次演习的矛头将“指向老对手俄罗斯”。

△驻伊拉克美军发表声明说，3名美军士兵10日在伊拉克西部遭袭击身亡。自伊拉克战争开始以来，美军死亡人数已经超过2050人。

11月12日

△据报道，南亚区域合作联盟（南盟）成员国计划成立一支地区安全部队，以应对日益猖獗的恐怖主义活动。

△日本防卫厅计划在2010年前部署124枚“爱国者”导弹。该型导弹的部署是日美联合打造弹道导弹防御系统计划的一部分，整个防御系统的研制将耗资30亿美元。

△波兰表示接受美国在波领土上建立导弹拦截基地的要求。该系统将耗资数亿美元，由美国政府承担。

11月13日

△俄罗斯国防部长伊万诺夫在接受俄媒体采访时说，俄罗斯必须拥有现代化核力量，俄2005年以来在更新核力量方面取得了重大进展。

11月14日

△在俄罗斯访问的乌兹别克斯坦总统卡里莫夫与俄罗斯总统普京签署了两国联盟关系条约。根据条约乌有难俄可出兵。

11月15日

△驻伊拉克美军宣布，3名美军陆战队士兵14日在伊拉克西部伊叙边境地区进行的“铁幕”军事行动中身亡。自伊拉克战争以来，驻伊美军死亡人数已经超过2070人。

△伊拉克总理贾法里说，美军近日对伊内政部一座建筑的地下室进行突击搜查时发现了170多名伊拉克囚犯，其中大部分为逊尼派阿拉伯人。他们营养不良且身上有被粗暴殴打过的痕迹。

11月15日至18日

△法国海军“葡月”号导弹护卫舰在法国太平洋海区司令帕德里克·吉奥姆的率领下访问广州。

11月16日

△据报道，美军在2004年11月的费卢杰之战中曾经将白磷弹作为攻击性武器投入战争。

△印控克什米尔夏季首府斯利那加发生汽车炸弹爆炸事件，导致4人丧生，49人受伤。斯利那加近期安全形势紧张。14日，武装人员在斯利那加市中心同安全部队交火长达36个小时，导致2人丧生。15日，在斯利那加以北约40公里举行的一个政治集会上，武装人员向与会民众投掷手榴弹，导致5人丧生，58人受伤。

11月17日

△美国国防部导弹防御局发表声明说，美国海军在夏威夷附近海域成功进行了1次海基导弹拦截试验。

11月17日至19日

△美国司法部长冈萨雷斯访华。双方主要就打击跨国犯罪、反恐怖和加强执法合作等议题交换意见。

11月18日

△据报道，俄特种部队日前在车臣沙林斯基区展开特别行动，发现一伙国际恐怖分子。在激烈的交火过程中，俄军警全歼这伙武装分子，其中包括“基地”组织重要头目贾别尔。

△伊拉克东部一小镇的2座什叶派清真寺遭到2起自杀式炸弹袭击，造成至少65人死亡，85人受伤。

△美国《华盛顿邮报》披露，美中央情报局已在欧洲、中东和亚洲地区的20多个国家建立反恐情报中心，与当地情报机构联手追踪恐怖分子或渗透到恐怖组织网络中。

11月19日

△印度和巴基斯坦开放克什米尔边界，这是56年来第一次允许两国人民步行通过边界与另一边的亲友见面。

△驻伊美军发表声明说，5名美军士兵在伊拉克北部遭路边炸弹袭击死亡。自2003年3月美国发动伊拉克战争以来，在伊拉克各地死亡的美军士兵已超过2090人。

△在伊拉克巴格达以北的巴古拜附近举行的一个什叶派穆斯林的葬礼遭自杀式汽车炸弹袭击，造成至少30人死亡，数十人受伤。

11月21日

△乌兹别克斯坦国防部宣布，位于乌兹别克斯坦西南部地区汗阿巴德机场的美国空军基地已被正式关闭。

△以色列国防军与黎巴嫩真主党武装在以黎边境地区发生激烈交火，4名黎巴嫩真主党武装人员被打死。

11月22日

△中国人民解放军驻澳门部队顺利完成了进驻澳门以来第六次轮换。

△日本自民党纪念建党50年。作为自民党庆祝其50周年纪念的礼物，自民党正式公布了和平宪法修订草案，目的是要突破二战结束以来不能逾越的禁忌，拥有一支军队，将自卫队升级为军队，并参与更多的国际事务。

△美国总统布什宣布，美将向蒙古提供1100万美元的军事援助，以推动蒙军的现代化进程。

11月23日

△美国国务卿赖斯说，随着伊拉克安全部队数目的增多和战斗力不断增强，美国驻伊拉克的军队将不需要继续维持在目前的水平。为了维持即将举行的伊拉克大选期间的安全，驻伊美军数量目前有所增加，达到大约15.9万人。

△美国《华盛顿邮报》援引五角大楼高层人士的话说，美军初步计划于2006年早些时候从伊拉克撤走3旅的兵力。目前，驻伊拉克美军共有18个旅（超过15万人）。五角大楼还制定了进一步削减驻伊兵力计划。在局势保持所谓“中度乐观”的情况下，到2006年年底，美国可能将把驻伊总兵力降低到10万人以下(大约10个作战旅)。

11月24日

△伊拉克巴格达以南一座小镇发生一起强烈汽车爆炸事件，至少造成30人死亡、23人受伤。近来伊拉克安全形势再度恶化，暴力事件不断。自11月18日以来，已有超过200名伊拉克人在多起爆炸袭击中丧生。

11月25日

△据报道，俄罗斯神秘新型核导弹领先美国15年。2004年11月17日，俄罗斯总统普京在俄武装力

量领导人会议上首次宣布：俄罗斯正在研制并成功试验了一种新型神秘核导弹系统。他强调："世界上任何一个核国家目前都没有这种导弹系统，而且未来一段时间也造不出来。"当时，这个消息带着神秘的"核威慑力"，迅速震惊了世界。

△巴勒斯坦在拉法举行连结加沙地带南部和埃及的拉法口岸开幕典礼，这象征着巴勒斯坦人首次完全控制自己的边境口岸。

11月26日

△中国人民解放军驻香港特别行政区部队陆、海、空三军部分建制单位及装备，完成了进驻香港后的第8次正常轮换。

11月27日

△俄罗斯空军司令弗拉季米尔·米哈伊洛夫大将表示，新型S-400防空导弹系统将于2006年装备莫斯科地区防空部队。

11月27日至28日

△第一届欧盟-地中海国家首脑会议在马德里举行。28日通过了《反恐行为准则》。

11月29日

△俄罗斯战略导弹部队在普列谢斯克试验场成功试射了1枚"RS-12M白杨"洲际弹道导弹。这次试射的目的是检测该型导弹的性能，以使其服役时间延长。

△据报道，五角大楼日前批准了建造首批2艘DD(X)驱逐舰的计划。DD(X)是美国海军一种"多功能革命性的"新一代驱逐舰。

11月30日

△美国总统布什正式对外发布了有关伊拉克战争的全面取胜战略。(详见《军事要事》栏有关条目)

12月

12月1日

△据报道，俄罗斯研制出多种型号无人机，可搭载西方机载设备。

12月2日

△尼泊尔反政府武装发表声明说："考虑到国内舆论和国际社会的民主呼声，我们决定将原来3个月的单方面停火延长1个月。"2005年9月3日，尼反政府武装宣布从当日起实施单方面停火3个月，并希望这一行动将有助于解决尼泊尔的问题。自1996年2月尼泊尔反政府武装宣布对政府军发动武装进攻以来，已经有至少1.2万人死于武装冲突，其中不少是平民。

△据报道，保加利亚和乌克兰已经宣布，两国在伊拉克的驻军（1250人）将从12月中旬开始撤离。另外一些国家也将撤军和减少驻军人数：英国将"从2006年开始进行撤军行动"；韩国宣布将在2006年上半年从驻伊的3200名军人中撤回1000人；意大利可能撤回全部驻伊部队（2800人）；澳大利亚将在2006年5月之前从驻伊部队中撤回一半（约450人）。在2003年美国发动伊拉克战争后，联军高峰时期共有38个国家的30000名士兵参与其中。但到目前为止，除美国和英国之外，只有25个国家在伊拉克仍有驻军。

△美国海军正式宣布，美国核动力航母"乔治·华盛顿"号将在2008年取代常规动力航母"小鹰"号进驻日本，成为首艘驻扎在日本的核动力航空母舰。

12月3日

△据报道，中日两国已经达成一致，同意共同解决二战后中国境内残留日本化学武器问题。日方将负担所有清除费用。

△驻伊美军发表公报说：1日，驻伊美军的1个巡逻队在巴格达以西的费卢杰遭路边炸弹袭击，导致10人死亡，11人受伤，这是2005年8月以来在单起袭击事件中遭受的最惨重伤亡。自2003年伊战以来美军死亡人数上升至2125人。

12月4日

△美军方报纸《星条旗报》报道说，美国将提前在关岛部署"全球鹰"高空无人侦察机，并增加部署规模。同时推进联合其他同盟国家一起建设"全球鹰侦查监视中心"。

△阿富汗南部坎大哈省发生一起自杀式爆炸事件，包括袭击者在内共2人死亡，另有2人受伤。塔利班武装2005年加强了针对阿富汗政府军和外国驻军的进攻，已造成1500多人死亡，是塔利班倒台后伤亡最严重的一年。自从2001年底塔利班倒台后，共有约2万名以美国为首的联军驻扎在阿富汗进行进一步的清剿行动。

12月5日

△据报道，美国五角大楼高级官员日前透露，美国海军计划截至2020年把舰队舰艇的数量增加到313艘，以此应对被视为潜在对手的中国等国。

△以色列中北部海滨城市内坦亚发生自杀式爆炸，造成至少5人死亡，约50人受伤。

△以色列国防部长莫法兹指示军方采取措施制止巴勒斯坦对以色列的卡桑火箭袭击，并恢复定点清除行动，打击加沙的巴勒斯坦武装人员。

12月6日

△俄罗斯总统普京在与印度总理辛格会晤后宣布，

俄罗斯决定与印度合作开发第五代战斗机。

△巴格达东部一所警察学校发生自杀式爆炸，导致37人死亡，76人受伤，死伤者中包括训练伊拉克警察的外国人。

12月7日

△据共同社报道，对中日两国共同开展的回收、处理侵华日军遗弃在华的化学武器问题，日本政府已决定，将2007年4月的处理期限延长5年，至2012年4月。

△联合国埃厄特派团副发言人穆西·库马洛女士对新闻界说，厄立特里亚政府6日致函特派团，要求特派团当中的美国、加拿大、俄罗斯以及欧洲其他国家的军事观察员必须在10天内离开厄立特里亚。

△据报道，俄“拉达”级潜艇首艘“圣彼得堡”号近日驶离造船厂，前往波罗的海试验场进行海试。俄罗斯海军武器库又多了一件利器。

12月8日

△孟加拉国发生连环炸弹爆炸事件，造成至少9人死亡，100多人受伤。

△巴基斯坦西北边境省南瓦济里斯坦发生炸弹爆炸事件，造成8人死亡，50人受伤。

△北约外交部长会议同意增加北约领导的驻阿富汗国际安全援助部队的兵力，并扩大其在阿富汗的维和行动范围。

12月8日至10日

△中国和越南在河内举行了第12轮政府级边界谈判。双方同意，将加快勘界立碑进程，确保最迟于2008年完成全部勘界立碑工作并签署新的边界管理制度文件。

12月9日

△据报道，根据五角大楼提供的数字，自从美国发动“反恐怖战争”后，美军先后抓获了大约7万名俘虏，其中600人“真正遭受过看守的虐待”。

12月11日

△澳大利亚最大城市悉尼的一处海滩发生种族骚乱，一些闹事者高喊种族主义口号，追击并殴打具有中东相貌人士，闹事者中有12名被捕。

12月12日

△美国总统布什说，自2003年3月伊拉克战争开始以来，估计已有约3万名伊拉克人在战争中死亡。

△黎巴嫩首都贝鲁特东郊穆克拉斯基督教聚居区的盘山路上发生汽车炸弹爆炸事件，造成至少4人死亡，10余人受伤。这是自2005年2月14日，黎前总理哈里里遭遇汽车炸弹袭击身亡以来，黎巴嫩所发生的第13起重大爆炸事件。

12月13日

△欧洲理事会“黑狱”事件调查组负责人迪克·马蒂表示，根据目前搜集的证据显示，美国中情局特工确实在欧洲进行过非法逮捕和转移恐怖嫌疑犯的活动，并且已经将“黑狱”转移至摩洛哥。

12月14日

△美国总统布什就伊拉克战争问题发表演讲，首次承认自己对美国依据错误情报发动伊拉克战争负有责任，但他坚称推翻萨达姆政权是一项正确的选择。

△据报道，日前在哥伦比亚安蒂奥吉亚省一个农村地区举行的一次仪式上，哥伦比亚联合自卫组织（准军事集团）的玻利瓦尔中央集团的2000名军事人员交出了武器。

12月15日

△据报道，从2006年度开始，美国和日本将联合开发下一代导弹防御系统的SM3新型拦截导弹。日报称，新型SM3主要针对中国导弹。

△美国空军宣布，在经过长达25年的研发历程之后，美国新一代F-22“猛禽”战斗机将开始实战部署。首个“猛禽”中队很可能首先被派往关岛，应对未来亚太地区的潜在冲突。

△伊拉克举行战后首次正式议会选举。

12月16日

△俄罗斯战略导弹兵司令索洛夫佐夫上将对新闻界说，部署在乌拉尔和西伯利亚地区的几个导弹部队编制2006年将被撤销。

△保加利亚国防部新闻中心发布公告称，保驻伊拉克维和部队从16日起终止执行军事任务，开始第一阶段的撤军行动。据报道，驻伊保军将分3批在年底前全部撤回保加利亚。2003年5月29日保决定向伊拉克派遣维和部队。此后有约400名保军人在伊南部迪瓦尼耶地区执行任务，其中有13人在伊遇袭身亡。

△韩朝第17次部长级会谈在韩国济州岛举行，双方在会谈后发表的联合新闻公报说，双方将为缓和朝鲜半岛军事紧张局势和保障朝鲜半岛和平做出积极而实际的努力。

12月18日

△以色列国防部长莫法兹说，以军正在约旦河西岸北部地区实施大规模军事行动，逮捕了70多名巴勒斯坦武装人员，并在纳布卢斯查获了一个武器制造实验室。

12月18日至19日

△第26届海湾阿拉伯国家合作委员会（海合会）

首脑会议在阿布扎比举行。会议于19日发表的宣言强调，中东地区应成为无大规模杀伤性武器地区。

12月19日

△据报道，日美将于2006年1月举行意在向中国展示武力的夺岛军演。

△驻伊拉克美军和伊治安部队开始在伊西部展开新一轮军事行动，围剿伊拉克反美反政府武装和外来武装人员。这次军事行动代号为“月光”。

12月20日

△第60届联合国大会和联合国安理会分别通过决议，决定设立帮助冲突后国家和地区实现持久和平的建设和平委员会。

△乌克兰国防部宣布，乌开始撤回最后一批驻扎在伊拉克的876名乌克兰官兵。他们将于30日前全部返回乌克兰。乌最初向伊拉克派遣了1650名官兵，2005年3月起开始从伊拉克撤军。撤军完成后，乌仍将有50名军方人员驻留伊拉克，协助伊拉克战后重建并训练伊拉克军队。

△据报道，北约2005年在阿富汗部署的国际安全部队将增至9000人，比目前增加近6000人。

12月21日

△美海军发表声明称，美海军第一艘由“俄亥俄”级弹道导弹核潜艇改造而成、具备发射巡航导弹和输送特种部队能力的“俄亥俄”号巡航导弹核潜艇已于日前完成了海上测试，并将于2006年年初交付使用。该核潜艇可携带98至154枚“战斧”巡航导弹，最多可搭载66名特种作战人员。据估计，每艘改造费用约10亿美元。

△俄北方舰队“德米特里·东斯科伊”号核潜艇成功试射了1枚“布拉瓦”（又称“圆锤”）海基洲际弹道导弹。

12月22日

△荷兰政府同意将增派1200名至1400名军人赴阿富汗南部，参加北约国际安全援助部队的行动。

12月23日

△正在伊拉克访问的美国国防部长拉姆斯菲尔德在费卢杰宣布，美国将在2006年春季到来之前从伊拉克撤出2个作战旅，使驻伊美军人数降到13.8万人的底线之下。

△俄罗斯国防部发言人对新闻界表示，俄罗斯将完全履行与伊朗签订的军售合同，在2006年向伊朗提供30套总价值14亿美元的“托尔-M1”型防空导弹系统。

△斯里兰卡海军发言人说，斯海军1个车队在斯西北部遭到2枚威力巨大的地雷的袭击，造成至少12名海军士兵死亡，4人受伤。

△意大利检察官阿曼多·斯帕塔罗表示，米兰一家法院已于日前向22名涉嫌于2003年在意大利境内实施绑架的美国中央情报局特工发出了欧盟通缉令。

12月24日

△巴勒斯坦民族权力机构主席阿巴斯发表讲话说，希望“与邻居以色列在2006年共同缔造和平”。以色列总理沙龙发表声明表示，他将在新的一年里努力推动以色列和巴勒斯坦实现和平。

12月27日

△乌克兰国防部发表声明说，乌克兰驻伊拉克的最后一批军人已撤离伊拉克，从而完成了在2005年底前分阶段从伊拉克撤出全部军队的计划。

△巴基斯坦外交部宣布，严格禁止出口与核武器和生物武器有关的技术、材料、设备以及发射系统。

12月28日

△韩国和朝鲜之间第一条直通电话线路开通。这是朝鲜半岛分裂60年来双方首次开通直通电话。

12月29日

△据报道，印尼政府将于31日从亚齐撤出最后一批编制外的警察。根据印尼政府与“自由亚齐运动”8月在芬兰签署的和平协议，“自由亚齐运动”放弃独立要求，而印尼政府则承诺从亚齐撤军，并给予亚齐地区有限自治。

12月30日

△韩国国会通过一项议案，批准将韩国驻伊拉克部队的规模缩减约三分之一，即从3200人减至2300人。

12月31日

△据报道，30日有2名美国军人在巡逻时被炸死，从而使自2003年3月美国发动伊拉克战争以来死亡的美军人数达到2178人。

△驻伊拉克多国部队中的保加利亚军队最后一批147名官兵搭乘美军飞机抵达索非亚机场。此举标志着保加利亚结束了在伊拉克持续了28个月的军事存在。

（新　柯）

（本栏责任编辑　丁　平）

专题综述

世界新军事变革问题综述 2005年，军事理论界在以往研究的基础上，回顾了世界军事变革的历史发展，进一步分析了世界新军事变革的背景、影响和基本特征，特别是更为集中、深入地探讨了推进中国特色军事变革的指导原则、途径和措施。

世界新军事变革的基本性质 一种观点认为，20世纪80~90年代开始的世界新军事变革，是人类有史以来最深刻、最全面的一场变革。它在机械化军事变革的基础上，以高度发达的信息技术为依托，以信息化时代和军事活动的内在要求为依据，通过对战争指导、武器装备、作战样式、体制编制和作战理论等各个环节的创新和智能化建设，以全新的方式推动军事效能的全面跃升，并带动了作战空间的进一步扩大，引发了战争景观的巨大变化，开创了全新的军事文化，最终将实现工业时代的军事形态向信息化时代的军事形态演变。

另一种观点认为，这次新军事变革，是以人类技术社会（时代）形态由工业社会（时代）向信息社会（时代）转型为根本动因，以高技术特别是信息技术的飞速发展为直接动力，以信息为“基因”，以“系统集成”和“虚拟实践”为主要手段，把工业时代的机械化国防形态改造成信息时代的信息化国防形态的过程。其主体是，把工业时代适于打机械化战争的机械化军队，建设成信息时代适于打信息化战争的信息化军队。

世界新军事变革与国防信息化建设的关系 国防信息化建设有一个目的、两条途径、六根支柱。一个目的是，国防信息化建设以提高信息力为根本目的。两条途径：一条是“系统集成”，即用大系统的观点，使构成国防力量的各要素实现网络化、一体化；另一条是“虚拟实践”，即通过虚拟现实技术创造的逼真未来战场环境，试验、检验、论证在国防力量信息化建设尤其是军队信息化建设中的军事理论创新、军事技术创新和军事制度创新成果，使之不断完善。六根支柱是：建设信息化军队；实施后备力量信息化建设；建立以信息动员为核心的战争动员体制；创建新型国防教育机制；强化国家信息防护能力；进行以信息化战争和国防信息化建设理论为核心的国防理论创新。由此可见，国防信息化建设的过程也就是新军事变革的过程。这两者的目标一致、内涵相同。国防信息化建设的目标是建成信息化国防力量，信息化国防力量建成了，新军事变革也就完成了自己的历史使命。

世界新军事变革的基本特征 这次世界新军事变革既是对以往历次军事变革的继承和总结，更是对历次军事变革的全面发展和超越。跨越式发展、断代性越升是此次军事变革的根本性特征。第一，此次军事变革超越了工业时代以来通过大规模毁伤实现作战意图的战争指导原则，效果型作战成为趋势，“全胜”的思想受到推崇。第二，此次变革超越了主要依托提高兵器的物理性能增强军队威力的传统思路，信息化成为提高作战效能的主要途径，智能化成为装备建设的基本方向。第三，此次变革超越了以往依托若干新型装备拉动军事效能的基本模式，综合集成思想向军事领域全面渗透，战争正在成为体系与体系的对抗。第四，此次变革超越了传统的战场分布，军事对抗扩展到人类活动的所有空间，一系列崭新的“制权”争夺纷至沓来，其中最主要的是制天权和制信息权的争夺。第五，此次变革超越了传统的部队体制编制，轻装多能正取代重兵集团式的部队编制，垂直梯形的指挥体制向横宽纵短的扁平化方向发展。第六，此次变革超越了以往僵化封闭的军队思维传统，理论创新空前活跃，社会参与成为突出特点，军事问题被置于更宽泛的科学和社会层面内加以研究，一种全新的军事文化正在形成。

世界军事变革的历史阶段划分 由于人们对军事变革概念的理解不同，对自古至今究竟发生了多少次军事变革的结论也就有所不同。下面是几种传播较广的观点。

三次论。代表人物是美国未来学家阿尔文·托夫勒和海迪·托夫勒夫妇。他们认为，第一次世界军事变革，是由农业革命引起的第一次浪潮战争革命；第二次，是由工业革命引起的第二次浪潮战争革命；现在，是由工业社会向信息社会过渡，正在发生第三次浪潮战争革命。

四次论。有两种观点：①代表人物是苏军总参谋长奥加尔科夫。他认为，13 世纪火药的发明及后来火器的出现，引发了第一次军事变革；19 世纪线膛武器的制造，特别是 20 世纪初自动武器，如飞机、坦克、潜艇等新式武器的运用，导致军事领域发生了第二次革命；第二次世界大战后，喷气式系统和火箭核武器的出现，导致军事领域发生了第三次革命；20 世纪 80 年代出现的精确制导武器、新物理原理武器，导致了第四次军事变革。②代表人物是中国学者梁必骎。他认为，第一次为金属化军事变革，其根本标志是金属兵器取代木石兵器，职业化军队正式建立与发展，主要进行阵式作战，朴素的军事理论诞生，最后形成了崭新的金属化军事形态；第二次为火药化军事变革，其主要标志是火药兵器逐渐成为主战兵器，出现火枪兵、炮兵、工程兵等新兵种，线式与散兵作战先后成为主要作战方式，军事理论开始形成体系，最后以火药化军事形态取代金属化军事形态；第三次为机械化军事变革，其主要标志是火力、动力机械与电子技术等相结合，军队由陆、海、空部队构成，合同作战方式与各种新军事理论体系问世，最后由机械化军事形态取代火药化军事形态；第四次为当代的新军事变革，即智能化军事变革，其主要标志是智能性武器系统逐渐主宰战场，出现知识密集型的智能化军队，主要采取一体化的联合作战方式，军事理论及其体系彻底革新。

六次论。有两种观点：①代表人物是俄罗斯军事理论家斯里普琴科少将。他从历代不同的战争形态来划分军事变革。他认为，第一次军事变革发生在军事对抗双方使用专门制造的梭镖、剑、弓箭以及铠甲代替石头和木棒的历史时代。第二次军事变革发生在 12~13 世纪。由于火药的发明和火器的出现，第二代战争虽然也是接触战争，但是实施方法与第一代战争已迥然不同，可在一定的距离上毁伤敌人。第三次军事变革发生在 19 世纪。由于线膛武器的精度更高、射程更远、射速更快、装药更多、口径更为多样，第三代战争因而具有散兵壕性质和新的战役规模。第四次军事变革发生在 20 世纪前期，坦克、飞机等自动武器的发明，使第四代接触战争具有了战略规模。第五次军事变革发生在 1945 年以后。核武器的出现使第五代战争首次具备了进行非接触导弹—核战争的可能性。第六次军事变革开始于 20 世纪 90 年代。高精度常规武器的出现，使第六代非接触战争展现出全新的形态。②代表人物是中国学者吴春秋。他认为，第一次世界军事变革发生在 16、17 世纪，决定性的因素是火药广泛应用于军事和炼铁技术的发展。第二次，发生在 18 世纪后期至 19 世纪初期，与以蒸汽机的广泛使用为主要标志的产业革命密切相关。第三次，发生在 19 世纪后半期至 20 世纪初，与炼钢技术、铁路运输和有线通信等发展密切相关。第四次，发生在 20 世纪初至 20 世纪中叶，与“电气时代”密切相关。军队武器装备增添了全新的成分；出现了新的军兵种；地面部队的战场机动方式向机械化、摩托化过渡；出现了空地协同、步坦协同，实施快速突击的崭新作战方式。第五次，第二次世界大战之后，与“核时代”密切相关。产生了导弹核部队、核战争、战略核防御；出现了核战争理论和核威慑理论；出现了指挥与通信革命。第六次，即正在进行的新军事变革。

七次论。代表人物是中国学者苏志荣，从作战方式的变化来划分世界军事变革。他认为，第一代战争以使用冷兵器为标志，作战方式主要是方阵。第二代战争以使用火药和滑膛枪为标志，作战方式以线式队形为主。第三代战争以使用线膛枪和身管火炮为标志，作战方式以纵队和密集散兵线队形为主。第四代战争以使用自动化武器和机械化武器装备为标志，作战方式以快速突击为主。第五代战争以使用或威胁使用核武器为标志，新的作战方式从未付诸实施。第六代战争是在核威慑下，以使用高技术精确制导武器为标志。第七代战争则是以信息化武器为主。

十一次论。代表人物是美国军事理论家克雷宾奈维奇。他认为，14 世纪上半叶的步兵革命是第一次军事变革，14 世纪末的帆船革命是第二次军事变革，15 世纪的炮兵革命是第三次军事变革，16 世纪初的堡垒革命是第四次军事变革，16 世纪后半叶至 17 世纪的火药革命是第五次军事变革，19 世纪初的拿破仑革命是第六次军事变革，19 世纪中叶的陆战革命是第七次军事变革，19 世纪下半叶的海战革命是第八次军事变革，20 世纪上半叶的机械化革命是第九次军事变革，20 世纪中叶的核革命是第十次军事变革，现在进行的是第十一次军事变革。

世界新军事变革对作战的影响　一种观点认为，新军事变革使作战领域发生了以下变化：一是战场感知透明化。20 世纪中后期以来，随着微电子、计算机和航空航天等高新技术的迅猛发展，传统的无线电、雷达、光学、声学等侦察手段依托信息化改造进一步提高了自身效能，以卫星为核心的空间侦察监视技术也不断成熟，军事侦察能力有了质的飞跃。美军在伊拉克战争中，由于掌握了详实的情报，在制定作战计划时可以把作战进程精确到小时，把作战单位具体到排，并对作战环境进行十分详尽的侦察，对可能出现的意外情况进行周密分析。二是火力打击精确化。最重要的标志就是精确制导武器成为战场火力打击的主体。据美军称，第二次世界大战期间美军为炸毁一个目标需发射几百发甚至上千发炮弹，海湾战争时仅需10发，而伊拉克战争中一架飞机所携带的精确制导炸弹一次就能炸毁10个目标。三是指挥控制实时化。指挥控制效率的高低直接决定了战争效果。20世纪50年代后，随着通讯和计算机技术的不断发展，美国等发达国家开始加强指挥控制自动化建设。伊拉克战争中，美军依靠 C^4ISR，使从侦察发现目标到实施火力打击的周期大为缩短。从海湾战争的2小时、科索沃战争的40分钟，缩短为伊拉克战争的5~10分钟。不少情况下，甚至可以做到“发现即摧毁”。目前，美军正加紧建设全球信息栅格系统，从而将其计算机网、传感器网和武器平台联为一体，实现无缝信息链接；同时对浩如烟海的信息进行过滤，进一步提高实时指挥控制能力。

另一种观点认为，新军事变革使作战节奏空前加快。在高科技飞速发展的今天，新军事变革造成了作战效能的成倍增长和作战节奏的空前加快，极大地提高了军队的指挥控制能力、快速机动能力、远程攻击能力、精确打击能力、超常毁伤能力等，使军队真正做到了机动快、反应快、打击快和转移快，从而为迅速达成作战目的提供了重要保证。首先，战场环境对优势一方透明，指挥决策为快节奏作战提供了支撑。各类天基信息系统，把雷达探测技术、光纤通信技术、电子计算机技术、数据处理技术、遥感探测技术等综合集成在一起，空中预警机、有人与无人侦察机、地面特种侦察与其他传感器，以及作战指挥平台联系在一起，使战场透明，指挥效能空前提高。同时，传统机械化军队的“树状”指挥体制，向适应信息化战争的横向联通、纵横一体的“网状”指挥体制转变，指挥决策为快节奏作战提供了支撑。其次，由于武器装备实现了智能化和精确化，部队的战争行动具有更高的速度，能够在夜间和不良气象条件下遂行任何作战任务，战争可以全天候、全天时地连续进行，导致参战部队及武器装备能量释放速度极大地加快。第三，信息化军队大量使用各类精确制导弹药，作战系统的破坏能力获得极大增强，作战目标不再受地理空间的局限和制约，使战争目标的选择、战争力量的使用、打击目标的力度、火力打击的位置变得越来越精确，基本实现了“点对点”打击方式，直指作战体系整体结构的要害和节点，达到了“被发现就意味着被命中和摧毁”。第四，高新技术的发展，使战争力量及其运用的整体性越来越强，多军兵种实施信息联合作战，所有的作战行动、作战单元和作战要素之间融为一体，实现作战效能的完全整合的一体联动，创造出了复合效应，极大地节省了作战时间，战争在单位时间内的作战效能空前提高，作战节奏空前加快，为快速制胜提供了保证。

世界新军事变革对中国周边安全环境的影响　新军事变革的不平衡性拉大了国家间的军事力量差距。从历史上看，每一次重大的军事变革都会出现不平衡的局面，每次不平衡的军事变革都导致了世界范围内军力的强烈失衡，而伴随军事力量失衡而来的往往是新一轮的动荡式扩张。当前，由于美国与其他国家在推进新军事变革方面的失衡局面难以在短时间内从根本上改变，因而单边主义和强权政策将继续是美国对外战略中的主流倾向。美国的霸权主义在相当长的时间内仍将是不利于世界和平与稳定的主要因素，也将对中国安全环境产生不利的影响。

中国周边集中了美、俄这样的军事大国及日本、印度等地区军事强国。新军事变革的展开再次突出了军事因素在维护国家安全中的地位，也刺激了有关国家不断加大国防投入力度，加快军事转型步伐。美国2005财年的国防预算高达4206亿美元，较上财年增长4.8%。美国计划到2009财年将武器装备采购与科研费增至1816亿美元，力求武器装备技术水平超出对手一至二代，超出盟国半代以上。俄罗斯2005财年的国防预算增加到约189.7亿美元，比2004财年增长约27.6%。俄罗斯明确提出到2010年要使现代化武器装备比例达到35%，到2020~2025年基本实现军队武器装备的全部更新。日本2005财年的国防预算约为463.97亿美元，按美元计算增长了11.7%，是1997年以来增长幅度最大的一次。日本从2005年起对自卫队体制编制进行重大调整，并组建直属防卫厅长官的联合任务部队，专门负责应对各种突发事件。印度2005年财年的国防预算约为190亿美元，按美元计算增长13.6%。印度自2004年与俄罗斯签订购买航空母舰的协议后，2005年4月开始自建1艘航空母舰，计划到2010年拥有3艘航空母舰。韩国、东盟国家也都在根据本国情况，加大国防投入，积极采购或自行研发先进武器，努力跟上新军事变革潮流。

中国周边安全环境历来复杂多变，存在许多不稳定、不确定因素。随着以新军事变革为核心的新一轮国际军事竞争的全面展开，周边国家普遍加快军事转型步伐和军队建设力度。这就对中国周边安全环境增加了更为复杂的新变数。

推进中国特色军事变革必须坚持科学发展观 科学发展观是统领经济社会发展全局的指导思想，也是新世纪新阶段加强国防和军队建设的重要指导原则。与传统发展观相比，科学发展观注重发展的质量和效益，其实质是实现又快又好的发展。

*一种观点认为，必须在科学发展观的指导下提高军队建设效益。*在国防和军队建设中贯彻落实科学发展观，必须强化效益意识，克服粗放式发展的思维和模式，用科学发展的思路实现军队建设发展的高质量、高效益。这既是新形势下加强军队现代化建设的必然要求，也是推进中国特色军事变革的迫切需要。当前世界范围内方兴未艾的新军事变革，实质上是一场充分利用资源，以少的资源消耗获取高效益的革命。向效益要战斗力，已成为当今各国军队谋求发展的重要途径。提高军队现代化建设效益需要处理好四个关系：一是速度、规模与质量的关系。在确保质量的前提下，寻求理想的速度和规模，才能求得效益的最大化、最优化。这一提高效益的运行规律告诉我们：搞建设、上项目，不能大呼大隆、一哄而上、盲目投资，必须在统一筹划和领导下，有组织、有步骤地整体推进、量力而行；在军费分配上，不能"撒胡椒面"，也不能"层层剥皮"，必须坚持突出重点、兼顾一般的原则，使"拳头项目"真正"硬"起来，重点保障重起来；在装备建设上，更新信息化含量高的武器装备，必须有先有后、有所侧重、统筹兼顾、协调发展。二是成本投入与产出效益的关系。成本投入必须以提高产出效益为目的，偏离了效益原则，成本投入就不会合理、科学。现在军队成本投入仍然存在着"空耗"现象，需要通过深化后勤保障的社会化改革、军费使用制度的改革等来解决，确保保障成本投入的扎实有效。三是军事效益与安全效益的关系。确保安全，是部队建设的基础性工作，但不是最终目的。提高军队建设效益的落脚点是提高战斗力。军队一切工作都要向打赢聚焦，为提高战斗力服务。那种以牺牲战斗力为代价消极保安全的做法是要不得的。四是短期效益与长远效益的关系。军队现代化建设必须既着眼长期效益，科学设计战略目标，又要立足当前效益，制订阶段计划和落实措施，使长远效益和短期效益相协调，一步一个脚印地向既定目标迈进。

*另一种观点认为，应以科学发展观指导军队信息化建设。*①防止平时建设与战时需求的分离。信息化条件下，平时与战时界限模糊，诸如信息获取、网络攻防、系统瘫痪等，既可以是战时行动，也可以是平时行为。这一特点，决定了军队平时的信息化建设，必须着眼战时需求，坚持平战一体。要着重做好两方面的工作：一是统一认识，着眼于时代特征、军队转型的客观要求、打赢信息化战争的最终目标，充分认识到以战时需求牵引平时建设是时代的呼唤、发展的趋向、使命的要求，自觉地在建战一致上下功夫。二是大胆创新，对军队信息化建设的方方面面进行科学论证，用信息化理念而不是用机械化理念筹划军队发展，确立符合未来信息化作战要求的建设思路和方法。②把数据集成作为综合集成的"核心工程"。数据集成看起来是个数据问题，但它却关系到信息化建设的战略取舍，决定诸多信息系统能不能实现信息共享。只有从数据集成入手，进而实现系统的综合集成，信息化建设才能提高速度，少走弯路。③在"预实践"中反馈建设质量。与以往协同性训练相比，联合训练的目标是生成信息化联合作战能力，其难度和复杂程度是以往所无法比拟的。为检验训练的效果，必须采用统一的训练评估标准和考评机制，将作战系统整体投入模拟战场环境中，在模拟战场上检验参训部队的战场侦察能力、指挥控制能力、快速机动能力、电子对抗能力以及战场防护能力，使平时的建设项目在近似实战的"预实践"环境中暴露问题，寻找对策，保证信息化建设的每项指标达到预期效果。④机制创新必须与要素建设同步。要改革在机械化条件下形成的运行机制，一方面保证信息化建设全面协调持续发展，另一方面保证现行的组织结构、管理方式、保障方式与工作方式适应军队信息化。为此，要建立集中统管的信息化建设领导机制，建立有利于信息化建设成果转化机制，建立有利于信息快速流动机制。⑤科学认识机械化建设的新内涵。讲信息化，不是把机械化与信息化分割开来、对立起来。我们现在要抓的机械化不是工业时代的机械化，而是信息时代的机械化。机械化的许多技术和手段依然有效。现阶段，发展机械化正是为了更快更好地过渡到信息化。不可否认，中国人民解放军现有的武器装备大部分都是机械化战争时代的产物，对其进行信息化改造是当务之急。这种改造，应以挖掘现有武器装备的信息效能为重点，以提高武器装备整体作战能力为目的，确立可持续发展的改造思路，安排好改造的先后顺序，克服分散抓分

散改、不重体系重单件、只讲改造不讲效益的现象。

还有一种观点认为，贯彻科学发展观，关键是根据信息化战争的要求加强军队建设。信息化战争将成为21世纪面临的主要战争形态，建设信息化军队，必须适应其要求。一是军队现代化建设应逐步由机械化向信息化转变。信息化已经成为信息时代军队现代化的时代定义和主要标志，建设信息化军队也就成为这一时代军队现代化的本质要求。二是军队信息化建设应更加注重确保信息的快速、顺畅、有序地流动。军队机械化建设注重的是确保物质特别是能量的快速流动，而军队信息化建设则更加注重通过信息流动引导物质流动来共同释放能量，通过综合集成的信息系统实现信息流动与物质流动的无缝链接，努力使不同级别的单位能够同处于一个信息流向层，整个军队能够共处于一个大平台，实现信息收集、处理、分发、使用的一体化。三是军队信息化建设应运用不同于军队机械化建设的全新方法来进行。这就要求进行军队信息化建设必须更新观念，跳出某些过时的“机械化军事思维”定势，大胆创新，采用适于军队信息化建设的新思路和新方法。特别是随着信息技术的迅猛发展，军队建设正呈现出构建一体化军事体系和诸军兵种联合作战体系的大趋势，要强调运用系统集成的方法，按照大系统的观点来筹划军队信息化建设，把构成军队和战场的各个要素结合成一个有机的整体。

推进中国特色军事变革必须把握军队转型的主要环节 在新军事变革的条件下，实现军队建设从机械化向信息化转型，需要解决好以下3个问题：①把信息化置于高质量的机械化平台之上。机械化与信息化是基础与发展、量变与质变、连续与超越的关系。信息化的作用是依靠高质量的远程、精确、大威力机械化作战平台发挥出来的。所以，从机械化向信息化转型并不能简单地用非此即彼来描述，两者不是替代关系。更需要注意的是，高质量的机械化作战平台已经不是以往单纯依赖于数量的增加、规模的扩张，而是以新技术、新材料、新动力、新能源为物质技术基础，具备更强的机动、防护和突击功能，拥有系统整合能力、灵活重组能力、自协调和自适应能力，便于与信息化接轨的新型机械化平台。②以正确的作战需求去引导军队转型。从机械化向信息化跨越，必然会缩短甚至省略机械化建设的某些发展阶段，这样可以大大节省时间。但又因为没有经验可循，也容易陷入误区，甚至走弯路。在这种情况下，最重要的是更加尊重科学、尊重规律，下功夫把握好大方向。这个方向就是紧紧围绕一体化联合作战的需求去加速转型。为此，要进行滚动式顶层设计；构建统一的信息系统，从情报信息系统、指挥控制系统、火力打击系统建设入手，开始军队转型。同时，还要确立规范的实践框架。③完善各种机制推进军队转型。要建立有高度权威的组织机制，这是加速转型步伐、提高转型效益的重中之重。建立可操作性强的运行机制，确保人力、物力、财力向有益于转型的方向流动。建立高度灵敏的反馈机制，即在不同层次上，建立健全相对独立的决策执行与评估机制，形成闭合的反馈调节系统，通过及时反馈各种信息，提前化解风险，及时纠偏。形成良性循环的人才培养机制，目前，既要建立健全人才奖惩、交流、协调保障等机制，又要重点建立健全培养和造就指技合一人才的机制。

推进中国特色军事变革必须实现军队体制编制的科学化 科学的体制编制，是先进战斗力生成和发挥的重要基础，是建设信息化军队、打赢信息化战争的重要保证。战斗力的生成和发挥，不仅有赖于高素质的人和先进的武器装备，更有赖于人和武器装备的最佳结合。从战斗力要素看，高素质的人是战斗力生成的决定因素和主导力量，信息化武器装备是战斗力生成的平台，科学的体制编制则是实现人与武器装备最佳结合的纽带。在这次新军事变革中，体制编制调整所遇到的强大阻力，是让世界各国军队深感头痛的共同难题。如美军率先提出“五环打击理论”者，就因触及陆军的全面精简、利益受损的敏感神经而被解职。事后证明，他的创新理论让美军在作战中屡屡受益。体制编制调整改革的阻力，首先来自军种的职业情结和思维惯性。就世界范围看，在机械化战争的舞台上，陆、海、空军都先后唱过“主角”，都取得过各自引以为荣的辉煌，但同时也深深根植了军种的“门户”意识，即片面追求自身的发展，缺少一体化协同观念，军种职业思维牢牢打下机械化烙印。因此，在向信息化转型中，要顺利实现体制编制调整改革，就必须突破机械化时代的军种职业思维惯性，着眼建设信息化军队、打赢信息化战争的战略目标，强化信息主导下的“综合集成、体系对抗、联合作战”意识，突破军种职业思维定势，自觉在体制编制调整改革的大局下行动。目前，中国人民解放军进行体制编制改革和完成建设信息化军队、打赢信息化战争的战略目标，没有固定的模式和现成的答案可循，必须从自己的实际出发，不断创新。既要大胆学习和借鉴世界发达国家军队在信息化建设中创新体制编制的有益经验，又应力戒邯郸学步、亦步亦趋地步人后尘，重复其老路。

推进中国特色军事变革必须重视依法治军的促进、

保证作用　推进中国特色军事变革是一个不断创新的过程，任务艰巨繁重，矛盾和问题很多，只有坚持贯彻依法治军方针，才能保证军事变革不断向前推进。

首先，坚持依法治军，是实现新时期军队“三化”建设总目标的重要保证。依法治军要求以法律的形式确认党对军队的绝对领导地位、确保坚持人民军队的性质和宗旨，这为保证新时期军队建设方向设定了更加规范化、更具有权威性的制度保障。依法治军运用法律手段实现武器装备更新管理的有序化、人员素质训练的制度化、组织编制和部队管理的规范化，既是军队现代化建设的重要内容，又是实现现代化的重要保障。依法治军着眼于健全科学的军事法规体系和完善高效的军事执法机制，使全军官兵具有高度的法制意识，而这同时也是衡量正规化水平的重要标志。

其次，坚持依法治军，是国防和军队建设适应社会主义市场经济发展的客观需要。推进中国特色军事变革，是在国家发展社会主义市场经济的社会条件下进行的，在一定意义上说，市场经济就是法制经济。国防和军队建设作为国家现代化建设的重要组成部分，各个方面无不受到国家社会资源及其相关的政治、经济和法律制度的制约。因此，只有将其纳入法制轨道，依法调整军队内部以及军地之间、军民之间、军政之间的各种社会关系，才能使国防和军队建设在市场经济条件下得到更好更快地发展。

再次，坚持依法治军，能够保证中国特色军事变革持续、快速、健康发展。新军事变革是一场根本性的革命，是对军队体制、编制和机构、功能进行的重大调整，将不可避免地涉及到对现有利益格局的再分配，必须依靠法制手段的约束和强制功能作保障。同时，新军事变革是一个长期的过程，必须把长远发展目标与阶段性目标密切结合起来，走滚动式发展之路。这就需要将军事变革的阶段性成果及时用法律法规固定下来，通过一个个阶段性目标的实现，最终实现军队建设的跨越式发展。

推进中国特色军事变革必须确立科学的军事财力资源配置观　推进中国特色军事变革，需要充分发挥军事财力资源的杠杆作用。国际战略分析家认为，军队建设由机械化向信息化转变，军队人均军费一般应达到2万美元以上。目前，中国人民解放军的人均军费还没有达到这个线，军事变革不能太急躁。提高国防建设投入效益，关键在于把有限的财力资源科学配置到最需要、最迫切的重点建设上，科学决策，统筹规划，努力走出一条投入较少而效益较高的质量建设之路。军事财力资源配置，是指按照军事战略方针、作战任务的要求，在一定的时空范围内对军事财力所作的分配与安排。军事财力配置科学与否，不仅关系到军队建设的成败，决定着军事变革的进程，还关系到对全军官兵积极性的调动。为此，必须确立科学配置观，正确处理生活与战备、维持与发展、眼前需求与长远需求的关系，积极寻求军事财力资源配置方式方法的新突破，努力实现财力资源管理的规范化、科学化和保障的精确化、高效化。为解决军事财力结构性矛盾，应当建立适应国防和军队建设需要的军事财力投入增长机制。与此同时，为实施精确化配置，应当通过对需求信息的精确掌握、对财力资源的精确分配和对保障力量的精确运用，实现经费的适时、适事、适量保障，确保军队建设和战备任务的完成。具体来说，就是要力求达到四无：财力资源无闲置、配置决策无失误、预算安排无赤字、分配使用无浪费。实现这一目标，不仅要求我们对军事战略方针有深刻的理解，对军事斗争准备以及未来战场态势有深入的研究，还要准确掌握各项事业保障任务、物资储备和消耗情况，随时知晓各项经费需求的数量。在此基础上，运用信息分析技术，准确测算论证各方面提出的财力需求，确定保障重点和优先顺序，从而减少盲目性，实现财力保障从粗放型向精确型的转变。

推进中国特色军事变革必须实现军事理论的创新

*一种观点认为，必须注重理论思维创新。*在推进中国特色军事变革的过程中，理论思维创新具有极其重要的意义。

首先，理论思维创新是军事变革的先导和灵魂。军事变革是为了适应新的形势，服从和服务于新的目标，对军事思想、军事技术、军事组织、军事训练等各个方面，进行的全面和根本的改造。其中，军事思想作为人类对于战争和军事实践的理性认识，对军事技术、军事组织、军事训练等其他方面具有指导作用。军事斗争和军事变革的决定因素是人，理论思维作为人的精神力量的生动体现，在军事变革中起着灵魂的作用。

其次，理论思维创新要着眼军事变革的发展规律。战争形态所发生的变化，不是近十几年来的突变形成的，也不是自20世纪七八十年代产生了“军事技术革命”、“新军事革命”等概论后才开始出现的，而是半个多世纪以来，作战思想创新和军事技术进步由量变到质变所导致的必然结果。如果对这一渐进过程缺乏历史的和全面的了解，就无从深刻认识新军事变革的缘起、内涵和本质，难以对中国特色的军事变革作出正确的指导和科学预见。

再次，理论思维创新的智慧源泉是军事斗争和军事实践。推进中国特色军事变革，既要重视研究发达国家军事变革的实践，更要重视研究自身的军事斗争和军事变革实践。为此，需要辩证地处理好三个关系。一是传统与变革的关系。传统是变革的对象，也是变革的基础。变革不是全盘否定传统，而是在继承中发展。二是中国与外国的关系。排外思想不可取，但真正成功的学习，无不是关于“洋为中用”，而不是对外国的一切东西兼收并蓄。三是实战与虚拟的关系。“虚拟实践”只是辅助我们认识战争规律的重要工具。应当重视作战实验，但不能神话战争虚拟。

另一种观点认为，必须实现军事理论的突破性创新。在新军事变革中，军事理论必须突破机械化战争理论的结构和框架，积极主动地实现突破性创新，以此牵引军队现代化建设的跨越式发展。

一是在时空坐标系上实现从机械化时代到信息化时代的突破。军事理论，是对战争时空特性的把握和运作，时空的变化，使原有理论的根基解体，必然要求提出新的军事理论取而代之。军事理论转型，根本的是要突破机械化时空，以信息化时空为坐标系，挖掘适用于新时空的作战资源运用的新原理、新规则。走进新时空的关键在于抓住信息时代的中心技术和主流生产方式。信息时代的重要标志，就是以信息为中心技术的主流生产方式，随之产生全新的管理方式。因而，从信息时代的中心技术和主流生产方式人手，就是把握时代特征，融入信息新时空的重要途径。美军新一轮军事理论创新，从网络中心战理论、快速决定性作战理论，到基于效果作战理论，很大程度上都启发于信息时代的生产方式、经济运行方式及时空运用方法。

二是在力量基础上实现从追求机械能到追求信息能的突破。研究和设计军事理论的目的，是追求作战能量的极限释放。信息化战争形态下作战力量的基础发生了变化，信息及网络成为作战力量的核心要素，必然要求军事理论从追求最大程度地释放机械能，转而追求最大限度地释放信息能；从阻击破坏敌方机械能的发挥，转到阻击破坏其信息能的释放。虽然信息力成为信息化战争作战力量的基础，但信息力主导地位的最终确立仍依赖于理论转型。在美军，正是新一轮军事理论，才使信息力的主导地位在作战中得以确立。因此，军事理论转型，只有从理论上自觉地强调信息优势，挖掘信息的巨大潜能，信息的主导地位才能真正融入武器系统、人才培养、军事训练，落实到未来作战中。

三是思维方式上实现从“线性思维”到“非线性思维”的突破。机械化战争时期，通行的是建立在牛顿力学基础上的线性思维方式和运作方式，战役胜利是战斗胜利的线性迭加；可以根据不同任务、不同空间将作战任务具体到各军兵种、各部队，等等。在信息化战争中，信息技术大大压缩了时间和空间，过去认为是因果关系和秩序关系的线性问题变成非线性关系，非线性特征越来越明显。军事理论转型，迫切需要思维方式的变革，即实现从线性思维到非线性思维的转变，运用非线性方法处理复杂的非线性关系，构建新的理论体系，非线性是信息化战争的主要特点。非线性思维支持军事理论转型。实现军事理论转型，推进中国特色军事变革和军队跨越式发展，重要的是减少“思维差”，树立起非线性思维方式，将思维方式的变革落在实处。一方面，融入社会经济时代大潮是思维转变的最佳捷径。社会是非线性思维的沃土，经济运行和管理中，诸如柔性生产、弹性工作制、资源管理，价值链管理等，都体现着丰富的非线性思维。另一方面，应改善知识结构，提高自然科学素养。自然科学是非线性思维方式确立的有力工具。美军的非线性思维，很多得益于自然科学的启示。自然科学中，非线性科学、复杂性科学及其相关理论已非常成熟，并且形成了完善的模型理论，既可以为理解非线性思维提供帮助，又可以通过模型改造用来解决信息化战场中的复杂问题。

（荒　林　高代伟）

2005 年联合国维和行动综述　联合国维和行动自开展以来已走过 57 个年头。由于它在维护世界和平，保持与促进地区稳定，制止矛盾激化和遏止武装冲突等方面具有重要作用和影响，因而成为联合国保持世界安全环境及协调国际关系不可替代的机制与手段。

联合国 2005 年维和行动概况　2005 年，联合国维和行动主要有以下特点：

地区安全形势发展不平衡，国际社会维和需求仍在增长。近年来，虽然没有发生大的局部战争，但由于一些国家内部矛盾争端激化，导致武装冲突并未减少，联合国维和行动仍然受到高度重视。截止 2005 年底，联合国累记进行的维和行动已达 60 起，用于维和行动的预算开支达 460 亿美元，而正式参加维和行动牺牲的人员累计也已达 2226 人。2005 年，由联合国维和行动部直接指导与指挥的维和行动共有 18 起，是近年来最多的一年。目前联合国在非洲进行的维持和平行动在数量上一直居高不下，占联合国整个和平行动总数的 44%。特别是近来索马里的和平进程已向联合国提出了新的维和需求，这在一定程度上也预示着非洲大陆数十年来连绵不绝的武装冲突有可能已接近尾声。2005 年投入的正式维和人员为 69748 人，提供军事人员与民事警察的国家 108 个。其中孟加拉仍是提供维和人员最多的国家，达到 9758 人。同年参加维和行动的国际文职人员 4582 人，地区文职人员 8476 人，维和志愿者 1854 人，比往年均有所增加。在 2005 年维和行动中牺牲的人员总数也达到 121 人，是近年来较多的一年。从 1948 年至 2005 年底维和经费累记约为 410 亿美元，而其中仅 2005 年 7 月 1 日至 2006 年 6 月 31 日一个财年的维和经费预算就达到 50.3 亿美元，比往年有较大增长。联合国接受的特别捐献维和经费亦达到 19.9 亿美元。在联合国维和经费总数中美国提供的维和经费已占 27%。

*局部地区武装冲突性质变化，维和行动的样式明显改观。*由于冷战后国际间矛盾压力降低，引发局部地区安全形势紧张的局部冲突已由以前外部原因居多转为国内矛盾为主，联合国实行维和行动的目标越来越多地由以往解决国家之间的冲突转变为解决某一国家内部武装派别间的矛盾。这导致维和行动样式出现明显改观：一是维和力量部署地域改变。由以往传统部署在发生冲突的国家之间改为大多部署在当事国之内。2005 年联合国维和行动部负责并指导进行的 18 项和平行动中有 12 项是为了解决国家内部武装冲突而进行的，占到整个维和行动的 70%。二是维和任务的改变。由以往隔离冲突、监督停火和敦促敌对国开始谈判等“单纯”的维和任务拓展为包括监督一国国内选举，协助临时当局恢复政治、经济和社会秩序及进行各个领域重新建设等，即承担起了缔造和平、重建和平、支持和平甚至强制和平的多种行动的角色。这种多重职能的和平行动已成为今后维和行动的发展趋势。“维和行动”有可能逐步成为联合国“和平行动”的一个组成部分。三是维和力量构成的改变。维和行动的任务较前更加艰巨复杂，因而所需的各种力量配合也越来越多，由以往主要依靠维和部队进行维和转变为越来越多地利用民事警察、国际文职和地区文职人员来进行，对辅助人员的需求逐步增大。

*适应不同任务需要，民事警察在维和中扮演重要角色。*联合国民事警察是 1960 年首次进入联合国对刚果维和行动的。以后开始在塞浦路斯、纳米比亚等维和行动中担任过任务。经过 30 多年的发展，民事警察已在联合国协助社会重建、恢复目标国经济以及政治稳定等事务中扮演越来越重要的角色，并成为维和力量的重要组成部分。2005 年，参加联合国维和行动的民事警察已达到 8035 人，占整个维和力量的 12%。目前民事警察已在 13 项维和行动中担负治安巡逻、警员培训以及帮助所在国落实人权要求和提供其他广泛领域的援助任务。在有些国家，民事警察还为新政府提供咨询建议，帮助建立罪犯审判系统和强化所在地区法制建设等。这不仅帮助目标国建立起公共的安全环境和秩序，而且有效地防止和阻断了犯罪活动的升级。

*发挥大国作用，中国积极参加联合国维和行动。*1990 年中国第一次向联合国派出自己的维和人员，此后所担负的维和任务逐年加大。2005 年，中国参加联合国维和行动的军事人员已达 1300 人，累计已向联合国 14 项维和行动派出了约 4000 人次的维和军事人员，其中维和分队 3000 多人次，军事观察员和参谋军官近 900 人次，并在联合国 9 个任务区和联合国维和行动总部执行任务。截至年底，已有 2 名中国军官和 4 名士兵在执行维和任务中献出了生命。2005 年 9 月 8 日，中国应联合国要求新组建了赴苏丹维和部队，共有 435 人，包括 275 人的工程兵大队、100 人的运输分队和 60 人的医疗分队。主要担负任务区内修筑道路、机场、桥梁，修建供水、供电设施，运输人员、物资，组织伤病员救治和卫生防疫等任务。同时，中国还派出了两批每批 125 名维和警察赴海地轮换执行维和任务。

*维持地区和平任重道远，维和人员安全仍受较大威胁。*由于维和任务区常常是武装冲突与政治矛盾的焦点地区，维和人员在执行任务时经常处于危险之中。2005 年 2 月 25 日，联合国驻刚果（金）维和部队在该国东部地区巡逻时遭到身份不明的武装人员袭击，9 名来自孟加拉国的维和部队士兵在袭击中不幸身亡，另有 11 名士兵受伤。这是近年来在刚果（金）发生的最严重的袭击联合国维和部队事件。12 月 20 日海地首都太子港发生了武装袭击事件，在此执行维和任务的一名加拿大警官遭遇伏击身亡。这使 2004 年 6 月在海地执行维和任务以来牺牲的人数上升到 9 人，并有 30 名维和人员受伤。2005 年在整个维和行动中牺牲的人员总数比上一年增加了 3.4%。

*维和力量面临挑战，维和人员素质与管理有待加强。*随着维和对象的变化和维和职能的扩展，仅靠联合国维和部队已不可能单独完成所有的维和任务。在同一冲突地区，开始出现有联合国授权的地区组织和其他国际组织参与的多项和平行动。同时，由于维和人员来自数十个国家，训练水平参差不齐，且维和对象国民俗风情各异，如何增进维和效果已是联合国维和行动必须面对的严峻挑战。一是必须加强维和行动

的沟通与协调。在新的形势下，联合国维和人员不仅应在冲突各派之间展开工作，做好与当事国各方力量的外部协调，而且应做好与联合国其他组织及地区性组织的周边协调，还应做好维和部队与民事警察及文职人员的内部协调等。二是必须加强业务能力的训练。目前，联合国维和行动存在着维和职能和规模快速增长而维和人员由于来自不同国家素质差异较大的矛盾。对此，联合国已着力加强和改进现行的维和培训体制，并对维和人员进行派出前统一的训练项目检查验收。在这方面联合国下一步还须根据维和职能的新发展，尽早制定针对不同任务需求的训练大纲和教材，规范各国的训练内容和标准。三是必须加强内部管理。由于近几年来联合国维和任务的加重，维和人员已从2004年初的5.1万人增加到约7万人，在维和行动中对维和人员的内部管理已成为十分重要的环节。据联合国有关调查表明，维和行动中已出现法制不全，管理不善甚至贪污浪费等行为。一些联合国雇员与商人勾结，以维和项目合同谋取私利。在授予合同方面的欺诈行为涉及金额总值竟达1.98亿美元。维和行动中浪费与纪律松弛现象也时有发生。在苏丹和海地，以6500多万美元购买根本不需要的燃料，在东帝汶以1040万美元租用一架只需160万美元即可的直升机，在刚果以240万美元购买了7个飞机棚，但从未使用过。在尼日利亚、科索沃、海地等国都出现了联合国维和人员对当地居民的性侵犯事件。在刚果（金）东北部地区对维和人员性侵犯的指控竟高达150起。为解决此类问题，联合国维和行动部已在纽约总部成立工作组，专门负责制定联合国维和人员行为准则，并酝酿必要的行政改革。

联合国2005年进行的维和行动 2005年，联合国共进行着18项维和行动（截止2005年12月31日）。其中，非洲8项，美洲1项，欧洲3项，亚洲3项，中东3项。

联合国苏丹特派团。起止时间：2005年3月至今；计划部署：军事人员10000，民事警察715，国际文职人员1053，当地文职人员2690，联合国志愿者208；实际完成部署：军事人员4009，军事观察员467，民事警察289，国际文职人员526，当地文职人员1023，联合国志愿者71。2005年7月~2006年6月经费：9.6947亿美元。

联合国布隆迪行动。起止时间：2004年6月至今；实际部署：维和部队5170，军事观察员187，民事警察82，国际文职人员316，当地文职人员388，联合国志愿者146；已牺牲人数:共计20人；2005年7月~2006年6月经费:3.0769亿美元。

联合国科特迪瓦行动。起止时间：2004年4月至今；实际部署：维和部队6698，军事观察员195，民事警察696，国际文职人员358，当地文职人424，联合国志愿者205；已牺牲人数：共计14人；2005年7月~2006年6月经费：4.3817亿美元。

联合国利比里亚特派团。起止时间：2003年9月至今；实际部署：维和部队14824，军事观察员197，民事警察1091，国际文职人员552，当地文职人员828，联合国志愿者286；已牺牲人数：共计67人；2005年7月~2006年6月经费：7.6057亿美元。

联合国刚果民主共和国特派团。起止时间：1999年12月至今；实际部署：维和部队15046，军事观察员707，民事警察1038，国际文职人员828，当地文职人员1388，联合国志愿者491；已牺牲人数：共计5人；2005年7月~2006年6月经费：11.5389亿美元。

联合国埃塞俄比亚和厄立特里亚特派团。起止时间：2000年7月至今；实际部署：维和部队3130，军事观察员202，国际文职人员191，当地文职人员228，联合国志愿者75；已牺牲人数：共计13人；2005年7月~2006年6月经费：1.8599亿美元。

联合国西撒哈拉全民投票特派团。起止时间：1991年4月至今；实际部署：维和部队31，军事观察员195，民事警察6，国际文职人员120，当地文职人员96；已牺牲人数：共计14人；2005年7月~2006年6月经费：4795万美元。

联合国塞拉利昂特派团。起止时间：1999年10月22日至2005年12月31日；实际部署：军事人员17368，联合国警察87，国际文职人员322，当地文职人员552（实际部署最多时：2002年3月31日）；已牺牲人数：共计188人；经费共计：28亿美元。

联合国海地稳定特派团。起止时间：2004年6月至今；实际部署：军事人员7286，民事警察1748，国际文职人员449，当地文职人员512，联合国志愿者171；已牺牲人数：共计13人；2005年7月~2006年6月经费：5.4130亿美元。

联合国驻塞浦路斯维持和平部队。起止时间：1964年3月至今；实际部署：军事人员840，民事警察69，国际文职人员37，当地文职人员110；已牺牲人数：共计175人；2005年7月~2006年6月经费：4651万美元。

联合国格鲁吉亚观察团。起止时间：1993年8月至今；实际部署：军事观察员122，民事警察12，国际文职人员107，当地文职人员187，联合国志愿者

2；已牺牲人数：共计 10 人；2005 年 7 月~2006 年 6 月经费：3638 万美元。

联合国科索沃临时行政当局特派团。起止时间：1999 年 6 月至今；实际部署：军事观察员 37，民事警察 2146，国际文职人员 623，当地文职人员 2289，联合国志愿者 202；已牺牲人数：共计 42 人；2005 年 7 月~2006 年 6 月经费：2.5255 亿美元。

联合国印度和巴勒斯坦观察组。起止时间：1949 年 1 月至今；实际部署：军事观察员 42，国际文职人员 22，当地文职人员 47；已牺牲人数：共计 11 人；2005 年经费：837 万美元。

联合国东帝汶协助特派团。起止时间：2002 年 5 月 20 日至 2005 年 5 月 20 日；实际部署共计：军事人员 4776，联合国警察 771，国际文职人员 465，当地文职人员 856；已牺牲人数：共计 25 人；经费共计：28 亿美元。

联阿援助团。（资料暂缺）

联合国脱离接触观察员部队。起止时间：1974 年 6 月至今（叙利亚戈兰高地）；实际部署：军事人员 1047，国际文职人员 37，当地文职人员 105；已牺牲人数：共计 42 人；2005 年 7 月~2006 年 6 月经费：4371 万美元。

联合国驻黎巴嫩临时部队。起止时间：1978 年 3 月至今；实际部署：军事人员 1989，国际文职人员 100，当地文职人员 297。已牺牲人数：共计 256 人；2005 年 7 月~2006 年 6 月经费：9923 万美元。

联合国中东停战监督组织。起止时间：1948 年 5 月至今；实际部署：军事人员 150，国际文职人员 104，当地文职人员 119。已牺牲人数：共计 44 人；2005 年经费：29.04 万美元。

2005 年世界恐怖主义与反恐行动问题综述

2005 年，世界进入了“向恐怖主义宣战”的第 5 个年头。对恐怖主义的斗争与防范几乎已经家喻户晓。然而，恐怖主义也在不断变换手法。预防与遏制恐怖主义仍是国际社会长期的不可松懈的历史任务。

国际恐怖主义现状 2005 年是全球恐怖主义的回潮之年。恐怖袭击恶潮在全球画出了一个大大的回环，各大洲无一幸免。

*恐怖袭击的强度和密度明显上升。*据统计，2005 年全球仅被媒体关注的恐怖袭击事件就达 500 多起，其中重大恐怖袭击有 10 余起。在恐怖袭击的爆炸声中倒下的包括国家首脑、外交官、记者和警察，而更多的却是无辜平民。这些恐怖袭击不仅在袭击地点上慎重策划，而且在袭击目标上精心挑选，在袭击时间上环环相扣。为了达到恐怖袭击的最大效果，爆炸案已由以往的独立爆炸发展为连环爆炸，由单一爆炸发展为系列爆炸。在恐怖袭击最密集的 5 月至 11 月，几乎每次都有 3 个以上的爆炸地点，造成人员伤亡少则数十人，多则几百人。恐怖袭击的目标在全球范围内大幅度跳跃，往往是一个国家遭受袭击后不久，就会有另一个国家再被击中。欧洲以往曾是极端恐怖势力的后方基地和避难、筹资、宣传和招募人员的优选场所。然而，现在的欧洲已经从后方基地变成恐怖主义的袭击对象。5 月 7 日，缅甸首都仰光爆炸案之后，7 月 7 日英国首都伦敦发生了震惊世界的地铁和公交汽车爆炸案，数辆公交汽车和数个地铁出口被硝烟笼罩，宣告了欧洲恐怖袭击的升级。11 月 9 日发生在约旦的自杀式炸弹恐怖袭击中，造成至少 57 人死亡，300 多人受伤，其中包括 3 名中国公民。这使在海外恐怖事件中遇难的中国公民人数上升到 29 名。

*恐怖袭击事件带有明显的“基地”色彩。*2005 年发生的大量恐怖袭击事件表明，基地组织并未被摧毁，相反，由于其自身的的修复和变异，其活动更加猖厥。在存在方式上，由于“基地”组织始终处于地下状态，并已形成一种网络式结构，与传统的恐怖组织相比，它的任何一个环节被打破，并不会严重影响其他环节的正常运转。在操作途径上，由于“基地”组织不是一个国家实体，但其对西方进行“圣战”的理念已渐渐成为一种思潮，并以圣战的名义将恐怖活动散布到全球。在组织结构上，“基地”已从阿富汗战争前的以本·拉登为尖顶的金字塔形改变为跨国集团公司式的扁平形结构，每个驻外“分公司”只在战略发展上听命于集团的“董事长”，而对具体行动都拥有相当大的自主权，这使“基地”行动更加隐蔽灵活。在具体手法上，大都采取“秘密招募人员，进行‘洗脑’培训，多点同时引爆，人弹同归于尽”的做法。

*伊拉克战争成为恐怖袭击的导火索。*伊拉克战争的后果是使伊拉克变成了全球恐怖势力的聚集地，而驻伊美军则成为“圣战者”的众矢之的，连美国本土也面临越来越多的恐怖威胁。欧洲反恐专家预测，由于在伊战中出兵，使英、意、西连同丹麦，都成为了恐怖袭击的目标。大量圣战组织成员从国外进入伊拉克，经过战斗成为骨干，又被派往国外去组织针对其他国家的恐怖袭击。据有关统计，伊拉克仅上半年就发生了近 40 次自杀爆炸袭击，其中，在巴格达以南 6 公里的爆炸案一次就导致百余人丧生，130 余人受伤。尽快解决伊拉克问题已成为减少恐怖主义挑战的关键。

*恐怖势力的联盟趋势有所加速。*随着全球化的发展，

恐怖主义的相互沟通与配合日趋明显，各个看似孤立的恐怖袭击开始有了某种内在的联系，一个地区的恐怖组织受到摧毁，结成联盟的恐怖组织网络可迅速进行机构复制并回到当地“重生”。

*恐怖袭击的技术含量不断增加。*2005年基地组织已在互联网上发布了制造生物武器的方法。生物恐怖主义日渐成为全球最大的安全威胁。目前，世界主要国家一些大学校园内都建有核研究反应堆，虽然对外鲜为人知，但在内部却大都存在严重安全漏洞。有情报显示，恐怖组织已在训练能进入核反应堆和进行深海潜水的恐怖分子，策划对有核机构、桥梁、大坝、海上钻井平台等发动恐怖袭击。计算机和网络技术目前已成为恐怖分子传播恐怖手段的重要途径。随着功能强大的网聊工具和视频处理软件的涌现，恐怖分子已频繁利用互联网传播信息、恐吓和发动心理战，甚至利用网络筹集资金和招募成员。2005年，恐怖分子利用互联网散布了大量关于劫持人质和人质遭斩首的视频片断，血腥场面令人发指。

*高科技含量的“软目标”正在成为恐怖袭击的新重点。*恐怖组织在确定袭击目标时，通常以具有重要决策作用及影响的政治人物或重要的政治、经济中心作为首选。但在2005年出现了新的动向，袭击目标开始转向人口有限但却有高科技产业支撑和发展前景的城市。如12月28日晚印度“硅谷”班加罗尔发生的恐怖袭击事件表明，恐怖主义威胁不仅在宏观上开始由政治层面逐步向经济层面渗入，而且微观上也更加注重在便于得手的方面下功夫。

国际社会反恐活动的发展　2005年，世界主要国家纷纷加强防范措施，国际反恐合作进一步深化，新的反恐法规不断出台，反恐机制在探索中建立和发展。

*国际间反恐合作走向深化。*世界各国，特别是主要大国之间，在反恐问题上已达成更广泛的共识。各国间的双边、多边和区域性合作在反恐的旗帜下得到进一步加强。2005年4月联合国通过了《制止核恐怖主义行为国际公约》，为国际社会共同反对大规模杀伤性恐怖主义提供了新的依据。上海合作组织继上一年吸收蒙古为观察员之后，2005年又吸收印度、巴勒斯坦和伊朗三国为观察员，其多边安全合作机制已不断成熟和完善。它的积极活动使中亚地区在2005年未发生一起大的恐怖袭击事件。英国警方邀请世界上32个国家的100名情报首脑聚首伦敦，共享反恐情报，同时协助英国全力侦破伦敦爆炸案。巴基斯坦、乌兹别克斯坦、澳大利亚、印度尼西亚等国也积极开展国际合作，共同签署反恐协议，加强反恐信息与情报交流。

*反恐法制体系逐步建全。*2005年年初，俄罗斯杜马初步通过一项新的反恐法案，赋予克里姆林宫充分的反恐权力，包括在恐怖袭击威胁下，宣布全国进入紧急状况，限制言论、通信和审查新闻媒体，并将打击恐怖主义作为安全工作的重点。约旦在发生恐怖袭击事件后对政府班底进行了大改组,同时,加强了对外国人的监视措施,正式确定起草严厉的反恐法。年底，澳大利亚公布了有史以来最严厉的反恐法案。在反恐的名义下，警察对搜查、监控、关押直至临时处置等行动拥有了更大的权限；同时对公民的基本人权、通信自由、个人隐私等都加大了限制。依据所通过的反恐法律，许多国家加强了对恐怖主义的打击力度。3月，俄罗斯击毙了车臣非法武装重要头目马斯哈多夫，标志着其反恐取得了重要阶段性成果。2005年上半年，车臣境内的恐怖主义事件已比去年同期减少了71%。

*防范措施更加严密与细化。*为有针对性地做好防范准备，美国把可能发生的恐怖袭击以及出现的局面分成15个级别，从遭受生化武器甚至核武器袭击后的灾难管理，到多个地区同时遭受炸弹袭击均制定了应对措施。为全面围剿恐怖势力，一些国家已将反恐心理作战划分为五个主要因素：阻止其他人员加入恐怖组织；在恐怖主义组织内部制造摩擦与纠纷；鼓励恐怖分子脱离恐怖主义组织；减少外界对恐怖主义组织及其头目的支持；隔离恐怖主义的目标对象（公众），使其免于或尽量减少受到恐怖主义的影响。法国加强了边境控制，在一定程度上控制人员的自由流动，同时还加强了对重点人的移动电话监控，使用闭路电视跟踪等措施。英国在伦敦地铁爆炸案后，发动公众收集和提供反恐信息，并借助互联网，推出一系列群众性反恐的措施。

*反恐技术与装备快速提升。*随着反恐行动的深入，世界各大国已加大投入，积极研发高质量、高精度、高效率的武器器材。最新研制并逐步投入实际应用的包括可实现对地下工事和洞穴可控摧毁的小型智能钻地炸弹，可使用多种弹药在近距离对付恐怖分子的高毁伤霰弹枪，能够自动切断操纵系统而转入自动引导状态的多功能反劫机装备，以及反恐部队需要的非致命武器。为达到对恐怖分子的“先发制人”，俄罗斯还研制出射程超过3000千米，由战略轰炸机运载，可对全球任何地方恐怖分子实施打击的新式巡航导弹。美国开发并部分投入使用了可采集大量数据的巨型计算机系统，可将从博客和电子邮件中收集到的信息与政府情报资料综合，不仅可筛选嫌疑人或寻找关键词，而且还能在大量数据中分析恐怖分子动机、意图和活

动规律。美国还研制出新一代天花疫苗，足可应对恐怖分子同时在几个大城市传播天花病毒的恐怖事件。

*反恐演习广泛开展。*为有效应对突发的恐怖袭击，各主要国家已把举行反恐演习作为制定预案、推进准备和检查落实的必经途径。澳大利亚警察和情报部门共同组织了该国历史上规模最大的一次反恐行动，逮捕了17名涉嫌策划恐怖袭击的嫌疑人。8月8日，美国在纽约市举行了生化反恐实验演习，以此模拟和研究遭遇生化毒气袭击时的对策。英国为防范再次发生恐怖袭击，在伦敦地铁、英格兰南部等地组织了一系列反恐演习。亚洲一些主要国家在非传统安全领域，也加强了地区合作，巴勒斯坦、印度、泰国等均在上海合作组织框架下与中国共同组织了非传统安全领域的联合演习。这些演习不仅标志着演习国之间的友好合作，而且体现了共同反恐与维护和平与安全的决心。

对世界反恐形势的反思　2005年，频繁出现的大规模恐怖袭击事件在某种程度上是国际社会中一定社会集团政治积怨的暴力表达。对此，国际社会不仅应在发现、跟踪、截断与挫败恐怖行动上下功夫，还应该追根溯源、标本兼治。

*要尽快建立公正合理的国际政治经济新秩序。*稳定和谐的国际秩序是保证国际社会良好运行的前提，是实现反恐目标的根本出路。美国声称中东国家在思想教育以及政治体制中“缺乏民主”是造成恐怖主义的根源；但阿拉伯和伊斯兰世界的专家学者认为，美国偏袒以色列的政策、发动伊拉克战争、美军虐待囚犯和亵渎《古兰经》等恶行才是中东地区恐怖势力抬头的主要原因。国际恐怖组织正是利用了中东一些国家老百姓对政府的不满，导致了恐怖主义在中东地区及穆斯林世界的蔓延。为此，应让不同国家、不同社会集团均有充分讲话与进步的权利，减少国际社会中的不公正以及改变国际关系中的霸权主义和强权政治，逐步建立和谐公正的国际秩序。

*反恐要从消除第三世界国家贫困入手。*贫困是社会不稳定和走向暴力的重要诱因，也是恐怖主义产生的重要经济根源。发达国家应该更多地关注和考虑广大贫穷国家的需求，下气力帮助发展中国家加快发展步伐。要通过开展政治对话、经济交往和文化交流，不断缩小发达国家与发展中国家的经济差距，真正消除国际社会不公正现象。

*反恐要发挥联合国及地区组织的作用。*联合国是国际联手反恐的最高协作中枢。2005年联合国成立了反恐委员会，并出台了国际社会反恐公约。因此，各国的反恐活动均应在联合国框架内以公认的国际法准则为依据。而不应自起门户另搞一套强加于人，以及随意扩大打击范围，伤及无辜。中国积极倡导的上海合作组织已逐步建立了以“互信、互利、平等、协作”的新安全观为基础的多边安全合作机制。在此平台上，亚太各国间已开展了有效的多边反恐合作和其他非传统安全领域合作。

*反恐要解决双重标准问题。*目前，中东形势动荡，恐怖袭击硝烟四起。很大程度是由于超级大国在这里进行的不公正政策所致。特别是少数国家在巴以问题上坚持“双重标准”，严重忽略其他国家和民族的利益，是强权政治的体现，也成为巴以问题长期“冤冤相报”和恐怖主义泛滥的重要症结。对此，国际社会应尽快就恐怖主义的定义达成共识，消除反恐斗争中的双重标准，公正地处理国际间政治事务，为消除恐怖氛围、改善安全环境创造条件。

*反恐要尊重国际法和人权。*国际法和人权是处理与解决国际事务的重要基础。美国无视国际法和联合国的公约，发动了伊拉克战争。但结果不仅未能消除恐怖主义的存在，相反使伊拉克成为全球恐怖主义者的聚集地和培训点。2005年发现的美军虐待伊拉克战俘事件，激起了国际社会的反对，美国也面临更多的恐怖威胁。事实证明，恐怖主义是全球问题，无论多么强大的国家，都无法用单边主义的做法消除恐怖主义。同时，在反恐行动中还必须尊重国际法和人权。单纯依靠军事手段不仅不可能取得成功，反而会增加民族仇恨，引发更多的恐怖暴力活动。

*不能借反恐达到一己私利。*目前，反恐已成为国际社会的共识，打击恐怖主义是国际社会的共同责任。但在反恐进程中，少数大国在反恐这面正义的旗帜下塞进自己的私货。以反恐为名，行扩大势力范围、控制战略资源、干涉别国内政之实，这实际上是破坏反恐，阻碍了反恐行动的深入开展。

（吴　鹏）

军控与裁军

2005年国际军备控制与裁军综述 2005年，国际军备控制与裁军进程深受国际安全形势演变、国际关系调整和部分国家内外政策变化的影响。国际机构特别是联合国在推进国际军备控制与裁军方面做出不懈努力，达成相关条约和公约，对规范国际行为准则提供基本性标准。一些有核国家仍不放弃核力量建设,并在核政策、核战备、核武器技术方面做出新的调整。地区扩散问题仍是当年国际军备控制与裁军问题的关注点，朝鲜半岛核问题和伊朗核问题不仅成为影响地区稳定与安全的重要因素，而且成为有关国家和集团竞争与合作的重要平台。

国际机构和组织为推进国际军备控制与裁军进程做出不懈努力 这一点，表现在以下国际组织的行动上：

联合国。过去一年，联合国达成《制止国际恐怖行为国际公约》等国际条约，但在审议《不扩散核武器条约》和推进《全面禁止核武器试验条约》生效等方面，由于受到大国阻挠或无果而终，或进展缓慢。

①联合国大会通过《制止国际恐怖行为国际公约》。4月，联合国大会投票表决通过旨在制止核恐怖主义的国际公约草案。9月举行的首脑会议上，联合国秘书长安南提交此案，供各国首脑签署。根据规定，公约在22国批准后生效，成为国际法律文书和国际行为准则。这是近年来联合国通过的第13个国际反恐怖文件。公约要求签署国调整本国法律，把核恐怖行为列入犯罪行为，并配以相应的刑罚。公约认定，以制造伤亡、损害财产或破坏环境为目的，拥有和使用放射性装置或破坏核设施以及威胁使用放射性物质和装置的行为是核恐怖行为。这就对什么是核恐怖行为做了较为全面的界定。

②《不扩散核武器条约》审议大会无果而终。第七届《不扩散核武器条约》审议会2005年5月2日至27日在联合国总部举行。25日，分别负责“核裁军”和“和平利用核能”议题的委员会在未能达成一致的情况下结束讨论。此前负责“防止核扩散”议题委员会也未达成共识。大会最终只通过一份程序性文件。审议大会的主要分歧在于把当前的国际军备控制与裁军进程引向何方？无核国家强烈要求，核武器国家应履行承诺，落实上次审议大会提出的“13个步骤”，保证在核禁试、核裁军等方面有所进展。但以美国为首的一些大国只谈扩散问题。一些国家试图以防止核武器扩散为借口，限制别国寻求和平利用核能。这一态度违背《条约》精神。

③《全面禁止核试验条约》生效前景黯淡。第四届促进《全面禁止核试验条约》生效大会9月21~23日在纽约召开。通过各方努力，大会通过最后宣言，呼吁各国把签批约问题置于最高政治地位，加速批约进程。各国在条约生效之前，应继续保持暂停所有核武器爆炸试验和任何其他核爆炸、限制发展核武器和改进核武器质量、停止发展先进的新型核武器，继续高效建设核查体制。大会表达了对《全面禁止核武器试验条约》生效将增强国际和平与安全的信心。截至2005年11月，共有176个国家签署《全面禁止核武器试验条约》，125个国家批约。根据规定，条约必须在批约的44个有核能力的国家中41国签约和33国批约后方能生效。然而，这一条约的生效同样受到来某些大国的阻挠。美国布什政府明确表示，在其任期内不会考虑批约问题，也不会把批约提交国会讨论。同时，美国还在不断地削减应向《全面禁止核试验条约》组织提供的经费。

国际原子能组织与欧盟。2005年，解决伊朗核问题的努力随着国际和伊朗国内政治的变化一波三折。焦点是伊朗是否拥有和平利用核能的权力和国际社会是否应把伊朗核问题从国际原子能机构提交给联合国。在解决伊朗核问题上，国际原子能机构和欧盟扮演着重要的角色。

2005年2月9日，伊朗总统哈塔米在德黑兰对各国驻伊朗大使说，伊朗绝不会放弃核计划。4月底，欧盟与伊朗的接触会谈失败，伊朗重申恢复铀浓缩活动，引起欧美强烈反应。5月，伊朗与欧盟恢复接触，并称将遵守2004年11月停止铀浓缩活动的协定，欧盟则表示将在约两个月内提出一项综合计划，并进一步解决伊朗核问题。

2005年6月底，内贾德赢得总统选举以来，伊朗核问题再次出现波折。伊朗一度要求欧盟必须于8月1日之前提交5月承诺的伊朗核问题谈判一揽子解决方案，否则将重启与铀浓缩相关的活动，但同时还声明仍准备与欧盟继续谈判。欧盟警告伊朗不要采取任何单边行动，与美国一道再度威胁要将该问题提交联合国安理会。8月5日，英、法、德向伊朗提交一揽子提议，承认伊朗拥有和平开发核能的权利，但敦促伊朗放弃自建核反应堆，改由它国提供核燃料，遭伊朗拒绝。8月8日，伊朗在国际原子能机构监控下重新启动位于伊斯法罕的铀转化设备。

9月15日，伊朗伊斯兰共和国通讯社援引总统内贾德的话说，伊朗准备与其他伊斯兰国家分享用于和平目的的核技术。19日，在国际原子能机构理事会会议开幕上，德法英三国向大会正式提交决议草案，要求将伊朗核问题提交联合国安理会。

9月下旬，国际原子能机构理事会通过欧盟提出的关于伊朗核问题的决议，称必要时将其核问题报告联合国安理会。该项决议由法德英三国多次修改并提交理事会会议表决通过。伊称该决议是“非法的和不可接受”；美称仍希望通过和平外交方式处理核问题；国际原子能机构总干事巴拉迪表示，通过对话和外交手段解决伊核问题还有广阔空间；俄表示该决议预示着国际原子能机构将继续加强与伊合作。

伊朗的强硬态度和欧盟面临的窘境让欧洲舆论感到担忧。一些欧洲报刊指出，如果明年春天伊朗和欧盟仍不能就核问题达成某种妥协，伊朗核问题双方的争斗势将升级。

防扩散是当前国际军控与裁军进程的主要内容，传统裁军毫无进展 2005年,国际军控与裁军进程仍以防扩散为主要内容，传统的多边军控与裁军举步维艰。除在第七届《不扩散核武器条约》审议大会上表现出有核武器国家与无核武器国家之间的严重分歧外，在核裁军、全面禁止核武器试验条约生效等方面，国际社会几乎达不成统一行动的基础。

防扩散继续成为有关国家和国际组织关注的重要内容。 6月20日美公布了“欧盟和美国关于不扩散大规模杀伤性武器工作联合计划的声明”。7月26日，澳大利亚、智利、印尼、挪威、罗马尼亚、南非和英国等七国外长发表加强遵守核不扩散与裁军协议的声明，号召普遍加入《不扩散核武器条约》；呼吁所有尚未缔结和执行保障监督协定和附加议定书的国家毫不迟延地缔结和予以执行。七国重申条约国应不受歧视地享有为和平目的的研究、生产和使用核能的权利，但要与它们承担的义务保持一致，保证不转用于武器目的。尽管缔约国有退出条约的权力，但仍需采取措施阻止退约行为，退约国仍然要对退约前违反的义务负法律上的责任。各国应增强其裂变材料的透明度和安全；都有义务执行安理会1540号决议。七国对修改《核材料实物保护公约》表示欢迎，并促使其早日批准。呼吁必须继续推进全面和彻底核裁军，以便走向一个无核武器的世界；必须设法使《全面禁止核试验条约》早日生效。

*欧盟越来越重视防扩散的地位和作用。*近年来，欧盟明显提升防扩散政策在其对外政策中的地位，并从战略和资金等方面强化欧盟防扩散的能力，先后推出“欧洲安全战略”和 “应付大规模杀伤性武器战略”，设想出以预防为主的防扩散措施。2005年，欧盟继续围绕着这些文件精神采取一系列措施，加强作为地区性组织在防扩散方面的能力，这些措施可归纳为：第一，确保欧盟各成员国成为“模范公民”。2004年2月开始，欧盟特设小组对成员国出口管制制度进行严格的审查。安理会通过1540号决议后，欧盟委员会邀请相关的隶属机构，审议合理的政治与法律手段，包括在司法和内务框架下可能采取的行动。第二，强化全球军控程序，以促进所谓“有效的多边主义”的发展。第三，提供资金支持，以确保武器以及相关材料的安全。欧盟正在实施“联合行动计划”，打算15个月内提供330亿欧元，支持确保核安全的计划。第四，把不扩散政策融入欧盟对外政策中。欧盟已把防扩散条款写入与叙利亚、阿尔巴尼亚、塔吉克斯坦、以色列、摩尔多瓦和乌克兰达成的相关文件中。欧盟三国与伊朗围绕着核问题的周旋同样是在上述战略指导下进行的。

*美国推行双重标准，使防扩散工作复杂化。*2005年6月，美印签署了防务框架协议。接着,布什又与到访的印总理辛格会晤并发表联合声明。引起国际社会强烈反应，许多国家认为在印度未签署《不扩散核武器条约》的前提条件下，美印在核能领域进行全面合作，事实上默认了印核武器扩散行为，认可了印核国家地位。与此形成鲜明对比的是，布什6月29日签署的“关于切断大规模杀伤性武器扩散活动资金来源的行政命令”把伊朗、朝鲜和叙利亚的8家机构和公司列入从事扩散的“黑名单”，并宣称任何同它们进行商业往来者都将面临美国的制裁，其在美的资产将被冻结。

*传统的军控与裁军进程仍处于低谷。*凡是涉及战略性的、与安全利益攸关的军控项目都处于僵局。2005年裁军谈判会议在日内瓦召开的三次会议，对工作计划未能达成一致，裁谈会的实质性工作仍停滞不前。总的看，由于大国单边主义盛行，裁谈会在今后

一定时期内仍难达成实质性成果。

朝鲜半岛六方会谈成为军控与裁军进程的交汇点

2005年，有关国家就朝鲜半岛核问题相继举行了多轮六方会谈，使这一问题向和平解决迈进了一大步，特别是第四轮六方会谈达成了“承诺对承诺，行动对行动”的行动原则。但由于美朝两国积怨甚深，在最后落实各方文件的具体行动阶段，会有更多挑战。

2月10日，朝鲜外务省发表声明，宣布由于美国继续对朝鲜采取敌视政策，朝鲜将无限期中止参加六方会谈。声明称，朝鲜拥有基于自卫目的的核力量，朝鲜已经拥有核武器，其目的完全是为了自卫。朝鲜政府认为现在没有理由继续进行会谈。

中国一直在为和平解决朝鲜半岛核问题而努力。2月19日，中共中央对外联络部部长王家瑞赴朝鲜访问。朝鲜领导人金正日21日会见王家瑞部长。王家瑞转达中共中央总书记、国家主席胡锦涛致金正日总书记的口信。胡锦涛在口信中表示，中朝双方都坚持实现半岛无核化、维护半岛和平稳定的立场，认为通过六方会谈解决核问题及朝方的合理关切符合中朝双方的根本利益。希望避免局势进一步复杂化并早日重开“六方会谈”。4月2日至5日，朝鲜外务省第一副相姜锡柱对中国进行访问。期间，姜锡柱与外交部副部长戴秉国举行会谈，就双边关系、朝鲜半岛核问题等共同关心的问题深入交换了意见。

进入6月,美国对朝鲜政策发生明显变化,减少了对朝鲜领导人和政府的攻击,美朝两国官员接触也开始增多。美国朝鲜问题特使狄长礼及美国国务院朝鲜事务负责人福斯特在纽约与朝鲜官员再次举行会晤，商讨恢复朝核问题六方会谈的问题。7月26日，第四轮六方会谈在北京举行。9月19日，通过《第四轮六方会谈共同声明》，声明围绕实现朝鲜半岛无核化目标，一致重申，以和平方式可核查地实现朝鲜半岛无核化是六方会谈的目标。朝方承诺，放弃一切核武器及现有核计划，早日重返《不扩散核武器条约》，并回到国际原子能机构保障监督之下。美方确认，美国在朝鲜半岛没有核武器，无意以核武器或常规武器攻击或入侵朝鲜。2005年11月，第五轮六方会谈在京举行。11日，会谈第一阶段会议结束。中国代表团团长当天宣读了《主席声明》，各方重申，将根据“承诺对承诺、行动对行动”的原则全面履行《共同声明》，早日可核查地实现朝鲜半岛无核化的目标，维护朝鲜半岛及东北亚地区性的持久和平与稳定。

持续多年的朝鲜半岛核问题已远远超出核问题本身。不同国家出于不同的目的和为维护各自在东北亚地区的利益，参与六方会谈，这是六方会谈能够开得起来，并逐步向前推进的根本原因。随着谈判进程深入，各方的目的和利益也都日趋明显地暴露在世人面前。

中国为国际军备控制与裁军进程做出应有的贡献

2005年，中国积极地参与解决地区性核问题的进程，在朝鲜半岛核问题和伊朗核问题的和平解决上做出积极的贡献。在防扩散领域，除积极参与国际防扩散进程外，还在国内出口管制的机制建设、立法和执法以及宣传教育等方面做出巨大努力，促进与其他国家关系的发展。在日内瓦裁军谈判、联大一委等多边军控事务方面发挥积极独特的作用，切实履行了《禁止化学武器公约》、《禁止生物武器公约》、《特定常规武器公约》等国际义务，稳步开展《全面禁止核试验条约》的各项履约筹备工作。

9月1日，中国国务院新闻办公室发表《中国的军控、裁军与防扩散努力》白皮书，强调为应付新挑战，国际社会必须巩固和不断加强现有的国际军控、裁军与防扩散体系，加强国际合作，推进国际军控与裁军进程，这是维护国际和平、安全与稳定的必然要求。与1995年11月国务院新闻办公室发表的《中国的军控与裁军》白皮书和2003年12月发表的《中国的防扩散政策和措施》白皮书相比，《中国的军控、裁军与防扩散努力》有如下特点：一是更全面。此次的白皮书涵盖核、生、化武器及其运载工具和常规武器、裁军、军费开支等，详细地介绍了中国在军控、裁军与防扩散领域中的努力。二是更透明。对一些敏感问题并没有回避，如提出“中国反对任何国家以任何方式在导弹防御方面向中国台湾地区提供帮助或保护”。又如在军费开支和裁军员额方面，白皮书都做了明确宣示，对消除误解将发挥重要作用。

（李根信、滕建群、张玉龙）

中 外 军 事 交 往

2005 年中外军事交往综述　据《解放军报》记者陶克报道，2005 年，中国军事外交以更加主动、务实的姿态活跃在国际舞台上，推进双边和多边防务与安全领域合作的深入开展，有力地配合了国家总体外交，促进了与外军的互信与友谊。一年来，中美军事关系稳步发展，中俄军事关系不断深化，中国与周边国家的军事关系有了新的发展，同其他发展中国家的军事关系稳步推进。在印度洋海啸、美国遭遇飓风袭击、巴基斯坦大地震的救援中，担负向海外受灾国提供紧急救援物资筹措和运输任务的中国人民解放军有关部门启动救援应急机制，在第一时间将救灾物资运抵受灾国家。由中国军人组成的“蓝盔部队”，赢得了联合国的赞誉。一个全方位的对外军事关系格局正在形成，一个文明开放的中国军队形象展示在世界面前。

大国军事关系深入发展。2005 年 10 月，担任美国国防部长 5 年的拉姆斯菲尔德首次到中国进行友好访问。中国国家主席、中央军委主席胡锦涛，中央军委副主席郭伯雄，中央军委副主席、国务委员兼国防部长曹刚川分别与他进行了会见或会谈。拉姆斯菲尔德还走进了中国人民解放军第二炮兵司令部。这是第二炮兵自 1966 年组建以来首次向外军开放。

美国防部长访华是一次提升中美军事关系的重要访问。尽管大洋彼岸仍有人鼓噪“中国威胁论”，但中美双方都认识到，承认并尊重双方的战略利益，求同存异，通过院校教育、人员往来、军舰互访等形式的交流与合作，推动两军关系稳步向前发展，对地区乃至世界的和平与稳定都是有益的。

第七次中美国防部副部长级防务磋商和海上军事安全磋商达成多项共识，有助于中美之间阐明立场、增信释疑。两军院校教育交流的顺利开展，进一步增进了双方的相互了解和信任。

大国军事关系深入发展的又一亮点，是中俄两国成功举行了首次联合军事演习。盛夏 8 月，在 60 年前反法西斯战争和抗日战争中并肩战斗的中俄两军，首次举行了代号为“和平使命-2005”的联合军事演习。双方出动陆、海、空军和空降兵、海军陆战队以及保障部队近万人，分别在俄罗斯符拉迪沃斯托克和中国山东半岛及附近海域成功举行了联合演习。联合军演的成功，是中俄军事安全合作进一步深化的重要标志，把两国战略协作伙伴关系提升到新水平。

区域合作态势良好。区域合作是各国加强安全合作的重要途径。中国军事外交着眼通过多边区域安全合作，营造和平稳定的国际环境和睦邻友好的周边环境，大力倡导以“互信、互利、平等、协作”为核心的新安全观，重点开展周边区域安全合作，探索与其他地区强化区域安全合作关系。

——上海合作组织合作深化。维护地区安全与稳定，是中国军事外交的基本目标。自 2003 年 8 月中、哈、吉、塔、俄 5 国军队在中哈两国境内成功举行联合反恐演习之后，今年又成功举办了上海合作组织防务安全论坛，来自包括 6 个成员国和 4 个观察员国在内的 26 国代表参加，推动安全合作项目务实深入发展，增强了上海合作组织的凝聚力。

——东盟地区论坛对话与合作逐步推进。在 2004 年倡导并成功主办首届东盟地区论坛安全政策会议的基础上，今年积极参加在老挝举行的东盟地区论坛安全政策会议，对阐述中国防御性国防政策、增信释疑起到了积极作用。在中国提议下，中国与东盟国家亚太安全研讨班将于 2006 年举办。

——中越北部湾联合巡逻取得进展。中越两国正式签署了《中越海军北部湾联合巡逻协议》，并将于 2006 年实现首次联合巡逻。这一重要举措，对维护国家海洋权益，服务国家利益的发展，必将发挥积极作用。

——与其他地区安全合作稳步发展。中国逐步发展与其他国家的安全事务合作关系，在反恐、军演、防扩散、维和、救灾等领域进行广泛研讨。举办了中德、中法高级军官研讨班，增进了中欧军事交流与互信。

服务中国特色军事变革效果明显。中国军事外交围绕履行新世纪新阶段的军队历史使命，服务于军队现代化建设的意识更强。积极安排总部和军兵种近百个专业团组出访，考察学习外军联合作战指挥、联合部队编成、联合训练转型等新课目，开阔了视野，拓展了思维。

中国对外军事交流更加务实有效。全年共与 138 个国家的军队开展了军事交往，接待了 33 个国家的国防部长和 21 个国家的军队总参谋长来访，参加双边和多边磋商与合作等活动 41 项，向美国等 10 个国家提供紧急救援 3 次。今年 9 月，中国人民解放军邀请 24 国的 40 多名军事观察员、驻华武官观摩了在北京军区某训练基地举行的“北剑-2005”演习。11 月，人民解放军海军出访舰艇编队还先后与巴基斯坦海军、印度海军和泰国海军举行了以联合搜救为主要内容的非传统安全领域演习。

以新安全观为支撑的中国军事外交，高举“和平、发展、合作”的旗帜，必将为建设持久和平与共同繁荣的和谐世界做出更大贡献。

（金鑫鑫）

2004~2005 年部分新上任军界要人简介

美国副国防部长戈登·R·英格兰 1961 年毕业于马里兰州立大学并获得电子工程学学士学位，1975 年获得得克萨斯基督教大学尼里商学院商务管理硕士学位。1961 年至 1966 年，任霍尼韦尔公司格米尼航天项目工程师。1966 年起，任通用动力公司福特·沃思飞机部电子设备设计工程师、海军 E-2C“鹰眼”电子侦察飞机项目主管、通用动力公司地面系统公司（制造地面作战车辆）总裁。1991 年起，任通用动力公司行政副总裁兼福特·沃思飞机部总裁。1993 年至 1995 年，任马丁·洛克希德飞机公司总裁。1995 年退休，创建并购咨询公司并任总裁。1997 年至 2001 年，再次出任通用动力公司行政副总裁。2001 年 5 月至 2003 年 1 月，任美国海军部长。2003 年 1 月至 9 月，任美国国土安全部副部长。2003 年 10 月至 2005 年 12 月，再次出任美国海军部长。2005 年 5 月至 2006 年 1 月，代理美国副国防部长。2006 年 1 月任现职。

美国海军部长唐纳德·C·温特 1969 年毕业于罗切斯特大学并获得物理学学士学位，1970 年和 1972 年先后获得密歇根大学物理学硕士学位和博士学位。2002 年当选为美国工程院院士。1980 年至 1982 年，任美国国防部国防高级研究计划局负责航天采办等方面工作的项目主管。此后，曾任 TRW 公司（汤普森·拉莫·伍尔德里奇公司）国防系统部副总裁兼总经理，TRW 公司副总裁兼负责航天与电子业务系统的副总经理，TRW 公司系统部总裁兼首席执行官，诺思罗普·格鲁曼公司副总裁兼任务系统部总裁。2006 年 1 月任现职。

美国空军部长迈克尔·W·怀恩 1966 年毕业于美国军事学院（西点军校）并获得工程学学士学位，被任命为空军少尉军官。1970 年获得空军理工学院电气工程硕士学位，1975 年获得科罗拉多大学商学硕士学位。1966 年 6 月至 1973 年 6 月，任空军军官。1994 年 5 月至 1997 年 3 月，任洛克希德-马丁宇航公司航天发射系统部总经理。1997 年 7 月至 1999 年 10 月，任通用动力公司高级副总裁。2000 年 12 月至 2001 年 7 月，任 IXATA 集团公司董事局主席兼首席执行官。2001 年 7 月至 2005 年 10 月，任美国国防部负责采办、技术与后勤的副部长的首席帮办（在此期间，2003 年 5 月至 2005 年 4 月代理美国国防部负责采办、技术与后勤的副部长职务，2005 年 4 月至 6 月任美国国防部负责采办、技术与后勤的副部长）。此外，曾任美国陆军协会底特律分会主席等职。2005 年 11 月任现职。

美国参谋长联席会议主席彼得·佩斯陆战队上将 毕业于驻马里兰州安纳波利斯的美国海军学院并获得学士学位，随即被任命为海军陆战队少尉军官。1968 年至 1985 年，历任美国第 1 陆战师第 5 陆战团 2 营排长和营助理作战官，陆战队研究所步兵写作科科长、警卫排长、戴维营保安分队队长、白宫社会事务副官、特别仪式排排长，美国第 1 陆战航空联队所属的第 15 陆战航空大队保安科作战官、执行官，美国海军陆战队司令部参谋，美国第 1 陆战师第 5 陆战团 2 营作战官、3 营执行官、师司令部秘书，布法罗市陆战队征兵站司令，第 1 陆战师第 1 陆战团 2 营营长。1985 年 6 月至 1992 年 7 月，历任联合国军司令部/韩美联合部队司令部/驻韩美军司令部地面部队处处长、负责作战的助理参谋长的执行官，陆战队兵营司令，美国第 2 陆战师参谋长、副师长。1992 年 7 月，任美国海军陆战队大学校长兼美国海军陆战队作战发展司令部院校部部长（1992 年 12 月至 1993 年 2 月兼任驻索马里陆战部队副司令，1993 年 10 月至 1994 年 3 月兼任驻索马里联合特遣部队副司令）。1994 年 6

月，任驻日美军副司令兼参谋长。1996年8月，任美国参谋长联席会议联合参谋部作战部长。1997年11月，任美国大西洋陆战部队/大西洋舰队陆战队司令兼美国驻欧洲陆战部队司令。2000年9月，任美国南方司令部总司令。2001年10月至2005年8月，任美国参谋长联席会议副主席。2005年9月30日任现职。

美国陆军训练与条令司令部司令威廉·S·华莱士上将　毕业于美国军事学院（西点军校）并获得学士学位，后来获得美国海军研究生院作战运筹分析硕士学位和萨尔夫—雷金纳大学国际关系硕士学位。1970年1月至1982年6月，历任美国第6装甲骑兵团第2中队排长、连执行官，美国驻越南军事顾问团第20顾问组助理顾问和作战顾问，美国第82空降师第68装甲团4营人事官、连长、助理作战官、作战官，美国海军研究生院研究生和项目官，美国陆军装甲兵中心作战运筹分析处分析员、项目官、处长。1983年6月至1995年6月，历任美国第2装甲骑兵团第2中队执行官、第2装甲骑兵团作战官、执行官、第3中队中队长，美国陆军国家训练中心高级装甲特遣部队训练官、参谋长，美国第5军第11装甲骑兵团团长，美国陆军国家训练中心作战大队司令。1995年6月至2001年7月，历任美国陆军国家训练中心司令兼欧文堡驻军司令，美国第4（机械化）步兵师师长，美军联合作战中心司令兼美国联合部队司令部联合训练部部长。2001年7月至2003年7月，任美国第5军军长。2003年7月至2005年10月，任美国陆军训练与条令司令部负责联合兵种的副司令兼美国陆军联合兵种中心司令、美国陆军指挥与参谋学院院长、利文沃思堡驻军司令。2005年10月任现职。

美国海军作战部长迈克尔·G·马伦海军上将　毕业于美国海军学院并获得学士学位，1985年获得美国海军研究生院作战运筹研究硕士学位。曾任“科利特号”驱逐舰反潜武器官和领航官，“布兰迪号”驱逐舰武器官、作战官，“诺克苏比号”供油船船长，美国海军学院学员队司令的执行助理，“福克斯号”导弹巡洋舰主任工程师，“斯特里特号”导弹巡洋舰执行官。1985年至1996年6月，历任“戈尔兹伯勒号”导弹驱逐舰（DDG20）舰长，水面作战军官学校军官课程处处长，国防部作战试验与论证局局长的海军项目助理，“约克敦号”导弹巡洋舰（CG48）舰长，美国海军人事局水面军官任免处处长，海军作战部水面作战计划、项目与需求处科长，水面作战处副处长。1996年8月，任第2巡洋舰—驱逐舰大队司令兼“华盛顿号”航空母舰作战大队司令。1998年5月，任美国海军作战部水面作战处处长。2000年10月至，任美国第2舰队司令兼北约大西洋打击部队司令。2001年8月，任美国海军负责资源、需求与评估的副作战部长。2003年6月，任美国海军第一副作战部长。2004年7月至2005年5月，任美国欧洲海军司令部司令兼北约那不勒斯联合部队司令部总司令。2005年7月任现职。

美国太平洋司令部司令威廉·J·法伦海军上将　毕业于维兰诺瓦大学并获得学士学位，通过接受海军后备军官训练团训练后参加美国海军。后来获得老多米尼大学国际关系硕士学位。作为RA-5C飞行员参加越南战争。此后担任过舰载攻击机中队中队长和航空母舰飞行联队联队长。历任第65舰载攻击机中队中队长，第1中型攻击机联队联队长，美国第8航空母舰作战大队司令兼“罗斯福号”航空母舰作战大队司令（1995年至1996年），美国大西洋舰队航空兵司令的副官，侦察攻击联队司令部参谋，作战试验部队司令部参谋，舰队航空兵司令部参谋，西南亚联合特遣部队作战处副处长。其第一个将官职务为北约大西洋盟军司令部负责计划与政策的助理参谋长。接着任美国大西洋舰队副司令兼参谋长，然后出任美国大西洋司令部副总司令兼参谋长（1996年9月至1997年11月）。1997年11月，任美国第2舰队司令兼北约大西洋打击舰队司令。2000年10月，任美国海军第一副作战部长。2003年10月至2005年2月，任美国海军部队司令部司令兼美国大西洋舰队司令。2005年2月任现职。

美国海军部队司令部司令兼美国大西洋舰队司令约翰·B·纳思曼海军上将　毕业于美国海军学院并获得学士学位，后来获得该校航空工程硕士学位。历任飞行员，美国海军战斗机武器学校（舰炮）训练官，试飞飞行员，“尼米兹号”航空母舰（CVN68）执行官，“拉萨尔号”指挥舰舰长，“尼米兹号”航空母舰舰长，北约波黑和平执行部队司令部后勤部长。1996年，任美国第7航空母舰大队司令兼“尼米兹号”航空母舰作战大队司令。在此任内，被任命为东南亚联合特遣部队副司令，支援作战行动以及伊拉克禁飞区的扩展。在海湾地区的海军作战中，被任命为美国第50特遣部队司令。1998年7月，任美国海军作战部空中作战处处长。2000年8月，任美国海军航空部队司令兼美国太平洋舰队海军航空部队司令。2002年8月，任美国海军负责作战需求与项目的副作战部长。2004年8月至2005年2月，任美国海军第一副作战部长。2005年2月任现职。

美国欧洲海军司令部司令兼北约那不勒斯联合部队司令部司令亨利·G·乌尔里克海军上将 毕业于美国海军学院并获得学士学位，被任命为海军少尉军官。担任过的职务主要包括："盖底斯堡号"导弹巡洋舰（CG64）舰长，美国海军作战部巡洋舰导弹计划处处长，美国参谋长联席会议联合参谋部部队结构、资源与评估部参谋，美国参谋长联席会议主席的执行助理，美国太平洋舰队司令部作战、计划、政策与训练部部长。1999年8月至2001年9月，任美国第12巡洋舰-驱逐舰大队司令/"企业号"航空母舰作战大队司令。2001年10月至2002年8月，任美国海军EXCEL特遣部队司令。2002年8月至2003年9月，任美国海军作战部水面作战处处长。2003年11月至2004年3月，任驻意大利加埃塔的美国第6舰队司令兼北约南欧盟军海军进击与支援部队司令。2004年3月至2005年5月，任驻意大利加埃塔的美国第6舰队司令兼北约盟军进击舰队司令、北约里斯本联合司令部司令。2005年5月任现职。

美国太平洋舰队司令加里·罗格希德海军上将 毕业于美国海军学院并获得学士学位，被任命为海军少尉军官。最初在"约瑟夫斯·丹尼尔斯号"军舰武器部门任职。此后任"道格拉斯号"炮艇执行官、"塔科马号"炮艇执行官，"奥班农号"军舰主任工程师，"斯普鲁恩斯号"军舰执行官。曾任"巴里号"（DDG52）导弹驱逐舰舰长和"罗雅尔港号"（CG73）导弹巡洋舰舰长。岸上任职主要包括：大西洋舰队水面部队司令的副官，海军部项目评估办公室水面作战分析员，海军部长的行政副官，太平洋司令部总司令的执行助理，海军学院学员队司令（1997年8月至1999年12月）。2000年4月至2001年1月，任第2巡洋舰-驱逐舰大队司令。2001年1月至2003年8月，任海军立法联络局局长。2003年8月至2004年10月，任第2舰队司令兼北约大西洋打击部队司令。2004年10月至2005年7月，任太平洋司令部副司令。2005年7月任现职。

美国空军参谋长迈克尔·莫斯利空军上将 1971年毕业于得克萨斯农业机械化大学并获得政治学学士学位，1972年获得该校政治学硕士学位，通过后备军官训练团训练之后被任命为空军少尉军官。1972年6月至1984年6月，历任飞行训练学员、T-37教练飞行员、F-15教练飞行员、中队武器与战术官、空军指挥与参谋学院学员。1984年6月至1987年6月，任美国空军负责计划与作战的副参谋长办公室计划处科长。1987年6月至1989年6月，任空军战斗机武器学校教官。1989年6月至1990年6月，为国家军事学院学员。1990年6月至1992年8月，任国家军事学院联合与联盟作战主任的（空军）参谋长。1992年8月至1994年1月，任美国第33作战大队大队长。1994年1月至1996年5月，任空军总部将官事务办公室主任。1996年5月至1997年11月，任第57飞行联队联队长。1997年11月至1999年7月，任参谋长联席会议联合参谋部战略计划与政策部负责亚太与中东地区军政事务的副部长。1999年7月至2001年11月，任空军立法联络局局长。2001年11月至2003年8月，任第9航空队司令兼美国中央司令部空军司令，任内参与组织指挥伊拉克战争。2003年8月至2005年8月，任美国空军第一副参谋长。2005年9月任现职。

美国空军教育与训练司令部司令威廉·R·卢尼空军上将 毕业于美国空军学院并获得学士学位。1972年6月至1983年2月，历任飞行训练学员，军事空运飞行员，T-38飞行教官，美国空军人事计划局空军参谋训练计划组成员，战术战斗机中队飞行教官、飞行队长和助理作战官。1983年2月至1989年6月，历任武装部队参谋学院学员，美国欧洲司令部副总司令的执行官，美国第36战术战斗机联队计划科科长，第22战术战斗机中队作战官、中队长。1989年7月至1990年6月，为国家军事学院学员。1990年6月至1992年7月，任美国参谋长联席会议联合参谋部战略计划与政策部常规谈判处处长。1992年7月至1993年6月，任驻冰岛凯夫拉维克航空站的航空部队副司令。1993年6月至1995年5月，任美国第33战斗机联队联队长。1995年5月至1996年7月，先后任美国第1战斗机联队联队长和第2空军远征部队司令。1996年7月至1998年6月，任美国武装部队参谋学院院长。1998年6月至1999年5月，任美国空军航天作战中心司令。1999年5月至2000年6月，任美国空军航天司令部作战部长。2000年6月至2002年5月，任美国第14航空队司令兼美国航天司令部下属的美国空军航天作战部队司令。2002年5月至2003年12月，任美国空军器材司令部电子系统中心司令。2003年12月至2005年6月，任美国空军器材司令部航空系统中心司令。2005年6月任现职。

美国欧洲空军司令部司令、北约欧洲盟军空军司令部司令、美国欧洲司令部空军司令威廉·T·霍宾斯空军上将 1969年毕业于美国空军学院并获得学士学位，被任命为空军少尉军官。1977年获得特罗伊州立大学工商管理硕士学位。1970年1月至1980年8月，历任飞行训练学员、教练飞行员、战斗机飞行员兼质量控制主任、第 29 飞行训练联队 T-38 标准化与评估科科长，战术战斗机飞行小队长、作战官，第 49 战术战斗机联队武器系统科科长。1980 年 8 月至 1981 年 1 月，为武装部队参谋学院学员。1981 年 1 月至 2000 年 7 月，历任美国空军参谋部作战处参谋，第 33 战术战斗机联队监察主任，第 12 飞行训练联队负责作战的副联队长，驻冰岛的美国空军部队副司令、司令，第 405 战术训练联队副联队长、联队长，第 58 战斗机联队副联队长，驻日美军司令部作战部计划与作战处处长，美国第 18 联队联队长，驻日美军司令部计划与政策部部长，美国欧洲空军司令部空中与航天作战部部长。2000 年 8 月至 2005 年 5 月至 11 月，历任美国第 12 航空队司令兼美国南方司令部空军司令兼美国战略司令部侦察特遣部队司令，空军负责作战系统集成的副参谋长，后兼代理首席作战系统集成官并兼首席信息官。2005 年 12 月任现职。

（肖石忠）

日本防卫厅长官额贺福志郎　1944 年 1 月出生于日本茨城县，毕业于早稻田大学政经系。曾任《产经新闻》报记者、茨城县议员。1983 年 12 月首次当选众议员，后 8 次当选。历任通产政务次官、内阁官方副长官、防卫厅长官、经济财政相，以及众议院运营委员会理事、大藏委员会委员长、自民党地方行政部会长、自民党国会对策副委员长、自民党税制调查会副会长、自民党宣传部部长、自民党政务调查会会长、自民党安保调查会会长等职。

日本自卫队总参谋长先崎一　1944 年 5 月 4 日出生，籍贯鹿儿岛县。1968 年 3 月毕业于防卫大学，加入陆上自卫队。1987 年 7 月晋升上校军衔。1992 年 6 月任陆上自卫队参谋部防卫科长。1993 年 7 月晋升少将军衔。1994 年 7 月任北部军区副参谋长，1996 年 7 月任陆上自卫队参谋部人事部长，1998 年 7 月任陆上自卫队第 3 师师长，晋升中将军衔。1999 年 12 月任陆上自卫队参谋部副参谋长。2001 年 1 月任北部军区司令。2002 年 11 月任陆上自卫队参谋长。2004 年 8 月任参谋长联席会议主席（上将军衔）。

（于　庭）

泰国海军司令沙提拉攀·盖亚暖上将　生于 1947 年 12 月。曾先后就读于泰国军事预备学校、海军军官学校、海军学院、国防大学等院校。并曾在美国和丹麦的军事院校进修。历任巡逻艇艇长、导弹艇副艇长、海军通信厅处长、作战舰队第 3 区舰队司令、海军副参谋长和参谋长、武装部队副司令等职。2005 年 10 月任现职。

（孟　丽）

土耳其海军司令耶纳·卡拉汉诺格卢海军上将　1946 年出生于土耳其埃尔祖鲁姆，1964 年毕业于土耳其海军学院并被任命为海军少尉军官。1978 年毕业于海军军事学院，1984 年毕业于武装部队参谋学院。1966 年起，历任驱逐舰分队军官、部门长和执行官。1979 年至 1982 年，先后任巡逻舰舰长、驱逐舰舰长。1982 年至 1998 年，历任土耳其舰队司令部作战与训练处处长、作战处处长，海军司令部指挥与控制处处长，第 1 驱逐舰中队司令，土耳其舰队司令部作战训练处处长，土耳其两栖作战部队司令，土耳其舰队司令部后勤部部长，土耳其海军水面作战大队司令。1998 年 8 月至 1999 年 8 月，任土耳其舰队司令部监察与评估部部长。1999 年至 2001 年，任土耳其舰队司令部参谋长。2001 年至 2003 年，任土耳其海军南部军区司令。2003 年至 2005 年，任土耳其舰队司令部司令。2005 年 8 月任现职。

土耳其空军司令法鲁克·科默特空军上将　出生于土耳其的萨姆松，1965 年毕业于土耳其空军学院并被任命为空军少尉军官。此外，先后毕业于土耳其空军军事学院、武装部队参谋学院、美国空军指挥与参谋学院、美国空军军事学术教官学校。曾任训练官、作战官和中队长。1985 年至 2001 年，历任北约南欧盟军空军司令部参谋、作战处处长，土耳其战术空军司令部参谋长，第 8 喷气战斗机基地司令，总参谋部指挥与控制部部长，空军军事学院院长，总参谋部条约部部长，空军司令部评估与监察部部长。2001 年至 2003 年，任第 1 战术航空队司令兼第 6 盟军战术航空队司令。2003 年至 2005 年，任土耳其军事学院院长/军事学院司令部司令。2005 年 8 月任现职。

英国副国防参谋长蒂莫西·格兰维尔·查普曼上将　毕业于英国剑桥大学，1968 年被任命为炮兵军官，在炮兵团内服役到 1973 年。在参谋学院之前的任职经历为桑赫斯特皇家军事学院教官和国防部军事作战参谋。从坎伯利参谋学院毕业之后的任职经历包括英国第 1 军军长的军事助理、驻德国的独立反坦克炮兵连连长、参谋学院教务部参谋和驻德国的炮兵团团长。在参加高级指挥与参谋课程班之后，任国防部国防政策参谋部副部长。在进入英国皇家国防研究学院学习之前，任驻德国的装甲旅旅长。从皇家国防研究学院毕业之后，曾短期担任陆军参谋部某部部长。1994 年，任英国陆军参谋部助理参谋长，任内于 1997 年受命组建新的联合军种指挥与参谋学院，停办以前的单一军种参谋学院，并在谈判过程中确定什里弗纳姆为新的参谋学院的永久院址。2000年，返回陆军委员会，任陆军副官长。2003年1月至2005年3月，任英国地面部队司令部总司令。2005年7月任现职。

英国地面部队司令部总司令理查德·丹纳特（爵士）上将 1971年毕业于英国桑赫斯特皇家军事学院，被任命为格林·霍华兹步兵团少尉军官，先后在北爱尔兰、塞普路斯和德国服役。曾任桑赫斯特皇家军事学院连战术教官，第20装甲旅参谋长，武装部队国务大臣的军事助理，陆军参谋学院指挥与参谋课程班学员。1989年至1991年，任空中机动营营长。1994年至1996年，任英国第4装甲旅旅长（在此任内，曾兼任驻波黑的联合国保护部队西南地区司令、波黑执行部队旅长）。1996年至1998年，任英国国防部国防项目局局长。1999年1月至2000年11月，任英国第3师师长，兼任英国驻科索沃部队司令。2000年11月至2001年4月，任波黑稳定部队负责作战的副司令。2001年4月至2002年10月，晋升为中将，任英国陆军副参谋长。2003年1月至2005年1月，任北约欧洲盟军快速反应军团司令。2005年3月任现职。

英国第一海务大臣兼海军参谋长乔纳森·班德（爵士）海军上将 1967年参加英国皇家海军，先后在英国达特矛斯皇家海军学院受训和在埃克塞特大学学习（肄业）。1981年至1983年，任英国舰队总司令的副官。1983年至1985年，任“菲比号”护卫舰舰长。1985年，为联合军种国防学院学员，毕业之后任英国国防部国防政策部参谋。1988年，任“诺福克号”军舰舰长。1991年至1994年，任英国国防部海军项目处副处长。1995年至1997年，任“卓越号”航空母舰舰长。1997年5月至1999年12月，任英国海军助理参谋长。2000年1月至2001年5月，任英国国防部国防教育与训练研究办公室主任。2001年5月至2002年8月，任英国舰队副总司令。2002年8月至2004年6月，任英国舰队总司令兼北约东大西洋司令部总司令/北约北欧盟军司令部海军司令。2004年7月至2005年11月，任英国舰队总司令/北约布林瑟姆联合部队司令部海军司令。2006年2月任现职。

英国皇家海军舰队总司令兼北约布林瑟姆联合部队司令部海军司令詹姆斯·伯内尔·努根特（爵士）海军上将 1971年毕业于剑桥大学数学专业，参加英国皇家海军，被任命为海军少尉军官。1979年至1980年，任常规动力潜艇艇长。1984年至1986年，任核动力潜艇艇长。1992年至1993年，任护卫舰舰长。1997年至1999年，任“无敌号”航空母舰舰长。1999年至2000年，任英国助理海军参谋长。2001年至2002年，任英国联合部队所属的海上部队司令，率部参加包括阿富汗战争在内的反恐战争。2003年1月至2005年10月，任英国第二海务大臣兼英国皇家海军本土司令部司令。2005年11月任现职。

英国皇家空军进击司令部司令乔·弗伦奇（爵士）空军上将 1967年10月参加英国皇家空军，接受训练之后成为直升机飞行员。曾任英国国防参谋长的副官、直升机飞行教官、飞行分队长。1982年进入布拉克内尔皇家空军参谋学院学习。此后，先后任皇家空军参谋、第7直升机中队中队长、英国空军进击司令部暨英国空军部队司令部人事参谋、皇家空军仪仗队队长。1989年11月至1991年11月，任奥迪哈姆皇家空军场站主任。1992年进入英国皇家国防研究学院学习。1992年至1995年，任英国国防部空军参谋部主任。1995年9月至1997年10月，任负责政策的助理国防参谋长。1997年10月至2000年11月，任英国国防部情报收集处处长。2000年11月至2003年4月，任英国国防情报局局长。2003年4月至2006年1月，任英国空军人事与训练司令部司令。2006年1月任现职。

瑞士空军司令沃尔特·克努蒂空军中将 1948年1月出生于瑞士巴塞尔，后来毕业于巴塞尔大学法律专业。1990年至1991年，为驻美国亚拉巴马州马克斯韦尔空军基地的美国空军指挥与参谋学院学员。1993年至1994年，任驻佩尔尼的瑞士空军防空学校校长。1994年至1996年，任瑞士空军防空团团长。1997年至1999年，任瑞士空军负责作战的副参谋长（即作战部长）。1999年，任驻阿尔巴尼亚的瑞士特遣部队司令。2000年至2003年，任瑞士空军基地旅旅长。2004年至2005年，任瑞士空军参谋长。2006年1月任现职。

加拿大海军参谋长德鲁·W·罗伯逊海军中将 1973年入伍，1978年毕业于加拿大皇家军事学院并获得工程物理学士学位。1993年任“普罗维德号”军舰执行官，1995年任“安那波利斯号”驱逐舰舰长，1996年任国防部长办公室参谋，1997年任国防部北约政策处处长，1999年任“阿塔巴斯坎号”驱逐舰舰长，2001年任加拿大大西洋舰队司令，2003年任国防部国际安全政策局局长。2006年1月任现职。

澳大利亚国防军司令阿伦·G·休斯敦空军上将 1970年作为飞行学员参加澳大利亚皇家空军，1987年任第9飞行中队中队长，1990年至1991

年任边防军司令部联合作战参谋，1992年至1993年任空军政策处处长，1994年至1995年任第86飞行联队联队长，1996年为英国皇家国防研究学院学员，1997年至1999年任澳大利亚战区司令部参谋长，1999年至2000年任综合防空系统司令，2000年8月至2001年6月任战略司令部司令，2001年6月至2005年7月任澳大利亚皇家空军司令，2005年7月任现职。

澳大利亚国防军副司令肯尼思·J·吉莱斯皮中将 1962年参加澳大利亚陆军，1972年毕业于候补军官学校并被任命为工程兵军官。曾任军事工程学校教官和高级教官，野战工程兵团和建筑团连长、营长。1986年至1987年，根据军官交流计划任英国皇家军事工程学校教官。此后参与联合国维和行动。1985年为澳大利亚指挥与参谋学院学员，1991年为澳大利亚联合军种参谋学院学员，1998年为英国皇家国防研究学院学员。此后担任过的主要职务包括：第3战斗工兵团团长，边防军司令的作战参谋，澳大利亚战区联合情报中心主任、情报处长，陆军训练司令部参谋长，联合国驻东蒂汶维和部队西部多国旅旅长，参加伊拉克战争的澳大利亚部队司令，澳大利亚地面部队司令（2004年1月至2005年7月）。2005年7月任现职。

澳大利亚皇家海军司令拉斯·沙尔德斯海军中将 1967年作为海军候补军官学校学员参加澳大利亚皇家海军。曾任海军巡逻艇副艇长、艇长。先后在澳大利亚、美国和英国的高等海军院校受训。1986年至1987年，任“悉尼号”军舰舰长。接着，任海军海上训练司令部司令。海湾战争期间，任“达尔文号”军舰舰长，率部参战。1991年至1993年，先后任海军海上作战处处长和海军政策与作战处处长。1993年至1994年，任“佩思号”军舰舰长。1995年至1998年，先后任海军联合演习计划部部长和作战政策与条令部部长。1998年，任海军分舰队司令。1999年至2001年，任海军勤务部部长。2001年至2002年，任海军人事管理部部长。2002年7月至2005年7月，任澳大利亚国防军副司令。2005年7月任现职。

澳大利亚皇家空军司令杰弗里·D·谢泼德空军中将 1974年毕业于澳大利亚皇家空军学院。1982年至1984年，任第1飞行训练学校教官。1984年至1987年，任飞行小队长。1988年至1990年，任澳大利亚驻新加坡高级专员的助理国防顾问。1990年，任第6飞行中队中队长。1993年，在联合军种参谋学院受训。此后，任澳大利亚国防军发展处副处长。1995年至1998年，任第82飞行联队联队长。1998年，任澳大利亚空军司令部参谋长。此后，历任国防通信部作战处处长、战略作战处处长。2003年12月至2005年7月，任澳大利亚空军司令部司令。2005年7月任现职。

北约组织军事委员会主席雷蒙德·R·埃诺空军上将 1949年出生于马尼托巴，1968年参加加拿大皇家空军，接受飞行训练之后成为飞行员。1993年8月至1994年5月，成为加拿大国防学院学员。1994年5月至1995年7月，任第10战术空军大队大队长。1994年5月，晋升为空军准将。1995年7月至1996年6月，任加拿大空军司令部负责作战的副参谋长。1996年6月至12月，任加拿大空军司令部负责作战的副参谋长兼国防部军事计划与作战部部长。1997年1月至9月，代理副国防参谋长。1997年4月，晋升为空军少将。1997年9月至1998年9月，任加拿大空军副参谋长。1998年8月，晋升为空军中将。1998年9月至2001年6月，任副国防参谋长。2001年6月至2005年2月，并晋升为空军上将。任加拿大国防参谋长。2005年6月任现职。

北约科索沃维和部队司令朱塞普·瓦洛托中将 1946年出生于意大利的威尼斯，1968年毕业于驻摩德纳的意大利军事学院并被任命为骑兵少尉军官。接受的军事教育包括意大利总参军事学院初级课程班和高级课程班。曾任坦克团排长、连长，意大利军事学院学员排长、连长、军事理论研究室教官和参谋。1985年至1987年，任意大利总参谋部人事部参谋。1987年至1989年，任第20坦克营长。1989年至1991年，任驻米兰的第3军负责人事的助理参谋长、负责作战的助理参谋长。1991年至1992年，任都灵军区司令。1993年至1997年，任意大利总参谋长办公室参谋。1997年3月至1999年7月，任意大利第132装甲旅旅长（在此任内，1998年10月至1999年4月任驻萨那热窝的北部多国旅旅长）。1999年4月至2001年7月，任意大利军事学院院长。2001年7月至2004年7月，任驻德国的欧洲快速反应军团副司令。2004年7月至2005年8月，任意大利总参谋部人事部部长。2005年9月任现职。

（肖石忠）

其他信息

中共中央国务院中央军委向抗战老战士颁发抗战胜利60周年纪念章 在隆重纪念中国人民抗日战争暨世界反法西斯战争胜利60周年之际，中共中央、国务院、中央军委向全国所有健在的抗战老战士、老同志及抗日将领或其遗属颁发中国人民抗日战争胜利60周年纪念章。

抗日战争时期，中国共产党领导下的八路军、新四军、华南抗日游击队、东北抗日联军、各地游击队的老战士和从事地方工作与地下工作的老同志，以及抗日将领，前仆后继、浴血奋战，与日本侵略者进行了气壮山河的英勇斗争，为中华民族的解放事业作出了不可磨灭的贡献。向他们颁发抗战胜利60周年纪念章，对于加强爱国主义教育，大力弘扬在抗日战争中表现出来的伟大民族精神，激励和动员全国各族人民与全体海内外中华儿女为实现中华民族的伟大复兴、促进世界和平与发展的崇高事业而努力奋斗，具有十分重要的意义。

胡锦涛总书记亲笔题写了“纪念中国人民抗日战争胜利60周年”的章名。纪念章为六组利剑组成一个六角形徽章基座，正面铸有象征中国共产党领导的革命人民大团结的5颗五角星、象征人类和平的鸽子和橄榄枝、象征革命圣地的延安宝塔山，以及军民合力抗战的战斗场面。六组利剑表示武装斗争，向内的合力象征抗日民族统一战线；5颗五角星和延安宝塔山表示中国共产党在全民族团结抗战中的中流砥柱作用；和平鸽展开的双翅构成英文单词“胜利”的第一个字母“V”，象征抗战胜利；八路军战士冲锋陷阵和老百姓手拿地雷的作战场面表现了中华民族团结抗战的英勇精神和强大力量。

纪念台湾光复60周年大会在京隆重举行 2005年10月25日，纪念台湾光复60周年大会在北京人民大会堂隆重举行。中共中央政治局常委、全国政协主席贾庆林出席大会并发表题为《为推进祖国和平统一进程，实现中华民族的伟大复兴而努力奋斗》的重要讲话。贾庆林说，台湾回归祖国，是中国人民抗日战争伟大胜利的成果，是全民族的胜利和骄傲。无数先辈为了抗战胜利和台湾光复建立的历史功勋，永远铭记在全体中华儿女心中。我们纪念台湾光复，是为了牢记历史、不忘过去，弘扬中华民族的伟大精神，激励两岸同胞团结一心，坚决反对“台独”分裂势力及其活动，维护国家主权和领土完整，促进两岸关系和平稳定发展，推进祖国和平统一进程，为实现中华民族的伟大复兴而共同奋斗。

国务委员唐家璇主持会议并讲话。台湾同胞代表、中国社会科学院台湾研究所研究员周青，各界代表、北京市妇女联合会主席荣华在纪念大会上发言。

第七次中美国防部副部长级防务磋商在美举行 2005年4月28日至29日，中国人民解放军副总参谋长熊光楷上将在华盛顿与美国国防部副部长费思进行了中美国防部副部长级第七次防务磋商。双方就国际和地区安全形势、热点问题、台湾问题、两国两军关系以及其他共同关心的问题深入交换了意见。中方通报了中国新版国防白皮书和中国人民解放军建设方面的情况，美方通报了美国全球军力部署调整的情况。双方一致认为，中美21世纪在亚太地区和许多重大国际问题上有着广泛的共同利益，应当加强协调，增进交流，扩大共识，为维护世界和地区的和平与稳定作出努力。双方对过去一年两军关系的发展给予了积极评价，一致认为中美之间发展建设性合作关系符合两国利益，表示两军应进一步加强交往，增进相互了解和信任，加强对话与交流。

中俄外长互换《关于中俄国界东段的补充协定》批准书 2005年6月2日，中国外长李肇星和俄罗斯外长拉夫罗夫在俄远东城市符拉迪沃斯托克市代表中俄两国政府共同签署了“互换《中华人民共和国和俄罗斯联邦关于中俄国界东段的补充协定》批准书的证书”，并交换批准书和证书。这标志着中俄长达4300多公里的边界线走向以法律形式全部确定下来，中俄边界问题从此得到彻底解决。这对中俄两国睦邻友好，对双方开展战略合作，对维护地区和世界的和平与稳定，都具有重要意义。

中国和巴基斯坦等国海军举行联合演习 2005年11月24日，中国海军出访舰艇编队，结束对巴基斯坦为期3天的友好访问后，首次在阿拉伯海北部海区与巴海军举行代号为“中巴友谊—2005”的以联合搜救为主要内容的非传统安全领域演习。此次演习的想定是：应联合国邀请，中巴两国决定由海军组成联合编队，前往受强台风袭击的某国船只所在海区实施人道主义救援。位于不同海区的中国海军“深圳”号导弹驱逐舰、“微山湖”号综合补给舰和巴基斯坦海军“塔里克”号导弹驱逐舰、“摩阿文”号综合补给舰接到命令后，迅速从不同方向会合同一海区。两国海军参演舰艇先后进行了多种方式的通信操演、4种队形的联合编队组成、舰艇分区搜救和海上医疗救护等内容。这是中国海军第二次与巴基斯坦海军举行非传统安全领域演习。

此后，中国海军舰艇编队在继续出访途中，分别于12月1日和12月13日在印度洋北部海域和泰国湾南部海域，与印度海军和新加坡海军举行了代号为“中印友谊—2005”和“中新友谊—2005”的非传统安全领域演习。

联合国授予中国赴利比里亚维和官兵和平荣誉勋章　2005年5月5日，联合国在利比里亚首都蒙罗维亚向中国第二批赴利比里亚维和部队全体官兵授予“和平荣誉勋章”，以表彰他们在维和行动中作出的突出贡献。授勋仪式在蒙罗维亚的中国维和运输分队营区举行。联合国秘书长利比里亚事务代理、特别代表穆萨，中国驻利比里亚大使林松添，联合国驻利比里亚维和部队总司令乔奥瓦尼比中将亲手将联合国“和平荣誉勋章”挂在中国维和部队官兵胸前。

中国第二批赴利比里亚维和部队共有558名官兵。自2004年12月抵达利比里亚后，官兵们共出动运输车辆3531台次，行车63万公里，运送物资1.41万吨，修复道路375公里，为维和部队和当地民众提供医疗服务1900多人次，圆满完成了联合国驻利比里亚特派团下达的各项保障任务。

“和平荣誉勋章”是联合国为表彰在维和行动中作出突出贡献的工作人员所设立的特殊勋章，是联合国授予维和任务区工作人员的最高荣誉。

“北剑—2005”军事演习在北京军区某基地举行　2005年9月27日，“北剑—2005”军事演习在位于大漠腹地的北京军区某合同战术训练基地举行。这场实兵对抗演习主题为“红军加强装甲机动师进攻战斗与蓝军加强师和空降兵机动反击作战”。演习突出了信息化条件下联合作战、指挥谋略等重点，最大的特点是不设原案、不搞预演，导演部只提供初始态势，明确作战地域，战斗行动完全由“红”“蓝”双方指挥员自主决定。担任此次演习任务的是北京军区所属的两个装甲师。在近似实战的多维战场上，两支“铁骑”把谋略对抗、火力对抗、兵力对抗和信息对抗融为一体，背靠背分析判断情况，面对面展开激烈角逐，装甲进攻与反击、空降与反空降、电磁干扰与反干扰，将一场信息化条件下的实兵对抗演练全方位展现出来。

来自朝鲜、巴基斯坦、印度、俄罗斯、法国、英国、美国、巴西、澳大利亚等24国的空降兵和装甲师(旅)长、陆军航空兵部队旅(团)长或空军航空兵联(大)队长，及相关国家驻华大使馆武官等40余人到现场观摩了演习。据国防部有关部门负责人介绍，“北剑—2005”是建国以来对外展示规模最大、来宾国别最多的一次军事演习。此次演习充分展示了中国军队文明之师、威武之师的良好形象，促进了与外军的军事交流与合作，巩固与增强了双边军事互信。

中国军队从2005年起开展技术兵职业技能鉴定　为推动士兵开展岗位练兵、钻研专业知识、提高专业技能，专业技术兵职业技能鉴定从2005年起在全军和武警部队大范围展开。

据悉，总部有关部门已按照四总部《关于加强士官人才队伍建设的意见》，分类做好专业技术兵职业技能鉴定的各项准备工作，编写就考核大纲、教材和题库，建立职业技能鉴定站，遴选考评人员，并对考评人员进行培训、考核与资格认定，组织试点。从2005年下半年开始，在专业技术兵中大范围展开职业技能鉴定工作。考试合格者由总部发给《中华人民共和国职业资格证书》。该证书得到国家认定，既是衡量士兵服役期间专业技能水平的标志，也是士兵退役就业参与职业竞争的凭证。

据了解，军队技术兵的职业技能鉴定，与国家在全社会进行职业资格鉴定制度接轨，其等级设置也相一致，划分为五个等级。鉴定考核由总部和各大单位设立的鉴定站组织实施，考核内容包括理论知识和操作技能。到2008年，选取为专业技术士官的，初级士官必须获得初级职业资格证书和具有高中学历；中级士官必须获得中级职业资格证书和高中学历；高级士官必须获得技师以上职业资格证书和大专学历。

（石　慧）

美国也曾制定过反对分裂国家的法律

《解放军报》2005年10月7日刊载邬沈青的文章指出，2005年3月14日，中国的《反分裂国家法》正式出台，引起了国际社会的广泛关注。实际上，美国1861年制定的反分裂法，也具有同样的内容。

19世纪中叶，美国南部种植园奴隶制与北部资产阶级雇佣劳动制发生冲突，引起政治、经济上的南北对立。1860年反对黑人奴隶制的共和党人林肯当选美国总统；南部南卡罗来纳等 11 个州相继宣布脱离联邦，并在 1861 年 2 月联合成立所谓的“南部同盟”，另选杰弗逊·戴维斯为“总统”，并制定所谓的“宪法”，公开分裂国家，挑起内战，长达四年的美国南北战争就此爆发。这期间，美国颁布了一系列法律来反对分裂。1861 年，纽约州颁布了首部《反脱离联邦决议》。不久，美国国会又通过一项法案，同意南方各州保留奴隶制，但底线是决不能从事分裂国家的行动。由此可见，法律是一定法律思想的产物，而作为社会意识的法律思想，它的产生和发展具有历史继承性。因为它除受制于所处社会物质生活条件外，还受前人思想文化的影响。它以前人所积累的思想材料为基础，进行批判地继承和创新。当然，这种批判地继承不只是吸收本民族优秀的法律思想，还包括对世界上其他国家法律思想的借鉴。借鉴，广义上讲也是一种继承，是对整个人类优秀文化遗产的传承，体现了社会意识发展的历史继承性。

（张凌霞）

美国众议院通过 4533 亿美元国防开支法案 2005 年 12 月 22 日，美国众议院通过一项总额为 4533 亿美元的国防开支法案，其中包括用于维持美国在伊拉克和阿富汗进行军事行动的 500 亿美元军费，以及飓风灾区重建和防治禽流感所需的经费。

布什称“9·11”以来已挫败“基地”10 大恐怖阴谋 美国总统布什 2005 年 10 月 6 日发表反恐讲话时说，自 2001 年“9·11”恐怖袭击以来，美国和盟友已经挫败“基地”组织至少 10 起重大恐怖阴谋以及另外 5 起踩点和渗透行动。10 大恐怖阴谋为：

西海岸劫机阴谋。2002 年，恐怖分子企图劫持一架客机袭击美国西海岸部分目标,为美国安全部门挫败。

东海岸劫机阴谋。2003 年，恐怖分子企图劫持一架客机袭击美国东海岸部分目标,为美国及其一个“伙伴国”挫败。白宫未公开“伙伴国”是哪国。

何塞·帕迪利亚阴谋。2002 年 5 月，恐怖分子企图在美国境内炸毁几栋公寓楼，为美国安全部门挫败。

2004 年英国城市内目标阴谋。2004 年，恐怖分子企图在英国制造爆炸事件，袭击部分城市内目标，为美国和几个“伙伴国”挫败。

2003 年卡拉奇阴谋。2003 年，恐怖分子企图在巴基斯坦南部港口城市卡拉奇袭击西方人，为美国和一个“伙伴国”挫败。

希思罗机场阴谋。2003 年，恐怖分子企图劫持一架客机袭击英国首都伦敦希思罗机场，为美国和几个“伙伴国”挫败。

2004 年英国阴谋。2004 年春，恐怖分子企图在英国制造大规模爆炸袭击，为美国和几个“伙伴国”挫败。

2002 年阿拉伯湾轮船阴谋。2002 年至 2003 年间，“基地”组织武装人员企图在阿拉伯湾袭击过往轮船，为美国和几个“伙伴国”挫败。

2002 年霍尔木兹海峡阴谋。2002 年，恐怖分子企图袭击过往霍尔木兹海峡的轮船，为美国和几个“伙伴国”挫败。

2003 年旅游地区阴谋。2003 年，恐怖分子企图袭击美国境外的一个旅游地区，为美国和一个“伙伴国”挫败。

5 起踩点和渗透行动为：一是美国政府和旅游地区踩点任务：2003 年至 2004 年间,“基地”组织派遣一人到美国政府的部分重要机构和美国部分旅游地区踩点。二是加油站踩点任务：2003 年前后，“基地”组织一名高级策划人员委派一人收集美国加油站及其供应体系的相关信息。三是伊曼·法里斯和布鲁克林大桥任务：2003 年，在一个“伙伴国”的协助下，美国逮捕并起诉企图炸毁纽约布鲁克林大桥的卡车司机伊曼·法里斯。法里斯最终承认曾向“基地”组织提供物资援助。四是 2001 年任务：2001 年“9·11”事件发生后，“基地”组织派遣一人到美国协助策划后续袭击，被美国执法部门逮捕。五是 2003 年任务：2003 年，“基地”组织一名头目派遣一人到美国部分人口密集地区实施侦察。

美报称恐怖主义将以失败告终 美国《华盛顿时报》2005 年 7 月 24 日载文指出，有一种说法认为，恐怖分子的存在就是胜利。这种说法将恐怖主义描述成为一个令人恐惧的、不可抗拒的力量，其实不然。恐怖分子几乎不可能取得胜利。他们杀害无辜者、摧毁房屋以及引发悲剧，但这并不是他们的预期目标。恐怖主义的定义是怀有政治目的的暴力活动。恐怖分子不分青红皂白地杀人，因为他们觉得没有别的办法推进他们的事业。而杀害平民并不会推进其政治大业。他们不能进行宣传也无法发动政治攻势，他们没有军队也没有经济实力。历史上有过很多恐怖主义活动，但是大多数都未能实现既定目标。

恐怖主义通常都会以失败而告终。因为作为一种战略，它缺乏制胜的理论，缺乏将改变政治秩序的愿望变成现实的手段。历史表明，政治暴力运动必须转化成以下四种方式中的一种才能取得胜利：一是建立一支军队并占领领土。阿富汗的穆斯林游击队只有在建立起可靠的军队之后，才战胜了苏联人。二是成为群众性政治运动。在阿尔及利亚就是如此，法国迫于阿尔及利亚民众的压力放弃了这一殖民地。三是杀死掌权者然后夺取政权。法国大革命期间就是这样。四是转向政治途径。曾有少数恐怖组织放弃暴力，转而进行合法的政治活动。但是由于恐怖分子的事业没有什么政治吸引力，这种转变不太可能阻碍民主的传播。由于缺乏制胜的手段，恐怖分子很可能会继续他们正在做的事情：杀害无辜者以及在他们的网站上宣称：一定将战斗进行到底，并最终迎来胜利。但是，就连恐怖分子的支持者最终都会觉醒，并意识到他们是在浪费金钱。

英报称伊拉克战争是美国的布尔战争 英国《卫报》2005 年 8 月 25 日载文认为，大英帝国走向衰落的根源在于上个世纪初布尔战争带来的后果。

如果你想知道 1905 年时的英国什么样，不妨去 2005 年的华盛顿看一看。你将领略其庄严的帝国气派和登峰造极的妄自尊大，以及美国人自以为是世界中心和想要了解世界每个角落所发生的一切的心态，因为他们自己感到会被人邀请干涉他国事务。然而，在这种外表之下，这个国家私下里却每时每刻都担心自己的全球霸主地位远不及所希望的那么牢固。英国当年的忧患在于那场出其意料、久拖不决、充满血腥和耗资巨大的布尔战争带来的后果。在那场战争中，人数不多的外国反叛者公然藐视当年世界上最强大的军队；当时令英国担忧的还有正在崛起的经济大国德国和美国；加上帝国过度扩张带来的国内社会经济问题。而今天美国的忧患在于同当年布尔战争一样的伊拉克战争带来的后果。在这场战争中，人数不多的外国反叛者公然藐视当今世界最强大的军队；令美国担忧的还有正在崛起的经济大国中国和印度；加上帝国过度扩张所带来的国内社会经济问题。

人们还记得英国于 1900 年夏宣布主要战事结束以后,布尔人随即发动的游击战争又拖了英国军队两年。最后，英国在当地驻扎了 45 万人的军队。

在最近 CNN 和盖洛普联合进行的一次民调中，54%的受调查者说向伊拉克派遣军队是个错误，57%的人则说伊拉克战争使美国变得更加不安全，更易受到恐怖分子袭击。《纽约时报》最近刊载的一篇文章估计，伊拉克战争长期耗资可能会突破 1 万亿美元，这个估计是合理的。即便伊拉克的政治家们近期就该国的宪法草案达成一致，也很难有人相信从此伊拉克会变成一个和平、稳定、民主的联邦共和国。

今天的中国和印度对于美国而言正如 100 年前德国和美国对于英国一样。中国目前是世界上仅次于美国的第二大能源消费国，同时还拥有世界第二大外汇储备，而美国的外汇储备仅位居世界第九位。如果算上美国所有的公共开支和债务的话，该国的净储蓄竟然是零。这个国家不储蓄，只是消费。

不过，所有这一切并不能说明美国明天就会衰落、垮台。毕竟，英帝国在 1905 年之后还维持了 40 年。在华盛顿，少数有远见的人士正在开始谋划美国的长期战略，力图开创一个即便在美国霸权消退之后仍能保护其“自由民主”国家利益的国际秩序，并鼓励中国和印度参与这样秩序的建立。

防弹衣缺乏使美军付出重大代价 美国《纽约时报》2006 年 1 月 7 日报道，五角大楼的一份调查报告表明，在因上半身受伤而在伊拉克死亡的海军陆战队队员中，多达 80%的人如果当时有防弹衣保护的话，或许可以生还。而这些防弹衣早在 2003 年就已投入市场，但不久前五角大楼仍无视从战场传来的呼声，拒绝向军队提供这些防弹衣。

大多数驻伊美军士兵所穿防弹衣的遮挡面积有限，只能部分保护胸部和背部。五角大楼在对 2003 年 3 月到 2005 年 6 月期间海军陆战队队员所受致命伤进行的检查中发现，其中至少有 74 例伤是由于子弹或弹片击中未受陶板保护的肩膀或躯干或其他部位而造成的；31 例致命伤发生在与陶板极其接近的胸部或背部。因此只需将现有陶板面积扩大“就可能改变灾难性的后果”。具有讽刺意义的是，在公布这项因防弹衣的缺陷而造成的巨大生命代价的同时，五角大楼还在继续公开地为其所提供的防弹保护进行辩解。官员们说，他们正在把最好的防弹衣尽快运往伊拉克；同时他们又坚持说，保护士兵免遭伊拉克叛乱分子威力日益强大的简易爆炸装置的伤害是不可能的。

尽管人们知道美军的防弹衣存在诸多薄弱环节，但海军陆战队直到 2005 年 9 月才为士兵们订购了 28800 套增加了陶板的防弹衣。军官们说，他们最初决定不额外增加陶板是因为他们担心这会使防弹衣过于沉重而令士兵的行动受限。五角大楼的这份调查报告使军官们为了让官兵们得到更多的防弹保护而搁置了上述顾虑。海军陆战队的防弹衣专家文德尔·莱姆巴赫说：“随着大家日益认识到上述问题的严重性，官兵们也越来越愿意接受身上的负重。”

美军征兵创 25 年来最差纪录 法国《世界报》和美国《洛杉矶时报》2005 年 10 月 4 日报道，美国军队 2005 财政年度征兵活动是 25 年来最差的。据非正式统计，美陆军在本财政年度 12 个月的征兵活动期间，总共征召了约 7.3 万名士兵，明显低于预定的 8

万人的目标。实际情况要比统计数字所显示的还困难。而预备役军人的情况更令人担忧，尽管官方没有公布任何数字。这些属于国民警卫队和预备役部队的“业余士兵”直属五角大楼管辖，约占美军总兵力的45%。美国国防部几个月来加强了征兵宣传活动，招聘了数百名负责征兵的人员，并向被聘人员提供最高2万美元的奖金。国防部甚至已要求国会批准将志愿兵的年龄限制提高到42岁。而目前美国现役部队志愿兵的年龄限制为35岁，预备役部队和国民警卫队志愿兵的年龄限制为39岁。但是，这些措施收效甚微，主要原因是美国就业形势较好，失业率低于5%；另一个主要原因就是伊拉克战争越来越不得人心。在两年半的时间里，已有1900多名美军士兵在伊拉克被打死。

如果美军想要保持足以同时打赢两场战争的能力，而它又征召不到足够的新兵，那么它将不得不恢复1973年越战后所放弃的义务征兵制。然而，超过70%的美国人，无论是民主党人还是共和党人，都完全反对恢复义务征兵制。

为此，美国陆军不得不降低征兵门槛。美国陆军部长弗朗西斯·哈维10月3日表示，由于征兵不足，陆军决定允许多达4%的第四类新兵——适应性测试中分数在16分到30分之间的应征者入伍，而这将会直接影响到美国陆军的质量。由于陆军距离实现征兵目标还差近7000人。陆军官员表示，在2006年财政年度中，征兵工作将面临更大的挑战。

（任　文）

美陆军征兵年龄上限提高到40岁　据美国媒体2006年1月19日报道，在上一财政年度未完成征兵指标后，美国陆军18日宣布将征兵年龄上限由原来的35岁提高到40岁。但美国陆军部长弗朗西斯·哈维否认美国陆军因伊拉克和阿富汗的战事出现兵力紧张。

（张凌霞）

法报评西方反恐战略存在诸多失误　法国《费加罗报》2005年7月30日载文指出，由华盛顿发动的反恐战争，其实始于20世纪90年代苏联从阿富汗的撤军，它使阿富汗失去了战略意义，从而揭开了这场战争的序幕。当“9·11”事件后人们猛然警醒时，喀布尔已经变成恐怖主义的世界之都。

反恐斗争的第一个错误就是采取了规模过大的军事行动。2002年美国的战略家们把“基地”说成是拥有一个中心和一个网络的结构严密的恐怖组织，认为反恐斗争成功的关键在于铲除本·拉丹的司令部。在美国的军事打击下，塔利班被赶下台，可“基地”组织的重要头目却都逃之夭夭。其实即使抓住本·拉丹，国际范围内的圣战也不会结束。追查“基地”的资金来源就是基于这种核心看法。美国宣称通过堵截资金来源而扼制了恐怖活动，这是骗人的谎话。恐怖组织的资金都不是来自正规渠道，马德里爆炸案需要的费用不超过1万欧元，炸药是用大麻跟建筑工地看门人换来的。

随后两年发生的一连串爆炸事件，使人们才开始提出恐怖分子可能是“内部敌人”的说法。2005年7月的伦敦爆炸案更加证实了这一点，恐怖分子并非是从国外引进的，他们是生活在当地的移民的后代。

而当人们从社会经济角度来找寻问题答案时，判断又出现错误。正如一名反恐专家所说：“我们四处追捕专业的恐怖分子，其实应该追剿的是被灌输了极端思想的业余新手。我们到处寻找参与恐怖活动的小流氓，其实他们当中很多人只是处于社会边缘而已。”

如今人们开始认真思考“基地”的本质和恐怖分子走向极端的过程。按照社会学家奥利维耶·鲁瓦的说法，“基地”并不是一家制造恐怖的跨国公司，而是一家“成功实现出口的中小企业”。本·拉丹兜售的是一个“品牌”、一个概念，然后他让各地的追随者自己去行动。这种做法不仅方便操作，而且在思想上也容易被接受。这种利用当地人去实施恐怖活动的做法，符合穆斯林兄弟会实施的分裂战略。这样做会让人们增加对阿拉伯移民的不理解和不信任，从而使他们更受排斥，更有可能引发暴力活动和新的袭击。这才是恐怖袭击手段复杂多样的原因。

墨报称人口问题是恐怖主义的一个根源　墨西哥《纪事报》2005年7月11日报道称，人口爆炸是恐怖主义的一个根源。报道引述设在华盛顿的人口问题研究所所长沃纳·福尔诺斯的看法：自从“9·11”恐怖袭击以来，美国把力量全部集中在对付恐怖分子的防卫手段上，而对问题的根源则很少关注。根源不铲除，恐怖主义是遏制不住的。根源就在人口爆炸的后果上。

从根本上消除恐怖主义威胁的战略不是军事打击，而是计划生育、男女平等和减少贫困。最近两年美国政府在阿富汗战争和伊拉克战争中投入的资金有3000多亿美元，同时却连续三年撤消了用在联合国计划生育与生殖健康项目中的资金，从而影响到这些项目在140个国家的实施。

今天，在日本、美国和欧洲等发达世界里，人口出现了负增长；而在受社会动荡、内战和贫困影响的发展中国家里，人口从现在到2050年将增加26亿人，其中在中东地区的伊拉克、沙特、也门、巴勒斯坦和阿富汗，人口在今后20年将增加一倍。这些增加的人口中有97%缺少食品、住房和教育。在总人口中，青年人从来没有像现在这样多。有16亿人处在向成年人的过渡阶段，其中86%生活在发展中国家。很多年轻人生活在极端贫困中，不能实现其教育需求，无法提高生活质量。所以他们最容易加入到暴力行列中去。

美国保护资源与人口增长委员会主席查尔斯·图利对人口现象与恐怖主义之间的关系作了以下解释：人口增长的压力造成年轻人的极不稳定，当他们的愿望在经济和政治上不能满足时，这种愿望就变成恐怖主义的源泉。随着城市化的加剧，年轻人集中在世界上最贫困的地区，那里的环境适宜于政治动乱、革命、种族战争和反政府的斗争。年轻人的激进化同宗教的极端化相结合可能产生一种针对美国和西方的爆炸力。

情报机关的报告描述的恐怖分子的特征是：年轻男子，来自贫穷国家，陷入穷困、失业和饥饿处境而找不到出路。

对恐怖主义采取军事行动在短期内可能是必要的，但是改善最贫穷国家的生活条件是能够真正战胜恐怖威胁的长治久安的解决办法。

日本《新历史教科书》送审本严重歪曲侵华历史 有作者指出，送审本在有关侵略历史的叙述上更加暧昧和倒退，而且俨然将自己打扮成了受害者，还特别注重煽动对中国的仇恨，并将这种仇视情绪一直追溯到古代。

宣称中日历次战争的责任都在中国。送审本称甲午战争爆发的原因在于："清不想失掉最后的朝贡国朝鲜，开始将日本作为敌人。日本进行了日清和日俄两场战争。"关于"二十一条"，送审本删掉了强迫性含义和英美抗议的内容，还歪曲称："中国方面期待列强的介入，向国内外泄漏了极为机密的谈判内容，而且在5大条款中，将并非正式要求的事项也列入，制造了'二十一条要求'的名称，中国国内的反日舆论开始高涨。"也就是说，送审本称当时的反日完全是中国政府制造谎言引起的。

关于"九一八"事变，送审本歪曲道："随着国民党统一中国的逼近，中国人的反日运动激化，不断发生妨碍列车运行和迫害日本学童的事件。此外，对日本来说，北面有苏联的威胁，南面有国民党的力量不断逼近。"主语变成了国民党统一中国的逼近，而不是日本的步步进逼，原教科书中关东军精心策划事件的句子被删除了。

在《日中战争》一章中，送审本比2001年版教科书增加了《西安事变》一节，其中说："共产党获得了喘息，共产党员潜入国民党内部，大肆推进将日本引入战争的破坏和挑衅活动。"将中日战争说成是共产党阴谋挑唆起来的。关于卢沟桥事变，送审本称："1937年7月7日夜，在北京郊外的卢沟桥，发生了有人向日本军队开枪的事件。第二天，中国方面继续开枪，进入了战斗状态。事件本身不过是一个小摩擦，虽然人们希望就地解决，但是与日本方面的冲突事件不断发生，解决变得困难起来。"旧版本尚承认日本大规模派兵在先，送审本则将卢沟桥事变完全算成中国的责任，是中国方面扩大了事态。

对外侵略不称"侵略"。教科书对日本的历次对外侵略战争从来不用"侵略"二字，对丰臣秀吉入侵朝鲜，也称为出兵。右翼学者辩解说，为何不用侵略，是因为秀吉根本没把朝鲜看在眼里，不过是借道，真正的目的是征服中国明朝。对于殖民统治朝鲜，新旧版本都强调朝鲜像一只手一样伸向日本，如果被其他国家控制，日本将受到威胁，并且将沙俄在朝鲜北部建立的伐木场称为军事基地，为自己吞并朝鲜正当化制造借口。惟独对于苏联在二战后期出兵中国东北，教科书毫不吝啬地用了"侵入"、"进攻"等字样。

对于日本在战争中犯下的罪行，送审本称："没有一个国家在战争中没有任何杀害和虐待非武装人员的事情，日本也不例外。"未再提日本军队所犯罪行。关于南京大屠杀，送审本中"日军导致民众中也出现很多死伤者"的那句话被删除，只是在一张名为"因巷战而遭到破坏的上海市区"的照片上面用小字注解称："东京审判认定日本军队在1937年的日中战争中占领南京时杀害了很多中国民众。但是关于事件的实际情况，资料上被发现有很多疑点，存在各种见解，现在仍在争论。"教科书进一步否定了南京大屠杀的真实性。

相反，教科书对日本在战争中的损失则大书特书，送审本则不再提受害国的损失，而是单纯强调日本的损失，指出，"第二次世界大战末期，美国对东京等多数城市进行不加区别地空袭，并且在广岛和长崎投下了原子弹。而且，苏联撕毁日苏中立条约；侵入满洲，不断发生掠夺、杀害日本平民的暴行，包括日军俘虏在内的约60万日本人被强制带到西伯利亚，被迫从事严酷的劳动，约有10%的人死亡"。

公然为战犯鸣冤叫屈，鼓吹侵略"造福"亚洲。送审本诬称远东国际军事法庭非法，为战犯鸣冤叫屈，企图否认东京审判的合法性。同时大力宣传日本造福了亚洲，是亚洲的恩人，并企图否认中国自古以来对台湾的主权。

亚洲成为世界最大的军火市场 《香港亚洲时报在线》2005年9月2日报道，美国国会研究处公布的一份由军事专家理查德·格里梅特撰写的最新报告表明，亚洲已取代近东成为世界最大的常规武器市场。在2001年到2004年间，以中国和印度为首，亚洲地区购买的军火几乎占发展中国家军购总额的50%。报告说，美国和俄罗斯仍然是世界最大的军火出口国，在向发展中国家供应武器装备的军火市场上占主导地位。2004年，美国和俄罗斯分别与发展中国家签署了价值70亿美元和60亿美元的常规武器销售协议。两者加起来占当年发展中国家军购协议总额（约218亿美元）的近60%。美国2004年交付的武器价值近186亿美元——占发展中国家实际交付的军购总额的53.4%，远远超过排名第二的俄罗斯（46亿美元）和排名第三的法国（44亿美元）。在2004年的军火出口市场上，英国排名第四，以色列首次成为世界五大出口国之一，其军火出口额达12亿美元。其中印度一次性付款购买“费尔康”机载雷达系统是以色列排名大幅上升的主要原因之一。

报告发现，2004年发达国家和发展中国家签署了价值220亿美元的军售协议，和2003年的151亿美元相比有明显增长。报告说，去年是2000年以来全球军售总额最高的一年，实际交付的军火也达到2000年以来的最高水平。发展中国家购买常规武器所产生的军火贸易额，一般占全球军售总额的55%到72%。从历史上说，近东地区一直是发展中国家最大的军火贸易市场。但在2001年到2004年间，亚洲已取代近东，成为购买装备最多的地区，军购总额达350亿美元。

2004年，沙特阿拉伯继印度之后以军购额29亿美元排名第二，中国以22亿美元排名第三，埃及、阿曼和以色列分列第四、第五和第六位。

俄罗斯在亚洲军火市场上的份额是美国的两倍以上，并且还在增长。2001年到2004年间，美国占近东地区武器进口的三分之二，而它在亚洲市场上的份额仅为21%。俄罗斯在这方面的成功得益于其近年来为潜在的客户所提供的“更灵活、更有创意的融资贷款和付款方案”，包括与中国和印度签署“保证它在10年内有稳定的军火生意”的生产许可协议，并和“马来西亚、越南、印尼成功地签署了一系列军火销售协议。”

（石　慧）

核武器百年历程回顾 法国《趣味》月刊2005年8月号发表文章，回顾了百年核武器竞赛的历史：

1905年9月，爱因斯坦在他的相对论中提出了下述想法：一块只有一个原子大小的物质在发生反应时也可以释放出巨大的能量。

1939年，发现人工放射性5年后，弗雷德里克·约里奥和伊雷娜·居里注册了有关核炸弹设计的专利。研究工作在德国、意大利和英国同时展开。

1945年7月16日，第一颗核裂变炸弹（原子弹）在新墨西哥州的沙漠爆炸。8月6日，“埃诺拉·盖伊”号轰炸机在广岛投下绰号“小男孩”的原子弹。9日，绰号“胖子”的原子弹摧毁长崎。

1949年8月29日，苏联试爆了自己的第一颗原子弹，这是一颗与广岛原子弹类似的核炸弹。核竞赛开始。

1952年11月1日，美国人在太平洋引爆了第一颗氢弹（热核聚变）：威力相当于广岛原子弹的1000倍。1961年10月，苏联人引爆了到那时为止威力最大的氢弹：相当于广岛原子弹的3846倍，可以使100公里外的人产生三度烧伤。

1960年2月13日，法国第一枚原子弹在阿尔及利亚撒哈拉地区的拉甘爆炸。法国成为了第四个核国家，排在美国、苏联和英国（1952年）之后，中国（1964年）之前。

1970年3月5日，《核不扩散条约》禁止签约国转让它们的军用原子技术，但是鼓励在民用领域进行“尽可能广泛的”合作。

1991年，冷战结束。7月31日美苏之间签订《削减战略武器条约》，同意削减两个核大国三分之一的核武器库。原苏联各国拆除了几千枚核弹头。联合国开始在伊拉克的核查工作。

1998年5月，印度进行了5次地下核试验。作为反击，巴基斯坦也进行了一系列试验。两国之间的紧张关系达到了顶点。

2005年2月10日，朝鲜宣布它拥有原子弹并拒绝任何国际核查。该国于2003年退出《核不扩散条约》。同年，伊朗重新启动其核计划。

（张凌霞）

纪念《世界军事年鉴》创办20周年座谈会在军科举行 9月28日，纪念《世界军事年鉴》（以下简称《年鉴》）创办20周年座谈会在军事科学院举行。由全军各大单位有关领导同志组成的《年鉴》编审委员会成员出席会议。《年鉴》编辑审委员会主任、军事科学院副院长葛东升出席会议并讲话。

《年鉴》是根据1987年10月中央军委批示和同年

（下转第702页）

近10年世界部分国家国民生产总值、

国名	数据统计	1995	1996	1997	1998
美国	国民生产总值 国防费 军费所占比例	72460 2778.34 3.8%	76000 2658.23 3.5%	81000 2763.24 3.4%	85000 2658.90 3.2%
俄罗斯	国民生产总值 国防费 军费所占比例	11100 820 7.4%	11000 695.37 6.5%	11100 640 5.8%	11100 539.12 5.2%
日本	国民生产总值 国防费 军费所占比例	47000 502.19 1.0%	46000 436.26 1.0%	42000 408.91 1.0%	38000 369.90 1.0%
英国	国民生产总值 国防费 军费所占比例	11040 334.06 3.1%	12000 327.64 3.0%	13000 357.36 2.8%	13000 366.13 2.8%
法国	国民生产总值 国防费 军费所占比例	15380 477.68 3.1%	15000 462.17 3.1%	14000 415.23 3.0%	14000 398.07 2.8%
德国	国民生产总值 国防费 军费所占比例	19080 411.57 1.9%	22000 384.32 1.7%	21000 332.17 1.7%	21000 323.87 1.5%
印度	国民生产总值 国防费 军费所占比例	3300 99.92 2.9%	3710 101.58 2.8%	3850 128.05 3.0%	4690 137.80 3.0%
韩国	国民生产总值 国防费 军费所占比例	4220 141.79 3.4%	4730 151.68 3.3%	4430 153.34 3.5%	4260 129.40 3.1%
越南	国民生产总值 国防费 军费所占比例	213 9.1 4.3%	236 9.3 4.0%	243 10.04 4.0%	270 9.07 3.4%
澳大利亚	国民生产总值 国防费 军费所占比例	3470 83.99 2.4%	3920 83.94 2.2%	3920 83.94 2.2%	3900 73.84 1.9%

国防费及其所占比例 （单位：亿美元）

1999	2000	2001	2002	2003	2004
92000 2921.47 3.2%	99000 2946.95 3.0%	102000 3223.65 3.2%	104000 3296.16 3.2%	109000 4049.00 3.7%	117000 4550.00 3.9%
11100 568 5.1%	12000 588.1 4.9%	15220 636.84 4.3%	10069 480.4 4.8%	13100 652.00 5.0%	14000 619.00 4.4%
43000 403.83 0.9%	47000 458.44 1.0%	41000 395.13 1.0%	40000 370.70 1.0%	43400 428.00 1.0%	46600 451.00 1.0%
14000 363.60 2.6%	14000 338.94 2.4%	14000 347.14 2.5%	16000 352.49 2.2%	18000 428.00 2.4%	21300 496.00 2.3%
14000 378.10 2.7%	13000 302.92 2.2%	13000 329.09 2.6%	16000 380.05 2.4%	17500 457.00 2.6%	20000 516.00 2.6%
19000 311.82 1.6%	18000 282.29 1.6%	18000 269.02 1.5%	22000 314.65 1.4%	24100 351.00 1.4%	26700 377.00 1.4%
4400 138.95 3.2%	4710 144.72 3.1%	4900 141.67 2.9%	5050 130.73 2.6%	5925 155.00 2.6%	6480 196.00 3.0%
4070 120.98 3.0%	4570 124.96 2.7%	4220 111.65 2.7%	4760 126.15 2.7%	6050 146.00 2.4%	6730 163.00 2.4%
300 8.9 3.0%	310 9.31 3.0%	330 23.51 7.2%	340 22.86 6.7%	390 32.00 8.2%	454 31.70 7.0%
3990 77.75 1.9%	3800 69.52 1.8%	3580 67.52 1.9%	4010 75.49 1.9%	5090 117.00 2.3%	5980 143.00 2.4%

（该表数据主要引自历年英国伦敦国际战略研究所《军事力量对比》，仅供参考）

近 10 年世界部分国家

国名	数据统计	1995	1996	1997	1998
美国	陆军	49.5	49.5	48.28	47.94
	海军	42.67	42.67	40.47	38.06
	陆战队	17.39	17.39	17.30	17.13
	空军	38.82	38.82	38.26	37.03
	军队总数	148.38	148.38	144.31	140.16
	海空军等所占比例	66.64%	66.64%	66.54%	65.8%
俄罗斯	陆军	46	46	42	42
	海军	19	19	22	18
	空军	32	32	30	21
	战略火箭军	10	10	40	17
	军队总数	127*	127*	124*	115.9*
	海空军等所占比例	48.03%	48.03%	50%	48.32%
日本	陆上自卫队	14.8	15.2515	15.2371	15.1836
	海上自卫队	4.3	4.4135	4.3668	4.3842
	空中自卫队	4.45	4.5883	4.5336	4.5606
	军队总数	23.55	24.2693*	24.2709*	24.264*
	海空军等所占比例	37.15%	37.09%	36.67%	36.86%
英国	陆军	11.6	11.3	11.22	11.39
	海军	5.05	4.8	4.49	4.45
	空军	7.04	6.5	5.67	5.254
	军队总数	23.69	22.6	21.38	21.094
	海空军等所占比例	51.03%	50%	47.52%	46%
法国	陆军	24.14	23.66	21.99	20.32
	海军	6.42	6.33	6.33	6.33
	空军	8.92	8.86	8.34	7.81
	军队总数	39.38	38.85	38.04*	34.46
	海空军等所占比例	38.95%	39.10%	38.56%	41.03%

军队员额主要统计（单位：万人）

1999	2000	2001	2002	2003	2004
48	47.17	48.55	48.5	50.2	50.2
37.23	37.07	38.54	40	37.675	37.675
17.22	16.98	17.34	17.4	17.535	17.535
36.59	35.36	36.97	36.76	37.95	37.95
139.04	136.58	141.4	142.7	143.36	147.39
65.48%	65.46%	65.67%	65.98%	64.98%	63.20%
34.8	34.8	32.1	32.1	36	20.5
17.15	17.15	17.14	15.5	15.5	14.2
18.46	18.46	18.46	18.46	18.46	17
10	10	14.9	14.9	14.9	12.9
100.41*	100.41*	98.81	96	121.27	103.70
45.4%	45.4%	51.12%	50.9%	40.29%	42.53%
15.1836	14.5928	14.82	14.82	14.82	14.82
4.5816	4.3838	4.44	4.44	4.44	4.44
4.7268	4.5223	4.56	4.56	4.56	4.56
24.264*	23.6368*	23.99*	23.99*	23.99	23.99
37.42%	37.68%	37.52%	37.52%	37.52%	37.52%
11.35	11.395	11.48	11.667	11.676	11.201
4.377	4.37	4.235	4.237	4.063	2.643
5.52	5.473	5.33	5.362	4.85	4.814
21.24	21.245	21.045	21.26	20.763	20.589
46.56%	46.36%	45.45%	45.15%	42.93%	36.22%
17.83	16.93	13.7	13.7	13.7	13.35
6.26	4.949	4.56	4.25	4.425	4.39
7.642	6.05	6.4	6.4	6.4	6.36
31.732	27.929	26.04	25.9	25.99	25.48
43.81%	39.38%	42.09%	41.12%	41.65%	42.19%

续　表

国　名	人数统计	1995	1996	1997	1998
德　国	陆　军	25.28	25.28	23.99	23.06
	海　军	2.85	2.85	2.85	2.67
	空　军	7.71	7.71	7.71	7.62
	军队总数	35.84	35.84	35.84	33.35
	海空军所占比例	29.46%	29.46%	29.46%	30.85%
印　度	陆　军	98	98	98	98
	海　军	5.5	5.5	5.5	5.5
	空　军	11	11	11	11
	军队总数	114.5	114.5	114.5	117.5
	海空军所占比例	14.41%	14.41%	14.41%	16.60%
韩　国	陆　军	52	56	56	56
	海　军	6	6.6	6.6	6
	空　军	5.3	6.4	6.4	5.2
	军队总数	63.3	69	69	67.2
	海空军所占比例	17.85%	18.84%	18.84%	16.7%
越　南	陆　军	50	50	42	41.2
	海　军	4.2	4.2	4.2	4.2
	空军(含防空军)	3	3	3	3
	军队总数	57.2	57.2	49.2	48.4
	海空军所占比例	12.59%	12.59%	14.63%	14.88%
澳大利亚	陆　军	6.2	2.6	2.54	2.54
	海　军	1.47	1.47	1.43	1.43
	空　军	1.71	1.71	1.77	1.77
	军队总数	5.78	5.78	5.74	5.74
	海空军所占比例	55.02%	57.02%	55.75%	55.75%

* 该数字含未计算在各军种人数中的总部机关等人数

1999	2000	2001	2002	2003	2004
22.83	22.11	20.32	19.135	19.135	11.79
2.81	2.66	2.55	2.565	2.565	2.07
7.64	7.33	6.73	6.75	6.75	5.14
33.28	32.1	29.6	28.45	28.45	28.45
31.4%	31.12%	31.35%	32.74%	32.74%	25.34%
98	110	110	110	110	110
5.3	5.3	5.3	5.5	5.5	5.5
14	11	14.5	17	17	17
117.3	126.3	129.8	132.5	132.5	132.5
16.45%	12.91%	15.25%	16.98%	16.98%	16.98%
56	56	56	56	56	42
6	6	6.3	6.3	6.3	6.3
5.2	6.3	6.3	6.3	6.47	6.4
67.2	68.3	68.6	68.6	68.77	68.77
16.7%	18%	18.37%	18.37%	18.57%	18.47%
41.2	41.2	41.2	41.2	41.2	41.2
4.2	4.2	4.2	4.2	4.2	1.5
3	3	3	3	3	3
48.4	48.4	48.4	48.4	48.4	48.4
14.88%	14.88%	14.88%	14.88%	14.88%	9.30%
2.52	2.415	2.515	2.66	2.53	2.60
1.42	1.25	1.257	1.285	1.285	1.31
1.58	1.395	1.32	1.42	1.365	1.367
5.52	5.06	5.092	5.365	5.18	5.28
54.35%	52.27%	50.61%	50.42%	51.16%	50.70%

（该表数据主要引自历年英国伦敦国际战略研究所《军事力量对比》，仅供参考） （史君健）

近年世界部分国家军队

国名	总兵力	士兵人数	士兵占全军比例	士官人数	士官占全军比例	兵士占全军比例
美国	137.8014	32.2643	23.41%	81.8637	59.41%	82.82%
俄罗斯	113.4	39（义务兵）	34.39%	21（合同兵）	18.52%	52.91%
日本	25.3180	6.5045	25.69%	13.8685	54.78%	80.47%
英国	19.764	7.062	35.73%	8.46	42.8%	78.53%
法国	33.9582	11.0445	32.5%	19.3475	56.9%	89.4%
德国	28.5225	12.7717	44.78%	11.9691	41.96%	86.74%
印度	126.5	119.9545*				94.83%
韩国	68.1	61.06*				89.66%

1. 美国军队有关数据统计引自2005年12月美国国防部网站。
2. 其他国家数据统计分别引自2002~2005年有关各国国防部门、军事网站和国家财政预算或军队高级将领公布的数据。
3. 俄罗斯军队人数还包括铁道兵和特种建设部队的人数。

* 该士兵人数含士官人数。

成份及有关数据统计 (单位:万人)

将军人数(含准将)	将军占全军比例	校官人数	尉官人数(含准尉)	校尉官总数	校尉官占全军比例	军官占全军比例	官兵比例
0.0865	0.06%			23.5869	17.12%	17.18%	1∶4.82
0.14	0.12%	23.415	29.845(其中准尉10)	53.26	46.97%	47.09%	1∶1.12
0.035	0.14%			4.91	19.39%	19.53%	1∶4.12
0.048	0.24%	1.537	2.657%	4.194	21.22%	21.46%	1∶3.66
0.0377	0.11%	1.4718	2.2643	3.7361	10.52%	9.8%	1∶9.101
0.0199	0.07%	1.3853	2.3765	3.7618	13.19%	13.26%	1∶6.54
0.1451	0.11%	3.103	3.2974	6.4004	5.06%	5.17%	1∶18.33
0.04	0.06%			7	10.28%	10.34%	1∶8.67

(延　伟)

（上接第 693 页）

11 月中央军委常务会议有关指示创办、由军事科学院组织全军有关专家和研究人员编撰，解放军出版社出版，全国 2000 多种年鉴中唯一公开出版发行的大型军事类年鉴。

葛副院长在讲话中首先指出，《年鉴》创办 20 年的历史表明，军委集中全军各大单位的力量和智慧办《年鉴》的决策高屋建瓴，为我们办好《年鉴》创造了极为有利的条件。同时，他对全军各大单位的领导和有关专家长期以来对《年鉴》的关心和支持表示感谢。他指出，多年来，全军各大单位遵照军委指示精神，积极支持《年鉴》编撰、出版等各项工作，把《年鉴》的工作当作本单位的份内工作，指定有关领导参加《年鉴》编委会，在政治上和业务上进行指导把关，确定本单位撰稿人员，及时解决出版经费，为《年鉴》健康、持续的发展做出了重要的贡献。

葛副院长还代表《年鉴》编审委员会就如何进一步提高《年鉴》的编撰出版质量提出要求。他强调，《年鉴》作为编年体大型军事信息资料汇编，在坚持全面性、客观性、连续性的同时，在内容上要进一步贴近世界军事变革和各国军事改革的前沿，以便为全军教育训练、军事改革和军事斗争准备提供更多有价值的参考资料。

《年鉴》编委会常务副主任、军事科学院世界军事研究部副部长罗援在发言中，对《年鉴》的创办和发展历程进行了回顾。他指出，经过军事科学院和全军各大单位几任领导以及编撰人员的共同努力，《年鉴》已成为军内外瞩目的科研精品，在为部队、机关、院校提供世界军事信息、资料服务方面发挥着越来越重要的作用。罗副部长还对《年鉴》的编纂经验进行了总结。

解放军出版社郑晖副总编辑在发言中指出，解放军出版社对《世界军事年鉴》的出版工作极为重视，一直把《年鉴》作为一个品牌书来安排，因为这本书是中国军事出版界的一本权威性读物，作为目前国内唯一的军事年鉴，具有着不可替代的作用。为此，我们有责任与军事科学院以及全军各大单位一道把《年鉴》继续办下去，并努力越办越好。

曾主管《年鉴》工作的老领导、军事科学院原副院长糜振玉和科研指导部原部长王振西，以及全军各大单位的代表也在会上发言，对《年鉴》创办的过程、意义和使用价值给予了充分肯定，认为它以全面、客观介绍年度性世界军事信息资料的独家特色，对研究军事问题有着重要的参考作用，深受部队、机关和院校广大干部的欢迎。同时，他们希望《年鉴》在内容设置和封面装祯上进一步改进，以满足广大读者的需求。

座谈会由《年鉴》编审委员会委员、军事科学院世界军事研究部副部长肖裕声主持，军事科学院有关部门、解放军出版社和《年鉴》编辑部的工作人员、有关专家和作者代表共 40 余人出席了座谈会。

（史君健）

（本栏责任编辑　方　宁）

伊朗核设施分布图

ISBN 7-5065-5325-2

9 787506 553254 >